Hans-Peter Schwarz
HELMUT KOHL

Hans Peter Schwarz

HELMUT KOHL

EINE POLITISCHE BIOGRAPHIE

Deutsche Verlags-Anstalt

Das für dieses Buch verwendete FSC®-zertifizierte Papier *EOS*
liefert Salzer Papier, St. Pölten, Austria.

1. Auflage
Copyright © 2012 by Deutsche Verlags-Anstalt, München,
in der Verlagsgruppe Random House GmbH
Alle Rechte vorbehalten
Lektorat und Satz: Ditta Ahmadi, Berlin
Reproduktionen: Aigner, Berlin
Gesetzt aus der Minion Pro
Druck und Bindung: GGP Media, Pößneck
Printed in Germany 2012
ISBN 978-3-421-04458-7

www.dva.de

Für Annemie zum 17. August 2012
in Liebe und Dankbarkeit.

Inhalt

Großer Zapfenstreich, 17. Oktober 1998

Der Riese

Er war schon immer groß in der historischen Inszenierung. So sucht er bei seinem Abgang ein letztes Mal alles zu illuminieren, was er lebenslang anstrebte und, so glaubt er, auch erreichte. Was soll's da, daß eine satte Mehrheit seiner lieben Deutschen ihn soeben abgewählt hat! Der Große Zapfenstreich des Bonner Wachbataillons beginnt in der Dämmerung des 17. Oktober 1998. Diese martialische Zeremonie kommt nur beim Schein der Fackeln voll zur Wirkung, und an regnerischen Oktobertagen ist es um sechs Uhr abends schon ziemlich dunkel. Dutzende von Fernsehteams stehen bereit, alles in Millionen Wohnstuben zu übertragen: den von Scheinwerfern hell angestrahlten Kaiserdom zu Speyer, die Kompanien der Bundeswehr, die rund zwanzigtausend aus der ganzen Pfalz herbeigeströmten Zuschauer, die Bäume, von denen der Regen tropft, und immer wieder den Riesen im dunklen Mantel hoch auf dem Podium. So will er in Erinnerung bleiben, für alle Zeiten auf die elektronischen Speicher gebannt.

Seit langem dient ihm dieses Monument einer großen Vergangenheit zur Veranschaulichung seines tiefsten Wollens. Während der sechzehn Jahre als Bundeskanzler pflegte er Staatsgäste, die er besonders beeindrucken wollte, hierher zu führen: Mitterrand, Gorbatschow, Boris Jelzin, selbst den Herrscher über China, die kommende Supermacht. Alle waren sie beeindruckt, wenn er sie unter den Klängen der Orgel-Toccata in d-Moll von Johann Sebastian Bach durch das imposante Kirchenschiff und zur größten je im Abendland erbauten Krypta führte, die der gewaltige Salier-Kaiser Konrad II. für sein Geschlecht errichtet hatte.

Auch Margaret Thatcher war im Frühjahr des denkwürdigen Jahres 1989 einer Führung gewürdigt worden. Er hatte sie zu überzeugen versucht, daß er wirklich kein krachlederner Teutone sei, sondern ein »guter Europäer«, ohne jedoch so recht zu begreifen, daß er ihr gerade deshalb besonders zuwider war. War der Kaiserdom zu Speyer nicht ein grandioses Symbol abendländischer Einheit? Erinnerte dieses im Katastrophenjahr 1689 von den Truppen Ludwigs XIV. teilweise zerstörte Monument nicht zugleich an die Jahrhunderte deutsch-französischer Kriege, die dank Adenauers Europapolitik, aber auch seiner eigenen, nun ein für allemal Vergangenheit sein würden? Überlegungen dieser Art hatte er Charles Powell, dem Privatsekretär der Premierministerin, in der Krypta des Doms zugeraunt. Doch als das der Lady beim Rückflug berichtet wurde, hatte sie nur ihre Pumps abgestreift, die Beine auf den Sitz gelegt und spöttisch bemerkt: »Charles, dieser Mann ist soooo deutsch.«[1] Derlei Spott von der euroskeptischen Britin ist der Riese aber hinlänglich gewohnt und pflegt darüber mit sarkastischer Ironie hinwegzugehen.

Jedenfalls gewann der Kaiserdom zu Speyer in den beiden letzten Jahrzehnten des 20. Jahrhunderts, in denen er selbst mit ausladender Kraft regierte, wieder eine politische Symbolik wie zuvor niemals mehr seit den Salier-Kaisern. Ganz natürlich, wenn auch nicht ganz bescheiden nannte er den Dom seine »Hauskirche«, wie das die Majestäten in jenen Jahrhunderten zu tun pflegten, als das Heilige Römische Reich so sichtlich die Zentralmacht Europas gebildet hatte.

Der Riese, der sich hier mit großer Gebärde wie ein scheidender Kaiser verabschiedet, hat bescheiden begonnen. Doch von Anfang an kreisten seine Gedanken und Träume um den Kaiserdom. Die ersten Wanderungen vom heimischen Ludwigshafen zum Speyrer Kaiserdom unternahm er als Kind in Gesellschaft seiner Eltern. Sie waren tüchtige Kleinbürger, nicht mehr, aber auch nicht weniger, gute Katholiken und gute Deutsche, die noch keinen Gegensatz sahen zwischen der Bewunderung für dieses steingewordene Denkmal des Glaubens und dem patriotischen Stolz auf die deutsche Kaiserherrlichkeit. Als dann die Oberrealschule in der Leuschnerstraße wegen der Bombardierungen Ludwighafens geschlossen wird, fährt der junge Riese jeden Mittag mit den Klassenkameraden und den Lehrern per Bahn nach Speyer ins Gymnasium am Dom, wo nun der Unterricht erteilt wird, wenn er nicht wegen der Luftangriffe ausfällt, was häufig geschieht.

Das war im Jahr 1944, als das Dritte Reich vom Zenit seiner Erfolge rasch in den Abgrund taumelte. Schule und Hitlerjugend sind damals noch gehalten, das Werk der Ottonen, der Staufer-Kaiser und des rheinischen Geschlechts der Salier zu preisen. Der Führer, so lautete die Botschaft, ist weiterhin auf dem Weg, in die Fußspuren der deutschen Kaiser zu treten, »denn heute gehört uns Deutschland und morgen die ganze Welt«.[2] Die Salier als ferne Vorläufer des »Tausendjährigen Reiches«, der Kaiserdom zu Speyer als Chiffre imperialer Größe – diese Vorstellung ist ihm nicht unvertraut. Ob auch er selbst daran geglaubt hat, verschließt er tief in seinem Herzen. Er ist eben noch ein Kind, ein Kriegskind aus der Stadt Ludwigshafen, auf die bis Kriegsende bei 124 Luftangriffen 40 000 Sprengbomben und 800 000 Brandbomben fallen. Später wird er in seinen Memoiren schreiben: Die Angst, »die wir damals empfunden haben«, sei ein »dominierendes Gefühl« seines Lebens geworden.[3] Wenn die Feuerwehr der Lage nicht mehr alleine Herr wurde, zog man das Jungvolk hinzu, das dann beim Löschen von Bränden und beim Ausgraben der Verschütteten und der Leichen zu helfen hatte. Angst war dabei nicht das einzige Gefühl, das die Jungen erfaßte. Todesangst und Grauen wechselten mit Aufwallungen von Haß und Patriotismus, verbunden mit der Erfahrung, daß in solchen Lagen vor allem zweierlei alles zu ertragen hilft: das Zusammengehörigkeitsgefühl in der Familie und die Kameradschaft der Gleichaltrigen.

Manche der Jüngeren haben sich später über die volkspädagogische Ernsthaftigkeit gewundert, mit der er, nachdem ihm die Herrschaft über sein Land zugefallen war, regelmäßig, ohne das je zu vergessen, die runden Gedenktage an Kriegsbeginn und Kriegsende – 1. September 1939, 8. Mai 1945 – wieder und wieder zu großen Besinnungsereignissen machen wollte. Der Krieg und die propagandistische Verführung durch das NS-Regime bilden eine Urerfahrung seiner Generation. Auch Riesen vergessen die Traumata der jungen Jahre nicht.

Auf eigenartige Weise erinnert in dieser Stunde das Zeremoniell des Großen Zapfenstreichs an diese frühen Anfänge. Die Militärtransporte zum Westwall, die im Deutschen Jungvolk gezeigten Wochenschauen und Filme gehörten damals ebenso zum Alltag wie der im Radio verlesene und in den Zeitungen abgedruckte Wehrmachtbericht. Der Vater, ursprünglich Berufssoldat, hatte im Rang eines Hauptmanns am Polen- und dann am Frankreichfeldzug teilgenommen. Der Bruder Walter hatte sich zu den Fallschirmjägern gemeldet und kam im November 1944 bei einem Tieffliegerangriff ums Leben. Damals hatte sich das Bild vom Krieg und von der Wehrmacht schon längst mit Trauer, Sorge und Hoffnungslosigkeit verbunden. Aber in einem Winkel seines Herzens ist der Riese über die Jahrzehnte hinweg eine Art Soldatenkind geblieben, obwohl er selbst nie gedient hat, somit den »weißen Jahrgängen« angehört. Als allerhöchster Kriegsherr wollte er deshalb später die Bundeswehr nicht wie die Wehrmacht als Kampfmaschine begreifen, sondern als Bürgerarmee, deren Aufgabe die Abschreckung sei. Den vielerorts vorherrschenden Pazifismus betrachtete er hingegen als Fehlentwicklung und erzählte stolz allen, die es wissen oder auch nicht wissen wollten, daß seine Söhne bei der Bundeswehr Soldaten waren und nicht etwa zu den Kriegsdienstverweigerern gehören. Und so läßt er sich jetzt von dem ihm dargebrachten Großen Zapfenstreich tief anrühren: »Es ist eine der außergewöhnlichsten Stunden meines Lebens, die mich tief bewegt«, vermerkt er im Tagebuch.[4]

Bei Kriegsende ist alles gewissermaßen in ein neues Koordinatensystem gerückt worden: die Wehrmacht, das Deutsche Reich, auch der Speyrer Dom. In den Kaiserdomen, die eben noch als Chiffren einer imperialen Sendung des Großdeutschen Reiches begriffen worden waren, sieht man nun wieder die steingewordenen Zeugnisse des wenigstens im Glauben einigen abendländischen Europa. Aus den westlichen Provinzen des zerbrochenen Reiches wurde die Bundesrepublik, und die desillusionierten Kriegskinder wuchsen zu dem heran, was man später »die Generation der Bundesrepublik« genannt hat – eine Generation, für die jetzt der demokratische Rechtsstaat, der Frieden, die Einigung Europas und der Abscheu vor totalitären Regimes genauso natürlich werden, wie vielen von ihnen zuvor Nationalismus, Machtpolitik und der Glaube an die deutsche Sendung natürlich erschienen waren. Der

Riese, der jetzt, am 17. Oktober 1998, an den Kaiserdom zu Speyer zurückgekehrt ist, hat sich immer mehr als Verkörperung dieser Generation der Bundesrepublik verstanden.

Ein halbes Jahrhundert der Kämpfe und des Aufstiegs liegen hinter ihm. Frech, ungestüm, noch nicht ganz ausgegoren, aber voll einzigartiger physischer und psychischer Energie hatte er sich 1946 in die Politik gestürzt und rasch reüssiert. Sein bester Wahlkampf, in dem die geschickten PR-Strategen des Jahres 1976 den 1,93 Meter großen, wuchtigen Pfälzer Ministerpräsidenten als »schwarzen Riesen« ins öffentliche Bewußtsein rückten, ist jetzt ebenso Vergangenheit wie die sechzehn Jahre seiner Kanzlerschaft, in denen ihm die friedliche Wiedervereinigung Deutschlands geglückt ist und er die Staaten Europas mit der ihm eigenen Mischung aus Umsicht und Ungestüm auf den Weg zu einem europäischen Bundesstaat gestoßen hat. Das Kriegskind aus kleinen Verhältnissen ist zum Staatsmann geworden, der mit den Großen dieser Welt von gleich zu gleich verkehrt. So hält er es nicht für ganz unangemessen, seinen Abschied vor dem Kaiserdom zu nehmen, in dem Konrad II., Heinrich III., Heinrich IV. und Rudolf von Habsburg ihre letzte Ruhe fanden.

Die Anhänger haben die vielen Jahre seiner Kanzlerschaft als lange Phase einer Dominanz des Konzepts der Christlich-Demokratischen Union genossen, die gut deutsch, gut europäisch wie gut atlantisch und gleichzeitig wirtschaftsfreundlich und sozial sein wollte. Sie selbst und erst recht diejenigen, die ihn von vornherein ablehnten, haben aber auch unter dem Riesen gelitten, der ein genauso herrischer Machtmensch ist wie die hier beigesetzten Kaiser: immer fordernd, immer realistisch argumentierend, visionär nur dann, wenn er von Europa spricht, und zugleich nach Art aller Machtmenschen ganz naiv selbstbezogen. Die Politologen sehen in ihm die Inkarnation des Parteipolitikers demokratischer Observanz. Die erbitterten und höhnischen Gegner, von denen es so viele gibt wie Anhänger, haben das Schimpfwort »System Kohl« erfunden, um seine in der Bundesrepublik beispiellos erfolgreiche Kontrolle der eigenen Partei und des Staatsapparats zu charakterisieren.

Noch ahnt er nicht, was künftig an Prüfungen auf ihn wartet. Kein Gedanke daran, daß drei Jahre später im Kaiserdom zu Speyer das Requiem für seine Frau abgehalten werden wird, die, unheilbar schwer erkrankt, den Ausweg in den Freitod gewählt hat. Auch Riesen verschont das Schicksal nicht. Sie gelten ohnehin nicht als Gestalten, die das fröhliche Glücklichsein verkörpern. Wer den Riesen beim Großen Zapfenstreich in Speyer genau betrachtet, sieht eine Gesichtslandschaft, in der Sorgen, Zweifel, Anstrengung und Argwohn tiefe Spuren hinterlassen haben, und keineswegs das friedliche Antlitz eines Menschen, der mit sich und der Welt im reinen ist.

In dieser Stunde des Abschieds und der historischen Selbsterhöhung glaubt er aber wohl, daß das Schlimmste hinter ihm liegt. Doch bereits im kommenden Jahr wird die Parteispendenaffäre über ihn hereinbrechen. Nie zuvor in der neuesten deutschen Geschichte ist eine stolze politische Größe von der Öffentlichkeit so tief gedemütigt worden, wie es ihm widerfahren wird. Von Adenauer ist das Wort überliefert: »Wenn ich nicht mehr Bundeskanzler bin, werden alle Kübel mit schmutzigem Wasser über mir ausgießen.« Tatsächlich ist dies dem ersten Bundeskanzler erspart geblieben, aber nicht dem Riesen, der sich lange als dessen glücklicherer Enkel verstanden hat, dem die Wiedervereinigung gelungen ist und der Europa auf den Weg in Richtung Bundesstaat weit vorangebracht hat. Moralische Selbstzweifel werden ihm während dieser spektakulären Affäre nicht so sehr zu schaffen machen. Parteiführer wissen schließlich, daß einem jeden von ihnen wegen unvermeidlichen Operierens in den Grauzonen der Parteifinanzierung oder jenseits der Grenzen des Gesetzes dieses Schicksal widerfahren kann – »Così fan tutte«. Zutiefst treffen wird ihn aber, daß er damit die CDU, die ihm ein halbes Jahrhundert hindurch politische Heimat und Machtbasis zugleich gewesen ist, an den Rand des Ruins führt, und noch mehr, daß nicht wenige seiner einstigen Gefährten und viele Getreue sich empört von ihm abwenden.

Die öffentliche Entrüstung wird sich jedoch bald wieder legen. Es gehört nun einmal zu den Vorzügen von Demokratien, daß sie gelegentlich von Entrüstungsstürmen durchlüftet werden, sonst würde der Übermut der jeweils Regierenden ganz unerträglich. Was als wünschenswerte systemische Reinigung begriffen werden mag, zerbricht allerdings zuweilen die Betroffenen oder verwundet sie doch zutiefst. Solche Orkane fallen auch wieder in sich zusammen, doch folgt dann am Ende eines langen tätigen Lebens häufig das, was der pessimistische General de Gaulle, ein Riese auch er, »le naufrage de l'âge« genannt hat – der Schiffbruch des Alters.

Das alles liegt im Dämmerlicht des 17. Oktober 1998 noch im Nebel der Zukunft. Tief bewegt wird er zu seiner Verabschiedung im Tagebuch bemerken: »Es sind unwiederbringliche Momente. Der Platz vor dem Dom in der Abenddämmerung, die Menschen, die Musik, das Zeremoniell: Meine Gefühle lassen sich nicht in Worte fassen.«

Ob dem geschichtsbewußten Riesen in dieser Stunde wohl die Ambivalenz des Ortes dunkel in den Sinn kommt, an dem er sich feierlich verabschiedet? Der Speyrer Kaiserdom ist ein Denkmal der Größe, aber auch eine Grabstätte, hochgetürmte Geste des Ruhms, aber auch der Vergänglichkeit. Das Heilige Römische Reich Deutscher Nation – längst vergangen, die Kaisergräber – seit langem entweiht. Die Denkmalschützer eines antiquarischen Zeitalters haben zwar die Schale wiederhergestellt, doch den bemühten Restauratoren ist lediglich eine Illusionsarchitektur geglückt. Weiß der Riese um die Relativität aller politischen Leistung? Akzeptiert er sie? Fürchtet er sie? Oder genießt er nur ganz einfach das Empfinden, Großes gewollt und erreicht zu haben, was immer auch daraus werden mag? Die Deutschen in der DDR befreit, Deutschland wider alle Erwartung nochmals staatlich vereinigt, die Versöhnung mit den Gegnern im Kalten Krieg geglückt, die Entwicklung hin zu Europa »unumkehrbar« gemacht … Aber ist und bleibt die deutsche Geschichte periodisch nicht doch auch eine Katastrophengeschichte? Und darf man im unaufhaltsamen Geschichtsprozeß so etwas erwarten wie »Unumkehrbarkeit«?

Kein Monument in Deutschland spricht eine so deutliche Sprache von der Vergänglichkeit aller geschichtlichen Leistung wie der Kaiserdom zu Speyer mit seinen erhabenen Grabstätten.

TEIL I

Aufbruch (1930 – 1969)

Landtagswahlkampf in Rheinland-Pfalz mit Bundeskanzler Kiesinger,
Zweibrücken, 13. April 1967

Eine Stadt ohne Träume: Ludwigshafen am Rhein

Kein Bundeskanzler vor und nach ihm ist so tief in einer Industriestadt verwurzelt wie Helmut Kohl. In Ludwigshafen wird er am 3. April 1930 im Städtischen Krankenhaus geboren. Vom Elternhaus in der Hohenzollernstraße 89 ist es nicht weit zum riesigen Areal der BASF, die im Verein mit anderen Werken der Großchemie Ludwigshafen zur Chemiemetropole gemacht hat und aus Dutzenden von Schornsteinen klebrigen Ruß sowie je nach Windlage einen säuerlichen, bitteren Geruch über die Wohnviertel verbreitet. »Fabrikschmutz, den man gezwungen hat, Stadt zu werden«, lästerte 1928 der expressionistische Philosoph Ernst Bloch, der dort in der Wilhelminischen Ära aufs Gymnasium gegangen war: »Hier ist nur die Rampe für Fabriken und was damit zusammenhängt, ist Roheit und Gestank … Selten hatte man die Wirklichkeit und die Ideale des Industriezeitalters so nahe beisammen, den Schmutz und das residenzhaft eingebaute Geld.«[1] Industrieller Gigantismus und weltweites Ansehen der Ludwigshafener Industrie müssen fast ein gutes Jahrhundert hindurch mit harter Arbeit, mit staubigen Wohnungen, mit verrußten Straßen und mit geringer Lebensqualität bezahlt werden.

In der sumpfigen Rheinebene gegenüber von Mannheim war Ludwigshafen gewissermaßen aus dem Boden gestampft worden – ein Gemeinwesen ohne Geschichte und ohne Traditionen. Zu Beginn des 17. Jahrhunderts hatten die Pfälzer Kurfürsten in Mannheim auf der Landzunge zwischen Rhein und Neckar eine gewaltige Festung erbaut. Als vorgelagerte Sicherung für die Hauptfestung wurde auf dem gegenüberliegenden Rheinufer ein kleines Sperrfort errichtet – die Rheinschanze. In einer Abfolge von Kriegen – vom Dreißigjährigen Krieg bis zu den Napoleonischen Kriegen, in denen die Pfalz immer wieder verwüstet wurde – war auch dieses schwache Bollwerk immer wieder erobert, zerstört und erneut aufgebaut worden.

In den vierziger Jahren des 19. Jahrhunderts entdeckten gewiefte Unternehmer die Vorteile des Platzes. Das bereits zum Handelszentrum aufgeblühte, nunmehr ins Zeitalter der Industrialisierung eintretende Mannheim gehörte zum Großherzogtum Baden. Die linksrheinische Pfalz aber gehörte zu Bayern, dies übrigens bis zum Jahr 1940. Somit lag es nahe, auf dem bayerischen Ufer einen Freihafen zu erbauen, der dem badischen Mannheim Konkurrenz machte, und auf dem billigen Gelände Fabriken zu errichten, anfangs meist mit Mannheimer Kapital. 1843 ließ sich der ansonsten nicht besonders industriefreundliche Bayernkönig Ludwig I. zu der Entschließung bewegen, die Festung aufzuheben, die Gemarkung um die bisherige Rheinschanze wirtschaftlich nutzen zu lassen und dem rudimentären Hafen seinen allerhöchsten Namen zu geben. Die komplizierten Planungen zogen sich aber in die Länge. Erst unter Ludwigs Nachfolger Maximilian II. erfolgte Ende 1852 die offizielle Gemeinde-gründung. 1859 wurde Ludwigshafen in den Rang einer Stadt erhoben. 1867/68 kam zur Gunst der Lage noch die Gunst der verkehrstechnischen Anbindung durch den Bau einer Brücke für den Eisenbahn- und Straßenverkehr zwischen Mannheim und Ludwigshafen. Seitdem der Sieg über Frankreich 1870/71 mit der Annexion von Elsaß-Lothringen die linksrheinischen Territorien des Deutschen Reiches vergrößerte und zugleich Investitionen sicherer machte, waren beste Voraussetzungen für ein rasches Wachstum gegeben.

Als die Stadt in der zweiten Hälfte des 19. Jahrhunderts, also mit Beginn des Industriezeitalters, rasch anwuchs, wurde offenbar, daß sich Ludwigshafen von Städ-ten wie Köln, Nürnberg oder München, Hamburg und Berlin merklich unterschied. Schon wenige Jahre nach der Gründung diagnostiziert ein Beobachter »das echt amerikanische Bild der Stadt Ludwigshafen«, die »mit einer im Innern Deutschlands unerhörten Schnelligkeit binnen zehn Jahren aus dem Boden gewachsen ist«.[2] Das Stichwort »amerikanisch« wird auch von späteren Autoren gern aufgegriffen. »Ame-rikanisch«, das hieß: rapides, mehr oder weniger chaotisches Wachstum dank gün-stiger Verkehrslage und massiver Industrialisierung. Eine Stadt mitten in der Pampa, würde man heute sagen (»rings um Ludwigshafen die dunstige Ebene mit Sumpf-löchern und Wassertümpeln«, hatte der bereits erwähnte Nestbeschmutzer Ernst Bloch geschrieben).

»Amerikanisch« hieß auch: Zusammenströmen von meist jungen, zupackenden Menschen aus allen Himmelsrichtungen, also von Pfälzern, Badenern, Bayern, Hes-sen, die im Schmelztiegel der rauchgeschwärzten, übelriechenden Industriestadt zu einer Gemeinschaft zusammenwachsen, einen zähen, lebenstüchtigen Pragmatismus des Industrieproletariats und der arbeitsamen kleinen Leute entwickeln, dazu kräf-tiges Heimatgefühl in ihrer der Gemütlichkeit völlig entbehrenden Stadt, aber auch Härte und Durchsetzungsvermögen. Obschon hier die Einwohnerschaft von über-allher zusammenströmt, bleiben die Pfälzer stets tonangebend, das heißt: Auch in Ludwigshafen pulsiert ein lautstarker Geselligkeitstrieb, desgleichen eine schwer zu bändigende rebellische Neigung, aber auch barocke Lebensfreude, wie man sie den Pfälzern generell nachsagt.

An Amerika erinnert aber auch das einfallsreiche, der Sentimentalität gleichfalls entbehrende Unternehmertum jener Jahrzehnte zwischen der Achtundvierziger Re-volution und dem Ersten Weltkrieg. Familien wie den Engelhorns, den Clemms, den

Giulinis oder den Grünzweigs gelingt hier eine einzigartige Verbindung von Erfindergeist, anwendungsbezogener Chemie und kapitalistischer Produktionsweise. Einzelne dieser Gründerfamilien halten sich bis in die Jahrzehnte, in denen auch in den Direktionsetagen von Ludwigshafen »das Regime der Manager« etabliert ist. Noch zu Zeiten Helmut Kohls vertritt der CDU-Bundestagsabgeordnete Udo Giulini zwei Legislaturperioden hindurch, gefördert von Kohl, die Interessen der Großchemie im Deutschen Bundestag.

Industriegeschichtlich gesehen, stellt »das pfälzische Chicago« eine einmalige deutsche Pionierleistung dar. Die 1866 von dem Mannheimer Erfinder Friedrich Engelhorn gegründete »Badische Anilin- und Sodafabrik«, im Volksmund »die Anilin«, mit dem Akronym BASF genannt, gilt schon in den Jahrzehnten des Kaiserreichs weltweit als besonders vorbildliches Chemieunternehmen. Rauch, Schmutz, Abgase und Abwässer, für deren Aufnahme sich der Rhein so hervorragend eignet, werden in Kauf genommen. Auch gegenüber den Arbeitern und Angestellten wird im 19. und frühen 20. Jahrhundert erst einmal Kapitalismus pur praktiziert, immerhin in der Wilhelminischen Ära bei der BASF schon etwas humanisiert durch die Erkenntnis, daß man durch den Bau von Werkswohnungen, durch freiwillige Sozialleistungen oder durch Förderung von Sportvereinen wenigstens bei Teilen der Belegschaft ein Minimum an Zufriedenheit schaffen sollte. Doch die Hauptlast der Daseinssicherung entfällt wie überall in Deutschland auf den Staat und die Kommunen, und so wird es auch bleiben.

Die Großchemie wächst und wächst, auch als sich 1914 die europäischen Staaten in die »Urkatastrophe« des Weltkriegs stürzen. Ludwigshafen wird jetzt zu einem Zentrum der deutschen Rüstungsindustrie. Hier wird im Frühjahr 1915 die erste Großanlage zur Herstellung von Salpetersäure aus Ammoniak errichtet, dem Grundstoff zur Sprengstoffherstellung. Ohne das berühmte »Haber-Bosch-Verfahren« wäre die Munitionsproduktion des Kaiserreichs schon im Jahr 1915 zusammengebrochen. 1917 werden in Ludwigshafen und im benachbarten Oppau bereits rund 90 Prozent der gesamten Ausgangsmaterialien und Zwischenprodukte für die Pulver- und Sprengstoffindustrie produziert,[3] dazu jede Menge giftiges Chlorgas, das seit 1915 gleichfalls an den Fronten zum Einsatz kommt. Schon damals erlebt das kriegswichtige Ludwigshafen übrigens die ersten alliierten Bombenangriffe. Der Zweite Weltkrieg führt dann nochmals zu einer enormen Investition in die Produktion von Rüstungsgütern. Daraus folgt, daß die Stadt zum Ziel noch viel verheerenderer Luftangriffe und nach dem Zusammenbruch von Demontagen und der Expropriationspolitik der Sieger wird. Aber die Giganten der Großchemie überstehen das chaotische Auf und Ab des 20. Jahrhunderts. Im Frieden ist der Hunger der Industriegesellschaft nach Düngemitteln, Treibstoff, Acetylenprodukten und vielen anderen Stoffen ebenso unstillbar wie im Krieg der Hunger nach Sprengstoff, Flugbenzin und synthetischem Kautschuk.

Bereits in den fünfziger Jahren wachsen die großen Werke wieder aus den Ruinen empor. Das größte von ihnen ist weiterhin die BASF, die nach Zerschlagung des IG-Farben-Konzerns wieder den ursprünglichen Namen annimmt. Wie sich dieses durch Bombardierungen, Demontagen, Wegnahme der Patente und Sequestrierung schwer getroffene Unternehmen binnen Jahren erneut auf den Weltmärkten durchsetzt, bildet den Ludwigshafener Beitrag zur Saga des Wirtschaftswunders der fünfziger Jahre. Von dem großen Hermann Josef Abs, damals allmächtiger Vorstandsvorsitzender der Deutschen Bank und zugleich Aufsichtsratsvorsitzender der BASF, wird die Anekdote erzählt, er habe auf die Frage nach dem Eigentümer des Konzerns zur Antwort gegeben, man möge doch einmal die Buchstaben des Akronyms ein wenig anders gruppieren.

Der Wiederaufstieg des Unternehmens erhält bald optischen Ausdruck: Von 1955 bis 1957 wächst das konsequent funktionale BASF-Hochhaus empor, das den Namen des Firmengründers Friedrich Engelhorn erhält. Damit besitzt die Chemiemetropole Ludwigshafen, in der sich keine ehrwürdigen Dome finden, ihr angemessenes Wahrzeichen, das auch noch markant herausragt, als die Stadt von weiteren Hochhäusern übersät wird.

Dank der Exporterfolge der im Stadtgebiet angesiedelten Unternehmen gehört Ludwigshafen nach kurzer Zeit zu den wohlhabendsten deutschen Kommunen und spielt in der Liga von Hamburg, Köln, Düsseldorf, Frankfurt und München. 1970, als sich die Stadtväter großmütig entschließen, dem von der Linken als Ikone verehrten utopischen Spätmarxisten Ernst Bloch die Ehrenbürgerschaft zu verleihen, ist das von diesem einstmals so bitter kritisierte Ludwigshafen nicht mehr wiederzuerkennen. Der Kapitalismus triumphiert zwar wie eh und je, doch reformistische Sozialdemokraten und Gewerkschafter, engagierte CDU-Politiker, auch fortschrittliche Konzernchefs und Unternehmer haben – ausgestattet mit üppigen Gewerbesteuereinnahmen – die Chemiemetropole inzwischen zu einer lebenswerten Großstadt gemacht, verkehrsgerecht, konsequent von Grünflächen durchzogen und mit mehr als nur einem Hauch von Kultur.

Ludwigshafen, eine Stadt ohne Träume, in der die Großchemie alles beherrscht, wo es hart und ungemütlich zugeht – das ist die Welt des jungen Helmut Kohl. Friesenheim, das Dorf, in dem seine Großeltern mütterlicherseits sich angesiedelt haben und wo er selbst aufwächst, ist schon 1892 von dem gefräßigen Ludwigshafen eingemeindet worden. Das Werksgelände der BASF hat sich wie ein Riegel zwischen das Dorf und den Rhein geschoben und wächst breiter und breiter nach Norden hin. Kohl entstammt zwar einem Beamtenhaushalt, aber er kann der überall präsenten Großchemie nicht entgehen, und er will es auch gar nicht.

Ein Blick auf Kohls frühe Jahre zeigt exemplarisch, wie die Arbeitswelt von Ludwigshafen damals beschaffen war. Während seines Studiums arbeitet der kräftige

Bursche in den Semesterferien insgesamt zehn Monate lang, mit Gummistiefeln und Gummischürze bekleidet, in der Steinschleiferei der BASF, wo er in der schmutzigen Brühe aus Wasser und Steinstaub im Akkord Sandsteinklötze zur Auskleidung von Tiefbauschächten zurechtschleift. »Malochen« nennt man das im Ruhrgebiet. Doch die BASF zahlt die höchsten Löhne, fünf Mark pro Stunde waren es, prahlt er später, und von nun an weiß er, wie sich die sogenannte bürgerliche Gesellschaft aus Sicht der Arbeiter darstellt: »Dreieinhalb Jahre als Werkstudent waren vielleicht die Grundlage für meine spätere Laufbahn.«[4]

Nach dem Ende des Studiums folgt ein Zwischenspiel als Direktionsassistent bei der Eisengießerei Willi Mock, auch das ein Ludwigshafener Betrieb mit damals rund 250 Arbeitern und Angestellten. Das klingt vornehm, ist es aber nicht. Daß es in einer Eisengießerei genauso grob zugeht wie zuvor in der Steinschleiferei, versteht sich von selbst. Ein sogenannter Direktionsassistent kann sich nur mit ständigem Gebrüll behaupten. Die Ludwigshafener Arbeitswelt ist nichts für zarte Gemüter.

Danach lernt Kohl die Ludwigshafener Chemie gleichsam auf den höheren Etagen kennen. Während der gesamten sechziger Jahre verdient er ein anständiges Gehalt beim Landesverband der chemischen Industrie von Rheinland-Pfalz, kurz »Chemieverband« genannt, muß aber gewissermaßen zwei Jobs zugleich gerecht werden. Da ist zum einen die tagtägliche Verbandstätigkeit, wo er mit Fragen der Wirtschafts-, Finanz-, Zoll-, Steuer- und Umweltpolitik befaßt ist, zum anderen, in der Freizeit, die ausufernde politische Aktivität. Selbstverständlich wissen die Bosse, daß sie hier einen jungen Mann beschäftigen, der vielleicht politisch seinen Weg machen wird und somit von Nutzen sein kann. Aber im Ludwigshafen der frühen sechziger Jahre gibt es noch keine Sinekuren. Man erwartet, daß er sich einsetzt.

Im Jahr 1960, als er beim Chemieverband anheuert, steigt er gerade in die Kommunalpolitik ein und wirft sich dort sofort mit aller Kraft ins Zeug. Neun Jahre hindurch, bis er zum rheinland-pfälzischen Ministerpräsidenten gewählt wird, ist er hier der unumschränkte, noch vergleichsweise junge, bemerkenswert grob zulangende, stets zum heftigen Streit aufgelegte Vorsitzende der CDU-Stadtratsfraktion, die sich allerdings zu seinem großen Verdruß gegenüber den allmächtigen »Sozen« andauernd in der Position der strukturellen Minderheit befindet.

Von Mitte der sechziger Jahre an wächst Helmut Kohl spürbar aus Ludwigshafen heraus, nimmt die Aufgaben im Chemieverband und im Stadtrat aber immer noch mit Organisationsgeschick und einer physischen Robustheit wahr, die schon damals manchen erstaunt. Die Herren auf den höchsten Etagen des Chemieverbands sind sich nun darüber im klaren, daß dieser junge Mann politisch auf dem Weg ganz nach oben in Rheinland-Pfalz ist. Seine Tätigkeitsfelder werden dementsprechend verändert. Nun ist in erster Linie seine aktuelle und politische Nützlichkeit gefragt. Es wäre nicht zutreffend, ihn in dieser Phase als Lobbyisten zu bezeichnen. Dafür ist er bereits zu eigenständig. Der Chemieverband betreibt durch ihn nicht Landschaftspflege, sondern beschäftigt ihn eher als vielversprechenden Landschaftsgärtner, der seinerseits hochgestellte Manager der Chemieindustrie in sein Netzwerk eingliedert. Nun kann er sein Tätigkeitsfeld mit Billigung einsichtsvoller Chefs zusehends in den Mainzer Landtag verlagern und seine Arbeitszeit selbst einteilen. 1969, als er Ministerpräsident des Landes Rheinland-Pfalz wird, gibt er beide Positionen in seiner Vaterstadt auf, die Arbeit beim Chemieverband und den Posten als Boß der CDU-Stadtratsfraktion.

Tatsache ist jedenfalls: Helmut Kohl ist in den ersten vierzig Jahren seines Lebens Tag und Nacht auf den verschiedensten Feldern in Ludwigshafen aktiv: als Schüler und junger Parteiaktivist, als Werkstudent, als Wahlkampfleiter, von 1959 an als Landtagsabgeordneter für seine Heimatstadt, zudem während der ganzen sechziger Jahre als Fraktionsvorsitzender im Stadtrat und beim Chemieverband. Er ist somit ein Produkt dieser unsentimentalen Industriestadt, die er kennt wie seine Hosentasche, in deren Rhythmus er lebt, in der er alles über die Bedingungen der zeitgenössischen Industriegesellschaft gelernt hat, von den sehr unterschiedlichen Mentalitäten ihrer Milieus bis zu ihren Defiziten und Chancen. Im Gesichtsfeld der überregionalen Öffentlichkeit taucht er allerdings erst als Ministerpräsident von Mainz auf.

Mit Mainz verbinden sich in der damaligen Bundesrepublik die unterschiedlichsten Assoziationen: der Mainzer Karneval (»Mainz wie es singt und lacht«) oder auch die Feierabendwelt des Fernsehzeitalters bei den Mainzelmännchen auf dem Lerchenberg. Kohl selbst gibt jetzt im berühmten Weinkeller der Mainzer Staatskanzlei den burschikosen Ministerpräsidenten, der oberflächliche Besucher eher an die Pfälzer Weinstraße denken läßt und daran, wie einstmals ein Volkskundler schrieb, »daß man in diesem gesegneten Land seinen Magen … nicht umsonst hat«.[5] Doch sie täuschen sich, denn das ist nur ein Teil der Wahrheit. Wer es künftig mit Helmut Kohl zu tun bekommt, sollte tunlichst nie vergessen, daß er hier einen harten Brocken vor sich hat, der aus der ungemütlichen Industriestadt Ludwigshafen kommt, wo einem nichts geschenkt wird und wo man genauso zäh arbeiten gelernt hat wie im Schwäbischen.

Kohls Verbindung zum heimischen Ludwigshafen reißt nicht ab, als er zunächst nach Mainz geht, dann nach Bonn und ganz am Ende seiner politischen Wirksamkeit nach Berlin. Er behält seinen Wohnsitz in Ludwigshafen, wo er sich Ende der sechziger Jahre in dem etwas besseren Stadtteil Oggersheim, Marbacher Straße 11, ein geräumiges Haus gebaut hat. Auch Oggersheim ist Ludwigshafen, denn es wohnen dort nicht nur gut Betuchte, sondern ebenso Tausende von Arbeitern. In diesem Stadtteil dominieren die Sozialdemokraten, die hier in den frühen siebziger Jahren zum großen Verdruß Kohls und seiner CDU eine »Integrierte Gesamtschule« einrichten.[6] Keine heile Welt, in Oggersheim genauso wenig wie im Ortsteil Friesenheim oder in der Gartenstadt, wo Kohl zuvor gewohnt hat, wohl aber eine Welt, in der er sich offensichtlich zu Hause fühlt und in der er immer wieder Kraft tankt!

Seine Mitarbeiter in Bonn wissen zu berichten, daß er jeden Freitag pünktlich um 16.30 Uhr seinen Wagen besteigt oder als Bundeskanzler den Hubschrauber, um nach Ludwigshafen zu enteilen.[7] Natürlich hört die Politik dann nicht auf: Besprechungen, Telefonate, kürzere Fahrten zu Parteiveranstaltungen. Aber man weiß auch, daß er dort einen vom Mainzer und Bonner Betrieb weit entfernten Kreis alter Freunde trifft sowie Männer und Frauen der Ludwigshafener Parteibasis. Sie berichten ihm am Samstagmorgen im Schwimmbad, in der Sauna oder wo auch immer völlig ungeschminkt, was man in der Industriestadt Ludwigshafen tatsächlich von den Künsten der Bonner Politik hält, was Verdruß bereitet, worüber man sich aufregt und wo der Parteivorsitzende und Bundeskanzler eigentlich Remedur schaffen sollte. Am Montagmorgen warten seine Mitarbeiter schon darauf, daß er sie mit Erkundigungen oder Aufträgen herumhetzt, weil ihm der oder jener dies oder jenes gesteckt hat, was dem großen Mann einleuchtet.

In Ludwigshafen hat Helmut Kohl nicht nur seinen Wohnsitz, wo er ins Familienleben eintaucht, wohin er des öfteren Parteifreunde zitiert und wo er gelegentlich auch Staatsgäste empfängt. Die Stadt ist auch weiterhin seine kommunalpolitische Heimat. Als er 1973 Bundesparteivorsitzender der CDU wird und auch als er 1976 als Kanzlerkandidat erstmals bundesweit ausgreift, bleibt er kommunalpolitisch in Ludwigshafen verwurzelt. Seitdem er an der Spitze der Landesliste von Rheinland-Pfalz in den Deutschen Bundestag gelangt ist, versucht er unablässig, der SPD den Wahlkreis Ludwigshafen abzujagen. Viermal scheitert er dabei, erst 1990 erringt er als »Kanzler der Einheit« auch das Direktmandat. 1994 kann er es verteidigen. Doch 1998 verliert er nicht nur die Bundestagswahl, sondern auch das Direktmandat für Ludwigshafen.

Wenn nötig, macht er pointiert darauf aufmerksam, wo sich seine politische Basis befindet. Als beispielsweise Heiner Geißler Ende 1993 in der CDU/CSU-Fraktion wieder einmal an das linke Gewissen der CDU appelliert, kanzelt er ihn ab: »Ich wohne nicht irgendwo, ich wohne unter ganz normalen Industriearbeitern.«[8] Nach dem definitiven Ende seiner Karriere bleibt er nicht in Berlin. Er kehrt nach Ludwigshafen zurück, in die Marbacher Straße 11, und verbringt hier seinen Lebensabend, umsorgt von Frau Maike und besucht von treuen Jugendfreunden.

Selbstverständlich unterliegt jedermann in unseren Tagen den unterschiedlichsten Einflüssen. Das gilt ganz besonders für einen Spitzenpolitiker wie Helmut Kohl. Doch wenn einer wie er die ersten vierzig Jahre seines Lebens in seiner Geburtsstadt tätig ist, danach für weitere vierzig Jahre und mehr seinen Wohnsitz dort beibehält und das breitgefächerte politische Netzwerk weiter pflegt, muß die Prägekraft dieser

Umgebung hoch veranschlagt werden. Von den Bundeskanzlern sind nur Konrad Adenauer und Helmut Schmidt genauso »ortsfest« geblieben. So wie Kohl mit Leib und Seele ein Ludwigshafener ist, war Adenauer zeitlebens ein »kölsche Jung«, und Helmut Schmidt ist unverwechselbar ein Hamburger. Köln und Hamburg sind jedoch keine reinen Industriestädte. Sie haben viel Industrie, sind aber zugleich ausgeprägte Handelsstädte, Bankenzentren, neuerdings auch Medienzentren, und sie besitzen eine Stadtkultur, die jahrhunderteweit zurückreicht. Ludwigshafen hingegen ist primär Industriestadt, somit auch eine Arbeiterstadt, von ganz eigenem Profil und recht spezifischer Prägekraft. Diese lebenslange Verwurzelung unterscheidet Kohl von allen CDU- und SPD-Kanzlern vor und nach ihm. Bezüglich der CDU-Kanzler erübrigt sich jede Beweisführung, und bei den SPD-Kanzlern weisen der Lübecker Willy Brandt oder Gerhard Schröder, der aus einem Dorf kommt, das keiner kennt, nicht die lebenslange Einbettung in eine Arbeiterstadt auf, ungeachtet ihrer Herkunft aus dem Arbeitermilieu.

Wer somit bezüglich Helmut Kohls allein auf die Herkunft aus der Pfalz achtet, verkennt die Tatsache, daß es eine besonders markante Ecke der Pfalz ist, in der er sich zu Hause fühlt und die ihn zu einem harten Burschen machte.

Der Pfälzer

Helmut Kohl ist ein Produkt der harten Industriestadt Ludwigshafen. Doch das ist nur die halbe Wahrheit. Ludwigshafen liegt nämlich inmitten der einstmaligen Kurpfalz. Die Ludwigshafener sind waschechte Pfälzer. Kohl ist zeitlebens geradezu als Inkarnation pfälzischer Eigenarten aufgetreten. Er hat das nicht versteckt, sein breites pfälzisches Naturell vielmehr mit provozierender Selbstverständlichkeit auf der bundesdeutschen Politbühne zur Geltung gebracht, nicht zuletzt die starke Dialektfärbung seiner Sprache, die auf Nicht-Pfälzer gemütlich wirkt, aber auch ungeschlacht. »Mitten im provinziellen Milieu der deutschen Politik«, so hat dies der Publizist Johannes Gross ausgedrückt, »geht vom Oppositionsführer im Deutschen Bundestag ein strengerer Geruch von Provinzialität aus als von den anderen.«[1] Das war spitzzüngig formuliert, aber nicht unfreundlich gemeint. Gross bescheinigte Kohl nämlich zähe Willenskraft, rastlosen Tatendrang und ein offenbar kerngesundes, belastbares Naturell. Nur, das pfälzische Idiom …: »Das nutzen die Gegner; Kohl soll aussehen wie der Bauer, der sich wie die kleinen Leute am Sonntag für etwas Besseres herausstaffiert.« Weitere Zitate, die sich mit dem Pfälzertum Kohls befassen, ließen sich in Hülle und Fülle beibringen – meist aus der kritischen Presse. Ganz offenbar hat die Beobachtung, daß er aus dem pfälzischen Volksstamm kam, bei seiner Wirkung auf Dritte eine Rolle gespielt.

Nun gehört es zu den Grundtatsachen der deutschen Nationalgeschichte, daß sich die deutschen Stämme untereinander nicht besonders mögen. Wenn die Eigenart regionaler Herkunft in der Sprechweise unüberhörbar hervortritt – wie bei den Schwaben, den Sachsen, den Oberbayern, den Kölnern und den Pfälzern –, gereicht das den jeweiligen Spitzenpolitikern nicht zum Vorteil. Ihr vom korrekt geschliffenen Hochdeutsch abweichender Dialekt fördert diese Eigenart, einander nicht zu mögen. Preußisch-norddeutsche Überheblichkeit mag hinzukommen. Adenauers weichverschliffenes Kölsch schien noch erträglich, weil dieser humorvolle Bundeskanzler ein Unterhaltungstalent war, das die Lacher immer auf seiner Seite hatte. Das Schwäbisch von Theodor Heuss wurde als Merkmal behaglichen altschwäbischen Bürgertums gewertet. Bei anderen aber zeigte man sich strenger, und am allerstrengsten bei dem Pfälzer Helmut Kohl.

Bosheit und Ranküne, die in der Politik nie abwesend sind, waren dabei sicherlich mit im Spiel. Man kann aber gar nicht stark genug unterstreichen, daß Helmut Kohl als unverfälschter Sohn seiner Heimat verstanden werden wollte. Seine pfälzische Wesensart, so sah er es, gehörte zum innersten Kern seiner Identität. Die Imageberater, die mit ihm oft ihre liebe Not hatten, berichten übereinstimmend, wie er, auf diese oder jene im Fernsehen vielleicht für störend erachtete Eigentümlichkeit aufmerksam gemacht, stereotyp geantwortet habe, er lasse sich nicht verbiegen.

In unserer Darstellung wird noch hinlänglich deutlich herauszuarbeiten sein, daß Helmut Kohl ein Unikat ist – einmalig wie jedes Individuum und psychisch komplizierter, als seine massige Erscheinung erwarten läßt. Er entspricht aber auch in bemerkenswerter Weise dem Cliché, das man sich von den Pfälzern macht.

Zu den Klassikern der deutschen Volkskunde gehört eine gut geschriebene Studie des seinerzeitigen Münchener Professors Wilhelm Heinrich Riehl. Der Historiker und Journalist hatte es 1854 im Alter von 31 Jahren unternommen, im Auftrag des bayerischen Königs Maximilian II. die Besonderheiten der Bewohner in der bayerischen Rheinpfalz zu untersuchen. Maximilian war nicht zuletzt deshalb daran gelegen, weil die Pfalz während der Revolutionsjahre 1848/49 ein Brennpunkt politischer Unruhe gewesen war. Darüber hinaus zeigte sich die bayerische Verwaltung, wie eingangs schon skizziert, entschlossen, ungeachtet aller bedenklichen Erfahrungen, die man mit den Mannheimer Gewerbetreibenden und Industriearbeitern gemacht hatte, in Ludwigshafen den Weg der Industrialisierung zu beschreiten. Die Arbeit erschien 1857.[2] Schon die Überschrift der Kapitel läßt erkennen, daß Riehl deskriptiv vorging und dann aus seinen genauen Beobachtungen geistvolle Schlußfolgerungen zog. Nacheinander handelte er ab: Landesart und Landesanbau; des Volkes Stamm und Art; die Kunstdenkmale als Wahrzeichen des Volksgeistes; Siedlung und Wohnung; die Volkstracht; die pfälzische Küche; der Pfälzer Dialekt und die Dichter; politische und soziale Charakterzüge; kirchliches Volksleben. Für Volkstamm, Volksgeist oder Volkscharakter würden wir heute andere Termini wählen. Doch stellt es wirklich einen großen Unterschied dar, wenn man statt vom Stamm von ethnischen Gruppen oder statt vom Volkscharakter von gesellschaftlichen Mentalitäten spricht?

Wie es einem guten Essay entspricht, streute Riehl ohne Pedanterie in die einzelnen Kapitel pointierte Feststellungen zu den Mentalitäten in den unterschiedlichen Regionen der Pfalz von der Rheinebene über die Hardt und den Pfälzer Wald bis zum Westrich ein. Verblüffenderweise liest sich manches, was er dabei herausarbeitet, wie Charakterstudien, die witzige bundesdeutsche Journalisten der sechziger, siebziger, achtziger und neunziger Jahre über das Phänomen Helmut Kohl zu Papier gebracht haben. Die Pfälzer, so lesen wir hier, weisen den Lebensstil der Bauern und der Bürger in kleinen, überschaubaren Städten auf. Sie gehören zu den »fleißigsten Landwirten Europas«. Gerühmt werden die »fränkische Regsamkeit« und die »unvertilgbare Frische, Raschheit und Schnellkraft der Bewohner«, auch deren »angestammte Lebensklugheit«. Sie weisen aber auch andere Charaktereigenschaften auf, die man häufig bei Bauern antrifft: Der Pfälzer ist »praktisch pfiffig wie einer, dem der Büttel schon einmal die Ohren geschlitzt hat, ist schlitzöhrig, ein ›durchtriebener‹ Schlaukopf«.

Was dem Beobachter Riehl noch auffällt, sind die Fähigkeit, »Fremdes sich anzueignen«, und eine charakteristische »Rührigkeit«, »Gewandtheit«, auch »Schlagfertigkeit«, die bei diesem fränkisch-alemannischen Mischvolk ein typisch fränkisches Erbe ist. Die realistischen Pfälzer seien kein Volksstamm, der ein Übermaß an schöpferischen Geistern ersten Ranges aufweist, aber sie besäßen, vor allem in der Vorderpfalz, ein ausgeprägtes Talent »zum leichten Erfassen aller Bildungsstoffe«. Ganz ausgeprägt seien die Geselligkeit, die ziemlich hemmungslose Gesprächigkeit und das laute Wesen der Pfälzer. Irritierte Nachbarn aus anderen Regionen würden sie deshalb die Pfälzer »Krischer« nennen. Die von Redseligkeit genährte Suada der Pfälzer sei nicht zu bremsen, und der echte Pfälzer teile unablässig aus: »Auf jedes Wort muß ein Gegenwort fallen und zwar Schlag auf Schlag. Auf jede unbequeme Bemerkung muß man kräftig auftrumpfen, damit man nicht für einen Pinsel gelte. Besser du sagst eine Dummheit, als du sagst gar nichts. Sagst du die Dummheit nur recht nachdrücklich, so wiegt sie schon so schwer wie ein gescheites Wort. Andere Leute reden auch nicht lauter Weisheit, aber sie reden leiser als die Pfälzer.« Der Pfälzer sei aber nicht nur irritierend laut und reiße überall die Gesprächsführung an sich (»jedes Eisenbahncoupé wird ihm zu einer Volksversammlung«); er fluche auch gern und häufig, liebe es zu renommieren und trete nicht »barsch«, sondern »forsch« auf, wenn er eine Kraftnatur ist: »Daher gewinnt der keckste, übermütigste, ›forscheste‹ Bursch hier leichter als anderswo die größte Volksbeliebtheit.«

Zu Intonation und Rhetorik der Pfälzer teilt Riehl einige aufschlußreiche Beobachtungen mit: Die »tonlose Schlußsilbe« werde, wo möglich, weggeworfen »und durch den einfachsten Bau der Sätze ein mehr springender, stoßender Tonfall als ein eigentlicher Fluß des Wortgefüges erzielt«. In Vortrag und Akzent des Pfälzers äußere sich »ein rasches, bestimmtes, selbst trotziges Wesen … Er betont stark, oft überstark, oft zu viele Wörter in demselben Satze, er möchte alles unübertrefflich klar und bestimmt sagen. Man hört Leute, denen die Rede gleich armsdick aus der Kehle springt.«

Erwähnenswert ist aus Sicht des Volkskundlers Riehl auch die große Lust am Essen und Trinken: Bei der Kirchweih vertilge der Pfälzer »Berge von Kuchen aller Art« und riesige Mengen Fleisch. Wer es sich leisten kann, wünsche allerdings »eine ausgesuchte, herrschaftliche Tafel«, die Speisen müßten »fein und abwechslungsreich sein« und die Weine erlesen. Wie überall gebe es natürlich auch in der Pfalz das Nebeneinander der deftigen Küche einfacher und der erlesenen Küche wohlhabender Leute, aber: »… die pfälzische Küche gehört zu den ethnographisch, ökonomisch und sozial merkwürdigsten Volksaltertümern des Landes. Die Pfälzer haben in ihrer Küche vielleicht mehr konservativen Geist bewahrt als auf irgendeinem anderen Punkte des häuslichen Lebens.«

Dieses häusliche Leben gehört zu den auffälligen Merkmalen des Pfälzer Lebensstils. Diagnostiziert wird eine »ausgezeichnete Familienhaftigkeit«. Nicht nur halte der Pfälzer »die Sitten des Familienlebens mit besonderem Eifer aufrecht«, auch auf »Beachtung der Verwandtschaftsgrade« werde mit Strenge gesehen. Es versteht sich von selbst, so darf man hinzufügen, daß es in diesen Familien so zugeht, wie überall auf der Welt und zu allen Zeiten: Man lebt geduldig oder ungeduldig zusammen, erträgt sich, streitet sich, arbeitet sich aneinander ab, ist aufeinander stolz oder fügt sich Verletzungen zu. Doch wie auch immer: Die Pfälzer sind Familientiere und kommen davon ihr Leben lang nicht los.

Mit der Familie ist in den Epochen vor der Säkularisierung die Konfession unauflöslich verbunden. Doch nach dem Abklingen der konfessionellen Kämpfe in der Frühen Neuzeit, die in der Pfalz »eine Leidensgeschichte ohnegleichen« war, ist die Religiosität nunmehr eher moderat. Das ergibt sich aus der Tatsache, daß die Pfalz ein typisches Mischgebiet von Katholiken, Kalvinisten und Lutheranern ist mit einem Einsprengsel von Juden. Auch die Jahre der Zugehörigkeit des linken Ufers der Rheinpfalz zu Frankreich zwischen 1801 und 1815 bewirkten da und dort eine gewisse religiöse Indifferenz. Religiöse Toleranz war nach Riehls Beobachtungen in der modernen Pfalz jedenfalls weit verbreitet, selbst bei den meisten Bauern, so daß man »wochenlang mit ihnen verkehren kann, ohne überhaupt nur zu merken, ob er katholisch oder protestantisch ist«. So seien die Pfälzer »von Haus aus religiös, aber ein besonders kirchliches Volk kann man sie nicht nennen«.

Zu dem, was man als politische Kultur bezeichnet, finden sich bei dem scharfsinnigen Riehl nur wenige Andeutungen. Der Umstand, daß der gegen alles Aufrührerische allergische Maximilian von Bayern und die hohen Beamten des Königreichs Adressaten dieser Studie waren, mag das erklären. Immerhin konstatiert er einen dem Trotz »nahe verwandten Drang nach persönlicher Unabhängigkeit und Selbstherrlichkeit«. Dieser weit mehr für die Alemannen als für die Franken charakteristische »demokratische Zug« sei bei den Pfälzern nicht verlorengegangen. Als grundlose Verleumdung weist Riehl den von »Landesunkundigen« geäußerten Vorwurf zurück, »im pfälzischen Volk herrsche eine mächtige stille Neigung zum politischen Anschluß an Frankreich«, beschreibt dann aber pointiert den »Partikularismus des Pfälzertums«: »Der Pfälzer will nicht Franzose sein, auch nicht Preuße, nicht einmal schlechtweg Deutscher oder Bayer: Pfälzer will er sein und als Pfälzer bayerisch und deutsch.«

So weit Riehl. Seinen Beobachtungen wurde hier vergleichsweise viel Platz eingeräumt, weil der Leser so erkennen kann, daß viele Charakterzüge des jungen oder auch noch des älteren Helmut Kohl, über die man sich oft gewundert oder auch gespottet hat, Merkmale eines Pfälzertums sind, das sich bis ins 20. Jahrhundert gehalten und bei ihm ganz riesige, massive Gestalt angenommen hat, wobei er diese landsmannschaftlichen Eigenarten – manche sprechen auch von Unarten – ungeniert und geradezu lustvoll auszuleben entschlossen war.

Wenn er auf sein Pfälzertum nichts kommen läßt, so nicht nur deshalb, weil er ein starkes Ego besitzt, das stärker und stärker wurde, je höher die Rangstufen, die er erkletterte, und je mehr Erfolg er hatte. Zu seiner Identität gehört auch eine ganz natürliche, besonders stark ausgeprägte Heimatliebe. Diese geht weit, aber nicht sehr weit über Ludwigshafen hinaus. Sie erfaßt im großen und ganzen die Ausdehnung der einstigen Kurpfalz; Mannheim, zeitweilig Sitz der Kurfürsten, gehört natürlich dazu, ebenso Heidelberg mit seinem Umfeld, Speyer mit dem Kaiserdom der Salier, desgleichen Worms, die Pfälzer Weinstraße entlang dem Hügelland der Hardt von der elsässischen Grenze im Süden bis Bockenheim, Albisheim und Kirchheimbolanden im Norden, die Kaiserburg Trifels, überhaupt die Wanderparadiese des Pfälzer Waldes im Westen und des Odenwalds im Osten des Rheingrabens. Die eigentliche Achse der Kurpfalz ist natürlich der Rhein, sein Jugendparadies, wo er als Schüler noch vor dem Unterricht Rheinkrebse fängt oder als Anführer seiner Clique, zu der auch schon seine Freundin Hannelore Renner gehört, an langen Wochenenden zur Kollerinsel schwimmt und sich vom Wellengang der Rheinschlepper schaukeln läßt.

Zeitlebens pflegt Helmut Kohl drei Zugänge, sich der pfälzischen Heimat zu vergewissern: lange Wanderungen kombiniert mit gutem Essen und Trinken, die Lektüre geschichtlicher Darstellungen sowie die Unterhaltung mit Spezialisten, die heimatgeschichtlich Bescheid wissen, und schließlich – dies am häufigsten – Wahlkampfauftritte, Fahrten in amtlicher Eigenschaft oder die Gepflogenheit, höchstselbst als kundiger Fremdenführer Staatsgäste oder andere Besucher, die er mag, mit den landschaftlichen, kulturellen und gastronomischen Schätzen der Pfalz vertraut zu machen. Die Pfalz wird somit gleichzeitig erwandert, studiert und politisch erobert.

Kohl gehört noch einer Generation an, die mit dem Wandern groß geworden und lange dabei geblieben ist. Frühe Ausflüge, von denen er später gern erzählt, führen ihn mit den Eltern zum Kaiserdom in Speyer. Wenn die politischen Aktivitäten einmal ruhen, erwandert er sich in der Studentenzeit die schönsten Winkel des Odenwalds nördlich von Heidelberg. Später begleitet ihn nicht nur die eigene Familie. Wanderungen und Besuche im kurpfälzischen Raum gehören jetzt auch zu seinem politischen Kalender. Parteifreunden, die ebenfalls gerne wandern, wie der CDU-Generalsekretär Bruno Heck oder der spätere Bundespräsident Karl Carstens, bringt er ungeachtet politischer Kalküle und gelegentlicher Dissonanzen schon deshalb besondere Sympathie entgegen. Franz Josef Strauß, mit dem er des öfteren durch die Berg- und Hügelwelt in Oberbayern stapft, muß hin und wieder mit ihm durch den Pfälzer Wald marschieren. Auch Mitterrand wird gelegentlich zum Wandergefährten erkoren und scheint dieses Freizeitvergnügen zu genießen. Er tut jedenfalls so.

Alle einstigen Mitstreiter, die man befragt, wissen von den regelmäßigen »Sommerreisen« und den »Winterreisen« zu erzählen, zu denen Helmut Kohl an die zwanzig oder dreißig Teilnehmer einlädt, um tüchtig zu wandern, zwanglos zu plaudern, dabei das Gemeinschaftsgefühl zu stärken, aber auch lärmig zu bechern und zu schmausen. Die Sommerreise führt in den Pfälzer Wald mit einem Abstecher ins »Au Cheval Blanc« der Madame Zink in Niedersteinbach – auch ein Zipfel des Elsaß gehört noch zur näheren Heimat. Ziel der Winterreise ist der Odenwald. Dort geht es von der Benediktinerabtei Münsterschwarzach, wo ein erster Imbiß gereicht wird, über Amorbach bis nach Rheinbach zu »Waibels Neckarblick«. Auch ein Orgelkonzert auf der Silbermann-Orgel in der Schloßkirche des Fürsten von Leiningen gehört des öfteren zu den Höhepunkten dieser vorweihnachtlichen Exkursion.[3]

Etwas heiklere Staatsgäste, denen keine Wanderstrapazen zuzumuten sind, werden wenigstens mit den großen Orten deutscher Vergangenheit bekannt gemacht, mit dem Dom zu Speyer oder dem Hambacher Schloß, wohin der in der Metternich-Zeit polizeinotorische Radikalliberale Philipp Anton Siebenpfeiffer für den 27. bis 30. Mai 1832 zu einem »Nationalfest der Deutschen« eingeladen hatte. Kohl weiß dann am historischen Ort zu berichten, daß dort tatsächlich unter den schwarzrotgoldenen Fahnen 20 000 bis 30 000 begeisterte Republikaner zusammenströmten, auch flüchtige Kämpfer des polnischen Aufstands von 1830 und demokratische Franzosen. Er berichtet von der folgenden Repression und vergißt auch nicht zu erwähnen, daß Siebenpfeiffers Volksblatt *Westbote* für kurze Zeit in Oggersheim erschienen ist. Einer der Gäste, die er zu einer Ansprache vor beinahe 10 000 jungen Zuhörern aufs Hambacher Schloß führt, ist im Mai 1985 Ronald Reagan. Der amerikanische

Präsident erfährt bei dieser Gelegenheit, daß die deutsche Demokratie in der Pfalz seit alters her starke und tiefe Wurzeln hat und gleichzeitig in die gesamteuropäische Demokratiebewegung des frühen 19. Jahrhunderts eingebettet war. Je höher Helmut Kohl steigt und je bedeutender seine Gäste sind, um so konsequenter verbindet er die Exkursionen in der Pfalz mit politischen Botschaften. Daß auch solche Besuche in den ihm wohlbekannten ländlichen Lokalen mit erlesener heimischer Küche enden, versteht sich von selbst.

Die Wanderungen in der Pfalz würden ihn nicht so begeistern, wäre er nicht als ausgebildeter Historiker mit allen Aspekten der komplizierten pfälzischen Territorialgeschichte bestens vertraut. Sein Geschichtsstudium, das er 1958 in Heidelberg mit der Promotion abschließt, ist weder analytisch noch theoretisch ambitioniert, wie dies heute häufig der Fall ist. Es ist eine Art Liebhaberstudium eines jungen Mannes, der nicht zuletzt Freude an der Vielfalt der pfälzischen Territorialgeschichte hat, und zwar im umfassenderen Kontext der deutschen und europäischen Geschichte. Anschaulichkeit, historische Bedeutsamkeit der Vorgänge und der Persönlichkeiten, Lehren für die Gegenwart – das ist es, was er erwartet. Das Thema seiner zeitgeschichtlichen Dissertation »Die politische Entwicklung in der Pfalz und das Wiedererstehen der Parteien nach 1945« paßt in dieses Bild. So verblüfft er künftig bei Unterredungen, bei Führungen oder auch in improvisierten Ansprachen mit Detailkenntnissen und überraschenden Aktualisierungen.

Die Geschichte der Pfalz ist für ihn eine Art Mikrokosmos der Reichsgeschichte, vieldeutig, spannungsreich, zwischen Katastrophen und Aufschwüngen wechselnd. Mehr als in jeder anderen deutschen Region hat dabei die bedrängende Nachbarschaft zu Frankreich Spuren in den Orten und Spuren im Gedächtnis hinterlassen. Geben wir nochmals Wilhelm Heinrich Riehl das Wort. Wer zum ersten Mal die Pfalz durchwandert, schreibt dieser Beobachter aus dem 19. Jahrhundert, »dem treten sofort seltsame Rätsel und Widersprüche des Volkscharakters entgegen. Überall sieht er zerstörte Schlösser und Burgen und Kirchen, die Spuren weiland gebrochener Städte und verwüsteter Dörfer, und überall sagt man ihm ganz ruhig, das hätten die Franzosen getan, gleich als ob sich eine Franzosennot so von selbst verstünde wie Hagelschlag und Wassernot. Trügen die Pfälzer den bittersten Groll in der Brust gegen alles Französische, man würde es natürlich finden; statt dessen halten sie gute Nachbarschaft und haben mit leichtem Sinn das Schlimme vergessen, obgleich noch bei alter Leute Gedenken (1794) das Land zum letzten Male von den Franzosen systematisch verwüstet und ausgeplündert worden ist.«[4]

Bekanntlich ist die deutsche Geschichte und die der deutsch-französischen Beziehungen danach weitergegangen, wobei im 20. Jahrhundert deutsche wie französische Besatzungen, Zerstörungen und systematische Ausplünderungen sich abgelöst und aneinander aufgeschaukelt haben. Daß dies auch in der Pfalz bis weit in die fünfziger Jahre des 20. Jahrhunderts zu antifranzösischem Mißtrauen und zu Aversionen führte, ist bekannt. Die Reaktionen auf vergangene Leiden und Kränkungen sind immer vielfältig. Doch Helmut Kohls emphatische Grundeinstellung erinnert doch in vielem an jene gelassene, lebenspraktische Versöhnlichkeit, die in der Pfalz anscheinend auch in weiter zurückliegenden Friedensepochen zu beobachten war.

Eine tiefe Vertrautheit mit jedem Winkel seiner Heimat gewinnt Helmut Kohl schließlich durch seine politischen Aktivitäten. Von so gut wie jedem Ort der Kurpfalz zwischen Simmern und Landau, zwischen Zweibrücken und Heidelberg wird er künftig dies oder jenes zu erzählen haben und dabei mit seinen historischen Detailkenntnissen glänzen. Nach Art eines echten Hobby-Lokalhistorikers weiß er über die Territorialgeschichte im kleinsten Winkel seiner engeren Heimat Bescheid, und das natürlich viel besser als jeder, der sich mit ihm messen möchte. So führt der eben abgewählte Kanzler beispielsweise mit dem Oberpfälzer Heribert Prantl, den er für einen vorlauten linken Vogel hält (nicht »frei von hinterhältigen Bösartigkeiten«),[5] am Abendtisch des CDU-Parteitags zu Erfurt ein heftiges Wortgefecht über die historische Zugehörigkeit von Oggersheim, wo Kohl seinen Wohnsitz hat, und Nittenau, wo Prantl herkommt.[6]

Am wichtigsten sind ihm natürlich die Anekdoten aus eigenem Erleben. Die Pfälzer Wahlkampfeinsätze beginnen bereits in der Schulzeit. Beim Bundestagswahlkampf 1949 nimmt er an der nachmals berühmten Wahlkundgebung der CDU am 21. Juli auf dem Heidelberger Schloß teil, auf der Adenauer, der bayerische Ministerpräsident Hans Ehard und Gustav Heinemann an einem prächtigen Sommerabend unter den Klängen des Einzugsmarschs aus Richard Wagners *Tannhäuser* erscheinen, die 5000 Zuhörer auf den Kampf gegen die Sozialdemokratie einschwören und am Schluß mit ihnen das »Niederländische Dankgebet« singen: »Wir treten zum Beten vor Gott, den Gerechten … Der alle seine Feinde wird stürzen zu Grund …«[7] Die Pointe der Geschichte besteht darin, daß es ausgerechnet Gustav Heinemann ist, den Kohl mit seinem Begleitkommando aufs Schloß lotst. Oder er erinnert sich an die zentrale Pfälzer Wahlkampfkundgebung der CDU mit Jakob Kaiser in der alten Festungsstadt Landau wenige Wochen später, wo an die 3000 Teilnehmer zum Ärger französischer Besatzungsoffiziere begeistert die erste Strophe des Deutschlandlieds anstimmen, obschon sie umsichtig aufgefordert wurden, bitte nur die dritte Strophe zu singen.[8] Damals ist die Befürchtung noch nicht ganz ausgeräumt, die französische Besatzungsmacht könnte weiterhin versuchen, die Pfalz als scheinautonomes Gebiet von Deutschland abzutrennen wie zur selben Zeit das Saarland.

Zu den stärksten und politisch wichtigsten Einsichten, die Kohl aus seiner Beschäftigung mit der pfälzischen Landesgeschichte gewinnt, gehört somit auch die Gewißheit, daß politische Grenzen nur auf Zeit bestehen. Das Beispiel Pfalz zeige, so weiß er immer wieder auszuführen, die Relativität staatlicher Einheiten und die Ver-

änderbarkeit von Staatsgrenzen. Denn die Pfalz ist alles, nur kein eindeutig festge-
legtes Gebilde. Zwar gehört die Kurpfalz mit dem Zentrum Heidelberg seit dem
14. Jahrhundert zu den bedeutenden Territorien des Reiches, aber Abspaltungen, Zerfall und Zusammenschlüsse der verschiedenen Linien bewirkten ständige Veränderungen. Wer weiß heute noch, daß zeitweilig auch Düsseldorf und Jülich kurpfälzisch
waren? Zu den Unkalkulierbarkeiten geschichtlichen Wandels gehörte auch der Umstand, daß 1777, kurz vor der Französischen Revolution, Karl Theodor, Kurfürst von
der Pfalz, auch Kurfürst von Bayern wurde und seine Hauptstadt von dem kulturell
strahlenden Mannheim nach München verlegte. Von da an wurde die linksrheinische
Rheinpfalz bis zum Jahr 1940 von München aus verwaltet. Nur für die kurze Phase
der Angliederung an Frankreich von 1801 bis 1815 galt dies nicht.

Die ersten zehn Lebensjahre Helmut Kohls in Ludwigshafen fielen in die Endphase der Zugehörigkeit der Rheinpfalz zu Bayern. In den Besatzungsjahren erfolgte
ein erneuter Umbruch. Am 30. August 1946 errichtete Frankreich in seiner Besatzungszone das äußerst heterogene Staatswesen Rheinland-Pfalz. Mit der bayerischen Rheinpfalz wurden die Regierungsbezirke Trier und Koblenz zusammengefügt, also der Südteil der preußischen Rheinprovinz. Linksrheinisch reichte das
neue Land nun bis Remagen, also vor die Tore Bonns. Hinzu kam der einstmals
hessische Regierungsbezirk Rheinhessen-Pfalz mit dem Westerwald auf dem rechten Rheinufer. Zum Regierungssitz dieses willkürlich zurechtgeschniderten Landes
bestimmte die Besatzungsverwaltung Koblenz. Erst 1950 wurde Mainz zur Hauptstadt des Landes Rheinland-Pfalz.

Bekanntlich gelang es, den Retortenstaat Rheinland-Pfalz zu konsolidieren und
ihm schließlich eine geeignete Verwaltungsstruktur zu verpassen, woran auch Helmut Kohl als Ministerpräsident in den Jahren 1969 bis 1976 einigen Anteil hatte.
Beim Blick auf die über die Jahrhunderte sehr wechselvolle Geschichte der Pfalz
zeigt gerade diese letzte Phase erneut die Relativität der Grenzen. Denn ob der Regierungsbezirk Pfalz wirklich in den Grenzen von Rheinland-Pfalz verbleiben
würde und verbleiben sollte, war anfangs recht fraglich. Viele stellten sich auf den
Boden der neugeschaffenen Tatsachen. Manche aber fragten: Sollte man nicht versuchen, so etwas wie die ehemalige Kurpfalz wieder zu errichten? Sprachen nicht
vor allem wirtschaftliche Gesichtspunkte dafür, den Großraum Mannheim, Ludwigshafen und Heidelberg zusammenzuführen? Oder war die Rückkehr zu Bayern
eine denkbare Option, wofür sich die Münchener Regierung stark machte? Demgegenüber gab es in Wiesbaden, in Karlsruhe und in Mannheim politische und
wirtschaftliche Kräfte, die eine Verbindung der Pfalz mit Hessen beziehungsweise
mit den einstmals badischen Landesteilen für vorteilhaft hielten. In den rund dreißig Jahren, in denen Helmut Kohl mit steigender Intensität in Ludwigshafen, in der
Pfalz und im gesamten Bundesland Rheinland-Pfalz politisch tätig war, bildete so-

mit die Frage der Grenzen der Pfalz und ihrer Einbettung in die gleichfalls neuerrichtete Bundesrepublik ein wichtiges Thema der Innenpolitik und kann deshalb
im Kontext seiner Biographie nicht ganz unerwähnt bleiben. Die Pfalz war und
blieb ein vieldeutiger Begriff – politisch, kulturell und wirtschaftlich.

Der entscheidende Punkt war aber auch hier: Die jüngste Zeitgeschichte bestärkte Helmut Kohl in seiner Überzeugung von der Relativität staatlicher Grenzen.
Gerade mit Blick auf die drei Jahre lang vom übrigen Deutschland völlig abgeschot-
tete französischen Zone sprach alles dafür, die willkürlich gezogenen Grenzen
schnellstens zu überwinden. Für das benachbarte Saarland, das bis zum Beitritt zur
Bundesrepublik im Jahr 1957 genauso abgetrennt war, galt dasselbe. Somit war die
Frage mehr als naheliegend: Galt die geschichtliche Grundtatsache periodischer Ver-
änderbarkeit der Landesgrenzen nicht auch für die Nationalstaaten? Durfte man
beim Blick auf diese genauso stark bewegte Territorialgeschichte des benachbarten
Luxemburg oder des Elsaß nicht ebenfalls erwarten, daß neue Bedingungen zu
Wandlungsprozessen führen und die geheiligten Grenzen relativieren würden?
Zwangen die Gebote der Friedenssicherung, der wirtschaftlichen Zusammenarbeit
und der kulturellen Verwandtschaft nicht im gesamten westlichen Europa zu einer
grenzüberwindenden Politik? Belassen wir es vorerst bei diesen Andeutungen. Das
europapolitische Wollen Helmut Kohls erschließt sich nur dann voll und ganz, wenn
man ihn aus den über lange Zeiträume hinweg wechselvollen geschichtlichen Bedingungen der Pfalz zu begreifen versucht.

Herkunft

Die deutschen Bundeskanzler sind größtenteils tüchtige Aufsteiger aus dem Kleinbürgertum, oder sie stammen aus proletarischen Verhältnissen. Den Anfang macht
Konrad Adenauer, Sohn eines Justizsekretärs, der zuvor Berufssoldat war. Der studierte Jurist Adenauer heiratet zwar ins Besitzbürgertum ein, übernimmt mühelos
die Attitüden der Oberschicht, und als er Bundeskanzler wird, meinen viele, er sei ein
echter Großbürger. Tatsächlich aber ist er ein zäher und kluger Aufsteiger. Ähnlich
steht es mit Kurt Georg Kiesinger, dessen Vater Geschäftsführer einer kleinen schwäbischen Korsettfabrik war, später Angestellter in der Textilindustrie des schwäbischen Städtchens Ebingen.[1] Wie Adenauer ist auch Kiesinger ein Homo novus aus
dem Kleinbürgertum, der seinen Weg als Jurist macht. Vergleichbar auch Helmut
Schmidt: der Vater ein tüchtiger Handelslehrer auf dem Weg nach oben, die Mutter
Tochter eines Schriftsetzers. »Die Kleinbürgerfamilie«, in die er geboren wird,
schreibt sein Biograph, »befand sich im Aufstieg ins mittlere Bürgertum«.[2] Schmidt
gelangt durchs Studium der Ökonomie auf die politische Karriereleiter.

Willy Brandt und Gerhard Schröder haben es noch schwerer. Sie schaffen von ganz unten den Weg ganz nach oben. Brandt ist das uneheliche Kind einer Verkäuferin, das im Haus des Großvaters, eines Kraftfahrers, aufwächst und in der Emigration über den Journalismus und durch politische Aktivitäten vorankommt.[3] Die Mutter Gerhard Schröders muß zeitweilig als Putzfrau arbeiten, der im Krieg gefallene Vater war reisender Kirmesarbeiter. Auch Schröder schafft sich als Jurist eine Berufsbasis. Nur zwei Bundeskanzler kommen aus einem Milieu, das man als gutbürgerlich bezeichnen kann: Ludwig Erhards Vater hat ein Wäsche- und Ausstattungsgeschäft hochgebracht und gehört der soliden Mittelschicht an;[4] die Bundeskanzlerin Angela Merkel ist die Erste in diesem Amt, die aus einer Akademikerfamilie stammt, und sie ist die einzige Naturwissenschaftlerin. Alle Bundeskanzler erreichen ihre Spitzenposition über die Parteischiene, auf die sich Adenauer, Brandt, Schmidt und Schröder schon früh begeben, Erhard, Kiesinger und Merkel dagegen vergleichsweise spät.

Helmut Kohl paßt somit durchaus ins Bild der Bundeskanzler, die in eigener Person zweierlei dokumentieren: erstens, daß die Bundesrepublik eine durchlässige Gesellschaft ist, in der ehrgeizige und tüchtige Persönlichkeiten ganz nach oben gelangen können, und zweitens, daß der Weg in diese Positionen allein über die Parteien führt. Auch Kohl kommt aus dem unstudierten Kleinbürgertum. Auch er erwirbt sich durch ein Universitätsstudium die erforderlichen Kenntnisse und Reputation. Aber anders als die meisten anderen Kanzler verschreibt er sich bereits im Alter von sechzehn Jahren der Politik, darin nur vergleichbar mit Willy Brandt, der als Lübecker Oberschüler schon mit fünfzehn Jahren bei den Roten Falken aktiv war, weshalb ein wohlmeinender Oberstudienrat seine Mutter gewarnt haben soll: »Der Junge hat gute Anlagen, es ist schade um ihn. Die Politik wird ihn ruinieren!«[5] Helmut Kohls Vater hat das ähnlich sorgenvoll gesehen, auch wenn sich der Sohn hütet, der Nachwelt allzu krasse Warnungen mitzuteilen.

Die Familiengeschichte Helmut Kohls ist denkbar unspektakulär und beinhaltet jene Fülle von glücklichen und fatalen Entscheidungen oder Zufällen, von Tragödien, Erfolgserlebnissen, Plackerei und Pflichterfüllung, wie sie auch im Lebenslauf kleiner Leute auftreten.[6] Kohls Vater Johann Kaspar, Hans gerufen, Jahrgang 1887, ist der Erstgeborene einer Bauernfamilie aus dem unterfränkischen Dorf Greusenheim. Es liegt fünfzehn Kilometer von Würzburg entfernt in einer Talsenke. Die Großeltern Kohls sind arbeitsame Leute, aber auch Pechvögel. Von den elf Kindern sterben sieben, bevor sie zehn Jahre alt sind. Der Hof fällt einer Feuersbrunst zum Opfer, doch man schlägt sich weiter dort durch. Hans Kohl verläßt das karge Elternhaus im Alter von vierzehn Jahren, um in einer Mühle zu arbeiten. Mit neunzehn – man schreibt das Jahr 1906 – wird er zu einem bayerischen Regiment eingezogen und entschließt sich, Berufssoldat zu werden. So kommt er nach Landau in der Pfalz.

Den Ersten Weltkrieg macht Hans Kohl bei der berittenen Artillerie im Fronteinsatz mit, wird dekoriert und außer der Reihe zum Offizier befördert. Beim Kriegsende 1918 ist er Oberleutnant und Kompanieführer einer Transporteinheit. Er erhält eine Stelle in der bayerischen Finanzverwaltung und kann 1920 Cäcilie Schnur aus dem Ludwigshafener Ortsteil Friesenheim heiraten, die er schon seit längerem kennt. Erst ist er im heimischen Unterfranken tätig. 1929, ein Jahr vor der Geburt des Sohnes Helmut, erreicht er die Versetzung nach Frankenthal unweit von Ludwigshafen, dann ans Finanzamt von Ludwigshafen, wo er pflichtbewußt und akribisch seine Arbeit als Finanzbeamter der mittleren Laufbahn verrichtet. Im Jahr 1950 muß sich der 63 Jahre alte Obersteuersekretär aufgrund eines Herzleidens vorzeitig pensionieren lassen. Als Pensionär wird er das für sein Dafürhalten viel zu ziellose Studium seines Sohnes Helmut kritisch beobachten, aber dann dessen steile Karriere in Rheinland-Pfalz und die Wahl zum CDU-Bundesvorsitzenden staunend miterleben. Er verstirbt im Herbst 1975 im Alter von 88 Jahren, als sich Helmut Kohl im zähen Fingerhakeln um die Kanzlerkandidatur gerade an Franz Josef Strauß abarbeitet.

Der väterliche Zweig der Familie Helmut Kohls hat also seine Wurzeln im ländlichen Franken. Die familiäre Verbindung reißt nicht ab. Einfache Familien können sich in jenen Jahrzehnten keine kostspieligen Sommerurlaube leisten. Wenn möglich geht man in den großen Ferien zu Verwandten aufs Land, um beim Heuen und bei der Ernte zu helfen. In seinen Memoiren schwärmt Helmut Kohl davon, wie es zwischen 1936 und 1941 Jahr für Jahr im Bummelzug nach Würzburg ging, wo er die Sommerferien im Umfeld seines Onkels in einer Mühle mit dem dort lebenden Getier verbringt. Noch als Bundeskanzler ist er ganz verrückt mit Tieren: Besucher dürfen in seinem Büro das berühmte Aquarium bestaunen. Beim Rückblick auf den eigenen Lebenslauf beteuert er gern: »Wenn wir einen Bauernhof gehabt hätten, hätte ich Landwirtschaft studiert und daraus etwas gemacht.«[7]

Mütterlicherseits weist Kohl einen echten Pfälzer Stammbaum auf. Sein Großvater Joseph Schnur ist im Hunsrück geboren und stammt aus einer Lehrerfamilie. Anfang der achtziger Jahre des 19. Jahrhunderts besucht er das katholische Lehrerseminar in Trier. Da er katholischer Konfession ist, so erzählt man in der Familie, zieht es ihn in die bayerische Rheinpfalz, wo in Konfessionsfragen größere Liberalität herrscht. 1884 erhält er eine Lehrerstelle in Friesenheim. So kommt er und mit ihm die Familie mütterlicherseits nach Friesenheim, das damals, in den achtziger Jahren des 19. Jahrhunderts, seinen dörflichen Charakter noch bewahrt hat, obgleich sich dort schon in rasch zunehmender Zahl Arbeiter ansiedeln. Auf dem Land und in kleinen Städten sind Volksschullehrer zu jener Zeit Respektspersonen, Joseph Schnur offenbar ganz ausgeprägt. Wie es sich gehört, ist er auch Organist und dirigiert den Kirchenchor.

Jetzt macht er, so heißt das in dieser grauen Vorzeit der kleinbürgerlichen Gesellschaft, »eine gute Partie«. Seine Frau Anna Maria, eine geborene Hoecker, stammt aus großbäuerlichem Haus. Ihre Eltern besitzen auch Land, das in den Randzonen des aufstrebenden Ludwigshafen rasch im Wert steigt. Der Schwiegersohn erhält ein ausgedehntes Grundstück, auf dem er und sein Bruder Ende der neunziger Jahre ein geräumiges Doppelhaus erbauen, umgeben von einem großen Garten, Helmut Kohls späteres Jugendparadies. Um die Jahrhundertwende ist Friesenheim bereits ein Stadtteil von Ludwigshafen, doch in diesem Teil des Ortes hat sich der ursprüngliche Charakter noch erhalten. Heute ist die Hohenzollernstraße 89 von Verkehrsströmen umgeben und unwirtlich, doch damals grenzte das Anwesen an einen Feldweg. Im Garten gab es an die vierzig Obstbäume und jede Menge Sträucher, große Gemüsebeete und genügend Platz für allerlei Viehzeug. Bis weit ins 20. Jahrhundert hinein erhält sich dort ein ländliches Idyll am Rande der Fabriklandschaft Ludwigshafens.

Joseph Schnur hat vier Kinder. Die 1890 geborene Tochter Cäcilie heiratet 1920 den ehemaligen Oberleutnant Hans Kohl, der inzwischen Finanzbeamter geworden ist. Das Ehepaar hat drei Kinder. Die 1922 geborene Tochter Hildegard wird Fremdsprachenkorrespondentin, arbeitet bei der BASF und heiratet schließlich einen Ingenieur. Sie erlebt die ganze lange Karriere ihres jüngeren Bruders aus der Ferne und verstirbt 2003. Im Jahr 1925 kommt der Sohn Walter zur Welt. Mutter Cäcilie gibt ihm den Namen ihres jüngeren Bruders, der in den ersten Tagen des Ersten Weltkriegs gefallen ist, und muß später erleben, wie auch dieser Sohn im Zweiten Weltkrieg, neunzehn Jahre alt und ein halbes Jahr vor Kriegsende, bei einem Tieffliegerangriff zu Tode kommt. Der Jüngste in dieser Familie ist Helmut Kohl, Jahrgang 1930, ein Nachzügler. Seine Mutter ist bei der Geburt schon vierzig Jahre alt, und sie kann sich nicht schonen, denn in jenen Jahren ist das Leben an der Seite eines mittleren Finanzbeamten, der sich über die Dienstalterstufen emporarbeiten muß, kein Zuckerschlecken, zumal jetzt die vom Reichskanzler Brüning verfügten Notverordnungen diesen Beamtenhaushalt zu noch größeren Einschränkungen zwingen.

In dieser Lage ist es ein Glücksfall, daß der Haushalt von Hans und Cäcilie Kohl im Jahr 1932, nach dem Tod von Großmutter Schnur, das Anwesen in der Hohenzollernstraße 89 beziehen kann. Haus und Garten in der Hohenzollernstraße werden nun Helmut Kohls heimisches Nest, das alle Bombardierungen Ludwigshafens übersteht und in dem er fast dreißig Jahre lang bei den Eltern wohnt, bis er Ende der fünfziger Jahre seinen eigenen Hausstand gründet. Die Eltern verbleiben dort bis ans Ende ihrer Tage.

Wann immer Kohl von seinen Eltern spricht, läßt er keinen Zweifel daran, daß er sie geschätzt und geehrt hat. Neugierige Frager, die etwas mehr erfahren möchten als die später schon oft mitgeteilten Charakteristiken, werden abgebürstet. Im Jahr 2011 wird er beispielsweise gefragt: »Eltern sind bekanntlich immer sehr verschieden,

Die Geschwister Kohl in den 1930er Jahren

und die Kinder orientieren sich häufig nach der einen oder anderen Seite. Wenn Sie sich an Ihren Vater oder an Ihre Mutter erinnern, was hat Sie an Ihrer Mutter vor allem überzeugt und geprägt, vielleicht auch geärgert und befremdet? Was bei Ihrem Vater?« Kohls Antwort: »Geprägt hat mich bei meiner Mutter ihre mütterliche Fürsorge. Ihr Denken an andere, ihre Offenheit, auf andere zuzugehen. Bei meinem Vater die enorme Pflichttreue und sein Pflichtbewußtsein. Geprägt hat mich auch bei beiden die gravierende Veränderung durch den Tod meines Bruders, der im November '44 gefallen ist – die Veränderung habe ich bei beiden erlebt, bei meinem Vater stärker als bei meiner Mutter. Befremdet oder geärgert sind keine Begriffe, zu denen mir mit Bezug auf meine Eltern etwas einfällt. Sie sind ganz unpassend für unser Verhältnis.«[8]

Über Kohls erste Jugendjahre ist naturgemäß nicht viel Faßbares zu erfahren. Wann immer er sich dazu äußert, spricht er von dem Garten und den anliegenden,

noch unbebauten Wiesen, wo er sich sehr wohlgefühlt habe, »typischer kleiner Beamtenhaushalt wie Millionen andere«[9] eben, notgedrungen sparsam, mit bescheide-
nen Ansprüchen. So viel wie möglich wird im weitläufigen Garten angebaut und
geerntet, Gemüse, Obst, Beeren, oder aufgezogen, um dann verspeist zu werden: eine
Kolonie von Stallhasen, Hühner, Puten, auch ein Pfau, der allerdings dem Schlacht-
messer entgeht. Gerade im Krieg und in den Hungerjahren danach kommt man nur
dank des Gartens einigermaßen über die Runden. Helmut Kohl hat Freude am Halten von Tieren – Seidenraupen, Stallhasen, Federvieh, Fische. Das wird so bleiben.
Später dürfen Besucher im Amtszimmers des Bundeskanzlers die Zierfische im großen Aquarium gebührend bewundern, und seine Umgebung weiß, daß der Parteivorsitzende und Kanzler gern einen Besuch im Zoo macht, wenn er sich in Berlin
aufhält.

Von Kindesbeinen an ist Helmut Kohl zudem ein geselliger Typ. Seine acht
Jahre ältere Schwester weiß zu erzählen, ihr Bruder sei schon früh durch eine ausgesprochene Soziabilität aufgefallen, habe beispielsweise schon am ersten Schultag
einen Trupp Jungs, die er bis dahin gar nicht gekannt hatte, ins Elternhaus ge-
schleppt.[10] Besonders kräftig und hochgeschossen ist er noch nicht, das kommt erst
nach Eintritt der Pubertät, aber vital, einfallsreich und immer zu Streichen aufgelegt.
Er schafft es schon früh, eine Bande um sich zu scharen. Von allen Zügen, die vom
jungen Kohl überliefert werden, ist dieser wohl der wichtigste: sein Talent, sich laut,
ungeniert, häufig auch durch Prügeleien, zum Anführer einer Clique zu machen, die
ihm folgt. Der heranwachsende Frechdachs bezieht vom Schulrektor öfters kräftige
Prügel, gelegentlich auch zu Hause. Die Jahrzehnte gewaltfreier Erziehung liegen
noch in weiter Ferne. Kohl selbst bekennt, in jenen Jahren ein eher widerwilliger,
schlechter Schüler gewesen zu sein. Mit seiner Bande zu spielen oder zu Hause in
Karl-May-Büchern zu schmökern, war interessanter. In dem alten Kasten der kurz
vor dem Ersten Weltkrieg errichteten Rupprechtschule[11] treibt er es nicht viel anders
als in der nahegelegenen Oberrealschule in der Leuschnerstraße, wohin ihn die
bildungsbewußten Eltern schicken. Dort wird er mit kriegsbedingter Unterbrechung in den Jahren 1943 bis 1945 alle Klassen durchlaufen und 1950 Abitur machen.

Markiert der Kriegsausbruch 1939, den er im Alter von neun Jahren erlebt, wirk-
lich schon einen tiefen Einschnitt? Etwas dramatisierend berichten er und seine
Schwester, bei Kriegsausbruch seien die Jugendjahre abrupt zu Ende gegangen. Natürlich kommt nun mehr Dramatik ins Leben: Der Vater muß als Reserveoffizier
Dienst tun, vom Westwall her ziehen evakuierte Landwirte durch die Stadt, nach dem
Frankreichfeldzug paradieren siegreiche Panzereinheiten unter dem Jubel von Zehntausenden durch Ludwigshafen.[12] Jedermann sitzt am »Volksempfänger«, um den
Wehrmachtsbericht zu hören. Im Mai 1940 fliegen französische Flugzeuge einen er-
sten Angriff auf die Stadt, und im Vorgarten der Hohenzollernstraße schlägt ein

Helmut Kohl (3. Reihe, 5.v.l.) als Schüler, 1939

Blindgänger ein. Aber die recht unwirksamen Bombardierungen sind eher ein Anlaß, zu den Einschlagstellen hinzufahren, um zu gaffen, und noch nichts Ernsthaftes. Sicher, die Stadt verzeichnet schon eine Menge Gefallener, zwölf im Jahr 1939 und 148 im Jahr 1940.[13] Doch noch lebt man in der Chemiemetropole Ludwigshafen relativ ruhig. Siebzig Jahre später wird Kohl die Frage vorgelegt: »Wann war nach Ihrem Empfinden die Lebensqualität in Ludwigshafen eigentlich am besten – vor 1943 oder in den fünfziger Jahren, in den achtziger Jahren oder heute?« Seine Antwort lautet: »In der kurzen Zeit vor 1943 – es war noch Frieden, der Krieg war noch fern, die Welt schien noch in Ordnung, aber nicht mehr für lange.«[14]

1940, 1941, auch 1942 sind alles in allem recht normale Jahre. Der Vater kommt zwar nur gelegentlich auf Urlaub. Aber auch in den Sommerferien 1940 und 1941 geht's wie in besten Friedenszeiten wieder zur Mühle in Würzburg. Die nicht überfürsorgliche Mutter läßt den Jüngsten jetzt schon ganz allein mit der Bahn nach Würzburg fahren. Selbständigkeit auch gegenüber der eigenen Familie wird in jenen Jahren groß geschrieben. Von den ersten Jahren beim Deutschen Jungvolk, die in seinem Fall 1940 beginnen, hat Helmut Kohl später nie viel zu erzählen geruht. Mit zehn und elf Jahren macht man sich über eine gewisse Spannung zwischen dem eigenen christlich geprägten, nicht-nazistischen Elternhaus und der Staatsjugend noch nicht viele Gedanken. Wöchentliches Exerzieren, Flaggenappelle, Mithilfe bei

Sammelaktionen, Geländespiele und das sonstige Drum und Dran gehören so selbstverständlich zu seinem Alltag wie der Schulunterricht. Der Sohn eines Offiziers bei der Wehrmacht wird am vormilitärischen Drill kaum Anstoß genommen haben. Alle Berichte Dritter und auch Kohls eigene Andeutung verhehlen nicht, daß er damals ein kleiner Rabauke war. Die bei Geländespielen des Deutschen Jungvolks unvermeidlichen Rangeleien können ihm also nicht mißfallen haben, auch nicht der Betrieb mit Heimabenden, Fahrten und Zelten. Wohin die Reise geht, kommt wohl auch ihm erst voll zu Bewußtsein, als um Mitternacht vom 5. auf den 6. September 1943 der Krieg mit voller Macht über Ludwigshafen hereinbricht.

Ein Kriegskind

Ernst Jünger, der Verfasser der *Stahlgewitter*, für den Helmut Kohl eine ganz bemerkenswerte Hochachtung empfindet, hat in einem seiner Kriegsbücher geschrieben: »Der Krieg, aller Dinge Vater, ist auch der unsere; er hat uns gehämmert, gemeißelt und gehärtet zu dem, was wir sind.«[1] Anders als der Kriegsfreiwillige und seinerzeitige Militarist Ernst Jünger hat Helmut Kohl nie gedient und zeitlebens eine zivilistische Mentalität an den Tag gelegt. Aber er gehört zu den Alterskohorten, die im Zweiten Weltkrieg sehr wesentliche Prägungen erfahren haben. Daß er in einer normalen Familie mit festen Grundsätzen aufwuchs, vermittelte ihm gewiß viel von jener ganz ungebrochenen Daseinssicherheit, die er zeitlebens an den Tag legt. Aber nicht so sehr die behütete Kindheit ist die prägendste emotionale Erfahrung, sondern die Kriegszeit.

Helmut Kohl ist ein Kriegskind. Die Zeit des Krieges hinterläßt bei ihm wie bei so vielen aus den Alterskohorten zwischen 1928 bis 1935 die tiefsten Spuren. Die meisten dieser Kinder haben in jenen Jahren mehr erlebt als die später Geborenen in einem ganzen langen Leben: die tägliche Sorge um die Familienangehörigen bei der Wehrmacht, Entsetzen über die Todesanzeigen, Wellen von Angst in den Luftschutzkellern und Hochbunkern, Haß auf die Feinde und zunehmenden Zynismus gegenüber dem NS-Regime. Sie lernen im Deutschen Jungvolk und in der Hitlerjugend forcierten Nationalismus, forcierten Wehrwillen und Durchhalteparolen kennen, aber nicht zuletzt auch das Gemeinschaftserlebnis mit Gleichaltrigen.

Bekanntlich gehört der Politiker Helmut Kohl später zu denen, die von einem geradezu unstillbaren Bedürfnis getrieben sind, Gesprächspartnern aus dem Ausland und einer breiten Öffentlichkeit seine persönlichen Erfahrungen mitzuteilen. Das ist und bleibt nun einmal sein sehr privatistischer, von vielen Intellektuellen belächelter Ansatz, mit dem er auch in der großen Politik durchaus Erfolg hat. Aber indem er nur von den geläuterten Emotionen und von der im Deutschland jener Jahre nicht selbstverständlichen Distanz seiner Familie zur Hitlerei spricht, schreibt und schreiben läßt, verwischt er gewollt oder ungewollt die wirren, widersprüchlichen Stimmungen der Kriegskinder, die sich ebenso wenig wie ihre Eltern den Bedingungen des Krieges entziehen können und die anfangs ähnlich national und kämpferisch empfinden wie eine Margaret Thatcher in Großbritannien oder die jugendlichen Sympathisanten der Résistance in Frankreich. Für viele dieser Kriegskinder sind Erinnerungen an jene harten Jahre so etwas wie ein Palimpsest, auf dem in klarer, leuchtender Schrift ein Text verzeichnet ist, der für die heutige Zeit gilt und dessen Gültigkeit nicht mehr hinterfragt wird. Reibt man aber die neue Schrift weg und präpariert man das Pergament behutsam, dann treten ältere, fast völlig verwischte Schriftzeichen hervor.

Nachdem sich der Krampf der Kriegsjahre gelöst hat und die Kriegskinder zu Verstand gekommen sind, schreiben viele wie Helmut Kohl gewissermaßen nur noch das aufs Pergament, was sie inzwischen für richtig erkannt haben: daß ein moderner Krieg die Hölle ist, daß von deutschem Boden kein Krieg mehr ausgehen darf, daß alle Kriegstreiber sich zum Teufel scheren sollen, daß vor allem der Nationalismus des Teufels ist und der Nationalsozialismus selbstverständlich eine politkriminelle Ideologie. Reibt man aber kräftig, dann entdeckt man Zeilen, fast unlesbar verlöscht, in denen sich die einstmals so strahlenden Worte »Deutschland«, »das Reich«, »die Reichshauptstadt«, »Volksgemeinschaft« oder »Wehrmacht« immer noch ausmachen lassen.

Kinder, auch Kriegskinder, stellen sich viel rascher auf neue Bedingungen ein als die Erwachsenen. So wird aus den Jahrgängen der Kriegsjugend rasch das, was man die Generation der Bundesrepublik genannt hat. Viele, die ihr angehören, halten mit geläuterter Begründung und in völlig veränderter weltpolitischer Konstellation jedoch weiterhin an den nationalpolitischen Prägungen der frühen Jahre fest. Sie intonieren jetzt mit tiefer Überzeugung »Einigkeit und Recht und Freiheit für das deutsche Vaterland« und erkennen in der ersten Strophe »Deutschland, Deutschland über alles« die nationalistische Überheblichkeit, wollen aber die Teilung Deutschlands nicht akzeptieren und legen in dem Moment los, als eine einmalige weltpolitische Lage die Wiedervereinigung ermöglicht. Sie nennen die neuen Streitkräfte Bundeswehr und legitimieren sie allein als Armee zur Landesverteidigung, verachten insgeheim aber immer noch alle Pazifisten. Sie leisten ihren Beitrag zum Neubau von Wirtschaft und Gesellschaft in den Formen der pluralistischen Demokratie und glauben an die Demokratie, wie sie einstmals an »das ewige Deutschland« geglaubt haben, doch unter der Konsenspolitik und im Bekenntnis zur Solidarität verbirgt sich der Gedanke an die Volksgemeinschaft der Kriegsjahre.

Kehren wir von dieser Betrachtung, die in diesem Kontext nicht ganz unwichtig ist, zu den frühen Jugendjahren Helmut Kohls zurück. Wie hat seine Familie, wie hat er selbst den Krieg erlebt? Wie die populistische Diktatur des Dritten Reiches? Wie stand es um die Resistenz dieser gut katholischen Familie, an deren Abneigung gegen den vorherrschenden Zeitgeist Helmut Kohl sich dankbar erinnert? Man darf ihm schon abnehmen, daß er sich in seiner Familie geborgen gefühlt hat und voll Dankbarkeit zurückdenkt, aber man sollte nicht ganz das Bild des Palimpsests vergessen. Zu fragen ist, wie stark die offizielle Propaganda und das emotional aufgeladene Klima auf dieses Kriegskind eingewirkt haben.

Auf den Hinweis, im Alter von zehn bis fünfzehn Jahren müßte er eigentlich die Widersprüche und Versuchungen jener Jahre viel intensiver erlebt haben, als es die bisherigen Berichte im Stil der politischen Korrektheit erkennen lassen, gibt er zur Antwort: »Das stimmt. Die ersten Jahre des Krieges, von '39 bis '42/43, waren wir schon von der Schule her auf den Siegeswillen gegen die Alliierten, vor allem Frankreich, instruiert. Meine Eltern waren nach Kriegsbeginn noch sehr zurückhaltend, mit dem Fortgang des Krieges schwand die Zurückhaltung, und nach Kriegsbeginn mit der Sowjetunion sprach mein Vater im gedeckten Familienkreis schon ganz offen von der zu erwartenden Niederlage. In den Jahren '44 und '45 war mein Vater – und auch meine Mutter – ein ausgemachter Kriegsgegner. Beide waren überzeugt, vor allem mein Vater, daß der Krieg für uns Deutsche verloren war. Wenn ich dies sage, heißt es auch, daß vor allem nach Kriegsbeginn meine Eltern und vor allem mein Vater für einen deutschen Sieg im Krieg eintraten. Diese Haltung hat sich dann ab Ende '43 bis '45 völlig verwandelt, und meine Eltern glaubten nicht mehr an einen Sieg. Sie hielten Hitler zunehmend für einen Kriegstreiber. Meine Eltern haben den Nationalsozialismus von Anfang an abgelehnt, am Anfang weniger stark, am Ende total. Die Ablehnung ergab sich aus ihrem christlichen Glauben – die Nazis beziehungsweise Hitler waren erklärte Gegner des Glaubens – und aus der Beobachtung der Verfolgung von Minderheiten und vor allem der Verfolgung der Juden.«[2]

Nicht allein im Schulunterricht wirkte die NS-Propaganda je nach Lehrer stärker oder gedämpfter auf die Klasse ein. In den Schulbüchern habe er noch Lesestücke über den »Erbfeind« Frankreich gefunden, erzählt er als Bundeskanzler diesem oder jenem seiner Besucher.[3] Ab dem zehnten Lebensjahr hatten alle Schüler dem Deutschen Jungvolk beizutreten, Vorstufe der eigentlichen Hitlerjugend. Wöchentliches Exerzieren, Flaggenappelle, Geländespiele, für die etwas Älteren auch Zeltlager, waren für die Pimpfe Pflicht. In den von Bombenangriffen bedrohten oder getroffenen Großstädten gab es Schülerlöschtrupps, die je nach Lage zur Brandbekämpfung, zur Bergung von Verschütteten, Verletzten oder Toten und bei ersten Aufräumarbeiten eingesetzt wurden. Auch Helmut Kohl hat dem Deutschen Jungvolk angehört, desgleichen einem Schülerlöschtrupp in seiner »Penne«. Im Jungvolk hat er, was bei einem Typ seines Schlages nicht erstaunt, den Rang eines Jungenschaftsführers erreicht, den untersten Dienstgrad, in dem er für zehn Mann zuständig war.[4] Das Stichwort Hitlerjugend vermeidet er später in seinen Berichten. Auf ausgeprägte Distanz zum Jungvolk deutet das nicht, ist aber ebenso wenig ein Indiz für Nazismus. Er benutzt dann öfters ziemlich ungeschützt die geschwollene Wendung von der »Gnade der späten Geburt«,[5] bis ihm das beim ersten offiziellen Israel-Besuch 1984 von seinen Gegnern um die Ohren gehauen wird. Er wollte damit jedoch nur die schlichte Selbstverständlichkeit zum Ausdruck bringen, daß einem Kriegskind keine moralischen Vorwürfe gemacht werden dürfen.

Der Leser muß sich den Fünfzehnjährigen in HJ-Uniform vorstellen, wenn er in den Memoiren von den makabren letzten Monaten des Dritten Reiches im Wehrertüchtigungslager bei Berchtesgaden liest, in dem der HJ-Führer Arthur Axmann am 20. April 1945, Führers Geburtstag, Kohl und seine Freunde auf Adolf Hitler vereidigt, der sich in diesen Tagen bereits im Berliner Führerbunker auf den Selbstmord vorbereitet. Damals war der junge Kohl wie fast jedermann im Deutschen Reich völlig desillusioniert und überlegte nur noch, wie er nach Hause kommen könne. Aber da hatte er bereits fünf Jahre bei den Pimpfen hinter sich. Wie haben seine Eltern auf die Aktivität in der Staatsjugend reagiert? Wie der Vater?

Die bemerkenswert vitale Pfälzer Mutter war offensichtlich das lebhaftere, bestimmende Element in der Familie, zumal in der Kriegszeit, als der Vater jahrelang bei der Wehrmacht war. Helmut Kohl hat häufig ihre natürliche katholische Religiosität hervorgehoben, ihren regelmäßigen Kirchbesuch, daß sie die Beichte ernst nahm und die Heiligen ihr etwas bedeuteten. Während jener Jahrzehnte und noch bis in die sechziger Jahre hinein war dies in Millionen von katholischen Familien die Regel, also durchaus keine Frömmigkeit, die aus dem Rahmen fiel. In den zwölf Jahren des Dritten Reiches hat diese unerschrockene Frau innerhalb ihrer Familie aber wohl die ausgeprägteste Resistenz bekundet. Mit großer Selbstverständlichkeit hielt sie auf religiöse Disziplin. Helmut Kohl hatte mit seinen Geschwistern den Sonntagsgottesdienst zu besuchen und war, so erinnert er sich, gehalten, darüber hinaus ein- oder zweimal an den Werktagen einer Abendandacht beizuwohnen. Obwohl er sich mitsamt seiner Clique, wie unter Lausbuben so üblich, gelegentlich von dieser Verpflichtung selbst dispensierte, hat er damals gelernt, daß man für gefährdete Angehörige betet und auch, wenn das eigene Leben bedroht ist. Bemerkenswert unvoreingenommen, so berichtet Kohl später, sei die Mutter auch gegenüber den Protestanten gewesen. Anders als in anderen Regionen war in der Pfalz solche Toleranz durchaus üblich, was der junge Kohl besonders dann zu schätzen wußte, als sich abzeichnete, daß er und die evangelische Hannelore Renner zu heiraten wünschten. Wenn er später von Mutter und Vater sagt, sie seien »liberal« gewesen, so denkt er dabei wohl in erster Linie an Liberalität in konfessionellen Fragen. Mag sein, daß er dabei auch an deren Erziehungsstil gedacht hat, denn bei näherem Hinsehen erkennt man, daß die Mutter, obwohl ihr Prinzipienstrenge nicht fremd war, ihren Jüngsten in seinen Rüpeljahren viel von dem tun und lassen ließ, wozu er Lust hatte. Solche Liberalität erfreut.

Der Vater, so erinnert sich der Sohn, sei ein pflichtbewußter und »gütiger« Mann gewesen, gut katholisch, wenngleich nicht ganz so ausgeprägt wie die Mutter. Während der Weimarer Republik, berichten die Kinder, habe er die Zentrumspartei gewählt; nach dem Zusammenbruch des Hitler-Reichs sei er der jungen CDU beigetreten. Wie so viele Deutsche hörte er in den Kriegsjahren zu Hause heimlich den Schweizer Sender »Radio Beromünster«. Nicht so sehr betont wird dagegen der Umstand, daß Vater Hans Berufssoldat war und zu allem Soldatischen bis weit in die Jahre des Zweiten Weltkriegs hinein ein ungebrochenes Verhältnis hatte. In den späten dreißiger und frühen vierziger Jahren hat es den Söhnen imponiert, einen Kriegsteilnehmer des Ersten Weltkriegs und jetzigen Hauptmann der Reserve zum Vater zu haben, der am Polen- und am Frankreichfeldzug teilnahm. Die Tochter Hildegard meint später mit schöner Offenheit, man dürfe nicht vergessen, »daß unser Vater Offizier war. Seine patriotische Gesinnung hat auch uns Kinder geprägt.«[6] Von Helmut Kohl ist dasselbe zu vernehmen, doch der CDU-Vorsitzende, Bundeskanzler und spätere Memoirenschreiber Helmut Kohl ist, wenn er sich über die militärische Vergangenheit seines Vaters verbreitet, umsichtig bemüht, nur ja nicht die Grenzen zum politisch Korrekten zu überschreiten. So verschweigt er nicht, daß Hans Kohl dem Soldatenverband »Stahlhelm« angehört hat, weist aber nachdrücklich auf den Austritt des Vaters hin, nachdem die Organisation von der SA übernommen worden war. Ein »patriotischer« Mann sei der Offizier Kohl gewesen. »Patriotisch« ist für Helmut Kohl nicht nur in Bezug auf seinen Vater das Codewort für eine Grundeinstellung, die man früher »national« genannt hat. Auch der Begriff »Nationalstaat« ist schon sehr früh und sehr konsequent aus dem Kohlschen Vokabular ausgetilgt. »National« riecht nach Nationalismus, Nationalstaat nach Nationalsozialismus und Machtstaat. Auch das Eingeständnis, daß man als Kind die Wehrmacht bewundert hat, ist seit den siebziger Jahren verpönt.

Man darf davon ausgehen, daß sich Hans Kohl dem Dritten Reich gegenüber in jener ambivalenten Einstellung befunden hat, die für viele konservative, auch katholische Deutsche kennzeichnend war: Sie fanden den offiziellen Antisemitismus und die zunehmende antireligiöse Propaganda abscheulich, entzogen sich wie Hans Kohl der Versuchung oder dem Druck zum Eintritt in die Partei und betrachteten die abenteuerliche Kriegspolitik und erst recht die Auslösung des Zweifrontenkriegs gegen die Sowjetunion mit größter Sorge. Die sichtlich politkriminellen Untaten des Regimes erweckten bei ihnen düstere Vorahnungen. »Uns allen hat sich tief eingeprägt«, so erzählt Kohls Schwester Hildegard 1995, was der Vater im Februar 1940 nach der Rückkehr aus Polen berichtete: »Wenn wir das büßen müssen, was wir dort anrichten, dann haben wir nie mehr etwas zu lachen.« Ihr Bruder, so fügt sie hinzu, habe diesen Satz später oft zitiert.[7]

Der mit dem Angriff gegen die Sowjetunion begonnene Zweifrontenkrieg, ein deutsches Trauma seit dem Ersten Weltkrieg, gefolgt von der mutwilligen Kriegserklärung an die USA, überzeugt auch Vater Kohl vollends davon, daß der Krieg verloren ist. Als Helmut Kohl 2002 bei Abfassung seiner *Erinnerungen* auf diese Phase zu sprechen kommt, meint er: »Für meinen Vater war damit nach seinen Erfahrungen aus dem Ersten Weltkrieg … die Sache entschieden.«[8] Derselbe Vater hat aber seinen erstgeborenen Sohn Walter offenbar ermutigt, sich zur Luftwaffe zu melden, wo er bei den Fallschirmjägern in der Normandie zum Fronteinsatz kommt und im November 1944 den Tod findet. Man gewinnt den Eindruck, daß diese Tragödie im Leben des Vaters einen tiefen Einschnitt markiert, einen Bruch auch in seiner Einstellung zum Militär. Der zu diesem Zeitpunkt bereits im Rang eines Hauptmanns als herzkrank aus der Wehrmacht entlassene Vater macht sich heftige Vorwürfe und ist eine Zeitlang nicht mehr ansprechbar. Im Frühjahr 1945, als die Amerikaner in die Pfalz eindringen, wird er nochmals reaktiviert und an die Spitze einer Volkssturmabteilung gestellt. Doch der erfahrene Offizier schickt die Truppe nach Hause.

Und wie hat der Krieg auf Helmut Kohl selbst gewirkt? Wie und von wann an hat er das Hitler-Regime als abstoßend und verhängnisvoll empfunden?

Erwähnen wir erst das rein Private. Ganz auffällig ist nämlich, was dieser immerhin erst elf, zwölf oder dreizehn Jahre alte Junge im Ludwigshafen der Kriegsjahre bis ins Jahr 1943 hinein so alles treibt. Es versteht sich von selbst, daß er im großen Garten ständig zur Hand ist und die zahlreichen Stallhasen versorgt, die zur Fleischversorgung beitragen. Doch da ist beispielsweise auch die Seidenraupenzucht, die zum Besitz eines Paddelboots führen soll. Herbert Kremp, der 1972 mit dem damaligen Mainzer Ministerpräsidenten verschiedene ausführliche Gespräche führte, notierte sich folgende bezeichnende Geschichte: »Er erzählte mir einmal das Erlebnis, von dem er behauptet, es habe ihn in seiner Jugend am tiefsten beeindruckt. Sein Freund und er – Kohl hat ›viele Freunde‹ – hätten sich als Schüler ein Paddelboot ›vom Mund abgespart‹. Nach dem Kauf hätten sie es in einem Schuppen am Rhein deponiert. In der Nacht danach sei bei einem Luftangriff der Schuppen mit dem Boot, das sie nicht einmal hätten ausprobieren können, zerstört worden. Das Vergängliche allen menschlichen Tuns und der Ernst der Lage seien ihm durch diesen ›Schlag‹ bewußt geworden.«

Die Geschichte vom zerstörten »Klepper«-Boot und den Seidenraupen erzählt Helmut Kohl auch anderen. Die Raupen liefern damals den Grundstoff für die kriegswichtige Fallschirmseide. Für ein Kilo Kokons erhält man zwanzig Reichsmark. Dafür müssen Maschendrahtställe gebaut werden. Er und sein Freund, weiß Kohl zu berichten, hätten um fünf Uhr morgens aufstehen müssen, um Maulbeerblätter für die gefräßigen Tiere zusammenzusuchen und in einem gleichfalls organisierten Fahrradanhänger heranzutransportieren. Viele Wochen lang dauert es, bis auch nur ein Kilo zusammen ist. Die Anekdote ist auch deshalb aufschlußreich, weil sie illustriert, mit welch beträchtlichem Langmut die Mutter es hinnahm, daß sich der halbwüchsige Sohn frühmorgens vor der Schule in der Stadt herumtrieb.

Manche wundern sich später schon darüber, wie stark solche und andere Erlebnisse aus der Kriegszeit bei Helmut Kohl die Erinnerung beherrschen. Herbert Kremp etwa kommentierte die Anekdote mit den Worten: »Die Geschichte ist ja rührend und nicht unsympathisch, verrät aber, da sie ja schließlich nicht von einem Zwölfjährigen, sondern von einem Ministerpräsidenten als wichtig und kennzeichnend empfunden wird, eine Mentalität und eine Bewußtseinsreife, die eigentlich mehr zum Pfadfindertum als in die Welt politischen Anspruchs gehören. Ich habe allerdings den Eindruck, daß es gerade die ›Liebe zum Kleinen‹ ist, die in diesem Lande neuerdings für politische Tugend, für Lebensqualität, angenehme Umwelthaltung und häusliche Friedensbereitschaft spricht und geschätzt wird ...«[9]

Wenn Kohl die Nacht auf den 6. September 1943, als der Schuppen mit dem »Klepper«-Boot in Flammen aufging, so unauslöschlich in Erinnerung behält, dann deshalb, weil Ludwigshafen damals binnen einer Stunde in Schutt und Asche sinkt. Bis dahin war die Stadt verschont geblieben, während Köln und Hamburg 1942 bereits furchtbar getroffen worden waren. Da sich in Ludwigshafen kriegswichtige Werke befinden, sind die Flakbatterien um Ludwigshafen und Mannheim erheblich verstärkt worden. Doch die Bevölkerung lebt seit Monaten in Erwartung einer Katastrophe, zumal die Schutzräume nicht ausreichen. Um Mitternacht setzt der erste verheerende Angriff ein, an dem 400 bis 500 Bomber teilnehmen. In nur 40 Minuten werden 32 Luftminen, 325 Sprengbomben, 62 000 Stabbrandbomben und 250 Phosphorbomben abgeworfen und verwandeln die Stadt in ein Flammenmeer. Das ein Jahrhundert lang gewachsene Ludwigshafen wird in dieser einen Nacht weitgehend vernichtet. Etwa ein Drittel aller Zerstörungen, zu denen es hier im Zweiten Weltkrieg kommt, geht auf diese Schreckensnacht zurück. 55 000 der damals etwa 155 000 Einwohner werden obdachlos. 127 kommen ums Leben.[10] »Ludwigshafen hat sich von diesem Angriff bis zum Kriegsende nie mehr erholt«, meinte Kohl rückschauend lakonisch.[11]

Bald setzt in Ludwigshafen der auch in anderen Großstädten gefürchtete Rhythmus ein: Tagsüber tauchen amerikanische Bomberverbände auf und verbreiten Angst und Schrecken mit zusehends präziser gezielten Abwürfen, nachts greifen britische Moskitos an. Als Ludwigshafen schließlich Ende März 1945 von amerikanischen Truppen besetzt wird, ist Kohls Vaterstadt eine Trümmerlandschaft. Nach Berlin und Braunschweig gehört Ludwigshafen zu den am häufigsten bombardierten Städten. Insgesamt werden 124 Luftangriffe gezählt. In Alt-Ludwigshafen sind – auch im Grauen walten die Statistiker ihres Amtes – 43,4 Prozent des Wohnraums vernichtet.

Für Helmut Kohl beginnt mit dem 6. September die dramatische Phase des Krieges. Wenn er später auf seine Kriegserlebnisse zu sprechen kommt, dann ist meist von den folgenden Monaten die Rede, in denen er Angst hat, aber zugleich inmitten seiner Jugendbande lernt, wie man sich durchschlägt. Nun kommt der Schülerlöschtrupp zum Einsatz: Brandbekämpfung, Bergung von Verschütteten, von Verletzten oder von verstümmelten Leichen, erste Aufräumarbeiten in den noch brennenden Häusern. Regelmäßig sitzt man während der Nacht, doch immer häufiger auch am Tag voller Todesangst im Schutzraum. Die Schulräume sind teilweise zerstört. Deshalb wird die Oberrealschule in der Leuschnerstraße mit dem Domgymnasium in Speyer zusammengelegt. Mittags fahren die Klassen geschlossen mit der Bahn nach Speyer und abends wieder nach Hause. Vielfach hat man es jetzt mit reaktivierten Aushilfslehrern zu tun. Daß es unter diesen Verhältnissen bei den stark auf sich selbst gestellten Jungen rauh und nicht mehr übermäßig diszipliniert zugeht, versteht sich. Doch ziehen sie immer noch wenn irgend möglich zum Zelten ins Neckartal, so auch im Juli 1944, als die Invasionsfront bereits am Wackeln ist und sie abends am Volksempfänger bei einer Bäuerin vom fehlgeschlagenen Attentat auf Hitler hören.

Nach dem Rückzug der Wehrmacht aus Frankreich gehört Ludwigshafen wieder zum Hinterland des Westwalls. Ständige Luftangriffe machen einen geordneten Schulbetrieb unmöglich. Im Oktober 1944 muß auch Helmut Kohl zur Kinderlandverschickung, vorerst nach Erbach im rechtsrheinischen Odenwald. In diesen Wochen trifft er nochmals mit seinem Bruder Walter zusammen, der sich nach einer Verwundung an der Invasionsfront in Bad Ems im Lazarett aufhält. Als dieser wieder zu seiner Einheit zurückfährt, wird der Zug auf dem Verschiebebahnhof Haltern von Tieffliegern angegriffen. Eines der Flugzeuge wird abgeschossen und reißt beim Aufprall eine Starkstromoberleitung mit sich. Der herabstürzende Mast verletzt Walter Kohl tödlich.[12] Helmut Kohl ist schockiert. Häufig wird er später diese traumatische Erfahrung erwähnen. Nennen wir nur ein Beispiel von vielen. Joseph Rovan, ein häufiger Gesprächspartner, dem er vertraut, berichtet, daß während einer Unterhaltung mit dem Bundeskanzler und dem Chefredakteur von *Le Monde* im Jahr 1996 der Satz gefallen sei: »Ich möchte die Einigung Europas, weil ich es meiner Mutter versprochen habe.« Auf die erstaunte Frage nach dem Warum habe Kohl von seinem Onkel Walter erzählt, der 1914 gefallen sei, und von seinem im Zweiten Weltkrieg gefallenen Bruder. Als er nach der Geburt seines ersten Sohnes erklärte, daß dieser Walter heißen solle, habe seine Mutter bestürzt gefragt: »Forderst du damit nicht das Schicksal heraus?«, und er habe geantwortet: »Mutter, ich verspreche dir, daß er nicht in einem Krieg zwischen europäischen Staaten sterben wird. Und dieses Versprechen«, so der Bundeskanzler, »möchte ich halten.«[13]

In der letzten Kriegsphase ist Kohl zusammen mit seinen Freunden vom Jungvolk völlig auf sich gestellt. Wer immer in Deutschland das Kriegsende überlebt, hat seine eigene Saga vom Winter und Frühjahr 1945 zu berichten. Kohls Abenteuerchronik ist nur eine von Millionen. Was der spätere Bundeskanzler erlebt hat, ist jedoch von besonderem Interesse, zumal er selbst oft darauf zu sprechen kommt.

Im Februar 1945 landet Kohl zusammen mit seinen Freunden in einem Wehrertüchtigungslager bei Berchtesgaden, wo die Jungen auf den Dienst bei der Heimatflak vorbereitet werden. Helmut Kohl und sein Jungvolk-Zug erhalten den Auftrag, Nebelfässer zu öffnen und so das Berchtesgadener Tal zu vernebeln, das jetzt, da der Endkampf – so glaubt man – in der »Alpenfestung« bevorsteht, mit Einheiten der SS und der Wehrmacht vollgestopft ist. Offenbar steht Kohl im Ruf der Zuverlässigkeit. Verschiedentlich muß er mit anderen HJ-lern als Kurier in das schon weitgehend zerbombte München fahren, um von dort Akten der HJ-Führung und anderer Dienststellen nach Berchtesgaden zu transportieren. In Freilassing pflegt die Truppe die Fahrt zu unterbrechen, um unter Verweis auf den Marschbefehl Kommißbrote und Wurst zu organisieren, an denen in Berchtesgaden schon Mangel herrscht. Am 25. April wird auch Berchtesgaden heftig bombardiert. Jetzt wollen Kohl und einige seiner Freunde nur noch eines: nach Hause. Dabei wissen sie nicht, ob die Eltern die Kämpfe um Ludwigshafen und Mannheim überlebt haben.

Am 7. Mai, einen Tag vor dem Waffenstillstand, macht sich Kohl mit drei Freunden auf den Weg: »Ich hatte 2000 Mark im Brustbeutel«, erzählt er, als er bereits im Bundeskanzleramt angelangt ist, »die hatte mir mein Vater vorher mit der Post geschickt. 2000 Mark – das war für mich ein unvorstellbarer Betrag. Ich hatte doch immer nur 50 Pfenning Taschengeld bekommen. Mein Vater war ein äußerst sparsamer Beamter ... Hinten auf dem Postabschnitt stand: ›Wir wissen nicht, wann wir Dich wiedersehen. Gott segne Dich. Dein Papa.‹«[14]

In Süddeutschland sieht es damals aus wie nach dem Dreißigjährigen Krieg: überall Menschen, die irgendwohin wollen, überall Zerstörungen und auf den Durchgangsstraßen die Kolonnen der Amerikaner, von denen man nicht gefangengenommen werden möchte. Die erste Nacht schlafen die Jungen auf dem Stroh bei einem netten Bahnwärterehepaar und erfahren aus dem Volksempfänger von der Kapitulation: »Innerlich mitgenommen hat mich dies kaum.« In der Nähe von Reichenhall führt der Weg an der Leiche eines jungen Soldaten vorbei, den ein Standgericht noch aufgeknüpft und mit einem Schild versehen hat, auf dem geschrieben steht: »Ich bin ein Vaterlandsverräter«. Bei Augsburg fallen sie einigen befreiten polnischen Zwangsarbeitern in die Hände, die sich ein Vergnügen daraus machen, die flüchtigen HitlerJungen in ihren Braunhemden zu verprügeln. Amerikanische Militärpolizei erwischt schließlich Kohl und seine Freunde und steckt sie auf einen Bauernhof, wo sie drei Wochen lang arbeiten müssen. Fünf Wochen nach dem Aufbruch in Berchtesgaden ist die Ruinenlandschaft Ludwigshafens tatsächlich erreicht. Tiefe Bewegung. Die Eltern sind noch am Leben, auch das Elternhaus steht noch, und der ziemlich verhungerte Sohn vertilgt nun erst einmal ein Glas eingemachter Pfirsiche aus dem heimischen Garten.

Anfänge in der Besatzungszeit (1945–1948)

Nach seiner glücklich überstandenen Odyssee hält es Helmut Kohl nicht lange im Elternhaus. Das kaputte Ludwigshafen hat augenscheinlich keine Zukunft. Dank der Propaganda von Goebbels ist allen Deutschen der Morgenthau-Plan ein Begriff. Was von der IG-Farben-Industrie überhaupt noch übrigblieb, wird jetzt, so erwartet man, demontiert oder muß für Reparationszwecke herhalten. Ob und wann die zerstörten Wohnviertel, Straßen, Brücken, Gas- und Elektrizitätswerke auch nur halbwegs wiederaufgebaut werden, steht genauso in den Sternen wie die politische Zukunft.

Anfang Juli 1945 machen die doch recht passabel auftretenden amerikanischen Truppen der arroganten, auch rachsüchtigen französischen Besatzungsmacht Platz. Schon in der Zeit, als Ludwigshafen und Mannheim gemeinsam der US-Militärregierung unterstanden, war es mühsam, eine Genehmigung zur Überquerung der provisorischen Rheinbrücke zu erhalten. Jetzt liegt das der amerikanischen Zone angehörende Nordbaden mit Mannheim, Heidelberg und Karlsruhe fast auf einem anderen Stern. Immer wieder sind Gerüchte zu vernehmen, Frankreich wolle auch die linksrheinische Pfalz aus der Verbindung zu Deutschland völlig herauslösen, ähnlich wie das Saarland. An allen Ecken und Enden herrschen Not und Mangel. Rasch wird auch deutlich, daß sich die Zeiten, da das von Deutschland beherrschte Europa gehungert hat, während man im Reich durchaus zu essen bekam, nunmehr in ihr Gegenteil verkehrt haben. Überall wird jetzt gehungert, am strammsten aber in der französischen Zone und am allerschlimmsten in der weithin zerstörten Industriestadt Ludwigshafen. »Die Brotration war auf 200 g täglich herabgesetzt worden, die Fett-, Fleisch- und Kartoffelversorgung war völlig zusammengebrochen«, vergißt Helmut Kohl nicht zu erwähnen, als er mehr als zehn Jahre später die Anfänge des politischen Lebens in seiner Heimat schildert.[1]

Im Sommer 1945 sind die teils zerstörten, teils ziemlich beschädigten Schulen noch geschlossen. Es braucht seine Zeit, bis die Militärbehörden ihre Planungen für einen nicht-nazistischen Unterricht aufgestellt haben. Vor allem gilt es, alle einstigen Parteigenossen unter der Lehrerschaft auszusortieren. In der französischen Zone werden 65 Prozent der Volksschullehrer entlassen. Viel spricht deshalb dafür, daß sich Helmut Kohl fern von dem perspektivlosen Ludwigshafen zum Landwirt ausbilden läßt. »Deutschland, ein Ackerland«, hatte der Morgenthau-Plan proklamiert. Liegt nicht da die Zukunft? Und auf dem Land wird es wenigstens zu essen geben. Helmut Kohl selbst erinnert sich noch sehnsüchtig an die Sommerferien auf dem Bauernhof. Er kennt die Landarbeit. Wie seine lebenslange Freude am Wandern erkennen läßt, ist dieser Abkömmling aus bäuerlicher Familie ein Freiluftmensch. Warum also nicht Bauer werden? Die Aussicht, früher oder später wieder in die einstige »Penne« zurückkehren zu müssen, erfüllt ihn gleichfalls nicht mit Begeisterung. Man setzt sich mit den Verwandten im Unterfränkischen in Verbindung. Auch im Fall der Familie Kohl erweist sich die Großfamilie im allgemeinen Zusammenbruch als Netzwerk, auf das noch Verlaß ist.

So kommt es, daß Helmut Kohl im Juli 1945 mit einem nur schwer zu beschaffenden »Laissez-passer« aus der französischen in die amerikanische Zone gelangt und ins Fränkische radelt, um auf einem Gutshof der Süddeutschen Zucker AG zu Düllstadt nicht weit von Würzburg und Schweinfurt eine Landwirtschaftslehre anzutreten. Von morgens fünf bis in die Abendstunden wird er dort hart hergenommen: Versorgung von neunzig Kühen und Hunderten von Schweinen, Zuckerrübenernte, Pflügen mit dem Ochsengespann. Doch auch Düllstadt wird von Flüchtlingen aus dem Osten überschwemmt, unter denen sich zahlreiche gutausgebildete Landwirte finden.

Kein Bedarf also an jungen Städtern, die sich in einer Landwirtschaftslehre abrackern. Ein kundiger Verwandter setzt ihm auseinander, daß man als Landwirt nur dann eine Zukunft hat, wenn man Agrarbeamter wird oder auf einen Hof einheiratet. Resigniert entschließt Kohl sich zur Rückkehr nach Ludwigshafen, wo die Schulverwaltung im Oktober 1945 die Wiedereröffnung der Schulen verfügt hat. Beladen mit einem Schinken, einer lebenden Gans in einer Kiste und um die Erfahrung reicher, daß der Schulunterricht in Ludwigshafen der Landarbeit vorzuziehen ist, kehrt er ein zweites Mal nach Hause zurück und checkt in seiner alten »Penne« an der Leuschnerstraße ein, dem heutigen Max-Planck-Gymnasium.

Das Gymnasium, das Kohl nun bis zum Abitur besucht, folgt dem elitären französischen System. Es wird kräftig gesiebt. Unablässig sind Klausurarbeiten zu schreiben, rigoros benotet nach dem Punktsystem von 0 bis 20. Die Untersekunda 1946 hat drei Klassen, jede mit knapp fünfzig Schülern. Wer nicht den Zensurenschnitt 2,0 erreicht, muß abgehen. Zum Zentralabitur im Frühjahr 1950, bei dem die Themen vom Kultusministerium gestellt und die Klausuren von schulfremden Lehrern benotet werden, sind nur noch 25 Oberprimaner zugelassen, zwei fallen durch. Später wird über Kohls Schulzeit häufig nur vom Parteibetrieb und dem munteren Treiben in seiner Clique berichtet und so gut wie kaum darüber, daß er sich doch mächtig ins Zeug legen mußte.

Wenn Klassenkameraden oder Lehrer sich an einen Schüler erinnern, der Bundeskanzler geworden ist, muß man sicher einige Abstriche machen. Verhaltensweisen, die gewissermaßen kanzlernotorisch sind, werden nun schon beim Gymnasiasten ausgemacht, anderes wird ausgeblendet. Zweifellos trifft aber zu, daß Kohl in diesen fünf Jahren den Mitschülern imponiert und manche der Lehrer irritiert hat. Er ist jetzt hoch aufgeschossen, mißt 1,93 Meter. Seit der Plackerei auf dem Bauernhof ist er ein Bursche mit harten Pranken, kameradschaftlich, laut, selbstbewußt, selbständig, direkt und grob, wie so viele Jungen in den zerstörten Großstädten der ersten Nachkriegsjahre. Diese Schülergeneration kann sich noch keine Verzogenheit leisten. Bei der Wiederherstellung der halb zerstörten Klassenzimmer, Schuldächer und Fensterscheiben muß angepackt werden. Wer sich aufs Organisieren versteht wie Helmut Kohl, mit Spitznamen »Helle« genannt, erwirbt sich rasch Ansehen. Es versteht sich fast von selbst, daß dieser riesige Bursche beim Fußball den Mittelstürmer gibt. Beim Baden in dem noch nicht allzu sehr verdreckten Rhein erweist er sich als der Kräftigste und weckt Bewunderung, weil er mit zusammengebundenen Beinen zu schwimmen versteht. Solche Typen sind als Klassensprecher gefragt. Verschiedene seiner Schulfreunde, die seinen unzimperlichen Aufstieg an die Spitze der CDU amüsiert beobachten, erinnern sich, daß er Lehrern, die der Klasse mißfallen, in der Funktion des Klassensprechers damals forsch entgegengetreten ist.

Anfangs mag der Bericht von den Abenteuern in Berchtesgaden und der Odyssee bei der Rückkehr für einigen Respekt gesorgt haben, nun erwirbt er sich Ansehen als verläßlicher Kumpel, der keiner Auseinandersetzung mit den Lehrern und keinem Streit auf dem Schulhof aus dem Weg geht.

Die Truppe, mit der er in Erbach und in Berchtesgaden war, findet sich jetzt wieder zusammen. Angeblich kommt es schon in den Jahren 1945/46 zu politischen Auseinandersetzungen zwischen den »Berchtesgadener« HJ-lern mit Kohl als Wortführer und einer anderen Gruppe ehemaliger HJ-ler aus dem Wehrertüchtigungslager in Gotha.[2] Die im Dritten Reich tonangebenden Überzeugungen sind schließlich noch nicht verschwunden. Daß die Katastrophe des Nationalsozialismus bereits 1945 überall zu einer Neubesinnung geführt habe, ist ein Märchen. Die letzten Kriegsjahre haben zwar eine Desillusionierung bewirkt, doch die strenge französische Besatzung und die schreckliche Notlage führen zeitweilig zum unterschwelligen Wiederaufleben von Nationalismus und von antifranzösischen Stimmungen, auch in den Schulklassen.

Als Kohl im Abstand von mehr als sechzig Jahren über die Gefühle und Gedanken nachsinnt, die ihn damals bewegten, meint er: »Wir jungen Leute waren weitgehend unwissend und lebten von der Propaganda. Auf uns hatte die Propaganda der NSDAP auch nach 1945 immer noch einen großen Einfluß. Dann kam der Nürnberger Kriegsverbrecherprozeß, der einen gewaltigen Einfluß auf die jungen Leute, auch auf uns, hatte; die Verbrechen gegen die Juden, die bei der Gelegenheit bekannt wurden, haben uns sehr beeinflußt – sie haben uns sozusagen wach gemacht.«[3] Es klingt jedenfalls glaubhaft, daß er, der zu den völlig Desillusionierten gehört, nun zusammen mit seinen Freunden für die neu zu installierende Demokratie plädiert, noch bevor er Ende 1946 zur CDU stößt.

Das bedeutet nicht, daß Eltern und Schüler der französischen Besatzungsmacht Sympathie entgegengebracht hätten. Jedermann sieht, daß Frankreich in seiner Zone wie eine Kolonialmacht schaltet und waltet. Die Landwirtschaft unterliegt scharfen, strafbewehrten Kontrollen. Sogar die Pfarrer sind aufgefordert, von den Kanzeln aus zu pünktlichster Erfüllung der Ablieferungspflicht aufzurufen. Ein erheblicher Teil der Ernte und der Fleischwaren geht nach Frankreich, genauso die Produktion jener Ludwigshafener Werke, die wieder arbeiten. Anfang 1946 wird ein Hungerstreik in Ludwigshafen nur mühsam abgewendet. Dazu tritt die nicht unbegründete Befürchtung, Frankreich betreibe die Loslösung der Pfalz von Deutschland. Noch 1958, nachdem das alles längst Vergangenheit ist, widmet Kohl ein ganzes Kapitel seiner Dissertation dem Thema:»Der Separatismus in der Pfalz nach 1945«.[4] Dort arbeitet er die ungewisse Lage in den Jahren 1945, 1946 und noch 1947 heraus. Obwohl seitdem schon eine Reihe von Jahren vergangen ist, läßt die Darstellung keinen Zweifel daran, daß sie von einem Verfasser stammt, der die Sorgen der deutschen Parteien seinerzeit vollauf geteilt hat. Auch in Kohls *Erinnerungen* aus dem Jahr 2004 wird diese Grundstimmung, von der damals auch die Schüler erfaßt sind, noch angedeutet, wenngleich gedämpft.[5]

Wenn er später auf die ersten Besatzungsjahre zu sprechen kommt, rühmt er nur die Amerikaner. Ihm habe sich »ganz tief eingeprägt«, weiß er beispielsweise dem israelischen Botschafter Ben Ari zu erzählen, wie gleich nach dem Krieg – er sei sechzehn oder siebzehn Jahre alt gewesen – amerikanische Lastwagen die Schulspeisung auf seinen Schulhof brachten.[6] Und Margaret Thatcher bekommt zu hören, Ludwigshafen, wo nach dem Krieg Hunger und Elend herrschten, sei zu achtzig Prozent zerstört gewesen. Die Franzosen hätten nichts getan, auch nichts tun können. In dieser Zeit seien die amerikanischen Quäker, seien Hoover, sei die CARE-Organisation gekommen und hätten mit Schulspeisungen und auch Kleiderspenden geholfen.[7]

Von der Besatzungsmacht genau überwacht, kommt in Ludwigshafen das politische Leben allmählich wieder in Gang. Schon 1945 finden sich an vielen Orten vorbereitende Gremien zusammen. Doch erst seit Anfang 1946 genehmigt die Militärregierung die formelle Gründung der ersten Parteien. Bezeichnenderweise geht die erste Lizenz an die Kommunistische Partei. Deren Betriebsgruppen haben unter den Belegschaften der chemischen Industrie eine starke Position aufgebaut. Anfangs gibt es dort fast genauso viele kommunistische wie sozialdemokratische Betriebsräte.[8] Politisch dominieren in dieser Arbeiterstadt aber die Sozialdemokraten. Gegenüber den beiden Linksparteien befindet sich die neugegründete CDU in einer Minderheitsposition, von der bürgerlichen FDP ganz zu schweigen. Bei der ersten Kommunalwahl am 15. September 1946 erringt die SPD 43,1 Prozent der Stimmen, die DKP bringt es auf 16,7 Prozent, die CDU auf 32,3 Prozent und die Wirtschaftliche Vereinigung (WV), die den gewerblichen Mittelstand vertritt, auf 7,7 Prozent.

Unter den Parteigründern der überkonfessionellen CDU finden sich Persönlichkeiten aus verschiedenen Parteien der 1933 untergegangenen Weimarer Republik. Ehemalige Mitglieder der katholischen Bayerischen Volkspartei (BVP) und des Zentrums spielen dabei die maßgebliche Rolle. Helmut Kohl wird das komplizierte Hin und Her unter den Gründerkreisen und zwischen diesen und der Besatzungsmacht zwölf Jahre später in seiner Heidelberger Dissertation darstellen. Von den zehn Gründungsmitgliedern aus dem Regierungsbezirk Pfalz, die am 30. Dezember 1945 bei der Militärregierung die »Anmeldung« der »Christlich-Demokratischen Union« unterschreiben, stammen drei aus dem Zentrum, zwei aus der Bayerischen Volkspartei, einer aus der evangelischen Partei Christlich-Sozialer Volksdienst, zwei aus der Deutschen Volkspartei Stresemanns und zwei aus der Deutschen Demokratischen Partei.[9]

Bei den Parteigründern in Ludwigshafen besteht ein Übergewicht ehemaliger Zentrumsmitglieder. Beispielhaft für diese Generation der Ehemaligen ist der dann lange Jahre amtierende Kreisvorsitzende Ludwig Reichling. 1925 war der damals 36 Jahre alte, bei der BASF als Baumeister beschäftigte Architekt in Ludwigshafen-Nord zum Vorsitzenden des Zentrums gewählt worden und dann auch im Stadtrat tätig. 1945/46 gehört er zum Gründerkreis der CDU, wird im September 1946 Vorsitzender der Stadtratsfraktion und übernimmt im Februar 1947 – als die Aktivität des sechzehnjährigen Helmut Kohl in der CDU einsetzt – den Vorsitz des CDU-Kreisverbandes, den er neben einem Landtagsmandat bis 1958 innehaben wird. Bald rasseln der nicht eben pflegeleichte junge Mann und das ehemalige Zentrumsmitglied aneinander. Immer wieder weiß Kohl später einen der Aussprüche zu zitieren, mit denen ihn Reichling abgekanzelt hat: »Das Wort hat der junge Herr Kohl – einem bösen Hund gibt man ein Stück Brot mehr.«[10] Daß Helmut Kohls Vater, einstmals ein treuer Zentrumswähler, im Frühjahr 1947 als Mitglied der CDU gleichfalls dem Ortsverband Ludwigshafen-Friesenheim beitritt,[11] ohne dort allerdings groß aktiv zu werden, paßt ins Bild.

Natürlich hat die CDU damals wie später in den ländlichen Gebieten ihre Hochburgen. Der Gründerkreis in Ludwigshafen spielt nur eine Nebenrolle. Trotz des überkonfessionellen Charakters ist beim Vergleich mit dem Wahlverhalten in der Weimarer Republik auch deutlich erkennbar, daß diese frühe CDU wahlsoziologisch noch zu großen Teilen eine katholische Partei ist, obgleich die Parteiführung Wert darauf legt, in den Vorständen und auf ersten Listenplätzen auch Angehörige der evangelischen Konfession zu präsentieren. In der gemischt-konfessionellen Pfalz verhält es sich wie im gesamten Gebiet von Rheinland-Pfalz: Bei der ersten Landtagswahl holt die CDU im Landesdurchschnitt 45 Prozent der Stimmen, in der Pfalz immerhin 39 Prozent. In der von der SPD dominierten Industriestadt Ludwigshafen kommen die Christdemokraten allerdings nur auf 32,3 Prozent. Bei der strukturellen Minderheitsposition der CDU wird es fast ein halbes Jahrhundert lang bleiben.

Helmut Kohl selbst wird von einem ehemals führenden Zentrumsmitglied, das 1945 zu den besonders entschiedenen Befürwortern der überkonfessionellen CDU gehört, für die Ideen der christlichen Demokratie begeistert. In zahlreichen Interviews und zuletzt in den *Erinnerungen* hat er seinem »Lehrmeister«, dem Dekan Johannes Finck, ein Denkmal gesetzt. 1946, als Kohl in den Bannkreis des damals sechzigjährigen Dekans gerät, ist dieser kurzzeitig der Erste Vorsitzende der pfälzischen CDU.

In den zwanziger Jahren gehörte Finck zu den führenden Köpfen des Pfälzer Zentrums. In jener Zeit führte er einen leidenschaftlichen Kampf gegen den Separatismus und plädierte gleichzeitig für eine echte deutsch-französische Versöhnung. Von 1928 an saß dieser typische »Zentrumsprälat« als Abgeordneter im Bayerischen Landtag. 1933 zog er sich als Pfarrer der Arbeitergemeinde des Stadtteils Limburgerhof nach Ludwigshafen zurück. Sein Pfarrhaus wurde eine Anlaufstelle für regimekritische Katholiken, die dort besonders in den letzten Kriegsjahren konspirative Gespräche führten. Zu diesem Kreis gehörte auch der wegen Verwicklung in den 20. Juli 1944 hingerichtete Pater Alfred Delp.

Man muß übrigens aus Sicht des frühen 21. Jahrhunderts doch daran erinnern, wie vergleichsweise kurz die zwölf Jahre des Dritten Reiches gewesen sind. Als Finck 1933 aus dem Bayerischen Landtag ausschied, war er ein Mann im besten Alter von 47 Jahren. 1946, im Gründungsjahr der pfälzischen CDU, ist er sechzig Jahre alt. Die Zentrumstradition ist also noch allgegenwärtig, personell wie programmatisch.

Die Fincks sind eine politische Familie. Johannes Fincks Bruder Albert war während der Weimarer Jahre gleichfalls ein Exponent des Pfälzer Zentrums. 1945 steigt auch er wieder in die Politik ein, 1948/49 gehört er dem Parlamentarischen Rat an. »A fluent and witty speaker« und einer der prominentesten CDU-Politiker aus Rheinland-Pfalz, so der »Steckbrief« in einer Aufzeichnung des britischen Verbindungsoffiziers Chaput de Saintonge zum Personal des Parlamentarischen Rates.[12] In den fünfziger Jahren wird Albert Finck Kultusminister von Rheinland-Pfalz im Kabinett von Peter Altmeier.

Seit Kriegsende lädt Johannes Finck einen kleineren Kreis Gleichgesinnter, die bereits der CDU angehören oder die er für seine Ideen gewinnen möchte, regelmäßig zu Gesprächen ins Pfarrhaus ein. Helmut Kohl wird von seinem Pfarrer angeregt, sich dort einmal vorzustellen, radelt nach Limburgerhof und nimmt bald regelmäßig an den Zusammenkünften teil. »Über Johannes Finck bin ich in die Politik geraten«, resümiert er in den Memoiren.[13]

Alles spricht in der Tat für die Feststellung, daß Helmut Kohl hier, im Pfarrhaus von Limburgerhof, die wichtigsten Elemente seines politischen Credos inhaliert hat. Finck läßt ihn über eine noch erhalten gebliebene Broschüre des »Volksvereins für das katholische Deutschland« referieren. Der »Volksverein«, so würde man heute sagen, war eine Art Ideen- und Organisationszentrale des sozial engagierten, für die Anliegen der Arbeiterschaft offenen linken Zentrumsflügels. Nach 1945 ist der Gewerkschaftssekretär Jakob Kaiser ein führender Vertreter dieser Richtung in der neuen CDU. Viel spricht dafür, daß auch der für alles Neue, praktisch Umsetzbare begeisterte Helmut Kohl davon überzeugt ist, daß sich die CDU unter den besonderen Bedingungen der Arbeiterstadt Ludwigshafen und in den Nöten der Nachkriegszeit nur mit einem sozial engagierten Konzept durchsetzen kann, das damals viele in der CDU ganz offen als christlichen Sozialismus bezeichnen. Die päpstlichen Sozialenzykliken werden vorgestellt und die Prinzipien von Solidarität und Subsidiarität als Universalschlüssel dargeboten, mit denen sich – so glaubt Finck, und so wird künftig auch Helmut Kohl glauben – die Tore zu einer gerechten, gut funktionierenden und humanen Industriegesellschaft öffnen lassen.

Fincks meist junge Zuhörer (Kohl ist der jüngste von ihnen) in Limburgerhof lernen, die ideologischen Strömungen im Deutschland des späten 19. und frühen 20. Jahrhunderts – den Liberalismus, den marxistischen Sozialismus, den leninistischen Kommunismus, den Nationalismus und Nationalsozialismus – zu analysieren und ihnen dann mit den Argumenten der christlichen Demokratie zu begegnen. Die düsteren Folgen der Machtpolitik und des unduldsamen Nationalstaats werden behandelt. Ein vereintes Europa erscheint dem »Mentor« des Kreises die einzig vernünftige Schlußfolgerung aus der deutschen Katastrophe. Finck macht auch glaubhaft auf die große, positive Bedeutung des Widerstands gegen den Nationalsozialismus aufmerksam, ganz besonders auf den 20. Juli, ein Thema, das Helmut Kohl während des Studiums und danach nie mehr losläßt. Auch eine weitere Lehre der Zeitgeschichte wird ihm damals vermittelt. Finck weiß daran zu erinnern, wie kontraproduktiv sich in der Pfalz das Gegeneinander von Bayerischer Volkspartei und Zentrum ausgewirkt hat – beide zwar christlich, beide auch antikommunistisch und auf dem Boden der Weimarer Reichsverfassung stehend, aber beide durch den Bruderkampf erheblich geschwächt. Als Helmut Kohl später seine CDU mit den Überlegungen von Franz Josef Strauß konfrontiert sieht, die CSU als »vierte Partei« bundesweit auszudehnen, kann er, obschon er das nicht selbst erlebt hat, tief in die historische Kiste greifen und das als gesicherte Erfahrung geltend machen, was ihm einstmals der Dekan Johannes Finck im Pfarrhaus von Limburgerhof mit so großer Überzeugungskraft vorgetragen hat.

Umfassendere Bekundungen Kohls, aus denen seine Einstellungen zu den zeitgenössischen Kontroversfragen hervorgehen, sind erst seit den frühen sechziger

Jahren überliefert. Immerhin zeichnen die Verlaufsprotokolle der innerparteilichen Diskussionen, Zeitungsberichte, später die Berichte von Zeitzeugen und nicht zuletzt seine eigenen Rückblicke doch ein einigermaßen deutliches Bild von seiner politischen Vorstellungswelt in den fünfziger Jahren. Sie lassen erkennen, wie stark ihn diese frühe Orientierung geprägt hat, auch wenn er bald die Idee der Sozialen Marktwirtschaft in der Variante Ludwig Erhards übernimmt und das Leitbild Jakob Kaiser zusehends durch Adenauer ersetzt wird. Daß aber die CDU ein sehr waches soziales Gewissen und einen starken sozialen Flügel braucht, an dieser Überzeugung läßt er nie rütteln. So hält er ungeachtet mancher Bedenken Heiner Geißler länger als ein Jahrzehnt hindurch im Amt des Generalsekretärs der CDU, und der christliche Gewerkschafter Norbert Blüm darf während der gesamten sechzehn Jahre der Kohlschen Kanzlerschaft in der Sozialpolitik fröhlich schalten und walten.

Der sozialpolitisch links angesiedelte Johannes Finck ist aber zugleich stets ein leidenschaftlich reichstreuer Mann, der den Separatismus der frühen zwanziger Jahre ebenso konsequent bekämpfte wie die französische Rheinpolitik der frühen Besatzungszeit nach dem Zweiten Weltkrieg. Er steht darin in der Tradition Heinrich Brünings, der wie er als Offizier aus dem Ersten Weltkrieg zurückgekehrt war, und er vertritt jetzt deutlich dieselbe Linie wie Jakob Kaiser, der seit 1949 im Amt des Bundesministers für Gesamtdeutsche Fragen im Kabinett Adenauers die Saarpolitik Frankreichs im Verborgenen, aber zäh und voller Leidenschaft bekämpft. Helmut Kohl verschweigt die stark nationale Motivation seines Mentors durchaus nicht und deutet in diesem Zusammenhang knapp an, wie unpopulär die französische Besatzungsmacht in der Pfalz damals war. In der CDU von Rheinland-Pfalz finden sich in der ersten Hälfte der fünfziger Jahre auch die heftigsten Opponenten gegen die Saarpolitik Frankreichs. Helmut Kohl selbst liegt durchaus auf dieser Linie und weiß in den *Erinnerungen* vergnügt zu berichten, wie er beim Abstimmungskampf über das Saar-Referendum im Spätsommer 1955 zusammen mit seiner Freundin Hannelore verbotenes Propagandamaterial für den »Heimatbund« im Auto der CDU-Geschäftsstelle Ludwigshafen über das Elsaß und Lothringen in das streng abgeriegelte Saargebiet eingeschmuggelt hat.[14] Als längst alles vergeben und vergessen ist, will er in der Rückschau die einstmalige Kritik an Frankreich jedoch nicht mehr mit grellen Scheinwerfern beleuchten. Immerhin schreibt er, wenngleich in staatsmännisch gedämpfter Prosa: »Der Verbleib meiner Heimat bei Deutschland, aber auch die Zusammengehörigkeit aller Deutschen, war schon uns Schülern im zerbombten Nachkriegs-Ludwigshafen ein hohes Gut.«

Es ist kein Widerspruch dazu, daß ihn zur selben Zeit bereits die Ideen der Europa-Union begeistern. Europa als Alternativentwurf zur Machtpolitik des Nationalstaats – dieser Gedanke überzeugt ihn. Mit anderen Pennälern versucht er in

Ludwigshafen eine Ortsgruppe der Europa-Union mit dem Namen »Neue Wirklichkeit« zu gründen. »Wir strebten die Vereinigten Staaten von Europa an. Wir waren fest überzeugt von der Richtigkeit dieses Weges«, skizziert er später die Anfänge seiner europäischen Überzeugungen. Der Enthusiasmus macht übrigens nicht an den Parteigrenzen halt. Einer dieser Pennäler ist der spätere SPD-Bundestagsabgeordnete Hans Bardens.[15] 1947 passen aber solche spontanen Aktivitäten unsteuerbarer deutscher Oberschüler, die vor kurzem noch in der HJ marschierten, nicht in die restriktive Besatzungspolitik. Die Vereinsgründung wird nicht gestattet. Kohl, der damals schon ein Faible für symbolische Politik hat, macht sich daraufhin mit seinen Freunden nach Weißenburg auf, um dort, an der Grenze zum Elsaß, einen Grenzschlagbaum hochzustemmen. Als betagter Mann erinnert er sich an ein Zusammentreffen mit jungen Franzosen an der deutsch-französischen Grenze in der Südpfalz: »Wir haben uns erst geprügelt, dann verbrüdert.«[16]

1947 ist auch das Jahr, in dem er erstmalig in den Reihen der Jungen Union an einem Wahlkampf teilnimmt, und zwar, wie es sich gehört, als Plakatkleber. Später wird er unentwegt betonen, schon 1946 sei ein noch nicht genehmigter »inoffizieller« Kreisverband der Jungen Union entstanden, woran auch er sich beteiligt habe.[17] Formell in die CDU aufgenommen wird er nach Erreichen des achtzehnten Lebensjahrs am 1. August 1948.[18]

Im Kreis der Freunde von der Jungen Union klebt er 1947 also eifrig Wahlplakate, betreibt Mitgliederwerbung und organisiert Festivitäten und Großkundgebungen. 1948, im Jahr der Währungsreform, der Berliner Blockade und des Zusammentritts des Parlamentarischen Rats in Bonn, wählt ihn die Junge Union bereits zum Kreisvorsitzenden.[19] Anschließend kandidiert er sogar, wenngleich erfolglos, für den Bezirksvorsitz der Jungen Union Pfalz.

Seit der Landtagswahl im Mai 1947 gibt es mehr als ein halbes Jahrhundert lang keinen Wahlkampf, an dem Helmut Kohl nicht teilnimmt. Ganz offenbar gehört er zu den Typen, die sich bei diesen Anlässen gern herumschlagen. In der Oberstufe des Gymnasiums fällt er jedenfalls als ungestümer und unablässig diskutierender Aktivist der Jungen Union auf. Festgezogen ist er noch nicht, vielmehr von großer Neugier auf die Verfechter gegnerischer Positionen. So läßt er es sich nicht nehmen, im Dezember 1947 den legendären Kurt Schumacher im Mannheimer Rosengarten zu hören und ein Jahr später Theodor Heuss bei der Gründungsversammlung der FDP in Heppenheim an der Bergstraße. Selbst Berührungsängste gegenüber den Kommunisten sind noch nicht festzustellen. Sein zeitweiliger Mathematiklehrer Otto Stamfort, ein jüdischer Emigrant, zieht die Freie Deutsche Jugend (FDJ) in der französischen Zone auf. Er wohnt in nächster Nachbarschaft von Kohls Elternhaus.

So wie Hans Castorp, der sympathische Held in Thomas Manns *Zauberberg*, bald von dem scharfsinnigen Settembrini, bald von dem düsteren Prä-Faschisten

Naphta Belehrungen empfängt, pendelt Kohl hin und her zwischen dem Pfarrhaus des »schwarzen« Dekans Finck und dem Wohnhaus seines »roten« Mathematiklehrers Stamfort, der einmal wöchentlich eine Gruppe von Schülern um sich versammelt, um mit diesen politische und philosophische Themen zu diskutieren. Dort trifft Kohl auch einmal den westdeutschen KPD-Vorsitzenden Max Reimann, so daß er später sagen kann, er habe bereits in der Pennälerzeit von allen später maßgeblichen Parteivorsitzenden der jungen Bundesrepublik einen persönlichen Eindruck gewonnen – im Zeitalter vor Einführung des Fernsehens keine Selbstverständlichkeit. 1948 wechselt Stamfort in die Sowjetisch Besetzte Zone hinüber und leistet dort seinen Beitrag zur Gleichschaltung der Universität Jena. Kohl und Stamfort sind einander offenbar sympathisch und bleiben miteinander in lockerer brieflicher Verbindung.

Obschon der Wiederaufbau in Ludwigshafen langsamer in Gang kommt als in den Großstädten der amerikanischen oder der britischen Zone, bringen die Jahre 1948 und 1949 auch hier große Veränderungen. Die Währungsreform belebt Handel und Wandel. Die hermetische Abriegelung der französischen Zone geht zu Ende. Vom 20. August 1948 an muß man auf der provisorischen Rheinbrücke keinen Passierschein mehr vorweisen. Wer nach Mannheim möchte, braucht nur noch einen Personalausweis. Im Dezember 1948 erfolgt die Eröffnung der neuen Rheinbrücke. Das Leben normalisiert sich. 1949 hat die Stadt wieder an die 124 Sportvereine, Rudervereine, Schwimmvereine, Filmclubs und Karnevalsvereine. Einige Kinos sind wiederhergestellt und voll wie in der Vorkriegszeit. Auch die Motorisierung beginnt.

Einer von denen, die im Mai 1949 vom Fahrrad auf ein gebrauchtes Motorrad umsteigen, ist Helmut Kohl. In dem historischen Jahr, in dem die Berliner Blockade zu Ende geht und die Bundesrepublik ins Leben tritt, ist er von bemerkenswerter Regsamkeit: Abiturvorbereitung, Aktivitäten in der Jungen Union, aber auch Gelegenheitsarbeiten auf dem Bau, als Verkaufsfahrer bei einer Getränkegroßhandlung, als Tankstellenwart und in einer Miederfabrik, wo er Geld fürs Studium und gewisse Extrawünsche verdient, wozu auch das Motorrad gehört. Ein Motorrad macht frei, und es eignet sich hervorragend, junge Damen zu beeindrucken. Die erste Fahrt geht nach dem benachbarten Schifferstadt. Die sechzehnjährige blonde Schöne heißt Hannelore Renner, und sie hat sich den Tag dieser ersten Ausfahrt genau gemerkt: Es ist der 22. Mai 1949.[20] Wie eng sich das Leben Helmut Kohls, der nun stolze neunzehn Jahre zählt, mit der eben konstituierten Bundesrepublik, aber genauso mit Hannelore Renner verknüpfen wird, ist noch nicht abzusehen. Tags darauf, so erzählt er später, habe er mit seinen Eltern vor dem Radio gesessen und gehört, wie Adenauer den Parlamentarischen Rat zur Schlußabstimmung aufrief. »Das wird unsere Republik«, habe er gedacht. »Ich war erleichtert, ja begeistert, und voller Optimismus für die Zukunft.«[21]

Gerne und häufig wird er später erzählen, er habe bereits bei der legendären ersten Bundestagswahl 1949 die Auftritte der CDU-Heroen mit organisiert – von Konrad Adenauer, von Jakob Kaiser, auch von Gustav Heinemann. In den politischen Milieus Ludwigshafens ist das CDU-»Parteitier« Helmut Kohl somit schon stadtbekannt, als er die letzten Klassen der Oberstufe absolviert. Am 8. Juli 1950 besteht er das Abitur. Auch dies ist fast wieder ein historisches Datum. Zwei Wochen zuvor ist im Fernen Osten der Koreakrieg ausgelöst worden, der auch im westlichen Europa eine neue Epoche eröffnet, denn von nun an steht ein Wehrbeitrag der Bundesrepublik auf der Agenda.

Klausurfächer in diesem ziemlich anspruchsvollen Zentralabitur an einem naturwissenschaftlichen Gymnasium sind Mathematik, Deutsch, Französisch und Physik oder Chemie. Nach französischem Vorbild werden die Klausuraufgaben zentral gestellt. Zwei vom Ministerium festgelegte Korrektoren bewerten die anonymisierten Arbeiten. Die mündliche Prüfung wird von den eigenen Lehrern vor einer extern besetzten Prüfungskommission abgenommen. Dank der archivalischen Gewissenhaftigkeit der deutschen Schulbürokratie hat sich Helmut Kohls Abituraufsatz im Fach Deutsch erhalten. In jenen Jahren wird von noch unfertigen jungen Leuten erwartet, sich in sogenannten Besinnungsaufsätzen über Gott und die Welt sowie umstrittene Fragen von Staat und Gesellschaft tiefgründig zu äußern. Wen wundert's, daß sich Kohl für ein noch halbwegs faßbares Thema entscheidet: »Nehmen Sie Stellung zu der Behauptung: Die soziale Frage ist eine Magenfrage.«

Was läßt dieser Aufsatz Kohls über seine damalige Vorstellungswelt erkennen? Man soll nicht zuviel in Elaborate hineingeheimnissen, die ein späterer Bundeskanzler unter Abiturstreß zu Papier gebracht hat. Da aber bislang keine anderen Selbstzeugnisse aus jenen frühen Jahren vorliegen, verdient dieser Text doch eine kursorische Erwähnung.

So viel ist immerhin zu beobachten, daß dem Abiturienten Helmut Kohl die Verkürzung des Sozialen allein auf die materiellen Bedingungen nicht einleuchtet. Bert Brechts vielzitierter Ausspruch aus der *Dreigroschenoper*, »erst das Fressen, dann die Moral«, schreibt er, könne »für den oberflächlichen Menschen« als »hinreichender Beweis« dafür gelten, daß die soziale Frage eine Magenfrage sei. Ausführlich sucht er den Gegenbeweis durch Hinweis auf die damaligen Flüchtlinge zu führen. Wer Gelegenheit hatte, »diesen unglücklichen Menschen zu begegnen«, lesen wir, könne »die Verlogenheit und Oberflächlichkeit solchen Denkens leicht zurückweisen: Die ostpreußische Fischerfamilie in ihrer jämmerlichen Kate, der mecklenburgische Landarbeiter mit seinem an die Leibeigenschaft erinnernden Verhältnis zum Arbeitsherrn, ihnen allen ging es auch vor der Flucht nicht beneidenswert. Sie hatten auch nur das Hemd auf dem Leibe und das zum Leben Notwendige auf der Hand, und doch waren sie glücklich auf ihre Art.« Der Lebensstandard und die Lebensweise dieser Menschen hätten sich auch kaum verändert, als sie Flüchtlinge wurden, »und doch sind sie zutiefst unglücklich und die Statistik sagt, daß die Zahl der Lebensmüden, die ihrem Leben selbst ein Ende bereiten, ständig im Wachsen begriffen ist. Nicht das körperliche Elend ließ diese Menschen zerbrechen, sondern ihre Verlassenheit ... Das geistige und geistliche Elend dieser Menschen überschattet bei weitem die alltäglichen Schwierigkeiten.«

Das Thema »geistige Verlassenheit« wird durch Verweis auf zu Verbrechern gewordene »junge Menschen« weiter ergänzt. So habe »der 17jährige Doppelmörder Siegfried Helm« vor dem amerikanischen Militärgericht erklärt: »Einen Gott kenne er nicht.« Offenbar erscheinen Kohl geistig-seelische Bedingungen des Menschseins genauso wichtig, wenn nicht noch wichtiger als die materielle Lage: die Heimat, die Familie und die Würde der Person.

Mit einiger Umständlichkeit, mehr thesenhaft als gedanklich stringent, entwikkelt Kohl seine damalige Auffassung: Der Mensch sei in allen seinen Bezügen »eine soziale Person«. Die soziale Frage lasse sich nicht von der Gesamtheit des Menschen ablösen. Platon wird zitiert: »Es ist der Geist, der den Körper adelt.« Der Autor dieses Abituraufsatzes greift auch in die historische Asservatenkammer: »Geschichtliche Beispiele zeigen, daß Revolutionen, auch soziale Revolutionen, in erster Linie das menschliche Streben nach Würdigung der Person und in zweiter Linie die Sicherung der materiellen Existenz zur Ursache hatten.« Zur Arbeitslosigkeit formuliert er ungelenk, doch dezidiert: »Der hungernde Arbeitslose wird sich sicherlich zuerst auf die entbehrten leiblichen Genüsse stürzen, Friede und Zufriedenheit wird ihm jedoch nur ein Arbeitsplatz, eine Familie und geistige Betätigung vermitteln können.«

Natürlich ist diesem Abiturienten des Jahres 1950 auch die Erfahrung des Totalitarismus geläufig: »Das Beispiel der totalitären Staaten einst und jetzt zeigt, daß zufriedene und friedsame Menschen nicht mit einer ausreichenden Ration der zum Leben notwendigen Bedarfsartikel erzogen werden, sondern daß nur soziale Gerechtigkeit und geistige Freiheit ein Volk befrieden und erhöhen kann.« Da und dort polemisiert er, wenngleich gedämpft, gegen »Vermassung«, »Kollektivierung« und den »Leviathan Staat«. Der Aufsatz endet mit einem Plädoyer für die Tugenden des barmherzigen Samariters und dessen tätige Nächstenliebe.

Kohls Ausführungen werden von milden Prüfern mit der Note 15 bewertet, also »gut und besser«. Einer der beiden Korrektoren vermerkt: »Eine in jeder Beziehung ausgezeichnete Arbeit. Die wenigen sprachlichen Verstöße verschwinden unter dem Gewicht ausgezeichneter Formulierungen. Eine Einschränkung: Zeichenfehler fast unzählbar ... Note wird dadurch gedrückt.«[22]

Es ist also ein sichtlich idealistischer Abiturient, der im Frühjahr 1950 das Zeugnis der Reife erhält. Das Abiturzeugnis ist so durchwachsen wie die eben erwähnte Bewertung des Aufsatzes im Fach Deutsch. Kohl erhält die Gesamtnote »zwei – drei« (15 Punkte). Naturwissenschaften und Mathematik sind offenbar nicht sein Ding. Doch kann er die unterdurchschnittlichen Leistungen in Physik, Chemie und Mathematik mit guten Noten in Deutsch und Geschichte kompensieren.[23] »Keine Glanzleistung«, urteilt er selbst im Rückblick.[24] Aber er kann jetzt studieren.

Studienjahre in Frankfurt und Heidelberg (1950 – 1958)

In Kohls Lebenslauf stellen die Studienjahre einen Abschnitt eigenen Gepräges dar. Von 1950 bis 1958 gibt es drei Bereiche, die vielfach miteinander verbunden sind und seine Zukunft bestimmen werden: das geistes- und sozialwissenschaftliche Studium in Frankfurt und Heidelberg, die Parteiaktivitäten in der Pfalz und – so heißt das in jenen Jahren – das Verhältnis mit Hannelore Renner. Diese entscheidenden Jahre sind eingebettet in die Ära Adenauer mit ihren bekannten Grundzügen, als da sind: Wiederaufbau und Wirtschaftswunder, Westbindung, Kalter Krieg, Polarisierung zwischen CDU und SPD, Konsolidierung der pluralistischen Parteiendemokratie. Im nachhinein erscheint der zu jener Zeit noch unbekannte Helmut Kohl als eine Art Verkörperung der dominierenden Tendenzen in der damaligen Bundesrepublik.

Kohl kommt aus einem »unstudierten« Elternhaus, in dem es eine Beamtentradition gibt, die man genau kennt und schätzt: die des Lehrers. Aber der junge Mann, der bisher eher als Schrecken seiner Lehrer denn als geschätzter Primus auf sich aufmerksam gemacht hat, kann nur grinsen bei der Vorstellung, er würde einmal Gymnasiallehrer werden. Wenn schon Beamter, dann lieber Verwaltungsjurist. Beim Blick auf die ihm bereits hinlänglich bekannten politischen Größen in Rheinland-Pfalz weiß der hoffnungsvolle Sohn, daß von der Juristerei viele Seitenpfade früher oder später in die Politik führen. »Nicht meinem Vater zuliebe« entscheidet er sich schließlich für Jura und betont rückblickend: »Das habe ich für mich aus Freude und Interesse selbst entschieden.«[1] Zugleich faßt er aber schon einen Seitenpfad zum Geschichtsstudium ins Auge, indem er sich gleichzeitig an der Philosophischen Fakultät einschreibt. Die Studienordnungen der Universitäten sind damals noch von einer Toleranz, die heutzutage nicht mehr vorstellbar ist.

Zur Finanzierung des Studiums ist Selbsthilfe gefordert, denn der Steuerobersekretär Hans Kohl ist seit den letzten Kriegsjahren herzkrank und muß sich vorzeitig pensionieren lassen. Daß er somit nur für einen kleineren Teil der Studienkosten aufkommen kann, versteht sich von selbst. In jenen Jahren ist das Werkstudium bei gutbezahlter Schwerstarbeit durchaus weit verbreitet, und Helmut Kohl schreckt diese Perspektive nicht. Er verdient sich bis Mitte der fünfziger Jahre den nötigen »Bimbes« durch allerlei Tätigkeiten, für die er dank seiner kräftigen Physis gute Voraussetzungen mitbringt. Am längsten arbeitet er in der Steineschleiferei der BASF; das ist zwar hart, aber auch am besten bezahlt. 1956 bis 1958, als er ernsthaft auf den Doktor hinarbeiten muß, bringt er sich mit einem 150-Mark-Job als studentische Hilfskraft bei den Heidelberger Politischen Wissenschaftlern über die Runden. Es ist günstig, daß die Universitätsstädte Frankfurt und Heidelberg nicht weit von Ludwigshafen entfernt liegen. Somit kann Helmut Kohl während des Studiums im Elternhaus wohnen. Das senkt die Kosten.

Weshalb hat sich Kohl unter diesen Umständen dafür entschieden, mit dem Studium in dem 1950 noch ziemlich zerstörten Frankfurt zu beginnen? Gab es Schwierigkeiten bei der Einschreibung in Heidelberg? Fragt man ihn später nach dem Grund, so antwortet er: »Nach Frankfurt bin ich auch deshalb gegangen, weil ich der einzige war, der dort aus unserer Klasse hinging. Alle anderen gingen nach Heidelberg, Mainz oder München. Ich wollte allein bleiben und ein Stück Selbständigkeit erhalten.«[2] Doch das Pendeln nach Frankfurt ist nervtötend und auch teuer. Selbst beim Memoirenschreiben hat Kohl nicht vergessen, daß die Fahrt dorthin frühmorgens 5.32 Uhr mit der Straßenbahn begann und daß er manchmal erst nach Mitternacht zurück war, um ein paar Stunden später wieder in die Bahn zu steigen.[3] Nach zwei Semestern sieht er es endlich ein, daß die traditionsreiche kurpfälzische Ruprecht-Karls-Universität in Heidelberg quasi vor der Haustür liegt.

Manche, die man später befragt, erinnern sich schmunzelnd daran, wie der riesige Helmut Kohl Sommer wie Winter auf seiner kleinen, nicht mehr fabrikneuen Lambretta in Heidelberg herumkurvte, oft, so Bernhard Vogel, mit einem Ägypter auf dem Sozius, dem er Deutschunterricht gab, um sich Geld zu verdienen. Er kleidet sich naturburschenhaft: Bei schlechtem Wetter fährt er in amerikanischen Klamotten aus dem PX-Laden durchs Land, im Sommer in Lederhosen und Sandalen, von denen er auch im Bundeskanzleramt nicht lassen wird, wenn er es sich so recht gemütlich machen möchte.

Im vierten Semester wechselt er das Hauptfach: Statt Jura wählt er Geschichte, dazu als Nebenfächer Staatsrecht und Politische Wissenschaft. Was ihn besonders brennend interessiert, sind die Neuere Geschichte und die Zeitgeschichte, dazu die in Heidelberg stark etablierten Sozialwissenschaften. Beim Studium der Mittelalterlichen und der Alten Geschichte macht sich dagegen anfangs störend bemerkbar, daß ihm als Absolventen eines naturwissenschaftlichen Gymnasiums das große Latinum fehlt.

Offensichtlich herrscht an der Philosophischen Fakultät in Heidelberg ein Studienbetrieb, der ihm bestens behagt. Man läßt sich Zeit, genießt die Unreglementiertheit des Bildungsstudiums und schnuppert bei allen Koryphäen herum, bis man endlich einen Professor findet, der einen als Doktoranden annimmt. Da Kohl seinen Unterhalt während des Studiums zum großen Teil selbst verdient, beschwert die stattliche Zahl von immerhin sechzehn Studiensemestern sein Gewissen überhaupt nicht, zumal neben dem unerläßlichen Werkstudium die politischen Aktivitäten einen Teil seiner Zeit in Anspruch nehmen. Nur sein Vater hebt warnend den Finger. Er sieht den Sohn in Gefahr, bei der Heidelberger Boheme oder im Politbetrieb seine Zeit zu vertrödeln.

Das Zeitalter der Massenuniversität hat zwar auch in Heidelberg schon begonnen, aber der Zustrom hält sich noch in Grenzen. Wer sucht, findet überschaubare Seminare, in denen anfangs noch die einstigen Soldaten dominieren, die auf die Angehörigen der Flakhelfergeneration und erst recht auf die Kriegskinder wie Helmut Kohl in einer Mischung aus Überheblichkeit und Kameradschaftlichkeit hinabschauen. Die Professoren wissen, daß man diesen Hörern wenig vormachen kann. Auch die Vorlesungsgebühren sind noch nicht abgeschafft, und so geben sich die renommierten Ordinarien Mühe, vor meist großen Massen die Erkenntnisse ihrer jeweiligen Disziplin in vierstündigen, weitgespannten Überblicksvorlesungen auszubreiten. Im übrigen gehört zum vielgerühmten »Heidelberger Geist« seit den Tagen der Romantik über die Jahre Max Webers hinweg bis in die fünfziger Jahre hinein auch bei den Professoren ein Schuß von akademischer Boheme.

Der allen Autoritäten gegenüber eigentlich eher kritische, auf unkonventionelle Meinungen und Typen neugierige Helmut Kohl findet den akademischen Unterricht der oft sehr gelehrten, meist anregenden, bisweilen pompösen und nicht selten skurrilen Professoren alles in allem recht bekömmlich. In den *Erinnerungen* wird er seinen stark in die Länge gezogenen Studierstil mit einem dicken Lob bedenken: »Ich studierte in einer Breite, die mir ein Leben lang zugute kam.«[4] Früher pflegte er das etwas weniger geschwollen zu formulieren. Seine Universitätszeit, war dann zu hören, sei eine »Hohe Schule des Vergammelns« gewesen.[5]

In Frankfurt hört er bei den dortigen Koryphäen: bei dem Gesellschaftsrechtler Walter Hallstein, bei dem Ökonomen und späteren CDU-Bundestagsabgeordneten Franz Böhm (dem Schwiegersohn der nach dem Krieg verstorbenen, damals noch berühmten Ricarda Huch) und natürlich bei dem Völkerrechtler Carlo Schmid, der sich im Zenit seines politischen Ansehens befindet. In Heidelberg, seit den Jahren Max Webers das Mekka der Kultursoziologie, amüsiert er sich zeitweilig im Kolleg des heute vergessenen Soziologen Hans von Eckardt oder bei dem noch nicht ganz vergessenen, vom Ruhm der Emigration in die Türkei zehrenden Alexander Rüstow.

So er das nicht wüßte, könnte er bei Eckardt lernen, daß die Theorie der Politik von der Grundtatsache des Machtwillens auszugehen hat; dieser Vorläufer der Politischen Wissenschaft wurde 1919 mit einer Dissertation promoviert, die den Titel führt: »Der politische Führer, seine Gestalt und seine Form in der Geschichte«. Zu Kohls Zeiten leitet Eckardt das Institut für Publizistik. Auch Rüstow ist ein eindrucksvoller Mann. Auf seinen mäandernden Wegen durch die politischen Ideologien des 20. Jahrhundert ist er in den Heidelberger Jahren beim Liberalismus angelangt, amtiert als

Kurator der Fazit-Stiftung der *Frankfurter Allgemeinen Zeitung* und der Aktionsgemeinschaft Soziale Marktwirtschaft. Ein anderer Heidelberger Ökonom, der wie Böhm und Rüstow zur neoliberalen Schule gehört, ist Erich Preiser, damals auch Mitglied des wirtschaftspolitisch einflußreichen Wissenschaftlichen Beirats beim Bundeswirtschaftsministerium unter Ludwig Erhard. Ihn hört Kohl ebenfalls.

Wieviel von solchen Kollegs hängenbleibt, läßt sich nie genau sagen. Daß Kohl aber in der Frankfurter und Heidelberger Zeit die nunmehr vorherrschende ordoliberale Wirtschaftstheorie inhaliert, ist nicht zu bezweifeln. Wenn er sich später unentwegt als Anhänger und Bewunderer der Sozialen Marktwirtschaft bezeichnet, so nicht nur deshalb, weil Erhard eine der Größen der CDU ist, sondern weil er sich als Student von den Prinzipien der in jenen Jahren angesagten Wirtschaftstheorie hat überzeugen lassen.

Weitere Professoren treten hinzu. In ihren den Dissertationen beigegebenen Lebensläufen sind Doktoranden gehalten, ihre wichtigsten akademischen Lehrer zu erwähnen. Neben dem Doktorvater Walther Peter Fuchs nennt Kohl dort den Mediävisten Fritz Ernst, der das Korreferat übernommen hat, dazu die Historiker Johannes Kühn und Werner Conze, den Verwaltungsrechtler Walter Jellinek und den Professor der Politischen Wissenschaft Dolf Sternberger.

Der kultivierte und vielseitige Journalist Dolf Sternberger, von 1934 bis zu deren Verbot 1943 bei der *Frankfurter Zeitung,* ist inzwischen Leitartikler bei der *Frankfurter Allgemeinen Zeitung* und Kommentator beim Hessischen Rundfunk. Er gilt bei politisch interessierten Studenten als akademischer Neuerer. Seit 1947 nimmt er an der Ruperto Carola einen Lehrauftrag wahr, wird dort 1955 mit einer Honorarprofessur bedacht und gehört zu den Protagonisten der Einführung des akademischen Lehrfachs Politische Wissenschaft, der er normative und empirische Aufgaben zuschreibt. Seit 1951 hat er in Heidelberg eine Forschergruppe zu Fragen des Parlamentarismus und der politischen Parteien zusammengebracht, aus der schließlich im Jahr 1958 das Institut für Politische Wissenschaft wird.

Als Kohl im Wintersemester 1956/57 zu dieser Truppe stößt, hat diese schon verschiedene einschlägige Studien veröffentlicht. Sternberger ist eben dabei, mit Unterstützung der Deutschen Forschungsgemeinschaft ein Wahlkampfprojekt zur Analyse der bevorstehenden Bundestagswahl 1957 auf den Weg zu bringen. Dabei sollen zwei Fragen untersucht werden: die Soziologie der Kandidaten und die aktuelle Wahlkampfführung. Die Untersuchung soll sich auf die Pfalz und auf Nordbaden erstrecken. Kohl wird um Mitwirkung gebeten. Da er entschlossen ist, selbst den Bundestagswahlkampf der CDU in Ludwigshafen zu leiten, kann er nicht als Wahlkampfbeobachter fungieren, doch er will von Mai 1957 an mitwirken an der Teiluntersuchung zur Aufstellung der Bundestagskandidaten mit anschließender Auswertung. Dafür erhält er monatlich die bereits erwähnten 150 DM als studentische Hilfskraft, was ihm bei der Niederschrift seiner Dissertation und der Vorbereitung aufs Rigorosum sehr zupaß kommt.

Kohls Studienkollege und Parteifreund Peter Molt hat die Sitzungsprotokolle aufbewahrt, so auch ein Referat Kohls vom 12. Juli 1957. Dort analysiert er die Struktur der CDU in der Pfalz und – mit nachdrücklicher Bitte um Diskretion – den Prozeß der Kandidatenaufstellung in der eigenen Partei. Wie nicht anders zu erwarten, kennt er die CDU im Bezirk Pfalz wie die eigene Hosentasche, deckt die Seminarteilnehmer mit Zahlen ein und berichtet über die »recht erbitterten« Auseinandersetzungen um die Plazierung auf der Landesliste, die, so das Protokoll, »nach Herrn Kohls Meinung wohl für eine deutsche Partei einzig dastehen«.[6] Bei Schilderung der entsprechenden Kontroversen betont er, »daß niemand vorher wissen könne, wie die Abstimmungen ausgehen speziell mit Bezug auf die strittigen Plätze«. In einer späteren Sitzung erwähnt er auch, »daß sich der Kandidat in jedem Nest vorstellen« müsse, wobei die Hauptlast der Veranstaltungen von freiwilligen Helfern der Jungen Union getragen werde. Ist der Wahlkreis unsicher, dann kämen die Bundesredner der Partei selbst in kleinen Städten zum Einsatz, so beispielsweise Bundeskanzler Adenauer in Michelbach im Odenwald. Die fleißigsten Bundesredner seien Ernst Lemmer und Ludwig Erhard.[7] Auch andere Informationen aus dem Nähkästchen gibt er zum besten. Wer nur die großen Veranstaltungen mit der CDU-Prominenz beachte, gewinne einen falschen Eindruck vom Wahlkampf. Es seien die vielen kleinen Versammlungen, auf die es ankomme. In den Dörfern hätten sich vor allem Filmveranstaltungen im Freien als vorteilhaft erwiesen und drei- oder viermal so viele Zuhörer angezogen wie Veranstaltungen im beleuchteten Wahllokal.

Für die Seminarteilnehmer besonders überraschend ist Kohls Feststellung, niemand habe in Ludwigshafen mehr Geld zur Verfügung gehabt als der SPD-Kandidat. Ein Seminarteilnehmer ergänzt das mit dem Hinweis, die BASF habe »eine antiklerikale Tradition« und falle deshalb als Geldgeber für die CDU aus. Sternberger sucht das etwas zurechtzurücken mit der Feststellung, der finanzielle Aufwand der CDU sei »überwältigend«, und verweist dabei auf die Mittel, die ihr »durch die Förderverbände zufließen« – ahnungsvoller Hinweis auf künftige Sumpfwanderungen dieses hoffnungsvollen Studenten, die noch weit hinter dem Horizont liegen.

Interessant ist auch Kohls Feststellung, die SPD habe sich »schlecht auf den Föderalismus eingestellt«, denn bei Landtags- und Bundestagswahlen spielten so erfolgreiche Persönlichkeiten wie Reuter, Suhr, Zinn, Brauer oder Kaisen nicht die ihnen entsprechende Rolle. Dieser bereits mit allen politischen Wassern gewaschene Student warnt schließlich davor, »einem Schmid-Mythos zu verfallen und Ollenhauer zum Sündenbock zu stempeln«. Er zweifle daran, daß Carlo Schmid – damals in akademischen Kreisen die am meisten geschätzte Gestalt der SPD – *der* Mann sei. Das hänge davon ab, »ob er der Härte der Auseinandersetzung gewachsen sei«, und von »seinem Willen, sie zu bestehen«.

Wer diese eindrucksvollen Protokolle liest, fragt sich, weshalb Kohl denn nicht in Politischer Wissenschaft promoviert hat. Dafür gibt es eine Reihe von Gründen: Mitte 1957 hat er sich bereits auf den Abschluß in Geschichte eingestellt. Außerdem liegt ihm Sternberger nicht besonders. Im Grunde hält er nicht viel von der Empirie des Professors, der offen einräumt, er habe noch keinen Parteitag persönlich beobachtet. Dabei weiß doch jeder Profi, daß dort bei den Wahlen für die erstrebenswerten Positionen die Karrieren gezimmert oder ruiniert werden. Zu abgehoben und unangebracht herablassend, lautet Kohls Urteil über Sternberger. Der findet seinerseits an dem Parteiaktivisten Kohl auch keinen großen Gefallen, zumal sich dieser Neuling im Seminar fast provozierend aufspielt. Bei den Sitzungen nimmt er demonstrativ am Tisch gegenüber dem Professor Platz, breitet umständlich seine Pfeifensammlung aus, qualmt wie ein Schlot und läßt jedermann leicht ironisch fühlen, wie allwissend er in Sachen Parteien und Wahlkampf ist.[8]

Kohl mißfällt ganz besonders die linksliberale oder sozialdemokratische Orientierung bei einer Mehrheit der Assistenten und Doktoranden im Sternberger-Seminar. Immerhin findet er dort einige wenige Gleichgesinnte. Einer von diesen ist Bernhard Vogel. Vogel wird 1960 promoviert und noch vier Jahre als Assistent bei Sternberger bleiben, bis er sich für eine politische Karriere entscheidet und fortan zum engsten Umfeld Helmut Kohls gehört.

Kohl jedenfalls hält von der im Aufbau befindlichen Disziplin Politische Wissenschaft nicht allzu viel. Als Nebenfach findet er sie jedoch ideal, und so wird Sternberger einer seiner Prüfer beim Doktorexamen.

Seit den Tagen auf dem Gymnasium in Ludwigshafen ist Geschichte Kohls Lieblingsfach. Aber es ist nicht ganz einfach, einen Historiker für eine zeitgeschichtliche Dissertation zu interessieren, wie sie ihm vorschwebt. Er findet seinen Doktorvater schließlich in Walther Peter Fuchs. Fuchs ist ein kenntnisreicher Mann, der über eine breite Wissenspalette verfügt, die vom Bauernkrieg während der Reformationszeit bis ins Zeitalter Bismarcks reicht. Die Regionalgeschichte Bayerns oder Badens kennt er genauso gut wie die Ideengeschichte. In der Heidelberger Fakultät ist er jedoch ein Außenseiter. 1953 hat er die Nachfolge Franz Schnabels an der Technischen Hochschule Karlsruhe angetreten. 1957 erhält er in Heidelberg zusätzlich eine Honorarprofessur, darf somit promovieren, wenn ein Ordinarius das Korreferat übernimmt, wozu sich im Fall Helmut Kohls der Mediävist Fritz Ernst bereit findet.

Politisch gehört Fuchs – Jahrgang 1905 – zu den Wendehälsen. Im Dritten Reich habilitierte er sich 1936 auf Vorschlag des Neuzeithistorikers Günther Franz in Heidelberg – daher die Verbindung zur Fakultät. Im Kreis der jüngeren Historiker war Franz einer der entschiedensten Nationalsozialisten, der in verschiedenen Funktionen bei der NSDAP, der SS und für den SD tätig war und daher nach 1945 keinen Ruf mehr erhielt.[9] Nun fanden sich in der Heidelberger Fakultät der fünfziger Jahre neben vergleichsweise zahlreichen Anti-Nazis auch andere mehr oder weniger stark angebräunte Professoren, beispielsweise der renommierte Werner Conze, dessen NS-Verwicklung aber erst viel später zum Thema wurde. Fuchs selbst mochte zudem darauf verweisen, daß er sich zu Beginn des Krieges freiwillig gemeldet habe und somit politisch vergleichsweise unbelastet war. Doch die Studierenden der fünfziger Jahre interessieren sich für das politische Vorleben ihrer Professoren im Dritten Reich kaum. Die meisten kennen im eigenen Umfeld hinlänglich viele, die bei der NSDAP aktiv waren und mit dem Regime bis weit in den Krieg hinein sympathisiert haben. Dem jungen Kohl etwa, für den innerparteiliche Personalpolitik schon damals zum täglichen Brot gehört, ist beim Blick auf seine CDU, aber genauso auf SPD und FDP, ohnehin nichts Menschliches fremd. Das Treiben und Schreiben der eigenen Professoren im Dritten Reich ist diesen studentischen Jahrgängen daher ziemlich gleichgültig. Ein mehr oder weniger intensives NS-Vorleben wird als *fact of life* betrachtet. Erst seit Mitte der sechziger Jahre beginnt man systematisch zu graben.

Helmut Kohl hört seit 1955 bei Fuchs Vorlesungen und nimmt auch am Seminar teil. Da aber Fuchs, wie gesagt, erst 1957 zum Honorarprofessor ernannt wird, ist davon auszugehen, daß Kohl auch erst in diesem Jahr von ihm als Doktorand fest angenommen werden konnte. Zudem mußte der Ordinarius Fritz Ernst für Kohls Themenvorschlag gewonnen werden. Weshalb es diesem bis dahin eher gemächlich studierenden jungen Mann nun plötzlich pressiert, wird klar, wenn man einen Blick auf seine mittelfristigen Ziele wirft: Im Frühjahr 1959 würde der neue Landtag von Rheinland-Pfalz gewählt. Bereits vier Jahre zuvor, so deutet Kohl in den *Erinnerungen* an, hatte es Überlegungen gegeben, ob er eine Kandidatur riskieren solle. Damals entschied er sich – gewiß auch aufgrund väterlichen Anratens – dagegen in der Einsicht, daß es geboten sei, zunächst einen akademischen Abschluß anzustreben, »obwohl ich die etwa dreihundert Mark Diäten gut hätte gebrauchen können«.[10] Wenn er also im Frühjahr 1959 zum Zug kommen will, muß er bei der Kandidatenaufstellung im Winter 1958/59 den akademischen Abschluß in der Tasche haben.

Kohl entgeht nicht, daß im hohen Norden der Bundesrepublik ein Nachwuchstalent aus der eigenen Altersgruppe politisch und akademisch rasch vorankommt. Seit 1955 ist Gerhard Stoltenberg, Jahrgang 1928, Bundesvorsitzender der Jungen Union und holt sich 1957 sogar ein Bundestagsmandat. Zugleich aber macht Stoltenberg in Kiel als Historiker eine akademische Bilderbuchkarriere. Bereits 1954 wird er promoviert, und man weiß, daß er unbeschadet der Tätigkeit im Deutschen Bundestag in Kiel auf eine Habilitation hinarbeitet, die ihm in der Tat 1962 gelingt. Allerhöchste Zeit also, daß Helmut Kohl jetzt sein Studium abschließt.

Kohl ist sich darüber im klaren, daß seine zeitliche Belastung durch den Politikbetrieb nur eine Dissertation über Zusammenhänge erlaubt, die er genauestens kennt und bei denen er sicher ist, neue, bisher unerschlossene Quellen verwerten zu können. Obwohl der Sinn für die neueste Zeitgeschichte in der Historikerzunft damals noch unterentwickelt ist, gelingt es ihm, die Professoren Fuchs und Ernst davon zu überzeugen, daß er mit einem Thema zum Wiedererstehen der Parteien in der frühesten Besatzungszeit historiographisches Neuland betritt. Das Pfund, mit dem er wuchern kann, ist vor allem der Nachlaß seines 1953 verstorbenen Mentors Johannes Finck sowie weitere Archivalien, die ihm dessen Bruder Albert und der Oberregierungsrat Gustav Wolff, einstmals Gründungsmitglied der CDU Pfalz, zur Verfügung stellen. Der Doktorand kennt die Netzwerke, die Gründergruppen, die Häuptlinge und die Größen, die bereits abgetreten sind oder jetzt Ministerämter und Vorstandspositionen bekleiden.

Systematische Arbeiten zur Entstehung der Parteien nach 1945 haben im Jahr 1958 noch Seltenheitswert. Hans-Georg Wieck, der später als Diplomat und Chef des Bundesnachrichtendienstes (BND) verschiedentlich Kohls Wege kreuzt, hat 1953 als Band 2 der bald renommierten Reihe *Beiträge zur Geschichte des Parlamentarismus und der politischen Parteien* eine erste, auf bislang unzugänglichen Archivalien und Interviews beruhende Studie veröffentlicht mit dem Titel: *Die Entstehung der CDU und die Wiedergründung des Zentrums im Jahr 1945*.[11] Etwas besser steht es mit der Erforschung der alliierten Besatzungsplanung und der Besatzungsjahre 1945 bis 1949. Doch auch auf diesem weiten Feld befindet sich die Forschung erst in den Anfängen.

Gestützt auf die genannten Archivalien, auf Zeitzeugeninterviews und auf die bisherige Forschungsliteratur vermittelt Kohls Dissertation in zwei einleitenden Kapiteln einen Überblick über die Besatzungspolitik in der Pfalz. Dem folgt eine detailreiche Darstellung der Gründungsgeschichte der pfälzischen CDU, alsdann der Kommunistischen Partei (KP) der Pfalz und der SPD. Skizzen der Nachkriegswahlen, der Auseinandersetzung um die Verfassung von Rheinland-Pfalz und den Separatismus in der Pfalz schließen die Arbeit ab. Mit 161 Seiten Text, einigen beigegebenen Quellen und dem Anhang von Quellen und Literatur liegt diese Arbeit substantiell und formal im Rahmen der damals üblichen Dissertationen. Besonders bezüglich der Entstehungsgeschichte der CDU fördert Kohl Neues zutage. Auch seine Behandlung der konkurrierenden Parteien ist sachlich. Die Darstellungsform ist klar, der Sprachstil nuanciert und entschieden. Daß es sich um einen Schnellschuß handelt, bleibt den Gutachtern nicht verborgen. Kohl erhält die Note *cum laude* für diese empirisch fundierte, allerdings rein deskriptive Arbeit, mit der er am 8. Juli 1958 promoviert wird.

Wie die meisten Dissertationen vor Einführung des Druckzwangs bleibt die Arbeit unpubliziert. Noch im selben Jahr 1958 kommt von Hans Georg Wieck eine umfassender angelegte Parallelstudie heraus, betitelt *Christliche und Freie Demokraten in Hessen, Rheinland-Pfalz und Württemberg 1945–1946*,[12] die in der Sache zu vergleichbaren Ergebnissen führt und auch methodisch ähnlich konzipiert ist. Damit ist die Weide ziemlich abgegrast. Da Jahr für Jahr neue Quellen zutage treten, sind Dissertationen zur neuesten Zeitgeschichte rasch verderbliche Früchte.

Beim Blick auf Kohls spätere Karriere mag man bedauern, daß er seine Studie in überarbeiteter und geboten vertiefter Form nicht doch publiziert hat, denn sie bietet einen Einblick in die politischen Milieus seiner Anfänge sowie auf das politische Personal der Pfalz, dem er sich jetzt rasch zugesellt. Im Quellen- und Literaturverzeichnis sind 42 Persönlichkeiten aus allen Parteien aufgeführt, mit denen Kohl Interviews geführt hat. Das sind Herren wie Landesgerichtspräsident Hans Anschütz und Franz Bögler, der in Kohls Aufstiegsjahren mächtige Parteiboß der Pfälzer SPD, oder Kultusminister Albert Finck. Doch befragt wurden auch Bürgermeister a.D. Max Frenzel vom Gründerkreis der KP Ludwigshafen sowie der bis 1955 amtierende Mannheimer Oberbürgermeister Hermann Heimerich, der von den Amerikanern als Oberregierungspräsident von Mittelrhein-Saar eingesetzt worden war, nicht zuletzt auch der Diakon Hermann Matthes, später Kohls Vorgänger als Fraktionsvorsitzender der CDU im Mainzer Landtag. Professor Alexander Mitscherlich, ein weiterer in den ersten Anfängen von der amerikanischen Militärregierung eingesetzter Präsidialdirektor, wird ebenso genannt wie der Weingutsbesitzer Jakob Ziegler, erster Vorsitzender der pfälzischen CDU. Heute sind diese Männer größtenteils vergessen. Bei seinem Aufstieg aus den Ludwigshafener Anfängen zur Spitze der Machtpyramide in Rheinland-Pfalz wird sich Kohl aber an manchen von ihnen abarbeiten und sie alle rasch hinter sich lassen.

Nach dem erfolgreichen Abschluß seines Studiums muß dieser »seltsame Verschnitt zwischen einem Studenten und einem Politiker«, so wird sich Kohl später selbstironisch charakterisieren,[13] seinem politischen Aktivitätsdrang keine Zügel mehr anlegen.

Marsch durch die Institutionen (1953–1958)

Das Schlagwort vom »Marsch durch die Institutionen« werden später die Achtundsechziger gern verwenden, als sie die SPD durchdringen. Das einprägsame Bild haben Kohl und seine Riege von gleichaltrigen Gefährten zwar nicht erfunden, aber es charakterisiert ebenso trefflich die Art und Weise, mit der diese seit den frühen fünfziger Jahren ihren etablierten CDU-Vorstandsherren auf den Leib rücken.

Will man nachvollziehen, wie die jungen Herrschaften vorgehen, muß man sich die Parteistruktur der damaligen CDU ins Gedächtnis rufen. Sie hat sich in den sechzig Jahren, die seither ins Land gegangen sind, nicht wesentlich verändert. Damals aber, in den Gründerjahren, ist alles neu, und auch die Techniken des Machtkampfs und des Machterwerbs sind noch nicht so vertraut und trivialisiert wie heute.

Entsprechend den Verwaltungseinheiten im damaligen Rheinland-Pfalz weist die CDU vier Ebenen auf: Ortsverein, Kreisverband, Bezirk, Landesverband. Helmut Kohls Ortsgruppe liegt im Stadtteil Ludwigshafen-Friesenheim. Mit rund 140 eingetragenen Mitgliedern[1] ist sie die größte in Ludwigshafen. Die Mitglieder üben überwiegend mittelständische Berufe aus, sind Angestellte, Beamte, Handwerker, Kaufleute, Selbständige mit akademischer Ausbildung; vergleichsweise wenige sind Facharbeiter. Viele der Älteren kommen aus dem Zentrum oder der Bayerischen Volkspartei. In der Ortsgruppe trifft man sich regelmäßig, diskutiert, plant Mitgliederwerbung und weitere Aktivitäten, sucht die Empfehlungen übergeordneter Instanzen umzusetzen und wählt alle zwei Jahre den Ortsvorstand sowie die Delegierten für die höheren Ebenen.

Aus Sicht der politisch ehrgeizigeren Mitglieder bildet die Ortsgruppe nur das Basislager, von dem man als Delegierter in den Kreisverband Ludwigshafen-Stadt aufsteigt, wo die politische Musik spielt. Der für die CDU-Verhältnisse in der Pfalz vergleichsweise starke Kreisverband zählt Ende der 1940er Jahre etwas mehr als 900 Mitglieder. Der Kreisversammlung von Delegierten aus den zehn Ortsgruppen obliegen bereits interessante Aufgaben: Aufstellung der Kandidaten für den Stadtrat, jährliche Wahl der Delegierten für den Bezirksparteitag und die Wahlkreisversammlung, Mitwirkung bei Planung und Durchführung der Wahlkampfveranstaltungen für Ludwigshafen, vor allem aber auch Wahl des Geschäftsführenden Kreisvorstands. Wer es in den Vorstand schafft, hat schon viel zu sagen. Ganz besonders darf sich der Vorstandsvorsitzende einer großen, bald auch wieder wohlhabenden Stadt wie Ludwigshafen als veritabler Parteiboß fühlen, der die hauptamtliche Geschäftsstelle dirigiert, über intensiv eingesammelte und recht ansehnliche Parteispenden verfügt, Pressearbeit betreibt, Spitzenpolitiker als Redner einwirbt, die Stadtratsfraktion anführt und zugleich ex officio den Kreisverband auf den höheren Ebenen vertritt. Die Soziologie des Kreisvorstands zeigt übrigens, daß in der Ludwigshafener CDU das mittelständische Milieu tonangebend ist.[2]

Zehn Jahre hindurch, von 1947 bis 1958, nimmt der Architekt Ludwig Reichling (Jahrgang 1889), Baumeister bei der BASF, dieses Amt wahr. Er ist zugleich Vorsitzender der CDU-Stadtratsfraktion und Mitglied des Landtags. Helmut Kohl balgt sich in diesen Jahren mal mit ihm herum, mal vertragen sich die beiden wieder. Nach einem kurzen Zwischenspiel von Egon Augustin beginnt 1959 in der CDU Ludwigshafen die Ära Kohl. 1959 bis 1963 legt er sich kraftvoll im Amt des CDU-Kreisvorsitzenden ins Zeug, übernimmt bald auch den Vorsitz der CDU-Stadtratsfraktion und wird wie sein Vor-Vorgänger Reichling Ludwigshafen auch im Landtag vertreten.

Politisch noch gewichtiger ist natürlich der Bezirksverband Pfalz. CDU-Mitglieder mit politischem Biß setzen ihren Ehrgeiz darein, zumindest in der Bezirksversammlung mitzumischen, noch lieber im exklusiveren Bezirksausschuß, der den Bezirksvorstand wählt und kontrolliert, und wenn möglich suchen sie in den Vorstand zu gelangen. Wer noch weitergehende Ziele verfolgt, strebt den Posten eines Stellvertreters an und damit gewissermaßen das Sprungbrett zum heißbegehrten Amt des Bezirksvorsitzenden. Die Zusammensetzung des Bezirksvorstands ist fein austariert: Die jeweiligen Kreisverbände möchten angemessen bedacht sein, der Konfessionsproporz spielt eine ganz besondere Rolle, aber auch die jeweiligen Vereinigungen und Ausschüsse verlangen Beachtung.

Trotz der Vorschrift, alljährlich neu zu wählen, lassen sich diejenigen, die in dieser schon deutlich hierarchisierten Parteistruktur eine führende Position im Bezirksvorstand erreicht haben, naturgemäß nicht so leicht verdrängen. Das gilt ganz besonders für den Bezirksvorsitzenden. Pfälzer Parteiboß ist von 1950 bis 1964 Dr. Eduard Orth (Jahrgang 1902). Orth, studierter Volkswirt, repräsentiert als Direktor und Teilhaber einer Möbelfabrik in Speyer die mittelständische Wirtschaft. Er spielt natürlich auch im Landtag eine maßgebliche Rolle, wo er von 1956 bis 1967 im Mainzer Kabinett das landespolitisch wichtige Amt des Kultusministers innehat mit Zuständigkeit für das Schulwesen, die Lehrerseminare, die Landesuniversität in Mainz und den Denkmalschutz, nicht zu vergessen die Aufgabe, die Beziehungen zu den Kirchen zu gestalten. Auch ihn wird Helmut Kohl auf seinem »Marsch durch die Institutionen« schließlich verdrängen. Aber das schafft er erst 1964, nachdem er als Vorsitzender der Landtagsfraktion bereits in die Spitzengruppe der Landes-CDU vorgedrungen ist.

Die höchste Parteiebene ist der Landesvorstand von Rheinland-Pfalz. Dort spielt der Regionalproporz eine noch viel größere Rolle als auf der Bezirksebene. Die fünf Bezirksverbände Pfalz, Rheinhessen, Montabaur, Koblenz und Trier wollen angemessen vertreten sein und gehen bei der Postenbesetzung oder bei sehr kontroversen landespolitischen Entscheidungen gelegentlich wechselnde Koalitionen ein. Hier wird die ganz große Landespolitik gemacht mit Koalitionspolitik, Verteilung der Kabinettsposten und Besetzung der wichtigen Ausschüsse im Landtag. Vielfach fallen im Landesvorstand auch Vorentscheidungen über die großen Gesetzgebungsvorhaben.

Ähnlich wie der CDU-Bezirk Pfalz hat auch die Landes-CDU einen altbewährten Vorsitzenden, an den sich lange Zeit keiner heranwagt: den Ministerpräsidenten Peter Altmeier (Jahrgang 1899). Altmeier ist von 1947 bis 1969 Ministerpräsident und zugleich bis 1966 Parteivorsitzender. 22 Jahre lang regiert er somit das Land, länger als nach ihm irgendein anderer deutscher Ministerpräsident. Von Beruf ist er kaufmännischer Angestellter, war vor 1933 Stadtverordneter des Zentrums in Koblenz und erfreut sich zuverlässiger Unterstützung durch den katholischen Klerus. Erst Helmut Kohl wird ihn aus dem Parteivorsitz und drei Jahre später aus dem Amt des Ministerpräsidenten drängen. Wie der ungestüme Aufsteiger den alten Kämpen Altmeier niederringt, wird ein wichtiger Bestandteil der Helmut-Kohl-Saga.

Böse Zungen im Lande behaupten damals, Rheinland-Pfalz habe, genau besehen, neben dem amtierenden Altmeier noch einen zweiten Ministerpräsidenten, nämlich den vormaligen Regierungspräsidenten Wilhelm Boden (Jahrgang 1890), der 1947 für wenige Monate Ministerpräsident ist, dann von Altmeier abgelöst wird, aber von 1951 bis 1961 als Vorsitzender der CDU-Landtagsfraktion weiterhin maßgeblichen Einfluß ausübt. Altmeier, Boden, Orth sowie andere Bezirksvorsitzende und Kabinettsmitglieder sind Beispiele dafür, daß sich die erste Generation der CDU-Größen in Rheinland-Pfalz durch politische Langlebigkeit auszeichnet. Fast alle diese Herren sind im Kaiserreich geboren, waren als junge Männer im Ersten Weltkrieg Soldaten, haben bis 1933 dem Zentrum oder der Bayerischen Volkspartei in der Weimarer Republik angehört, sind irgendwie durchs Dritte Reich und den Krieg hindurchgekommen, haben sich danach vom Nutzen des Konzepts der überparteilichen CDU überzeugen lassen, wirken aber aufgrund ihres Alters und ihrer traditionalistischen Ansichten auf die Generation der Zwanzigjährigen aufreizend. Zu deren Wortführer wirft sich jetzt Helmut Kohl auf. Seine Operationsbasis ist vorerst die Junge Union.

Wie die Sozialausschüsse oder die Frauenausschüsse gehört die Junge Union zu den Vereinigungen, die »als selbständige Organisation, doch angegliedert an die Partei« agieren, wie es etwas verschlungen im Gründungsprotokoll der Jungen Union in Neustadt vom 4. Juni 1947 steht.[3] Die Vorsitzenden der Jungen Union sind durchweg in den Leitungsgremien der Partei vertreten.

Die organisatorische Selbständigkeit hat zur Folge, daß die Jüngeren in der CDU auf den jeweiligen Delegiertenkonferenzen eine gutorganisierte und gutvernetzte Gruppierung des Nachwuchses bilden, der periodisch mit dem Argument der »Verjüngung« in die Vorstandsgremien hineindrängt. Schon sehr früh ist somit in der rheinland-pfälzischen CDU ein ausgeprägter Generationenkonflikt zu beobachten. Der Grund dafür ist eine schlichte demographische Tatsache: Die große Mehrheit der CDU-Gründungsmitglieder, das Führungspersonal in den Vorständen nicht zu vergessen, besteht aus eher angegrauten Semestern, denn Mitglieder unter vierzig Jahren sind in der regulären CDU nur spärlich vertreten. Die Werbung solcher Mitglieder scheint somit dringend geboten. Bei Gründung der Jungen Union hat man zuallererst die Generationen ehemaliger Soldaten und Heimkehrer im Blick, die nach politischer Neuorientierung verlangen, sofern sie sich nicht desillusioniert von jeglicher Politik fernhalten. Wenn sich aber muntere Oberschüler oder Studenten vom Typ Helmut Kohl zur Mitarbeit bereit finden, ist das durchaus erwünscht. Viel später erst wird in der CDU für diese jüngsten Sympathisanten die Schülerunion eingerichtet.

Es ist also die Junge Union, in die Kohl schon als Pennäler eintritt und in der er als Student Fuß faßt, zunächst als einer ihrer Wortführer gegenüber den Parteigremien, alsdann mit deren Schubkraft innerhalb der Partei. In den Gründerjahren der CDU zählt die Junge Union Ludwigshafen an die 150 Mitglieder.[4] Anders als die rund 900 regulären Parteimitglieder ist diese Truppe höchst aktiv, kämpferisch und auch sehr mobil, denn in der Pfalz herrscht überall Bedarf an zupackenden jungen Leuten, die sich zur Organisation von Wahlkampfveranstaltungen bereit finden oder in Dörfern und kleinen Städten als Wahlredner auftreten. Während selbst die eifrigsten CDU-Mitglieder sich vorwiegend lokalpolitisch betätigen, schwärmt die Junge Union landesweit aus.

Man darf nicht vergessen, daß die Bundesrepublik in ihrer Frühzeit so etwas wie die letzten Ausläufer jener Jugendkultur erlebt, die zuvor in der HJ kanalisiert war und nun nochmals in der Evangelischen und Katholischen Jugend, im Christlichen Verein Junger Männer (CVJM), aber eben auch in der Jungen Union Gestalt annimmt. Bald wird der Soziologe Helmut Schelsky den Nachkriegsgenerationen das Etikett »die skeptische Generation« aufkleben, die individualistisch, pragmatisch, vor allem am beruflichen Fortkommen interessiert und weitgehend apolitisch sei. Aufs große und ganze gesehen mag das durchaus stimmen. Aber keine Alterskohorte ist homogen, und innerhalb der Nachkriegsjugend weisen die Mitglieder dieser und anderer Jugendgruppen doch auch noch die Merkmale jener »politischen Generation« auf, die sich einstmals, vor 1933, in den Jugendorganisationen der politischen Parteien zusammenfand und von 1933 bis 1945 in der HJ. Hier gestaltet man seine Freizeit in einer Clique junger Leute, diskutiert nächtelang, organisiert ständig dies oder jenes, was immer von größter Wichtigkeit ist, reist ruhelos herum und kann an überregionalen Treffen überhaupt nicht genug kriegen.

In kürzester Zeit entsteht so in den Landesverbänden der CDU ein dichtes Netzwerk der Jungen Union, über das die anerkannten »Leitwölfe« auf die Führungsgremien der Partei einwirken. Das Netzwerk der Jungen Union endet übrigens nicht an den Grenzen der CDU-Landesverbände. Schon früh eröffnen die Deutschlandtage der Jungen Union den Delegierten Gelegenheit, ihre künftigen Mitkämpfer und Rivalen kennenzulernen. In den ersten Jahren der CDU und der Jungen Union ist das alles ganz neu. Helmut Kohl in Rheinland-Pfalz und Gerhard Stoltenberg in Schleswig-Holstein sind die ersten, die mit gutem Gespür für die Mechanismen der innerparteilichen Demokratie das Potential der Jungen Union erkennen.

Im Frühjahr 1947, so war schon zu berichten, bringt der siebzehnjährige Gymnasiast Helmut Kohl in Ludwigshafen-Friesenheim die erste Ortsgruppe der Jungen Union zusammen, die ihn zum Vorsitzenden wählt. Ein Jahr später schon steht er an der Spitze des Kreisverbandes Ludwigshafen der Jungen Union. Das macht ihn so übermütig, daß er jetzt für den Vorsitz der Jungen Union im Bezirk Pfalz kandidiert.

Sein Gegenkandidat obsiegt mit einer Stimme Mehrheit, worüber man sich mit achtzehn Jahren aber noch nicht grämen muß. Es ist dennoch eine schöne Legende, wenn
er – alt und in vielen CDU-Spitzenämtern erprobt – in den *Erinnerungen* behauptet,
von da an habe er sich »auf die CDU konzentriert«.[5] Tatsächlich kommen die Anhänger, mit denen der Heidelberger Studiosus Helmut Kohl in den fünfziger Jahren
die Parteigremien aufmischt, größtenteils aus der Jungen Union. Dort hat er seine
erste Hausmacht. Nicht ohne Stolz wird er später die Leser seiner *Erinnerungen* wissen lassen, die Junge Union Ludwigshafen habe 1954 bereits an die 400 Mitglieder
gehabt, »von denen ich viele persönlich geworben hatte, und gehörte damit zu den
größten Ortsverbänden in der Republik«.[6]

1955, Kohl studiert inzwischen in Heidelberg, wird er als einer von drei Stellver-
tretern in den Vorstand der Jungen Union Rheinland-Pfalz gewählt.[7] Noch im Zeitraum 1955 bis 1961, als er bereits auf drei Vorstandsetagen vom Kreisverband bis zum
Landesvorstand sein Wesen treibt, hält er es für praktisch, zusammen mit dem befreundeten Heinrich Holkenbrink – die beiden nehmen zeitweilig die Position der
Stellvertretenden Vorsitzenden ein – im Landesvorstand der Jungen Union in Rheinland-Pfalz präsent zu sein. Den JU-Vorsitz hat von 1951 bis 1958 Johann Peter Josten
inne, ein Mann aus der Kriegsgeneration, der – was damals noch möglich ist – zur
selben Zeit ein Bundestagsmandat und ein Landtagsmandat versieht. Damit ist er
aber hinlänglich ausgelastet, und so kommt es, daß die beiden Stellvertreter in der
rheinland-pfälzischen Jungen Union maßgeblichen Einfluß ausüben. Kohl wird den
Posten in der Vorstandsetage der Jungen Union erst 1961 aufgeben, als ihm das Amt
des Stellvertretenden Vorsitzenden der CDU-Landtagsfraktion zufällt.

Wer Parteimitglied ist, hat es nicht schwer, im Verein mit einigen Kameraden auf
den unterschiedlichen Parteiebenen als Delegierter aufzutreten, in dieser Funktion
den jeweiligen Vorständen mehr oder weniger kräftig einzuheizen und rasch als
Vertreter der jungen Generation in den Vorstand einzuziehen, um dort erst schonungslos, allgemach aber, wenn er sich Respekt verschafft hat, etwas geschmeidiger
auf Kampfeswillen, Einsatzbereitschaft, Effektivität und Pflichterfüllung in der ganzen Partei zu drängen.

Was sind das nun für junge Leute, die sich um »Helle« Kohl zusammenfinden?
Und wie verlaufen ihre Karrieren? Greifen wir zwei von ihnen heraus: Zum Kern der
Clique aus der Jungen Union, die seit den späten vierziger Jahren zusammen mit
Helmut Kohl, dem Jüngsten, die CDU-Gremien der Pfalz aufmischt, gehören von
Anfang an Heinrich Holkenbrink (Jahrgang 1920), damals Student an der Pädago-
gischen Akademie Bad Neuenahr, und Heinz Schwarz (Jahrgang 1928) aus Koblenz.
Kohl, Holkenbrink und Schwarz lernen sich bei den Pfalz-Tagen der Jungen Union
kennen, als Kohl noch Gymnasiast ist. Schwarz wird schon 1952 Landessekretär der
Jungen Union und von 1955 bis 1961 Bundessekretär der Jungen Union Deutschland.

Holkenbrink wird seine erste und zweite Dienstprüfung machen und einige Jahre als Studienrat in Wittlich arbeiten, es dort zum Kreisvorsitzenden der CDU bringen und außerdem 1958 bis 1961 zum Landesvorsitzenden der Jungen Union. Die beiden werden 1959 in den Landtag von Rheinland-Pfalz einziehen als Teil des »Stoßtrupps Kohl« beziehungsweise der »Kohllisten«. 1967 bis 1971 ist Schwarz Stellvertretender Vorsitzender der CDU-Fraktion und geht 1976 in den Bundestag. Holkenbrink bringt es 1967 zum Staatssekretär für Wirtschaft und Verkehr in Rheinland-Pfalz und amtiert von 1971 bis 1985 als Verkehrsminister.

Diese Beispiele zeigen zweierlei: Holkenbrink und Schwarz beginnen gemeinsam mit Kohl, mischen mit ihm die Riege der Älteren auf, machen parallel zu ihm Karriere, werden aber rasch von ihm überholt. Ähnliche Beobachtungen ließen sich bei einem guten Dutzend weiterer Mitglieder der Jungen Union und der rheinland-pfälzischen CDU der fünfziger Jahre anstellen, die gleichfalls zu den Stürmern und Drängern um Helmut Kohl gehören und wie er Berufspolitiker werden oder in bürgerliche Berufe gehen, aber als Kreisvorsitzende oder Ortsvorsitzende weiterhin am Parteileben teilnehmen.

Mit Unterstützung dieses Netzwerks aus Junger Union und CDU-Junioren schafft Helmut Kohl im Herbst 1953, als er die ersten Proseminare in Heidelberg absolviert, den Sprung in den Vorstand der Kreispartei von Ludwigshafen-Stadt. Unter dem Jubel seiner Anhänger gelingt es ihm zur gleichen Zeit sogar, auf der Delegiertenkonferenz des Bezirks Pfalz den etablierten Landauer Oberbürgermeister und Verleger Dr. Alois Krämer, der im Bezirksvorstand den Posten des Schriftführers bekleidet, aus dem Sattel zu heben. Kaum ist ihm diese parteiintern gewichtige Position im Bezirksvorstand zugefallen, da hat er die Chuzpe, sich im Januar 1955 auf dem CDU-Parteitag in Ludwigshafen um einen Platz im Landesvorstand der CDU Rheinland-Pfalz zu bemühen. In einer Mischung aus Überheblichkeit und Unwillen über soviel Frechheit treten ihm da noch der Parteivorsitzende Altmeier und sein Anhang entgegen, aber sie sind auch schon vorsichtig. Kohl fällt zwar durch, aber mit einem respektablen Ergebnis. Eduard Orth, der Bezirksvorsitzende der Pfalz, und dessen Anhänger wollen es sich mit diesem quirligen neuen Mitglied des Bezirksvorstands Pfalz nicht verderben und entsenden ihn – die Satzung erlaubt das – in den Landesvorstand, obwohl er nicht direkt gewählt ist. Damit hat er 1955 eine Grundlage für weitere Vorstöße geschaffen, gibt sich aber vorerst zufrieden, schließlich müssen in Heidelberg Seminare absolviert und eine Doktorarbeit geschrieben werden. Das alles sind auch noch rein innerparteiliche Vorgänge, auf die außerhalb der CDU kaum jemand achtet. Eingeweihte aber sehen in Kohl jetzt schon einen kommenden Mann, beginnen ihn respektvoll zu karessieren oder sich darauf einzustellen, diesem lästigen Neuling freundschaftlich, wie es in einer Partei üblich ist, den Weg zu verlegen.

Als Kohl während der sechziger Jahre allmählich ins Licht einer breiteren Öffentlichkeit tritt, werden die Journalisten und später auch Kohls Biographen vor allem den Machtinstinkt und die Machtvirtuosität hervorheben, mit denen sich bereits der stud. phil. Helmut Kohl von Leitungsgremium zu Leitungsgremium vorgearbeitet und die verschiedenen Positionen zu einer bereits tragfähigen Machtbasis gebündelt habe. Zweifellos trifft diese Sicht zu. Aber führt man die Laufbahn Kohls allein auf unbändigen Willen zur Macht zurück, übersieht man leicht, daß dieser durchweg freche, direkte, an Kritik nicht sparende Aufsteiger nicht bloß an der eigenen Karriere baut, sondern zugleich eine sachliche Agenda verfolgt, die vielen aus dem Nachwuchs der damaligen CDU einleuchtet.

Ein Kernpunkt seiner Agenda, die er schonungslos verfolgt und mit der er Anfang der siebziger Jahre bis an die Spitze der Bundes-CDU vordringt, läßt sich mit dem Begriff »Generationenprojekt« umschreiben. Von Anfang an tritt er als Sprecher der jungen Generation auf. Dabei ist sicher allerhand Selbststilisierung im Spiel, doch er glaubt auch daran. Seit Adenauer, der Gründungskanzler der Bundesrepublik, amtiert, ist aus der bisher stark dezentralen, jungen Partei zusehends die Adenauer-CDU geworden. Kohl selbst läßt sich rasch von den Zielen des Bundeskanzlers überzeugen und wird sich später als »Enkel Adenauers« bezeichnen. Mit dem Begriff »Enkel« klingt zugleich die Tatsache an, daß Adenauer das Alter eines Großvaters aufweist. Denn bei allen Verdiensten hat Adenauer – und mit ihm die CDU – ein Altersproblem. Als der Bundeskanzler, dabei auch von Kohl bejubelt, den Wahltriumph des Jahres 1953 erringt, steht er bereits im 77. Lebensjahr. Ehrgeizige Jüngere sind zwar schon auf dem Plan, so auf Bundesebene Gerhard Schröder, Franz Josef Strauß, Theo Blank, Kurt Georg Kiesinger, aber in den Spitzenpositionen ist die CDU vielerorts doch eine Partei vorwiegend älterer Herren.

Die CDU-Führer in Rheinland-Pfalz weisen noch nicht das biblische Alter Adenauers auf, und man sollte auch nicht vergessen, daß die Seniorität in jenen Jahren sozial mehr akzeptiert ist als später. Doch der Altersunterschied zwischen der Führungsetage und dem Nachwuchs tritt besonders stark hervor, weil die dezimierten Kriegsjahrgänge teilweise fehlen. Nachdem es der CDU auf Landesebene gelungen ist, mit Landtagswahlergebnissen zumeist weit über vierzig Prozent und mit Bundestagswahlergebnissen um die fünfzig Prozent in Rheinland-Pfalz den Rang der strukturell stärksten Landespartei zu erringen, entsteht in den Kreisen der Jungen Union der Eindruck, daß die Parteiführer nach den großen Anstrengungen der Gründerzeit bequem und lässig agieren und dem Status quo verhaftet sind. In Ludwigshafen, wo sich die CDU in einer strukturellen Minderheitsposition befindet, empfinden die Jungen das als noch viel peinlicher als in anderen Landesteilen.

Dazu kommt in Rheinland-Pfalz aber ein weiterer Faktor, den Kohl und seine Freunde für gravierend halten: Hier wirkt die Tradition von Zentrum und BVP stark

Vorstandsmitglied der Jungen Union Rheinland-Pfalz
in den fünfziger Jahren

nach. Ministerpräsident Altmeier, Bundesfamilienminister Franz-Josef Wuermeling, der Fraktionsvorsitzende Boden, der 1947 als Ministerpräsident auch deshalb gehen mußte, weil er vor der Aufnahme evangelischer Flüchtlinge in katholischen Regionen gewarnt hatte, ferner Justizminister Adolf Süsterhenn, Vordenker eines Grundrechtsverständnisses, das im christlichen Naturrecht wurzelt – alle diese Spitzenfiguren der rheinland-pfälzischen CDU sind kirchlich stark gebundene Katholiken und nach Ansicht ihrer Kritiker »tiefschwarz« und »stockkonservativ«. In einem konfessionell gemischten Land (1950 leben in Rheinland-Pfalz 57 Prozent Katholiken und 40 Prozent Protestanten)[8] und in einer überkonfessionellen CDU wirkt das provozierend. Am stärksten kommt das in der Schulpolitik zum Ausdruck. Die Auseinandersetzungen um die Frage Konfessionsschule oder christliche Bekenntnisschule sind seit dem heftigen Streit um die Schulartikel in der Landesverfassung ein Dauerthema der Innenpolitik. Daß sich die CDU-Führung vehement für die Konfessionsschule einsetzt, ist innerparteilich von Anfang an nie ganz unumstritten und wird von Teilen der Basis zunehmend problematisiert. Das verbindet sich mit dem Stadt-Land-Gegensatz. Daß sich die Verfechter der Konfessionsschule in der SPD-dominierten Großstadt Ludwigshafen noch schwerer tun als in anderen Regionen der Pfalz, kann nicht verwundern. In der Jungen Union wird es bald als Zumutung betrachtet, daß sich die Parteiführung in allen Schulfragen und im Kulturbereich von der katholischen Kirche stark beeinflussen läßt.

Helmut Kohl, der aus einem katholischen, aber doch vergleichsweise toleranten Elternhaus kommt, hält die Fernsteuerung der CDU durch den katholischen Episkopat für unvereinbar mit dem Unionsgedanken. Der Umstand, daß Hannelore Renner, die er heiraten möchte, aus einem wenig kirchlichen, protestantischen Elternhaus stammt, ist sicherlich nicht dazu angetan, seine Vorbehalte gegen integralistische Bischöfe und Generalvikare zu verringern. Das heißt aber: Helmut Kohl gehört von Anbeginn an zum kulturpolitisch liberalen Flügel der CDU, und er wird das bis in die neunziger Jahre hinein bleiben. Bezüglich seiner koalitionspolitischen Vorstellungen, die sich in diesen Jahren herausbilden, hat dies eine widersprüchliche Konsequenz. In Ludwigshafen plädiert er für einen Konfrontationskurs gegen die übermächtige SPD, im Land aber wünscht er, die dominierende CDU möge aufgrund ihres Selbstverständnisses, aber auch aus machtpolitischen Gründen den Ballast des Klerikalismus abwerfen, um mit viel Glück die absolute Mehrheit zu erringen oder um bei der notwendigen Koalitionsbildung mit SPD oder FDP weniger Schwierigkeiten zu haben.

Somit ist es kein Zufall, daß Kohls Aufstieg in die Vorstandsetagen der CDU nicht nur von der Jungen Union vorangetrieben wird. Unterstützung findet er auch bei Parteifreunden vom evangelischen Flügel. Auf dem eben erwähnten Parteitag Anfang 1955, bei dem er den Vorstoß in den Landesvorstand riskiert, ist Gustav Hülser, der markanteste Exponent des evangelischen Parteiflügels, sein wichtigster Befürworter. Persönlichkeiten von der Statur dieses Landtagsabgeordneten für Speyer zeigen, daß es verkehrt wäre, die rheinland-pfälzische CDU allein als Parteiverband tiefschwarzer ehemaliger Zentrumsleute zu begreifen.

Es lohnt sich, in diesem Zusammenhang einen Blick auf diesen frühen politischen Förderer Kohls aus der alten Generation zu werfen. Hülser (Jahrgang 1887), ein altgedienter Gewerkschafter und zugleich bekennender protestantischer Christ, ist von Beruf Gärtner. Aus dem Ersten Weltkrieg kehrte er als Kriegsverletzter zurück. In den Jahren der Weimarer Republik spielte er eine Rolle als Gewerkschaftssekretär beim christlich-nationalen Zentralverband der Landarbeiter, war von 1933 bis 1943 Reichsgeschäftsführer des Evangelischen Männerwerks in Berlin und kam von dort als Leiter des Referats für Berufsausbildung zur Industrie- und Handelskammer Ludwigshafen. Sein Weg durch die Parteilandschaft war alles andere als geradlinig. 1918 trat er in die Deutsch-Nationale Volkspartei ein und gehörte von 1924 an der deutsch-nationalen Reichstagsfraktion an. Im Jahr 1929, nachdem Alfred Hugenberg vom schwerindustriellen Flügel der Deutsch-Nationalen die Macht mit diktatorischen Vollmachten übernommen hatte, verließ er mit ein paar Gleichgesinnten die Partei und schloß sich dem prononciert evangelischen Christlich-sozialen Volksdienst an, der in seiner Satzung proklamierte, »im Glauben an Jesus Christus, unseren Herrn, den Gekreuzigten und Auferstandenen … dem deutschen Volke und Staat dienen« zu wollen.[9] So ausgesprochen fromme Bekenntnisse traute sich nach 1945 nicht einmal die CDU in ihre Programme zu schreiben. 1937 trat Hülser der NSDAP bei.[10] In den Besatzungsjahren ist er somit ein Mann mit einer nicht wohlgefälligen politischen Vergangenheit. Nach der Entnazifizierung schließt er sich der CDU an und ist von 1951 bis 1963 Abgeordneter im Mainzer Landtag. Offenbar ist er dem jungen Helmut Kohl stark zugetan, fördert ihn, wo er kann, und verzichtet 1959 zu dessen Gunsten auf einen Sitz im Vorstand der Landtagsfraktion. Kohl bezeichnet Hülser in den *Erinnerungen* als seinen »väterlichen Freund, der mir den Weg nach oben ebnen wollte«.[11]

Geht man der Frage nach, weshalb der Student Helmut Kohl vergleichsweise rasch in die obersten Etagen der CDU gelangte, dann gerät auch der Faktor Regionalpolitik in den Blick. Als Ludwigshafener kann er auf die Schubkraft des stärksten Kreisverbandes der damaligen Pfalz rechnen. Doch auch manche der älteren Vorstandsherren des Bezirksverbandes Pfalz schätzen es durchaus, mit diesem Raufbold einen Vertreter ihrer regionalen Interessen in einen Landesvorstand zu entsenden, wo in Gestalt des Ministerpräsidenten Peter Altmeier oder des Fraktionsvorsitzenden Wilhelm Boden Herren aus dem nördlichen Landesteil tonangebend sind. Kohl kommt somit zum Zug, weil er unterschiedliche Interessen und Überzeugungen in der damaligen CDU von Rheinland-Pfalz mit gutem Gespür zu bündeln weiß. Aber am meisten fällt er in diesen Jahren doch durch unablässige Betriebsamkeit und durch die Grobheit auf, mit der er gegenüber den etablierten Vorständen auftrumpft. Das imponiert den Anhängern, stößt aber zugleich die Adressaten seiner Attacken vor den Kopf.

Diejenigen, die zwischen Ende der vierziger Jahre bis in die siebziger Jahre seine Gremienstrategie beobachtet haben, können stets dasselbe strategische Vorgehen erkennen, wobei er von Jahr zu Jahr professioneller und selbstbewußter wird, je mehr Erfolg er hat. Seinen Vorstößen liegt zumeist ein geschicktes Timing zugrunde. Gern prescht die junge Garde dann vor, wenn sie sich in Wahlkämpfen monatelang für die CDU abgerackert hat. So eine Gelegenheit bietet sich beispielsweise nach der Bundestagswahl vom 6. September 1953, bei der die CDU im Bundesgebiet stolze 45 Prozent der Zweitstimmen erzielt hat, im »roten Ludwigshafen« aber nur 34 Prozent, wobei der SPD-Wahlkreiskandidat sogar 43 Prozent aller Stimmen erringen konnte.[12]

Fünf Tage danach ergreift Kohl, noch in der Eigenschaft eines Delegierten, nach dem Bericht des Kreisvorsitzenden als erster das Wort und veranstaltet ein Scherbengericht über den Vorstand. Ein Wahlsieg, so argumentiert er, setze drei Faktoren voraus: Man muß die Protestanten gewinnen, man muß die Arbeiterschaft gewinnen, und man muß die »junge Generation« halten, die Adenauer als Persönlichkeit und der CDU wegen ihres Programms ihre Stimme gegeben habe. Worum geht es also? »Parteiarbeit besser leisten«, »Mitglieder werben«, mehr tun »für die Parteidemokratie«! Was heißt das praktisch? Monatlich müsse künftig in Ludwigshafen eine Vorstandssitzung stattfinden statt nur wie bisher einmal im Jahr. Die Organisation müsse besser werden, überhaupt müsse die CDU auch in Ludwigshafen »eine Partei neuen Stils werden«.[13]

»Demokratisierung«, »eine Partei neuen Stils«, mit diesen Forderungen wird Kohl künftig durch alle Vorstände ziehen, die er für bequem, verzopft, »verbonzt« (dies eines seiner Lieblingsschmähworte) und für einfallslos hält. Es wäre zu einfach, hinter seinen brutalen Angriffen nur die Absicht zu sehen, persönlich so rasch wie möglich in die Führungsgremien einzudringen. Aber natürlich will er das auch. Bei der nächsten Krachsitzung trumpft er auf, immerhin sei er »schon sieben Jahre in der Partei«. Endlich erkennt auch der Vorstand, welch ein wertvolles Mitglied dieser inzwischen 1,93 Meter große, nicht zu bremsende Student ist, und bittet ihn, künftig im geschäftsführenden Vorstand mitzuwirken.

Nach diesem bewährten Schema läuft es erst im Kreisvorstand, dann im Bezirk, zu guter Letzt auch im Landesvorstand und danach im Bundesvorstand der CDU. Wer verfolgt, wie Kohl mit seiner Truppe gewissermaßen Vorstand für Vorstand aufrollt, muß konstatieren, daß er die neuerrungenen Positionen tatsächlich ohne sich selbst zu schonen nutzt, um seine Vorstellungen von moderner Parteiarbeit konsequent durchzusetzen. Nach ein paar Jahren kennt jeder sein Programm: »Die Partei darf keine Wählerpartei sein«, sie muß zur »Mitgliederpartei« werden.[14] Einen Vorstoß in diesem Sinn halten die bemerkenswert ausführlichen Protokolle über die Kreisausschußsitzungen Ende Mai 1955 fest. Unmittelbar nach der erfolgreich verlaufenen Landtagswahl beklagt Kohl das schlechte Verhältnis des Kreisvorstands zu der doch so einsatzfreudigen Jungen Union. Dabei wird nicht nur deutlich, daß das Verhältnis zwischen ihm und dem Kreisvorsitzenden Reichling gestört ist. Er erwähnt dort auch, »daß er kein Abgeordneter werden wollte« und sich bei der Vorstandssitzung des Bezirks für Reichling eingesetzt habe.[15]

Kohl führt schon in diesen frühen Jahren gern das große Wort, ist aber alles andere als ein geschwätziger Windmacher. Er hätte seinen Weg nicht gemacht, wäre er nicht auch ein Organisationstalent und eine geborene Führungsnatur. In den neuen Positionen packt er an, drängt erfolgreich auf Verjüngung der Gremien, bringt die Mitgliederschulung in Gang, setzt sich unermüdlich bei Wahlkämpfen ein, beschafft Geld, drängt auf verbesserte Pressearbeit, holt ständig Bundesprominenz in die Stadt und treibt zusehends die zur Anpassung neigende Stadtratsfraktion in die Konfrontation mit den dominierenden Sozialdemokraten. Der Parteireformer, der die Bundes-CDU in den siebziger Jahren aufmöbelt, tritt bereits in Ludwigshafen hervor. Alles ist schon da: die Slogans, die Techniken, die Organisationswut, das dickköpfige Beharren auf langfristigen Strategien, womit er später in der CDU berühmt wird, aber auch seine Ungeduld, sein aufbrausendes Temperament, seine Unduldsamkeit mit Schlendrian, seine bedingungslose Härte, auch der bald absolute Wille zur Macht, weswegen man ihn fürchtet.

Die innerparteilichen Gegner, an denen es nicht fehlt, müssen bald widerwillig einräumen, daß sein Mobilisierungsdrang Erfolg hat. Beim Bundestagswahlkampf 1957 zieht er als Wahlkampfleiter alle Register. Der Wahlkreiskandidat der CDU, Dr. Gerhard Fritz, weist ein Profil auf, wie es Kohl nach der Wahlschlappe vier Jahre zuvor gefordert hat: Er ist evangelisch, als Geschäftsführer der Industrie- und Handelskammer ein Mann der Wirtschaft und gerade erst 36 Jahre alt. Das Thema, mit dem der Kandidat sich vorstellt, lautet:»Warum wählt der Arbeiter von heute CDU?« Ludwig Erhard, die Ikone des Wirtschaftswunders, und der Bundesminister für gesamtdeutsche Fragen Ernst Lemmer absolvieren in Ludwigshafen Wahlkampfauftritte. Der 15. September 1957 beschert der CDU dann tatsächlich einen kräftigen Stimmenanstieg. An der SPD-Dominanz ändert das zwar nicht viel, doch die innerparteiliche Wirkung relativer Erfolgserlebnisse ist nicht zu überschätzen.

Nicht zu überschätzen bei Kohls Weg in die Spitzenpositionen der CDU ist auch der Bekanntheitsgrad, den sich der robuste Dirigent der CDU-Wahlkämpfe bei der Bonner CDU-Prominenz verschafft. Zu ihr zählt auch Kurt Georg Kiesinger, damals ein Star bei den Bundestagsdebatten. Kohl holt ihn des öfteren in die Pfalz, und als sich Kiesinger 1958 in einem Ludwigshafener Krankenhaus einer Operation unterzieht, macht Kohl regelmäßig Krankenbesuche. Daß man sich um Parteifreunde menschlich zu kümmern hat, gehört schon damals zu seinen Grundsätzen. Kiesinger vergißt das nicht. Man bleibt im Kontakt. Als Mitte der sechziger Jahre sowohl Kiesinger als auch Kohl in der CDU aufsteigen, zahlt sich das für beide politisch aus.

Was die Grundorientierung in der Außen-, Innen- und Wirtschaftspolitik anlangt, wird Kohl rasch zum Bewunderer Adenauers und Erhards. Die schneidige Konfrontationspolitik, mit der Adenauer der SPD entgegentritt, imponiert ihm genauso wie dessen Außenpolitik, die selbstbewußt ist und zugleich geschmeidig. Das gilt nicht zuletzt für die so umstrittene Entscheidung Adenauers zur Wiederbewaffnung. Noch 1949, erinnert sich ein SPD-Stadtrat spöttisch, hätte Kohl beinahe gewettet, daß Adenauer niemals der Wiederbewaffnung zustimmen würde,[16] von 1950 an aber läßt auch er sich von den Argumenten des Bundeskanzlers überzeugen und tritt mit Leidenschaft für einen deutschen Wehrbeitrag ein. Ganz besonders aber fasziniert ihn Adenauers Europapolitik. Inzwischen haben die französischen Besatzungsbehörden umgeschwenkt. Die jetzt bei der Hohen Kommission Frankreichs für

Jugendfragen zuständigen Herren, einer von ihnen ist Kohls späterer Bewunderer Joseph Rovan, fördern nun intensiv den Jugendaustausch und die neue Europapolitik. Es ist für Kohl wie eine Offenbarung, als der französische Außenminister Robert Schuman, der soeben den Plan einer Europäischen Gemeinschaft für Kohle und Stahl auf den Weg gebracht hat, ihn als Mitglied einer Delegation pfälzischer CDU-Freunde im September 1950 – er hat gerade das Abitur abgelegt – am Quai d'Orsay empfängt.[17] Im Herbst 1950 besucht Kohl einen Jahreskongreß der Sektion Christlicher Demokraten in Konstanz und liefert den Parteifreunden in Ludwigshafen einen begeisterten Bericht davon. Fritz Nitsch, einer seiner damaligen Mitstreiter in der Jungen Union, hält diesen mit den Worten fest, »daß Helmut Kohl von der Vision eines vereinigten Europas durchdrungen war«.[18]

Nur bezüglich der Saarpolitik Adenauers ist Kohl ebenso skeptisch wie der größte Teil der rheinland-pfälzischen CDU. In diesem Punkt hält er es mit dem Bundesminister für gesamtdeutsche Fragen Jakob Kaiser, der unter der Hand das gerade noch Mögliche unternimmt, um jene Gruppen und später die »Heimatbund« Parteien zu unterstützen, die sich für die Heimkehr des Saarlands zu Deutschland einsetzen. Gerne erzählt er davon, wie er im Spätsommer 1955 mit seiner geläufig Französisch parlierenden Freundin Hannelore Renner verbotenes Propagandamaterial in das streng abgeriegelte Saarland einschmuggelte.[19]

Hannelore Renner

Daß Helmut Kohl eine Art »Parteitier« ist, tritt schon in den Studienjahren unübersehbar zutage. Gleichzeitig ist er aber auch ein in der Wolle gefärbtes »Familientier«, wenngleich in den zeitlich zusehends enggezogenen Grenzen, die ihm die Parteiarbeit erlaubt. Ungeachtet periodischer familiärer Differenzen wegen des nicht enden wollenden Studiums und der unablässigen Parteiaktivitäten, die sein Vater für Zeitverschwendung hält, fühlt er sich bis zum dreißigsten Lebensjahr im Elternhaus gut aufgehoben. Er verläßt es erst, um einen eigenen Hausstand zu gründen, in dem sein unruhiges Leben von nun an eine Art Verankerung besitzt, die er nie aufgibt.

Nachdem die unheilbar kranke Hannelore Kohl einen einsamen Freitod gesucht und sein Sohn Walter kritische Abrechnung gehalten hat, wird sich zwar mancher über dieses Familienleben im Schatten der politischen Größe seine Gedanken machen. Aber auf seine Weise ist Kohl durchaus ein »Familientier«, mag sein, ein schreckliches. Daß es überhaupt zur Ehe kommt und daß diese dann bis zum bitteren Ende andauert, ist wohl in erster Linie das Werk seiner Frau. So massiv Helmut Kohl nach außen hin auftritt, so auffällig ist doch, daß starke Frauen in seinem Leben eine wichtige Rolle spielen.

Mit seinem so offenkundigen Familiensinn ist der junge Mann in der damaligen Gesellschaft kein Sonderfall. Seither hat sich zwar ein tiefgreifender Umbruch vollzogen. Die lebenslange Ehe ist nicht mehr selbstverständlich, erst recht nicht die damit verbundenen Gepflogenheiten wie Werbung bei den Brauteltern, Verlöbnis, Einrichtung einer gemeinsamen Wohnung, wenn nicht gar Hausbau, noch bevor man heiratet und dann zusammenzieht. In den fünfziger Jahren sind die Erwartungen eines für anständig erachteten bürgerlichen Verhaltens aber noch weithin in Kraft. Und der junge Kohl, so forsch er sonst auch auftreten mag, wagt nicht, sich dem zu widersetzen. Darauf insistieren nämlich drei Damen, denen er sich in den Fragen, die Familie und Haushalt betreffen, nach den unvermeidlichen Diskussionen letztlich gehorsam unterordnet.

Da ist erstens seine Mutter Cäcilie, die diesbezüglich durchaus Haare auf den Zähnen hat. Da ist zweitens die künftige Schwiegermama Irene Renner, eine stolze Dame aus bester Bremer Familie, die dem Sprößling aus dem Friesenheimer Kleinbürgertum klarmacht, so er das nicht schon weiß, daß von ihm ein auskömmliches Einkommen erwartet wird, wenn er eine Tochter aus der gutbürgerlichen Familie Renner heiraten möchte. Und da ist drittens die gescheite, selbstbewußte Tochter Hannelore selbst, der alle, die sie kennengelernt haben, »eiserne« Disziplin bestätigen und die den riesigen, unerschöpflich soziabilen, im Netzwerk seiner Parteifreunde herumturnenden Helmut Kohl zwar liebt, ohne aber seine offenkundigen Schwächen zu akzeptieren, nämlich daß er sich in tausenderlei Aktivitäten verzettelt, daß er das Abitur nicht geboten ernst nimmt, daß er in Gefahr steht, zum ewigen Studenten zu werden oder aber, wie später so mancher, als abgebrochener Student in die Politik zu gehen. In diesen Kohlschen Familien sind die Väter zwar auf ihre Weise vorbildlich, das bestimmende Element aber sind und bleiben die Damen.

Seit der Tanzstunde im Herbst 1948 sind Helmut Kohl und Hannelore Renner befreundet. Kohl ist ein Einheimischer, ein geborener Pfälzer. Väterlicherseits stammt die Familie der Braut auch aus der Pfalz. Doch die Renners, einst wohlhabend und angesehen, gehören seit Kriegsende zum großen Heer der elenden Flüchtlinge. Die Pfälzer Großeltern wohnen in Mutterstadt, ein paar Kilometer von Ludwigshafen entfernt. Der Großvater hat dort ein Geschäft mit Landmaschinen, Motorrädern und Fahrrädern betrieben. Hannelore Renners Vater, Wilhelm Renner (Jahrgang 1890), wurde auf der Ingenieurschule Mannheim zum Elektroingenieur ausgebildet, zog 1910 nach Berlin und machte eine eindrucksvolle Karriere, die im Frühjahr 1945 jäh zu Ende ging. Zwischen 1933 und 1945 arbeitete er als Betriebsdirektor und Leiter der Konstruktions- und Entwicklungsabteilung bei der Metallwarenfabrik Hugo Schneider Aktiengesellschaft Leipzig, der HASAG. Die Firma produzierte ursprünglich im Beleuchtungssektor, verlegte sich aber mit dem Beginn der Aufrüstung ab 1934 zunehmend auf das Rüstungsgeschäft. In den sechs Kriegsjahren wurde aus der

HASAG der größte Rüstungskonzern in Mitteldeutschland, der vor allem riesige Mengen von Munition produzierte, mit Produktionsstätten vor allem in Sachsen, in den Kriegsjahren aber auch im damaligen Generalgouvernement.

1929, noch in den Berliner Jahren, heiratet Wilhelm Renner die sieben Jahre jüngere Irene Mering, damals Ansagerin beim Berliner Rundfunk. Nach vier Ehejahren wird die Tochter Hannelore in Berlin-Schöneberg geboren. Zum Jahresende ziehen die Renners nach Leipzig, wo die Kleine als behütetes Einzelkind in gutbürgerlichem Wohlstand aufwächst – stattliche Wohnung, drei Hausangestellte, stilvolle Kindergeburtstage, Musikunterricht, Sport, Reisen. Leipzig ist ihr Kindheitsparadies. Wenn die Familie Kohl viel später, 1976 und 1988, längere Ausflüge in die DDR unternimmt (Kohl ist inzwischen Ministerpräsident von Rheinland-Pfalz beziehungsweise Bundeskanzler), dann nicht zuletzt deshalb, weil Hannelore Kohl die Stätten ihrer frühen Jahre in Sachsen wiedersehen möchte, wobei sie zugleich stolz darauf ist, in Berlin geboren zu sein.

Die schöne Kinderzeit ist für Hannelore Renner 1943 zu Ende. Von Herbst dieses Jahres an wird Leipzig durch eine Abfolge von Luftangriffen genauso verheert wie Ludwigshafen. Irene Renner und ihre Tochter werden in verschiedene Orte Sachsens evakuiert, die Mutter arbeitet zeitweilig als ungelernte Arbeiterin am Fließband bei der Herstellung des MG 42. Hannelore besucht einen immer wieder durch Fliegeralarm und Bombardierungen unterbrochenen Schulunterricht auf der Staatlichen Oberschule Döbeln, dazu kommt der Hilfsdienst im Jungmädelbund (JM) mit Einsätzen bei der Betreuung von Ausgebombten und Verwundeten. Bis Kriegsende sind Mutter und Tochter völlig auf sich gestellt. Sie gehören im Frühjahr 1945 zu jenen Hunderttausenden, die ihre Habseligkeiten auf einen Handwagen packen und sich in panischer Flucht vor den herannahenden russischen Armeen aus dem östlichen Sachsen Richtung Leipzig aufmachen.

Hannelore Renner, damals ein Kind von zwölf Jahren, so wird 2002 in der von ihrem Sohn Peter zusammen mit der Journalistin Dona Kujacinski verfaßten Biographie zu lesen sein, sei »im Chaos der Flucht« gestürzt und habe sich Absplitterungen an der Wirbelsäule zugezogen, was Jahrzehnte hindurch zu periodisch heftigen Schmerzen geführt habe.[1] Erst 2011 wird der Journalist Heribert Schwan, der in den letzten Jahren vor ihrem Tod häufig mit Hannelore Kohl gesprochen hat, über dieses »Chaos der Flucht« detaillierter berichten: Die Frauen seien von russischen Truppen eingeholt und – so findet sich angedeutet – mehrfach vergewaltigt worden. Dabei sei Hannelore Kohl einmal »wie ein Zementsack« aus dem Fenster geworfen worden; daher die Absplitterungen des Brustwirbels.[2] Das Buch hat wohl vor allem deshalb großes Aufsehen erregt. In einer Talkshow im Fernsehen kritisiert Walter Kohl die Veröffentlichung vertraulicher Gespräche mit seiner schwerkranken Mutter, ohne aber die gräßlichen Details zu bestätigen oder zu dementieren. Er selbst hat zuvor schon geschrieben: »Für Mutter war die Rote Armee zeitlebens der Feind Nummer eins.«[3] Ob überhaupt und wie detailliert Hannelore Renner ihre traumatischen Erlebnisse Helmut Kohl erzählt hat, wird sein Geheimnis bleiben.

Während sich Frau und Tochter allein durchschlagen müssen und dabei Schlimmstes erleben, ist der Rüstungsmanager Wilhelm Renner völlig von seinen Aufgaben bei der HASAG in Anspruch genommen. Nach manchen Verzögerungen ist dort in der zweiten Jahreshälfte 1944 die Serienproduktion der berühmten »Panzerfaust« angelaufen, einer leichten, rückstoßlosen, von einem Einzelkämpfer einsetzbaren Waffe zur Panzerbekämpfung. Noch im Januar und Februar 1945 werden mit höchster Priorität mehr als zwei Millionen Panzerfäuste ausgeliefert, mit denen die abgekämpften Bataillone der Wehrmacht und des Volkssturms die alliierten Panzerarmeen in letzter Stunde aufhalten sollen. Nach Beendigung der Kampfhandlungen trifft die Familie in Leipzig wieder zusammen. Die Wohnung ist verbrannt. Dahingestellt sei, ob der Vater noch in der Illusion lebte, unter amerikanischer Besatzung die HASAG auf Friedensproduktion umstellen zu können. Als am 1. Juli 1945 die Amerikaner aus Sachsen abziehen, weiß Wilhelm Renner jedenfalls, daß es allerhöchste Zeit ist, sich nach Westen abzusetzen. Als Wehrwirtschaftsführer und führender Techniker im größten Rüstungsbetrieb Mitteldeutschlands muß er damit rechnen, alsbald verhaftet und vielleicht nach Rußland oder in eines der gefürchteten Sonderlager der Besatzungsmacht verbracht zu werden. Am 3. Juli macht er sich mit Frau und Kind auf den Weg.

Mitte Juli erreichen die Renners abgerissen und bettelarm das väterliche Elternhaus in Mutterstadt im Großraum Ludwigshafen. Doch auch das ist zerstört. Wie bei Millionen Familien im chaotisierten Deutschland des Jahres 1945 hilft auch hier die Verwandtschaft. Ein Patenonkel Wilhelm Renners hat einen Bauernhof. Dort finden sie in einer zwölf Meter großen Waschküche vorerst eine provisorische Unterkunft.[4] Von Herbst an fährt Hannelore Renner Tag für Tag von Mutterstadt in die Mädchenoberrealschule Ludwigshafen. Das Flüchtlingsmädchen, das man anfangs wegen seines Sächselns gehänselt hat, spricht bald pfälzisch und verfügt offenbar über die Fähigkeit der Jugend, sich auf neue Lagen rasch und diszipliniert einzustellen.

Das ist also die Familie, in der Helmut Kohl 1948 Eingang findet. Ursprünglich war der gesellschaftliche Status der Renners dem der kleinbürgerlichen Kohls deutlich überlegen. Doch Krieg und Flucht sind in jenen Jahren die großen Gleichmacher. Von der einstigen gutbürgerlichen Herrlichkeit der Renners sind nur ein paar Kisten »randvoll mit Porzellan, Gläsern und Leinensachen« geblieben, die, so schreibt Peter Kohl, von seiner Mutter wie Kostbarkeiten gehütet werden und zuletzt noch nach Berlin kommen, als Hannelore Kohl dort 1999 kurz vor der letzten Katastrophe ihre Wohnung einrichtet.[5]

Wilhelm Renner sitzt fünf Jahre lang auf dem Trockenen und bringt in den Jahren der Besatzung die Seinen mit der Reparatur von Landwirtschaftsgeräten, Nähmaschinen und Fahrrädern nur mühsam über die Runden. Dabei hatte er noch Glück, in die französische Zone entkommen zu sein. Anderswo, ganz besonders in der Sowjetzone, wäre er in seiner Eigenschaft als Wehrwirtschaftsführer jahrelang interniert worden. Die HASAG war offensichtlich ein Rüstungskonzern, in dem grausame Verhältnisse herrschten. In den weitverzweigten Unternehmungen des Konzerns waren an die 60 000 Zwangsarbeiter beschäftigt, darunter Zehntausende Frauen aus Polen, Tschechien und der Sowjetunion. Die streng bewachten Lager in der Nähe der Produktionsstätten waren vielfach Außenlager der Konzentrationslager Ravensbrück, Buchenwald und Mauthausen. Besonders in den Betrieben des Generalgouvernements und in den Frauenlagern herrschten unmenschliche Arbeitsbedingungen.[6] Über die Zahl derer, die an Entkräftung starben oder auch bei Räumung der Lager auf den Todesmärschen ermordet wurden, liegen keine gesicherten Zahlen vor. Man muß davon ausgehen, daß es sehr viele waren,[7] 1948 und 1949 finden im einstigen Reichsgericht Leipzig zwei Prozesse gegen 45 Personen der HASAG statt. Einige der Angeklagten werden zum Tode verurteilt, andere zu lebenslangen Freiheitsstrafen. Auch gegen Renner wird in diesem Zusammenhang ermittelt. Die Ermittlungen werden aber im April 1948 eingestellt, »weil sich der Beschuldigte in den Westzonen aufhält«.[8]

Welches Gewicht haben die Verdachtsmomente gegen Renner? Auf der Leitungsebene fungierte Wilhelm Renner als technischer Direktor, war aber auch zuständig für Soziales. Daß er die unmenschlichen Verhältnisse im Konzern genau kannte, ist evident. Ob er sie hätte verhindern können, ob er sich darum bemüht hat, ist unbekannt. Am 1. März 1933 trat er der NSDAP bei (»Märzgefallene« nennt man diese Kategorie von Parteimitgliedern). Schwer zu entscheiden, ob er von Anbeginn ein sehr überzeugter Nationalsozialist war oder ob er ursprünglich eher zum Typ des wesensmäßig unpolitischen Technikers gehörte, der sich 1933 anpaßte und für den es dann selbstverständlich war, bis zum bitteren Ende fortgeschrittene Waffensysteme zu produzieren. Als Blockleiter z.b.V. und Sturmführer im NS-Kraftfahrkorps (NSKK) bekleidete er keine hervorgehobene Stellung in der NSDAP,[9] war aber ganz eindeutig ein gutfunktionierendes Rädchen im Parteiapparat. Wer sich zwölf Jahre hindurch neben einem fanatischen Nationalsozialisten wie dem Generaldirektor der HASAG, dem SS-Obersturmbannführer Paul Budin, halten kann, besitzt eine bemerkenswerte Anpassungsfähigkeit oder gehört selbst – was wahrscheinlicher ist – zu den Überzeugungstätern. Auch Hannelores Mutter Irene trat 1937 der Partei bei und war in der NS-Frauenschaft stark engagiert.[10] Viel spricht dafür, daß die Eltern von Hannelore Kohl bis zum bitteren Ende überzeugte Nationalsozialisten waren.[11]

Was erfährt Hannelore Renner, was Helmut Kohl in diesen Jahren über das Ehepaar Renner im Dritten Reich? Wahrscheinlich nichts oder nicht viel. Daß die

Renners die jüngste Vergangenheit Vergangenheit sein lassen, versteht sich von selbst. Wie so viele aus dieser desillusionierten Generation wollen die beiden nach 1945 von Politik nichts mehr hören und verspüren kein Bedürfnis, eigene politische Irrtümer zu erörtern. Vielleicht ist das Ehepaar auch der Meinung, Deutschland und sie selbst hätten genug gebüßt. Das wäre nicht unüblich. Und auch für die Generation von Hannelore Renner und Helmut Kohl wäre es unüblich, im politischen Vorleben von Nahestehenden herumzustochern. Daß viele der Älteren, mit denen er zu tun hat, der NSDAP angehört haben, ist Helmut Kohl bestens bekannt, und daß Wilhelm Renner mit der berühmten Panzerfaust zu tun hatte, mag diesem in den Augen Kohls nicht geschadet haben.

Bekanntlich erhält die Verwicklung deutscher Rüstungsindustrieller und Rüstungsforscher in die Untaten des NS-Regimes erst seit den 1980er Jahren in der breiten Öffentlichkeit und in der Zeitgeschichtsforschung einen hohen Stellenwert im politischen Diskurs, und das ganz besonders im Hinblick auf den Einsatz von Zwangsarbeitern. Dieser Aspekt der Familiengeschichte Hannelore Kohls wird erst nach ihrem Tod 2001 zunächst im Internet, dann – noch sehr zurückhaltend – in der Biographie der Amerikanerin Patricia Clough[12] und schließlich in der Biographie Schwans, von der noch zu sprechen sein wird, mit den besonders in Sachsen wohlbekannten Vorgängen bei der HASAG verknüpft und dadurch in ein trübes Licht gerückt.[13]

In den fünfziger Jahren haben die meisten Zeitgenossen den schonungslosen Kriegseinsatz der Rüstungsmanager recht locker gesehen und sich über die Zwangsarbeit kaum Gedanken gemacht. Als sich der inzwischen in dieser Hinsicht problembewußte Alt-Kanzler in seinen *Erinnerungen* aus dem Jahr 2004 über das entsprechende Vorleben seines Schwiegervaters zu äußern hat, wählt er eine äußerst schonende Formulierung, mit der er zugleich seine Frau und sich selbst von dessen Verwicklungen fernhält: »Politisch war Hannelore im Gegensatz zu mir von zu Hause nicht vorgeprägt. Ihr Vater, der als Mitläufer unter dem Nationalsozialismus schlechte Erfahrungen gemacht hatte, zeigte wie viele seiner Generation nach 1945 die Reaktion eines gebrannten Kindes und hielt sich von der Politik fern. Er und seine Frau akzeptierten und mochten mich, aber wir sprachen miteinander nicht über Politik. Mein starkes politisches Engagement erschien ihm unverständlich.«[14]

Im Jahr 1950 geht es auch für die Renners wieder aufwärts. Wilhelm Renner erhält eine Direktorenstelle in einer aus der Ostzone erst nach Ulm, dann nach Stuttgart verlegten Firma für Herrenwäsche. Die Familie zieht ins Schwäbische. Hannelore Kohl aber nimmt ein Dolmetscherstudium in Germersheim auf, nicht weit von Ludwigshafen. 1952 folgt ein weiterer Schicksalsschlag: Wilhelm Renner stirbt an einem Herzinfarkt und läßt Frau und Tochter unversorgt zurück. Hannelore Renner bricht daraufhin das Studium ab und nimmt wie ihre verwitwete Mutter eine Stelle als Sekretärin an. Von 1953 bis Ende der fünfziger Jahre arbeitet sie bei der BASF. 1957 zieht sie als Chefsekretärin und Fremdsprachenkorrespondentin in den eben fertiggestellten, hochragenden Büroturm der BASF ein, das neue Wahrzeichen der wiedererstandenen Chemiemetropole Ludwigshafen.

Helmut Kohl wie Hannelore Renner befinden sich also über Jahre in einer angespannten finanziellen Situation. Das erklärt, warum die beiden so lange bei den jeweiligen Eltern leben. 1953 hält Helmut Kohl, wie das damals üblich ist, um die Hand der Tochter an. Die Hochzeit findet erst im Juni 1960 statt, nachdem Kohl beruflich abgesichert ist und sich die beiden unter Inkaufnahme der in solchen Fällen unvermeidlichen Finanzierungsrisiken zum Erwerb eines Eigenheims entschlossen haben. Nach ihrer Pensionierung 1962 lebt die Mutter Irene Renner übrigens für die kommenden zwanzig Jahre im Haus der Tochter und des Schwiegersohns, bis die Kohls 1982 in den Bonner Kanzlerbungalow ziehen. Auch Kohls Eltern wohnen weiterhin in Ludwigshafen – »ausgezeichnete Familienhaftigkeit«, wie das der eingangs erwähnte Volkskundler Riehl den Pfälzern bescheinigt hat.

Man mag darüber spekulieren, was Kohl an dieser toughen, selbstbewußten jungen Frau gereizt hat. Sie hat Ausstrahlung, Disziplin, ist anlehnungsbedürftig, fröhlich, ironisch, weiß auch ihr eigenes Reich zu verteidigen und zu managen. Sie ist übrigens wie Kohl stark auf die eigene Mutter fixiert, die in jedem der Kohlschen Häuser ihre Einliegerwohnung erhält. Da Kohl selbst dauernd außer Haus ist, wird er das akzeptieren.

In mancherlei Hinsicht sind die Lebensläufe der beiden exemplarisch: erst Kriegskinder, dann Nachkriegsjugend, schließlich, während der fünfziger Jahre, fleißige Aufsteiger im Zeichen des Wirtschaftswunders. Anders als Helmut Kohl geht Hannelore Renner aber ganz und gar nicht in der Politik auf. Warum ist das so? Reaktion auf die Politisierung im eigenen Elternhaus? Natürliche Einstellung einer vernünftigen Frau, für die Politik üblicherweise nur eine Nebenbühne im großen Theater des Daseins darstellt? Allem Anschein nach hatte sie in den fünfziger Jahren weder Lust noch Zeit, in der Clique um Helmut Kohl für die Junge Union oder die CDU aktiv zu werden oder an den Reisen zu Parteitagen und Deutschlandtagen der Jungen Union teilzunehmen. Sie akzeptiert die politische Arbeit Helmut Kohls, vielleicht schon leise seufzend, aber geduldig, taucht gelegentlich an arbeitsfreien Wochenenden bei seinen Wahlkampfeinsätzen auf und bestärkt ihn in seiner jetzt rasch wachsenden Sympathie für Frankreich. In dieser Phase besteht ihr Hauptverdienst wohl darin, Kohl zum Abschluß seiner Studien gedrängt zu haben. Da sie bereits verschiedene Entwürfe seiner Dissertation getippt hat, wäre es blamabel und unverzeihlich, würde er das Vorhaben nicht zu Ende bringen. Kohls Promotion am 8. Juli 1958 markiert auch in der Beziehung zu Hannelore Renner eine Zäsur: Bei einem anschließenden Österreich-Urlaub tauschen die beiden in Linz die Verlobungsringe aus.

Helmut und Hannelore Kohl, Oktober 1967

Von nun an weist Kohls Lebenslauf zwei charakteristische Merkmale auf: strategische Zielstrebigkeit beim innerparteilichen Aufstieg und zugleich Arbeit in einem bürgerlichen Beruf. Bald wird man zwar in ihm eine Art idealtypischer Inkarnation des Berufspolitikers sehen, der über die Parteileitern und als Parlamentarier nach oben klettert. Doch länger als ein Jahrzehnt ist er zugleich in der Wirtschaft tätig. Für die späten fünfziger und für die sechziger Jahre ist das durchaus nicht untypisch. Landtagsmandate sind nicht so üppig ausgestattet, daß man davon gutbürgerlich leben könnte.

Unaufhaltsamer Aufstieg (1958–1969)

Beim Studienabschluß gibt es für Kohl drei Hauptziele: den Vorsitz im Kreisverband Ludwigshafen, die Landtagskandidatur für die Wahlen am 19. April 1959 und, Voraussetzung für alles weitere, eine auskömmliche Stelle. Letzteres ist am vordringlichsten, aber auch am leichtesten zu bekommen. Es herrscht Hochkonjunktur, Ludwigshafen ist seit langem eine Boomtown, in der viele Firmen händeringend nach tüchtigen Universitätsabsolventen suchen. So übernimmt Kohl im Herbst 1959 vorerst die

Position eines Direktionsassistenten bei der Eisengießerei Willi Mock in Ludwigshafen. Statt der 150 DM bei den Heidelberger Politologen verdient er nun 800 DM. Am 1. April tritt er eine Stelle beim Landesverband der Chemischen Industrie Rheinland-Pfalz an, dem »Chemieverband«, wo er mit 1000 DM beginnt und sich im Lauf der Jahre auf das recht anständige Gehalt von 3000 DM steigert.[1]

Die leitenden Herren können schon davon ausgehen, daß sie einen künftigen Abgeordneten im Mainzer Landtag einstellen. Die Vermutung indessen, hier habe Kohl nur eine Sinekure erhalten, trifft nicht zu. Er muß seine Nützlichkeit erweisen. Schon morgens um sieben Uhr sitzt er an seinem Schreibtisch in der Jägerstraße 30 und verrichtet Kärrnerarbeit. Seine Zuständigkeit erstreckt sich auf Wirtschaftspolitik, Steuerfragen, Zollprobleme, Wasserschutz sowie Lebensmittelgesetzgebung. Ihm obliegt die Beobachtung einschlägiger Vorgänge auf Bundesebene, beim Land und vor allem bei der Stadtverwaltung von Ludwigshafen sowie die Ausarbeitung entsprechender Vorlagen. Natürlich wird von ihm auch gezielte Lobbyarbeit erwartet, wobei er mit größter Selbstverständlichkeit seine politischen Konnexionen anzapft und dabei für die Tätigkeit beim Chemieverband auch die Position als Abgeordneter einsetzt. So richtet er beispielsweise auf Wunsch eines Chemie-Unternehmens Ende 1959 gleichlautende Schreiben an die Ministerpräsidenten Altmeier und Kiesinger in Sachen einer Konservierungsstoffverordnung für Fleisch und Fleischerzeugnisse, die momentan beim Bundesrat liege.[2] Doch er läßt sich nicht von der Straße zum politischen Erfolg abbringen, nicht einmal durch Hermann Josef Abs, Aufsichtsratsvorsitzender der BASF, der ihn mit einer Karriere im Konzern zu locken sucht.[3]

Von 1963 an, nachdem ihn die Landtagsfraktion zum Vorsitzenden gewählt hat, verändert sich sein Tätigkeitsfeld im Chemieverband. Die führenden Herren der damaligen Großchemie – Freiherr von Salmuth von der Giulini GmbH, Udo Giulini, Präsident des Chemieverbands, Bernhard Timm, Vorstandsvorsitzender der BASF – sehen darauf, daß er nun angemessene Aufgaben erhält, die mit seiner politischen Tätigkeit vereinbar sind. Vergleicht man Kohls Werdegang in den sechziger Jahren mit den ausgeprägten Gewerkschaftskarrieren der führenden Sozialdemokraten in Rheinland-Pfalz, so erscheint dieses unablässig zur Modernität aufrufende Nachwuchstalent der CDU als Mann vom Wirtschaftsflügel, der sich die Anliegen der Ludwigshafener Großbetriebe zu eigen macht und nicht vergißt, daß Wirtschaftskapitäne für öffentliche Ehrungen empfänglich sind.[4]

Zehn Jahre lang läßt Kohl die Verbandstätigkeit weiterlaufen. Erst 1969, kurz vor der Wahl zum Ministerpräsidenten, scheidet er aus den Diensten des Chemieverbands aus. In dieser Hinsicht ist er ein Unikum: Kein CDU-Spitzenpolitiker in der frühen Bundesrepublik kann eine so lange Parallelität von politischer Karriere und Verbandstätigkeit vorweisen. Sein Selbstbewußtsein ist früh schon so ausgeprägt, daß ihm der Gedanke, er könne sich dadurch abhängig machen, nicht in den Sinn kommt. In der Tat machen ihm dies seine Gegner auch nicht zum Vorwurf. Als er beim Rückblick auf sein Leben darauf zu sprechen kommt, arbeitet er heraus, dies habe ihn wirtschaftlich unabhängig gemacht und außerdem habe er beim Chemieverband viel gelernt über »wirtschaftspolitische Dinge«, Steuerpolitik und Umweltschutzprobleme.[5]

Nachdem der frischgebackene Doktor eine angemessene Stellung gefunden hat, muß er sich auf dem politischen Feld noch rechtzeitig vor der kommenden Landtagswahl im Frühjahr 1959 den Vorsitz im Kreisverband sichern. Von dieser Position aus ist es nicht schwer, als Landtagskandidat aufgestellt zu werden. An und für sich wäre zu erwarten, daß sich für ein derart aktives, in der Ludwigshafener CDU bestens bekanntes Nachwuchstalent wie Helmut Kohl alle Türen auf dem Weg zum Kreisvorsitz öffnen. Aber interessante politische Positionen sind selten ohne heftige Widerstände zu erringen, und in Sachen Kreisverband hat ihm der Zufall einen Streich gespielt.

Seit 1946 hat, wie schon berichtet, der verdiente Ludwig Reichling die Positionen des Kreisvorsitzenden und des Landtagsabgeordneten inne. 1959 wird Reichling siebzig Jahre alt, Zeit für einen Wachwechsel. Doch Reichling gibt bereits im Winter 1957/58 den Kreisvorsitz ab, und zwar nicht an Helmut Kohl, der ihn oft genug geärgert hat, sondern an dessen alten Schulfreund Egon Augustin. Kohl ist zu dieser Zeit mit seiner Dissertation und der Vorbereitung auf das Rigorosum beschäftigt. Ob früher einmal zwischen Kohl und Augustin Absprachen bezüglich der Nachfolge Reichlings getroffen worden sind, ist nicht mehr verifizierbar. Jedenfalls sammelt Kohl im Winter 1958/59 seine Mannen, wirft den gerade ein Jahr amtierenden Kreisvorsitzenden, den zu allem Übel noch ein Krankenhausaufenthalt behindert, mit Mehrheit aus dem Sattel und verbaut ihm auch die Position als Stellvertretender Vorsitzender.[6]

Wie man weiß, sind derartige Vorgänge, bei denen langjährige Freundschaften zerbrechen können, im politischen Positionskampf durchaus nicht selten. Da sich Kohl später den Ruf eines besonders harten Knochens erwirbt, wird dieses Vorgehen von dem für diese Phase gut informierten Klaus Dreher als Beispiel einer schon früh zu beobachtenden Kaltschnäuzigkeit gewertet. Kohl möchte das offensichtlich so nicht gelten lassen. In den *Erinnerungen* wird er den Vorgang ohne Namensnennung mit der wegwerfenden Bemerkung »übliches Kandidatengerangel« hinwegwischen und daran die Betrachtung knüpfen, wer seine Ideen durchsetzen wolle, müsse sich in der Demokratie Mehrheiten sichern. Was als »System Kohl« diffamiert werde, sei tatsächlich immer wieder von Wahlen abhängig und zudem außerordentlich erfolgreich gewesen. Zu diesem einzigartigen Erfolgsmodell, meint er selbstgefällig, bekenne er sich gern.[7]

Der Wahl zum Kreisvorsitzenden folgt umgehend die Kandidatenaufstellung für den Landtag. Kohl findet nun prominente Wahlhelfer. Der Wahlkampf fällt in die Wochen, da Adenauer und Erhard wegen der Nachfolge von Heuss als Bundespräsident einen bitteren Streit austragen. Zunächst kommt Adenauer nach Ludwigshafen, wo er, eingeführt vom neuen Kreisvorsitzenden und Wahlkreiskandidaten Helmut Kohl, vor 8000 Ludwigshafenern in einem Riesenzelt auf dem Marktplatz einen großen Auftritt hat. Das wird später zu Kohls gern erzählten Anekdoten gehören: »In besonderer Erinnerung wird mir immer Adenauers Wahlkampfauftritt in Ludwigshafen am 3. April 1959 bleiben, meinem 29. Geburtstag. Das war wohl die entscheidende Begegnung, bei der er mich vermutlich zum ersten Mal bewußt wahrgenommen hat.« Die Miete für das Zelt beträgt 8000 DM, eine enorme Summe. Die Parteikasse kann das nicht tragen, und so wird beschlossen, eine Mark für den Eintritt zu nehmen. »Das war ein großes Risiko und brachte uns tagelang massive Proteste ein«, stellt Kohl rückblickend fest, »aber letztlich kamen viel mehr Menschen, als das Zelt fassen konnte. Als Adenauer kam, standen die Menschen spontan auf und empfingen ihn mit minutenlangem Beifall. Adenauer riß die Menschen mit seiner Rede mit. Es war die Zeit des Chruschtschow-Ultimatums, Berlin war bedroht.«[8] Kohl vergißt auch nicht rühmend zu erwähnen, daß Adenauer zu Spenden für die Zeltmiete aufgerufen habe. In der darauffolgenden Woche tritt Erhard in dem neuen Pfalzbau auf.[9] Am 19. April 1959 zieht Kohl als jüngster Abgeordneter in den Mainzer Landtag ein.

Kaum hat er dieses Ziel erreicht, meldet er seine Ambitionen in der Kommunalpolitik an, indem er signalisiert, daß er an die Spitze der CDU-Rathausfraktion treten möchte. Was sind seine Motive dabei? Überschießendes Kraftgefühl? Ämtergefräßigkeit, wie sie auch später bei ihm zu beobachten ist? Möchte er bloß dartun, daß er dasselbe zu stemmen vermag wie der von ihm so oft als zu schlapp kritisierte Vorgänger Ludwig Reichling, aber dies selbstverständlich besser: den Kreisvorstand, das Landtagsmandat und den Vorsitz der CDU-Stadtratsfraktion, den gegenwärtig noch Reichling innehat? Oder träumt er auf mittlere Sicht davon, der erste CDU-Oberbürgermeister im »roten Ludwigshafen« zu werden? Letzteres dementiert er zwar heftig und wird das auch später weit von sich weisen, aber schon in den sechziger Jahren weiß man, was von den Dementis der Politiker zu halten ist.

Ludwigshafen ist wie das benachbarte Mannheim seit der frühen Besatzungszeit eine Hochburg der SPD, und beide Städte bleiben das auch. Das KPD-Verbot im Jahr 1956 verstärkt das sozialdemokratische Stimmenpotential noch erheblich. 1952 erhält die SPD bei den Stadtratswahlen rund 49 Prozent, 1956 sogar 57 Prozent. Demgegenüber kommt die CDU mit 28 beziehungsweise 31 Prozent auf keinen grünen Zweig. Die Bedeutung dieses Anschauungsunterrichts für die Evolution der parteipolitischen Vorstellungen Helmut Kohls kann schwerlich überschätzt werden. Bei der dominanten SPD kann er studieren, daß in industriellen Zentren Mehrheiten nur zustande kommen, wenn die Partei auf einer breiten, bei Wahlen mobilisierbaren Mitgliederbasis ruht. In den sechziger Jahren hat der SPD-Stadtverband Ludwigshafen rund 5000 Mitglieder, während die CDU es trotz aller Bemühungen Helmut Kohls nur auf circa 1200 bringt.[10] Dazu kommt die Verwurzelung der Sozialdemokraten in der Gewerkschaftsbewegung, die Verbindung mit den kommunalen Wohnungsbaugesellschaften, die Amtspatronage bei der Verwaltung, die Einwirkungsmöglichkeiten auf Architekten und Baufirmen, die Gelegenheiten, die dem Oberbürgermeister geboten sind, sich als Träger des Fortschritts zu inszenieren, die Einflußnahme der Pressestelle im sozialdemokratischen Rathaus auf die Lokalpresse. Wer damals und später Kohls interne Analysen der parteipolitischen Machtpositionen vernimmt, kann erkennen, wie genau dieser gestandene Lokalpolitiker seine übermächtigen Gegner studiert hat.

Darüber hinaus gelingt es den Sozialdemokraten in den Jahren des Wirtschaftswunders und auch später, aus dem zerstörten Ludwigshafen eine Musterstadt nach den Konzepten der internationalen Moderne zu machen. 1948 wird ein erster Stadtentwicklungsplan konzipiert, der periodisch, bisweilen sogar sprunghaft verändert wird. Niemand konnte schließlich voraussehen, daß das beispiellos erfolgreiche Comeback der BASF und weiterer Industrien ebenfalls zu beispiellos üppigen Gewerbesteuereinnahmen und zu einmaligen Privatinvestitionen führen würde. Vieles läuft nebeneinander: Wiederaufbau der zerstörten Innenstadt, forcierter sozialer Wohnungsbau, der bereits Ende der fünfziger Jahre zur Errichtung riesiger Wohntürme führt, Schaffung geschlossener Stadtteilbezirke mit jeweils eigener Infrastruktur, Einrichtung großzügiger Grün- und Sportanlagen: das monumentale »Südweststadion« von 1953, das erste luxuriöse Hallenschwimmbad von 1956, Kaufhaustempel, moderne Schulen, ultramoderne Kirchen. Dem Geist der Zeit entsprechend sind die Stadtväter entschlossen, aus Ludwigshafen eine autogerechte Stadt zu machen. Eine gigantische Hochstraße, die erste ihrer Art im Nachkriegseuropa, schlägt eine breite Betonschneise mitten durch die Stadt.[11] Ein deutsches Los Angeles soll entstehen! Als sich die Bauwut der Verkehrsplaner endlich legt, ist Ludwigshafen von einem dichten Betonring aus Bundesautobahnen und Stadtautobahnen umgeben. Erst in den achtziger Jahren wächst die Einsicht, daß man hier des Guten zuviel getan hat.

Was haben solche Hinweise auf die Stadtgeschichte mit der Biographie Helmut Kohls zu tun? Vieles, sehr vieles! Kein Gedanke daran, daß seine CDU und die von ihm 1960 bis 1969 geführte Stadtratsfraktion Ehrgeiz entwickelt, eine Art Gegenmodell oder auch nur eine Variante zur sozialdemokratischen Stadtentwicklung zu entwerfen. Prinzipiell ist auch Kohl von der Wünschbarkeit derartiger Modernisierung überzeugt. In dieser Beziehung schwimmt er kräftig mit dem Zeitgeist. Als Fraktionsvorsitzender in Mainz, später als Ministerpräsident wird er seine Aufgabe darin erkennen, die gesamte Pfalz autogerecht zu entwickeln, Schulbauten zu errichten, Flächensanierung zu betreiben, neue Wohnviertel erschließen zu lassen gemäß den vorherrschenden Ideen von Modernität und natürlich unter Berücksichtigung der Unternehmensinteressen. Auch später als Bundeskanzler ist er bestrebt, die CDU zur modernen Parteimaschine zu machen und das Land auf dem Kurs technischer Modernisierung zu halten. Daß er sich ständig dazu bekennt, die Modernisierung human, arbeitnehmerfreundlich und sozial zu gestalten, steht für ihn nicht im Widerspruch dazu.

Eine humane und soziale Stadt-, Verkehrs- und Wohnungsbaupolitik fordern auch die Sozialdemokraten. Wo also setzt die Ludwigshafener CDU ihre eigenen Akzente? Da die Stadtverwaltung weitgehend unkontrolliert von Öffentlichkeit und Stadtrat plant und baut, verlangt die Minderheitspartei zunächst einmal mehr Transparenz und macht sich Ende der fünfziger Jahre auch die Forderungen bestimmter Stadtteile zu eigen, die bessere Verkehrserschließung, eigene Schulen, ein eigenes Kulturhaus, kurz: ihren Anteil am Kuchen bekommen möchten. Wie in anderen sozialdemokratisch beherrschten Großstädten – in Mannheim, Frankfurt, Bremen, Hamburg oder München – befindet sich die Minderheitsfraktion der CDU auch in Ludwigshafen in einer wenig beneidenswerten Lage. Sie braucht dringend Informationen über das, was in der Stadtverwaltung läuft, und möchte irgendwie repräsentativ mit dabeisein. Deshalb ist sie froh, wenn die SPD ihr einen Bürgermeisterposten oder den eines ersten Beigeordneten beläßt. Das hat aber seinen Preis. Wer halbwegs fair beteiligt sein möchte, sollte tunlichst keine Konfrontationspolitik betreiben.

Eigentlich spräche ja viel dafür, in den Kommunen Sachpolitik möglichst im Konsens zu betreiben und dem Parteirößlein nicht allzu sehr die Sporen zu geben. Darüber liegt Kohl mit der Stadtratsfraktion zusehends über Kreuz. In der Kommunalpolitik treibt er seine Anhänger schon früh zur Konfrontationsstrategie. Sind Posten im Rathaus zu besetzen, auf welche die CDU vereinbarungsgemäß ein gewisses Zugriffsrecht hat, besteht er barsch darauf: »Wir schlagen CDU-Leute vor«,[12] und rügt die Stadtratsfraktion wegen ihrer Kompromißbereitschaft. Der Kreisvorstand soll der schlappen Stadtratsfraktion Dampf machen. »Ein besonderer Wunsch von Herrn Kohl sei es«, so liest man in einem der Protokolle der Kreisvorstandssitzung, »daß in Zukunft unsere Sitzungen des Kreisvorstands und der Fraktion zusammen gehalten werden.«[13] Dafür plädiert er, noch bevor er selbst Vorsitzender des Kreisvorstandes ist. Als er dann von 1959 an selbst den Vorsitz innehat, insistiert er mit noch größerem Nachdruck darauf.

Die politischen Konstellationen, die Themen und das Personal, um die es in jenen Jahren geht, können heute, nach einem halben Jahrhundert, nicht interessieren; genau besehen haben sie schon damals niemanden außerhalb Ludwigshafens interessiert. Wer aber später das institutionelle Denken Helmut Kohls in Bezug auf das Verhältnis des Bundesparteivorsitzenden zur Bundestagsfraktion studiert, entdeckt bekannte Muster, die an seine Ludwigshafener Zeit erinnern. Erst versucht er, die CDU-Stadträte von außen unter Kontrolle zu bringen, indem er dem Vorsitzenden durch Dritte Steine in den Weg legen läßt oder diesem höchstpersönlich Knüppel zwischen die Beine wirft. Und als ihm klarwird, daß sich die Fraktion nicht so willig fernsteuern läßt, wie er das erwartet, entscheidet er sich für die Lösung, den Führer der christlich-demokratischen Stadtratsfraktion aus dem Amt zu verdrängen, um künftig selbst seine Anhänger in die Konfrontation mit dem SPD-Oberbürgermeister und dessen Mehrheitsfraktion zu führen.

Nachträglich staunt man schon, mit welcher Zähigkeit er an der Spitze seiner Getreuen im Ludwigshafener Stadtrat von 1960 bis 1969 nach Art eines Don Quijote ziemlich aussichtslos gegen Windmühlen anrennt, während er in der Mainzer Landtagsfraktion bereits als der große Zampano agiert. Zu keinem Zeitpunkt ist nämlich ernsthaft zu erwarten, daß er die SPD-Mehrheit im Stadtrat oder den populären, von ihm aber ungeliebten SPD-Oberbürgermeister Werner Ludwig bezwingen könnte, der von 1965 bis 1993 ziemlich unangefochten regiert.[14] Wieder und wieder holt er sich bei den Kommunalwahlen eine blutige Nase, erstmals im Oktober 1960, als sich seine Konfrontationsstrategie als Fehlschlag erweist. Die SPD behauptet ihre absolute Mehrheit mit 54,9 Prozent. Die CDU mit 34,7 Prozent kann sich trotz des Auftritts ihrer jungen Mannschaft lediglich um 3, 3 Prozent verbessern. Doch das spornt Kohl geradezu an, sich weiterhin lautstark und mit ausgeprägtem Vergnügen am Streit in der Kommunalpolitik zu tummeln. Obschon er nun auf den höheren Ebenen seinen Aufstieg vollzieht, braucht er ganz offensichtlich die Verwurzelung im Kreis seiner Ludwigshafener Anhänger. Es ist schon bemerkenswert, daß er von 1969 an auch unablässig bemüht ist, in Ludwigshafen ein Direktmandat zu erobern, was ihm nur zweimal gelingt, nämlich 1990 und 1994.

Sein Einzug in den Landtag von Rheinland-Pfalz markiert also keineswegs den Abschied von Ludwigshafen. Ganz im Gegenteil: In seiner Eigenschaft als Abgeordneter hat er selbstverständlich die lokalen Interessen seines Wahlkreises und die regionalen des Bezirks Pfalz zu vertreten. Eine sichere Verankerung an der politischen Basis ist zwingend. Wie seine Biographie belegt, lastet auch ein Landtagsmandat in jenen frühen Jahren der Bundesrepublik einen Abgeordneten durchaus nicht aus. Die Honorierung ist noch bescheiden, und der Zeitaufwand hält sich in Grenzen.

Dem umtriebigen Kohl gelingt es auf Anhieb, sich im Mainzer Landtag Positionen im Finanz- und im Kulturausschuß zu sichern. In den *Erinnerungen* betont er, diese Ämter seien ihm »ohne mein Zutun« von dem Fraktionschef Wilhelm Boden zugewiesen worden.[15] Boden hat den jungen Mann offenbar genau studiert und erkannt, daß man den Kreisvorsitzenden in der damals größten und wohlhabendsten Stadt von Rheinland-Pfalz, der seit Jahren im Bezirksvorstand, im Landesvorstand und in der Führungsetage der Jungen Union unablässig für Betrieb sorgt, tunlichst nicht wie andere Neulinge auf weniger wichtige Ausschüsse abschieben sollte. Er ist sogar so klug, dieses betriebsame, bereits einflußreiche Nachwuchstalent aus dem Bezirk Pfalz in den Fraktionsvorstand aufzunehmen.[16]

Die in jenen Jahren noch schön ausführlichen Sitzungsprotokolle der Fraktion und des Fraktionsvorstands lassen deutlich erkennen, daß Kohl in der Landtagsfraktion genauso selbstbewußt auftritt, wie er das zuvor in den CDU-Vorständen getan hat. Oft meldet er sich als erster zu Wort, verlangt vom Ministerpräsidenten Informationen über bestimmte Vorgänge, kommentiert, kritisiert manchmal auch die Vorlagen bestimmter Minister oder gar der Staatskanzlei, pocht gern und penetrant auf die Geschäftsordnung, fordert unablässig Transparenz und umfassende Diskussion ein, tritt natürlich als Wortführer der Interessen Ludwigshafens sowie der Pfälzer Belange auf, reitet wie bisher sein Lieblingsrößchen »junge Generation«, indem er schon beim Einstand die Einrichtung eines Landtagsausschusses für Jugendfragen fordert[17] – kurz, er verschafft sich einerseits massiv, andererseits aber doch auch geboten verbindlich allseits Respekt.

Dabei tritt er nicht allein auf. Mit ihm zusammen hat eine Gruppe von Jüngeren im Landtag Einzug gehalten. Zur Kerntruppe der »Kohlisten«, wie man sie bald nennt, gehören die schon erwähnten alten Gefährten Heinrich Holkenbrink und Heinz Schwarz sowie der Jurist und Landwirt Otto Meyer aus dem Kreisverband Unterlahn. Der junge Rechtsanwalt Otto Theisen aus Trier schließt sich dieser Gruppe an. Zu Kohls Anhängern stoßen bald auch gestandene Fraktionsmitglieder, die es nach frischem Wind verlangt oder die mit Altmeier zerfallen sind. Der hat es sich angewöhnt, autoritativ zu schalten und zu walten, wozu Ministerpräsidenten fast unvermeidlich neigen, wenn sie länger als zehn Jahre im Amt sind. Bei der folgenden Landtagswahl 1963 erweitert sich Kohls Anhang um den Volkswirt Johann Wilhelm Gaddum aus Neuwied und den Juristen Willibald Hilf. Sie alle und noch andere bilden die Mannschaft, an deren Spitze Kohl erst den Ministerpräsidenten Altmeier in die Ecke drängt und die von 1969 an unter Kohl als Kabinettsminister, Fraktionsvorsitzende, Regierungspräsidenten oder in anderen Funktionen landespolitische Karrieren machen. Kohl, der sich bis dahin vor allem in der Pfalz politisch getummelt hat und dort seinen Rückhalt besitzt, baut jetzt mit Hilfe der »Kohlisten« im Landtag auch in den anderen Landesteilen ein verläßliches Netzwerk auf, vor allem im CDU-Bezirksverband Trier.

Die Fraktionsführung ist die eine Operationsbasis, auf der Kohl sich durchzusetzen hat, die Ausschüsse und das Plenum des Landtags die andere. Als Ausschußmitglied für Finanzen und Kultur lernt er nun die Gefechtslage in den Schlüsselpositionen der Landespolitik gründlich kennen, somit auch das politische Personal der SPD und der FDP. 1959 hatte die CDU nochmals die absolute Mehrheit, war aber klug genug, die Koalition mit der FDP weiterzuführen, die mit Fritz Glahn den

Finanzminister stellt. Doch auch das Verhältnis zur SPD, mit der man von 1947 bis 1955 eine Koalition gebildet hat, ist nicht schlecht. Aus dieser Zeit bestehen noch viele alte Verbindungen. So berichtet Altmeier nach der Regierungsbildung mit der FDP im Frühjahr 1959 voller Zufriedenheit, der Fraktionsvorsitzende der SPD habe ihm nach der Wahl mit der Bemerkung gratuliert, daß die SPD gegen ihn gestimmt habe, sei das gute Recht der Opposition, doch man wünsche eine gute Zusammenarbeit. Und so verabredet man sich gleich zu einer Besprechung.[18]

Kohl stellt rasch fest, so er das nicht schon wußte, daß im Landtag zwischen den Sozialdemokraten und der CDU ein ganz anderes Klima herrscht als gegenwärtig in Ludwigshafen, wo er eine wilde Konfrontationspolitik betreibt. Und so spinnt er nun nicht nur seine Fäden zu jenen Abgeordneten der FDP, die ihm liegen, sondern auch zu diesem und jenem aus der SPD. Das schließt natürlich die Beteiligung an heftigen Redeschlachten im Landtagsplenum, wie sie seinem Temperament entsprechen, nicht aus. Plenumsauftritte werden nicht nur von der Presse, sondern vor allem von den eigenen Fraktionsmitgliedern kritisch beobachtet. Kohl redet auch hier, wie ihm der Schnabel gewachsen ist: direkt, hart zur Sache, oft polemisch. Niemand wird ihn je einen brillanten Redner nennen, aber er ist kraftvoll, »fetzig«, schlagfertig und immer am besten, wenn man ihn gereizt hat. Nachdem er 1961 zum Stellvertretenden Fraktionsvorsitzenden avanciert ist, betätigt er sich gern als Ausputzer. Einer seiner Fraktionsfreunde charakterisiert das mit der schönen Formulierung, wenn Not am Mann war, habe Kohl »mit dem großen Bügeleisen alles glatt gestrichen«.[19] Schon damals produziert er hin und wieder Reden voll gefühliger Clichés, aus denen sich unschwer erheiternde Kompilationen zusammenstellen lassen. Das ist Kohl-Stil und wird es bleiben.[20]

Es lohnt nicht, auf die Positionskämpfe, Intrigen und Eifersüchteleien dieser Lehrjahre in der Fraktion und in den Gremien das Landtags detailliert einzugehen. Wichtig ist: Kohl behauptet sich. Er muß sich aber nicht nur im Mainzer Landtag behaupten, sondern auch die Basis in Ludwigshafen sichern und ausbauen, in den höheren Parteigremien Bundesgenossen sammeln, die Widersacher ausmanövrieren und dazu seine eigentliche Berufstätigkeit als »kaufmännischer Angestellter« wahrnehmen. Wenn er das alles scheinbar mühelos durchsteht, so dank einer ziemlich erstaunlichen Konstitution. Als er nach der Promotion voll aufdreht, treibt er mit seinen Kräften eigentlich Raubbau. Unablässig ist er zwischen den Büros und Sitzungszimmern in Ludwigshafen und denen im Mainzer Landtag unterwegs. Auch die anderen Vorstandsämter – beim Bezirksvorstand, im Landesvorstand, bei der Jungen Union – dürfen nicht vernachlässigt werden. Dazu kommen die Bundesparteitage, an denen er gleichfalls schon als Delegierter teilnimmt, die Deutschlandtage der Jungen Union und jene zahllosen Auftritte, Empfänge, Gesprächsrunden, Einzelgespräche, die aufstrebende Politiker nicht versäumen dürfen. Daß seine physischen und psychischen Ressourcen diesem Tempo von nun an ein halbes Jahrhundert lang gewachsen sind, ist die Voraussetzung für alles.

Von seiner Korrespondenz in dieser Phase sind Teile erhalten geblieben. Noch hat er keine Pressereferenten oder sonstigen Stabsmitglieder, die ihm zuarbeiten. Die von ihm selbst formulierten, vielfach langen Briefe geben eine Vorstellung von den Aktivitäten, die von einem lokalen Parteichef und von einem Abgeordneten erwartet werden: gezielte Eingaben auf den unterschiedlichen Ebenen von Ministerien in Schulangelegenheiten, für Kindergärten und kirchliche Sozialwerke, kommunale Grundstücksfragen und Verkehrspolitik, Bausachen, Hilfe in sozialen Notlagen, langgezogene Korrespondenzen mit dem Philologenverband und kirchlichen Instanzen, Personalangelegenheiten von Parteifreunden, die Unterstützung beim Avancement erwarten, Sitzungsvorbereitung für die unterschiedlichsten Gremien, Pressearbeit, brieflich ausgetragene Kräche … Dazu tritt der Briefwechsel mit regionalen und überregionalen Parteifreunden, die als Redner gewonnen werden sollen und die er sich verpflichten will. Leicht vorstellbar, daß zu den Hunderten von Briefen, die über zwei oder drei Jahre hinweg anfielen, ein Vielfaches an Telefonaten und Besprechungen hinzukommt.

Der Durchbruch in der Mainzer Fraktion gelingt ihm im Herbst 1961. Als der mächtige Wilhelm Boden einer Krebserkrankung erliegt, werden die Karten an der Fraktionsspitze neu gemischt. Angeblich hatte sich Boden ein Bild vom Potential Helmut Kohls gemacht und diesen noch auf dem Sterbebett im Gespräch mit seinem Stellvertreter Hermann Matthes und dem Fraktionssekretär Willibald Hilf als seinen Nachfolger oder doch als Stellvertreter vorgeschlagen,[21] was aber weder im Fraktionsvorstand[22] noch in der entscheidenden Fraktionssitzung zur Sprache kommt.[23] Ministerpräsident Altmeier drängt darauf, den bisherigen Stellvertreter Hermann Matthes zum Vorsitzenden zu wählen. Das ist auch gar nicht strittig. Die Fraktion entspricht diesem Wunsch mit der großen Mehrheit von 44 Stimmen bei drei Enthaltungen, eine von Matthes selbst. Aber es bestehen bereits gewisse Zweifel, ob dieser die Fraktion wirklich so souverän leiten wird wie zuvor Boden.

Aus Kohls Sicht von größtem Interesse ist unter diesen Umständen die Stellvertreterposition. Altmeier hat für diesen Posten Hans Korbach vorgeschlagen. Korbach (Jahrgang 1921) war im Weltkrieg fünf Jahre lang Soldat, danach von 1947 bis 1960 unter Altmeier Landesgeschäftsführer der CDU, hat seine Machtbasis in Koblenz, gehört seit 1951 dem Landtag an, ist allseits beliebt und käme als Angehöriger der Kriegsgeneration mittelfristig für höchste Positionen in Frage. Auch Helmut Kohl unterhält zu ihm gute Beziehungen. Altmeier besteht darauf, wie bisher solle es nur einen einzigen Stellvertreter geben, und zwingt so die beiden in die Konfrontation. Bei derartigen Wahlen spielen die Bezirke die entscheidende Rolle. Das Altmeier-Lager rechnet auf Koblenz und Trier, Kohl auf die Pfälzer. Doch es zeigt sich, daß die Fronten bereits innerhalb der Bezirksgrenzen verlaufen. Die »Kohlisten« schwärmen aus, er selbst macht im Kreis der Abgeordneten die verschiedensten Besuche. Gern wird Kohl später erzählen, wie er den ihm gegenüber skeptischen Fraktionskollegen Billen auf dessen Hof in der Eifel besucht und ihn durch seine fundierten Kenntnisse in Viehzucht und Ackerbau tief beeindruckt (»Der kann sogar melken!«).[24] Die Wahl geht verhältnismäßig eindeutig aus: 25 Stimmen für Kohl, 19 Stimmen für Korbach.

Von jetzt an ist Kohl nicht mehr zu bremsen. In der Fraktion wirkt er offenbar integrierend und raucht auch mit Korbach die Friedenspfeife. Matthes hat nicht den Ehrgeiz, aus dem Fraktionsvorsitz viel zu machen, so daß Kohl im Landtagsplenum gegenüber den anderen Fraktionen, aber auch gegenüber der Ministerialbürokratie, wie seine zahlreichen Briefe bekunden, den starken Mann spielen kann. Daß die CDU bei der Landtagswahl am 31. März 1963 von 48,4 Prozent auf 44,4 Prozent zurückgeht und damit die absolute Mehrheit verliert, während SPD und FDP zulegen, hilft ihm gleichfalls. Altmeier mag argumentieren, wie er will, es seien die Bonner Kräche zwischen Adenauer und Erhard, die für Gegenwind gesorgt haben. Letzten Endes bleibt die Niederlage an ihm hängen. Das sei ein »heilsamer Schock«, läßt sich der Altmeier-Kritiker Helmut Kohl vernehmen.[25]

Hermann Matthes ist zufrieden damit, künftig in der Funktion eines Staatssekretärs im Ministerium für Inneres und Soziales tätig zu sein. Bei der Vorbereitung der Wahlen im Fraktionsvorstand schlägt er seinen bisherigen Stellvertreter Dr. Kohl vor, mit dem er in den letzten Jahren »eine sehr gute Zusammenarbeit gehabt habe«. Minister Stübinger, so das Protokoll, »schildert Dr. Kohl als einen Vollblutpolitiker, der mit großem Fleiß und letztem Einsatz seiner Person bisher mitgearbeitet habe«. Der bisherige Rivale Korbach signalisiert gleichfalls Zustimmung. Kohl bedankt sich dafür mit dem Hinweis, er habe mit dem Ministerpräsidenten gesprochen, sich auch seine eigenen Gedanken gemacht. Er schlage eine Änderung der Satzung vor, wobei die Stellvertreter mit einer bestimmten Reihenfolge vorzusehen seien, »damit nicht der Vorsitzende allein die Verantwortung für die Reihenfolge trage«.[26]

Helmut Kohl wird am 9. Mai 1963 in geheimer Wahl mit der recht eindrucksvollen Mehrheit von 38 Stimmen bei zwei Enthaltungen und einer ungültigen Stimme zum Fraktionsvorsitzenden gewählt. Darauf ist er noch rückblickend stolz.[27] Von dieser neuen Position aus drängt er ein Jahr später den durch den Vorwurf von unkoscheren Aktiengeschäften geschwächten Bezirksvorsitzenden Eduard Orth aus dem Amt und führt auf dem Landesparteitag in Trier vom August 1964 einen Frontalangriff gegen Altmeier mit seinen inzwischen wohlbekannten Argumenten: Klagen über die bequem gewordene Gründergeneration und den ebenso wohlbekannten Forderungen der »jungen Generation«, die nach einer »CDU von morgen« verlange.[28] Den Insidern in der CDU sagt er damit nichts Neues. Neu ist aber, daß diesmal der Vorsitzende der Landtagsfraktion den Ministerpräsidenten in aller Öffentlichkeit angeht, wenn auch – vornehm, wie man ist – ohne ihn beim Namen zu nennen. Das Ergebnis: Von 358 Delegierten wird Altmeier nur noch mit 249 Stimmen wiedergewählt bei 48 Nein-Stimmen und 58 Enthaltungen.[29] In der rheinland-pfälzischen CDU ist die Ära Kohl bereits am Heraufdämmern.

Modernisierer von Rheinland-Pfalz

Schon in den frühen siebziger Jahren werden die Zeitgenossen Kohls uneingeschränkt anerkennen, daß er Rheinland-Pfalz modernisiert hat. Die tief deprimierte, oppositionelle Bundes-CDU wird sich im Jahr 1973 seiner Führung auch deshalb anvertrauen, weil er sein zuvor verachtetes Bundesland zu einem Vorzeigeobjekt fortschrittlicher Landespolitik gemacht hat. Als Kohl dann als Kanzlerkandidat gegen Helmut Schmidt in den Ring steigt, fällt es SPD und FDP schwer, die CDU kritischen Hamburger Medien inbegriffen, am Image des Landespolitikers Helmut Kohl wirksam zu kratzen. Deshalb verlegen sich die Angreifer auf die Frage, ob der »schwarze Riese« aus Rheinland-Pfalz auch über die Fähigkeit verfügt, die um vieles größere und schwerer bewegliche Bundesrepublik zu reformieren, welche durch die Ölkrise 1973/74 und durch die inflationäre Politik der Sozialdemokraten ins Wanken geraten ist. Kohls Pfund, mit dem er nach dem Aufstieg auf die höchste Bundesebene wuchern kann, ist somit das Image des Modernisierers. Doch das muß erst einmal hart erarbeitet werden.

Am 2. Juli 1963, nach Übernahme des Fraktionsvorsitzes, schwört Kohl in einer wohlüberlegten Grundsatzrede die Fraktion darauf ein, »die Probleme des Morgen zu bewältigen«.[1] Spätestens jetzt weiß jedermann in der Fraktion, daß sich Kohl die Modernisierung von Rheinland-Pfalz auf seine Fahne geschrieben hat. Das kleine Land mit seinen rund 3 200 000 Einwohnern[2] bildet das Schlußlicht unter den Bundesländern. Wirtschaftlich und politisch führend ist immer noch das Nachbarland Nordrhein-Westfalen, dicht gefolgt von Baden-Württemberg jenseits des Rheins, das wirtschaftlich sozusagen vor Kraft kaum laufen kann und unter Kiesinger auch kulturell ausstrahlt. Bayern ist gleichfalls auf dem Weg zur modernen Industriegesellschaft. Mit einiger Betretenheit muß die CDU in Mainz damals konstatieren, daß auch der benachbarte Großraum Frankfurt unter den Sozialdemokraten zur Prosperitätszone geworden ist. Hamburg und Bremen erleben in diesen Jahren, als die Werften noch wettbewerbsfähig sind, gleichfalls eine Blütezeit.

Ganz anders Rheinland-Pfalz. Die aufstrebende Chemiemetropole Ludwigshafen ist ein Sonderfall. Die einstige Garnisonstadt Mainz steht erst am Anfang einer Entwicklung, die sie als Teil des hochindustrialisierten Rhein-Main-Gebietes aufblühen läßt und die ihr mit dem ZDF einen Goldesel beschert, den Helmut Kohl künftig hegen und pflegen wird. In Kaiserslautern gibt es noch einige vorzeigbare mittelständische Betriebe, die aber bereits von der ausländischen Konkurrenz bedrängt werden. Der größte Teil des Landes ist dagegen zurückgeblieben. Es gibt keine wertvollen Bodenschätze, weithin überwiegen noch agrarische Strukturen, das Verkehrssystem ist nur gering ausgebaut, neben Schleswig-Holstein hat das Land das niedrigste Steueraufkommen und zudem mit den Bürokratien von fünf Regierungsbezirken eine schwerfällige Verwaltung. Besonderer Entwicklungsbedarf herrscht dort, wo sich früher der Westwall mit seinem Hinterland befand. Zum Glück haben sich die Amerikaner in diesem Gebiet eingerichtet, die dort mit Blick auf die Eventualität eines Krieges in Deutschland große Flugbasen unterhalten und auch dem vorbehaltlos pro-amerikanischen Jungpolitiker Helmut Kohl ständig vor Augen führen, wer die Schutzmacht der Bundesrepublik und ganz Europas ist. Kurzum: Mangels einer starken Steuerbasis ist der Wiederaufbau im Land insgesamt langsamer vorangegangen als anderswo; Ludwigshafen stellt eine rühmliche Ausnahme dar.

Manches ist aber doch auch ein Zeichen von Verschlafenheit, etwa die nur unzulängliche Anbindung an das bundesweite Autobahnnetz. Als der Bau der Autobahn zwischen Mainz und Koblenz unter dem Ministerpräsidenten Kohl endlich in Gang kommt, wird dieser mit dem Ausspruch zitiert: »Ich verstehe nicht, warum der Altmeier, der doch jeden Tag von seiner Koblenzer Wohnung mit dem Auto in die Mainzer Staatskanzlei und wieder zurück fuhr, nicht schon vor vielen Jahren diese Autobahn gebaut hat.«[3]

Wenn die Hamburger Wochenblätter Rheinland-Pfalz immer wieder als das rückständigste aller Bundesländer ausmachen, so kommt darin nicht nur norddeutscher Hochmut zum Ausdruck. Es trifft eben zu, daß im Land – nicht zuletzt bei den Parteien – andauernd Skandale aufgedeckt werden. Wenn man »einer gewissen Presse« glauben wolle, beklagt sich Ministerpräsident Altmeier gelegentlich vor der CDU-Fraktion, dann sei Rheinland-Pfalz seit Jahr und Tag das Land der Skandale und der Korruption. Alle 14 Tage käme im *Spiegel* ein – natürlich unbegründeter, unwahrer! – Artikel über Rheinland-Pfalz.[4]

Ein anderer Grund für die permanente Kritik ist das beharrliche Festhalten der CDU an der Konfessionsschule und der Lehrerbildung in konfessionellen Pädagogischen Hochschulen. In der Landespolitik von Rheinland-Pfalz ist der Konflikt Konfessionsschule versus christliche Gemeinschaftsschule ein Dauerbrenner, seitdem 1947, bei Gründung des Landes, ein diesbezügliches Referendum durchgeführt werden mußte. Noch immer hält die Mehrheitspartei CDU die Fahne der Konfessionsschule hoch, während SPD und FDP beharrlich auf Änderung drängen. Die Liste der Kritik läßt sich fortsetzen: viele Hunderte von einklassigen Zwergschulen, weniger Gymnasien als in den Nachbarländern, keine Technische Hochschule, nur eine einzige Landesuniversität in Mainz.

Bei der Übernahme des Fraktionsvorsitzes im Frühjahr 1963 verfügt Kohl noch über kein geschlossenes Reformkonzept. Er weiß allerdings schon genau, wer das Land umgestalten wird: er selbst. Der frischgebackene Fraktionsvorsitzende richtet umgehend – gewissermaßen als erste Amtshandlung – die Position eines Pressesprechers der Fraktion ein.[5] Für diesen Posten möchte er den Journalisten Hannes Schreiner, der bislang für die hessische Landtagsfraktion gearbeitet hat, gewinnen und skizziert diesem in einem Gespräch seine eigenen Ziele folgendermaßen: erst der Landesvorsitz der rheinland-pfälzischen CDU, dann das Amt des Ministerpräsidenten. So jedenfalls hat Schreiner, der rasch zum Intimus Helmut Kohls avanciert, im Rückblick berichtet.[6]

Kohl ist seit langem davon überzeugt, daß das bisherige Kabinett mit Altmeier an der Spitze die Probleme des Landes nicht lösen kann, vielmehr selbst das Problem ist. Er plant nun nicht mehr und nicht weniger als mittelfristig den Wechsel auf allen Führungspositionen. Der Raufbold aus Ludwigshafen, der sich seit seinen frühesten Anfängen mit verknöcherten Parteivorständen herumschlägt, verspürt im Frühjahr 1963, daß seine Kritik mit einer bundesweiten Zeitstimmung zusammenfällt. Seitdem Adenauer bei der völlig mißglückten Nachfolgeregelung für Heuss Zeichen der Schwäche hat erkennen lassen und die SPD 1961 Willy Brandt wie einen Siegfried als Kanzlerkandidaten auf den Schild gehoben hat, ist die Forderung nach innerparteilicher Verjüngung ein Selbstgänger. In vielem hat Altmeier ähnlich regiert wie Adenauer in Bonn, dessen Zeit nun zu Ende geht. Er hat die Landespolitik – das Kabinett, die Regierungsbezirke, die CDU-Fraktion und die Landespartei – von der Staatskanzlei aus gesteuert. Auch er hatte seinen Globke, den unnahbaren, perfekt funktionierenden, aber nach langer Machtausübung naturgemäß nicht mehr besonders innovativen Leiter der Staatskanzlei, den Staatssekretär Fritz Duppré.

Kaum hat Kohl die Machtposition an der Fraktionsspitze inne, sucht er die Fraktion als Gegenmacht zu konzipieren und hier eine junge Mannschaft aufzubauen, mit der er mittelfristig regieren kann. Dabei dürfen die Parteigremien jedoch nicht ins Abseits geraten. In einer programmatischen Ansprache proklamiert er am 2. Juli 1963 vor der Fraktion: »Sie, die Fraktion, ist der vornehmste Ort und der Hort der Landespolitik der CDU und in enger Zusammenarbeit mit der Partei, die uns trägt und die uns auch zunächst einmal in dieses Amt als Abgeordnete berufen hat, haben wir diesen Aufgaben nachzugehen.«[7] Weder jetzt noch in Zukunft wird sich Kohl prinzipienstreng auf bestimmte institutionelle Prioritäten festlegen lassen, stets praktiziert er ein Ineinander von Partei und Fraktion, und wenn er, erst als Ministerpräsident von Rheinland-Pfalz, dann als Bundeskanzler, an der Spitze der Exekutive angelangt ist, wird er seinerseits der Neigung nachgeben, ähnlich gouvernemental zu regieren wie vor ihm Adenauer und Altmeier. Dieses Ziel, an die Spitze der Exekutive zu gelangen, verfolgt er mit einer machtpolitischen Konsequenz und Zähigkeit, die politischen Profis, Journalisten und Biographen gleichermaßen imponiert, wenn sie im nachhinein auf seinen Aufstieg blicken.

Wie schon zuvor, ist auch bei der Ablösung Altmeiers der Verweis auf Wahlen sein bestes Argument. Die Schlappe Altmeiers im April 1963 ebnet ihm den Weg in den Fraktionsvorsitz. Das Scherbengericht auf dem Landesparteitag 1964 verdeutlicht dem Ministerpräsidenten, daß nunmehr ein Rückzug auf Raten fällig ist. Aus Sicht der Partei spricht vieles dafür, bei der Landtagswahl 1967 gewissermaßen im »Doppelpack« anzutreten: Altmeier soll den Amtsbonus des bewährten Ministerpräsidenten ausspielen und nach gewonnener Wahl auch nochmals an die Spitze der Regierung treten. Zugleich aber wird Kohl bereits als Nachfolger aus der jüngeren Generation herausgestellt werden. Im Januar 1966 erklären die beiden im Geschäftsführenden Landesvorstand, daß sie sich auf diese Linie geeinigt haben. Altmeier berichtet von zwei »guten« Gesprächen. Kohl bestätigt das und verspricht, eine Satzungsänderung vorzuschlagen, nach der Altmeier künftig dem Parteivorstand als Ehrenvorsitzender angehören soll. Wann genau Altmeier zurücktreten wird, bleibt aber in Rheinland-Pfalz genauso ungeklärt, wie das 1961 auf Bundesebene der Fall war, als Adenauer sich ohne Präzisierung des Zeitpunkts durchgeschlängelt hatte.

Wie es sich gehört, überbieten sich die Delegierten auf dem Koblenzer Landesparteitag im März 1966 nochmals mit Lob für den langjährigen Ministerpräsidenten. Aber Kohl hat seine Bataillone in Stellung gebracht. Mit 415 Ja-Stimmen gegen 29 Nein-Stimmen bei 33 Enthaltungen und drei ungültigen Stimmen wird er zum CDU-Vorsitzenden von Rheinland-Pfalz gewählt.[8] Es ist gelungen, Adenauer als Redner für den Parteitag zu verpflichten. Dieser nutzt gerne die Gelegenheit, in Gegenwart der Bonner Korrespondenten wieder einmal gegen Erhard sowie die Amerikaner zu Felde zu ziehen und sich als eine Art Oberhäuptling der deutschen »Gaullisten« in Erinnerung zu bringen. Was sich zwischen dem alten Platzhirsch Altmeier und dem Jungspund Kohl abspielt, ist ihm natürlich bestens bekannt. Er preist somit Altmeier (»hat immer zu den Zuverlässigen und Treuen gehört«) und frotzelt über Kohl (»eine andere Generation, aber keine unsympathische ... Ich glaube, er wird unsere Partei einen guten Weg hier in Rheinland-Pfalz führen.«).[9] Mit dem Segen des Patriarchen versehen, kann Kohl nun zum personellen Umbau schreiten. Der Parteitag besetzt den Vorstand der Landes-CDU mehrheitlich mit »Kohllisten«. Altmeier soll aber mit Zustimmung Kohls als Ministerpräsidenten-Kandidat bei der Landtagswahl 1967 nochmals ins Rennen gehen.

Im Amt des Landesvorsitzenden bestätigt der Neuling seinen Ruf als dynamischer Wahlkämpfer. Der Zuwachs von 2,3 Prozent bei der Landtagswahl vom 23. April 1967 ist aber keineswegs berauschend, zumal nun erstmals die NPD mit

6,9 Prozent in den Mainzer Landtag einzieht. Wie wacklig die Absprache mit Altmeier ist, zeigt sich bereits am Wahlabend, als dieser seinen Anspruch formuliert, weitere vier Jahre Ministerpräsident bleiben zu wollen. In der Fraktion und im Landesvorstand kommt es zum Fingerhakeln. Vor versammelter Fraktion stellt Kohl fest, das widerspreche dem Parteitagsbeschluß von 1966, und verlangt, daß Altmeier umgehend mit ihm eine gemeinsame Erklärung abgebe. Altmeier verweist auf die Landesverfassung, die festlegt, daß der Ministerpräsident auf vier Jahre gewählt wird. Es folgt eine Aussprache mit dem dienstältesten Minister Oskar Stübinger als Zeugen.[10] Altmeier muß schließlich zurückstecken. Der Ministerpräsident habe versprochen, so berichtet Stübinger im Geschäftsführenden Landesvorstand, »daß das neue Kabinett auch die Regierung unter dem Ministerpräsidenten Dr. Kohl bilden würde und deshalb eine Einflußnahme von Herrn Dr. Kohl auf die personelle Zusammensetzung sichergestellt werden müßte«. Der Wechsel werde zu gegebener Zeit erfolgen.[11]

Auf Wunsch Kohls werden zwei neue Ministerien eingerichtet: ein Sozialministerium und ein Ministerium für Wirtschaft und Verkehr. Für das Soziale war bis dahin der Innenminister zuständig, während Wirtschaft und Verkehr dem Ministerpräsidenten selbst unterstanden. Kohl zögert auch nicht mit eigenen Personalforderungen. Das Kultusministerium wird der jetzt 37 Jahre alte Bernhard Vogel übernehmen, bisher Bundestagsabgeordneter für Speyer. Seit den Jahren im Sternberger-Seminar steht Kohl mit ihm in Verbindung und hatte mitgeholfen, die Widerstände gegen diesen Außenseiter bei der Kandidatenaufstellung niederzukämpfen.[12] Auch der gleichfalls erst 37 Jahre alte Heiner Geißler, Kohls Kandidat für das Sozialministerium, gehört seit 1965 dem Deutschen Bundestag an und ist Kohl von Vogel nachdrücklich empfohlen worden. Der schneidige neue Landesvorsitzende Kohl beharrt ferner darauf, weitere seiner Anhänger in der Landtagsfraktion als Staatssekretäre unterzubringen. Heinrich Holkenbrink hat er als Staatssekretär für das Wirtschaftsministerium vorgesehen und Otto Theisen für das Justizministerium. Willibald Hilf soll zum Staatssekretär in der Staatskanzlei berufen werden.[13]

Wie nicht anders zu erwarten, stößt vor allem der Vorschlag, Heiner Geißler aus dem Landesverband Baden-Württemberg zum Sozialminister zu machen, auf heftigen Widerstand bei Altmeier und seiner bereits stark zusammengeschrumpften Anhängerschaft. Der Ministerpräsident soll einen Landesfremden, den er gar nicht kennt, zum Minister ernennen! Doch Kohl setzt sich mit Brachialgewalt durch: Er droht an, entgegen der bisherigen Gepflogenheit künftig die Fraktion vorweg über die Besetzung der Ressorts abstimmen zu lassen.[14] (Daß er selbst später im Amt des Bundeskanzlers gar nicht daran denken wird, der CDU/CSU-Fraktion solche Rechte zu gewähren, kann aber niemanden erstaunen.) Das Ergebnis des heftigen Krachs zeigt, wie komplett Kohl jetzt die Landtagsfraktion kontrolliert: Für Vogel stimmen

37 Abgeordnete und nur acht für den vom Bezirk Koblenz präsentierten Gegenkandidaten. Geißler erhält 35 Stimmen.[15] Das Kabinett kann es auch nicht mehr wagen, die Staatssekretäre Holkenbrink und Theisen abzulehnen. Bei den Wahlen für die wichtigsten Ausschüsse haben die Anhänger Altmeiers ohnehin nichts mehr zu bestellen. Der bisherige Kultusminister Orth zieht sich gekränkt zurück und erliegt ein Jahr später einem Herzinfarkt.

Nachdrücklicher als jede öffentliche Erklärung offenbaren diese Entscheidungen, daß Altmeier nur noch ein Ministerpräsident von Kohls Gnaden ist. An offene Rebellion ist nicht mehr zu denken. Intern jedoch leistet der zähe, auch uneinsichtige Altmeier immer noch Widerstand. Zu gerne würde er den Wechsel bis in den Herbst 1969 hinausschieben. Am 12. August 1969 feiert er seinen siebzigsten Geburtstag, das könnte eine gute Begründung für den Abgang hergeben. Doch Kohl rechnet anders. Im Herbst 1969 steht die Bundestagswahl an. Alles spricht somit aus seiner Sicht dafür, den Bundestagswahlkampf im Amt des Ministerpräsidenten zu führen und danach in dieser Funktion auf der Bonner Bühne zu agieren, wie immer die Wahl auch ausfallen mag. Im übrigen meint er, nicht ganz zu Unrecht, dem verdienten Altmeier Zeit genug für den überfälligen Rückzug gelassen zu haben.

Kohls Wahl zum Ministerpräsidenten erfolgt am 19. Mai 1969. Wie angekündigt, nimmt er im Kabinett vorerst keine Veränderungen vor. Erst 1971 – er hat dann bei der Landtagswahl bemerkenswerte fünfzig Prozent der Stimmen erhalten – kommt es zu verschiedenen Umbesetzungen. Weiterhin gilt dabei das neue Verfahren: Der Landesvorstand schlägt die Kabinettsmitglieder vor, und die Fraktion stimmt Position für Position ab. Das ist jetzt ohne jedes Risiko. Die meisten der Vorschläge Kohls werden mit nur wenigen Gegenstimmen oder Enthaltungen durchgewinkt. Dennoch hält er weiterhin an dem inzwischen bewährten Verfahren fest, alle wichtigen Gesetzesvorhaben und wesentliche Personalangelegenheiten zuvor in der Fraktion zu beraten. Wenn bis zu seinem Ausscheiden aus Rheinland-Pfalz größere landespolitische Krisen ausbleiben, dann auch deshalb, weil er in Partei und Fraktion einen offenen Diskussionsstil schätzt, freilich maßvoll, denn inzwischen hat er alle wichtigen Positionen mit eigenen Anhängern besetzt, die auf ihn schwören. Während er in seiner zweiten Amtszeit als Ministerpräsident schon auf der Bundesebene agiert, läuft im Mainzer Landtag alles wie geschmiert. Er bezeichnet dieses sein Kabinett als »Glanzstück der CDU-Politik«.[16] Zurückhaltung in puncto Eigenlob hat ihm noch niemand zum Vorwurf gemacht.

Tatsächlich hat Kohl schon vor Übernahme der Ministerpräsidentschaft die schwierigsten Brocken auf dem Weg zur Modernisierung von Rheinland-Pfalz aus dem Weg geräumt. Wie skizziert, hat sich seit Übernahme des Fraktionsvorsitzes im Frühjahr 1963, dann des Vorsitzes der Landespartei im Frühjahr 1966 um ihn das maßgebliche Kraftfeld der Landespolitik gebildet. Bereits Mitte der sechziger Jahre wissen alle Insider, daß er »der starke Mann« in der Landespolitik ist. Betrachtet man die von ihm ausgehenden Initiativen, so sind verschiedene Schwerpunkte seiner Reformpolitik erkennbar: Erstens ist er entschlossen, das Führungspersonal der CDU fast vollständig zu erneuern und zu verjüngen. Zweitens besteht er auf langfristiger, berechenbarer Koalitionspolitik mit der FDP. Drittens drängt er auf eine liberale, zeitgemäße Schulpolitik. Viertens hat er sich vorgenommen, Rheinland-Pfalz durch eine tiefgreifende Gebietsreform zu modernisieren. Ist das erst einmal durchgesetzt, kann man darangehen, das bisher rückständige Rheinland-Pfalz unter Einsatz vieler Instrumente zu einem fortschrittlichen Musterland umzugestalten.

Austausch des Spitzenpersonals gegen frische, eigene Leute – das ist seit Übernahme des Fraktionsvorsitzes sein vorrangiges Ziel, und das erreicht er in den kommenden Jahren auch. Er setzt bei der Fraktionsführung und den Landtagsausschüssen an, erzwingt dann, wie schon beschrieben, nach der Landtagswahl 1967 eine teilweise Auswechslung der Kabinettsminister und der Staatssekretäre. Diese Verjüngungskur bringt er nach der nächsten Landtagswahl zum Abschluß. Recht früh sieht er aber auch die Notwendigkeit personeller Erneuerung bei den rheinland-pfälzischen Bundestagsabgeordneten. Seine Zielvorstellung: mehr fortschrittliche Katholiken, mehr prominente Protestanten, mehr moderne Gewerkschafter und mehr liberale Mittelständler. Vor allem aber: unverbrauchte, jüngere Leute, die auf ihn schwören.

Zu den fortschrittlichen Katholiken zählt beispielsweise Bernhard Vogel (Jahrgang 1932), der auch dank der Unterstützung Helmut Kohls bei der Bundestagswahl 1965 den Wahlkreis Neustadt-Speyer erobert. Vogel steht in enger Verbindung zum Heinrich-Pesch-Haus in Mannheim, damals ein »Vorort des süddeutschen Sozialkatholizismus«,[17] und ist im Zentralkomitee der deutschen Katholiken aktiv, als dessen Präsident er von 1972 bis 1976 amtiert. Kohl hält aber auch Ausschau nach prominenten evangelischen Laien. Bei einer Wanderung durch die Oberingelheimer Weinberge[18] sucht er im Vorfeld der Bundestagswahl 1965 Richard von Weizsäcker dafür zu gewinnen, sich als Bundestagskandidat für Ludwigshafen aufstellen zu lassen bei gleichzeitiger Absicherung auf der Landesliste.

Weizsäcker ist damals schon kein unbeschriebenes Blatt mehr. Er hat sich in der Wirtschaft eine unabhängige Stellung erworben, ist als Justitiar in der Geschäftsführung der Pharmafirma Boehringer in Ingelheim tätig und ist seit kurzem Präsident des Deutschen Evangelischen Kirchentages. Bundesweit bekannt wurde dieser Sohn des einstigen Staatssekretärs Ernst von Weizsäcker 1962 als Mitverfasser und argumentationsstarker Befürworter der »Ostdenkschrift« der Evangelischen Kirche in Deutschland (EKD), in der eine aktive, unvoreingenomme Ostpolitik sowie eine De-facto-Anerkennung der Oder-Neiße-Grenze gefordert werden. Kohl weiß also, mit wem er sich einläßt. Von Weizsäcker ist aber noch nicht zum Einstieg in die Parteipolitik bereit. 1968 bringt ihn Kohl erneut ins Spiel, diesmal als CDU-Kandidaten für das Amt des Bundespräsidenten. Weizsäcker unterliegt zwar dem früheren Bundes-außenminister Gerhard Schröder, zieht aber 1969 auf der Landesliste Rheinland-Pfalz in den Bundestag ein. Aus Kohls Bemühung um von Weizsäcker läßt sich also eine doppelte Schlußfolgerung ziehen: Durch prominente evangelische Laien in der Führungsriege der CDU möchte er die Partei für Protestanten leichter wählbar machen. Und er signalisiert, daß er keine Berührungsängste zu Persönlichkeiten hat, die für eine fortschrittliche Ost- und Deutschlandpolitik plädieren.

Auch gesellschaftspolitisch zögert er nicht, fortschrittliche Akzente zu setzen. Die Entscheidung für Heiner Geißler als Arbeits- und Sozialminister in Rheinland-Pfalz ist ein derartiges Signal. Geißler, ehemaliger Zögling des Jesuitenkollegs Sankt Blasien, war vier Jahre lang Novize des Ordens und absolvierte dann ein Jurastudium. Schon in jener Frühzeit ist er ein unverfälschter Linkskatholik. 1960 erwirbt er den Dr. iur. (Thema der Dissertation: »Das Recht der Kriegsdienstverweigerung nach Art. 4 Abs. 3 des Grundgesetzes«), arbeitet drei Jahre im Ministerbüro des Arbeits- und Sozialministers von Baden-Württemberg und versucht dann im Amt des Sozial-ministers in Mainz unter starkem öffentlichen Zuspruch sein Bestes, die CDU sozial-politisch an die Spitze des Fortschritts zu bringen. Als Kohl den Schwaben Geißler für das Mainzer Ministerium engagiert, ziert sich dieser und meint: »Es muß doch Leute geben in Rheinland-Pfalz, die so eine Aufgabe machen können.« Kohl antwortet, so erinnert sich Geißler: »Kaum, kaum. Die Leute in Rheinland-Pfalz sind seit Jahrhunderten vom Alkohol vergiftet, und das hat sich auch jeweils auf die Nachkommen-schaft weitervererbt und übertragen, es ist immer schlimmer geworden.« Geißler darauf: »Und Sie?« Kohl repliziert: »Aber ich habe einen bayerischen Vater …«[19] Diese Frotzelei ist bezeichnend: Kohl und Geißler, von denen jeder für den anderen irgend-wie zum Schicksal wird, sind sich bemerkenswert ähnlich, zu ähnlich wahrscheinlich. Beide sind keine gelackten Politikertypen, vielmehr – salopp formuliert – »Urvie-cher«, sehr direkt und häufig auf den Bänken anzutreffen, wo die Spötter sitzen, aber auch harte Brocken, über die Maßen selbstbewußt und auf Krawall gebürstet, dabei so schlitzohrig, wie man das von einem waschechten Pfälzer und einem Jesuitenzög-ling erwartet. Zehn Jahre hindurch, von 1967 bis 1977, kommen sie gut miteinander aus, dagegen gestaltet sich die folgende lange Zusammenarbeit an der Spitze der CDU recht stürmisch: Häufige, schwere Unwetter werden abgelöst durch Perioden, in denen die Sonne wieder durchbricht. Aber gewitterschwül ist es immer – Monsunklima. Nach 1989 trennen sich ihre Wege endgültig.

Eine ähnlich farbige Figur ist Norbert Blüm (Jahrgang 1935), auch er deutlich links von der Mitte. Als Helmut Kohl ihn entdeckt und für seine Aufstellung zum Bundestagskandidaten grünes Licht gibt, hat er einen ähnlichen Weg hinter sich wie manche Gewerkschaftsfunktionäre bei den Sozialdemokraten. Er hat als Werkzeug-macher bei Opel in Rüsselsheim begonnen, alsdann Abendgymnasium, Studium und

Promotion. Doch als guter Katholik schließt sich Blüm keiner DGB-Gewerkschaft an, sondern ist von 1968 bis 1975 als Hauptgeschäftsführer der CDU-Sozialausschüsse tätig. 1972 wählt ihn der Kreisverband Ludwigshafen zum CDU-Bundestagskandidaten für Udo Giulini vom CDU-Wirtschaftsflügel, der nach drei Herzinfarkten nicht mehr antreten möchte.[20] Blüm scheitert zwar als Wahlkreiskandidat, gelangt aber über die Landesliste von Rheinland-Pfalz in den Deutschen Bundestag.

Elmar Pieroth (Jahrgang 1934) dagegen repräsentiert den Typ des modernen Mittelständlers. Er hat das Weinhandelsunternehmen »Ferdinand Pieroth« in Burg Layen aufgebaut, schließt sich 1965 der CDU Helmut Kohls an, wirkt im Vorstand der Mittelstandsvereinigung mit und studiert nebenher Betriebswirtschaftslehre und Politische Wissenschaft. 1969 kommt er über die Landesliste Rheinland-Pfalz in den Bundestag. Zu dem Kreis von CDU-Nachwuchspolitikern, die sich um Helmut Kohl versammeln, stößt 1971 auch die Kölner Oberstudiendirektorin Hanna-Renate Laurien. So wie sie wünscht sich Kohl moderne CDU-Politikerinnen: resolut, fortschrittlich, fest in ihrer Kirche verwurzelt, und zwar bei denen, die mit dem Zweiten Vatikanum große Hoffnungen verbinden, aber ohne jeden feministischen Touch, der ihm von Herzen zuwider ist.

Ganz offensichtlich ist dieser junge, kaum zu bremsende Parteiboß der CDU Rheinland-Pfalz wohlüberlegt dabei, den eigenen Landesverband breit aufzustellen. Aber es sind keine markant konservativen Persönlichkeiten unter denen, die er heranzieht. Diejenigen, die er entdeckt, fördert und bald mit sich emporführt, gehören dem reformerischen Parteiflügel an, sind Linkskatholiken, Sozialpolitiker, engagierte Entspannungspolitiker – nur keine Konservativen. Richard von Weizsäcker, der damals von Kohl umworben wird und erst viel später in Gegensatz zu ihm gerät, schreibt rückblickend uneingeschränkt anerkennend: »Voller Schwung arbeitete er, der damals Fünfunddreißigjährige, daran, seinen CDU-Landesverband Rheinland-Pfalz in einem liberalen Geiste zu öffnen und bundespolitisch zu stärken.«[21] Das Stichwort lautet: liberal. Kohl ist damals – und wird es lange bleiben – der unumstrittene Anführer des liberalen Parteiflügels.

Dieses Bild zeigt sich auch beim Blick auf Kohls Koalitionsstrategie nach der von der CDU fast verlorenen Landtagswahl im Frühjahr 1963. Seither hat er eines nie mehr vergessen: Die CDU muß koalitionsfähig bleiben. Rein rechnerisch ist damals in Rheinland-Pfalz eine SPD-FDP-Koalition möglich. Die CDU hat 46 Mandate erhalten, die SPD 43 und die FDP 11. Während der schwierigen Koalitionsverhandlungen erkennt Kohl bald, daß eine gedeihliche Zusammenarbeit mit den Freien Demokraten nur möglich sein würde, wenn diese in einer Koalition mit der CDU auf mittlere Sicht einen Kurswechsel in der Schulpolitik erwarten können. Da die Konfessionsschule in den Schulartikeln der Landesverfassung festgeschrieben ist, bedarf die Schulreform einer verfassungsändernden Zweidrittelmehrheit. Möchte die FDP also in diesem für sie zentralen Programmpunkt etwas erreichen, kann das nur im Zusammengehen mit der CDU gelingen, die über eine Veto-Position verfügt. Kohl signalisiert den Freien Demokraten daher, daß man mit ihm über vieles reden könne. Ihm glauben sie das auch. Seit langem ist bekannt, daß er die Forderung katholischer Integralisten, die Gesellschaft nach den Vorschriften der Katholischen Kirche zu organisieren, für reaktionär hält. Der konservative CDU-Flügel um Altmeier dagegen sieht das ganz anders. Der Fraktionsvorsitzende muß sich also daranmachen, die starken Widerstände in der eigenen Partei, ganz besonders seitens der Katholischen Kirche, nach der Salamitaktik zu überwinden. Seit dem Wahltag 1963 ist jedenfalls klar, daß die Schulfrage die Landespolitik in der bevorstehenden Legislaturperiode bestimmen wird.

Das Wahlergebnis vom Frühjahr 1963 eröffnet auch der CDU zwei Optionen: Schwarz-Rot oder Schwarz-Gelb. Kohl ist damals wie später ein Befürworter der Koalition mit der FDP und setzt sich damit durch. Es ist aufschlußreich, wie er das vor der eigenen Landtagsfraktion begründet: Nach dem Godesberger Parteitag drohe »die Gefahr des dauernden Versuchs der Umarmung durch die Sozialdemokratie, in der für den Bürger draußen der Unterschied zwischen CDU und SPD nicht mehr erkenntlich ist«.[22] Auf der anderen Seite hält er es durchaus für möglich, daß die FDP »den Durchbruch aus dem 10-Prozent-Stimmenanteil« schafft, um zu einer echten »Dritten Kraft« zu werden. Weshalb er aber jetzt und in der Folgezeit die Option einer Koalition mit der SPD weit von sich weist und statt dessen die FDP-Option zu einer Art Markenzeichen seiner Koalitionspolitik macht, ist nicht leicht zu ergründen. Steht dahinter wirklich nur die Sorge, daß CDU und SPD zu ähnlich und nach Meinung der Wähler austauschbar werden könnten? Ist es Rücksichtnahme auf die Wirtschaft, die mehrheitlich immer noch in der Kategorie des »Bürgerblocks« denkt? Oder ist es einfach ein Reflex darauf, daß er in Ludwigshafen seit Jahren gegen die sehr lästige, dominierende Mehrheitspartei SPD erfolglos anrennt und den »Sozenfresser« nicht nur spielt, sondern das aus schwer auflösbaren emotionalen Motiven auch ist? In diesen Jahren heftigen kulturpolitischen Streits legt er sich jedenfalls auf die FDP-Option fest – wie sich später herausstellen wird, auf Dauer.

Das komplizierte Hin und Her in der rheinland-pfälzischen Schulpolitik braucht hier nicht geschildert zu werden. Der Kurswechsel beginnt mit der Etablierung einer nicht-konfessionellen Pädagogischen Hochschule. Es folgen weitere Schritte bis hin zu dem großen Kompromiß: Künftig sollen Konfessionsschulen nur dann Bestand haben, wenn achtzig Prozent der zuständigen Eltern dafür plädieren. Das lange Zeit zäh verteidigte Prinzip des Elternrechts wird dabei mit dem Prinzip der Bürgernähe ausbalanciert – »aufgeweicht«, seufzen die Gegner der liberalen Schulpolitik des Fraktionsvorsitzenden. Als Kompensation wird eine großzügige Förderung von Privatschulen festgelegt. Kohls Kompromißfähigkeit in dieser

Schlüsselfrage der Landespolitik wird durch den Umstand erleichtert, daß die Konfessionsschule sowie die damit verbundene konfessionelle Lehrerbildung zu dieser Zeit auch in anderen unionsregierten Ländern – in Bayern und in Baden-Württemberg – aufgegeben werden.

Aus Sicht Helmut Kohls und seiner Reform-Equipe ist das Problem der Konfessionsschule nur Teil einer umfassenderen Herausforderung. Mitte der sechziger Jahre ist in der Bundesrepublik das goldene Zeitalter der Bildungsreform angebrochen. Aufmerksam gemacht durch Studien der Organisation für wirtschaftliche Zusammenarbeit und Entwicklung (OECD), 1964 alarmiert durch die Artikelserie Hermann Pichts »Die deutsche Bildungskatastrophe«, der eine Verdoppelung der Abiturientenzahlen fordert, vorbereitet durch überparteiliche Beratungsgremien, an denen Bildungspolitiker aus CSU, SPD, FDP, Bildungsforscher sowie Persönlichkeiten aus Wirtschaft und Gewerkschaften teilnehmen, aber auch fortschrittliche Kirchenvertreter, kommt man in der Bundesrepublik zu der Einsicht, daß das Schulwesen dringend reformiert und durch erheblichen Einsatz von Finanzmitteln ausgebaut werden muß. Auch in den Unionsparteien wächst die Überzeugung, daß sich auf dem Land, in Arbeiterfamilien und nicht zuletzt unter den Mädchen »Bildungsreserven« finden, die, so heißt es damals, noch nicht »ausgeschöpft« sind, deren die Industrie künftig aber dringend bedarf. Natürlich kommt dabei auch das Gerechtigkeitsargument ins Spiel. »Bildung für alle« wird zu einem der großen Schlagworte dieser Jahre. Vor allem auch unter fortschrittlichen Katholiken verbreitet sich die Überzeugung, daß der katholische Volksteil zu wenig Akademiker vorzuweisen hat. Wenn Kohl in diesen Jahren eine moderne Schulpolitik zu einem Zentralpunkt seines landespolitischen Wollens macht, entspricht er nicht nur der Koalitionsräson, sondern befindet sich mitten im Mainstream der bildungspolitischen Diskussion. Der Verweis auf die strukturellen Nachteile vieler katholischer Schüler bei Fortführung des bisherigen Schulsystems in Rheinland-Pfalz erleichtert auch die Verhandlungen mit der Katholischen Kirche, die schließlich einem weitgehenden Verzicht auf viele der kleinen Konfessionsschulen und auf die ausschließlich konfessionelle Lehrerbildung resigniert zustimmt.

Kohl entdeckt mit der Zeit, daß neben den Parteitagen auch speziell von der CDU veranstaltete Foren geeignet sind, die eigenen Anhänger sowie ausgewählte Multiplikatoren von der Notwendigkeit bestimmter gesellschaftspolitischer Kurswechsel zu überzeugen. Das Instrument erweist sich als ausbaufähig. Als Kohl von 1973 an über die Parteibürokratie des Adenauer-Hauses gebietet, werden statt der bescheidener dimensionierten »Foren« in Rheinland-Pfalz nunmehr Kongresse mit vielen hunderten Teilnehmern die Funktion wahrnehmen, das von ihm für richtig Erkannte einer breiten Öffentlichkeit näherzubringen. »Foren« und »Kongresse« sind die Kanzeln, von denen aus der Parteivorsitzende höchstpersönlich vor drohendem Unheil warnt und oder frohe Botschaften verkündet.

Wie er bei seiner Informationspolitik vorgeht, zeigt sich beispielsweise beim Kulturpolitischen Forum der CDU im Februar 1967 in Neustadt. Auf Einladung Kohls referiert dort der Generalsekretär des Deutschen Bildungsrats über die Bedeutung der Schule im Industriezeitalter. Gerhard Stoltenberg, damals Bundesforschungsminister im Kabinett Kiesingers, ist zu Gast und arbeitet heraus, daß wissenschaftliche Forschung eine Kardinalfrage der Zukunft sei. Helmut Kohl, inzwischen Landesvorsitzender der CDU, appelliert ein weiteres Mal an die eigene Fraktion, die Schulreform noch im laufenden Jahr zu verabschieden, und fordert, daß bis 1970 rund 25 Prozent der Kinder eine weiterführende Schule besuchen müßten. Stolz gibt er bekannt, daß allein seit 1962 in Rheinland-Pfalz 350 einklassige Schulen aufgehoben worden seien. Hunderte weiterer sollen folgen. Die CDU, so verspricht er, werde in den kommenden acht Jahren rund 500 Mittelpunktschulen einrichten und so die Bildungschancen verbessern. Ganztagsschulen seien geboten, vor allem in Ballungszentren und für die Arbeiterschaft, wenn man die Bildungsreserven in diesen Bereichen mobilisieren wolle. Freilich: Das Elternrecht müsse ebenso gewährleistet sein wie die strikte Einhaltung des Konkordats.[23]

Dank zäher Verhandlungen, gekoppelt mit ständiger Basisarbeit, gelingt es ihm schließlich, viele der anfangs zögernden Abgeordneten in der Fraktion zu überzeugen und die Gruppe um Altmeier zu schwächen, die – gestützt von Teilen des Klerus – sich nach wie vor den Veränderungen widersetzt. Jetzt zahlt es sich auch aus, daß er mit Bernhard Vogel einen prominenten katholischen Laien als Kultusminister durchgesetzt hat. Denn wie soll der hohe Klerus gegen ein führendes und zugleich stets mit christlicher Geduld argumentierendes Mitglied des Zentralkomitees Deutscher Katholiken zu Felde ziehen!? Schon in der Neujahrsansprache am 1. Januar 1971 kann Kohl stolz verkünden: »Wir haben … im letzten Jahr aus den noch bestehenden über 1500 staatlichen Konfessionsschulen ›christliche Gemeinschaftsschulen‹ entstehen lassen«, und dies im Einverständnis mit allen Beteiligten, »ohne ›Kulturkampf‹«. Überdies sei ein modernes Privatschulgesetz geschaffen worden. Und er rühmt sich weiterer »Reformen«: Kindergartengesetz, Altenplan, Personalvertretungsgesetz, Gründung einer neuen Hochschule in Trier und Kaiserslautern, Anbindung des Regierungsbezirks Trier an die Eifelautobahn, stufenweise Übernahme der Fahrtkosten für alle Schüler an weiterführenden Schulen.[24]

Kohls zweite Baustelle ist die Gebietsreform. Dort sind die Widerstände noch viel größer als beim Umbau des Schulwesens. Auch auf diesem naturgemäß besonders umstrittenen Feld arbeitet er mit der Salamitaktik. Jahrelang wird innerhalb und zwischen den Fraktionen sowie in den Gliederungen der Partei über die Errichtung kompliziert strukturierter Verbandsgemeinden verhandelt. Doch dann überrascht der sehr mächtige Fraktionschef die Öffentlichkeit im Juli 1968 mit einem gemeinsamen Antrag der Fraktionen von CDU, FDP und SPD, in dem eine fast bedingungslose Gebietsreform gefordert wird. Ihm gelingt das Kunststück, sich in dieser Ange-legenheit sogar mit dem SPD-Fraktionsvorsitzenden Hans König zu verbünden. Die Auseinandersetzungen eskalieren. Kohl, immer noch nicht Ministerpräsident, muß im Spätherbst und Winter 1968 zur Abwehr einer Welle von Bürgerprotesten von Gemeinde zu Gemeinde ziehen, um die Ziele der Reform zu erläutern und dem Volkszorn entgegenzutreten. Bei einer dieser Bürgerversammlungen, in denen es ziemlich hoch hergeht, schleudert ihm der Pfarrer von Mayen ins Gesicht: »Sie sind Luzifer!«[25] Kohl kommt nicht umhin, da und dort Korrekturen zu versprechen, ist aber doch Manns genug, die Neuordnung grundsätzlich zu verteidigen. In der Frak-tion erklärt er vor protestierenden Abgeordneten standhaft: »Mit dieser Sache gehe ich unter!«[26]

Auch beim Umweltschutz will Kohl jetzt Vorreiter sein. Geplant sei, so führt er in der Neujahrsansprache am 1. Januar 1971 aus, in der noch verbleibenden Legis-laturperiode ein Gesetz über »Maßnahmen zum Schutz der Umwelt« vorzulegen. Rheinland-Pfalz sei dann das erste Land der Bundesrepublik, das »eine lückenlose gesetzliche Grundlage für den Umweltschutz vorsehe, soweit das nicht in die Kom-petenzen des Bundes gehört«.[27]

Bis schließlich alles unter Dach und Fach ist, muß sich der Ministerpräsident aber noch mit einigen Protestaktionen herumschlagen. Erst 1974 ist in der Bundes-republik die erste Gebietsreform weitgehend abgeschlossen. Statt der zuvor fünf Re-gierungsbezirke gibt es in Rheinland-Pfalz jetzt nur noch drei: Koblenz, Rheinhes-sen-Pfalz und Trier, statt 39 Landkreisen nur noch 24. Rund 1000 Zwerggemeinden mit weniger als 300 Einwohnern sind zu 163 Verbandsgemeinden zusammengelegt.[28] Daneben sind die Modernisierungen weit vorangekommen: Hochschulreform und Universitätsgründungen in Trier und Kaiserslautern, Verbesserung des Verkehrswe-sens, Förderprogramme für die Industrieansiedlung in den industriearmen Gemein-den des Pfälzer Waldes, der Eifel und des Hunsrück, Umstrukturierung der Land-wirtschaft zum Zweck der Konkurrenzfähigkeit im Gemeinsamen Markt. Einer der größten Erfolge bei der Industrieansiedelung ist die Entscheidung der Daimler-Benz AG, in Wörth eine umfassende Fertigungsanlage zu errichten. Mit fast 10 000 Arbei-tern und Angestellten ist der Autokonzern nach der BASF nun einer der größten Arbeitgeber in Rheinland-Pfalz. Hier tritt übrigens der mit Kohl befreundete Hanns-Martin Schleyer im Vorstand des Unternehmens erstmals ins Bild. Er ist an dieser Standortentscheidung maßgeblich beteiligt.[29]

Man findet Kohl damals auch bei denen, die sich für eine Justizreform sowie für die populären Reformen des Gefängniswesens einsetzen. Daß er des öfteren Gefäng-nisbesuche unternimmt und schon im ersten Jahr als Ministerpräsident acht Lebens-längliche begnadigt,[30] wird auch bei linksliberalen Blättern als Signal verstanden. In den Jahren, in denen sich die SPD bundesweit des Rufs sozialpolitischer Fortschrittlichkeit erfreut, führt der Sozialminister Geißler in der Pfalz vor, wie man die Sozialdemokraten überholen kann: Er bringt das erste Kindergartengesetz auf den Weg, ferner ein Krankenhausreformgesetz (»Krankenhaus ohne Privilegien«) sowie eine Landesbauordnung, in der nach dem Wunsch des Sozialministers Auflagen für Kinder und für Behinderte verankert sind.[31] Kohl selbst versäumt keine Gelegenheit, sich selbst, sein Kabinett und die CDU mit dem Etikett »bürgernah« zu schmücken. Dialogbereitschaft wird zu einer Kardinaltugend erklärt und praktiziert: Dialog in der Fraktion und mit dem Kabinett, Dialog zwischen den Landtagsparteien, Dialog mit protestierenden Studenten, Dialog mit der Presse, Dialog mit den Bürgern, eine »Sprechstunde für jedermann«, bei welcher sich der Ministerpräsident, kaum daß er ein Dreivierteljahr im Amt ist, nach Auskunft seiner Pressestelle bereits mit rund 200 Fällen befaßt hat.

Helmut Kohl läßt bereits in diesen Jahren seinen charakteristischen Führungsstil erkennen, den er auch als Bundeskanzler beibehalten wird. Erst entwickelt er im Gedankenaustausch mit Vertrauten aus der eigenen »Truppe« Reformkonzepte, die ihm einleuchten. Diese werden alsdann in den Parteigremien und in der Fraktion gegen alle sturen Verteidiger des Status quo und gegen alle lästigen Zweifler durchgesetzt. Geschlossenheit der Partei ist für ihn damals wie später das A und O. Nur wer die eigene Partei hinter sich hat, so weiß er, kann sich auch in der Koalition und in der breiten Öffentlichkeit behaupten. Jahre bevor die Reformmaßnahmen im Gesetzblatt veröffentlicht werden, sorgen Foren, Grundsatzreden, Interviews, vor allem auch die Parteitage zur Begründung und weiten Verbreitung der Reformideen. Dann folgt die mühsame Implementierung. Hier beweist er Steherqualitäten. Wo immer Widerstand auftritt, wird dieser möglichst mit sanften Maßnahmen aufgeweicht – geduldige Diskussionen, bei denen er sich persönlich stellt, zeitweiliges Zurückweichen und geringfügige Kompromisse, großzügige Finanzierungszusagen, Angebot von Ämtern an Kritiker, die dafür empfänglich sind … Ungerührt setzt er notfalls auch jenen breiten Fächer von Zwangsmaßnahmen ein, über die eine Regierung verfügt, wobei aber unbeirrt weiterhin die frohe Botschaft verkündet wird, alle Reformen seien letztlich zum Vorteil der jeweils Betroffenen – was in vielen Fällen durchaus zutrifft.

In diesen Pfälzer Jahren bekundet Kohl seine Volksverbundenheit, wann immer sich dazu Gelegenheit bietet. Das fällt ihm nicht schwer, denn er ist wesensmäßig kein blutleerer Apparatschik, sondern eher der Typ Volksheld – herzhaft, oft auch herzlich, offen, unverblümt, notfalls grob und auf der Dampfwalze einherfahrend. Eines der auffallendsten Merkmale dieser Reformkampagnen ist seine Fähigkeit, Vorhaben, für die er sich entschieden hat, mit langem Atem zu Ende zu führen.

In den neunziger Jahren, als er ähnlich fest im Sattel sitzt wie einstmals als Ministerpräsident von Rheinland-Pfalz, wird er seine großen Vorhaben in ähnlicher

Weise durchzusetzen suchen: die umlagefinanzierte Pflegeversicherung, die Verschmelzung der anfangs so heterogenen »neuen Länder« mit dem Gesamtstaat, die
zu spät begonnene und schließlich stockende Sozialreform sowie die Steuerreform
1996/97 und die Einführung des Euro. Verglichen mit diesen Schwierigkeiten ist die
Modernisierung von Rheinland-Pfalz ein eher leichter Durchmarsch. In den neunziger Jahren kann er nicht mehr als strahlender Siegfried im besten Mannesalter
auftreten. Eine kritische Öffentlichkeit sieht in ihm dann viel eher einen gealterten,
mürrischen, dickfelligen Riesen, der jeden Widerstand unwirsch beiseite räumt.

Der Slogan, mit dem Kohl die Landtagswahl 1967 bestreitet, lautet: »Rheinland-
Pfalz – junges Land mit Zukunft«.[32] Während der folgenden Jahre variieren seine
»Spin-Doktoren«, so würde man heute sagen, dieses Etikett. Aber die grundlegende
Botschaft bleibt. Bald ist das problematische Image des einstmals als rückständig
verschrienen kleinen Bundeslandes wie weggeblasen. Jetzt liest man fast nur noch
Erfolgsnachrichten, die zeigen, daß sich Rheinland-Pfalz an der Spitze des Fortschritts bewegt. Offenbar sind auch die Wähler dieser Meinung. Kohls größter Erfolg
sind die Landtagswahlen vom 9. März 1975. Sie stehen zwar bereits im Zeichen seiner
bundespolitischen Ambitionen, doch während die CDU in den Umfragen bundesweit um die vierzig Prozent herumkrebst, sprechen sich in den Wahlkabinen von
Rheinland-Pfalz 53,9 Prozent für die Christdemokraten aus. Fast genau zehn Jahre
zuvor hatte er verkündet: »Rheinland-Pfalz wird in den nächsten Jahren eine Struk-
turveränderung erfahren, wie sie in den letzten 100 Jahren in diesem Land nicht
eingetreten ist.«[33] Das Ziel ist erreicht, und der Wähler scheint das zu goutieren.

Als Kohl über das Amt des Fraktionsvorsitzenden zum Bundeskanzler aufsteigt
und schließlich ganz groß herauskommt, wird man die Jahre von 1963 bis 1976, in
denen er als CDU-Fraktionsvorsitzender und dann Ministerpräsident Rheinland-
Pfalz umgekrempelt hat, nur als Lehrjahre betrachten. Doch ist die Modernisierung
des Landes der »Reben und Rüben« durch einen Neuling, der zudem aus der größten
Industriestadt des Landes kommt, eine Leistung eigenen Gepräges. Altmeier hat das
Bindestrich-Land Rheinland-Pfalz zusammengehalten, das 1946 so zufällig zurecht-
geschnitten wurde wie die Länder Schwarzafrikas in der Kolonialzeit. Aber erst
unter seinem Nachfolger Kohl hat das Land zu innerer Kohärenz und wirtschaft-
lichem Gleichgewicht gefunden. Für den damals noch jungen Mann mit Zukunft
und überschäumender Schaffenskraft waren die Mainzer Jahre vielleicht die glück-
lichste Zeit seines Lebens.

Der Kurfürst von Mainz

Was ist das für ein Nachwuchstalent, das im Mainzer Provinztheater zum Publikumsliebling avanciert und zugleich auf der Bonner Bühne groß herauskommen möchte? Seit Mitte der sechziger Jahre haben die politischen Insider der CDU Helmut Kohl schon auf der Rechnung, halten aber ihr Urteil mit der gebotenen Vorsicht zurück. Die Altmeier-Anhänger spielen seinen Einfluß herunter, und in Bonn ist die CDU-Spitze mit den Diadochenkämpfen um Adenauers Erbe beschäftigt. Auch die Presse nimmt kaum Notiz von ihm, die bürgerlichen Zeitungen in Rheinland-Pfalz ignorieren ihn anfangs regelrecht, was Kohl argwöhnen läßt, daß sie sich dabei von Altmeiers Staatskanzlei leiten lassen. Selbstverständlich verspürt auch *Die Freiheit*, das Organ der pfälzischen SPD, keinerlei Bedürfnis, auf diesen kommenden und vermutlich gefährlichen Mann bei der CDU großes Aufsehen zu lenken.

Das ändert sich allmählich, als Kohl 1966 den Vorsitz der Landespartei an sich reißt und Appetit auf einen Platz im CDU-Bundesvorstand erkennen läßt. Mit Hilfe seines gewieften Pressesprechers Hannes Schreiner gelingt es ihm, in überregionalen Tages- und Wochenzeitungen hier und da Interviews unterzubringen, Porträtstudien anzuregen und an die großen Bildagenturen – Ullstein, Süddeutscher Verlag, dpa – Fotos zu lancieren, die Kohl mit seinem Idol Adenauer zeigen oder neben dem zugeknöpft dreinblickenden Altmeier als dessen »präsumptiven Nachfolger«.[1] Daß sich sein Aufstieg weithin unbemerkt vollzieht, ist völlig normal.

Für die meinungsbildenden Wochenzeitungen und die wenigen überregionalen Blätter sind schließlich nur Persönlichkeiten von Interesse, die auf der Bonner Bühne oder im damaligen Berlin agieren. Kurt Georg Kiesinger, Willy Brandt, Karl Schiller und Franz Josef Strauß, Helmut Schmidt und Rainer Barzel können seit Errichtung der Großen Koalition kaum einen Schritt tun, ohne daß ihnen ein Mikrophon vor die Nase gehalten wird. Auch einer revolutionären Figur wie Rudi Dutschke, der jetzt ins Rampenlicht tritt, jagt die Journaille hinterher. Die Landespolitiker in den Metropolen Stuttgart, Wiesbaden, München oder eben auch Mainz interessieren dagegen nur ganz am Rande. Das politische System der Bundesrepublik ist zwar föderalistisch, doch die Berichterstattung der bundesweit verbreiteten Medien ist hauptstadtlastig. Grundlegend ändert sich das erst, als Kohl 1969 in die Mainzer Regierungszentrale einzieht und dort so lebenslustig regiert wie nur je ein Mainzer Kurfürst vor ihm. Von nun an ist der riesige Weinkeller in der Staatskanzlei auch bei den Bonner Journalisten ein Geheimtipp. Ausgesuchte Berichterstatter werden von Kohl zu ausführlichen *Off-the-record*-Gesprächen empfangen. Das journalistische Interesse gilt aber kaum der Energie, mit der dieser Rheinland-Pfalz umkrempelt, sondern dem ungestümen Mann, der die Bundes-CDU aufzumischen sucht.

Porträtstudien oder fundierte Berichte kühler und kritischer Beobachter aus den Jahren, als der agile Helmut Kohl in Mainz zur Gipfelbesteigung ansetzt, sind somit Mangelware. Einer der wenigen, die ihn genau studieren, als er bereits das Amt des Fraktionschefs voll auskostet, ist Günter Gaus. Wie der fast gleichaltrige Kohl befindet auch Gaus sich noch im Basislager vor dem Aufstieg zum Mount Everest. Doch anders als den Pfälzer nimmt man ihn bereits bundesweit wahr. Über Stationen beim *Spiegel* und bei der *Süddeutschen* ist er zum ZDF gekommen. Seitdem er dort am 10. April 1963 Ludwig Erhard »Zur Person« interviewt hat, ist er ein gemachter Mann und kann sich die Interviewpartner aussuchen – Wehner und Adenauer, Brandt, Strauß und Henry Kissinger. Er zeichnet sich aus durch ein gründliches Studium der Dossiers über seine Gesprächspartner, eine scharfe Beobachtungsgabe und einen völlig emotionslosen, unparteiischen Stil der Gesprächsführung. Seine politischen Überzeugungen sind damals schon sozialdemokratisch grundiert, doch noch ist er vor allem ein Journalist auf der Jagd nach Großwild aus dem Polit-Zoo.

Die beiden Männer lernen sich 1965 kennen. Gaus will damals Programmdirektor beim Südwestfunk werden, der seinen Hauptsitz in Baden-Baden hat, aber auch ein Landesstudio in Mainz, und dafür braucht er die Zustimmung des bereits höchst einflußreichen CDU-Fraktionsvorsitzenden im Mainzer Landtag. Seine Chancen stehen gut, denn Kohl ist sehr daran gelegen, daß der damals wie später von Fusionsplänen gefährdete Südwestfunk erhalten bleibt und das Mainzer Landesstudio möglichst ausgebaut wird. Noch brennender ist er aber daran interessiert, bei diesem im linken Milieu gut vernetzten Print- und TV-Journalisten einen günstigen Eindruck zu hinterlassen. Man unterhält sich lange, findet aneinander Gefallen. Gaus erhält den Posten und wird sich zwei Jahre später mit einer schmeichelhaften Porträtstudie über Kohl revanchieren. Tatsächlich bleibt es nicht bei einem ersten Beschnuppern. Kohl entspannt sich gern, indem er sich alle vier bis sechs Wochen zum Südwestfunk nach Baden-Baden kutschieren läßt, um dort mit dem CDU-Intendanten Helmut Hammerschmidt große Rundfunkpolitik zu machen und mit dem SPD-Mann Günter Gaus über Gott und die Welt zu diskutieren.

Was der zu Beginn des 21. Jahrhunderts schon von schwerer Krankheit gezeichnete Gaus im Rückblick über den jungen Kohl zu berichten weiß, ist aufschlußreich und amüsant. »Wir sprachen gut drei Stunden miteinander«, erinnert er sich an die erste Begegnung im Jahr 1965, »wozu wir schwere Pfälzer Weißweine tranken, wie Kohl sie damals liebte. Er gab sich zeremoniös beim Öffnen der Flaschen, Beriechen der Korken, Schnuppern der Blume des zuerst im Mund gerollten ersten Schlucks. Von Zeit zu Zeit stand er auf und wechselte eine Kassette mit Barockmusik, die unser Gespräch untermalte.«[2] Gaus hat hier Verschiedenes registriert, was in den kommenden Jahrzehnten auch viele andere Gesprächspartner beobachten werden, die Kohl eines Tête-à-tête würdigt: Freude am Pokulieren und am deftigen Tafeln,

Freude an kontroversen Diskussionen, Spottsucht, wobei er sich »stets etwas hämisch« äußert, Ruhen in sich selbst, Neugier auf Persönliches, aber auch wohlgefällige Selbstbezogenheit, Jovialität und zugleich Genuß an der Macht: »Er hielt gern Hof.« Für seine 35 Jahre habe Kohls Auftreten schon »gravitätisch« gewirkt, gelegentlich habe er sich großmächtig aufgespielt, etwa als er eines Abends einen einflußreichen älteren Pfälzer Industriellen und Gaus in den verlassenen Landtag führt, um dort auf der Regierungsbank und auf dem erhöhten Platz des Parlamentspräsidenten zu posieren.[3]

Aufschlußreich sind auch die Beobachtungen von Gaus zu den politischen Grundorientierungen Kohls, der eben erst zum Marsch nach ganz oben ansetzt. Mit dem Bekenntnis, Adenauer sei sein Vorbild, habe er schon in diesen frühen Gesprächen die Rolle eines »Enkels Adenauers« für sich reklamiert. Erwähnt wird ferner seine »emotional angereicherte politische Nähe zu Frankreich« und, was nicht ganz unwichtig ist: »Das Nationale spielte seinerzeit bei ihm eine genauso geringe Rolle wie bei mir.«[4] Schließlich vermerkt Gaus, der seinen eigenen politischen Standort »links von der Mitte« definiert, daß Kohl sich in dem noch ruhigen Jahr 1965 »rechts von der Mitte« eingeordnet habe.[5] Das klingt durchaus glaubhaft. Ein CDU-Nachwuchspolitiker, der im Ludwigshafener Stadtrat und im Mainzer Landtag herzhaft gegen die SPD austeilt (»Soz bleibt Soz!«), der in seiner überwiegend konservativen Landespartei an die Spitze strebt und der als kaufmännischer Angestellter beim Chemieverband tätig ist, wie sollte der sich trotz aller Fortschrittlichkeit anders bezeichnen?

Erwähnenswert ist es dennoch, weil Kohl sich im folgenden halben Jahrhundert umsichtig hütet, seinen politischen Standort mit dem Begriff »rechts« in Verbindung zu bringen. Fünf Jahre später, als er in die Mainzer Staatskanzlei eingezogen ist und bereits den Sprung an die Spitze der Bundes-CDU vorbereitet, hat sich vieles verändert: In Gestalt der NPD ist 1967 eine radikale Rechtspartei mit 6,9 Prozent in den Landtag eingezogen (wird aber 1971 von ihm auf 2,7 Prozent reduziert), die FDP steht nicht mehr rechts, sondern links von der CDU, die Studentenbewegung ist aufgetreten, Willy Brandts sozialliberale Koalition fasziniert große Teile der Öffentlichkeit – alles Faktoren, die eine gewisse Linksverschiebung der politischen Tektonik erzeugen. Kohl registriert das genau. Er weiß, daß politische Begriffe Gewicht haben. Und so wird man bald erleben, wie er seine CDU bereits als Ministerpräsident von Rheinland-Pfalz auf eine »Politik der Mitte« festlegt, weil er vor der Zuordnung »rechts« zurückschreckt wie der Teufel vor dem Weihwasser. »Die CDU als Partei der Mitte« ohne jeden Zusatz, dabei wird er in den kommenden Jahrzehnten seines politischen Lebens bleiben.

Im Grundsätzlichen verändert er nach dem Einzug ins Amt des Ministerpräsidenten weder seine prononciert fortschrittliche Politik noch den Stil seines Auftretens. Das Hemdsärmlig-Naturburschenhafte wächst sich im Mainzer Neuen

Feierstunde nach der Wahl zum Ministerpräsidenten von Rheinland-Pfalz,
19. Mai 1969

Zeughaus, wo die Staatskanzlei ihren Sitz hat, zu ausladend-barocker Selbstdarstellung aus. Norddeutsche Journalisten, die ihn aufsuchen, reiben sich die Augen. Den berühmten Weinkeller der Mainzer Staatskanzlei, meint Herbert Kremp beispielsweise in einem amüsierten und zugleich recht kritischen Brief an seinen Verleger Axel Springer vom Januar 1972, müsse man sich wie eine sorgsam durch den Hunsrücker Urwald geschlagene Schneise vorstellen: »Seine Dimensionen und auch die Größenmasse des Amtszimmers von Kohl sind den leiblichen Massen des Ministerpräsidenten angepaßt. Es ist, wenn Sie so wollen, ein ins Katholische übertragener und durch das Rhein-Pfälzische lustig gemachter Göring-Stil: Kohlhall.«

Das Persönlichkeitsporträt, das Kremp bei dieser Gelegenheit seinem damals an der CDU zusehends zweifelnden Verleger malt, ist kritisch: »Das ganze Ambiente, die Vorliebe für Wurst und Wein, der gutmütig-rauhe Umgang mit seiner stets mißgelaunten Frau, die den an sich harmlosen Koloß gern ins Rustikal-Biedermeierliche ihrer Hausmutter-Natur domestizieren würde, verraten zwar einen kräftigen Strich, der sich aber nicht im Dezisionistisch-Militanten ausprägt, sondern in Schlauheit. Kohl kann Menschen gewinnen, er ist unideologisch, ein guter, zuverlässiger Handwerker, programmatisch auf nichts festgelegt. Er personifiziert nicht die Tür, die zuknallt oder aufgeht, sondern die Angel, in der sie sich bewegt ... Die großen Räume haben keine Funktion, in ihnen geschieht nichts Strategisches, sondern sie hallen nur wider und sollen notfalls viele ›Leut‹ unterbringen. Der Stil, mit dem er

Spiegel-Gespräch mit Alexander von Hoffmann und Erich Böhme,
27. Oktober 1969

sich umgeben hat, lebt nicht aus sich, ist keiner, sondern besteht in einer Spekulation: der pfälzische Besucher der Mainzer Staatskanzlei soll zunächst einmal ›umfallen‹, wenn er reinkommt. Kohl kümmert sich, deshalb ist sein ›Stil‹ bezeichnend,
tatsächlich sehr stark um Menschen; er bemüht sich, will einnehmen – in dem vagen Doppelsinn des Wortes. Gegenüber Sachen und Problemen ist er unsicherer als
gegenüber den Menschen. Gegenüber Menschen wird er auch unsicher, wenn er
seine gewohnte Umgebung verläßt. Am unsichersten wirkt er jedoch, wenn man ihn
in ein Gespräch zieht, das von der Landesproblematik – wie z.Bsp. Strukturreform
der heimischen Wirtschaft oder Gebietsreform – weiter entfernt liegt.«[6] Damit sind
schon Schwierigkeiten erahnt, die Kohl zu schaffen machen werden, sobald er im
Dezember 1976 definitiv »Kohl-Hall« hinter sich läßt, um auf dem Bonner Parkett
zu reüssieren.

Im Land Rheinland-Pfalz aber überzeugt sein frisches, zupackendes Wesen. Zu
dem steifleinenen, stets etwas zugeknöpften Altmeier stehen Kohl und seine junge
Garde in scharfem Kontrast: ein selbstsicher auftretender Riese, der ohne jede Berührungsangst heftig mit den aufgeregten Studenten diskutiert, der auch das kleinste
Städtchen besucht, dessen Telefonnummer im Mainzer Telefonbuch steht, der beim
Besuch des Bundespräsidenten Heinemann Dutzende von Beamten vom Empfang
auf dem Rheinschiff streicht und statt dessen Krankenschwestern und andere Repräsentanten des »Volkes« aufs Schiff bittet, der, wenn es ihn gerade ankommt, mit den

Sekretärinnen im Straßencafé ein Eis ißt, der wenn möglich in die Wollweste schlüpft und den man in der Staatskanzlei auch schon in Sandalen gesehen hat, der aber andererseits trotz aller Bonhommie weiß, wann würdiges Auftreten angesagt ist, der wie ein Pferd arbeitet und häufig in der Staatskanzlei übernachtet, der den Boß nicht spielt, sondern der Boß ist, so ihm das geboten erscheint – so könnte man endlos fortfahren.[7] Mit Ausnahme von Franz Josef Strauß, der aber erst 1978 in die bayerische Staatskanzlei einzieht, verfügen die Unionsparteien über keine derart bürgernahe, unkonventionelle Persönlichkeit wie Helmut Kohl im Mainz der sechziger und siebziger Jahre. Das ist keine Inszenierung, besser gesagt: Es ist nur zum Teil Inszenierung. Hier lebt sich eine Kraftnatur aus, die sich genauso gibt, wie sie ist.

Dazu gehört inzwischen auch sein Familienleben. Kein Luxus. Während der sechziger Jahre bewohnt er mit seiner Frau und den beiden Söhnen einen Neubau im Ortsteil Ludwigshafen-Gartenstadt, Tirolerstraße 31. Die Kohls wohnen nicht besser und nicht schlechter als jeder junge Prokurist oder Abteilungsleiter bei der BASF. Im Haus gibt es eine Einliegerwohnung für die Großmutter Irene Renner, auch das ist vielfach noch Zeitstil in bürgerlichen Familien. Daß Kohl bereits auf höheren Etagen der Politik agiert, läßt sich seit 1962 daran erkennen, daß er über ein Auto mit Fahrer verfügt. Eckhard Seeber, Ecki genannt, zuvor Stabsunteroffizier bei den Fallschirmjägern, fährt Helmut Kohl von nun an vierzig Jahre lang und wird bald Teil der Familie.[8]

Die Söhne Peter und Walter werden 1963 und 1965 geboren. Als sie etwas größer sind, fährt die Familie im Urlaub an den Wolfgangsee, nach einigem Suchen Sommer für Sommer in dasselbe gemietete Haus in Sankt Gilgen. Dort schwimmt Kohl frühmorgens und abends – 1650 Meter weit, wissen die Journalisten zu berichten.[9] Er wandert viel, studiert die mitgebrachten Bücher, unterbrochen von kräftigen Mahlzeiten, Telefonaten oder Besuchern. Je bedeutender er wird, um so unvermeidlicher werden die Fototermine und das Fernsehinterview in Sankt Gilgen. Als Kohl endlich im Bundeskanzleramt angelangt ist, gehört der Sommerurlaub am Wolfgangsee ebenso zur Kanzlerinszenierung wie einstmals Adenauers Urlaube in der Schweiz oder in Cadenabbia.

Nach Art gutsituierter Bundesbürger machen die Kohls später zweimal im Jahr Urlaub. In den Osterferien reist Hannelore Kohl mit den Kindern in den Süden, nach Tunesien, Spanien, Ägypten. Bisweilen ist Kohls Chefsekretärin Juliane Weber mit von der Partie. Später werden weiter entfernte Ziele angesteuert: Sri Lanka, die Karibik, Mexiko. Helmut Kohl selbst, der über die Jahrzehnte hinweg seinem Ruf als undisziplinierter Esser und fröhlicher Zecher alle Ehre macht, legt währenddessen seine alljährliche Fastenkur ein. Die Mitarbeiter, die ihn zu begleiten haben, empfinden die vorösterliche Kurreise, die den schwergewichtigen Ministerpräsidenten, Parteichef und dann Bundeskanzler ins Montafon, in späteren Jahren dann nach

Bad Hofgastein führt, eher als Verbannung in eine Strafkolonie. Kohl, der unentwegt durchs Gelände stapft, bei Essen und Trinken aber Disziplin üben muß, hat natürlich meist schlechte Laune, kehrt aber immerhin entschlackt und erleichtert nach Bonn zurück, wo er umgehend den ungesunden Lebensstil mit viel Süßigkeiten und abendlichen Schmausereien im Kreis der Getreuen beim Italiener wieder aufnimmt. Wie sein Körper das über Jahrzehnte hinweg aushält, ohne daß schwere Schäden auftreten, ist für viele Anlaß zum Staunen. Seine Art Urlaub zu machen gehört jedenfalls zu den auffälligen Merkmalen Helmut Kohls. Wenn er unentwegt von den drei Wurzeln der CDU spricht – der konservativen, der liberalen und der sozialen –, deren jede unverzichtbar sei, so gehören der traditionalistische Urlaubsstil und das mit einiger Mühe Sonntag für Sonntag und von Urlaub zu Urlaub durchgezogene Familienleben zweifellos zur konservativen Wurzel seiner Existenz.

Konservativ ist und bleibt auch der Familienwohnsitz. Als er das Amt des Ministerpräsidenten in Mainz errungen hat, bleibt er in Ludwigshafen – auf Dauer, wie man weiß. Allerdings erweist sich das Haus in Ludwigshafen-Gartenstadt bald als zu klein und zu unpraktisch. So entschließen sich die Kohls, im Ortsteil Ludwigshafen-Oggersheim einen großzügigen Bungalow zu bauen. Ein ländliches Idyll ist Oggersheim, einer der ältesten Orte der Region, da schon nicht mehr. Doch der geschichtsbewußte Kohl schätzt es, hier im einstmaligen Zentrum des Alten Reiches zu wohnen und den Staatsgästen davon zu erzählen, die ihn hier aufsuchen. Über Oggersheim lief die Römerstraße von Straßburg über Speyer nach Worms, Mainz und Xanten. Der Ort ist erstmals 764 im Codex des berühmten Klosters Lorsch erwähnt, war in der frühen Neuzeit ein Verwaltungszentrum, ist mehrmals verwüstet und immer wieder aufgebaut worden. Seine beste Zeit war wohl das 18. Jahrhundert. Damals gab es hier ein Lustschloß mit großem Barockgarten, das 1793 von französischen Revolutionstruppen leichtsinnig verbrannt wurde. Ein paar Jahre zuvor hatte Friedrich Schiller während seines Aufenthalts in Mannheim einige Monate in Oggersheim gewohnt. Im Verlauf des späten 19. und frühen 20. Jahrhunderts geriet die Gemeinde in den Sog des Industriestandorts Ludwigshafen und wurde 1938 eingemeindet. Als Kohl 1971 nach Oggersheim zieht, weist der Ortsteil eine Mischbebauung auf: Hochhäuser, in denen Arbeiter und Angestellte wohnen, und ein Villenviertel, in dem der Bungalow in der Marbacher Straße 11 liegt.

In Oggersheim verbringt Kohl von nun an wenn irgend möglich die Wochenenden. Dorthin lädt er zu Besprechungen ein, und als Bundeskanzler hält er dort bisweilen Hof. In den sechziger Jahren hat sich in der Bundesrepublik die Gepflogenheit herausgebildet, Staatsgäste in den gutbürgerlichen eigenen vier Wänden zu empfangen als befände man sich noch in den Zeiten der Könige und Kurfürsten. Adenauer hatte damit begonnen, als er de Gaulle einmal zum Kaffee nach Rhöndorf einlud, nachdem dieser in Colombey-les-Deux-Églises sein Gastgeber gewesen war. Giscard d'Estaing, der selbst in einem Schloß lebt, darf beim Besuch Helmut Schmidts im Reihenhaus zu Langenhorn erfahren, wie vergleichsweise einfach ein deutscher Bundeskanzler wohnt. Und Kohl, dem so viel an der menschlichen Dimension hoher Politik liegt, wird nicht zögern, Mitterrand, Bush, Gorbatschow und Clinton per Hubschrauber nach Oggersheim in seinen Bungalow zu dirigieren. Anfang der siebziger Jahre, als das geräumige, aber nicht eigentlich luxuriöse Haus gebaut wird, ist das jedoch noch Zukunftsmusik.

Kohl selbst und mit ihm alle, die das Ehepaar kennen, stimmen darin überein, daß Hannelore Kohl die beiden Familienwohnsitze geplant, erbaut und eingerichtet hat. Zwischen ihr und ihrem Mann herrscht eine Arbeitsteilung, die künftigen Generationen nicht mehr einleuchten will, die in den sechziger, siebziger und achtziger Jahren aber noch ganz selbstverständlich ist: Er ist von morgens bis Mitternacht oder länger, manchmal tagelang, unterwegs, sie organisiert den Haushalt, kümmert sich um die Kinder und die Eltern, führt den Hund aus, kauft ein, erledigt die private Bürokratie und sorgt für die Bewirtung der Gäste. Als sie krank wird und schließlich aus dem Leben scheidet, können die Klatschpresse, bald auch die Biographinnen und später die Fernsehdokumentaristen gar nicht genug davon kriegen, in diese lange Ehe hineinzuleuchten, die natürlich ein Auf und Ab erlebt hat wie die meisten anderen Ehen auch. Mehr als Außenaufnahmen waren schon früher nicht möglich und sind dies auch heute nicht. Wahrscheinlich hat der auf die Mutter fixierte Sohn Walter recht, wenn er das Miteinander und das Nebeneinander der Eltern mit den Worten charakterisiert: »Ihr ganzes aktives Leben lang beschäftigten meine Eltern sich mit irgendeiner Form konstruktiven Aufbaus. Erst der Aufbau und dann die Erhaltung dessen, was man aufgebaut hat – das war ihr Leben.«[10]

Im Unterschied zu ihrem Mann lebt Hannelore Kohl weder damals noch später für die Politik. Sie ist, wie alle bestätigen, die sie kannten, ein Pflichtmensch, stoisch, fleißig, unablässig tätig, aber auch oft unglücklich. Ihr Lebensinhalt ist damals ihr Mann, der, wie sie weiß, dem ruhelosen Politikbetrieb unrettbar verfallen ist, ihre beiden Söhne und ihre Mutter. Als in den USA die strahlenden Kennedys auftreten, von deren zerrütteter Ehe man erst viel später erfährt, kommt auch in Deutschland die Einbeziehung der Ehefrau in den Wahlkampf in Mode. Hannelore Kohl will sich dem nicht entziehen und absolviert erst in Landtagswahlkämpfen, dann im Bundestagswahlkampf 1976 zahlreiche Auftritte an der Seite ihres Mannes, dies durchaus locker und mit sicherem Gespür für die Gebote der Mediengesellschaft. Schon damals und später noch viel ausgeprägter genießt sie das gesellschaftliche Drum und Dran bei Staatsbesuchen, die einsetzen, nachdem Kohl 1969 Ministerpräsident geworden ist. Ziemlich übereinstimmend hört man, daß sie *bella figura* gemacht habe, wenn es drauf ankam, und eine Sicherheit auf dem gesellschaftlichen Parkett bewies, die ihr Mann erst noch erwerben mußte. Doch gehen die Meinungen darüber auseinander, ob und wie lange ihr das alles wirklich Spaß machte. Herbert Kremps bissige Charakteristik wurde schon erwähnt. Aber auch der *Spiegel*-Reporter Peter Brügge, der 1970 ein durchaus nicht unfreundliches, umfassendes Porträt Kohls veröffentlichte, konstatierte bei ihr – wohl auf der Grundlage von Mainzer Journalisten- und Politikerklatsch – »eine heftige Reserve gegen Titel und Würden der Öffentlichkeit. So bereichert sie die mainzische Staatsgeselligkeit um eine herbe Nuance.«[11] Es ist also davon auszugehen, daß im Verhältnis der Eheleute Kohl Perioden der Harmonie und solche der Disharmonie einander abwechselten.

Scharfe Beobachter können früh erkennen, daß in einem wichtigen Punkt eine grundsätzliche Meinungsverschiedenheit besteht. Bei Gaus findet sich dazu eine bezeichnende Anekdote: Nach dem Erscheinen seines Artikels, in dem er – mit vielem Wenn und Aber umkleidet – Kohl zum übernächsten Kanzler ausgerufen hat, kommt es darüber offenbar zu heftigen Diskussionen zwischen den Eheleuten. Hannelore Kohl habe jedenfalls beim ersten Zusammentreffen vorwurfsvoll zu ihm gesagt: »Sie sind schuld.«[12] Schuld war natürlich Helmut Kohl selbst, der, noch bevor er das höchste Staatsamt in Rheinland-Pfalz erreicht hatte, schon weiter in die Spitzengremien der Bundes-CDU drängte. Bereits in den Mainzer Jahren ist er von beängstigender Ämtergefräßigkeit.

Nach dem Tod der Mutter werden auch die Söhne ein wenig Licht auf das angestrengte Familienleben werfen, eher geduldig der eine, aufbegehrend der andere. Natürlich sind diese Berichte subjektiv. Objektive Analysen der inneren Befindlichkeit einer politischen Größe, die gewissermaßen Tag und Nacht unter Dampf steht, sind ein Ding der Unmöglichkeit. Walter und Peter Kohl wachsen als Mutter-Kinder auf, was bei der ständigen Abwesenheit des Vaters auch nicht anders zu erwarten ist. Im Politikerleben gehören auch die Wochenenden nicht in erster Linie der Familie, sondern dem Wahlkreis, dem Studium von Dossiers und Rede-Entwürfen für die kommende Woche, oder sie sind angefüllt mit Telefonaten und Besprechungen mit Parteifreunden und Mitarbeitern. Daß die Söhne großer Männer sich nicht selten im »Opferland« fühlen,[13] ist durchaus zu verstehen. Seitdem Lars Brandt dem Gedächtnis seines Vaters das Buch *Andenken* gewidmet hat mit dem Resümee: »Er gab, was er zu geben hatte«,[14] ist die Jagd auf die »Vatertiere« eröffnet. Selbstverständlich kann man in den Illustrierten und in den Feuilletons gar nicht genug bekommen von den Selbstentblößungen psychisch geschädigter Söhne bedeutender Väter. Ob der arbeitsbesessene, joviale Riese Helmut Kohl noch belastender war als der verschlossene, unter Quartalsdepressionen leidende Willy Brandt, sei dahingestellt. Doch auch Kohl hat seiner Frau und den Kindern wohl mit dem denkbar besten Gewissen gegeben, »was er zu geben hatte, auf seine Art«. Die Lasten des nach außen so strahlenden Familienidylls aus den siebziger Jahren werden ihm erst sehr viel später auf die Füße fallen.

Er war schon immer groß in der historischen Inszenierung
(Aufnahme 1972)

BETRACHTUNG
Die Generation von 1945 und die Parteien

Am 8. Mai 1945 war das deutsche Staatsschiff endgültig gekentert. Es begann ein anfangs recht perspektivloser Kampf ums Überleben. Der geistvolle Querdenker Rüdiger Altmann hat für die Lage nach 1945 ein sinnfälliges Bild gefunden: »Was können die nach dem Schiffbruch von Staat und Nation Überlebenden Besseres tun als sich ein Floß bauen? Seine wichtigste Eigenschaft ist die Stabilität. Stabilität war die Konstruktionsidee der Bundesrepublik: aus dem Wrack des Deutschen Reiches ein verwaltungsfähiges Provisorium zu machen, einen Ersatz für die verlorene Einheit von Staat und Nation. Das Floß wurde ins Schlepptau der westlichen Siegermächte genommen. Die DDR schwamm nach Osten davon und wurde ans Festland des sowjetischen Imperiums gezogen.«[1]

Vorerst kamen nur provisorische Lösungen zustande: die vier Besatzungszonen, die Errichtung vorerst unverbundener deutscher Länder, Bizone und Trizone, das Grundgesetz, die bis 1955 unter Besatzungsoberhoheit stehende Bundesrepublik, die Teilung und die Zweistaatlichkeit in Deutschland, der absurde Status von Berlin – lauter provisorische Lösungen. Doch in vergleichsweise kurzer Zeit ist aus dem provisorischen Floß wieder ein ansehnliches, bequem ausgestattetes Staatsschiff geworden. Politologen, Historiker, Ökonomen und Soziologen haben seither zahllose empirische Untersuchungen auf die Beantwortung der Frage verwandt, welche Faktoren diese unerwartete Stabilisierung mit Fernwirkungen bis heute herbeigezaubert haben. Das soll hier nicht diskutiert werden.[2] Aber die Bedingungen der Stabilisierung lassen sich veranschaulichen, dies auch am Beispiel interessanter Lebensläufe. Studiert man, wie aus dem abgerissenen Hitlerjungen Helmut Kohl, der im Frühjahr 1945 auf dem Heimweg ins zerbombte Ludwigshafen im zerstörten Deutschland umherirrt, ein selbstbewußter, selbstgefälliger Ministerpräsident in der großdimensionierten Staatskanzlei von Rheinland-Pfalz wird, der sich bereits in den höchsten Etagen der Bonner Republik herumtreibt, dann erhält man zugleich ein ganz anschauliches Bild der Bedingungen, unter denen das Comeback des kurz zuvor völlig ruinierten Landes zustande gekommen ist.

Natürlich ist die bisher entfaltete Darstellung der individuellen Entwicklung Helmut Kohls in den vierziger, fünfziger und sechziger Jahren für das Verständnis seiner späteren Politik als Bundeskanzler und Parteichef ganz unentbehrlich. Doch diese frühe Wegstrecke Kohlscher Biographie ist auch in einer weiteren Hinsicht von Interesse. Man überzeichnet nicht mit der Feststellung, daß sich hier ein Lebenslauf studieren läßt, der für bestimmte Gruppen seiner politischen Generation exemplarisch ist. Er hat später viel hergemacht um die Resistenz seiner Familie, vor allem seiner Mutter, gegen den Nationalsozialismus, und man mag ihm das auch abnehmen. Aber er ist eben auch zehn Jahre hindurch im Dritten Reich zur Schule gegangen und hat fünf Jahre lang dem Deutschen Jungvolk angehört. Als es an den Aufbau einer neuen demokratischen Ordnung geht, wollen daher viele diesem Nachwuchs aus den stärker oder weniger stark NS-kontaminierten Schuljugend- und Kriegsjahrgängen nicht recht über den Weg trauen.

Vor einigen Jahren hat der Musikkritiker Joachim Kaiser beim Rückblick auf die eigene Biographie festgestellt: »Ich bin ein Alt-45er.«[3] Kaiser, Jahrgang 1928, ist die ganze Schulzeit hindurch im Dritten Reich sozialisiert und schließlich noch zur Wehrmacht einberufen worden, als sich das schlimme Ende bereits abzeichnete. Bemerkenswert viele Spitzenpolitiker der siebziger und achtziger Jahre finden sich in diesen Jahrgängen, beispielsweise Hans-Jochen Vogel (Jahrgang 1926) und Erhard Eppler (Jahrgang 1926), Hans-Dietrich Genscher (Jahrgang 1927) oder Gerhard Stoltenberg (Jahrgang 1928). Sie und viele ihresgleichen erlebten die letzten Kriegsjahre und die Folgezeit so, wie Kaiser die »Grunderfahrungen« der 45er-Demokraten skizziert hat: erstens die lähmende Erkenntnis seit Stalingrad 1943, »daß der Krieg verloren sei und die Lage hoffnungslos«, zweitens eine unermeßlich wachsende Angst, die erst am 8. Mai 1945 zu Ende geht, drittens »glückselige« Erleichterung über die Befreiung von Todesangst und totalitärem Zwang und viertens die Entschlossenheit, von nun an im Rückgriff auf unzerstörte Traditionsbestände eine freie, demokratische Gesellschaft zu bauen. Der Hitlerjunge Helmut Kohl (Jahrgang 1930) war weder im Kampfeinsatz bei der Wehrmacht noch bei der Heimat-Flak. Aber in zahllosen Reden und Interviews hat er immer wieder darauf aufmerksam gemacht, daß seine Grunderfahrungen dieselben seien wie die der etwas Älteren.

Wie so viele sozialwissenschaftliche Begriffe ist auch »politische Generation« ein diffuses Konzept.[4] Doch selbst wer gewisse Vorbehalte hat, mag doch einräumen, daß dramatische zeitgeschichtliche Krisen und die entsprechenden Psychodramen langfristige Verhaltenseinstellungen bewirken. Allerdings hat sich nach 1945 nur eine kleine Minderheit gedrängt gefühlt, sich beim politischen Neuaufbau zu engagieren. Schon die Soziologen der fünfziger Jahre beobachteten, daß der größte Teil dieser Altersjahrgänge zwar das Entsetzen, die Todesangst und die Chaotisierung ihrer individuellen Existenz durchaus so empfanden, wie Joachim Kaiser das skizziert hat. Aber sie haben daraus die Konsequenz gezogen, sich in die Privatheit zurückzuziehen und ihre politischen Präferenzen nur noch bei Wahlen zum Ausdruck zu bringen. »Die in Kriegs- und Nachkriegszeit erfahrene Not und Gefährdung der eigenen

Familie durch Flucht, Ausbombung, Deklassierung, Besitzverlust, Wohnungsschwierigkeiten, Schul- und Ausbildungsschwierigkeiten … haben einen sehr großen Teil der gegenwärtigen Jugendgeneration frühzeitig in die Lage versetzt, für den Aufbau und die Stabilisierung ihres privaten Daseins Verantwortung oder Mitverantwortung übernehmen zu müssen«, so hat Helmut Schelsky, der Starsoziologe der frühen Bundesrepublik, schon 1957 geschrieben.[5]

Aber es gab eben doch auch die politisch Engagierten. Dazu gehörten nicht zuletzt die Intellektuellen, die sich in Zeitschriften, in den Feuilletons, in den Nachtstudios, auf Kongressen oder bei Zusammenkünften nach Art der Gruppe 47 artikulierten. Ihre Auswirkungen auf den Zeitgeist waren nicht unwichtig, und das Studium ihrer teils prononciert linken, teils antitotalitären Zeitkritik ist auch heute noch reizvoll, aber gerade sie sind nicht unser Thema.

In unserem Zusammenhang interessieren nur jene aus der politischen Generation der 45er, die sich in den wieder- oder neugegründeten politischen Parteien engagierten. Sie sind es, die Geschichte gemacht haben und nicht bloß Literaturgeschichte. Auch sie bildeten lediglich eine Minderheit in diesen Jahrgängen. Außer dem Entsetzen über den Zusammenbruch einer ganzen Welt hatten sie anfangs ebenfalls nur recht unklare Vorstellungen von einem humaneren, stabileren, freiheitlicheren Europa. Eigene Konzepte der politischen Neuordnung konnten von ihnen nicht erwartet werden. Sie hielten nach Autoritäten Ausschau, und sie fanden diese in älteren Politikern aus dem zweiten und dritten Glied der 1933 untergegangenen Weimarer Parteien, gleich ob diese aus der Emigration, aus den Gefängnissen des NS-Regimes oder aus irgendwelchen Nischen herauskamen, in denen sie das Dritte Reich überlebt hatten. Es waren dies nicht nur die Parteiführer wie bei der SPD Kurt Schumacher, Ernst Reuter, Erich Ollenhauer oder Max Brauer, bei den Unionsparteien Konrad Adenauer, Jakob Kaiser oder Fritz Schäffer und Theodor Heuss oder Reinhold Maier bei den Freien Demokraten. Genauso wichtig wie diese und andere Leitfiguren waren Hunderte anderer »Alt-Weimaraner«, die heute vergessen sind, damals aber an der politischen Basis oder auch in den höheren Etagen der im Aufbau befindlichen Parteien deren Bild geprägt haben. Sie überzeugten durch ihr Schicksal, ihre Leidenschaft, ihre Beredsamkeit, ihr Organisationsgeschick, ihre Konzepte und durch viele andere Qualitäten, von denen sich suchende junge Leute fesseln lassen. Wie nicht anders zu erwarten, übermittelten sie dieser fragenden Generation die Traditionen ihrer jeweiligen politischen Lager, dies allerdings angereichert durch einige neue Erkenntnisse.

Selbstverständlich standen die »Alt-Weimaraner« mit offenen Armen bereit, die nach Orientierung verlangenden jungen und nicht mehr ganz so jungen Angehörigen der Generation 45 in ihre Reihen aufzunehmen. Fragend, aufmüpfig, besserwisserisch, aber doch auch wißbegierig orientierten sich diese nun an den Älteren, die ihnen sagten, wohin die Reise gehen sollte. Man übertreibt nicht mit der Feststellung, daß die politische Stabilisierung der frühen Bundesrepublik auch deshalb so rasch und so durchschlagend erfolgt ist, weil die labile Nachkriegsjugend in ihnen Autoritäten fand, die Orientierung vermittelten. Das Verlangen nach Neuorientierung führte also schon sehr früh in die rivalisierenden Parteilager.

Dabei machte es schon einen Unterschied, ob einer 1945 erst fünfzehn oder achtzehn Jahre alt war und den Krieg im Jungvolk und in der HJ, bei der Heimat-Flak und im letzten Aufgebot der Wehrmacht erlebt hatte wie Hans-Dietrich Genscher, Gerhard Stoltenberg oder – als Jüngster in diesen Jahrgängen – auch Helmut Kohl, oder ob man zur Frontgeneration »im abgeschabten Offiziersledermantel«[6] gehörte wie Helmut Schmidt, Rainer Barzel, Franz Josef Strauß, Erich Mende, Walter Scheel. Diese Älteren, die noch die turbulente Endzeit der Weimarer Republik und das ganze Dritte Reich erlebt hatten, den Krieg oder – im Fall Willy Brandts – die Emigration, rückten schon in der Ära Adenauer auf Spitzenpositionen im Bund und in den Ländern ein, manche früher, andere später. Das letzte Aufgebot bei der Wehrmacht und die vom Krieg gezeichneten Jüngeren – Gerhard Stoltenberg, Hans-Dietrich Genscher, Hans-Jochen Vogel und eben auch Helmut Kohl – kletterten erst in den sechziger Jahren die Karriereleiter empor. Auf lange Sicht bestimmend war und blieb aber die ursprüngliche Prägung. Daß während der ganzen fünfziger Jahre fast ausnahmslos renommierte »Alt-Weimaraner« wie Adenauer, Heuss, Schumacher, Ernst Reuter, Ollenhauer, Heinrich Krone, Fritz Schäffer, Max Brauer, Reinhold Maier, Wilhelm Hoegner *è tutti quanti* die allerersten Plätze einnahmen, hat anfangs die Tatsache überdeckt, daß schon früh von rechts bis links ein vergleichsweise junger politischer Führungsnachwuchs hinzutrat, der um die Mitte der sechziger Jahre in die höchsten Positionen aufrückte.

Kaum war die Bundesrepublik errichtet, da zerfiel die politische Generation der 45er in rivalisierende politische Lager. 1945, 1946 und 1948 waren die Ideale der Nachkriegswelt einfach und vergleichsweise unkontroversiell erschienen: Rechtsstaat, Demokratie, Friedenspolitik, vereintes Europa, wirtschaftlicher Wiederaufbau, Rückgewinnung eines Minimums an Selbstbestimmung, Wiederherstellung der deutschen Einheit. Jetzt nötigte der voll ausgebrochene Ost-West-Konflikt zur Parteinahme. Über die anfangs völlig selbstverständliche Ablehnung von Militär, Machtpolitik und Militärstrategie mußte angesichts der Massierung von Angriffsdivisionen in der DDR neu nachgedacht und gestritten werden. Auch über die Wirtschafts- und Sozialordnung herrschte von nun an heftiger Streit. Die politische Polarisierung war nach Lage der Dinge unvermeidlich. Dieses Ringen um die Grundorientierung der Bundesrepublik braucht hier nicht erörtert zu werden.

Bekanntlich taten sich die Sozialdemokraten mit der Sozialen Marktwirtschaft, mit der europäischen Integration, mit dem Wehrbeitrag und dem Verzicht auf eine am Modell der Blockfreiheit orientierte Wiedervereinigungspolitik länger schwer als die Unionsparteien und große Teile der FDP. Doch über den Parteienstreit hinweg hielten sich gewisse generationsspezifische Gemeinsamkeiten, nicht zuletzt die Grundstimmung des Jahres 1945: Nie wieder Krieg! Schon Mitte der fünfziger Jahre näherten sich die Parteilager wieder an, somit auch die dort verankerten Nachwuchspolitiker aus der 45er Generation. Es war kein Zufall, daß dann die Große Koalition stark von 45ern aus der Frontgeneration getragen wurde. Soziologisch gesehen war im Verlauf der sechziger Jahre aus den inzwischen etablierten »Alt-45ern« so etwas wie »die Generation der Bundesrepublik« geworden.

Dabei bezeichnet die Chiffre »Generation von 45« nur einen Aspekt der dramatischen Erfahrungen dieser Jahrgänge. Genauso prägend wie die Schockerlebnisse der letzten Kriegsjahre war dann von 1948 an die geradezu rauschhafte Erfahrung, daß es wieder in einem nicht mehr für möglich gehaltenen Tempo wirtschaftlich, politisch, auch persönlich aufwärts ging. Genauso prägend wurde die Erfahrung der neuen Partnerschaft im westlichen Europa und in der atlantischen Welt, ebenso aber der Kalte Krieg und die Feststellung, daß in der DDR eine Diktatur etabliert war, die trotz aller vorgeblichen Unterschiede in vielen Zügen doch der NS-Diktatur glich, von der die Generation der 45er die Nase voll hatte.

Innerhalb dieser Gesamtentwicklung bildete sich die spezifische politische Kultur der CDU aus. Da die Unionsparteien seit 1948 über zwei Jahrzehnte hinweg die Frühgeschichte der Bundesrepublik in starkem Maß, wenngleich ganz und gar nicht ausschließlich bestimmt haben, verdienen die »45er-Demokraten«, die bei CDU und CSU andockten, besondere Aufmerksamkeit. Unter ihnen gibt es kaum einen, der die Generationsprägung dieses Parteinachwuchses so exemplarisch verkörpert wie Helmut Kohl. Auch er wurde von »Alt-Weimaranern« auf die Spur gesetzt. Sein politisches Bekehrungserlebnis erfuhr er im Pfarrhaus des einstigen »Zentrumsprälaten« Johannes Finck, jetzt eine Führungsfigur der überkonfessionellen CDU in der Pfalz. Seit der Währungsreform und der Errichtung der Bonner Republik inhalierte er die Botschaften Ludwig Erhards und vor allem Konrad Adenauers. Adenauer und Erhard – das waren von nun an die großen Autoritäten.

Ähnlich wie viele CDU-Leute jener frühen Jahre war auch der junge Kohl für die Ideen eines christlichen Sozialismus zunächst nicht unempfänglich. Doch dann kam Erhards frohe Botschaft von der Wohlstand schaffenden, von den Restriktionen der Planwirtschaft befreienden, aber zugleich sozialpolitisch abgefederten Marktwirtschaft. Helmut Kohl, ein noch unfertiger, aber wacher 45er-Demokrat, identifizierte sich nun mit der wirtschafts- und gesellschaftspolitischen Symbiose, die seit 1949 in der CDU vorherrschte: Respekt für die christlichen Traditionen, die aber, bitte, nicht allzusehr einengen durften, Wirtschaftsfreundlichkeit, ohne daß man deshalb zum unsensiblen Kapitalisten zu werden oder zu vergessen drohte, welch wichtige Funktion moderate Gewerkschaften wie die IG Chemie hatten. Vor allem aber faszinierte auch ihn die außenpolitische Programmatik Adenauers: Versöhnung mit Frankreich, Vision der Vereinigten Staaten von Europa, Einordnung in die atlantische Allianz mit den – in Rheinland-Pfalz besonders fest verankerten – Vereinigten Staaten.

Von nun an hielt Kohl bis in seine späten Jahre an der Überzeugung fest, es müsse und könne irgendwie gelingen, den Ausbau Europas und die Führungsrolle der amerikanischen Schutzmacht miteinander zu verbinden. Doch auch die besonders umstrittenen Elemente Adenauerscher Politik hat er in sein politisches Weltbild integriert: den Wehrbeitrag der Bundesrepublik (erst im Rahmen der EVG, dann in der NATO), die Nuklearbewaffnung der NATO (mit der Pfalz als einer Art unsinkbarem Flugzeugträger), auch die Verschiebung der Wiedervereinigung auf bessere Zeiten (ohne aber die prinzipielle Forderung nach Selbstbestimmung und Wiederherstellung der nationalen Einheit aufzugeben).

Parteien sind Kampfgemeinschaften, und so waren die von Adenauer identifizierten Gegner auch die Helmut Kohls: die Kommunisten (in der DDR, aber bis 1956 auch in den Großbetrieben Ludwigshafens) und ebenso die nationalistischen Rechtsradikalen. Zu den Gegnern, die er allerdings nicht aus dem »Konsens der Demokraten« ausgegliedert sehen wollte, von dem er später bei Bedarf so gerne tönte, gehörten aber auch recht lange die planwirtschaftlich irrenden, den christlichen Werten entfremdeten, partiell neutralistischen und pazifistischen »Sozen«. Doch kaum hatten diese sich in der späten Ära Adenauer zur Akzeptanz der Sozialen Marktwirtschaft, zum Atlantizismus, zur europäischen Integration und zur Öffnung gegenüber den christlichen Kirchen durchgerungen, erfolgte Ende der sechziger Jahre ein neuer Zustrom stark links orientierter Mitglieder, so daß die seit Jahrzehnten gebotene Gegnerschaft perpetuiert wurde. Demgegenüber hielt Kohl es mit der gleichfalls rivalisierenden FDP genauso wie Adenauer: Sie erschien auch ihm als das kleinste aller Übel, und sie wurde als Mehrheitsbeschafferin dringend gebraucht.

Die Tatsache, daß aus dem CDU-Nachwuchspolitiker Helmut Kohl zwischen 1949 und Mitte der sechziger Jahre eine Art lupenreiner »Enkel« Adenauers wurde, weist jedenfalls weit über seine individuelle Biographie hinaus. In diesem Zentralpunkt ist er zugleich exemplarisch für große Teile der CDU-Basis und auch für einen gewichtigen Teil der Führungsmannschaft. Wenn Kohls politische Grundorientierung nach dem Erreichen der Spitzenpositionen ungeachtet ihrer liberalen Grundierung in der Partei vergleichsweise unumstritten war, dann vor allem deshalb, weil sich die CDU lange Zeit als Adenauer-Partei verstand. Der erfolgreiche Parteiführer und erste Bundeskanzler war und blieb in vielem doch die große Autorität, selbst als er mit dem Widerstreben gegen seine Ablösung und in den Diadochenkämpfen der frühen und mittleren sechziger Jahre viel von seinem Renommee einbüßte.

Unter Adenauer, somit in den Jahren, da Kohl politisch sozialisiert wurde, wuchs der in den Weimarer Jahren so ungefestigten Demokratie ganz unerwartet jene institutionelle Stabilität zu, die alle Welt in Erstaunen setzte. *Die deutsche Katastrophe* – diese Kurzformel hatte der uralte Historiker Friedrich Meinecke (Jahrgang 1862) inmitten der Misere des Jahres 1946 für die deutsche Geschichte in der ersten Jahrhunderthälfte geprägt.[7] Nur wenige hätten ihm damals widersprochen. Doch genau zehn Jahre später schon erschien eine andere zeitdiagnostische Studie, die ein völlig verändertes Zeitgefühl registrierte. Sie hatte den Schweizer Journalisten Fritz René Allemann zum Verfasser, und schon im Titel fand sich die steile, aber doch auch zutreffende These ausformuliert: *Bonn ist nicht Weimar*.[8] Wenigstens die Bundesrepublik Deutschland, die sich als Rechtsnachfolge-Staat des Deutschen Reiches definierte, hatte offenbar das Katastrophenzeitalter verlassen. Zusammen mit der ganzen westlichen Welt war sie, so hat das später Hermann Kahn, der Modefuturologe jener Jahrzehnte, formuliert, aus der »époque de malaise« (1914–1947) seit 1948 in eine »zweite belle époque« eingetreten.[9] Zu konstatieren war eine schlagartige, wenige Jahre zuvor für ganz unvorstellbar gehaltene Stabilität: außenpolitische Stabilität, wirtschaftliche Stabilität, vor allem aber institutionelle Stabilität.

Wie für viele der damals Aktiven bedeutete Demokratie auch für Helmut Kohl in erster Linie Parteiendemokratie. Für ihn und seine Gleichgesinnten aus der Jungen Union, die sich in der Lokalpolitik einsetzten oder die Öffentlichkeit in den Wahlkämpfen aufmischten, hatte die Parteiorganisation an der Basis und auf der mittleren Ebene vorerst einen allerhöchsten Stellenwert. Wer hier etwas bewegen und zugleich vorankommen wollte, mußte die Geschäftsordnungen und die Künste innerparteilicher Koalitionsbildung beherrschen, die Rituale praktizieren, mit kräftiger Rhetorik auftreten und die geheiligte Programmatik je nach Bedarf und Gusto bald eng, bald großzügig interpretieren. Wer reüssieren wollte, durfte übrigens auch in Sachen Parteifinanzierung nicht ängstlich sein. Vor allem aber wurde unablässiger Einsatz verlangt.

Ganz zwangsläufig verband sich aber die Parteiendemokratie mit den parlamentarischen Institutionen. Das begann bereits in den Kommunen. Daß die innerparteiliche Karriere zu gegebener Zeit in den Landtag führen würde und von dort in die Exekutive, war für Parteiaktivisten des Typs Helmut Kohl evident. Aber er gehörte zu jenen, die intensiver und beharrlicher als viele seiner Rivalen Basisarbeit betrieben und die Kommunalpolitik sehr ernst nahmen. Auch nachdem er im Landtag von Rheinland-Pfalz zu hohen Würden gelangt war, blieb er geradezu der Idealtyp des durchsetzungsfähigen »Parteitiers«. In den zwei Jahrzehnten, die zwischen dem Entflammen seiner Leidenschaft für die CDU und der Wahl zum Landesvorsitzenden der CDU von Rheinland-Pfalz lagen, hat Helmut Kohl – engagiert, selbstsicher und machtbewußt – somit eine Bilderbuch-Parteikarriere hingelegt.

»Vom Tellerwäscher zum Millionär«, lautete die Devise in der amerikanischen Aufstiegsgesellschaft, »vom Plakatkleber zum Parteichef« läßt sich diese Laufbahn umschreiben, bei deren Beginn ihm bereits ein CDU-Vorsitz vorschwebte. Zu Recht haben die meisten Beobachter in ihm bis zum Ende seiner politischen Aktivität die idealtypische Verkörperung des durchsetzungsfähigen Parteiführers gesehen. »Ich glaube, daß er im Zweifelsfall eher mehr Parteiführer als Kanzler war«, hat beispielsweise Bernhard Vogel festgestellt, der ihn wie wenige andere kennt und studiert hat.[10] Als Kohls Laufbahn begann, war das noch neu. Doch seither sind viele, die in den etablierten Parteien die Politik zum Beruf erwählten, diesen Weg gegangen. Kohl hat die Karriere von ganz unten bis in die höchsten Etagen nicht erfunden, andere sind gleichzeitig mit ihm gestartet. Aber er hat exemplarisch vorgemacht, wie das funktioniert.

An seinem Beispiel lassen sich noch weitere Besonderheiten des bundesdeutschen Regierungssystems studieren. Helmut Kohl hat früh erkannt, daß ein Ministerpräsident und oberster Parteiboß eines Landes, so er nur genug Bedenkenlosigkeit besitzt, gewissermaßen den Marschallstab des Bundeskanzlers im Tornister hat. Zugleich ist ihm klargeworden, daß der Weg ins Bundeskanzleramt nur über den Vorsitz der Bundespartei führt. Und schließlich leuchtete ihm die Bedeutung der Rolle des Kanzlerkandidaten ein, von der sich im Grundgesetz nichts findet, die aber seit den frühen Anfängen eines der wichtigeren Elemente der ungeschriebenen Verfassungspraxis darstellt. In dieser Hinsicht war er übrigens nicht der Erste. Willy Brandt, Regierender Bürgermeister von Berlin, seit 1963 auch SPD-Vorsitzender und dreimal hintereinander Kanzlerkandidat, war hier der Vorreiter.

Den Zusammenhang dieser drei Zentralelemente des deutschen politischen Systems –Ministerpräsident, Bundesvorsitzender und Kanzlerkandidat – hatte er zutiefst verinnerlicht, als er sich 1969 selbstbewußt auf den Weg zur Spitze machte. Auch in dieser Beziehung hat er auf viele, die nach ihm kamen oder gegen ihn antraten, musterbildend gewirkt: Franz Josef Strauß, Johannes Rau, Oskar Lafontaine, Rudolf Scharping, Gerhard Schröder, Edmund Stoiber. Nicht alle schafften es – wie er seit 1973 –, alle drei Elemente miteinander zu verbinden. Und er selbst überzeugte sich 1976, daß der Vorsitz der CDU/CSU-Fraktion noch wichtiger war als das Ministerpräsidentenamt eines Bundeslandes. Für alle, die nach ihm ins Bundeskanzleramt strebten, hat dieser jüngste Angehörige der Generation 45 Maßstäbe gesetzt. Und als er schließlich am Ziel seiner Wünsche angelangt war, hat er bewiesen, daß eine jahrzehntelange Parteikarriere die beste Garantie für eine langandauernde Kanzlerherrlichkeit darstellt.

TEIL II

Der Herausforderer (1969 – 1982)

Als Ministerpräsident in der Mainzer Staatskanzlei,
15. Mai 1972

Auf Bundesebene (1964 – 1973)

Seine Blitzkarriere in der CDU-Landtagsfraktion krönt Helmut Kohl bereits im Frühjahr 1963 mit der Übernahme des Vorsitzes. Die Aussichten sind nicht schlecht, mittelfristig Peter Altmeier zu beerben. Er muß nur in der Fraktion und in den Parteigremien von Rheinland-Pfalz so hartnäckig und so zupackend fortfahren wie bisher. Welcher Teufel reitet also Helmut Kohl, ein Jahr später so aufmüpfig wie zuvor in Ludwigshafen und in Mainz auch auf Bundesebene den Parteirebellen zu spielen und das mit der schriftlichen Bewerbung um einen Sitz im CDU-Bundesvorstand zu verbinden? Ist das Ausdruck des unstillbaren Tatendrangs eines unverbrauchten jüngeren Mannes, der überhaupt nicht zu bremsen ist? Oder hat man es auch hier mit überlegter Karriereplanung zu tun, die man Helmut Kohl später staunend unterstellt, als er tatsächlich auf Bundesebene reüssiert?

Für ein Nachwuchstalent seines Schlages ist die Verlockung, auch in Bonn mitzumischen, fast unwiderstehlich. Anfang der sechziger Jahre kennt er die meisten Spitzenfiguren der Unionsparteien persönlich. Adenauer und Franz Josef Strauß, Erhard, Kiesinger und Josef Hermann Dufhues – sie alle und manchen anderen hat er schon als Wahlkampf-Organisator in Ludwigshafen oder in seiner Funktion als Kreisvorsitzender kennengelernt. Ob er die Freundlichkeit der hohen Herren gegenüber dem tüchtigen Lokalmatador anfangs nicht überschätzt, sei dahingestellt. Auch auf den Bundesparteitagen der CDU hat er sich schon umgesehen, erst als eine Art Schlachtenbummler, dann als Delegierter. Er glaubt sich also auszukennen, und es reizt ihn, hier genauso zu Wort zu kommen, wie er das zu Hause in den Parteigremien zum anfänglichen Befremden der jeweiligen Platzhirsche geübt hat. Dabei ist er fest davon überzeugt, eine Botschaft zu transportieren, die objektiv Notwendiges enthält: Forderung nach Transparenz, nach Respekt vor den gewählten Delegierten, nach Parteireform, nach kämpferischem Einsatz, somit auch Kritik am Schlendrian hochgestellter Parteibonzen, an deren Zerstrittenheit und Ineffektivität. In Rheinland-Pfalz kennt man diese seine Themen schon in- und auswendig.

Im Juni 1962 – er ist inzwischen auf der Ebene eines Stellvertretenden Vorsitzenden in der Landtagsfraktion angelangt – drängt es ihn jedenfalls, auf dem Bundesparteitag in Dortmund das Fähnlein des Parteireformers aus der jungen Generation

zu schwenken. Die Ära Adenauer neigt sich damals sichtlich ihrem Ende zu. Die
»Brigade Erhard« wirbt für ihren Prätendenten, und auf Vorstandsebene sind verschiedenste Parteireformer damit befaßt, die Organisation der CDU zu modernisieren und sich selbst für den vorhersehbaren Diadochenkampf günstige institutionelle
Sprungbretter zu zimmern. Die Hoffnungen der Reformer richten sich auf Josef Hermann Dufhues, den bulligen Parteiboß des Landesverbandes Westfalen-Lippe, von
dem viele erwarten, daß er den Übergang von Adenauer zu Erhard friedlich-schied-
lich kanalisieren wird, soweit das überhaupt möglich ist.

Wo es um Reformen geht, muß Helmut Kohl das Wort ergreifen. Der Zufall will
es, daß sich vor ihm Heiner Geißler, damals Vorsitzender der Jungen Union Baden-
Württemberg, zum Thema des »hohen C« äußert, das die CDU in jenen Tagen umtreibt. Aus Sicht der hohen Herren ist der Beitrag Kohls[1] daher nicht mehr als einer
jener vielen Feld-, Wald- und Wiesen-Auftritte junger Provinzpolitiker, deren be-
mühte, zumeist teigige Ermahnungen man sich anhören muß.

Besser überlegt ist erst Kohls Auftritt auf dem übernächsten Bundesparteitag,
der vom 14. bis 17. März 1964 in Hannover stattfindet. Als Vorsitzender einer Landtagsfraktion, der schon den Marschallstab im Tornister trägt, glaubt er, kräftig auftrumpfen zu dürfen, dies natürlich auch mit dem Ziel, ein paar Wochen später vom
Parteiausschuß in den Bundesvorstand gewählt zu werden. Auffällig ist weniger, was
er bei dieser Gelegenheit sagt, sondern wie er auftritt. Ganz offenbar hat er sich vorgenommen, den strammen, im eigenen Bundesland hart arbeitenden Delegierten zu
markieren, der von den Parteigrößen verlangt, daß sie die Spielregeln innerparteilicher Demokratie präzise einhalten.

Kaum hat der Parteitag begonnen, da meldet er sich zu Beginn der Nachmittags-
sitzung zur Geschäftsordnung und ersucht darum, daß man nicht nur bis 18.15 Uhr
diskutiere, wie das der Sitzungsleiter angekündigt hat, sondern, »wenn es sein muß
und gewünscht wird, bis 19:00« Uhr. Der einzige Zweck dieser Intervention besteht
darin, gleich zu Beginn auf sich aufmerksam zu machen und bei den über fünfhundert Delegierten Neugier auf den folgenden Auftritt zu wecken. Dort spendet er zuerst
dem Geschäftsführenden Vorsitzenden Dufhues, in dem er zu Recht einen seiner
Förderer sieht, ein dickes Lob, läßt dann einige über Gemeinplätze nicht hinausge-
hende Ausführungen zur Parteireform folgen, um schließlich vor allem Rügen zu
erteilen: Wie Dufhues soeben ausgeführt habe, stehe die Partei in Gefahr, als ein »Anhängsel der Bundestagsfraktion« zu erscheinen: »Das ist von der Struktur, der Aufga-
benstellung der Partei her schlecht und falsch.« Bei einem föderalen Staatsaufbau
müsse die Bundespartei mehr sein als eine Addition von Landesverbänden. Sie müsse
integrieren und »über entscheidende Fragen ihren Ausgleich sprechen«. Außerdem
sollten die gewählten obersten Amtsträger ihre Aufgaben ernst nehmen, regelmäßig
tagen und vollzählig antreten. Sie dürften auch nicht mehr wie neulich in Rheinland-

Pfalz ihre fest eingeplanten Auftritte bei Landtagswahlen absagen. Und solle man wirklich noch von »Parteireform« sprechen? Tödlich für die Partei wäre es, alle zwei Jahre auf Parteitagen über das Thema Parteireform zu reden, um es dann »wieder der Bundesgeschäftsstelle in Bonn und einigen wenigen, die noch daran glauben, zu überlassen«.[2] Das und manches andere wird ziemlich ungelenk vorgetragen. Im nachhinein mag man darin bereits Umrisse des Konzepts eines Primats der Parteiführung gegenüber der Fraktion und den Landesverbänden entdecken, von dem sich Kohl künftig leiten lassen wird.

Ein paar Jahre später wird Kohl im Bundesvorstand seine Philosophie zum Verhältnis von Partei und Fraktion mit größerer Klarheit herausarbeiten: Die Fraktion habe überhaupt kein Mandat, in bestimmten Fragen – etwa Mitbestimmung oder Landwirtschaftspolitik – über die Legislaturperiode hinaus tätig zu werden. Grundsätzliche Festlegungen müßten von der Partei vorgenommen werden, letzten Endes vom Bundesparteitag, zumindest aber vom Parteivorstand: »Das Führungsgremium ist nach der Satzung der Bundesvorstand. Das ist auch nicht die Bundestagsfraktion.«[3] Nachdem er den Vorsitz der Bundespartei errungen hat, wird er mit noch größerem Nachdruck den strategischen Primat der Partei unterstreichen: »Die Partei erzeugt die Bundestagsfraktion und nicht umgekehrt. In allen Fragen, die von langfristiger großer Bedeutung sind, müssen Parteigremien auch abschließend sprechen. Aber die Fraktion ist die wichtige Speerspitze ...«[4] Auch in dieser Hinsicht schweben ihm durchweg vermittelnde Lösungen vor. Er definiert das politische System der Bundesrepublik primär als Parteiendemokratie, ohne zu bestreiten, daß es zugleich auch parlamentarische Demokratie ist und ebenso Kanzlerdemokratie.

Der ganz am Anfang seiner Laufbahn stehende junge Parteifunktionär formuliert somit 1964 auf dem Parteitag zu Hannover schon einen Gedanken, der zwar nicht neu ist, auf mittlere Sicht aber in der CDU und weit darüber hinaus öffentliche Akzeptanz erringen wird: die Doktrin der Parteiendemokratie. Parteiendemokratie, das heißt, vereinfacht formuliert: Parteimitglieder auf den verschiedensten Ebenen sollen über die großen Linien der Politik entscheiden, auch darüber, welche Spitzenfunktionäre in die höchsten Staatsämter gelangen. Der Mechanismus der parlamentarischen Demokratie wird dadurch zwar nicht außer Kraft gesetzt, doch im Konfliktfall sollen Parteigremien das Sagen haben. Parteireformer wie Kohl glauben daran und betonen bei jeder Gelegenheit, daß dies ein urdemokratisches Konzept sei. Natürlich scheuen sie den Begriff Parteifunktionär wie der Teufel das Weihwasser (klingt viel zu sozialdemokratisch!). Doch faktisch prämiert die Doktrin eines Primats der Partei jene Berufspolitiker, die es gelernt haben, Parteitagsmehrheiten hinter sich zu bringen.

Sicherlich hat Kohl diese nie sehr scharf ausformulierte Idee der Parteiendemokratie nicht erfunden, sondern vorgefunden. Genau besehen ist es ein Konzept der Funktionärsdemokratie. Dieses hat in der SPD eine altehrwürdige Tradition, war aber auch der CDU nie ganz fremd. Schließlich ist der bereits schon zur Ikone gewordene Adenauer zwischen 1946 und 1949 als Parteivorsitzender der CDU in der britischen Zone ins Bundeskanzleramt gelangt, und er hat erst seit 1949 seine Macht vorwiegend auf dieses Staatsamt und die indirekte Kontrolle über die CDU/CSU-Fraktion gegründet. Es wäre auch nicht ganz richtig, nur darauf abzuheben, daß Kohl mit diesem Konzept seinen eigenen Aufstieg vollzieht. Man kann durchaus unterstellen, daß er sich als junger Parteireformer begreift und den Willen der Jungen an der Basis zum Ausdruck bringen möchte. Wer nicht an vage Ideen glaubt und bloß seine eigene Karriere im Blick hat, käme in einer politischen Öffentlichkeit nicht weit, in der ideelle Ziele hohes Ansehen haben und mobilisierend wirken.

Selbstverständlich beinhaltet Kohls Konzept aber doch auch eine machtpolitische Pointe. Mitte der sechziger Jahre, das weiß Kohl genauso gut wie alle Profis der damaligen Bonner Politszene, ruht die politische Hegemonie der CDU auf zwei Machtzentren: auf der Bundesregierung mit dem Bundeskanzler in der Spitze und auf der Fraktionsführung. Er selbst findet sich demgegenüber in einer Marginalposition. Will er vorankommen, so ist das in den nach wie vor dezentral organisierten CDU-Landesverbänden nur über die Parteitage, die Parteivorstände und die Parteipräsidien möglich. Dank seiner Erfahrungen in Rheinland-Pfalz weiß er schon oder ahnt zumindest, daß einem Herausforderer hoher Lohn winkt, hat er es erst einmal an die Spitze der Parteihierarchie des Bundes geschafft. Auf der Bundesebene sieht sich zwar der allerhöchste Parteiboß und Ministerpräsident eines Bundeslandes immer noch mit den Granden des Bundeskabinetts und mit den Fraktionsgrößen konfrontiert. Sofern er aber auf dem Bundesparteitag Mehrheiten hinter sich zu scharen weiß, kann er Konkurrenten mit dem Argument einheizen, in seiner Eigenschaft als Parteiführer sei er durch die Parteibasis legitimiert. Wer die Biographie eines so ausgebufften Parteifunktionärs wie Kohl verstehen möchte, muß gelegentlich auf derart systemische Bedingungen hinweisen.

Doch richten wir den Blick nochmals nach Hannover im Jahr 1964, wo Kohl erstmals sichtbar, wenngleich noch als Randfigur, die Ebene der Bundespartei betritt. Interesse verdient hier sein Auftritt im Arbeitskreis I dieses ersten Parteitags nach dem Ende der Ära Adenauer, der sich mit Grundsatzfragen und der Parteireform befaßt. Den Vorsitz führt dort Bundestagspräsident Eugen Gerstenmaier, der damals auf dem Höhepunkt seines Ansehens steht und sich für die Nachfolge Ludwig Erhards positioniert, falls dieser, wie schon viele erwarten, früher oder später scheitert. Kohl respektiert diesen knorrigen Schwaben vor allem deshalb, weil er seit Jahren einen Geschichtskult um die Männer des 20. Juli treibt. Wer sich so wie Gerstenmaier an jenem Tag in der Berliner Bendlerstraße aufgehalten hat und nur knapp mit dem Leben davongekommen ist, genießt seine Hochachtung. Aber Respekt ist eine Sache, politischer Nahkampf auf einem Bundesparteitag eine andere.

Als sich Gerstenmaier hoheitsvoll in breitem Schwäbisch über dies und jenes verbreitet, meldet sich Kohl zur Geschäftsordnung mit den Worten: »Herr Präsident! Ich bin hierher gekommen, um eine interessante kontroverse Diskussion zu erleben. Aber ich habe den Eindruck, in der Form kann man doch einen Arbeitskreis nicht gestalten. Ich möchte zunächst einmal entschieden dem Herrn Präsidenten widersprechen …« Dann kritisiert er, daß Präsidium und Parteiausschuß eine »Grundsatzerklärung« erarbeiten sollen, ohne das dem Plazet eines Parteitags zu unterwerfen. Erforderlichenfalls sei eben auch ein Außerordentlicher Parteitag angezeigt. Gerstenmaier bestreitet, daß dies erforderlich sei, und sucht Kohl später mit der Feststellung abzubürsten, er werde im Präsidium sagen, »der Fraktionschef eines Landtages hat das verlangt, und das wird auch von einigen anderen unterstützt«. Kohl repliziert, er habe nicht als Fraktionschef, sondern als Delegierter gesprochen, der Parteitag sei »nicht Wurmfortsatz einer Fraktion«. Schließlich läßt Gerstenmaier abstimmen, ob eine Grundsatzerklärung, wie von Kohl gefordert, vor den Bundesparteitag kommen solle, konstatiert dann, daß die überwältigende Mehrheit das tatsächlich verlangt, und schließt das Duell mit der Feststellung: »Also, Herr Dr. Kohl, Sie haben gesiegt.«

Im Prinzip also nichts Neues bei Kohls Auftreten gegenüber etablierten Autoritäten! So haben sie bisher alle den Ludwigshafener Rabauken kennengelernt: Ludwig Reichling im Kreisverband Ludwigshafen, Eduard Orth im CDU-Bezirk Pfalz, Peter Altmeier im Vorsitz der Landespartei. Und wie Gerstenmaier gerade eben haben sie ihm früher oder später nachgegeben. Sollte das auf Bundesebene anders sein?

Leicht betreten muß Kohl jedoch wenig später zur Kenntnis nehmen, daß man sich mit hohen Herren nicht folgenlos anlegt. Zwei Monate nach dem Parteitag, auf dem er unter dem Beifall der Claque aus der Jungen Union und derer, die den kantigen Gerstenmaier nicht mögen, Männerstolz vor Königsthronen bekundet hat, findet die Sitzung des Parteiausschusses statt. Dem liegt unter anderem auch Kohls Bewerbung um Mitgliedschaft im Bundesparteivorstand vor. So, wie er es sich gewünscht hat, wird streng satzungsgemäß abgestimmt, und siehe da, fünfzehn andere Bewerber werden ihm vorgezogen. Er ist durchgefallen. Aber er hat Glück. Drei Tage, bevor der Bundesparteivorstand unter dem Vorsitz Adenauers zusammentritt, verstirbt die Bundestagsabgeordnete Luise Rehling, die auf Platz fünfzehn steht. Der Geschäftsführende Vorsitzende Josef Hermann Dufhues, der in Kohl einen Verbündeten bei seinem Bemühen um Erneuerung der Partei sieht, kann seinen Schützling jetzt mühelos als Nachrücker in den Vorstand bugsieren.[5]

Die ersten beiden Jahre, in denen Kohl regelmäßig nach Bonn zu den Vorstandssitzungen fährt, sind noch Lehrjahre. Es ist die Zeit der Diadochenkämpfe in der CDU, in der sich die Großen aneinander abarbeiten. Das zu beobachten, ist für einen Neuling natürlich von größtem Reiz. Aus nächster Nähe lernt er hier die Parteigrößen kennen und ebenso die Figuren aus dem zweiten und dem dritten Glied: ihre

Der Ministerpräsident von Rheinland-Pfalz als Pendler zwischen
Oggersheim und Bonn, 1970

Stärken, ihre Schwächen, ihre Allianzen und Feindschaften, ihre Konzepte für die
Parteiorganisation, ihr Urteil über die vielfältigen Probleme der Bundesrepublik,
auch ihre Vorstellungen zur Außen- und Deutschlandpolitik. Voller Verdruß muß er
allerdings feststellen, daß die Spitzenchargen, die täglich in den Medien von sich
reden machen, den an die fünfzig Personen umfassenden Parteivorstand für ziemlich
unbedeutend halten. Die Bundesminister, die Fraktionsgrößen und die Ministerpräsidenten der Länder lassen sich nur sporadisch oder bloß kurz in den Vormittags-
stunden in dem Gremium blicken. Entsprechend unwillig wird er diesen Schlendrian
kritisieren, Präsenz anmahnen, wichtige Unterlagen anfordern, auf substantiellen
Beratungen bestehen und die Abgehobenheit der Arrivierten schelten.

So schwer es ihm auch fällt, er hat sich vorerst hinten anzustellen, muß bemüht
sein, durch zähe Arbeit oder vernünftige Vorschläge innerhalb des Gremiums Reputation zu erwerben und die Beziehungen zu jenen zu pflegen, die ihn nicht von vornherein ablehnen, weil sie ihn für einen unreifen Dampfplauderer halten. Doch er will
sich nicht allzu sehr verbiegen lassen. Und so spielt er unerschrocken, weiterhin vor-
laut wie gewohnt, auch schon leicht gravitätisch, jedenfalls ungeniert die Rolle des
kritischen Nachwuchstalents. Er redet viel, doch viel zu sagen hat er noch nicht.

Wie daheim in Mainz in den Parteivorständen stellt er ironisch fest, daß auch in
Bonn nur mit Wasser gekocht wird. Wer sich im nachhinein darüber wundert, wie

rasch, scheinbar spielend dieses Nachwuchstalent von kleinbürgerlicher Herkunft in der Bundesliga vorankommt, darf zweierlei nicht vergessen: Zum einen finden sich dort allzumal Spitzenpolitiker zusammen, die letztlich allein über die Parteischiene aus kleinen Anfängen ganz weit nach oben gelangt sind – Kiesinger, Gerstenmaier, Krone, Heck, Schröder, selbst Adenauer, der jedoch früh gelernt hat, wie ein Großbürger aufzutreten. Das macht die Stärke dieser Volkspartei aus. Ein tüchtiger Aufsteiger von der Art Kohls muß also keine sozialen Barrieren überwinden. Zum anderen betritt mit Kohl aber eine Gestalt die Bonner Szene, die seit den frühen fünfziger Jahren von einem bemerkenswerten Sendungsbewußtsein vorangetrieben wird. Er begreift sich als Führungsfigur der »jungen Generation«, ist nicht allein vom Willen beseelt, möglichst rasch Karriere zu machen (dies gewiß auch), sondern glaubt in der Tat daran, alles besser zu machen als die Parteihonoratioren – moderner, effektiver, volksnäher, vernünftiger, kraftvoller. Manche stoßen sich zwar an dem lauten pfälzischen Gehabe dieses riesigen Gesellen aus dem »roten Ludwigshafen«, aber er selbst begreift sich als eine Art Siegfried. Als er jetzt fast mühelos auf die höchste Bonner Parteiebene gelangt, fühlt er sich noch vom Schwung seiner Anfänge getragen.

Im CDU-Bundesvorstand findet sich Kohl aber nicht nur dank seines sprichwörtlichen Fleißes und seiner Verläßlichkeit bald zurecht. Oft ist er kantig, rechthaberisch und besserwisserisch, doch er verfügt zugleich über herzhaften persönlichen Charme, mit dem er vor allem Gleichaltrige für sich einnimmt. Zu seinen sympathischen Charaktereigenschaften gehört auch ein taktvolles Mitgefühl gegenüber gestürzten politischen Größen, an denen in der CDU der sechziger Jahre kein Mangel herrscht. Das bewährt sich nicht zuletzt im Verhältnis zu Adenauer und Erhard. Je deutlicher die Vereinsamung Adenauers nach der Vertreibung aus dem Bundeskanzleramt wird, um so anständiger kümmert er sich um den »alten Herrn«, besucht ihn gelegentlich, holt seinen Rat ein, hält mit seinen eigenen Auffassungen nicht hinter dem Berg, aber gibt zu erkennen, daß er ihn bewundert. Kohl empfindet diese Gespräche als eine Art Vermächtnis.

»Für ihn war Europa das Ziel seines politischen Lebens«, wird er, inzwischen selbst immerhin achtzig Jahre alt, 2010 in einer Aufzeichnung herausarbeiten. »Nur hier sah er die Chance für ein wiedervereinigtes Deutschland«, bringt er weiter zu Papier. Stark beeindruckt hat ihn auch die Verbindung des Integrationsgedankens mit der Idee eines deutsch-französischen Kerneuropa: »Ich kenne keinen handelnden Politiker seiner Generation, der den Gedanken der gemeinsamen deutsch-französischen Zukunft mit einer vergleichbaren Leidenschaft verfocht.« Die Besuche in Rhöndorf bestärken auch seine Überzeugung, daß sich die CDU-Politik von der christlichen Grundlage in ihren Anfängen nicht entfernen dürfe: »Konrad Adenauer war bekennender Katholik. In seinem Schlafzimmer stand ein Betschemel.«[6] Zweifellos war Adenauers Katholizität viel konservativer als diejenige Kohls. Dieser geht zwar mit einer gewissen Regelmäßigkeit zur Messe, doch nicht wie Adenauer Sonntag für Sonntag. Nie hat er behauptet, einen Betschemel im Schlafzimmer zu haben, aber in seiner guten Stube zu Oggersheim ist eine ganze Wand mit Ikonen bedeckt, und auf seinem Schreibtisch steht später eine kleine Heiligenstatue, die ihm Mutter Teresa geschenkt hat. Der oder jener bekommt dann zu hören: »Beten ist mir wichtig.« Als ihn ein Gesprächspartner daraufhin fragt: »Tun Sie das immer wieder, jeden Tag?«, gibt er zur Antwort: »Wann ich das Bedürfnis habe ... Ich bin nicht in der Lage eines Geistlichen, der seine täglichen Gebete verrichtet, aber das hat mir im Leben viel geholfen, daß ich's kann.«[7]

Der prägende Eindruck, den Adenauer in den Gesprächen auf ihn macht, ist schwer zu überschätzen. Der immer noch muntere »Wundergreis«, um mit den Worten des Spottvogels Rudolf Augstein zu sprechen, ist für ihn eine Art Guru. Kohl wird immer wieder bekennen: »Ich habe in meinem Leben überhaupt nur wenige Politiker getroffen, die mit einer solchen Intensität des Geistes, aber auch des Herzens, eine politische Idee verfolgten.« Sehr erfreut läßt er sich bald als »Enkel Adenauers« bezeichnen. Und Adenauer, der ganz offensichtlich spürt, daß hier ein Nachwuchstalent heranwächst, zeigt sich seinerseits erkenntlich. Daß er im März 1966 zu Kohls Inthronisierung als CDU-Landesvorsitzender nach Mainz reist und dort eine gepfefferte Rede hält mit leicht ironischer Ermunterung, ist für den jungen Mann Gold wert. Als im April 1967 die Größen der westlichen Welt in Köln von dem verstorbenen Bundeskanzler Abschied nehmen, erweist auch Kohl ihm die letzte Ehre. In Momenten, in denen es ihm todernst ist, sind jedoch die Spötter nicht fern. »Der hatte schon damals komische Kleidervorstellungen«, weiß Heiner Geißler zu berichten, »der kam zur Beerdigung von Adenauer mit einem Frack, und wir rannten da bei brütender Hitze über die Kölner Straßen und Eisenbahngleise.«[8]

Erhard gegenüber verhält sich Kohl ähnlich ehrerbietig wie zu Adenauer. Wie große Teile der deutschen Öffentlichkeit sieht er dessen Leistungen, aber auch dessen Schwächen. Im Herbst 1966, als es mit der Kanzlerherrlichkeit dieser Ikone des Wirtschaftswunders rasch zu Ende geht, findet man ihn natürlich auch bei denen, die frühzeitig über personelle Alternativen beratschlagen. Aber Erhard tut ihm leid. Von der Shakespeare-Szene am 8. November, als nach der zermürbenden Vorstandssitzung plötzlich alle gegangen sind und er sich im Kanzlerbungalow mit dem resignierten Bundeskanzler allein findet, erzählt er später noch oft. Man habe ziemlich schweigend eine Flasche Wein geleert und Erhard habe gesagt: »Herr Kohl, jetzt sehen Sie, wie es ist, wenn man gestürzt ist, dann ist man ganz allein.«[9]

Anders als in Rheinland-Pfalz, wo er sich fast ganz ohne hochgestellte Gönner, nur auf die Parteijugend gestützt, emporkämpfen mußte, findet er auf Bundesebene einige Schlüsselfiguren, die ihn protegieren. Die wichtigste von ihnen ist, wie erwähnt, Dufhues, der viel von dem jungen Pfälzer erwartet. »Er ist eine politische

Begabung von Format. Sie werden sehen, aus dem wird etwas«, sagt er etwa zu Gerstenmaier.[10] In der Funktion des Geschäftsführenden Vorsitzenden betätigt sich Dufhues als Weichensteller für Kohls Karriere auf Bundesebene.

Im Grunde, so kann dieser in Mainz bereits weit vorangekommene Provinzfürst konstatieren, unterscheidet sich die Bundes-CDU nicht wesentlich von dem, was er aus der Partei in Rheinland-Pfalz schon kennt, wo er von der Pike auf gelernt hat, wie man Abstimmungskoalitionen auf den Bezirks- oder Landesparteitagen auf die Beine stellt. Statt auf Kreis- oder Bezirksebene müssen nun eben auf Bundesebene Koalitionen zwischen den Landesverbänden geschmiedet werden. Daß auch dort sehr verschiedenartige Spitzenleute zusammen- oder auch gegeneinander spielen, ist ihm gleichfalls geläufig. Neu für ihn ist in Bonn die mächtige Bundestagsfraktion, deren Hierarchien nach ganz anderen Gesichtspunkten aufgebaut sind als die der Landesverbände. Und solange die CDU in Bonn das Sagen hat, sind auch die Positionen im Bundeskabinett von erheblichem Gewicht.

Beim Studium des politischen Treibens im Bundesparteivorstand macht Kohl Beobachtungen, die er auch in den heimischen Parteigremien gemacht hat: Der Vorstand hat vielfach lediglich das zu billigen, was ein kleiner, elitärer Zirkel der einflußreichsten Vorstandsmitglieder in einem eigenen Gremium strittig vorbesprochen hat und dann dem Vorstand serviert. In der Bundes-CDU obliegt das dem vom Bundesparteitag gewählten Präsidium. Dort fallen die wirklich spannenden Personal- und Richtungsentscheidungen. Das Parteistatut, das die Zahl der Präsidiumsmitglieder festlegt und die ständigen Mitglieder bestimmt, unterliegt periodischer Veränderung. Maßgeblich ist stets die Überlegung, welche Vertreter ganz an der Spitze herausgestellt werden, die einerseits Spitzenämter im Bund wahrnehmen, andererseits die wichtigen Strömungen in der Partei abbilden, aber auch deren regionale Spannweite repräsentieren. Die jeweiligen Parteitage haben das Recht, über die Statuten zu befinden und genauso über die jeweils für zwei Jahre gewählten Präsidiumsmitglieder.

Auf dem Bundesparteitag 1966 wird wieder einmal ein neues Tableau festgelegt. Elf Mitglieder sollen künftig gewählt werden: der Parteivorsitzende (dafür kommt nur Ludwig Erhard in Frage), ein Geschäftsführendes Präsidiumsmitglied (dafür ist Bundesminister Bruno Heck vorgesehen, der künftig bis 1971 die Bundesgeschäftsstelle leiten wird), zwei Stellvertretende Vorsitzende, der Bundesschatzmeister und sechs weitere Mitglieder. Geborene Mitglieder sind die jeweiligen Vorsitzenden der Bundestagsfraktion und der Jungen Union. Nach zwei Jahren ziemlich frustrierender, wenngleich lehrreicher Diskussionen im Vorstand findet Kohl, es sei nun an der Zeit, daß er selbst ins Präsidium aufrückt. Seine Wahl zum CDU-Landesvorsitzenden von Rheinland-Pfalz steht unmittelbar bevor. Muß ein so hervorgehobener Landespolitiker, der zudem die vielberufene »junge Generation« repräsentiert, nicht auch dem höchsten Steuerungsgremium angehören, wo die eigentliche Musik spielt?!

Bescheiden war er noch nie, trotzdem fragt man sich, weshalb er sich so rasch und so weit zum Fenster hinauslehnt. Ist dieses nimmersatte Parteitier wirklich nur von einem unstillbaren Appetit getrieben, den man auch »Ämtergefräßigkeit« nennen könnte? Praktiziert er also nur eine hinlänglich eingeübte Verhaltensweise, ohne daß ihm schon eine große Zukunft an der Parteispitze oder darüber hinaus vorschwebt? Kalkuliert er, daß eine hervorgehobene Position im Präsidium der Bundespartei für sein vordringlichstes Vorhaben in Rheinland-Pfalz von Nutzen sein wird, wo der alte Platzhirsch Altmeier immer noch nicht endgültig niedergekämpft ist? Oder verfolgt er im Frühjahr 1966 bereits weitgesteckte bundespolitische Ziele? Offenbar hat ihn Dufhues zur Kandidatur ermutigt und im Präsidium auf die Kandidatenliste bugsiert, vielleicht mit der Absicht, ihn für die neu zu schaffende Funktion eines Generalsekretärs der CDU in Stellung zu bringen, falls der dafür favorisierte Bruno Heck für diesen Posten nicht auf sein Ministeramt verzichten möchte.

Kohl weiß, daß auf Bundesparteitagen spätestens dann ein rauher Wind weht, wenn Wahlen bevorstehen. Somit dürfte er sich über das Risiko seines Vorpreschens durchaus im klaren gewesen sein. Der Vorstoß fällt zeitlich mit der Übernahme des Vorsitzes im Landesverband Rheinland-Pfalz am 6. März 1966 zusammen. Auf die Tage vom 21. bis 23. März ist der 14. Bundesparteitag der CDU nach Bonn einberufen. Kohls Pressesprecher in der CDU-Landtagsfraktion, Hannes Schreiner, hat nun mächtig damit zu tun, seinen Herrn und Meister allüberall ins rechte Licht zu rücken. Die Korrespondenten überregionaler Blätter werden auf die Supernova in Rheinland-Pfalz neugierig gemacht. Zur »Krönungsmesse« in Koblenz Anfang März, auf der Kohl den Landesvorsitz übernehmen wird, lädt man die gesamte CDU-Prominenz ein. Die wichtigsten Bonner Spitzenpolitiker bleiben zwar fern, aber immerhin kommt neben Josef Hermann Dufhues der Parteivorsitzende Konrad Adenauer und spendet seinen Segen. Allerdings weiß jedermann, daß Adenauer ein Auslaufmodell ist. Ein paar Wochen später wird er den CDU-Vorsitz endgültig abgeben.

Auf dem Bundesparteitag in Bonn widersteht Kohl der Versuchung, das große Wort zu führen, wohl in der Erkenntnis, daß er zwei Jahre zuvor überzogen hatte, wofür er entsprechend abgestraft worden war. Das Ergebnis der vom Parteitagsplenum vorgenommenen Wahlen zum Präsidium ist dennoch verheerend. Acht Kandidaten sind vorgeschlagen, nur sechs können gewählt werden. Kohl landet mit 218 Stimmen auf Platz sieben mit großem Abstand zu dem auf Platz sechs rangierenden Bundesaußenminister Gerhard Schröder, der 338 Stimmen erhält.[11]

In einem dreiseitigen Brief an Dufhues schreibt Kohl am Tag nach dem Scheitern zwar tapfer: »Wer – zumal in meinem Alter – nicht mit Anstand verlieren kann, sollte besser aus der Politik aussteigen.«[12] Doch der Nasenstüber hat gesessen, und so faßt er den vernünftigen Vorsatz: »Ich werde meine Kraft mehr als bisher ausschließlich im Bereich unseres Landes einsetzen, um meinen Teil dazu beizutragen, daß Rheinland-Pfalz ein sicheres CDU-Land bleibt, denn auch in Bonn wird man in Zukunft unsere Stimmen brauchen.« Er sieht sich als Opfer verschiedener ungünstiger Entwicklungen. Zum einen bestätigen ihm die Vorstandswahlen, daß die Honoratioren-CDU weiterhin dominiert und kein Gespür dafür hat, was »die jüngeren Freunde« erwarten. Zum anderen beklagt er, der CDU gelinge es nicht mehr, »die föderative Struktur unseres Staatsaufbaus zum Ausdruck zu bringen«. Das Fehlen Bayerns führe zu einem Übergewicht Nordrhein-Westfalens. Unter den zahlreichen Delegierten aus diesem großen Bundesland vermutet er auch diejenigen, die ihn gezielt haben auflaufen lassen. Der Südwesten, so beklagt er sich bei Dufhues, sei sowohl bei den letzten Kabinettsbildungen als auch jetzt bei den Präsidiumswahlen als »fünftes Rad« behandelt worden. Schließlich bedrückt ihn die derzeitige Dominanz der Protestanten. Ein guter Freund, so Kohl, habe ihm schon vor Jahren prophezeit, »daß es für jemanden aus der Provinz ohne Staatsamt und ohne evangelisch zu sein, unmöglich sein würde, die Hürde zu nehmen«.

Der Hochsprung ins Präsidium ist jedenfalls mißlungen. Dennoch markiert das Jahr 1966 den eigentlichen Beginn der Karriere Helmut Kohls auf Bundesebene. In seiner Eigenschaft als Landesvorsitzender verbleibt er wenigstens im Bundesvorstand. Es ist vorerst allein diese Position, die ihm einen gewissen Einfluß eröffnet. Ein Akteur der Spitzenklasse ist er freilich noch nicht. Wirklich einflußreich und von entsprechendem Medieninteresse sind andere: Bundeskanzler Ludwig Erhard und seine Ministerriege, der Ehrenvorsitzende Adenauer, der mit seinem Nachfolger zerfallen ist und diesen schädigt, wo er nur kann, der Fraktionsvorsitzende Barzel, auch Franz Josef Strauß, inzwischen Landesvorsitzender der CSU, der gelegentlich als Gast eingeladen wird, sowie der baden-württembergische Ministerpräsident Kurt Georg Kiesinger, der in Stuttgart eine glänzende Schau liefert.

Das sind die Verhältnisse im Jahr 1966, in dem Ludwig Erhard zur Jahresmitte ein Wahldesaster in Nordrhein-Westfalen und dann einen unaufhaltsamen Abstieg erlebt, an dessen Ende der große Showdown zwischen den Diadochen erfolgt sowie die Entscheidung für die Große Koalition von CDU/CSU und SPD unter Kurt Georg Kiesinger. In dieser Krise der CDU-Herrschaft läßt Kohl erstmals seine Muskeln spielen. Anfang 1966 ist er aus Sicht der Bonner Größen noch eine Art Nobody aus der Pfälzer Provinz. 1967 zählt er bereits zu den Mitspielern, die man im Auge behalten muß.

Es ist also die Krise der Kanzlerschaft Erhards, bei der Kohl erstmals auf Bundesebene einen gewissen Einfluß ausübt. Möglich ist das nur, weil er als CDU-Landesvorsitzender jetzt parteiintern über einiges Gewicht verfügt. Im Frühjahr 1966 hatte er noch dafür plädiert, Erhard müsse auch den CDU-Vorsitz übernehmen; die Partei solle ihm ihre faire Unterstützung gewähren.[13] Doch wie alle in der CDU beteiligt auch er sich in den kommenden Monaten an den Personalspekulationen über

die Nachfolge Erhards, der immer mehr ins Rutschen gerät. Mitte Mai macht er bei
Heinrich Krone, den man jetzt neben Adenauer als den großen alten Mann in der
CDU betrachtet, seinen Antrittsbesuch als frischgekürter Landesvorsitzender. Dieser
vermerkt im Tagebuch, was Kohl ihm erklärt hat: »Schröder müsse gehen und Barzel
dürfe nicht der kommende Kanzler werden.«[14] Nun ist bei CDU-Insidern wohlbekannt, daß Krone drei Männern große Abneigung entgegenbringt: Strauß, Schröder
und Barzel. Aber es gibt Grund zu der Annahme, daß Kohl diesmal nicht nur Krone
nach dem Mund redet, sondern wie der von ihm verehrte Adenauer Gerhard Schröders schneidigen Anti-Gaullismus ebenso mißbilligt[15] wie die Beharrlichkeit, mit der
Barzel an Erhards Stuhl sägt. Der erste Eindruck, den Kohl bei dieser Unterredung
auf den skeptischen Krone macht, ist übrigens nicht uneingeschränkt günstig: »Ganz
bin ich mir dessen nicht gewiß, wer und was er ist. Von der Sache her interessiere ihn
Verantwortung und Amt, nicht, weil er nach oben steigen wolle. Nun, wenn beides
bei einem Menschen zusammenfällt, soll man zufrieden sein.« Sieht der alte, weise
Krone in Kohl einen Nachwuchspolitiker, der so wie einst Franz Josef Strauß oder
derzeit Rainer Barzel auf der Überholspur nach vorne drängt?

Im September 1966 erfährt die Presse, daß Kohl, Dufhues und Heck den Bundestagspräsidenten Gerstenmaier auf seiner Jagdhütte im Vierherrenwald aufgesucht
haben. Heck gehört damals als Familienminister noch dem Bundeskabinett an, ist
aber ein Gegner der Schröderschen Frankreichpolitik und steht auch Bundeskanzler
Erhard reserviert gegenüber. Kiesinger, der gleichfalls zu der Besprechung eingeladen
war, hatte abgesagt. Der *Rheinische Merkur* vermutet, daß sich Gerstenmaier nun als
Nachfolger Erhards in Position bringt und dabei von Dufhues, Heck und dem CDU-
Landesvorsitzenden Kohl unterstützt wird.[16] Das Spiel ist deshalb etwas kompliziert,
weil die Schwaben Kiesinger und Gerstenmaier eigentlich nicht gegeneinander antreten möchten. Sicher ist nur, daß Kohl damals weder Barzel noch Schröder unterstützt und je nach Lage der Dinge für Gerstenmaier oder Kiesinger optieren würde.
Nach vielen Gesprächen und Telefonaten wird ihm aber klar, wer von den beiden die
besten Karten hat: Kurt Georg Kiesinger.

An Allerheiligen 1966 trifft Kohl sich im »Erbprinz« zu Ettlingen mit den Vorsitzenden der vier Landesverbände von Baden-Württemberg, des Landesverbandes
von Hessen sowie mit Franz Josef Röder aus dem Saarland zu einer vertraulichen
Strategiesitzung. Alle stimmen darin überein, daß es gelte, Kiesinger auf den Schild
zu heben und keinesfalls Barzel oder Schröder. Man denkt auch schon über die Ressortverteilung nach. Dabei geht Kohl davon aus, daß Kiesinger, der in Stuttgart einer
Koalitionsregierung mit der FDP vorsteht, auch im Bund die Koalition mit der FDP
fortführen wird.

Es folgt die Sitzung des CDU-Vorstands am 8. November 1966 im Kanzlerbungalow. Keiner der Prätendenden will seine Karten offen auf den Tisch legen. Kohl

tritt ziemlich ungestüm auf und nennt vier Namen, zwischen denen die Fraktion zu entscheiden habe: Barzel, Gerstenmaier, Kiesinger und Schröder. Vorerst wird nur über das Auswahlverfahren für den Bundeskanzler debattiert, und Kohl geht immer noch von der Fortführung einer Koalition mit der FDP aus. Bei der vorhergehenden Sitzung hatte er bereits unverhohlen gegen eine große Koalition mit der SPD polemisiert,[17] doch im weiteren Verlauf der Koalitionssondierungen muß er mit größtem Befremden konstatieren, daß Kiesinger leichthin auf eine Koalition mit der SPD zusteuert und dabei auch, kühl bis ans Herz hinan, eine politische Liquidierung der FDP durch ein Mehrheitswahlrecht in Einerwahlkreisen vorsieht.

Helmut Kohl steht mit seinen Bedenken auf verlorenem Posten. Als der CDU-Vorstand am 29. November wieder zusammentritt – die Kanzlerwahl wird am 1. Dezember erfolgen –, ist bereits alles gelaufen. Vier Tage zuvor hat die CDU/CSU-Fraktion dem Abschluß mit der SPD zugestimmt und auch den Plan einer Einführung des Mehrheitswahlrechts akzeptiert. Kohl ist der einzige im Vorstand, der heftig opponiert. Als er von »völliger Gleichschaltung der Politik« bei einer großen Koalition spricht, weckt dieser seit 1933 odiose Begriff Unruhe in dem Gremium. Die Landeskoalitionen mit der FDP seien gefährdet (natürlich denkt er dabei vor allem auch an die Lage in Rheinland-Pfalz), man müsse auch an die Konsequenzen für die Großstädte denken, vor allem aber sei es problematisch, »eine von den Wählern immerhin noch legitimierte Partei ... durch ein Wahlgesetz abzuschaffen«. Kohl scheut sich nicht einmal, von der »Ermordung« einer noch präsenten Partei zu sprechen. Die große Koalition sei ein »großes«, aus seiner Sicht keineswegs erfreuliches Experiment. Immer wieder wird er durch Unruhe im Parteivorstand unterbrochen. Zeitweilig ist es so laut, daß Ludwig Erhard mit der Glocke des Vorsitzenden zur Ruhe mahnen muß. Nach zweieinhalb Stunden wird abgestimmt: Der Parteivorstand ist fast geschlossen für die große Koalition und das Experiment Mehrheitswahlrecht.[18] Allein Helmut Kohl ist dagegen, drei Vorstandmitglieder enthalten sich.

Die Szene ist aufschlußreich. Sie beweist, daß Kohl die Isolierung nicht scheut. Wenn es darauf ankommt, ist er nicht windschlüpfrig, sondern kantig. Für seine künftige Karriere auf Bundesebene hat dieser Krach weitreichende Auswirkungen: Die Kontroverse spricht sich natürlich herum, und von nun an wird die FDP in ihm ihren Freund sehen. Er selbst beharrt fortan darauf – schon mit Blick auf die Koalitionen in den Ländern, aber auch prinzipiell –, die Freien Demokraten äußerst pfleglich zu behandeln. Und man muß von nun an seine große Skepsis gegen große Koalitionen mit der SPD einkalkulieren.

Kohl ist übrigens fest davon überzeugt, daß aus dem Mehrheitswahlrecht nichts wird. Christian Schwarz-Schilling, später langjähriger Minister im Kabinett Kohl und 1967 Generalsekretär der hessischen CDU, erinnert sich an eine frühe Begegnung während einer Sitzung der Kommission für Wahlrechtsreform. Kohl sei ständig

draußen gewesen und habe herumtelefoniert. Als Schwarz-Schilling ihm danach vorhält, ausgerechnet bei der Erörterung der wichtigen Punkte sei er gar nicht dabei-
gewesen, habe Kohl gelacht und gesagt: »Also, lieber Herr Schwarz-Schilling, Sie
glauben offensichtlich daran, daß es eine Wahlrechtsreform gibt, das wird nichts, und
ich muß meine Zeit nutzen, deswegen habe ich Telefonate geführt.«[19]

Daß er als einziger im CDU-Vorstand nein gesagt hat, wird für ihn ebenfalls
reiche Dividende abwerfen. 1968, als sich die SPD von dem gemeinsam vereinbarten
Mehrheitswahlrecht zurückzieht (»eine großangelegte Gaunerei«, kommentiert Kohl
diese Vorgänge),[20] müssen Kiesinger und seine Anhänger kleinlaut einräumen, daß
sie sich getäuscht haben. Bundesinnenminister Paul Lücke, der Vorkämpfer für das
Mehrheitswahlrecht, tritt zurück, und Kiesinger, der Kohl lange mit Eiseskälte ge-
straft hatte, bietet diesem nun das vakante Ministerium an.[21] Daß Helmut Kohl – die
Ministerpräsidentschaft in Mainz fest im Blick – dies Anerbieten »wegen seiner landespolitischen Verpflichtungen« freundlichst ablehnt, versteht sich. Weniger Verständnis hat man im Bundeskanzleramt allerdings dafür, daß Kohl dieses Telefonat
unverzüglich vor der Landespresse hinausposaunt. In den Jahren der Großen Koalition versäumt Kohl jedenfalls keine Gelegenheit, sich als Befürworter eines Zusammengehens mit der FDP auf Bundesebene zu bekennen.

Der CDU-Parteitag in Berlin erlebt im November 1968 einen Landesvorsitzenden
aus Rheinland-Pfalz, der zum Verdruß Kiesingers mit großer Geste verlangt, »daß wir
ungebunden und frei, und zwar nicht nur verbal, sondern tatsächlich frei, in die nächste Bundestagswahl gehen«.[22] Selbst als man nach der Wahl Gustav Heinemanns zum
Bundespräsidenten mit Hilfe der FDP im CDU-Vorstand dumme und finstere Gesichter macht, rückt er von seinem Standpunkt nicht ab: »Man muß doch die Möglichkeit offen lassen, am 29. September (also nach der Bundestagswahl) mit der FDP
reden zu können.«[23]

Je lähmender sich in der CDU die Malaise der Koalition mit der SPD auswirkt
und je stärker die nur mühsam verdrängten Emotionen wieder aufkochen, um so
mehr wächst das Prestige des Naturtalents aus der Pfalz, das aufgrund eigener Erfahrungen im »roten Ludwigshafen« vor der Koalition mit den »hinterlistigen Sozen«
unablässig gewarnt hat. Zugleich sinkt das Ansehen derer, die ihr politisches Schicksal mit der Großen Koalition verbunden haben. Als schließlich die Bundestagswahl
trotz hoher Stimmengewinne strategisch verlorengeht, ist Kiesinger die Kanzlerschaft los und zugleich als Parteivorsitzender abgewetzt. Rainer Barzel wird ihn beerben, doch nicht wenige werden diesen gleichfalls als Negativfigur betrachten, weil
er sich mit Helmut Schmidt, seinem Counterpart in der Großen Koalition, so gut
verstanden hat. Helmut Kohl aber gilt vielen nun als ein Mann von sicherem Urteilsvermögen, der standhaft nein gesagt hat, während die große Mehrheit des Parteivorstands in die falsche Richtung marschierte. Wenn Kohl es 1971 bereits wagt, gegen

Barzel im Kampf um den Parteivorsitz anzutreten, dann auch deshalb, weil er frühzeitig für einen sichtlich anderen Kurs geworben hat.

Im Winter 1966/67, als die Große Koalition allmählich in die Gänge kommt, ist das noch Zukunftsmusik. Doch es ist schon ersichtlich, daß der selbstbewußte Landesvorsitzende von Rheinland-Pfalz bereits mit einigem Gewicht auf die Bundesebene der CDU einwirkt. Daß er nach wie vor das Amt des Ministerpräsidenten in Mainz anstrebt, ist sicher. Zu peinlich hat er schon verschiedentlich erfahren müssen, daß sein Börsenwert an der CDU-Spitze weitgehend von seinen Mainzer Positionen abhängt. Es ist wohl richtig, daß die Bundesaktivitäten seinen dortigen Ambitionen dienlich sind, und sicher ist, daß sein bundespolitischer Appetit in dem Maße zunimmt, wie er in der eigenen Landespartei vorankommt. Zeitweilig ist er Anfang 1967 als Generalsekretär der CDU im Gespräch, versichert aber dem engsten Führungskreis im Landesvorstand, er beabsichtige nicht, für das neu zu schaffende Amt eines Generalsekretärs der CDU zu kandidieren.[24]

Ende Juni 1967 erscheint in der *Deutschen Zeitung. Christ und Welt* unter der Überschrift »Helmut Kohl – Machtantritt in Etappen« ein Porträt, das manchen in der CDU aufhorchen läßt. Die scharfsinnig komponierte Studie beginnt mit der Frage: »Wer wird künftig die Bundesrepublik regieren?«, und enthält einen Kernsatz, der beweist, daß hier jemand schreibt, der das Gras wachsen hört: »In sechs Jahren – 1973 – wird Helmut Kohl 43 Jahre alt sein. Ein politisches Planspiel ist denkbar, eine Hochrechnung heutiger Fakten und möglicher Entwicklungen, die am Ende ergeben: In jenem Herbst, nach der übernächsten Bundestagswahl, wird er Bundeskanzler werden.«[25] Berichtet wird dort von dem »anhaltenden Druck langfristiger Verabredungen«, der 1969 zur Ablösung Altmeiers führen soll, und ein paar Merkmale werden genannt, die Kohl zu einem ernst zu nehmenden Herausforderer machen: »katholisch, aber nicht klerushörig«, »immer auf Talentsuche«, »keine verräterischen Bonner Narben«, er könnte »den ersten wirklichen Generationswechsel in der Union personell markieren«, sei »sehr vital« und sage von sich selbst: »Ich habe Fortune!« Die in diesem Kontext zu lesende recht subtile Analyse der personalpolitischen Machtspiele in der CDU macht natürlich deutlich, daß alles auch ganz anders laufen und viel mehr Zeit in Anspruch nehmen könnte.

Der Verfasser des interessanten Stücks ist der schon erwähnte Günter Gaus. Was außer Kohl bei Erscheinen des Artikels aber nur wenige wissen, ist, daß Gaus den »starken Mann«der CDU Rheinland-Pfalz sehr genau kennt. Er ist einer der ersten Journalisten von Rang, der dieses in der bundesdeutschen Öffentlichkeit noch so gut wie unbekannte Pfälzer Nachwuchstalent genau studiert hat. Er weiß, was Helmut Kohl so alles an langfristigen Karriereplänen in seinem Kopf hin und her wälzt.[26] Öfters sei er später auf die »Prophezeiung«, er werde Kanzler werden, zurückgekommen, habe widersprochen, zugleich aber Gefallen daran gefunden. Hannelore Kohl jedoch habe auf die Denkmöglichkeit einer Kanzlerschaft ihres Mannes nervös reagiert. Sie selbst ist wohl noch lange der Meinung,[27] daß das Amt eines Ministerpräsidenten von Rheinland-Pfalz genug der Ehre und auch der Belastung sei.

Ein anderer, der Kohl jetzt entdeckt, ist Peter Hopen, 1965 bis 1978 Vorsitzender des exklusiven Bonner Presseclubs, wo zahllose heiße Nachrichten, Gerüchte und Hintergrundinformationen gehandelt werden. 1984 wird er das Bonner ZDF-Studio übernehmen und zu den Kohl-treuen Hauptstadtjournalisten gehören. Er weiß dasselbe zu berichten wie Gaus. Nach einer mit Kohl und dessen Pressechef Hannes Schreiner durchzechten Nacht habe sich der rheinland-pfälzische CDU-Chef leicht schwankend und mit schwerer Zunge mit den Worten verabschiedet: »Ich sage Ihnen, ich werde Bundeskanzler der Bundesrepublik Deutschland.« Das soll im Frühjahr 1968 gewesen sein. Kohl gerierte sich offenbar in diesen Jahren als ein Kraftmensch, der am liebsten Bäume ausreißen möchte, obschon er noch nicht einmal die Stufe zum Amt des Ministerpräsidenten erklommen hat.[28] Selbstverständlich braucht ihn damals niemand darüber zu belehren, daß alles weitere von den Stärkeverhältnissen bei der Bundestagswahl 1969 abhängen wird. Bleibt Kiesinger Bundeskanzler und Parteivorsitzender, so wird er noch lange warten müssen. Und falliert der Bundeskanzler, dann steht mit Barzel ein heißer Konkurrent auf der Matte.

Wo überall Kohl in jenen unentschiedenen Jahren seine Netze auswirft, ist im nachhinein nur noch partiell eruierbar. Im Grunde ist das nachträgliche Aufdröseln der personalpolitischen Ermunterungen, Warnungen, festen oder halbfesten Absprachen unergiebig. Jedenfalls strotzt der Pfälzer vor Tatendrang und Selbstbewußtsein. In allen Landesverbänden hält er jetzt nach Talenten, Verbündeten, Freunden und potentiellen Gegnern Ausschau – in Hessen, in dem besonders komplizierten CDU-Dickicht von Baden-Württemberg, im Rheinland, wo manche seiner Gegner sitzen, und im mächtigen CDU-Landesverband Westfalen-Lippe. Von überall her zieht er »Persönlichkeiten an sich, die ihn an Wissen und Sprachgewandtheit übertrafen«, schreibt Patrick Bahners pointiert, aber zutreffend.[29]

Wie der Netzwerker Kohl dabei vorgeht, wird später Hans Maier schildern, damals noch Professor für Politische Wissenschaft in München, bald danach bayerischer Kultusminister und 1976 Mitglied in Kohls Wahlkampfmannschaft. Im Deidesheimer Kreis versammelt Kohl eine Mischung von wenigen bereits etablierten und vielen kommenden Leuten um sich – Gerstenmaier, Stoltenberg, Bernhard Vogel tauchen dort ebenso auf wie Kurt Biedenkopf, Richard von Weizsäcker oder die Journalisten Ludolf Hermann, Günter Gaus und zwei oder drei Dutzend andere Jungpolitiker und Intellektuelle, aus denen etwas werden könnte. Bis weit nach Mitternacht wird hier bei reichlich strömendem Wein diskutiert – Bildungspolitik, CDU-Programmatik, Parteireform, Deutschlandpolitik, Europapolitik. Jeder Nichtpfälzer sieht sich hier auch veranlaßt, die Qualität des Saumagens zu testen. Kohl gibt den »großen Zampano« (so ein Schlager auf der Hitliste jener Jahre): »Groß, schlank, mit katzenhaftem Gang«, so hat ihn Maier in Erinnerung, ein Mann, der, »wie ich staunend feststellte, über eine unerschöpfliche physische Ausdauer und eine stets gegenwärtige subtile Kenntnis aller Einzelheiten der deutschen und internationalen Politik« verfügte. Dem Lausbubenalter ist der bereits mächtige Pfälzer CDU-Boß damals offenbar noch nicht ganz entwachsen, denn er habe seinen Spaß daran gehabt, frühmorgens vor den Zimmern der norddeutschen CDU-Prominenz mit seinen Pfälzer Getreuen die »Internationale« zu singen.[30]

Die CDU-Politiker in Mainz und Wiesbaden pflegen traditionell einen engen Kontakt. Warum Kohl besonders gern in den benachbarten hessischen Landesverband seine Fäden spinnt, ist einleuchtend. Einer, der ihn dort stark interessiert, ist Walther Leisler Kiep, ein nach Amerika und quer über die Bundesrepublik bestens vernetzter, wirtschaftlich sehr erfolgreicher Versicherungsunternehmer, der 1965 auf Anhieb ein Direktmandat für den Wahlkreis Bad Homburg erobert und auf der Bonner Szene als einer der jungen Stars gehandelt wird. Seit Mitte 1967 stehen die beiden in lockerer Verbindung. Den Beobachtungen, die der gründliche Tagebuchschreiber Leisler Kiep über die Gespräche mit Kohl vermerkt, ist gut zu entnehmen, wie genau Kohl über die Gegebenheiten beim Landesverband Hessen informiert ist, in dem sich eine Gruppe zupackender jüngerer Politiker aufgemacht hat, die übermächtige SPD aus dem Sattel zu werfen, ohne dabei aber ganz die Rivalität untereinander zu vergessen. Gewisse Vorbehalte Kohls gegen den Landesvorsitzenden Alfred Dregger (»Don Alfredo«, wie er ihn betitelt) sind bereits zu verspüren. Er diagnostiziert bei diesem eine unangenehme Bereitschaft zu »politischer Dreckarbeit«.[31] Kohl spinnt in jenen Jahren auch zu Walter Wallmann und Christian Schwarz-Schilling seine Fäden. Dieser betreibt schließlich Kohls erste Einladung als Redner in den damals einflußreichen »Hessischen Kreis« mit den denkwürdigen Worten: »Das wird der kommende Mann.«[32]

»Jeder Mensch, der irgendwie neu war, war interessant für ihn«, erinnert sich Peter Radunski an diese frühe Phase. Kohl sei »ein unglaublich offener Menschensammler« gewesen.[33] Neben Hessen gehört Baden-Württemberg zu Kohls engerem Einzugsbereich. Indem er Heiner Geißler ins Mainzer Kabinett bugsiert, gewinnt er nicht nur einen erstklassigen Sozialpolitiker von beträchtlichem Ehrgeiz, sondern zugleich einen Mann, der die Gegebenheiten in den württembergischen CDU-Landesverbänden bestens kennt und seine Verbindungen spielen läßt, wenn es darauf ankommt. Auch über den Schwaben Bruno Heck, der zwischen 1968 und 1971 als Generalsekretär der CDU die Parteizentrale dirigiert, ergeben sich Einwirkungsmöglichkeiten auf der Südwest-Schiene. Die Beziehungen zu Kiesinger sind durchwachsen. Kiesinger hat Kohl wohl als Herd innerparteilicher Unruhe ausgemacht und ist bemüht, ihn mit Wechselduschen zu domestizieren. Monate der Funkstille wechseln mit Gesten ab, die den Bundeskanzler nichts kosten. Daß Kohl die sichere Perspektive einer baldigen Nachfolge Altmeiers nicht für eine höchst ungesicherte Position als Bundesinnenminister von Kiesingers Gnaden aufgeben würde, mußte diesem klar sein, als er ihm das Amt offerierte.

Im Vorfeld der Bundestagswahl spart Kohl nicht mit Kritik. Im Februar 1969 diktiert er einen verärgerten Brief an Kiesinger, der mit dem Satz beginnt: »Leider blieben in den letzten Monaten alle meine Versuche, Sie zu einem eingehenden Gespräch zu treffen, erfolglos. Ich bedaure diese Entwicklung sehr, da ich den Eindruck habe, daß die kommende Zeit unserer Partei große Schwierigkeiten bringen wird.« In diesem Ton fährt er fort. Er sei viel im Land herumgekommen und habe auch außerhalb von Bonn zahlreiche Gespräche geführt: »Dabei fiel mir ganz allgemein die ungewöhnlich kritische Stimmung in der mittleren und oberen Führungsschicht unserer Partei gegenüber der Parteiführung in Bonn und dem Bundesparteivorsitzenden im besonderen auf.« Kohl diagnostiziert auch »mangelnde Loyalität in Teilen der Führungsmannschaft der CDU: Die Behauptung, der Kanzler lasse Führungswillen vermissen, wird eilfertig kolportiert und bleibt nicht ohne Wirkung.«[34] Das führt dann wieder zu einer gewissen Annäherung, und in der Wahlnacht gewinnen Millionen Fernsehzuschauer den nicht ganz zutreffenden Eindruck, als gehöre Kohl zur engsten Entourage des Bundeskanzlers. Die Vorstellung einer von Kiesinger vorbehaltlos gepflegten Südwest-Schiene mit einer bevorzugten Haltestelle in Mainz ist jedenfalls unzutreffend.

Gelegentlich aber hört Kiesinger auf Kohl. Zu den Eigentümlichkeiten des deutschen Regierungssystems gehört die Tatsache, daß das Amt des Bundespräsidenten politisch wenig Gewicht hat, gleichzeitig aber die Präsidien aller Bundesparteien schon ein gutes Jahr vor jeder fälligen Wahl durch die Bundesversammlung in knisternde Erregung versetzt werden. Als es 1969 wieder einmal soweit ist, wirkt Kohl zusammen mit dem CDU-Generalsekretär Bruno Heck auf Kiesinger ein, es doch mit dem liberalen Präsidenten des Evangelischen Kirchentags Richard von Weizsäcker zu versuchen.[35] Weizsäcker, der seit 1967 dem CDU-Bundesvorstand angehört, so Kohls Argumentation, genieße bei den Freien Demokraten viel mehr Sympathien als der gegenwärtige Verteidigungsminister Gerhard Schröder. Noch herrscht zwischen Kohl und von Weizsäcker gutes Einvernehmen. Kohl sucht den Freiherrn zu überzeugen, daß er als »unbefangener Außenseiter« viel besser geeignet sei als ein abgestempelter Vollprofi.[36] Von Weizsäcker läßt sich überreden, doch die Gremien der Union entscheiden sich für Schröder, den zur allgemeinen Überraschung Franz Josef Strauß mit seiner CSU unterstützt. Kohl kommen erstmals Zweifel am sicheren Urteilsvermögen Weizsäckers, als dieser es riskiert, beim ersten Wahlgang in der Bundesversammlung neben Schröder anzutreten, und eindeutig verliert. Am Ende wird nicht Schröder, sondern der Sozialdemokrat Heinemann mit Stimmen der FDP das Rennen machen.

Damit ist eine Vorentscheidung gefallen: Nach der Bundestagswahl 1969 wird es zum »Machtwechsel« kommen. Von Weizsäcker entschließt sich jetzt, mit Unterstützung Kohls über die rheinland-pfälzische Landesliste in den Bundestag einzuziehen.

Immerhin zeigt dieser Vorgang, daß Kohl bereits in der Lage ist, im innersten Machtzirkel der CDU an den Strippen zu ziehen. Er erntet Bewunderung als Entdecker und Förderer politischer Talente, und er sucht diesen Ruf zu festigen, indem er für die Bundestagswahl 1969 auch den berühmten Walter Hallstein zur Annahme einer Bundestagskandidatur überredet. Auf der obersten Etage erwirbt er sich in diesen Jahren politisches Profil, ohne dabei zum Exponenten eines bestimmten Parteiflügels abgestempelt zu werden. Es ist ihm daran gelegen, nicht in lästige Querelen verwickelt zu werden, weder in der Bundesregierung noch in der CDU/CSU-Bundestagsfraktion. Er hat das Image eines frischen, zupackenden Mannes aus dem Führungsreservoir der Länder. Die linksliberalen Hamburger Blätter, die ihn später als Provinzler gnadenlos herunterschreiben werden, sind noch nicht auf ihn eingeschossen, sondern schildern ihn – wenn überhaupt – als reformerische Figur mit einem gewissen folkloristischen Flair.

In den kontroversen Fragen jener Jahre bezieht er zumeist deutlich Position. Auch auf Bundesebene findet man ihn bei jenen in der Partei, die fortschrittliche, zeitgemäße und reformerische Auffassungen vertreten. Der Studentenbewegung, die zwischen 1966 und 1969 die Öffentlichkeit mehr als alles andere erregt, steht er entspannt gegenüber. Er gehört nicht zu den Ängstlichen und findet Spaß daran, an der Mainzer Universität heftig zu diskutieren. Aufgrund seiner Heidelberger Erfahrungen glaubt er zu wissen, daß die überkomme Ordinarienuniversität kräftig durchgeschüttelt werden muß, und so finden moderate Reformstudenten und Reformprofessoren bei ihm offene Ohren. Von einer »Politik des puren Polizeiknüppels« hält er nicht viel und schon gar nichts von einem Verbot des linksradikalen Sozialistischen Deutschen Studentenbundes (SDS). Andererseits plädiert er für ein Durchgreifen »mit harter Hand« gegen Gewalttäter.[37] Neue, verschärfte Gesetze betrachtet er auch auf dem Höhepunkt der Unruhen für überflüssig. Das bestehende Recht biete »eine Unmenge von Möglichkeiten«.

Ein weiteres kontrovers diskutiertes Thema ist die gerichtliche Verfolgung von NS-Verbrechern. 1965, als die Verjährungsfrage bei NS-Verbrechen hohe Wellen schlägt, unterstützt er das Plädoyer des Bundestagsabgeordneten Ernst Benda für ein Fristverlängerung, betont aber, man dürfe keine neue »Entnazifizierungspsychose« zulassen: »Wir können die Bundesrepublik auflösen, wenn wir die 12 Millionen PG's sozusagen eliminieren.«[38] Bei diesen Diskussionen steigen seine traumatischen Erlebnisse beim Zusammenbruch des Dritten Reiches immer wieder in ihm auf. Das Ringen in der CDU/CSU um Begriffe wie »Nation« und »national« dürfe man nicht von vornherein behindern: »Aber diese Diskussionen dürfen uns nicht in die Nähe von Leuten bringen, mit denen ich nichts zu tun haben möchte. Ich würde noch heute aus der CDU austreten, wenn die Partei in eine solche Linie hineinkäme.« Beim Aufkommen der rechtsextremen NPD einige Jahre später, die sich auch in einigen Wahlkreisen der Pfalz bemerkbar macht und 1967 mit 6,9 Prozent in den Landtag gelangt, verstärkt sich diese Abwehrhaltung. Wenn er damals und später gegen Begriffe wie »Nationalstaat«, »nationales Interesse« oder gar »Großmacht« so allergisch ist, dann auch aufgrund von Phobien gegen das alte, böse Deutschland der Nazi-Zeit. Nicht zuletzt daraus resultiert seine Vorliebe für unbelastete Begriffe wie Patriotismus, Vaterland und Heimatliebe. Als aber Anfang 1969 die Frage eines Verbotsantrags gegen die NPD im CDU-Vorstand diskutiert wird, spricht er sich strikt dagegen aus, einerseits unter Verweis auf die geringen Prozeßchancen, andererseits mit dem Argument, dann müsse man wohl oder übel auch gegen die DKP (frisch zugelassene Nachfolgeorganisation der verbotenen KPD) einen Verbotsantrag stellen, was politisch nicht durchsetzbar sei.[39]

In der deutschen Frage, von der die CDU damals wie später chronisch umgetrieben wird, beharrt er auf den seit Adenauer gültigen Prioritäten: Freiheit vor Einheit, Westbindung und europäische Einigung als Voraussetzungen der Wiedervereinigung. Was er später als Bundeskanzler Tausende von Malen formuliert, ist schon in den späten sechziger Jahren von ihm zu hören. So proklamiert er beispielsweise im April 1967 auf seiner ersten Grundsatzrede als Landesvorsitzender, nur wenn es gelinge, »den Völkern in Ost- und Mitteleuropa« ihre Angstvorstellungen »vor dem großen, dynamischen westlichen Nachbarn« zu nehmen, »werden wir Frieden in Europa bekommen«. Das Adenauersche Konzept einer »großen europäischen Lösung« müsse fortgeführt werden. Genauso prinzipiell, doch ohne auf diffizile Details einzugehen, formuliert er sein deutschlandpolitisches Credo: »Frieden in Europa werden wir nur bekommen, wenn die deutsche Wiedervereinigung Wirklichkeit wird.«[40]

Die bereits unter Ludwig Erhard mit der »Friedensnote« einsetzende Entspannungspolitik nach Osteuropa hin begrüßt er, unterscheidet allerdings genau zwischen den Völkern, die Teil Europas seien, und den kommunistischen »Satellitenregimen«. Kommunisten, so warnt er, bleiben Kommunisten, »auch wenn sie jetzt in manch anderem Gewande auftreten«. Dennoch: Auch im Gespräch mit Osteuropa klinge, formuliert er lyrisch, »unser altes, ewig junges Europakonzept an«. Völliges Unverständnis bekundet er dagegen für die in CDU und CSU so erbittert ausgefochtene Kontroverse zwischen »Atlantikern« und »Gaullisten«. Die 7. amerikanische Feldarmee sei »die erste Garantie der Verteidigung unserer Freiheit«. Das schließe aber nicht aus, die Beziehungen zu Frankreich »möglichst eng zu gestalten«: Die deutsch-französische Freundschaft sei »die Parole der Zukunft«. In diesem Punkt liegt er ganz auf der Linie Kiesingers, der, anders als vor ihm Gerhard Schröder, einen vermittelnden Kurs zwischen Washington und Paris anstrebt.

Bundeskanzler Kurt Georg Kiesinger stellt sich am Wahlabend der Presse,
28. September 1969

Die Bundestagswahl vom 28. September 1969 verändert auch für ihn alles. Nach zwei Jahrzehnten werden die Unionsparteien aus den zäh verteidigten Bonner Bastionen vertrieben. Daß er spät in der Wahlnacht im Bonner Wahlstudio des ZDF von Kiesingers persönlichem Referenten Hans Neusel einen Zettel erhält, auf dem das verhängnisvolle vorläufige amtliche Endergebnis verzeichnet ist, und er daraufhin Kiesinger, der sich bereits für den Wahlsieger hält, unter einem Vorwand von den Kameras wegholt und dem geschockten Bundeskanzler dann unten am Rhein im Auto mitteilt, was die Stunde geschlagen hat, gehört künftig zu seinen dramatischsten Anekdoten.[41] Genauso gern erzählt er aber, wie er in letzter Minute noch etwas zu retten sucht und tief in der Nacht mit Hans-Dietrich Genscher in der rheinland-pfälzischen Landesvertretung zusammentraf. Die beiden Herren haben im Verwaltungsrat des ZDF aneinander Gefallen gefunden und stehen, was in jenen Jahren noch seltener ist als später, miteinander auf du und du. In der Wahlnacht sind jedoch weder Kohl noch Genscher autorisiert, Verhandlungen im Namen ihrer Parteien aufzunehmen. Von dem Gespräch werden sie später schwer zu vereinbarende Versionen abliefern. Kohl sagt, er habe Genscher bedeutet, Walter Scheel könne in einem Kabinett Kiesinger Außenminister werden.[42] Genscher dagegen behauptet, Kohl habe ihm mitgeteilt, Scheel könne nicht Außenminister werden: »Er kann wieder Entwicklungsminister werden.« Darauf will er geantwortet haben: »Grundbedingung der F.D.P. für Koalitionsverhandlungen ist: Scheel wird Außenminister. Ich an Eurer Stelle würde gerade jetzt die F.D.P. nicht demütigen.«[43] Möglicherweise wollte Kohl lediglich signalisieren, die CDU-Parteiführung als ganze – nicht Kiesinger, der den Ernst der Lage noch nicht voll erfaßte – werde schon das gewünschte Angebot machen. Bekanntlich war Brandt schneller und großzügiger als der desorientierte Kiesinger.

Für das künftige Verhältnis zwischen Kohl und Genscher ist dies eine Schlüsselszene. Kohl stilisiert sich von nun an im Kreis seiner CDU-Freunde als Brückenbauer zu Genscher und glaubt auch daran. Den Drang der FDP nach dem Außenministerium vergißt er nie. Als es nach dreizehnjährigem Warten schließlich zur Wiedererneuerung einer Koalition mit der FDP kommt, hält der dank Genschers »Wende« zum Kanzler gekürte Helmut Kohl für die Jahre seiner Regierung eisern an der Maxime fest: Der Anspruch Hans-Dietrich Genschers und nach ihm Klaus Kinkels auf das Auswärtige Amt darf auf gar keinen Fall angetastet werden!

In der CDU werden nach der Wahlschlappe die Karten neu gemischt. Noch läßt sich nicht absehen, daß die dünne Mehrheit der sozialliberalen Koalition durch Auszug der Abgeordneten vom nationalliberalen Flügel bald dahinschwinden wird. Aber schon bevor im Herbst die sozialliberale Koalition in Bonn an die Macht gelangt, ist eines sicher: Helmut Kohl, inzwischen Ministerpräsident von Rheinland-Pfalz, wird in den engsten Führungskreis der CDU aufrücken. Vorsorglich hat er von langer Hand auf die Entscheidung hingearbeitet, den Bundesparteitag am 17./18. November 1969 in Mainz abzuhalten. Wie auch immer die Bundestagswahl ausgehen würde: Ein Bundesparteitag in Mainz ist für ihn ein Heimspiel, und der Gastgeber darf erwarten, mit satter Mehrheit ins Parteipräsidium gewählt zu werden. So geschieht es. Das Abstimmungsergebnis für die sechs Stellvertreter lautet: Gerhard Stoltenberg (451), Helmut Kohl (392), Hans Katzer (387), Helga Wex (312), Gerhard Schröder (267). Deutlich abgeschlagen landen Alfred Dregger (226) und Josef Hermann Dufhues (202) unterhalb des Quorums. Kiesinger wird zwar als erster Vorsitzender wiedergewählt, erhält aber nur noch 388 von 471 Stimmen – ein deutliches Indiz dafür, daß es mit ihm bergab geht.

Jedermann weiß: Der CDU steht eine neue Runde von Diadochenkämpfen ins Haus, und die Chancen von Helmut Kohl stehen nicht schlecht.

Im Schatten Rainer Barzels (1970 – 1973)

Spätestens seit seinem Einzug ins Parteipräsidium haben alle Granden der CDU den Mainzer Ministerpräsidenten auf dem Radarschirm. Wie weit wird er sich vorwagen? Und wie rasch? Doch in der breiten Öffentlichkeit der Bundesrepublik interessiert sich noch kaum jemand für Helmut Kohl.

Im Jahr 1970 sorgt ein großes Thema für Erregung: die »neue Ostpolitik« Willy Brandts und damit zusammenhängend die Frage, ob die sozialliberale Koalition ihre knappe Mehrheit nicht schon in den Anfängen durch Dissidenten aus der FDP- und der SPD-Fraktion verlieren wird. Damit rückt auch die CDU/CSU-Fraktion in den Mittelpunkt des Interesses. Selten zuvor und danach wird allen Beteiligten so bewußt, daß die Bundesrepublik ein parlamentarisches Regierungssystem ist, in dem die Fraktionen und die einzelnen Abgeordneten den Gang der Dinge bestimmen. Parteitage und Parteiführungen erscheinen vorerst nur von marginaler Bedeutung.

Bei der Opposition dreht sich von nun an drei Jahre lang alles um den Fraktionsvorsitzenden Rainer Barzel. Nach dem Sturz Ludwig Erhards war er in Teilen der CDU ziemlich diskreditiert, doch als Fraktionsvorsitzender und Compagnon Helmut Schmidts hat er in den Jahren der Großen Koalition sein Ansehen wieder aufgefrischt. Nach dem Verlust der Regierungsmacht ist die CDU/CSU-Fraktion ein ziemlich verstörter und zusehends zerstrittener Haufen. In dieser schwierigen Lage erweist sich Barzel als geschickter Dirigent der Opposition, die unter seiner Führung jede Gelegenheit nutzt, die Regierung in Bedrängnis zu bringen. Aber wird ihm das Kunststück gelingen, die Opposition im Verlauf der Legislaturperiode oder spätestens bei der regulären Bundestagswahl 1973 wieder an die Macht zu bringen? An Vorbehalten gegen ihn fehlt es nicht. Und die Zweifler fragen: Wer wird dann statt seiner als Herausforderer des charismatischen Willy Brandt auf den Schild gehoben?

Bekanntermaßen gehört es zu den Hauptbeschäftigungen jeder Opposition, sich durch Positionskämpfe ihrer maßgebenden Figuren das Leben noch schwerer zu machen, als es ohnehin schon ist. Und immer richtet sich der Ehrgeiz zuvörderst auf die beiden Toppositionen: den Fraktions- und den Parteivorsitz. Wer in diesem Positionskampf obsiegt, dem winkt die Kanzlerkandidatur. In der Union ist das entsprechende Endspiel besonders kräftezehrend, weil sich dort zwei prinzipiell befreundete, periodisch aber auch verfeindete Schwesterparteien wohl oder übel auf einen gemeinsamen Kandidaten einigen müssen.

Man kann davon ausgehen, daß Helmut Kohl spätestens bei seinem Einzug ins Präsidium das Ziel vor Augen schwebt, irgendwann nach dem Amt des Bundesvorsitzenden zu greifen. Noch ist es aber nicht soweit. Er weiß genau, daß er sich erst einmal als Ministerpräsident von Rheinland-Pfalz bewähren muß. Als Test für sein Führungspotential wird die Bundes-CDU die dortigen Landtagswahlen im Frühjahr 1971 verstehen. So konzentriert er sich 1970 darauf, das Amt des Ministerpräsidenten in Mainz voll und ganz auszufüllen. Doch noch vor der Landtagswahl und im Vorfeld des Parteitags, der im Januar in Düsseldorf stattfinden soll, erklärt er sich im Herbst 1970 bereit, den Vorsitz der Bundespartei zu übernehmen. Allerdings, so fügt er hinzu, wolle er Ministerpräsident bleiben und nicht gegen Kiesinger kandidieren. Dieser Vorstoß soll wohl vor allem Barzel signalisieren, daß er gegen ihn antreten wird, sollte Kiesinger die Lust am Parteivorsitz verlieren.

Auf Bundesebene drängt Kohl weiterhin auf Parteireform.[1] Da er am gesell-
schaftlich fortschrittlichen Berliner »Aktionsprogramm« von 1968 maßgeblichen
Anteil hatte, fällt ihm 1969 die Aufgabe zu, als Vorsitzender der Programmkommission für dessen Fortschreibung zu sorgen. Kohl profiliert sich in dieser Funktion als
Führer des reformerischen Parteiflügels, ganz besonders in der Schulpolitik. Umweltschutz und Entwicklungshilfe werden kräftig akzentuiert. Doch auch in der heftig
umstrittenen Deutschlandpolitik enthält der von ihm mitverantwortete Entwurf
recht weitgehende Formulierungen. Kohl hebt schon damals darauf ab, daß es in der
deutschen Frage in erster Linie um die Freiheit gehe. Somit rückt die Forderung nach
dem »Selbstbestimmungsrecht der Deutschen in der DDR« als Voraussetzung für
eine »Anerkennung« der DDR in den Mittelpunkt, während die Zielsetzung natio-
nalstaatlicher Wiedervereinigung verblaßt.

In den innerparteilichen Kontroversen geht es vor allem um die Mitbestimmungsfrage in den Unternehmen. Unterstützt von der Jungen Union, drängt die
Christlich-Demokratische Arbeitnehmerschaft (CDA) mit Hans Katzer an der Spitze
auf eine paritätische Regelung. Die Konservativen mit Alfred Dregger als Wortführer
lehnen das ab, und die CSU unter Franz Josef Strauß stellt sich kompromißlos gegen
jeden Ansatz zur Parität. Sie droht sogar mit Aufkündigung der Fraktionsgemeinschaft. Kohl dagegen – und mit ihm eine Mehrheit des Parteipräsidiums – plädiert
für eine sehr weitgehende Lösung, die zwar nicht die volle Parität bringt, aber dieser
sehr nahe kommt. Er greift dabei ein raffiniert ausgetüfteltes Konzept auf, das Kurt
Biedenkopf von 1968 bis 1970 in seiner Eigenschaft als Vorsitzender einer im Auftrag
der CDU/CSU-Fraktion eingesetzten Kommission erarbeitet hat. Zum ersten Mal ist
hier Biedenkopfs Geschick zu bewundern, mit nachtwandlerischer Sicherheit auf der
Schneide eines Rasiermessers zu balancieren. Er versteht es, seinen Entwurf als fairen
Ausgleich von Kapital und Arbeit zu etikettieren, zugleich aber im Konfliktfall mit-
tels einer komplizierten Regelung der Kapitalseite ein Übergewicht zu verschaffen.
Dieses Konzept macht sich der Parteivorstand zu eigen.

Der Düsseldorfer Parteitag vom Januar 1971, auf dem die Kontroverse entschieden werden soll, gerät für Kohl dennoch zum Desaster. Zunächst bringt Strauß in
seinem Grußwort die Stimmung stark gegen den Vorstandsvorschlag auf. Das macht
sich Dregger zunutze und präsentiert einen Gegenvorschlag zur Vorstandsposition,
der eine Mehrheit von 7:5 für die Kapitalseite vorsieht. Kohl selbst greift nun in die
Debatte ein. Seinem unscharfen Diskussionsbeitrag ist zu entnehmen, daß er zwar für
den Vorstandsvorschlag eintritt, die Entscheidung aber letztlich der CDU/CSU-Bun-
destagsfraktion anheimstellen möchte. Ohne daß er dies klar ausspricht, kann sich
jeder dabei denken, daß er Strauß und der CSU eine Vetoposition zubilligt.[2] Zum
Desaster kommt es allerdings erst bei der Abstimmung über den Antrag des Landesverbands Hessen. Die Delegierten können da mit eigenen Augen sehen, wie der bisher

so reformerische Helmut Kohl, zwischen den Konservativen Kiesinger und Heck sitzend, wie diese die weiße Karte hebt. Damit desavouiert er den Vorstandsvorschlag und trägt so zur knappen Mehrheit für das Modell Dregger bei. Später wird Kohl erklären, er habe sich während der Abstimmung für ein Interview in der Lobby aufgehalten, sei hereingeeilt, als die Abstimmung schon im Gang war, und habe sich irrtümlicherweise an dem Abstimmungsverhalten der Präsidiumskollegen Kiesinger und Heck orientiert. In den *Erinnerungen* geht er sogar soweit, dies als den »dümmsten Fauxpas« zu bezeichnen, der ihm in seinem politischen Leben je passiert sei.[3] Er habe sich geirrt, aber er sei keineswegs umgefallen. Genau das werfen seine Gegner ihm nun aber vor. Besonders die Mitglieder der Sozialausschüsse sind bitter enttäuscht und nehmen sich vor, es dem wackligen Reformer Kohl bei nächster Gelegenheit heimzuzahlen. Die Parteitagsmehrheit streicht übrigens auch die Überlegungen zur »Anerkennung« der DDR.[4] So mancher Kohl-Anhänger beginnt nun zu zweifeln. Der Bundesschatzmeister Leisler Kiep, der sich im Parteipräsidium bisher weder auf Kohl noch auf Barzel festgelegt hat, vermerkt in seinem Tagebuch: »Kohl, der Vater des Fortschritts, qualmt wie eine Güterzuglokomotive ohne sich zu seinem ›Kind‹, dem Entwurf der Kommission, zu bekennen! Nachdem er sich landauf landab als der große Reformer hat feiern lassen, ein recht enttäuschendes Bild!«[5]

Kohls innerparteiliches Image nimmt in Düsseldorf ziemlichen Schaden, doch der Ministerpräsident kann erleichtert feststellen, daß man sich auf Landesebene in Rheinland-Pfalz nicht dafür interessiert, was eifrige Parteifunktionäre auf ihren Bundesparteitagen so alles beschließen. Hier zählt für die Wähler die Landespolitik, und da überzeugt der neue, volksnahe Ministerpräsident. Angesichts der bundesweiten CDU-Misere ist die absolute Mehrheit von fünfzig Prozent für die CDU, die Kohl im März 1971 bei den Landtagswahlen erzielt, ein hervorragendes Ergebnis.

Aber der Erfolg hilft nicht darüber hinweg, daß der Rivale Rainer Barzel in Bonn mehr denn je die Trümpfe in der Hand hält. Täglich steht er im Scheinwerferlicht der überregionalen Medien, während sich für Helmut Kohl außerhalb der Landesgrenzen von Rheinland-Pfalz niemand so recht interessiert. Barzel ist ein versierter, eleganter Debatter in Parlamentsschlachten und verfügt damit in reichem Maße über eine Fähigkeit, die bei Kohl unterentwickelt ist. Überdies hat er – anders als Ludwig Erhard oder Gerhard Schröder – nach Meinung vieler in der Partei den richtigen katholischen Stallgeruch. Wie Kohl ist auch er dem fortschrittlichen Parteiflügel zuzurechnen, und er kennt das unbarmherzige politische Spiel gut genug, um zu wissen, daß es für ihn nun heißt: »Jetzt oder nie!« So setzt er alles auf eine Karte und versucht, die drei Spitzenpositionen Fraktionsführung, Parteiführung und Kanzlerkandidatur in seiner Hand zu vereinigen.

Barzels Pläne beunruhigen Kohl, und ihn treibt beständig die Frage um: Wie kann man verhindern, daß Barzel nach dem für 1971 zu erwartenden Rückzug des geschwächten Parteivorsitzenden Kiesinger diesen beerbt, um dann flugs nach der Kanzlerkandidatur zu greifen? Kohl möchte jetzt einem Duell lieber ausweichen. So sucht er eine Allianz zu schmieden, um den Parteivorsitzenden Barzel vorerst zu verhindern. Der Compagnon, für den er sich entscheidet, ist Gerhard Schröder.

Wie allen, die seit der Adenauer-Zeit in Bonn auf dem Turf sind, fehlt es Schröder nicht an Feinden. Einer von ihnen ist der CSU-Vorsitzende und Fraktionskollege Franz Josef Strauß. Doch im Kampf gegen die Ostverträge haben die beiden wieder zusammengefunden. Auch die Barzel-Gegner Kiesinger und Heck würden Schröder als Kanzlerkandidaten den Vorzug geben, und für große Teile der Öffentlichkeit ist der aufgeklärte Konservative nach wie vor die stärkste außenpolitische Potenz im Unionslager.

Kohls Bemühung, den ihm eher wesensfremden Gerhard Schröder zu bewegen, nach dem Rückzug Kiesingers für den Parteivorsitz zu kandidieren, ist freilich ein Versuch am ungeeigneten Objekt. Selbstverständlich weiß er genauso gut wie alle anderen CDU-Spitzenpolitiker, daß sich Schröder in erster Linie als Mann des Staates versteht und erst in zweiter Linie als Parteimann. Doch dem Kohlschen Räsonnement, nur so könne er sich die Kanzlerkandidatur gegen Barzel sichern, hat Schröder wenig entgegenzusetzen. Kohl verspricht zudem, er selbst werde ihm als Erster Stellvertreter die Parteiarbeit weitgehend abnehmen. Offenbar steht beiden dabei die Rolle vor Augen, die Dufhues in der Funktion eines Geschäftsführenden Vorsitzenden gespielt hat.

Bei der nächsten Bundestagswahl würde Schröder also der Kanzlerkandidat sein. Sollte er Erfolg haben, könnte Kohl in die Position des CDU-Vorsitzenden einrücken. So Kohls Kalkül. Er trüge dabei das geringste Risiko. Denn ganz gleich, ob Schröder im Duell mit Brandt siegt oder verliert, wäre für ihn nichts verbaut, Hauptsache, ein Parteivorsitzender Barzel wird vorerst verhindert. Man darf Kohl durchaus unterstellen, daß er hier nicht nur in machtpolitischen Kategorien denkt, sondern sich tatsächlich für den besten aller denkbaren Parteivorsitzenden hält, den die verwirrte CDU bekommen kann. Zudem bezweifelt er, daß Barzel der richtige Mann ist, Willy Brandt erfolgreich entgegenzutreten. Und auch manche der Anhänger Kohls aus dem CDU-Nachwuchs äußern später, daß die Union mit dem Zweigespann aus dem ostpolitisch durchaus beweglichen, staatsmännisch auftretenden Protestanten Schröder und dem jugendlichen Reformer Kohl bei der Bundestagswahl gute Chancen gehabt hätte.[6]

Solche Überlegungen erklären, weshalb sich Kohl mit vielen Argumenten, an denen es in solchen Fällen nie mangelt, damals für eine Doppelspitze stark machte. Wie präzise die Absprachen zwischen Kohl und Schröder waren, ob nur indirekte Sondierungen stattfanden, läßt sich nicht mehr genau ausmachen.[7] Doch je näher der Parteitag rückt, um so stärker werden Schröders Bedenken, sich auf eine Kandidatur für den Parteivorsitz einzulassen. Er weiß selbst, daß er für diese Aufgabe weder die nötige Lust noch das erforderliche Talent hat. Wahrscheinlich erkennt er sogar klar, wie unwiderstehlich alles auf Barzel zuläuft. So erklärt er im März 1971 im Parteipräsidium, er sei für die Trennung von Parteivorsitz und Kanzlerkandidatur. Später läßt er verlauten, den Parteivorsitz solle Helmut Kohl übernehmen.

Kohl steht ziemlich düpiert da, denn inzwischen hat er seine Anhänger auf das Konzept der Doppelspitze eingeschworen. Auch diejenigen, die in ihm keinen Heilsbringer sehen, aber auf alle Fälle Barzel verhindern möchten, drängen ihn nun zur Kandidatur. Rückblickend schreibt er, ihm sei bewußt gewesen, daß er geschlagen werden würde. Mag sein. Jedenfalls sieht er seine Felle davonschwimmen, falls er sich nicht zur Gegenkandidatur aufrafft. Komplizierend kommt hinzu, daß er zeitweilig befürchten muß, Barzel könnte Heinrich Köppler, den neuen Vorsitzenden des mitgliederstarken Landesverbands Rheinland und ehemals Generalsekretär des Zentralkomitees der Deutschen Katholiken, zum Parteivorsitzenden vorschlagen. Barzel und Köppler spielen damals wie später eng zusammen.[8] Kurzum: Kohl kandidiert im Herbst 1971 auf dem Parteitag zu Saarbrücken gegen Barzel.

Der Frontverlauf auf dem Saarbrücker Parteitag wird weder durch die deutschlandpolitischen Positionen noch durch gesellschaftspolitische Präferenzen bestimmt. Institutionell steht vielmehr die wichtige Frage im Raum, ob weiterhin der Fraktion oder künftig der Führung der Bundespartei der Primat zukommt. Zuallererst geht es aber um Personen, die mit ihrem jeweiligen Anhang gegeneinander auftreten. Für Barzel sprechen sich verschiedene ehemalige Bundesminister aus, die jetzt in der Fraktion ihr Comeback vorbereiten: Kai Uwe von Hassel, Verteidigungsminister unter Adenauer und Ludwig Erhard, Gerhard Stoltenberg, der erst unter Erhard, dann unter Kiesinger als Wissenschaftsminister tätig war, ebenso Hans Katzer, auch er unter Erhard, dann unter Kiesinger Bundesminister, und zwar für Arbeit und Soziales.

Die alte Garde aus den späten fünfziger und den sechziger Jahren ist in sich jedoch zerfallen. Kiesinger, Heck und Gerhard Schröder treten für Kohl in den Ring – auch weil sie aus unterschiedlichen Gründen Barzel ablehnen. Einer der wenigen Nachwuchspolitiker, die sich für Barzel aussprechen, ist Manfred Wörner, seit 1965 MdB. Das Barzel-Lager findet seine Anhängerschaft vor allem bei den Sozialausschüssen, deren Mitglieder jetzt Revanche für Kohls »Verrat« in Düsseldorf nehmen. Die beiden Landesverbände Rheinland und Westfalen-Lippe, die rund ein Drittel der Delegierten stellen, stehen fast geschlossen hinter Barzel. Die Delegierten aus Baden-Württemberg sind gespalten.

Neben den Barzel-kritischen einstigen Kabinettsgranden setzen sich für Kohl vor allem die Kabinettsminister aus Rheinland-Pfalz ein – Bernhard Vogel, Heiner Geißler, desgleichen Hanna-Renate Laurien, die dort seit kurzem als Staatssekretärin tätig ist. Auch Biedenkopf ist im Lager Helmut Kohls zu finden. Dazu kommt die

Truppe aus der Jungen Union mit Nachwuchspolitikern wie dem Bundesvorsitzenden Jürgen Echternach oder Karl Lamers, Vorsitzender der JU Rheinland. In gewisser Hinsicht vertritt Kohl das Programm »moderne Volkspartei« und zugleich ein Generationenprojekt, denn auffällig viele seiner besonders engagierten Anhänger gehören der Nachkriegsgeneration an. Man muß die Namen der Protagonisten beider Lager hier erwähnen, da Helmut Kohl, das glauben später viele, weder seine Anhänger noch seine Gegner je vergißt.

Kohl holt sich beim Griff nach dem Parteivorsitz wie erwartet eine blutige Nase. Nach längerer Redeschlacht votieren 344 Parteitagsdelegierte für Barzel und nur 174 für Kohl.[9] Da Barzel zuvor angekündigt hatte, bei seiner Wahl im Amt des Generalsekretärs ebenfalls einen Wechsel vorzuschlagen, muß nun auch Bruno Heck, der Kohl bisher gefördert hat, das Feld räumen. Er wechselt an die Spitze der Konrad-Adenauer-Stiftung. Generalsekretär wird Konrad Kraske, ein fähiger Mann und guter Organisator, aber leider – aus Sicht Helmut Kohls – ein bedingungsloser Anhänger Barzels. Kohl rechnet nun damit, daß Barzel bei der Bundestagswahl 1973 als Kanzlerkandidat antreten und verlieren wird. »Mit Barzel werden wir nie eine Wahl gewinnen, und deswegen muß Barzel abgelöst werden«, bringt Horst Teltschik die seinerzeitige Einschätzung seines Herrn und Meisters auf den Punkt.[10]

Ungeachtet des Debakels auf dem Saarbrücker Parteitag plant Kohl im Mainzer Wartestand einen weiteren Vorstoß für den Fall, daß Barzel, wie er erwartet, die nächste Bundestagswahl in den Sand setzt. Walther Leisler Kiep, der den Ministerpräsidenten im Februar 1972 aufsucht, bekommt zu hören, er, Kohl, werde 1977 für beides zur Verfügung stehen, also für das Amt des Parteivorsitzenden und für die Kanzlerkandidatur. Keine Spur übrigens von Niedergeschlagenheit: »Er zeigt mir sein Reich: Landtag, Sitzungssäle, Planungsstab, alles sehr kompakt beieinander mit jüngeren Leuten besetzt. Dies macht alles vorzüglichen Eindruck.«[11]

Doch dann kommt alles ganz anders. Nach der für die CDU erfolgreichen Landtagswahl in Baden-Württemberg schrumpft die Mehrheit für Willy Brandt weiter zusammen. Im CDU-Präsidium sprechen sich nun Kiesinger, Schröder, Strauß und auch Kohl dafür aus, ein konstruktives Mißtrauensvotum zu wagen.[12] Bei der anschließenden Vorstandssitzung analysiert Kohl recht realistisch das Für und Wider und kommt dann – »unter Wägung und Abwägung der nicht zu unterschätzenden Risiken« – zu dem Schluß, es gelte, »unsere Chancen, die wir sehen, jetzt zu wahren«.[13] Wann genau, läßt er offen. Seinen Worten ist eine sehr vorsichtige Ermutigung zum Handeln zu entnehmen, nicht mehr, aber eben auch nicht weniger. Jedenfalls läßt sich nicht sagen, daß Kohl Barzel getrieben hätte, das Abenteuer eines Mißtrauensvotums zu wagen und damit bedenkenlos Kopf und Kragen zu riskieren.

Das Mißtrauensvotum scheitert bekanntlich. Es folgen die turbulenten Wochen, in denen sich entscheidet, unter welchen Bedingungen die CDU/CSU-Fraktion die

Ostverträge passieren lassen wird. Die Quellenlage zu Kohls Einwirkungen in dieser Phase ist spärlich, erlaubt aber doch die Feststellung, daß er in den Entscheidungsprozessen der Fraktion ersichtlich keine Rolle spielt und sich auch im Präsidium nicht exponiert. Überhaupt will er sich während der langgezogenen Auseinandersetzung auf die diffizilen Fragen der Ost- und Deutschlandpolitik nicht allzu tief einlassen. Öffentlich verlautbart er nur das, was durch die parteioffiziellen Aussagen gedeckt ist. Verschiedene deutliche Indizien weisen aber darauf hin, daß Kohl bereits damals auf einer ähnlichen ost- und deutschlandpolitischen Linie liegt wie Richard von Weizsäcker und Walther Leisler Kiep.

Von Weizsäcker, schon damals einer der markanten Exponenten fortschrittlicher Ost- und Deutschlandpolitik, besitzt nach wie vor die volle Unterstützung Kohls. Und Leisler Kiep, der sich innerhalb der CDU/CSU-Fraktion ostpolitisch gleichfalls stark exponiert hat und zusammen mit Weizsäcker für den Moskauer Vertrag stimmt, wird er nach dem Sturz Barzels im Amt des CDU-Schatzmeisters halten und ihn sogar zeitweilig in die Position eines außenpolitischen Sprechers der CDU hieven. Doch immer, wenn Leisler Kiep von seinen Gesprächen in Moskau oder Ost-Berlin berichtet und Kohl drängt, er möge sich doch ostpolitisch weiter aus dem Fenster lehnen, bekommt er von diesem im schönsten Pfälzer Dialekt zu hören: »Walther, das mache mir, wenn wir an der Regierung sind, gell.« Und zu Kieps von manchen in der CDU kritisierten ostpolitischen Kontakten meint er: »Na ja, mach weiter, mach weiter.«[14]

Als es im Herbst 1972 auf die vorgezogenen Bundestagswahlen zugeht, hält sich Kohl bedeckt. Er hat Barzel Loyalität zugesagt und vermeidet es vorerst, im Parteivorstand oder im Präsidium seine düsteren Erwartungen auszubreiten. Unter vier Augen nimmt er jedoch kein Blatt vor den Mund. Leisler Kiep, dessen Tagebuch eine der besten Quellen zum Auf und Ab der innerparteilichen Einschätzungen Kohls in jener Zeit darstellt, notiert vielsagend nach einer Präsidiumssitzung, bei der mit dem Wahlanalytiker Werner Kaltefleiter von der Konrad-Adenauer-Stiftung die Wahlchancen erörtert wurden: »Kohl macht hinterher in Pessimismus, wie stets.«[15] Kennzeichnend ist auch, daß Kohl 1972 Horst Teltschik aus dem Adenauer-Haus nach Mainz abwirbt und diesen zu seinem Redenschreiber und außenpolitischen Berater macht. CDU-intern ist damals schon bestens bekannt, daß Teltschik zu denen aus dem Berliner Ring Christlich-Demokratischer Studenten (RCDS) gehört, die – ähnlich wie Kiep – unbeschadet ihrer denkbar engen Amerika- und Europa-Orientierung für eine undogmatische Ost- und Deutschlandpolitik eintreten.

Man kann lange darüber rätseln, wie sich die Laufbahn Kohls entwickelt hätte, wenn Barzel am 27. April 1972 der Sturz Willy Brandts gelungen oder er bei der folgenden Bundestagswahl erfolgreich gewesen wäre. Das Unglück Barzels ist das Glück Helmut Kohls.

Unter dem Schock des gescheiterten Mißtrauensvotums ist Barzel drauf und dran, alle seine Ämter zur Disposition zu stellen.[16] Doch derlei Anwandlungen pflegen schnell vorüberzugehen. Rasch scheint er wieder entschlossen, sich seiner Verfolger zu erwehren. Kohl aber glaubt zu wissen: Barzel ist angezählt, seine politische Zukunft hängt an einem seidenen Faden. Er selbst braucht nur den Hut in den Ring zu werfen und abzuwarten, bis die Gegner Barzels diesen in der Fraktion abräumen. Den Gefallen tun sie ihm aber nicht. Dennoch gibt jetzt Kohl, kaum daß sich der Staub gelegt hat, den die verheerende Wahlniederlage aufgewirbelt hat, in den Parteigremien zu erkennen, daß er das nächste Mal wieder zum Kampf um den Parteivorsitz antreten wird. Auf einer stürmischen Klausursitzung Anfang Januar 1973, bei der die CDU-Spitze die Gründe für das Wahldebakel analysiert, erklärt er höflich in der Form, aber hart in der Sache seine Absicht, auf dem nächsten Parteitag erneut gegen Barzel anzutreten.[17]

Das dramatische Hin und Her im Mai 1972 hat zu zahlreichen Verletzungen geführt. Selbst Richard von Weizsäcker, der zu den Ostverträgen ja gesagt und erwartet hat, daß Barzel die Fraktion auf diesen Kurs bringen würde, äußert nach dem großen Tohuwabohu gegenüber seinem Freund Leisler Kiep, Barzel sei »führungsunfähig«.[18] Andere fällen aus anderen Gründen noch härtere Urteile. Die eklatante Wahlniederlage hat derartige Einschätzungen und Empfindungen noch verstärkt.

Der erbittertste Barzel-Gegner ist inzwischen Franz Josef Strauß. Strauß glaubt, daß Willy Brandt jetzt eine ähnliche Rolle spielt wie der britische Premierminister Chamberlain, der im Herbst 1938 in München vor Hitler kapitulierte und unter allgemeinem Jubel die verhängnisvolle Appeasement-Politik fortsetzte. Ihm selbst fällt dagegen nach eigener Einschätzung die Rolle des kompromißlosen Warners Winston Churchill zu, der sich für die Stunde der Not bereithält. Mehr denn je ist Strauß entschlossen, die Annäherung an die Sowjetunion mit allen Mitteln zu durchkreuzen. Nachdem er in der Fraktion und im CDU-Präsidium[19] mit der Forderung nicht durchgedrungen ist, gegen den Grundlagenvertrag mit der DDR vor das Bundesverfassungsgericht zu ziehen, hat er das bayerische Kabinett unter dem Ministerpräsidenten Alfons Goppel dazu gezwungen. Zugleich sucht er die Fraktion auf ein Nein zum UN-Beitritt festzulegen. Sein Argument: Dadurch werde die Zweistaatlichkeit in Deutschland völkerrechtlich legitimiert.

Kohl seinerseits taktiert nach Kräften, indem er die widersprüchliche Position vertritt, die im CDU-Präsidium beschlossen worden ist:[20] Zusammen mit Barzel und gegen Strauß bejaht er den UN-Beitritt, lehnt aber zusammen mit Strauß und den anderen Ministerpräsidenten der Union im Bundesrat den Grundlagenvertrag ab. Das Tohuwabohu innerhalb der Opposition läßt sich kaum noch steigern.

Am 8. Mai 1973 verliert Barzel bei einer schriftlichen Abstimmung der CDU/CSU-Fraktion über den UN-Beitritt mit 93 gegen 101 Stimmen bei einer Enthaltung

Eingerahmt von Gerhard Stoltenberg (links) und Helmut Kohl gibt der CDU-Kanzlerkandidat Rainer Barzel seine Wahlniederlage bekannt, 19. November 1972

und tritt tags darauf vom Fraktionsvorsitz zurück. Es folgt eine Sitzung des CDU-Parteivorstands, in der erbittert gestritten wird mit konzentrischen Angriffen auf Barzel. Kohl erwähnt bei dieser Gelegenheit, im Fall einer Wahl zum Parteivorsitzenden wolle er Professor Kurt Biedenkopf zum Generalsekretär vorschlagen.[21] Zwei Tage später gibt Barzel bekannt, er werde nicht mehr für den Parteivorsitz kandidieren.

Innerhalb weniger Tage fallen nun in der CDU weitreichende Personalentscheidungen. Die Fraktion wählt Professor Karl Carstens zum Fraktionsvorsitzenden. Als Staatssekretär des Auswärtigen Amts und dann des Bundeskanzleramts war Carstens ein Spitzenbeamter von hohem Ansehen. 1972 hat er als frischgewähltes Bundestagsmitglied mit einem brillant-polemischen Debattenbeitrag zur Deutschlandpolitik in der CDU/CSU-Fraktion Begeisterungsstürme ausgelöst. Jetzt wählt ihn die Fraktion nach maßgeblicher Vorarbeit von Franz Josef Strauß zum Vorsitzenden. Richard von Weizsäcker dagegen, Exponent des liberalen Flügels, der den Ostverträgen zugestimmt hatte, bleibt abgeschlagen zurück. Noch grausamer verfährt die Fraktion mit Gerhard Schröder.

Auch die Entscheidung über den Parteivorsitz kann nun nicht mehr, wie geplant, bis zum Herbst 1973 warten. Helmut Kohl ist der konkurrenzlose Bewerber. So tritt am 12. Juni in der Bonner Beethovenhalle der CDU-Sonderparteitag zur Neuwahl der Parteiführung zusammen. Auf Kohl entfallen jetzt 520 von 600 Stimmen – ein recht bemerkenswerter Umschwung seit dem Parteitag zu Saarbrücken. Die Journalisten registrieren jedoch kein Übermaß an Enthusiasmus. Mit seiner beinahe zweistündigen Parteitagsrede gelingt es dem neuen Hoffnungsträger, selbst seine Anhänger ziemlich einzuschläfern. Kohl kommt letztlich zum Zug, weil Barzel abgewirtschaftet hat. Ihm zur Seite sitzt freundlich lächelnd Gerhard Stoltenberg, der bei den Wahlen zum Stellvertreter 557 Stimmen erhält. Manche glauben, daß »der Kühle, Klare aus dem Norden«, der 1971 die CDU in Schleswig-Holstein mit einer Mehrheit von 51 Prozent zum Sieg geführt hat, für 1976 einen besseren Kanzlerkandidaten abgeben würde.

Stoltenberg ist fast gleich alt wie Helmut Kohl, will aber vorerst abwarten. Man kennt ihn als einen Mann von ausgeprägter Fairness und Loyalität, dem allerdings der Killerinstinkt fehlt. Viele Insider glauben dennoch, daß er unter den CDU-Politikern in den kommenden Jahren der einzige potentielle Rivale um die Kanzlerkandidatur sein wird. Mit dem neu zum Fraktionsvorsitzenden gewählten Karl Carstens verbinden sich damals noch keine weitergehenden Erwartungen.

Aus dem Rückblick weiß man, daß die Ära Helmut Kohls an der CDU-Spitze damals begann. Da sich das Personalkarussell der CDU seit Adenauers Zeiten schnell zu drehen pflegt, kann sich im Juni 1973 niemand vorstellen, daß die Amtszeit dieses eher unspektakulär auftretenden Nachfolgers von Rainer Barzel erst ein Vierteljahrhundert später, beim Wahldebakel von 1998, zu Ende sein wird. Kohl selbst jedoch demonstriert freudiges Selbstbewußtsein, obschon ihm insgeheim eher blümerant zumute ist. Er weiß, was auf ihn wartet, und Frau Hannelore sieht schlimme Zeiten voraus.[22] Doch Journalisten, die vorsichtige Zweifel äußern, ob er sich auf dem Schleudersitz wirklich lange halten kann, bekommen zur Antwort, man müsse ihn schon »wegprügeln«, und dann zitiert er einen Ausspruch seiner Frau: »Wer ihn mal hat, der hat ihn lange.«[23]

Kohl, Biedenkopf und die Mannschaft

Als Kohl im Juni 1973 die CDU übernimmt, liegt diese ziemlich am Boden. Das Debakel der Wahlniederlage gegen Willy Brandt am 19. November 1972 wirkt immer noch nach. Alle Aufmerksamkeit richtet sich dabei auf die CDU/CSU-Bundestagsfraktion und deren Führungspersonal. In den Ländern jedoch befindet sich die Partei seit dem Machtwechsel 1969 am Beginn einer Aufschwungphase, die in der Dekade der siebziger Jahre andauert. Bemerkenswert ist der kontinuierliche Zustrom neuer Mitglieder. 1968 liegt die Mitgliederzahl bei 280 000; im Wendejahr 1982 ist die CDU eine Massenpartei mit knapp 720 000 Mitgliedern. Auch die zumeist hohen Gewinne bei den Landtagswahlen und in einstmals von der SPD völlig unangefochten dominierten Großstädten sind ein günstiges Indiz. Kohls bewunderter Wahlsieg von 1971 in Rheinland-Pfalz war gewiß eine Prämie für eigene Leistungen, bekundet aber zugleich einen Trend, der in den Ländern und Kommunen gegen die SPD läuft. Die Übernahme des Parteivorsitzes durch den erfolgreichen Ministerpräsidenten trägt auch dieser Tatsache Rechnung.

Wie jede Opposition profitiert die CDU in starkem Maß von den Fehlern der Regierung. Die inflationäre Entwicklung, die militanten Jusos, das Überschwappen der Achtundsechziger-Bewegung an die höheren Schulen, die hessischen Rahmenrichtlinien, die chaotischen Zustände an bestimmten Reformuniversitäten, die Rote Armee Fraktion (RAF), die sozialliberale Rechts- und die Familienpolitik, die Sorge der mittelständischen Wirtschaft ob der zunehmenden Ausweitung des Gewerkschaftseinflusses und der Zorn über die Akzeptanz der Teilung Deutschlands – das alles treibt den Unionsparteien Sympathisanten in großer Menge zu. Monat für Monat melden sich Hunderte neuer Mitglieder. Seit Ende der sechziger Jahre vollzieht sich ein *backlash* des bürgerlichen Deutschland gegen die Achtundsechziger, doch auch gegen die Anerkennung der totalitären DDR. Der Aufstieg des Oppositionsführers Helmut Kohl vollzieht sich in diesem »roten Jahrzehnt« der siebziger Jahre. Es ist ein Jahrzehnt des Kulturkampfs und der Polarisierung. Viele CDU-Anhänger treibt die Sorge um, die Bundesrepublik könnte in eine innerlich ungefestigte Position am Rande des Ostblocks abdriften, für die manche den Begriff »Finnlandisierung« verwenden.

Aus Sicht des neuen Parteivorsitzenden ist die kämpferische Stimmung in großen Teilen der CDU jedoch durchaus ambivalent. An der Basis, wo ein radikales Umsteuern verlangt wird, ist Kohl vielen zu pragmatisch, zu bedächtig, zu liberal – ein Mann, der Brücken zur FDP baut, der keine kompromißlose Gegnerschaft zur neuen Ostpolitik erkennen läßt, der sich mit Sozialpolitikern wie Geißler und Blüm umgibt und der den Linkskatholiken gewogener ist als den bedingungslosen Gegnern einer Reform des Paragraphen 218. Daß den Intrigen mancher CDU-Spitzenpolitiker gegen Kohl vielfach ein frustrierter, verzehrender Ehrgeiz zugrunde liegt, bedarf keiner weiteren Beweisführung. Doch man sollte nicht vergessen, daß die mit ihm unzufriedenen Granden den radikalen Strömungen unter den Parteiaktivisten an der Basis Ausdruck geben, die im »roten Jahrzehnt« nach scharfer Kante verlangen.

Es sind jedenfalls die auf Mitte-rechts-Positionen angesiedelten Landesverbände der CDU, gegen die sich Kohl in den ersten Jahren als Parteivorsitzender mühsam behaupten muß. Dabei hat er aber Glück mit deren Exponenten. Alfred Dregger gelingt es nicht, das Amt des hessischen Ministerpräsidenten zu erringen, das ihn erst zu einem sehr gefährlichen Konkurrenten machen würde. Hans Filbinger, der bald von seiner Vergangenheit als Marinerichter eingeholt wird, beschränkt sich in seinen glanzvollen Jahren darauf, aus Baden-Württemberg ein Musterland der CDU zu machen. Gerhard Stoltenberg in Schleswig-Holstein erweist sich im großen und ganzen

Der neugewählte CDU-Generalsekretär Kurt Biedenkopf und der neugewählte
CDU-Vorsitzende Helmut Kohl auf dem Parteitag in Bonn, 12. Juni 1973

als loyal, ist ohnehin nicht von dem unbändigen Machtwillen eines Helmut Kohl
getrieben und wartet ruhig, zu ruhig, seine Stunde ab. Strauß an der Spitze der mächtigen CSU greift zwar ungeniert nach der Kanzlerkandidatur, ist aber dadurch ge-
handicapt, daß sich die große CDU naturgemäß schwertut, den Vorsitzenden der
kleineren Schwesterpartei als Kanzlerkandidaten zu akzeptieren. Die hier genannten
Parteiführer von CDU/CSU und noch ein paar andere arbeiten aber allesamt an
der Eindämmung des neuen Vorsitzenden. Sie unterstellen Helmut Kohl deutliche
Neigungen zu einer Mitte-links-Politik und möchten ihn daran hindern, seine
Vorstellungen ungebremst zu entfalten.

Daß die wirtschaftsliberalen oder konservativen Landesverbände und Strömungen in der CDU Helmut Kohl schließlich dennoch als Vorsitzenden akzeptieren, hat
viele gute Gründe. Kohl bringt aus Rheinland-Pfalz eine beachtliche Reputation mit,
er ist eminent fleißig und belastbar, auch selbstbewußt, und er teilt gern aus, hat
Machtinstinkt, Steherqualitäten, viel Soziabilität und nicht zuletzt eine gute Nase für
kommende Trends sowie für Persönlichkeiten mit politischem Potential. Vor allem
aber verfügt er über die Fähigkeit zu integrieren – geduldig, freundschaftlich, unge-
heuer gesprächig, doch zugleich mißtrauisch und alle Tricks des Gewerbes beherr-
schend. So gelingt es ihm, die Bundespartei organisatorisch und programmatisch in
Schwung zu bringen.

Helmut Kohl mit dem Sozialminister von Rheinland-Pfalz, Heiner Geißler,
auf dem Parteitag in Bonn, 12. Juni 1973

Kaum hat der neue Chef die Zügel in der Hand, registrieren Freunde und Gegner eine Phase der Revitalisierung. »Moderne Volkspartei« lautet das Stichwort. Aus dem durch Diadochenkämpfe und Wahlniederlagen im Bund erschlafften Kanzlerwahlverein wird eine Kampfmaschine. Ohne organisatorische und programmatische Erneuerung der CDU wäre diese Umsetzung des im Lande verbreiteten Unmuts in operative Politik nur schwer vorstellbar. Gewiß steht auch Kohl auf den Schultern der vorhergehenden Parteimanager Dufhues, Heck und Kraske, und gewiß ist die Partei schon länger auf dem Weg zu neuen Strukturen. Doch daß die Wiederbelebung der CDU in erster Linie das Werk des reformerischen neuen Vorsitzenden ist, wird damals und auch später niemand ernstlich bestreiten.

Wenn in den Jahren 1973 bis 1976 aus der arg gebeutelten, zerstrittenen CDU urplötzlich wieder eine attraktive, zeitgemäße Partei wird, dann ist das aber auch dem Generalsekretär Kurt Biedenkopf zu verdanken, den der Parteireformer Helmut Kohl im Vorfeld seiner Wahl zum Parteivorsitzenden auf den Schild gehoben hat. Biedenkopf steht damals genauso wie Kohl im besten Alter von 43 Jahren, weist aber ein völlig anderes Karriereprofil auf. Daß sie gleichaltrig und zudem beide in Ludwigshafen geboren sind, will nichts besagen. Biedenkopfs Vater ist schon 1938 als Technischer Direktor der Buna-Werke nach Schkopau bei Merseburg verzogen. In den frühen fünfziger Jahren beginnt Biedenkopf seine wissenschaftliche Laufbahn in Frankfurt. Heinrich Kronstein, Franz Böhm und Helmut Coing gehören zu seinen akademischen Lehrern. Zeitweise studiert er in den USA, macht an der Georgetown University einen Master of Law, zeigt sich im Englischen genauso sicher wie auf Deutsch und ist mit der angelsächsischen Mentalität bestens vertraut. Mitte der sechziger Jahre ist er einer der jüngsten Ordinarien für Bürgerliches Recht, Handels-, Wirtschafts- und Arbeitsrecht, ist somit entsprechend versiert in Wirtschaftsfragen und dies mit ausgeprägt ordoliberalen Überzeugungen.

1967 bis 1969, als die verängstigten Universitäten gerne junge und fortschrittliche Professoren an ihre Spitze stellen, amtiert Biedenkopf als Rektor der Ruhr-Universität Bochum. Er ist stolz darauf, trotz der Zerstrittenheit unter den Gruppen der Universität schließlich eine von allen gebilligte Reformsatzung durchgebracht zu haben. Bundesweites Ansehen erwirbt er sich als Vorsitzender der 1968 von der Regierung Kiesinger eingesetzten Kommission für die Weiterentwicklung der Mitbestimmung. Auch dort bewährt sich sein Talent, schwer vereinbare Positionen in originellen, letztlich aber sachgerechten Lösungen zusammenzuführen. Er hat auf diese Weise ein Mitbestimmungsmodell entwickelt, das weiter geht, als dies den Konservativen in der CDU lieb ist, aber auch restriktiver ist als die paritätischen Vorstellungen in der SPD und in den CDU-Sozialausschüssen. Anfang der siebziger Jahre tritt dieser virtuose Jurist in die zentrale Geschäftsführung des Henkel-Konzerns ein und sieht sich am Beginn einer steilen Karriere in der Privatwirtschaft.

Seit seinen Studienjahren in Frankfurt ist Biedenkopf von den Grundsätzen freiheitlicher Ordnungspolitik durchdrungen, deren Exponenten sich mit Ludwig Erhard in der CDU weitgehend durchgesetzt haben. Doch mit Parteiarbeit hat dieser Nachwuchsstar ursprünglich nicht viel im Sinn. Mitte der sechziger Jahre wird jedoch der damals sehr mächtige Geschäftsführende Vorsitzende der CDU und Förderer Helmut Kohls, Josef Hermann Dufhues, auf Biedenkopf aufmerksam, denn der Zufall will es, daß Dufhues und Biedenkopf in Bochum Nachbarn sind. Die beiden Juristen finden aneinander Gefallen; Biedenkopf tritt schließlich der CDU bei. Jetzt wird auch Helmut Kohl, der in jenen Jahren bundesweit auf Talentsuche ist, auf ihn aufmerksam. Ein renommierter junger Rechtsprofessor, der in der für die CDU damals entscheidenden Frage der Mitbestimmung vielbeachtete, etwas unkonventionelle, aber vielleicht mehrheitsfähige Vorstellungen entwickelt – an solchen Köpfen hat Kohl Bedarf. Als Ministerpräsident von Rheinland-Pfalz zieht er Biedenkopf in seinen Beraterkreis, enttäuscht ihn allerdings bald, als er, wie schon geschildert, auf dem Düsseldorfer Parteitag im Januar 1971 völlig unerwartet gegen die auf Überlegungen Biedenkopfs fußende Vorstandsposition stimmt, für die er sich selbst zuvor stark gemacht hatte.

Doch im Frühjahr 1973, als der Machtkampf zwischen Kohl und Barzel seinem Höhepunkt zutreibt, sind die Differenzen vergessen. Kohl will, falls er selbst zum neuen CDU-Vorsitzenden gewählt wird, Biedenkopf als seinen Kandidaten für das

Amt des CDU-Generalsekretärs vorschlagen. Um zu demonstrieren, wie wichtig es ihm ist, den ideensprühenden Biedenkopf an Bord zu holen, entsendet er einen Hubschrauber nach Bochum, der Biedenkopf zu einer Unterredung nach Mainz holt. Zu dem Treffen mit Kohl äußert Biedenkopf sich viel später ironisch: Er habe damals einen zwiespältigen Eindruck gehabt. Erstmals habe er festgestellt, welche Mengen Kuchen Kohl zu vertilgen in der Lage sei. Über konzeptuelle Fragen sei zu seinem Erstaunen kaum gesprochen worden.[1] Das Angebot ist aber so verlockend, daß Biedenkopf annimmt, sich jedoch die Möglichkeit offenhält, eventuell wieder zu Henkel zurückzukehren.

In vielerlei Hinsicht sind »der schwarze Riese« und »der kleine Professor« so verschieden wie nur denkbar. Kohl ist massiv, volkstümlich, gemüthaft, häufig auch polternd, pragmatisch, sensitiv, mit sicherem Instinkt für Gefahren und für Chancen ausgestattet, als Redner leider auch ermüdend durch Weitschweifigkeit und lange, verknödelte Sätze. Und er kennt die CDU in allen Teilen der Bundesrepublik bereits wie seine Hosentasche. Biedenkopf hingegen ist zierlich, elegant, elitär, analytisch, im Umgang mit Parteifreunden zwar oft befremdlich insensibel, doch er formuliert glänzend. Stark ichbezogen sind sie beide, wobei sich Kohl das viel eher leisten kann als Biedenkopf, der in der CDU erst Fuß fassen muß. Beide sind sie von der eigenen Bedeutung überzeugt und sichtlich von Ehrgeiz getrieben. Machtpolitisch sitzt Kohl am längeren Hebel, doch vorerst bedarf jeder des anderen.

Nicht unwichtig für das Image des CDU-Vorsitzenden im Vergleich mit seinem Generalsekretär ist, daß Letzterer die Fähigkeit hat, auf internationaler Bühne zu glänzen. Während Kohl den Ruf des Provinzlers lange Zeit nicht loswird, versteht es Biedenkopf, weltmännisch aufzutreten. Margaret Thatchers Beschreibung eines ersten Zusammentreffens mit Kohl, Biedenkopf und Ludwig Erhard spricht Bände. Leicht herablassend schreibt sie zunächst über Kohl: »Mein erster Eindruck war der eines liebenswürdigen Mannes, der in den wichtigen Fragen instinktiv richtig lag. Aber da keiner von uns die Sprache des anderen beherrschte, blieb das Gespräch etwas stockend … Professor Biedenkopf war eher Kosmopolit, sprach absolut fließend Englisch, erwies sich als hochintelligent und ungemein energisch. Ideen und Überlegungen sprudelten nur so aus ihm heraus, daß ich kaum zu Worte kam. Er war offenkundig ebenso entschlossen wie ich, seine Partei, wenn sie an die Macht kam, mit einem kohärenten und wohldurchdachten Programm antreten zu lassen.«[2]

Natürlich erkennen scharfe Beobachter rasch, daß sich mit Kohl und Biedenkopf ein recht ungleiches Gespann zusammengefunden hat. Vielfach wird das als Indiz für die Klugheit Kohls gewertet, eben weil der brillante Generalsekretär vieles mitbringt, was Kohl abgeht, nicht zuletzt die Fähigkeit, bei den Diskussionsrunden im Fernsehen die von ihm repräsentierte CDU klüger, weitschauender, moderner und pfiffiger erscheinen zu lassen als deren Widersacher. Als Biedenkopf 1973 einen fulminanten

Start hinlegt, ist Helmut Kohl »sichtlich stolz« auf seinen gescheiten »General«, der die Sozialdemokraten das Fürchten lehrt.[3] Schließlich ziehen sie beide bei der Revitalisierung der CDU am selben Strang. Bis ins Jahr 1977 hinein ist das Außenbild, das Kohl und Biedenkopf abgeben, durchweg erfreulich.

Es ist Biedenkopf, der die Programmatik der neuen Parteiführung entwickelt. »Eine Strategie für die Opposition« ist der Aufsatz betitelt, der am 16. März 1973 in der *Zeit* erscheint und Parteigeschichte machen soll. Man muß sich den Zeitablauf ins Gedächtnis rufen: Als Biedenkopf Mitte März 1973 das Programm der oppositionellen CDU skizziert, steht er mit Kohl bereits in enger Verbindung. Die Kandidatur Kohls für den Parteivorsitz liegt seit Jahresbeginn 1973 auf dem Tisch, aber noch ist nichts entschieden. Zwei Monate später, nach dem Rücktritt Barzels, kündigt Kohl im Parteivorstand wie verabredet an, im Fall seiner Wahl wolle er Biedenkopf zum Generalsekretär vorschlagen.[4]

Wer nach der politischen Philosophie, den Formeln, dem Führungs- und dem Managementkonzept fragt, von denen sich das Führungsduo Kohl-Biedenkopf künftig leiten läßt, findet das alles in Biedenkopfs Aufsatz vorformuliert.[5] Der Beitrag zur Grundsatzdebatte beginnt mit dem Satz: »Die CDU ist keine Richtungspartei, sondern eine Volkspartei.« Auch in Zukunft habe sie die Aufgabe, »Bürger unterschiedlicher gesellschaftlicher, wirtschaftlicher und kultureller Interessen durch gemeinsame Wert- und Zielvorstellungen zu verbinden und so die Grundlage für eine Regierung zu schaffen, die die Mehrheit der Bürger vertritt.« Volksparteien seien, doziert Biedenkopf dort, »aus praktischen Gründen Parteien der Mitte«. Nur so würden sie mehrheitsfähig. »Partei der Mitte« – das ist das Stichwort, das Kohl aufgreifen und mit dem er sich gegen die Extreme abgrenzen wird.

Auch die gesellschaftlichen Zielgruppen, auf die sich Kohl und Biedenkopf konzentrieren wollen, sind hier schon benannt: die Arbeitnehmer, die wirtschaftlich orientierten Selbständigen (Mittelstand, Unternehmer, leitende Angestellte, Bauern), die geistigen und kulturellen Kräfte (Wissenschaft, Literatur, öffentliche Meinung) und die Jugend. Das eben erst beschlossene Berliner Programm erhält die Note »nur bedingt geeignet«. Aus dem Plädoyer für eine »grundsätzliche Aussage« ist zu entnehmen, daß Biedenkopf nicht mehr und nicht weniger vorschwebt als ein Grundsatzprogramm. Auch in diesem Punkt entspricht er den Wünschen Helmut Kohls, der weiterhin fest an die integrierende Wirkung jahrelanger Programmpalaver glaubt. Seine konservativen Kritiker sehen darin das Bestreben, in der CDU fortschrittliche Inhalte durchzusetzen, und verweisen auf die eher abschreckenden Beispiele der Programmdiskussion bei der SPD.

Mißtrauen erweckt auch der Umstand, daß Biedenkopf offenkundig zu den säkularen Reformern gehört. In dem erwähnten Aufsatz, der innerparteilich hohe Wellen schlägt, hat er hart formuliert: »Die christlichen Bekenntnisse sind keine wirksame Grundlage politischer Integration mehr.« Das ist ein Punkt, in dem Kohl ihm nicht folgen, sondern vielmehr an der verwaschenen Formel vom »christlichen Menschenbild« festhalten will. Er stimmt aber Biedenkopfs Forderung zu, die Union müsse zeigen, »daß die Wertorientierung in der Politik unverzichtbar ist«. »Einbindung in die Wertordnung der westlichen Gesellschaft«, aber auch »historische Verankerung der eigenen politischen Substanz« – das entspricht seiner eigenen Grundorientierung. Auch das in diesem Schlüsseltext bereits erkennbare Insistieren des Ordoliberalen Biedenkopf auf freiheitlicher Ordnungspolitik will Helmut Kohl im Prinzip vorerst akzeptieren, zumal es ihm in den Jahren heftigen Kampfs gegen die teilweise nach links driftende SPD die Unterstützung der liberalen Ökonomen und des Mittelstandsflügels in der CDU einbringt. In Wirklichkeit ist Kohl jedoch ein Pragmatiker, der je nach Lage bald so, bald anders taktiert. Biedenkopfs Forderung, die CDU müsse aus ordnungspolitischen Grundsätzen konkrete Gesetzgebung ableiten, hält er für professoral. Er hat eine »Präferenz für das Diffuse«.[6] Doch da theoretisch anspruchsvoll dargebotene Programmatik der CDU in den Feuilletons der überregionalen Zeitungen und auf politischen Akademien gut zu Gesicht steht, läßt er erst Biedenkopf und später auch den wirtschaftspolitisch ganz anders als Biedenkopf orientierten Geißler mit ihren Theorien gewähren, solange sich diese im Konfliktfall seinem stark taktisch motivierten Pragmatismus unterordnen.

Von größter Bedeutung für die jetzt von Kohl und Biedenkopf gemeinsam betriebene Umgestaltung der CDU ist das Organisationskonzept: »Die Organisation der Partei«, so wird in dem Schlüsseltext klipp und klar gefordert, »muß unabhängig sein von der Organisation der Fraktion.« Biedenkopf leitet daraus die Schlußfolgerung ab: »Die personelle Trennung von Fraktionsvorsitz und Parteivorsitz ist dafür unerläßlich.« In der CDU und bei der Presse wird dies natürlich als theoretisch verbrämter Angriff auf Barzel verstanden, der gleichzeitig die beiden Ämter wahrnimmt, und so ist es wohl auch gemeint. Doch tatsächlich liegt dem ein Parteiverständnis zugrunde, das uneingestanden viel mehr mit dem der Sozialdemokratie als mit der liberalen Honoratiorendemokratie Ähnlichkeit aufweist: »Die Organisationsstrategie muß so beschaffen sein, daß die Partei ihre Führungsrolle im programmatischen und grundsätzlichen Bereich beanspruchen und durchsetzen kann.« Führungsrolle der Partei – wie sich rasch zeigen wird, reicht diese prinzipielle Forderung weit über den Machtkampf zwischen Kohl und Barzel hinaus.

Wir haben die Überlegungen in diesem Schlüsseltext vergleichsweise breit referiert, denn wesentliche Merkmale der Ära Kohl, die nun in der CDU beginnt, sind dort bereits präzise formuliert. Kein Zweifel, daß sich Kohl große Teile der skizzierten Programmatik zu eigen macht, genauer gesagt: Biedenkopf hat dem, was Kohl – wenngleich in oft unscharfer Suada – seit langem fordert, hier klaren Ausdruck gegeben.

Kaum sind die beiden im Juni 1973 gewählt, machen sie sich an die Umsetzung des Projekts Reform der CDU an Haupt und Gliedern. Dabei übernimmt »der kleine Professor« die Rolle des Generalstabschefs, während Kohl den Feldherrn spielt und sich diese Führungsrolle auch nicht streitig machen läßt.

Alles wird jetzt gleichzeitig angepackt: die programmatische Neuorientierung, bei der nun sogar ein Grundsatzprogramm erarbeitet werden soll; die Veranstaltung von anspruchsvollen Fachkongressen und von werbewirksamen, doch zugleich integrierenden Parteitagen; die Mobilisierung des bürgerlichen Deutschland durch breite Mitgliederwerbung; die Geldbeschaffung von der durch die Linkstendenzen in der SPD beunruhigten Wirtschaft; nicht zuletzt aber: der Ausbau des Adenauer-Hauses zu einer effektiven politischen Dienstleistungszentrale für alle Ebenen der Partei sowie eines verbesserten Wahlkampfmanagements. Die CDU wird dadurch in der Tat weitgehend runderneuert.

Kohls erste, für die Parteiarbeit wesentliche Operationsbasis ist das Konrad-Adenauer-Haus. Der CDU-Generalsekretär Bruno Heck hat das gesichtslose Bürohochhaus im Stil der späten sechziger Jahre an der Adenauerallee errichten lassen. Anders als zuvor in der Nassestraße verfügt die Parteizentrale der CDU hier bereits über eine recht stattliche Bürokratie, für die der Schatzmeister Leisler Kiep unablässig Geld auftreiben muß – rund 12 Millionen Mitgliedsbeiträge sowie 20 Millionen Spenden kann er Kohl Ende 1973 seufzend und stolz berichten.[7] Der in Mainz und durch die nun bundesweit fälligen Wahlkampfauftritte sowie durch die unverzichtbaren Auslandsreisen ohnehin stark ausgelastete Helmut Kohl muß Biedenkopf anfangs bei der Leitung des Adenauer-Hauses ziemlich freie Hand lassen. Meist hält er sich an den ersten beiden Wochentagen in Bonn auf, manchmal aber auch nur am Montag. Schon wegen der permanenten Abwesenheit des Vorsitzenden hat Biedenkopf in der Parteizentrale »faktisch die Rolle eines ›geschäftsführenden Vorsitzenden‹ wahrzunehmen«, meint der Journalist und spätere Kohl-Biograph Karl Hugo Pruys, von 1974 bis 1977 Pressesprecher beim CDU-Bundesvorstand.[8] Doch schon damals und später erst recht entspricht es Kohls Führungsphilosophie, die Topchargen am langen Zügel laufen zu lassen, solange nicht berechtigte Klagen laut werden und solange sie loyal bleiben.

Wie Kohl und Biedenkopf den schon nicht mehr ganz so schläfrigen, aber durchaus zu größeren Leistungen fähigen CDU-Gaul bundesweit auf Trab bringen, kann hier nicht im einzelnen ausgeführt werden und interessiert in diesem Zusammenhang auch nicht. Die Parteizentrale wird jedenfalls organisatorisch umgekrempelt. Statt der sieben Hauptabteilungen gibt es jetzt nur noch drei. Die wichtigste Neuerung ist eine Planungsgruppe, die dem Generalsekretär untersteht. Herkunft und politische Orientierung des Führungsstabs im Konrad-Adenauer-Haus signalisieren, wie breitgefächert Kohl die CDU aufgestellt sehen möchte. Mit Biedenkopf hat er einen liberalen Ökonomen gewonnen, der dank seiner internationalen Prägung auch zu ausländischen Schwesterparteien und Forschungsinstituten beste Verbindungen pflegt. Bundesgeschäftsführer wird der Kohl-Loyalist Karl-Heinz Bilke. Die Leiterin der neuen Hauptabteilung Politik, Dorothee Wilms, die Kohl später zur Ministerin macht, ist eine Ökonomin. Sie hat bei Alfred Müller-Armack in Köln promoviert und kommt ähnlich wie Biedenkopf aus dem ordoliberalen, wirtschaftsnahen Milieu. Zwei Jahre später folgt ihr Meinhard Miegel nach – in den kommenden Jahrzehnten als sozialwissenschaftlicher Forscher und Stichwortgeber eine Art Alter ego Kurt Biedenkopfs. Mit der Leitung der Hauptabteilung Öffentlichkeitsarbeit betraut Kohl den umtriebigen Peter Radunski, der die munteren achtundsechziger Jahre beim RCDS an der Berliner Freien Universität verbracht hat, dann für Leisler Kiep arbeitete und nun für Pressearbeit, Analyse der Meinungsumfragen und für Wahlkämpfe zuständig ist. Politisch ist er ebenso wie Winfried Dettling im Planungsstab auf der linken Mitte zu verorten. Für eine stärker zentrale Ausrichtung der CDU-Landesverbände werden unterschiedlichste Koordinationsgremien eingesetzt. Das Adenauer-Haus unter der Oberregie Helmut Kohls hat künftig auch ein Mitspracherecht bei der Ernennung der Landesgeschäftsführer.

Auf allen Ebenen der Partei bis hin zum einfachen Mitglied soll die Zentrale unter Einsatz moderner Technik als Servicecenter wirken. Kohl möchte die gesamte CDU unablässig in Bewegung halten, wozu auch die Programmarbeit gehört. Vielfach läßt er Formate, die sich bereits in Rheinland-Pfalz bewährt haben, auf die Bundesebene übertragen. Fachkongresse zur Flankierung gesetzgeberischer Vorhaben erhalten einen besonders hohen Stellenwert. Sein Ziel, die Mitgliederschaft signifikant zu steigern, erreicht er. Ende 1972 verzeichnet die Zentrale Mitgliederkartei (ZMK) 422 968 Mitglieder, Ende 1976 sind es 652 010.

Schon bald beginnt es aber zwischen Kohl und Biedenkopf zu knirschen. Biedenkopf verfolgt von Anfang an auch eine persönliche Agenda und zeigt wenig Eifer, dem Vorsitzenden so vorbehaltlos zu dienen, wie dieser es erwartet. Ganz besonders wenig will ihm einleuchten, weshalb er Kohl, dessen Stärken und Schwächen ihm bald bestens bekannt sind, so ganz uneigennützig den Weg zur Kanzlerkandidatur im Jahr 1976 ebnen soll. Der Generalsekretär ist erst ein Jahr im Amt, da erzählt man im Adenauer-Haus schon von einem Essen Biedenkopfs mit engsten Mitarbeitern, bei dem er geprahlt haben soll: »Kinder, bereitet euch darauf vor, ich werde der Kanzlerkandidat.«[9]

Nun wird in vertrauter Runde vieles geredet und nicht selten ironisch Gemeintes bierernst aufgefaßt. Doch aus dem CSU-Hauptquartier in der Münchener Lazarettstraße sickert gleichfalls Bedenkliches durch. Erbost vernimmt Kohl, sein Generalsekretär habe im Gespräch mit dem CSU-Chef Franz Josef Strauß geäußert, er könne sich auch den Fraktionsvorsitzenden Carstens als Kanzlerkandaten vorstellen. Ausgerechnet bei seinem Herzenswunsch, der Kanzlerkandidatur für die Unionsparteien, fühlt sich Kohl bald von Biedenkopf geradezu »verraten«.

Allzu gerne läßt sich das rhetorische Naturtalent Biedenkopf dazu hinreißen, seinen allerhöchsten Parteiboß zu überstrahlen. So führt beispielsweise ein gemeinsamer Auftritt in der Evangelischen Akademie Tutzing im Jahr 1975 zur Verstimmung: Biedenkopf, die Nummer 2, wird ob seiner Brillanz gelobt, und Kohl, die Nummer 1, als »hausbackener« Redner heruntergemacht. Horst Teltschik, damals schon der Intimus von Helmut Kohl, der das berichtet, knüpft daran die Betrachtung, auf solche Fragen des Stils habe der Generalsekretär nie Rücksicht genommen: »Es ist ja dann auch auseinander gegangen, weil Biedenkopf immer mehr Leuten zu verstehen gegeben hat, daß er eigentlich die Nummer 1 sei.«[10] Lange bevor das an die Öffentlichkeit gelangt, ist das Verhältnis zwischen Kohl und Biedenkopf schon ziemlich zerrüttet mit der Folge, daß es auch im Adenauer-Haus zu einer Frontbildung zwischen Kohl-Loyalisten und Biedenkopf-Anhängern kommt.[11]

In dem Klima wachsender, wenngleich nach außen sorgsam verhüllter Eifersucht zwischen Kohl und Biedenkopf kommt dem persönlichen Büro des Parteivorsitzenden im Konrad-Adenauer-Haus besondere Bedeutung zu. Es untersteht direkt dem Parteivorsitzenden, nicht dem Generalsekretär, und bildet gewissermaßen den Brückenkopf und den Horchposten Kohls, der zwar wöchentlich in Bonn aufkreuzt, dort Sitzungen abhält und zahllose Gespräche führt, aber weiterhin den größten Teil der Woche in Mainz residiert. Von 1973 bis 1981 amtiert der im Milieu von Journalisten und Literaten gut vernetzte Politologe Wolfgang Bergsdorf als Leiter dieses Büros. Er reist regelmäßig nach Mainz, um Kohl über die jeweils neuesten Vorgänge zu unterrichten. Seine Rolle ist die des »Agenten von Kohl« in der Bundesgeschäftsstelle.[12]

Das Konrad-Adenauer-Haus mit seinen Führungsstäben ist aber nicht der einzige Stützpunkt, den Kohl damals in Bonn unterhält. Von Anfang an besitzt er mit der rheinland-pfälzischen Landesvertretung eine Parallelorganisation neben der Parteizentrale, auf deren personellen Ausbau er großen Wert legt, schließlich ist er Ministerpräsident von Rheinland-Pfalz und strebt danach, die Bundesratspolitik der Unionsparteien zu koordinieren. Und natürlich will er zugleich das allzu deutlich spürbare Selbstbewußtsein von Biedenkopf etwas konterkarieren und die eigene Rolle unterstreichen. Seit seiner Ludwigshafener Zeit ist es Kohl ohnehin gewohnt, mit verschiedenen Büros zu arbeiten. Sein bei Untergebenen, Ministern und Parteigrößen gefürchteter Zorn bei der geringsten Unpünktlichkeit hat seinen Grund auch darin, daß er einen komplizierten Terminkalender zwischen mehreren Büros abzuarbeiten hat.

Die Landesvertretung untersteht dem Ministerpräsidenten. Wie alle Landesvertretungen dient sie in erster Linie als Schaltstelle bei der Gesetzgebung und der Einwirkung auf den Bundesrat. Dort können die sogenannten B-Länder, also die Länder mit CDU-Ministerpräsidenten, ihre Vorstellungen zur Hochschulgesetzgebung, zum

Bundeshaushalt, aber auch zu der 1975/76 besonders strittigen Frage der Polenverträge zur Geltung bringen. Im Bundesrat tritt der CDU-Vorsitzende und rheinlandpfälzische Ministerpräsident somit als eine Art Stimmführer auf, wobei jedoch zu seinem Bedauern alle CDU-geführten Länderregierungen strikt darauf bestehen, sich von Mainz nicht gängeln zu lassen.

Die Vorbereitung der Bonner Aufgaben liegt seit Anfang 1973 in den Händen von Roman Herzog. Als Staatssekretär im Mainzer Kabinett leitet er in Bonn die Landesvertretung. Herzog ist ein noch junger Staatsrechtslehrer (Jahrgang 1934), der in den Turbulenzen der siebziger Jahre die Arbeit in seinem Berliner Ordinariat »nicht besonders ersprießlich«[13] fand und sich deshalb an die ruhigere Verwaltungshochschule Speyer zurückgezogen hat, wo es ihm aber rasch allzu ruhig wird. Er gehört zu den Talenten, die Kohl in seine Nähe zieht. Jetzt hilft er dem Ministerpräsidenten dabei, mit den kniffligen Aufgaben im Bundesrat fertig zu werden. Wie alle anderen Länderchefs betrachtet auch Kohl die Landesvertretung als ein anständiges eigenes Hotel, in dem er übernachtet, Besprechungen durchführt, Hof hält und manchmal fröhliche Gelage inszeniert mit edlen Pfälzer Kreszenzen, versteht sich: Mainz wie es in Bonn singt und lacht.

Koordiniert wird die inzwischen weitverzweigte Tätigkeit des Ministerpräsidenten in seinem Mainzer Büro. Die beiden Schlüsselfiguren dort sind Horst Teltschik und Juliane Weber. Teltschik ist ein Typ nach Kohls Herzen: konservative Grundierung, aber zugleich liberale *désinvolture* sowie Spaß am Beschreiten unkonventioneller, neuer Wege, dies alles verbunden mit Belastbarkeit und pfiffigem Charme. Das Flüchtlingskind aus dem Sudetenland ist am Tegernsee aufgewachsen, hat in den Jahren an der Berliner Freien Universität studiert, als es dort hoch herging, ist aber nicht in einer der marxistischen Kirchen gelandet, sondern beim RCDS, und wird schließlich Assistent bei Richard Löwenthal, dem *grand old man* der SPD-Intellektuellen. Löwenthal ist nicht einfach einzuordnen. Man weiß nie, wann er bei seinem Schlittschuhlauf durch die Zeitgeschichte zu einer Rechts- oder zu einer Linkskurve ansetzen wird. Einerseits spielt er damals eine führende Rolle im antimarxistischen »Bund Freiheit der Wissenschaft«, andererseits ist er ein Befürworter mutiger Entspannungspolitik, erachtet die Anerkennung der DDR für geboten (allerdings mit gewichtigen Vorbehalten) und drängt auf eine Verständigung mit Polen.

Auf solchen Grundlinien liegt auch der junge Teltschik. Kohl wird ihn künftig als eine Art Mehrzweckwaffe verwenden: außenpolitischer Berater, Redenschreiber und *trouble shooter*. Teltschik schreibt jene Reden, aus denen künftige Historiker Kohls Auffassungen im Jahrzehnt seines Aufstiegs zum Bundeskanzleramt rekonstruieren werden, fertigt Vermerke an, führt Besprechungen durch, telefoniert im Auftrag seines Meisters unablässig herum, analysiert Konstellationen, aus denen Gefahren erwachsen könnten, und warnt vor den allzeit drohenden Intrigen aus dem

Umfeld der Parteifreunde. Er ist einer der wenigen, die Kohl offen und hart widersprechen dürfen, das jedoch tunlichst nur im allerengsten Kreis.

In erster Linie fungiert Teltschik damals als Kohls außenpolitischer *spin doctor,* wie man solche Leute später nennt. Zunächst hatte sich Kohl vor allem von Kiep unterrichten lassen, aber auch den Diplomaten Alois Mertes in seine Nähe gezogen. Letzteren macht er anfangs zum Landesbevollmächtigten in Bonn. Doch als Teltschik auftaucht, tut er das Seine, daß Mertes 1972 ein Bundestagsmandat erringt. Kaum hat Kohl jedenfalls Horst Teltschik an Land gezogen, wird dieser sein wichtigster außenpolitischer Berater und bleibt das bis 1991. Teltschik »coacht« ihn, baut im In- und Ausland ein entsprechendes Netzwerk auf, informiert Dritte vertraulich über die Vorstellungen des Vorsitzenden und plant dessen Auslandsreisen. Seine Hauptaufgabe in dieser Phase sieht er darin, den außenpolitisch unerfahrenen Mainzer Ministerpräsidenten schleunigst in die großen und weniger großen Hauptstädte zu schleppen. Kohl begreift natürlich nur zu gut, daß er hier nacharbeiten muß. Die führenden Köpfe bei der SPD und der FDP – Brandt, Schmidt, Scheel, Genscher, Graf Lambsdorff – kennen sich in den Hauptstädten der westlichen Welt bestens aus. Und auch im Unionslager bringt damals mancher viel mehr Auslandserfahrung auf die Waage als Helmut Kohl. Strauß, Stoltenberg, von Weizsäcker, Leisler Kiep sind weitgereiste Leute mit entsprechenden Verbindungen. Will Kohl 1975 einigermaßen überzeugend als Bewerber um die Kanzlerkandidatur auftreten, ist es also allerhöchste Zeit, die wichtigen Metropolen und die dort auf der internationalen Ebene tonangebenden »Player« kennenzulernen, und sei es auch nur, um ein paar Fotos für die Wahlkampfbroschüren zu ergattern.

Genauso unentbehrlich wie Horst Teltschik ist Juliane Weber. Ohne sie wäre er hilflos, und das ist auch ein Grund, weshalb er sie häufig auf Fernreisen mitnimmt. Sie führt seinen Terminkalender, stellt alle Kontakte her, weiß, mit wem er gut kann und mit wem nicht, erträgt seine Zornesausbrüche, freut sich über Siege, tröstet bei Niederlagen und verhält sich so eisern diskret, wie jeder sein muß, den er in seiner Nähe duldet. Mit ihrer meist guten Laune im kleinen Mitarbeiterstab ist sie die Seele des Betriebs – »der gute Geist der ›Kohl-Truppe‹«, weiß Eduard Ackermann zu berichten, seit 1977 ebenfalls ein Mitglied des innersten Zirkels.[14] Kurz: Juliane Weber ist Kohls Mädchen für alles, und jeder Besucher in ihrem Büro staunt, wie rasch sich die Zahl der Elefanten, die überall herumstehen, vermehrt und wie sie immer noch Platz für neue Zugänge findet.

Böse Zungen flüstern ständig, doch unbewiesen, die effektive und fesche, mit einem ZDF-Direktor verheiratete Juliane sei mehr als nur Kohls Büroleiterin. Die Hamburger Blätter bereiten verschiedentlich diesbezügliche Artikel vor, um Kohl zu schaden. Hannelore Kohl, der das immer wieder zugetragen wird und die vielleicht darunter leidet, tut das nach Lage der Dinge einzig Vernünftige und bezieht Juliane

Helmut Kohl und Juliane Weber, Ende der siebziger Jahre

als ihre persönliche Freundin in die Familie ein, geht mit ihr öfters auf Reisen und sucht so mit Souveränität aller Welt vor Augen zu führen, daß nichts an der Sache dran sei. Kohl selbst trägt allerdings durch Ungeschicklichkeiten dazu bei, daß die Botschafter in dieser delikaten Angelegenheit immer wieder Anlaß haben, sich zu wundern. So beispielsweise Erwin Wickert, der damalige Botschafter der Bundesrepublik in Bukarest, auf den Kohl bei seinem Besuch in Rumänien einen durchaus guten Eindruck macht. Doch Wickert vermerkt etwas maliziös, der Ministerpräsident und Parteivorsitzende sei in Begleitung seiner Frau Hannelore und der Büroleiterin Juliane Weber gewesen, was zu protokollarischen Problemen geführt habe. Zum Mittagessen seien das Ehepaar Kohl, der Botschafter und seine Frau eingeladen gewesen, worauf Kohl gefragt habe: »Und Frau Weber?« Man fand schließlich, so Wickert, eine etwas komplizierte, aber diplomatische Lösung. Mit der Zeit lernen die Botschafter, Juliane Weber angemessen einzuplanen.

Wie wirkt Kohl in diesen Anfängen auf kritische Journalisten? Ende Juli 1973 besucht ihn Herbert Kremp von der *Welt* und berichtet dann dem Verleger Springer über die ausführliche Unterredung. Kohl sei sehr weit vom Kern der wichtigen Informationen entfernt: »Über die Außenpolitik äußert er nach wie vor keine feste Meinung. Im Zentrum seiner Überlegungen stehen Gesellschafts- und Innenpolitik.« Er sei »Gesellschaftspolitiker«, stehe naturgemäß in der Gefahr des »Änderungsdenkens« und wolle eine »mittlere fortschrittliche Linie« verfolgen. Auf die Frage nach der Rolle Blüms gibt Kohl eine interessante Antwort, die manches im Verhältnis der beiden erklärt, was sich im kommenden Vierteljahrhundert abspielen wird:»Blüm sei ein durchaus brauchbarer Mann, dem manchmal ›der Kopf gewaschen‹ werden müsse. Ein Mann, der andererseits aber in der ›Kollegenschaft Rüsselsheim‹ (Opel-Werke) ›wie eine eins‹ gestanden habe. Mit Blüm verbinde ihn viel Menschliches, das sich eines Tages auch politisch auszahlen würde.« An den Rückgewinn der absoluten Mehrheit glaube er nicht, bekommt Kremp bei dieser Gelegenheit von Kohl zu hören:»Langfristig müsse eine Koalition mit der FDP angestrebt werden«, was aber schwierig sei. Als Zielgruppen seiner Politik, die er für die CDU gewinnen will, nennt er beispielsweise»Millionen Pensionäre«,»spastisch Gelähmte«,»Frauen«. Sehr ausführlich habe er von»ganz spezifischen Ungerechtigkeiten« gesprochen, die abgeschafft werden müßten. Spöttisch charakterisiert Kremp seinen Interviewpartner abschließend als»milden Reformator« ohne Härte:»In meinen Augen gleicht Kohl einem Pilzesammler im grünen Waldesgrund. Es hat gerade geregnet, und er hofft auf reichliche Ernte. Gott geb's.«[15]

Bei späteren ausgiebigen Unterredungen scheint sich das Bild des neuen CDU-Vorsitzenden weiter abzurunden. Er werde alles tun, versichert Kohl im Oktober 1973 in einem fünfstündigen Gespräch,»um der CDU eine möglichst große programmatische Spannweite zu erhalten«. Kremp beschreibt den Ministerpräsidenten als einen Mann»von fortschrittlich-katholischer Weltanschauung, worin er Barzel nicht unähnlich ist. Klaren Definitionen und unbequemen Grundsatzfragen weicht er gern aus. Als Kern bleibt sein Vorhaben, ›menschliche Politik‹ zu machen. Er nennt Kreis-Musikschulen, Kinderspielplätze, Betreuung der Alten, mehr Wärme beim Städtebau und rühmt sich, mehr Strafgefangene begnadigt zu haben als mancher andere Ministerpräsident.«

Die Außenpolitik sei für Kohl weiterhin Terra incognita, so Kremp weiter:»Aus der rheinland-pfälzischen Perspektive, aber auch aus persönlicher Beschäftigung mit dem Gegenstand erklärt sich sein besonderes Interesse an Frankreich. Kohl ist – ganz im Adenauerschen Sinne – westeuropäisch orientiert. Für einen Bundeskanzler Kohl hätte die politische Einigung Westeuropas Priorität.«[16] Wie Kremp die Einstellung Kohls zur Deutschlandpolitik einschätzt, hatte er seinem in dieser Frage hochsensiblen Verleger schon früher mitgeteilt:»Mir ist bekannt, daß seine Nüchternheit gegenüber der nationalstaatlichen Geschichte Deutschlands – nicht gegenüber Deutschland als Kulturbegriff – Herzenskälte ausstrahlt.« Er habe intern die Berlin-Abmachungen als»nicht schlecht« bezeichnet, andererseits die Ostpolitik Brandts aber stets kritisiert – mit Blick auf die Sicherheitserfordernisse der Bundesrepublik. Kohl sei ein Pragmatiker in diesem Sinne.[17]

Von Interesse ist auch, wie Kohl in diesen Anfängen als Parteivorsitzender die Bonner Szenerie betrachtet:»Auf dem Bonner Pflaster fühlt sich Kohl gar nicht wohl.

Wenn er sich mit seinem Wagen der Bundeshauptstadt nähere, habe er immer ein ungutes Gefühl. In der Fraktion säßen viele Abgeordnete, denen es letzten Endes egal sei, wer die Regierung stelle, denen es nach dem Motto ›bereichert euch‹ nur um ihre Diäten und allenfalls noch um ein Pöstchen gehe, das nach außen etwas hermache«, so Kremp.

Wie sehr sich Kohl vorrangig als Parteireformer und souveräner Erneuerer des Parteiapparats versteht, verdeutlicht der Ausspruch: »So wie Wehner Adenauers Nachfolger wurde, so möchte ich Wehners Nachfolger werden.«[18] Eine leninistische Parteiorganisation lehne er natürlich ab, dennoch müsse sie »etwas davon haben«.[19] Seine Philosophie zum Verhältnis von Partei und Fraktion arbeitet der CDU-Vorsitzende bei diesen Gesprächen mit vollkommener Klarheit heraus: »Es sei natürlich deutlich geworden, daß heute die großen Entscheidungen nicht mehr in der Fraktionsführung, sondern in der Partei fielen bzw. im Verhältnis zwischen den Parteiführungen von CDU und CSU.«[20] Eindrucksvoll ist und bleibt bei diesen Unterredungen das Selbstgefühl des frischgebackenen Parteichefs: »Vor allem baut Kohl auf Kohl. Wenn zum Bundestag gewählt wird, dann zählen – so glaubt er – nicht die Parteiprogramme, dann zählt die Persönlichkeit des Spitzenkandidaten und seine Ausstrahlung. Und die traut er sich zu.«[21]

In der Funktion des Parteiführers sieht sich Kohl hauptsächlich mit folgenden drei Aufgaben konfrontiert: Er muß erstens die Parteireform fortführen und zu einem gewissen Abschluß bringen. Das gelingt ihm. Er muß zweitens integrativ wirken und die von Barzel nicht mehr bewältigten Flügelkämpfe beenden. 1976 ist das noch nicht geleistet, aber immerhin wird er wenigstens soweit für Ruhe sorgen, daß es in der Wahlkampfmaschine nicht allzu hörbar knirscht. Am schwierigsten ist die dritte Aufgabe, die darin besteht, alle teils halb verschwiegenen, teils offenen Widerstände gegen seine Kanzlerkandidatur auszuräumen.

Bei der Integration der zerstrittenen Parteiflügel muß vor allem auf zwei Baustellen aufgeräumt werden: der Mitbestimmungsfrage und der Ostpolitik. Die Mitbestimmungsthematik wird im Herbst 1973 auf dem Hamburger Parteitag vom Tisch gebracht. Biedenkopf, nunmehr in der Toga des Generalsekretärs, hat die Chuzpe, sein zwei Jahre zuvor in Düsseldorf knapp abgelehntes quasiparitätisches Modell etwas anders verpackt[22] und wiederum mit Unterstützung des Parteivorstands erneut zu präsentieren.[23] Bei der Bestellung des Vorstandsvorsitzenden sollen die Anteilseigner das letzte Wort haben, und bei einem Patt im Aufsichtsrat darf der Vorstand auch ohne Zustimmung des Aufsichtsrats handeln.[24] Vorsorglich läßt Biedenkopf sein Konzept im August 1973, also weit im Vorfeld des Parteitags, vom Parteivorstand diskutieren und absegnen. Jetzt allerdings setzen die Gegenbewegungen ein. Der Christlich-Demokratischen Arbeitnehmerschaft, auch Barzel und Köppler, die für eine reine Parität plädieren, geht das Vorstandspapier nicht weit genug. Stoltenberg wiederum wünscht wirtschaftsfreundlichere Korrekturen, Kohl schwankt wie so häufig bei sehr umstrittenen Fragen und muß von Biedenkopf mit einer Rücktrittsforderung auf Linie gehalten werden.

Im Rückblick ist Biedenkopf der Meinung, das Verhältnis zwischen ihm und dem Parteivorsitzenden habe schon bei diesem Anlaß einen letztlich unheilbaren Knacks bekommen. Auf der entscheidenden internen Sitzung vor dem Parteitag habe Kohl erkennen lassen, daß er wieder – wie schon zwei Jahre zuvor in Düsseldorf – einknikken werde. Biedenkopf habe um Unterbrechung der Sitzung und ein Gespräch unter vier Augen gebeten, dabei auf das bereits vorliegende Votum des Parteivorstands verwiesen und mit seinem Rücktritt gedroht, sollte Kohl nicht bei der Stange bleiben. Da dieser sein reformerisches Renommee nicht verlieren und die Erwartungen in seine Integrationskraft nicht enttäuschen wollte, habe er wohl oder übel nachgeben müssen. Für den auf Loyalität pochenden Helmut Kohl, so Biedenkopf, sei ein wirtschaftlich unabhängiger, eigenständiger Generalsekretär, der im Konfliktfall sogar bereit war, sich zurückzuziehen, schwer erträglich gewesen. Biedenkopf selbst kommen bei dieser Gelegenheit Zweifel, ob es zwischen ihm und dem an strittigen Sachfragen meist nur mäßig interessierten, jedoch zu unablässigem Taktieren disponierten Vorsitzenden überhaupt gutgehen könne und wenn ja wie lange.[25]

Zu beider Erleichterung gelingt es auf dem Parteitag diesmal, die von Biedenkopf erarbeitete Vorstandsfassung mit großer Mehrheit durchzusetzen.[26] Auch andere Streitpunkte zwischen den Sozialausschüssen und dem Mittelstandsflügel werden aus dem Weg geräumt, so daß Kohl nach dem glücklich absolvierten Hamburger Parteitag fröhlich behaupten kann, er habe die CDU auch programmatisch erneuert. Daß niemand außer den Parteiaktivisten die mühsam erstellten Resolutionen liest, interessiert ihn wenig.

Kohl ist weiterhin entschlossen, die noch immer deutlich sichtbare Uneinigkeit der CDU in vielen wichtigen Fragen durch Programmarbeit zu beheben. Nach dem Vorbild der SPD, die 1959 mit dem Godesberger Programm auf Modernisierungskurs gegangen ist, soll eine jahrelange innerparteiliche Diskussion über ein Grundsatzprogramm helfen. Im Mai 1974 beginnt eine vierzehnköpfige Programmkommission unter Leitung Richard von Weizsäckers mit der Arbeit. In den folgenden vier Jahren läßt sich nun eine charakteristische Dialektik beobachten: Die Grundsatzkommission entwickelt reformerische Ideen, Argumentationslinien und Formeln, während die Vorstände der Landesverbände und die Parteitagsmehrheiten viel Wasser in den Wein gießen. Nach vierjähriger Arbeit wird auf dem Bundesparteitag in Ludwigshafen das Hochamt für das Grundsatzprogramm abgehalten. Die Wahl des Ortes zeigt, wie stolz Kohl auf das Werk ist, das seine Reformequipe zustande gebracht hat.[27] Als jedoch bald nach dem Parteitag die Konservativen in der CDU zur Fahne von Franz Josef Strauß strömen, wird offenbar, wie wenig der Papierausstoß und

scholastische Programmdebatten in zahllosen Gremien die parteiinternen Gegensätze ausgeräumt haben.

Aber die Wirtschafts- und Gesellschaftspolitik ist nicht der einzige Kampfplatz.
Noch viel schwerer fällt es Kohl, die Gegner der »neuen Ostpolitik« einzufangen. In
diesem Punkt verknüpft sich die Aufgabe, die weiterhin zerstrittenen Parteiflügel auf
einen gemeinsamen Kurs zu verpflichten, mit der Frage der Kanzlerkandidatur, genauer gesagt: mit dem Problem Franz Josef Strauß. Spätestens seit 1972 weiß der
engere Kreis um Helmut Kohl, daß dieser seine Ziele sehr hoch gesteckt hat. »Der
Enkel Adenauers«, wie er sich gerne nennen läßt, will nicht nur CDU-Vorsitzender
werden, sondern auch Bundeskanzler. Dem Bundestagsabgeordneten und CDU-
Schatzmeister Walther Leisler Kiep, den er in sein Lager ziehen möchte, vertraut er bei
einem langen Gespräch im Februar 1972 an, 1977 stehe er für beide Ämter bereit. Nach
der vorgezogenen Bundestagswahl verschiebt sich diese Zeitplanung auf 1976. Und
im Frühherbst 1972 führt er Horst Teltschik, der ihn in Mainz zum Vorstellungsge-
spräch aufsucht, ein erstaunliches Zukunftsbild vor Augen: »Sie werden für mich
arbeiten, weil ich eines Tages Kanzler sein werde. Wenn ich das bin, werden Sie an
meiner Seite sein.«[28] Daß noch zehn Jahre bis zum Einzug ins Bundeskanzleramt
verstreichen werden, weiß auch Teltschik im Herbst 1972 nicht. Wohl aber spürt er,
daß einem Ministerpräsidenten, der seinen Appetit aufs Bundeskanzleramt schon
beim ersten Gespräch so offen bekundet, alles zuzutrauen ist.

Zweifel an Kohls Kanzlerstatur

Seit der Inthronisierung zum CDU-Vorsitzenden im Juni 1973 hat Kohl die nächste
Kanzlerkandidatur fest im Visier. An seinen Talenten als Parteimanager, als Machtpo-
litiker und als Ministerpräsident eines kleinen und inzwischen feinen Bundeslandes
zweifeln die CDU-Granden und auch die Spürnasen im Medienzirkus nicht mehr.
Aber reichen diese Talente aus für das Amt des Bundeskanzlers? Hier überwiegen die
Zweifel. Charakteristisch für eine in der CDU-Spitze endemische Skepsis ist ein Ein-
trag, den Leisler Kiep zu Papier bringt, als er sich, wie bei jedem Jahreswechsel, an
Silvester 1972 so seine Gedanken macht. Kiep ist nicht irgendwer, sondern immerhin
Schatzmeister der CDU, der das Spitzenpersonal bei den regelmäßigen Präsidiumssitzungen genauestens taxiert. Nach der Enthaltung zu den Ostverträgen ist Barzel für
ihn »out«. »Aber wer an seiner Stelle? Kohl will antreten, Stoltenberg lieber nicht …
Keiner ist so recht überzeugt, daß Kohl der richtige Mann ist, auch bei Stoltenberg ist
die Meinung nicht besser.«[1] So ist die Stimmung Ende 1972, ein halbes Jahr, bevor Kohl
mit großer Mehrheit zum Parteivorsitzenden gewählt wird. Kieps Skepsis verschwindet nie ganz, auch dann nicht, als er ins Lager Helmut Kohls übergeht, der ihn als

Schatzmeister behält, somit auch als Mitglied des Parteipräsidiums. Andere Präsidiumsmitglieder hegen ähnliche Zweifel, nicht zuletzt Kurt Biedenkopf. Seit seinem Aufstieg zum Generalsekretär der CDU brilliert er in den Medien. Im Jahr 1974, als sich die potentiellen Interessenten für die »Kanzlerkandidatur« warm laufen, überstrahlt er schon den Parteivorsitzenden Kohl, dem er sein Amt verdankt.

Kohls Schwächen liegen damals ebenso offen zutage wie seine starken Seiten. Die Stichworte der Defizite lassen sich an fünf Fingern abzählen: Unvertrautheit mit der CDU/CSU-Fraktion, keine Auslandserfahrung, keine fundierten Kenntnisse der Wirtschaft, kein Charisma, das die Intellektellen und die Wählermassen blendet, und fehlende kulturelle Akzeptanz in jenen Regionen des deutschen Vaterlandes, wo die »Nordlichter« zu Hause sind.

Ganz weit oben auf der Liste der Kohlschen Unzulänglichkeiten rangiert die Unvertrautheit mit der CDU/CSU-Fraktion. Selbstverständlich hat Kohl in den Jahren seines Aufstiegs hinlänglich Gelegenheit gehabt, die Fraktionsgrößen genau zu studieren. Daß selbst die Ausgebufftheit eines Fraktionsprofis nicht davor schützt, ausgerechnet vom eigenen Fraktionsgaul schmählich abgeworfen zu werden, hat Rainer Barzel soeben erst bewiesen. Dennoch ist es ein Manko, daß die Granden und die Arbeitstiere in der CDU/CSU-Fraktion Kohl als eine Art Fremdkörper betrachten. Willy Brandt und Kurt Georg Kiesinger, die gleichfalls auf dem Umweg über die Landespolitik ins Bundeskanzleramt gelangten, waren zuvor immerhin lange Jahre in der Bundestagsfraktion tätig.

Kohls fehlende Insider-Kenntnis der CDU/CSU-Fraktion tritt besonders im Vergleich mit Franz Josef Strauß hervor. Seit Zusammentritt des ersten Bundestags im August 1949 ist dieser im Deutschen Bundestag auf dem Turf und gehört inzwischen zum Bonner Urgestein. Ähnliches gilt für Stoltenberg, der immerhin von 1957 bis 1971 MdB war. Beide verfügen zudem über reiche Kabinettserfahrung. Kein Wunder, daß Strauß im Kreis seiner politischen Freunde oder von Journalisten immer wieder verächtlich über den frischgebackenen CDU-Vorsitzenden herzieht. Im Verlauf der Jahre 1973 bis 1976 wird sich Kohl dieses Defizits zunehmend bewußt. Seine sehr gewagte Entscheidung, 1976 die sichere Pfälzer Burg zu verlassen, um in den Haifischteich der CDU/CSU-Fraktion zu steigen, belegt das.

Hinderlich ist auch die fehlende Auslandskenntnis. Kohl hat nie im Ausland studiert, hatte zudem nie Gelegenheit, in Ressorts mit intensiven Auslandskontakten Erfahrung zu sammeln. Seine Sprachkenntnisse gehen nicht weit über das Schulfranzösisch und Schulenglisch hinaus. Strauß dagegen ist ein gelernter Außenpolitiker, auch darin Kohl turmhoch überlegen. Doch dem läßt sich abhelfen, wenngleich nicht von heute auf morgen. Schon 1972 macht er sich auf Auslandsreisen. Im August und September 1972, noch bevor der Wahlkampf den Kandidaten absorbiert, steht eine dreiwöchige Fernostreise auf dem Programm. Kohl absolviert sie in seiner Eigenschaft als Stellvertretender Vorsitzender der Konrad-Adenauer-Stiftung. Er besucht nun erstmals die Volksrepublik China und Hongkong sowie die Philippinen, Indonesien, Australien, Malaysia und Thailand, wo Gespräche mit den Regierungschefs arrangiert sind.[2]

Nach seiner Wahl zum CDU-Vorsitzenden kann Kohl auf einer höheren protokollarischen Ebene operieren. Im Herbst 1973 macht er, wie es sich gehört, Antrittsbesuche beim französischen Staatspräsidenten Pompidou und beim Finanzminister Giscard d'Estaing.[3] Im Februar 1974 reist er eine Woche lang in die USA. Henry Kissinger, damals Außenminister, nimmt sich eine Stunde Zeit, um diesen neuen Hoffnungsträger der CDU zu beschnuppern. Ferner gibt es Termine beim Vizepräsidenten Gerald Ford und bei Verteidigungsminister James Schlesinger. Ein Auftritt vor dem National Press Club steht ebenfalls auf dem Programm,[4] und man hat ihm geraten, in Philadelphia Station zu machen. Dort läßt es sich der Ministerpräsident von Rheinland-Pfalz nicht nehmen, daran zu erinnern, wie viele tüchtige Pfälzer Landeskinder in Pennsylvania eingewandert sind und es in der neuen Heimat mit Gewerbefleiß und einer demokratischen Gesinnung im Herzen weit gebracht haben. Bis in die letzten Jahre als Bundeskanzler wird er nie davon ablassen, seinen jeweiligen Gastgebern und den heimischen Fernsehzuschauern zu predigen, wie beides irgendwie zusammengebracht werden müsse: gute deutsche Werkarbeit und die globalisierte Weltwirtschaft.

Nach diesen Reisen braucht Kohl nicht mehr auf Österreich oder die Kriegsgräber in Nordfrankreich zurückzugreifen, wenn von fremden Ländern die Rede ist. Echte Amerika- oder Frankreichkenner ziehen allerdings ironisch die Augenbraue hoch, wenn er nun im Präsidium im Brustton der Überzeugung von den tiefen Erkenntnissen seiner Reisen berichtet. Eine diesbezügliche Tagebuchnotiz Kieps von Anfang 1974 sagt alles: »Langatmiger Bericht Kohls über seine USA-Reise. Eine Mischung von Naivität und Stolz über die Überwindung seines ›provinziellen Image‹! Er hat auch die letzten Antworten über Fragen der Präsidentschaftskandidaten 1976, über Impeachement etc.«[5] Überhaupt gewöhnt er sich nun an, in den Gremien, denen er vorsitzt, mit autoritativer Überzeugtheit die Erkenntnisse vorzutragen, die er auf den Auslandsreisen gewonnen hat.

Die DDR ist nach wie vor ein Topthema. Also unternimmt er im November 1974 zusammen mit Frau Hannelore und den beiden Jungs eine viertägige Reise ins »andere Deutschland« mit Stadtbummel in Leipzig, der alten Heimat seiner Frau.[6] Im folgenden Sommer wird das wiederholt: Leipzig, Dresden, Weimar.[7] Die ganze Familie möchte mit eigenen Augen sehen, was in den zwei Jahrzehnten seit der Zäsur von 1945 aus dem Kindheitsparadies der Hannelore Renner geworden ist. Und die Wähler in der Bundesrepublik sollen erkennen, wie nachdrücklich sich der Ministerpräsident und Kanzlerkandidat um die Landsleute in der DDR kümmert.

Auffällig ist, daß es Kohl schon 1974 ein zweites Mal nach China zieht. Zwei Wochen nimmt er sich Zeit, um Land und Leute kennenzulernen. Er ist ein Konkretist und möchte sich vor Ort ein Bild machen, erschnuppern und fotografieren, wie Chinesen in ihren Volkskommunen oder in den Schächten der Untergrundbahn arbeiten.[8] Nach den Staatsgesprächen unter anderem mit Deng Xiaoping, der wenig später zur Nummer 1 avancieren wird, hat er den Journalisten vier wichtige Erkenntnisse mitzuteilen: In Peking äußere man sich mit überraschender Schärfe über die DDR, die Führer Chinas sprächen nach wie vor von *einer* deutschen Nation und empfehlen in der deutschen Frage eine Politik mit langem Atem, die im Westen so gerühmte KSZE erfülle die chinesischen Gesprächspartner mit Argwohn, doch sei China sehr an der europäischen Integration interessiert.[9] Als CDU-Vorsitzender fühle er sich bestätigt. Vor seiner Abreise hatte er allerdings ausdrücklich betont, er reise nicht nach Peking, weil die Deutschen »eine große chinesische Karte« gegen den Ostblock auszuspielen hätten.[10] Die Moskowiter, so weiß er, darf man nicht mit den Chinesen reizen, die ihnen momentan im Genick sitzen.

Besonders heikel für einen Spitzenpolitiker der CDU ist eine Reise in die Sowjetunion. Kohl unternimmt sie erst im September 1975, als er die Ernennung zum Kanzlerkandidaten in der Tasche hat. In Rußland, so wird ihm geraten, muß man mit größerem Gefolge auftreten. So nimmt er zwei Pfälzer Abgeordnete mit, die den Gastgebern zugleich die ostpolitische Spannweite der CDU vor Augen führen: Richard von Weizsäcker, der die Ostverträge engagiert befürwortet, und Werner Marx, der sie ebenso engagiert bekämpft hat.[11] Ein Schwarm von Journalisten berichtet über jeden Schritt der Reisegruppe. Als die *Prawda* ausgerechnet während seines Aufenthalts in der UdSSR den CSU-Vorsitzenden Franz Josef Strauß heftig attackiert, protestiert er dagegen, sagt einen Teil des Programms ab und besteht darauf, daß sich die Gastgeber, so von Weizsäcker später, »klärend und vernünftig einließen«.[12] Zu guter Letzt wird er von Ministerpräsident Alexej Kossygin empfangen, und die Journaille kann jetzt schreiben: Härtetest bestanden![13] Zugleich hat er vor den Anhängern der Unionsparteien den Schulterschluß mit Franz Josef Strauß unter Beweis gestellt.

Im Vorwahlkampf 1976 unternimmt er dann eine weitere Tour in den USA. Zehn Sicherheitsbeamte bewachen den wichtigen Mann. Jetzt hat auch der Präsident für ihn Zeit, dazu der damals noch junge, Deutschland gewogene Verteidigungsminister Donald Rumsfeld sowie wichtige Senatoren und das inzwischen 82 Jahre zählende antikommunistische Schlachtroß aus der Gewerkschaftsbewegung, George Meany.[14] In Frankreich, wo inzwischen Giscard d'Estaing im Élysée-Palast residiert, weiß man ebenfalls, daß die Opposition von heute die Regierung von morgen ist.[15] Und auch bei Jim Callaghan in Downing Street No. 10 bekommt er seinen Fototermin und trifft Margaret Thatcher,[16] die etwas später und auch etwas radikaler als er an die Spitze der Opposition in England getreten ist und gleichfalls auf ihre Stunde wartet.

Hannelore und Helmut Kohl zu Gast bei einer Armeedivision in Peking,
14. September 1974

Sorgfältig wird auch der Balkan eingeplant.[17] Für einen Jugoslawien-Besuch im
Juni 1976 mit dem Höhepunkt einer Aufwartung bei Tito sind vier Tage reserviert.
Kohl wundert sich ein wenig, daß dieser arrivierte Revolutionär, der sich längst für
eine weltpolitische Größe hält, nicht mehr darauf angesprochen werden möchte, daß
er 1912 in einer Mannheimer Automobilfabrik als Metallarbeiter seinen Unterhalt
verdient hat.[18] Dann geht es zu dem nicht nur in Deutschland sehr überschätzten
rumänischen Diktator Nicolae Ceaușescu.[19] Über diesen Besuch hat später der gescheite Botschafter Erwin Wickert berichtet: Kohl hatte »eine gewinnende Art, Leute
zu nehmen. Er stellte sich nicht heraus, hörte zu, wirkte bescheiden und hatte
dadurch Ceaușescu friedlich gestimmt.«[20]

Wie immer man Kohls Auftritte und die Tiefe seines Wissens auch beurteilen
mag, er hat sich in den drei Jahren bis zur Bundestagswahl 1976 durchaus eine gewisse
Weltläufigkeit angeeignet, die er routiniert weiterentwickelt. Als er 1982 ins Bundeskanzleramt gelangt, kennt er die wichtigen Hauptstädte, ist bei den dortigen Spitzenpolitikern eingeführt und mit den Gepflogenheiten der Turboprop-Diplomatie hinlänglich vertraut.

Noch ein weiterer Punkt wird von der kritischen Öffentlichkeit jener Jahre häufig angesprochen: Kohls mangelnde Kenntnisse in der Wirtschafts- und Finanzpolitik. Mit den Komplexitäten der Sozialpolitik ist er gut vertraut, kennt natürlich auch
aus langjähriger Tätigkeit die Problematik der öffentlichen Haushalte. Aber er hat nie

ein Wirtschafts- oder Finanzressort geleitet. Bewertet man sein Wissen allerdings fair, so braucht er sich vor Bundeskanzlern wie Kiesinger oder Brandt nicht zu verstecken und schon gar nicht vor dem Vorgänger Barzel. Auch sie haben nur oberflächliche ökonomische Kenntnisse und sind weitgehend darauf angewiesen, mit nüchternem Urteilsvermögen zwischen den widersprüchlichen Empfehlungen von Experten zu entscheiden. So geht auch Kohl vor. Man wundert sich übrigens damals wie später, wie wenig seine PR-Spezialisten daraus machen, daß dieser CDU-Vorsitzende immerhin aus der deutschen Chemiemetropole kommt und zehn Jahre lang Referent beim Chemieverband war, somit durchaus Detailkenntnisse in Sachen Exportindustrie aufweist. Unglücklicherweise wird Kohl jedoch seit Brandts Rücktritt im Frühjahr 1974 an einem Bundeskanzler gemessen, der ökonomischen Sachverstand mit der hochentwickelten Fähigkeit verbindet, seine Gegner als ökonomische Ignoranten dastehen zu lassen. Und auch die beiden innerhalb der Union allein ernstzunehmenden Rivalen, Franz Josef Strauß und Gerhard Stoltenberg, verfügen in Wirtschaftsfragen über ein Ansehen, das dem Kohls weit überlegen ist. Helmut Schmidt nimmt die beiden ernst. Ohne Wissen der Öffentlichkeit führt er mit Stoltenberg öfters eindringliche Fachgespräche. Kurz vor seinem Sturz, Ende August 1982, sagt er zu Stoltenberg bei einem vertraulichen Gespräch am Brahmsee: »Wenn Sie der Spitzenkandidat der CDU wären, dann könnte man einem Wechsel gelassener ins Auge blicken.«[21]

Kohl kennt die Zweifel hinsichtlich seiner ökonomischen Kenntnisse durchaus. Auf Bundesebene ist anfangs in erster Linie der CDU-Generalsekretär Kurt Biedenkopf dazu bestimmt, diese offene Flanke zu schließen. In der Tat bewährt sich diese Arbeitsteilung einige Jahre lang, bis das Verhältnis zwischen Kohl und Biedenkopf ziemlich irreparabel zerbricht. Biedenkopf verfügt über ein bewundernswertes Geschick, finanzpolitische, konjunkturpolitische, gesellschaftspolitische oder andere ökonomische Sachverhalte professoral anspruchsvoll, immer etwas über die Köpfe der Zuhörer hinweg und daher besonders eindrucksvoll auseinanderzusetzen. Solange man vermuten darf, daß Kohl die wirtschaftspolitischen Ratschläge Biedenkopfs befolgt, hält sich die Kritik am eingeschränkten ökonomischen Sachverstand des CDU-Bundesvorsitzenden in Grenzen. Doch Kohl läßt in Gesprächen mit Dritten von Anfang an Vorbehalte gegen Biedenkopf erkennen, die sich in dem Maß verstärken, wie sich die Beziehung abwetzt. Biedenkopf sei »ergänzungsbedürftig«, bekommt der Journalist Herbert Kremp zu hören, obgleich er als Professor in der Lage sei, »alles zu begreifen und alles zu durchdenken«. Aber seine Fähigkeit, das Wissen in politische Interpretation umzusetzen, meint Kohl, sei begrenzt, und fügt dann selbstbewußt hinzu: »Das ist ja auch meine Rolle.«

Er sucht auch die Wirtschaftskompetenz anderer Fachleute zu nutzen. Das Haus des Mainzer Finanzministers Johann Gaddum muß mit Expertise aushelfen, desgleichen das Sozialministerium Geißlers. Auch Kiep gehört zu seinen Ratgebern in Wirtschaftsfragen. Wenn Kohl sich damals bemüht, den noch unter Barzel ins Amt gekommenen Bundesschatzmeister der CDU an sich zu binden, so hat das viele Gründe, nicht zuletzt den, daß Kiep in der deutschen Wirtschaft, aber ebenso in den USA Gott und die Welt kennt. Dem Schatzmeister gelingt nicht nur das Kunststück, die Anfang der siebziger Jahre finanziell ins Schlingern geratene CDU zu entschulden. Er kann Kohl auch wertvolle Hinweise zu wirtschaftlichen Zusammenhängen geben, und in der Wirtschaft gilt ein Mann wie Kiep als eine gewisse Gewähr dafür, daß nicht nur Leute wie Blüm und Geißler in der CDU das Sagen haben. Daß Biedenkopf und auch Kiep an ihren eigenen Karrieren bauen, akzeptiert Kohl, solange sie ihm nicht in die Quere kommen.

Schließlich steht Kohl in diesen Jahren schon in enger Verbindung zu drei Herren aus der Wirtschaft, die nie mit sachlichem Rat oder Tips in Personalfragen geizen, der CDU aber auch aus ihren Geldnöten helfen: Hanns-Martin Schleyer, der Flick-Manager Eberhard von Brauchitsch und der Bankmanager Alfred Herrhausen. Neben einigen BASF-Direktoren stellen diese drei Kohls wichtigste Kontakte zur Ebene der Wirtschaftsführer dar, und jeder von ihnen wird eine kritische Phase in Kohls Karriere markieren. Schleyer und von Brauchitsch sind Männer, die kein Blatt vor den Mund nehmen. Sie suchen ihm klarzumachen, daß »die Herz-Jesu-Marxisten« Geißler und Blüm mit ihrem »linkskatholischen Mißtrauen gegenüber einer freien Wirtschaftsordnung« im Unternehmerlager kein Vertrauen genießen.[22]

Kohl ist also durchaus bestrebt, sich auf den ihm wenig vertrauten Feldern der Finanzen, der Brancheninteressen und des Personals in der Wirtschaft einen Überblick zu verschaffen. Dennoch bleibt es eine Tatsache, daß jedermann Strauß und Stoltenberg für ökonomisch kompetent hält, ihn dagegen nicht. Beim Blick auf die Kohlsche CDU in den Jahren seit 1973 wäre es allerdings verkehrt, wirtschaftskundige Unionspolitiker wie Strauß oder Stoltenberg allein unter dem Gesichtspunkt der Rivalität mit Helmut Kohl zu erfassen. CDU und CSU erzielen nicht zuletzt deshalb beachtliche Wahlerfolge, weil sie mit diesen beiden über Persönlichkeiten verfügen, die Wirtschaftskompetenz ausstrahlen. Natürlich partizipiert auch Kohl davon, selbst wenn es ihn häufig verdrießt, daß der kritische Journalismus deren Expertise lobt, während er selbst gern als »Generalist« verspottet wird. Doch solange sich CDU und CSU in der Opposition befinden, kommt es ohnehin mehr auf die öffentliche Darstellung von Wirtschaftskompetenz an als auf die praktische Wirtschaftspolitik. Kohl weiß das, und er ist klug genug, darauf zu achten, daß die Unionsparteien breit aufgestellt sind. Strauß und Stoltenberg sind nicht allein deshalb unentbehrlich, weil sie auf den Süden und den Norden ausstrahlen. Sie sorgen im Unionslager auch für die Wirtschaftskompetenz, die der CDU-Parteivorsitzende nicht in überreichem Maß zu besitzen scheint.

Dennoch bleibt die Frage: Wird ein Parteivorsitzender, der ein überschaubares Bundesland erfolgreich modernisiert hat, wirklich auch den Weitblick und das Durchsetzungsvermögen aufbringen, den riesigen, komplizierten Industriestaat Bundesrepublik durch die seit 1973 sehr kritische Phase zu führen, in der nicht nur ein Konjunktureinbruch zu bewältigen ist, sondern in der die tragenden Strukturen umgestaltet werden müssen?

Heute sind die Wirtschaftshistoriker übereinstimmend der Meinung, daß in den frühen siebziger Jahren für die Bundesrepublik eine Ära zu Ende ging. Das Wirtschaftswunder mit hohen Wachstumsraten war im Abklingen, es folgte eine lange Phase der Stagnation. Die Arbeitslosigkeit wurde zum Dauerproblem, auch die Finanzierungsprobleme und Verkrustungen des Wohlfahrtsstaats traten ganz zwangsläufig zutage. Die Folge: Wertewandel, Polarisierung, Zukunftsangst. Das wird auch schon damals breit diskutiert. Wer sich im nachhinein fragt, warum es Kohl in den Jahren 1973 bis 1982 – und auch danach – bei vielen kritischen Beobachtern so schwer hatte, stößt immer wieder auf die Einschätzung, daß er vielleicht ein fähiger Erneuerer der CDU sei, aber nicht unbedingt der richtige Kanzler zur Erneuerung des Standorts Deutschland.

Leider, das beklagen viele Anhänger der CDU, hat Kohl ja noch ein weiteres schwerwiegendes Manko: fehlendes Charisma. Rhetorische Brillanz geht ihm ab. Wird er jedoch angegriffen oder macht er auf überschaubaren Marktplätzen Wahlkampf, dann ist er ein guter Fighter. Je bekannter er wird, um so mehr Zulauf findet er bei seinen öffentlichen Auftritten. Und jene vielen, die ihn in einem überschaubaren Kreis erlebt haben, rühmen seine Schlagfertigkeit und sein Detailwissen. Aber es ist schon etwas daran, wenn ein ihm durchaus gewogener Journalist 1975 schreibt: »Wer den politischen Redner Helmut Kohl mißt, ist in der Regel enttäuscht. Es gibt da eine Formel: Je mehr Zuhörer dieser Mann hat, desto blasser, undeutlicher, schwächer wirkt er. In die Fernsehkameras blickt er fast hilflos.« Ganz anders der Kohl im kleinen Kreis: »Am Gesprächstisch, als glänzender Gastgeber, im Kabinett, beim Regieren, macht er alles wieder wett, so heißt es. Aus der Nähe sind selbst manche politische Gegner so fasziniert von diesem Mann, daß sie auf Jahre hinaus eine Art Kohl-Komplex mit sich herumtragen.«[23] Eben deshalb, so dieser Beobachter, hat er »mehr verschworene Freunde als die meisten anderen Spitzenpolitiker«.

Bevor 1976 die große Wahlkampfmaschine angeworfen wird, die ihn fast schon ins Bundeskanzleramt trägt, bleibt Kohls Ausstrahlung in die breite Öffentlichkeit gering. Ein guter, wohl auch verläßlicher Machthandwerker, gewiß, meinen viele, aber kein Charismatiker, der die Massen mitreißt. Mitte der siebziger Jahre ist Bonn im Medienzeitalter angelangt, und das heißt, daß zuallererst die Journalisten überzeugt werden müssen. Zwei Aspekte erlangen nun überragende Bedeutung: Erstens, wie einer sich im Fernsehen gibt, und zweitens, was die Journalisten über einen schreiben.

Der reife, massig in sich selbst ruhende Kohl der neunziger Jahre, dem die Wiedervereinigung geglückt ist und den Europa bewundert, der verschmitzt lächelt oder auch zornig poltert – er ist eine Art Medienstar, er hat gelernt, er versteht sich zu inszenieren. Weil er inzwischen überzeugende Proben seines außenpolitischen Könnens gegeben hat, weil nach 1990 sein internationales Prestige höher ist als das jedes anderen Spitzenpolitikers im damaligen Europa, weil er auch älter und gereifter ist, glauben nun viele ein Charisma auszumachen, das ihm früher weitgehend abging. Der Kohl der siebziger Jahre indessen wirkt im Fernsehen fahrig, übernervös, ungelenk, unsympathisch. Womöglich rächt sich jetzt, daß er viel zu lange zu wenig darauf geachtet hat, wie man ihn fotografiert.

Fernsehcharisma hat er jedenfalls noch nicht. Und sein Image beim Bonner Pressecorps ist alles andere als vorteilhaft. »In Bonn gibt es vielleicht hundert Politiker von Statur, die von fünfhundert Korrespondenten unaufhörlich observiert werden«, schreibt Johannes Gross 1981, ein Journalist, der weiß, wovon er redet.[24] Doch unter den hundert Politikern gibt es zwei Dutzend, auf die es wirklich ankommt, und die Zahl der Journalisten, denen die Herde der fünfhundert Korrespondenten folgt, ist auch nicht viel größer. Bei diesen Großmeistern im Mediengeschäft – führende Fernsehjournalisten, Topkorrespondenten und Kolumnisten – hat Kohl keine guten Karten. Als er im Juni 1973 den Parteivorsitz übernimmt, sind die Kommentare noch nicht unfreundlich. Aber das ändert sich. Im Spätherbst findet sich in den Tagebuchaufzeichnungen des gut beobachtenden und seine Erkenntnisse gewissenhaft notierenden Leisler Kiep nach einem Essen mit den Fernsehkorrespondenten Friedrich Nowottny, Ernst Dieter Lueg und anderen ein aufschlußreicher Eintrag: »Ernst ist wirklich nur die sehr schlechte Beurteilung Helmut Kohls durch alle. Autoritär, nicht bereit, Kritik zu hören, nur für Hofsänger zu haben, flach, provinziell.«[25] Ein Hauptgrund für dieses kritische Grundgefühl ist im Herbst 1973 natürlich darin zu sehen, daß Willy Brandt, obgleich die Kritik an ihm schon recht heftig ist, weiterhin als charismatischer Staatsmann verehrt wird. Instinktiv oder wohlüberlegt fühlen sich die meisten Bonner Korrespondenten weiterhin den Sozialliberalen verbunden. Die CDU ist noch kein angesagtes Feinschmeckerlokal (ob sie es je wird, ist zu bezweifeln), gilt vielmehr als wenig frequentiertes Restaurant, wo hinter der Theke ein riesiger und herzhafter Pfälzer Gastwirt den Gästen zuwinkt, in dem aber Tag für Tag dieselbe langweilige Speisekarte ausliegt.

Auch diese Einschätzung ist Kohl wohlvertraut, und er würde gerne etwas daran ändern. Wer solange wie er (zusammen mit Hans-Dietrich Genscher) den Verwaltungsrat des ZDF dirigiert und – wie geschildert – auch den Südwestfunk fest im Blick hat, weiß, wie man die Strippen zieht. Er weiß es nicht nur, er versucht es auch. Doch der mächtige WDR, der NDR und der Hessische Rundfunk sind seinem Zugriff weitgehend entzogen, erst recht die Hamburger Blätter, die ihn herunterschreiben, je näher es auf die jeweiligen Wahlen zugeht. Unter den Korrespondenten und Chefredakteuren der überregionalen Zeitungen sind Kohl-Fans selten. Was die Springer-Zeitungen über ihn schreiben, fällt recht gemischt aus. Nur der *Rheinische Merkur* hält ihm beharrlich die Stange. Doch wie viele Abonnenten hat der? Kohl, sein getreuer Eduard Ackermann und Wolfgang Bergsdorf geben sich mit den Medien redlich Mühe, doch eine Grundwelle, wie sie seit 1970 für Brandt erzeugt wird und wie sie seit 1974 lange Zeit auch noch Helmut Schmidt trägt, läßt sich für Kohl in den Medien nicht aufwühlen. Die sozialliberale Koalition, so urteilt der nüchterne Print- und E-Medien-Journalist Lothar Rühl rückblickend, war eben »sehr stark mediengestützt«.[26]

Das führt zu einem letzten Punkt, der lange Zeit Zweifel daran weckt, ob Kohl es jemals zum Bundeskanzler bringen wird. Stärker als bei jedem anderen CDU-Vorsitzenden vor oder nach ihm fällt eine gewisse kulturelle Fremdheit zwischen dem Preußisch-Norddeutschen und dem Katholisch-Süddeutschen ins Gewicht, besser: zwischen den spöttisch oder scharf urteilenden norddeutschen Intellektuellen und einem diesen ohnehin verdächtigen CDU-Vorsitzenden, der zwar Kultur hat und volkstümlich ist, aber eben kein Intellektueller. Diese Fremdheit hängt mit seinem ausgeprägten Pfälzertum zusammen, mit seiner dialektgefärbten Sprache, seiner ausladenden Weitschweifigkeit, vielleicht auch seiner Katholizität. Die Redaktionen, die im Hamburger Pressehaus oder an der Brandstwiete beheimatet sind und diejenigen, die sie bundesweit zum Vorbild nehmen, können und wollen sich mit einem wesensmäßig unintellektuellen Pfälzer nicht anfreunden.

Natürlich sind Kohls PR-Strategen mit der Gesamtheit solcher Vorbehalte bestens vertraut und tun alles, um dem entgegenzuwirken. Sie produzieren Plakate und Slogans, die bundesweit das Image des jugendlichen, kraftvollen, modernen Hoffnungsträgers vermitteln sollen. So greifen sie den Slogan der Firma Henkel auf, die seit 1966 mit dem »Weißen Riesen« für ein angeblich besonders wirksames Produkt (»unser Waschmittel mit der Riesenwaschkraft gegen Flecken«) wirbt. Kaum jemand kann sich Anfang und Mitte der siebziger Jahre diesem Werbeslogan entziehen. Kohl, der zu dieser Zeit nach einem bundesweit attraktiven Image strebt, wird daher von seinen PR-Strategen zum »schwarzen Riesen« stilisiert. Man schließt sich sehr direkt an die Werbekampagne des Waschmittelkonzerns an mit dem Ziel, beim Wähler positive Assoziationen und Empfindungen zu wecken wie: Kohl ist nicht provinziell und dröge, sondern ein witziger, in Maßen selbstironischer neuer Wettbewerber. Das Bild des Riesen steht für gewaltige Kraft (»Riesenwaschkraft«) und deutet dezent darauf hin, daß dieser Newcomer seine Konkurrenten um Haupteslänge überragt – Barzel, Strauß, Helmut Schmidt, selbst den »kleinen Professor« Kurt Biedenkopf, der ihm so nützlich ist. »Schwarz« steht für die damals noch eindrucksvolle, bürgerlich korrekt gescheitelte schwarze Haarpracht Kohls, soll aber zugleich ironisch einige

Vorbehalte gegen »die Schwarzen« abbauen, die den CDU-Leuten seit den Tagen des Zentrums anhängen. Kein Wunder, daß ein parallel kreierter Slogan lautet: »Black is beautiful«. Die Journalisten greifen das gerne auf. Bis zur Bundestagswahl 1976 bleibt der witzige Slogan haften.[27]

Kohl hat somit in den Jahren 1973 bis 1976, als er der Kanzlerschaft näher zu kommen sucht, gegen erhebliche Zweifel anzukämpfen. Imagekampagnen reichen nicht aus, diese zu zerstreuen. Er muß politische Signale aussenden und sich politisch durchsetzen. Daß dabei einige recht hohe Hürden zu nehmen sind, dürfte ihn selbst am allerwenigsten überrascht haben. Früheren Spitzenpolitikern der CDU und der SPD, die nach der Kanzlerkandidatur strebten, ist es genauso ergangen, und künftigen wird es bis zum heutigen Tag genauso ergehen. Im Fall Helmut Kohls ist aber zweierlei bemerkenswert: erstens, daß sich mit ihm ein weithin eher unterschätzter Kandidat auf einen sehr steinigen Weg macht, aus dem aber schließlich ein Bundeskanzler wird, dessen historische Bedeutung allenfalls noch mit der Adenauers vergleichbar ist. Bemerkenswert ist – zweitens – aber auch, daß dieser Kampf um die Kanzlerschaft, der erst 1982 sein Ende findet, für die Zeitgenossen von unvergleichlichem Unterhaltungswert ist, weil mit Helmut Kohl und seinem Hauptkonkurrenten Franz Josef Strauß zwei ziemlich konträre Matadore aufeinandertreffen: ein Bayer mit dem Temperament eines Stiers (leicht zu reizen, massig, extrem beweglich, gefährlich auch) und ein Pfälzer, der manche an einen zähen Riesen erinnert, andere eher an eine Riesenschildkröte, an welcher alle Angriffe abprallen und die sich nicht umwerfen läßt.

Fingerhakeln mit Franz Josef Strauß (1974–1976)

Genau besehen, sind sich Strauß und Kohl gar nicht so unähnlich. Beide sind keine geschniegelten Typen. Sie sind herzhaft, volksverbunden, massig zwar, aber im innersten Kern auch empfindlich – »sentimentale Eichen« hat Heinrich Heine solche Recken genannt. Sie schätzen die laute Männerrunde, in der deftig geschmaust, kräftig gebechert, jungenhaft geprahlt und boshaft gefrotzelt wird. Den beiden bereitet es auch großes Vergnügen, nach einer stärkenden Jause stundenlang über Berg und Tal zu stapfen. Wenn sie sich monatelang grimmig beharkt haben, helfen solche Wanderungen ohne Zeugen und ohne Protokoll, sich einander wieder näherzukommen,[1] allerdings erzeugen sie zugleich neue Mißverständnisse, denn ein jeder wird sich danach vorwiegend an das erinnern, was er selbst gesagt hat, und leider, leider die warnenden Signale des Wandergesellen vergessen. Beide, auch das ist nicht ganz unwichtig, stammen aus kleinen Verhältnissen. Tief im Innern erfüllt sie somit der Stolz von Emporkömmlingen. Doch tüchtige Aufsteiger wollen immer noch weiter. Deshalb sind sie auch so zornig über alle, die sich ihnen in den Weg stellen.

Schon allein in psychologischer Hinsicht sind somit beste Voraussetzungen für heftige Zusammenstöße gegeben. Wenn die stets auf Krach abonnierten Bonner Korrespondenten das Verhältnis zwischen beiden vorzugsweise als immerwährenden Konflikt schildern, entspricht das gewiß weitgehend den Tatsachen, ist aber dennoch nicht die ganze Wahrheit. Eben weil die beiden nicht völlig wesensverschieden sind, verstehen sie einander durchaus und bemühen sich periodisch um Abbau der Spannungen. Nur leider sind die Unterschiede viel ausgeprägter – Unterschiede der Begabung, der Erfahrung und auch des Charakters. Das alles verbindet sich mit den sozusagen naturbedingten Gegensätzen, die nun einmal zwischen einem Vorsitzenden der CDU und einem Parteichef der CSU bestehen.

Unterschiede der Begabung und der Erfahrung: Strauß gebietet ganz eindeutig über sehr viel breitere Kenntnisse. Seine PR-Leute erinnern gern daran, daß er ein Einser-Abiturient und ein Einser-Student gewesen ist. In den verschiedenen Ministerämtern hat er hart an sich gearbeitet, mußte sich in komplizierte Details der Zukunftstechnologie, der Industriepolitik, der modernen Sicherheitspolitik und der Finanzen einarbeiten. Er kann aus dem Stand über alles Vortrag halten: Industriepolitik und Nukleartechnologie, moderne Zivil- und Militärluftfahrt, Rüstungswirtschaft, Nuklearstrategie und Rüstungskontrollpolitik, Konjunkturpolitik, internationale Finanzen, Geostrategie und so weiter und so weiter. In allen Hauptstädten der westlichen Welt ist er bestens vernetzt, und niemand in den Unionsparteien kennt das Personal der CDU/CSU-Fraktion und der Bonner Ministerien so gut wie er. An Erfahrung, an konzeptuellem Scharfsinn und an politischem Temperament ist ihm in den sechziger und siebziger Jahren nur Helmut Schmidt ebenbürtig.

Das alles gilt es zu sehen, will man begreifen, weshalb dieser alterfahrene Keiler eine Kanzlerkandidatur des Frischlings Helmut Kohl für eine Frechheit hält. Kohl registriert das natürlich, macht aber seine eigene Rechnung auf. Seit dem Jahr 1949, damals war er gerade neunzehn Jahre alt, hat er schließlich Gelegenheit gehabt, die Karriere von Strauß zu studieren. Er bewundert dessen Talente, wozu nicht zuletzt die fulminante Rednergabe gehört, die ihm selbst so sichtlich abgeht, kennt aber genauso gut wie die kritische Öffentlichkeit der ganzen Republik die Schattenseiten dieser starken Begabung: Zügellosigkeit, polarisierendes Naturell, unverhüllter Ehrgeiz, hemmungslose Streitsucht, Emotionalität und die Disposition zu abrupten Kurswechseln. Seit der *Spiegel*-Affäre verfolgt Strauß die Freien Demokraten – und diese ihn – mit unversöhnlichem Haß. Wer wie Kohl gewissermaßen Tag und Nacht darüber nachsinnt, wie er die FDP als Koalitionspartner ins Boot ziehen könnte, muß darin einen der schlimmsten Fehler des CSU-Vorsitzenden sehen.

Strauß verfügt auch über die Gabe, hochgestellte Parteifreunde in der eigenen Fraktion wie im Kabinett gegen sich aufzubringen. Unter vier Augen bezweifeln nicht wenige CDU-Granden seine vielgerühmten Fähigkeiten. Dem Diplomaten Erwin

Wickert vertraut Bundeskanzler Kiesinger an, er halte Strauß' Intelligenz für sehr überschätzt: »Schiller sei ihm intellektuell weit überlegen, schlafe nur vier bis fünf Stunden und arbeite, während Strauß mit seinen Kumpanen saufe.«[2] Gerhard Schröder, auch er alles andere als ein Busenfreund von Strauß, äußert sich über seinen Kabinettskollegen ähnlich kritisch: »Er ist intelligent, sieht sofort, was in einer Situation zu tun ist, er kennt die Zusammenhänge. Man kann ihn gut als Roboter für eine bestimmte Aufgabe verwenden – aber eine langfristige Aufgabe? Einen langfristigen Kurs durchhalten? Das kann er nicht.«[3]

Kohl weiß, daß Dutzende einflußreicher CDU-Freunde, die Strauß seit seinen frühesten Anfängen studiert haben, solche oder ähnliche Vorbehalte gegen den Bayern hegen. In den Jahren, in denen sich die CDU/CSU-Fraktion über die »neue Ostpolitik« zerfleischt, wird das nicht besser. Kohls Schlußfolgerung: Strauß ist weder der FDP noch großen Teilen der deutschen Öffentlichkeit, noch einer Mehrheit in der CDU vermittelbar. Man mag über demoskopische Befunde denken, was man will. Doch in einem Punkt sprechen sie eine deutliche Sprache: Auf die Frage nach einer guten oder keiner guten Meinung über bestimmte Unionspolitiker bekundet zwischen 1973 und 1976 eine Mehrheit durchgehend eindrucksvolle Zustimmungswerte für Kohl, Stoltenberg und Carstens, während sich die Ablehnung in Grenzen hält. Genau umgekehrt verhält es sich mit Franz Josef Strauß. So geben im Januar 1976, zu Beginn des Bundestagswahljahrs, 66 Prozent der Befragten an, über Kohl eine »gute Meinung« zu haben, nur 21 Prozent haben »keine gute Meinung« und 12 Prozent »weder noch«. Bei Strauß aber geben bei derselben Umfrage nur 39 Prozent eine »gute Meinung« zu Protokoll, 52 Prozent »keine gute Meinung« und 9 Prozent »weder noch«.[4]

Als Kohl 1973 den Bundesvorsitz der CDU übernimmt, muß ihn vor allem eines beunruhigen: Seit dem Scheitern des CDU-Vorsitzenden Barzel in der Bundestagswahl 1972 spielt Strauß mit dem Gedanken einer »vierten Partei«. Schon bei der anschließenden Erneuerung der Fraktionsgemeinschaft zwischen CDU und CSU stellt er sich bockig an. »Die CSU scheint im Begriff zu sein, die Fraktionsgemeinschaft in Frage zu stellen«, notiert der stets gutinformierte Leisler Kiep Ende November 1972.[5] Strauß gibt der CDU wieder einmal Rätsel auf. Aus seiner Sicht, so vermutet man dort, hätte eine bundesweit antretende vierte Partei unter Führung der CSU einen doppelten Vorteil: Sie würde konservative Wähler anziehen, die sich von der sichtlich nach links gerückten CDU abwenden. Zudem könnte die neue Partei den Anspruch des CSU-Vorsitzenden auf die Kanzlerschaft untermauern. Allerdings wird damals und später nie recht klar, wie sich Strauß und seine Freunde die Etablierung der vierten Partei konkret vorstellen. Soll das im Einvernehmen zwischen Adenauer-Haus und Münchener Lazarettstraße durch Wahlabsprachen über umstrittene Wahlkreise im Norden und Westen erfolgen? Oder will die CSU tatsächlich eine direkte Konfrontation durch Aufbau einer Parteiorganisation in allen Bundesländern und in allen Wahlkreisen? Erfolgt das Spiel mit dem Feuer bloß zu dem Zweck, der viel größeren und stärkeren CDU einen Kanzlerkandidaten Strauß abzupressen oder wenigstens einen CDU-Kandidaten, der bereit ist, den außenpolitischen und innenpolitischen Wünschen der CSU weit entgegenzukommen? Nicht einmal in der Frage einer möglichen Aufkündigung der Fraktionsgemeinschaft ist so recht klar, was damit erreicht werden soll: Mehr Einfluß in der CDU/CSU-Fraktion? Bloß die Abservierung Barzels? Welchen Zweck eine vierte Partei auch immer haben soll: In der CDU muß man die unklaren Pläne der CSU-Schwesterpartei sehr ernst nehmen, weil an ihrer Spitze ein unberechenbarer Franz Josef Strauß steht, der unablässig zwischen strategischem Kalkül und hochgradiger Emotionalität hin- und herpendelt.

Die Fata Morgana einer vierten Partei taucht jedenfalls zwischen 1972 und 1979 immer wieder auf, wird von den Journalisten aller Lager breit diskutiert und ängstigt bei der CDU viele, natürlich am meisten Helmut Kohl. Unablässig beschwört dieser deshalb die Gefahr eines Bruderkriegs wie einstmals in der Weimarer Republik, als das Zentrum und die Bayerische Volkspartei in jedem größeren Ort der Pfalz miteinander rivalisierten. Ein Auseinanderfallen des Unionslagers, so hämmert er seinen CDU-Freunden immer wieder ein, würde die sozialliberale Bundesregierung perpetuieren. Daß er dann seine eigenen Kanzlerambitionen aufgeben müßte, sagt er nicht, aber jeder im CDU-Vorstand weiß es. Aus dieser Tatsache resultiert seine Nachgiebigkeit gegenüber Strauß.

Leisler Kiep, der sich mit Kohl immer wieder einmal über das Problem Strauß unterhält, notiert nach einem längeren Gespräch im August 1974: »Kohl glaubt an die Chance, Strauß zu integrieren, ihn einzubinden, weil er ohne ihn oder gegen ihn nicht glaubt Kanzler werden zu können! Die vierte Partei glaubt Kohl unter Kontrolle zu haben, da er Strauß für diesen Fall die sofortige Gründung der CDU in Bayern zugesagt hat.«[6] Interessant ist, wie Kiep diesen einschätzt, nämlich »dreigesichtig«: »Da ist einmal der Strauß, der (wider besseres Wissen) selber Kanzler werden will (der deutsche Churchill, dessen düstere Prognosen alle eingetreten sind), der zweite Strauß, der wohl Kohl nominieren will, aber selber in der Regierung Vizekanzler und Außenminister werden möchte (damit nach meiner Ansicht alle Aussichten bietet, für uns die Mehrheit zu verspielen und eine Koalition mit der FDP zu verhindern). Der dritte Strauß, der vernünftige, den es gelegentlich auch zu geben scheint, der Finanzminister werden will.« Die Gesprächsnotiz zeigt, daß das Ringen um die Kanzlerkandidatur sowie die Positionskämpfe um Kabinettsposten im Fall eines Wahlsiegs damals wie heute zu den reizvollsten Beschäftigungen führender Oppositionspolitiker gehören.

Im CDU-Präsidium ist das Fingerhakeln unter wie über dem Tisch deutlich erkennbar. »Biedenkopf schweigt und schreibt. Kohl redet weitschweifig. Stoltenberg taktisch vorsichtig. Carstens sagt viel und wenig.«[7] Mit diesen Worten trifft Leisler

Kiep die dort im Herbst 1974 gegebene Konstellation, bei der jeder jeden belauert. Brandt ist inzwischen über die Guillaume-Affäre gestürzt. Schon in den Monaten zuvor ist die SPD-Zustimmungskurve in den Meinungsumfragen gesunken. Schmidts Wahl führt nochmals zu einem kurzen Zwischenhoch, doch das ganze Jahr 1974 hindurch schwankt die Zustimmung für die Unionsparteien um die fünfzig Prozent, meist liegt sie darüber. Die Landtagswahlen bestätigen dieses Bild. Im Herbst 1974 werden – von wem und in welcher Absicht auch immer – Gerüchte über eine Große Koalition in die Presse lanciert, die auch das CDU-Präsidium beschäftigen. Kohl spricht sich energisch dagegen aus und erklärt, dafür werde er nicht zur Verfügung stehen.[8]

Strauß spielt konsequent auf Zeit und will die Nominierung des Kanzlerkandidaten möglichst weit hinausschieben. Ende Oktober 1974 holt er bei den Wahlen zum Landtag von Bayern mit seiner harten Konfrontationsstrategie stolze 62,1 Prozent der Wählerstimmen. Alles weitere hängt nun von den Landtagswahlergebnissen 1975 ab. Wie wird die CDU am 2. März in Berlin bei der Wahl zum Abgeordnetenhaus abschneiden? Wie Helmut Kohl am 9. März in Rheinland-Pfalz? Auch das Wahlresultat in Schleswig-Holstein verdient Beachtung. Der dortige Ministerpräsident Stoltenberg ist 1973 etwas voreilig dem Zweikampf um den CDU-Vorsitz aus dem Weg gegangen. Doch nach den Wahlergebnissen in Rheinland-Pfalz und in Schleswig-Holstein könnte das Spiel neu gemischt werden. Und dann kommt am 4. Mai auch noch die Wahl in Nordrhein-Westfalen, bei der Heinrich Köppler antritt, auch dies ein Mann nicht ganz ohne Ehrgeiz.

Die Wähler und die politische Klasse interessieren sich in diesen Tagen aber nicht nur für das Gerangel in den Parteien. In der gesamten Republik verbreitet der Terrorismus der »Roten Armee Fraktion« (RAF) und der Splittergruppe »Bewegung 2. Juni« Angst und Schrecken. Auch hier plädiert Strauß für scharfes Vorgehen und kritisiert die Bundesregierung heftig, nicht zuletzt die FDP, die den Bundesinnenminister stellt. Kohl äußert sich gleichfalls warnend, trägt dabei aber doch Sorge, nicht die Rückkehr der FDP zur CDU zu verbauen. Milde gestimmte Seelen in der Wählerschaft, die mit einem gewissen Mitgefühl auf die verstörten und verwirrten jungen Extremisten schauen, sollen gleichfalls nicht durch ein Plädoyer für überstarke Repression gegen die CDU aufgebracht werden. »Die Leut« sollen wissen, so sie ihn wählen, daß er als geboten strenger, aber doch auch mitfühlender König regieren wird.

In den zwei wildbewegten ersten Märzwochen des Jahres 1975 fällt faktisch die Entscheidung, daß Strauß auf keinen Fall mehr in den Ring steigen kann, so er das überhaupt je gewagt hätte. Am Donnerstagmorgen, 27. Februar, drei Tage vor der Wahl zum Berliner Abgeordnetenhaus, gelingt der »Bewegung 2. Juni« in der Stadt ein ziemlich freches Stück: Peter Lorenz, CDU-Landesvorsitzender und Kandidat für den Posten des Regierenden Bürgermeisters, wird gekidnappt und in seinem eigenen

Dienstwagen entführt. Indirekt ist auch Kohl politisch wie emotional stark involviert, denn er hat noch am Abend zuvor mit Lorenz zusammen einen großen Wahlauftritt bestritten – die Berliner CDU liegt gut im Rennen –, und danach hat man bis ein Uhr früh fröhlich gebechert.

Die Geiselnahme geht Kohl sehr nahe. Peter Lorenz ist keiner von jenen CDU-Landesvorsitzenden, die er sich leider nicht aussuchen kann und mit denen man, so gut es geht, leben muß, im Gegenteil: Kohl sieht in ihm seit den frühen Tagen in der Jungen Union einen echten, persönlichen Freund. Lorenz seinerseits ist seit dem Studium an der FU zugleich mit dem Regierenden Bürgermeister Klaus Schütz vom rechten Flügel der SPD befreundet. Kohl und Schütz sind nun fest entschlossen, Lorenz wie auch immer frei zu bekommen. Die Entführer verlangen die Freilassung und Ausreise von sechs inhaftierten Gesinnungsgenossen. Die Öffentlichkeit einschließlich der politischen Klasse ist noch weitgehend bereit, dieser Forderung nachzugeben, weil die Inhaftierten nicht wegen Kapitalverbrechen wie Mord, sondern wegen minderer Delikte einsitzen, und weil es bei der Entführung glimpflich abging. Zudem ist dies die erste Geiselnahme in Deutschland. Harte Entscheidungen kalter Staatsräson müssen erst wieder gelernt werden. Unter Verweis auf die alleinigen Zuständigkeiten der Länder bei der Freilassung von Delinquenten hält sich selbst Helmut Schmidt bei den Krisensitzungen bedeckt.[9]

Am Wahlsonntag in Berlin stürzt die SPD zwar ab und die CDU erzielt satte Gewinne. Ein Machtwechsel kommt aber nicht zustande. Millionen Fernsehzuschauer werden tags darauf Zeugen, wie fünf freigepreßte Terroristen – einer lehnte den Austausch ab – in Begleitung des früheren Berliner Regierenden, Pfarrer Heinrich Albertz, in den Jemen ausgeflogen werden. Zwei Tage später wird Lorenz freigelassen.

Die am folgenden Sonntag in Rheinland-Pfalz anstehende Landtagswahl erfolgt also unter dem Eindruck der Psychodramen um diese spektakulären Ereignisse. Daß vor allem Strauß die Vorgänge zu scharfen Angriffen auf die Bundesregierung nutzt, versteht sich von selbst. Hartmut Soell, der Biograph Helmut Schmidts, hat übrigens neuerdings ein in jenen Tagen verfertigtes Strategiepapier aus dem Schmidtschen Bundeskanzleramt aufgefunden, in dem zu lesen ist, es sei deutlich, daß Strauß/Dregger/Springer »unter dem Deckmantel der verständlichen Erregung und Emotionalisierung den Abbau des liberalen Rechtsstaates voranzutreiben (Diskussion um Todesstrafe) suchten«.[10] Doch nicht die Bundesregierung fährt jetzt einen Entlastungsangriff, sondern der *Spiegel*. Am Samstagabend vor der Wahl läuft über die Newsticker die Meldung, Franz Josef Strauß habe vor der CSU-Landesgruppe in Sonthofen am 18./19. November 1974 in einer »Geheimrede« zu »allgemeiner Konfrontierung« aufgerufen. »Emotionalisierung der Bevölkerung, und zwar die Furcht, die Angst und das düstere Zukunftsbild sowohl innenpolitischer wie außenpolitischer Art«, bestimme künftig die Wahlergebnisse. Die Krise müsse

Klaus Schütz empfängt Helmut Kohl in seinem Amtszimmer zu einer Beratung
über die Entführung von Peter Lorenz, 27. Februar 1975

so stark werden, »daß aus der Krise ein heilsamer Schock erwächst«. Die wie fast immer bei Strauß hochemotionale, frei gehaltene und auch nicht autorisierte Rede[11] war heimlich aufgenommen worden und dem *Spiegel* zugegangen, der sie jetzt einsetzt, um das ohnehin mehr als umstrittene Bild von Strauß weiter einzuschwärzen. Spekulation à la baisse, Konfrontationsstrategie, hemmungsloser Antisowjetismus und ebenso hemmungslose Emotionalität – das alles läßt sich aus den Worten des Bayern mühelos herauslesen. Das Regierungslager zögert selbstverständlich keinen Moment, dies über Wochen hinweg zum Spitzenthema zu machen.

Auch Kohl bekommt in der Sonthofener Rede sein Fett weg. Möglicherweise ist das ein Grund, den Text zielgenau unmittelbar vor dem Wahlsonntag in Rheinland-Pfalz abzudrucken. Strauß beklagt sich darüber, daß Kohl und Barzel bei Schmidt sondiert hätten, ob dieser nicht mit der CDU koalieren wolle – ohne FDP, aber auch ohne CSU. Er, Strauß, habe den Eindruck gewonnen, die CDU in Gestalt von Barzel und Kohl betreibe »Gardinendiplomatie«, »Hintergardinendiplomatie«. Doch die Enthüllung in allerletzter Minute verfängt in Rheinland-Pfalz nicht. Bundesweit liegt die CDU im Februar 1975 bei 53 Prozent. Erst von da an gehen die Zustimmungswerte wieder langsam zurück. Kohl gelingt es, in seinem Bundesland satte 53,9 Prozent zu holen gegenüber 50 Prozent bei der vorhergehenden Landtagswahl.

Noch viel wichtiger als der Wahlausgang in Rheinland-Pfalz ist die Rückwirkung der »Sonthofener Rede«. Die Enthüllung wird für Strauß zum Desaster. Hatte er je mit dem Gedanken gespielt, schon 1976 als Kanzlerkandidat in die Arena zu steigen, so kann er jetzt diese Hoffnung begraben. Die Regierungsparteien im Verbund mit *Spiegel, Stern* und ähnlich orientierten Blättern überziehen ihn mit einer ziemlich beispiellosen Kampagne: Er verfolge eine Strategie der »verbrannten Erde«, um schließlich als »Retter« an die Macht zu kommen. Noch viele Jahre später, als sich niemand mehr so genau an den Inhalt der Sonthofener Rede erinnern kann, reicht ein pauschaler Hinweis darauf als Beleg für die teuflische Gefährlichkeit von Franz Josef Strauß. Für die SPD, die periodisch eine Umorientierung der FDP befürchten muß, ist die Sonthofener Rede ein Gottesgeschenk. Der Verweis auf die brandgefährliche CSU erlaubt es ihr jetzt, jene Freien Demokraten, und ihrer sind nicht wenige, die mit dem Gedanken des Wechsels spielen, mit den Hinweis zu schrecken: »Wer mit der CDU paktiert, bekommt Strauß!«

Aber Strauß gibt nicht auf. Er hat noch einen Joker im Spiel. Wenn er selbst schon nicht zum Zug kommen kann, dann wenigstens ein CDU-Politiker, der ihm politisch nahe steht: Karl Carstens. Carstens ist ein gestandener Mann mit Regierungserfahrung und international vorzeigbar. Er hat im Bundestag immer wieder bewiesen, daß er zu kämpfen versteht. Für 1976 würden sie ein Dreamteam bilden: Strauß räumt im Süden ab, vielleicht auch etwas nördlich der Mainlinie, der Protestant und schneidige Norddeutsche Carstens holt den Norden – und Kohl mag Parteivorsitzender der CDU bleiben. Mit solchen Überlegungen sucht Strauß über den CSU-Generalsekretär Gerold Tandler auf Carstens einzuwirken. Wann genau und mit welcher Tendenz auch Biedenkopf in dieser noch offenen Lage mit Strauß über die möglichen Lösungen gesprochen hat, ist nicht eindeutig feststellbar. Biedenkopf äußert damals Zweifel an Kohls Befähigung zum Kanzler, die er nach Lage der Dinge gern in die ziemlich künstliche Überlegung kleidet, der Parteivorsitzende müsse den Willen der Partei artikulieren, wohingegen der Bundeskanzler in einer Koalition naturgemäß zu Kompromissen verpflichtet sei und vorrangig dem Staat zu dienen habe. Carstens verhält sich zu dem Ansinnen von Strauß eindeutig: Er geht mit sich und seiner Umgebung zu Rate und verzichtet dann dankend auf das Vergnügen eines Zweikampfs mit dem Parteivorsitzenden Helmut Kohl.[12] Damit ist der Weg zu Kohls Kanzlerkandidatur fast schon frei. Von allen potentiellen Rivalen, die er damals hat, war der für die CSU voll akzeptable Karl Carstens wahrscheinlich der aussichtsreichste.

Inzwischen ist aber auch bei Stoltenberg der Appetit erwacht. Leisler Kiep vermerkt nach einer Unterredung beim Frühstück mit Stoltenberg: »Offen zum ersten Mal über Kanzlerkandidatur gesprochen. Er ist definitiv Kandidat und hält sich für geeigneter als Kohl gegen Schmidt anzutreten, den er für einen formidablen Gegner hält ... Er sieht die Chancen für 1976 als keineswegs rosig an. Schmidt sei der ungünstigste Gegner der CDU.«[13] Doch Stoltenberg hat bei der Landtagswahl in Schleswig-

Holstein am 13. April weniger Glück als Helmut Kohl einen Monat zuvor in Rhein-land-Pfalz. Die 50,4 Prozent für die CDU sichern ihm zwar für weitere vier Jahre die Ministerpräsidentschaft, aber 1971 hatte er mehr, nämlich 51,9 Prozent, geholt – ein leichter Abstieg also und keine Empfehlung für eine bundesweite Kanzlerkandidatur.

Damit ist für die meisten im CDU-Präsidium die Sache gelaufen. Die auf den 4. Mai terminierte Landtagswahl in Nordrhein-Westfalen steht zwar noch bevor, doch sieht es dort nicht nach einem Triumph aus. Biedenkopf berichtet, in NRW wünsche man nun eine klare Aussage noch vor der Wahl – »und zwar Benennung des Kandidaten Kohl«. Man brauche dort in der Endphase des Wahlkampfs ein neues Thema. Es seien vor allem die Sozialausschüsse, die danach verlangten, daß sich die CDU für Kohl und gegen Strauß entscheide. Alle anwesenden Präsidiumsmitglieder plädieren jetzt für Kohl. Auch Carstens stimmt zu, jedoch mit der Einschränkung, heute keine abschließende Beschlußfassung vorzunehmen.[14] Alle wissen, daß mit dem Meinungsbild zwei Schönheitsfehler verbunden sind: Erstens ist Stoltenberg bei dieser Sitzung nicht zugegen, und zweitens muß jede Benennung mit einem Höchst-maß an Diplomatie gegenüber Strauß vorgenommen werden. Doch Kohl schickt Kiep einen Zettel mit der Bitte, auf Abstimmung hier und heute zu bestehen. So geschieht's. Ausgerechnet Biedenkopf, der im Vorfeld kein ganz klares Spiel gespielt hat, wird nun ermächtigt, »nach Rücksprache (zwecks Unterrichtung) von Strauß und Stoltenberg die öffentliche Erklärung abzugeben«. Stoltenberg muß verdrossen konstatieren, daß er überspielt worden ist, übt aber Parteidisziplin und gibt bei der Präsidiumssitzung und der anschließenden Sitzung des Bundesvorstands am 12. Mai Kohl seine Stimme.[15]

Wie es sich gehört, verläßt Kohl vor der Abstimmung den Raum. Bei der Rück-kehr darf er vernehmen, daß er vom CDU-Bundesvorstand für die gemeinsame Sit-zung der Präsidien von CDU und CSU einstimmig als Kandidat der Union nomi-niert ist. So verkündet es der Parteisprecher Willi Weißkirch nach diesen für den weiteren Karriereverlauf von Helmut Kohl – aber auch Gerhard Stoltenberg – ent-scheidenden Sitzungen der höchsten CDU-Parteigremien und fügt wie zuvor verein-bart hinzu: »Der stellvertretende CDU-Vorsitzende, Dr. Gerhard Stoltenberg, hatte nach dem Bericht des Generalsekretärs erklärt, er gehe nach der Vorerörterung der letzten Tage davon aus, daß sich in der Diskussion der Partei eine klare Mehrheit für Helmut Kohl abzeichne. Dr. Stoltenberg erläuterte die Gründe, die ihn zur der Erklä-rung veranlaßt hatten, er stehe zu einer Kandidatur zur Verfügung. Nachdem sich nun eine deutliche Mehrheitsentscheidung für Helmut Kohl andeute, sei es richtig, wenn sie von allen Mitgliedern des Vorstandes getragen werde.«[16] Im Klartext heißt das: Stoltenberg läßt die Öffentlichkeit wissen, daß er im Interesse der Geschlossen-heit in den Reihen der CDU die Anhänger seiner Kandidatur aufgefordert hat, für Kohl zu stimmen.

Inzwischen ist die Wahl in Nordrhein-Westfalen verloren, und in der CSU wird das von der CDU gewählte Verfahren einer internen, alsdann – durch Biedenkopf in Form einer persönliche Erklärung – öffentlich verkündeten Benennung eines CDU-Kandidaten als Affront gewertet. Was Strauß tatsächlich von Kohl hält, läßt er diesem vorerst über Dritte mitteilen. Als Leisler Kiep den CSU-Vorsitzenden in diesen Monaten aufsucht, liest der ihm zunächst freundschaftlich-burschikos, bald aufbrausend die Leviten: »Kohl sei ihm suspekt«, vermerkt Kiep zu Strauß' Ausbruch, »vor allem weil er mich zum außenpolitischen Sprecher gemacht habe.« Und dann notiert er die düsteren Zukunftsvisionen, die Strauß ihm ausmalt: Das NATO-Land Portugal, in dem die Kommunisten erstarkt sind, hat er schon abgeschrieben. Rings ums Mittelmeer sei der »Euro-Kommunismus« im Vormarsch: »Die USA schwach und naiv: sie sollten endlich die Zeichen der Zeit erkennen und uns Atomwaffen geben ... Die Engländer seien kein Faktor, die Franzosen mit Blindheit geschlagen, die Italiener Kommunisten ...«[17]

Strauß sieht die Sowjetunion überall im Vordringen und den Westen auf dem Weg in den Abgrund. Die sozialliberale Koalition, aber eben auch die CDU und in vorderster Linie der schwächliche Helmut Kohl, so seine Einschätzung, sind gleichfalls auf diesen Kurs eingeschwenkt. Hat Kohl nicht von langer Hand Richard von Weizsäcker, dessen weiche Haltung bekannt ist, in seine gegenwärtige Position geschoben? Hat er nicht den gleichgesinnten Leisler Kiep 1973 zum Außenpolitischen Sprecher des CDU-Präsidiums gemacht und Biedenkopf zum Generalsekretär?

Viel ändern kann Strauß aber nicht. Er hat sich mit der Sonthofener Rede selbst aus dem Spiel gekegelt, Carstens und Stoltenberg sind nicht zum Antreten gegen Kohl zu bewegen. So kommt es am 10. Juni zu einer ersten gemeinsamen Sitzung der Parteispitzen von CDU und CSU. Strauß ist immer noch wütend, weil man vor Veröffentlichung der Benennung nicht mit ihm verhandelt hat, hackt aber jetzt klugerweise vor allem auf Biedenkopf herum und prophezeit, die Wahl sei nach Lage der Dinge verloren. Doch die Unmutsbekundungen der CSU sind nur noch Theaterdonner. Nach quälenden Verhandlungen bei einer weiteren Sitzung gibt die CSU schließlich ihr Einverständnis zur Kanzlerkandidatur Kohls. Strauß hat sich dazu noch etwas Apartes einfallen lassen. Er besteht auf einem gemeinsam verabschiedeten Papier, in dem das Verhältnis zwischen CDU und CSU, aber ebenso zwischen Kohl und Strauß geradezu klassischen Ausdruck findet: »Die CDU hat Helmut Kohl als Kandidaten für das Amt des Bundeskanzlers vorgeschlagen. Die CSU hat davon Kenntnis genommen, daß die CDU als größere Partei den Anspruch erhebt, den Kanzlerkandidaten zu stellen. Die CSU hält an ihrer Bewertung fest, daß ihr Vorsitzender der geeignete Kandidat ist. Die CSU wird im Interesse der gemeinsamen Sache aber ebenso wie die CDU nun Helmut Kohl als Kanzlerkandidaten unterstützen.« Die Sozialliberalen und viele Journalisten werden das künftig hunderte Male zitieren.

»Eine Ohrfeige für Kohl und für uns«, charakterisiert das Kiep in seinem Tagebuch. Doch der CDU-Chef schluckt selbst diese Kröte stoisch herunter, indem er feierlich erklärt, er würde es ablehnen, Parteivorsitzender zu sein, wenn die historische Gemeinschaft CDU/CSU auseinanderbricht. »Kohl ist gelassen«, beschreibt Kiep die Szene, »er glaubt, damit leben zu können, und gibt damit den Ausschlag.« Nicht wenige in der CDU – und verschwiegener auch in der CSU – finden es aber unglaublich, daß Kohl diesem Papier zustimmt, und beklagen die fehlende Härte.[18] Kohl selbst verzichtet auf die Ehre, das Einigungspapier vor der Presse zu erläutern, und überläßt dies dem CDU-Ehrenvorsitzenden Kiesinger.

So kann ein paar Tage später der CDU-Parteitag in Mannheim über die Bühne gehen und der Gastredner Strauß dort seinem tiefen Pessimismus zur außenpolitischen Lage Ausdruck geben. Er wird heftig beklatscht. Doch für den einstigen Lokalmatador aus Ludwigshafen ist der Mannheimer Parteitag eine Art Heimspiel. Helmut Kohl erhält stehende Ovationen und wird mit 696 von 707 Stimmen fast einstimmig als Vorsitzender wiedergewählt. Aus den Berichten, die ihm das Institut für Demoskopie regelmäßig zustellt, muß er aber erfahren, wie wenig sich der normale Wähler um großartig aufgezogene Parteitage kümmert. Als im August 1975 die Eindrücke vom Mannheimer CDU-Parteitag abgefragt werden, meinen zwölf Prozent der Befragten, ja, sie hätten einen guten Eindruck (von den CDU/CSU-Anhängern sind es sogar 26 Prozent). Satte 68 Prozent antworten jedoch, wahrscheinlich wahrheitsgemäß, sie hätten den Parteitag überhaupt nicht verfolgt.[19] Parteitagstriumphe garantieren noch keinen Wahlsieg.

In Wirklichkeit ist zwischen CDU und CSU immer noch vieles, wenn nicht fast alles ungeklärt: die Wahlkampfstrategie, die Frage der »vierten Partei«, die Entspannungspolitik, auch die Sicherheitspolitik. Strauß meint, Deutschland »brauche zur Verteidigung seiner Interessen Atomwaffenzugang«, und brütet weiter darüber, ob und wie er sich aus der Zusage zur Unterstützung Kohls herauswinden könnte. Gegenüber Herbert Kremp, dem Chefredakteur der *Welt*, der ihn ähnlich wie Axel Springer für den besseren Kanzlerkandidaten hält, nimmt er kein Blatt vor den Mund. Er wolle die Frage der »vierten Partei« jetzt wieder aufs Tapet bringen, läßt er Kremp wissen, und er glaube auch nicht, daß mit Kohl über verbale Übereinstimmungen hinaus tatsächlich wirksame Absprachen für eine Wahlstrategie getroffen werden können. Während er selbst entschiedene Alternativen zur sozialistischen Politik der SPD formulieren möchte, wolle die CDU, so sagt er verächtlich, nur ein argumentatives Scharmützel um die »Wechselwähler« anzetteln. Aber »man kann nicht in einem Laden gleichzeitig Devotionalien und Pornographie verkaufen«. Immer noch ist Strauß davon überzeugt, durch eine heftig akzentuierte Konfrontationsstrategie eine absolute Unionsmehrheit sichern zu können. Darin sieht er die einzige Chance, an die Regierung zu kommen, denn an eine Koalition mit der FDP glaubt

Debatte um die Polenverträge im Bundestag,
12. März 1976

er nicht. Immerhin: Einen letzten Versuch bei Kohl wolle er noch machen, eine Einheitsstrategie durchzusetzen. Aber er fordert, so schreibt Kremp an Springer, »wenn wir zusammenbleiben sollen«, die Guillotine für Biedenkopf.[20]

Daß Strauß nach einem Vorwand sucht, Kohl und mit diesem die CDU doch noch auf seine harte Linie zu zwingen, ist somit zu erwarten. Und nun findet er eine Thematik, mit der er die CDU festnageln kann: die von Bundeskanzler Helmut Schmidt auf der KSZE-Konferenz in Helsinki mit dem polnischen Generalsekretär Edward Gierek vereinbarten »Polenverträge«. Dabei geht es um zwei Themenkomplexe: Polen verlangt als Voraussetzung für die Normalisierung eine Globalentschädigung für an die 200 000 ehemalige KZ-Häftlinge. Im Gespräch sind eine Pauschalzahlung von 1,3 Milliarden DM und ein Finanzkredit über eine Milliarde zu einem Vorzugszinssatz. Die Bundesrepublik wünscht im Gegenzug polnische Zusagen, daß im Verlauf von vier Jahren von den besonders im einstigen Oberschlesien verbliebenen Deutschen 120 000 bis 150 000 in die Bundesrepublik ausreisen dürfen. In der Bundesrepublik kritisieren die Gegner des Abkommens den von SPD und FDP befürworteten Vertrag als einen Tauschhandel »Geld gegen Menschen«. Beim Bund der Vertriebenen wird eine Rechnung aufgemacht, die an Polen gefallenen deutschen Vermögenswerte in den Ostgebieten würden sich auf 214,3 Milliarden DM belaufen.[21]

Da für die entsprechende Gesetzgebung die Zustimmung des Bundestags und des Bundesrats erforderlich ist, erlebt die CDU nun eine Neuauflage der Zerreißprobe um die Ostverträge von 1972. Strauß fordert alle CDU-Abgeordneten und die CDU/CSU-Ministerpräsidenten in einem persönlichen Brief zur Ablehnung der Polenverträge auf und erwähnt dabei ausdrücklich die Notwendigkeit einer »geschlossenen Haltung« beim Blick auf die Bundestagswahl 1976. Er befindet sich in der Zwickmühle. Richard von Weizsäcker, Walther Leisler Kiep, Rainer Barzel, Norbert Blüm und sogar Gerhard Schröder plädieren für ein Ja. In der Fraktion aber sprechen sich Karl Carstens, Alfred Dregger und natürlich Strauß selbst gegen die Verträge aus. Bei einer Probeabstimmung erweist sich, daß eine überwältigende Mehrheit von 174 zu 11 Abgeordneten die Verträge ablehnen will. Im CDU-Vorstand gibt es dagegen eine Mehrheit für die Annahme.[22] Kohl selbst laviert. Im September hat er Schmidt und Genscher, so behaupten diese jedenfalls, noch signalisiert, die Verträge könnten unter bestimmten Bedingungen im Bundesrat passieren. Jetzt aber, da Strauß und Carstens alles hochgekocht haben, weicht er zurück. Sarkastisch notiert Leisler Kiep in seinem Tagebuch: »Kohl ist Wachs in der Hand von Strauß.«[23] Im Bundestag spricht sich der Ministerpräsident Kohl als Gastredner gegen die Verträge aus – »gegen seine Überzeugung«, meint Kiep, der in diesen Wochen innerhalb der CDU als ein Wortführer der Befürworter operiert.[24]

Der Umstand, daß Kohl den Kontakt zum Bundesaußenminister und FDP-Vorsitzenden Genscher nicht abreißen lassen möchte, macht seine Lage nicht leichter. Und nun erfolgt zu allem Überfluß auch noch ein Umschwung in den Ländern. Als sich Kohl am 6. Februar 1976 bei einem Kongreß der Europabewegung in Brüssel aufhält, erfährt er, daß der Landtag in Niedersachsen überraschend den CDU-Kandidaten Ernst Albrecht zum Ministerpräsidenten gewählt hat. Albrecht bildet eine Minderheitsregierung der CDU und nimmt Leisler Kiep als Finanzminister, zeitweilig auch als Wirtschaftsminister in sein Kabinett. Die Monate Februar und März 1976 verlaufen im Unionslager so quälend wie das Tauziehen im Juni des letzten Jahres. Strauß, Carstens, Stoltenberg, Filbinger und – mit Ausnahme von vierzehn Abgeordneten – die gesamte CDU/CSU-Fraktion sind für ein Nein und zeigen sich beim Blick auf die Umfragen überzeugt davon, mit den wenig populären zweiten Polenverträgen einen Wahlkampfschlager für den Herbst 1976 gefunden zu haben.

Strauß und die CSU-Landesgruppe verfolgen die Verhandlungen mit Genscher mit allergrößtem Mißtrauen. »Er persönlich könne die Anbiederung an die FDP, die zu beobachten sei, nicht mehr ertragen«, ruft der Berichterstatter Richard Stücklen Anfang März in der CSU-Landesgruppe aus.[25] Einen Monat später, die Verhandlungen befinden sich in der Endphase, stellt er fest, Genscher werde »uns anschmieren«.[26] Eine Mehrheit von CDU-Bundestagsabgeordneten sieht das genauso. Der liberale CDU-Flügel wirkt dagegen auf Genscher ein, Polen zu gewissen Zusagen zu bewegen, was dieser auch erreicht. Daraufhin verändern sich die Positionen in den CDU-geführten Ländern. Die CDU/FDP-Regierung des Saarlandes unter dem

CDU-Ministerpräsidenten Franz Josef Röder drängt auf Annahme im Bundesrat, etwas vorsichtiger hinter den Kulissen, aber nachhaltig, auch Ernst Albrecht, sekundiert von Walther Leisler Kiep.

Kohl schwankt bald hierhin, bald dorthin. Mitte März, als es besonders hoch hergeht, weist Richard Stücklen ihn ultimativ darauf hin, daß auf dem für den folgenden Samstag angesetzten CSU-Parteitag mit Unterstützung der Landesgruppe »die 4. Partei von Strauß proklamiert«[27] werde, wenn eine Zustimmung zu den Verträgen ohne völkerrechtlich verbindliche Zusicherungen für die Ausreise Deutschbürtiger zustande komme. Bis zur letzten Abstimmung im Bundesrat muß Kohl also fürchten, daß ein zorniger Franz Josef Strauß im letzten Moment die vierte Partei ausrufen[28] und damit seinen Wahlkampf und wahrscheinlich seine ganze politische Karriere ruinieren könnte, wenn er, Kohl, seinen mächtigen Widersachern nicht nachgibt. Zum großen Verdruß des CSU-Vorsitzenden Strauß kippt dann aber die bayerische CSU-Regierung mit dem Ministerpräsidenten Alfons Goppel um. Nur der damals mächtige Ministerpräsident Hans Filbinger leistet noch Widerstand. Doch jetzt ist Kohl entschlossen, den Vertrag durchzubringen. In der Rheinland-Pfälzischen Landesvertretung diskutieren die beiden eine halbe Nacht lang miteinander, bis Kohl schließlich seinem konservativen Widersacher Filbinger die Pistole auf die Brust setzt: »Wenn Du nicht zustimmst, trete ich als Parteivorsitzender zurück.«[29] So entkommt Kohl im letzten Moment aus der Falle von Franz Josef Strauß. »Kohl strahlt, als wäre er derjenige, der dies bewirkt hat«,[30] hält Leisler Kiep in seinem Tagebuch die Szene fest, als der Bundesrat ausnahmslos zustimmt.

Man kann die Bedeutung des Ja der CDU- und CSU-Länder zum »zweiten Polenvertrag« gar nicht kräftig genug unterstreichen. Von jetzt an liegt wenigstens die Ostpolitik nicht mehr zwischen der CDU und der FDP. Strauß muß zurückstecken. Wie sehr ihn diese Niederlage noch nach Jahrzehnten umtreibt, kommt in seinen *Erinnerungen* zum Ausdruck, wo er Kohls Schwanken erbittert beschreibt. Sein Bericht endet mit der Feststellung: »Und noch etwas wurde mir im März 1976 klar, daß es nämlich zwischen Helmut Kohl und Hans-Dietrich Genscher besondere Beziehungen gab … Spätestens bei der Bonner Wende im Herbst 1982 wurde die Hintergrundpolitik der beiden auch den wenig Eingeweihten bildhaft vor Augen geführt.«[31]

»Zu kurz gesprungen«: die Bundestagswahl 1976

Trotz gelegentlicher Rückschläge gleicht Kohls Karriere bisher einer Kurve, die rasch und kontinuierlich nach oben verläuft. In der Wahlnacht des 3. Oktober ist der Höhepunkt erreicht. Das gilt für ihn genauso wie für die Unionsparteien. Nie mehr wird später ein CDU-Bundeskanzler oder gar ein Kanzlerkandidat mit 48,6 Prozent der

Wählerstimmen so nahe an die absolute Mehrheit herankommen. Nur einmal, im Jahr 1957, ist Adenauer das Kunststück geglückt, mit 50,2 Prozent eine absolute Mehrheit zu holen. Kohls Wahlergebnis ist nicht zuletzt deshalb bemerkenswert, weil er es gegen einen Helmut Schmidt erzielt, der damals bereits »Weltökonom« tituliert wird und auf seinen Herausforderer ständig verächtlich hinabsieht. »Vorsitzender der Mainzer Provinzialregierung« ist noch eines der harmloseren Etiketten, die er diesem aufklebt. Erst in der heißen Wahlkampfphase dämmert es Schmidt allmählich, daß mit Kohl ein Profi gegen ihn angetreten ist, der seit den frühen Ludwigshafener Anfängen wieder und wieder mit Spaß und auch mit meßbarem Erfolg Wahlkampf gemacht hat.

Das Bild vom Höhepunkt einer Aufstiegskurve ist auch beim Blick auf jene anderen Kanzlerkandidaten passend, die sich aus der Provinz aufmachen, das Bundeskanzleramt zu erobern. Vor Kohl hat das Willy Brandt 1961 und 1965 erfolglos versucht, beim zweiten Mal mit schlappen 39,3 Prozent. Die Liste derer, die sich nach Helmut Kohl auf diesen Weg machen, ist lang – Franz Josef Strauß, Johannes Rau, Oskar Lafontaine, Rudolf Scharping, Gerhard Schröder (nur er hat Erfolg) und Edmund Stoiber. Doch keiner erreicht wie Kohl auf Anhieb 48,6 Prozent.

Auf einer Klausurtagung des CDU-Bundesvorstands zum Jahresbeginn hat Biedenkopf die Schwerpunkte und den Ablaufplan der Wahlkampagne vorgestellt. In dem knappen Ergebnisprotokoll ist ausdrücklich vermerkt: »Kernpunkt der Wahlkampfstrategie ist die zentrale Herausstellung des Kanzlerkandidaten der Union und seine Konfrontation mit Bundeskanzler Schmidt. Dr. Kohl wird deutlich machen, daß Bundeskanzler Schmidt die Verantwortung für die verfehlte Politik der letzten Jahre trägt. Er wird die Politik der Freiheit vertreten als Alternative zur SPD/FDP-Politik sozialistischer Bevormundung.«[1]

Von Anfang an weiß Kohl, daß Helmut Schmidt ein formidabler Gegner ist. Wenige Wochen nach dessen Amtsantritt hatte er im CDU-Vorstand realistisch festgestellt: »Ich persönlich bin überzeugt, daß die Regierung natürlich jetzt ad hoc mit dem Personalwechsel eine neue Chance gewonnen hat. Helmut Schmidt ist ein Mann, der das Flair des Handelnden, des schnell aufnehmenden Technokraten hat.«[2] Schmidt hat es auch verstanden, alle in der FDP vorhandenen Wechselgelüste zu zügeln mit der für Kohl sehr betrüblichen Folge: Wenn er Kanzler werden will, muß er nicht nur gegen Helmut Schmidt, sondern zugleich auch gegen seinen Duzfreund Hans-Dietrich Genscher antreten.

Hinzu kommt, daß sich die Konjunkturlage wieder aufhellt. Vom Frühjahr 1973 an trieben die beginnende Inflation, die Ölkrise 1973/74, die Rezession, die Arbeitslosigkeit, aber auch die Sorge vor dem linken Flügel in der SPD eine große Zahl enttäuschter Wähler in den Pferch der oppositionellen CDU. Bei den Umfragen verliefen die Zustimmungskurven für die Union stets markant über denen der SPD. Noch im März lag die Union bei der »Sonntagsfrage« wieder einmal bei 53 Prozent.[3]

Anfang April holte Hans Filbinger bei der Landtagswahl in Baden-Württemberg mit dem Slogan »Freiheit oder Sozialismus« satte 56,7 Prozent. Doch von da an ging's bergab. Mitte Juni fällt die Zustimmung auf 49 Prozent. Daß dies dem ökonomischen Ingenium Helmut Schmidts zugeschrieben wird, versteht sich von selbst.

Erstaunlich ist und bleibt, wie wenig sich Kohl dadurch den Schneid abkaufen läßt. Sein Selbstbewußtsein speist sich vor allem aus der Überzeugung, daß niemand unter den CDU-Größen, aber auch nicht Helmut Schmidt, soviel praktische Wahlkampferfahrung mitbringt wie er selbst. Fast dreißig Jahre tummelt er sich schon bei Landtags-, Bundestags- und Kommunalwahlkämpfen. Nur einen komplizierten Bundestagswahlkampf hatte er noch nie zu dirigieren. Die ersten Gespräche über die Anlage des Wahlkampfs 1976 finden schon 1973 statt, nachdem er den Parteivorsitz übernommen hat. Sein wichtigster Wahlkampfmanager ist Peter Radunski, Leiter der Abteilung Kommunikation im Konrad-Adenauer-Haus, der bis 1990 alle Wahlkämpfe Kohls managen wird. Radunski ist ein mit allen Wassern gewaschener Berliner, ursprünglich bei Leisler Kiep tätig, politisch eher auf der Parteilinken angesiedelt und nach dem Urteil von Wahlkampfexperten einer der besten, wenn nicht der beste Wahlkampfprofi. Als sein Gesellenstück gilt die Wahlkampagne der hessischen CDU im Jahr 1970, die damals von 26,4 auf 39,7 Prozent hoch ging.

Solange es nur um Wahlkampffragen geht, können Kohl und Radunski gut miteinander. Die Wahlkampforganisation, die sich 1976 herausbildet, wird im großen und ganzen von Kohl bis zum letzten Bundestagswahlkampf 1998 beibehalten. Radunski überzeugt Kohl von der Unentbehrlichkeit eines ausgetüftelten Organisationskonzepts, das alle Wahlkampfschritte der Vorwahlzeit und der heißen Phase auflistet. Woche für Woche sind nach diesem großen Drehbuch die wichtigsten Entscheidungen zu treffen – über die Plakate, die Werbespots fürs Fernsehen, die Zeitungsannoncen, die Slogans, die Wahlkampfauftritte, die Wahlkampffinanzierung und natürlich auch über die Elefantenrunde im Fernsehen. Das operative Entscheidungssystem ist zweistufig angelegt: In Verbindung mit Werbeagenturen und auf eine Vielzahl von Umfragen gestützt, erarbeitet ein Team im Konrad-Adenauer-Haus alle Wahlkampfschritte und trägt diese dann regelmäßig der Wahlkampfkommission vor, wo Kohl, eine ausgesuchte Gruppe aus der Parteizentrale und einige externe Berater beratschlagen.

Im Jahr 1976 tritt die Wahlkampfkommission im berühmten Weinkeller der Mainzer Staatskanzlei unter dem Vorsitz Kohls zu Beratungen zusammen, die häufig bis zwei oder drei Uhr morgens dauern. In den Bundeskanzlerjahren finden die Sitzungen im Bundeskanzleramt statt. Hier gibt Kohl nicht nur eine Probe seiner physischen und psychischen Ausdauer. Er erweist sich auch als ein guter Coach, der sich antizyklisch verhält. Ist die Stimmung überschwenglich, mahnt er zur Vorsicht. Auf schlechte Umfrageergebnisse reagiert er eher gelassen. Vor allem aber hinterfragt er alles, ist generell mißtrauisch gegenüber Fachleuten, hat ein Gespür für Schwachpunkte und besteht darauf, daß am Ende der Sitzung Entscheidungen stehen. Sind bestimmte Plakate oder Slogans strittig, ruft er am kommenden Morgen zehn Kreisgeschäftsführer an und holt deren Meinung ein. Das später so viel beredete »System Kohl« ist nicht zuletzt ein Informationssystem. Stets drängt er darauf, die fälligen Entscheidungen möglichst sofort zu treffen, diese dann aber auch durchzuziehen. Wenn er zu einem zentralen Slogan (»Freiheit statt Sozialismus«) oder einem Wahlkampfschwerpunkt sagt: »Das machen wir jetzt so«, wird daran nicht mehr gerüttelt. Er ist nämlich – so Radunski, der ihn lange und gründlich beobachtet hat – ein »Strategiehalter«.

Stets legt Kohl Wert darauf, in der Wahlkampfkommission auch externe Berater zu haben. Die prominenteste unter diesen ist Elisabeth Noelle-Neumann, Chefin des Instituts für Demoskopie in Allensbach am Bodensee und seit 1965 Inhaberin des Publizistik-Lehrstuhls an der Universität Mainz. Seit dem ersten sechsstündigen Gespräch, das sie 1963 mit dem damaligen Stellvertretenden Fraktionsvorsitzenden in Mainz geführt hat,[4] gehört sie zu den wenigen, auf die er hört, ohne ihnen gleich besserwisserisch über den Mund zu fahren. Wahl für Wahl stellt er fest, daß die Demoskopin mit ihren Prognosen zumeist richtig liegt. So läßt er sich immer wieder von ihrer subtilen Argumentation in Bann schlagen. Über vierzig Jahre hinweg wird er stolz darauf sein, daß diese gescheite und eigenwillige Frau zum Kreis seiner engsten Berater gehört.

Obschon Elisabeth Noelle-Neumann selbst unablässig ihre parteipolitische Unabhängigkeit herausstreicht, zeigt sie sich nur von zwei CDU-Bundeskanzlern voll überzeugt, die ihre Analysen zu schätzen wissen: von Adenauer und von Kohl. Sie bewundert die unbändige Willenskraft, auch den Mut Kohls, registriert dessen »unglaubliches Gespür für die Stimmung in der Bevölkerung«[5] und genießt natürlich verschwiegen ihren Einfluß auf den Machthaber. Ihre Bedeutung für die politische Biographie Kohls reicht weit über die Beratung bei Wahlkämpfen hinaus. Wenn man damals und später bis weit in die neunziger Jahre hinein fragt, wer auf Kohl in vielen Fragen einen sichtlich konservativen Einfluß ausgeübt hat, so ist das diese willensstarke Frau, die ihre politische Leidenschaft hinter der Maske der differenziert argumentierenden Demoskopin zu verbergen versteht. Die vielbewunderte, vielbeneidete, zusehends auch vielangefeindete Diva der Demoskopie, die mit dem Institut für Demoskopie ihr eigenes mittelständisches Unternehmen hochgezogen hat, ist prononciert wirtschaftsliberal und antikollektivistisch. Kein Wunder, daß sie Kohl beispielsweise bei der Wahlkampfplanung 1976 mit unwiderleglichem Datenmaterial nachweist, der Slogan »Freiheit statt Sozialismus«, gegen den er sich lange gesträubt hat, sei durchaus geeignet, das apathische Bürgertum endlich einmal politisch zu mobilisieren. Diese ausgesprochen machtbewußte Frau habe auf Kohl »superkonservativ Einfluß genommen oder doch versucht, Einfluß zu nehmen«, wird Heiner Geißler später feststellen,[6] der hinlänglich Gelegenheit hatte, sie zu studieren, und der nicht zu ihren Freunden gehörte.

Als Sozialwissenschaftlerin ist Noelle-Neumann der eigenen Zunft meist zwei Schritte voraus. Man könnte sie eine moderne Konservative nennen, darin stark unterschieden von den zumeist mehr oder weniger links Orientierten unter ihren Kollegen. Zu ihrem großbürgerlichen Lebensstil gehört aber auch ein kräftiger Touch von libertärem Feminismus. Sie haßt die Kommunisten, die sich in der DDR und Berlin breitgemacht haben, und zeigt sich seit ihren Studienjahren in den USA 1937/38 von Amerika fasziniert. Im innersten Kern ist sie eine gut getarnte Nationalistin, die an der Teilung Deutschlands leidet und unablässig in der Asche herumstochert, um empirisch verläßliche Indizien dafür zu entdecken, daß das Nationalgefühl in Ost und West noch nicht erloschen ist. Ihre große Stunde kommt 1989/90, als sich das »Fenster der Gelegenheit« plötzlich öffnet und sie den Bundeskanzler – wiederum mit empirisch ermittelten Befunden – ansportt, den abenteuerlichen Ritt zur Wiedervereinigung zu riskieren. Daß der ausgeprägt sozialpolitisch orientierte, gut europäische, dem zerbrochenen deutschen Nationalstaat gegenüber eher kritische Kohl sich über vierzig Jahre hinweg von ihr beraten läßt, deutet auf die gemischte Gemengelage seiner Grundorientierungen hin. 1976 jedenfalls ist »die Pythia vom Bodensee« wenn nicht die Seele, so doch die stärkste Intelligenz dieses Wahlkampfs, der Kohl fast bis ins Bundeskanzleramt trägt.

Eine weitere Zelebrität, die Kohl 1976 in die Wahlkampfkommission holt, ist der Medienexperte Gerd Bacher, auch er ein unverfälschter Rechtsintellektueller. 1964, dann erneut 1967 bis 1974 war er Intendant des ORF. Seinen Spitznamen »der Tiger« hat er nicht allein deshalb, weil sein Gesicht von Sommersprossen übersät ist. Während sich die Linksliberalen in der österreichischen Journaille über seinen beinharten Durchsetzungswillen erregen, versprüht der Salzburger im CDU-Wahlkampfteam seinen österreichischen Charme, um den störrischen Helmut Kohl fernsehgerecht zu machen. Alle, die sich damals um Kohls Image bemühen, bekommen von diesem immer wieder zu hören, er wolle sich »nicht verbiegen lassen«. Sein Instinkt sagt ihm, daß er am authentischsten wirkt, wenn er bleibt, wie er ist. Die regelmäßig durchgeführten Umfragen zu den Profilen der wichtigsten Akteure bestätigen ihn darin, denn auf die Frage, was sie an Kohl besonders schätzen, geben die Befragten zur Antwort: »Ein Politiker mit Verstand und klarer Linie«, »vertrauenerweckend«, »ehrgeizig«, »eher konservativ eingestellt«, »ehrlich«, »aufrichtig«, »fair«.[7] An diesem Image will er festhalten: volksnah, bürgerlich, untechnokratisch und trotz aller Wahlkampfpolemik nicht so schnoddrig und besserwisserisch wie Helmut Schmidt.

Widerstrebend folgt Kohl dann aber doch Bachers Empfehlung, sein Äußeres etwas aufzufrischen: moderne Brille, konservativ kurzgeschnittene Haare, fernseh-

Wahlkampf 1976: Helmut Kohl mit Mutter Cäcilie vor seinem
Elternhaus in Ludwigshafen

gerechte Anzüge und einen beim dreiwöchigen Wandern und Schwimmen am Wolfgangsee schön gebräunten Teint. Das ist aber auch das Äußerste an Imageverände-
rung. Die großen Plakate zeigen ihn als strahlenden, unverbrauchten, siegesgewissen
Herausforderer im besten Mannesalter. Kohl möchte sich weiter so geben wie bei den
drei Landtagswahlen im heimischen Rheinland-Pfalz, also: zahlreiche Auftritte mit
»Bad in der Menge«. Konkret heißt das für den Bundestagswahlkampf: im Vorfeld
der heißen Wahlkampfphase Reisen in die Ferienorte von Nord- und Ostsee, sodann
in der heißen Phase zahllose Wahlreden, am besten auf öffentlichen Plätzen – es
werden schließlich an die 140 Auftritte. Um Bodenständigkeit und Familiensinn zu
beweisen, läßt er sich in den Ferien ausgiebig im Kreis der Familie fotografieren.
Hannelore Kohl wirkt bei seinen Wahlkampfauftritten mit, wie das die Frau eines
amerikanischen Präsidentschaftskandidaten nicht hingebungsvoller machen könnte.

Die schwierigste Frage des Wahlkampfs lautet: Wie soll sich der Newcomer Kohl
gegenüber Helmut Schmidt positionieren, den große Teile der Öffentlichkeit für

unüberwindlich halten? Da zu erwarten steht, daß Schmidt einen primär wirtschafts-
bezogenen Wahlkampf führen wird, entscheidet sich Kohl dafür, dem mit stark emotional besetzten Werbemitteln entgegenzutreten. Bundesweit rücken großflächige
Plakate mit Farbfotos der Berliner Gedächtniskirche, des Dresdner Zwingers, der
Felsen von Rügen und des Schlosses von Sanssouci das gesamtdeutsche Thema un-
konfrontativ ins Bild. Auf anderen Plakaten signalisieren attraktive Models, daß die
CDU ihre Defizite bei der Wählerklientel jüngerer Frauen erkannt hat. Aber es bedarf
auch der harten, aggressiven Botschaften zur Verbrechensbekämpfung, zum Kampf
gegen Geiselnehmer und Linksradikale. Sie werden vorzugsweise in 150-Sekunden-
Spots gepackt, mit emotional erregenden Bildern und entsprechender musikalischer
Untermalung.

Dieser eher harmoniebetonte Wahlkampf weist allerdings einen durchgehenden
Widerspruch auf. Um Strauß und die Strauß-Sympathisanten um Filbinger und
Dregger ins Boot zu holen, muß Kohl sich nämlich wohl oder übel irgendwie auf den
Slogan »Freiheit oder Sozialismus« einlassen, zumal die CDU damit im April bei den
Wahlen in Baden-Württemberg so eindeutig gepunktet hat. Nach zähen Verhandlungen akzeptiert er ihn schließlich in der abgeschwächten Form »Freiheit statt Sozialismus«. Da die CSU in Bayern ihre Plakate »Freiheit oder Sozialismus« aber ungeniert plakatiert, macht er sich während der gesamten Wahlkampfschlacht zum
Gespött, denn Schmidt, Brandt und Wehner suchen den nicht provozierend konfrontativ angelegten Wahlkampf Helmut Kohls mit der Parole zu konterkarieren: »Der
eigentliche Chef des Unternehmens ist Franz Josef Strauß.«

Mit erstaunlicher Geduld arbeitet Kohl bis weit in den Sommer hinein daran,
eine Fassade des Einvernehmens zwischen CDU und CSU aufzubauen. Seine Beraterin Noelle-Neumann hält ihm – gestützt auf unwiderlegliche Umfragen – das
Axiom jeder Wahlkampfführung ständig vor Augen: »Innerparteilicher Streit ist das
beste Rezept zur Vertreibung unentschiedener Wechselwähler.« So verhandelt er
über gemeinsame Wahlaussagen, über eine gemeinsam vereinbarte Ministermannschaft und über die Fernsehrunden, an denen natürlich der CSU-Vorsitzende Strauß
genauso beteiligt werden muß wie auf der Gegenseite Hans-Dietrich Genscher.

Mangels Einigung über das gesetzgeberische Detail lassen sich im Rahmen der
Wahlplattform aber nur Allgemeinheiten verankern. Desgleichen ist über ein »Schat-
tenkabinett« keine klare Vereinbarung zu erzielen. In seiner Not gibt Kohl schließlich
Ende August vor 16 000 aus dem ganzen Ruhrgebiet zusammengekarrten Zuhörern
in der Dortmunder Westfalenhalle ein vorzeigbares Tableau der »Mannschaft« bekannt. Es enthält viele Namen: Konservative und Liberale, bundesweit bekannte und
weniger bekannte Männer und – so kündigt Kohl an –»mindestens« fünf Frauen. Für
die Schlüsselressorts nennt er einerseits kundige Persönlichkeiten, andererseits solche,
die den weiten Spannungsbogen in der Union abdecken: Strauß soll nach sieben-

jähriger Unterbrechung wieder als Bundesfinanzminister amtieren und Hans Katzer als Arbeits- und Sozialminister. Für das Auswärtige Amt ist Karl Carstens vorgesehen, für das Wirtschaftsministerium Gerhard Stoltenberg, für das Verteidigungsministerium Manfred Wörner und für das Innenministerium Alfred Dregger. Das wäre ein Kabinett etwas rechts von der Mitte. Um diese Rechtslastigkeit auszubalancieren, nennt Kohl weitere Namen: den Franz Josef Strauß in jenen Tagen besonders verhaßten Kurt Biedenkopf, dazu Richard von Weizsäcker sowie Peter Lorenz, seinen alten Freund von der Berliner CDU, aber auch Rainer Barzel, von der CSU den Kultusminister Hans Maier aus dem Kabinett Goppel und den Vorsitzenden der CSU-Landesgruppe Richard Stücklen. Franz Josef Strauß akzeptiert die Riege mit Bauchschmerzen, macht aber deutlich, daß er sich vorbehält, zu allen Fragen selbständig Stellung zu nehmen.

»Die Mannschaft« gaukelt also eine Geschlossenheit vor, die tatsächlich gar nicht vorhanden ist. Kohl weiß genau, daß er als Bundeskanzler wohl nur dann zum Zuge kommen kann, wenn das Mandatsverhältnis eine Koalition mit den Freien Demokraten ermöglicht. Ende August liegt das Unionslager bei den Umfragen immer noch bei 49 Prozent. Ein Absturz der SPD und der FDP ist unwahrscheinlich. Daher stellt Kohl intern für den Fall der Fälle die Überlegung an, Hans-Dietrich Genscher das Außenministerium anzubieten. Karl Carstens könnte auf das Amt des Bundestagspräsidenten abgeschoben werden. Doch auch dann wäre eine Koalition mit den Freien Demokraten kaum machbar, da sich die FDP bereits im voraus auf die Fortsetzung des sozialliberalen Bündnisses festgelegt hat.

Inzwischen sind die Heerscharen der CDU voll mobilisiert: Die Marke von 600 000 Parteimitgliedern ist mit der für CDU-Verhältnisse ganz erstaunlichen Zahl von 660 000 bereits um zehn Prozent überschritten.[8] Aber auch die SPD ist aufgewacht, und Schmidt wird seinem Ruf als erbarmungsloser Wahlkämpfer vollauf gerecht. Sicher ist zu Beginn der heißen Wahlkampfphase nur dreierlei: Es wird eine polarisierende Schlammschlacht, es wird eine Materialschlacht (Kohl kann sie mit 6 Millionen DM munitionieren, Strauß mit 8 Millionen, die SPD mit 40 Millionen, die FDP mit 8 Millionen),[9] und es wird ein personalisierter Wahlkampf. Kohl fürchtet das nicht, fiebert dieser Auseinandersetzung sogar eher entgegen. Spätestens bei dem großen *shoot out* im Fernsehen, bei der »Elefantenrunde« am 30. September, zeigt sich aber die Kehrseite seiner Wahlstrategie, um fast jeden Preis mit Strauß zusammenzugehen. Selbstverständlich richtet Helmut Schmidt dort seine schärfsten Angriffe auf Strauß, verhöhnt »die unanständige Parole« »Freiheit oder/statt Sozialismus« und nennt »den Ministerpräsidenten von Rheinland-Pfalz« mit herablassender Häme einen »Biedermann«, der sich erst einmal von Strauß freischwimmen müsse. Kohl muß darauf mit moralischer Empörung antworten, während Genscher sich als verbindlicher Sachwalter liberaler Vernunft in Szene setzen kann. Diese Fernsehdebatte ist wohl der Kulminationspunkt von Kohls Kampagne. Schmidt und Genscher machen dort eine bessere Figur als die beiden Unionsvorsitzenden. Die Wahlanalytiker und Kohl selbst vermuten später, daß die Wahl an diesem Abend verlorenging.

Beim Blick auf frühere oder spätere Bundestagswahlen erscheint indessen bemerkenswert, daß die Unionsparteien die Mehrheit nur um sechs Mandate verfehlen. Die Experten werden noch wochenlang darüber streiten, ob der gemeinsame Wahlkampf nicht von vornherein falsch angelegt war. Doch nach Lage der Dinge war die Kombination *good cop – bad cop* gar nicht so ungeschickt: Kohl gibt den kraftvollen, aber doch unkonfrontativen Integrator, während Strauß und seine Gleichgesinnten in Bayern, Baden-Württemberg und Hessen mit antisozialistischen Parolen auch den letzten Unions-Sympathisanten an die Wahlurnen bekommen. Die Bundestagswahl 1976 ist letztlich so etwas wie ein Plebiszit zwischen zwei beinahe gleich starken Lagern. 90,7 Prozent der Wahlberechtigten strömen zu den Wahlurnen – eine Wahlbeteiligung, die seither bei keiner Wahl mehr erreicht wurde.

Kohl selbst will erst gar nicht glauben, daß er trotz der hohen Zuwachsraten die Wahl schlicht und einfach verloren hat. In einer Mischung aus Aufgedrehtheit und Enttäuschung macht er sich am Wahlabend geradezu lächerlich, indem er vor laufenden Kameras fordert, Bundespräsident Scheel solle ihn als Kandidaten der stärksten Partei mit der Bildung der Bundesregierung beauftragen. Der denkt natürlich nicht im Traum daran.

Paradoxerweise hat Kohls bis dahin so bruchlos verlaufene Karriere in der Wahlnacht des 3. Oktober einen Höhepunkt erreicht, der zugleich einen Wendepunkt zum Negativen darstellt. Er ist ausgebremst. Der Lack ist ab. Ob es eines Tages wieder aufwärts gehen oder ein ruinöser Absturz folgen wird wie bei Barzel, ist völlig unsicher. Niemand erkennt das klarer als Franz Josef Strauß. Wenige Tage später ist in der Illustrierten *Quick* zu lesen, was der Bayer bei einem Besäufnis im Münchener »Wienerwald«-Restaurant in der Wahlnacht an Bosheiten von sich gegeben hat. Der gefährlichste seiner Kraftsprüche ist auf Kohl gemünzt: »Jetzt gibt es keine Pietät mehr, jetzt wird gestorben.«[10]

Kreuth

In den trüben Jahren einer Oppositionspartei sind die ersten Wochen nach der Wahl noch die spannendsten. Jetzt werden die wenigen noch verbliebenen Posten in der Parlaments- und Fraktionshierarchie verteilt, von denen aus in besseren Zeiten der Sprung auf einen Ministersessel oder gar auf den Thron des Bundeskanzlers gelingen könnte. Doch es wäre verkehrt, dabei allein die Manöver der Hauptakteure zu beachten. Abgeordnete sind – nach dem Fraktionsvorsitzenden Carstens, der wußte, wovon er sprach – »alles Raubtiere«.[1] Wenn die Leitwölfe einander an die Kehle gehen, stürzen sich auch andere aus dem Rudel ins Getümmel. Das ist diesmal nicht anders. Und da sich Helmut Kohl vor der Bundestagswahl bereit erklärt hatte, als Fraktionsvorsitzender nach Bonn zu gehen, setzt nun in Mainz ein Machtkampf um seine Nachfolge ein.

Zur selben Zeit spielt sich, wenngleich hinter sorgsam heruntergelassenen Jalousien, auch in München ein Machtkampf ab. Im Freistaat Bayern residiert seit nunmehr sechzehn Jahren Alfons Goppel. Im Jahr 1976 hat der Landesvater das gesegnete Alter von 71 Jahren erreicht. Zeit genug, so meinen manche, das Haus zu bestellen, denn im Herbst 1978 stehen in Bayern Landtagswahlen an. Wäre es nicht eine kluge Idee, wenn Goppel jetzt zurücktreten würde, um dem hochgeschätzten CSU-Vorsitzenden Strauß Platz zu machen, der dann zwei Jahre Zeit hätte, dafür zu sorgen, daß bei den Landtagswahlen eine reiche Ernte in die CSU-Scheuern eingefahren wird? So denken manche in der CSU-Landesgruppe, beispielsweise Richard Stücklen und Friedrich Zimmermann, die sich durch die Bonner Präsenz des großen Vorsitzenden schon lange eingeengt fühlen. Doch denjenigen, die Strauß gerne nach München expedieren würden, wirken in München mit Alfons Goppel an der Spitze jene entgegen, denen Strauß gar nicht lange genug in der Bundeshauptstadt bleiben kann, wo er sich nach Herzenslust an der großen Politik abarbeiten mag.

Damit nicht genug der Komplikationen. Falls sich Kohl nicht zügig für den Wechsel nach Bonn entscheidet, so geht das Gerücht, reflektieren verschiedene Parteifreunde auf die Position des CDU/CSU-Fraktionsvorsitzenden. Aus Sicht der CSU und mancher Konservativer in der Fraktion wäre Alfred Dregger dem liberalen Helmut Kohl vorzuziehen. Auch Stoltenberg, derzeit noch Ministerpräsident von Schleswig-Holstein und genauso wie Kohl an der Spitze der Landesliste stehend, hätte bis zum 13. Dezember die Option, im Deutschen Bundestag zu verbleiben, so Kohl verzichten und die Fraktion ihn dann wählen sollte. Desgleichen ist der amtierende Fraktionsvorsitzende Karl Carstens noch nicht abgeschrieben. Er hat Kohl zwar versprochen, ihm Platz zu machen, und ist damals sogar bereit, Richard Stücklen, dem Vorsitzenden der CSU-Landesgruppe, den Vortritt bei der Wahl zum Bundestagspräsidenten einzuräumen. Stücklen meint auch, eine Zusage Kohls in der Tasche zu haben.[2] Man muß auf solche Details schon aufmerksam machen, denn was in der Öffentlichkeit bald wie ein Machtkampf zwischen Strauß und Kohl erscheint, setzt sich in Wirklichkeit aus einem weitverzweigten Geflecht von Ehrgeiz und verschwiegenen Manövern zusammen.

Den ersten Schuß in dem Orlog, der die Fraktionsgemeinschaft zutiefst erschüttert und Kohls Kanzlerambitionen beinahe ruiniert, feuert Franz Josef Strauß ab. Am 7. Oktober, vier Tage nach der verlorenen Bundestagswahl, tritt die alte Bundestagsfraktion unter dem Vorsitz von Karl Carstens zusammen. Die 75 neugewählten Abgeordneten nehmen bereits als Gäste teil. Doch aufgrund einer Verfassungsänderung, die erst am 14. Dezember 1976 in Kraft treten wird, behalten die am 19. November 1972 gewählten Abgeordneten des 7. Deutschen Bundestags zunächst ihre Mandate.[3] Spätestens am 13. Dezember, dem Stichtag, muß somit der an der Spitze der Landesliste von Rheinland-Pfalz gewählte Helmut Kohl entscheiden, ob er das Mandat annehmen will. Bis zu diesem Tag stünde es ihm frei, das Mandat zurückzugeben, weiterhin in der prächtigen Mainzer Staatskanzlei zu residieren und wie bisher mit gelegentlichen Auftritten von der Bundesratsbank aus der Regierung Schmidt/Genscher entgegenzutreten.

Allem Anschein nach hat Kohl anfangs kalte Füße. Als Manfred Wörner am 4. Oktober im Bundesvorstand die Frage stellt:»Was macht Helmut Kohl?«, antwortet dieser recht vage:»Ich werde das tun, was unserem Ziel, die Regierung zu übernehmen, am besten dient, da gibt es viele Argumente.« Wörner ist nicht der einzige, der Kohl drängt, sich schnell zu entscheiden.[4] Sein Umfeld in Mainz und Ludwigshafen rät ihm größtenteils dringend davon ab, als Bonner Fraktionsvorsitzender ganz ohne Sicherheitsnetz zu turnen. Ist das Schicksal Barzels im Jahr 1973 nicht eine Lehre? Und hat nicht Willy Brandt als Parteivorsitzender vorgemacht, wie man es aus einer sicheren Burg in der Provinz zweimal versuchen kann? 1961 und 1965 ist er als Kanzlerkandidat angetreten, dann aber in Berlin geblieben, bis er den Mut aufbrachte, als Außenminister der Großen Koalition den Wechsel nach Bonn zu vollziehen. Schließlich hatte es ja auch Kohl drei Jahre lang verstanden, von der Bundesratsbank aus hin und wieder die Regierung zu kritisieren. Warum also nicht so weitermachen?

Verständlicherweise zeigen sich manche aus Kohls engerem Umfeld daran interessiert, daß ihr Chef weiter von Mainz aus operiert, weil sie selbst sich sonst alsbald entscheiden müßten, ihrem abgedankten Kurfürsten auf dem abenteuerlichen Ritt nach Bonn zu folgen oder ohne Kohl im schönen Mainz zu bleiben. Christian Schwarz-Schilling erinnert sich, damals Kohls Pressesprecher »Hännes« Schreiner angerufen zu haben, »einen der loyalsten und klügsten Menschen um ihn herum«, um ihn auf den richtigen Kurs zu bringen:»Ihr seid wohl wahnsinnig geworden. Kohl kann doch nicht Bundeskanzler werden, wenn er jetzt weiter hier bleibt.«[5] Doch als er Kohl persönlich bedrängt, bekommt er nur zu hören:»Christian, vielleicht.« Einer der wenigen aus dem innersten Kreis, der entschieden zurät, ist Horst Teltschik. Auch Juliane Weber findet, Kohl müsse jetzt nach Bonn gehen, und ihre Meinung wiegt gleichfalls schwer. »Juliane Weber hat mehr Einfluß auf die CDU genommen als der Bundesgeschäftsführer«, wird Geißler viel später beim Blick auf die Kanzlerjahre sagen.[6] Doch das hat schon in Mainz begonnen.

Unter denen, die sich dem Weggang von Mainz widersetzen, ist auch Hannelore Kohl. Besser als alle anderen spürt sie, was die Verbindung mit dem heimischen

Wurzelgrund für ihren Mann psychologisch bedeutet. Verliert er bei einem derart abrupten Weggang nicht ein Kernelement seiner Identität? Was wird aus ihm ohne das Netzwerk, das er in mehr als einem Vierteljahrhundert aufgebaut hat und auf dem bisher auch in Bonn seine Durchschlagskraft beruhte? Gewichtige persönliche Überlegungen kommen hinzu. Vor wenigen Jahren erst hat sie mit beträchtlichem Einsatz das stattliche Anwesen in Oggersheim errichtet, in dem auch ihre Mutter wohnt. Wie sähe die finanzielle Zukunft aus, wenn ihr Mann scheitert, den Fraktionsvorsitz verliert und dann auch noch den Parteivorsitz?[7] Sollte das Schicksal Barzels nicht auch diesbezüglich als Lehre dienen? Viel spricht zudem dafür, die beiden Jungen auf dem heimischen Gymnasium zu belassen. Schlimm genug, daß sie aus Sorge vor einer Geiselnahme durch die RAF unter Polizeischutz stehen, doch im heimischen Ludwigshafen ist das besser zu handhaben als in Bonn. Auch Kohls Mutter (der Vater ist 1975 verstorben) befindet sich in pflegebedürftigem Alter. Aus Sicht Hannelore Kohls kommt ein Umzug der Familie ohne dauerhafte Perspektive überhaupt nicht in Frage. Zum Verlust der politisch-administrativen Infrastruktur in Mainz kommen somit bei einem Wechsel Kohls nach Bonn die Belastungen einer unerfreulichen Wochenendehe.

Am 7. Oktober nimmt Kohl an der Sitzung des CDU/CSU-Fraktionsvorstands teil. Strauß ist gleichfalls zugegen und signalisiert bereits, was er am Nachmittag in der Fraktionssitzung an Kritischem vorzubringen hat. Kohl schimpft: »Drei Tage nach der Wahl sind wir in einer offenen Krise; dies muß jetzt ausgetragen werden. Was wir vereinbaren, muß für vier Jahre gelten. Das Thema ›vierte Partei‹ ist zu klären; so oder so … Ich gehe von einer gemeinsamen Fraktion aus, wenn dies so ist, bin ich bereit, die Führung der Fraktion zu übernehmen.« Kommen werde er aber nur, wenn er für vier Jahre gewählt werde.[8] Im Klartext heißt das: Die Voraussetzung für sein Kommen nach Bonn ist die Fortführung der Fraktionsgemeinschaft mit verläßlichen Zusagen, daß diese nicht aufgelöst wird. Strauß antwortet hinhaltend.

Über Mittag ziehen sich die Mitglieder des CDU-Präsidiums ins Adenauer-Haus zurück. Kohl wird von allen Seiten unter Druck gesetzt, sich vorbehaltlos für den Fraktionsvorsitz zu erklären, da sonst seine bedingte Bereitschaft in die Verhandlungen einer CDU/CSU-Fraktion hineingezogen und vom Ringen um Einzelfragen abhängig gemacht werde. Doch genau diese Überlegung hat Kohl eben geltend gemacht. Stoltenberg beschreibt das Ergebnis der Besprechung mit den Worten: »Kohl fiel diese Zusage schwer. Er gab sie erst zum Schluß einer längeren Erörterung.«

Am Nachmittag findet die erste Fraktionssitzung statt. Entscheidungsberechtigt ist nach wie vor die alte Fraktion. Nachdem der mit Ovationen begrüßte Beinahe-Triumphator Kohl in einer kurzen Ansprache erklärt hat, »ich bin bereit, nach Bonn zu kommen, und das heißt auch, um die Führung der CDU/CSU-Fraktion zu übernehmen«, macht Strauß in einer leidenschaftlichen Ansprache seine eigene Rechnung auf. »Wir«, sagt er, meint aber natürlich Helmut Kohl, seien »zu kurz gesprungen«,[9] und zieht daraus die Schlußfolgerung: »Eine Armee, die hart gekämpft hat und trotzdem nicht den Gegner besiegt hat, muß sich über ihre innere Zusammensetzung, muß sich über ihre weitere Strategie, muß sich über ihre weiteren Ziele ins Reine kommen.«[10] Um noch mehr Salz in die Wunden zu reiben, zählt er mit viel Zahlenmaterial gespickt auf, daß die Wahl im Norden und im Westen verloren wurde, wo allein die CDU angetreten war. Gnadenlos zerpflückt er auch die Hoffnung, innerhalb der Legislaturperiode nach einem Absprung der FDP aus der sozialliberalen Koalition an die Regierung zu kommen. Zwei Drittel der FDP, meint er nicht ganz unrealistisch, seien »nach links strukturiert«. Damit sind alle Themen wieder auf dem Tisch, die zwischen der CSU- und der CDU-Führung um Helmut Kohl und Biedenkopf seit gut zwei Jahren strittig sind.

Nach dieser in der Form gemäßigten, in der Sache aber eiskalten Kampfansage an das Konzept und den Führungsstil Helmut Kohls verbreitet sich in der Fraktion die Befürchtung, daß aus dem Fingerhakeln der beiden ein roher, offener Machtkampf werden könnte. Die CDU/CSU, vermerkt Kiep erbittert in seinem Tagebuch, sei bei den Wahlen zur stärksten Kraft in Deutschland geworden, aber Strauß »versaut« die Chancen, dieses Ergebnis zu nutzen.[11] Kohl sieht das genauso. Eine Kommission aus CDU und CSU wird eingesetzt, um über alles zu beraten. Als sie erstmals zusammentritt, sagt der CSU-Landesgruppenchef Richard Stücklen dem CDU-Vorsitzenden ins Gesicht, es sei willkommen, daß dieser künftig politisch in Bonn wirken wolle, doch müsse er von der Übernahme des Fraktionsvorsitzes abraten. Schon nach einem Jahr würde sich zeigen, daß die Aufgaben eines Parteivorsitzenden und die »Kärrnerarbeit« eines Fraktionsvorsitzenden nicht gleichzeitig zu bewältigen seien.[12] Kohl kommen erneut Bedenken. Ein paar Tage später hören die Präsidiumsmitglieder, daß seine Erklärung, den Fraktionsvorsitz übernehmen zu wollen, nicht als »Turnen ohne Netz« verstanden werden dürfe.[13] Aber er hat sich bereits auf die schiefe Ebene begeben und kann nicht mehr ohne Gesichtsverlust zurück.

Auch in Mainz gibt es Probleme. Zwei Kandidaten ringen darum, Kohl nach dem Abschied aus der Staatskanzlei zu beerben. Kohl selbst favorisiert den Finanzminister Johann Wilhelm Gaddum. Kultusminister Bernhard Vogel aber hat die besseren Karten. Zwei Jahre zuvor hat er freundlich, aber zäh schon einmal einen innerparteilichen Machtkampf gewonnen. Damals war nach der Wahl Kohls zum CDU-Bundesvorsitzenden der Posten des CDU-Landesvorsitzenden frei geworden, und es ging gegen den Kabinettskollegen Heiner Geißler. Auch damals hatte Kohl auf Vogels Gegenspieler gesetzt – was im Hinblick auf die spätere Entwicklung erwähnenswert ist. In den Monaten Oktober und November 1976, als sich in Bonn alles verknotet, muß Kohl also auch noch die Nachfolgeregelung in Mainz ohne allzu großes Knirschen über die Bühne bringen.

Die Verhandlungen in der Kommission zwischen CDU und CSU schleppen sich hin. Am Dienstag, 16. November – auch dieses Datum ist mit Blick auf die gleich darauf ausgelöste offene Feldschlacht von Interesse –, warnt Stücklen den immer noch amtierenden Fraktionsvorsitzenden Carstens, daß die Fortführung der Fraktionsgemeinschaft noch nicht entschieden sei, weil die CSU-Landesgruppe erst bei der kommenden Klausurtagung in Wildbad Kreuth darüber befinden werde. Tags zuvor, am Montag, dem 15. November, hat nämlich bei der CSU-Landesgruppe ein Machtwechsel stattgefunden. Stücklen hat den Vorsitz aufgegeben in der Erwartung, binnen kurzem Bundestagspräsident zu werden. Neuer Vorsitzender wird Friedrich Zimmermann. Mit ihm betritt ein scharfer Profi den Lebensweg von Helmut Kohl. Zimmermann hat damals keine hohe Meinung von dem künftigen Fraktionsvorsitzenden. Doch auch von Franz Josef Strauß hat er sich in seiner Funktion als Generalsekretär der CSU sowie in der CDU/CSU-Fraktion ein Bild machen können; er hält diesen – vornehm formuliert – für einen »Cunctator«, auf gut Deutsch also für einen Zauderer, der in Entscheidungssituationen nicht führt, sondern abwartet, bis sich Mehrheiten herausbilden, um sich dann mit viel Aplomb an deren Spitze zu stellen.

Auf der Sondersitzung in Kreuth, wo die Landesgruppe am Donnerstag und Freitag, also am 18./19. November, zusammentritt, geht es munter zu. Wer von den CSU-Granden wann welche Fäden gezogen hat, ist naturgemäß nicht zu erkennen. Tatsache ist jedenfalls, daß sich Strauß stark zurückhält, als urplötzlich der Abgeordnete Franz Handlos (»hirn- und handlos« sagen böse Zungen über ihn) die Frage aufwirft, ob die CSU-Landesgruppe nicht eine eigene Fraktion bilden solle. Wer sich wie geäußert hat, wird für das Kohl-Lager natürlich zu einer der spannendsten Fragen. Kohl merkt sich einen jeden. Entschieden gegen eine Trennung sprechen sich Theo Waigel aus, damals Vorsitzender der Jungen Union Bayerns, und Peter Schmidhuber. Hauptbefürworter der Trennung sind Friedrich Zimmermann und Gerold Tandler, der schneidig erklärt: »Die Partei steht wie eine eins, wenn wir aussteigen.«[14] Zur großen Überraschung der Anwesenden votiert auch Richard Stücklen für eine eigene CSU-Fraktion. Er sei auf Kohl sauer, vermuten Insider, weil dieser, entgegen einer von Stücklen behaupteten Absprache, jetzt Karl Carstens und nicht ihn, Stücklen, als Bundestagspräsidenten bevorzugt.[15] Strauß hält sich zurück. Als die Zettel der geheimen Abstimmung ausgezählt sind, lautet das Ergebnis: Dreißig Abgeordnete sind für die Trennung, neunzehn dagegen. Vor der Pressekonferenz, auf der die Bombe platzt, wird Kohl nicht unterrichtet – ein Fauxpas, den er alsbald genüßlich ausschlachtet. Was für eine stillose Provokation: Dem CDU-Vorsitzenden wird der Trennungsbeschluß über die Medien mitgeteilt! Zimmermann erzählt später, Strauß habe ihm die vorherige telefonische Unterrichtung zugeschoben, aber es sei schlicht und einfach kein Telefon frei gewesen.[16]

Kohl ist nun nicht mehr zu bremsen. Auf seine Kampfinstinkte ist immer Verlaß, man muß ihn nur tüchtig reizen. Jetzt überlegt er nicht mehr lange, was es bedeutet, wenn er Mainz aufgibt, um an die Spitze einer um die CSU reduzierten CDU-Fraktion nach Bonn zu gehen. Alles ist schon festgelegt: Tag des Rücktritts, Wahl des Nachfolgers. Doch nach Kreuth besteht eine völlig neue Lage, noch könnte er umschwenken. Als der von Partei und Fraktion bereits zum Ministerpräsidenten nominierte Bernhard Vogel im Radio vom Kreuther Trennungsbeschluß hört, läßt er sich zu Kohl in die Staatskanzlei fahren und sagt zu ihm: »Willst du wirklich in den Sauladen?! Bleib hier!«[17] Aber Kohl hört nicht mehr. Er will den Kampf aufnehmen, sieht es als eine Art heilige Pflicht an, die Einheit der Union zu bewahren. Und natürlich weiß er auch, daß er im eigenen Lager bei einem Rückzug das Gesicht verlieren würde.

Im CDU-Präsidium weiß man, daß Kohl vor zwei Jahren und noch einmal kurz vor Kreuth dem noch unschlüssigen Franz Josef Strauß gedroht hat, bei Etablierung einer vierten Partei sofort die CDU in Bayern zu gründen.[18] Er hat auch entsprechend vorgesorgt. Nach den Wahlen ist die CDU-Kasse zwar ziemlich leer, doch wurde für den Fall der Gründung eines CDU-Landesverbandes Bayern eine Rücklage gebildet. Rund zwei Millionen DM liegen für einen Feldzug nach Bayern in der Kriegskasse. Auch die ersten Organisationspläne stecken schon fertig in der Schublade, man muß sie nur auf den neuesten Stand bringen. Außerdem glaubt Kohl genau zu wissen, wer alles von den Häuptlingen in der CSU bereit sein wird, im Fall eines Falles von Franz Josef Strauß und dem CSU-Landesgruppenchef Friedrich Zimmermann abzufallen.[19]

Bereits drei Tage nach dem Trennungsbeschluß von Kreuth trommelt Kohl die Führungsgremien der CDU zusammen und schwört sie auf seine Konfliktstrategie ein: heftige Kritik an der »Stillosigkeit« des einseitig verkündeten Trennungsbeschlusses nach dreißigjähriger Zusammenarbeit, Beschwörung der »Einheit der Union«, Androhung der sofortigen Gründung eines CDU-Landesverbands in Bayern, dies aber gekoppelt mit dem Versuch, in erneuten Verhandlungen mit der CSU doch noch eine Übereinkunft zu erzielen und in sofortigen Gesprächen die gemeinsame Fraktion noch vor Beginn der 8. Legislaturperiode zu errichten. Selbst den mächtigen CDU-Fürsten Filbinger und Dregger, die politisch mit Strauß sympathisieren, bleibt nun keine andere Wahl, als Kohl zur Seite zu treten. In der CDU-Führung ist man fest davon überzeugt, daß der Entschluß zur Errichtung einer eigenen Fraktion nur die Vorstufe zur Gründung einer bundesweiten vierten Partei ist. Dann würden aber gerade die überwiegend konservativen Landesverbände einen Teil ihrer Wähler verlieren. Einstimmig einigt man sich darauf, »Vorbereitungen zur Gründung eines Landesverbandes der CDU in Bayern zu treffen« und das öffentlich anzudrohen.[20]

Was *nicht* öffentlich gesagt wird: Die CDU hofft darauf, daß die Reihen der CSU in den verbleibenden Wochen vor dem 14. Dezember ins Wanken geraten. Denn selten

in der neueren deutschen Parteiengeschichte ist eine weitreichende Grundsatzentscheidung so unüberlegt improvisiert und in der Öffentlichkeit so dilettantisch kommuniziert worden wie der Trennungsbeschluß. Tatsächlich löst dieser in der CSU eine
veritable Parteirebellion aus. So gut wie alle außer Strauß und jenen Abgeordneten,
die ihn anonym faßten, reagieren völlig überrascht und entsprechend verständnislos:
die Basis in den Orts- und Kreisverbänden, große Teile des Münchener Kabinetts, die
Landtagsfraktion, aber auch wichtige Mitglieder des Parteivorstands. Bedenken bestehen darüber hinaus in der bayerischen Wirtschaft und natürlich vor allem in den
fränkischen CSU-Bezirken mit ihrer überwiegend protestantischen Wählerschaft.
Täglich erreichen Dutzende von Briefen oder Telegrammen empörter CSU-Mitglieder das Adenauer-Haus. Eine im November 1976 in Bayern durchgeführte Allensbacher Umfrage zeigt, daß von den CSU-Wählern 37 Prozent auf der Seite von Strauß
stehen und 39 Prozent auf seiten Helmut Kohls.[21]

In der Fronde gegen Strauß, Zimmermann und Tandler findet sich fast alles
zusammen, was in der CSU Rang und Namen hat: der angesehene, aus Franken
stammende Wirtschaftsminister Bruno Merk, ebenso Kultusminister Hans Maier,
Justizminister Karl Hillermaier, nicht zuletzt auch die Minister Hans Jaumann und
Max Streibl. Der Stellvertretende CSU-Vorsitzende und Landtagspräsident Franz
Heubl telefoniert Kohl und Stoltenberg regelmäßig die Wasserstandsmeldungen in
der eigenen Partei durch. In der CSU-Landesgruppe drängen Abgeordnete wie
Hermann Höcherl, Theo Waigel und der frühere Bundesminister Richard Jäger auf
Verhandlungen mit dem Ziel einer Revision des Beschlusses.

Genau besehen, ist der Trennungsbeschluß schon in der Woche nach seinem
Zustandekommen ausgehebelt. Die innerparteilichen Gegner von Strauß und Zimmermann heben darauf ab, daß eine Ausdehnung der CSU als »vierte Partei« auf das
ganze Bundesgebiet satzungswidrig sei. Zuerst weist die Landtagsfraktion darauf hin
und begründet damit ihre Ablehnung des Trennungsbeschlusses. Zwei Tage später, am
Samstag, 27. November, findet in München eine beispiellose Zusammenkunft des Parteivorstands mit 111 empörten Kreisvorsitzenden statt, die ebenfalls feststellen, gemäß
ihrer Satzung sei die CSU eine »ausschließlich auf Bayern festgelegte Partei«. Niemand in der CSU wolle das »ohne Einvernehmen mit der CDU ändern«.[22] Somit ist
auch – das wird nicht gesagt, aber ergibt sich logisch daraus – die Etablierung einer
eigenen CSU-Bundestagsfraktion gewissermaßen als Handlungskern der künftigen
»vierten Partei« zum absurden Plan erklärt. Kreuth ist damit nur acht Tage nach dem
törichten Beschluß bereits vom Tisch. Strauß weiß, daß er sich willig-unwillig ver-
rannt hat. Ginge es rational zu, müßten von jetzt an alle Seiten möglichst stillschweigend bestrebt sein, das verunglückte Unternehmen unter Gesichtswahrung für die
Beteiligten rasch zu liquidieren. Doch nicht immer geht es im Verhältnis von Parteien
rational zu, und schon gar nicht, wenn Franz Josef Strauß am Drücker ist.

Auf den sichtlichen Autoritätsverfall in der eigenen Partei reagiert Strauß mit einem Wutausbruch. Am Freitagabend vor der Zusammenkunft mit den Kreisvorsitzenden nimmt er sich im Münchener »Wienerwald« die 28 Mitglieder des Landesausschusses der bayerischen Jungen Union vor, in deren Reihen sich die entschiedensten Gegner des Trennungsbeschlusses befinden, und liest ihnen die Leviten. Dabei steigert er sich, offenbar alkoholisiert, in eine Schmähtirade auf Helmut Kohl hinein. Diese wird heimlich aufgezeichnet und findet als Tonbandaufnahme alsbald den Weg zum *Spiegel* und von da an in die Vorankündigung für die Medien. Jetzt können der Betroffene selbst, die Mitglieder seiner Partei und die gesamte deutsche Öffentlichkeit im *Spiegel* lesen, was der Vorsitzende der CSU vom Vorsitzenden der CDU hält, nämlich gar nichts. Noch Jahre später werden sich alle Gegner Kohls (aber auch die von Strauß) auf das nächtliche Donnerwetter im »Wienerwald« berufen: »Ich sage auch jetzt hier eines verbindlich, a) ich will nicht und werde nie Kanzler werden, b) ich halte Herrn Kohl, den ich nur im Wissen, den ich trotz meines Wissens um seine Unzulänglichkeit um des Friedens willen als Kanzlerkandidaten unterstützt habe ... wird nie Kanzler werden. Er ist total unfähig, ihm fehlen die charakterlichen, die geistigen und die politischen Voraussetzungen. Ihm fehlt alles dafür ... Und glauben Sie mir eines: der Helmut Kohl wird nie Kanzler werden, der wird mit neunzig Jahren die Memoiren schreiben: ›Ich war vierzig Jahre Kanzlerkandidat. Lehren und Erfahrungen aus einer bitteren Epoche.‹ Vielleicht ist das letzte Kapitel in Sibirien geschrieben oder wo. Die CDU wird nie mehr an die Regierung kommen, und die FDP denkt überhaupt nicht daran.«[23]

Dem Verhandlungsklima zwischen den Schwesterparteien ist das Bekanntwerden dieser Rede nicht besonders dienlich. Kohl spürt, daß ihm die Zeit davonläuft. Entweder gelingt es nun, die Fraktionsgemeinschaft vor der Konstituierung des 8. Bundestags am 14. Dezember wiederherzustellen, oder die CDU muß in der Tat nach Bayern »einmarschieren«. Erbittert muß er sich, ausgerechnet in der Woche, da er in Mainz groß abgefeiert wird, in unendlichen Telefonaten bemühen, die losen Enden in der eigenen Partei und bei seinen Sympathisanten in der CSU zusammenzubringen. In diesen Tagen ist Stoltenberg einer seiner verläßlichsten Verbündeten, während Dregger in Hessen und Filbinger in Baden-Württemberg mit einem Bein schon im Lager von Strauß stehen. Strauß, so vermutet er in einem der Telefonate mit Stoltenberg, will Zeit gewinnen, um den Unmut in der CSU über die Auflösung der Bundestagsfraktion abebben zu lassen. Er plane immer noch, im Westen und im Norden eine »vierte Partei« zu etablieren. Sorgen bereiten Kohl besonders die Kontakte von Strauß zu Filbinger. Andererseits weiß er, daß jetzt führende CSU-Mitglieder in Bayern zur Gründung der CDU im Freistaat bereit sind.[24]

Montag, der 29. November, ist einer der kritischsten Tage. Kohl stimmt den erneut zusammengerufenen Bundesvorstand mit einer kämpferischen Rede auf seine

Doppelstrategie ein: einerseits Start des Countdown für die Gründung eines CDU-Landesverbandes in Bayern, andererseits sofortige Verhandlungen mit der CSU, um die Trennung doch noch vor dem Stichtag 14. Dezember 1976 abzuwenden. Ohne die CSU, so eines seiner Hauptargumente, sei die Union keine »Volkspartei« mehr. Es gehe um Strukturen, nicht um Personen: »F.J.S.«, so vermerkt er handschriftlich im Stichwortverzeichnis für seine Ansprache, »ist in 10 Jahren kein Problem der deutschen Politik mehr.«[25] Dregger bringt zunächst Einwände vor, doch Kohl erzwingt mit starker Unterstützung von Carstens einen einstimmigen Beschluß aller Anwesenden.[26] Die Konstituierung der CDU-Bundestagsfraktion sei, so hat Kohl vorgeschlagen, »ggf. erst nach Beendigung der Gespräche mit der CSU am 13.12.1976 vorzunehmen; die Fraktionssitzung am 1.12.1976 wird sich demzufolge nur mit der Wahl des Vorsitzenden befassen.«[27]

Nach der Sitzung des CDU-Bundesvorstandes treffen sich Kohl, Biedenkopf, Carstens, Filbinger und Katzer mit Strauß und der CSU-Delegation, wo man sich jedoch nur gegenseitig Vorwürfe macht. Abends geht es nach Mainz, wo in der Staatskanzlei die letzte große Abschiedsfête mit annähernd tausend Gästen stattfindet. Nachdem die Lichter erloschen waren, wußte Kohl lange Jahre danach zu erzählen, sei er über den Hof des Landtags gegangen, »dessen Pflaster er 16 Jahre getreten hatte: ›Es war eine sternklare Nacht‹, und über dem Rhein dämmerte der Morgen. Er habe sich gefragt: ›War es die richtige Entscheidung?‹ Damals sei er sich nicht ganz sicher gewesen.«[28]

In der Bonner CDU-Zentrale laufen bereits die Vorbereitungen für die Gründung der CDU in Bayern. Am 30. November überarbeitet Kohl eine »Vorsorgliche Planung« mit der Überschrift »Öffentlichkeitsarbeit der CDU in Bayern«. Sie enthält zwei Schwerpunkte: Aufbau einer Parteiorganisation in Bayern und Präsentation der CDU in der bayerischen Öffentlichkeit. Werbematerialien werden vorbereitet, Kontaktadressen von Sympathisanten gesammelt, Antragsformulare für die Mitgliedschaft vorbereitet, eine Spendenaktion wird geplant, auch eine Zeitung *CDU in Bayern*. Kohl und Biedenkopf arbeiten daran, namhafte bayerische CSU-Dissidenten zu gewinnen, die mit ihrer Person Gewähr dafür bieten, daß der CDU-Landesverband nicht als »preußische« Gründung erscheint. Vorgesehen ist für Mitte März ein Landesparteitag in Nürnberg mit jeweils drei Delegierten der Kreisgründungsausschüsse. Dort sollen eine Landessatzung verabschiedet und ein Landesvorstand gewählt werden. Von September 1977 an soll dieser CDU-Landesverband bereits Kandidaten für die Kommunalwahl aufstellen. Die Gründungskampagne soll am 15. Dezember beginnen, eventuell unter Verwendung eines großflächigen Plakats von Kohl aus der vorangegangenen Bundestagswahl, nun aber mit dem Slogan: »Aus Liebe zu Deutschland: CDU in Bayern«. Als Starttermin für den Beginn der Auslieferung der Plakate setzt Kohl den 15. Dezember fest, Beginn der Plakatierung am 20. Dezember. Für diese Startphase werden Kosten in Höhe von 1 580 000 DM veranschlagt.

Am 1. Dezember läßt sich Kohl von den CDU-Mitgliedern der Unionsfraktion zum Fraktionsvorsitzenden wählen. Das soll zwar die Trennung nicht vorwegnehmen, doch sicher ist von nun an nichts mehr. 184 von 189 CDU-Abgeordneten stimmen mit Ja, zwei mit Nein, drei enthalten sich.[29] Nach Lage der Dinge ist das ein starker Vertrauensbeweis. Damit ist wenigstens sichergestellt, daß Kohl von nun an wie geplant die Parteiführung und die Fraktionsführung in der Hand hat. Die am selben Tag abgehaltene Sitzung der CSU-Landesgruppe zeigt ein noch unentschiedenes Bild. Man faßt schließlich einen zwiespältigen Beschluß: Einerseits wird Kohl gebeten, die bereits vorliegenden »weitreichenden« Angebote der CSU zu prüfen, andererseits stellt die Landesgruppe fest, sie sehe unter den gegebenen Umständen keinen Anlaß, »neue Beschlüsse zu fassen«.[30]

Es folgt ein zweiwöchiger Nervenkrieg. Bei einer nächsten Verhandlungsrunde am 7. Dezember verhaken sich die Verhandlungen so, daß ein Scheitern im Raum steht. Strauß erklärt in der CSU-Landesgruppe, wenn keine neuen Aspekte auftreten, betrachte er die Verhandlungen als abgeschlossen. Doch der Widerstand ist so heftig, daß für Donnerstag, 9. Dezember, eine Sitzung der Landesgruppe zusammen mit dem CSU-Vorstand in München konzediert werden muß. Erst dort vollzieht sich der Umschwung. Zum großen Ärger von Zimmermann knickt Strauß ein. Bei der CDU vermutet man, daß er befürchtet, der bisherige Innenminister Bruno Merk und Anton Jaumann, Wirtschaftsminister und zugleich Vorsitzender des Parteibezirks Schwaben, seien bereit, an die Spitze des CDU-Landesverbands Bayern zu treten. Nach dieser erneuten Wendung bekommt Stoltenberg von Hermann Höcherl zu hören, tatsächlich sei Strauß stark geschwächt. Er habe auch das Vertrauen seiner Parteigänger eingebüßt. Selbst die Nachfolge für Goppel in München sei in Frage gestellt.[31]

Bei der CDU betrachtet man die Verhandlungen inzwischen als gescheitert. Karl Carstens bewertet am 7. Dezember im Bericht vor der Fraktion die Lage ungünstig. Seiner Meinung nach werde die CSU beim Beschluß der Fraktionstrennung verbleiben. Nach ihm spricht Kohl und meint im gleichen Sinn, »daß ich kein Vertrauen habe an die Bereitschaft, diese Gemeinsamkeit wirklich fortzusetzen«.[32] Die CDU-Fraktion führt an diesem Tag bereits ihre Vorstandswahlen durch – ein deutliches Indiz dafür, daß sie die Hoffnung auf eine Wiederherstellung der CDU/CSU-Fraktion aufgegeben hat. In einer Pressemitteilung vom 9. Dezember richtet der CDU-Bundesvorstand an die CSU »den ernsthaften und feierlichen Appell, auf ihrem Sonderparteitag im Januar den Beschluß der Landesgruppe der CSU zu revidieren«.[33] Widrigenfalls erfolge die Gründung eines Landesverbandes der CDU in Bayern.

Jetzt aber kehrt die CSU mit einem veränderten Arbeitspapier in die Verhandlungen zurück, und nach einer weiteren sechsstündigen Sitzung geben Kohl und

Strauß am 13. Dezember, im letzten Moment vor der Konstituierung des neuen Bundestags, die Wiederherstellung der Fraktionsgemeinschaft bekannt. Die Drohung mit der »vierten Partei« ist zwar immer noch nicht vom Tisch, doch die CDU-Unterhändler haben unmißverständlich klargemacht, daß bei einem nicht einvernehmlichen Vorstoß in dieser Richtung die Gründung der CDU Bayern erfolgen werde. Friedrich Zimmermann, der künftig das Vergnügen haben wird, als Erster Stellvertretender Fraktionsvorsitzender mit Helmut Kohl zusammenzuarbeiten, hat die Chuzpe, vor der CSU-Landesgruppe diesen Umfall mit der Feststellung zu rechtfertigen, daß man mit der neuen Vereinbarung »den Kreuther Beschluß nicht aufhebt, sondern ihn überlagert«.[34] Resigniert wird das Ergebnis von der CSU-Landesgruppe bei nur drei Enthaltungen angenommen. Die CDU quittiert es mit einer Mischung aus Erschöpfung und Erleichterung. Doch auch hier wird die Vereinbarung fast einstimmig – bei nur einer Enthaltung – gebilligt. Am Abend des 13. Dezember wählt die wiedervereinigte CDU/CSU-Fraktion Helmut Kohl mit der stattlichen Mehrheit von 230 der 241 Stimmen zu ihrem Vorsitzenden.

Wenig später einigt sich die Gesamtfraktion für die laufende Legislaturperiode auf eine beispiellose Korrektur ihres Wahlverfahrens. Bei der Erneuerung der Fraktionsgemeinschaft hat die CSU-Landesgruppe darauf bestanden, daß die ihr angehörenden Mitglieder des CDU/CSU-Vorstands auf vier Jahre gewählt seien. Wie bisher habe die Gesamtfraktion die von der CSU präsentierten Kandidaten nur formal zu bestätigen. Kohl und seine Anhänger bestehen nun darauf, daß das auch für die CDU-Vorstandsmitglieder gelten müsse. Er halte es »für ganz ausgeschlossen, daß wir jetzt eine Abmachung noch zusätzlich mit der CSU treffen, daß die ihre Leute auf 4 Jahre wählen und wir wählen auf ein Jahr«.[35] Schließlich einigt man sich darauf, daß der Fraktionsvorsitzende und dessen Stellvertreter (im Klartext: Helmut Kohl und Friedrich Zimmermann für die CSU) tatsächlich auf vier Jahre gewählt werden. Ansonsten bleibt es bei der eingespielten Regelung, daß beide Seiten ihre Vorstandsvorschläge präsentieren, die alsdann von der Gesamtfraktion übernommen werden. Bei der entscheidenden Sitzung der CDU-Mitglieder am 15. Dezember unterstützt der allgemein geachtete Fraktionssyndikus Professor Paul Mikat diese für Helmut Kohl sehr wichtige Regelung mit der Erklärung, wenn die Fraktion dies beschließe, so sei das ein formell korrektes Verfahren. Kohl läßt abstimmen, und die Sache geht bei vier Gegenstimmen und elf Enthaltungen der Betroffenen durch.

Das ist ein denkbar weitreichender, für den Newcomer Helmut Kohl sehr günstiger Beschluß, gewissermaßen seine Lebensversicherung. Als Fraktionschef sitzt auch er jetzt für vier Jahre einigermaßen sicher im Sattel, ganz egal, ob er seine Sache gut oder weniger gut macht. Ob die Wunden von Kreuth vernarben, weiß niemand. Was bei der zwischen CDU und CSU vereinbarten Strategiekommission herauskommen wird, ist gleichfalls unklar. Mehr als ein wackliger Modus vivendi ist nicht erreicht.

Nachdem die sozialliberale Koalition Schmidt/Genscher erneut inthronisiert ist, gehen alle Beteiligten zuerst einmal im Zustand der Erschöpfung in die Weihnachtsferien. Kohls fast triumphales Wahlergebnis, bei dem nur an die 300 000 Stimmen zur Mehrheit fehlten, ist schon so gut wie vergessen. »Eigentlich ist die Stimmung so«, notiert Leisler Kiep nach der Sondersitzung des CDU-Präsidiums am 12. Dezember in seinem Tagebuch, »daß man sich fragt, wie diese CDU je wieder regieren soll.«[36] So beginnen Kohls Bonner Jahre.

Ausgebremst

Zu den eindrucksvollen Gestalten der griechischen Mythologie gehört der Riese Antaios, Sohn des Meeresgottes Poseidon und der Erdgöttin Gaia. Solange er fest auf der Erde steht, kann ihn keiner bezwingen. Als Herakles ihn aber emporhebt und den Erdkontakt unterbricht, verlassen den Meeresgott die Kräfte. An diese Geschichte wird man beim Blick auf die Jahre erinnert, in denen sich Kohl als Fraktionschef in Bonn mehr schlecht als recht durchschlägt. Er schien unbesiegbar, machte kaum Fehler und kam auch in der Öffentlichkeit gut an, solange er fest in der heimischen Muttererde verankert war. Als er in Bonn aber gewissermaßen in der Luft hängt, wirkt er nicht mehr wie ein »schwarzer Riese«, der Zukunft hat, sondern vielmehr wie ein Provinzpolitiker, der sich nur mühsam zurechtfindet. Alle seine Schwächen werden nun offenbar, und unbarmherzige Medien machen sie noch größer. Zwischen dem von der CSU »versauten« Wechsel von Mainz nach Bonn und dem Sommer 1982, als einflußreiche Parteifreunde bereits überlegen, wie sie seine künftige Kanzlerkandidatur torpedieren könnten, gibt es in Bonn nicht allzu viele politische und journalistische Profis, die hohe Wetten auf einen künftigen Kanzler Kohl abgeschlossen hätten.

Immerhin wird Kohls Kalkül mit viel Glück im September 1982 aufgehen, als Bundeswirtschaftsminister Graf Lambsdorff – zögernd gefolgt von Genscher – die Wende erzwingt. Aber »der lange Marsch durch die Wüste Gobi«, wie Kohl die Mühen der Oppositionszeit gelegentlich nennt,[1] hinterläßt bei ihm bleibende Spuren. Er verliert die bisherige *désinvolture,* kapselt sich ab, wird noch mißtrauischer, als er ohnehin schon ist, auch böse, und sucht mitleidlos jeden Rivalen in Schach zu halten. Der selbstbewußte, alles zugleich anpackende Reformer bleibt in Mainz zurück. In Bonn wird Kohl zum zähen Überlebenskünstler. Selbstbewußter Gestaltungswille ist zwar weiterhin eine seiner hervorragenden Eigenschaften, doch sein Talent zur Defensive ist von nun an genauso ausgeprägt. Rückblickend wird man feststellen, daß er ohne die Fähigkeit zur Rundumverteidigung, die er sich in diesen Jahren antrainiert hat, die folgenden sechzehn Kanzlerjahre nie und nimmer überstanden hätte.

Doch der Preis fürs Überleben ist hoch. Als sich 1982 endlich die Tore zum Bundeskanzleramt öffnen, ist er ein anderer als im Dezember 1976. Und bis 1989 wird er sich in der Rolle des Bundeskanzlers weiter so verhalten, wie er es »beim langen Marsch durch die Wüste Gobi« gelernt hat.

Der veränderte Helmut Kohl vermag in der breiten Öffentlichkeit keine großen Erwartungen mehr zu wecken, wie ihm das erstmals 1976 gelungen ist. Viele betrachten ihn inzwischen als durchschnittliche Figur, und auch diese Einschätzung aus den Jahren als Oppositionsführer bleibt während der folgenden sieben Kanzlerjahre bestehen. Erst die Triumphe in den Jahren 1989 bis 1991 verändern sein Image. Analysiert man somit diesen Teil seiner Biographie, darf man sich nicht von der späteren Erfolgsstory blenden lassen. Zu beschreiben sind vielmehr sehr kritische sechs Jahre eines zuvor sieghaften Provinzpolitikers, der den fast selbstmörderischen Entschluß gefaßt hat, sich ohne große Absicherung aufs glatte Bonner Parkett zu begeben, der sich dort zwar zäh behauptet, aber nicht viel bewegen kann und periodisch vom politischen Aus bedroht ist. »Er tauschte seinen Thron bedenkenlos gegen ein kleines Büro im Bonner Bundeshaus«, so umschreibt das Friedrich Zimmermann, dem es in diesen üblen Jahren beinahe gelungen wäre, seinen Fraktionsvorsitzenden Helmut Kohl zur Strecke zu bringen. Auch bei Zimmermann kommt der Respekt für Kohl, der »Machtbewußtsein, Stehvermögen und Mut« besessen habe, erst sehr viel später.[2] Mit diesem Einstellungswandel ist der damalige Chef der CSU-Landesgruppe nur einer von vielen.

Wer der historischen Wahrheit über Helmut Kohl in dieser schwierigen Phase gerecht werden will, muß also zuerst die Widersacher, aber auch Kohls Handicaps und Defizite skizzieren. Der Widersacher sind viele. Die beiden gefährlichsten sind Franz Josef Strauß und Helmut Schmidt. Trotz der Rücknahme des Kreuther Trennungsbeschlusses ist Strauß noch nicht besiegt. Im Herbst 1978 holt er bei der bayerischen Landtagswahl satte 59,1 Prozent für die CSU – ein Ergebnis, von dem man bei der CDU nur träumen kann. Jetzt verläßt er die Bonner CDU/CSU-Fraktion, um als Ministerpräsident nach Bayern zu gehen. Für Kohl bedeutet das aber keine Entlastung, ganz im Gegenteil. Der CSU-Chef und bayerische Ministerpräsident ist noch viel ehrgeiziger und gefährlicher. Kohl braucht vier Jahre, um diesen Widersacher beiseite zu räumen. Genau besehen ist nicht er es, der das Problem Strauß löst oder wenigstens handhabbar macht. Es sind andere, die ihm den Rivalen um die Kanzlerkandidatur vom Hals schaffen: die SPD mit Helmut Schmidt, Herbert Wehner und Willy Brandt, die FDP mit Hans-Dietrich Genscher und die linksliberalen Medien.

Bleibt noch der andere Hauptwidersacher Helmut Schmidt. Daß Kohl beim Wechsel an die Spitze der CDU/CSU-Fraktion ausgerechnet auf Schmidt trifft, ist eine Art Super-GAU – der größte anzunehmende Unfall. Schmidt gebietet über die Fähigkeiten, die Kohl abgehen: Er ist ein hervorragender Konzeptualist (»Weltökonom«, »Nuklearstratege« nennen ihn seine Bewunderer), er ist so etwas wie der Idealtyp des parlamentarischen Führers, und er ist ein hinreißender Debattenredner, gegen den der bloß mittelmäßige Redner Helmut Kohl hoffnungslos abfällt. Je länger Schmidt regiert, um so deutlicher treten freilich auch seine eigenen Defizite zu Tage: Die so eindrucksvoll entfalteten Konzepte erweisen sich als verfehlt (»Lokomotiven-theorie«, doppelte Null-Lösung), die eigene Partei entgleitet dem Kanzler von Jahr zu Jahr mehr, und zu guter Letzt zeigt sich, daß seine ungebrochene rhetorische Brillanz gegen die wachsende Skepsis der FDP, noch mehr aber in der breiten Wäh-lerschaft, kein Heilmittel mehr ist. Kohl weist immer wieder auf die Defizite der Kanz-lers hin, doch ohne Gehör zu finden. In den fünf Jahren von 1977 bis 1982 geht er fast an Helmut Schmidt zugrunde. Dieser weiß das und genießt es. Im Sommer 1977 be-merkt er sarkastisch zu Gerhard Stoltenberg, der ihn zur Sommerzeit gern zu einem langen, vertraulichen Gespräch am Brahmsee aufsucht:»Hoffentlich behaltet Ihr den noch recht lange. Die Leute wollen Euch nicht, solange Ihr in Bonn in dieser Ver-fassung seid.«[3]

Schmidt und Strauß sind die mächtigsten, aber nicht die einzigen Widersacher. In seinem Amt als Parteivorsitzender appelliert Kohl zwar bei jeder Gelegenheit an die Solidarität der großen Parteifamilie und bestärkt sich selbst immer wieder in dem Glauben, daß diese Solidarität möglich sei. Doch zugleich ist ihm wie jedermann im damaligen Bonn die spöttische Steigerung »Feind, Todfeind, Parteifreund« geläufig. Keinem der Parteigranden, von denen er im Fraktionsvorstand und im Parteivorstand umstellt ist, kann er voll trauen. Einige von ihnen, zu denen Stoltenberg, Dregger und Albrecht gehören, stünden gegebenenfalls selbst als Kanzlerkandidat bereit. Von an-deren ist zumindest zu befürchten, daß sie einen glücklosen Partei- und Fraktionsfüh-rer Helmut Kohl beiseite drängen, um sich 1979 hinter dem Banner von Franz Josef Strauß oder einem anderen Thronprätendenten zusammenzuscharen.

Im Fraktionsvorstand lauert Friedrich Zimmermann, CSU-Landesgruppenvor-sitzender und Erster Stellvertreter Kohls, als kühler Stratege darauf, Franz Josef Strauß bei der Kanzlerkandidatur für 1980 ins Spiel zu bringen. Der konservative Alfred Dregger, gleichfalls ein alter Hase im Fraktionsgeschäft, der aus dem Landes-verband Hessen den kämpferischsten CDU-Landesverband gemacht hat, würde zwar am liebsten selbst in den Ring treten, doch solange ihm der Sprung ins Amt des Ministerpräsidenten von Hessen trotz eindrucksvoller Wahlerfolge wieder und wie-der mißlingt, gehört er zumindest zu den Sympathisanten einer Kanzlerkandidatur von Strauß. Ähnliches gilt für den baden-württembergischen Ministerpräsidenten Hans Filbinger. Unter den CDU-Landesfürsten der siebziger Jahre hat der konser-vative Südbadener die größten Wahlerfolge vorzuweisen. Zum Glück für Kohl kennt er seine Grenzen und entwickelt keinen Appetit auf das Bundeskanzleramt. Aber auch er ist ein Strauß-Sympathisant. Im Frühjahr 1978 folgt auf Filbinger der in der liberalen Öffentlichkeit viel angesehenere Lothar Späth, der aber genauso wenig wie sein Vorgänger zu den Bewunderern Helmut Kohls gehört. Vorerst geht von Späth jedoch keine Gefahr aus, da er sich erst einmal in den kommenden Landtagswahlen bewähren muß. Als er endlich fest im Sattel sitzt, ist Kohl bereits Bundeskanzler und kann die Umtriebigkeit dieses potentiellen Rivalen in der wirtschaftlich mächtigen CDU-Hochburg Baden-Württemberg vorerst gelassen sehen.

Ein weiteres Präsidiumsmitglied, das von Ehrgeiz nicht frei ist und mit dem die CDU eine norddeutsche Strategie fahren könnte, ist Ernst Albrecht, die Supernova am niedersächsischen CDU-Himmel. Er ist selbstbewußt, er ist eigenwillig, und sein Ehrgeiz zielt über Niedersachsen hinaus. Kohl weiß, daß Albrecht seinen Künsten durchaus kritisch gegenübersteht. Aber immerhin gehört der niedersächsische Ministerpräsident dem liberalen Lager der CDU an, ist als einstiger Generaldirektor bei der EWG europäisch geprägt und wäre anders als Strauß oder Dregger auch der FDP vermittelbar. Nur ist eben auch er kein Helmut-Kohl-Loyalist.

Eine Schlüsselposition im CDU-Präsidium nimmt Gerhard Stoltenberg ein. Gesellschaftspolitisch gilt er als moderat konservativ, in Fragen der Ost- und Deutschlandpolitik ist er inzwischen auf zentristischen Positionen angelangt. Viele in der Öffentlichkeit sehen in diesem Exponenten des wirtschaftsliberalen Flügels den aussichtsreichsten CDU-Rivalen um die Kanzlerkandidatur. Aber zum Glück für Kohl ist Stoltenberg nicht von fressendem Ehrgeiz erfüllt, vielmehr geht er jedem Machtkampf aus dem Weg und weist eine Eigenschaft auf, die ansonsten bei den CDU-Größen eher Mangelware ist – eine faire, disziplinierte Loyalität gegenüber dem Parteivorsitzenden Helmut Kohl. Diesen Charakterzug teilt er übrigens mit Karl Carstens. Daß die weit über die eigenen Reihen hinaus angesehenen CDU-Politiker Stoltenberg und Carstens nicht zu den Unruhestiftern gehören, ist eine Grundbedingung für Kohls politisches Überleben in den Jahren 1976 bis 1982.

Zu den Widersachern, vor denen Kohl auf der Hut sein muß, gehört jetzt auch der bisherige Generalsekretär Biedenkopf. Im Vorfeld der Bundestagswahl hatte ihm Kohl noch geholfen, Rainer Barzel von Platz eins der Landesliste Nordrhein-Westfalen zu verdrängen. Bereits Biedenkopfs Wahlkampf hatte für Verstimmung gesorgt. Ziemlich eigenmächtig hatte der Generalsekretär im Ruhrgebiet eine Art Sonderwahlkampf gegen die »Filzokratie« geführt und damit die SPD, die Gewerkschaften, aber auch von der »Filzokratie« in den roten Rathäusern partizipierende CDU-Leute in den Sozialausschüssen gegen sich aufgebracht. Möglicherweise, so vermutete Kohl im nachhinein, hatte er die Genossen erst recht an die Wahlurnen getrieben und so mit zur Niederlage vom 3. Oktober beigetragen.[4] Aber mit dem ökonomisch versierten Helmut Schmidt als Gegner braucht Kohl den beredten, wirtschaftlich sachverständigen Biedenkopf dringender denn je. Er weiß das und wäre bereit, Biedenkopf im Frühjahr 1977 dem Parteitag erneut als Generalsekretär vorzuschlagen, verbindet das jedoch zunächst mit der Forderung, daß dieser im Bundestag keine hervorgehobene Rolle spielen dürfe – kein Sprecheramt, kein Ausschußvorsitz, kein Landesgruppenvorsitz.[5] Biedenkopf bittet um Bedenkzeit.[6] Aber dann besinnt sich Kohl eines besseren und bietet Biedenkopf doch die Funktion des wirtschaftspolitischen Sprechers der CDU/CSU-Fraktion an.

Man kann die Sorgen Kohls durchaus nachvollziehen. Er muß befürchten, von dem ökonomisch kundigen und rhetorisch glänzenden Biedenkopf beim Duell mit Helmut Schmidt überstrahlt zu werden. Genau das zeigt sich bei der brillanten Jungfernrede Biedenkopfs im Bundestag. Außerdem erfährt Kohl, daß Biedenkopf darauf hinarbeitet, Heinrich Windelen im Vorsitz des mitgliederstarken CDU-Landesverbands Westfalen-Lippe abzulösen. Allem Anschein nach arbeitet der »kleine Professor« auf eigene Rechnung und sucht sich in der CDU eine vom Vorsitzenden unabhängige Machtbasis zu zimmern. In Bonn pfeifen es die Spatzen längst von den Dächern,[7] daß Biedenkopf mit Franz Josef Strauß – »meinem schärfsten innerparteilichen Gegner«, so Kohl noch in den *Erinnerungen* vorwurfsvoll[8] – heimlich hin und wieder turtelt. Nichts kann den stets hypermißtrauischen Helmut Kohl mehr auf die Palme bringen.

Wie so oft, wenn eine Beziehung in die Brüche geht, manövriert jeder auf andere Art und Weise und verbreitet danach seine eigene Version der Trennungsgeschichte. Schon Mitte November 1976, als Kohl und Biedenkopf noch gemeinsam im Kampf gegen Strauß und Zimmermann um die Fortsetzung der Fraktionseinheit ringen, ist im *Spiegel* zu lesen, Kohl möchte Biedenkopf am liebsten loswerden und hätte auf dem nächsten CDU-Parteitag in Geißler einen Kandidaten anzubieten, der sein volles Vertrauen besitze.[9]

Der Nervenkrieg ist also längst in vollem Gang, als Biedenkopf im ersten Monat des neuen Jahres demonstrativ von der Fahne geht. Noch hat sich die Unruhe von Kreuth nicht richtig gelegt, gibt er auf einer Pressekonferenz bekannt, daß er beim kommenden CDU-Bundesparteitag in Düsseldorf nicht mehr für den Posten des Generalsekretärs kandidieren werde. Kohl betrachtet diesen brüsken Abschied als Treuebruch. Das Verhältnis zwischen Kohl und Biedenkopf sei nun »irreparabel kaputt«, ist im *Spiegel* zu lesen.[10] Tatsächlich wird Biedenkopf im Mai 1977 zum Vorsitzenden der CDU Westfalen-Lippe gewählt. Daß Kohl sein Bestes tun wird, ihm bei dessen künftiger Karriere Knüppel zwischen die Beine zu werfen und dieser ihm, versteht sich fast von selbst.

Kohl muß einen neuen Generalsekretär aus dem Hut zaubern und wirbt nun wie erwartet Heiner Geißler aus dem neuen Mainzer Kabinett des loyalen und geduldigen Bernhard Vogel ab. Bei den kommenden Runden in der Unionsoberliga, in denen Kohl zäh gegen den Abstieg kämpft, wird sich Geißler als Kohls unentbehrlicher »Ausputzer« erweisen. Aber die Bedrohung durch den neuen Widersacher Biedenkopf ist damit nicht beseitigt. Diesem gelingt es, beim Düsseldorfer Parteitag im März 1977 nach einer glänzenden Rede zum großen Verdruß Helmut Kohls ins Parteipräsidium gewählt zu werden. Hier sei »ein sehr kritischer, offensiver Ton zu verspüren, der die Atmosphäre im Präsidium ändern wird«, notiert Leisler Kiep damals nachdenklich im Tagebuch.[11]

Mehr denn je hat Kohl in dieser schweren Zeit die Parteibasis hinter sich. Die Wahlen zum Präsidium auf dem Düsseldorfer Parteitag von Anfang März 1977 verdeutlichen die innerparteilichen Stärkeverhältnisse. Trotz seines Bonner Fehlstarts wird er mit an die neunzig Prozent der Stimmen wiedergewählt. Genauso überzeugend ist der Vertrauensbeweis für seine Kandidaten Heiner Geißler und Hanna-Renate Laurien aus Rheinland-Pfalz. Leisler Kiep, der vorerst voll auf Kohl-Linie liegt, schneidet gleichfalls gut ab, ebenso Stoltenberg. Doch auch Kohls Gegner und Kritiker kommen zum Zug, wenngleich mit mehr oder weniger schlechteren Stimmergebnissen: Hans Katzer, Alfred Dregger, Hans Filbinger und Heinrich Köppler. Falls es jedoch im Präsidium kritisch werden sollte, können sich Kohl und Geißler immer noch auf die Mehrheit der Kohl-Loyalisten im Bundesvorstand verlassen.

Kohl erweist sich in Düsseldorf erneut als Meister der Parteitagsregie. »Exponent, ja Symbol der CDU-Basis und des Funktionärskorps«, kommentiert Johannes Gross zutreffend das Ergebnis und umreißt dabei zugleich das Profil der Kohlschen CDU: »… eine reformistische Sozialpartei, die ihre positiven Ziele in einer dampfenden Prosa vergeblich zu umreißen sich anstrengt, aber instinktsicher weiß, was sie nicht will, nämlich kommunistischen Terror, sozialistische Planung und das Lottertum der allzu Freisinnigen. Diese Negativität als Voraussetzung für Pragmatismus und Anpassung stellt Kohl in seiner Person dar, gewissermaßen das fleischgewordene Godesberg seiner Partei.«[12]

Das innerparteiliche Sicherheitsnetz ist somit erst einmal für zwei Jahre gespannt. Nachdem Kohl den Fraktionsvorsitz und den Wechsel nach Bonn gewählt hat, wird in erster Linie dort über sein politisches Schicksal entschieden. Dabei fällt schwer ins Gewicht, daß er nun fast durchgehend eine schlechte oder doch überwiegend kritische Presse hat, von den Fernsehjournalisten ganz zu schweigen. Nach dem guten Presse-Image der Mainzer Jahre ist das ein schockierender Umschwung. Die Gründe dafür sind leicht zu erraten. Solange sich Helmut Kohl nicht mit seinem ganzen Gewicht in Bonn etabliert hatte, war es für *Die Zeit*, Augsteins *Spiegel*, Henri Nannens *Stern*, die *Süddeutsche* und andere linksliberal orientierte Blätter ganz reizvoll, den reformerischen Mainzer Ministerpräsidenten auf Kosten der Konservativen in der Union – Strauß, Dregger, Filbinger – eher etwas hochzuschreiben. Das ändert sich, als der riesige Herausforderer Helmut Schmidts sich mit großem Getöse im Bundeshaus etabliert. Seit 1973 gehörte Kohl zwar schon

zum Bonner Polit-Zoo, aber sozusagen in Halbdistanz und als eine Art Hoffnungsträger. Jetzt steht er bei den Hauptstadtjournalisten unter Dauerbeobachtung. Mitleidlos wird jeder seiner Schritte analysiert, und man vergleicht ihn – mit Schmidt,
mit Strauß, mit den anderen CDU-Größen. Der Vergleich fällt ungünstig aus: zu
unpräzise, zu »generalistisch«, anders als Schmidt zu unscharf im Detail, anders als
der bullige Strauß zu empfindlich – generell zu unprofessionell, zu durchschnittlich.
Weshalb ihn die zumeist sozialliberal orientierten Journalisten bald nur noch verächtlich behandeln, ist noch nachvollziehbar, aber auch bei den prinzipiell der Union
gewogenen Blättern wie *Frankfurter Allgemeine Zeitung* und *Welt* finden sich nicht
wenige Korrespondenten und Leitartikler, die Kohl für wenig geeignet halten.

Die kritische Presse hätte es nicht so leicht, würde der Herausforderer in den
Debatten mit Helmut Schmidt eine bessere Figur machen. Doch schon seine Jungfernrede als neuer Fraktionschef, auf die Freund und Feind lauern, vermag nicht zu
überzeugen. Danach hält er es erst einmal fürs beste, möglichst wenig aufzutreten,
dreimal nur, so registriert die Presse, im ganzen Jahr 1977.

Am negativen Presse-Echo der ersten Bonner Jahre sind nicht zuletzt die innerparteilichen Machtspielchen schuld. Alle offen oder versteckt gegen Kohl arbeitenden CDU- und CSU-Größen unterhalten seit langem beste Kontakte im breitgefächerten Bonner Pressekorps. Die eigentlich vertraulich beratenden höchsten
Unionsgremien – Fraktionsvorstand, CDU-Präsidium, CDU-Bundesvorstand –
gleichen einem Sieb. Indiskretionen sind eher die Regel als die Ausnahme. Und die
meisten dieser von mißgünstigen Parteifreunden gestreuten Informationen transportieren kritische Äußerungen über den Vorsitzenden, berichten von Manage-
mentfehlern, von verunglückten Vorhaben, auch von unprofessioneller Empfindlichkeit. Unablässig beschwert sich Kohl über die Indiskretionen und muß dann am
kommenden Tag doch wieder in den Gazetten lesen, was er und andere so alles
gesagt oder nicht gesagt haben.

Auch in Bezug auf die Pressearbeit erweist sich der Abschied von Mainz eher als
Fehlentscheidung. Als jovialer, über einen gutbestückten Weinkeller gebietender Ministerpräsident konnte er Journalisten gezielt in die prächtige Residenz einladen,
stundenlang humorvoll mit ihnen diskutieren, sie entsprechend beeindrucken und
dann auf eine halbwegs günstige Berichterstattung hoffen. Selbst diejenigen, die sein
Pfälzer Naturburschentum nicht unbedingt goutierten, konnten sich seinem bären-
haften Charme nicht ganz entziehen. Doch derselbe Kohl, der in Mainz so aufgeräumt, selbstgefällig, souverän und voll des hintergründigen Humors aufgetreten war,
wirkt jetzt auf die Hauptstadtjournalisten mißtrauisch, brüsk, mißgelaunt, und das
stereotyp aufgesetzte Grinsen verrät nur zu deutlich Unsicherheit oder doch zumindest Unbehagen. Natürlich hat er nach den üblen Erfahrungen mit der CSU und dem
Bonner Fehlstart im Jahr 1977 allen Grund zu solchen Empfindungen.

Anders als in den Tagen der Mainzer Herrlichkeit fehlen Kohl auch die Räume, in denen er sich inszenieren könnte. Selbst in der Landesvertretung von Rheinland-Pfalz ist er nicht mehr der Hausherr, während Stoltenberg, Albrecht, Strauß und Filbinger ihre eigenen Residenzen haben. Das Adenauer-Haus ist ein unwirtliches Bürogebäude, allenfalls geeignet für Massenempfänge. Für zwanglose Unterredungen bei Speis und Trank muß er sich zu »Da Bruno« auf der Bonner Cäcilienhöhe oder in andere Speiselokale begeben. Das Gepränge des Staatsmanns ist in Mainz zurückgeblieben. Der einstmals besichtigenswerte und gerade durch seine Provinzialität eindrucksvolle »Kurfürst von Mainz« hat sich auch kulinarisch und vinologisch degradiert. Jetzt ist er nur noch ein hoher Parteifunktionär wie andere auch, der sich redlich abzappelt, um vielleicht eines Tages ein Staatsamt zu erobern.

Das angemietete Haus im Bonner Vorort Wachtberg-Pech ist ebenfalls kein Ort, an dem man sich wohlfühlt. Kohl hat dort, geschützt von einem Polizeikontingent, mit seinem Fahrer »Ecki« Seeber und Juliane Weber, die jetzt unentbehrlicher ist denn je, Quartier bezogen. Auf dem düsteren Hof des wenig einladenden Gebäudes sieht es aus wie in Wallensteins Lager. Seit der Entführung von Peter Lorenz und den folgenden Anschlägen muß das Polit-Establishment der Bundesrepublik um sein Leben fürchten. Der CDU-Vorsitzende gehört zu den am stärksten gefährdeten Personen. Im Oktober 1977 wird bei der Durchsuchung einer RAF-Wohnung eine Liste gefunden, auf der sein Name steht, wobei Buback, Ponto und Schleyer bereits abgehakt sind. »Keine Nachricht, die das Lebensgefühl erhöht«, bekommt Gerhard Stoltenberg von ihm zu hören.[13] Jetzt kann der Freiluftmensch Helmut Kohl keinen Schritt mehr ohne Polizeibegleitung tun. Am Freitagabend verläßt er schleunigst dieses unwirtliche Sicherheitsgehege in der Bonner Huppenbergstraße, um in die gleichfalls in einen Sicherheitsbunker verwandelte Marbacher Straße 11 in Oggersheim zurückzukehren. Wie die Kinder besonders gefährdeter Bundesminister haben auch die Söhne Kohls das zweifelhafte Vergnügen, auf dem Weg zur Schule in Ludwigshafen und nach der Mannheimer Waldorfschule sowie in die Sportvereine von der Polizei begleitet und entsprechend dafür gehänselt zu werden. Auch die langen Wanderungen am Wochenende im Familienkreis, früher eines der wenigen privaten Vergnügen Kohls, dürfen nun nur noch unter dem Schutz von Pistoleros durchgeführt werden.

Das alles drückt auf die Stimmung. Die Arbeitsbedingungen des Fraktionsvorsitzenden im Bonner Bundeshaus sind ebenfalls gewöhnungsbedürftig. Horst Teltschik muß seine Arbeiten in einem kleinen Kabüffchen verrichten, das Vorzimmer Juliane Webers ist gleichfalls spartanisch. Nur Kohl selbst steht ein repräsentativer Raum zur Verfügung, und er gedenkt, diesen so einzurichten, daß er wenigstens ein wenig an die Mainzer Verhältnisse erinnert. So muß wieder eine große Stereoanlage her, die ihn und die manchmal insgeheim irritierten Besucher mit klassischer Musik

oder mit Jazz berieselt, Ledersessel am runden Tisch sowie rundumlaufende Wandre-
gale mit Büchern und Souvenirstücken sollen für eine gediegene Beratungsatmo-
sphäre sorgen.[14] Wie gewohnt taucht er hier frühmorgens um acht auf, bespricht die
Lage mit seinem kleinen Stab, legt die Terminpläne fest, erteilt Aufträge und läßt sich
von den letzten Schachzügen seiner vielen Gegner berichten.

Kohl bringt aus Rheinland-Pfalz eine immense Fraktionserfahrung mit. Das war
auch ein Hauptgrund für die waghalsige Entscheidung, an die Spitze der CDU/CSU-
Fraktion zu drängen. Doch in den Bonner Fraktionsgremien verspürt er deutlich, daß
die meisten Fraktionsgrößen aus dem ersten Glied und auch manche aus dem zweiten
nur unwillig oder gar nicht mitziehen. Wie wenig er die Fraktion in den Griff bekommt, erweckt allgemeine Verwunderung. Die Hauptschuld für diese Misere trifft
die CSU-Landesgruppe. Der Fehlstart im Zeichen von Kreuth kann Kohl zwar nicht
angelastet werden, aber er hat von Anfang an das psychologische Klima verdorben.
Diese Blessuren heilen lange nicht. Selten ist einem neu ins Amt geschneiten Fraktionsvorsitzenden so deutlich signalisiert worden, daß er unerwünscht ist. Auch unter
den CDU-Abgeordneten gibt es vergleichsweise viele, die wenig von Kohl halten. Je
höher sie in der Fraktionshierarchie plaziert sind, um so ausgeprägter ist zumeist die
Reserve. Kohl reagiert darauf mit Mißtrauen, beklagt die fehlende Wärme und Solidarität, igelt sich im Kreis der Getreuen ein, plant Vorstöße, die aber meist ins Leere
laufen, und fährt oft unwillig dazwischen, wenn einer der wichtigen Funktionsträ-
ger interfraktionelle Vereinbarungen getroffen hat, die ihm nicht passen. Daß er als
Debattenredner gegen Schmidt enttäuscht, verstärkt die Malaise im eigenen Lager.

Genau besehen ist er ziemlich immobilisiert. Kohl übernimmt eine bürokratisch
versteinerte Fraktion, deren Organisationsstruktur sich seit 1957 kaum verändert hat.
Zur Bewältigung der Sacharbeit waren damals fünf Arbeitskreise gebildet worden: 1.
Allgemeines und Rechtsfragen, 2. Wirtschafts- und Landwirtschaftsfragen, 3. Finanz-
und Steuerfragen, 4. Sozialfragen, 5. Auswärtiges und Verteidigungsfragen. 1961
wurde noch der Arbeitskreis 6 für Gesellschaftspolitik, Kulturpolitik und Publizistik
eingerichtet. Die Arbeitskreisvorsitzenden bilden zusammen mit den Stellvertretenden Vorsitzenden den allmächtigen Fraktionsvorstand. Kohl ist zwar der Vorsitzende,
doch während der gesamten 8. Legislaturperiode von 1976 bis 1980 kann er weder die
Organisationsstruktur ändern noch das Spitzenpersonal. Das ist der Preis, den er für
die Erhaltung der Fraktionsgemeinschaft bezahlt. Natürlich denken die altgedienten
Kämpen überhaupt nicht daran, sich von diesem Newcomer ohne großen Anhang in
der Fraktion viel sagen zu lassen. Obleute, Ausschußvorsitzende und die Platzhirsche
an der Spitze der Landesgruppen sind gleichfalls nicht gewillt, vor ihm tiefe Bück-
linge zu machen. Selbst wenn Kohl für die drängenden Fragen der Arbeitsmarktpolitik, der internationalen Währungspolitik, der inneren Sicherheit gegenüber den
RAF-Terroristen, der Ostpolitik und einem weiteren Dutzend brennender Problem-

felder geniale, gut durchdachte Konzepte hätte (er hat sie aber nicht), könnte er sie nicht operativ umsetzen.

Kohl kann nur wenige Schlüsselpositionen besetzen. Dabei beweist er wieder einmal sein Gespür für die richtigen Leute. Als Pressesprecher der Fraktion entscheidet er sich für den erfahrenen Eduard Ackermann. Wenn es einen alten Hasen in diesem Geschäft gibt, so ist das Ackermann, der das Amt 1958 angetreten hat, noch unter dem bereits legendären Heinrich Krone. Niemand kennt den Bonner Biotop besser, niemand erfährt rascher von den zahllosen Intrigen, die Woche für Woche in der politischen Klasse der Hauptstadt gesponnen werden, niemand hört früher, welche Skandale sich zusammenbrauen, niemand ist diskreter und niemand so hervorragend geeignet – vertraulich, streng vertraulich –, eigene Gerüchte zu streuen oder Wetterballons steigen zu lassen. Ackermann ist anfangs eine Verlegenheitslösung, weil Hannes Schreiner, der Kohl bisher groß herausgebracht hatte, lieber im warmen Mainzer Nest blieb. So wird aus Ackermann eine Schlüsselfigur der Ära Kohl.

Ein Fraktionsvorsitzender hat auch das Vorschlagsrecht für den Ersten Parlamentarischen Geschäftsführer. Hier entscheidet sich Kohl wiederum für einen alten Hasen. Der Schwabe Philipp Jenninger, promovierter Jurist, kommt genauso wie Ackermann aus dem Stall Heinrich Krones, war aber auch drei Jahre politischer Referent bei Franz Josef Strauß in dessen Zeit als Bundesfinanzminister, gehört dem Hohen Haus seit 1969 an und wurde unter Carstens einer von fünf Parlamentarischen Geschäftsführern. Jenninger verbindet nun sein politisches Schicksal mit Helmut Kohl, wird mit diesem hoch emporsteigen und dann in einem Akt unbegreiflicher Undankbarkeit aus ziemlich nichtigem Anlaß fallen gelassen. Wenn Kohl in den kritischen Jahren 1976 bis 1982 nicht scheitert, dann in erster Linie dank Jenninger. Doch natürlich ist dieser anfangs noch kein Fraktionsschwergewicht.

Jenninger spielt auch eine wichtige Rolle beim Aufbau der »Truppe Kohl«, also jener Anhänger, die man in Mainz »Kohllisten« nannte. Vorerst besteht diese Truppe aus zumeist jüngeren Abgeordneten des zweiten und dritten Gliedes, die jetzt in Kohl die Zukunft der CDU und ihre eigene sehen, wobei keiner damals wissen kann, ob er einen Hauptgewinn oder eine Niete gezogen hat.

Selbstverständlich verspricht sich Kohl anfangs viel von den Abgeordneten aus Rheinland-Pfalz, denen er den Weg in den Bundestag geebnet oder die er jedenfalls nicht behindert hat. Seit 1965 war er im Rahmen seiner jeweiligen Möglichkeiten bedacht, Leute seiner Couleur über die Landesliste oder durch Einflußnahme auf die Wahlkreise in die Bundestagsfraktion einzuschleusen: 1965 beispielsweise Egon Klepsch aus Trier, 1969 Richard von Weizsäcker, Georg Gölter und Elmar Pieroth, 1972 Norbert Blüm, Alois Mertes und Jürgen Todenhöfer, 1976 Kohls früheren Innenminister Heinz Schwarz. Auf die meisten der Protegierten ist Verlaß, aber nicht auf alle. Der einzige von ihnen, der 1976 bereits voll arriviert ist, ist der Stellvertretende

Fraktionsvorsitzende Richard von Weizsäcker. Doch Kohl registriert schon jetzt, daß dieser selbstbewußte Mann seine eigene Agenda verfolgt und nicht Tag und Nacht daran denkt, wie er seinem Entdecker und zeitweiligen Protektor helfen könnte, ins Amt des Bundeskanzlers zu gelangen. Auch der zuverlässigere Gefolgsmann Norbert Blüm von den CDU-Sozialausschüssen ist momentan noch keine große Hilfe, solange der alte Platzhirsch Hans Katzer nicht gewillt ist, sich von diesem verdrängen zu lassen.

Einige Abgeordnete aus Rheinland-Pfalz ziehen sogar durch offene Impertinenz den Unwillen Kohls auf sich und bringen damit ihre Karriere zum Stillstand. So hat der damals noch sehr konservative Jürgen Todenhöfer aus dem Wahlkreis Kaiserslautern im Mai 1977 die Frechheit, den Führungsstil seines Fraktionsvorsitzenden heftig zu kritisieren:»Helmut Kohl führt nicht, läßt die Dinge zu lasch laufen, nichts wird richtig ausdiskutiert, dagegen vieles oberflächlich behandelt. Der FDP wird zuviel nachgelaufen.«[15] Desgleichen zieht sich Werner Marx, der in Pirmasens seinen Wahlkreis hat, Kohls Zorn zu, weil er dessen Ost- und Deutschlandpolitik für zu lasch erachtet und zudem enge Verbindungen zu Franz Josef Strauß unterhält. Auch er wird nie ein Regierungsamt erhalten.

Kohl hat jedoch nie den Fehler gemacht, allein in den Teichen von Rheinland-Pfalz nach Anhängern zu fischen. In der Jungen Union, von der inzwischen viele den Weg in die Bundestagsfraktion gefunden haben, hat sein Name einen guten Klang, aber auch bei anderen, die in dieser ziemlich konservativen Fraktion nach einer fortschrittlichen, gestaltungsfreudigen Führungsfigur Ausschau halten. Noch befinden sich diese auf den hinteren Plätzen: die Schwaben Toni Pfeifer und Dieter Schulte sowie der Niedersache Rudolf Seiters (alle MdB seit 1969), der Badener Wolfgang Schäuble und der Hesse Walter Wallmann (beide MdB seit 1972). Verschiedene sind auch erst 1976 zusammen mit Helmut Kohl in den Bundestag eingezogen, so die Kölnerin Dorothee Wilms, der Hamburger Volker Rühe und Christian Schwarz-Schilling aus Hessen, seit 1975 medienpolitischer Sprecher der CDU. Als Kern der jungen Truppe Kohls gelten Pfeifer, Schulte und Schäuble. Sie treffen sich wöchentlich, arbeiten dem neuen Fraktionsvorsitzenden zu und holen weitere Anhänger ins Boot. Viel mehr als ein Dutzend Abgeordnete sind das anfangs nicht. Erst mittelfristig wird sich herausstellen, daß Kohl in den ansonsten ziemlich erfolglosen Jahren an der Spitze der Fraktion wenigstens eines gelungen ist: Er hat ein Personalreservoir fähiger und größtenteils jüngerer Abgeordneter zusammengebracht, die auf ihn eingeschworen sind.

Mitte Oktober 1976 hatte Kohl im Hochgefühl seines Wahlerfolgs vor Journalisten aufgetrumpft:»Ich bin bereit, jede Wette zu halten, daß ich vor Ablauf von zwei Jahren Kanzler sein werde.«[16] Tatsächlich aber steht er nach dem Ablauf der ersten beiden Jahre als Fraktionschef kurz vor dem Scheitern. Im Parteipräsidium wetzen einige seiner alten wie neuen Rivalen schon die Messer. Im Fraktionsvorstand dominieren die altetablierten Fraktionsgrößen, von denen manche in Kohl einen Eindringling sehen, der eher früher als später stolpern wird. In München bereitet sich der im Oktober 1978 nach einem weiteren Wahlsieg zum bayerischen Ministerpräsidenten gekürte Franz Josef Strauß darauf vor, für 1980 nach der Kanzlerkandidatur zu greifen, und hofft dabei auf alle in der CDU, die von Kohl tief enttäuscht sind.

Von Anfang an glauben die Gegner Kohls genau zu wissen, daß er nach dem Mißerfolg bei der Bundestagswahl 1976 nur noch einen einzigen Schuß im Magazin hat: die Hoffnung auf eine Wende in der FDP. Doch die läßt auf sich warten. In den Jahren 1977 und 1978 hat sich zwischen SPD/FDP einerseits und den Unionsparteien andererseits eine Art politischer Stellungskrieg entwickelt, der immer deutlicher zeigt, daß die FDP bis zur Bundestagswahl 1980 die Seiten nicht wechseln wird. Helmut Schmidt ist als Krisenmanager voll etabliert. Er kann sich rühmen, mit kaltem Mut den letzten, gefährlichen Ansturm der RAF durch Erstürmung der »Landshut« in Mogadischu abgewehrt zu haben. Viele bürgerliche Wähler bewundern den Kanzler (»leider in der falschen Partei«). Helmut Kohl, der wohl oder übel im großen Krisenstab die Freipressung von elf RAF-Mitgliedern ablehnen mußte, trägt demgegenüber schwer an der Ermordung Hanns-Martin Schleyers, der zu seinen Freunden gehört und in einer Tonbandnachricht direkt an ihn appelliert hatte.

Längere Zeit setzt Kohl seine Hoffnung auf den Bundespräsidenten Walter Scheel. Der will im Frühjahr 1979 wiedergewählt werden. Schon vor der Bundestagswahl 1976 signalisiert er führenden CDU-Politikern seine Unzufriedenheit mit der SPD, und das setzt sich auch in den folgenden Jahren fort. Kohl ist mit dem präsidialen Ehrgeiz Scheels bestens vertraut und hätte überhaupt keine Bedenken, die CDU auf dessen Wiederwahl einzuschwören. Ähnlich wie das umgekehrt 1969 bei der Wahl Heinemanns für die SPD der Fall war, könnte eine Wiederwahl Scheels durch die CDU diesmal einen Impuls zur Koalitionsbereitschaft der FDP in Richtung CDU in Gang setzen. Doch dieser Kalkül wird ihm durch die CSU verdorben. Strauß verfolgt die FDP im allgemeinen und Scheel im besonderen weiterhin mit seinem Haß. Mit CSU-Stimmen für Scheel ist also nicht zu rechnen. Ohnehin gilt es bis zu den im Herbst 1978 in Hessen und in Bayern stattfindenden Landtagswahlen nicht als ausgemacht, daß die Unionsparteien überhaupt mit einer Mehrheit in der Bundesversammlung rechnen können.

Aus den personalpolitischen Spielchen, die nun in den Unionsparteien beginnen, geht Karl Carstens als siegreicher Kandidat hervor, vor seiner Wahl jedoch bitter und nicht besonders fair bekämpft von Bundeskanzler Helmut Schmidt. Zum Kummer von Kohl ist seit der Nominierung von Carstens im November 1978 die Option Scheel endgültig vom Tisch. Der Vorkämpfer einer Erneuerung des Regierungsbündnisses mit der FDP, Helmut Kohl, steht jetzt mit leeren Händen da. Auch sein gutes

Umjubelt auf dem Parteitag in Ludwigshafen,
25. Oktober 1978

Verhältnis zu Genscher hat bisher überhaupt nichts gebracht. Für CDU und CSU stellt sich somit die dringende Frage, ob sie 1980 noch einmal mit dem Kanzlerkandidaten Kohl gegen Schmidt und Genscher anrennen wollen. Bezüglich des 1976 noch als Hoffnungsträger gefeierten Kohl ist inzwischen die Meinung weit verbreitet: »Der Lack ist ab«, »Kohl bringt's nicht«.

Parteien, die ihre Wahlchancen dahinschwinden sehen, sind bekanntlich kalte Monster, und unter den Unionsgranden finden sich hinlänglich viele, die Kohl möglichst rasch abräumen möchten. Doch das läßt sich nicht so leicht bewerkstelligen. Nach den Vereinbarungen vom 15. Dezember 1976 ist eine Abwahl des Fraktionsvorsitzenden im Verlauf der 8. Legislaturperiode, also bis Herbst 1980, überhaupt nicht möglich. Nach menschlichem Ermessen wird Kohl, der anerkannte Meister der Parteitagsregie, die im Frühjahr 1979 fällige Bestätigung als Parteivorsitzender erneut zustande bringen. Und selbst bei denen in der CDU, die ihn inzwischen für wenig geeignet halten, ist die Neigung doch gering, statt seiner ausgerechnet Strauß zum Kanzlerkandidaten zu küren. Dafür gibt es drei einleuchtende Gründe: Erstens kommt Strauß aus der kleineren Schwesterpartei, zweitens, so denken nicht wenige in der CDU, steht er zu weit rechts, wird also deshalb höchstwahrscheinlich die Wahl verlieren, und drittens trauen ihm viele auch charakterlich nicht so recht über den

Weg. Doch welche CDU-Größe soll dann anstelle von Kohl ins Rennen geschickt werden? Komplizierend kommt hinzu, daß der Kandidat bei der Bundestagswahl nur dann eine Chance hätte, wenn ihn auch die CSU voll akzeptieren würde. Das ist die Gefechtslage Ende 1978. Alle, die Kohl weghaben wollen, müssen also in den kommenden Monaten einen Nervenkrieg führen und ihn weiter schlechtmachen, bis er von sich aus das Handtuch wirft.

Angezählt: Kohls Krisenjahr 1979

Kein Wunder, daß um die Jahreswende 1978/79 der erste ernsthaftere Putsch gegen Helmut Kohl inszeniert wird.[1] 1979 wird für ihn beinahe zum Katastrophenjahr. Das beginnt bereits in den ersten Januartagen. Im Urlaub auf der Sonnenalb im Allgäu erreichen ihn alarmierende Telefonate. Der getreue Bernhard Vogel und der Bonner Stallwächter Eduard Ackermann unterrichten ihn von einem Memorandum Biedenkopfs, das offenbar im Präsidium der CDU und bei ausgewählten Vorstandsmitgliedern kursiert. Bis zu diesen Telefonaten weiß Kohl nichts von der schönen Bescherung. Erst als er am Samstag, dem 11. Januar, aus dem Urlaub zurückkehrt, findet er das 24 Seiten starke Memo Biedenkopfs vor, das dieser am 23. Dezember an Kohls Zweitwohnung in Bonn-Wachtberg gesandt hat, verbunden mit dem freundlichen Anerbieten, ihn zwischen dem 27. Dezember und dem 4. Januar gern zu einem Gespräch darüber aufzusuchen. Kohl aber war von Ludwigshafen aus mit seinen Lieben am 27. Dezember ins Allgäu aufgebrochen. Nach intensiven Telefonaten muß er nun ergrimmt feststellen: Biedenkopf befindet sich auf dem Kriegspfad.[2]

In dem Memorandum des einstmaligen Generalsekretärs wird die ziemlich belämmerte Lage der Opposition gegenüber Helmut Schmidt mit gewohnter Brillanz analysiert und darin auch eine scharfe Kritik des leider so erfolglosen Oppositionsführers verpackt. Politischer Sprengstoff aber sind die personellen Schlußfolgerungen, die Biedenkopf brüsk daraus ableitet, ohne daß es ihm dabei allerdings gelingt, den inneren Zusammenhang zwischen der Diagnose und der Medizin einleuchtend herauszuarbeiten. Die Union, so stellt er zur Diskussion, solle künftig von einem »Triumvirat« geführt werden: von dem Parteivorsitzenden Kohl, von einem neu zu wählenden Vorsitzenden der CDU/CSU-Fraktion (dreimal darf man raten, wer das wohl sein könnte!?) und von dem Ministerpräsidenten Franz Josef Strauß, der die unionsgeführten Länder im Bundesrat zu koordinieren habe. Kohl erhält die Empfehlung, den Vorsitz der CDU/CSU-Fraktion aufzugeben, um sich, wie Biedenkopf fürsorglich formuliert, ganz auf die Führung der Bundespartei zu konzentrieren. Falls er sich weigern sollte, wird in verschachtelten Formulierungen mit einer Gegenkandidatur auf dem CDU-Bundesparteitag im kommenden Frühjahr gedroht. Im

Begleitbrief bezeichnet Biedenkopf diesen Frontalangriff auf Kohl als Beratungsgrundlage für das Parteipräsidium.

Rasch stellt sich heraus, daß Kohls ehemaliger Generalsekretär bei diesem erstaunlich naßforschen Vorstoß einen Verbündeten hat: Heinrich Köppler. Seitdem Biedenkopf den Vorsitz des Landesverbands Westfalen-Lippe innehat, während Köppler sich auf den Landesverband Rheinland stützt und die Opposition im Düsseldorfer Landtag anführt, sind die beiden Rivalen im Kampf um die Ministerpräsidentschaft in Nordrhein-Westfalen. Statt sich gegenseitig weiter zu bekämpfen, haben sie aber jetzt offensichtlich einen Deal auf Kosten Helmut Kohls gemacht: Biedenkopf wird Köppler den Vortritt bei der 1980 fälligen Bewerbung um das Amt des Ministerpräsidenten in Düsseldorf lassen. Köppler unterstützt im Gegenzug den Vorstoß Biedenkopfs, Kohl im CDU-Präsidium so unter Druck zu setzen, daß dieser den Vorsitz in der CDU/CSU-Fraktion aufgibt. So stellt sich die Gefechtslage jedenfalls aus Sicht Helmut Kohls dar, und wer politischen Verstand hat, muß das genauso sehen.

Von Biedenkopf führt eine heiße Spur zu Strauß. Die beiden jahrelang heftig verzankten Herren haben offenbar ihre Differenzen beigelegt. Am 8. Dezember, also keine vierzehn Tage vor Abfassung des Memos, hat Strauß der *Rheinischen Post* in Düsseldorf ein Interview gegeben, in dem er explizit formuliert, neben anderen habe auch Biedenkopf »das Zeug zum Kanzlerkandidaten«.[3] Um ja nichts zu versäumen, sucht dieser, wie später bekannt wird, am Tag nach der Absendung des Memos Strauß in München auf, um ihn von seinem Vorstoß in Kenntnis zu setzen. Kohl weiß nun: Zwei CDU-Präsidiumsmitglieder aus den mitgliederstärksten Landesverbänden haben sich zusammengetan, um ihn als Fraktionsvorsitzenden – somit auch als potentiellen Kanzlerkandidaten – abzuräumen, während Franz Josef Strauß in den Kulissen wartet. Aber mit einem unrühmlichen Rückzug aus dem Fraktionsvorsitz wäre sein Abstieg vielleicht noch gar nicht zu Ende. Müßte er dann nicht sogar befürchten, auf dem kommenden oder doch dem übernächsten Bundesparteitag sogar den Parteivorsitz zu verlieren?!

In Wirklichkeit sitzt Kohl jedoch ziemlich sicher im Sattel. Die Amtszeit als Fraktionsvorsitzender bis 1980 und die Mehrheit auf dem Bundesparteitag – das sind seine Lebensversicherungen! Nur seine Kanzlerkandidatur steht auf zusehends wackligeren Beinen. Zum Glück sind Biedenkopf bei seinem Vorstoß aber ein paar schwerwiegende Fehler unterlaufen. Zuerst ein Formfehler, den Kohl rasch mächtig aufbauscht: Biedenkopf hat es versäumt, vor der Versendung eines so brisanten Memorandums seine Vorschläge erst einmal mit dem Parteivorsitzenden unter vier Augen zu besprechen. Die schlecht vorbereitete Attacke hat das, was die Schwaben »ein Gschmäckle« nennen. Ist es glaubhaft, daß der erfahrene Biedenkopf ein hochbrisantes Papier in die Weihnachtspost gibt und dann erwartet, der Adressat werde umgehend gesprächsbereit sein? Hat Kohl nicht einigen Grund zur Entrüstung, weil

Biedenkopf am 10. Dezember mit ihm ein längeres Gespräch geführt, dieser sein Vorhaben bei der Gelegenheit aber nicht erwähnt hat? Und gibt es auch nach dem Ausscheiden aus dem Amt nicht so etwas wie eine menschliche Loyalitätspflicht des ehemaligen Generalsekretärs dem Vorsitzenden gegenüber? Mit solchen Argumenten arbeitet Kohl,[4] und er entrüstet sich ausgiebig darüber, daß derart vertrauliche Dinge ohne vorheriges Gespräch zu Papier gebracht werden und natürlich prompt in den Zeitungen erscheinen.

Biedenkopf und Köppler geraten dadurch in die Defensive, während Kohl sich auf den Ehrgeiz seiner anderen Konkurrenten verlassen kann. Diese glauben genau zu erkennen, daß die Vorsitzenden der beiden nordrhein-westfälischen Landesverbände ihr eigenes ehrgeiziges Spiel betreiben. Das kann weder Gerhard Stoltenberg noch Ernst Albrecht oder Alfred Dregger gefallen. Darüber hinaus erweckt es Mißtrauen, daß eine Querverbindung zwischen Biedenkopf und Strauß deutlich zu riechen ist.

Auf der Präsidiumssitzung am 11. Januar und ebenso in der folgenden Sitzung des Bundesvorstands veranstaltet Kohl ein Scherbengericht. Energisch stellt er fest, er sei auf vier Jahre als Vorsitzender der Bundestagsfraktion gewählt und werde diese Funktion beibehalten. Auf dem kommenden Bundesparteitag werde er sich selbstverständlich zur Wiederwahl stellen. Im Präsidium sucht nur Hans Katzer nach entlastenden Argumenten, ansonsten sind Biedenkopf und Köppler isoliert, und im Bundesvorstand fallen ebenso fast alle über sie her. Bei dieser Gelegenheit zeigt sich wieder einmal, daß Kohl im CDU-Bundesvorstand anders als im Parteipräsidium sichtlich über eine Mehrheit verfügt. Biedenkopf sucht sich herauszureden, er habe doch nur an eine »technische Entlastungsmaßnahme« für Kohl gedacht, ganz ohne böse Absicht. »Alles in allem machen Köppler und Biedenkopf eine miserable Figur«, hält Kiep in einer längeren Notiz im Tagebuch fest.[5] Der Angriff ist abgeschlagen, das Klima in der CDU-Führung vergiftet wie schon lange nicht mehr. Im *Spiegel,* der freudig Öl ins Feuer gießt, ist nach dieser Sitzung ein Ausspruch Biedenkopfs zu lesen, der an die bekannten Invektiven von Franz Josef Strauß heranreicht: Kohl sei eine »politische Null, die jede Perspektive vermissen« lasse. Er sei »ausschließlich darauf fixiert, Kanzler zu werden«.[6] Kohls Lager tut umgekehrt alles, um Biedenkopf als intriganten und illoyalen Professor zu brandmarken.

Nun wird auch die Fraktion rebellisch. Ist es für normale Abgeordnete nicht ein starkes Stück, in der Zeitung lesen zu müssen, wie ein paar ehrgeizige Granden ohne Wissen der Fraktion ein Intrigenspiel um den Fraktionsvorsitz aufführen?! Als aber das Memorandum Biedenkopfs veröffentlicht wird, stimmen viele doch der Analyse zu, daß Kohl die Unionsparteien bisher nicht vorangebracht habe. Im Fraktionsvorstand wird zwar an einem Konzept gebastelt, das die Fraktionsarbeit straffen soll. Biedenkopf selbst hatte bei seinem Vorstoß vor Weihnachten eine diesbezügliche

Ausarbeitung versandt und im Bundesvorstand bissig erklärt: »In der Fraktion arbeitet doch jeder vor sich hin. Es gibt keine Koordination.« Viele Fraktionsmitglieder trauen zwar auch Biedenkopf nicht über den Weg, sehen aber nun doch eine Gelegenheit zum Aufbegehren.

So kommt es am 21. Januar zu einem Vorgang, wie er in den Annalen der CDU/CSU-Fraktion selten ist: Die Fraktionsbasis revoltiert gegen ihren Vorsitzenden. Den ersten gezielten Vorstoß führt Manfred Abelein. Er ist Professor für Politische Wissenschaft im bayerischen Regensburg, hat seinen Wahlkreis im schwäbischen Aalen, ist einer der unabhängigen CDU-Parlamentarier, die nichts zu verlieren haben, und wird künftig als einer der Wortführer des konservativen Flügels periodisch gegen Kohl aufbegehren, bis ihn dieser 1990 als Vizepräsident der Europäischen Entwicklungsbank in London freundlichst »entsorgt«. Jetzt aber geht Abelein unter großem Beifall mit Kohl ins Gericht. In den Zeitungen lese man wieder einmal von Organisationsvorschlägen. Gremien gebe es aber genug: »Wo bleiben eigentlich«, so fragt Abelein, »die 200 normalen Mitglieder dieser Fraktion, die Domestiken (starker Beifall), die Loyalen, die Namenlosen, die Statisten, die Präsenzler (Beifall, Gelächter), das namentliche Abstimmungsvieh?« In der Fraktion sei Loyalität »eine Einbahnstraße von unten nach oben. Die Loyalität kommt nicht mehr zurück.« Stil und Inhalt »unserer Politik« seien eine Konsequenz der Taktik, »im Lauf dieser Legislaturperiode in eine Koalition mit der FDP zu kommen«. Für diese Taktik habe es nur eine Begründung gegeben – nämlich den Erfolg. Doch »der Erfolg ist ausgeblieben«. Das Symbol für Sachkompetenz sei auch weithin im bürgerlichen Lager Helmut Schmidt. Ihn müsse man »angreifen, jagen ... hetzen«. Abelein schließt seine Fundamentalkritik an Kohls Taktik mit den Worten: »Ich halte es für einen Irrtum, wenn wir glauben, wir könnten auf der Hintertreppe der Dienstboten uns in den Thronsaal schleichen und uns in einem unbewachten Augenblick auf die Sessel der Regierung setzen. Wir werden die Regierung im Sturm nehmen müssen oder gar nicht.«[7] Einige sekundieren dem Redner, während Kohl von anderen aus seinem Lager Unterstützung erhält. Doch er ist, wie jedermann weiß, auf vier Jahre gewählt, und da er nicht freiwillig das Handtuch wirft, stimmt die Fraktion wohl oder übel seinen Vorschlägen zur Straffung der Fraktionsarbeit zu. Die Kritiker werden dann rasch feststellen, daß die verbesserten Strukturen die Abläufe eher komplizieren.

Kohl weiß jetzt, daß es in der Fraktion an allen Ecken und Enden gärt. So bemüht er sich, die Entscheidung über den Machtkampf vorerst im Bundesvorstand der CDU und danach auf dem Bundesparteitag zu suchen, wo er eine Mehrheit erwarten darf. Daß er ein paar Tage später bei der Haushaltsdebatte gegenüber dem Bundeskanzler wieder nur einen schwachen Auftritt hinlegt, bessert seine Lage nicht. Immerhin erkennen die hohen Herren im Parteipräsidium, daß das Bild öffentlicher Zerfleischung keinem von ihnen nützt. Stoltenberg richtet nochmals einen dringenden Appell an seine Kollegen, alle Personaldiskussionen endgültig zu beenden und diesbezügliche Interviewwünsche ausnahmslos abzulehnen. Einstimmig verspricht man sich gegenseitig in die Hand, Disziplin zu üben, und die CDU-Ministerpräsidenten werden aufgefordert, sich dieser Absprache anzuschließen.[8] Bernhard Vogel startet eine Entlastungsoffensive. Er bittet die CDU-Länderchefs Stoltenberg, Albrecht und Zeyer nach Mainz. Da keiner der Herren ein Interesse daran hat, daß die Bäume Biedenkopfs oder Köpplers in den Himmel wachsen, beschließen sie, im CDU-Vorstand darauf zu drängen, daß Kohl auf dem CDU-Parteitag weiterhin unterstützt wird.[9]

Dann geht es zum Kieler Bundesparteitag. Die Stimmung auf der vorhergehenden Präsidiumssitzung ist nach alldem durch Mißtrauen und schlechte Laune vergiftet. Kiep notiert in seinem Tagebuch: »Der Eindruck der Gesichter ist deprimierend: Filbinger, maskenhaft, fast völlig verdeckte Augen, Dregger, ohne Strahlen, resigniert, dick geworden, Biedenkopf, ohne alles Jungenhafte, gereizt, aggressiv, dick, mit gewaltigem Doppelkinn, Köppler mit verkniffenen Augen, als ob er ständig in die Sonne blinzle: kein überzeugendes Team für Deutschland.«[10] Das Präsidium und der Bundesvorstand schlagen Kohl natürlich zur Wiederwahl vor. Das Wahlergebnis auf dem Kieler Bundesparteitag ist jedoch nicht berauschend. Der glücklose Vorsitzende kommt nur mit einem blauen Auge davon. Immerhin erhält er noch 617 Ja-Stimmen; 82 Abgeordnete stimmen mit Nein und 41 enthalten sich. Biedenkopf wird zwar abgestraft, erreicht aber zum großen Kummer von Kohl mit 407 Stimmen doch wieder das Präsidium. Auch Dregger, Albrecht, Köppler und Katzer, jeder von ihnen eher ein Rivale als ein Kohl-Fan, behaupten sich weiterhin im Präsidium. Mit 707 Stimmen schneidet Gerhard Stoltenberg am besten ab, viel besser als der von den Delegierten recht lauwarm bestätigte Parteivorsitzende.

Innerparteilich ist Kohl somit deutlich geschwächt und im Präsidium weiterhin umzingelt. In einem Punkt sind sich seine zahlreichen Kritiker und die nicht mehr allzu zahlreichen, gleichfalls schwankenden Anhänger einig: Kohl mag die Partei weiterhin führen, aber er darf nicht mehr als Kanzlerkandidat antreten. Doch wer dann, soll nicht alles auf Franz Josef Strauß zulaufen? Kohl stehen schwere Zeiten bevor.

In den Tagebüchern Leisler Kieps findet sich unter dem 26. März eine aufschlußreiche Notiz: »Wir stimmen darin überein, daß Kohl für 1980 nicht mehr in Frage kommen darf. Er sagt ohne mein Zutun, daß für ihn nur Albrecht in Frage käme und daß diese Kandidatur im Sommer intensiv betrieben werden müsse. Er meint, daß auch Geißler dafür zu gewinnen sei. Ernst [Albrecht] sieht die Lage Kohls auch so als ich heute mit ihm spreche! – Eine Hoffnung für 1980, eine große Chance, eine äußerst reizvolle Aufgabe für mich!«[11]

Ernst Albrecht, Leisler Kiep, von Weizsäcker und Kohls Generalsekretär Geißler – es sind führende Politiker des liberalen Parteiflügels, die nun auf einen Kanzlerkandidaten hinarbeiten, der weder Kohl noch Strauß heißt. Das Überleben Helmut Kohls interessiert erst in zweiter Linie, denn jeder dieser Herren verfolgt bereits seine eigene, ehrgeizige Agenda. Ihr gemeinsames Ziel besteht darin, Franz Josef Strauß, mit dem sie alle schon mehr oder weniger heftig zusammengestoßen sind, als Kanzlerkandidaten zu verhindern. Es ist nicht zuletzt Kiep, der bei den früheren Kontroversen unablässig darauf gedrängt hat, Strauß hart entgegenzutreten. Wer sich wundert, weshalb der eher zögerliche Kohl sich so überstürzt zur voraussehbaren Konfrontation mit Franz Josef Strauß in Sachen der Kanzlerkandidatur Albrechts anschickt, findet hier eine der Antworten: So wie auf der anderen Seite Franz Josef Strauß von seinen Anhängern und Sympathisanten in die Konfrontation mit der CDU getrieben wird, ist auch Kohl ein Getriebener – getrieben von Geißler, von Kiep und von Weizsäcker, der eben bei den Vorstandswahlen auf dem Kieler Parteitag mit stolzen 690 Stimmen das beste Ergebnis erzielt hat!

Geißler, Albrecht und Kiep sind natürlich nicht die einzigen Parteigranden, die sich Gedanken über die Kanzlerkandidatur machen. Wie sich schon während der Krise im Januar gezeigt hat, gibt es mindestens zwei Präsidiumsmitglieder, die mit der Lösung Strauß spielen: Alfred Dregger und Kurt Biedenkopf. Dregger sympathisiert mit Strauß, weil er zu den unverfälscht Konservativen in der CDU gehört. Als Landesvorsitzender der überwiegend konservativen hessischen CDU fürchtet er aber zugleich die Etablierung einer vierten Partei durch Strauß. Was ist naheliegender, als dies dadurch zu verhindern, daß man Strauß zum Kanzlerkandidaten kürt?! Was ihn selbst angeht, könnte er sich gut vorstellen, notfalls als Kompromißkandidat anzutreten. Biedenkopf hingegen, derzeit mit Heinrich Köppler im Schlepptau – so sehen das manche –, ist eher ein Individualist, der auf eigene Rechnung Politik macht. Er ist jetzt vor allem darauf aus, Kohl auszumanövrieren und in einer Allianz mit Strauß seine steckengebliebene Bundeskarriere wieder zu befördern, vielleicht nach 1980 als Vorsitzender der CDU/CSU-Fraktion. So schätzt ihn Helmut Kohl ein, der ihn damals als seinen gefährlichsten innerparteilichen Gegner betrachtet.

Als das neugewählte CDU-Präsidium unter seinem angeschlagenen Vorsitzenden am 23. April – nach der Osterpause und kurz vor der Landtagswahl in Schleswig-Holstein – zusammentritt, herrscht immer noch eine gereizte Stimmung. Seit seiner Wahl zum Bundesvorsitzenden im Jahr 1973 hat Kohl sich bemüht, die auseinandertreibenden Parteiflügel über das Präsidium zu steuern. Das klappte auch einigermaßen, solange er unangefochten war. Doch diese Phase ist nun zu Ende. Wie üblich präsentiert er einen Vorschlag für eine Art Ressortverteilung unter den Präsidiumsmitgliedern. Doch sein Personaltableau stößt bei den Betroffenen auf kritische Einwände. Fast alle fühlen sich schlecht rangiert. Ihr Widerstreben vermittelt Kohl deutlicher als je zuvor, daß er eingekreist und nicht mehr uneingeschränkter Herr der Entwicklung ist. So einigt man sich darauf, das schwierige Thema auf einer Klausursitzung abschließend zu erörtern. Diese soll am 20./21. Mai stattfinden, zwei Tage vor der Wahl des neuen Bundespräsidenten.[12] Unfroh muß Kohl der Öffentlichkeit mitteilen, man werde sich erst Mitte Mai festlegen. Entsprechend kritisch ist das Presse-Echo.

Am 29. April finden die Landtagswahlen in Schleswig-Holstein statt. Stoltenberg gewinnt zwar nicht mehr so hoch wie vier Jahre zuvor, aber es reicht noch für eine Mehrheit der Mandate. Für Helmut Kohl in seiner Not ist das eine erwünschte Entwicklung. Nun müßte nur noch die Wahl des Unionskandidaten Karl Carstens zum Bundespräsidenten am 23. Mai siegreich bestanden werden und die Europawahl am 10. Juni passabel ausgehen, dann hätte er Luft und könnte sich etwas entlastet der Frage der Kanzlerkandidatur zuwenden. So war es übrigens auch zwischen CDU und CSU abgesprochen: Erst müssen die Frühjahrswahlen vorbei sein, dann wird man in die Verhandlungen über die Wahlkampfstrategie und den Kanzlerkandidaten eintreten. Aber jetzt wird Kohl von Woche zu Woche klarer, daß seine eigene Kanzlerkandidatur 1980 nicht mehr in den Karten liegt. Um so wichtiger wäre die umsichtige Planung einer personellen Alternative.

Natürlich hat die CSU, unterstützt von der Springer-Presse, ihren Nervenkrieg nicht eingestellt. Woche für Woche erreichen Kohl offene oder versteckte Drohungen mit der vierten Partei verbunden mit Kritik an seinem Auftreten und seiner Führungskraft. Daß Strauß wie ein hungriger, aber zugleich vorsichtiger Löwe um die Kanzlerkandidatur 1980 herumschleicht, ist ein offenes Geheimnis. Er operiert weiterhin mit der Drohung einer vierten Partei. Konservative Landesverbände wie Baden-Württemberg und Hessen hätten davon am meisten zu befürchten. Würde eine vierte Partei nämlich tatsächlich etabliert, dann ginge das in erster Linie auf Kosten von Direktmandaten in vergleichsweise konservativen CDU-Wahlkreisen. Die ohnehin schon vorhandenen politischen Sympathien für Strauß werden durch solche wahltaktischen Überlegungen noch verstärkt. Akzeptiert man ihn als Kanzlerkandidaten, wäre damit auch die Gefahr einer vierten Partei abgewendet.

Strauß kennt allerdings die insgesamt ungünstigen Umfragen bezüglich seiner Person. Und er hat in der CDU/CSU-Fraktion viele Feinde. Da er über die Jahrzehnte hinweg auch die CDU gründlich studiert hat, ist er sich der Vorbehalte der liberalen sowie der christlichsozialen Parteigrößen ebenfalls voll bewußt. In der CDU, das weiß er, wird er nur dann mehrheitsfähig sein, wenn sich Kohl und seine CDU-Rivalen zuvor aneinander abgearbeitet haben. Das erklärt sein Zögern. Es sind zwei Termine, auf die alle Beteiligten vorerst Rücksicht nehmen müssen: der 23. Mai, an dem die Unionsparteien mit vereinten Kräften den der CSU recht genehmen konservativen Karl Carstens zum Bundespräsidenten wählen werden, und die erstmalige Wahl zum Europäischen Parlament am 10. Juni – eine Testwahl. Als der CSU-Landesgruppenvorsitzende Friedrich Zimmermann Ende April 1979 vor der CSU-

Landesgruppe wieder einmal die »Orientierungslosigkeit« sarkastisch kommentiert, sagt er bedeutungsvoll: »Nach dem 10. Juni werden wir Bilanz ziehen müssen.«[13] Viel spricht somit dafür, daß Strauß und Zimmermann die Frage der Kanzlerkandidatur erst im Sommer oder Herbst 1979 aufgreifen wollen, wobei vorerst die beiden Kernfragen offen bleiben: Will Strauß 1980 wirklich antreten? Und in welcher Formation – allein an der Spitze der Unionsparteien oder unterstützt durch eine vierte Partei? Sollte aber Strauß vor einer Kandidatur zurückschrecken, würde sich auch für die CSU die Frage stellen: Wer denn sonst, wenn Helmut Kohl auf keinen Fall in Frage kommen sollte?

Auf seiten von Kohl würde somit viel für eine Strategie des Abwartens sprechen. Weshalb er unter diesen Umständen eine handstreichartige Benennung von Ernst Albrecht durch die CDU vorbereitet und damit die voreilige Aufstellung von Strauß geradezu provoziert, bleibt auch rückblickend ein Rätsel. Kohl beschwört zwar bei jeder Gelegenheit die Erhaltung der Unionseinheit als Höchstes aller Güter und kämpft erbittert gegen eine vierte Partei. Doch gibt es ein besseres Mittel, Strauß zum Äußersten zu treiben? Schließlich hat die CSU bei den schlimmen Krachsitzungen nach Kreuth hinlänglich deutlich gemacht, daß sie die mit der CSU nicht im vorweg abgesprochene Ausrufung Helmut Kohls zum Kanzlerkandidaten im Jahr 1975 als sehr unbrüderliche Provokation betrachtet hat. Müßte sie es somit nicht als eine noch größere Provokation ansehen, wenn die CDU nun, wiederum ohne Absprache, nicht einen Helmut Kohl präsentiert, der immerhin Parteivorsitzender ist, sondern einen vergleichsweise unerprobten CDU-Ministerpräsidenten, noch dazu einen Mann des liberalen Flügels, der an der Spitze einer CDU/FDP-Landesregierung steht? Oder betrachtet Kohl insgeheim den von eigenem Ehrgeiz durchaus nicht freien Albrecht als eine Art Joker, der vielleicht doch nicht sticht, so daß die Lösung Strauß dann unvermeidlich wird? Daß ein zynischer Personalkalkül bei Spitzenpolitikern nicht ungewöhnlich ist, versteht sich von selbst. Viel später, als Strauß bei der Bundestagswahl gescheitert ist, wird Kohl argumentieren, er habe Albrecht vor allem präsentiert, um mit diesem einen »größeren Achtungserfolg« zu erringen.[14]

Anfang Mai sucht der bayerische Finanzminister Max Streibl den mit ihm gut bekannten Walther Leisler Kiep auf, um ihn von einer Beratung mit Strauß im engsten Kreise zu unterrichten. Die CSU, berichtet Streibl, sei unter keinen Umständen bereit, mit Kohl anzutreten, und fragt dann direkt, ob Kiep immer noch gegen die Kanzlerkandidatur von Strauß sei. Kiep, der im Konrad-Adenauer-Haus auf derselben Etage wie Kohl sein Büro hat und mit diesem viel häufiger konferiert, als es nach außen den Anschein hat, gewinnt aus dem Vorstoß von Streibl den Eindruck: »Im Klartext: Entweder Strauß oder die vierte Partei und Spaltung.«[15]

Es sind wohl solche und andere Signale, die Kohl so nervös machen, daß er sich zu einem Überraschungsschlag bewegen läßt. Nicht zuletzt ist es aber Geißler, der nie einem Streit mit Strauß aus dem Weg geht und Kohl nun rät, den sich abzeichnenden Wahltriumph der Unionsparteien am 23. Mai mit der Wahl von Carstens zu nutzen, um sich als Sieger aus dem perspektivlosen Rennen um die Kanzlerkandidatur zu entfernen und die Kandidatur von Albrecht vorzuschlagen.[16] Mit Blick auf die Umtriebe von Biedenkopf, Dregger und Köppler scheint ein handstreichartiges Vorgehen geboten. Immer wieder hat sich gezeigt, daß bestimmte Präsidiumsmitglieder – Kohl verdächtigt in erster Linie Biedenkopf und Dregger – die Presse gezielt unterrichten. Freilich betreiben auch Kohl und Geißler mit entsprechenden Durchstechereien ihre eigene verschwiegene Informationspolitik.

So kommt es auf der Klausurtagung am 20./21. Mai im westfälischen Ascheberg zu einer Art Kabuki-Theater. Man diskutiert wieder endlos über die Wahlstrategie und die Aufgabenverteilung im Präsidium. Kohl brummt wie ein gereizter Bär, er sei bis 1981 als Parteivorsitzender und bis 1980 als Fraktionsvorsitzender gewählt. Wer das ändern wolle, müsse Verfahren zur Abwahl einleiten.[17] Zugleich aber stellt er fest: »Die Zeit läuft ab. Wir können die Entscheidung nicht auf den Termin nach der Europawahl verlegen.« Doch kein Wort davon, daß er bei der kommenden Sitzung Albrecht als CDU-Kanzlerkandidaten vorschlagen möchte und dieser ihm zugesagt hat, tatsächlich zu kandidieren. Am meisten fürchtet Kohl weiterhin Biedenkopf, den Strauß angeblich – nach einem Wahlsieg 1980 – als Fraktionsvorsitzenden favorisiert.[18] Als Biedenkopf ihn am Rande der Sitzung zusammen mit Köppler auf die Gerüchte anspricht, er wolle zugunsten Albrechts auf eine erneute Kanzlerkandidatur verzichten, stellt er das in Abrede.[19] Allerdings ist festzuhalten: Noch hat sich Kohl weder vor dem CDU-Präsidium noch vor dem CDU-Bundesvorstand oder gar in der Öffentlichkeit zu dieser Lösung bekannt. Die Operation Albrecht ist vorbereitet, aber noch nicht ausgelöst. Später, als ihm Strauß zuvorkommt, wird Kohl argumentieren, er habe diese Fragen vereinbarungsgemäß erst nach der Europawahl am 10. Juni mit der CSU erörtern wollen.[20] Tatsächlich hat er den auf der Präsidiumssitzung in Ascheberg vereinbarten weiteren Sitzungstermin der CDU-Spitzengremien am Nachmittag des 23. Mai, unmittelbar nach der Präsidentenwahl, auf den 28. Mai verschoben.

Da in Bonn aber nichts geheim bleibt, berichtet die Presse bereits am Wahltag von dem Vorhaben. Wer hat wohl die Gerüchte über den Plan in die Welt gesetzt? Findige Journalisten, die das Gras wachsen hören? Heiner Geißler, der Kohls vorsichtiges Zögern bestens kennt und ihn in die offene Feldschlacht treiben möchte? Kohl selbst reagiert am 23. Mai auf die Gerüchtewelle mit der Zusage an Stoltenberg und Albrecht, vor der Sitzung des CDU-Vorstands am 28. Mai keine Erklärungen abzugeben und zuvor mit Strauß zu reden.[21] Doch dafür ist es jetzt zu spät.

Ausgerechnet am Tag des Triumphs, als sie die Wahl von Carstens zum Bundespräsidenten feiern, erfahren die zur Bundesversammlung angereisten CSU-Spitzenpolitiker, daß Kohl und dessen Generalsekretär ihre Parteigremien auch ein zweites Mal, wie schon 1975, auf einen Kanzlerkandidaten festlegen möchten, ohne sich zuvor mit der CSU verständigt zu haben. Am Abend kommt es dann zu der berühmten Szene, als Zimmermann seinen Parteivorsitzenden Franz Josef Strauß in den »Klopfstuben« zu Bad Godesberg im Verein mit anderen CSU-Größen (einer von ihnen ist Edmund Stoiber) bei einem großen Besäufnis überredet, sich öffentlich als Kandidat »zur Verfügung zu stellen«.[22] Wie Kohl ist auch Strauß in diesen Tagen ein Getriebener.

Auf den 23. Mai, an dem Carstens gewählt wird und Strauß bei der nächtlichen Unterredung seinen Mannen *carte blanche* gibt, folgt der Himmelfahrtstag. Ein erleichterter und erfreuter Helmut Kohl entspannt sich wieder einmal zusammen mit seiner Familie beim Wandern im Pfälzer Wald und ist telefonisch nicht erreichbar. Genauso wie die CSU, die von der CDU-Spitze in der Kandidatenfrage nicht rechtzeitig unterrichtet wurde, erfährt nun Kohl von der Benennung des Kandidaten Strauß über die Presseagenturen. Von diesem Zeitpunkt an befindet er sich in der Defensive. Sein als »Akt der Klugheit«[23] vermittelter Verzicht auf eine eigene Kandidatur ist zwar nun publik und schafft ihm Entlastung, doch zugleich liegt ganz unerwartet die Kanzlerkandidatur von Strauß auf dem Tisch; der Frontalzusammenstoß mit der CSU ist unvermeidlich, Kohls vom CDU-Vorstand noch gar nicht formell benannter Kandidat Albrecht bereits beschädigt, und seine innerparteilichen Gegner sind aufs höchste alarmiert. Bei Dregger und Katzer, die Kohl ohnehin nicht über den Weg trauen, führt die Terminverschiebung auf den 28. Mai zu einer nachhaltigen Verstimmung.[24] Mit einem trickreichen Verfahren, so argwöhnen sie, wollen Kohl und Geißler die CDU-Gremien im vorweg festlegen.

Wie immer Kohl in den entscheidenden Tagen auch taktiert haben mag, jetzt bleibt ihm in den Gremiensitzungen zu Beginn der folgenden Woche nur eine Vorwärtsstrategie mit höchst ungewissem Ausgang. Entschieden verkündet er am 28. Mai im Präsidium und dann im Parteivorstand seinen Verzicht auf die Kandidatur und präsentiert Albrecht als Kandidaten. Inzwischen haben aber auch Biedenkopf und Dregger ihre Gegenstrategie entwickelt. Sie wenden sich gegen eine sofortige Beschlußfassung und plädieren zugleich dafür, den Verhandlungen mit der CSU ein »Personaltableau« der CDU aus vier denkbaren Kandidaten zugrunde zu legen: Albrecht, Biedenkopf, Dregger und Stoltenberg. Der Vorstoß wird jedoch durchkreuzt, weil Stoltenberg nachdrücklich äußert, 1980 nicht zur Verfügung zu stehen. So kann Kohl, gestützt auf Stoltenberg, Geißler, Kiep und Albrecht selbst, schon im Präsidium alle Versuche Biedenkopfs, Dreggers und Köpplers abbügeln, die auf Zeit spielen und statt der Benennung eines einzigen Kandidaten ein verhandelbares Personaltableau benennen möchten – in der Überlegung, letzten Endes werde Strauß am längeren Hebel sitzen, und wenn nicht er, dann vielleicht Dregger als Kompromißkandidat.

Im anschließend tagenden Bundesvorstand hat Kohl eine klare Mehrheit. Als erster plädiert Bernhard Vogel für Albrecht, dann die weiteren Angehörigen der »Truppe Kohl«: Norbert Blüm vom Gewerkschaftsflügel, Matthias Wissmann, Vorsitzender der Jungen Union, Klaus von Bismarck für die Vertriebenen, Richard von Weizsäcker, Bernd Neumann aus Bremen, Helga Wex von der Frauen-Union, Peter Lorenz aus Berlin, auch der Ministerpräsident Lothar Späth aus Baden-Württemberg, der von Biedenkopf verdrängte Heinrich Windelen aus Westfalen und natürlich Stoltenberg, Geißler und Albrecht, der tapfer, aber vielleicht auch ahnungsvoll feststellt, »ich eigene mich nicht für eine Marionette«. Die nur mit geschlossenem Visier fechtenden Sympathisanten von Strauß, unter denen sich neben Dregger und Köppler auch Walter Wallmann aus Hessen, der Verteidigungsexperte Manfred Wörner und Hans Filbinger befinden, stehen auf verlorenem Posten. Schließlich wird Albrecht »einmütig«, auch mit den Stimmen Biedenkopfs, Köpplers und Dreggers, nominiert. Nur Filbinger und Albrecht enthalten sich.[25] Zugleich wird eine sechzehnköpfige Delegation unter Führung Kohls gewählt, die nun mit der CSU über den angerichteten Schlamassel verhandeln soll. Resümierend hält Stoltenberg fest: »Kohl wirkte einerseits freier und erleichterter, aber andererseits bitter, nicht frei von Groll gegen die CSU und Biedenkopf, die er als die Hauptverantwortlichen für seine Schwächung ansah.« Biedenkopfs Vorgehen, so hört Stoltenberg bei dieser Gelegenheit von Kohl, »ist im einzelnen mit München abgesprochen worden«.

Das katzenpfötige Auftreten von Biedenkopf, Köppler und Dregger befremdet bei der CSU. Man kann es in München kaum glauben, bekommt Leisler Kiep von Max Streibl zu hören, »daß die Biedenkopfs und Dregger, die am Mittwoch noch Strauß fest zuredeten, die Sternstunde zu nutzen, nicht für ihn gestimmt haben, sondern für Albrecht«. Offensichtlich sei der Entschluß von Strauß, sich am Himmelfahrtstag zur Verfügung zu stellen, wesentlich auf diese Gespräche und dieses Drängen zurückzuführen.[26] Friedrich Zimmermann vermutet vor der CSU-Landesgruppe, der »Verschwörerkreis« in der CDU setze sich aus Kohl, Geißler, Stoltenberg, Kiep und Albrecht zusammen. Dies sei, so meint er – fast anerkennend –, »eine kleine, aber sehr schlagkräftige Gruppe«.[27] Dennoch: Die Fronten bei der CDU seien in Bewegung gekommen. Und er sagt schon ganz in den Anfängen des fraktionsinternen Ringens voraus, die Kandidatur Albrechts werde keinen Bestand haben und die Einheit der Union erhalten bleiben. Die Folgerung aus beiden Punkten sei: Kanzlerkandidat der Union werde Franz Josef Strauß. Dazu wird es dann nach einmonatiger Kampagne auch kommen.

Vergebens versuchen Kohl und Geißler, die Streitfrage durch Verhandlungen zwischen den Parteiführungen in ihrem Sinn zu lösen. Die vorzeitige Polarisierung verhindert aber jede Verständigung. Zwar erbringen die Europawahlen am 10. Juni mit 49,2 Prozent für die Unionsparteien bei 40,8 Prozent für die SPD und sechs

Prozent für die FDP ein erfreuliches Ergebnis. Doch die CSU kann darauf verweisen, daß sie in Bayern 62,5 Prozent geholt hat. Die Auseinandersetzung verlagert sich mehr und mehr in die CDU-Landesverbände, wo zwei Hauptfaktoren ins Spiel kommen: die Stimmung an der Basis und die Bedenken der Bundestagsabgeordneten, die ihre Wahlchancen für 1980 alarmiert taxieren. Vor allem im Süden sowie in Hessen, aber auch in nicht wenigen Wahlkreisen des Westens und des Nordens sind die aktiven Parteimitglieder mehrheitlich konservativ und betrachten Strauß als Hoffnungsträger. Genährt von dem schlechten Medienecho wird zudem das Unverständnis über die Kräche der Spitzenchargen von Woche zu Woche größer. Die Sommerferien stehen vor der Tür, und die stark verunsicherte Basis fordert, dem grausamen Spiel möglichst umgehend ein Ende zu machen. Diese Stimmung pflanzt sich über die Abgeordneten in die CDU/CSU-Fraktion fort. Kein Wunder, daß der Verweis auf den Unwillen und die Ungeduld in den Wahlkreisen bei der großen fraktionsinternen Redeschlacht am 2. Juli zu den wichtigsten Argumenten gehört. Den Vorsitzenden der großen Landesverbände – Biedenkopf, Köppler, Dregger und Späth – paßt die Stimmung an der Basis und in der Fraktion durchaus ins Kalkül. Am 17. Juni schon finden sie sich zusammen mit den Vorsitzenden ihrer Landtagsfraktionen bei Strauß in München zu einer Besprechung ein und sagen ihm ihre Unterstützung zu.[28]

Wie zu erwarten, bringen die Verhandlungen zwischen den Delegationen von CDU und CSU nichts als gegenseitige Vorwürfe und am Ende Stillstand. Die entsetzte Anhängerschaft der Unionsparteien erlebt einen öffentlichen Schlagabtausch zwischen Geißler, Strauß und Biedenkopf. Die Umfragewerte gehen in den Keller. In den beiden Wochen zwischen dem 31. Mai und dem 16. Juni registriert Allensbach einen Rückgang der Zustimmung bei der »Sonntagsfrage« von 47,4 auf 42,7 Prozent.[29]

Aufgrund des Drucks von der Basis, doch auch weil überhaupt kein Verfahren für die Lösung eines derartigen Konflikts zwischen CDU und CSU existiert, erscheint nun die Forderung zunehmend plausibel, die Kontroverse in der seit dreißig Jahren bestehenden gemeinsamen CDU/CSU-Fraktion zu entscheiden. Es ist besonders der taktisch versierte CSU-Landesgruppenvorsitzende Friedrich Zimmermann, der auf eine Entscheidung in der Fraktion zusteuert.[30] Schließlich war Strauß drei Jahrzehnte lang eine Zierde, wenngleich manchmal auch eine Bürde der CDU/CSU-Fraktion. Albrecht dagegen fehlt dort völlig der Stallgeruch. Am empfänglichsten für die Kandidatur von Strauß sind in der Fraktion die Abgeordneten aus Hessen und Baden-Württemberg. Aber auch in Nordrhein-Westfalen finden sich Sympathisanten. Bei vielen herrscht weiterhin Unwille über die Führungsdefizite Kohls. Erneut taucht das Gespenst der vierten Partei und eines »Kreuth II« auf. Entscheidend ist schließlich die professionelle Strategie der CSU-Landesgruppe unter Friedrich Zimmermann (»ein Mann ohne Herz, ein Staatsanwalt in der Politik«, so dessen Intimfeind Stücklen[31]). Auch Dregger, Biedenkopf und Kohls alter Gegner Barzel tun ihr Bestes, Kohl einiges heimzuzahlen und ihn vielleicht so zu veranlassen, den Fraktionsvorsitz aufzugeben.

In den pausenlosen Gremiensitzungen wird Kohl ziemlich weichgeklopft. Der Wendepunkt ist eine Besprechung mit dem Präsidium und den Landesvorsitzenden am 18. Juni, unmittelbar nachdem sich Letztere mit Strauß verbündet haben. Man tagt bis nachts um drei Uhr. Auf Stoltenberg, der ihn durchgehend unterstützt, wirkt Kohl nun »teilweise nervös und sprunghaft«, »erkennbar von den Auseinandersetzungen der letzten Woche gezeichnet, oft unkonzentriert und an einem Punkt aufbrausend«.[32] Kohl sieht seine Felle davonschwimmen. Leisler Kiep, auch er durchaus auf der Linie Kohls, solange dieser gegen Strauß zu Felde zieht, registriert am Vormittag des 2. Juli, also kurz vor der entscheidenden Fraktionssitzung, dieselbe Stimmung: »Kohl sieht die Dinge hoffnungslos und will zurücktreten, wenn FJS in der Fraktion gewählt wird.«[33]

Da die CDU mit etwa 200 Abgeordneten gegen 53 aus der CSU in der Bundestagsfraktion eine strukturelle Mehrheit hat, hält sich die CSU-Landesgruppe vorsichtig zurück. Noch eine Woche vor der Abstimmung am 2. Juli, bei der Strauß dann gewählt wird, gibt Zimmermann die Parole aus: Die CSU werde nichts dafür tun, daß es »morgen« zu einer Abstimmung kommt, einer Abstimmung aber auch nicht im Wege stehen. Denn noch ist das mögliche Resultat ungewiß, so daß dieser Chefdramaturg der Pro-Strauß-Kampagne mit schöner Offenheit formuliert: »Fällt das Ergebnis zu unseren Gunsten aus, werde man dies begrüßen; falle es negativ aus, dann müsse man dies relativieren.« Deutlich sei aber schon, daß Kohl die Abstimmung in der Fraktion »unbedingt vermeiden« wolle.[34]

Es ist schließlich eine Kombination von Faktoren, die bewirkt, daß sich die Mehrheitsverhältnisse umdrehen: Gespür für den Druck der Basis, Sorge vor der vierten Partei, Enttäuschung über Kohl, Skepsis gegen den »Youngster« Albrecht, aber auch Respekt für Strauß, den die Fraktion drei Jahrzehnte hindurch bei den parlamentarischen Schlachten bejubelt hat. Erst sind es nur Abgeordnete aus dem zweiten Glied, die verlangen, daß die Fraktion in der Kandidatenfrage Stellung bezieht. Doch Ende Juni läßt sich dem Drängen nicht mehr widerstehen. Selbst Kohl-Anhänger wie Walter Wallmann und Christian Schwarz-Schilling verlassen jetzt sein Lager. Kohl und seine Helfer spüren das und versuchen bis zum letzten Moment, die Beschlußfassung in der Fraktion zu verzögern. Als am Morgen des 2. Juli der Bundesparteivorstand der CDU wieder zusammentritt, drängen Biedenkopf, Köppler und Dregger auf eine Abstimmung in der Fraktion. Kohl und Geißler sind nun bereit, die Fraktion diskutieren und abstimmen zu lassen. Allerdings werden Bedingungen formuliert: Die Parteivorstände und die Kandidaten müßten das Abstimmungsergebnis akzeptieren, und zugleich müsse – unverklausuliert gesprochen – das

Projekt einer vierten Partei vom Tisch. Albrecht erklärt, daß er eine Mehrheitsentscheidung der Fraktion respektieren werde.[35] Das Problem ist Strauß. Würde auch er
es akzeptieren, wenn die Entscheidung gegen ihn ausfällt? Wäre seine Antwort nicht
die bundesweite Ausdehnung?

Am 2. Juli kommt es zu einer der berühmtesten Feldschlachten in der Geschichte
der CDU/CSU-Fraktion. Die Sitzung beginnt um 16.03 und endet um 23.23 Uhr.
Anfangs versucht Kohl, sekundiert von seinem Ersten Parlamentarischen Geschäftsführer Jenninger, eine Abstimmung noch am selben Tag mit dem formalen Argument zu verhindern, etwa 25 Fraktionsmitglieder seien nicht anwesend und hätten
informiert werden müssen, daß die Abstimmung heute stattfinde. Dieser Versuch
scheitert aufgrund verschiedener Geschäftsordnungsanträge. Vergebens versucht
Kohl die Frage offenzuhalten, ob die Abstimmung sofort am Ende der Debatte oder
erst am folgenden Tag stattfinden soll. Von den über sechzig Diskussionsteilnehmern
fordert eine Mehrheit die sofortige Abstimmung. Auf Grundlage eines von Kohl vorgetragenen Beschlusses des CDU-Parteivorstands und eines Beschlusses des CSU-
Vorstands dreht sich dann die Diskussion lange um die in der Tat wichtige Frage, ob
Strauß ein Votum für Albrecht akzeptieren und dann die Pläne einer vierten Partei
nicht weiterverfolgen würde. Zimmermann und Stücklen geben dazu beruhigende,
aber doch auch verklausulierte Antworten. In der Schlußphase wird dann von beiden
Seiten das Pro und Contra der beiden Kandidaten erörtert. Nur vier Fraktionsmitglieder plädieren offen für Albrecht; der Prominenteste von ihnen ist Richard von
Weizsäcker. Interessant ist eine Intervention des getreuen Philipp Jenninger in dieser
Phase der Debatte. Er stellt fest, die Diskussion habe »außerordentlich befreiend«
gewirkt, und beschwört die Fraktion, eine derart »gespensterhafte Diskussion« müsse
nach der bevorstehenden Abstimmung in Zukunft unterbleiben. Dazu gehöre auch,
»daß die Diskussion über den Fraktionsvorsitzenden hier aufhört«. Schließlich habe
man in den Vereinbarungen nach Kreuth beschlossen: »Der Fraktionsvorsitzende
wird für die Dauer der Legislaturperiode gemeinsam von den Mitgliedern der CDU/
CSU-Bundestagsfraktion gewählt.«[36]

Die geheime Abstimmung erbringt eine nach Lage der Dinge überwältigende
Mehrheit von 135 Stimmen für Strauß gegen 102 Stimmen für Albrecht bei null Enthaltungen. Fast zwanzig Jahre werden danach ins Land gehen, bis Helmut Kohl bei
der Bundestagswahl am 27. September 1998 wieder eine so krachende Niederlage
einstecken muß. Deshalb ist es auch geboten, diese *cause célèbre* seiner Biographie so
vergleichsweise detailliert zu schildern. Entscheidend aber ist, daß Kohl darauf nicht
so reagiert wie sechs Jahre zuvor Barzel, der nach der danebengegangenen Abstimmung über den UN-Beitritt zurückgetreten ist. Kohl gibt das Ergebnis bekannt, gratuliert alsdann »unserem Kollegen Franz Josef Strauß sehr herzlich«, wünscht ihm
»viel Glück und Erfolg« für den schweren gemeinsamen Weg, »der vor uns liegt«,

erinnert dann ungerührt daran, daß Kampfabstimmungen zum Wesen der Demokratie gehören, das Ergebnis müsse jetzt akzeptiert werden, und sagt zu, den Weg mit dem Kanzlerkandidaten Strauß »als CDU/CSU gemeinsam zurückzulegen, um die Koalition 1980 in der Regierung abzulösen«.[37]

Natürlich ist er schwer angeschlagen. Der bedächtige Stoltenberg urteilt resümierend in seinen Aufzeichnungen: »Die Autorität Kohls erwies sich als empfindlich geschwächt. Die Dauerkritik in der Fraktion, die neuerliche Entfremdung von Strauß hatte bei ihm zu einer Erschütterung des Selbstbewußtseins, wachsender Empfindlichkeit und Unsicherheit in der Führung der Geschäfte geführt.«[38] Das Verhältnis zu seinen Widersachern im Präsidium ist belastet, vor allem das zu Biedenkopf. Kohl wird künftig dafür sorgen, daß dieser auf der Bonner Bühne eine Randfigur bleibt und ihm auch in Düsseldorf nicht gefährlich werden kann. Lothar Späth steht von nun an gleichfalls in der Verdachtszone. Aber genauso wird das Verhältnis zu dem ohnehin schwierigen Albrecht künftig durch Distanz gekennzeichnet. Dieser läßt sich zwar nichts anmerken und wirkt eher erleichtert, aber von nun an hat er auf Bundesebene keine Zukunft mehr. Kohl verdrießt es auch, daß ihn Geißler in eine Auseinandersetzung getrieben hat, die so kläglich endete. Demgegenüber läßt sich das Verhältnis Kohls zu Strauß und zu Zimmermann einrenken. Strauß muß daran gelegen sein, auf seinem »schweren Weg« den weiterhin mächtigen CDU-Vorsitzenden loyal an seiner Seite zu wissen. Auch der kühle Stratege Zimmermann bewundert nun insgeheim den harten Knochen Kohl, der das Debakel des 2. Juli so einfach wegsteckt.

Die fünfzehn Monate vom 2. Juli 1979 bis zur Bundestagswahl am 5. Oktober 1980 sind eine Art Antiklimax. Kohl bekommt zwar keine Ruhe, denn seine Gegner prüfen nun jeden seiner Schritte mit der Meßlatte, ob er dem zum bösen Dämon stilisierten Franz Josef Strauß zu weit entgegenkommt. Dennoch steht jetzt Strauß im Mittelpunkt aller Angriffe. Gegenüber den Jahren 1975/76 hat ein Rollentausch stattgefunden. Damals mußte sich der CSU-Vorsitzende Strauß mit einem CDU-Kanzlerkandidaten abfinden, dem »die charakterlichen und geistigen Voraussetzungen« fehlten. Jetzt ist es an Kohl, für Strauß Wahlkampf zu machen. Als dieser dann seine krachende Wahlniederlage einfährt, wird Rolf Zundel in der *Zeit* Kohls Wahlkampfeinsatz für Strauß nicht ganz ohne Bewunderung mit den Worten glossieren: »Das war Machiavellismus in hoher Vollendung.«[39]

Nun ist an Kohls machiavellistischer Begabung gewiß kein Zweifel erlaubt. Aber ein mit allen Wassern gewaschener Politiker wird durch ein verschlungenes Knäuel von Motiven bewegt. Ein dominierender Faktor bei Kohls Motivation ist und bleibt die Überzeugung, daß die christliche Demokratie in den Formen von CDU und CSU eine Bewegung ist, deren Einheit um jeden Preis erhalten werden muß. Das »Parteitier« Helmut Kohl ist geradezu die Inkarnation der Parteiräson. So, wie alles gelaufen ist, gebietet diese der CDU nun eine absolut loyale Unterstützung von Strauß. Ein ungeachtet aller Machtgelüste doch eingeschliffener Respekt für demokratische Spielregeln kommt gleichfalls zum Tragen. Zwar hat Kohl bis zuletzt alles versucht, um die Abstimmung in der Fraktion zu verhindern. Doch daß nun die Mehrheit in der eigenen Fraktion eindeutig entschieden hat, was sie für richtig hielt, ist nach seinem Dafürhalten eine Art Gottesgericht. Dazu tritt ein weiteres Motiv, das nicht unwichtig ist: Irgendwie ist Strauß doch ein Typ, der mit Kohl viel gemeinsam hat. Beide sind sie stolze Aufsteiger aus kleinen Verhältnissen, beide auf ihre Weise volkstümliche, erdverbundene »Urviecher«, die anders sind als die geschliffenen Typen Kiesinger, Barzel, Stoltenberg, Albrecht, Carstens, Helmut Schmidt, Genscher oder Graf Lambsdorff. Auf dem Bonner Parkett ist nur noch Herbert Wehner vergleichbar unkonventionell. Strauß und Kohl wandern gern, essen gern deftig, es fällt ihnen nicht schwer, ihre Kumpanen unter den Tisch zu trinken, und beide sind sie mit Damen verheiratet, die eigentlich klüger und selbstdisziplinierter sind als die Mannsbilder, mit denen sie ihr Leben verbunden haben. In diesen Jahren ist es ganz besonders Marianne Strauß, die den Kontakt zu Kohl hält und ihren schwer steuerbaren, cholerischen Gatten unbeirrt auf den Pfad von Vernunft und Parteiräson zurückführt.

So arbeitet sich Kohl in den Monaten bis zum Wahltag wieder aus dem tiefen Loch heraus, in das ihn der Fraktionsaufstand gestürzt hat. Anders und viel selbstkontrollierter als Strauß zuvor zwingt er die CDU zur Loyalität und pfeift vor allem seinen Generalsekretär Geißler immer wieder zurück, dessen Anti-Strauß-Affekte kaum zu unterdrücken sind. Im übrigen üben sich nun auch viele andere CDU-Granden in Parteiräson. Stoltenberg läßt sich von Strauß das Versprechen abringen, als künftiger Bundesfinanzminister und Vizekanzler seinem Kabinett anzugehören und 1980 für den Bundestag zu kandidieren,[40] wozu Kohl ihn ermutigt. Selbst Leisler Kiep läßt sich ködern. Sein langjähriger Gesprächspartner Herbert Häber von der SED bekommt noch im September 1980, als sich die Niederlage von Strauß schon abzeichnet, von ihm zu hören, bei einer Regierungsübernahme durch die CDU/CSU unter Strauß rechne er fest damit, Außenminister zu werden.[41] Erst recht sind natürlich Alfred Dregger und Manfred Wörner mit von der Partie. Nur Biedenkopf hat sich selbst ausgetrickst. Nachdem er im Frühsommer 1980 zusammen mit Köppler, der kurz vor dem Wahltag verstirbt, die Landtagswahl in NRW verloren hat, landet er in Düsseldorf auf der Oppositionsbank.

Kohl läßt sich von Strauß zusichern, daß er auf jeden Fall wieder Fraktionsführer der Bonner CDU/CSU-Fraktion werden wird. Sollte Strauß, so der Kalkül, wider Erwarten eine Mehrheit holen, wäre Kohl in der Doppelrolle des CDU-Vorsitzenden und des Fraktionsführers immerhin die Nummer zwei im Unionslager. Würde Strauß aber, was wahrscheinlicher ist, gegen Schmidt und Genscher den Kürzeren ziehen, dann könnte die CSU-Landesgruppe dem hundertfünfzigprozentig loyalen Kohl die

Nach der verlorenen Bundestagswahl im ARD-Studio,
5. Oktober 1980

Wiederwahl zum Fraktionsvorsitzenden und danach eine künftige Kanzlerkandidatur nicht verwehren.

So kommt es denn auch. Was immer Strauß auch versucht – moderates Auftreten bis in den Sommer 1980 hinein, bullige Angriffe in der heißen Wahlkampfphase –, er gelangt nie in die Nähe der Mehrheit und muß schließlich das demütigende Bundestagswahlergebnis akzeptieren: nur noch 44,5 Prozent der Unionswähler gegenüber Kohls 48,6 Prozent im Jahr 1976. Anders als Strauß nach der verlorenen Bundestagswahl 1976 rastet Kohl aber nicht aus, bekundet dem unterlegenen Parteifreund vielmehr Respekt und erreicht durch Freundlichkeit, daß der schlimm verprügelte CSU-Führer erst einmal in München Ruhe hält, während die CSU-Landesgruppe den standhaften Helmut Kohl zum Fraktionsvorsitzenden wählt.

Kohls Comeback ist geschafft, nicht glanzvoll, aber geduldig. Im Sommer 1979 hatten ihn schon viele abgeschrieben. So war beispielsweise in der *Quick* am 7. Juli 1979 zu lesen: »Heute war es die Kanzlerkandidatur, die er verlor. Morgen wird es der Fraktionsvorsitz der CDU/CSU sein und übermorgen der Parteivorsitz. Die Ära Kohl geht unweigerlich zu Ende.«[42]

Das Gegenteil ist richtig. Jetzt zeigen sich alle Beobachter rückblickend geneigt, den Rücktritt von der Kanzlerkandidatur als einen der klügsten Schachzüge Kohls

zu bewerten. In Stoltenbergs Tagebuchaufzeichnungen findet sich eine weitschau-
ende Überlegung des altersweisen Richard Stücklen von Anfang Juni 1979 verzeichnet, der nach der voreiligen Benennung von Strauß durch die CSU festgestellt hatte:
»Die CDU soll Strauß akzeptieren, sonst gebe es keine Ruhe. Erst ein Mißerfolg bei
den Wahlen könne ihn zur Vernunft bringen.«[43]

Warten auf Genscher (1980 – 1982)

Nach der Bundestagswahl 1980 ist für Kohl die Uhr gewissermaßen auf 1976 zurückgestellt. Wie damals ist er wieder zu einer Strategie des Abwartens verurteilt. Wird
der übervorsichtige Hans-Dietrich Genscher mit seiner FDP irgendwann im Jahr
1981 oder 1982 »springen«? Wie lange werden sich die Gegensätze zwischen den
Wirtschaftsliberalen um Graf Lambsdorff und den Linksliberalen noch unter der
Decke halten lassen, nachdem die SPD-Landesverbände den Bundeskanzler Helmut
Schmidt und die Genossen vom rechten Parteiflügel zusehends stärker nach links
drängen? Sollte sich aber Schmidt wieder wie schon 1977 und 1978 durchbeißen, wird
1983, wie Kohl genau weiß, erneut der Zirkus um die Kanzlerkandidatur einsetzen.
Mag sein, daß diesmal doch der vorsichtige Stoltenberg loszieht oder der ehrgeizigere
und somit gefährlichere Ernst Albrecht. Freilich hat Kohl gelernt, daß es falsch wäre,
der FDP Avancen zu machen. Als er im November 1980 nach der Bundestagswahl
vor der Fraktion seine Lagebeurteilung entfaltet, meint er realistisch: »Die Freien
Demokraten werden eine Koalition nur beenden und verändern, wenn sie ihr eigenes Überlebensschicksal in dieser Koalition nicht mehr aufgehoben sehen.«[1] Und da
er gerne einprägsame Bilder verwendet, formuliert er: »Uns nützt es überhaupt
nichts, … wenn wir fortdauernd ›die Bettdecke aufhalten‹, damit die hereinsteigen,
und in Wirklichkeit steigen sie gar nicht herein.« Keine Avancen an die FDP, diese
Strategie wird er bis in den Spätsommer 1982 eisern verfolgen.

Dennoch hat sich seit 1976 für Kohl auch vieles zum Besseren verändert, und
dies nicht nur, weil Franz Josef Strauß jetzt domestiziert ist, besser gesagt halb domestiziert. Nicht zuletzt ist Kohl inzwischen ein anderer geworden. Vielen Beobachtern
erschien er zwischen 1976 und 1979 verkrampft, innerlich unsicher, in seinen Ansprachen oft fahrig und noch nicht richtig in Bonn angekommen. Als er im April 1980
seinen fünfzigsten Geburtstag feiert, konstatiert man in der Journaille zwar noch
nicht voll überzeugt, aber doch etwas gnädiger gestimmt: »Er ist wieder der Alte.«[2]
Diese Einschätzung hält sich – zumindest eine Zeitlang. Ein paar Wochen vor der
Bundestagswahl schreibt der damals bundesweit recht einflußreiche ARD-Korrespondent Ernst Dieter Lueg – auch er noch alles andere als ein Helmut-Kohl-Fan –
nach einem Interview, der »lange Frohe« aus der Pfalz sei wieder mit sich im reinen:

»Als ich in sein Arbeitszimmer im Altbau des Bonner Bundeshauses kam, lag Antonio Vivaldi im Kassettenrekorder auf der Stereoanlage. Vivaldi gehört zu Helmut Kohl wie Mainzer Handkäs, wie sein lautes, unbekümmertes Lachen, wie seine Pfeife und seine dunkelblauen Anzüge.«[3]

Nachdem Strauß so bedenklich eingebrochen ist, während er alles überstanden hat, gehört Kohl endgültig zum festen Bestand des Bonner Polit-Zirkus. Er hat den Härtetest bestanden, und selbst diejenigen, die ihn politisch ablehnen, bescheinigen ihm nun Steherqualitäten. Jetzt gilt er als Überlebenskünstler. Immer noch ist zwar die Vorstellung gewöhnungsbedürftig, ein Helmut Kohl könne den weiterhin allseits bewunderten Helmut Schmidt beerben, der wie bisher die Primadonna spielt. Noch immer haben Schmidt, Wehner, Brandt, Genscher und Lambsdorff, die Spitzenchargen der SPD/FDP-Koalition, das Sagen. Doch inzwischen hat Kohl vor Schmidt keinen großen Respekt mehr. Wenn er sich im Parteivorstand oder in der Fraktion über ihn äußert, dann so herablassend, wie man über den Vorstandsvorsitzenden eines kurz vor dem Bankrott stehenden Unternehmens spricht, der mit dem aufgehäuften Schuldenberg, mit dem gegen ihn arbeitenden Aufsichtsrat und dem schwindenden Respekt bei den Marktteilnehmern nicht mehr zu Rande kommt. 1981 und 1982 zeigt sich Kohl grimmig davon überzeugt, daß der »Weltökonom« versagt habe und auch bei der Nachrüstung und der Ostpolitik nur noch ein von den Ereignissen Getriebener sei. Die Iran-Krise 1978/79 mit der erneuten Ölpreiserhöhung, die sowjetische Afghanistan-Intervention, dann die Verhängung des Kriegsrechts in Polen, dazu die Agitation der eigenen Parteilinken unter Brandt, Bahr, Eppler, auch schon des wortgewaltigen Nachwuchstalents Oskar Lafontaine im Saarland, die Spannungen zum Deutschen Gewerkschaftsbund und der Aufwuchs der pazifistischen Grünen – das alles, so glaubt er, habe seinen vor kurzem noch übermächtigen Gegenspieler entzaubert.

Entzaubert ist aber auch Franz Josef Strauß. Im Oppositionslager ist Kohl nun die unbestrittene Nummer 1. Die Unionsministerpräsidenten Strauß, Stoltenberg, Vogel, Albrecht, Späth, Zeyer und von Frühjahr 1981 an von Weizsäcker als »Regierender« in Berlin (von den verunglückten Aspiranten Biedenkopf und Dregger ganz zu schweigen) sitzen zwar nicht gerade hinter den Bergen bei den sieben Zwergen, aber eben doch in der zweiten Reihe.

Kohls gestärktes Selbstvertrauen beruht nicht zuletzt auf dem Umstand, daß er nun die Fraktion ziemlich sicher in der Hand hat. Tatsächlich hatte er, so wird später der Politologe Frank Bösch herausfinden, schon in der allgemein so kritisch bewerteten vorhergehenden Wahlperiode »erstmals in der Unionsgeschichte eine durchgehende hundertprozentige Geschlossenheit der Fraktion« erreicht: »So etwas kannte man bisher nur von der SPD.«[4] Kohls Wiederwahl zum Fraktionsvorsitzenden kurz nach dem Wahltag am 5. Oktober 1980 erfolgt fast einstimmig. Von 214 Abgeordneten

stimmen nur zwei mit Nein und zwei enthalten sich.[5] Vor dem Hintergrund des
2. Juli 1979 ist das ein sensationelles Ergebnis. Genauso wichtig, im Grunde noch
wichtiger ist, daß ihm jetzt eine gründliche Reform der zuvor einbetonierten Organisationsstruktur gelingt.

Im wohlverdienten südtiroler Herbsturlaub haben seine Gefolgsleute um Philipp
Jenninger und Toni Pfeifer eine neue Fraktionssatzung ausgeknobelt, die ein dreifa-
ches Ziel hat: erstens Straffung der Entscheidungsabläufe, zweitens stärkere Durch-
griffsmöglichkeiten für die Fraktionsspitze und drittens Plazierung von mehr oder
weniger verläßlichen Anhängern Helmut Kohls auf den vielfach neu zugeschnittenen
Positionen. Die am 6. November 1980 eilig verabschiedete Satzung wird in den
Grundzügen während der gesamten Kanzlerjahre Helmut Kohls und darüber hinaus
in Kraft bleiben. Vor dieser Reform war die bereits stark bürokratisierte Fraktion
oligarchisch strukturiert: Starke Figuren und Gruppierungen hielten sich in Schach
bei nur begrenztem Handlungsspielraum des Fraktionsvorsitzenden. Zwar wird das
Prinzip geheimer demokratischer Wahl nicht angetastet, doch die Netzwerke sind
nun so strukturiert und personell besetzt, daß der Fraktions- und Parteivorsitzende,
so er nur wachsam bleibt und die gebotene Härte besitzt, auch durchregieren kann.
Der konservative Fraktionsflügel mit der CSU-Landesgruppe, mit Alfred Dregger,
Manfred Wörner oder dem Außen- und Deutschlandpolitiker Werner Marx hat
zwar weiterhin einiges Gewicht, ist aber doch eingerahmt. Vorlaute Abweichler wie
beispielsweise Jürgen Todenhöfer werden abgewählt.

Im übrigen vollzieht sich jetzt ein Vorgang, der einstmals schon im Landtag von
Rheinland-Pfalz zu beobachten war, als der unwiderstehliche Aufsteiger Helmut Kohl
zusammen mit seiner Reformtruppe viele aus der einstigen Mannschaft des Regierungschefs Peter Altmeier an sich zog. Abgeordnete pflegen sich auf neue Machtver-
hältnisse einzustellen, und in der CDU/CSU-Bundestagsfraktion gibt es nur noch ein
einziges Machtzentrum, das Zukunft hat: Helmut Kohl und seine Anhänger. Auch
die CSU-Landesgruppe ist mittels der Neuorganisation besser integriert und wird
zusehends auf Kohl hin orientiert.

Überblickt man aus der Rückschau den 1980 gewählten Fraktionsvorstand und
die maßgeblichen Sprecher der nunmehr fünfzehn Arbeitsgruppen, so finden sich
dort jene Namen, die bald in den Kabinetten Helmut Kohls als Minister, Staatsminister und Parlamentarische Staatssekretäre auftauchen oder die Kanzlerschaft Helmut
Kohls in der Fraktion absichern, um früher oder später in die Exekutive oder andere
Spitzenpositionen überzuwechseln, so etwa Norbert Blüm, Friedrich Zimmermann,
Dorothee Wilms, Manfred Wörner, Heinz Riesenhuber, Ignaz Kiechle, Theo Waigel,
Toni Pfeifer und viele andere. Von nun an nutzt Kohl jede Gelegenheit, die umstruk-
turierte Fraktionsführung mit eigenen Anhängern zu besetzen, deren Grundorien-
tierung nicht kämpferisch konservativ ist, sondern liberal oder zumindest dehnbar

und pragmatisch. Wolfgang Schäuble hat 1980 noch keine Spitzenposition erreicht. Doch als 1981 bei den Fraktionsgeschäftsführern eine Vakanz entsteht, erhält er die Position eines der fünf Fraktionsgeschäftsführer und rückt von da aus rasch weiter vor. Bald kommen noch Rudolf Seiters, Friedrich Bohl, Volker Rühe hinzu. Als Kohl im Herbst 1982 zum Bundeskanzler gewählt wird, kann man bereits von einer Kohl-Fraktion sprechen.

Einen Fraktionsaufstand hat Kohl jetzt nicht mehr zu befürchten. Mit erneuertem Selbstbewußtsein gelingt es ihm nun auch, den CDU-Vorstand, ganz besonders aber die zuvor zweifelnde Fraktion, mit einer Mischung aus Tadel und Aufmunterung davon zu überzeugen, daß ihr Führer die Lage überblickt und im richtigen Moment die richtigen Schritte einleiten wird.

Nicht allen behagt die neue Souveränität des Parteichefs. »So wie ich es mit Kohl erlebte«, konstatiert Barzel viel später in seinen Erinnerungen, »ist es in den obersten Führungsgremien der CDU, auch nicht bei Adenauer, noch nie zugegangen: Kohl führte nicht, er herrschte. Er nahm stets den großen Teil der Redezeit in Anspruch und trug weitschweifig vor.«[6] Die Unart des weitschweifigen Vortrags wird Kohl nie ablegen. Manche seiner zahllosen Ansprachen in den höchsten Parteigremien wirken nicht aus einem Guß, sondern wie das kräftige Abarbeiten einer Themenliste. Wenn er sich seine Themen aber gut überlegt hat, läßt er den kleinteiligen Pragmatismus hinter sich, und am besten ist er, wenn ihm ein überschaubarer Kreis aufmerksamer Parteifreunde zuhört: der CDU-Bundesvorstand, die Fraktion, eine Hundertschaft von Kreisvorsitzenden seiner Partei. Wie einstmals der alte Adenauer, von dessen »Berichten zur Lage« vor versammeltem Parteivorstand ihm Kiesinger und Krone früher oft vorgeschwärmt haben, hebt er dort zu umfassenden Lagebeurteilungen an, von denen sich die meisten Teilnehmer doch stark beeindruckt zeigen.

Kohl vermag nun auch intelligent zu analysieren, wie die beunruhigenden Tendenzen in der bundesdeutschen Innenpolitik mit der neuen Polarisierung in den Ost-West-Beziehungen zusammenhängen. Früher hat er nicht allzu eindringlich von den weltpolitischen Gefahren gesprochen. Das überließ er Franz Josef Strauß. Er selbst war viel eher bemüht, die zuvor partiell starre CDU auf einen elastischen Entspannungskurs zu dirigieren. Seine Sorge galt auch viel mehr der Einheit der Union und dem machtpolitischen Comeback der CDU. Wenn von Existenzgefährdungen der bundesdeutschen Demokratie die Rede war, so vorwiegend in Bezug auf die RAF. Jetzt aber, so wird diesem bislang eher zuversichtlich gestimmten Innenpolitiker klar, ist die Bundesrepublik als Ganze in gefährliches Fahrwasser geraten. Sicher, er vermeidet Begriffe wie »Bestandskrise«, schwelgt nicht so pessimistisch wie Franz Josef Strauß seit langem in Katastrophenbeschwörung und vermeidet es, nach Art Adenauers zu formulieren: »Die Lage war noch nie so ernst!« Doch wer seine zahlreichen

Ansprachen genau analysiert, stellt fest, daß er die geostrategische Bedrohung der Bundesrepublik jetzt sehr besorgt bewertet.

Um die Wende von den siebziger zu den achtziger Jahren, so gibt nun auch er zu bedenken, hat sich die internationale Großwetterlage dramatisch verändert. In den USA ist der rechtskonservative Republikaner Reagan zum Entsetzen der SPD und auch zur Sorge von Genscher ins Weiße Haus gelangt. Doch anders als die SPD, anders auch als Genscher wirbt er um Vertrauen in die moralische Kraft der Amerikaner und sucht demonstrativ den Schulterschluß mit der Reagan-Administration. Zwar plädiert er – darin Genscher sehr ähnlich – weiterhin für Entspannung, doch seit der sowjetischen Intervention in Afghanistan und nach dem Sturz der Clique des von Helmut Schmidt lange Zeit so bewunderten Generalsekretärs Edward Gierek durch Solidarność, erst recht aber nach Verhängung des Kriegsrechts in Polen, artikuliert auch er seine Zweifel an der bisherigen Entspannungspolitik der Bundesregierung. Er glaubt nicht mehr daran, daß Helmut Schmidt die Kraft aufbringen wird, die eigene Partei auf der Linie des zuvor mit Amerikanern, Briten und Franzosen vereinbarten Doppelbeschlusses zu halten.

Gefahren allüberall! Die zweite exorbitante Ölpreiserhöhung von 1979 hat in der westlichen Welt eine weitere Runde von Stagflation heraufgeführt. Schmidts nach 1977 groß inszeniertes Konzept, aus der Bundesrepublik durch *deficit spending* die europäische Konjunkturlokomotive zu machen, hat auch dort zu einer schon auf kurze Sicht untragbaren Kombination von hoher öffentlicher Kreditaufnahme und Arbeitslosigkeit geführt. Zugleich aber haben die französischen Sozialisten unter Mitterrand Schmidts Wunschpartner Giscard d'Estaing geschlagen und zusammen mit der weiterhin stalinistischen KP eine Regierung gebildet, die in Frankreich den Inflationsmotor anwirft und von der erst einmal ungewiß ist, wohin der außenpolitische Weg führen wird. Auch in Italien ist der Aufwuchs des Euro-Kommunismus noch nicht gestoppt.

Anders als manche konservative Pessimisten jener Jahre verkennt Kohl durchaus nicht die Tendenzen im Ostblock, die zu Hoffnung Anlaß geben. Das Auftreten von Solidarność, so führt er im Januar 1982 vor der Fraktion aus, verdeutliche »eine ungeheure geistige Krise der kommunistischen Staaten und ihrer Ideologie«. Man könne erkennen, wohin auf lange Frist »die Reise geht«. Das Fatale aber sei, so führt er im selben Atemzug aus, »daß zu diesem Zeitpunkt ausgerechnet im Westen ein blinder Fatalismus und eine Ängstlichkeit umgehen, wie wir sie in der Zeit harter Bedrohung des sogenannten ›Kalten Krieges‹ überhaupt nicht gekannt haben«.[7] So wie Adenauer in den weltpolitischen Krisen der fünfziger Jahre rückt er die CDU nun – vorerst bedingungslos – an die Seite der rechtsrepublikanischen Reagan-Administration. In der eben erwähnten Fraktionssitzung führt er aus, auch wenn das der CDU als »Kalter Krieg« oder als »blinde Gefolgschaft zu den USA« ange-

Empfang im Weißen Haus, 16. Oktober 1981

lastet werde, gelte es deutlich zu machen, »daß die Sicherheit der Bundesrepublik und Westberlins untrennbar mit der Partnerschaft mit den Vereinigten Staaten verbunden ist«.

In Washington entspricht dem eine Neubewertung der Regierung Schmidt. Die Zweifel an der Führungskraft des Bundeskanzlers wachsen. Eine erste große Friedensdemonstration mit an die 300 000 Teilnehmern am 10. Oktober im Bonner Hofgarten gegen die vorgesehene Stationierung amerikanischer Pershing II und Cruise Missiles entsprechend dem NATO-Doppelbeschluß und vorangegangene Krawalle beim Berlin-Besuch des Außenministers und früheren NATO-Oberbefehlshabers Alexander Haig sind in den USA als Warnung begriffen worden, daß der bisher verläßliche deutsche Verbündete umkippen könnte. So erinnert man sich daran, daß in Bonn eine CDU/CSU-Opposition mit dem verläßlich atlantischen Helmut Kohl existiert. Kohls Amerika-Besuch Mitte Oktober 1981 wird zu einer der wichtigen Stationen seiner politischen Laufbahn.

Ganz anders als Schmidt, der von dem Rechtsrepublikaner Reagan immer nur mit kaum verhohlenem Abscheu gesprochen hat, war Kohl so weitschauend gewesen, diesem, als er im November 1978 als Gouverneur von Kalifornien Europa bereiste, bei der Adenauer-Stiftung den roten Teppich auszurollen und ihn freundschaftlich zu umsorgen, während Helmut Schmidt sich erst in letzter Minute bereit fand, dem prominenten Rechtsrepublikaner dreißig Minuten seiner Zeit zu widmen.[8] Das und manches andere zahlt sich jetzt für Kohl aus.

Nachdem er im Mai 1976 bei Ford und Kissinger gewissermaßen seine Visitenkarte abgegeben hatte, ließ ihn der Präsident noch 25 Minuten lang im Vorzimmer warten.[9] Und bei Carter reichte es nur zu einem Fototermin. Im Herbst 1981 aber wird Kohl bei der einwöchigen Amerika-Visite im Washington Reagans wie ein Staatsgast empfangen, und dies ausgesprochen herzlich. Er zieht von einem hochrangigen Gesprächspartner zum anderen – Reagan (40 Minuten), Vizepräsident Bush (80 Minuten), drei Begegnungen mit Außenminister Haig, Gespräche über Abrüstung mit Eugene Rostow und Paul Nitze, Gespräche mit Finanzminister Donald Regan und in New York mit Henry Kissinger und UN-Generalsekretär Waldheim, ist auf seinem Sprechzettel für die abschließende Pressekonferenz vermerkt.[10] Sie alle vernehmen seine Botschaft: Nur die westliche Allianz und die Europäische Gemeinschaft »sichern unsere nationalen Interessen«; die NATO sei vorrangig eine politische Wertegemeinschaft, erst an zweiter Stelle stehe die militärische Verteidigung »als dienende Funktion«; seriös vorbereitete Abrüstungsverhandlungen der USA seien zu begrüßen, natürlich nur in enger Abstimmung mit den Verbündeten und ohne innenpolitischen Erfolgszwang. Gemäß seiner innersten Überzeugung und wie man das in Washington erwartet, setzt sich Kohl von der »sogenannten Friedensbewegung« ab, bekundet aber doch auch ein differenziertes Verständnis für die dort aktiven jungen Leute, um dann allerdings zum Hauptpunkt zu kommen: Achtzig Prozent der Bevölkerung stünden zum Westen.[11] Grimmig bekundet er seinen Abscheu vor der »Neutralismus-Propaganda« Egon Bahrs und anderer führender SPD-Politiker.

Auf die Frage, worin denn der tiefere Gegensatz zwischen Helmut Schmidt und ihm bestehe, antworten er und seine Begleiter stereotyp: »Daß wir für diese Politik die Mehrheit haben.« Gelegentlich lehnt er sich weit aus dem Fenster: Notfalls werde eine von ihm geführte Bundesregierung der CDU die Nachrüstung auch dann vornehmen, wenn sich andere europäische NATO-Partner dem verweigern![12] Wann hat man je von Schmidt oder Genscher derartiges gehört?! Wann hat der Kanzler einmal festgestellt, er sei »natürlich« für die Neutronenbombe?! Oder hat er etwa einmal von seiner SPD gesprochen wie Kohl von seiner Partei, indem er schlankweg beteuert, er habe nichts dagegen, wenn man die CDU/CSU als »pro-amerikanische Partei« bezeichnet?![13] Und wann hörte man jemals von seiten der Regierung Schmidt einen Hinweis auf Artikel 7 des Deutschlandvertrags von 1955, in dem als gemeinsames Ziel »ein wiedervereinigtes Deutschland« formuliert ist, »das eine freiheitlich-demokratische Verfassung, ähnlich wie die Bundesrepublik besitzt, und das in die Europäische Gemeinschaft integriert ist«?![14]

Gut gebrieft, erforderlichenfalls korrigiert und interpretiert von dem wachsamen Horst Teltschik und dem Diplomaten Alois Mertes, skizziert Kohl in den USA bereits jenen Kurs von Festigkeit und vorsichtiger Entspannungsbereitschaft, an den er ein Jahr später als Bundeskanzler anknüpft. Entsprechend selbstbewußt kehrt er zurück. Wie gewohnt, berichten die sozialliberal orientierten Blätter von Patzern und Übertreibungen, stellen aber doch fest, daß ihm jetzt auch von außen her Selbstsicherheit zuwächst. In Bonn verbreitet sich seither der Eindruck: Für die Reagan-Administration gilt Kohl inzwischen als ernsthafte Alternative zu dem ins Rutschen geratenen Helmut Schmidt. Genscher spürt mit feinen Antennen, daß Washington von jetzt an nicht mehr auf Schmidt setzt, sondern auf Helmut Kohl. Genauso wichtig aber sind die langfristigen Auswirkungen. Als Kohl tatsächlich Kanzler wird, entsteht eine geostrategische Konstellation wie schon einmal in den fünfziger Jahren. Amerika stützt seine europäische Allianzpolitik von jetzt an auf zwei Pfeiler: auf Großbritannien unter der »eisernen Lady« und auf die Bundesrepublik unter Helmut Kohl. Daß daraus unter den einzigartigen Bedingungen der Jahre 1989/90 eine Art deutsch-amerikanische Führung beim großen Umbruch werden könnte, ahnt noch niemand. Die politisch-psychologische Basis dafür hat Kohl aber bereits 1981 und 1982 gelegt.

Alles dreht sich natürlich um die Frage, ob, wann und unter welchen Bedingungen die FDP sich von der SPD lösen und in eine Koalition mit den Unionsparteien eintreten wird. Jedermann in den Spitzenetagen der Parteien und im Bonner Pressekorps weiß, daß die führenden CDU-Politiker seit Jahren ihre Drähte in die FDP und in die SPD hinein haben.[15] Seit Mitte der siebziger Jahre gibt es auf dem Wirtschaftsflügel der FDP beträchtliche Vorbehalte gegen die Sozialdemokraten. Doch findet sich dort auch eine klare Mehrheit, die es für nützlicher hält, die eigenen Ziele innerhalb der Regierung Schmidt zu verfolgen statt sich mit der CDU des noch unerprobten Helmut Kohl und mit der CSU des weiterhin machthungrigen, der FDP wenig gewogenen Franz Josef Strauß zu verbinden. Die Aufstellung des Kanzlerkandidaten Strauß schiebt allen Wechselgelüsten erst einmal einen Riegel vor.

Seit der Bundestagswahl 1980 hat sich die Lage grundlegend verändert. Damals hatte sich die FDP auf 10,6 Prozent gesteigert, wobei auf den hinteren Plätzen der Landeslisten einige gewerkschaftskritische und eher CDU-geneigte Mittelständler in die Fraktion einzogen, die sich seither um den Kasseler Bauunternehmer Richard Wurbs scharen. Auch Bundeswirtschaftsminister Graf Lambsdorff drängt seit 1981 spürbar aus der sozialliberalen Regierung hinaus. Er ist ein wirtschaftsliberaler Überzeugungstäter, auch ein Frühaufsteher, der in seinen Rundfunk- und Fernsehkommentaren frühmorgens unablässig in dieselben Kerben haut: Die Kapitalaufnahme für den Bundeshaushalt müsse nicht vermehrt, sondern abgebaut und der unfinanzierbare Wohlfahrtsstaat müsse wieder zur Leistungsgesellschaft werden. Böse Bonner Zungen behaupten, für seine Wechselbereitschaft seien nicht allein Bedenken gegen die im Zeichen der Rezession emporschnellende Staatsverschuldung, gegen den rasch zunehmenden Linkskurs der SPD sowie sein Widerstand gegen die Drohungen der Gewerkschaft ursächlich, sondern auch seine Verwicklung in die damals aufkochende Parteispendenaffäre.[16]

Da er zwischen 1968 und 1978 auch Schatzmeister der FDP in Nordrhein-Westfalen war, hängt Lambsdorff jetzt die Parteifinanzierung wie ein Mühlstein am Hals. Nach der Devise *così fan tutte* haben sich die Parteien bei ihrem unstillbaren Durst nach Spenden in steuerrechtlichen Grauzonen oder roten Zonen bewegt. Seit Ende der siebziger Jahre ermitteln verschiedenste Staatsanwaltschaften einerseits gegen die Spender, andererseits gegen die Schatzmeister. Zudem sieht sich Lambsdorff mit Vorwürfen konfrontiert, in seiner Eigenschaft als Bundeswirtschaftsminister habe er das mit der Spendengießkanne durchs Land ziehende Haus Flick durch Steuerbefreiung unerlaubt begünstigt. Leisler Kiep bei der CDU ist einer der ersten, der die Gefahren für alle in die Parteifinanzierung Verwickelten erkennt und Kohl veranlaßt, keine unversteuerten Zuwendungen von der Staatsbürgerlichen Vereinigung mehr entgegenzunehmen. Auf Anregung der CDU versuchen nun Schatzmeister und Parteiführer, die Sache durch eine Änderung der Abgabenordnung zu entschärfen, doch die SPD legt sich im letzten Moment quer. Ob und wie stark das Lambsdorffs Entscheidungen beeinflußt hat, ist damals schon strittig und wird sich wohl nie ganz klären lassen.

Tatsache ist jedenfalls, daß Lambsdorff seit den Zusammenstößen mit der SPD über die Aufstellung des Bundeshaushalts 1981 gewissermaßen »wechselbereit« ist, sich aber vorerst nicht durchsetzen kann.[17] Zu denen, die in der FDP auf einen Wechsel drängen, gehört übrigens auch der Ehrenvorsitzende Walter Scheel. Im Herbst 1981 meint er zu Stoltenberg, der seine Kontakte zur FDP gleichfalls pflegt und Kohl regelmäßig darüber berichtet, die Koalition sei »verbraucht«, man könne »den richtigen Zeitpunkt für den Wechsel auch verpassen«; die FDP sei in Gefahr, bei der Landtagswahl im kommenden Jahr in den negativen Trend der SPD hineingezogen zu werden. Genscher sei äußerst vorsichtig, er denke »advokatenhaft«. Lambsdorff sei risikobereiter, er denke »unternehmerischer«.

Die Schlüsselfigur ist Genscher. Es spricht sich herum, daß er und Kohl sich seit ihrer gemeinsamen Zeit im Verwaltungsrat des ZDF duzen. Besonders eingeprägt hat sich aus dieser Zeit eine Anekdote aus dem Jahr 1962, als Genscher Bundesgeschäftsführer der FDP in der Koalition unter Adenauer ist. Damals habe ihn ein Besucher im Bundeshaus gefragt, wer denn da eben aus seinem Zimmer gekommen sei, und Genscher habe geantwortet: »Das ist Helmut Kohl. Der wird einmal Bundeskanzler.«[18] Günter Verheugen, der während der Wende von der FDP zur SPD wechselte, war lange Jahre Büroleiter bei Genscher und äußerte dazu 1986 in einem Interview: »Das Verhältnis zwischen Genscher und Kohl war auf der Seite Genschers nicht auf Berechnung aufgebaut. Das war reine Sympathie.«[19] Viel spricht für diese Beobachtung.

Zu dem Glücksfall, daß die Chemie zwischen beiden stimmt, tritt natürlich schon früh politischer Kalkül hinzu. Der Begriff »Rückversicherungspakt« dürfte diese delikate Beziehung gut erfassen. In vielerlei Hinsicht braucht der Parteivorsitzende und Bundesaußenminister Genscher den mächtigen CDU-Vorsitzenden als Rückversicherung für den Fall eines eventuell notwendigen Koalitionswechsels, aber genauso in der Regierung Schmidt als Drohung, die dem Bundeskanzler und der SPD bestens bekannt ist. Kohl ist demgegenüber der Demandeur: Ohne oder gar gegen Genscher wird die FDP nicht springen. Zugleich ist Genscher für ihn aber auch eine Art Rückversicherung gegen gefährliche Vorstöße oder Ansprüche von Franz Josef Strauß. Selbstverständlich ist Genscher in seinen Entscheidungen nicht frei. Wenn er wechselt, riskiert er die Parteispaltung, vielleicht auch eine Wahlniederlage bei Neuwahlen mit ungünstigem Timing.

Das menschlich entspannte Verhältnis zwischen Genscher und Kohl ist also zugleich eine Beziehung, in der jeder den anderen belauert und vielfach nur indirekt und sehr, sehr schonend versucht, den Partner zu bestimmten Lösungen zu dirigieren. Sowohl im politischen Umfeld Kohls als auch in dem Genschers ist man allgemein überzeugt, daß die beiden in dauerndem, engem Kontakt stehen und ungeachtet der naturgegebenen Differenzen vereinbart haben, sich über ihre wesentlichen Züge zu informieren. Zugleich verhalten sie sich Dritten gegenüber sehr schweigsam. Selbstverständlich eignen sich die Führungsgremien der jeweiligen Parteien nicht für vertrauliche Gespräche. Zuviel, was in den Präsidien von CDU und FDP erörtert wird, findet rasch den Weg in die Hamburger Blätter, manches zutreffend, manches verzerrt und alles tendenziös. Es bleiben also nur Einzelinformationen, die Kohl oder Genscher dem oder jenem vertraulich geben. Doch auch da ist peinliche Vorsicht geboten, denn beide wissen, daß Indiskretionen ihr gutes Verhältnis stark belasten könnten. Somit gehören die Gespräche und Telefonate zwischen den beiden damals wie heute zu den am besten gewahrten Bonner Geheimnissen.

Daß Genscher, solange er mit seinen Parteifreunden dem Kabinett Schmidt angehört, Kohl über seine letzten Absichten im unklaren läßt, entspricht der Logik einer zerrütteten Koalitionsehe. Man darf Kohl durchaus glauben, wenn er am 8. September 1981, also genau ein Jahr bevor die Regierung Schmidt auseinanderbricht und nachdem Genscher den berühmten »Wendebrief« versandt hat, vor der CDU/CSU-Fraktion bekennt: »Niemand von uns weiß, und ich sage das aus voller Überzeugung, weil ich so manchen fragenden Blick auf mir ruhen sehe, niemand von uns weiß, was die FDP und vor allem Genscher tut. Ich habe den Eindruck, er selbst weiß aus der konkreten Situation gar nicht, was zu tun ist.«[20] Kohls genaue Kenntnis der schwierigen Lage Genschers erklärt aber auch, weshalb er so beflissen darauf verzichtet, die FDP direkt unter Druck zu setzen oder gar mit öffentlichen Angeboten zu locken. Immer wieder bekommt Genscher von Kohl Ermunterndes zu hören, etwa wenn dieser ihm beim Abschminken nach einer Fernsehdiskussion rät, er müsse jetzt »die Slalom-Bretter in den Schrank stellen und die Abfahrts-Ski anschnallen«.[21] Aber er selbst weiß besser als jeder andere, daß ein Parteivorsitzender seinen Laden zusammenhalten muß.

Soll das starke Widerstreben der Linksliberalen in den Landesverbänden und in der Fraktion überwunden werden, dann muß die SPD einen überzeugenden Anlaß bieten, der den Absprung rechtfertigt, und dann müssen die Bedingungen so sein, daß die FDP in einem Sicherheitsnetz landet und nicht ins Leere fällt. Die Gegner der FDP, Franz Josef Strauß in erster Linie, zweifeln jedoch unablässig daran, daß die FDP überhaupt springen wird. Nach Lage der Dinge ist es für die FDP verführerisch, Schmidt wie Kohl im Ungewissen zu lassen und so lange wie irgend möglich im Regierungsboot zu bleiben, schon allein deshalb, weil eine Wende die Partei zu zerreißen droht.

Was kann Kohl in dieser Lage tun? Ihm bleibt nur die indirekte Strategie, den Sinkflug der SPD, der sich in den Umfragen abzeichnet, bei den Landtagswahlen 1982 zu beschleunigen, um bei der FDP Todesfurcht auszulösen. Ist dieser Punkt erreicht, dann gilt es möglichst rasch Bedingungen für eine Koalitionsbildung auszuhandeln. Daß im Umkreis von Kohl früh über ein entsprechendes Konzept nachgedacht wurde, berichtet Günter Verheugen 1986 dem Journalisten Manfred Schell.[22]

Jeder, der Kohl kennt, weiß, daß er alle irgendwie wichtigen Wahltermine der kommenden zwei oder drei Jahre stets im Kopf hat – Wahltermine im Bund, in den Ländern, in den großen Kommunen, in Frankreich, in den USA, doch genauso Parteiwahlen der CDU-Bundespartei oder der Landesverbände. Wer seine taktischen Nah- und Fernziele erraten möchte, ist gut beraten, sich die Abfolge und die Interdependenz der Wahltermine vor Augen zu führen: Niedersachsen am 21. März, Hamburger Bürgerschaft 6. Juni, Hessen 26. September und Bayern 10. Oktober 1982. Demoskopisch sieht sich die Union im Aufwind. Ende Februar 1982 gibt das Institut für Demoskopie Allensbach der CDU/CSU bei der »Sonntagsfrage« 50,3 Prozent. Die Wechselneigung in der Wählerschaft zur Union geht vor allem auf die bedenkliche Wirtschaftslage zurück. Die Arbeitslosigkeit, das Thema Nummer eins, steigt kontinuierlich. Im April 1982 werden 1 797 100 Arbeitslose gezählt.[23] Es ist nur noch eine Frage der Zeit, bis die Zweimillionengrenze erreicht ist (im November 1982, Kohl ist bereits Bundeskanzler, wird diese Hochwassermarke auf dem Arbeitsmarkt erreicht sein). Während Schmidt die von dem zweiten Ölschock 1979 bewirkte weltweite Rezession dafür verantwortlich macht, geißelt Kohl die in der Tat galoppierende Schuldenaufnahme der Bundesregierung und brandmarkt Schmidt als gescheiterten »Weltökonomen«.

In der Tat hat sich die Staatsverschuldung zum Hauptproblem der Koalition entwickelt. Die Aufstellung des Bundeshaushalts 1982 im Herbst 1981 war bereits eine

Zerreißprobe der SPD/FDP-Koalition. Im Herbst 1982, so kalkuliert Kohl wie der bereits wechselbereite Teil in der FDP, steht die nächste Zerreißprobe an. Alle demoskopischen Anzeichen deuten darüber hinaus darauf hin, daß Schmidt und Genscher dann durch sehr bedenkliche Wahlergebnisse in den Ländern noch stärker unter Druck stehen werden.

Die März-Wahl in Niedersachsen wird zum Triumph für den CDU-Ministerpräsidenten Albrecht. Er holt eine absolute Stimmenmehrheit von 50,7 Prozent. Die FDP zieht zwar noch mit 5,9 Prozent in den Landtag ein, wird aber nicht mehr gebraucht. Kohl ist einerseits erfreut, zugleich aber beunruhigt, denn Albrecht ist alles, nur nicht ein Mann ohne Ehrgeiz. Seitdem Richard von Weizsäcker im Mai 1981 in Berlin stolze 48 Prozent geholt und dort einen von der FDP tolerierten CDU-Senat gebildet hat, sieht Kohl zwei Thronprätendenden, die ihm 1983 die Kanzlerkandidatur streitig machen könnten, falls die SPD/FDP-Regierung das kritische Jahr 1982 überlebt: von Weizsäcker und Albrecht. Viel wird dann vom Abschneiden Stoltenbergs in Kiel abhängen, wo im Frühjahr 1983 Neuwahlen anstehen.

Kaum hat Albrecht seinen Wahlerfolg in Niedersachsen eingefahren, scheint sich eine neue Fronde der CDU-Führer aus Norddeutschland herauszubilden, von der Kohl natürlich rasch Wind bekommt. Auf den 14. April lädt von Weizsäcker seine CDU-Freunde Stoltenberg, Albrecht und Leisler Kiep, der eben für eine CDU-Mehrheit in Hamburg kämpft, zu einer Besprechung ein. Von Weizsäcker und Leisler Kiep finden, daß der große Stratege Helmut Kohl sie nicht ganz ohne Hintergedanken auf die Eroberung der bisher SPD-regierten Großstädte Berlin und Hamburg angesetzt habe. Dem liege gewiß eine nachvollziehbare große Strategie zugrunde, SPD und FDP über die Länder auszuhebeln. Walter Wallmann hat das 1977 in Frankfurt bereits vorgemacht. Aber zugleich argwöhnen von Weizsäcker und Kiep,[24] daß der stets mißtrauische Kohl sie freundschaftlich von Bonn entfernt hat, denn er hört natürlich immer wieder davon, daß beide im Kreis der höchsten CDU-Chargen Kritik an seinen Führungskünsten üben und nach Höherem streben.

Einiges halten die Betreffenden schriftlich fest, so daß sich ihre Stimmung aus dem Rückblick nachvollziehen läßt. Nach der Wiederwahl in den Fraktionsvorsitz ist Kohl noch kein Jahr im Amt, da beklagt sich beispielsweise Kiep, der für kurze Zeit wieder nach Bonn zurückgekehrt ist, bei Stoltenberg über »erhebliche Führungsmängel« in der Bundestagsfraktion: »Es gebe nur selten eine gründliche Abstimmung im Führungskreis. Kohl neige dazu, von getroffenen Absprachen wegzugehen, sobald einzelne Abgeordnete oder eine Gruppe widersprächen. Er vergebe Aufträge ohne Befragung der zuständigen Vorstandsmitglieder ... Das Hauptziel sei gegenwärtig, möglichst die Zustimmung zu seiner Kandidatur bei dem erhofften Regierungswechsel zu erzielen.«[25] Solche Äußerungen braucht man nicht auf die Goldwaage zu legen. Jeder Chef erzeugt bei den nachgeordneten Amtsinhabern Tag für

Tag eine Menge Frust, der sich dann in mehr oder weniger grimmigen Äußerungen Luft macht. Doch die hier vermerkte Beobachtung charakterisiert recht treffend den Führungsstil, mit dem Kohl künftig auch als Bundeskanzler irritieren, zugleich aber unangefochten regieren wird. Chargen des zweiten Rangs, wie verdient und wichtig sie auch sein mögen, so wird jedem freundschaftlich, manchmal auch brüsk verdeutlicht, haben sich gefälligst an einmal getroffene Vereinbarungen zu halten, »der große Zampano« selbst aber nimmt sich großzügig heraus, nicht bürokratisch, sondern machtpolitisch zu regieren. Freilich ist auch bekannt, daß der barschen Attitüde, mit der er Widerstand überrollt und sich aus Absprachen herauswindet, dann doch häufig emotionale, ja humane Hemmungen beigemischt sind, die ihn so schwer kalkulierbar machen.

Von Weizsäcker ist gleichfalls auf Distanz gegangen und hat sich in Berlin zudem mit einer Gruppe Gleichgesinnter vom fortschrittlichen Flügel der CDU umgeben, die alle ursprünglich aus dem Lager Helmut Kohls kommen. Norbert Blüm wird in Berlin Senator für Bundesangelegenheiten, Elmar Pieroth Wirtschaftssenator. Zudem zieht von Weizsäcker Mitarbeiter aus dem Adenauer-Haus in seine Nähe, die auf der Linie Geißlers liegen, mit dem Kohl in diesen Monaten zusehends über Kreuz gerät. Das Treffen vom 14. April bei von Weizsäcker ist also hochpolitisch, und was dort besprochen wird, kann von dem mißtrauischen Kohl bereits als Bedrohung gedeutet werden. Stoltenberg vermerkt von dieser Besprechung: »Gemeinsam bewerten wir Kohls Kompetenz zur Problemlösung in den schwierigen Zeiten skeptisch.« Die programmatischen Vorbereitungen für einen möglichen Regierungswechsel, stellen die Herren »mit großer Sorge« fest, seien bisher unterblieben: »Kohl und die Mehrheit der Fraktion seien sich über die gewaltige Last der Probleme in finanzieller und ökonomischer Hinsicht nicht im klaren.« Untergründig schwingt auch die Besorgnis mit, daß Kohl nach zwei Seiten insgeheim schon zu viele Zusagen gemacht habe – einerseits an die CSU, andererseits an Genscher. Beide braucht er, um Bundeskanzler zu werden. Von Weizsäcker, Stoltenberg, Albrecht und Kiep vereinbaren also, mit Kohl ein ernstes Gespräch zu führen. Darüber hinaus vereinbaren sie, im Frühjahr 1983, also nach den Wahlen in Schleswig-Holstein, im CDU-Präsidium eine Diskussion über die Kanzlerkandidatur 1984 zu führen.[26]

Die Unterredung mit Kohl findet am 9. Mai statt. Inzwischen liegt die Union in den Umfragen bei 53,1 Prozent.[27] Kohl hat sich nach Berlin begeben und sieht sich dort mit den gemeinsam vorgebrachten Bedenken konfrontiert, wobei von Weizsäcker der Wortführer ist: Die FDP dürfe keine Bestandsgarantie erhalten, öffentliches Werben um sie müsse vermieden werden, die CSU dürfe nicht die beiden Schlüsselressorts für Finanzen (Strauß) und für Verteidigung (Zimmermann) erhalten, der Wechsel bedürfe einer entsprechend inhaltlichen Vorbereitung. Das ist so vernünftig formuliert, daß Kohl gut zustimmen kann. Er begrüßt die freundschaftliche Aussprache, klagt über seine Einsamkeit und die dauernden Indiskretionen (»er fühle sich wie in einem Schraubstock«), spricht Stoltenberg wieder einmal darauf an, daß er ihn als Bundesfinanzminister wünsche, erklärt, daß Strauß und Zimmermann nicht zusammen kommen könnten, und macht die interessante Bemerkung, wenn es dazu komme, werde er sich »in zwei Stunden« mit der FDP über die wichtigsten Sachthemen einigen. Daß ein solcher Hinweis eher beunruhigend wirkt, versteht sich. Stoltenberg vermerkt zwar im Tagebuch, Kohl sei aufgeschlossen und um Herstellung eines guten Klimas bedacht gewesen, zweifelt aber zugleich daran, »ob er nicht in anderen Kontexten erheblich weitergehende Bindungen eingegangen war, als er einzuräumen bereit war«.

Kohls Verhältnis zu Richard von Weizsäcker ist spätestens seit diesem Frühjahr nachhaltig gestört. Die beiderseitige Entfremdung wird die unmittelbar bevorstehende Ära Kohl begleiten. »Unerbittlich ist er, was Kohl angeht, mit oder ohne Strauß-Nähe«, registriert Leisler Kiep die Einstellung des Regierenden Bürgermeisters von Weizsäcker zu seinem Entdecker und einstigen Förderer.[28] Kohl weiß jedenfalls nun noch viel besser als zuvor, daß ihm nur noch ein paar Monate bleiben, um die FDP zum Wechsel zu veranlassen.

Dann kommt am 6. Juni die Hamburger Bürgerschaftswahl. Erstmals hat die CDU in der SPD-Hochburg die Nase vorn, aber es reicht nicht zur Mehrheit. Entscheidend ist, daß die pronunciert links aufgestellte FDP nur 4,9 Prozent der Stimmen erhält und somit aus der Bürgerschaft hinausfliegt. Am Tag nach den Wahlen wagen sich verschiedene Kreisvorsitzende der überwiegend rechts orientierten hessischen FDP aus der Deckung und plädieren dafür, nach den Landtagswahlen im Herbst eine Koalition mit der CDU einzugehen.[29]

Bonn schwirrt wieder einmal von Gerüchten. Helmut Kohl spürt, wie ihn seine Widersacher lauernd umkreisen, wohl wissend, daß dem Vorsitzenden nur noch wenige Monate bleiben, bis das altvertraute Spielchen um die Kanzlerkandidatur in die nächste Runde geht. Besonders Albrecht gerät jetzt in die Mißtrauenszone. Der *Spiegel* berichtet, er habe Ministern seines Hannoveraner Kabinetts anvertraut: »Helmut Kohl ist ein Unglück für die CDU ... Kohl darf dieses Land nicht regieren«, und darauf die Feststellung folgen lassen: »Ich bin der einzige, der das kann.«[30] Solche Aussprüche mögen erfunden sein, und man kann sie dementieren, aber sie bleiben im öffentlichen Bewußtsein haften, und ein Mann mit langem Gedächtnis wie Kohl vergißt das nicht. Wie Kohls heimlicher Konkurrent Albrecht damals die Lage einschätzt, erfährt am 14. Juni Herbert Häber, Leiter der Westabteilung des Zentralkomitees der SED, der seit Jahren wie ein reisender Botschafter Erich Honeckers in allen Parteien unterwegs ist und überall mit präzisesten Informationen versorgt wird. Es gebe immer noch eine Wahrscheinlichkeit von sechzig Prozent, daß die Koalition bis 1984 durchhalte: »Genscher sei kein Mann, der die Entscheidung sucht. Er wartet, daß die SPD ihm den Bruch liefert. Den Gefallen werden die ihm aber nicht tun. Die Mehrheit der FDP-Führung ist für den Übergang zur CDU.« Insgesamt sei die Chance, daß die Koalition noch 1982 zu Ende geht, größer geworden.[31]

Daß es Albrecht in der Tat nicht eilig hat, hört Häber tags darauf von Günter Verheugen, damals noch Generalsekretär der FDP: Strauß, Albrecht, Stoltenberg und Späth seien aus unterschiedlichen Motiven nicht an einem sofortigen Sturz der Bonner Regierung interessiert. Doch auch Verheugen konstatiert: »Es sei offensichtlich, daß eine Wählermehrheit die Politik der Koalition satt hat.«[32] Von dem Frankfurter Oberbürgermeister Walter Wallmann vernimmt Häber, der Koalitionsbruch müsse vor dem Abschluß des Etats kommen, oder die Koalition werde bis 1984 halten. Zum jetzigen Zeitpunkt sei Kohl der Favorit der Union für das Kanzleramt. Es gebe allerdings auch andere, die sich für besser halten. Wenn Stoltenberg in Schleswig-Holstein sehr gut abschneide, könne er auf dieser Erfolgswelle auch Kanzlerkandidat werden.[33]

Kohl traut in diesen Wochen auch Kiep nicht mehr so recht über den Weg. Mehr als zwanzig Jahre später, beim Verfassen seiner Memoiren, gräbt er eine Information aus, der zufolge »am Rande einer Sitzung des Bundesverbands der Deutschen Industrie (BDI)« der Vorschlag gemacht worden sei, Kiep als Kanzlerkandidaten der Unionsparteien gegen Helmut Schmidt zu positionieren, und zwar als »Kandidat der Großindustrie, die mit mir so recht nichts anfangen konnte«. Und höhnisch vermerkt er: »Ich wundere mich bis zum heutigen Tag, mit welcher Naivität sich manche Repräsentanten von Industrie und Banken in die inneren Angelegenheiten der Union einzumischen versuchten. Auch diesmal schätzten sie die Macht- und Mehrheitsverhältnisse völlig falsch ein.«[34] Diese Feststellung zeigt nicht nur, daß Kohl sich bis in die letzten Monate vor der Wahl zum Bundeskanzler unablässig von Intrigen bedroht sah. Sie ist auch bezeichnend für das damalige Un-Verhältnis Kohls zum Topmanagement der Großindustrie, das Helmut Schmidt bewundert und auf den wirtschaftsfernen CDU-Parteiboß hinabsieht.

Als die Zeitungen Tag für Tag mit Zweifeln an Kohls Eignung zum Bundeskanzler gefüttert werden, tritt am Samstag, den 12. Juni, das CDU-Präsidium außer der Reihe zu einer fünfstündigen Sitzung zusammen. Kohl nutzt sie, um Dampf abzulassen und alle kritischen Fragen möglichst vom Tisch zu bringen – die Lage in Hamburg, in Hessen, die Spekulationen über Albrecht und Stoltenberg in der Presse, einen schon länger schwelenden Krach mit Geißler und den Zeitpunkt, zu dem über die Kanzlerkandidatur zu befinden sein wird.[35] Kiep vermerkte dazu lakonisch im Tagebuch: »Lange Darstellung Kohls über seine Probleme mit Indiskretionen aus dem Präsidium, dann Streit mit Geißler. Geißler antwortet ausführlich. Dann wird die Absprache bekräftigt, daß über Kanzlerkandidatur nach Schleswig-Holstein im Frühjahr 1983 gesprochen werden soll.«[36] Es wird auch ein »Krisenzeitplan« für die Sommerpause erörtert.[37] Selbstverständlich wiegelt Geißler vor der Presse ab und weist darauf hin, daß Albrecht und Stoltenberg die Presseberichte als »durchsichtige Manöver«, als »frei erfunden« und »in allen wesentlichen Punkten unzutreffend« dementiert hätten, dann hebt er das »hohe Maß menschlicher Übereinstimmung« bei dieser als Routinevorgang bezeichneten Sitzung rühmend hervor und läßt einfließen, daß das Kriegsbeil zwischen ihm und Kohl begraben sei.[38]

Am Montag drauf kommt die Sache auch bei der Fraktionsvorstandssitzung zur Sprache. Inzwischen sind im *Spiegel* und anderswo weitere Berichte über die Zwistigkeiten im Unionslager erschienen. Kohl erklärt vor den Vorstandsmitgliedern, man habe sich verständigt, »daß bei der Möglichkeit einer Regierungsbildung während der Wahlperiode die Fraktion zu entscheiden habe und daß für die Wahlen 1984 die Parteien wie vorgesehen Ende 1983 ihre Entscheidungen treffen«.[39] Tags darauf polemisiert er vor dem Fraktionsplenum nochmals gegen die Blätter, die »in ihrer Grundeinstellung uns feindlich gesinnt« seien, stellt fest, »man habe in einer ungewöhnlich freundschaftlichen Weise strittige Themen besprochen«, um dann in Bezug auf Geißler nachzuschieben: »Wir haben Krach gehabt«, doch das sei nun beigelegt. In Bezug auf die Krise der Regierung Schmidt bekräftigt er: »Wenn wir die Chance haben, die Regierung früh abzulösen, lösen wir sie früh ab. Und wir müssen den Atem haben, bis '84 zu warten.« Auch hier betont er die »klare Abrede, daß, wenn während der Legislaturperiode diese Entscheidung zu fällen ist, diese Fraktion sie fällt«.[40]

Kohl glaubt, so ist aus dieser Vereinbarung zu schließen, die Fraktion, somit auch die CSU-Landesgruppe, jetzt besser in der Hand zu haben als das eigene CDU-Präsidium. Hier deutet sich wohl bereits jenes Zusammenspiel zwischen ihm und dem CSU-Landesgruppenvorsitzenden Zimmermann an, das eine ganz wesentliche Voraussetzung für die raschen Entscheidungen im September 1982 darstellt. Es war kein Zufall, daß Zimmermann in der vorangegangenen Sitzung der CSU-Landesgruppe seine Parteifreunde zur Zurückhaltung ermahnt und gesagt hatte, man müsse die FDP »kommen lassen«.[41] Eine Woche später, ein Sonderparteitag der hessischen FDP hat sich inzwischen für eine Koalition mit der CDU ausgesprochen, konstatiert er, es sei »ein Grad von Irrationalität erreicht, bei welchem man nicht mehr sagen könne, wie lange die Koalition in Bonn hält … Was nunmehr die Union brauche, sei Gelassenheit, Ruhe und Zeit zum Abwarten, vor allem aber dürfe sie keine Personaldiskussion beginnen.«

Genau das ist auch die Linie Helmut Kohls, wobei er durch den direkten Draht zu Genscher und dank bereits getroffener Absprachen, die sich aber bis heute nicht präzise dokumentieren lassen, den Ablauf steuern kann. Vorerst ist er aber zum Abwarten verurteilt und voller Ungeduld. Kiep notiert am 12. Juli, bevor Kohl in den Urlaub am Wolfgangsee abreist: »Der Zustand Kohls hat sich verschlechtert, hochgradige Nervosität, ruppiger Umgangston, Rundumangriffe etc. Keine Strategie!«[42]

Doch Kohl hat durchaus eine Strategie, sie lautet: Warten auf Genscher. Von dem CDU-Pressesprecher Wolter von Tiesenhausen ist ein schönes Bonmot überliefert: »Wir sind doch keine Jäger, wir sind Angler, die warten, bis der Fisch anbeißt.«[43]

»Habemus papam – ein Helmut geht, ein Helmut kommt.«

Im Lebensnarrativ Helmut Kohls stellt das Endspiel der Regierung Schmidt mit anschließender Kanzlerwahl am 1. Oktober 1982 einen Höhepunkt dar. Länger als ein Jahrzehnt hat er auf den Einzug ins Bundeskanzleramt hingearbeitet, sechzehn ereignisreiche Jahre hält er sich in dieser Position. Das Detail dieser Wochen interessiert also zu Recht, dies auch deshalb, weil die näheren Umstände der Wende und die dabei erfolgenden Sach- und Personalentscheidungen die Kanzlerschaft Kohls auf Jahre hinaus begleiten, auch belasten werden.

Die Ablösung Helmut Schmidts durch ein erfolgreiches konstruktives Mißtrauensvotum gemäß Artikel 67 GG ist wieder und wieder analysiert worden, weil es sich dabei um einen einmaligen Vorgang handelt. Die Bundesrepublik ist eine parlamentarische Demokratie, in der periodische Regierungswechsel eher die Regel als die Ausnahme sein könnten, so wie das in den Nachbarländern Deutschlands von Dänemark über die Niederlande und Belgien bis Italien guter oder unguter Brauch ist. Doch die Deutschen sind seit Gründung der Bundesrepublik sehr stabilitätsbewußte Leute, die den Wechsel verabscheuen. Erst recht fragwürdig finden große Teile der Öffentlichkeit einen Koalitionsbruch innerhalb einer Legislaturperiode.

Nur einmal – beim Sturz Ludwig Erhards, woran sich Kohl noch lebhaft erinnert – ist das exerziert worden. Aber auch Erhard hat schließlich angewidert das Handtuch geworfen und ist nicht etwa durch konstruktives Mißtrauen gestürzt worden. Und nachdem die Unionsparteien im April 1972 beim konstruktiven Mißtrauensvotum gegen Willy Brandt schrecklich eingebrochen sind, überlegt sich ein CDU-Vorsitzender dreimal, ob er es wieder einmal versuchen soll. Auch in dieser Hinsicht fällt der Vorgang aus dem verfassungsgeschichtlichen Rahmen. Und wer die Entscheidungsprozesse des Kanzlerwechsels betrachtet, erhält schon eine Vorahnung, wie Kohl künftig mit seinen Gremien umgehen wird.

Ein wesentlicher Grund, weshalb im Herbst 1982 die Frage eines Wechsels innerhalb der Legislaturperiode zusehends attraktiv erscheint, ist sicherlich die schwere Wirtschaftskrise, in der sich die Bundesrepublik damals befindet – ungebremster Anstieg der Arbeitslosigkeit, explosionsartige Verschuldung des Bundes, Unfinanzierbarkeit des überbürdeten Wohlfahrtsstaats. Besonders verängstigend wirkt zudem, daß im Sommer 1982 mit der AEG eines der ruhmreichen deutschen Traditionsunternehmen ins Schleudern gerät. Mitte August zeigt das Titelbild einer Nummer des *Spiegel* einen häßlichen Pleitegeier, der sich über den breiten Initialen der AEG niedergelassen hat. Darunter sind auf einem Newsticker die Namen weiterer Patienten zu erkennen: »bauknecht+dual+pelikan+kreidler+Wienerwald«, und der Titel bringt die Lage kurz und knapp auf den Punkt: »Krisensommer '82«.[1] Doch die Bundesbürger lassen sich durch die nachtschwarzen Wolken über ihrer Industriegesellschaft die Urlaubsstimmung nicht vermiesen, obgleich sie von gelegentlichen Alarmmeldungen an die unschöne Realität erinnert werden.

Auch das Spitzenpersonal der Republik hat die Bonner Arbeitsplätze verlassen. Helmut Schmidt segelt wie üblich am Brahmsee, und Genscher, der in Hessen Wahlkampf macht, findet zwischendurch Zeit für die Salzburger Festspiele und einen Abstecher nach Zürich ins Hotel »Dolder«, wo er den mächtigen Axel Springer um Unterstützung bei der nun ziemlich unvermeidlichen Absetzbewegung von der SPD ersucht.[2] Erst recht läßt es sich der in diesem Punkt besonders traditionalistische Helmut Kohl nicht nehmen, im Juli und August am Wolfgangsee für satte dreieinhalb Wochen in die Sommerfrische zu gehen.

Als Kohl vor Beginn der Sommerpause seine CDU/CSU-Fraktion nochmals einweist, konstatiert er durchaus realistisch, im Regierungslager herrsche »Endzeitstimmung«, doch nur, um im selben Atemzug ebenso realistisch hinzuzufügen: »Endzeit, das kann unter Umständen lange dauern.«[3] Alles sei jetzt zwar möglich, doch die »psychologische Kriegführung« in der zerstrittenen Koalition könne auch dazu führen, daß man sich schließlich doch wieder über den Bundeshaushalt 1983 einigt. Noch köchelt die Krise vor sich hin, und so steht seinem Urlaub in Österreich nichts im Wege. Doch gibt er strikte Weisung, daß mindestens einer der Parlamentarischen Geschäftsführer zusammen mit dem wachsamen Eduard Ackermann, der bekanntlich das Gras wachsen hört, als Stallwache zurückbleibt, um ihn Tag für Tag über die jeweils neuesten Bonner Gerüchte zu unterrichten: Gerüchte aus der SPD, von der periodisch auch Signale zu vernehmen sind, vielleicht könne doch eine Große Koalition wie schon einmal 1966 aus den Schwierigkeiten heraushelfen; Gerüchte aus der Schwesterpartei, wo sich Teile der CSU-Landesgruppe behutsam, doch deutlich erkennbar von dem finster zur Vernichtung der FDP entschlossenen Übervater Franz Josef Strauß freizuschwimmen beginnen; Gerüchte auch aus der eigenen Partei, wo Kurt Biedenkopf mit Kritik an der Strategie der atomaren Abschreckung wieder einmal aus der Reihe tanzt, während Walther Leisler Kiep, von Weizsäcker und Stoltenberg den Parteivorsitzenden erneut durch eine Zusammenkunft in Hamburg beunruhigen.[4] Das wichtigste Signal kommt aus dem Umfeld der FDP. Friedrich Nowottny, Bonner ARD-Korrespondent und unbestrittene Fernsehdiva jener Jahre, der beste Beziehungen zur FDP unterhält, bittet Ackermann Ende Juli zu einem Gespräch, in dessen Verlauf er ihm süffisant und leicht herablassend zu wissen gibt: »Sag dem Helmut, er soll sich darauf vorbereiten, daß er bald Kanzler werden kann.«[5]

Überall suchen die Spitzenchargen in diesem Krisensommer einander zu Vier-Augen-Gesprächen auf. Helmut Schmidt empfängt Genscher Anfang August in Begleitung von Frau Barbara unter gespanntester Aufmerksamkeit eines großen Presseaufgebots zu einem versöhnlichen Kaffee in seinem Hamburger Privathaus, wo er allerdings nur erfährt, was er ohnehin schon weiß, nämlich daß sich der FDP-Vorsitzende vorerst alle Optionen offenhält.[6] Vierzehn Tage später sucht Ministerpräsident Stoltenberg den Bundeskanzler am Brahmsee auf und hört von diesem, »er werde nicht das Handtuch werfen. Wenn Genscher aussteigen wolle, lasse er es auf ein konstruktives Mißtrauen von Kohl ankommen.«[7] Auch bei dieser Gelegenheit kann Schmidt es nicht lassen, Stoltenberg Unwerturteile über Kohl ins Ohr zu träufeln. Ein paar Wochen zuvor schon hatte er Stoltenberg bei einem Gespräch während der Kieler Woche mit dem CDU-Parteivorsitzenden aufgezogen: »Bei uns trete ja Kohl wieder in den Vordergrund. Er verstehe die wirtschaftlichen und weltweiten Probleme genausowenig wie Brandt. Ihm könne das nur recht sein, vor allem wenn Strauß nach Bonn strebe.«[8] Überhaupt ist Stoltenberg in diesen Krisenwochen ein Ansprechpartner von Spitzenpolitikern aus dem Regierungslager, besonders von Graf Lambsdorff. Nachdem auch die Unruhe im Mai und Juni 1982 nicht zur »Wende« geführt hat, meint dieser erbittert: »Mischnick, Baum und die Linke in der Partei hätten alle Pläne für den Wechsel blockiert.« Die FDP sei im Begriff, in den Abwärtssog der SPD hineingezogen zu werden: »Ob man im Herbst noch einmal die Kraft zum Wechsel aufbringen werde, sei ihm schwer vorstellbar.«[9]

Kohl begibt sich nach seiner Rückkehr aus dem Urlaub am 31. August erst einmal zu Strauß, um sich mit diesem bei einer jener unvermeidlichen Wanderungen abzustimmen. Was bei diesem Vier-Augen-Gespräch auf den Höhen über Kufstein wirklich besprochen wurde, ist nicht mehr eruierbar. Gesichert ist nur, daß die beiden Staatsmänner – von den Leibwächtern getrennt – in einen Wolkenbruch geraten, sich total durchnäßt in einen Bauernhof retten und dort trockene Kleider erhalten, in denen sie sich dann wieder auf den Weg zu ihrem Auto machen. Strauß erzählt später, auf der Rückfahrt nach München habe ihn Kohl wissen lassen, man müsse jetzt »jeden Tag mit dem Ende der Regierung Schmidt rechnen«. Bei seinem Drängen auf Neuwahlen noch im Herbst (um ein Maximum aus der Enttäuschung der Wähler herauszuholen und natürlich auch, um die FDP bei dieser Gelegenheit zu zerstören) habe ihn Kohl mit der Feststellung abfahren lassen: »Du kannst ja gar nicht antreten, wenn du nicht in Bayern deine Kandidatur niederlegst.«[10]

Wie immer sich Kohl auch geäußert haben mag, dieser Punkt spielt in den Wochen nach dem Koalitionsbruch am 17. September eine entscheidende Rolle. Mit Blick auf die Landtagswahl in Bayern am 10. Oktober ist Franz Josef Strauß in seiner Rolle als bayerischer Ministerpräsident quasi immobilisiert. Natürlich darf er bis zum Wahltag keinen Zweifel daran aufkommen lassen, daß er wieder als bayerischer

Ministerpräsident amtieren will. Wie sich zeigen wird, ist am Wahltag in Bayern die Regierungsbildung in Bonn bereits gelaufen. Ob ihm Kohl bei dem Treffen am 31. August bestimmte Zusagen gemacht hat und wenn ja welche, bleibt offen. Franz Georg Strauß, damals ein junger Mann von 21 Jahren, erinnert sich jedenfalls, der Plan seines Vaters, den angeschlagenen Helmut Schmidt »in den Sielen sterben« zu lassen, um bei Neuwahlen noch im Oktober eine absolute Mehrheit für die Union zu erringen, sei ursprünglich auch von Kohl mitgetragen worden.[11] Bemerkenswert ist, mit welcher Selbstverständlichkeit die Spitzenparlamentarier und die Journalisten in diesen Wochen von Neuwahlen sprechen.

Bei der FDP spielt die Idee von Neuwahlen schon sehr früh eine Rolle. An und für sich endet die Wahlperiode des 9. Deutschen Bundestages erst im Herbst 1984. Doch zu den Besonderheiten des bundesdeutschen Parlamentarismus gehört seit längerem die Gepflogenheit der Freien Demokraten, ihren Wählern vor Bundestagswahlen eine Art vierjährige Lebensabschnittspartnerschaft auf Zeit in Aussicht zu stellen. Ein solches Treuegelöbnis entspricht zwar weder den Verfassungsvorschriften noch dem Geist eines parlamentarischen Systems, wohl aber den Gegebenheiten des Wahlrechts, das der FDP eine Zweitstimmenkampagne auf Kosten ihres Koalitionspartners erlaubt, womit natürlich dann auch gewisse Verpflichtungen verbunden sind, welche man »moralisch« nennt.

Wie das Leben so spielt, erzwingt aber eine widrige politische Wirklichkeit manchmal den Koalitionswechsel im Verlauf der laufenden Legislaturperiode. Für diesen Fall hat es eine gewisse Logik, wenn die FDP wenigstens um nachträgliche Sanktionierung des – leider, leider – unausweichlich gewordenen Wechsels des Lebensabschnittspartners durch anschließende Neuwahl bemüht ist. Für Genscher und nicht nur für ihn allein ist deshalb eine Heilung des umständehalber gebrochenen Treueversprechens durch anschließende Neuwahl eine *Conditio sine qua non* des Wechsels. Wie realistisch diese Auffassung ist, mit der er bereits in die Wendezeit hineingeht, wird die Verratskampagne beweisen, die Helmut Schmidt nach dem 17. September inszeniert.

Die Sanktionierung des Wechsels durch anschließende Neuwahl ist beim Blick auf die tiefreichenden Meinungsverschiedenheiten in der FDP ein zwingendes Gebot. Dort betreiben die Befürworter der Wende aus wirtschafts-, haushalts- und sicherheitspolitischen Gründen den Absprung aus der Regierung Schmidt, doch eine Minderheit in den Landesverbänden und in der Bundestagsfraktion wünscht eine Fortführung der sozialliberalen Koalition. Dabei hat auch das Argument großes Gewicht, man habe den Wählern 1980 vor allem deshalb die Erneuerung der Koalition mit Helmut Schmidts Sozialdemokraten versprochen, weil eine Koalition mit der CSU von Franz Josef Strauß ganz unvorstellbar war und dies immer noch ist. Für alle, die sich an das Wahlversprechen gebunden fühlen, ist die nachträgliche Sanktionierung des Wechsels durch Neuwahlen eine Brücke, über die sie mit gequältem Ja ins Lager der Union hinüberwechseln. Dabei ist es aus Sicht der Wende-FDP ein Gebot des gesunden Menschenverstands, den Termin für Neuwahlen möglichst um ein halbes Jahr hinauszuschieben, bis sich die Aufregung über den Koalitionsbruch etwas gelegt hat. Dann mögen sich auch manche CDU-Wähler an die neue Koalition gewöhnt haben, so daß eine Leihstimmenkampagne Erfolg haben könnte.

Helmut Kohl, der unablässig mit Genscher im Gespräch steht, sind natürlich diese Erwartungen des FDP-Chefs und seiner Freunde bestens bekannt. Will er nach inzwischen sechzehn Jahren der Trennung mit den Liberalen erneut eine hoffentlich haltbare Lebensabschnittspartnerschaft eingehen, muß er wohl oder übel auch ihrem Verlangen entsprechen, selbst beim Treuebruch das Dekorum zu wahren. Oder ist Kohl (oder sein damals noch getreuer Vordenker Geißler) vielleicht sogar der Erfinder des Neuwahlkonzepts? Gut drei Jahre nach den Vorgängen im Wendejahr erzählt Günter Verheugen von einem nächtlichen Gespräch, das er im Herbst 1981 mit seinem damaligen Generalsekretärskollegen Geißler nach dem Verkosten einiger Flaschen Wein geführt habe: »Er hat mir, im Herbst 1981, gesagt, wir machen ein konstruktives Mißtrauensvotum, dann stellen wir die Vertrauensfrage und lösen den Bundestag auf für Neuwahlen. Ich habe damals gedacht, das ist doch unvorstellbar … Als das tatsächlich gemacht wurde, da dachte ich, ich muß noch viel lernen.«[12]

Wie auch immer, in den Krisenmonaten 1982 haben Kohl und mit ihm Genscher noch zwei weitere gute Gründe, die Bundestagswahlen in das Frühjahr 1983 vorzuziehen. Vielen NATO-Freunden ist ein Schreck in die Glieder gefahren, als im Juni 1982 aus Anlaß des G-7-Gipfels unter Anwesenheit von Präsident Reagan in Bonn an die 350 000 Demonstranten zusammengeströmt sind, um gegen die vorgesehene Stationierung amerikanischer Mittelstreckenraketen zu protestieren. Spätestens jetzt wissen auch Kohl und Genscher, was ihnen im heißen Herbst 1983 blühen wird, wenn sie an der Regierung sein sollten und die Nachrüstung tatsächlich geboten wäre. Viel spricht dafür, sich im Frühjahr 1983 ein frisches Wählermandat zu sichern, um darauf gestützt etwas leichter den sicher zu erwartenden Psychodramen bei Millionen von Wählern zu widerstehen. So vermittelt Kohl das auch den Amerikanern. Reagans Sonderbotschafter Eugene Rostow, der ihn wenige Tage nach der Wahl zum Bundeskanzler aufsucht, bekommt zu hören, der Termin für die Neuwahlen sei auch mit Blick auf die Stationierungsfrage ausgesucht worden, obgleich die Wirtschaftslage im Frühjahr 1983 sicher schlechter sein werde als jetzt im Herbst. Eine Regierung, die die Stationierungsfrage durchstehen soll, brauche ein frisches Wählermandat, denn es sei mit einer breiten, von Moskau gesteuerten Desinformationskampagne zu rechnen. Allerdings, so fügt er hinzu, müssen die deutschen Bürger das Gefühl haben, daß die USA das Menschenmögliche für Verhandlungserfolge getan hätten.[13]

Der zweite Grund für vorgezogene Bundestagswahlen ist die miserable Wirt-schaftslage. Zwingendes Umsteuern bei den Sozialabgaben, bei der Schuldenauf-nahme und bei der Wachstumspolitik wird, jeder weiß das, ganz zwangsläufig die bisherige Unpopularität der Regierung Schmidt auf eine neue Regierung Kohl übertragen. Ob zwei Jahre wirklich ausreichen, den ökonomischen Abwärtstrend umzukehren und vor allem die Arbeitslosenzahl zurückzuführen, ist fraglich. Besser also auch in dieser Hinsicht, auf Nummer sicher zu gehen und vier Jahre Zeit zu kaufen, bis der Wähler erneut sein Votum abgeben darf! Genscher wie Kohl möch-ten eine gewisse Frist bis zu vorgezogenen Neuwahlen verstreichen lassen. Als der CDU-Chef am 6. September im Fraktionsvorstand der CDU/CSU-Fraktion auf das Problem angesprochen wird, antwortet er sibyllinisch, der beste Zeitpunkt für Neuwahlen sei der, zu dem »die Erinnerung an die jetzige Regierung noch am stärksten und zugleich die Zukunftshoffnungen an die Union noch am höchsten seien«.[14]

Einer der lautesten Rufer nach Neuwahlen ist übrigens Franz Josef Strauß. Sein Kalkül ist mehr als durchsichtig. Er vertraut darauf, daß sich nach den Umfragen vom Sommer 1982 mehr als die Hälfte der Bundesbürger für die Unionsparteien aussprechen. Warum also nicht diese Ernte sofort in die Scheuern fahren und dabei zugleich die FDP unter die Räder stoßen?! Auf der Gegenseite tutet Bundeskanzler Helmut Schmidt ins selbe Horn, so bei seiner Bundestagsrede am 9. September, bei der er die Opposition auffordert, doch bitte vom konstruktiven Mißtrauensvotum gemäß Artikel 67 GG Gebrauch zu machen. Sollte Kohl tatsächlich zum Bundeskanz-ler gewählt werden, extemporiert er bei der Antwort auf Zwischenrufer, müsse er Neuwahlen erzwingen. Ein Bundeskanzler brauche nicht nur die »Legalität« des Grundgesetzes, sondern auch die »geschichtliche Legitimität«, die nur von den Wäh-lern erteilt werden könne. Doch dann müsse er dem Volk vorher auch sagen, was er tatsächlich anders machen wolle.[15] Wahrscheinlich schwebt Schmidt bei dieser Re-plik das zwischen Regierung und Opposition vereinbarte »unechte Mißtrauens-votum« nach dem Vorbild des November 1972 vor, bei dem die bedrängten Sozial-liberalen – was man anfangs nicht erwartet hatte – obsiegten. Der Plan vorgezogener Bundestagswahlen ist jedenfalls das Topthema beim Koalitionsbruch, aus dem Kohl als Bundeskanzler hervorgeht.

Doch alle Bereitschaft zu vorgezogenen Bundestagswahlen nützt nichts, solange die Rechnung ohne den Wirt gemacht wird. Schließlich legt das Grundgesetz die vorzeitige Auflösung des Deutschen Bundestags allein in die Hände des Bundesprä-sidenten. Gewiß ist das den großen Strategen geläufig, sie vertrauen aber darauf, diesen irgendwie nötigen zu können. Daß sich der korrekte Bundespräsident Car-stens aber nicht einfach als Notar von Beschlüssen der Parteiführer versteht, daß er vielleicht an seiner wohlerwogenen eigenen, recht restriktiven Auslegung des

Auflösungsartikels 68 festhalten möchte und zudem als Ordinarius des Öffentlichen Rechts einen Ruf zu verlieren hat, wird beiseite geschoben.

Während des ganzen Monats August läßt die »Eigendynamik des hessischen Wahlkampfs«[16] die Koalition weiter auseinandertreiben. Anders als man bisher von ihm gewohnt ist, führt Genscher dort eine scharfe Klinge. Seine Feststellung, »daß die Aufgaben, die in einer Demokratie gestellt sind, sich ihre eigenen Mehrheiten suchen«, läßt in der SPD die Alarmglocken läuten. Die Journalisten ziehen daraus jetzt weithin den Schluß, daß der FDP-Vorsitzende innerlich den Rubikon überschritten habe.

Als das CDU-Präsidium am 30. August erstmals nach der Sommerpause wieder zusammentritt, glaubt Kohl das Ende der Regierung Schmidt schon viel deutlicher zu erkennen als zwei Monate zuvor. Nun stellt er fest: »Genscher bricht alle Brücken hinter sich ab. Er sagt zu Journalisten, daß er zwischen dem 26. September und 6. November die Entscheidung erzwingen will. Er will für seine Person die Koalition verlassen.«[17] Die Entscheidung werde wohl nach den hessischen Landtagswahlen fallen, bei denen gemäß den Umfragen eine Mehrheit von CDU und FDP zustande kommen wird, oder aber auf dem FDP-Parteitag vom 4. bis 6. November in Hamburg. Kohls vorsichtige Formulierungen lassen allerdings erkennen, daß er noch unsicher ist, wieviele Fraktionsmitglieder Genscher folgen werden. Albrecht, Stoltenberg, der saarländische Ministerpräsident Zeyer und Biedenkopf drängen jetzt darauf, Vorarbeiten für das Alternativprogramm der CDU zu verteilen. Kohl aber sträubt sich, wahrscheinlich aufgrund der Vorabsprachen mit Franz Josef Strauß, und meint: »Wir müssen das zurückstellen bis nach der bayerischen Wahl.« Das knappe Sitzungsprotokoll vermerkt: »Das Präsidium plädiert dafür, im Hinblick auf eine mögliche Regierungsübernahme durch die Union konzeptionelle Vorarbeiten zur Lösung der Probleme in der Wirtschafts- und Haushaltpolitik sowie in der Gesundheits- und Sozialpolitik aufzunehmen«, und verbindet das mit der Einschränkung: »Dr. Kohl kündigt hierüber bilaterale Gespräche mit einigen Präsidiumsmitgliedern an.«[18]

In Bezug auf die Diskussion über die im Bundeshaushalt 1983 vorgesehenen Sparmaßnahmen nennt Stoltenberg bei dieser Gelegenheit einige kritische Punkte wie die Einführung eines Krankenversicherungsbeitrags für Rentner, Erhöhung der Rezeptgebühr oder Selbstbeteiligung bei Kuren und Krankenhausaufenthalten. Das Präsidium, so ist vermerkt, schließe sich seinen Empfehlungen »im wesentlichen an«, doch ausführlich wird dann eine Feststellung Geißlers wiedergegeben, der davor warnt, »drei Wochen vor der Landtagswahl in Hessen über zentrale Fragen, die Millionen von Menschen betreffen, eine Diskussion über inhaltliche Positionen zu beginnen, die beispielsweise beim Thema ›Soziales Netz‹ innerhalb der Union kontrovers diskutiert werden könnten«. In Einzelpunkten solle die Union deshalb keine zusätzlichen Einsparvorschläge machen: »Bevor man an eine solche Frage herangeht, sollte sich die Union zunächst über den Grundsatz einig sein, wie ein neuer Ansatz in der Sozialreform aussehen solle. Dasselbe gelte auch für das Gesundheitswesen.«

Die Diskussionen im höchsten Gremium der CDU sind in dreierlei Hinsicht erwähnenswert. Zum einen zeigen sie einen Parteivorsitzenden, der die Entscheidung über das Sachprogramm einer von ihm geführten Regierung höchstpersönlich treffen möchte. Zum anderen zeichnet sich bereits hier ein Kernproblem der künftigen Regierung Kohl ab: Drei Wochen vor dem Zusammenbruch der Regierung Schmidt existiert ein konkret ausgearbeitetes Alternativprogramm der CDU nicht einmal in vagen Ansätzen. Kein Wunder, daß man sich, als es ernst wird, auf die Wahlprogramme von 1976 und 1980 beziehen und ansonsten improvisieren muß. Und genauso aufschlußreich ist der dritte Punkt: Im CDU-Präsidium, Kohl inbegriffen, der sich nur hinhaltend äußert, hat man aus wahltaktischen und prinzipiellen Erwägungen keine große Lust, in soziale Besitzstände einzugreifen. Damals wie später liegt die Last, Unpopuläres, aber Notwendiges in Gang zu setzen, weitgehend bei Gerhard Stoltenberg. Kennzeichnend für die Lage am 30. August ist übrigens auch, daß die nächste Präsidiumssitzung für den 11. Oktober vereinbart wird, »zur Beratung der politischen Lage nach den Landtagswahlen in Bayern«. Die Herrschaften glauben, noch viel Zeit zu haben.

Kohl und Genscher erklären schon damals und werden das später in ihren Memoiren nochmals mit Nachdruck bekräftigen, sich während der Sommerpause nicht direkt miteinander abgesprochen zu haben.[19] Das ist durchaus glaubhaft. Kohl muß versichern können, daß die FDP von sich aus, völlig unbeeinflußt durch die Union, den Absprung vollzog, während dem Vizekanzler und Bundesaußenminister Genscher im Kabinett Schmidt umgekehrt daran gelegen ist, jeden Verdacht einer Illoyalität zu vermeiden, um die SPD als allein schuldigen Partner bei der Trennung zu kennzeichnen. Es hieße aber die Intelligenz dieser beiden Politprofis zu gering einschätzen, würde man nicht annehmen, daß in den entscheidenden ersten Septemberwochen Geheimkontakte erfolgt sind. Schriftliche Zeugnisse sind bisher nicht verfügbar. Aus den später relativ zeitnah durchgeführten Interviews Manfred Schells mit den Akteuren ist aber zu schließen,[20] daß Kohl sich damals mit Genscher, Scheel und Lambsdorff direkt ausgetauscht hat, und auch die Bürochefs der Beteiligten spielten ihren Part.

In der ersten Septemberwoche wird deutlich, wie wild entschlossen Graf Lambsdorff nun ist, die Regierungskrise zu beschleunigen. Ein scharf formuliertes Interview des Bundeswirtschaftsministers in der *Bild*-Zeitung vom 31. August war offenkundig dazu bestimmt, die Öffentlichkeit auf das 34 Seiten umfassende sogenannte Lambsdorff-Papier vorzubereiten, das die von Hans Tietmeyer geleitete Grundsatzabteilung nach Weisung von Lambsdorff in der Sommerpause ausgearbeitet hatte.[21] Schon bevor Lambsdorff die Ausarbeitung am 9. September dem Bundeskanzler zustellt (bei Veröffentlichung der Hauptpunkte am selben Tag in der *Zeit*), kursiert es bei den Topchargen und in den Redaktionen der überregionalen Blätter.[22]

Zu Beginn der parlamentarischen Herbstsession in Bonn unternimmt die CDU/ CSU-Fraktion traditionellerweise eine Art Klassenausflug in den Berliner Reichstag unmittelbar an der Mauer. Fast jeder dieser Unionsabgeordneten ist ein Berlin-Fan, lädt sich beim Anblick der Sperranlagen oder am schikanösen Übergang im Bahnhof Friedrichstraße erneut mit Abscheu gegen das SED-Regime auf, besucht seine West-Berliner Lieblingslokale und tauscht sich über die Entwicklung im Sommerloch aus. Helmut Kohl, auch er ein bekennender Berlin-Fan, legt besonderen Wert auf diese Besuche, die seine Fraktion an die Teilung Deutschlands und die prekäre Lage West-Berlins erinnern. Jetzt, da der Krisensommer 1982 allmählich in den Wendeherbst übergeht, hört jeder besonders gespannt zu, welche Hinweise der angeblich mit Genscher so intime Vorsitzende erst streng vertraulich im Fraktionsvorstand und dann in dem halb öffentlichen Fraktionsplenum zu geben hat.

Auch Kohl verspürt in jenen Tagen, daß die Verhältnisse sich schneller als erwartet ändern könnten, und läßt am 7. September – zehn Tage vor dem Abgang der Lawine – in wortreicher und wolliger Rede sein Szenario aufscheinen:[23] »Die optimale Lösung wäre: daß wir im Fall einer Regierungsübernahme die Chance hätten, die Regierung ins Amt zu bringen; daß wir ein Programm vorstellen, das eine wirkliche ›Eröffnungs-Bilanz‹ ist, ganz solid, wo wir den Leuten nicht ›Brei um den Mund schmieren‹, sondern ruhig sagen, was ist und was wir tun wollen – und dann in einem Zeitpunkt danach wählen, daß der Erwartungshorizont zeitlich noch nicht erfüllt werden kann und die Erinnerung an das, was die anderen angestellt haben, noch nicht verblaßt ist. Das ist sozusagen der ›Goldene Schnitt‹ für einen solchen Termin.« Hier deutet er sogar ein Datum für die Neuwahlen an, den 13. März 1983, stellt aber im selben Atemzug fest: »Aus der FDP kam diese Idee auf.« Auf keinen Fall, so macht er unter anderem deutlich, sei er für Neuwahlen zu haben, bei denen eine geschäftsführende Minderheitsregierung Schmidt noch im Amt wäre, »die Kassen noch voll ausplündern« und weiter das Bundespresseamt einsetzen könne. Höhnisch verwahrt er sich nochmals gegen eine große Koalition oder Pläne einer Wahlrechtsreform nach dem Modell von 1966. Es reiche, daß die CDU schon einmal auf die »Leimrute« Herbert Wehners gegangen sei.

Am selben Tag stimmt ein weiterer Unionspolitiker seine Leute auf das spektakuläre Konzept vorgezogener Bundestagswahlen ein. Es ist der CSU-Landesgruppenvorsitzende Friedrich Zimmermann, 1979 noch der gefürchtete Gegner Helmut Kohls, der erkannt hat, daß die Lagebeurteilung Kohls zutreffender ist als die seines großen Vorsitzenden in München. Zimmermann ist jetzt entschlossen, die CSU-Landesgruppe unter einem Kanzler Kohl an die Macht zu bringen und auch dessen Wendekonzept knallhart zu unterstützen. Die Union sei nicht dreizehn Jahre in der

Opposition gewesen, führt er vor der Landesgruppe aus, »um für 18 Monate den Bundeskanzler zu stellen«. Alle Wirtschaftsprognosen gingen davon aus, daß die Arbeitslosenzahlen 1983 und 1984 steigen werden. »Das bedeute, daß eine von der Union geführte Bundesregierung mindestens eine volle Wahlperiode benötige, um eine Wende herbeiführen zu können.« Einen »fliegenden Wechsel der FDP ohne Neuwahlen«, so schließt er seinen Lagebericht, werde es in absehbarer Zeit nicht geben.[24]

Am 16. September kommt es schließlich zu einem Gespräch Kohls mit Schmidt, zu dem der Bundeskanzler den Oppositionsvorsitzenden schon länger eingeladen hatte. Schmidt gibt sich freundlich. Angebote werden beiderseits nicht gemacht. Schmidt wärmt nur seinen Gedanken auf, es wäre gut gewesen, wenn Kohl ein konstruktives Mißtrauensvotum eingebracht hätte, während Kohl darauf repliziert, der Bundeskanzler möge doch die Vertrauensfrage gemäß Artikel 68 GG stellen – wohl wissend, daß dann die Abstimmung öffentlich erfolgen müßte und der Bundespräsident nach einem Scheitern Schmidts den Bundestag auflösen könnte. Was Schmidt bei der Unterredung bezweckt, ist unklar. Möglicherweise ist das Gespräch mit dem Oppositionsführer Teil seines Nervenkriegs gegen die FDP. Vielleicht will er auch Kohl, von dessen Fähigkeiten er nach wie vor nicht allzuviel hält, vor Augen führen, in welches Meer von Schwierigkeiten sich dieser als Bundeskanzler stürzen würde, denn er nimmt sich die Zeit, ein großes Krisenpanorama auszumalen. Kohl scheidet mit dem Eindruck, daß Schmidt jetzt neben der Sorge um sein Bild in der Geschichte ganz von dem Gedanken besessen sei: »Was kann man tun, um der FDP zu schaden?«[25]

Damals liegen bereits Spekulationen in der Luft, Schmidt wolle Graf Lambsdorff entlassen. So findet am selben Tag noch ein weiteres Gespräch statt, das für die Entwicklung folgenreicher ist als die Unterredung Kohls mit dem Bundeskanzler. Kohl stimmt sich mit Zimmermann über die Lage ab, und dieser verspricht ihm die Unterstützung der CSU-Landesgruppe bei einem Antrag auf ein konstruktives Mißtrauensvotum.[26]

Am Vormittag des 17. September kommt es dann zu dem danach so heftig umstrittenen Gespräch Schmidts mit der FDP-Führung. Stolz, um dem »Hinauswurf« zuvorzukommen, aber zugleich allzu vorschnell, erklärt Genscher den Rückzug der FDP-Minister aus dem Kabinett und ermöglicht so ungewollt die »Verrats«-Kampagne, die ihn beinahe seine politische Existenz kostet. Zur gleichen Zeit tagt der CDU/CSU-Fraktionsvorstand. Aus dem dürren, aber doch aussagekräftigen Verlaufsprotokoll ist deutlich zu entnehmen, daß sich Kohl und Genscher kurz zuvor über ihr Vorgehen abgestimmt haben, allerdings ohne genau zu wissen, was Schmidt im Schilde führt. Nach seinem Bericht über das Gespräch mit Schmidt äußert Kohl: »Wenn Bundeskanzler Schmidt Graf Lambsdorff jetzt entläßt, werden die FDP-Minister noch vor der Bundestagssitzung zurückgetreten sein.« Die folgenden Überlegungen in dem Gremium über die verfahrenstechnischen Möglichkeiten beendet Kohl mit der Feststellung: »Unser nächster Schritt« sei erst zu überlegen, »wenn Genscher sich geäußert hat«. Nochmals skizziert er jetzt seine Linie, für die am Nachmittag anstehende Bundestagssitzung, »daß eine neue Regierung rasch ins Amt kommt und daß baldmöglichst Neuwahlen stattfinden«. Die FDP, so führt er hier aus, werde »voraussichtlich antworten, daß das Land jetzt eine neue Regierung brauche und daß dies die Bestätigung durch Neuwahlen finden müsse«. Einstimmig beschließt der Fraktionsvorstand diese Linie.[27]

Unmittelbar nach der Sitzung des Fraktionsvorstandes tritt das Fraktionsplenum zusammen. Die Sitzung beginnt um 10.00 Uhr und ist um 10.24 Uhr zu Ende. Kohl berichtet hier von seinem Gespräch mit dem Bundeskanzler und beschreibt nochmals kurz und knapp seinen Kurs: »Wir werden unseren Beitrag leisten, damit bald eine handlungsfähige Regierung zustande kommt. Und wir werden auch dafür eintreten, daß dann die neue Regierung sich bald der Entscheidung der Wähler stellt.« Der Fraktionsvorstand, so erwähnt er auf Zuruf hin zum Schluß, habe darüber korrekt und einstimmig abgestimmt. Auf seinen Antrag hin billigt die Fraktion gleichfalls einstimmig dieses Vorgehen und damit auch das Vorhaben vorgezogener Neuwahlen.[28] Dies alles vollzieht sich, man muß das nochmals unterstreichen, noch bevor bekannt wird, daß Genscher fast zeitgleich die sozialliberale Koalition aufgekündigt hat.

Aus Sicht Kohls sind die Modalitäten des Zusammenbruchs der Regierung Schmidt nicht optimal. Hätte der Bundeskanzler die FDP-Minister demonstrativ entlassen, wie er das tatsächlich plante, hätten die Wendebefürworter in Fraktion und Partei ein viel leichteres Spiel gehabt. Zudem wäre die »Verrats«-Kampagne nicht möglich gewesen, die jetzt – so steht zu befürchten – den Hessen-Wahlkampf zu ruinieren droht. Andererseits steht Genscher mit seinen politischen Freunden nun unter stärkstem Druck, sich in allerkürzester Zeit mit der Union auf ein konstruktives Mißtrauensvotum zu verständigen. Das jetzt nicht ausgeschlossene Wahldesaster in Hessen würde für die CDU betrüblich, für Hans-Dietrich Genscher, Wolfgang Mischnick und die anderen Wende-Anhänger in der FDP möglicherweise tödlich sein. Doch die Vorteile überwiegen. Weder die FDP noch Franz Josef Strauß, der im bayerischen Landtagswahlkampf rund um die Uhr im Einsatz ist, können nun Kohls Wendekonzept viel entgegensetzen.

Für Genscher und die Wende-Anhänger in der FDP spräche gleichfalls viel für die Abwahl Schmidts in der folgenden Woche, also noch *vor* der Hessenwahl am 26. September. Doch das Grundgesetz bestimmt, daß zwischen dem Antrag auf Durchführung eines konstruktiven Mißtrauensvotums und der Wahl 48 Stunden liegen müssen. Der Antrag müßte also spätestens am Dienstag nach dem Koalitionsbruch in den Fraktionen beschlossen und am Mittwoch beim Bundestagspräsidenten eingereicht werden – eine Sturzgeburt. Bei den Widerständen in der FDP ist das nicht zu erreichen. Wie nicht anders zu erwarten war, sind die Modalitäten einer Neuwahl dort heftig umstritten. Die Wendegegner, darin einig mit der SPD, wollen sie sofort ins Werk gesetzt sehen, noch im Dezember und natürlich ohne vorherige Abwahl des amtierenden Bundeskanzlers. In der FDP-Fraktion verfügen die Wende-Liberalen zwar über eine klare Mehrheit, doch ein Hauruck-Verfahren läßt sich auch dort nicht durchsetzen. Noch stärker ist der Widerstand im Parteivorstand. Nach stundenlangen Diskussionen erfolgt am Freitagabend, 17. September, mit achtzehn gegen fünfzehn Stimmen der Beschluß, Koalitionsverhandlungen mit der Union aufzunehmen. Über den Termin für Neuwahlen wird noch nicht entschieden. Als sich Genscher und Mischnick am Montagnachmittag, 20. September, zum ersten Koalitionsgespräch einfinden, ist nicht einmal ein Termin für die nächste Sitzung der FDP-Bundestagsfraktion angesetzt.[29]

Auch Franz Josef Strauß versucht jetzt zu bremsen. Noch am Abend des Koalitionsbruchs hatte Friedrich Zimmermann bei einer Unterredung im Münchener »Schwarzwälder« dem bayerischen Ministerpräsidenten drastisch vor Augen geführt, »daß es unmöglich sei, der FDP einen Strick um den Hals zu hängen, uno actu sozusagen mit der Regierungsübernahme, und ihr zu sagen, vielen Dank, jetzt kannst du dich aufhängen«.[30] Doch mit genau dieser Überlegung beruft Strauß auf den Morgen des 20. September eine gemeinsame Sitzung des CSU-Vorstands und der CSU-Bundestagsfraktion nach München ein, bei der er die Beteiligten darauf vergattert, sofortige Neuwahlen noch im Jahr 1982 zu fordern. Die Nachricht wird ins Präsidium der CDU hereingereicht, wo man zu dieser Zeit gerade Kriegsrat hält. »Die Bestürzung war groß«, vermerkt der umgehend von Kiel nach Bonn geeilte Gerhard Stoltenberg im Tagebuch,[31] der von nun an neben Kohl seitens der CDU die Schlüsselfigur bei der Regierungsbildung sein wird.

Kohl weiß, daß jetzt weder Strauß noch Genscher viel Bewegungsspielraum haben. Ungerührt läßt er das Präsidium seinen Dreistufenplan absegnen: unverzügliche Wahl einer neuen Bundesregierung aus CDU/CSU und FDP mit ihm selbst als Bundeskanzler; diese Regierung solle »klare Zeichen« setzen (genannt werden: Festigung der Partnerschaft nach außen, Gesundung der Staatsfinanzen, »erste Entscheidungen zur Wiederbelebung der Wirtschaft und zur Bekämpfung der Arbeitslosigkeit«). Dem folgt ein dritter, für den weiteren Gang der Dinge entscheidender Punkt: »Im ersten Vierteljahr 1983 sollen die Wähler über die neue Regierung und ihr Programm durch Neuwahlen abstimmen.«[32] Der einstimmig gefaßte Beschluß geht in die anschließende Sitzung des CDU-Vorstands und wird dort gleichfalls abgesegnet.

Jetzt kommt Strauß von München her eingeflogen. Auf der CDU-Seite verhandeln Kohl und Stoltenberg, für die CSU Strauß und Zimmermann. Kohl macht Strauß klar, daß Genscher befürchte, bei einer alsbaldigen Neuwahl seine bisherige Mehrheit

Nach der Vereinbarung von Sondierungsgesprächen,
20. September 1982

in der FDP-Fraktion zu verlieren. »Wir sagten«, vermerkt Stoltenberg zu dieser Besprechung, von der keine andere Aufzeichnung vorliegt, »daß Neuwahlen ohne Regierungswechsel nicht annehmbar seien. Einmal werde die FDP zertrümmert. Zum anderen sei es notwendig, in diesem Jahr im Bundestag die wichtigsten Finanzbeschlüsse
zu fassen.«[33] Es ist wohl vor allem Stoltenberg, der Strauß mit ökonomischen Argumenten zur Räson bringt. Er rechnet diesem vor, schon für 1983 sei im Bundeshaushalt
ein Defizit von über 50 Milliarden DM zu erwarten: »Damit sei 1983 negativ gelaufen
und 1984 vorbelastet.« Wie wollte die neue Bundesregierung unter solchen Umständen reguläre Bundestagswahlen im Herbst 1984 bestehen? Strauß lenkt ein.

Gegen 19 Uhr finden sich Genscher und Mischnick ein. Man verhandelt bis
Mitternacht. Genscher spricht sich, ganz auf der Linie Kohls, für eine schnelle Neu-
bildung der Regierung aus, um wichtige Beschlüsse zum Haushalt und zur Wirt-
schaftsbelebung zu fassen. Die FDP sei bereit, schärfste Maßnahmen mitzutragen. Er
verspricht, seine Fraktion werde vor dem Mißtrauensvotum eine geheime Probeabstimmung vornehmen. Mischnick schätzt, daß mehr als 33 Fraktionsmitglieder
zustimmen werden. Strauß erklärt, bis Mittwoch könne das Mißtrauensvotum nicht
in Gang gesetzt werden. Über den Termin für Neuwahlen müsse die CSU neu beraten.
Es müsse eine klare Koalitionsvereinbarung geben vor allem über den Bundeshaushalt, die Personalien und den Wahltermin. Kohl insistiert erfolgreich auf der Festle-

gung eines Termins für das Mißtrauensvotum, und so einigt man sich schließlich auf eine gemeinsame Erklärung, in der als Termin für das konstruktive Mißtrauensvotum der 1. Oktober und für Neuwahlen der 6. März 1983 der Presse mitgeteilt werden sollen.[34] Zu den Sachverhandlungen bringen die Verhandlungsführer verschiedene Beratungsunterlagen mit, auf deren Grundlage Stoltenberg für die folgende Gesprächsrunde einen mehrseitigen Vermerk zur Steuer- und Haushaltspolitik diktiert, der den weiteren Erörterungen zugrunde liegt.

Mit dem Entschluß zur alsbaldigen Errichtung einer gemeinsamen Koalitionsregierung liegen quasi automatisch auch die Eckpunkte für die personelle Zusammensetzung des künftigen Kabinetts Kohl fest. Keine Seite kann und will jetzt von einer Gepflogenheit abgehen, die sich seit den Tagen Bundeskanzler Erhards eingebürgert hat: Die Koalitionsparteien nehmen für sich das Recht in Anspruch, dem jeweiligen Bundeskanzler die ihnen genehmen Minister zu präsentieren. Bestimmte mißliebige Benennungen lassen sich nur indirekt verhindern, indem man für sich das Ressort reklamiert, auf das ein inakzeptabler Bewerber der anderen Partei reflektiert. Nach Lage der Dinge versteht es sich von selbst, daß Genscher und Lambsdorff ihre Ressorts behalten. Anders wäre eine Mehrheit in der FDP-Fraktion nicht erreichbar. Genauso wichtig ist, daß Genscher die Kontinuität der Außenpolitik verkörpert. Die einzige personelle Alternative für das Auswärtige Amt wäre Franz Josef Strauß. Doch der muß jetzt zornig konstatieren, daß er vorerst aus dem Spiel ist.

Tags darauf läßt sich Kohl das Verhandlungsergebnis vom CDU-Präsidium und vom CDU-Bundesvorstand bestätigen. Einstimmig, so erfährt die Öffentlichkeit, hätten die Gremien beschlossen, Kohl zum Kanzler einer neuen Bundesregierung von CDU/CSU und FDP vorzuschlagen. Auch bezüglich der Neuwahlen wird die Katze aus dem Sack gelassen, allerdings noch ohne präzise Terminangabe, um den Bundespräsidenten nicht über Gebühr zu brüskieren: »Im ersten Vierteljahr 1983 sollen die Wähler über die neue Regierung und ihr Programm durch Neuwahlen entscheiden.«[35] Am selben Tag fassen der CDU/CSU-Fraktionsvorstand und danach in förmlicher geheimer Abstimmung das Fraktionsplenum entsprechende Beschlüsse.[36] Kohl selbst nimmt nicht an dieser Abstimmung teil, dennoch tanzt fast niemand aus der Reihe: 228 stimmen mit Ja, es gibt eine Enthaltung und eine Gegenstimme. Strauß hatte zuvor noch intern in der CSU-Landesgruppe Stellung genommen und Kohl sowie Zimmermann hart kritisiert: »Es sei falsch gewesen, sich am Freitag voriger Woche vorschnell auf ein konstruktives Mißtrauen einzulassen. Man hätte zuerst mit der FDP Verhandlungen aufnehmen müssen, um einen möglichst frühen Wahltermin in diesem Jahr festzulegen. Nachdem man das konstruktive Mißtrauensvotum akzeptiert habe, habe die FDP bei den Verhandlungen Oberwasser bekommen.« Das Ziel müsse sein: absolute Mehrheit, um dann das Wahlrecht zu ändern und »die Splitterparteien« (also FDP und Grüne) wegfallen zu lassen.[37] Auch im Fraktionsplenum signalisierte er, daß er einen alsbaldigen Neuwahltermin für besser gehalten hätte und für die politischen Folgen des umständehalber festgelegten Märztermins nicht verantwortlich sei, schloß dann nach dem verhaltenen Donnergrollen aber versöhnlich mit dem Versprechen, die CSU werde »loyal diesen Termin mittragen«.

Am folgenden Sonntag, dem 26. September, geht die Wahl in Hessen für die CDU verloren, weil die SPD zusammen mit den Grünen die Mehrheit erringt, während die FDP mit katastrophalen 3,1 Prozent »weggeharkt« wird. Dazu hatte Helmut Schmidt zornig aufgefordert, der bei dieser Gelegenheit nochmals zu großer demagogischer Form aufläuft. Kohl läßt sich davon nicht beirren. Um weiteren Querschüssen aus der FDP und aus München vorzubeugen, läßt er am Morgen nach der Wahl nochmals vom CDU-Präsidium die Fortführung der Koalitionsverhandlungen und den Zeitplan beschließen.[38] Genauso verfährt er tags darauf im Fraktionsvorstand, wo er seine Prioritäten erneut vorträgt. In der internationalen Presse jener Wochen ist häufig zu lesen, Kohl komme an die Macht »mit dem Image eines farblosen Provinzpolitikers«,[39] doch tatsächlich legitimiert er seinen riskanten Kurs mit dem Primat der Außenpolitik: »Es wird für die kommende Zeit vor allem auf das Verbleiben der Bundesrepublik im Bündnis ankommen. Der NATO-Doppelbeschluß wird die zentrale Frage sein. Diese Frage wird auch wichtiger sein als das Problem der Arbeitslosigkeit, das mit einiger Anstrengung beseitigt werden kann, während die Frage des Verbleibens im Bündnis eine geschichtliche Weichenstellung enthält.«[40]

Ähnlich äußert er sich auch vor dem Fraktionsplenum bei abschließender Erörterung des Verhandlungsergebnisses. Kohl verweist auf das Menetekel von Rot-Grün in Hessen und erklärt: »Eine Regierung oder eine tolerierte, von Grünen tolerierte Regierung in Bonn bedeutet eine völlige Veränderung deutscher Politik von Grund auf … Eine solche Formation wird mit absoluter Sicherheit einen Kurs der Neutralisierung Mitteleuropas betreiben!« Rückschauend betrachtet, kann man auch die nun anhebende »Ära Kohl« als eine langandauernde Defensivoperation betrachten, im Bündnis mit der FDP Rot-Grün zu verhindern.

Dann tragen Stoltenberg, Exponent des moderaten Wirtschaftsfügels in der Tradition Ludwig Erhards, und danach Norbert Blüm, Bannerträger der Sozialausschüsse, das Verhandlungsergebnis zur Sachpolitik vor und werben für die dabei erzielten Kompromisse. Auch dies deutet bereits auf die Entwicklung in den folgenden Regierungsjahren hin. Die Wirtschafts-, Sozial- und Haushaltspolitik wird durch das Kräfteparallelogramm zwischen diesen zwar nicht völlig klar konturierten, aber doch deutlich erkennbaren Parteiflügeln bestimmt sein, wobei Stoltenberg zumeist durch die FDP und auch durch Strauß unterstützt wird. Aus dem Umstand, daß Stoltenberg nach dem Tod von Franz Josef Strauß (doch nicht allein deshalb) im Frühjahr 1989 das Finanzministerium aufgeben muß, während sich Blüm bis zum bitteren Ende im Herbst 1998 zu halten versteht, wird sich später die mit Kohls Billigung erfolgte Verschiebung des Kräfteparallelogramms innerhalb der CDU ablesen lassen. Vorerst aber ziehen diese beiden CDU-Schwergewichte im Kabinett Kohl am selben Strang und schieben ihre grundsätzlichen Differenzen beiseite.

Eine Abstimmung zu dem noch unfertigen Sachprogramm erfolgt nicht, obwohl Kohl zur Vertiefung noch schriftliche Berichte hat verteilen lassen, und die personelle Zusammensetzung des künftigen Kabinetts Kohl kommt bei dieser entscheidenden Fraktionssitzung vor der Kanzlerwahl überhaupt nicht zur Sprache. Die Partei- und Fraktionsvorsitzenden haben das stillschweigend untereinander ausgemacht, natürlich auch deshalb, weil enttäuschte hochgestellte Fraktionsmitglieder die trotz allem labile Abstimmung gefährden könnten.

Überhaupt ist der Entscheidungsprozeß dieser Wendewochen in manchem musterbildend. So wie jetzt erstmals vorexerziert, wird es in den sechzehn Jahren der Ära Kohl häufig laufen. Die allerhöchsten Parteibosse der Koalition, oft sekundiert von den Fraktionsvorsitzenden, treten im allerkleinsten Kreis zusammen und handeln untereinander die Eckpunkte des weiteren Vorgehens aus, sichern sich, so das geboten erscheint, in den Parteipräsidien und Parteivorständen ab und steuern die erst umrißhaft festgelegten Willensbekundungen in die Expertengremien der Ministerien und der Fraktion, wobei die Ergebnisse in den Fraktionsvorständen abschließend diskutiert und nur selten modifiziert werden. Im Fraktionsplenum mag danach diese oder jene Gruppe, die Zweifel oder Grund zur Unzufriedenheit hat, nochmals ihre Böllerschüsse abfeuern. Doch am Ende erfolgt – wie erstmals bei der Machtergreifung in den Wendewochen – eine fast einstimmige Zustimmung der disziplinierten Fraktion.

Die kritische Publizistik wird das Verfahren dieser *Top-down*-Entscheidungen künftig als wesentliches Element des »Systems Kohl« charakterisieren. Doch das sind generell Entscheidungsprozesse, wie sie für die Bundesrepublik zwingend sind, die einerseits eine parlamentarische Demokratie, andererseits eine Parteiendemokratie ist. Daß Kohl immer dann, wenn er eine Sache für wichtig hält, sehr selbstbewußt und zunehmend selbstgefällig regiert, ist richtig. Doch wie bei den Entscheidungsprozessen der Wende wird er auch künftig darauf achten, ein möglichst einstimmiges Votum der wesentlichen Gremien zu erreichen, ganz besonders der Fraktion. Wenn es sehr schnell gehen muß, wie bei der Wende oder dann nochmals beim Umbruch 1989/90, drückt er massiv aufs Tempo, doch in der Regel läßt er sich Zeit. In der CDU weiß von nun an jedermann, daß Kohl, wenn er sich erst einmal festgelegt hat, wortreich, aber mit der Sensibilität eines Dickhäuters argumentierend, zu guter Letzt alle Widerstände niederwalzt.

Nach der Sitzungspause wird bekannt, daß sich Genscher und die Wende-Liberalen in der parallelen Fraktionssitzung durchgesetzt haben. Wie erhofft, hat dort eine hinreichende Mehrheit von 34 Abgeordneten in geheimer Abstimmung ihre

Schmidt gratuliert Kohl nach dem erfolgreichen Mißtrauensvotum,
1. Oktober 1982

Bereitschaft erklärt, am 1. Oktober Helmut Kohl zum Kanzler zu wählen. Achtzehn haben mit Nein gestimmt, zwei haben sich enthalten. Daraufhin beschließt auch die CDU/CSU-Fraktion einstimmig, nach Artikel 67 GG die Abwahl Helmut Schmidts und die Wahl Helmut Kohls zum Bundeskanzler zu beantragen.

In der für historisch erklärten Bundestagssitzung am 1. Oktober tauschen alle Seiten vor dem erregten Millionenpublikum an den Bildschirmen ihre bekannten Argumente nochmals aus und ziehen Bilanz. Die Abstimmung erbringt 256 Stimmen für Kohl gegen 235 Nein-Stimmen und vier Enthaltungen. Bei 495 gültigen Stimmen sind das gerade eben sieben Stimmen »über den Durst«. Bis zuletzt mußte Kohl befürchten, an der Nachlässigkeit oder Bosheit der eigenen Leute, vielleicht auch an einer erneuten Bestechung durch die Stasi, zu scheitern. Beim »kleinen Zählappell«

am Vorabend fehlten sage und schreibe 27 CDU-Abgeordnete, vor allem aus Nordrhein-Westfalen. Auch beim allerletzten Zählappell am frühen Morgen des 1. Oktober stellen sich die Fraktionsmitglieder nicht vollständig ein, so daß die Fraktionsgeschäftsführer auf die Suche gehen müssen.[41] Die Ära Kohl beginnt als Zitterpartie, und als Zitterpartie geht sie weiter.

Unter denen, die das Drama vor dem Bildschirm verfolgen, ist auch der von Kohl besonders geschätzte greise Ernst Jünger. Er hat in seinen inzwischen 87 Lebensjahren bereits eine längere Reihe politischer Größen aufsteigen und wieder verschwinden sehen, wird die ganze Ära Kohl noch miterleben und im Alter von 102 Jahren am 17. Februar 1998 sterben, wenige Monate bevor Helmut Kohl seinen politischen Tod erleidet. Jetzt vermerkt er mit schöner Arroganz in seinem Tagebuch: »Den Vormittag verbracht – ich will nicht sagen: verloren – mit dem Anhören politischer Reden. Es geht um den angestrebten Regierungswechsel durch ein ›konstruktives Mißtrauen‹ gegen den Bundeskanzler Schmidt. Die Väter der Verfassung hätten sich ein besseres Wort einfallen lassen dürfen als das häßliche ›Mißtrauen‹. In diesem Fall scheint es besonders unangebracht. Solche Ablösungen erinnern an ein peinliches Kabinett, in dem die Daumenschrauben nach und nach ein wenig schärfer angezogen werden; das Notwendige und der mit ihm verbundene Schmerz sind dem Bürger nicht auf ein Mal zumutbar – man flößt ihm die Medizin am besten tropfenweise ein.«[42] Es folgen einige hochgestochene Reflexionen, danach der Vermerk: »Drei Uhr nachmittags: Habemus papam – ein Helmut geht, ein Helmut kommt.«[43]

Helmut Kohl bei Siemens-Arbeitern in Berlin, 16. Januar 1978

BETRACHTUNG
Nach dem Wirtschaftswunder

Im Juni 1973 legte eine stark verunsicherte CDU ihr künftiges Schicksal in die Hände Helmut Kohls. Sie hätte keine reinrassigere Verkörperung dessen aussuchen können, was man später »die alte Bundesrepublik« nennen sollte. Wie die meisten Politprofis und wie die große Mehrheit der Wähler glaubte auch Kohl an die Fortdauer des Wirtschaftswunders, das nun schon ein Vierteljahrhundert hindurch hohe Wachstumsraten beschert hatte, und an den Ausbau eines breitgefächerten Sozialstaats. Doch bereits im Oktober 1973 brach mit dem Erdölembargo der arabischen Staaten und der folgenden Vervierfachung des Erdölpreises die Zeit *Nach dem Wirtschaftswunder*[1] an. Urplötzlich schlidderten die industriellen Demokratien des Westens in die Krise, die erst in den frühen achtziger Jahren zu Ende ging. Die Koinzidenz ist auffällig. Ausgerechnet die zehn kritischsten Jahre in der Biographie Helmut Kohls, in denen er beinahe abstürzte, waren auch ausgesprochene Krisenjahre der Bundesrepublik.

In der Mediendemokratie richtet sich das Interesse naturgemäß auf die Spitzenchargen, und dies gewiß nicht zu Unrecht. Dementsprechend interessierten von 1973 bis 1983 in erster Linie die offen wie die mehr in den Kulissen ausgetragenen Machtkämpfe Kohls mit Strauß, Stoltenberg, Albrecht und Biedenkopf als Hauptakteuren. Doch die einseitig personenbezogene Analyse greift zu kurz, auch im Kontext der Biographie von Helmut Kohl. Die erbitterten Strategiediskussionen, Machtkämpfe und Unsicherheiten in den Unionsparteien werden nur vor dem Hintergrund der globalen und innenpolitischen Veränderungen dieser turbulenten zehn Jahre verständlich.

Jeder Leitartikler wußte damals schon die maßgeblichen Krisenfaktoren aufzuzählen, und die heutigen Historiker haben dem seinerzeitigen Urteil der Zeitgenossen nicht viel hinzuzufügen. Die Stichworte sind allbekannt und lassen sich gewissermaßen an fünf Fingern abzählen: erstens Ende des stürmischen Wachstums der fünfziger und sechziger Jahre, zweitens Krise des internationalen Währungssystems, drittens Energiekrise, viertens geostrategische Schwächung der USA bei parallel verlaufender Machtsteigerung der Sowjetunion, fünftens innere Erschütterung der führenden westeuropäischen Demokratien in England, Frankreich, Italien und eine psychologische Malaise in der ganzen westlichen Welt.[2] Auf den zuvor mehr als zwanzig Jahre andauernden Boom, auf dem Stabilität und Prosperität der Nachkriegswelt beruht hatten, folgte nun für zehn Jahre eine turbulente Phase von Stagflation, Währungskrisen, Erschütterung großer Branchen, galoppierender Zunahme von Arbeitslosigkeit und Verteilungskämpfen, dem Aufwuchs von Protestbewegungen und dem Erstarken extremer Anti-Systemparteien sowie von einer pessimistischen Grundstimmung in der Öffentlichkeit.

Allerdings übersieht man heute besser als die geängstigten Zeitgenossen der siebziger und frühen achtziger Jahre, daß die Turbulenzen schneller zu Ende gingen als befürchtet. Jedenfalls durchlebten die industriellen Demokratien der atlantischen Welt in den zehn Jahren von 1973 bis 1983/84 die schwerste Krise seit den fatalen vierziger Jahren.

Als überall die Schwierigkeiten einsetzten, war die Bundesrepublik wirtschaftlich in viel besserer Verfassung als die meisten anderen industriellen Demokratien Europas. Sie blieb das auch. Doch auch sie geriet unter Streß mit der Konsequenz langfristiger Veränderungen[3] – Veränderungen im Parteiensystem und Veränderungen der öffentlichen Meinung. Wenn man sich im nachhinein über Schwierigkeiten wundert, die in der Ära Kohl eintraten, dann entdeckt man in vielen Bereichen die Fernwirkungen von Fixierungen, die sämtlich mehr oder weniger stark auf die turbulenten Jahre von 1973 bis 1983 zurückreichen.

Im Herbst 1973 ging der große Boom zu Ende, urplötzlich. Ein Jahr zuvor waren unter dem Titel *Grenzen des Wachstums* die Warnungen des Club of Rome erschienen,[4] mit denen die auch in Westeuropa rasch wachsende ökologische Bewegung ihre Kritik an der Ressourcenvergeudung und den Verzicht auf uferloses Wachstum begründete. Diese Krise schien nun schneller einzutreten als befürchtet. Mehr als zwanzig Jahre hatte der Nachkriegsboom fast ununterbrochen angedauert und die industriellen Demokratien des Westens reich gemacht – reich und zufrieden. Die beispiellos lange Hochkonjunktur und die politische Stabilisierung der Nachkriegswelt waren eng miteinander verknüpft, ganz besonders in der Bundesrepublik, dem Vorzeigeland des Wirtschaftswunders.

Ökonomische Veränderungen vollziehen sich oft in gleitenden Übergängen. Doch diesmal ließ sich die Zeitenwende präzise terminieren. Im Oktober 1973 verhängten die arabischen Staaten während des Yom-Kippur-Krieges ein Erdölembargo. Dadurch und durch die noch viel gravierendere Preispolitik der Organisation erdölexportierender Länder (OPEC) vervierfachte sich der Preis des Rohöls innerhalb von zwei Monaten. Prompt stürzte nach dem ersten Ölschock die Weltkonjunktur ab. Nachdem sie mühsam wieder in Fahrt gekommen war, erfolgte 1979 der zweite Ölschock, gefolgt von einer noch längeren Rezession. Als die OPEC 1979 zum größten globalen Beutezug ansetzte, der je einem Kartell gelungen ist, mußten die deutschen Importeure schließlich fünfzehnmal mehr für dieselbe Menge Öl ausgeben als acht Jahre zuvor.[5]

Die weltweite Depression war nicht die einzige Krise, mit der sich die deutsche Politik jener Jahre konfrontiert sah. Bislang mühsam eingedämmte bedenkliche Entwicklungen machten sich nun voll bemerkbar. Eine Reihe von Branchen, die dem Druck des globalen Wettbewerbs ausgesetzt waren, gerieten in Schieflage. In der Bundesrepublik war das der seit Mitte der sechziger Jahre notleidende Kohlebergbau. Jetzt kamen die Stahlindustrie, der Schiffbau und die Textilindustrie dazu. Tragende Säulen der klassischen Industriegesellschaft gerieten ins Wanken, was zu struktureller Arbeitslosigkeit und zur Notlage in industriellen Ballungsgebieten ganzer Regionen führte.

Zugleich wurde die westliche Welt von Währungsturbulenzen geschüttelt, die seit dem Zerbrechen des Systems von Bretton Woods im Jahr 1971 zusehends zum Problem wurden und eine Dollarschwäche sowie Inflationsschübe in den USA und in Westeuropa auslösten.[6] Zu Beginn der siebziger Jahre hatten die Regierungen der EWG bereits von der langfristigen Einführung einer Gemeinschaftswährung geträumt. Diese Pläne mußten jetzt in die Ablage gegeben werden. Längere Zeit war unklar, ob der Gemeinsame Markt die gefährliche Auseinanderentwicklung der einzelnen Volkswirtschaften überhaupt überleben würde. Was bald mit dem Schlagwort »Eurosklerose« bezeichnet wurde, war ein Indiz dafür, daß die EWG-Staaten unterschiedlich stark von der Krise betroffen waren und die Regierungen genug damit zu tun hatten, das eigene Land über die Runden zu bringen. An weitere Vertiefungen der Gemeinschaft war da kaum zu denken.

Parallel dazu verlief ein weltpolitischer Vorgang, den die gerne mit metasprachlichen Abstraktionen hantierenden Geostrategen damals als »veränderte Konstellation der Kräfte« bezeichneten. Henry Kissinger und Zbigniew Brzezinski wurden von düsteren Besorgnissen umgetrieben. Am pessimistischsten aber zeigte sich Raymond Aron, in dem die industriellen Demokratien während der fünfziger und sechziger Jahre einen ihrer Gurus verehrt hatten. Selbstverständlich hatte dieser Wortführer der realistischen Schule während der Jahrzehnte des Kalten Krieges jede Menge von Besorgnissen über das labile weltpolitische System artikuliert. Doch erst 1977 wurde er zum Pessimisten. Der Titel des Buches, das er in jenem Jahr herausbrachte, sagt alles: *Plädoyer für das dekadente Europa*.[7] Überall – in den USA wie in Westeuropa – konstatierte er den wirtschaftlichen, politischen und auch den moralischen Niedergang, ohne aber die Hoffnung ganz aufgeben zu wollen. Doch als dieser klare, bestens informierte Analytiker einige Jahre später, kurz vor dem Tod, dem erschöpften Körper seine Lebenserinnerungen abrang, war sein Pessimismus eher noch gewachsen. »Ich vermag«, schrieb er 1983, »wenn ich nach vorn blicke, kaum Gründe für einen Optimismus zu entdecken.« Die westliche Welt werde »von einem Geist der Abdankung, des Fin de siècle heimgesucht … Die demokratisch-liberale Synthese und die gemischte Wirtschaft sind von jetzt an bis zum Ende des Jahrhunderts durch das Abnehmen des Wachstums, die Inflation, die Währungsunordnungen und den hohen Anteil sozialer Transfers im Sozialprodukt bedroht.«[8]

Mit einem gewissen Recht konnte man damals die Staaten des westlichen Europa als *Das europäische Konzert der gelähmten Leviathane* bezeichnen.[9] Großbritannien, im Schraubstock von Stagflation und übermächtiger Gewerkschaften, wurde weithin als ein ziemlich unheilbarer Patient betrachtet. Doch das Schlagwort »englische Krankheit« wurde von der kritischen Publizistik auch auf andere Demokratien bezogen. Italien, durch Milliardenkredite der Bundesbank und des Internationalen Währungsfonds nur knapp vor dem Staatsbankrott gerettet, schien auf dem Weg zum »historischen Kompromiß« zwischen linken christlichen Demokraten und den mächtigen »Euro-Kommunisten«. Frankreich erlebte das Erstarken der weiterhin traditionell stalinistischen und zugleich nationalistischen Kommunistischen Partei. In Portugal, so sahen es viele, stand 1975 und 1976 eine Machtübernahme durch die Kommunisten kurz vor der Tür mit weitreichenden geostrategischen Implikationen.

Zur inneren Labilität der Wirtschaft und der Sozialsysteme trat eine weitere Unsicherheit: der ungebremste Aufwuchs der konventionellen und nuklearen Streitkräfte der Sowjetunion verbunden mit nervöser Machtprojektion im Mittleren Osten, in Afrika, in Mittelamerika und auch maritim. Nicht allein die Strategieexperten konstatierten eine bedrohliche Verschiebung der machtpolitischen Parameter. Auch in Teilen der westlichen Öffentlichkeit verbreitete sich die Auffassung, daß es mit der sowjetischen Supermacht aufwärts gehe, mit den USA aber abwärts.

Solche Stimmungen grassierten auch in der Bundesrepublik. Hier hatten auf die suggestive Allensbach-Frage, wer wohl in fünfzig Jahren mächtiger sein werde, Amerika oder Rußland, 1969 noch 21 Prozent der Befragten geantwortet: »Amerika«, aber immerhin schon zwanzig Prozent »Rußland«. Im Jahr 1975 zeigten sich dann nur noch klägliche dreizehn Prozent davon überzeugt, daß Amerika auf lange Sicht die dominierende Supermacht sein würde. 37 Prozent antworteten jetzt »Rußland«.[10] Sachkenner registrierten damals allerdings schon die ideologische Leere im Ostblock und gaben zu Protokoll, daß Moskau seine nicht zu bremsende Hochrüstung in Tateinheit mit kostspieliger Weltpolitik von einer viel zu schwachen, labilen wirtschaftlichen Basis aus betreibe. Helmut Schmidt hatte dafür ein prägnantes Bonmot gefunden: Die Sowjetunion sei eine Art »Obervolta mit Raketen«. Nur wollte eben niemand ganz ausschließen, daß die sowjetische Führung in kritischen Momenten ähnlichen Fehlkalkulationen zum Opfer fallen könnte wie einstmals das machtstrotzende, zugleich innerlich unsichere kaiserliche Deutschland im Jahr 1914 oder das kaiserliche Japan im Jahr 1941.

In der damaligen Bundesrepublik weckte allerdings nicht allein die strategische Labilität Bedenken. Verunsichernd wirkten vor allen die Nah- und Fernwirkungen der Wirtschafts- und der Erdölkrise. Gewißheiten, die über ein Vierteljahrhundert hinweg gewachsen waren, gerieten ins Wanken. Die Politiker und die Wähler in der frühen Bundesrepublik waren bis in die Gene vom Erlebnis des »Wirtschaftswunders« durchdrungen gewesen, das eine in ganz Westeuropa und darüber hinaus bewunderte industrielle Demokratie hatte aufblühen lassen: einerseits eine Volkswirtschaft von beispielloser Produktivität und Wettbewerbskraft, andererseits aber eine Industriegesellschaft von vorbildlicher Modernität. Ein Kernelement dieser Modernität war der deutsche Sozialstaat. Ruhelos waren die Sozialpolitiker bemüht, die Sicherungssysteme auszudehnen, abzupolstern und durch gesetzliche Verbriefung bestandsfest zu machen. Längst hatten die großen Parteilager damit begonnen, die schützende, ausgleichende, umverteilende Sozialpolitik zur umfassenden Gesellschaftspolitik weiterzuentwickeln, dabei orientiert an so undeutlichen Zielen wie Gerechtigkeit, Chancengleichheit, Modernisierung und Schaffung oder Erhaltung humaner Lebensbedingungen.

Kennzeichnend für die moderne Gesellschaftspolitik war nicht zuletzt die Bildungspolitik. Hans Maier, im Unionslager der angesehenste Kultusminister dieser Jahrzehnte, hat beim Rückblick einige stolze Zahlen genannt: 1964 gab es in der Bundesrepublik rund 50 000 Studienberechtigte, also eben 3,5 Prozent eines Altersjahrgangs, zwanzig Jahre später waren es 300 000. Die Zahl der Lehrer hatte sich von 300 000 im Jahr 1964 auf eine halbe Million in den frühen achtziger Jahren erhöht – sicheres Indiz für den massiven Ausbau des Bildungswesens. Auch dieser Zweig der modernen Gesellschaftspolitik verschlang gewaltige Summen. Während die Gebietskörperschaften 1965 nur rund zwanzig Milliarden DM für Bildung, Wissenschaft und Kultur ausgaben, wurde in den achtziger Jahren die Hundert-Millionen-Marke überschritten.[11] Vergleichbare Ausweitungen gesellschaftspolitischer Aktivitäten erfolgten auf vielen weiteren Feldern: Gesundheitspolitik, Familienpolitik, bei welcher sich die Fortschrittlichkeit künftig nach Ausweitung und Höhe des Kindergeldes bemaß, Umweltpolitik, Raumordnung, Denkmalschutz.

Bei genauer Überlegung hätte jedermann klar sein können, daß der ruhelose Ausbau der Sozialsysteme und die mit viel gutem Willen, doch ohne skeptische Kalkulation der langfristigen Kosten forcierte Gesellschaftspolitik nicht ewig andauern könnten Die Vorbedingung dafür war ein Boom, wie ihn die westliche Welt nie zuvor erlebt hatte. Dieser Boom erbrachte dauerhaft sprudelnde hohe Steuereinnahmen und füllte die Sozialkassen. Ein Vierteljahrhundert fast ununterbrochenen Wachstums macht blind. Als aus heiterem Himmel die Stagnation einsetzte, veränderte das natürlich die Prioritäten der Wählerschaft. Von nun an galt auch in der Bundesrepublik die Hauptsorge der Wirtschaft. Als wichtigste Frage nannten 1976, es war dies das Jahr, als Kohl zu seinem erfolglosen Anlauf auf das Bundeskanzleramt ansetzte, 74 Prozent der Befragten »wirtschaftliche Probleme, Löhne, Preise, Währung, Arbeitsmarkt«. Weitere neunzehn Prozent kreuzten »Soziale Fragen, Innenpolitik« an. Jeweils ein Prozent nannte »die Wiedervereinigung« und »Vereinigung Europas«.[12]

Im Schraubstock der Krise gerieten ganze Branchen in Bedrängnis. Seit Mitte der sechziger Jahre befand sich der Kohlebergbau in einem unaufhaltsamen Schrumpfungsprozeß. Dazu kamen jetzt: Krise der Stahlproduktion, Krise der Textilindustrie, Krise der Unterhaltungselektronik, Krise in Teilen der Elektroindustrie, Krise der Fotoindustrie – die Latte war lang. 1970 hatte in der Bundesrepublik mit 148 000 Arbeitslosen praktisch noch Vollbeschäftigung geherrscht. 1980 lag die Arbeitslosigkeit bereits bei 900 000 mit steigender Tendenz, 1985 waren es 2,3 Millionen.[13] Die Politik suchte zwar an dem Glauben festzuhalten, es handele sich weitgehend um eine konjunkturell bedingte Arbeitslosigkeit. Tatsächlich war die Bundesrepublik aber ganz unerwartet in eine Dauerphase struktureller Arbeitslosigkeit eingetaucht.

Naturgemäß waren weder die Wähler noch die gewählten Volksvertreter bereit, den über die Jahrzehnte von einfallsreichen Sozialpolitikern entwickelten Wohlfahrtsstaat den geschrumpften Verteilungsspielräumen anzupassen. Sie wollten auch nicht auf jene Leistungen der breit aufgefächerten Gesellschaftspolitik – von der Bruttolohn-bezogenen Rente über den Wegfall der Karenztage im Krankheitsfall bis zum Kindergeld – verzichten, an die man sich inzwischen gewöhnt hatte. Erwies sich die Kassenlage als besonders kritisch, waren gewisse Anpassungen freilich unumgänglich. Aber die Politik vermied einen grundlegenden Abbau auf den Feldern der Sozial- und Gesellschaftspolitik. Es fehlte der Wille und die Kraft, Systeme und Planungen, die in einmaliger Konstellation geschaffen oder ausgebaut worden waren, auf die veränderten Bedingungen einzustellen.[14]

Selbst Helmut Schmidt, der die Lage illusionslos erkannte, hatte nur wenig Spielraum. Der linke Flügel seiner Partei plädierte für Abarbeitung der programmatischen Wunschliste des Orientierungsrahmens '85, und der Gewerkschaftsflügel, seine stärkste Stütze, wandte sich, wie sollte es auch anders sein, erbittert gegen jede Art von »Sozialabbau«. Obschon der große Boom längst Vergangenheit war, erfuhren die Sozialausgaben noch immer eine fast naturwüchsige Vermehrung. Verschiebung bestimmter Zusagen, Abbremsen des Ausgabenaufwuchses, Querverschiebungen innerhalb der Sozialhaushalte, moderate Steuererhöhungen sollten aushelfen. Das meiste wurde über eine Erhöhung der Staatsschulden finanziert.

Die Zahlen sprechen für sich. Im Jahr 1969, als Brandts SPD an die Schalthebel kam, beliefen sich die Sozialausgaben, die Wiedergutmachungsleistungen inbegriffen, auf jährlich 25 Milliarden DM. 1974 lagen sie schon bei 38 Milliarden und 1982, als Schmidt von Kohl abgelöst wurde, bei 83 Milliarden DM. Man kann auch eine andere Rechnung aufmachen: Von 1970 bis 1981 erhöhte sich der Anteil der Sozialausgaben am Bruttosozialprodukt von 16 auf 24 Prozent.[15] Einschnitte in die Sozialsysteme waren dennoch nicht völlig tabuisiert. In der Notlage des Jahres 1981 und unter dem Druck der FDP mußte Schmidt schließlich fühlbare Eingriffe vornehmen. Doch solange er den Sozialstaat ziemlich ungeschoren ließ, brauchte er von der CDU keine feurige Kritik zu befürchten. Die Opposition hatte keine Lust, durch Ankündigung grausamer Einschnitte in die Sozialhaushalte Millionen von Wählern zu vergraulen, und die Regierung hatte ihrerseits keine Lust, durch grausame Einschnitte die Opposition an die Macht zu bringen. Im großen und ganzen ist der Sozialstaat im Kern ziemlich unangetastet durch die Krise gekommen, auch wenn sich natürlich stets ein monatelanges Geschrei erhob, wenn einiges Rankenwerk gestutzt wurde, das teuer war und wenig nutzte.

Eine der kritischsten Auswirkungen der Krise vollzog sich auf dem Feld der Energiepolitik. Hier setzte der Erdölschock von 1973 in der Bundesrepublik eine Kettenreaktion mit Fernwirkungen bis heute in Gang. Auf der Suche nach Alternativenergien, mit denen die Abhängigkeit vom Erdöl reduziert werden könnte, entschieden sich die Regierungen des Bundes und der Länder, allen voran Helmut Schmidt, für den beschleunigten Ausbau von Kernkraftwerken. Das rief die Anti-AKW-Bewegung auf den Plan. In den vierzehn Jahren zwischen den ersten Großdemonstrationen gegen den Bau des Atomkraftwerks Wyhl am Kaiserstuhl im Herbst 1975 bis zur Kapitulation des bayerischen Kabinetts vor den Angriffen auf die Wiederaufbereitungsanlage Wackersdorf im Frühjahr 1989 wurde die Kernenergie zu einem der zentralen Probleme der bundesdeutschen Politik. Nie zuvor und danach ist in der Bundesrepublik eine so durchschlagsfähige Massenbewegung in das politische System eingebrochen.

Die faßbaren Ziele der Atomkraftgegner waren die »Atomfestungen« (Brokdorf, Kalkar, Biblis, Wackersdorf, Gorleben), die von Tausenden von Bereitschaftspolizisten geschützt wurden, während Tausende dagegen anrannten wie einstmals im Mittelalter die Belagerer gegen die Zwingburgen tyrannischer Grundherren. Ihre politischen Gegner waren: die Landesregierungen, die sich zum Ausbau der Kernenergie entschlossen hatten, vor allem aber der Bundeskanzler Helmut Schmidt, in dem sie zu Recht ihren Hauptwidersacher ausmachten. Im Godesberger Programm von 1959 hatte die SPD die Kernkraft noch als eine der großen Hoffnungen gefeiert. Doch die intensive Berichterstattung im Fernsehen über die Protestdemonstrationen veränderte die Einstellungen im Verlauf weniger Jahre. Auf die Frage, wie man sich entscheiden würde, wäre in der Nähe ein Kernkraftwerk geplant, sprachen sich im Jahr 1975 vierzig Prozent der Befragten für den Bau aus, nur 28 Prozent waren dagegen. Sechs Jahre später hatte sich die Stimmung völlig gedreht. 1981 waren nur noch zwanzig Prozent dafür, 51 Prozent waren dagegen. Bemerkenswert war mit rund dreißig Prozent die hohe Zahl der Unentschiedenen, aus der die nach wie vor auf die Kernkraft setzenden Regierungen zeitweilig ihre Zuversicht schöpften.[16]

Mit dem Anti-AKW-Protest verbanden sich jene ökologischen Themen, die in den siebziger Jahren, ausgehend von den USA, ganz Westeuropa erfaßten mit Ausstrahlung auf den Ostblock: Kampf gegen die Verschmutzung von Wasser und Luft, Kampf gegen Landschaftszersiedelung, Großflughäfen und Verkehrslärm, Kampf gegen das Auto, Kampf gegen eine Vielzahl gefährlicher Erscheinungen der modernen Zivilisation und für eine natürliche, unverdorbene Umwelt. Die ökologische Bewegung der siebziger Jahre wies eine eigenartige Zwiespältigkeit auf: Einerseits war sie kampfbereit, scheute auch im Interesse der guten Sache vor Regelverletzung und Gewaltanwendung nicht zurück, andererseits aber artikulierte sie die sentimentale Betroffenheit zarter Seelen.

War die Bundesrepublik damit ein Sonderfall?[17] Stärker als in den meisten anderen Ländern Europas wurde jetzt in meinungsbildenden Teilen der Öffentlichkeit die Angst zu einem Hauptmerkmal bundesdeutscher Einstellung zu den Gefahren und Herausforderungen der Moderne: Angst vor dem »allgewaltigen Golem« der Kernkraftwerke (so Robert Jungk, ein Guru der Alternativbewegung),[18] Angst vor Unfällen der Großchemie, Angst vor dem Dritten Weltkrieg, Angst vor der allgegenwärtigen Schnüffelpolizei des »Atomstaats«,[19] Angst vor dem Pentagon, Angst vor dem atomaren Winter, Angst vor der Verschmutzung der Meere und der Luft, Angst vor dem Waldsterben, Angst vor der Klimakatastrophe, Angst vor der Gentechnik … Die klügeren Köpfe der Bewegung erkannten bald, daß die Artikulation von Verantwortung für das Land, für die Menschheit, für künftige Generationen, für den »blauen Planeten« respektabler ist als Angstpropaganda. Emotionalisierung und rationale Argumentation für ökologische Nachhaltigkeit liefen parallel und haben das politische Großwetterklima während der Regierungszeit Helmut Schmidts ebenso stark beeinflußt wie in der Ära Kohl zwischen 1982 und 1989.

Mit innerer Logik wandten sich die heterogenen Organisationen der Anti-AKW-Bewegung auch gegen die Stationierung amerikanischer Pershing II, als es in den Jahren 1982 und 1983 an die Umsetzung des NATO-Doppelbeschlusses ging. Schon damals war ebensogut bekannt wie später, daß die DDR und die Sowjetunion auf die politische Taktik, das Timing und die propagandistische Begleitung starken Einfluß nahmen. Doch genauso bekannt war, daß sich hier eine spezifisch bundesdeutsche Bewegung ausgeprägt hatte, die stärker war als die parallelen Protestbewegungen in England, Italien oder in den Niederlanden. In der Bundestagswahl 1983, als die von Helmut Kohl geführte Bundesregierung obsiegte, wurde deutlich, daß der Monat für Monat aufbrandende und vom Fernsehen intensiv begleitete Massenprotest drei weitreichende Auswirkungen hatte: Erstens war jetzt mit den Grünen aus der ursprünglichen Bewegung eine vierte politische Partei geworden; zum zweiten besaß die um Erhard Eppler gescharte SPD-Linke nun gleichfalls einen »grünen« Flügel, der auf rot-grüne Koalitionen abonniert war und die NATO-treuen, um

Gleichgewichtspolitik bemühten »Schmidtianer« zusehens marginalisierte, und drittens hatte sich in der Bundesrepublik eine dynamische politische Subkultur etabliert, die technikkritisch, pazifistisch, tendenziell neutralistisch sowie angsterfüllt und zugleich moralisch stark aufgeladen war. Noch Mitte der siebziger Jahre bekundete über die Hälfte aller Befragten in der Bundesrepublik die Meinung: Ja, sie lebten »in einer glücklichen Zeit«. Nur an die dreißig Prozent meinten: »Würde ich nicht sagen.« 1982 aber war die Malaise mehrheitsfähig: 54 Prozent bekundete nun ihre Skepsis, für ein knappes Drittel war es trotz allem aber immer noch »eine glückliche Zeit«.[20]

Zu den Gefahren, vor denen sich die Deutschen in den siebziger Jahren ängstigten, gehörten auch die Anschläge der RAF und anderer Gruppen. Am stärksten ausgeprägt war die Angst bei den Spitzenchargen der politischen und wirtschaftlichen Eliten, die um ihr Leben fürchten mußten. Im nachhinein läßt sich gut erkennen, daß die diesbezügliche Angst weit übertrieben war. Aber auch dies trug zum Gefühl der Unsicherheit bei.

Daß die Psychodramen dieser Krisenperiode das anfangs so festgefügte Dreieinhalb-Parteien-System erschütterten, verstand sich fast von selbst. Als Helmut Schmidt 1974 die Bundeskanzlerschaft übernahm, sah er sich bereits mit einem deutlich gestärkten linken Parteiflügel konfrontiert. Fast unausweichlich führte jetzt die außerparlamentarische Protestbewegung zu einer weiteren Verunsicherung in den Reihen der SPD. Das Argument schien zwingend: Die Sozialdemokratie verliere eine ganze Generation, wenn sie sich nicht für die Anliegen der AKW-Gegner und der Friedensbewegung öffne. So reicherte sich die Parteilinke in der SPD mit grünen und pazifistischen Ideen an, ohne aber verhindern zu können, daß sich die Protestbewegung zur Alternativpartei fortentwickelte, erst in den Ländern, dann auch im Bund.

Die Konsequenzen waren weitreichend. Die SPD wurde durch die innerparteilichen Flügelkämpfe stark immobilisiert und sah seit den frühen achtziger Jahren ihre Zukunft zusehends in einer Allianz mit den Grünen. Im Winter 1982/83, als die immerhin dreizehn Jahre dauernde Vorherrschaft der SPD definitiv zu Ende ging, skizzierte Hans Apel, einer der letzten Exponenten des um Helmut Schmidt gescharten rechten Parteiflügels, die Lage kurz und knapp: »In der Frage des Nato-Doppelbeschlusses hat uns Egon Bahr unter aktiver Mitwirkung von Hans-Jochen Vogel so weit gebracht, daß die einseitigen Thesen der ›Grünen‹ hoffähig erscheinen, ohne daß wir dort Stimmen abwerben können. Dafür verlieren wir an Glaubwürdigkeit in der Mitte.«[21] Man übertreibt also nicht mit der Feststellung, daß das Parteiensystem der Ära Kohl zwischen 1982 und 1998 zu großen Teilen auf Veränderungen zurückging, die sich im turbulenten Jahrzehnt zwischen 1973 und 1983 vollzogen hatten.

So war, vereinfacht skizziert, die kritische Dekade beschaffen, in der die CDU ihren Weg finden mußte. Kohls Rolle in der Oppositionszeit wird nur im Kontext dieser Rahmenbedingungen voll verständlich, die für ihn durchaus ambivalent waren. Sie eröffneten ihm Möglichkeiten, legten ihn aber auch fest und ließen gewisse Defizite erkennen. Freund und Feind stellten an ihn dieselben kritischen Fragen. Mit welchen Fernzielen und mit welcher Taktik würde er seine CDU durch die Turbulenzen führen? War er nicht einer jener typischen Innenpolitiker, die sich in ruhigen Zeiten gut weiterzuhelfen wissen, aber weder das Wissen noch die Erfahrung, noch die Statur haben, eine globale Krise zu meistern?

Soweit die Öffentlichkeit Kohl überhaupt schon wahrnahm, begriff sie ihn fast ausschließlich als waschechten Innenpolitiker, der er in der Tat damals auch war. Mit seinen Überzeugungen konnten sich Millionen guter Bürger identifizieren, die nicht eben konservative Holzköpfe waren, aber den linken Strömungen unter dem weiten Mantel der SPD doch stark mißtrauten. Für sie war er ein in der Wolle gefärbter CDU-Mann, doch mit fortschrittlichen Ansichten; ein Nachwuchspolitiker, der, so nahm man an, wie alle CDU-Leute wirtschaftsnah war, aber zugleich mit voller Überzeugung am Wohlfahrtsstaat baute; ein gestandener Mann, dem man sein enges Verhältnis zur Ordnung und zur inneren Sicherheit glaubte, aber zugleich auch ein Ministerpräsident, dem Gefängnisreform und moderner Strafvollzug am Herzen lagen. Schon damals waren milde Konservative gefragt, und wer sich so wie Kohl aus Überzeugung und mit feierlichem Pathos zur »Politik der Mitte« bekannte, dem nahm man das auch ab. Natürlich herrschte im Verhältnis zwischen den Sozialliberalen und den Unionsparteien das übliche Getöse, und gewiß fehlte es nicht an Gegensätzen. Grundsätzlich aber war auch die Kohlsche CDU nicht willens, sich durch die langdauernde Krise von der Grundlinie großzügiger Sozial- und Gesellschaftspolitik abbringen zu lassen, zum einen, weil sie daran glaubte, zum anderen aber auch, weil jede Opposition dazu neigt, ihr Menu, das sie im Angebot hat, mit Sozialdemagogie zu würzen.

Der CDU geschehe nur wenig Unrecht, wenn man sie »als gemäßigt sozialdemokratisch« bezeichnet, schrieb später, im Frühjahr 1983, der stets zum geistvollen Nörgeln disponierte Johannes Gross über diese Partei, nachdem ihr Helmut Kohl schon über zehn Jahre hinweg zusehends den Stempel seines Wollens aufgeprägt hatte.[22] Sein Profil in der Wirtschafts- und Sozialpolitik unterschied sich von den Sozialdemokraten des rechten Parteiflügels viel weniger, als die lauten Kontroversen glauben machen sollten. Zugleich stand er übrigens mit seinen Vorstellungen von Rechts- und Bildungspolitik den auf die Bürgerrechte abonnierten Liberalen näher, als das manchen in der CDU oder gar in der CSU lieb war.

Im Unterschied zu den Sozialdemokraten hatte die CDU keine Probleme mit der Kernenergie, fanden sich doch in ihren Reihen fast keine Kernkraftgegner. Aber wie es der Zufall wollte, war Herbert Gruhl, ökologischer Vordenker der grünen Bewegung, ein gestandener CDU-Mann und seit 1969 Mitglied der CDU/CSU-Fraktion. 1975 erschien von ihm die Studie *Ein Planet wird geplündert*.[23] Sie wurde rasch zum

Kultbuch. Nur erwies sich Gruhl innerhalb der CDU als genausowenig pflegeleicht wie Erhard Eppler in der SPD, und so kam es, daß er 1978 zu einem Gründer der »Grünen« wurde. Helmut Kohl hat in den *Erinnerungen* einige Krokodilstränen vergossen, die Verantwortung für die diesbezüglichen innerparteilichen Kräche aber der CDU Niedersachsen zugeschoben, doch auch eine gewisse Selbstkritik geübt: »Ich gebe zu, daß wir und allen voran ich selbst damals den Fehler machten, Gruhls umweltpolitische Visionen nicht stärker bundespolitisch zu nutzen.«[24]

Aber das sind weise Nachgedanken, die sich in Memoiren gut ausnehmen. Bei seinem Abwehrkampf gegen Franz Josef Strauß und Gerhard Stoltenberg, die beide sehr prominente Vorkämpfer der Kernkraft waren, hütete sich Kohl natürlich, zu den ohnehin schon gegebenen Differenzen durch Duldsamkeit gegenüber dem als Querkopf verschrienen Gruhl noch ein weiteres Faß aufzumachen. Auch unter parteistrategischen Gesichtspunkten schien der Aufwuchs einer grünen Partei aus Sicht der CDU anfangs nicht unvorteilhaft: Sie zog der SPD potentielle junge Mitglieder ab, aber zunehmend auch Wähler. Bei den Landtagswahlen, in denen sich die Grünen emporkämpften, versprach das einigen Nutzen. Bedenklich wurde die neue Partei erst, als Koalitionen – wie erstmals 1985 in Hessen – von SPD und Grünen möglich wurden.

Ähnlich stabil erschien die CDU in dem turbulenten Jahrzehnt, als ausländische Beobachter die Bundesrepublik auf dem Weg zu quasi-neutralistischen Positionen vermuteten. Anfangs achtete die Öffentlichkeit nicht besonders auf Kohls außenpolitische Positionen. Tatsächlich war er aber in diesen Fragen ein Überzeugungstäter. NATO-Treue und Begeisterung für »Europa« waren für ihn so selbstverständlich, wie dies einstmals für das »ruhelose Reich« Wilhelms II. die naßforsche Weltpolitik gewesen war. Es war kein Zufall, daß er 1969 Walter Hallstein auf der Landeswahlliste von Rheinland-Pfalz den Weg in den Bundestag ebnete. *Der unvollendete Bundesstaat*, lautete der programmatische Titel, unter dem der erste Präsident der EWG-Kommission von 1958 bis 1968 (und auch, nicht ganz ohne Zutun Helmut Kohls, bis heute der einzige Deutsche in diesem Amt) sein politisches Konzept für Europa entwickelte.[25] Die langfristige Bedeutung dieser Programmschrift für Helmut Kohl und seine CDU kann gar nicht überschätzt werden. Bei der Entwicklung seiner föderalistischen Agenda wußte Kohl nicht nur die überwältigende Mehrheit von CDU und CSU hinter sich, sondern auch die großen Wählerheere. Jahr für Jahr erbrachten die Umfragen damals dieselbe positive Stimmung für die bisherige Europapolitik. Auf die von Allensbach gestellte Frage »Sind Sie dafür oder dagegen, daß sich die EWG zu einer politischen Gemeinschaft der Vereinigten Staaten von Europa weiterentwickelt?« antwortete im Jahr 1972 eine überwältigende Mehrheit von 73 Prozent aller Befragten, sie seien dafür.[26] Gegen Ende der turbulenten siebziger Jahre war die Zustimmung zu Europa mit 68 Prozent nur unwesentlich zurückgegangen.[27]

Im Vergleich damit waren die Zugehörigkeit zur NATO und die Einstellung zu den USA umstrittener. Aber auch diesbezüglich antworteten 1971 immerhin 71 Prozent, die Bundesrepublik solle weiterhin Mitglied der NATO bleiben, und 51 Prozent meinten: »Wir brauchen die Amerikaner«, die westeuropäischen Staaten allein könnten sich ohne sie nicht gegen den Osten behaupten.[28] Selbst im Juli 1983, als bereits Hunderttausende gegen die Stationierung amerikanischer Mittelstreckenraketen auf die Straße gingen, waren noch 47 Prozent der Befragten der Meinung, die Bundesrepublik Deutschland müsse weiterhin »eng an der Seite der USA stehen«. Immerhin plädierten jetzt schon ganze 31 Prozent für eine »Politik der Neutralität«.[29] Die NATO-Freunde in der Bundesrepublik waren allerdings eine »schweigende Mehrheit«, die sich nur gelegentlich zu Demonstrationen in Form von Treuegelöbnissen zu den USA bereitfand. Doch bei Bundestagswahlen zahlte sich die NATO-Treue noch aus, trotz der inzwischen eingetretenen Polarisierung.

Auch Kohls Einstellung gegenüber der Sowjetunion war durchaus mehrheitsfähig. Seine Wahl zum Parteichef der CDU fiel zeitlich mit dem großen Staatsbesuch Breschnews in Bonn zusammen. 51 Prozent der Befragten hielten diesen Besuch für »nützlich«, nur drei Prozent meinten »schadet eher«, doch siebzig Prozent hielten ein militärisches Gleichgewicht zwischen Ost und West weiterhin »für notwendig«.[30] Kohls diesbezügliche Maxime war die einer Mehrheit der damaligen Bundesbürger: Der Bär durfte um keinen Preis ins Haus gelassen werden, aber man durfte ihn auch nicht reizen. Wenn der getreue Schmidtianer Hans Apel später über die CDU seufzte, »fast alle sind wirklich Kalte Krieger; ihnen fehlt der Wille zur Entspannung«,[31] so traf diese Schelte nicht auf Helmut Kohl zu. Gegenüber den Satrapen Moskaus in der DDR, die er verachtete, beschränkte auch er sich, darin gleichfalls dem Mehrheitswillen entsprechend, auf die Forderung nach »menschlichen Erleichterungen« und hielt es für unklug, an dem spätsozialistischen Käfig DDR unvorsichtig zu rütteln. Doch zugleich achtete er auf die verfassungsrechtlichen Vorbehalte in der deutschen Frage. Vielleicht würden ja einmal bessere Zeiten kommen, wie vor ihm schon Adenauer gehofft hatte.

Schwer tat sich die CDU Kohls mit der Bewußtseinsveränderung bei jüngeren Wählern und im Medienbereich, die in den kritischen siebziger Jahren eingetreten war. Kohl, bisher ein Exponent des fortschrittlich-liberalen Parteiflügels, goutierte es nicht, wenn ihn SPD oder Grüne als Konservativen bezeichneten. Doch auf Zehntausende von Aktivisten der Anti-AKW-Bewegung, auf den linken Flügel der SPD oder auf die Grünen wirkte er bereits wie ein Fossil aus der Ära Adenauer. Hinsichtlich der zunehmend grassierenden Technikkritik, dem schleichenden Neutralismus oder dem Pazifismus waren seine Positionen in der Tat konservativ. Aber auch dabei kam ihm zugute, daß der zunehmend bedrängte Helmut Schmidt und die FDP Genschers noch dieselben Positionen verfochten. Selbstverständlich hütete er sich, mit dem oft zu hörenden Bonmot: »Die CDU ist die beste SPD, die es je gab«, offen zu werben, aber er dachte auch nicht daran, einem solchen Image allzu massiv entgegenzutreten.

Zu den Besonderheiten der siebziger Jahre gehörte nämlich auch das Parteiensystem, in dem sich Kohl seit einem Vierteljahrhundert so munter tummelte wie ein Fisch im Wasser. So instabil die Weltlage erschien, so viele Sorgen auch die Ökonomie verursachte, so beispiellos stabil waren in dieser Phase die Stärkeverhältnisse zwischen den Parteien. In den neun Jahren, in denen Kohl als CDU-Vorsitzender ins Bundeskanzleramt strebte, waren die Parteilager von CDU/CSU einerseits und der Sozialliberalen andererseits fast gleich stark. So betrug die sozialliberale Mehrheit beim Machtwechsel im Bund nur zwölf, 1976 gar nur zehn Mandate. Umgekehrt stützten sich die SPD/FDP-Regierungen in Niedersachsen 1970 und 1974 nur auf ein Mandat mehr, in Schleswig-Holstein verfügte die CDU Gerhard Stoltenbergs nur über eine Mehrheit von zwei Mandaten, und in Hessen hatten SPD und FDP auch nur vier Mandate »über den Durst«.

Boshafte Zungen sprachen von einem Dreieinhalb-Parteien-System, wobei mit der halben Partei die CSU gemeint war, die von der CDU als kleinere Schwester betrachtet wurde, während Strauß und Zimmermann der Auffassung zuneigten, es stünde mit der Bundesrepublik am besten, wenn der Schwanz mit dem Hund wedle. Doch bei einer gewissen Einigkeit und viel Glück konnten die Unionsparteien hoffen, knapp über die Hälfte der Sitze im Deutschen Bundestag zu erobern – eine aus heutiger Sicht ganz unglaubliche Stärke. Da die in die SPD geströmten Achtundsechziger die Partei Willy Brandts und Helmut Schmidts seit den frühen siebziger Jahren mit der Beharrlichkeit von Überzeugungstätern geduldig nach links bewegten, konnte Kohl auf zweierlei hoffen: auf das Unbehagen vieler fortschrittlicher Bürger und ins Bürgertum aufgestiegener Facharbeiter gegenüber der Linksverschiebung der SPD, andererseit darauf, daß die FDP früher oder später den irrenden Partner verlassen würde. Je mehr Erfolg CDU und CSU in den Ländern hatten, um so stärker geriet das sozialliberale Bündnis unter Druck. Desgleichen war die Furcht in der Wählerschaft vor dem Terrorismus der RAF mit ihrer breitaufgestellten linksradikalen Sympathisantenszene gleichfalls Wasser auf die Mühlen von CDU und CSU. Mittelfristig berechtigte diese Parteienkonstellation aus Sicht Helmut Kohls somit zu schönen Hoffnungen, die leider durch die Zerwürfnisse mit der CSU empfindlich eingeschränkt wurden.

Tatsächlich artikulierten sich in dem Krisenjahrzehnt der siebziger Jahre die dynamischsten Kräfte aber bei der außerparlamentarischein Alternativbewegung, die ihrer ökologischen, antikapitalistischen und pazifistischen Agenda folgte, dabei zusehends die SPD erfaßte und zu einer Bewußtseinsveränderung führte, die in weite Bereiche der Gesellschaft ausstrahlte. Die neue Bewegung konnte sich dabei auf die öffentlich-rechtlichen Sender von ARD und ZDF verlassen, die Woche für Woche Bilder von jeder größeren und kleineren Demonstration in Millionen von Wohnzimmern lieferten.

Die verunsicherte Republik[32] lautete 1979 die Lagebeurteilung des ursprünglich linksliberalen Politikwissenschaftlers Kurt Sontheimer, dessen Bücher in den siebziger Jahren wie eine Wetterfahne das Wehen des Zeitgeistes anzeigten. 1983, die FDP hatte kurz zuvor den Wechsel vollzogen und Helmut Kohl mit beträchtlicher Mehrheit die Bundestagswahl 1983 gewonnen, ließ Sontheimer dem eine neue Studie folgen, betitelt *Tendenzwende?*.[33] Seine These war ebenso einfach wie plausibel. In den Unsicherheiten der Krise habe sich der Zeitgeist »gewissermaßen gespalten: Auf der einen Seite wirkte er in einer radikal zivilisations- und demokratiekritischen Ausprägung fort in der Ökologie- und Friedensbewegung, die auch in Teilen der alten sozialliberalen Koalition zu finden war. Auf der anderen Seite gewannen mehr und mehr diejenigen Tendenzen an Gewicht, die im Angesicht einer sich verstärkenden wirtschaftlichen Unsicherheit und kulturellen Desorientierung auf die bewährten Denk- und Verhaltensmuster zurückgreifen wollten, die den demokratischen Konsens der bundesdeutschen Gesellschaft bis weit in die sechziger Jahre hinein geprägt hatten.« Als Indiz der konservativen Tendenzwende betrachtete Sontheimer »das schier unaufhaltsame Vorrücken der konservativen CDU/CSU in den Bundesländern und Gemeinden«, einmündend in den »triumphalen Wahlsieg der neuen bürgerlichen Parteienkoalition am 6. März 1983«.[34] Was vielen als »Tendenzwende« erschien, sei nur eine Rückkehr zu bewährten politischen Positionen, die eine Wählermehrheit weiterhin für wünschenswert halte. Das von Sontheimer hinter den Begriff »Tendenzwende« gesetzte Fragezeichen war jedoch vieldeutig. Man mochte nämlich ebenso herauslesen, daß die Krise doch die Realfaktoren, aber bei vielen Anhängern der Alternativpolitik auch das Bewußtsein verändert hatte. Aus heutiger Sicht wissen wir, daß beides die Innenpolitik der Ära Kohl und sogar die Jahre danach zutiefst bestimmte: die Fortschreibung des seit dem Ende des Booms in Frage gestellten Wohlfahrtsstaats und die Bewußtseinsveränderung in Teilen der Wählerschaft durch grüne, pazifistische und neutralistische Überzeugungen.

1982/83 aber, als das Krisenjahrzehnt auslief, war Helmut Kohl, der als Bundeskanzler alsbald das Fähnchen »die Mitte« an den Mast nagelte, gewissermaßen der Mann der Stunde. Er wurde mitsamt seiner CDU gewählt, weil er für Positionen stand, die in den sechziger und frühen siebziger Jahren fortschrittlich waren, inzwischen aber vielen, die sich vor der Krise ängstigten, als konservativ galten. Konsolidieren sollte er, bitte, die Republik, aber nicht fundamental verändern! Spöttische Geister erkannten dies genau.

Als sich die »Wende« Anfang Oktober 1983 jährte, wurde dies von Johannes Gross in seiner Kolumne im *Frankfurter Allgemeine Magazin* wie folgt glossiert:

»Wenn eine neue Regierung antritt, alles neu machen will, aber die politischen Grundmuster der Vorgängerin übernimmt, erscheint das vordem Sozialliberale gemach als Mitte. Der Opposition, die offiziell auf Linkes verpflichtet ist, bleibt nicht viel anderes übrig, als weiter nach links zu rutschen. Das ist Kohls Meisterplan: die Roten an die Grünen schmieden und mit den Waffen aus dem eigenen Arsenal schlagen.«[35]

TEIL III

Ein mittelmäßiger Bundeskanzler?
(1982 – 1989)

Bundespräsident Karl Carstens präsentiert das neue Bundeskabinett,
4. Oktober 1982

Kohls Minister, die Regierungsparteien und die Regierungszentrale

Bei Überreichung der Ernennungsurkunde durch den Bundespräsidenten gibt Kohl im feierlichen Cut den Staatsmann, doch am Abend im Herrenhaus Buschholz fühlen sich die Familie und seine engste Entourage wieder an die fröhlichen Mainzer Zeiten erinnert. Am Samstagmorgen nach der Kanzlerwahl zeigt sich, daß in dem frischgewählten Bundeskanzler immer noch ein Stück des jungenhaften Ludwigshafener Riesen steckt, der kräftig zupackt und dem nichts schnell genug gehen kann. Nach kurzer Besichtigung des Bundeskanzleramtes trommelt er seine Söhne, den Fahrer »Ecki« Seeber und den engsten Kreis zusammen, um mit ein paar rasch organisierten Autos das Mobiliar aus dem Bundeshaus in das von Helmut Schmidt bereits leergeräumte Dienstzimmer des Bundeskanzlers zu transportieren. Das ist nicht staatsmännisch, aber praktisch, denn der Zeitplan des fliegenden Wechsels sieht vor, daß ab sofort regiert werden muß. Schon am Montagmittag, drei Tage nach der Kanzlerwahl, erhalten die neuen Minister ihre Ernennungsurkunden.

Kohls erstes Kabinett ist genauso improvisiert wie das Konzept zum Umsteuern in der Wirtschafts- und Sozialpolitik. Wie sich zeigen wird, bleiben die Inhaber der Schlüsselressorts aber fast durchweg bis 1988 und 1989 im Amt, manche auch länger. Gerhard Stoltenberg, in der schon sozialstaatlich verformten CDU der eigentliche Erbe Ludwig Erhards und neben Genscher und Blüm der wichtigste Minister in den Kabinetten Helmut Kohls, wird bis Frühjahr 1989 als Bundesfinanzminister amtieren und dann ins Verteidigungsministerium hinüberwechseln. Auch Friedrich Zimmermann, der mit den Linksliberalen im Bundesinnenministerium aufräumt, eine konservative Politik der inneren Sicherheit wenigstens ansatzweise durchsetzt und sich zugleich als Vorkämpfer einer modernen Umweltpolitik profiliert, kann sich bis zur großen Kabinettsumbildung im Frühjahr 1989 in diesem Amt halten und macht dann für Wolfgang Schäuble Platz, während er selbst bis 1990 das Verkehrsministerium übernimmt. Ausgerechnet Graf Lambsdorff, der die rasche Wende provoziert hat und im engen Zusammenwirken mit Stoltenberg den wuchernden Sozialstaat zurückstutzen möchte, muß wegen seiner Verwicklung in die Parteispendenaffäre bereits 1984 durch den gleichfalls wirtschaftsliberalen, umgänglichen, aber doch weniger zupackenden Martin Bangemann ersetzt werden.

Zum Kernbestand der Regierung Kohl gehört auch Norbert Blüm im Arbeits-
und Sozialministerium. Wie nicht anders zu erwarten, liegen der DGB und die IG-
Metall mit der Regierung Kohl in einem mal mehr, mal weniger erbitterten Dauerstreit, doch Blüm deckt beredsam, schlau, zäh, manchmal clownesk, im ganzen aber
mit großer politischer Durchschlagskraft und auf die sozialstaatliche Zitadelle des
Ministeriums für Arbeit und Sozialordnung gestützt bis zum Ende der Regierung
Kohl im Jahr 1998 die linke Flanke ab. Erst danach wird er sich von seinem Herrn
und Meister, der ihn lange ziemlich ungebremst schalten und walten ließ, aus Anlaß
der Parteispendenaffäre mit dem Eselstritt verabschieden.

Manfred Wörner ist in diesen Anfängen für das äußerst schwierige Ressort Verteidigung verantwortlich. Der Starfighter-Pilot und Oberstleutnant der Reserve ist
bei der NATO und bei der Bundeswehr von Anfang an viel wohlgelittener als bei
Helmut Kohl, mit dem er in den Oppositionsjahren des öfteren über Kreuz lag,[1] aber
er hält sich bis zur Wahl als Generalsekretär der NATO im Frühjahr 1988 und wird
in dieser Funktion bis zu seinem frühen Tod im Jahr 1994 weiterhin einen gewissen
Einfluß auf die Militärpolitik der Regierung Kohl ausüben.

Zu den Ministern, die ein gutes Jahrzehnt für die Modernität des Kabinetts
Kohl stehen, gehören Christian Schwarz-Schilling und Heinz Riesenhuber. In der
stark von Verwaltungsjuristen und Lehrern durchsetzten Unionsfraktion sind
sie Unikate: beide in der kämpferischen CDU Hessens verankert, beide konsequent
unternehmerisch orientiert, beide ausgewiesene Experten auf den Feldern der Zu-
kunftstechnologien, beide ungeduldige Modernisierer und zugleich mit langjähriger parlamentarischer Erfahrung, zuerst im Hessischen Landtag, dann im Deutschen Bundestag. Es spricht für Kohl, daß er diese von ihm ganz unabhängigen
Politiker nach vorn gebracht hat. Beide gehören dem Kabinett bis in die frühen
neunziger Jahre an. Schwarz-Schilling gelangt mit ausgereiften Vorstellungen zur
Gestaltung des Medienzeitalters ins Amt und zieht die Postreform durch. Riesenhuber setzt alles daran, die deutschen Defizite bei den modernen Technologien abzubauen.

Das Image der Regierung Kohl wird aber auch von Heiner Geißler bestimmt.
Wie Norbert Blüm steht er auf dem linken Flügel der Partei und ist im Amt des
CDU-Generalsekretärs seit längerem bemüht, die klassische Sozialpolitik zur fortschrittlichen Gesellschaftspolitik weiterzuentwickeln – moderne Jugendpolitik, öko-
logische Initiativen, Familienpolitik mit fortschrittlichem Touch sowie Frauenpolitik.
Auf seine Art ist er gleichfalls ein Modernisierer, wenngleich den Konservativen ver-
dächtig und von der SPD wegen seiner demagogischen Klappe gefürchtet. Kohl will
auch in diesem Bereich zeitgemäße Politik betreiben und holt ihn deshalb für drei
Jahre als Bundesminister für Jugend, Familie und Gesundheit ins Kabinett. Da das
Verhältnis zwischen den beiden seit 1977 auch stürmische Phasen aufwies, ist anzu-

nehmen, daß der Bundeskanzler seinen quirligen Generalsekretär in der Zucht des Kabinetts halten möchte.

Alles in allem weist das bei der Sturzgeburt der Regierung entstandene Kabinett also eine beträchtliche Dauerhaftigkeit auf. Es ist ungewöhnlich breit aufgestellt, viel breiter als beispielsweise die SPD-Mannschaft des letzten Kabinetts Schmidt, in dem in erster Linie die Anhänger des Kanzlers aus der Fraktion versammelt waren. Darüber, ob Kohl seine Kabinettsmitglieder gern ähnlich autokratisch ausgewählt hätte, läßt sich nur spekulieren. Tatsächlich sind seine Einflußmöglichkeiten auf die Zusammensetzung des Kabinetts stark eingeschränkt, weil er sich weder die Minister der FDP noch die der CSU aussuchen kann. Noch in den *Erinnerungen* wird er in Bezug auf die Kabinettsbildung 1982 ganz ungeschützt formulieren, offen sei die Frage gewesen, »wen die FDP zum Justizminister küren würde«.[2] Man muß sich das einmal auf der Zunge zergehen lassen: Nicht der Bundeskanzler, sondern die FDP »kürt« den Minister! Kohl muß sich im Grunde prinzipiell zur Übernahme der bisherigen FDP-Minister bereit finden, kann allerdings nach den Märzwahlen 1983 Josef Ertl durch Ignaz Kiechle von der CSU ersetzen, der nun für zehn lange Jahre bei der wie gewohnt hochkomplizierten EG-Landwirtschaftspolitik in Brüssel so geschickt operiert, daß Kohls weitmaschig angelegte Europapolitik flankiert wird, ohne daß dabei die deutsche Landwirtschaft unter die Räder gerät.

Genau besehen ist der tüchtige Kiechle allerdings nur möglich, weil die CSU ihn entsendet. Und daß Helmut Kohl 1982 der weiterhin prononciert sozialliberale Innenminister Baum erspart wird, hat er einerseits Franz Josef Strauß, andererseits Genscher zu verdanken. Um Baum zu verhindern, nimmt Strauß den etwas aus dem Ruder gelaufenen Friedrich Zimmermann in die Pflicht, der sich bereits auf der Hardthöhe als Herr über die Bundeswehr gesehen hat und auch von Kohl in dieser Funktion fest eingeplant war.[3] So macht in der FDP der ausgeglichene, auf den Koalitionsfrieden bedachte Hans A. Engelhard das Rennen. Er wird bis in die frühen neunziger Jahre als Bundesjustizminister amtieren. In Bonn ist es aber bald ein offenes Geheimnis, daß Engelhards bis 1991 parteiloser Staatssekretär Klaus Kinkel, ein ausgeprägt bürgerlicher Schwabe aus der Pflanzschule Genschers, die Justizpolitik weitgehend konzipiert. Die mehr konservativen Bataillone in der CDU und vor allem in CSU haben in den achtziger Jahren mit der FDP-Rechtspolitik einigen Ärger und beklagen, daß die Wende in diesem Bereich so sichtlich ausgeblieben sei. Dennoch sorgen diese personellen Entscheidungen, auf die Kohl letztlich aber keinen Einfluß hat, für eine gewisse Ruhe.

Auffällig ist es schon, wie wenige der CDU-Minister aus der eigentlichen »Truppe Kohl« kommen. Neben Blüm und Geißler ist das nur noch Dorothee Wilms. Sie erhält zunächst das Ressort für Bildung und Wissenschaft, wechselt später ins Ministerium für Innerdeutsche Fragen und bleibt im Kabinett Kohl acht Jahre auf

Deck. Daß Kohl bis Ende der achtziger Jahre nur auf wenige aus der eigenen Anhängerschaft zurückgreifen kann, obschon er darauf seit Ende der sechziger Jahre hingearbeitet hat, dafür gibt es einleuchtende Gründe. Zum einen sind Wolfgang Schäuble, Volker Rühe, Rudolf Seiters, Friedrich Bohl, die seiner späteren Amtszeit das Gepräge geben, für damalige Vorstellungen schlicht und einfach noch zu jung. Die Zeit, da man in der CDU schon mit 32 Jahren ins Bundeskabinett geholt wird, ist noch fern. Ein anderer Grund ist betrüblicher: 1982 ist Kohl bereits mit verschiedenen starken Figuren seiner Anfänge – Richard von Weizsäcker, Kurt Biedenkopf – zerfallen. Ernst Albrecht in Niedersachsen und zeitweilig auch dem CDU-Schatzmeister Leisler Kiep, beide von Anfang an ziemlich eigenständige Leute, traut er nicht mehr so recht über den Weg. Und überdies dürfen bei der Kabinettsbildung die Erwartungen gewichtiger Landesverbände der CDU nicht ganz unter den Tisch fallen.

Wenn sich ungeachtet der heterogenen Zusammensetzung im Kabinett Kohl, anders als beispielsweise zwischen CDU, CSU und FDP nach dem Comeback 2009, rasch ein vernünftiges Arbeitsklima herausbildet, so hat das sicher viel mit seinem Führungsstil zu tun, der Entschiedenheit mit pfälzerischer Umgänglichkeit verbindet. Sehr wichtig ist, daß Kohl mit Genscher und ebenso mit Mischnick seit langem ein gutes Arbeitsverhältnis unterhält, das trotz der in Koalitionen üblichen Reibereien während der ganzen achtziger Jahre Bestand hat. Viel trägt zum Klima aber auch die politische Konstellation bei. Zum Glück für Kohl haben sich FDP und SPD schon vor dem Koalitionsbruch tüchtig auseinandergelebt, die »Verrats«-Kampagne tut ein Übriges, und der sozialliberale Flügel hat nach der Wende die FDP größtenteils verlassen. Von den profilierten Sozialliberalen bleiben nur Gerhart Baum, Burkhard Hirsch und Hildegard Hamm-Brücher. Die FDP muß vorerst kleine Brötchen backen. Der Rückweg zu der zunehmend linksverschobenen SPD, die mehrheitlich ein Bündnis mit den Grünen anstrebt, erscheint erst in den frühen neunziger Jahren wieder denkbar.

Aber auch die CSU-Landesgruppe und deren Minister sind pflegeleichter geworden. Seitdem Franz Josef Strauß 1980 falliert hat, richten sich die Herren, sofern sie in einer CDU-geführten Regierung etwas werden wollen, wohl oder übel auf Helmut Kohl aus – sehr zum Verdruß des CSU-Vorsitzenden. Das gilt für Friedrich Zimmermann, es gilt für den protestantischen Franken Werner Dollinger, einen der Veteranen aus dem Kabinett Kiesinger, der jetzt Verkehrsminister wird, ebenso wie für den in Nürnberg domizilierten Oscar Schneider, der das ihm wie auf den Leib geschnittene Ministerium für Raumordnung, Bauwesen und Städtebau übernimmt. In den Jahren unmittelbar nach der Wende wird eine der Hauptaufgaben Schneiders darin bestehen, die Wohnungsbauförderung anzukurbeln, um so die Binnenkonjunktur zu stärken. Er meistert dies gut, doch der Bundeskanzler schätzt auch, daß dieser humanistisch gebildete CSU-Minister Sinn für die Kohlschen »Hobby-Pferdchen« hat, wie Spötter das nennen: das Haus der Geschichte in Bonn, die Kunst- und

Ausstellungshalle an der Bonner Museumsmeile und das Deutsche Historische Museum in Berlin.

Von Vorteil für das Arbeitsklima in den ersten Kabinetten Kohls erweist sich auch, daß die CSU-Landesgruppe jetzt von dem ausgeglichenen und ausgleichenden Theo Waigel geleitet wird. Waigel, der in der CSU über eine gewisse Machtbasis verfügt, aber nicht zum engsten Umfeld von Franz Josef Strauß gehört, der Landwirtschaftsminister Ignaz Kiechle sowie der Entwicklungsminister Jürgen Warnke befinden sich als Kabinettsmitglieder im Bannkreis des Bundeskanzlers, müssen aber peinlich darauf bedacht sein, nicht in offenen Gegensatz zum eigenen Parteivorsitzenden zu geraten. So fällt es Kohl leichter als zuvor, den CSU-Vorsitzenden in Schach zu halten, andererseits legt die stete Rücksichtnahme auf die Eigenwilligkeit von Strauß und indirekt auch der CSU-Minister seiner Neigung zu autokratischem Regieren Zügel an.

Damals wie später interessiert sich eine aufmerksame Öffentlichkeit herzlich wenig für Parteiprogramme, Wahlprogramme oder im Bundestag vorgetragene Regierungserklärungen. Von Interesse sind in erster Linie die konkrete Gesetzgebung und die Persönlichkeiten im Kabinett. Profil hat nicht der Bundeskanzler allein, sondern auch die gewichtigen Kabinettsherren – Stoltenberg, Genscher, Zimmermann, Blüm, Schwarz-Schilling, Riesenhuber und auch Geißler. Auf den Feldern der Wirtschafts-, Sozial- und Haushaltspolitik ist die personelle Spannbreite so augenfällig, daß die Flagge »Koalition der Mitte«, die Kohl über seinem Staatsschiff aufzieht, seine Absichten durchaus trifft, aber so umständlich ist, daß sie sich nicht einbürgert. Überhaupt findet niemand einen Begriff, der so eingängig wäre wie einstmals »sozial-liberal« für die jetzt gescheiterte Koalition von SPD und FDP. »Christlich-liberal«, »schwarz-gelb« – nichts paßt so richtig, auch nicht das von der FDP bevorzugte Etikett einer Regierung »Kohl-Genscher« oder gar das vielen Sozialdemokraten und Gewerkschaftern liebe Schlagwort von den »Konservativen«. Die neue Koalition wird sechzehn Jahre lang halten, ohne jemals einen packenden und allgemein anerkannten Namen zu finden. Erst nach ihrem Ende setzt sich eine plausible Bezeichnung durch: die Ära Kohl.

Von Anfang an praktiziert Kohl im Kabinett einen Führungsstil, an dem sich bis 1998 nicht viel ändert. Er wickelt die Kabinettssitzungen zügig ab, auch gut präpariert. Beim Vergleich mit den Kabinettsrunden bei Brandt oder Schmidt meint Genscher, die Bedeutung der Zusammenkünfte sei, »glaube ich, in der Ära Kohl die geringste« gewesen.[4] Generell kommen nur Punkte auf die Tagesordnung, über die im vorweg schon Einigkeit erzielt wurde. Zeigen sich während der Sitzung Differenzen, wird das Thema zur weiteren Beratung rasch abgesetzt.

Mit gewichtigen Fragen, die zwischen den Parteien strittig sind, befaßt sich der Koalitionsausschuß. Dort nimmt sich der Regierungschef Zeit. »Kohl gab sehr viel

Raum zur Diskussion in den Koalitionsgesprächen und führte eben auch sehr viel Einzelgespräche«, erinnert sich Genscher. Was in den Koalitionsrunden im einzelnen diskutiert wird, läßt sich nachträglich nicht mehr genau rekonstruieren, da kein verbindlich vereinbartes Protokoll geführt wird. Manches bleibt naturgemäß auch in der Schwebe. Die anwesenden Mitarbeiter notieren die Ergebnisse und vergleichen die Notizen erforderlichenfalls untereinander. Die eigentliche Präzisierung der Kabinettsagenda erfolgt in der Staatssekretärsrunde, die am Montagnachmittag tagt, während das Kabinett am Mittwochmorgen zusammenkommt. Kohl selbst regelt alsdann noch vieles in bilateralen Gesprächen oder durch Telefonate. Seit den Mainzer Zeiten hat er sich nicht geändert. Er ist und bleibt ein »Kontroll-Freak« – »immer mißtrauisch, wie das ja überhaupt seine Wesensart war, besorgt, daß er nicht alles erfährt«,[5] formuliert das im nachhinein Klaus Kinkel, der ihn lange genug studiert hat. Im allgemeinen läßt er seinen Ministern aber Spielraum, vor allem jenen Ressortchefs, die mit technisch und juristisch verwickelten Fragen zu tun haben, was ihm eher fremd ist. Bei Angriffen stellt er sich prinzipiell hinter seine Minister aus der Union, will allerdings über alles präzise informiert sein, wird rasch nervös, wenn sich die Presse auf ein Kabinettsmitglied einschießt, und macht dann nach Art jedes Regierungschefs auch Rückzieher. Am gründlichsten stimmt er sich in allen Fragen mit Genscher ab, sei es in den häufigen Unterredungen, sei es in fast täglichen Telefonaten.

Obschon sich Kohl von Ministern umgeben sieht, die mehrheitlich den kleineren Koalitionspartnern angehören, braucht er sich um die eigene Machtbasis in der CDU vorerst keine großen Sorgen zu machen. Schon immer hat er es verstanden, auf den Parteitagen und im Parteivorstand Mehrheiten hinter sich zu bringen. Daß sich das nicht ändert, nachdem er die Partei wieder an die Macht zurückgeführt hat, versteht sich von selbst. Da Stoltenberg loyal zu ihm steht, kann sich in den norddeutschen Landesverbänden keine Opposition herausbilden. Die schwer kontrollierbaren Landesverbände Rheinland und Westfalen werden mit zweitrangigen Kabinettsposten abgespeist. Rainer Barzel kann 1982 nochmals für wenige Monate in sein einstmaliges Ministerium zurückkehren, das er unter dem Namen Bundesministerium für Gesamtdeutsche Fragen zu Zeiten Adenauers kurzfristig innehatte und aus dem nach Akzeptanz der Zweistaatlichkeit das ziemlich einflußlose Bundesministerium für Innerdeutsche Fragen geworden ist. Schaltstelle für die operative Deutschlandpolitik ist seit den Tagen Willy Brandts das Bundeskanzleramt. Im Frühjahr 1983 wird Barzel durch Heinrich Windelen ersetzt, den Vorsitzenden des Landesverbands Westfalen. Barzel darf bis zu seinem Sturz im Jahr 1985 als Bundestagspräsident amtieren. Doch auch das ist nur ein Trostpreis. Unter Helmut Kohl kommt er auf keinen grünen Zweig mehr.

Vom Kabinett abgesehen sind Kohls wichtigste Steuerungsinstrumente die CDU/CSU-Fraktion, die CDU-Bundesgeschäftsstelle im Adenauer-Haus und das

Auf der Regierungsbank, 1982 und 1984

CDU-Präsidium. Was die Fraktion angeht, hat Helmut Schmidt seinem Gegner Helmut Kohl ungewollt einen großen Dienst erwiesen. Nachdem die FDP-Minister am 17. September aus Schmidts Kabinett ausgeschieden waren, hatte die SPD, wie erinnerlich, bei der Hessenwahl am 26. September eine »Verrats«-Kampagne inszeniert, die Freien Demokraten auf 3,1 Prozent heruntergedrückt und so den Ansturm Alfred Dreggers auf das Amt des hessischen Ministerpräsidenten abgewehrt. Obschon er die hessische CDU hochgebracht hat, bleibt Dregger also auch bei seinem letzten Anlauf der Erfolg versagt. Während der endlich ins Bundeskanzleramt gelangte Helmut Kohl triumphiert, hat Dregger, lange Jahre hindurch ein Wortführer der Konservativen in der CDU, nach dieser Niederlage politisch nicht mehr viel auf die Waage zu bringen. Resigniert gibt er den Landesvorsitz der hessischen CDU an den Oberbürgermeister von Frankfurt, Walter Wallmann, ab und muß heilfroh sein, daß Kohl ihm die Führung der CDU/CSU-Fraktion läßt.

Ende September 1982, als Kohl alle Hände voll mit der Vorbereitung seiner Kanzlerschaft zu tun hatte, ist Dregger offenbar die handstreichartige Eroberung des Fraktionsvorsitzes gelungen. Unmittelbar nach dem Debakel in Hessen hat er den Anspruch erhoben: »Ich möchte Fraktionsvorsitzender werden!« Bei seinen Fraktionskollegen ist das Mitleid mit dem vom Pech verfolgten Dregger groß, und Kohl, der momentan keine Alternative zur Hand hat, kann dies dem verdienten Kämpen nicht abschlagen. Carl-Otto Lenz, damals in einer Spitzenposition im Fraktionsvorstand, glossiert das später ironisch: »Ich bin davon überzeugt, also ich schwöre jeden Eid, daß das Kohl überhaupt nicht gepaßt hat … Das war meiner Meinung nach nicht abgesprochen, sondern das war ein regelrechter Staatsstreich.«

Als Fraktionschef ist Dregger dann aber ein Vorbild an Loyalität. Wenn er mit dem Bundeskanzler in einer Frage uneins ist, trägt er die Differenzen unter vier Augen aus und verhält sich ansonsten, alter Soldat, der er ist, diszipliniert wie ein

Oberst gegenüber dem kommandierenden General. Die Loyalität geht jedoch nicht so weit, daß er gegebenenfalls bei der Presse nicht insgeheim Stimmung macht. Dem eben erwähnten Carl-Otto Lenz ist aus einer Unterredung mit dem Kanzler dessen Ausspruch in Erinnerung geblieben: »Ich darf Dregger nichts sagen, sonst steht es morgen in der *Welt*.«[6]

Kohl hat aber Sorge getragen, in der Fraktion eigene Anhänger in Stellung zu bringen. Anstelle von Philipp Jenninger, der jetzt als Staatsminister ins Bundeskanzleramt wechselt, erhält Wolfgang Schäuble – natürlich durch Wahlakt der Fraktion legitimiert – die Schlüsselposition des ersten Parlamentarischen Geschäftsführers. Er gilt hinfort als Kohls kommender Mann. Doch er ist nur einer von mehreren Kohl-Vertrauten in Schlüsselpositionen, so daß der Kanzler der eigenen Fraktion ebenso sicher sein kann wie zuvor schon des CDU-Vorstands.

Auch die Parteiorganisation ist auf längere Zeit ruhiggestellt. Zum jeweiligen Generalsekretär herrscht das übliche Spannungsverhältnis – so war es bei Biedenkopf, der prononciert wirtschaftsliberaler dachte als sein Parteivorsitzender, und so ist es nun bei dem gesellschaftspolitisch sehr fortschrittlichen Geißler. Nachdem Kohl Bundeskanzler geworden ist, sind Geißler die Flügel aber doch etwas gestutzt. Er läßt es zwar nie an eigenen Initiativen und an Widerspruch fehlen, die regelmäßig bei CSU und FDP Mißfallen erregen, muß aber doch Vorsicht walten lassen.

Im Parteipräsidium sitzt der neue Bundeskanzler vorerst gleichfalls bombenfest im Sattel. Das Präsidium ist, so läßt sich aus größerem Abstand erkennen, »eine wichtige Clearingstelle für Streitfragen«, aber kein »echtes Entscheidungszentrum«.[7] Selbstverständlich bleiben die hier versammelten Ministerpräsidenten allesamt eigenwillige Diven, und Kohl weiß, daß sich bei ihnen Abfallgelüste regen, wenn die Ergebnisse bei Landtagswahlen sowie die Umfrageergebnisse allzu tief in den Keller rutschen. Doch bis zur nächsten Bundestagswahl kann ihm niemand gefährlich werden.

Der stärkste unter den Länderchefs ist Lothar Späth, der für die CDU in Baden-Württemberg 1980 und erneut 1984 die absolute Mehrheit erringt und selbst in dem kritischen Jahr 1988, als sich die CDU bundesweit auf Talfahrt befindet, immer noch 49 Prozent holt. Späth ist selbstbewußt und spöttisch, fährt Kohl bei den Sitzungen auch öfters in die Parade, wächst aber erst zum echten Rivalen heran, als der Stern Kohls 1988 und im Frühjahr 1989 allmählich erlöscht. Albrecht hält sich gleichfalls zurück. Bernhard Vogel gehört durchgehend zu Kohls verläßlichen Helfern. Seitdem Dregger in Hessen durch Walter Wallmann im Parteivorsitz abgelöst worden ist, kann sich Kohl auch auf diesen sehr aktiven Landesverband einigermaßen verlassen. Wallmann macht das als unregierbar geltende Frankfurt zur strahlenden Metropole und beweist einer überraschten Öffentlichkeit, daß die CDU als konservative Großstadtpartei zu reüssieren vermag. In der hessischen CDU gehört er zu den Anhängern Kohls, der ihn denn auch 1986 in der Stunde der Not nach der Atomkatastrophe von Tschernobyl als Minister für das neuerrichtete Ministerium für Umwelt, Naturschutz und Reaktorsicherheit ins Kabinett bittet. Von Wallmann ist somit nichts zu befürchten. Auch die Landesverbände Rheinland und Westfalen spuren erwartungsgemäß, nachdem Biedenkopf im Amt des Oppositionsführers in Düsseldorf erfolglos blieb – und das nicht ganz ohne Kohls Zutun.[8] Dem zum Kanzler avancierten Kohl gelingt es lange Zeit, die Größen im Unionslager hinter sich zu bringen oder wenigstens offenen Dissens zu vermeiden. Daher kann ihm auch aus dem breitgelagerten Parteivorstand keine Gefahr erwachsen, zumal dieser mehrheitlich mit seinen Anhängern besetzt ist. Ein Bundeskanzler, der das Präsidium domestiziert hat und im Parteivorstand völlig unangefochten ist, braucht aber auch die Parteitage nicht zu fürchten.

Allerdings trifft Kohl in den Anfängen seiner Kanzlerschaft doch einige Personalentscheidungen, die ihm in den ersten Amtsjahren zu schaffen machen. Ausgerechnet bei einer der Positionen, die für die Steuerung des Regierungsapparats unentbehrlich sind und auf die er direkten Zugriff hat, tut er sich schwer. Es geht um den Chef des Bundeskanzleramts. Zu den vielen Problemen, die er geerbt hat, gehört nämlich der Umstand, daß das Bundeskanzleramt mit Beamten vollgepackt ist, die in den zwölf Jahren SPD-Herrschaft eingestellt wurden. Somit legt Kohl verständlicherweise viel Wert darauf, als Chef des Amtes einen Fachmann einzusetzen, dessen Loyalität über alle Zweifel erhaben ist. Er entscheidet sich für Waldemar Schreckenberger, Ordinarius an der Verwaltungshochschule Speyer, dessen Schwerpunkt neben der Rechtsphilosophie die Gesetzgebungslehre ist. Kohl kennt ihn seit der Schulzeit und hatte ihn in Mainz zum zweiten Mann in der Staatskanzlei gemacht. Von 1976 bis 1981 festigte Schreckenberger, nunmehr die Nummer eins unter Bernhard Vogel, seinen guten Ruf. Jetzt wirbt Kohl ihn – wie zuvor schon Heiner Geißler – seinem Nachfolger ab, stellt ihn als beamteten Staatssekretär des Bundeskanzlers ein und überträgt ihm auch die Koordination der Geheimdienste, von denen Kohl damals wie später herzlich wenig hält. Zudem ernennt er seine erprobten Vertrauten Philipp Jenninger und Friedrich Vogel zu Staatsministern und den alten Berliner Freund Peter Lorenz zum Parlamentarischen Staatssekretär.

Nach zwei mühevollen Jahren muß Schreckenberger die Leitung des Bundeskanzleramts jedoch abgeben, denn er scheitert an dreierlei: Erstens ist er mit den administrativen und personellen Verästelungen des Bonner Betriebs nicht genügend vertraut. Zweitens trifft er im Bundeskanzleramt selbst und in der Fraktion auf Personen, die seit Jahren mit Kohl eng zusammenarbeiten und dem neuen Chef des Bundeskanzleramts naturgemäß kein Übermaß an Wohlwollen entgegenbringen. Drittens hat Schreckenberger, dem die Koordination der Ministerien obliegt, zu seinem Kummer über sich die Trinität der Parteivorsitzenden, die den Gang der Gesetzgebung periodisch auf ihren Elefantenrunden zu steuern suchen, und neben sich die Fraktionschefs mit ihren engsten Helfern. Nicht zuletzt scheitert dieser geduldige Helfer aber an Helmut Kohl selbst. Dieser regiert nicht wie der Manager eines Großkonzerns, sondern viel lieber nach Gutsherrenart wie zuvor schon in Rheinland-Pfalz. Doch Bonn ist komplizierter. Immer wieder versichern frühere Mitarbeiter in Interviews, Kohl habe nach Lust und Laune unter Umgehung der administrativen Hierarchien diesen oder jenen Sachbearbeiter herangezogen. Manchmal stört er die Abläufe auch durch höchst eigenwillige Eingriffe. Selbstverständlich fällt jede Panne oder Verzögerung, die der Chef durch seinen manchmal etwas chaotischen Arbeitsstil verursacht, dem Chef des Bundeskanzleramts auf die Füße.

Unbeabsichtigt, aber unvermeidlich untergräbt Kohl zudem die Autorität seines höchsten Beamten, indem er ihn vor Dritten wie einstmals auf dem Schulhof »Schrecki« nennt. Eine gemütliche Unart, die man bei einem Ministerpräsidenten von Rheinland-Pfalz noch belächelt, darf sich ein Bundeskanzler nicht leisten. Derlei Vertraulichkeiten wirken im Kreis der geschliffenen Bonner Staatssekretäre tödlich und bieten auch den kritischen Journalisten Angriffsflächen. In diesen schwierigen Anfängen, als sich Kohl in die komplizierte Struktur des Regierungsapparats einarbeiten muß und natürlich hinlänglich viele Anfängerfehler macht, erinnert er damit an die eigene provinzielle Herkunft und weckt zugleich den Verdacht, hier werde ein großer Industriestaat Europas mit einigem Knirschen von Männern gesteuert, die eine Schulfreundschaft miteinander verbindet.

Wahrscheinlich hat Friedrich Zimmermann, ein kritischer Beobachter von Kohls Lehrjahren im Bundeskanzleramt, also recht, wenn er sich noch in seinen Memoiren darüber wundert, weshalb Kohl nicht den famosen Hans Neusel, den besten Beamten auf dem damaligen Bonner Parkett – so Karl Carstens –, zu seiner rechten Hand gemacht hat. Doch Kohl wünscht intelligente, aber von ihm abhängige Mitarbeiter und keinen ihm überlegenen Spitzenbeamten.[9] Vielleicht wäre die Pannenserie der ersten Jahre vermeidbar gewesen. So ist die Experimentierphase erst zu Ende, als der gewitzte, harte und auf dem Bonner Parkett allseits respektierte Schäuble im Herbst 1984 in die Rolle des Chefs vom Bundeskanzleramt einrückt.

Auffällig, doch nachvollziehbar ist der Verschleiß bei Kohls Pressechefs. Da er von Anfang an eher eine schlechte Presse hat und bei den großen ARD-Anstalten vielfach auf Ablehnung stößt, ist die Informationspolitik vordringlich. Den getreuen und längst unentbehrlichen Eduard Ackermann kann er aber nicht einfach als Leiter des riesigen Bundespresseamts einsetzen. So macht er ihn zum Abteilungsleiter für Kommunikation, Dokumentation und politische Planung und beruft an die Spitze des Bundespresseamts den führenden Wirtschaftsjournalisten der *Zeit*, Dieter Stolte. Der hat sich bei dem Hamburger Wochenblatt, vielfach im Gegensatz zur politischen Redaktion, als Wirtschaftsliberaler profiliert. Kohl hofft, über Stolte auf die ihm gegenüber weitgehend negativ eingestellte Hamburger Presselandschaft einwirken zu können, möchte aber in diesen Monaten der Wende auch ein Zeichen für den neuen Stil seiner Wirtschaftspolitik setzen. Doch Stolte hat noch nie einen großen Apparat geleitet und erkrankt zudem schwer, so daß für diese entscheidend wichtige Position rasch eine neue Lösung gefunden werden muß.

Im Bundespresseamt beginnt jetzt für zwei Jahre eine Art Spätblüte von Peter Boenisch. Der ehemalige Chefredakteur von *Bravo*, *Bild* und *Welt* ist bereits eine Legende. Lange Zeit war dieser Sohn einer Russin der Darling seines Verlegers Axel Springer, ist mit ihm aber fürchterlich zerfallen, weil er Helmut Schmidt für einen ganz passablen Bundeskanzler gehalten und dies auch geschrieben hat.[10] Einen solchen Typ, der glänzend und unterhaltsam auftritt, so denkt Kohl, liebt die Journaille, und er müßte geeignet sein, das von seinen Gegnern entworfene biedere Image des Bundeskanzlers aufzubessern. Das gestörte Verhältnis Boenischs zu Springer nimmt Kohl in Kauf. Er weiß, daß Springer, was immer er auch tut, nicht viel von ihm hält. Aber auch Boenisch ist keine Wunderwaffe. Noch bevor sich sein günstiger Einfluß auf die Presselandschaft voll auswirken kann, gerät er in eine Steueraffäre und muß zurücktreten.

Nun versucht es Kohl mit dem Fernsehjournalisten Friedhelm Ost. Dieser ist einem Millionenpublikum bekannt durch die Sendung »Wiso« beim ZDF, die er konzipiert und moderiert hat. Auch mit ihm hofft Kohl offensichtlich einen ökonomisch versierten Berater gefunden zu haben, der sein schlechtes Fernsehimage korrigieren kann. Ost erwirbt sich das Vertrauen Kohls, tritt auch in dessen innersten Kreis ein und wird sich bis zur Regierungsumbildung im Frühjahr 1989 halten. Im Hintergrund aber zieht während der gesamten achtziger Jahre der bei den Bonner Journalisten schon längst legendäre Eduard Ackermann seine Fäden.

Ackermann nimmt regelmäßig an der »Morgenlage« teil, von der es in Bonn heißt, dies sei Kohls »Küchenkabinett«. Den Kern dieser Beratergruppe bilden jene Getreuen aus der verschworenen Crew, die Kohl aus Mainz nach Bonn gefolgt sind, die in den Nöten der Oppositionsjahre den Glauben an ihn nicht verloren haben und weiterhin wachsam ihre Augen und Ohren überall haben. Über sie steuert er formell oder informell vieles im Bonner Regierungsapparat. Horst Teltschik gehört dazu, den Kohl zum Verdruß des Auswärtigen Amts, das eigentlich auf diese Position einen Anspruch hat, zum Leiter der Außenpolitischen Abteilung im Bundeskanzleramt macht. Ferner Juliane Weber, die Kohl trotz der Widerstände im Personalrat des Bundeskanzleramts zur Regierungsrätin ernennt und die weiterhin die Seele des Betriebs ist. Nur zwei Menschen, so wird ein Ausspruch Kohls kolportiert, wüßten alles über ihn, seine Frau Hannelore und Juliane Weber. Vom bisherigen Team ist auch Wolfgang Bergsdorf dabei, jetzt Abteilungsleiter für kulturelle Fragen im Bundesinnenministerium. Regelmäßige Teilnehmer der Runde sind darüber hinaus die jeweiligen

Pressesprecher, und später stoßen noch die Chefs des Redenschreiberteams im Bundeskanzleramt hinzu, erst Norbert Prill und dann Michael Mertes. Von ihnen allen wird strengste Loyalität erwartet, sie haben rund um die Uhr tätig zu sein, müssen hin und wieder auch die heftigen Zornesausbrüche Kohls aushalten, der dann genauso herumbrüllt wie der öffentlich stets so gelassen erscheinende Hans-Dietrich Genscher in seinem eigenen Beritt. Spätabends, wenn jedermann erschöpft ist, haben sich die Getreuen häufig um ihren obersten Kriegsherrn im Kanzlerbungalow oder beim »Italiener« zu versammeln, müssen dessen Monologe und Frotzeleien ertragen und ihn mit Details aus dem Leben und Treiben der Akteure im Bonner Polit-Zoo versorgen. Doch das Bewußtsein, zum engsten Zirkel der Macht zu gehören, entschädigt für vieles.

Der engste Kreis hält sich lange, auch das ein Beispiel für den ausgeprägt konservativen Arbeitsstil Kohls. Juliane Weber wird sechzehn Jahre hindurch zäh, wachsam, auch meist wohlgelaunt das Vorzimmer des Kanzlers beherrschen und dann bis zur Pensionierung das Berliner Büro des Ex-Kanzlers leiten. Auch an Ackermann, dessen Augenlicht zusehends schwächer wird, hält Kohl bis zu dessen Pensionierung im Jahr 1995 fest. Der zwei Jahrzehnte hindurch völlig unentbehrliche Teltschik wird sich erst 1991 nach den Jahren des Umbruchs verabschieden, um in der Wirtschaft eine neue Karriere zu beginnen.

Kontinuität ist auch in Kohls Familienleben zu beobachten, als die Kanzlerjahre beginnen. An einen Umzug von Ludwigshafen nach Bonn ist schon aufgrund der beengten Verhältnisse im Kanzlerbungalow überhaupt nicht zu denken. Der berühmte, von Sep Ruf unter Ludwig Erhard errichtete Repräsentationsbau gehört zu jenen Werken, die ein gefragter Architekt zum eigenen höheren Ruhm errichtet, ohne viel Überlegung auf das Wohlbefinden der Bewohner zu verschwenden. Die Anlage, in der Kohl künftig empfängt oder Kriegsrat abhält, hat rund 800 Quadratmeter (ein winziger Swimmingpool inbegriffen), doch für die Familie des Bundeskanzlers sind nur 119 Quadratmeter Wohnfläche eingeplant. Oft hört man Kohl lästern, wenn seine inzwischen erwachsenen Söhne hier übernachten wollten, müßten sie auf Luftmatratzen schlafen. Immerhin hat das Ehepaar Kohl während der Arbeitswoche eine Unterkunft. Die Jahre im »Zigeunerlager« zu Bonn-Pech, über das Hanns-Martin Schleyer so sarkastisch gespottet hatte, sind vorbei. Kohl findet es durchaus angenehm, zu Fuß ins Bundeskanzleramt zu gelangen, und führt von nun an seine Staatsgäste gern durch die gutgesicherten Parkanlagen, um ihnen den Blick auf den Rhein zu zeigen. Aber der familiäre Lebensmittelpunkt bleibt Ludwigshafen. Wie bisher verläßt Kohl am späten Freitagnachmittag den Bonner Schreibtisch, um sich – nun im lärmigen Hubschrauber des Bundesgrenzschutzes – in die Heimat zu begeben.

Die psychische Belastung der Kanzlerfamilie durch die Sicherheitsmaßnahmen und die ständige Bewachung kann schwerlich überschätzt werden. Der Naturbursche

Helmut Kohl ist ein Freiluftmensch, dem eigentlich nur so richtig wohl ist, wenn er stundenlang wandern oder sich zwanglos unter »de Lütt« mischen kann. Seitdem sich die Umtriebe der RAF intensiviert haben, ist er auf Schritt und Tritt von Leibwächtern umgeben. Genauso muß seine Familie aus Sorge vor Entführungen oder Anschlägen ständig bewacht werden. Hannelore Kohl leidet besonders darunter, auch als in den frühen achtziger Jahren eifernde Aktivisten der Friedensbewegung das Wohnhaus in Oggersheim belagern. Die Familie, so schreibt einer der Söhne viel später, »wurde einfach in Sippenhaft genommen«.[11]

So pendelt der Bundeskanzler ruhelos und jeglicher Privatheit beraubt zwischen Hochsicherheitstrakt und Hochsicherheitstrakt. Immerhin kann er sich in Ludwigshafen am Wochenende mit alten Freunden in der gleichfalls stark bewachten Sauna oder in einem seiner Lieblingsrestaurants austauschen. Bonn bleibt ihm unter diesen Umständen fremd. Anders als sein Vorbild Adenauer, der dort zu Hause war, gewinnt er zur Bundeshauptstadt kein inneres Verhältnis. Wer ihn genauer kennt, wundert sich wenig, als er sich im Frühjahr 1991 für die Rückverlagerung der Hauptstadt nach Berlin outet.

Glücklich davongekommen: die Neuwahlen am 6. März 1983

Im nachhinein klopften sich die Häuptlinge der Wendekoalition stolz auf die Schulter, wie klug sie es mit der vorgezogenen Bundestagswahl angestellt hätten. Dabei hatten sie sich in Wirklichkeit auf ein russisches Roulette eingelassen.

Noch Anfang Oktober 1982 ist nicht abzusehen, ob der gerade abservierte Helmut Schmidt nicht doch noch einmal antreten wird. Daß er ein beispiellos talentierter, ganz bedenkenloser Wahlkämpfer ist, hat er bei der Hessenwahl soeben erneut bewiesen. Bis zum heutigen Tag ist nicht ganz klar, ob Schmidt vielleicht nur deshalb aufgegeben hat, weil er gesundheitlich am Ende war. »Siehst Du eigentlich nicht, daß dieser Mann sehr krank ist? Er kann nicht mehr«, bekommt Hans Apel, einer der letzten Getreuen Helmut Schmidts, von seiner Frau zu hören, als er am 16. Oktober einen letzten Versuch unternimmt, Schmidt für die Neuwahl im März 1983 nochmals zur Spitzenkandidatur zu bewegen. Die Motive des gescheiterten Bundeskanzlers sind wohl gemischt. »Er will«, so sieht das Apel, »seinen guten Abgang nicht gefährden und sieht auch keine Chance, daß wir wieder Regierungsverantwortung übernehmen. Er denkt an die verbleibenden Jahre seines Lebens. Enttäuschung und Groll über Brandt kommen hinzu. Man erreicht ihn nicht mehr.«[1] So bleibt Kohl ein Gegner erspart, der ihn möglicherweise, mit welchen Mehrheiten auch immer, aus dem Sattel geworfen hätte. Die SPD ruft Hans-Jochen Vogel zu ihrem Kanzlerkandidaten aus.

Vogel ist kein ungefährlicher Gegner. Obschon der neue Bundeskanzler unablässig im Fernsehen erscheint, dauert es seine Zeit, bis er sich – so später die Wahlanalyse der SPD – als »Institution Bundeskanzler« etabliert hat.[2] Noch Anfang Februar 1983 liegen Vogel und Kohl bei der Frage nach den Kanzlerpräferenzen fast gleichauf. Erst ganz am Ende der heißen Wahlkampfphase öffnet sich die Schere zugunsten von Kohl.[3]

Da die Lage der Wirtschaft sich zusehends verschlechtert, besteht die Gefahr, daß in den fünf Monaten bis zur Wahl Helmut Schmidts Arbeitslose zu Helmut Kohls Arbeitslosen werden. Im September 1982 verzeichnet die Arbeitslosenstatistik 1 820 030 Langzeitarbeitslose, im Februar 1983 sind es 2 553 836, das sind 10,4 Prozent – der Höchstwert seit Bestehen der Bundesrepublik im Jahr 1949![4] Entsprechend düster ist die Stimmung. Kohl und der Wahlkampfstab im Adenauer-Haus entschließen sich deshalb zu einer »Aufschwung-Kampagne«. Die Hauptsorge in der Wählerschaft gilt nach wie vor der Arbeitslosigkeit. Da die Wirtschaftskompetenz der Union nach Ausweis aller Umfragen viel höher eingeschätzt wird als die der SPD, soll es gelingen, durch eine optimistische Lagebeurteilung und günstige Wachstumsprognosen die Hoffnung zu schüren, daß der erwartete wirtschaftliche Aufschwung auch die Arbeitslosigkeit mittelfristig zurückführt. Doch erst Anfang Februar werden die Umfragen erkennen lassen, daß Kohls Aufschwung-Kampagne eine Wählermehrheit überzeugt.[5]

In den Wochen nach dem Machtwechsel entfaltet dagegen die »Verrats«-Kampagne weiterhin ihre Wirkung. In Hamburg, wo am 19. Dezember gewählt wird, erringt die SPD mit 51,3 Prozent wieder die absolute Mehrheit. Die CDU verliert satte 4,6 Prozent, und die FDP erringt statt zuvor 4,9 nur noch 2,6 Prozent. Kieps Hoffnungen auf einen Ministerposten im Bund sind damit auf Dauer ruiniert. Für eine Reihe von Jahren installiert sich nun der flexible rechte Sozialdemokrat Klaus von Dohnanyi im Hamburger Rathaus, und in Kohls »Koalition der Mitte« hört man jetzt bereits das Totenglöckchen läuten. Die SPD unter dem Kanzlerkandidaten Hans-Jochen Vogel, jetzt wieder halbwegs unterstützt von den Gewerkschaften, sieht sich somit ermuntert, noch schriller als bisher mit den Slogans »Kaputtsparen« und »Umverteilung von unten nach oben« gegen die Regierung Kohl anzurennen. Der SPD-Wahlparteitag verschiebt die Entscheidung über die Nachrüstung auf den Herbst 1983, und Vogel entschließt sich, das Abgehen vom Konsolidierungskurs, auf den Schmidt 1981 eingeschwenkt ist, durch einen »Anti-Raketen-Wahlkampf« noch stärker zu betonen.

Ein Teil der Fernsehjournalisten und die linksliberale Presse liegen gleichfalls auf striktem Gegenkurs. In den CDU- und FDP-Gremien erregt man sich heftig über die Unausgewogenheit der E-Medien. Helmut Kohl befürchtet aber auch gefährliche Angriffe, die auf ihn persönlich gerichtet sind, und stimmt die Fraktion schon vor-

Am 5. Januar 1983, noch bevor der Bundespräsident eine Entscheidung
über die Auflösung des Parlaments getroffen hat, stellt die CDU vor dem
Konrad-Adenauer-Haus bereits das erste Wahlplakat auf.

sorglich auf eine »gewaltige Schlammflut« ein.[6] Nach Ernennung von Juliane Weber
zur Regierungsrätin im Bundeskanzleramt sind die seit Jahren umlaufenden Gerüchte über Kohls unsubstantiierte Ménage à trois beim *Spiegel* und beim *Stern* zu
pointierten Artikeln gegen den CDU-Vorsitzenden aufbereitet worden, der stets so
penetrant von Familie, Werten und anderem spreche.[7] In der aufgeheizten Atmosphäre könnten derartige Enthüllungen, ganz gleich ob sie substantiierbar sind oder
nicht, das Ansehen Kohls nachhaltig erschüttern. Zu seinem Glück entscheiden dann
die Chefredakteure, sich wie bisher an den Grundsatz zu halten, das Privatleben
politischer Größen strikt zu tabuisieren. Doch auch die Parteispendenaffäre köchelt
bereits und bedroht vor allem Graf Lambsdorff.

Besonders kritisch in diesen labilen Wochen ist die Frage, ob sich Bundespräsident Carstens überhaupt zur vorzeitigen Auflösung des Bundestags nach

Artikel 68 GG bereit finden wird. Kohl verläßt sich diesbezüglich auf den Rechts-rat Waldemar Schreckenbergers, der ihm auseinandergesetzt hat, die vorzeitige Neuwahl sei verfassungsrechtlich in Ordnung.[8] Doch es gibt auch andere Rechts-auffassungen. So verzichten Kohl und Genscher vorsorglich darauf, den entschei-den-den Punkt »vorgezogene Neuwahlen« im Koalitionsvertrag anzuspre-chen. Sollte der Streitfall beim Bundesverfassungsgericht landen – wozu es dann auch kommt –, könnte jede ungeschützte Formulierung die Pläne zum Kippen bringen.

Tatsächlich hat Carstens größte Bedenken. Ein guter Monat verstreicht nach der Regierungsbildung, bis Kohl endlich am 10. November ein Gespräch mit dem stark verschnupften Bundespräsidenten darüber führt. Dabei belehrt ihn dieser, daß er eine künstlich herbeigeführte Abstimmungsniederlage gemäß Artikel 68 für nicht ausreichend hält.[9] In den folgenden Wochen läßt Carstens Kohl zappeln und führt zahlreiche Gespräche, auch mit allen anderen Parteiführern. Zum Glück für Kohl hat sich die SPD schon in den Wochen der Wende gleichfalls auf den Neuwahl-Baum verklettert, so daß auch sie keine grundsätzlichen Einwände vorbringen kann. Schließlich gibt Carstens nach.

Das Bundesverfassungsgericht erklärt schließlich am 16. Februar – drei Wochen vor den vorgezogenen Neuwahlen – die vorzeitige Auflösung des Deutschen Bun-destags für rechtens, doch das bei drei abweichenden Sondervoten. Carstens hatte schon zwei Erklärungen vorbereitet, eine für den Fall eines positiven Entscheids, die zweite für ein negatives Votum. In diesem Fall wollte er den bereits aufgelösten 9. Bundestag wieder einberufen, zugleich aber seinen Rücktritt als Bundespräsident erklären.[10] Was aus Kohl bei einem durchaus möglichen ablehnenden Votum, gefolgt vom Rücktritt des Bundespräsidenten, geworden wäre, läßt sich leicht ausmalen. Doch dieser darf sich jetzt zufrieden zurücklehnen, denn er hat mit gewohnter Mas-sivität erst den Bundespräsidenten überrollt und anschließend auch noch das Bun-desverfassungsgericht. Jetzt muß er nur noch die Bundestagswahl gewinnen. In die-ser Hinsicht sieht es aber lange Zeit bedenklich aus.

Nach einem kurzen Hoch sind die Zustimmungswerte zur Wenderegierung wie-der zurückgegangen. Besonders bedenklich wird die Stimmung nach dem Wahl-debakel bei den Hamburger Bürgerschaftswahlen. Elisabeth Noelle-Neumann, auf deren Zahlen Kohl vertraut, registriert im Januar 1983 einen Rückgang der CDU von 51,1 auf 49 Prozent. In Bundestagssitze umgerechnet müßte das reichen, doch noch sind es zwei lange Monate bis zum Wahltag. Ein kritischer Punkt in der Rechnung ist die FDP. Seit November 1982 ist sie bei drei Prozent einbetoniert.[11] Nun sind auch in der CDU nicht wenige davon überzeugt, daß sich Kohl und Genscher mit ihrem Neuwahlkonzept auf ein Abenteuer eingelassen haben.

Seit 1979 hatte Allensbach auf die Frage: »Sehen Sie dem neuen Jahr mit Hoffnungen oder mit Befürchtungen entgegen?« einen ständigen Stimmungsabfall registriert. Urplötzlich aber erfolgt Weihnachten, in der letzten Woche des Jahres 1982, schlagartig eine Trendumkehr.[12] Der Optimismus kehrt zurück, und die Parole:»Dieser Kanzler schafft Vertrauen!« entfaltet ihre Wirkung. Kohls Besuche bei Mitterrand in Paris und bei Reagan in Washington, wo er überall sehr freundlich aufgenommen wird, überzeugen manche, daß der von seinen Gegnern jahrelang für »tumb« erklärte Pfälzer vielleicht doch nicht ganz unfähig ist. Fehler der SPD kommen hinzu. Manfred Lahnstein, Schmidts letzter Bundesfinanzminister, sorgt durch ungeschützte Bemerkungen von einer »Zinsbelastung« auf »Sparguthaben« für Aufregung bei den kleinen Leuten.[13] Auch der »Raketenwahlkampf« wirkt sich kontraproduktiv aus; er zieht nicht die SPD hoch, sondern die Grünen. Sehr ungünstig wirkt sich für die SPD dabei aus, daß Mitterrand am 20. Januar, mitten im Wahlkampf, vor versammeltem Bundestag in Sachen Nachrüstung und Gleichgewichtspolitik die Positionen der neuen Bundesregierung unterstützt.

Wie schon 1976 kümmert sich Kohl auch diesmal um jedes Detail der Kampagne selbst – um das Gesamtkonzept, um Werbemittel und Schwerpunkte der Wahlwerbung, um Plakate, Anzeigen und den Einsatz der finanziellen Ressourcen. In den kritischsten Tagen im Januar und Anfang Februar 1983 insistiert er unbeirrt auf dem Wahlkampfslogan:»Jetzt den Aufschwung wählen«. In dem Papierberg von Sitzungsprotokollen, Analysen, Aufträgen und Kostenberechnungen des Wahlkampfstabs um Geißler und den Bundesgeschäftsführer Radunski sind verschiedene seiner handschriftlichen Notizen bei den einschlägigen Sitzungen erhalten geblieben. Eine vom 21. Februar ist besonders charakteristisch:»Linie: nichts Aufgeregtes, klare ruhige Linie, unsere Kampagne ruhig zu Ende fahren ... Vordergrund: Aufschwung.«[14]

Die Zitterpartie endet am 6. März 1983 mit einem hohen Wahlsieg der Regierung Kohl. CDU und CSU kommen mit 48,8 Prozent ein letztes Mal in ihrer Parteigeschichte in die Nähe der absoluten Mehrheit. Völlig unerwartet rettet sich die FDP mit 7,0 Prozent, ein Teil davon »Leihstimmen« von der Union, über die Fünf-Prozent-Marke. Die SPD landet mit 38,2 Prozent weit abgeschlagen. Doch die Grünen gelangen mit 5,6 Prozent erstmals in den Bundestag.

Diesmal verursacht die Regierungsbildung keine großen Probleme. Um sein Gesicht zu wahren, stellt Strauß nochmals klar, er überlege, gegebenenfalls nach Bonn zu kommen. Doch er weiß genauso wie der jetzt so überzeugend bestätigte Bundeskanzler, daß sein Spiel längst ausgereizt ist. Kohl verweist darauf, daß er – leider, leider – den unentbehrlichen Stoltenberg als Finanzminister belassen muß und natürlich auch Genscher das Auswärtige Amt nicht wegnehmen kann. Sonst aber dürfe sich Strauß, bietet er höhnisch an, jedes Ministeramt aussuchen und die hohle Würde des Vizekanzlers dazu. Wohl wissend, daß auch die CSU-Landesgruppe inzwischen

dem neuen Herrn aus der Hand frißt, verzichtet Strauß dankend auf die ihm ange-
botenen Ämter und verbleibt als Ministerpräsident in Bayern. Erst jetzt hat die Ära
Kohl richtig begonnen.

Halbe Wende

Es hat sich eingebürgert, 1982 als das »Wendejahr« zu bezeichnen. Das ist nicht ganz
falsch. Beim damaligen Machtwechsel wird die künftige Koalitionspolitik festgelegt,
wenigstens in Umrissen. Doch ob sich die FDP bis zu den Neuwahlen wirklich aus
dem tiefen Loch emporarbeiten kann, bleibt unsicher. Immerhin sind wesentliche
Grundzüge der Wirtschafts- und Sozialpolitik der Regierung Kohl schon 1982 festgeklopft. Auch das Personaltableau des Kabinetts steht vorerst, freilich mit der Maßgabe, daß die Bundestagswahl so ausgeht, wie Kohl und Genscher sich das vorstellen.
Das eigentliche Schlüsseljahr ist aber 1983. Jetzt erst werden die Türen zu wichtigen
Entwicklungen geöffnet oder verschlossen.

Wie geschildert, entgeht Kohl bei der Bundestagswahl 1983 nur mit viel Glück
einer Katastrophe, die sich zwei, drei Monate zuvor angekündigt hatte. Gestützt auf
die Machtapparate einer Bundesregierung wird Kohl nun mindestens vier Jahre Zeit
haben, bis es politisch erneut um Kopf und Kragen geht. Allerdings schmilzt die neue
Mehrheit der Wendekoalition im Bund und in den Ländern rascher, als 1983 zu erwarten ist. Besonders in der ersten Jahreshälfte 1986 sieht es für die schwarz-gelbe
Bundesregierung recht kritisch aus. Die Koalition schafft es schließlich aber doch,
sich mit hinlänglicher Mehrheit über die Bundestagswahl im Januar 1987 hinwegzu-
retten. Ganz kritisch für Kohl wird es dann wieder im Frühjahr und im Sommer
1989, als ganz unerwartet das zweite »Wendejahr« eintritt.

Tatsächlich werden bei der Regierungsbildung vom März 1983 Pflöcke einge-
schlagen, die bis 1989 halten. Die FDP hat es mit hinlänglicher Mehrheit wieder in den
Bundestag geschafft, und damit sind die Grundbedingungen des Parteiensystems für
die kommenden anderthalb Jahrzehnte festgelegt. Von nun an werden die Freien Demokraten doch auch von den Zweitstimmen potentieller CDU-Wähler leben, so wie
sie das in den siebziger Jahren von Zweitstimmen aus dem Lager der SPD getan haben. Ein baldiger Schwenk ist nicht mehr möglich. Kein Wunder, daß bei den Freien
Demokraten mit Genscher, Bangemann, Lambsdorff und Kinkel Parteichefs amtieren,
die auf das Bündnis mit der CDU setzen. Auch im geschwisterlichen Spannungsverhältnis zwischen CDU und CSU ist mit dem Wahlausgang vom 6. März 1983 eine
definitive Klärung eingetreten. Von jetzt an hat Kohl die Bonner CSU-Ministerriege
und fast die gesamte CSU-Landesgruppe ziemlich sicher auf seiner Seite. Der mal
grollende, mal in Maßen loyale CSU-Vorsitzende Franz Josef Strauß in der bayeri-

Mit den Grünen im Bundestag,
29. März 1983

schen Staatskanzlei ist zwar nicht ganz marginalisiert, aber doch weitgehend. Nur Anfang 1987, als Kohl durch den Wahlausgang sichtlich geschwächt ist, kann Strauß noch einmal die Muskeln spielen lassen – mit sehr problematischen Auswirkungen auf die folgende Haushalts- und Sozialpolitik der Bundesregierung. Doch als er 1988 stirbt, wird die CSU endgültig im Bundestag ins »System Kohl« eingebaut.

Seitdem die Grünen 1983 mit immerhin 28 Männern und Frauen, wenngleich nur knapp über der Fünf-Prozent-Grenze, im Deutschen Bundestag vertreten sind, zieht Bundeskanzler Kohl auch großen Nutzen aus der Rivalität der beiden Linksparteien. Dort werden von nun an die Flügelkämpfe nie ganz aufhören. Innerhalb der SPD sorgt jetzt der Widerstreit zwischen Befürwortern und Gegnern des Konzepts Rot-Grün auf Bundesebene für einen Dauerkonflikt, und die Grünen werden intern permanent vom Streit zwischen »Realos« und »Fundis« in Atem gehalten. Von 1983 bis 1994 weichen viele der Mitte-Wähler, auf die Helmut Kohl sich stützt, wieder und wieder vor dem Schreckgespenst einer linken Mehrheit von Rot-Grün zurück. Kohls Kanzlerherrlichkeit geht erst zu Ende, als sich bei diesen Wählern die Auffassung durchsetzt, man könne sich ein solches Experiment doch einmal leisten, dies nicht zuletzt mit dem Ziel, den zu lang regierenden Kanzler Helmut Kohl endlich loszuwerden.

1983 ist das noch ferne Zukunftsmusik. Erschwerend wirkt sich jetzt bei der SPD aus, daß sie – ähnlich wie einstmals die CDU nach Adenauer und Erhard – nun den

Generationswechsel von Brandt und Schmidt zur Enkelgeneration zu vollziehen und deren Diadochenkämpfe zu bestehen hat. Die Kanzlerkandidaten Hans-Jochen Vogel und Johannes Rau werden dadurch lädiert. Der folgende Machtkampf zwischen Oskar Lafontaine, Rudolf Scharping und Gerhard Schröder gereicht der SPD gleichfalls nicht zum Vorteil. Bei den Sozialdemokraten läßt die Hoffnung auf eine Bundestagsmehrheit von Rot-Grün die Anhänger einer Großen Koalition (Schwarz-Rot) ebenso verstummen wie die Nostalgiker einer Sozialliberalen Koalition (Rot-Gelb). Desgleichen muß die CDU-Linke um Geißler und Blüm resigniert konstatieren, daß unter diesen Umständen die Koalition mit der prinzipiell wirtschaftsfreundlichen, antigewerkschaftlichen FDP ziemlich alternativlos ist.

Selbst auf den mit Fußangeln übersäten Feldern der Rechtspolitik (Eherecht, Paragraph 218, Asylrecht, Demonstrationsrecht, Kampf gegen die RAF, Kriminalitätsbekämpfung durch die Sicherheitsdienste) oder der Rüstungskontrollpolitik, auf denen sich Teile der CDU und noch mehr der CSU üblicherweise mit den Freien Demokraten kabbeln, erweist sich die Koalition mit der FDP als alternativlos. Die noch verbliebenen Sozialliberalen – Gerhart Baum, Burkhard Hirsch, Hildegard Hamm-Brücher – löcken zwar immer wieder gegen den Stachel, doch Genscher wie Lambsdorff wissen sich dieser Wendegeschädigten meisterlich zu bedienen, um zu signalisieren, die FDP sei nicht bloß eine Lobbypartei von Wirtschaftsinteressen. Alles in allem sind die Schnittmengen zur SPD – von den Grünen ganz zu schweigen – so klein, daß ein Koalitionswechsel nicht in den Karten ist.

Auch eine andere Grundgegebenheit künftiger Innenpolitik verfestigt sich nunmehr auf Dauer. Kohl verzichtet dankend darauf, die von Wirtschaftsliberalen angemahnte und, wie sich später zeigen wird, in der Tat dringliche Neuordnung der Wirtschafts- und Sozialpolitik anzupacken. Sozialpolitisches Tiefpflügen war nie sein Fall; dafür ist die Tradition des linken Zentrums in seinen politischen Genen viel zu stark. Wer wie er über ein Vierteljahrhundert am Sozialstaat gebaut hat, setzt nach der Etablierung im Bundeskanzleramt nicht die Abrißbirne in Gang – erst recht nicht beim Blick auf die diesbezüglich allzeit labilen Wählermehrheiten, denen jede Opposition mit den Schlagwörtern »Sozialabbau« oder »Umverteilung von unten nach oben« Angst einzujagen versteht. Bald verfallen alle, die sich von der Wende eine Rückkehr zur Marktwirtschaft der frühen fünfziger Jahre versprochen haben, in lautes Klagen.

Einer von ihnen ist Johannes Gross, seinerzeit der pointierteste konservative Intellektuelle und ein Bewunderer Ludwig Erhards. Den Jahrestag der »Wende« glossiert er am 7. Oktober 1983 mit der Kolumne: »Eine Regierung, vor der niemand Angst hat. Ihre Gegner hängen ihr eine Wende an, von der ihre Anhänger nichts merken. Sie sitzt im Regimente und fühlt sich trefflich wohl.«[1] Mitte der neunziger Jahre wird Gross resigniert formulieren: »So ist es trotz der Annonce von der Wende bei der Kontinuität geblieben, die auch den Generalbaß aller vorherigen Regierungswechsel gebildet hatte. Umschwünge wie von Carter zu Reagan, von Giscard zu Mitterrand oder von Labour zu Frau Thatcher: das ist nichts für Deutschland. Kontinuität und Stabilität, die Schlüsselwörter gelten einer inneren Verfassung, die auf soviel Marktwirtschaft wie nötig und soviel Wohlfahrtsstaat wie möglich als Prinzip abstellt … So wird das zunächst erstaunliche Phänomen plausibel, daß sich unter Kanzler Kohl, der als Innenpolitiker angetreten war, innenpolitisch nichts verändert hat … Für Kohl heißt Innenpolitik Sicherung der Machtbasis und deshalb auch Sicherung des Status quo.«[2]

Kaum ein gutinformierter Leitartikler, der nicht konstatieren würde, daß sich der Bundeskanzler in vielen Bereichen der Innenpolitik klugerweise oder sträflicherweise mit der Rolle des Moderators begnügt nach der Devise: Sollen sich Stoltenberg und Blüm, Strauß und Geißler, Zimmermann und Genscher zusammenraufen! Ein Machtwort des Kanzlers ist erst fällig, wenn der Streit zwischen den Schiffsoffizieren auf der Kapitänsbrücke das Staatsschiff unter der Flagge »Koalition der Mitte« auf Klippen oder Sandbänke zu steuern droht.

Dieser Regierungsstil hat allerdings seinen Preis. Das ohnehin schon wenig strahlende Image des Bundeskanzlers bessert sich nicht. Statt von einem Kanzlerbonus müßte man eher von einem Kanzlermalus sprechen. Schon 1984 ist die CDU als Partei populärer als ihr Bundeskanzler. Kohl rangiert durchgehend wie schon vor der Wende weit unter den Popularitätswerten von Helmut Schmidt.[3] Negatives Kanzlerimage, auch dieser Trend beginnt sich schon 1983 abzuzeichnen und entwickelt sich bis 1990 zu einem charakteristischen Merkmal der Ära Kohl. Trotz augenscheinlicher Erfolge bleibt es ihm lange versagt, aus dem Schatten seines schneidigen Vorgängers herauszutreten.

Unnötig zu sagen, daß Kohl ruhelos bestrebt ist, zumindest als Kanzler gewürdigt zu werden, der einen »Status quo plus« erreichen möchte. Nur hat eben jede neue Regierung ihre Probleme, wenn sie mit der Wenderhetorik aus der Oppositionszeit oder aus der Zeit ihrer Anfänge konfrontiert wird. Noch größere Probleme hat ein Bundeskanzler Kohl, der von vielgelesenen Publizisten des Typs Rudolf Augstein, Henri Nannen, Theo Sommer oder Gräfin Dönhoff in den meinungsbildenden Hamburger Blättern während der ganzen achtziger Jahre schonungslos heruntergeschrieben wird, der auch in den Zeitungen Axel Springers auf viele Vorbehalte stößt und dessen Politik die Fernsehredaktionen gleichfalls viel lieber skandalisieren, als daß sie ihn loben würden.

Helmut Kohl hat 1982 das Ziel seiner Wünsche erreicht, weil die SPD mit ihrem Bundeskanzler buchstäblich abgewirtschaftet hatte. Wie jeder Oppositionsführer vor ihm oder nach ihm hatte auch er eine wirtschaftspolitische Wende versprochen. Der Staat, so kündigte er unter Verweis auf die Adenauer-Zeit in den Regierungserklärungen vom Oktober 1982 und März 1983 an, solle wieder »auf den Kern seiner Aufgaben« zurückgeführt werden. »Erneuerung der sozialen Marktwirtschaft«, Entfaltung von »Freiheit, Dynamik und Selbstverantwortung« werden proklamiert. Individuelle Leistung solle sich wieder lohnen. Im Verhältnis von Individuum und Gemeinschaft müsse das Prinzip der Subsidiarität wieder in den Vordergrund rücken.[4] So lautet die Programmatik, und nach Art aller Kraftmenschen glaubt Kohl damals an die Realisierbarkeit solcher Ziele.

Wie üblich sucht die nimmermüde Regierungspropaganda eine breite Öffentlichkeit davon zu überzeugen, daß das Erstrebte tatsächlich auch erreicht worden sei. Und wie gleichfalls üblich beklagt die Opposition zusammen mit der kritischen Publizistik die sozialen Härten des Wendekonzepts und höhnt über die Defizite. Inzwischen hat die Wirtschafts- und Sozialgeschichtsforschung einigermaßen distanziert analysiert, was tatsächlich verändert worden ist. Die Indikatoren der Wirtschaftsentwicklung sprechen da eine deutliche Sprache.

Die vielleicht wichtigste Leistung ist die Senkung der Staatsquote. Im Jahr 1982 bemächtigte sich der Staat genau der Hälfte des Volkseinkommens (49,8 Prozent), um es nach politischem Gutdünken einzusetzen und umzuverteilen. 1989, als das Umsteuern tiefgreifende Wirkung zeigt, ist der Staatsanteil um immerhin fünf Punkte auf 45,3 Prozent zurückgeführt. Und es ist ein moderates Wachstum um durchschnittlich zwei Prozent auszumachen. Paradoxerweise sind es ausgerechnet die Jahre 1988 und 1989, in denen Kohls Ansehen auf einen Tiefpunkt sinkt, die mit 3,7 und 3,8 Prozent Wachstum den kräftigsten Anstieg verzeichnen. Zu den Leistungen der Regierung Kohl gehört auch die Inflationsbekämpfung. Als Schmidt 1982 aus dem Amt scheidet, liegt die Inflationsrate bei 5,3 Prozent. Schon 1984 geht sie auf 2,4 Prozent und im Vorwahljahr 1986 auf null zurück. Auch in den folgenden Jahren bleibt der Anstieg moderat.

Doch die Defizite dieser halben Wende sind gleichfalls evident. Am schwersten tut sich die Regierung mit der Rückführung der Arbeitslosigkeit. 1986, als es auf die Bundestagswahl zugeht, liegt sie immer noch bei neun Prozent, und selbst 1989, als der globale Boom endlich auch die Bundesrepublik voll erreicht hat, sinkt die Zahl der Arbeitslosen nur auf 7,9 Prozent.[5] Die Experten wissen, daß das in starkem Maß auf ungünstige Strukturbedingungen im Arbeits- und Sozialrecht zurückzuführen ist, verbunden mit der Tolerierung partieller Einwanderung von Asylbewerbern und Spätaussiedlern in die Sozialsysteme (allein von 1985 bis 1989 sind es 455 000 beziehungsweise 740 000[6]). Allerdings ist zu beachten, daß sich die Zahl der Erwerbstätigen während der ersten acht Jahre der Ära Kohl um fast zwei Millionen erhöht. Doch die gesamtwirtschaftliche Investitionsquote verbessert sich kaum. Im Jahr 1982, als Schmidt das Handtuch werfen muß, liegt sie bei 20 Prozent, 1989, an der Schwelle zur Wiedervereinigung, bei 20,6 Prozent. Im Licht der zu Beginn der Ära Kohl formulierten Absichtserklärungen läßt sich also tatsächlich nur eine »halbe Wende« konstatieren, und auch das ist eine eher wohlwollende Bezeichnung.[7]

Wieviel von diesem gemischten Befund der Wirtschafts- und Sozialpolitik ist nun Helmut Kohl zuzuschreiben? Natürlich erbt jede neue Bundesregierung jahrzehntelange Leistungen oder Fehlentscheidungen der Vorgängerregierungen, muß ihren Weg mühsam in einer weltweit verflochtenen Konjunkturlandschaft suchen und sieht ihre Gestaltungsmöglichkeiten von den Tarifpartnern sowie mächtigen Verbänden begrenzt. Darüber hinaus ist jeder Regierungschef dazu verurteilt, die divergierenden Interessen seiner Koalition zu bündeln und auszugleichen. Dennoch ist die Position eines Bundeskanzlers so stark, daß er an den Resultaten seines Regierens gemessen werden darf. Neben manchem anderen ist zweierlei für die Bewertung wesentlich: seine Unterstützung oder Nicht-Unterstützung der wichtigsten Minister und seine eigene Artikulationsfähigkeit auf den relevanten Feldern der Wirtschafts-, Sozial- und Finanzpolitik.

Evident ist, daß Helmut Kohl zum Kummer seiner Anhänger die Öffentlichkeit nicht so präzise, sachverständig und voller Leidenschaft von seiner Wirtschaftspolitik zu überzeugen versteht wie vor ihm Helmut Schmidt. Außer allgemeinen Kenntnissen bringt er nur wenig spezifischen Sachverstand mit, begreift sich primär als Moderator seiner Kabinettsgrößen und hält im Konfliktfall die Einigung in seiner weitgespannten Koalition auf prekäre Kompromisse für wichtiger als einzelne Sachergebnisse. Doch selbst wenn er in vielen Kontroversfragen über einen klaren ordnungspolitischen Kompaß verfügt hätte, wäre ihm die demagogische Überzeugungskraft nicht zu Gebote gestanden, mit der Schmidt zu faszinieren verstand und auf seine Weise auch Franz Josef Strauß.

Viel, ja das meiste in der Wirtschafts- und Sozialpolitik hängt somit davon ab, wie sich der Kanzler bei Meinungsverschiedenheiten zwischen seinen Kabinettsherren verhält. Die Politik auf diesen Feldern ist in starkem Maß die Resultante des naturgegebenen Dauerkonflikts zwischen den Bundesministern für Finanzen, Wirtschaft und Soziales sowie zwischen den Parteiformationen CDU, CSU und FDP. Es ist also ein halbes Dutzend von Kabinettsgrößen, die hier zusammen- oder gegeneinanderspielen: Stoltenberg, Graf Lambsdorff, Blüm, Genscher und – von München aus bis zu seinem Tod im Herbst 1988 ständig mit Briefen, Telefonaten und persönlichen Auftritten – Franz Josef Strauß. Als Graf Lambsdorff im Frühjahr 1984 wegen der Parteispendenaffäre das Wirtschaftsministerium aufgeben muß, tritt Martin Bangemann an seine Stelle und amtiert von 1985 bis 1988 auch als FDP-Vorsitzender. Aber Genscher spielt durchweg den »Übervater« der FDP, und als solcher meldet er sich auch in besonders wichtigen Fragen der Wirtschafts- und Sozialpolitik zu Wort.

Der kompetenteste Marktwirtschaftler in der CDU ist Gerhard Stoltenberg. In den Jahren 1982 bis 1985 läßt Kohl ihm weitgehend freie Bahn. Unterstützt von seinem Staatssekretär Tietmeyer entwickelt Stoltenberg das Konzept einer »gemäßigten Wendepolitik«, so die zutreffende Charakteristik von Manfred G. Schmidt,[8] und setzt

Helmut Kohl und Norbert Blüm, Vorsitzender der Christlich Sozialen Arbeitnehmer,
beim Bundestag der CDA in Münster, 10. Oktober 1983

es maßgeblich um. Die faßbaren wirtschaftspolitischen Leistungen der Regierung
Kohl bis 1989 sind in erster Linie Stoltenberg zu verdanken, der dabei meistenteils
mit den FDP-Ministern Graf Lambsdorff und Bangemann zusammenspielt. Das
wird in der Öffentlichkeit weithin anerkannt. Kohl kommt als gemäßigter Reformer
über die Runden, weil er den Marktwirtschaftler Stoltenberg zur Seite hat, der primär
sachorientiert operiert, keine störenden Machtspielchen betreibt und es dem Regierungschef gegenüber an Loyalität niemals fehlen läßt. Stoltenberg gelingt die finanzielle Konsolidierung. Er schafft es, über vier Jahre hinweg den Zuwachs des
Bundeshaushalts unter der Zwei-Prozent-Marke zu halten.[9] Ohne die Bundesbank-
gewinne wäre das allerdings nicht möglich gewesen. In guten Jahren überweist die
Bundesbank zwischen acht und elf Milliarden DM.[10]

       In der Notlage der Jahre 1982, 1983 und noch 1984 zeigt sich auch Blüm zur Kon-
solidierung der Sozialbudgets bereit und in der Lage. Unter heftigem Wehgeschrei
der SPD, der Gewerkschaften und der Sozialverbände erfolgt damals die Schnell-
bremsung durch ziemlich moderate Einschnitte bei verschiedenen Sozialleistungen,
auch bei der Gesundheitspolitik. Allerdings wird die Regierung Kohl dann beim
Versuch des Sozialstaatsumbaus ausgebremst, genauer gesagt: Sie bremst sich selbst
aus. Die Runderneuerung der sozialen Marktwirtschaft, die Stoltenberg, Lambsdorff
und Genscher, wohl auch Franz Josef Strauß anfangs vorschwebt, stößt bald auf Widerstände, zu denen Kohl gewollt oder ungewollt beiträgt.

       Wie schon ausgeführt, ist die Wirtschafts- und Sozialpolitik der Wende freihän-
dig improvisiert. Ein Masterplan fehlt und wäre von Kohl auch nicht zu erwarten

Gerhard Stoltenberg während einer Debatte über den Haushalt,
7. September 1983

gewesen. Die Bundesrepublik als Ganze und die CDU als Partei befand sich »seit den
50er Jahren«, so hat Andreas Wirsching das zutreffend beschrieben, »in Richtung
einer kaum gebremsten, zugleich aber individual- und versicherungsrechtlich abgesicherten wohlfahrtsstaatlichen Expansion«.[11] Ein radikaler Kurswechsel hätte vom
CDU-Vorsitzenden bereits in der Oppositionszeit über Jahre hinweg umsichtig in-
itiiert werden müssen – ähnlich wie später Tony Blair aus der verkrusteten Labour
Party »New Labour« machte. Hätte er wirklich gewollt, wäre anfangs noch die Möglichkeit dazu gewesen. Schließlich existiert bereits das Vorbild von Margaret Thatcher, die in den Jahren 1979 bis 1983 gestützt auf einige Getreue alle Befürworter des
Wohlfahrtsstaats in den eigenen Reihen brutal niedergekämpft hat.

Doch von seiner ganzen Grundorientierung her ist Kohl dazu nicht bereit. Er
haßt den »Thatcherismus« wie die Pest, wenngleich er aus einsehbaren Gründen kein
böses Wort über die britische Premierministerin sagen darf. Gelegentlich macht er
aber in der nicht öffentlich tagenden CDU/CSU-Fraktion aus seinem Herzen keine
Mördergrube. Als ihm ein CDU-Abgeordneter im Herbst 1988 die entschlossenen
Steuersenkungen Großbritanniens vorhält, arbeitet er präzise heraus, weshalb »Thatcherismus« in der Bundesrepublik nicht möglich ist, nicht nötig ist und nicht sein
darf. Nicht möglich: »Frau Thatcher hat mit 32 Prozent der wahlberechtigten Stimmen und 43 Prozent der abgegebenen Stimmen 66 Prozent der Mandate! … Sie kann
sich erlauben, mit Mehrheitsverhältnissen zu operieren, die für uns gar nicht denkbar
sind.« Nicht nötig: Die Produktivität der deutschen Wirtschaft liege immer noch fast
dreißig Prozent über der britischen Produktivität – trotz der kürzesten Arbeitszeit,

der längsten Urlaubszeit und einem der besten Lohnniveaus: »Wir haben den weitaus besseren Standort.« Vor allem aber darf »Thatcherismus« nicht sein: »Ich bin kein Anhänger der Marktwirtschaft«, hält er dem Kritiker entgegen, »sondern der Sozialen Marktwirtschaft! Ich glaube nicht an jenes Stück Vorstellung von Liberalismus – ich will jetzt nicht das Wort Manchester-Liberalismus sagen –, daß der Reichtum einer ganzen Gruppe automatisch übergreift und immer weiter übergreift und dadurch die Schwachen hochzieht.«[12] Er nennt noch drei oder vier weitere Gründe und schließt unter Beifall der Fraktion mit den Worten: »Wir sollten wirklich damit aufhören, ausgerechnet die Briten als unser Beispiel hinzustellen. Wenn wir Politik dieser Art machen, brauchen wir nicht mehr diesen großen Saal!« Kein Wunder, daß es der neue Kanzler nach der »Wende« auch nicht für geboten erachtet, die Ressortgliederung zu verändern. So bleiben die Zuständigkeiten des mächtigen Arbeits- und Sozialministeriums unangetastet.

Kohl reagiert überhaupt allergisch, wenn man ihm das angelsächsische Wirtschaftsmodell vorhält. Auf den Präsidenten Reagan läßt er zwar öffentlich nichts kommen, findet aber dessen defizitäre Haushaltspolitik ganz verheerend. Das amerikanische Haushaltsdefizit, gibt er Ende 1986 in der Fraktion zu bedenken, habe »ein gigantisches Ausmaß« erreicht. Darin sieht er eine Gefahr für die Exportnation Deutschland. Eine inflationäre Entwicklung in Amerika mit einem »heruntergeredeten« Dollar wäre für die deutschen Exporte gefährlich. Außerdem schreckt die Erinnerung an Helmut Schmidt ab. Dieser habe 1978/79 die amerikanische These akzeptiert, »daß die Bundesrepublik sozusagen ›die wirtschaftliche Zugmaschine‹ sein könnte«. Ein Teil der dadurch aufgehäuften Schulden müsse noch heute abbezahlt werden.[13]

Der Bundeskanzler versucht einen schwierigen Spagat: einerseits Konsolidierung des Haushalts, andererseits aber Fortführung des Sozialstaats bei nur mäßigen Einschnitten. Wie wenig er dazu disponiert ist, am Sozialstaat Abstriche zu machen, beweist seine Personalpolitik. Mit Blüm und Geißler hat er gleich zwei sehr beredte, überzeugte Vorkämpfer des leistenden und gestaltenden Sozialstaats in Schlüsselpositionen bugsiert. Auch Oscar Schneider von der CSU hängt der Idee eines starken Sozialstaats an. Daß die scharfe Opposition der SPD und der Gewerkschaften mit den stets bei der Hand liegenden Slogans wie »Sozialabbau«, »Gefährdung der Demokratie und des inneren Friedens«, »Ein-Drittel-Gesellschaft«, »Umverteilung von unten nach oben« bei dem starken linken Flügel in der CDU auf Echo stößt, kommt hinzu. Und der sensible Machtpolitiker Kohl vergißt natürlich keinen Augenblick, daß fast unablässig irgendwo gewählt wird – im Bund, in den Ländern, in den Kommunen und neuerdings auch in Europa insgesamt. Logische Konsequenz: Besser so wenig wie möglich an Besitzstände rühren, viel lieber den Wohlfahrtsstaat da und dort mit zusätzlichen Leistungen verbessern!

In den ersten Jahren nach der Wende legt die Dreiergruppe Stoltenberg, Graf Lambsdorff und Blüm die großen Linien und die Details der Finanz-, Wirtschafts- und Sozialpolitik fest. Zusammen mit ihren mächtigen Staatssekretären Hans Tietmeyer und Otto Schlecht stimmen sich Stoltenberg und Lambsdorff regelmäßig in allen aktuellen Fragen ab. De facto ist die Dreiergruppe eine Art Wirtschaftskabinett. »Kohl hat alles, was hier ausgehandelt war, akzeptiert«, erinnert sich Hans Tietmeyer: »Ihn interessierte nicht so sehr das Detail; er wollte Einigkeit.«[14] Der Rücktritt Lambsdorffs wegen der Parteispendenaffäre im Sommer 1984 beendet das enge Zusammenspiel zwischen Stoltenberg und dem Bundeswirtschaftsministerium, somit auch die Dominanz der stark marktwirtschaftlich orientierten Häuser. Solange Lambsdorff präsent war, herrschte auch in Stoltenbergs Finanzministerium – meint Tietmeyer – ein »gesamtwirtschaftliches Denken« vor, das die sozialen Sicherungssysteme mit einbezog. Blüm befand sich demgegenüber in einer Minderheitsposition. Martin Bangemann aber hält es für richtig, mit seinen FDP-Positionen immer sofort an die Öffentlichkeit zu gehen, so daß sich Stoltenberg wieder auf seine eigentlichen Zuständigkeiten zurückzieht, was Blüm mehr Spielraum für seine Sozialpolitik eröffnet. Und als die CDU im folgenden Jahr gleich zwei Wahldesaster – im Saarland und in Nordrhein-Westfalen – zu verarbeiten hat, gewinnen die Argumente Blüms und Geißlers noch mehr an Gewicht, man müsse stärker als bisher auf die Erwartungen der Arbeiterschaft eingehen, vor allem aber die Zahl der Arbeitslosen senken. Jetzt werden jene Maßnahmen auf den Weg gebracht, von denen die Sozialpolitik der Regierung Kohl bis weit in die neunziger Jahre hinein nicht mehr loskommt: die fatale Vorruhestandsregelung ab 58 Jahren, Arbeitsbeschaffungsmaßnahmen im Stil der siebziger Jahre, Subventionspolitik für Kohle und Stahl im Ruhrgebiet und im Saarland, Fortführung der Kostendämpfungspolitik im Gesundheitswesen statt Strukturreform.

Der Konflikt mit den Gewerkschaften ist dennoch unvermeidlich, und Kohl wäre nicht Kohl, würde er vor brutal ausgeübtem Verbandsdruck zurückweichen. Als der DGB die Forderung nach Einführung der 35-Stunden-Woche bei vollem Lohnausgleich durch einen sieben Wochen andauernden Streik erzwingen will, geht er auf Gegenkurs, obschon Blüm Verständnis signalisiert. Gezielte Schwerpunktstreiks in ausgesuchten Zulieferbetrieben sollen die von diesen abhängigen Großbetriebe treffen und verhandlungsbereit machen. Daraufhin verbietet die Bundesanstalt für Arbeit die Zahlung von Kurzarbeitergeld an die dort indirekt Betroffenen. Die Sozialgerichte heben diese Entscheidung auf. Immer wenn man ihn direkt herausfordert, reagiert Kohl wie ein gereizter Stier. Indem er eine Neufassung des Paragraphen 116 Arbeitsförderungsgesetz (AFG) auf den Weg bringt, riskiert er einen der heftigsten Konflikte mit den Gewerkschaften während seiner gesamten Kanzlerzeit. In dieser Frage bleibt er Sieger, muß aber den Einstieg in die 35-Stunden-Woche hinnehmen.[15]

Auch beim heftigen Tauziehen innerhalb der Koalition über befristete Arbeitsverträge setzt er schließlich die Laufzeit von zwei Jahren durch. Dennoch bleibt er dem DGB gegenüber gesprächsbereit, erweist sich entgegenkommend, sofern man ihn nicht offen unter Druck setzt, und rühmt unablässig das Prinzip der Sozialpartnerschaft. Für mehr als sehr moderate Reformen des Arbeitsmarkts, der Gesundheitspolitik oder der Renten ist er jedenfalls nicht zu haben. Selbst dort, wo er anfangs eine harte Position markiert, läßt er sich meistens doch auf Kompromisse ein, um unversöhnliche Konfrontationen mit den Gewerkschaften zu vermeiden.

Zum großen Kummer des sparsamen Finanzministers haben die Sozialpolitiker der Union, dabei stark unterstützt von Kohl selbst, die Familien als Lieblingsobjekt gestaltender Sozialpolitik entdeckt. Familienförderung gehört ohnehin zu den traditionellen Postulaten christlich-demokratischer Politik. Schon in den frühen achtziger Jahren fehlt es nicht an Warnern, die darauf hinweisen, daß die niedrige Geburtenzahl die Sicherheit der Renten gefährdet. Auf diesem Ohr ist Kohl durchaus hellhörig und warnt gelegentlich mit kräftigen Worten vor einer »demographischen Katastrophe«.[16] Die demographische Entwicklung in der Bundesrepublik, so vertraut er Ministerpräsident Jacques Chirac an, habe ihn zu einer aktiven Familienpolitik veranlaßt. Heute sei die Bundesrepublik weitgehend eine Freizeitgesellschaft geworden mit einem wenig familienfreundlichen Klima. 1985 seien 1, 2 Milliarden DM für Haustierfutter ausgegeben worden, jedoch nur 800 Millionen für Kindernahrung. Die Überalterung werde zunehmend zum Problem. 1950 habe es 80 000 Menschen über 80 Jahre gegeben, heute seien es bereits 800 000.[17]

Aus solchen Beobachtungen leitet Kohl die Schlußfolgerung ab, die CDU müsse in Erhöhung und Ausweitung des Kindergelds eine der wichtigsten budgetären Prioritäten erkennen. Erhöhung des Kindergeldes, ein zusätzliches, auf ein Jahr begrenztes Erziehungsgeld von 600 DM nach der Geburt eines Kindes und ein Erziehungsurlaub sollen zudem die Offenheit für Probleme der berufstätigen Frauen signalisieren. Die Sozialpolitiker drängen ferner darauf, auch die Erziehungszeiten von Frauen bei der Rentenformel zu berücksichtigen. Stoltenberg sträubt sich vergeblich dagegen. Was unschwer vorauszusehen war, tritt prompt ein. Natürlich verlangen die Sozialverbände, die Kirchen und die Opposition, daß Frauen, die nicht unter diese Neuregelung fallen, zu Lasten des Bundeshaushalts bei der Rentenberechnung genauso großzügig berücksichtigt werden. In einer wochenlangen Kampagne wird Kohl das Argument um die Ohren geschlagen, ausgerechnet die »Trümmerfrauen«, die nach 1945 das Land wiederaufgebaut hätten, sollten nun unberücksichtigt bleiben. Er gibt nach, bezieht auch diese »Altfälle« in die Regelung ein, belastet damit den Bundeshaushalt um weitere Milliarden und beweist einmal mehr, daß selbst ein starker Bundeskanzler vor einer mit rührenden Fernsehbildern inszenierten Gerechtigkeitskampagne kapitulieren muß.

Die kostspielige Ausweitung der Sozialpolitik steht in direktem Widerspruch zur Haushaltskonsolidierung. Sie bringt der Regierung kaum Pluspunkte, wohl aber viel Verdruß. Und sie verfehlt das langfristige Ziel, den demographischen Trend umzukehren. »Wir wollten mit einer aktiven Familienpolitik die Entscheidung junger Eltern für ein Kind erleichtern und langfristig die Geburtenentwicklung fördern. Leider blieb der erhoffte Erfolg weitgehend aus«, wird Kohl zwanzig Jahre später in den *Erinnerungen* schreiben, als er mit dem Sozialpolitiker Geißler, der ihn dazu veranlaßt hat, längst bitter zerfallen ist.[18]

Kohls Neigung, bei der Familienförderung eine Ausweitung der Sozialpolitik vorzunehmen, befremdet die »Haushälter« in der Koalition und ergrimmt ganz besonders die FDP. Deren Priorität liegt eindeutig bei Steuersenkungen zugunsten der mittleren Einkommen und der Wirtschaft. Entsprechend heftig ist das Tauziehen um die Steuerreform. Nach der Bundestagswahl 1983 arbeiten sich CDU, CSU und FDP zwei Jahre lang an dem Thema ab. Stoltenberg, Strauß und die FDP drängen auf eine gewisse Umschichtung von direkten zu indirekten Steuern, die Sozialpolitiker der CDU rufen vor allem nach einer Erhöhung der Familienfreibeträge und verabscheuen jede Mehrwertsteuererhöhung. Kohl windet sich, möchte aber auf jeden Fall Erleichterungen, die schon vor der Bundestagswahl Ende 1986 fühlbar werden, ohne die Haushaltsstabilisierung zu gefährden. So setzt er das Minimalziel einer mäßigen Entlastung durch mit der Folge, daß die konjunkturpolitische und die psychologische Wirkung weitgehend verpufft. Die Bundestagswahl 1986 im Blick kündigen Stoltenberg, Strauß und die FDP eine große Steuerreform an, doch die Gegenfinanzierung ist so ungesichert wie eh und je. Kein Wunder, daß die Frage der Steuerreform Kohl 1987 und 1988 wie ein Klotz am Bein hängen und ihn herunterziehen wird, wobei zugleich das Prestige Stoltenbergs hoffnungslos dahinschwindet.

Auch die Sozialhilfe bleibt größtenteils unreformiert. 1983 liegen die Ausgaben für Sozialhilfe-Empfänger bei 17 Milliarden DM. 1988 sind es bereits 27 Milliarden. Wohin man auch blickt: Die Kosten für den Sozialstaat werden in den Jahren 1982 bis 1989 zwar durch die Leistungskürzungen gebremst, eine Trendumkehr findet aber nicht statt. Als dann 1988 und 1989 das Bruttosozialprodukt endlich kräftiger wächst mit entsprechend höheren Steuereinnahmen, sind alle guten Vorsätze ohnehin Makulatur. Das wird weitreichende Folgen haben. Als urplötzlich die Wiedervereinigung gelingt, bleibt Kohl nur die Möglichkeit, seinen unreformierten Sozialstaat auf die neuen Länder zu übertragen mit entsprechender Überlastung aller Systeme. Fairerweise ist jedoch hinzuzufügen, daß diese Entwicklung von niemandem vorhergesehen werden konnte. Dennoch wird in den neunziger Jahren der Verweis auf die in den achtziger Jahren »versäumten Sozialreformen« bei der Kritik an Kohl eine Rolle spielen.

Das Bestreben nach Haushaltskonsolidierung befindet sich auch im Zielkonflikt mit der Europapolitik. Bei den »Haushältern« weiß bald ein jeder, daß Kohl hier ein

Überzeugungstäter ist. Immer wieder zeigt er sich zu freiwilligen Leistungen bereit, um EG-Reformen zu ermöglichen: bei der Regelung des britischen »Rabatts« 1983, ohne die Margaret Thatcher nicht zur Fortentwicklung der EG bereit wäre, bei der Reform der europäischen Agrarpolitik und bei der Erhöhung der Zahlungen für den EG-Haushalt im Jahr 1984. Allein die Reform des Agrarhaushalts belastet den Bundeshaushalt jährlich um fünf bis sechs Milliarden DM.[19] Der eigentliche Dammbruch erfolgt im Februar 1988. Auf einem Sondergipfel der Europäischen Gemeinschaft stimmt der Bundeskanzler höheren Eigenmitteln der EG zu, die künftig den Bundeshaushalt mit jährlich zehn Milliarden DM belasten werden.[20] 1990, nach der Hälfte von Kohls Kanzlerschaft, wird die Bundesrepublik fast siebzig Prozent der Nettotransfers der Europäischen Union finanzieren.[21] Kohl läßt sich durch solche Belastungen aber nicht beirren. Wer es wagt, ihn darauf anzusprechen (nur noch wenige wagen das), erhält zur Antwort: »Jede für Europa ausgegebene Mark ist gut angelegtes Geld!« Tatsächlich zeigen die Exportstatistiken, daß die Bundesrepublik während der achtziger Jahre vom gemeinsamen Markt enorm profitiert. Von 1983 bis 1989 verfünffacht sich der Ausfuhrüberschuß von rund 18 auf über 94 Milliarden DM.[22]

Kein Wunder, daß Kohl ein beredter Befürworter intensiver Exportanstrengungen ist. Helmut Schmidt hatte gemäß den Wünschen der Gewerkschaften stets die Notwendigkeit einer starken Binnenkonjunktur im Blick. Von diesen Rezepten seines Vorgängers hält Kohl überhaupt nichts. Konjunkturprogramme betrachtet er als wirkungslos. Immer wieder hört man ihn klagen, er müsse jetzt die dafür aufgenommenen Schulden abbezahlen. Somit sieht man ihn während der achtziger Jahre in vorderster Linie der Kämpfer gegen jede Art von Handelsprotektionismus. Der gegenwärtige Exportanteil der deutschen Wirtschaft von 35 Prozent, führt er im Herbst 1984 vor der Fraktion aus, müsse weiter erhöht werden, wenn die Bundesrepublik das Problem der Arbeitslosigkeit in den Griff bekommen wolle.[23] Dabei ist er durchaus modern. Natürlich sieht er die Probleme der traditionellen Industrien, in denen Arbeitsplätze abgebaut werden. So plädiert er für Innovation und verläßt sich dabei auf die Visionen von künftigen High-Tech-Entwicklungen, mit denen ihn seine Technologieminister füttern. Er hat auch durchaus nicht nur die Märkte Europas und Amerikas im Sinn. Es ist auffällig, wie vergleichsweise häufig er sich in China blicken läßt, und er glaubt schon früh zu wissen, daß in China, in Korea, in Südostasien und auf dem indischen Subkontinent die großen Wachstumsmärkte liegen. Aber besonders gern läßt er sich natürlich von Delors auseinandersetzen, welche Wachstumsgewinne von dem »Großen Binnenmarkt '92« zu erwarten wären.

In der Forderung nach weltweiter Handelsliberalisierung weiß er sich übrigens mit Margaret Thatcher einig. Genau wie sie setzt er sich auf den G-7-Treffen sowie bei den Verhandlungen der Uruguay-Runde im Rahmen des Allgemeinen Zoll- und Handelsabkommens GATT für den globalen Abbau tarifärer und nichttarifärer Han-

delshemmnisse ein. Auf paradoxe Weise ist dieser Bundeskanzler, der im Binnenbereich auf eine sozialstaatlich domestizierte Marktwirtschaft hält, in der weltwirt-
schaftlichen Dimension ein Globalisierer und eine Art Freihändler. Natürlich
beobachtet auch er voller Sorge, wie sich die USA im Zeichen der »Reaganomics«
verschulden. Seine größte Sorge sei die amerikanische Finanzpolitik, konzediert er
Präsident Mitterrand bei einem Gespräch Mitte 1986.[24] Generell aber folgt er in den
Fragen globaler Freihandelspolitik weitgehend den angelsächsischen Vorstellungen.
Allerdings möchte er das prinzipielle Bekenntnis zum Freihandel kompensieren und
versucht daher – ohne durchschlagenden Erfolg – gewisse sozialstaatliche Standards,
die sich in der Bundesrepublik bewährt haben, auch in der Europäischen Gemeinschaft durchzusetzen. Etwas zurückhaltender wird er nur dann, wenn die europäische Landwirtschaftspolitik zur Sprache kommt. Hier muß er auf Frankreich Rücksicht nehmen, aber auch auf die eigenen Bauern – Bauern mit Familienbetrieben, mit
ihnen ist er aufgewachsen, das sind seine Wähler und für ihn zugleich Garanten einer
gesunden, natürlichen Landwirtschaft. Die großen Agrarfabriken sieht er dagegen
mit Mißtrauen.

Kohls Finanz-, Wirtschafts- und Sozialpolitik kann natürlich die internationalen
Rahmenbedingungen nicht ausblenden. Das wäre sachlich unmöglich, aber auch mit
der Rolle unvereinbar, auf die er seit Jahren gewartet hat. Jeder Bundeskanzler vor
ihm und nach ihm legt sich nur zu gern den weiten Mantel des Staatsmannes um die
Schultern, um bilateral in Washington, Paris, London, auf den EG-Gipfeln, den
NATO-Gipfeln oder im elitären Kreis der G7 große Politik zu machen. Kohl ist da
keine Ausnahme. Sein Sendungsbewußtsein ist kaum zu übertreffen, doch anders als
sein Vorgänger tritt er nicht belehrend auf, sondern psychologisch feinfühlig,
menschlich und integrierend. Hans Tietmeyer, der für ihn bei den G-7-Gipfeln der
achtziger Jahre als sein Sherpa tätig war und ihn genau kennt, charakterisiert den
Bundeskanzler beispielsweise mit Blick auf die Vorgespräche zum Bonner G-7-Gip-
fel von 1985 folgendermaßen: »Wofür interessierte sich Kohl? Ich will es ganz offen
sagen. Er interessierte sich dafür, wo sind die persönlichen Präferenzen der einzelnen
Personen in der Sache, aber vor allem auch in der Präsentation? Wo sind ihre Stärken, ihre Schwächen? Das ging dann bis hin zu der Frage, welchen Wein präsentieren
wir ihnen? Ich gestehe, mich hat das nicht besonders interessiert. Aber er dachte in
solchen Kategorien. Wie kann ich die Leute zusammenbringen? Natürlich sprachen
wir auch über ökonomische Sachfragen. Aber da sagte er mir: ›Also Herr Tietmeyer,
das machen Sie schon.‹ ... Offengestanden habe ich es nie erlebt, wenn er einem
Vorbereitungspapier zugestimmt hatte, daß er sich später davon distanziert hat.«[25]

Solche Beobachtungen zeigen die Stärke und die Grenzen Kohls. Seine Stärke
besteht darin, andere auf eine Linie zu bringen, die seinen eigenen Vorstellungen
möglichst nahekommt. Allerdings muß er sich in den komplizierten Fragen der

internationalen Währungs- und Handelspolitik oder des Europäischen Binnenmarkts wohl oder übel auf seine Berater verlassen. Diese sind damals entschlossen, die Wirtschaft der Bundesrepublik verstärkt den Bedingungen der Globalisierung anzupassen, auch in der Dimension der Finanzmärkte. Dem Ausbau des Großen Europäischen Binnenmarkts liegt letztlich das Bestreben zugrunde, die nationalen Volkswirtschaften gemäß den Vorstellungen neoliberaler Wirtschaftsphilosophie miteinander zu verflechten. Kohl weiß zwar, daß sein politisches Schicksal davon abhängt, ob und wie er die nationale Haushalts-, Wirtschafts- und Sozialpolitik optimal gestaltet, aber er ist zugleich für alle Anregungen offen, die deutsche Volkswirtschaft noch besser als bisher schon auf die Mechanismen der Weltwirtschaft und des Europäischen Binnenmarkts einzustellen. Je länger, desto mehr sieht er in der nationalen Konjunkturpolitik, Haushaltspolitik, Währungspolitik, Landwirtschaftspolitik, Umweltpolitik, Technologiepolitik und einem Dutzend weiterer Politiken doch so etwas wie die Niederungen des Daseins, denen er zwar gerecht werden muß, von denen er sich aber am liebsten zu europäischen und globalen Gipfeln emporschwingt. Nur leider kann er diesen Niederungen keinen Tag lang entfliehen, auch nicht auf den Gipfeln. Und zu seinem großen Kummer richten die kritische Presse und natürlich die unerbittliche Opposition ihr Augenmerk fast aufschließlich auf die Niederungen, in denen er sich schwertut und verschiedentlich beinahe scheitert.

In den Jahren 1982 und 1983 verbinden sich mit dem Begriff »Wende« bei den Wertkonservativen im Lager der Union Erwartungen, die über das ohnehin nur behutsame Umsteuern in der Wirtschafts-, Sozial- und Haushaltspolitik hinausgehen. Diese Gruppierung im Unionslager und bei den Unionswählern fragt und fordert: Wäre es jetzt nicht geboten, die gesellschaftspolitische, rechtspolitische und bildungspolitische Gesetzgebung der sozialliberalen Ära wenigstens teilweise zurückzudrehen?! Schließlich haben CDU und CSU die ganzen siebziger Jahre hindurch dagegen ziemlich erfolglos opponiert und vielfach sogar eine konservative »Tendenzwende«[26] gefordert. Da die FDP jedoch zur tragenden Säule auch der Regierung Kohl wird, bleibt die grundlegende Kurskorrektur auf diesen Politikfeldern weitgehend stecken. Hinzu kommt, daß bei Reformen im Universitätsbereich und in der Schulpolitik, wo besonderer Bedarf nach einer »Tendenzwende« besteht, die Mitwirkung der von den Sozialdemokraten kontrollierten A-Länder erforderlich ist. Im Wahlkampf 1980 artikulierte Kohl noch verschiedentlich die Forderung nach einer »geistig-moralischen Wende«. In den Regierungserklärungen der Wendemonate taucht eine derartige Forderung dann aber nur noch bezüglich der Haushaltspolitik auf. Auf dem CDU-Bundesparteitag in Köln ruft der Kanzler zwar nochmals zur »Erneuerung der geistig-moralischen Grundlagen der Politik« auf,[27] doch das ist nach Lage der Dinge lediglich ein Platzpatronenschießen. Der Realist Helmut Kohl weiß genau, daß das Thema nur mit gestopften Trompeten gespielt werden darf. Bald kehrt sich der Slogan dann auch gegen ihn. Enttäuschte konservative Intellektuelle kritisieren das Ausbleiben der Wende. »Das Debakel. Wo bleibt die Wende? Fragen an die CDU«, betitelt Günter Rohrmoser schon 1985 kritisch und resignativ zugleich eine entsprechende Streitschrift.[28] Er ist nicht der einzige, der so fragt. Noch lästiger für den Kanzler ist jedoch der Hohn auf seiten der Linken, als die Wenderegierung in die Affäre um den General Kießling hineintappt und die Parteispendenaffäre erneut aufkocht. Jetzt wird der Begriff »geistig-moralische Wende« vor allem dem Bundeskanzler um die Ohren geschlagen, obschon dieser ihn nach dem Regierungswechsel nur noch ganz selten verwendet hat.

Wer die Gesetzgebung auf den einzelnen Politikfeldern fair betrachtet, wird natürlich überall frische Impulse und Kurskorrekturen erkennen – in der Medienpolitik, der Technologiepolitik, der Wohnungsbaupolitik, der Hochschulpolitik oder bei der Neuordnung des Bafög. Die Unterschiede zum Regieren der SPD-Minister unter Helmut Schmidt sind evident. Aber im öffentlichen Diskurs bleibt doch der Eindruck haften, daß auch auf diesen und anderen Feldern, wo neue Leute mit neuen Initiativen tätig sind, mehr als eine halbe Wende nicht möglich ist. Die Pfadabhängigkeit der Gesetzgebung, wie die Sozialwissenschaftler das nennen, erweist sich vielerorts stärker als der Wille zum radikalen Umsteuern. »Eine ambivalente Mischung von Neuorientierung und Kontinuität«, wird der Historiker Andreas Rödder im Jahr 2004 aus dem Abstand von zwanzig Jahren und in Kenntnis der seitherigen Detailforschung resümieren.[29] Daß in einem pluralistischen, rechtlich ziemlich verkrusteten, föderalistisch strukturierten und vom emotionalisierenden Fernsehen bereits stark bestimmten Staat nicht viel mehr zu erwarten ist, versteht sich eigentlich von selbst.

Defensive Deutschlandpolitik

Eine halbe Wende, das gilt auch für Kohls Deutschlandpolitik, bei der im Jahr 1983 gleichfalls Grundlagen gelegt werden, die den Gang der Dinge bis zum Umbruch im Herbst 1989 bestimmen. Nachdem Kohl im Bundeskanzleramt Einzug gehalten hat, braucht er sich durchaus nicht zu verbiegen. In der deutschlandpolitisch so zerstrittenen Union hat er von Anfang an zu den Pragmatikern gehört. Einem Reformer, der mit dem Slogan »menschliche Politik« seinen Weg macht, leuchtet natürlich die These der sozialliberalen Regierung ein, die »menschlichen Erleichterungen« müßten einen überragend hohen Stellenwert haben – im geteilten Berlin und beim Reiseverkehr zwischen den beiden Deutschland. Daß eine zwangsweise geteilte Nation zerfällt, wenn das Wurzelwerk familiärer und freundschaftlicher Beziehungen an der gesellschaftlichen Basis zertrennt bleibt, ist eine Feststellung des gesunden Menschenverstands. Dafür bedarf es nicht der vertieften historischen Studien. Aber es stimmt schon, daß der Historiker Helmut Kohl noch stärker als mancher andere die geschichtlichen Langzeitdimensionen der Tagespolitik im Blick behält.

Als Oppositionsführer hat er an den widersprüchlichen Positionen der Deutschlandpolitik festgehalten, über die sich die Unionsparteien jahrelang zerfleischt und zu denen sie sich schließlich mehrheitlich durchgerungen haben. Er hat sich mit der Zweistaatlichkeit abgefunden, hält aber gleichzeitig an den prinzipiellen Positionen fest, die Strauß 1973 im »Karlsruher Urteil« erstritten hat. Keine Spur jedoch von Berührungsangst gegenüber der DDR-Regierung. Ausdrücklich hat Kohl, nachdem er zum CDU-Vorsitzenden gewählt worden ist, den in Fragen der Ostpolitik progressiven CDU-Schatzmeister Walther Leisler Kiep ermächtigt, in ständigem Kontakt mit Herbert Häber, dem Leiter der Westabteilung des ZK der SED, und anderen die Verbindung ins Machtzentrum der DDR wahrzunehmen. Anfang 1975, Kohl befindet sich bereits im Vorfeld der Kanzlerkandidatur, versichert Kiep vor einem größeren Kreis »im Einverständnis« mit Kohl und dessen Generalsekretär Biedenkopf ausdrücklich, auch für die CDU würden die geschlossenen Verträge »volle Gültigkeit« besitzen. Auch eine CDU/CSU-geführte Regierung werde sie als Grundlage für die Fortführung der Beziehungen betrachten.[1] Ob man das eine »Nebenaußenpolitik«[2] nennen soll, ist zu bezweifeln. Tatsächlich findet die eben erwähnte Unterredung in der Residenz des Leiters der Ständigen Vertretung der Bundesrepublik, Günter Gaus, und in dessen Anwesenheit statt. Jedenfalls nutzt Kohl künftig diesen direkten Draht.

Andere CDU-Politiker pflegen gleichfalls schon lange vor dem Machtwechsel 1982 den Gesprächskontakt mit der DDR: Biedenkopf, Stoltenberg, Blüm, Späth, Albrecht, von Weizsäcker. Es ist bezeichnend, daß die meisten von ihnen aus dem Umfeld Helmut Kohls stammen. Als Kohl schließlich ins Bundeskanzleramt gelangt, weiß die DDR genau, daß er auf Kontinuität setzt. Staatsminister Jenninger wird beauftragt, dies Ost-Berlin unverzüglich zu versichern. Maßgeblich für die künftige Deutschlandpolitik ist aber auch hier das Jahr 1983. Man kann durchaus von der Festlegung einer Doppelstrategie sprechen, an der Kohl bis zum Mauerfall im November 1989 festhält. Einerseits arbeitet er die prinzipiell unvereinbaren Grundsätze künftiger Deutschlandpolitik heraus und geht damit auf Distanz zur DDR, andererseits bemüht er sich, im operativen Bereich einen »Status quo plus« herzustellen.

Der erste »Bericht zur Lage der Nation im geteilten Deutschland« vom 23. Juni 1983 beleuchtet die Forderungen, über die nach Lage der Dinge kein Einvernehmen zu erzielen ist. Aus den Zielen Selbstbestimmung, Menschenrechte, Einheit der Nation ergeben sich die für Ost-Berlin und die Sowjetunion inakzeptablen Positionen: Festhalten an der völkerrechtlichen Offenheit der deutschen Frage, an der Freiheitsforderung, am notfalls lauten, in der Regel aber gedämpften Protest gegen Mauer und Schießbefehl, an dem juristisch verknubbelten Berlin-Status, an der *einen* deutschen

Staatsbürgerschaft und an der Zentralen Erfassungsstelle für DDR-Unrecht in Salzgitter.[3] Auf diesen Feldern werden auch in den kommenden Jahren die Gegensätze zur DDR, zunehmend aber auch zur SPD und den Grünen liegen.

Genauso aufschlußreich ist der zweite »Bericht zur Lage der Nation«, den Kohl am 15. März 1984 vorlegt. Dort findet sich der Satz: »Die Freiheit ist der Kern der deutschen Frage« (allerdings wird der Begriff »Wiedervereinigung« vermieden), und zugleich führt Kohl dort ein Bild in die Diskussion ein, das er künftig wie eine Mantra wiederholen wird: »Für uns sind Europapolitik und Deutschlandpolitik wie zwei Seiten derselben Medaille.«[4] Doch in demselben Atemzug, in dem Kohl jedem »Wankelmut« in der Europa- und NATO-Politik abschwört, verwendet er den aus einem Brief Honeckers entlehnten Begriff der »Verantwortungsgemeinschaft« Deutschlands als »Stabilitätsfaktor in der Mitte Europas«. Mit den Worten: »Beide Staaten sind und bleiben verläßliche Mitglieder ihrer jeweiligen Bündnisse«, wird die Zugehörigkeit der DDR zum Warschauer Pakt explizit anerkannt. Pirouetten des Einerseits-Andererseits ...

Zugleich läßt sich Kohl in der operativen Deutschlandpolitik im Jahr 1983 mit dem »Milliardenkredit« auf ein riskantes Entgegenkommen ein. Welches Motiv ihn dazu veranlaßt hat, erklärt er im November, als es um den Vollzug der Nachrüstung geht, der CDU/CSU-Fraktion. Bilderreich, wie er nun einmal gern redet, führt er dort aus: Gerade jetzt, da bei vielen in der Bundesrepublik und in der DDR die Befürchtung herrsche, daß »ein Raketenzaun« heruntergeht »und die Menschen nicht weiter zueinander kommen können«, sei dieser Kredit »eine ausgestreckte Hand«, ein Angebot »gerade auch noch von einer unionsgeführten Regierung«.[5] Das ganze Jahr 1983 hindurch wird für den wahrscheinlichen Fall einer Aufstellung amerikanischer Pershing-Raketen eine »Eiszeit« in den Ost-West-Beziehungen wenn nicht Schlimmeres erwartet. Aus Sicht des Bundeskanzlers spricht somit viel dafür, wenigstens auf dem Feld der innerdeutschen Beziehungen einen Klimasturz zu verhindern. Die Interessenlage der DDR läßt erwarten, daß ein von ihr seit längerem schon angestrebter ungebundener Kredit dafür das geeignete Instrument sein könnte. Daß sich die rohstoffarme, in ständiger Devisennot befindliche DDR schon im Jahr 1982 bei Umschuldungen und beim Rohstoffkauf mit gravierenden Liquiditätsproblemen konfrontiert sieht und die Zahlungsunfähigkeit droht, wird zwar erst nach dem Umbruch 1989/90 im Detail bekannt, doch entsprechende Wünsche signalisierte Ost-Berlin bereits in der Endphase der Regierung Schmidt.

Unter Kohl werden die diesbezüglichen Sondierungen auf zwei Ebenen fortgesetzt.[6] Ein streng vertraulicher Gesprächskontakt zwischen Franz Josef Strauß und dem für die DDR als Devisenbeschaffer tätigen Staatssekretär Alexander Schalck-Golodkowski wird im Verlauf des Jahres 1982 angebahnt. Der offizielle Gesprächsstrang verläuft, nachdem die Sache ins Rollen gekommen ist, zwischen dem Bundeskanzleramt und den entsprechenden DDR-Instanzen. Strauß informiert den zunächst recht zurückhaltenden Bundeskanzler offenbar frühzeitig. Dieser zögert anfangs,[7] entschließt sich dann aber, die Sondierungen zu beschleunigen. Bei einem ersten, streng vertraulichen Telefonat mit Honecker am 24. Januar 1983 – also schon in der heißen Phase der vorgezogenen Bundestagswahl – spricht Kohl diesen kaum verhüllt auf das Vorhaben an mit dem Hinweis auf die Wünschbarkeit von »humanitären Anstrengungen«.[8] Zugleich erneuert er die von Schmidt ausgesprochene Einladung zu einem Besuch in der Bundesrepublik. Die Sondierungen und Verhandlungen, bei denen auch Strauß immer wieder eingeschaltet wird, ziehen sich durch das erste Halbjahr 1983 hin. Dabei wird zunehmend deutlich, daß die DDR-Regierung im Interesse der Gesichtswahrung nicht bereit ist, einen direkten Zusammenhang zwischen dem ungebundenen Finanzkredit und humanitären Gegenleistungen schriftlich einzuräumen oder gar offen zuzugeben. Schließlich verliest Schalck-Golodkowski im Beisein von Strauß und Jenninger einen Brief Honeckers, in dem dieser den Abbau der Selbstschußanlagen an der deutsch-deutschen Grenze, Erleichterungen bei der Familienzusammenführung und die Befreiung vom Mindestumtausch für Kinder in Aussicht stellt.[9]

Kohl zögert lange, ohne faßbare Zusicherungen dem Abschluß zuzustimmen, erklärt sich aber im Juni 1983 im übergeordneten Interesse bereit, einen bislang völlig unüblichen, staatlich verbürgten Kredit über eine Milliarde DM vorzusehen und der Bundesbank zur Genehmigung vorzuschlagen. Offenbar besteht dabei auch ein enger Zusammenhang zwischen Kohls Reise nach Moskau Anfang Juli zu dem frischinstallierten Generalsekretär Jurij Andropow. Allen Beteiligten, vor allem der deutschen Öffentlichkeit, soll signalisiert werden, daß die Auseinandersetzung um die Raketenstationierung keine »Eiszeit« in den innerdeutschen Beziehungen zur Folge haben muß. Doch Kohl ist bereit, Strauß den Ruhm eines Hauptakteurs des spektakulären Milliardenkredits zu überlassen, und er zeigt sich mit der Konsortialführung für den Kredit durch die Bayerische Landesbank großzügig einverstanden.

Viele bewundern damals und später Kohls subtiles Spiel mit dem »Milliardenkredit« als ein Meisterwerk des Machiavellismus. Dadurch, daß er sich auf das riskante Manöver einläßt, kann er zwei Fliegen mit einer Klappe schlagen: Die DDR-Führung wird künftig zu politischem und humanitärem Wohlverhalten verpflichtet, zumal dem ersten Milliardenkredit 1984 ein zweiter Kredit folgen wird. Franz Josef Strauß aber hat von nun an ein für allemal auf die Möglichkeit verzichtet, sich wie bisher als lautstarker Kritiker einer pragmatischen Deutschlandpolitik aufzuspielen. Zwar kann er sich so aus der außenpolitischen Isolierung befreien, wird alsbald von Honecker empfangen und gilt nun sogar im Kreml als Persona grata. Doch damit haben die Konservativen in den Unionsparteien, denen Kohls Kurs gegenüber der

DDR weiterhin verdächtig ist und die gelegentlich noch aufmucken, ihren mächtigsten Wortführer verloren. Noch in seinen *Erinnerungen* vergißt Kohl nicht vergnügt zu erwähnen, wie Strauß auf dem CSU-Parteitag bei den Wahlen zum Vorsitz abgestraft wurde: 163 Delegierte votierten mit Nein, 90 gaben ungültige Stimmzettel ab, an die 150 weitere nahmen an der Abstimmung nicht teil.[10]

Stationierung der Pershing II

Der wohl wichtigste Vorgang im Jahr 1983 ist Kohls Sieg in der Propagandaschlacht um die Stationierung der Pershing-II-Raketen. Als der legendäre Raymond Aron im Herbst 1982 seine Memoiren abschließt (er verstirbt am 18. Oktober 1983 nach einem Herzschlag und erlebt den Kollaps der Sowjetunion nicht mehr), schreibt er im »Epilog«: »In Europa erscheint die Bundesrepublik Deutschland, die mehr als je zuvor der Eckstein der Atlantischen Allianz ist, erschüttert. Angrenzend an das sowjetische Imperium bemüht sie sich darum, eine amerikanische Armee auf ihrem Territorium zu behalten, ohne die Männer im Kreml zu verärgern. Der Pazifismus von Millionen Deutschen in der Friedensbewegung reduziert die Entscheidungsfähigkeit der Regierung ... Ob Sozialdemokrat oder Konservativer, der Bundeskanzler in Bonn blickt sowohl nach dem ihn bedrohenden Osten wie nach dem ihn schützenden Westen. In welche Richtung wird er schließlich gehen?«[1]

Bekanntlich ist Kohl »nach Westen« gegangen und hat die eigene Partei und die Koalition mit brutaler Kraft zum Vollzug des Nachrüstungsbeschlusses gezwungen. Nach wenigen Jahren wird sein Anteil an der Wende in dieser letzten Phase des Kalten Krieges nicht mehr bestritten. Während er sich ansonsten vielfach als Zauderer und Finasseur par excellence erweist, können seine vielen Kritiker im Zentralpunkt der Nachrüstung kein Schwanken erkennen. Seit dem Einmarsch der Sowjetunion in Afghanistan zum Jahresende 1979 ist auch ihm zunehmend klargeworden, daß der innenpolitische Machtpoker mit Helmut Schmidt und Franz Josef Strauß von nun an zunehmend vom Primat der Außenpolitik überlagert wird. Lange Zeit hatte er nichts mehr gefürchtet, als mit seiner CDU von dem scharfzüngigen Helmut Schmidt als Entspannungsgegner in die rechte Ecke gestellt zu werden. Noch als er sich im Juni 1981 in einem Grundsatzartikel über die »Perspektiven deutscher Außenpolitik für die achtziger Jahre« verbreitet,[2] äußert er sich sehr vorsichtig, betont aber doch hinlänglich deutlich, die Bundesrepublik müsse »einen angemessenen Beitrag« zum konventionell und nuklearstrategisch gestörten »militärischen Gleichgewicht« leisten. In diesem Aufsatz tastet er sich sogar an den odiosen Begriff »Machtpolitik« heran, den er rhetorisch ansonsten scheut wie der Teufel das Weihwasser: »Wir sind in ein Jahrzehnt eingetreten, in dem das Element der Macht eine eher zunehmende Rolle spielen wird. Dem müssen wir Rechnung tragen.« Nun sei »machtgerechte Außenpolitik« gefordert.

Noch bevor die erste Großdemonstration der Friedensbewegung in allen westlichen Hauptstädten für Alarmstimmung sorgt, ergeht sich Kohl im Frühjahr 1981 im Parteipräsidium der CDU in düsteren Warnungen. »Die Themen Frieden ohne Waffen und Kernkraft«, zitiert ihn das knappe Sitzungsprotokoll, »werden eine solche Dimension bekommen, wie wir sie bisher nicht hatten (z.B. in den Kirchen) ... Ich sehe schon, daß diese Kampagne ›Frieden ohne Waffen‹ bei uns sehr durchschlagen wird. Die Infiltration bei uns ist ganz beachtlich.« Das Thema werde sich in der Bundesrepublik »bis zum Eklat« steigern. »Weite Teile der geistigen Oberschichten« seien inzwischen vom Pazifismus ergriffen. Die CDU müsse der »Großkampagne gegen die Langstreckenwaffen« mit der notwendigen Gegenoffensive begegnen.[3] In diesem Sinn äußert er sich künftig überall – im Parteivorstand, in der Fraktion und in vielen Einzelgesprächen.

Alle heute zugänglichen Quellen bestätigen, daß bei der Entscheidung für vorgezogene Neuwahlen die Überlegung in der Tat sehr gewichtig war, für die Ende 1983 wahrscheinlich fällige Stationierung amerikanischer Pershing II ein frisches Wählermandat zu erhalten. »Er will keine Raketenwahlen«, sagt Kohl Ende Oktober zu Mitterrand, »sondern will mit dem Wahlergebnis im Rücken die Entscheidung in dieser Frage treffen.«[4] In der Regierungserklärung vom 13. Oktober 1982 heißt es, seine Regierung stehe zum NATO-Doppelbeschluß und werde die Beschlüsse erfüllen, und zwar »den Verhandlungsteil und – wenn notwendig – auch den Nachrüstungsteil«.[5] Das wird mit dem läppisch klingenden, von der CDU aber damals wie später unverdrossen wiederholten Slogan verknüpft: »Frieden schaffen mit immer weniger Waffen.«

In allen Gesprächen, die Bonn in den ersten Wochen in Paris, Washington und London führt, betont Kohl mit größtem Nachdruck, seine neue Regierung stehe fest zu beiden Teilen des NATO-Doppelbeschlusses. Dem sowjetischen Minister Michail S. Solomenzew, einem der ersten Besucher, den er als Bundeskanzler empfängt, versichert er gleichfalls in einem beiderseits sehr verbindlich geführten Gespräch, die Bundesrepublik stehe zum Doppelbeschluß.[6] Kohl übernimmt jetzt die Forderung der Vorgängerregierung nach einer Null-Lösung, obgleich der nichtnuklearen Bundesrepublik eigentlich mit einer Abschreckung durch Pershing-Raketen mittlerer Reichweite viel besser gedient wäre, da diese Ziele in der Sowjetunion selbst erfassen können. Noch rechnet niemand im Ernst damit, daß sich Moskau zu einem völligen Abwracken der SS 20 bereit finden könnte. Welche Zwischenlösung auf dem Weg zu einer Null-Lösung die Regierung Kohl akzeptieren würde, bleibt offen. Ob und zu welchen Bedingungen er bereit gewesen wäre, der Sowjetunion noch weiter entgegenzukommen als Genscher, wie der amerikanische Unterhändler Paul Nitze später behaupten wird, ist nicht sicher zu ermitteln.[7] Tatsächlich werden die Genfer Verhandlungen im gesamten Jahr 1983 unter Beweis stellen, daß die Sowjetunion trotz aller taktischen Flexibilität zu keinem Zeitpunkt bereit ist, die bereits in Stellung gebrachten SS 20 völlig zu beseitigen und damit auf dieses wesentliche Element ihrer kontinentalstrategischen Überlegenheit zu verzichten.[8]

Nicht unwesentlich ist in diesem Zusammenhang Kohls Vertrauen in Präsident Reagan. Margaret Thatcher schildert er im Frühjahr 1983 den günstigen Eindruck, den er in nun vier Gesprächen gewonnen habe. Reagan sei ein Mann »mit einem sehr klaren Koordinatensystem«, kein Intellektueller, »sehr zuverlässig, sehr amerikanisch, mit einer gewissen Naivität, für manche Europäer in manchem vielleicht etwas unverständlich«. In vielem gleiche er vielleicht Truman. Kohl zeigt sich davon überzeugt, daß es Reagan letztlich um Frieden und Entspannung geht.[9] Vielleicht ist so viel hohes Lob zum Weitererzählen bestimmt. Daß sich Reagan von Margaret Thatcher stark beeinflussen läßt, pfeifen die Spatzen damals von allen Dächern. Aber auch vielen anderen Gesprächspartnern gegenüber läßt Kohl damals nichts auf den amerikanischen Präsidenten kommen.

Wie zu erwarten, spielt Moskau bei den Genfer Verhandlungen auf Zeit. Dementsprechend verlangt die Opposition nach einem Moratorium bei der Nachrüstung, solange ein Erfolg bei den Verhandlungen denkbar erscheint. Kohl jedoch ist nicht bereit, auf Verschiebung der »Nachrüstung« zu drängen, wenn die Sowjetunion bis zum Stichtag im November keine gehaltvollen Kompromisse anbietet. Einen Krieg hält er für recht unwahrscheinlich. Es werde »weder einen kalten noch einen heißen Krieg geben«, bemerkt er zum italienischen Ministerpräsidenten Bettino Craxi Ende September 1983, wenige Wochen vor den mit Sorge erwarteten Großdemonstrationen gegen die Aufstellung amerikanischer Pershing II, und fügt hinzu: »Es werde viel Geschrei geben, dann werde man sich aber arrangieren.«[10] Der Kampf um die Nachrüstung ist aus seiner Sicht in erster Linie eine Propagandaschlacht. Würde aber die Bundesrepublik dem sowjetischen Druck nachgeben, hätte das seiner Meinung nach gravierende Folgen für den Zusammenhalt der NATO und die Bereitschaft der USA, Europa weiterhin unter ihrem Atomschirm zu halten. Wenn in Genf kein Wunder geschehe, werde man nachrüsten müssen wie geplant, erklärt er dem amerikanischen Vizepräsidenten George Bush Ende Juni 1983 in Krefeld. »Es spreche vieles dafür, daß die Sowjetunion erst ernsthaft verhandle, wenn die ersten Pershing II in der Bundesrepublik Deutschland stationiert sind.«[11]

Der Demonstration guten Willens dient ein Besuch in Moskau Anfang Juli 1983 bei dem bereits schwer krebskranken Generalsekretär Andropow. Wie zu erwarten, dreht sich das Gespräch im Kreis. Keine Seite rückt von ihren Grundsatzpositionen ab. Ausdrücklich kommt Kohl bei Andropow auf den Milliardenkredit an die DDR zu sprechen und beteuert, er sei »kein SED-Fresser«: »Für ihn sei die DDR eine Rea-

Mit dem Troß beim Besuch in Moskau, 4. Juli 1983.
Im Hintergrund Hannelore Kohl zwischen den Fernsehjournalisten
Friedrich Nowottny und Ernst Dieter Lueg.

lität.«[12] Aber die reale Lage sei gefährlich, und deshalb habe er »an die Menschen in der DDR ein Signal geben« wollen, »daß die Bundesregierung nicht daran denke, die Grenze noch unüberwindbarer zu machen«. Kohl kommt mit dem Eindruck zurück, Moskau rechne damit, der Westen werde stationieren: »Man habe sich damit abgefunden.«[13] Die Genfer Verhandlungen betrachtet er als »Pokerspiel«, bei dem sich die sowjetische Führung bis zur letzten Minute Hoffnungen auf Erfolg mache und Unruhe schüre.[14]

Selbstverständlich ist die »Nachrüstung« ein Zentralpunkt in seinen Gesprächen mit Mitterrand und Thatcher. Entgegen dem sowjetischen Drängen sind beide entschlossen, die eigenen Kernwaffen aus den Genfer Verhandlungen herauszuhalten. Da die Bereitschaft der Bundesregierung zur Stationierung der Pershing II nun wieder klar ist, fällt es auch den Regierungschefs in den Niederlanden, Belgien und Italien leichter, ihren eigenen Verpflichtungen nachzukommen. Vor der deutschen Öffentlichkeit kann Kohl somit darauf verweisen, ein Moratorium bei der Stationierung, wie von der SPD und den Grünen im Bundestag beantragt, würde die Bundesrepublik isolieren.

Auf die SPD ist überhaupt kein Verlaß mehr, aber es ist auch nicht ganz einfach, die Koalition auf Kurs zu halten. Wackelpeter finden sich auch hier. Irritierend wirkt jetzt, daß die CDU/CSU-Fraktion mit der FDP vereinbart, die Aufstellung der Pershing II müsse durch einen ausdrücklichen Beschluß des Deutschen Bundestags legitimiert werden. Der an und für sich konservative Jürgen Todenhöfer empfindet hier Handlungsbedarf. Nach Gesprächen mit Egon Bahr und anderen wirkt er hinter dem Rücken der Bundesregierung, aber durchaus mit Erfolg auf die CDU/CSU-

Fraktion ein, daß der Bundestag noch einmal beschließen müsse, um die Stationierung freizugeben. Als Wörner ihn deswegen telefonisch zusammenfaltet, repliziert er mit dem Argument: »Das dient doch unserer Sache, das verleiht der Stationierung mehr Legitimität.«[15] Die Spitze des Verteidigungsministeriums auf der Hardthöhe läßt sich dadurch nicht überzeugen, wohl aber Kohl und Genscher.

Der Bundestag geht nun davon aus, daß weder die Sprengköpfe noch die Komponenten der Waffen vor der Beschlußfassung des Deutschen Bundestags im Oktober eingeflogen und deren Aufstellung vorbereitet werden dürfen. Genau besehen ist das ein schwerer Bruch der Zusage in der NATO, mit der sich die Bundesregierung zur bedingungslosen Stationierung verpflichtet hatte, falls die Genfer Verhandlungen bis Mitte Oktober 1983 keine befriedigende Lösung erbringen. Aus Sicht des Verteidigungsministeriums ist das lästig. Natürlich erfordern die logistische Unterbringung der neuen Waffen, die Elektronik, die Herstellung von Unterständen für die Atomsprengköpfe und nicht zuletzt die Umrüstung der Transportfahrzeuge für die Pershing I auf die Pershing II monatelange Vorarbeiten, die nicht bis zum Tag der Bundestagsabstimmung am 22. November 1983 warten können.

Auch rein verfassungsrechtlich gesehen ist das eine überflüssige Komplikation. Die Bundesregierung könnte ohne weitere Befassung des Bundestags grünes Licht geben. Aber der Druck der Friedensbewegung, die Hunderttausende von Demonstranten mobilisiert, läßt Kohl und Genscher die Beschlußfassung des Deutschen Bundestags ratsam erscheinen. Korvettenkapitän Ulrich Weisser, der »Gruppenleiter Sicherheit und Streitkräfte«, erhält am 22. Juni den Auftrag, einen Brief an Präsident Reagan zu entwerfen, in dem darum gebeten wird, die Stationierung der Raketen zu verschieben. Als Begründung wird vorgegeben, »die Raketenstationierung führt zu bürgerkriegsähnlichen Zuständen in Deutschland«. Beim Abstimmungsversuch mit dem Führungsstab der Streitkräfte im Verteidigungsministerium stößt Weisser auf völliges Unverständnis. Er selbst verbindet den Entwurf mit dem Votum, den Brief nicht abzusenden. Kaum hat er am 24. Juni den Briefentwurf vorgelegt, ruft der amerikanische Botschafter Arthur Burns an, der davon gehört hat, aber weder Wörner noch Genscher erreichen kann und nun diesen nachgeordneten Offizier im Bundeskanzleramt anherrscht: »I got to talk to a responsible member of your government – right now – Captain! Washington is up to the wall.« Teltschik ist in einer Lufthansamaschine auf dem Weg nach Rom. Unter Hinweis auf einen Staatsnotstand wird die Maschine zur Zwischenlandung in München veranlaßt. Weisser setzt ihn über die amerikanische Demarche ins Benehmen und regelt die Sache seinerseits mit Telefonaten.[16]

Washington ist also aufs höchste alarmiert. Tags darauf kommt es zu dem Treffen des Bundeskanzlers mit George Bush in Krefeld. Kohl hatte den Vizepräsidenten der USA auf den 25. Juni 1983 nach Krefeld eingeladen, um in einer deutsch-ameri-

Bundestagsdebatte zum NATO-Doppelbeschluß,
21. November 1983

kanischen Feierstunde daran zu erinnern, daß dreizehn Krefelder Familien 300 Jahre zuvor nach Amerika aufgebrochen waren. Erstmals bekundet er hier seine auch später kaum zu bremsende Neigung, historische Gedenktage zum Zweck symbolischer Politik hell anzustrahlen. Doch die Feierstunde wird gestört – Stromausfall, Ausfall des Tons. Danach sitzen der Bundeskanzler und sein Gast gut eine halbe Stunde in der Tiefgarage fest, während sich draußen die Polizei mit einer großen Schar aggressiver Demonstranten herumprügelt. Kohl ist entsprechend wütend und gibt der sozialdemokratischen Regierung von NRW die Schuld an dem Skandal. Seine unversöhnliche Abneigung gegen den damaligen Ministerpräsidenten Johannes Rau geht unter anderem auf diese Blamage zurück.

Entscheidend ist, daß der Kanzler die amerikanische Verärgerung über das Wakkeln der neuen Bonner Regierung spürt. Nachdrücklich beteuert er, am Zeitplan für die allfällige Aufstellung der Pershing II festzuhalten, muß aber etwas umständlich erklären, weshalb eine formelle Bundestagsabstimmung geschäftsordnungsmäßig üblich sei, jedoch unriskant. Hier sei psychologisches Fingerspitzengefühl gefragt. Demgegenüber macht Bush pointiert darauf aufmerksam, »jede Abweichung bei der technischen Bereitstellung könne zu einer Abweichung im Zeitplan führen«. Allem Anschein nach fürchtet die Reagan-Administration, durch Herausbrechen eines Teils der Vorbereitung könne der ganze Zeitplan ins Wanken geraten – mit leicht vorstellbaren Fernwirkungen auf gleichfalls zur Stationierung verpflichtete westeuropäische Regierungen,[17] aber auch mit ungünstigen Rückwirkungen auf den amerikanischen Kongreß.

Jetzt muß sich Wörner mit einer Delegation nach Washington aufmachen, um mit den mißtrauischen Herren im Pentagon detaillierte Maßnahmen zu vereinbaren, wodurch die Erwartungen im Bundestag auf den Stop aller Vorbereitungsarbeiten faktisch unterlaufen werden. Kohl schaut einfach weg und beruhigt sich mit der Feststellung, entscheidend sei, daß die Raketen mit den Sprengköpfen erst aufgestellt werden, wenn der Bundestag entschieden habe. Und so werden dann im Sommer die Komponenten eingeflogen.

Anfang November, zwei Wochen bevor er im Bundestag die »Nachrüstung« durchzieht, tauscht Kohl mit Margaret Thatcher die beiderseitigen Erfahrungen mit der Protestbewegung aus: »Die DDR lasse alle Minen springen. Die nächsten 14 Tage seien kritisch.« Doch »die vernünftigen Leute in der Friedensbewegung«, meint er, »begännen zu resignieren«. Umfragen zeigten, »daß die Bevölkerung im Kern nicht wankend sei«. Die öffentliche Meinung sei jedoch zu zwei Dritteln gegen die Nachrüstung. Er beklagt bei dieser Gelegenheit das Patriotismusdefizit besonders in den wohlhabenden Schichten und weist auf die Erregung in der Evangelischen Kirche hin: »Hier seien 70 Prozent der jungen Pfarrer gegen die Nachrüstung. Dahinter verberge sich ein theologisches Problem. Im Grunde genommen glaubten sie an nichts mehr. Eine Umfrage habe unlängst ergeben, daß sich mehr als die Hälfte als Sozialingenieur empfinde, nicht als Hirte. Das Wort Gottes zu vermitteln sei langweilig und trocken. Es sei viel farbiger, sich für Lateinamerika zu interessieren.« Schlimm sei die Entwicklung bei den Sozialdemokraten: »Helmut Schmidt werde auf dem SPD-Parteitag nur noch fünf Prozent hinter sich haben.« Er sei verbittert.[18]

Am späten Abend des 22. November stimmt der von Tausenden von Demonstranten belagerte Bundestag schließlich nach siebzehnstündiger Debatte in namentlicher Abstimmung mit der Mehrheit von 286 Abgeordneten der CDU/CSU und der FDP gegen 226 Stimmen bei 39 Enthaltungen der Stationierung zu. Kaum ist die Entscheidung gefallen, da befinden sich die ersten Raketenbatterien schon an Ort und Stelle.[19] Daß es Kohl trotz beispiellosen Drucks gelingt, die CDU/CSU-Fraktion im Verbund mit den Freien Demokraten für den Nachrüstungsbeschluß zusammenzuhalten, ist jedenfalls ein bemerkenswerter Kraftakt. Erstaunlicherweise fällt die öffentliche Erregung rasch fast völlig in sich zusammen, nachdem der Deutsche Bundestag sein Votum abgegeben hat.

Über die Rolle Moskaus ist sich Kohl voll im klaren. Als er ein Jahr später das Thema mit dem rumänischen Staatspräsidenten Ceaușescu rückblickend bespricht, meint er, die sowjetische Führung habe einen gewaltigen Fehler gemacht. Sie habe Straßendemonstrationen mit deutscher Politik verwechselt. Im Jahr 1983 seien zwischen sechzig und achtzig Millionen DM in die Bundesrepublik geflossen, um gewisse Gruppen zu finanzieren.[20] Selbstbewußt fügt er hinzu: »Wer ihn kenne, wisse, daß damit bei ihm nichts zu erreichen sei.« Wenige Jahre später wird Kohl triumphierend den Widerstand gegen diese letzte große Propaganda-Offensive der Sowjetunion als eigentliche Wende im Ost-West-Verhältnis und eine der größten Leistungen seiner Regierung bezeichnen. »Das war die Schicksalsstunde Deutschlands«, formuliert er fast ein Vierteljahrhundert danach in den *Erinnerungen.*[21]

Die günstigen Auswirkungen seiner Standfestigkeit im Verhältnis zu den USA können schwerlich überschätzt werden. Präsident Reagan, der ihn von Anfang an persönlich schätzt, will ihm von nun an nichts mehr abschlagen, nicht einmal das ziemlich überflüssige und psychologisch kontraproduktive Verlangen, auf dem Soldatenfriedhof von Bitburg einen symbolischen Akt deutsch-amerikanischer Versöhnung zu inszenieren. Vor allem bei Vizepräsident Bush, der in Krefeld die aufgeregte Friedensbewegung am eigenen Leib erfahren mußte, hat der standhafte Bundeskanzler seither einen großen Stein im Brett. Bush vermag zu ermessen, mit welchen Psychodramen Kohl und seine Anhänger damals konfrontiert sind, und betrachtet den Bundeskanzler seither als erste Adresse in Europa. Doch selbst Margaret Thatcher, die von den Deutschen im allgemeinen und von Kohl im besonderen keine übertrieben gute Meinung hat, spart jetzt nicht mit Lob. Bei den angelsächsischen Verbündeten gilt Kohl von nun an als der einzige Spitzenpolitiker, der sich dem pazifistischen Furor in der Bundesrepublik gewachsen zeigt.

Kohl und Mitterrand finden sich

1983 ist das entscheidende Jahr im Verhältnis Kohls zu Präsident Mitterrand. Als der neue Bundeskanzler am Abend des 4. Oktober 1982, unmittelbar nach der Regierungsbildung, in Paris zum Antrittsbesuch eintrifft, ist dieser »schwere und ungeschlachte Mann«[1] im Umfeld des Präsidenten ein unbeschriebenes Blatt. »Keiner von uns«, wird Mitterrands enger Mitarbeiter Hubert Védrine später schreiben, »hatte im vorweg noch sonstwie präzise Informationen über Helmut Kohl; keiner machte sich klar, in welchem Ausmaß die deutschen Eliten diesen Politiker aus dem Rheinland für einen Tölpel hielten.«[2] Der Präsident ist sogar besorgt, nach dem Sturz Schmidts könnte es mit der Festigkeit gegenüber Moskau vorbei sein.[3] Doch Kohl wirkt auf Anhieb kultiviert, geradeheraus, ein leidenschaftlicher Europäer und großer Bewunderer Frankreichs. »Täuschen Sie sich nicht«, sagt er bei diesem ersten Besuch zu Mitterrand, »ich bin der letzte pro-europäische Bundeskanzler. Sie sind ein Mann mit historischem und literarischem Sinn, ich genauso … Wenn ich mich nicht irre, werden in den kommenden Jahren weitreichende Entscheidungen fällig sein, außenpolitische Entscheidungen, sicherheitspolitische Entscheidungen.« Dann erzählt er dem Präsidenten seine Familiengeschichte, die später noch mancher hochgestellte Gesprächspartner zu hören bekommt: der Onkel im Ersten Weltkrieg gefallen, der eigene Bruder gefallen im Zweiten Weltkrieg … Deshalb sei er ein Mann des Friedens und der Verständigung mit Frankreich. Genauso aber gehe es ihm um die Freiheit. Wir sind, so versichert er ebenso wie Genscher, der dabei ist,»absolut entschlossen«, im nächsten Jahr die Pershings zu installieren. Als er sich verabschiedet, vermerkt Mitterrands Berater Jacques Attali im Tagebuch: Kohl mache sich wegen der Sowjetunion dieselben Sorgen wie Helmut Schmidt, doch mit mehr Aufrichtigkeit, menschlicher Wärme und Willenskraft; er sei kein skeptischer und resignierter Bundeskanzler.

Der CDU-Bundeskanzler seinerseits ist von dem französischen Sozialisten gleichfalls angetan. Mitterrand läßt ihn wissen, er habe im Mai 1948 höchstpersönlich an dem berühmten Kongreß der Europabewegung im Haag teilgenommen. Besser kann man sich bei Helmut Kohl überhaupt nicht einführen. So haben sich die beiden beschnuppert und aneinander Gefallen gefunden. Man beschließt, erstmals seit langem wieder zur nächsten deutsch-französischen Konsultation auch die Verteidigungsminister mitzubringen.

Kohl ist gerade drei Wochen im Amt, da findet aus Anlaß des vierzigsten deutsch-französischen Gipfels ein weiteres Treffen mit Mitterrand statt, diesmal in Bonn. Ein Hauptthema sind hier die Beitrittsverhandlungen der Europäischen Gemeinschaft mit Spanien und Portugal, bei denen noch alles offen ist. Frankreich mauert seit längerem mit Rücksicht auf seine Landwirtschaft. Mitterrand geht soweit, ein französisches Veto anzudeuten, falls die Erweiterung nicht mit einem Gesamtkonzept zur Gestaltung einer erweiterten EG verbunden wird.[4] Desgleichen werden die Vorbehalte Mitterrands gegenüber den Plänen der Reagan-Administration offenbar, die aus den Gipfeltreffen der G 7 eine Plattform zur globalen Steuerung der Militärstrategie und der Weltwirtschaftspolitik machen wolle. Deutlich ist, daß der Präsident auf beiden Feldern deutsche politische Unterstützung und – bei der Finanzierung der Beitrittspolitik – verstärkte deutsche Finanzleistungen erwartet. Zugleich betont er seine Bereitschaft, der Regierung Kohl in ihren sicherheitspolitischen Bedrängnissen zu helfen.

In einem längeren Vortrag verspricht Mitterrand, die Bundesrepublik vor einem Kernwaffeneinsatz im Kriegsfall zu konsultieren, verbindet das aber mit der Feststellung, daß er sich bezüglich des Einsatzbefehls völlige Handlungsfreiheit vorbehalten müsse – selbstverständlich auch gegenüber der NATO. Ausgangspunkt aller Einsatzüberlegungen sei »das vitale Interesse Frankreichs«. Da niemand die konkreten Umstände im Ernstfall kenne, sei keine im vorweg gegebene Verpflichtung möglich. Ein Automatismus sei ausgeschlossen. Da die Sowjetunion nachhaltig darauf drängt, die französischen und die britischen Kernwaffen indirekt in die Genfer Verhandlungen über die Mittelstreckenraketen einzubeziehen, erfährt Kohl somit aus erster Quelle, wie wenig Mitterrand an einem Erfolg der Verhandlungen gelegen ist. Dieser nimmt aber die Einladung Kohls an, im Januar 1983, zum zwanzigsten Jahrestag der Unterzeichnung des Élysée-Vertrags, vor dem Deutschen Bundestag zu sprechen.[5]

Daß sich der französische Präsident dann bei der Rede vor dem Deutschen Bundestag am 20. Januar 1983 für den Doppelbeschluß ausspricht, die Gleichgewichtspolitik an der Seite Amerikas beschwört, die Einheit des Westens bei den Nachrüstungsverhandlungen fordert und indirekt den Atompazifismus vom Tisch wischt, ist von unschätzbarem Wert für Kohl, dessen Wahlkampf noch auf der Kippe steht. Entsprechend betreten vernimmt das die SPD. Kohl, der für vertrauliche Gesten stets besonders empfänglich ist, zeigt sich auch stark davon berührt, daß Mitterrand die letzten Korrekturen an seiner Rede im Dienstzimmer des Bundeskanzlers in seiner Gegenwart vornimmt und ihn zu dieser oder jener Formulierung um Rat fragt.[6]

Nachdrücklich bekennt sich Mitterrand aus Anlaß des zwanzigsten Jahrestages des Élysée-Vertrags tags darauf in Paris zur deutsch-französischen Aussöhnung und erwähnt sogar einen Ausspruch Victor Hugos, zwischen Deutschland und Frankreich gebe es eine »Blutsgemeinschaft«. Nie mehr seit dem Jahr 1962, als de Gaulle die Bundesrepublik bereiste, hat ein französischer Präsident so viel Anerkennendes über die deutsche Kultur und den deutschen technischen Erfindergeist geäußert. Anders als de Gaulle zeigt sich Mitterrand aber zur wirtschaftlichen und politischen Zusammenarbeit in der Europäischen Gemeinschaft bereit, wobei er auch schon die Finanz- und Währungspolitik anspricht.[7]

Kohl antwortet in Paris auf seine Weise und kommt dabei auf seine eigenen Erfahrungen in den Jahren der Besatzungszeit und auf die Familiengeschichte zu sprechen, als der Vater im Ersten Weltkrieg vor Verdun kämpfte. Für die heutigen jungen Deutschen seien »freundschaftliche Beziehungen« zwischen Frankreich und Deutschland jedoch ganz selbstverständlich, »das ist die Gnade der späten Geburt«, die Jahre der Erbfeindschaft seien so fern wie die Perserzeit.[8] Da in Paris derzeit viel vom »Abschwimmen« der Bundesrepublik in eine neutralistische Zwischenzone geschrieben wird, betont er, die Deutschen seien »keine Wanderer zwischen zwei Welten«.

Kaum ist die Bundestagswahl vorbei, kommt der nächste, besonders kritische Test des Jahres 1983. Mitterrands sozialistische Reformpolitik mit massiven Lohnerhöhungen, die Einführung der 35-Stunden-Woche und die Verstaatlichung von Großunternehmen haben den Franc unter Abwertungsdruck gesetzt. Seit Herbst 1982 ringen in der französischen Regierung zwei Denkschulen miteinander. Die eine will Frankreich aus dem Währungsverbund EWS herausführen, plädiert für strenge Kapitalverkehrskontrollen, vielleicht auch für Handelsbeschränkungen, was den gemeinsamen Binnenmarkt in die Krise stürzen könnte, die andere – Finanzminister Jacques Delors ist einer ihrer Protagonisten – wünscht den Verbleib im EWS und die

Beendigung weiterer sozialistischer Experimente. Mitte März 1983 bricht die Krise aus: Der Franc geht in den Keller, und die Nationalbank muß zweistellige Milliardenbeträge für die Stützung ausgeben, während die D-Mark steigt. Das von Schmidt und Giscard erfundene Europäische Währungssystem droht auseinanderzufliegen. Seit seiner Errichtung im Jahr 1978 ist der Franc bei vier Wechselkursänderungen insgesamt um zwanzig Prozent gegenüber der D-Mark abgewertet worden.[9] Jetzt scheint eine weitere gravierende Abwertung zwingend. Mitterrand schreibt vertraulich an Kohl, vermeidet dabei peinlichst, als Demandeur zu erscheinen, weist aber beschwörend auf die Schwere der kommenden Entscheidungen hin, deren sich auch die Bundesregierung bewußt sein müsse.

Turnusgemäß nimmt Bonn gerade die Präsidentschaft in der Europäischen Gemeinschaft wahr mit entsprechend großer Verantwortung für die Währungspolitik. Auf einer Sondersitzung der Finanzminister und der Notenbankgouverneure in Brüssel besteht die einhellige Meinung, Frankreich solle gefälligst allein abwerten. Kohl möchte Frankreich jedoch um jeden Preis im EWS halten, ferner möchte er Mitterrand die Möglichkeit geben, das Gesicht zu wahren, und sich bei diesem für die Unterstützung in der Nachrüstungsfrage erkenntlich zeigen. Somit weist er Stoltenberg an, die D-Mark mit 5,5 Prozent relativ stark aufzuwerten bei einer vergleichsweise geringen Abwertung des französischen Franc und der Lira um 2,5 Prozent. Genau besehen hat der Wirtschafts- und Finanzminister Delors – von fern unterstützt durch den Bundeskanzler – Stoltenberg und die Bundesbank zum Nachgeben gezwungen.[10] Delors ist dreierlei: ein leidenschaftlicher »Anti-Inflationist«,[11] ein leidenschaftlicher Europäer und ein leidenschaftlich ehrgeiziger Mann. Letzteres spürt Mitterrand, und deshalb darf Delors nicht Ministerpräsident werden. Für Kohl aber ist dieser Linkskatholik (im Grunde ein als Sozialist verkleideter christlicher Demokrat) die zweite große Entdeckung des Jahres 1983. Als Mitterrand Jacques Delors – nicht ungern – ziehen läßt, wird Kohl ihm schließlich den Weg zur EG-Präsidentschaft freigeben.

Die europäische Linie, so konstatiert man in der Bundesrepublik, hat sich jedenfalls in Paris dank deutscher Hilfe erst einmal durchgesetzt. Künftig wird Mitterrand jenen zusehends die Zügel überlassen, die – wie Delors – Stabilitätspolitik betreiben, die französische Wirtschaft aber auch für das angelsächsische Wachstumsmodell öffnen wollen. Der utopische Sozialist Mitterrand verschwindet in der Versenkung, der Europäer Mitterrand betritt die Bühne und wird bereits 1984, unter der französischen EG-Präsidentschaft, den aus vielerlei Gründen festgefahrenen EG-Zug deblockieren. Daß sich Kohl im Frühjahr 1983, in der Stunde der Not, großzügig erwiesen hat, stärkt die Bereitschaft Mitterrands zu einer Art neuer Entente cordiale mit dem gleichzeitig frankophilen und pro-europäischen Bundeskanzler. Jacques Attali, der das Gras wachsen hört, vermerkt schon einen Monat später in seinem Tagebuch: »Nach der Stunde der Wahrheit im März taucht ein europäisches Projekt in vorerst noch vagen Umrissen auf: Ein offener Wirtschaftsraum, und darüber hinaus monetäre und politische Annäherung, vielleicht sogar eine gemeinsame Außen- und Verteidigungspolitik. Das wird jedoch eine richtiggehende französisch-deutsche Einigkeit während der drei Präsidentschaften voraussetzen (deutsche, griechische, französische). Von da an könnte resultieren: die Lösung der strittigen Fragen der EG, ein Neubeginn der europäischen Gemeinschaft und das Ende des Europessimismus.«[12]

Von nun an vergeht kaum ein Monat, in dem die beiden Herren nicht zu mehrstündigen Gesprächen zusammentreffen, und zwischendurch wird unablässig telefoniert. Rasch entwickeln sich verschiedene Formate für den beiderseitigen Austausch. Da sind erstens die regulären deutsch-französischen Konsultationen und die bilateralen Gipfeltreffen von Bundeskanzler und Präsident. Diese Treffen dienen als Referenzrahmen für die internen Arbeitsabläufe und werden von den PR-Experten in Bonn und Paris hell angestrahlt.[13] Daß diesen Begegnungen auf Kabinettsebene vertrauliche Vier-Augen-Gespräche des Bundeskanzlers mit dem Präsidenten vorgeschaltet werden, ist selbstverständlich. Zweimal trifft man sich bei den Gipfeltreffen des Europäischen Rats, einmal jährlich auf dem globalen G-7-Gipfel. Zur Vorbereitung solch multilateraler Konferenzen fliegen Kohl und Mitterrand regelmäßig zu Arbeitssessen nach Paris, nach Bonn oder treffen sich in einem ländlichen Drei-Sterne-Restaurant, wo französische oder deutsche Küchenmeister und Sommeliers um die wünschenswert positive Ambiance bemüht sind. Zu Beginn oder während der EG- beziehungsweise EU-Gipfel oder der G-7-Beratungen setzen sich Kohl und Mitterrand gleichfalls häufig zu den berühmten »Frühstücken« zusammen, um die Taktik abzusprechen. Am Ende der Gipfel sieht man sich oft nochmals im kleinsten Kreis, um über die Implementierung oder die strategischen Konsequenzen von Nicht-Einigungen zu beraten. Die Bedeutung dieser regelmäßigen Direktkontakte für die Entwicklung der deutsch-französischen und der europäischen Zusammenarbeit kann gar nicht hoch genug veranschlagt werden.[14]

Auf Ebene der Außenminister spielt sich zwischen Genscher und Roland Dumas eine ähnliche Intimität ein wie zwischen den Chefs. Im Élysée-Palast und im Bonner Bundeskanzleramt sorgen die wichtigsten Berater für ständige Abstimmung der Positionen. Im Bundeskanzleramt sind das Horst Teltschik, Leiter der Abteilung 2 für Außen- und Sicherheitspolitik, zusammen mit Peter Hartmann aus dem Auswärtigen Amt und Joachim Bitterlich, ENA-Absolvent und zuvor in Genschers Planungsstab tätig. Sie konferieren regelmäßig mit Elisabeth Guigou, mit Hubert Védrine und mit Jean-Louis Blanco, der ebenso ausgezeichnet Deutsch spricht wie Bitterlich und Hartmann Französisch. Kohl selbst, im internen Umgang ein harter Chef, hat seinen engsten Stab auf Pfiff dressiert und regiert im übrigen, wie jeder aus seiner Umgebung weiß, mit dem Kalender. Da unablässig irgendwo Zusammenkünfte Kohls und

Mitterrands stattfinden, bei denen vieles angetippt, vorbesprochen, entschieden oder nachbereitet wird, entwickelt sich seit 1983 ein ganz einzigartiges Netzwerk deutsch-französischer Zusammenarbeit. Seitdem Kohl und Mitterrand zusammengefunden haben, sehen sich die anderen EG-Regierungen mit gemeinsamen deutsch-französischen Initiativen konfrontiert. Sie können bemüht sein, diese zu modifizieren, daran einfach vorbeigehen kann niemand. Im ersten Halbjahr 1983 hat Deutschland die Präsidentschaft der EG inne, darauf folgt im ersten Halbjahr 1984 die Präsidentschaft Frankreichs. In diesem einen Jahr bringen Kohl und Mitterrand die steckengebliebene Europapolitik wieder in Gang.

Das Jahr 1983, in dem viele Weichen gestellt werden, ist eben zu Ende gegangen, da findet sich Mitterrand zum großen Vergnügen Helmut Kohls bereit, diesen in Ludwigshafen aufzusuchen. Mitterrands Verwandlung vom utopischen Sozialisten zum »Europäer« hat schon gute Fortschritte gemacht. Kohl verspricht bei dieser Zusammenkunft, Mitterrand nach Kräften zu helfen, damit dessen Präsidentschaft ein Erfolg wird, und entfaltet dann seine europäischen Visionen. Wesentlich sei, daß die Gemeinschaft »irreversibel« werde. Bis zum Ende der Kanzlerschaft wird Kohl das Stichwort »Irreversibilität« verwenden, um zu bezeichnen, was er mit der »Europäischen Gemeinschaft« beziehungsweise der »Europäischen Union« im Sinn hat, die Mitterrand entsprechend dem etwas kühleren französischen Sprachgebrauch als *construction européenne* bezeichnet. Dabei erwähnt der Bundeskanzler auch den Anfang der sechziger Jahre lange verhandelten und schließlich aufgegebenen Fouchet-Plan. Sollte sich aber genauso wie damals vieles Wünschbare auf Ebene der EG nicht realisieren lassen, plädiert er entsprechend dem einstmaligen Ansatz Adenauers und de Gaulles dafür, erst einmal das zu zweit zu machen, was sich im Kreis der zehn noch nicht realisieren läßt. Er denkt dabei schon an die Abschaffung der Grenzkontrollen, an die verteidigungspolitische Zusammenarbeit und an gemeinsame Technologieprojekte nach Art des Airbus.

Schon damals treibt den Bundeskanzler nicht nur der Gedanke der institutionellen und sachlichen Vertiefung der europäischen Integration um, sondern zugleich das Verlangen nach Erweiterung, vorerst um Spanien, Portugal und Griechenland – ein Wunsch, dem Frankreich und Italien damals mit Rücksicht auf die eigene Landwirtschaft noch mit einiger Reserve gegenüberstehen. 1983 ist das Zusammenspiel zwischen Kohl und Mitterrand schon so eng, daß die *relance européenne* des Jahres 1984 unter der französischen Präsidentschaft möglich wird. Kohl hält es für klug, Mitterrand dabei grundsätzlich den Vortritt zu lassen, und beruft sich dabei gern auf Adenauer, der ihm gesagt habe, man müsse die französische Trikolore dreimal grüßen. Die etwas selbstbewußteren Briten sehen darin nicht so sehr ein Zeichen von überlegener Staatskunst, sondern eher von Schwächlichkeit. »Fast die ganzen achtziger Jahre hindurch schien er bereit, die deutschen Interessen der französischen Führung unterzuordnen, um seine Nachbarn zu beruhigen«, wird Margaret Thatcher später konstatieren.[15]

Wie immer man das Ergebnis auch bewerten mag, Mitterrands Bedeutung für die Europapolitik Kohls kann schwerlich überschätzt werden. Selbstsicher, witzig, genuß-freudig, manchmal spöttisch, aber doch wie sein früherer Widersacher und heimliches Vorbild de Gaulle respektheischend Frankreich repräsentierend, begegnet Mitterrand dem Bundeskanzler im prunkvollen Élysée-Palast oder sonstwo in erlesener Umgebung vollendet freundschaftlich, gibt den kultivierten, literarisch beschlagenen Weltmann und ist so ganz anders als die allein an Politik interessierten Gegenspieler, mit denen Kohl in der Regel zu tun hat. Natürlich weiß dieser, wie umstritten Mitterrand in Paris ist, auch, daß ihm seine zahlreichen Gegner durchweg das Schlimmste unterstellen. Doch da Kohl sich ebenfalls Tag für Tag in einem Dschungel von Verdächtigungen und Intrigen bewegen muß, mißt er dem kein großes Gewicht bei. Als Typ hält er Mitterrand jedenfalls für viel interessanter, angenehmer, subtiler als die stets so direkte Margaret Thatcher, als den verschlagenen Advokaten Giulio Andreotti oder den Holländer Ruud Lubbers, die aus ihrer Abneigung gegen die starke Bundesrepublik kaum ein Hehl machen. Von den Größen in Westeuropa weiß ihn außer Mitterrand nur noch der Spanier Felipe González richtig zu nehmen, der dem immerhin zwölf Jahre älteren Bundeskanzler so respektvoll entgegentritt wie einem geachteten, erfahrenen Erbonkel.

Kohl wird Mitterrand bald als echten Freund betrachten. »Ein Glücksfall für unsere beiden Völker«, resümiert er im Rückblick.[16] Der Präsident zeigt von Anfang an großes Interesse an Deutschland und den deutschen Problemen. Beglückt vernimmt Kohl, daß Mitterrand aus den Jahren in deutscher Kriegsgefangenschaft ein differenziertes Bild von Deutschland und den Deutschen bewahrt hat. Verwundet ist er in Verdun in Gefangenschaft geraten, zweimal aus dem Stalag entflohen und wieder gefaßt worden. Erst beim dritten Mal hat er es im Winter 1941 nach einem weiteren Fluchtversuch nach Hause geschafft. Von 1943 an ist er in der Résistance tätig. So weit, so gut. Aber zuvor hat er sich 1942 mit dem »État Français« eingelassen. Über diesem Jahr liegt Zwielicht. War er ein Anhänger Pétains, der sich in verschiedenen Jobs in Vichy über Wasser hielt? Hat er schon damals ein Doppelspiel getrieben, Dokumente gefälscht, um französischen Kriegsgefangenen zur Flucht zu verhelfen und sich 1943 der Résistance anzuschließen? Auf Mitterrands Vorleben in Vichy wird erst 1994 helleres Licht fallen und sein langjähriger Helfer und Bewunderer Jacques Attali entsetzt konstatieren: »J'ai été le collaborateur d'un collabo!«[17] Besonders gravierend erscheint aus späterer Sicht, daß Mitterrands Freund René Bousquet, bis 1943 Polizeichef Vichys und auch später wieder ein einflußreicher Mann, nachweislich an der Judenverfolgung beteiligt war. Das alles wird das Verhältnis Mitterrands zu Deutschland ins Zwielicht tauchen.[18]

Kohl und Mitterrand auf Fort Brégançon,
25. August 1984

Mitterrand hat also das übermächtige Deutschland der Kriegszeit erst als Kriegsgefangener im Stalag, dann kurze Zeit als »Kollabo« in Vichy, schließlich in der Résistance hautnah erlebt. Später hat er als Minister und dann als Oppositionsführer die friedliche, nun aber wirtschaftlich dominierende Bundesrepublik scharf beobachtet. Auch als Präsident ist und bleibt er von Deutschland und den Deutschen fasziniert, möchte ihnen aber nie ganz über den Weg trauen. Während der achtziger Jahre plagen ihn zwei tiefe Sorgen: daß die Bundesrepublik unter sowjetischem Druck und vom linken Pazifismus getrieben nach Osten abschwimmen könnte. »La dérive allemande«, lautet das Schlagwort, das damals in Paris kursiert. Genauso groß aber ist die Sorge vor der strukturell überlegenen Wirtschaft der Bundesrepublik mit der D-Mark als europäischer Leitwährung. Somit muß es Mitterrand als eine Art Gottesgeschenk betrachten, daß sich ihm in Gestalt von Helmut Kohl ein Bundeskanzler vertrauensvoll nähert, der über das »Abschwimmen« der Bundesrepublik und die fast unwiderstehlichen linken Strömungen im eigenen Land genauso besorgt ist wie er selbst. Mit seiner zielbewußten Politik, die dominierende Bundesrepublik via EG zu kontrollieren, rennt er bei Kohl offene Türen ein. Auch dieser möchte die Bundesrepublik »irreversibel« in Europa »einbinden«.

Die Subtilität, mit der Mitterrand vorgeht, verdient Bewunderung. »Ein Mann der Machiavelli gefallen hätte, ein Spieler mit Mächten und Menschen«, urteilt beispielsweise Brigitte Seebacher-Brandt, die ihn genau studiert hat.[19] So ist die einmalige Konstellation beschaffen, aus der innerhalb weniger Jahre die Strukturen der heutigen Europäischen Union entwickelt werden – ein Bundeskanzler, der den Sog der Sowjetunion sowie den kapitulationsbereiten linken Pazifismus seiner Landsleute fürchtet und deshalb die exponierte Bundesrepublik in Westeuropa einbinden möchte, und ein französischer Präsident, der die einerseits unsichere, andererseits wirtschaftlich dominierende Bundesrepublik mit machiavellistischer Raffinesse freundschaftlichst an die Kette legen will.[20]

Werben um die »eiserne Lady«

Kohls Beziehung zu Margaret Thatcher nimmt seit dem Jahr 1983 ebenfalls eine durchaus passable Entwicklung. Es wäre verkehrt, bereits für diese frühen Jahre jenen fast unversöhnlichen Gegensatz zur britischen Premierministerin anzunehmen, der erst 1987 voll aufbrechen wird. Wer die Gesprächsprotokolle der ersten Kanzlerjahre studiert, stellt fest, daß sich Kohl anfangs durchaus um sie bemüht hat. Im Jahr 1983 muß er den Nachrüstungsbeschluß durchziehen, wozu er dringend des britischen Beistandes bedarf. Zudem weiß er genau, daß Reagan auf Margaret Thatcher große Stücke hält. Kohl wie Mitterrand sind sich darüber im klaren, daß die von ihnen erstrebte Revitalisierung der Europapolitik von vornherein zum Scheitern verurteilt wäre, wenn sie Großbritannien nicht wenigstens ein Stück weit mitnehmen.

Helmut Kohl und Margaret Thatcher kennen sich seit Mitte der siebziger Jahre. Beide sind sie während der Oppositionszeit an die Spitze ihrer Parteien getreten. Auf dem Parteitag von Hannover, auf dem Kohl 1976 seine CDU mit einem »europäischen Manifest« auf das Ziel eines europäischen Bundesstaats einschwor, hat sie mit einem kräftigen antisowjetischen Pep-Speech viel Beifall geerntet. 1983 schaut die »eiserne Lady« schon auf vier turbulente Jahre in Downing Street No. 10 zurück. Spätestens seit dem Triumph im Falklandkrieg ist sie eine Weltberühmtheit, während den Neuling Helmut Kohl noch niemand so richtig kennt. An direkten Kontakten bei den turnusmäßigen deutsch-britischen Konsultationen, auf den europäischen Gipfeln und bei Ad-hoc-Treffen mangelt es den beiden nicht. Zudem gibt es eine recht

Kohl und Margaret Thatcher in Bonn,
9. November 1983

enge Abstimmung der jeweils aktuellen Positionen zwischen Horst Teltschik und Charles Powell, seinem Counterpart in Downing Street No. 10. Kohl und Thatcher verstehen sich anfangs durchaus in den Kernfragen der Sicherheitspolitik gegenüber dem Warschauer Pakt oder sind jedenfalls bemüht, dem Partner keine Schwierigkeiten zu bereiten.

Wenn Kohl einen wichtigen Gesprächspartner für seine Überzeugungen gewinnen möchte, pflegt er vor diesem gern seine panoramische Sicht der historischen Entwicklung zu entrollen. So versucht er das auch bei Margaret Thatcher. In der deutschen Geschichte, so führt er beispielsweise im Frühjahr 1983 aus, als man sich immer noch in der Schnupperphase befindet, gebe es nun einmal einen gewissen Antagonismus der Ost- und der Westorientierung. Berlin liege eben in der Mitte zwischen Paris und Petersburg, und so habe es im 19. Jahrhundert in Preußen eine starke Tendenz zur Ostorientierung gegeben. Das reiche, so fügt er hinzu, bis zu dem rot angestrichenen Deutschnationalen Egon Bahr. Demgegenüber gehe die Westorientierung bis in die römische Zeit zurück. Zwischen den Regionen diesseits und jenseits des Limes bestehe ein anderes Lebensgefühl. Stresemann habe versucht, die Westorientierung zu stabilisieren, doch das sei ihm mißlungen. Erst unter Adenauer habe die Bundesrepublik deutlich Position für den Westen bezogen. In die Westorientierung seien auch die Amerikaner einbezogen, denen der Marshall-Plan zu verdanken sei und von denen bisher über fünf Millionen GIs in der Bundesrepublik stationiert gewesen seien. Außerdem tickten die Deutschen in Sachen Menschenrechte genauso wie der Westen. Wie so oft bei derartigen Unterhaltungen kommt er auf die eigenen Erlebnisse in Ludwigshafen zu sprechen: Quäkerspeisung, Kleiderspenden. Freilich, manches in Amerika erscheine kurios, manches naiv, aber das amerikanische Einstehen für die Menschenrechte fuße auf einer großen Tradition, »die auch sehr gut für uns sei«. Persönlich und vertraulich läßt er die Premierministerin wissen, »die Amerikaner seien unsere Verwandten, aber in Paris und London gebe es Verwandte, die uns noch etwas näher stünden. Der Capitol Hill sei etwas weit weg; von Downing Street und dem Élysée trennten uns nur eine Flugstunde.« Deshalb entspreche es auch deutschem nationalen Interesse, daß Großbritannien und Frankreich ihre Kernwaffen nicht in die Genfer Verhandlungen einbrächten.[1] Derart umfassende Darlegungen hört sich die Premierministerin aufmerksam an, macht knappe Bemerkungen dazu, ermutigt ihn durchweg zur Härte bei der Nachrüstung, wird aber zumeist erst richtig munter, wenn es um die Frage des britischen »Rabatts« für die Zahlungen an die EG, um den EG-Haushalt, um das damals gespannte Verhältnis zur Handelsweltmacht Japan oder um Rüstungsexporte geht.

Die britische Premierministerin wird von Kohl also durchaus mit Samthandschuhen angefaßt. Allerdings treffen Mitterrand und Kohl viel häufiger zusammen, und die Schnittmengen ihrer jeweiligen Europapolitik passen letztlich besser zusammen. Trotz häufig unterschiedlicher Ziele und unterschiedlicher Motivationen ist ihnen die Europapolitik eine Art Herzensanliegen, und beide – der in den fünfziger Jahren zum Frankophilen gewordene Helmut Kohl und Mitterrand, dessen Vorleben in Bezug auf Deutschland noch viel weiter zurückreicht – sind stark auf das jeweilige Nachbarland fixiert. Für Margaret Thatcher dagegen, stellt Kohl bald mit Bedauern fest, ist die Europäische Gemeinschaft nur Mittel zu dem Zweck, den wirtschaftlichen Nutzen des eigenen Landes zu mehren und den Status einer unabhängigen Großmacht zu sichern. Was das Verhältnis zu Deutschland anlangt, so ist bei ihr eine kräftige psychologische Unterströmung des kämpferischen »Geistes von 1940« verhaltensbestimmend, das Selbstbewußtsein der Siegermacht von 1945 mit inbegriffen. Kurz, Margaret Thatcher hat zu den starken, für ihr Gefühl viel zu starken und lauten Deutschen, die überdies ein merklich gebrochenes Nationalgefühl aufweisen, ein recht distanziertes Verhältnis. Je besser sie Kohl kennenlernt, um so stärker wird sie sich dessen bewußt, daß sie beide »in gewissen wirtschaftlichen und sozialen Fragen« völlig unterschiedliche Ansichten vertreten.[2] Mehr und mehr bezieht sich das beiderseitige Empfinden der Fremdheit vor allem auf die Einstellung zu Europa. Frau Thatcher »sage zur EG ja, doch zu britischen Bedingungen«, konstatiert Kohl, nachdem er sie über ein Jahr beobachtet hat.[3]

Auch die Temperamente Kohls und Thatchers sind recht verschieden. Thatcher ist präzis, tut sich schwer, ihre Streitsucht und Besserwisserei zu zähmen, hat wenig Geduld mit Kohls Weitschweifigkeit, bekommt zusehends auch Zweifel an seiner Bonhommie und mißt ihn insgeheim an Helmut Schmidt, den sie trotz mancher Differenzen wegen seiner Klugheit, seiner Direktheit und seines Sachverstands in Fragen der internationalen Wirtschaft respektiert.[4] Von wem auch immer genährt, beginnen die Journalisten früh zu schreiben, »die Chemie« zwischen den beiden stimme nicht so recht. Politiker aus dem engsten Umfeld der Premierministerin meinen, an Kohl habe ihr zweierlei mißfallen: seine Art, sich zu geben, und daß er ein Deutscher ist. »François Mitterrand«, so meint Schatzkanzler Nigel Lawson, »konnte bei ihr Punkte machen, weil er sie als Frau behandelt, Kohls Massivität aber verstärkte nur ihre ohnehin schon pathologische Abneigung gegen Deutschland und die Deutschen mit dem Ergebnis, daß dies schließlich auch ihre Einstellung zur Europäischen Gemeinschaft beherrschte.«[5]

Margaret Thatcher selbst führt die beiderseitigen Probleme in erster Linie auf die sachlichen Meinungsverschiedenheiten zurück und meint beim Rückblick auf die Jahre vor den heftigen Differenzen in der Umbruchphase 1989/90: »Dabei kamen wir eigentlich auch gar nicht so schlecht miteinander aus.«[6] 2003, als sich die Erregung der Jahre 1988 bis 1990 etwas gelegt und Kohl die Bühne ebenfalls verlassen hat, wird sie ihren einstigen Widersacher versöhnlich als den erfolgreichsten deutschen Staatsmann neben Bismarck und Adenauer bezeichnen.[7] In den achtziger Jahren aber zeigt sie sich zunehmend irritiert, weil der Bundeskanzler – wie erwähnt – bereit zu sein scheint, »die deutschen Interessen der französischen Führung unterzuordnen, um seine Nachbarn zu beruhigen«.[8]

Der anfänglich kompromißbereite Kohl findet seinerseits vor allem befremdlich, wie »eiskalt« die Premierministerin ihre Interessen verfolgt – etwa auf dem EG-Gipfel in Stuttgart 1983, wo er mittels höherer Zahlungen der Bundesrepublik die Frage des »britischen Rabatts« einer Lösung zuführt, ohne dafür ein Dankeschön zu erhalten.[9] In der Folge bekommt seine Umgebung häufig zu hören, daß er sie »nervig« findet. Für seinen Geschmack ist die Dame zu schrill, zu penetrant auf kurzfristige Ziele fixiert, die sich rechnen, und leider einem nationalstaatlichen Denken verhaftet, von dessen Überholtheit er fest überzeugt ist. So kann im Verhältnis zur britischen Premierministerin nicht jene freundschaftliche Intimität entstehen, zu der

Kohl und Mitterrand fast auf Anhieb finden. Man arbeitet sich erst geduldig, bald zusehends ungeduldig aneinander ab. Als gegen Ende der achtziger Jahre die großen Weichenstellungen hin zur Wirtschafts- und Währungsunion anstehen und als dann die deutsche Einheit hereinbricht, ist das Verhältnis schon ziemlich zerrüttet. In den ersten Jahren der Kanzlerschaft aber sind die Beziehungen zwischen Kohl und Thatcher noch ganz in Ordnung.

Das und vieles mehr beginnt 1983. Rückblickend betrachtet ist wohl Kohls frühe Fixierung auf Mitterrand historisch am wichtigsten. Der Kalte Krieg mit seinen absurden Rüstungskontrollverhandlungen und Psychodramen, selbst das unlösbar erscheinende Deutschlandproblem – sie sind seit der Wiedervereinigung Vergangenheit, wenngleich die Nachwirkungen noch lange spürbar bleiben. Doch die Konstruktion der Europäischen Union, die sich seit 1983 innerhalb kürzester Frist im wesentlichen aus dem Zusammenspiel zwischen Mitterrand und Kohl ergibt, wird das Europa des frühen 21. Jahrhunderts bestimmen. Kohl verliert zwar nie seine innenpolitische Machtbasis aus den Augen, doch lebt er erst richtig auf, wenn er auf europäischer Ebene große Politik machen kann. Vieles wird erst einmal unter Ausschluß der Öffentlichkeit auf den Weg gebracht.

Mitterrands getreuer Helfer Hubert Védrine, dem im Élysée-Palast wenig entgeht, hat im Rückblick festgestellt, die Deblockierung der europäischen Stagnation seit Anfang 1984 sei durch nicht mehr als zwanzig Personen erfolgt: durch Kohl, Mitterrand, anfangs zögernd auch durch Thatcher sowie deren Außenminister und engste Mitarbeiter. So sei, fügt er hinzu, die »construction européenne« seit den frühen fünfziger Jahren immer vorangekommen, und stellt dann abschließend fest: »Das Europa der achtziger Jahre ist ein reines Produkt einer modernen Form der aufgeklärten Despotie.«[10]

Helmut Kohl hätte sich nie so ungeschützt geäußert. Anders als der nach Art eines Wahlmonarchen regierende Mitterrand ist er sorgsam auf die parlamentarische Rückkopplung seiner Europapolitik bedacht. Im Unterschied zu Mitterrand ist deshalb für ihn die Erweiterung der Rechte des Europäischen Parlaments immer eines seiner Hauptanliegen. Auch er weiß natürlich, daß die sehr komplizierten Entscheidungsprozesse in der damaligen Zehner-Gemeinschaft ohne Geheimdiplomatie nicht vorankommen, und er läßt sich nur zu gern darauf ein. Wenn es bei ihm eine Vision gibt, die er mit langem Atem realisieren möchte, dann ist es der Traum von einem europäischen Bundesstaat, wie immer die Etappen auf dem Weg dorthin auch beschaffen sein mögen.

Zugleich ist das vertrauliche, bald geschichtlich höchst folgenreiche Pläneschmieden im Verein mit Mitterrand, Delors und gleichgesinnten Spitzenpolitikern Europas auch ein Ausweg auf eine höhere Ebene aus den Niederungen bundesdeutscher Innenpolitik, wo seine Gegner nichts unversucht lassen, den CDU-Bundes-

kanzler als Tölpel zu verhöhnen. Eine breite Öffentlichkeit nimmt seine Frankreich-
und Europapolitik zwar durchaus zur Kenntnis, das aber eher gelangweilt und ohne
zu ahnen, daß dieser sehr unterschätzte Kanzler auf seine Weise dem »Primat der
Außenpolitik« folgt, genauer gesagt: dem »Primat der Europapolitik«. Erst in der
Umbruchphase und als der Vertrag von Maastricht ein neues Europa heraufführt,
gehen vielen die Augen auf.

Während der gesamten achtziger Jahre denkt man eher an Pannen, an nachlassende Zustimmung und an ein glanzloses Regieren, wenn von Helmut Kohl die Rede
ist. Und es gibt durchaus Grund, seine Künste kritisch zu betrachten.

Innenpolitische Achterbahnfahrt (1984–1986)

Die Stürme der Nachrüstung haben sich noch nicht verzogen, da bricht über Kohl
die erste Affäre herein. Von nun an wird vorerst kein Jahr ohne Pannen und Skandale
vergehen. Manche sind ernsthaft, manche werden über Gebühr hochgespielt, aber
alle nagen sie am Image des Bundeskanzlers: 1984 die Affäre Kießling und die Parteispendenaffäre, 1985 Bitburg, 1986 ein erneutes Hochkochen der Parteispendenaffäre
mit gravierender Gefährdung durch eine eidliche Falschaussage, dann das *Newsweek*-
Interview mit dem Goebbels-Vergleich gefolgt von der Affäre Barschel, die Kohl
allerdings nur indirekt tangiert, wohl aber Stoltenberg beschädigt und die Bundesregierung herabzieht.

Die Serie der Pannen und Skandale, aus der Kohls Gegner Honig saugen, beginnt im Januar 1984. Aus dem Abstand von dreißig Jahren wirkt die Affäre um den
General Kießling, die damals Bonn erschüttert hat, noch immer so grotesk wie damals. Doch einleuchtend ist, weshalb daraus eine Staatsaffäre werden muß. Der
fälschlicherweise, wie sich bald herausstellt, der Homosexualität (im damaligen Mi-
litärwesen trotz Abschaffung des Paragraphen 175 noch ein gravierender Verdachts-
grund) beschuldigte Vier-Sterne-General wird aufgrund schlampiger Recherchen
des Militärischen Abschirmdienstes (MAD) kurz vor der Pensionierung in den einst-
weiligen Ruhestand versetzt, muß nach peinlichstem Hin und Her rehabilitiert werden und wird schließlich mit einem Großen Zapfenstreich verabschiedet. Bundesverteidigungsminister Wörner, der voreilig gehandelt und im Verlauf des Verfahrens
weitere Fehler gemacht hat, bietet, wie es sich gehört, seine Demission an. Der Bundeskanzler entscheidet aber, diese nicht anzunehmen.

Der Vorgang macht deutlich, wie schwer sich Kohl in den Anfängen seiner
Kanzlerschaft tut. Die interne Organisation seiner Regierung, dies die erste und
wichtigste Lehre des flatternden Krisenmanagements, ist stark verbesserungsbedürf-
tig. Aufgrund seines schlechten Managements kann sich der Bundeskanzler aus der

Affäre im Verteidigungsministerium nicht leichthin herauswinden. Zweitens zeigt sich, daß Franz Josef Strauß, der offen und frühzeitig für Kießling Partei ergriffen hat, weiterhin ein Unruhefaktor ist, mit dem zu rechnen ist. Und noch eine weitere Lehre hält die Affäre für Kohl bereit: Spätestens jetzt muß er erkennen, daß nicht Franz Josef Strauß oder die ziemlich ohnmächtige SPD sein gefährlichster Gegner ist, sondern Augsteins *Spiegel*. Wie schon unter Adenauer ist das Hamburger Enthüllungsmagazin ständig auf der Jagd und findet immer wieder seine Beute. Augstein nennt Kohl im Zusammenhang der Affäre »Kanzler Tunix«[1] und wird künftig keine Gelegenheit vorbeigehen lassen, den Pfälzer lächerlich zu machen. Doch der *Spiegel* ist nur eine Art Speerspitze der kritischen Medien, die sich von Kohl nicht überzeugt zeigen. Kaum eine Sitzung der höchsten CDU-Gremien vergeht, in der Kohl nicht mit grimmigen Ausfällen sich selbst und seine Regierung als Opfer der Hamburger Blätter, der *Süddeutschen*, der ARD-Fernsehanstalten, ja selbst des früher von ihm so geschätzten ZDF bezeichnet – und das nicht ganz zu Unrecht. Die Affäre Kießling offenbart nur, daß der Bundeskanzler Kohl auf Angriffe und Krisen noch genauso wurstig reagiert, wie er das zuvor als Oppositionsführer getan hat. Sein unerwartet zähes Festhalten an Wörner macht aber auch klar, daß er mit großer Hartnäckigkeit zu Ministern steht, auf die sich die Presse eingeschossen hat. So bekommt er am schnellsten Ruhe im Kabinett sowie in der Fraktion und erwirbt in dem zuvor recht eigenwilligen Wörner einen dankbaren, gehorsamen Minister.

Bevor die nächste Affäre den Bundeskanzler in Anspruch nimmt, sorgt die Nachfolgeregelung für Bundespräsident Carstens im Lager Helmut Kohls für Mißstimmung. Bereits unmittelbar nach der Bundestagswahl vom 6. März 1983 verbreitete sich unter den Top-Politikern die Nachricht, daß Carstens auf eine zweite Präsidentschaft dankend verzichten wird.[2] Hat ihn die Nötigung zur vorzeitigen Bundestagsauflösung so sehr mit Abscheu erfüllt? Wie dem auch sei: Die Granden in der politischen Klasse haben nun fünfzehn Monate Zeit für eines ihrer Lieblingsspielchen – die Manöver um die Wahl eines neuen Bundespräsidenten. Da Kohl auch die CSU-Stimmen braucht, faßt er anfangs den hinlänglich konservativen Oberbürgermeister Walter Wallmann ins Auge, unter dem das lange heruntergekommene Frankfurt wieder aufgeblüht ist. Aber auch andere Namen werden durchgestochen oder spekulativ genannt: Ministerpräsident Albrecht, Rainer Barzel, Alfred Dregger und der Stuttgarter Oberbürgermeister Manfred Rommel. Später wird Kohl erklären, Albrecht sei seine erste Wahl gewesen.[3] Deutlich ist aber schon früh, wen er nicht will: Richard von Weizsäcker.

Hinter Kohls sichtlichem Zögern stehen nachvollziehbare politische Überlegungen. Weizsäcker hat Berlin für die CDU gewissermaßen »erobert« und ist dort in der Tat schwer ersetzbar. Auch Franz Josef Strauß hegt Vorbehalte gegen diesen liberalen Entspannungspolitiker. Seit dem bitteren Streit um die Ostverträge zu Beginn der

Neujahrsempfang des Bundespräsidenten,
7. Januar 1988

siebziger Jahre sind die beiden nicht eben Intimfreunde. Allem Anschein nach hat Kohl aber noch andere Gründe für sein Widerstreben. Natürlich ist ihm längst zu Ohren gekommen, wie verächtlich sich der einstige Protegé während der Oppositionszeit geäußert und ihm, Kohl, die Eignung zum Bundeskanzler abgesprochen hat. Und nicht zuletzt stört ihn, daß Weizsäcker, entgegen der bisher für Berliner Regierende gültigen Praxis, im Herbst 1983 Erich Honecker im Schloß Niederschönhausen einen Besuch abgestattet hat, was für die Zukunft weitere Eigenwilligkeit erwarten läßt. Kurz, von Weizsäcker hat sich von seinem Entdecker und Förderer Helmut Kohl freigeschwommen, und dieser reagiert darauf nach Art eines Kaisers aus salischem Stamm: Wen er mit Lehen bedacht und an seinen Hof gezogen hat, von dem wird unwandelbare Gefolgschaftstreue erwartet.

Von Weizsäcker seinerseits hatte hinlänglich Zeit, Kohl kennenzulernen, und verspürt genau, weshalb dieser zögert. Während bei Kohl der Stolz und das nimmermüde Mißtrauen eines in höchste Ämter gelangten Aufsteigers zu beobachten sind, läßt der Freiherr etwas zu deutlich den Stolz, aber auch das Mißvergnügen eines Mannes erkennen, der sich kraft Herkunft, Ausbildung und Intelligenz viel besser als der gegenwärtige Amtsträger für die höchsten Ämter geeignet fühlt, zugleich aber konstatieren muß, daß ihm die Wege dorthin durch die Umstände, aber eben auch durch Kohl auf Dauer versperrt sind. Solange dieser amtiert, wird von Weizsäcker weder Bundeskanzler noch Außenminister werden können, und die Position des

Regierenden in Berlin dürfte sich früher oder später doch als totes Gleis erweisen. So erhebt er jetzt mit größtem Nachdruck Anspruch auf das Amt des Bundespräsidenten und setzt sich damit durch. Schließlich wird Kohls Zögern sogar Franz Josef Strauß zu bunt. Für FDP und SPD ist der ausgeprägt liberale von Weizsäcker nach Lage der Dinge ein Wunschkandidat, und so wird er am 23. Mai 1984 mit der überwältigenden Mehrheit von 832 der 1040 Stimmen[4] zum Bundespräsidenten gewählt.

Zehn Jahre lang amtieren Kohl und Weizsäcker nun nebeneinander. Vor allem die journalistischen Kritiker Kohls erfreuen sich an den Eifersüchteleien der »verfeindeten Nachbarn«, von denen jeder den anderen zu überstrahlen sucht, von Weizsäcker rollengemäß mit vielbeachteten Reden, Kohl rollengemäß als gestaltender Staatsmann, während das jeweilige Gefolge schlecht über den Rivalen redet. Der liberale, moralisch sensible, geschliffene Bundespräsident aus interessanter Familie läßt sich aufs schönste gegen den massiven, machtbesessenen, wenig zimperlichen Parteiboß aus der Pfälzer Provinz ausspielen. Das Un-Verhältnis zwischen diesen so wesensverschiedenen Parteifreunden wird die ganze Ära Kohl begleiten, auch dann noch, als der glänzende Bundespräsident aus dem Amt geschieden ist und nur gelegentlich aus der Kulisse seine bissigen Kommentare abgibt.

Die Endphase des Tauziehens um die Bundespräsidentschaft findet in der Öffentlichkeit allerdings nur noch wenig Interesse, denn im Mai 1984 gibt es nur ein Thema, das für allgemeine Erregung sorgt: die Parteispendenaffäre. Sie schmort schon seit langem, erreicht aber nun einen dramatischen Höhepunkt. Kohl hat das, was jetzt über ihn hereinbricht, längst kommen sehen. Seit Jahrzehnten sind die Parteien zu kostspieligen politischen Dienstleistungsunternehmen geworden. Die Mitgliedsbeiträge decken nur einen kleineren Teil der Ausgaben für die gefräßigen Polit-Mammute, und die Finanzierung aus dem Staatshaushalt darf nicht für die laufenden Kosten in Anspruch genommen werden, sondern nach strengen Vorschriften eigentlich nur, um die Wahlkosten zu decken.[5] Somit sind Spenden ganz unerläßlich. Mit dem Verbot steuerbegünstigter Parteispenden hat das Bundesverfassungsgericht aber schon 1958 eine Barriere errichtet, was sich für die Spendenbereitschaft nicht als förderlich erwies. Die Parteien befinden sich somit in einer Zwangslage und haben allesamt einen Ausweg gefunden, der zwar gesetzwidrig ist, gegen den sich aber lange kein Kläger findet. Unter stillschweigender Duldung der zuständigen Länderfinanzminister, auch der Staatsanwaltschaften, werden Umwegfinanzierungen über gemeinnützige Stiftungen entwickelt und Geldwaschanlagen in der Schweiz und in Liechtenstein errichtet, im Fall der SPD auch in Israel, aus denen zweistellige Millionenbeträge unversteuerten Geldes wieder in die Parteikassen zurückströmen. Längst hatte sich – so Leisler Kiep, von 1971 bis 1992 Bundesschatzmeister der CDU, anschaulich – »eine Art Gewohnheitsrecht« etabliert, »vergleichbar einem Trampelpfad durch ein unbebautes Grundstück«.[6]

Dieses illegale Finanzierungssystem wird seit 1975 zusehends schärfer beobachtet. Erstmals erbringt ein Zufallsfund des Finanzamtes Sankt Augustin bei Bonn entsprechende Beweismittel. Zögernd erinnern sich die Staatsanwälte nun ihrer Amtspflicht, gegen die Steuersünder zu ermitteln. 1984 laufen an die 2300 Ermittlungsverfahren gegen Spender.[7] Der *Spiegel* und die *Süddeutsche* suchen das Thema verschiedentlich hochzuziehen, aber da es um bloße Steuerdelikte geht, hält sich die öffentliche Erregung in Grenzen. Wen außer einigen Unentwegten kümmert es schon, ob die Parteien, denen man ohnehin alles Fragwürdige zutraut, ihren Betrieb mit versteuertem oder mit unversteuertem Geld aufrechterhalten!? Doch die gemächlich betriebenen Verfahren tun ihre Wirkung. Das Spendenaufkommen geht zurück. Die größeren und kleineren Spender, gegen die Strafverfahren im Gang sind, bedrängen die Parteien entrüstet, diese irgendwie abzustellen, und die Ermittlungen erfassen nun langsam auch die Schatzmeister. Kohl weiß genausogut wie die ansonsten mit ihm rivalisierenden obersten Parteivorsitzenden Strauß, Genscher und Brandt, wie heiß das alles ist, doch früher als diese wittert er die ganze Gefährlichkeit der Angelegenheit. Als Leisler Kiep 1978 in seiner Eigenschaft als Finanzminister von Niedersachsen entdeckt, wieviele fragwürdige, steuerrechtlich kompromittierende Quittungen eingereicht wurden, und Kohl darauf hinweist, läßt sich dieser überzeugen, daß die CDU – anders als die FDP – von der einschlägig tätigen Staatsbürgerlichen Vereinigung e.V. (1954) keine Spenden mehr entgegennehmen darf. Tatsächlich ist Kohl jetzt der einzige Parteiführer, der diesbezüglich die Notbremse zieht.

Doch aus dem System geheimer Spenden kann und will er sich genausowenig herauswinden wie die CSU des besonders unbedenklichen Franz Josef Strauß, die FDP Genschers und Lambsdorffs und die SPD mit Willy Brandt an der Spitze. Er wird dabei zum Getriebenen seines eigenen Parteikonzepts. Wer die CDU durch Kongresse, Mitgliederaktivierung, zentral organisierte Service-Einrichtungen und Planungsstäbe, auch durch zentral organisierte Wahlkämpfe auf Trab bringen möchte, kommt gar nicht umhin, in der Bonner Parteizentrale einen bürokratischen Moloch aufzubauen, der viel Geld verschlingt. Aufgrund der Urteile des Bundesverfassungsgerichts bietet auch die gesteigerte Staatsfinanzierung keinen gangbaren Ausweg. So kann er nur hoffen, und damit ist er unter den Parteiführern ebenfalls nicht allein, vieles im verborgenen und den Schaden aus den bereits laufenden Ermittlungen möglichst gering halten zu können.

Im Jahr 1981, immer noch in der Opposition, unternimmt Kohl deshalb mit den anderen Parteivorsitzenden einen Vorstoß, eine rückwirkende Amnestie für Parteispender in die Wege zu leiten, die – wie es heißt – »gutgläubig« einen Steuernachlaß für indirekte Parteispenden in Anspruch genommen haben. Während Brandt einsieht, daß Handlungsbedarf besteht, wendet sich Bundeskanzler Schmidt dagegen, und die SPD-Fraktion torpediert das Vorhaben.

Im November 1981, die FDP gehört immer noch der Regierung Schmidt an, kommt es in der für alle Parteien bereits mehr als lästigen Parteispendenaffäre zu einer alarmierenden Wendung. Jetzt entdeckt die Bonner Staatsanwaltschaft bei der Durchsuchung der Büros des Flick-Konzerns in Düsseldorf detaillierte Aufzeichnungen des Prokuristen Rudolf Diehl über die Empfänger von Zuwendungen der Konzernspitze. Diese finden alsbald ihren Weg zum *Spiegel*, der breit darüber berichtet. Damit wird die Affäre für alle Beteiligten brandgefährlich. Eine ohnehin schon ungesetzliche Praxis, die man bei läßlicher Bewertung aber noch als Kavaliersdelikt betrachten konnte, gerät jetzt ganz zwingend in den Bereich der Kriminalität.

Der Flick-Konzern hatte nämlich 1975 ein Paket von Daimler-Benz-Aktien für 1,9 Milliarden DM verkauft, den Gewinn reinvestiert und sich dann jahrelang bemüht, dafür nach Paragraph 6b des Einkommensteuergesetzes bei den Bundesministern für Wirtschaft und Finanzen Steuerfreiheit zu erlangen. Das ist ihm noch unter der Regierung Schmidt gelungen. Die aufgefundenen Empfängerlisten offenbaren nun, wer alles mit namhaften Summen bedacht worden ist. Der geschäftsführende Flick-Gesellschafter Eberhard von Brauchitsch hat nämlich nicht nur einige der an der Entscheidung beteiligten Spitzenpolitiker, sondern auch zahlreiche andere mit namhaften Spenden in vier- und fünfstelliger Höhe bedacht. Später wird er in diesem Zusammenhang sarkastisch von »Landschaftspflege« sprechen. Anrüchig ist auch das dabei geübte Übermittlungsverfahren: persönliche Aushändigung der Beträge in Umschlägen durch von Brauchitsch oder direkte Übermittlung durch eine Vertrauensperson, um keine Überweisungsspuren zu hinterlassen.

Jetzt verfügt die Staatsanwaltschaft über Beweismittel, die eine Anklage gegen bestimmte Spitzenpolitiker rechtfertigen. Der Bekannteste unter ihnen ist Otto Graf Lambsdorff. Nachdem er die »Wende« ausgelöst und in derselben Funktion wie zuvor im neuen Kabinett Platz genommen hat, wird die Parteispendenaffäre aus einer schweren Belastung für die Regierung Schmidt zu einer Sprengbombe mit Zeitzünder im Kabinett Kohl.

Es gibt noch einen weiteren Sprengsatz, der vorerst nur Helmut Kohl, von Brauchitsch, der CDU-Schatzmeisterei und Juliane Weber bekannt ist: Kohl unterhält zu von Brauchitsch seit langem enge Beziehungen,[8] und Juliane Weber hat in seinem Auftrag nach diesen Vermerken verschiedentlich insgesamt 210 000 DM an Parteispenden überbracht. Zwar ist die Entscheidung über die Steuerbefreiung gemäß Paragraph 6b EStG von der Regierung Schmidt getroffen worden, doch wann die CDU und Kohl persönlich durch die anrüchige Spendenpraxis des Flick-Konzerns in Mitleidenschaft gezogen werden, ist nur noch eine Frage der Zeit.

Kohl verfolgt nun eine Doppelstrategie. Er gewinnt die gleichfalls spendendurstigen Sozialdemokraten für eine Grundgesetzänderung, die den Parteien die Offenlegung ihrer Ausgaben zur Pflicht macht. Danach soll es juristisch erlaubt sein, die steuerliche Abschreibung von Parteispenden zu erhöhen und von der bisher sehr lästigen Festlegung vergleichsweise geringfügiger Freibeträge wegzukommen. Nicht nur Strauß und Genscher sind dafür, sondern auch der SPD-Vorsitzende Willy Brandt und der SPD-Geschäftsführer Egon Bahr. Auf der anderen Seite erhält Wolfgang Schäuble, Erster Parlamentarischer Geschäftsführer der CDU/CSU-Fraktion, im Herbst 1983 von Kohl den streng vertraulichen Auftrag, erneut die Möglichkeiten einer rückwirkenden Amnestieregelung zu prüfen und bestimmte Gesetzesänderungen auszuarbeiten. Schon damals ist klar, daß das von der Koalition nur im Alleingang zu bewerkstelligen sein wird. Welcher der Spender in diesen Monaten auf eine Amnestie gedrängt hat, läßt sich nicht mehr ermitteln. Die meisten Spuren sind erkaltet. Als die Sache im Mai 1984 zum großen Thema wird, vermutet Leisler Kiep, »daß wohl die Deutsche Bank durch Kohls Freund Herrhausen einen entscheidenden Einfluß in Richtung Amnestie genommen hat«.[9] Die Bank habe von 1974 bis 1980 der SPD 190 000 DM gegeben, »uns mindestens 7 oder 8 Millionen«.

Schäuble denkt sich einen ganz harmlos erscheinenden Zusatz zur Amnestierung bestimmter Steuerstrafbestände aus, der an das ohnehin fällige Gesetz zur Einkommen- und Körperschaftssteuer angehängt werden soll. Strafverfolgungsbehörden und Gerichte, so ist darin vorgesehen, sollen alle Strafverfahren bezüglich Zuwendungen einstellen, die vor dem 1. Januar 1984 erfolgt sind. Allerdings wird klargestellt, daß fällige Steuern nachzuzahlen sind. Auch Strafverfahren wegen Vorteilsnahme oder Veruntreuung dürften nicht unter die Amnestie fallen.

Das CDU-Präsidium steht ziemlich geschlossen hinter der Vorlage. Im Bundesvorstand sprechen sich nur die Vertreter der Jungen Union und des RCDS dagegen aus. Um einen vorzeitigen Aufschrei in der gegnerischen Presse zu vermeiden, vereinbaren Kohl, Genscher und die Fraktionsspitzen, diesen Zusatz binnen kürzester Frist noch vor Information der Öffentlichkeit in die Fraktion zu bringen – ein ganz unvorbereiteter Überraschungsvorstoß, der dem politischen Urteilsvermögen aller Beteiligten kein gutes Zeugnis ausstellt. Kohl, Strauß, der eigens angereist ist, Dregger und Schäuble gelingt es so, mit realpolitischen Begründungen die unvorbereiteten Abgeordneten zu überrumpeln und einen zustimmenden Beschluß zu erreichen. Kohl weist auf die rechtliche Komplexität der Spendenproblematik hin, erinnert an die üble Lage der CDU-Finanzen, die er 1973 vorgefunden hat, polemisiert bei dieser Gelegenheit gegen die Heuchelei der Sozialdemokraten, die sich einer Amnestie versagen, und unterscheidet sarkastisch zwischen den »reinen Seelen« und jenen anderen, die »die Drecksarbeit« machen. Natürlich, räumt er ein, müsse dem Steuerrecht entsprochen werden, auch durch Nachzahlung verkürzter Steuern. Wenn die CDU Spenden akquiriert, läßt sie sich von nun an versichern, daß die Beträge versteuert sind.

Der einzige, der sich entschieden gegen die Amnestie ausspricht, ist Norbert Lammert, damals noch ein jüngerer Abgeordneter aus Bochum.[10] Erwähnenswert bleibt, was Kohl diesem unwillkommenen Kritiker entgegenhält. Zum einen erinnert er daran, daß politische Aktivitäten und Bitten um Spenden überhaupt nicht zu trennen sind: »Ich habe in diesen Jahrzehnten – ich sage das noch einmal, es sind drei Jahrzehnte – als Kreis-, Bezirks-, Landes- und Bundesvorsitzender bei unzähligen, das kann man gar nicht mehr zusammenaddieren, Gesprächen um Spenden gebeten.« Hätte er rechtliche Zweifel gehabt, so würde er sofort Änderungen verlangt haben. Zum anderen unterstreicht er die »Solidaritätspflicht« mit Spendern, »die zu uns gehalten haben«. Selbstbewußtes, auch selbstgerechtes Bekenntnis zur Notwendigkeit von Spendensammeln im Parteienstaat und Loyalität gegenüber den Spendern – daran wird er festhalten.

Kaum ist die Nachricht von den Amnestieplänen heraus, geraten die Zeitungen und die Journalisten bei den E-Medien in Aufruhr. Vielerorts herrscht auch an der CDU-Basis helle Empörung. Zufällig hält die CDU in der folgenden Woche ihren Bundesparteitag in Stuttgart ab. Einen ganzen Nachmittag lang wird dort heftig diskutiert. Die Parteigrößen treten ausnahmslos für das von der Fraktion beschlossene Vorhaben ein, während sich beinahe alle Delegierten aus dem zweiten und dritten Glied bei Abwägung des Pro und Contra dagegen aussprechen. Am heftigsten ist die Ablehnung durch die Junge Union. Christoph Böhr, Roland Koch und Christian Wulff, letzterer ein Pennäler von sechzehn Jahren, machen bei dieser Gelegenheit erstmals als Anti-Establishment-Rebellen von sich reden. Schließlich muß geheim abgestimmt werden. Das Ergebnis ist für die CDU-Führung denkbar ernüchternd. 478 Delegierte stimmen für die Amnestie, doch 178 sind dagegen und weitere 38 enthalten sich. Kohl ist weiterhin entschlossen, die Gesetzesänderung durchzuziehen, doch die FDP knickt ein und beerdigt damit den kompromittierenden Plan.

Jetzt müssen die Scherben zusammengekehrt werden. Kieps Tagebuchnotiz vom 24. Mai über eine Besprechung mit Kohl spricht Bände –auch im Licht der Vorgänge, die im Jahr 2000 die CDU erschüttern: »Gespräch mit Lüthje, der doch tief getroffen ist durch das Scheitern der Amnestie, fast noch mehr durch die Behandlung Kohls am Dienstagabend. Schließlich hat Lüthje ihm weiß Gott gedient – nicht immer unter einfachen Bedingungen, so daß er vor anderen zumindest bessere Behandlung verdient hätte! Hybris der Macht, ich weiß alles besser, geht es gut, war ich es! Geht es schief, dann sind es meine unfähigen Mitarbeiter! Auch ich bin, wie üblich, am Dienstagabend beschimpft worden, u.a. weil ich bei Ferenczy gewesen bin. Ich versuche ihn zu beruhigen.«[11]

Nichts hat der Wenderegierung und Kohls CDU bisher einen solchen Schlag versetzt wie der Parteispendenskandal, der sich weiter ausbreitet, als das Bonner Landgericht im folgenden Monat sogar die Klage wegen Bestechlichkeit zuläßt. Graf Lambsdorff tritt am 27. Juni zurück, läßt stoisch das anderthalb Jahre dauernde Verfahren über sich ergehen, wird schließlich ebenso wie der frühere Bundeswirtschaftsminister Hans Friderichs im Februar 1987 vom Vorwurf der Bestechlichkeit freigesprochen und hat nur eine vergleichsweise geringe Geldstrafe wegen Steuerhinterziehung und Beihilfe zur Steuerhinterziehung zu entrichten. Damit ist sein politisches Comeback gesichert. Schon 1988 wird ihn die FDP zu ihrem Bundesvorsitzenden wählen.

Doch 1984 sehen viele für die FDP bereits das Ende gekommen. Umfragen und Wahlergebnisse der Freien Demokraten gehen in den Keller. Genscher sieht sich in der Folge sogar veranlaßt, den Parteivorsitz abzugeben. Damit reagiert er auch auf eine bedenkliche Wahlschlappe der FDP, die bei den Europawahlen nur 4,8 Prozent erhält. Zudem hat er im Regierungslager viel Gesicht verloren, weil er das Amnestiegesetz wie eine heiße Kartoffel fallen gelassen hat. Der *Spiegel*, der sich immer noch als Kampfblatt gegen die Wenderegierung versteht, erscheint Ende Juni 1984 unter dem Titel »Genscherdämmerung«.[12] Es sind dies die Monate, da Kohl und Mitterrand über eine Kandidatur Genschers als Präsident der EG-Kommission sprechen.[13] Dieser zieht sich nun vorerst auf das Auswärtige Amt zurück, spielt allerdings nach einiger Zeit schon wieder die Rolle eines Schattenvorsitzenden seiner Partei.

Genauso stark, wenn nicht stärker als die FDP ist die CDU von der Affäre getroffen, vor allem Helmut Kohl, dem die Gegner nun unablässig das Schlagwort von der »geistig-moralischen Wende« um die Ohren hauen. Die Bereitschaft der Mitglieder, sich zur CDU zu bekennen, ist sichtlich rückläufig. Im nachhinein meint Heiner Geißler, der damals allerdings vor der Presse sein Bestes tut, die Amnestie zu begründen, und seine Ablehnung nur intern vorbringt: »Von diesem gescheiterten Amnestieversuch an hat das unglaubliche Vertrauen, das diese Partei als anständige, ethisch saubere und nicht wie die SPD verfilzte Partei hatte, stückweise abgenommen. Ich habe das damals genau registriert. Die Leute sind nicht mehr in die Partei eingetreten.«[14] Besonders der Stimmungsumschwung in der Jungen Union ist bezeichnend. Aus Helmut Kohl, einstmals das Idol der idealistischen Reformer in der CDU, ist für nicht wenige beim Parteinachwuchs längst der allerhöchste Parteiboß geworden, der auch in den moralisch sehr umstrittenen Fragen einen zynischen Realismus praktiziert.

Kurzfristig sacken Kohls Zustimmungswerte im Politbarometer ab. Auf der Skala von + 5 bis – 5 rutscht er von den ohnehin nicht hohen + 1,4 im Januar auf + 0,8 im Mai ab – der niedrigste Wert seit 1982.[15] Allerdings ist die Entrüstung der Medien und der Parteiaktivisten doch größer als die der gesamten Wählerschaft. Drei Viertel der Befragten lehnen das Vorhaben der Amnestie zwar ab, doch die Zustimmungsverluste der Bundesregierung halten sich in Grenzen, wahrscheinlich deshalb, weil nicht nur die Parteiführer, sondern auch viele Wähler längst zu Zynikern geworden sind. Die Verflechtung des großen Geldes mit der hohen Politik ist seit Jahren ein offenes Geheimnis.

Das erste Opfer des Flick-Skandals im Lager der CDU ist Rainer Barzel, damals Bundestagspräsident. Aus den beschlagnahmten Akten wird bekannt, daß Flick ihm seit dem Rücktritt als CDU-Vorsitzender im Frühsommer 1973 auf dem Umweg über seine Anwaltskanzlei 1,7 Millionen DM zukommen ließ. Alle Beteuerungen, er habe dafür Leistungen erbracht und alles korrekt versteuert, helfen nichts. Barzel bleibt keine andere Wahl als der Rücktritt vom Amt des Bundestagspräsidenten. Erst zwei Jahre später wird der Untersuchungsausschuß bestätigen, es liege kein fehlerhaftes Verhalten vor.[16] Nach dem Rücktritt Barzels werden im Lager Kohls einige Karten neu gemischt: Philipp Jenninger wird Bundestagspräsident und Wolfgang Schäuble Staatsminister und Chef des Bundeskanzleramts.

Dann werden auch die Zahlungen Flicks an Kohl selbst thematisiert. Im November wird der Kanzler vom Parlamentarischen Untersuchungsausschuß als Zeuge vernommen, macht dort aber eine gute Figur. Unumwunden gibt er zu, 155 000 DM empfangen und diese sofort an die Schatzmeisterei weitergereicht zu haben. Hingegen bestreitet er den Erhalt weiterer 25 000 und 30 000 DM, die Flicks Prokurist Diehl gleichfalls »wg. Kohl« verzeichnet hat.[17]

Die Parteispendenaffäre schwelt noch, da ereignet sich im April und Mai 1985 ein weiteres PR-Desaster: die verunglückte Versöhnungszeremonie auf dem Soldatenfriedhof zu Bitburg in der Eifel. Man versteht den mit der Zeremonie angerichteten Schlamassel nur, wenn man die Vorgänge auf dem Hintergrund von Kohls »Geschichtspolitik« bewertet. Mehr als seine Vorgänger im Amt des Bundeskanzlers zeigt er sich nämlich entschlossen, auf dem verworrenen Feld der Geschichtsdeutung eigene Akzente zu setzen. Daß er von der Ausbildung her ein Historiker ist, mag mit dazu beitragen. Maßgeblich ist für ihn, daß der Streit um die Deutung der deutschen Geschichte seit den sechziger Jahren zusehends ins Zentrum des politischen Diskurses gerückt ist. Die achtziger Jahre markieren den Kulminationspunkt der entsprechenden Kontroversen.

Bereits in den Regierungserklärungen vom 13. Oktober 1982 und vom 4. Mai 1983 gibt der Bundeskanzler seine Absicht bekannt, zwei Museen zur deutschen Geschichte zu errichten. Im Jahr 1987 will der Bund Berlin zum 750. Gründungsjahr ein Deutsches Historisches Museum zum Geschenk machen. Die Anhänger Kohls ziehen daraus den Schluß, der Kanzler wolle das Seine dazu tun, die von ihnen beklagte Verengung der deutschen Nationalgeschichte auf die zwölf Jahre des Dritten Reiches und dessen Vorgeschichte zu korrigieren. Entsprechend bedenklich sehen das seine Kritiker.[18]

Ein weiteres Museum, das Haus der Geschichte der Bundesrepublik, soll in Bonn errichtet werden. Kohl hat festgestellt, wie Tausende jüngerer Leute der »Turnschuhgeneration«, aber ebenso ältere Bundesbürger nach dem Besuch »ihres« Abgeordneten im Deutschen Bundestag in der Bundeshauptstadt ziemlich ziellos herumirren. Ein

Helmut Kohl zeigt seine leeren Taschen, bevor er vor den
parlamentarischen Untersuchungsausschuß zur Flick-Spendenaffäre tritt,
7. November 1984

anschaulich gestaltetes Museum, das möchte er, soll dem abhelfen. Das Vorhaben
wurzelt in tieferen Überzeugungen Helmut Kohls. Dieser exemplarische Repräsentant der »Generation der Bundesrepublik« möchte den Stolz auf die geglückte Demokratie durch ein Museum in Bonn befestigen. Aber wäre das nicht ein Signal für
die faktische Akzeptanz der Zweistaatlichkeit? Kohl sieht das anders. Im Frühjahr
1983 registriert man überdies entschiedene regierungsoffizielle Bemühungen, den
längst zum apolitischen Urlaubstag verkommenen Gedenktag des 17. Juni 1953 wiederzubeleben – ein Versuch, dem jedoch wenig dauerhafter Erfolg beschieden ist.

Parallel zu den unter Federführung des Bauministers Oscar Schneider in Gang
kommenden Museumsplanungen laufen noch weitere Initiativen. Sie zielen darauf
ab, die Westbindung und die Entwicklungsphasen der Bundesrepublik durch eine
Vielzahl von Gedenktagen ins öffentliche Bewußtsein zu heben. Den Beginn machen
die Feierlichkeiten zum zwanzigsten Jahrestag des Deutsch-Französischen Freund-

schaftsvertrags Anfang 1983. Unablässig arbeitet der Kanzler an weiteren Inszenie-
rungen, die geeignet wären, die Identifikation mit derart positiv angestrahlten Aspekten bundesdeutscher Zeitgeschichte zu verstärken. Möchte Kohl damit von den
Erinnerungen an die düsteren Vorgänge der Jahre 1933 bis 1945 ablenken?

Leidenschaftlich wehrt sich der Bundeskanzler gegen solche Vorwürfe. Wer seinen Lebensweg etwas genauer verfolgt hat, kennt seine Sensibilität für diese Thematik. Er muß nicht gezwungen werden, sich damit zu beschäftigen. Die Schrecken der
Kriegsjahre, die Judenverfolgung, der deutsche Widerstand – das treibt ihn um, seit
er zu politischem Bewußtsein erwacht ist. Das empathische Erinnern ist ihm durchaus eine Herzenssache. Allerdings möchte er damit zugleich die Botschaft verbinden,
in seiner Person sei erstmals »ein Vertreter der Nachkriegsgeneration« Regierungschef der Bundesrepublik geworden.[19] Bald muß er jedoch erkennen, daß ihm selbst
die blumige Redewendung »Gnade der späten Geburt« um die Ohren geschlagen
wird.[20] Seine in- und ausländischen Kritiker wollen nur die Bekundung tiefer Bußfertigkeit hören und nicht etwa, daß ihn und die nachgeborene Generation keinerlei
persönliche Verantwortung trifft.

Jedenfalls vergeht kein Jahr seiner frühen Kanzlerzeit, in dem Helmut Kohl
nicht auf nachdrückliches offizielles Gedenken an besonders traumatische Ereignisse hinwirkt, dies über Wochen begleitet von Beiträgen zum Thema im Fernsehen
und Diskursen in den Feuilletons: 30. Januar 1983 – 50 Jahre Machtergreifung;
6. Juni 1984 – alliierte Feiern der Invasion; 8. Mai 1985 – 40 Jahre Kriegsende;
9. November 1988 – 50 Jahre »Reichskristallnacht«; 1. September 1989 – 50 Jahre
Kriegsbeginn. Kohl entzieht sich dem nicht, hält die Regierungsapparate und die
eigene Partei dazu an, einen nachhaltigen Beitrag zu leisten. Nur ist er ebenso entschlossen, die Erinnerungskultur durch Verweis auf die positiven Leistungen der
Bundesrepublik auszubalancieren, und so versucht er einen schwierigen Spagat:
einerseits zeremonielles Trauern vor den Gedenksteinen einstiger Konzentrationslager, andererseits symbolische Auftritte mit Repräsentanten der einstigen Kriegsgegner. Vor den Kameras der deutschen und internationalen Fernsehanstalten soll dokumentiert werden, daß aus Haß und Schuld Versöhnung geworden ist. Die
Akzentuierung der Versöhnung scheint ihm dringend geboten. In der ganzen westlichen Welt macht sich nämlich damals bei den Medien, bei den Opferlobbies und
bei den Spitzenpolitikern aus der Kriegs- und Nachkriegsgeneration ein unwider-
stehliches Bedürfnis bemerkbar, das Gedenken an die deutschen Horrortaten im
Zweiten Weltkriegs zu recyceln und zugleich der eigenen Heldentaten zu gedenken.
Genau dabei gerät Kohl in eine schlimme Bredouille.

Im Frühjahr 1984 begeben sich Ronald Reagan, Margaret Thatcher und der kanadische Ministerpräsident Pierre Trudeau auf Einladung Mitterrands in die Normandie, um dort am 6. Juni 1984 mit Tausenden von Veteranen den vierzigsten Jah-

restag der Invasion zu feiern. Der Zufall und die Umsicht des Protokolls wollen es, daß sich diese drei Größen der westlichen Siegermächte von dort aus nach London begeben, um im Kreis der G 7 mit den Ministerpräsidenten der ehemaligen Kriegs-gegner Nakasone aus Japan, Craxi aus Italien und Bundeskanzler Kohl zu konferie-ren. Als Mitterrand und Kohl kurz zuvor zu einem ihrer regelmäßigen Tête-à-tête zusammentreffen, äußert Kohl ein gewisses Befremden und regt an, daß er und Mit-terrand im Herbst auf einem der zahlreichen Soldatenfriedhöfe, wo Deutsche und Franzosen bestattet sind, gemeinsam der Ereignisse gedenken.[21] Mitterrand räumt die Peinlichkeit der Zusammenkünfte zum Tag der Invasion ein und sagt einen ent-sprechenden Auftritt zu. So kommt es zur Einladung des Bundeskanzlers nach Ver-dun, wo man vor dem düsteren Ossuaire der dortigen Gedenkstätte einmal mehr die deutsch-französische Versöhnung feiert. Diese Zeremonie symbolischer Politik in-mitten der Kriegsgräber mit einem spontanen Händedruck des Präsidenten und des Bundeskanzlers erweckt in der Presse ein günstiges Echo.

Kohl findet Gefallen an Versöhnungsfeiern inmitten von Kriegsgräbern, schil-dert Reagan beim nächsten Zusammentreffen in Washington den deutsch-französi-schen Auftritt in bewegten Worten und entlockt diesem die Zusage, mit der 1985 fälligen Europareise Reagans zu einem weiteren G-7-Gipfel, diesmal in Bonn, einen Staatsbesuch der Bundesrepublik zu verbinden und dabei eine vergleichbare Zere-monie zu inszenieren. Reagan mag Kohl, weiß auch dessen Standhaftigkeit bei der Stationierung der Pershing II sehr zu schätzen und gibt eine Zusage. So nimmt das Unheil seinen Lauf. Kohl schlägt Reagan eine Zeremonie auf dem Soldatenfriedhof in Bitburg vor, dazu einen KZ-Besuch in Dachau und eine Ansprache vor 10 000 jungen Leuten auf dem geliebten Hambacher Schloß, für ihn seit früher Jugend ein Ort des Gedenkens an den deutschen Freiheitswillen. Nancy Reagan findet, daß ein so makabres Programm für ihren betagten Mann, der vor kurzem nur knapp dem Tod entgangen ist, vielleicht doch zuviel des Guten wäre, und läßt den KZ-Besuch streichen. Das Vorauskommando kann auf dem verschneiten Bitburger Soldaten-friedhof nichts Ungutes erkennen, doch als der Schnee geschmolzen ist, entdecken neugierige Journalisten unter den Ruhestätten die Gräber von 49 Angehörigen der Waffen-SS.

Für die linksliberale Presse in den USA und in Deutschland ist diese Entdek-kung eine Art Festessen. In Bitburg sind Gefallene aus einer der erbittertsten Schlachten zwischen der Wehrmacht und der US Army begraben, die im Winter 1944/45 bei der Ardennen-Offensive ums Leben kamen. Rasch erinnert man sich in den USA daran, daß nach dem Krieg 43 SS-Soldaten wegen eines Massakers an 71 Amerikanern, die sich bereits ergeben hatten, zum Tod verurteilt wurden.[22] Über Reagan rollt nun eine Protestlawine hinweg – von den jüdischen Organisationen mit Elie Wiesel bis zur konservativen American Legion. Zusammen mit Nancy Rea-

Verdun, 22. September 1984. Zu der Zeremonie
waren viele Veteranen eingeladen, so auch der von Kohl
und Mitterrand geschätzte Ernst Jünger.

gan, deren Astrologin Joan Quigley gleichfalls Bedenken äußert, empfiehlt jetzt ein
Großteil des Stabs im Weißen Haus, die Zusage für den Gräberbesuch zu wider-
rufen.[23] Zur Kompensation wird erneut der Besuch eines Konzentrationslagers ein-
geschoben, diesmal in Bergen-Belsen.

Doch Reagan – stur wie ein Maulesel, wenn man ihn unter Druck setzt, sagt
seine Umgebung – läßt sich von seiner Zusage nicht abbringen. Bei seiner Ansprache
in Bitburg weist er die Unterscheidung zwischen Tätern und Opfern ausdrücklich
zurück. Alle seien Opfer des Krieges, und die Täter hätten sich vor Gott zu verantworten. Standhaft bleibt der Präsident bei seiner Botschaft: Die Deutschen seien einst
Feinde gewesen, jetzt aber seit Jahrzehnten treue, demokratische Verbündete. General Matthew Ridgway und Johannes Steinhoff, zwei Kriegshelden aus dem Zweiten
Weltkrieg, reichen sich stumm die Hände. Sie wurden herbeigerufen, um der Szene
Authentizität zu verleihen. Als Reagan geendet hat, wischt Kohl mit einem großen
Taschentuch die Tränen von seinen Augen.[24] Reagan, der im November zuvor trium-
phal wiedergewählt wurde, ist durch Bitburg nicht gefährdet, wohl aber Helmut Kohl.
Noch in den *Erinnerungen* bezeichnet er die durch »eine Fälscherorgie sondersglei-
chen« verstärkte Erregung als »eine der schlimmsten Kampagnen während meiner
Kanzlerschaft«.[25] Seine Beliebtheitswerte sinken erneut dramatisch ab. Eine Woche
nach Bitburg geht die Landtagswahl in Nordrhein-Westfalen hochkant verloren.

Bitburg, 5. Mai 1985. Der Händedruck der Generäle Matthew R. Ridgway
und Johannes Steinhoff, renommierten Soldaten aus dem Zweiten Weltkrieg,
sorgt für einen Hauch von Authentizität.

Der Vorgang Bitburg ist symptomatisch und wird lange nicht vergessen. Er zeigt
einen Bundeskanzler, den bei der Konfrontation mit der Thematik des Erinnerns an
das Dritte Reich seine ansonsten vielgerühmte Sensibilität verlassen hat. Ist es klug
und schicklich, einen betagten amerikanischen Präsidenten auf Kriegsgräber und in
Konzentrationslager zu schleppen? Ist es wirklich notwendig, zusammen mit Mitterrand erneut eine Versöhnungszeremonie zu veranstalten, nachdem Adenauer
und de Gaulle bereits zwanzig Jahre zuvor alles Erforderliche gesagt und der Öffentlichkeit vor Augen geführt haben?

Nur ein paar Wochen später unterläuft Kohl ein weiterer Fauxpas, der ihn bald
in größte Gefahr bringen wird. Die Parteispendenaffäre wird natürlich von der Opposition genußvoll weiter ausgewalzt. Auch im Landtag von Rheinland-Pfalz hat sich
ein Untersuchungsausschuß an die Arbeit gemacht, wo Kohl im Juni 1985 einvernommen wird. Es geht dabei um die Staatsbürgerliche Vereinigung e.V. (1954) mit
Sitz in Koblenz – ein Vierteljahrhundert lang die berühmteste Spendensammelstelle
der bürgerlichen Parteien. Wahrheitsgemäß stellt Kohl in seiner schriftlich voraus-
gesandten Einlassung vom 29. Mai 1985 fest: »In Rheinland-Pfalz war die Staatsbürgerliche Vereinigung e.V. 1954 Köln/Koblenz tätig. Diese Vereinigung war und ist mir
bekannt.«[26] Als er jedoch sechs Wochen später im Mainzer Landtag unter Eid als
Zeuge vernommen wird, gibt er auf die Frage, ob er gewußt habe, daß diese Staats-

bürgerliche Vereinigung, die in Koblenz ihren Sitz hatte, »als Geld- und Spendenbeschaffungsanlage diente«, zur Antwort: »Nein.«

Für jeden auch nur halbwegs Informierten ist das völlig unglaubwürdig. Die Einlassung widerspricht auch diametral der dem Untersuchungsausschuß schon übermittelten schriftlichen Stellungnahme. Als Kohl zwanzig Jahre später seine Memoiren verfaßt, wundert er sich selber darüber und führt seine »mißverständliche Antwort« auf eine »mißverständliche Frage«, auf den Krach und das Gedränge im Mainzer Landtag zurück.[27] Da er den Sachverhalt selbst im vorweg in Schriftform zutreffend dargestellt und auch bei Durchsicht des Ausschußprotokolls nochmals relativiert hat, spricht viel für Geißlers Äußerung, »möglicherweise hat er einen Blackout gehabt. Das kann in einer so langen Anhörung ja mal der Fall sein. Dann hat er das wieder klargestellt.«[28] Zwar nimmt Kohl das Geißler sehr übel – ein Bundeskanzler darf keinen »Blackout« haben! Aber wahrscheinlich hat Geißler mit seiner wohlüberlegten, schnoddrigen, künftig unendlich oft zitierten Äußerung die Erregung über den damals hochgespielten Lapsus doch entkrampft und den Staatsanwälten geholfen, die Kurve zu kriegen.

Für den Bundeskanzler kommt nämlich das dicke Ende der Parteispendenaffäre erst im Jahr 1986. Zur Bestürzung Kohls und seiner Getreuen stellt der damals der Fraktion der Grünen angehörende Rechtsanwalt Otto Schily am 29. Januar 1986 bei den Staatsanwaltschaften Koblenz und Bonn Strafanzeige gegen Kohl – in Koblenz wegen »eidlicher Falschaussage« am 18. Juli 1985 vor dem Mainzer Untersuchungsausschuß und in Bonn wegen »uneidlicher Falschaussage« im Zusammenhang mit den 25 000 und 30 000 DM vor dem Untersuchungsausschuß des Deutschen Bundestags. Die Staatsanwaltschaften beginnen zu ermitteln. Erst Ende Mai 1986 – bis zur Bundestagswahl sind es nur noch sieben Monate – erhält Kohl die Mitteilung, daß die Ermittlungen eingestellt sind.[29] Hätte die Staatsanwaltschaft Anklage wegen eidlicher Falschaussage erhoben, wäre die Herrlichkeit von Kohls Kanzlerschaft nach einer dreieinhalbjährigen Achterbahnfahrt zu Ende gewesen, und die CDU hätte versuchen müssen, das Wahldebakel mit einem rasch gekürten Bundeskanzler Stoltenberg abzuwenden.

Bei der SPD setzt sich im Frühjahr 1986 Ministerpräsident Johannes Rau als Kanzlerkandidat durch, der im Jahr zuvor die Landtagswahl hoch gewonnen hat. Während die Wortführer der jungen Parteilinken – Ministerpräsident Oskar Lafontaine im Saarland und Gerhard Schröder in Niedersachsen – schon mit den Hufen scharren, gilt der bedachtsame Rau als Repräsentant des moderaten Flügels in der SPD. Anfang April ermittelt das Politbarometer, daß 41 Prozent der Befragten am liebsten Kohl als Bundeskanzler hätten, aber 55 Prozent Johannes Rau. Jeweils 47 Prozent glauben, das Regierungslager beziehungsweise SPD und Grüne würden die Bundestagswahl gewinnen.[30] Bei der Sonntagsfrage kommen CDU/CSU nur noch auf

38 Prozent, die FDP auf vier Prozent, während die Zahlen für die SPD bei 51 Prozent und die der Grünen bei sieben Prozent liegen. Die Parteiführungen fiebern bereits der Landtagswahl am 15. Juni in Niedersachsen entgegen, wo sich der Amtsinhaber Albrecht gegen den zweiundvierzigjährigen Jungstar Gerhard Schröder verteidigen muß, der für ein Bündnis der SPD mit den Grünen eintritt. Die Wirtschaftszahlen zeigen zwar nach oben, aber die Stimmung für die CDU ist weiterhin ungünstig.

Ausgerechnet in dieser labilen Situation ereignet sich am 26. April der Super-GAU von Tschernobyl. Der von den Grünen und seit längerem auch schon von der SPD beschworene Unfall eines Atomkraftwerks ist eingetreten. Alsbald registrieren die Geigerzähler Spitzenwerte der Strahlenbelastung. Auf die Bundesbürger prasseln widersprüchliche Informationen herunter: Warnungen vor dem Genuß von Gemüse, Milch und Wild, bald gefolgt von Entwarnung wegen übertriebener Sorge. Nie zuvor waren die Behörden und die Bevölkerung so verunsichert und so ratlos. Das Meinungsforschungsinstitut Emnid ermittelt, daß die bislang stabile Mehrheit der Befürworter des Baus von Kernkraftwerken von 52 Prozent auf 29 Prozent zurückgegangen ist. Die Grünen legen in den Umfragen auf neun Prozent zu und würden nun zusammen mit der SPD auf knapp über fünfzig Prozent kommen.[31]

Kohl befindet sich während des Unfalls auf einer Fernostreise. Seine Parole lautet: »Kurs halten!«, und Geißler schiebt die Schuld an dem GAU erst einmal allein dem jämmerlichen Zustand der sowjetischen Atomkraftwerke zu. Doch in der CDU ist die Befürchtung groß und durchaus begründet, daß der Wahlausgang jetzt noch unsicherer wird als zuvor. In dieser Lage bekundet Kohl Führungsstärke. Sicherheit und Gesundheit der Bürger, so arbeitet er heraus, müßten stets den Vorrang vor allem anderen haben. Aber er besteht darauf: Kernkraftwerke sind notwendig, bis alternative Energien wirklich vorhanden sind. Unter maßgeblicher Beteiligung der Internationalen Atomenergie-Agentur solle eine eigens einzuberufende Konferenz zu einer neuen Konvention mit verschärften Sicherheitsstandards und strikteren Kontrollen führen. Notfalls müßten diese Fragen auch vor das Forum der Vereinten Nationen gebracht werden. Im übrigen aber kritisiert er intern wieder einmal den ungeheuren »Mediendruck« in den Tagen und Wochen nach Tschernobyl. Ein Teil der veröffentlichten Meinung habe nicht das Ziel aufzuklären, »sondern möglichst viel Verunsicherung in die Bevölkerung hineinzutragen«.[32]

Kohls wichtigste Anwort auf die Katastrophe ist die Errichtung eines Bundesministeriums für Umwelt, Naturschutz und Reaktorsicherheit, das die bisher in verschiedenen Ressorts verstreuten Zuständigkeiten zu bündeln hat. Das neue Haus wird noch vor der Landtagswahl in Niedersachsen errichtet. Erster Bundesumweltminister wird Walter Wallmann. Er ist ein konservativer Mann und überhaupt nicht gesonnen, auf die Kernkraft zu verzichten. Aber er hat begriffen, daß die desorientierte Öffentlichkeit von der CDU nun vor allem drei Dinge erwartet: erstens Nachdenklichkeit und Sensitivität, zweitens gesetzgeberische und technische Vorkehrungen gegen alle denkbaren Umweltgefahren und drittens unzimperliches Vorgehen gegen die Lobbies. In diesem Sinn bringt er rasch ein »Gesetz zur Überwachung der Radioaktivität in der Umwelt« auf den Weg und setzt bei Umweltschäden das Verursacherprinzip durch. Im Adenauer-Haus fährt Geißler wieder einmal eine seiner beliebten Doppelstrategien: einerseits scharfe Polemik gegen die Grünen (sie seien »der Volkssturm der SPD«), andererseits aber Erziehung der CDU zu einer milden Partei, die auf die »Ängste« der Bürger hört und Dämme gegen alle denkbaren Gefahren errichtet. Kohl aber zieht als verläßlicher Bundeskanzler durch die Lande, der die Niedersachsenwahl als Richtungswahl bezeichnet und auch den Mut aufbringt, die Unentbehrlichkeit der Kernkraftwerke zu verfechten.

Erstaunlicherweise haben die improvisierten Maßnahmen Erfolg. Die Testwahl in Niedersachsen wird knapp gewonnen: 44,3 Prozent für die CDU und sechs Prozent für die FDP reichen gerade so für die Regierungsbildung. Nachdem sich alle Aufmerksamkeit auf Tschernobyl konzentriert hat, ist zur Erleichterung Kohls etwas in Vergessenheit geraten, daß ihn die Granden in der CDU und viele besorgte Hinterbänkler vor kurzem aus ganz anderen Gründen für eine Belastung gehalten haben. Innerhalb von Monaten dreht nun die Stimmung. Kohl hat seinen Tiefpunkt durchschritten. Die Sympathiekurve für Rau sinkt so rasch, wie sie emporgeklettert ist. Seit Frühjahr 1986 sind die Wirtschaftszahlen gut mit Ausnahme der nach wie vor hohen Arbeitslosigkeit.

Vor allem aber profitiert Kohl von der Verwirrung im Lager der Opposition. Die SPD kann sich nun nicht mehr aus dem Parteispendenskandal heraushalten. Die Israel-Connection, über die zweistellige Millionensummen »gewaschen« wurden, sorgt im Sommer 1986 für Schlagzeilen.[33] Zudem sind die Sozialdemokraten tief uneins: Anhänger eines Zusammengehens mit den Grünen und Gegner dieses Kurses stehen sich unversöhnlich gegenüber. Und bei den Grünen balgen sich die Realos um Joschka Fischer und Otto Schily mit den Fundamentalisten um Jutta Ditfurth und Rudolf Bahro. Zugleich geraten die Gewerkschaften erneut in eine Zone der Unpopularität wie schon einmal Anfang der achtziger Jahre, als sie von den Korruptionsskandalen um die Neue Heimat heruntergezogen wurden. Helmut Kohl versteht sich eben auch auf das präzise Timing von parlamentarischen Untersuchungsausschüssen. Am 1. Oktober wird der Gewerkschaftsfunktionär Alfons Lappas, Vorstandschef der Neuen Heimat, in Beugehaft genommen. Statt vor dem Untersuchungsausschuß auszusagen, war dieser für seine Boßallüren berühmte Gewerkschafter auf die Jagd gegangen. Der von den Medien breit dokumentierte Vorgang erinnert erneut an den Skandal um die Neue Heimat.

Kohl ist jetzt obenauf. In einem halben Jahr hat sich die Stimmung völlig gedreht. 51 Prozent möchten jetzt ihn als Bundeskanzler, nur noch 43 Prozent Rau, ermittelt das Politbarometer im November.[34] Bei der Sonntagsfrage, wen sie wählen werden, nennen 47 Prozent CDU/CSU und sieben Prozent die FDP. Nicht ohne Grund kann die CDU feststellen, in den vier Jahren unter Kohl habe sich die Wirtschaft stabilisiert, aber auch – trotz der Angstpropaganda der Grünen – die Stimmung in der Wählerschaft.

Doch noch einmal bringt in dieser erstaunlichen ersten Amtszeit der Wenderegierung eine Panne alles durcheinander. Wieder ist Kohl selbst ganz eindeutig der Urheber. Am 27. Oktober erscheint im Magazin *Newsweek* ein Interview mit dem Bundeskanzler. Darin charakterisiert er Gorbatschow, der im Westen bereits weithin als Lichtgestalt betrachtet wird, mit folgenden Worten: »Er ist ein moderner kommunistischer Führer, der sich auf Public Relations versteht. Goebbels, einer von jenen, die für die Verbrechen der Hitler-Ära verantwortlich waren, war auch ein Experte für Public Relations.«[35] Selbstverständlich reagiert der Kreml darauf empört, sagt einen Moskau-Besuch des Forschungsministers Riesenhuber ab, und im Inland wie im Ausland fragt sich jedermann, welcher Teufel den Bundeskanzler geritten hat, ein so undiplomatisches Interview zu geben.[36] Kohl läßt darauf hinweisen, daß das Interview in dieser Form nicht autorisiert gewesen sei, doch *Newsweek* kann ein Tonband präsentieren, auf dem diese Äußerung verzeichnet ist, wenn auch nur als Teilstück eines Hintergrund-Interviews. Kohl muß sich von der Druckfassung distanzieren, Genscher sich bei seinem Kollegen Schewardnadse entschuldigen.[37] Und mit dem Höhenflug der CDU in den Umfragen ist es vorbei. Der Respekt der Wähler vor dem Bundeskanzler geht von nun an bedenklich zurück. Bisher waren bei den Allensbach-Umfragen jene in der Mehrheit, die eine »gute Meinung« von Kohl hatten, wenngleich ihre Zahl seit vier Jahren deutlich abnahm. Jetzt aber beginnen die mehr als zweieinhalb Jahre bis zum September 1989, in denen die Zahl derer überwiegt, die »keine gute Meinung« vom Bundeskanzler haben.[38]

Auf dem Höhepunkt der Wahlkampfschlacht, als die Umfragezahlen für die Union nach oben gehen, läßt auch Strauß es sich nicht nehmen, die Unionsparteien herunterzureißen, indem er – so weiß der *Spiegel* zu berichten – in einem Hintergrundgespräch mit Journalisten ungeschützt erklärt, eine absolute Mehrheit der Unionsparteien sei »absolut drin«, dann »können wir uns alle freuen, dann wird die Republik einen Kanzler Kohl und einen Vizekanzler und Außenminister Strauß haben«.[39] Nie zuvor hat die FDP bei ihren Zweitstimmenkampagnen an der Spitze von CSU und CDU so beredte Helfer gehabt wie in Strauß und Kohl beim Winterwahlkampf 1986.

Das bürgerliche Lager bleibt zwar stabil, aber es erfolgt nun eine doppelte Wählerwanderung. Im linken Lager stärkt die Anti-AKW-Kampagne der SPD die Grünen. Im Regierungslager aber lacht die FDP. Dort zeigen sich 9,1 Prozent der Wähler von dem staatsmännischen Genscher angetan. Die Unionsparteien sacken dagegen ab – von 48,3 auf 44,3 Prozent. Am Ende der Achterbahnfahrt durch diese vier Kanzlerjahre ist Kohl mit genausoviel Glück eben noch einmal davongekommen wie bei der vorgezogenen Bundestagswahl von 1983. »Kohl verliert nicht, weil die Leute eine CDU-Regierung haben wollen«, bringt Jürgen Busche beim Rückblick den für den stolzen Kanzler eher trüben Sachverhalt auf den Punkt.[40] Ein strahlender Kanzlersieg ist es jedenfalls nicht. Auch die FDP hat kräftig zugelegt. Franz Josef Strauß, der seine Felle erneut davonschwimmen sieht und in Bayern 2,1 Prozent an die Republikaner verloren hat, ist wild entschlossen, Kohl einiges heimzuzahlen. Und wieder einmal beginnen einige der besonders unerfreulichen Jahre in Kohls Kanzlerschaft. Aber hat es je andere gegeben? Und werden jemals andere kommen?

»Die Karawane zieht weiter« (1987 und 1988)

Kohls Ärger über die Wahlschlappe ist berechtigt, hält sich aber in Grenzen. Als er am Dienstag nach der Wahl vor der Fraktion seinen Auftritt gibt, räumt er »spürbare Blessuren« dennoch brummig ein. Der Gedanke an den verhaßten, doch auch ein wenig bewunderten Helmut Schmidt läßt ihn selten los, und so erinnert er jetzt daran, dieser habe 1976 gleichfalls viel weniger als 1972 eingefahren: »Und der sagte ganz knapp in der ihm eigenen, umgänglichen Menschenart: ›Gewählt ist gewählt, und Mehrheit ist Mehrheit.‹«[1] Doch Kohl weiß natürlich, daß die Gewichte innerhalb der Koalition jetzt spürbar verrutscht sind, und das nicht zu seinem Vorteil. Entsprechend zäh und streckenweise emotional gestalten sich die Koalitionsverhandlungen. Als sie nach sechs quälenden Wochen zu Ende gehen, bleibt ein Berg ungelöster Probleme zurück. Die unfrohe Regierungsbildung vermittelt einen Vorgeschmack auf die kommenden Jahre.

Von jetzt an spielt die FDP in Kohls Kabinett eine Rolle, in der sie sich bis weit in die neunziger Jahre hinein gefällt. Sie hat gewissermaßen drei Gesichter, ist einerseits Bürgerrechtspartei, andererseits Wirtschaftspartei. Und solange der Kalte Krieg noch nicht definitiv beendet ist, begreift sie sich auch als Entspannungspartei. In der Rolle der Bürgerrechtspartei bremst sie jedes scharfe Vorgehen in der Rechtspolitik aus. Vom Vermummungsverbot bis zur Frage des Schwangerschaftsabbruchs und vom Datenschutz bis zur Asylpolitik plädiert sie für den milden, um Individualrechte bemühten, unprovokativen Staat. In der Rolle der Wirtschaftspartei (die muß etwas diskreter gespielt werden) versteht sie sich als Vorkämpferin für eine fühlbare Senkung des Spitzensteuersatzes, betreibt Steuersenkungen für Großbetriebe, Banken und Versicherungen, vergißt nie ihre Klientel von Freiberuflern, plädiert unentwegt für eine Ausweitung der privaten Gesundheitsfürsorge, hält auf fiskalische Rigorosität in der Sozialpolitik und sucht den Staatsanteil am Bruttosozialprodukt zu reduzieren. Als Entspannungspartei ist sie mit dem Ruf »Nehmen wir Gorbatschow ernst!« in allen Fragen der Rüstungskontroll- und Abrüstungspolitik der CDU immer um zwei Schritte voraus. So spielt die FDP wieder einmal ihr altvertrautes Spielchen einer Opposition innerhalb der Koalition.

Lange Zeit ist das ziemlich risikolos. Die SPD hat sich auf den Weg zum Bündnis mit den Grünen gemacht, kommt als Koalitionspartner also nicht mehr in Frage. Eine Wählermehrheit sieht in den Wirtschafts- und NATO-feindlichen Grünen weiterhin eine Chaotentruppe. Solange die CDU-Mehrheiten stabil bleiben und Kohl wie bisher eine Große Koalition mit der SPD verabscheut, ist somit eine stets etwas kriselnde, aber nie echt gefährdete Koalition mit den Unionsparteien die beste aller Welten. Als Großmeister der raffiniert zwischen halblinks und halbrechts hin und her wieselnden FDP-Politik bewundert die Öffentlichkeit Hans-Dietrich Genscher. Im März 1987, als die Koalitionsverhandlungen zu Ende gehen, hat er – mit 1,5 Punkten – den Aufstieg an die erste Stelle der Beliebtheitsskala des Politbarometers geschafft. Dort verbleibt er zum stummen Verdruß Helmut Kohls bis zu seinem Ausscheiden aus dem Auswärtigen Amt im Jahr 1992.

Genauso lästig wie die FDP, die Anfang 1987 auf hohem Roß in die Koalitionsverhandlungen kommt, ist Franz Josef Strauß. Die stolze CSU ist mit einem Stimmenverlust von 4,3 Prozent gedemütigt worden, was Strauß durch polternde Rechthaberei kompensiert. In der Bonner CDU/CSU-Fraktion tritt er unmittelbar nach Kohl auf und proklamiert, wo es künftig langgehen sollte. Die Union, ermahnt er die Abgeordneten, müsse »die Position der Mitte« beibehalten, »aber auch die Position der demokratischen Rechten …, auch die demokratische Rechte ist ehrenwert«.[2] Was er und mit ihm große Teile der CSU darunter verstehen, ist allbekannt: eine harte Linie in vielen Fragen der Rechtspolitik, in denen die FDP eine weiche, un-autoritäre Linie verfolgt. Indessen findet man den Wirtschafts- und Finanzpolitiker Strauß eher auf seiten Stoltenbergs und der FDP. In der Sicherheitspolitik, wo sich bereits ein Rückzug aller Pershing II aus Deutschland abzeichnet, lehnt er die jetzt von Reagan, Genscher und etwas diskreter auch von Kohl betriebene Null-Lösung ab. Nach wie vor betrachtet er den Kalten Krieg als globale geostrategische Herausforderung, weshalb ihm alle antisowjetischen Kräfte in Afrika unentbehrlich erscheinen, selbst das Apartheidsregime in Südafrika. Das provoziert natürlich Genscher und dessen Liberale, aber genauso die Menschenrechtler in der CDU-Fraktion, die längst schon in Geißler und Blüm ihre Wortführer haben.

Die CDU ist bei den Koalitionsverhandlungen und in den Jahren danach alles, nur keine geschlossene Truppe. Stärker als zuvor tritt die Flügelbildung nun öffentlich in Erscheinung. Es gibt nämlich noch einen zweiten Wahlsieger neben Genscher: Heiner Geißler, Generalsekretär der CDU. Selbst diejenigen, die dessen politische Vorstellungen nicht teilen, müssen einräumen, daß er einen brillanten Wahlkampf organisiert und manche Schwäche Kohls mit packenden Slogans überspielt hat. Schon im Vorfeld der Bundestagswahl haben seine heimlichen Freunde in der *Spiegel*-Redaktion (vielleicht sind das auch nur besonders listige Feinde Helmut Kohls) ein durchaus anerkennendes, vielgelesenes Heft mit der Überschrift »Kohls gefährlicher Gehilfe« herausgebracht, auf dessen Titel ein Porträt Heiner Geißlers abgebildet ist (dessen Gesicht – so Franz Josef Strauß – »wie ein ungemachtes Bett aussieht«), wobei der Kopf dem eines Wolfes gleicht und mit spitzen Wolfsohren versehen ist, während um die Schultern des Generalsekretärs ein dicker Schafspelz liegt.

In dem *Spiegel*-Artikel wird Geißler mit dem Ausspruch zitiert, er sei »der geschäftsführende Parteivorsitzende« der CDU.[3] Die Redaktion hofft nicht ganz ohne Grund, daß Kohl dies als Majestätsbeleidigung auffaßt. Denn an der Sache ist schon damals etwas dran. In der Phase von 1987 bis 1989 wird der Generalsekretär nach Kohl zum wichtigsten CDU-Politiker. Zusehens ungeschützter vertritt Geißler eine explosive Mischung von Überzeugungen: Er ist zur gleichen Zeit ein Antikommunist, ein fetziger Kritiker der Gewerkschaften, ein Menschenrechtler, der Pinochet in Chile und die Apartheid in Südafrika haßt und verachtet, ein sozialpolitischer Überzeugungstäter, dem die Verwirklichung des Solidaritätsgebots Herzenssache ist, in Sachen Gentechnologie ein Urkonservativer, dagegen in den umstrittenen Fragen des Schwangerschaftsabbruchs, der Familienpolitik und der Berufstätigkeit der Frau provokativ fortschrittlich. Zugleich ist er jedoch ein hundertfünfzigprozentiger »Europäer«, was ihn dem Kanzler lieb und wert macht, aber zugleich ein Verächter der in Deutschland noch vorhandenen Sehnsüchte nach den verlorenen Ostgebieten und dem zerbrochenen Nationalstaat, was ihn immer wieder mit den Vertriebenen und den Konservativen in Konflikt bringt und – wenn er es zu weit treibt – auch mit Helmut Kohl. Bei den Koalitionsverhandlungen 1987 ist die schon lange spürbare Rivalität zwischen den beiden jedenfalls mit Händen zu greifen, und sie wird sich von nun an bis zum offenen Bruch im Sommer 1989 rasch steigern.

Im CDU-Präsidium, wo Geißler neben Kohl naturgemäß am besten die Fäden ziehen kann, hat der nur noch bedingt loyale »Wolf im Schafspelz« zwei Verbündete, die ihn fast immer unterstützen: Norbert Blüm, Protagonist »klassischer« Sozialpolitik nach Art der CDA, und Rita Süßmuth. Sie ist eine Entdeckung Geißlers. Als dieser 1986 aus dem Bundeskabinett ausscheidet, hat sie sein Ressort für Jugend, Familie, Frauen und Gesundheit übernommen. Weltanschaulich tickt sie genauso wie Geißler, und sie ist genauso kämpferisch wie er.

Der Gegenpol zur CDU-Linken ist nach wie vor Gerhard Stoltenberg. Noch ist sein öffentliches Image strahlend. In der Beliebtheitsskala des Politbarometers liegt er zu Beginn der heißen Phase des Bundestagswahlkampfs mit 1,4 Punkten weit vor Strauß, Genscher und Kohl.[4] Er begreift sich als Gralshüter fiskalischer Vernunft, ist stolz darauf, den Bundeshaushalt halbwegs saniert zu haben, und möchte nun sein

Werk durch die seit langem versprochene »große Steuerreform« krönen, den »Mittelstandsbauch« bei der Einkommensteuer abschmelzen, den Spitzensteuersatz endlich senken, kurz, alles einlösen, was die Wendekoalition ihren Wählern mit mittleren Einkommen seit 1982 versprochen hat.

Doch bei den Ministerpräsidenten der Länder im CDU-Präsidium findet er mit seinen Plänen keine Unterstützung. Sie fürchten die Steuerausfälle, aber auch das Geschrei bei den Gewerkschaften und der SPD. Denn 1987 muß in Rheinland-Pfalz und Schleswig-Holstein gewählt werden, im Frühjahr 1988 in Baden-Württemberg. Außerdem schwebt Späth, aber auch noch Albrecht, das Fernziel vor, mittelfristig Kohl politisch zu beerben. Unpopularität ist somit zu vermeiden, und Stoltenberg darf nicht zu erfolgreich werden.

Die Interessen, die Tendenzen und nicht zuletzt die Karriereplanungen der hohen Herren in Kohls CDU-Präsidium sind somit denkbar widersprüchlich, je nachdem, welche Felder in den insgesamt zwölf Koalitionsrunden zu beackern sind. Das Unionslager bietet ein Bild volksparteilicher Zerrissenheit. Somit ist der durch den Wahlausgang geschwächte CDU-Chef und Bundeskanzler dazu verurteilt, den Moderator zu spielen, das Gerangel zu dulden und erst dann barsch einzugreifen, wenn alles aus dem Ruder zu laufen droht. Wer ihn im Regierungslager nicht mag, und das sind schon viele, spottet, daß er alles Widersprüchliche gleichzeitig will: die versprochene Steuersenkung, aber auch eine kostspielige Familienpolitik (das Lieblingsprojekt der damaligen CDU), schärfere Gesetze gegen linke Gewalttäter, doch ohne die FDP damit zu verprellen, und christlich duldsame Asylpolitik, aber auch dies behutsam mit Blick auf den Unmut der CSU und der Wähler, Entspannung gemäß der läppischen, aber wirksamen CDU-Parole »Frieden schaffen mit immer weniger Waffen!«, aber ohne doch eine Denuklearisierung der Bundesrepublik zu riskieren. Vor allem aber will er rasch wieder als Bundeskanzler bestätigt werden, um sich erneut auf die Höhen der Welt- und der Europapolitik emporzuschwingen. Denn im Grunde betrachtet er das Geschacher um Prozentsätze des Spitzensteuersatzes, um die undurchschaubaren Streichungen, Kompensationen, Vergünstigungen bei der Steuer-, Gesundheits-, Renten- oder Landwirtschaftspolitik als zwar unvermeidlich, aber auch als zweitrangig im Hinblick auf die große Politik zusammen mit Reagan, Mitterrand, Thatcher, Delors und – so hofft er trotz der Dummheit mit dem Goebbels-Vergleich – bald auch im direkten Gespräch mit Gorbatschow.

Als die Koalitionsverhandlungen nach sechs Wochen immer noch nicht am Ziel sind, muß er Farbe bekennen. Jetzt schlägt er sich in bilateralen Gesprächen mit den Größen im Unionslager in Sachen Steuerentlastung auf die Seite Stoltenbergs, der FDP und von Franz Josef Strauß. Die Einkommensteuer soll von 56 auf 53 Prozent gesenkt werden und die Körperschaftssteuer für Kapitalgesellschaften auf 50 Prozent. Die an und für sich vertraulichen Verhandlungsrunden sind wie stets in Bonn porös wie ein Sieb, und so berichten die Zeitungen alsbald, Kohl habe sich brüsk mit der Drohung durchgesetzt, beim Ausbleiben einer Einigung nicht mehr zur Kanzlerwahl zur Verfügung zu stehen. Das Ergebnis der Steuerdiskussion ist ein Gesichtsverlust für Blüm, Geißler, Süßmuth und die CDU-Länderministerpräsidenten, die gegen die Senkung der Einkommensteuer wortreich Obstruktion geleistet haben. Doch zur Kompensation soll nun am unteren Ende der Einkommenspyramide die Besteuerung statt bei 19 erst bei 22 Prozent beginnen, dies in Verbindung mit einer starken Ausweitung der Grundfreibeträge. Geißler rechnet der Koalitionsrunde vor, bei den im April bevorstehenden Landtagswahlen in Hessen könne sich die CDU vor den Arbeiterwählern nur blicken lassen, wenn sie die Rechnung aufmache: Die Absenkung des Spitzensteuersatzes oben koste eine Milliarde, die Steuerentlastung unten aber koste sieben Milliarden DM.[5] Die Konsequenz der Kompromisse: Die Steuersenkung wird an die 45 Milliarden kosten, die durch Subventionsabbau, durch Umschichtungen, durch Erhöhung der Staatsschuld und durch Drehen an der Steuerschraube in anderen Bereichen hereingeholt werden müssen.

Die Bundestagswahl 1990 fest im Auge, einigt man sich darauf, die Steuersenkungen erst für 1990 einzuplanen, und schiebt die Finanzierungsproblematik auf die lange Bank der parlamentarischen Beratungen. Daß Gesundheitsreform, Rentenreform, die Landwirtschaft, der Bergbau und die Umweltschutzpolitik weitere Milliardenlöcher in den Bundeshaushalt reißen werden, ist gleichfalls schon jetzt zu erkennen. Nach dem Grundsatz: »Kommt Zeit, kommt Rat«, belastet Kohl in diesen ersten Wochen unmittelbar nach den Wahlen die ganze folgende Amtszeit mit einem Dauerstreit, der ihn selbst weiter herunterzieht und zu einer breiten Deckungslücke im Jahr 1990 führen wird. Daß die Konjunktur 1989 und 1990 ganz ungewohnt anspringen wird, läßt sich Anfang 1987 nur erhoffen.

Stoltenberg, bisher die Säule im Wirtschaftskabinett Helmut Kohls, verläßt diese Koalitionsverhandlungen mit einer Hypothek, die ihn zu Boden drücken wird. Der Bundeskanzler hat ihm seine Loyalität auch auf andere Weise schlecht gelohnt, indem er Franz Josef Strauß angeboten hat, er könne sich jeden Kabinettsposten der Union aussuchen, auch das Finanzministerium. Strauß lehnt nach Lage der Dinge zwar dankend ab, läßt es sich aber nicht nehmen, seinen Absagebrief in die Öffentlichkeit zu bringen und damit Stoltenberg zu diskreditieren.

Auch andere Getreue müssen konstatieren, daß Kohl keine zarten Rücksichten nimmt, wenn der Druck zu groß wird. Die FDP möchte auf Biegen und Brechen Jürgen Möllemann im Kabinett haben. Er ist Vorsitzender des Landesverbands Nordrhein-Westfalen und gilt als besonders geschätzter »Ziehsohn« Genschers. Die Betrauung Möllemanns mit dem Bildungsministerium zwingt zu einer Kabinettsrochade. Der getreue Heinrich Windelen muß aus dem Kabinett ausscheiden, und Dorothee Wilms wird brüsk aus dem Bildungsministerium in das Innerdeutsche

Ministerium versetzt. Unruhig geht es besonders im CSU-Teil des Kabinetts zu: Werner Dollinger, unter den CSU-Politikern als Anhänger Helmut Kohls bekannt, muß gehen. Statt seiner übernimmt Jürgen Warnke das Verkehrsministerium. Der gewitzte, als »Olympia-Pressechef« von 1972 bekannt gewordene »Johnny« Klein wird Entwicklungsminister. Für die Umsetzungen der CSU-Minister ist allerdings Strauß der Hauptverantwortliche. Man könnte Kohl allenfalls vorwerfen, daß er auch diesmal die Zusammensetzung seines Kabinetts dem Koalitionspartner überläßt. Doch das alles gehört in das Kapitel »personalpolitische Grausamkeiten«, wie sie bei der Etablierung von Koalitionsregierungen unvermeidlich sind.

Ziemlich unvermeidlich ist nach dem stürmischen Hin und Her aber auch, daß Kohl bei der Wahl zum Bundeskanzler fünfzehn Stimmen aus der Koalition fehlen. Es reicht zwar, zeigt aber doch, daß er nun noch mehr heimliche Feinde und laue Freunde hat als bisher schon. Ihn selbst scheint das wenig anzufechten. Je nach Stimmung, auch je nach Zuhörerschaft wirkt er stoisch, angespannt, ruhelos, selbstgefällig, besserwisserisch auch, trotz aller Mühen seiner Redenschreiber bisweilen noch pathetisch, im vertrauten Kreis gelegentlich wehleidig, unablässig mißtrauisch und gnadenlos sarkastisch, wenn es um die Motive seiner vielen Gegner geht, visionär nur noch in Bezug auf Europa und die Freundschaft mit Frankreich, doch immer ohne Selbstzweifel davon überzeugt, von allen Größen auf dem Bonner Parkett mit den Problemen am besten fertig zu werden.

Von tumbem Provinzlertum sprechen die Bonner Profis nicht mehr, wenn von Kohl die Rede ist. Die »Nordlichter« und die Bayern, die Wirtschaft und die Gewerkschaften haben ihn inzwischen fürchten gelernt. Nachdem er sich in dem sehr kritischen Jahr 1986 erneut durchgebissen hat, kommt zuallererst das Wort »Machtmensch« in den Sinn, wenn sich Journalisten an einem Persönlichkeitsporträt versuchen oder Minister und Abgeordnete in vertraulicher Runde die Essenz Helmut Kohls auf den Begriff bringen möchten. Der Begriff »Hoffnungsträger« will niemandem mehr einfallen. Er war eine Hoffnung. Eher nennen ihn enttäuschte, zugleich aber furchtsame Parteifreunde hinter vorgehaltener Hand »der Dicke«. Irgend jemand münzt damals auf die 1987 erneut siegreiche Koalition das Bonmot: »Die Karawane zieht weiter.« Das wird in den späten achtziger Jahren in den Feuilletons und im Fernsehen wieder und wieder aufgewärmt. Auch Kohl selbst gefällt das Bild so gut, daß er es später einem entsprechenden Kapitel seiner *Erinnerungen* als Überschrift voranstellt.[6]

Aber je weiter es in die Jahre 1987, 1988 und dann ins Jahr 1989 hineingeht, um so lähmender wird die Empfindung bei manchen Offizieren und Soldaten der Unionskarawane, ihr massiger Anführer könnte die Orientierung verloren haben, so daß sie ohne gewaltsamen Führungswechsel verderben müssen. Es gibt sogar manche, die daran zweifeln, daß dieser Kanzler überhaupt genau weiß, wohin er marschiert. Einer von diesen Zweiflern ist Ministerpräsident Ernst Albrecht. In seinen fragmentarischen Memoiren wird er schreiben:»Helmut Kohl, ein Meister im Spiel um die Macht, hatte, wenn es um Grundsatzfragen der Wirtschaftspolitik, der Sozialpolitik, der Gesundheitspolitik ging, keine festen persönlichen Überzeugungen … Er ließ die Minister vorturnen, wartete ab, ob sie eine breite Zustimmung fanden oder nicht, und engagierte sich persönlich erst dann, wenn sich eine Mehrheitslösung deutlich abzeichnete.«[7]

Vorerst kommt Kohl mit dieser Taktik noch durch. Ein paar Wochen nach der schwierigen Regierungsbildung gelingt der CDU bei der Landtagswahl in Hessen wider Erwarten nochmals dasselbe Kunststück wie zuvor bei der Bundestagswahl. Dank einer hauchdünnen Mehrheit von 0,3 Prozent kann in Wiesbaden eine CDU/FDP-Regierung installiert werden. Auch diesmal ist der Erfolg aber nicht in erster Linie dem Prestige des Bundeskanzlers zu verdanken, der wieder einmal schonungslos Wahlkampf macht, sondern der Tatsache, daß einige Zehntausend einstige SPD-Wähler aus der Arbeiterschaft mit dem »Projekt Rot-Grün« nichts anfangen können. So muß Kohl seinen frisch eingeführten Umweltminister Walter Wallmann als Ministerpräsident nach Hessen ziehen lassen, wirbt aber so ungeniert wie schon in früheren Fällen Bernhard Vogel in Mainz diesmal den Umweltminister Klaus Töpfer ab. Man kann Helmut Kohl viel vorwerfen und tut das auch. Doch immer noch hat er einen Riecher für neue Talente, die den Laden in Schwung bringen. So wird der kompetente und quirlige Töpfer künftig zum eisernen Bestand des Kabinetts Kohl gehören und dessen umweltpolitische Flanke abdecken, bis er 1994 bei einer von Kohls ruhelosen Kabinettsrochaden Angela Merkel Platz machen muß.

Aber 1987 und 1988 sind und bleiben verdrießliche Jahre. Kaum ist der Jubel über die Installierung einer bürgerlichen Regierung in Hessen verklungen, da muß die CDU empfindliche Wahlschlappen in Hamburg und in Rheinland-Pfalz verkraften. Der Staatsbesuch Honeckers im September 1987 ist auch nicht geeignet, Kohls Stammwählerschaft zu erfreuen. Beim Blick auf die nun bald fällige Gesetzgebung über die große Steuerreform bringen die Koalitionsparteien und die Lobbyisten von rechts bis links ihre Batterien in Stellung. Nach wie vor hält sich Stoltenberg hinter Genscher auf Platz 2 der Beliebtheitsskala. Der Minister bereitet allerdings ein Konzept für die Gegenfinanzierung vor, das so häßliche Komponenten wie Subventionsabbau und Abbau von Steuervergünstigungen beinhaltet. Ausgerechnet jetzt wird sein Renommee durch die Affäre Barschel in Kiel erschüttert.

Der von Kohl nicht besonders geschätzte, beim Aufstieg aber von Stoltenberg protegierte CDU-Ministerpräsident Uwe Barschel ist einer jener Karrieristen, wie sie jetzt in allen Parteien nach oben kommen, denen anfangs alles gelingt, denen man aber auch alles zutraut. Im September 1987 muß in Schleswig-Holstein wieder einmal gewählt werden. Die Umfragen lassen für die CDU ohnehin nichts Gutes erwarten,

Mit Bernhard Vogel beim Treffen der Sankt Martiner in der Pfalz,
17. Mai 1986

und ausgerechnet am Samstag vor dem Wahlsonntag wird über alle Sender die tödliche Vorveröffentlichung im kommenden *Spiegel* herausposaunt, wonach Barschel einer schmutzigen Diffamierungsaktion gegen den Herausforderer Björn Engholm beschuldigt wird. Die CDU verliert daraufhin 6,4 Prozent der Wählerstimmen, Barschel muß in dem gegen ihn entfachten Entrüstungssturm seinen Rücktritt ankündigen, und noch bevor er ein paar Wochen später vor dem Untersuchungsausschuß des Kieler Landtags einvernommen werden kann, wird sein Leichnam unter mysteriösen Umständen im Genfer Hotel »Beau Rivage« aufgefunden.

Unnötig, den bis zum heutigen Tag hinlänglich oft aufgewärmten Kriminalfall detailliert auszubreiten, in dem alles drin ist, was für Erregungskitzel sorgen kann. Nie zuvor war jedenfalls ein CDU-Ministerpräsident in ein so trübes Zwielicht von Erpressung, verbotenen Rüstungsgeschäften, Geheimdienstkonnexionen und angeblich auch Sexaffären mit Stasi-Damen in der DDR verwickelt wie Barschel. Alles erscheint sehr anrüchig.

Kohl stand Barschel durchweg distanziert gegenüber. Der stramme, für sein Gefühl viel zu konservative Barschel war ihm eher durch Unehrerbietigkeit aufgefallen. Eine direkte Verbindung des Bundeskanzlers zum Fall Barschel läßt sich nicht herstellen, nur hilft Kohl das überhaupt nichts. Die vom Kieler Untersuchungsausschuß und den Medien breitgetretene Affäre läßt seine politischen Aktien weiter in den Keller sinken. Anfang Oktober 1987, die Barschel-Affäre ist schon im Gange, steht er mit 0,2 Punkten immerhin noch auf Platz 4 der Rangliste des Politbarometers.[8] Ende

April 1988, kurz bevor die CDU nach Auflösung des Landtags von Schleswig-Holstein mit nur noch 33,3 Prozent Stimmenanteil hinweggefegt wird, rangiert er mit − 0,3 Punkten auf Platz 10. Auf Platz 1 steht jetzt Engholm.[9] Und im gesamten Bundesgebiet ist die CDU in dem halben Jahr, in dem die Affäre unablässig hochgekocht wird, von 41 Prozent auf 37 Prozent zurückgegangen. Nach der Parteispendenaffäre von 1984 ist dies die zweite tiefe Glaubwürdigkeitskrise der Christdemokraten.

Wie man weiß, wird fünf Jahre später aus der Affäre Barschel urplötzlich eine Affäre Engholm. Nachdem der *Spiegel* die Karriere Barschels zerstört hat, führt im Mai 1993 der *Stern* den Nachweis, daß die Medien in der Demokratie etwas mehr sind als bloß »die vierte Gewalt«. 40 000 DM, so kommt nun an den Tag, hat der SPD-Politiker Günther Jansen an den Journalisten Reiner Pfeiffer gezahlt, den Hauptbelastungszeugen gegen Barschel. Auch Engholm kann nicht bestreiten, daß er Monate vorher schon von dessen angeblichem Auftrag an Pfeiffer gewußt hat. Als das bekannt wird, muß Engholm als SPD-Vorsitzender und Kanzlerkandidat zurücktreten. Seine Laufbahn ist ruiniert. Kohl aber, der sich wieder einmal auf einer Talsohle der Popularität befindet, bekommt erneut Oberwasser. Selten hat sich eine Affäre so paradox ausgewirkt: 1987/88 zieht die Affäre um Barschel Kohl weiter herunter, 1993/94 trägt sie wesentlich zur Prolongierung seiner Kanzlerschaft bei.

1988 aber sieht es für ihn trübe aus. Ein Lichtblick für die CDU sind nur die Landtagswahlen in Baden-Württemberg. Dort erringt Lothar Späth in einem von der Bundesebene ziemlich abgekoppelten Wahlkampf erstaunliche 49 Prozent. Für Kohl selbst ist das aber kein großer Trost, eher ein Alarmzeichen. Nun weiß er, daß die CDU in dem »Cleverle« einen neuen Hoffnungsträger besitzt, der entspannt und listig seine Stunde abwartet. Daß zwischen den Schwaben Späth und Geißler eine landsmannschaftliche Verbindung besteht, sorgt für zusätzliche Beunruhigung. Was Späth nicht selbst ausspricht, sondern nur mit vielsagendem Lächeln signalisiert, dürfen seine Anhänger formulieren. Bald wird Kohl zu Ohren kommen, daß Günther Oettinger, Landesvorsitzender der Jungen Union in Baden-Württemberg, den Rücktritt Kohls »wegen Führungsschwäche und Konzeptionslosigkeit« gefordert hat.

Die Rahmenbedingungen für die große Steuerreform sind also denkbar ungünstig. Jetzt, im Frühjahr 1988, brechen alle Gegensätze wieder auf, die bei den Koalitionsverhandlungen ein Jahr zuvor nur mühsam überkleistert wurden. Der politisch angeschlagene Finanzminister muß nun den Offenbarungseid leisten. Er hat nicht die Kraft aufgebracht, bei den Kabinettskollegen die zur Gegenfinanzierung erforderlichen Milliarden herauszuhandeln. Seine Vorschläge werden zwischen den Lobbies der Wirtschaft, der Gewerkschaften, der Sozialverbände und der Kirchen zerrieben. Man liest es mit Rührung, wenn Stoltenberg lange nach dem Scheitern als Finanzminister in seinen Erinnerungen schreibt, die Kampagne der Verbände gegen

die Einschnitte hätte »alle Erwartungen« übertroffen.[10] Was kann denn eine so heterogene Koalitionsregierung anderes erwarten, wenn sie zwar Eckwerte und Daten
für die Steuerentlastung festlegt, die Gegenfinanzierung aber erst einmal dem Gerangel der Interessenten und der Koalitionäre überläßt?!

Die Auseinandersetzungen, die sich vom März bis in den Juni hineinziehen, zeigen, wie Stoltenberg zum Getriebenen wird, vor allem aber lassen sie erkennen, wie
weitgehend der Bundeskanzler bisher davon gelebt hat, daß ihm ein loyaler, hoch-
respektierter Finanzminister die undankbare Arbeit finanzieller Konsolidierung abgenommen hat. Loyal ist Stoltenberg zwar immer noch, aber nicht mehr respektiert,
und er muß nun erleben, wie ihm der eigene Kanzler in der bisher schon klaffenden
Deckungslücke von rund 25 Milliarden DM weitere Löcher aufreißt. Bundeskanzler
sind so, das ist seit den Tagen Adenauers bekannt, und Kohl ist in diesem Punkt ein
echter Enkel Adenauers, allerdings mit einem kleinen Unterschied: Adenauer konnte
bei Wachstumsraten von acht oder zehn Prozent jährlich aus dem vollen schöpfen,
jetzt aber wächst die Wirtschaft nur noch in Trippelschritten. Aber an den Argumenten, mit denen sich ein Finanzminister bedrängt sieht, hat sich nur wenig geändert.

Der Bundeskanzler hat auf die soziale Symmetrie zu achten, vergißt er das einmal, so weist ihn sein immer weniger pflegeleichter Generalsekretär im CDU-Präsidium und in den Elefantenrunden hart auf die bevorstehenden Wahlkampagnen hin
und würzt das mit moralisierenden Betrachtungen über Niedrigeinkommen und
»neue Armut«. Desgleichen muß der Kanzler die CDU-Ministerpräsidenten auf Linie bringen, sonst droht die große Steuerreform im Bundesrat aufzulaufen. Da Sen-
kungen bei der Einkommen- und Körperschaftssteuer ihre Landeshaushalte treffen,
bestehen diese hart auf Kompensationen aus dem Bundeshaushalt; das sind für 1989
am Ende zusätzliche 2,4 Milliarden DM.[11] Niemand kann wirklich erstaunt sein, als
Späth, vom Wahlsieg beflügelt und Daimler-Benz fest im Blick, energisch auf der
Steuerfreiheit für Jahreswagen besteht. Daß Strauß gleichfalls mit seinen berüchtigt
langen Briefen und schließlich in erregter Rede seine Wunschliste unterbreitet, versteht sich von selbst. Unvorsichtig hat ihm Kohl steuerliche Vergünstigungen für
Flugbenzin und kleine Gewerbunternehmen versprochen, dazu Subventionen für
den Airbus. Selbstverständlich sorgt auch Kohl selbst für zusätzliche Belastungen.
Jeder weiß, daß es kein Spaß ist, wenn er argumentiert: »Jede Mark, die für Europa
ausgegeben wird, bringt uns doppelte und dreifache Dividenden!« Um die EG wieder
flottzumachen und die Süderweiterung um Spanien und Portugal zu ermöglichen,
ist er kostspielige Verpflichtungen eingegangen. Allein zwischen 1980 und 1988, wird
Stoltenberg in seinen Erinnerungen seufzen, hat sich der deutsche EG-Beitrag
von 12,4 auf 22,3 Milliarden DM erhöht – Tendenz steigend. 1994 werden es bereits
27,6 Milliarden sein.[12] Die Reform der EG-Landwirtschaftspolitik bürdet dem Bundeshaushalt weitere Lasten auf.

Als die Koalitionsrunde im März alles festklopfen will, wobei Zimmermann erneut die Wunschliste von Strauß auf den Tisch legt, markiert Kohl einen Wutanfall, verlangt, daß das Kabinett das zuvor vereinbarte Paket verabschiedet, und spricht in schönem Pfälzisch die geflügelten Worte, die alsbald von der Journaille in alle Welt posaunt werden: »Wenn ihr das nicht wollt, dann müßt ihr euch halt jemand anderen suchen, dann kann ich ja gleich zum Richard gehen … Ich lasse mich hier nicht vorführen wie einen Tanzbären.«[13] So bringt er das Paket durchs Kabinett. Doch als die Fraktion darüber zu beraten hat, bricht ein Aufruhr aus. Erfahrungsgemäß sind es weniger die großen Haushaltsposten, die für Erregung sorgen, als die faßbaren Unverständlichkeiten. Daß ausgerechnet der Hobbyflieger Franz Josef Strauß bei einem allgemeinen Streichkonzert, gekoppelt mit Steuererhöhungen, eine Subvention für Privat- und Sportflieger herausschlägt, sorgt für einen Aufschrei der Entrüstung. Genauso zornig sind die Mittelständler, weil künftig eine Quellensteuer von zehn Prozent auf Zinseinkünfte erhoben werden soll.

Die große Steuerreform geht schließlich durch, hinterläßt aber im Regierungslager und bei den Wählern eine andauernde Malaise. Insgesamt steigt die Neuverschuldung des Bundes im Haushalt für 1988 auf 35,4 Milliarden DM,[14] anderen Berechnungen zufolge auf 39,2 Milliarden.[15] Die Konsolidierungsphase des Bundeshaushalts ist von nun an Vergangenheit. Noch bevor die Wiedervereinigung alle mittelfristigen Haushaltsprognosen zu Makulatur werden läßt, muß Stoltenberg Anfang März 1989 im Fraktionsvorstand eingestehen, daß 1990 und 1991 selbst bei optimistischen Annahmen jeweils rund 34 Milliarden DM Neuverschuldung nötig sind – »dies entspreche etwa der Situation der SPD bei deren Abgang«.[16]

Nicht nur Bundesfinanzminister Stoltenberg ist jetzt abgewetzt. Der Eindruck setzt sich fest, daß auch der Bundeskanzler selbst den Bundeshaushalt nicht mehr unter Kontrolle hat. Daran wird sich bis zu seinem Abgang 1998 nichts Grundlegendes ändern. Zwar unterscheidet sich Kohl darin weder von seinen Vorgängern Brandt und Schmidt noch von seinen Nachfolgern. In einer Kanzlerbiographie bedarf dieser Punkt aber doch der Unterstreichung.

Das Jahr 1988 bringt noch eine weitere Zäsur. Am 3. Oktober stirbt Franz Josef Strauß. Kohl ist erschüttert und beflügelt zugleich. Der Rückblick auf ihrer beider Verhältnis gehört zu den besten Partien in den *Erinnerungen:* »Ich verlor meinen härtesten und oft auch unangenehmsten Kritiker, aber auch einen Mann, der mein Leben mit geprägt hat.«[17] In gewisser Hinsicht empfand sich Kohl dem fünfzehn Jahre älteren Strauß gegenüber wie ein viel jüngerer, unterschätzter, ehrgeiziger Bruder, den der genialisch-unbeherrschte Ältere wieder und wieder zurechtstößt, ihm Fehler, Dummheiten, Schwäche, Verschlagenheit und Schlimmeres vorwirft, ohne daß aber die Familienbande zerbrechen. Strauß hat sich an Kohl abgearbeitet, und Kohl ist an Strauß gewachsen. Von jetzt an steht er ganz oben und hat keinen Kritiker mehr neben sich, den er wirklich ernst nimmt. Unter den Unionsgranden sieht er nur noch Leichtgewichte oder talentierte, aber anpassungsbereite Nachwuchspolitiker, die durch ihn oder nach ihm etwas werden möchten, oder aber Verräter, die er einstmals emportrug und die ihn jetzt mit Zwischenrufen ärgern. Daß sich der Machtmensch Kohl nun noch ungezügelter auswächst und noch mehr von seiner Einzigartigkeit überzeugt ist als bisher schon, ist auch eine Folge des Todes von Strauß.

Kaum ist Strauß dahingeschieden, trifft Kohl ein weiterer Schlag. Ende Januar 1989 kommt es in Berlin zu einer desaströsen Senatswahl. Die CDU verliert über acht Prozent, SPD und die besonders rabiate Alternative Liste (AL), der Berliner Ableger der Grünen, kommen zusammen auf 49,1 Prozent. Doch am bedenklichsten ist, daß die rechtsradikalen Republikaner auf Anhieb 7,5 Prozent der Stimmen auf sich vereinen. Ein paar Monate lang sehen die Wahlforscher bereits ein Fünf-Parteien-System heraufziehen. Kohl selbst sinkt weiter im Ansehen und ist nun innerparteilich echt gefährdet. Zugleich ist beim Blick auf die Republikaner festzustellen, daß der rabiate Franz Josef Strauß offenbar zahlreiche Wähler am rechten Rand gebunden hat, die sich jetzt zu den Republikanern hin orientieren. Diese für die CDU höchst bedenkliche Entwicklung hat gerade noch gefehlt. Auf die unerfreuliche Wüstenwanderung in den Jahren 1987 und 1988 folgt, so steht zu befürchten, der Kladderadatsch des Jahres 1989.

Aus Sicht des Bundeskanzlers beinhaltet der Tod seines großen Widersachers aber doch mehr Gutes als Böses. Jetzt zeichnet sich eine Möglichkeit ab, die bislang ungebärdige CSU mittels freundschaftlicher Umarmung ganz in die eigene Machtsphäre einzubeziehen. Das wird ihm bei der Regierungsumbildung vom Frühjahr 1989 gelingen, indem er dem neugewählten CSU-Vorsitzenden Theo Waigel das Finanzministerium anbietet, ihn damit demonstrativ zur Nummer zwei in der Union macht, zugleich aber auf Gedeih und Verderb an sein eigenes politisches Schicksal kettet. Mit genausoviel Wohlgefallen kann Kohl konstatieren, daß Max Streibl in München zum Ministerpräsidenten gewählt wird. Die Entscheidung der CSU für eine Doppelspitze erhöht naturgemäß seine eigene Machtfülle als Spitzenmann des Unionslagers. Doch Streibl ist auch einer seiner Lieblinge in der CSU. Dieser hat ihn nämlich 1976, in der Nacht des Trennungsbeschlusses von Kreuth, telefonisch informiert und ihm zugesagt, er werde zur CDU überwechseln, falls die Trennung Bestand hat.[18]

Mit dem Tod von Franz Josef Strauß sind die Dramen des Jahres 1988 noch nicht zu Ende. Die achtziger Jahre sind bekanntlich die Dekade der Gedenkjahre. Wehe dem, der dabei gegen die immer illiberaler definierte politische Korrektheit verstößt! Zum Gedenken an die »Reichskristallnacht« am 9. November hält der schlecht präparierte Bundestagspräsident Philipp Jenninger eine rhetorisch verunglückte Ansprache im Deutschen Bundestag. Die Opposition bauscht das unverzüglich zum großen Skandal auf, bei dem die Medien bereitwillig mitspielen. Der Vorgang illustriert nicht nur, wie unerbittlich große Teile der Öffentlichkeit in den Fragen der Erinnerungskultur auf sorgsamst befolgter Anpassung insistieren. Er zeigt auch, wie widerstandslos Helmut Kohl vor solchen Zumutungen einknickt. Zu Beginn seiner Kanzlerschaft hatte er sich noch mit einiger Naivität der »Gnade der späten Geburt« gerühmt. Inzwischen ist er selbst einer der Eifrigsten, der bei jedem Gedenktag und so gut wie jedem Staatsgast gegenüber demutsvoll und gedankenschwer die politkriminellen zwölf Jahre der NS-Diktatur ins Gespräch bringt. Als Deutscher schleppe er ständig die ganze deutsche Geschichte mit herum, klagt er dem neuseeländischen Ministerpräsidenten David Lange, als dieser ihm im Juni 1986 erstmals seine Aufwartung macht.[19]

Philipp Jenninger wird schon am Morgen nach seiner verkorksten Rede fallengelassen – eine Untreue, die dieser Kohl jahrelang nicht vergeben kann. Nach Jenningers Rücktritt wird Rita Süßmuth, die sich zum Ärger Kohls im Kabinett und im CDU-Präsidium als scharfzüngige Anhängerin Geißlers profiliert hat, unter beträchtlichem Zuspruch auch der Opposition zur Bundestagspräsidentin gewählt. Zu ihrer Nachfolgerin als Ministerin für Jugend, Familie, Frauen und Gesundheit ernennt der Bundeskanzler erneut eine Außenseiterin. Ursula Lehr ist eine renommierte Professorin für Gerontologie, die aber weder dem Deutschen Bundestag angehört noch wie Rita Süßmuth zuvor in den Gremien der CDU durch große Betriebsamkeit aufgefallen ist. Aus Sicht Kohls spricht allerdings für sie, daß sie konservativer ist als ihre Vorgängerin. Die neunzehn weiblichen Abgeordneten in der CDU/CSU-Fraktion betrachten es jedoch als Brüskierung, von dem wie ein Monarch regierenden Bundeskanzler nun schon zum zweiten Mal verächtlich übergangen zu werden. Der Unwille geht weit über die Frauen in der Fraktion hinaus. Schließlich hat Kohl erst im Mai den Staatsrechtsprofessor Rupert Scholz, auch er kein MdB, den Verteidigungsexperten vor die Nase gesetzt, und ähnlich ist er schon 1987 verfahren, als er den gleichfalls fraktionsfremden Professor Klaus Töpfer zum Bundesumweltminister ernannte. Sicher war Kohl schon in Mainz dafür bekannt, tüchtige Leute wie Bernhard Vogel, Heiner Geißler oder Richard von Weizsäcker zu entdecken und rasch in hohe Ämter zu bugsieren. Aber in der Vergangenheit hat er das doch stets mit pfleglicher Rücksichtnahme auf die unterschiedlichen Strömungen in den jeweiligen Fraktionen ausbalanciert. Jetzt aber fühlt sich die CDU/CSU-Fraktion als Ganze unter Wert behandelt. Die Krise, in die er jetzt hineinrutscht, resultiert auch daraus, daß ihm die Sensitivität für die eigene Fraktion zusehends abhandengekommen ist. In der eigenen Partei, in der Koalition insgesamt, doch auch bei den Medien und bis weit in die eigene Wählerschaft hinein sieht es für Helmut Kohl an der Schwelle zum Jahr 1989 nicht besonders prächtig aus. Daß er das kaum zur Kenntnis nimmt oder nehmen will, ist nicht das geringste seiner Probleme.

Auf der anderen Seite gilt dieser Bundeskanzler, der innenpolitisch nur noch vorankrebst, in Paris, London, Washington und neuerdings auch in Moskau als eine, wenn nicht *die* Schlüsselfigur im damaligen Westeuropa. Während er in den Medien der Bundesrepublik unter Wert verkauft wird (und dies nicht ohne eigenes Zutun), reüssiert dieser geborene Innenpolitiker seit langem in der Außenpolitik. Vieles, was jetzt, im Jahr 1989, konvergiert, hat er maßgeblich mit angeschoben, beschleunigt oder wenigstens nicht behindert. Erst in den neunziger Jahren wird man ihn als einen Architekten des neuen Europa identifizieren und auch respektieren. Tatsächlich arbeitet er aber seit 1982 zäh daran, das Staatensystem Westeuropas in eine neue Form zu bringen, und er tut es mit einem Geschick, das ihm kaum jemand zugetraut hätte. Es ist schon paradox, daß ihm in den achtziger Jahren die Erneuerung der Bundesrepublik nicht so recht gelingen will, wohl aber die Umgestaltung der Europäischen Gemeinschaft.

Auf der Baustelle Europa

»Europa ähnelt immer mehr einer verlassenen Baustelle«, beschreibt Mitterrand Anfang 1984 den Zustand der EG.[1] Helmut Kohl hält sich zwar viel darauf zugute, daß hier seit der deutschen Präsidentschaft in Stuttgart im Jahr zuvor wieder einiges Leben eingekehrt ist, aber er weiß genauso wie Mitterrand, daß die Dynamisierung der EG Zeit braucht. 1989 jedoch, als das neue Zeitalter hereinbricht, ist die Baustelle nicht mehr wiederzuerkennen. Die Rückkehr der Dynamik innerhalb kurzer fünf Jahre ist einer der erstaunlichsten Vorgänge der gesamten europäischen Integrationsgeschichte. Daß der Bundeskanzler daran maßgeblichen Anteil hat, ist evident. Unter den Top-Politikern in der damaligen Bundesrepublik ist er neben Genscher der leidenschaftlichste »Europäer«. In diesem Hauptpunkt weist seine politische Biographie bemerkenswerte Kontinuität auf. Schon im Mai 1976 hatte er die CDU in Anwesenheit der Prominenz befreundeter westeuropäischer Parteien (Leo Tindemans und Amintore Fanfani sind ebenso zugegen wie Margaret Thatcher) auf ein »Europäisches Manifest« eingeschworen.[2] Man tut meistens gut daran, die von Parteitagen gleich welcher Couleur Jahr für Jahr produzierten Resolutionen als ziemlich irrelevant beiseite zu legen. Papier ist geduldig. Was Parteien wirklich wollen und können, erweist sich erst im Praxistest. Doch wer die europäische Vision Helmut Kohls verstehen möchte, muß diese früh formulierte Programmatik ernst nehmen. Beim Studium der Entscheidungen, der Reden und der zahllosen Gespräche, die er dann als Bundeskanzler über Fragen der Europapolitik führt, läßt sich durchgehend eine Matrix erkennen, die bereits in der von ihm maßgeblich gestalteten CDU-Programmatik der siebziger Jahre ausformuliert worden ist.

Kohl schwebt nicht mehr und nicht weniger vor als ein europäischer Bundesstaat. Im »Europäischen Manifest« der CDU sind die Verfassungsorgane deutlich umschrieben worden. Man muß das wörtlich zitieren, weil hier Ziele formuliert sind, die Helmut Kohl bis in die letzten Jahre seiner Kanzlerschaft sichtlich am Herzen liegen: »ein von allen Bürgern zu wählendes Parlament, das umfassende parlamentarische Gesetzgebungs- und Kontrollrechte hat, eine europäische Regierung, die allein diesem Parlament verantwortlich ist, eine europäische Staatenkammer, die den Mitgliedstaaten die Beteiligung an der Gesetzgebung des Bundes ermöglicht, ein europäischer Gerichtshof, der die Auslegung und Anwendung der europäischen Rechtsprechung überwacht.« Das alles ist Walter Hallstein pur,[3] es ist aber genauso Helmut Kohl pur, der ein paar Jahre später als Bundeskanzler mit bemerkenswerter Zähigkeit darauf hinarbeitet.

Keine künftige Verhandlungsrunde über die institutionelle Fortentwicklung der EG, beginnend mit den Beratungen über die Einheitliche Europäische Akte von 1986 bis zu den Verhandlungen über die Errichtung der Europäischen Union, bei der Kohl nicht mit Nachdruck auf eine Stärkung der Rolle des Europäischen Parlaments drängt – stets zum Mißfallen Mitterrands und Margaret Thatchers! Wer die eben skizzierte Matrix kennt, den erstaunt es auch nicht, daß er dem machtbewußten Jacques Delors den Weg an die Spitze der EG-Kommission ebnet und ihn dort amtieren läßt, als wäre er ein echter Regierungschef. Nigel Lawson, britischer Schatzkanzler unter Margaret Thatcher, wird später lästern, das bei Politikern ohnehin offenkundige Machtstreben sei bei Delors ganz besonders gut entwickelt gewesen, und man hätte ihn nie ins Amt des Kommissionspräsidenten gelangen lassen dürfen.[4] Doch Machtstreben eines Kommissionspräsidenten im Interesse der Vertiefung und Erweiterung der EG – genau das erwartet Kohl von einem Chef der Exekutive eines wenngleich noch unvollendeten europäischen Bundesstaats.

Ein weiterer Punkt, auf den Kohl durchgehend großen Wert legt, ist die Verantwortlichkeit der Kommission gegenüber dem Europäischen Parlament. In dieser Hinsicht verleugnet er nicht, daß er aus einer parlamentarischen Demokratie stammt und daß sein Weg zur Spitze über die Parlamente geführt hat. Desgleichen entspricht seine langfristige Vorstellung von einer Europäischen Union doch stark den in Deutschland lebendigen föderalistischen Traditionen. Ihm schwebt vor, daß sich der Europäische Rat, in dem die nationalstaatlichen Regierungen vertreten sind, zu einer Art Staatenkammer entwickeln soll, analog zum Senat der Vereinigten Staaten. Dort soll sich, wie Hallstein dies vorgeschlagen hat und wie Kohl es aufnimmt, »der Ausgleich, die Versöhnung der Einzelinteressen der Mitgliedschaft« vollziehen.[5] Für die Beschlußfassung im Europäischen Rat wird er somit unentwegt eine Ausweitung des Mehrheitsprinzips fordern. Auch hier folgt er der Lehre Hallsteins, der darin einen »Fundamentalsatz« der Gemeinschaftsverfassung gesehen hat. Ginge es allein nach

Kohl, so verblieben den Regierungen der bisherigen Nationalstaaten nur noch gewisse Veto-Rechte bei der Gesetzgebung.

Dem Programm des europäischen Bundesstaats entspricht zudem die kontinuierliche Ausweitung der materiellen Zuständigkeiten der Europäischen Gemeinschaft. Im »Europäischen Manifest« von 1976 findet sich diesbezüglich bereits der Umweltschutz genannt, desgleichen die Forderung nach einer »europäischen Wirtschafts- und Währungsunion«. Selbstverständlich wird dort auch das Postulat einer »gemeinsamen Außen- und Sicherheitspolitik« formuliert, die den globalen Herausforderungen begegnen soll: dem »militärischen Druck des Ostblocks«, den Abhängigkeiten im Bereich der Rohstoff- und Energieversorgung, der Bedrohung des freien Welthandels, den Problemen des Hungers und der Unwissenheit. Hinsichtlich der weltpolitischen Akteure und Gefahren solle die Europäische Union »mit einer Stimme« sprechen.

Als Bundeskanzler verhält sich Kohl also gewissermaßen programmgemäß. Original oder originell ist an seiner Europapolitik überhaupt nichts. Alles ist von den Protagonisten der Europabewegung vorgedacht, postuliert, argumentativ untermauert und von der CDU programmatisch übernommen worden. Erstaunlich ist nur, daß ein bisheriger Oppositionsführer, nachdem er endlich an den Drücker gelangt ist, das mit langem Atem zu realisieren versucht, was er in der Opposition proklamiert hat, wo bekanntlich viel des Schönen und des Visionären gefordert wird. Erstaunlich ist auch, wie weit er damit kommt. Kohl ist geradezu das Musterbeispiel eines pragmatischen Doktrinärs. Seit dem 19. Jahrhundert ist der Typ aus der Geschichte der sozialistisch-liberalen oder nationalistischen Bewegungen wohlbekannt. In der vergleichsweise kurzen Geschichte der Europabewegung seit dem Zweiten Weltkrieg ist das jedoch neu, da zuvor kein maßgeblicher Staatsmann so lange regiert hat wie Kohl, und es wird Schule machen.

Man könnte ein ganzes Buch mit Schilderungen füllen, wie Helmut Kohl in den europäischen Institutionen ein dichtes Netzwerk aufgebaut und systematisch genutzt hat. Für einen Bundeskanzler sind die Akteure auf Regierungsebene natürlich am wichtigsten. »Europa war für ihn der Kreis der Staats- und Regierungschefs. Das waren ja auch kongeniale Leute, die waren alle gewählt vom Volk und vom Parlament und hatten die gleichen Probleme«, meint Carl-Otto Lenz, der Kohls Vision von Europa teilt und ihn jahrzehntelang studiert hat. Dabei sind die Gipfeltreffen des Europäischen Rats der EG beziehungsweise EWG von vorrangiger Bedeutung für alle wesentlichen Fragen des Zusammenwachsens in Europa: »Da treffen sich die Regierungschefs, Staats- und Regierungschefs und regeln das. Und die anderen haben das gefälligst auszuführen. So war seine Vorstellung.«[6]

Solange Delors im Amt des Präsidenten der Kommission tätig ist, betrachtet Kohl diesen als gleichrangig mit den Staats- und Regierungschefs. Die Luxemburger

Gaston Thorn und Jacques Santer behandelt er pfleglich, aber sie bringen kein großes Gewicht auf die Waage, und so kann er weniger mit ihnen anfangen. Von Karl-Heinz Narjes, der einer der engsten Vertrauten Walter Hallsteins war, der seither jeden Winkel in den Korridoren der EG kennt, der 1981 von ihm als Kommissionsmitglied vorgeschlagen wurde und in den ganzen achtziger Jahren erhebliches Gewicht in der Kommission hat, läßt er sich gerne und kundig informieren. Doch primär hält er sich an Delors.

Anders als Mitterrand oder später Chirac, anders auch als die meisten Regierungschefs im Europäischen Rat steht Kohl in ständigem Kontakt zum Europäischen Parlament. Dort sind natürlich die Unionsabgeordneten seine vorrangigen Ansprechpartner. »Ich glaube nicht, daß irgendein Regierungschef so oft mit seiner Gruppe vom Parlament gesprochen hat wie Helmut Kohl«, erinnert sich Günter Rinsche, 1979 bis 1999 Mitglied der EVP-Fraktion. Auch den Europäischen Gerichtshof behält der Kanzler im Blick, weiß allerdings, daß gegenüber diesem Gremium besondere Zurückhaltung geboten ist. 1984 lanciert er den Topjuristen Carl-Otto Lenz, seit 1969 CDU-MdB, in die Schlüsselposition eines Generalanwalts am Europäischen Gerichtshof, und Lenz wird dort in aller Stille, aber effektiv an den rechtlichen Fundamenten der europäischen Föderation arbeiten.

Die Skizze des Europakonzepts, das Kohl seit Übernahme der Kanzlerschaft und verstärkt seit 1984 voranzubringen beginnt, wäre unvollständig ohne den Hinweis, daß es ihm nicht in erster Linie um ein Wirtschaftseuropa geht: »Wenn die EG so bleibe wie jetzt«, bekommt der spanische Ministerpräsident Felipe González 1984 von ihm zu hören, »werde sie das Jahrhundert nicht überdauern. Sie werde sich zurückbilden zu einer gehobenen Freihandelszone. Auch eine solche Freihandelszone habe ihren Wert, den er nicht geringschätzen wolle. Auch sie schaffe einen großen Wirtschaftsraum.« Sie sei aber nicht das, weswegen er 1948/49, so Kohl wörtlich, »einem alten Mann gefolgt sei, der zusammen mit Schuman, De Gasperi und Churchill seinen Weg ging. Wenn wir nicht fähig seien, mehr politisch zusammenzuwirken«, prophezeit er González, »würden wir im 21. Jahrhundert gegenüber den USA und der UdSSR abdanken«.

Doch wenn das Brüsseler Wirtschaftseuropa mit seinen bereits in die dreistelligen Bereiche gehenden Vorschriften des *acquis communautaire* nicht der Vision der angestrebten Europäischen Union entspricht, was macht dann Europa aus? Europa, so Kohls Antwort, ist ein Geschichtsraum, ein Kulturraum, eine Wertegemeinschaft. Mit dieser Feststellung hat auch das »Europäische Manifest« der CDU von 1976 eingesetzt, und diesen Ausgangspunkt aller Europapolitik sucht der Bundeskanzler – darin ganz Historiker und ganz Politiker in den Traditionen der Christlichen Demokratie – seinen Gesprächspartnern unablässig zu vermitteln. Als er den spanischen Ministerpräsidenten Felipe González in einem ersten langen Gespräch gewissermaßen umwirbt, um ihn für seine Idee von Europa zu erwärmen (wie sich zeigt mit Erfolg), beginnt er die Unterredung mit dem Hinweis, »die spanische Kultur im Bereich der Kunst, der Malerei sei in der Gefühlswelt der Deutschen tief verankert. Er stelle diese Feststellungen an die Spitze seines Gesprächs, weil Politiker sich immer häufiger nur noch als Technokraten verstünden.«[7] Ähnlich argumentiert er anderen europäischen Spitzenpolitikern gegenüber, wenn er ihnen beim ersten Zusammentreffen die Eigenart seiner Vision von Europa zu erklären versucht. In Dänemark, das zusammen mit Großbritannien der EG beigetreten ist, wo sich aber ähnlich viele Euroskeptiker finden wie in der politischen Klasse von London, führt er sich im September 1984 bei einem Staatsbesuch mit den Worten ein: »Ich stelle mir Europa als großen, farbenprächtigen Blumenstrauß vor. Auf jede Blume kommt es an.«[8]

Die eigentliche Leidenschaft des Kanzlers gilt vorerst dem Ausbau der EG mit ihren inzwischen zehn Mitgliedstaaten. Doch sein Europabild ist weiter, gewissermaßen paneuropäisch. Die derzeitigen EG-Mitglieder gehören für ihn genauso zu Europa wie die Neutralen. Daß die gegenwärtige Zusammensetzung der EG in den achtziger Jahren nicht das letzte Wort der Geschichte sein kann, weiß er. Weshalb sollten neutrale Länder wie Österreich, wo er Jahr für Jahr seinen Urlaub verbringt, oder die Schweiz, Norwegen, Schweden und Finnland nicht früher oder später gleichfalls der EG angehören? Als ihn der EG-Präsident Delors im Dezember 1986 davon unterrichtet, daß Norwegen wahrscheinlich den Beitritt beantragen werde, erwidert er, das sei eine großartige Botschaft, die seine volle Sympathie habe.[9] Von der Mitgliedschaft Norwegens verspricht er sich auch günstige Auswirkungen auf Schweden.[10] Europa ist für Kohl jedenfalls ein bunter, interessanter, durch Konflikte, durch Zusammenarbeit und durch übergreifende Bezüge konstituierter Kultur- und Geschichtsraum. Und schon längst bevor der Ostblock kollabiert, macht er nie ein Hehl daraus, daß Länder wie Polen, Ungarn, die Tschechoslowakei und die Balkanstaaten kulturell zu Europa gehören.

Im Juni 1984 besucht er erstmals Ungarn, die »lustigste Baracke im Ostblock«, heißt es damals. Dort begrüßt ihn der zweiundsiebzigjährige Parteichef János Kádár in dem Saal des Parlamentsgebäudes, auf dem ein Gemälde die Schlacht von Nándorfehérvár (Belgrad) zeigt: Der siegreiche Feldherr Hunyadi erhebt sich über den Türken, während hoch oben die Engel die Kirchenglocken läuten. Auf den Seiten des Gemäldes erblickt man die großen Kathedralen des Abendlands – in Mailand, Reims, Westminster, die Wiener Stephanskirche und den Dom von Köln.[11] Anschließend reist er nach Debrecen, läßt sich dort bejubeln und hört gern, daß die Bundesrepublik Hauptabnehmer der hier produzierten Waren ist.[12] Horst Teltschik wird künftig in engem Kontakt mit den Reformkommunisten Miklós Németh und Gyula Horn stehen. Bis 1990 ist Budapest der wichtigste Horchposten des Bundeskanzlers im Ostblock.

Kohls Hintergedanken bezüglich der Länder Europas im kommunistischen Pferch bekommt schon im Jahr 1984 ausgerechnet ein so fragwürdiger, in der Bundesrepublik weit überschätzter Diktator wie Ceauşescu zu hören. »Mit unserer offenen Einstellung zu den Staaten Mittel- und Osteuropas«, sagt er diesem, »seien wir in der EG fast allein. Wir seien in Gefahr, die EG mit Europa gleichzusetzen. Die EG sei aber nicht Europa, die EG sei nur ein Teil Europas, für seine Begriffe ein zu kleiner Teil. Er wünschte, daß die EG mehr Mitgliedstaaten habe. Wir seien Realisten: Im Augenblick sei nicht mehr zu machen. Aber man müsse immer im Kopf behalten, daß die EG nicht ganz Europa, sondern nur ein Torso sei. So klar werde er das in anderen Ländern der EG nicht hören. Natürlich habe diese deutsche Einstellung damit zu tun, daß Leipzig und Rostock deutsche Städte seien, so wie Warschau und Bukarest europäische Städte. Wir dürften denjenigen Ländern, die jetzt keine Entscheidungsfreiheit haben – aus welchen Gründen auch immer –, die Tür nicht zusperren. Dies sei unsere Politik, die sich nicht von einem Tag auf den anderen rechne.«[13]

Bereits als Oppositionsführer hatte Kohl über zehn Jahre hinweg alle größeren und kleineren Länder im westlichen Europa und in Ostmitteleuropa aufgesucht und einen Teil des politischen Spitzenpersonals kennengelernt, ganz besonders aus den befreundeten Parteien. Neugierig, konkretistisch, immer auch ganz Bildungsbürger mit anständig weiten historischen Kenntnissen hat er Eindrücke aufgesaugt, kräftig den Leckereien der einheimischen Küche und den Weinen zugesprochen, Gespräche über Gott und die Welt geführt und so erschnuppert, was in dem oder jenem Land los ist. Als Kanzler ist er in ein engeres Protokoll eingebunden, doch weiterhin unablässig unterwegs: Antrittsbesuche in den Hauptstädten der EG, auch das kleine Luxemburg nicht zu vergessen, Besuche bei den Beitrittskandidaten Spanien und Portugal, private Stippvisiten zu Parteiveranstaltungen und buchstäblich Dutzende von Reisen dahin oder dorthin, wo immer eine Präsidentschaft der EG einlädt.

Seit den fünfziger Jahren betreiben die meisten Regierungschefs in Europa eine intensive Reisediplomatie. Die großen Länder möchten dadurch ihren Einfluß mehren, die kleineren die großen für ihre speziellen Anliegen sensibilisieren. Kohl genießt das von Herzen, läßt sich zu jedem Anlaß dicke Dossiers zusammenstellen, die kritischen Punkte der wirtschaftlich, rechtlich und sicherheitspolitisch immer komplizierteren Zusammenhänge herausarbeiten und Gesprächsvorschläge machen, um dann direkt, humorvoll, manchmal ironisch, bisweilen auch besserwisserisch und immer kraftvoll zahllose Unterredungen zu führen. Längst haben sich im westlichen Europa und auch global Systeme herausgebildet, bei denen die Staatsmänner und Staatsfrauen ständig auf irgendwelchen multilateralen Gipfeln zusammentreffen.

Mindestens zweimal jährlich finden nach intensiver Vorbereitung Gipfel der EG statt, jährlich die elitären Gipfel der G 7, bei denen aus Europa nur die Bundesrepublik, Frankreich, Großbritannien und Italien zugegen sind, dazu kommen gelegentliche Gipfel des NATO-Rats. Bisweilen sorgen Regierungswechsel da oder dort für Abwechslung, doch zumeist trifft man immer dieselben Clubmitglieder. Im Vorfeld der europäischen Gipfel aber sind weitere bilaterale Treffen erforderlich, dies ganz besonders, wenn wieder eine halbjährige Präsidentschaft der Bundesrepublik ansteht. Kohl ist somit fast wöchentlich auf Reisen oder empfängt Besucher aus dem EG-Raum, telefoniert unablässig oder beantwortet drängende Briefe. Zeitungen und Fernsehen berichten ständig über die Gipfeldiplomatie, und Kohls Bundespresseamt im Verein mit den regierungsnahen Zeitungen tut sein Bestes, die Bundesbürger darauf aufmerksam zu machen, einen wie fleißigen, wie geschätzten und wie erfolgreichen Bundeskanzler sie haben. Doch nach wie vor hält sich in der Öffentlichkeit die Neigung, die Regierung primär nach ihren innenpolitischen Auftritten oder Leistungen zu bewerten.

Aus Sicht Kohls stellt sich die Welt ganz anders dar. Die übernationalen »Clubs« und deren Mitglieder, darunter ganz besonders seine Lieblingspartner Mitterrand, Delors und Felipe González, sind für ihn ähnlich wichtig wie die Minister des Bundeskabinetts, des CDU-Präsidiums oder die Chefs der Bundesländer. Wie heute ein erstklassiger Fußballclub spielt er gewissermaßen gleichzeitig in der Champions League und in der Bundesliga, aber auch auf globaler Ebene, wo die Nationalmannschaften bei der FIFA-Weltmeisterschaft ihre Kräfte messen. Aus dieser Perspektive erscheinen die Wünsche der deutschen Öffentlichkeit relativ. Das oft massive Bestehen auf europäischen oder weltpolitischen Erfordernissen gegenüber bundesdeutschen Wünschen, die er als Provinzialismen verachtet, ist eine fast unvermeidliche Folge dieses übernationalen Systems der Gipfeldiplomatie, in dem er sich ständig bewegt und auch sichtlich wohlfühlt. Es ist also nicht allein die seit langem festgehaltene Überzeugung vom Ende des Nationalstaats, die ihn in seinen Entscheidungen leitet, sondern auch das tagtäglich erlebte Spiel in der Europaliga und in der Weltklasse. Dazu kommt die wachsende wirtschaftliche Stärke der Bundesrepublik. Er genießt sie, predigt zwar seinen lieben Deutschen gern Bescheidenheit und den Abscheu vor Machtpolitik nach Art ihrer Väter und Großväter, kann es sich aber nicht immer verkneifen, diese Stärke internationalen Gesprächspartnern in rasch hingeworfenen Sätzen vor Augen zu führen. So bekommt beispielsweise der letzte kommunistische Regierungschef Polens, Mieczysław Rakowski, der Kohl im Januar 1989 in Bonn aufsucht, neben viel Verständnisvollem und Wohlmeinendem doch auch zu hören, die Bundesrepublik sei »in Europa wieder die Nummer Eins geworden. Er rede darüber öffentlich nicht.« Und im Pro-Kopf-Vergleich habe sie mit den USA und Japan im großen und ganzen gleichgezogen.[14]

Kohl profitiert darüber hinaus von der von ihm trotz aller innenpolitischen Schwierigkeiten zäh bewerkstelligten Regierungsstabilität. In den großen, ausschlag-

12. Weltwirtschaftsgipfel in Bonn, v.l.n.r.:
Delors, Craxi, Mitterrand, Thatcher, Kohl, Reagan, Nakasone, Mulroney,
3. Mai 1985

gebenden Ländern herrscht unter Thatcher und Mitterrand schon längere Zeit eine eindrucksvolle Kontinuität; jetzt kommt auch Kohl dazu und kann sich spätestens Ende der achtziger Jahre als Mitglied eines informellen Triumvirats fühlen, allerdings umgeben von den Granden mittlerer und kleinerer Demokratien, die einen Teil ihrer diplomatischen Energie darauf verwenden, von den ganz Großen nicht über Gebühr dominiert zu werden. Kohl ist sich solcher Ressentiments durchaus bewußt. Ein Geheimnis seiner Erfolge besteht darin, den Kleineren den Eindruck fairer Zuwendung zu vermitteln. Wann immer er es aber für geboten erachtet, über die Wünsche anderer hinwegzugehen, spielt er gerne im Zweierpack mit Mitterrand und gewährt diesem dabei häufig den Vortritt.

Seine französischen Partner läßt er nie darüber im Zweifel, daß die EG einen vitalen Kern hat: Frankreich und Deutschland. Das ist für ihn das Axiom seiner gesamten Europapolitik. Als sich Ministerpräsident Chirac nach dem Wahlsieg der Konservativen im April 1986 zu einer umfassenden Tour d'horizon bei ihm einstellt, kommt er wieder und wieder auf diesen Grundgedanken zurück. Das gelte auch ganz unabhängig von den jeweiligen parteipolitischen Bedingungen. Aber er warnt vor unsensiblem Vorgehen. Die Benelux-Staaten, so konstatiert er, reagierten »sehr sensibel« auf das deutsch-französische Zusammengehen: »Einerseits würden alle klagen,

Deutsch-spanisches Gipfeltreffen in Andalusien,
Sevilla, Februar 1989

wenn das deutsch-französische Verhältnis schlecht wäre, andererseits fürchteten sie aber eine Dominanz Frankreichs und der Bundesrepublik Deutschland.«[15]

Die Vorstellungen von einem europäischen Bundesstaat, mit denen Kohl groß geworden ist, haben sich in den Zeiten der Sechser-Gemeinschaft herausgebildet. Sechser-Gemeinschaft – das hieß Frankreich, die Benelux-Länder, Italien und eben die Bundesrepublik, also das, was von Deutschland in den Westzonen noch übriggeblieben war. Die Erweiterung um England, Irland und Dänemark (die Norweger wollten schließlich doch nicht mitspielen) erlebte Kohl in den sechziger und den frühen siebziger Jahren als ein Drama, das sich über mehr als zehn Jahre hinzog. 1981 tritt Griechenland bei. Kaum ist er 1982 als Bundeskanzler in die praktische Europapolitik eingestiegen, wird ihm rasch klar, daß die EG die Erweiterung zur Zehner-Gemeinschaft immer noch nicht verdaut hatte. Dennoch muß schon in den achtziger Jahren über die Beitrittsanträge Spaniens und Portugals entschieden werden. Gegenüber Frankreich und Italien, die wegen der Landwirtschaftspolitik Schwierigkeiten machen, drängt er unablässig, den Beitritt möglichst bald zu vollziehen, und läßt sich das etwas kosten. Der Umbruch in den Jahren 1989/92 eröffnet erst recht völlig neue Perspektiven, und es stellt sich noch deutlicher als zuvor schon heraus, daß Kohl sich viel mehr von geschichtlichen, psychologischen, allenfalls noch strategischen als von wirtschaftspolitischen Überlegungen leiten läßt. Aber eben dies wird zusehends zum Problem. Die Politische Union wird so überdehnt, daß die von ihm gewünschte Vertiefung auf immer größere Widerstände stößt.

Kohls Drängen auf Vertiefung und Erweiterung der EG setzt Mitte der achtziger Jahre ein. Das paneuropäische Europakonzept ist bei ihm damals schon angelegt. Doch er ist sich durchaus bewußt, daß die Europäische Gemeinschaft selbst in der gegenwärtigen Zusammensetzung Mitgliedsländer umfaßt, die an dem Ausbau zu der von ihm erstrebten Politischen Union keinen Gefallen finden. Dazu gehört natürlich in erster Linie England, um das er sich intensiv bemüht in der Hoffnung, die britische Premierministerin werde schließlich doch lieber beidrehen, als die Isolierung Englands zu riskieren. Zuversichtlich stimmt ihn dabei, daß Tories wie Außenminister Geoffrey Howe oder der Verteidigungsminister Michael Hesseltine an der Europäischen Gemeinschaft größeren Gefallen finden als die Premierministerin.

Aber auch andere Regierungen widerstreben seinen Vorstellungen eines politischen Europa, namentlich Griechenland und Dänemark.[16] Deshalb erörtert er in vielen Gesprächen mit Mitterrand, González oder seinem christlich-demokratischen Parteifreund Wilfried Martens, dem Ministerpräsidenten Belgiens, das Alternativkonzept eines Europa der zwei Geschwindigkeiten. Wenn die anderen nicht mitmachen wollen, so sagt er schon im Februar 1984 zu Martens, dann müßten eben die ursprünglichen sechs Gründungsmitglieder der EWG die Union schaffen. Vielleicht sollte man so etwas wie eine neue Messina-Konferenz ins Auge fassen, von der 1955 die Verhandlungen über die Gründung der EWG ihren Ausgang nahmen.[17] Nach Lage der Dinge sind solche Hinweise in vertraulichen Gesprächen meistens vieldeutig. Man mag daraus schließen, der Gesprächspartner beschäftige sich ernsthaft mit einer grundlegenden Neuorientierung, oder vermuten, er habe nur eine taktisch gemeinte Drohung einfließen lassen – vielleicht zum Weitererzählen, um die Briten oder andere laue Europäer zum Einlenken zu veranlassen.

Kohl ist in jenen Jahren nicht der einzige, der mit dem Gedanken eines Europa der zwei Geschwindigkeiten spielt. Mitterrand bringt in dieser Phase die Formel einer »géometrie variable« in Umlauf. Als die beiden anläßlich der bereits erwähnten Zusammenkunft in Ludwigshafen die großen Linien künftiger Europapolitik diskutieren, deutet Kohl sogar die Alternative eines Zweibundes von Frankreich und Deutschland an nach dem Muster der Anfang der sechziger Jahre zwischen de Gaulle und Adenauer erörterten Fouchet-Pläne, aus denen allerdings nichts geworden ist.[18] Soll man nicht erst zu zweit mit bestimmten Formen der Zusammenarbeit vorpreschen, denen sich dann andere früher oder später anschließen? Tatsächlich wird das mit der Aufhebung der Grenzkontrollen zwischen Frankreich und der Bundesrepublik praktiziert, eine Maßnahme, aus der dann die multilateralen Vereinbarungen von Schengen hervorgehen.

Freilich ist sich Kohl der Zweischneidigkeit solcher Vorstöße durchaus bewußt. Sie könnten gemeinsame Fortschritte in der gesamten EG erschweren und stoßen auch damals schon auf rechtliche Probleme. Deshalb zögert er solche Alternativen immer wieder heraus. Er weiß, wie mißtrauisch die kleinen und die mittelgroßen EG-Länder das Zusammenspiel der beiden Großen, Deutschland und Frankreich, beobachten. Ohnehin mag er den Begriff »Achse Bonn-Paris« nicht, da dieser nach Hitler und Mussolini riecht. So weist er in einem Gespräch mit dem portugiesischen Staatspräsidenten António Eanes diese Konstellation weit von sich, setzt aber im selben Atemzug hinzu, »dies könne für ihn nur die ultima ratio sein. Wenn nichts anderes mehr gehe, werde er das machen. Nein, er wolle das politische Europa mit jedem, der mitmache, schaffen. Es würden sicher mitmachen Frankreich, Belgien, die Niederlande, Luxemburg, evtl. auch Italien.« Und er fügt hinzu: »Das langsamste Schiff dürfe nicht die Geschwindigkeit des Geleitzugs bestimmen.«[19]

Wie in der deutschen Innenpolitik denkt Kohl auch auf europäischer Ebene eher in Personen als in Institutionen. Aber natürlich weiß er, daß ein allein auf die Top-Politiker bezogenes Verständnis bei der nun einsetzenden Evolution der EG die Kompliziertheit der Entscheidungsprozesse verfehlen würde. An der Fortentwicklung internationaler Großorganisationen sind immer unter einer Fülle von Bedingungen eine Vielzahl von Ländern, Gremien und Persönlichkeiten beteiligt. Viel stärker als Mitterrand oder gar Thatcher drängt Kohl unablässig auf die Stärkung des Europäischen Parlaments, denn es ist nicht zuletzt das Europäische Parlament, das damals durch Vorlage eines ausgearbeiteten Vertragsentwurfs für eine Europäische Union die Regierungen in Zugzwang bringt. Bei der Ausweitung seiner Rechte hat das Europäische Parlament in ihm den wichtigsten Fürsprecher. »Ohne Helmut Kohl wäre es nach wie vor nichts«, stellt der langjährige Europa-Parlamentarier Günter Rinsche rückblickend fest.[20] Alle, die man heute befragt, bestätigen das. Doch Kohl weiß, daß weiterhin viel, wenn nicht alles von den Regierungen abhängt. Neues kann letztlich nur auf den Weg kommen, wenn sich die Großen in der EG – Frankreich, Großbritannien und Deutschland – auf Kompromisse verständigen, die dann auf mehr oder weniger zahlreichen Sitzungen des Europäischen Rats durchgezogen werden.

Eines der kritischsten Dossiers, das auf vielen der bilateralen und multilateralen Gipfel immer wieder für stundenlange Erörterungen sorgt, betrifft die EG-Landwirtschaftspolitik – ein bürokratischer Alptraum, wie jeder Regierungschef weiß. Als Kohl ins europäische Geschäft einsteigt, werden fast drei Viertel des EG-Budgets für die Landwirtschaft ausgegeben.[21] Zeitweilig dreht sich in der EG fast alles um die agrarpolitischen Kontroversen. Wie jeder echte Föderalist beschwört auch Kohl ständig die Gefahr, daß die Europapolitik zum »Anhängsel der Landwirtschaftspolitik« zu werden drohe.[22] Angesichts der kafkaesken Undurchdringlichkeit der Agrarpolitik muß er sich natürlich auf den Rat seiner Agrarminister verlassen, aber im Unterschied zu manchen seiner Kollegen interessiert ihn die Thematik brennend, und er hat Grund, sich sachkundig zu fühlen. Während seiner langen Jahre in Rheinland-Pfalz hat wenig ihn so stark beschäftigt wie die Existenz der bäuerlichen Betriebe. Seine Grundeinstellung in dieser Frage ist ziemlich konservativ. Er gehört zu denen, die sich an die Kriegszeit erinnern, und so besteht er auf einer hinlänglich großen Zahl landwirtschaftlicher Vollerwerbsbetriebe. »Die bräuchten wir auch für Krisenzeiten«, bekommt beispielsweise Ministerpräsident Craxi zu hören. Dies sei »eine Frage der nationalen Existenz«.[23]

Ganz laut sagt er es selten, vergißt es aber auch nie: Die Stimmen der Bauern werden auch über seine eigene Existenz bei der Bundestagswahl 1986 entscheiden. Immerhin arbeiten noch rund fünf Prozent der Deutschen in landwirtschaftlichen Vollerwerbsbetrieben. Die Bauern gehören inzwischen zu den Stammwählern der CDU. Deren Stammwähler seien, stellt er gelegentlich gegenüber Margaret Thatcher fest, »die Bauern, die Facharbeiter, das Gros der Beamten und die überwiegende Mehrzahl des Mittelstandes, dort vor allem die Handwerker«.[24] Aber die Bauern sind verärgerte, tiefbesorgte Stammwähler, denen die Agrarpolitik der EG schlaflose Nächte bereitet. Die Stabilisierung der bäuerlichen Familienbetriebe hat somit für ihn hohe Priorität. An Milchfabriken mit 500 Kühen, die kein Land bearbeiten, ihr Futter kaufen und sich für den Absatz auf die EG-Marktpreisordnungen verlassen, ist er nicht interessiert. Konservativ ist er in diesem Zusammenhang auch aus ökologischen Gründen. Den von der EG beschleunigten Rückgang der Landwirtschaft im Alpenraum beobachtet er mit Sorge. Das habe Verkarstung zur Folge. Der »irrsinnige Wettbewerb« in der EG führt seiner Meinung nach auch zur hundertprozentigen Ausnutzung der Böden und zum Einsatz von Chemikalien in großem Stil mit der Folge von Auslaugung.[25]

Nachdem er das Treiben der Agrarminister, der Brüsseler Bürokratie und der Agrarlobby eine Zeitlang studiert hat, drängt er auf Reformen. In der schon erwähnten Tour d'horizon mit Chirac, dem der Ruf eines harten Verfechters französischer Landwirtschaftsinteressen vorangeht, läßt er daran keinen Zweifel. »Fünfzehn Jahre lang«, schimpft er bei dieser Gelegenheit, habe es in der Bundesrepublik »keine Agrarpolitik gegeben«. Man sei im Prinzip immer den Forderungen des Bauernverbandes gefolgt sowie den von der EG-Kommission vorgeschlagenen Produktionserhöhungen. Bisher sei er einerseits mit den britischen Forderungen konfrontiert gewesen, die Agrarausgaben zu senken und den britischen Rabatt zurückzugeben, andererseits seien die Milch- und die Fleischproduktion in die Höhe geschnellt – die Milchproduktion auf 122 Prozent, die Fleischproduktion auf 114 Prozent. Die Überschußproduktion habe zu horrenden Gebühren eingelagert werden müssen, und zu guter Letzt seien diese Produkte »zu niedrigsten Preisen an die Sowjetunion verkauft worden«. Deshalb sei die Empörung der Bürger verständlich. Aber eine Rückführung

AUF DER BAUSTELLE EUROPA

der Produktion sei nur allmählich möglich. Auch er könne seine Politik nicht über Nacht ändern.[26]

1986 steht die Bundestagswahl vor der Tür, und so trägt er keinerlei Bedenken, selbst Regelungen zuzustimmen, denen die Reformgegner das Etikett »Re-Nationalisierung« aufkleben. Da einerseits kein Weg an Produktionsbeschränkungen vorbeiführt mit dann unvermeidlichen Einkommensverlusten der Landwirte, andererseits aber die deutschen Bauern nicht politisch vergrault werden dürfen, müssen die EG-Kommission und die beteiligten Regierungen eben zustimmen, daß die Einkommensverluste irgendwie aus nationalen Mitteln kompensiert werden. Frankreich stimmt dem zu, ersucht dafür aber um deutsche Unterstützung beim Abbau des Währungsausgleichs und bei der Währungsanpassung.

Diese und viele andere Fragen erscheinen aus heutiger Sicht völlig belanglos. Doch wenn Kohl als »großer Europäer« gefeiert wird, so darf nicht ganz vergessen werden, daß die Europapolitik der achtziger Jahre zu großen Teilen mit Butterbergen, Weinseen, Olivenproduktion und den entsprechenden Finanzierungskünsten zu tun hatte. Ohne halbwegs befriedigende, für die Bundesrepublik stets kostspielige Lösungen wären die Bemühungen um Vertiefung und Erweiterung stecken geblieben, denn mit der fast unreformierbaren EG-Landwirtschaftspolitik hängt auch die Erweiterungsproblematik zusammen.

Kohl drängt seit langem energisch darauf, aus politischen Gründen doch möglichst rasch den Beitritt Spaniens und Portugals zu vollziehen, aber zugleich mit den institutionellen Reformplänen und der europäischen Außen- und Sicherheitspolitik voranzukommen. Statt dessen muß er immer wieder voller Ungeduld um Milchseen, Butterberge, den Weinmarkt und natürlich die britischen Sonderwünsche feilschen. Die Zustimmung der Briten zur Fortentwicklung der Gemeinschaft ist nur zu haben, wenn man ihren agrarpolitischen Vorstellungen entgegenkommt. Doch die von ihm erstrebte Erweiterung um Spanien und Portugal ist ebenfalls nur durchsetzbar, solange die bereits im Club etablierten Produzenten von Wein, Südfrüchten, Ziegenkäse und Oliven – Frankreich, Italien, Griechenland – keine Schädigung ihrer Landwirtschaft befürchten. Wohl oder übel bedarf es jetzt einer kostspieligen europäischen Regionalpolitik in großem Stil, damit die rückständige Agrarstruktur der Beitrittsländer beseitigt wird und diese im Wettbewerb bestehen können.

Im Machtdreieck zwischen der EG-Kommission, den nationalen Regierungen und den mächtigen Lobbies geht es nie wohlgeordnet zu. Die europapolitischen Reformvorstellungen Kohls sind nur im Kontext der nie zufriedenstellend lösbaren Komplikationen der Agrar- und Fischereipolitik, der Binnenmarktpolitik und der Haushaltsfragen verständlich. Ergrimmt bemerkt er bei einem seiner Gipfelgespräche: Es gelte ein politisches Europa zu schaffen, »sonst würden auch unsere Enkel noch über die Milchquoten sprechen«.[27]

Zeitweilig hat es den Anschein, als drehe sich auch für Kohl alles um die Milchmengen und den Milchpreis. Mühsam handelt er das Recht aus, die Verluste der deutschen Bauern bei der Neuordnung des EG-Milchmarkts aus dem Bundeshaushalt finanzieren zu dürfen. Eine gewisse Re-Nationalisierung der Agrarsubventionen – für den Herzens-»Europäer« Helmut Kohl ein recht unguter Gedanke. Doch nur so lassen sich die Agrarausgaben der EG zurückführen, und nur so, hofft er, werden die bäuerlichen Stammwähler bei der Stange bleiben. Allein diese Konzession belastet den Bundeshaushalt mit Milliarden von Mehrausgaben. Damit verbinden sich die Zusagen bei der Ausweitung des Haushalts der EG: Um die Süderweiterung und die Aufstockung des EG-Haushalts zu ermöglichen, muß er weitere Milliarden anbieten. Der führende amerikanische Europa-Historiker John Gillingham wird das später als »beispiellosen, fast an Selbstaufopferung grenzenden Akt guten Europäertums« bezeichnen.[28] So bringt der Bundeskanzler schließlich Spanien und Portugal in die EG und vergißt nicht, Felipe González wissen zu lassen, daß Deutschland die Erhöhung des Mehrwertsteuerplafonds für die EG auf 1,4 Prozent an den Beitritt Spaniens geknüpft habe: »Ohne dieses Junktim würde es keinen Beitritt gegeben haben.«[29] In der deutschen Öffentlichkeit wird diese Scheckbuchdiplomatie indessen häufig kritisiert, doch die EG kommt auf diese Weise voran, wenngleich zu Lasten des Bundeshaushalts.

Mit am dringlichsten ist 1984 die Frage, wer 1985 Kommissionspräsident werden soll. Kohl weiß, daß es diesmal an ihm ist, einen deutschen Kandidaten zu präsentieren. In London und Paris erwartet man das auch.[30] Zeitweilig ist Biedenkopf im Gespräch. Er hat internationales Format. Helmut Schmidt wollte ihn 1980 schon einmal als deutsches Kommissionsmitglied vorschlagen.[31] Doch während der Jahre, in denen Biedenkopf bemüht ist, sich als Oppositionsführer im Landtag von Nordrhein-Westfalen eine neue Machtbasis zu schaffen, haben sich die Beziehungen zu Kohl nicht verbessert, ganz im Gegenteil. Als Mitterrand dann mit einem gewissen Nachdruck Delors ins Spiel bringt, zieht Kohl den Wunsch nach einem deutschen Kommissionspräsidenten zurück und begnügt sich mit dem Versprechen, 1988 solle ein Deutscher dem Franzosen nachfolgen.[32] Seine Erklärung, Deutschland habe keinen Kandidaten von hinlänglicher Statur,[33] gehört in die Kategorie der Peinlichkeiten, die ihm in jenen Jahren immer wieder unterlaufen.

Aus Sicht eines Föderalisten wie Kohl erweist sich Delors als Traumbesetzung. Mit dieser Weichenstellung wird Kohl den Gang der Dinge bis in die frühen neunziger Jahre bestimmen. Er ist es, und er allein, dem Jacques Delors letztlich die Ernennung zum Präsidenten der EG-Kommission verdankt. Von nun an sind drei große Baumeister auf der europäischen Baustelle tätig: Kohl, Mitterrand und Delors. Ihre Ziele und Beweggründe sind nicht immer dieselben, aber in einem wichtigen Punkten sind sie sich einig: Die Europäische Union muß mehr sein als eine Freihandelszone.

Das Projekt, mit dem Delors die EWG dynamisieren wird, ist die Vollendung des Großen Europäischen Binnenmarkts bis 1992. Da die Amtszeit der Kommissionsmitglieder jeweils vier Jahre dauert, kann sich Delors ausrechnen, daß ihm die Regierungen zwei Amtszeiten gewähren werden. 1985, als die neue Aufbauphase beginnt, sind die EG-Mitgliedsländer noch weitgehend autonome, wenngleich bereits eng verflochtene Nationalstaaten, die in Schlüsselbereichen der Wirtschaft ihre Autonomie und ihre Eigenart bewahrt haben. 1992 hingegen ist die jetzt in Europäische Union umbenannte EG nicht mehr wiederzuerkennen.

Der zuvor nur teilintegrierte Wirtschaftsraum wird während Delors' Amtszeit zu einem noch nicht vollständig, prinzipiell aber doch voll integrierten Großen Binnenmarkt fortentwickelt, dessen Brüsseler Institutionen immer weitere Bereiche ihren Regulierungen unterwerfen. Die noch Mitte der achtziger Jahre der nationalen Gesetzgebung unterliegenden Unternehmungen, Gewerkschaften und Verbände haben dann ebenso stark auf die Brüsseler Entscheidungsebene zu achten wie auf ihre jeweiligen nationalen Regierungssysteme. Erhebliche Teile der bisher nationalen Souveränitäten wandern nach Brüssel ab, und auch die bisherige Form des Regierens verändert sich qualitativ. Die nationalen politischen Systeme mit ihren Bürokratien, doch auch die Gerichtsbarkeit, sind dazu nicht mehr voll souverän, sondern befinden sich in einem dichten Netz der Integration und der gegenseitigen Abhängigkeit. Mit gutem Grund werden die Politologen der neunziger Jahre von einem europäischen Mehr-Ebenen-System sprechen, in dem die Nationalstaaten bezüglich vieler Bereiche nicht mehr als die höchste Entscheidungsinstanz figurieren. Selbst die Einführung einer gemeinsamen Währung wird in Maastricht beschlossen, wenngleich noch Unsicherheit besteht, ob sie sich realisieren läßt. Die langen Jahrzehnte autonomer Wirtschaftspolitik der Mitgliedstaaten sind 1992 jedenfalls Vergangenheit.

Im Jahr 1985 ist das aber noch Zukunftsmusik. Delors' Weg zum europäischen Bundesstaat, den dieser genauso anstrebt wie Helmut Kohl, führt jedenfalls ganz eindeutig in das voll integrierte Wirtschaftseuropa. Damit hat er auch Erfolg. Doch die Frage stellt sich schon, ob Kohl 1984 und 1985 wirklich so klar erkennt, was die Präsidentschaft Delors' mit sich bringen wird. Wenn er damals und später von seiner europäischen Vision spricht, denkt er nicht in erster Linie an den Großen Binnenmarkt. Er hält den zwar für nützlich und wird auch schon vor dem Vertrag von Maastricht in seinen Reden nimmermüde die Größe und die zahlreichen Vorteile eines Wirtschaftsraums mit rund 300 Millionen Einwohnern und einem mit den USA vergleichbaren Bruttosozialprodukt rühmen. Aber im Grunde ist ihm ein bloßes Wirtschaftseuropa eine Nummer zu klein. Als Fernziel schwebt ihm nach wie vor eine Art Bundesstaat vor. Dieser soll vor allem eine gemeinsame Außen- und Sicherheitspolitik aufweisen, ein vom Europäischen Parlament legitimiertes parlamentarisches Entscheidungssystem besitzen und von europäischem Solidaritätsbewußtsein getragen sein, wie es bis dahin nur die inzwischen zu klein gewordenen Nationalstaaten haben. Dieses Wunschbild wird sich jedoch bis zum Ende seiner Kanzlerschaft nicht verwirklichen lassen. Kohls bleibendes Erbe wird aber das Wirtschaftseuropa ohne feste Binnengrenzen sein, das viel dichter und in der Tat »umumkehrbarer« ist als die bisherige EG alias EWG. Das neue Europa beginnt am 7. Januar 1985 mit dem Amtsantritt von Jacques Delors. Ohne sich der Konsequenzen dieser Ernennung schon klar bewußt zu sein, begibt sich Kohl an diesem Tag auf den Weg zur Europäischen Union à la Delors.

Jetzt wird das Problem der institutionellen Reformen energisch angepackt. Immer noch gilt der informelle, von de Gaulle erzwungene Kompromiß von Luxemburg aus dem Jahr 1966, mit dem die in den Römischen Verträgen vorgesehene Mehrheitsabstimmung im Ministerrat suspendiert wurde. Aber kann die EG effektiv weiterarbeiten, wenn jedes Land über ein Veto verfügt und dies auch zum Einsatz bringt? Die Briten tun das häufig, die Franzosen gelegentlich, die Griechen manchmal. Und Deutschland legt sich 1986 quer, als die Reform der EG-Landwirtschaftspolitik die deutschen Bauern gefährdet und – so muß Kohl befürchten – eine verläßliche Klientel von mehreren Hunderttausend Wählern der CDU kurz vor der Bundestagswahl zu entfremden droht.

Bald taucht die Überlegung auf, in die EG neben die Wirtschaftspolitik auch Bereiche einzubeziehen, die bisher nicht direkt in ihre Zuständigkeit fielen wie Umweltschutz, Verkehrspolitik oder Forschungspolitik. Nicht zuletzt verlangt eine Grundsatzfrage nach Antwort: Muß, kann, darf man der EG bestimmte Aufgaben der Außen- und Verteidigungspolitik wenigstens teilweise übertragen? Dieses Ziel hat für Kohl Priorität, während es Mitterrand, Thatcher, aber auch den Niederländern und Italienern weniger dringlich erscheint. Und es gibt noch ein Thema, das von Frankreich mit großer Beharrlichkeit vorgetragen wird: die Forderung nach einer europäischen Währung. Alles hängt naturgemäß mit allem zusammen und muß nebeneinander in mühsam zusammengestückelten Paketlösungen vorangebracht werden.

Kohl ist fest entschlossen, im Bund mit Mitterrand und Delors jetzt den Widerstand Englands, Dänemarks und Griechenlands auszuhebeln. Seine zahlreichen Gespräche lassen erkennen, daß er die Option eines Europas der zwei Geschwindigkeiten jetzt ernsthaft ins Auge faßt, falls London nicht einlenkt. In dieser Phase unternimmt Margaret Thatcher einen Versuch, den lästigen Bilateralismus zwischen Kohl und Mitterrand durch eine bilaterale Initiative zu ersetzen, die von ihr und Helmut Kohl ausgeht. Ihr prinzipiell europafreundlicher, um vermittelnde Lösungen bedachter Außenminister Geoffrey Howe hat sie dazu veranlaßt. So wird Kohl zu einem vertraulichen Tête-à-tête, also auch ohne Genscher, an einem Samstagnachmittag und -abend nach Chequers eingeladen. Margaret Thatcher zeigt sich von ihrer besten Seite und übergibt ihm eine Ausarbeitung zur gemeinsamen Außen- und

Sicherheitspolitik mit dem Vorschlag, daß sie beide daraus eine persönliche Initiative erwachsen lassen. Vorgesehen ist zwar nicht viel mehr als die Festlegung der ohnehin schon bestehenden Kooperation in einem besonderen Dokument, doch die Briten wie Kohl wissen schließlich, daß auch Frankreich in den damals strittigen Fragen der Mehrheitsabstimmungen sowie der Außen- und Sicherheitspolitik nicht weiter vorangehen möchte. Differenzen zeigen sich besonders in der Frage erweiterter Rechte des Europäischen Parlaments.[34] Doch Kohl ist mit dem meisten einverstanden und nimmt die Ausarbeitungen mit. Allerdings haben Thatcher und Howe nicht den Eindruck, der Bundeskanzler mache sich so richtig klar, daß ihm hier ein deutsch-britischer Bilateralismus im größeren Kontext einer EG-Reform angeboten wird.[35]

Nach dem Treffen in Chequers erfolgt aus Bonn erst einmal keine Reaktion auf das britische Aide-mémoire. Doch wenige Wochen später müssen die Premierministerin und ihr Außenminister wütend konstatieren, daß Kohl und Mitterrand einen deutsch-französischen Vertragsentwurf für eine Politische Union vorlegen, dessen Partien zur politischen Zusammenarbeit dem Text sehr nahekommen, den Frau Thatcher in Chequers übergeben hat. Howe beschwert sich später bei Kohl, »das Vertrauen, das Frau Thatcher ihm in Chequers entgegengebracht habe, sei nach ihrem Gefühl nicht erwidert worden. Sie habe mit dem Bundeskanzler eng zusammenarbeiten wollen.« Kohl gibt darauf zur Antwort, die Briten hätten Mitterrand den Text nicht zugesandt, Howe bestreitet das. Kohl bekundet daraufhin seine persönliche Sympathie für Margaret Thatcher, und der unerfreuliche Vorgang wird zu einer bedauerlichen Panne herabgestuft.[36] In Wirklichkeit muß die Premierministerin wieder einmal erkennen, daß Kohl und Mitterrand mit Delors im Hintergrund fest zum Bilateralismus entschlossen sind.

Aus den im Frühjahr 1985 parallel laufenden Gesprächen des Bundeskanzlers mit Delors und Mitterrand geht deutlich hervor, daß Kohl auf eine Novellierung der Römischen Verträge drängt. Delors gegenüber bezeichnet er Fragen der Kultur, der inneren Sicherheit und der Verteidigung als »die entscheidenden Fragen« und verdeutlicht erneut, daß er einen Alleingang in einer kleinen Gruppe für denkbar hält, wozu aber sicherlich Frankreich und Deutschland gehören würden.[37] Wie jedoch die gemeinsame Außen- und Verteidigungspolitik im EG-Rahmen funktionieren soll und an welche substantiellen Inhalte gedacht ist, wird nicht so recht klar. Schließlich hat sich bei Durchführung des NATO-Doppelbeschlusses gezeigt, daß die Koordination auf NATO-Ebene und bilaterale Absprachen mit den westeuropäischen Regierungen durchaus zweckdienlich sind. Ähnliches gilt für die inzwischen wieder aktuellen Fragen der Null-Lösung für Mittelstreckenraketen, für die Reduktion konventioneller Streitkräfte oder auch für die Strategische Verteidigungsinitiative SDI. Schließlich zeigt sich wieder und wieder, daß weder London noch

Paris ernstlich daran denken, ihre Autonomie in vitalen Fragen der Außen- und Verteidigungspolitik in den komplizierten Entscheidungsprozeß des EG-Rahmens einzubringen.

Ein erster Anlauf zu einer Vereinbarung auf dem Mailänder Gipfel im Juni 1985 führt zu neuen deutsch-britischen Verstimmungen. Kohl hat den Briten gegenüber offen gelassen, ob in Mailand wirklich einer Regierungskonferenz zur Vertragsnovellierung eingesetzt werden soll. Nun läßt Ministerpräsident Craxi, der die Präsidentschaft wahrnimmt, mit Mehrheit darüber abstimmen, was nach den Römischen Verträgen legal ist, und England sieht sich mit Dänemark und Irland zu Vertragsverhandlungen genötigt, die es eigentlich vermieden sehen wollte. Tatsächlich lag dem Überraschungsvorstoß des Präsidenten eine klare Absprache zwischen Kohl und Craxi zugrunde. Kohl will damals eine Regierungskonferenz, die einen Vertrag über die Europäische Union ausarbeiten soll, und gibt bei dieser Gelegenheit wieder einmal seine Überzeugung zu erkennen, daß notfalls einige wenige vorangehen müssen.[38] Den schwankenden Mitterrand hat er kurz zuvor in ähnlichem Sinn bedrängt.[39] Die weitreichende Entscheidung zur Einberufung einer Regierungskonferenz, aus der dann die Einheitliche Europäische Akte wird, geht also stark auf Kohls Drängen zurück.

Für weitere Komplikationen sorgt der Wunsch von Delors, das Ziel einer Wirtschafts- und Währungsunion jetzt in verpflichtender Weise vertraglich zu verankern. Verärgert muß dieser bei den abschließenden Verhandlungen zwar konstatieren, daß er vorerst nur den Fuß in die Tür bekommen hat, aber immerhin.

Mit Blick auf die künftige Entwicklung verdient aber dieser bald so entscheidende Aspekt eine etwas eingehendere Erwähnung. Der erste große Anlauf zu einer Wirtschafts- und Währungsunion (WWU) der Europäischen Gemeinschaft hatte 1970, also fünfzehn Jahre zuvor, begonnen. Ausgehend von dem Bericht eines Ausschusses unter Vorsitz des früheren luxemburgischen Ministerpräsidenten Pierre Werner[40] hatten sich die Regierungen der EG von der EG-Kommission zu dem sogenannten Werner-Plan verführen lassen,[41] innerhalb von etwa zehn Jahren im gesamten Raum der Europäischen Gemeinschaft eine Wirtschafts- und Währungsunion zu errichten. Ein Drei-Phasen-Plan sollte zur Harmonisierung der Geld- und Kreditpolitik, der Haushaltspolitik und der Steuerpolitik führen. Durch schrittweisen Wegfall der Kapitalverkehrskontrollen würde schließlich ein gemeinsamer Kapitalmarkt entstehen. Eine gezielte Struktur- und Regionalpolitik könnte die Ungleichgewichte zwischen den Mitgliedsländern beseitigen. Die Wechselkurse im Binnenbereich sollten schrittweise einander angenähert und durch konzertierte Interventionen der Zentralbanken an den Devisenmärkten gesichert werden. Dazu wäre ein gemeinsamer Devisenausgleichsfonds erforderlich. In einer dritten und letzten Phase sollte ein Rat der Zentralbankpräsidenten stehen. Die nationalen Reserven würden schrittweise einem europäischen Reservefonds übertragen. In einer solchen Gemeinschaft mit völlig freiem Kapitalverkehr und ohne Steuergrenzen könnte schließlich eine europäische Währung eingeführt werden.

Dieses grandiose Vorhaben war aber bereits in den Turbulenzen der ersten Ölkrise von 1972/73 gescheitert. Die Experten und Spitzenpolitiker erinnerten sich also Mitte der achtziger Jahre an beides: an das Konzept dieses ersten großen Plans, aber auch an sein betrübliches Scheitern noch in der ersten Phase. Die Optimisten und vor allem jene, die sich davon große Vorteile versprachen, fühlten sich beim Rückblick auf den Werner-Plan zu einem neuen Versuch mit modifiziertem Ansatz ermutigt, während die Skeptiker eher zur Vorsicht rieten. Um wenigstens die Wechselkurse zu stabilisieren, hatten sich Giscard d'Estaing und Helmut Schmidt auf das Europäische Währungssystem EWS verständigt, an dem sich Großbritannien jedoch nicht beteiligte.[42] In den Archiven der EG-Kommission und bei den nationalen Regierungen füllten somit die Akten zu entsprechenden Planungen und die naturgemäß sehr kontroversiellen Stellungnahmen der Interessenten oder aus der Wissenschaft bereits lange Regale.[43]

Das ist in knappen Strichen skizziert die Lage in den Jahren 1984, 1985 und 1986, als die EG einen neuen Anlauf nimmt. In den Augen kritischer Beobachter ist das EWS mehr oder weniger ein nur schlecht getarntes D-Mark-System, in dem sich Bundesregierung und Bundesbank periodisch zu lästigen Interventionen genötigt sehen, um ein Zerplatzen des EWS und somit des gemeinsamen Marktes zu verhindern – Paradebeispiel die Franc-Krise im März 1983. Bei den abhängigen Ländern führt das natürlich periodisch zur Kritik, am stärksten in Frankreich und in Italien. Der Bundesregierung ist das gewiß lästig, doch aus deutscher Sicht ist die Dominanz der D-Mark alles in allem auch angenehm, und so scheint es keinen zwingenden Bedarf für einen neuen Anlauf zur WWU zu geben.

Die deutschen Föderalisten wollen sich zwar von der Vision einer Wirtschafts- und Währungsunion nicht verabschieden, sehen aber angesichts der Disparitäten in der EG vorerst keine großen Möglichkeiten. In den Weichwährungsländern Frankreich und Italien hingegen geht von den Überlegungen einer Wirtschafts- und Währungsunion weiterhin ein beträchtlicher Sexappeal aus. Der bedeutende Liberale Raymond Barre, der in seiner Eigenschaft als Kommissionsmitglied bei der Konzeption des Werner-Plans maßgeblich mitgewirkt hatte, ist nach Paris zurückgekehrt, hat dort zu Zeiten der Präsidentschaft Giscard d'Estaings als Finanz- und Wirtschaftsminister, dann als Ministerpräsident eine führende Rolle gespielt und bleibt auch nach dem Wahldebakel von 1981 zusammen mit seinen Anhängern in der Union pour la démocratie française (UDF) und in den Ministerien einflußreich. Liberale wie er und Édouard Balladur erhoffen sich von einer wie auch immer konzipierten Wirtschafts- und Währungsunion im EG-Rahmen eine anti-inflationäre Wirtschaftspolitik in

Frankreich selbst. Stabilitätspolitische Zielvorstellungen verbinden sich mit dem Bestreben, die Leidensgeschichte der demütigenden Abwertungen des Franc zu beenden und damit zugleich der Dominanz der Bundesbank ein Ende zu machen. Auch
innerhalb der an und für sich eher zu einer Politik des leichten Geldes tendierenden
Sozialistischen Partei finden sich bald Befürworter dieser Linie. Einer ihrer Wortführer ist Jacques Delors.

Daß der Erzföderalist Helmut Kohl das Fernziel einer Wirtschafts- und Währungsunion weiterhin für sehr wünschenswert hält, versteht sich. Aber genausogut
weiß er auch, daß jeder Schritt in diese Richtung auf vermintes Gelände führt. Das
gilt nicht nur für die vertragliche Festlegung auf einen neuen Anlauf zur WWU,
sondern genauso für den Plan eines europäischen Kohäsionsfonds zum Strukturaus-
gleich, den Delors jetzt gleichfalls ins Spiel bringt. Mit Margaret Thatcher, die Großbritannien um jeden Preis aus dem EWS heraushalten möchte, so weiß er, wird das
überhaupt nicht zu machen sein. Genausogut weiß er, daß Gerhard Stoltenberg –
damals noch eine tragende Säule des Kabinetts Kohl – und die Bundesbank dagegen
sind. Sie vermuten hinter dem Vorstoß – nicht ganz zu Unrecht – eigensüchtige Motive der Weichwährungsländer Frankreich und Italien gekoppelt mit dem Machtan-
spruch der EG-Kommission.

Als Delors den Bundeskanzler im Kontext der Verhandlungen gegen Stoltenberg
in Stellung zu bringen versucht, beißt er bei diesem auf Granit – oder fast auf Granit.
Er sei in europäischen Fragen gutwillig, aber dieser Vorschlag sei nicht realistisch.
Man solle den gewaltigen Schritt voran im Binnenmarkt nicht mit zusätzlichen monetären Maßnahmen belasten. Das betrifft auch die Steuerharmonisierung, in der
Delors gleichfalls einen Zentralpunkt seines Konzepts für den Binnenmarkt versteht.
Delors läßt aber nicht locker und weist darauf hin, Frankreich werde »beim Binnenmarkt nicht mitmachen, wenn es keine Fortschritte bei der ›Kohäsion‹ und im Wäh-
rungsbereich gebe«. Frankreich brauche durchaus Druck von außen, aber eine europäische Währung, damals noch ECU genannt, »sei Teil des europäischen Traums«.
Die europäische Entwicklung, führt Delors zusammenfassend aus, stehe für ihn in
einem Dreieck: »Binnenmarkt, Kohäsionsfonds und Währungsgemeinschaft. Das sei
die Basis für das Europa von morgen.« Kohl erwidert, er sehe das nicht so, findet sich
aber schließlich doch bereit, das Ganze nochmals auf Grundlage einer schriftlichen
Darlegung der Argumente von Delors zu überdenken.[44]

Offensichtlich verfolgen Delors und Mitterrand in dieser Frage einen miteinander abgestimmten Kurs. Einige Tage nach diesem ziemlich heftigen Zusammenstoß
zwischen Kohl und Delors im Bundeskanzleramt beklagt sich Mitterrand bei dem
irischen Ministerpräsidenten Garret FitzGerald über die Deutschen und die Briten
gleicherweise: »Wir sind gegen die Etablierung des Großen Binnenmarkts, wenn
damit nicht eine Einigung über eine monetäre Union verbunden ist, wenigstens als

Perspektive. Wenn nicht, so wäre das ein verdächtiges Projekt: der Große Binnenmarkt würde nur den Interessen eines nationalistischen Großbritanniens und eines
imperialistischen Deutschlands dienen.«[45] Und zu Attali sagt er: Das EWS sei eigentlich eine D-Mark-Zone, und Deutschland wolle daran festhalten.[46]

Um überhaupt zu einem Vertrag über das politische Europa zu kommen, wie es
ihm vorschwebt, gibt Kohl also ein Stück nach. Nach vielem Hin und Her schlagen
Stoltenberg und dessen Staatssekretär Tietmeyer, den der Bundeskanzler als Sherpa
bei den Weltwirtschaftsgipfeln schätzen gelernt hat, auf dem Luxemburger Gipfel im
letzten Moment einen Kompromiß vor. Das Ziel der Wirtschafts- und Währungsunion, ein Verweis auf den EWS und das Bekenntnis zur Konvergenz sollen zwar als
verbindliche Ziele und Verfahren vereinbart werden, doch zugleich wird vertraglich
festgelegt, daß Veränderungen der Institutionen und der Kompetenzverteilung für die
Währungspolitik ratifizierungsbedürftig sind. So statuiert das Artikel 102a der Einheitlichen Europäischen Akte.[47] Die Bundesrepublik, Großbritannien, die Niederlande und Dänemark, die allesamt den monetären Plänen von Delors und Mitterrand
voller Mißtrauen begegnen, dürfen also hoffen, bei künftigen Vorstößen über ein Veto
zu verfügen.

Über die Gesamtheit der Reformvorstellungen wird Anfang Dezember 1985 unter der luxemburgischen Präsidentschaft 72 Stunden lang intensiv, strittig, doch letztlich erfolgreich verhandelt, bis die Vertragsänderung unter Dach und Fach ist. Die
EG bleibt zusammen. Ein Europa der »zwei Geschwindigkeiten«, das Kohl als Alter-
nativmöglichkeit durchaus nicht ganz ausschließen wollte, ist vorerst vom Tisch. Als
entscheidend erweist sich, daß die britische Premierministerin sich von der Errichtung des Großen Binnenmarkts bis 1992 so viel Nutzen für Großbritannien verspricht, daß sie einer Novellierung der Römischen Verträge mit erweiterten Zuständigkeiten der EG und Bekräftigung des Prinzips der Mehrheitsabstimmung ihre
Zustimmung erteilt.

Kohl hat hier vorerst erreicht, was er wollte: das Bekenntnis zur verstärkten Kooperation in der Außen- und Sicherheitspolitik und den Einstieg in eine Verstärkung
der Rechte des Europäischen Parlaments. Mit dem Kompromiß über die Aufnahme
des eben erwähnten Artikels 102a kann er bestens leben – kommt Zeit, kommt Rat.[48]
Auch Stoltenberg darf hoffen, damit alle Eingriffe der Kommission oder des Europäischen Rats in die währungspolitische Souveränität und in die Autonomie der
Bundesbank abgewehrt zu haben. Delors ist enttäuscht.[49]

Als die Einheitliche Europäisch Akte im Februar 1986 vor den Bundestag kommt,
bezeichnet der Bundeskanzler sie als entscheidenden Fortschritt. Aus heutiger Sicht
trifft das auch zu.[50] Damals aber spricht viel dafür, daß nur ein prekärer Zwischenschritt erfolgt ist. Die erstrebte Europäische Union ist wie bisher nur ein Ziel und noch
nicht Realität. Schon der Titel der Vertragsänderung signalisiert das. Frankreich

spricht etwas großspurig von einem *acte unifié*. Die deutsche Vertragsbezeichnung
»Einheitliche Europäische Akte« ist so umständlich wie der schwer durchschaubare
Paragraphendschungel, auf den man sich geeinigt hat. Margaret Thatcher versteht die
Europaverträge als eine »Charta für wirtschaftliche Freiheit«. Man könnte sogar vermuten, daß mit dem Projekt des Großen Binnenmarkts 1992 das britische Europakonzept zum Zug gekommen ist.[51] Erst nach zwei, drei Jahren wird deutlich, wie stark sich
die EG-Kommission unter Delors von planerischen, zentralistischen und reglemen-
tierenden Vorstellungen leiten läßt entsprechend der Colbertschen Verwaltungstradi-
tion und wie weitgehend sich diese in der neuen EG durchsetzen.

In der Frage, ob die EG mehr zentralistisch oder mehr nach föderalen Grundsätzen ausgebaut werden soll, läßt Kohl einen charakteristischen Widerspruch zwischen Theorie und Praxis erkennen. Entsprechend der deutschen Tradition stimmt
er vor der eigenen Fraktion, in öffentlichen Reden und in Interviews damals wie
später das hohe Lied der Subsidiarität an. Erst als ihm 1986 aus den Bundesländern
Kritik entgegenschlägt, wird auch ihm voll bewußt, was er sich mit dem Konzept
einer EG-Regionalpolitik eingehandelt hat, die Griechenland, Portugal und Spanien
helfen soll, sich strukturell möglichst rasch dem Niveau der entwickelten EG-Volks-
wirtschaften anzunähern. Jetzt beansprucht nämlich die EG-Kommission mit vollem
Recht, auch die Regionalpolitik der deutschen Bundesländer zu kontrollieren. Nun
nimmt er Delors ins Gebet. Gewisse Aspekte der zentralistischen Agarpolitik der
Kommission und die gleichfalls zentralistischen Tendenzen der Regionalpolitik miß-
fielen ihm, läßt er ihn Ende 1986 wissen: »Europa müsse natürlich eine Zentralgewalt
haben, gleichzeitig sei darauf zu achten, daß die Dezentralisierung erhalten bleibt.«
Delors schiebt die Verantwortung für die Übertreibungen auf gewisse »Fundamentalisten« innerhalb der Kommission.[52]

Ein paar Monate später beklagt sich der Bundeskanzler auch bei Mitterrand. Wieder geht es um die Landwirtschaftspolitik. Er wolle zwar keine »Renationalisierung«,
beteuert er, aber wenn die Gemeinschaft alle Politiken zentralisiere, könne das nicht
funktionieren: »Man brauche eine föderale Grundstruktur.« Die Kommission mit
ihrer »gigantischen Bürokratie« müsse sich darauf beschränken, »den Rahmen zu
setzen und die Einhaltung zu überwachen«, dürfe »aber nicht selbst Detailregelun-
gen treffen«. Das sei möglich. Verdrossen bemerkt er, wenn man nicht gleich den
Vorschlägen der Kommission zustimme, werde man als »anti-europäisch« abquali-
fiziert.[53] Solches Aufbegehren ist durchaus ernst gemeint. Kohl glaubt an das Prinzip
der Subsidiarität. Doch so, wie die von ihm selbst verstärkten und prinzipiell begrüß-
ten Strukturen der EG beschaffen sind, muß das folgenlos bleiben. Von Delors und
Mitterrand, die im Geist Colberts groß geworden sind, oder auch von den britischen
EG-Kommissionsmitgliedern und Generaldirektoren entsprechende Sensibilität zu
erwarten, ist unrealistisch. Ungeachtet aller nicht zu übersehenden zentralistischen

Neigungen erkennt Kohl aber letztlich in Jacques Delors einen Gleichgesinnten, der auf seine Weise den europäischen Bundesstaat erstrebt. Dementsprechend akzeptiert er am Ende doch die bürokratische Praxis der Delors-Kommission auf den Feldern der Landwirtschaftspolitik sowie der Regionalpolitik und bald auch des Umweltschutzes, der Verkehrspolitik, der Forschungsförderung, der Strukturpolitik und der Gesundheitspolitik.

Daß die Kommission das Fernziel eines Bundesstaats nicht vergessen hat, bekundet auch die Einführung von Staatssymbolen für die EG. Erstmals am 29. Mai 1986, drei Monate nach Unterzeichnung der Einheitlichen Europäischen Akte, wird vor dem Amtssitz der Kommission im Brüsseler Berlaymont-Gebäude unter den Klängen der Europahymne – Beethovens »Ode an die Freude« – die künftige Europaflagge mit zwölf Sternen aufgezogen. Bezeichnenderweise ordnet Kohl alsbald an, in Zukunft neben der Bundesflagge stets auch die Europafahne zu hissen.

Mitterrands Griff nach der »deutschen Atombombe«

Aus heutiger Sicht beinhaltet die Frankreich- und Europapolitik der Jahre 1987 und 1988 ein einziges Thema von stärkster historischer Fernwirkung: die Einleitung der Verhandlungen über die Wirtschafts- und Währungsunion. Was damals ansonsten noch die volle Aufmerksamkeit in Anspruch genommen hat, ist längst inaktuell geworden. Wen interessieren noch die verschlungenen Verhandlungen über die EG-Landwirtschaftspolitik, über die Strukturfonds, über den EG-Haushalt? Auch der deutsch-französische Dialog über die Nuklearfragen, ein Topthema in der zweiten Hälfte der achtziger Jahre, wird rasch irrelevant, als der Kalte Krieg zu Ende geht. Lediglich den Bemühungen um deutsch-französische Zusammenarbeit in den Bereichen der konventionellen Verteidigung ist etwas größere Dauerhaftigkeit beschieden. Diese werden sich periodisch mit dem Versuch einer gemeinsamen Verteidigung im EU-Rahmen verbinden und erst in den Anfängen des 21. Jahrhunderts versanden. Von größtem historischen Interesse sind dagegen bis zum heutigen Tag jene verschlungenen Manöver, die langfristig zum Euro geführt haben und damit zur Europäischen Union des frühen 21. Jahrhunderts. Nach wie vor ist unklar, ob die EU durch die gemeinsame Währung zur intensivierten Vertiefung gezwungen wird oder ob sie daran scheitert. Somit gehört es auch in der Biographie Helmut Kohls zu den spannendsten Fragen, wann, warum und wie bedingungslos er sich zwischen 1986 und 1989 auf dieses riskante Konzept eingelassen hat.

Was die EG-Politik – mit Ausnahme der Währungsfrage – betrifft, so geht es nach der Einigung auf die Einheitliche Europäische Akte erst einmal weiter wie bisher. Der mit der Einigung erfolgende Beitritt Spaniens und Portugals vergrößert die

Gemeinschaft und schafft wichtige Präzedenzfälle für künftige Erweiterungen, kompliziert aber auch die Entscheidungsprozesse. Doch Kohl erhebt sich gewissermaßen über die bürokratischen Komplexitäten. Er ist auf die Spitzenchargen fixiert, mit denen er es zu tun hat, und da vor allem auf Mitterrand, Delors und Felipe González, übrigens alle drei Politiker aus dem sozialistischen Lager. Wieder und wieder bekommt Felipe González von ihm zu hören, wie viel er sich von dessen Mitwirkung verspricht. Wie ein guter Architekt achtet er zwar auf jedes Detail beim Ausbau der europäischen Institutionen, aber am wichtigsten sind und bleiben für ihn die anderen Partner im großen Europa-Architekturbüro. Personenbezogene Gipfeldiplomatie, das ist damals wie später seine große Stärke.

Nach Ratifizierung der Gemeinschaftlichen Europäischen Akte fällt die EG erst einmal wieder in die alte Routine zurück, und die Beratungen kreisen weiter um dieselben wohlbekannten Themen: Marktordnungen, Abbau der landwirtschaftlichen Überproduktion, Flächenstilllegungen, Richtlinien und Kosten der Strukturpolitik, ruheloses Drängen der Kommission auf Erhöhung der Eigenmittel, stetes Drängen der Briten auf Prolongierung des »Rabatts«, Festlegung gemeinsamer EG-Positionen für die GATT-Runde in Uruguay und so weiter. Erst in den sechs Monaten der deutschen Präsidentschaft im Frühjahr 1988 gelingt es Kohl, ein Paket durchzusetzen, das für einige Zeit Ruhe schafft.

Sofern sie das nicht schon wußten, lernen die Staats- und Regierungschefs der EG während dieser Präsidentschaft, daß Helmut Kohl nicht nur breite pfälzer Jovialität zum Einsatz bringt, sondern in kritischen Momenten auch eine Brutalität, die in diesem Kreis eher unüblich ist. »Er genierte sich nicht, mit der Faust auf den Tisch zu schlagen, und redete während dieser Begegnung durchweg im Feldwebelton«, erinnert sich Margaret Thatcher an einen Brüsseler Sondergipfel in jenen Tagen.[1] Als sie diese Invektive zu Papier bringt, dämmert ihr aber bereits, wie sehr sie sich selbst und ihr Land bei solchen Sitzungen durch schrill erhobene Forderungen isoliert hat. Finanzminister Lawson, erst einer ihrer Getreuen, dann mehr und mehr desillusioniert, wird beim Rückblick auf ihre damaligen Auftritte auf den europäischen Gipfeln wenig später feststellen: »So ums Jahr 1989 herum ist sie zur großen einigenden Kraft der Europäischen Gemeinschaft geworden«[2] – sie eint die EG in der Gegnerschaft gegen Großbritannien. Das beginnt schon Jahre zuvor. Kohl und die Föderalisten im Europäischen Rat nutzen ihren herrischen Stil zielbewußt aus. Ein Hauptmerkmal dieser Phase ist jedenfalls eine zunehmende Entfremdung zwischen Kohl und Thatcher, die sich auch durch freundliche Gesten wie eine Einladung nach Ludwigshafen mit schönem Essen in Deidesheim und stimmungsvoller Besichtigung des Speyrer Doms[3] nicht mehr überbrücken läßt.

Helmut Kohl zeigt sich trotz allem davon überzeugt, die fast unlösbar scheinenden Konflikte auf den Feldern der EG-Politiken meisterhaft beigelegt zu haben. »In den letzten sechs Monaten unter deutscher Präsidentschaft hatte die EG mehr Fort-schritte in Richtung auf eine wirtschaftliche Integration gemacht als in den sechs Jahren zuvor«, schreibt er beim Rückblick auf dieses erste Halbjahr 1988.[4] Auch der für die europäische Zusammenarbeit aufgeschlossenere Außenminister Geoffrey Howe, der jetzt in immer stärkeren Gegensatz zu seiner europhoben Regierungs-chefin gerät, gibt dem Sitzungsleiter Helmut Kohl eher gute Noten. In Hannover, wo im Juni 1988 eine der entscheidenden Sitzungen stattfand, habe er als geschickter Vorsitzender für einen harmonischen Ablauf gesorgt.[5]

Die offen zutage tretenden Differenzen auf den Zusammenkünften des Europäi-schen Rats hängen nicht zuletzt mit Wahlterminen in den großen EG-Ländern zusammen. Für den so leidenschaftlich auf Europa fixierten Helmut Kohl sind Kam-mer- und Präsidentschaftswahlen in Frankreich oder Unterhauswahlen in Groß-britannien inzwischen fast genauso wichtig wie kritische Wahlen im eigenen Land. Wer damals mit ihm konkret zu tun hat, registriert mit Erstaunen, wie er sowohl die Wahltermine der nächsten zwei bis drei Jahre im Inland als auch die im Europa der Zwölf ständig präsent hat, die Wahlen in den USA nicht zu vergessen. Schon weit im Vorfeld bestimmter Wahlen äußert er seine Befürchtungen und entwickelt entspre-chende Strategien. Natürlich weiß er, daß das Verhalten der europäischen Mitspieler und Gegenspieler in starkem Maß von den jeweiligen Wahlen bestimmt wird. Viel von der Intransigenz Margaret Thatchers erklärt er daher aus dem Umstand, daß sie im Juni 1987 Parlamentswahlen vor sich hat. Als sie diese hoch gewinnt, führt er ihr zu-nehmend schroffes Auftreten darauf zurück, daß sie nun für fünf lange Jahre fest im Sattel zu sitzen glaubt.

Ebenso gravierend wirken sich damals nach Kohls Auffassung die Wahlen in Frankreich aus. Von Skandalen und Wirtschaftsschwäche gebeutelt, verliert Mitter-rands Sozialistische Partei im März 1986 die Mehrheit in der Nationalversammlung. Obgleich Mitterrand sein bevorzugter Partner ist, hat Kohl Sorge getragen, zu Jac-ques Chirac ebenfalls seine Fäden zu spinnen. Er kann aber nicht verhindern, daß die Cohabitation zwischen dem sozialistischen Präsidenten Mitterrand und dem Ministerpräsidenten Chirac nun zwei Jahre lang die Europapolitik kompliziert.

Chirac, Vorsitzender des neogaullistischen Rassemblement pour la République (RPR), ist offen nationalistisch und stärker als Mitterrand auf Bewahrung der fran-zösischen Autonomie bedacht. Er steht den USA ähnlich kritisch und mißtrauisch gegenüber wie Mitterrand. Zugleich aber hält er es damals mit der neoliberalen Wirt-schaftsphilosophie, die sich mit Reagan und Thatcher in der angelsächsischen Welt durchgesetzt hat. Wenn sich die EG in der zweiten Hälfte der achtziger Jahre so sichtbar für wirtschaftsliberale Vorstellungen öffnet, so auch deshalb, weil zwischen 1986 und 1988 in Paris die Neoliberalen mit Chirac und Balladur das Sagen haben. Bei der ersten Zusammenkunft mit Helmut Kohl im April 1986 führt sich der französische Ministerpräsident mit der Feststellung ein, er wolle nicht nur die deutsch-französischen Beziehungen zu einem Kernstück seiner Außenpolitik machen, sondern seine Regierung verfolge auch eine neue Wirtschaftspolitik, die der deutschen viel näher stünde. [6] Von stürmischem Temperament und stets auf Krawall gebürstet, macht Chirac seinem Spitznamen »der Bulldozer« alle Ehre. »Er verkörperte das krasse Gegenteil von Präsident Mitterrand, denn er war offen, direkt, energisch, streitlustig, besaß einen sicheren Sinn für Details und fundierte Wirtschaftskenntnisse«,[7] charakterisiert ihn Margaret Thatcher.

Eingedenk seiner freundschaftlichen Beziehungen zu Mitterrand und auch unsicher darüber, wer sich bei den Präsidentschaftswahlen 1988 durchsetzen wird, behandelt Kohl Chirac recht vorsichtig. Bis Ende März 1988 bleibt unklar, ob Mitterrand nochmals für die Präsidentschaft kandidieren wird und ob er sich, falls er wirklich nochmals antritt, auch durchsetzen kann. Kohls Drängen, bis zum 25. Jahrestag des Élysée-Vertrags am 22. Januar 1988 gewichtige neue Vereinbarungen über eine vertiefte bilaterale Zusammenarbeit abzuschließen und in Paris feierlich zu verkünden, geht also nicht nur auf seine Freude an Jahrestagfeiern zurück. Er möchte vielmehr mit Mitterrand, der weiterhin maßgeblich für die Außen- und Sicherheitspolitik zuständig ist, bis zum Ende von dessen Septennat institutionelle Tatsachen schaffen, von denen sich ein eventueller Nachfolger nicht so leicht wieder entfernen kann. Dabei zielt er in erster Linie auf eine vertiefte deutsch-französische Zusammenarbeit in der Verteidigungspolitik.

Seit der ersten Begegnung Kohls mit Mitterrand am 4. Oktober 1982 standen Sicherheitsfragen fast immer auf ihrer Gesprächsagenda. Man tastet sich ab, tauscht Befürchtungen oder Hoffnungen aus, wirft Ideen in die Luft, erteilt den Mitarbeitern Aufträge, die zu etwas führen oder auch nicht, füttert einige der Impulse ins Kabinett ein, sucht den oder jenen Partner in der EG für das gemeinsam Geplante zu erwärmen und sich in Washington und verstohlener auch in Moskau abzusichern. Die Sorgen, die Ziele, die Vorbehalte und die Standardargumente sind dem einen wie dem anderen wohlbekannt.

Von Anfang an verfolgt Kohl dabei zwei parallel verlaufende Linien: einerseits nimmermüdes Bestreben, die Zusammenarbeit im EG-Rahmen um eine Sicherheitskomponente anzureichern, andererseits Intensivpflege der Sonderbeziehungen zu Frankreich. Mitterrand kommt das durchaus gelegen. So stimmen beide schon früh darin überein, daß Frankreich und die Bundesrepublik mittelfristig auf eine westliche Sicherheitsarchitektur hinarbeiten sollten, wie sie unter Experten seit bald einem Vierteljahrhundert als Zwei-Pfeiler-Konzept (andere reden von zwei Säulen) bezeichnet wird. Der eine Pfeiler ist die von den USA geführte NATO, der andere Pfeiler – vorerst nur ein Wunschbild, aus der Wirklichkeit werden soll – wäre eine europäische Verteidigungsorganisation, in der Frankreich und die Bundesrepublik den Kern bilden. Gern wäre Kohl bereit, Paris hier die Führungsrolle zu überlassen, schließlich ist Frankreich eine Kernwaffenmacht. Zudem hat er gelernt, daß man die Trikolore dreimal grüßen soll. Daß Mitterrand anscheinend zu einer europäischen Sicherheitspolitik bereit ist, betrachtet er »als tolle Chance«.[8]

Bei den Überlegungen, wie der zweite Pfeiler einer europäischen Verteidigung organisiert werden könnte, entdeckt man in Paris die 1955 zur Kontrolle der deutschen Rüstungsindustrie errichtete Westeuropäische Union (WEU). Auch Helmut Kohl läßt sich davon überzeugen, man könne dieses bürokratische Monster mit Sitz in London zum europäischen Pfeiler umfunktionieren.[9] Doch Margaret Thatcher reagiert auf entsprechende Pläne mit der Befürchtung, beim Ausbau der WEU könnten die USA und Kanada abgedrängt werden. Kohls Hinweis, über die WEU wäre auch Norwegen irgendwie mit dem von ihm gewünschten politischen Europa verknüpft, verfängt bei ihr nicht.[10] In der Tat haben dann die britischen Bedenken zur Folge, daß die schließlich vereinbarte Einheitliche Europäische Akte der sicherheitspolitischen Substanz entbehrt. Damit sehen sich Kohl und Mitterrand auf ein bilaterales Konzept verwiesen. Frankreich und die Bundesrepublik sollen vorangehen und erst einmal gemeinsam den Kern europäischer Verteidigungszusammenarbeit entwickeln, dem sich andere EG-Länder später angliedern könnten.

So konzentriert sich Kohl zwischen 1986 und 1988 auf die deutsch-französische Zusammenarbeit auf dem Feld der Verteidigung. Wie stets seit den Zeiten de Gaulles drängt Paris vor allem auf gemeinsame Rüstungsprojekte und technologische Vorhaben, die zivilen wie militärischen Nutzen abwerfen, nicht zuletzt aber die Abhängigkeit von den USA vermindern sollen. Der Airbus oder Mitterrands Lieblingsprojekt »Eureka«, das Konkurrenzvorhaben zu SDI, die Weltraumprojekte »Hermes« und »Ariane«, der Plan des Jäger 90 (aus dem nichts wird), ein deutsch-französischer Panzerabwehrhubschrauber, ein Marinehubschrauber, das alles ist kostspielig und wirft immer wieder die Frage auf, ob England, Italien oder Spanien nicht auch beteiligt werden sollten.

Diese Themen beschäftigen Kohl, Mitterrand und Chirac beständig bei ihren Zusammenkünften. Kohl zeigt sich stets prinzipiell aufgeschlossen für solche Projekte, zumal in diesem Punkt Franz Josef Strauß in dieselbe Richtung drängt. Wer wie Helmut Kohl Europa als Langzeitprojekt mit einem deutsch-französischen Kern versteht, kann und will dem Argument auch nichts entgegensetzen, daß dann eine deutsch-französische beziehungsweise europäische Hochtechnologie- und Rüstungspolitik zwingend ist. Doch der Bundeskanzler sieht sich ständig mit den Einwänden des Finanzministers und auch der Hardthöhe konfrontiert. Und immer wenn Frankreich ungeniert drängt, gemeinsame deutsch-französische Entwicklungen in Drittländer zu exportieren, schlägt die Opposition Alarm, unterstützt von den zarten Seelen in der CDU.

Das alles läuft mehr oder weniger gut, seit Mitterrand und Kohl sich zur privilegierten Partnerschaft zusammengefunden haben. Nun werden aber zusehends die Abrüstungsverhandlungen zwischen den USA und der Sowjetunion zum alles bestimmenden Faktor. Seitdem Reagan und Gorbatschow im November 1985 erstmals in Genf zusammengekommen sind und aneinander Gefallen gefunden haben, nehmen die Verhandlungen über die in Europa stationierten amerikanischen Atomraketen ein alarmierendes Tempo auf. Alternativlösungen zur einseitigen Abhängigkeit vom amerikanischen Atomschirm scheinen jetzt dringlicher als je zuvor.

Für den Bundeskanzler ist Amerika durchgehend die erste Sicherheitsadresse. In der Bundeswehr sieht er voller Stolz den Hauptpfeiler bei der konventionellen Verteidigung der NATO. Gelegentlich muß sich Mitterrand von ihm sagen lassen, die billigste Maginot-Linie der Welt sei die Bundeswehr.[11] Realistisch, wie er nun einmal ist, räumt auch Mitterrand ein, die Sicherheit der Bundesrepublik hänge zu neunzig Prozent von den USA ab,[12] sprich: von der Glaubwürdigkeit des amerikanischen Atomschirms. Er läßt jedoch keine Gelegenheit verstreichen, Kohl darauf hinzuweisen, daß dieser Atomschirm im Krisen- oder Kriegsfall wenig glaubhaft sei. Washington, so seine stets wiederholte Vermutung, wird nicht die eigene Vernichtung riskieren, vielmehr versuchen, einen Krieg notfalls auf Europa zu begrenzen, und dort nur konventionelle Streitkräfte oder taktische Kernwaffen einsetzen. Kohl kann das schlecht bestreiten. Zunehmend häufig äußert er gegenüber Mitterrand, aber auch gegenüber anderen Gesprächspartnern Zweifel an der langfristigen Verläßlichkeit Amerikas. Schon 1985, als Reagan noch in den Anfängen seiner zweiten Amtszeit steht, hört Mitterrand den Kanzler unken: Wer wird 1993 Präsident sein? Kohl erinnert zudem daran, daß sich das isolationistische Amerika nach dem Ersten Weltkrieg nicht mit Europa beschäftigt habe, sondern nur noch mit der Prohibition.[13] Sorge bereitet ihm auch, daß die amerikanischen Truppen teilweise aus Europa zurückgezogen werden könnten, denn dann wäre die Bundeswehr noch stärker gefordert als bisher schon.[14]

Zu Kohls Kummer hält Mitterrand aber wie alle seine Vorgänger seit de Gaulle unbeirrbar an der Sicherheitsautonomie Frankreichs fest, gestützt auf die Force de frappe, die einerseits über vier Atom-U-Boote mit Zweitschlagskapazität verfügt, andererseits über »prä-strategische« Atomraketen kürzerer und mittlerer Reichweite mit so beruhigenden Namen wie »Hades« und »Pluto«. Mitterrand hat de Gaulle zwar nach Kräften bekämpft, solange dieser Staatspräsident war. Doch einmal im Élysée angelangt, betreibt auch er eine im Kern gaullistische Sicherheitspolitik, allerdings viel subtiler als der erratische General de Gaulle und mit mehr als bloß einem Touch von sozialistischer Amerikakritik.[15]

Immerhin: Kohl und Mitterrand respektieren die heterogene Grundanlage der beiderseitigen Militärstrategie und suchen nach Gemeinsamkeiten. Seit den ersten Gesprächen über die Kernwaffenproblematik ist Kohl darüber unterrichtet, daß sich

Helmut Kohl und Manfred Wörner mit dem amerikanischen
Verteidigungsminister »Cap« Weinberger beim Truppenbesuch in Grafenwöhr,
19. März 1986

der französische Präsident die uneingeschränkte Verfügungsgewalt über die Force
de frappe vorbehält. »Alles ist möglich mit Ausnahme der Integration der Nuklear-
streitkräfte«, bekommt der Bundeskanzler zur Antwort, als er im Herbst 1985 wieder
einmal die operative Zusammenarbeit der 1. Armee Frankreichs sowie der stark mit
Helikoptern ausgerüsteten Force d'action rapide (FAR) mit der Bundeswehr und eine
gemeinsame Kriegsschule vorschlägt.[16] Mitterrand erwartet zudem mit großer
Selbstverständlichkeit, daß Deutschland in Washington seine Forderung unterstützt,
die Systeme der Force de frappe aus den Abrüstungsverhandlungen über Mittel- und
Kurzstrecken herauszuhalten, und Kohl kommt dem gerne nach.

In Sachen Nuklearplanung erweist sich Mitterrand somit zugeknöpft. Wie sich
zeigt, behindern aber auch viele praktische Schwierigkeiten die Zusammenarbeit bei
den konventionellen Streitkräften. Jahrelang drehen sich die Bemühungen Kohls
und Mitterrands um bilaterale Fortschritte auf dem Verteidigungssektor im Kreis.
Die zuständigen Minister stehen zwar in einem viel engeren Dialog als früher, doch
die Gespräche zwischen den Verteidigungsministern Manfred Wörner und Charles
Hernu sowie zwischen dem französischen General Saulnier und dem deutschen
Generalinspekteur Altenburg verhaken sich immer wieder an den grundlegenden
Unvereinbarkeiten der beiderseitigen Strategie.

Die Hardthöhe sucht den deutsch-französischen Bilateralismus zu nutzen, um
Frankreich auf Umwegen näher an die Militärorganisation der NATO heranzufüh-

ren, wozu aber Mitterrand überhaupt nicht bereit ist. Genauso führen die Vorstöße nicht weiter, konkrete Informationen über die Einsatzpläne der Force de frappe zu erhalten oder gar bindende Absprachen zu treffen. Im Dezember 1985 bittet Kohl um Konsultationen über den Einsatz der französischen Kernwaffen im Krisen- und Kriegsfall, wie sie bereits mit den USA und Großbritannien vereinbart sind. Mitterrand sagt zu. Er erhält dafür das Versprechen Kohls, sich an den Plänen für »Eureka« zu beteiligen, das damals von Frankreich mit viel Energie betriebene Konzept für die europäische Zusammenarbeit bei der Spitzentechnologie für Weltraumforschung und -verteidigung.[17] Aber als es konkret wird, blockt der Präsident die diesbezüglichen Initiativen von General Altenburg, auch von Horst Teltschik, brüsk ab – deutsch-französische Freundschaft hin oder her. Die Bundesregierung soll kein »droit de regard« über das französische Atomwaffenarsenal erhalten![18] Konsultationszusagen für den Krisen- und Kriegsfall nach dem Muster der Zusagen, die auch die USA und Großbritannien gegeben haben, ja, durchaus auch in schriftlicher Form, doch keine weitergehenden Absprachen!

Aus Bonner Sicht verlaufen die Genfer Abrüstungsverhandlungen über die in Europa stationierten Kernwaffen in den Jahren 1986 und 1987 viel zu schnell und völlig unkontrollierbar. Erschrocken macht man sich klar, daß Präsident Reagan bei dem improvisierten Gipfel in Reykjavik im Oktober 1986 beinahe zugestanden hätte, auf längere Sicht den Atomschirm über seinen europäischen NATO-Alliierten abzuziehen. »Als ich hörte, wie weit die Amerikaner zu gehen bereit gewesen waren, bekam ich ein Gefühl, als würde mir der Boden unter den Füßen weggezogen«, beschreibt Margaret Thatcher in ihren Memoiren die Stimmung, die damals unter den Sicherheitsexperten in London herrschte.[19]

In Paris spürt man genau, wie sich in Bonn wachsende Panik ausbreitet. Unvorsichtig hat sich Kohl zu Beginn seiner Kanzlerschaft, dazu stark von Genscher ermutigt, bezüglich der Pershing II und der SS 20 auf eine doppelte Null-Lösung festgelegt. Nun zeigt sich, daß Amerikaner und Sowjets aus unterschiedlichen Motiven nach Wiederaufnahme der Genfer Verhandlungen dazu bereit sind. Wieder ist es vor allem Genscher, der darauf drängt, während Wörner und seine Berater gerne eine gewisse Anzahl von Pershing-II-Raketen, deren Wirkung bis in die Nähe Moskaus reichen würde, in der Bundesrepublik belassen möchten. Sie versprechen sich davon eine stärkere Abschreckung des Warschauer Pakts von einer Offensive gegen die Bundesrepublik. Kohl muß nun die erste Null-Lösung akzeptieren. Er läßt Mitterrand aber Ende Februar 1987 wissen, daß er sich noch dagegen sträubt, dem eine zweite oder dritte folgen zu lassen, wodurch weitere Raketen kürzerer Reichweite erfaßt würden.[20] Das wird sich aber rasch ändern.

Nachdem die lange und schwierige Bonner Regierungsbildung abgeschlossen ist, halten Mitterrand und Kohl Ende März 1987 im Schloß Chambord an der Loire wieder einmal Kriegsrat. Endlich habe er innenpolitisch etwas den Rücken frei, meint Kohl bei dieser Unterredung, in deren Mittelpunkt die Abrüstung und die europäischen Fragen stehen sollen,[21] und beklagt sich dann über alles und jeden: über die Amerikaner, die nicht mehr an den Widerstandswillen in der Bundesrepublik glaubten, über die Genfer Abrüstungsverhandlungen, wo die NATO-Strategie der abgestuften Eskalation auf die schiefe Ebene geraten sei, über den wachsenden Neutralismus in der Bundesrepublik – die Grünen, die SPD, die Linksintellektuellen, um dann wieder einmal zu beteuern: »Die beste Art und Weise, der pazifistischen Versuchung zu begegnen, wird eine Abmachung zwischen Deutschland und Frankreich sein.«[22] Mitterrand seinerseits arbeitet heraus, daß er die Nuklearstrategie der NATO mit dem Konzept einer abgestuften Eskalation immer für ein Hirngespinst gehalten habe, weshalb es unnötig sei, sich wegen des Abzugs amerikanischer Kurz- und Mittelstreckenraketen graue Haare wachsen zu lassen. Auch er sei für eine Null-Lösung. Es komme nämlich einzig und allein auf die strategische Zweitschlagskapazität mit Langstreckenraketen an – die der Amerikaner, aber auch Frankreichs, dessen Atom-U-Boote in allen Weltmeeren kreuzen. Für Kohl ist das kein besonderer Trost. Schließlich einigt man sich darauf, daß Teltschik, Attali und Charles Powell, der einflußreiche Sicherheitsberater von Margaret Thatcher, beraten sollen, ob sich gegen die wildgewordene Reagan-Administration eine gemeinsame Position aufbauen läßt.

Wenn Teltschik in den kommenden Wochen mit Attali zusammentrifft, überbringt er jedoch fast immer neue Tatarenmeldungen. Ende Mai berichtet er von einer tags zuvor abgelaufenen Diskussion in der Bundesregierung – »die schlimmste seit zwanzig Jahren«. Man habe beschlossen, die doppelte Null-Lösung zu akzeptieren in der Hoffnung, wenigstens die in deutschem Besitz befindlichen 72 Pershing Ia mit einer Reichweite von 750 Kilometern behalten zu können.[23] Mitterrand kommentiert das sarkastisch: »Erst haben die Deutschen brutalen Widerstand geleistet, jetzt widersetzen sie sich nur noch zaghaft, das war vorherzusehen.«[24] Immer deutlicher wird, daß die Bundesregierung ihre Felle davonschwimmen sieht und sich nun ziemlich verzweifelt an Frankreich klammert.

Im Juni des Jahres findet der G-7-Gipfel statt, zur Abwechslung in Venedig unter italienischer Präsidentschaft. Wie üblich geht es auch diesmal zwischen Reagan, Thatcher, Mitterrand und Kohl hoch her. Selten werden bei einem Gipfelgespräch die nuklearen Paradoxien, in denen die Bundesrepublik steckt, so offen angesprochen wie bei dieser abendlichen Sitzung. Kohl plädiert für einen Abzug auch der amerikanischen Kurzstreckenraketen (will aber die deutschen Pershing Ia weiter behalten). Margaret Thatcher streitet sich deswegen stundenlang mit ihm herum. Nachdem er lange zugehört hat, steigt auch Mitterrand in die Diskussion ein und stellt fest, er glaube überhaupt nicht an die gestufte Abschreckung. Um einen Krieg zu vermeiden, müsse man sich auf die zentralen Nuklearsysteme stützen. Thatcher wirft ihm daraufhin die Frage an den Kopf: »Werden Sie Ihre Bomben einsetzen, wenn Bonn von der konventionellen sowjetischen Armee besetzt wird?«, was Mitterrand verneint. Die Premierministerin will nun wissen, wie er von Reagan den atomaren Schutz für Europa verlangen könne, wenn er selbst nicht bereit sei, ihn zu gewähren? Mitterrand kontert das mit der Frage: »Was würden denn Sie selber tun?« Darauf muß Margaret Thatcher passen: »Ich kann nicht im vorhinein sagen, was ich schützen werde. Was zählt, sind meine nationalen Interessen. Was werde ich tun? Ich sage es vorher nicht.« Reagan erklärt daraufhin: »Sie verstehen es nicht. Wir haben Ihnen Schutz versprochen, weil das unser Interesse, unsere Sicherheit ist, weil Europa unsere erste Verteidigungslinie ist. Das amerikanische Engagement gilt ganz.« Aber er hütet sich, dabei ins Detail zu gehen.[25] Die Uneinigkeit der Verbündeten ist mit Händen zu greifen.

Tags darauf ist Kohl beim gewohnten Frühstück mit Mitterrand immer noch über Margaret Thatcher ergrimmt, weiß nun aber auch nicht mehr so recht, ob er den Amerikanern trauen soll oder nicht. Bei dieser Gelegenheit erklärt er Mitterrand mit größtem Nachdruck, es sei jetzt allerhöchste Zeit, die europäische Verteidigungskomponente zu verstärken, um den Abzug der Mittelstreckenraketen zu kompensieren. Mitterrand wirft daraufhin den Gedanken in die Diskussion, man müsse so eine Art Fortschreibung des Élysée-Vertrags ins Auge fassen. Er erklärt sich zu präzisen, demonstrativen Schritten in Richtung auf eine Integration der beiderseitigen Armeen bereit. Kohl ist Feuer und Flamme, plädiert nun für komplett integrierte deutsch-französische Divisionen (ein paar Monate zuvor hatte er ausgerufen, »im Idealfall sei er sogar für eine deutsch-französische Armee!«[26]) und fügt entgegenkommend hinzu: Man müsse einen französischen General suchen, der das alles symbolisiere. Attali, der bereits mit Teltschik über entsprechende erste praktische Schritte gesprochen hat, schließt seine Notiz über diese denkwürdige Unterredung mit der Feststellung: »Damit ist die deutsch-französische Brigade auf den Weg gebracht … Das ist die erste konkrete Schlußfolgerung aus der Null-Lösung.«[27]

Ganz offensichtlich hat sich der Bundeskanzler in Sachen gemeinsamer deutsch-französischer Verteidigungspolitik Schritt für Schritt in eine Demandeur-Position manövriert. Betrachtet man die Konstellation allein unter militärstrategischen Aspekten, so halten sich deren Vorteile in Grenzen. Aus Sicht der exponierten Bundesrepublik, die über keine eigenen Kernwaffen verfügt, wäre eine Abschreckung durch die Force de frappe nicht glaubhafter als die in der Tat immer etwas zweifelhafte amerikanische Nukleargarantie. Gegen einen löchrigen amerikanischen Atomschirm würde Bonn ein löchriges französisches Atomschirmchen eintauschen. Da Frankreich kaum sowjetische Raketenschläge auf sein eigenes Territorium riskieren würde, könnte es auch nicht glaubhaft drohen – selbst wenn es dies wollte. Im Fall eines Krieges wäre die Force de frappe erst recht eine unkalkulierbare Größe. Die vertraulichen Vereinbarungen über vorherige Einsatzkonsultationen wären dann nicht einmal das Papier wert, auf dem sie geschrieben sind. Doch auch bilateral zusammengesetzte Einheiten nach Art der deutsch-französischen Brigade hätten bloß symbolischen, aber kaum praktischen Wert. Sie könnten die konventionelle Abschreckung gleichfalls nicht glaubhafter machen und wären bei einer machtvollen Offensive des Warschauer Pakts unerheblich.

Wenn Kohl jetzt dennoch nichts unversucht läßt, um eine »machtvolle Zusammenarbeit«[28] zustande zu bringen, so entspringt das zwei unterschiedlichen Motiven. Sein erster Glaubensartikel ist die Westbindung mit ihren drei unentbehrlichen Komponenten: Europa, Frankreich und die NATO mit Amerika. Wenn sich also die europäische oder die atlantische Komponente etwas abschwächt, dann muß eben die »Erbfreundschaft« mit Frankreich um so heller erstrahlen. Kohls zweites Motiv für die nunmehr so enge militärpolitische Zusammenarbeit mit Frankreich ist innenpolitischer Natur. Für das Regierungslager und dessen Wähler bedeutet Westbindung weiterhin beides: Wertegemeinschaft mit Amerika und Einbindung in Europa, dabei vor allem auch Freundschaft mit Frankreich. Anders aber steht es mit der parlamentarischen und der außerparlamentarischen Opposition. Die Grünen haben das neutralistische Banner bereits offen aufgepflanzt, die SPD verharrt noch abwartend, ist aber in großen Teilen gleichfalls stark Amerika-kritisch und erwartet das Heil eher von Gorbatschow als von Reagan. Immerhin lassen sich viele aus dem linken Lager weiterhin für zwei Komponenten der Westbindung erwärmen: für Europa und für Frankreich. Die Toskana-Fraktion in der SPD ist fast durchgehend pro-europäisch, Oskar Lafontaine aus dem Saarland, der rasch aufsteigende »Enkel« Brandts, ist prononciert frankophil. Und selbst manche der Grünen, bei denen so viel durcheinandergeht, die aber geradezu glühend anti-national sind, entdecken schon ihr Herz für Europa. Somit sprechen auch gute taktische Überlegungen dafür, das politische Europa und die Partnerschaft mit Frankreich so plakativ wie irgend möglich herauszustellen.

Die Verhandlungen zur Errichtung einer deutsch-französischen Brigade laufen vorerst in völliger Diskretion zwischen dem Bundeskanzleramt und dem Élysée-Palast. Mitterrand weiß natürlich, daß Chirac – einer der möglichen Kandidaten des bürgerlichen Lagers bei den kommenden Präsidentschaftswahlen – jeden seiner Schritte voll Argwohn betrachtet. Dennoch plant man, das Vorhaben der deutsch-französischen Brigade als Symbol operativer Zusammenarbeit in bilateralem Rahmen vielleicht im September bekanntzugeben, entweder zur Feier der fünfzigsten deutsch-französischen Konsultation gemäß dem Élysée-Vertrag oder bei dem gemeinsamen deutsch-französischen Manöver »Kühner Spatz«.

Am 24. Juli findet eine folgenreiche Besprechung zwischen Teltschik und Attali statt. Bei dieser Gelegenheit verblüfft Teltschik mit zwei weiteren Ideen. Die erste ist altvertraut: Mit der ihm eigenen freundlichen Zähigkeit kommt er wieder auf die

»prä-strategischen« Systeme Frankreichs zu sprechen und verlangt allgemeine Direktiven für deren Einsatz – eine Forderung, die Mitterrand schon einmal kategorisch abgelehnt hat. Die zweite Idee aber ist neu. Er regt nicht mehr und nicht weniger an als die Errichtung eines deutsch-französischen Verteidigungsrats mit weitreichenden Aufgaben. Dieser soll dreistufig aufgebaut sein: erste Ebene permanente Repräsentanten eventuell aus den Außenministerien und den Vereidigungsministerien; zweite Ebene die Außen- und Verteidigungsminister; dritte Ebene der französische Staatspräsident und der Bundeskanzler. Dieser Verteidigungsrat soll denkbar weitreichende Strategien erörtern und beschließen: für die Streitkräfte in Europa, für die Abrüstungsverhandlungen, für die deutsch-französische Verteidigungskooperation in sämtlichen Bereichen, vorerst aber allein auf dem Territorium Frankreichs und der Bundesrepublik; ferner soll ihm die Leitung der integrierten deutsch-französischen Einheiten und der Konsultation über Nuklearfragen obliegen.

Es lohnt sich, wörtlich zu zitieren, wie Attali seine Antwort darauf formuliert hat: »Ich improvisiere meine Antwort: Sehr schön. Das kann man studieren. Aber können wir gleichzeitig und genauso gründlich das vergleichbare Projekt auf den Feldern der Wirtschafts- und Finanzpolitik studieren? Ein Wirtschafts- und Finanzrat zur Koordination unserer diesbezüglichen Politik?« Jacques Attali registriert nach diesem Vorschlag eine gewisse Panik bei den deutschen Teilnehmern, denn der deutsche Finanzminister gehört dem Verhandlungsgremium nicht an. Und er notiert weiter: »Die Deutschen wünschen Zusammenarbeit im Verteidigungsbereich und wollen über nichts anderes sprechen. Doch liegt ihnen so viel an dieser Verteidigungskooperation, daß sie auch eine Kooperation über monetäre Angelegenheiten akzeptieren werden.«[29] So kommt eine Koppelung mit denkbar weitreichenden Folgen zustande. Wohlüberlegt oder nicht so ganz wohlüberlegt hat sich Helmut Kohl zum Demandeur für eine Verteidigungskooperation gemacht und kann jetzt dem französischen Griff nach der D-Mark nicht mehr ausweichen.

Die Vorschläge für einen Wirtschafts- und Finanzrat, die Attali einen Monat später vorlegt, sehen eine ähnliche Struktur vor wie die des Verteidigungsrats. Worauf es Paris ankommt, ist aber deutlich zu erkennen: Die Finanzminister beider Seiten sollen hier zu regelmäßigen Konsultationen und Planungen zusammentreten, dazu die Gouverneure der Notenbanken. Am selben Tag, als diese Erörterungen in Paris stattfinden, empfängt Staatspräsident Mitterrand Ministerpräsident González zu einer vertraulichen Unterredung auf seinem Landsitz in Latché. Dort läßt er keinen Zweifel daran, was er mit dem Wirtschafts- und Finanzrat beabsichtigt: »Wir müssen zu einer gemeinsamen Währung kommen … Sicher, die Deutschen mauern. Da ihre diplomatische Macht und ihre Militärmacht aber nicht auf der Höhe ihrer Wirtschaftsmacht sind, habe ich mich davon überzeugt, daß sie ihre Dominanz auf die monetäre Macht Deutschlands stützen. Das ist eine tief verankerte Ressource.

Sie übersteigt bei weitem die Reflexe der Bankiers, selbst die der Politik.«[30] Ein anderer sozialistischer Parteifreund, dem gegenüber er aus seinem Herzen keine Mördergrube macht, ist der österreichische Bundeskanzler Franz Vranitzky. Die Beziehungen zwischen Frankreich und Deutschland seien auf gutem Wege, läßt er diesen im Februar 1988 wissen. Doch bleibe ein kleines Stück des Horizonts immer noch dunkel: »Wirtschaftlich und monetär hat die Bundesrepublik ihre Macht wiedererlangt, möchte diese aber nicht teilen.«[31] Ein halbes Jahr später wird er seinen Überlegungen noch drastischeren Ausdruck geben. Vor dem französischen Ministerrat, dem er ständig präsidiert, führt er aus: »Die Macht Deutschlands beruht auf der Wirtschaft, und die D-Mark ist Deutschlands Atombombe.«[32] Viel europäische Gesinnung tritt in solchen Feststellungen nicht zutage. Derselbe Mitterrand, der völlig kompromißlos an der alleinigen Verfügungsgewalt Frankreichs über die eigenen Kernwaffen festhält, setzt alles daran, den Deutschen ihre ökonomische Atombombe zu entreißen.

Als Teltschik den Bundeskanzler darüber informiert, daß Mitterrands Getreue im Élysée-Palast einen erneuten Vorstoß in Richtung Wirtschafts- und Währungsunion unternehmen, zeigt sich dieser nach den Vorgängen im Jahr 1985, als es um die Einheitliche Europäische Akte ging, nicht besonders erstaunt. Auffällig ist jedoch, wie unachtsam Kohl Stoltenberg von nun an behandelt. Dieser erfährt erst von seinem Kollegen Balladur, daß ohne sein Wissen weitreichende Verhandlungen über einen Wirtschafts- und Währungsrat in Gang gekommen sind.[33] Dagegen wird das Auswärtige Amt von Anfang an zu den Gesprächen zwischen Teltschik und Attali hinzugezogen.[34] So sind die Realitäten der Jahre 1987 und 1988: Seit dem Wahlsieg der FDP werden die Aktien Genschers und Bangemanns im Bundeskanzleramt hoch gehandelt, die von Stoltenberg sinken.

Nachdem Attali Mitterrands Quid pro quo so eindeutig formuliert hat, sieht sich Kohl zum Einlenken veranlaßt. Offenbar ist die von ihm so dringlich erstrebte deutsch-französische Verteidigungsallianz nur um den Preis einer gleichfalls engen Kooperation auf den Feldern der Wirtschafts- und Währungspolitik zu haben. Ende September ist außerdem wieder eine jener symbolischen Demonstrationen geplant, an denen ihm seit der so gut verlaufenen Zeremonie vor dem Ossuaire zu Verdun soviel liegt. 55 000 deutsche Soldaten und 20 000 Soldaten der französischen Force d'action rapide sollen in Ingolstadt, also weit im Osten der Bundesrepublik, in Gegenwart des französischen Staatspräsidenten und des Bundeskanzlers erstmals ein Herbstmanöver abhalten. Aus Sicht Mitterrands ist eine rudimentäre Zusammenarbeit bei der konventionellen Verteidigung vorerst nicht viel mehr als eine Konzession, die ihn nicht allzuviel kostet und gegen deren Fehlinterpretation er sich bei Gorbatschow schon zuvor ausdrücklich abgesichert hat.[35] Vielleicht, vielleicht ist es aber auch eine Investition in die Zukunft. In zehn oder zwanzig Jahren, führt er dem

Bundeskanzler vor Augen, könnte es in der Tat zwei Pfeiler der Verteidigung geben: die NATO mit den USA und den europäischen Pfeiler.[36]

Ein paar Monate später nutzt Mitterrand einen Staatsbesuch in der Bundesrepublik, um mit großen Ansprachen in Bonn, Aachen, Hannover und Köln um die Sympathie der Deutschen genauso eindringlich zu werben, wie dies sein großer Vorgänger de Gaulle im September 1962 vorgemacht hat. Daß ihn die Bundesrepublik fasziniert und daß Helmut Kohl ihm sympathisch ist, wird dabei durchaus deutlich. Doch er weiß genau, was er nicht will, nämlich keinerlei feste Beistandsgarantien, erst recht keine Zusagen nuklearer Verteidigung. Mehr als demonstrative Gesten bei der konventionellen Verteidigung sind nicht von ihm zu erwarten. Und er weiß genau, was er vor allem anderen will: die Beendigung des Diktats der Bundesbank.

Helmut Kohl sieht einen Traum in Erfüllung gehen. Nach dem Händedruck in Verdun ist das Jahr 1987 ein zweiter Höhepunkt demonstrativen Einvernehmens. Alles wird feierlich inszeniert, die Presse berichtet wohlwollend, die Umfragen zeigen, daß die Wähler der deutsch-französischen Freundschaft überragenden Stellenwert zumessen. Große Begeisterungsstürme wie bei dem triumphalen Zug de Gaulles und Adenauers durch die Bundesrepublik bleiben allerdings aus. Längst ist im öffentlichen Raum Nüchternheit eingekehrt. Die Jahrzehnte des Jubelns sind vorbei. Von dem Paar Kohl und Mitterrand geht auch nicht die Strahlkraft aus wie von Adenauer und de Gaulle, die sich damals im Zenit ihres Ruhms befanden. Der kleine, spürbar verschlossene, der Presse nach zu urteilen zu Hause stark umstrittene Staatspräsident Mitterrand weckt in Deutschland keine Emotionen, und gegen Kohl bestehen vielerorts immer noch viele Vorbehalte. Alles wirkt doch ziemlich epigonal – die hochgestimmten Ansprachen, der gemeinsame Kirchenbesuch im Aachener Dom, die Auftritte in martialischer Umgebung.

Unter diesem Umständen ist es nicht erstaunlich, daß der Bundeskanzler nunmehr dem französischen Drängen auf einen deutsch-französischen Rat für Wirtschafts- und Währungsfragen nachgibt. Bei den fünfzigsten deutsch-französischen Konsultationen in Karlsruhe erfolgen die prinzipiellen Beschlüsse: Errichtung der deutsch-französischen Brigade und zweier deutsch-französischer Räte – einerseits für Verteidigung und andererseits für Wirtschaft und Finanzen. Wiederum wird Stoltenberg erst im Verlauf der Sitzungen von den bereits weit gediehenen Überlegungen unterrichtet.[37] Nach einigem Hin und Her erfolgt schließlich zum 22. Januar 1988 die formelle Unterzeichnung eines ratifikationsbedürftigen Protokolls.

Die Bedeutung der beiden Gremien für die weitere Frankreichpolitik in der Ära Kohl ist beträchtlich. In der Auslaufperiode des Kalten Krieges, die jetzt begonnen hat, wird der deutsch-französische Verteidigungsrat keine Wirkung mehr entfalten, wohl aber in den neunziger Jahren, als Kohl intensiv, wenngleich letztlich wenig ertragreich, die bilaterale Verteidigungsallianz zum Kern einer Europäischen Verteidigungsgemeinschaft machen möchte. Auch der Rat für Wirtschafts- und Finanzpolitik wird sich als nützliches Instrument bei der Koordinierung der beiderseitigen Wirtschafts- und Finanzpolitik erweisen. Auf die Geldpolitik der Bundesbank – wie Stoltenberg befürchtet hatte – wird er aber keinen Einfluß nehmen.[38] Viel wichtiger in dieser Beziehung ist, daß Stoltenberg und Delors aus der Bereitschaft Kohls, sich auf eine enge bilaterale Koordination in der Wirtschafts- und Währungspolitik einzulassen, die richtigen Schlüsse ziehen und nun das Thema einer Wirtschafts- und Währungsunion (WWU) im Rahmen der Europäischen Gemeinschaft erneut forcieren. Dabei kommt ihnen zupaß, daß Deutschland in der ersten Jahreshälfte 1988 die Ratspräsidentschaft wahrnimmt. Somit ist es naheliegend, nach dem Vorbild der einstigen Werner-Kommission erneut ein Expertengremium die Möglichkeiten einer Wirtschafts- und Währungsunion prüfen und Vorschläge ausarbeiten zu lassen. Der Bundeskanzler, so die Erwartung, wird seine Präsidentschaft nicht durch heftigen Widerstand gegen einen solchen Vorstoß belasten wollen. Anfang Januar legt der Wirtschafts- und Finanzminister Balladur ein Memorandum vor, in dem er neben Vorschlägen zur Weiterentwicklung des europäischen Wirtschafts- und Währungssystems auch schon Überlegungen hinsichtlich einer Europäischen Zentralbank zur Diskussion stellt. Noch bleibt er vorsichtig und bemerkt nur, sie könnte »eine gewisse Autonomie« haben. Balladur ist zwar ein Wirtschaftsliberaler, doch auch für ihn ist der Gedanke an eine Entlassung der französischen Staatsbank aus der Kontrolle des Finanzministers gewöhnungsbedürftig.[39] Bald wird deutlich, daß sich auch Weichwährungsländer wie Spanien und Italien dem französischen Drängen nach einer europäischen Währung anschließen.[40]

Entscheidend für den künftigen Gang der Dinge wird die deutsche Präsidentschaft. Bei seinem Brüsseler Sondergipfel am 11. und 12. Februar 1988 verabschiedet der Europäische Rat unter dem Vorsitz Helmut Kohls das sogenannte Delors-I-Paket.[41] Damit man in Brüssel, wo Kohl sehr massiv auftritt, vorankommt, muß der Bundeskanzler wieder gewichtige deutsche Leistungen bei der Verdoppelung des Strukturfonds zugestehen. Doch er kehrt im Hochgefühl des Erfolgs aus Brüssel zurück. Der Große Binnenmarkt nimmt sichtlich Gestalt an. Dieses Konzept, das Delors mit seinem Namen verbunden hat, erscheint jetzt als der Königsweg zum politischen Europa.

Seit dem Brüsseler Gipfel sieht die Öffentlichkeit zwei Persönlichkeiten, die den europäischen Fortschritt verkörpern: Helmut Kohl und Jacques Delors. Jetzt fällt auch das Argument von Delors, eine Europäische Zentralbank und eine europäische Reservewährung könnten diesen mächtigen Impuls »unumkehrbar« machen, bei Helmut Kohl auf fruchtbaren Boden. Er registriert aber auch die Sympathien, die das langfristige Konzept einer europäischen Währungsunion in Teilen der Wirtschaft genießt. Daß die Idee auf die deutschen Großbanken elektrisierend wirkt, kann niemanden erstaunen. In Alfred Herrhausen hat die Deutsche Bank einen Vorstandssprecher, der mit Kohl freundschaftlich verbunden ist und der hinter den Kulissen, aber zunehmend auch öffentlich für die Errichtung einer europäischen Zentralbank plädiert.[42] Auch in der CDU findet die Währungsunion Unterstützung. Lothar Späth, Kohls letzter und gefährlichster innerparteilicher Rivale, der bei den Landtagswahlen am 20. März 1988 entgegen allen Befürchtungen in Baden-Württemberg triumphiert, spricht sich mit großem Nachdruck dafür aus. Franz Josef Strauß ist gleichfalls ein starker Befürworter solcher Pläne. Späth hat dabei die Interessen der exportorientierten baden-württembergischen Automobil- und Werkzeugmaschinenindustrie scharf im Blick, Strauß die deutsch-französische Zusammenarbeit in der Airbus AG.

In den Tagen nach dem Brüsseler Gipfel betritt unerwartet Hans-Dietrich Genscher das Spielfeld. Am 26. Februar 1988 veröffentlicht er »in persönlicher Verantwortung« ein »Memorandum für die Schaffung eines europäischen Währungsraums und einer europäischen Zentralbank«.[43] Wie Kohl ist Genscher ein »Herzenseuropäer«. Auch er möchte die Bundesrepublik unwiderruflich in Europa verankern. Mit der FDP, die weitgehend auf seiner Linie liegt, will er dreierlei erreichen: ein Wirtschaftseuropa mit eigener Währung, ein politisches Europa mit gemeinsamer Außen- und Verteidigungspolitik und ein Europa mit einem deutsch-französischen Kern. Jetzt, im Februar 1988, liegt ihm daran, die altbekannten Ideen des Werner-Plans wiederzubeleben und dabei auf das Modell der Bundesbank aufmerksam zu machen. Am Endpunkt seiner Überlegungen zu einem Stufenplan steht der Vorschlag einer europäischen Zentralbank, deren Geldpolitik nach dem Vorbild der Bundesbank auf Preisstabilität ausgerichtet sein soll. Zum weiteren Konzept einer Währungsunion plädiert er dafür, der Gipfel in Hannover solle einen »Rat der Weisen« ernennen mit dem Auftrag, innerhalb eines Jahres eine Machbarkeitsstudie zu erarbeiten. Dem Genscher-Memorandum ist keine Erörterung in der Bundesregierung vorausgegangen, so daß der von der Barschel-Affäre und von den quälenden Auseinandersetzungen um die Steuerreform angeschlagene Stoltenberg erneut überrumpelt ist.

Gewiß versteht Genscher einen breiten Fächer von Argumenten zu entfalten, weshalb eine Währungsunion im ureigensten Interesse der Bundesrepublik sei. Er glaubt auch daran. Vielfach wird aber geargwöhnt, daß der französische Außenminister Roland Dumas seinen Bonner Kollegen ermutigt, wenn nicht gar gedrängt hat, anstelle des Quai d'Orsay vorzupreschen.[44] Dumas ist Mitterrands außenpolitischer Intimus, manche bezeichnen ihn als dessen Alter ego. 1984/85 und danach wieder seit 1988 ist er Mitterrands Außenminister. Auch 1986 bis 1988, zu Zeiten der Cohabitation, hat er als Mitterrands Berater ständigen Zugang zum Präsidenten. Zugleich ist Dumas unter Mitterrands Getreuen einer derjenigen, die die deutsche Sprache beherrschen. Der Kontakt zwischen Genscher und seinem Pariser Kollegen ist ähnlich freundschaftlich wie der zwischen Kohl und Mitterrand. Die beiden treffen oft zusammen und telefonieren häufig.

Die Beobachter der Bonner Szene rätseln, ob jetzt der Bundeskanzler und der Außenminister miteinander um die Palme des Vorkämpfers für Europa ringen oder ob sie sich vertraulich besser abgestimmt haben, als nach außen sichtbar wird. Das Ineinandergreifen verschwiegener Rivalität und produktiver Zusammenarbeit ist und bleibt auch auf dem Feld der Währungsunion für alle Zuschauer schwer faßbar. In der ersten Märzhälfte signalisiert Kohl vor dem Europäischen Parlament, daß er bereits grundsätzlich beigedreht habe. Dort führt er aus, »daß wir dem Ziel der politischen Einigung Europas beträchtlich näher kommen, wenn darüber hinaus auch die europäische Wirtschafts- und Währungsunion Gestalt annimmt«. Erst dann sei die Entwicklung zur Europäischen Union »wirklich unumkehrbar«.[45] Die Frage ist jetzt nicht mehr, ob er die von Delors und Mitterrand initiierten Vorstellungen aufgreift, sondern wie.

In der Bundesregierung sucht Stoltenberg zwar weiterhin abzubremsen und unterstreicht in einer Erwiderung auf Genscher »das zwingende Erfordernis einer vertraglich abgesicherten, stabilitätsgerechten Wirtschafts-, Steuer- und Haushaltspolitik aller Mitgliedstaaten«.[46] Offenbar kann er Kohl zeitweilig überzeugen, denn dieser argumentiert beim nächsten Gespräch mit Mitterrand, eine Zentralbank könne erst am Ende der europäischen Einigung stehen.[47] Damit artikuliert er nichts anderes als die »Krönungstheorie« der deutschen Ordoliberalen und zugleich die der Bundesbank. Doch auch Stoltenberg schwimmt gewissermaßen auf der Erfolgswelle des Großen Binnenmarkts. Beeinflußt von seinem britischen Kollegen Lawson und seinen eigenen liberalen Überzeugungen folgend, liegt ihm jetzt vor allem daran, den von Kontrollen freien europäischen Kapitalmarkt durchzusetzen, wogegen sich Mitterrand noch heftig sträubt. Mitte Mai 1988, in diesem für die Zukunft der EG entscheidenden Halbjahr der deutschen Präsidentschaft, gelingt ihm bei einer Sitzung des Ecofin ein großer Durchbruch: Die EG-Finanzminister stimmen der baldigen und vollständigen Liberalisierung der Kapitalmärkte im EG-Raum zu. Nur dadurch, so das Sachargument, könne sich die Konvergenz der Binnenpolitiken im Urteil der Märkte bewähren.[48]

Soweit ersichtlich, entschließt sich Kohl in der zweiten Maihälfte zum Handeln. Nach dem Erfolg des Brüsseler Gipfels im Februar ist sein Prestige als Leiter europäischer Gipfel, wo so häufig eine gewitterschwüle Stimmung herrscht, höher denn je. Auch Mitterrand ist wiedergewählt, so daß jetzt auf weite Sicht geplant werden kann. Während er in der Frage einer europäischen Währung zunächst der Getriebene war (getrieben von Mitterrand, von Delors und zuletzt von Genscher), fühlt der Kanzler sich jetzt stark genug, künftig vor aller Augen zum Promoter der Idee zu werden.

Verschiedene Vorschläge zum weiteren Vorgehen liegen auf dem Tisch. Am meisten leuchtet Kohl ein, daß die Gouverneure der europäischen Notenbanken gemeinsam mit wenigen Experten von außerhalb im Auftrag des Europäischen Gipfels einen Bericht erarbeiten. Delors, der nach anfänglichen atmosphärischen Störungen[49] bei Kohl jetzt in hoher Gunst steht, drängt gleichfalls darauf. Als der wiedergewählte Staatspräsident Mitterrand den Bundeskanzler Anfang Juni in Evian empfängt, kann er erfreut vernehmen, daß Kohl bereit ist, das Thema WWU Ende des Monats auf dem Gipfel von Hannover erörtern zu lassen und die Notenbankgouverneure an die Arbeit zu setzen. Es gelingt ihm, Kohl zu überzeugen, daß Jacques Delors den Vorsitz dieses Gremiums übernehmen soll.[50]

Mitterrand muß allerdings eine garstige Kröte schlucken, nämlich die Zustimmung zu einer baldigen Liberalisierung der Kapitalmärkte, die – Mitterrand ist schon wiedergewählt – noch schnell von Balladur akzeptiert worden ist. In Evian droht Kohl damit, das Thema Liberalisierung der Kapitalmärkte beim bevorstehenden Gipfel in Hannover auf die Tagesordnung zu setzen, somit einen deutsch-französischen Zusammenstoß zu riskieren, wenn Frankreich nicht zustimmen sollte. Mitterrand argumentiert allerdings einleuchtend, bei einer völligen Liberalisierung des Kapitalverkehrs müsse aber auch in allen Ländern der Gemeinschaft eine Kapitalertragsteuer eingeführt werden. Kohl verspricht, sich dafür stark zu machen.[51] Vor dem Gipfel von Hannover hat der sozialistische Präsident somit eine große Konzession gemacht. Die Aussicht auf ein Europa der Banken löst in seiner Sozialistischen Partei durchaus keine Begeisterungsstürme aus, doch für Mitterrand ist Kohls Zusage entscheidend, auf dem Weg zur Währungsunion nun einen großen Schritt voranzugehen.[52] Die Aussicht, die Dominanz der D-Mark zu brechen, rechtfertigt seiner Meinung nach den freien Kapitalmarkt. Zudem erklärt sich Kohl damit einverstanden, daß Delors nach Ablauf seiner ersten Amtsperiode für weitere zwei Jahre Kommissionspräsident bleibt, um dann Martin Bangemann Platz zu machen. So einigt man sich.[53]

Die nachmals berühmte Idee, einen mit drei weiteren Mitgliedern garnierten Ausschuß der Zentralbankpräsidenten unter Leitung von Jacques Delors einzurichten, der den Fragenkomplex einer Wirtschafts- und Währungsunion prüfen und in einem Jahr Bericht erstatten soll, wird von Kohl bis zuletzt unter der Decke gehalten. Die entscheidenden Absprachen werden am 11. Juni bei einem Geheimtreffen von Kohl und Delors in Ludwigshafen getroffen. Beim ersten Abendessen auf dem Gipfel in Hannover, an dem nur die Staats- und Regierungschefs zugegen sind, zaubert Kohl den Vorschlag dann aus dem Hut und plädiert zum Ärger der Briten zugleich dafür, das Mandat von Delors um zwei Jahre zu verlängern. Margaret Thatcher wirkt jedoch darauf hin, daß beim Beschluß zur Einsetzung des Expertengremiums unter Delors der Begriff Europäische Zentralbank nicht auftaucht. Aus ihrer Sicht ist das Problem erst einmal auf die lange Bank geschoben, und da die Deutsche Bundesbank in dem Ausschuß vertreten sein wird, gibt es Grund zu der Erwartung, daß der Eifer der Franzosen, Italiener und Spanier abgebremst wird.[54] Erst im Rückblick wird deutlich, daß bei diesem Arbeitssessen am Abend des 27. Juni im Welfenschloß zu Hannover die Tür zur europäischen Währung leise geöffnet worden ist.

Noch ist jedoch nichts entschieden. Briten, Holländern und Dänen schwebt eher eine Verbesserung des EWS vor. Demgegenüber sind Mitterrand, Delors, González und die Italiener von der Idee einer europäischen Währung fasziniert, ohne sich über den Mechanismus aber schon große Gedanken gemacht zu haben. Doch zwischen den Alternativen eines verbesserten EWS und einer gemeinsamen Währung sind komplizierte Zwischenstufen und Kompromisse denkbar. Die Delors-Kommission wird ihren Bericht im Juni 1989 unter spanischer Präsidentschaft vorlegen. Viel, ja alles hängt letztlich davon ab, welche Lösung der deutsche Bundeskanzler dann bevorzugen wird. Kohls Präferenz für Delors läßt jedoch schon erkennen, wohin er den Entscheidungsprozeß steuern will.

Im Herbst 1988 markieren drei Grundsatzreden, wie die Frontlinien verlaufen werden. Am 20. September hält Margaret Thatcher vor dem Europakolleg in Brügge eine Rede, in der sie klar, scharf, selbstbewußt und voll boshafter Ironie ihr Europakonzept entfaltet. »Europa«, so beginnt sie, »ist nicht die Schöpfung der Römischen Verträge … Wir Briten sind ebenso Erben des Vermächtnisses europäischer Kultur wie jedes andere Land.« Dreihundert Jahre habe England zum römischen Weltreich gehört, die Magna Charta von 1215 habe den Weg zu den repräsentativen Institutionen gebahnt. England habe Jahrhunderte hindurch für die Freiheit gekämpft, auch im Ersten und im Zweiten Weltkrieg. Bis heute – höflicher Hinweis an die Adresse Helmut Kohls – seien 70 000 britische Soldaten auf dem Festland stationiert. Nachdem sie so das Panorama der Vielfalt europäischer Kulturen enrollt hat, dies verbunden mit dem Bekenntnis: »Unser Schicksal liegt in Europa!«, reitet sie – ohne Namensnennung – eine furiose Attacke gegen die Europa-Ideen von Delors, Mitterrand und auch von Helmut Kohl. Ihre Leitsätze lauten: erstens Kooperation zwischen souveränen Staaten, zweitens Plädoyer für vernünftige EG-Politiken (unvernünftig ist die Landwirtschaftspolitik), drittens ein Europa des freien Unternehmertums, der offenen Märkte und des freien Kapitalmarkts (ohne zentrale Reglementierung), viertens Offenheit zum Welthandel und fünftens Verteidigung Europas nur in engster Gemeinschaft mit den USA und in der NATO, dabei auch Modernisierung der nuklearen Abschreckungssysteme. Der NATO-Vertrag und die Römischen Verträge, so schließt sie, reichten aus: »Für das britische Konzept sind keine neuen Dokumente erforderlich.«[55]

Helmut Kohl aber, das wird in diesem Herbst nun überdeutlich, optiert konsequent für das Zusammengehen mit Frankreich. Das symbolisiert die Verleihung des Aachener Karlspreises, den er und Mitterrand gemeinsam am 1. November 1988 entgegennehmen können. Beim folgenden deutsch-französischen Gipfel in Bonn verständigen sich die beiden auf ein gemeinsames Vorgehen in Sachen europäische Währungsunion. Wohin der Bundeskanzler zu steuern gedenkt, läßt sich den beiden Grundsatzreden entnehmen, die er nun hält, die erste bei Verleihung des Karlspreises im Kaiserdom Karls des Großen zu Aachen, die zweite acht Tage später vor der Europäischen Bewegung aus Anlaß einer Gedenkveranstaltung zum hundertsten Geburtstag von Jean Monnet. Beide Ansprachen formulieren einen Gegenentwurf zur Provokation von Margaret Thatcher in Brügge.

Aachen ist ein Ort, wo man die abendländische Vergangenheit beschwört. Diese ist für Helmut Kohl vor allem eine deutsch-französische Geschichte: »Deutschland und Frankreich waren stets mehr als nur Nachbarn. Sie waren, sie sind Geschwister, hervorgegangen aus denselben Ursprüngen, aus demselben karolingischen Reich.« So soll es auch weitergehen, natürlich in der großen europäischen Gemeinschaft und offen nach allen Seiten, zu den USA jenseits des Atlantik und nach Osten hin.[56] Keine Frage jedoch: Innerhalb der EG hat das deutsch-französische Sonderverhältnis für den Bundeskanzler hohe Priorität.

In der Rede vor der Europäischen Bewegung geht er dezidierter auf das Konzept Margaret Thatchers ein, natürlich ohne sie oder ihre Vorstellungen auch nur andeutungsweise zu erwähnen. So zupackend Kohl in spontanen Debattenbeiträgen ist, so wenig pointiert sind seine sorgfältig abgeschmeckten Grundsatzreden. Seine Redenschreiber haben inzwischen die Kunst zur Perfektion entwickelt, wollige allgemeine Aussagen teigig aneinanderzukleben, wo immer möglich auf der Klaviatur des Sowohl-als-auch zu spielen, zugleich aber doch da und dort für den Wissenden zu signalisieren, woran dem Kanzler hier und heute gelegen ist. Wie die britische Premierministerin feiert auch Kohl die kulturelle Vielfalt Europas, aber tatsächlich skizziert er (ohne sich auf eine Punktation einzulassen) den fast perfekten Gegenentwurf.

In Bezug auf Margaret Thatchers Rede von Brügge lassen sich Kohls Leitsätze wie folgt formulieren: erstens kein Festhalten an der nationalen Souveränität, vielmehr Souveränitätsübertragung an Europa, um sie »zu bündeln« (»notwendig ist es …, daß die europäischen Länder Teile ihrer Souveränität allmählich auf die Gemeinschaft überleiten«); zweitens keine Kritik am bürokratischen »acquis communautaire« der EG, vielmehr Plädoyer für eine »echte Solidargemeinschaft« mit den »notwendigen Kompromissen und Opfern«, um »die großen Chancen« nicht leichtfertig zu verspielen (doch hütet er sich, dabei die EG-Landwirtschaftspolitik oder die Strukturfonds zu erwähnen); drittens keine bloße Freihandelszone (dieses Reizwort spricht er nicht aus, umschreibt es nur), vielmehr Harmonisierung der Wirtschafts- und Sozialpolitik (ein »gemeinsamer Sozialraum«, ein »gemeinsamer Währungsraum«, »notwendige Harmonisierung der Mehrwert- und Verbrauchssteuern«). Auf den vierten Punkt der

Premierministerin – Offenheit zum Welthandel – geht er hier nicht ein, wohl aber plädiert er fünftens für »eine europäische Konzeption in der Sicherheitspolitik« verbunden mit den Vereinigten Staaten. Er hat auch noch einen Kernpunkt, für den die auf die Souveränität ihres Parlaments von Westminster so stolzen Briten überhaupt kein Verständnis haben: die Forderung nach »wesentlich größeren Kompetenzen« für das Europäische Parlament. Damit aber jedermann weiß, wo der tiefste Gegensatz zu den britischen Vorstellungen liegt, schließt er mit den Worten: »Nutzen wir die Zeit: Schaffen wir die Vereinigten Staaten von Europa!«[57]

Kontroversen um die erste, zweite und dritte Null-Lösung

In der Innenpolitik ist Helmut Kohl ein Pragmatiker, in der Europapolitik ein Gestalter, in der Abrüstungspolitik der Jahre 1985 bis 1989 ein Getriebener. Nach der Stationierung der Pershing II hat sich die Friedensbewegung zwar beruhigt, aber deren Ängste, Aversionen, Sehnsüchte und nicht zuletzt deren eng vernetzte Organisationen sind weiterhin ein bestimmender Faktor. Große Teile der Öffentlichkeit verabscheuen alles Atomare – die Kernkraftwerke genauso wie die Nuklearstrategie der NATO. Das verbindet sich mit der pazifistischen Grundwelle der achtziger Jahre. In Europa ist man des Kalten Krieges müde und in Deutschland ganz besonders.

»Der tiefenpsychologische Zustand unseres Volkes ist natürlich schon anders als in anderen Ländern«, seufzt der Bundeskanzler im Juni 1986, als nach dem GAU in Tschernobyl die Atomangst verstärkt um sich greift: »Von Woche zu Woche entwickeln wir ein neues Angstsyndrom.«[1] Ausgerechnet in dieser Phase gesteigerter Sensitivität für die Gefahren des Atomzeitalters lenken die Verhandlungen über einen Abbau der Mittelstreckenraketen die allgemeine Besorgnis erneut auf die Kernwaffen. *Die Angst reist mit*,[2] lautet der Titel eines Politthrillers des einstmals vielgelesenen Eric Ambler. So läßt sich auch recht einprägsam eine weitverbreitete Grundstimmung in Deutschland kennzeichnen. Der Bundeskanzler vergißt keinen Moment die Sicherheitslage, in der sich die Bundesrepublik befindet. Als sich in diesen Jahren der neuseeländische Premierminister David Lange zu einem Besuch in Bonn einfindet, führt er diesem vor Augen, vom Bundeskanzleramt bis zur nächsten sowjetischen Panzerdivision mit Hauptquartier in Weimar seien es »nur sechs Tank-Stunden«. Die Bundesrepublik sei das Land mit dem größten Waffenarsenal auf seinem Gebiet, gleichzeitig am dichtesten besiedelt und mit der höchsten militärischen Flugdichte. Für ihn seien deshalb Krieg und Gewalt keine Mittel der Politik mehr: »Ein Krieg in Mitteleuropa würde das Inferno bedeuten. Die Sowjetunion habe hier in Europa eine ungeheure Übermacht, weshalb auch die konventionelle Abrüstung so wichtig sei.« Und so sagt er zu seinem Besucher von den Antipoden: »Wenn wir die Karte betrachteten und dann den Premierminister von Neuseeland ansähen, sagten wir uns: Der hat es gut!«[3]

Der Pazifismus in großen Teilen der bundesdeutschen Öffentlichkeit kann Kohl also nicht überraschen, auch wenn er die daraus gezogenen defätistischen Konklusionen nicht teilt. Wieder und wieder führt er in Gesprächen mit Mitterrand, Reagan oder Margaret Thatcher Klage über die deutschen Dauerthemen Atomangst und Pazifismus. Inmitten der Unsicherheiten im Frühjahr 1987 hält er es für möglich, daß Gorbatschow, wenn er bleibt, auf die Idee kommen könnte, mit den Deutschen zu reden und dabei eine Art Rapallo- oder Tauroggen-Gedanken als Köder zu nutzen. Zwar glaubt er, daß die deutschen Wähler gegen eine solche Versuchung immun sind, aber die Intellektuellen?! Dort sieht er »fellow-travellers, die deutschen Neutralismus für möglich hielten«: »*Die Zeit* gehe immer mehr in Richtung Neutralismus.« Gegenwärtig »ergieße sich eine ungeheure Welle aus Moskau über die Bundesrepublik Deutschland. Viele Sowjets reisten zu uns, die mit zahlreichen Publizisten redeten, Vorträge hielten usw. Die deutschen Unternehmer seien oft sehr unkritisch und begeistert und lobten Gorbatschow als neuen Menschen. Auch die Evangelische Kirche sei undurchsichtig.«[4] Der Wahlsieger des Januar 1987 setzt in die Widerstandskraft des bürgerlichen Deutschland gegenüber der östlichen Entspannungspolitik kein allzu großes Zutrauen. Das ist ein Hauptgrund, weshalb er jetzt so ungeduldig auf eine deutsch-französische Sicherheitsgemeinschaft drängt. Freilich gibt er das Spiel nicht verloren, ganz im Gegenteil. Unablässig macht er sich selbst und anderen Mut: »Die Zeit arbeitet für uns.«[5]

Aber selbst in der CDU sind die Unruhegeister kaum zu bändigen. Der ansonsten getreue Fraktionsvorsitzende Alfred Dregger weiß, was ein Krieg ist und wie einer hoffnungslos zusammengeschlagenen Truppe zumute ist. Er will sich nicht damit abfinden, daß die atomar gerüsteten Verbündeten und die Sowjetunion im Kriegsfall ganz Deutschland gemeinsam durch Nuklearartillerie und Kurzstreckenraketen verheeren. Und der immer mächtiger werdende Heiner Geißler versteht es glänzend, zwei Rollen gleichzeitig zu spielen: die eines Abraham a Santa Clara des Atomzeitalters, der seine Partei voll moralischer Strenge zu weitreichenden Abrüstungsschritten auffordert, und die des pfiffigen CDU-Generalsekretärs, der vor jeder Landtagswahl den Bundeskanzler bedrängt, durch Konkretisierung der Parole »Frieden schaffen mit immer weniger Waffen« verunsicherte Wählerscharen in den Pferch der CDU zu locken.

Selbst ein konservativer Bundeskanzler wäre in diesem Großwetterklima zu behutsamem Lavieren gezwungen. In Sachen Nuklearstrategie ist Kohl aber überhaupt kein Konservativer. Den ungedienten Adenauer hat man einst einen »Erz-Zivilisten« genannt. Auch der ungediente Helmut Kohl ist auf seine Weise ein Erz-Zivilist, wenngleich mit starker Sympathie für die Soldaten. Befragt man seinerzeitige Generäle oder Mitarbeiter Kohls heute, so bestätigen sie übereinstimmend, er habe »ein sehr emotionales Verhältnis zur Bundeswehr gehabt, er hat den Beruf des Soldaten und des Offiziers geachtet«.[6] Vor dem Hintergrund antimilitaristischer Ablehnung, die der Bundeswehr damals aus der Friedensbewegung und auch von der SPD-Linken entgegenschlägt, fühlen Soldaten und Offiziere nach der Wende im Herbst 1982 einen spürbaren Klimawechsel. Wie schon erwähnt, hat Kohl seinen Vater, der Soldat war, sehr respektiert, und er ist in den achtziger Jahren stolz darauf, daß seine Söhne getreulich ihren Wehrdienst leisten; damit trumpft er gelegentlich sogar vor hochgestellten Amerikanern oder Margaret Thatcher gegenüber auf. Je länger, desto mehr begreift er sich der Bundeswehr gegenüber wie eine Art Soldatenvater. Aber eben deshalb will er sein Äußerstes tun, der Bundeswehr Kampfeinsätze zu ersparen. Selbstverständlich ist er sich des politischen Gewichts der deutschen Streitkräfte durchaus bewußt, und gelegentlich stellt er im Kreis der CDU-Präsidiumsmitglieder fest, international habe die Bundesrepublik »zwei Gewichte« in der Hand: die Wirtschaft und die Bundeswehr.[7] Aber über eines läßt er nicht mit sich reden: Die Bundeswehr ist eine Abschreckungsstreitmacht und keine Kriegführungsmaschine. Daß für dieses einstmalige Kriegskind jeder Gedanke an einen Dritten Weltkrieg in Deutschland eine Horrorvorstellung ist, weiß jeder, der länger mit ihm zu tun hat.

Das alles bestimmt seine Einstellung zur Nuklearstrategie. Strategische Fragen des Zweiten Weltkriegs interessieren ihn zwar brennend (schließlich hat das Kriegskind Helmut Kohl mit großem Interesse Tag für Tag den Wehrmachtsbericht gehört und will im nachhinein wissen, wie es wirklich gewesen ist), doch die komplizierten Kalküle und Organisationen der NATO-Militärstrategie in der zweiten Hälfte der achtziger Jahre fordern weder seine Neugier noch seine Leidenschaft heraus. So wie sich ein gläubiger Christ um die nie enden wollenden Streitigkeiten der theologischen Schulen wenig kümmert, hält er es mit dem Streit zwischen den Denkschulen der Nuklearstrategie. Er geht durchgehend – man mag sagen schlicht – davon aus, daß die Bundeswehr im Abschreckungskonzept der NATO den konventionellen Part zu spielen hat, und zwar einen ganz überragenden. Die Entfaltung eines glaubhaften Atomschirms aber, so meint er, sei die Aufgabe der Amerikaner.

Mit der axiomatischen Überzeugung, daß ein Bundeskanzler alles Denkbare zu tun hat, daß die Bundeswehr nicht zur kämpfenden Truppe und Deutschland nicht zur Atomwüste wird, verbindet sich also eine weitere Grundauffassung: Die Bundesrepublik kann und darf keine Kernwaffenmacht sein. In diesem Punkt unterscheidet er sich von Adenauer und dessen Verteidigungsminister Franz Josef Strauß, die beide Wert darauf legten, den deutschen Finger an den atomaren Drücker zu bekommen – natürlich nur, um glaubhafter abzuschrecken. Aber das waren eben die fünfziger und die frühen sechziger Jahre. Seither hat sich die politische Klasse mit dem nichtnuklearen Status der Bundesrepublik abgefunden. Schon als CDU-Vorsitzender und von Anbeginn an als Bundeskanzler ist die Akzeptanz eines nichtnuklearen Status für Kohl ganz selbstverständlich. Eben deshalb mißt er dem Bündnis mit Amerika höchste Priorität bei. Da aber die Sowjetunion ein atomar ganz furchtbar gerüsteter Gegner ist, muß ein Bundeskanzler, so sieht er es, alles tun, um den amerikanischen Atomschirm intakt zu halten. Dabei ist seiner Meinung nach die politische Übereinstimmung mit der jeweiligen Administration in Washington viel wichtiger als die Frage, welche Kernwaffensysteme abschrecken oder wieviele.

Nachdem die Nachrüstung mit Mühe und Not durchgezogen ist, würde der Bundeskanzler jedenfalls das beispiellos sensitive Thema der Pershing II am liebsten so weit wie möglich hinten auf der politischen Agenda angesiedelt sehen. So wie die Dinge liegen, kann die CDU nur verlieren, wenn dieses Thema wieder hochkommt. Die Wähler werden nervös, wenn man ihnen zu drastisch vor Augen führt, daß die vielgerühmte »Sicherheitsarchitektur« der Bundesrepublik hart am Rande des atomaren Abgrundes errichtet ist. Aber die beiden Größen jener Jahre – Reagan und Gorbatschow – geben in diesem Punkt keine Ruhe.

Paradoxerweise ist ausgerechnet der antikommunistische Rechtsrepublikaner Ronald Reagan von größter Skepsis gegen die atomare Abschreckungsstrategie der beiden Supermächte erfüllt. Ein Konzept, das auf der gegenseitig angedrohten Vernichtung beruht, will seinem gesunden Menschenverstand nicht einleuchten. Er gehört zu denen, die den Fachterminus »Mutual Assured Destruction« mit dem Kürzel MAD bezeichnen, und träumt von einer Welt ohne Kernwaffen. Alle ohnehin schon reichlich vorhandenen Kritiker seiner Aufrüstungsstrategie sind entsetzt, als er ausgerechnet am 23. März 1983, auf dem Höhepunkt der Angst vor einem Kernwaffenkrieg nach Aufstellung der Pershing II, das Programm eines Raketenabwehrschildes im Weltraum lanciert, der letzten Endes »Kernwaffen obsolet machen soll«. Reagan nimmt zwar dadurch den amerikanischen Kernwaffengegnern (dem Nuclear Freeze Movement) den Wind aus den Segeln und zwingt auf mittlere Sicht die Sowjetunion zu ernsthaften Abrüstungsverhandlungen,[8] vergrößert aber zugleich die Besorgnisse in Europa. Von den deutschen Nuklearkritikern wird die Strategic Defense Initiative (SDI) als ein Konzept interpretiert, langfristig die Sowjetunion nuklearstrategisch mattzusetzen. Kohl selbst ist von SDI nicht besonders überzeugt, akzeptiert dieses Konzept aber als loyaler Verbündeter, sucht die deutsche Industrie daran zu beteiligen und streitet darüber mit Genscher wie mit Mitterrand, die beide nichts davon halten. Tatsächlich ist Reagan auf seine Weise ein Utopist, der sich mit der Selbstvernichtung der Menschheit nicht abfinden möchte. 1985 läßt er sich jedoch davon überzeugen, daß eine Doppelstrategie zu einer Welt ohne Kernwaffen führen könnte: einerseits Aufbau von SDI, andererseits Verhandlungen mit der Sowjetunion über den beiderseitigen Abbau der Kernwaffenpotentiale.

Hier kommt Gorbatschow ins Spiel. Anfang 1986 proklamiert er sein eigenes »Programm zur Befreiung der Welt von der Angst einer nuklearen Katastrophe«. Dieses könnte in exakt festgelegten Schritten bis zum Jahr 2000 »zur vollständigen Beseitigung der Kernwaffen in der ganzen Welt führen«.[9] Fünfzig Prozent der Langstreckensysteme sollen im Verlauf von fünf bis acht Jahren reduziert und sämtliche Mittelstreckenraketen sowie Marschflugkörper auf dem europäischen Kontinent beseitigt werden. Entspannungspolitiker und Atomgegner in der Bundesrepublik begrüßen seinen Vorstoß begeistert, die Experten halten das alles eher für unseriöses Polittheater. Doch Reagan, auf den es letztlich ankommt, meint anerkennend: »Warum hat es solange gedauert?«[10]

Reagans Träume von einer atomwaffenfreien Welt sind illusionär. In Bezug auf die Rüstungskontroll- und Abrüstungsverhandlungen sehen in ihm viele eine »lose Kanone«, die da- oder dorthin übers Deck rollt. Gorbatschow erweist sich ihm gegenüber in den Jahren 1986, 1987 und 1988 als beweglicher Realist, der manches begriffen hat: erstens, daß er mit Angeboten zur nuklearen Abrüstung Reagans tiefsten Wünschen entspricht, was amerikanische Konzessionen erwarten läßt; zweitens, daß Vorschläge zu radikaler nuklearer Abrüstung in Europa und vor allem in der Bundesrepublik ein begeistertes Echo finden werden; drittens, daß ständige Veränderungen der Positionen der Schlüssel zum Erfolg sind; viertens, daß die Sowjetunion in Europa dank der Hochrüstung unter Breschnew eine satte Überlegenheit hat, die viel Spielraum bei den Verhandlungen eröffnet. In Europa erfreut sich die Sowjetarmee in allen Bereichen einer erdrückenden Überlegenheit: bei den konventionellen Streitkräften, bei der Atomartillerie, bei den atomar bestückten Bombern, bei den Kurzstrecken- und auch bei den Mittelstreckenraketen.

Wie sicher sich die Sowjetunion ihrer Überlegenheit ist, läßt sich erst nach dem Umbruch der Jahre 1990/91 erkennen, als die Offensivpläne des Warschauer Pakts bekannt werden, die für den Fall eines Krieges bis zum Jahr 1988 in Kraft waren. Sie sehen bald nach Beginn der Kampfhandlungen eine Großoffensive vor zur Besetzung ganz Westeuropas bis zum Atlantik und zur spanischen Grenze innerhalb von 35 Tagen. Die Bundesrepublik, berechnen die östlichen Planer, wird in dreizehn bis fünfzehn Tagen überrannt sein. Die Durchbruchsschlacht soll von Anfang an durch massive Kernwaffenschläge unterstützt werden. Dabei würden innerhalb weniger Minuten größere Schäden und Verluste entstehen als während der fünf Jahre des Zweiten Weltkriegs.[11]

Bekanntlich gingen die westlichen Regierungen in den achtziger Jahren von der falschen Annahme einer vorsichtig dosierten nuklearen Eskalation aus, während die sowjetischen Offensivpläne von Anfang an den massiven Einsatz von Kernwaffen vorsahen. Das erklärt, weshalb das Angebot einer völligen Entfernung der Mittelstreckenraketen aus Gorbatschows Sicht völlig risikolos ist. Als Moskau 1986 mit zunehmender Entschlossenheit die Genfer Verhandlungen in Richtung einer Null-Lösung dirigiert, sitzt die Reagan-Administration zusammen mit der Bundesregierung Helmut Kohls ziemlich hoffnungslos auf dem seit Jahren vorgeschlagenen Konzept einer beiderseitigen Null-Lösung fest. Tatsächlich ist die Null-Lösung schon im Jahr 1981 von keinem anderen als Reagan ins Auge gefaßt worden.[12] Im Januar 1983, in der kritischsten Phase des Bundestagswahlkampfs, hatten es Kohl, Genscher, aber auch Reagan somit eilig, einen Stationierungsverzicht der Pershing II gegen einen vollständigen Abzug der SS 20 als Verhandlungsziel zu proklamieren, um damit der SPD und den Grünen den Wind aus den Segeln zu nehmen.[13] Eine Mehrheit der deutschen Wähler war damit zufrieden, doch kaum jemand unter den Experten glaubte damals im Ernst daran, daß die Sowjetunion auf eine so weitreichende Forderung nach Entfernung der von ihr aufgebauten SS 20 und vergleichbarer Mittelstreckenwaffen tatsächlich eingehen würde. Bei den Genfer Verhandlungen im Verlauf des Jahres 1983 wurden dann mit nachhaltiger Unterstützung des Bundeskanzlers die unterschiedlichsten Zwischenlösungen ins Gespräch gebracht. Nach Beginn der Stationierung der Pershing II am 23. November 1983 brach die Sowjetunion die Verhandlungen dann ab.

Doch das westliche Angebot einer Null-Lösung liegt immer noch auf dem Tisch. Gorbatschow braucht also nur zuzugreifen. Schon mit Rücksicht auf die öffentliche Meinung könnten es die westlichen Unterhändler nicht wagen, das Angebot einer Null-Lösung schlankweg abzulehnen. Hingegen versuchen sie es mit der bei solchen Verhandlungen üblichen Praxis, eine mögliche Bereitschaft mit unterschiedlichsten Bedingungen und Kopplungen zu verbinden und vor allem über beiderseits vereinbarte Obergrenzen zu feilschen. Vereinbarung von Obergrenzen würde bei dem Mittelstreckensystem bedeuten: Die USA beharren weiterhin auf der Stationierung einer begrenzten Zahl zielgenauer Raketen, die Ziele bis in die Nähe Moskaus erfassen können, in der Hoffnung, die Abschreckung so noch glaubhafter zu machen. Da aber die Sowjetarmee über hinlänglich viele Kurzstreckenraketen und reichlich Nuklearartillerie verfügt, mit denen die NATO-Front in der Bundesrepublik aufgebrochen werden könnte, ist es für Moskau risikolos, auf eigene Mittelstreckensysteme zu verzichten. Allerdings kann es den sowjetischen militärisch-industriellen Komplex nicht erfreuen, moderne Waffensysteme einfach zu verschrotten. Eben dazu zeigt sich aber Gorbatschow bereit.

In der Folge bieten die beweglich verhandelnden Rüstungskontrolldiplomaten Gorbatschows nicht nur eine beiderseitige Null-Lösung bei den Mittelstreckenraketen mit einer Reichweite von 1800 Kilometern an (was alle Pershing II betrifft). Ihre Angebote gehen weiter: Eine »doppelte Null-Lösung« soll nun auch alle bodengestützten Raketen mit Reichweiten von 500 bis 1000 Kilometern erfassen. Im Mai 1987 sieht sich die Bundesregierung sogar mit der Erwartung des amerikanischen Außenministers George P. Shultz konfrontiert, alle landgestützten sogenannten Intermediate Nuclear

Forces (INF) mit Reichweiten zwischen 5500 und 500 Kilometern der NATO und des Warschauer Pakts unter strenger beiderseitiger Kontrolle abzuschaffen.[14]

Wie reagiert nun der Bundeskanzler darauf? Nach allen derzeit verfügbaren Informationen signalisiert er in Washington frühzeitig, daß er gegebenenfalls eine Null-Lösung bei Mittelstreckenraketen akzeptieren würde. Welche andere Option bleibt ihm auch, nachdem er sich stets für eine Null-Lösung stark gemacht hat, für den Fall, daß die USA ihre Raketen aus purem Eigeninteresse wieder abziehen möchten?! Er drängt aber leidenschaftlich darauf, daß den Verhandlungen über die Mittelstreckensysteme dann eine neue Verhandlung über Kurzstreckensysteme folgen müsse.[15] Natürlich geht er dabei nicht von einer vollständigen Null-Lösung aus, denkt vielmehr an eine beiderseitige Festlegung von Obergrenzen. Da aber die Sowjetunion elastisch verhandelt und viele in der Atomwaffen-müden deutschen Öffentlichkeit nach hundertprozentigen Lösungen verlangen, kann sich der Bundeskanzler letztlich nie der Dialektik der Abrüstungsverhandlungen entziehen: Er sucht dem Drängen auf Null-Lösungen zu widerstehen, indem er als Kompromiß eine starke Reduzierung anstrebt, wobei an minimalen Obergrenzen festgehalten werden soll. Doch der Druck erweist sich jedesmal als so stark, daß komplette Null-Lösungen zwingend erscheinen.

Im Frühjahr 1987 zeichnet sich ab, daß die Bundesregierung die erste Null-Lösung akzeptieren wird. Bei den Verhandlungen über eine zweite Null-Lösung für die Systeme von 500 bis 1000 Kilometern Reichweite sieht sie sich aber nun mit der sowjetischen Forderung konfrontiert, daß 72 Pershing-Ia-Raketen, die sich im deutschen Besitz befinden, gleichfalls abgeschafft werden sollen. Seit den Tagen, da Adenauer Bundeskanzler und Franz Josef Strauß Verteidigungsminister waren, verfügt die Bundeswehr auch über einen breiten Fächer nuklearer Trägersysteme: Jagdbomber, die für den Kernwaffeneinsatz vorgesehen sind, schwere Artillerie, die auch Atommunition verschießen kann, Raketenbataillone für den Einsatz der Kurzstreckenrakete Lance mit einer Reichweite von bis zu 125 Kilometern und eben 72 Pershing Ia. Die atomaren Sprengköpfe selbst befinden sich zwar sämtlich unter amerikanischer Bewachung, und ihre Freigabe kann letztlich nur durch den amerikanischen Präsidenten erfolgen. Doch die Einbeziehung der Bundeswehr in den nuklearen Eskalationsverbund soll sicherstellen, daß von den Divisionen und Geschwadern der Bundeswehr eine ähnlich überzeugende Abschreckungswirkung ausgeht wie von den auf deutschem Boden stationierten Truppen der Amerikaner und der Briten.

Man muß diese grundlegenden Gegebenheiten wenigstens andeuten, um den erbitterten Meinungsstreit zu verstehen, der jetzt aufbricht. Wie nicht anders zu erwarten, hält der Verteidigungsminister mit der Bundeswehrführung an den vorhandenen strategischen Potentialen erst einmal fest. Wie gleichfalls nicht anders zu erwarten, ist Genscher kompromißbereiter. Und wie ebenso nicht anders zu erwarten, fordern jetzt der CSU-Vorsitzende Strauß und die CSU-Landesgruppe mit größtem

Nachdruck, eine doppelte Null-Lösung allein auf amerikanische und sowjetische Systeme zu begrenzen, die deutschen Pershing Ia aber auszusparen. Strauß fordert Kohl sogar auf, den Amerikanern hart entgegenzutreten. Dabei bezieht er sich auf Aussagen des amerikanischen Oberbefehlshabers in Deutschland: »Die erste Welle des Feindes werde aufgehalten unter schwersten Verlusten auf beiden Seiten, die zweite Welle erziele wahrscheinlich den Einbruch, die dritte Welle schaffe den Durchbruch zum Atlantik.«[16] Die Pershing II sei dazu gedacht, den Aufmarschraum der dritten Welle in der westlichen Sowjetunion und in Ostpolen zu erfassen. Werde diese Waffe aber aufgegeben, müsse die Bundesregierung unbedingt an der Pershing Ia mit immerhin 740 Kilometern Reichweite festhalten, um die zweite Welle zu bekämpfen. Strauß steht also mit seinen Sorgen nicht allein. Auch die Experten auf der Hardthöhe widerstreben, und in diesem Punkt liegt die CSU-Landesgruppe auf der Linie von Strauß. Das ist sein letzter großer Streit mit Genscher, der sich schrittweise der zweiten Null-Lösung unter Einbeziehung der Pershing Ia nähert.

Tatsächlich hatte Kohl schon im Herbst 1986 bei einem Besuch in Washington signalisiert, daß er einer einfachen Null-Lösung mit Rückzug der Pershing II nicht im Weg stehen werde. Er dachte überhaupt nicht daran, bei den nun in Gang gekommenen Abrüstungsverhandlungen die Rolle des Störenfrieds zu spielen. Mit Nachdruck aber hatte er wie schon erwähnt den Wunsch vorgebracht, den Mittelstreckenverhandlungen unverzüglich auch Verhandlungen über die Kurzstreckensysteme folgen zu lassen, bei denen die Sowjetunion eine erdrückende Überlegenheit hat.

So sieht er die Lage auch im Frühjahr 1987, als sich Washington und Moskau auf eine doppelte Null-Lösung zubewegen. Er wäre zwar durchaus für eine Reduzierung mit »gleichen Obergrenzen auf niedrigerem Niveau«, sprich: Am liebsten würde er an einer gewissen Anzahl der amerikanischen Mittelstreckenraketen festhalten. Doch die Amerikaner, so rechtfertigt Verteidigungsminister Wörner den Bundeskanzler und sich selbst im CDU/CSU-Fraktionsvorstand, hätten das nicht unterstützt – übrigens genausowenig wie Frankreich.[17] Am lästigsten ist in dieser Phase Genschers Neigung, erforderlichenfalls auch auf die Pershing Ia zu verzichten. In einer Reihe von Interviews begrüßt der Bundesaußenminister in dieser Zeit das »wirklich historische Ereignis«, zum ersten Mal zu einer durchgreifenden Abrüstung zu kommen.[18]

Kohl dagegen ist skeptischer. Das konventionelle Ungleichgewicht, betont er Ende März 1987 gegenüber dem NATO-Generalsekretär, verbiete einseitige Zugeständnisse im Bereich der Mittelstreckenraketen. Und derselbe Bundeskanzler, der zusammen mit Genscher nach der Machtübernahme im Herbst 1982 für eine Null-Lösung bei den beiderseitigen Mittelstreckensystemen plädiert hat, versichert nun, »daß die Null-Lösung für sich genommen für ihn nie ein Dogma gewesen sei. Er habe sie weder 1979 noch 1981 unterschrieben, noch würde er sie heute isoliert vertreten wollen.«[19] Offenbar ist ihm an einer Reduktion der INF-Systeme mit niedri-

Auf der Terrasse des Weißen Hauses, v.l.n.r.: Rühe, Wörner, Genscher, Ost, Kohl, Bush,
21. Oktober 1986

geren Obergrenzen gelegen, und vor allem möchte er den Beginn baldiger Verhandlungen über die nuklearen Kurzstreckensysteme.

Am meisten Sorgen macht Kohl die sogenannte zweite Null-Lösung für Raketensysteme zwischen 500 und 1000 Kilometern Reichweite. Dem Konzept, die dabei
entstehende Lücke durch Modernisierung der Systeme unter 500 Kilometer Reich-
weise zu schließen (schon kündet sich das Thema Lance-Modernisierung an), kann
er überhaupt nichts abgewinnen. Die innenpolitisch angeschlagene Reagan-Administration, so vermutet er jetzt, möchte nun ganz schnell auf Kosten deutscher Si-
cherheitsinteressen zu einer Einigung mit Moskau gelangen, »um über Irangate hin-
wegzukommen«. Margaret Thatcher, die einen Rückzug der in England stationierten
Cruise Missiles befürwortet, denke dabei auch nur an die bevorstehenden Unterhauswahlen. Die Schreckvokabel, die ihn jetzt umtreibt, lautet »Singularisierung«
der Bundesrepublik. »Abrüstung aber sei kein Selbstzweck – wie viele Leute annäh-
men –, sondern am Ende müsse es mehr Sicherheit geben.« So schimpft er, als ihn
der belgische Premierminister Martens Anfang Mai aufsucht, bittet bei diesem aber
vergeblich um Unterstützung.[20]

Strauß und die CSU-Landesgruppe opponieren heftig gegen eine vollständige
Entfernung der Pershing II. Bei einer Koalitionsrunde einigt man sich schließlich auf
einen Entschließungsantrag der Koalition mit der Überschrift »Mehr Stabilität mit

weniger Waffen in Europa«. Darin wird die »doppelte Null-Lösung« für Raketen zwischen 500 und 5500 Kilometern Reichweite stillschweigend akzeptiert, aber einvernehmlich festgestellt, daß die 72 Flugkörper des Typs Pershing Ia nicht Gegenstand der Verhandlungen sein können. An der Fraktionssitzung tags darauf nimmt der Bundeskanzler nicht teil. Jacques Attali und Charles Powell bekommen in Paris von Teltschik zu hören, seit zwanzig Jahren sei das die schrecklichste Diskussion in der Bundesregierung gewesen. Teltschik läßt durchblicken: Resigniert akzeptiere die Bundesregierung die doppelte Null-Lösung »in der Hoffnung, aber ohne daran zu glauben, die Pershing Ia behalten zu können«.[21]

Die CDU/CSU-Fraktion nimmt die Entscheidung des Bundeskanzlers resigniert zur Kenntnis. Der Fraktionsvorsitzende Dregger entschuldigt ihn mit dem Hinweis, er habe sich um den bulgarischen Ministerpräsidenten zu kümmern. Verteidigungsminister Wörner unterstützt die Resolution, Geißler setzt sich vehement für die doppelte Null-Lösung ein, und nur zwei Abgeordnete vom konservativen Flügel artikulieren noch ihre Bedenken. Einer von ihnen, Manfred Abelein, spricht nicht ganz zu Unrecht von »den Trümmern unserer Verteidigungskonzeption«, was Wörner natürlich zurückweist.[22]

Wie zu erwarten, kann und will es sich der Bundeskanzler nicht leisten, dem INF-Abkommen zwischen Reagan und Gorbatschow durch inflexibles Festhalten an den Pershing Ia im Wege zu stehen. Anfang August 1987 macht der sowjetische Außenminister Schewardnadse auf der Genfer Abrüstungskonferenz den Erfolg der laufenden Abrüstungsverhandlungen schließlich von 72 deutschen Pershing Ia abhängig und stellt die Frage, »auf welche Art und Weise und mit welchem Recht ... die Bundesrepublik Deutschland Kernwaffen besitzt? Soviel uns bekannt ist, hat sie dazu weder juristische noch moralische Rechte.«[23] Die Attacke Schewardnadses ist scharf und grundsätzlich formuliert. Damit ist die Bundesregierung ausmanövriert. Besser als jeder andere weiß Helmut Kohl, daß seine atomar gerüsteten Verbündeten – die USA, England und Frankreich – kühl seinen Verzicht auf die Pershing Ia erwarten. Auch der immer noch nicht zustande gekommene Direktkontakt mit Gorbatschow wird weiter auf sich warten lassen, wenn er jetzt nicht schleunigst nachgibt. CDU-Generalsekretär Heiner Geißler weist ihn zudem vorsorglich darauf hin, daß am 13. September 1987 die höchst kritische Landtagswahl in Schleswig-Holstein ansteht, und Kohl weiß, er kann jetzt alles wünschen, nur kein erneutes Aufflammen der Friedensbewegung im Herbst 1987. So entschließt er sich zum alsbaldigen Nachgeben. Ungerührt läßt er die Proteste des Verteidigungsministers sowie von Franz Josef Strauß an sich abtropfen und erklärt am 26. August 1987 vor der Bundespressekonferenz unter einigen verklausulierten Bedingungen, nach der endgültigen Beseitigung der beiderseitigen Mittelstreckenraketen durch die USA und die UdSSR werde auch die Bundesrepublik ihre Pershing Ia abbauen.[24]

Strauß hat sein eigenes vergebliches Aufbäumen gegen die »doppelte Null-Lösung« in einem der letzten Kapitel seiner *Erinnerungen* geschildert. Dort urteilt er, Kohls Wendung um 180 Grad sei »völlig verantwortungslos« und »durch nichts begründet« gewesen.[25] Bonn habe das ganze Thema der Null-Lösung verschlafen. Aus Kohls Sicht stellt sich die Lage ganz anders dar: Durch sein Nachgeben hat er den Dissens mit den USA verhindert, in Moskau keine Türen verschlossen, den Konflikt mit Genscher beigelegt und außerdem ein wenig Zeit gewonnen. Denn die letzten Pershings werden erst 1991 entfernt, als sich die strategische Situation grundlegend geändert hat. 1987 allerdings kann das noch niemand erwarten.

Öffentlich feiert Kohl jetzt die doppelte Null-Lösung als großen Erfolg auch der beharrlichen eigenen Abrüstungspolitik. »Siegreicher Rückzug«, nannten Spötter im Zweiten Weltkrieg entsprechende Verlautbarungen in den Wehrmachtsberichten. In Wirklichkeit hat ihn die kaltschnäuzige Bedenkenlosigkeit zutiefst verunsichert, mit der Washington, sekundiert von London, die Pershing II hinwegverhandelt hat, mit deren Aufstellung er im Jahr 1983 seine gesamte politische Existenz verknüpft hatte. Bitter erwähnt er bei Vizepräsident Bush, als ihn dieser nach einem Besuch in Polen Ende September 1987 im Bundeskanzleramt aufsucht, daß der Warschauer Pakt immer stärker werde und durch moderne Angriffswaffen die »Invasionsfähigkeit« erhöhe. Zwischen Kiew und der deutschen Grenze stünden 150 000 Mann Luftlandetruppen – die NATO verfüge über 25 000! Er fürchte nicht, daß Moskau einen Krieg beginnen wolle, aber die Taktik sei klar: »… weiter in einer Lage verbleiben, um die Westeuropäer in Furcht und Schrecken zu versetzen. Sowjetische Idealvorstellung sei dabei, daß ein Narr Präsident der USA werde und sein Land in den Isolationismus zurückführe. Dann könne die Sowjetunion über Leute wie den Labour-Führer Kinnock in Großbritannien und die SPD sowie die Grünen in der Bundesrepublik ihre politischen Vorstellungen durchsetzen.«[26] Kohl weiß, daß Bush damals schon die Kandidatur für die Nachfolge Reagans betreibt. Seine ganze Hoffnung ruht darauf, daß Bush der nächste Präsident der Vereinigten Staaten wird.

Auf die erste und zweite Null-Lösung folgt die dritte. Seit den Diskussionen um den Abbau der Mittelstreckenraketen bei gleichzeitiger Beibehaltung der atomaren Kurzstreckensysteme ist in der deutschen Öffentlichkeit die Stimmung weit verbreitet: »Je kürzer die Reichweiten, um so töter die Deutschen.« Die Opposition, Alfred Dregger an der Spitze der CDU/CSU-Fraktion, große Teile der Medien, das Auswärtige Amt unter Genscher und nicht zuletzt der Bundeskanzler selbst drängen auf Verhandlungserfolge bei den Kurzstreckensystemen. Einer Eliminierung der Atomraketen kürzerer Reichweite stehen jedoch zwei Hindernisse entgegen: zum einen die überwältigende konventionelle Überlegenheit des Warschauer Pakts, zum anderen gewisse Modernisierungsbeschlüsse der NATO. Schon 1983 hatten die NATO-Verteidigungsminister bei ihrer Zusammenkunft in Montebello ein Programm zur

»Verbesserung« der Systeme kurzer Reichweiten im Verlauf der kommenden fünf bis sechs Jahre beschlossen.[27] Diese verschiedentlich bekräftigte Modernisierung steht jetzt an. Dabei soll auch die Reichweite der Rakete Lance, bisher 125 Kilometer, um das Vierfache erweitert werden. Faktisch würde dadurch der INF-Vertrag zur Entfernung der Raketen zwischen 500 und 5500 Kilometern Reichweite teilweise unterlaufen. Doch die USA und Großbritannien bestehen nachdrücklich darauf.

Anders als bei der doppelten Null-Lösung möchte Helmut Kohl im Herbst 1988, als die Diskussion aufzukochen beginnt, der Modernisierung nichts in den Weg legen. Trotz Gorbatschow hat die Sowjetarmee ungerührt ihre Kurzstreckenwaffen verstärkt. Den 88 Lance-Raketen stehen rund 1400 auf östlicher Seite gegenüber.[28] Kohl sieht sich in diesen Wochen zwar kurz vor dem Ziel, Gorbatschow endlich zu einem schon lange erstrebten Treffen in Moskau aufsuchen zu dürfen, traut der sowjetischen Militärpolitik nach wie vor aber nicht über den Weg: Gorbatschow mache zwar gewaltige Abrüstungsvorschläge, »Woche für Woche werden jedoch neue Panzer in den Dienst gestellt, die Artillerie verstärkt und die Flugkapazität erhöht«.[29] In Washington hat sich der Wind inzwischen gedreht. Die Amtszeit Reagans läuft aus, Vizepräsident George Bush hat die besten Aussichten, die Präsidentschaftswahl gegen den Demokraten Michael Dukakis zu gewinnen. Bush sieht aber, das weiß Kohl, die bisherige Abrüstungspolitik Reagans in Europa ziemlich kritisch. Der kommende Außenminister wird James A. Baker sein, Bushs Intimus aus den Zeiten in Texas. In dessen Umgebung bezeichnen manche den nachgiebigen George Shultz, der sich mit Schewardnadse bestens verstanden hat, als den schlechtesten amerikanischen Außenminister seit Stettinius, der im Frühjahr 1945 zu Zeiten Roosevelts für Jalta mitverantwortlich war.[30]

Helmut Kohl hatte immer gute Antennen für die Stimmungsschwankungen in Washington und scheint bereit zu sein, unter bestimmten Bedingungen die Lance-Modernisierung zu unterstützen. Auch bezüglich der Abrüstungsverhandlungen über Kurzstreckenwaffen wünscht er »gleiche Obergrenzen auf niedrigerem Niveau«, aber keine dritte Null-Lösung. Verärgert muß er nun jedoch konstatieren, wie Genscher ihm den Teppich unter den Füßen wegzieht.[31] Am selben Tag, an dem der sowjetische Verteidigungsminister erklärt, eine Modernisierung der Lance wäre eine Umgehung des INF-Vertrags,[32] arbeitet Genscher in der *Frankfurter Allgemeinen Zeitung* diese These ebenfalls heraus.[33] Genscher ist und bleibt der Meinung, man müsse Gorbatschow »beim Wort nehmen«. Die Konservativen in Washington betrachten ihn schon seit längerem mit Mißtrauen. Sie sprechen von »Genscherismus«, meinen damit seine große Offenheit für sowjetische Abrüstungsvorschläge und unterstellen ihm auch, auf eine dritte Null-Lösung hinzuarbeiten. Jetzt raunzt Kohl bei einer Sitzung des Bundessicherheitsrats, wo zumeist nur Fragen von Rüstungsexporten entschieden werden, im Beisein Dritter seinen Außenminister mit den Worten an: »Du fährst ein Ding nach dem anderen an die Wand!« Gemeint ist Genschers Widerstand gegen die Lance-Modernisierung, aber auch das Versäumnis, Kohl rechtzeitig über amerikanische Vorwürfe unterrichtet zu haben, eine deutsche Firma sei in Lieferungen an eine Giftgasfabrik im Libyen Gaddafis verwickelt.[34] Und Kohl soll hinzugefügt haben: Würde er das geahnt haben, hätte es 1982 die Koalition nicht gegeben. Genscher erwidert darauf, die Vorwürfe seien so gravierend, daß der Kanzler sie in Gegenwart des FDP-Vorsitzenden Graf Lambsdorff wiederholen möge.[35] Damit steht eine Koalitionskrise im Raum.

Zu den vielen ungelösten Problemen, die Kohl ins Jahr 1989 hineinschleppt, gehört somit auch das Zerwürfnis mit Genscher über die Lance-Modernisierung.

Abgehängt? Kohl und das Rätsel Gorbatschow (1985–1988)

Als der Ostblock 1989/90 implodierte, fiel urplötzlich helles Licht auf die Bedeutung der Jahre 1985 bis 1989. Sie waren jene entscheidende Phase, in welcher der säkulare Umbruch heranreifte. Auf die inneren Entwicklungen in der Sowjetunion konnte der Westen dabei nur bedingt einwirken. Anders stand es mit den kommunistischen Regimen in Mitteleuropa. Sie gerieten zunehmend in den Sog des Westens oder suchten unter Berufung auf die Perestroika Gorbatschows den eigenen Spielraum zu erweitern. Aber bis 1989 war die Lage noch ungeklärt. Eine falsche westliche Ostpolitik hätte die Voraussetzungen für die turbulente, aber letztlich friedliche Transformation ruinieren können. Auch Kohls Ost- und Sicherheitspolitik ist somit danach zu bewerten, was er zu der günstigen Entwicklung beigetragen hat. Dabei wird sich zeigen: Er hat nur wenig falsch, aber viel richtig gemacht.

Im Jahr 1985, als der Wandel einsetzt, läßt sich überhaupt noch nicht absehen, wohin die Entwicklung führen wird. Wie die Staatsmänner, die Diplomaten und die Analytiker in aller Welt rätselt damals auch Kohl über zwei Fragen: Welche Politik wird der neue Generalsekretär Gorbatschow betreiben, der im März 1985 die Geschichtsbühne betritt? Damit verbindet sich die zweite Frage: Wie wird sich der im November wiedergewählte Präsident Reagan in seiner zweiten Amtszeit auf den neuen Mann im Kreml einstellen? Denn auch Reagan, der sich so volkstümlich, ja oberflächlich gibt, ist im Grunde eine sehr rätselhafte, unkalkulierbare Gestalt. Von diesen beiden wird aber künftig viel abhängen: die Militärpolitik des Westens, die Rüstungskontrollpolitik, indirekt auch die innerdeutschen Beziehungen.

1985, als Gorbatschow an die Macht kommt, ist Kohl nach fast drei Jahren im Bundeskanzleramt kein heuriger Hase mehr. Er ist unablässig gereist und hat in zahllosen Einzelgesprächen sowie auf den multilateralen Gipfeln ein Gespür für die internationale Politik und die maßgeblichen Akteure gewonnen. Da er immer noch verhältnismäßig neu im Geschäft ist, hört er noch genau zu, verfügt über Neugier, spürt den Möglichkeiten nach und ist nicht wie später dazu disponiert, seine Gesprächspartner vor allem zu belehren. Ohnehin besteht seine Stärke darin, die Psychologie seiner Mitspieler und Gegenspieler genau zu studieren.

Bis ins Jahr 1987 hinein bleibt Kohl unsicher, wie er den Neuling im Kreml bewerten soll. Im Januar 1985 erhält er von Margaret Thatcher erstmals eine Schilderung des jungen Mannes in der Gerontokratie des Politbüros. Gorbatschow habe sie in London besucht und einen günstigen Eindruck gemacht. Er sei eine attraktive Person – natürlich, gewinnend, habe nicht am Sprechzettel geklebt, sondern nur ein kleines Notizbuch benutzt. Er habe keine Zeit verloren und alles in allem freimütig gesprochen. Auch seine Frau sei eine sehr charmante Dame, hübsch angezogen und philosophisch gebildet. Die bis in die Gene antikommunistische Premierministerin fügt allerdings hinzu, »bekanntlich seien die charmantesten Kommunisten auch die gefährlichsten«. In allen innenpolitischen Fragen sei Gorbatschow, so fährt sie fort, ideologisch stark geprägt und im übrigen bemüht, beim Blick auf den noch amtierenden Generalsekretär Tschernenko keinen falschen Schritt zu tun. Kohl beschränkt sich im wesentlichen aufs Zuhören, kann aber doch auch mit Eindrücken aus erster Hand dienen: Er sei mit dem Politbüro-Mitglied Wladimir Schtscherbizkij in Kiew zusammengetroffen. Der habe ihm gesagt, er sei noch nie weiter westlich als in der DDR gewesen. Auch innerhalb der Sowjetunion reise er nicht, und die Sitzungen des Politbüros seien langweilig: »So habe er beispielsweise berichtet, daß das Politbüro über die Einführung eines neuen Automodells beraten und entschieden habe.«

Das eine Rätsel bei dieser Unterredung Kohls mit Thatcher ist Gorbatschow, das andere Reagan, der eben seine zweite Amtszeit beginnt. Welchen Kurs wird er jetzt gegenüber der Sowjetunion steuern? Kohl vermutet, die kommenden beiden Jahre könnten sich als Glücksfall herausstellen, denn so lange dauere es, bis die Diskussion über Reagans Nachfolge beginne. Dieser wolle nun wohl sein Bild für die Geschichte prägen und Bewegung in die Ost-West-Beziehungen bringen. Das sei wichtig, denn Ostblockführer wie János Kádár in Ungarn, Todor Schiwkow in Bulgarien, Erich Honecker in der DDR, selbst die Prager Führung würden, das wisse er, ebenfalls nach Bewegung verlangen. Die Genannten seien zu neunzig Prozent Kommunisten, wirft Margaret Thatcher ein. Kohl bestreitet das nicht, plädiert aber dafür, die Beziehungen in Zukunft nicht auf Abrüstung und Rüstungskontrolle zu beschränken, sondern auf allen Ebenen zu entwickeln. Und er schließt seine Betrachtungen mit der Feststellung, die Zeit arbeite für den Westen. Das erfordere Geduld. Am Ende werde der Westen aber über die besseren Karten verfügen.[1] So etwa sieht Kohls Bild der Ost-West-Beziehungen Anfang 1985 aus, noch bevor Gorbatschow die Nachfolge Tschernenkos antritt – wenige Informationen aus erster Hand, doch schon vorsichtige

Hoffnungen, nicht zuletzt auf Reagan. Daß Kohl schon damals auf die Entspannungspolitik setzt, ist deutlich.

Bei den Beerdigungsfeierlichkeiten für Tschernenko im März 1985 trifft Kohl dann selbst erstmals mit Gorbatschow zusammen. Das Gespräch verläuft unglücklich. Gorbatschow liegt noch voll auf Konfrontationskurs und gibt deutlich zu erkennen, daß er die Bundesrepublik für einen Satelliten der Amerikaner hält. Kohl verwahrt sich zu deutlich dagegen[2] und ist bei dem neuen Mann im Kreml vorerst abgemeldet. Wie Gorbatschow damals und in den folgenden Jahren den Bundeskanzler eingeschätzt hat, wird er später in zwei knappen Sätzen seiner *Erinnerungen* diplomatisch umschreiben: »Das offizielle Bonn ahmte mit deutscher Pedanterie den Zickzack-Kurs der Reagan-Administration nach. In Moskau hatten wir des öfteren den Eindruck, als vernähmen wir von den Ufern des Rheins eine gediegene Übersetzung vertrauter Texte aus dem Englischen.«[3] Dem ägyptischen Staatspräsidenten Hosni Mubarak, mit dem er sich gern und häufig austauscht, schildert der Bundeskanzler kurze Zeit später, wie Gorbatschow auf ihn gewirkt hat: »Er habe ihm den Eindruck von Härte, Intelligenz und Bildung vermittelt. Er argumentiere differenziert. Er ergehe sich nicht in einfachen Propagandasfloskeln. Er könne durchaus gewinnend wirken. Er glaube, Gorbatschow sei ein kühler Rechner.« Mubarak bestätigt diese Einschätzung. Er sei selbst länger in der Sowjetunion gewesen und halte Gorbatschow für einen starken Mann, der jetzt gefürchtet werde. Zunächst werde er vorsichtig sein, um das Politbüro nicht zu beunruhigen. Handle er zu schnell, werde es ihm ergehen wie Chruschtschow. Aber nach ein oder zwei Jahren, wenn er seine Leute in den richtigen Positionen habe, werde er Härte zeigen und handeln.[4]

Gorbatschow ist und bleibt künftig eines der Hauptthemen, wann immer Kohl mit hochgestellten ausländischen Besuchern zusammentrifft. Was plant Gorbatschow mittelfristig? Wie stark ist seine Stellung im Politbüro? Wird ihm die Revitalisierung von Wirtschaft und Gesellschaft gelingen? Wie reagieren die Parteiführungen im Ostblock auf die Perestroika? Und was sollte der Westen tun, um die neue sowjetische Politik in vorteilhafte Bahnen zu lenken? Wie jedermann damals hat auch Kohl die Empfindung, daß sich in der Sowjetunion ein Generationenumbruch vollzieht. Das Lebensgefühl der nach 1945 Geborenen, so vermutet er im Gespräch mit Margaret Thatcher, sei anders als das der alten Generation. Er hat auch vom Drogenproblem gehört, und ihm liegen Informationen vor, in der Sowjetarmee sei die Disziplin nicht mehr so gut wie früher. Auch die westlichen Rundfunksendungen würden sich auswirken. Allerdings bleibe das sowjetische Sicherheitsbedürfnis stark; das sei nicht gespielt. Schließlich habe jede Familie unter dem Krieg gelitten.[5] Der Krieg – die Erinnerungen daran lassen Kohl nie los; sie bestimmen sein Verhältnis zu Mitterrand und werden auch das zu Gorbatschow bestimmen.

Der Zusammenstoß von Gorbatschow und Kohl bei ihrer ersten persönlichen Begegnung hat jedenfalls Folgen. Im Jahr 1985 hatte Kohl alle Segel gesetzt, um im großen Entspannungsgeleitzug ganz vorne zu fahren, doch nun muß er leider die betrübliche Feststellung machen, daß er an die drei Jahre lang ziemlich abgehängt ist. Erst im Herbst 1988 wird es ihm gerade noch rechtzeitig vor dem unerwarteten Umbruch des Jahres 1989 gelingen, im Direktgespräch mit Gorbatschow ein vertrauensvolles Verhältnis aufzubauen. Da es von nun an freundschaftlich weitergeht, wird die vorherige »Eiszeit« rasch vergessen. Doch zwischen 1985 und 1988 ist Gorbatschow offensichtlich entschlossen, die Regierungschefs der großen westlichen Länder intensiv zu umwerben – nur nicht den deutschen Bundeskanzler.

Auffällig ist, wie skeptisch Kohl die Leistungsfähigkeit der sowjetischen Wirtschaft auch nach Gorbatschows Auftreten einschätzt. »Einerseits sei die Sowjetunion ein militärischer Gigant, jedoch wirtschaftlich ein Zwerg«, bekommt Premierminister Chirac bei der ersten umfassenden Tour d'horizon im April 1986 vom Bundeskanzler zu hören. Gorbatschows Problem bestehe somit darin, die Leistungsfähigkeit der sowjetischen Wirtschaft zu steigern, ohne über ein leistungsfähiges System zu verfügen. Kohl rückt bei dieser Gelegenheit auch die in Frankreich oft übertriebenen Vorstellungen von der Bedeutung des deutschen Osthandels zurecht. Die Exporte der Bundesrepublik in die UdSSR seien nicht umfangreicher als die nach Österreich. Große Veränderungen verspreche er sich von der sowjetischen Politik jedenfalls vorerst nicht. Chirac pflichtet ihm bezüglich seiner Einschätzung der sowjetischen Wirtschaft bei, vermerkt aber gleichzeitig, er halte Gorbatschow, den er in Paris getroffen habe, für »viel gefährlicher und leninistischer als seine Vorgänger«.[6] Als ein paar Wochen später der Atomreaktor in Tschernobyl explodiert, verstärkt das Kohls Skepsis. Das Verhalten Gorbatschows nach dem Unfall sei ihm unbegreiflich, meint er zu Mitterrand. Bei rechtzeitiger Annahme des deutschen Hilfsangebots – ein Roboter-Zug – hätten die Sowjets den Reaktor früher unter Kontrolle bringen können. Die Geheimniskrämerei selbst den Verbündeten gegenüber gehe aber wohl weniger auf politische Überlegungen zurück, sondern sei eine »bürokratische Superfehlleistung«.[7] Kohls Zweifel an der Reformierbarkeit der sowjetischen Planwirtschaft ziehen sich auch später wie ein roter Faden durch seine diesbezüglichen Äußerungen und sind ein Hauptgrund, weshalb er trotz der erdrückenden militärischen Überlegenheit des Warschauer Pakts auf mittlere Sicht zuversichtlich bleibt.

Daß die amerikanisch-sowjetischen Verhandlungen über die Abrüstung unbedingten Vorrang haben müssen, leuchtet ihm sicherlich ein. Viermal treffen Reagan und Gorbatschow zu Gesprächen zusammen, für die das abgewetzte Adjektiv »historisch« in vollem Umfang zutrifft: im November 1985 in Genf, im Oktober 1986 in Reykjavik, wo Reagan um ein Haar den Atomschirm über den europäischen NATO-Verbündeten hinwegverhandelt hätte, im Dezember 1987 in Washington zur

Unterzeichnung des INF-Abkommens mit der Folge eines Abzugs der eben aufgestellten Pershing-II-Raketen aus der Bundesrepublik und schließlich im Mai 1988 in Moskau. In diesen drei Jahren wird das Eis des Krieges beiseite geräumt. Die dabei vorangetriebenen Abrüstungsverhandlungen zwischen Washington und Moskau betreffen in stärkstem Maß die Bundesrepublik. Doch Kohl kann diesbezüglich lediglich auf Washington einwirken, eine direkte Einflußnahme auf Gorbatschow bleibt ihm versagt.

Ganz und gar nicht erfreut ist der Bundeskanzler, daß Gorbatschow offensichtlich Frankreich als erste Adresse in Europa betrachtet und nicht etwa die wirtschaftlich potentere Bundesrepublik. Natürlich hütet er sich, seine französischen Freunde das merken zu lassen. Wenige Monate nach seiner Ernennung zum Generalsekretär der KPdSU hat Gorbatschow Paris mit einem Staatsbesuch beehrt, mit Mitterrand vertrauliche Gespräche geführt und bei dieser Gelegenheit seine neue Botschaft verkündet: »Europa ist unser gemeinsames Haus.«[8] Im Juli 1986 erfolgt der Gegenbesuch Mitterrands. Dieser fühlt sich ganz als Erbe der de Gaulleschen Ostpolitik, streicht die Eigenständigkeit Frankreichs gegenüber den USA heraus und besteht auf dem Status Frankreichs als einer autonomen Nuklearmacht. Auch Margaret Thatcher, die Gorbatschow gewissermaßen »entdeckt« hat, kurz bevor dieser zur Nummer eins im Politbüro avancierte, ist bei Gorbatschow Persona grata. Im Vorfeld der Unterhauswahl vom Frühjahr 1987 rollt er ihr in Moskau den roten Teppich aus. Selbst um die Ministerpräsidenten Italiens, Norwegens, der Niederlande und Dänemarks bemüht sich der neue Mann im Kreml ganz demonstrativ. Bei den westlichen Gipfeln kann jeder über seine jüngsten Gespräche mit Gorbatschow berichten, der mit beispielloser Dynamik sein »neues Denken« in konkrete Abrüstungsschritte umsetzt. Kohl aber ist und bleibt isoliert, auch wenn sich Teltschik alle Mühe gibt, die Bonner Botschaft der Sowjetunion davon zu überzeugen, daß der Bundeskanzler liebend gern den bilateralen Entspannungsdialog mit Gorbatschow aufnehmen würde. Eigentlich erwartet Kohl einen Besuch Gorbatschows in Bonn, nachdem er sich zuerst zu Andropow begeben und alsdann zweimal zu Beerdigungsfeiern nach Moskau gereist ist.[9] Doch Gorbatschow sitzt auf dem hohen Roß.

Aus sowjetischer Sicht spricht viel dafür, den Bundeskanzler gehörig zappeln zu lassen. Mitterrand und Thatcher signalisieren Gorbatschow nämlich recht deutlich, daß sie die Bundesrepublik als Macht zweiten Ranges einschätzen. Auch Washington nimmt bei den nun wieder aufgenommenen Verhandlungen keine übertriebene Rücksicht auf Kohl, obschon dieser erst vor kurzem mit größtem innenpolitischen Risiko die Aufstellung der Pershing II durchgesetzt hat. Aber aus amerikanischer Sicht ist jetzt das Ziel einer Null-Lösung für die Mittelstreckensysteme vorrangig, um auf längere Sicht auch zu weitreichenden Vereinbarungen über die Interkontinental-systeme zu gelangen. Und Mitterrand macht sich bei den Unterredungen mit Gorbatschow ein Vergnügen daraus, zu versichern, er sei für eine Null-Lösung, und die Bundesrepublik habe gefälligst auf jeden nuklearen Ehrgeiz zu verzichten. Er habe dies Kohl selbst wissen lassen.

Bei Gorbatschows Zögern, sich auf Direktgespräche mit dem Bundeskanzler einzulassen, spielt auch der seit den frühen siebziger Jahren nachwirkende Unwille gegen die Unionsparteien eine Rolle, die Brandts neue Ostpolitik bekämpft haben. Genscher hat nach Meinung der Moskauer Diplomaten zwar gleichfalls manche »Sünde« auf sich geladen,[10] aber die FDP gilt doch eher als Entspannungspartei, und zudem signalisiert der Bundesaußenminister bei jeder Gelegenheit dezent, aber doch deutlich, daß er in Sachen Entspannungspolitik stets mindestens drei Schritte weiter sei als der Bundeskanzler.

Im Juli 1986 wird Genscher nach Moskau eingeladen. Bei einem ersten langen Gespräch überbringt er pflichtgemäß eine Botschaft des Bundeskanzlers, daß dieser zum Ausbau der bilateralen Beziehungen bereit sei, muß sich einmal mehr den Groll über die Raketenstationierung anhören (schließlich stehen die Pershing II immer noch in der Bundesrepublik), kehrt aber mit der Überzeugung zurück, daß Gorbatschow es mit der Reform und auch mit der neuen Außenpolitik ernst meine.[11] Von nun an sagt er jedem, der es hören will oder nicht, man müsse Gorbatschow »beim Wort nehmen«.[12] Offenbar ist Genscher jetzt im Kreml ebenfalls Persona grata, nicht aber der Bundeskanzler. Kohl erfährt von seinem Außenminister, daß dieser an die sieben Stunden mit dem Generalsekretär gesprochen habe. Gorbatschow mache kein Hehl daraus, daß er noch viele Spitzenfunktionäre auswechseln müsse, um seine Politik durchzusetzen. Genscher weiß auch ein interessantes privates Detail zu berichten: Bei einer gemeinsamen Autofahrt durch das Universitätsviertel habe der Kremlchef ihm gezeigt, wo er mit seiner Frau zusammengelebt habe, ohne verheiratet gewesen zu sein: »Doch das habe er mit der Familie wieder in Ordnung gebracht.«[13]

Für Kohl ist das starke Presse-Echo auf Genschers erfolgreiche Erkundungreise nach Moskau kein reines Vergnügen. Gorbatschow, so registriert er, läßt ihn weiterhin bis nach den Bundestagswahlen zappeln, hat aber Genscher die Gelegenheit gegeben, sich im Wahlkampf als Garant der Entspannungspolitik zu profilieren. Doch dann kommt es ausgerechnet vor Eintritt in die heiße Wahlkampfphase zu dem Kommunikationsdesaster mit dem Goebbels-Vergleich. Vielleicht nicht zuletzt aus Ärger darüber, daß Gorbatschow ihn so kühl übergeht, entschlüpft Kohl bei einem eigentlich vertraulichen Hintergrundgespräch unter Bezugnahme auf Gorbatschow diese unglückselige und leider auf Tonband aufgenommene Bemerkung.

Wie nicht anders zu erwarten, bauscht die sowjetische Diplomatie den Lapsus gewaltig auf. Botschafter Juli Kwizinskij ersucht um ein Gespräch mit dem Bundeskanzler, muß aber mit Schäuble, dem Chef des Bundeskanzleramts, vorliebnehmen und überreicht ein Non-Paper, in dem Kohl aufgefordert wird, sich persönlich von

Helmut Kohl und Horst Teltschik im Bonner Regierungsviertel,
1. Juli 1985

der Veröffentlichung zu distanzieren, sonst seien normale Beziehungen zur Bundesregierung unmöglich. Die sowjetische Regierung sei dann zu ernsthaften Konsequenzen gezwungen.[14] Nur gibt es leider nichts zu dementieren, denn Kohl hat sich
dummerweise, wie er später selbst zugeben wird,[15] tatsächlich so geäußert. Genscher
muß daher in einem peinlichen Gespräch bei Gorbatschows Außenminister Schewardnadse gutes Wetter machen[15] und steht nun erst recht als großer Diplomat da,
während die Oppositionsparteien – und nicht nur die – den Bundeskanzler wieder
einmal der Tölpelei bezichtigen. Wenn die CDU bei der Bundestagswahl schlecht
abschneidet, während Genscher nun ganz obenauf ist, dann geht das auch auf dieses
Interview zurück.

Doch die Panne illustriert auch das Mißtrauen Kohls. Das ganze Jahr 1987 hindurch hält er an seiner ungünstigen Beurteilung Gorbatschows fest. Er beobachte
den Generalsekretär mit skeptischer Sympathie, läßt er Mitterrand im März 1987
wissen, denn Gorbatschow habe bisher nur Worte gemacht, aber keine Taten sehen

lassen. Er wolle keine Demokratie, vielmehr einen leistungsfähigeren Kommunismus und überschütte die Bundesrepublik geradezu mit einer Welle von Propagandisten. Mitterrand dagegen bewertet Gorbatschow und die von diesem angestoßene Entwicklung günstiger und belehrt Kohl: »Gorbatschow scheine Werte zu haben. Er hinterlasse den Eindruck von Vitalität und Klarheit des Geistes.«[17]

Aus Sicht Kohls verfolgt die Entspannungspropaganda aber weiterhin den Zweck, die militärische Überlegenheit des Warschauer Pakts durch Singularisierung der Bundesrepublik zu vergrößern. So äußert er sich in den streng vertraulichen Gesprächen mit Mitterrand, und auch in der Halböffentlichkeit seiner Äußerungen vor der CDU/CSU-Fraktion nimmt er kein Blatt vor den Mund. Als ihm dort Mitte März 1987 einiger Unwille wegen seiner Ost- und Deutschlandpolitik entgegenschlägt, räumt er ein: »Niemand von uns weiß, wohin der Weg jener Politik führt, die jetzt offenkundig, scheinbar in der Sowjetunion eingeleitet ist.«[18] Gorbatschow, so führt er ein paar Wochen später vor der Fraktion aus, habe sich verbal weit, fast irreversibel weit herausgelehnt, doch noch nicht viel in der Sache bewegt: »Wenn ich die Wirtschaftspolitik, die Agrarpolitik betrachte, dann müssen sie ein völlig anderes System machen, wenn sie erfolgreich sein wollen.« 1914, stellt er fest, waren die Russen Weizenexporteure. Jetzt, nach siebzig Jahren, erkläre der für die Agrarpolitik zuständige Stellvertretende Ministerpräsident, wenn alles gutgehe, sei in zehn Jahren der Selbstversorgungsgrad erreicht: »Ich kann nicht erkennen, daß Gorbatschow die besseren Karten hat.«[19]

Selbstverständlich läßt Kohl auch die eine oder andere Friedenstaube aufsteigen. Im Mai 1987 findet sich das ungarische Politbüromitglied Ferenc Havasi bei ihm ein. Diesem versichert er ganz zutreffend, aber wohl vor allem zum Weitererzählen, er »habe Präsident Reagan von Anfang an geraten zu versuchen, zusammen mit Generalsekretär Gorbatschow etwas zu bewegen«.[20] Die reformerischen Ungarn gehören damals wie später zu den wichtigsten Partnern, von denen der Kanzler – meist über Horst Teltschik – über die internen Entwicklungen im Ostblock informiert wird und die zugleich gern bereit sind, seine Signale nach Moskau zu transportieren. Kohl sieht im »Gulasch-Kommunismus« Kádárs, so sagt er zu George Bush im Herbst 1987, den einzig vernünftigen Entwicklungsweg im Ostblock. Aber Gorbatschow gegenüber bleibt er weiterhin skeptisch, ganz besonders hinsichtlich der Reformfähigkeit des Sowjetsystems: »Gorbatschow erscheine ihm wie ein Mann, der von einem Teich löffelweise eine drei Zentimeter-Ölschicht abschöpfen wolle: Die Schicht werde zwar dünner, aber das Öl bleibe.«[21] Noch Ende 1987 meint der Kanzler sarkastisch, »Gorbatschow sei und bleibe ein kommunistischer Führer, und nur Narren würden ihm den Friedensnobelpreis verleihen. Aber auch dies sei nicht ausgeschlossen.«[22]

Kohls durchgehend eher ungünstige Bewertungen resultieren gewiß auch aus der Verärgerung darüber, daß Moskau ihn persönlich, der im Januar 1987 als Bundeskanzler erneut bestätigt worden ist, ganz demonstrativ aus der Entspannungspolitik aus-spart,[23] während Genscher bei der sowjetischen Führung hohes Ansehen genießt. Im Bundeskanzleramt verbreitet sich der Eindruck, daß sich die sowjetischen PR-Strate-gen im ganzen Jahr 1987 geradezu ein Vergnügen daraus machen, ausgerechnet Uni-onspolitiker nach Moskau einzuladen, zu denen Helmut Kohl bekanntermaßen in einem gespannten Verhältnis steht. Im Juni 1987 ist Bundespräsident Richard von Weizsäcker zu einem Staatsbesuch willkommen. Zum Jahresende landet sogar Franz Josef Strauß in Begleitung des CSU-Landesgruppenvorsitzenden Theo Waigel bei Nacht und Nebel auf dem vereisten Flughafen von Moskau (»eine der schwierigsten Landungen meiner Pilotenlaufbahn«[24]) und betreibt auf seine Weise große Gipfel-diplomatie. Selbst als Gorbatschow einzulenken beginnt und dem Bundeskanzler ei-nen möglichen Besuchstermin in Aussicht stellt, darf erst einmal Lothar Späth, Kohls inzwischen gefährlichster innerparteilicher Konkurrent, kurz vor der Landtagswahl in Baden-Württemberg bei Gorbatschow seine Aufwartung machen.

Das Hin und Her von gelegentlichen Briefen, Telefonaten, Übermittlung von Botschaften durch Dritte füllt noch große Teile des Jahres 1988. Kohl ist dickköpfig und kann dann sehr aufs Protokoll achten. Ende Februar 1988, nachdem Minister-präsident Späth wegen eines Besuchs des Bundeskanzlers sondiert hat, findet eine Unterredung zwischen Botschafter Kwizinskij und Horst Teltschik statt. Dieser gibt nochmals zu bedenken, daß es wünschenswert sei, wenn Gorbatschow zuerst in die Bundesrepublik kommt, und läßt dann durchblicken, daß Kohl vielleicht im Okto-ber oder November Zeit hätte. Kwizinskij seinerseits hat schon im voraus signali-siert, die sowjetische Führung sei bereit, mit der Bekanntgabe der Einladung des Bundeskanzlers nach Moskau auch bekanntzugeben, daß Gorbatschow 1989 in die Bundesrepublik reisen werde. Teltschik bittet nun darum, Gorbatschow möge vor seinem Besuch in Bonn keine andere westeuropäische Hauptstadt wie London, Pa-ris, Rom oder Madrid besuchen. Kwizinskij antwortet hinhaltend.[25] Damit ist die protokollarische Kuh vom Eis. Doch erst im Oktober 1988 wird es so weit sein – dreieinhalb Jahre nach der ersten Zusammenkunft Kohls und Gorbatschows bei der Beisetzung Tschernenkos.

Als sich das Vorhaben der Begegnung mit Gorbatschow allmählich konkreti-siert, sind die Entwicklungen in der Sowjetunion selbst schon sehr weit gediehen. Längst spricht man im Westen von einer »zweiten Revolution«, die sich in Rußland vollzieht: Wirtschaftsreform, Kaderreform, Justizreform, Verfassungsreform. 1988 hat Gorbatschow das Zentralkomitee der KPdSU größtenteils mit jüngeren, eigenen An-hängern besetzt. Statt der Parteibürokraten und Generäle haben jetzt Akademiker das Sagen. Was im Jahr zuvor noch eine Hoffnung war, wird jetzt Wirklichkeit: die Liberalisierung der Sowjetunion. Auch im Ostblock hat Gorbatschow die Zügel ge-lockert.[26] Nach der Ablösung Kádárs ist Ungarn am weitesten.

Gorbatschow hat inzwischen erkannt, daß die Umgestaltung der Wirtschaft ohne Liberalisierung des Außenhandels kaum möglich ist. Immer noch hofft er, das zentralwirtschaftliche System optimieren zu können. Aber dabei wird deutlich, daß dies ohne westliches Kapital und ohne Zugang zu westlicher Technologie nicht geht. Immer mehr wird auch die Finanzierung der Nahrungsmittelimporte zum Problem. Die Auslandsverschuldung der Sowjetunion ist so alarmierend, daß einzelne Experten bereits auf Liquiditätsengpässe verweisen. »Die UdSSR«, so schreibt Lothar Rühl später in einer prägnanten Formulierung, »stürzte 1988 einem Kollaps der Wirtschaft und damit dem staatlichen Zusammenbruch entgegen.«[27]

So sehr es Kohl auch mißfällt, daß er sich den größten Teil des Jahres 1988 hindurch immer noch nicht persönlich in die Vorgänge einschalten kann, so genau hört er doch zu, was ihm Strauß und Späth zu berichten haben. Strauß zeigt sich von den wirtschaftlichen Möglichkeiten fasziniert, ebenso Späth, wobei er wiederum Daimler-Benz und die Werkzeugmaschinenindustrie Baden-Württembergs fest im Blick hat. Allem Anschein nach macht sich Gorbatschow erst 1988 vollends klar, daß die bislang nicht besonders geschätzte Bundesrepublik die erste Wirtschaftsadresse im damaligen Westeuropa ist. Umgekehrt erkennt Kohl, daß jetzt der richtige Moment gekommen ist, der sowjetischen Führung die geballte ökonomische Potenz der Bundesrepublik vor Augen zu führen. Wenige Tage vor der Abreise nach Moskau kritisiert er im CDU-Präsidium, »daß bei der SPD und Teilen der FDP, zunehmend aber auch in Teilen der CDU die Meinung um sich greift, als hätten sich die Verhältnisse in der Sowjetunion bereits völlig verändert. Dies ist … nicht akzeptabel, solange den Reden keine Taten folgen.«[28]

Dennoch ist er entschlossen, nun voll einzusteigen. Nie zuvor und selten danach ist ein Bundeskanzler mit so großem Gefolge nach Moskau gereist. Kohl möchte eine Art deutscher Leistungsschau vorführen. Seine Delegation reist mit insgesamt vier großen Maschinen an, davon zwei für die offiziellen Teilnehmer, darunter das halbe Bundeskabinett und die für Verhandlungen unentbehrlichen hohen Beamten. Viele klingende Namen aus der deutschen Wirtschaft sind dabei von Alfred Herrhausen, Sprecher der Deutschen Bank, bis Carl Hahn, Generaldirektor von VW. Natürlich sind mit Otto Wolff von Amerongen, Vorsitzender des Ostausschusses der Deutschen Wirtschaft, und Berthold Beitz, Generalbevollmächtigter von Krupp, auch die altbekannten Vorreiter dynamischer Wirtschaftsbeziehungen nach Osteuropa mit von der Partie, dazu die Vorsitzenden von DGB und DAG sowie Wissenschaftler und Kulturfunktionäre. Ein ganzes Flugzeug ist für die Presse bestimmt, ein weiteres für die Münchner Philharmoniker, die vier Konzerte geben. Am wichtigsten aus sowjetischer Sicht sind jedoch neben den Spitzenpolitikern die Wirtschaftsvertreter. Kohl hat auch Kredite über rund drei Milliarden D-Mark im Gepäck.

Wenn das Interesse vorhanden ist, stimmt oft auch die Chemie. Kohl und Gorbatschow wissen jetzt, daß ein beiderseits pfleglicher Umgang geboten ist. Sie gehören auch derselben Generation an. Beide sind sie Kriegskinder und sehen sich zur Verständigungspolitik aufgerufen. Beide lieben sie die gedankenreichen, grundsätzlichen Unterredungen. Beide sind sie in ihrer Art auch Machtpolitiker, wobei Kohl temperamentsmäßig viel vorsichtiger ist als der rastlose Gorbatschow.

Konkretes erbringt dieses mächtige Aufgebot an bundesdeutschem Goodwill allerdings noch nicht, denn Gorbatschow ist entschlossen, die wichtigsten Abkommen erst bei seinem Gegenbesuch in Bonn im Mai 1989 abzuschließen.[29] Kohl nimmt sich viel Zeit für Gespräche, auch mit Nicht-Offiziellen, so mit Andrei Sacharow, den Gorbatschow aus der Verbannung zurückgeholt hat und der momentan als eine Art Sprecher der Opposition auftritt. Er ist und bleibt auch hier der Konkretist, dem nicht wohl ist, wenn er nicht die fremde Wirklichkeit mit eigenen Augen und ohne offizielles Programm studieren kann. So bittet er darum, sich am letzten Besuchstag nach eigenem Gusto in Moskau umsehen zu dürfen, und kann nun auch die Geschäfte besichtigen, in deren kläglichem Warenangebot sich das ganze Elend des Landes abzeichnet.

Aus der Rückschau betrachtet, ist der Bundeskanzler also gerade noch im letzten Moment mit Gorbatschow ins Geschäft gekommen. 1989 gerät die Sowjetunion bereits definitiv ins Schleudern. Von nun an erwachsen aus dem beiderseitigen Interesse und den Anfängen gegenseitigen Vertrauens jene unvorhergesehenen weltpolitischen Folgen, die Kohl emportragen und Gorbatschow scheitern lassen. Doch noch – man schreibt den Oktober 1988 – gilt Kohl eher als dröger, der Ausstrahlung ermangelnder Kanzler. Gorbatschow wird hingegen im Westen seit Jahren schon als Lichtgestalt verehrt, ein Liebling der Götter und der Menschen, die allesamt des Kalten Krieges müde sind. Drei Jahre später werden die Rollen vertauscht sein. Dann ist Gorbatschow »ein tragischer Held«,[30] während aus Kohl ganz unerwartet der Kanzler der Einheit wird, der seinen Ruhm aus dem Scheitern Gorbatschows herleitet.

Helmut Kohl und die DDR: Politik des Abwartens

Solange sich Kohl über Gorbatschow nicht im klaren ist, faßt er die DDR mit spitzen Fingern an. Als ihm in der Godesberger Redoute der Staatsgast Erich Honecker leibhaftig zur Seite sitzt, arbeitet er zwar die grundlegenden Positionen der Bundesrepublik deutlich heraus, beruhigt seinen Gast aber gleichzeitig, indem er feststellt: »Die deutsche Frage bleibt offen, doch ihre Lösung steht nicht auf der Tagesordnung der Weltgeschichte, und wir werden dazu auch das Einverständnis unserer Nachbarn brauchen.«[1] Keine Ahnung, daß dieser zurückgebliebene Obrigkeitsstaat mitsamt dem weithin überschätzten Honecker kurz vor dem Aus steht!

Seit langem hält Kohl die Wiederherstellung des deutschen Nationalstaats in der überkommenen Form für unmöglich. Die atomare Supermacht Sowjetunion, so glaubt er wie fast jedermann in den siebziger und achtziger Jahren, wird niemals freiwillig das bis in die Reichweite Hamburgs, Frankfurts und Münchens vorgeschobene Ausfalltor ihres Sicherheitsglacis räumen. Jeder Versuch gewaltsamer Zurückdrängung aber wäre unmöglich und selbstmörderisch zugleich. Gemäß dieser Lagebeurteilung wäre ein Ausscheren der DDR aus dem Ostblock nach einer Lockerung des Regimes wohl genauso chancenlos wie im Falle Ungarns 1956 oder der ČSSR 1968. So bleibt nur das resignierte Arrangement mit einer zutiefst widernatürlichen Situation.

Ganz resignieren will der Bundeskanzler aber nicht. An der Präambel des Grundgesetzes mit dem Wiedervereinigungsgebot läßt er ebensowenig rütteln wie an der gemeinsamen Staatsbürgerschaft aller Deutschen. Seine bis ins Detail von ihm selbst durchgearbeiteten »Berichte zur Lage der Nation« von 1983 und 1984 machen das deutlich.[2] Er ist sich auch durchaus der Sprengkraft der ungelösten deutschen Frage bewußt. So hat er noch vor Übernahme der Kanzlerschaft bei verschiedensten Gelegenheiten ausgeführt, diese sei »die Kernfrage Europas geblieben. Ihr gegenwärtiger Zustand ist wenngleich äußerlich stabil, noch immer tief beunruhigend.«[3] Für das Verhältnis zur DDR ergibt sich daraus ein Doppeltes: einerseits »Solidarität« mit den Deutschen in der DDR (das rechtfertige, so betont er, jeden, »auch den kleinsten Schritt«[4]), andererseits Einbeziehung der DDR in die Entspannungspolitik.

Das, was er öffentlich erklärt, und das, was er im vertraulichen Gespräch mit westlichen Staatsmännern erörtert, kommt weitgehend zur Deckung. Als er beispielsweise ziemlich in den Anfängen seiner Kanzlerschaft mit dem irischen Staatspräsidenten Patrick Hillery zusammentrifft, bekommt dieser zu hören: »Natürlich hielten wir Deutsche an unserer Einheit fest und er, der Präsident, werde das als Ire gut verstehen. Aber die deutsche Wiedervereinigung«, so Kohls Standardformulierung, »stehe nicht auf der Tagesordnung der Weltpolitik. Diese Frage werde vielleicht Generationen dauern. Es gehe auch nur auf friedlichem Wege. Doch werde es keinen wirklichen Frieden in Europa geben, wenn Deutschland geteilt bleibe.«[5]

Andere seiner Kollegen aus der Europäischen Gemeinschaft vernehmen dasselbe. Im Februar 1984 – die ost-westliche Eiszeit nach der Raketenkrise hat eben begonnen – äußert er im Gespräch mit dem belgischen Ministerpräsidenten Martens: »Er ... wolle die Zeit nutzen, die er habe, um die Bundesrepublik auf dem Weg nach Europa weiter festzulegen. Ein Grund hierfür sei der Zustand unseres geteilten Landes. Die DDR befinde sich in einer schlimmen Lage. Wirtschaftlich könne sie die Bundesrepublik nicht überholen. Sie versuche infolgedessen, die deutsche Geschichte zu usurpieren. Für die Bundesrepublik sei die Entscheidung, Teil des Westens zu sein, endgültig. Die Lösung der deutschen Frage könne nicht in der Wiederherstellung des deutschen Nationalstaats bestehen. Es wäre schwer für Europa, in der Mitte 77 Millionen Deutsche in einem Nationalstaat zu ertragen. Hier müsse ein europäischer Rahmen gefunden werden.«[6]

Mitterrand bekommt Ähnliches zu hören. Unter Bezugnahme auf die Präambel des Grundgesetzes stellt der Bundeskanzler fest, »wie die Einheit der Nation hergestellt werden könne, sei völlig offen – sicherlich nicht eine Einheit, wie sie das Bismarck-Reich darstellte«. Die Neutralisten, so führt er in diesem Zusammenhang aus, versuchten, der Bundesrepublik »das europäische Dach wegzunehmen. Dies wäre ein Fehler, wie ihn Deutschland in den letzten hundert Jahren schon verschiedentlich begangen hätte.« Die Deutschen säßen dann wieder zwischen zwei Stühlen. Das komme für ihn nicht in Frage. Ihm gehe es um Europa. Und hier differenziert er folgendermaßen: »Wenn er aber das Beispiel einer Medaille wählen wolle, wobei auf der einen Seite der Medaille das deutsch-französische Verhältnis aufgeprägt sei und auf der anderen Seite Europa, so halte er die deutsch-französische Seite der Medaille für wichtiger als die europäische Seite. Es gebe keine europäische Seite dieser Medaille, wenn es keine deutsch-französische Seite gebe. Um dies irreversibel zu machen, wolle er seine Zeit nutzen.«[7] Auch als mit Gorbatschow eine neue Entspannungsperiode heraufzieht und vieles möglich erscheint, läßt er sich nicht von seinem Kurs abbringen, ganz im Gegenteil: Je mehr der bewunderte neue Generalsekretär zum Eintritt ins »gemeinsame europäische Haus« lockt, um so sorgenvoller forciert Kohl die »unumkehrbare« Einbindung der Bundesrepublik in das westliche Europa. Amerikanische Besucher hören wieder und wieder von ihm, er selbst und die Bundesrepublik seien »nicht käuflich«. Mitterrand vernimmt unablässig dasselbe.[8] Noch Anfang 1989 beantwortet Kohl Mitterrands bohrende Fragen nach den Aussichten für eine Wiedervereinigung mit den Worten: »Sie sind der Prophet, ich bin der Bundeskanzler.«[9]

Man muß unterstreichen, daß Kohl mit seiner Lagebeurteilung damals im Mainstream dessen liegt, was eine Mehrheit der Deutschen denkt. Als Franz Josef Strauß Ende Dezember 1987 mit Gorbatschow im Kreml ein langes, interessantes Gespräch führt, sagt er offen: »Wir forcieren die Wiedervereinigung Deutschlands nicht. Es können zehn, fünfzig oder hundert Jahre vergehen.«[10]

In dem Jahrfünft vor der Wiedervereinigung befindet sich die Bundesrepublik in einer der langweiligeren Phasen ihrer ohnehin nicht allzu aufregenden Geschichte. »Phlegma des juste milieu«, hat Joachim Fest jenen Immobilismus genannt, der hinsichtlich der Teilung Deutschlands damals vor allem die Intellektuellen und die politische Klasse erfaßt hat, aber auch weithin in die Wählerschaft ausstrahlt.[11] Auf eine Emnid-Frage in der Bundesrepublik aus dem Jahr 1983: »Was halten Sie für vordringlicher: die Vereinigung der DDR mit der Bundesrepublik oder eine europäische Vereinigung?«, gaben sechzig Prozent zur Antwort »europäische Vereinigung«, nur noch 36 Prozent »die Wiedervereinigung«. Und schon 1984 sind 37 Prozent der über Sechzehnjährigen der Meinung und ganz besonders die unter fünfzig Jahre Alten, die

Bürger der DDR und die der Bundesrepublik gehörten *nicht* einer deutschen Nation an; nur noch sechzig Prozent zeigten sich überzeugt, sie gehörten derselben Nation an. Allerdings lassen an die vier Fünftel der damals Befragten erkennen, daß sie persönlich durchaus für eine Wiedervereinigung sind.[12]

Allzuweit ist der Bundeskanzler somit nicht von den Tiefenströmungen in der Wählerschaft entfernt. Auch er hält an dem Fernziel der Einheit Deutschlands fest, doch wie die Dinge nun einmal liegen, hat die europäische Vereinigung für ihn Priorität. Von der berühmten Trias, die einen Staat konstituiert, nämlich Souveränität, Staatsgrenzen und Staatsvolk, ist in erster Linie das deutsche Volk für ihn lebendige Wirklichkeit. Das betrifft übrigens die Deutschen in der Bundesrepublik und in der DDR ebenso wie die Deutschen in Polen, in den Balkanstaaten oder in Rußland. Er vermeidet es dabei, den NS-kontaminierten Begriff »Volk« zu benutzen, und verwendet statt dessen am liebsten den wolkigen Begriff Nation oder spricht auch einfach von den Deutschen oder von den Landsleuten. Bei dieser Engführung seines Nationverständnisses fallen die praktischen Forderungen am leichtesten: Forderung nach den bürgerlichen Freiheiten, nach Reisefreiheit oder nach Familienzusammenführung. Wie das seit Gründung der Bundesrepublik gilt, besteht Kohl auch weiter auf der Rechtsposition, allen Deutschen, woher sie auch kommen, dieselben Staatsbürgerrechte zuzuerkennen. Wer sich für kürzere oder längere Zeit zu Besuch oder gar auf Dauer in die Bundesrepublik begibt, hat zudem Anspruch auf bevorrechtigte Hilfen: auf Begrüßungsgeld, auf Umzugsbeihilfen und auf Wohnbeihilfen. Und wer in der DDR aus politischen Gründen in Haft gerät, kann auf Freikauf hoffen.

So legt Kohl im Verhältnis zur DDR einen Hauptakzent der operativen Politik auf die Reisefreiheit. Beharrlich besteht er darauf, für den unstillbaren Devisenhunger verbesserte Besuchsmöglichkeiten herauszuhandeln. Er ist ein Politiker, der für die Probleme des Einzelnen und der Familien ein Ohr hat. Mit dem Humanitären verbindet sich die Überlegung, daß das Zusammengehörigkeitsgefühl der Deutschen in den Jahrzehnten der Teilung nur bei Reisen in den jeweils anderen Teil und persönlichen Begegnungen erhalten bleibt. In der Zunahme der Besuchsreisen und der Übersiedelungen aus der DDR sieht er den Haupterfolg seiner Normalisierungspolitik. Tatsächlich steigt die Zahl der Reisenden im Rentenalter zwischen 1983 und 1988 von rund 1,4 Millionen auf 6,7 Millionen. Die Reisen bei dringenden Familienangelegenheiten, die auch DDR-Bürger unterhalb des Rentenalters beantragen können, liegen 1983 noch bei kläglichen 64 000 jährlich; 1988 sind es 1,1 Millionen.[13] Auffällig häufig kommt Kohl in seinen Gesprächen mit ausländischen Staatsmännern auf diese Erfolge zu sprechen. So erzählt er beispielsweise dem eben zum Präsidenten gewählten George Bush, jährlich fänden vier bis fünf Millionen Besuchsreisen in die Bundesrepublik statt. Über zwanzig Millionen Menschen, mehr als die DDR Einwohner habe, hätten in den vergangenen Jahren die Bundesrepublik besucht. »Diese Menschen hätten die Gelegenheit zu vergleichen. Das Ergebnis sei, daß die DDR-Propaganda nicht mehr verfange.«[14]

Im Verhältnis zur DDR setzt Kohl somit ganz auffällig auf verstärkte individuelle Freiheit und private Begegnungen. Seinen eigenartigsten Ausdruck findet die Reduktion der langfristigen Wiedervereinigungspolitik auf Reisen zwischen den beiden Deutschland in einem Ausflug, den er persönlich und streng privat im Mai 1988 in die DDR unternimmt.[15] Wenn ein Bundeskanzler den aufmerksam reisenden Privatmann spielt, ist das natürlich hochpolitisch. Ein Grund dafür ist der Umstand, daß dem Staatsbesuch Honeckers nach Bonn kein Gegenbesuch Kohls nach Berlin (Ost) folgen darf. Die West-Alliierten sind weiterhin der Meinung, daß der Sitz der DDR-Regierung in Berlin mit dem Besatzungsrecht unvereinbar ist. Honecker würde den Regierungschef der Bundesrepublik zwar liebend gern in Berlin empfangen, doch genau das ist ihm verwehrt. So wird schon vor Honeckers Besuch vereinbart, daß dieser seinen Gastgeber Helmut Kohl zu einer spontanen Reise durch die DDR einlädt, aber das mit der Maßgabe, daß der Besuch streng privat verlaufe, ohne jedes Zeremoniell und nach eigener Festlegung der Fahrtroute. Dafür muß sich Kohl verpflichten, den Aufenthalt nicht anzukündigen und keine Journalisten mitzuführen. Den DDR-Autoritäten ist vor allem daran gelegen, daß sich kein großer Volksauflauf ereignet wie beim legendären Besuch Willy Brandts in Erfurt und keine Peinlichkeit wie in Güstrow, wo Bundeskanzler Schmidt eine fast hermetisch abgeriegelte Stadt vorfand.

Warum läßt sich Kohl, immerhin der Bundeskanzler, auf ein so eigenartiges Unternehmen ein? Tatsächlich hat er sich in der Vergangenheit verschiedentlich in Ost-Berlin und in der DDR umgesehen. Nach der Rückkehr hat er festgestellt, er habe die Bundesbürger zu DDR-Reisen ermutigen und sich zugleich einen persönlichen Eindruck von den Verhältnissen verschaffen wollen.[16] Man kann ihm das abnehmen. Unkonventionelle Neugier aufs Alltagsleben gehörte stets zu seinen schätzenswerteren Eigenschaften. Vielleicht will er auch seinen Marktwert bei der DDR-Bevölkerung testen. Unpompös, chauffiert von »Ecki« Seeber und einem Sicherheitsbeamten, reist er mit Frau Hannelore, Sohn Peter, dem Regierungssprecher Friedhelm Ost und Wolfgang Bergsdorf von Gotha über Erfurt und Weimar nach Dresden, wo er am Samstag für 2,50 Mark (Ost) ein Oberliga-Spiel zwischen Dynamo Dresden und dem FC Carl Zeiss Jena ansieht, abends in der Semper-Oper eine Aufführung des *Tannhäuser* besucht und am Sonntagmorgen die Messe in der Hofkirche. Anschließend geht es über Saalfeld zum Grenzübergang Hirschberg-Rudolphstein zurück.

Kohl versucht überall ins Gespräch zu kommen, wird allgemein erkannt, ohne aber große Aufläufe hervorzurufen, erhält da und dort heimlich Adressen von DDR-Bürgern zugesteckt, die ausreisen möchten, und verfügt nun wieder einmal über Eindrücke aus erster Hand. Als der Ausflug gut über die Bühne gegangen ist, lobt Mielke seine Stasi-Truppe für »das abgestimmte und tschekistisch kluge Vorgehen«, mit dem diese Genossen »Provokationen bzw. Störungen … vorbeugend verhindert haben«. Honecker läßt sich persönlich unterrichten und berichtet seinerseits dem sowjetischen Botschafter: Kohl sei »an vielen Orten überhaupt nicht erkannt worden und mußte sich selbst vorstellen«.[17] Genau besehen gibt es kein besseres Beispiel für die Absurdität der beiderseitigen Beziehungen: ein Bundeskanzler, der, diskret von der Stasi bewacht, als sogenannter Privatmann frei reisen darf, aber möglichst ohne viel Aufsehen.

Obschon der Funktionärsapparat der SED weiterhin konsequent an der Zwei-Staaten-Doktrin festhält und den Triumph des Staatsempfangs Honeckers in Bonn auskostet, macht sich in der DDR-Bevölkerung eine gegenläufige Tendenz bemerkbar. Stärker als jemals seit dem Mauerbau wirkt die Bundesrepublik wieder wie ein Magnet. Es sind besonders drei Faktoren, die dabei ins Spiel kommen: die intensivierten Westreisen, das bundesdeutsche Fernsehen und, als Folge der Westreisen, die D-Mark. Schon im Februar 1984 konstatiert Kohl im Gespräch mit Margaret Thatcher »eine latente Infragestellung des Staates« durch die Deutschen in der DDR: »Man müsse auch sehen, daß sie de facto die D-Mark als Währung anerkannt hätten.« Im Protokoll findet sich die Feststellung: »… wenn in D-Mark bezahlt wird.«[18] Kohl zeigt sich also über die labile innere Lage in der DDR genau unterrichtet.

Während die Bevölkerung in der DDR zusehends in den Sog der wirtschaftlich erfolgreichen, freieren Bundesrepublik gerät, vollzieht sich in der Bundesrepublik ein eher umgekehrter Vorgang. Unterstützt durch zahlreiche Einflußkanäle der SED, setzt sich das Bewußtsein von der dauerhaften, historisch legitimen Zweistaatlichkeit in den Köpfen immer stärker fest. Die meinungsbildenden Schichten der mehr oder weniger links orientierten Politiker, Lehrer, Journalisten, Pfarrer und evangelischen Synodalen, Gewerkschafter sowie Manager und Selbständigen haben sich inzwischen an den Status quo gewöhnt und tabuisieren jede Infragestellung der Teilung. Unablässig führt Kohl darüber Klage und hat dabei stets die entsprechenden Zahlen zur Hand. In den Medien, so meint er, säßen nicht nur Gegner, sondern teilweise erbitterte Feinde der Bundesregierung. Rund siebzig Prozent der Journalisten würden sich dem linken politischen Spektrum zurechnen, davon die Hälfte den Grünen.[19] Ungeachtet des Karlsruher Urteils von 1983 kritisieren diese auch das dem Staatsapparat der DDR so verhaßte regierungsoffizielle Festhalten an der gemeinsamen deutschen Staatsangehörigkeit.

Ganz offen fordern beispielsweise die Grünen den Austritt aus der NATO, und manche ihrer Wortführer legitimieren die Teilung inzwischen als gerechte Strafe für Auschwitz. Immerhin kritisiert ein Teil auch offen die Unterdrückung von Bürgerrechtlern in der DDR. Die SPD hat sich mit großem Nachdruck auf den zwischenparteilichen Dialog mit der SED eingelassen. In den Akten der SED wird im Jahr 1988 festgehalten, daß mehr als sechzig Prozent der Mitglieder des SPD-Präsidiums und mehr als fünfzig Prozent aus dem Partei- und Fraktionsvorstand Kontakte mit der SED wahrnähmen.[20] Kein Wunder, daß die von ostdeutschen Gastgebern oder Besuchern unablässig wiederholten »Geraer Forderungen« Honeckers ihre Wirkung tun. Dazu gehört die Abschaffung der Erfassungsstelle Salzgitter für Gewaltverbrechen in der DDR und vor allem die Anerkennung der DDR-Staatsbürgerschaft. Dementsprechend kündigt Gerhard Schröder, einer von Willy Brandts »Enkeln« und Spitzenkandidat der SPD in Niedersachsen, bereits 1985 an, eine von ihm geführte Landesregierung werde sich an der Erfassungsstelle Salzgitter nicht mehr beteiligen. Auch in dem Kernpunkt der deutschen Staatsbürgerschaft zeigt sich Schröder wie viele andere seiner Genossen kompromißbereit. Die DDR, so erklärt er, allerdings mit juristisch verklausulierten Einschränkungen, sei »ein Staat mit Territorium und Volk, folglich auch mit einer Staatsbürgerschaft«. Die Erwartung, daß diese respektiert werde, sei berechtigt.[21] Zwischen Respektieren und Anerkennen besteht zwar, wie auch Schröder weiß, ein Unterschied. Doch die Tendenz zum Verzicht auf die gemeinsame deutsche Staatsangehörigkeit, eine der letzten und wichtigsten Klammern der geteilten Nation, ist bei ihm und anderen SPD-Spitzenpolitikern vorhanden – auch bei dem Kanzlerkandidaten Johannes Rau.

Auffällig ist, wie häufig sich die Führung der SPD um Termine bei Honecker bemüht. Den Rekord bei den regelmäßigen Zusammenkünften mit dem Staatsratsvorsitzenden hält Oskar Lafontaine, einer der aussichtsreichsten von Willy Brandts »Enkeln«. Hans-Jochen Vogel, Vorsitzender der SPD-Bundestagsfraktion, trifft einmal jährlich mit Honecker zusammen. Und zu Johannes Rau, dem SPD-Kanzlerkandidaten von 1987, findet sich nach dem Umbruch in den SED-Akten der Vermerk: »Rau bestand hartnäckig auf ein Foto mit Genossen E. Honecker, das er für den Wahlkampf brauche.«[22] Dieser erfreut ihn mit der Feststellung: »Wir wünschen, daß J. Rau die Wahlen im Januar 1987 gewinnt.«

In der SPD zeigt man sich auch für die sicherheitspolitischen Vorstöße der DDR-Regierung aufgeschlossen. Die Beseitigung der Massenvernichtungsmittel in Europa wird zum gemeinsamen Ziel erklärt. »Eine chemiewaffenfreie Zone in Europa« soll den Anfang machen. Und 1985 einigen sich Willy Brandt und Erich Honecker auch darauf, einen »atomwaffenfreien Korridor in Europa« anzustreben.[23] Das alles wird flankiert von den Arbeiten der Grundwertekommission, die im August 1987 – wenige Tage vor dem Besuch Honeckers in Bonn – das Papier »Der Streit der Ideologien und die gemeinsame Sicherheit« vorstellt.

Verglichen mit der recht weitgehenden Dialogpolitik zwischen SPD und SED ist Kohls DDR-Politik in der Tat zurückhaltend. In der Frage der Staatsangehörigkeit bleibt er kompromißlos und erhält damit – ohne zu wissen, wie wichtig dies binnen kurzem sein wird – eine der Voraussetzungen für die Fluchtbewegung 1989 und das Einströmen Hunderttausender von DDR-Bürgern in die Bundesrepublik nach dem

Mauerfall. Genauso lehnt er jeden Dialog auf Parteiebene ab, also auch mit der Ost-CDU, die er besonders verachtet. In den gemeinsamen Vorschlägen zur Entfernung der in Europa stationierten Massenvernichtungswaffen sieht er eine Art Salamitaktik, um die Bundesrepublik Schritt für Schritt aus der gemeinsamen Verteidigung der NATO herauszulösen mit dem Fernziel einer Neutralisierung. Diese Befürchtung ist auch ein Hauptmotiv für sein Drängen auf eine gemeinsame deutsch-französische Verteidigungspolitik, Absprachen über den Einsatz der Force de frappe inbegriffen. In vollem Wissen darum, wieviel Sympathie die Forderung nach Entfernung der Massenvernichtungswaffen aus Mitteleuropa findet, drängt er bei den USA und in der NATO auch schon frühzeitig auf eigene Vorschläge zu den nuklearen Kurzstrekkenwaffen und ein Abkommen über den Abzug von Chemiewaffen.

Kohl ist sich durchaus darüber im klaren, daß das öffentliche Drängen der SPD, der Gewerkschaften, in Kreisen der evangelischen Kirche und seitens der Entspannungspublizistik, mit der DDR in einen ständigen Dialog zu treten, auch seine CDU nicht unberührt läßt. Vor allem Honecker ist »in«. Spitzenchargen von CDU und CSU angeln gleichfalls gern nach Fototerminen mit dem Staatsratsvorsitzenden, sei das in Berlin oder bei der Leipziger Messe. Die allerhöchste Charge der CDU ist schließlich er selbst, und seine nie nachlassende Bereitschaft, Honecker für einen Besuch in der Bundesrepublik zu gewinnen, ist der beste Beweis für dessen politischen Sexappeal.

Kohl selbst will in diesem Besuch aber keinen Kurswechsel seiner Deutschlandpolitik erkennen, ganz im Gegenteil: »Die Zeit arbeite nicht für die DDR«, bekommt der stellvertretende amerikanische Außenminister John C. Whitehead einige Wochen nach Honeckers Besuch in der Bundesrepublik von Kohl zu hören. Die Menschen würden die Geschichte nicht vergessen. Das Zusammengehörigkeitsgefühl der Deutschen sei heute stärker als vor zehn Jahren. Die in der DDR heranwachsenden jungen Leute empfänden sich als Deutsche, vielleicht noch mehr als die in der Bundesrepublik. Dies sehe auch Honecker. Sein Hauptinteresse gehe wohl dahin, an seinem eigenen Denkmal zu arbeiten. Er wolle nicht wie Ulbricht zur Unperson werden, wolle gute Gefühle wecken. Wie seine Nachfolger einmal damit fertig würden, interessiere ihn nicht so sehr; er lebe schon auf Kosten seiner Nachfolger. »Die Mauer werde mit alledem nicht verschwinden«, meint der Bundeskanzler, »aber man müsse sich vergegenwärtigen, was bei einer Einwohnerzahl von 17 Millionen die Tatsache bedeute, daß 1987 fünf Millionen Besuche (einschließlich Wiederholungen) zu verzeichnen seien.« Für 1988 erhoffe man dieselbe Zahl. Und er fügt hinzu: »Schließlich werde unsere D-Mark zunehmend zur Zweitwährung der DDR.«[24]

Dennoch nimmt auch in der CDU die Neigung zu, in Sachen Wiedervereinigung, an deren Möglichkeit ohnehin nur noch wenige glauben, auch terminologisch Ballast abzuwerfen. Hier ist es vor allem Geißler, der gewisse programmatische Korrekturen für geboten hält. Als Generalsekretär hat er darauf zu achten, daß die CDU

Das ganze Programm: Empfang Erich Honeckers in der Bundesrepublik,
7. September 1987

im Mainstream der innerdeutschen Entspannungspolitik liegt. Persönlich braucht er
sich dabei überhaupt nicht zu verbiegen. Er gehört zu den hundertfünfzigprozentigen »Europäern«, denen jeder Gedanke an eine Wiederherstellung des Bismarck-
Reichs Unbehagen bereitet. Darin unterscheidet er sich gar nicht von Helmut Kohl,
nur daß dieser vorsichtiger zu Werke gehen muß – der konservative Parteiflügel, die
Vertriebenen, die Springer-Presse ...

Die Zahl der kompromißlosen Antikommunisten in der Union ist freilich zu-
sammengeschmolzen. Es sind meist immer dieselben, die sich vor den Kameras oder
in der Fraktion mit kritischen Beiträgen äußern: Manfred Abelein, Jürgen Todenhöfer, Eduard Lintner von der CSU, seit 1982 Vorsitzender der Arbeitsgruppe Deutschlandpolitik und Berlinfragen der CDU/CSU-Fraktion, dazu Herbert Czaja, Präsident
des Bundes der Vertriebenen. Ihr eigentlicher Patron wäre Alfred Dregger, doch der
ist gegenüber dem Kanzler zur Loyalität verpflichtet und läßt nur gelegentlich in
ironischen Sätzen erkennen, was er von dem perfiden Diktator Honecker und seinesgleichen denkt. Die Hamburger Blätter – *Der Spiegel, Stern* und *Die Zeit* – nennen
die ziemlich machtlose Fraktionsminderheit spöttisch »die Stahlhelm-Fraktion«. Es
ist bezeichnend, daß diese herabsetzende Bezeichnung nach Kohls Übernahme des
Fraktionsvorsitzes im Bonner »Ruderclub« bei den Diskussionen der Kohl-Anhänger

um Philipp Jenninger, Wolfgang Schäuble und Elmar Pieroth entstanden und von dort in Umlauf gebracht worden ist.

Der Honecker-Besuch wird in der CDU/CSU-Fraktion noch diszipliniert hingenommen, zumal der CSU-Vorsitzende Strauß bei diesem längst seine Aufwartung gemacht hat. Erst Anfang 1988 entsteht eine größere Kontroverse. Auf Vorschlag des Generalsekretärs Geißler und unter dessen Leitung hat der CDU-Bundesvorstand Ende 1987 eine Kommission eingesetzt, die für den kommenden Bundesparteitag einen Leitantrag zu den Bereichen Außen-, Deutschland- und Sicherheitspolitik erarbeiten soll.[25] In diesem Antrag finden sich einige Passagen, die bei kritischen Abgeordneten in der Fraktion Zweifel an der Grundsatztreue der CDU-Führung nähren. Dabei ist das Wesentliche der bisherigen Positionen eindeutig formuliert: »Die Einheit der deutschen Nation besteht fort, obwohl das deutsche Volk gegen seinen Willen staatlich getrennt leben muß. Die Deutschen sind nicht bereit, sich mit dieser Trennung auf Dauer abzufinden. Kern der Deutschlandpolitik der CDU bleibt deshalb die Wahrung der nationalen Einheit. Die CDU hält fest an dem Ziel, eine stabile Friedensordnung in Europa zu schaffen, in der das deutsche Volk in freier Ausübung des Selbstbestimmungsrechts die Einheit Deutschlands in Freiheit wiedererlangt. Bei der Verfolgung dieses Zieles beachtet die CDU folgende Prinzipien: Die Freiheit ist Bedingung der Einheit und nicht ihr Preis, die Einheit kann nur auf gewaltfreiem Weg erreicht werden, das Ziel der Einheit ist von den Deutschen nur mit Einverständnis ihrer Nachbarn in West und Ost zu erreichen.«[26]

Genau dies sind die Grundgedanken, die seit 1982 in Kohls offiziellen Stellungnahmen als Bundeskanzler und als Parteivorsitzender ständig wiederkehren. Allerdings werden die vorwiegend operativen Aspekte dadurch hell angestrahlt, daß die gesamte deutschlandpolitische Passage des Entwurfs unter der Überschrift steht: »Mehr Begegnungen und Zusammenarbeit in Deutschland dienen der Freiheit und der Einheit«. Genau dies wird sich bereits im folgenden Jahr als ein Hauptfaktor für die Volksbewegung in der DDR erweisen. Aber im Entwurf fehlt der Verweis auf die Rechte und Pflichten der Vier Mächte, auf den Brief zur deutschen Einheit und die ansonsten für die CDU maßgebliche Gemeinsame Entschließung des Deutschen Bundestags vom 17. Mai 1972. Als der Entwurf für den Leitantrag – genährt durch eine Vorveröffentlichung im *Spiegel*[27] mit entsprechender Diskussion in der Presse und in der Fraktion[28] – nun in der Öffentlichkeit höchst kontrovers diskutiert wird, erklärt Kohl im CDU-Präsidium zutreffend, die bisher erarbeiteten Papiere seien »Diskussionsentwürfe«, aber weniger zutreffend, er habe »die Diskussionsentwürfe weder studieren noch kontrollieren können«. Ihm sei gesagt worden, »daß das Papier zur Außen- und Deutschlandpolitik in Ordnung ist«.[29] Später wird Geißler beteuern: »Ich bin diesen Text Wort für Wort an dem Schreibtisch, wo rechts nachher das Aquarium stand, durchgegangen mit Kohl. Und er war voll damit einverstanden.

Dann gab es plötzlich Krawall in der Fraktion – ich werde das nie vergessen –, und dann meldete Kohl sich zu Wort und sagte, das seien nicht seine Worte. Das müsse noch einmal überarbeitet werden.«[30]

Es lohnt nicht, diesen Sturm im Wasserglas detailliert zu schildern. Kohl reagiert wie in solchen Fällen gewohnt elastisch, läßt jetzt alles in den Leitantrag des Präsidiums hineinschreiben, was die Kritiker wünschen, und stillschweigend entfernen, was als Aufweichung interpretiert werden könnte. Erstmals taucht nun der Begriff »Wiedervereinigung« unter Rekurs auf ein Adenauer-Zitat ungeschützt in einer programmatischen Erklärung des CDU-Parteitags auf. Auch die Überschrift lautet jetzt ganz anders: »In freier Selbstbestimmung die Einheit und Freiheit Deutschlands vollenden«. Aus dem umstrittenen Hinweis, das sei »nur mit Einverständnis ihrer Nachbarn in West und Ost zu erreichen«, wird nun der unangreifbare, zugleich aber unverbindliche Satz: »Wir brauchen für die Verwirklichung des Rechts auf Selbstbestimmung das Verständnis und die Unterstützung unserer Nachbarn.«[31] Ersatzlos gestrichen wird in dem Kommissionsentwurf der eigentlich sehr plausible Satz: »Die Lösung der deutschen Frage ist gegenwärtig nicht zu erreichen.«[32] Helmut Kohl arbeitet heraus, »die Deutsche Frage sei zwar kein aktuelles Thema, von der CDU aber auch nicht von der Tagesordnung weggenommen worden. Die CDU habe immer gesagt, daß es Themen auf der politischen Tagesordnung gebe, ohne daß sie erledigt werden können. Notwendig sei eine aktive Deutschlandpolitik, deren Fundament der Einsatz für Menschenrechte und Selbstbestimmung sei.« In dem schließlich vom Parteitag verabschiedeten Text heißt es völlig unanfechtbar: »Solange die Einheit in Freiheit noch nicht erreicht ist, muß die deutsche Frage rechtlich und politisch offengehalten werden. Die CDU betrachtet es als wichtige Aufgabe der Deutschlandpolitik, das gesamtdeutsche Bewußtsein und den Willen zur nationalen Einheit zu stärken und alle Entwicklungen zu fördern, die der deutschen Einheit in Freiheit dienen. Die CDU hält an der einen deutschen Staatsangehörigkeit fest.«[33] Als dann kurz danach ganz unerwartet die Lösung der »deutschen Frage« eintritt, kann Helmut Kohl dank seinem elastischen Eingehen auf die Kritik aus der »Stahlhelm-Fraktion« zutreffend erklären, seine CDU habe stets am Wiedervereinigungsziel mit europäischer Perspektive festgehalten.[34]

Viel kritischer als die von dem »immer so papiersüchtigen« Geißler und seiner Umgebung[35] hochgezogenen Grundsatzfragen der Deutschlandpolitik ist in den letzten Jahren der DDR die Stellungnahme zu deren inneren Spannungen. Es gibt zwar die altbekannten Dauerthemen, zu denen sich das offizielle Bonn jeweils etwas gedämpfter oder etwas entschiedener zu äußern hat: die verschärften Schikanen gegen Bürgerrechtler, spektakuläre und weniger spektakuläre Fälle von Abschiebung in die Bundesrepublik, der Dauerstreit um Deutsche aus der DDR, die den Versuch machen, über die Ständige Vertretung oder bundesdeutsche Botschaften im Ostblock in die Bundesrepublik auszureisen. Seit 1987 wird jedoch die Frage immer drängender, ob und wie stark das die Bundesregierung im Direktkontakt mit der DDR-Regierung aufzugreifen hat. Im Auftrag Helmut Kohls verfolgt Wolfgang Schäuble, Chef des Bundeskanzleramts, den Kurs »business as usual«. Reformen und Verbesserungen werden periodisch angemahnt, aber stets im Rahmen der Grundlinie, daß die DDR auf keinen Fall destabilisiert werden dürfe. Auch Mauer und Stacheldraht werden ritualisiert beklagt. Aber in Bonn herrscht doch ziemlich betretenes Schweigen, als der amerikanische Präsident Ronald Reagan bei seinem Berlin-Besuch im Juni 1987 im Angesicht des Brandenburger Tores ausruft:»Herr Gorbatschow, reißen Sie diese Mauer nieder.« Kohl und seine Getreuen halten es für inopportun, mit ihren Forderungen eine rote Linie zu überschreiten.

Strikt wendet sich der Bundeskanzler auch dagegen, nach Art der Diplomatie in den fünfziger Jahren Fortschritte in der Abrüstungspolitik mit Fortschritten bei der Überwindung der Teilung zu verknüpfen. Als der CDU-Abgeordnete Bernhard Friedmann 1986 und 1987 in der Fraktion äußerst respektvoll, aber doch zäh entsprechende operative Schritte der Wiedervereinigungspolitik einfordert, bestreitet Kohl nicht, daß sich vielleicht aus der jetzt in der Sowjetunion eingeleiteten Politik eine Chance ergeben könnte, verweist aber unter Beifall der Fraktion auf seine Sorge vor einer Rückkehr zum traditionellen deutschen Schwanken zwischen West und Ost:»Nur eines muß ganz klar sein: Das Grundprinzip muß bleiben, daß Freiheit vor Einheit steht!« Dies sei zwar, fährt er fort, ein bitterer Satz, polemisiert dann ohne Namensnennung gegen »Leute in der Bundesrepublik auf dem rechten und dem linken Flügel«, die das nicht mehr akzeptieren, und äußert seine ständige Befürchtung:»Die glauben, daß nur ein ›Neuaufguß von Rapallo‹ eine Chance haben könnte!« Im 20. Jahrhundert, so fährt er fort, »haben wir uns fast fünfzig Jahre dauernd zwischen alle Stühle gesetzt. Wir sollten am Ende dieses Jahrhunderts begriffen haben, daß wir uns nicht mehr zwischen alle Stühle setzen.« Einmal mehr vernimmt die Fraktion seine Mantra:»Einbindung in den Westen«, »Freundschaft und Partnerschaft mit den Amerikanern«, »enge Bindung an die Europäer«, »engste Bindung an unsere französischen Freunde«. Er schließt mit den Worten:»Solange ich da stehe, das sage ich Ihnen, werden wir keine Politik machen, die diese Grundprinzipien aufgibt.«[36]

Die Unruhe in der DDR registriert Kohl sehr genau, ohne aber zu wissen, wohin sie führen wird. Im Juni 1988 stellt sich John C. Whitehead erneut bei ihm ein. Nach dem Besuch Honeckers in Bonn sind auch für Washington die Bedenken entfallen, mit der DDR etwas enger ins Geschäft zu kommen. Whitehead macht auf dem Weg nach Ost-Berlin in Bonn Station, um die dortige Lagebeurteilung kennenzulernen. Kohl läßt Schäuble Bericht erstatten: Der Besuchsverkehr habe sich dramatisch gesteigert. Etwa 3,5 Millionen Besucher jährlich. Die Rechnung Honeckers, durch die Politik der Öffnung eine Stabilisierung in der DDR zu erreichen, sei nicht aufgegangen. In diesem Zusammenhang erwähnt er Demonstrationen im Januar des Jahres sowie die Probleme in den Kirchen Ost-Berlins und der DDR. Man habe Honecker klargemacht, daß Fortschritte in der Frage der Öffnung und des Reiseverkehrs entscheidende Voraussetzungen für die weitere Entwicklung politischer und wirtschaftlicher Verbindungen seien. Schäuble deutet dabei an, Bonn sei bereit, die wirtschaftlichen Beziehungen teilweise dazu einzusetzen, die Folgen aus dieser Öffnung – wachsende Ansprüche und Erwartungen der Bevölkerung – unter Kontrolle zu halten. Da der Reise- und Besucherverkehr von der DDR nicht in Hartwährung finanziert werden könne, müsse die Bundesrepublik dies selbst tun durch Begrüßungsgeld und Leistungen der Gastgeber. Andernfalls könnten nicht Millionen, sondern nur einige Tausend in den Westen reisen. In der DDR hätten bereits Hunderttausende Übersiedelungsanträge gestellt. Im Regelfall verlange Ost-Berlin für jede Übersiedelung 8000 DM, für komplizierte Fälle mehr. Bonn sei bereit, für jede Übersiedelung zu bezahlen, lehne aber Quotenvereinbarungen ab.

Kohl bekräftigt Schäubles Ausführungen. Bei der Versorgung, gerade im Konsumbereich, sei die wirtschaftliche Lage in der DDR deutlich schlechter geworden. Ein besonderes Problem sei die Doppelwährung, auf die er Whitehead schon beim vorigen Besuch aufmerksam gemacht hatte. Die D-Mark gewinne als Zahlungsmittel immer mehr an Bedeutung. Damit werde die DDR zunehmend zu einer Drei-KlassenGesellschaft: Funktionäre – DM-Besitzer – »arme Teufel«. Das andere Problem der DDR sei die Wirkung Gorbatschows. Dazu komme das Westfernsehen mit dem Ergebnis, daß er, der Bundeskanzler, dort genauso bekannt sei wie Honecker. Jedenfalls sei das Miteinander stärker als vor zehn Jahren. Honecker mache eine Gratwanderung. Er wolle die wirtschaftlichen Vorteile, möchte die Dinge aber gleichzeitig unter Kontrolle halten. Es könne nicht das Ziel sein, dazu beizutragen, »daß die Lage in der DDR explodiere«. Denn dann helfe den Leuten niemand. Die amerikanischen Panzer stünden am Checkpoint Charlie, aber nicht anderswo. Deshalb gelte es, »möglichst viel Frischluft in die DDR hinein zu pumpen, aber nicht soviel, daß sie Lungenentzündung bekomme«. Ob und wie ein derartiges *fine tuning* möglich sein wird, bleibt unerörtert. Kohl unterstreicht aber auch bei dieser Gelegenheit, daß die östliche Seite die schlechteren Karten habe: »Wenn der Westen klug sei, gewinne er das Spiel.«[37]

Vereidigung des neuen Bundeskanzlers Helmut Kohl,
1. Oktober 1982

Man könnte sie »die kurzen achtziger Jahre« nennen. Die Krisenperiode der siebziger Jahre erstreckte sich bis in die folgende Dekade. Daran schloß sich 1982/83 bis 1989 ein eher entspanntes kurzes Jahrzehnt an, das vom Frühherbst 1989 an urplötzlich in die Umbruchphase überging, die im Dezember 1991 mit der Auflösung der Sowjetunion ihr Finale erlebte und dann in die neunziger Jahre einmündete, in denen sich das neue Europa konsolidierte. Im Kontext der Biographie Helmut Kohls ist auf diese Zäsuren zu achten. Zwischen 1973 und 1982 war seine Tätigkeit als Oppositionsführer exakt mit dem westlichen Krisenjahrzehnt zusammengefallen. In den Jahren 1982 bis 1989 ergab sich wiederum eine auffällige Koinzidenz. Damals begann eine neue Phase der Weltpolitik unter deutlich veränderten Vorzeichen. Analoges gilt, so wird sich zeigen, für die folgenden Epochen. Kohls Kanzlerjahre sind auch deshalb denkwürdig, weil sie mit den tektonischen historischen Veränderungen in Europa zusammenfallen. Wie stark er diese selbst beeinflußt hat, ist die spannendste Frage, die sich dem Biographen stellt.

Beim Rückblick auf die Jahre nach dem Zweiten Weltkrieg, in denen das westliche Staatensystem unter amerikanischer Führung entstand, hatte Dean Acheson, Trumans Außenminister von 1949 bis 1952, seinen Memoiren den stolzen Titel *Present at the Creation* gegeben. Kohls Kanzlerschaft in den Jahren 1982 bis 1989 könnte dieselbe Überschrift tragen. Denkwürdig war nicht in erster Linie, was er in der bundesdeutschen Innenpolitik zustande brachte. Sieht man einmal von den Psychodramen der Nachrüstung ab, so waren es eher ruhige Jahre ohne ein Übermaß an Veränderungen. Dementsprechend haben Kohls Gegner diesen ungeliebten, präpotenten Bundeskanzler bestenfalls als mittelmäßigen Regierungschef bewertet. Auch in den Reihen der CDU kamen immer wieder Phasen des Zweifels auf, was schließlich 1988/89 zur tiefen Malaise und zur Rebellion führte. Die Besonderheit von Kohls historischer Leistung in diesem ersten Abschnitt der Kanzlerschaft ergibt sich in erster Linie daraus, daß er in den kurzen achtziger Jahren – ohne selbst klar zu erkennen, wohin das führen würde – an der Begründung unserer Welt des frühen 21. Jahrhunderts einen maßgeblichen, von den Zeitgenossen unterschätzten Anteil hatte.

Von der Schwelle des zweiten Jahrzehnts des 21. Jahrhunderts aus betrachtet, hatten die kurzen achtziger Jahre, in denen sich die heutige Welt vorbereitete, drei große Themen: die Anfänge der Globalisierung nach angelsächsischem Modell, die Vorbereitung des Kollapses der sowjetischen Supermacht und die Europäisierung der bislang autonomen Staaten des »alten Europa«. Die Wiedervereinigung Deutschlands und des geteilten Europa erfolgte erst seit dem Sturz der Berliner Mauer am 9. November 1989, als sich der Ostblock auflöste und das Sowjetreich zerbrach, während die zwölf Mitgliedsländer der EG 1992 mit dem Vertrag von Maastricht das beispiellose Experiment eines Europa auf den Weg brachten, das mehr ist als ein Staatenbund und weniger als ein Bundesstaat. Aber ohne die Anfänge in den kurzen achtziger Jahren ist schwer vorstellbar, daß die Geschichte diesen Verlauf hätte nehmen können.

Die »kurzen achtziger Jahre« waren somit eine bemerkenswerte Zwischenphase, deren Eigenart die künftige Geschichtsschreibung noch stärker auszumessen haben wird. Bei genauerem Zusehen läßt sich erkennen, daß unsere heutige Welt bereits damals begonnen hat. Der Anfang dieses Jahrzehnts stand noch ganz im Zeichen der Krise. Ob Margaret Thatcher »die englische Krankheit« wirklich kurieren würde, war anfangs eher unsicher. »Das Chaos, das sie geerbt hat, ist fast unsteuerbar, aber sie ist wenigstens entschlossen, es anzupacken«, vermerkte Siegmund Warburg, einer der scharfsinnigsten Bankiers in der Londoner City, im Dezember 1980 in einem Privatbrief.[1] Viele befürchteten, und zwar nicht allein ihre Feinde bei Labour und den Gewerkschaften, die Roßkur könne zum Exitus letalis führen. Genauso zweifelhaft war das Gelingen der »Reaganomics« und das geradezu verzweifelte Hochfahren der amerikanischen Rüstung, so als stünde das Land bereits mitten im Krieg. Auch wohin Mitterrands Sozialismus à la française unter Beteiligung der Kommunisten führen würde, stand 1981 und 1982 noch in den Sternen. Ein Kollaps des neuerrichteten Europäischen Währungssystems (EWS) oder gar das Zerbrechen des Gemeinsamen Marktes waren nicht auszuschließen. Erwähnen wir nochmals die Einschätzung des im westlichen Bankensystem bestens vernetzten Siegmund Warburg. »Frankreich«, so schrieb er im August 1981 an seinen Bankierskollegen Tony Griffin, habe sich auf den Weg »zu einer neuen Revolution gemacht, nicht so kriegerisch und stürmisch wie einstmals am Ende des 18. Jahrhunderts, aber substantiell vielleicht noch weitreichender; das Land könnte wie Jugoslawien enden; kommunistisch, aber nicht verbündet mit der Sowjetunion«.[2] Desgleichen wagte 1981 niemand eine zuversichtliche Prognose, ob die Bundesregierung vor der Friedensbewegung nicht doch in die Knie gehen würde, dies mit denkbar weitreichenden Auswirkungen auf die Sicherheit Westeuropas. Auch der Übermut der Sowjetunion schien noch ungebrochen. Und der gesamte Westen stöhnte unter der mit dem zweiten Ölschock von 1979 erneut hereingebrochenen Weltwirtschaftskrise.

Doch 1982/83 begann die neue Zeitrechnung. Im Sommer 1982 zeigten sich in den USA erste Anzeichen einer Überwindung der Wirtschaftskrise.[3] Die Inflationsbekämpfung war der Schlüssel zur Erholung. Im Herbst 1979 lag die Inflationsrate bei zwölf Prozent.[4] Dank der strikten Geldpolitik der amerikanischen Notenbank FED unter Paul Volcker sank sie im Jahr 1982 auf unter vier Prozent.[5] Es folgte ein beispielloser Boom, der an die weit zurückliegenden zwanziger Jahre erinnerte. 1990 war das inflationsbereinigte amerikanische Volkseinkommen um ein Drittel höher als das des Jahres 1982.[6] Das strahlte auf den gesamten OECD-Bereich aus, auch auf das westliche Europa. Wieder einmal wurden die USA zur mächtigen Konjunkturlokomotive der atlantischen Welt.

Im März 1983 gerieten die Sozialisten in Paris unter dem Druck der Franc-Krise an den Abgrund und mußten das Ruder herumreißen. Mitterrand wurde aus dem sozialistischen Traum in die Wirklichkeit geschleudert, folgte endlich dem Rat des kämpferischen Anti-Inflationisten[7] und überzeugten »Europäers« Jacques Delors, warf die unzeitgemäße, auch unfinanzierbare Verstaatlichungspolitik über Bord und begann zögernd, aber bald mit immer größerer Freude an dem Nutzen, den das auch für seine Sozialisten abwarf, die Wirtschaft Frankreichs am angelsächsischen Modell auszurichten.

In England beendete Margaret Thatcher im Juni 1983 ihre schreckliche erste Amtszeit mit einem beispiellosen Wahltriumph. Sie hatte die Inflation von 22 Prozent auf vier Prozent heruntergebracht, hatte durch das Privatisierungsprogramm von Sozialwohnungen viele Wähler von den Vorteilen einer Eigentümergesellschaft überzeugt, schließlich im Falklandkrieg ihre politische Existenz aufs Spiel gesetzt und gewonnen. Jetzt verfügte sie im Unterhaus über eine Mehrheit von 144 Sitzen.[8]

In der Sowjetunion verstarb Breschnew 1982, die Leitfigur des sowjetischen Spätimperialismus. Auf ihn folgte eine moribunde Gerontokratie. Als in der Bundesrepublik, in England, in den Niederlanden und in Italien die Nachrüstung mit Pershing II und Cruise Missiles zustande kam, brach Moskaus letzte große Propaganda-Offensive des Kalten Krieges zusammen. Von nun an ging's bergab. Im Gefolge von Amerika fand auch Westeuropa aus der vor kurzem noch so bedrohlich erscheinenden Weltwirtschaftskrise heraus. Die Konferenz der G7 in Williamsburg unter Vorsitz Präsident Reagans im Mai 1983 mit den europäischen Größen der achtziger Jahre, Thatcher, Kohl und Mitterrand, versinnbildlichte das Comeback der industriellen Demokratien unter angelsächsischer Führung.

In diesem Turnaround der industriellen Demokratien fügte sich auch die Wende in der Bundesrepublik ein. Kohls Kanzlerschaft im Oktober 1982, sein Wahlsieg im März 1983 und die trotz aller Psychodramen der Friedensbewegung durchgezogene Raketenstationierung im Spätherbst 1983 sorgten hier ebenfalls für Stabilisierung. Aus heutiger Sicht aber vollzog sich viel mehr als eine bloße Stabilisierung. Damals hat sich auch in Deutschland die Welt des frühen 21. Jahrhunderts vorbereitet, in der sich die Deutschen – unentschieden und skrupulös wie eh und je – durchwursteln. Es ist hier nicht der Ort, die nunmehr beginnende Grundlegung der heutigen Welt mit den Hauptaspekten Globalisierung, Kollaps des Ostblocks und Europäisierung ausführlich zu erörtern. Einige Hauptmerkmale des Neuen, das nunmehr auf den Weg kam, verdienen aber Erwähnung. Nur wenn wir sie in den Blick fassen, lassen sich zwei der spannendsten Fragen in der Biographie Helmut Kohls beantworten: Hat er damals bereits gespürt, wie sich ein völlig neues Zeitalter vorbereitete? Und wie hat er darauf reagiert?

Bekanntlich hat die Globalisierung der Weltwirtschaft seit dem Zeitalter der Entdeckungen eine Reihe von Phasen durchlaufen. Die Wirtschaftshistoriker erinnern gerne daran, daß die »goldenen Jahrzehnte« vor der »Urkatastrophe« von 1914 eine danach lange nicht mehr erreichte weltwirtschaftliche Integration von Waren, Dienstleistungen und Kapital gesehen haben, bei der vor allem auch das deutsche Kaiserreich aufblühte. In der westlichen Welt führten die Jahrzehnte seit Ende der vierziger Jahre im Zeichen der »Pax Americana« neue Phasen der Globalisierung herauf, in denen die »Exportmaschine« der Bundesrepublik Deutschland ihr bewundertes Comeback erlebte. Die Bonner Republik wurde ein Hauptprofiteur der damaligen Globalisierung, geriet aber während der siebziger Jahre in die Flaute der »kritischen Dekade« und zugleich unter zunehmenden Druck starker Wettbewerber, besonders Japans. In den »kurzen achtziger Jahren« aber begann eine neue Globalisierungsphase, die nochmals zu einem einzigartigen Wachstum führte.

Wie schon einmal nach dem Zweiten Weltkrieg ging die Erholung der Weltwirtschaft erneut von den USA aus, dicht gefolgt von Japan. Vieles wirkte dabei zusammen: der Durchbruch neuer Techniken der Kommunikations- und Informationsindustrie; neuartige, riskante, aber eminent wachstumssteigernde Formen des Bankgeschäfts; eine gewisse politische Stabilisierung der amerikanischen Hegemonialmacht nach dem Wahlsieg der Rechtsrepublikaner um Ronald Reagan und eine neue, angelsächsische Wirtschaftsphilosophie, die in freien Märkten, in der Privatisierung und in der Deregulierung Schlüsselfaktoren zur Überwindung der Stagflation erkannte. Bei der Deregulierung spielten der Abbau von Kapitalverkehrskontrollen sowie die Begünstigung weltweit tätiger Großunternehmungen eine Hauptrolle. Der reaktivierte Finanzkapitalismus veränderte die amerikanische Volkswirtschaft, die Börsen von Tokio und die Londoner Börse verwandelten sich gewissermaßen in Außenposten von Wallstreet, und das angelsächsische Modell wirkte unwiderstehlich in den kontinentaleuropäischen EG-Raum hinein.

Nach den von Stagflation gebeutelten siebziger Jahren hatte sich eine Mehrheit der amerikanischen Wähler von Reagans Mantra überzeugen lassen: »Der Staat bringt keine Lösung unserer Probleme; der Staat ist selbst das Problem.« Nicht nur in den USA, auch im westlichen Europa war der überbürdete Wohlfahrtsstaat an seine Grenzen gestoßen. Entsprechend aufnahmebereit zeigten sich die meisten industriellen Demokratien, als sich in den USA das neue Paradigma durchsetzte. Dabei ließ die nach wie vor bestehende Grundtatsache der amerikanischen Hegemonie selbst jene Regierungen in die Knie gehen, die – wie Mitterrand mit seinen Sozialisten im etatistischen Frankreich – dem Diktat Washingtons stets mit Vorbehalten begegneten.

Die atlantische Welt, aber auch der pazifische Raum erlebten nun eine atemberaubende Zunahme der Kapitalbewegungen. 1980 entsprachen die grenzüberschreitenden Transaktionen in Staatspapieren und Aktien von Unternehmungen gerade einmal neun Prozent des amerikanischen Inlandsprodukts; 1998 waren es 230 Prozent. Ähnliches gilt für die Bundesrepublik. Hier vergrößerten sich die grenzübergreifenden Transaktionen von sieben Prozent im Jahr 1980 auf 334 Prozent im Jahr 1998.[9]

Das wichtigste Einfallstor der Botschaft von der Wohlfahrtssteigerung durch Deregulierung war das Thatchersche Großbritannien. Als die Regierung Thatcher 1979 die Kapitalverkehrskontrollen abschaffte und 1986 beim »Big Bang« auch nichtbritischen Banken – den Amerikanern, den Japanern, den Deutschen – das Recht auf eigene Börsengeschäfte einräumte, übte es auf die Volkswirtschaften im EG-Raum einen unwiderstehlichen Anreiz aus, die bisher bestehenden Kapitalverkehrskontrollen gleichfalls zu beseitigen. Daß sich die Regierungen damit auf ein höchst ambivalentes System einließen, wurde früh von vielen kritisiert. Natürlich schränkte das die Handlungsfreiheit der Regierungen ein. Sie wurden nun nach Harold James »nicht nur Gefangene der Meinung ihrer eigenen Wähler, sondern auch der Börsenhändler auf der ganzen Welt«.[10] Aber bis zur Krise der globalen Finanzmärkte in den Jahren 2008/09 schienen die Vorteile ungebremster Kapitalmobilität die Nachteile bei weitem zu überwiegen, und ob es künftig gelingt, das »Monster« der globalisierten Kapitalmärkte unter Kontrolle zu bekommen, ist höchst unsicher. Aus heutiger Sicht ist die Errichtung eines globalen Kapitalmarkts nach angelsächsischem Modell einer der entscheidenden Vorgänge in den kurzen achtziger Jahren.

Die Bereitschaft zur Privatisierung von Unternehmungen im Staatsbesitz setzte sich in diesem Jahrzehnt durch, so daß in den neunziger Jahren kein Halten mehr möglich erschien. Auch in dieser Hinsicht spielt die Regierung Thatcher in der EG eine Vorreiterrolle. In atemberaubendem Tempo wurden Staatsunternehmungen seit 1982 privatisiert: Nordseeöl und -gas, der Flughafen Heathrow, Hafenanlagen. 1984 verkaufte der britische Schatzkanzler Nigel Lawson über fünfzig Prozent von British Telekom. Es folgte die Privatisierung von British Gas, BAA, British Steel, British Coal und British Rail.[11] Aus Sicht der Tories hatte das viele Vorteile: Die Macht der Gewerkschaften wurde so gebrochen oder doch stark eingeschränkt, der Verkaufserlös half, die durch Steuersenkungen entstandenen Defizite im Staatshaushalt teilweise zu decken, vor allem aber wurde so amerikanisches, japanisches und deutsches Kapital ins Land gelockt mit entsprechender Stärkung des Finanzplatzes London.

Zehn und fünfzehn Jahre später, als die neue Welt des globalisierten Finanz-kapitalismus vor aller Augen lag, vermochte die Wirtschaftspublizistik genauer nachzuzeichnen, was sich seit den frühen achtziger Jahren verändert hatte, desgleichen wie und warum sie entstanden war. Jetzt, Mitte der neunziger Jahre, war auch das Schlagwort Globalisierung in aller Munde. So analysierte beispielsweise der Politökonom Daniel Yergin, der zuvor an der Wallstreet ein Vermögen gemacht und mit einem gut recherchierten Buch über die Geschichte der Erdölindustrie einen Bestseller gelandet hatte,[12] den Gang der Weltwirtschaft von den Jahren seit dem Zweiten Weltkrieg bis an die Schwelle der neunziger Jahre und brachte die Vorgänge auf die Kurzformel: *The Commanding Heights: The Battle Between Government and the Marketplace That is Remaking the Modern World.*[13] Die These: Nach einer Phase der regulierten Wirtschaft in den USA und der Gemischtwirtschaft im westlichen Europa habe sich seit den frühen achtziger Jahren ganz eindeutig der kapitalistische Weltmarkt gegen den Staat durchgesetzt. Yergin äußerte schon damals seine Zweifel, ob das wirklich wünschenswert sei und gutgehen könne. Andere bliesen in dasselbe Horn. Edward Luttwak popularisierte das Schlagwort »Turbokapitalismus«,[14] ähnlich Joseph E. Stiglitz: Nachdem er als Chefökonom der Weltbank und Wirtschaftsberater Clintons den »Tatort« Washington studiert hatte, veröffentlichte er seine von Buch zu Buch düstereren Analysen zur globalisierten Weltordnung. Auch er zeigte sich davon überzeugt, daß diese mit dem Amtsantritt Reagans 1981 eingesetzt habe.[15]

Daß sich die Bundesrepublik diesen Anreizen nicht verschließen wollte und konnte, verstand sich von selbst. Über Jahrzehnte hatte die deutsche Exportindustrie zu den Globalisierungsgewinnern gehört. Rund ein Drittel des Volkseinkommens wurde im Export erwirtschaftet. Die Krise von 1973 bis 1982 hatte zwar die Kehrseite der Abhängigkeit von den Weltmärkten in Erinnerung gerufen, doch als sich jetzt ein neuer Boom im Zeichen des offensichtlich erfolgreichen neuen Paradigmas einstellte, sprach vieles dafür, es mit der angelsächsischen Wirtschaftsphilosophie zu versuchen. Tatsächlich aber brachten Bundeskanzler Kohl und seine CDU der frohen Botschaft des angelsächsischen Kapitalismus beträchtliche Vorbehalte entgegen. In den wirtschafts- und sozialpolitisch breitgefächerten Unionsparteien kamen die Auseinandersetzungen darüber nie zur Ruhe, was von der berühmten Formel »soziale Marktwirtschaft« eigentlich groß und was klein geschrieben werden sollte: die Marktwirtschaft oder das Soziale? Der linke Flügel in der CDU setzte den Akzent auf die Erhaltung und Ausgestaltung des Sozialstaats, der Wirtschaftsflügel (unterstützt von der FDP) gab der internationalen Wettbewerbsfähigkeit die Priorität und beklagte die »Sklerose« überzogener wohlfahrtsstaatlicher Gesetzgebung. Doch Kompromisse zwischen diesen Zielen schienen möglich, und der unübertroffene Großmeister dieser Kompromisse war der Bundeskanzler Helmut Kohl selbst. Er wollte das Soziale und die Marktwirtschaft gleicherweise groß geschrieben sehen und nannte das »die Politik der Mitte«.

Wie man im Ausland oft deutlicher erkannte als in der Bundesrepublik selbst, verfocht Helmut Kohl damit aber tatsächlich eine Besonderheit des deutschen Sozial- und Wirtschaftsmodells. Unter Helmut Schmidt war dafür die Bezeichnung »Modell Deutschland« in Umlauf gekommen, später bürgerte sich der Begriff »Rheinischer Kapitalismus« ein.[16] Gedacht war dabei an typisch deutsche korporatistische Strukturen der Sozialpartnerschaft, einen vergleichsweise kleinen Staatsanteil an den Unternehmungen, ein gewisses Gleichgewicht zwischen mittelständischer Wirtschaft und Großunternehmungen, hochgradige Sensitivität der Öffentlichkeit gegenüber inflationären Entwicklungen und – ungeachtet aller Tagespolemik – ausgeprägte Konsensorientierung im politischen System. Traditionellerweise spielten deutsche Geschäftsbanken eine Schlüsselrolle. Die organisierte Volkswirtschaft wurde »durch eine sorgfältig abgeschirmte und sogar ein wenig verfilzte Finanzwirtschaft gesteuert«.[17] Gerne sprach man in dieser Beziehung von der »Deutschland AG«, zusammengehalten von der Deutschen Bank, der Dresdner Bank, der Commerzbank mit Querverbindungen in die Sektoren von Stahl, Elektroindustrie, Anlagenindustrie, Großchemie und Energiewirtschaft. Als jedoch die angelsächsischen Volkswirtschaften eine neue Dynamik entfalteten, geriet das »Modell Deutschland« erst unter Druck und wurde dann nach Kohls Abgang weitgehend aufgelöst.[18]

Im großen und ganzen stieß das angelsächsische Modell im Bonn der achtziger Jahre eher auf höfliche Zurückhaltung. Daß man am globalen Aufschwung teilnehmen und Amerika nicht entgegenwirken durfte, verstand sich für die neue Bundesregierung um Helmut Kohl von selbst. Enthusiasmus für die »Reaganomics« herrschte aber weder in der CDU noch in der FDP. Die Botschaft der Inflationsbekämpfung wurde zwar gern aufgenommen, doch anders als bei der Reagan-Administration hatte die Stabilisierung des Bundeshaushalts für die bürgerliche Koalition hohe Priorität, und sie weigerte sich jahrelang standhaft, das Wachstum so wie in den USA mit massiven Steuersenkungen herbeizuzaubern. Konsolidierung mit Maß und Ziel war die Parole, und zwar mit möglichst nicht allzu tiefen Einschnitten in die Sozialsysteme.[19]

Die frohe Botschaft der Privatisierung wurde von den Finanzministern des Bundes und der Länder gewiß gern vernommen. Doch Zahl und wirtschaftliches Gewicht der Staatsunternehmen waren in der Bundesrepublik viel unerheblicher als in Großbritannien oder auch in Frankreich, wo sich die Sozialisten zwischen 1981 und 1983 nochmals zu einem großen Fischzug der Verstaatlichung aufgemacht hatten. So spülte der Verkauf der VEBA, der VIAG, von Salzgitter und der Teilverkauf der Lufthansa zwar erwünschtes Geld in die Kassen, aber für Kohls CDU war die Privatisierung kein Herzensanliegen. Das galt auch für die Deregulierung des Fernmeldewesens. Das

Thema wurde in der Regierungserklärung vom 13. Oktober 1982 angesprochen, und
der Bundeskanzler stellte mit Christian Schwarz-Schilling auch einen liberalen Reformer an die Spitze des Bundespostministeriums, doch die Postreform I mit Ausgliede-
rung der DBP Telekom ließ bis 1989 auf sich warten, und die vollständige Liberalisierung erfolgte erst 1997, ganz am Ende der Ära Kohl. Alles in allem war diese dringend
gebotene Reform weitgehend reaktiv, nachdem England und die Niederlande vorangegangen waren und weil Brüssel auf Liberalisierung im europäischen Rahmen
drängte.[20] Noch mehr Zeit ließ sich die Regierung Kohl mit der Bahnreform. Während Margaret Thatcher British Rail schon Mitte der achtziger Jahre privatisiert hatte,
kam die Bahnreform erst 1993 zustande, also nach der Wiedervereinigung, und auch
dies viel weniger rasant als zuvor in England oder in Japan.[21]

Für das insgesamt gemächlichere Vorankommen der Privatisierung gab es viele
einleuchtende Gründe. Dazu gehörten die Vorschriften des Grundgesetzes, die föde-
ralistische Staatsstruktur, die von der CDU respektierte Macht der starken Post- und
Bahngewerkschaften und ganz allgemein der trotz allem Streit konsensuale Stil damaliger bundesdeutscher Reformpolitik. Tatsache war und blieb aber, daß sich das
neue angelsächsische Paradigma einer Freisetzung der Marktkräfte nur in modera-
tem Tempo durchsetzte. Daß dies der Opposition und einem Teil der Gewerkschaften dennoch viel zu weit ging, versteht sich von selbst. Heute aber, nachdem sich der
Schlachtenlärm um die Wirtschafts- und Sozialpolitik der achtziger und der folgenden neunziger Jahre etwas gelegt hat, werden in der Forschung eher die Kontinuitäten des »Modells Deutschland« betont. »Gab es eine liberale Wende?«, fragt beispielsweise einer der neueren Wirtschaftshistoriker, diskutiert dann der Reihe nach die
entsprechenden Maßnahmen und kommt zu dem Schluß: »Eine von den politisch
Verantwortlichen konsistent und systematisch über längere Zeit betriebene Politik
der Verringerung der Rolle des Staates im Wirtschaftsgeschehen läßt sich daraus
nicht ablesen.«[22]

So ist zwar Bundeskanzler Kohl in den »kurzen achtziger Jahren«, als die Globalisierung nach dem angelsächsischen Modell unter Führung der USA, Großbritanniens, Japans und Kanadas ihren Siegeszug antrat, beigedreht, aber doch vorsichtig
und mit Vorbehalten, an denen er hartnäckig festhielt. Der Konjunkturaufschwung
war natürlich hochwillkommen, doch die Wirtschafts- und Sozialphilosophie, die
ihn ermöglichte, viel weniger. So eindeutig die Vorteile offener Weltmärkte für die
Exportnation Bundesrepublik waren, so zäh zeigte sich Kohl doch entschlossen, das
bundesdeutsche Sozialmodell nicht zu gefährden. Vom unwiderstehlichen Sog der
globalisierten Welt, die damals in den USA und in England zum Durchbruch kam,
hat auch er sich keine klaren Vorstellungen gemacht. Die Interdependenz von Wirtschaft, Technik und auch Kommunikationssystemen war ihm zwar genauso bewußt
wie den meisten Zeitgenossen, aber daß sich damals der Finanzkapitalismus von der

Realwirtschaft entkoppelte mit denkbar weitreichenden Folgen, hat er allenfalls gespürt, ohne sich der Konsequenzen bewußt zu sein.

Nicht viel anders verhielt es sich mit der Existenzkrise des sowjetischen Imperiums, die sich damals vorbereitete. Die Veränderungen in den Ost-West-Beziehungen beschäftigten natürlich die Öffentlichkeit genauso unablässig wie der weltwirtschaftliche Umbruch. Aber auch hierbei ist festzustellen, daß das offizielle Bonn, der Bundeskanzler mit inbegriffen, bis zum Mauerfall am 9. November 1989 keine Ahnung davon hatte, was sich vorbereitete. Wenn etwas weiter schauende Beobachter darauf hinwiesen, wurden solche Analysen rasch »schubladisiert«. Daß ein tektonisches Beben kurz bevorstand, von dem ganz Europa, die Kaukasusregion und Zentralasien erschüttert werden würden, ahnte fast niemand.

Solange die Sowjetunion zwischen 1980 und 1984, gestützt auf die bereits installierten Mittelstreckenraketen vom Typ SS 20, ihre große Propagandakampagne gegen die Nachrüstung inszenierte, blieben die westlichen Mediengesellschaften angsterfüllt auf die monströse Militärmacht fixiert, deren offensivfähige Panzerarmeen, Geschwader, Raketensysteme und Atomwaffen mitten in Europa standen. Im nachhinein wurde zwar deutlich erkannt, daß sich mit dem Aufbruch der Volksbewegung Solidarność zu Beginn der achtziger Jahre das Menetekel ankündigte. Doch die Regierungen in Bonn, Paris, Rom und in den Benelux-Hauptstädten sahen das anders. Hier hielt man sich daran, daß es den Kommunisten mit der Verhängung des Kriegsrechts durch Wojciech Jaruzelski augenscheinlich gelungen war, die Lage zu stabilisieren. Anscheinend hatten die Parteiführungen des Ostblocks inzwischen elegantere Formen der Unterdrückung entwickelt, so daß es einer Strafexpedition wie 1968 in der Tschechoslowakei nicht mehr bedurfte.

1985 begannen dann auch in der Sowjetunion »die kurzen achtziger Jahre«, in denen sich die Welt von heute vorbereitete. Mit Gorbatschow kam ganz unerwartet eine Persönlichkeit an die Spitze der Machtpyramide, auf die der Westen seit Stalins Tod gewartet hatte. In der westlichen Öffentlichkeit blieb die Ostpolitik anfangs jedoch so umstritten wie zuvor. Die Befürworter der Entspannung sahen nun urplötzlich in Erfüllung gehen, wovon sie jahrzehntelang geträumt hatten: echte Entspannung und demokratische Reformen im Ostblock, beides aber ohne daß der Status quo in Europa chaotisch erschüttert würde. Die Skeptiker, von denen es nicht wenige gab, warnten. Im damaligen Bonn liefen die Meinungsverschiedenheiten quer durch die Bundesregierung. Auch Kohl wußte anfangs noch nicht, wohin die Reise mit Gorbatschow gehen würde. Sein vielkritisierter Goebbels-Vergleich war ein Kommunikationsdesaster, illustrierte aber zugleich eine weitverbreitete Unsicherheit über die Chancen, die der sowjetische Reformkurs in Verbindung mit außenpolitischer Bewegungspolitik der Führung eröffnete. 1986, 1987 und erst recht 1988 wurde jedoch offenkundig, daß in der Sowjetunion ein erstaunlicher Wandel in Gang kam, der unterschiedlich stark auf den Ostblock ausstrahlte. Daß sich bereits der Totalkollaps der spätkommunistischen Regime und die Wiedervereinigung Europas vorbereiteten, wurde nicht gesehen. 1987 drehte Kohl gerade noch rechtzeitig bei und setzte nun wie vor ihm schon Bundesaußenminister Genscher auf den Reformer und Friedensbringer Gorbatschow. Doch auch er wurde völlig überrascht. Selbst der kluge Henry Kissinger brauchte lange, bis er endlich im Herbst 1989 – und auch das nur bei einem vertraulichen CIA-Briefing – feststellte: »Wenn Sie darauf aus wären, die Sowjetunion zu zerstören, würden Sie es anders anfangen?«[23]

In dem halben Dutzend Jahren von 1983 bis 1989 vollzog sich aber noch ein weiterer Vorgang, der unsere Welt des frühen 21. Jahrhunderts entscheidend vorgeformt hat: die Etablierung der supranationalen, auf ständige Vertiefung und Erweiterung angelegten Europäischen Gemeinschaft. Anders als bei der Globalisierung oder bei der Erosion des Ostblocks hat der deutsche Bundeskanzler Helmut Kohl dabei eine Führungsrolle gespielt, die schwerlich überschätzt werden kann.

Erstmalig nach den Römischen Verträgen von 1957 einigten sich die Länder der Gemeinschaft mit der Einheitlichen Europäischen Akte von 1986 auf einen neuen Vertrag, der bereits Kernelemente der künftigen EU von Maastricht enthielt: Aufhebung des Einstimmigkeitsprinzips auf wichtigen Feldern, Selbstverpflichtung zur Errichtung des Großen Binnenmarkts im Jahr 1992, Stärkung des Europäischen Parlaments, Einbeziehung neuer Tätigkeitsfelder (vor allem des Umweltschutzes). Zu Beginn dieses Jahres erfolgte auch die Erweiterung um Spanien und Portugal. In den Beitrittsverhandlungen entwickelte die EG Verfahren und Instrumente, die als Modell für künftige Erweiterungen dienen konnten. 1989/91, als der Ostblock nicht mit großem Knall, sondern mit einem Wimmern in sich zusammensank, war die EG voller Dynamik. Am 12. November 1989, drei Tage nach dem Mauerfall, wurde Jacques Delors im ZDF interviewt und formulierte dort kurz und knapp das Konzept, das in den kurzen achtziger Jahren realisiert worden war: Die Europäische Gemeinschaft sei das europäische »Gravitätszentrum«, das für die Europäer im Ostblock bereitstehe.[24] In den vier Jahren seiner Präsidentschaft war aus der ehemaligen EG alias EWG ein völlig neues System geworden mit dem Potential zu kontinuierlicher Vertiefung und Erweiterung.

Aber auch das Projekt einer Europäischen Währungsunion war bereits auf den Weg gebracht. Im Juni 1988 hatte der Gipfel von Hannover die Einsetzung des Delors-Ausschusses vereinbart, der bereits im April 1989 sein Drei-Stufen-Konzept für die spätere Euro-Währung vorlegte. Ob, wann und unter welchen Bedingungen das einheitliche Währungssystem errichtet würde, war noch nicht ausgehandelt. Heute, im zweiten Jahrzehnt des 21. Jahrhunderts, nachdem die Entstehung des Euro-Systems bereits gründlich erhellt ist, läßt sich feststellen: Wie auch immer das Projekt weitergelaufen wäre, dieses Hauptziel von Mitterrand und Delors wäre irgendwie durchgesetzt worden, sei es mit Helmut Kohl, sei es mit einem anderen Bundeskanzler. Wäre es nicht zum Umbruch der Jahre 1989/91 gekommen, hätte dies die Konvergenz eher erleichtert. Selbst wenn die Regierung Kohl 1990 von Rot-Grün unter Lafontaine abgelöst worden wäre, hätte sich dieser dem Projekt höchstwahrscheinlich gleichfalls angeschlossen. Das Interesse Frankreichs, Italiens und Spaniens an der währungspolitischen Selbstentmächtigung Deutschlands war so groß und die Überlegungen waren bereits so weit fortgeschritten, daß eine immerhin denkbare Regierung von Rot-Grün unter Lafontaine dem Drängen eher weniger Widerstand entgegengesetzt hätte als die Regierung Kohl. Die Wiedervereinigung war dabei durchaus nicht der entscheidende Vorgang.

Genau besehen, ist somit das neue Europa, das nach dem großen Umbruch sichtlich Gestalt annahm, bereits in den kurzen achtziger Jahren auf den Weg gebracht worden. Zuvor mochte man in den Institutionen der EG experimentelle Formen moderner zwischenstaatlicher Kooperation sehen, angereichert durch zukunftweisende Elemente der Teilintegration, doch die Staatlichkeit der Teilnehmer war noch nicht denaturiert. Von 1986 an aber wurde ein echtes Mehrebenensystem konstruiert, in dem sich die Staaten anschickten, zentrale Zuständigkeiten an die EU zu übertragen. Wieviel davon, wann und unter welchen Bedingungen nach Brüssel wandern sollte, war umstritten. Aber die Richtung des Weges lag bereits fest. Er führte in ein völlig neuartiges europäisches Integrationssystem, das den Regierungen heute bereits genauso natürlich erscheint wie zuvor das System der autonomen Nationalstaaten. In wenigen Jahren nahm der europäische Zug ein zuvor ganz unvorstellbares Tempo auf. »Im Eiltempo nach Babylon«, hat Margaret Thatcher eines der europakritischsten Kapitel ihrer Memoiren überschrieben und ihr Urteil über die kurzen achtziger Jahre düster formuliert: »Innerhalb von drei Jahren war die Europäische Gemeinschaft von konkreten Diskussionen über die Reform der EG-Finanzen zu grandiosen Plänen einer Währungs- und Politischen Union übergegangen, für die ein fester Zeitplan erstellt wurde, noch bevor man ihre Inhalte festgelegt hatte – und all dies ohne eine freimütige, öffentlich geführte Grundsatzdebatte zu diesen Fragen, sowohl auf nationaler als auch auf EG-Ebene.«[25]

Mit innerer Logik verband sich mit dem Aufbau des Großen Binnenmarkts die Globalisierung der Finanzmärkte. Wenn diese in den kurzen achtziger Jahren in der Bundesrepublik auf vielen Feldern vorankam und auch von der Regierung Kohl vorangetrieben wurde, dann gewissermaßen auf dem Umweg über »Europa«. So selbstbewußt Helmut Kohl und seine Mitstreiter zum unverfälschten Thatcherismus auf Distanz gingen und die »Reaganomics« eher unfroh zur Kenntnis nahmen, so überzeugt öffneten sie die Tore der deutschen Volkswirtschaft für die Europäisierung. Die Errichtung des großen europäischen Binnenmarktes – das Projekt '92 von Jacques Delors – war gewissermaßen die Hintertür, durch die der Wind der Globalisierung ziemlich ungeschützt hereinblies. Weil Helmut Kohl und Hans-Dietrich Genscher, auch er ein »großer Europäer«, mit aller Macht auf stürmisches Voranschreiten der Europäisierung drängten, haben sie auf ihre Weise und so nicht beabsichtigt den Triumph der Marktkräfte über den Staat ins Werk gesetzt.

Aus britischer Sicht war das Europa der Föderalisten, das sich in diesen entscheidenden Jahren herausbildete, in starkem Maß eine Schöpfung raffinierter Geheimdiplomatie, wobei die Exekutiven ihre Parlamente vor vollendete Tatsachen stellten. Auf dem Kontinent kam es nicht zu jenen jahrelangen, zermürbenden parlamentarischen Kämpfen, wie sie in den frühen fünfziger Jahren den Schuman-Plan oder die EVG und noch in den frühen siebziger Jahren den EWG-Beitritt Großbritanniens begleitet hatten.

Aber das Europa der Föderalisten war eben nicht allein das Europa von Jacques Delors (»eine mit neuen Befugnissen ausgestattete, machtgierige Kommission«), von Mitterrand und Helmut Kohl (»deutsch-französische Achse mit allen ihren verdeckten föderalistischen und protektionistischen Vorgaben«).[26] Es war anfangs auch das Europa Margaret Thatchers, die ursprünglich das Tempo in Richtung des Großen Binnenmarkts forcierte, dann vergeblich zu bremsen versuchte und schließlich abgeworfen wurde. Mit der ihr eigenen Energie wirkte sie nämlich darauf hin, den europäischen Binnenmarkt zum Weltmarkt hin offen zu halten, und fand dabei die Unterstützung der Exportnationen Deutschland und Niederlande. Eines ihrer Hauptinteressen aber war der freie Kapitalverkehr, um amerikanisches, deutsches, japanisches Kapital nach England zu locken und London zum stärksten Bankenplatz Europas zu machen. Ihre Bestrebungen zur Abschaffung der Kapitalverkehrskontrollen trafen sich mit den Wünschen Frankreichs und der Deutschen. Dem Argument, daß die Konvergenz der Währungen den freien Kapitalverkehr voraussetzte, konnte nicht einmal der etatistische Mitterrand viel entgegensetzen. Und genauso einleuchtend war, daß die Abschaffung der Kapitalverkehrskontrollen zwischen den Mitgliedern des Europäischen Währungssystems auch zum Dollar und Yen hin erforderlich waren.

Kein Ordnungsentwurf, so wohlgemeint er auch sein mag, kann sich dem Gesetz der Ambivalenz entziehen. Projekte, die friedenssichernd, Konsens stiftend und wachstumssteigernd motiviert sind, haben leider allzu oft kaum bedachte und schon gar nicht erwünschte Nebenwirkungen zur Folge. Der konkreten Utopie eines supranational verflochtenen Europa erging es genauso. Daß das Projekt einer gemeinsamen Währung Europa zugleich unentrinnbar an die globalen Kapitalmärkte ketten würde, gehörte sicherlich nicht zu den Hauptzielen von François Mitterrand und Helmut Kohl. Mitterrand hat unablässig proklamiert, die Vision »Europa« sei vor allem auch dazu bestimmt, die Staaten der EU gegen die Tornados der von Amerika ausgehenden Globalisierung sturmfest zu machen. Helmut Kohl erhoffte dasselbe, wenngleich er sich vor Amerika-und England-kritischen Zungenschlägen hütete. Auf dem Feld der Währung vollzog sich aber ungewollt das Gegenteil des Gewollten.

Wie erhofft, beseitigte die gemeinsame Währung viele Irritationen, denen der große europäische Binnenmarkt aufgrund von Wechselkursschwankungen ausgesetzt war. Doch die Globalisierung der Kapitalmärkte hatte leider ihre Kehrseite, wie die Öffentlichkeit in Europa beim Platzen der Blasen in den Jahren 2001 und 2008/09 erschreckt registrierte. Die Protagonisten der 1999 etablierten Euro-Währung hatten sich davon »Unumkehrbarkeit« versprochen und nicht bedacht, daß unter den Bedingungen von »Euro-Land«, in dem unterschiedlich große, unterschiedlich produktive und unterschiedlich verschuldete Länder zusammengekoppelt sind, die Gemeinschaftswährung in kritischen Momenten wie eine Art Brandbeschleuniger wirken kann. Genausowenig wurden die politischen Kosten für die nationalstaatlichen Demokratien zutreffend berechnet, die mit der Souveränitätsverlagerung nach Brüssel zwangsläufig verbunden sein würden. Auch hier mußten die eindeutigen Gewinne der Europäisierung mit einer Entleerung der Partizipationsmöglichkeiten im nationalen Rahmen bezahlt werden.

Das und vieles andere zeigte sich erst viel später, begann aber in den kurzen achtziger Jahren, als Europas damalige Größen – Jacques Delors, François Mitterrand und Helmut Kohl, willig-unwillig assistiert von der »eisernen Lady« – Strukturen und Prozesse in Gang setzten, die unserer heutigen Welt das Gepräge geben. Je nach Standort achten wir gegenwärtig mehr auf die unbestreitbaren Vorteile oder mehr auf die gleichfalls verspürbaren Ambivalenzen. Wie immer aber auch der Saldo bewertet wird, sicher ist, daß das kurze Jahrzehnt von 1982/83 bis 1989 Entwicklungen von außerordentlicher Fernwirkung in Gang gesetzt hat. In dieser Zeit drehte eine kleine Zahl politischer Führer ein großes Rad. Wenn Helmut Kohl noch auf lange Zeit zu den historisch denkwürdigen Gestalten zählen wird, dann nicht zuletzt wegen seiner Rolle bei der Vorbereitung unserer heutigen Welt in jenen Jahren, als ihn viele für einen mediokren Bundeskanzler hielten, dessen Stern 1989 zu verglühen schien.

TEIL IV
Kanzler der Einheit (1989 – 1990)

Dresden,
19. Dezember 1989

1989, erstes Quartal: ein Bundeskanzler in großen Nöten

In Kohls sechzehnjähriger Kanzlerschaft erfolgt 1989 der große Umschwung. Bis weit in den Herbst dieses kritischen Jahres ist alles möglich: ein abermaliger Aufstieg, wie er das schon so oft nach kritischsten Phasen erlebt hat, oder das endgültige Aus. Bekanntlich meint es die Glücksfee gut mit ihm. Schon am 3. Oktober 1990 wird er als »Kanzler der Einheit« gefeiert. Auch seine Vision von Europa nimmt jetzt Gestalt an. Aber ein klägliches Scheitern schon vor dem Mauerfall am 9. November 1989 wäre genausogut möglich gewesen. Die Historiker würden ihn dann wohl ziemlich unisono als exemplarischen Parteiboß, aber bloß mittelmäßigen Bundeskanzler porträtieren, den seine verzweifelte Partei schließlich abmeierte. Der dramatische Umschwung in der öffentlichen Meinung läßt sich an den Umfragezahlen gut ablesen. Im April 1989 bekunden in einer Allensbach-Umfrage 51 Prozent der Befragten, sie hätten »keine gute Meinung« vom Bundeskanzler Helmut Kohl. Nur noch 29 Prozent finden ihn »gut«. Doch 18 Monate später, im November 1990, hat sich die Stimmung völlig gedreht. Trotz der Polarisierung im Bundestagswahlkampf bekunden jetzt 53 Prozent eine »gute Meinung«, nur noch 31 Prozent äußern sich abträglich.[1]

Erst einmal geht es also nach unten. Anfang Januar 1989, kurz bevor Kohls Sinkflug in den freien Fall überzugehen droht, ist er noch guter Dinge. Als sich zum Jahresbeginn ZK-Sekretär Aleksandr N. Jakowlew, Gorbatschows rechte Hand, bei ihm einstellt, seufzt er noch etwas über das sehr schwierige Jahr 1988, meint aber dann frohgemut, heute könne er feststellen, daß er aus dem Gröbsten heraus sei. Das vergangene Jahr sei wirtschaftlich sehr gut gewesen (was zutrifft: das BSP ist von 1,5 Prozent 1987 auf stolze 3,7 Prozent 1988 emporgeschnellt[2]). Die Deutschen, so klagt er bei seinem Besucher, hätten »zu lange Zeit über ihre Verhältnisse gelebt« und müßten sich mehr anstrengen. Aber die wichtigsten Reformen seien in Gang gekommen.[3] Dem neuernannten polnischen Ministerpräsidenten Mieczysław Rakowski, der jetzt, da der Bundeskanzler von Gorbatschow in Gnaden empfangen wurde, in Bonn seine Aufwartung macht, sagt er im Vertrauen, die Bundesrepublik sei »in Europa wieder die Nummer 1 geworden«. Öffentlich rede er darüber natürlich nicht. Aber auch Gorbatschow erkläre offen, daß die Sowjetunion jetzt auf die Deutschen setzen wolle.[4]

Im Kreis des CDU-Präsidiums, wo sich, wie er genau weiß, verkappte Kritiker und Schlimmere um ihn scharen, irritiert er wieder einmal durch bräsige Selbstzufriedenheit. Die Bundesregierung könne auf eine hervorragende Leistung in der Außen-, West- und Ostpolitik zurückblicken, resümiert das Protokoll seinen Rückblick auf das Jahr 1988. Der CDU/CSU-Bundestagsfraktion attestiert er hier, verbunden mit ein paar Seitenhieben, ohne die es bei ihm selten abgeht, eine »großartige Leistung« bei der Ingangsetzung der Reformpakete für Gesundheit und Steuerreform. Nun müsse man nur noch die Renten- und Postreform verabschieden, um die Bundestagswahl 1990 zu gewinnen. Die Gegner – SPD, Grüne, ein Großteil der Medien, auch »Mitläufer« aus der CDU/CSU – brächten Woche für Woche Verleumdungskampagnen auf den Weg. Leider sei die Stimmungslage in der Partei schlecht. Aber die Lage, so macht er sich selbst Mut, sei besser als die Stimmung, und in der Bevölkerung sei die Stimmung noch besser als in der Partei.[5]

Nach der Wahl zum Berliner Abgeordnetenhaus am 29. Januar ist von Kohls Selbstgefühl, mit dem er ins Jahr 1989 gestartet ist, nicht mehr viel übrig. Die CDU unter Eberhard Diepgen verliert an die neun Prozent und liegt in West-Berlin mit 37 Prozent nun wieder gleichauf mit der SPD. Die weit links angesiedelte Alternative Liste (AL), der Berliner Ableger der Grünen, kommt auf 11,8 Prozent, und die weit rechts angesiedelten Republikaner (REP) holen auf Anhieb 7,5 Prozent. Daß dies kein Berliner Ausrutscher ist, bestätigt sich sechs Wochen später bei den hessischen Kommunalwahlen. Auch dort verzeichnet die CDU – noch ist Wallmann Ministerpräsident – verheerende Rückschläge. In Frankfurt verliert sie 13 Prozent. In Darmstadt holen die Grünen 19 Prozent – »ein absolut deprimierendes Ergebnis«, wie Kohl im CDU-Präsidium feststellt.[6]

Die Bundesrepublik sei möglicherweise auf dem Weg zu einem Fünf-Parteien-System, analysiert Alfred Dregger am Montag nach dem hessischen Wahldesaster in der Fraktionsvorstandssitzung die Lage.[7] Damit gibt er nur wieder, was in Politik und Publizistik seit den Wahlen zum Berliner Abgeordnetenhaus diskutiert wird. Auf Kosten der CDU, der FDP, aber auch der oppositionellen SPD bilden sich links und rechts zwei radikale Flügelparteien heraus. Die Grünen haben sich schon seit längerem etabliert und üben einen unwiderstehlichen Sog auf die Sozialdemokraten aus. Nun scheint sich derselbe Radikalisierungsprozeß auch am rechten Rand zu vollziehen.

Mit den Republikanern unter dem Vorsitz von Franz Schönhuber darf sich in kritischer Lage wieder einmal eine rechtsradikale Protestpartei Hoffnungen machen, desillusionierte Wähler von CDU und CSU sowie jede Menge konservativer SPD-Wähler in ihren Pferch zu locken. Umfragen, auf die nie sicherer Verlaß ist, die man aber auch nicht ignorieren darf, prophezeien den Republikanern ein Wachstumspotential bis um die zwanzig Prozent. Anders als der NPD kann man ihnen aber nicht mehr so leicht das tödliche Etikett »neo-nazistisch« aufkleben. Franz Schönhuber war zwar wie hunderttausend andere in der Waffen-SS, hat aber in den Jahrzehnten seit 1945 in Bayern eine schillernde Karriere gemacht: Schauspieler, Journalist, schließlich Redakteur beim Bayerischen Rundfunk von hohem Bekanntheitsgrad, politisch bald auf weit linken, bald auf weit rechten Positionen, zeitweilig auch von der Clique um Franz Josef Strauß ganz wohlgelitten, jedenfalls eine farbige Figur der Münchner Politszene. Kompromittierende nazistische und antisemitische Zungenschläge weiß er zu vermeiden. Wohl aber haben die Republikaner wichtige programmatische Forderungen der CSU abgekupfert – scharfes Vorgehen gegen »Wohlstands-Asylanten«, unzimperlichen Umgang mit linken Terroristen vom Typ RAF, kompromißloses Beharren auf nationaler Wiedervereinigung. 1989 schaffen sie, wie sich zeigen wird, beinahe den Durchbruch als Ein-Themen-Partei, indem sie sich dem weitverbreiteten Unwillen am Zustrom von Asylbewerbern und Spätaussiedlern zuwenden.

Schon als Kohl 1982 die Kanzlerschaft antritt, ist die Asylpolitik ein Dauerthema, dessen politische Sprengkraft ihm wohlbekannt ist. Koalitionspolitisch ist das eines der Themen, in dem die rechtspolitischen Vorstellungen von FDP und CSU nicht zur Deckung kommen können. Auf allen Feldern, die mit dem Ausländerrecht zu tun haben, hat die FDP-Führung seit der Wende die vergleichsweise wenigen noch in der Bundestagsfraktion verbliebenen Linksliberalen am langen Zügel laufen lassen. Dem liegt Überzeugung zugrunde, aber auch kompensatorische Überlegungen. Das Festhalten an der seit den siebziger Jahren praktizierten liberalen Ausländergesetzgebung ist gut geeignet, die Wirtschaftsliberalen gegen den Vorwurf sozialer Kälte zu immunisieren. Umgekehrt gehört das Drängen auf energisches Vorgehen gegen die Einwanderung in die Sozialsysteme unter dem Schutzdach des Artikels 16 GG zu den Standardthemen der Konservativen in der CSU um den Innenminister Friedrich Zimmermann. Kohls CDU hingegen versteht sich zunehmend als Partei der Menschenrechte, der universellen Werte und christlicher Barmherzigkeit. Somit unterscheidet Geißler, Süßmuth, Blüm und deren innerparteiliche Anhänger in der Asylpolitik nicht allzu viel von den ansonsten abgelehnten Linksliberalen um Gerhart Baum oder die Ausländerbeauftragte Lieselotte Funcke.

Weltanschaulich und emotional zählt auch Helmut Kohl zum Barmherzigkeitsflügel der eigenen Partei. Im September 1986 beispielsweise, als die Flut der Asylbewerber wieder einmal nahe zur Marke von 100 000 Antragstellern jährlich anschwillt, erinnert er im Kabinett an das ergreifende Schicksal der berühmten jüdischen Karmeliterin Edith Stein. Wegen Visaproblemen (das Fehlen »irgend eines bürokratischen Stempels«) war ihr im Dritten Reich die rechtzeitige Emigration in die Schweiz verwehrt, so daß sie schließlich in Auschwitz ermordet wurde. Das Asylrecht grundsätzlich einzuschränken, so Kohls Schlußfolgerung, könne »ja wohl nicht die Philosophie einer von mir geführten Regierung sein«.[8] Aber natürlich, man müsse diesen oder jenen Mißstand abstellen. Aus Überzeugung, aus koalitionspolitischem Kalkül, mit Blick auf die humanitäre Lobby der Asylbewerber bei der SPD und den Grünen, bei den Kirchen und vielen Sozialverbänden, aber auch aufgrund der verfassungsrechtlich fast unlösbaren Probleme um den Artikel 16 GG ist es ihm so bis Anfang 1989 gelungen, die Asylfrage zu einem Thema zweiter oder dritter Dringlichkeit herabzustufen.

Doch 1988 stellen sich 103 000 Asylbewerber ein mit deutlich steigender Tendenz. Ende 1989 werden 121 000 von ihnen in den Notaufnahmeverfahren stecken.[9] Unversehens wird der Asylmißbrauch zum politischen Topthema. Im März 1989 weiß Klaus-Peter Siegloch im Politbarometer zu vermelden, daß die Wähler den Zustrom von Asylbewerbern als wichtigsten Themenkomplex begreifen, wichtiger noch als die Arbeitslosigkeit und der Umweltschutz.[10] Und wer trägt die Verantwortung dafür, fragen viele offen oder hinter vorgehaltener Hand? Natürlich der Bundeskanzler und sein Generalsekretär Heiner Geißler, der in der CSU und von der Springer-Presse schon seit langem als fröhlicher Befürworter christlicher Multi-Kulti-Politik identifiziert wird. Kein Wunder, daß Kohls ohnehin schon chronisch niedrige Beliebtheitswerte im Politbarometer noch weiter fallen und er von Platz 5 auf Platz 8 absackt.

Hat der Bundeskanzler die Explosion des Unmuts im Fall der Asylbewerber durch eine gewisse Untätigkeit mit bewirkt, ohne das Problem aber höchstpersönlich verschuldet zu haben, so geht der von vielen Wählern gleichfalls als irritierend begriffene Zustrom von »Spätaussiedlern« in starkem Maß auf sein persönliches Handeln zurück. Ähnlich wie die Asylproblematik gehört die Aussiedlerthematik zu den altbekannten Themen der Bundesrepublik, die bis in weit zurückliegende Jahrzehnte des 20. Jahrhunderts zurückreichen, das seit dem Ersten Weltkrieg ein Jahrhundert ethnischer Verfolgung und ethnischer Umsiedlung ist, dessen Opfer auch deutschsprachige Volksgruppen auf dem Balkan, in Polen und in der Sowjetunion sind. In der Rechtsnachfolge des Reiches hat sich die Bundesregierung um ehemalige Reichsdeutsche und sogenannte Volksdeutsche zu kümmern. Rein rechtlich ist die Lage noch komplizierter als bei den Asylbewerbern.

Schon 1957 sind Aussiedler, was immer auch ihr rechtlicher Status ist (»Reichsdeutsche«, »Volksdeutsche« oder Sonstige), den Vertriebenen gleichgestellt worden, wobei die Kriterien für Deutschbürtigkeit so vieldeutig sind wie die Sprüche des Orakels von Delphi: »Deutscher Volksangehöriger ist, wer sich in seiner Heimat zum Deutschtum bekannt hat.«[11] Doch wenigstens hat der Gesetzgeber die Ansprüche dieser nur unscharf erfaßbaren Personenkreise einigermaßen klar definiert. Spätaussiedler haben Anspruch auf staatliche Unterstützung bei der Wohnraumvermittlung, auf Sachbeihilfen, Steuervergünstigungen und Eingliederungsbeihilfen. Die Einzelschicksale sind so schlimm und so kompliziert wie nur vorstellbar, die Zahlen beträchtlich. Immerhin werden zwischen 1950 und 1986 insgesamt 1,4 Millionen Deutsche als Aussiedler beziehungsweise Spätaussiedler aufgenommen und versorgt.

Helmut Kohl mit seinem Gespür für menschliche Schicksale hat in der Fürsorge für diesen Personenkreis immer eine der vordringlichen Aufgaben seiner Ostpolitik gesehen. Kaum ein Gespräch mit einem der führenden Russen, Polen oder Rumänen, in dem er nicht nachdrücklich auf dieses humanitär gravierende, auch juristisch schwierige Problem zu sprechen kommt, Listen mit besonders Betroffenen überreichen läßt, um die Erarbeitung von Vereinbarungen ersucht und natürlich, wie durchwegs erwartet wird, den jeweiligen Ländern finanzielle Hilfen für die Umsiedlung anbietet oder bestätigt.

Doch auch für diese Frage, an der sich die deutsche Diplomatie seit Jahrzehnten abarbeitet, schafft die Lockerung des Ostblocks unter Gorbatschow unversehens völlig neue Bedingungen. 1987 treffen 78 000 Spätaussiedler ein, 1988 verdreifacht sich diese Zahl auf 202 000, und 1989 sind es 377 000 Menschen, die alsbald mit deutschen Pässen ausgestattet werden und Anspruch auf die vorgesehenen Leistungen haben.[12] Die meisten kommen aus Polen, aus der Sowjetunion und aus Rumänien.

Besonders bei den Rumäniendeutschen hat Kohl jeden Grund, auf Aussiedlung zu drängen, denn diese werden von Ceaușescu schändlich drangsaliert. Er hält Ceaușescu »für einen als Kommunist verbrämten Condottiere. Nie habe sich ein Zar so aufgeführt, wie er«, bemerkt er im März 1987 zu Mitterrand, als er ihm von den eben beginnenden Verhandlungen erzählt. 180 000 Deutsche lebten in Rumänien. Pro Person müßten 45 000 bis 90 000 DM je nach Ausbildungsstand für die Ausreise gezahlt werden.[13] Während 1987 mit den ungarischen Reformkommunisten eine Vereinbarung zum Schutz der deutschsprachigen Minderheit abgeschlossen wird, sieht er, so beschwert er sich im Herbst 1987 bei dem Ministerpräsidenten Károly Grósz, keine andere Möglichkeit, als die Rumäniendeutschen für viel Geld herauszuholen. Sie befänden sich in verzweifelter Lage. Jährlich dürften nur 15 000 ausreisen; er würde diese verzweifelten Menschen lieber heute als morgen alle herausholen.[14] Doch auch Zehntausende von Ausreiseanträgen aus der Sowjetunion liegen vor. Von den geschätzten zwei Millionen Rußlanddeutschen, läßt er im November 1987 den stellvertretenden amerikanischen Außenminister wissen, hätten bis zu 400 000 Ausreiseanträge gestellt. Er bittet darum, daß man ihn in dieser Angelegenheit in Moskau unterstützt.[15]

Es sind also denkbar gute, humanitäre Gründe, die den Kanzler veranlassen, mit der ihm eigenen Energie das Tor für die Spätaussiedler weit aufzustoßen. Doch zu Beginn des Jahres 1989 sieht er sich urplötzlich in der Rolle des Zauberlehrlings in Goethes Parabel, der das Zauberwort ausgesprochen hat und nun erschrocken konstatieren muß, wie von allen Seiten die Wassermassen hereinbrechen. Viele Spätaussiedler sprechen nur mangelhaft oder überhaupt nicht Deutsch, erhalten aber – anders als die Asylbewerber – alsbald deutsche Pässe und großzügige Sozialleistungen. Entsprechend groß ist bei manchen Beziehern von Niedrigeinkommen, die sich bei der Suche nach Wohnraum oder einem Arbeitsplatz schwertun, der Unwille über die Privilegierung dieser Zuwanderer.

Sowohl die Asylbewerber wie die Spätaussiedler werden nach festen Schlüsseln auf die Länder verteilt, die den Zustrom wiederum in die Regierungsbezirke und Landkreise weiterleiten. In einem Bundesstaat ist dies nur fair, hat aber politisch zur Folge, daß die Problematik direkt an der politischen Basis anschaulich wird. Es ist vor allem der Wohnungsmangel, der für Unwillen sorgt. 1988 und 1989 entsteht somit aus dem Zustrom der Asylbewerber und der Spätaussiedler eine brisante, zugleich aber nur schwer aufzulösende Gemengelage, die bis in die frühen neunziger Jahre Bestand hat, Anfang 1989 die Kanzlerschaft Kohls aber erschüttert.

Es ist ein ganzer Berg von Problem, die jetzt auf dem Bundeskanzler lasten: die Gesundheitspolitik, die Steuerpolitik, die Deckungslücken im Bundeshaushalt (34 Milliarden DM Neuverschuldung des Bundes 1990 und 1991),[16] die Forderung der Opposition und – etwas verhüllter – auch der FDP nach einer dritten Null-Lösung nuklearer Kurzstreckensysteme, die Angst der FDP, in den Abwärtssog der CDU hineingerissen zu werden mit entsprechenden Absprunggelüsten, die Eigenwilligkeit des CDU-Generalsekretärs, die von Monat zu Monat wachsende Mißstimmung unter den CDU-Granden im Präsidium der Partei, die Lage in der CSU nach dem Tod von Franz Josef Strauß, die Unruhe in der CDU/CSU-Fraktion, wo jeder einzelne Abgeordnete im Wahlkreis die gebotenen Prügel wegen des schlechten Ansehens der Bundesregierung erhält und am Montag entsprechend verunsichert nach Bonn zurückkehrt. Gravierend ist aber auch die Tatsache, daß vom Kabinett keine richtige Strahlkraft mehr ausgeht. Nach immerhin fast sieben Jahren ist das überhaupt kein Wunder. Selbst Kabinette mit politischen Schwergewichten wie seinerzeit das Kabinett Brandt zwischen 1969 und 1974 hatten schon nach zwei bis drei Jahren starke Verschleißerscheinungen gezeigt. Helmut Schmidt erging es ähnlich.

In der Woche nach der verunglückten Hessenwahl schlägt Kohl in den Parteigremien nochmals gesammelte Ratlosigkeit entgegen vermischt mit Hinterhältigkeit und der Forderung, kräftige politische Korrekturen vorzunehmen. Nur leider machen die uneinigen Granden unterschiedliche Gründe für die Wahldebakel und das Umfragetief aus. Dementsprechend unklar sind auch die Ratschläge. Kohl hört sich das alles an, zeigt sich in Maßen korrekturbereit, bringt in der Woche nach der Hessenwahl in der Fraktion und der Koalition mühsam ein paar freundliche Sozialgesetze über die Rampe (Bafög-Erhöhung, Erhöhung des Kindergelds um 30 DM für das zweite Kind, Kriegsopferversorgung, Wohnungsbau), die natürlich wieder Geld kosten. Dann macht er sich wie in jedem Frühjahr auf den Weg zur österlichen Fastenkur in Bad Gastein, nachdem er zuvor noch eine Kabinettsumbildung angekündigt hat. Er weiß, daß ihm jetzt nicht mehr viel Zeit bleibt.

Nur ganz indirekt ist in den CDU-Gremien auch am Bundeskanzler Kritik geübt worden. Dafür äußern sich die Zeitungen um so offener. Die Journalisten von links bis rechts sind weithin der Meinung, daß Kohl jetzt noch bis zum 18. Juni Zeit hat, sein Schicksal zu wenden. Wenn die an diesem Tag fällige Europawahl genauso blamabel verlorengeht wie die Wahlen in Berlin und in Hessen, dann wäre selbst die geduldige CDU zum Kanzlermord bereit. Der *Spiegel* vom 20. März bringt die Stimmung auf den Punkt. Das Titelbild zeigt einen Kanzler mit sorgenzerfurchter Miene, im Hintergrund läßt sich das Konterfei Lothar Späths erkennen, und die Überschrift lautet: »Kohl soll weg – aber wie?«[17] Jedermann weiß, daß Rudolf Augstein und sein Chefredakteur Erich Böhme seit langem davon träumen, sich wieder einmal mit dem Skalp eines Bundeskanzlers zu schmücken, und offenbar macht sich der *Spiegel* mal wieder ein Vergnügen daraus, Kohl nach allen Regeln der Kunst herunterzuschreiben. Aber diesmal ist mit Händen zu greifen, daß mit Lothar Späth eine Kanzler-Alternative aufgebaut wird. Kohl selbst hat Geißler und sein engstes Umfeld im Adenauer-Haus schon lange im Verdacht, das Hamburger Magazin mit Informationen zu beliefern und den Machtwechsel vorzubereiten. Denn der *Spiegel* wirkt wie eine Art Signalgeber für die Hamburger Oppositionsblätter *Stern* und *Zeit* sowie für die *Süddeutsche* in München. Kohl kann sich jetzt auch nicht mehr auf die *Frankfurter Allgemeine Zeitung* verlassen, und auf die Springer-Blätter schon gar nicht.

Helmut Kohl, der gelernt hat, in einer Welt voller gefährlicher Rivalen zu leben, hat Lothar Späth auf dem Radarschirm, seitdem dieser im Frühjahr 1978 die Nachfolge des baden-württembergischen Ministerpräsidenten Filbinger angetreten hat, damals im stolzen Alter von vierzig Jahren. In manchem weist Späth ein ähnliches Karrieremuster auf wie Kohl in seinen Mainzer Anfängen. Auch er ist ein Senkrechtstarter, auch er hat es geschafft, mit einem liberalen Programm von »Bürgernähe« und mit einer quirligen Modernisierungskampagne vieles in dem ohnehin bestens laufenden Baden-Württemberg umzukrempeln und 1980 wieder die absolute Mehrheit zu erringen. Kein Spitzenpolitiker der CDU entfacht in den folgenden Jahren einen solchen Wirbel um sich selbst wie der rastlose Lothar Späth. Schon temperamentsmäßig wirkt er wie ein Antityp von Helmut Kohl: ständig in Bewegung, stets voller Neugier, fix im Begreifen, stets dreimal so schnell wie andere redend, im eigenen Bundesland, auf der Bonner Bühne und, dabei immer von einem Pulk von Industriellen umgeben, weltweit unterwegs – in Amerika von Brasilien bis Kanada, im Nahen Osten, in Indien, China, Japan, aber auch im Ostblock. Kein Unionspolitiker außer Franz Josef Strauß, den er im Interesse von Baden-Württemberg möglichst übertreffen möchte, steht in den achtziger Jahren in so enger Verbindung mit zahllosen Unternehmern. Keiner weiß auch so beredt wie er zu erklären, worauf es im

Zeichen der Globalisierung ankommt: auf eine denkbar enge Symbiose von Wirtschaft, Wissenschaft, Verwaltung, Politik, Medien, flexiblem Bürgertum, auch flexiblen Gewerkschaften (Späth war von 1970 bis 1974 neben anderem auch Geschäftsführer bei der »Neuen Heimat«), die Künste und die Künstler nicht zu vergessen.

Politisch changiert Späth in allen Farben. Bald hängt er den Vorkämpfer des Mittelstands heraus, bald den Ökologen, bald preist er die Selbstbestimmung des staatsfreien Bürgers, bald die Solidarität. Je nach Lage pocht er auf die Autonomie der Länder, denn tatsächlich wird Baden-Württemberg zusammen mit Bayern in der Ära Späth zum wirtschaftlich führenden Bundesland. Doch genauso unbefangen kann er sich für die Stärkung der EG engagieren. Vieles paßt also nicht zueinander. Er greift eben immer das auf, was ihm interessant erscheint und zugkräftig. Doch da er ein hinreißendes politisches Temperament besitzt und zudem jeden an die Wand redet, macht man ihm das nur hinter vorgehaltener Hand zum Vorwurf.

Späths Schwächen sind ebenso evident wie seine unbestreitbaren Stärken. Seine Sprunghaftigkeit ist genauso legendär wie seine Rastlosigkeit. Man mag darüber streiten, wer ichbezogener ist, der immer etwas spöttische Lothar Späth oder der immer etwas verbissene Helmut Kohl, doch schließlich gehört die Freude am Ego-Trip nun einmal zur Grundausstattung fast aller Spitzenpolitiker. Unbestreitbar aber ist, daß Späth anders als Kohl seine Ich-Bezogenheit mit ganz erstaunlicher Naivität auslebt. Wie sich bei seinem Sturz wegen der »Traumschiff-Affären« Anfang 1991 zeigen wird, hat er sich in Bezug auf Privateinladungen, Flugreisen und Kreuzfahrten auf schönen Jachten stets so ungeniert bewegt wie nur noch Franz Josef Strauß, den er stets bewundert und den er 1979/80 zum Verdruß Helmut Kohls auch als Kanzlerkandidaten bevorzugt hat. In den Parteispendenaffären Mitte der achtziger Jahre könnte bei Späth genauso viel aufplatzen wie bei Graf Lambsdorff oder bei Helmut Kohl, nur gräbt man bei ihm noch nicht so emsig nach, und er ist auch geschickter im Wegtauchen. Vielen Konservativen und vielen Linken in der CDU ist dieser nicht festzulegende Typ etwas unheimlich. Doch in der Parteipolitik zählt letztlich nur der Wahlerfolg. Nachdem er sich 1984 und erneut 1988 in einer denkbar widrigen Großwetterlage behauptet hat, schwinden bei manchem die Vorbehalte.

1989 jedenfalls, als es für Kohl sehr ernst wird, hält er Späth nicht mehr wie in früheren Jahren für einen Luftikus, der ihm überhaupt nicht ans Leder könnte. Alle bisherigen offenen oder potentiellen Rivalen sind inzwischen auf der Strecke geblieben oder haben doch ihre Strahlkraft verloren: Barzel, Carstens, Strauß, Albrecht, Dregger und Stoltenberg. Lothar Späth aber, der bisher jede Wahl siegreich bestanden hat, ist stärker denn je, und dies vor allem auch deshalb, weil er sich seit längerem schon mit Geißler alliiert hat. Er ist alles, nur kein Exponent der CDU-Linken, verfolgt vielmehr seine höchstpersönliche Agenda, die da lautet: Alles muß sich um Lothar Späth drehen! Aber der Überzeugungstäter Geißler mit seinen Anhängern und

Bewunderern quer durch die Landesverbände der CDU und der für alles offene, aber – so er sich nur traut – durchsetzungsfähige Späth könnten ein *winning team* sein. An dem Machtkampf, der nun anhebt, sind jedenfalls nicht nur die beiden Granden Kohl und Geißler beteiligt, sondern mit genauso viel Gewicht Lothar Späth, Kohls letzter innerparteilicher Herausforderer, bevor er als »Kanzler der Einheit« zur historischen Größe wird, die von da an niemand mehr ernsthaft in Zweifel zu ziehen wagt.

Als Kohl Anfang April von der Fastenkur zurückkommt, glaubt er zu wissen, wo er bei der Kabinettsumbildung anzusetzen hat. Er muß Theo Waigel mit der CSU ins Boot bekommen. Mit der CSU-Landesgruppe fest an seiner Seite würde er selbst bei einer hochkant verlorenen Europawahl vorerst jeden Putsch aus der CDU/CSU-Fraktion schon im Keim ersticken können. Ist erst Waigel gewonnen, dann ließe sich vielleicht auch der gefährliche Heiner Geißler in eine besser kontrollierbare Position manövrieren. Am Montag, den 3. April, ist ein Treffen mit Mitterrand in Günzburg an der Donau vorgesehen. Kohl lädt den frischgewählten CSU-Vorsitzenden Theo Waigel ein, ihn beim Flug nach Leipheim zu begleiten, und bittet ihn bei dieser Gelegenheit, ins Kabinett einzutreten. Das ist der Eröffnungszug. Welches Ressort Waigel übernehmen soll, ist noch offen. Entscheidend ist aus Kohls Sicht die Verankerung des CSU-Vorsitzenden in der Regierung Kohl. Waigel bittet, wie zu erwarten, um Bedenkzeit und formuliert einige Vorbedingungen. Später berichtet er, er habe eigentlich vor der Bundestagswahl 1990 nicht in die Bundesregierung eintreten wollen. Für den Fall der eigentlich zu erwartenden Wahlniederlage schwebte ihm die Fraktionsführung vor.

Jetzt beginnen die in solchen Fällen üblichen Manöver. Sie nehmen zehn Tage in Anspruch und hinterlassen zahlreiche Verletzungen. Alles spielt sich gewissermaßen auf offener Bühne ab, doch das ist nicht Neues – Bonn ist Bonn. Versucht der eine oder andere Akteur dies oder jenes unter der Decke zu halten, so sticht das sicherlich einer der Konkurrenten an die Presse durch. Eine Schilderung des Hin und Her verbietet sich. Das Ergebnis aber ist von denkbar weitreichender Bedeutung.

Das wichtigste Resultat ist die nun entstehende Allianz zwischen Helmut Kohl und Theo Waigel. Sie wird den Gang der Dinge bis zum bitteren Ende der Ära Kohl im September 1998 bestimmen: die Verhandlungen über die Wiedervereinigung 1989/90, Vorbereitung und Ermöglichung des Euro, die Arbeiten der Treuhand, die quälenden Finanzierungsprobleme der Jahre 1990 bis 1998. Für Kohl und Waigel ist es eine ideale Partnerschaft. Erstmals hat der Kanzler den CSU-Chef im Kabinett, doch nicht – wie sich Strauß das gewünscht hatte – als dauernden Störenfried, sondern als loyalen Partner. Umgekehrt eröffnet sich dem CSU-Vorsitzenden die Möglichkeit (ähnlich wie Strauß 1961/62 und dann nochmals 1966 bis 1969), die Arbeit der Bundesregierung maßgeblich mitzugestalten, zugleich aber die innerparteilichen Konkurrenten in München in Schach zu halten. Das Angebot des Finanzministeriums wird Waigel von Schäuble überbracht, der in diesen Tagen als Kohls rechte Hand operiert und genau darauf achtet, letztlich selbst mit einem klassischen Ressort bedacht zu werden.

Stoltenberg ist tief gekränkt. Tatsächlich, so kann er argumentieren, hat sich die von ihm zusammen mit der FDP mühsam gegen Blüm und Geißler durchgesetzte Steuerreform bewährt. Das Wachstum steigt, die Steuerquellen sprudeln, vielleicht winkt doch ein ausgeglichener Bundeshaushalt, und auch die Arbeitsmarktlage bessert sich. Nach verschiedenen Gesprächen, in denen der Finanzminister als Kompensation ein klassisches Ministerium verlangt, muß Kohl befürchten, daß mit Stoltenberg einer seiner letzten Getreuen ins Lager der Gegner um Geißler, Späth und Süßmuth übergehen könnte. So erhält der Entthronte das Bundesverteidigungsministerium.

Der Hauptleidtragende dieser Kabinettsrochade ist Rupert Scholz. Im Herbst 1987, als sich das Debakel der zweiten Null-Lösung vollzog, hatte Kohl bei einem Berlin-Besuch den dortigen Senator für Justiz und Bundesangelegenheiten zu einem Tête-à-tête beim Italiener gebeten, an dem nur noch Juliane Weber teilnahm. Scholz erinnert sich, wie der Bundeskanzler das Gespräch begann: »Also, paß mal auf, Scholz, ich habe eine Frage. Es geht um die Bundeswehr. Meine Nase sagt mir, obwohl ich nichts davon verstehe, ich verstehe nicht viel von der Sicherheitspolitik, und ich verstehe auch nicht viel von der Bundeswehr, obwohl ich sehr an der Bundeswehr hänge. Meine Nase sagt mir, daß das mit der Sicherheitspolitik alles nicht mehr ganz stimmig ist. Ich glaube, wir brauchen doch konzeptionell möglicherweise etwas ganz Neues … Ich glaube, die Zeit der Troupiers, wie Wörner einer ist, ist vorbei.« Und dann fragte er ihn: »Wärst du bereit, Verteidigungsminister zu machen?« Scholz fiel aus allen Wolken, wies Kohl darauf hin, er sei ein »weißer Jahrgang«, also nie Soldat gewesen, und habe sich auch nie mit Sicherheitspolitik befaßt. Aber Kohl zeigte sich von den konzeptuellen Talenten von Scholz überzeugt, gab diesem ein paar Wochen Zeit zur Überlegung und meinte abschließend: »Wenn du nein sagst, dann bleibt Wörner Verteidigungsminister. Wenn du ja sagst, dann mache ich Wörner zum Generalsekretär der NATO. Eigentlich sind die Norweger dran, aber das mache ich mit den Amerikanern, das ist kein Problem.«[18]

Scholz hatte dann begonnen, über Sicherheitspolitik nachzudenken, sich im Januar 1988 bei Kohl gemeldet, dem seine Gedanken gefielen, und Wörner war zur NATO gegangen. Doch für den Verteidigungsminister waren die folgenden Monate zur Tortur geworden. Der Seiteneinsteiger traf auf eine Ablehnungsfront: die Verteidigungsexperten in der Unionsfraktion, die hohe Generalität, die hohe Ministerialbürokratie. Von überallher warf man ihm Knüppel zwischen die Beine. Pech kam dazu. Flugzeugkatastrophen in Ramstein und Remscheid sensibilisierten die im Umkreis der Militärflughäfen wohnende Bevölkerung, die Opposition, die Friedensbe-

Helmut Kohl und Wolfgang Schäuble auf dem CDU-Parteitag in Wiesbaden,
Juni 1988

wegung, die Medien und nicht zu vergessen die eigene CDU/CSU-Fraktion für die Gefährdung durch militärische Tiefflugübungen. Zu alledem hatte Scholz auch noch die Verlängerung der Wehrzeit von 15 auf 18 Monate parlamentarisch durchzusetzen.

Unter solchen Bedingungen konnte es niemanden erstaunen, daß Scholz bald als einer der unpopulärsten Minister galt. Kohl sah darin allerdings Anfangsschwierigkeiten, die sich geben würden. Kurz vor der Kabinettsumbildung rief er diesen spätabends auf der Hardthöhe an, um im Kanzlerbungalow freundschaftlich mit ihm eine Flasche Wein zu leeren, und erklärte bei dieser Gelegenheit: »Ich will dir jetzt folgendes sagen. Ich bilde jetzt um, du kannst aber ganz beruhigt sein, du bleibst im Amt. Da können die schreiben und reden, was sie wollen. Du bleibst im Amt.«[19] Vierzehn Tage später, Scholz kommt eben aus Israel zurück, ruft Schäuble ihn zum Bundeskanzler, der ihm in großer Verlegenheit mitteilt, er müsse dem verdienten Stoltenberg das Verteidigungsministerium geben, sonst gehe der ins andere Lager. Verdrossen lehnt Scholz es ab, eventuell das Justizministerium zu übernehmen, und stellt selbstbewußt fest: »Ich mache überhaupt nichts. Ich gehe an meinen Lehrstuhl zurück.«

Die Kabinettsumbildung kratzt auch am Prestige von Friedrich Zimmermann. Die unangenehme Aufgabe, diesen von der Notwendigkeit eines Wechsels zu überzeugen, hat Waigel. Die CSU bugsiert ihn ins Verkehrsministerium, das Kohl bereits dem Nachwuchstalent Matthias Wissmann angeboten hatte, der als Vorsitzender des Bezirksverbands Nordwürttemberg beim Machtkampf mit Geißler eine Schlüsselposition hält. Denn ein Hauptziel Kohls bei diesem Befreiungsschlag ist und bleibt die Domestizierung Geißlers. Nachdem Friedrich Zimmermann Platz gemacht hat, bietet der Kanzler Geißler das Innenministerium an. Viele Indizien sprechen dafür, daß Kohl damals schon entschlossen ist, auf dem im September fälligen CDU-Parteitag Geißler nicht mehr als Generalsekretär vorzuschlagen. Als Innenminister würde er ihn unter Kontrolle und zugleich die Hände frei haben für eine Alternativlösung auf dem Posten des Generalsekretärs. Geißler zögert, weist darauf hin, er müsse weiterhin Generalsekretär bleiben, um die Europawahl und die anderen im Herbst anstehenden Landtagswahlen vorzubereiten. Kohl erklärt sich schließlich damit einverstanden, daß es bis zum Sommer bei dieser provisorischen Lösung bleibt. Doch Geißler erkennt die Falle und läßt Kohl nach einigen Tagen abblitzen. Wütend konstatiert der Bundeskanzler, wie Geißler seine Ablehnung des Innenministeriums unverzüglich den Medien mitteilt. Jetzt ist die Stunde Schäubles gekommen. Dieser verlangt endlich den gebührenden Lohn für seine getreuen Dienste und erklärt, wenn er weiter unberücksichtigt bleibe, kehre er ohne Regierungsamt in die Fraktion zurück. Zugleich soll die Ablösung des mit der FDP stets freudig streitenden Zimmermann durch den verbindlicheren Schäuble im Verhältnis Kohls zur FDP eine gewisse Entlastung bringen. Rudolf Seiters wird nun anstelle von Schäuble Chef des Bundeskanzleramts.

Nachdem schließlich alles unter Dach und Fach ist, kann sich die CSU als die große Gewinnerin der Kabinettsumbildung brüsten. Kohl weiß, daß er am Abgrund turnt, und muß ihr sechs Minister zubilligen. Der CSU-Abgeordnete »Johnny« Klein, in den Medien renommiert seit seiner Arbeit als Pressesprecher bei den Olympischen Spielen 1972, tritt nun als Kabinettsminister an die Spitze des Bundespresse- und Informationsamts. Im übrigen zeigt sich auch diesmal, daß dem Bundeskanzler gegenüber kleineren Koalitionsparteien die Hände gebunden sind. Beim Personalkarussell in den CSU-Ministerien machen sich nicht zuletzt die Erfordernisse des innerbayerischen Regionalproporzes bemerkbar. Als Waigel vor der CSU-Landesgruppe Bilanz zieht, bringt er die Lage auf den Punkt: Ohne die CSU hätte die Bundesregierung vor dem Aus gestanden. Ein anderer Kanzler oder Neuwahlen seien die Alternative gewesen. Man habe sich entscheiden müssen: Aussteigen oder Mitwirken. Doch die Chance für einen Erfolg liege unter fünfzig Prozent.[20]

Kohl weiß, daß die Kabinettsumbildung allein nicht ausreicht, um sein Schicksal zu wenden. Überall gilt es, Ballast abzuwerfen. Als eine seiner Bedingungen für die Amtsübernahme hat Waigel die Zurücknahme der sehr unpopulären Quellensteuer genannt. Genau darauf legt Mitterrand jedoch allerhöchsten Wert. Andernfalls, so hat er den Bundeskanzler wissen lassen, könne er der Öffnung der Kapitalmärkte nicht zustimmen. Kohl hat ihm das zugesagt und muß nun einen gesichtswahrenden Ausweg finden. Sehr peinlich ist auch die Zurücknahme der eben erst verfügten Wehrdienstverlängerung auf 18 Monate. Dadurch sollte die Gesamtstärke der Bun-

Beim Weltwirtschaftsgipfel in Paris: Theo Waigel, Helmut Kohl und »Johnny« Klein,
15. Juli 1989

deswehr beibehalten werden, was aufgrund der demographischen Veränderungen
und der alarmierend anschwellenden Zahl von Wehrdienstverweigerern immer
schwieriger wird. Doch das paßt nun wirklich nicht mehr in die Entspannungs-
landschaft des Jahres 1989, und so ist es an dem neuen Verteidigungsminister Stoltenberg, für das Zurückrudern eine plausible Begründung zu finden. Ähnlich prekär
ist die Auseinandersetzung mit der FDP über die dritte Null-Lösung. Sie muß demnächst gefunden werden. Genscher steuert raffiniert in Richtung dieses Ziels, Geißler
drängt genauso, auch Kohl selbst ist keinesfalls bereit, schon jetzt einen formellen
Beschluß über die Lance-Modernisierung fassen zu lassen. Aber die CSU zieht in die
Gegenrichtung, darin immer noch getreu im Geiste von Franz Josef Strauß und
zugleich in heftiger Abneigung gegen die FDP und gegen Geißler.

Unerwartet ist in diesen dramatischen Wochen auch das Entsorgungskonzept für
die Kernkraftwerke in die Krise geraten. Angesichts der Daueragitationen der Opposition und der AKW-Gegner haben sich die großen Energiekonzerne zu einem Konzept entschlossen, bei dem die Wiederaufbereitung abgebrannter Brennstäbe in
Frankreich vorgenommen wird. Die bayerische Staatsregierung unter Ministerpräsident Streibl verfügt daraufhin einen Baustopp der umstrittenen Wiederaufbereitungsanlage in Wackersdorf. Der nach wie vor von der Notwendigkeit der Kernkraft überzeugte Bundeskanzler fühlt sich überspielt und gedemütigt, zumal er nun seinem
Freund Mitterrand zu eröffnen hat, daß seine stolze Regierung nicht in der Lage ist,

mit dem Kernkraftproblem fertig zu werden. Dazu kommen die haarigen Fragen der Asylpolitik – auch das Sprengstoff innerhalb der Koalition und innerhalb der Unionsparteien. Auch die Frage der Abgrenzung gegen die Republikaner steht weiter im Raum, und die nicht mehr allzu zahlreichen Exponenten des nationalen Flügels, Dregger an ihrer Spitze, bestehen zumindest auf semantischen Korrekturen, um verärgerte konservative Unionswähler überhaupt wieder an die Wahlurnen zu bekommen. Niemand ahnt in diesen Wochen, daß die staatliche Wiedervereinigung kurz vor der Tür steht. Zu allem hin dräuen jetzt auch noch verschiedenste Finanzierungsprobleme, die angesichts wieder sprudelnder Steuerquellen durch die Begehrlichkeit der Sozialpolitiker aufgerührt werden. Seit Kohl die Kanzlerschaft übernommen hat, sind selten so viele schwer lösbare Fragen zum selben Zeitpunkt zusammengekommen. Geißler und Späth wäre es natürlich am liebsten, wenn über alle diese strittigen Punkte innerhalb der CDU ein großes, kräftezehrendes Palaver geführt würde. Kohl hingegen erkennt, daß die Sachprobleme möglichst zusammen mit der Aufnahme der Tätigkeit durch die neuen Minister in einem einzigen Aufwasch erledigt werden müssen.

Der Konflikt mit Geißler und Späth ist durch die Kabinettsumbildung durchaus nicht gelöst, sondern nur kurzfristig vertagt. Geißler »spielt mehr und mehr die Rolle des Bußpredigers, der die CDU an ihr Gewissen erinnert und sie in jeder umstrittenen Frage mahnt, nicht so sehr den Machterhalt als vielmehr ernste Prinzipien zu beachten«, wird später Jürgen Busche pointiert, aber zutreffend Kohls rebellischen Generalsekretär charakterisieren.[21]

Am Sonntag, den 16. April, tritt das CDU-Präsidium zu einer sechsstündigen Sitzung zusammen, daran schließt sich eine achtstündige Sitzung des CDU-Bundesvorstands an. Die Begleitmusik zu diesen Zusammenkünften, bei denen in erster Linie Kohl und Geißler kräftig Dampf ablassen, liefern die Sonntagszeitungen, die auf den Tenor gestimmt sind: »Stürzt Geißler Kohl?« Die Fronde Geißler, Späth und Süßmuth gegen Kohl zeichnet sich schon deutlich ab. Rita Süßmuth erkundigt sich pointiert, ob die CSU als Preis für den Eintritt Waigels in die Bundesregierung die Ablösung Geißlers als Generalsekretär verlangt habe. Erregt erklärt Kohl das für völlig abwegig und gelogen, weist aber zugleich darauf hin, daß die CSU Geißler weithin ablehne. Auch hier ist wieder zu konstatieren, daß die Zusammenstöße von Kohl und der kämpferischen Rita Süßmuth zunehmend unerfreulicher werden. Unter Zustimmung von Albrecht polemisiert Späth gegen die CSU, die eine Verengung der Partei vornehme, »um den Republikanern das Wasser abzugraben«. Geißler rechtfertigt sich nochmals, stellt aber fest, er werde nicht gegen Helmut Kohl für den Parteivorsitz kandidieren. Leisler Kiep, der den Verlauf dieser stürmischen Sitzung im Tagebuch ausführlich festhält, vermerkt dort seinen Eindruck, daß Kohl »einen neuen Generalsekretär will«.[22] Uneingeschränkte Unterstützung gegen Geißler erhält Kohl von Wallmann und Dregger. Im übrigen mahnen die meisten Präsidiumsmitglieder nachdrücklich, der Parteivorsitzende und Geißler sollten sich doch vertragen und den öffentlichen Streit endlich lassen.

Alle strittigen Themen werden hier strittig aufgearbeitet. Als eines der Hauptprobleme erscheint das Verhältnis zu den Republikanern. Unter weitgehender Zustimmung stellt Kohl energisch fest, »man dürfe auf keinen Fall den Eindruck erwecken, als könnten die Republikaner irgendwann für die CDU koalitionsfähig werden. Die Klientel der CDU müsse wissen, wofür die Partei stehe.«[23] In Sachen Ausländerpolitik akzentuiert er ein energisches Sowohl-als-auch: Einerseits dürfe die CDU keine ausländerfeindliche Partei sein, andererseits sei Deutschland aber auch kein Einwanderungsland. Und während er unterstreicht, daß sich die Bundesrepublik und seine Regierung »international auf einem Erfolgskurs ohnegleichen befinde«, fragt Dregger – und auch das kennt man seit langem – wieder einmal: »Ist Europa für uns ein Ersatz für Deutschland oder sind Deutschland und Europa konkurrierende Begriffe? Und wie stehen wir zum Nationalstaat, der bereit ist, sich in größere Gemeinschaften einzufügen?« Man müsse eben versuchen, die an die Republikaner abgewanderten Wähler zurückzuholen. Aber auch Dregger wendet sich dagegen, über Koalitionen mit den Republikanern nachzudenken. Am meisten bekümmert es Kohl, »daß sich die Spitzenpolitiker der CDU von draußen in Rechte und Linke etikettieren ließen und dies auch noch übernehmen«. In der Tat befindet sich seine »Partei der Mitte« in einer nervigen Zerreißprobe.

Das und manches mehr wird an diesem Sonntag unmittelbar nach der Kabinettsumbildung im CDU-Präsidium und alsdann im Bundesparteivorstand kontrovers erörtert. Die Stimmung ist vergiftet. Kohl selbst sieht sich wieder einmal auf allen Seiten von kaum lösbaren Problemen und von Widersachern mit gezückten Dolchen umstellt. Schließlich findet er sich doch bereit, zusammen mit seinem Generalsekretär gemeinsam vor die Presse zu treten. Leisler Kiep schließt die schon erwähnte Aufzeichnung über die erregten Sitzungen an diesem Tag mit der Frage: »Reicht das alles, um das Schicksal dieser Regierung zu wenden? Ich habe größte Zweifel. Galgenfrist bis zur Europawahl ist das einzig sichere Resultat.«

1989, zweites Quartal: auf höchster Ebene

Innenpolitisch sitzt Kohl in der Tinte. Zur gleichen Zeit aber wird aus der Bundesrepublik eine Art Drehpunkt europäischer Politik und aus Kohl der herausragende Bundeskanzler, um den sich nicht alles dreht, aber doch vieles.

Natürlich ist Gorbatschow weiterhin der große Medienstar. 1989 hat er den Scheitelpunkt seines internationalen Ansehens erreicht. Von da an geht's bergab. Natürlich sieht sich Mitterrand auch weiterhin als der große Spielführer in der EG –

zusehends ungeduldig, weil er für das Konzept der Währungsunion endlich den Durchbruch erzielen möchte, zusehends unruhig aber auch, weil seine Nase ihm sagt, daß die Umwälzung im Ostblock eher früher als später auf die DDR übergreifen wird. Sorgenvoll sagt er zu Präsident Bush bei einer intimen Unterredung am 20. Mai in Kennebunkport, in Europa gebe es nur zwei mögliche Kriegsgründe: erstens wenn die Bundesrepublik sich atomar bewaffne (ausgerechnet die gegen alles Nukleare so ängstliche Bundesrepublik!) und zweitens wenn eine Volksbewegung auf die deutsche Wiedervereinigung dränge.[1] Und natürlich betrachtet sich auch Margaret Thatcher als eine Zentralgestalt auf dem Schachfeld der internationalen Politik. Seit 1979 regiert sie, hat Großbritannien umgekrempelt, ihre Wirtschaftsphilosophie – der »Thatcherismus« – ist ein Tag für Tag weltweit zu hörendes Schlagwort. Im Kreis der G 7 oder in der EG ist sie jetzt die Doyenne unter den Großen. Innenpolitisch und international vertritt sie ihre Politik inzwischen schriller als je zuvor, spürt allerdings dumpf, daß Mitterrand und Kohl im Begriff sind, sie in der EG auszumanövrieren. Und nachdem Reagan das Weiße Haus verlassen hat, der ein Faible für »Maggie« hatte und nach Meinung vieler in Washington viel zu viel auf sie hörte, wird wohl, so fürchtet sie, auch in den britisch-amerikanischen Beziehungen wieder der Alltag einkehren.

Aber noch wichtiger als Gorbatschow, Mitterrand oder Thatcher ist jetzt der neue amerikanische Präsident George Bush. Rasch zeigt sich, daß mit ihm eine Gestalt aus den Kulissen getreten ist, ohne die Kohls historische Rolle im Umbruch der Jahre 1989 bis 1991 undenkbar ist. Gewiß wäre der Erdrutsch im Ostblock ohne Gorbatschow nicht zustande gekommen. Aber ohne das bemerkenswert enge Zusammenspiel zwischen Bush und Kohl wäre die rasche, friedliche Wiedervereinigung eines im westlichen Lager verankerten Deutschland gleichfalls nicht möglich gewesen.

Bush, in den Jahren 1981 bis 1989 Vizepräsident der USA, ist kein Unbekannter. Offenbar hat sich längst ein besonderes Vertrauensverhältnis zwischen ihm und Kohl herausgebildet. Sicher hat die Begegnung der beiden im Sommer 1983 eine Rolle gespielt, als Bundeskanzler und Vizepräsident, in einer düsteren Tiefgarage zu Krefeld eingeschlossen, den gewaltsamen Furor der Friedensbewegung hautnah erlebten. Seither weiß Bush, was Kohl mit der Stationierung der Pershing II politisch riskiert hat, und betrachtet ihn als eine Art Spielführer der NATO auf dem europäischen Kontinent. Einstmals, in den Jahren des Siebenjährigen Krieges, hatte man das Preußen Friedrichs II. den »Festlandsdegen« Großbritanniens genannt, das damals seinen Aufstieg zur Weltmacht vollzog. Für Bush scheint beim Ringen mit der Sowjetunion um die weltpolitische Vormacht in diesem letzten Jahrzehnt des Kalten Krieges die Bundesrepublik Helmut Kohls eine vergleichbare Rolle zu spielen. Daß sich im Jahr 1983 auch zwischen Bush und dem damaligen Bundesverteidigungsminister Wörner (die beiden sind begeisterte Flieger von Jagdflugzeugen) ein ähnlich enger Kontakt herausbildet, verdient ebenso erwähnt zu werden. Das Zusammenspiel Wörners, seit 1988 Generalsekretär der NATO, mit Präsident Bush verstärkt zwischen 1989 und 1991 das Gewicht der Bundesrepublik bei den im Weißen Haus zu treffenden Entscheidungen. Bush ist einer von jenen Republikanern, die der Bundesrepublik unvoreingenommen, ja mit Sympathie begegnen. Dazu mag beitragen, daß Bush seine Kriegserfahrungen als Flieger-Aß auf dem pazifischen Kriegsschauplatz und nicht in Europa gesammelt hat. Sein Denken ist frei von den Gespenstern des Zweiten Weltkriegs, worin er sich von Mitterrand, Thatcher, Gorbatschow, aber auch von Kohl deutlich unterscheidet.

Bei Lichte besehen, hatte der prinzipiell pro-amerikanische Bundeskanzler Kohl zu Reagan ein gutes, aber durchaus nicht intimes Verhältnis. Achtundsechzigmal, so erzählt der Bundeskanzler Gorbatschow im Mai 1989, habe er sich seit 1982 bereits mit dem französischen Staatspräsidenten Mitterrand getroffen. Der habe das ganz sprachlos vernommen.[2] Verglichen damit oder auch mit den Zusammenkünften mit Margaret Thatcher trifft Kohl Reagan sehr viel seltener, und oft auch nur in größerem Kreis. Für Kohls europäische Visionen hat Reagan kein Organ. Er habe von Europa praktisch nichts gewußt, wird der Bundeskanzler Gorbatschow wissen lassen, nachdem Reagan von der politischen Bühne abgetreten ist.[3] Während der Wirren seiner zweiten Amtszeit um Irangate ist Reagan Kohl zudem etwas ferner gerückt. Und mit dessen Entspannungsaußenminister George Shultz stellte sich keine besondere Intimität ein – zu nahe bei Genscher, zu bereitwillig, die erste und die zweite Null-Lösung auf deutsche Kosten durchzusetzen, zu eng vertraut auch mit Helmut Schmidt. Zwischen Kohl und Bush entwickelt sich zwischen 1989 und 1991 ein viel intensiverer und direkterer Kontakt als zuvor mit Reagan: häufige Treffen, ständige Telefonate, auch eine enge Zusammenarbeit auf der Ebene der Beraterstäbe.

Nach Übernahme der Präsidentschaft durch Bush wird Kohls Einfluß auf die amerikanischen Entscheidungsprozesse durch weitere personelle Veränderungen verstärkt. Der neue, aus Texas stammende Außenminister James Baker III. zählt seit einem Vierteljahrhundert zu den engen Gefährten Bushs. Unbeschadet seines gutentwickelten Selbstbewußtseins läßt er sich nicht auf die traditionellen Spielchen ein, das State Department mit dem Nationalen Sicherheitsrat des Präsidenten ein intrigenreiches Ringen um Vorrang und Einfluß inszenieren zu lassen, wie es in den Jahren Reagans, Carters und Nixons häufig der Fall war. Da Kohl mit Bush direkt und durchweg vertrauensvoll kommuniziert, hütet sich Baker vor Quertreibereien, obschon Genscher bemüht ist, den neuen amerikanischen Außenminister genauso umsichtig zu instrumentalisieren, wie ihm das zuvor mit Shultz gelungen ist. Da der »Genscherismus« bei den Rechtsrepublikanern aber schon seit längerem verdächtig ist, sind die neuen Herren in Washington, gerade weil Bush dem moderaten Flügel der Republikaner angehört, peinlicher als früher bemüht, den Bundeskanzler nicht zu übergehen.

Auch gewisse Veränderungen auf den zweiten und dritten Positionen des Nationalen Sicherheitsrats (NSC) und des State Departments sind von nun an von nicht zu unterschätzender Bedeutung. Unter dem Bush gegenüber loyalen früheren Luftwaffengeneral Brent Scowcroft, der im NSC Kissingers geprägt wurde, kommen neue Leute zum Zug: Bushs zupackender Diplomat und Sonderberater Robert Blackwill, zuständig für die Europa-Abteilung und die Sowjetunion. Unter Blackwill sind der mit diesem seit gemeinsamer Arbeit bei den Wiener Abrüstungsverhandlungen eng verbundene Jurist Philip Zelikow für Europa, also auch für Deutschland, zuständig und die Politologin Condoleezza Rice für die Sowjetunion.

Auch im Umkreis von Baker tauchen neue Leute auf. Es sind dies vielfach junge, ehrgeizige Analytiker und Diplomaten, willens, nach Möglichkeit neue Wege zu beschreiten und unbedingt zu verhindern, daß ihr Präsident von Gorbatschow überstrahlt wird. Sie schätzen es, in der Bundesrepublik mit Teltschik einen ähnlich unkonventionellen, beweglichen Ansprechpartner zu finden. Auch Teltschik ist von der Ausbildung her ein Politologe wie Blackwill, Condoleezza Rice oder Robert Zoellick, der für die deutschen Fragen am wichtigsten wird. Das rasch sehr enge Zusammenspiel zwischen dem Weißen Haus und Kohls Bundeskanzleramt wäre unverständlich, würde man diese personellen Bedingungen außer Betracht lassen. Bald weiß Teltschik von der Parole zu berichten, die der Präsident schon vor der Amtsübernahme im engsten Kreis ausgegeben hat: »Wir sollten große Träume träumen!«[4]

Bush startet mit einigen Handicaps. Er ist zwar ein erfahrener Washingtoner Insider, kennt auch als einstiger CIA-Chef und Botschafter in Peking die internationale Politik besser als die meisten seiner Vorgänger, aber Reagan war eine charismatische Persönlichkeit, und alle Welt feiert Gorbatschow als große Lichtgestalt, während es ihm an Ausstrahlung mangelt. Außerdem muß er, um die Rechtsrepublikaner zu beruhigen, einige personalpolitische Konzessionen machen. Eine von diesen ist die Ernennung Dick Cheneys zum Verteidigungsminister, der dreizehn Jahre später als Vizepräsident von Bushs Sohn George W. Bush auf den Irakkrieg drängen wird. Schon jetzt gehört Cheney zu den Hardlinern, die Gorbatschow weiterhin mißtrauen. Bei der NATO-Tagung im Frühjahr 1989 fordert er, die Lance-Modernisierung zu beschließen. Ein gutes Vierteljahr lang läßt Bush daraufhin vorsichtig offen, ob, wie weitgehend und mit welchen Vorschlägen er auf Gorbatschows Bewegungsstrategie eingehen möchte.

In dieser Phase der Unentschiedenheit gehört Kohl zu denen, die Bush nachdrücklich zu dem Kurs ermutigen, mit dem es ihm schließlich gelingt, aus der Defensivposition herauszukommen. Als James Baker Mitte Februar auf einer Erkundungsmission durch die europäischen NATO-Hauptstädte seinen Antrittsbesuch in Bonn macht, beschwört Kohl ihn, der Präsident müsse den NATO-Gipfel in Brüssel zu einem PR-Erfolg des Westens machen. Es sei höchste Zeit, aus der Situation herauszukommen, daß man in der öffentlichen Perzeption immer nur derjenige ist, der auf Gorbatschow reagiert. Ein »affirmativer«, initiativreicher NATO-Gipfel unter Teilnahme aller Staats- und Regierungschefs sei geboten. Natürlich, so vergißt er nie zu erwähnen, müsse auch Mitterrand zugegen sein. Um zu verhindern, daß die Vorbereitung an der Bundesrepublik vorbei läuft, bietet er an, die auf dem Gipfel zu verabschiedenden Papiere erst einmal bilateral vorzubereiten.

In Sachen Lance-Modernisierung spricht Kohl eine klare Sprache. Zuerst führt er Baker die Exponiertheit der Bundesrepublik vor Augen. Er solle sich Long Island mit seiner Länge von 220 Kilometern vorstellen. Das sei die Breite der Bundesrepublik. In diesem Gebiet bewegten sich 900 000 Soldaten mit ihrem Gerät. Das alles müsse man sehen, wenn es um die Tiefflüge gehe oder um die Forderung der britischen Premierministerin, in der Bundesrepublik durch Modernisierung der nuklearen Kurzstreckensysteme eine Art »Brandmauer« zu konzipieren, von der die Deutschen hüben wie drüben betroffen wären. Kohls Position bei der Unterredung mit Baker ist eindeutig, und sie wird sich nach drei Monaten aufgeregtem Hin und Her schließlich durchsetzen: Die Lance werde noch bis 1995 einsatzfähig sein. Es reiche also, wenn man erst 1991 und 1992 über die Modernisierung spreche. Ihm selbst schwebe bei Kurzstreckenraketen, Atomartillerie und Flugzeugen eine Obergrenzen-Lösung vor. Nur keine dritte Null-Lösung! Wichtig aber sei, daß die NATO ein Verhandlungsmandat für diese Systeme erteile und natürlich auch die konventionelle Abrüstung im Blick behalte.

Zur Lage in der Sowjetunion äußert Kohl sich bei dieser Gelegenheit mit gebotener Vorsicht: »Keiner an diesem Tisch wisse, wie es wirklich weitergehe.« Er selbst sei heute »skeptischer als vor einem Jahr, ob Gorbatschow seine Pläne verwirklichen könne«. Aber erfahrungsgemäß komme Besseres selten nach. Scheitere Gorbatschow aber nicht, »würden wir einen wahren Triumph erleben, denn damit werde der Kommunismus nach 70 Jahren ad absurdum geführt«. Man müsse nämlich auch die Entwicklungen bei den anderen Staaten des Warschauer Pakts sehen. Er selbst wolle jetzt die Aussöhnung mit Polen erreichen, Adenauers Ziel schon in der Regierungserklärung von 1949! Und Kohl begrüßt den amerikanischen Zeitplan: Erst komme der Besuch Bushs in der Bundesrepublik, danach der von Gorbatschow.[5]

In Telefonaten mit Bush kommt Kohl künftig wieder und wieder auf diese Punkte zurück. Anfang Mai 1989 beglückwünscht er den Präsidenten zu dem Entschluß, nach Polen und Ungarn zu reisen, und meint, dort werde er »gewaltige Entwicklungen« feststellen können. Er selbst sei der letzte, der Gorbatschow als neuen Helden sehe. Man dürfe Worte nicht mit Taten verwechseln. Man erlebte aber zur Zeit den Zusammenbruch der östlichen Ideologie, und zwar politisch und wirtschaftlich: »Es sei dies die Stunde des Triumphes für den Westen. Dies sei nicht zuletzt den USA zu verdanken. Deshalb solle die Rolle Präsident Bushs im Vordergrund stehen. Dies habe auch etwas mit der Rolle der NATO und dem Erfolg des Gipfels zu tun.«[6] Wie sich zeigt, bewegt sich Bush nach einigen Wochen in diese Richtung. Die Monate März, April und Mai werden aber durch erbitterte Auseinandersetzungen um die Lance-Modernisierung belastet. Die SPD und die Grünen fordern alsbaldige Verhandlungen über eine dritte Null-Lösung, ebenso Genscher, der vielleicht – so argwöhnt man im Bundeskanzleramt – bereits die Bundestagswahl 1990 und die anschließende Koalitionsbildung fest im Blick hat. Auf der anderen Seite drängen die Konservativen in den USA und vor allem Margaret Thatcher auf einen alsbaldigen NATO-Beschluß über die Stationierung modernisierter Nuklearwaffen. Mitte April gibt Kohl dem Drängen Genschers nach und läßt einen Koalitionsbeschluß zu, in dem auch sofortige Ost-West-Verhandlungen über die nuklearen Kurzstreckensysteme verlangt werden. Noch vor der offiziellen Verlautbarung wird dies der Presse zugespielt. Ein energisches Telefonat Bushs ist die Folge. Kohl windet sich und stellt fest, bei einer Koalition von drei Parteien seien »leaks« fast unvermeidlich.[7]

Immerhin hat Bush da schon eingesehen, daß es falsch wäre, den an und für sich zuverlässigen Kohl in die Ecke zu drängen. Er weiß, daß jetzt ein umfassendes Verhandlungskonzept vonnöten ist. Am kompromißlosesten erweist sich Margaret Thatcher. Ihre Wege und die Helmut Kohls gehen in diesen Wochen definitiv auseinander. Kohl hat längst die Hoffnung aufgegeben, sie in Sachen Kurzstreckenraketen auf seine Seite zu bringen, doch Schadensbegrenzung ist noch möglich, und so lädt er sie – große Ehre! – zu einem Arbeitsbesuch in die Pfalz ein. Doch das ländliche Dinner in Deidesheim und die Exkursion zum Kaiserdom in Speyer können die Gegensätze nicht überkleistern. Die beiden streiten über alles, was demnächst auf die Tagesordnung der NATO und der EG kommen wird: über die Lance-Modernisierung, die Sozialcharta der EG, eine Lieblingsidee Mitterrands, der Kohl auch schon zugestimmt hat, über die EG-Landwirtschaftspolitik, über die expansive Interpretation der Europaverträge durch den Europäischen Gerichtshof und vor allem über den jetzt vorliegenden Bericht der Delors-Kommission zur Machbarkeit einer Währungsunion, den Kohl als eine gute Grundlage für weitere Arbeiten bezeichnet, während Thatcher ein klares Nein formuliert. Die Zuständigkeit für Währungsfragen sowie Wirtschafts- und Finanzpolitik müsse beim Parlament bleiben. Freiwillige Annäherung auf diesen Gebieten ja, aber nein zu vertraglichen Vereinbarungen! Nicht einmal die erste Phase der jetzt zur Diskussion stehenden Währungsunion ist für die Premierministerin in vollem Umfang akzeptabel, geschweige denn ein Drei-Phasen-Konzept, das Kohl und Mitterrand vordringlich erscheint.

Am weitesten auseinander sind die beiden in der Frage der Lance-Modernisierung. Thatcher weist darauf hin, die Sowjetunion habe 95 Prozent ihrer Kurzstreckensysteme in den vergangenen fünf Jahren modernisiert und verfüge darüber hinaus »über ein 14-faches Potential gegenüber der NATO«. Ohne eine grundsätzliche

Entscheidung über die Lance-Modernisierung würde die NATO-Strategie unwirksam. Kohl redet sich seine ganze Enttäuschung über die erste und die zweite Null-Lösung von der Seele, kommt nochmals darauf zu sprechen, daß er dem Verzicht auf die deutsche Pershing Ia nur widerwillig zugestimmt habe. Jetzt befinde er sich in einer Zwangslage. Die nuklearen Kurzstreckensysteme seien ins Gerede gekommen. Ausführlich äußerst er sich zur WINTEX-Übung der NATO, die seit vier Wochen in der Bundesrepublik heftig diskutiert werde. SACEUR habe dort den Einsatz von neunzehn Nuklearwaffen vorgegeben, dabei aber sowjetisches Territorium ausgespart. Dazu komme noch das für die Wiener Verhandlungen beschlossene »Zonenkonzept«, mit dem das Prinzip der gemeinsamen Sicherheit verletzt worden sei. Das habe bei ihm »alle Warnlampen« aufleuchten lassen. Mitteleuropa werde ausgelöscht, während der Hauptaggressor, die Sowjetunion, ausgespart bleibe. Es dürfe im Bündnis keine Zonen unterschiedlicher Sicherheit geben. Kohl plädiert damit für ein Konzept niedrigerer und gleichgewichtiger Obergrenzen, sowohl bei den nuklearen wie bei den konventionellen Systemen. Die »Invasionsfähigkeit« des Warschauer Pakts müsse beseitigt werden. Immer wieder kommt Kohl auf diesen Punkt zurück. Die Diskussion zwischen den beiden dreht sich im Kreis, zumal die britische Premierministerin einfließen läßt, daß Präsident Bush ihr in einem Telefonat seine Sorgen über die deutsche Haltung in dieser Frage mitgeteilt habe. Kohl weigert sich dennoch stur, bereits jetzt einen Produktions- und Modernisierungsbeschluß für die Lance zu fassen, und macht auf die Folgen für seine politische Existenz aufmerksam: »Im übrigen setze nur einer seinen Kopf bei dieser Diskussion aufs Spiel – und dies sei er ganz persönlich.«[8]

So ist die Lage am 30. April 1989, ein halbes Jahr vor dem Mauerfall und dem Zusammenbruch der kommunistischen Systeme! Doch dann, in den ersten Maiwochen, gelangt das neue Denken in Washington zum Durchbruch. Bush setzt nun drei Schwerpunkte: Erstens entschließt er sich, Gorbatschow öffentlich für die »Perestroika« zu loben und ihm Erfolg zu wünschen.[9] Zweitens zeigt er sich bereit, wie auch Kohl ihm geraten hat, die Reformkommunisten in Polen und Ungarn zu umwerben. Für den Sommer 1989 werden Reisen des Präsidenten nach Warschau und Budapest bekannt gegeben. Vor allem aber hat er – drittens – die Wichtigkeit eigener Initiativen für eine erfolgreiche Abrüstungspolitik begriffen. Begriffen hat er außerdem, daß die britische Premierministerin mit ihrem sturen Beharren auf einem sofortigen Beschluß über die Lance-Modernisierung auf bestem Wege ist, die Regierung Kohl innenpolitisch den Wölfen vorzuwerfen. Als Mitterrand kurz vor dem NATO-Gipfel von einem Treffen mit Bush zurückkehrt, informiert er Kohl in einem Telefonat: »Bush sei entsetzt über den Druck aus London. Er fühle diesen Druck wie einen Tritt in die Nieren. Bush mißtraue dem Maximalismus von Frau Thatcher mehr als dem Minimalismus der Deutschen.«[10]

Der Streit über die Lance-Modernisierung wird nun in Washington brüsk vom Tisch gewischt. Bush akzeptiert, daß das Thema erst 1992 spruchreif ist, wie Kohl und Genscher seit langem betonen. Damit ist die Lance-Modernisierung bis nach der Bundestagswahl 1990 vertagt. Bush wagt jetzt einen großen Schritt: Für die Wiener Verhandlungen zwischen der NATO und dem Warschauer Pakt schlägt er weitreichende Reduktionen der konventionellen Streitkräfte vor. Im Rahmen einer rasch zu treffenden Vereinbarung sollen die in Europa stationierten amerikanischen Truppen um zwanzig Prozent reduziert werden, allerdings nur, wenn die Sowjetunion einem ehrgeizigen Obergrenzen-Plan zustimmt: Die Zahl der Soldaten beider Supermächte soll auf 275 000 Mann begrenzt werden. Das Abkommen soll in sechs bis zwölf Monaten erarbeitet sein, so daß die Abrüstungsmaßnahmen 1992 und 1993 realisiert werden können.[11] Reduktionen von Gerät der Land- und Luftstreitkräfte um fünfzehn Prozent werden gleichfalls angeboten, wobei das ausgemusterte Kriegsmaterial zerstört werden soll. Somit kann der amerikanische Präsident auf dem Brüsseler NATO-Gipfel erstmals als Abrüstungspräsident auftreten. Selbst der schwierige Mitterrand, dessen Wohlwollen er sich zuvor mit einer sehr privaten Einladung auf seinen Sommersitz Kennebunkport erkauft hat, gibt auf dem NATO-Gipfel dezidiert seinen Segen. Das Schlußdokument dieses Gipfels setzt zugleich die Akzente, die Bush und Kohl nunmehr unablässig variieren werden: »Zeit des Wandels«, »Überwindung der Trennung Europas«, Forderung nach »Grundfreiheiten für die Menschen Osteuropas«.[12]

Bush hat erkannt, daß er das jahrelange Werben Gorbatschows für das »gemeinsame Haus Europa« mit eigenen Slogans übertrumpfen muß. Er probiert das in verschiedenen Reden aus. Auf Einladung Kohls begibt er sich im Anschluß an den NATO-Gipfel zu einem Staatsbesuch in die Bundesrepublik und hält in der Mainzer Rheingoldhalle eine Ansprache, in der diese Themen breit ausgeführt werden: »Die Welt hat lange genug gewartet. Die Zeit ist reif. Europa muß frei und ungeteilt sein … Die Kräfte der Freiheit treiben den sowjetischen Status quo in die Defensive.« Hier konstatiert er auch, daß die Grenze aus Stacheldraht und Minenfeldern zwischen Ungarn und Österreich Meile um Meile beseitigt wird, und formuliert mit Blick nach Berlin: »Dort trennt eine brutale Mauer Nachbarn und Brüder. Diese Mauer steht als Monument für das Scheitern des Kommunismus. Sie muß fallen.«[13] Tags darauf greift Kohl das in seiner Regierungserklärung auf: »Wir wollen trennende Mauern einreißen. Dies muß auch und vor allem für Berlin gelten.« Und er begrüßt die »großartige Unterstützung« der NATO für unsere Politik, die formuliert habe: »Wir streben nach einem Zustand des Friedens in Europa, in dem das deutsche Volk in freier Selbstbestimmung seine Einheit wiedererlangt.«[14]

Tatsächlich sind im Weißen Haus schon in den Monaten März und April bezüglich der Teilung Deutschlands ganz unerhörte Überlegungen angestellt worden. Am

20. März empfahl Scowcroft in einem Memo an den Präsidenten, »mitzuhelfen, Kohl an der Macht zu halten«. Dessen Regierung liege derzeit hinter einer Opposition zurück, die der nuklearen Abschreckung und der konventionellen Verteidigung zu wenig Beachtung schenke. Kohl unter solchen Bedingungen zu stützen, war ein Gebot des gesunden Menschenverstandes, doch das Memorandum enthielt noch viel weitreichendere Empfehlungen. In dem Maße, so wird dort ausgeführt, in dem die Überwindung der Teilung Europas durch mehr Offenheit und Pluralismus Fortschritte mache, sei keine Vision des künftigen Europa denkbar, »die nicht auch eine Stellungnahme zur ›deutschen Frage‹ enthielte. In dieser Hinsicht können wir zwar keine sofortige Wiedervereinigung versprechen, sollten aber irgendein Angebot der Veränderung, der Bewegung abgeben.« Scowcroft plädierte dafür, die gängige Formel, »daß das deutsche Volk seine Einheit in Selbstbestimmung wiedererlangt«, etwas pointierter als klares Signal an die Deutschen zu fassen, nämlich »daß wir bereit sind, mehr zu tun, sobald es die politische Großwetterlage erlaubt«. Selten ist in diesem Zusammenhang eine scharfsinnigere Analyse der aktuellen deutschen Befindlichkeit formuliert worden als in diesem Memo: »Obwohl so gut wie kein Westdeutscher damit rechnet, daß es noch in diesem Jahrhundert zur Wiedervereinigung kommt, gibt es keinen Deutschen, der nicht in seinem tiefsten Innern davon träumen würde.«[15]

Noch im Vorfeld der Reise zum NATO-Gipfel und in die Bundesrepublik greift Bush das auf. In einem Interview Mitte Mai stellt er fest, er wäre erfreut über ein wiedervereinigtes Deutschland. Symptomatisch und wesentlich ist die Unbefangenheit, mit der der amerikanische Präsident den Terminus »Wiedervereinigung« gebraucht.[16] Kurz darauf legt Robert Blackwill ein weiteres Memorandum mit dem Plädoyer vor, die deutsche Frage aufzugreifen. Daß dem ein Gespür für die Bedeutung der deutschen Frage im Zusammenhang mit dem tektonischen Beben im Satellitensystem der Sowjetunion zugrunde liegt, bleibt aber in der Bundesrepublik weitgehend unerkannt.

Ein schönes Beispiel für die hartnäckige deutschlandpolitische Abstinenz in Bonn ist die Behandlung, die dem neuen amerikanischen Botschafter in Bonn, Vernon Walters, im Auswärtigen Amt zuteil wird. Als er mit Hans Werner Lautenschlager, dem Staatssekretär des Auswärtigen Amts, zusammentrifft (damals einer der maßgeblichen »Europäer« in der Umgebung Genschers), spricht der Botschafter von seinem untrüglichen Gefühl, daß die Wiedervereinigung nicht fern sei. Das alte »Schlachtroß« Walters, *troubleshooter* für verschiedene Präsidenten, wie man weiß, machte seine prägenden Erfahrungen von der Teilung Deutschlands in den späten vierziger und den fünfziger Jahren. So lächelt der kluge Lautenschlager nur fein und meint, vielleicht sei Walters doch etwas zu optimistisch.[17] Der Bonner Regierungsapparat ist bis zum Mauerfall so gut wie ausschließlich auf die Vereinigung Westeuropas und auf Hilfen für die Reformkommunisten in Polen und Ungarn programmiert, ohne zu erkennen, welche weitreichenden Hintergedanken Bushs Äußerungen im Mai und Juni zugrunde liegen. Horst Teltschik, bald im engsten Umfeld Kohls die wohl wichtigste Stimme für eine energische Wiedervereinigungspolitik, wird im Rückblick selbstkritisch konstatieren, die USA seien damals in Sachen Vereinigung den Deutschen »weit voraus« gewesen.[18]

Umsichtig hat Kohl dem Besuch Gorbatschows in der Bundesrepublik den Auftritt des amerikanischen Präsidenten vorgeschaltet. Doch im Unterschied zum Bundeskanzler schenkt die deutsche Öffentlichkeit im Frühjahr 1989 dem bereits zur politischen Mythengestalt verklärten sowjetischen Generalsekretär viel mehr Beachtung als dem wenig bekannten und zudem unterschätzten amerikanischen Präsidenten.

Was bei dem nachmals so berühmten Besuch zwischen Kohl und Gorbatschow besprochen wird, läßt sich sowohl in den deutschen wie in den sowjetischen Gesprächsprotokollen nachlesen und ist seither so wie alle späteren Äußerungen Kohls in den Jahren 1989/90 in zahlreichen Quellensammlungen, Darstellungen und Memoiren wieder und wieder erörtert worden. Kohl selbst ist der Meinung, damals eine tragfähige persönliche Beziehung zu Gorbatschow aufgebaut zu haben, und bewertet das Treffen als »Schlüsselbegegnung«.[19] Er meint, daß das persönliche Gespräch der beiden Kriegskinder im abendlichen Park des Palais Schaumburg mit Blick auf den Rhein Gorbatschow stark berührt habe.[20] Wie so vielen anderen zuvor schon schildert er auch diesem wichtigen Gast seine Kriegserlebnisse, worauf dieser von vergleichbaren Erlebnissen berichtet. Kohl wird später oft sagen, an diesem Abend habe bei Gorbatschow in der deutschen Frage wohl ein Umdenken eingesetzt.

Bei den offiziellen Gesprächen in den folgenden Monaten ist davon allerdings nichts zu spüren. Gorbatschow hält weiterhin an der Position fest, die beiden deutschen Staaten seien ein Ergebnis der Geschichte. Kohl skizziert seine gegenläufigen Vorstellungen über das Fernziel, auch in der Berlin-Frage und zur Berliner Mauer, beruhigt Gorbatschow aber mehrfach mit der Beteuerung, »er sei nicht an einer Destabilisierung der DDR interessiert«.[21] Er meint das damals auch so, wie er es sagt. Verschiedentlich wird sich ein empörter Gorbatschow nach dem 9. November auf Kohls Versprechen berufen, die DDR nicht zu »destabilisieren«.

Wenn sich die deutschen Akteure später zu den Hauptergebnissen dieses denkwürdigen Besuchs äußern, weisen sie gern darauf hin, daß Moskau bei dieser Gelegenheit erstmals in der Gemeinsamen Erklärung die Formulierung akzeptiert habe: »Das Recht aller Völker und Staaten, ihr Schicksal frei zu bestimmen und ihre Beziehungen auf der Grundlage des Völkerrechts souverän zu bestimmen, muß sichergestellt werden.«[22] Die DDR steht noch bombenfest, und so scheint das aus sowjetischer Sicht ungefährlich. Auf der anderen Seite kann Bonn von nun an argumentieren, Gorbatschow habe die souveräne Selbstbestimmung auch der Deutschen

Empfang für Michail Gorbatschow in Bad Godesberg: Alfred Herrhausen, Vorstandsvorsitzender der Deutschen Bank, begrüßt Raissa Gorbatschowa, dahinter Traudl Herrhausen und Michail Gorbatschow, 12. Juni 1989. Wenig später, am 30. November 1989, wird der mit Kohl befreundete Herrhausen von der RAF ermordet.

in der DDR implizite akzeptiert. Schon Anfang Oktober 1989 wird der pfiffige Teltschik den sowjetischen Botschafter Kwizinskij, als dieser unter Verweis auf den Moskauer Vertrag von 1970 dagegen protestiert, darauf hinweisen, daß Kohl auf dem Bremer Parteitag der CDU erklärt habe: »Die Teilung unseres Vaterlandes ist widernatürlich, weil es wider die Natur des Menschen ist, ihm Freiheit und Selbstbestimmung zu verweigern.«[23]

Eine nicht unerhebliche Rolle bei dem panoramischen Meinungsaustausch spielt übrigens die Beurteilung von George Bush. Auffällig und auf dem Hintergrund der Offensivstrategie, zu der sich Bush jetzt entschlossen hat, durchaus nicht unbegründet, kommt Gorbatschow nachdrücklich auf dessen befremdliche Reden zu sprechen. Wortreich versucht ihn Kohl über den Charakter seines Freundes Bush zu beruhigen. Dieser sei ein Pragmatiker und verfolge dieselbe Politik wie er selbst.

Daß der Besuch in der Bundesrepublik für Gorbatschows künftigen Kurs von weitreichender Bedeutung war, darf angenommen werden. Zwei grundlegende Sachverhalte werden ihm bei dieser Gelegenheit wohl klar. Selten hat er einen so umjubelten Staatsbesuch erlebt und dies ausgerechnet bei den lange Zeit auch von ihm sehr argwöhnisch beobachteten Deutschen. Augenfällig sind die parteiübergreifende Aufgeschlossenheit und auch die Begeisterung der Bevölkerung – »Gorbimanie«, wie man damals sagt. »Auf dem Bonner Marktplatz habe er sich gefühlt wie auf dem Roten Platz in Moskau!«, erklärt er Kohl beim Delegationsgespräch im großen Kreis.[24] Er selbst und mancher der Anwesenden weiß aber, daß er sich inzwischen schwertun würde, auf dem Roten Platz soviel Begeisterung zu erwecken. Der zweite bleibende Eindruck, den er von der Rundreise durch die Bundesrepublik mitnimmt, ist der Reichtum, die Ordnung und die wirtschaftliche Leistungsfähigkeit des Landes. Für viele Russen war das fortschrittliche Deutschland immer die erste Adresse in Europa. Diese Sicht der Dinge setzt sich nun wohl bei ihm durch. Horst Teltschik, der später noch häufig mit Gorbatschow zusammentrifft, hat zur Frage, weshalb dieser schließlich die Wiedervereinigung akzeptiert habe, gelegentlich formuliert: »Ich glaube, am Ende in der Hoffnung, daß er mit Deutschland den entscheidenden Partner hat, der ihm hilft, die Sowjetunion zu reformieren.« Oft habe er später zu ihm gesagt: »›Horst, was hätten wir, was könnten und hätten wir Deutsche und Russen zusammen alles machen können.‹ Dieser Traum: Russen und Deutsche arbeiten zusammen …«[25] Die sichtliche Beflissenheit der deutschen Manager, Industriellen und Bankiers, mit der Sowjetunion intensiv ins Ostgeschäft zu kommen, gehört zu den ganz besonderen Eindrücken. Hatte sich Gorbatschow zuvor vor allem von der Zusammenarbeit mit Frankreich manches versprochen, so richten sich seine Erwartungen jetzt auf die Bundesrepublik. Noch ist die DDR ganz und gar nicht abgemeldet. Aber im Vergleich mit dem Deutschland im Westen erscheint sie doch bereits als Problemfall.

Kohl seinerseits nimmt vor allem zwei Eindrücke von dieser Begegnung mit, von denen einer zutreffend, der andere noch nicht ganz zutreffend ist. Nach langer Vernachlässigung und nach vielen eigenen Zweifeln ist auch er nun überzeugt, mit Gorbatschow endlich im Geschäft zu sein, mehr noch: Auch für ihn verwandelt sich jetzt die Sowjetunion, später Rußland, von der gefährlichen, gegnerischen Supermacht in eine europäische Großmacht, mit der die Bundesrepublik (bald: das wiedervereinigte Deutschland) ohne ängstliche Vorbehalte eine enge Partnerschaft aufbauen muß. Zwar bekreuzigt er sich jedesmal, wenn er den Begriff »Mittellage« vernimmt, und insistiert darauf, die Bundesrepublik gehöre zum Westen und nur zum Westen. Faktisch aber ist er von nun an auf dem Weg zur Partnerschaftspolitik mit Rußland, die dann die Jahre seit dem 3. Oktober 1990 bis zum September 1998 kennzeichnen wird. Voreilig ist allerdings die Annahme, Gorbatschow sei von ihm in Sachen deutscher Einheit zur Nachdenklichkeit gebracht worden. Voreilig ist auch die Vermutung, ein tragfähiges persönliches Vertrauensverhältnis geschaffen zu haben. Das wird sich in der kritischen Phase zwischen dem Mauerfall am 9. November 1989 und Kohls nächstem Treffen mit Gorbatschow am 10. Februar 1990 in Moskau herausstellen.

Übrigens erweist sich auch die Annahme als voreilig und somit als trügerisch, sich selbst und die CDU durch strahlende Gipfeldiplomatie aus dem Loch der Unpopularität heraushieven zu können. Gorbatschow, gut beraten von den SPD-Freunden in seiner Umgebung, hat Sorge getragen, auch den Zusammenkünften mit Willy Brandt und Johannes Rau einen hohen Stellenwert zu verleihen. Kohl kann keine Dividende in Wählerstimmen vom Gorbatschow-Besuch kassieren.

Kaum ist der Kremlchef abgeflogen, da finden die Europawahlen statt. Das Ergebnis ist sehr deprimierend, wenn auch nicht ganz so desaströs wie kurz zuvor noch befürchtet. CDU/CSU sacken auf 37,8 Prozent ab, die FDP holt gerade eben noch 5,6 Prozent, während die SPD bei 37,3 Prozent liegt und die Grünen bei 8,4 Prozent. Die Republikaner erzielen 7,1 Prozent. Aber es hätte schlimmer kommen können, und als Kohl sich am 22. Juni mit Mitterrand in Paris zur Vorbereitung des kommenden EG-Gipfels in Madrid trifft, meint er, er sei letztlich zufrieden. Die SPD habe ihre Ziele nicht erreicht, die Grünen stagnierten. Da auch Mitterrand nur mit einem blauen Auge davongekommen ist, einigt man sich rasch darauf, die Europawahlen als innenpolitisch irrelevante »Denkzettelwahlen« zu charakterisieren.[26]

Nach einem Gedankenaustausch über die Einschätzung der Ostblockführer, bei dem Kohl jetzt aus eigenen Beobachtungen viel beisteuern kann, wendet man sich dem Hauptthema dieses Treffens zu, den Tagesordnungspunkten des Europäischen Rats am 26. und 27. Juni in Madrid. Über die Europäische Sozialcharta, einen der Dollpunkte für Margaret Thatcher, sind sich die beiden schon länger einig. Das in diesem Punkt knappe deutsche Protokoll läßt zudem erkennen, daß sich Kohl mit Mitterrands vordringlichem Wunsch, der Schaffung einer Europäischen Wirtschafts- und Währungsunion und dem dann unvermeidlichen Ende der D-Mark, prinzipiell abgefunden hat. In dieser entscheidenden Phase, die zur Währungsunion führt, gibt es zwei Faktoren, denen letztlich niemand widerstehen kann. Mitterrands zäher Wille, die Bundesrepublik währungspolitisch zu unterwerfen, ist der eine, Kohls Vision eines europäischen Bundesstaats, gruppiert um eine deutsch-französische Achse, der andere. Und da Mitterrand für europäische Fortschritte offenbar nur um den Preis der Währungsunion zu haben ist, läßt der Bundeskanzler sich darauf ein. »On s'engage, puis on voit«, hat Napoleon diese Taktik genannt. Ökonomische Überlegungen werden als Hilfsargumente verwandt, spielen aber nicht die Hauptrolle. Desgleichen bekümmert den Bundeskanzler das Argument wenig, daß moderne Demokratien denaturieren, wenn sie die Kontrolle über die eigene Wirtschafts- und Währungspolitik verlieren – ein Hauptpunkt von Margaret Thatcher.

Am 17. April liegt der vierzigseitige Bericht des Delors-Komitees vor, dem auch Bundesbankpräsident Pöhl zugestimmt hat. In dem Bericht sind drei Stufen auf dem Weg zu einer europäischen Einheitswährung skizziert. Die erste Stufe soll am 1. Juli 1990 einsetzen mit dem endgültigen Abbau aller noch bestehenden Kapitelverkehrsbeschränkungen. Gleichzeitig sollen zu diesem Zeitpunkt alle EG-Staaten dem Europäischen Währungssystem (EWS) beigetreten sein. Beim Eintritt in eine zweite Stufe zu einem noch unbestimmtem Datum soll eine europäische Zentralbankinstanz bereits gewisse Zuständigkeiten für die Geld- und Währungspolitik erhalten. Auf einer dritten Stufe mit zeitlich gleichfalls noch offenem Beginn sollen festgezurrte Währungsparitäten die Einführung einer Einheitswährung (damals noch »Ecu« genannt) unter der Kontrolle einer Europäischen Zentralbank ermöglichen.[27] Wichtige deutsche Forderungen haben in den Bericht Eingang gefunden. Die wirtschaftliche Konvergenz wird als unerläßliche Voraussetzung der Währungsunion bezeichnet. Betont wird die Parallelität wirtschaftlicher und monetärer Integration. Die Kommission plädiert auch für ein föderales europäisches Zentralbanksystem nach dem Modell Bundesbank, das dem Ziel der Preisstabilität verpflichtet ist.[28] Viel ist aber noch ungeklärt, so die institutionelle Ausgestaltung in der zweiten und dritten Phase, welche ohnehin eine Änderung der bestehenden Europaverträge notwendig macht, desgleichen die Erfordernisse für die zweite und dritte Stufe bis hin zur Vergemeinschaftung der Währungen. Viele kritische Fragen sind von der Kommission ganz bewußt offengehalten worden, um mögliche Regierungsverhandlungen nicht zu präjudizieren. Das gilt nicht zuletzt für die Frage, zu welchem Zeitpunkt und unter welchen Voraussetzungen die Phasen zwei und drei beginnen sollen.

Grundsätzliche Bedenken dagegen, daß die Empfehlungen eine Grundlage für das weitere Vorgehen bilden könnten, bestehen in der Bundesregierung nicht. Für Helmut Kohl sind damals zwei Punkte wesentlich: Einerseits erkennt er an, daß eine weitere inhaltliche Ausgestaltung des Konzepts dringend geboten ist, andererseits liegt ihm an einem Ablaufplan für die Regierungsverhandlungen, der die sensitive Thematik aus dem Bundestagswahlkampf 1990 heraushält. Danach mag alles rasch über die Bühne gehen.

Wie zuvor schon bei größeren europapolitischen Vorhaben klärt der Bundeskanzler auch diesmal alles im Vorfeld mit Mitterrand, der in Sachen Währungsunion ohnehin der zäheste Demandeur ist. Die Fachgremien, so verlangt er von Mitterrand, sollten erst einmal weiter an den Plänen arbeiten. Im Herbst 1989 könne man auf der dann vorliegenden Grundlage unter französischer Präsidentschaft einen Beschluß über den Eintritt in die erste Phase am 1. Juli 1990 fassen und nach Beginn der ersten Phase mit den Arbeiten der Regierungskonferenz über ein entsprechendes Vertragswerk beginnen. Mitterrand wendet dagegen ein, das Vorhaben der Wirtschafts- und Währungsunion sei eine Einheit. Das müsse schon in Madrid beschlossen werden. Daraufhin signalisiert Kohl ihm deutlich, daß der Weg zur Wirtschafts- und Währungsunion ein unumkehrbarer Prozeß sein müsse. Aber er ist ein Virtuose auf der Klaviatur des Sowohl-als-auch und hält daran fest: Man müsse sich einerseits vor Verschleppung hüten, andererseits vor unpräziser Arbeit. Mit dieser Grundlinie setzt er sich gegen einen mißmutig gestimmten Mitterrand durch, der viel lieber einen sofortigen Grundsatzbeschluß über alle drei Phasen haben möchte.[29] Mitterrand geht zwar auf Kohls Forderungen ein, meint aber danach sarkastisch zu seinen Beratern: »Keine Angst. Er wird nachgeben, weil er gar nicht anders kann.«[30]

Von Interesse sind übrigens auch jene Teile des von Kohl formulierten Fahrplans, die sich mit den Phasen nach der Bundestagswahl 1990 befassen. Die Regierungskonferenz, so skizziert er bei diesem sehr wesentlichen Gespräch, solle ungefähr im Jahr 1991 unter der Präsidentschaft Luxemburgs und der Niederlande abgeschlossen werden (wozu es dann auch kommt). Die anschließende parlamentarische Ratifizierung dürfte sechs bis zwölf Monate in Anspruch nehmen und müsse bis Ende 1992 abgeschlossen sein. Warum dies? Seine Argumentation ist aus dem Protokoll nicht zu entnehmen. Rechnet er vielleicht damit, nach Ratifikation dieses Kernstücks seiner Europapolitik rechtzeitig vor der Bundestagswahl 1992 einen Nachfolger zu installieren? Jedenfalls ist der Kanzler jetzt auf besten Wege, sich das Konzept einer Währungsunion so oder anders zu eigen zu machen. Aus einem ursprünglich rein französischen Konzept unter passablem europäischen Deckmantel wird nun zusehends auch sein eigenes Projekt, das dazu bestimmt ist, Europa und die enge deutsch-französische Allianz »unumkehrbar« zu machen.

Ungewollt spielt ausgerechnet Margaret Thatcher Mitterrand, Delors, Helmut Kohl und dem im Hintergrund drängenden Genscher in die Hände. In den Wochen nach Vorlage des Delors-Berichts muß die Premierministerin erkennen, daß ihre Hoffnungen auf Sand gebaut sind, mit offener oder heimlicher Unterstützung aus dem deutschen Bereich weitreichende Beschlüsse auf Grundlage des Delors-Berichts zu stoppen. Obendrein sieht sie sich im Vorfeld des Gipfels von Madrid mit einer Kabinettsrevolte ihres bisher hündisch getreuen Außenministers Geoffrey Howe und des Finanzministers Nigel Lawson konfrontiert. Beide plädieren für einen baldigen Beitritt Großbritanniens zum EWS. Würde dies in Madrid erfolgen, so deren Hauptargument, ließe sich Mitterrands und Delors' Drängen auf sofortige Beschlußfassung über Regierungsverhandlungen mit dem Ziel eines Drei-Phasen-Konzepts der Wirtschafts- und Währungsunion auf die lange Bank schieben.[31] Margaret Thatcher ist jedoch entschlossen, um keinen Preis einen Termin für den Beitritt zum EWS zu nennen, weil sie überhaupt nicht beitreten möchte. Aber sie möchte auch verhindern, über die Frage der Währungsunion und der Europäischen Sozialcharta aus der Europäischen Gemeinschaft herausmanövriert zu werden.

So kommt es in Madrid zu dem Beschluß, den von Kohl und Mitterrand gemeinsam vorgelegten Fahrplan zu übernehmen. Zum Erstaunen aller Beteiligten verspricht Margaret Thatcher prinzipiell den Beitritt zum EWS, freilich ohne ein Datum zu nennen, signalisiert jedoch zugleich, daß sie mit den Phasen zwei und drei einer Währungsunion große Probleme habe und daß diese bei ihr zu Hause parlamentarisch nicht gebilligt würden. Ansonsten aber setzt sie den weiteren Planungen der Währungsunion und der Absicht, darüber im Herbst 1989 wieder zu beraten, keinen massiven Widerstand entgegen.

Von fast allen Gipfelteilnehmern wird Margaret Thatcher für ihre Kompromißbereitschaft gelobt. Doch Mitterrand ist unzufrieden, weil er immer noch kein konkretes Datum für den Zusammentritt der Regierungskonferenz hat, und fürchtet weiterhin, die Deutschen könnten vielleicht doch kalte Füße bekommen. Wie er, der Kohl und Genscher so gut kennt, an deren Bereitschaft zweifeln konnte, den von ihm und Delors skizzierten Weg bis zum Ende mitzugehen, ist bis heute ein Rätsel. Wahrscheinlich können er und seine Berater sich einfach nicht vorstellen, daß die Bundesrepublik, deren Macht in starkem Maß auch auf der D-Mark beruht, tatsächlich bereit ist, darauf zu verzichten. Margaret Thatcher sieht in diesem Punkt sehr viel klarer: »Weil die Deutschen eine Scheu davor haben, sich selbst zu regieren, versuchen sie ein europaweites System zu schaffen, in dem sich keine Nation mehr selbst regiert.« Im Licht der damals noch im Nebel der Zukunft liegenden Erfahrungen mit der Euro-Krise 2010 und 2011 hat ihre diesbezügliche Prognose eine gewisse Aktualität: »Doch auf lange Sicht kann ein derartiges System keine Stabilität besitzen, und angesichts von Deutschlands Größe und seinem Übergewicht kann in ihm unmöglich Ausgewogenheit herrschen. Die zwanghafte Beschäftigung mit einem europäischen Deutschland birgt die Gefahr in sich, daß ein deutsches Europa entsteht. Wenn die Deutschen glauben, auf diese Weise ihre Probleme lösen zu können, unterliegen sie einem Trugschluß.«[32] Tatsache ist jedenfalls, daß im Juni 1989, lange bevor mit dem 9. November die deutsche Frage wieder auf den Tisch kommt, die Entscheidungsstränge ziemlich weitgehend festgezurrt sind, aus denen sich schließlich das System der Wirtschafts- und Währungsunion entwickeln wird.

1989, drittes Quartal: High Noon

Während sich auf höchster Ebene das neue Europa vorbereitet, kommt in den Niederungen der Bonner Parteipolitik eines der deftigsten Stücke im Lebenslauf Helmut Kohls zur Aufführung – sein Strafgericht über die innerparteiliche Fronde um Heiner Geißler und Lothar Späth. Die zeitgenössischen Journalisten, denen nichts verborgen bleibt und die vielfach selbst fröhlich ins Feuer blasen,[1] sehen in dem »Putsch« des Jahres 1989 die gefährlichste Phase der Kohlschen Kanzlerzeit. Kohl selbst sieht das genauso, auch wenn er damals nach außen so tut, als könne ihm überhaupt nichts gefährlich werden. Beim Gespräch mit Gorbatschow erwähnt er einen Ausspruch Adenauers, daß man als Parteivorsitzender einen Tiger reitet, und bemerkt dann verächtlich: »Er mache das jetzt schon 16 Jahre lang. Alle Vierteljahre werde er einmal totgesagt, aber er lebe immer noch.«[2] Das äußert er sechs Tage vor

Am Rande einer Kabinettsitzung,
5. Juli 1989

der Europawahl am 18. Juni, die über sein Schicksal entscheiden wird. Viel später, in den *Erinnerungen*, wird er einräumen, hätte die CDU bei der Europawahl ihre Position als stärkste Kraft verloren, »wäre mein Sturz unausweichlich gewesen«.[3]

Eigentlich könnte sich Kohl nach diesem glimpflichen Wahlausgang einigermaßen sicher fühlen. Die Zustimmungswerte der CDU gehen wieder nach oben, von 33,2 Prozent bei einer Allensbach-Umfrage im April über 35,2 Prozent im Juni auf 36,7 Prozent im Juli.[4] Kohl selbst krebst zwar auf den Charts des Politbarometers weiterhin auf den hinteren Plätzen herum, doch daran ist er seit langem gewöhnt. Immerhin, im Juni 1989 nennen 17 Prozent aller Befragten und 35 Prozent der eigenen Wähler auf die Frage: »Wen hätten Sie am liebsten als Bundeskanzler?«, den Namen Helmut Kohl, während nur acht Prozent insgesamt und 13 Prozent der eigenen Wähler seinen aussichtsreichsten innerparteilichen Konkurrenten, den Ministerpräsidenten von Baden-Württemberg, nennen.

Dennoch sieht Kohl keinen Grund zur Entwarnung. In den kritischen Monaten vor der Europawahl hat sich Geißler zu weit aus dem Fenster gelehnt. Von allen Seiten gehen dem Bundeskanzler nun Warnungen zu, dieser habe bei verschiedensten Unionsgranden auf den Busch geklopft mit dem Tenor: »Der Dicke packt es nicht mehr!« Sogar den bayerischen Ministerpräsidenten Max Streibl hat Geißler angesprochen, nicht wissend, daß dieser seit langem zu Kohls freundschaftlichen Zuträgern gehört.[5] Im Gefolge Geißlers war Lothar Späth ähnlich geschäftig. Bevor sich

Theo Waigel zum Eintritt ins Kabinett bereitfindet, hat Späth ihm bei einem Gespräch in Ulm abgeraten mit den Worten: »Nicht unter diesem Kanzler!«[6] Kohl fühlt sich eingekreist von einem Generalsekretär, der nach allen Seiten sondiert, von skeptischen, früher oder später zum Abfall bereiten CDU-Landesfürsten und von Lothar Späth, dem von allen Seiten geraten wird, er könne und müsse jetzt springen.

Nachdem Kohl die Klippe der Europawahl umschifft hat, ist die Lage für Geißler aber erst einmal kritischer als für ihn. Die Abwahl eines bereits sechzehn Jahre amtierenden Parteivorsitzenden, der zudem seit sieben Jahren Bundeskanzler ist, ist im Grunde nur nach einer krachenden Wahlniederlage oder einem sonstwie gravierenden Vorgang vorstellbar. Momentan aber ist Kohl nichts vorzuwerfen, was in der lethargischen CDU einen emotionalen Tsunami auslösen könnte. Kohl weiß allerdings, daß Geißler befürchten muß, auf dem CDU-Bundesparteitag in Bremen vom 11. bis 13. September nicht wieder als Generalsekretär vorgeschlagen zu werden. Kurzfristige Verzweiflungstaten sind ihm also zuzutrauen, auch wenn Geißler und sein engster Anhang nach den Europawahlen erst einmal Ruhe halten. Aber der Verdruß, so sieht Kohl das, würde sich fortsetzen, wenn nicht jetzt der Schlußstrich gezogen wird. Man kann es auf eine einfache Formel bringen: Geißlers Schadenspotential für Kohl ist bei weitem größer als sein Nutzen. Ob Kohl sich von Geißler und Späth wirklich ernsthaft bedroht gefühlt hat, ist eher zu bezweifeln. Nach wie vor ist er überzeugt davon, es mit allen seinen Gegnern aufnehmen zu können.

Späth betreibt in diesen Monaten eine intensive Pressearbeit und wird wie so oft vom *Spiegel* hochgeschrieben. Unablässig gibt er in den Hauptstädten von Ost und West seine Auftritte und spart nicht mit spöttischen Sprüchen zur Bonner Politik. Kohl hält ihn dennoch für ein unentschlossenes Leichtgewicht, denn der Mann hat nicht einmal die baden-württembergische CDU geschlossen hinter sich, geschweige denn die bundesweiten Landesverbände, und er läßt sich von dem viel entschlosseneren Geißler hinter sich herziehen. Dennoch möchte der immer noch im Umfragetief befindliche Kanzler keine Risiken eingehen.

Kohl wird sich später häufig zu den Gründen äußern, weshalb er sich nunmehr zu der spektakulären Trennung entschließt. Am aufschlußreichsten für seine Motive ist eine ausführliche Tagebuchaufzeichnung Leisler Kieps über ein Gespräch mit dem Bundeskanzler vom 23. August, also einen Tag nach der berühmten Pressekonferenz, bei der Kohl mitteilt, er werde Geißler nicht mehr als Generalsekretär vorschlagen. Kiep vermerkt hier, dies sei »eines der wenigen, wenn nicht das einzige sehr offene Gespräch, das ich mit Kohl hatte«. Das Verhältnis, so Kohl, habe sich in letzter Zeit laufend verschlechtert: »Im Grunde fehle es Geißler an Loyalität gegenüber dem Vorsitzenden. Er habe sich immer mehr und mehr zum eigentlichen Vorsitzenden hochstilisiert. Er verfolge in der Wirtschafts- und Sozialpolitik die Linie Fink und teilweise auch der Gewerkschaften, besonders bei der Arbeitszeitverkürzung. Im übrigen habe er konspiriert zur Ablösung Kohls mit Späth und anderen. Seine Lager-theorie habe sich als falsch erwiesen, die Republikaner habe er durch unnötige Äußerungen gefördert (die Grenze von xyz). Dabei leugne er nicht die großen Verdienste, die er in zwölf Jahren erworben habe. Leider sei sein Generalsekretär zu lange im Amt gewesen. Er habe vor, ihn bei einer nächsten Kabinettsumbildung auch wieder ins Kabinett zu holen.« Ein besonderer Stein des Anstoßes, notiert Kiep aus diesem Gespräch, »sei Geißlers Verhalten bei der Kabinettsumbildung im Frühjahr gewesen. Damals habe er ihm das Innenministerium angeboten, Geißler habe sich Bedenkzeit erbeten, dann aber öffentlich, ohne Rücksprache, abgelehnt und erklärt, ›er lasse sich nicht herumschubsen‹.«[7]

Kohls Trennung von Geißler ist keine Augenblickshandlung, sondern genau bedacht. Anfang Juli, bevor er sich wie gewohnt in die Sommerfrische an den Wolf-gangsee begibt, bittet er Volker Rühe ins Bundeskanzleramt. Rühe ist 1976 zur gleichen Zeit wie Kohl in die Fraktion gekommen und gehört seither zu seinen ent-schiedenen Anhängern. Er ist einer der Fraktionsexperten für Außen- und Sicher-heitspolitik. Die Presse verortet ihn auf dem liberalen Parteiflügel, besonders seit er 1985 zum Verdruß der Vertriebenen in der CDU erklärt hat, der Warschauer Vertrag habe auch eine politische Bindewirkung. Man betrachtet ihn als ein nicht besonders pflegeleichtes Nachwuchstalent mit harten Ellenbogen und deutlicher Aussprache. 1989 ist er frustriert, denn vor kurzem hat Kohl nicht ihn, sondern den fraktions-fremden Rupert Scholz zum Verteidigungsminister gemacht. Auch die annähernd Gleichaltrigen Theo Waigel und Wolfgang Schäuble sind an ihm vorbeigezogen. Na-türlich spürt Kohl den Mißmut und eröffnet Rühe zu dessen Erstaunen, 1991 solle er Außenminister werden, wenn Hans-Dietrich Genscher, der momentan gesundheit-lich stark angeschlagen sei, das Auswärtige Amt aufgebe. Rühe ist kein heuriger Hase und weiß natürlich, was solche Versprechungen wert sind. Der Bundeskanzler signa-lisiert ihm damit nur, daß er seinen Ehrgeiz kennt und ihn für höchste Ämter im Blick hat.

Nachdem Kohl diese große Perspektive hat aufblitzen lassen, stimmt er ein Klage-lied über Geißler an, den er in Bremen nicht mehr vorschlagen werde, und bietet dem verblüfften Rühe dessen Nachfolge an. Dieser erbittet Bedenkzeit und kommt zu dem Schluß, daß der Spatz in der Hand vorerst besser ist als die Taube auf dem Dach. Als Kohl nach der Rückkehr aus dem Urlaub Geißler die rote Karte zeigt, kann er auch schon einen Nachfolger präsentieren, der alles ist, nur kein Konservativer, und der zur Freude starker CDU-Landesverbände aus dem feinen, aber an CDU-Mitgliedern klei-nen Hamburg kommt und faktisch über keine Hausmacht verfügt.

Jetzt beginnt die kritischste Woche für Kohl. Geißler ist entsetzt, daß ihm Kohl einfach den Stuhl vor die Tür stellt. Er sieht sich nun nicht mehr gehalten, nach außen hin Loyalität zu bekunden, geht umgehend über die Presse in die Offensive, beklagt

Kohls Undank, mault über den schlechten Stil, erklärt – was er wohl wirklich glaubt –, er sei auch ein Opfer der Konservativen. Tatsächlich ist er völlig überrumpelt und hat nur die Option, auf Lothar Späth einzuwirken, in Bremen als Gegenkandidat Kohls für den Parteivorsitz anzutreten, denn seine eigene Kandidatur hatte er schon im Vorfeld ausgeschlossen. Doch die Zeit ist zu knapp, um eine Gegenstrategie zu entwickeln. Mit den Worten: »Heiner, einer bleibt von uns auf der Strecke!«, hat Kohl ihn am 22. August verabschiedet, bereits am 28. August wird die Präsidiumssitzung der CDU stattfinden, auf der sich Späth erklären müßte.

Im Parteipräsidium ist die Verärgerung groß, daß Kohl ohne weitere Rücksprache vollendete Tatsachen geschaffen hat. Aber das Zerwürfnis zwischen ihm und Geißler ist allen hinlänglich bekannt, und niemand kann im Ernst das satzungsgemäße Recht des Parteivorsitzenden bestreiten, dem Bundesparteitag einen Generalsekretär seines Vertrauens vorzuschlagen. Natürlich hätte es den meisten am besten behagt, wenn Geißler geblieben wäre. Das hätte für die Zukunft die Optionen offen gelassen und alle momentan der Entscheidung für oder gegen Kohl enthoben. Nun müssen die Damen und Herren Farbe bekennen.

Im Vorfeld der Präsidiumssitzung fordert Geißler seinen schwäbischen Landsmann Späth dringend auf, unverzüglich seinen Hut in den Ring zu werfen. Wenn erst ein angesehener Gegenkandidat zu Kohl aufgetreten sei, so seine Überlegung, wird das die Schwankenden mitreißen. Neben Späth sieht Geißler Rita Süßmuth und Norbert Blüm auf seiner Seite. Albrechts Position ist unklar, vielleicht, weil dieser sich selbst für den besseren Kandidaten hält. Aus Nordrhein-Westfalen liegt eine halbe Zusage von Christa Thoben vor, ein frischgewählter Parteivorsitzender Späth könne sie dem Parteitag als Generalsekretärin vorschlagen. Geißler hofft, daß Frau Thoben und Blüm einen erheblichen Teil der Delegierten aus NRW für Späth mobilisieren.

Aber Späth zögert, wohl aus guten Gründen. Nicht einmal im eigenen Landesverband besitzt er uneingeschränkte Unterstützung. Der einflußreiche Wolfgang Schäuble aus Südbaden ist natürlich ein hundertfünfzigprozentiger Anhänger Helmut Kohls. Matthias Wissmann, Bezirksvorsitzender von Nord-Württemberg, schwankt. Kohl hat ihn bei der Regierungsbildung 1987 bitter enttäuscht. Aber jetzt, im entscheidenden Moment, zeigt Wissmann nach genauer Prüfung der Wassertemperatur seinem Landsmann Späth doch die kalte Schulter. Auch Gerhard Weiser, der Bezirksvorsitzende von Nordbaden, ist für einen Kanzlersturz nicht zu haben: »Ein deutscher Ministerpräsident kandidiert nicht gegen einen deutschen Bundeskanzler!«,[8] bekommt Späth von ihm zu hören. Daß ein Kanzlersturz indirekt bewirkt werden soll, indem ausgerechnet Späth, nicht eben ein Mann der Parteiorganisation, zum CDU-Bundesvorsitzenden gewählt wird, ist eine weitere Unsicherheitskomponente. Denn würde Kohl wirklich auch als Bundeskanzler das Handtuch werfen, wenn Späth mit wahrscheinlich knapper Mehrheit gewählt wird? Und wie würde die CSU reagieren? Wie die FDP? Könnte sich aus der dann recht verworrenen Lage vielleicht sogar eine CDU-SPD-Regierung ergeben, wie einstmals im Herbst 1966 unter Kiesinger?

Hinzu kommt, daß ausgerechnet in diesen entscheidenden Tagen aus der Wirtschaft bedenkliche Signale kommen. Jahrelang galt Späth im Unterschied zu Kohl als Mann der Industrie. Nun aber organisiert Alfred Herrhausen, der gute Freund Kohls, eine Gegenaktion. Auf seine Bitte fliegt Späth im Privatjet der Deutschen Bank von Stuttgart nach Frankfurt zu einem Treffen mit Wirtschaftsführern, die ihm eröffnen, daß gerade nicht der richtige Moment sei, den Bundeskanzler zu stürzen. Eigentlich, so Geißler im Rückblick, konnte Kohl nicht mit der Großindustrie, aber trotzdem war er denen lieber »als dieser unsichere, clevere, unberechenbare Lothar Späth«, der auch durchaus in der Lage gewesen wäre, mit den Gewerkschaften zusammenzuspielen.[9] Eher unwahrscheinlich ist, daß Späth damals befürchtet hat, seine Verwicklungen in Flugreisen und Ferienaufenthalte, von denen er bald danach bedrängt wird, könnten bei einem offenen Machtkampf der Presse zugespielt werden. Am meisten, so meint Peter Radunski, damals einer der engsten Berater Geißlers, hat Späth wohl seine notorische Sprunghaftigkeit geschadet.[10] Kohl war kalkulierbarer.

Die Entscheidung fällt am Abend des 27. August, dem Sonntag vor der Präsidiumssitzung der CDU. Späth, Geißler, Süßmuth, Blüm und Albrecht halten in der baden-württembergischen Landesvertretung Kriegsrat. Späth bekommt jetzt kalte Füße. Albrecht hat sich zuvor mit Kohl ausgesprochen und erklärt hier, er halte einen Kanzlersturz nicht für gerechtfertigt.[11] Geißlers Hauptproblem besteht darin, daß er nicht selbst kandidieren kann. Parteien, die vielleicht zum Königsmord bereit sind, scheuen sich erfahrungsgemäß, den Königsmörder auf den Schild zu heben. Er wäre auch weder der CDU noch der FDP zu vermitteln. Dasselbe gilt für Rita Süßmuth, deren Kandidatur gleichfalls diskutiert wird. So trennt man sich schließlich belämmert mit der Feststellung, daß es auf dem Parteitag keine Gegenkandidatur zu Kohl geben wird.

Auf der Präsidiumssitzung am folgenden Tag wird Kohl zwar heftig gescholten, weil er ohne Absprache mit den Präsidiumsmitgliedern Geißler eliminiert hat. Nur Dregger, Wallmann und Stoltenberg halten sich zurück und bekunden Kohl damit, daß sie ihn stützen. Am Ende der dreistündigen Sitzung fragt Leisler Kiep pointiert, ob es auf dem Parteitag eine Gegenkandidatur gebe, und Kohl kann befriedigt feststellen, daß dies nicht der Fall ist.[12] Auf der folgenden Vorstandssitzung wird nochmals viel Dampf abgelassen. Aber die Putschpläne sind im Keim erstickt. Alle Beteiligten – Späth, Blüm und Süßmuth – überschlagen sich nun mit öffentlichen Treuebekundungen und lahmen Entschuldigungen. Vor allem Späth ist jetzt erledigt – bei den kritischen Zeitungen, aber auch bei jenen in der CDU, die erwartet hatten, er werde die Aufruhrfahne hissen.

Ein wesentlicher Grund für das klägliche Ende der Rebellion liegt darin, daß einer breiten Öffentlichkeit schwer zu vermitteln wäre, weshalb ein rein CDU-interner Streit über den Generalsekretär zum Kanzlerwechsel führen soll. Zudem wird im August 1989 und in den folgenden Wochen bis zum Parteitag die Aufregung über Geißler von den Nachrichten über die beginnende Massenflucht aus der DDR in den Hintergrund gedrängt. Am 13. August schließt die Bundesrepublik wegen Überfüllung mit Ausreisewilligen ihre Botschaft in Budapest. Man schätzt, daß sich in Ungarn einige Tausend Urlauber aufhalten, die nicht mehr in die DDR zurückreisen, sondern in die Bundesrepublik übersiedeln möchten. Über 600 von ihnen dürfen am 19. August beim »Paneuropäischen Picknick« unkontrolliert ausreisen. Am 25. August, zwei Tage nachdem Kohl vor der Presse mitgeteilt hat, er werde Geißler nicht wieder vorschlagen, findet ein Geheimtreffen Kohls und Genschers mit dem ungarischen Ministerpräsidenten Miklós Németh und dem Außenminister Gyula Horn statt, bei dem die Ungarn einerseits von ihren Zahlungsproblemen Mitteilung machen, andererseits wissen lassen, daß sie die in Ungarn befindlichen Deutschen aus der DDR ausreisen lassen werden. In dem von Genscher diktierten Protokoll wird selbstverständlich der Deal nicht beim Namen genannt. Tatsächlich belaufen sich aber die Kreditgarantien aus der Bundesrepublik auf rund eine Milliarde DM.[13] Kohls Hoffnung auf die Reformkommunisten ist in Erfüllung gegangen.

Bereits auf der CDU-Präsidiumssitzung am 28. August, als es wegen Geißler hoch hergeht, kann Kohl den Präsiden mitteilen, die ungarische Regierung würde sich der Bundesrepublik gegenüber »in einer Weise freundschaftlich verhalten, wie man es besser nicht erwarten könne. Dies bedeute auch unsererseits eine Fortsetzung der Hilfe für Ungarn. Das Problem der DDR sei jedoch nicht über den Umweg Ungarn zu lösen.« Dregger bemerkt daraufhin, vielleicht komme die deutsche Frage viel früher auf den Tisch als erwartet, worauf Kohl erwidert, die nationale Frage habe in der Tat an Bedeutung gewonnen »und werde ein großes Thema bei der kommenden Bundestagswahl sein«.[14] Pünktlich zum Presse-Empfang am 10. September um 20 Uhr, am Vorabend des Bremer CDU-Parteitages, kann Kohl bekanntgeben, daß alle Deutschen aus der DDR, die in die Bundesrepublik wollten, ab Mitternacht aus Ungarn ausreisen können. Nicht ganz zu Unrecht bestaunt die Öffentlichkeit sein Timing.

Nachdem der Parteitag zu Ende ist, wird auch bekannt, daß Kohl an diesen beiden Tagen aufgrund einer Prostata-Entzündung von üblen Schmerzen gepeinigt war. Stoisch wie ein Indianer am Marterpfahl wacht er über der Vendetta an seinen Widersachern, um sich dann sofort in Mainz operieren zu lassen. Nach den Vorgängen der letzten Wochen und Monate kommt er mit bloß 147 Nein-Stimmen gegen 571 Ja-Stimmen glimpflich davon und weiß, daß er von nun an wieder fest im Sattel sitzt. Rühe wird glatt gewählt. Aber Späth, der sich nicht getraut hat, gegen Kohl zu kandidieren, scheitert bei der Wahl zum Präsidium. Geißler indessen, immer noch der Darling großer Teile der Partei, zieht wieder ins Präsidium ein und wird sich dort als knorriger Widerspruchsgeist vom Dienst bis zum Ende der Ära Kohl halten.

Die Nah- und Fernwirkungen der gescheiterten Rebellion können gar nicht überschätzt werden. Das Adenauer-Haus wird jetzt von Rühe energisch, aber doch auch maßvoll auf Linie gebracht. Geißlers enge Mitarbeiter gehen von selbst oder werden gegangen. Man kann Rühe keine Servilität gegenüber Kohl nachsagen, aber anders als Geißler kennt er seine Grenzen. Von den bisherigen Ministerpräsidenten droht Kohl nun keine Gefahr mehr. Ernst Albrecht wird im Mai 1990 von seinem Herausforderer Gerhard Schröder geschlagen und zieht sich aus der Politik zurück.

1989, viertes Quartal: das Zehn-Punkte-Programm

Wenige Vorgänge der deutschen Zeitgeschichte sind bereits so hell ausgeleuchtet wie die Entscheidungsprozesse, die in den knapp dreizehn Monaten zwischen dem September 1989 und dem 3. Oktober 1990 zur Wiedervereinigung führen.[1] Analysiert man die Überfülle von offiziellen Dokumenten, Presseberichten, Memoiren, Interviews und Darstellungen zur Rolle des Bundeskanzlers, so lassen sich vier Hauptpunkte identifizieren. Da ist erstens eine rasch sich steigernde Intensität, mit der Kohl die Themenkomplexe »Selbstbestimmung«, »Freiheit, Einheit« und bald auch »Wiedervereinigung« in den Vordergrund rückt. Dieser Gradualismus, so könnte man das nennen, beginnt im September 1989 und hat Anfang Februar 1990 seinen Endpunkt erreicht, als der Bundeskanzler fast gleichzeitig die Wirtschafts- und Währungsunion in Aussicht stellt und die Wiedervereinigung nach Artikel 23 GG proklamiert.

Ein zweites Grundmuster läßt sich mit dem Stichwort »Parallelismus« bezeichnen: Parallelismus vor allem zwischen der Wiedervereinigung Deutschlands und der Wiedervereinigung Europas, Parallelismus zwischen der Wiedervereinigung und der Fortführung der Integration in die EG, Parallelismus zwischen Vertiefung der EG und Umstrukturierung der NATO, Parallelismus der Wiedervereinigung und der Verständigungspolitik gegenüber Polen. Bemerkenswert ist das Fingerspitzengefühl, mit dem Kohl diesen Parallelismus meistert. In Wahlkämpfen, die wesensmäßig zur Polarisierung zwingen, spielt er zwar den kräftigen Polarisierer, doch ansonsten betreibt er am liebsten eine Politik des »Sowohl-als-auch«. Seine Außenpolitik bei der Wiedervereinigung ist unter anderem deshalb so erfolgreich, weil er sich ruhelos bemüht, die vielen losen Enden miteinander zu verknüpfen.

Es ist kein Widerspruch dazu, wenn man auf ein drittes Grundmuster von Kohls Wiedervereinigungspolitik hinweist: das geradezu perfekte Zusammenspiel mit

Washington. Dank seiner Strategie des »Sowohl-als-auch« ist er nach allen Seiten gesprächs- und kompromißbereit oder tut wenigstens so (»Kohl lügt andauernd«, kommentiert das Margaret Thatcher[2]). Ein durchgehender Grundzug dieser entscheidenden Monate ist und bleibt aber die Allianz zwischen Helmut Kohl und George Bush, während sich die bisherige Fixierung auf Frankreich deutlich abschwächt, wenngleich nicht auf Dauer.

Schließlich ist noch ein weiteres Hauptmerkmal dieser Monate auffällig, in denen Kohl, der sonst eher bedächtig operiert, eine für seine Verhältnisse geradezu unglaubliche Beweglichkeit an den Tag legt. Er steht emotional gewissermaßen ununterbrochen unter Starkstrom. Daß er ein nur mühsam kontrolliertes Temperament hat, daß er aufbrausend ist, mitfühlend, rachsüchtig, spontan und was sonst der Widersprüchlichkeiten noch mehr sind, wissen alle, die näher mit ihm zu tun haben. Jetzt aber wirken Emotionen auf ihn ein, die für einige Monate ganz Deutschland und ganz Europa erfassen. Das stärkste Erlebnis sind die gewaltigen Massen begeisterter Deutscher in der DDR, die ihn jetzt als eine Art kommenden Erlöser feiern. Hunderttausend sind es, die ihm am Abend des 19. Dezember vor der Ruine der Dresdner Frauenkirche zujubeln. Er ist überwältigt und wird das später stets als sein Schlüsselerlebnis bezeichnen.[3] Erst recht lebt er auf, als er sich in die DDR-Volkskammerwahl vom 18. März stürzen kann. Zu seinen sechs Großkundgebungen finden sich Massen ein wie nie mehr zuvor und danach. Mehr als eine Viertelmillion Menschen strömen vier Tage vor dem Wahltag am 18. März auf dem Augustusplatz in Leipzig zusammen, die Masse jubelt, wann immer er von Deutschland spricht, und singt das Deutschlandlied. Daß er den Überschwang dämpft und zur Besonnenheit mahnt, ist schon beim Blick auf die Deutschlandmächte geboten, entspricht aber auch seinem eher vorsichtigen Naturell. Doch daß ihn die Emotionen beflügeln, sieht jeder in seiner Umgebung.[4]

Die Intensivierung seiner Deutschlandpolitik beginnt auf dem Bremer CDU-Parteitag, der bereits im Zeichen der Massenflucht aus der DDR steht. Kohl nennt es dort eine »Selbstverständlichkeit« und eine Rechtspflicht, »daß jeder, der von dort zu uns kommt, bei uns als Deutscher unter Deutschen aufgenommen wird«. Zugleich lenkt er aber auch sichtlich zu den gewissermaßen klassischen Positionen der Deutschlandpolitik zurück: »Die Teilung unseres Vaterlandes ist widernatürlich, weil es wider die Natur des Menschen ist, ihm Freiheit und Selbstbestimmung zu verweigern.« Oder an anderer Stelle: »Deutschlandpolitik heißt für uns immer: Freiheit und Einheit für alle Deutschen.« Die Neubestimmung des Kurses gegenüber der DDR wird noch nicht systematisch entfaltet und erst recht nicht operativ zugespitzt, vielmehr wie Samenkörner über die Grundsatzrede verstreut.[5] In Allgemeinheiten und Andeutungen zu sprechen ist ohnehin der Stil, in dem er für seine langfristigen Absichten zu werben pflegt. Von den sowjetischen Apparaten wird das indessen genau registriert. Prompt erfolgt ein Protest von Botschafter Kwizinskij. »Böses Blut« habe das in Moskau gemacht, bekommt Horst Teltschik von diesem zu hören.[6]

Am 9. Oktober, zum vierzigsten Jahrestag der DDR, kritisiert Kohl in seiner Eigenschaft als CDU-Vorsitzender scharf die Repression in der DDR und unterstreicht die Bedeutung des »Briefs zur deutschen Einheit« im Kontext des Moskauer Vertrags von 1970, in dem das Ziel formuliert sei, »auf einen Zustand des Friedens in Europa hinzuwirken, in dem das deutsche Volk in freier Selbstbestimmung seine Einheit wiedererlangt««.[7] Damit verbindet er die Forderung an die DDR-Führung, »grundlegende politische, soziale und wirtschaftliche Reformen durchzuführen«. Dann werde die Bundesrepublik zur Unterstützung bereit sein. Die Bild-Zeitung, der er am 5. Oktober ein entsprechendes Interview gibt, bringt das auf eine griffige Formel: »Kohl: Reformen, dann Milliarden.«[8] Das ist immer noch ganz grundsätzlich und sehr allgemein formuliert.

Die Sitzung des CDU-Bundesvorstandes am 6. November dient vor allem der Information über die bevorstehende Polenreise. Doch natürlich wird auch intensiv über die Lage in der DDR diskutiert. Nachdrücklich warnt Kohl in seinem Eingangsstatement davor, den Eindruck zu erwecken, »die Deutschen beschäftigten sich nur noch mit der Entwicklung in Osteuropa, der westeuropäische Einigungsprozeß hingegen werde in den Hintergrund gedrängt. Für ihn stehe außer jeder Frage, daß der Reformprozeß in Osteuropa und in der DDR nur möglich sei, weil die europäische Integration so dynamisch vorangeschritten sei. Wenn man in Richtung Einheit weiterkommen wolle, müsse man wissen, daß das Mittun unserer Partner in der freien Welt dabei von entscheidender Bedeutung sei.« Gegenwärtig nehme das Mißtrauen gegen die Bundesrepublik wieder zu. Deshalb sei es von größter Bedeutung, »daß die CDU klaren Kurs halte«. Kohl äußert seine Zweifel, daß die neue Führung um Krenz sich noch lange halten kann, und glaubt nicht an eine Beruhigung der Lage.

Im Verlauf der Diskussion merkt einer der Teilnehmer leicht kritisch an, er habe nicht den Eindruck, daß sich bei der Union die Diskussion zu stark um die Einheit drehe und daß die Fragen Europas nicht hinreichend beachtet würden, eher sei das Gegenteil der Fall. Darauf antwortet Kohl unwirsch, »er habe in Sachen Einheit und Wiedervereinigung keinen Nachholbedarf. Er sei nie in Nähe der Geraer Forderungen gewesen. Jetzt werde ein klarer Kopf benötigt und keine Aufgeregtheit. Wenn es zu freien Wahlen in der DDR kommen sollte, sei dieser Bundesvorstand in der Lage, binnen eines Vierteljahres in der DDR eine politische Organisation auf die Beine zu bringen. Die bisherige Position gegenüber der Ost-CDU habe sich als richtig erwiesen. Ein ganz wesentlicher Teil der eigentlichen Opposition habe sich bislang noch nicht zu Wort gemeldet.«[9]

In der Regierungserklärung vom 8. November werden erstmals ganz neue Töne angeschlagen. Am folgenden Tag wird Kohl mit einem großen Troß nach Polen abreisen, und so achtet nicht nur die DDR-Regierung genau auf die bis dahin beispiellose Verschärfung seiner Forderungen. Jetzt dringt er nämlich in seiner Eigenschaft als Bundeskanzler auf einen Systemwechsel in der DDR: »Die SED muß auf ihr Machtmonopol verzichten und muß freie Wahlen und damit die freie Zulassung von Parteien verbindlich zusichern. Unter dieser Voraussetzung bin ich auch bereit, über eine neue Dimension unserer wirtschaftlichen Hilfe zu sprechen.«[10] Damit greift er nur die Forderungen der Bürgerrechtsbewegung auf, doch erstmals formuliert er präzise Vorbedingungen für die Wirtschaftshilfe. Und er geht dann weit über das hinaus, was damals auf den Straßen der DDR verlangt wird, indem er hinzufügt: »Dabei ist auch klar, daß ohne eine grundlegende Reform des Wirtschaftssystems, ohne den Abbau bürokratischer Planwirtschaft und den Aufbau einer marktwirtschaftlichen Ordnung wirtschaftliche Hilfe letztlich vergeblich sein wird.« Daß tags darauf die Mauer fallen wird, ahnt am 8. November noch niemand.

Peitsche für die SED und erst, wenn sie sich radikal geändert hat, Zuckerbrot in Form von weiterer Wirtschaftshilfe, das ist die neue Linie. Kohls Kurswechsel zur kaum verhüllten Konfrontationspolitik gegen die SED geht jedoch im Trubel des 9. November unter. Noch dominiert die Vorstellung eines kooperativen Nebeneinanders der Bundesrepublik und einer grundlegend reformierten DDR. Durchgehend betont der Kanzler seinen durchaus sehr ernst gemeinten Willen, die Lage in der DDR keineswegs von außen her zu destabilisieren. Allerdings weiß er jetzt: Sie destabilisiert sich selbst. Keine Radikalisierung! Keine Ausschreitungen! Das ist beim Blitzbesuch in Berlin am 10. November in einer von Pfeifkonzerten unterbrochenen Ansprache (»der Pöbel vor dem Schöneberger Rathaus«, wird er später immer noch zorngrimmt schimpfen[11]) seine wohl wichtigste Botschaft, dennoch lehnt er sich schon etwas weiter aus dem Fenster in Richtung der Deutschen in der DDR: »Ihr steht nicht allein, wir sind und bleiben an eurer Seite. Wir gehören zusammen. Wir sind und bleiben eine deutsche Nation.«[12]

Schon im Gefolge der Fluchtbewegungen nach Ungarn, der Tschechoslowakei sowie Polen und während der Leipziger Großdemonstrationen im Oktober wird aber in der Bonner politischen Klasse hinter geschlossenen Türen über die »Wiedervereinigung« diskutiert, wobei die einen sich erwartungsvoll zeigen, die meisten jedoch noch ängstlich, wenn nicht scharf ablehnend.[13] In der CDU sind Dregger, Wallmann und die seit langem gegen die bisherige Leisetreterei aufbegehrenden Abgeordneten um Manfred Abelein mit die ersten, die das verspüren, was Kohl ein paar Wochen später das »politisch-tektonische Beben« nennen wird.[14]

Es bedarf jedoch des Mauerfalls, um große Teile der CDU/CSU-Fraktion endlich aufzuwecken. »Ich erinnere mich nicht in Jahrzehnten daran«, triumphiert Abelein am 14. November, »das Wort Wiedervereinigung so häufig gehört zu haben wie heute. Letzte Woche war doch noch ein großes Zögern da, diesen Begriff überhaupt

Vor dem Schöneberger Rathaus,
10. November 1989

zu verwenden.«[15] Sichtlich zögerlich ist vor allem Heiner Geißler. Am Tag vor Kohls
Zehn-Punkte-Programm wird er deshalb von diesem im CDU-Präsidium wegen
»unsolidarischer« öffentlicher Äußerungen zusammengestaucht. Doch noch Mitte
Dezember wendet sich Geißler – ohne Namen zu nennen – gegen »alle staatsrecht-
lichen Gedankenspiele wie Konföderation oder Ähnliches«, die auf Abwege führten:
Vorrang habe die europäische Einigung.[16] Späth äußert sich ähnlich zurückhaltend.
Dem Konflikt Kohls mit den Rebellen liegen auch deutschlandpolitische Differenzen
zugrunde, die im CDU-Präsidium schon öfters aufgeflammt sind. Seit dem Sommer
1989 steht Kohl höchstpersönlich an die Spitze des Wiedervereinigungsflügels in der
Union, als dessen Sprecher bisher – allerdings vorsichtig gedämpft – die Parteigrößen Dregger und Wallmann aus der hessischen CDU auftraten.

Am 19. November skandieren Sprechchöre in Leipzig erstmals: »Wir sind *ein*
Volk!« Unverzüglich gibt CDU-Generalsekretär Rühe jetzt ein Plakat und Aufkleber
in Auftrag, die schon am Ende dieser Woche an die CDU-Geschäftsstellen ausgeliefert werden.[17] Das ist die Woche, in der im Bundeskanzleramt die Vorbereitung der
Zehn-Punkte-Erklärung erfolgt. Eine Schlüsselrolle beim Kurswechsel hin zu einer
kühnen Wiedervereinigungspolitik spielt jetzt Horst Teltschik. Die oberste Zuständigkeit für die Deutschlandpolitik liegt zwar bei Kanzleramtsminister Rudolf Seiters,
der sich seinerseits auf den Rat der Abteilung für Deutschlandpolitik stützt, die es
seit langem gewöhnt ist, vor allem den Gesprächskanal zur DDR-Regierung offen zu
halten und entsprechend unprovokativ vorzugehen. Aber die Initiativen des altge-

dienten Horst Teltschik, Leiter der Abteilung 2 für Außen- und Sicherheitspolitik, haben bei Helmut Kohl weiterhin das größte Gewicht.

Wie eindeutig Helmut Kohl die Vorgänge bereits in der Dimension möglicher Wiedervereinigungspolitik sieht, beweist ein wie üblich sehr differenziertes Dossier für ein Abendessen, zu dem der alarmierte und verunsicherte Präsident Mitterrand die Staats- und Regierungschefs der EG auf den Abend des 17. November zu einem Sondergipfel eingeladen hat. Eine dieser Ausarbeitungen ist überschrieben:»Haltung der drei Westmächte zur Wiedervereinigung«. Teltschik, der Kohl genauestens kennt, würde das nicht so formulieren, wüßte er nicht, daß sich der Bundeskanzler jetzt insgeheim auf dem Wiedervereinigungstrip befindet.

In der Truppe um Teltschik wird genau registriert, daß Präsident Bush und auch dessen Bonner Botschafter Vernon Walters für die Idee der Wiedervereinigung erstaunlich aufgeschlossen sind. Genauso klar zeichnet sich bereits das Bremsen Mitterrands ab, auch der Negativismus von Thatcher, während der britische Außenminister Douglas Hurd eine sichtlich wohlwollendere Position einnimmt. Deutlicher wohl als Kohl, der sich in diesen Tagen mit den Bedenken seiner EG-Kollegen und erst recht Gorbatschows konfrontiert sieht und vorerst nur vorsichtige Schritte machen möchte, verspüren Teltschik und die jüngeren Mitarbeiter des Bundeskanzlers – das Redenschreiberteam mit Norbert Prill und Michael Mertes, dazu Klaus Gotto – die unruhige Erwartung im Land nach einer Initiative der Bundesregierung. Am 17. November hat der neue SED-Generalsekretär Hans Modrow die Idee einer »Vertragsgemeinschaft« in die Diskussion gebracht. Wie später oft berichtet wird, gibt ferner ein Gespräch mit dem Moskauer Korrespondenten Nikolai Portugalow den Anstoß, aus dem Teltschik den wahrscheinlich so nicht richtigen Eindruck gewinnt,[18] ganz oben in der sowjetischen Führung könnte vielleicht doch Bereitschaft bestehen, für eine wie immer geartete deutsche Konföderation »grünes Licht« zu geben.[19] Hohe Zeit also, meinen diese Mitarbeiter des Bundeskanzlers, die eigenen Vorstellungen öffentlichkeitswirksam zu präzisieren. Kohl, so die Mannschaft um Teltschik und im Redenschreiberteam, müsse jetzt die Meinungsführerschaft in Sachen Wiedervereinigung übernehmen und der Öffentlichkeit ein programmatisches Konzept vorlegen. In einer nächtlichen Unterredung im Kanzlerbungalow am Donnerstagabend, den 23. November, läßt sich Kohl überzeugen und beauftragt den an und für sich für die Deutschlandpolitik gar nicht zuständigen Teltschik, der aber seit den Mainzer Tagen zahllose Reden Kohls vorbereitet hat, mit einer Gruppe einen entsprechenden Entwurf auszuarbeiten.

Diese Überlegungen werden durch einen Vorstoß des ein Jahr zuvor von Kohl brüsk aus dem Amt des Verteidigungsministers entfernten Professors Rupert Scholz verstärkt. Nach dem Ausscheiden aus dem Ministeramt kehrte Scholz verärgert auf seinen Lehrstuhl zurück. Ein paar Signale lassen ihn aber erkennen, daß Kohl immer noch ein schlechtes Gewissen hat. So ruft Scholz ihn am Dienstag, 21. November, an: »Herr Bundeskanzler, ich würde gern mit Ihnen über Deutschland reden.« Er bekommt rasch einen Termin.[20] Scholz trägt vor, daß in dieser Lage der Bundeskanzler der Bundesrepublik Deutschland »die historische Pflicht hat«, ein Programm zur Einheit auszurufen. Kohl, so berichtet Scholz, »ist aus allen Wolken gefallen«. Und weiter: »Dann war es fast gespenstisch. Er sackte immer tiefer in seinen Sessel und sagte kein Wort. Möglicherweise sind Minuten vergangen oder auch nur Sekunden, ich weiß es nicht mehr. Aber es war gespenstisch. Ich habe nichts mehr gesagt. Dann plötzlich kam er hoch und sagte: ›Wie stellst du dir denn das vor?‹ Ich habe gesagt: ›Ja, wir machen ein schrittweises Programm. Vielleicht muß man zunächst mit konföderativen Strukturen beginnen. Das Hauptproblem wird natürlich die NATO-Mitgliedschaft sein, da muß man vielleicht irgend eine vorsichtige Form wählen. Etwa so: Deutschland muß in übergeordnete Sicherheitsstrukturen eingeordnet werden. Irgend so etwas, aber ein Programm. Ein Mehrpunkteprogramm, wie wir Schritt für Schritt die deutsche Einheit erreichen.‹ Dann schwieg er wieder lange Zeit. Dann plötzlich kam er aus seinem Sessel raus mit seinem ganzen Schwergewicht: ›Du hast mich überzeugt. Ich mache das.‹« Scholz berichtet, er habe Kohl empfohlen, dies bei Gelegenheit der kommenden Generalaussprache über den Kanzlerhaushalt bei der Haushaltsdebatte vorzutragen. Der Rat, Genscher nicht einzuschalten, sei auch von ihm gekommen: »Wenn Sie das machen, Herr Bundeskanzler, ist es in der nächsten Stunde in der Presse, und dann verpufft das, geht kaputt.« Außerdem werde Genscher hinterher niemals zugeben, daß er nicht maßgebend dabei war.

Soweit der Bericht von Scholz, der feststellt, es sei der politische Höhepunkt seines Lebens gewesen, Kohl dazu zu bringen.[21] Was diesem Rat aus Sicht Kohls vor allem Gewicht gibt, ist der Umstand, daß er den Staatsrechtslehrer Scholz stark respektiert. Er verläßt sich auf das Geschick des professionellen und zugleich politisch versierten Juristen, die schwierige staatsrechtliche Terminologie mit spitzen Fingern elastisch zu verpacken. An dem nachmals berühmten Wochenende, als er in Ludwigshafen über dem ersten Entwurf der Gruppe um Teltschik brütet, läßt er sich übers Telefon von Scholz Formulierungsvorschläge machen.

Es sind somit wohl zwei unabhängig voneinander in Gang gebrachte Initiativen, die zum Zehn-Punkte-Programm führen. Seit dem Abend im Kanzlerbungalow ist Teltschik der entscheidende Spielmacher. Eine seiner wichtigsten Leistungen besteht darin, die anfänglichen Einwände von Seiters und seinen auf die Viermächterechte und das Beziehungsgeflecht mit der DDR fixierten Deutschlandpolitikern im Bundeskanzleramt zu überspielen.[22] Regierungserklärungen sind im Regelfall das Ergebnis von Teamwork, so auch das Zehn-Punkte-Programm. Aber Kohl identifiziert sich persönlich voll damit, auch indem er das Kabinett und Genscher außen vor läßt.

Zudem wird die spätere Textanalyse erweisen, daß die wichtigsten Zuspitzungen vom Bundeskanzler selbst eingebracht sind, also suggestive Wörter wie »Wille zur Wiedervereinigung Deutschlands« und »Wiedergewinnung der staatlichen Einheit Deutschlands«. Die verschwommene Formel »Einheit der Nation« wird nun mit Zielvorstellungen aufgeladen, wie sie in den fünfziger und frühen sechziger Jahren parteiübergreifend maßgeblich waren. Die Zweistaatlichkeit als Zukunftsidee wird beiseite geschoben, der unverbindliche Begriff der deutschen Kulturnation verblaßt und die staatliche Einheit der deutschen Nation wird nun unverhüllt wieder als mittelfristiges Ziel der Bundesregierung proklamiert.

Das Zehn-Punkte-Programm vom 28. November beinhaltet, genau besehen, einen Drei-Stufen-Plan. Als Kohl tags zuvor im CDU-Vorstand seine Initiative andeutet, ohne aber ins Detail zu gehen, verwendet er selbst den Begriff »Stufenplan«, hütet sich aber, präzise Fristen zu nennen. Immerhin hält er jedoch zu diesem Zeitpunkt »wirklich freie Wahlen« in der DDR für möglich, wenngleich nicht so bald, wie sie dann tatsächlich kommen werden. »Wir sollten jetzt davon ausgehen«, äußert er bei dieser internen Sitzung, »daß Wahlen irgendwann Ende 1990 oder letztes Viertel 1990 oder im neuen Jahr darauf, in 1991« stattfinden.[23]

Noch rechnet er nicht mit dem blitzschnellen Ablauf, der von nun an in Gang kommt. Wenige Tage später, als er mit Präsident Bush in Brüssel konferiert, stellt er eine Prognose Henry Kissingers in Frage, der für die Wiedervereinigung Deutschlands einen Zeitraum von zwei Jahren genannt habe. Das wäre, sagt er ahnungsvoll, »ein wirtschaftliches Abenteuer«, das »wirtschaftliche Gefälle« sei zu groß.[24] Vor dem NATO-Rat soll er Anfang Dezember davon gesprochen haben, fünf oder zehn Jahre werde es wohl selbst nach freien Wahlen und einem weltpolitischen Umbruch bei konföderativen Strukturen bleiben.[25]

Gorbatschows damaliger KGB-Chef Wladimir Krjutschkow behauptet sogar, Kohl habe noch im Herbst 1989 erklärt, die Wiedervereinigung könne im Jahr 2015 real werden.[26] Selbstverständlich wäre es der Gipfel der Torheit, ausländischen Gesprächspartnern gegenüber besorgniserweckend kurze Fristen zu nennen. Doch auch intern gibt Kohl bald zu, daß er bei der Formulierung des Zehn-Punkte-Programms kein derart rasantes Tempo erwartet habe. »Ich selbst war bis Anfang Januar der Meinung, daß wir uns nach dem ›Zehn-Punkte-Programm‹ Zeit lassen könnten«, äußert er Mitte Mai 1990 im CDU-Bundesvorstand: »Die drei Phasen waren mit einem ganz anderen Zeithorizont versehen. Ich habe nicht damit gerechnet, daß wir in diesem Jahr schon über Vertragsstrukturen hinauskommen könnten.«[27] Eine Wiedervereinigung am 3. Oktober 1990 hat er im November und Dezember 1989 ganz sicher nicht erwartet.

Die geschichtliche Bedeutung des Zehn-Punkte-Programms kann schwerlich überschätzt werden. Innenpolitisch und vor allem international wirkt es anfangs polarisierend, aber zugleich als Katalysator der weiteren Entwicklung. Bei den Befürwortern der Zweistaatlichkeit in der SPD, bei den Grünen und in Teilen der Publizistik stößt es anfangs auf heftige Ablehnung. Moskau fühlt sich provoziert, das offizielle Paris und Downing Street No. 10 genauso. Doch das legt sich rasch. Die Denkmöglichkeit eines geregelten Nebeneinanders der Bundesrepublik und einer reformierten DDR beginnt von nun an zu verblassen. Aus dem tiefen Brunnen der Vergangenheit taucht urplötzlich die Vision der Wiedervereinigung auf und erscheint jetzt als legitime Lösung der »deutschen Frage«. Und aus dem bislang eher unterschätzten Bundeskanzler, der seine politische Existenz jetzt mit diesem kurz zuvor noch unvorstellbaren Ziel verknüpft, wird unversehens die Zentralgestalt europäischer Politik.

Vom Zehn-Punkte-Programm bis zur Volkskammerwahl am 18. März 1990

Das Zehn-Punkte-Programm tut seine Wirkung. Die Konkretisierung des Wiedervereinigungsprogramms ist aber noch völlig offen. Aus heutiger Sicht verbietet sich beim Blick auf die Improvisationen der kommenden Monate jede teleologische Betrachtungsweise. Kohls starker Wille ist jetzt geweckt, irgendwie die Wiedervereinigung zu erreichen. Von nun an nutzt er jede Gelegenheit zur Propagierung des Endziels »Einheit«. Vor dem Bundesausschuß der CDU in West-Berlin ruft er am 11. Dezember aus, er zweifle nicht daran, daß sich die Deutschen in der DDR für die Einheit entscheiden würden.[1] Aber fast alles hängt von den Umständen ab. Noch kann sich niemand im CDU-Präsidium oder im Bundeskanzleramt 1990 als das Jahr der deutschen Einheit vorstellen. Weder Kohl selbst noch einer seiner Minister oder Mitarbeiter denkt bisher daran, daß die Wiedervereinigung über die Etappe einer »Wirtschafts- und Währungsunion« mit der bankrotten DDR führen könnte. Noch ist keine Rede davon, kann keine Rede davon sein, daß die »staatliche Einheit« durch Beitritt der DDR zur Bundesrepublik nach Artikel 23 GG erfolgen könnte. Erst einmal muß der Bundeskanzler den Bremsmanövern ausweichen, mit denen die meisten Regierungen in Ost und West der urplötzlich aufgeflammten deutschen Unruhe zu begegnen suchen. Schließlich ist der zweite deutsche Staat international anerkannt, nicht zuletzt von der Bundesrepublik selbst. Allzu naßforsches Vorpreschen wäre kontraproduktiv.

Doch in den Monaten November und Dezember 1989 geht eine emotionale Grundwelle über Europa hinweg, die alle parteitaktischen Kalküle und alle Überlegungen der Staatskanzleien hinwegschwemmt. Häufig wird in diesen Wochen eine Beobachtung Jacob Burckhardts zitiert, der als junger Mann die europäischen Revolutionen im Jahr 1848 erlebt hatte und später die Eigenart geschichtlicher Krisen mit den Worten beschrieb:»Der Weltprozeß gerät plötzlich in furchtbare Schnelligkeit; Entwicklungen, die sonst Jahrhunderte brauchen, scheinen in Monaten und Wochen wie flüchtige Phantome vorüberzugehen ... Wenn die Stunde da ist und der wahre Stoff, so geht die Ansteckung mit elektrischer Schnelle über Hunderte von Meilen und über Bevölkerungen der verschiedensten Art, die einander sonst kaum kennen. Die Botschaft geht durch die Luft, und in dem einen, worauf es ankommt, verstehen sie sich plötzlich alle, und wäre es auch nur ein dumpfes: ›Es muß anders werden.‹«[2] Die Erschütterung des SED-Regimes ist nur ein Teilvorgang der revolutionären Freiheitsbewegungen im Ostblock. Ungarn und Polen sind vorangegangen. Auf den Fall der Mauer in Berlin folgen die»Kerzen-Revolution« in Prag, der Systemwechsel in Bulgarien, die Hinrichtung Ceauşescus in Rumänen. Einige Wochen lang regieren die Massen. Die Funktionäre des Ancien regime werden verjagt, tauchen ab, steuern den Systemwechsel selbst wie in Ungarn und Rumänien oder versuchen sich – wie die Hans Modrow, Gregor Gysi oder Wolfgang Berghofer – als Reformer zu verkleiden und tun so, als hätten sie nie etwas anderes gewollt, gesagt und getan.

Fast genauso stark ist die Emotionalisierung in den westlichen Demokratien. Mit der Sympathiewelle für die Freiheitsbewegungen verbindet sich in der Bundesrepublik für wenige Monate die Wiederentdeckung der Nation. Noch im Sommer 1989 sind es nur Randgruppen, die für eine konkrete Wiedervereinigungspolitik eintreten. Im Politbarometer vom Oktober 1989 antworten auf die Frage:»Glauben Sie an die Wiedervereinigung in den nächsten zehn Jahren?«, nur 28 Prozent mit Ja, 64 Prozent glauben nicht daran. Einen kurzen Monat später, im Politbarometer vom 21. November, liegt das Ja bereits bei 48 Prozent, während 44 Prozent weiter mit Nein antworten. Im Januar 1990 antworten 68 Prozent mit Ja. 74 Prozent begrüßen jetzt die deutsche Einheit, die operativ überhaupt noch nicht begonnen hat, und im Februar sind es schon die Modalitäten, die interessieren: Ist das Tempo zur Vereinigung zu schnell oder zu langsam? Wo soll das vereinigte Deutschland seine Hauptstadt haben, in Bonn oder in Berlin? Wie steht es mit den Kosten?[3]

Wie stark steht auch Helmut Kohl in diesen Wochen unter emotionaler Hochspannung? Er gilt allgemein als rationaler, scharf kalkulierender Partei- und Regierungschef, ein Mann, der eher zögert als daß er sich durch Stimmungen von seinem Kurs abbringen läßt. Doch diejenigen, die ihm nahestehen, wissen später zu berichten, wie ihn das hoffnungsvolle, begeisterte Menschenmeer bei der Wiedereröffnung des Brandenburger Tors am 22. Dezember gepackt hat. Walter Kohl hat die Stunde auf der Rednerbühne auf dem Pariser Platz eindrucksvoll, gewissermaßen mit den Augen des Vaters, beschrieben:»Was ich jetzt sah, verschlug mir den Atem. Von unserem erhöhten Standpunkt aus konnte man weit nach Ostberlin hineinblicken, entlang des breiten Boulevards unter den Linden. Die ersten hundert Meter waren abgesperrt worden, doch dahinter drängten sich Massen von Menschen, soweit das Auge reichte. Niemand hatte sie gerufen, niemand hatte sie herbestellt, aber sie waren doch gekommen, um Zeugen eines historischen Ereignisses zu werden. Es waren Hunderttausende, eine schier überwältigende Größenordnung.«[4] Auch andere schildern den Jubel und die Begeisterung, die nach den ersten Worten des Bundeskanzlers ausbrachen. Zum ersten Mal in seinem Leben wird Kohl wie ein Popstar gefeiert. Der jahrelang als mediokor verachtete Bundeskanzler, der noch wenige Monate zuvor am Ende zu sein schien, der nach seiner Operation im September ein lästiges Krankenlager hinter sich hat – und nun, vor dem endlich wieder geöffneten Brandenburger Tor, ein Hoffnungsträger und so etwas wie eine Größe der deutschen Nationalgeschichte. Spätestens jetzt erkennt er auch die eigene, wenngleich mit politischen und juristischen Vorbehalten abgesicherte Akzeptanz der Zweistaatlichkeit als historischen Irrtum. Jetzt ist er nicht mehr zu bremsen und scheut kein Risiko mehr, die Einheit rasch herbeizuführen. In ein paar Zentralpunkten allerdings bleibt er sich treu: keine Einheit um den Preis der Neutralität, keine Einheit um den Preis der europäischen Integration und keine Einheit um den Preis der Zugehörigkeit zur NATO.

Dennoch möchte er anfangs das Tempo nicht weiter forcieren. Mitte Mai 1990, als der Zug zur deutschen Einheit kaum noch zu stoppen ist, wird er im Kreis des CDU-Bundesvorstands beim Rückblick auf die ersten Wochen des Jahres einräumen: »Ich selbst war bis Anfang Januar der Meinung, daß wir uns nach dem ›Zehn-Punkte-Programm‹ Zeit lassen könnten. Die drei Phasen waren mit einem ganz anderen Zeithorizont versehen. Ich habe nicht damit gerechnet, daß wir in diesem Jahr schon über die Vertragsstrukturen hinauskommen könnten. Dann hat Modrow keine seiner Versprechungen gehalten. Wir befanden uns plötzlich in der Lage, daß weite Teile der verfaßten öffentlichen Meinung unter Anführung der SPD sagten, ihr müßt die 15 Milliarden mit auf den Weg geben. Dann haben wir die dramatische Entwicklung bei den Übersiedlern gehabt.« Nach dieser Schilderung der Ausgangslage gewährt er einen Blick auf einige seiner Motive: »Je länger der Prozeß der Einheit der Nation dauert, um so teurer wird dieser Prozeß. Diejenigen, die hierbei bewußt auf Baisse spielen wie die Sozialdemokraten, die sagen, in zwei bis drei Jahren wählen wir, wissen genau, warum sie das wollen. Sie wollen die wirtschaftlichen Schwierigkeiten der Übergangszeit, die erheblich sein werden, bewußt einkalkulieren und zu einem möglichst schlechten Zeitpunkt wählen.«[5] Damit sind einige wichtige Stichworte genannt: das Scheitern des SED-Reformers Modrow, der immense Finanzbedarf in der DDR, soll sie nicht kollabieren, der Massenzustrom von Übersiedlern, die Politik auf seiten der SPD und der Wahlkalkül aller Beteiligten.

Der überschwengliche Empfang in Dresden und die Feier vor dem Brandenburger Tor haben Kohl deutlich gezeigt, was von der Popularität des Ministerpräsidenten Modrow zu halten ist. Vor der Frauenkirche wollte dieser sich überhaupt nicht zeigen, und beim gemeinsamen Auftritt in Berlin wird er von den Ost-Berlinern verächtlich beiseite gedrängt. Die kommenden Wochen bestätigen das. Modrow gibt sich als Reformer, ist aber ein Mann, über den die Geschichte schon hinweggegangen ist. Kohl zieht daraus die richtigen Schlußfolgerungen, zögert die Verhandlungen über eine »Vertragsgemeinschaft« hinaus und läßt Modrow schließlich kalt auflaufen, als dieser am 13. Februar in Bonn erscheint und um weitere 15 Milliarden DM an Krediten ersucht.

Fast zwangsläufig drängt sich seit November 1989 eine Doppelstrategie auf. Einerseits führt momentan kein Weg daran vorbei, mit dem Ministerpräsidenten der schwer angeschlagenen, aber immer noch souveränen DDR weiter über eine Vertragsgemeinschaft zu verhandeln. Andererseits aber spricht jetzt alles für eine zunehmend offene Unterstützung der Parteien und Gruppierungen, die als Alternative zum SED-Regime in Frage kommen.

Das Thema beschäftigt Kohl und die maßgeblichen CDU-Instanzen seit dem Mauerfall unablässig, ohne daß sich vorerst klare Antworten ergeben. Mit einem gewissen Erschrecken muß die CDU konstatieren, daß sich bereits am 8. Oktober in der DDR eine Sozialdemokratische Partei in der DDR (SDP) konstituiert hat. Die immer noch mehrheitlich auf die SED fixierte SPD-Führung, zuvörderst Oskar Lafontaine, Egon Bahr und Walter Momper, hält zwar Distanz, aber nach dem Mauerfall hat Willy Brandt, der wenige Wochen zuvor in seinen Memoiren die Wiedervereinigung noch als »Lebenslüge« der Bundesrepublik bezeichnet hatte, sein nationales Herz wiederentdeckt. Die SPD verlegt ihren Parteitag vom 18. bis 20. Dezember von Bremen nach Berlin und begrüßt hier die Repräsentanten der »Schwesterpartei« SDP.[6] Brandt hält am 18. Dezember – einen Tag vor Kohls Flug nach Dresden – eine begeisternde Rede, in der die Worte »deutsch«, »Deutschland«, »die Deutschen«, »deutsche Einheit« und »Nation« an die vierzigmal vorkommen.[7] Alle Beobachter konstatieren hier jedoch, daß die SPD in der nationalen Frage zutiefst gespalten ist. Lafontaine, Champion der starken SPD-Linken, arbeitet in seiner eigenen Parteitagsrede heraus, daß er ein Zwei-Staaten-Konzept vertritt und rasche Wirtschaftshilfe für die DDR befürwortet, so wie Modrow das wünscht. In einem Rundfunkinterview wirft er die Frage auf, wie lange wohl das soziale Netz der Bundesrepublik die »Übersiedler« aus der DDR noch aushält.[8] Auf welch fruchtbaren Boden letzteres fällt, beweisen bald die Umfragen. Im Dezember antworten auf die Frage beim ZDF-Politbarometer nach den Vergünstigungen für Übersiedler bereits 42 Prozent »zu viele«, und im Januar 1990 sind es bereits 52 Prozent.[9]

In den Monaten nach dem Mauerfall ist unklar, welchen Kurs der große Tanker SPD letztlich steuern wird. Werden sich dort die »Zweistaatler« durchsetzen, für die der künftige Kanzlerkandidat Lafontaine steht, der die NATO ablehnt und wohl auch für neutralistische Angebote ein offenes Ohr hat? Oder werden diejenigen den Kurs bestimmen, die entschlossen sind, die SDP zu unterstützen – organisatorisch, finanziell, nicht zuletzt mit Rednern? Tatsächlich laufen beide Linien zunächst nebeneinander her, doch im Januar werden die institutionellen Beziehungen zur SDP eng geknüpft.

Kohl beobachtet das Anschwellen der Übersiedlerzahlen genau und ist stark beunruhigt. Immer noch sitzt ihm der Schreck über die Aussiedler und die Asylbewerber in den Knochen, deren Zustrom ihn Anfang 1989 fast hoffnungslos nach unten gerissen hat bei gleichzeitigem Aufstieg der Republikaner. Könnte die Massenflut von Übersiedlern diese Stimmung gerade bei den weniger gutsituierten Wählern in der Bundesrepublik nicht rasch wieder emporschnellen lassen? Gebannt starrt man auf die Übersiedlerzahlen. Rund 344 000 Deutsche sind 1989 aus der DDR in die Bundesrepublik übergesiedelt, berichtet Innenminister Schäuble am 10. Januar im Bundeskabinett.[10] Als der gegen die Übersiedler so hartherzige Lafontaine bei den Landtagswahlen im Saarland triumphal obsiegt, muß Kohl im CDU-Präsidium zugeben, daß dessen Parolen verfangen haben, natürlich neben den Besonderheiten des Saarlands. Kohl weiß, daß es nicht mehr lange so weitergehen kann. Ohne eine Trendwende wäre die ohnehin schon marode Wirtschaft der DDR durch den Exodus von meist jungen, qualifizierten Arbeitskräften binnen kurzem ruiniert, aber der Übersiedlerstrom könnte auch seinen eigenen Wahlkampf im Dezember 1990 ruinieren. Am 5. Februar erwähnt er in einem Telefonat mit Mitterrand, allein im Januar seien 50 000 Übersiedler aus der DDR gekommen, für den Februar rechne er wieder mit 50 000 bis 60 000 Menschen.[11] In der DDR, so wird in den Zeitungen spekuliert, säßen zwei oder drei Millionen auf gepackten Koffern.

Angespannt verfolgt Kohl auch die Entwicklung bei der SPD, wo nun viele Genossen wie Willy Brandt urplötzlich die nationale Kehrtwende vollziehen. Die Unterstützung der in der DDR neugegründeten »Sozialdemokratischen Partei in der DDR« (SDP) durch die SPD im Westen zeichnet sich seit Dezember 1989 deutlich ab. Bereits am 6. Dezember hat Brandt vor begeisterten Massen einen ersten großen Auftritt in seiner Heimatstadt Rostock gegeben,[12] und am 20. Dezember, einen Tag nach Kohls nächtlicher Ansprache in Dresden, feiern ihn in der einstigen sozialdemokratischen Hochburg Magdeburg an die 60 000 bis 70 000 Zuhörer.[13] »Die SPD ist dabei«, führt Kohl am 23. Januar 1990 im CDU-Bundesvorstand aus, »in einer gekonnten Weise alle Chancen wahrzunehmen.« Nahezu einstimmig sei von den Delegierten der SPD-Konferenz in Berlin kurz vor Weihnachten 1989 eine »Erklärung zur Einheit der deutschen Nation« verabschiedet worden. Keine Rede mehr von der Lebenslüge der Wiedervereinigung! Willy Brandt werde »ohne Bischofsstab, aber in der Attitüde eines Altbischofs durchs Land gehen, und mit ihm kommt die Sozialistische Internationale«. Kurz, die Sozialdemokraten hätten es fertiggebracht, »ihre Kumpanei mit der SED vom Tisch zu bringen«.[14] Kohl weiß natürlich, daß die Traditionspartei SPD einstmals in Sachsen eine ihrer Hochburgen hatte. Seine Erwartung, »darüber gibt es keinen Zweifel«: Die SPD werde »für den Fall eines Wahlsiegs und wenn sie die Macht hat, in alle Strukturen hineingehen, wo die SED rausgeht, sie werden sogar die Leute zum Teil behalten«.[15]

Zu diesem Zeitpunkt ist die internationale Lage noch völlig unklar. Unklar ist aber auch, wie sich die Ost-CDU entwickeln wird. Über drei Jahrzehnte hat die Ost-CDU als Blockpartei das SED-System getragen. So lange schon hat auch Kohl ihr Tun und Treiben beobachtet, die Anpassung der Parteiführung ebenso wie partiellen Widerstand an der Parteibasis. Sein Haß auf die Spitzenfunktionäre der Ost-CDU ist viel größer als auf die der SED-Kommunisten. Diese sind so, wie sie sind, und können nicht anders. Doch in den CDU-Häuptlingen sieht er Verräter an der gemeinsamen Sache und wirft ihnen die Gleichschaltung vor. Am 9. Oktober 1989 – der Ostblock ist in voller Bewegung, niemand weiß, ob die Leipziger Montagsdemonstration ohne Blutvergießen zu Ende geht – erörtert man im Kreis des CDU-Bundesvorstands die Lage. Kohl äußert die – wie sich zeigen wird – zutreffende Meinung, daß die parteipolitische Entwicklung in Ungarn, in Polen, »vielleicht auch demnächst in der ČSSR«, völlig unvorhersehbar sei. Deshalb solle sich die CDU nicht auf bestimmte Partner festlegen. Das gelte genauso für die DDR, somit auch für die Ost-CDU. »Ich bin strikt dagegen«, ermahnt er seinen CDU-Vorstand, »und ich halte an dem Parteitagsbeschluß fest, wir machen keine amtlichen Kontakte mit der offiziellen Ost-CDU.« Warum? »Die amtliche Ost-CDU hat ja eine Vorgeschichte, auch in den Personen.« Die Zahl derer aus der Ost-CDU, die bei der Sowjetisierung umgebracht wurden, gehe in die Hunderte. Nicht wenige in der Führung der Ost-CDU seien »reine Helfershelfer der Parteiführung des DDR-Regimes«, auch »Helfershelfer des Staatssicherheitsdienstes und vieler anderer Institutionen«.[16] »Sie haben Blut an den Händen!«, soll er während einer dieser internen Erörterungen ausgerufen haben.

Das war im Oktober 1989 seine hart formulierte Auffassung. Jetzt aber ist eine neue Lage eingetreten. Am 10. November, einen Tag nach dem Mauerfall, ist die diskreditierte Parteiführung der Ost-CDU um den korrupten Parteichef Gerald Götting in die Wüste geschickt worden. Der CDU-Hauptvorstand hat in geheimer Wahl und mit großer Mehrheit den Rechtsanwalt Lothar de Maizière zum Vorsitzenden gewählt. De Maizière gehört der Ost-CDU seit 1956 an. Als führender evangelischer Laie – er ist Vizepräsident des Bundes Evangelischer Kirchen in der DDR – paßt er hervorragend ins Bild der Bürgerrechtsbewegung, in der evangelische Pfarrer eine so maßgebliche Rolle spielen. Doch bereits die ersten öffentlichen Erklärungen machen deutlich, wie wenig sich seine Vorstellungen für die Weiterentwicklung der DDR mit denen Kohls vereinbaren lassen. Wie fast alle in der Bürgerrechtsbewegung und durchaus auch in einem gewissen Einklang mit der DDR-Regierung akzeptiert er weiterhin die Souveränität der sozialistischen DDR, und das offenbar aus Überzeugung.

Nach seiner Wahl zum CDU-Vorsitzenden und der Übernahme des Amts eines Stellvertretenden Ministerpräsidenten der DDR führt *Bild am Sonntag* am 19. November ein ziemlich enthüllendes Gespräch mit ihm. Als der Interviewer mit der Feststellung beginnt: »Auf der ganzen Welt sagen die Menschen: Der Kommunismus ist tot …«, gibt de Maizière zur Antwort: »Die Leute werden ihre Gründe haben. Aber meine Auffassung ist das nicht. Ich halte Sozialismus für eine der schönsten Visionen menschlichen Denkens.« Und dem Einwand: »Aber er funktioniert nicht …«, hält er entgegen: »Vision und Realität werden immer auseinanderklaffen, weil alles menschliche Tun Stückwerk ist. Wenn Sie glauben, daß die Forderung nach Demokratie zugleich die Forderung nach Abschaffung des Sozialismus beinhaltet, dann müssen Sie zur Kenntnis nehmen, daß wir unterschiedlicher Meinung sind.« Auf die Frage: »Was denken Sie denn über eine Vereinigung von DDR und Bundesrepublik?« antwortet er: »Ohne Einbettung in einen europäischen Prozeß halte ich das nicht für realistisch. Vor allem halte ich es nicht für das Thema der Stunde. Ich möchte annehmen, daß das Überlegungen sind, die vielleicht unsere Kinder und Enkel anstellen können. Allerdings hat uns die letzte Zeit auch bewiesen, daß man über die Geschwindigkeit von Entwicklungen keine zuverlässigen Aussagen mehr machen kann.«[17] Der neue CDU-Generalsekretär Volker Rühe, der den Stellvertretenden Ministerpräsidenten am 24. November zu einem ersten Gespräch aufgesucht hat, weiß gleichfalls wenig Günstiges zu berichten. De Maizière habe ihm die Vorzüge des Sozialismus gepredigt, sei vielleicht – so wie ja auch Modrow – für eine Konföderation zu haben, halte aber die Wiedervereinigung weder für durchsetzbar noch für nützlich.

Das ist sein Ausgangspunkt. Aber de Maizière entfernt sich schon deutlich vom Konzept der Blockparteien unter Führung der SED, fordert freie, gleiche und allgemeine Wahlen und proklamiert eine Erneuerung der CDU von unten nach oben in christlichem Geist.[18] In der Ost-CDU, Kohl selbst weiß das genau, geht die Formel »Sozialismus aus christlicher Verantwortung« bereits auf die ersten Nachkriegsjahre zurück. Bei Kohl verfestigt sich in diesen Wochen die Überzeugung, eine wirtschaftliche Trendumkehr in der DDR sei nach den Lehren Ludwig Erhards vorstellbar. De Maizière hingegen glaubt, die »totale Marktwirtschaft« sei in der Ost-CDU nicht durchsetzbar. Journalisten gegenüber läßt er durchblicken, wie sehr ihm die Begegnung mit Rühe mißfallen hat: »Drüben müssen einige Leute wohl lernen, daß einer nicht nur Lehrer und der andere nicht nur Schüler sein kann.«[19]

Die intensiven Kontakte auf allen Ebenen, die nun mit der Ost-CDU entstehen, offenbaren, daß dort in den Grundsatzfragen die Meinungen weit auseinandergehen. Doch je rascher die Wirtschaft in der DDR dem Kollaps entgegentreibt, um so bereitwilliger zeigt sich auch die Gruppe um de Maizière, die These der West-CDU zu verinnerlichen, daß nur eine Fundamentalreform nach den Grundsätzen der sozialen Marktwirtschaft Besserung erwarten läßt. Gleichzeitig gewinnen die Befürworter einer raschen Vereinigung von Woche zu Woche mehr Einfluß. Kohl traut de Maizière aber nicht so recht über den Weg und vermeidet bis in die zweite Januarhälfte den Direktkontakt. Besonders mißfällt ihm, daß sich de Maizière zur Mitarbeit in der Regierung Modrow bereit gefunden und diese dadurch aufgewertet hat.[20] Eine starke gegenseitige Aversion wird von nun an auch das Verhältnis zwischen CDU-Generalsekretär Volker Rühe und Lothar de Maizière bis zu dessen Rücktritt von allen politischen Ämtern im September 1991 bestimmen.

Im Bonner CDU-Präsidium gehen die Meinungen auseinander, ob, mit welcher Intensität und zu welchen Bedingungen man die Ost-CDU unterstützen soll. Kohl zögert die Entscheidung hinaus und neigt sichtlich dem Konzept zu, die Ost-CDU in irgendeine Allianz mit den aus der Bürgerrechtsbewegung entstandenen neuen Parteien einzubauen. Im Protokoll der bereits erwähnten Präsidiumssitzung am 10. Januar wird seine Position wie folgt umschrieben: »Er sei für eine Unterstützung im Plural. Persönlich halte er es durchaus für möglich, daß es zu einer Fusion der oppositionellen Kräfte kommen könne. Das wäre für die Bundespartei und auch für die Ost-CDU die optimale Lösung.« Welche Gruppen in der DDR unterstützt werden sollen, möchte er noch nicht entscheiden.

Einen komplizierenden Sachverhalt stellen die intensiven Beziehungen der CSU mit der vor allem in Sachsen starken Deutschen Sozialen Union (DSU) unter dem Vorsitz des Pfarrers Hans-Wilhelm Ebeling von der Thomaskirche in Leipzig und dem Generalsekretär Peter-Michael Diestel dar. Ist die CSU, so fragt Helmut Kohl mißtrauisch wie stets, vielleicht auf dem Weg, sich durch die DSU nach Sachsen und darüber hinaus auszudehnen? In der labilen Periode zwischen Mitte November und Ende Januar hält er es zwar für nützlich, daß CDU-Politiker, das Konrad-Adenauer-Haus und die westlichen CDU-Landesverbände in die DDR ausschwärmen, für seinen Kurs werben und ihn über die verworrenen Strömungen und die weithin unbekannten Führungsfiguren unterrichten, aber er hält sich gegenüber den »Blockflöten« in der Ost-CDU zurück. Noch ablehnender ist Volker Rühe.

Anders Wolfgang Schäuble. Er steht im Gesprächskontakt mit de Maizière. Beide sind kirchlich engagierte Protestanten. Ohnedies zeigte Schäuble während der Jahre als Chef des Bundeskanzleramts überhaupt keine Berührungsängste bei Repräsentanten des DDR-Regimes. Weshalb sollte er beim Kontakt mit reformerischen Persönlichkeiten aus der CDU rigoroser sein als früher mit SED-Funktionären?! Er ist sich auch des organisatorischen Potentials der Ost-CDU bewußt, die mit ihren 1100 hauptamtlichen Funktionären in rund 6000 Gemeinden bis in die Kleinstädte und Dörfer über einen nach wie vor aktivierbaren Parteiapparat verfügt.[21] Während andere schon darauf drängen, sich rasch mit der Ost-CDU zu verbünden, äußert sich Kohl auf einer Sitzung des CDU-Bundesvorstands am 23. Januar 1990 immer noch sehr zurückhaltend. Er registriert die »gewaltige positive Veränderung« an der Basis, verweist aber darauf, daß es sich bei den »Hauptamtlichen« ganz anders verhält. Auf Ebene der Bezirke »hat sich überhaupt nichts geändert«. Und er stellt fest: »Heute abend habe ich keine abschließende Meinung.«[22]

Ein wichtiger Faktor muß hier schon erwähnt werden, obgleich er in den protokollierten Sitzungen und Gesprächen kaum Niederschlag findet. Seit Wochen schwirrt es in der DDR von Gerüchten über kompromittierende Stasi-Kontakte der alten Politikergarde aus allen Blockparteien, aber auch der seit dem Umbruch hervortretenden neuen Wendepolitiker. Dabei kommen auch Beschuldigungen gegen Lothar de Maizière in Umlauf, die, so wird später bekannt, wohl bereits im Dezember 1989 lanciert worden sind. Im Herbst 1991, als de Maizières Verbindungen zur Stasi einmal mehr hochkochen und schließlich zu seinem Rücktritt führen, wird der *Spiegel* behaupten, das Bundeskanzleramt habe schon im Februar 1990 von der Zusammenarbeit de Maizières (Tarnname »Czerny«) mit der Stasi gewußt. Der BND habe noch vor der Volkskammerwahl am 18. März 1990 das Bundeskanzleramt informiert. Der damalige BND-Präsident Hans-Georg Wieck wird später vor dem Schalck-Untersuchungsausschuß einräumen, der BND habe »Randerkenntnisse« über Stasi-Kontakte von Politikern aus den Blockparteien gehabt. Da es nicht nachprüfbare Hinweise gewesen seien, habe er »nur mündlich in kleinstem Kreis« im Kanzleramt berichtet. Der für die Geheimdienst-Koordination zuständige Staatsminister Lutz Stavenhagen habe auf die am 28. Februar vorgetragenen »Warnungen« – so berichtet dpa – nach Angaben eines Teilnehmers mit einem Wutausbruch reagiert: »Sie sollen sich nicht um de Maizière kümmern, sondern um Stolpe!«[23]

In welchem Minenfeld sich die DDR-Parteien damals bewegen, wird sich kurz vor der Volkskammerwahl zeigen, als Wolfgang Schnur, der Vorsitzende des Demokratischen Aufbruchs und führendes Mitglied in der »Allianz für Deutschland«, enttarnt wird. Wenige Tage später wird auch Ibrahim Böhme, der Vorsitzende der SPD-Ost, seinen Stasi-Verwicklungen zum Opfer fallen.

Doch wir haben vorgegriffen. Für den Bundeskanzler ist die Phase des Abwartens abrupt zu Ende, als die Regierung Modrow Ende Januar dem Drängen des Runden Tisches nachgibt und den Termin für die Volkskammerwahlen vom 5. Mai auf den 18. März vorzieht. Jetzt besteht auch für die Entscheidung über die Partner für die Wahlkampagne dringender Handlungsbedarf. Auf der Präsidiumssitzung am 29. Januar verkündet Helmut Kohl, die CDU werde »als Gesamtpartei« in der DDR Wahlkampf führen, und nennt zwei Ziele: die Gründung einer »Allianz« und die gemeinsame Fraktion nach den Wahlen. Bei der Diskussion über den Namen der Allianz sind ihm charakteristischerweise zwei Begriffe besonders wichtig: der Begriff »Union« und der Begriff »Deutschland«.[24] Daraus wird dann bei den anschließenden Verhandlungen mit den DDR-Parteien die Bezeichnung »Allianz für Deutschland«.[25]

In der Abfolge hektischer Entscheidungen, die zur Wiedervereinigung führen, ist die Woche vom 4. bis zum 10. Februar eine der wichtigsten: Gründung der »Allianz für Deutschland« am 5. Februar, zwei Tage später Angebot einer Wirtschafts- und Währungsunion an die DDR und schließlich, am 10. Februar, Flug zu Gorbatschow in Moskau. Zum Abschluß der dortigen Erörterungen gibt es eine Pressekonferenz, die Kohl mit den Worten beginnt: »Ich habe heute abend an alle Deutschen eine einzige Botschaft zu übermitteln. Generalsekretär Gorbatschow und ich stimmen darin überein, daß es das alleinige Recht des deutschen Volkes ist, die Entscheidung zu treffen, ob es in einem einzigen Staat zusammenleben will.«[26]

Die Woche der Entscheidung beginnt also mit den streng vertraulichen Verhandlungen, die Kohl in seiner Eigenschaft als CDU-Vorsitzender und sein Generalsekretär Volker Rühe mit der Führung der Ost-CDU, der DSU und des Demokratischen Aufbruchs führen, aus denen schließlich die »Allianz für Deutschland« hervorgeht. Das beinhaltet auch ein Arrangement mit der Ost-CDU.

Drei Tage nach diesen Besprechungen im Haus der Bundesregierung in West-Berlin läßt Kohl im CDU-Bundesvorstand durchblicken, wie fremd ihm de Maizière ist, mit dem er bei dieser Gelegenheit erstmals zusammentrifft. Er sei »eine Persönlichkeit, die sich nicht leicht erschließt«, aber »eindeutig der Parteivorsitzende«, ein Mann mit großem Kenntnisstand, aber wie viele Anwälte in Debatten »gelegentlich auch schwierig«. Doch nun schiebt er, den Wahltag am 18. März fest im Blick, alle Bedenken beiseite: »Ich habe bei diesen Gesprächen den Eindruck gewonnen, jetzt mit unseren Partnern und – ich sage bewußt – Freunden das so gestalten zu können.«[27]

Dem Bundeskanzler ist klar, daß die Volkskammerwahl am 18. März 1990 von schlechthin ausschlaggebender Bedeutung sein wird. Die Bedingungen und das Tempo der Vereinigung werden weitgehend vom Wahlergebnis abhängen. Am 10. Februar aber sagen die Umfragen einen überwältigenden Sieg der Ost-SPD voraus, die inzwischen von der Bonner Baracke und den SPD-Landesregierungen stark unterstützt und auch politisch zusehends gesteuert wird. Nur Elisabeth Noelle-Neumann macht Kohl Mut. Als einziges Institut setzt Allensbach nicht auf Telefonumfragen, die in der DDR einen starken Bias haben (wer verfügt dort schon über einen Telefonanschluß?!), vielmehr auf *Face-to-face*-Interviews.

Auch kritische Beobachter räumen damals und später ein, daß die jetzt beginnende, schon verloren scheinende Wahlschlacht in der DDR in erster Linie von Kohl persönlich gedreht wird. Die erste – wie sich zeigen wird richtige – Entscheidung ist die »Allianz für Deutschland«. Das Konzept stimmt. Mit den noch rudimentären, aber moralisch glaubwürdigen neuen Parteien aus der Bürgerbewegung, Demokratischer Aufbruch (DA) und Deutsche Soziale Union (DSU), fängt die Allianz so etwas wie den moralischen Schwung der friedlichen Revolution vom Herbst 1989 auf.

Die Ost-CDU, immerhin auch unter reformerischer Führung, steuert den Funktionärsapparat und die selbst in kleineren Ortschaften bestehenden Geschäftsstellen bei, technisch modernisiert durch Berater, Fax-Geräte, Fahrzeuge, Plakate und Flyer aus dem Westen.

Als entscheidender Trumpf der Ost-CDU wird sich Helmut Kohl selbst erweisen. Die Wähler werden nicht die nach wie vor ziemlich diskreditierte alte »Blockflötenpartei« wählen, sondern die West-CDU mit Helmut Kohl. Wer von nun an das Sagen haben wird, zeigt sich bereits bei einer veritablen Krachsitzung im West-Berliner Gästehaus der Bundesregierung, auf der schließlich nach endlosen Diskussionen die »Allianz für Deutschland« ins Leben gerufen wird. Wie so oft bei Revolutionen, die völlig unbekannte Leute und neue Parteien urplötzlich emporschwemmen, sind die Führer dieser Parteien programmatisch uneinig, unerfahren und auch von persönlichem Ehrgeiz getrieben. Zudem wird sich bald herausstellen, daß dieser und jener insgeheim noch von der Stasi gesteuert ist. Der Bär ist noch nicht erlegt, da balgen sich die neuen Größen schon ums Amt des Ministerpräsidenten der DDR. Diese inhomogene Truppe wird von Kohl mit der ihm eigenen Massivität zusammengezwungen. Bei dieser Gelegenheit zeigt sich erstmals, daß der westdeutsche Bundeskanzler und seine Adjudanten künftig den Ton angeben. Wie die Einigung schließlich zustande gekommen ist, erfährt Kurt Biedenkopf tags darauf von Peter-Michael Diestel, damals Generalsekretär der DSU: »In den drei Stunden, die sie bei Kohl gewesen seien, hätten sie zwanzig Minuten Gelegenheit gehabt, ihre Überlegungen vorzutragen. Zwei Stunden, vierzig Minuten habe Kohl selber gesprochen, um ihnen ausführlich zu belegen, welch bedeutender Mann er sei. Er, Diestel, sei von Kohl nicht beeindruckt gewesen. Die Sitzung habe ihn vielmehr enttäuscht und deprimiert. Dennoch müßten sie weiterreden, denn sie seien arm und auf die Hilfe der Bundes-CDU angewiesen.«[28] Biedenkopf, der jetzt mit großer Energie in der in vollem Umbruch befindlichen DDR zahllose Gespräche führt, vermerkt nicht, wie er Diestels Schilderung kommentiert hat. Man kann es sich denken.

Die Kommunikationsverbindungen zwischen der Bundesrepublik und der DDR sind in einem heute nicht mehr vorstellbaren schlechten Zustand (das Zeitalter der Handys ist noch nicht gekommen). Somit sind zwei Wahlkampfzentren erforderlich, das eine im Bonner Adenauer-Haus mit dem Generalsekretär Volker Rühe, das andere in Ost-Berlin mit dem freundlichen und zugleich massiven Westfalen Friedhelm Ost als Vertrauensmann Helmut Kohls. Mit der Koordination der alles andere als einigen DDR-Parteien unter dem Dach der »Allianz« wird der Bremer CDU-Vorsitzende Bernd Neumann beauftragt. Er hat auch die Empfindlichkeiten abzubauen, die aus der Tatsache resultieren, daß von nun an die CDU-West – improvisiert zwar, doch auch nach erprobten Verfahren – in der dem Namen nach immer noch souveränen DDR ihren eigenen Wahlkampf hinzaubert. Alles oder doch fast alles –

Wahlkampfplanung, Rednereinsatz, Wahlkampfinstrumente, Medienarbeit, Wahlkampffinanzierung – wird von jetzt an weitgehend in westdeutscher Hand liegen.
Zahlreiche Redner aus dem Westen, die fast jeder in der DDR aus dem Fernsehen
kennt, treten gemeinsam mit den einheimischen Matadoren auf. Der Hauptmatador
in dieser Wahlkampfschlacht ist Helmut Kohl selbst. Sechs Großveranstaltungen
führt er durch, zu denen die Zuhörer in Massen strömen, insgesamt über eine Million Ostdeutsche.

Der Bundeskanzler verkörpert nicht nur die ökonomisch leistungsfähige und
politisch attraktive Bundesrepublik. Für Millionen ist er der ganz persönliche Heilsbringer, der sie aus ihrer Misere befreit. Seit der ersten Februarwoche 1990 führt er
drei Botschaften mit, denen weder die SPD noch gar die in PDS umbenannte SED
viel entgegenzusetzen hat: erstens das Angebot einer sofortigen Wirtschafts- und
Währungsunion, zweitens das Konzept einer raschen Vereinigung nach Artikel 23
des Grundgesetzes durch einfachen Beitritt der DDR zur Bundesrepublik und drittens das Versprechen Gorbatschows, das er aus Moskau mitgebracht hat, den Willen
der Deutschen in beiden deutschen Staaten zu respektieren. In den alles vorentschei-
denden Wochen im Februar und März 1990 kann er bereits als eine Art Kanzler der
Einheit auftreten.

Als wichtigstes Instrument erweist sich jetzt das Konzept der Wirtschafts- und
Währungsunion. Es ist nicht im Bundeskanzleramt entstanden, sondern im Finanzministerium Theo Waigels. Was damals im Bundesfinanzministerium ablief, gibt
»Anlaß zum Staunen«, schreibt Dieter Grosser zu Recht, dem wir die nach wie vor
präziseste Darstellung der Wirtschafts- und Währungsunion verdanken.[29] Von Fi-
nanzministerien pflegen üblicherweise keine währungspolitisch hochriskanten Initiativen auszugehen. Drei Persönlichkeiten, die jede in der deutschen Zeitgeschichte bis
heute ihre Spuren hinterlassen werden, spielen dabei die Hauptrolle: Thilo Sarrazin,
Horst Köhler und, letztlich entscheidend, Theo Waigel. Das erste Szenario wird bereits
am 21. Dezember von Thilo Sarrazin zu Papier gebracht. Er ist Referatsleiter in der
Abteilung »Geld und Kredit« und damals schon ein Mann, der sich seine eigenen
Gedanken macht. Sarrazin und der Abteilungsleiter Gert Haller animieren Staatssekretär Horst Köhler für die entsprechenden Planungen, und Minister Waigel erteilt
schon am 9. Januar Weisung zur Prüfung der Frage einer Währungsunion mit der
DDR. Mitte dieses Monats verfestigt sich die Auffassung, anders sei das Problem der
Abwanderung aus der DDR nicht mehr beherrschbar. Das Gewicht des Übersiedler-
problems bei der Entscheidung für das eigentlich aller ökonomischen Vernunft zu-
widerlaufende Konzept der Wirtschafts- und Währungsunion kann gar nicht hoch
genug eingeschätzt werden, auch bei Helmut Kohl. Ende Januar liegt im Bundesfinanzministerium der differenzierte Plan einer Wirtschafts- und Währungsunion mit
der DDR vor, für den sich der Minister stark macht. In Kenntnis dieser Überlegungen

erfolgt nun im Bundeskanzleramt eine Initiative, die manche Ähnlichkeit mit dem Vorstoß der Gruppe um Teltschik hat, der seinerzeit zum Zehn-Punkte-Programm führte. Am Freitag, den 2. Februar, lassen der Abteilungsleiter Johannes Ludewig und führende Mitarbeiter des Redenschreiberteams dem Bundeskanzler einen Vermerk zukommen, in dem drei operative Ziele genannt werden: erstens »sofortige Einführung der D-Mark als gemeinsame Währung in Deutschland«, wobei die Bundesbank die Verantwortung für die Geldwertstabilität auch in der DDR übernehmen müsse, zweitens ein kurzfristiges Hilfsprogramm für die DDR in zweistelliger Milliardenhöhe und drittens zügiger Übergang zur sozialen Marktwirtschaft in der DDR.

Die Verfasser des Memos suchen Kohl davon zu überzeugen, wie vor kurzem schon mit dem Zehn-Punkte-Programm müsse er sich wieder »an die Spitze der Bewegung« stellen. Als Hauptgründe für den Vorschlag wird auf den anders nicht mehr steuerbaren Übersiedlerstrom und den bevorstehenden Wahlkampf für die DDR-Volkskammer verwiesen. Mit dem Angebot werde eine einfache, durchgreifende Aussage gemacht: »Dieses Konzept wollen wir sofort nach dem 18. März gemeinsam mit Helmut Kohl in die Tat umsetzen.«[30] Einiges bleibt unerwähnt, was Kohl ohnehin weiß. Am 28. Januar hat Oskar Lafontaine, dessen Widerstand gegen die Übersiedler aus der DDR bestens bekannt ist, bei den Landtagswahlen im Saarland mit fast 55 Prozent aller Stimmen einen Erdrutschwahlsieg errungen. Und in nächster Zukunft stehen zwei weitere Termine fest: Am 13. Februar wird sich Modrow an der Spitze des neu gebildeten Allparteien-Kabinetts in Bonn einfinden, den Kreditwunsch der DDR von 15 Milliarden DM erneuern und damit die Bundesregierung in Zugzwang bringen. Ende Januar ist auch der Wahltermin für die Volkskammer vom 5. Mai auf den 18. März vorgezogen worden. Am 2. Februar erfährt Kohl zudem, daß Gorbatschow ihn nach langem Zuwarten gewissermaßen postwendend nach Moskau einlädt. Der Besuch wird noch am selben Tag fest vereinbart.[31] Einen Tag später trifft Kohl mit Modrow am Rande des World Economic Forum in Davos zusammen, spricht ihn auf die Währungsfrage an und bekommt zu hören, »die D-Mark als Alleinwährung sei eine Lösung«.[32] Modrow geht allerdings nach wie vor von einem Zwei-Staaten-Konzept aus und weist auf ein Kernproblem der künftigen Währungsunion hin: Entsprechend der niedrigen Produktivität in der DDR müsse dann ein niedrigerer Lohn gezahlt werden.

Von jetzt an geht es Schlag auf Schlag. Nie zuvor und danach während der sechzehn Jahre seiner Bundeskanzlerschaft trifft Kohl in derart kurzer Frist derart weitreichende Entscheidungen. Für den 6. Februar beruft er ein Koalitionsrunde ein. Kohl, Waigel und Graf Lambsdorff sind sich darin einig, am 13. Februar Modrow und sein Allparteienkabinett, die 15 Milliarden DM für eine weiterhin souveräne DDR erwarten, kalt abfahren zu lassen. Statt dessen verständigt sich die Runde auf Waigels Konzept des Angebots einer Wirtschafts- und Währungsunion.

Alsdann ziehen Kohl und Waigel in die CDU/CSU-Fraktion. Kohl erwähnt dort zunächst das Übersiedlerproblem (50 000 im Januar), argumentiert dann aber vor allem mit dem völligen Chaos in der DDR. Modrows »gewaltige Finanzanforderungen« seien weder erfüllbar noch würden sie an der Entwicklung in der DDR wirklich etwas ändern können. Deshalb werde die Bundesregierung ihre Bereitschaft bekunden, »unverzüglich in Verhandlungen über eine Währungsunion mit Wirtschaftsreform einzutreten«. Nach ihm begründet Waigel ausführlich, was der Bundeskanzler damit angedeutet hat. Der Kernpunkt: »Eine Währungsreform kann es nur geben, wenn vorher ein vollständiger Übergang der DDR zur Marktwirtschaft stattfindet.« Nur so sei westliches Investitionskapital in die DDR mobilisierbar. Waigel unterstreicht ferner, daß dieses Modell »im geld- und währungspolitischen Bereich einen vollständigen Souveränitätsverzicht der DDR bedeutet«.[33] Von der Verbindung der Wirtschafts- und Währungsunion mit dem Beitrittsartikel 23 GG ist bei dieser Gelegenheit nicht die Rede. Intern wird aber bereits darüber nachgedacht. Es hat auch seine zwingende Logik, daß das Bundeskabinett am 7. Februar über das Angebot einen Beschluß faßt und gleichzeitig einen Kabinettsausschuß »Deutsche Einheit« unter dem Vorsitz des Bundeskanzlers einrichtet.

Mit dem Angebot an die DDR, binnen kürzester Frist über die D-Mark als einzige Währung zu verfügen, wird die Bundesregierung bei den Volkskammerwahlen eine durchschlagende Wirkung erzielen. Ob und unter welchen Bedingungen die DDR wirklich auf das Angebot eingehen wird oder eingehen muß, wird sich aber erst nach der Volkskammerwahl am 18. März entscheiden. Ein Kernpunkt dieser Lösung, die Festlegung eines Stichtags, ist in dem Angebot noch nicht enthalten. Diese Entscheidung fällt ebenfalls erst im Anschluß an die Volkskammerwahlen.

Kein Wunder, daß die Frage nach dem Umstellungsverhältnis der beiden Währungen bereits in den Wahlkampf hineinspielt. Alle DDR-Parteien und die SPD plädieren für eine Umstellung 1 : 1. Der Bundeskanzler ist noch vergleichsweise zurückhaltend, stellt aber für kleine Sparer eine Umstellung nach diesem Verhältnis in Aussicht.[34] Aber der Geist einer recht weitgehenden Regelung in dieser Richtung ist damit aus der Flasche. Die Gesamtkonstellation erklärt also bereits hinlänglich, weshalb sich der Bundeskanzler ohne allzu langes Überlegen, auch ohne Konsultation der Bundesbank, Anfang Februar in das Abenteuer der Wirtschafts- und Währungsunion stürzt. Seine Bereitschaft, alle ökonomischen Bedenken beiseite zu schieben, resultiert auch aus seiner lebensgeschichtlichen Erfahrung. Er selbst habe, erzählt er drei Wochen später Präsident Bush in Camp David, als junger Mann »dieselbe Aufbruchsstimmung, dieselbe Ursprünglichkeit erlebt«.[35] Als 1948 die Währungsreform verkündet wurde und der Wirtschaftsdirektor Ludwig Erhard einen Teil der damaligen Planwirtschaft schlagartig abschaffte, war er achtzehn Jahre alt. Zur selben Zeit trat die Französische Zone der Bizone bei mit gleichfalls befreiender Wirkung.

Das verknüpft sich mit der Erinnerung an die Aufbruchsstimmung beim ersten Bundestagswahlkampf 1949, als die Alternative lautete: soziale Marktwirtschaft oder demokratischer Sozialismus.

Auch die Währungsreform war eine Stichtaglösung. Sie wäre gescheitert ohne gleichzeitige Verbindung mit der sozialen Marktwirtschaft. Beides zusammen führte zum Wirtschaftswunder und dies wiederum zum Wunder einer Bekehrung der desorientierten Deutschen zur Demokratie mit gleichzeitiger Integration in den Westen. Die Illusion eines raschen, nur kurzfristig problematischen Übergangs der DDR zur Marktwirtschaft speist sich in starkem Maß aus diesem Erleben. Das gilt übrigens nicht nur für Kohl, sondern für erhebliche Teile seiner Alterskohorte – der »Generation Bundesrepublik«, wie wir sie genannt haben. George Bush gegenüber malt er Ende Februar 1990 aus, durch Gewerbefreiheit, Privateigentum und Investitionsschutz werde die DDR in drei bis fünf Jahren wieder auf die Beine kommen. Und »nicht zuletzt«, so erläutert er dem amerikanischen Präsidenten, »biete die Entwicklung in der DDR auch für die Bundesrepublik Deutschland eine große Chance, aus ihrer wohlgeordneten Bürokratie und Sattheit herauszukommen und sich wieder einer großen Aufgabe zu verschreiben«. Schon seit Jahren schimpft er darüber, daß die Bundesrepublik träge und verkrustet geworden sei, ohne sich natürlich einzugestehen, daß auch seine eigene Regierung daran Anteil hat. Das alles klingt gut, nur tritt bekanntlich beides nicht ein, weder die rasche Sanierung der einstigen DDR noch die marktwirtschaftliche Renaissance in der Bundesrepublik. Daran wird er sich in den kommenden acht Jahren ohne durchschlagenden Erfolg abarbeiten bis hin zum Scheitern im Jahr 1998. Doch vorerst ist er auf Hoffnung programmiert und genauso der amerikanische Präsident, der diesen selbstbewußten politischen Enkel Ludwig Erhards und Konrad Adenauers bewundert.

In den kritischen Wochen vor den Volkskammerwahlen trifft Kohl noch eine weitere operative Grundsatzentscheidung seiner Wiedervereinigungspolitik: das Angebot an die DDR, den Weg zur deutschen Einheit nicht über eine neue Verfassung gemäß Artikel 146 des Grundgesetzes zu beschreiten, sondern im Schnellverfahren durch Beitritt der DDR nach Artikel 23. Auch das wird in Camp David besprochen. Dort stellt Außenminister Baker am 24. Februar die Frage, ob bei Wiederherstellung der Länder in der DDR eine Wiedervereinigung nach Artikel 23 GG vollzogen werde, und Kohl antwortet noch ausweichend unter Verweis auf seinen »Idealfahrplan«: »im März Volkskammerwahlen, dann im Mai/Juni Kommunalwahlen, dann Wiederherstellung der DDR-Länder, hingegen gesamtdeutsche Wahlen erst 1991«. Auch bei dieser Gelegenheit zeigt sich, wie rapide die Entwicklung im Verlauf des Monats Februar voranschreitet. An eine Vereinigung im Jahr 1990 ist noch nicht zu denken.

In den internen Beratungen der Bonner Parteigremien, auch zunehmend in der Öffentlichkeit in West und Ost läuft die Diskussion schon länger. Modrow, eine

Pressekonferenz der Allianz für Deutschland, 1. März 1990.
Neben Kohl die drei Vorsitzenden der DDR-Parteien: Pfarrer Hans-Wilhelm Ebeling (DSU),
Lothar de Maizière (CDU) und Wolfgang Schnur (Demokratischer Aufbruch).

Mehrheit unter den Bürgerrechtsparteien, anfangs auch die Führung der Ost-CDU mit Lothar de Maizière, kurz alle, die das Tempo der Vereinigung abbremsen, wenn nicht gar diese ganz verhindern wollen, plädieren zuerst fast durchgehend für eine neue, gemeinsam ausgearbeitete Verfassung nach Artikel 146.[36] Die SPD ist gespalten. Die SPD-Rechte, die sich bald durchsetzt, erkennt die Vorzüge des Artikels 23 GG. Oskar Lafontaine, den die Sozialdemokraten im April zum Kanzlerkandidaten küren, weil sie ihn für eine Wahllokomotive halten, gehört erstaunlich lange zu den »Zweistaatlern« und ist ein strikter Gegner dieses Verfahrens. Die CDU steht in dieser Frage so gut wie geschlossen hinter Helmut Kohl, dem man die Gründe dafür nicht aufzuzählen braucht, weshalb nur der Artikel 23 GG in Frage kommt: Dieser Artikel erlaubt eine schnelle Wiedervereinigung, solange die Gunst der Stunde in Moskau noch anhält, schließlich gibt es kaum eine Unterredung zwischen Außenminister Schewardnadse und seinen westlichen Kollegen, in der dieser nicht beschwörend auf die Gefahr hinweist, Gorbatschow könnte gestürzt werden. Für die Wiedervereinigung nach Artikel 23 und gegen einen Verfassungskonvent spricht auch, daß langgezogene Verhandlungen über eine neue gesamtdeutsche Verfassung so gut wie sicher zur Polarisierung führen würden mit der Gefahr eines Zusammengehens der Linken in der Bundesrepublik mit großen Teilen der DDR-Parteien. Vor allem aber, dies eine maßgebliche Überlegung Kohls, bliebe beim Beitritt nach Artikel 23 GG das gesamte Vertragssystem der Bundesrepublik – die europäischen Verträge, die NATO – unberührt, während bei einer neuen Verfassung alles ins Schwimmen kommen könnte. Dagegen hat Modrow in seinem sehr gut überlegten, mit Gorbatschow abgestimmten Konzept »Für Deutschland – Einig Vaterland« vom 1. Februar 1990 prononciert das Recht der Vier Mächte auf die »militärische Neutralität« Deutschlands betont, ein deutlicher Hinweis darauf, daß die Sowjetunion die Option eines vielleicht wiedervereinigten, jedoch blockfreien Deutschlands nicht vergessen hat.[37] Kohl aber scheut bekanntlich jede Art von Neutralisierung wie der Teufel das Weihwasser. Dazu kommt wieder eine persönliche Erinnerung. Wie viele in der CDU von Rheinland-Pfalz hat er sich im Sommer 1955 leidenschaftlich für die Rückkehr des Saarlands zu Deutschland eingesetzt. Den Beitritt nach Artikel 23 GG hat er als großen Erfolg betrachtet und erlebt, daß eine Eingliederung möglich ist, wenngleich nicht ohne Schwierigkeiten.

War die Wirtschafts- und Währungsreform die Stunde der neoliberalen Ökonomen, so ist die Vorbereitung der Wiedervereinigung nach Artikel 23 GG die Stunde der Verfassungsjuristen im Bundesinnenministerium unter Wolfgang Schäuble. In ihren frühen Ausarbeitungen erörtern sie ausführlich die Vor- und Nachteile der Artikel 23 GG und 146 GG, schließlich gilt es, auch die SPD-Bundestagsfraktion und die SPD-geführten Länderregierungen zu überzeugen. Die Ausarbeitungen lassen aber schon erkennen, daß für das Verfahren nach Artikel 23 GG bessere Argumente sprechen als für das nach Artikel 146.[38] Unter den führenden FDP-Politikern plädiert Genscher Ende Februar dafür, sich noch nicht auf das verfassungsrechtliche Verfahren festzulegen.[39] Aus Sicht Kohls ist jetzt jedoch größte Eile geboten. Er will die Einsetzung gesamtdeutscher Gremien vermeiden und die Partner der Allianz für Deutschland gegen die Pläne der SPD in Stellung bringen. Diese möchte erst einmal mit Beratungen über das weitere Verfahren beginnen und damit ungewollt oder auch gewollt alles auf die lange Bank schieben.

Bei der Vorstellung des Sofortprogramms der Allianz für Deutschland am 1. März in Bonn erklärt Kohl, der Beitritt der DDR nach Artikel 23 GG sei »das geeignete Verfahren«, verspricht aber, es werde »Rücksichtnahme mit Übergangsregelungen geben«. Auch de Maizière, Wolfgang Schnur und Pfarrer Hans-Wilhelm Ebeling plädieren dort für eine »schnellstmögliche Vereinigung« auf der Grundlage des Grundgesetzes.[40] Am 5. März schließt sich das CDU-Präsidium nach intensiver Diskussion Kohls Vorschlag an, die Vereinigung nach Artikel 23 GG vorzusehen. »Die Grundsatzfrage sei«, so begründet der Kanzler seine Präferenz, »wollen wir die Republik des Grundgesetzes oder wollen wir etwas Neues«? Er sei für die Fortgeltung des seit vierzig Jahren bewährten Grundgesetzes. Wie schon auf der Pressekonferenz am 1. März verweist er auch hier darauf, »nach der gesicherten Rechtserkenntnis und nach der Rechtssprechung des Bundesverfassungsgerichtes sehe es so aus, daß eine deutsche Nationalversammlung mit einfacher Mehrheit eine völlig neue Verfassung erstellen könne. Wenn für den Weg der Einheit der Nation Art. 146 GG als Grundlage diene, stünde evtl. am Ende eine andere Republik.«[41] Tags darauf optiert der Koalitionsausschuß gleichfalls für dieses Verfahren; auch der zuvor vorsichtige Genscher dreht nun bei.[42] Am 7. März wird der Kabinettsausschuß »Deutsche Einheit« unter Vorsitz des Bundeskanzlers eingesetzt.

Die Einigung in der Koalition auf die Wirtschafts- und Währungsunion und das Verfahren nach Artikel 23 kommt vergleichsweise komplikationslos zustande. Demgegenüber führt die Diskussion über die »äußeren Aspekte« der Vereinigung anfangs zu einer Karambolage zwischen Kohl und Genscher. Zwischen den Koalitionsparteien ist unstrittig, daß ein vereintes Deutschland der NATO angehören soll. Unklar ist aber, mit welcher Intensität dieses Ziel schon in einer frühen Phase der Verhandlungen artikuliert werden soll. Hier plädiert vor allem Genscher für eine behutsame Gangart. Zugleich drängt er darauf, der NATO künftig eine vorwiegend politische Rolle zuzuschreiben und parallel dazu die KSZE zu einer blockübergreifenden Sicherheitsarchitektur auszubauen. Unbeschadet seiner festen Überzeugungen zeigt sich auch Kohl anfangs vorsichtig. Die NATO ist im Zehn-Punkte-Programm nicht explizit erwähnt. Daß bei einer Vereinigung die Ausdehnung der NATO auf das Territorium der früheren DDR für Moskau fast unzumutbar wäre, ist in den Monaten November, Dezember und Januar auch in Bonn allen Experten bewußt. Überlegungen, der DDR einen militärischen Sonderstatus zu geben, sind somit vorerst zwingend.

An diesem Punkt prescht Genscher mit einer vielbeachteten Rede vor der Evangelischen Akademie in Tutzing am 31. Januar vor. Dort schlägt er zwar den Pflock einer NATO-Mitgliedschaft des vereinten Deutschland ein, verbindet das jedoch – mit pointierten Aussagen zur KSZE und zur Oder-Neiße-Linie – mit der Feststellung: »Vorstellungen, daß der Teil Deutschlands, der heute die DDR bildet, in die militärischen Strukturen der NATO einbezogen werden solle, würden die deutschdeutsche Annäherung blockieren.«[43] Kurz darauf reist er nach Washington, übernimmt liebend gern das im State Department entwickelte Konzept der 2+4-Verhandlungen, macht aber seinem Amtskollegen Baker zugleich die »Tutzinger Formel«, wonach Ostdeutschland nicht in die NATO einbezogen wird, schmackhaft. Bei einer Vereinigung Deutschlands, so formuliert Baker daraufhin und sondiert das auch in Moskau, würde sich die »jurisdiction« der NATO keinen Inch weiter als bisher nach Osten ausdehnen.[44]

Genschers Tutzinger Rede war nicht mit Kohl abgesprochen. Man darf darin wohl auch eine Retourkutsche für die Nicht-Information über das Zehn-Punkte-Programm sehen. Seit dem seinerzeitigen Streit über die Lance-Modernisierung hängt in der Koalitionsehe zwischen Kohl und Genscher der Haussegen schief. Die beiden wissen natürlich, daß sie aufeinander angewiesen sind, aber in den Staatskanzleien des Westens und des Ostens ist es ein offenes Geheimnis, daß Kanzler und Außenminister nicht in derselben Spur fahren. »Im Grunde war es eine ermüdende Angelegenheit, uns wegen ihrer Differenzen ständig mit Kohl und Genscher einzeln verständigen zu müssen«, schreibt Robert L. Hutchings rückblickend, der das als Leiter der Europa-Abteilung des NSC von Präsident Bush genau studieren konnte.[45] Seit 1966 mit Willy Brandt das Auswärtige Amt zu einer Art Erblehen der jeweiligen kleineren Koalitionspartei wurde, gehört eine gewisse Zweigleisigkeit zwischen Bundeskanzleramt und Auswärtigem Amt zu den Merkmalen des bundesdeutschen Regierungssystems, was lästig, aber unvermeidlich ist. Problematisch wird es allerdings, wenn derart große Einsätze auf dem Spiel stehen wie bei der Wiedervereinigung. Tatsächlich dauert es nur acht Tage, bis das Weiße Haus die Korrektur vornimmt. Bush weist völlig zu Recht darauf hin, daß eine Nichterstreckung der Zuständigkeit der NATO auf ehemaliges DDR-Territorium mit den Beistandsartikeln 5 und 6 des NATO-Vertrags im Widerspruch stehen würde. Gehorsam rudert Baker daraufhin zurück.

In Bonn aber nährt die Frage eines besonderen militärischen Status der DDR den gewissermaßen klassischen Streit zwischen dem Auswärtigen Amt und dem Verteidigungsministerium, das sich als eine Art Zitadelle der NATO innerhalb der Bundesregierung versteht. Stoltenberg insistiert auf der Vollmitgliedschaft in der NATO, wie sie letzten Endes der Sowjetunion abgerungen wird, Genscher hält dagegen, wobei die beiden Minister ihre Differenzen offen austragen. Ein gemeinsames Kommuniqué Genschers und Stoltenbergs vom 19. Februar bekundet, die Minister hätten sich geeinigt. Wer genau hinsieht, erfährt, daß gemäß dieser Übereinkunft die Bundeswehr nicht in der ehemaligen DDR stationiert werden soll, was Stoltenberg und seine Generäle noch kurz zuvor für unerläßlich erklärt hatten. Allem Anschein nach hat sich Kohl dabei auf die Seite Genschers geschlagen, ohne aber persönlich hervorzutreten.

Die Entscheidung fällt in der Woche darauf bei der Unterredung Kohls mit Bush in Camp David. Zu Beginn der Erörterungen bekennt sich der Kanzler zur NATO-Zugehörigkeit eines geeinten Deutschland, wirft aber zugleich die aus amerikanischer Sicht befremdliche Idee auf, das vereinte Deutschland könne vielleicht einen Status wie Frankreich erhalten, nämlich Vollmitgliedschaft im NATO-Vertrag, aber ohne militärische Integration.[46] Entschieden wendet er sich gegen eine unbegrenzte Anwesenheit sowjetischer Truppen in Deutschland, betont aber gleichzeitig die Notwendigkeit einer Übergangslösung: »Es sei nicht denkbar, daß NATO-Einheiten auf das Territorium der jetzigen DDR gingen, auch nicht Einheiten der Bundeswehr, die nicht der NATO angehören.«[47] Bush antwortet brüsk: Ein Frankreich in der NATO reiche ihm. Freundschaftlich, aber mit Nachdruck macht er Kohl klar, daß er eine militärisch voll in die NATO integrierte Bundesrepublik wünsche. Zugleich verspricht der Präsident, die nuklear gerüsteten US-Streitkräfte würden weiter im vereinten Deutschland bleiben. Mit einem zeitlich begrenzten Sonderstatus der ehemaligen DDR zeigt er sich einverstanden. Der Begriff Ausschluß der »NATO-Juris-diktion« für das Territorium der DDR wird von Baker ausdrücklich begraben. Es sei lediglich daran gedacht, daß dort keine der NATO unterstellten Truppen stationiert würden. Kohl bittet darum, dies auch öffentlich erklären zu dürfen.

Glasklar ist die Frage damit immer noch nicht entschieden. Als Kohl mit einem dicken Lob für den amerikanischen Präsidenten (er habe sich in Camp David »als Freund der Deutschen erwiesen«) den CDU-Präsiden von seinen Gesprächen be-richtet, stellt er ausdrücklich fest: »Es sei nicht daran gedacht, die Truppen der Bun-desrepublik auf das Gebiet der DDR auszudehnen.«[48] Vier Monate lang werden Washington und Bonn jetzt an der Quadratur des Kreises arbeiten: Wie kann man die sowjetische Zustimmung zur vollen Souveränität und zur Vollmitgliedschaft Deutschlands in der NATO erreichen, ohne die Vereinigung zu gefährden, ohne aber auch die innenpolitische Position Gorbatschows zu unterminieren? Anfang März ist noch längst nicht alles unter Dach und Fach. Im Rückblick von heute zeichnen sich aber die Grundlinien schon ab.

Es folgt ein Wahlkampf, wie ihn Deutschland noch nie erlebt hat. Im Grunde hat die DDR schon vor Einführung der D-Mark am 1. Juli ihre Souveränität eingebüßt. Bei der Wahlentscheidung geht es um Angebote, die allesamt von der Bundesregie-rung formuliert werden, personifiziert in der Gestalt des Bundeskanzlers. Nie zuvor in den vierzig Jahren der DDR ist hier ein einzelner Politiker so rasch und so begei-stert als Hoffnungsträger gefeiert worden, wie Helmut Kohl das während der kurzen Monate des Wahlkampfs erlebt. Die Parteien der Allianz für Deutschland werden urplötzlich bärenstark, weil sie Huckepack-Parteien der West-CDU sind. Und Kohl wird in der DDR zum politischen Riesen, weil sich Millionen von der Bundesrepu-blik Riesiges versprechen. Die Wahlkampfmaschine der CDU tut das Ihre.

Zweifellos tragen Kohls gewaltige Wahlversammlungen zum Stimmungsum-schwung zugunsten der CDU bei. 100 000 strömen zu Beginn des Wahlkampfs in Erfurt zusammen, 300 000 vier Tage vor dem Wahltag in Leipzig. Das Fernsehen überträgt die überwältigenden Bilder von den Großveranstaltungen unter den schwarzrotgoldenen Fahnen der Bundesrepublik in alle Wohnstuben. In der ersten Februarwoche 1990 geben nur elf Prozent der Befragten an, sie wollten für die Ost-CDU stimmen, der immer noch der Ruch der »Blockflöten«-Partei anhaftet. Auch die neue CDU-Führung ist kaum bekannt und inspirierend schon gar nicht.[49]

In der Vorwahlwoche wird zu allem hin im Adenauer-Haus bekannt, daß Wolf-gang Schnur, der Vorsitzende des Demokratischen Aufbruchs, in Rostock für die Stasi tätig war. Volker Rühe, der das gerade noch rechtzeitig erfährt und Schnur mit Brachialgewalt zum Rücktritt nötigt, kann den Bundeskanzler davon kurz vor der Schlußkundgebung in Leipzig noch in Kenntnis setzen. Das hält den Schaden in Grenzen, doch der zeitweilig aussichtsreiche Demokratische Aufbruch stürzt ab.

Helmut Kohl in Leipzig,
15. März 1990

Bis kurz vor den Wahlen wird die SPD von den Umfrage-Instituten als Siegerin gehandelt. Nur Allensbach liefert Kohl etwas günstigere Zahlen. Er selbst bleibt skeptisch, erwartet jedenfalls keinen rauschenden Wahlsieg.[50] Der Wahltriumph der CDU mit 40,9 Prozent kommt völlig überraschend. Zusammengenommen holt die Allianz für Deutschland 47 Prozent der Stimmen, die SPD verharrt bei 21,9 Prozent und die PDS bei 16,4 Prozent. Nach schwierigem Hin und Her wird am 12. April eine Koalitionsregierung unter Führung der CDU mit der SPD als zweitstärkstem Partner gebildet. Die baldige Zustimmung der DDR zur Wirtschafts- und Währungsunion und zur Vereinigung nach Artikel 23 GG ist nun fest zu erwarten.

Zehn Tage zuvor, am 3. April, hat Helmut Kohl in der Bonner Beethoven-Halle seinen sechzigsten Geburtstag, Höhe des Lebens, gefeiert. 3000 Gratulanten drängten sich dort um ihn. Doch Bonn bleibt Bonn. Kohl weiß genau, daß bei solchen Gelegenheiten eine Rhetorik angesagt ist, die Ernst Robert Curtius einstmals »affektierte Bescheidenheit« genannt hat, und so zitiert er den verblichenen Reformpapst: »Johannes, nimm dich nicht so ernst.«[51] Wie todernst er den Respekt vor seinem Ego tatsächlich einfordert, vergißt aber keiner der Anwesenden. In den Überschriften der großen Blätter zu dem runden Geburtstag Kohls sind bereits alle jene Clichés des Kanzlerbildes zu besichtigen, das sich in den kommenden acht Jahren zusehends verfestigt, wenngleich dann häufig auch schwarz eingefärbt. Vielen, die »das Phänomen« Kohl erfassen wollen, wird künftig nicht mehr allzuviel Neues einfallen: »Sein Selbstgefühl trotzt allen Stürmen. Hart gegen sich und andere«,[52] »Von monumentaler Unbeirrbarkeit«,[53] »Der unterschätzte Pfälzer«,[54] »Ein Europäer mit Herz und Verstand«[55] oder »Der ›schwarze Riese‹ steht vor dem Ziel«,[56] »Kanzler der Deutschen«,[57] »Wie Kohl in der deutschen Geschichte Platz nahm«.[58] Im *Spiegel*-Archiv liegen bereits 23 500 Kohl-Fotos. »Armer Mann aus Oggersheim«, schreibt der *Spiegel*-Reporter Hans Halter in einer gekonnten physiognomischen Studie aus gegebenem Anlaß: »Kein zweiter Deutscher wird so sorgsam überwacht.«[59]

Jetzt zeichnen sich auch für die Bundestagswahl Ende 1990 sehr viel günstigere Perspektiven ab. Zu Jahresbeginn 1990 war Kohl ganz selbstverständlich davon ausgegangen, die kommende Bundestagswahl werde noch ohne die Deutschen in der DDR stattfinden. Damals, so weiß Heiner Geißler sarkastisch zu berichten, habe es bei einer fünfstündigen Strategiesitzung des CDU-Präsidiums im Kanzlerbungalow zwischen ihm und dem Bundeskanzler wieder einmal einen heftigen Zusammenstoß gegeben, als Geißler Kohl darauf hinwies, daß man die kommende Bundestagswahl vielleicht schon als gesamtdeutsche Bundestagswahl durchführen müsse. »Ich habe gedacht, er explodiert«, erinnert sich Geißler: »Er fing an zu schreien und zu toben, als ob ich ihn jetzt endgültig vernichten wolle … Er war im Januar, also bis zu dieser Volkskammerwahl am 18. März, der felsenfesten Auffassung, in Sachsen, in Thüringen, in Brandenburg, Preußen natürlich, gibt es eine absolute Mehrheit für Sozialdemokraten und Kommunisten. Und dann reicht es nicht mehr im Deutschen Bundestag für seine Wahl zum Bundeskanzler. Davon war er fest überzeugt. Er wollte dies nicht. Er wollte keine gesamtdeutschen Wahlen im Dezember … Die sollen für sich wählen, dann machen wir die Wiedervereinigung. Das war die Konzeption … Und dann kam am 18. März die Volkskammerwahl, und plötzlich haben die Thüringer und die Sachsen und die Brandenburger und alle diese Allianz gewählt. Die Sozis lagen bei 22 Prozent, die SED bei 16 Prozent. Und plötzlich war er mit einem Schlag wie ein umgedrehter Handschuh und sagte in der Präsidiumssitzung nach der Wahl: ›Jetzt müssen wir aber im Dezember die gesamtdeutschen Wahlen machen.‹«[60]

Widerstände

»Ich bin der letzte pro-europäische Kanzler«, so hatte sich Kohl am Abend des 4. Oktober 1982 bei Mitterrand eingeführt.[1] Sieben Jahre hindurch hat er seither in dieser Gesinnung Politik gemacht. Doch der eigentliche Test seiner Europapolitik kommt erst jetzt.

Es ist schon bemerkenswert, wie der Kanzler im Herbst 1989, als sich die Aufmerksamkeit fast ausschließlich auf die Revolution im Ostblock richtet, die CDU-Führung bei jeder Präsidiums- und Vorstandssitzung an den Ausbau der Europäischen Gemeinschaft erinnert. Am 9. Oktober beispielsweise, an dem abends die entscheidende Leipziger Montagsdemonstration mit 70 000 Menschen erfolgt, gibt er vor dem CDU-Vorstand seiner »steigenden Sorge« Ausdruck, daß die Bedeutung der europäischen Integration gegenüber dem Umbruch in der DDR und im gesamten Ostblock in den Hintergrund treten könnte.[2] Und am 27. November, am Vorabend der Vorlage des Zehn-Punkte-Programms im Deutschen Bundestag, ermahnt er den Parteivorstand wieder, »wer jetzt sagt, wir müssen Europa bremsen« wegen der Entwicklung in Deutschland, »der sagt genau das Falsche«.[3]

In dem Moment, als die Wiedervereinigung am Horizont auftaucht, muß er jedoch feststellen, daß die Freundschaft mit Frankreich und die Europäische Gemeinschaft auf schwankendem Grund stehen. Unzählige Male wird er später in vertrautem Kreis und schließlich in den Memoiren erzählen, wie er sich urplötzlich fast allein fühlt: »Es gab in diesen Wochen und Monaten Äußerungen, bei denen ich mich fragte, ob man zwanzig Jahre umsonst miteinander gearbeitet hatte«, meint er rückblickend.[4] Die entsprechenden Vorgänge sind schon häufig geschildert worden, dürfen in einer Biographie Kohls aber nicht unerwähnt bleiben, das Narrativ seines Lebenswegs bliebe sonst unverständlich, zumal Kohls langjährige Partner Mitterrand und Thatcher, die wichtigsten Antagonisten auf westlicher Seite, darin so prominent figurieren.

Die Mauer ist noch nicht gefallen, da werden die Geister des Zweiten Weltkrieges wiederbelebt. In seiner Pressemappe findet Kohl einen Artikel in der Londoner *Times* vom 31. Oktober, betitelt: »Beware a Reich Resurgent«,[5] der ihn so alarmiert, daß er im Bundesvorstand allen die Lektüre empfiehlt. Er verbindet die Empfehlung allerdings mit dem Hinweis, man dürfe das nicht überbewerten.[6] Im Grunde bestätigt der Artikel Befürchtungen, die ihn ständig beschäftigen und aus denen er ein wichtiges Argument für seine europäische Integrationspolitik ableitet. Während der achtziger Jahre sind die Erinnerungen an die deutschen Untaten in vielen Ländern Europas wiederbelebt worden, ganz besonders in der Bundesrepublik. Erinnerungskultur nennen das all jene, denen das am Herzen liegt. Da sich die Deutschen selbst so über die Maßen selbstquälerisch und bußfertig zeigen, auch ihr Bundeskanzler, fällt es den Gegnern der Wiedervereinigung im In- und Ausland leicht, aus der Geschichtspolitik ihre stärksten Argumente zu konstruieren. Könnte aus einem 80-Millionen-Deutschland nicht früher oder später doch ein »Viertes Reich« auferstehen?![7] Daß sich Kohl durch derart kränkende Unterstellungen nicht beirren läßt, sondern an der langfristig angelegten Europa- und Frankreichpolitik festhält, ist eine seiner erstaunlichen Leistungen in diesen aufgeregten Monaten.

Große Teile der Öffentlichkeit in Westeuropa reagieren jedoch auf die Freiheitsbewegung in der DDR und den spektakulären Mauerfall mit spontaner Begeisterung. Das Scheitern des SED-Regimes in der DDR wird genauso bejubelt wie zuvor die Demokratisierung in Ungarn und Polen sowie der unmittelbar folgende Umbruch in der ČSSR, in Bulgarien und in Rumänien. Das ist ein wichtiger Faktor, dem sich auch die anfangs mehrheitlich skeptischen Regierungen im westlichen Europa nicht entziehen können.

Zunächst aber herrscht in den Kabinetten der westeuropäischen Partnerländer große Besorgnis. Die meisten bekunden pflichtgemäß ihre Sympathie für die Freiheitsbewegung in der DDR, doch wie kühl die Stimmung im Kreis der zwölf EG-Staats- und Regierungschefs tatsächlich ist, zeigt sich erstmals am 18. November 1989 bei einem Abendessen im Pariser Élysée-Palast. Mitterrand, der vom Juli bis Dezember turnusgemäß die EG-Präsidentschaft wahrnimmt, hat dazu ohne vorherige Abstimmung mit dem Bundeskanzler[8] oder anderen Regierungschefs eingeladen. Der Kanzler hat ihm daraufhin einen Kommuniqué-Entwurf übersandt, mit dem er die Zwölf auf das Selbstbestimmungsrecht der Deutschen verpflichten möchte.[9] Mitterrand weigert sich jedoch, ein Schlußdokument vorzusehen. Die meisten der bei diesem Essen anwesenden Staats- und Regierungschefs vermeiden es tunlichst, das Thema Wiedervereinigung direkt anzusprechen. Kohl nervt die Gesellschaft, indem er vierzig Minuten am Stück redet. Aber auch er spricht nicht von der Wiedervereinigung. Nur Margaret Thatcher und in ihrem Gefolge der niederländischen Ministerpräsidenten Ruud Lubbers treten kräftig ins Fettnäpfchen. Sie polemisiert gegen eine Entwicklung, die sich bereits abzeichnet und die, wie sie genau weiß, Kohl am Herzen liegt. Ziemlich schrill werden von ihr die Standardargumente formuliert, die in den kommenden Monaten seitens der Gegner der Wiedervereinigung vielstimmig zu hören sein werden: Kein Gerede von der Veränderung der Grenzen in Europa! Kein Gerede von einer deutschen Wiedervereinigung, das ist viel zu voreilig, es gibt wichtigere Fragen! Vor allem aber: keine Hektik bei der Veränderung des Status quo, dies könnte den Reformer Gorbatschow seinen reaktionären Gegnern ans Messer liefern![10] Jeder an der Tafel weiß, daß die Beziehungen zwischen Kohl und Thatcher aus anderen Gründen schon ziemlich heillos zerfallen sind, doch der Mißmut steigert sich nun noch. Kohl spürt spätestens jetzt, daß die Premierministerin ihren ganzen Einfluß aufbieten wird, die Existenz der DDR möglichst lange zu konservieren. Im Bundeskanzleramt ist allerdings auch wohlbekannt, daß einflußreiche britische Kabinettsmitglieder die Frage sehr viel entspannter angehen als Frau Thatcher, die im »Geist von 1940« sozialisiert worden ist und sich zudem als »Entdeckerin« des Reformers Gorbatschow fühlt.

Zum Befremden Kohls geht nun auch Mitterrand auf Gegenkurs. Von Anbeginn an hat er keine Mühe gescheut, zu dem Reformer Gorbatschow privilegierte Beziehungen zu entwickeln. Es paßt somit durchaus ins Bild, daß er sich, kaum ist die Mauer gefallen, um ein alsbaldiges Treffen mit Gorbatschow bemüht. Am 23. November[11] bestätigt Schewardnadse den Besuchstermin, fünf Tage bevor Kohl sein spektakuläres Zehn-Punkte-Programm verkündet. Am 21. November hat der Élysée-Palast auch bereits angekündigt, ohne das mit Kohl abzusprechen, Mitterrand werde nach dem SED-Parteitag zwischen dem 20. und 22. Dezember in die DDR reisen. Als das in Paris bekanntgegeben wird, ist Krenz noch SED-Generalsekretär und Modrow, den man für einen Reformkommunisten hält, soeben ins Ministerpräsidentenamt eingerückt. In dieser gespannten Lage sind das Reisen von beträchtlicher Symbolik. Vernünftigerweise läßt sich daraus nur ein einziger Schluß ziehen: Mitterrand ist entschlossen, nach Absprache mit Gorbatschow das wankende SED-Regime demonstrativ zu stützen. »Glücklich sind wir darüber nicht«, umschreibt Teltschik mit Understatement diese Vorgänge, die im Bundeskanzleramt einige Alarmglocken schrillen lassen.

Die Reaktion Kohls läßt es an Eindeutigkeit gleichfalls nicht fehlen: Er unterrichtet den amerikanischen Präsidenten gerade eben noch rechtzeitig von dem Zehn-Punkte-Programm, nicht aber seinen langjährigen Partner Mitterrand. Entsprechend unwirsch fällt die französische Replik aus. Man ist allgemein wütend über das Fait accompli. Genscher begibt sich nach Paris, um die Wogen zu glätten, spricht erst mit Dumas, dann mit Mitterrand. Dabei trifft er auch auf den Vorwurf, die Bundesregierung zögere immer noch ihre Zustimmung zu einem festen Datum für den Beginn der Regierungskonferenz über die Wirtschafts- und Währungsunion hinaus. Genscher, der in diesem Punkt dem CDU/CSU-Teil der Bundesregierung immer drei Schritte voraus ist, stellt das in Aussicht und entfaltet breit die in Bonn allgemein vorherrschende Philosophie, die Dynamik in der Europäischen Gemeinschaft dürfe durch die Evolution im Ostblock nicht abgebremst werden. Er wird später in seinen Memoiren eine wohlwollende Darstellung der kritischen Unterredung mit Mitterrand geben und unterstreichen, dieser habe sich auch bei dieser Gelegenheit als »verläßlicher Freund« der Deutschen erwiesen und keine Hindernisse gegen die deutsche Vereinigung aufgebaut. Doch auch er verhehlt nicht ganz die Drohungen Mitterrands, wenngleich in der Diplomatensprache abgemildert: »Falls sich die deutsche Vereinigung in einem Europa vollziehen sollte, das letztlich nicht entscheidend weitergekommen sei, dann würden die europäischen Partner, die sich in Zukunft achtzig Millionen Deutschen gegenübersähen, wohl nach einem Gegengewicht suchen.«[12] Mitterrands Verweis auf das Jahr 1913 ist so ominös wie nur irgend denkbar. Seinem Intimus Attali teilt der Präsident danach die Essenz seiner Unterredung mit Genscher im Stenogrammstil mit: »Entweder erfolgt die deutsche Einheit nach der europäischen Einheit, oder Ihr werdet Euch einer Tripel-allianz (Frankreich, Großbritannien, Rußland) gegenübersehen, und das wird mit einem Krieg enden. Wenn sich aber die deutsche Einheit nach der von Europa vollzieht, werden wir Euch helfen.«[13]

Mitterrand und Kohl verkehren in diesen Tagen nur brieflich oder indirekt über ihre Helfer Teltschik sowie Bitterlich einerseits, Attali und Elisabeth Guigou andererseits. Noch energischer als zuvor schon drängt Mitterrand auf einen festen Termin für den Zusammentritt der Regierungskonferenz, übrigens ebenso Genscher. Kohl, der sich innerlich wohl schon längst damit abgefunden hat, schließlich die D-Mark auf den Altar Europas zu legen, um mit der Europäischen Union voranzukommen, reagiert jedoch erfahrungsgemäß stur, wenn er sich in einer wichtigen Frage stark unter Druck gesetzt fühlt, und zwar ganz besonders dann, wenn diese Frage wahlentscheidend sein könnte. Wütend zögert er die Zustimmung bis zum letzten Moment hinaus. Seinem Widerstreben liegen auch diversierende sachliche Prioritäten zugrunde. Mitterrand, Dumas, auch Ministerpräsident Rocard und Delors in Brüssel haben sich auf eine alsbaldige Währungsunion verbissen. Kohl hingegen peilt schon nach Beginn der Regierungskonferenz über die Währungsunion eine Parallelverhandlung über eine Reform der EG-Institutionen an. Anders als Mitterrand möchte er bei dieser Gelegenheit dem Europäischen Parlament größere Rechte zugestehen. Vor allem aber will er seinem Fernziel einer gemeinschaftlichen Außen- und Sicherheitspolitik näherkommen. Die Entscheidung in der Datumsfrage erfolgt schließlich fast zeitgleich mit Mitterrands Besuch bei Gorbatschow in Kiew am 6. Dezember durch einen Anruf Bitterlichs bei Elisabeth Guigou.[14]

Was Mitterrand damals tatsächlich alles bei Gorbatschow angedeutet und angeregt hat, läßt sich bis zum heutigen Tag nicht sicher rekonstruieren. Das offizielle französische Gesprächsprotokoll ist nicht auffindbar.[15] Auch die bisher aufgetauchten sowjetischen Dokumente geben kein ganz klares Bild.[16] Doch schon der gemeinsame Auftritt der beiden in gespanntester Lage ist Botschaft genug: Gorbatschow wie Mitterrand sind zur Stabilisierung der DDR-Regierung entschlossen und nur allzu gern bereit, Kohls Vorpreschen zu durchkreuzen. Die umfangreichen Aufzeichnungen Attalis, die erst 1995 erscheinen, zeigen einen französischen Präsidenten, der Kohl heftig kritisiert und zwei Projekten unbedingte Priorität vor einer raschen Wiedervereinigung zuspricht: der Währungsunion und der KSZE, die als überwölbende Institution weiterzuentwickeln sei und auch die Grenzen in Europa erneut bestätigen soll. Ob Gorbatschow schon bei dieser Gelegenheit oder bereits in einem früheren Telefonat Mitterrand beschworen hat: »Helfen Sie mir, die Wiedervereinigung zu verhindern, sonst werde ich durch einen General ersetzt!«, sei dahingestellt. Tatsache ist jedenfalls, daß Mitterrand, Thatcher, Andreotti und alle anderen Bremser in der Wiedervereinigungsfrage häufig mit diesem Argument arbeiten. Die Widersprüchlichkeit der Position, die Mitterrand in Kiew einnimmt, geht am besten aus einem der sowjetischen Berichte hervor: »Frankreich wolle auf

EG-Gipfel in Straßburg,
9. Dezember 1989

keinen Fall die Wiedervereinigung Deutschlands, auch wenn es weiß, daß diese letztlich unvermeidlich ist.«[17]

Zwei Tage nach Mitterrands Besuch in Kiew tritt der EG-Gipfel in Straßburg zusammen. Dort soll generell diskutiert werden, wie die EG auf den Umbruch im Ostblock antworten will. Aber ganz oben auf der Agenda stehen zwei Fragen: Wann und mit welchem Mandat wird eine Regierungskonferenz einberufen? Und wie äußern sich die zwölf Staats- und Regierungschefs zur deutschen Frage? Kohl nimmt gleich zu Beginn die Spannung zur Terminfrage heraus und erklärt sich mit einem Zusammentritt der Regierungskonferenz während der italienischen Präsidentschaft vor Ende 1990 bereit. Mitterrand, der sich ganz auf diesen Termin fixiert hatte, atmet auf. Tatsächlich aber ist weiterhin vieles offen. Auf die aus französischer Sicht so entscheidend wichtige Verknüpfung der Phasen eins, zwei und drei der Wirtschafts- und Währungsunion wird nur in verschachtelter Form hingewiesen. Was die Bera-tungen im Ecofin-Rat der Finanzminister zu Beginn der Regierungskonferenz er-bringen werden, ist noch nicht ausgemacht. Kohl hat sich sogar faktisch damit durchgesetzt, den Zusammentritt der Konferenz erst nach der Bundestagswahl zu plazieren. Wie zu erwarten, signalisiert Margaret Thatcher, daß ihr diese Beschlüsse voreilig erscheinen. Paris kommuniziert zwar damals und später, die Festlegung des Datums sei der entscheidende Vorgang dieser Konferenz gewesen. Objektiv gesehen, bleibt der weitere Fortgang des Projekts aber offen.

Viel weniger entspannt gestalten sich die abendlichen Erörterungen darüber, ob und in welcher Form die Konferenz zum Thema Deutschland Stellung nehmen soll. Helmut Kohl wird später oft von dem eisigen Klima sprechen, das er hier antraf: »In den vielen Jahren meiner Mitarbeit in europäischen Gremien, insbesondere in der Europäischen Gemeinschaft und der NATO, gab es keine Sitzung, die in einer so angespannten und unfreundlichen Atmosphäre stattfand.«[18] Ihm wird nachgesagt, er habe ein Gedächtnis wie ein Elefant. Bei seinen künftigen Beziehungen zu den Größen auf dem europäischen Areopag erinnert er sich daher auch genau daran, wie sich die Beteiligten bei dieser »tribunalartigen Befragung« eingelassen haben. Das Selbstbestimmungsrecht als solches kann natürlich niemand direkt in Zweifel ziehen. Ansatzpunkt für kritische Fragen ist die Unverletzlichkeit der Grenzen, speziell die Oder-Neiße-Linie. Aber Kohl spürt genau, daß beim Insistieren auf der Grenzfrage auch die innerdeutsche Grenze gemeint ist. Er weigert sich, eine Erklärung über die Oder-Neiße-Linie abzugeben, die über das hinausgeht, was im Warschauer Vertrag und von der KSZE zugesichert worden ist. Schließlich kennt jeder der Anwesenden seit Jahrzehnten die deutschen Rechtspositionen. Empört fügt er hinzu, schließlich habe Deutschland mit einem Drittel seines Territoriums für den Zweiten Weltkrieg gebüßt.

An offenen Streit zwischen ihm und Margaret Thatcher ist man schon gewohnt. Das Sitzungsprotokoll ist zwar bis heute nicht zugänglich, doch Kohl hat sich ihren erregten Ausruf gemerkt: »Zweimal haben wir die Deutschen geschlagen! Jetzt sind sie wieder da!«[19] Der niederländische Ministerpräsident Ruud Lubbers, eigentlich ein Mitglied der Christlich-Demokratischen Familie, enttäuscht ihn ebenfalls bitter. Kohl wird ihn eiskalt blockieren, als es 1994 um die Nachfolge von Delors im Amt des EU-Präsidenten geht. Noch viele Jahre später wird er sich im engsten Kreis der Parteifreunde dessen rühmen: »Der Grund, warum wir, und nicht nur wir, auch andere, nicht für ihn gestimmt haben, war, daß er einer der entschiedensten Gegner der deutschen Einheit war.«[20] Andreotti macht sich verhaßt, indem er wieder einmal von der Gefahr des Pangermanismus spricht. Nur Felipe González und Charles Haughey, Ministerpräsident von Irland, halten dem Bundeskanzler die Stange. Kohl ist in solchen Fällen dankbar. Irland und Spanien werden sich künftig genauso wie Ungarn, dem er selbst in diesen aufgeregten Wochen rasch einen Besuch abstattet, vielfältiger Wirtschaftshilfe erfreuen.

Nach dieser unerfreulichen nächtlichen Diskussion wird tags darauf in ein seitenlanges Abschlußkommuniqué auch eine knappe Passage aufgenommen, über die Genscher und Dumas noch stundenlang verhandelt haben. Mehr als die altbekannte Formel aus dem Brief zur deutschen Einheit ist nicht zu erreichen, ergänzt durch eine gewundene Bezugnahme auf die Schlußakte von Helsinki. Zudem müsse das alles »in die Perspektive der europäischen Integration eingebettet sein«.[21]

In den kommenden Jahren wird dieser nachmals so berühmte EG-Gipfel zu Straßburg zum Gegenstand historischer Mythen und Kontroversen. Manche behaupten, hier sei so etwas wie ein großer Deal beschlossen worden: Zustimmung der Regierungschefs Westeuropas zum Recht des deutschen Volkes, »in freier Selbstbestimmung seine Einheit wiederzuerlangen«, gegen den langfristigen Verzicht auf die D-Mark. Ebenso wird darüber gestritten, wer sich hier durchgesetzt habe, Mitterrand oder Kohl? In Wirklichkeit wird die Bedeutung dieses Gipfels wohl zu hoch eingeschätzt. Ob, wann, unter welchen Bedingungen und mit welchen Teilnehmern eine europäische Währung geschaffen wird, ist danach immer noch offen. Daß die Bonner Schwergewichte – Kohl, Genscher und nach anfänglichem Zögern auch der Bundesfinanzminister und CSU-Vorsitzende Waigel – das Projekt für sinnvoll halten, stand zuvor schon fest, ganz unabhängig von der eher nachgeordneten Frage des Datums der Regierungskonferenz. Auch die Zustimmung der Zwölf zu vormals schon des öfteren beschworenen Grundsätzen in der deutschen Frage hat auf den künftigen Gang der Dinge keinen besonderen Einfluß gehabt.

Das ist auch die Meinung Mitterrands und Thatchers. Zweimal setzen sich die beiden in vertraulichen bilateralen Besprechungen am Rande des Straßburger Gipfels zusammen und beraten aufgeregt, wie man den »deutschen Moloch«, so die Premierministerin, aufhalten könne. Nur eine Vollbremsung Washingtons verhindert die Reaktivierung des eingeschlafenen Kontrollrats. Aus Sicht Kohls ist das Zerwürfnis mit Mitterrand der gravierendste Vorgang. Er verspürt, daß ihm der Präsident in diesen Wochen aus dem Weg geht. Der Effekt des französischen Staatsbesuchs in der DDR wird überdeckt, weil der Bundeskanzler tags zuvor durch ein Meer von Menschen und Fahnen vor der Dresdner Frauenkirche begrüßt wird. Aber das beiderseitige Mißtrauen ist groß. Bei verschiedenen Unterredungen, erstmals Anfang Januar 1990 auf Mitterrands Landsitz in Latché, wird das Verhältnis jedoch wieder gekittet. Und fünf Tage nach dem Treffen in Latché bemerkt Kohl am 10. Januar im CDU-Präsidium, es komme weiterhin auf drei wichtige Adressen an: Washington, Moskau, Paris. Die Bundesrepublik brauche in Europa »einen festen Standpunkt«. Hierfür sei die beste Adresse Paris. Mitterrand werde auch weiterhin die bestimmende Person in Frankreich bleiben. Es sei wichtig, ihn »als Weggenossen« zu gewinnen. Die CDU müsse immer beides zugleich sein: Europapartei und Deutschlandpartei.[22] So ganz sicher scheint sich Kohl Mitterrands noch nicht zu sein, will ihn aber unbedingt im Boot halten.

Am 20. Januar treffen Mitterrand und Thatcher erneut zusammen. Der britischen Premierministerin schwebt eine Wiederbelebung der einstigen Entente cordiale vor. So vereinbaren die beiden auf britische Anregung hin Konsultationen zwischen den beiderseitigen Außenministern und Verteidigungsministern zur Prüfung der vorhandenen Optionen.[23] Das verläuft im Sande, zumal man die Möglichkeit einer deutschen

Wiedervereinigung im Foreign Office entspannter bewertet als die aufgewühlte Premierministerin. Doch noch im Februar und im März, als Gorbatschow schon sichtlich einlenkt, macht sich Mitterrand ganz offen die Forderung Polens zu eigen, an den 2+4-Gesprächen, über deren Installierung bereits verhandelt wird, irgendwie beteiligt zu werden. Selbst nachdem Kohl und Genscher ihre Koalitionsfraktionen zu der gemeinsamen Erklärung in der Oder-Neiße-Frage vom 8. März veranlaßt haben, die in Polen eigentlich alle Zweifel beseitigen sollte, fordert Mitterrand nach einem polnischen Staatsbesuch in Paris offen weitergehende deutsche Präzisierungen und provoziert damit ein zorniges Telefonat Kohls.[24] Offenbar sind der Quai d'Orsay und Mitterrand stärker als zuvor von dem Gedanken fasziniert, die »Kleine Entente« zwischen Paris und Warschau irgendwie wiederzubeleben. Kohl ist enttäuscht, verärgert, auch depressiv und zeigt das Mitterrand nun ganz offen.[25] In den kritischen Wochen vor Mitte März stagnieren auch die Bemühungen Bonns, Paris zu einer gemeinsamen Initiative für eine Politische Union zu bewegen. Wenn Mitterrand in diesen Monaten von einem politischen Europa redet, schwebt ihm eine paneuropäische Konföderation vor, losgelöst von der EG, aber auch ohne die Vereinigten Staaten.

Es sind zwei Tatsachen, die Mitterrand und das Pariser Establishment schließlich zum Einlenken zwingen. Dem Zusammenwirken Bushs und Kohls, so die erste desillusionierende Feststellung von Mitterrand und Dumas, will Gorbatschow nicht mehr entschieden entgegentreten. Er setzt vielmehr auf eine Bewältigung seiner wirtschaftlichen Probleme mit amerikanischer und deutscher Hilfe. Die zweite Tatsache ist die Volkskammerwahl in der DDR am 18. März 1990. Sie läßt keine andere Option mehr, als sich mit einem raschen Vollzug der deutschen Einheit abzufinden. Erst jetzt entschließt sich Mitterrand, den deutschen Wunsch nach einer gemeinsamen Initiative für eine Politische Union aufzugreifen, für die sich die Bezeichnung »Europäische Union« durchsetzt. Der EG-Gipfel in Dublin vom April 1990, auf dem nun eine Parallelinitiative zur Regierungskonferenz für eine Wirtschafts- und Währungsunion beschlossen wird, ist ein kaum verhüllter Sieg Kohls und Genschers (mit Unterstützung von Delors) über Mitterrand und Dumas, die beide weitergehenden Souveränitätseinbußen lange widerstrebt hatten. Das einseitige Konzept einer Währungsunion wird so auf mittlere Sicht mehr ins Gleichgewicht gebracht. Kohls Vision einer europäischen Föderation scheint näherzurücken. Die EU in den heutigen institutionellen Formen beginnt sich als Fernziel abzuzeichnen.

Ganz verzichtet Mitterrand aber auch jetzt nicht auf parallele Initiativen. Der Gedanke eines Gipfels der KSZE wird weiter verfolgt und führt zur KSZE-Konferenz in Paris am 21. November 1990. Doch aus einem Konzept, das dazu gedacht war, die deutsche Frage zu kanalisieren, wird nur eine Monsterkonferenz, die den Umbruch des Ostblocks hin zur Demokratie und zur Marktwirtschaft feierlich ratifiziert. Auch Mitterrands Initiativen für eine europäische Konföderation werden 1991 scheitern am Widerstand der USA, an der Amerika-Orientierung in Polen und in der ČSSR, am verschwiegenen Widerstreben Kohls und an eigenen Ungeschicklichkeiten.

Im Sommer 1990, als Deutschland in voller Fahrt auf die Einheit zusteuert, werden die tiefgreifenden Differenzen zwischen Kohl und Mitterrand beigelegt. Der Bundeskanzler ist jetzt entschlossen, sich selbst und die Bundesrepublik wieder im schönsten Licht zu zeigen, natürlich in Rheinland-Pfalz. Am 22. Juni fahren die beiden von Rüdesheim auf dem Schiff nach Assmannshausen in die »Krone«, ein Lieblingslokal Helmut Kohls. Dort wird bei Rheingauer Kartoffelrahmsuppe und Kalbsfilet im Morchelmantel mit Rheingauer Riesling und Assmannshäuser Spätburgunder gewissermaßen Friede geschlossen. Kohl ist inzwischen zur europäischen Größe emporgewachsen, Mitterrand auf Normalmaß zurückgestutzt, muß gute Miene zur raschen Wiedervereinigung Deutschlands machen, ebenso zur dominierenden Rolle der USA, zur Perpetuierung der NATO, wenngleich – so die Erwartung – in veränderter Form, zur Ingangsetzung der Politischen Union und zur Herabstufung der KSZE mit entsprechender Verstärkung der Rolle der NATO. Kohl hat aber ein hervorragendes Geschick, Triumphe nicht als solche erscheinen zu lassen, sondern als Ergebnis gemeinschaftlicher Bemühungen, die man bei einem feinen Essen feiert.[26] Bei schönstem Sonnenschein geht es dann weiter per Schiff nach Sankt Goarshausen und Kaub, wo Kohl seinen Gast mit einem alten Merian-Stich beschenkt. Ob auch davon die Rede ist, daß hier Marschall Blücher in der Neujahrsnacht 1814 übergesetzt hat, um nach Frankreich einzumarschieren, ist nicht überliefert. Jedenfalls ist diese schwerste Krise zwischen Kohl und Mitterrand vorbei, die zeitweilig die Form eines Ehekriegs mit weitreichenden Folgen anzunehmen drohte.

Selten zuvor und danach tritt Kohls europäische Grundorientierung so überzeugend zutage wie in dem Wirbel dieser Monate. Er ist sich gewissermaßen gleichgeblieben und hat trotz der Emotionen der Wiedervereinigung, trotz aller Enttäuschung über die EG-Partner, speziell auch über Mitterrand, Stetigkeit bewiesen. Muß man demgegenüber feststellen, daß der bislang gleichfalls europäische, in Maßen deutschfreundliche Mitterrand zwischen Oktober 1989 und April 1990 förmlich von der Rolle geraten ist und ziemlich orientierungslos viele Hacken geschlagen hat – Absprung vom deutsch-französischen Tandem, zeitweiliges, zugleich aber perspektivloses Zusammengehen mit Gorbatschow, Aufwertung des moribunden SED-Regimes in der DDR, nicht voll durchdachtes Insistieren auf dem Datum einer Regierungskonferenz, unerwartete Bemühung um Wiederbelebung der Entente cordiale ausgerechnet mit der bisherigen Gegnerin Margaret Thatcher, Traum von einer paneuropäischen Konföderation und schließlich Rückkehr aufs deutsch-französische Tandem, allerdings mit dauerhaft geschwächter Position?

Über Mitterrands Außen- und Europapolitik in dieser Umbruchperiode wird auch künftig noch viel gerätselt und gestritten werden.[27] In mancherlei Hinsicht weist sie in diesem Zeitraum vielleicht doch eine gewisse Konsistenz auf. Sein Verhältnis zu Deutschland ist durchgehend von Ambivalenz gekennzeichnet. Das Europäertum dieses opportunistischen Sozialisten ist viel gaullistischer eingefärbt, als er zugeben möchte. Er wünscht eine enge Entente mit Deutschland, wie sie einstmals de Gaulle zu Zeiten der Kanzlerschaft Adenauers betrieben hat, allerdings unter freundschaftlicher Führung Frankreichs, um den Einfluß der USA zu reduzieren. Gaullistisch bei Mitterrand ist auch das Insistieren auf dem überlegenen Status Frankreichs als Kernwaffenmacht, als eine der vier Siegermächte, als Großmacht in Afrika und im Nahen und Mittleren Osten, auch als Führungsmacht Westeuropas gegenüber der Sowjetunion. Das gedankliche Spiel, notfalls mit der Sowjetunion gegen eine unruhige Bundesrepublik zusammenzugehen, ist Mitterrand genauso wenig fremd wie de Gaulle. Nur war dieser noch nicht auf die Idee verfallen, die wirtschaftliche Überlegenheit der Bundesrepublik durch Europäisierung der D-Mark zu reduzieren. Auch de Gaulle hat wie Mitterrand die Wiedervereinigung Deutschlands für das natürliche Geschick des deutschen Volkes gehalten, jedoch irgendwann in einer fernen Zukunft, zu französischen Bedingungen und unter strikter Respektierung der Oder-Neiße-Grenze.

In den kritischen Umbruchmonaten sieht der geschichtsbewußte Helmut Kohl das alles. Er ist sich zudem der problematischen Traditionen französischer Deutschland-, Rußland- und Polenpolitik durchaus bewußt. Aber in Mitterrand setzt er offensichtlich aus schwer nachvollziehbaren Gründen eine Art Urvertrauen, dies natürlich schon allein deshalb, weil sich seine großen Visionen – Einigung Europas, deutsch-französische Erbfreundschaft – ohne diesen Partner nicht verwirklichen ließen. 1989/90 bringt er zwar die Kraft und den Weitblick auf, Mitterrand entgegenzutreten und ihn auszumanövrieren, aber er ist glücklich, als dieser sich mit den Gegebenheiten abfindet und wieder gut Freund ist. Als eigentlicher Verursacher der Spannungen wird von Kohl Roland Dumas ausgemacht, der sich von den machtpolitischen Traditionen des Quai d'Orsay lenken lasse und außerdem, zu Kohls beständigem Mißfallen, mit dem eigenwilligen Genscher viel zu eng zusammenspielt. Daß Dumas nichts weiter als ein dienstbarer Geist seines Herrn und Meisters Mitterrand ist, will er sich nicht eingestehen.

Mit Bush gegen Gorbatschow

Auch heute noch sehen wir in der friedlichen Preisgabe der DDR durch Gorbatschow den vielleicht erstaunlichsten Vorgang der neueren Zeitgeschichte. Entsprechend viele Analysen sind seither erschienen, die das schwer Begreifliche erklären sollen. Bei diesem historischen Umbruch haben verschiedenste Faktoren zusammengewirkt –

langfristige Trends, kurzfristige Konstellationen, clevere Strategien, Fehleinschätzungen, nicht zuletzt Zufälle. Aber einige der wichtigsten dieser Faktoren tragen doch Namen: George Bush, Helmut Kohl, Michail Gorbatschow. Zu Unrecht steht dabei der Beitrag George Bushs etwas im Schatten, denn ohne den Rückhalt der USA hätte Kohl seine improvisierte Wiedervereinigungspolitik nicht riskieren und in kürzester Zeit durchziehen können.

Die meisten der großen Wendepunkte während der berühmten 329 Tage zwischen dem 9. November 1989 und dem 3. Oktober 1990 lassen dies erkennen. Es ist kaum vorstellbar, daß der prinzipiell eher vorsichtige, methodisch vorgehende Helmut Kohl die Kühnheit aufgebracht hätte, kurz vor dem Gipfel zwischen Bush und Gorbatschow in Malta sein Zehn-Punkte-Programm mit dem Endziel der staatlichen Einheit vorzulegen, wäre er sich der Zustimmung Bushs nicht sicher gewesen. Gorbatschow seinerseits protestiert zwar sehr verärgert, aber doch nicht mit letzter Entschiedenheit gegen die Einmischung Kohls in die inneren Angelegenheiten der DDR, weil er bei diesem ersten Treffen nach Bushs Amtsantritt die jahrelange Entspannungspolitik mit den USA nicht gefährden will. Und der amerikanische Präsident ist geschickt genug, bei den Besprechungen das explosive Thema Deutschland etwas beiseite zu schieben, um in den labilen Wochen nach dem Mauerfall keine sowjetischen Festlegungen zu provozieren. Bush verspricht, nichts Riskantes zu unternehmen, läßt Gorbatschow aber doch wissen, man könne von den USA auch nicht erwarten, daß sie die Wiedervereinigung ablehnten.[1] Alles bleibt also offen. Kurz darauf konterkariert Washington die Vorstöße Gorbatschows, Thatchers und Mitterrands, im Berliner Kontrollratsgebäude wieder eine neue Plattform der einstigen Deutschlandmächte zur Kontrolle der deutschen Frage einzurichten. Nicht auszudenken, wie alles gekommen wäre, wenn Bush sich an dem Versuch beteiligt hätte, die weitere Entwicklung durch Wiederbelebung des Kontrollrats abzubremsen.

Ähnlich wichtig ist die Rolle der USA vor dem Besuch Kohls und Genschers in Moskau am 10. Februar 1990. Kurz bevor Kohl zu den Verhandlungen nach Moskau fliegt, wo ihm Generalsekretär Gorbatschow »grünes Licht« für die Einigung Deutschlands geben wird, erhält er ein Schreiben des Präsidenten Bush, in dem sich dieser ausdrücklich verpflichtet, jedem Verzögerungsmanöver der Sowjetunion unter Berufung auf die Rechte der Vier Mächte entgegenzutreten. Zugleich klopft er nochmals seine Erwartung fest, daß Deutschland in der NATO verbleiben und auf dem Territorium der Bundesrepublik weiterhin die Stationierung – nuklear bewaffneter – amerikanischer Streitkräfte gestatten wird. Für das Territorium der DDR lasse sich ein spezieller militärischer Status vorsehen.[2] Damit sind bereits in großen Zügen die Modalitäten der späteren Lösung umrissen. Außenminister Baker hat kurz zuvor in Moskau Vorarbeit geleistet. Als Kohl auf dem Flughafen Scheremetjewo eintrifft, überbringt Botschafter Klaus Blech einen Brief Bakers. Gorbatschow und Schewardnadse, so Baker, akzeptierten nun die Wiedervereinigung als »unvermeidlich«. Baker skizziert dann die Erwartungen für die »äußeren Aspekte« der deutschen Einheit und teilt mit, er habe die im State Department ersonnene und mit Genscher schon vorerörterte Formel der »2+4-Gespräche« entriert und auf der Mitgliedschaft Deutschlands in der NATO insistiert.[3] Man verkleinert nicht Kohls Verhandlungserfolg bei dieser und späteren Gelegenheiten, wenn man feststellt, daß in diesen entscheidenden Wochen das Gewicht der USA schlechthin ausschlaggebend ist, übrigens auch gegenüber Großbritannien und Frankreich.

Bei dem schrittweisen Zurückweichen Gorbatschows in der kritischen Frage der NATO-Mitgliedschaft des wiedervereinigten Deutschlands ist die Hartnäckigkeit Kohls der entscheidende Faktor. Aber die Analyse der Verhandlungen auf den verschiedenen Ebenen läßt auch hier deutlich erkennen, wie nachhaltig die Bush-Administration vorgearbeitet hat. Schon bei seinem Besuch in Washington Ende Mai akzeptiert Gorbatschow faktisch die Möglichkeit einer NATO-Mitgliedschaft Deutschlands, wenngleich nur unter speziellen Bedingungen, die nicht zuletzt der Gesichtswahrung dienen.[4] Das betrifft ganz besonders die künftige Rolle der NATO, deren Militärstrategie, die Truppenstärken und die Stärkung der KSZE als überwölbende Institution.

Kohl setzt also sein eigenes Konzept der Wiedervereinigung durch, weil er von Anfang an genau erkannt hat, daß ohne die Bush-Administration wenig, mit ihr aber alles möglich ist. Und er erkennt schon früh, warum Gorbatschow nur noch über einen beschränkten Handlungsspielraum verfügt. Die Konstellation der Monate Oktober 1989 bis Oktober 1990 ist einmalig günstig. Zuerst gerät die DDR in den Sog politischer, rasch aber auch wirtschaftlicher Turbulenzen, so daß schon im Februar der Kollaps kurz bevorsteht. Genau im richtigen Moment, nämlich von Frühjahr 1990 an, müssen auch Gorbatschow und sein politisches Umfeld entsetzt feststellen, daß überall im Ostblock die Decke herunterfällt.

Zuerst ergibt sich in der DDR aus der Fluchtbewegung im Sommer und Frühherbst 1989 urplötzlich eine vorrevolutionäre Situation mit Großdemonstrationen, republikweitem Autoritätsverfall der SED und Unfähigkeit der Führung, die Lage politisch zu stabilisieren. Die Massen wollen den politischen Wandel, und die SED rennt den Entwicklungen nur noch hinterher. Gleichzeitig wird die Führungsspitze im offiziellen Bonn von der Nachricht elektrisiert, daß die DDR-Regierung offenbar auch in schlimmen Zahlungsnöten stecke. Die Bedeutung der Besuche des Staatssekretärs Schalck-Golodkowski bei Seiters und Schäuble am 24. Oktober und 6. November für die Willensbildung des Bundeskanzlers kann schwerlich überschätzt werden. 1982 und 1983 brauchte die DDR dringend ein bis zwei Milliarden an Krediten. Jetzt ersucht Ost-Berlin um Kredite in Höhe von rund fünfzehn Milliarden DM.[5]

Hans Modrow und Helmut Kohl am 13. Februar 1990
auf der Pressekonferenz in Bonn

Fast zur gleichen Zeit erfahren zwei der wesentlichen Akteure, daß die DDR finanziell am Ende ist: Gorbatschow und Kohl. Der Kanzler operiert von nun an im Wissen darum, daß der zweite deutsche Staat eher früher als später kollabieren wird, wenn die Bundesregierung nicht mit einem Großkredit einspringt. Sofortbedarf an bundesdeutschen Krediten, diese häßliche Realität steckt auch in Modrows bald darauf schön formuliertem Wunsch nach einer »Vertragsgemeinschaft«. Am 1. Oktober leistet Honeckers Nachfolger Krenz bei Gorbatschow den Offenbarungseid, als er ihm die Eröffnungen des Chefs der Staatlichen Plankommission Gerhard Schürer beichtet. »Die DDR«, so teilt Gorbatschow daraufhin am 3. Oktober dem Politbüro mit, »lebt zu einem Drittel über ihre Verhältnisse.«[6] Seit 1988 muß die Sowjetunion nicht zuletzt wegen leerer Kassen überall ihre Engagements zurückfahren – den Afghanistankrieg, die Unterstützung Kubas, die Hilfe für radikale Regime in Afrika. Unter diesen Umständen sind Kredite zur Stabilisierung der DDR nicht mehr möglich. Gorbatschow unternimmt somit alle Versuche, den moribunden zweiten deutschen Staat irgendwie doch noch im eigenen Lager zu halten, im klaren Wissen darum, daß er für die politisch ohnehin ins Chaos treibende DDR wirtschaftlich nichts tun kann. Die Übersiedlung von wöchentlich Zehntausenden in die prosperierende Bundesrepublik illustriert diese Ausweglosigkeit und verschärft sie zugleich.

Die einzig denkbare Lösung aus Moskauer Sicht wäre eine großzügige Stützung der DDR durch die wohlhabende Bundesrepublik bei gleichzeitiger Respektierung der Unabhängigkeit des zweiten deutschen Staates. Dazu sind in der Tat große Teile der SPD und die Grünen bereit, doch wie lange und bis zu welcher Höhe, weiß niemand. Mit Kohl ist das nicht zu machen. Er zögert erst die Entscheidung über Kredite an die DDR hinaus und schiebt Anfang Februar 1990 diese Option völlig beiseite, indem er eine Wirtschafts- und Währungsunion als Vorstufe der Vereinigung offeriert.

Seit Anfang 1990 wird aber auch von Monat zu Monat zusehends deutlich, daß die sowjetische Wirtschaft aus der bereits jahrelang schwelenden Krise in den freien Fall überzugehen droht. Die 1988 vorgelegten Berechnungen sahen für den Haushalt 1989 bereits eine Deckungslücke von 36 Milliarden Rubel vor. Tatsächlich aber sind es dann wohl eher neunzig Milliarden – rund ein Zehntel des Bruttosozialprodukts. Die Handelsbilanz mit dem Westen ist hochdefizitär. Ende 1989 beläuft sich die Auslandsverschuldung auf rund sechzig Milliarden Dollar. Seit Jahren schon muß die einstige Kornkammer Europas große Mengen Getreide und andere Grundnahrungsmittel importieren. Da aber der Wert des Rubel ständig sinkt, besteht ein dringender Bedarf an kurzfristigen Krediten.[7]

Im Bonner Bundeskanzleramt wird das genauestens registriert. Am 8. Januar 1990 klopft Botschafter Kwizinskij bei Teltschik erstmals auf den Busch und bringt gewisse Versorgungsengpässe in der Sowjetunion zur Sprache. Fleisch, Fette, Pflanzenöl und Käse würden gebraucht. Die Sowjetunion könne das Problem auch selbst stemmen, aber vielleicht könne Bonn doch zu einem »Freundschaftspreis« helfen? Noch am selben Abend kommt das Thema Nahrungsmittelhilfe im Kanzlerbungalow zur Sprache, und Kohl gibt Weisung, umgehend zu reagieren. Am 24. Januar wird ein sofortiger Sonderverkauf von Nahrungsmitteln beschlossen. Die Lieferung soll in den nächsten zwei Monaten erfolgen und wird mit 220 Millionen DM aus dem Bundeshaushalt subventioniert.[8] Als sich Kohl am 10. Februar bei Gorbatschow einfindet, um über die Einheit zu verhandeln, läßt er es sich nicht nehmen, ganz zu Beginn der Unterredung auf die Lebensmittelaktion als Zeichen des deutschen *goodwill* hinzuweisen, worauf sich Gorbatschow erst einmal zu bedanken hat. Kohl erneuert diesbezüglich eine schon im Mai 1989 gemachte Zusage und verbreitet sich erst danach – freundschaftlich, freundschaftlich – über den ökonomischen Kollaps der DDR.[9] Bei den Strategiesitzungen Kohls mit Bush und Baker sind die sowjetischen Hilfersuchen beständig ein Thema.[10] In Kenntnis der kritischen Wirtschaftslage der Sowjetunion entsteht im Bundeskanzleramt schließlich die Idee eines umfassenden Vertragswerkes, später »Großer Vertrag« genannt, das nach Herstellung der deutschen Einheit von Ende 1991 an die deutsch-sowjetischen Wirtschaftsbeziehungen auf eine weitreichende Basis stellen sollte. Der Bundeskanzler persönlich macht am 22. April gegenüber Botschafter Kwizinskij einen entsprechenden Vorschlag.[11]

Pressekonferenz mit George Bush in Camp David,
25. Februar 1990

Als sich Außenminister Schewardnadse Anfang Mai 1990 zur ersten Ministerrunde der 2+4-Verhandlungen nach Bonn begibt, befindet er sich in einer wenig beneidenswerten Lage. Einerseits will er sein Bestes tun, um bei den »äußeren Aspekten« der Wiedervereinigung weiter zu bremsen und möglichst viel von den sowjetischen Positionen zu retten, andererseits muß er den Bundeskanzler in vertraulicher Unterredung um großzügige Kredite bitten. Botschafter Kwizinskij übergibt Horst Teltschik ein Non-Paper, in dem die Sowjetunion unter Verweis auf »Gerüchte« über ihre Zahlungsunfähigkeit einen westlichen Finanzkredit von rund zwanzig Milliarden DM für fünf bis sieben Jahre als wünschenswert bezeichnet.[12] Kohl reagiert sofort, bittet die Vorstandssprecher der Dresdner Bank und der Deutschen Bank, Wolfgang Röller und Hilmar Kopper, um Unterstützung, die sich schon in der folgenden Woche mit Teltschik unter strikter Geheimhaltung in einer Challenger der Bundeswehr nach Moskau begeben, um dort über einen ungebundenen Sofortkredit und langfristige Finanzkredite zu verhandeln, beides zu Vorzugskonditionen. Alle Beteiligten sind sich darüber im klaren, daß dies Teil eines Pakets im Zusammenhang mit den »äußeren Aspekten« der Wiedervereinigung ist. Verschiedene weitere Elemente genuin sicherheitspolitischer Natur, die damals und später intensiv in der Diskussion sind, werden noch hinzutreten. Kohl und Teltschik sind jedoch fest davon überzeugt, daß Gorbatschows wirtschaftlich bedrängte Lage bei seinem Nachgeben in der Frage einer NATO-Mitgliedschaft des vereinten Deutschlands von größter Bedeutung ist.

Offenbar setzt die Führungsrunde um Gorbatschow nunmehr auf das Konzept einer denkbar engen wirtschaftlichen Zusammenarbeit der Sowjetunion mit dem potenten Deutschland, um das ins Schleudern gekommene Experiment der »Perestroika« doch noch zu retten. Gewisse Enttäuschungen über die damals zu beobachtende amerikanische Zurückhaltung bezüglich weitreichender Kredite schlagen dabei gleichfalls zu Buche.[13]

Der »Große Vertrag« und weitere Finanz- und Wirtschaftshilfen bilden eine wesentliche Komponente des Deals zur deutschen Einheit. Spöttisch, wie er sich manchmal auch gerne gibt, hat Kohl das schon Ende Februar beim Gespräch mit Bush in Camp David prognostiziert, als die NATO-Mitgliedschaft Deutschlands zur Diskussion stand. »Was die Sowjets jetzt sagten«, meinte er damals wegwerfend, »gehöre zum Verhandlungspoker: Am Ende werde die Frage nach Bargeld stehen.«[14] Und tatsächlich unternimmt Gorbatschow im allerletzten Moment, nur eine Woche vor Unterzeichnung des 2+4-Vertrags in Moskau, höchstpersönlich einen Vorstoß, um weitere Milliarden herauszuhandeln.[15] Zwei Tage vor der Vertragsunterzeichnung am 12. September erhöht Kohl in einem langen Telefonat den zinslosen Kredit im Rahmen des Überleitungsvertrags auf insgesamt fünfzehn Milliarden DM.[16] Die zahllosen beiderseitigen Versicherungen über Würde, Friedenspolitik, gemeinsame Sicherheit, Absage an eine finstere Vergangenheit, Neubeginn und anderes mehr in den berühmten Gipfelgesprächen des Jahres 1990 sind gewiß ernst gemeint. Doch genauso ernst ist der Milliardenpoker, der den Deal begleitet und letztlich erst ermöglicht. »Für 4 ½ Milliarden konnte man alles bekommen«, wird das später Valentin Falin, einstmals Breschnews Botschafter in der Bundesrepublik, haßerfüllt kommentieren: »Ich habe gesehen, daß Gorbatschow alles in den Morast führt.«[17]

Die wirtschaftliche Bedrängnis Gorbatschows ist aber nur ein Teilaspekt der sowjetischen Staatskrise. Bereits 1989 löste die Liberalisierung im Zeichen von »Glasnost« in vielen Teilen der Sowjetunion Nationalbewegungen und Unbotmäßigkeiten der regionalen Parteiführungen aus – in Georgien, in Armenien, in Litauen, auch schon in der Ukraine. 1990 brechen in Baku und im Baltikum offene Unruhen aus. Zugleich sackt der Ostblock in sich zusammen. Die von Gorbatschow geförderten Reformkommunisten in Ungarn und Polen werden von antikommunistischen Parteien bedrängt, in der ČSSR und in Bulgarien brechen die kommunistischen Regime vollständig zusammen. Schon im Januar 1990 fordert Lech Walesa den Abzug der sowjetischen Truppen.[18] Genauso populär ist die Forderung nach einem Truppenabzug in Ungarn und in der ČSSR. Selbst wenn die DDR stabil geblieben wäre, hätte sie ihre geostrategische Funktion verloren. Auch das spricht also für sowjetisches Nachgeben. Beim Blick auf diese Entwicklung sind Kohl und Genscher gerne bereit, für die Wiedervereinigung eines souveränen Deutschland einen Verbleib sowjetischer Truppen für die Übergangszeit von vier Jahren in Kauf zu nehmen.

Unter so widrigen Bedingungen vollzieht Gorbatschow in einer Mischung aus Lethargie und realistischer Einsicht eine Kapitulation in Raten. Aus dem weltweit gefeierten Reformer ist binnen Jahresfrist ein Getriebener geworden. Bush, Kohl, Genscher und alle Beteiligten auf seiten des Westens sind verständig genug, ihm einen gesichtswahrenden Rückzug aus der DDR zu gewähren.

Polen

»Aus dem Aufbau des ganzen Europa könne nichts werden, wenn die Deutschen und die Polen kein gutes Verhältnis zueinander entwickelten.«[1] Das versichert Kohl im Juni 1990 dem polnischen Finanzminister Leszek Balcerowicz und bringt damit einen Grundgedanken seiner Polenpolitik auf den Punkt. Tatsächlich bildet das Verhältnis zu Polen einen der umstrittensten Aspekte der Außenpolitik Kohls in den Umbruchjahren 1989/90. Daß er jedoch 1989 Ungarn und Polen ursprünglich viel deutlicher auf dem Radarschirm hat als die DDR, zeigen beispielsweise seine Gespräche und Telefonate mit George Bush im ersten Halbjahr 1989.

Ungarn wird zum Auslöser des Wiedervereinigungsprozesses, und Kohl wird dafür dauerhaft dankbar sein. Doch Polen hat auf der außenpolitischen Agenda des Bundeskanzlers zunächst einen viel höheren Stellenwert. Vor 1989 hat er das Land nie besucht, verfügt aber über recht ausgeprägte Vorstellungen von den deutsch-polnischen Beziehungen im 19. und 20. Jahrhundert. Sein Polenbild weist eine stark westdeutsche Prägung auf. Im Rheinland und im deutschen Südwesten haben die polnischen Freiheitsbewegungen seit den Zeiten des Vormärz vielerorts Sympathie und Bewunderung geweckt, während in den preußischen Kernlanden Polenverachtung und Überheblichkeit tonangebend waren. Das 20. Jahrhundert hat dann die bekannten Scheußlichkeiten heraufgeführt, die in der Bundesrepublik nach dem Zweiten Weltkrieg eine ungeschiedene Mischung von schlimmen Erinnerungen, Ressentiments, Schuldgefühlen, Haß, aber genauso von Versöhnungsstreben zurückließen. Letzteres setzt sich durch. Wie so oft verbieten sich pauschale Zuordnungen. Doch seit den sechziger Jahren des 20. Jahrhunderts ist in der Bundesrepublik wieder eine von Empathie gekennzeichnete Einstellung zu Polen dominant geworden, während sich in der DDR vielfach noch die alte Überheblichkeit gehalten hat.

Kohl selbst ist in ganz ausgeprägter Weise ein Repräsentant jener politischen, kirchlichen, publizistischen Eliten im deutschen Westen, die emotionale Polenfreundschaft und Bewunderung für den polnischen Patriotismus aufweisen. Das verbindet sich auch bei ihm mit ausgeprägt schlechtem Gewissen wegen der deutschen Greueltaten im Zweiten Weltkrieg. Natürlich sind den Polenfreunden auch die polnischen Untaten bei der Vertreibung voll bewußt. Doch da sich vielfach gerade bei den Vertriebenen der Versöhnungsgedanke vergleichsweise früh durchgesetzt hat, überwiegt der Wille, einen neuen Anfang zu machen. Ausgeprägte Polenfreundschaft ist jedenfalls in den achtziger Jahren schon ein Teil der politischen Kultur in der Bundesrepublik, und der Bundeskanzler läßt kaum ein Gespräch mit hochrangigen Polen aus, in dem er das nicht sehr warmherzig zum Ausdruck bringt.

Der Reihe nach stellen sich seit Anfang 1989 im Bundeskanzleramt maßgebliche Persönlichkeiten der polnischen Politszene ein, die sich in vollem Umbruch befindet. Den Reigen eröffnet am 20. Januar der neuernannte reformkommunistische Ministerpräsident Mieczysław Rakowski. Das Gespräch der beiden illustriert die vorbehaltlose Unbefangenheit, mit der Kohl in der gesamten Umbruchperiode mit Kommunisten umgeht, die sich auf die neue Zeit einstellen. Man muß gelegentlich die Lebensläufe solcher Gesprächspartner aus den bisherigen kommunistischen Regimen skizzieren, die sich künftig bei Kohl in großer Zahl einstellen werden. Rakowski ist ein Mann mit Vergangenheit. In Bonn steht er in hohem Ansehen. Hier hat er sich in den Heldenjahren sozialliberaler Ostpolitik als Korrespondent der *Polityka* viele Freunde erworben, vor allem bei der SPD. Dann wurde er Chefredakteur der *Polityka* und machte sich mit einer reformerischen Redaktionspolitik sowie vielen eigenen frechen Leitartikeln bei den sturen Altkommunisten, auch in Moskau, viele Feinde. Seiner Parteikarriere schadete das jedoch nicht. 1980/81 sucht er, inzwischen Vizepremier, ein Arrangement mit Solidarność. Doch als General Wojciech Jaruzelski das Kriegsrecht verhängt und die Freiheitsbewegung brutal unterdrückt, stellt er sich dem General zur Verfügung, hilft bei der Säuberung der Medien von den Anhängern von Solidarność und ist zeitweilig einer der verhaßtesten Intellektuellen des Regimes. Zynisch und beredt kratzt er erneut die Kurve, als die KPdSU unter Gorbatschow immer reformerischer wird. Jetzt macht ihn der Staatspräsident Jaruzelski zum Ministerpräsidenten, und in den Monaten nach dem Besuch in Bonn wird er am Runden Tisch mit den Repräsentanten der einstigen Solidarność-Bewegung und den kleineren, bisher regimetreuen Parteien jenen »paktierten« Übergang in die Wege leiten, aus dem nach den Wahlen im Juni 1989 auf einigen Umwegen die Übergangsregierung der nationalen Versöhnung unter dem Ministerpräsidenten Tadeusz Mazowiecki von Solidarność hervorgehen wird. Er selbst bleibt nun allerdings auf der Strecke.[2]

Kohl kennt natürlich Rakowskis enge Verbindung zur SPD und macht bei diesem Gespräch im Januar 1989 darauf aufmerksam, daß einstmals die gut katholischen polnischen Reichstagsabgeordneten aus den Grenzgebieten nicht etwa bei der SPD hospitierten, sondern beim Zentrum. Dann kommt er, wie könnte es anders sein, auf das berühmte Hambacher Freiheitsfest am 27. Mai 1832 zu sprechen, bei dem 30 000 Menschen, Pfälzer vor allem, doch auch Deutsche aus anderen Regionen, neben Franzosen und Polen unter schwarzrotgoldenen Fahnen zusammenströmten. Auch Adenauer wird erwähnt, der in seiner ersten Regierungserklärung im September 1949 die Notwendigkeit einer Aussöhnung mit drei Ländern angesprochen habe: mit Israel, mit Frankreich und mit Polen. Und natürlich darf der Hinweis auf die fünfzigste Wiederkehr des Kriegsbeginns am 1. September nicht fehlen – ein Anlaß für alle, nunmehr mit ganzer Kraft für die Versöhnung zu arbeiten.[3]

Alsdann wird das Gespräch rasch irdisch. Seit gut zwei Jahrzehnten stehen im deutsch-polnischen Dialog stets dieselben Themen auf der Agenda: Polen verlangt mit unterschiedlicher politischer Begründung nach großzügigen Krediten und möchte die Oder-Neiße-Linie völkerrechtlich noch stärker festgezurrt sehen als bisher schon, während Bonn die Lage der deutschen Minderheit in den verlorenen Ostgebieten zu verbessern sucht. So war das in den Zeiten Kiesingers, Brandts, Schmidts, und so ist es ganz besonders jetzt in den Jahren des Umbruchs 1989/90. Von Rakowski erfährt Kohl beispielsweise bei dieser Gelegenheit, daß sich die Verschuldung Polens auf rund vierzig Milliarden Dollar beläuft. Deutsche Kredite und internationale Umschuldungen, wiederum mit deutscher Beteiligung, seien unumgänglich, sonst könne das Land seine Politik der Versöhnung und der Wirtschaftsreformen nicht fortsetzen. Das wird sich von nun an durch alle Verhandlungen hindurchziehen, und Kohl zeigt sich entschlossen, in diesen Fragen des Scheckbuchs Großzügigkeit walten zu lassen.

Am 7. Juli kommt mit dem Fraktionsvorsitzenden des Bürgerkomitees »Solidarität«, Professor Bronisław Geremek, ein ganz anderer Typ von Besucher. Auch ihm gegenüber entrollt Kohl das jahrhundertealte europäische Geschichtspanorama. Von katholischen Glaubensfreunden fühlt er sich natürlich besser verstanden als von einem Rakowski. »Er sei zutiefst überzeugt«, äußert er bei der Unterredung mit Geremek, »daß jetzt eine Chance bestehe, das zu schaffen, was man das Europa des 21. Jahrhunderts nennen könne. Dies werde nicht das Europa der Nationalstaaten sein. Zwar blieben Deutsche und Polen und bei uns Bayern, Hessen und Rheinländer. Aber das kommende Europa werde starke föderale, dezentralisierte Strukturen – auch im Geistigen – haben und für den einzelnen den Dreiklang der Loyalität zur Heimat, zum Vaterland und zu Europa umfassen.«[4] Anfang September stellt sich schließlich Lech Walesa ein, der bereits legendäre Anführer von Solidarność.

Das ganze Jahr 1989 hindurch laufen die Vorbereitungsarbeiten für einen Staatsbesuch des Bundeskanzlers, der mit großem Gefolge in Polen ein neues Kapitel im Geschichtsbuch aufschlagen möchte. Inzwischen haben die Kräfte von Solidarność die Wahlen gewonnen, eine Regierung der nationalen Versöhnung mit nichtkommunistischem Übergewicht ist etabliert, und Präsident Bush hat im Juli einen umjubelten Staatsbesuch durchgeführt, dazu auch nachdrücklich ermutigt durch Helmut Kohl.

Wie zuvor schon in Bitburg stellt sich der auf symbolische Politik versessene Bundeskanzler wieder einmal selbst ein Bein, indem er den Vorschlag des Bischofs Alfons Nossol von Oppeln aufgreift, einen Versöhnungsgottesdienst zusammen mit Ministerpräsident Mazowiecki ausgerechnet auf dem schlesischen Annaberg zu zelebrieren, der 1921 in blutigen Kämpfen gegen polnische Aufständische von deutschen Freikorps wiedererobert wurde. Als in Polen heftige Kritik an dieser wenig durchdachten Idee aufkommt, schlägt Nossol die Kapelle bei Schloß Kreisau vor. Kohl, der alles kennt, gelesen und in sich aufgesogen hat, was in Deutschland über die Vorgeschichte des 20. Juli erschienen ist, verehrt den Kreisauer Kreis um Helmuth James Graf von Moltke als eine Art Leuchtturm des moralischen Widerstands gegen die totalitäre Diktatur Hitlers. Auf dessen leider völlig heruntergekommenem einstigen Landsitz möchte er den führenden Polen in Erinnerung rufen, daß es zwischen 1939 und 1945 auch ein »anderes Deutschland« gab. Die Ernsthaftigkeit seiner Absichten ist evident. Daß die polnische Führung im November 1989 für die hochsymbolischen Absichten des Bundeskanzlers viel Sinn aufbringt, ist eher zu bezweifeln. Doch die bedeutungsvolle, gutgemeinte geschichtspolitische Geste gehört nun einmal zum Regierungsstil Helmut Kohls, mit dem sich alle seine Partner abfinden müssen.

Am 9. November beginnt dann der sorgfältig vorbereitete Staatsbesuch in Polen. Ausgerechnet in diesen groß aufgezogenen Polenbesuch platzt der Fall der Berliner Mauer hinein. Bei der abendlichen Fahrt zum Palais Radziwill, wohin Tadeusz Mazowiecki, erster nichtkommunistischer Ministerpräsident Polens, zum Staatsdiner geladen hat, erreicht den Kanzler ein Telefonat des Bonner Kanzleramtsministers Seiters, der von der unglaublichen Pressekonferenz des SED-Politbüro-Mitglieds Günter Schabowski Mitteilung macht. Von nun an rückt das gesamte Verhältnis Kohls zu Polen in den Schatten der Wiedervereinigung.

Kohl unterbricht den Besuch und fliegt kurzfristig zurück, um nicht wie einstmals Adenauer den rechtzeitigen Auftritt in Berlin zu verpassen. Doch nichts zeigt so deutlich den hohen Stellenwert, den er der Versöhnung mit Polen beimißt, als seine Entscheidung, trotz der zum Zerreißen gespannten Lage in Deutschland umgehend nach Polen zurückzukehren, um den größten Teil des Programms doch noch abzuwickeln. In der polnischen Öffentlichkeit soll auf keinen Fall der Eindruck entstehen, der deutsche Bundeskanzler vernachlässige das stolze Polen. Nach stundenlanger, beschwerlicher Fahrt durch das vernebelte Schlesien erreichen die Autokolonnen des Bundeskanzlers und des polnischen Ministerpräsidenten schließlich Schloß Kreisau zu der von Bischof Nossol zelebrierten Messe. Kohl hält sich damals wie später auf die Versöhnungsgeste viel zugute. Doch die Fotos lassen deutlich erkennen, daß sich Tadeusz Mazowiecki durch die gutgemeinte Umarmung des mächtigen deutschen Riesen eher bedrängt fühlt. Der zierliche DDR-Ministerpräsident de Maizière wird Kohl bald ähnliche Empfindungen entgegenbringen.

Bundeskanzler Kohl beim Empfang im Haus des Ministerrats in Warschau,
9. November 1989

Zu seinem Kummer findet Kohl in den Umbruchmonaten 1989/90 in Polen nicht die richtigen Partner. Die dortige Innenpolitik ist verworren. Das alte Regime mit dem national-kommunistischen Präsidenten Jaruzelski sowie den gewendeten kommunistischen Funktionären muß sich mit den Kräften aus der Solidarność und den anderen einstigen Blockparteien die Macht teilen. Die Solidarność-Bewegung selbst ist in verschiedene Gruppierungen zerfallen, die sehr unterschiedliche Wirtschaftsstrategien verfolgen und das mit ihrem persönlichen Ehrgeiz verbinden.[5] Mazowiecki selbst, den die Satireblätter als Schildkröte karikieren, ist mit seinem früheren Mentor Lech Walesa zerfallen und sucht zäh, aber auch vorsichtig seinen Weg. Die gegensätzlichen Lager sind sich nur in dem Verlangen einig, Polen müsse an den Verhandlungen über die Wiedervereinigung teilnehmen und die Bundesrepublik habe im vorab schon einen völkerrechtlich nun wirklich bindenden Verzicht auf die Ostgebiete zu leisten.

Kohl will sich dem nicht beugen und zeigt sich tief enttäuscht. Warschau fehle offensichtlich jedes Verständnis dafür, beklagt er sich im Juni 1990 gegenüber dem ungarischen Ministerpräsidenten József Antall, »daß – bei allem Schrecklichen, was in Polen von Deutschen und im deutschen Namen geschehen sei – auch der Verlust der Heimat für 14 Millionen Deutsche, ihre Vertreibung und die vielen Todesopfer, die sie gefordert habe, für uns nicht leicht zu übergehen seien«.[6] Derartige Beschwerden gegenüber Staatsmännern aus dem Ostblock formuliert man zum Weitererzählen, schließlich sind die traditionell freundschaftlichen Beziehungen zwischen Ungarn und Polen im Bundeskanzleramt wohlbekannt. Die Hauptschuld an den Spannungen gibt Kohl Jaruzelski. Vielleicht würde Mazowiecki für seine Haltung noch Verständnis aufbringen, äußert der Kanzler zur gleichen Zeit George Bush gegenüber, aber die Kommunisten, besonders Jaruzelski, betrieben eine nationalistische Politik. Leider sei auch die katholische Kirche unter Józef Kardinal Glemp hiervon nicht freizusprechen.[7] Glemp ist und bleibt für Kohl auch künftig eine *bête noire*.

Nicht nur die schwierige polnische Innenpolitik sorgt für Komplikationen. Von Oktober 1989 an findet sich eine bunte Schar zusammen, die Kohls ohnehin schon hinlänglich komplizierte Wiedervereinigungspolitik erschwert, indem sie das Grenzproblem mit Polen hochzieht. Mitterrand, Thatcher, einige Bremser in Washington, Gorbatschow, die SPD und die Grünen in Bonn, nicht zuletzt auch Hans-Dietrich Genscher mit der FDP, die Regierung de Maizière in der DDR sowie die starke Polen-Lobby in der Publizistik, bei den Kirchen und in der Wirtschaft der Bundesrepublik verlangen einen vorgezogenen Verzicht auf die einstmals deutschen Gebiete östlich von Oder und Neiße. Kohls Gesprächspartner und auch die deutsche Öffentlichkeit wissen genau, daß der Bundeskanzler zu gegebener Zeit den im Warschauer Vertrag von 1970 bereits vorgenommenen Verzicht nicht rückgängig machen will. Er hält aber an der Rechtsposition fest, nur das wiedervereinigte Deutschland könne auf die deutschen Ostgebiete völkerrechtlich definitiv verzichten.

Mit diesem grundlegenden Rechtsproblem verbinden sich die gewissermaßen klassischen Stolpersteine, die seit Jahrzehnten auf dem Weg zur deutsch-polnischen Versöhnung liegen: das Staatsangehörigkeitsproblem und die Ausreisewünsche ehemals Deutscher in Polen, der Wunsch deutschbürtiger Oberschlesier nach gesetzlich garantierten Minderheitsrechten, das polnische Verlangen nach Reparationen oder doch irgendwelchen Entschädigungen, die Frage der polnischen Schulden bei der Bundesrepublik und nachdrückliche Wünsche Warschaus nach deutscher Finanz- und Wirtschaftshilfe. Dazu kommen die gleichfalls altbekannten wahlstrategischen Überlegungen. Seit den frühen siebziger Jahren stehen die Vertriebenen im Lager von CDU und CSU. Auch ihre Erwartungen müssen bei den substantiellen Regelungen und beim Timing berücksichtigt werden. Kohl läßt sich in seiner Polenpolitik von keiner Seite beirren, steuert auch die eigene Fraktion so, daß bei den entscheidenden Abstimmungen im Juni und dann erneut im Dezember 1990 nur eine Handvoll Abgeordneter dem definitiven Verzicht auf die Ostprovinzen nicht zustimmt.

Im Verlauf der neunziger Jahre werden sich in Warschau parteipolitisch recht unterschiedlich ausgerichtete Regierungen in schneller Folge ablösen. Einer jeden gegenüber wird der Bundeskanzler beharrlich an seiner Vision zu den deutsch-pol-

Bundeskanzler Kohl bedankt sich im ungarischen Parlament,
18. Dezember 1989

nischen Beziehungen festhalten. Als Lech Walesa, inzwischen Staatspräsident, ihn im März 1992 in Bonn aufsucht, beginnt Kohl seine Ausführungen mit der grundsätzlichen Bemerkung, »unser deutsches und sein persönliches Interesse sei, daß sich zwischen Polen und Deutschland ein Verhältnis wie zwischen Deutschland und Frankreich entwickele. Der Friede in Europa werde entscheidend davon abhängen.«[8]

Was Ungarn, den zweiten wichtigen Bezugspartner in den Umbruchjahren 1989/90, angeht, muß man die Beziehungen zu den Reformkommunisten und den Anti-Kommunisten in Budapest in den Blick nehmen, um zu verstehen, weshalb der an und für sich so polenfreundliche Bundeskanzler wegen der Partner in Warschau oft mißgestimmt ist. Anders als bei Mazowiecki oder Jaruzelski stimmt zwischen Kohl und dem Ministerpräsidenten Nemeth sowie dessen Außenminister Horn »die Chemie«. Das Verhältnis zwischen Deutschen und Ungarn ist nicht historisch traumatisiert. Seit Jahren ist Budapest für die deutsche Diplomatie eine Art Horchposten im Ostblock. Im Gegensatz zu Polen haben die ungarischen Reformkommunisten auch ein anständiges Minderheitenabkommen über die dort lebenden Deutschen abgeschlossen. Daß sich Ungarn als erstes Ostblockland zur Grenzöffnung bereit findet, damit als Katalysator für die Ereignisse in der DDR wirkt und Helmut Kohl genau im richtigen Moment, nämlich am Vorabend des CDU-Parteitages in Bremen, einen gewaltigen Schub gibt, ist für ihn Anlaß zu immerwährender Dankbarkeit. So läßt er es sich nicht nehmen, ausgerechnet in dem mit kritischsten Terminen vollgepackten Dezember 1989 – ein paar Tage nach dem Straßburger Gipfel und kurz vor dem Flug nach Dresden – zum Gespräch mit Ministerpräsident Modrow, ganze drei Tage lang zu einem Staatsbesuch nach Budapest zu reisen, um dort in aller Form seinen Dank abzustatten, dies selbstverständlich verbunden mit der Zusage weiterer Wirtschaftshilfe. Bei dieser Gelegenheit möchte er aber auch erfahren, welcher Wind im Kreml weht, wobei er hoffen darf, daß seine beschwichtigenden Versicherungen unverzüglich weitergegeben werden. Als Nemeth und Horn abgewählt werden, überträgt er seine Sympathie auf deren konservativen Gegner József Antall.

Im Verhältnis zu Polen, Ungarn und bald auch zur Tschechoslowakei hat der Bundeskanzler es wie alle seine Vorgänger mit einer Vielzahl von Fragen und Interessen zu tun, die bis in die Jahre des Zweiten Weltkriegs oder noch weiter zurückreichen. Aber er zeigt sich stets bemüht, das künftige Verhältnis vor allem in die europäische Perspektive zu rücken. Eine baldige Mitgliedschaft in der EG sieht er 1990 allerdings weder für Polen noch für Ungarn. Beide gehören, so betont er seit langem, zwar kulturell und im weiteren Sinn politisch zu Europa, müssen seiner Meinung nach auch nach Kräften wirtschaftlich unterstützt werden, aber 1990 sind sie doch weiterhin Mitglieder des Warschauer Pakts, und die Sowjetunion ist immer noch eine atomar gerüstete Supermacht, deren Armeen an der Elbe, in Polen und in Ungarn stehen.

Am 28. September 1990, am Tag der Unterzeichnung des 2+4-Vertrags, führt der Bundeskanzler mit Jacques Delors ein Gespräch über die Zukunft der EG und stellt dabei fest, »er halte die Vorstellung, wie sie z. B. Frau Thatcher äußere, alle Länder Europas in die EG aufzunehmen, für unvereinbar mit seinen Zielvorstellungen über die EG«. Sicherlich werde man nicht an der Aufnahme einiger weniger Länder vorbeikommen. Bei der Erörterung, welche das seien, ist im Protokoll nur von Österreich die Rede. Kohl ist damals der Meinung, daß sich die EG zu einem Bundesstaat entwicken läßt. Noch hält er eine allzu schnelle Zunahme der Mitgliederzahl für kontraproduktiv.[9]

»Der glückliche Riese«: von der Volkskammerwahl zur Bundestagswahl

»Der glückliche Riese« betitelt der zuvor stets herzhaft Kohl-kritische *Spiegel* am 19. November sein Wahlspezial, das zwei Wochen, bevor der Kanzler seinen satten Wahlsieg in die Scheuern fährt, erscheint.[1] Künftig wird sich Kohls historischer

Ruhm darauf gründen, daß ihm die Vereinigung ohne größere Karambolagen und in beispiellosem Tempo geglückt ist. Weshalb alles blitzschnell gehen mußte, kann damals und später jeder Beobachter gewissermaßen vorwärts und rückwärts aufsagen. Man könnte geradezu eine Punktation der Faktoren auflisten, die zu größtmöglicher Eile zwingen.

Da ist erstens das ungeduldige Drängen der Deutschen in der DDR. Sie haben im Herbst 1989 ihre friedliche Revolution gemacht. Nun, nach dem Mauerfall und nachdem sie sich dessen erinnert haben: »Wir sind *ein* Volk!«, können sie es mehrheitlich kaum noch erwarten, der über vier Jahrzehnte hinweg beneideten und bewunderten Bundesrepublik beizutreten.

Da ist zweitens, eng damit zusammenhängend, die durchaus begründete Angst, dem politischen Kollaps des SED-Regimes könnte jetzt der ökonomische Kollaps der gesamten DDR auf dem Fuße folgen, damit aber völliges Chaos und ein Heer von Übersiedlern, das sich in Bewegung setzt. Anfang Februar strömen täglich rund 2500 Ostdeutsche nach Westdeutschland und West-Berlin. Im Bundeskanzleramt rechnet man die Zahlen hoch und kommt auf eine Million, falls sich das ungebremst fortsetzt. Das hätte die DDR nicht ausgehalten, meint Teltschik, der das berichtet, rückblickend. Aber auch die Bundesrepublik hätte das nicht ausgehalten.[2]

Da sind drittens die Sachzwänge, die sich aus dem ganz abenteuerlichen Konzept der Wirtschafts- und Währungsunion zwischen der großen, prosperierenden Bundesrepublik und der vergleichsweise kleinen, bankrotten DDR ergeben. Spätestens Ende Juli ist selbst dem Ministerpräsidenten de Maizière sonnenklar, daß nach Verkoppelung der beiden asymmetrischen Volkswirtschaften die staatliche Vereinigung so schnell wie möglich erfolgen muß. In Bonn hat man das schon ein paar Monate früher erkannt. Würde das leckgeschlagene DDR-Staatsschiff urplötzlich kentern und kieloben treiben, könnte es auch die breitseits liegende Bundesrepublik in den Abwärtssog hineinziehen.

Da ist viertens die bange Sorge vor einem Putsch der Reaktionäre in Moskau. Nicht auszumalen, was sich ereignen könnte, wenn sich das von Gorbatschow weit aufgerissene »window of opportunity« schlagartig schließen würde, während gleichzeitig die Wirtschafts- und Währungsunion bereits vollzogen ist!

Da ist fünftens der internationale Kalender. Washington, Bonn, zögernd auch Paris und London haben sich darauf geeinigt, die 2+4-Verhandlungen im Kasten zu haben, noch bevor man beim KSZE-Gipfel am 19. November in Paris zusammentrifft, um die rasch verhandelten Komponenten der Neuordnung Europas nach dem Kalten Krieg abzusegnen.

Und da ist schließlich sechstens der Zeitdruck des Artikels 39 GG (Zusammentritt und Wahlperiode). Die Wahl zum 12. Deutschen Bundestag muß irgendwann zwischen dem 25. Oktober 1990 und dem 13. Januar 1991 erfolgen. Eine vorgezogene oder spätere Wahl ist zwar theoretisch möglich, aber für eine Grundgesetzänderung würde die SPD gebraucht, die aus vielen Gründen nicht dazu disponiert ist. Kaum gangbar erscheint auch der Weg über vorgezogene Bundestagswahlen mittels »unechtem« Mißtrauensvotum nach dem Vorbild der Jahre 1972 und 1982. Überdies ist durchaus unsicher, ob der Bundespräsident und das Bundesverfassungsgericht dabei ein drittes Mal mitspielen würden. Jedenfalls machen sich bei den ohnehin schon hinlänglich komplizierten Abläufen des Vereinigungsprozesses wahltaktische Überlegungen stark bemerkbar. Das ist ganz zwingend, und es gilt für alle Beteiligten, für Helmut Kohl und die Unionsparteien, für die FDP, die SPD und die Grünen. Aber auch die nach dem 18. März in die Volkskammer gewählten DDR-Parteien können sich dem nicht entziehen, selbst wenn sie es wollten.

Mit dem Konzept einer Wirtschafts- und Währungsunion hat der Bundeskanzler alle Beteiligten unter Zugzwang gesetzt, auch sich selbst. Man kann nur darüber spekulieren, wie sich die Lage ohne dieses abenteuerliche Angebot entwickelt hätte. Vielleicht konnte die anders kaum machbare Vereinigung nur so über die Bühne gewirbelt werden. Nach dem 18. März jedoch vermag sich Kohl dem Druck der eben skizzierten Faktoren überhaupt nicht mehr zu entziehen, die allesamt nach Beschleunigung verlangen.

Am Tag nach dem Wahltriumph der »Allianz für Deutschland« am 18. März geht es im Bonner CDU-Präsidium hoch her. Jetzt bestehen die CDU-Ministerpräsidenten mit allem Nachdruck darauf, daß endlich die Notaufnahmeverfahren mit den daran geknüpften sehr kostspieligen Vergünstigungen für Übersiedler abgeschafft werden. Nur Lothar Späth tanzt aus der Reihe. Das geht schon seit Wochen so, doch Innenminister Schäuble hält weiterhin strikt dagegen. Auf sein Drängen hin erfolgt sogar eine weitere Festlegung. Kohl greift Schäubles Vorschlag auf, als Stichtag für die Wirtschafts- und Währungsunion den 1. Juli 1990 zu bestimmen und erst dann die Notaufnahmelager zu schließen sowie die Sonderhilfen für Übersiedler einzustellen.[3] Tags darauf schließen sich CSU und FDP dem an. Somit ist bereits drei Wochen vor Bildung der Regierung de Maizière am 12. April der Stichtag festgeklopft, an dem nicht mehr zu rütteln sein wird.

In der Tat gehen die Übersiedlerzahlen schlagartig zurück. Der Dampf ist für kurze Zeit abgelassen. Aber alle Beteiligten wissen, daß nur eine aufschiebende Wirkung erzielt ist. Sollte der Stichtag 1. Juli, aus welchen Gründen auch immer, in Zweifel gezogen werden, so wird der Übersiedlerstrom sofort wieder einsetzen. Außerdem droht eine noch größere Gefahr: der Zusammenbruch erheblicher Teile der DDR-Wirtschaft mit vorhersehbar verheerender Massenarbeitslosigkeit, sobald die D-Mark zum alleinigen Zahlungsmittel wird und die marktwirtschaftlichen Reformen greifen.

Das Tempo der Vereinigung bei diesem Rodeo-Rennen im Nebel resultiert aus diesen wirtschaftlichen Zwängen. Doch mit der Vereinigung kommt noch einiges hinzu. Jetzt muß die Bundesrepublik auch noch jene Hypotheken schultern, die von nun an den Prozeß der inneren Vereinigung so gravierend belasten werden. Beim Beitritt der von der SED ruinierten DDR ist das prinzipiell ganz unvermeidlich. Die Frage kann nur lauten, ob Helmut Kohl die späteren Belastungen durch andere Entscheidungen im Verlauf des Jahres 1990 vielleicht hätte verringern können.

Mit welchen Erwartungen der Kanzler das Konzept der Wirtschafts- und Währungsunion aufgreift, hat er, wie schon berichtet, dem amerikanischen Präsidenten George Bush am 24. Februar 1990 in Camp David vor Augen geführt. »Wenn man den Menschen in der DDR vernünftige Bedingungen gebe – Gewerbefreiheit, Privateigentum, Investitionsschutz, harte DM – dann werde die DDR in drei bis fünf Jahren auf die Beine kommen.«[4] Die Erwartung eines raschen, mittelfristig erfolgreichen Übergangs der DDR zur sozialen Marktwirtschaft speist sich in starkem Maß aus seinem persönlichen Erleben. Die Analogie zu den Jahren 1948 und 1949 ist ein Hauptgrund für die hoffnungsvollen Fehleinschätzungen, die ihn das Abenteuer der Wirtschafts- und Währungsunion riskieren lassen und tatsächlich zur Wiedervereinigung führen. Glaube an die rasche Wirksamkeit der sozialen Marktwirtschaft, Vertrauen in die Investitionsbereitschaft der bundesdeutschen Industrie, Erwartung eines freudigen Aufbruchs der Deutschen in Ost und West, auch das Vertrauen darauf, in drei bis fünf Jahren sei, so wie einstmals in den Anfängen der Ära Adenauer, die Durststrecke überwunden, das alles macht ihm jetzt Mut. So wagt er die Einheit, wird aber zugleich dem wiedervereinigten Gesamtstaat die Erblasten der verrotteten DDR-Wirtschaft aufbürden.

Tatsächlich pfeift die gewerbliche Wirtschaft in der DDR auf dem letzten Loch. Erst im Frühjahr 1990 können Manager und Ingenieure aus der Bundesrepublik die DDR-Betriebe genau inspizieren. Sie erzählen Horrorgeschichten vom Zustand der Produktionsanlagen. Von Woche zu Woche ist deutlicher zu erkennen, daß sich der Maschinenpark, die Arbeitsproduktivität und das Management vielfach in einem verheerenden Zustand befinden. In dem Gutachten, mit dem der eigenwillige und gescheite Ministerialrat Thilo Sarrazin Ende Januar 1990 das Abenteuer der Wirtschafts- und Währungsunion begründet, wird die Arbeitsproduktivität der DDR-Betriebe noch auf rund vierzig Prozent derjenigen in der Bundesrepublik veranschlagt.[5] Im März, als man sich schon etwas genauer umgesehen hat, wird die Schätzung auf dreißig Prozent heruntergefahren. Später landet man bei zwanzig Prozent.[6] Doch das Produktionsniveau der gewerblichen Wirtschaft ist nur ein wichtiger Faktor unter vielen. Der verrottete Zustand der Wirtschaft spiegelt sich im Umtauschverhältnis der Währungen. Westreisende müssen ihre DDR-Mark im Verhältnis 1:3 eintauschen. Im Zahlungsverkehr mit dem Ausland liegt der Kurs etwa bei 1:4, der Freihandelskurs, sprich der Schwarzmarktkurs, liegt bei 1:8 oder 1:9.[7] Wenn somit die kritische Bundesbank im Februar 1990 ein Umstellungsverhältnis der Währungen von 1:2 vorschlägt, ist das eine mehr als optimistische Annahme.

Auch die Analogie zur Währungsreform 1948 übersieht wichtige Unterschiede. Diese brachte tatsächlich einen harten Währungsschnitt im Verhältnis 1:10. Sie erfolgte aber unter größter Geheimhaltung und unter einer Militärregierung, die den recht niedrigen Außenwert der D-Mark festsetzte. Letzterer verbilligte die deutschen Exporte und ermöglichte auf längere Sicht das Comeback auf dem Weltmarkt. In den ersten Jahren nach der Währungsreform von 1948 hielt sich auch die Macht der Gewerkschaften noch in Grenzen. Sozialstaatliche Sicherungen existierten zwar schon, doch auf recht niedrigem Niveau. Der voll ausgebaute bundesdeutsche Wohlfahrtsstaat der 1980er Jahre lag noch in weiter Ferne. Eben dieser aber wird nun im Jahr 1990 mit nur geringen Korrekturen der DDR übergestülpt. Für viele Millionen Deutsche dort ist das erwünscht, für die Betriebe ist es verheerend.

Trügerisch ist auch die Hoffnung, nach Einführung der sozialen Marktwirtschaft in der DDR würde die bundesdeutsche Industrie in großem Stil dort investieren und so den Rückstand rasch überwinden helfen. Bestanden im Januar und Februar 1990 in den bundesdeutschen Unternehmungen noch Illusionen, so waren sie im April, Mai und Juni 1990 bereits verflogen. Der schlechte Zustand des Maschinenparks, die heruntergekommene Infrastruktur des Verkehrs- und Kommunikationswesens, die Unkalkulierbarkeit der Lohnentwicklung und die unübersichtlichen Eigentumsverhältnisse führen dazu, daß das Management der meisten Groß- und Mittelbetriebe, auch der Banken, zuerst einmal Zurückhaltung bei den Investitionen übt. Zunehmend wird den Verantwortlichen auch bewußt, daß die DDR ein vergleichsweise kleines Land ist, nicht größer als Nordrhein-Westfalen. An gewaltigen Investitionen der westdeutschen Industrie in der DDR herrscht zwar ein dringender Bedarf, doch für die Produktivität der westdeutschen Industrie sind zusätzliche Kapazitäten in der DDR nicht nötig. Der dortige Bedarf an Konsumgütern kann größtenteils aus Produktionsanlagen in Westdeutschland oder aus Importen gedeckt werden. Verlängerte Werkbänke zwecks niedriger Lohnkosten mögen nützlich sein, aber im Jahr 1990 und genauso in der folgenden schwierigen Phase erweist sich die Hoffnung auf einen Investitionsboom in den neuen Ländern als Fehlkalkulation.

Das gilt ebenso für die Erwartung, in Ost und West könne »das Geschenk der Einheit«, von dem Kohl später unablässig spricht, tiefgreifende Verhaltensänderungen bewirken. Die Wähler in den neuen Ländern bleiben mehrheitlich so materialistisch wie bisher schon, und die Westdeutschen ebenso. Die Deutschen in den heruntergewirtschafteten Regionen der DDR wollen möglichst rasch, auch möglichst ohne Abstriche den Sozialstandard und die Lebensqualität im westlichen Deutschland erreichen, während die Deutschen in der »alten« Bundesrepublik unwillig auf Steuererhöhungen, gestiegene Sozialbeiträge und sonstige Einschnitte reagieren.

Helmut Kohl hat für beides Verständnis. Er ist seit Jahrzehnten die Inkarnation eines Polit-Establishments, das vom Wohlfahrtsstaat nicht lassen möchte, die jeweilige Wählerklientel scharf im Blick hat und vom Prinzip der Verteilungsgerechtigkeit zutiefst überzeugt ist. Zugleich kennt er aber auch seit den Tagen der Kanzlerschaft Willy Brandts die Gefahren moussierender Inflation, die sich aus der Währungsunion ergeben könnten. So sieht er sich hin und her gerissen.

Schon die erste große Auseinandersetzung über das Umstellungsverhältnis der Löhne, Renten, Sparguthaben, Schulden der Betriebe und weiteres mehr zeigt, wohin die Reise geht. Seit den Volkskammerwahlen sieht sich Kohl mit einer ziemlich geschlossenen Front aller DDR-Parteien, der SPD mit ihrem Kanzlerkandidaten Lafontaine, des DGB und der Sozialpolitiker angeführt von Blüm konfrontiert. Diese fordern mit unterschiedlichsten Begründungen ein Umstellungsverhältnis von 1:1. Bald kristallisiert sich heraus, daß diese Gruppierung auch auf eine möglichst vollständige Übertragung von Sozialleistungen der Bundesrepublik auf die DDR hinarbeitet. Beunruhigend für Kohl ist das taktische Zusammenspiel zwischen der Ost-SPD und den Genossen in der Bundesrepublik.[8] Ost-SPD und Ost-CDU wetteifern miteinander beim Absichern und Fortentwickeln kostentreibender Gesetze. Demgegenüber plädiert die Bundesbank, unterstützt von Bundesfinanzminister Waigel, für ein Umtauschverhältnis 1:2. Ansonsten, argumentieren die Ökonomen, werde die Wettbewerbsfähigkeit der DDR-Unternehmen ebenso nachhaltig belastet wie der Staatshaushalt.[9]

Kohl neigt damals eher den Argumenten Waigels und der Bundesbank zu. Dies zeigt die Entscheidung, Hans Tietmeyer zum Verhandlungsleiter für den Staatsvertrag zu machen. Nachdem dieser als Staatssekretär Stoltenbergs und danach Waigels die Währungs- und Finanzpolitik maßgeblich gesteuert hat, ist er am 1. Januar 1990 ins Direktorium der Bundesbank eingerückt. Wenn überhaupt jemand die hochriskante Operation »Wirtschafts- und Währungsunion« zu steuern vermag, dann ist das Tietmeyer, den der Bundeskanzler jetzt zu seinem persönlichen Beauftragten für die Verhandlungen ernennt. Die Rückkoppelung erfolgt über Johannes Ludewig, der Kohl Tag für Tag über den Stand der Dinge informiert, so daß dieser steuernd eingreifen kann, ohne doch allzu ungeschützt in der Schußlinie zu stehen.[10] Tietmeyer ist ein in der Wolle gefärbter Marktwirtschaftler von professoralem Habitus. Er ist eigentlich kein Ja-Sager, vielmehr ein eher dickschädliger Westfale, der Kohl erforderlichenfalls selbstbewußt widerspricht. Aber als Spitzenbeamter beherrscht er auch die Kunst, ohne Gesichtsverlust beizudrehen, wenn der Bundeskanzler und der Bundesfinanzminister signalisieren, daß eine Sache so und nicht anders laufen soll. Genau diese Erfahrung macht er im Verlauf des Monats April, als Kohl vor den massiven Forderungen nach einer 1:1 Umstellung bei allen kurzfristig wählerwirksamen Posten mehr und mehr zurückweicht.

Einsicht in das sozialpolitisch Gebotene und Wahlkalkül verstärken einander gegenseitig. Spätestens nach den Volkskammerwahlen sieht der Bundeskanzler ein, daß das Konzept, über das jetzt mit der DDR zügig verhandelt werden muß, eigentlich die Bezeichnung »Währungs-, Wirtschafts- und Sozialunion« führen müßte. Eine Zustimmung der Volkskammer und weitere Wahlerfolge der Allianz für Deutschland sind überhaupt nur erreichbar, wenn eine soziale Schieflage vermieden wird. Schon am 26. März läßt er im CDU-Vorstand keinen Zweifel an dieser seiner Grundlinie. Bis Ende April, erklärt er dort, müsse ein »Paket« geschnürt sein: »Währungsunion, Leitsätze mit den wesentlichen Dingen der Sozialen Marktwirtschaft und Sozialunion. Alle drei Dinge gehören zusammen.«[11] Als sich die Bundesbank Ende März intern für eine 1:2-Lösung ausspricht, wird das Ergebnis der Kabinettsberatungen prompt zur *Frankfurter Rundschau* durchgestochen. Bereits Anfang April finden in Berlin und Dresden die ersten Massendemonstrationen gegen diese Pläne statt. Während ein Teil der SPD-Führung die Währungsunion für unverzichtbar hält, polemisiert Lafontaine schon bei dieser Gelegenheit gegen den »Wahlbetrug« des Bundeskanzlers, obschon dieser im Wahlkampf nur ein Umtauschverhältnis von 1:1 für kleine Sparguthaben versprochen hatte.[12] Vor allem der DDR-Ministerpräsident de Maizière wird sich jetzt zum Vorkämpfer für eine Umstellung von 1:1 bei Sparguthaben und Löhnen aufwerfen. Daß er sich in einer Koalition mit der Ost-SPD befindet, verstärkt noch seine ohnehin stark ausgeprägten sozialpolitischen Überzeugungen.

Das folgende Hin und Her braucht nicht dargestellt zu werden. Am 2. Mai 1990, vier Tage vor der ersten freien Kommunalwahl in der DDR, einigen sich Bundesregierung und DDR-Regierung. Den Wahltermin genau im Blick, haben Kohl und Waigel die weiße Flagge gehißt. Nun wird für den 2. Juli vereinbart, daß Löhne, Gehälter, Stipendien, Mieten, Pachten und Renten im Verhältnis 1:1 umgestellt werden. Finanziell genauso gravierend ist das Versprechen, »das Rentensystem in der DDR wird dem Rentensystem in der Bundesrepublik angepaßt«.[13] Dagegen sollen andere Verbindlichkeiten grundsätzlich nach dem Schlüssel 1:2 umgestellt werden. Im nachhinein wird sich diese Bestimmung als besonders kurzsichtig erweisen. Den DDR-Betrieben wird dadurch vielfach eine untragbare Schuldenlast aufgebürdet. Wahlstrategisch gesehen, hat die CDU damit Erfolg. In der Kommunalwahl vom 6. Mai schneidet die Ost-CDU vergleichsweise günstig ab, während sich der forciert sozialpolitische Wahlkampf für die SPD nicht auszahlt. De Maizière und Kohl ziehen daraus dieselbe Schlußfolgerung: Es lohnt sich, die sozialpolitischen Sorgen der DDR-Deutschen sehr ernst zu nehmen. Weitere, noch kostspieligere Konzessionen auf den Feldern der Sozialpolitik sind so vorprogrammiert.

Anders ist die Lage in der Bundesrepublik. Am 13. Mai wird in Nordrhein-Westfalen gewählt. Für die Bonner Koalition und übrigens auch für Norbert Blüm, den

Vorsitzenden der nordrhein-westfälischen CDU, ist die Wahl ein Reinfall. Kohl gibt einen großen Teil der Schuld dafür der »Wirkung der Medienlandschaft, in der wir leben«. Unablässig würden in den WDR-Radiosendungen, »die vor allem von Hausfrauen gehört werden«, desgleichen von den Älteren, die Fragen aufgeworfen: »Glauben Sie denn, daß die deutsche Einheit nicht Ihre Rente gefährdet, glauben Sie, daß nicht doch die Steuern erhöht werden müssen, glauben Sie nicht, daß jetzt dieses oder jenes auf Sie zukommt?«[14] WDR, NDR, der Südwestfunk, der Süddeutsche Rundfunk, der Hessische Rundfunk – überall werde schlechte Stimmung verbreitet: »Mit dieser Medienlandschaft«, resümiert er, werden wir in Zukunft immer schwerer zu Chancen kommen, uns durchzusetzen«.[15]

»Bitter«, so Kohl im Parteipräsidium, ist besonders die Niederlage in Niedersachsen. Die CDU verliert dort etwas mehr als zwei Prozent, und die SPD legt zwei Prozent zu. Der verblühte einstmalige Hoffnungsträger Albrecht wird nun von dem Hoffnungsträger Gerhard Schröder aus Willy Brandts Enkelgeneration abgelöst. Schröder steht damals auf dem linken Parteiflügel und zögert keinen Moment, mit den Grünen eine Koalition einzugehen. Zusammen mit Albrecht verschwindet auch die Bundesratsmehrheit der CDU. Deutschland befindet sich inzwischen in voller Fahrt auf die Einheit, aber der für die CDU negative Bundestrend ist durchaus noch nicht umgedreht. Kohl zieht daraus den Schluß, man müsse über eine Vorverlegung der Bundestagswahlen nachdenken. Bei baldigen gesamtdeutschen Wahlen könne ein Ergebnis zwischen 42 und 44 Prozent erreicht werden. Die SPD, vermutet er bei dieser Gelegenheit, möchte dagegen erst 1992 gesamtdeutsche Wahlen. Nochmals betont er, es sei dringend erforderlich, daß die DDR ihren Beitritt über Artikel 23 GG erklärt.[16] Jedenfalls registriert er jetzt, wie überhaupt das ganze Jahr 1990 hindurch, »gewaltige Stimmungsschwankungen« und eine »ambivalente Situation« beim Blick auf das Thema »Deutsche Einheit«.[17] Es sind nicht nur, aber doch auch wahlstrategische Überlegungen, die für ein forciertes Tempo sprechen.

Die Umfragen im Mai lassen weiterhin Betrübliches erkennen. Obschon Kohl nun auf allen Kanälen als »Kanzler der Deutschen« präsent ist, liegt er im Politbarometer bei der Frage nach den zehn wichtigsten Politikern hinter Genscher, Lafontaine, Süßmuth, Späth und Rau auf Platz sechs. Noch beunruhigender aber ist die Antwort auf die Frage: »Stimmen Sie bei der Vereinigungspolitik eher Kohl oder Lafontaine zu?« 29 Prozent sprechen sich für Kohl aus, doch 42 Prozent für den vereinigungskritischen Lafontaine, ein Viertel sieht keinen Unterschied zwischen den beiden. Die Umfrage erbringt auch, daß 73 Prozent der Bundesbürger der Meinung sind, die Forderungen der DDR zur Wirtschafts- und Sozialunion seien zu hoch gewesen.[18]

Am 18. Mai wird schließlich das Vertragswerk zur Wirtschafts- und Währungsunion unterzeichnet. Hoffnungsvoll feiert der Kanzler diesen Etappensieg als »ersten bedeutsamen Schritt zur Wiederherstellung der staatlichen Einheit Deutschlands«.[19] De Maizière äußert sich zurückhaltender und unterstreicht, es handle sich um einen Vertrag »zwischen den beiden Regierungen in Deutschland«.[20] Wie lange der Ministerpräsident Verhandlungen über die Vereinigung nach Artikel 23 GG hinauszögern möchte, läßt sich nicht absehen. Rücksichtnahme auf die Ost-SPD im eigenen Kabinett spielt auch eine Rolle. Doch in den kommenden Wochen zwingen ihn zwei Faktoren zum Einlenken. In der DDR, so zeigt sich nun, ist die Wirtschaft vom Sinkflug in den freien Fall übergegangen. Die bevorstehende Einführung der D-Mark am 2. Juli hat in der DDR keine wirtschaftliche Aktivität erzeugt, sondern zu lähmendem Abwarten geführt. Bei den Verhandlungen über die Wirtschafts- und Währungsunion mußte viel Entscheidendes als momentan unlösbar beiseite gelassen werden: die bereits höchst umstrittene, für rasche Investitionen aus der Bundesrepublik aber entscheidende Frage der Restitution verstaatlichten Eigentums, die Re-Privatisierung, für die vorerst eine Treuhandanstalt zur Überwachung von etwa 8000 volkseigenen Betrieben improvisiert wird, schließlich die Finanzierung der gigantischen Umstellung.[21] In Erwartung baldiger Verfügbarkeit beträchtlicher D-Mark-Beträge stürzen sich Millionen von DDR-Bürgern auf die jahrzehntelang ersehnten westdeutschen Konsumgüter. Die Produkte der DDR-Unternehmen bleiben liegen, was den Abwärtstrend verstärkt. Natürlich wird auch nicht mehr investiert.

Der Regierungsapparat der DDR steht dem Desaster genauso hilflos gegenüber wie Bonn, das noch gar keine direkten Einflußmöglichkeiten hat. Dennoch arbeitet die Volkskammer unablässig an neuen sozialpolitisch wohlgemeinten Gesetzen, ohne sich große Gedanken über die Folgewirkungen zu machen – genauer gesagt in der stillschweigenden Erwartung, die Rechnung bald an die Bundesrepublik weiterreichen zu können. Schon Anfang Mai zeichnet sich ab, daß sich das Haushaltsdefizit in der DDR 1991 auf rund neunzig Milliarden DM belaufen könnte, also mehr als ein Drittel des damals vermuteten Bruttosozialprodukts und immerhin über vier Prozent des BSP der Bundesrepublik.[22] Aufgrund der nicht zu bremsenden Gesetzgebungsaktivitäten der DDR-Parteien vergrößern sich diese Schreckenszahlen von Woche zu Woche. Wie nicht anders zu erwarten, erzwingen die Belegschaften in den DDR-Betrieben Lohnsteigerungen, die deren ohnehin schon ruinöse Ertragslage weiter verschlechtern.

Die Vorgänge sind seither wissenschaftlich gut aufgearbeitet worden, müssen aber auch in einer Kohl-Biographie wenigstens angedeutet werden. Nur so läßt sich beurteilen, was der Bundeskanzler bei den weitreichenden Entscheidungen dieser Wochen tatsächlich gewußt hat, ob er überhaupt gegensteuern konnte oder wollte und wo seine Verantwortung für das Desaster der folgenden Jahre liegt. Der zweite Faktor, der sich neben dem wirtschaftlichen Abwärtstrend der DDR seit Mai 1990

Unterzeichnung des Deutsch-Deutschen Staatsvertrages im Palais Schaumburg,
18. Mai 1990

gebieterisch bemerkbar macht, ist die Unruhe der Abgeordneten in der Ost-CDU.
Die Fraktion spürt genau, daß der auf Würde und ein »Verhandeln auf gleicher Augenhöhe« bedachte Ministerpräsident de Maizière zusehends die Rolle des Kapitäns
auf der »Titanic« spielt, der nicht rechtzeitig Befehl gegeben hat, sich schleunigst in
die Rettungsboote zu verfügen. So wird ihm der Fraktionsvorsitzende Günther
Krause als Staatssekretär für die Beitrittsverhandlungen zur Seite gestellt. Krause ist
Informatikprofessor und gilt als hochintelligent. Später werden ihn kritische Beobachter, an denen es nie mangelt, »Professor Allwissend« nennen.[23] Jetzt ist er ein
hundertfünfzigprozentiger Jünger Ludwig Erhards. Er macht sich über den Zustand
der DDR keine Illusionen mehr und ist wie die Mehrheit in seiner Fraktion entschlossen, einen alsbaldigen Beitritt nach Artikel 23 GG zu erzwingen. Zu denen, die
maßgeblich auf einen raschen Beitritt drängen, gehört auch Kurt Reichenbach, ein
frischgebackener Parlamentarier der Ost-CDU aus Sachsen, auf den aus Sicht Kohls
gleichfalls Verlaß ist. In diesen entscheidenden Monaten ist er im Amt des Ministerpräsidenten tätig und einer von denen, die den zögernden de Maizière zu raschem
Handeln drängen.

So macht sich das Duo Krause und Schäuble daran, die vertragliche Basis des
Beitritts zu erarbeiten. Kohl preist sich glücklich, in dem für die Beitrittsverhand-

lungen zuständigen Bundesinnenministerium gerade rechtzeitig Wolfgang Schäuble plaziert zu haben, dies nicht nur deshalb, weil nun sein engster Vertrauter alle Fäden in der Hand hält. Schäuble (Jahrgang 1942) und Krause (Jahrgang 1953) sind zwar nicht genau gleichaltrig, aber sie sind ähnliche Typen: beide schnell von Begriff, beide sportlich, beide überzeugte evangelische Christen, beide auch Besserwisser, die aber nie vergessen, daß sie nur vorankommen, wenn sie eng zusammenarbeiten, und zufällig beide in den Schlüsselpositionen ihrer politischen Systeme, die einander so unähnlich sind und nun schleunigst zusammengeführt werden müssen.

An der Seite des Kanzlers wird Wolfgang Schäuble in diesem Jahr voller Dramen ins volle Licht der Öffentlichkeit treten. Das Attentat auf den plötzlich so populären Innenminister kurz nach vollbrachtem Werk am Einigungsvertrag, die väterliche Rolle des Bundeskanzlers dabei und das zähe Comeback des Schwerverletzten werden das emotionale Interesse für diesen Gefolgsmann Helmut Kohls verstärken. Loyal, kompetent, aber auch mit nie verhülltem Ehrgeiz war er als Chef des Bundeskanzleramts jahrelang, von einer breiten Öffentlichkeit ziemlich unbeachtet, als eine Art Generalstabschef des Kanzlers tätig. Von nun an befindet er sich neben Kohl ganz vorn auf der Bühne und wird sich dort halten. So fällt in diesen Wochen der Arbeit am Einigungsvertrag, ohne daß dies beiden klar ist, auch schon eine Art Vorentscheidung bezüglich der Nachfolge von Helmut Kohl.

Wieweit werden beim Einigungsvertrag Entscheidungen getroffen, aus denen sich dann die Malaise in den ersten Jahren der inneren Wiedervereinigung ergeben wird? Schäubles Konzept, nur die wichtigsten »fundamentalen Rechtsvorschriften« vertraglich zu regeln, ohne beispielsweise im Baurecht, im Umweltrecht oder im Sozialbereich die perfektionistischen Normen der Bundesrepublik sofort umzusetzen, läßt sich nicht realisieren.[24] Die DDR verlangt nach einem veritablen Staatsvertrag, in dem möglichst viel von ihren Wünschen festgeklopft wird, was dann durch einfache Bundesgesetzgebung nicht mehr geändert werden kann. So kommt es, daß den neuen Ländern das komplizierte, vielfach auch schwerfällige und für rasche Aufbaumaßnahmen ziemlich ungeeignete Rechtssystem der »alten Bundesrepublik« übergestülpt wird. Im Interesse eines komplikationslosen Beitritts verfolgt Schäuble dennoch weiter die Grundlinie: lieber ausklammern als Einheit aufs Spiel setzen!,[25] etwa beim umstrittenen Paragraphen 218, in der Hauptstadtfrage oder bei der Grundgesetzreform.

Erschwerend wirkt sich aus, daß in der etwa fünfzig Teilnehmer umfassenden bundesdeutschen Verhandlungsdelegation mit der DDR, der auch elf Ländervertreter angehören, die SPD faktisch eine Veto-Position besitzt. Helmut Kohl traut den Sozialdemokraten nach wie vor nicht über den Weg. Mitte Juni charakterisiert er deren Position in der Fraktion wie folgt: »Den Staatsvertrag, so werden sie sagen, mußten wir schlucken, es ging gar nicht anders. Alles, was sich negativ entwickelt, ist dann die

Privatsache – so wird jetzt schon gesagt – des Helmut Kohl und von ein paar anderen. Aber aus nationalen Gründen stehen wir zusammen und finden gemeinsam den Wahltermin.« So schimpft er, findet diese Taktik aber doch »ganz clever« und meint dann leicht resigniert: »Wir müssen mit der Opposition vernünftige Gespräche führen.«[26] Schäuble soll das machen. Schäuble macht das auch und achtet peinlich darauf, jeden Schritt der Verhandlungen auch mit den Ländern abzustimmen, eingedenk der Tatsache, daß die SPD im Bundesrat jetzt eine Mehrheit besitzt.[27] So führt der Zwang zum Kompromiß beim »Einheitsvertrag« die Bonner Regierungskoalition und den pragmatischen Flügel der Sozialdemokraten auch wieder zusammen – zum Kummer des Kanzlerkandidaten Lafontaine, eigentlich auch zum Kummer Kohls, der viel lieber schon jetzt frontal auf die SPD losdreschen würde, dabei am allerliebsten auf Oskar Lafontaine. Aber bis zu den letzten, kritischen Wochen Ende August darf Schäuble an langer Leine laufen. Dann allerdings muß sich der Kanzler in höchststeigener Person zu einem Konsensgespräch mit Hans-Jochen Vogel bereit finden.

Kohl läßt in diesen Wochen nicht nur Schäuble gewähren, sondern auch Norbert Blüm, der sich als Schutzpatron der Rentner, Sozialhilfe-Empfänger, Frauen und Arbeitslosen in der DDR versteht. So wie bereits beim Staatsvertrag über die Währungsunion werden ein weiteres Mal kostentreibende sozialpolitische Vergünstigungen gewährt. Später werden die Kritiker am »Supergau Deutsche Einheit« vorwurfsvoll fragen: »Warum wurde die Geldumstellung von einer Sozialunion begleitet, deren Ausgestaltung die Ost-Wirtschaft auf Jahrzehnte überfordern wird? Auf diese Frage hat Kohl, der stoische Einheitskanzler, nie Auskunft gegeben.«[28] Doch für die Presse ist das schon damals kein Geheimnis, und die Forschung hat seither die Gründe für die Zwangslage hinlänglich deutlich herausgearbeitet.

Ein wesentlicher Teil der Verantwortung für manche Übertreibungen liegt bei den DDR-Parteien in der Volkskammer, aber auch bei der West-SPD und beim DGB, in zweiter Linie aber bei Blüm und seinen hohen Beamten im Bundesministerium für Arbeit und Soziales. Blüm kann sich wie schon so oft seit dem Jahr 1982 sicher sein, daß der Bundeskanzler ihn im wesentlichen unterstützt, und zwar aus einem Gemisch von prinzipiellen, verhandlungstaktischen und wahlstrategischen Überlegungen. Erst nachdem bei der Parteispendenaffäre 1999/2000 das persönliche Verhältnis der beiden hoffnungslos zerbrochen ist, wird Kohl unter Namensnennung der seinerzeitigen Antipoden Blüm und Waigel in den *Erinnerungen* einräumen, »daß meine damaligen Einschätzungen in der Sozialpolitik nicht immer richtig waren und mir dabei gravierende Fehler unterlaufen sind«.[29]

Als Kohl am 17. Juli aus Moskau und vom Kaukasus die deutsche Einheit zurückbringt, hat die DDR die ersten beiden Wochen nach Einführung der D-Mark hinter sich. Es zeichnet sich bereits ab, daß große Teile der DDR-Industrie konkursreif sein werden. Von den 8000 Betrieben, die bei der Treuhand erfaßt sind, sehen fast alle der

Zahlungsunfähigkeit entgegen; sie beantragen Kredite in Höhe von 24 Milliarden DM.[30] Ost-Berlin kann zwar auf die 25 Milliarden DM rechnen, die im Staatsvertrag für 1990 zugesagt sind, und hat vielleicht noch Spielraum bis zum Oktober.[31] Doch die Hilfen werden nicht einmal bis zum Jahresende reichen, denn auch die Arbeitslosigkeit steigt rapide, und zudem tritt allmählich das ganze Ausmaß der Umweltschäden zutage.

Nun weiß auch der DDR-Ministerpräsident de Maizière nicht mehr ein noch aus. Am 2. August bricht er zusammen mit Krause ohne große Vorankündigung zum Canossa-Gang an den Wolfgangsee auf. Die Herren schildern die aussichtslose Lage und eröffnen dem Kanzler, sie möchten der Volkskammer den Beitritt zum 14. Oktober vorschlagen. Zugleich spricht de Maizière davon, die Bundestagswahl auf den 14. Oktober vorzuziehen. Auch die Landtagswahlen in der DDR sollen am 14. Oktober stattfinden.

Das sind Überlegungen, die dem Kanzler einleuchten. Es wäre in der Tat von hoher Symbolkraft, wenn der Beitritt und die erste gesamtdeutsche Bundestagswahl zusammenfallen. Daß ein vorgezogener Wahltermin auch für die Bonner Koalition nur von Vorteil sein kann, ist evident. Betriebszusammenbrüche, Arbeitslosigkeit und allgemeine Desorientierung werden bei Wahlen im Dezember viel schwerwiegender sein als zwei Monate früher. Die SPD, so argwöhnt Kohl damals schon, spekuliert à la baisse: je später der Wahltermin, um so besser. Für seine Koalition gilt das Umgekehrte.

Nach den Erfahrungen mit der vorgezogenen Bundestagswahl 1983 weiß allerdings auch niemand besser als er selbst, welche verfassungsrechtlichen und politischen Hindernisse einer Auflösung des Bundestags entgegenstehen. Doch er hat bei dieser Gelegenheit auch erlebt: Wo ein politischer Wille ist, finden der Bundespräsident und das Bundesverfassungsgericht auch einen Weg. Vielleicht hilft ja eine Grundgesetzänderung aus zwingendem Anlaß! Wie tief die Herren bei dem Gespräch in die schwierige Rechtsproblematik einsteigen und wie nachdrücklich der Kanzler auf die zu erwartenden Schwierigkeiten aufmerksam macht, ist im nachhinein nicht mehr zu eruieren. Ebenso ist unklar, mit welchem Nachdruck er seine Besucher ermahnt, das heikle Thema vorgezogener Bundestagswahlen nicht gleich in die Öffentlichkeit zu zerren. Unklar ist auch, was de Maizière veranlaßt, tags darauf in Berlin ohne Rücksprache in den Fraktionen vor die Presse zu treten und das in Sankt Gilgen Besprochene als gemeinsam vereinbartes Vorhaben zu verkünden. Will er endlich auch einmal als großer Beweger erscheinen? Oder fehlt ihm einfach nur der Durchblick durch die Kompliziertheiten im Regierungssystem der Bundesrepublik? Der allzeit zum Lästern aufgelegte Jürgen Leinemann vom *Spiegel* wird später den angeblichen Ausspruch eines CDU-Politikers erwähnen: »Schon als ich den de Maizière zum ersten Mal sah, wußte ich: Den rauchen die in Bonn in der Pfeife auf.«[32]

Spaziergang im Kaukasus,
16. Juli 1990

Einerseits muß Kohl das Schauspiel erfreuen, wie der lange widerstrebende Ministerpräsident der DDR nun gewissermaßen vor aller Welt die Hosen herunterläßt und zugibt, daß die demokratische, aber leider zahlungsunfähige DDR nicht mehr weiterkann. Anderseits ist sein Ärger groß, weil dieser unvorbereitete Vorstoß alle Möglichkeiten für eine vorgezogene Bundestagswahl verschüttet. Der ihm ohnehin nicht besonders gewogene Bundespräsident hat verfassungsrechtliche Bedenken gegen die vorzeitige Bundestagsauflösung durch »unechte« Vertrauensfrage über den Artikel 68 GG. Der Ausweg einer Grundgesetzänderung mit Zweidrittelmehrheit wäre nur mit Zustimmung der SPD möglich. Diese fühlt sich aber jetzt durch die überraschende Erklärung de Maizières überrumpelt und sieht ohnehin in einer Vorverlegung des Wahltermins nur Nachteile.

Kurz darauf kehrt Kohl aus dem Urlaub zurück, um die letzten Steine auf dem Weg zum »Einigungsvertrag« aus dem Weg zu räumen. Die CDU/CSU-Fraktion und die FDP veranstalten nun noch ein großes Theater um den Paragraphen 218. Desgleichen kocht das längst schon abgehakte Problem der Oder-Neiße-Grenze nochmals auf. Auch das später unendlich oft erörterte Problem der Enteignungen vor 1949 wird leidenschaftlich diskutiert. Ferner beschäftigen die Stasi-Akten die Bonner Abgeordneten, und die Wahlrechtsregelungen werden problematisiert, kurz es spielt sich jetzt ab, was fast immer der Fall ist, wenn hochkomplizierte, stark umstrittene Verhandlungskompromisse den Fraktionen vorgelegt werden. Kohl zieht das unge-

rührt durch, erinnert an den zwingenden internationalen Kalender, der keinen Auf-
schub zulasse, macht Mut (»trotz aller Schwierigkeiten haben wir eine Bomben-
chance bei der Wahl«) und vergißt zu guter Letzt nicht, im selben Atemzug zu
erwähnen, die Union sei »immer die Partei der deutschen Einheit und immer die
Partei der Einigung Europas gewesen«.[33]

Ungelöst aber ist nach wie vor die Frage der Finanzierung der Einheit. Die
vorliegenden Zahlen lassen das Schlimmste erwarten. Als Bund und Länder Mitte
Mai den »Sonderfonds deutsche Einheit« ins Leben riefen, wurde für das naturgemäß besonders kritische Jahr 1991 ein Gesamtbedarf von 35 Milliarden DM angesetzt, von denen rund zwanzig Milliarden auf den Bund entfallen würden. Anfang
August rechnet die Arbeitsgruppe »Innerdeutsche Beziehungen« bereits mit unge-
deckten Mehrausgaben des Bundes in der ehemaligen DDR in Höhe von 35,5 Milliarden DM. Einen Monat darauf erhöht sich der saldierte Fehlbetrag auf 50 bis
55 Milliarden DM.[34] Nachdem sich jetzt das ganze Ausmaß der industriellen Misere
in Ostdeutschland absehen läßt, ist auch nicht mehr wie noch im Mai ernsthaft
damit zu rechnen, einen Teil der Ausgaben durch Verkaufserlöse der Treuhand wieder einzuspielen. Zugleich wird schon ersichtlich, wie zögernd die Industrie in der
DDR investiert. Rasche und hohe Investitionen der Privatwirtschaft waren aber
erwartet worden, denn wie sonst sollten in der nicht mehr wettbewerbsfähigen ostdeutschen Industrie die erforderlichen großen Schritte hin zu einem selbsttragen-
den Wachstum erfolgen?!

Diese eindeutigen Zahlen sind dem Bundeskanzler natürlich bekannt. Wäre es
also nicht an der Zeit, die Wähler auf die völlig unvermeidlichen Steuererhöhungen
und sonstige Belastungen hinzuweisen? Zu beobachten ist jedoch die beharrliche
Weigerung, das Erfordernis von Steuererhöhungen zuzugeben. Das Thema zieht sich
durch das ganze Jahr 1990 hindurch. Das beginnt Mitte Februar mit der Vereinbarung zwischen Bundesfinanzminister Waigel von der CSU und Bundeswirtschaftsminister Helmut Haussmann von der FDP, die Wirtschafts- und Währungsunion
ohne Steuererhöhungen durchzuziehen. »Der Wahlkampf bestimmt auch hier das
Denken«, glossiert das Kurt Biedenkopf, der gern zur Kritik an der Regierung Kohl
disponiert ist und in diesem Zentralpunkt recht hat.[35]

Neben dem Wahlkalkül gibt es drei weitere gute Gründe, die für Kohl gegen die
Ankündigung von Steuererhöhungen sprechen. Der erste Grund heißt FDP, die auch
jetzt ihren klassischen Part der »Keine-Steuererhöhungs-Partei« spielt. Der zweite
Grund heißt Lafontaine, der damals so ziemlich alles verkörpert, was Helmut Kohl
haßt. Er ist ein radikaler Umverteiler, er ist auch ein bekennender »Zweistaatler«, der
die Vereinigung durch Verweis auf die Kosten erst zu behindern, dann wenigstens
abzubremsen versucht und der später, so schilt ihn Kohl, demagogisch die Ängste der
Westdeutschen vor den Kosten der Einheit bedient.

Lange Zeit gibt es noch einen dritten Grund, weshalb Kohl über das klaffende Haushaltsloch gerne hinwegsieht: Anfangs scheinen die finanziellen Hypotheken einer Wiedervereinigung noch beherrschbar. Der Boom in den Jahren 1989 und 1990 nährt zweifellos das bei Kohl ohnehin stark ausgeprägte Kraftgefühl. Ein gewisses *deficit spending*, bis sich die DDR-Wirtschaft erholt hat, scheint immer noch vertretbar und über Schulden finanzierbar. Als Kohls alter Quälgeist Geißler bei einer Präsidiumssitzung der CDU im Mai 1990, also sehr früh, dafür plädiert, den Wählern reinen Wein darüber einzuschenken, was auf sie zukomme, weist Kohl zutreffend darauf hin, momentan könne keine Kostenvoraussage gemacht werden. Aber es sei falsch, jetzt Steuererhöhungen vorzunehmen. In Wirklichkeit werde eine Investitionswelle gebraucht.[36] Man könnte sagen, damit liegt der Kanzler noch ganz auf FDP-Linie. Doch im Dezember, als an der Dauermisere in den neuen Ländern kein Zweifel mehr erlaubt ist, tröstet er sich noch immer mit dem Gedanken, das Bruttosozialprodukt in der »alten Bundesrepublik« liege für 1990 bei 4,5 Prozent: »Eine Traumzahl!«[37] Schon im August ist die extreme Haushaltsbelastung durch die deutsche Einheit ganz evident. Die Hoffnung, einen Teil der Kredite durch den Verkauf von Staatsbetrieben der DDR wieder einzuspielen, löst sich in blauem Dunst auf. Von nun an dominiert bei Kohl der nackte Wahlkalkül. Mitte September weist Geißler im CDU-Präsidium erneut darauf hin, »die Diskussion zur Frage von Steuererhöhungen nehme an Brisanz zu«. Doch Kohl weigert sich weiterhin beharrlich, dies ins Auge zu fassen. Nun redet er sich darauf heraus, es sei noch keine Eröffnungsbilanz in der DDR vorgelegt worden, betont aber, »er gehe nicht mit einer Aussage in die Wahl, die er nach der Wahl nicht halten könne«. Nach den Landtagswahlen am 14. Oktober werde er einen Kassensturz vornehmen und daraus Konsequenzen ziehen. Aber er hält sich schon ein Schlupfloch offen: »Es gehe nicht nur um die Kosten für die deutsche Einheit. Beispielsweise wisse er noch nicht, was im Nahen Osten auf uns zukomme. Bei den Kosten sei auch zwischen der Finanzierung für die deutsche Einheit und zwischen den Folgekosten (z.B. beim Umweltschutz) aus dem SED-Regime zu unterscheiden.«[38]

Die Umfragen sind eindeutig-uneindeutig. Einerseits rechnen im September, an der Schwelle zur deutschen Einheit, gemäß Politbarometer 81 Prozent der Befragten mit Steuererhöhungen und signalisieren damit, daß sie der Beschwichtigung der Bundesregierung gar keinen Glauben schenken. Einverstanden mit Steuererhöhungen sind immerhin 48 Prozent, dagegen sind 51 Prozent. Andererseits zeichnet sich aber schon deutlich ab, daß eine Mehrheit der Wähler der Regierung Helmut Kohls eher zutraut, mit den Wirtschaftsproblemen der Einheit fertig zu werden, als der SPD.[39] Diese Stimmung verstärkt sich in den kommenden Wochen.

Inzwischen ist das komplizierte Puzzle der deutschen Einheit zusammengefügt. In einer Nachtsitzung vom 22. auf den 23. August beschließt die Volkskammer mit

Wirkung vom 3. Oktober gemäß Artikel 23 GG den Beitritt zur Bundesrepublik. Am 12. September wird in Moskau der 2+4-Vertrag unterzeichnet, mit dem Deutschland seine volle Souveränität erhält. Faktisch ist damit auch die weitere Mitgliedschaft in den westlichen Gemeinschaften anerkannt. Die Sowjetunion sagt den Abzug ihrer Truppen spätestens zum Dezember 1994 zu. Der Zeitplan für die Vereinigung ist mit Krause abgestimmt und trägt die Handschrift Helmut Kohls. Der Kanzler möchte, daß künftige Generationen diesen Tag als Nationalfeiertag begehen, und läßt sich vom Deutschen Wetterdienst bestätigen, daß die erste Oktoberwoche generell noch wettergünstig ist. Es gibt aber auch kurzfristigere Überlegungen. Am 14. Oktober finden in den neuen Ländern Landtagswahlen statt. Sie sollen bereits im wiederver-einigten Deutschland stattfinden. Viel spricht zudem dafür, dem verhaßten Staats-feiertag der DDR am 7. Oktober zuvorzukommen.

Auch wenn er vorerst davon nicht viel Aufhebens macht, hat Kohl nicht verges-sen, daß sich am 1. Oktober seine Kanzlerschaft bereits zum achten Mal jährt. Der Sonderparteitag der CDU in Hamburg, auf dem die fünf teilerneuerten Landesver-bände der Ost-CDU feierlich in die CDU aufgenommen werden, beginnt an genau diesem Tag. Daß der »Kanzler der Einheit«, wie er von nun an genannt wird, von 964 abgegebenen Stimmen 943 erhält, versteht sich somit von selbst. Kein CDU-Bundes-kanzler ist bis dahin mit einer solchen Leistung vor einen CDU-Parteitag getreten. In solchen Momenten bricht bei Kohl der Gemütsmensch durch, und er strahlt wie ein Schneekönig über das Wahlergebnis.

Der »rote Faden« des Parteitags müsse das »Familiäre« sein: »Wir sind endlich wieder zusammen«, hat der Parteivorsitzende schon im Vorfeld die Parole ausgege-ben.[40] Er hält aber noch eine zweite Botschaft bereit, die er bei dieser Heerschau wieder einmal verkündet: »Für uns, ich sage es noch einmal, sind europäische Ein-heit und deutsche Einheit zwei Seiten derselben Medaille.« Und er arbeitet hier drei Hauptziele künftiger Politik heraus, als erstes den Wiederaufbau der bisherigen DDR: »Wir wollen erreichen, daß die neuen Bundesländer dort schon bald wieder ›blühende Landschaften‹ sein werden« (dieses Bild wird ihn noch lange verfolgen). Zweitens nennt er »die Vollendung der Europäischen Union mit der Vision eines europäischen Bundesstaates: der Vereinigten Staaten von Europa«. Bei Benennung des dritten Ziels vernimmt man ein gleichfalls vages Schlüsselwort, das nach allen Seiten der Windrose der Konkretisierung bedarf: Angesichts der größeren weltweiten Herausforderungen müßten die Deutschen der »gewachsenen Verantwortung« ge-recht werden. Wiederaufbau der neuen Länder, Vereinigte Staaten von Europa und Globalisierung, so beschreibt er die Herausforderungen, die sich nach gewonnenem Wahlsieg stellen werden.

Tags darauf fliegt der Kanzler zu den großen Feierlichkeiten nach Berlin. Er legt Wert darauf, nun erstmals mit einem Flugzeug der Luftwaffe einzuschweben. Die alliierte Militärbürokratie funktioniert wie eh und je seit dem Jahr 1945, und so bedarf es einer Sondergenehmigung. Dann kommt das, was er jetzt und später als einen der glücklichsten Augenblicke seines Lebens begreifen wird:[41] die Feiern zur Wiedervereinigung Deutschlands. Die allermeisten, erklärt er in einer Radio- und Fernsehansprache, würden so empfinden. Einer von diesen ist übrigens der von Kohl geschätzte, ansonsten eher kühle und zur Kritik disponierte Ernst Jünger. Bereits am 2. Januar 1990 hat er im Tagebuch vermerkt: »Noch bleibt der Widerstand zu bedenken, mit dem nicht nur rundum in der Welt, sondern auch innerhalb der beiden Landesteile zu rechnen ist. Daß trotzdem der große Schritt gelungen scheint, ist fast ein Wunder; es ist vor allem dem Kanzler zu verdanken, in dessen Charakter sich Energie mit Gelassenheit vereint.«[42]

Nach den Einheitsfeiern wird es rasch wieder irdisch. Noch ist die Bundestagswahl nicht gewonnen. Die Widerstände »in beiden Landesteilen« sorgen weiterhin für Labilität, und sie werden andauern. Doch das Timing für die großen Feiern bleibt offenbar nicht ohne Wirkung, obschon die ungeheure Begeisterung nach dem Mauerfall und im Frühjahr längst einer sehr nüchternen Stimmung Platz gemacht hat. Kohl betrachtet das erfreuliche Ergebnis der Landtagswahlen am 14. Oktober in Bayern sowie in den »neuen Ländern« Mecklenburg-Vorpommern, Sachsen, Sachsen-Anhalt und Thüringen als Bestätigung seines Kurses, vorerst noch ohne Preisschild von vielleicht notwendigen »Opfern« zu sprechen. Die SPD, die inzwischen beiden Staatsverträgen zugestimmt und die Wechsel gleichfalls unterschrieben hat, möchte die Wähler im Westen auch nicht vergraulen und hütet sich ihrerseits, die Forderungen nach Lastenteilung zu präzisieren.

Als das Thema Steuererhöhungen drei Wochen vor dem Wahltag am 2. Dezember im CDU-Präsidium strittig diskutiert wird, läßt der Kanzler die Katze immer noch nicht aus dem Sack. Schließlich weiß er, daß dieses höchste Gremium der CDU löchrig ist wie ein Sieb. Längst ist die Frage der Steuererhöhung zu einem Zentralthema des Wahlkampfs geworden. Biedenkopf, inzwischen Ministerpräsident und strahlender Wahlsieger in Sachsen, aus Sicht Kohls aber immer noch ein lästiger Widerspruchsgeist, hat inzwischen zur Finanzierungsfrage öffentlich das nach Lage der Dinge Selbstverständliche festgestellt. Nötig sei ein Mix von sehr unpopulären Maßnahmen: Einsparungen in den öffentlichen Haushalten, Aufnahme von Krediten und – als Ultima ratio – Steuererhöhungen.[43] Kohl verbittet sich solche Belehrungen und dringt auf Geschlossenheit auf Grundlage des CDU-Wahlprogramms.

Wer Ohren hat zu hören, kann aber vernehmen, welchen Ausweg der Kanzler bereits vorbereitet. »Er sei überzeugt«, wird im Ergebnisprotokoll festgehalten, »daß die deutsche Einheit keine Steuererhöhung notwendig mache. Eine andere Frage sei, daß wir außerhalb des Themas deutsche Einheit vor Problemen stünden, die nicht

Wahlkampf für die erste gesamtdeutsche Bundestagswahl im Dezember 1990,
29. Oktober 1990

überschaubar seien. Er selber sage in jeder Rede: ›Wegen der deutschen Einheit brauchen wir die Steuererhöhung nicht.‹« Stoltenberg, Dregger und Späth stellen sich auf die Seite Kohls. Geißler salviert sein Gewissen mit dem Hinweis, die Konjunkturlage erlaube jetzt in der Tat keine Steuererhöhungen, gibt aber zu bedenken, ob die Wähler es der CDU wirklich abnehmen, daß es keine Steuererhöhungen geben werde. Noch sei Zeit, ein klares Wort zu sagen. Daß neben Biedenkopf auch Geißler für Offenheit in der Steuerfrage plädiert, verstärkt Kohls Abneigung, sich solchen Rat zu eigen zu machen. Er beendet diese interne Auseinandersetzung mit der autoritativen Feststellung, »daß die deutsche Einheit keine Steuererhöhung nötig mache«.[44] So lautet seine Linie auch auf der folgenden Bundesvorstandssitzung. Etwas vorsichtig formuliert er dort: »Wir wollen keine Steuererhöhungen im Zusammenhang mit der deutschen Einheit. Ich glaube auch nicht, daß wir sie brauchen.« Hier verweist er gleichfalls darauf, man müsse vielleicht zu einem anderen Zeitpunkt und in anderen Bereichen – »etwa in der Frage der ökologischen Entwicklung« – zu solchen Entscheidungen kommen, doch »dann nennt sich das vielleicht nicht ›Steuer‹, sondern ›Abgabe‹«. Auch beim Blick auf die europäische Entwicklung, so deutet er an, ohne das zu vertiefen, könnten »Umgestaltungen« im Steuersystem erfolgen: »Man kann nicht von Währungsunion reden, ohne über die Konsequenzen zu sprechen, die sich daraus ergeben.«[45]

Das ganze Jahr 1990 hindurch ist die Wählerstimmung in der »alten Bundesrepublik« so schwankend, daß Kohl in der Steuerfrage die einmal eingeschlagene Grundlinie nicht kurz vor den Wahlen verlassen will. Mit dem wahltaktischen Ableugnen vorhersehbarer Belastungen verhält er sich nun genauso wie Helmut Schmidt in den Jahren 1976 und 1980, den er deswegen aus der Opposition heraus heftig gescholten hat. Sehenden Auges nimmt auch er in Kauf, daß ihm nach gewonnener Wahl die »Steuerlüge« um die Ohren geschlagen wird. Aber sicher ist sicher. Weshalb er jedoch noch in den *Erinnerungen* an der Entschuldigung festhält, »daß der Golfkrieg unsere finanzpolitischen Pläne zunichte gemacht hatte«, ist nicht leicht nachvollziehbar.[46]

Wie sich zeigt, kommen CDU, CSU und FDP bei den Wählern mit der Ansage durch, die Folgekosten der deutschen Einheit auch ohne Steuererhöhung zu stemmen. Man kann nur darüber spekulieren, ob und wie stark eine vorsichtigere Aussage bezüglich der voraussichtlichen Belastungen das Wahlergebnis zuungunsten der Koalition verändert hätte. Das Bundestagswahlergebnis vom 2. Dezember 1990 ist eindeutig, bei Lichte besehen kann jedoch von einem gewaltigen Wahlsieg keine Rede sein, obschon das Regierungslager viel besser dasteht, als es im ersten Halbjahr 1989 zu hoffen gewagt hatte, bevor sich der Zug in Richtung Einheit in Bewegung setzte. Aber mit 43,8 Prozent liegt die Union sogar 0,5 Prozent unter dem Wahlergebnis von 1987. Und die FDP Graf Lambsdorffs und Genschers hat sich nur um zwei Punkte auf elf Prozent Stimmenanteil verbessert, obschon sie in starkem Maß von dem populären Versprechen profitiert hat, keine Steuererhöhungen ins Auge zu fassen. Ohne das raffinierte Wahlgesetz, das die Grünen und die PDS benachteiligt, wäre das Ergebnis für die Koalition ungünstiger ausgefallen.

Zu Recht wird Helmut Kohl nun im In- und Ausland als glänzender Staatsmann gefeiert. Selbst seine innenpolitischen Gegner räumen ein, daß er seit dem Mauerfall am 9. November 1989 überzeugt hat. Doch es gibt zu denken, daß der Bundeskanzler selbst jetzt auf der Beliebtheitsskala des Politbarometers immer noch hinter Genscher, Brandt, Süßmuth und Schäuble liegt.[47] Offenbar ist er weiterhin eine polarisierende Größe. Elisabeth Noelle-Neumann, die ihn kritisch berät und ziemlich uneingeschränkt bewundert, konstatiert, seine insgesamt erfolgreiche Politik sei vom Wähler »bemerkenswert wenig honoriert worden«.[48]

Helmut Kohl hat als »Kanzler der Einheit« obsiegt, muß aber auf einen satten Kanzlerbonus verzichten und findet sich, kaum ist das Wahlergebnis ausgezählt, mit einem Berg von Problemen konfrontiert. Zum Feiern bleibt keine Zeit.

Tag der Einheit,
3. Oktober 1990

BETRACHTUNG
Der unerwartet siegreiche Kernstaat

Am 22. Dezember 1989, alles ist noch offen, schreibt Johannes Gross im Magazin der *Frankfurter Allgemeinen*: »Viele haben wirklich geglaubt, daß die deutsche Geschichte zu Ende, die Bundesrepublik der Schlußpunkt sei und Zukunft nur in Zuwachsraten und Sozialverteilung. Nun ist ein unfrohes Aufwachen: die widerliche DDR könnte zur Disposition gestellt sein, aber die angenehme Bundesrepublik auch; die Geschichte bewältigt die Vergangenheit.«[1]

Was ist von dieser Annahme in Erfüllung gegangen? »Der Freiheit Hauch weht mächtig durch die Welt ...«, das ist die große Erfahrung der Jahre 1989 bis 1991, in der DDR und im gesamten Ostblock. Die westlichen Gesellschaften wirken wie ein Magnet. Redefreiheit, Reisefreiheit, freie Wahlen, Marktwirtschaft, Prosperität, Selbstbestimmung in einer nationalen Gemeinschaft, dem widersteht keines der Völker im kommunistischen Lager, am allerwenigsten die Deutschen in der DDR, nachdem sich der Käfig geöffnet hat. Aber geht damit auch die Bundesrepublik zu Ende, wie Johannes Gross etwas voreilig vermutete? Ganz im Gegenteil. Unerwartet wird jetzt ein Selbstverständnis wiederentdeckt, das durch die »neue Ostpolitik« der Jahre 1970 bis 1973 gewissermaßen in die Vorablage der Geschichte gegeben war. In wenigen entscheidenden Monaten erweist sich die Bundesrepublik als unwiderstehlicher deutscher Kernstaat, dem sich die politisch deroutierte und wirtschaftlich bankrotte DDR freiwillig anschließt. Man könnte von einer List der Geschichte sprechen.

Seit ihrer Gründung hatte sich die Bundesrepublik länger als zwanzig Jahre hindurch als deutschen Kernstaat definiert und die DDR als Ostzone. Darauf folgte jene zweite Phase, in der die Zwei-Staaten-Doktrin genauso legitimiert wurde wie zuvor der Alleinvertretungsanspruch und die Wiedervereinigungspolitik. Doch 1990 kehrt alles urplötzlich wieder zu den Anfängen zurück. Die völkerrechtlich weltweit anerkannte DDR kippt in wenigen Monaten um und verschwindet auf Nimmerwiedersehen aus der Staatengesellschaft. Die Geschichte bewältigt zwar die Vergangenheit, wie von Gross eingangs formuliert, aber »die angenehme Bundesrepublik« steht mitnichten zur Disposition. Vielmehr geht die deutsche Geschichte künftig in Gestalt der Bundesrepublik weiter – ein erstaunlicher Vorgang. Bis dieses 1949 in den Blick gefaßte Ziel erreicht ist, gehen jedoch mehr als vierzig Jahre ins Land.

Der Begriff »deutscher Kernstaat« ist von Bundeskanzler Adenauer in seiner
ersten Regierungserklärung vom 20. September 1949 geprägt worden.[2] Mit innerer
Logik erhob er damit namens der Bundesregierung zugleich den Anspruch: »Die
Bundesrepublik Deutschland ist allein befugt, für das deutsche Volk zu sprechen.«
Kurz zuvor hatte Adenauer in einem Interview auch einen Gedanken formuliert, den
die Politologen später mit dem treffenden Bild als Magnetkonzept bezeichneten:
»Die Bundesrepublik muß ein Anziehungspol für Ostdeutschland werden.«[3] Wenige
Wochen später legte der Bundeskanzler noch nach. In einem offiziellen Schreiben an
die Hohe Kommission der Westmächte formulierte er: »Wie ich bereits vor dem
Deutschen Bundestag erklärt habe, ist die Bundesrepublik Deutschland, die kraft der
Souveränität des Deutschen Volkes gebildet worden ist, die alleinige legitimierte
staatliche Organisation des Deutschen Volkes. Damit ist sie die ausschließliche Trä-
gerin der Rechte des Deutschen Reiches.«[4] Der Brief bezog sich auf die Vermögenswerte des Deutschen Reiches im Ausland, berührte implizite aber ebenso die finanziellen Verpflichtungen des Deutschen Reiches.

Daß sich die junge Bundesrepublik schon im Gründungsjahr 1949 zum deutschen Kernstaat erklärt, liegt einerseits in der Logik der deutschen Nationalgeschichte,
andererseits in der des Kalten Krieges. Der Parlamentarische Rat und die erste Regierung Adenauer stehen noch unter Kuratel der drei westlichen Besatzungsmächte. Man
geht von der Annahme aus, das Grundgesetz sei nur eine provisorische Verfassung
und der »Weststaat« Bundesrepublik Deutschland gewissermaßen ein Notdach, unter
das natürlich auch jene Deutschen treten dürften, »denen mitzuwirken versagt war«.
Tatsächlich aber hat der Parlamentarische Rat im Frühjahr 1949 unprovokativ, aber
doch deutlich in der Präambel des Grundgesetzes die Bundesrepublik Deutschland
als den deutschen Kernstaat definiert. Wer lesen wollte, wurde in aller Deutlichkeit
über das Staatsziel orientiert: »Das gesamte Deutsche Volk bleibt aufgefordert, in freier
Selbstbestimmung die Einheit und Freiheit Deutschlands zu vollenden.« Der Begriff
»Kernstaat« taucht hier noch nicht auf und wird nur in wolkiger Terminologie umschrieben. Doch der Artikel 23 GG statuiert bereits das Verfahren eines freiwilligen
Beitritts »anderer Teile Deutschlands«, wie die vorsichtige Umschreibung lautet. Gedacht ist dabei an das von Frankreich abgetrennte Saarland und an die Länder der
unter sowjetischer Kontrolle stehenden Ostzone.

Bekanntlich hat der Parlamentarische Rat auch die Möglichkeit Wiedervereinigung unter einer neuen Verfassung nach Artikel 146 GG ins Auge gefaßt. Tatsächlich
praktiziert wird aber nur der Beitritt zum Kernstaat Bundesrepublik Deutschland
nach Artikel 23, erst 1957 vom Saarland und dann 1990 von der DDR.

Kaum ist die Bundesrepublik ins Licht der Geschichte getreten, sind somit zentrale Elemente ihres Selbstverständnisses formuliert: deutscher Kernstaat, Alleinvertretungsanspruch, der Anspruch auch, in die Rechte und Pflichten des Deutschen

Reiches einzutreten. Wie das so üblich ist, streiten sich Bundesregierung und Opposition auch in der jungen Bundesrepublik über alles und jedes. Daß jedoch die von der Sowjetunion etablierte DDR, wie sie das damals beansprucht, gleichfalls ein legitimer Staat sei, wird selbst von der SPD bestritten. Die Bundestagsdebatten lassen deutlich erkennen, daß über das Kernstaatkonzept, den Alleinvertretungsanspruch der Bundesrepublik, auch über die Frage der Rechtsnachfolge des Deutschen Reiches und die Nichtanerkennung der DDR ein Konsens besteht, der die SPD mit einbezieht. Herbert Wehner bezeichnet die DDR verächtlich als »Sowjet-Preußen« und spricht ihren Staatsakten gleichfalls die Legitimität ab.[5] An der Nicht-Anerkennungs-Politik werden auch die Sozialdemokraten bis Ende der sechziger Jahre festhalten.

An dieser Stelle ist eine Ergänzung am Platz. Es wäre falsch, die Staatsdoktrin der Bundesrepublik allein auf die Kernstaatidee einzuengen. Dieser »Neustaat«, wie ihn Hans-Ulrich Wehler rückblickend bezeichnen wird,[6] weist von Anbeginn an eine konstitutive Dialektik auf. Einerseits begreift sich die Bundesrepublik als Provisorium, das erst in der Wiedervereinigung mit den getrennten Teilen seine Erfüllung finden wird. Andererseits ist sie »der in seiner Modernität stabilste Staat Europas«,[7] so Rüdiger Altmann, weil sie die Gesamtheit ihrer Außenpolitik mit großer Konsequenz auf die europäische Integration, auf das westliche Sicherheitssystem der NATO und auf die für das Comeback auf den Weltmärkten ganz unentbehrlichen Wirtschaftsorganisationen der westlichen Welt ausrichtet. Neben dem Kernstaatkonzept ist schon in der Präambel des Grundgesetzes auch die Zielvorstellung verankert, »als gleichberechtigtes Glied in einem vereinten Europa dem Frieden in der Welt zu dienen«. Auf den Artikel 23 GG, der den Kernstaat Bundesrepublik für den Beitritt »anderer Teile Deutschlands« öffnet, folgt Artikel 24 mit der Ermächtigung zur Übertragung von Hoheitsrechten auf zwischenstaatliche Einrichtungen und zur Einordnung in Systeme gegenseitiger kollektiver Sicherheit.

Der »Weststaat« ist von Anfang an auf die Eingliederung in die Institutionen der westlichen Welt angelegt. Europarat, Europäische Gemeinschaft für Kohle und Stahl, Europäische Verteidigungsgemeinschaft, Europäische Wirtschaftsgemeinschaft, die NATO und weitere Organisationen des Westens, sie konstituieren insgesamt das, was man die Westbindung der Bundesrepublik nennt. Kernstaatidee *und* Westbindung – wenn man nach der Staatsdoktrin der Bundesrepublik fragt, muß man auf die spannungsvolle Kombination dieser beiden Zielvorstellungen verweisen.

Der Blick auf die offensichtliche Unfreiheit in der DDR legitimiert den Aufbau eines vorerst separaten westlichen deutschen Kernstaates, der auf den vorzeigbaren Traditionen deutscher Verfassungsgeschichte beruht: Rechtsstaatlichkeit, Anerkennung der Liberalität einer pluralistischen Gesellschaft, Respekt vor dem Eigentum, Sozialstaatlichkeit, Demokratie, Achtung des Völkerrechts. Nachdem die NS-Diktatur

das Land und große Teile Europas ins Verderben gerissen hat und keinerlei politischen Kredit mehr besitzt, verbietet sich die Akzeptanz der zweiten Diktatur in
der DDR, deren Züge ungeachtet aller ideologischen Unterschiede in vielem an den
NS-Staat erinnern.

Das Kernstaatkonzept reicht aber von Anfang an weit über das verfassungspolitische Selbstverständnis hinaus. Eine große Mehrheit der Westdeutschen fühlt
sich vor allem auch deshalb in der Bundesrepublik gut aufgehoben, weil hier so viele
vertraute Elemente der deutschen Gesellschaft erhalten geblieben sind, die über die
Weimarer Republik bis ins 19. Jahrhundert zurückgehen. Nach einigen Jahren der
Unklarheit festigt sich bei den Bundesbürgern die Überzeugung, daß in diesem
»Neustaat« das alte Deutschland fortlebt, wenngleich in modernisierter und gerei-
nigter Form. Die unreinen Elemente der jüngsten oder nicht mehr ganz so jungen
Vergangenheit sind unter den Teppich gekehrt: Nazismus, Nationalismus, Autarkie-
streben, Kriegertum, Fremdenfeindlichkeit, Rassismus, Autoritarismus. Als modern
begriffen werden die Öffnung nach Westen, der Parlamentarismus in Form der
»Kanzlerdemokratie«, das erneuerte Parteiensystem, der gleichfalls neu strukturierte
Föderalismus. Ähnlich wichtig erscheint die ökonomische und technische Modernisierung der Industriegesellschaft, der Landwirtschaft, der Verbände oder des Presse-
wesens. Liberale und Sozialdemokraten bemängeln lange, daß in dieser teilerneuerten Gesellschaft, so formuliert das Ralf Dahrendorf, zu viele »Säulen der Beharrung«
stehen geblieben sind.[8] Aber nicht alle sehen darin einen Mangel, und Dahrendorf
selbst konstatiert eine vergleichsweise Fortschrittlichkeit.

Die Akzeptanz des Kernstaats Bundesrepublik resultiert nicht zuletzt aus seiner
Verbindung mit einer leistungsfähigen Volkswirtschaft, die sich über ein Jahrhundert
hinweg ausgeformt hat und nun nochmals, gleichfalls modernisiert, aber doch auch
in vielen überkommenen Formen ihr bewundertes Comeback vollzieht. So wie einstmals das von Bismarck geschaffene Kaiserreich ungeachtet aller inneren Spannungen
vom industriellen Aufschwung profitiert hat, wird nun die erfolgreich restaurierte
Demokratie durch das »Wirtschaftswunder« stabilisiert. Noch einmal erobert die
deutsche Exportindustrie die Weltmärkte. Exporterfolge, beispielloses Wachstum,
wie wir es heute nur noch von China kennen, ein über zwei Jahrzehnte hinweg fast
ungebrochener Boom mit Massenwohlstand und Massenzufriedenheit erinnern an
die beiden letzten Jahrzehnte vor dem Ersten Weltkrieg. Auch die Meinungsumfragen haben in diesen Jahren Hochkonjunktur, und die dort erhobenen Befunde
sind eindeutig: Die Deutschen im Westen fühlen sich in diesem Kernstaat zu Hause
und wollen ihn beibehalten.

So ganz wohl in ihrer Haut fühlen sich die Bürger des deutschen Kernstaates
freilich doch nicht. Auch im Ausland fällt es schwer, dem Frieden zu trauen. Ein Staat,
in den an die zwölf Millionen Flüchtlinge und Vertriebene aus den Ostgebieten und

aus der DDR hineingeströmt sind, ist ein potentieller politischer Hexenkessel. Selbst viele Bundesbürger, die ihre ethnischen Wurzeln im Westen haben, empfinden beim Blick auf das amputierte Deutschland eine Art Phantomschmerz. »Jeder von uns kennt die äußeren Umrisse der Bundesrepublik – aber wer erschräke nicht aufs neue, wenn er sie betrachtet: Wie, dies seltsam gereckte Gebilde, das schlampig um eine verbogene Nordsüdachse gruppiert ist, soll alles sein, was uns von Deutschland geblieben ist ... Kein Deutscher vermag es, die innere Stimme, die ihm von der Form oder Unform seines Landes spricht, je zum Schweigen zu bringen. Selbst wenn es keine Flüchtlinge gäbe, deren Anwesenheit uns diese Zusammenhänge täglich lebendig vor Augen führt, gelänge es uns nicht, in einer festen und einheitlichen Vorstellung von Deutschland zu leben. Das Unfertige, ja Verstümmelte, das von jeher zum Schicksal unserer Nation gehörte, droht eine Art Endgültigkeit anzunehmen.«[9] So schreibt Friedrich Sieburg 1954, ein Intellektueller mit einer durchaus gewürfelten Vergangenheit, aber doch in manchem repräsentativ für eine verbreitete Zeitstimmung.

Dieser deutsche Kernstaat, der bald auf allen internationalen Konferenzen als »Germany« oder »Allemagne« ohne jeden Zusatz frohgemut Platz nimmt, ist und bleibt zugleich ein amputierter Kernstaat. Die Forderung nach Wiedervereinigung erscheint den meisten Westdeutschen der fünfziger und der frühen sechziger Jahre deshalb ebenso natürlich wie das Behagen an der prosperierenden, demokratischen und im westlichen Geleitzug einigermaßen sicher einherschwimmenden Bundesrepublik. Genau betrachtet, ist das Verlangen nach Wiedervereinigung ein Revisionismus, der kritische Geister in manchem an den Revisionismus der zwanziger und frühen dreißiger Jahre erinnert. Wie ernsthaft der deutschlandpolitische Revisionismus der Adenauer-Ära und der Folgezeit unter dem Bundeskanzler Erhard wirklich ist und sein darf, ist durchgehend ein Gegenstand heftigen Streits. Die Opposition bezweifelt lange die Ernsthaftigkeit der Wiedervereinigungspolitik, andere bezeichnen den Revisionismus als friedensgefährdend, und wieder andere leiden darunter, daß die Bundesregierung an das Thema Wiedervereinigung nicht viel schärfer herangeht.

Daß sich der deutsche Kernstaat die DDR so weit wie möglich vom Leibe halten sollte, ist jedoch bald allgemeiner Konsens. In den Anfängen der Adenauer-Jahre gibt es noch wenige tastende Kontaktversuche, die aber rasch aufgegeben werden. Im großen und ganzen herrscht gegenüber »Pankow« der Grundsatz: Kräftig ignorieren! Beim Vergleich mit der bundesdeutschen Wohlstandsgesellschaft der fünfziger und der frühen sechziger Jahre spielt die DDR die Rolle eines Aschenputtels. Man nennt diesen Staat nicht bei seinem Namen. Es ist die »Ostzone«, eine »Irredenta«, bemitleidet, verächtlich behandelt auch, wegen ihrer Sowjetisierungspolitik verhaßt, zugleich jedoch auch gefürchtet, weil Walter Ulbricht und die Kreml-Führung trotz des

Risikos der Kriegsgefahr nicht ruhen und rasten wollen, auch den freien Teil Berlins von der Bundesrepublik abzutrennen. Die Einstellung zu diesem zweiten deutschen Staat, der aber als Protektorat ohne echte Staatsqualität betrachtet wird, ist durchgehend ambivalent. In den fünfziger und noch in den sechziger Jahren denken in der Bundesrepublik jedenfalls nicht viele daran, die DDR als zweiten deutschen Staat anzuerkennen, auch wenn die Sowjetunion und die SED-Führung das mit langem Atem anstreben. Je deutlicher die Sowjetunion zur zweiten atomar gerüsteten Supermacht wird, um so vorsichtiger muß man allerdings die Wiedervereinigungsforderung auf Sparflamme schalten. Seit Beginn der Berlin-Krise im Winter 1958/59 ist die Deutschlandpolitik nur noch defensiv. Es zeugt aber für die Stärke der Kernstaatidee, daß der Alleinvertretungsanspruch erst 1973 mit Anerkennung der DDR aufgegeben wird.

Verwunderlich ist das Festhalten an der Wiedervereinigungsforderung also nicht. Menschen, gleich ob alt oder jung, die vor der großen Zäsur des Jahres 1945 auf den Nationalstaat fixiert waren, können und wollen ihn nicht einfach vergessen. Daß Millionen das Zertrennen ihrer Familienbande und Freundschaften durch eine willkürliche Demarkationslinie nicht hinnehmen wollen, ist ebenso nachvollziehbar. Und im Ost-West-Konflikt, bei dem es zentral um die Freiheit der Individuen und Völker geht, ist die Forderung nach Freiheit und Selbstbestimmungsrecht für alle Deutschen zugleich ein Gebot politischer Moralität. Auch das liegt in der Logik der Teilung.

Erstaunlich ist schon eher, daß das westliche Europa und die USA sich so rasch, wenngleich nicht ganz ohne Vorbehalt auf den nationalpolitischen Revisionismus der Bundesrepublik eingelassen haben. In Ländern wie Frankreich, in den Benelux-Staaten, auch in Großbritannien fragen sich natürlich viele: Könnte ein wiedervereinigtes Deutschland mit 68 Millionen fleißiger und ruheloser Menschen mit großem Wirtschaftspotential nicht wieder einmal wie ein unwiderstehlicher Moloch Frieden und Sicherheit in Europa gefährden? Wäre es nicht von vornherein sinnvoll, beide deutsche Staaten völkerrechtlich anzuerkennen, wie es dann in der Tat zwischen 1973 und 1990 geschieht?

Ein Blick auf die strategische Lage zeigt jedoch, weshalb die Westmächte den Alleinvertretungsanspruch der Bundesrepublik trotz des irritierenden Wiedervereinigungsanspruchs keine zehn Jahre nach Niederwerfung Großdeutschlands akzeptieren. Erstens ist dieser deutsche Kernstaat ein Trumpf-Aß im Kalten Krieg. Immerhin finden sich Ende der vierziger Jahre im westlichen Deutschland an die 45 Millionen hochproduktiver Menschen und das stärkste Industriepotential in Westeuropa. Demgegenüber ist die von den Sowjets ausgeplünderte, dann durch Sozialisierung und Massenflucht zusätzlich lange Zeit ziemlich unproduktiv gemachte DDR mit bloß 18 Millionen Einwohnern eine machtpolitisch zweitrangige Größe. Zweitens bildet die Bundesrepublik ein unentbehrliches Sicherheitsglacis für das westliche Europa. Drittens ist Stalin in den vier Jahren sowjetischer Besatzungsherrschaft das bemerkenswerte Kunststück gelungen, aus den meisten Westdeutschen, selbst aus den linken Sozialdemokraten, teils glühende, teils ängstliche Antikommunisten zu machen, auf die sich die Westmächte verlassen können. Und viertens schließlich zeigen sich die Westmächte selbst durchaus nicht bereit, die Bundesrepublik in eine unkontrollierte Souveränität zu entlassen. Die vertraglich festgeschriebenen Sonderrechte den Status Deutschlands und Berlins betreffend haben gewissermaßen die Funktion einer elektronischen Fußfessel. Ohne Zustimmung der Westmächte könnte der Kernstaat Bundesrepublik nicht das westliche Haus verlassen.

So kommt es, daß die Bundesrepublik mit Kernstaatkonzept, Alleinvertretungsanspruch und Wiedervereinigungspolitik international durchkommt. Da der Ostblock in der Weltstaatengesellschaft noch isoliert ist, gelingt es Bonn sogar, das Alleinvertretungskonzept bis ins Jahr 1972 weltweit durchzusetzen, wenngleich mit zunehmenden Schwierigkeiten. Dann jedoch wird das Kernstaatkonzept nach mehr als zwei Jahrzehnten genauso schnell aufgegeben, wie es 1949/50 entfaltet wurde.

Die Gründe für die Preisgabe von Kernstaatkonzept und Alleinvertretungsanspruch sind von Publizisten und Historikern schon hinlänglich oft diskutiert worden und brauchen nicht ausführlich entfaltet zu werden. Doch sie dürfen auch nicht unerwähnt bleiben. 1989/90, als dem Bundeskanzler Helmut Kohl der geballte Unwille der westdeutschen »Zweistaatler« entgegenschlägt, kommen alle Argumente nochmals zur Sprache, die seit den sechziger Jahren dagegen geltend gemacht wurden. Viele dieser Argumente sind offen artikuliert worden, andere Motive wirken mehr unterschwellig. Reicht ein stichwortartiger Sieben-Punkte-Katalog aus, um die wichtigsten Beweggründe zu identifizieren?

Das erste Stichwort lautet: Realpolitik. Gegen den Willen der Sowjetunion ist die Wiedervereinigung »faktisch unmöglich«,[10] argumentiert Theodor Eschenburg, einer der ersten, der für eine Anerkennung der DDR aus realpolitischen Überlegungen heraus plädiert.[11] Was manche in den Bonner Entscheidungsapparaten nur im stillen Kämmerlein zu denken wagen, wird von ihm und anderen realpolitischen Publizisten öffentlich zur Diskussion gestellt: Ist eine riskante Wiedervereinigung möglich? Und ist sie nach Lage der Dinge wirklich noch wünschenswert? Abgekürzt lautet die Antwort darauf: »Die außenpolitischen Chancen der Wiedervereinigung sind minimal; die Risiken des innerstaatlichen Vollzugs können sehr groß sein.«[12] Es ist nicht zuletzt die aus der deutschen Teilung resultierende Kriegsgefahr, die es nahelegt, Alternativen zum Alleinvertretungsanspruch ins Auge zu fassen. Seit der Berliner Blockade und erneut während der lang andauernden Berlin-Krise von 1958 bis 1963 ist jedem Denkenden klar, daß die aufgrund einzigartiger Nachlässigkeit entstandene Lage West-Berlins bei leicht vorstellbaren Fehlkalkulationen stracks in einen dritten Weltkrieg führen könnte. Hält man somit eine Berlin-Regelung für dringend geboten, um die damit verbundene Kollisionsgefahr zu beheben, ist anzuerkennen, daß Moskau am längeren Hebel sitzt. Der Kreml würde nur zu einer verbesserten Berlin-Regelung bereit sein, wenn die DDR »als vollberechtigter Vertragspartner anerkannt wird«.[13] Derartige Regelungen wären aber, so die Realpolitiker, durchaus mit Fortsetzung der NATO-Mitgliedschaft und der EWG-Integration vereinbar. Höchstwahrscheinlich müßte also die Bundesrepublik, wenn sie diese Existenzgefährdung und eine ständige Erpreßbarkeit durch die Berlin-Frage minimieren möchte, auf das Selbstverständnis als deutscher Kernstaat mit internationalem Alleinvertretungsrecht verzichten.

Das zweite Stichwort hängt damit zusammen: Kriegsangst. Ein konventioneller Krieg und erst recht ein Atomkrieg würde Deutschland in eine Hölle verwandeln. Je zahlreicher und zielgenauer die sowjetischen Kernwaffen werden, um so größer wird die Angst vor einem atomaren Inferno. Die östliche Propaganda unterläßt nichts, die entsprechenden Sorgen unablässig zu schüren. Natürliche Reaktion in der Bundesrepublik darauf: Am besten, man versucht sich mit den unkalkulierbaren Moskowitern und ihren Satelliten in Ost-Berlin gut zu stellen. Die Anerkennung der DDR und der Oder-Neiße-Grenze, beides verbunden mit einem neuen Berlin-Abkommen, könnte, so hofft man, die Kriegsgefahr minimieren.

Drittes Stichwort, auch dies damit zusammenhängend: Ruhebedürfnis. Nicht nur nach Osten möchte die Bundesrepublik ihre Ruhe haben und räumt deshalb alles aus dem Weg, was dabei hinderlich ist. Sie möchte auch den Verbündeten gegenüber ihre Ruhe haben, die ihre jeweilige Entspannungspolitik durch die »querelles allemandes« belastet sehen. Zudem ist es Bonn leid, einen beträchtlichen Teil seiner weltweiten Diplomatie, Entwicklungshilfe inbegriffen, vorwiegend auf das Ziel auszurichten, eine wie auch immer geartete Anerkennung der DDR durch Staaten außerhalb des Ostblocks zu verhindern.

Bekanntlich spielt beim Abgehen vom Kernstaatkonzept noch ein weiteres Motiv – Punkt vier – eine beträchtliche Rolle: die Erinnerung und das schlechte Gewissen. Nachdem die Deutschen im Kernstaat Bundesrepublik ohne groß nachzudenken ihr eigenes verwüstetes Land wiederaufgebaut und die eigenen Traumatisierungen verdrängt haben, beginnen sie ernsthafter nachzudenken, was sie in Europa so alles verbrochen und den Polen, den Russen, den Juden und vielen anderen angetan haben. Darf man unter diesen Umständen wirklich eine Revisionspolitik betreiben?

Golo Mann, einer der ersten, der mit solchen Fragen Gehör findet, arbeitet in seiner von Hunderttausenden gelesenen *Deutschen Geschichte des 19. und 20. Jahrhunderts* Ende der fünfziger Jahre ein widersprüchliches Profil der Bundesrepublik heraus. Einerseits konstatiert er, wie sie »mit unglaublicher Schnelle zu einem prosperierenden Gemeinwesen wurde«,[14] und meint anerkennend: »Eine freundliche

Entspanntheit bezeichnete um 1960 die Atmosphäre sowohl in der Bundesrepublik wie ihre Beziehungen zu Westeuropa.«[15] Zugleich aber kommen ihm beim Blick auf die Ostpolitik, die sich weiterhin als revisionistische Wiedervereinigungspolitik versteht, beunruhigende Zweifel. Könnte dieser eigentlich so liebenswürdige, wirtschaftlich potente deutsche Kernstaat nicht doch auf die alten Bahnen zurückfinden? »In der modernen deutschen Geschichte«, schreibt er, »wechseln Perioden der Ruhe, der vernünftigen Einfügung mit explosiven ab.« Wie würden die Deutschen in der Bundesrepublik wohl auf eine immerhin vorstellbare Auflösung der Machtblöcke reagieren? Müßte man dann nicht befürchten, daß sie zu einer autonomen Politik zurückkehren, um das zerbrochene Bismarck-Reich wiederherzustellen, mitsamt den an Polen verlorenen Ostgebieten: »Bei den ›Grenzen von 1937‹ würde man so wenig stehenbleiben, wie man 1939 bei ihnen stehenblieb.«[16] Konsequenz solcher Überlegungen: Wenn die Deutschen in der Bundesrepublik Verstand und Gewissen haben, sollten sie die Oder-Neiße-Linie anerkennen und zugleich überlegen, daß alle Nachbarländer Deutschlands vielleicht besser schlafen, wenn sich die europäische Großmacht Bundesrepublik mit ihrer bereits erreichten Machtfülle begnügt und diese nicht durch Wiedervereinigung mit der DDR zu steigern droht.

Besonders das nationale Trauma Auschwitz kommt im Zusammenhang mit der deutschen Frage immer wieder zur Sprache. Müßte die Teilung auch als eine Art Sühne für die dort verübten Verbrechen akzeptiert werden, die jede frisch-fröhliche Wiedervereinigungspolitik verbietet? »Ein Gedenken tut not und kein geschichtsferner Traum von einer Wieder-Vereinigung, die in Wahrheit, da es Auschwitz gab, undenkbar ist«, wird Walter Jens dieses Argument noch im Juni 1990 artikulieren, als die DDR schon im Begriff ist, sich dem Kernstaat Bundesrepublik anzuschließen.[17]

Diese Überlegungen verbinden sich – fünftens – mit einem weiteren historischen Argument. Stichwort: Zweifel am Bismarck-Reich. In den sechziger Jahren kommt in der Historikerzunft und in der Publizistik ein Prozeß des Umdenkens in Gang. Die Reichsgründung selbst wird nun als verhängnisvoll bewertet. Sie habe ein halb-hegemoniales, zusehends europaunverträgliches Deutsches Reich emporgeführt, einen Machtstaat, zu stark, um nicht gegnerische Allianzen ins Leben zu rufen, und zu schwach, um diesen zu widerstehen. Zugleich aber habe der Großmachtstatus in Deutschland eine Machtbesessenheit erzeugt, so daß die von Hybris ergriffene Reichsführung zweimal den Kampf um die Hegemonie in Europa wagte mit der Konsequenz einer zweimaligen Katastrophe. Das sind Deutungen, wie sie in England und Frankreich schon seit längerem vielen plausibel vorkamen und nun auch bei gebildeten Deutschen Aufmerksamkeit finden. Der Titel einer 1985 erscheinenden Monographie des angesehenen französischen Historikers Raymond Poidevin bringt das auf den Punkt: *Die unruhige Großmacht*. Poidevin gehört nicht zu den Alarmisten und vermag sich selbst eine Wiedervereinigung von Bundesrepublik und

DDR vergleichsweise entspannt vorzustellen. Aber er beschließt seine Gedankenskizze eines wiedervereinigten Deutschland doch mit der Überlegung: »Innerhalb Europas wäre kein Staat in der Lage, ihm eine Vormachtstellung streitig zu machen, die sämtliche Bereiche erfassen würde. Ein dermaßen starkes Deutschland würde bei seinen Nachbarn alte Befürchtungen wieder aufleben lassen, und erneut könnten Warnungen vor der deutschen Gefahr wieder laut werden.«[18] Viele bedenkliche Deutsche sehen das genauso.

Das Abgehen vom Kernstaatkonzept hat aber noch einen weiteren Beweggrund – Punkt Nummer sechs in unserer Liste –, der weder mit Kriegsfurcht noch mit historischen Mythologemen zu tun hat, sondern mit einem ganz und gar unpolitischen Alltagsgefühl. Stichwort: Selbstgenügsamkeit. Der deutsche Kernstaat der sechziger Jahre ist eine saturierte Gesellschaft. Die Spannungen des Kalten Krieges machen noch periodisch Angst, doch die Bundesrepublik ist, das wissen nicht bloß die Soziologen, bereits eine Freizeitgesellschaft. Aus dem nationalen Gedenktag des 17. Juni, der jährlich an die geknechteten Deutschen in der DDR erinnern soll, ist ein schöner, sinnentleerter Brückentag geworden. Selbst während der Berlin-Krise 1959, 1960 und 1961 reisen Millionen Deutsche wie gewohnt an ihre südlichen Badestrände. Im deutschen Kernstaat träumt man von der Toskana, von der Provence oder von Mallorca, aber kaum noch von Schlesien oder Ostpreußen, und von der »widerlichen DDR« schon gar nicht. Politik, öffentliche Verwaltung und Wirtschaft haben längst festgestellt, daß die in die westliche Welt integrierte Bundesrepublik auch ohne die östlichen Provinzen bestens lebensfähig ist. Ein selbstgenügsamer Kernstaat kann es somit auch ertragen, wenn die amputierte, ohnehin für unerheblich erachtete DDR von aller Welt als zweiter deutscher Staat anerkannt wird. Die Befürworter einer Anerkennung posaunen das nicht so kraß heraus, wie es hier formuliert wird, aber auch diese wurstige Selbstgenügsamkeit spielt eine Rolle.

Schließlich das siebte und letzte Stichwort, das eng mit dem eben angetippten Bequemlichkeitsmotiv zusammenhängt: Europa. Die Wiedervereinigungspolitik ist festgefahren. Doch wie schon erwähnt, wurde dem deutschen Kernstaat von Anfang an auch eine europäische Perspektive eingepflanzt. Kaum ist er gewählt, hat Adenauer die Bundesrepublik auf die Europaschiene gesetzt, und darauf rollt sie weiter und weiter. Der Artikel 24 (a) des Grundgesetzes wird vor dem Jahr 1990 viel intensiver in Anspruch genommen als der Wiedervereinigungsartikel 23 GG. Nachdem die CDU schon während der ganzen fünfziger Jahre den Part der Europapartei gespielt hat, fasziniert der Europagedanke bald auch die SPD und die FDP. Willy Brandt, Walter Scheel und Hans-Dietrich Genscher sind auf ihre Weise darauf bedacht, die neue Ostpolitik durch forcierte Europapolitik auszubalancieren. Helmut Schmidt stilisiert sich zwar erst lange nach dem Ende seiner Kanzlerjahre zum großen Europäer, aber immerhin pflegt er den deutsch-französischen Bilateralismus.

Schließlich begreift sich Helmut Kohl als Fortsetzer und Vollender der Adenauer-schen Integrationspolitik. Europa steht im Zentrum seines politischen Wollens. Demgegenüber ist seine Deutschlandpolitik weitgehend defensiv. Kein Gedanke daran, daß man ihn einmal als »Kanzler der Einheit« feiern könnte.

Solche und andere Beweggründe erklären, weshalb nach dem heftigen, 1972 ent-schiedenen Streit um die neue Ostpolitik das lange Jahre dominierende Kernstaat-konzept so rasch verschwindet. Von dem Anspruch, die Bundesrepublik sei eine Art Treuhänder des 1945 zerschlagenen Deutschen Reiches, bleiben nur einige wenige Reste und Vorbehalte: das Wiedervereinigungsgebot des Grundgesetzes, nochmals festgeklopft durch das Karlsruher Urteil, die deutsche Staatsangehörigkeit und die gleichfalls verfassungsrechtlich untermauerte These, die innerdeutschen Beziehun-gen seien Sonderbeziehungen und die Grenze zur DDR keine Staatsgrenze, sondern nur eine Art Demarkationslinie. 1989/90 werden sich diese letzten, nicht gekappten Haltetaue als entscheidend erweisen. Erhalten bleiben ebenso die Zuständigkeiten der Alliierten für Deutschland als Ganzes und Berlin, auch dies ist in den Monaten der Wiedervereinigung von größter Bedeutung. Dennoch ist dem deutschen Natio-nalstaat vorerst der Totenschein ausgestellt. Kaum ein Gedanke daran, daß es sich um Scheintod handeln könnte. Begriffe wie »Wiedervereinigung«, »Kernstaat« oder »Nationalstaat« werden als politisch inkorrekt weitgehend aus dem politischen Vo-kabular verbannt. In der Bundesrepublik finden sich jetzt viele, die auch die allerletz-ten Reste einheitlicher deutscher Staatlichkeit eliminieren möchten. Einer von ihnen ist beispielsweise Klaus Bölling, immerhin einstmals Regierungssprecher und Staats-sekretär bei Helmut Schmidt, danach Ständiger Vertreter bei der DDR-Regierung. Im Jahr 1985 schlägt er allen Ernstes vor, in der Präambel zum Grundgesetz die Hin-weise auf die Einheit der Nation zu eliminieren.[19] Nur ist eben die DDR weiterhin alles, nur kein normaler europäischer Staat. Auch in den Jahren einer von nieman-dem mehr in Frage gestellten Zweistaatlichkeit von 1973 bis 1989 bleiben die Deut-schen in der DDR wie seit dem Mauerbau 1961 eingesperrt. Allerdings werden die Genehmigungen zum Freigang allmählich großzügiger erteilt, wenngleich immer nur gegen Cash. Wohl oder übel konzentriert sich die innerdeutsche Politik der Bun-desregierungen deshalb nun in erster Linie auf humanitäre Erleichterungen: Reise-erleichterungen, Familienzusammenführung, Häftlingsfreikauf und anderes mehr.

1989, als die deutsche Frage urplötzlich wieder auf den Tisch kommt, ist jeden-falls die Erinnerung an den deutschen Nationalstaat in großen Teilen der bundes-deutschen politischen Klasse nicht viel mehr als eine historische Reminiszenz. 1989, kurz vor dem Mauerfall, erscheint bei Manesse das schmale Büchlein des Historikers Karl Dietrich Erdmann mit dem Titel *Die Spur Österreichs in der deutschen Ge-schichte*. Aufschlußreicher ist der Untertitel: *Drei Staaten, zwei Nationen, ein Volk.* Erdmann überlegt hier in selbstquälerischen Rückblicken auf die zurückliegenden

Epochen deutscher Nationalgeschichte, wie die Geschichte der Bundesrepublik weitergehen wird angesichts der »allmählich verblassenden Idealvorstellung eines einheitlichen Nationalstaats«. Immerhin hält er es für möglich, »daß sich ein Dialog über die Mauer hinweg entwickeln könnte von ähnlicher Unbefangenheit, wie sie in dem unbefangenen Verhältnis zwischen den Österreichern und den Deutschen in der Bundesrepublik besteht«, und er fügt resignierend hinzu: »Das mag eine bescheidene Hoffnung sein verglichen mit der ursprünglichen Zielvorstellung der staatlichen Wiedervereinigung, wie sie im Grundgesetz ausgesprochen wurde, aber heute in weite Ferne gerückt ist und in unklaren Konturen verschwimmt.«[20]

Man braucht also nicht allein auf die im September 1989 erscheinenden *Erinnerungen* Willy Brandts zu verweisen, in denen sich der Satz findet: »Durch den Kalten Krieg und dessen Nachwirkungen gefördert, gerann die ›Wiedervereinigung‹ zur spezifischen Lebenslüge der zweiten deutschen Republik.«[21] Selbst Konservative vom Schlag Erdmanns sind von tiefer Resignation erfüllt.

So gehört die urplötzliche Wiederentdeckung, daß die Bundesrepublik der deutsche Kernstaat ist und die DDR ein von der Sowjetunion ausgehaltenes Regime, zu den verblüffendsten Vorgängen der neuesten deutschen Geschichte. Wie kommt es, daß 1990 das Kernstaatkonzept urplötzlich wieder aktuell wird? Hier ist auf die Vorgeschichte im Verlauf der achtziger Jahre zu achten. Während die politische Klasse sowohl in der Bundesrepublik als auch in der DDR die Doktrin der Zweistaatlichkeit verinnerlicht hat und sich unruhig am Systemgegensatz abarbeitet, haben sich gewissermaßen hinter ihrem Rücken zwei Entwicklungen vollzogen, die das überraschende Comeback des Kernstaatkonzepts vorbereiten.

Die erste dieser Entwicklungen verläuft in der ökonomischen Dimension. Zwischen den Volkswirtschaften der Bundesrepublik und der DDR bestand stets eine starke Asymmetrie – Asymmetrie der Größe, Asymmetrie der Strukturen, vor allem aber Asymmetrie der Produktivität. In den achtziger Jahren geht die Schere weiter auseinander. Die Politiker beider Seiten überschlagen sich zwar weiterhin in Beschwörungen der Gleichberechtigung und daß man sich auf gleicher Augenhöhe begegnen wolle. Aber genauso wenig wie in der Politik kann in der Wirtschaft von Gleichwertigkeit ernstlich die Rede sein. Das Größenverhältnis ist nach wie vor unverändert. 1990, im Jahr des Beitritts, hat die Bundesrepublik 63 Millionen, die DDR rund 16 Millionen Einwohner. Der Abstand der wirtschaftlichen Leistungsfähigkeit ist ähnlich groß. Längst ist die Bundesrepublik unter den vergleichsweise starken Volkswirtschaften Westeuropas zur »économie dominante« aufgerückt. Nach den USA, der Nummer eins, ist sie zusammen mit Japan der weltweit stärkste Industriestaat, während die DDR-Wirtschaft auf den Bankrott zusteuert. Geschönte Statistiken verschleiern das wahre Ausmaß der Abwärtsbewegung. Die SED-Führung um Honecker ist unfähig, das in Gang gekommene Desaster zu erkennen, und die politische Klasse in der Bundesrepublik ist nicht geneigt, auf die Zeichen des Niedergangs groß zu achten. Die wirtschaftliche Abhängigkeit der DDR von den Transferzahlungen aus der Bundesrepublik und vom westlichen Kapitalmarkt, abgesichert durch die Milliardenkredite, steigert sich von Jahr zu Jahr. Hinter der Fassade des Entspannungsdialogs der Regierungen ist aus der Magnettheorie längst Realität geworden. Die Staatswirtschaft der DDR ist im vierten Jahrzehnt ihres Bestehens auf die Bundesrepublik angewiesen wie nie zuvor. Doch die Bonner Parteien und die veröffentlichte Meinung nehmen das nicht hinlänglich zur Kenntnis.

Eine zweite Veränderung vollzieht sich bei den Untertanen der SED. Millionen in der DDR haben in der Bundesrepublik immer den deutschen Kernstaat gesehen, ein bewundertes, auch beneidetes Gesellschaftsmodell. Ob es sich dabei um eine schweigende Mehrheit oder bloß eine große Minderheit handelt, ist nicht auszumachen. Es gibt auch ein Auf und Ab der Empfindungen. Der Massenexodus bis zum Mauerbau im August 1961, immerhin rund 2,7 Millionen Menschen, ist ein sicheres Indiz für die Akzeptanzkrise des Systems. Diese setzt sich aber auch nach dem Mauerbau fort. Anders ist nicht zu erklären, daß die SED zwischen 1961 und 1989 nicht auf die ihrem Prestige so abträgliche Einmauerung ihrer Menschen verzichten kann. Selbst in dieser Phase gelangen weitere 1,2 Millionen über Notaufnahme- beziehungsweise Aufnahmeverfahren in die Bundesrepublik. Aufgrund ständigen Drängens der Bundesregierung – bekräftigt durch erhöhte Zahlungen – steigt die Zahl derer, die mit Sondergenehmigung in den Westen reisen dürfen, was sich in den achtziger Jahren noch verstärkt durch Mund-zu-Mund-Berichte an Dritte, wie unvergleichlich besser die Lebensbedingungen in der Bundesrepublik sind. Mitte der achtziger Jahre wird die D-Mark zu einer Art inoffizieller zweiter Währung der DDR. Hunderttausende von DDR-Bürgern sitzen Abend für Abend vor den Fernsehern, wo ihnen die Westsender das Bild eines Schlaraffenlandes vor Augen führen: Qualitätskonsum, Flugreisen überallhin, lockerer Individualismus, Redefreiheit selbst für politische Narren. Wie im ganzen Ostblock orientiert sich auch die DDR-Jugend an westlicher Mode, westlicher Musik, westlicher Lässigkeit, westlichem Lifestyle. Ständig nimmt die Zahl derer zu, die über die Botschaften der Bundesrepublik im Ostblock oder über die Ständige Vertretung in Berlin in die Bundesrepublik gelangen möchten. Trotz aller Gegenwirkungen der DDR ist die Gesellschaft der Bundesrepublik für viele DDR-Bürger eher noch stärker als früher die Vorbildgesellschaft. Die Disposition ist vorhanden, bei erster sich bietender Gelegenheit die Bundesrepublik als Kernstaat zu betrachten und die DDR als einen gescheiterten Staat, der möglichst rasch der freien, prosperierenden, überlegenen Bundesrepublik beitreten sollte.

Dann kommt Gorbatschow. Wenn sie an ihre utopischen Hoffnungen auf Wiedervereinigung glauben wollten, stellten sich manche Deutsche der fünfziger und der sechziger Jahre vor, ein kluger, weitschauender, vielleicht von China bedrängter Generalsekretär in Moskau könne eines Tages vielleicht zu einer Neubewertung der sowjetischen Europapolitik gelangen. Genau diese Neubewertung nimmt Gorbatschow vor. Am 25. Oktober 1989, zwei Wochen vor dem Mauerfall, stellt Genadi Gerassimow, Sprecher des Außenministers Eduard Schewardnadse, in Helsinki fest, die Breschnew-Doktrin sei doch wohl überholt. Und er fügt vergnügt hinzu, an ihre Stelle sei die »Frank-Sinatra-Doktrin« getreten: »I did it my way.«[22]

Gorbatschow denkt damals noch nicht daran, die DDR freizugeben. Er will, daß ein ostdeutscher Reformkommunist sie irgendwie umkrempelt und dadurch stabilisiert. Doch bevor er eine neue Figur ins Rennen schicken kann, erfolgt die Rebellion. Es ist kein Zufall, daß einer der auslösenden Faktoren die Fluchtbewegung in die Bundesrepublik ist. Jetzt kommt das im Drehbuch der Zwei-Staaten-Doktrin nicht vorgesehene Volk der DDR ins Spiel, an ihrer Spitze die Bürgerrechtler, viele aus dem kirchlichen Milieu. Aber die Bewegung wird unwiderstehlich, weil sie unter dem Slogan »Wir sind das Volk!« die Massen der Arbeiter und Angestellten ergreift. Die verknöcherte Parteiführung reagiert teils täppisch, teils autoritär, teils schlaumeierisch abwartend, jedenfalls so verworren wie die Minister Ludwigs XVI. in den Anfängen der Großen Revolution in Frankreich genau 200 Jahre zuvor.

Die Monate September, Oktober und November, auch noch die Wochen nach dem Mauerfall, sind durch ein Höchstmaß an Verwirrung gekennzeichnet. In dieser Lage, da alles unsicher ist – das alte Regime kraftlos, die Gruppen der Bürgerrechtsbewegung halb siegreich, ohne aber regierungsfähig zu sein –, richten die Massen ihren Blick dorthin, wo sie Stabilität, Prosperität und auch politische Führung erkennen: zur Bundesrepublik Deutschland. Der Slogan »Wir sind das Volk!« wird durch den neuen Slogan »Wir sind *ein* Volk!« ersetzt. Die Volkskammerwahl vom 18. März entscheidet darüber, daß die Mehrheiten in der DDR nicht den Reformkommunisten und nicht dem Runden Tisch Vertrauen entgegenbringen, vielmehr mit größter Beschleunigung der Bundesrepublik beitreten möchten.

Dort hat inzwischen der Bundeskanzler gleichfalls eine Neubewertung vorgenommen. Kohl und die CDU haben an die Zwei-Staaten-Doktrin nie viel Herzblut verwandt. Nach anfänglichem Widerstand haben sie sich mit der sozialliberalen Ostpolitik pragmatisch abgefunden, immer mit etwas schlechtem Gewissen. Unter den Mitgliedern der Unionsparteien fanden sich doch noch viel mehr als bei den Sozialdemokraten, die den Umgang mit der Diktatur in der DDR genierlich fanden. Aber auch sie haben sich rasch an das Nebeneinander und Miteinander gewöhnt. Brigitte Seebacher-Brandt, für die Helmut Kohl kein ganz Unbekannter war, hat die Psychologie der Union im Jahr 1989 wohl ganz zutreffend beschrieben: »Als die Sowjetunion die schützende Hand von der DDR nahm und diese aus den Fugen geriet, bedurfte es nur eines Augenblicks, bis Kohl und seine Partei erkannten, daß nun der eine große Schritt zu tun sei. Mit der Bundesrepublik, der Besten aller deutschen Welten, befanden sie sich im reinen, im Innern wie nach außen, irgend einen besonderen Sinn hatten sie in die DDR nie hineingelegt und die Zweistaatlichkeit nicht für ein anderes denn eine machtpolitische Vorgabe gehalten.«[23] In kürzester Zeit begreift Kohl jetzt die Bundesrepublik wieder als Kernstaat, der seine Tore für die Deutschen in der DDR weit öffnet. Der historischen Richtigkeit halber ist dem hinzuzufügen, daß die FDP-Führer Genscher und Graf Lambsdorff mitsamt ihrer Partei diesen Schwenk begeistert unterstützen. Im Februar 1990, als das Angebot der Wirtschafts- und Währungsunion ergeht, legt sich die Regierung Kohl auch auf eine schnelle Wiedervereinigung nach Artikel 23 GG fest. Die Wiedervereinigung in Frieden und Freiheit ist nun wieder das Staatsziel, und das zuvor in die Tiefkühltruhe versenkte Selbstverständnis der Bundesrepublik als deutscher Kernstaat wird offizielle Regierungspolitik.

Selbstverständlich muß streng darauf geachtet werden, mit Ost-Berlin weiter von gleich zu gleich zu verhandeln. Die Vereinigung darf sich nur bei Respektierung der Eigenstaatlichkeit der DDR vollziehen. Tatsächlich ist sie jedoch nach Einführung der Wirtschafts- und Währungsunion für die ohnmächtig auf den Staatsbankrott zutreibende Regierung de Maizière alternativlos. Seitdem die Grenze offen ist und die sowjetischen Divisionen im entscheidenden Moment in den Kasernen verblieben sind, funktioniert das Kernstaatkonzept so perfekt, wie es nicht einmal die kühnsten Träumer in der Ära Adenauer zu hoffen wagten: Die freie, prosperierende, auch anständig großzügige Bundesrepublik wird zum unwiderstehlichen Magneten. Von ihrer Wirtschaftskraft werden Wunder erwartet, in erster Linie die Sanierung der zerrütteten DDR. Vom Sozialsystem des Kernstaats wird ferner erwartet, daß er die sozialen Lasten der Fusion abfedert. Der Kernstaat ist auch deshalb so attraktiv, weil allen, die ihm angehören und jetzt mit D-Mark ausgestattet sind, die Welt offen steht. Schließlich wird vom deutschen Kernstaat auch Schutz erwartet. Er hat die Aufgabe, die verbliebenen sowjetischen Divisionen erst ruhig zu halten und dann sicher nach Hause zu expedieren.

Kehren wir nochmals zu der eingangs erwähnten Kolumne von Johannes Gross zurück. Die »widerliche DDR« hat sich, wie von ihm vermutet, durch Beitritt zum deutschen Kernstaat Bundesrepublik aus der Geschichte abgemeldet.»Die angenehme Bundesrepublik«, so war auszuführen, ist jedoch nicht zu Ende gegangen, wie Johannes Gross etwas voreilig vermutete. Ist etwa das Leben in der Bundesrepublik weniger »angenehm« geworden? Gründen die Deutschen ihr Sozialmodell nicht weiterhin auf Zuwachsraten und Sozialtransfers? So fragen, heißt schon, die Antwort geben. Konstitutive Merkmale der »alten« Bundesrepublik sind offensichtlich bis zum heutigen Tag erhalten geblieben.

Bei erster sich bietender Gelegenheit haben sich auch die Deutschen in der DDR auf das westdeutsche Modell eingestellt. Es wurde ihnen nicht willenlos übergestülpt.

Ohne lange zu überlegen, haben die Regierung de Maizière und die Volkskammer den bundesdeutschen Sozialstaat mit aller ihnen noch verbliebenen Macht herbeigezwungen und noch da und dort zu übersteigern gesucht. Die Bundesrepublik hat ihr Wirtschafts- und Sozialmodell mit der größten Selbstverständlichkeit in den neuen Ländern eingeführt. Beiderseits trat dann gleich zutage, daß dies seinen Preis hat. Der Vorgang hatte viel mit der Fusion eines großen, potenten Konzerns mit einem überschuldeten und nicht mehr wettbewerbsfähigen schwächeren Unternehmen gemeinsam. Auf der einen Seite müssen Milliarden investiert werden, auf der anderen erfolgt die Abwicklung mit den unvermeidlichen Sozialplänen. Die Folge war ein beiderseitiger Vereinigungskater, der die Hochstimmung des Jahres 1990 ablöste und ein gutes Jahrzehnt hindurch anhielt.

Die sozio-ökonomische Struktur der Bundesrepublik veränderte sich aber nicht grundlegend. Der Osten wurde in der Tat unter Schmerzen, aber unwiderstehlich umstrukturiert, eingeschmolzen, verwestlicht. Erfüllte Wünsche sind Leichen. Die gern vorgenommene Liquidierung der DDR in der Form eines freiwilligen Beitritts zur Bundesrepublik wurde von Teilen der Öffentlichkeit in den »neuen« Ländern als »Anschluß« ressentiert. Mit einem gewissen Verzögerungseffekt kam es auch zu Veränderungen in den »alten« Ländern.

Schon vor dem Schwellenjahr 1990 waren erhebliche Teile der bundesdeutschen Wählerschaft auf »Sozialverteilung« abonniert. Die frühe Bundesrepublik hatte mit einer sozialen Marktwirtschaft à la Ludwig Erhard begonnen und nicht zuletzt damit ihr Wirtschaftswunder erzeugt. Doch Erhard hatte des Soziale gewissermaßen klein geschrieben, die Marktwirtschaft aber groß. Eine in festem Ordnungsrahmen funktionierende Marktwirtschaft, so glaubte er, würde viel mehr an Wohlstand für alle produzieren als eine wohlfahrtsstaatlich ausgerichtete Ökonomie. Diese Erhardsche Form der sozialen Marktwirtschaft war jedoch schon in den späten sechziger Jahren und noch mehr in den Siebzigern in eine Wirtschaftsordnung übergegangen, bei der nicht mehr das freie Unternehmertum den Takt schlug, sondern eine Art Kartell von Staat, Industrie und Gewerkschaften. Später wurde dafür der Begriff »rheinischer Kapitalismus« erfunden, andere sprachen vom organisierten Kapitalismus. In diesem veränderten System wurde das Soziale groß, die Marktwirtschaft eher klein geschrieben.

Die Verwerfungen in den von Arbeitslosigkeit geplagten neuen Ländern veränderten zwangsläufig das Wahlverhalten, somit auch die Politik der Parteien und die entsprechenden Stärkeverhältnisse. Jetzt erhielten die auf Sozialtransfers abonnierten politischen Kräfte eine strukturelle Mehrheit.[24] Einen Bruch mit dem sozio-ökonomischen Modell der alten Bundesrepublik brachte das aber nicht.

Auch andere starke Tendenzen der »alten« Bundesrepublik sind im wiedervereinigten Deutschland ungebremst weitergelaufen. Im Jahr der Vereinigung taten sich die Grünen mit Persönlichkeiten aus der Bürgerbewegung in der DDR zum Bündnis 90/Die Grünen zusammen. Doch die Bürgerrechtler wurden von den zugleich technikkritischen und umverteilungsfreudigen westdeutschen Grünen bald marginalisiert. Im Gesamtstaat hat die grüne Bewegung den Umbruch überdauert. Es ist bezeichnend, daß im Jahr 2011 eine Bundeskanzlerin, die in der ursprünglich geradezu extrem technikfreundlichen DDR sozialisiert wurde und anfangs auch in diesem Sinn ihre AKW-Politik betreiben wollte, nach Fukushima vor dem das ganze Land erfassenden grünen Zeitgeist den Kniefall machen mußte.

Gewiß sind die finanziellen Folgekosten der Einheit von allen Betroffenen als wenig »angenehm« empfunden worden. Selbst fünfzehn Jahre nach der Vereinigung beanspruchten die Nettotransfers aus den »alten« in die »neuen« Länder an die vier bis fünf Prozent des westdeutschen Netto-Inlandsprodukts.[25] Das will erst einmal erwirtschaftet und psychologisch verkraftet sein. Die Schwierigkeiten – hohe Arbeitslosigkeit im Osten, starke Belastungen der Haushalte im Westen – haben aber das Wirtschafts- und Sozialmodell der Republik nicht qualitativ verändert. Nachdem seit 2005 wieder höhere Wachstumsraten erwirtschaftet werden, scheint das vorerst weiter tragbar. Die alles in allem immer noch »angenehme«, wenngleich finanziell etwas angespanntere »alte« Bundesrepublik hat heute den Vereinigungskater der neunziger Jahre weitgehend überstanden und läßt manche Ähnlichkeiten mit den optimistischen mittleren und späten achtziger Jahren erkennen.

Nun waren es jedoch nicht in erster Linie die bevorstehenden inneren Belastungen, die in den Monaten der Wiedervereinigung manche erschreckten. Wer von der Wiederkehr der Geschichte unkte, dachte in erster Linie an eine Wiederkehr der »unruhigen Großmacht«. Die Mauer war kaum gefallen, da steigerten sich Politiker im In- und Ausland, ebenso Journalisten und Schriftsteller in düstere Phobien vor einem »Vierten Reich«. Die aufgeregten Warner waren in den Milieus der linken Mitte und der äußersten Linken am zahlreichsten. Aber selbst die ansonsten recht nüchterne britische Radikalliberale Margaret Thatcher geriet, wie man weiß, zeitweilig in Panik, und François Mitterrand ebenso.

Bundeskanzler Helmut Kohl hat diese Befürchtungen aufgefangen, indem er das wiedervereinigte Deutschland mit fester Hand auf Europakurs hielt. Indem er die Politik guter Nachbarschaft mit Rußland fortsetzte, nach einigem Zögern gleichzeitig die schwierige Osterweiterung der NATO maßgeblich zustande brachte und die Osterweiterung der EU in die Wege leitete, hat er eine neue deutsche Geostrategie der Mittellage entwickelt, ohne auf die gewissermaßen »klassische« Europapolitik und die Verbindung mit den USA zu verzichten. Kohls Nachfolger haben das im großen und ganzen fortgesetzt. Auch hier lassen sich viel mehr Kontinuitäten als Diskontinuitäten zur »alten« Bundesrepublik erkennen. Ob die heutigen Strukturen des europäischen Staatensystems stabiler sind als die der Jahre vor 1989/90, bleibt

abzuwarten. Eines aber ist sicher: Auch die heutige Bundesrepublik bewegt sich weiterhin so prinzipiell europafreundlich, nach allen Seiten verständigungsbereit, über-
vorsichtig und druckempfindlich wie einstmals die »alte« Bundesrepublik vor der
Wiedervereinigung. Die domestizierten Deutschen sind nicht wieder zu Berserkern
geworden. Ganz im Gegenteil: Der in den neuen Ländern endemische Pazifismus hat
die Behutsamkeit eher verstärkt. Generäle des Ersten und Zweiten Weltkriegs würden sich die Augen reiben beim Blick auf die über alle Maßen große Behutsamkeit,
mit der die Berliner Politik einige wenige Bundeswehrbataillone in Afghanistan zum
Einsatz bringt. Nichts kennzeichnet die Abkehr der Deutschen von einstmaliger
Großmachtpolitik so deutlich wie ihr Umgang mit der bewaffneten Macht.

Vor nunmehr einem halben Jahrhundert hat Golo Mann, wie hier erwähnt, der
Bundesrepublik des Jahres 1960 eine »freundliche Entspanntheit« bescheinigt, das
jedoch auf die Beziehungen zu Westeuropa eingeschränkt. Man soll nicht übertreiben. Wenn es gegen kleinere Länder geht – Österreich zu den Zeiten Bundesaußen-
ministers Joschka Fischer oder die Schweiz in den Jahren Peer Steinbrücks oder
Griechenland 2010/11 –, sieht sich die Berliner Republik bisweilen versucht, das Ge-
bell einer Großmacht nach Urväterart anzuschlagen. Im großen und ganzen bemüht
sich die politische Klasse Deutschlands jedoch eher um die leisen Töne.

Die Befürchtungen, die sich 1989/90 mit dem wiedervereinigten deutschen
Kernstaat verbanden, sind bisher jedenfalls nicht eingetreten. Dies vielleicht auch
deshalb, weil die Generation der heute Regierenden noch von den Größen der
»alten« Bundesrepublik angelernt und zurechtgestoßen wurde. Die Prägekraft der
Bonner Republik, die sich lange als deutscher Kernstaat verstanden und 1990 obsiegt
hat, macht sich immer noch bemerkbar.

TEIL V
Der Architekt des neuen Europa
(1991–1998)

Auf der Pressekonferenz nach Abschluß des EU-Gipfels in Brüssel,
3. Mai 1998

Weiter so! Helmut Kohl im Januar 1991

Selbstbewußt war er schon immer. Doch im Jahr 1990 hat selbst die bisher so kritische Hamburger Journaille »den neuen Kohl« entdeckt: »Schlagfertig, sprachsicher, sachkundig. Keine verhaspelten Sätze, keine Stilblüten, fähig zu ironischer Selbstkritik.« Das liest man unter der Überschrift »Ein Kanzler im Glück« am 26. Juli im *Stern*, bis dahin nicht eben ein Blatt, das vor dem Altar Helmut Kohls das Weihrauchfäßchen geschwenkt hat. Nach Kohls Rückkehr vom Kaukasus salutiert selbst der notorische CDU-Feind Rudolf Augstein kurz und schneidig (»Glückwunsch, Kanzler!«[1]). Das Wohlwollen hält an. Kurz vor der entscheidenden Bundestagswahl bescheinigt ihm der sichtlich milder gestimmte *Spiegel* »strotzendes Selbstbewußtsein« und vergißt dabei nicht zu erwähnen, daß dieser erstaunliche Mann inzwischen satte 260 Pfund auf die Waage bringt.[2] War Kohl zuvor heruntergeschrieben worden, so wird er jetzt hinaufgeschrieben – vorerst. Gewiß, der Wahlsieg fällt dann längst nicht so rauschend aus wie erhofft. Doch nie zuvor und danach verfügt Helmut Kohl über eine satte Mehrheit von sage und schreibe 134 Mandaten.[3] In der CDU hat er die Widersacher schon auf dem Bremer Parteitag im September 1989 abgeräumt. Nunmehr ist er erst recht in der Lage, allen Widerstand niederzubügeln.

Mit derart gesteigertem Selbstgefühl schreitet er in die kommende Legislaturperiode. Anders wäre es schwer vorstellbar, wie er den Abwärtssog, der im Januar 1991 urplötzlich einsetzt, so dickfellig ausgehalten hätte. Vielleicht hätte ein weniger von sich selbst überzeugter Kanzler die langandauernde Misere in den neunziger Jahren überhaupt nicht durchgestanden.

Anfang 1991 aber ist die Welt noch ziemlich in Ordnung. Die CDU frißt ihm jetzt aus der Hand. Die FDP ist ohne Wechselalternative und muß ihn letztlich gewähren lassen. Die SPD leckt ihre Wunden und bedauert, sich auf Lafontaine eingelassen zu haben. Die Grünen mit ihren bloß acht Mandaten sind am Boden zerstört. Die verachtete PDS spielt im neuen Bundestag gleichfalls keine Rolle. In vier der fünf neuen Bundesländer amtieren CDU-Ministerpräsidenten. Sogar im vereinten Berlin hat die CDU einen Wahlsieg errungen und stellt mit Eberhard Diepgen den Regierenden Bürgermeister. Für Kohl, so meinen viele Beobachter, hat die beste aller Welten eben begonnen.

Das große Selbstbewußtsein des Bundeskanzlers speist sich nicht zuletzt aus der Beobachtung, daß nun Bonn urplötzlich so etwas wie die erste Adresse in Europa ist. Kein Staatsmann, gleich ob demokratisch oder von fragwürdiger politischer Moralität, der ihm nicht seine Aufwartung macht! In der Europäischen Gemeinschaft, aus der nun bald die Europäische Union wird, bringt er größeres politisches Gewicht auf die Waage als Mitterrand und John Major, von Andreotti, Felipe González oder den Kleineren ganz zu schweigen. So fällt es ihm auch immer schwerer, ein Verhalten zu praktizieren, für das der Romanist Ernst Robert Curtius einmal, wie schon erwähnt, den Begriff »affektierte Bescheidenheit« geprägt hat. Burschikos, massig, manchmal auch laut, zusehends unwillig gegen offen formulierten Widerspruch erlebt man ihn nun auf den Europagipfeln. Wollen die Publizisten der Bundesrepublik seinen Herrschaftsstil charakterisieren, schreiben sie oft, er gebe sich jetzt präsidial, also mehr wie ein Präsident der USA oder Frankreichs und nicht wie der Regierungschef einer parlamentarischen Demokratie. Auch der Vergleich mit einem Königshof wird gerne gebraucht, um sein Auftreten in der Koalition oder in den Unionsparteien zu kennzeichnen. Sein riesiges Überlegenheitsgefühl macht ihn natürlich nicht liebenswürdiger. Der frühere CDU-Sprecher Jürgen Merschmeier aus der hinweggefegten Truppe der Geißler-Anhänger wird mit dem Ausspruch zitiert, die Zahl der Sätze, die der Kanzler mit »ich« beginnt, habe sich mit dem Tage der Einheit verdoppelt.[4]

Sein Image in der Öffentlichkeit ist weiterhin nicht eindeutig. Es gibt die Millionen von Helmut-Kohl-Fans, vielfach einfache Leute, auch in den neuen Ländern, die auf den Kanzler der Einheit nichts kommen lassen. Doch auch im liberalen Bürgertum, wo die Kohl-Skeptiker bislang eher überwogen, beginnt man nun seine staatsmännische Leistung respektvoll zu würdigen, nicht zuletzt die so offensichtliche Entschlossenheit, das größer gewordene Deutschland weiterhin in Europa einzubinden. Aber groß ist nach wie vor die Zahl seiner alten Feinde in den Medien, bei der SPD, bei den Grünen, dabei nicht zu vergessen die zu Feinden gewordenen Parteifreunde, die in ihm jetzt nur noch den Machtmenschen sehen – zynisch, von jovialer Brutalität und absolut ichbezogen.

Einer seiner schärfsten Kritiker ist weiterhin Richard von Weizsäcker. Jedermann in Bonn weiß, daß zwischen dem Bundeskanzler und dem Bundespräsidenten Kalter Krieg herrscht, den jeder der beiden lustvoll zu führen versteht. Aus der Villa Hammerschmidt dringen periodisch in Hintergrundgesprächen fallende und entsprechend kritische Äußerungen an die Öffentlichkeit. Spitzzüngig, wie er sich gern auszudrücken pflegt, soll Richard von Weizsäcker im Gespräch mit einem Ministerpräsidenten von der SPD seinen ungeliebten Nachbarn im Bundeskanzleramt sogar als »Demokrator« bezeichnet haben.[5] Im Frühsommer 1992 läßt es sich der Bundespräsident nicht nehmen, ein rasch in Buchform gebrachtes Gespräch mit zwei linksliberalen Journalisten von der *Zeit* zu führen, in dem er – ohne Namensnennung, aber eben das ist der Reiz des Büchleins – den Herrschaftsstil Kohls vernichtend charakterisiert. Kohl bleibe, so läßt sich zwischen den Zeilen lesen, der Republik die Orientierung schuldig, sei »weder ein Fachmann noch ein Dilettant, sondern ein Generalist mit dem Spezialwissen, wie man politische Gegner bekämpft«.[6] Haften bleibt die Brandmarke »machtversessen«. Kaum eine Porträtstudie über Helmut Kohl, in der dieses Stichwort nicht als eine Art Universalschlüssel dient, um die Tür zu den innersten Motiven zu öffnen, von denen er sich treiben läßt.[7]

Manche der Kritiker suchen auch nach Analogien aus dem Tierreich. Dabei kommen ihnen vor allem Lebewesen in den Sinn, die urtümlich sind, aber unüberwindbar. Peter Glotz, der ihn bekämpft und insgeheim bewundert, gibt einem seiner Kohl-Essays den Titel »Die Riesenschildkröte«,[8] und der Bonner *Spiegel*-Korrespondent Jürgen Leinemann betitelt eine Porträtstudie zur zehnjährigen Kanzlerschaft Kohls »Der letzte Dinosaurier«.[9] Das ist die eine Seite des Images, das sich in den Jahren 1990 bis 1998 zusehends verfestigt. Nach dieser Vorstellung sitzt Kohl gewissermaßen wie ein Präsident bombenfest im Sattel, versteht die schlimmsten Nackenschläge auszusitzen und sorgt sich allein vor dem Machtverlust bei der Bundestagswahl – 1994, 1998 …

Darin ist vieles richtig gesehen, doch tatsächlich ist sich dieser scheinbar so unerschütterliche Kanzler über die Labilität der Kanzlerherrlichkeit in der parlamentarischen Demokratie sehr viel genauer im klaren, als er das je zugeben würde. Eben deshalb hat er die Generalsekretäre mitsamt der Bürokratie des Konrad-Adenauer-Hauses zu Dienstleistern herabgestuft. In den Jahren 1989 bis 1992 liegt Volker Rühe, ein politisches Alphatier wie Kohl in den Jahren seines Aufstiegs, an der Kette seines Ehrgeizes. Rühes Nachfolger Peter Hintze kennt seine Grenzen und wird sich nicht mit seinem Herrn und Meister anlegen.

Das CDU-Präsidium mit seinen regulären Mitgliedern und den CDU-Ministerpräsidenten als ständigen Gästen ist bereits ein Gremium von rund zwei Dutzend Männern und immer noch wenigen Frauen, in dem der große Vorsitzende naturgemäß dominiert. In den neunziger Jahren sind das weitgehend Persönlichkeiten, die trotz Vorbehalten im einzelnen den so erfolgreichen »Kanzler der Einheit« für den unbestritten denkbar besten CDU-Führer halten und die zudem aus unterschiedlichen Gründen von ihm abhängig sind, weil sie durch ihn Bundesminister, Ministerpräsidenten, Vorsitzender der CDU/CSU-Fraktion geworden sind oder andere hervorgehobene Ämter bekleiden. Kohl legt auch Wert darauf, stets ein führendes Mitglied des Europäischen Parlaments dabeizuhaben.

Die Jahre, da Kohl in diesem Gremium ein halbes Dutzend von Rivalen in Schach halten mußte, sind ebenso vorbei wie die der Polarisierung zwischen ihm und dem Generalsekretär Geißler. Späth ist abgeschlagen. Dregger und Stoltenberg hat er längst domestiziert, und sie werden 1992 ausscheiden. Einige der aus Anhängern zu Quäl-

geistern gewordenen CDU-Größen sind allerdings weiterhin präsent – Heiner Geißler, Rita Süßmuth und Kurt Biedenkopf, letzterer in seiner neuen Rolle als »König von
Sachsen« und als ein Sprecher der notleidenden »neuen Länder«. Die drei lassen sich
nicht den Mund verbieten. Sie sind so etwas wie ihrer Majestät häufig aufbegehrende,
aber letztlich doch parteigehorsame Opposition. Kohl weiß allerdings, daß selbst die
Treue seiner eher loyalen Anhänger unter den Ministerpräsidenten dort ihre Grenze
findet, wo sie aufgrund von Fehlern, die dem Bundeskanzler anzulasten sind, den
Machtverlust im eigenen Bundesland befürchten müssen.

Das Präsidium arbeitet wie ein Vorstand, dem ein gestrenger CEO vorsteht, dessen Mitglieder aber doch informiert sein und alle wichtigen Sach- oder Personalfragen diskutieren wollen. Das geschieht auch ausgiebig. Kohl ist jedoch nach wie vor
wenig geneigt, einzelnen Präsidiumsmitgliedern klar umrissene Zuständigkeiten zu
übertragen. Präzise Beschlußvorlagen gibt es zumeist nur mit Blick auf kommende
Parteitage. Vergleichsweise selten ist bei den vom Generalsekretär versandten Unterlagen ein Papier dabei, das ein energisches Präsidiumsmitglied wie Biedenkopf oder
Rita Süßmuth für die Frauen-Union von sich aus zur Diskussion stellt. Gelegentlich
werden kleinere Kommissionen gebildet, die bei umstrittenen Fragen mehrheitsfähige Vorlagen zu erarbeiten haben. Letztlich gelingt es Kohl aber fast immer, die
Meinungen so zu bündeln, daß auf anschließenden Sitzungen des Bundespartei-
vorstands geschlossene Empfehlungen des Präsidiums vorgelegt werden können.
Formell abgestimmt wird fast nie.

Der zahlenmäßig große Parteivorstand aus Vertretern der Landesverbände und
der Vereinigungen ist naturgemäß weitgehend auf die Funktion eines Diskussions-
gremiums reduziert. Wie die Damen und Herren im Präsidium sind auch die Mitglieder dieses Gremiums bestens damit vertraut, daß der Parteivorsitzende seine
Auffassungen in kraftvoller, aber leider notorisch langer und oft mäandernder Rede
dartut. Diese ausführlichen Berichte zur innen- und außenpolitischen Lage sind in
erster Linie dazu bestimmt, allen Beteiligten die Richtung vorzugeben. Als der mit
diesen Verhältnissen chronisch unzufriedene Biedenkopf Anfang 1997 einen Vorstoß
zur Reaktivierung dieses Gremiums unternimmt, charakterisiert er den entsprechenden Arbeitsstil mit spitzen Worten: »Die Tagesordnungen der Bundesvorstandssit-
zungen beschränken sich häufig auf die Tagesordnungspunkte ›Bericht des Vorsitzenden‹ und ›Verschiedenes‹. Zwar werden dem Bundesvorstand durch die Berichte
wertvolle Informationen und Erkenntnisse vermittelt. Seine Leitungsfunktionen
kann er auf dieser Basis jedoch nicht vornehmen.«[10]

Traditionsgemäß repräsentieren die Vorstandsmitglieder die vielfältigen Interessen und Meinungen der Partei, so daß die diversen Stellungnahmen durchaus die
jeweilige Stimmung in den einzelnen Quartieren dieser breitgelagerten Volkspartei
vermitteln. Dann und wann, wenn es in den neuen Ländern besonders schlecht geht

oder wenn die Stimmung in der ganzen CDU fast auf dem Nullpunkt ist, erinnern die Sitzungen des Parteivorstandes an die Vorgänge an einer Klagemauer. Helmut Kohl pflegt die jeweiligen Stellungnahmen verständnisvoll anzuhören, antwortet zumeist weitschweifig, manchmal offen, manchmal verschlüsselt. Dabei macht er ausgiebig von dem guten Recht eines Vorsitzenden Gebrauch, lästige Fragesteller oder Besserwisser je nachdem ironisch oder auch grob abzubürsten. Vorgaben des Präsidiums, die der Vorsitzende vorträgt, werden im Bundesvorstand nicht einfach durchgewinkt, aber erst recht nicht abgeschmettert. Formelle Beschlußfassung erfolgt vorwiegend im Vorfeld der Parteitage. Aufstände oder gut organisierter, kompromißloser Widerstand sind im Parteivorstand nicht zu erwarten.

Sowohl die Erörterungen im Präsidium wie im Bundesvorstand erfolgen in Kenntnis der Tatsache, daß einzelne Stellungnahmen regelmäßig an die Presse durchgestochen werden. In einer Mediendemokratie ist das unvermeidlich und führt zu gestrengen Ermahnungen Kohls, wenn das Medienecho zur Kakophonie anschwillt. Somit läßt er den Verhandlungsgang in Verlaufsprotokollen intern protokollieren, weigert sich jedoch, die Protokolle zu versenden, dies in der richtigen Erkenntnis, daß dann wohl alles schriftlich und zitierfähig auf dem offenen Markt kursieren würde. Daß bei diesem System der Willensbildung im Parteipräsidium und im Bundesvorstand auf den riesigen Parteitagen gleichfalls kein Aufruhr gegen Vorschläge zu erwarten ist, auf die man sich in den Führungsgremien verständigt hat, versteht sich von selbst. Die Bundesparteitage der neunziger Jahre dienen in erster Linie der Akklamation.

Von der CDU/CSU-Fraktion hat der Bundeskanzler vorerst überhaupt nichts zu befürchten. Dort sitzen zahlreiche Wachhunde, die ihm jedes Anzeichen von Ungehorsam melden. Da sich der CSU-Vorsitzende Theo Waigel auf Gedeih und Verderb mit Helmut Kohl alliiert hat, kann der Kanzler davon ausgehen, daß die CSU-Landesgruppe ruhig bleibt. Solange Alfred Dregger dort in einer Art Austragsstübchen sitzt, ist sich der Kanzler auch des Fraktionsvorsitzenden sicher. Ein wenig anders stellt sich die Lage dar, nachdem er seinen Ziehsohn Wolfgang Schäuble Anfang 1992 an die Fraktionsspitze bugsiert hat. Er glaubt an dessen bedingungslose Loyalität, will daran glauben, und wird auch lange nicht enttäuscht. Aber ein Bundeskanzler darf selbst den getreuesten Fraktionsvorsitzenden, der ihm einen Berg lästiger Dinge abnimmt, keinen Moment aus den Augen lassen, ganz besonders dann nicht, wenn er ihn als potentiellen Nachfolger herausgestellt hat. Ein ehrgeiziger Fraktionschef kann echte Entlastung bringen, aber niemand kennt die Versuchung des Ehrgeizes besser als Helmut Kohl. Hier sind dieselben Mechanismen im Spiel wie auf seiten der CDU- und CSU-Ministerpräsidenten: Wenn die eigene politische Zukunft aufgrund katastrophaler Schwächung eines Bundeskanzlers auf dem Spiel steht, können auch Fraktionsvorsitzende urplötzlich sehr beweglich werden. Das Argument, in kritischster

Lage gehe es allein um das Schicksal der Partei, dahinter hätten persönliche Loyalitäten – leider, leider – zurückzustehen, steht ihnen dann zu Gebote.

Aus der Koalition mit der FDP droht der übliche Ärger. Doch daran hat sich der Kanzler seit langem gewöhnt. Ständige Wachsamkeit ist jedoch geboten. Kohl weiß nur zu gut, wie unkalkulierbar sich dort persönliche Rivalitäten und die Interessen der Landesverbände verknäueln. Als Beobachter der Bonner Bühne hat er einstmals den Sturz Erich Mendes und den Aufstieg Scheels und Genschers erlebt. Genauso erinnert er sich noch an die Panik der FDP um Genscher und Graf Lambsdorff, die sich 1982 aus dem Abwärtssog der SPD in die Wendekoalition retteten. Die Unionsparteien verfügen zwar in den Jahren 1990 bis 1994 über eine strategische Mehrheit, die eine Kanzlerwahl durch eine Koalition von SPD und FDP ausschließt. Aber was würde geschehen, wenn die FDP in einem Umfragetief der Union und im Vorfeld einer Bundestagswahl von der Fahne geht? Könnte sich dann nicht das Szenario von 1966 beim Sturz Ludwig Erhards wiederholen – eine mit dem Bundeskanzler unzufriedene Partei und Fraktion gerät außer Kontrolle, woraufhin einer der bedenkenlosen Diadochen Helmut Kohls die Union in eine große Koalition führt? Wenn man sich in den Legislaturperioden von 1991 bis 1998 manchmal über die Zähigkeit wundert, mit der sich der in der Partei und in der Fraktion scheinbar so bombenfest im Sattel sitzende Bundeskanzler an die Koalition mit der FDP klammert, dann mag die Erinnerung an das Schicksal Ludwigs Erhards das erklären, wenigstens teilweise. Ein Koalitionsbruch kann auch in der so straff geführten eigenen Partei Fliehkräfte, Angstreaktionen und persönlichen Ehrgeiz freisetzen, der selbst einen als Ikone verehrten Bundeskanzler vom Postament stürzt.

Als Kohl sich nach der Bundestagswahl 1990 in die Koalitionsverhandlungen begibt, dominieren diese Besorgnisse natürlich noch nicht. Er fühlt sich als Triumphator. Dennoch ist diese unspektakuläre Regierungsbildung eine Art Antiklimax zur bisherigen Anspannung aller Kräfte. In vielem erinnert der Bundeskanzler, der jetzt über die Grundlinien der Politik in den kommenden vier Jahren verhandelt und dann sein neues Kabinett bildet, doch auch an den »alten Kohl«, wie man ihn bei der Regierungsbildung im Jahr 1987 kennengelernt hat. Priorität hat momentan ohnehin die Vorbereitung auf den EG-Gipfel in Rom. Dort sollen die Pläne für eine Wirtschafts- und Währungsunion durch das Konzept einer Politischen Union komplettiert werden. Anfangs möchte sich der Bundeskanzler noch vor Weihnachten zur Wiederwahl stellen, dies natürlich jetzt im Berliner Reichstag. Doch die Verhandlungen mit CSU und FDP schleppen sich hin. Im CDU-Lager herrscht der übliche Unfriede. Routiniert und schwunglos zugleich läßt Kohl alle Beteiligten sich aneinander abarbeiten. Eigentlich wäre jetzt der Moment für weitreichende, kühne Entscheidungen. Niemand könnte dem Bundeskanzler ernsthaft in den Weg treten. Statt dessen läßt er sich bereitwillig auf das Klein-Klein des Feilschens um die allbekannten Differenzpunkte ein. Erschwerend wirkt sich aus, daß am 20. Januar in Hessen Landtagswahlen sind, wo es wieder einmal Spitz auf Knopf steht. Will die Koalition dort ihre Mehrheit behalten, könnte sich allzuviel Kühnheit kontraproduktiv auswirken. Zudem richten sich in diesen Tagen alle Blicke auf den Golf, wo der große Showdown unmittelbar bevorsteht. Die Kanzlerwahl erfolgt schließlich erst am 17. Januar. Am selben Tag beginnt die Luftoffensive gegen den Irak. Das alles regt nicht zu kühnen Vorschlägen an, und so wird eine einzigartige Gelegenheit vertan. Kohl finassiert bloß routiniert nach altvertrautem Muster.

Der klassische Gegensatz zwischen FDP und CSU kommt auch diesmal wieder zum Tragen. Nachdem Graf Lambsdorff und Genscher elf Prozent gewonnen haben und selbst im Osten erfolgreich waren, ist ihnen der Kamm geschwollen. Entsprechend renitent zeigt sich die nun auf Platz drei verwiesene CSU. Am penetrantesten ist die FDP dort, wo sie Nein sagt: Nein zu jeder Art von Steuererhöhungen, Nein zu einer gesetzlichen Pflegeversicherung, Nein zu sogenannten Out-of-area-Einsätzen der Bundeswehr, Nein zum »Jäger 90«. Natürlich kennt jeder in den Verhandlungsdelegationen die anderen Steckenpferdchen der FDP. Die bisherige Liberalität auf den altbekannten Schlachtfeldern der Rechtspolitik soll beibehalten werden, also Fortführung liberaler Asylpolitik. Am maximalen Schutz der Individualrechte darf nicht gerüttelt werden, selbst bei der Verbrechensbekämpfung nicht. Liberalität soll auch in der Frage des Schwangerschaftsabbruchs gelten, die beim Beitritt erneut hochgekommen ist. Die FDP hat aber auch Neues in ihrem Instrumentenkasten: Sie plädiert jetzt mit Nachdruck für Lambsdorffs Vorschlag, in den neuen Ländern eine Niedrigsteuerzone einzurichten.

Niemand kann es erstaunen, daß die CSU wie bisher schon so ziemlich alles ablehnt oder doch problematisiert, was die FDP für geboten erachtet. Wie eh und je fordert sie ein entschiedeneres Vorgehen gegen »Wirtschaftsasylanten« und macht sich für den »Jäger 90« stark, von dem wichtige Komponenten in Bayern gefertigt werden. Indessen ziehen die CSU und die FDP bei ihrem Nein zu Steuererhöhungen am selben Strang.

Auch die CDU hat ihre Steckenpferdchen. Das Kindergeld gehört dazu, der Erziehungsurlaub und die ökologische Erneuerung der Industriegesellschaft. Dazu hat sie noch ein großes Hobby-Roß aufgezäumt: die Einführung einer gesetzlichen Pflegeversicherung. Diesbezüglich wird auf einen geheiligten Parteitagsbeschluß aus den Zeiten vor der Vereinigung verwiesen, als die finanzielle Lage noch nicht so angespannt war. Damals war Kohl einer der stärksten Befürworter dieses Konzepts, mit dem jetzt vor allem Blüm seine politische Zukunft verbindet.

Eines jedenfalls läßt sich beim Blick auf die Prioritäten der Koalitionsparteien und ihrer Parteiflügel glasklar erkennen: Sie alle möchten so weitermachen wie bisher, als habe es die deutsche Einheit mit ihrem ungeheuren Finanzbedarf überhaupt nicht gegeben. Nur wenig Gedanken werden auf neue Konzepte zur Erleichterung der inneren Wiedervereinigung verschwendet oder darauf, ob die jetzt verhandelten Gesetzgebungsvorhaben für die neuen Länder vielleicht wie vergiftete Geschenke wirken.

Der Bundeskanzler sieht sich also wieder einmal in der Rolle des Moderators – Moderator zwischen FDP und CSU, Moderator auch zwischen den in den Grundsatzfragen der Sozialpolitik wie immer höchst uneinigen Flügeln der eigenen Partei. Er führt die Koalitionsverhandlungen nach altvertrautem Muster. Manchmal jovial verhandelnd, manchmal grob dazwischenfahrend, entschärft er die Streitpunkte mit den üblichen Formelkompromissen oder Absichtserklärungen und verlagert vieles, was kritisch und sehr kritisch ist, in die Zukunft. Den Plan eines Niedrigsteuergebiets für die neuen Länder schmettert er schließlich ab. Ihn überzeugt Waigels Argument, dadurch entstünden zu hohe Steuerausfälle und Mitnahmeeffekte. Daß ausgerechnet Lambsdorff und Genscher dafür plädieren, macht den Vorschlag auch nicht attraktiver. »Ich habe längst die Hoffnung aufgegeben, daß dies für die FDP etwas Rationales ist«, lästert er in der CDU/CSU-Fraktion.[11] Das dornige Problem der Steuererhöhungen schiebt er gleichfalls auf die Zeitschiene, das aber bereits mit dem Hintergedanken, dieses Faß unter Berufung auf die auf Deutschland entfallenden Kosten des Golfkriegs bald wieder aufzumachen. Auch in Sachen *Out-of-area*-Einsätze bleibt es bei schwammigen Formulierungen, die nichts zur Lösung des Problems beitragen. Die Chance, gleich zu Beginn der Legislaturperiode starke und aufrichtige Akzente zu setzen, wird auch auf diesem Feld verpaßt.

Kohl selbst und alle Beteiligten wissen natürlich genau, daß man sich in den kommenden Jahren heftig über alles verzanken wird, was jetzt ungelöst eingeklammert wird. Aber so sind eben Koalitionsverhandlungen. Nur erfolgt dieser läßliche Umgang mit den strittigen Materien unter den ganz außergewöhnlichen Umständen des Beitritts von siebzehn Millionen Deutschen, belastet mit rückständiger Ökonomie, ruinierter Umwelt, heruntergewirtschafteter Infrastruktur und absolut heterogenem Entwicklungsstand. Daß alles ansonsten Wünschbare vor der Dramatik dieser Aufgabe zurücktreten müßte, wollen sich die Parteien nicht eingestehen.

Rückblickend läßt sich somit deutlich erkennen, wo der Kardinalfehler Kohls bei diesen Verhandlungen liegt. Er erkennt nicht oder will noch nicht wahrhaben, daß die bereits voll im Gang befindliche Wirtschaftskatastrophe in den neuen Ländern sofortige massive Steuererhöhungen erfordern würde verbunden mit kräftigem Zurückstutzen des Wohlfahrtsstaats. Dazu müßte eine Vielzahl weiterer innovativer Maßnahmen kommen, nicht zuletzt der Wille, die Sozialpartner rechtzeitig und massiv in die Pflicht zu nehmen. An grundlegende Beschlüsse zur mittelfristigen Finanzierung des Transfers in die neuen Länder, ein Zentralproblem der kommenden Jahre, wagt sich Kohl noch nicht heran. Schließlich liegt der Wahlkampf mit dem Versprechen, die deutsche Einheit ohne Steuererhöhungen zu schultern, erst wenige

Wochen zurück. Die Illusion vom raschen Aufholprozeß wirkt noch nach. Allzugern nur läßt sich der Kanzler vom Finanzministerium vorrechnen, daß das sehr ordentliche Wirtschaftswachstum im Westen weiter anhalten wird, nicht zuletzt genährt vom Konsum- und Investitionsboom in den neuen Ländern.

Eine Hauptschuld an der Realitätsverweigerung trifft gewiß die FDP, ebenso verantwortlich sind aber die realitätsblinden Sozial- und Umweltpolitiker in der CDU. Doch der Bundeskanzler läßt sie gewähren. Mit den großzügigen Zusagen aus außen- und europapolitischen Überlegungen sattelt er ganz persönlich noch energisch drauf. Damit verurteilt er sich selbst zu einer jahrelangen Politik des Durchwurstelns. Er hat versäumt, mit großer Brutalität ganz zu Beginn der Legislaturperiode umzusteuern, als alles noch im Fluß ist, in der »alten Bundesrepublik« noch echtes Wachstum generiert wird und sein eigenes Ansehen im Zenit steht. Das Versäumte kann zwei Jahre später nicht nachgeholt werden, als das vom Wiedervereinigungsboom beflügelte Deutschland in die tiefe globale Rezession der frühen neunziger Jahre abstürzt.

Ähnlich konventionell wie bei der Erörterung der strittigen Sachfragen verhält sich Kohl bei der Zusammensetzung des neuen Kabinetts. Auch hier gibt er seiner eingefleischten Neigung nach, ohne Not möglichst keine gravierenden Änderungen vorzunehmen. Fast alle Inhaber der erstrangigen und damit wichtigen Ministerien verbleiben in ihren Ressorts – Wolfgang Schäuble, der nur langsam wieder gesund wird und den es langfristig an die Fraktionsspitze drängt, Theo Waigel, als Bundesfinanzminister und Bändiger der CSU unentbehrlicher denn je, Norbert Blüm, der wieder das große Wort führt, Klaus Töpfer, beredt, gescheit, der die CDU »ergrünen« lassen möchte und von dem die Journalisten (aber auch Kohl selbst) vermuten, daß er sich für kanzlerfähig hält, ferner der bei den Verhandlungen in Brüssel nicht wegzudenkende Ignaz Kiechle sowie Gerhard Stoltenberg, der sich 1990 bewährt hat, aber für viele als Auslaufmodell gilt. Chef des Bundeskanzleramts bleibt Rudolf Seiters.

Das bisherige Kabinettsschwergewicht Friedrich Zimmermann wird von der CSU nicht mehr nominiert. Stark umkämpft ist das Verkehrsministerium mit seinen beträchtlichen Investitionsmitteln. Kohl betraut damit Günther Krause. Er ist die derzeit politisch stärkste Figur in den neuen Ländern, ein umtriebiger, kompetenter, ehrgeiziger, aber auch schwer steuerbarer Nachwuchspolitiker, der in manchem an den jungen Franz Josef Strauß in der Frühzeit Adenauers erinnert. Die Journalisten nennen ihn Helmut Kohls »Lieblings-Ossi«. Der Kanzler widersteht jedoch dem Drängen, Krause zu einem Superminister für den »Aufbau Ost« zu machen, in der richtigen Überlegung, daß dann unablässige, frustrierende Rangeleien des noch unerprobten Mannes mit den mächtigen Ressortchefs unvermeidlich wären. Krause hat genug damit zu tun, die Verkehrsinfrastruktur in den neuen Ländern zu sanieren und die Privatisierung der Bundesbahn im Geiste Ludwig Erhards vorzubereiten.

Nur auf den nachgeordneten Kabinettspositionen, auf welche die CDU Anspruch hat, wechselt er das Personal aus. Das heterogen zusammengesetzte Ministerium für Jugend, Familie, Gesundheit und Frauen wird zum »Dreimädelhaus«, wie die Journaille spottet, und verteilt auf die Ministerinnen Gerda Hasselfeldt von der CSU, Hannelore Rönsch und Angela Merkel, beide von der CDU. Kohl spielt sich zwar seit Jahrzehnten als Kämpfer für die Gleichberechtigung auf, aber in Bonn hält ihn jedermann für einen Macho, der mit seinen Ministerinnen und auch mit der Frauen-Union wie ein Pascha umspringt.

Nach Bonner Brauch überläßt er wie gewohnt den Koalitionspartnern die Benennung der Minister für die ihnen zugewiesenen Ressorts. Nicht einmal auf die CSU-Minister hat er großen Einfluß. Dort spielen Gesichtspunkte des innerbayerischen Regionalproporzes eine wesentliche Rolle. Der bei der CDU ziemlich verhaßte Jürgen Möllemann kehrt jetzt als Bundeswirtschaftsminister wieder. Kohl läßt es sich nicht nehmen, beim Verlesen der Ministerliste in der CDU/CSU-Fraktion darauf hinzuweisen, daß dies »das Ergebnis von Koalitionsgesprächen ist«. Erwünschter ist Klaus Kinkel als Bundesjustizminister. Wie Möllemann ist auch Kinkel eine Art Ziehsohn Genschers. Kohl schätzt ihn aber als Anti-Typ zu den Linksliberalen Gerhart Baum und Burkhard Hirsch. Außerdem liegen ihm Minister, die so unverkrampft und burschikos sind wie Kinkel.

Ein paar neue Gesichter hat also das Kabinett. Daß Kinkel schon 1992 zum Nachfolger Genschers im Auswärtigen Amt wird und zugleich zur Schlüsselfigur der FDP bis zum Ende der Ära Kohl, kann er nicht ahnen, und ebenso wenig, daß mit der ebenso unbekannten wie unerfahrenen Angela Merkel die übernächste Bundeskanzlerin am Kabinettstisch Platz genommen hat. Ein Kabinett ohne große Strahlkraft, urteilt jedenfalls die Presse. Kohl, der früher so stolz darauf war, mit interessanten neuen Leuten zu überraschen, scheint sich auch bei der Auswahl seiner Minister für ein bedächtiges »Weiter so!« entschieden zu haben. Wie sich bald zeigen soll, wird er 1992 und 1993 dann – vorwiegend ungewollt – viel mehr Wechsel vorzunehmen haben als jemals sonst in seiner sechzehnjährigen Amtszeit. Danach kann allerdings von einer echten Verjüngung die Rede sein. Mit der Kabinettsriege verhält es sich also 1991 wie mit dem Sachprogramm: Fortschreibung der konventionellen Konzepte und ein eher hausbackenes Kabinett.

Viel zu spät wird dem Bundeskanzler klar, daß die von Monat zu Monat kritischer werdende Lage mit den alten Rezepten und den bewährten, doch auch verbrauchten Ministern nicht mehr so recht zu bewältigen ist. Das Paradox ist evident. Helmut Kohl hat die gute »alte Bundesrepublik« in einem einmaligen Kraftakt in ein neues Zeitalter gestoßen. Die Bonner Republik hat dadurch ihr inneres Gleichgewicht verloren und muß es in einem mühseligen Anpassungsprozeß wiederfinden, der alle Beteiligten die ganzen neunziger Jahre hindurch in Atem halten wird. Die völlig neue Lage suchen der Kanzler, große Teile seiner Koalition und auch die Opposition anfangs mit den überkommenen Programmen und Instrumenten zu bewältigen. Das ist verständlich, aber ganz unangemessen.

Zu allem Überfluß kommt nun noch am Golf die Decke herunter, und kaum ist die Golfkrise abgeflaut, erfolgt in Jugoslawien eine Explosion des Nationalismus. Auch das internationale Staatensystem, in erster Linie Europa, hat nach dem Kollaps des Ostblocks sein Gleichgewicht verloren. Nachvollziehbar ist auch hier, weshalb die politische Klasse Bonns, Helmut Kohl an der Spitze, den revolutionären Umbruch mit den bewährten Strategien bewältigen möchte. Aber kann das gelingen?

Golfkrise und Golfkrieg

Als der ehemalige britische Premierminister Harold Macmillan einmal von einem Journalisten nach seiner schlimmsten Erfahrung als Premierminister gefragt wird, antwortet er: »Events, dear boy, events.« Helmut Kohl geht es inmitten des Trubels um Vereinigung, Bundestagswahlen und industriellen Zusammenbruch in den neuen Ländern genauso. Unversehens wird er von Golfkrise und Golfkrieg erwischt.

Die zeitliche Koinzidenz ist verblüffend. Am 2. August 1990, dem Tag als de Maizière bei Kohl den Offenbarungseid leistet, rollen die Panzer Saddam Husseins in Kuwait ein. Es folgt der Aufmarsch der »Koalition der Willigen« am Golf. Fünf Monate lang hat Kohl alle Hände voll zu tun, um zu verhindern, daß der notorisch Amerika-kritische Lafontaine im Wahlkampf nicht auch noch die pazifistische Karte gegen ihn ausspielen kann. Doch nach der Wahl ist vor der Wahl. Auf den 17. Januar 1991 ist schließlich nach langen Verhandlungen die Neuwahl des Bundeskanzlers angesetzt. Das geht nicht ohne Feuerwerk ab, denn in der Nacht zuvor hat die Luftoffensive von »Desert Storm« gegen den Irak begonnen. Hunderttausende entrüsteter und verängstigter Deutscher demonstrieren in den größeren Städten der Bundesrepublik, und drei Tage danach wird in Hessen der Landtag gewählt. Helmut Kohls CDU, die gerade eben bei der Bundestagswahl obsiegt hat, wird geschlagen, wenngleich nur knapp. Die Karriere des Ministerpräsidenten Wallmann, eines der getreuesten Gefährten Helmut Kohls, ist damit zu Ende.

Über Wochen hinweg halten ARD und ZDF mit Sondermeldungen wie einstmals in der Kriegszeit die Erregung am Kochen. Die Landoffensive zur Rückeroberung von Kuwait ist zwar Ende Februar nach viertägiger Kampagne schon gewonnen, doch noch wochenlang brennen Ölquellen. Der Luftkrieg über dem Irak geht weiter, Hunderttausende fliehen aus den Kurdengebieten in die Türkei, und in der Bundesrepublik läßt die hysterische Frontberichterstattung im Fernsehen nur langsam nach. So verbindet sich im tristen Frühjahr 1991 die Katastrophenangst mit der gleichzeitig einsetzenden Vereinigungsmalaise. Am 21. April erlebt die CDU in Rheinland-Pfalz ein wahres Wahldebakel, das Helmut Kohl mehr schmerzt als alle sonstigen Nackenschläge. Ein Hauptgrund dafür ist wohl der Vorwurf der »Steuer- lüge«, mit dem sich die Bundesregierung nun konfrontiert sieht. Da sie die jetzt ganz unvermeidlichen Erhöhungen von Steuern und Abgaben vorwiegend mit den Kosten des Golfkriegs begründet, gehört auch diese Niederlage noch zu den Auswirkungen des Golfkriegs.

Wie ist es zu dieser Kombination von Massenpsychose und überängstlichem Regierungshandeln gekommen, das in der NATO-Allianz mit Befremden registriert wird? Seit gut einem Jahrzehnt wird vom Auswärtigen Amt die Behauptung ver- breitet, das Grundgesetz erlaube keine Bundeswehreinsätze außerhalb des NATO- Gebiets. Unter den deutschen Verfassungsjuristen ist diese sehr enge Auslegung der Verfassungsvorschriften strittig. In der Tat wird das Bundesverfassungsgericht 1994 feststellen, daß die sogenannten *Out-of-area*-Einsätze der Bundeswehr auch ohne Grundgesetzänderung verfassungskonform sind. Doch Helmut Schmidt und Hans- Dietrich Genscher haben es bei der Golfkrise kurz nach der iranischen Revolution 1979/80 für praktisch erachtet, alle Wünsche der USA nach einer möglichen Beteili- gung der Bundesmarine zum Schutz westlicher Interessen am Golf vorsorglich mit dieser Begründung abzuwehren. Daß der schon gegen das Wörtchen »Machtpolitik« allergische Genscher unter den ganz besonderen Bedingungen des weltpolitischen Umbruchs im Jahr 1990 daran festhält, versteht sich von selbst.

Kohl dagegen ist sich durchaus bewußt, wie umstritten die Rechtslage ist. Doch wie Genscher hält er es für geboten, die Eventualität von Bundeswehreinsätzen vor- erst auf die lange Bank zu schieben. Schließlich gilt Saddam Hussein als ein Protégé der Sowjetunion, zumindest der sowjetischen Generalität und des KGB. Soll man sich also jetzt Gorbatschow entfremden, der sein Möglichstes tut, eine gewaltsame Befreiung Kuwaits durch eine westliche Koalition zu verhindern? Auch daß die Bun- deswehr nach dem 3. Oktober mit der Ausdehnung in die »neuen Länder« und der Auflösung der Nationalen Volksarmee (NVA) vollkommen in Anspruch genommen sein wird, ist ein Argument. Längst hat auch der ursprünglich von Honecker geprägte Slogan, von deutschem Boden dürfe kein Krieg mehr ausgehen, in Teilen von Kohls CDU einen hohen Klang. Außerdem stehen Bundestagswahlen vor der Tür, bei de- nen Lafontaine mit einer pazifistischen Kampagne schlimmen Schabernack treiben könnte. Und nicht zuletzt weiß Kohl genau, daß die Ablehnung von Kampfeinsätzen der Bundeswehr auch für Genscher und dessen FDP eine Art Dollpunkt ist. Für einen ohnehin vorsichtigen Bundeskanzler wären das schon Gründe genug, sich aus dem drohenden Orlog herauszuhalten.

Noch wichtiger sind aber die tiefverwurzelten Überzeugungen Helmut Kohls. Wie schon geschildert, gehört er wie Genscher oder Stoltenberg zur »Generation von

1945«, die von Krieg und Heldentum die Schnauze voll hat. Er ist ein Soldatenkind, er hat auch ein inneres Verhältnis zur Bundeswehr, und er weiß, daß die deutschen Streitkräfte für den Status der Bundesrepublik unerläßlich sind. »Das außenpolitische Gewicht deutscher Streitkräfte war ihm als ausgefuchstem Machtpolitiker mehr als bewußt«, urteilt rückblickend der spätere Generalinspekteur der Bundeswehr Klaus Naumann, damals Chef des Führungsstabs I unter Bundesverteidigungsminister Stoltenberg. Aber die Bundeswehr soll nach Kohls Überzeugung eine »Friedensarmee« sein, also möglichst nicht kämpfen: »Helmut Kohl wollte deutsche Soldaten im Grunde nicht eingesetzt wissen. Zum Zwecke der Abschreckung ja, aber deutsche Soldaten im Kampf oder unter kriegsähnlichen Bedingungen, das war etwas, was ihm irgendwie innerlich zutiefst zuwider war. Ich glaube, hier spielen die Erinnerungen an die letzten Kriegstage, das familiäre Schicksal, eine große Rolle. Er wollte da emotional nicht ran«, so formuliert Naumann seine damaligen Eindrücke. Stoltenberg sei übrigens ähnlich gewesen.[1]

So kommt es am 20. August 1990, als die Bush-Administration bereits dabei ist, in der Staatengesellschaft die spätere Golfkriegskoalition zusammenzutrommeln, zu der entscheidenden Besprechung zwischen Kohl, Genscher und Stoltenberg. Jetzt erfolgt eine doppelte Festlegung. Zum einen wird die Auffassung von der Verfassungswidrigkeit der *Out-of-area*-Einsätze bekräftigt. »Daß das Grundgesetz die Entsendung von Truppen in Regionen außerhalb des Bündnisgebiets nicht erlaubt«, erklärt Genscher drei Tage später vor dem Deutschen Bundestag.[2] Andererseits vereinbaren die Spitzen der Koalition Gespräche mit der SPD, um im kommenden Bundestag eine Verfassungsänderung zu erreichen. Um das möglichst festzuklopfen, wird es noch am selben Tag zwischen den Parteispitzen der Koalition und der SPD besprochen.[3] Ein solches Vorhaben klingt gut, doch tatsächlich wird damit der mehrheitlich in dieser Frage sehr kritischen SPD ein Veto-Recht über künftige Auslandseinsätze zugeschoben, denn nur mit ihr ist die erforderliche Zwei-Drittel-Mehrheit erreichbar. Auf diese Art und Weise kann die Bundesregierung ihren Verbündeten künftig versichern, leider seien ihr momentan noch die Hände gebunden, doch bemühe sie sich um die Opposition. Alle Beteiligten wissen, daß die heiße Frage von Auslandseinsätzen so erst einmal auf die lange Bank geschoben ist, obschon eine andere Interpretation des Grundgesetzes durchaus möglich gewesen wäre. Jetzt aber hat die Regierung Kohl öffentlich eine Position bezogen, aus der sie sich erst nach vier Jahren mit Hilfe des Bundesverfassungsgerichts herauswinden kann, und auch das nur mit hohen politischen Folgekosten.

Zwei Tage später ruft der Bundeskanzler den amerikanischen Präsidenten treuherzig an und erklärt ihm, »bekanntlich lasse das Grundgesetz kein militärisches Engagement der Bundeswehr außerhalb des Bündnisgebietes zu. Die Gespräche, die wegen der erforderlichen Zwei-Drittel-Mehrheit mit der sozialdemokratischen

Auf dem Flug nach Washington,
Mai 1991

Opposition geführt werden müßten, seien schwierig, und eine Änderung der Verfassung sei auch nicht sehr schnell durchzusetzen.«[4] Bush nimmt es freundlich zur Kenntnis, daß die stärkste westliche Militärmacht in Westeuropa beiseite stehen wird. Auf nachgeordneter Ebene wird den USA signalisiert, daß sich Deutschland jedoch mit niedrigem Profil logistisch, mit Waffenlieferungen und auch finanziell an dem Aufmarsch gegen Saddam Hussein beteiligen wird gemäß der Devise: Dabei sein ohne mitzumachen. Tatsächlich bildet die Bundesrepublik die eigentliche Drehscheibe für den amerikanischen Truppenaufmarsch.

Am 15. September – die Vereinigung ist immer noch nicht vollzogen – stellt sich Außenminister Baker bei einer Rundreise zur Einsammlung von Truppenkontingenten, von Waffen und von Finanzzusagen auch in Bonn ein. Kohl hat bereits ein stattliches Hilfspaket geschnürt und sagt entwaffnend zu Baker: »Es wäre einfacher und billiger für uns, eine Fallschirmjäger-Brigade zu entsenden. Dies gehe aber aus Verfassungsgründen nicht.«[5] Daß die Sache teuer wird, ist ihm also durchaus bewußt, aber er hat sich für die unkriegerische Lösung entschieden und schiebt das Verfassungsproblem vor.

Bush und Baker zeigen sich in der Folge fest entschlossen, die hasenfüßigen Deutschen und die Japaner, die ein ähnliches Problem haben, kräftig zur Kasse zu bitten. Kohl selbst hat ein denkbar schlechtes Gewissen und bietet mehr, als Washington ursprünglich erwartet. Einerseits weiß er, daß er die Amerikaner enttäuscht, ohne die er die Einheit nicht erreicht hätte, andererseits glaubt er aber, sich seinen unkriegerischen Instinkten und den widrigen Umständen beugen zu müssen – die Wahlen, Genscher und die FDP, die erneut aufgeflammte Friedensbewegung.

Wie teuer alles wird, zeigt sich erst im Mai 1991, als die Bundesregierung Kasse macht. Stolze achtzehn Milliarden DM sind dann für Leistungen an die »Frontstaaten« im Zusammenhang mit dem Golfkrieg zu verbuchen.[6] Zusätzlich zu den Milliardenaufwendungen für die neuen Länder, die Sowjetunion, die Unterstützung der Umwandlung in Polen und Ungarn sowie den steigenden Kosten für die Europäische Gemeinschaft bringt dies den Bundeshaushalt definitiv ins Schleudern.

Bevor es zum Krieg kommt, zeigt sich Kohl jedoch nach Kräften bemüht, sein neugewonnenes Prestige für eine friedliche Konfliktlösung einzusetzen. Die komplizierte Konfliktzone im Nahen Osten ist ihm durchaus vertraut. Seit seiner ersten Nahostreise 1983 verfolgt er die Vorgänge dort mit großer Neugier. Kaum eine Unterredung mit Mitterrand, Margaret Thatcher oder auch in Washington, in der das Thema Nahost nicht breiten Raum einnimmt. Der Ägypter Mubarak, der ihm besonders gut liegt, der Überlebenskünstler König Hussein von Jordanien, prominente Saudis, die türkischen Ministerpräsidenten und natürlich die maßgeblichen Israelis unterrichten ihn periodisch bei dieser oder jener Gelegenheit über die zumeist bedrohlichen Kriegsgefahren und die doch eher eingetrübten Friedensaussichten.

»Ein Krieg in der Golfregion könne die Probleme nicht lösen«, bekommen alle zu hören, die ihn damals aufsuchen – König Hussein von Jordanien,[7] der israelische Verteidigungsminister Moshe Arens oder der arabische Außenminister Prinz Saud Al Faisal. Letzterer sagt ihm, Saddam Hussein habe der eigenen Bevölkerung soviel Leid angetan wie Stalin, als internationaler Kriegstreiber sei er jedoch Hitler ähnlich.[8] Kohl macht kein Hehl daraus, daß er Saddam für einen sehr gefährlichen Burschen hält, der unbedingt gestoppt werden müsse, »sonst habe man die Situation, wie sie 1938 geherrscht habe«.[9] Auffällig oft erinnert er sich jetzt angesichts des drohenden Krieges seiner eigenen Jugenderlebnisse. Durch ein Embargo oder durch militärischen Druck komme es oft zur Solidarisierung der Bevölkerung mit dem Diktator. Diktaturen könnten unter solchen Umständen außerordentliche Widerstandskraft entfalten, gibt er Prinz Saud Al Faisal zu bedenken und erwähnt in diesem Zusammenhang »die unnötige Verlängerung des 2. Weltkriegs durch die politisch unkluge Forderung der Alliierten nach bedingungsloser Kapitulation«.[10]

Ähnlich argumentiert er im Gespräch mit dem israelischen Verteidigungsminister Arens. Eine Blockade gegen den Irak könne nicht funktionieren: »Auch im Zweiten Weltkrieg habe der Bombenkrieg weder die Bevölkerung zermürbt noch die Produktion beeinträchtigt.«[11] Genausowenig hält er von einem Landkrieg mit anschließender Besetzung. In Anbetracht der seither gemachten Erfahrungen bekundet er diesbezüglich eine bemerkenswerte Weitsicht: Ein Krieg gegen den Irak sei »nicht zu gewinnen. Bei einer militärischen Auseinandersetzung würden zwar die USA – vor allem durch Einsatz ihrer Luftwaffe – die ersten Runden gewinnen. Sollten sie es jedoch unternehmen, den Irak militärisch zu besetzen, würden sie Opfer eines gnadenlosen Kleinkriegs, dessen Ende nicht abzusehen sei. Gegen einen national und religiös gespeisten Widerstand sei nichts auszurichten.«[12]

Auch mit Gorbatschow erörtert Kohl damals die Lage und meint, »daß man zwar den Anfang einer militärischen Lösung kenne, jedoch nicht wisse, wie ihr Ende aussehen werde«. Als Gorbatschow einwirft, genau das sei das Problem, verweist Kohl »auf die geschichtlichen Erfahrungen der Deutschen, die immer wieder Schlachten gewonnen, aber den Krieg meistens verloren hätten«.[13]

Alle Gesprächspartner Kohls wissen also, daß er einer militärischen Lösung extrem skeptisch entgegensieht. Zugleich verspricht er aber allen, die sich an der Golf-Koalition beteiligen, Wirtschafts- oder Militärhilfe der Bundesrepublik: Amerikanern und Briten, den Ägyptern, den Saudis, den Syrern, den Türken und den Jordaniern. Doch seine Erwartung, durch eine Kombination von Druck und Verhandlungsgeschick den Krieg zu vermeiden, erweist sich als trügerisch. Mitterrand, mit dem er die Lage verschiedentlich diskutiert, ist in diesem Punkt viel realistischer. Schon Mitte September stellt der französische Staatspräsident fest, »er halte einen Krieg für möglich, eher für wahrscheinlich – hoffe freilich, daß er vermieden werden könne«.[14] Damals ahnt Kohl noch nicht, daß Mitterrand ebenso wie er selbst bis zum letzten Moment auf friedliche Lösungen drängt, um alsdann in einer raschen Volte die französischen Truppen an vorderster Front der Golf-Koalition kämpfen zu lassen. Mitterrand möchte am Ende doch im Lager der Sieger stehen, um mitsprechen zu können, während die handzahmen, domestizierten Deutschen mitsamt den Japanern dumm dreinschauen und zahlen müssen.

Schließlich trügt auch die Hoffnung, die Bundeswehr aus der Nahostkrise voll heraushalten zu können. Am 20. Dezember, während Kohl, Genscher und Waigel mitten in den Koalitionsverhandlungen stecken, bittet der türkische Ministerpräsident Turgut Özal, eigentlich ein guter Freund des Bundeskanzlers, die NATO um militärischen Beistand. Daß der vom Aufmarsch gegen Kuwait bedrohte Irak ausgerechnet die Türkei angreifen könnte, will in Bonn niemandem so recht einleuchten. Vielmehr fürchtet man einen großtürkischen Expansionismus. Planen Özal oder die türkische Armee etwa nach dem Zerfall eines von der Golf-Koalition geschlagenen Irak die Kurdengebiete im Norden des Irak unter türkische Botmäßigkeit zu bringen? Doch Amerika und die NATO-Planer in Brüssel drängen darauf, die multinationale Mobile Einsatzstreitkraft (AMF) nach Anatolien zu verlegen. Von jetzt an herrscht in Bonn ein nicht ganz verschwiegenes Tauziehen zwischen den Soldaten auf der Hardthöhe und der NATO einerseits, den Spitzenpolitikern der Koalition, dem Auswärtigen Amt und den vorsichtigen Juristen andererseits. Die einen argumentieren, in der Stunde der Not müsse die bisher jahrzehntelang von der NATO geschützte Bundesrepublik dem NATO-Alliierten Türkei selbstverständlich Beistand leisten, während die anderen längere Zeit nicht einmal einen irakischen Luftangriff auf türkische Flugplätze als Bündnisfall betrachten. Im Auswärtigen Amt entsteht damals der sophistische Begriff des »provozierten Bündnisfalls«: Man dürfe keine NATO-Einheiten in die Türkei verlegen, um nicht einen Angriff des Irak auszulösen und der türkischen Regierung damit die Tür für einen Feldzug ins nordirakische Kurdengebiet zu öffnen!

Zwischen dem Bundeskanzler und NATO-Generalsekretär Wörner, der für die Entsendung der Luftkomponenten der AMF-Brigade plädiert, findet am 20. Dezember ein erregtes Telefonat statt. Kohl beschwert sich, er habe von dem ganzen Vorgang aus der Presse erfahren, argwöhnt, hier werde in der NATO türkische Innenpolitik gespielt, und will sich nicht so mir nichts dir nichts »über den Tisch ziehen lassen«.[15] Tags darauf folgt ein genauso stürmisches Telefonat zwischen Kohl und Özal. Der türkische Ministerpräsident vertritt die Auffassung, es werde zum Krieg kommen, wenn sich Saddam Hussein nicht aus Kuwait zurückziehe. Kohl widerspricht, hofft noch auf einen Teilrückzug des Irak aus Kuwait und unterstreicht seine Auffassung, »ein Krieg werde niemandem nützen«. Selbstverständlich stehe er zu Artikel 5 des NATO-Vertrags, behalte sich aber die Einsatzentscheidung vor.[16] Schließlich erteilt er dem deutschen NATO-Botschafter Hans-Friedrich von Ploetz grünes Licht für die Zustimmung zum Einsatz der Luftwaffeneinheiten der AMF. Als eine seiner letzten Taten vor dem Ausscheiden aus dem Bundeskanzleramt setzt Teltschik am Neujahrstag 1991, unterstützt vom Verteidigungsministerium und gegen den hinhaltenden Widerstand des Auswärtigen Amts, den Beschluß durch, das dazugehörige deutsche Kontingent in die Türkei zu verlegen.[17]

In der zweiten Januarwoche – die Verhandlungen mit dem Irak und der Aufmarsch am Golf sind immer noch im Gange – werden achtzehn Alpha-Jets in die Türkei entsandt. Die SPD-Opposition kritisiert das heftig. Experten betrachten das jedoch als eine rein symbolische Geste: Die Jagdbomber sind veraltet, sie werden zudem auf dem Flughafen Erhac, 400 Kilometer von der Grenze zum Irak entfernt, stationiert, und das Verteidigungsministerium läßt durchblicken, bei voller Zuladung betrage die Reichweite nur 250 Kilometer.[18] Schon im August hatte Bonn zudem einen Minenräumverband ins östliche Mittelmeer entsandt, der aber dort zu verbleiben hat.

Nach Beginn der Luftoffensive taucht das offizielle Bonn erst einmal ab, bekundet lediglich »Betroffenheit« über das Scheitern einer Verhandlungslösung und hat der maßlosen Aufregung in den Medien und auf den Straßen nichts Tapferes entgegenzusetzen. Auch vom Bundeskanzler ist in der Öffentlichkeit tagelang keine kraftvolle Orientierung zu vernehmen. Drei Beweggründe führen dann aber rasch zur Korrektur des wachsweichen Verhaltens der Bundesregierung. Kohl treibt jetzt die Sorge vor einer Isolierung der Bundesrepublik um, fürchtet aber auch die Schande. Der Beginn der Luftoffensive macht ihm schlagartig klar, daß die Würfel gefallen sind. Amerika, Großbritannien, selbst Frankreich unter Mitterrand, dazu die Türkei, Ägypten und Saudi-Arabien stehen nun kampfbereit Seite an Seite in Erwartung der Invasion gegen Saddam Hussein. Wenn sich Deutschland noch länger ängstlich und zickig verhält, isoliert es sich – Kohls Schreckgespenst seit langem.

Zugleich dringen jetzt Stimmen über den Atlantik, die an Deutlichkeit nichts zu wünschen übrig lassen. Henry Kissinger erklärt beim Blick auf die Demonstrationen querbeet durch die Bundesrepublik, man sei in Amerika über dieses Verhalten der jahrzehntelang gegen den Osten geschützten Deutschen doch außerordentlich verletzt. Senator Robert Byrd bezeichnet die lasche Haltung des NATO-Partners Deutschland als »monströse Schande«.[19] Und Özal sagt in einem ARD-Interview, was Sache ist: »Deutschland ist jetzt so reich geworden, daß man dort voll und ganz den Kampfgeist vergißt.«[20] Deutsche Offiziere in den NATO-Stäben berichten von verächtlicher Behandlung.

Kohls Hauptmotiv für die Kurskorrektur ist also die Erkenntnis, daß Deutschland auf dem besten Weg ist, sich in der westlichen Welt zu isolieren. Zugleich gerät die vor kurzem noch als stärkste Armee Westeuropas geltende Bundeswehr in Gefahr, als zweitrangig betrachtet zu werden. Im Januar 1991, so ist vom Verteidigungsministerium zu erfahren, erklären sich rund 22197 wehrpflichtige Männer, manche schon bei der Truppe, zu Wehrdienstverweigerern.[21] Auch die Piloten der achtzehn Alpha-Jets des Jagdgeschwaders 93 erweisen sich als wenig krisenfest.

Der zweite Grund, weshalb sich der bislang so vorsichtige Bundeskanzler jetzt doch wieder hervorwagt, ist schlicht und einfach die Tatsache, daß er nach der Kanzlerwahl am 17. Januar erneut bombenfest im Sattel sitzt. Auf Genscher und den FDP-Vorsitzenden Graf Lambsdorff braucht er vorerst nicht mehr viel Rücksicht zu nehmen. Der dritte Grund ist Israel. Als Vergeltung für den massiven Luftschlag gegen den Irak (18000 Tonnen Sprengstoff in einer Nacht, bei dem berüchtigten Angriff auf Dresden am 13. Februar 1945 waren nur 2659 Tonnen zum Einsatz gekommen)[22] befiehlt Saddam Hussein einen Raketenüberfall auf das bisher am Krieg unbeteiligte Israel. Mehr als drei Tote und einige Verletzte sind zwar nicht zu beklagen, doch die Israelis fürchten weitere Terrorangriffe mit chemischen Sprengköpfen. Genscher hält es für geboten, dorthin zu fliegen, um sein Verständnis zu bekunden, doch Kohl bremst ihn erst einmal ab, entnimmt dem Etat des Entwicklungshilfeministeriums die stattliche Summe von 250 Millionen DM für »humanitäre Hilfe«, was immer die Israelis auch darunter verstehen mögen, und entsendet dann eine Regierungsdelegation mit Genscher, dem Entwicklungshilfeminister Carl-Dieter Spranger von der CSU und dem CDU-Generalsekretär Volker Rühe. Deutlicher läßt sich überhaupt nicht demonstrieren, daß Genscher künftig festgezurrt werden soll. Die Minister werden ermächtigt, den Israelis modernste deutsche Abfangraketen des Typs »Patriot« aus dem Besitz der Bundeswehr zur Abwehr gegen die Scud-Raketen Saddam Husseins anzubieten.

Noch bevor die Delegation nach Tel Aviv abfliegt, korrigiert der Bundeskanzler auch die bisher ziemlich schlappe Politik gegenüber der NATO. Die Entsendung der achtzehn Alpha-Jets hatte Teltschik im Zusammenwirken mit der Hardthöhe dem sehr widerstrebenden Auswärtigen Amt kurz vor Jahresende nur mühsam abgerungen.[23] Jetzt stellt Kohl klar, daß ein Angriff auf die Türkei tatsächlich ein NATO-Bündnisfall ist, und genehmigt die Entsendung einiger moderner Flugabwehrbatterien der Typen »Hawk« und »Roland« in die Türkei, gewartet von 530 Soldaten der Luftwaffe. Auch die Flotteneinheiten im östlichen Mittelmeer werden verstärkt.

Die Reise der Regierungsdelegation nach Israel beschleunigt die Bonner Kehrtwende. Die deutschen Besucher werden in Tel Aviv vor einen riesigen Krater geführt, den eine irakische Scud-Rakete aufgerissen hat, und müssen Betroffenheit bekunden. Minister Spranger überreicht demonstrativ einen Scheck in Höhe von 250 Millionen DM – ein besonders kennzeichnendes, bald von der Presse auch kritisiertes Beispiel deutscher »Scheckbuchdiplomatie«. Erneut erhebt die israelische Regierung Vorwürfe, deutsche Firmen hätten den Irak durch Lieferung von Raketenkomponenten, Giftgas und Nukleartechnologie unterstützt. Das Thema belastet seit längerem schon die Beziehungen Bonns zu Israel, aber auch zu den USA. Die Erweiterung des Flugradius der irakischen Scud-Raketen ist wohl in erster Linie durch Präzisionspumpen ermöglicht worden, die angeblich für landwirtschaftliche Zwecke geliefert worden waren. Jetzt haben die eiskalt vorgehenden israelischen Diplomaten und Generäle ihr Ziel erreicht, von den schuldbewußten Deutschen kostenlose Lieferungen von Kriegsmaterial in fast unbeschränktem Umfang zu bekommen. Bereits im September 1990 hatte Verteidigungsminister Arens beim Bundeskanzler eine Art *shopping list* zurückgelassen, auf der sich Frühwarngeräte gegen Raketen, Abfangraketen und Ausrüstungen für den Bunkerbau fanden. Mit besonderem Nachdruck sind die israelischen Militärs hinter den renommierten deutschen U-Booten her, die auch zu Kernwaffenträgern umgerüstet werden können.

Kaum ist die deutsche Delegation nach Bonn zurückgekehrt, da fliegt auch schon eine Gruppe israelischer Experten hinterher, um weitreichende Waffenlieferungen zu vereinbaren. Genscher kommt schreckensbleich aus Israel zurück und zeigt sich nun genauso wie Kohl bereit, alle bisher geltenden Prinzipien deutscher Rüstungsexportpolitik über Bord zu werfen, keine Waffen in Spannungsgebiete zu liefern. Bald sickert durch, was hier vereinbart wurde. Die Bundeswehr wird ermächtigt, den Israelis aus dem Material der Nationalen Volksarmee zu liefern, was sie nur wünschen mögen –

Sanitätsmaterial, Dekontaminierungsanlagen, 100 000 ABC-Schutzanzüge. Auch acht Spürpanzer des Typs »Fuchs« werden abgegeben.[24] Dazu wird die Lieferung von zwei U-Booten vereinbart, die beim besten Willen nicht unter die Kategorie von Verteidigungswaffen fallen. Stoltenberg wendet sich dagegen, diese U-Boote aus dem ohnehin stark angespannten Verteidigungsetat zu bezahlen, aber Kohl wischt das mit der Bemerkung beiseite, »komm Gerhard, stell dich nicht so an. Das mit dem Geld, das regeln wir schon. Zur Not drucken wir ein bißchen mehr.« Die Presseberichte, die Bundeswehr hätte auch »Patriot«-Raketen aus eigenen Beständen geliefert, trifft allerdings nicht zu. Die Feuerleitzentren der deutschen »Patriot« sind mit den amerikanischen nicht kompatibel, und die israelische Regierung wünschte keine Verlegung deutscher »Patriot«-Abwehrraketen, die von deutschen Mannschaften hätten bedient werden müssen. Israel kann auf amerikanische Bestände zurückgreifen.

Diese weitreichenden Beschlüsse sind gewiß auch aus der Sorge Kohls und Genschers erklärbar, Israel könne in einen großen, verlustreichen Nahostkrieg mit ABC-Waffen hineingezogen werden. Doch die bisherigen Restriktionen werden auch gegenüber anderen bedrohten Ländern der Golf-Koalition gelockert. Auf amerikanisches Ersuchen hin hatte der Bundeskanzler schon früher zugesagt, die Lieferung von »Fuchs«-Spürpanzern an Saudi-Arabien zu prüfen. Als die Invasion kurz bevorsteht, wird auch das fest vereinbart. Schließlich ist die Sorge, Saddam Hussein könnte in Saudi-Arabien einmarschieren und sich der dortigen Ölfelder bemächtigen, ein Hauptgrund für die massive Antwort der Bush-Administration auf die Wegnahme Kuwaits.

Israel drängt übrigens nicht nur auf Waffenhilfe. Die Sowjetunion zeigt sich zu dieser Zeit bereit, eine Million Juden nach Israel zu entlassen. Bei deren Ansiedlung soll Deutschland helfen, sei es mit Direktfinanzierung oder mit Krediten. Es habe ihn »geradezu elektrisiert«, weiß Kohl seinem Freund Mitterrand zu berichten, als Außenminister David Levy ihn um zehn Milliarden DM für diesen Zweck gebeten und dabei offen gelassen habe, ob Israel nicht einen Teil der Einwanderer in den besetzten Gebieten ansiedeln möchte. »Wenn dies die israelische Politik sei«, konstatiert Kohl gegenüber Mitterrand, »sei eine Explosion unvermeidlich. Damit werde das Palästinenserproblem erheblich verschärft.« Levy habe er wissen lassen, die Bundesregierung sei nicht in der Lage, Israel in dem Maße zu helfen, wie die Israelis sich das vorstellten. Jedwede Hilfe erfolge »nur unter der Bedingung, daß damit keine Ansiedlung in den besetzten Gebieten verbunden sei«.[25]

Zur großen Erleichterung des Bundeskanzlers geht die Weltkrise am Golf dann vergleichsweise rasch zu Ende. Bonn kann sich jetzt wieder beruhigen und erklären, diese kriegsbedingten Entscheidungen dürften keine Präzedenzfallwirkung haben. Aber die Golfkrise hat doch auch demonstriert, welche unerwarteten Volten von diesem Bundeskanzler zu erwarten sind, wenn Not am Mann ist. Die Langzeitwirkungen jener Krisenmonate werden ihn weiter begleiten. Als wenige Monate später der Krieg im zerfallenden Jugoslawien ausbricht, kommt er von der Festlegung nicht mehr herunter, die Bundeswehr nicht in *Out-of-area*-Kampfeinsätze zu entsenden. Der Schock über die Massenproteste während des Golfkriegs wirkt gleichfalls nach. Gern spricht Kohl zwar weiterhin von der »gewachsenen Verantwortung« des größer gewordenen Deutschland. Aber überall dort, wo es nach Pulverdampf riecht, will er dem nur mit allergrößter Vorsicht entsprechen.

Ende Februar 1991, als die von der Opposition und den Medien geschürte Erregung ihren Höhepunkt erreicht, führt er vor dem Bundesvorstand der CDU aus: »Wer meint, die Deutschen seien in der Kriegsfrage besonders empfindlich, versteht die deutsche Geschichte dieses Jahrhunderts nicht. Wenn Sie über einen beliebigen Platz gehen, kommt jeder zweite, dem Sie begegnen, aus einer Familie, in der jemand im Ersten oder Zweiten Weltkrieg als Soldat gefallen ist. In jeder vierten Familie finden Sie einen Flüchtling oder einen Vertriebenen, der Haus und Hof, Hab und Gut verloren hat. In jeder sechsten Familie, wenn Sie es statistisch sehen, treffen Sie einen, der im Bombenkrieg seine Wohnung verloren hat. Daß in einem solchen Land die Sensibilität größer ist als in einem Land, das nie Krieg erlebt hat, außer daß Soldaten nur hingeschickt wurden, ist doch klar. Ich habe das dieser Tage immer wieder den Amerikanern gesagt. Bush braucht man es nicht zu sagen, weil wir hierbei einig sind. Wenn ein neunzehnjähriger Deutscher seine Großmutter besucht, trifft er in deren Wohnung auf Bilder vom Onkel, vom Großvater, von nahen Verwandten, die im Krieg geblieben sind.«[26] So entschuldigt er sich und legitimiert auf seine Weise gleichzeitig das Nein zu einer deutschen Beteiligung am Golfkrieg. Wie sich zeigen wird, definieren diese Monate seine eigene Grundeinstellung zu Kampfeinsätzen der Bundeswehr während der ganzen neunziger Jahre. Wer künftig erklären möchte, wie das die westlichen Alliierten so befremdende deutsche Zögern erklärbar ist – von den Balkankriegen über die späteren Kriege in Afghanistan und im Irak bis zu den Kampfeinsätzen in Libyen im Jahr 2011 –, wird feststellen, daß es unter der Kanzlerschaft Helmut Kohls im Golfkrieg 1991 seinen Ausgang genommen hat. Die historischen Fernwirkungen der Entscheidungen dieser Monate können schwerlich überbewertet werden, ganz gleich, ob man sie lebhaft begrüßt oder sehr kritisch einschätzt.

Zu den Folgen der Differenzen über den Golfkrieg gehört die weitere Entfremdung von Genscher. Kohl trägt dem Außenminister auch nach, daß Horst Teltschik ihn im Januar 1991 verläßt und zur Bertelsmann Stiftung geht. Genscher hatte sich mit Nachdruck gegen die Ernennung Teltschiks zum Staatssekretär im Bundeskanzleramt ausgesprochen, um diesen Rivalen im Bundeskanzleramt nicht mit noch mehr Macht auszustatten. Teltschik wiederum ist über seinen langjährigen Patron Kohl enttäuscht, der das trotz seiner Verdienste nicht durchgesetzt hat. Und der Bundeskanzler trägt Teltschik nach, daß dieser daraus brüsk die Konsequenzen gezogen hat. Es wird ein gutes Jahrzehnt dauern, bis sich das Verhältnis zwischen den beiden wieder einrenkt.

Nachfolger Teltschiks als Leiter der Abteilung 2 wird der Diplomat Peter Hartmann. Er kommt wie Joachim Bitterlich, der ihm später nachfolgen wird, aus dem Team Teltschiks. Hartmann und Bitterlich sind Kohl-Loyalisten und wie zuvor Teltschik darauf bedacht, möglichst viel Macht im Bundeskanzleramt zu konzentrieren. Aber sie betreiben doch keine Konfrontationsstrategie gegen das Auswärtige Amt, aus dem sie kommen und wohin sie wieder zurückkehren werden. Die unkonventionellen Impulse des pfiffigen Teltschik, der zum Uraltinventar von Kohls Personalhaushalt gehörte und entsprechend hoch in Kohls Gunst stand, werden von nun an doch etwas fehlen.

Auch das Verhältnis Kohls zur FDP wird nicht besser. Zu den gewissermaßen klassischen Konfliktfeldern wie Steuerpolitik, Sozialpolitik, Asylpolitik und Datenschutz tritt nun verstärkt das prinzipielle Beharren auf der Tabuisierung des Artikels 26 GG, der angeblich Auslandseinsätze der Bundeswehr denkbar engen Restriktionen unterwirft. Diese Fixierung wird anhalten, nachdem Genscher und Graf Lambsdorff den Turf verlassen haben.

Am bedenklichsten für den Bundeskanzler ist jedoch das Loch, das die kriegsbedingten Sonderausgaben in den Bundeshaushalt reißen. Rund achtzehn Milliarden DM lassen sich nicht leicht wegstecken. In Sachen Scheckbuchdiplomatie muß sich der Kanzler nun notgedrungen etwas zugeknöpfter erweisen, zumal die galoppierenden Mehrbelastungen durch die deutsche Einheit jetzt alles überschatten. Kaum ist Kohl ein drittes Mal als Bundeskanzler installiert, ist der haushaltspolitische Offenbarungseid fällig.

Die Vereinigungskrise

Helmut Kohl hat schon viel erlebt, aber so rasch ist er noch nie vom hohen Gipfel gestürzt worden wie diesmal. Die Wahlschlappe in Hessen kann er noch wegstecken, doch am finanziellen Offenbarungseid führt jetzt kein Weg mehr vorbei. Bereits Ende Februar 1991 muß sich sein neues Kabinett Hals über Kopf auf eine Kombination von Steuer- und Abgabenerhöhungen einigen. Die Beiträge zur Arbeitslosen- und Rentenversicherung werden fühlbar angehoben. Auch die Telefongebühren werden kräftig erhöht. Als eine der wichtigsten Maßnahmen gilt die Heraufsetzung die Mineralölsteuer um 25 Pfennig je Liter. Auf die Lohn- und Einkommensteuer werden satte 7,5 Prozent eines sogenannten Solidarbeitrags aufgeschlagen. Doch weil FDP und CSU sich immer noch in Realitätsverweigerung üben, wird die Erhebung dieses sogenannten Soli auf ein Jahr begrenzt mit dem Versprechen, die Zwangs-abgabe zurückzuzahlen. Noch hängt die Regierung der Illusion an oder tut wenigstens so, daß in den neuen Ländern das Jahr 1991 das eigentlich kritische Jahr des Übergangs ist, dem 1992 schon die Entwarnung folgen könne. Das ganze Ausmaß des Transferbedarfs wird weiter unter der Decke gehalten.

Da eine Steuererhöhung schon wenige Wochen nach der Bundestagswahl selbst für abgebrühte Zyniker zu viel des Guten wäre, wird der Kurswechsel, wie schon erwähnt, mit den unerwarteten Ausgaben im Zusammenhang mit dem Golfkrieg und der Entwicklung in Osteuropa begründet. Mit letzterem ist die katastrophale Tatsache gemeint, daß die früheren Ostblockländer jetzt beschlossen haben, ihr gemeinschaftliches Verrechnungssystem im Rahmen des Rates für gegenseitige Wirtschaftshilfe (RGW) aufzugeben. Das beschleunigt den Zusammenbruch der Werftindustrie an der Ostsee, der Großchemie im Bitterfelder Chemiedreieck und vieler weiterer Betriebe, die bisher Investitionsgüter für den Ostblock herstellten. Sie alle müssen jetzt in D-Mark bezahlt werden und sind somit unverkäuflich. Auch für die Güter der Rüstungsindustrie in der einstigen DDR besteht kein Bedarf mehr.

Intern muß Bundesfinanzminister Waigel jetzt bereits einräumen, von den rund 29 Milliarden DM, die aus der Steuererhöhung erwartet werden, etwa neunzehn Milliarden in die neuen Länder transferieren zu müssen.[1] Wie zu erwarten, wird der Bundesregierung nun der Vorwurf der »Steuerlüge« um die Ohren geschlagen. Die Strafe für die improvisierten Steuererhöhungen folgt auf dem Fuß. Ende April geht Rheinland-Pfalz der CDU unwiederbringlich verloren. Rudolf Scharping wird Ministerpräsident. Mit ihm verfügt die SPD zugleich über einen weiteren Hoffnungsträger.

Der Kanzler hat sich im Wahlkampf mächtig ins Zeug gelegt und muß den Verlust von Rheinland-Pfalz auch als ganz persönliche Niederlage verstehen. Beim Wundenlecken im CDU-Präsidium nach der verunglückten Wahl weist er zwar durchaus zutreffend darauf hin, daß das Debakel auch genuin landespolitische Gründe hat. Im November 1988, noch vor der Wiedervereinigung, hatte der ehrgeizige CDU-Umweltminister Hans-Otto Wilhelm den Ministerpräsidenten Vogel gestürzt. Seither war die von Cliquen und regionalen Machtblöcken zerrissene CDU von Rheinland-Pfalz nicht mehr zur Ruhe gekommen. Aber jetzt, da die Party zu Ende ist, hält der von Scharping entthronte letzte CDU-Ministerpräsident Carl-Ludwig Wagner seinem zornigen Parteivorsitzenden vor, zwei Drittel der Bevölkerung hätten laut Umfragen konstant daran geglaubt, »daß der Vorwurf der Steuerlüge zutreffend sei«. Die politische Stimmung, gibt er Kohl weiter zu bedenken, »sei geprägt durch die Entwicklung in den neuen Bundesländern. Die Größenordnung der Probleme mache den Bürgern Angst.«[2] So wird Kohls Innenpolitik der Jahre 1991 bis 1994 weitgehend von der lange Zeit fast unlösbaren Aufgabe bestimmt, das durch den Beitritt der bankrotten DDR gestörte binnenwirtschaftliche Gleichgewicht wiederherzustellen.

Auch das psychologische Gleichgewicht ist gestört. Mitte März 1991 führt der Bundeskanzler ein langes Gespräch mit dem neu ins Amt gekommenen britischen Premierminister John Major. Der pragmatische, auch sozial eingestellte Tory liegt ihm viel mehr als die von der eigenen Partei kurz zuvor zum Rücktritt gezwungene »eiserne Lady«. Zuerst weist er stolz darauf hin: »Der Boom gehe weiter.« 3,5 Prozent Wirtschaftswachstum werde auch für 1991 angepeilt. Aber dann muß er zugeben, was Major ohnehin in allen Zeitungen lesen kann: »Demgegenüber sei der Zusammenbruch der Wirtschaft in der früheren DDR vollständiger als wir erwartet hätten. Wir hätten u. a. mit einer ›weicheren‹ Landung bei dem Handel mit den früheren RGW-Ländern gerechnet, in die die ehemalige DDR im Jahre 1990 noch für 30 Milliarden DM exportierte. Das Volumen dieses Handels tendiere jetzt gegen Null.« Doch dann kommt er auf seine Hauptsorge zu sprechen: »Das eigentliche Problem im Verhältnis zur früheren DDR sei nicht ökonomischer, sondern psychologischer Natur: Wir hätten uns in über vierzig Jahren auseinander gelebt. In der früheren DDR habe sich eine völlig andere Welt und eine andere Gesellschaft entwickelt; es sei eine Art Getto entstanden, das eine andere Stimmung als im Westen erzeugt habe.«[3]

Gewiß ist das keine besonders tiefe Erkenntnis. Seit Monaten schon pfeifen das die Vögel von allen Bäumen. Jetzt, im Frühjahr 1991, beginnen auch die Umfrage-Institute konsequent die deutlich divergierenden Einstellungen in der »alten« Bundesrepublik und die in den »neuen« Ländern einander gegenüberzustellen. Der psychologisch durchaus feinfühlige Kohl weiß jedenfalls, daß die Wiedervereinigung seine Führungsaufgabe nicht erleichtert, sondern stark erschwert hat.

Fast zeitgleich mit dem Verlust der heimischen Basis in Rheinland-Pfalz läßt Kohl nun erstmals öffentlich wissen, daß er persönlich für Berlin als Regierungssitz sei. Das hängt gewiß auch mit dem Zeitplan der CDU/CSU-Fraktion zusammen, die seit Ende April vom Bruderstreit zwischen Bonn-Befürwortern und Berlin-Befürwortern erschüttert wird. Wer Kohl genauer kennt, weiß, daß er sich in Bonn nie heimisch gefühlt hat, und Frau Hannelore erst recht nicht. Beide verbinden mit Berlin nostalgische Erinnerungen. Kohl selbst hat sich seit den frühen fünfziger Jahren immer wieder in das bedrohte West-Berlin begeben, um dort in historischen Reminiszenzen zu schwelgen. Aber begreift er sich nicht genauso prononciert wie Adenauer als eine Inkarnation der mit Westeuropa verflochtenen Bundesrepublik, deren politischer Schwerpunkt im Rheinland liegt? Und symbolisiert das bescheidene, bürgerliche Bonn nicht die Westbindung der Bundesrepublik, die nach Kohls Willen durch die Wiedervereinigung nicht in Frage gestellt werden darf?

Lange Zeit hat der Kanzler beim Streit zwischen Berlin- und Bonn-Befürwortern eine Festlegung vermieden, vielleicht mit der Überlegung, irgendeine Art der

Funktionsteilung zwischen den beiden Städten zu erreichen.[4] Tatsache ist jedenfalls, daß sich Kohl genau in dem Moment für Berlin outet, als der CDU die Verankerung in den westlichen Ländern wegbricht. Nordrhein-Westfalen, in der Adenauer-Zeit das Kernland der Bundesrepublik, ist schon lange aus einer Hochburg der CDU zur Hochburg der SPD geworden. Das Saarland ist 1985 an Lafontaines SPD gefallen. Dann hat Kohls CDU in rascher Folge fast alle Länder der »alten« Bundesrepublik verloren: 1988 Schleswig-Holstein, 1990 Niedersachsen und zuletzt 1991 auch Hessen und Rheinland-Pfalz. Sieht man von Nordrhein-Westfalen ab, regieren jetzt überall »Enkel« Willy Brandts – Oskar Lafontaine, Björn Engholm, Gerhard Schröder, Rudolf Scharping. Sie sind zwar untereinander zutiefst zerstritten, aber ihr ganzer Ehrgeiz richtet sich darauf, Kohl 1994 vom Thron zu stoßen. Die einzige verbliebene Hochburg der CDU ist Baden-Württemberg. Doch nachdem im Januar 1991 Lothar Späth wegen der »Traumschiff-Affäre« zurücktreten mußte, ist durchaus unsicher, ob sich sein Nachfolger Erwin Teufel bei der kommenden Landtagswahl behaupten kann. Und es bleibt noch das CSU-Land Bayern.

Aufgrund der einmaligen Umstände des Jahres 1990 liegen nun die meisten Latifundien der CDU im Osten: Sachsen, Thüringen, Sachsen-Anhalt, Mecklenburg-Vorpommern haben CDU-Ministerpräsidenten. Selbst in Berlin, wo sich in West-Berlin jahrzehntelang eine Hochburg der SPD befand und im Osten die SED saß, regiert nun ein CDU-Senat unter dem Regierenden Bürgermeister Eberhard Diepgen. Will sich Helmut Kohl 1994 noch einmal behaupten, dann darf er die neue Machtbasis im Osten nicht verlieren. Wieweit dieser Machtkalkül bei der Bonn-Berlin-Entscheidung ausschlaggebend war, wird sich bei dem notorischen Taktierer Helmut Kohl nie voll ergründen lassen. Möglicherweise hat die nostalgische Erinnerung an die Reichshauptstadt seiner Jugendjahre, aus der dann das Bollwerk des Westens im Kalten Krieg wurde (leider auch die Hauptstadt der von ihm gehaßten und verachteten DDR), das entscheidende Gewicht. Im Juni 1991, als der Hauptstadtbeschluß erfolgt, ist Kohl jedenfalls stark auf die Bewahrung der Machtposition in den neuen Ländern fixiert. Im nachhinein sagt und schreibt zwar jedermann, daß Wolfgang Schäubles leidenschaftliche Rede am 20. Juni die Entscheidung für Berlin gedreht habe. Doch Schäuble operiert damals auf allen Feldern in engster Abstimmung mit Kohl, auch in der Hauptstadtfrage. Kohl selbst spricht sich zwar nur persönlich für Berlin aus, respektiert also öffentlich die Entscheidungsfreiheit seiner Fraktionsmitglieder. Doch die Insider wissen zu berichten, in wievielen Telefonaten er seinen Parlamentarischen Staatssekretären und anderen, die auf ihn zu hören haben, Bonn aus- und Berlin schöngeredet hat. Auch dieser Vorgang zeigt, wie viel ihm daran liegt, den Goodwill in den neuen Ländern nicht zu verlieren.

Um so mehr alarmiert ihn die Schnelligkeit, mit der dort die Stimmung umkippt. Im Frühjahr 1990 haben ihn Hunderttausende wie den Messias bejubelt, jetzt empfangen ihn Pfeifkonzerte. Einmal rastet er sogar vor den Augen der Kameras aus und will nach Art der guten alten Wahlkampfbalgereien in Ludwigshafen handgreiflich auf die Provokateure losgehen, die ihn mit faulen Eiern bewerfen.

In den »alten« Ländern wird 1991 zwar auch ein politischer Klimasturz registriert. Im Januar 1991 antworten im Westen auf die Frage: »Welche Partei gefällt Ihnen am besten?«, noch 48 Prozent »CDU/CSU«. Im April sind das nur noch 36 Prozent. Die schlechte Stimmung verändert sich 1991 und 1992 nur unerheblich. Dramatisch aber ist der Absturz in den neuen Ländern. Dort geht die Sympathie für die CDU im Mai 1991 auf 29 Prozent zurück, im September sind es noch 25 Prozent, während die SPD von 40 auf 44 Prozent emporklettert.[5] Natürlich sind das Augenblicksaufnahmen. Bei der Sonntagsfrage des Politbarometers werden günstigere Werte publiziert, und Allensbach übermittelt dem Bundeskanzler noch beruhigendere Interpretationen. Aber daß sich die Stimmung in den »neuen« Ländern 1991, 1992 und noch 1993 auf einem Tiefpunkt befindet, ist evident. Bei den dortigen Arbeitslosenzahlen kann das niemanden erstaunen. Von den 9,2 Millionen Beschäftigten der DDR im Herbst 1989 stehen Anfang 1992 nur noch 5,7 Millionen in regulären Beschäftigungsverhältnissen.[6] Viele der Freigesetzten befinden sich in dem durch Transfermilliarden geschaffenen zweiten Arbeitsmarkt.

Woche für Woche rücken die Medien die Misere der Arbeitslosigkeit in den neuen Ländern ins öffentliche Bewußtsein der gesamten Republik. Nachdenkliche Beobachter erinnern daran, daß die Zahl der Arbeitslosen im Osten viel höher liegt als einstmals während der Weltwirtschaftskrise 1930 bis 1933. Bis ins Jahr 1994 hinein ist dies ein Topthema. Daß dem für den Gang der Dinge letztlich verantwortlichen Bundeskanzler daraus kein Amtsbonus erwächst, sondern ein Amtsmalus, versteht sich. Wie in den mühevollsten Phasen der achtziger Jahre krebst Kohl im Ranking der Spitzenpolitiker wieder auf Platz sechs, sieben oder acht herum.

Es hilft ihm überhaupt nichts, gegen den weitverbreiteten Wiedervereinigungs-Blues mit schönen Worten vom »Glück der deutschen Einheit« anzugehen. *Von der Kunst, unglücklich zu sein*, lautet der Titel eines ironischen Lebenshilfebuchs dieser Jahre. Das trifft auch die politische Gemütslage in Deutschland. Auf die Frage des Politbarometers: »Ist unsere Gesellschaft in einer schweren Krise?«, antworten im ganzen Bundesgebiet 62 Prozent mit »ja«.[7]

Mit der gedrückten Stimmung verbindet sich ein weiterer Effekt: Bei den Wählern in den »alten« Ländern verbreitet sich der Verdacht, der Osten könne zu einer Art Mühlstein am Hals der westdeutschen Wohlstandsgesellschaft werden, der sie langsam, aber sicher herabzieht, eine Art deutscher Mezzogiorno. Diese Wähler möchten genauso wie ihre Parteien am liebsten so weitermachen wie bisher. Kohl mahnt zwar periodisch, daß Opfer fällig seien, doch die Bundesregierung tut lange ihr Bestes, die Hoffnung auf alsbaldige Besserung am Leben zu halten. In Wirklich-

Der Kanzler der Einheit wird in Halle mit Eiern und Farbbeuteln beworfen,
10. Mai 1991

keit sind seit 1990 gigantische Transferzahlungen in Gang gekommen, die sich Jahr
für Jahr steigern. Die Berechnungen des Transfers aus den Altländern in die neuen
Länder variieren. Am niedrigsten sind verständlicherweise die Zahlen des Bundesfinanzministeriums. Doch auch sie sind alarmierend: 1990: 64 Milliarden DM, 1991:
106 Milliarden, 1992: 114 Milliarden, 1993: 128 Milliarden. 1998, am Ende der Ära Kohl,
sind es 141 Milliarden DM.[8] Dabei muß man hinzufügen, daß die Berechnungen
der unabhängigen Forschungsinstitute zwischen zwanzig und fünfzig Prozent höher
liegen.

Selbstverständlich melden sich jetzt alle zu Wort, die Helmut Kohl schon früher
als ökonomisch kenntnislosen Bundeskanzler verachtet haben, so auch Helmut
Schmidt. Im April 1993 erscheint seine große Abrechnung *Handeln für Deutschland*,
von der innerhalb von zwei Monaten 200 000 Exemplare abgesetzt werden und in
der er seinen Nachfolger gnadenlos niedermacht. Nach knapper Verbeugung vor
dem Kanzler der Einheit (»bleibendes Verdienst des Bundeskanzlers Kohl und seiner
damaligen Bundesregierung«) formuliert er: »Fast alles, was Kohl seit dem 3. Oktober
1990 zum Zweck der Vereinigung unternommen, entschieden oder auf den Weg gebracht hat, war teils falsch, teils fehlerhaft, teils zaghaft und teils zu spät.«[9] Und
Schmidt, unter dem sich die öffentlichen Schulden des Bundes von 1975 bis 1980
verdreifacht haben,[10] rechnet Kohl nun vor, 1989 habe die Gesamtschuld der öffent-

Kohls schärfster Kritiker: mit Rudolf Augstein beim
Empfang der Queen auf Schloß Brühl, 19. Oktober 1992

lichen Hände bei gut 900 Milliarden DM gelegen, bis Ende 1994 werde sie auf
1,8 Billionen ansteigen und sich somit innerhalb eines halben Jahrzehnts »mindestens verdoppeln«.[11]

Man mag mit Fug und Recht bezweifeln, ob ein mit seiner Wirtschaftspolitik
gescheiterter Vorgänger wirklich der gesetzliche Richter ist. Aber ein Großteil der
Journalisten denkt damals so wie Schmidt oder der nun wieder zum schärfsten
Kritiker Kohls avancierte Rudolf Augstein. Dieser höhnt in einer Kolumne nach der
anderen, »daß unter diesem Kanzler in der Währungs-, Wirtschafts-, Sozial- und
Finanzpolitik nur gewurstelt wird«.[12] In der CDU-Führung ist es vor allem Biedenkopf, den solche Zweifel umtreiben. Die Phase, in der er Kohl wegen seiner Leistung
bei der Vereinigung bewundert hat, ist vorbei. Erneut hält er ihn schlicht für überfordert. Er gehört auch zu den schärfsten Kritikern Waigels und würde am liebsten
eine große Koalition aller Vernünftigen in der CDU und SPD sehen, vielleicht mit
sich selbst als Bundeskanzler. Doch er steht in der Verantwortung für das größte
östliche Bundesland, wo er sich gegen SPD und PDS zu behaupten hat, und er kennt
die Gebote der Parteiloyalität. So wartet er ab, drängt aber unablässig auf umfassende Reformen.

Kohl sieht sich somit von allen Seiten unter schärfstem Druck. Prinzipiell ist ihm
klar, daß die neue Lage eigentlich ein tiefgreifendes Umsteuern auf vielen Politik-

Kohls einflußreichste Beraterin: mit Elisabeth Noelle-Neumann
bei der Festveranstaltung »50 Jahre Allensbach« im Haus der Geschichte,
Bonn, 24. September 1997

feldern erfordert. Wer seine öffentlichen oder internen Ansprachen studiert, kann an seinem Gespür für die Notwendigkeit von Veränderungen nicht zweifeln. Aber die detaillierte Gestaltung hat noch nie zu seinen Stärken gehört. Zudem versteht er es nicht, so wie einstmals Helmut Schmidt, das Schuldenmachen oder budgetäre Umschichtungen als geniale ökonomische Strategien zu verkaufen und alle Kritiker arrogant an die Wand zu klatschen. Es sind eben auch seine altbekannten rhetorischen Schwächen, die nun wieder sehr lästig zutage treten.

Gerechterweise müßte man natürlich fragen, ob nicht jeder Kanzler unter den obwaltenden Umständen ein Getriebener wäre. Mittels detaillierter Analysen ließe sich gut beleuchten, wie eine jede Einzelmaßnahme von vielen widersprüchlichen Determinanten bestimmt wird. Bundeskanzler im komplizierten Mehr-Ebenen-System von Kommunen, Ländern, des Bundes und der Europäischen Gemeinschaft, das durch die autonome Zinspolitik der Bundesbank zusätzlich kompliziert wird, sehen sich fast zwangläufig in die Rolle von »Staatsmoderatoren« gedrängt,[13] dies erst recht unter den Bedingungen einer holterdiepolter in Gang gekommenen Wiedervereinigung völlig heterogener Wirtschaftsgesellschaften. Die Historiker werden somit noch lange über Kohls Führungskünste in den kritischen Jahren 1991 bis 1994 streiten.

Aus Sicht der Opposition, der Wohlfahrtsverbände und auch vieler Ökonomen, seien sie neoliberal oder mit den Gewerkschaften verbunden, ist besonders die

Steuerpolitik der Jahre 1991 bis 1993 kritikwürdig. Unschwer ließe sich aus Hunderten von kritischen Kommentaren eine zynische Karikatur zusammenstellen, Unterschrift: »Fünf Maximen zur kreativen Finanzierung der deutschen Einheit«.

Erstens: Gehe bei Aufstellung des Bundeshaushalts immer von der Fiktion eines ganz außergewöhnlich günstigen Konjunkturverlaufs aus. Bleibt dieser aus mit entsprechend verminderten Steuereinnahmen und gleichzeitig erhöhten Sozialausgaben, kannst du immer noch einen Nachtragshaushalt hinterherschicken!

Halte dabei aber – zweitens – stets an der Hoffnung fest, daß die Milliardentransfers in die neuen Länder rasch eine grundlegende Besserung bewirken werden – 1992 schon, spätestens 1993 oder allerspätestens 1994, wenn wieder gewählt wird!

Vergiß jedoch – drittens – auch nie, daß sich große Haushaltslöcher am elegantesten durch massive Erhöhung der Staatsschuld schließen lassen. Schließlich machen das alle Regierungen so. Man muß nur unablässig beteuern, daß dies für einen guten Zweck unverzichtbar sei und daß die exzessive Schuldenmacherei aufhören wird, sobald die momentane Notlage zu Ende ist!

Sind aber – viertens – die sehr unbeliebten Steuer- und Abgabenerhöhungen wirklich unvermeidlich, so sollst du von der Lohn- und Einkommensteuer tunlichst die Finger lassen, möglichst auch von der Mehrwertsteuer. Drehe notfalls lieber an anderen Steuerschräubchen, schröpfe die Raucher, kassiere mit frommer ökologischer Begründung bei der Mineralölsteuer ab und verstecke einen Teil der West-Ost-Transfers in die Arbeitslosen- und Sozialversicherung sowie im Etatdschungel der Gesundheitsfürsorge!

Laß dir – fünftens – aber doch etwas Originelles einfallen. Erhebe unter dem Namen Solidarbeitrag eine unverzinste Zwangsanleihe auf die Einkommensteuer, die dann wieder zurückgezahlt wird; entdecke kurz danach, daß die Einkünfte, leider, immer noch nicht reichen, und mache daraus mit dem hübschen Namen Soli eine Abgabe, die so dauerhaft ist wie einstmals die Sektsteuer. Ist sie erst einmal fest im Haushalt verankert, so läßt sich in der Koalition jahrelang schön darüber streiten, ob diese Zusatzabgabe nicht wenigstens teilweise reduziert werden könnte!

So etwa sehen es die Kritiker Kohls, und ihrer sind wieder viele. Sie zielen zwar immer auf den Kanzler, doch während der schwierigen Jahre 1991 bis 1994 gilt die Kritik vor allem auch dem Bundesfinanzminister. Im Sommer 1992, als die finanziellen Hiobsbotschaften von allen Seiten hereinprasseln, überliefert der *Spiegel*-Journalist Gabor Steingart von Theo Waigel den folgenden Seufzer: »Ich bin für alle der Prügelknabe. Ich wäre der erfolgreichste Finanzminister seit Franz Josef Strauß, wäre da nicht die deutsche Einheit gewesen.«[14]

Eigentlich pflegen Bundeskanzler in Phasen der Bedrängnis ihre von einer Ausgabenflut hinweggeschwemmten Finanzminister loszulassen, um nicht selbst vom öffentlichen Unwillen verschlungen zu werden. Brandt und Schmidt sind so verfahren, zu guter Letzt auch Kohl mit Stoltenberg. Doch trotz vieler Gerüchte von einer kurz bevorstehenden Ablösung Waigels hält der Bundeskanzler mit großer Zähigkeit an diesem fest. Schließlich ist Theo Waigel ein mächtiger und auch machtbewußter Mann. Was im Frühjahr 1989 dafür sprach, ihn als tragende Säule ins Kabinett zu holen, gilt erst recht im Dauertief der Vereinigungskrise von 1991 bis 1994. Er hält die CSU im Lager Kohls. Seit Mai 1993 gerät Waigel in der eigenen Partei allerdings in Bedrängnis. Der bayerische Ministerpräsident Max Streibl ist im Sumpf der Amigo-Affäre versunken, und im Diadochenkampf um dessen Nachfolge setzt sich nicht Waigel durch, sondern Edmund Stoiber. Daß er dabei auch durch Schläge unter die Gürtellinie verletzt wird, vergißt Waigel nie. Mehr als fünf Jahre wird nun der Macht-kampf zwischen Stoiber und Waigel zur Freude der kritischen Journaille im bayeri-schen Intrigantenstadel für Unterhaltung sorgen, bei Kohl aber zu immer größerer Besorgnis führen.

Stoiber hat seinen Ziehvater Franz Josef Strauß genau studiert. Gleich diesem trägt er keinerlei Bedenken, sich gegen die Bundesregierung Helmut Kohls zu profi-lieren. Das Schlimmste aus Sicht Kohls ist aber: Stoiber ist ein Euroskeptiker, wobei nie ganz klar wird, wie viel von dieser Euroskepsis genuiner Überzeugung entspringt und wie viel nur dem Zweck dient, Theo Waigel so oder anders vom Sessel des CSU-Vorsitzenden zu stoßen. Die Rivalität zwischen Waigel und Stoiber kettet aber Kohl und Waigel noch unentrinnbarer aneinander als bisher schon. Kohl muß an Waigel durch dick und dünn festhalten, um zu verhindern, daß auch der CSU-Vorsitz an den europapolitisch unzuverlässigen Stoiber fällt. Umgekehrt ist Waigel darauf angewie-sen, fast um jeden Preis seine Schlüsselposition im Kabinett Helmut Kohls zu vertei-digen, weil Stoiber ihn sonst überrollen würde. Diese Konstellation wird bis 1998 andauern. Es ist kein Zufall, daß Waigel nach dem Wahldebakel vom September 1998 auch alsbald das Amt des CSU-Vorsitzenden aufgibt.

Im Verhältnis zwischen Kohl und Waigel kommt aber auch ein emotionaler Fak-tor ins Spiel. Manche bezweifeln zwar, daß im politischen Geschäft dauerhafte per-sönliche Freundschaften überhaupt möglich sind. Tatsache ist jedenfalls, daß im Kreis der Kabinettsminister der neunziger Jahre Kohl mit Waigel persönlich am engsten verbunden ist. Die beiden gehören zwar nicht derselben Generation an. Für Waigel, Jahrgang 1939, spielt Kohl die Rolle eines älteren Bruders, doch sie haben vieles ge-meinsam. Wie Kohl stammt der Bauernsohn Waigel aus kleinen Verhältnissen, ist wie dieser ein kerniger, volksverbundener Typ, auch naturverbunden. Die liberalen Ka-tholiken Waigel aus dem Allgäu und Kohl aus der einstmals bayerischen Rheinpfalz stehen den Norddeutschen mit einer gewissen Reserve gegenüber. Jeder dieser beiden Parteivorsitzenden hat dem anderen zum Thema »Feind, Todfeind, Parteifreund« Mo-nat für Monat Neues zu berichten, weswegen sie aber nicht zu bedauern sind, denn sie selbst sind ebenfalls machtbewußte Schlitzohren. Wie Kohl hat übrigens auch Waigel seinen älteren Bruder im Krieg verloren, ein Verlust, über den die Eltern kaum hinweggekommen sind. So sind die beiden auch gute Europäer, Frankreich emphatisch zugewandt und fest entschlossen, das Projekt Euro durchzuziehen. Nicht zuletzt die Erlebnisse des Jahres 1990 haben eine Freundschaft entstehen lassen, die alle Turbulenzen der neunziger Jahre überdauert. Zum guten Verhältnis trägt zudem der Umstand bei, daß Kohl nie befürchten muß, der CSU-Vorsitzende könnte ihm nach dem Amt trachten. Kohls Diadochen in der CDU würden das nicht zulassen.

In den Schwierigkeiten der inneren Wiedervereinigung, die Kohl seit 1991 fast zu Boden drücken, spielt Waigel somit eine Schlüsselrolle – im guten und im weniger guten, würden die zahlreichen Kritiker der beiden hinzufügen. Anders als viele Finanzminister ist nämlich Waigel kein Fiskalist. Wie Kohl versteht er sich als pragmatischer Parteiführer, keinesfalls in erster Linie als Sparkommissar und auch nicht wie sein Vorgänger Stoltenberg als neoliberaler Ordnungspolitiker. Diese pragmatische Einstellung macht ihn Kohl lieb und wert, der am liebsten kräftig ausgibt und nicht Tag und Nacht daran denkt, wo und wie er die Milliardenberge durch kluge Finanzpolitik auftreibt. Aber auch das verringert nicht die Probleme des Bundeshaushalts.

Probleme mit der CDU-Ost

Mit den Haushaltsproblemen verbinden sich die Spannungen bei der Verschmelzung der CDU-West und der CDU-Ost. Aus Sicht des CDU-Vorsitzenden ist die Ausgangslage eigentlich hervorragend. Alle neuen Länder mit Ausnahme Brandenburgs haben CDU-geführte Regierungen, sogar Berlin, traditionellerweise kein besonders günstiges Pflaster für die Christlichen Demokraten. Doch die Enttäuschung über die jetzt hereinbrechende Vereinigungskrise trifft natürlich nicht nur den Bundeskanzler, sondern zugleich seine Partei in den einzelnen »neuen Ländern«. Dabei verknäult sich die Misere der rasch anwachsenden Arbeitslosigkeit mit den Gegensätzen zwischen den Altkadern aus der Ost-CDU und den reformerischen Kräften. Auch die Spannungen zwischen den sogenannten Westimporten, die jetzt in Teilen der CDU des Ostens das Sagen haben, und den alteingesessenen »Ossis« in der CDU sind nicht dazu angetan, Kohls Führungsprobleme zu beheben.

Wer genau hinschaut, erkennt einen Parteichef mit zwei Gesichtern. Da ist einerseits der verständnisvolle Helmut Kohl, der sich den eigenen Parteifreunden gegenüber wie eine Art großer Bruder gibt, einfühlsam, hilfreich, ermunternd und durchaus im Wissen, daß der Mensch aus krummem Holz gemacht ist. Und da ist andererseits der große Parteiboß, der mit den neuen CDU-Landesverbänden am liebsten nach Gutsherrenart umspringen würde, wie er es auch im Westen periodisch versucht hat, mit seinen verschlagenen Manövern aber regelmäßig gescheitert ist. Dieselbe Erfahrung macht er nun im Osten. Helmut Kohl ist ein Gutsherr, aber ein Gutsherr auf Treibsand.

Es fällt nicht schwer, die Zwiespältigkeit seines Verhältnisses zur CDU in den östlichen Ländern bis in die erste Woche des Februar 1990 zurückzuführen, als so vieles vorentschieden wurde, was ihm in der Folge jahrelang zu schaffen macht. Zögernd hat er sich damals mit der Ost-CDU unter Lothar de Maizière eingelassen, dem er nicht über den Weg traut – und dieser ihm auch nicht. Ursprünglich wollte er zusammen mit dem CDU-Generalsekretär Rühe allein auf die Reformkräfte der Bürgerrechtsbewegung setzen, die auch innerhalb der Ost-CDU gegen die Altfunktionäre revoltierten. Doch zum Sieg bei den Wahlen des Jahres 1990 brauchte er die Organisation der Ost-CDU, nahm sie am 1. Oktober wie einen verlorenen Sohn in seine West-CDU auf und lud sich damit eine »Altlast« auf, die er nicht mehr loswurde.

Auf dem Papier zählt die Ost-CDU während der frühen neunziger Jahre rund 100 000 Mitglieder. Genau 101 580 sollen es im Juni 1992 sein, berichtet Angela Merkel im CDU-Präsidium, was der in solchen Fragen kundige Helmut Kohl mit der Feststellung kommentiert, die Mitgliederzahlen hätten nie gestimmt.[1] Ein Großteil dieser Parteifreunde sind »gewendete« Mitglieder und Funktionäre, die vor dem Sommer 1990 kürzer oder länger der Ost-CDU angehörten. Lothar de Maizière, anfangs ihr großer und reformerischer Patron, ist beispielsweise 1956 beigetreten. In bestimmten Landesverbänden, etwa in Brandenburg, sind das, so schätzt man, an die 85 Prozent der Parteimitglieder.[2] Diesen ehemaligen »Blockflöten« gegenüber spielt Kohl anfangs die Rolle des großen Bruders. Im Dezember 1991, auf dem Dresdner Parteitag, stellt er ihnen eine Art »Persilschein« aus. Auch er sei Weihnachten 1946 wie Hunderttausende anderer in ganz Deutschland in die CDU eingetreten, philosophiert er und fragt, was er wohl selbst getan hätte, würde er damals der Ost-CDU angehört haben: »Ich weiß nicht, welchen Weg ich genommen hätte. Ob ich in jenen Tagen, als die Chance noch dazu bestand, in den Westen gegangen wäre, ob ich die Kraft zum Widerstand gehabt hätte, ob ich Bautzen riskiert hätte – oder ob ich mir eine Nische gesucht hätte und Kompromisse eingegangen wäre: Ich weiß es nicht.«[3] Die Blockflöten hören das natürlich gerne. Kohl, der emphatische Versöhner, das ist die eine Seite. Tatsächlich spielt sich dank dieses von übertriebenem Moralisieren freien Pragmatismus bald auf allen Ebenen ein gewisses Nebeneinander von Altfunktionären und jüngeren Reformkräften ein, in der CDU/CSU-Fraktion, in den Führungsgremien der CDU, auch in den Landes- und Kreisvorständen des Ostens.

Es gibt aber auch den anderen Helmut Kohl, der keiner der Parteigrößen aus dem Osten so richtig über den Weg traut und der von den Bürgerrechtlern periodisch zu hören bekommt, wie unzumutbar die Zusammenarbeit mit den Blockflöten ist. Seitdem er mit der Ost-CDU zu tun hat, werden ständig neue Stasi-Verwicklungen hochgespielt. Wie im Umbruchjahr 1990 will Kohl deshalb weiterhin unbelastete, junge Kräfte in Führungspositionen bugsieren. Daß diese zugleich ihm persönlich einen verstärkten Durchgriff ermöglichen sollen, braucht nicht dick unterstrichen zu werden. So ist er auch seit zwei Jahrzehnten im Westen verfahren. Seine Bulldogge, wie manche Blockflöten aus der alten Ost-CDU hinter vorgehaltener Hand sagen, ist der CDU-Generalsekretär Volker Rühe. Das ganze Jahr 1991 hindurch führt Rühe – zweifellos im Auftrag Helmut Kohls – einen herkulischen Kampf mit dem Ziel, die »Altlasten« in den Führungspositionen der neuen Länder zurückzudrängen. Doch so wie in den »alten« Ländern gilt jetzt auch in den »neuen« das bundesdeutsche Parteiengesetz, das dem Führerprinzip einen Riegel vorschiebt. Zudem setzen die Altfunktionäre der mittleren Ebene, aber auch manche, die es nach der Wende ganz an die Spitze geschafft haben, dem Erneuerungswillen des Adenauer-Hauses ihr träges und schlaues Beharrungsvermögen entgegen. Sie haben sich zwar gewendet und sind an den Rockschößen des Bundeskanzlers in die Landtage und Bürgermeisterämter getragen worden. Aber einmal dort angekommen, sind sie überhaupt nicht bereit, sich von dem schneidigen Generalsekretär Rühe im Konrad-Adenauer-Haus kommandieren zu lassen.

Als eigentlicher Schutzpatron der altetablierten CDU in den neuen Ländern versteht sich Lothar de Maizière. Kohls widersprüchlicher Kurs läßt sich an seinem Beispiel besonders augenfällig studieren. Es sei dahingestellt, von wann an dem Bundeskanzler Berichte des Bundesamts für Verfassungsschutz vorliegen, denen zufolge de Maizière seit Januar 1981 bei der Stasi als IM »Czerny« (falsch geschrieben »Cerni«) geführt worden sei.[4] Kamen die Hinweise schon im Februar 1990 oder erst im Sommer? Kaum ist jedenfalls die Bundestagswahl über die Bühne, da erscheint im *Spiegel* ein mit vielen Details gespickter Artikel über die Stasi-Verwicklung Lothar de Maizières.[5] Der Stasi-Beauftragte Joachim Gauck läßt den Fall alsbald untersuchen und bestätigt im wesentlichen die *Spiegel*-Informationen. Art und Intensität der Kontakte sind aber doch unklar, weil der Inhalt von fünf Ordnern der Stasi-Akte wohl im November oder Dezember 1989 von der Stasi vernichtet worden ist. De Maizière verteidigt sich, als Anwalt von Republikflüchtigen habe er selbstverständlich mit der Stasi zu tun gehabt, streitet aber eine Tätigkeit als IM entschieden ab. Es gebe keine Verpflichtungserklärung, und auch Geld habe er nie erhalten. Doch bei einem Spitzenpolitiker ist schon das vorliegende Material gravierend. Als Bundesminister oder für das Amt des Bundestagspräsidenten kommt de Maizière nach dieser Enthüllung nicht mehr in Frage. Er möchte auch seine Parteiämter bis zur Klärung der Vorwürfe ruhen lassen. Da er sich betont altväterisch und hypermoralistisch gibt, hat er in der CDU-Spitze ohnehin nicht viele Freunde. Nur Schäuble hält ihm die Stange. Im März 1991 legt der *Spiegel* mit weiteren Informationen nach.[6]

Kohl müßte nun eigentlich handeln. Ausgerechnet der höchste CDU-Repräsentant aus den neuen Ländern, sein einziger Stellvertreter als Bundesvorsitzender und zugleich auch Vorsitzender des Landesverbands Brandenburg, hat ein dickes Stasi-Problem am Bein! Da de Maizière empört bestreitet, er habe sich als IM kompromittiert, kann und will Kohl den Inhaber höchster Parteiämter anfangs nicht nötigen, seine Funktionen aufzugeben. Er kann auch den Parteigremien nicht vorgreifen. So verbleibt de Maizière geschwächt in seinen Ämtern. In der Öffentlichkeit entsteht aber der Eindruck, daß Kohl ihn freundschaftlich am ausgestreckten Arm verdorren läßt. Bis zum kommenden Dresdner Parteitag im Dezember 1991, so wissen alle Beteiligten, muß eine neue Lösung für die im Verhältnis zum Osten so herausgehobene Stellvertreterposition gefunden werden. In der Zwischenzeit führt Rühe seinen Feldzug gegen die »Altlasten« unverdrossen weiter. Zwischen de Maizière und dem CDU-Generalsekretär Rühe herrscht weiterhin ein Kalter Krieg.

Am 30. August kommt es im CDU-Bundesvorstand zu einer veritablen Krachsitzung. Kohl, der interne Meinungsverschiedenheiten gerne herunterspielt, muß danach vor der Presse zugeben, die Diskussionen seien »leidenschaftlich, heftig und ernst« gewesen.[7] Die Auseinandersetzungen entzünden sich an einer scharfen Kritik Rühes am Zustand der östlichen Landesverbände. De Maizière seinerseits greift Rühe in einer vorbereiteten »persönlichen Erklärung«, die noch während der Sitzung auch Journalisten zugeht, massiv an. Er wirft ihm vor, seine Kritik an der CDU in den neuen Ländern über die Medien verbreitet zu haben, bringt würdevoll den hinlänglich bekannten knallharten Stil des CDU-Generalsekretärs zur Sprache (zu Rühes Politikverständnis gehöre eine Art von Umgang mit der Macht, »die wir so nicht teilen«) und wirft ihm vor, es gebe hinter den Kulissen seit Monaten das Bestreben, die östlichen Landesverbände nach westlichen Vorstellungen »umzukrempeln und Personen, die nicht ins Konzept passen, an die Seite zu drängen«. Hinter Etiketten wie »Altlast«, »Stasi« und »Erneuerung der Partei« stehe weiterhin der undifferenzierte Vorwurf gegen die Ost-CDU als »Blockpartei«. Einmal mehr artikuliert de Maizière sein altes Thema, Lebensleistung und Lebenserfahrung der Ostdeutschen müßten gewürdigt werden, ebenso aber deren derzeit so schwere Lebensbedingungen. Zudem beschuldigt er die Bundespartei, 26 Millionen DM seien der ehemaligen CDU-Ost als rechtmäßig erworbenes Barvermögen testiert worden, dann aber in die Zentrale der Bundespartei geflossen. Diese habe sich damit bereichert, während den ostdeutschen Landesverbänden grundlegende materielle Voraussetzungen für eine ordentliche Parteiarbeit fehlten. Er kündigt an, von seinen Ämtern an der Spitze der Bundespartei und in Brandenburg zurücktreten zu wollen. Rühe kontert scharf und verletzend. Auch Kohl verwahrt sich gegen den Vorwurf der »Bereicherung«, bittet de Maizière aber, im Amt zu bleiben. Die anderen ostdeutschen Repräsentanten äußern sich sehr viel zurückhaltender. Allem Anschein nach ist der Vorstoß de Maizières nicht mit ihnen abgesprochen. Biedenkopf sucht die Wogen zu glätten. Der sächsische Reformer Arnold Vaatz deutet an, daß Rühe bei seinem Kampf gegen die alten Seilschaften eigentlich recht hat.

Es ist der bis dahin heftigste Streit in der CDU, die sich mühsam zusammenraufen muß. Kohl distanziert sich ein wenig von Rühe mit der Bemerkung, dessen Kritik sei nicht mit ihm abgesprochen gewesen, und brummt:»Rühe ist ein Freund von mir, aber ich bin nicht sein Vormund.«[8] Tatsächlich aber nutzt er seinen Generalsekretär Rühe, um de Maizière loszuwerden und die auch ihm mißliebigen Blockflöten in der Ost-CDU auf Linie zu bringen.

Am 6. September 1991 wirft de Maizière schließlich das Handtuch und tritt von allen seinen Parteiämtern zurück, auch vom Parteivorsitz in Brandenburg. Kohl läßt eine kühle Presseerklärung herausgehen, die mit dem Satz beginnt:»Die persönliche Entscheidung Lothar de Maizières respektiere ich.« Dann folgen vier knappe Absätze zu dessen historischen Verdiensten, wie man sie konventioneller nicht formulieren könnte. Auch ein Satz wie:»Ich habe Lothar de Maizière schätzen gelernt und mit ihm eng zusammengearbeitet«, darf nicht fehlen. Es ist eine Verabschiedung oder, wenn man so will, ein Nachruf dritter Klasse.[9]

Jetzt schlägt die Stunde Angela Merkels. Aus Sicht Helmut Kohls kommen theoretisch nur zwei Ostdeutsche in Frage, das von de Maizière hinterlassene Vakuum zu füllen: sein Verkehrsminister Günther Krause oder eben seine Ministerin für Jugend und Frauen, Angela Merkel. Am meisten Gewicht hat gewiß Krause, aber er ist überlastet, und zudem hat er bereits eine *Spiegel*-Kampagne am Hals, bei der es um Geschäfte um HO-Autobahn-Motels aus den letzten Monaten der DDR geht. So bugsiert Kohl ausgerechnet Angela Merkel, die einstmalige Stellvertretende Pressesprecherin de Maizières, auf die Position ihres früheren Chefs. Nachdem sich dieser selbst aus dem Spiel manövriert hat, darf sie gleich anschließend als»designierte Nachfolgerin de Maizières«[10] in der Delegation des Bundeskanzlers in die USA reisen. Damit die Ministerin im Kreis der ostdeutschen Landesvorsitzenden nicht ganz ohne eigene Hausmacht dasteht, wird sie anschließend von Rühe, genauer gesagt von Helmut Kohl, in einen wie sich zeigt ziemlich aussichtslosen Kampf um den Vorsitz des CDU-Landesverbands Brandenburg dirigiert. Dort möchten Kohl und Rühe zugleich die Wahl Ulf Finks verhindern, der in seinen Jahren als CDU-Bundesgeschäftsführer zum engsten Kreis von Heiner Geißler gehörte. Selbst Merkels Wahlniederlage gegen Fink kann nicht verhindern, daß diese Kandidatin Kohls auf dem Dresdner Parteitag mit immerhin 86 Prozent aller Stimmen zur einzigen Stellvertretenden Parteivorsitzenden gewählt wird.[11] Der Vorgang zeigt zweierlei: erstens wie schmal die Personaldecke fähiger und präsentabler Politiker aus dem Osten ist, denn Merkel gehört der CDU erst zwei Jahre an, und zweitens daß Kohl größten Wert darauf legt, die Inhaberin dieser Spitzenposition im eigenen Kabinett unter direkter Kontrolle zu halten.

Mit Rita Süßmuth beim Bundesdelegiertentag der Frauen-Union in Berlin,
9. September 1990

Anfang Januar 1992, die Turbulenzen im Osten werden immer bedrohlicher, tritt auch der umstrittene Josef Duchač in Thüringen zurück. Die Bestellung seines Nachfolgers erfolgt nirgendwo anders als im Bonner Bundeskanzleramt. Eine maßgebliche Gruppe von Thüringer CDU-Politikern, zu der auch die spätere Ministerpräsidentin Christine Lieberknecht gehört, bespricht mit Kohl die Möglichkeit eines »West-Imports«.[12] Die mit Kohl zerfallene Bundestagspräsidentin Rita Süßmuth möchte damals gern nach Thüringen und will auch an der Besprechung teilnehmen. Doch Kohl stellt fest, sie sei nicht zu der Sitzung eingeladen, und läßt sie – immerhin die Bundestagspräsidentin – ungerührt im Vorzimmer sitzen, bis sie wieder abzieht. Unterdessen teilt er den Thüringern mit, daß er die Lösung Süßmuth ablehnt. Dann schlägt er den früheren Minister Rudi Geil aus Rheinland-Pfalz vor, der seither als Innenminister in Mecklenburg-Vorpommern Erfahrungen im Osten gesammelt hat. Doch die Thüringer sagen: »Den kennen wir nicht.« Sie möchten lieber Bernhard Vogel, damals Vorsitzender der Konrad-Adenauer-Stiftung. Jetzt ruft Kohl aus der Sitzung bei Vogel an und rät ihm, sofort nach Erfurt zu fahren, wo ihn die Landtagsfraktion und die Parteiführung bitten, die Aufgabe zu übernehmen.[13] Wie zumeist in solchen Fällen, ist der Entscheidungsprozeß also vielschichtig. Für die Presse stellt es sich aber so dar, als würde der allmächtige Bundeskanzler nun auch die CDU-Ministerpräsidenten im Osten so einsetzen wie in längst vergangenen Zeiten ein türkischer Sultan seine Provinzgouverneure.

Daß Kohl die Etablierung der CDU-Ministerpräsidenten in den »neuen« Ländern mit einem gewissen Mißtrauen verfolgt, ist auch deshalb begreiflich, weil Kurt Biedenkopf ohne Kohls Mittun 1990 von der CDU Sachsen auf den Schild gehoben wurde. Biedenkopf hat dort bei der Landtagswahl auf Anhieb 53,8 Prozent geholt und macht nun in der Tat aus dem einstmals »roten« Sachsen das erfolgreichste aller neuen Länder. Sein zuvor schon gutentwickeltes Selbstbewußtsein wird dadurch nicht geringer. In den CDU-Gremien und in der breiten Öffentlichkeit findet er als Sprecher des notleidenden Ostens Gehör, brilliert mit wirtschaftspolitischen Strategien zur Überwindung der Notlage und fordert von der »alten« Bundesrepublik Opfer ein. Kohl weiß, daß Biedenkopf ihm durchaus gefährlich werden könnte, wenn er 1994 die Bundestagswahl vergeigt. Auf der anderen Seite braucht er ihn aber dringend. So betrachtet er den einstigen Gefährten, aus dem ein Widersacher geworden ist, als willkommenen Helfer beim Aufbau Ost und zugleich als erneut zur Macht gekommenen Rivalen. Es sind also auch die längst vergangenen Fehden der siebziger und der achtziger Jahre, die keiner von beiden vergessen hat, die in das Verhältnis Kohls zur CDU in den neuen Ländern hineinspielen.

Ein Jahr später treten die innerparteilichen Verwerfungen auch bei der verunglückten Präsentation des sächsischen Justizministers Steffen Heitmann als CDU-Kandidat für die Nachfolge von Weizsäckers zutage. Kohl wäre nicht Kohl, käme er nicht auf die Idee, die psychologische Misere in den neuen Ländern durch symbolische Politik zu überwinden. Und welches Amt eignet sich im deutschen Regierungssystem besser dafür als das des Bundespräsidenten?! Schon relativ früh hat er entschieden, die Villa Hammerschmidt nicht selbst als Endstation seiner Laufbahn anzustreben. Zu seiner Freude signalisiert ihm auch Genscher frühzeitig, daß es ihn nicht dorthin ziehe. Im Lager von Johannes Rau vermutet man zeitweilig, Kohl habe bei diesem indirekt angeklopft, ob ihm eine überparteiliche Kandidatur genehm sei.[14] Da in der Präsidentenfrage stets mit verdeckten Karten gespielt wird, darf man Kohl durchaus taktische Spielchen unterstellen. CDU-Insider wissen aber, daß er gegen Rau größte Vorbehalte hegt. Später wird er das in seinen *Erinnerungen* ganz offen einräumen.[15] Je mehr man in der Presse und im eigenen Lager über die Denkmöglichkeit einer Großen Koalition spricht, um so unbekömmlicher erscheint dem Kanzler aber die Idee eines Kandidaten aus den Reihen der SPD: Das könnte als Signal für eine schwarz-rote Koalition mißverstanden werden, an deren Spitze dann vielleicht Biedenkopf oder Schäuble treten könnte, während er selbst abserviert würde. Daß zudem die CSU – man kennt das – endlich einmal einen Kandidaten aus ihren Reihen fordert und somit gegen einen von SPD und CDU auf den Schild gehobenen Sozialdemokraten genauso opponiert wie die FDP, liegt in der Logik des politischen Machtspiels, kann aber von Kohl genutzt werden.

Schäuble, der einem Flirt mit der SPD nicht abgeneigt ist und einen Bundespräsidenten mit ostdeutscher Biographie wünscht, ermuntert Kohl zeitweilig, es doch mit dem Theologen Richard Schröder zu versuchen, der sich erst als Vorsitzender der SPD-Fraktion in der Volkskammer und später durch gescheite Reden über die

Parteigrenzen hinweg Ansehen erworben hat.[16] Der Wiedervereinigungsfrust in den »neuen Ländern« ist damals stärker als jemals zuvor. Mehr denn je betrachtet es Kohl jetzt als reizvolle Idee, dem »Wessi« Johannes Rau einen eigenen Kandidaten aus dem Osten entgegenzusetzen.

Von allen CDU-Landesverbänden in den »neuen Ländern« verfügt die sächsische CDU über das größte Gewicht. Kein Wunder, daß Kohl bereits im Mai 1992 in einem Vier-Augen-Gespräch mit Biedenkopf die Präsidentenfrage aufs Tapet bringt. Ein Sozialdemokrat, so bekommt dieser zu hören, komme wegen des Widerstands der CSU nicht in Frage. In den westdeutschen CDU-Landesverbänden, im Bundeskabinett und in der CDU, so führt Kohl aus, sehe er keinen geeigneten Kandidaten. Ob Biedenkopf einen aus dem Osten wisse? Der sächsische Ministerpräsident, der damals noch für die Kandidatur von Rau ist, eine eigene Kandidatur aber nicht völlig ausschließt, hat das Gefühl, daß Kohl an ihn denkt, sagt das aber nicht. Kohl weiß ebensogut, daß Biedenkopf da und dort als Bundeskanzler einer Großen Koalition im Gespräch ist. Will der Bundeskanzler ihn also als Präsidentschaftskandidat unschädlich machen? Biedenkopf hält sich bei diesem, wie sich zeigen wird, wichtigen Gespräch bedeckt, erörtert mit Kohl verschiedene Namen und nennt schließlich als einzigen CDU-Politiker aus dem Osten, der ihm derzeit einfällt, mit leichten Vorbehalten seinen Justizminister Steffen Heitmann.[17] Heitmann ist eine der stärksten Figuren im Dresdener Kabinett und anders als Biedenkopf oder dessen Finanzminister Georg Milbradt kein Westimport, sondern ein sehr konservativer Sachse mit einer tadellosen Ostbiographie.

Ein gutes Jahr später, Ende August, Anfang September 1993, kommt die Kandidatur Heitmanns in Fahrt. Nach Sondierungen dahin und dorthin greift Kohl in den Spitzengremien der CDU das Thema Präsidentschaftskandidatur wieder auf. Es sind zwei Hauptsorgen, die ihn umtreiben: erstens die psychologische Misere in den »neuen Ländern«, wo sich viele frühere Wähler der CDU inzwischen »abgehängt« fühlen, und zweitens die Erfolge der mit rechtspopulistischen Parolen operierenden Republikaner. Beides spricht für einen konservativen Kandidaten aus dem Osten. Unter verschiedenen denkbar möglichen Kandidaten hat er auch Heitmann auf dem Radarschirm. Später weiß *Die Welt* zu berichten, daß sich der thüringische Ministerpräsident Vogel, allem Anschein nach auf Anregung Kohls, bereits im Mai 1993 während einer Pfingstwanderung bei maßgeblichen Spitzenpolitikern der sächsischen CDU eingehend zu Heitmann erkundigt habe.[18] Als der Kanzler Ende August aus dem Urlaub zurückkehrt, beginnt es in der journalistischen Gerüchteküche zu köcheln. Nachrichten im *Spiegel* und in anderen Zeitungen beschleunigen die Benennung.[19] Vorerst ohne Namensnennung plädiert Kohl in den höchsten CDU-Gremien[20] für einen eigenen CDU-Kandidaten aus dem Osten und stößt dabei auf keinen Widerspruch.

Biedenkopf bespricht danach mit Heitmann die Lage. Beide meinen, die Kandidatenfrage werde eigentlich zu früh aufgerollt, schließlich soll die Wahl erst am 23. Mai 1994 erfolgen. Biedenkopf selbst favorisiert immer noch eine Gemeinschaftskandidatur von Johannes Rau, sichert seinem Justizminister aber zu, ihn zu unterstützen, wenn sich die CDU-Gremien für den Kabinettskollegen entscheiden.[21] Dies geschieht. Das sächsische Kabinett nominiert Heitmann in aller Form als sächsischen Kandidaten. Alsbald beginnen sich die Gegner der Kandidatur auf ihn einzuschießen: Er habe sich gegen »Überfremdung« geäußert, und sein Frauenbild bekunde »finsterstes Mittelalter«. Auf der Sitzung des CDU-Präsidiums am 8. September im Kanzlerbungalow legt Kohl in einer längeren Ausführung seinen Wunsch nach einem eigenen CDU-Kandidaten aus dem Osten dar, bedauert, daß es noch nicht zu einem Gespräch mit der CSU kommen konnte, räumt ein, Gespräche mit der FDP seien gleichfalls erforderlich, und bezeichnet es als »unerträglich«, daß Heitmann »mit absonderlichen Vorwürfen« unter Beschuß gerate. Im Anschluß an diese mit einiger Vorsicht formulierte Einführung des Parteivorsitzenden berichtet Biedenkopf, das sächsische Kabinett habe in zweistündiger Diskussion die Personalie Heitmann positiv erörtert, Heitmann habe angesichts der »abstrusen Vorwürfe« erst »heute abend« seine Bereitschaft zur Kandidatur erklärt, und er schließt mit der Feststellung: »Die sächsische CDU sei der Meinung, daß Herr Heitmann geeignet sei. Sie schlage ihn hiermit vor.« Der sächsische Innenminister Heinz Eggert, seit dem CDU-Parteitag in Düsseldorf ein bulliger Vertreter sächsischer Interessen und konservativer Überzeugungen im CDU-Präsidium, sekundiert Biedenkopf und bittet darum, die Union möge Heitmann als geeigneten Kandidaten auf den Schild heben. Schäuble, Dregger und Merkel sprechen sich uneingeschränkt zustimmend aus. Frau Süßmuth, in deren Frauen-Union es bereits rumort, und Geißler mahnen internen Gesprächsbedarf an, ohne aber Heitmann schon strikt abzulehnen. Geißler warnt davor, mit dem Namen ohne durchdachte Diskussion an die Öffentlichkeit zu gehen. Daß man zu den 663 CDU/CSU-Stimmen in der Bundesversammlung auch die 111 Stimmen der FDP braucht, ist allen geläufig. Doch Kohl weist darauf hin, die CDU könne Genscher nicht um seine Kandidatur bitten: »Dies sei mit München nicht zu machen.« Auch in der CDU-Bundestagsfraktion gebe es Bedenken gegen Genscher.

Daß in den CDU-Reihen noch keine geschlossene Unterstützung Heitmanns besteht, ist bei dieser Sitzung mit Händen zu greifen. Unklar ist auch, ob sich CSU und FDP überhaupt ins Boot holen lassen. Aber Kohl ist nun nicht mehr zu bremsen. Durchaus realistisch verweist er darauf, daß jetzt Handlungsbedarf bestehe: »Man könne«, so wird im Sitzungsprotokoll vermerkt, »am heutigen Abend auf die Frage der Journalisten, ob man über Herrn Heitmann gesprochen habe, nicht sagen, daß dies nicht der Fall gewesen sei. Jeder wisse, wie die Debatte abgelaufen sei. Dann stelle sich die Frage, warum man nicht Herrn Heitmann benenne.« Man müsse deshalb Stellung nehmen. Das Protokoll über diese denkwürdige Sitzung, die kurz vor Mitternacht zu Ende geht, schließt mit dem ominösen Satz: »Der Vorsitzende betont das Risiko, daß man ohne Absprache mit CSU und FDP keine Mehrheit in der Bundesversammlung habe. Er sei jedoch zuversichtlich, daß diese bei dem Kandidaten aus den neuen Ländern zu erreichen sei.«[22]

Die Benennung Heitmanns steht also von Anfang an auf recht wackligen Füßen. Aber nach dieser Sitzung macht sich Kohl die Kandidatur des sächsischen Justizministers uneingeschränkt zu eigen und tritt in der Öffentlichkeit nicht dem Eindruck entgegen, Heitmann – ein CDU-Politiker aus dem Osten – sei sein persönlicher Kandidat. Wie erwähnt, sind es wieder einmal die Medien, die eine rasche und überstürzte Antwort erzwingen. Aber die Benennung paßt auch in Kohls damalige Wahlstrategie. Zweifellos spielt bei seiner Entscheidung für Heitmann der Gedanke eine Rolle, die unzufriedenen Konservativen in der CDU wieder einzufangen. Der fromme Lutheraner Heitmann, studierter Theologe und Kirchenjurist, so denkt sich der Kanzler, die Bundestagswahl 1994 fest im Blick, könnte ein Mann nach ihrem Herzen sein.

Wie unschwer vorhersehbar, sind aber die innerparteilichen Gegner konservativer Positionen ganz und gar nicht bereit, sich mit diesem Kandidaten abzufinden. Wie gleichfalls zu erwarten, verhält sich auch Heitmann in den Diskussionen der kommenden Wochen ganz und gar nicht windschlüpfig. Er plädiert für die Stärkung von Ehe und Familie und hat für den Feminismus à la Süßmuth sichtlich nicht viel übrig: Die Mutterschaft müsse wieder mehr ins Zentrum der Gesellschaft gerückt werden.[23] Ohne Respekt für semantische Tabus fordert er einen starken Staat, der sein Gewaltmonopol entschieden wahrnimmt. Heitmanns Gegner hacken weiter darauf herum, daß er sich ungeniert gegen eine »Überfremdung« Deutschlands ausgesprochen hat. Anstoß erweckt auch seine Feststellung, »daß Deutschland ein normales Volk unter normalen Völkern wird«, und »ich will mich nicht als Europäer fühlen, ich will mich als Deutscher fühlen und bin froh, daß ich es endlich kann«.[24] Das alles dringt nach der Benennung Heitmanns ziemlich ungefiltert in die Öffentlichkeit. In den linksliberalen Presseorganen werden die Äußerungen Heitmanns als Verstoß gegen die politische Korrektheit gewertet.

In der CDU kritisiert vor allem die Bundestagspräsidentin Süßmuth, nun auch vorsichtig sekundiert von Angela Merkel, daß der Kandidat mit ihren Vorstellungen der modernen Frau nicht übereinstimme. Nicht zuletzt ist der noch amtierende Bundespräsident wenig davon erbaut, daß ihm nun ausgerechnet ein erzkonservativer CDU-Politiker nachfolgen soll. Weizsäckers früherer Pressesprecher Friedhelm Pflüger, jetzt CDU-Bundestagsabgeordneter, führt die erste öffentliche Attacke gegen Heitmann (Kohl im CDU-Präsidium dazu: »eine Katastrophe!«).[25] Da die CSU erst mühsam auf Linie gebracht werden muß, wird die CDU/CSU-Bundestagsfraktion viel zu spät einbezogen. Als es schließlich soweit ist, setzt sich der Bundeskanzler dort zwar massiv für diese »Persönlichkeit mit Ecken und Kanten« ein und überzeugt auch große Teile der Fraktion, ahnt insgeheim aber wohl, daß er bereits verloren hat.[26] Auch Schäuble, der den Vorschlag anfangs gebilligt hat, äußert sich jetzt in jener gekonnten Mischung aus Distanz und Unterstützung, wie man sie Kandidaten aus den eigenen Reihen zuteil werden läßt, die man für unerwünscht oder für nicht durchsetzbar hält.

Bald erkennt Kohl seinen Fehler. Die Präsentation eines potentiell umstrittenen Kandidaten ein Dreivierteljahr vor der Wahl lädt schließlich alle parteiinternen Gegner und Gegnerinnen dazu ein, diesen niederzumachen. Genscher ist zwar weiterhin nicht zur Kandidatur bereit, aber die in der Bundesversammlung starke FDP kann nicht davon abgehalten werden, mit Hildegard Hamm-Brücher eine geachtete Zählkandidatin aufzustellen. Im ersten und zweiten Wahlgang wäre das an und für sich erträglich. Zumindest für spätere Wahlgänge sollte der CDU/CSU-Kandidat aber wenigstens in den eigenen Reihen unumstritten sein und letztlich auch für die FDP akzeptabel. Heitmann ist das nicht. So äußern sich bei den folgenden CDU-internen Erörterungen manche nun nur noch recht zurückhaltend, darunter auch – so wird Kohl später hervorheben – Kurt Biedenkopf, der ihn benannt habe.[27] Wie immer, wenn derartige Personalvorschläge auf die Klippen geraten, ist es schwer zu entscheiden, wer sich zuerst und mit welcher Intensität von dem Kandidaten entfernt hat.

Als sich im Präsidium bereits deutliche Absetzbewegungen zeigen, gibt Kohl erbittert zu Protokoll, »daß Wertkonservatismus keine Schande sei«, und unterstreicht, Heitmann vereinige alle drei Richtungen der CDU in sich, die christlich-soziale, die freiheitlich-liberale und die wertkonservative, und er fügt hinzu: »Die nächste Bundestagswahl werde nicht im Bereich der Liberalität gewonnen, im Gegenteil.«[28] Eine solche Äußerung macht deutlich, daß dieser Kandidat aus dem Osten nicht zuletzt mit Blick auf konservative Wähler bei der Bundestagswahl benannt worden ist.

Schließlich wirft Heitmann genervt das Handtuch. Kohl selbst ist blamiert, erklärt aber trotzig im Präsidium, entscheidend sei für ihn ein Kandidat aus den neuen Ländern gewesen. Nochmals kommt Richard Schröder ins Gespräch. Eine Rückfrage bei Scharping läßt aber vermuten, daß die SPD von Rau nicht mehr zugunsten Schröders abrücken wird. Jetzt zieht Kohl mit größter Vorsicht die Kandidatur Roman Herzogs aus dem Ärmel. Jeder in der CDU-Führung weiß, daß Herzog, derzeit Präsident des Bundesverfassungsgerichts, seit den Jahren, als Kohl Ministerpräsident in Rheinland-Pfalz war, ins Lager Kohls gehört. Doch erst einmal sind behutsame Sondierungen nach allen Seiten geboten.[29]

Mit seiner Absicht, die Stimmung seiner Anhänger in den »neuen Ländern« zu heben und zugleich nach konservativen Wählern zu fischen, ist Kohl jedenfalls gescheitert. Auch hier zeigt sich die Übermacht des Westens. Als die Kandidatur Heitmanns in vollem Gang war, hatte Angela Merkel bei dessen Vorstellung in der Fraktion noch einigermaßen zuversichtlich mit einer Fußballmetapher festgestellt: »Es sind nicht mehr nur die Westdeutschen, die bestimmen, wer in der Nationalmannschaft spielt.«[30] Jetzt kommentiert sie das Scheitern dieses ostdeutschen Kandidaten, wozu auch sie selbst mit Kritik an dessen konservativer Familienpolitik einen gewissen Beitrag geleistet hat, mit den Worten: »Unabhängig von der Person werde jeder Kandidat aus Ostdeutschland schärfer beobachtet als ein Kandidat aus Westdeutschland. In der DDR hätten sich die Leute immer für die Repräsentanten geschämt, dies wollten sie jetzt nicht mehr.« Und sie schließt: »Die Menschen in Ostdeutschland hätten akzeptiert, daß sie noch nicht soweit seien, den höchsten Repräsentanten des Staates stellen zu können. Deshalb seien sie mit der Nominierung eines Westdeutschen einverstanden.«[31]

Schäuble

Im turbulenten Jahr 1991 trifft Kohl eine Personalentscheidung von denkbar weitreichender Bedeutung. Er gibt Schäuble grünes Licht für die Kandidatur um den Vorsitz der CDU/CSU-Fraktion. Damit ist dessen Wahl so gut wie sicher. Zur gleichen Zeit läßt er durchsickern, daß er in ihm einen erwünschten Nachfolger sieht. Damit hebt sich gewissermaßen der Vorhang über dem ersten Akt eines Bühnenstücks, betitelt »Der Kanzler und sein Kronprinz«. Nachdem schließlich im Jahr 2000 der letzte Akt über die Bühne gegangen ist, wird man wissen, daß hier nicht eines der üblichen politischen Dramen zur Aufführung kam, sondern eine Tragödie – wie soll man das nennen? – von fast altgriechischer Ernsthaftigkeit. Im Jahr 1991 aber erscheint der Wechsel Schäubles vom Bundesinnenministerium auf den Fraktionsvorsitz als eine in sich stimmige Entscheidung. Noch können sich die beiden in dem Glauben wiegen, so etwas wie eine beiderseitige *Win-win*-Partnerschaft einzugehen. Daß sie einander zu guter Letzt gegenseitig in den Abgrund reißen werden, kann niemand vorhersehen.

Es ist gut nachvollziehbar, weshalb Kohl jetzt endlich den verdienten, doch immerhin 71 Jahre alten Fraktionsvorsitzenden Dregger durch einen Jüngeren ersetzen möchte, der erstklassig ist und zugleich sein volles Vertrauen besitzt. Schäuble verfügt über diese Qualifikation. Seit 1972 gehört er der Fraktion an. Von 1982 bis 1986 hat er sie als Erster Fraktionsgeschäftsführer vollends in- und auswendig kennengelernt. Kohl betrachtet ihn seither als seinen besten Stabsoffizier und hat ihn erst zum Chef des Bundeskanzleramts gemacht, dann zum Bundesinnenminister. In der Fraktion und quer durch die Partei ist Schäuble gut vernetzt, ganz besonders in Baden-

Württemberg, damals und noch für zwei weitere Jahrzehnte die CDU-Hochburg in der »alten« Bundesrepublik. Schäuble ist also mehr als bloß ein Minister von Helmut Kohls Gnaden, vielmehr eine politische Potenz, mit der man rechnen muß. Natürlich kennt Kohl Schäubles fressenden Ehrgeiz. Doch solange er am längeren Hebel sitzt, haben ihn aufstrebende Nachwuchstalente noch nie gestört. Er sucht sie zu nutzen und weist sie gelegentlich barsch zurecht, wenn sie aus der Reihe tanzen. Rühe, Töpfer, Krause oder später Merkel, sie alle wissen ein Lied davon zu singen. Wie ein altgermanischer Heerführer verlangt Kohl, jeder in der CDU weiß das, unbedingte Loyalität. Die Stabsoffiziere aus seiner engsten Umgebung dürfen ihm unter vier Augen kräftig widersprechen, und gerade Schäuble genießt dieses Privileg, aber wehe, wenn die interne Kontroverse den Weg in die Zeitungen findet, und dreimal wehe, wenn Verschwörungen in der Partei, in der Koalition oder gar ins Oppositionslager hinein angesponnen werden. Beim Putsch des Jahres 1989, in dem Geißler und Späth aus dem Schwabenland die Hauptrolle spielten, hat sich Schäuble aber als loyal erwiesen, für Kohl ein entscheidender Eignungstest.

Danach hat Schäuble mit dem Einigungsvertrag gewissermaßen seine Meisterprüfung abgelegt. Dennoch ist festzuhalten, daß selbst der bereits mächtige, erfolgreiche Bundesinnenminister es immer noch nicht unter die Top Ten des Politbarometers geschafft hat. Das Attentat eines Verwirrten, durch das Schäuble für den Rest seines Lebens gelähmt und auf den Rollstuhl verbannt wird, verändert alles. Das grausige Geschehen, vor allem aber die stoische Zähigkeit, mit der sich der schwer Getroffene aus dem tiefen Loch emporarbeitet und schon nach wenigen Wochen seine Dienstgeschäfte wieder aufnimmt, führt im ganzen Land zu einer Sympathiewelle weit über den Kreis der CDU hinaus. Der Bundeskanzler hat daran durchaus seinen Anteil, indem er häufig ins Krankenhaus, später in die Reha-Klinik Langensteinbach bei Karlsruhe fliegt, Schäuble versichert, daß er an seine Rückkehr in die Politik glaubt, und auch den Medien gegenüber seine tiefe Ergriffenheit nicht verbirgt.

Im Jahr 2000, als sich die beiden ergrimmt auseinandergelebt haben, wird zwar auch im Umfeld von Schäuble der Verdacht geäußert, der Bundeskanzler habe damals aus kaltem Machtkalkül eine Art Rührstück veranstaltet, um selbst von der Mitleidswelle zu profitieren. Doch so einfach ist Helmut Kohl nicht gestrickt. Er ist ein Chef mit Herz, der vom Schicksal dieses treuen Mitarbeiters tief bewegt ist und dem dann auch die Tränen kommen. Das ist ebenso der wahre Kohl wie der Machtpolitiker, der mit sicherem Blick erkennt, daß Schäuble unter allen seinen jüngeren Gefolgsleuten derjenige ist, den er jetzt als künftigen Nachfolger präsentieren kann, und dies vergleichsweise risikolos. In seinen Memoiren wird er schreiben, die Beziehung zwischen ihm und Schäuble sei wie die eines älteren zu einem jüngeren Bruder,[1] also ein emotional aufgeladenes, »besonderes Verhältnis«, anders als zu Rühe oder Töpfer, die gelegentlich als Kanzleraspiranten gehandelt werden.

Zu den vielen Fähigkeiten Schäubles gehört auch sein PR-Talent. Ganz unvoreingenommen, viel geschickter als Kohl, nützt er von jetzt an die Hamburger Wochenzeitschriften *Spiegel* und *Stern*. Mit welchen Hintergedanken diese Kohl-kritischen Blätter Schäuble als »Kronprinz« und potentiellen Nachfolger des weiterhin angefeindeten Bundeskanzlers hochjazzen, bedarf keiner tiefergehenden Analyse. Auch Schäuble weiß das natürlich, kennt aber keinerlei Berührungsängste. Kaum ist in der Klinik das Schlimmste überstanden, da gewährt er den *Spiegel*-Journalisten Dirk Koch und Klaus Wirtgen stundenlange Interviews zu seiner führenden Rolle bei den Verhandlungen über die deutsche Einheit. Dem Buch, das auf dieser Grundlage bereits 1991 erscheint, gibt er den selbstbewußten Untertitel: *Wie ich über die deutsche Einheit verhandelte.*[2] »Ich« ... Die Verdienste des großen Patrons Helmut Kohl werden zwar hell angestrahlt, wie das ja auch der historischen Wahrheit entspricht, aber einen Teil des Lichts läßt er doch auch auf die eigene Person fallen. Auch dies entspricht schließlich der historischen Wahrheit.

So früh wie möglich nimmt Schäuble seine Arbeit im Innenministerium wieder auf, anfangs immer wieder von kürzeren Behandlungen in der Reha-Klinik unterbrochen. Jetzt hat das politische Bonn eine erstaunliche Veränderung zur Kenntnis zu nehmen. Von Januar 1991 an findet sich Schäuble urplötzlich hinter dem ewigen Spitzenreiter Genscher auf Platz zwei der zehn wichtigsten deutschen Politiker, drei Plätze übrigens vor Helmut Kohl, dem Kanzler der Einheit, der hinter Rita Süßmuth und dem SPD-Hoffnungsträger Björn Engholm erst auf Platz fünf figuriert.[3] Da die Plazierung auf den Charts sowohl die Präferenzen unter den Anhängern der Regierungskoalition als auch die aus dem Oppositionslager zum Ausdruck bringt, kann jedermann wissen, daß Schäuble auch weit über das Unionslager hinaus ein Sympathieträger ist. Das ganze Jahr 1991 hindurch hält er sich auf Platz zwei, größtenteils auch 1992 und 1993, wobei er für meist kürzere Zeit auch auf Platz drei rangiert. Es wird zwei Jahrzehnte dauern, bis mit Karl Theodor zu Guttenberg wieder ein Politiker aus dem Unionslager so wie jetzt Wolfgang Schäuble gleich einer Rakete emporsteigt.

Als Anfang 1991 die Wahl des CDU/CSU-Fraktionsvorsitzenden anstand, mußte Alfred Dregger akzeptieren, vorerst nur für ein Jahr wiedergewählt zu werden. Selbstverständlich scharren in der CDU einige bereits mit den Hufen, die ihn beerben wollen – Heiner Geißler, Volker Rühe, Rudolf Seiters, Klaus Töpfer.[4] Schäuble ist gesundheitlich immer noch angeschlagen, entschließt sich jetzt aber, in einem journalistischen Hintergrundgespräch seine Kandidatur für den Fraktionsvorsitz anzumelden, dies verbunden mit dem diskreten Hinweis, das sei mit Helmut Kohl abgesprochen.[5] So weit, so gut. Offenbar hat sich jetzt auch der CDU-Chef davon überzeugt, daß Schäuble den Aufgaben gesundheitlich gewachsen sein wird. Schon zuvor ist Schäuble da und dort in den Zeitungen als Kohls »Kronprinz« bezeichnet worden. Nun trägt der Bundeskanzler das Seine dazu bei, dieses Image zu befestigen.

Im April 1991, als er mit vollem Einsatz im letzten Moment verhindern möchte, daß sein geliebtes Rheinland-Pfalz, wie es dann geschieht, an die Sozialdemokraten fällt, äußert er in vertrauter Runde, zu der aber auch Klaus Dreher von der *Süddeutschen* zugelassen ist, bei der Nachfolge laufe »alles auf Wolfgang Schäuble zu«. Wie zu erwarten, posaunt Dreher dies alsbald hinaus.[6]

Der Vorgang ist in vielerlei Hinsicht kennzeichnend. Er zeigt, wie fest Kohl damals im Sattel sitzt. Kein Bundeskanzler vor ihm, übrigens auch keiner nach ihm, fühlt sich so stark, ohne Not und ohne jede vorherige Diskussion in einem höchsten Parteigremium mit dem Finger bedeutungsvoll auf einen möglichen Nachfolger zu verweisen. Alle Konkurrenten Schäubles wissen von nun an, daß sie sich sehr, sehr vorsichtig zu verhalten haben. Dennoch ist es erstaunlich, daß Kohl bereits wenige Monate nach seinem Wahlsieg von sich aus die Nachfolgefrage anspricht. Was diesem komplizierten Mann bei seinen Entscheidungen so alles durch den Kopf geht, kann damals wie später niemand voll entschlüsseln. Klar ist aber eines: Im Frühjahr 1991 wissen alle Kundigen, daß die Gleichaltrigen oder die fast Gleichaltrigen, die in den siebziger und achtziger Jahren als potentielle Nachfolger gehandelt wurden, inzwischen ausgeschieden sind oder resigniert haben. Ernst Albrecht in Niedersachsen hat sich nach der Niederlage gegen Schröder im Mai 1990 zurückgezogen, genauso Lothar Späth im Januar 1991 nach der »Traumschiff-Affäre«. Dregger muß sich auf das Altenteil begeben, doch auch der Stern Stoltenbergs, immerhin noch Bundesverteidigungsminister, ist erloschen. Somit ist so gut wie sicher zu erwarten, daß nun früher oder später gemäß den harten Gesetzen des politischen Wolfsrudels die Machtkämpfe unter den Jungwölfen ausbrechen werden. So wie Kohl die Journalisten kennt, werden die ihr Bestes tun, diese anzuheizen, um die stärksten Jungwölfe möglichst zu ermutigen, es mit dem Leitwolf aufzunehmen. Besser also, selbst den möglichen Nachfolger zu benennen, um das zu erwartende Gebalge von vornherein zu vermeiden.

Das verbindet sich aus Sicht Kohls mit einem zweiten Problem. Er hat das Verhältnis zwischen Erhard und Barzel genau studiert. Daß ein junger Fraktionsvorsitzender in kritischen Momenten den in die Jahre gekommenen eigenen Bundeskanzler stürzen kann, gehört zu den Erinnerungen, die er nie vergißt. Doch eben das spricht aus Sicht Helmut Kohls dafür, auf Schäuble von vornherein als möglichen Nachfolger zu verweisen und das beiderseitige Verhältnis emotional stark zu überhöhen. Denn auch Schäuble hat die bundesdeutsche Zeitgeschichte genau studiert. Barzel, das weiß er, ist im entscheidenden Moment 1966 in der Fraktion auch deshalb nicht zum Zug gekommen, weil er als Königsmörder galt. Im Fall der Untreue würde ihn dieser Ruf noch viel stärker belasten, weil Kohl ja so ausdrücklich, und man darf annehmen auf seine Art durchaus wahrhaftig, seine menschliche Nähe gesucht hat und das immer wieder betont. Gewiß kennt auch Kohl das schöne badische Verschen: »A bissele Lieb, und a bissele Treu und a bissele Falschheit isch allweil dabei«, hat aber doch Grund zur Hoffnung, daß die Treue bei Schäuble überwiegt, zumal dieser ermessen kann, um wieviel tiefer Kohl in der CDU verwurzelt ist als einstmals der Volkskanzler Erhard.

Im übrigen hat Kohl ja vorerst nicht mehr getan und wird er auch künftig nicht mehr tun, als Schäuble dann und wann völlig informell als denkbaren Nachfolger zu bezeichnen. Kein CDU-Gremium, keine Findungskommission zwischen CDU und CSU, auch kein Koalitionsausschuß ist mit dieser Frage befaßt worden. Sollte sich Schäuble als verräterisch und undankbar erweisen, könnte der König sich von seinem potentiellen Nachfolger auch wieder abwenden. Wenn Schäuble seine Chancen somit realistisch betrachtet, kann er nur hoffen, daß Kohl ihm den Parteivorsitz und wenn möglich auch die Kanzlerschaft zum richtigen Moment aus freien Stücken übergibt. Zu ersterem wird es, man weiß das, erst nach der krachenden Wahlniederlage vom September 1998 kommen. Die Kanzlerschaft selbst wird ihm Kohl aber nie freiwillig übertragen. Unter den gegebenen Mehrheitsverhältnissen wäre das nach rationalem Kalkül äußerstenfalls bis ins Vorfeld der Bundestagswahl 1993 theoretisch möglich, danach eigentlich nicht mehr.

Die freiwillige Übertragung von Krone und Szepter halten damals manche, die das Gras wachsen hören, nicht für ganz ausgeschlossen. Schließlich hat Kohl ja nicht nur das Schicksal Erhards vor Augen, sondern auch das des bewunderten Adenauer. Er weiß, daß die Nachfolgeregelung Adenauers ganz offenkundig mißlungen ist. Müßte er nicht größere Voraussicht beweisen, zumal Schäuble in vielem aus voller Überzeugung politisch auf derselben Linie liegt wie er selbst? Von Schäubles Wahlkreis Offenburg ist es ins Elsaß etwa genauso weit wie von Ludwigshafen aus. Schäuble ist genauso frankophil und genauso gut europäisch wie Helmut Kohl. Wie dieser begreift er sich aber gleichzeitig auch als guter Atlantiker. In der Innenpolitik wäre ebenfalls zu erwarten, daß Schäuble Kohls Werk fortführt. Er ist ein liberaler, kirchlich gebundener Protestant, so wie Kohl ein liberaler Katholik ist. Aber alle beide gehören sie dem liberalen Flügel der CDU an. Beide vergessen sie auch nie, daß die CDU zwei Flügel hat, den sozialen Flügel und den Wirtschaftsflügel; ohne einen von beiden wäre kein Höhenflug vorstellbar.

Schäuble läßt darüber hinaus Fähigkeiten erkennen, deren Fehlen bei Kohl häufig bemängelt wird. Im Unterschied zu dem bei seiner Ausgabenpolitik oft hemmungslos unvorsichtigen Bundeskanzler verfügt Schäuble über genaueste Kenntnisse des Bundeshaushalts. Er gilt schon damals als »Fiskalist«, der nie vergißt, daß auch die Einnahmenseite stimmen muß. Schließlich entstammt er der Familie eines Steuerberaters. Anders als Kohl weiß er sich mit juristischer Präzision auszudrücken, versteht dabei aber auch viele Festlegungen elegant zu vermeiden. Und anders als Kohl bekundet er in Sachen Koalitionspräferenz eine Flexibilität, die der FDP und der CSU oft mißfällt, aber bei den Sozialdemokraten vom rechten Flügel Hoffnungen weckt und selbst die Grünen aufhorchen läßt. Sofern ihn einer nicht ärgert, kommt dieser einfallsreiche, humorvolle und stets für komplizierte Kompromisse zu habende Badener mit den Spitzenchargen der Koalition und der Opposition bestens zurecht. Die Koalition mit der FDP, meinen viele Beobachter, würde in den kritischen Jahren 1992 bis 1998 nicht halten ohne das Duo Schäuble und Solms. Schäuble kann aber auch gut mit Hans-Ulrich Klose, der zwischen 1992 und 1994 an der Spitze der SPD-Fraktion steht. Später, in den Jahren des Endspiels der Regierung Kohl, wird er sogar mit Oskar Lafontaine einigermaßen auskommen.

Je mehr Schäuble sein eigenes Spiel spielt und spielen muß, um so weiter wird er sich mit einer gewissen Zwangsläufigkeit von Kohl entfernen und dieser von ihm. Historiker oder Dramatiker wie Shakespeare und Schiller wissen, daß das Beziehungsmuster zwischen einem stolzen König, der sich für den Fähigsten aller Herrscher hält, und seinem begabten und ehrgeizigen Kronprinzen viel häufiger durch Verdruß, Frustrationen oder offene Feindschaft gekennzeichnet ist als durch Harmonie.

Als Schäuble am 25. November 1991 von der CDU/CSU-Fraktion mit großer Mehrheit zum Vorsitzenden gewählt wird, schießen alsbald Spekulationen ins Kraut. In gewissen Blättern ist von einem »Geheimplan« des Bundeskanzlers die Rede, im Frühjahr 1994 ins Amt des Bundespräsidenten zu wechseln. Schäuble könnte dann im Herbst darauf bereits als Nachfolger Kohls in die Bundestagswahl ziehen.[7] Wie ernsthaft Kohl damals solche theoretischen Überlegungen angestellt hat, sei dahingestellt. Selbstverständlich muß sich erst einmal zeigen, ob und wie der gesundheitlich angeschlagene Schäuble der kräftezehrenden Aufgabe des Fraktionsvorsitzes gewachsen ist. Nicht zuletzt ist es an ihm selbst, zu testen, ob er sich diese Aufgabe zumuten kann und will. Rasch geht aber die Wirklichkeit über solche Überlegungen hinweg. 1992 gerät die Bundesregierung derart ins Schleudern, daß sich Kohl für unentbehrlich hält.

Vorerst herrscht jedenfalls das Prinzip Hoffnung. Der auch außenpolitisch voll geforderte Bundeskanzler, der in den Umfragen wieder einmal gefährlich nach unten segelt, verspricht sich von dem neuen Fraktionsvorsitzenden erst einmal Entlastung. Zur Schließung der Lücke im Kabinett kann er auf zwei erprobte Stabsoffiziere zurückgreifen. Rudolf Seiters erhält das Innenministerium, an dessen Stelle als Chef des Bundeskanzleramts tritt Friedrich Bohl. Auf fast allen wichtigen Positionen sind nunmehr enge Gefährten Kohls plaziert, die sich schon in den unschönen Oppositionsjahren bewährt haben und danach während der zeitweilig gleichfalls alles andere als einfachen Jahre 1982 bis 1990. Schäuble und Bohl sind von nun an Schlüsselfiguren in der zweiten Halbzeit der Ära Kohl, Bohl als eine Art »ruhender Pol in der Erscheinungen Flucht« und Schäuble als unruhiger Beweger.

Seit der Regierungsbildung Anfang 1991 streitet sich die Union mit der FDP über alles und jedes. Kohls Versuche, einen Waffenstillstand zu vermitteln oder die strittige Materie rasch vom Tisch zu bekommen, scheitern immer wieder. Nach den Wahldesastern in der ersten Jahreshälfte 1991 hat der Kanzler im CDU-Präsidium die Parole ausgegeben, die Diskussion über die schon unionsintern umstrittenen Themen Steuerpaket, Familienpaket und Pflegeversicherung zu beenden.[8] Sind die Positionen erst einmal innerparteilich festgezogen, so der Kalkül, dann muß man sich als nächstes mit der FDP einigen. Bis zu der kritischen Landtagswahl Anfang April 1992, bei der es in der Hochburg Baden-Württemberg um die Wurst geht, müßte das in der Koalition Umstrittenste unter Dach und Fach sein, wenigstens teilweise. Mit dieser Absicht hat Kohl im Herbst 1991 Schäuble ins Getümmel geschickt. Doch bei seinen schneidigen Vorstößen muß der neue Fraktionsvorsitzende zwei betrübliche Feststellungen machen. Zum einen denken die Freien Demokraten überhaupt nicht daran, so mir nichts dir nichts nach der Pfeife der CDU zu tanzen. Zum anderen führen die schwierigen Verhandlungen mit dem Koalitionspartner auch immer wieder dazu, daß sich die nur mühsam verschnürten Kompromißbündel im Unionslager erneut auflösen.

Seit Herbst 1991 avanciert die Asylfrage erneut zum großen Zankapfel in der Koalition. Monat für Monat werden die Statistiken zu den Asylbewerbern wie Wasserstandsmeldungen bekanntgegeben. Fast 200 000 waren es bereits 1990. Im Jahr 1991 steigt die Zahl auf 256 000. Die Kriege in Jugoslawien und die offenen Grenzen im Osten lassen diese Zahl 1992 auf 456 000 emporschnellen.[9] Mit politischem Asyl, wie das eigentlich im Grundgesetz normiert ist, hat dieser Zustrom weithin nichts mehr zu tun. Bei den Asylverfahren im Jahr 1992 werden nur 4,3 Prozent der Antragsteller als Asylberechtigte anerkannt.[10] Fast eine halbe Million Zuwanderer jährlich strömen in die durch den Zusammenbruch in den »neuen« Ländern ohnehin überlasteten Sozialsysteme ein – das wird selbst der an und für sich geduldigen deutschen Gesellschaft langsam zuviel! Als Bundesinnenminister hat Schäuble, von Kohl dabei durchweg gedeckt, lange Zeit abgewiegelt und mit minimalen Aushilfen experimentiert. Den Wahltermin im heimischen Baden-Württemberg fest im Blick, steuert er aber seit Herbst 1991 auf eine Änderung des Artikels 16 GG zu. Auch Kohl zeigt sich jetzt stark alarmiert und läßt Schäuble gewähren. Im Land habe sich inzwischen »eine Contra-Stimmung verfestigt«, belehrt er im September den CDU-Bundesvorstand, »die über das Gefühl eines ›Anti‹ der Stammtische weit hinausgeht, und daß deswegen dieses Problem deswegen von uns unbedingt angegangen werden muß«.[11] So ganz wohl ist ihm dabei immer noch nicht, denn er weiß, wer sich jetzt alles in den Weg stellen wird. Die Menschenrechtsvorkämpfer in der CDU um Geißler und Blüm widerstreben, die FDP verharrt fröhlich auf ihren humanitären Positionen, und sollten die Widerstände in der Koalition überwunden sein, wird die SPD ihren Preis für die Grundgesetzänderung nennen, für die sie gebraucht wird. Die CSU mit ihrem

Innenminister Stoiber hat schon seit Jahren eine Grundgesetzänderung gefordert, nun plädiert auch der baden-württembergische Ministerpräsident Teufel dafür, für den es bei der Landtagswahl im April 1992 um Sein oder Nichtsein geht.

Schäuble stürzt sich also in eine Serie komplizierter Verhandlungen, scheitert aber in der Asylfrage an der FDP, genauer gesagt an Bundesjustizminister Kinkel, der daran arbeitet, seine Machtbasis in der FDP-Fraktion zu verbreitern. Auch der Faktor Persönlichkeit spielt dabei eine Rolle. Mit Schäuble und Kinkel prallen, gut schwäbisch gesprochen, »zwei Oberg'scheite« aufeinander, was der Einigung nicht dienlich ist. Auch über andere Gesetzgebungsvorhaben herrscht erbitterter Streit. Dabei irritiert besonders der FDP-Vorsitzende Graf Lambsdorff den CDU-Koalitionspartner mit seinen bekanntermaßen ätzenden Bemerkungen. »Arrogant« sei er, schimpft Kohl. Doch das hilft ihm überhaupt nichts. Statt für Entlastung zu sorgen, stürzt der Aktivismus des neuen Fraktionsvorsitzenden die Koalition und den 1992 stark bedrängten Kanzler vorerst in noch größere Unruhe.

Am Rande der Chaos-Regionen I: Zerfall der Sowjetunion

Außenpolitisch ist 1991 ein besonders bewegtes Jahr. Die Nachbeben des Golfkriegs sind noch nicht zu Ende, da brechen die Sowjetunion und Jugoslawien auseinander. Noch im November 1990 hat Kohl als strahlender Kanzler der Einheit im Kreis der Staatsmänner von Ost und West auf der KSZE-Konferenz zu Paris das Ende des Kalten Krieges gefeiert. Die weitgehend vom State Department verfaßte »Charta von Paris für ein neues Europa«[1] proklamiert jene Prinzipien westlicher Ordnungspolitik, die der Bundesrepublik seit Adenauer heilig sind: Menschenrechte, Demokratie, Rechtsstaatlichkeit, wirtschaftliche Freiheit, soziale Gerechtigkeit im Innern, vertrauensvolle internationale Zusammenarbeit, Umweltschutz, Respekt vor der territorialen Integrität, Gewaltverzicht, friedliche Beilegung von Streitfällen ... Die Liste der Sonntagsgedanken ist lang. Aber daß auch Gorbatschow und die Staatschefs der postkommunistischen Demokratien dies unterzeichnen, macht doch Hoffnung. Immerhin ist die Sowjetunion weiterhin die zweite Supermacht. Die Neuordnung Europas ist ohne ihre Mitwirkung unvorstellbar.

Aber ein paar Monate später ist alles anders. Als Kohl Ende April 1991 mit Mitterrand im Élysée-Palast über die Lage in der Sowjetunion spricht, befindet sich diese wirtschaftlich im freien Fall. »Größte Sorgen« mache er sich über die dortige wirtschaftliche Entwicklung, resümiert der Bundeskanzler seine Beobachtungen.[2] Er vermißt eine zentrale Instanz, mit der man über Wirtschaftsfragen reden könne, konstatiert den immer noch schwelenden Konflikt zwischen den Reformern und der alten Garde, aber auch zwischen den Republiken und der Moskauer Zentrale: »Es herrsche im Grunde genommen ein unbeschreiblicher Wirrwarr.« Mitterrand zeigt sich ähnlich skeptisch: »In der Tat nähere man sich bald dem Zustand der Anarchie. Dies sei gefährlich, weil sich das Ganze vor unserer Haustür abspiele.« Anarchie vor der eigenen Haustür, das ist eine gute Bezeichnung für das, was nun im Sowjetreich und auch in Jugoslawien in Gang kommt.

Noch kann sich Kohl nicht vorstellen, daß sich die UdSSR bereits am Jahresende in fünfzehn autonome Republiken aufgelöst haben wird. Er erzählt Mitterrand bei dieser Gelegenheit von einem kürzlich erfolgten Besuch von Jelena Bonner, der Witwe des Atomphysikers und Bürgerrechtlers Andrei Sacharow: »Sie sei sicher eine ehrenwerte Dame, aber habe unmögliche Ansichten. Beispielsweise trete sie nachdrücklich für die Auflösung der Sowjetunion in Einzelrepubliken ein. Seine Frage, was dann mit den Atomwaffen geschehe, habe sie nicht beantworten können.« Wenn Kohl in den kommenden Monaten alle seine Möglichkeiten einsetzt, um Gorbatschow zu stützen, so nicht zuletzt aus Sorge vor dem sowjetischen Kernwaffenpotential beim chaotischen Auseinandertreiben der Republiken. Damit liegt er übrigens voll auf der Linie der Bush-Administration. In dem eben erwähnten Gespräch mit Mitterrand kommen natürlich auch die sowjetischen Streitkräfte zur Sprache, die jetzt mitten in der Bundesrepublik stationiert sind. 400 000 Soldaten seien es, bemerkt Kohl. Er befürchte keine militärische Auseinandersetzung, aber die Bedingungen seien »katastrophal«, und er nennt die Stichworte Kriminalität und Desertion. Immerhin vollziehe sich der Abzug vertragsgemäß, aber es fehle an Unterkünften für die heimgekehrten Truppen. Für diese und für andere Zwecke mobilisiert er Milliardenbeträge. Zugleich ist er in zahllosen Gesprächen unablässig bemüht, die westlichen Demokratien, Japan inbegriffen, zu Hilfsmaßnahmen verschiedenster Art zu animieren. Bereits auf dem Weltwirtschaftsgipfel in Houston im Sommer 1990 hat er für großzügige Hilfen an die Sowjetunion plädiert. Im Vorfeld eines weiteren G-7-Gipfels in London Mitte Juli 1991 tritt er mit Erfolg dafür ein, Gorbatschow als Gast einzuladen, und betrachtet das als »einen Meilenstein auf dem Weg der Zusammenarbeit mit der Sowjetunion und ihrer Annäherung an die westliche Welt«.[3]

Gorbatschow weiß, daß der Bundeskanzler im Kreis der Größen des Westens sein energischster Fürsprecher ist. Bei den Treffen in den Jahren 1989/90 ist aus der Partnerschaft so etwas wie eine Freundschaft entstanden. Zu den schönen Charakterzügen Kohls gehört die Fähigkeit, im Rahmen des politisch Möglichen Dankbarkeit zu empfinden und dementsprechend zu handeln. Kohl weiß, was er Gorbatschow bei der Wiedervereinigung verdankt, und versichert ihm das auch immer wieder. Umgekehrt klammert sich der in der Sowjetunion bei den gegensätzlichen politischen Lagern zusehends verhaßte, ins Schleudern geratene Staatspräsident der UdSSR an den deutschen Riesen, dessen wirtschaftliche Hilfszusagen verläßlich sind, der psychologische Feinfühligkeit aufbringt und zudem einen gut funktionierenden Draht zu Präsident Bush hat. Kohl sucht Gorbatschow in regelmäßigen Telefonaten unablässig Mut zu machen und versichert,»er selbst habe in Westeuropa massiv die Partei des Präsidenten ergriffen, in öffentlichen Reden, bei jeder Gelegenheit. Er bleibe bei seiner These: Er setze auf Michail Gorbatschow! In 14 Tagen werde er in Washington sein und dasselbe sagen.«[4]

Das sind keine leeren Worte. Den Präsidenten Bush, der seinerseits immer noch auf Gorbatschow setzt, beschwört er,»man müsse alles tun, um Gorbatschow zu helfen … Was nach ihm komme, wisse man nicht, und er habe große Zweifel, daß die Nachfolger besser wären, selbst wenn es sich um lauter Idealisten handelte.« Da er stets gern mit historischen Argumenten arbeitet, erwähnt er Bush gegenüber das Beispiel der Weimarer Republik, als der Westen die labile deutsche Demokratie nicht genügend gestützt habe:»Präsident Truman habe sich nach dem Zweiten Weltkrieg klüger verhalten. Deswegen solle man helfen, wo es gehe. Hierzu gehöre auch psychologische Hilfe, etwa dadurch, daß man mit Gorbatschow immer wieder telefoniere, zumal diesem immer wieder zugesteckt werde, daß der Westen ihn längst aufgegeben habe.«[5]

Wie alle Welt ist auch Kohl besorgt, Gorbatschow könne durch eine Gruppe von Reaktionären in der kommunistischen Parteiführung und aus dem KGB mit Unterstützung der Armeeführung gestürzt werden. Bereits bei dem Staatsbesuch im November 1990 hat er ihn ganz offen auf die Möglichkeit eines»drohenden Bonapartismus« angesprochen. Gorbatschow erwiderte vieldeutig,»er selbst dramatisiere die Lage nicht, aber es gebe Leute, die darüber sprächen«.[6] Inzwischen hat der Machtkampf zwischen Boris Jelzin und Michail Gorbatschow begonnen. Im ersten Halbjahr 1991 tauscht sich Gorbatschow mit Kohl zusehends offener über seine Pläne und Schwierigkeiten aus. Er ist jetzt auf dem Weg zu Positionen eines freiheitlichen Sozialismus, ohne diese so zu nennen, sagt aber doch, er sei für ein gemischtwirtschaftliches System. Ständig stichelt er gegen Jelzin, der für ein privatwirtschaftliches System eintrete. Gelegentlich schimpft er auch über junge, initiativreiche, idealistische, jedoch politisch unerfahrene»Grünschnäbel« und versichert, was sie an demokratischem Gedankengut vorschlügen, werde er unterstützen,»aber alles, was ins Abenteuer führe, zurückdrängen«.[7] Von dem inzwischen mit düsteren Warnungen zurückgetretenen Außenminister Schewardnadse vernimmt Kohl Ende Juni 1991 eine eher beruhigende Lagebeurteilung. Auf Kohls Frage, ob Gorbatschow keine Chancen mehr habe, erhält er zur Antwort, Reformen ohne Gorbatschow seien»sehr unwahrscheinlich«, man müsse jetzt versuchen, Gorbatschow und Jelzin zusammenzubringen.[8]

Am 5. Juli trifft Kohl mit Gorbatschow in Kiew zu einem fünfstündigen Meinungsaustausch zusammen. Jelzin steht kurz vor der Etablierung als Präsident der Russischen Republik. Anders als Bush hat Kohl eine Einladung Jelzins bisher vermieden. Wohl oder übel zeigt sich Gorbatschow jetzt mit einer Einladung seines schärfsten innenpolitischen Gegners zu einem Arbeitsbesuch nach Bonn einverstanden. Doch er verbindet das mit Sarkasmen und grimmigen Bemerkungen über die Amerikaner, die in Jelzin einen »großen Reformator« sehen, »weil er ständig vom Privatkapital rede«. Die Äußerungen Gorbatschows zum Thema Jelzin lassen jedenfalls eine gedeihliche Zusammenarbeit der beiden nicht erwarten. Als Ergebnis dieser Spannungen zeichnet sich jetzt auch ab, daß die Republiken der Sowjetunion auseinandertreiben. Kohl wendet sich in schärfsten Worten gegen alle Spekulationen auf den Kollaps des Sowjetreichs: »Wer glaube, daß jetzt die Stunde gekommen sei, die Sowjetunion kleiner zu machen oder, besser gesagt, die Sowjetunion zu zerstören, sei ein Esel, denn am Ende würden nur Trümmer stehen. Es werde eine unfruchtbare Zerstörung sein, die nicht dem Frieden diene. Es werde dann beispielsweise nicht mehr möglich sein, Abrüstung durchzuführen, da man nicht mehr wisse, welche Republiken über welche Waffen – insbesondere Nuklearwaffen – verfügten und welche Armeen es gebe.«[9]

Kohl erteilt dem sowjetischen Präsidenten dann eine Reihe guter Ratschläge zum Auftreten auf dem bevorstehenden G-7-Gipfel in London. Gorbatschow bedankt sich gebührend, denn er weiß, daß er die Einladung nicht zuletzt Kohl verdankt. Für die Sowjetunion, erklärt er dann, seien die Beziehungen zu Deutschland zu einer »Konstante« ihrer Politik geworden: »Es handle sich jetzt nicht mehr um den Prozeß der Versöhnung, sondern um einen Prozeß der gegenseitigen Annäherung.« Es gebe jedoch Leute, fährt er fort, die betrachteten diese Zusammenarbeit mit Sorge, »beispielsweise der französische Präsident Mitterrand«. Manche unterstellten, »daß sich hier Giganten zusammenfänden, die über andere gern ein Diktat ausüben wollten. Das sei aber völlig abwegig.« Anscheinend hat Mitterrand bei einem Besuch vor einigen Wochen entsprechende Befürchtungen erkennen lassen.

In dem mäandernden Gespräch greift Gorbatschow auch das Thema Osteuropa auf und meint, daß sich Deutschland und die Sowjetunion darüber gut verständigen könnten. Trotz heftiger interner Kritik habe er den Standpunkt vertreten, die Leute dort sollten ihr System frei wählen können. Man brauche keine erzwungene Freundschaft: »Er habe auch gesagt, daß die Osteuropäer die Sowjetunion satt hätten, und er wolle hinzufügen, auch sie hätten die Osteuropäer satt.« Nach Auflösung des Rats für gegenseitige Wirtschaftshilfe und des Warschauer Pakts habe man es mit einem Vakuum zu tun, doch »man solle jetzt nicht in einen Wettbewerb über die Schaffung von Einflußsphären eintreten«. Auf Kohls Frage, worauf sich Gorbatschow beziehe, bekommt er zur Antwort, »die Franzosen seien offenbar der Meinung, daß Deutschland und die Sowjetunion hier ihre Interessensphären aufteilten«. Für die Sowjetunion lehnt er das ab, verweist auf die Bemühungen, mit den früheren RGW-Ländern ein neues Clearingsystem zu installieren, und auf seinen Wunsch, beim Abschluß neuer

Verträge zu vereinbaren, sich nicht an einer militärischen Gruppierung zu beteiligen. Die USA wirkten aber bereits auf Polen ein, eine solche Einschränkung ihrer Souveränität nicht hinzunehmen. Und dann kommt er zum Hauptpunkt seiner Besorgnisse:»In Wirklichkeit gehe es darum, daß die osteuropäischen Länder nicht nur Mitglieder der EG werden sollten, sondern auch für die NATO offen sein sollten.« Kohl streitet das nicht rundweg ab, regt vielmehr an, Gorbatschow möge sich doch einmal in die Lage eines sowjetischen Präsidenten im Jahr 2000 versetzen. Müsse dieser nicht ein Interesse daran haben, daß beispielsweise Ungarn Mitglied der EG sein solle? Gleichzeitig könne es zwischen der EG und der Sowjetunion eine Assoziierung geben. Darauf Gorbatschow: Ihm gehe es um die militärischen Aspekte.

Nun kommt Kohl auf seine grundlegende Konzeption für die EG zu sprechen: »In etwa acht Jahren werde man die Politische Union haben. Dies werde zwar keine Union wie die USA sein, aber eine Union, die auch Sicherheitsaspekte umfasse. In dieser Perspektive wäre es vernünftig, wenn auch die Sowjetunion und die Politische Union miteinander Verträge machten.« Gorbatschow meint, dem könne man schon zustimmen, er hielte es aber für gut, »wenn man ein solches Abkommen schon jetzt ins Auge fasse«.

Auf dieser Note endet die letzte Unterredung zwischen dem Bundeskanzler des wiedervereinigten Deutschland und dem sowjetischen Präsidenten wenige Monate vor der faktischen Entmachtung Gorbatschows, gefolgt von der Auflösung der Sowjetunion. Eine Reihe von Themen, die Kohl während der kommenden Jahre beschäftigen werden, sind hier bereits angesprochen. Aus Sicht von Gorbatschow ist das wirtschaftlich potente, mit der Sowjetunion versöhnte wiedervereinigte Deutschland die Nummer eins in Europa. Genauso offenkundig ist seine Sorge, Amerika könnte versuchen, Länder wie Polen in die NATO zu locken. Bei dieser wichtigen Unterredung bestätigt sich auch Kohls Vermutung, Mitterrand befürchte, Deutschland könne sich in Absprache mit der Sowjetunion über Einflußsphären in Osteuropa und auf dem Balkan einigen. Zugleich skizziert der Bundeskanzler hier sein eigenes Konzept: Statt Einflußsphärenpolitik nach Väter- und Großväterart zu sichern, möchte er aus der Europäischen Gemeinschaft das Gravitationszentrum deutscher Außenpolitik machen. Mit der EG könnte dann die Sowjetunion im Status eines assoziierten Mitglieds Vereinbarungen treffen. Die gewichtige Sicherheitskomponente der EG sollte aber auch den Schutzbedürfnissen der postkommunistischen Demokratien genügen, die der Gemeinschaft dann angehören würden. Die von Moskau befürchtete Osterweiterung der NATO wäre somit überflüssig.

Gorbatschow verschwindet zwar bald nach diesem Gespräch von der politischen Bühne und mit ihm auch die Supermacht Sowjetunion. Für das geschwächte Rußland unter Boris Jelzin sind die hier knapp beleuchteten Themen aber genauso aktuell wie für Gorbatschow kurz vor dem Sturz. Und auch Kohl wird vorerst das Ziel verfolgen, die Tschechoslowakei, Ungarn und Polen (»in dieser Reihenfolge«[10]) mittelfristig zu Mitgliedern der Europäischen Gemeinschaft beziehungsweise der Europäische Union zu machen, einer Ausdehnung der NATO aber widerstreben.

Der dann rasch niedergeschlagene Putsch der Konservativen gegen Gorbatschow zwischen dem 19. und 24. August 1991 alarmiert Kohl genauso wie alle anderen westlichen Kabinette. In Telefonaten mit Bush, Mitterrand und Major ist er um eine gemeinsame Position bemüht. Mit Nachdruck betont er in diesen Gesprächen auch, »für ihn sei von entscheidender Bedeutung, daß die persönliche Unversehrtheit Gorbatschows, dem wir für seinen Beitrag zur deutschen Einigung zu großem Dank verpflichtet wären, gewährleistet werde. Es sei wichtig, dies auch international zu verdeutlichen.«[11] Dem sowjetischen Botschafter Terechow, der ihm ein Schreiben des am Putsch beteiligten amtierenden Präsidenten Janajew überbringt, in dem die persönliche »Integrität« Gorbatschows gewährleistet wird, sagt er, »dies sei auch für ihn persönlich von großer Bedeutung, denn er sei mit Gorbatschow ein großes Stück eines gemeinsamen Weges gegangen«.[12]

Dessenungeachtet stellt er sich aber umgehend auf die neue Lage ein. Während er sich bisher aus Rücksicht auf Gorbatschow den Bitten der drei bedrängten baltischen Republiken Estland, Lettland und Litauen um Anerkennung entzogen hat, kann es ihm jetzt nicht schnell genug gehen. In der EG spricht er sich trotz französischer Bedenken dafür aus und läßt Präsident Bush schon am 26. August telefonisch wissen, er möchte die baltischen Länder unverzüglich anerkennen, wolle sich aber diesbezüglich mit den USA abstimmen.[13]

Am 5. September führt er zwei Telefonate. Die Reihenfolge ist bezeichnend. Zuerst kommt Boris Jelzin, der jetzt bei den russischen Reformern, doch genauso im Westen der große Volksheld ist. Jelzin teilt dem Bundeskanzler mit, alle Anführer des Putsches seien verhaftet, die staatsanwaltschaftlichen Ermittlungen liefen. Nunmehr gehe es um Annahme und Verwirklichung eines wirtschaftlichen Reformprogramms. Kohl erkundigt sich milde nach der Zusammenarbeit mit Gorbatschow und bekommt zur Antwort, »mit dem Putsch habe sich das Land verändert, habe sich Rußland verändert und auch der Präsident. Noch vor zwei Wochen habe er, Jelzin, nicht mit Sicherheit sagen können, ob der Präsident tatsächlich die demokratischen Reformen fortsetzen wolle – jetzt aber sei er davon überzeugt. Er könne mit Fug und Recht sagen, daß man gut zusammenarbeite.« Auf Kohls Frage, ob die Republiken nun in einer neuen Form zusammenblieben, erhält er eine hinhaltende Antwort. Auch das Problem Königsberg wird angesprochen. Jetzt schlägt Kohl einen Besuch für die zweite Novemberhälfte vor, und Jelzin nimmt die Einladung für einen »offiziellen Besuch« an.[14]

Danach folgt das Telefonat mit Gorbatschow, der die momentane Lage schildert und erklärt, das Verhältnis zu Jelzin »sei besser geworden«. Kohl kann manchmal sehr direkt sein und fragt Gorbatschow, »was hinter Äußerungen Schewardnadses stecke, der Präsident selbst sei an diesem Putsch in gewisser Weise beteiligt gewesen«. Gorbatschow bemerkt daraufhin, er habe derartige Äußerungen nicht wahrgenommen, und gibt jetzt wieder den Reformer: »Die Reaktionäre hätten immer ihn selbst, Schewardnadse und Jakowlew in einem Atemzug genannt.«[15]

Wie ernst Kohl die Lage bei dem Putsch einschätzt, zeigt tags darauf eine Unterredung mit dem indischen Ministerpräsidenten Rao: »Man brauche sich nur vorzustellen, wie die Entwicklung in der Sowjetunion verlaufen wäre, wenn Gorbatschow unter dem Druck der Junta zurückgetreten wäre. Sein Stellvertreter Janajew wäre dann verfassungsmäßiger Präsident und damit verfassungsmäßiger Chef der Roten Armee geworden. Das Rüstungskarussell wäre dadurch erneut in Bewegung geraten.« Auf die Auswirkungen für die sowjetischen Divisionen in Deutschland geht er bei dieser Gelegenheit nicht ein, weist aber auf eine andere Entwicklung hin, die ihm Sorgen macht: »Uns sei klar, daß uns bei einem weiteren politischen und wirtschaftlichen Absacken der Sowjetunion eine Völkerwanderung ins Haus stände. Wir müßten mit zwei Millionen russischer Juden und zwei Millionen Rußlanddeutschen wie auch mit sechs bis sieben Millionen Polen rechnen, die sich dann in Richtung Westen in Bewegung setzen würden.« Deshalb sei die deutsche Rußlandhilfe so wichtig. Er wolle bei seinem bevorstehenden Amerikabesuch seinen ganzen Einfluß darauf verwenden, »die Amerikaner zu einer Änderung ihrer abwartenden Haltung zu bewegen«.[16] Deutsche Wirtschaftshilfe für die gesamte osteuropäische Staatenwelt hat damals für den Kanzler höchste Priorität.

Noch erbringt der Wiedervereinigungsboom hohe Steuereinnahmen, noch befindet sich auch Kohl in einer Art Milliardenrausch, der alles Dringliche gleichzeitig als finanzierbar erscheinen läßt: den Aufbau der neuen Länder, erhöhte Leistungen im Rahmen der Europapolitik, die aus dem Golfkrieg resultierenden Zahlungen und eben auch die Ausgaben zur wirtschaftlichen Stabilisierung des osteuropäischen Krisenbogens vom Baltikum bis zum Balkan. Die Staatschefs und Außenminister aus diesem Raum stehen jetzt vor dem Bundeskanzleramt Schlange. Keiner, der sich nicht für bereits geleistete Hilfe bedankt und zugleich um weitere Millionen bittet. Selbstbewußt und seufzend zugleich läßt der Bundeskanzler den finnischen Ministerpräsidenten Esko Aho Ende September 1991 wissen, »wir hätten bereits über 60 Mrd. für die Sowjetunion und weitere 30 Mrd. DM für die mittel- und osteuropäischen Länder bereitgestellt und seien damit an der Obergrenze unserer Leistungsfähigkeit angelangt«.[17]

Kohl hält sich aber nicht nur an die Maxime »tue Gutes, und rede davon«, sondern er beklagt sich zugleich unablässig über die fehlende Solidarität der anderen Westeuropäer. So bekommt beispielsweise der litauische Ministerpräsident Gediminas Vagnorius von ihm zu hören, »daß es nicht nur Sache der Deutschen sei, sondern auch Frankreichs, Großbritanniens, Spaniens, Portugals und anderer, Unterstützung zu leisten. Dies hätten noch nicht alle begriffen.« Stereotyp verkündet er mit solcher Kritik aber zumeist auch seine Devise, das größer gewordene Deutschland müsse auf ein niedriges Profil Wert legen: »Allerdings dürften wir einen psychologischen Fehler nicht machen und zu demonstrativ an der Spitze marschieren. Im Grunde hätten lediglich die USA keine Komplexe in Bezug auf Deutschland. Bei den anderen Partnern sei dies schon schwieriger.«[18] Wenn er sich für wirtschaftliche Stabilisierungsmaßnahmen im Osten so kräftig ins Zeug legt, dann auch deshalb, weil ihm seit Sommer die Kriege in Jugoslawien und Hunderttausende von Bürgerkriegsflüchtlingen vor Augen führen, welches noch ungleich größere Chaos beim Zerfall der Sowjetunion entstehen könnte.

Gegen Ende November 1991 stellt sich Jelzin in Bonn ein. Die wie Luchse beobachtenden Journalisten konstatieren, daß sich der Kanzler und der russische Präsident auf Anhieb mögen. Jelzin ist eine Figur von bärenhaftem Charme, und auch Kohl ist ganz in seinem Element, wenn er gelegentlich wieder einmal den Naturburschen spielen darf. Er begrüßt den Gast mit der Feststellung, »es werde in Europa keine friedliche Zukunft geben, wenn Deutsche und Russen nicht eng zusammenarbeiten – ungeachtet einer schwierigen Geschichte mit großen Heimsuchungen«. Jelzin seinerseits betont, dies sei sein erster Besuch in seiner Eigenschaft als demokratisch gewählter Präsident Rußlands und seine erste Auslandsreise nach dem Putsch: »Daß ihn diese Reise in das neue Deutschland führe, sei kein Zufall, denn das neue Rußland und das neue wiedervereinigte Deutschland würden geopolitisch eine wichtige Rolle in der Welt spielen.« Kohls obligatorischen Verweis auf die dunkle Vergangenheit wischt er mit der Bemerkung hinweg, »dies sei aber die Ausnahme gewesen. Im großen und ganzen hätten Deutsche und Russen positive Zeiten durchlebt.« Offenbar möchte er dem Bundeskanzler verdeutlichen, daß er wie Gorbatschow seit dem Jahr 1989 die Bundesrepublik als die Nummer eins in Europa betrachte. Über Gorbatschow selbst äußert er sich milde; dieser sei nach dem Putsch ein völlig anderer Mensch geworden: »Früher habe Gorbatschow den Kommunismus und den Markt miteinander verbinden wollen – was unmöglich sei; nach dem Putsch habe er eingesehen, daß man den rechten Flügel abwerfen und die demokratischen Kräfte stützen müsse, die konsequent auf Markt und radikale Reformen setzten. Die Zeit sei jetzt sehr knapp.«

Jelzin macht bei dieser Gelegenheit deutlich, daß sich die drei baltischen Republiken sowie Moldawien und Armenien an der von ihm angestrebten Föderation nicht beteiligen würden. Das Hauptproblem sei die Ukraine. Er deutet auch an, daß die eigentlich ohne Rußland nicht lebensfähigen mittelasiatischen Republiken Turkmenistan, Tadschikistan, Kirgisistan und Aserbaidschan sich vielleicht zusammenschließen würden. Dort verstärke sich der islamische Fundamentalismus zunehmend, wobei der Iran auch vor Ort tätig sei. Aus den recht spezifischen Darlegungen

Jelzins gewinnt Kohl den Eindruck, daß gegenwärtig noch alles im Fluß ist, artikuliert aber auch seine Überzeugung: »Eine Konföderation sei in der Tat gut, Separatismus dagegen nicht.« Jelzin pflichtet dem bei, und Kohl erklärt, diese Antwort habe ihn »sehr beruhigt«. Auch bezüglich der Kernwaffen spielt Jelzin die Gefahren herunter, erwähnt die Möglichkeit einer Doppelkontrolle durch die jeweiligen Präsidenten und meint, »wenn Rußland der Ukraine nicht mehr das liefere, was zum Betrieb der Nuklearraketen notwendig sei, würden diese in ein- bis einundeinhalb Jahren nicht mehr einsatzfähig sein«.

Bei diesem Gespräch ist auch von Honecker die Rede, der sich in Moskau aufhält. Kohl besteht auf der Auslieferung an Deutschland. Er wolle, daß sich Honecker einem deutschen Gericht stelle, weist aber zugleich darauf hin, »es komme im übrigen immer wieder vor, daß aufgrund ärztlicher Atteste Haftverschonung gewährt werde«. Jelzin antwortet, er persönlich hielte eine Auslieferung an Deutschland für richtig, verweist aber darauf, Gorbatschow habe »moralische Verpflichtungen« Honecker gegenüber und wolle ihn nicht ausliefern. Das Problem bleibt in der Schwebe.

Die wichtigste Frage, die den Bundeskanzler bei diesem ersten Treffen beschäftigt, ist aber offensichtlich der Fortbestand des russischen Reiches. Für ihn sei entscheidend, stellt er abschließend fest, »was er heute von Präsident Jelzin gehört habe, nämlich daß er für eine Konföderation eintrete. Die Sorge aller im Westen sei, daß sich der riesige Koloß Sowjetunion auflöse, was zu einer explosiven Entwicklung führen könne.« Jelzin bekräftigt dies nochmals, und Kohl bemerkt darauf: »Ein Mann – ein Wort.« Jelzin könne seinerseits davon ausgehen, »daß der Bundeskanzler ihn voll und ganz in Europa und im Bündnis unterstütze. Deutschland habe, wie er wisse, hier durchaus Einfluß.«[19]

Kohls Hoffnung auf das Gelingen der Konföderationspläne erfüllt sich nicht. Auch er muß feststellen, daß weder gutes westliches Zureden noch finanzielle Lockungen die Eigengesetzlichkeit der Entwicklung aufhalten können. Alle Konföderationspläne scheitern. Die Sowjetunion zerfällt in fünfzehn unabhängige Republiken. Am 20. Dezember führt Kohl nochmals ein Telefonat mit Gorbatschow. Dieser glaubt nun nicht mehr an die Möglichkeit, die Union noch zusammenzuhalten, und deutet an, er werde dann die Präsidentschaft der Sowjetunion niederlegen. Kohl schließt das Telefonat mit der Versicherung, »was auch immer kommen werde, die Deutschen – und er persönlich – würden nie vergessen, was Gorbatschow für sie getan habe«.[20]

Am 25. Dezember tritt Gorbatschow vom Amt des Präsidenten der Sowjetunion zurück. Kohl bleibt ihm tatsächlich lebenslang dankbar und wird ihn künftig wie einen guten alten Freund behandeln. Aber noch viel ausgeprägter als seine Fähigkeit zur Dankbarkeit ist sein Talent, sich blitzschnell auf neue Gegebenheiten und neue Machthaber einzustellen. So wie er in den beiden vergangenen Jahren auf Gorbatschow gesetzt hat, setzt er jetzt auf Jelzin. Und es vergehen keine zwei Monate, da heißt er auch schon den ukrainischen Präsidenten Leonid Krawtschuk in Bonn herzlich willkommen, wünscht ihm Erfolg und bietet ihm ausdrücklich an, bei wichtigen Fragen zum Telefon zu greifen (was bei ihm immer ein Zeichen dafür ist, daß er diesen Staatsmann aus welchen Gründen auch immer für wichtig hält). Und Krawtschuk bekommt ebenfalls zu hören, was den Bundeskanzler beim Blick nach Osten vor allem umtreibt: »Jede Destabilisierung auf dem Gebiet der früheren Sowjetunion bringe schwerwiegende Probleme für alle mit sich.«[21] Eine Hauptsorge gilt nach wie vor »den ungeheuren Waffenarsenalen«, besonders den Kernwaffen.

Am Rande der Chaos-Regionen II: Jugoslawien

Kohls schwere Sorgen vor chaotischen Entwicklungen beim Zerfall der Sowjetunion speisen sich aus den Erfahrungen mit Jugoslawien. In den dortigen Republiken haben die Wahlen im Jahr 1990 nationalistische Parteien an die Macht gebracht, fast alle geführt von gewendeten Kommunisten. Ein Zusammenstoß ist unvermeidlich. Die Bundesregierung in Belgrad, dominiert von den Serben unter Slobodan Milošević, ist mehrheitlich nicht bereit, Slowenien und Kroatien in die Unabhängigkeit zu entlassen. Milošević stützt sich dabei auf die kampfstarke Jugoslawische Nationale Volksarmee (JNA) und die anerkannt fähige serbische Diplomatie. Aber in beiden Republiken haben sich große Mehrheiten in Referenden für die Unabhängigkeit ausgesprochen, 88 Prozent in Slowenien und 94 Prozent in Kroatien.[1] Auch diese Republiken verfügen über Truppen, doch sind das nur zum Partisanenkampf ausgerüstete Milizen, weitgehend ohne schwere Waffen. Den Staaten der EG liegt seit April 1991 die Bitte der frei gewählten Regierungen Sloweniens und Kroatiens vor, sie nach der auf den 30. Juni terminierten Unabhängigkeitserklärung anzuerkennen. Die meisten EG-Regierungen möchten aber den Zentralstaat Jugoslawien erhalten sehen und zögern die Anerkennung hinaus. Die Gründe dafür liegen auf der Hand. Ein halbes Dutzend dieser Staaten sieht sich im eigenen Innern mit mehr oder weniger starken Autonomiebewegungen konfrontiert: Spanien im Baskenland und in Katalonien, Frankreich in Korsika, Italien in Südtirol, Großbritannien in Schottland. Auch in Belgien ist die Autonomiefrage ein Dauerproblem. Somit wird jede Art von Separatismus verabscheut. Ein Jahr nach der Wiedervereinigung Deutschlands, die so viel verändert hat, besteht bei den meisten Regierungen wenig Neigung, nun auch im Fall Jugoslawiens das in der Charta von Paris beschworene Prinzip der Unverletzlichkeit der Grenzen erneut anzutasten.

Als die Spannungen in Jugoslawien im Juni 1991 eskalieren, sieht sich Helmut Kohl in einem schwierigen Zielkonflikt. »Das Recht der Völker auf Selbstbestimmung«, so wird er das noch fünfzehn Jahre später in den *Erinnerungen* formulieren, ist ihm »oberstes Gebot«.[2] Zugleich begreift er sich bei den laufenden Regierungsverhandlungen jedoch als Vorkämpfer für eine gemeinsame Außenpolitik der Europäischen Union. Aber auch dem historisch begründeten Mißtrauen der Umwelt gegen das wiedervereinigte Deutschland möchte er keine Nahrung geben, indem er bei erstbester Gelegenheit aus der Reihe tanzt. Genau das aber geschieht nun, wobei er in engster Abstimmung mit Genscher handelt. Ganz offenbar überwiegt bei ihm zu dieser Zeit die Idee des Selbstbestimmungsrechts. Bereits am 23. Juni, der erste einer Reihe von Kriegen in Jugoslawien steht kurz vor dem Ausbruch, ist Genscher im Kreis der EG-Außenminister völlig isoliert, als er die Anerkennung Sloweniens und Kroatiens vorschlägt.[3] Tags darauf bringt Kohl die explosive Lage in Jugoslawien in einem Telefonat mit Bush und Baker zur Sprache und macht dabei deutlich, wo er steht und wen er als Hauptschuldige an der Krise betrachtet. Er sei besorgt, so der Telefonvermerk, »daß die Dinge sich zuspitzen. Die Serben verließen sich darauf, daß die westlichen Länder für den Einheitsstaat Jugoslawien eintreten. Dies bestärke sie in dem Glauben, keine Rücksicht auf die Interessen der Kroaten und Slowenen nehmen zu müssen. Wir Deutsche hätten das Selbstbestimmungsrecht voll in Anspruch genommen. Wir könnten jetzt dieses Recht nicht den Kroaten und Slowenen verweigern. Er sei nicht für eine Auflösung Jugoslawiens. Aber Jugoslawien könne nur zusammengehalten werden, wenn die Serben auch den Slowenen und Kroaten ihre Rechte zugestehen.« Baker räumt den Ernst der Lage ein, ändert seine Haltung aber nicht, erklärt die Bereitschaft der USA, die EG bei einer Mission zur Ausarbeitung einer Verfassung zu unterstützten, überläßt es ansonsten aber großzügig den Europäern, in Jugoslawien die heißen Kartoffeln aus dem Feuer zu holen.[4]

Zwei Tage nach diesem Telefonat schlägt die Stunde der Wahrheit. Die jugoslawische Volksarmee unter serbischer Führung greift Slowenien an. Zeitlich fällt diese Kriegshandlung mit dem EG-Gipfel in Luxemburg zusammen. Wie zuvor Genscher plädiert Kohl auch dort für die Anerkennung, doch er findet kein Echo und gibt dann dem Versuch seinen Segen, die »Troika« der Ratspräsidentschaft zu einer Friedensmission zu entsenden. Die Troika, das sind momentan die Außenminister Luxemburgs, der Niederlande und Portugals, also nicht eben die stärksten EG-Mitglieder. Aber da sich die JNA in Slowenien eine blutige Nase geholt hat, gelingt der Troika in Brioni am 7. Juli die Vermittlung eines Waffenstillstands. Stolz erklärt der luxemburgische Außenminister Jacques Poos, jetzt sei »die Stunde Europas, nicht die Stunde der Amerikaner« gekommen.[5] Man vereinbart eine dreimonatige Aussetzung der Unabhängigkeitserklärung, um eine Verhandlungslösung zu ermöglichen.

Kohl versucht in dieser für den künftigen Gang der Dinge entscheidenden Woche beides miteinander zu verbinden: sein Plädoyer für eine rasche Anerkennung und einen gemeinschaftlichen Verhandlungsansatz im Vorgriff auf die von ihm so stark favorisierte gemeinschaftliche Außen- und Sicherheitspolitik der EG. In der öffentlichen Meinung Deutschlands interessiert jedoch vor allem die Anerkennung der nach Unabhängigkeit strebenden Republiken Die E-Medien und überregionale Zeitungen wie die *Frankfurter Allgemeine* oder die *Welt*, doch genauso die maßgeblichen Außenpolitiker im Deutschen Bundestag drängen seit der Krise um Slowenien die Bundesregierung, die von Serbien wegstrebenden Republiken anzuerkennen. Das hat zur Folge, daß auch Genscher noch stärker als bisher schon die Anerkennung betreibt, aber ohne vorerst aus dem EG-Konvoi auszuscheren. Immerhin sind ja jetzt erst einmal drei Monate für eine Verhandlungslösung gewonnen.

Mitte August stellt sich der slowenische Ministerpräsident Lojze Peterle an Kohls Urlaubsort in Sankt Gilgen am Wolfgangsee ein. Kohl ist Slowenien gewogen und hält den Christlichen Demokraten Peterle für eine politisch und psychologisch stabile Persönlichkeit. Aber er sagt ihm klipp und klar, »daß für die vorausschaubare Zeit wegen unserer Einbindung in den EG-Konsens eine Anerkennung Sloweniens und Kroatiens nicht in Frage kommen könne«.[6]

Jetzt aber greift die JNA auch Kroatien an. Kohl sieht sich in seiner Lagebeurteilung bestätigt, daß die schlimmsten Unruhestifter in Serbien sitzen, und spricht sich schon Anfang August für Sanktionen der EG gegen Serbien aus.[7] Dann stimmt er aber doch einer Jugoslawienkonferenz unter Vorsitz des ehemaligen britischen Außenministers Lord Carrington zu. Durchgehend gibt Kohl allerdings Milošević und der serbischen Generalität die Hauptschuld an dem Krieg. Doch auch der kroatische Präsident Franjo Tudjman, den er im Juli in Bonn empfing, hat auf ihn keinen günstigen Eindruck gemacht.[8] Er habe ihn bei dieser Unterredung unmißverständlich gewarnt, Kroatien könne beim Versuch, andere Republiken aufzuteilen, nicht mit deutscher Unterstützung rechnen, wird er im November dem Präsidenten von Bosnien-Herzegowina, Alia Izetbegović, beruhigend versichern.[9] Auch die Kroaten, so sagt er dem und jenem, seien keine Engel. Aber die Demokratisierung ist bei ihnen doch viel weiter fortgeschritten als in Serbien; und am Wunsch der Bevölkerung nach Unabhängigkeit sei nicht zu zweifeln.

Weshalb verschiedenste EU-Regierungen eine Anerkennung Sloweniens oder Kroatiens ablehnen, ist dem Kanzler genau bewußt. »Sechs von den Zwölf sind in der Frage der Anerkennung fixiert auf die eigenen Probleme, ob es nun um Korsika geht, um die nordirische Frage, um die Frage der Katalanen und der Basken – übrigens verständlich, wir sollten das nicht arrogant betrachten«, führt er Ende August 1991 im CDU-Bundesvorstand aus.[10] Wie schon in den Monaten nach dem Mauerfall gerät nun das inzwischen wieder reparierte Verhältnis zwischen Kohl und Mitterrand erneut unter Druck. Paris möchte so lange wie möglich an der Einheit Jugoslawiens festhalten, an dessen Errichtung die französische Diplomatie 1918 stark mitgewirkt hatte. Beide, François Mitterrand und Helmut Kohl, sind gewissermaßen mit historischem Erinnerungsvermögen geschlagen. Mitterrand begreift die aktuellen Spannungen als Ausfluß weit zurückreichender ethnischer Konflikte, gibt allen Seiten die Schuld an den haßerfüllten Kämpfen und drängt so die Tatsache beiseite, daß die von Serbien kontrollierte Armee strategisch konzipierte Angriffskriege erst gegen Slowenien und jetzt gegen Kroatien unternimmt. In den Pariser Regierungskreisen fällt es der serbischen Propaganda anfangs nicht schwer, die kroatische Nationalbewegung in die Traditionslinie des mit Deutschland verbündeten Ustascha-Regimes der Jahre 1941 bis 1945 zu rücken. Kohl ist sich über die historische Dimension des Konflikts zwischen Serbien und Kroatien ebenfalls im klaren. Besorgt konstatiert er, daß sich nun bei allen Beteiligten die Fronten des Ersten und des Zweiten Weltkrieges neu herausbilden, und dies ausgerechnet in den Monaten, da er in der EG um eine langfristig konzipierte gemeinsame Außen- und Sicherheitspolitik ringt!

Mitte September kommt es zu einem scharfen Wortwechsel zwischen Kohl und Mitterrand. Als Kohl daran erinnert, daß am 7. Oktober das in Brioni vermittelte Stillhalteabkommen zur Unabhängigkeit Sloweniens und Kroatiens auslaufen wird, weist ihn Mitterrand brüsk zurecht. Das Hauptproblem, belehrt er den Kanzler, sei nicht mehr das Selbstbestimmungsrecht, sondern die Einigkeit in der EG: »Wenn die Einheit der EG zwei Monate vor der Abschlußkonferenz über die Politische Union an Jugoslawien zerbreche, seien alle Initiativen zur Politischen Union sinnlos.«[11] Die Absicht ist deutlich: Da die meisten EG-Regierungen nach wie vor an der Einheit Jugoslawiens festhalten, soll sich auch Deutschland gefälligst diesem mehrheitlichen Konsens anschließen, sonst setzt es das große Ziel der Politischen Union aufs Spiel.

Bitter beklagt sich der Präsident über die deutsche Presse. Die von ihr geschürte Stimmung »erinnere ihn stark an 1914. In den letzten Tagen sei Premierminister Major bei ihm gewesen und habe ihn gefragt, wie man das Problem Jugoslawien regeln könne. Er habe daraufhin ironisch gesagt, Deutschland, die Türkei und Ungarn könnten ihre Armeen zum Schutz Kroatiens entsenden, während Großbritannien, Frankreich und die Sowjetunion ihre Armeen zum Schutz Serbiens postieren könnten.« Offen erwähnt er, daß Deutschland und Frankreich in der Vergangenheit mit verschiedenen Parteien in Jugoslawien durch Freundschaft und Bündnisse verbunden waren – jeweils mit den heutigen Gegnern. Nun laufe man Gefahr, ungewollt in dieselbe Lage zu kommen wie damals: »Die deutsche Presse konzentriere sich stark auf die Notwendigkeit der ›Befreiung‹ Kroatiens. Gleichzeitig werde Frankreich von ihr angeklagt, zu bremsen.« Er selbst versuche zum Dialog aufzurufen, betone auch, »daß keine Föderation auf Waffengewalt beruhen kann«, und sei zu Kompromissen bereit. Doch die deutschen Zeitungen hielten ihm vor, »nostalgisch wie im 19. Jahrhundert vorzugehen«. Ein Unterton von Drohung ist deutlich verspürbar: »In Frankreich könne man auch versucht sein, darauf zu antworten, daß Deutschland eine nationale Politik verfolge, um sich in Mittel- und Osteuropa und auf dem Balkan Einflußgebiete zu verschaffen.« Von dieser fixen Idee läßt Mitterrand sich nicht abbringen. Noch zwei Jahre später wird er zu dem griechischen Ministerpräsidenten Andreas Papandreou sagen: »In Wirklichkeit betrachtet sich Deutschland als legitimen Erben des österreich-ungarischen Reiches und greift auch die alte Ranküne gegen die Serben wieder auf.«[12]

Kohl hütet sich, direkt darauf zu antworten, beteuert aber den Willen, beide Regierungskonferenzen erfolgreich abzuschließen, und verweist dann auf seine Zwangslage. 700 000 Jugoslawen lebten in Deutschland, davon zwei Drittel streng katholische Kroaten. Er erwähnt zwar nicht die große Zahl von Asylbewerbern aus den Kriegsgebieten, die ihm momentan innenpolitisch zu schaffen machen, wohl aber den »massiven Druck der Öffentlichkeit«, resultierend aus den »fürchterlichen Bildern im Fernsehen«. Feierlich verspricht er, »daß er keinen deutschen Alleingang wolle«. Er sei aber ziemlich ratlos. Mitterrand insistiert weiterhin auf der Frage der Grenzen und des Minderheitenschutzes, dies sei auch in Kroatien das eigentliche Problem. Dann kommt er auf die französischen Vorschläge einer »Friedenstruppe« zu sprechen, »die in einer Pufferzone zwischen den Parteien aufgestellt werden müsse«, und bringt wieder den Gedanken einer Schlichtung ins Spiel. Kohl erwidert, daß er keine deutschen Soldaten nach Jugoslawien entsenden würde, »selbst wenn es die Verfassungsprobleme nicht gäbe«, und verweist darauf, Präsident Bush wolle gleichfalls keine Amerikaner nach Jugoslawien schicken, auch Großbritannien sei zurückhaltend. Mitterrands Vorschlag, eine Friedenstruppe der Westeuropäischen Union zu entsenden, so gibt er diesem zu verstehen, sei perspektivlos. Die Unterredung dreht sich im Kreise. Kohl selbst ist recht unwohl, denn er konstatiert, daß sich jetzt eine Frontbildung abzeichnet, die an das Jahr 1941 im Zweiten Weltkrieg und die Zeiten des Ustascha-Regimes in Kroatien erinnert: Die Deutschen, die Österreicher, die Italiener, der Vatikan, auch Ungarn plädieren für die Anerkennung,[13] während sich die einstigen Kriegsgegner dagegen sträuben.

Einen gewissen Stimmungsumschwung im westlichen Lager bringt dann die Beschießung Dubrovniks durch die serbische Armee. In Deutschland sorgt das für weitere Empörung. Doch auch in der französischen Öffentlichkeit regt sich jetzt eine heftige, gleichfalls humanitär motivierte Kritik an der serbenfreundlichen Linie Mitterrands und des Quai d'Orsay. Die Bemühungen der EG-Troika sind gescheitert, die Vermittlungsmission Lord Carringtons kommt nicht voran. In der Anerkennungsfrage ist Deutschland im Kreis der EG nicht mehr so isoliert wie zu Beginn der Krise. Belgien, Dänemark und unter sichtlichem Druck des Vatikans auch Italien drängen nun gleichfalls. Ohnehin zeigt sich mit zunehmender Deutlichkeit, daß aus der Gemeinsamen Außen- und Sicherheitspolitik vorerst auch aus anderen Gründen nicht viel wird. Viel mehr als die Bekundung substanzloser Absichtserklärungen ist nicht zu erreichen. Eben das aber ist Kohls Hauptsorge in diesen Wochen: Das Jugoslawien-Debakel droht das Konzept einer gemeinsamen Außenpolitik der Europäer zu diskreditieren.

In der EG zeichnet sich jetzt eine Mehrheit für die Anerkennung ab. Außerdem wächst in der Bundesrepublik der Druck aus der Öffentlichkeit. Einerseits geht ein Sturm der moralischen Entrüstung über die Kriegshandlungen der Serben durchs Land, andererseits wächst in den Ländern und Kommunen auch das Unbehagen angesichts der Flut von Bürgerkriegsflüchtlingen, die jetzt um Asyl nachsuchen. Unter diesen Umständen kehrt der Bundeskanzler, von Außenminister Genscher ermutigt, wieder auf seinen ursprünglichen Kurs baldiger Anerkennung zurück, ganz gleich ob sich nun vorerst alle EG-Regierungen daran beteiligen oder nicht.

Auch die Sorge, die Auflösung Jugoslawiens könne in der Sowjetunion ebenfalls Schule machen, ist inzwischen relativiert. Im Verlauf des November 1991 muß Kohl konstatieren, daß die Machthaber in Moskau und in den sowjetischen Republiken tun und lassen werden, wozu sie lustig sind, ganz unabhängig von den Vorgängen in Jugoslawien. In Bonn spielt man nun nur noch auf Zeit. In einem Telefonat mit dem ungarischen Ministerpräsidenten József Antall, der mit Blick auf die Ungarn in der Voivodina in Jugoslawien gleichfalls mitmischt, macht er deutlich, »vor dem 10. Dezember werde er keinesfalls etwas tun, da sonst die Gefahr bestehe, daß der Europäische Rat in Maastricht vom Jugoslawien-Thema beherrscht werde«.[14] Tags darauf erklärt der Bundeskanzler im Bundestag seine Bereitschaft, Slowenien und Kroatien »noch vor dem Weihnachtsfest« anzuerkennen.[15]

Mit dem Empfang der Präsidenten Sloweniens und Kroatiens wird die Anerkennung vorbereitet. Dem Präsidenten Milan Kučan sagt Kohl zu, noch vor Weihnachten werde es zur Anerkennung kommen. Außerdem verspricht er Wirtschaftshilfe.[16] Auch Tudjman, dem Kohl weiterhin nicht so ganz über den Weg traut, kann die Zusicherung mit nach Hause nehmen, die Bundesregierung werde »zwischen Maastricht und Weihnachten« eine klare Entscheidung treffen, müsse aber noch bindende Garantien zum Minderheitenschutz liefern. Kohl erläutert ihm, er wolle möglichst viele EG-Partner mitnehmen, wobei er davon ausgehe, daß Belgien, Luxemburg, Italien und Dänemark mitgingen. Einen förmlichen EG-Beschluß werde es aber nicht geben.[17]

So kommt es, daß Deutschland am 23. Dezember Slowenien und Kroatien anerkennt. Ausgerechnet Kohl und Genscher, die beiden Herzenseuropäer, scheren damit als erste aus dem EG-Konvoi aus. In seinen *Erinnerungen* wird Genscher später umständlich, aber formal korrekt wie ein guter Anwalt den Nachweis zu führen suchen, daß er gegen keine EG-Vereinbarung verstoßen habe. Slowenien und Kroatien, so argumentiert er durchaus schlüssig, hätten alle zuvor vom UN-Sicherheitsrat formulierten Bedingungen erfüllt. Mitterrands Kritik am deutschen Alleingang in Mißachtung der Beschlüsse von Maastricht sei einfach darauf zurückzuführen, daß er nicht richtig informiert gewesen sei. Im übrigen rechtfertigt er sich mit dem Argument, es wäre eine »unmoralische Politik« gewesen, hätte er ein Jahr nach der Wiedervereinigung mit Blick auf einen anderen Teil Europas nun gesagt, »das ginge uns alles überhaupt nichts an«. Auf dieser Linie liegt auch der Bundeskanzler. Daß sich im November 1991, als er sich zur sofortigen Anerkennung entscheidet, im Politbarometer 69 Prozent der Befragten dafür ausgesprochen haben,[18] bleibt unerwähnt.

Auch aus heutiger Sicht lassen sich die verschlungenen Beweggründe der Jugoslawienpolitik des Kanzlers im Jahr 1991 nicht bis ins letzte erhellen. Kaum zu bestreiten ist, daß er dabei gegen seine geheiligte Maxime verstoßen hat, das größer gewordene Deutschland müsse ein niedriges Profil einnehmen und den bösen Schein von Einflußsphärenpolitik meiden. War vielleicht die Maxime als solche falsch oder überhaupt nicht durchzuhalten? Wie immer es gewesen sein mag: 1991 manövriert er jedenfalls in ständiger Sorge, das Chaos im Osten und auf dem Balkan könne auch den EG-Raum und das wiedervereinigte Deutschland erfassen.

Helmut Kohl wird im Chaosjahr 1991 auch persönlich vom Unheil gestreift. Am 31. Oktober erreicht ihn die Mitteilung vom lebensgefährlichen Autounfall seines jetzt 26 Jahre alten Sohnes Peter auf der Autostrada A13 vor Bologna. Wochenlang schwebt der Schwerverletzte zwischen Tod und Leben. Das Unglück bringt Hannelore Kohl, so wird ihr Sohn später berichten, »fast um den Verstand«.[19] Auch der Vater ist schockiert und wird, wie üblich, von der Presse rund um die Uhr gejagt. So sind die persönlichen Lebensumstände des Kanzlers beschaffen, als alles über ihn hereinbricht: die Vereinigungskrise, die Unsicherheiten in der Sowjetunion und der Krieg in Jugoslawien.

Das Jahr 1991 markiert erst den Beginn der Tragödien im zerfallenen Jugoslawien. Auf die Anerkennung Kroatiens folgt zwar ein labiler Waffenstillstand zwischen Kroaten und Serben, so daß sich Kohl vorerst zu diesem Resultat seiner Hartnäckigkeit beglückwünschen kann. Im Frühjahr wird auch Bosnien-Herzegowina anerkannt. Auch dort versammelt die Unabhängigkeitsbewegung große Mehrheiten hinter sich. Für kurze Zeit hat es den Anschein, diese von bosnischen Muslimen, Kroaten und Serben bewohnte multi-ethnische Republik könne in dem von Haß vergifteten Ex-Jugoslawien ein Modell für tolerantes Zusammenleben von Volksgruppen und Religionen sein. Doch wieder fällt die serbische JNA über das Land her, und Kroatien begibt sich ebenfalls auf den Kriegspfad. Bald vergeht keine Woche, in der die Medien nicht von Kämpfen, Zerstörungen, Flüchtlingsströmen und übelsten Kriegsverbrechen berichten. Eigentlich wäre zu erwarten, daß sich Helmut Kohl nun mit noch viel größerer Entschiedenheit engagiert, um den Kriegsgreueln mitten in Europa ein Ende zu machen. Doch das Gegenteil ist der Fall. Der in Sachen Selbstbestimmung und aus humanitärer Betroffenheit bislang so aktivistische Bundeskanzler verwandelt sich fast über Nacht in einen zögerlichen Realpolitiker, dem jetzt manche in der eigenen Partei zynische Hartherzigkeit vorwerfen.

Unbedingte Priorität hat beim Bundeskanzler jetzt das Ziel, die Ratifikation des Maastricht-Vertrags nicht zu gefährden. So zeigt sich Deutschland wieder peinlich bemüht, selbst den bösen Schein zu vermeiden, es wolle aus dem EG-Konvoi ausscheren. In Paris, in London und sogar in Washington verstärkt sich die Kritik an der aktivistischen deutschen Politik, seitdem das eben anerkannte Kroatien in stillschweigendem Zusammenwirken mit Serbien gewaltsam auf eine Aufteilung Bosnien-Herzegowinas hinarbeitet. Kohl, der schon immer mißtrauisch war, droht nun in einem Brief an Tudjman, wenn dieser »tatsächlich Teilungspläne verfolge, könne er nicht länger auf Wirtschaftshilfe hoffen«.[20] Deutschland wird aber auch deutlich ins zweite Glied verwiesen, weil Paris und London ihre Jugoslawienpolitik jetzt vorrangig über den UN-Sicherheitsrat spielen, wo sie über Ständige Ratssitze verfügen. Der Bundeskanzler und das Auswärtige Amt sind überdies Gefangene der Behauptung, das Grundgesetz erlaube keine Militäreinsätze.

Die deutsche Öffentlichkeit zeigt sich jedoch zunehmend entsetzt über die Zustände im ehemaligen Jugoslawien. Im Spätsommer und Herbst 1992 berichten die Medien Woche für Woche über grausige Zustände in serbischen Konzentrationslagern und Massenvergewaltigungen. Jetzt gerät auch der Bundeskanzler in die Kritik. Im Dezember kommt der junge Abgeordnete Stefan Schwarz aus Jugoslawien zurück, berichtet erst in der entsetzten CDU/CSU-Fraktion, dann im Plenum des Deutschen Bundestags von schrecklichen Verbrechen an Wehrlosen und fordert militärisches Eingreifen. Am Tag nach der Fraktionssitzung kommt es im Bundeskabinett zu einem der heftigsten Zusammenstöße in der ganzen Ära Kohl. Schon als im August die ersten Schreckensmeldungen aus Bosnien eintrafen, hatte der Minister Schwarz-Schilling den Kanzler brieflich auf die Katastrophe aufmerksam gemacht und dann mit ihm ein »sehr enttäuschendes Gespräch« geführt.[21] Kohl verwies damals auf die Verfassungsfrage und die Organklage der SPD beim Bundesverfassungsgericht: »Er hat das ganz gewaltig als Argument genommen.« Auf den Einwand Schwarz-Schillings, auch beim Eintritt in die NATO habe es eine Reihe von Verfassungsgerichtsprozessen gegeben, doch Adenauer habe nie gesagt, »die müssen wir abwarten«, gab Kohl zur Antwort: »Nein, das können wir nicht machen, ausgeschlossen.« Immerhin versprach er Schwarz-Schilling, auf eine Beschleunigung des Prozesses hinzuwirken, »damit wir wieder handlungsfähig werden«.

Bei der fraglichen Kabinettssitzung am 9. Dezember erkundigt sich Schwarz-Schilling nach dem Stand des Verfahrens. Das Bundesverfassungsgericht hatte zum 30. November eine Stellungnahme der Bundesregierung erbeten. Doch jetzt stellt sich heraus, daß diese aufgrund eines Einspruchs des Auswärtigen Amts um eine Verlängerung von drei Monaten gebeten hatte. Da ihm Kohl zuvor eine Beschleunigung zugesichert hatte, rastet Schwarz-Schilling mit den Worten aus, »daß ich mich schäme, diesem Kabinett anzugehören, wenn es bei einem solchen Nichtstun in einer solchen Lage bleibt«. Den Wortwechsel zwischen ihm und dem Minister beendet der Bundeskanzler mit den Worten: »Im übrigen, Herr Schwarz-Schilling, keiner ist gezwungen, hier an diesem Tisch zu sitzen.«

Sofort ist das bei den Zeitungen. Schwarz-Schilling bemüht sich dreimal, mit dem Kanzler telefonisch Kontakt aufzunehmen, zumal auch noch eine andere Streitfrage ansteht. Doch er kommt nicht durch, schreibt daraufhin seinen Demissionsbrief und läßt sich auch nicht mehr davon abbringen. Entsprechend heftig ist die Kritik am Bundeskanzler, hier habe ein aufrechter Minister aus moralischen Gründen sein Amt hingeworfen. Kohl wird später in den *Erinnerungen* einen recht defensiven Bericht über diesen Rücktritt geben: »Der Vorwurf des Nichtstuns traf die internationale Staatengemeinschaft« – sowie SPD und FDP.[22]

Die auch von anderen als Schwarz-Schilling für unmoralisch erachtete Leisetreterei trägt im Winter 1992/93 weiter dazu bei, das Image Kohls zu beschädigen. Er weiß selbst nur zu genau, wie prinzipiell berechtigt die Vorwürfe sind. Besonders unwohl ist ihm beim Blick auf das im Jahr 1991 unter völlig anderen Umständen verhängte Waffenembargo. »Wenn man einem Land nicht hilft«, meint er Mitte Januar 1993 nach dem Rücktritt Schwarz-Schillings, »muß man schon die Frage stellen, was das für eine Moral ist, wenn man ihm dann auch noch die Chance nimmt, sich zu vereidigen.«[23]

Aber der Bundeskanzler bleibt dabei: Nach den Erfahrungen mit der Anerkennung Sloweniens und Kroatiens will er nicht noch einmal den Vorwurf riskieren, sich wie ein Elefant im Porzellanladen zu bewegen. Zwar drängt er in der EU, in Washington und auch in Moskau unablässig auf eine Kombination von Sanktionen und diplomatischen Lösungen und kann Deutschland schließlich als Mitglied der sogenannten Kontaktgruppe wieder aus der Isolierung herausführen. Auch als das Bundesverfassungsgericht im Juli 1994, kurz vor der Bundestagswahl, schließlich die Behauptung der Grundgesetzwidrigkeit von *Out-of-area*-Einsätzen verneint und für UN-mandatierte Militäreinsätze grünes Licht gibt, zögert der Kanzler diese so gut es eben geht hinaus und hält sie so geringfügig wie irgend möglich. Die FDP unterstützt ihn dabei.

Der Schlüssel zur Beendigung des Krieges in Bosnien-Herzegowina liegt nach Meinung das Bundeskanzlers bei Präsident Bill Clinton in Washington. Die entsprechenden Fragen haben in seinen Gesprächen und Telefonaten mit dem Präsidenten einen hohen Stellenwert. »Man könne in diesem Krieg niemand heilig sprechen«, äußert er im Januar 1994 bei einem Arbeitsessen mit Clinton in Washington: »Am Anfang habe die serbische Aggression gestanden; auch die Kroaten verfolgten Tendenzen, die man nicht akzeptieren könne. Heute gelte dies auch für die Moslems.«

1993 habe er, so erinnerte er Clinton, zusammen mit ihm auf eine Aufhebung des 1991 vom UN-Sicherheitsrat verhängten Waffenembargos gedrängt, das die Bosnier eindeutig benachteiligte. Der Krieg in Bosnien strahle weit in die muslimische Welt aus. Wenn er selbst bei Clinton und Jelzin periodisch auf Initiativen zur Beendigung des Mordens dringe, so nicht zuletzt deshalb, weil er hier einen Krieg der Kulturen sehe. Die Dimension dieses Krieges reiche weit über Bosnien-Herzegowina heraus: »Man müsse nur bedenken, daß es in der Welt 800 Millionen Muslime gebe. Wenn man jetzt nicht richtig vorgehe, müßten viele dies später bitter bezahlen.« Der indonesische Präsident Suharto, der in keiner Weise Fundamentalist sei, habe ihm bedeutet, daß es im ehemaligen Jugoslawien um einen Krieg von Christen gegen Moslems ginge. Wenn es sich bei den Bosniern um Christen gehandelt hätte, würde der Westen anders handeln. Beim Blick auf die Auswirkungen auf Muslime nähme er selbst das sehr ernst.[24]

Eine fundamentalistische Radikalisierung, argumentiert er weiter, drohe nicht nur in Bosnien. Das habe er neulich auch dem französischen Ministerpräsidenten Balladur vor Augen geführt: »Algerien sei vor der Haustür Europas und Frankreichs. Wenn dort die Fundamentalisten an die Macht kämen, dann würden zwei bis drei Millionen Flüchtlinge, die französisch ausgebildet seien, nach Europa kommen. Dies habe auch unmittelbaren Einfluß auf den gesamten Maghreb bis hin nach Ägypten.« Deshalb müsse man alles tun, die Muslime in Bosnien »nicht in die Ecke zu manövrieren«. Bedauerlicherweise sehe man das in London und Paris anders: »Leider sei die französische Haltung noch von der Grundhaltung bei den Pariser Vorort-Verträgen von 1919 und einer pro-serbischen Unterstützung beeinflußt.«[25]

Immer wieder kommt es somit auch zu entsprechenden Disputen bei den Deutsch-Französischen Konsultationen. Ende 1994 führt der Bundeskanzler Mitterrand und Balladur vor Augen, alles laufe auf ein »Groß-Serbien« und »Groß-Kroatien« hinaus: »Die Serben hätten alles erreicht und viele Hunderttausend Menschen seien umgekommen. Die Gewalt habe sich durchgesetzt. Die Muselmanen seien untergepflügt worden.« Ungerührt erwidert Mitterrand, es handle sich um keinen Krieg, sondern um einen Bürgerkrieg zwischen den Serben und den Moslems. Das Problem sei die Fernsehberichterstattung. In Angola ereigneten sich noch viel schwerer wiegende Dramen. Doch das sei weit weg, und die Menschen seien Schwarze. Kohl aber hält dagegen: Für Deutschland sei Bosnien-Herzegowina wegen der Bürgerkriegsflüchtlinge »eine totale Katastrophe«. Er habe die CDU/CSU-Bundestagsfraktion nur mit Mühe von rein emotionalen Beschlüssen abhalten können. Und erregt fährt er fort: »Es sei das erste Mal nach 1945, daß mit Gewalt Grenzen in Europa verändert worden seien. Das sei der eigentliche Sündenfall! ... Die Folgen für die Idee von Europa seien furchtbar.«[26]

So bemüht sich der Kanzler durchaus um eine diplomatische Lösung, ohne eine große öffentliche Show daraus zu machen. In kritischen Momenten stößt er Tudjman

Bundestagsdebatte zum Bosnien-Einsatz,
30. November 1995

oder Izetbegović auch persönlich übers Telefon zurecht. Auf dem Höhepunkt der Krise im August 1995, als Kroatien die Krajna zurückerobert, wobei viele Serben fliehen oder vertrieben werden, macht er beispielsweise Tudjman nachdrücklich auf die Kampagne aufmerksam, die seit Wochen »wegen der angeblichen oder tatsächlichen Menschenrechtsverletzungen« laufe: »Er halte es für ganz wichtig, daß kein anti-kroatisches Klima entstehe.« Tudjman müsse sich selbst engagieren, gegen die Vorwürfe auftreten oder, wo sie berechtigt seien, durchgreifen und die Leute, die sich vergangen hätten, bestrafen. Er verspricht, sich um Jelzin zu kümmern, dringt aber gleichzeitig auf ein Dreiertreffen von Tudjman, Milošević und Izetbegović, und regt an, man solle künftig häufig miteinander telefonieren.[27]

Deutsche Truppen, in welcher Funktion auch immer, will er aber weiterhin nicht in das ehemalige Jugoslawien entsenden. Selbst als die Kampfhandlungen nach den Geiselnahmen von UN-Blauhelmen und dem Massaker von Srebrenica im Juli 1995 nochmals aufflammen und als sich ein westlicher Konsens für den Einsatz von NATO-Verbänden herausbildet, bleibt er zurückhaltend. Inzwischen ist dort der ehemalige schwedische Ministerpräsident Carl Bildt als Jugoslawien-Vermittler tätig, ein konservativer Politiker, den Kohl gut kennt und schätzengelernt hat. Trotz der Massenmorde an der Zivilbevölkerung bestärkt er Bildt in seiner Skepsis, der Westen sei zu einer »wirklichen Kriegsoperation« nicht bereit: »Kein Mensch geht in den Krieg. Dafür brauche man Hunderttausende von Soldaten.« Mit 500 000 erfahrenen und gut ausgebildeten Soldaten, so erläutert er seine Position, konnte sich Deutschland

1941 bis 1945 in dieser Region militärisch nicht durchsetzen. Er halte es für ausgeschlossen, »jemals dorthin Soldaten zu schicken, die einen Krieg führen. Nach den ersten 1000 Toten würde die Stimmung in allen Ländern kippen.« Auf den Hinweis Bildts, es gebe gewisse militärische Tendenzen in Paris, antwortet er: »Ja, aber zwischen Reden und Handeln bestehe ein großer Unterschied. Am Ende werde die Blamage nur noch größer. Er werde ständig gefragt, warum er nicht mehr tue. Er werde keine Kriegstruppen dort hinschicken. Die anderen würden das auch nicht machen.«[28]

Maastricht

Ein rechter politischer Riese, Kohl weiß das schon lange, muß unerschütterlich erscheinen. Und ein Bundeskanzler, dem gerade eben das Kunststück der Wiedervereinigung geglückt ist, darf vor sich selbst und Dritten erst recht nicht zugeben, daß ihn die Lasten der inneren Einheit fast zu Boden drücken. Als ihn der britische Premierminister John Major am 4. Oktober 1991 zum ersten Geburtstag der deutschen Einheit telefonisch beglückwünscht, bekommt er vom Kanzler sinngemäß zur Antwort: »Er persönlich hätte nicht gedacht, daß man im ersten Jahr soweit kommen werde. Die positive Tendenz setze sich immer mehr durch. Er sei davon überzeugt, daß man in zwölf Monaten aus dem Gröbsten heraus sei. Damit werde sich auch seine These bewahrheiten, in vier bis fünf Jahren das Wichtigste überwunden zu haben.«[1]

Wie sich zeigt, wird es viel länger als zwölf Monate dauern, bis man »aus dem Gröbsten heraus ist«. Kohls selbstbewußter Optimismus eilt den Entwicklungen wieder einmal weit voraus. Doch Freund und Feind kennen ihn inzwischen genau. Man weiß, daß er eine Art Europameister in der Kunst des Durchwurstelns ist. Wie anders wollte er auch mit einer so einmaligen Aufgabe fertig werden, die politisch kaum mehr steuerbare westdeutsche Großgesellschaft mit der Hinterlassenschaft des verrotteten kommunistischen Regimes zu verschmelzen, als indem er bald dies, bald jenes, was sich bisher bewährt hat, zum Einsatz bringt, die Minister, die Bürokratie und die Fraktionen gewissermaßen an hundert Rädchen drehen läßt, nach der Methode von *trial and error* arbeitet, kurz, sich durchwurstelt und auf mittelfristige Besserung hofft!

Wenn er aber die innenpolitischen Nackenschläge in den Jahren 1991 bis 1993 relativ gleichmütig übersteht, so auch deshalb, weil seine Vision von Europa jetzt Gestalt annimmt. In der Europäischen Gemeinschaft, aus der nun die Europäische Union wird, scheint sich das abgeblühte Schlagwort der Achtundsechziger von der »konkreten Utopie« zu erfüllen. In der Europapolitik ist Kohl mehr als ein Pragmatiker, der sich von Landtagswahl zu Landtagswahl und von einer Bundestagswahl zur nächsten hangelt. Hier operiert er als Stratege. Gewiß vermeidet er es peinlich, sich nach Art Hitlers oder de Gaulles als einen Mann zu bezeichnen, der eine historische Mission erfüllt. Nur dann und wann läßt er durchblicken, wie hoch er seine eigene Rolle einschätzt, etwa als er unter Bezugnahme auf den wenige Tage zuvor festgeklopften Vertrag von Maastricht vor dem Dresdner CDU-Parteitag ausführt: »Die Deutschen haben den entscheidenden Beitrag zum Durchbruch nach Europa geleistet … Führen heißt eine Vision in die Realität umsetzen.«[2] Die Deutschen … Natürlich weiß jeder seiner Zuhörer, wer diesen Durchbruch tatsächlich erzwungen hat und wer sich als Führer nach Europa begreift.

Auf seine Art ist er aber doch ein Teamplayer, der es selten versäumt, die Verdienste Mitterrands und Delors' mit immer etwas bombastisch-altväterlicher Rhetorik zu würdigen. Daß er diese beiden Franzosen zu Partnern hat, betrachtet er als einmalige Chance. Als der Kommissionspräsident Delors 1994 ausscheidet und Präsident Mitterrand im Januar 1996 seinem lange verheimlichten Krebsleiden erliegt, wird er gewissermaßen allein auf der Bühne stehen, um das gemeinsam ins Werk Gesetzte zu implementieren. 1991 bis 1993 aber sind die Jahre des Durchbruchs unter erschwerten Bedingungen, als sich in Deutschland die Wiedervereinigungsmalaise verbreitet, während in der internationalen Dimension die Weltwirtschaftskrise voll zuschlägt, die Sowjetunion auseinanderbricht und die Republiken im zerfallenden Jugoslawien einander in Kriegsgreueln zerfleischen.

Am 28. September 1990, am Vorabend der deutschen Vereinigung, halten der Bundeskanzler und der Präsident der EG-Kommission Kriegsrat über die großen Projekte Wirtschafts- und Währungsunion und Politische Union. Dabei bringt Delors auch den Wunsch der Regierungen aus den südlichen EG-Ländern zur Sprache, zum Zweck der Konvergenz bei der Wirtschafts- und Währungsunion die Strukturfonds aufzustocken. Kohls Antwort läßt tief blicken: »Es sei schon richtig, daß die Fonds an und für sich nichts mit der Wirtschafts- und Währungsunion zu tun hätten, aber man müsse doch den Gesamtzusammenhang sehen. Dies sage er aus seiner Erfahrung in einem Bundesstaat, auf den sich die EG zu entwickle.« Er kritisiert die Erwartungen der Südländer somit durchaus nicht, fügt vielmehr hinzu: »Solches Geld sei nicht rausgeworfen.«[3]

So versteht er sich einerseits als ein weitschauender Staatsmann, der die EG auf dem Weg zum Bundesstaat voranbringen möchte und dabei auch via Errichtung der Strukturfonds die Anfänge eine Art Transferunion akzeptiert. Andererseits aber möchte er doch realistisch bleiben und führt aus, daß man, »um den Erfolg der Wirtschafts- und Währungsunion sicherzustellen, den Ausschluß der Finanzierung öffentlicher Haushaltsdefizite durch Zentralbanken und Banken brauche. Die Frage der Haushaltsdisziplin sei für ihn der Schlüssel, um innenpolitisch zurechtzukommen. Er bitte hierfür um die Hilfe und die Unterstützung des Präsidenten.«

Haushaltsdisziplin der Länder, auch dies ein Thema, das ihn als Bundeskanzler Jahr für Jahr beschäftigt hat. In diesem Punkt, so glaubt er, unterscheidet sich die Europäische Union, die er anstrebt, nicht grundlegend von der Bundesrepublik. Mit seinen lieben Deutschen aber, so sucht er bei dieser Gelegenheit Delors klarzumachen, wird er nur zurechtkommen, wenn die südeuropäischen Mitgliedsländer bei der Wirtschafts- und Währungsunion ihre Haushaltslöcher nicht zu Lasten der stabilitätsbewußten Bundesrepublik durch Verschuldung stopfen und so die Währungsunion destabilisieren.

Einige Wochen nach dieser Unterredung stimmt er den CDU-Bundesvorstand einmal mehr auf die großen Pläne ein. Er läßt keinen Zweifel daran, daß die nächste Stufe der Wirtschafts- und Währungsunion spätestens am 1. Januar 1994 eintreten wird. Als Voraussetzung bezeichnet er die Einigung auf eine ausschließlich der Währungsstabilität verpflichtete unabhängige Europäische Zentralbank mit unabhängigen nationalen Notenbanken, für die – so führt er mit Blick auf Italien aus – »kein gesetzlicher Zwang besteht, daß bei Haushaltsdefiziten die Nationalbank einspringen muß«. Er deutet an, ohne Frankfurt zu nennen, für Deutschland sei der Sitz der Europäischen Zentralbank am wichtigsten. Zur Politischen Union bekundet er: »Ich will sie«, und fügt hinzu: »Die Alternative heißt, zurück zu Wilhelm II., das bringt uns nichts.«[4] Jedenfalls wolle er dafür eintreten, »die politische Einigung bis zu allen nur denkbaren Vorstellungen zu bekommen«.

Ohne daß er diesen problematischen Begriff gebraucht, schwebt ihm durchaus ein »Europa der zwei Geschwindigkeiten« vor. Die Staaten der alten Sechsergemeinschaft würden sofort mitmachen, »dazu mit Sicherheit auch Spanien«. Er sei überzeugt, daß »mit einem zeitlichen Phasenverzug von zwei bis drei Jahren auch die Briten beitreten werden und mit ihnen die Portugiesen und noch andere«. 1991/92 bis Mitte 1993 sei die entscheidende Verhandlungsphase vor allem bezüglich erweiterter Rechte für das Europäische Parlament. Für die Ratifikation der Verträge brauche man mindestens ein Jahr. Seine Zielvorstellung: Die Struktur der Politischen Union müsse bis zur Neuwahl des Europäischen Parlaments im Juni 1994 stehen. So skizziert er intern seine Vorstellungen im Monat Oktober 1990, als das größer gewordene Deutschland eben zustande gekommen ist.

Mehr denn je ist Kohl von der Machbarkeit eines europäischen Bundesstaats überzeugt. Noch bekennt er sich ganz unverhüllt zu dieser Zielvorstellung. Im Frühjahr 1991, die Verhandlungen der Regierungskommissionen sind in vollem Gange, erklärt er im CDU-Bundesvorstand: »Ich war aber noch nie in meinem Leben so motiviert auf ein bestimmtes Ziel hin. Das erste Ziel heißt für mich, nach der deutschen Einheit den entscheidenden Beitrag zum Bau der Vereinigten Staaten von Europa zu bringen, so daß niemand mehr das Ziel verändern kann; zweitens, die innere Einheit Deutschlands in unserer Zeit kräftig voranbringen, nicht nur im Ökonomischen, sondern vor allem auch, was die Menschen in ihrem Sosein bewegt.«[5]

Auf die Währungsunion hat sich der Bundeskanzler im Prinzip eingestellt, allerdings nur zu deutschen Bedingungen. Da er Genscher verdächtigt, sich von dem schlauen Dumas fernsteuern zu lassen, aber auch, weil er das Auswärtige Amt in den diffizilen Fragen der Währung für zu unkundig und zu läßlich hält, beauftragt er das Bundesfinanzministerium mit der Federführung bei den Regierungsverhandlungen über die Wirtschafts- und Währungsunion. Auf Theo Waigel, so weiß er, ist Verlaß. Der wiederum gibt seinem Staatssekretär Horst Köhler Prokura. Köhler bringt gleich drei Fähigkeiten für diese Aufgabe mit, die im Bonn dieser Jahre bereits seltener sind als zehn oder zwanzig Jahre zuvor: Erstens beherrscht er das kleine und das große Einmaleins neoliberaler Ordnungspolitik, zweitens verfügt er auch bei der Bundesbank über Ansehen, wo er in dem Vizepräsidenten Tietmeyer einen in Regierungsdingen erfahrenen Counterpart hat, drittens aber ist er ein gefürchteter Mann – gefürchteter Workaholic, gefürchtet für seinen nicht selten brutalen Durchsetzungswillen, gefürchtet auch wegen seiner Temperamentsausbrüche. Diesen Mann lassen Kohl und Waigel auf die Herren im Auswärtigen Amt los, desgleichen auf die Brüsseler Eurokraten und die Delegationen Frankreichs, Großbritanniens, Italiens und der Niederlande, auf die es in starkem Maße ankommt.[6] In mehr als einjähriger Arbeit liefert Köhler tatsächlich sein Meisterstück ab: ein Europäisches Zentralbanksystem nach dem Modell des Bundesbanksystems.

Gestützt auf Peter Hartmann, den neuen Leiter der Abteilung 2, und den in dieser Phase ganz unentbehrlichen Joachim Bitterlich, konzentriert sich der Bundeskanzler selbst vor allem auf die Errichtung der Politischen Union. Zögernd hat sich Mitterrand bei verschiedenen Treffen im Jahr 1990 von ihm überzeugen lassen, daß er den Weg zu einer Politischen Union freigeben muß, soll die heißersehnte Wirtschafts- und Währungsunion zustande kommen. Erneut kommen nun jene wohlbekannten Dossiers auf den Tisch, über die Mitte der achtziger Jahre bei den Beratungen über die Einheitliche Europäische Akte schon einmal verhandelt wurde. Und Kohl erlebt erst bei Mitterrand, dann bei den Briten und schließlich auch bei verschiedenen der mittleren und kleineren Länder, daß diese bei der Souveränitätsübertragung längst nicht so weit gehen möchten wie er selbst.

Schon die den Ratssitzungen stets vorgeschalteten Gespräche mit Mitterrand vermitteln einen Vorgeschmack der Schwierigkeiten, die dann bei den für 1991 angepeilten Regierungsverhandlungen auftreten. Die Atommacht Frankreich mit Veto-Recht im UN-Sicherheitsrat hält von gemeinsamer oder gar gemeinschaftlicher Außen- und Sicherheitspolitik nicht soviel wie Helmut Kohl, der immer noch den vertanen Chancen der 1954 in Paris gescheiterten Europäischen Verteidigungsgemeinschaft nachtrauert. In diesem Zentralpunkt ist Frankreich viel näher bei Großbritannien als bei Deutschland. Wohl aber wünscht Frankreich eine von der NATO möglichst emanzipierte europäische Verteidigungspolitik, was Kohl nicht gefallen kann, der ungeachtet seiner europäischen Visionen doch auch ein Atlantiker ist.

Auch den Enthusiasmus des Bundeskanzlers für gewichtige Mitspracherechte des Europäischen Parlaments kann Mitterrand nicht teilen. Für die künftige Europäische Union schwebt Kohl die Idee eines Bundesstaats (zumindest eines Quasi-Bundesstaats) vom deutschen Typ vor, in dem das direkt gewählte Parlament über großes politisches Gewicht verfügt. Nur zu gut weiß er, wie sehr die deutschen Wähler dem bürokratischen Monster Brüssel mißtrauen. Von einem starken Europäischen Parlament verspricht er sich somit mehr Legitimität für das Projekt Europa. Zudem mahnen ihn CDU-Europa-Parlamentarier wie Egon Klepsch unablässig, für das Europäische Parlament die gebührende Beachtung zu erstreiten. Mitterrand kann dem aber nicht viel abgewinnen. Im präsidentiellen System der Fünften Republik spielt die Assemblée Nationale nur eine nachgeordnete Rolle. Desgleichen halten die auf ihre Parlamentssouveränität stolzen Briten nicht viel davon, das buntscheckige Europäische Parlament weiter aufzuwerten. Auch mit diesem Herzenswunsch stößt Kohl bei den Großen in der EG auf wenig Verständnis.

Befremdlich wirken bei manchen Verhandlungspartnern auch seine Forderungen, die Zuständigkeiten der EG auf so sensible Felder der Innen- und Rechtspolitik wie Asylfragen, Grenzkontrollen, Verbrechensbekämpfung, Justizpolitik auszuweiten. Diese Wünsche wecken bei den alten, selbstbewußten Großmächten Frankreich und Großbritannien ebenso Zweifel wie das deutsche Drängen, bei vielen bisher vetobewehrten Fragen der europäischen Gesetzgebung für den europäischen Binnenmarkt das Prinzip der Mehrheitsentscheidung einzuführen.

Trotz solcher Vorbehalte gibt Mitterrand aber schließlich grünes Licht, die Gesamtheit dieser und anderer Fragen auf einer Regierungskonferenz zur Politischen Union zu verhandeln. Kohl und Mitterrand richten wieder einmal eine ihrer inzwischen wohlbekannten gemeinsamen Botschaften an die anderen EG-Regierungen, wodurch diese unter Zugzwang geraten. Im Dezember 1990 setzt der EG-Gipfel in Rom zwei Verhandlungskommissionen ein – für die Wirtschaft- und Währungsunion sowie für die Politische Union – und verabschiedet entsprechende Arbeitsrichtlinien.[7] Voller Optimismus erklärt der Bundeskanzler am Vorabend der Abreise zum Gipfel in Rom vor der neugewählten CDU/CSU-Fraktion: »Wann gibt es noch einmal solche Chancen, in einer Legislaturperiode ein Jahrhundertwerk zu vollbringen: Deutsche Einheit und politische Einigung Europas!«[8]

Wenige Tage zuvor ist in Großbritannien die Ära Thatcher zu Ende gegangen. Kohl betrachtet den Sturz der Premierministerin durch die eigene Unterhausfraktion als großen Glücksfall für seine europäischen Pläne. Mit ihrem Nachfolger John Major ergibt sich auf Anhieb ein gutes Verhältnis. Major ist ein Pragmatiker, nicht so doktrinär wie die »eiserne Lady«. Während seiner kurzen Amtszeit als Außenminister hat er zudem erleben können, wie hoffnungslos die schrill auftretende Premierministerin ihr Land in der Europäischen Union isoliert hat. Er hat begriffen, so wird ihn der Schriftsteller A. N. Wilson später charakterisieren, daß England nur noch »eine ehemalige Weltmacht« ist, weshalb ein britischer Premier unter seinesgleichen höflich und freundlich auftreten sollte.[9] Major versteht es, den wegen seiner Leistung bei der Wiedervereinigung bewunderten, eben mit stattlicher Mehrheit wiedergewählten und außerdem dreizehn Jahre älteren Bundeskanzler respektvoll zu behandeln. Und Helmut Kohl weiß es zu schätzen, nun in Downing Street No. 10 einen Partner zu haben, der über trockenen Humor verfügt, kompromißbereit ist und durchaus nicht germanophob, alles Eigenschaften, die ihn von seiner Vorgängerin angenehm unterscheiden.

Im Jahr 1991 treffen Kohl und Major häufig zusammen. Am ergiebigsten ist ein Besuch des britischen Premiers im März. Großbritannien, so versichert er hier in einer Rede, wolle »at the very heart of Europe« sein.[10] Das erfreut seinen Gastgeber, wird ihm jedoch von den Europafeinden bei den Tories bis zum Ende seiner Amtszeit um die Ohren geschlagen. Ausführlich sprechen die beiden Herren über ihre jeweiligen innenpolitischen Probleme. Kohl versichert mit Nachdruck, bei der Währungsunion möchte er, »daß Großbritannien mit im Boot sitze. Er wolle alles tun, daß die Dinge in Europa vorankämen. Aber er wolle nicht voranmarschieren. Er als Deutscher sehe sich in der Rolle des Regisseurs und wolle nicht, daß sich Deutschland in diesem Prozeß profiliere.«[11] Major verhält sich gegenüber dieser Umarmungsstrategie des Bundeskanzlers sehr freundlich, aber zugleich zurückhaltend. Er verweist auf die kritische Stimmung in der eigenen Fraktion und auf die kommenden Unterhauswahlen, die Vorsicht gebieten. Kohl äußert Verständnis und bietet seine Mithilfe an, die Entscheidungen über die sensiblen Fragen der Politischen Union gegebenenfalls bis 1992, nach den britischen Unterhauswahlen, zu verschieben. Nachdem er Major beschnuppert hat, weiß Kohl schon im März 1991 im CDU-Präsidium zu berichten, »mit Premierminister Major seien in den Fragen der Politischen Union eine Reihe von Grundentscheidungen zu erreichen, die vorher undenkbar waren«.[12]

Im Verlauf der kommenden Monate schält sich eine Lösung heraus, bei der Major gegen die weitreichenden Pläne Kohls in Sachen Währungsunion und Politischer Union kein britisches Veto einlegt, sondern sich mit einem *Opt-out* begnügt. Als es in Maastricht zum Schwur kommt, muß Kohl respektvoll konstatieren, daß der unentwegt freundliche und offene Major einer der geschicktesten Unterhändler ist, der bisher auf der europäischen Bühne seinen Auftritt gab. Ihm gelingt dort das Kunststück, mit drei gewichtigen *Opt-outs* nach Hause zu kommen, ohne auf dem Gipfel einen Scherbenhaufen zu hinterlassen: Er sichert sich das Recht, gegebenenfalls nicht an der Währungsunion teilzunehmen, er windet sich aus der Sozialcharta heraus, an der Mitterrand und Kohl so viel gelegen ist, und er macht auf verschiedensten wei-

teren Feldern klar, daß das britische Parlament es sich vorbehält, bestimmte Richtlinien der EU in britisches Recht umzusetzen oder auch nicht. Kohl bleibt aber verständnisvoll, hofft auch weiterhin, allerdings mehr und mehr illusionslos, daß Major
den Europagegnern in der eigenen Partei doch noch Konzessionen abringen wird.
Die beiderseitige Sympathie hält sich jedoch bis zum Ende der Regierungszeit Majors
im Frühjahr 1997. So lange wird Kohl den britischen Premierminister als kalkulier-
bare und im Rahmen der schwierigen Gegebenheiten bei den britischen Konservativen kooperative Größe betrachten.

Im Frühjahr 1991 erwartet Kohl jedenfalls, mit seinem Herzenswunsch einer
gemeinsamen europäischen Außen- und Sicherheitspolitik weit voranzukommen.
Das politische Großwetterklima im westlichen Europa scheint dieses Vorhaben anfangs zu begünstigen. »Wohin man 1991 und 1992 ging, traf man auf einen enormen
Optimismus, was das neue Europa tun könne«, wird sich der amerikanische General
John Shalikashvili ein paar Jahre später erinnern, als Ernüchterung eingetreten ist.[13]
Der Golfkrieg hat in der politischen Klasse vieler EG-Länder recht gemischte Gefühle hinterlassen. »Die EG ist ein wirtschaftlicher Riese, ein politischer Zwerg und
eine militärische Larve«, konstatiert der belgische Außenminister Mark Eyskens.[14]
Am Golf waren die europäischen Staaten nur als Hilfskräfte und Beitragszahler aufgetreten. Das soll sich jetzt ändern.

Die Stimmung in den USA kommt dem entgegen. Es hat den Anschein, als
wolle sich die siegreiche Supermacht nach dem Triumph im Kalten Krieg und dem
ruhmreichen Feldzug gegen Saddam Hussein so etwas wie eine Auszeit gönnen.
Kohl selbst verspürt das deutlich im Frühsommer 1991. Als in Jugoslawien die Explosion kurz bevorsteht, sucht er Bush in einem Telefonat auf die drohende Katastrophe aufmerksam zu machen, doch dieser verbindet ihn rasch mit Außenminister Baker, der eben aus Belgrad zurückgekommen ist. Zwar zeigt sich auch dieser
über den Ernst der Lage besorgt und verspricht, die Vermittlungsmission der EG-
Präsidentschaft zu unterstützen, stellt jedoch klar: »Die Führung solle aber bei den
Europäern liegen.«[15] Ein Hauptgrund für Bushs Zurückhaltung ist der rasche Verfall
seiner Umfragewerte, der schon im Frühjahr 1991 einsetzt und den Präsidenten
veranlaßt, seine ganze Aufmerksamkeit auf die Innenpolitik zu konzentrieren – erfolglos, wie sich zeigen wird. Im Herbst 1992 wird der bislang unbekannte Governor
Bill Clinton aus dem lausigen Staat Arkansas[16] zum Präsidenten gewählt, und auch
der verfolgt anfangs eine primär innenpolitische Agenda. Erst 1994 zeigt Amerika
wieder Geneigtheit, sich bei der Beendigung des Jugoslawienkriegs nachdrücklich
zu engagieren. Das Drängen Kohls und gleichgesinnter Föderalisten, mit einer gemeinsamen Außen- und Sicherheitspolitik der Europäischen Gemeinschaft endlich
Ernst zu machen, ist also auch ein Reflex auf die Unlust Washingtons, in Europa
weiterhin den Weltpolizisten zu spielen.

Doch die Impulse, die Europäische Union mit außen- und sicherheitspolitischen Kompetenzen auszustatten, stehen unter einem Unstern. In der zweiten Jahreshälfte 1991, als alles ausgehandelt werden soll, treibt der Zerfall Jugoslawiens die EG-Länder auseinander und gegeneinander. Die an und für sich schon schwierigen Regierungsverhandlungen über die Gemeinsame Außen- und Sicherheitspolitik, abgekürzt GASP genannt, kommen nicht richtig vom Fleck. Spöttische Geister betrachten das Akronym GASP, das im Englischen »nach Luft schnappen« bedeutet, als eine zutreffende Bezeichnung. Wer aber im Chaos der Jugoslawienkrise mit dem größten Mißtrauen gegeneinander manövriert, das sind ausgerechnet die beiden großen Matadore von GASP, Helmut Kohl und François Mitterrand. Wie gewohnt, sind es auch wieder die Briten und in ihrem Gefolge die Niederländer, die Portugiesen und die Dänen, die alle Ansätze verwässern. Bei einem Telefonat mit Delors, acht Tage vor dem Zusammentritt des Gipfels in Maastricht, läßt der genervte Kommissionspräsident den Bundeskanzler wissen, »daß es bei den Regierungskonferenzen nicht gut laufe. Zwar habe man hinsichtlich der Wirtschafts- und Währungsunion Fortschritte erzielt, aber bei der Politischen Union gehe überhaupt nichts: Der Berg werde eine Maus gebären. Dies gelte besonders für die Gemeinsame Außen- und Sicherheitspolitik. Wenn man hier zu keinen weiteren Annäherungen komme, frage er sich, ob es überhaupt notwendig und empfehlenswert sei, jetzt den Vertrag zu ändern.« Kohls Antwort auf diesen pessimistischen Lagebericht: Er werde heute abend noch mit Mitterrand besprechen, »daß man kämpfen werde« – gegen die euroskeptischen Briten und gegen den von London ferngesteuerten niederländischen Ratspräsidenten Lubbers.

Kohls Optimismus wirkt in der Tat auf Mitterrand ansteckend. Bei der Sitzung im Élysée-Palast einigt man sich in den meisten der noch strittigen Punkte auf ein gemeinsames Vorgehen, um anschießend im kleinen Kreis im »Pichet« an den Champs-Élysées zu dinieren. Der Weg zu den Europa-Initiativen Kohls und Mitterrands ist stets von Gourmetlokalen gesäumt. Einiges bleibt weiterhin ungelöst. Kohls Wunsch, für Deutschland achtzehn zusätzliche Sitze im Europäischen Parlament zu erhalten, stößt immer noch auf den Widerstand Mitterrands. Auch über die Modalitäten einer Anerkennung Sloweniens und Kroatiens ist man uneins.[17]

In Hinsicht der weitreichenden Entscheidungen, die anstehen, geht die Konferenz von Maastricht am 9. bis 11. Dezember ohne zerfleischende Zusammenstöße über die Bühne. Kohl ärgert sich zwar kräftig über den niederländischen Ministerpräsidenten Lubbers, der recht einseitig das Spiel der Briten betreibt, und wird sich später rächen, indem er 1994 verhindert, daß Lubbers zum Nachfolger von Delors gewählt wird. Doch die Verhandlungen werden entschärft, weil die Föderalisten mit dem britischen *Opt-out* einverstanden sind, wofür John Major auf ein Veto gegen das gesamte Vertragswerk verzichtet.

Auf den ersten Blick ist die Politische Union aber ein Fehlschlag. Mannhaft hatte Kohl zu Beginn der Regierungsverhandlungen gegenüber Gleichgesinnten beteuert, »er sei nicht bereit, eine Wirtschafts- und Währungsunion ohne eine adäquate Politische Union zu akzeptieren. Er werde dem Deutschen Bundestag keine Verträge zuleiten, die nicht ausgewogen seien.« Im selben Atemzug pflegte er aber dann meist hinzuzufügen, man könne seiner Ansicht nach bei der Politischen Union auch »stufenweise« vorgehen, etwa bei den Rechten für das Europäische Parlament.[18] Mehr als ein Einstieg in die Politische Union gelingt in der Tat nicht. Sowohl unmittelbar nach der Konferenz als auch aus größerem Abstand in den *Erinnerungen*[19] läßt Kohl daher keinen Zweifel daran, daß er gern viel, viel mehr erreicht hätte.

Als der Bundeskanzler nach Abschluß der dreißigstündigen Verhandlungen im Bundestag Bericht erstattet, stellt er zu seinem ursprünglichen Hauptziel einer Gemeinsamen Außen- und Sicherheitspolitik mehr als zurückhaltend fest, das müsse »in den kommenden Jahren Schritt für Schritt umgesetzt werden«.[20] Die entsprechende Zielbestimmung der Union, auf die man sich schließlich geeinigt hat, ist nämlich geradezu ein Musterbeispiel diplomatischer Vieldeutigkeit: »Behauptung ihrer Identität auf internationaler Ebene, insbesondere durch eine gemeinsame Außen- und Sicherheitspolitik, wozu auf längere Sicht auch die Festlegung einer gemeinsamen Verteidigungspolitik gehört, die zu gegebener Zeit zu einer gemeinsamen Verteidigung führen könnte«.[21] Für die Innen- und Justizpolitik gilt dasselbe: »erste Schritte«, weil die Rechte des Europäischen Parlaments nur minimal erweitert worden sind, vermerkt der Kanzler in seinem Bericht ziemlich brummig, die jeweiligen nationalen Parlamente seien »zumindest im Augenblick« noch nicht bereit, weitere Schritte zuzulassen. Immerhin werde sich die Zahl der deutschen Mandate um achtzehn erhöhen. Alles in allem ist aus der mit Trompetenschall angekündigten Politischen Union zwar mehr geworden als eine Maus, wie Delors das noch kurz vor der Konferenz befürchtet hatte, doch die nunmehr in Europäische Union umbenannte Europäische Gemeinschaft ist immer noch weit entfernt von jener Vision, die Helmut Kohl vorschwebt. Wie sich zeigen wird, geht aber sein Kalkül auf, daß die gegenwärtigen Widerstände »durch die Entwicklung hinweggefegt werden. Es ist ein dynamischer Prozeß eingeleitet worden, den wir in dieser Form in der Geschichte noch nicht hatten.« Mit den stereotyp wiederholten Formeln »Vision« und »unumkehrbar« oder »irreversibel« hilft er sich vorerst über eine gewisse Enttäuschung hinweg, signalisiert aber zugleich, wo auch künftig seine Prioritäten liegen werden.

Zu Recht stellt er die Beschlüsse über die Wirtschafts- und Währungsunion an die Spitze seines Berichts. »Wir werden«, erklärt er im Bundestag, »auf alle Fälle entweder 1997 oder 1999 die Währungsunion erreichen.« Wie sich zeigen wird, ist das eine zutreffende Prognose. Er gibt keinem Zweifel Raum, daß er sich auf dieses Ziel

Helmut Kohl in Maastricht,
9. Dezember 1991

jetzt verbissen hat. Mit dem Maastricht-Vertrag werden ihm auch die vertraglichen Verfahrensvorschriften zu Gebote stehen, die Integration konsequent weiter voranzutreiben. Wer ihn kennt, weiß, daß er fest entschlossen ist, künftig alle Widerstände wie ein Panzer niederzuwalzen.

Bei seiner Forderung nach Politischer Union hat Kohl jedoch in erster Linie an eine gemeinsame Außen- und Sicherheitspolitik sowie an eine erhebliche Verstärkung der Rechte des Europäischen Parlaments gedacht. Klar erkennt er auch die Notwendigkeit einer Verpflichtung der EZB auf die Inflationsbekämpfung. Daß eine Fiskalunion mit quasi automatisch greifendem Verbot übermäßiger Verschuldung der Mitgliedsländer Grundbedingung für eine langfristige Stabilität wäre, ist jedoch weder ihm noch den meisten seiner föderalistischen Mitstreiter damals voll bewußt. Alle Beteiligten mit Ausnahme der Briten lassen sich optimistisch auf eine europäische Währung ein, bei der alle Mitglieder von »Euro-Land«, wie das später heißt, die prinzipielle Hoheitsgewalt über ihre eigenen Haushalte behalten. Nicht einmal die Stimmen in der EZB werden gewichtet. Wirtschaftliche Riesen wie Deutschland oder Frankreich erhalten dasselbe Stimmrecht wie Kleinstaaten vom Typ Luxemburg oder kleine Länder wie Portugal und Griechenland. Die Risiken des Staatsbankrotts eines oder mehrerer Mitgliedsländer der Wirtschafts- und Währungsunion liegen außerhalb des Vorstellungshorizonts von Kohl, Mitterrand und Delors, übrigens auch außerhalb der Erwartungen jener zahlreichen kritischen Ökonomen, die eine Währungsunion für sehr riskant halten und dabei in erster Linie an die Inflationsgefahr denken.

Die gespannte Aufmerksamkeit Frankreichs und Italiens gilt der Festlegung eines präzisen Eintrittstermins in die dritte, definitive Phase der Währungsunion. Dem liegt der richtige Kalkül zugrunde, daß von einem festen Datum in Verbindung mit den vereinbarten Teilnahmekriterien ein Zwang zur Konvergenz ausgehen könnte, sowohl bezüglich der Inflationsrate als auch bezüglich der jährlichen Verschuldung. Noch gewichtiger ist aber die Absicht, mit einem vertraglich fixierten Eintrittsdatum in die dritte Phase zu verhindern, daß Deutschland im letzten Moment abspringt, sollte sich zeigen, daß wichtige Länder wie Frankreich oder Italien die Eintrittskriterien nicht erreichen. Daß sich der Bundeskanzler tatsächlich auf ein festes Datum einläßt, ist die größte Überraschung von Maastricht. Mit vereinten Kräften hatten Mitterrand und Kohl im Vorfeld von Maastricht den Versuch der Briten und Niederländer abgewehrt, für alle Beteiligten, also nicht nur für England, ein *Opting-out* vor dem Eintritt in die dritte Phase im Vertrag zu verankern. Noch Mitte November hatte selbst der getreue Europäer Felipe González bei einem Treffen mit dem Bundeskanzler auf der Insel Lanzarote zweifelnd gefragt, ob man wirklich allein dem britischen House of Commons eine Abstimmung vor Eintritt in die dritte Phase zubilligen dürfe. Aber Kohl hatte ein generelles *Opting-out* für »nicht akzeptabel« erklärt: »Was sei der Vertrag noch wert, wenn alle Parlamente ein Vorbehaltsrecht erhielten!?«[22] Kohls Linie, nur den Briten ein *Opting-out* zuzubilligen, um dadurch ein Veto John Majors gegen das gesamte Vertragswerk zu vermeiden, setzt sich durch. Doch als sich die Delegationen nach Maastricht aufmachen, liegt für die heftig umstrittene Frage des Eintritts in die dritte Phase immer noch eine Verfahrensregel auf dem Tisch, die letzten Endes alles offen läßt.

Bei der ersten Konvergenzprüfung anhand des entsprechenden Kriterienkatalogs am 31. Dezember 1996 soll der Eintritt in die dritte Stufe, so die ursprüngliche Vorschrift, nur möglich sein, wenn im Europäischen Rat mit qualifizierter Mehrheit festgestellt wird, daß eine Mehrheit der Mitgliedstaaten die notwendigen Voraussetzungen erfüllt. Ist das nicht gegeben, soll zwei Jahre später neu entschieden werden. Damit wäre offen geblieben, wie weiter verfahren werden soll, falls auch diese folgende Überprüfung und Abstimmung ein negatives Ergebnis hat.[23] Mit Blick auf das Erfordernis weitgehender Konvergenz hielten Waigel, Köhler und im Hintergrund Tietmeyer von der Bundesbank das für die am ehesten sachgerechte Lösung. Im Finanzministerium ist man vor allem daran interessiert, erst einmal mit einer kleinen Zahl geeigneter Teilnehmer möglichst rasch voranzukommen.

Diese Position wird nun gekippt. Bei der schon erwähnten abschließenden Beratung am 3. Dezember in Paris vertritt auch Kohl die Auffassung, die Wirtschafts- und Währungsunion müsse unbedingt »irreversibel« gemacht werden. Das erfordere spezifische und verbindliche Daten.[24] Eine juristisch ausformulierte Fassung der im nachhinein so berühmten Bestimmungen des Artikels 109 j, Absatz 3 und 4, liegt aber noch nicht vor. Das Bundeskanzleramt hat auch wenig Lust zu präzisen Vorgaben, zumal die Vorbehalte des Bundesfinanzministeriums bekannt sind. So macht man sich in Paris, Rom und Brüssel ans Werk.

Als sich Ministerpräsident Andreotti nach Maastricht begibt, legen ihm seine Experten im Flugzeug einen mit Paris abgestimmten neuen Formulierungsvorschlag vor. Daß eine »irreversible« Lösung ganz im Sinne Italiens ist, kann man gut verstehen. Wegen seiner Inflationsrate, seiner hohen Staatsschuld und den dafür aufzuwendenden Zinsen von zwölf oder dreizehn Prozent (die Deutschlands liegen zwischen fünf und sechs Prozent) hat es ein überragendes Interesse an einer Europawährung und möchte auch erreichen, möglichst von Anfang an mit dabei zu sein. Bei einem Austern-Dinner mit Mitterrand am Vorabend des Konferenzbeginns fällt es Andreotti nicht schwer, auch den französischen Präsidenten für die neue Fassung zu gewinnen. Nach diesem Konzept soll der Europäische Rat mit qualifizierter Mehrheit (also nicht mehr einstimmig) spätestens am 31. Dezember 1996 entscheiden, »ob es für die Gemeinschaft zweckmäßig ist, in die dritte Stufe einzutreten. Ist bis Ende 1997 der Zeitpunkt für den Beginn der dritten Stufe nicht festgelegt worden, so beginnt die dritte Stufe am 1. Januar 1999.« Auf die individuelle Prüfung, ob die einzelnen Staaten den Kriterien entsprechen, wird zwar auch bei diesem Prozedere nicht verzichtet, aber kein EU-Mitglied ist demzufolge noch berechtigt, das Projekt der Europawährung zu kippen, sobald die Ratifikationsverfahren abgeschlossen sind.

Beim gemeinsamen Frühstück am Morgen des 9. Dezember, unmittelbar vor Konferenzbeginn, sichert sich Mitterrand die Zustimmung Kohls, ohne daß dieser nochmals mit Waigel oder Köhler Rücksprache nimmt. »Er sagte später«, erinnert sich Hans Tietmeyer, »daß Mitterrand gesagt habe, wir können das nicht offen lassen, das darf kein *Open End* sein, sondern irgendwo muß es einen Schlußpunkt geben.«[25] Bundesfinanzminister Waigel, sein Staatssekretär Horst Köhler und auch Hans Tietmeyer bei der Bundesbank werden von dieser im letzten Moment getroffenen Entscheidung für das unwiderrufliche Datum 1. Januar 1999 völlig überrascht. »Ich gestehe, daß ich damals mit dem Kopf geschüttelt habe, das will ich nicht bestreiten«, wird Tietmeyer rückblickend feststellen, »aber so ist das nun einmal.«[26] Leider ist zu erwarten, daß künftig alle Regierungen, die teilnehmen möchten, die Konvergenzkriterien großzügig auslegen möchten nach dem Motto: Der Termin ist wichtiger als die Kriterien.[27]

Für die gewissenhafte Einhaltung der Stabilitätskriterien *nach* Beitritt zur Währungsunion sind ohnehin keine Verfahren vorgesehen, die automatisch greifen, genauer gesagt: Sie waren nicht durchsetzbar. In erster und in letzter Instanz dominiert in diesem Konzept der politische Wille, den Zusammenschluß Europas irreversibel zu machen, über alle ökonomische Bedenken. Wenn der Bundeskanzler nach Abschluß der Konferenz triumphierend auf die Unwiderruflichkeit der Vollendung der Wirtschafts- und Währungsunion verweisen kann, dann vor allem dank diesem in letzter Stunde von ihm und Mitterrand verabredeten Datum für den Übergang zur dritten Stufe. Durch die Festlegung eines unwiderruflichen Termins ist es auch Deutschland sehr schwer gemacht, in dem in voller Fahrt befindlichen Zug noch die Notbremse zu ziehen.

»Der Weg zur Europäischen Union ist unumkehrbar«, beginnt Kohl am 13. Dezember 1991 seinen Bericht über die Beratungen in Maastricht: »Die Mitgliedstaaten der Europäischen Gemeinschaft sind jetzt für die Zukunft in einer Weise miteinander verbunden, die ein Ausbrechen oder einen Rückfall in früheres nationalstaatliches Denken mit allen seinen schlimmen Konsequenzen unmöglich macht.« Besonders nachdrücklich betont er die »Irreversibilität« auf dem Weg zur Vollendung der Europäischen Wirtschafts- und Währungsunion nach deutschen Vorstellungen: »Gelungen, meine Damen und Herren, ist es vor allem, den Vorrang der Geldwertstabilität so eindeutig festzuschreiben, daß dies – das sage ich auch im Hinblick auf die öffentliche Diskussion in unserem Land – den Vergleich mit dem deutschen Bundesbankgesetz nicht zu scheuen braucht.« Den deutschen Forderungen sei in allen entscheidenden Punkten Rechnung getragen. Der Kriterienkatalog für die »nachprüfbare wirtschaftliche Konvergenz« beinhalte »strikte Preisstabilität, unbedingte Haushaltsdisziplin, Konvergenz der langfristigen Zinssätze«. Dann nennt er die Vorschrift, daß die öffentliche Neuverschuldung nicht mehr als drei Prozent des Bruttosozialprodukts betragen darf, und unterstreicht, » – das ist ein bisher einmaliger Vorgang –, daß sich souveräne Staaten im Rahmen internationaler Verträge zu einer dauerhaften Begrenzung ihrer öffentlichen Verschuldung verpflichten und darüber hinaus bereit sind, bei Verletzung der Haushaltsdisziplin abgestufte Sanktionen zu akzeptieren ... Damit sind«, so fügt er hoffnungsfroh hinzu, »völkerrechtlich bindende Regelungen vereinbart, mit denen verhindert werden kann, daß die auf Preisstabilität ausgerichtete Geldpolitik durch eine falsche nationale Haushaltspolitik unterlaufen werden kann.«

Mit Blick auf den Vertragsteil über die Politische Union räumt der Bundeskanzler so ganz nebenbei gewisse Defizite ein: »Ich hätte mir gewünscht, daß wir noch deutlichere Fortschritte erreicht und noch mehr Bereiche schon zum jetzigen Zeitpunkt in Gemeinschaftskompetenz überführt hätten.« Aber um in Maastricht zum Ziel zu kommen, sei eben eine Güterabwägung mit allseitigen Kompromissen erforderlich gewesen. An Bereichen, bei denen man künftig Schritt für Schritt Fortschritte machen müsse, nennt er vor allem: eine gemeinsame Außen- und Verteidigungspolitik und die Stärkung der Rechte des Europäischen Parlaments. Kein Wort davon, daß eine Fiskalunion die Grundvoraussetzung für eine dauerhaft stabile Entwicklung der Währungsunion sei! In diesem Zentralpunkt verläßt er sich offensichtlich auf die Sanktionsmechanismen und darauf, daß alle Staaten, die das komplizierte Vertragswerk unterschrieben haben, sich auch getreulich daran halten werden.[28]

Wegen der Ratifikation durch den Bundestag muß sich der Bundeskanzler keine größeren Sorgen machen. Die europäische Integration beruht auf einem parteiübergreifenden Konsensus. Bei der Bundestagssitzung kurz vor seiner Abreise nach Maastricht konnte er vergnügt zur Kenntnis nehmen, wie Hans-Ulrich Klose, Vorsitzender der SPD-Bundestagsfraktion, fast mit seinen eigenen Worten Stellung nahm: »Wir wollen, daß die EG, der organisatorische Kern Europas, zur Politischen Union weiterentwickelt wird.«[29] Klose ist ein Exponent jener Gruppierungen in der SPD, die damals aus vielen Gründen eine Große Koalition mit der CDU/CSU für durchaus denkbar erachten. Oskar Lafontaine, der Exponent des linken Flügels der SPD, sitzt gleichfalls mit im Boot. Er ist grundsätzlich dazu disponiert, Kohl bei der Übertragung von Souveränitätsrechten an die Europäische Union eher noch zu überbieten.

Anders als in Großbritannien oder bei den Referenden über Maastricht in Dänemark oder in Frankreich spielt in der Bundesrepublik die Souveränitätsfrage so gut wie keine Rolle. In der politischen Klasse besteht weitreichende Einigkeit darüber, daß sich das größer gewordene Deutschland freiwillig in Europa »einbinden« muß. Politik und Medien recyceln Woche für Woche die Erinnerung daran, daß Deutschland im Zweiten Weltkrieg in Europa wie ein Berserker gewütet hat. Von den Kriegsgenerationen wird die europäische Integration vor allem deshalb so vorbehaltlos begrüßt, weil sie ein Friedensprojekt ist. Das gilt ganz besonders für die Umwandlung der deutsch-französischen »Erbfeindschaft« in eine Art »Erbfreundschaft«, die nun schon Jahrzehnte besteht und sorgsam gepflegt wird. Auch die aktuellen Besorgnisse der Nachbarn vor einer Dominanz der ökonomischen Zentralmacht Europas mit ihren nun wieder achtzig Millionen Einwohnern stoßen auf Verständnis. Es wäre somit verkehrt, die Europa- und Frankreichpolitik als alleinige Leistung des Bundeskanzlers zu betrachten. Mit seiner so uneingeschränkt positiven Europapolitik liegt Helmut Kohl in einem breiten Mainstream des zeitgenössischen deutschen Denkens und verstärkt das seinerseits noch nach Kräften. Die kontinuierlich durchgeführten Umfragen lassen auch erkennen, daß der Elitenkonsens in den Überzeugungen der Wähler eine breite und feste Grundlage hat, zumindest in der Grundorientierung.

Allerdings zeigen die Umfragen seit 1988 und verstärkt im Jahr 1991 bereits eine gewisse Abschwächung des Europa-Enthusiasmus. »Während der Kanzler und sein Außenminister das Tempo forcieren, möchte ein wachsender Teil der Bevölkerung eher bremsen«, wird im *Allensbacher Monatsbericht* vom Januar 1992 festgestellt.[30] In diese ohnehin schon gedämpfte Stimmung schlägt die Nachricht vom mittelfristigen Verzicht auf die D-Mark zugunsten einer Europawährung, die damals noch unter dem Kürzel »Ecu« firmiert, wie eine Bombe ein. Den ersten Warnschuß feuert die *Bild*-Zeitung kurz vor der Konferenz von Maastricht ab. Soll die D-Mark »auf dem Altar Europas geopfert« werden?[31] In der Woche von Maastricht erscheint der *Spiegel* mit dem Titelbild einer von Euro-Sternen angenagten D-Mark, dick unterschrieben »ANGST um die D-Mark«. In dieser Nummer findet sich auch ein besorgter Aufsatz des immer noch weithin respektierten Karl Schiller, betitelt: »Deutschland ohne DM? Plädoyer gegen die schnelle Verwirklichung einer europäischen Währung«.[32] Im Lager Helmut Kohls ist man überzeugt, daß der inzwischen betagte, aber weiterhin kämpferische Rudolf Augstein hier eine Kampagne in Gang setzen möchte. Seit den Tagen Adenauers unterstellt der *Spiegel*-Herausgeber der Pariser Integrationspolitik die Absicht, die ökonomisch starken Deutschen an die europäische Kette zu legen. Auch diesmal zeigt sich, daß der *Spiegel* in dem großen Lager der Print- und Fernsehjournalisten als Leitmedium betrachtet wird. Doch auch in der konservativen *Welt*, selbst im *Rheinischen Merkur* und in der Wirtschaftspresse sind jetzt warnende Kommentare zu lesen. Alsbald wacht auch die Zunft der Ökonomen auf, und viele äußern Bedenken.

Ob das bedingungslose Drängen auf eine Währungsunion der europäischen Idee auf lange Sicht nutzt oder schadet, wird nun ein Gegenstand der Kontroversen, die bis zum heutigen Tag periodisch aufflammen. Wie immer man das auch beurteilt, eines läßt sich doch mit Gewißheit feststellen: Es gehört zu den gravierenderen PR-Versäumnissen der Regierung Kohl, daß sie eine weitgehend unvorbereitete Öffentlichkeit mit der Aussicht konfrontiert hat, spätestens im Jahr 1999 werde die D-Mark – Konvergenz hin oder her – unwiderruflich in einer europäischen Ecu-Währung verschwinden.

Nach wenigen Wochen schon hat sich bei der breiten Wählerschaft das Urteil festgesetzt, daß sich Kohl und Genscher in Maastricht auf einen sehr bedenklichen Weg locken ließen. Mitte Januar 1992 bereits wird die in Umfragen ermittelte Wählerstimmung im *Allensbacher Monatsbericht* mit den Worten umschrieben: »Die Öffentliche Diskussion über die Stabilität der Mark und ihre Zukunft hat tiefe Spuren hinterlassen. Einen Teil der Bevölkerung hat sie wohl auch an Europa irre werden lassen.« Nur 26 Prozent der Befragten, so zeigen die Umfragen, sprechen sich für eine Ablösung der D-Mark durch eine europäische Währung aus, 49 Prozent sind dagegen.[33]

Allzu dramatisch ist das jedoch noch nicht. Erfahrungsgemäß dauert es immer seine Zeit, bis sich Wählermehrheiten auf neue Gegebenheiten einstellen. Im Fall des Verzichts auf die D-Mark ist das aber nur bedingt der Fall. Die erste negative Reaktion hält sich. Dank intensiver PR-Arbeit der Bundesregierung zeigt sich zwar im Herbst 1992, als die Maastricht-Diskussion im EG-Raum hohe Wellen schlägt, daß die Zahlen der Gegner rückläufig sind. Aber die Ablehnung einer Ecu-Währung ist weiterhin sehr stark. 75 Prozent der Befragten wünschen sich auch in Deutschland ein Referendum über den Maastricht-Vertrag. Zugleich läßt sich erkennen, daß drei Viertel der Deutschen den Bundesstaat Europa ablehnen.[34] In den kommenden Jahren stabilisiert sich die negative Einstellung zum Euro. Diese Grundstimmung hält an. Im April/Mai 1997, als das Euro-Thema auf Ebene der Regierungen in die Schlußrunde geht, sprechen sich 52 Prozent gegen den Euro aus und nur 21 Prozent dafür.[35] Ein struktureller Gegensatz zwischen der politischen Klasse einschließlich der großen Verbände, die den Euro befürwortet, und den Wählern, die ihn größtenteils ablehnen, wird zu den Grundbedingungen der Europapolitik in den letzten sechs Jahren der Ära Kohl gehören.

Für den Bundeskanzler heißt das: Er muß das Thema Euro einerseits schönen, andererseits aber eher beiseite schieben. Zur Taktik des Schönens gehört die Ersetzung der in Deutschland negativ bewerteten Bezeichnung »Ecu« durch den vollklingen Namen »Euro«. Früh stimmt er auch seine Partner darauf ein, daß sie Frankfurt als Sitz der Europäischen Zentralbank akzeptieren müssen. Auf die breite Öffentlichkeit macht das aber keinen großen Eindruck.

Dennoch kann sich der Kanzler bei der Ratifikation des Maastricht-Vertrags beruhigt zurücklehnen. Die Zustimmung der Regierungsfraktionen ist sicher. In der CSU sammeln sich zwar einige Dissidenten um den Umweltminister Peter Gauweiler. Dieser riskiert eine Lippe und polemisiert gegen das »Esperanto-Geld«, wird aber von dem ergrimmten Parteichef Waigel in offener Feldschlacht auf dem CSU-Parteitag in Nürnberg mit an die achtzig Prozent der Delegiertenstimmen untergebügelt. Auch in der SPD sind es nur einzelne, die nachhaltig Widerstand leisten. Bezeichnenderweise zieht weder die Opposition noch eine Landesregierung vors Bundesverfassungsgericht, sondern nur eine Gruppe von vier Privatklägern. Dieses läßt den Maastricht-Vertrag passieren, schlägt in der Urteilsbegründung jedoch einige Pflöcke ein, die den europapolitischen Spielraum eingrenzen, vergleichbar mit dem einstigen Karlsruher Urteil zum Grundlagenvertrag. Im CDU-Präsidium erklärt Kohl unverdrossen, damit könne man leben.[36]

Die eigentliche Gefahr beim Ratifizierungsprozeß geht von den Referenden in Dänemark und danach in Frankreich aus. Die Dänen lehnen den Vertrag am 2. Juni 1992 mit 50,7 Prozent ab.[37] Zum Entsetzen seines Kabinetts, aber auch von Helmut Kohl und John Major, kündigt Präsident Mitterrand tags darauf ein Referendum an. Schon zuvor hat er intern festgestellt: »Ich werde ein Referendum abhalten. Das Thema ist zu wichtig, als daß man das nicht durchführen sollte. Aber ich werde noch bis in den Sommer abwarten.«[38] Kohl ist sich mit Mitterrand und Andreotti einig, man dürfe »jetzt den Zug nicht anhalten«, kritisiert aber die Entscheidung zur Volksbefragung.[39]

Die Referendumskampagne Mitterrands läuft nicht gut. Wenige Tage, nachdem eine Umfrage erstmals die Möglichkeit eines Nein ermittelt hat, telefoniert Kohl mit

Delors und sagt diesem, »daß auch er nicht verstanden habe, warum der Staatspräsident zum Mittel des Referendums gegriffen habe – Mitterrand sei sich aber seiner Sache ganz sicher gewesen«.[40] Auf dem Höhepunkt der Kampagne greift Kohl persönlich im französischen Fernsehen ein, wirkt dabei sehr überzeugend und trägt zu der knappen, aber entscheidenden Referendumsmehrheit von 51 Prozent bei.

Das Referendum in Frankreich führt zu großer Verunsicherung auf den Devisenmärkten. Der französische Franc, die Lira und das britische Pfund geraten unter starken Druck. Die Regierungen sind jedoch nicht bereit, eine Abwertung ihrer Währungen vorzunehmen. Umgekehrt weigert sich die Bundesbank unter ihrem scharf vorgehenden Präsidenten Helmut Schlesinger, jetzt eine Zinssenkung vorzunehmen. Schließlich soll die deutsche Hochzinspolitik der Inflationsgefahr begegnen, die in erster Linie aus der hohen Verschuldung nach der Wiedervereinigung resultiert. Bei einer Besprechung am 2. September, auf dem Höhepunkt der Referendumskampagne in Frankreich, muß der Bundeskanzler vor den Argumenten des Bundesfinanzministers und des Bundesbankpräsidenten zurückweichen, die sich beide entschieden gegen eine Zinssenkung aussprechen. Die Wochen vor und kurz nach dem französischen Referendum am 20. September sind eine der dramatischsten Phasen in der Geschichte des Europäischen Währungssystems. Sie wecken zugleich Zweifel, ob das ganze Euro-Projekt bereits in der Ratifikationsphase zerplatzen könnte.

Erstmals müssen Kohl und Mitterrand sich nun eingestehen, auf welch riskantes Konzept sie sich mit dem Plan einer Gemeinschaftswährung eingelassen haben. Die internationale Spekulation nimmt vor allem das britische Pfund, doch auch die Lira und den Franc ins Visier. Entsprechend heftig streiten sich die Regierungen, wer abwerten soll und wieviel. Kohl sieht sich einer noch viel kritischeren Lage gegenüber als bei der Franc-Krise in den Anfängen seiner Kanzlerschaft im Frühjahr 1983. Auch diesmal läßt er sich von Mitterrand gegen den Rat der Ökonomen und mit beträchtlichen Stützungsmaßnahmen bewegen, die Parität zwischen D-Mark und französischem Franc beizubehalten. Drei Tage vor dem französischen Referendum bringt der »Black Wednesday«, der 16. September 1992, für die Regierung Major die Katastrophe. Großbritannien ist zuvor mit einem viel zu hohen Wechselkurs ins EWS eingestiegen. Innerhalb weniger Stunden verwandeln sich nun aufgrund der Intervention zur Stützung des Pfunds die Devisenreserven von zwanzig Milliarden Dollar in ein beträchtliches Defizit, so daß die britische Regierung ohne weitere Konsultation mit den Partnern aus dem EWS ausscheiden muß.[41] Italien muß nachfolgen, und bald darauf geraten auch die Peseta und der Escudo in Bedrängnis.

Wie nicht anders zu erwarten, ziehen Kohl und Mitterrand aus diesen Turbulenzen aber nicht die Schlußfolgerung, von einem so gefährlichen Konzept wie der Einheitswährung die Finger zu lassen. Ihre Überlegung ist umgekehrt: Ein großer Währungsblock soll die für sich allein zu schwachen Staaten Westeuropas vor den

Stürmen der internationalen Währungsspekulation schützen und den Gemeinsamen Markt zusammenhalten! Leider wird auf lange Sicht genau das Gegenteil eintreten. Bei dem schönen Gedanken, daß ein Währungsblock wie eine Art Schutzpanzer wirken sollte, ist ein entscheidender Faktor fast völlig übersehen worden, nämlich die eigentlich nicht ganz unwahrscheinliche Gefahr, daß die globalen Finanzmärkte einzelne hochverschuldete und zugleich leistungsschwache Mitglieder der Währungsunion in die Knie zwingen mit Risiken für die gesamte Euro-Konstruktion. Die Inflationsgefahr für eine Gemeinschaftswährung strukturell heterogener Volkswirtschaften ist zwar vielen zweifelnden Ökonomen und einer gleichfalls skeptischen Öffentlichkeit durchaus präsent. Eben deshalb hat vor allem Deutschland darauf gedrängt, daß die unabhängige Europäische Zentralbank allein auf das Prinzip der Währungsstabilität verpflichtet ist. Immerhin wurde im Maastricht-Vertrag mit dem Artikel 104 b auch vorsorglich die Haftung für überschuldete Mitgliedstaaten ausgeschlossen. Einen Austritt oder gar einen Ausschluß von Mitgliedern der Wirtschafts- und Währungsunion, die gegen die Stabilitätskriterien verstoßen, sieht der Vertrag jedoch nicht vor. Daß die voll etablierte Währungsunion eines Tages durch den Staatsbankrott eines oder mehrerer Mitglieder ins Schleudern kommen könnte, wird in den frühen neunziger Jahren selbst von den Euro-Kritikern kaum problematisiert und von den Spitzenpolitikern schon gar nicht. Deren Hauptaugenmerk gilt zuerst der Ratifizierung und später der schwierigen Aufgabe, innerhalb weniger Jahre die Konvergenz der Mitgliedsländer zu erreichen. Die Frage, was dem Großen Binnenmarkt oder den einzelnen Euro-Ländern widerfahren könnte, wenn das unerprobte Großexperiment aufgrund fehlender Haushaltsdisziplin ins Wanken gerät, bleibt weitgehend außer Betracht.

Vorerst gilt die Aufmerksamkeit aller Beteiligten der Ratifikation. Die Zitterpartie für den Vertrag von Maastricht setzt sich 1993 fort. Auch Kohl insistiert mit aller Macht darauf, zugunsten Dänemarks ein paar Konzessionen bezüglich der Währung und der Sicherheitspolitik zu beschließen, um ein zweites Referendum über die Bühne zu bringen. Im Mai passiert der Maastricht-Vertrag das House of Commons, wenn auch nur mit knapper Zustimmung. Zum Kummer Kohls wird der deutsche Ratifikationsprozeß besonders lange aufgehalten, da das Bundesverfassungsgericht erst am 12. Oktober 1993 »grünes Licht« gibt. Der Bundeskanzler hat sich letztlich durchgesetzt.

In den innenpolitisch so kritischen Jahren 1991 bis 1993 wirkt der Maastricht-Vertrag nicht beflügelnd, sondern eher belastend. Doch in allem, was Europa angeht, ist und bleibt Helmut Kohl ein Überzeugungstäter. Seine Feststellung in den *Erinnerungen*, daß ihn die kritischen Kommentare aus der Fachwelt an seinen Konzessionen bei den Währungskrisen im September 1992 »völlig kalt« ließen,[42] deckt sich mit den Beobachtungen der Zeitgenossen.

Das »Akzeptanztief«[43] des Maastricht-Vertrags nötigt den Föderalisten Kohl aber doch, programmatisch zurückzurudern. Inzwischen hat das Bundesverfassungsgericht »eine verfassungskonforme Entschärfung« des Maastricht-Vertrags vorgenommen[44] und für die Europäische Union den Begriff »Staatenverbund« verwandt. In der CSU hat der frisch ins Amt gekommene bayerische Ministerpräsident Edmund Stoiber einen historischen Bruch mit der traditionellen Europapolitik der Unionsparteien proklamiert und statt dem Ziel »europäischer Bundesstaat« das Ziel »Staatenbund« proklamiert – ein »Europa der Nationen und der Regionen«. Dabei hat er sich öffentlich von den Europavorstellungen Helmut Kohls abgesetzt, die er für geschichtlich überholt hält: »Der junge Helmut Kohl war in einer Zeit aufgewachsen unter dem Eindruck eines verheerenden Weltkriegs, der zugleich europäischer Bürgerkrieg war, in einer Zeit also, wo Deutscher zu sein insgesamt als belastend empfunden wurde. Deshalb haben viele Deutsche damals eine neue Identität gesucht und glaubten, sie in Europa zu finden … Das ist vorbei.«[45]

Der Bundeskanzler selbst hat bei den Verhandlungen über den Maastricht-Vertrag deutlich erfahren, wie gering im Kreis der EG-Länder die Neigung ist, eine Europäische Union nach seinen Vorstellungen zu etablieren. »Ich finde niemand innerhalb der europäischen Gemeinschaft von heute, der Union, der dies so versteht, wie wir das verstanden haben«, gesteht er im Kreis des CDU-Bundesvorstandes offen ein.[46] Nicht einmal Frankreich wünscht eine gehaltvolle Vertiefung außer der Wirtschafts- und Währungsunion mit dem Ziel einer Europäisierung der D-Mark. So entzündet sich im Februar 1994, kurz vor Beginn des Hamburger Parteitags, der ein neues Grundsatzprogramm beschließen soll, im CDU-Präsidium eine strittige Diskussion. Zuerst kommt es zu einem kurzen Wortwechsel zwischen dem Bundeskanzler und seinem Verteidigungsminister. Volker Rühe macht sich für eine Formulierung stark, die der Beschlußlage der NATO entspricht. Kohl insistiert auf der Formulierung: »Die Europäische Union muß über Möglichkeiten des eigenen militärischen Handelns verfügen können. Wir streben die Integration der europäischen Streitkräfte in eine gemeinsame und einheitliche europäische Armee an.« Mit der Streichung des Wortes »vollständig« vor dem Wort »Integration« erklärt er sich einverstanden.

Dann folgt eine interessante Erörterung zum Thema Finalität der Europapolitik. Nachdem das Bundesverfassungsgericht die Europäische Union als »Staatenverbund« bezeichnet hat, fällt es schwer, als Fernziel weiterhin einen Bundesstaat zu nennen. Deshalb soll der Begriff »Bundesstaat« aus dem Entwurf gestrichen werden. Generalsekretär Hintze, sekundiert von Kurt Biedenkopf, weist darauf hin, in der CDU fänden sich sowohl Anhänger des Bundesstaates als auch des Staatenbundes. Das müsse zusammengeführt werden. Die lebhafte Erörterung zum Thema Finalität der Europäischen Union läßt in der Tat die bekannten innerparteilichen Frontstellungen erkennen. Heiner Geißler, Norbert Blüm und Erwin Teufel plädieren energisch für die Beibehaltung des Begriffs »Bundesstaat«. Dregger betont, die EU sei nach dem Willen aller Partnerländer eine Union und kein Bundesstaat; es gebe weder eine europäische Identität noch ein europäisches Volk, und ein Verlust der nationalen Identität sei überhaupt nicht vorgesehen.

Helmut Kohl antwortet, »jetzt gehe es darum, die Vision, die Hoffnungen des Vertrages und das Karlsruher Verfassungsgerichtsurteil sowie die tatsächliche Entwicklung aufzunehmen«. An dem Adjektiv »bundesstaatlich« in der Neuformulierung solle aber festgehalten werden. Energisch betont er, schließlich gehe es um das Grundsatzprogramm einer deutschen Partei, »wobei es nachrangig sei, was die Engländer unter Europa verstünden«. Auch die Union in der gegenwärtigen Form enthalte bereits »Elemente einer bundesstaatlichen Ordnung, die nicht zu übersehen seien«. Dennoch räumt er jetzt ein, »daß es keinen europäischen Bundesstaat entsprechend der Bundesrepublik Deutschland oder den USA geben werde. Alles andere sei Utopie.« Doch die Entwicklung bleibe offen und »bundesstaatlich«. Schließlich formuliert Bernhard Vogel einen Kompromißvorschlag: »Die Europäische Union muß freiheitlich, demokratisch, föderal, subsidiär und bundesstaatlich gestaltet werden.« Angela Merkel bemerkt zwar spitz, durch die Aneinanderreihung werde die Formulierung nicht stärker, doch Kohl stimmt der Formulierung Vogels »uneingeschränkt« zu: »Er findet sie gut.« Damit ist eine der seltenen Grundsatzdiskussionen zur Finalität Europas im CDU-Präsidium beendet.[47]

Wie verkauft nun der überzeugte Föderalist Helmut Kohl dem anschließend zusammentretenden Parteivorstand die programmatische Abkehr vom europäischen Bundesstaat? Er zitiert nochmals aus dem bisherigen Grundsatzprogramm Artikel 138, letzter Satz, die bisher gültige Formulierung: »Unser Ziel ist die Herausbildung eines demokratischen europäischen Bundesstaats«, und bemerkt dann: »Das war ein Satz, dem durch Jahrzehnte meine Liebe gehörte. Ich habe inzwischen einsehen müssen, daß der Satz so nicht haltbar ist. Die Vernunft gebietet, das zu sagen, und andere haben das ja auch getan.« Doch insistiert er darauf, Europa werde »bundesstaatliche Elemente« haben. Zehn Jahre weiter, so erläutert er das, »werden wir« – normale Entwicklungen vorausgesetzt – »ein europäisches FBI haben, wir werden eine europäische Polizei haben – haben müssen im Blick auf Mafia und Ähnliches –, die wie das amerikanische FBI organisiert ist, mit eigenen Rechten, die nicht in Kehl haltmacht und anfragt, ob sie jetzt nach Straßburg darf, sondern die dorthin gehen muß.«[48]

Im Grunde läßt sich der Kanzler von den programmatischen Eiertänzen nicht allzu sehr beeindrucken. Daß ein voll ausgebildeter Bundesstaat unmöglich ist, sieht er ein, erstrebt aber andererseits doch so etwas wie die Quadratur des Kreises. Besonders den Traum einer Europa-Armee möchte er nicht aufgeben. Im Vorgriff vereinbart er im Mai 1992 mit Mitterrand in La Rochelle, ein deutsch-französisches »Euro-Korps« als Kern einer europäischen Eingreiftruppe aufzustellen.[49] Davon läßt er sich auch nicht durch amerikanische Demarchen abbringen. Als ihn der amerikanische Generalstabschef Colin Powell kurz zuvor zurückhaltend und deutlich zugleich auf die Rückwirkungen auf die NATO anspricht, wiegelt er ab: Das Ziel sei nun einmal »eine Art Europäischer Staatenbund«. In dieser Perspektive sei es normal, daß man auch in der Verteidigung zusammenarbeite. Wie schon verschiedentlich öffentlich bekundet, lege er weiterhin größten Wert auf die amerikanische Präsenz in Europa«.[50]

Wie einstmals auf dem Weg zum Schengener Abkommen soll auch diesmal ein deutsch-französischer Alleingang eine Dynamik entwickeln, die schließlich weitere EU-Länder mitreißt. Im übrigen hält er es mit dem Prinzip Hoffnung. Die bereits für 1996 vorgesehene Überprüfung der Verträge wird, darin ist er sich sicher, eine weitere Vertiefung der europäischen Integration bringen. Nach wie vor lautet sein Credo: »Bis Ende des Jahrhunderts muß die Union kommen.«[51] Genauso hält er beim Auf und Ab der Politik in Paris an der Überzeugung fest, daß Europa nur vorankommen kann, wenn Deutschland und Frankreich eng zusammenwirken. In einem Grundsatzgespräch mit Jacques Chirac, damals noch Bürgermeister von Paris, doch wie schon deutlich zu erkennen bereits auf dem Weg ins Matignon zu einer zweiten Cohabitation, formuliert er das mit den folgenden Worten: »Er wolle noch einmal unterstreichen, daß sein Ziel sei, nach der deutschen Einheit die europäische Einigung zu vollenden. Dies funktioniere nur mit Frankreich.«[52] Chirac pflichtet ihm bei und meint, wenn man im Frühjahr 1993 nach den Kammerwahlen neue Verhältnisse habe, könne man sich zusammensetzen und überlegen, was man bis 1996 tun könne. Kohl versichert ihm daraufhin, »er werde 1994 noch einmal in die Schlacht gehen. Bis dahin werde man einen großen Teil der wirtschaftlichen und sozialen Probleme in den neuen Bundesländern gelöst haben.«

Wer soll zur Europäischen Union gehören?

Der Zerfall des Ostblocks und der Sowjetunion hat eine fundamentale Veränderung der geostrategischen Position erbracht. Wie einstmals das Deutsche Reich Bismarcks liegt nun Deutschland erneut in der Mitte Europas. »Wir lebten nicht auf einer Insel«, präzisiert Kohl die neue Lage gegenüber dem britischen Premierminister, »sondern seien praktisch die Durchgangsstation zwischen Ost und West, zwischen Nord und Süd.«[1] Die Bundesrepublik spielt nicht mehr die Rolle eines »Limes des Abendlandes«. Der Osten ist geöffnet. Dort entsteht jetzt ein neues Staatensystem, dessen Zukunft allerdings noch völlig ungewiß ist. Rußland hat zwar das Erbe der Sowjetunion angetreten, ist jetzt jedoch ein beispiellos reduzierter Staat. Aber nicht nur die postkommunistischen Republiken in Ostmitteleuropa sind nun vergleichsweise frei bei der Gestaltung ihrer Außenbeziehungen. Das Ende des Kalten Krieges hat auch die EFTA-Länder Finnland, Schweden und Österreich gewissermaßen entfesselt. Sie müssen nicht mehr wie bisher im Status der Neutralität verharren. Neue Möglichkeiten eröffnen sich somit sowohl nach Osten und Südosten, als auch nach Norden im Ostseeraum.

Die für ihn maßgebliche Idee der Westbindung in einer Wertegemeinschaft westlicher Demokratien will der Bundeskanzler zwar nicht aufgeben, doch was bedeutet der Begriff »Westbindung« noch, wenn auch im Osten vom Baltikum über Polen bis Bulgarien und Rumänien neue Demokratien entstehen und wenn sogar im Jelzinschen Rußland eine Art Demokratisierung möglich erscheint? Geographisch und geostrategisch ist Deutschland diesen neuen, noch labilen, aber durch keinen Eisernen Vorhang mehr getrennten Demokratien des Ostens unmittelbar benachbart. Kohl sieht zwar die Zukunft weiterhin in der EU. Aber diese ist immer noch eine primär westeuropäische Veranstaltung. Die traditionellen Partner Frankreich, die Benelux-Länder, Italien, England und Spanien liegen weiterhin im westlichen Europa, fernab von Ostmitteleuropa und Osteuropa. So muß der deutsche Bundeskanzler ungeachtet aller Westbindung jetzt doch eine neuartige Politik der Mitte betreiben, die viel komplizierter ist als die einstmalige Westbindung.

Wie schon erwähnt, schwebt Kohl seit langem eine Art paneuropäisches Europakonzept vor. Er ist in der Sechsergemeinschaft groß geworden und will darin weiterhin den Kern der Europäischen Gemeinschaft verstehen. Er hat auch gelernt, daß ohne Großbritannien keine gedeihliche Weiterentwicklung möglich ist. Wer England dabeihaben will, muß auch Irland und Dänemark dazunehmen. Erstaunlicherweise hat er sich aber in den achtziger Jahren auch der Süderweiterung verschrieben. Aus dem spanischen Ministerpräsidenten González wurde sogar neben Mitterrand so etwas wie sein Lieblingspartner bei der Integrationspolitik.

Nun greift er mit demselben Elan die Idee der Erweiterung um die skandinavischen Staaten auf. Bald weiß man in Oslo, Stockholm und Helsinki, daß Kohl in der EG zu den stärksten Befürwortern einer möglichst raschen Norderweiterung gehört. Damit folgt er sicherlich traditionellen kulturellen und handelspolitischen Interessen Deutschlands. Besonders das bisher aus Rücksicht auf die Sowjetunion neutrale Finnland wird nun von ihm geradezu umworben. Im September 1991 entwickelt er dem finnischen Ministerpräsidenten Esko Aho seine derzeitige Erweiterungsphilosophie: »Er habe sich noch vor sechs Jahren nachdrücklich für den Beitritt von Spanien und Portugal eingesetzt und sich die Kritik zugezogen, er fördere damit eine Südlastigkeit der Europäischen Gemeinschaft. Jetzt gebe es eine neue Lage: Er rechne damit, daß Schweden und Österreich 1995 Mitglieder der Europäischen Gemeinschaft würden. Für ihn sei dann schwer vorstellbar, daß die EG sozusagen in Stockholm aufhöre. Man wisse zwar nicht, was die Norweger tun würden – sie seien schon einmal halb in der Tür gewesen und seien dann auf der anderen Seite wieder rausgegangen. Aber dann gebe es eben noch ein wichtiges nordeuropäisches Land – dies sei Finnland. Die Dinge hätten sich inzwischen für Finnland geändert. Und er wolle daher offen sagen, daß er sich nicht vorstellen könne, daß im Jahr 2000 Finnland außerhalb dieser Entwicklung stehe. Für ihn als Deutschen sei ganz klar, daß Finnland in der Gemeinschaft sein müsse. Dies habe auch mit den speziellen Beziehungen zwischen Finnland und Deutschland zu tun.«[2]

Die Norderweiterung der EG beinhaltet nach seiner Auffassung auch eine geostrategische Komponente. Der kulturelle und wirtschaftliche Einfluß der Ostsee-Anrainer Schweden und Finnland erstreckt sich auf Polen und in den baltischen Raum bis hin zu dem ehemaligen Leningrad, jetzt wieder Sankt Petersburg, das sich gleichfalls im Zeichen von Demokratie und Marktwirtschaft erneuern soll. Deutschland, so sieht es der Bundeskanzler, braucht in den EG-Gremien Alliierte, die sich – gemeinsam mit Großbritannien und Dänemark – bei den zögernden Franzosen, Italienern, Spaniern und Portugiesen für eine konstruktive Ostpolitik einsetzen.

Wie sich zeigt, zögern Frankreich und die Südländer die Erweiterung der EG um die nordischen Staaten und Österreich so lange wie möglich hinaus, so daß die Beitrittsverhandlungen erst 1992 beginnen können. In diesem Punkt liegt Kohl auf der britischen Linie. »Er sei davon überzeugt«, versichert er im Juni 1991 John Major, daß die Erweiterung um die EFTA-Staaten und am Ende auch um Polen, Ungarn und die ČSFR komme. Danach werde die Entwicklung allerdings auf lange Zeit abgeschlossen sein.«[3] Die Erweiterung um Österreich versteht sich für einen deutschen Bundeskanzler, der zudem Jahr für Jahr seinen Sommerurlaub in Sankt Gilgen verbringt und mit den Parteifreunden der ÖVP bestens vertraut ist, ohnehin von selbst. Doch auch hier kommen geostrategische Überlegungen ins Spiel: Österreich wird schon aus Eigeninteresse Kohls mittelfristige Pläne unterstützen, Ungarn und die ČSFR der EG anzugliedern. Außerdem zeigen die Kriege und Krisen im zerfallenen Jugoslawien, welche Rolle Wien auch bei der Stabilisierung Sloweniens und Kroatiens spielen könnte.

Für einen Bundeskanzler, der die nähere und fernere Geschichte des 19. und 20. Jahrhunderts so stark verinnerlicht hat wie Helmut Kohl, gehört eine mittelfristige Vollmitgliedschaft Polens und der Tschechoslowakei genauso zu den undiskutierten Selbstverständlichkeiten wie für die gesamte deutsche Öffentlichkeit. Vorerst bleiben noch die wohlbekannten Streitfragen zu regeln, die der Zweite Weltkrieg und die anschließenden Vertreibungen hinterlassen haben. »Unser Wunsch sei es, daß auch Polen, Ungarn und die Tschechoslowakei, wenn sie sich selbst dazu in der Lage sähen, diesen Weg nach Europa einschlügen«, eröffnet er im Juni 1991 dem polnischen Ministerpräsidenten Jan Bielecki, mit dem er sich besser versteht als mit dessen Vorgänger: »Die politische Einigung Europas sei ohne Polen ein Torso.«[4] Dasselbe versichert er dem tschechoslowakischen Ministerpräsidenten Marián Čalfa im

Februar 1992 bei Gelegenheit der Unterzeichnung des Deutsch-Tschechoslowaki-
schen Vertrags: »Wir hätten Europa immer über die EG-Grenzen hinaus definiert.
Prag sei eine europäische Stadt. Die tschechoslowakische EG-Mitgliedschaft sei für
uns ein vitales Anliegen. Europa solle nicht an unseren östlichen Grenzen enden.«[5]
Daß es jedoch längere Zeit dauern wird, bis diese Länder den *acquis communautaire*
übernehmen können, ist Kohl durchaus bewußt.

Genauso selbstverständlich ist für ihn die EG-Mitgliedschaft Ungarns. Zu den
ungarischen Reformkommunisten hatte er schon in den achtziger Jahren die besten
Kontakte, und er vergißt nie die Rolle der Ungarn bei der Grenzöffnung im September 1989. Hinzu kommt, daß zwischen Ungarn und Deutschland nicht allzu viel
Geröll aus der Vergangenheit liegt.

Früh sieht er sogar für Estland, Lettland und Litauen eine langfristige Beitrittsperspektive. Die Auflösung der Sowjetunion liegt gerade ein halbes Jahr zurück, und
in den unabhängig gewordenen baltischen Republiken stehen noch russische Truppen, da trifft er sich mit den Präsidenten von Estland, Lettland und Litauen am Rande
der UN-Umweltkonferenz im brasilianischen Rio und gibt ihnen zu verstehen, daß
nach einem freilich noch fernen Beitritt der ČSFR, Ungarns und Polens »auch die
baltischen Staaten folgen«. Daß diese Zielsetzung Moskau nicht gefallen wird, weiß er
natürlich, und er meint bei dieser Gelegenheit: »Niemand könne sicher sein, ob nicht
in Rußland wieder die alten großrussischen Vorstellungen virulent würden.« Zwei
Jahre lang hat er sich in Bezug auf die baltischen Staaten Zurückhaltung auferlegt, um
den Gegnern Gorbatschows keine Argumente frei Haus zu liefern, doch auch aus
Sorge vor einem Zerfall der Sowjetunion. Jetzt aber folgt er seinen paneuropäischen
Überzeugungen: »Die Politische Union müsse den Geist Europas, den gemeinsamen
kulturgeschichtlichen Hintergrund der europäischen Staaten, reflektieren. Die baltischen Staaten seien und blieben Teil dieses Europa.« Er läßt bei dieser Gelegenheit
aber auch durchblicken, daß er die böse Rolle, die Deutschland 1939 bis 1945 in Bezug
auf die baltischen Republiken spielte, gleichfalls nicht vergessen hat.[6]

Angesichts der vielen Unsicherheiten, die 1992 noch über Europa liegen, sind die
Vorstellungen des Bundeskanzlers über die mittelfristigen und langfristigen Perspektiven einer Erweiterung der EU bemerkenswert differenziert und, wie sich zeigen
wird, auch realistisch. Auf präzise Fragen des portugiesischen Ministerpräsidenten
Aníbal Cavaco Silva gibt er im Juni 1992, im Vorfeld der portugiesischen Ratspräsidentschaft, entsprechend nuancierte Antworten: »Man solle in Lissabon die Kommission beauftragen, bis Ende 1992 das Mandat für die Beitrittsverhandlungen mit
den fünf EFTA-Staaten vorzubereiten; aus seiner Sicht seien dies die einzigen Bei-
tritte, die in diesem Jahrzehnt noch möglich seien; in Bezug auf ČSFR, Polen und
Ungarn plädiere er dafür, eine ›Spezial-Assoziierung‹ in der Erwartung zu finden,
daß ein Beitritt in ungefähr zehn Jahren möglich sein könne, wenn die wirtschaft-

liche Entwicklung dieser Länder weit genug fortgeschritten sei; ein früherer Beitritt sei aus seiner Sicht nicht möglich, sonst würde der Weg Richtung Wirtschafts- und Währungsunion sowie Politischer Union gebremst, wenn nicht unmöglich; insgesamt solle man in Richtung auf eine Art Sonderstatus für diese Länder als Zwischenstufe bis zu einem Beitritt steuern; für Malta, Zypern und die Türkei befürworte er die Schaffung eines Sonderstatus entsprechend der Tendenz in der Kommission; ein Beitritt insbesondere der Türkei könne nicht in Frage kommen.«[7]

Was Kohl auf keinen Fall wünscht, ist ein türkischer Beitritt. Zu John Major, der damals ähnlich denkt, sagt er im März 1991, »es sei in der Tat ausgeschlossen, daß die Türkei in die EG aufgenommen werde. Man sollte ihr auch keine diesbezüglichen Hoffnungen machen.« Aber er fügt hinzu: »Gleichzeitig sei es erforderlich, die Türkei so nahe wie möglich an die EG heranzuführen. Die Realität sei einfach: In zehn Jahren werde die Türkei 90 Millionen Einwohner mit einer sehr günstigen demographischen Kurve haben. Die türkische Wirtschaft werde stärker werden. Die Türkei werde eines der wichtigsten Länder der Region, ja der islamischen Welt sein. Daher solle man möglichst viele Kontakte zu ihr unterhalten. Deutschland habe traditionell gute Beziehungen zur Türkei.«[8] Dasselbe erklärt er im Jahr darauf gegenüber Präsident Bush: »Die Türkei werde definitiv nicht Mitglied sein.«[9]

Kohls strikte Weigerung, eine Vollmitgliedschaft der Türkei ins Auge zu fassen, ergibt sich auch aus seiner Sorge vor dem fundamentalistischen Islamismus. »In unserer Nachbarschaft« sei die Türkei am stärksten davon bedroht, vermerkt er im September 1991 gegenüber dem indischen Ministerpräsidenten Rao, »sie habe eine überaus junge Bevölkerung und werde im Jahr 2000 100 Millionen Einwohner haben; mehrere Millionen türkischer Gastarbeiter hätten ihren ständigen Wohnsitz in Deutschland. Wenn es dem islamischen Fundamentalismus gelinge, den von Kemal Atatürk begründeten Säkularismus in der türkischen Politik zu beseitigen, stehe der islamische Fundamentalismus an Europas Grenzen.«[10] Von Interesse ist auch, welche anderen Länder er bis Mitte der neunziger Jahre nicht als Beitrittskandidaten erwähnt: weder Bulgarien und Rumänien, noch Slowenien oder Kroatien. Die Gefahr einer Verwässerung der Europäischen Union durch eine übergroße Zahl neuer Mitglieder ist ihm durchaus bewußt. Bezüglich der Assoziationsabkommen unterscheidet er strikt zwischen Ländern, bei denen die Assoziierung eine Vorstufe zur Vollmitgliedschaft darstellt, und Assoziationen ohne Beitrittsoption. Letzteres gelte, so führt er gegenüber der polnischen Ministerpräsidentin Hanna Suchocka aus, »für die GUS-Staaten sowie für die Türkei. Es sei natürlich völlig indiskutabel, daß Rußland eines Tages Teil der Europäischen Gemeinschaft werde.«[11]

Bei der für die künftige Entwicklung der EU so wesentlichen Frage der Erweiterung fehlt es ihm also nicht an Augenmaß. Seine Position liegt irgendwo in der Mitte zwischen den recht restriktiven Vorstellungen Frankreichs und den meist viel weitergespannten Großbritanniens. Aber da er ziemlich früh und mit Nachdruck die Erweiterung nach Ostmitteleuropa um die Tschechoslowakei, Ungarn und Polen sowie sogar ins Baltikum befürwortet hat, wird es ihm später an guten Argumenten gegen eine Überdehnung der EU fehlen. Besten Willens und den deutschen Interessen entsprechend, aber zugleich unvermeidlich, trägt somit auch er in diesen entscheidenden Jahren kurz nach dem Umbruch dazu bei, die bundesstaatliche Vision in immer weitere Ferne zu rücken und die staatenbundlichen Elemente der EU zu verstärken.

Über die Finanzierungsprobleme der EU bei der Erweiterung ist er sich durchaus im klaren. Einerseits zögert er nie grundsätzlich, der Bundesrepublik dabei weitere Lasten aufzubürden, dies auch in Erwartung geostrategischer Dividenden und der Erschließung von Märkten für die deutschen Exporte. Andererseits gibt ihm die Südlastigkeit der EG beziehungsweise der EU doch zu denken. Vor der internen Beratungsrunde des CDU-Bundesvorstands macht er Mitte 1992 bei einem Bericht über die Erörterung im Europäischen Rat in Sachen Erweiterung kein Hehl: »Wir waren alle der Meinung, man könne das Experiment Portugal, Griechenland und Irland nicht wiederholen. Man könne in der Gemeinschaft nicht den ökonomischen und sozialen Standard nach unten ziehen. Wir müssen vielmehr durch Assoziierungsverträge dafür Sorge tragen, daß diese Länder auf diesen Standard kommen. Denn die innere Entwicklung der EG würde zerstört, auch die Entwicklung zur Politischen Union, wenn zu den jetzt noch ökonomisch schwachen Ländern weitere Länder mit vollen Rechten und Pflichten hinzukommen würden. Für Deutschland insbesondere ist das ein entscheidendes Argument, weil es ja immer etwas mit der Kasse zu tun hat. Das kann man nur in einem nächsten Schritt verwirklichen. Wenn Sie mich fragen, so sehe ich diese Chance in diesem Jahrhundert nicht. Das sage ich unter Ausschluß der Öffentlichkeit. Es hat keinen Sinn, hier irgend welche Erwartungen zu wecken.«[12]

Aber hat er diese in Polen, Ungarn oder der Tschechoslowakei nicht selbst geweckt? Und hat er es nicht unterlassen, sich vor der Erweiterungsrunde um Finnland, Schweden und Österreich rechtzeitig klarzumachen, daß nun eine Reform der Stimmengewichtung im Europäischen Rat vordringlich wäre? Denn wann, wenn nicht jetzt, wäre eine derartige Reform noch durchsetzbar!? Da er die Erweiterungsperspektive nach Ostmitteleuropa nicht ausschließt und zugleich die Mehrheitsabstimmungen im Rat betreibt, ist eben doch eine EU zu erwarten, in der sich die Großen mit ihren rund achtzig Prozent der Bevölkerung und entsprechend hohem Anteil am Wirtschaftsaufkommen gegenüber einer Vielzahl kleinerer Mitglieder in einem asymmetrischen Verhältnis befinden. Aber Konzepte wie die der »doppelten Mehrheit«, auf denen später auch Deutschland bestehen wird, widerstreben ihm. Anders als Frankreich oder Großbritannien möchte er, daß Deutschland als größtes EU-Land die Kleineren besonders pfleglich behandelt. Er will gerade in diesem Punkt glaubhaft bekunden, daß die Deutschen der Großmachtpolitik abgeschworen haben, vermag sich aber auch deshalb nicht aus den Widersprüchen von Erweiterung und Vertiefung herauszuwinden.

Die Rolle Amerikas im neuen Europa

Nach dem Ende des Kalten Krieges ist die Zugehörigkeit zur NATO weiterhin eines der Axiome der Außenpolitik Helmut Kohls. Er ist und bleibt ein in der Wolle gefärbter Harmonisierer, der guten Mutes alle schönen Ziele gleichzeitig zu verwirklichen sucht: enge Sicherheitsbeziehungen zu den USA im Rahmen der NATO, mittelfristiger Ausbau der EU mit den Kernländern Deutschland und Frankreich zu einer echten Verteidigungsgemeinschaft und Aufbau eines Sonderverhältnisses zu Rußland, ohne dabei die Sicherheit Deutschlands, Polens oder der baltischen Länder zu gefährden. »Auf lange Sicht gebe es keinen Ersatz für die NATO«, versichert er dem Präsidenten George Bush im Mai 1991. Einbettung Europas in die NATO heißt aber zugleich denkbar enge sicherheitspolitische Anbindung an die USA: »Für uns Deutsche seien die deutsch-amerikanischen Beziehungen eine existentielle Voraussetzung für die Zukunft«, betont er bei derselben Unterredung. Auch dafür »gebe es keinen Ersatz«.[1] Aber in Amerika hat ein Prozeß der Neuorientierung begonnen. Die abrupte Verlagerung ganzer Divisionen, die zuvor in Deutschland standen, an den Persischen Golf zeigte bereits deutlich eine Veränderung der sicherheitspolitischen Prioritäten. Die Bereitschaft, bei der Lösung der Jugoslawienkrise den selbstbewußten Europäern den Vortritt zu lassen, ist ein weiteres Indiz dafür. Zudem werden in der amerikanischen Öffentlichkeit die Stimmen lauter, die verlangen, daß nun, nach Beendigung des Kalten Krieges, die Friedensdividende auf Verbesserungen in den USA selbst verwandt werden sollte. Die Liste ist lang: Industriepolitik, Gesundheitsfürsorge, Renten, Erneuerung der vielerorts verrotteten Verkehrsinfrastruktur, Gesundheitsfürsorge, Erziehungswesen, Wohnungsbau für die Bedürftigen, Hilfe für Alleinerziehende. Allem Anschein nach ist Amerika in den frühen neunziger Jahren auch wieder einmal geneigt, sich mehr mit sich selbst zu beschäftigen. Kohl, der regelmäßig in die USA reist, dort zahllose Gespräche führt und auch ständig amerikanische Besucher befragt, registriert den Stimmungsumschwung in den USA genau. Er bleibt aber weiterhin ganz zuversichtlich, dieser kritischen Tendenz dank der Freundschaft mit dem Präsidenten George Bush begegnen zu können. An beunruhigenden Signalen fehlt es jedoch nicht.

Bei einer Unterredung von Kohl und Bush im März 1992 macht der amerikanische Präsident darauf aufmerksam, daß die Demokraten, gegen die er jetzt antritt, weitere Einschnitte im amerikanischen Verteidigungshaushalt vornehmen und parallel dazu die Truppen in Europa substantiell reduzieren möchten. Brent Scowcroft, Bushs Alter ego in Sicherheitsfragen, wirft ein, möglicherweise müsse man »unter 150 000 zurückgehen«. Kohl antwortet darauf, es wäre eine große Torheit, »wenn die Amerikaner sich aus Europa völlig zurückziehen würden«. Man dürfe also nicht bei einer symbolischen Zahl stehen bleiben, die nicht mehr glaubhaft wäre. Dazwischen gebe es sicher viele Möglichkeiten. Baker seinerseits verweist auf die weiterhin bestehenden Schwierigkeiten mit Frankreich: »Jedesmal, wenn man in Brüssel in der NATO von deren Stärkung oder politischen Rolle spreche, verhalte sich Frankreich negativ.«[2] Der Bundeskanzler erwidert, da Deutschland jetzt achtzig Millionen Einwohner habe und das wirtschaftlich stärkste Land Europas sei, brauche es »politisch und wirtschaftlich ein europäisches Dach. Dieses europäische Dach müsse zugleich mit einem NATO-Dach verbunden sein. Für ihn sei eine Politik indiskutabel, die die Integration Europas voranbringe, aber die Bindungen an die USA abschwäche. Es gehe hier nicht um ein Entweder-Oder, sondern um ein ›Sowohl-als-auch‹.«

Bush nimmt ihm das durchaus ab, äußert aber bei dieser und späteren Gelegenheiten seine Zweifel, ob Frankreich nicht doch Probleme mit dieser Formel habe. Als Deutschland und Frankreich im Frühjahr 1992 die deutsch-französische Brigade zum »Euro-Korps« weiterentwickeln, führt das prompt zu Irritationen. Nicht zu Unrecht befürchtet man seitens der Bush-Administration, das deutsche und französische Drängen auf eine europäische Streitmacht könne den Kongreß ermutigen, die in Europa stationierten US-Streitkräfte auf nur noch symbolische Kontingente zu reduzieren. Im Vorwahlkampf sieht sich Bush überdies besonders starkem Druck ausgesetzt, die Haushaltsprioritäten von der Verteidigung auf lange vernachlässigte innenpolitische Aufgaben zu verlagern. Im April 1992 unterrichtet Generalstabschef Powell den Bundeskanzler, man werde die US-Streitkräfte in Europa um rund fünfzig Prozent reduzieren: »Das werde darauf hinauslaufen, daß noch 150 000 Mann in Europa, davon 110 000 in Deutschland blieben.« Kohl erwidert darauf, »wir legten weiterhin größten Wert auf die amerikanische Präsenz in Europa«, weist jedoch zugleich darauf hin, aus der EG werde jetzt »eine Art Europäischer Staatenbund«. Da sei es normal, daß man auch in der Verteidigung zusammenarbeite. Powell äußert Verständnis, verhehlt aber nicht die kritische Stimmung im Kongreß.[3]

Im Pentagon, auf der Hardthöhe und im NATO-Hauptquartier interessiert das Euro-Korps in erster Linie unter Aspekten wie Führungsstruktur, Kampfkraft, Kosten und Interoperabilität. Für Kohl zählt in erster Linie die Symbolik. Als er bei einem Treffen mit hochrangigen amerikanischen Besuchern nach der Vereinbarkeit des deutsch-französischen Euro-Korps mit der NATO gefragt wird, gibt er zur Antwort: »Das Wichtigste am Euro-Korps sei seine psychologische Wirkung: Deutsche und Franzosen würden gemeinsam in einer Einheit dienen! Es komme nicht so sehr auf die Kampfkraft der Einheit an, sondern auf die Demonstration einer noch vor kurzem für undenkbar gehaltenen Gemeinsamkeit.«[4]

Am Rande des G-7-Gipfels in München Anfang Juli 1992 kommt es zu einem konzertierten Vorstoß von Bush und Baker gegen die französische NATO-Politik. Als Bush eine Reihe von Differenzen anspricht, antwortet Kohl gereizt, das werde in Washington aufgebauscht: »Deutschland sei Teil der NATO und brauche keinen diesbezüglichen Nachhilfeunterricht. Wir hätten unsere Treue zur NATO sowohl in Moskau als auch bei der Nachrüstung unter Beweis gestellt. Ebenso klar sei, daß wir die Europäische Union wollten. Beides sei kein Gegensatz. Im Rahmen der Europäischen Union müsse es auch eine europäische Sicherheitsidentität geben. Dies sei ohne weiteres mit der NATO in Einklang zu bringen. Präsident Mitterrand wisse im übrigen genau, daß mit Deutschland etwas anderes nicht machbar sei.« Bush erklärt, »die deutsche Interpretation sei absolut in Ordnung. Leider sei die französische Interpretation davon etwas verschieden.« Er vergißt auch nicht zu erwähnen, daß der Präsidentschaftskandidat Ross Perot – törichterweise natürlich – verkünde, die Deutschen sollten für die amerikanische Militärpräsenz fünfzig Milliarden Dollar zahlen. Warnend meint er, »niemand wisse, was in der früheren Sowjetunion noch alles passiere.« Baker substantiiert das, indem er auf die Weigerung Frankreichs verweist, für die NATO eine Rolle beim internationalen *peacekeeping* vorzusehen. Der Bundeskanzler wiegelt weiter ab, auch Außenminister Kinkel legt sich ins Zeug. Doch Bush bleibt bei seiner Meinung, Mitterrand betreibe eine *self-fulfilling prophecy*, indem er den Amerikanern suggeriere, in Europa erwarte man, daß sie sich zurückzögen. Kohl besteht jedoch weiterhin darauf, in zwei Jahren werde man sehen, daß die Dinge in der Politischen Union in seinem Sinn laufen würden. Frankreich werde sich der Mehrheitsmeinung im Bündnis anpassen.[5]

Kohl muß aus dieser Unterredung drei Schlußfolgerungen ziehen: erstens daß Bush mit Blick auf den Wahltag zunehmend nervös ist, zweitens daß man die amerikanischen Rückzugstendenzen ernst zu nehmen hat und drittens daß die Gegner des Präsidenten – die Demokraten mit Clinton und Ross Perot – noch viel problematischer wären als der berechenbare George Bush. Entsprechend deutlich signalisiert er seine Präferenz für eine Fortsetzung der Präsidentschaft Bushs und setzt damit auf das falsche Pferd. Denn die unberechenbaren amerikanischen Wähler entscheiden sich im November 1992 für den Demokraten Bill Clinton. Der scheint alles zu verkörpern, was Kohl fürchtet. Er tritt mit dem Anspruch auf, sich ganz der vernachlässigten Innenpolitik zu widmen. Er ist 1946 geboren, so daß ihm die prägenden Erfahrungen der Kriegsgeneration in Europa völlig fremd sind. Seine Generationsprägung erfährt er in der Protestbewegung gegen den Vietnamkrieg, auf den ersten Blick also ein typischer Achtundsechziger – auch das keine Empfehlung für Kohl. Und während der Bundeskanzler sonst auf dem Washingtoner Parkett jeden Politiker kennt, der etwas zu sagen hat, ist der Gouverneur von Arkansas für ihn ein Unbekannter. Wie soll sich mit einem derartigen Präsidenten der Aufbau Europas bei gleichzeitiger Fortentwicklung der atlantischen Orientierung bewerkstelligen lassen?

Doch das Gegenteil des Befürchteten geschieht. Schon beim ersten Treffen finden die beiden aneinander Gefallen. In vertrauter Runde, später auch in den *Erinnerungen*, wird Kohl gern erzählen, wie rasch sich zwischen ihnen ein persönlicher Kontakt hergestellt hat.[6] Der Altersunterschied ist beträchtlich, doch beider Lebensläufe weisen mancherlei Ähnlichkeit auf: einfaches Elternhaus in der tiefsten Provinz, Werkstudium, unablässige Betriebsamkeit an der politischen Basis, nächtelanges Diskutieren, Pläneschmieden und Intrigieren im Kreis der Parteifreunde, Reifen in der Verantwortung für ein kleines, zurückgebliebenes Bundesland. Im Jahr 1993 und später brauchen sie sich gegenseitig auch dringend. Ohne sein Vertrauensverhältnis mit dem Präsidenten wäre es Kohl unmöglich, den Kurs des »Sowohl-als-auch« von Amerikapolitik und Frankreichpolitik völlig bruchlos fortsetzen. Für Clinton ist Kohl jedoch genauso nützlich. Er ist ein Neuling in den internationalen Beziehungen, und er hat es mit einem neuen Europa zu tun, dessen Spielregeln und Machtspiele ihm vorerst noch fremd sind. Kissinger hat gelegentlich seinen Wunsch nach einer einzigen Telefonnummer in Europa erwähnt, um bei jeder Krise rasche Absprachen zu treffen. Für Clinton ist Kohl gewissermaßen diese europäische Telefonnummer. Keine politische Figur in den Hauptstädten Europas und in den EU-Korridoren in Brüssel, kein kompliziertes Sachthema, keine der zahllosen innereuropäischen Querelen, die der erfahrene Bundeskanzler nicht bestens kennt und zu denen er nur allzugern kundigen Rat spendet! Dabei vermeidet Kohl jede Besserwisserei, versteht sich kumpelhaft zu geben, vertilgt mit dem gleichfalls gefräßigen Präsidenten in Georgetown oder wo immer die italienische Küche lockt halbe Nächte lang gewaltige Mengen von Carpaccio, Calamari, Ravioli, befeuchtet das gebührend mit den passenden Weinen und redet, redet, redet …[7]

Auch Clinton ist von Kohl völlig hingerissen. Als er später dem Journalisten Taylor Branch aufschlußreiche Tonbandinterviews gewährt, wird er Kohl als seinen besten Freund unter den Staatsmännern bezeichnen.[8] Er hält ihn für einen besonders »smarten« Politiker und sagt manchmal, ihr Verhältnis sei wie das eines jüngeren zum älteren Bruder oder zu einem älteren, erfahrenen Onkel. Im Jahr 2011, als Kohl inzwischen der Schiffbruch des Alters erreicht hat, reist Clinton nach Berlin in die American Academy. Dort versichert er dem dankbar zu ihm emporschauenden, jetzt im Rollstuhl sitzenden einstigen Kanzler: »Manchmal sitze ich da und liste auf, was ich außenpolitisch alles getan habe. Und ich stelle nun, an der Schwelle zum Alter, fest, durchaus stolz, daß ich in allem, was ich tat, nur Helmut Kohl folgen mußte.«[9]

Während der junge Präsident England gegenüber eher kühl ist und mit hochmütigen Franzosen vom Typ Mitterrand wenig anfangen kann, mag er die Deutschen und verfügt über ein Gespür für Osteuropa, wo er sich bereits als Student herumgetrieben hat. »Empathie« ist eines seiner großen Talente, und so begreift er die Schwierigkeiten der Tschechen, der Polen, der Russen, aber auch der Ostdeutschen, die sich inmitten ihrer zusammengebrochenen Industrien zurechtfinden müssen. Als hilfreich erweist sich, daß Hillary Clinton, die Wettermacherin im Weißen Haus, das deutsche Gesundheitssystem bewundert.

Selbstverständlich strahlt die Intimität zwischen Präsident und Kanzler mehr oder weniger stark auf die ganze Administration aus. Auch nach dem abrupten Abgang George Bushs kann Kohl das »Sowohl-als-auch« von Amerika- und Frankreichpolitik völlig bruchlos fortsetzen. Wenn der ansonsten ziemlich angeschlagene Bundeskanzler im kritischen Jahr 1993 nicht noch außenpolitisch einbricht, vielmehr 1994 sein Comeback erlebt, dann auch dank Clinton. Dieser läßt es sich nicht nehmen, mit dem Kanzler in der Vorwahlzeit in Berlin einen großen Auftritt zu geben, und hilft ihm damit, sich ein letztes Mal zu behaupten, wenngleich nur recht knapp.

Koalitionskräche, Rücktritte und neue Gesichter

Die hektische Krisenstimmung der Jahre 1991 bis 1993 erfaßt auch Kohls Kabinett. Alle paar Monate muß er Minister verabschieden, einsetzen oder umsetzen. Ist dies ein Indiz für die schwere See, in der sich die Koalition damals befindet? Oder sitzt Kohl inzwischen so fest im Sattel, daß er es sich leisten kann, seine Minister umfallen zu lassen oder aufzustellen wie Kegel? In beiden Vermutungen steckt ein Stück Wahrheit.

Nur die im November 1991 vollzogene Umsetzung von Schäuble, Seiters und Bohl ist das Ergebnis langfristiger Überlegungen. Kaum ist diese Operation unter Dach und Fach, da kündigt sich eine weitere Veränderung an. Auf Bitten von Genscher findet am Sonntagmorgen nach dem Berliner Presseball kurz vor dem Jahresende 1991 ein persönliches Gespräch zwischen dem Kanzler und dem Außenminister statt.[1] Das einstmals freundschaftliche Verhältnis hat sich abgekühlt. Doch die beiden begegnen einander weiterhin jovial, unter Wahrung der bürgerlichen Formen, ein wenig wie ein altes Ehepaar, das sich auseinandergelebt hat. Genscher informiert Kohl an diesem Morgen über seinen nach reiflicher Überlegung gefaßten Entschluß, am 18. Mai 1992 zurückzutreten, dann sei er nämlich genau achtzehn Jahre lang Bundesaußenminister gewesen.

Kohl macht keine Anstalten, Genscher davon abzubringen, bemerkt nur, er habe sich nach Genschers Anruf schon so etwas gedacht. Aber er will ihn überreden, doch noch bis zum Herbst 1992 zu bleiben, wohl auch in der Absicht, dann eine umfassendere Kabinettsumbildung vorzunehmen. Den Rückzug im Rahmen eines größeren Revirements wünscht Genscher aber gerade zu vermeiden. Er suchte, wird Kohl später spitz formulieren, »den großen Abgang«.[2] Natürlich mußte er befürchten, daß der Bundeskanzler im Rahmen eines großen Stühlerückens versucht sein könnte, der FDP das Auswärtige Amt abzujagen. Daß sich Volker Rühe für das Amt des Außenministers schon warmläuft, ist bekannt. Ende Dezember vereinbaren die Herren jedenfalls Stillschweigen gegenüber jedermann mit Ausnahme der engsten Familie und halten sich auch daran. Genscher wird später in seinen Memoiren schreiben, er habe mit dem Bundeskanzler vereinbart, den Rückzug in der zweiten Aprilhälfte bekanntzugeben. Kohls zwölf Jahre später publizierte Version lautet demgegenüber, der Außenminister habe offengelassen, »wann dies genau geschehen solle«. Sicher aber ist eines: Nach dem Ausscheiden Genschers, des stärksten Widerparts Kohls, wird es ein anderes Kabinett sein und wohl auch eine andere FDP.

Doch bevor es dazu kommt, scheidet mit Gerhard Stoltenberg eine weitere Kabinettsgröße aus, die gleichfalls von Anfang an dabei war. Bemerkenswert ist auch in diesem Fall, wie wenig sich der Bundeskanzler bemüht, den Minister an seiner Seite zu halten. Hält er sich inzwischen für so groß, daß er allein in die Zukunft Europas schreiten möchte ohne die Gefährten, die seinen mühsamen Aufstieg erlebten? Will er jetzt im Kabinett endlich vor allem eigene Leute aus der Pflanzschule seiner einstigen Fraktion haben, die gewissermaßen auf Pfiff dressiert sind? Oder sind seine Motive noch viel einfacher: Sorge vor einem Wahldebakel in Baden-Württemberg bei den im April 1992 anstehenden Landtagswahlen, so daß er die Kampagne gegen Stoltenberg möglichst rasch weggewischt sehen möchte?

Der Anlaß für den Rücktritt Stoltenbergs ist jedenfalls denkbar lächerlich. Die Nationale Volksarmee hat in ihren Magazinen an die 2400 Panzer, 4500 Flugzeuge, über 50 000 Lastwagen hinterlassen,[3] dazu Berge von Geschützen, Raketen, Radargeräten, Fernmelde-Einrichtungen, Sanitätsmaterial und anderes mehr. Dafür werden möglichst rasch Abnehmer gesucht. Außerdem muß die Bundeswehr vertragsgemäß schrumpfen, weshalb gleichfalls ursprünglich bundesdeutsches Gerät auszusondern ist, für dessen Wartung es an Personal fehlt. Andererseits existieren Lieferverträge aus den Jahren vor dem Umbruch, die noch bedient werden müssen. Die Hardthöhe der frühen neunziger Jahre ist ein großer Waffenbasar, aus dem sich die NATO-Alliierten, die Israelis und weitere Staaten bedienen können, mit denen irgendwelche Lieferverträge bestehen.

Selbstverständlich ist die Aufdeckung von Unregelmäßigkeiten bei diesen Waffengeschäften ein gefundenes Fressen für die Opposition und die regierungskritische Presse. Im Fall der Türkei spielt auch das Kurdenproblem eine Rolle. Seit Jahren zerren Menschenrechtsaktivisten die türkische Regierung wegen ihrer Unterdrückung der Kurden auf die Anklagebank. Haushalts- und Verteidigungsausschuß bestehen darauf, Lieferungen von Rüstungsgut zu untersagen, das zur Repression in den Kurdengebieten geeignet wäre. Im Jahr 1988, also noch vor dem Umbruch, wurde zwischen der

Bundesrepublik und der Türkei ein Vertrag über die Lieferung von 150 ausgemusterten Leopard-I-Panzern geschlossen, doch als im Herbst 1991 die Lieferung der letzten neunzehn Panzer ansteht, sperrt der Haushaltsausschuß die Mittel für die Umbau- und Transportkosten. Die Panzer werden dennoch geliefert. Erst als die Rechnungen einlaufen, fällt auf, daß der Sperrvermerk nicht streng beachtet wurde. Weitere unrechtmäßige Lieferungen lassen sich unschwer entdecken. Die hohen Beamten, die Hausjuristen und der zuständige Staatssekretär schieben sich gegenseitig die Verantwortung zu. Nach den Gesetzlichkeiten der parlamentarischen Demokratie, die zugleich eine Mediendemokratie ist, sägen nun Feind und Freund so lange an dem Stuhl Stoltenbergs, bis dieser das Handtuch wirft. Er bleibt bis zum Schluß ein Gentleman, erwähnt vor der Fraktion, daß er sich »nach freundschaftlichen Gesprächen mit einigen Kollegen – und ich möchte hier vor allem Wolfgang Schäuble und Helmut Kohl erwähnen«, zum Rücktritt entschlossen habe,[4] und deutet nur vornehm verhüllt die politischen Gründe an. Bedauernd, aber ungerührt läßt Kohl ihn jedenfalls ziehen. Seine Nachfolge tritt Volker Rühe an, der sich vornimmt, sein Ministerium mit harter Hand unter totaler Kontrolle zu halten. Tatsächlich hält er sich auf dem berüchtigten Schleudersitz des Bundesverteidigungsministers bis 1998. Kohl aber hat sich Genscher gegenüber zum Abwarten verpflichtet, somit sind ihm die Hände gebunden, schon jetzt die gewünschte Kabinettsumbildung vorzunehmen.

Alles dreht sich in diesen Monaten und Wochen um die Landtagswahl in Baden-Württemberg am 5. April 1992. Ausländische Beobachter wundern sich zwar seit Jahrzehnten über die ganz übertrieben hohe Bedeutung, die Landtagswahlen für die Bundespolitik haben. Doch das ist und bleibt nun einmal eine Grundtatsache des deutschen Regierungssystems, auch in der Ära Kohl. In den Monaten vor den Wahlen haben sich CDU/CSU und FDP stark verzankt. Will man die Koalitionskrise verstehen, die der Rückzug Genschers auszulösen droht, dann wird diese nur auf dem Hintergrund der vorangegangenen Differenzen voll verständlich.

Das Wahldebakel in Baden-Württemberg läßt sich nicht mehr verhindern, genauer gesagt: ein halbes Wahldebakel. Die CDU verliert fast zehn Punkte. Auch die SPD muß Verluste hinnehmen. Wahlsieger sind die Republikaner mit 10,9 und die Grünen mit 9,5 Prozent der Stimmen. Ministerpräsident Erwin Teufel kann sich nur halten, indem er eine Koalition mit der SPD eingeht. Es hätte noch schlimmer kommen können.

Der Koalitionsfriede hängt also schon schief, als am 27. April die Mitteilung Genschers über seinen Rücktritt wie eine Bombe explodiert. In den FDP-Gremien beginnt ein Hauen und Stechen, dem Kohl tatenlos zusehen muß. Seit Jahrzehnten ist es guter Koalitionsbrauch, daß die FDP-Fraktion dem Regierungschef mehrheitlich seine Kabinettsminister serviert. Aber selten ist die verfassungspolitische Problematik dieser Praxis so deutlich geworden wie diesmal. Genscher hatte Kohl

davon in Kenntnis gesetzt, Kinkel werde seine Nachfolge antreten. Aber der Parteivorsitzende Graf Lambsdorff und der Fraktionsvorsitzende Solms haben andere
Pläne. An einem schönen Montag Ende April teilen sie dem Bundeskanzler mit,
Irmgard Adam-Schwaetzer, zuvor Staatsministerin unter Genscher im Auswärtigen
Amt, seit 1991 Bundesbauministerin, werde Genschers Nachfolgerin. Dem Regie-
rungschef bleibt keine andere Wahl, als seine Zustimmung zu signalisieren. Doch
schon tags darauf wird ihm kurz vor einem Redeauftritt die Mitteilung zugesteckt,
daß künftig der bisherige Justizminister Kinkel als Außenminister amtieren wird.
So haben das die FDP-Bundestagsfraktion und der von Intrigen geschwächte FDP-
Parteivorstand entschieden. Für Kohl ist das zwar ein Glück, denn seit dem Jahr der
Wiedervereinigung kommt er mit Kinkel gut aus. Dieser herzhafte Schwabe ist ein
Typ, wie er ihm gefällt, auch eine Säule der bürgerlichen Koalition. Dennoch zeigt
die Nachfolgeregelung für Genscher deutlich, daß das vielberedete »System Kohl«
bei der FDP wie bei der CSU an unüberwindliche Grenzen stößt. Die Kanzlerdemokratie ist und bleibt eben auch unter diesem mächtigen Regierungschef eine Parteiendemokratie und, so hat das der Politologe Wolfgang Jäger genannt, eine »Koordinationsdemokratie«.[5]

Verärgert muß Kohl jetzt hinnehmen, daß seine Gegner in der FDP-Fraktion die
linksliberale Sabine Leutheusser-Schnarrenberger ins Kabinett entsenden, die erst
seit 1990 dem Bundestag angehört und ihr Amt mit der festen Absicht antritt, mit der
Union und ganz besonders mit der CSU bezüglich Abtreibung, Datenschutz oder
Asylpolitik keinem Streit aus dem Weg zu gehen. Und um keine Demütigung auszu-
lassen, zwingt die FDP den Kanzler sogar, Bundeswirtschaftsminister Möllemann,
der ganz offen nach neuen Koalitionen Ausschau hält, mit dem Titel des Vizekanzlers
zu schmücken.

In den kritischen Tagen Ende April, Anfang Mai 1992 schwirrt es in Bonn nur so
von Gerüchten. Steuern Schäuble und Klose, zwischen denen sich ein Asylkompromiß andeutet, auf eine Große Koalition zu? Klose steht zwar unter dem Druck
des linken Parteiflügels, wird aber von dem Parteivorsitzenden Engholm gestützt,
der, so mutmaßen manche, vielleicht doch versucht sein könnte, so wie Willy Brandt
1966 als Juniorpartner in eine Große Koalition einzusteigen, um dann 1994 die CDU
auszumanövrieren? Auch daß Genscher gerade jetzt aussteigt, führt zu Fragen. Betrachtet auch er nun die Koalition mit der Union als hoffnungslos abgewetzt?

Ungeachtet aller Irritationen hält Kohl unbeirrt an der Koalition mit der FDP
fest. Anfang Mai sieht sich Schäuble veranlaßt, den Fraktionsvorstand mit größtem
Nachdruck zu ermahnen, »daß alle Gerüchte über eine Große Koalition rasch und
effektiv beendet werden sollten«.[6] Vierzehn Tage später begibt sich der Kanzler
höchstselbst in den Fraktionsvorstand, um die Damen und Herren daran zu erinnern, was Sache ist und wo die Glocken hängen. »Eine große Koalition«, so vermerkt

das Protokoll mit dürren Worten sein Donnerwetter, »würde der Union nichts bringen, denn voraussichtlich hätte die FDP bei späteren Wahlen zweistellige Ergebnisse und die Republikaner würden in den Bundestag kommen. Das Szenario, das hinter den Bestrebungen für eine große Koalition stehe, sei seiner Meinung nach der Gedanke an eine Ampelkoalition. Für die Union gehe es darum, ihre Hausaufgaben zu machen. Priorität habe die Grundgesetzänderung im Zusammenhang mit der Ratifizierung des Maastrichter Vertrags, die Asylproblematik, die innere Sicherheit, die Pflegeversicherung.« Zu diesem Lieblingsvorhaben der CDU, fügt er hinzu, »daß die Pflegeversicherung kommen müsse, das sei der Wille der beiden Koalitionspartner. Bei der Kompensation dürfe es keine Denkverbote geben; allerdings wolle er den gerade eingeführten Nationalfeiertag nicht abschaffen«.[7]

Mitte Mai hat sich die Aufregung wieder gelegt. Das allseitige Interesse an einer Fortführung der Koalition überwiegt. In der FDP ist man besorgt, die CDU könnte sich mit der SPD zu einer Großen Koalition zusammenfinden, wenn man die Unruhe im eigenen Bereich nicht wieder unter Kontrolle bringt und die Unionsparteien über die Maßen ärgert. Ähnlich groß sind die Befürchtungen Kohls, der Streit mit den Freien Demokraten über die Pflegeversicherung könnte diesen einen Vorwand für den Koalitionsbruch liefern. So stemmt sich der Kanzler jetzt doppelt energisch gegen die Tendenzen der CDU-Linken um Blüm und Geißler, die entsprechende Gesetzgebung notfalls mit den Stimmen von CDU/CSU und SPD gegen die FDP durchzusetzen.

Im Zusammenhang mit den durch Genschers Rücktritt ausgelösten Veränderungen kommt jetzt noch ein neues Gesicht ins Kabinett. Die Gesundheitsministerin von der CSU, Gerda Hasselfeldt, muß aus Gesundheitsgründen zurücktreten. Ihre Stelle nimmt Horst Seehofer ein, MdB seit 1980 und bisher Parlamentarischer Staatssekretär bei Blüm. Die Herkunft aus dem Umfeld Blüms zeigt auch, wo er politisch zu verorten ist. Wie die CDU hat auch die CSU ihren linken Flügel, in dem Sozialpolitiker und Gewerkschafter den Ton angeben. Der jetzt 42 Jahre alte Seehofer ist der typische Fachminister. Wie alle Bundeskanzler seit Adenauer erwartet Kohl von diesem kundigen Mann die Sisyphus-Arbeit einer Begrenzung der Kostenexplosion im Gesundheitswesen, und gleich diesem kann auch der energische Seehofer nur kurzfristige Entlastung bewirken. Immerhin, vorerst bewährt er sich, und schon 1993 wird sein Name als Nachfolger Waigels genannt, der aber politisch überlebt, wenngleich seufzend.

Im Herbst 1992 kehrt die Krise zurück. Erneut ist es Schäuble, der im Auftrag Kohls die Finanzierungsprobleme des Bundeshaushalts mit einem Kraftakt zu lösen versucht. Der Konjunkturhimmel ist eingetrübt. Bisher hat sich die Bundesrepublik mittels gigantischer Verschuldung aus dem Sog der globalen Weltwirtschaftskrise heraushalten können, die Amerika, Frankreich, England und Italien bereits voll erfaßt hat. Doch jetzt ist der Vereinigungsboom zu Ende. Nachdem ein Großteil der Industrie im Osten weggebrochen ist, wird es für die Betriebe in der »alten« Bundesrepublik eng. Wie schon zu Zeiten Helmut Schmidts verstärkt der Konjunkturabschwung auch hier die Strukturprobleme.

Die Folge ist ebenso unvermeidlich wie schmerzlich: Die Steuereinnahmen sinken, während der Transferbedarf in die östlichen Bundesländer ansteigt. Inzwischen hat sich auch längst gezeigt, daß mit den Verkäufen der Treuhandanstalt keine Gewinne zu erzielen sind, im Gegenteil: Aus der Treuhand wird ein Milliardengrab und zugleich ein Haßobjekt der Menschen im Osten, die ihren Arbeitsplatz verlieren. In allen Talkshows der Republik wird zudem das Thema von der Verschiedenheit der Gesellschaften in Ost und West breitgetreten: über vier Jahrzehnte hinweg radikal unterschiedliche Biographien, schwer zu vereinbarende Grundeinstellungen zur Rolle des Staates und zur Wirtschaft. Helmut Kohl hat das längst begriffen, ist aber wie alle anderen auch ziemlich ratlos, wie der Entfremdung kurzfristig entgegengewirkt werden könnte.

Noch steht die Bundesrepublik erst in den Anfängen eines Abschwungs, der die Arbeitslosenzahlen zwischen Mai 1992 und Februar 1993 von 1,7 auf 2,17 Millionen hochschnellen läßt.[8] Immer noch dominiert die Misere in den »neuen« Ländern. Wie kritisch sich dort die Lage im Sommer 1992 darstellt, kommt bei einer nächtlichen Sitzung des CDU-Präsidiums im Kanzlerbungalow zur Sprache. Kohls eigene Kabinettsmitglieder Krause und Merkel reden hier Klartext, unterstützt von dem Ministerpräsidenten Werner Münch aus Sachsen-Anhalt. Krause formuliert die betrübliche Wahrheit: »Die Menschen in den neuen Bundesländern hätten den Glauben an die CDU verloren.« Bitter beklagt er die gedankenlose Überheblichkeit im Westen: »Wenn wir als CDU eine Volkspartei in Ostdeutschland sein wollten, müßten wir die 10 bis 11 Millionen Wähler so annehmen, wie sie seien, und müßten dabei auch sehen, daß es 2,3 Millionen SED-Genossen gegeben habe.« Auch die Mitglieder der alten Ost-CDU müßten »differenzierter« betrachtet werden. Angela Merkel, jetzt Stellvertretende Bundesvorsitzende der CDU, bläst ins selbe Horn, mahnt eine stärkere Präsenz der höchsten Parteigremien und des Bundeskabinetts in den neuen Ländern an und beklagt, daß den Deutschen in den neuen Ländern die Lage viel zu wenig erklärt werde.

Ansonsten lassen die Beiträge der Präsidiumsmitglieder aus dem Westen auch in dieser Nacht die gewohnten Gegensätze zwischen Wirtschaftspolitikern und Sozialpolitikern erkennen. Stoltenberg weist warnend darauf hin, daß die Konjunktur auf der Kippe stehe, verlangt nach einem baldigen Konjunkturkonzept und fordert, die Diskussion über die Karenztage zum Ausgleich der Pflegeversicherung müsse endlich vom Tisch. Geißler gibt wieder einmal zu Protokoll, man müsse klarstellen, »ob wir in einer solidarischen oder in einer egoistischen Gesellschaft leben«. Die fast unlösbaren Grundsatzfragen der inneren Wiedervereinigung verknäulen sich bei dieser Auseinandersetzung mit der Problematik der Lohnnebenkosten. Zwischendurch überlegen alle Beteiligten, welche Botschaft man eigentlich dem CDU-Parteitag in Düsseldorf vorlegen wolle und welche Themen zur Orientierung der verunsicherten Delegierten dienen könnten. Die Öffentlichkeitsarbeit müsse sich verbessern, wird allgemein ausgeführt, denn immer, wenn bei Parteien die Dinge schieflaufen oder nicht vorankommen, soll die Öffentlichkeitsarbeit alles richten. Nach vier Stunden trennt man sich, ohne daß klare Grundsatzbeschlüsse gefaßt worden sind.[9]

Aus dem CDU-Präsidium ist inzwischen ein ziemlich kraftloses Diskussionsgremium geworden. Angesichts der komplizierten Problemlage kann es weder dem Bundeskabinett noch den Bundestagsfraktionen, noch den Landesregierungen differenzierte Impulse vermitteln. Auch das früher so einflußreiche Parteihauptquartier des Konrad-Adenauer-Hauses ist nur noch ein Schatten seiner selbst. Wo unter Biedenkopf und Geißler, auch noch unter Rühe, weitreichende Planungen konzipiert und auf den Weg gebracht wurden, ist inzwischen Peter Hintze als Generalsekretär installiert worden. Den mächtigen Kabinetts- und Fraktionsgrößen sowie den Ministerpräsidenten gegenüber ist er vorerst allein zum Zuhören verurteilt, und er muß alle Kräfte darauf verwenden, daß ihm der Bundestagswahlkampf 1994 nicht mißrät. Kohl und Schäuble wissen also genau, daß die maßgeblichen Entscheidungen jetzt im Koalitionsausschuß und an der Spitze der CDU/CSU-Fraktion getroffen werden müssen.

In dieser Situation ergreift das einstige Dioskurenpaar beim Einigungsvertrag, Wolfgang Schäuble und Günther Krause, die Initiative. Während Kohl am Wolfgangsee Urlaub macht, starten sie mit dem Geschäftsführenden Fraktionsvorstand zu einer Besichtigungsreise in die »neuen Länder« und diskutieren dort mit Bürgern, Bürgermeistern, Landräten, Managern, Gewerkschaftern und Abgeordneten. Bei Schäuble festigt sich anscheinend die Überzeugung, daß umgehend ein umfassendes Gesamtpaket für den »Aufbau Ost« auf den Weg gebracht werden muß, das auch eine Erhöhung der Abgaben beinhaltet. Auf einer Klausurtagung der Mitglieder der CDU/CSU-Fraktion aus den östlichen Bundesländern wird dementsprechend Ende August in Erfurt ein »Solidarpakt« gefordert. Danach soll neben vielem anderen schon im Jahr 1993 die Einbeziehung der »neuen Länder« in den Länderfinanzausgleich erfolgen. Vorgeschlagen wird eine staatliche Investitionsoffensive. »Die Vision, daß die Wirtschaft nach Osten geht, ist unrealistisch«, hatte Krause dem Bundeskanzler auf der eben erwähnten Präsidiumssitzung der CDU zu bedenken gegeben. So bastelt man nun an Plänen für eine staatliche Investitionsoffensive. »Zwangsanleihe für Besserverdienende«, stand ursprünglich in einem der Arbeitspapiere. Anscheinend schwebt der Fraktionsspitze so etwas wie eine Art innerdeutscher Lastenausgleich vor. Im Gegenzug, dies ist ein Hauptpunkt, sollen die Gewerkschaften Lohnzurückhaltung üben.

Sankt Gilgen,
August 1992

Schäuble turnt nie ohne Netz, und so hat er zusammen mit Krause die Grundüberlegungen der »Zehn Punkte für Deutschland« mit dem Bundeskanzler schon vor dessen Abreise in den Urlaub erörtert.[10] Ob Kohl Schäuble dabei wirklich grünes Licht gegeben hat, welche Einwände von ihm und Johannes Ludewig, seinem Berater in Sachen »Aufbau Ost«, kamen, ist im nachhinein schwer rekonstruierbar. Jedenfalls kommt es jetzt zum Eklat. Unvermeidlich scheint auch eine Frontalkollision mit Bundesfinanzminister Waigel, der sich bei der Arbeit am Bundeshaushalt 1993 ausmanövriert sieht. Ferner sind der FDP-Vorsitzende Graf Lambsdorff und Bundeswirtschaftsminister Möllemann durch die Presseberichte aufgeschreckt, und aufgeschreckt reagieren nicht zuletzt große Teile der CDU/CSU-Fraktion. Sie hatten sich einen Fraktionsvorsitzenden erhofft, der das Gewicht der Fraktion gegenüber der Exekutive verstärkt, und sehen sich jetzt von einem ziemlich autoritativ auftretenden Zuchtmeister überfahren. Als das inzwischen stark abgespeckte Papier des Geschäftsführenden CDU/CSU-Fraktionsvorstands am 3. und 4. September auf einer Klausurtagung des CDU-Bundesvorstands strittig erörtert wird,[11] zeigt sich, daß nicht einmal im CDU-Vorstand die Idee einer »Investitionsanleihe« mehrheitsfähig ist. Dort sind nur sieben Vorstandmitglieder dafür, 28 dagegen.[12] Der schließlich vereinbarte Text zu einem »Solidarpakt für Deutschland« enthält nur eine recht unverbindliche Formulierung: »Die notwendigen Belastungen müssen sozial verträglich vereinbart werden. Modelle eines Investivlohns und einer Investitionsanleihe können zur Stärkung der Investitionskraft und zu einer gerechteren Lasten- und Vermögensverteilung beitragen.«[13] Erneut schießen nun auch die Spekulationen über die Große Koalition ins Kraut. Eine »Investitionsabgabe« würde nämlich gegen ein früheres Urteil des Bundesverfassungsgerichts verstoßen, so daß genauso wie bei dem Asylartikel 16 GG eine Zustimmung der SPD erforderlich wäre.

Am Sonntag, dem 6. September, ist wieder einmal eine nächtliche Krisensitzung im Kanzlerbungalow fällig. Kohl weiß, daß er sich jetzt zwischen Schäuble und seinen Koalitionspartnern CSU und FDP entscheiden muß. Rainer Brüderle vom FDP-Vorstand wird mit den Worten zitiert: »Wenn die CDU die Zwangsanleihe mit der SPD durchpeitschen will, ist die jetzige Koalition beendet.«[14] Für Kohls Verärgerung hat auch ein Interview Schäubles mit der *Saarbrücker Zeitung* vom 5. September gesorgt. Dort hat sich der CDU/CSU-Fraktionsvorsitzende zwar für die Fortsetzung der »erfolgreichen Koalition« von CDU/CSU und FDP ausgesprochen, auf die Frage jedoch, wie lange die »Nibelungentreue« gegenüber Kohl in der eigenen Partei noch andauern werde, vieldeutig geantwortet: »Es geht nicht um Nibelungentreue. Keiner ist sakrosankt« und dann im selben Atemzug hinzugefügt: »Und ich möchte meinen Beitrag dazu leisten, daß er möglichst lange weiterhin erfolgreicher Bundeskanzler und Vorsitzender der Partei bleiben wird.« Möglichst lange …

Bei Buletten, Salat, Pfälzer Riesling und Weizenbier konferieren Kohl, Waigel, Lambsdorff, Möllemann, Schäuble und der CSU-Landesgruppenvorsitzende Bötsch fünf Stunden lang. Wer gleich anschließend die *Bild*-Zeitung informiert hat, ist unbekannt, aber die dort wiedergegebenen wörtlichen Zitate haben es in sich: Waigel zu Schäuble: »Ich bin die Sprüche leid. Die CSU ist gegen eine große Koalition. Ich bin nicht mehr mit Larifari-Dementis zufrieden. Wo viel Rauch ist, ist auch viel Feuer.« Graf Lambsdorff zu Kohl: »Sagen Sie mal, wenn das so weiterläuft – wie lange wollen Sie dann noch Kanzler sein? Hier wird zu wenig Führung gezeigt.« Kohl habe Schäuble mit den Worten fixiert: »Hier will doch niemand die Große Koalition, oder?« Schäuble habe darauf mit rotem Kopf geantwortet: »Alle Putsch-gerüchte sind abwegig, ich will auch keine Große Koalition.« Und im *Stern* wird berichtet, Kohl habe Schäuble ins Gesicht gesagt: »Wer einen zweiten Bremer Parteitag haben will, kann ihn haben.«[15]

Kohl denkt überhaupt nicht daran, sich seine Koalition kaputtmachen zu lassen, und blamiert lieber den »Kronprinzen« Schäuble. Das in den Zeitungen häufig verwandte Wort »Kronprinz« mißfällt ihm ohnehin. Er fegt, so die Zeitungsberichte, die Investitionsanleihe für Besserverdienende vom Tisch, spricht sich auch vorerst gegen eine Erhöhung der Mehrwertsteuer um zwei Prozentpunkte aus, findet die Idee eines Solidarpaktes zwischen Bund und Ländern und auch zwischen Arbeitnehmern und Gewerkschaften aber gut – wie immer dieser ausgestaltet werden mag.[16]

Nachdem er im Koalitionsgespräch gewissermaßen Klarschiff gemacht hat, folgen im Fraktionsplenum die Korrekturen der peinlichen Presseberichte. Schäuble bezeichnet das, was in den Medien über ihn berichtet werde, als »frei erfunden« und »wider besseres Wissen«. Zu den Berichten über die Nachtsitzung im Kanzlerbungalow sagt er: »Das genaue Gegenteil von dem, was heute in den Zeitungen geschrieben wird, ist der Fall gewesen.« Zur Großen Koalition stellt er fest: »Mit mir ist derartiges nicht zu machen«, und »ich habe mich an Derartigem auch nicht beteiligt«. Der Bundeskanzler bläst in dasselbe Horn, dementiert gleichfalls die »Verfälschungen« bezüglich der Sitzung, läßt aber doch einfließen: »Natürlich gibt es zwischen dem Theo Waigel und mir, oder dem Wolfgang Schäuble und mir und anderen immer wieder auch einmal Unterschiede zu diesem oder jenem Punkt.« Glasklar aber ist in Sachen Große Koalition: »Wer die Koalition ändern will und auf eine Große Koalition geht, muß wissen, daß ein erheblicher Teil der Probleme, die zu lösen sind, mit den Sozialdemokraten jedenfalls in ihrem jetzigen Zustand nicht zu lösen sind.« Es sei »staatspolitisch« eine zutiefst bedauerliche Tatsache, so formuliert er – etwas verschwurbelt, wie er das bei sehr heiklen Fragen gerne tut –, »daß, wenn sich der SPD-Vorsitzende jetzt endlich auf einen Weg der Vernunft in einer der zentralsten Fragen der deutschen Politik begibt, ihm Tag für Tag irgend ein Landesverband in den Rücken fällt«. Anschließend wiegelt auch Waigel ab (»eine schäbige Arie«, »Geschwätzigkeit der FDP«) und hält ausführlich Vortrag über den Bundeshaushalt 1992 (»läuft ganz normal ab«).[17]

Wem soll man glauben? Den FDP-Politikern, die offenbar manches an die Presse »durchgestochen« haben? Den Unionsspitzen, die alles dementieren? Allem Anschein nach hat sich Waigel bei Kohl durchgesetzt. Sonnenklar ist ebenfalls, daß Kohl den Tendenzen in Richtung Große Koalition durchgehend entgegentritt. Viel später wird er sich erinnern, er habe den SPD-Vorsitzenden Scharping direkt angesprochen: »Was ist an den Gerüchten dran? Und was wollt ihr?« Scharping habe alles abgestritten. Tatsächlich, so resümiert er, habe es in der CDU nie eine ernsthafte Diskussion über den Wechsel gegeben.[18] Als die Zeitungen über den geknickten Schäuble allzu schlecht schreiben, hält Kohl es für angezeigt, seinen unentbehrlichen, hinlänglich zurechtgestauchten »Kronprinzen« ein paar Tage später durch eine Laudatio zum fünfzigsten Geburtstag mit Streicheleinheiten wieder etwas aufzurichten.[19]

Am 1. Oktober, als Kohl das zehnjährige Bestehen seiner Kanzlerschaft begeht, ist alles wieder halbwegs im Lot. Die kritischen Hamburger Blätter registrieren zwar weiterhin den unaufhaltsamen Abstieg. »Abgebrannt«, titelt beispielsweise der *Stern* die entsprechende Bilanz von zehn Jahren Kohl.[20] Der *Spiegel* konstatiert einmal mehr den »Absturz«.[21] Doch die genauso Kohl-kritische *Süddeutsche* bringt die Sache besser auf den Punkt: »Er kam, saß und blieb.«[22] Kohl wird von allen Seiten kritisiert, das Lob in der Presse fällt eher spärlich aus, und die Popularitätskurve unter der Auswirkung des Vereinigungskaters ist wieder einmal auf – 0.3 und Platz neun auf dem Ranking im Politbarometer abgesunken.[23] Aber Kohl hält sich.

Die ebenso rasch aufgeflammten wie von Kohl rasch ausgetretenen Koalitions-
krisen vom Mai und vom September 1992 haben aber eine langfristige Auswirkung.
Spätestens jetzt festigt sich in Kohl die Überzeugung, daß nur er selbst im Amt des
Bundeskanzlers mit der Vereinigungskrise und den Zerfallserscheinungen in der
Koalition fertig werden kann. Schäuble, so stellt sich die Lage dar, ist zwar ein unentbehrlicher Verhandler, droht aber ohne die starke Hand des Kanzlers aus dem Ruder
zu laufen. Damit ist ein einvernehmlicher Rückzug aus dem Kanzleramt zugunsten
von Schäuble vorerst nicht einmal mehr eine Denkmöglichkeit. Und der »Kronprinz« steht von nun an unter noch argwöhnischerer Überwachung als zuvor schon.

Die Unruhe im Kabinett ist aber noch nicht zu Ende. Gegen Jahresende 1992
baut sich wieder eine hochnotpeinliche Kampagne auf, diesmal gegen Möllemann.
Der Bundeswirtschaftsminister und Vizekanzler hat für Produkte eines Verwandten
mit dem offiziellen Ministerbriefkopf Werbung gemacht und wird nun von der
»Briefbogenaffäre« hinweggefegt. Kein von den Medien erzwungener Rücktritt
könnte Kohl mehr erfreuen, denn Möllemann ist effizient, arrogant, unbeliebt und
koalitionspolitisch gefährlich. Die FDP läßt ihm den hundertfünfzigprozentigen
Wirtschaftsliberalen Günter Rexrodt nachfolgen, der zwei Jahre hindurch in der
Treuhand auf eine energische Privatisierung gedrungen hat und nun fünf Jahre lang
im Bundeskabinett das Fähnlein der Deregulierung schwenken wird. Sein Name verbindet sich mit dem Getrommel für eine Liberalisierung des Ladenschlußgesetzes
und mit der Deregulierung des Strom- und Gasmarkts.[24]

Kohl sieht bei dem ungeplanten, gleichwohl erwünschten Rücktritt Möllemanns
die Gelegenheit für die schon länger geplante Kabinettsumbildung zum Zwecke der
»Verjüngung« gekommen. Er kann aber nur Kabinettsminister aus der CDU auswechseln, und auch hier sind die Wünsche der Fraktion und ein gewisser Regionalproporz
zu beachten. Mit Stoltenberg und Genscher haben bereits zwei Minister das Kabinett
verlassen, die von Anbeginn an dabei waren. Wenn »Verjüngung« angesagt ist, dann
können damit nur Ignaz Kiechle, Heinz Riesenhuber und Christian Schwarz-Schilling
gemeint sein, alles treue Gefährten seit der Machtübernahme 1982/83.

Am unproblematischsten ist der Rückzug von Ignaz Kiechle. Er wird 1995 das
Pensionsalter erreicht haben, ist nach zehn Jahren als Landwirtschaftsminister in
Bonn und Brüssel amtsmüde und hat Kohl rechtzeitig mitgeteilt, er wolle ausscheiden,
um dem Nachfolger Zeit zur Einarbeitung zu geben. Ganz anders verhält es sich aber
mit dem Minister für Forschung und Technologie Riesenhuber und dem Minister für
Post und Telekommunikation Schwarz-Schilling. Sie sind weiterhin gestaltungsfreu-
dig, alles andere als amtsmüde, wohl aber mit einem gewissen Recht verstimmt, weil
ihre Namen gelegentlich (von wem wohl inspiriert?) in den Zeitungen als nächste
Kandidaten für die Ablösung genannt werden, ohne daß der Kanzler das gehörig dementiert. Die Malaise ist besonders tiefgehend, weil beide zur einstigen Kernmann-

schaft gehören und seit längerem spüren, daß sich Kohl immer mehr von ihnen entfernt. »Es war halt nicht mehr die so enge Kampfgemeinschaft, die gemeinsam aufgebrochen war, um etwas zu ändern«, sinniert Riesenhuber rückblickend. »Man hatte das Gefühl, irgendwie ist der Pfiff raus. Irgendwie, es kommen eigentlich nicht mehr so viele neue Ideen.« Was kommt, sind Sparmaßnahmen begleitet von Reformunlust.[25] Dabei hat Riesenhuber noch viele neue Ideen und in einer Phase leerer Kassen genauso viel Finanzbedarf wie zuvor für seine Projekte von der Weltraum- über die Bio- und Genforschung bis zur Verstärkung der Computertechnologie.

Ähnlich unzufrieden ist der selbstbewußte Schwarz-Schilling. Auf der Expertenebene ist die Postreform II weitgehend ausverhandelt. In der SPD gibt es inzwischen um Arne Börnsen eine Gruppe, die diese Reform durchziehen möchte, einschließlich der dafür notwendigen Grundgesetzänderung. Alles ist 1992 soweit, daß die Gesetzgebung einerseits vor die CDU/CSU-Fraktion, andererseits vor die SPD-Fraktion gebracht werden müßte. Doch im Herbst 1992 spürt Schwarz-Schilling, wie die SPD-Fraktion zurückzuckt, und vermutet, er habe nicht mehr die stärkste Verhandlungsposition gehabt, »nachdem ich immer durch die Gazetten gezogen wurde als der nächste, der eine Kabinettsreform nicht übersteht, und keinerlei Korrektur darüber in der Öffentlichkeit«.[26]

Schwarz-Schillings Verhältnis zum Regierungschef ist auch durch andere Entscheidungen getrübt. Als die Postreform I im Jahr 1991 in die Implementierungsphase eintritt, wird verfügt, daß die Post bis zum Jahr 1994 zwanzig Milliarden DM an den Bundeshaushalt abführen müsse, die eigentlich aufgrund der Privatisierung für Pensionsrückstellungen und andere Aufgaben benötigt werden. Schwarz-Schilling kann die Summe erst auf acht, dann fünf Milliarden herunterhandeln. Auch er beklagt, daß der Bundeskanzler immer schwerer erreichbar wurde. Der Umstand, daß der in Haushaltsfragen fast allmächtige CSU-Vorsitzende Waigel viel enger mit Kohl zusammenspielt, trägt gleichfalls zur damaligen Malaise der CDU-Minister bei.

Vielleicht hat zur Entfremdung zwischen Kohl und Schwarz-Schilling auch ein Gespräch beigetragen, das die beiden in einer ruhigen Stunde in Kohls Privatwohnung in Oggersheim geführt haben. Schwarz-Schilling hatte den Kanzler 1991 um eine Unterredung gebeten, als dieser im Kabinett wieder einmal alle CDU-Minister abkanzelte, weil diese zu irgend einem Problem unangenehme Fragen stellten. Bei dieser Gelegenheit, so Schwarz-Schilling im Rückblick, habe er ihm gesagt: »Also, lieber Herr Bundeskanzler, es geht nicht an, daß Sie am Dienstag die Koalitionsverhandlungen führen, und alle anderen Parteien, sowohl die CSU wie die FDP, wissen, was dort verhandelt wird. Die wissen auch, warum eine Kabinettsvorlage am Mittwoch so und nicht anders kommt, und wir CDU-Minister sitzen da wie die dummen Kühe vor dem Tor und haben keine Ahnung und sind von niemand informiert worden, und dann werden wir noch im Kabinett abgekanzelt, wenn wir Fragen stellen.

Das geht nicht.« Kohl, so Schwarz-Schilling, habe ihm eigentlich recht gegeben, zwei, drei Male habe er anschließend tatsächlich entsprechende Informationen an die CDU-Minister auf den Weg gebracht, doch dann sei alles wieder eingeschlafen.

Interessant ist, was Schwarz-Schilling über dieses Gespräch noch berichtet. Sagen wir das mit seinen Worten: »Und ich hatte dann noch in diesem Gespräch gesagt: ›Also ich weiß nicht, Herr Bundeskanzler, wir haben so viele Reformen zu machen. Sie müßten doch eigentlich an die Spitze der Reformen treten.‹ Sagte er: ›Wieso?‹ Sagte ich: ›Können Sie doch jetzt machen. Die Wiedervereinigung ist ja ein Glanzpunkt erster Ordnung. Wir müssen soviel jetzt in Ordnung bringen im Westen, weil wir es nicht mehr durchhalten können mit der Finanzlage und allem. Das können Sie auch nicht immer durch weitere Erhöhungen der Abgaben, da müssen auch strukturell viele Dinge geändert werden … Sie können es jetzt als Kanzler machen, denn Sie sind doch auch gar nicht mehr der Betroffene, wenn es nachher zu den Wahlen geht.‹ Da guckte er mich an, sagte: ›Wie?‹ Ich sagte: ›Ja, wollen Sie denn 1994 nochmal in den Wahlkampf gehen?‹ Da sagte er: ›Ja, was denken Sie denn?‹ Da habe ich gesagt: ›Also, ich habe gedacht, daß Sie nach zwölf Jahren dann sagen: So, das war es jetzt. Ich habe meine Größe und sie haben die Wiedervereinigung. Sie könnten jetzt noch mal ein großes Zeichen setzen, indem Sie sich an die Spitze der Reformen setzen, aber jemand anders soll es dann ab 1994 machen.‹ Und da hat er mich ganz entsetzt angeschaut, was ich mir denn vorstelle? Und, na ja, ich habe gesagt: ›Ich nehme das zur Kenntnis, also, entschuldigen Sie, ich habe so frei gesprochen, weil ich mir das anders gar nicht vorstellen konnte. Bei dieser Leistung, die Sie hier historisch vollbracht haben, wäre das die richtige Sache, die Sie jetzt noch mal machen könnten.‹ Und da hat er mich nur angeschaut: ›Der Mann ist verrückt geworden.‹«[27]

Schwarz-Schilling ist übrigens nicht der einzige, der Kohl frühzeitig drängt, sich nun mit dem ganzen Prestige des Kanzlers der Einheit an die Spitze einer grundlegenden Reform der »alten« Bundesrepublik zu stellen. Teltschik hat ihm bei seinem Abschiedsgespräch im Januar 1991 dasselbe gesagt, bevor er zu Bertelsmann ging. Doch wer das mit dem Rat verbindet, er möge nun binnen kurzem das Amt des Bundeskanzlers einem Nachfolger übergeben, der erweckt nur Mißtrauen.

Auslöser für den Rücktritt Schwarz-Schillings ist schließlich, wie schon berichtet, dessen scharfe Kritik bei einer Kabinettssitzung an Kohls und Kinkels zögerlicher Haltung gegenüber den Gewaltorgien der Serben in Bosnien-Herzegowina. Kohl grollt ob der Rebellion vor versammeltem Bundeskabinett, und Schwarz-Schilling hat das Empfinden, Kohl lasse ihn überhaupt nicht mehr an sich herankommen, weder in einem Ministergespräch noch telefonisch, spürt zugleich dessen Zögern in Sachen Postreform II und übersendet ihm sein Rücktrittsschreiben.

Die Mitte Januar 1993 vorgenommene Kabinettsumbildung offenbart, wie gering der Bewegungsspielraum des Bundeskanzlers weiterhin ist. Die beste Wahl als Nachfolger Kiechles ist der Landwirt Jochen Borchert aus Westfalen. Selbstverständlich verlangt die CSU nun ein ähnlich gewichtiges Ministerium als Kompensation. Der CSU-Landesgruppenchef Bötsch drängt schon länger in die Bundesregierung, und so muß Kohl eine Rochade zwischen den CDU- und CSU-Ministerien vornehmen. Bötsch übernimmt anstelle von Schwarz-Schilling das Ministerium für Post und Telekommunikation, Heinz Riesenhuber wird aus dem Amt gedrängt und durch Matthias Wissmann ersetzt. Der Bundeskanzler kann dem Drängen Schäubles wenig entgegensetzen, in der Person von Wissmann ein kundiges und kanzlerloyales Fraktionsmitglied aus der Landesgruppe Baden-Württemberg ins Kabinett zu nehmen.

Daß diese Kabinettsumbildung in der Öffentlichkeit nicht als besonders strahlender Nachweis der Führungskraft des Bundeskanzlers gewertet wird, versteht sich, und die ungeplante Unruhe im Kabinett setzt sich fort. Mitte Mai 1993 ist die Ablösung des Verkehrsministers Krause fällig. Seit Jahren legen ihm die Opposition und die kritische Presse undurchsichtige privatwirtschaftliche Aktivitäten zur Last. Zuletzt kommt noch eine »Putzfrauen-Affäre« hinzu, bei der ihm vorgeworfen wird, die Reinemachefrau in seinem Privathaushalt teilweise aus Fördermitteln des Arbeitsamts vergütet zu haben.[28] Kohl hat Krause lange gehalten. Er sei »ein guter Verkehrsminister, habe Ideen, die er leidenschaftlich vertrete, und ein solider Arbeiter«, sehe sich aber »einer permanenten Verleumdung gegenüber«, hatte er noch Mitte April im CDU-Präsidium erklärt und hinzugefügt, er lasse sich nicht vorschreiben, wen er entlasse, »gerade wenn dies versucht werde, mache er es extra nicht«.[29] Krause ist nicht zu halten. Nun muß der Bundeskanzler den soeben erst ins Technologieministerium geholten Matthias Wissmann bitten, das Verkehrsministerium zu übernehmen, denn die Privatisierung der Bundesbahn geht in die Schlußrunde, und das verlangt nach einem Minister mit wirtschaftsliberalem Credo und einem geschickten Händchen.

Schon wenige Wochen danach folgt die nächste Affäre, bei der der Bundeskanzler den getreuen Innenminister Rudolf Seiters verliert. Noch zehn Jahre später, als Kohl seine Memoiren schreibt, läßt sich nachlesen, wie wütend ihn diese neue Kabinettskrise gemacht hat.[30] Ein Zugriff des GSG 9 auf eine RAF-Gang auf dem Bahnhof von Bad Kleinen hat zwei Tote hinterlassen – einen bei der Schießerei tödlich getroffenen Polizeibeamten und den seit langem gesuchten Terroristen Wolfgang Grams. Wie so häufig bei verkorksten Polizeioperationen kommen auch hier alsbald jede Menge von Schludereien, Kommunikationswirrwar und Schuldzuweisungen der beteiligten Behörden zutage, nicht zuletzt die innerparteilichen Differenzen in der FDP zwischen der linksliberalen Justizministerin und dem Generalbundesanwalt Alexander von Stahl von der Parteirechten. Dann sorgt an einem Wochenende eine *Spiegel*-Vorankündigung für hellen Aufruhr in den Medien. Dort wird suggeriert, die Polizei habe an Grams quasi eine »Exekution« vollzogen. Das ist zwar schlampig recherchiert und tendenziös kommuniziert, doch erst nachdem zwei Staatsanwalt-schaften, vier deutsche Gerichte und zum Schluß der Europäische Gerichtshof für Menschenrechte die Sache untersucht haben, wird sich bestätigen, daß Grams sich selbst den Todesschuß beigebracht hat.[31]

Am Sonntagmorgen nach der Vorveröffentlichung im *Spiegel* stellt sich die Lage für den Bundesinnenminister düster dar. Er muß erfahren, daß Beamte des Bundes-kriminalamts, dessen Dienstaufsicht ihm obliegt, noch in der Nacht nach der Schie-ßerei die Waffen, die Hände und die Gesichter der Toten gereinigt haben. Große Schlamperei? Oder doch ein Indiz dafür, daß etwas vertuscht werden soll? Als Seiters von seinen Beamten hört, es werde fünf bis sechs Monate dauern, bis die kriminal-technischen Institute in Münster und Zürich penibelst analysiert haben würden, was sich tatsächlich abgespielt hat, entschließt er sich, ohne Säumen zurückzutreten. Da-durch, erklärt er rückblickend, habe er monatelangen Vertuschungsvorwürfen zuvor-kommen wollen. Ihm liegt aber wohl auch daran, die ohnehin schon sehr wacklige Koalition mit der FDP durch die vorhersehbaren Streitereien nicht noch weiter zu gefährden.

Nachdem er sich zum Rücktritt durchgerungen hat, sucht er zwei Stunden lang vergeblich den Bundeskanzler zu erreichen, der im Pfälzer Wald ohne Bodyguards seine sonntägliche Wanderung macht (man befindet sich noch in der Zeit vor Ein-führung der Handys). Als das Telefonat zustande kommt, ist Kohl »wie vom Donner gerührt«, rät heftig vom Rücktritt ab, beugt sich aber schließlich – auch nach Ein-schaltung Schäubles – den Argumenten von Seiters, gibt jedoch zu Protokoll, er habe von dem Rücktritt abgeraten. Noch monatelang, erinnert sich Seiters, habe Kohl ihm den Rücktritt verübelt.[32]

Nicht ganz zu Unrecht wettert Kohl im Kabinett und im CDU-Präsidium einmal mehr über schlampig recherchierende sowie tendenziös agitierende Medien, muß aber schon wieder einen neuen Minister suchen. Ohne langes Überlegen entscheidet er sich für Manfred Kanther, den starken Mann an der Spitze der hessischen CDU. Anders als der langjährige Gefährte Seiters liegt ihm der konservative, zugleich aber sehr vorsichtige Kanther allerdings nicht besonders. Immerhin erkennt der neue Bundesinnenminister, daß ein Dauerkrieg zwischen dem liberalen Bundesjustiz-ministerium und dem Bundesinnenminister auch dem Ansehen des Bundeskanzlers nicht bekommt, ist auf einen pfleglichen Umgang bedacht und hält sich bis 1998. Im Jahr 2000 wird aber auch er von seiner Vergangenheit eingeholt werden und zusam-men mit Helmut Kohl und Wolfgang Schäuble in den Abgrund der Parteispenden-affäre stürzen.

Nach diesen größtenteils ungeplanten Umbesetzungen verfügt Kohl über eine gewissermaßen runderneuerte Ministermannschaft. Bis zum bitteren Ende 1998 nimmt er nur noch unwesentliche Änderungen vor. Auf den Spitzenpositionen in

Kabinett und Fraktion haben jetzt alle Figuren Platz genommen, die im letzten Akt der Tragödie die Hauptrollen spielen werden. Der Bundeskanzler selbst steht nach dieser permanenten Kabinettskrise angeschlagen da, angeschlagen und vereinsamt. Sieht man einmal von Blüm und Waigel ab, so ist er nun nur noch von Ministern und Ministerinnen umgeben, zu denen er ein überwiegend funktionales Verhältnis hat. Die einstmalige Kameraderie hat sich verflüchtigt.

Das Jahr 1993 ist das bisher schlimmste Krisenjahr des wiedervereinigten Deutschland, somit auch des Kanzlers der Einheit. Es ist auch das Jahr, in dem faktisch eine Große Koalition zwischen CDU/CSU und SPD das Gesetz des Handelns bestimmt. Das beginnt mit den Verhandlungen über den Solidarpakt, der die Transfers in die neuen Länder langfristig regelt und damit eine verläßliche Planungsgrundlage schafft. Gewiß haben Kohl, Waigel und Schäuble daran ihren Anteil. Aber die eigentlichen Architekten dieser weitreichenden Reform sind die Ministerpräsidenten der Länder. So unterschiedliche Persönlichkeiten wie Lafontaine, Ministerpräsident des Saarlandes, und Biedenkopf, Landesvater von Sachsen, handeln im Winter 1992/93 als Sprecher der sozialdemokratischen A-Länder und der CDU-geführten B-Länder die entscheidenden Kompromisse aus.

Die Sozialdemokraten, erst unter Engholm, dann unter Scharping, möchten endlich das Odium loswerden, sie seien offene oder verkappte Gegner massiver Finanztransfers in die neuen Länder. Lafontaine, dem die SPD seit 1990 dieses Negativimage verdankt, hat seinen Fehler längst eingesehen. Ohnehin kann ein Ministerpräsident des Saarlandes gegen Finanztransfers in wirtschaftsschwache Länder nichts Grundsätzliches einwenden. Biedenkopf, der maßgeblichen Anteil am Solidarpakt hat, sieht darin ein wichtiges Teilstück der fundamentalen, die Parteilager übergreifenden Reformen, für die er in der CDU wirbt. Es ist kennzeichnend, wer alles im März 1993 bei Verkündigung des neuen, von 1995 an gültigen Länderfinanzausgleichs im Bundeskanzleramt vor die Presse tritt. Für die Bundesregierung sind das der Bundeskanzler, der Bundesfinanzminister Waigel und der FDP-Vorsitzende Graf Lambsdorff, dazu treten der damalige SPD-Vorsitzende Björn Engholm und Kurt Biedenkopf für die neuen Länder, von dem bekannt ist, daß er auf mittlere Sicht eine Große Koalition befürwortet.

Die Tendenz zu einer Großen Koalition verstärkt sich, als Engholm Anfang Mai 1993 zum letzten Opfer der Barschel-Affäre wird und zurücktreten muß. Jetzt erringt Rudolf Scharping bei der SPD-Mitgliederbefragung den Parteivorsitz, weil die beiden Exponenten der rot-grünen Orientierung, Gerhard Schröder und Heidemarie Wieczorek-Zeul, sich gegenseitig die Stimmen abjagen. So obsiegt er mit der relativen Mehrheit von vierzig Prozent. Das ist zugleich eine Chance und eine Hypothek.

Scharpings Aufstieg erinnert in manchem an Helmut Kohl in seinen Jahren als Ministerpräsident in Mainz. Er tritt jugendlich, volkstümlich, unideologisch auf, hat für die vom Debakel Lafontaines deprimierten Sozialdemokraten im Frühjahr 1991 der CDU Rheinland-Pfalz abgejagt und ist dort eine Koalition mit der FDP eingegangen. Scharpings Chance ist eine Spätfolge vom Scheitern des Konzepts Rot-Grün mit dem Wortführer Lafontaine bei der Bundestagswahl 1990. Wie einstmals Willy Brandt Mitte der sechziger Jahre und Kohl in den Siebzigern setzt auch er auf einen Strategiewechsel, sprich: einen Kurs der Mitte mit dem koalitionspolitischen Ziel einer Großen Koalition als Vorstufe eines Machtwechsels hin zur SPD. Durchaus nicht uneigennützig verschafft er der bedrängten Regierung Kohl Entlastung, indem er die SPD auf einer Reihe umstrittener Felder zu Kompromissen drängt – Solidarpakt, Asylkompromiß, Bahnreform, Gesundheitsreform, Pflegeversicherung, Auslandseinsätze der Bundeswehr. Wo immer das innerparteilich durchsetzbar ist, sollen politische Inhalte der abgenutzten CDU übernommen werden, natürlich noch moderner und noch sozialer. Kohl ist der Meinung, er werde »in vielen Fällen unsere Vorstellungen und unsere Politik kopieren«.[33] Geißler, der immer für knackige Begriffe gut ist, nennt das »die Christdemokratisierung der SPD«.[34] Scharpings Hypothek: Sein reformerischer Kurs, der koalitionspolitisch auf eine Große Koalition setzt, ist, so wird sich bald zeigen, innerparteilich nicht mehrheitsfähig.

Doch zu Beginn des alles entscheidenden Bundestagswahljahrs 1994 gefällt das den Wählern, und die SPD ist im Aufwind. Demgegenüber herrscht ein deutlicher Widerwille gegen die derzeitige Koalition ganz allgemein und gegen Helmut Kohl im besonderen. Auf den Charts der zehn wichtigsten Politiker erhält der Bundeskanzler die schlechtesten Noten. Obschon Rudolf Scharping von der SPD noch gar nicht formell als Kanzlerkandidat auf den Schild gehoben wurde, kommt er im Januar 1994 bei der Kanzlerfrage auf 52, Kohl nur auf 34 Prozent. SPD und Grüne haben in der Sonntagsfrage eine klare Regierungsmehrheit. Inzwischen ist die Stimmung für Kohls Koalition im Westen, wo rund achtzig Prozent der Wähler wohnen, noch schlechter als im Osten. 46 Prozent in den »alten« Bundesländern ziehen die SPD vor, in den »neuen Ländern« sind es 36 Prozent.[35] Die meisten Wähler wünschen sich eine Große Koalition, sei es, um Kohl loszuwerden, sei es, weil sie sich nichts daraus machen, daß er in diesem Fall aufgeben würde.

Die Stimmung in der Partei und in der CDU/CSU-Fraktion ist entsprechend defätistisch. Hinterbänkler werden von Existenzangst ergriffen. Kohl gilt bei manchen in der eigenen Fraktion wieder einmal als beratungsresistent, abgehoben, rechthaberisch und einfallslos. So wird beispielsweise das hoffnungsvolle Nachwuchstalent Ronald Pofalla mit der Feststellung zitiert, bei Kohl herrsche »totale Bunkermentalität«. Das ist nicht etwa im *Spiegel* zu lesen, sondern in einem der Dezemberhefte des durchaus regierungsfreundlichen *Focus*. Das Titelblatt dieser Nummer zeigt das düstere, von Sorgenfurchen gezeichnete Gesicht Helmut Kohls. Überschrift: »Der einsame Riese. In der Union herrscht Endzeitstimmung. Die Partei siecht dahin ...«[36]

Nur in einem kleinen Kästchen wird ein Hoffnungsakzent gesetzt: »Da werden noch einige staunen: ›Denn der Haifisch, der hat Zähne‹«, Unterschrift: »Helmut Kohl, vergangene Woche«.

»Die mächtigste Führerpersönlichkeit in Europa«

Selten hat Bundeskanzler Kohl beim Durchschnitt der deutschen Wähler eine so schlechte Reputation wie in den Jahren 1991 bis 1993. Doch zur gleichen Zeit wird er in aller Welt wie ein zweiter Bismarck bewundert. So sieht ihn beispielsweise David Owen, einstmals britischer Außenminister, der in den Jahren 1993 bis 1995 – ziemlich erfolglos – dem Morden in Bosnien als UN- und EU-Sonderbevollmächtigter ein Ende zu setzen sucht. »Ich hatte mein letztes ernsthaftes Gespräch mit ihm im Jahr 1986«, beginnt er die Schilderung eines Treffens mit dem Bundeskanzler im Jahr 1993, »jetzt, nachdem er die Vereinigung seines Landes hingekriegt hatte, war er die mächtigste Führerpersönlichkeit in Europa. Sichtlich an intellektueller und politischer Statur gewachsen, entwickelte er eine hervorragende Analyse der Desintegration Jugoslawiens, dies verbunden mit einer Menge von Beobachtungen zur einschlägigen Geschichte Europas. Sein derbes Naturell war immer noch zu verspüren, doch sein Ansatz hatte auch eine Art neo-bismarckischer Qualität, die mich beeindruckte.«[1]

Helmut Kohl – »die mächtigste Führerpersönlichkeit in Europa«? Zwischen 1990 und 1998 wächst er tatsächlich in diese Rolle herein. Auf den EU-Gipfeln und bei bilateralen Begegnungen wirkt auch er jetzt so überragend, so massig, so selbstbewußt, so kenntnisreich, so sarkastisch und mit allen Wassern der großen Politik gewaschen wie einstmals der erste Reichskanzler, der ja gleichfalls ein Riese von Gestalt war. »Kohl war ein noch massiverer Fleischbrocken, als ich mir vorgestellt hatte«, vermerkt Blairs *spin doctor* Alastair Campbell in seinem nachmals berühmten Tagebuch unter dem Eindruck seines ersten Besuchs im Bonner Bundeskanzleramt: »Übergroße Hängebacken geraten in Bewegung, wenn er spricht, sein Körper ist mit mächtigen Fleischpolstern bepackt. Kein schöner Anblick, doch er strahlte Kraft und Selbstvertrauen aus, wozu seine riesige Gestalt zweifellos auch beitrug.«[2]

Während der achtziger Jahre konnte der undurchdringliche Mitterrand in Europa den Doyen spielen. Aber in der ersten Hälfte der neunziger Jahre läuft seine Uhr sichtlich ab, politisch und physisch. Der immerhin auch schon seit 1982 amtierende Bundeskanzler strotzt demgegenüber vor Vitalität und Gestaltungswillen. 1995 ist Jacques Chirac im Élysée-Palast angelangt, ein Mann voller Tatkraft und Machtwillen, der das nur allzugern öffentlich vorführt. Aber inzwischen ist Kohl so eindeutig in die Rolle des Doyens hineingewachsen, daß Chiracs große Zeit auf den EU-Gipfeln erst anbricht, als Kohl von Gerhard Schröder abgelöst wird. Unter den

Mit Jelzin in Speyer,
12. Mai 1994

Größen in der EG mußte 1990 auch Margaret Thatcher die politische Bühne verlassen. John Major ist anfangs ein Neuling und seit dem »Black Wednesday« im September 1992, als das Pfund aus dem EWS hinausfliegt, dauerhaft geschwächt.

Aus dem Kreis der Regierungschefs in der EG, die in den achtziger Jahren mit Kohl zusammen an der Wiederbelebung der Europäische Gemeinschaft mitwirkten, scheidet 1992 Andreotti aus. Seine Nachfolger haben mit der nun voll einsetzenden italienischen Staatskrise alle Hände voll zu tun und müssen sich bemühen, das inflationsgeplagte Italien in der EU nicht in die Zweitrangigkeit abgleiten zu lassen. Zum Altbestand auf dem Areopag der EU zählen noch Felipe González und Ruud Lubbers, ersterer ein Bewunderer Kohls, der häufig mit ihm zusammenspielt, der andere vom Bundeskanzler eher als Gegner betrachtet. Diese Veränderungen in der Chefetage des Europäischen Rats vollziehen sich parallel zu der ganz ungewohnten, aber nicht wegzudiskutierenden Tatsache, daß Kohl seit 1990 auch das an Wirtschaftskraft und Bevölkerung stärkste Mitgliedsland repräsentiert. Gewiß predigt er unablässig, die Großen in der EU dürften die mittleren und kleineren Mitgliedstaaten nicht unterbuttern, und oft hält er sich auch an diese Maxime. Aber die Großen, die Mittleren und die Kleinen vergessen doch nie, daß man sich mit diesem oft aufgeräumt grinsenden, manchmal auch mürrisch dreinschauenden und immer zu derben Scherzen aufgelegten Riesen tunlichst nicht anlegen sollte. Wer das dennoch riskiert wie etwa der Niederländer Ruud Lubbers, muß erleben, daß Kohl ein gutes Gedächt-

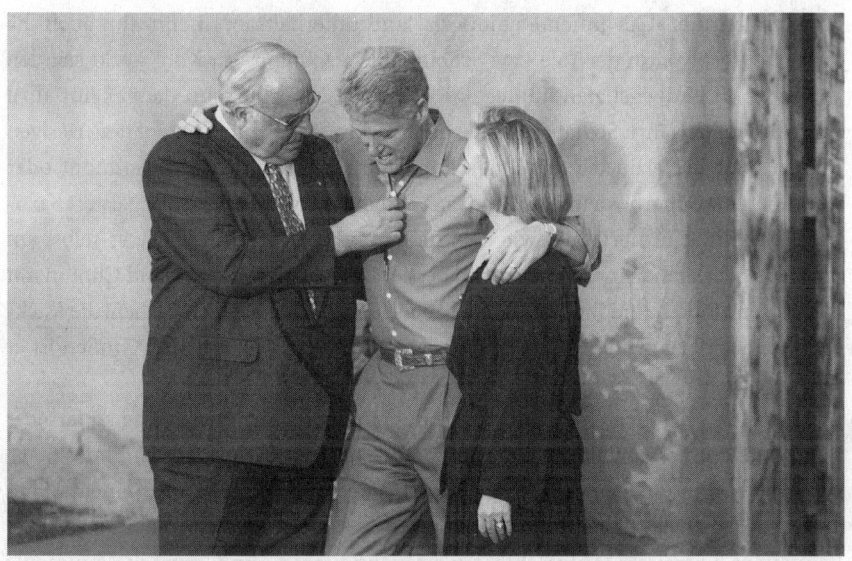

Vor dem Fort Restaurant in Morrison,
21. Juni 1997

nis hat. Als Lubbers sich nach immerhin zwölf Jahren Mitgliedschaft im Europäischen Rat 1994 bemüht, die Nachfolge von Jacques Delors anzutreten, räumt Kohl ihn aus dem Weg und bevorzugt den pflegeleichten belgischen Ministerpräsidenten Jean-Luc Dehaene. Als dieser nicht durchsetzbar ist, gelangt der noch pflegeleichtere Jacques Santer aus dem Ministaat Luxemburg auf den Stuhl des Präsidenten der Europäischen Union, »eine Erscheinung ohne Saft und Kraft, schwerfällig und grau, der so wirkte, als sei er selbst davon überrascht, sich in dieser Machtposition zu finden«, karikiert ihn Tony Blairs Alter ego Alastair Campbell.[3]

Kohl jedoch preist Santers Wahl als Zeichen höchsten Respekts gerade gegenüber den kleinen Mitgliedsländern. Manche werten das jedoch als Indiz dafür, daß er nach dem übermächtigen Delors nunmehr eine EU-Kommission wünscht, die nach seiner Pfeife tanzt. Schließlich zeigt sich aber auch der Bundeskanzler von seinem Kandidaten desillusioniert. Die Santer-Kommission könne »notwendige Überlegungen und Weichenstellungen für die künftige Ausrichtung einfach nicht leisten«, bemerkt er im März 1998 brummig zu Tony Blair.[4] Daß auch die Regierungschefs jener Länder, die in die EU drängen oder schließlich als neue Mitglieder dort Platz nehmen, den Bundeskanzler nur mit spitzen Fingern anfassen, versteht sich von selbst.

Helmut Kohl verfügt aber auch bei den Präsidenten Bush und Jelzin über hohes Ansehen. Am Verhandlungstisch ist er ein gut vorbereiteter, umsichtig argumentierender Staatsmann, auf dessen Zusagen Verlaß ist, privat eine Type von kumpelhaftem Charme. »Gewinnend, emotional und unterhaltsam« nennt ihn auch die kritische Absolventin der Yale Law School Hillary Clinton.[5] In Kohl steckt seit den Anfängen in Ludwigshafen immer noch eine Art Naturbursche, dem er nur allzu gern Auslauf gewährt. So hat er Freude daran, wenn er auf einen herzhaften, riesigen Russen stößt wie Jelzin, der sein Blut schon frühmorgens mit Alkohol verdünnt, oder wenn sich die Supernova im Weißen Haus als ein hochgewachsener, begeistert Saxophon spielender Amerikaner wie Clinton entpuppt, der genauso wie er selbst am liebsten »beim Italiener« schmaust und bechert. Bald kennt er Jelzin und Clinton mit allen ihren Stärken und ihren leider viel zu wenig verborgenen Schwächen, die Rückschlüsse auf tiefsitzende Neurosen erlauben. In diesem Trio der drei Großen ist er der Normalste.

Selbstverständlich sind für den Bundeskanzler bei der Bewertung so farbiger Figuren die professionelle Qualität und politische Ausrichtung letzten Endes maßgeblich. An Clinton beeindruckt ihn schon bei der ersten Begegnung, »einem Mann gegenüberzusitzen, der mit einem winzigen Notizzettel die ganzen Sachverhalte kompetent bestreitet«. Aufgeschlossen sei er und fähig, »im Gespräch Argumente auszutauschen«.[6] Diese Hochachtung hält sich. Vor allem betrachtet er es als eine Art Gottesgeschenk, in der so kritischen Übergangsphase Europas in Washington einen Präsidenten zu wissen, der Verständnis und zugleich Sympathie für Europa hegt, ganz besonders aber für Deutschland. Ähnlich günstig beurteilt der Bundeskanzler Jelzin. Daß Rußland und die unabhängig gewordenen Republiken ins Chaos eintauchen könnten, gehört auch nach dem Abtreten Gorbatschows zu seinen schlimmsten Alpträumen. Im Frühjahr 1993, als der Machtkampf zwischen Jelzin und der Duma seinem Höhepunkt entgegentreibt, stellt er sich eindeutig auf die Seite des Präsidenten, obschon dieser sich mit recht unkonventionellen Mitteln gegen die Duma durchsetzt. Nachdem Kohl sich Anfang März an Ort und Stelle selbst kundig gemacht hat,[7] sieht er dort jetzt eine Lage, »in der man klar Position zugunsten der Reformen und der Reformer beziehen muß. Und für die steht, was immer man sagen will, Boris Jelzin.«[8]

Die Netzwerke und Aktivitäten des Bundeskanzlers reichen weit über den atlantischen und europäischen Raum hinaus. Reisefreudig war er schon immer, auch erfüllt von ausgesprochener Neugier auf fremde Länder, fremde Staatsmänner und exotische Küchen. Im eigenen Land, in Europa und in den USA baut er seit den siebziger Jahren an politischen Netzwerken. Seitdem er Bundeskanzler ist, hat er auch sein Netzwerk im Nahen Osten. In regelmäßigen Abständen trifft sich mit dem Überlebenskünstler König Hussein aus Jordanien, mit Präsident Mubarak aus Ägypten und mit den türkischen Staatspräsidenten: erst mit Turgut Özal und nach dessen Tod 1993 mit dem Nachfolger Süleyman Demirel. Unter den Israelis ist ihm der alterfahrene Shimon Peres der liebste Gesprächspartner, aber er nimmt, was kommt, nicht selten seufzend. Die israelische Siedlungspolitik bereitet ihm genauso viel Sorge wie seinen Kollegen Mitterrand oder George Bush und Bill Clinton.

Die Länder im Nahen Osten, so weiß er, erfreuen sich an einem reichen Strom deutscher Entwicklungshilfe, deutscher Kredite, deutscher Technologie und deutscher Waffenlieferungen. Daß Gäste oder Gastgeber aus dieser Region mit Vorliebe an den berühmten Erzeugnissen deutscher Waffentechnologie mit den berühmten Namen größerer oder kleinerer freilebender Raubtiere ein nie ruhendes Interesse bekunden, weiß er seit seiner ersten Nahostreise, die ihn auch nach Riad führte. Einem so potenten Geber gegenüber sind die nahöstlichen Größen nur allzu gern bereit, ihn mit vertraulichen Informationen über die jeweils schwer berechenbaren, zumeist kritisch bewerteten Nachbarn zu bedienen, oft auch mit Klatsch und Anekdoten über die jeweiligen Kollegen, wie das Politiker nun einmal so lieben. Das wird vom Bundeskanzler dann – selektiv und streng vertraulich, natürlich – an den und jenen aus dem Jet-Set der Staatsmänner weitererzählt.

Großen Raum in den Gesprächen mit den Größen aus dem östlichen Mittelmeerraum nimmt stets der jeweilige Stand des Friedensprozesses zwischen Israel, den Palästinensern und Syrien ein, den man mit genauso viel Berechtigung auch als kalten Krieg bezeichnen könnte. Kohl gehört aber zu denen, die entsprechend den in der EG respektive EU vereinbarten großen Linien auf Fortführung des Friedensprozesses zwischen Israel und seinen Nachbarn drängen, wenngleich mit zunehmender Skepsis. In der Frage der Waffenexporte verhält er sich eher restriktiv, doch wenn Not am Mann ist wie bei den Raketenangriffen des Irak gegen Israel, kann er seine Zurückhaltung auch über Nacht aufgeben.

Besonders hoch ist der Problemberg im deutsch-türkischen Verhältnis. Explosivste Themen stehen dabei auf der Agenda. Einerseits bilden die Integrationsprobleme der türkischen Minderheit ein großes und schwer lösbares Problem der deutschen Innenpolitik, das durch den Radikalismus der in Deutschland lebenden Kurden zusätzlich verschärft wird. Andererseits ist die Rolle der Türkei damals eine gleichfalls schwer lösbare Frage der Außenpolitik im östlichen Mittelmeerraum, im Nahen Osten und auf dem Balkan. Vieles verknäult sich dort: das Zypernproblem, die Spannungen zwischen dem EG-Partner Griechenland und der Türkei, die Rolle der Türkei im Golfkrieg 1990/91, die Repression der Kurden und bald auch die Einwirkungen der muslimischen Türkei auf den Bosnienkrieg. Hinzu kommt das Verhältnis der Türkei zur Europäischen Gemeinschaft, wo seit 1987 ein Beitrittsantrag auf dem Tisch liegt. Beim Blick auf diesen Problemberg ist es erstaunlich, wie vergleichsweise gut der Bundeskanzler trotz gelegentlicher Zusammenstöße mit den türkischen Regierungs- und Staatschefs auskommt. Turgut Özal kennt und schätzt er schon lange. Der Gründer der liberal-konservativen »Mutterlandspartei« ANAP ist von 1983 bis 1989 Ministerpräsident, danach Staatspräsident. Özal ist ein ähnlicher Typ wie Helmut Kohl:

Staatsbesuch in Israel,
6. Juni 1995

massiv, mit allen Wassern der Innenpolitik gewaschen, durchsetzungsfähig, so reform-
freudig wie einstmals Kohl in seinen Jahren als Ministerpräsident von Rheinland-
Pfalz und – mit dem Geburtsjahr 1927 – annähernd gleichaltrig.

Auch Demirel gehört zu den alten Bekannten. Er ist ein Schwergewicht wie Özal
und zugleich ein politischer Überlebenskünstler, gewissermaßen Urgestein der türkischen Republik. Kohl versteht sich mit beiden, wobei die ferne Saga von der Waf-
fenbrüderschaft aus den Jahren des Ersten Weltkriegs durchaus noch lebendig ist.
Das ändert sich im Verlauf der Ära Kohl. Die zeitgenössischen Spannungen lassen
die Erinnerung an das vom Kaiserreich bis in die achtziger Jahre fast uneingeschränkt gute deutsch-türkische Verhältnis verblassen. In den frühen neunziger Jahren jedoch gehören Özal und Demirel zu jenem Kreis nahöstlicher Staatsmänner, mit
denen Kohl sich periodisch und vertrauensvoll über die Krisenherde im Nahen und
Mittleren Osten berät.

Über die geostrategische Bedeutung der Türkei ist sich der Kanzler voll im klaren, auch über deren demographisches Potential. »Im Jahr 2000 würde die Türkei
70 Millionen Menschen mit einem Durchschnittsalter von 28 Jahren umfassen«, bekommt Clinton bei einem seiner regelmäßigen Besuche in Washington von ihm zu
hören. Allerdings seien die Türken »sehr arrogant«.[9] Dieser Eindruck verstärkt sich.

Empfang bei Jassir Arafat,
7. Juni 1995

Mit den Ministerpräsidenten Mesut Yilmaz und Tansu Çiller, einer emanzipierten, völlig westlich geprägten Türkin, wird Kohl dann mit schneidigen Repräsentanten einer jüngeren Generation zusammenstoßen, die er als eher lästig und unangenehm empfindet. Sie fordern die Mitgliedschaft in der Europäischen Union wie ein gutes Recht ein und haben für die »Türkenangst« in der deutschen Innenpolitik wenig Verständnis.

Doch die Türkei ist nur ein Problem unter vielen im Krisenbogen zwischen dem Balkan über die Türkei bis zum Persischen Golf und Pakistan. Wie jeder Staatsmann in den neunziger Jahren ist Kohl mit der explosiven Lage am Golf bestens vertraut. »Der Nahe und Mittlere Osten sei nach wie vor der gefährlichste Krisenherd der Welt«, bemerkt er zu dem indischen Ministerpräsidenten Rao und gibt dabei auch seiner Sorge vor dem »islamischen Fundamentalismus« Ausdruck.[10] An dieser Auffassung hält er fest. Am Persischen Golf, das weiß er, ist besondere Vorsicht geboten, erst recht bei den Kontakten zum Iran. Im Vertrauen auf die traditionell guten, engen Beziehungen der Bundesrepublik zum Iran sucht er genauso wie Frankreich oder Großbritannien und in enger Abstimmung mit Clinton ein wenig mitzumischen. Hier kommt sein Geheimdienstkoordinator Bernd Schmidbauer, Staatsminister im Bundeskanzleramt, zum Einsatz, oder auch der CDU-Bundestagsabgeordnete Hans

Stercken, Vorsitzender des Auswärtigen Ausschusses. Unmittelbar nach der Wahl des moderaten Staatspräsidenten Ali Akbar Rafsandschani wird Schmidbauer Anfang Juni 1991 mit einer Botschaft des Bundeskanzlers nach Teheran entsandt. Rafsandschani äußert, Deutschland sei »traditionell der engste Partner des Iran im Westen. Beziehungen wie die mit Deutschland unterhalte der Iran mit keinem anderen westlichen Land.«[11] Nach einigen Jahren muß der Kanzler allerdings feststellen, daß seinen Bemühungen um Entspannung im Verhältnis zum Iran kein nachhaltiger Erfolg beschieden ist.

Im Fernen Osten pflegt Kohl ein weiteres Netzwerk mit den dortigen Größen. Periodisch reist er nach China oder empfängt hochrangige chinesische Besucher. Nachdem auch er nach dem Massaker auf dem Platz des Himmlischen Friedens eine gewisse Distanz bekundet hat, intensiviert er bald wieder die Verbindungen, die er seit seiner ersten Chinareise im September 1972 geknüpft hat. Kein anderes nichteuropäisches Land außer den USA kennt er aus periodischen Besuchen mit ausgedehnten Reisen im Innern so gut wie China. Er hat den Aufstieg aus der totalitären Sackgasse des Maoismus vor Ort studiert, und so braucht man ihn nicht darüber zu belehren, daß China eine kommende Weltmacht ist. Auch hier ist er ähnlich wie im Verhältnis zum Iran oder zu Ägypten von einem ausgeprägten Pragmatismus ganz ohne Berührungsängste.

Ende 1993 reist er wieder einmal nach China, begleitet von einer sehr stattlichen Delegation mit besonders vielen Herren aus der Wirtschaft. Es sind dies die Jahre, in denen alle Regierungschefs der westlichen Industrieländer ihre Aufgabe als allerhöchste Lobbyisten ihrer Exportindustrie entdeckt haben und diese öffentlich wahrnehmen. Jetzt ist der Hardliner Li Peng chinesischer Ministerpräsident, den man als den Schlächter der jungen Leute der chinesischen Demokratiebewegung betrachtet. Zum Befremden der Menschenrechtsaktivisten in der eigenen Partei nimmt der Kanzler an Li Peng keinen Anstoß und lädt den chinesischen Regierungschef zu einem baldigen Gegenbesuch ein. Die Anliegen der Demokratiebewegung und die Probleme der Katholiken in China werden von ihm zur Sprache gebracht, und so wie früher bei den Größen des Ostblocks überreicht er auch den führenden Chinesen stets Listen mit Häftlingen, um deren Freilassung er bittet. In den Monaten vor der entscheidenden Bundestagswahl 1994, als sich der Bundeskanzler den Wählern als großer Weltpolitiker in Erinnerung bringen möchte, wird sich auch Li Peng zum Staatsbesuch einfinden, gefolgt von Clinton und Jelzin. Im Vordergrund der Gespräche in Asien stehen aber durchweg Wirtschaftsinteressen und geostrategische Probleme.

Mit ähnlichen Überlegungen widmet sich der Bundeskanzler Indonesien. Für Suharto nimmt ihn von Anfang an ein, daß dieser ihn in den siebziger Jahren in Rheinland-Pfalz besucht hat. Gerne kommt er im Gespräch auf dessen damaligen

Ausspruch zurück: »Natürlich wollen alle Deutschen die Einheit. Diejenigen, die vor-
geben, die Einheit nicht zu wollen, verfolgen damit einen Trick.«[12] Wie Mubarak,
Özal oder auch Jelzin ist Suharto eine jener imposanten, selbstbewußten und – so
sieht der Bundeskanzler es – für ihr Land charakteristischen Gestalten, mit denen er
sich auf Anhieb versteht. Natürlich interessiert ihn auch in Indonesien das wirtschaftliche Potential dieses riesigen Landes. Es gibt aber noch einen weiteren Punkt,
der ihm sehr wichtig erscheint: Indonesien ist für ihn eine vorbildlich moderate
muslimische Gesellschaft. Es ist bemerkenswert, wie häufig er seit den frühen neunziger Jahren bei vielen Gelegenheiten auf die Gefahr des islamischen Fundamentalismus zu sprechen kommt. Der 11. September 2001 liegt noch in weiter Ferne, da
sieht er darin schon eine der großen Gefahren für den Westen. Aus Bosnien erreichen ihn seit 1993 unablässig Nachrichten über das terroristische Vorgehen der Serben gegen die Bosniaken, denen, so sieht er es, auch religiöser Haß zugrunde liegt. Er
fürchtet, daß dies in der islamischen Welt Empörung auslöst. Auch deshalb legt er
besonderen Wert auf ein freundschaftliches Verhältnis zu den Führern großer, gemäßigter, antifundamentalistischer Länder wie dem Indonesien Suhartos oder Ägypten
unter Mubarak.

Weniger vertrauensvoll ist sein Verhältnis zu den jeweiligen japanischen Ministerpräsidenten. Regelmäßig trifft er mit diesen auf den Weltwirtschaftsgipfeln zusammen. Doch er gehört nun einmal zu jenen Leuten, die es schätzen, über die Jahre
und Jahrzehnte hinweg dieselben politischen Größen wieder und wieder zu treffen.
Das ist nicht immer eine Gewähr für spannungsfreie Beziehungen, aber aus den
kontinuierlichen Kontakten ergibt sich doch eine gewisse Berechenbarkeit des Part-
ners, an der ihm viel liegt. Japan aber wechselt seine Ministerpräsidenten beständig
aus, so daß er mit keinem sehr intim werden könnte, selbst wenn die japanische
Mentalität das zuließe. Schon in den achtziger Jahren spürt er bei Gesprächen mit
der britischen Premierministerin, dann auch mit George Bush gewisse Vorbehalte
gegen Japan. Damals sehen viele Beobachter Japan auf dem Weg zur dritten Weltmacht, die angelsächsische Exportmärkte unsentimental okkupiert und sich daran-
macht, die Industrie in den USA aufzukaufen. In der Bundesrepublik sind die Fotoindustrie und die Unterhaltungselektronik längst zur Beute der Japaner geworden.
Bei einem der schon erwähnten Gespräche mit Präsident Suharto kommt Kohl auch
auf die wachsende Abneigung gegen die japanische Wirtschaftsmacht zu sprechen,
die in den USA zu beobachten sei, und stellt dann fest: »Er selbst habe Japan gegenüber keine Komplexe, halte aber Wachsamkeit für geboten.«[13]

Nach dem Zusammenbruch des Ostblocks stößt sich Kohl daran, daß Japan
wenig Neigung zeigt, »internationalen Solidaritätsverpflichtungen nachzukommen«.[14] Ihn stört auch die Hartnäckigkeit, mit der Japan gegenüber der Sowjetunion
beziehungsweise Rußland auf Rückgabe der okkupierten Nordinseln als Vorausset-

zung für Wirtschaftshilfe besteht. In Deutschland hat man sich schon längst daran gewöhnt, Ungerechtigkeiten der Siegermächte mit Schweigen zu übergehen. Sollte Japan sich daran nicht ein Vorbild nehmen? Bei einem Bonn-Besuch des damaligen Ministerpräsidenten Kiichi Miyazawa im September 1991 kommt der Zusammenhang zwischen Hilfe für die GUS-Staaten, an der Kohl soviel gelegen ist, und den Nordinseln zu Sprache. Unter Verweis auf die Spitzenrolle Deutschlands bei der bilateralen Hilfe meint Miyazawa, nun werde wohl auch von Japan ein stärkerer Beitrag erwartet. Kohl wirft ein: »So ist es!« Doch daraufhin erzählt Miyazawa – Jahrgang 1919 –, er habe an der Friedenskonferenz von San Francisco im Jahr 1951 teilgenommen. Als die japanische Delegation auf Rückgabe der Inseln bestand, sei Gromyko aufgestanden und habe den Raum verlassen. Bis heute gebe es keinen japanisch-russischen Friedensvertrag. Damals hofft Japan noch, und auch Kohl macht Miyazawa Hoffnung: Vier Wochen vor dem Moskauer Putsch habe Gorbatschow ihm gesagt, »er sehe nunmehr ein, daß man die Inseln zurückgeben müsse, brauche aber noch etwas Zeit«. Dasselbe Problem habe jetzt Jelzin. Kohl rät zu geduldigem, psychologisch geschicktem Vorgehen, »damit Jelzin nicht das Gesicht verliere«.[15] Daß auch Japan ein Gesicht zu verlieren hat, bleibt ungesagt.

Noch stärker als zuvor schon betreibt jedenfalls der Kanzler der Einheit seine eigene Außenpolitik. Gewiß, in die Besuche ausländischer Regierungschefs ist generell auch der Außenminister einbezogen. Aber den Zusammenkünften im größeren Kreis ist zumeist ein Vier-Augen-Gespräch allein mit dem Bundeskanzler vorgeschaltet, und auf den meisten der entsprechenden Gesprächsvermerke des Protokollführers pflegt der Kanzler zu vermerken, sie sollten dem Außenminister nicht zur Kenntnis gebracht werden. Bei Auslandsreisen läßt sich der Bundeskanzler nur selten vom Außenminister begleiten. Natürlich erfolgt jeweils eine gewisse Unterrichtung des Auswärtigen Amts über den Leiter der Abteilung 2 im Bundeskanzleramt. Doch die Nuancen dessen, was besprochen wurde und auf die es bei der Diplomatie ankommt, behält Kohl für sich. Beim Wechsel von Genscher zu Kinkel ändert sich wenig. Im Regierungssystem der Bundesrepublik ist das Mißtrauen zwischen dem Bundeskanzler und dem Bundesaußenminister, der zumeist Vorsitzender des Koalitionspartners ist, eine Art Naturkonstante. Ohnehin verändert sich im Zeitalter der Jet-Diplomatie die Rolle des Regierungschefs gegenüber den Außenministern. Die institutionellen Besonderheiten der EG beziehungsweise EU mit der hervorgehobenen Position der Regierungschefs im Europäischen Rat verstärken das noch.

In den Jahren vor dem Rücktritt Genschers im Mai 1992 hatte sich das durch endemische Rivalität gekennzeichnete Verhältnis zwischen Genscher und dem Bundeskanzler ziemlich abgekühlt, wenngleich beide darauf achteten, die Beziehungen weiterhin freundschaftlich in der Form zu gestalten. Als es zum Wechsel von Genscher zu Klaus Kinkel kommt, der in der Außen- und Europapolitik, doch auch in

der FDP, erst Fuß fassen muß, ist der inzwischen bereits ein Jahrzehnt lang amtierende Bundeskanzler dem neuen Außenminister weit überlegen. Kohl widersteht
zwar der Versuchung, den Neuling unfein zu demütigen. Auch die »Chemie« zwischen den beiden stimmt. Aber die Hackordnung liegt nun zweifelsfrei fest. In allen
Bonner Botschaften und in den Hauptstädten weltweit weiß man, daß die deutsche
Außen- und Europapolitik in erster Instanz vom Bundeskanzler gemacht wird, erst
in zweiter Linie im Auswärtigen Amt. Kohl verspürt natürlich keinerlei Bedürfnis,
das Offensichtliche zu dementieren.

Er genießt es, daß auch die Regierungschefs ferner Länder viel häufiger als früher in Bonn Station machen, um den berühmten Kanzler der Einheit wie ein Fabel-
tier zu bewundern. Die Ministerpräsidenten Indiens, Australiens, Neuseelands und
die Präsidenten Brasiliens oder Mexikos rechnen sich zur Ehre an, von ihm empfangen zu werden. Die Potentaten der größeren und kleineren Republiken aus der
Zerfallsmasse der Sowjetunion von der Ukraine über Kasachstan bis Tadschikistan
stehen jetzt bei ihm Schlange oder sind stolz, wenn er sich auf einer Rundreise persönlich bei ihnen einfindet. Im außereuropäischen Bereich, das wird in den neunziger Jahren deutlich, ist der Bundeskanzler allerdings primär an Asien interessiert.

Für Schwarzafrika, wohin er 1987 demonstrativ gereist ist, findet er kaum noch
Zeit, zumal er weiter davon ausgeht, daß sich Paris und London dort in erster Linie
um die geostrategischen Interessen Europas zu kümmern haben. In diesem Punkt,
und nicht nur in diesem, erinnert er in der Tat an Bismarck. Bei seinem Doktorvater,
dem Bismarck-Kenner Walther Peter Fuchs, hat er sich einst in die von Willy Andreas
gesammelten Gespräche des Reichskanzlers versenkt. Dort findet sich eine nachmals
vielzitierte Unterredung mit dem Afrikareisenden Eugen Wolf aus dem Jahr 1888, in
der Bismarck eine »Interessensphäre« auf dem schwarzen Kontinent mit den Worten
ablehnte: »Ihre Karte von Afrika ist ja sehr schön, aber meine Karte von Afrika liegt
in Europa. Hier liegt Rußland, und hier« – nach links deutend – »liegt Frankreich,
und wir sind in der Mitte; das ist meine Karte von Afrika.«[16] So könnte sich auch der
hundert Jahre später amtierende Kanzler geäußert haben, das allerdings garniert mit
vielen schönen Reden über die Pflicht Europas, gerade Afrika zu helfen.

Wie die meisten seiner Landsleute fühlt auch Kohl während der gesamten Kanzlerjahre die Verpflichtung, Deutschland zum Vorreiter bei der Bewältigung globaler
Probleme zu machen. Mit seinen Reden zur Notwendigkeit der Entwicklungshilfe,
zur Bekämpfung der Umweltzerstörung (vor allem des Tropenwaldes) oder zur Bedeutung des globalen Klimaschutzes ließe sich ein ganzes Buch füllen. Er tut auch
viel oder bemüht sich jedenfalls darum, globale Konventionen anzuschieben. 1991
und 1992, als er mit der Krise in den neuen Ländern, mit dem Maastricht-Vertrag
und mit dem Chaos auf dem Balkan alle Hände voll zu tun hat, verwendet er viel Zeit
und viel Überzeugungskraft auf die Vorbereitung der UN-Konferenz für Umwelt und

Entwicklung, die im Juni 1992 in Rio de Janeiro stattfindet. »Eine Blamage in Rio«, bemerkt er im Herbst 1991 gegenüber dem brasilianischen Präsidenten Fernando Collor de Mello, »wäre ein schrecklicher Rückschritt«.[17] Gestützt auf ein Memorandum, bemüht er sich im Frühjahr 1992 mit einigem Nachdruck, Präsident Bush zur Teilnahme an der Konferenz von Rio zu bewegen: Auch das könne für die Präsidentschaftswahl im November relevant sein. Doch dieser lehnt ab und setzt dem Kanzler ganz offen auseinander, »daß man die Folgen für die Wirtschaft im Auge haben müsse. Im übrigen wolle man keine großen Rechnungen auf dem Tisch haben.«[18]

Kohl selbst läßt es sich aber nicht nehmen, persönlich an der Konferenz in Rio teilzunehmen. Das dort beschlossene Rahmenabkommen zum Abbau der Treibhausgas-Emissionen geht zwar längst nicht so weit, wie er das verlangt und erwartet hat. Daß er aber Deutschland hier im Verbund mit der EG auf die Vorreiterrolle bei der internationalen Klimapolitik festgelegt hat, ist offensichtlich. Auf solche Impulse wird sich später Bill Clinton beziehen, wenn er bei einer Würdigung der Leistungen Kohls herausarbeitet, dieser habe die richtige Antwort für die Zukunft der Welt gefunden: »Warum? Weil er den fundamentalen Charakter des 21. Jahrhunderts erkannte: Interdependenz, also wechselseitige Verpflichtung.«[19]

Helmut Kohl – ein Staatsmann mit Gespür für die Erfordernisse des 21. Jahrhunderts? Das führt über die vielfach recycelten, wenngleich zutreffenden Clichés vom »großen Europäer« hinaus. Doch in dieser Hinsicht stellt sich die Frage, woher der so geringe Enthusiasmus Kohls rührt, Deutschland einen ständigen Platz im Weltsicherheitsrat zu verschaffen. Wie seine Aktivitäten bezüglich der UN-Umweltschutzkonferenz beweisen, ließ er sich im Enthusiasmus für die multilaterale Bewältigung globaler Fragen von niemandem übertreffen. Weshalb also dieses oft registrierte Zögern?[20]

Mitte September 1990, gewissermaßen am Vorabend der deutschen Wiedervereinigung, regte der im damaligen Bonn als eine Art Sprachrohr Gorbatschows gewertete Nikolai Portugalow in einem Interview mit *Bild am Sonntag* an, Deutschland alsbald einen Sitz im UN-Sicherheitsrat einzuräumen.[21] Zwei Tage später schon blockte Kohl das auf einer Pressekonferenz ab: Er habe derzeit kein Interesse an einer Diskussion darüber. Es gebe Wichtigeres zu tun.[22] Drei Hauptmotive lassen dieses anfängliches Zögern erklären.

Zum einen verfolgt ihn die Sorge vor deutscher Großmannssucht wie eine fixe Idee, die er unablässig öffentlich und in vertrauter Unterredung artikuliert. Zumindest in den ersten Jahren nach der Wiedervereinigung ist er ein ängstlicher Riese. Zum anderen nährt er im Vorfeld der Konferenz von Maastricht die verwegene Hoffnung, in der angestrebten Politischen Union die zwölf EU-Regierungen zu verpflichten, außenpolitisch mit einer Stimme zu sprechen. Bald erkennt er jedoch, daß dies illusionär ist. Schließlich muß er befürchten, Deutschland könne sich als Ständiges Ratsmitglied der Erwartung nicht entziehen, auf Ersuchen der UN Truppen zu stellen.

Dazu ist er vorerst unter Verweis auf die Verfassungslage nicht bereit. Noch zum Jahresbeginn 1992 erklärt er in einem Interview entschieden: »Ich will nicht in den Weltsicherheitsrat.«[23] Vorrangige Bedeutung hat für ihn der Club der G7; dort kann er persönlich unter Einsatz seines ganzen Gewichts verhandeln. Allem Anschein nach fühlt er sich in den Vereinten Nationen nicht besonders wohl, was seine Sympathie für die Arbeiten der UN-Unterorganisationen nicht ausschließt.

Die Kriege in Jugoslawien machen ihm aber klar, daß die überaus wichtigen Mandate im Weltsicherheitsrat hinter verschlossenen Türen ausgehandelt werden. Frankreich und Großbritannien mischen dort kräftig mit, während Deutschland vor der Tür bleiben muß. Wahrscheinlich spielt bei seinem Positionswechsel der Abgang Genschers eine gewisse Rolle, der ihn auch in dieser Frage zur Politik des »niedrigen Profils« ermutigt hatte. Kinkel sieht das anders als Genscher, und so läßt Kohl das Auswärtige Amt gewähren. 1993 spricht sich auch Clinton für einen ständigen Ratssitz Deutschlands aus.[24] Wenigstens vermeidet es der Kanzler nun, seine Skepsis offen zu artikulieren. Aber von besonderem Enthusiasmus für dieses Ziel kann keine Rede sein. Immerhin spricht er sich da oder dort *sotto voce* dafür aus, deutet aber zugleich an, dies sei nicht von erstrangiger Wichtigkeit, und gleicht so einem Hund, den man zum Jagen tragen muß.

Seit 1994/95 distanziert er sich wieder spürbar von diesem Ziel, oft spöttisch und, so schreibt Liselotte Andreae, die dem Thema gründlich nachgegangen ist, »bis an den Rand der Diskreditierung der Politik seines Außenministers«.[25] »Im Gegensatz zu anderen in Bonn trage er die Fahne nicht voraus«, versichert er beispielsweise dem brasilianischen Staatspräsidenten Fernando Cardoso, der sein Land gleichfalls in den Sicherheitsrat bringen möchte. Das habe er auch dem UN-Generalsekretär Boutros-Ghali gesagt. Und er fährt fort: »Das Tor zum Sicherheitsrat werde für Deutschland ganz automatisch aufgehen.« Er habe kein Problem damit, wenn Länder wie zum Beispiel Indien und Indonesien anders vorgingen.[26]

Die spürbaren Widerstände in der Staatengesellschaft, wozu auch die Kampagne Italiens gegen einen deutschen Ratssitz gehört, sind nicht geeignet, seine ohnehin zurückhaltende Position aufzugeben. Nun sind von ihm auch wieder öffentliche Verlautbarungen zu vernehmen, die eindeutig negativ sind. Als sich 1995 die meisten Staats- und Regierungschefs zur Feier des fünfzigsten Geburtstags der Vereinten Nationen in New York versammeln, erklärt er pampig: »Ich habe großen Respekt vor den Vereinten Nationen, aber ich kann nicht erkennen, daß mein Respekt dadurch zum Ausdruck gebracht wird, daß ich von den Hausdienern ans Pult gebracht werde, nach fünf Minuten mich dort verabschiede und dann noch einmal auf ein Bild gehe.«[27] Daß eine solche Absenz bei den Mitgliedern der UN-Generalversammlung als Bekundung des Desinteresses an einem Ständigen Ratssitz gewertet wird, kann nicht erstaunen.

Soviel im Überblick zu den weitgespannten außenpolitischen Aktivitäten Helmut Kohls, bei dem sich in den vier Jahren von 1990 bis 1994 geradezu eine Explosion von Gestaltungswillen, auch von Gestaltungskraft beobachten läßt. Daß er in diesem Zeitraum zur »mächtigsten Führungspersönlichkeit Europas« emporwächst, ist nicht zu bezweifeln. Er weiß das selber besser als jeder andere. Beim Besuch des brasilianischen Präsidenten Cardoso erläutert er diesem die zentrale Rolle des Kanzlers in Deutschland und fügt dann hinzu, »daß er heute auch in Europa eine Schlüsselfunktion inne habe. Dies nicht etwa, weil er das wolle, sondern weil sich das zwangsläufig so entwickelt habe.«[28]

Aber ist es wirklich berechtigt, wie eingangs erwähnt, ihn auch als eine Art zweiten Bismarck zu begreifen? Die Analogie zur Lage, in der sich Bismarck nach der Reichsgründung befunden hat, ist gewiß nicht ganz falsch. Historisch versierte Beobachter fragen sich somit, ob sich dieser Bundeskanzler des wiedervereinigten Deutschland nicht insgeheim wie ein neuartiger Bismarck unter den Bedingungen des späten 20. Jahrhunderts begreift, der die Demokratien Europas mit viel Diplomatie, mit deutschen Vorleistungen und unter Einsatz der jetzt zeitgemäßen wirtschaftlichen Instrumente zum Zusammenschluß nötigt? Einige Ähnlichkeiten fallen auf, die Unterschiede sind aber viel größer.

Weshalb ein Bundeskanzler, dem in den berühmten 329 Tagen das Kunststück der Wiedervereinigung geglückt ist, auf manche ausländischen Staatsmänner oder Journalisten so wirkt, kann auf den ersten Blick nicht erstaunen. Aber ein zweiter, prüfender Blick läßt die großen Unterschiede erkennen. Bismarck war ein Kind des 19. Jahrhunderts, in dem die Machtstaaten weithin noch ebenso natürlich erschienen wie der Nationalismus und die Notwendigkeit, notfalls Kriege zu führen. »Demgegenüber geriet Helmut Kohl«, so pointiert das Herbert Kremp in einem zeitgenössischen Vergleich mit Bismarck, »im Jugendalter von 19 Jahren in die Epoche Adenauer und durchlief unter deren begrenzten, auf Anschluß an den Westen und die Integration in Westeuropa gerichteten Ambitionen die Vorschulen der hohen Politik. Ihre milde Aura, zum Wert kanonisiert, blieb seine Welt.«[29] Anders als Bismarck nach der Reichsgründung kennt Kohl auch nach der Wiedervereinigung kein schöneres Ziel, als möglichst viel von deutscher Souveränität auf »Europa« zu übertragen. Konsequent zeigt er sich bemüht, das 1989/90 kurz aufgeflackerte Nationalgefühl auf Sparflamme herunterzudrehen, um Europa, seine lieben Deutschen, auch sich selbst nicht zu verängstigen und um ja nicht den Weg in Richtung Bundesstaat Europa zu verfehlen.

Kohl ist auch kein »eiserner Kanzler« wie Bismarck, der den Krieg zwar nicht geliebt, aber dennoch als Fortsetzung der Politik mit anderen Mitteln begriffen hat. Wie die große Mehrheit seiner Landsleute verabscheut Kohl vielmehr alles, was mit Militarismus, Gewaltandrohung oder gar Kampfeinsätzen zu tun hat. Er ist kein harter »Erzpreuße«, sondern ein Rheinländer, der die Freundschaft mit Frankreich als ein

Stück Staatsräson der Bundesrepublik begreift. Auch die für ihn verpflichtende Idee der Westbindung in der Gemeinschaft pluralistischer Demokratien ist himmelweit entfernt von der nervösen Bismarckschen Gleichgewichtspolitik in einem Europa der Machtstaaten.

In zwei wesentlichen Punkten aber ist die Analogie zu Bismarck doch nicht ganz falsch. Erstens zeigt auch Kohl sich von der Vision fasziniert, die Rolle des Gründungskanzlers einer neuen, größeren und stärkeren Einheit zu spielen, die von vielen zukunftsorientierten Geistern ersehnt wird. Für Bismarck war diese größere Einheit der deutsche Nationalstaat unter preußischer Führung. Für Kohl, an der Schwelle zum 21. Jahrhundert, ist dies das Vereinte Europa, in dem Deutschland aber nicht dominiert, sondern in das es sich »einbindet«, wie eines seiner Lieblingsverben lautet. Als Jacques Chirac, der kommende Mann nach der zu Ende gehenden Ära Mitterrand, ihn im Februar 1992 zu einem grundlegenden Gespräch aufsucht, formuliert er sein europapolitisches Credo kurz und knapp mit folgenden Worten: »Er wolle noch einmal unterstreichen, daß sein Ziel sei, nach der deutschen Einheit die europäische Einheit zu vollenden. Dies funktioniere nur mit Frankreich.«[30]

Andere bekommen das gleichfalls zu hören. Dem indischen Ministerpräsidenten Rao versichert er im Herbst 1991 bezüglich der deutschen Einheit, die letzten beiden Jahre »seien wie ein Traum vergangen; man könne in weiteren drei, vier oder fünf Jahren erwarten – und auch dies sei wie ein Traum –, daß der deutschen Einheit die Vollendung der europäischen Einheit folgen werde«.[31] Mit diesem grundlegenden Konzept geht der Kanzler in die neunziger Jahre hinein. In dieser Beziehung gibt es eine gewisse Vergleichbarkeit mit Bismarck zwischen 1862 und 1871, wenngleich ohne «Blut und Eisen», ohne daß Deutschland die hegemoniale Rolle Preußens spielen würde und natürlich auch ohne daß aus der EU ein voll ausgebildeter Bundesstaat werden kann analog zum Bismarck-Reich oder zu den Vereinigten Staaten von Amerika.

Der zweite Hauptpunkt, in dem Kohl – um mit David Owen zu sprechen – »neobismarckianisch« denken muß, ist die Tatsache, daß jetzt, nach dem Ende des Kalten Krieges, wieder ein zusammenhängendes Staatensystem mit interdependenten Akteuren und Regionen entsteht. Zu diesem System gehören ja auch Rußland und die USA. Hier stellt sich das Problem der Stabilisierung Europas, das auch Bismarck nach der Reichsgründung 1871 beschäftigt hat, wenngleich auch hier das europäische Staatensystem der Jahre 1871 bis 1890 zu dem der neunziger Jahre des 20. Jahrhunderts in diesem Punkt viel mehr Unterschiede als Gemeinsamkeiten aufweist. Immerhin liegt das wiedervereinigte, potentiell sehr mächtige Deutschland wie einstmals das Deutsche Reich Bismarcks aber erneut in der Mitte Europas.

Und gerade in den kritischen Jahren 1991 bis 1994, als sich das neue Europa herausbildet, sind die beiden klassischen »Flügelmächte« des europäischen Staaten-

systems, die USA und Rußland, damit befaßt, ihr Verhältnis zu Europa neu zu definieren. Außerdem spielt sich alles unter den Rahmenbedingungen globalisierter
Finanzmärkte, globalisierter industrieller Investitionen, globalisierter Verkehrs-
verbindungen und globalisierter Kommunikation ab. Die Analogie zu Bismarcks
Außenpolitik in der Phase, da dieser das Deutsche Reich für »saturiert« erklärte und
den »ehrlichen Makler« zu spielen behauptete, trägt nicht allzu weit.

Auferstehung: die Bundestagswahl 1994

Nie zuvor lag Kohl noch zu Beginn eines Wahljahrs so weit abgeschlagen zurück. Wie
hat er sich zum allgemeinen Erstaunen nochmals aus dem tiefen Loch emporge-
arbeitet? Darauf gibt es viele Antworten. Erfolg oder Mißerfolg hängen stets von
verschiedensten Faktoren ab, die nur schwer prognostizierbar sind. Wahlentscheidend aber ist auch diesmal wieder: Kohl ist der gefährlichste Wahlkämpfer seit den
fernen Tagen Konrad Adenauers. 1994 macht er alles richtig, was er kurz zuvor falsch
gemacht oder versäumt hat. Und er hat Glück.

Zuerst muß die verunglückte Nominierung Heitmanns rasch weggewischt werden. Kohl hat auf die harte Tour lernen müssen, daß sein Insistieren auf einem CDU-
Kandidaten aus dem Osten eine Schnapsidee war. Jetzt erinnert er sich daran, worauf
es bei einer Bundespräsidentenwahl tatsächlich ankommt: Sie muß eine koalitionspolitische Weichenstellung darstellen, und sie bedarf eines Kandidaten, der nicht
wackelt und allen Fettnäpfchen aus dem Weg geht. Kurz, wenn die Wahl gelingen soll,
braucht Kohl einen verläßlichen Profi, und er findet ihn in Roman Herzog, momentan noch Präsident des Bundesverfassungsgerichts.

Ein Hauptproblem stellt immer noch die FDP dar. Dort gibt es einen unzuverlässigen Flügel, der sich von dem angeschlagenen Bundeskanzler abkoppeln möchte,
um auf gewundenen Wegen wieder zum einstmaligen sozialliberalen Bündnis zu-
rückzufinden, vielleicht auch zu einer Ampelkoalition aus SPD, FDP und den Grünen. Den Linksliberalen in der FDP würde das gefallen, aber auch dem sein Comeback betreibenden Jürgen Möllemann, und wahrscheinlich sogar, so verlautbart
gerüchteweise, dem Ehrenvorsitzenden Hans-Dietrich Genscher, der Möllemann
immer noch fördert. Dagegen stehen der neu gewählte, zugleich aber umstrittene
Parteivorsitzende Kinkel mit den Wirtschaftsliberalen um Graf Lambsdorff und
Rexrodt. Sie fürchten die in sich uneinige SPD und die Grünen noch mehr als die
CDU unter Helmut Kohl, und sie haben die Mehrheit in der Fraktion und den Landesverbänden hinter sich.

Aber auch die innerparteilichen Gegner Kohls, die jeder namentlich kennt –
Heiner Geißler, Rita Süßmuth und Kurt Biedenkopf nebst Anhang –, würden eine

Wahl des Sozialdemokraten Johannes Rau als Signal für eine Große Koalition nicht ungern sehen. Wenn Kohl öfters heftig gegen Rau polemisiert (»einer der größten Opportunisten der deutschen Nachkriegsgeschichte«),[1] so richtet sich das immer auch gegen diese Gruppe. Sorgfältiger als im Fall Heitmanns spricht er sich jetzt gründlich mit Waigel und Kinkel ab und schwört Mitte Februar bei einer gemeinsamen Klausurtagung von Präsidium und Vorstand die Führungsgremien der CDU auf Herzog ein.[2] Nicht nur in der Koalitionsfrage sorgt er hier für Klarheit. Seine Anhänger, seine verdeckt operierenden Gegner und die schwankenden Gestalten in den Führungsgremien sollen jetzt ein für allemal zur Kenntnis nehmen, daß er wieder antritt.

Noch im Sommer zuvor hat der *Spiegel* Ministerpräsident Biedenkopf aus einem vertraulichen Hintergrundgespräch mit den Worten zitiert: »Woher wissen Sie eigentlich, ob Helmut Kohl der Spitzenkandidat der Union sein wird?«[3] Damit soll jetzt Schluß sein. Kohl macht klar, daß er einen Kanzlerwahlkampf zu führen gedenkt und es somit auch nicht für angezeigt hält, sich dabei mit einer Mannschaft zu umgeben. Die innerparteilichen Zweifler müssen wieder auf Tauchstation gehen. Der Bundesparteitag in Hamburg Ende Februar, zu dem viele tief deprimiert anreisen, da die Umfragen immer noch im Keller sind, erlebt einen kämpferischen Bundeskanzler in Bestform. Kohl ruft zur Attacke auf: gegen die unzuverlässige SPD, gegen die Grünen, gegen die überall im Land grassierende »Miesmacherei«, legt den Parteitag auf eine weitere Koalition mit der FDP fest (sie ist immer noch das kleinste Übel), erinnert an die vielen Male, in denen er die CDU wider Erwarten zum Sieg geführt hat, und ruft drohend aus: »Wer eine andere Politik will, der hat zwischen jetzt und Mittwoch Spätnachmittag die Chance, das von dieser Stelle aus zu vertreten. Aber wenn wir am Mittwoch nach Hause gehen, ist mit solchen Debatten Schluß. Dann kämpfen wir gemeinsam.«[4] Alle Parteigranden pflichten dem Vorsitzenden bei. Biedenkopf äußert kein Wort der Kritik, gibt vielmehr den klugen Professor, indem er mit gewohnter Brillanz über den Zusammenhang zwischen schöpferischem Unternehmertum und Sozialpolitik ein Kolleg hält.

Die Bundespräsidentenwahl spielt in Kohls Strategie für die Bundestagswahl eine Schlüsselrolle. Sie soll noch im Frühjahr die schlechte Stimmung in der Öffentlichkeit drehen, die eigenen Anhänger ermutigen und die FDP zum Offenbarungseid zwingen. Das Kalkül geht auf. Nachdem die unvermeidliche Zählkandidatur der FDP-Kandidatin Hildegard Hamm-Brücher absolviert ist, entscheiden sich die Freien Demokraten in der Bundesversammlung am 23. Mai nach vorheriger interner Abstimmung im dritten Wahlgang mit starker Mehrheit für Roman Herzog. Die Sache ist bis zuletzt nicht unriskant. Hätten sich Möllemann und die Linksliberalen in der Bundesversammlung durchgesetzt, wäre Kohl noch kurz vor der Bundestagswahl gestrauchelt. Jetzt aber ist die Entscheidung der FDP für Herzog eine vorweggenommene Koalitionsaussage. Zugleich wird Sozialdemokraten und Grünen durch die Niederlage des angesehenen Johannes Rau der Schneid abgekauft. Kohls Aussichten für die kurz danach erfolgende Europawahl sind nun günstig.

Auch Schäuble hat sich mit der Rolle abgefunden, die der Kanzler ihm zugedacht hatte. Sarkastisch, hart, wenn nötig autoritär hält er den Laden zusammen. In den Zeitungen nennt man ihn bereits den Herbert Wehner der CDU/CSU-Fraktion.[5] Wie in den sozialliberalen Zeiten Wehner und Mischnick sorgen nun Schäuble und Solms dafür, daß die Koalition nicht doch noch auseinanderplatzt. Im April 1994 wird endlich auch die umstrittene Pflegeversicherung durch den Bundesrat gebracht. Schäuble stellt sich jetzt ganz auf die Fortsetzung der Koalition mit der FDP ein. Sollte es nicht reichen, bliebe immer noch die Option einer Großen Koalition.

Zu einem veritablen Kanzlerwahlkampf gehören auch jede Menge Staatsbesuche und Zeremonien mit hoher Symbolkraft. Seit Jahren spielt Helmut Kohl im europäischen Konzert die erste Geige. So ist es ein Akt der Courtoisie, wenn sich die Partner nun erkenntlich zeigen. Am 1. Juli 1994 fügt es sich so, daß Deutschland in der EU die halbjährliche Präsidentschaft übernimmt. Selbst wenn erhebliche Teile der Wähler bei der Aussicht auf den Euro kalte Füße bekommen, wird der europäische Zusammenschluß doch weithin positiv bewertet. Somit unterstreicht die deutsche Präsidentschaft die führende Rolle des in Europa so angesehenen Kanzlers. Ob die Besuche Jelzins und des chinesischen Ministerpräsidenten Li Peng im Monat Mai wirklich werbewirksam sind, mag man eher bezweifeln. Der moralische Abscheu wegen des Tschetschenienkriegs und gegen den Schlächter vom Tiananmen-Platz sitzt in der öffentlichen Meinung tief. Doch solche Besuche zeigen, daß der Bundeskanzler eine erste Adresse ist. Mitte Juli trifft Präsident Clinton zum Staatsbesuch ein. Gewiß interessiert er in Deutschland vor allem als etwas lächerliches Objekt der Skandalpresse. Doch Kohls Wähler wissen es immer noch zu schätzen, daß der Kanzler des wiedervereinigten Deutschland am Balanceakt seiner Westpolitik des Sowohl-als-auch festhält: einerseits ein treuer Freund Amerikas, andererseits der große Europäer, um den sich in der EU alles dreht. Schwer zu sagen, ob das alles wahlentscheidend ist. Aber daß der noch unerprobte Kanzlerkandidat Rudolf Scharping bei soviel Blaulicht für den Bundeskanzler etwas verblaßt, ist unvermeidlich. Kohl hat dieses Schicksal bitter ausgekostet, als er selbst Oppositionsführer war.

Am wichtigsten, doch auch am heikelsten ist die Zeremonie, mit der die letzten russischen Truppen verabschiedet werden. Daß der Abzug noch vor den Bundestagswahlen erfolgen kann, rechnet Kohl dem russischen Präsidenten hoch an. Umgekehrt läßt sich Jelzin das teuer bezahlen. Den Russen ist viel daran gelegen, den psychologisch schwer zu verkraftenden Rückzug aus den deutschen Bastionen »mit Würde« zu vollziehen, sprich: mit bombastischem Gepränge. Kohl hat volles Verständnis dafür, versäumt aber auch seinerseits keine Gelegenheit zu symbolischer Geschichtsinszenierung.

Aus guten Gründen verbietet es sich jedoch, die Garnisonen der westlichen Schutzmächte und die Russen gemeinsam in Berlin zu verabschieden. Zeitweilig ist deshalb ein großer Staatsakt mit Kohl und Jelzin in Weimar im Gespräch. Ist nicht in Thüringen ein großer Teil der noch verbliebenen russischen Truppen stationiert? Bietet es sich nicht an, die deutsch-russische Versöhnung an den geweihten Stätten deutscher Klassik zu zelebrieren, wo Goethe einstmals der Zarentochter Maria Pawlowna huldigte? Im Zeichen neudeutscher Bußfertigkeit wird auch ein Besuch Jelzins und Kohls im KZ Buchenwald erwogen. Zum Glück sind aber die Berater Jelzins klüger als das einstige Vorauskommando Reagans in Bitburg. Noch rechtzeitig wird die russische Führung darauf aufmerksam gemacht, daß der NKWD die Menschenquälerei in dem einstigen nationalsozialistischen Konzentrationslager jahrelang weiter betrieben hat, wenngleich unter anderen Vorzeichen. Weimar verschwindet also aus den Planungen, und es kommt zu der Inszenierung am 31. August 1994 in Berlin. Das Ende eines halben Jahrhunderts russischer Besatzung in Deutschland gerät hier zur Farce. Wie alle Eingeweihten wissen, hat Präsident Jelzin ein Alkoholproblem und dirigiert nun in beschwipstem Zustand vor den Augen seiner empörten Offiziere die zur musikalischen Untermalung angetretene Militärkapelle. Der Gastgeber Kohl tut sein Bestes, die Peinlichkeiten zu überspielen. Immerhin schadet ihm der Auftritt nicht. Millionen von Wählern werden nochmals daran erinnert, daß Deutschland ohne diesen Kanzler die Russen nicht so schnell und nicht so vollständig losgeworden wäre.

Ein weiterer Faktor trägt gleichfalls dazu bei, Helmut Kohl so ganz unerwartet noch einmal aus dem Tief der Unpopularität emporzubringen. Anfangs gar nicht so richtig gewürdigt, ist aus ihm in den Jahren 1991 bis 1994 so etwas wie ein Fernsehkanzler geworden. Während er 1991 das bisherige Kabinett ziemlich unverändert übernahm, stellte er mit Andreas Fritzenkötter und dem Wahlforscher Wolfgang Gibowski neue Berater ein,[6] denen es in der Tat gelingt, Kohls Defizite im Fernsehen abzubauen und seine bräsige Art den Journalisten gegenüber zu mildern. Auch Kohls Bemühungen um die Privatsender und das geduldige Bohren dicker Bretter bei ARD und ZDF tragen allgemach Früchte. RTL und SAT 1, aber auch das ZDF und der Bayerische Rundfunk bieten ihm nun mediale Plattformen, wohlwollend aus dem Hintergrund dirigiert von Leo Kirch, von den Gewaltigen der Springer AG und von den Helfern des Bundeskanzlers bei den öffentlich-rechtlichen Rundfunkanstalten. Selbst bei den ursprünglich größtenteils Kohl-kritischen E-Medien bleibt eine mehr als zehnjährige Kanzlerschaft nicht ohne Wirkung. Erschrocken muß die SPD im Wahlkampf 1994 registrieren, daß der lange Jahre als fernsehuntauglich verspottete Bundeskanzler auf vielen Kanälen präsent ist und gelernt hat, das Medium Fernsehen genauso souverän zu nutzten wie der alte Adenauer in seinen letzten Jahren und wie der bewunderte Fernsehstar Helmut Schmidt.

Im Wahljahr bringt Helmut Kohl aber nicht nur alle Instrumente zum Einsatz, die einem Bundeskanzler zu Gebote stehen. Er hat auch wieder einmal Glück. Anfang 1994, als seine Sympathiewerte noch im Keller sind, überrascht Allensbach mit der Beobachtung, daß die Deutschen übers Jahresende ganz unerwartet wieder optimistisch in die Zukunft schauen, sogar die im Osten.[7] Der Wind beginnt sich zu drehen. »Nach den depressiven Wintermonaten ist die Stimmung der Deutschen im Mai einem regelrechten Übermut gewichen«, konstatiert die von Kohl weiterhin geschätzte Elisabeth Noelle-Neumann von Allensbach im Juni 1994.[8] Das ist genau der Monat, in dem bei den Umfragen nach der Kanzlerpräferenz Helmut Kohl den Herausforderer Scharping überholt. Lange Zeit war er hinter dem SPD-Vorsitzenden und Ministerpräsidenten von Rheinland-Pfalz schmählich zurückgelegen. Im Dezember 1993 hatten bei den Allensbach-Umfragen nach der Kanzlerpräferenz nur noch 27 Prozent der Befragten den amtierenden Bundeskanzler genannt, 38 Prozent dagegen den Herausforderer Scharping. Jetzt ist ein Gleichstand erreicht. Von da an steigt die Zustimmungskurve für Kohl steil nach oben, während die für Scharping absinkt. Im Wahlmonat Oktober 1994 liegt die Kohl-Präferenz bei 42 Prozent, nur noch 31 Prozent sind es für Scharping.[9] Am spektakulärsten ist das Comeback der CDU in den neuen Ländern. Dort steigert sie sich in einem halben Jahr von 24 auf 42 Prozent, der höchste Wert seit der Bundestagswahl 1990.[10] Wahrscheinlich ist der Stimmungsumschwung auch ein Reflex darauf, daß sich der Konjunkturhimmel aufhellt. Die westlichen Volkswirtschaften arbeiten sich in diesen Monaten aus der tiefen Rezession heraus und Deutschland mit ihnen. Nun profitiert Kohl von dem bekannten *Bandwagon*-Effekt, demzufolge jedermann auf den Wagen klettern möchte, wo die Musik spielt.

Es wäre ein Wunder, würde Scharping nicht auch Fehler machen, die es Kohl jetzt erlauben, seine Kanzlerkompetenz ins Spiel zu bringen. In ihrer Verzweiflung entschließt sich die SPD, den Wählern ein Trio vorzustellen – Rudolf Scharping, Oskar Lafontaine und Gerhard Schröder. Aber diese Wahlkampftaktik, die Geschlossenheit demonstrieren soll, erinnert viele Wähler nur daran, daß die ehrgeizigen »Enkel« Brandts vom rechten und vom linken Parteiflügel tatsächlich über alles zutiefst zerstritten sind – über die Wirtschaftspolitik, über die Frage von Auslandseinsätzen der Bundeswehr und auch in der Koalitionspolitik. Der Wahlausgang ist weiterhin offen. Aber die Umfragedaten vom Juli bis Oktober lassen doch wieder ein Kopf-an-Kopf-Rennen zwischen der Regierungskoalition und Rot-Grün erkennen.

Als bester Wahlhelfer Kohls in dieser unentschiedenen Lage erweist sich schließlich der Sozialdemokrat Reinhard Höppner in Sachsen-Anhalt. Bei der Landtagswahl am 26. Juni legen dort die Sozialdemokraten kräftig zu. Genauso spektakulär ist der

Zuwachs der PDS. Ermutigt von den Linken im SPD-Vorstand und zum Kummer Scharpings läßt sich Höppner nun auf eine von der PDS gestützte Koalition ein. Damit hat die CDU ihren Wahlslogan. Der Generalsekretär Peter Hintze startet eine »Rote-Socken-Kampagne«, die in erster Linie auf westdeutsche Wähler zielt, aber auch die Antikommunisten in den »neuen Ländern« im Blick hat. Soll man wirklich riskieren, daß Rot-Grün nach der Bundestagswahl, toleriert von der PDS, auch im Bund an die Macht kommt?!

Wenige Tage vor dem Urnengang erzählt ein gelassener Bundeskanzler drei handverlesenen Journalisten, die ihn zuerst im zwölfsitzigen Bundeswehrjet vom Typ Challenger und danach auf den Anschlußflügen im Hubschrauber begleiten, wie kritisch es noch vor einem Dreivierteljahr um seine Wahlchancen bestellt gewesen sei. Bei einer Klausurtagung im Januar hätten die Parteifreunde angesichts des demoskopischen Abgrunds, der vor ihnen klaffte – nur noch dreißig Prozent für die CDU –, ihren Untergangsängsten freien Lauf gelassen. »Ich habe damals gesagt«, weiß ein selbstsicherer Helmut Kohl zu berichten, »wartet mal ab, wie es weitergeht. Wir sprechen uns wieder. Wenn sich die Redner von damals das Band heute anhören müßten, da würde jeder sagen: Das ist zwar meine Stimme, aber sie ist inzwischen imitiert, das habe ich nie gesagt.«

Nina Grunenberg von der *Zeit*, die das berichtet, gibt auch eine eindrucksvolle Schilderung des Bundeskanzlers bei seinem letzten berühmten Wahlkampf, in dem er die lange für sicher gehaltene Niederlage nochmals abwendet: »Er bestimmte die Sitzplätze im Flugzeug, in den Pausen zwischen den Einsätzen sorgte er für Verpflegung – Käsesahnetorte in Schwerin, Kartoffelsuppe in Lübeck –, empfahl Getränke – er selber trank meistens Wasser – und ließ im Laufe des Tages eine politische Schau ablaufen, für die er alles ausspielte, was eine Apotheose hergibt: seine lockere Routine, seine innere Disziplin, seine immense Erfahrung, seine große Freiheit, die hart errungen ist und die er deswegen um so mehr genießt, und den Spaß an der Politik, den er auch mit 64 Jahren noch versprüht.« Auch die Schlußpointe ist erwähnenswert: »Vor Beginn der Wahlkampfveranstaltung auf dem Lübecker Marienplatz ist noch Zeit für eine Suppe. Müde und erschöpft fällt die kleine Reisegesellschaft auf die Stühle im ›Mövenpick‹. Stille im Saal. Plötzlich erklingt die Stimme des Kanzlers im breitesten Pfälzerdeutsch: ›Nee, nee, jetzt mache mer doch net schlapp.‹«[11]

Doch ausgerechnet in dieser letzten Wahlkampfphase unterläuft ihm ein gravierender Fehler. Am Sonntag, 3. Oktober, vierzehn Tage vor der Wahl, gibt er unerwartet SAT 1 ein Fernsehinterview, in dem er erklärt, ein weiteres Mal werde er nicht mehr antreten. Diese Bundestagswahl sei »mit Sicherheit die letzte« für ihn als Kanzlerkandidat. »An einem bestimmten Tag« wolle er das Kanzleramt niederlegen. Den Namen Schäuble nennt er nicht. Er wolle in seiner Partei darauf hinwirken, daß eine Persönlichkeit an seine Stelle trete, »die mit ihrer eigenen unverwechselbaren Handschrift, aber trotzdem die Grundsätze unserer Partei fortsetzt«. Das schlägt wie eine Bombe ein.

Hat man es schlicht mit dem Ausrutscher eines erschöpften Wahlkämpfers zu tun? So sieht es im nachhinein der erfahrene Journalist Hans Ulrich Kempski von der *Süddeutschen*: »Es war eine kalte, windige Regennacht im bayerisch-thüringischen Mödlareuth, wo er vor 25 000 herbeigekarrten Anhängern gesprochen hatte, und wo ihm kurz danach, als er durchnäßt im Scheinwerferlicht stand, übermüdet und schmerzgeplagt, die Vorstellung unerträglich gewesen ist, in vier Jahren abermals beweisen zu müssen, was er als Schlachtroß wert ist.«[12] Das alles, so sagen Kohl selbst und seine Umgebung später, sei unvorbereitet und mit niemandem abgesprochen gewesen. Viel spricht in der Tat für die Annahme, daß er erschöpft Überlegungen kundtat, die ihn dauernd beschäftigten, ohne sie aber in allen Aspekten gründlich durchdacht zu haben.

Andere meinen, Kohl habe, wie zuvor schon häufig, ein Interview genutzt, um die Wähler auf sein Vorhaben einzustimmen, etwa in der Mitte der Amtszeit zurückzutreten und einem Nachfolger Platz zu machen. Geht man davon aus, daß tatsächlich ein wohlüberlegter Wahlkalkül zugrunde lag, so müßte der Kanzler erwartet haben, schwankende Wähler, die mit seiner überlangen Amtszeit nicht einverstanden waren und bereits auf den Nachfolger Schäuble hofften, im letzten Moment noch für die CDU zu gewinnen. Tatsächlich scheint aber der umgekehrte Effekt eingetreten zu sein. Das SAT-1-Interview, so die Vermutung der Wahlforscher, habe an die zwei Prozent potentieller Wechselwähler abgeschreckt, die nur für die CDU stimmen wollten, wenn mit einem Kanzler Kohl für weitere vier Jahre zu rechnen sei. Sie stützen sich dabei auf die Beobachtung, daß die Zustimmung zur CDU in der allerletzten Wahlkampfphase abrupt abknickte. Es wird jedenfalls für die Regierung plötzlich wieder sehr knapp.

Am 16. Oktober erleben die Fernsehzuschauer eine der spannendsten Wahlnächte. Gegen 20 Uhr gibt der Kanzler bekannt, die schlechteste Prognose gebe der Koalition wenigstens acht Mandate Vorsprung: »Damit sind wir durchaus regierungsfähig. Ich will diese Koalition fortsetzen.«[13] Doch bis Mitternacht schrumpft die Mehrheit der Koalition bis gegen null zusammen. Schließlich zeigt sich, daß Kohl mit seiner Prognose genau richtig lag. Dabei profitiert er vor allem vom Wahlrecht mit der Kombination von Erststimmen, Zweitstimmen und Überhangmandaten. Wie so oft schon kommt auch diesmal die zeitweilig gefährdet erscheinende FDP mit 6,9 Prozent nach einer Zweitstimmenkampagne wieder mit CDU-Leihstimmen in den Bundestag. Kohls CDU, so wird die Opposition nicht müde zu betonen, habe das schlechteste Ergebnis seit 1949 erzielt. Aber Mehrheit ist Mehrheit. Dank dem weiterhin sehr guten Abschneiden der CSU mit 51,2 Prozent in Bayern behauptet die Koalition mit zehn Bundestagsmandaten ihre Mehrheit. Sieben davon sind Überhangmandate. CDU/CSU und FDP erhalten zusammen 341 Sitze, SPD, Grüne und PDS 331. Eine von der PDS tolerierte rot-grüne Regierung ist rechnerisch unmöglich. Wieder einmal hat Kohl eine Niederlage abgewendet. Spöttische Geister stellen fest, das sei die erstaunlichste Rückkehr aus dem Totenreich seit der Auferweckung des Lazarus. Noch ein Dreivierteljahr zuvor hätte niemand dieses Comeback für möglich gehalten. Doch die Kanzlermehrheit ist denkbar knapp. Triumphieren kann Kohl erst, wenn er im Bundestag wiedergewählt ist.

Regierungsbildung mit Blick auf das Jahr 2000

Am Montagmorgen nach der Bundestagswahl tritt das CDU-Präsidium zusammen. Kohl beginnt seinen Bericht mit der Feststellung, die Koalition verfüge nun über dieselbe Mehrheit wie Helmut Schmidt im Jahr 1976. Man könne also weiterregieren.[1] Mögen doch Kohls Gegner süffisant berechnen, dies sei das zweitschlechteste Wahlergebnis der CDU seit 1949![2] Er selbst kann sich im Gedanken an Schmidt, den er bald haßt und bald heimlich bewundert, fröhlich entspannt zurücklehnen. Schmidt hatte damals mit zehn Mandaten eine genauso knappe Mehrheit errungen und danach mit der ihm eigenen Chuzpe sechs lange Jahre weiterregiert, als wäre nichts geschehen. Sechs Jahre – der Bundeskanzler wäre dann im Jahr 2000 angelangt. Doch anders als Schmidt, dem es nur zu acht Jahren langte und der – so sieht es Kohl – nicht allzuviel zustande brachte, hat er jetzt bereits zehn Kanzlerjahre hinter sich, die Wiedervereinigung Deutschlands hingekriegt, das vereinigte Europa meilenweit vorangebracht, und er ist mit den Präsidenten Amerikas, Frankreichs und Rußlands gut Freund.

Genau betrachtet, sieht es jedoch recht kritisch aus. Die geheime Stimmabgabe bei der Kanzlerwahl ist die Stunde der Heckenschützen. Was würde geschehen, wenn ihn erklärte Feinde in den eigenen Reihen oder die Anhänger einer Großen Koalition beim ersten Wahlgang durchfallen lassen? Für ein solches Debakel würden schon fünf Abweichler aus den eigenen Reihen genügen. Kohl signalisiert zwar, daß er dann eben auch in einem zweiten oder dritten Wahlgang antreten würde, und jedermann glaubt ihm das. Doch solange er nicht wiedergewählt ist, sind die Alternativen einer Großen Koalition oder einer Ampelkoalition nicht völlig vom Tisch.

Noch bedenklicher sind die Veränderungen im Bundesrat. In Mecklenburg-Vorpommern und in Thüringen haben am Tag der Bundestagswahl auch Landtagswahlen stattgefunden mit hohen Verlusten der CDU. Will sie dort weiterregieren, geht das nur in einer Großen Koalition. Erfahrungsgemäß bedeutet das aber, daß sich die SPD im Koalitionsvertrag bei umstrittenen Bundesgesetzen Stimmenthaltung zusichern läßt. Somit besteht die reale Gefahr, daß eine entschlossene SPD selbst nicht zustimmungspflichtige Gesetze blockieren könnte. Als das in der Öffentlichkeit diskutiert wird, sucht Kohl den CDU-Vorstand mit dem Hinweis zu beruhigen, »daß die Vorstellung, man könne über den Bundesrat das Regierungsgeschehen zum Erliegen bringen, in den Bereich der Fabel gehört. Mit einem geschickten Zusammenwirken der Politik in den verschiedenen Bereichen kann man auch in der jetzigen Situation eine Menge erreichen.«[3] Die Blockadepolitik Lafontaines in den Jahren 1997 und 1998 wird jedoch zeigen, daß diese Annahme viel zu optimistisch ist.

Vorerst gilt es jedoch, die Koalitionsverhandlungen und die Kanzlerwahl ohne Karambolagen über die Bühne zu bringen. Das erweist sich vor allem deshalb als schwierig, weil jetzt in der FDP ein wildes Hauen und Stechen ausbricht. Die Gegner des Parteivorsitzenden Kinkel geben vor allem diesem die Schuld für den Absturz von 11 Prozent bei der Bundestagswahl 1990 auf nunmehr nur noch 6,9 Prozent. Dabei zeichnet sich wieder einmal der Unruhegeist Möllemann aus. Kinkel bezwingt ihn zwar, doch die Unruhe in der FDP macht für Kohl die Wochen bis zur Kanzlerwahl zur Zitterpartie. Am gefährlichsten bei der geheimen Kanzlerwahl sind erfahrungsgemäß jene Damen und Herren, denen der Kanzler eben ein schönes Regierungsamt entzogen oder verweigert hat. Solche Überlegungen sind ein Hauptgrund für die an und für sich unübliche Entscheidung, die Kanzlerwahl noch vor Abschluß der Koalitionsverhandlungen vorzunehmen. Zu Recht sehen viele darin aber auch ein Indiz für die stark geschwächte Position der FDP. Sie kann diesen entscheidenden Vorgang nicht so lange hinauszögern, bis ihre programmatischen und personellen Forderungen unter Dach und Fach sind. Ein Indiz für die Unsicherheiten sind auch die Verschiebung der Abstimmung und die Entscheidung, die Wahl nicht in Berlin, sondern in dem überschaubareren Bonn durchführen zu lassen. Die eigentliche Prolongation der Ära Kohl ist somit der 15. November. Wie berechtigt Kohls Sorgen beim Blick auf das schmale Stimmenpolster waren, zeigt sich jetzt. Doch er hat wieder einmal Glück und wird bereits im ersten Wahlgang gewählt, allerdings nur mit einer Stimme Mehrheit wie Adenauer im Frühherbst 1949. Erst jetzt kann er sich beruhigt zurücklehnen. Er sitzt wieder fest im Sattel.

Im Unterschied zur SPD unter Helmut Schmidt in den Jahren 1976 bis 1980, der mit derselben schmalen Mehrheit regieren mußte und dem Abweichler sowie ein starkes linksorientiertes Funktionärskorps das Leben sauer machten, ist die CDU der Jahre 1994 bis 1998 eine ziemlich handzahme Partei. Gottergeben und voller Zutrauen in die gewaltige Gestalt ihres Kanzlers erträgt sie die Dominanz Helmut Kohls, der die zerstrittenen »Enkel« Willy Brandts wie Spieler aus der B-Klasse erscheinen läßt.

Von denen, die mit Kohl zusammen gestartet waren, ist nur noch Norbert Blüm im Kabinett verblieben. Die Zwischenrufe seiner Dauerkritiker Geißler und Süßmuth kann er gelassen von sich abschütteln. Beide vermerken das in einer Stimmung der Ohmacht. Am meisten politisches Gewicht bringt nach wie vor Kurt Biedenkopf auf die Waage. Unter den östlichen Bundesländern ist Sachsen mit großem Abstand am erfolgreichsten. Das wirtschaftliche Aufblühen und die Verstärkung einer eigenen kulturellen Identität des sächsischen Freistaats zahlen sich auch in Wählerstimmen aus. Während sonst überall in den neuen Ländern die Stimmenanteile der CDU rückläufig sind, erringt die dortige CDU Traumzahlen wie sonst nur noch die CSU in Bayern. Unglaubliche 58,1 Prozent holt Biedenkopf bei der Landtagswahl im September 1994. Schon zuvor hat man ihn als »König von Sachsen« bewundert. Auch bei der SPD und unter den Journalisten verfügt er über hohes Ansehen, und ebenso im Ausland.

Kohl weiß genau, daß Biedenkopf jetzt sein gefährlichster Rivale ist. Biedenkopf seinerseits ist der Meinung, daß sich die Bundesrepublik unter diesem Kanzler – milde formuliert – nicht in den besten Händen befindet, und geht periodisch mit sich zu Rate, ob er nicht gegen Kohl antreten soll. Doch der stets von Ideen sprühende Biedenkopf hat in der CDU-Führung auch eine Menge Neider. Die CDU-Linke um Geißler, Blüm und Süßmuth lehnt diesen im innersten Kern liberalen Ordnungspolitiker ab. Viele im Funktionärskorps sehen in ihm weiterhin den professoralen Besserwisser und Dauerquerulanten. Kohl selbst faßt den respektierten und zugleich gefürchteten Widersacher durchaus mit spitzen Fingern an und hat kein Interesse an Frontalkollisionen. Auch Biedenkopf möchte den rohen Machtkampf vermeiden. Er schätzt die innerparteilichen Kräfteverhältnisse wohl richtig ein, so daß er nie seinen Hut in den Ring wirft. Ihm fehlt auch der bedenkenlose Machtwille, dem Parteivorsitzenden und Bundeskanzler in offener Feldschlacht entgegenzutreten, um ihn niederzuringen. So wird er zwischen 1996 und 1998 nur den begrenzten Konflikt wagen – in Sachen Rentenreform und beim Kampf um den Euro –, doch dies so vorsichtig, daß Kohl seine Vorstöße abblocken kann. Einmal mehr wird sich dann zeigen, daß Biedenkopf die besseren Argumente ins Feld führt, Kohl aber die stärkeren Bataillone.

Von dem prinzipiell loyalen, nur gelegentlich aufbegehrenden Ministerpräsidenten Erwin Teufel in Stuttgart oder seinem alten Gefährten Bernhard Vogel in Erfurt braucht Kohl weiterhin keine Vorstöße zu befürchten, die zu seinem Sturz führen könnten. Der mächtige, mit Kohl jedoch freundschaftlich verbundene Theo Waigel hat das Schicksal von Franz Josef Strauß gründlich genug studiert, um zu wissen, daß selbst der gewaltigste CSU-Vorsitzende weder in der CDU noch gegen die FDP bei einer Kanzlerkandidatur große Chancen hätte. Nur der bayerische Ministerpräsident Edmund Stoiber ist ein Mann mit ungesättigtem Ehrgeiz, der sich weitgehend außerhalb des Kontrollmechanismus des Kanzlers und CDU-Vorsitzenden bewegt. Aber er kann seine Stunde abwarten, bis sich Schäuble, Biedenkopf oder Rühe verschlissen haben.

Kohls inzwischen nicht mehr ganz so junge Garde, die in seinem Gefolge ihren Aufstieg vollzogen hat, weiß, daß die Zeit für sie arbeitet, und vermeidet es tunlichst, den großen Patron allzusehr aufzubringen. Wolfgang Schäuble und Volker Rühe, die aussichtsreichsten Bonner Thronprätendenten dieser Jahre, über deren Auf und Ab in der Gunst des Patriarchen die Journalisten unablässig spekulieren, rasseln in der Fraktionsführung oder im Kabinett nur gelegentlich an ihren Ketten, um der Öffentlichkeit zu signalisieren, was sie sich zutrauen. Angela Merkel, deren baldigen steilen Aufstieg kaum jemand ahnt, Jürgen Rüttgers oder Horst Seehofer gehören allesamt Kohls Kabinett an und stehen somit unter seiner direkten Kontrolle.

Die Unionsgrößen der noch in ferner Zukunft liegenden »Merkel-CDU« sind bereits ziemlich avanciert. Christian Wulff in Niedersachsen, Roland Koch in Hessen, Günther Oettinger in Stuttgart und Peter Müller im Saarland stehen schon an der Spitze ihrer jeweiligen Landtagsfraktionen und schlagen sich dort mit mächtigen SPD-Ministerpräsidenten herum oder stützen lustlos den eigenen Ministerpräsidenten. Aber sie alle verharren noch recht vorsichtig in den Startlöchern und hüten sich, »den Dicken« durch allzu forsch artikulierten Widerspruch zu erzürnen.

Starke Reformimpulse sind somit von diesen Führungsgruppen nicht zu erwarten. Jedermann weiß, daß der Kanzler offenen Widerspruch als Illoyalität betrachtet und darauf höchst sauer reagiert. Das muß beispielsweise der in Niedersachsen wacker gegen Gerhard Schröder ankämpfende Christian Wulff erfahren, der gegen den Kanzler oder dessen getreuen Finanzminister Schäuble gelegentlich eine Lippe riskiert. Er wird solange in die Ecke gestellt, bis er wieder so spurt, wie der Herr und Meister das erwartet. In seinen immer noch überlangen, die Marschrichtung vorgebenden Ansprachen vor den höchsten Parteigremien weist Kohl auch gern darauf hin, daß Geschlossenheit schon deshalb vonnöten ist, weil nach den demoskopischen Erkenntnissen von Allensbach die Wähler auf Zerstrittenheit einer Partei angewidert reagieren. Auch das wird in den Führungsgremien der CDU fast ausnahmslos verinnerlicht.

Kurt Biedenkopf, als notorischer innerparteilicher Kritiker Helmut Kohls sicherlich kein völlig objektiver Beobachter, aber eben doch ein genauer Kenner des Binnenlebens der CDU, skizziert im Sommer 1996 die Anatomie der Partei mit den folgenden Worten: »Die Führungsgremien der Bundespartei spielen praktisch keine Rolle mehr. Sie nehmen im wesentlichen die politischen Vorgaben der Partei- und Fraktionsführung entgegen. Diskussionen, die die Politik inhaltlich beeinflussen, sind selten. Beschlüsse werden so gut wie nie gefaßt. Schriftliche Vorlagen, die Sitzungen des Bundesvorstandes (nach der Satzung das oberste Führungsgremium) vorbereiten, werden praktisch nur vor Parteitagen und den seltenen Klausurtagungen versandt. Die Mehrzahl der Tagesordnungen der vergangenen vier Jahre beschränkte sich auf Berichte des Vorsitzenden, eventuell des Fraktionsvorsitzenden und Verschiedenes. Sitzungsprotokolle werden nicht angefertigt. Die Fachausschüsse haben in den letzten Jahren kaum noch an den Bundesvorstand berichtet. Werden zur Behandlung dringender Fragen und zur Kanalisierung von Diskussionen in der Öffentlichkeit, denen sich die Partei nicht länger entziehen kann, Kommissionen eingesetzt, dann geschieht dies häufig in der erkennbaren Absicht, die Diskussionen einzufangen, aber so wenig wie möglich zu verändern.«

Die letzten Parteitage, so vermerkt Biedenkopf weiter, hätten kaum politische Entscheidungen von Relevanz für das Handeln der Regierung oder der Fraktion erbracht. Zudem sei die CDU im Verhältnis zu ihren Landesverbänden »zentralistischer geworden«: »Inhaltlich bedeutsame Initiativen aus den Landesverbänden, die nicht den Vorstellungen der Bundesführung entsprechen, sind unerwünscht.« Fazit dieser Analyse zum Entscheidungssystem der CDU: »Die Partei ist zunehmend auf die Bundesführung, vor allem den Vorsitzenden zentriert. ›Helmut Kohl ist die CDU‹, ist ein Satz, dem in der Partei niemand mehr ernsthaft widerspricht.«[4] Und als Kohl im Herbst 1998 mit fliegenden Fahnen untergeht, wird ihm Biedenkopf in einem dreizehnseitigen Brief an die CDU-Führung nachrufen:»Die Partei ist nicht mehr lebendig. Ihr inneres Leben wurde in den letzten Jahren zunehmend erdrückt. Unter der Last der Regierung und der Dominanz ihres bisherigen Vorsitzenden und seines Verständnisses innerparteilichen Lebens hat sie die Fähigkeit eingebüßt, wirklich Neues hervorzubringen, Ideenwettbewerbe zu ermutigen, Vielfalt aufzunehmen.«[5]

Doch nicht allein im Unionslager herrscht der 1994 nochmals siegreiche Bundeskanzler ziemlich uneingeschränkt. Nachdem die Kanzlerwahl glücklich über die Bühne gegangen ist, läßt sich feststellen: Eine so ungefährliche FDP hatte Kohl noch nie. Bei der Bundestagswahl 1994 hat sie rund ein Drittel ihrer Mandate verloren und überlebt vorerst nur, so weiß jedermann und Helmut Kohl am besten, dank den sogenannten Leihstimmen eigentlich CDU-orientierter Wähler. Nach dem Abgang Genschers, der sich jedoch aus dem Off immer noch als Stichwortgeber bemerkbar macht, ist bei den Freien Demokraten wieder einmal eine Phase der Flügelkämpfe ausgebrochen verbunden mit den üblichen Personalquerelen. In der Fraktion unter Hermann Otto Solms dominieren die Wirtschaftsliberalen. Solms ist ein zäher Unterhändler, der genau weiß, wie weit man gehen kann, ohne einzubrechen. Im Zusammenspiel mit Schäuble erzielt er immer wieder prekäre Kompromisse, denen sich der das Detail nicht mehr so ganz scharf durchdringende Kanzler und die beiderseitigen Fraktionen meist anschließen müssen.

Die Linksliberalen haben in den FDP-Landesverbänden immer noch ein gewisses Gewicht, während sie sich in der Fraktion mit der Justizministerin Leutheusser-Schnarrenberger und mit dem erprobten Kohl-Hasser Burkhard Hirsch im Konfliktfall nur noch mühsam behaupten können. Da und dort im Land rumoren einige unruhige Geister, die davon träumen, die FDP mit populistischen Themen à la Haider in Österreich wieder hochzubringen. In der Tat sind die Freien Demokraten jetzt deutlich rechts von der CDU postiert, ohne daß man sie aber schon eine Rechtspartei nennen könnte. Nach Installierung der neuen Regierung Kohl ist eine Ampelkoalition Rot-Gelb-Grün nur noch eine theoretische Denkmöglichkeit, mehr nicht. Ob die Freien Demokraten aus dem Abwärtssog wieder herauskommen, ist 1994 und 1995 nicht absehbar. »Wenn es der FDP nicht gelänge, wieder eine Basis zu schaffen, könne er nicht sagen, wie es weitergehen werde«, äußert sich Kohl sinngemäß bei der CDU-Präsidiumssitzung am Montagmorgen nach dem Wahltag.[6] Ihm gibt vor allem zu denken, daß die FDP ihre kommunalpolitische Basis verloren hat. In der alten Bundesrepublik habe sie noch einen einzigen Landrat und keinen einzigen Bürgermeister in einer Gemeinde mit über 10 000 Einwohnern, sinniert er unmittelbar nach dem FDP-Wahldebakel im Kreis des CDU-Vorstands: »Wir müssen uns darüber Gedanken machen – nicht heute, aber in absehbarer Zeit.«[7]

Beim Studium der Zeitungen nach der Kanzlerwahl registriert Kohl befriedigt, daß seine publizistischen Kritiker bei der *Zeit*, bei der *Süddeutschen*, beim *Spiegel* oder beim *Stern* mit ihren Prognosen über seine politische Zukunft inzwischen vorsichtig geworden sind. Zu häufig haben sie schon das politische Sterbeglöckchen Kohls geläutet. »Auftakt zum Abgesang«, überschreibt Robert Leicht nach der Wiederwahl des Bundeskanzlers einen Leitartikel in der *Zeit*, um dann aber in gewundenen Formulierungen zu betonen, solche »morosen Zustände« könnten »verteufelt lange währen«.[8] Der *Spiegel*-Reporter Jürgen Leinemann, einer der vielgelesenen, gutinformierten Kohl-Kritiker, betitelt seine Analyse des Regierungslagers »Patriarch ohne Herbst«,[9] läßt jedoch behutsam offen, ob er ihm zutraut, dieses Ziel zu erreichen: »Nichts deutet darauf hin, daß er selbst schon wüßte, wann und wie es endet.« Vier Jahre später werden sich zwar jene wenigen bestätigt fühlen, die das spätestens im Jahr 1998 eintretende Ende fest vorausgesagt haben. 1994 jedoch ist Kohls mittelfristige Zukunft noch völlig offen. Ein Herbst dauert lange. Es gibt den Frühherbst, in dem fröhlich geerntet wird, und es gibt den nebelverhangenen Spätherbst, der urplötzlich in den Winter umkippt.

Kohl ist überzeugt, daß er jetzt allenfalls im Frühherbst angelangt ist. »Ruchloser Optimismus« sei immer seine Stärke, aber auch seine Achillessehne gewesen, wird ihm sein politologischer Kritiker Wilhelm Hennis nach dem Sturz im Jahr 1998 nachrufen.[10] Diese Grundstimmung dominiert nun erneut. Der wiedergewählte Kanzler denkt jetzt in längeren Zeiträumen. Nachhaltig dementiert er bald selbst oder läßt dementieren, sein Amt noch in der laufenden Legislaturperiode einem Nachfolger übergeben zu wollen. Am 10. Oktober hatte er zwar nochmals beteuert, »daß ich 1998 nicht wieder kandidieren will«.[11] Doch das war noch vor der Wiederwahl zum Bundeskanzler. In nachdenklichen Stunden überlegt er durchaus, vielleicht schon innerhalb der vierjährigen Amtszeit einen Nachfolger zu bestimmen, doch wenn sich solche Überlegungen konkretisieren sollen, werden sie beiseite geschoben. Dafür gibt es einen plausiblen Grund – die knappe Mehrheit von nur zehn Stimmen. Weder in der FDP und erst recht nicht in der CSU wäre eine auch nur halbwegs sichere Unterstützung für die Wahl eines Nachfolgers vorstellbar. Zudem gehört es zu den eisernen Spielregeln im Geschäft, daß ein amtierender Kanzler, ist er erst einmal wiedergewählt, um keinen Preis den Anschein erwecken darf, er werde irgendwann vor Ablauf der Legislaturperiode freiwillig abtreten. Damit würde er sich zur »lahmen Ente« machen und in der Koalition einen schwer steuerbaren Streit um die Nachfolge lostreten. Aber auch von dem Endtermin 1998 ist nun nur noch selten die Rede. Aus Kohls Umfeld vernimmt man, daß das Datum 1998, an dem er die Macht definitiv abgeben möchte, sachte zu verschwimmen beginnt. »Er agiert«, so zitiert Werner A. Perger von der *Zeit* einen von Kohls politischen Vertrauten, »als hätte er acht Jahre vor sich«.[12] Wer ihn genauer kennt, und viele hatten in den vergangenen dreißig Jahren Gelegenheit, ihn genauer kennenzulernen, kann sich schlechthin nicht vorstellen, daß dieser Dynamo von Mensch aus freien Stücken die Zügel abgeben wird, um sich nach Ludwigshafen oder in ein Berliner Austragsstübchen zurückzuziehen.

Hunderten von Journalisten, die jede Rede des Kanzlers analysieren, fallen Kohls ständige Hinweise auf das Jahr 2000 auf. Hans Ulrich Kempski, der schon manchen Kanzler hat kommen und gehen sehen, bringt das in die Worte: »Die Magie der Zahl fasziniert den Kanzler, auch die historische Dimension. Das Jahr 2000 scheint für Kohl ein Höhepunkt zu sein – das große Jahr, in dem sich die Geschichte verdichtet.«[13] Dann würde der ja immer noch erstaunlich fitte Kanzler genau siebzig Jahre alt sein. Ist es vorstellbar, daß er diesen nicht mehr allzuweiten Höhepunkt und Endpunkt einer beispiellosen Karriere verpassen möchte?

Zu denken gibt nicht zuletzt auch die Energie, mit der Kohl nun den Berlin-Umzug im Jahr 1999 betreibt und dem Neubau des Bundeskanzleramts und des ganzen Regierungsviertels im Spreebogen starke persönliche Aufmerksamkeit zuwendet. Das Vorbild Mitterrand hat ihn offenbar angeregt, seinerseits als großer Bauherr in die Geschichte der deutschen Hauptstadt einzugehen. Am 4. Februar 1997 nimmt er persönlich den ersten Spatenstich für das neue Bundeskanzleramt vor. Selbstverständlich wird er bestreiten, sich damit ein Denkmal errichten zu wollen, doch Heinrich Wefing, Kulturkorrespondent der *Frankfurter Allgemeinen* in Berlin, wird später feststellen: »Eine überragende Rolle bei der Planung des Berliner Bundeskanzleramt hat ganz ohne Zweifel Helmut Kohl gespielt.« Er habe darauf erstaunlich viel Zeit verwendet: »Ohne Kohls dezidierten Willen zur Größe wäre der Neubau im Spreebogen anders geraten.«[14] Spricht also nicht manches für die Annahme, daß er dabei an sich selbst als ersten Hausherrn gedacht hat und nicht etwa an einen Nachfolger?! Weder die Akteure und Beobachter der Bonner Politszene noch Helmut Kohl selbst gehen somit im Herbst 1994 fest davon aus, daß jetzt die letzte Amtszeit begonnen hat.

Nach Abschluß der Koalitionsverhandlungen zeigt sich allerdings, wie vergleichsweise wenig bei den wirklich gravierenden Themen konkret vereinbart worden ist. Auch dies ist ein Indiz für die geschwächte Rolle der FDP. Sie kann nicht mehr, wie das früher der Fall war, der Mehrheitspartei präzis festgeklopfte Forderungen abpressen, die verbindlich festgelegt sind, noch bevor Kanzler, Kabinett und Koalitionsfraktionen ihre Arbeiten begonnen haben. Beide Seiten wissen, daß sie einander nicht überfordern dürfen. Die CDU muß irrationale Reaktionen bei den tief deprimierten Freien Demokraten befürchten, sollte man diese zu stark bedrängen. Und die FDP glaubt zu wissen, daß in der Union starke Kräfte, darunter wohl auch der undurchsichtige Wolfgang Schäuble, die Option einer großen Koalition mit der inzwischen ziemlich moderaten SPD notfalls nicht ganz ausschließen möchten. Da Helmut Kohl aber höchstwahrscheinlich das Opfer einer großen Koalition wäre, ist er diesmal auf besonders pflegliche Behandlung der Freien Demokraten bedacht.

Worauf es ihm sachlich ankommt, hat der Bundeskanzler bereits am Morgen nach der Wahl im CDU-Präsidium verkündet. Erstens müsse die Republik »fit gemacht werden« durch Stärkung des Standorts Deutschland und durch Abbau der Arbeitslosigkeit. Zweitens müsse die CDU »die Partei der Forschungs- und Technologiefreundlichkeit werden«, solle aber ebenso die Umweltfragen berücksichtigen. Drittens hat er die Familienpolitik genannt: »Kinder müßten Vorfahrt haben.«[15] Solche Überlegungen finden sich auch in der Präambel des Koalitionsvertrags. Versprochen wird eine »grundlegende Erneuerung Deutschlands«. Der Übergang zum kommenden Jahrtausend wird angeleuchtet, ein »Umbau unseres Gemeinwesens« mit einem »schlanken Staat« proklamiert, alles schöne Worte, die nichts kosten. Aus guten Gründen hüten sich alle Beteiligten vorerst, zu stark ins Detail zu gehen.

Bei der Kabinettsbildung läßt sich der Bundeskanzler von dem Prinzip Kontinuität leiten. Dies ist noch kein Indiz für Reformunlust, vielmehr hat das einen durchaus plausiblen Grund. Tatsächlich ist das Bundeskabinett zwischen 1991 und 1993 erneuert worden, größtenteils ungeplant zwar, aber doch so tiefgreifend, daß ein weiterer Umbau unzweckmäßig wäre. So herrscht auch bei FDP und CSU, die dem Bundeskanzler ihre Kabinettsminister zu servieren pflegen, kein Veränderungsbedarf. Aus heutiger Sicht sind natürlich zwei Ernennungen im CDU-Teil des Kabinetts von Interesse, die seinerzeit eher von zweitrangiger Bedeutung erscheinen: die Berufung von Jürgen Rüttgers, der zwischen 2005 und 2010 immerhin das SPD-Stammland NRW für die CDU erobern wird, vor allem aber die Höherstufung von Angela Merkel.

Im Fall von Rüttgers geht der Kanzler davon aus, die Gruppe potentieller Kanzlerkandidaten erweitert zu haben. »Der Pulheimer«, wie er ihn gern nennt, aus der gutkatholischen Niederrheinregion ist mit seinen 43 Jahren eine Nachwuchshoff-

»Der erste Spatenstich« (4. Februar 1997), Gemälde von Matthias Koeppel, 1997

nung. Kohl legt für ihn die Ministerien für Forschung und Technologie sowie für Bildung und Wissenschaft zusammen. Das neue Haus firmiert künftig unter der informellen Bezeichnung »Zukunftsministerium«, und Rüttgers begreift sich als »Zukunftsminister«. In der fünften Regierung Kohls wird er als einer von dessen Lieblingsministern gelten. Auch diese Ernennung zeigt wieder einmal, daß unter Kohl der Weg ganz nach oben über die Funktion des Ersten Parlamentarischen Geschäftsführers führt. Bis zu seiner Ernennung war Rüttgers in der CDU/CSU die rechte Hand des Fraktionsvorsitzenden Schäuble.

Da aber die Musik in den Jahren 1994 bis 1998 in anderen Häusern der Regierung Kohl spielt, kann sich Rüttgers nicht richtig entfalten. In manchem erweist er sich an der Spitze des BMFT bereits als ein Politikertypus der CDU des frühen 21. Jahrhunderts. Der Slogan, Bildungspolitik sei die Sozialpolitik des 21. Jahrhunderts, geht auf ihn zurück. Die von ihm konzipierte Reform des Hochschulrahmengesetzes bleibt zwar im Bundesrat stecken, da die SPD-Länder ein Verbot von Studiengebühren fordern, weist jedoch bereits jene Grundmuster auf, die der gegenwärtigen Hochschullandschaft das Gepräge geben: größerer Spielraum für die Hochschulen gegenüber der Staatsverwaltung, leistungsorientierte Finanzierung, striktere Regelstudienzeiten, neue Bachelor- und Magister-Studiengänge, Evaluation von Forschung und Lehre.[16]

Viel folgenreicher für die CDU-Geschichte, doch auch für das persönliche Schicksal Kohls in den Jahren 1999/2000 ist die Umsetzung an der Spitze des Bundesministeriums für Umwelt, Naturschutz und Reaktorsicherheit. Über lange Jahre hindurch hat dort Klaus Töpfer amtiert. Selbst die Umweltschutzverbände können nicht ganz abstreiten, daß ihm die Regierung Kohl und damit auch die CDU ein zartgrünes Image verdankten. Kohl hatte ihn seinerzeit aus dem Kabinett des rheinland-pfälzischen Ministerpräsidenten Bernhard Vogel abgeworben. Das persönliche Engagement des Bundeskanzlers für den Kampf gegen den CO_2-Ausstoß und die UN-Klimapolitik ging in starkem Maß auf den Einfluß Töpfers zurück. Zunehmend mißfällt dem Kanzler aber Töpfers deutlich durchschimmernder Ehrgeiz, bei den Diadochenkämpfen ums Kanzleramt mitzumischen. So kommt es zu einem, wie sich zeigen soll, definitiven Karriereknick. Töpfer wird auf das zweitrangige Bauministerium abgeschoben, wo er unter anderem für den beschleunigten Berlin-Umzug sorgen soll. Frustriert entfernt er sich nach drei Jahren auf einen hohen Posten bei der UN. Töpfers Nachfolgerin wird Angela Merkel.

Weshalb der Bundeskanzler sie aus ihrem Nischenministerium herausholt und sie mit einem der wichtigsten Kabinettsposten betraut, ist leicht nachvollziehbar. In den Exekutivpositionen ist immer noch Mangel an fähigen Kräften aus den neuen Ländern. Nach dem Ausscheiden Günther Krauses ist Angela Merkel die qualifizierteste Persönlichkeit aus dem Osten. Daß sie schon länger ohne großen Anstoß zu erregen die Rolle einer Stellvertretenden CDU-Vorsitzenden aus den ostdeutschen Landesverbänden spielt, spricht aus Sicht des Parteivorsitzenden gleichfalls dafür, sie mit einem hervorgehobenen Ministerium zu bedenken. Kohl vertraut auch darauf, daß diese fachlich ausgewiesene Physikerin eine besonders schneidige Befürworterin der Kernenergie ist. Darin wird sie ihn lange nicht enttäuschen. Als im Frühjahr 1995 wieder einmal ein Castor-Transport nach Gorleben ansteht, zitiert der *Spiegel* Gerhard Schröder, Chef des rot-grünen Kabinetts in Hannover, nach einem Konsensgespräch mit den Worten: »Die ist von keinerlei Zweifel angerührt.«[17] Ihr Vorgänger Klaus Töpfer war in Sachen AKW-Politik deutlich flexibler als sie. Ganz entschlossen äußert sich Angela Merkel auch in der Fraktion. »Wir haben«, erklärt sie dort, »das, was recht ist, durchzusetzen.« Eines ihrer Standardargumente für die Nutzung der Kernenergie ist von nun an der Aufruf, man müsse unbedingt den Ausstoß von CO_2 reduzieren. Genauso entschieden, wie sie für eine deutsche Vorreiterrolle in der Klimafrage eintritt, genauso unerbittlich zeigt sie sich bei der Bejahung der Kernkraft. Bei ihrem Bericht über die Energiekonsensgespräche mit Schröder unterstreicht sie ihre Position, daß Deutschland auch die Langzeitoption behalten muß, eventuell eine neue Generation von Kernkraftwerken zu bauen. Theoretische Modellrechnungen allein können sie nicht überzeugen: »Jeder, der mit einer Hochtechnologie sich befaßt, weiß natürlich, daß ein Design auf dem Computer zwar schön ist und ein erster

Schritt, daß aber die Realisierung nicht stattfinden kann. Und wir müssen diese Neubauoption deshalb haben, weil wir ansonsten einen Fadenriß auch beim gesamten Personal bekommen – Ingenieure, Fachleute, Studenten, der gesamte Bereich des Know-how, der fällt weg, wenn wir hier sozusagen einen Fadenriß haben. Und deshalb können wir uns darauf nicht einlassen.«[18]

Als Fachministerin liegt Angela Merkel somit genau auf der Linie Helmut Kohls, der sich in Sachen Kernkraft durchgehend ziemlich kompromißlos verhält: vorerst keine neuen Kraftwerke, aber dauerhafte Nutzung der Kernenergie. Das hält den Kanzler allerdings nicht davon ab, die neue Umweltministerin gelegentlich im Kabinett so grob anzugehen wie andere Minister auch. Teilnehmer an einer Kabinettssitzung wissen von einer solchen Szene zu berichten. Sie habe »ihre Hausaufgaben nicht gemacht«, wirft Kohl ihr vor versammelter Kabinettsrunde höchst ungehalten vor, weil sie die Maßnahmen gegen zu hohe Ozonwerte nicht zuvor mit der eigenen Fraktion und der FDP hinreichend abgeklärt habe.[19] Wer eine Kabinettskollegin so ruppig abbürstet, macht sich wohl keine Gedanken darüber, er könnte da die künftige CDU-Generalsekretärin vor sich haben, die über sein eigenes Schicksal befinden wird, oder gar die nächste Bundeskanzlerin aus den Reihen der CDU.

Immerhin gibt es doch mit Georg Paul Hefty von der *Frankfurter Allgemeinen* einen Journalisten, der mit prognostischen Fähigkeiten begabt ist. Ziemlich früh, nämlich im April 1992, hat er geschrieben, »wenn bisher eine Frau eine halbwegs anerkannte Aussicht hatte, die erste Bundeskanzlerin aus der Union zu werden, dann Angela Merkel – auch weil sie jung genug ist und die Zeit hat, die Leute an sich zu gewöhnen.«[20] Aber das ist die Einzelstimme eines Außenstehenden. Die damaligen politischen Schwergewichte haben Angela Merkel als potentielle Kanzlerin noch nicht auf der Rechnung. Auf die Frage, ob er jemals daran geglaubt habe, daß sie Bundeskanzlerin wird, antwortet Kinkel (immerhin länger als sechs Jahre neben ihr im Kabinett, wobei er sie zuvor schon als Stellvertretende Pressesprecherin von de Maizière aus nächster Nähe erlebt hat) mit »nein« und fährt fort: »Sie war durchaus eigenwillig, selbstbewußt. Kohls ›Mädchen‹ war Nolte, aber nicht Merkel. Merkel war selbstbewußt, ruhig, sie war einfach typenmäßig Ossi, ist sie bis heute geblieben; kühl sachlich … Sie ist kühl, kann wenig Wärme verbreiten. Das ist eine Schwäche. Das konnte Kohl. Kohl war ein Wärmeapostel, eine seiner großen Stärken.«[21] Viel spricht dafür, daß auch Kohl sie so sieht. Während der Jahre 1991 bis 1998 unterläßt er es, irgendwie öffentlich anzudeuten, diese gelehrige Fachministerin sei zu Höherem bestimmt.

Im Vergleich mit diesen beiden steht die 1994 neu ernannte Familienministerin Claudia Nolte nicht am Anfang einer großen Karriere, doch auch sie verdient Erwähnung. Ihre Ernennung ist symptomatisch für die routinierte Lässigkeit, mit der Kohl auf dem Höhepunkt seiner Macht den Erwartungen seiner pluralistisch breitgefächerten CDU zu entsprechen sucht: Der Frauenanteil im Kabinett muß einigermaßen konstant bleiben; mindestens zwei Minister sollten aus den neuen Ländern kommen, sonst fühlen sich diese allzusehr unter Wert behandelt; und als Ausgleich zu der liberalen evangelischen Ministerin Angela Merkel macht sich eine konservative Katholikin ganz gut, die sich immerhin in den Zeiten der DDR geweigert hat, an der Jugendweihe teilzunehmen, und deshalb nicht auf der Oberschule verbleiben durfte. Allerdings macht er mit der Ernennung der gerade eben 28 Jahre alten Ministerin auch deutlich, wie verächtlich er im Grunde das Amt eines Bundesministers einschätzt. Nach der Abwahl wird ihm Wilhelm Hennis neben vielem anderen Bösen auch nachrufen, er habe »jedem der großen Institute dieses Landes Verletzungen zugefügt« – dem Amt des Bundespräsidenten, dem Deutschen Bundestag, dem Bundesrat, dem Bundesverfassungsgericht und so auch dem Kabinettssystem. Die Beförderung einer unerfahrenen Frau zur Bundesministerin, die gerade eben vier Jahre dem Bundestag angehört und nicht einmal eine Einarbeitungszeit als Parlamentarische Staatssekretärin hinter sich hat, stützt diese These.[22]

Die beiden wichtigsten Minister im Herbst 1994 sind jedoch weiterhin Theo Waigel und Klaus Kinkel, beide Vorsitzende ihrer Partei, beide auch Typen, mit denen Kohl menschlich harmoniert. Institutionell bleibt es bei der Regel, alle wichtigen Fragen im Koalitionsausschuß zwischen Kohl, Waigel, Kinkel und dem Kanzleramtschef Bohl zu erörtern. Das ist gewissermaßen Kohls »Kernkabinett«. »Das Kabinett hat bei Kohl nie eine große Rolle gespielt«, berichtet Kinkel: »Wir haben alles in den wöchentlichen Koalitionsgesprächen erledigt. Im Koalitionsgespräch ist darüber gesprochen worden, was im Kabinett läuft. Ohne Protokoll. Konnten Sie vergessen. Der Chef des Kanzleramts war ja dabei. Das Kabinett segnete eher ab.«[23] 1994, als im operativen Bereich die strategischen Weichenstellungen für Kohls fünfte Amtszeit erfolgen, hat diese Runde großes Gewicht.

Der CSU-Vorsitzende und Bundesfinanzminister Waigel ist für Kohl so unentbehrlich wie eh und je. Man übertreibt nicht, wenn man ihn als die tragende Säule der CDU/CSU- und FDP-Regierung bezeichnet. Natürlich kultiviert er in den Fragen der inneren Sicherheit oder der Ausländerpolitik weiterhin die Kabbelei mit dem in liberaler Hand befindlichen Justizministerium. Dennoch hat Kohl in ihm einen verläßlichen Bundesgenossen gegen die von Schäuble mit großer Behutsamkeit betriebene Öffnung zur SPD und den Grünen. Als dieser beispielsweise 1995 von seinem getreuen Fraktionsgeschäftsführer und badischen Landsmann Hans-Peter Repnik die Idee einer ökologischen Energiesteuer ausarbeiten läßt, um damit zugleich auch Geld in die Bundeskasse zu bringen, wird der Plan von Waigel zusammen mit Kinkel abgeschmettert. Von allen Kabinettsministern hat Waigel die undankbarste Aufgabe. Dickfellig, zupackend, taktisch versiert und allseits angefeindet muß er die Regierung mit exzessiver Schuldenaufnahme und vielen Buchhaltungstricks durch die Strom-

Mit den Ministerinnen Merkel und Nolte,
17. November 1994

schnellen steuern. Alle prügeln auf ihm herum – die Sozialpolitiker, weil seine periodischen Sparrunden auch die Sozialbudgets nicht verschonen, und die Wirtschaftsliberalen, weil er mit der Forderung nach Gegenfinanzierung ihre Forderung nach
gestaltender Wirtschaftspolitik abbremst.

Waigel ist ein in der Wolle gefärbter »Europäer« wie Kohl selbst, was für diesen
ein zusätzlicher Grund ist, an Waigel festzuhalten. Besser als viele andere weiß der
Minister aber auch, wie viele Stolpersteine noch auf dem Weg zum Euro liegen.
Schon jetzt warnt er den Bundeskanzler, daß im Jahr 1997 die Stunde der Wahrheit
schlagen wird, wenn auch Deutschland die im Maastricht-Vertrag festgelegte Verschuldungsgrenze von drei Prozent nicht überschreiten darf, will es den Eintritt in
die dritte Stufe der Wirtschafts- und Währungsunion nicht sabotieren.

Eigentlich wäre also im Jahr 1994 der richtige Moment für eine liberale Wachs-
tumsstrategie gekommen. Vielleicht könnten dann weitreichende Steuersenkungen
zu verkraften sein, kräftiger sprudelnde Steuereinnahmen erbringen und bis zur
Bundestagswahl 1998 auch die unablässig steigende Arbeitslosigkeit zurückführen.
Doch neben vielem anderen stehen diesem Konzept liberaler Ökonomen zwei
schwer zu überwindende Hindernisse im Wege: zum einen der SPD-dominierte
Bundesrat, zum anderen die von vielen beklagte Tatsache, daß das Bundesverfassungsgericht schon seit längerem seine Berufung zur Steuer- und Sozialgesetzgebung
entdeckt hat. Bis zum 1. Januar 1996 muß die Freistellung des Existenzminimums von

Besteuerung im Bundesgesetzblatt stehen – Kostenpunkt um die dreißig Milliarden DM.[24] Der gleichfalls verordnete Familienlastenausgleich und die Abschaffung des Kohlepfennigs zwingen zu weiteren Klimmzügen.[25] Aus dem Labyrinth von Verfassungsgerichtsentscheidungen, europäischen Vorschriften, gesetzgeberischen Anspruchsverbürgungen, der Deckung des laufenden Bedarfs für die Bundeswehr, des Verkehrswesens, des Aufbaus Ost und Dutzenden weiterer wichtiger Aufgaben führt letztlich kein Weg ins Freie. Und für alles und jedes müssen zwischen den Koalitionsfraktionen im Deutschen Bundestag und dann im Bundesrat komplizierte Kompromisse gefunden werden, oder es droht der Stillstand. Im Jahr 1994 plädiert Waigel somit für ein schrittweises Vorgehen. Detaillierte Konzepte für einen marktwirtschaftlichen *grand design*, worauf die Wirtschaftsweisen drängen, sind im Herbst 1994 ohnehin nicht ausgearbeitet. Somit läßt sich Kohl nur allzu gern darauf ein, massive Steuersenkungen gekoppelt mit einem riskanten Umbau der Sozialsysteme auf die Zeitschiene zu schieben, um vielleicht im Jahr 1997 den großen Durchbruch zu wagen. Immerhin überlebt er auch dank der Vorsicht von Theo Waigel die folgenden vier Jahre, dies erst besser, dann weniger gut, und schließlich folgt das dicke Ende.

Neben dem Finanzminister ist Bundesaußenminister Klaus Kinkel im Jahr der Weichenstellung 1994 die zweite tragende Säule der Koalition. Kinkel sieht sich jedoch aus den eigenen Reihen bedrängt. Mitte 1993 hat er sich dazu breitschlagen lassen, zusätzlich zum Auswärtigen Amt auch den FDP-Vorsitz zu übernehmen, und wird das rückblickend als eine seiner größten Dummheiten bezeichnen. Denn er hat dieses Amt in der tiefsten Krise der Koalition angetreten, die auch zur Krise der FDP geworden ist. Verschiedene Landtagswahlen gehen verloren. Nun werden ihm auch noch die schweren Verluste bei der Bundestagswahl angelastet, desgleichen das folgende recht zurückhaltende Taktieren bei den Koalitionsverhandlungen.

Die frustrierten Sozialliberalen, der Unruhegeist Möllemann und der kecke neue Generalsekretär Guido Westerwelle begehren unablässig gegen ihn auf, manche offen, andere vorerst nur hinter vorgehaltener Hand. »Westerwelle«, so wird sich Kinkel später erinnern, »lief damals auch als Jungspund immer rum und erklärte, das Messer ginge ihm in der Hose auf, wenn er ansehen müsse, wie ›man‹ in der FDP hinter Kohl und der CDU hinterherlaufe«.[26] Der nüchterne Kinkel ist jedoch der Meinung, daß die FDP durch überzogene Forderungen das Boot nicht umwerfen darf, in dem sie selber sitzt. Davon läßt er sich in den kommenden vier Jahren nicht abbringen, wenngleich seufzend. Als er 1995 den Parteivorsitz abgeben muß und von Wolfgang Gerhardt abgelöst wird, hält sich auch dieser daran, mangels praktikabler Alternativen mit der CDU weiterzumachen, vielleicht kann es ja 1998 nochmals gutgehen …?! Mit solchen FDP-Vorsitzenden ist der Kanzler hoch zufrieden. Schließlich ist er selbst der Allerletzte, der das Boot umstoßen möchte, in dem er auf das Jahr 2000 zurudert.

Neben dem »Kernkabinett« existiert wie bisher ein zweites Machtzentrum: die Fraktionsführung mit Wolfgang Schäuble. »Kohls Premier«, »Kanzler im Wartestand«, nennt ihn der langjährige Bonner Korrespondent Ulrich Reitz, damals beim *Focus,* der die Machtspiele in den Bonner Parteien wie kaum ein anderer kennt und den »Kanzler im Wartestand« in seiner Biographie aus dem Frühjahr 1996 mit den Worten charakterisiert: »Schäubles einzigartige Stellung im Politgetriebe resultiert aus seiner Intelligenz, seiner Arbeitswut und einer unnachahmlichen Mischung aus Diskretion und gezielter Indiskretion. Eben ein Profi.«[27] »Zwei Kanzler hat die Republik«, schreiben die Journalisten gern, wenn sie Kohl ärgern wollen: »Kohl der Oberkanzler, Schäuble der Subkanzler.«[28] Andere analysieren, der Bundeskanzler spiele jetzt vorwiegend eine präsidiale Rolle, dies ganz besonders auf internationaler Ebene, während der Fraktionsvorsitzende wie ein Ministerpräsident im französischen Regierungssystem der Fünften Republik das operative Geschäft der Innenpolitik wahrzunehmen habe. Solche Vereinfachungen überzeichnen jedoch das komplizierte Miteinander der parlamentarischen Kanzlerdemokratie. Sie werden dem Gewicht der FDP- und CSU-Vorsitzenden im Kabinett und ihrer Fraktionen im Bundestag nicht gerecht. Sie verhüllen auch die Tatsache, daß der unablässig mißtrauische Bundeskanzler mit nur seltenen Absenzen dauernd in der Fraktion präsent ist und ihr ständig ins Bewußtsein ruft, daß er sie als seine getreueste Leibgarde versteht. Vertrauen ist gut, Kontrolle aber besser, und so sitzen sowohl im Fraktionsvorstand als auch in den wichtigen Ausschüssen zahlreiche hundertfünfzigprozentig loyale Anhänger, die ihn blitzschnell informieren würden, sollte der Fraktionsvorsitzende mit seinem nächsten Umfeld aus dem Ruder laufen. Auch Schäuble selbst nutzt jede Gelegenheit, daran zu erinnern, daß er nicht mehr ist und vorerst nicht mehr sein will als Kohls getreuester Mitstreiter, wie man ihn seit nunmehr fast zwei Jahrzehnten kennt.

Dennoch fällt auf, daß der treue Gefolgsmann sich jetzt mit bekanntem organisatorischen Geschick seine eigene Führungsmannschaft zusammenstellt. Er muß abwarten, bis die Regierungsbildung abgeschlossen ist, dann aber erneuert er fast die gesamte Fraktionsspitze. Die Riege der Stellvertreter enthält auffällig viele ehemalige Minister, von denen nicht alle besonders freudig aus Kohls früheren Kabinetten ausgeschieden sind – Rupert Scholz, Heiner Geißler, Rudolf Seiters, Paul Krüger aus den neuen Ländern, Hannelore Rönsch. Zusammen mit seinen engen Vertrauten, dem früheren Parlamentarischen Staatssekretär Hans-Peter Repnik aus der südbadischen CDU und Joachim Hörster, jetzt Erster Parlamentarischer Geschäftsführer, könnten sie gewissermaßen auf Anhieb den Kern des Kabinetts eines Bundeskanzlers Schäuble darstellen. »Bildet Schäuble schon ein Kabinett?«, fragt Karl Feldmeyer von der *Frankfurter Allgemeinen,* der sich bekanntlich seit langem nicht nur auf die Berichterstattung beschränkt, sondern zugleich in den verschlungenen Machtkämpfen der CDU etwas Partei ist.[29] Andere Bonner Korrespondenten sehen das ähnlich.

Kohl kann der neuen Fraktionsführung nur zustimmen, zumal sich mit Seiters auch einer seiner loyalsten Anhänger in dem neuen Team findet. Schließlich erfordert die komplizierte Zusammenarbeit der Mehrheitsfraktion mit der eigenen Exekutive eine optimal leistungsfähige Fraktionsführung mit erfahrenen Leuten. Keiner weiß das besser als Kohl. Desgleichen kann sich die Fraktion angesichts knapper Mehrheitsverhältnisse gegenüber der FDP, gegenüber der Opposition, auch gegenüber dem Bundesrat nur mit einem ausgezeichneten Führungsteam durchsetzen. Da Kohl außerdem keinen Zweifel daran läßt, daß Schäuble im Falle eines Falles die erste Wahl für seine Nachfolge sein wird, kann er ihm nicht verwehren, sich eine eigene Regierungsmannschaft zusammenzustellen. Das alles anerkennt er und begegnet Schäuble weiterhin mit freundschaftlicher Loyalitätsvermutung. Selbst nachdem das Verhältnis zwischen den beiden irreparabel ruiniert ist, wird er den dritten Memoirenband, der 1994 endet, mit den Worten abschließen: »Längst hatte ich für mich beschlossen, in der Mitte der Legislaturperiode einen Stabwechsel im Bundeskanzleramt vorzunehmen. Nur ein einziger Kandidat stand für mich zur Diskussion: Wolfgang Schäuble. Ihm traute ich am ehesten zu, für unser Land, für unsere Partei ein erfolgreicher Nachfolger zu sein.«[30]

Solch apodiktische Feststellungen werfen zwei Fragen auf. Daß der Kanzler auch damals fachlich und emotional auf Schäuble große Stücke hält, bezeugen in der Tat viele aus seinem Umfeld. Aber ist es wirklich die ganze Wahrheit? Und wenn er im Herbst 1994 zu einer Nachfolgeregelung mit Schäuble bereit gewesen sein sollte, weshalb kommt es dann nicht dazu?

Fragt man, ob es im Verhältnis zu dem machtbewußten Fraktionsvorsitzenden vielleicht schon im Herbst 1994 – klar erkannt oder auch gar nicht eingestanden – einen Subtext gibt, so ist auf drei Punkte zu achten. Erstens ist Kohl nach Aussage aller, die ihn genauer kennen – Minister, enge Mitarbeiter, Journalisten –, ein übermäßig mißtrauischer Mann. »Kohl war immer mißtrauisch, wie das überhaupt seine Wesensart war«, beschreibt die ihm gegenüber durchweg freundschaftlich eingestellte Dorothee Wilms diese Charaktereigenschaft.[31] Anders hätte er gar nicht überleben können. Selbstverständlich wird dieses Mißtrauen durch Zuträger genährt, die aus welchen Gründen auch immer dem ziemlich autoritären, andere oft brüsk abputzenden Fraktionsvorsitzenden nicht grün sind. Unterhält Schäuble nicht insgeheim enge Kontakte zum *Spiegel* und zum *Stern*, beides Blätter, bei denen Kohl seine Todfeinde am Werk sieht? Läßt er sich nicht allzusehr auf regelmäßige Techtelmechtel mit dem SPD-Vorsitzenden und Fraktionschef Scharping ein? Gewiß, ein Fraktionsvorsitzender hat sich nach allen Seiten flexibel zu zeigen und nach den sogenannten Schnittmengen zur Kooperation mit der Opposition suchen. Aber muß man in einer Krisensituation nicht doch befürchten, daß Schäuble entschlossen auf eine Große Koalition zugeht, selbst wenn Helmut Kohl dann ins Abseits geriete? Kritische

Beobachter meinen, daß dieser bewegliche Fraktionschef sogar zu den Grünen hin seine Leimruten auslegt. Beweisen das nicht die von Repnik konzipierten Pläne einer Ökosteuer? Oder die von Schäuble betriebene Wahl von Antje Vollmer von den Grünen ins Amt einer Stellvertretenden Bundestagspräsidentin?

Ein zweiter Punkt, über den der Kanzler natürlich nachdenken muß, ist seine eigene Vergangenheit als Fraktionsvorsitzender in Rheinland-Pfalz. Man könnte von einem »Peter-Altmeier-Syndrom« sprechen. Gewiß sind die Unterschiede evident. Kohl ist nicht als rechte Hand Altmeiers gestartet. Zwischen beiden bestand nie ein entspanntes Verhältnis, von Herzlichkeit ganz zu schweigen. Aber er hat in den sechziger Jahren gründlich gelernt, welches Machtpotential die Regierungsfraktion einem entschlossenen Vorsitzenden in die Hand gibt. Das ist ein Grund zu allergrößter Vorsicht. Immerhin kann er darauf verweisen, daß er Altmeier in Rheinland-Pfalz sechs Jahre Zeit gelassen hat, bis er ihn aus dem Amt drängte. Doch im Fall Schäubles sind die sechs Jahre auch bald herum. Scharping habe in vertrauter Runde den anscheinend so loyalen Schäuble »das offene Messer hinter dem Rücken Kohls« genannt, wissen gutinformierte Journalisten zu berichten.[32]

Der dritte Punkt ist ein schlichter Sachverhalt der Lebenserfahrung. Wenn es je eine Art Machtmaschine in der Geschichte der Bundesrepublik gab, dann ist das Helmut Kohl. Daß er »machtbesessen« ist, wie von Weizsäcker ihm bald offen vorwirft, versteht sich von selbst. Persönlichkeiten wie er halten sich für unersetzbar, und wenn sie prinzipiell abzutreten bereit sind, dann zögern sie das auf einen – leider nie eintretenden – Moment hinaus, da sie in voller Gloriole ausscheiden könnten. Der Kanzler hat für sein Verbleiben aber auch gute sachliche Gründe – den Euro unumkehrbar zu machen, die Osterweiterung von NATO und EU komplikationslos auf den Weg zu bringen und die Wahrscheinlichkeit, daß er nach den Erfahrungen im Jahr 1994 für die CDU auch noch 1998 die unwiderstehlichste Wahllokomotive sein wird. Niemand kann zudem genau vorhersagen, ob wirklich alle Wähler von CDU und CSU die Unvoreingenommenheit aufbringen würden, einem Rollstuhlfahrer die Kanzlerschaft zuzutrauen. Schäuble seinerseits, dessen zäher Ehrgeiz allgemein bekannt ist, darf nichts überstürzen. Auch er konnte Kohl über ein Vierteljahrhundert hinweg kennenlernen. Eigentlich müßte er sich voll darüber im klaren sein, daß Kohl bezüglich eines rechtzeitigen Wechsels labil ist und die Entscheidung wahrscheinlich hinauszögern wird, selbst wenn er sie prinzipiell für richtig hielte. Den Königsmörder kann Schäuble aber nicht spielen, weil Kohl innerparteilich und gestützt auf die CSU viel zu stark ist. Er will es auch nicht, da bei ihm emotionale Bindungen zu Kohl gleichfalls Gewicht haben. Temperamentsmäßig ist Schäuble kein Löwe, sondern eher ein Fuchs. Das alles spricht für eine einvernehmliche Lösung des Nachfolgeproblems.

Den intimen Kennern des Bonner Polit-Zirkus ist nicht verborgen geblieben, daß selbst bei dem Dickhäuter Helmut Kohl gelegentlich Stimmungstiefs auftreten,

in denen er darüber nachdenkt, ob, wann und wie er sein Amt an Schäuble übergeben könnte. Der immer gut informierte Ulrich Reitz hat herausgefunden, Kohl habe
im deprimierenden Jahr 1993 dem Freiburger Erzbischof Oskar Saier gesagt, er wolle
1996 das Kanzleramt verlassen. Sein Nachfolger werde »dann jemand von hier, ganz
in Ihrer Nähe, sein«, also Wolfgang Schäuble aus Gengenbach im Schwarzwald.[33]
Reitz schreibt ferner, Kohl habe schon vor der Wahl 1994 mit Schäuble ein Drehbuch für den Kanzlerwechsel besprochen.

Kohls im Jahr 2007 veröffentlichte Absicht, er habe für 1996 einen Wechsel zu
Schäuble vorgesehen, hat somit theoretische Plausibilität für sich. Zwei Jahre nach
den Bundestagswahlen müßte man in der Tat vernünftigerweise ins Land gehen las-
sen, bevor die Operation freiwilliger Kanzlerwechsel in Gang käme. Ein denkbarer
Zeitpunkt für einen Rücktritt des Bundeskanzlers läge im Oktober 1996. Dann hätte
Helmut Kohl genauso lange regiert wie der von ihm verehrte Konrad Adenauer.
Schäuble als Nachfolger würde danach Zeit genug bleiben, bis zur Bundestagswahl
1998 eigenes Profil zu gewinnen.

Aber theoretische Plausibilität und praktische Machbarkeit sind zwei Paar Stie-
fel. Angesichts der lausig knappen Mehrheitsverhältnisse wäre ein Wechsel zu diesem Zeitpunkt recht problematisch. Selbst Kohl ist schließlich nur mit einer Stimme
Mehrheit gewählt worden. Entscheidend wäre also eine imponierende Geschlossenheit von FDP und CSU. Bei den Freien Demokraten wären die Aussichten gar nicht
so schlecht. Zwar kommt in der Öffentlichkeit immer wieder der Verdacht auf,
Schäuble würde auf eine schwarz-rote Koalition hinsteuern. Tatsächlich arbeitet er
aber mit seinem Fraktionskollegen Solms von der FDP durchweg gut zusammen.
Manche Journalisten meinen sogar, wie einstmals in der sozialliberalen Ära Wehner und Mischnick seien jetzt Schäuble und Solms die eigentlichen Garanten der
schwarz-gelben Koalition, ohne die alles auseinanderliefe. Auch Kinkel versteht sich
nach eigenem Dafürhalten mit Schäuble gut und meint, Kohl »hätte Schäuble ranlassen sollen«.[34] Einige Heckenschützen wären aber auch bei der FDP unvermeidlich. Und die CSU? Ihr ist Schäuble generell zu liberal, zu ökologisch, und er wird
zu oft in Kombinationen einer schwarz-roten Koalition genannt. Würde Kohl aber
hundertprozentig zum Wechsel entschlossen sein, so wäre wohl doch eine zustim-
mende Entscheidung der CSU-Landesgruppe zu erwarten, jedoch wiederum mit
Abweichlern. Schon die Heckenschützenproblematik ist also für Kohl ein Grund
zum Zögern. Denn wenn ein Kanzlerkandidat bei der Kanzlerwahl erst einmal durchgefallen ist, sind seine Chancen bei einer anschließenden Neuwahl nicht
besonders prächtig.

Mitte Februar 1995 ist im *Spiegel* ein anderes Szenario zu lesen. Demzufolge
hat im Dezember 1994 ein Gespräch zwischen Kohl, Schäuble und dem CDU-Generalsekretär Hintze stattgefunden, bei dem Kohl einen »fliegenden Wechsel« im

Jahr 1998, also kurz vor der regulären Bundestagswahl, in Aussicht gestellt habe. Schäuble soll Bedenkzeit bis 1996/97 erbeten haben, um bis dahin seine gesundheitliche Fitness zu testen.[35] Diese Idee wäre in der Tat einfacher zu realisieren als ein Kanzlerwechsel 1996. Das Verhältnis zwischen der Koalition und der Opposition wäre dann ohnehin schon hochgradig polarisiert, so daß die Zahl der Abweichler bei CDU, CSU und FDP vielleicht gegen null tendieren würde. Selbst das Risiko einer Minderheitsregierung wäre ein halbes Jahr vor einer Bundestagswahl eher verkraftbar als in der Mitte einer Legislaturperiode. Aber wäre Kohl bereit, 1998, kurz vor den Wahlen abzuspringen, wenn sich die Koalition in einem Umfragetief befindet? Und wäre Schäuble bereit, dann ein solches Risiko einzugehen? Schließlich bliebe noch die schon eingangs erwähnte Lösung eines Wahlkampfs, bei dem Kohl und Schäuble gemeinsam in die Wahlschlacht ziehen mit der klaren Ansage, daß Schäuble nach einem erneuten Sieg der Koalition alsbald die Nachfolge Kohls übernimmt.

Im Frühjahr 1996, kurz bevor der Kanzler bekanntgibt, er wolle 1998 nochmals kandidieren, weiß Reitz zu berichten, habe Kohl schon vor der Wahl 1994 mit seinem Wunschnachfolger ein derartiges Drehbuch für den Kanzlerwechsel besprochen. Die CDU/CSU-Bundestagsfraktion solle Schäuble kurz vor der Bundestagswahl als Kanzlerkandidaten nominieren: »Dann gehen wir gemeinsam in den Wahlkampf. Ich als gehender Kanzler und Du als künftiger Kanzler.«[36] Schäuble ist jedoch damals wie später mit den Stimmungsschwankungen Kohls bestens vertraut und letztlich davon überzeugt, nur dann eine Chance zu haben, wenn der Wechsel innerhalb der Legislaturperiode erfolgt.

Führt man sich derartige Wechselszenarien vor Augen, so wird deutlich, daß Schäuble von Anfang an schlechte Karten hat. Für Kohl und große Mehrheiten in der CDU/CSU-Fraktion ist es im großen und ganzen risikoloser, wenn der Bundeskanzler ohne Weichen und Wanken die gesamte vierjährige Amtszeit ausschöpft. Schon Ende 1995 neigen die Kenner der Bonner Politszene weitgehend zu der Annahme, daß Kohl gar nicht mehr anders kann, als die volle Amtszeit auszuschöpfen, und schließlich auch der Versuchung nachgeben wird, 1998 nochmals anzutreten.

Außer Frage steht jedoch, daß Wolfgang Schäuble im Herbst 1994 zu den entscheidenden Führungskräften der Koalition gehört. Kohl, Waigel, Kinkel und Schäuble sind es in erster und letzter Instanz, die jetzt über die Gesetzgebungsstrategie zu entscheiden haben. Helmut Kohl ist froh, erst einmal politisch überlebt zu haben. Er hat auch keine operative Reformstrategie vorbereitet und tendiert wie schon so oft dazu, erst einmal alle Kräfte auf die bevorstehenden Landtagswahlen zu konzentrieren. Im CDU-Präsidium drängt der hessische CDU-Chef Kanther darauf, Mitte Februar 1995 nochmals zu versuchen, endlich Rot-Grün in Wiesbaden abzulösen. Im Mai steht wieder die Landtagswahl in Nordrhein-Westfalen an, im Herbst die Wahl des Abgeordnetenhauses in Berlin, und im März 1996 folgen die Landtagswahlen in Baden-Württemberg und Rheinland-Pfalz. Neben Bayern ist Baden-Württemberg im Westen der letzte Großflächenstaat, in dem die CDU Mehrheitspartei ist und den Ministerpräsidenten stellt. Und für Helmut Kohl gehört der Verlust von Rheinland-Pfalz an die SPD immer noch zu den schmerzenden Wunden. Wen wundert's, daß er nun erst einmal den Landtagswahlen Priorität einräumt?!

Später hat ihm der schneidige BDI-Präsident Hans-Olaf Henkel, aus dem rasch ein Kohl-Hasser geworden ist, eben das vorgeworfen. »Meist lief es«, so berichtet er von seinen Erfahrungen mit Kohl und danach mit Schröder, »nach demselben Schema ab. Reformvorschläge wurden mit dem Stereotyp abgefertigt: ›Ja, das ist wirklich eine hervorragende Idee, aber bitte erst nach den nächsten Landtagswahlen.‹ Kohl sagte selten: ›Nein.‹ Er sagte: ›Nicht in dieser Legislaturperiode.‹ Er brauchte gar nicht zu widersprechen oder abzulehnen. Er mußte nur hinauszögern. Er war kein Verhinderer, sondern ein Aufschieber, und das heißt, rückblickend gesehen: ein schlauer Verhinderer.«[37] Gewiß liegen dem Zögern Kohls auch andere Überlegungen zugrunde. Seine Entscheidung, nicht bereits 1995 einen großen Reformwirbel zu veranstalten, geht auch auf Bedenken Waigels zurück, der mit nachvollziehbaren Argumenten für ein gestuftes Vorgehen plädiert. Kinkel und der nicht besonders durchsetzungsstarke Wirtschaftsminister Rexrodt, deren FDP sich als Sprachrohr für den Mittelstand und die Großindustrie versteht, würden eigentlich gerne durchgreifende Maßnahmen zur Sicherung des Standorts Deutschland sofort auf den Weg bringen. Aber sie sind völlig darauf fixiert, den Abwärtstrend bei den Wahlen zu stoppen, und zeigen sich vorerst außerstande, für weitreichende, gut durchgerechnete und politisch umsetzbare Reformkonzepte innerhalb der Koalition wirksam zu werben oder diese gar durchzusetzen. So konzentrieren sie sich darauf, die kommenden Wahlen erst einmal als Steuersenkungspartei zu bestehen.

Am empfänglichsten für weiterreichende Reformforderungen ist zweifellos Wolfgang Schäuble. Globalisierung, Stärkung des Standorts Deutschland, Deregulierung, Entbürokratisierung, etwa beim Ladenschluß, Abschied vom überlasteten Wohlfahrtsstaat, ökologische Energiesteuer, Fitmachen Deutschlands für Europa, das sind die großen Themen, mit denen er jetzt ruhelos durch Bundesparteitage, Landesparteitage und die Talkshows des Fernsehens tingelt. Aber auch er ist auf die Haushaltsvorlagen der Bundesregierung angewiesen. Was das Schicksal der FDP anlangt, so gehört er eher zu den Skeptikern.

Tatsache ist jedenfalls, daß weder Helmut Kohl noch seine Minister oder der »Unterkanzler« Schäuble nach bestandener Bundestagswahl 1994 einen großen Wurf wagen möchten, um Wirtschaftspolitik, Arbeitsmarktpolitik, Gesundheitspolitik, Rentenpolitik, Haushaltspolitik und andere damit zusammenhängende Politikfelder aus der Sackgasse herauszuführen. Das hätte jedoch weitschauend vor-

bereitet werden müssen. Aber bis zur Wiederwahl Mitte November hat Kohl mit
dem Kampf ums politische Überleben alle Hände voll zu tun. Danach ist er erschöpft. So verkennt er, daß jetzt und nicht erst in der wahlfreien Phase zwischen
März 1996 und April 1998 ein in sich geschlossenes Reformkonzept erforderlich
wäre. Später, im Jahr 2000, als die CDU auf den Oppositionsbänken sitzt, wird
Schäuble schreiben: »Es war wohl unser größter Fehler in diesen vier Jahren, daß
wir es nicht geschafft hatten, unsere Reformen in einen den Menschen plausiblen
Zusammenhang zu stellen … Außerdem kamen wir mit unseren Reformkonzepten
erst in der Mitte der Legislaturperiode über.«[38] Das ist selbstkritisch formuliert, aber
vor allem auch – ohne Namensnennung – eine Kritik an Helmut Kohl. Weil dieser
jedoch vorerst hinhaltend taktiert, kommt die Koalition in den Umfragen, teilweise
auch bei den Landtagswahlen viel besser über die Runden als in den katastrophalen
Jahren 1997 und 1998, als sie reformerisch durchstartet, damit großen Wählerunwillen erzeugt und von der SPD ausgebremst wird. Tatsächlich sind 1995 und 1996
verlorene Jahre, eine Konsequenz des ziemlich planlosen, erschöpften und perspektivlosen Abwartens nach dem Wahlsieg vom Oktober 1994. Beim Rückblick sieht das
übrigens auch Kohl selbst. Gefragt, warum er denn nicht bereits unmittelbar nach
der Wiederwahl seine CDU zur umfassenden Reformgesetzgebung im Interesse des
»Standorts Deutschland« veranlaßt habe, sondern erst im Jahr 1996, antwortet er
kurz und knapp: »Das war ein Fehler.«[39]

Es werden übrigens auch verlorene Jahre der SPD. Der unruhige, nach allen
Seiten kritische Peter Glotz läßt am 16. Oktober 1994 seine zwei Jahre später veröffentlichten Tagebuchaufzeichnungen mit dem Seufzer enden: »Wären die großen
Parteien klarsichtig und entschlossen, würden sie jetzt, da Rot/Grün gescheitert ist,
eine große Koalition bilden, mit den besten Leuten, auch solchen, die man ›von außen‹
holen müßte. Aber Kohl denkt nicht daran. Auch Lafontaine ist ein erbitterter Gegner.
Also steuern wir, mit gelassenem John-Wayne-Blick den Horizont fixierend, auf
die Stromschnellen zu. Viel Vergnügen.«[40] »Mit gelassenem John-Wayne-Blick den
Horizont fixierend«, das ließe sich auch von Helmut Kohl sagen, nachdem er im
Bundestag die kritische Kanzlerwahl am 15. November hinter sich hat.

Letztes Zwischenhoch 1995 und 1996:
»Auf einmal finden alle Leute Kohl ganz prima.«[1]

Bisher ließen die Zustimmungskurven in der Ära Kohl einen charakteristischen Verlauf erkennen. Auf ein Hoch zum Zeitpunkt der Bundestagswahlen pflegte mit schöner Regelmäßigkeit ein Tief zu folgen mit schlechten Umfragewerten und verlorenen
Landtagswahlen. Erst vor den nächsten Bundestagswahlen gingen die Kurven wieder

nach oben. So war es nach den Bundestagswahlen 1983, 1987 und erneut nach 1990. Diesmal aber ist es anders. Im ganzen Jahr 1995 liegen die Zustimmungsraten der Unionsparteien relativ hoch, so zwischen 40 und 42 Prozent. 1996 hat ein gewisser Sinkflug begonnen. Doch Schwankungswerte zwischen 38 und 40 Prozent sind immer noch tolerabel und geben dem Kanzler Grund zur Hoffnung, das eigene Lager auch 1998 mit einem energischen Bundestagswahlkampf und einigem Glück einmal mehr hochzuziehen. Daß der Kanzler dabei offen läßt, ob er noch einmal antritt, gehört zum politischen Spiel.

Allerdings liegt Kohl selbst wieder einmal auf den hinteren Plätzen der Charts. Im März 1995, als sein 65. Geburtstag naht, rangiert er auf dem Politbarometer auf Platz sieben.[2] Doch er ist Kummer gewöhnt. Vorsichtigerweise verbittet er sich riesige Geburtstagsempfänge. Niemand soll auf die Idee kommen, für den altgedienten Kanzler sei es jetzt an der Zeit, in Rente zu gehen wie andere Leute auch. Nur an die achtzig ausgewählte Gäste werden zum Geburtstagsbuffet in den Kanzlerbungalow geladen – die Familie, hervorragende Minister, besonders geschätzte Mitarbeiter aus dem engsten Kreis und wenige alte Freunde.[3] Im Bonner Politbetrieb darf die Ironie nie fehlen. Bundesaußenminister Kinkel, aus dem trotz parteipolitischer Rivalität seit der Wiedervereinigung ein heimlicher Bewunderer des Kanzlers geworden ist, überreicht bei dieser Gelegenheit ein gewaltiges Gemälde: Helmut Kohl als kräftiger Schmied mit nacktem Oberkörper, der ein Hufeisen behämmert, auf dessen einem Ende »Ost« und auf dem anderen »West« zu lesen ist. Norbert Blüm bringt eine Sammlung von Reden Bismarcks, der auch als Vater der deutschen Sozialversicherung Geschichte gemacht hat, mit der Widmung: »Dem Nachfolger des Reichskanzlers vom sozialpolitischen Nachfolger desselben.«[4] Die Stimmung ist prächtig wie in den besten Kohl-Tagen. Kein Gedanke daran, daß die Herrlichkeit bald zu Ende sein könnte. Alsdann reist Kohl wie gewohnt in die Fastenkur, um zehn Kilo abzuspecken. Daran hält er fest: am vorösterlichen Fasten in Schruns oder in Bad Gastein und an den Sommerferien in Sankt Gilgen zusammen mit Frau Hannelore.

In Schruns hat er reichlich Zeit, sich über den erbärmlichen Zustand von Kinkels FDP und den Wiederaufstieg der Grünen Gedanken zu machen. Inzwischen sind die Freien Demokraten in den Umfragen bei zwei Prozent angelangt.[5] Dann bestätigen die Wahlen in Nordrhein-Westfalen am 14. Mai die schlimmsten Befürchtungen. Die FDP kommt nur noch auf vier Prozent und ist zum ersten Mal seit 1947 nicht mehr im Landtag von NRW vertreten. Daß die CDU gegen den Landesvater Johannes Rau mit 37,7 zu 46 Prozent wieder einmal auf dem zweiten Platz landet, kann den Kanzler nicht weiter erstaunen. Mit bloß einem Prozent Rückgang gegenüber 1990 halten sich die Verluste jedoch in erträglichen Grenzen. Sensationell aber ist eine andere Zahl. In Nordrhein-Westfalen, aus dem seit 1966 eine Art Stammland der SPD geworden ist, klettern die Grünen von fünf auf zehn Prozent. Ministerpräsident Rau wird sich nun zu einer rot-grünen Koalition bereit finden müssen. Das Bundestagswahlergebnis, bei dem die Grünen 49 Mandate errangen, zwei mehr als die FDP, hat sich verstetigt. In der CDU/CSU-Fraktion kommentiert Kohl das mit den Worten: »Wir werden uns an diesen Abschnitt erinnern, die Dinge laufen in Deutschland seit dem Sonntag und den folgen Wochen anders.«[6] Wie lange sie »anders« laufen werden, weiß er noch nicht. Ganz präzise will er das im Fraktionsplenum, von dem aus jedes Wort nach außen dringt, gar nicht auf den Punkt bringen. Aber intern äußert er sich nun völlig illusionslos. So wie schon einmal in der »alten« Bundesrepublik, als ihn das Ende der achtziger Jahre beinahe das Amt gekostet hätte, ist aus der Kombination Rot-Grün erneut die große Alternative zu seiner »Koalition der Mitte« geworden.

Nun übernimmt Kohl selbst die früher verworfene Theorie eines Lagerwahlkampfs[7] bei zähem Festalten an der Koalition mit der FDP. Man solle die Freien Demokraten schonen, ermahnt er seine Fraktion, und »in vernünftigen Gesprächen« auf sie einwirken, daß sie »das Defizit im Bereich der Rechts- und Sicherheitspolitik jetzt einfach zur Kenntnis nehmen müssen«. Damit zielt er auf die linksliberale Justizministerin Leutheusser-Schnarrenberger, die sich in Sachen »großer Lauschangriff« zur Verbrechensbekämpfung und »doppelte Staatsbürgerschaft« für Migrantenkinder widerborstig erweist. Sein Kalkül ist einleuchtend und wird schließlich Erfolg haben. Soll die realistische Mehrheit in der FDP-Führung die Ministerin doch selbst abräumen, weil Dauerquerelen um linksliberale Positionen den Überlebenskampf der Partei nur belasten!

Tatsächlich zwingt die Niederlage in Nordrhein-Westfalen Klaus Kinkel zur Aufgabe des FDP-Vorsitzes. Kohl hat aber Glück im Unglück. Aus dem von außen kaum mehr überschaubaren Gerangel zwischen der FDP-Bundestagsfraktion und den Landesverbänden geht der Liberalkonservative Wolfgang Gerhardt gegen den unkalkulierbaren Möllemann als Sieger hervor. Der Kanzler hält ihn für »grundsolide und verläßlich«.[8] Kinkel behält das Auswärtige Amt. Gerhardt wird die FDP bis zum bitteren Ende an der Seite Helmut Kohls halten.

Das Wahlergebnis in Nordrhein-Westfalen ist auch eine Enttäuschung für alle in der CDU und in der SPD, die gedanklich mit der Option einer schwarz-roten Koalition spielten. Scharping ist geschwächt und muß nun selbst einem künftigen Koalitionsmodell von Rot-Grün Lippendienste leisten. Schröder und Lafontaine, beide Befürworter von Rot-Grün, sind obenauf und sich wenigstens darin einig, dem Parteivorsitzenden Knüppel zwischen die Beine zu werfen. Scharping will durch Anpassung an die CDU zum Ziel kommen. Lafontaine setzt auf Konfrontation. In der Presse wird bereits darüber spekuliert, in welcher Schlachtordnung die SPD im Jahr 1998 gegen Kohl antreten könnte: Lafontaine als Parteivorsitzender, Schröder als Kanzlerkandidat und Scharping als Vorsitzender der SPD-Bundestagsfraktion?[9] Aber

Scharping wird zusehends zur Geisel seines linken Parteiflügels. Der Traum einer schwarz-roten Koalition ist spätestens jetzt ausgeträumt.

Wenn es in diesen Jahren überhaupt eine Gelegenheit für eine Große Koalition unter Führung eines CDU-Kanzlers gegeben hatte, dann wohl nur sofort nach der Bundestagswahl 1994. Doch dann hätte der Wahlsieger Helmut Kohl über die Klinge springen müssen, und Schäuble wäre inthronisiert worden. Dazu war in der CDU niemand ernstlich bereit. Auch Kohl selbst brachte damals nicht die Unverfrorenheit Adenauers auf, der 1962 nach der »*Spiegel*-Krise« seine Getreuen Paul Lücke und Karl Theodor Baron zu Guttenberg mit Wehner wegen einer schwarz-roten Koalition Geheimverhandlungen führen ließ und vielleicht tatsächlich zum Koalitionswechsel bereit gewesen wäre.

Somit sind alle schlauen Versuche Kohls, Waigels und Schäubles zum Scheitern verurteilt, sich mit der SPD auf die vom Bundesverfassungsgericht erzwungene Steuersenkung für niedrige Einkommen sowie einen Familienlastenausgleich zu einigen und auf dieses Paket gewissermaßen als Zugabe eine Reform der Unternehmenssteuer draufzupacken. Wäre Scharping nicht so angeschlagen gewesen, dann hätte sich diese Maßnahme zur Stärkung des »Standorts Deutschland« vielleicht noch durchsetzen lassen. Doch Lafontaine hält Scharping an der kurzen Leine. Auch aus den schönen Plänen zur Senkung der Gewerbesteuer und zur Abschaffung der Gewerbekapitalsteuer wird unter diesen Bedingungen nichts.[10] Freilich will Kohl das nicht wahrhaben. Als Johannes Rau, der zu den Förderern Scharpings gehört, bei der Landtagswahl in NRW vier Prozent verliert, spottet er im Parteivorstand, noch nie habe die SPD sechs Monate nach einer Bundestagswahl »so jämmerlich« dagestanden »wie die Opposition von Herrn Scharping«.[11] Das zeige deutlich, daß sich Blockadepolitik nicht auszahle. Tatsächlich zeichnet sich aber schon ab, daß die Blockadepolitik der SPD über den Bundesrat die Regierung Kohl künftig lähmen könnte, so sie nur entschlossen zum Einsatz gebracht wird. Ende November bestätigt der erfolgreiche »Putsch« Lafontaines gegen den Parteivorsitzenden Scharping Kohl in seiner Einschätzung, daß sich die Polarisierung der späten achtziger Jahre wiederholen könnte. »Lafontaine ist Chef im Ring«, konstatiert er nach dessen Comeback als Parteivorsitzender. Er werde jede Chance nutzen, seine Position zu befestigen, und seine Perspektive laute »eine linke Mehrheit in der Republik«.[12] Das Fenster der Gelegenheit für eine schwarz-rote Koalition ist nun endgültig geschlossen.

Alles in allem markiert das Jahr 1995 eine Art politischer Wasserscheide. Das gilt auch für die Rolle der Grünen, die sich ganz unbestreitbar als vierte Partei auf Dauer etablieren. Bereits 1991, als es die Grünen mit knapp 5,0 Prozent Stimmenanteil in den Landtag von Nordrhein-Westfalen geschafft hatten, hörten ihn die Damen und Herren seines Parteivorstands seufzen: »Rot-Grün als Schreckgespenst zieht nicht mehr, im Gegenteil, es ist für viele Wähler eine selbstverständliche Alternative geworden.«[13] Nunmehr haben die Grünen in NRW mit zehn Prozent ihren Stimmenanteil verdoppelt und erzielen auch bei verschiedenen Kommunalwahlen Erfolge. Unwillig konstatiert er die grüne »Trendwelle« – dreißig Prozent in Freiburg! Selbst in Ludwigshafen könnten sie sich halten, obschon sie praktisch den Ausstieg aus der Chlorchemie fordern, was für den Standort Ludwigshafen und die BASF bedeuten würde, »daß über 50 Prozent der Produktionsanlagen verloren gingen«![14] Sie seien eben eine »klassische Zeitgeistpartei«, bucht er dieses beunruhigende Phänomen ab.[15] Etwas belämmert konstatiert er, die Grünen seien einfach ein Stück »Normalität« geworden, warnt aber energisch davor, jetzt »törichte Gespräche« anzufangen, »an welchem Rockschoß wir möglicherweise wieder in die Regierung kommen«.[16]

Gemeint sind mit solchen Ermahnungen alle jene im Parteinachwuchs, die ihre Fühler zu den Grünen ausstrecken. Eine Gruppe jüngerer Abgeordneter trifft sich regelmäßig mit aufgeschlossenen Grünen im Weinkeller des Bonner Edelitalieners »Sassella«,[17] nicht ohne den Journalisten zu stecken, hier sei eine »Pizza-Connection« im Entstehen. Die Bundestagswahl 1994 liegt gerade eben ein paar Wochen zurück, da läßt sich der frischgewählte Norbert Röttgen mit den Worten zitieren, die Grünen seien »eine Erweiterung der Optionen für die Union über die Liberalen hinaus«. Die Namen der jungen CDU-Abgeordneten, die jetzt mit den Grünen zu flirten beginnen, sind damals nur Insidern bekannt: Norbert Röttgen, Hermann Gröhe, Peter Altmaier. Doch in den Ländern halten es auch schon recht gewichtige Herren für geboten, ihre Offenheit für grüne Ideen, vielleicht sogar für schwarz-grüne Koalitionen zu bekunden – Christian Wulff in Niedersachsen, der lange vergebens gegen Schröder und dessen »Auto-Euphorie« anrennt, Ole von Beust in Hamburg, der CDU-Fraktionsvorsitzende Günther Oettinger im Stuttgarter Landtag oder Peter Müller im Saarland. Selbst Roland Koch, Fraktionschef im Landtag von Hessen und der Konservativste in dieser Nachwuchsriege, plädiert für eine »ökologische und soziale Marktwirtschaft«. Ein Bericht in der *Zeit* über die »jungen Wilden« in der CDU, wie sie sich gerne nennen lassen, bewertet diese Gruppierung mit den folgenden Worten: »Sie sind um vierzig und geben sich grün. Sie fordern eine neue CDU, aber nicht zu laut. Der Kanzler könnte es hören.«[18]

Der Kanzler hört sehr wohl, rügt aber eher milde. Zusammenarbeit mit den Grünen auf kommunaler Ebene erklärt er für akzeptabel. Aber er wendet sich gegen verfrühte Koalitionsaussagen vor Landtagswahlen. Auf Bundesebene hält er vorerst eisern an Schwarz-Gelb fest. Seine Linie skizziert er mit den Worten: Über Schwarz-Grün »solle man nicht reden«, fügt dann jedoch hinzu: »Ich mache kein Hehl daraus, daß ich nicht weiß, ich bestreite es auch, daß andere es wissen, wie, was weiß ich, Mitte oder Ende des ersten Jahrzehnts des kommenden Jahrhunderts, das ist ja schon in zehn Jahren, die Welt aussehen wird.«[19] Vorerst hält er an der Strategie fest, durch einen selektiven ökologischen Politikmix (intensive Klimapolitik und Kampf gegen den CO_2-Ausstoß ja, nein zur Anti-AKW-Agitation!) sogenannte wertkonservative, für grünes Gedankengut anfällige Wähler bei der CDU zu halten oder sie zurückzugewinnen.[20]

Viel genauer, als manche das für möglich halten, studiert Kohl aber doch die grünen Häuptlinge, die nun wieder im Bundestag das große Wort führen. Am meisten imponiert ihm Joschka Fischer, eben weil er so frech ist. Das erinnert an die eigene Jugend. So nimmt er es nicht übel, als der ihm vor versammeltem Bundestag zuruft: »Sie sind Geschichte. Im guten und im schlechten Sinne. Drei Zentner Fleisch gewordene Geschichte.«[21] Kurz darauf treffen die beiden zufällig im Kreis der höchsten Repräsentanten von Staat und Parteien der Bundesrepublik zusammen, die sich nach Israel zur Trauerfeier für den ermordeten Ministerpräsidenten Yitzhak Rabin begeben. Im Flugzeug überbieten sie einander mit gutmütigen Sprüchen. Kohl examiniert Fischer über seine Kenntnis deutscher Rotweine, erwägt dann, ihn zum Botschafter im Vatikan zu ernennen, »damit er keinen Schaden mehr anrichte und genügend Zeit für Weinproben habe«, und riskiert eine Fehlprognose: Im Jahr 2002 sei Fischer längst bei der SPD, »und die Grünen wären kaputt«. Fischer erwidert, Kohl solle sich lieber um den Zustand seines eigenen Koalitionspartners kümmern.[22] Die kaum verhohlene Sympathie des Kanzlers für Fischer nährt sich auch aus dem Umstand, daß dieser ein hundertfünfzigprozentiger »Europäer« ist.

Mehrheitsfähig sind die Kräfte in der CDU, die unter Umständen für eine grüne Option offen sind, in diesen Jahren aber noch nicht. In der höchsten Partei-Etage plädieren in erster Linie Geißler und Süßmuth vom linken Parteiflügel für eine Linie der Offenheit, dazu Kurt Biedenkopf. Kohl selbst hält die Zeit für einen ernsthafteren Umgang mit der neuen Kraft noch nicht für gekommen und die Grünen nicht für koalitionsreif. Aber auf seiten der eigenen Partei wie bei einigen Grünen verspürt er schon Unterströmungen, die eines Tages an die Oberfläche treten könnten.

Die Hauptsorge Kohls im Jahr 1995 gilt nach wie vor der FDP. In den Wahlergebnissen und Umfragen krebst sie um drei Prozent herum. Er gibt sie für die Bundestagswahl 1998 zwar noch nicht verloren, kann aber nicht verhindern, daß manche in der CDU Öl ins Feuer gießen. Wie ein zerstrittenes altes Ehepaar verzankt man sich in der Bundesregierung und zwischen den Fraktionen in diesen Monaten über alles und jedes – die Absenkung des Soli, die wieder einmal fällige Neuaufführung des Klassikers »Gesundheitsreform« oder die von der FDP inständig geforderte Novellierung des Ladenschlußgesetzes. Haben sich Kohl und Gerhardt, Schäuble und Solms mühsam auf irgendwelche Kompromisse geeinigt, dann beginnen die Fraktionen zu meutern. Wer ein gutes Gedächtnis hat, fühlt sich an die letzten Monate der Regierung Erhard im Herbst 1966 erinnert.

Zu allem hin gerät nun Klaus Kinkel sogar in seiner Rolle als Bundesaußenminister in große Bedrängnis. Entsprechend der seit Jahren auch von Kohl praktizierten Linie bemüht er sich um produktive Kontakte zu gemäßigten Iranern und hat Außenminister Ali Akbar Welajati zu einer Islam-Konferenz auf den Petersberg eingeladen. Doch als der iranische Präsident Rafsandschani die Ermordung Rabins als »Strafe Gottes« bezeichnet, ist das der Anlaß für ein großes Scherbengericht im Deutschen Bundestag. An einem Freitagnachmittag wird Kinkel im Bundestagsplenum von den Grünen mit Joschka Fischer an der Spitze und von der SPD in die Zange genommen und genötigt, Welajati auszuladen. Die Grünen, die SPD, aber auch Geißler, Süßmuth, einige der »jungen Wilden« in der CDU/CSU-Fraktion sowie zahlreiche Abgeordnete aus dem Auswärtigen Ausschuß und nicht zuletzt Graf Lambsdorff bei der FDP haben diese erste Abstimmungsniederlage der Regierung zustande gebracht. Dem vor allem über die eigene Partei ergrimmten Bundeskanzler gelingt es bei diesem Eklat Ende November nur mit Mühe, Kinkel vom Rücktritt abzuhalten.[23]

In der zweiten Adventswoche des zu Ende gehenden Jahres 1995 hat es dann kurze Zeit den Anschein, als ob die FDP und mit ihr die Koalition tatsächlich auseinanderfliegt. Die »Schicksalswahl« in Baden-Württemberg Ende März 1996 fest im Blick, hat sich der neue FDP-Vorsitzende Wolfgang Gerhardt für eine Mitgliederbefragung über den »Großen Lauschangriff« entschieden. Er will damit das lästige Thema vom Tisch bekommen, das die Koalition mit der Union zerrüttet, und zugleich, so vermutet man, die linksliberale Justizministerin Leutheusser-Schnarrenberger loswerden. Gerhardts Rechnung geht auf. Fast zwei Drittel der FDP-Mitglieder entscheiden sich für die umstrittene Maßnahme zur Bekämpfung des organisierten Verbrechens. Leutheusser-Schnarrenberger muß sich kurz vor Weihnachten, am 14. Dezember, mißmutig zurückziehen, um halbwegs das Gesicht zu wahren. Im FDP-Vorstand und in der Fraktion herrscht jetzt Panik. Starke Kräfte drängen darauf, die FDP-Minister im Kabinett auszuwechseln, um den Wählern mit neuen Gesichtern einen Neuanfang vorzuführen.

So sehr der Rücktritt der linksliberalen Justizministerin den Kanzler innerlich erfreut, so wenig kommt ihm die Krise kurz vor der Wahl in Baden-Württemberg zupaß. Er fürchtet einen Sonderparteitag der FDP, auf dem sich der linksliberale Flügel, diesmal unterstützt von dem Ehrenvorsitzenden Genscher,[24] im Kampf mit den Wirtschaftsliberalen zerfleischen könnte – mit unkalkulierbaren Folgen. Deshalb sucht er beruhigend einzuwirken. Der Parteivorsitzende Gerhardt führt mit ihm Gespräche über ein umfassendes Kabinettsrevirement. Außer Leutheusser-Schnarrenberger könnte auch Bundeswirtschaftsminister Rexrodt gehen, ersetzt durch den mit 44 Jahren vergleichsweise jugendlichen Hermann Otto Solms vom Wirtschaftsflügel der FDP. Aber Solms, der sich als Fraktionsführer durchaus wohl fühlt, ist überhaupt nicht gefragt worden und bekundet keine Lust, in das wacklige Kabinett einzutreten. Auch Bundesaußenminister Kinkel sitzt nicht mehr fest im Sattel. Vieles scheint möglich, so auch die schöne Idee Wolfgang Gerhardts, in einem Ringtausch anstelle des Justizministeriums, das ständig Koalitionsärger produziert, selbst das »Zukunftsministerium« zu übernehmen. Kohl ist das alles schließlich doch viel zu riskant. Er muß befürchten, durch die von Todesangst erfaßte FDP in einen Hexenkessel geworfen zu werden. Würde eine große Kabinettsumbildung die Kräfteverhältnisse in der FDP allzu stark verändern, wäre wohl ein Sonderparteitag unvermeidlich. Dort könnten die in den Landesverbänden immer noch starken Linksliberalen und die Anhänger des rachsüchtigen Möllemann die abgehalfterte Ikone der Linksliberalen, Sabine Leutheusser-Schnarrenberger, zur FDP-Vorsitzenden wählen. Ein Koalitionsbruch wäre dann wohl unvermeidlich mit allem, was daraus resultieren könnte bis hin zu Neuwahlen.[25]

So unsicher und tastend Kohl in den Fragen der Wirtschafts- und Finanzpolitik reagiert, so instinktsicher erweist er sich stets, sobald es um innerparteiliche oder zwischenparteiliche Machtfragen geht. Nun besteht er darauf, anstelle einer großen Kabinettsumbildung nur die streitfreudige Justizministerin auszumustern. Bei der FDP einigt man sich auf Edzard Schmidt-Jortzig. Er ist Ordinarius für Öffentliches Recht in Kiel, gehört erst seit Oktober 1994 dem Bundestag an, hat sich noch nicht in den Grabenkämpfen innerhalb der Fraktion verschlissen und gilt rechtspolitisch als ziemlich unbeschriebenes Blatt. Kohl wird rasch feststellen, daß dieser ausgleichende, aber für einen Neuling auch bemerkenswert raffinierte Bundesjustizminister ein wahres Glück für den Bestand der Koalition ist. Bis zum Ende der Ära Kohl wird die Justizpolitik nur noch selten Schlagzeilen machen.

Rechtzeitig vor dem Weihnachtsfest ist die Krise beigelegt. Aber das Schicksal der Koalition bleibt bis Ende März 1996 weiterhin in der Schwebe. Würde die derzeitige FDP-Führung in Baden-Württemberg und Rheinland-Pfalz weitere krachende Wahlniederlagen einfahren, so könnte ein irrational verlaufender FDP-Parteitag zum Koalitionsbruch führen. Die Denkmöglichkeit einer Minderheitsregierung wird von Kohl, Waigel und Schäuble aber kategorisch abgelehnt. Sie erscheint perspektivlos. Für eine große Koalition wäre die SPD jedoch nicht mehr zu haben. Dann blieben nur noch Neuwahlen, wie immer diese verfahrensmäßig auch zu erreichen wären.[26]

Das alles spielt sich im Zeichen eines ständigen Anstiegs der Arbeitslosenzahlen und der Dauerkrise in den neuen Ländern ab, wo Arbeitslosigkeit, ein Niedriglohnsektor und das Auslaufen der Baukonjunktur der Gesamtwirtschaft nach wie vor wie ein Klotz am Bein hängen. Kaum ist die Weihnachtspause vorbei, da sucht ein aus guten Gründen sehr besorgter Kanzler durch eine Kombination von recht widersprüchlichen Initiativen das Blatt zu wenden. Mit großem Tamtam wird jetzt eine Gesprächsrunde der Wirtschaftsverbände und der Gewerkschaften unter Vorsitz des Bundeskanzlers installiert. Helmut Schmidt hat vorgemacht, wie sich auf dieser Klaviatur spielen läßt. Nun soll die besorgte Öffentlichkeit erkennen, daß auch Helmut

Kohl mit Hilfe spektakulärer Kanzlerrunden unter der anspruchsvollen Bezeichnung »Bündnis für Arbeit« das Land aus der Sackgasse führen will. Ziemlich rasch einigen sich die Beteiligten darauf, bis zum Jahr 2000 die Zahl der Arbeitslosen zu halbieren. Kohl verspricht außerdem, die vom DGB abgelehnte Mehrwertsteuererhöhung werde es mit ihm nicht geben.[27] Des weiteren verständigt man sich auf gemeinsame Anstrengungen zur Minderung der Jugendarbeitslosigkeit.

Aber die Konzepte zur Schaffung neuer Arbeitsplätze bleiben strittig wie eh und je. Die Wirtschaftsvertreter, sekundiert vom Bundeswirtschaftsminister, plädieren für Lohnzurückhaltung, was die DGB-Spitze mit Blick auf die Stimmung an der Basis jedoch nicht fest versprechen könnte, selbst wenn sie wollte. Die Gewerkschaften erwarten im Gegenzug zu diesbezüglich recht vagen Zusagen, daß die Regierung Kohl bei drohenden Sparmaßnahmen die Errungenschaften des Sozialstaats nicht antastet, und fordern im übrigen weiterhin Beschäftigungsprogramme, für die jedoch kein Geld mehr da ist. Der Bundeskanzler äußert sich verbindlich-unverbindlich nach beiden Seiten und erzählt am liebsten »Dönekens«, so der BDI-Präsident Hans-Olaf Henkel in den Memoiren, »aus seinem bewegten Leben«.[28]

Der bissige Henkel ist nicht der einzige, der in solchen Runden eine gravierende Schwäche des Kanzlers in dieser Spätzeit beobachtet. Kohl, der früher voller Neugier auf die Ideen kundiger Leute war, kann inzwischen kaum noch zuhören, redet viel zu oft und viel zu lange von den eigenen Erfahrungen oder Meinungen und läßt die Spitzenvertreter des gesellschaftlichen Lebens meist frustriert zurück. Schlaue Berechnung bestimmt natürlich gleichfalls den Gang der Kanzlerrunden. Das Bündnis für Arbeit, so Henkel und auch viele andere kritische Beobachter, wurde »im wesentlichen dazu benutzt, die Gewerkschaften ruhig zu stellen«.[29]

In der unsicheren Lage vor den Wahlen in Baden-Württemberg gilt es aber ganz besonders, der FDP einige Erfolge einzuräumen, mit denen sie sich vor dem Bürgertum profilieren kann. So begibt sich der Kanzler auf Einladung des CSU-Vorsitzenden Waigel zu einem Strategiegipfel nach Kreuth, wo ihm einstmals Unheil widerfahren ist, um dort Sofortmaßnahmen zur Wahlhilfe für die Freien Demokraten zu beraten. Das Ergebnis wird einige Tage darauf in Bonn verkündet: Von Mitte 1997 an soll der Soli um zwei Prozentpunkte von 7,5 auf 5,5 zurückgeführt werden.[30] Damit hat die FDP endlich ihren Wahlkampfschlager.

Im Dezember 1995 fährt Kohl eben nicht allein die Krise der FDP in die Knochen, sondern auch die Arbeitsmarktdaten der Nürnberger Bundesanstalt für Arbeit. Die Arbeitslosenzahlen bewegen sich jetzt auf die Vier-Millionen-Grenze zu. Der Kanzler weiß so gut wie jeder, der im Geschäft ist, daß die durch allerlei Tricks der Statistik herausgerechnete reale Arbeitslosigkeit bereits weit höher liegt. Immer deutlicher wird ihm nun auch bewußt, daß sich das Schicksal seiner Regierung 1998 auf diesem Feld entscheiden könnte, selbst wenn es Ende März gelingen sollte, die

FDP vom freien Fall zu erretten. Wie immer diese Wahlen auch ausgehen werden, so müßte die CDU so oder anders gerüstet sein, mit einem Sofortprogramm zur Arbeitsplatzbeschaffung alsbald loszulegen.

Schon in seiner Ansprache zur Jahreswende beklagt Kohl den bisherigen Stillstand, kündet aber zugleich ein »Aktionsprogramm für mehr Wachstum und Beschäftigung« an.[31] Das ist diesmal mehr als die übliche Beruhigungsrhetorik. Tatsächlich nimmt der Kanzler im Januar 1996 einen ersten Anlauf für ein umfassendes Reformkonzept, das die Wirtschaftspolitik, die Haushaltspolitik und die sozialen Sicherungssysteme erfaßt. Der Anstoß geht auf Johannes Ludewig zurück, jetzt Staatssekretär im Bundeswirtschaftsministerium und zuvor lange Jahre Kohls rechte Hand für Wirtschaftsfragen im Bundeskanzleramt. »Er war für ihn so wichtig wie Teltschik, nach der Wiedervereinigung vor allem«, stellt Klaus Kinkel später fest, der in verschiedensten Funktionen die Entscheidungsabläufe in der Bundesregierung genau beobachten konnte, »ein absolutes Aß mit einem besonderen Feeling für Wirtschaft«.[32] Wenn Kohl überhaupt auf einen Experten mit wirtschaftsliberalen Überzeugungen hört, dann ist das weder Graf Lambsdorff oder Wirtschaftsminister Rexrodt noch die fünf Wirtschaftsweisen oder einer der Präsidenten des DIHT oder des BDI, sondern der kundige, zurückgenommene, verschwiegene Ludewig. Gerne hätte er diesen Berater zum Staatssekretär im Bundeskanzleramt gemacht, um über ihn auch die Wirtschafts-, Finanz- und Sozialpolitik zentral zu steuern. Doch wie schon im Fall Teltschik legte sich auch diesmal die FDP quer. Bei der Kabinettsbildung 1994 zeigten sich Kinkel und Rexrodt aber immerhin bereit, diesen Intimus Helmut Kohls zum Staatssekretär im Bundeswirtschaftsministerium zu machen mit besonderem Auftrag für den Aufbau Ost.

Am 7. Januar 1996, die Arbeitsmarktdaten sind, wie gesagt, wieder einmal im Keller, gibt der Bundeskanzler grünes Licht für einen bemerkenswerten Vorstoß. Bei einer Klausur des Präsidiums und Vorstands der CDU in Mayschoß an der Ahr trägt Ludewig in ganz persönlicher Eigenschaft ein Vier-Punkte-Papier zur Bekämpfung der Arbeitslosigkeit vor. Es ist ein Programm, wie es von besorgten Ökonomen seit langem gefordert wird, ohne daß sich Kohl aber bisher stark für derart riskante Ideen erwärmen konnte. Der erste Punkt befaßt sich mit der dringend erforderlichen Senkung der Lohnnebenkosten, wodurch wieder mehr Investitionen im Inland gefördert und damit mehr Arbeitsplätze geschaffen werden sollen. In Punkt zwei wird ausgeführt, daß die Mehrwertsteuer zur Finanzierung dieses Vorhabens angehoben werden soll. Drittens, führt Ludewig aus, müsse die Einkommensteuer sinken – auch das eine Voraussetzung für mehr Investitionen. Die Gegenfinanzierung solle durch Streichung von Steuervergünstigungen erfolgen, ein Vorschlag, der den Vorkämpfern von Steuersenkungen so alt erscheint wie Methusalem, der aber, so meint Ludewig, dennoch aktuell sei. Schließlich müsse die Bundesregierung mittelfristig wieder zu einem ausgeglichenen Haushalt ohne Verschuldung zurückfinden. Dafür sei gleichfalls die Streichung von Subventionen geboten, dies besonders im Bergbau und in der Landwirtschaft.

Bemerkenswerterweise bedenkt der Bundeskanzler diese Ausführungen mit sichtlichem Beifall – ein Signal, daß auch die anwesenden Präsidiums- und Vorstandsmitglieder sich getrauen dürfen, ihrerseits laut ihre Zustimmung zu artikulieren. Selbst Blüm gefällt die Idee einer Mehrwertsteuererhöhung, denn er hofft, seine leeren Sozialkassen könnten davon profitieren.[33] Offensichtlich handelt es sich beim Vier-Punkte-Plan Ludewigs um eine vom Bundeskanzler betriebene Initiative, auch wenn dieser noch nicht sicher ist, wie weit er erst in der eigenen CDU, dann in der ganzen Koalition gehen kann oder gehen will und wann die dann vereinbarten Pläne öffentlich lanciert werden sollen. Im CDU/CSU-Fraktionsvorstand macht sich Schäuble tags darauf diese Ideen umgehend zu eigen. In puncto Timing weist er dort darauf hin, »daß nach den Landtagswahlen im März bis weit in das Jahr 1998 hinein keine weiteren Landtagswahlen mehr stattfänden. In diesem Zeitraum müßten alle wichtigen Entscheidungen getroffen werden.« Daß sich die Union damit auf stürmische See begibt, sieht er genau, meint aber: »Grundsätzlich lösten Entscheidungen erst mehr Widerstand als Zustimmung aus, nach der Entscheidung wachse naturgemäß die Zustimmung.«[34] Der CSU-Landesgruppenvorsitzende Michael Glos dämpft jedoch die Begeisterung und ruft die vielen Komplikationen in Erinnerung.

Bald zeigt sich, daß die Mehrwertsteuer tabu ist. Kohl erkennt, daß die Widerstände der Koalition, in der Opposition, bei Gewerkschaften und Sozialverbänden zu groß sind. So legt er sich, wie eben erwähnt, öffentlich darauf fest, in der laufenden Legislaturperiode die Mehrwertsteuer unangetastet zu lassen. Damit ist bereits ein entscheidendes Element des Vier-Punkte-Plans von Ludewig herausoperiert. Doch der Anstoß für ein Reformprogramm ist immerhin erfolgt, allerdings vorerst nur intern. In der Union vermutet man, daß der Kanzler entschlossen ist, nach den Landtagswahlen am 24. März 1996 Nägel mit Köpfen zu machen.

Jetzt ereignet sich so etwas wie ein Wunder. Dieses Wunder hat einen Namen: Erwin Teufel, aus dem inzwischen ein geachteter Landesvater geworden ist. Der »Superwahltag« rettet die FDP und beschert auch der CDU einen unerwarteten Zuwachs. Die baden-württembergische CDU legt fast zwei Punkte zu, und die FDP verbessert sich sogar von 5,9 auf 9,6 Prozent. Die SPD verliert kräftig und fliegt aus der Regierung. Auf einmal scheint die Kombination Schwarz-Gelb wieder Zukunft zu haben. Auch in Rheinland-Pfalz bleibt die FDP unter ihrem Vorsitzenden Rainer Brüderle mit leichtem Zuwachs im Geschäft, obgleich es der CDU im Stammland Helmut Kohls erneut nicht zur Mehrheit reicht.

Der Bundeskanzler ist nun wieder obenauf, der Herausforderer Lafontaine tief gedemütigt. Mit dem Rückenwind des Wahlergebnisses könnte ein Reformprogramm erst im Regierungsapparat und dann mit kräftiger Öffentlichkeitsarbeit rasch auf den Weg gebracht werden. Der umfassende Vier-Punkte-Plan wird erst einmal beiseite geschoben. Priorität hat jetzt die Konsolidierung des Bundeshaushalts, der für 1996 eine Deckungslücke von zwanzig Milliarden DM aufweist.[35] Intern nennt Schäuble noch kritischere Zahlen. Der Gesamtkonsolidierungsbedarf der öffentlichen Hand liege bei rund fünfzig Milliarden, davon entfielen rund 25 Milliarden auf den Bund.[36] Alle Ressorts müssen bluten, nicht zuletzt die Bundeswehr.[37] Zwischen 1990 und 1996 ist der Verteidigungshaushalt von 57,6 auf 47,1 Milliarden DM zurückgeführt worden. Nun fordert Waigel eine weitere Kürzung von sieben Milliarden DM.[38] Da die Sozialausgaben bereits rund ein Drittel des Bruttoinlandsprodukts beanspruchen,[39] muß die Haushaltskonsolidierung jedoch in erster Linie bei den Sozialausgaben ansetzen – also Kindergeld, Programme der Bundesanstalt für Arbeit, Zuschüsse zur Rentenversicherung, Gesundheitswesen.

Im CDU-Präsidium überläßt es der Kanzler Wolfgang Schäuble, die Vorhaben aus der »Giftliste« vorzutragen, erkennt aber doch, daß er sich wohl oder übel persönlich damit identifizieren muß. In einer Reihe von Nachtsitzungen wird nun in der Koalitionsführung und dann in den Fraktionen ein Sparpaket durchgepaukt, das die hochtrabende Bezeichnung »Programm für mehr Wachstum und Beschäftigung« erhält.[40] Viel mehr als eine der gewissermaßen »klassischen« Streichlisten, wie sie auch einstmals in der Endphase der Regierung Schmidt und in den Anfängen der Regierung Kohl zusammengebastelt wurden, kommt allerdings nicht zustande. Bundesfinanzminister Waigel und die FDP wären gern viel weiter gegangen, doch noch einmal setzt sich Blüm unterstützt vom Bundeskanzler durch. Die zweite Stufe der Pflegeversicherung kommt wie geplant zum 1. Juli 1996. Auch die Rentenerhöhungen werden nicht verschoben. Immerhin ist ein Anfang gemacht. Der Bundeskanzler übernimmt es, die unpopulären Maßnahmen in einer Regierungserklärung zu begründen. Anders, so sein Hauptargument, werden keine neuen Arbeitsplätze entstehen. Der politische Preis ist hoch. Weil sich Kohl nun notgedrungen auf ein Streichkonzert einläßt, beerdigt er ungewollt, doch auch unvermeidlich das »Bündnis für Arbeit« mit den Gewerkschaften. Wie in solchen Fällen üblich, beschuldigt jede Seite die andere, die Zusammenarbeit sabotiert zu haben.

Das im April auf den Weg gebrachte erste Sparpaket ist jedoch erst der Anfang weitreichender, aber auch einschneidender Maßnahmen.[41] Seit April 1996 mausert sich der lange taktisch abwartende Helmut Kohl immer mehr zum Reformkanzler, der nun alle brennenden Gestaltungsfragen gleichzeitig anpackt. Zwei Regierungskommissionen werden eingesetzt, die eine soll Vorschläge für die Zukunft des Steuersystems ausarbeiten, die andere zur Zukunft der sozialen Sicherungssysteme. Parallel dazu wird eine dritte Baustelle zur Reform des Gesundheitssystems eingerichtet. Wie ernst es Kohl jetzt ist, läßt sich auch daran ablesen, daß er in der CDU zwei begleitende Kommissionen unter Wolfgang Schäuble für die Steuerreform und Norbert Blüm für die Sozialreform einsetzt. Für diese soll es, so führt er vor dem CDU-Bundesvorstand aus, keinerlei »Denkverbote« geben. Kohl hat sich überzeugen lassen, daß die Sicherung bestehender sowie die Schaffung neuer Arbeitsplätze nur durch eine Generalüberholung möglich sein werden. Der Blick auf die europäischen Nachbarn macht ihm Mut. Ohne entschiedene Maßnahmen zur Zukunftssicherung, so argumentiert er nun, werde Deutschland »aus der Europa-Liga absteigen«.[42] Seit Jahren ist unter Ökonomen die Standortdiskussion im Gang. Kohl liebt den Begriff »Standort Deutschland« zwar nicht besonders, weil er ihm »zu technisch ist«,[43] bequemt sich jetzt aber dazu, der Bundesrepublik und der eigenen Partei jene Rezepte zu verordnen, von denen sich die Reformer im Regierungslager, die Wirtschaftsweisen und die Unternehmerverbände das Heil erhoffen.

Besonders stark ist das Drängen, die Lohnfortzahlung im Krankheitsfall auf achtzig Prozent abzusenken. Dieses Vorhaben, das im September in Gesetzesform gegossen wird, bringt nicht allein die Gewerkschaften auf die Palme. Seit Sommer herrscht zwischen dem Kanzler und den Gewerkschaften mit deren Hilfstruppen bei Sozialverbänden, Kirchen und Fernsehjournalisten ein eisiges Klima, das bis zum Ende der Ära Kohl anhalten wird. Selbstverständlich tun SPD und Grüne ihr Bestes, daraus politisches Kapital zu schlagen, ohne in der Öffentlichkeit jedoch vorerst durchzudringen. Schon im September 1996, noch bevor die große Schlacht um die Reformgesetze des Steuersystems und der Sozialsysteme richtig begonnen hat, konstatiert Kohl bereits einen »Generalangriff der Linken«.[44]

Als besonders lästig für den Kanzler erweist sich die Tatsache, daß die Konjunktur wieder einmal lahmt. Die Haushaltsschätzungen des Frühjahrs stellen sich als zu optimistisch heraus, und so muß schon im Sommer ein zweites Sparpaket angeschoben werden. Doch nun naht die Stunde der Wahrheit, in der Kohl und Waigel um jeden Preis die Verschuldung der öffentlichen Haushalte unter die im Maastricht-Vertrag geforderte Höchstgrenze von drei Prozent herunterdrücken müssen. Auf internationaler Ebene macht Kohl 1996 seinen gesamten Einfluß geltend, um vor allem in Frankreich, aber auch in Belgien, Spanien und Italien auf Sparmaßnahmen zum Erreichen der Konvergenz hinzuwirken. Nicht auszudenken, daß nun ausgerechnet die Bundesrepublik im entscheidenden Jahr 1997 das Maastricht-Ziel verfehlt! Anfangs suchen Kohl, Waigel und Schäuble den Hauptgrund für das Streichkonzert unter der Decke zu halten. Der Slogan »Sparen für Maastricht!« wird unwillig als perfides und kurzsichtiges Argument der Euroskeptiker abgetan. Die Rückführung der überhöhten Sozialausgaben sei ein Wert an sich, um den Standort Deutschland zu sichern. Doch tatsächlich liegen dem hochriskanten Sparkurs der Jahre 1996 und 1997 zwei Hauptmotive zugrunde: erstens die Sorge, durch die hohen Lohnnebenkosten, durch hohe Besteuerung und andere Lasten im globalen Wettbewerb zurückzublei-

ben, und zweitens das für sakrosankt erklärte Vorhaben, auf alle Fälle programmgemäß in die dritte Phase der Wirtschafts- und Währungsunion einzutreten.

Wie man weiß, betrachtet der Bundeskanzler die Einführung des Euro als Krö-
nung seines europäischen Lebenswerks. So traut sich niemand in der Koalition so
recht, ihm dabei in den Weg zu treten. Nur die Ministerpräsidenten Biedenkopf und
Stoiber mit ihrer von Kohl weitgehend unabhängigen Machtbasis warnen und geben
den Rat, beim Verfehlen der Konvergenz das Vorhaben eventuell zu verschieben.
Zunehmend wird das Defizitkriterium von Maastricht in den Jahren 1996 und 1997
das stärkste Motiv für die sachlich gebotenen, politisch aber ziemlich selbstmörderischen Eingriffe in soziale Besitzstände.

So muß im Frühherbst 1996 ein zweites milliardenschweres Sparpaket geschnürt
werden. Auch diesmal trifft es Arbeitnehmer und Arbeitslose. Jetzt kommt übrigens
auch der Finanzminister nicht mehr umhin, die Maßnahmen in erster Linie mit dem
Maastricht-Argument zu begründen.[45] Im November bringt Schäuble vor dem
CDU/CSU-Fraktionsvorstand die Lage in wünschenswerter Deutlichkeit auf den
Punkt:»Eine Steigerung der Neuverschuldung scheide aus, da dann die Maastricht-
Kriterien verfehlt würden, die Erhöhung indirekter Steuern sei unter den gegebenen
Umständen mit der FDP nicht zu machen. Damit bliebe nur die Ausgabenseite des
Haushalts.«[46]

Erstaunlich ist, mit wie viel Gleichmut die Wählerschaft dies vorerst noch quittiert. Bis weit in den Herbst 1996 hinein stößt die spürbar rigorosere Sparpolitik der
Regierung Kohl bei einer Mehrheit auf Verständnis. Weiterhin hat sie im Bereich
Wirtschaft und Finanzen einen Kompetenzvorsprung vor den Sozialdemokraten.
Noch im November 1996 meinen nur zwanzig Prozent der Befragten, die SPD würde
es besser machen.[47] Lafontaines Comeback an die Spitze der SPD im November 1995
beflügelte die Sozialdemokraten damit anfänglich nicht, sondern warf sie vielmehr
zurück. Seitdem »der Napoleon von der Saar« 1990 als Kanzlerkandidat versagt hat,
haftet ihm der Ruf des glücklosen Verlierers an. Zugleich gilt er als unstabil: Wer erst
den Parteivorsitz brüsk aufgibt, um dann ebenso plötzlich wieder an die Spitze zu
galoppieren, kann kein Zutrauen erwecken. Kohl wird zwar auch nach vierzehn Jahren Kanzlerschaft nicht als Strahlemann betrachtet, doch er gilt als Siegertyp, und
man setzt in seine sture Beharrlichkeit ein gewisses Vertrauen trotz nie ruhender
Zweifel, ob er wirklich der richtige Manager für die deutsche Wirtschaftsgesellschaft
ist. Immer noch kann sich der Kanzler entspannt zurücklehnen. Lafontaine ist geradezu sein Wunschgegner.

So läßt sich Kohl von Schäuble, vom Wirtschaftsflügel in der CDU, von der CSU
und von der FDP bereden, den Sparpaketen nun auch noch das Projekt einer grandiosen Steuerreform folgen zu lassen.[48] So ganz wohl ist ihm dabei nicht. Ein paar
Wochen vor dem Parteitag gibt er den Damen und Herrn des CDU-Bundesvorstands

zu bedenken: »Wenn Sie also von vornherein in Sachen Steuerreform Meßlatten aufbauen, die nicht haltbar sind, dann funktioniert das nicht … Ich habe 1990 den Fehler
gemacht, mich auf eine Bahn bringen zu lassen, die mit der Steuerlüge endete. Dies
findet mit mir nicht noch einmal statt. Deswegen bitte ich, bei allen gescheiten Vorschlägen, die man machen kann, im Bereich dessen zu bleiben, was realistisch ist.«[49]

Der Startschuß für das Projekt fällt Ende Oktober auf dem Parteitag in Hannover.
Dort darf der Fraktionsvorsitzende über »Die Zukunft des Steuersystems« referieren.
Die Eckwerte des hier vorgestellten Reformplans haben es in sich. Der Eingangssteu-
ersatz soll von 25,9 auf unter zwanzig Prozent gesenkt werden und der Spitzensteuersatz von bisher 53 Prozent auf einen Wert um – sage und schreibe! – 35 Prozent fallen.
Dann das schöne Kapitel aus der steuerpolitischen Märchenstunde – das Steuersystem
soll damit zugleich einfacher und durchsichtiger werden. Auch mit den Sozialbeiträ-
gen hat die CDU Großes vor. Sie sollen bis zum Jahr 2000 auf unter vierzig Prozent
zurückgeführt werden. Die Pointe des Programms liegt darin, daß »die große Reform«
erst zum 1. Januar 1999 in Kraft treten soll. Dafür mag es auch technische Gründe
geben. Doch der wahlstrategische Aspekt ist offenkundig. Notfalls will die CDU den
Wahlkampf auch für das Projekt Steuerentlastung führen, um so alle daran interessierten Wähler hinter sich zu versammeln.

Kohls diesbezügliche Parteitagsrede ist allerdings so langweilig und lustlos wie
wenige zuvor. Wie bei der Echternacher Springprozession ruft er einerseits – unter-
malt mit schlagenden Beispielen – zum Handeln auf, um den Standort Deutschland
in der globalisierten Welt sicherer zu machen: »Wir stehen am Scheideweg. Die anderen warten nicht!« Andererseits weicht er schon bei dieser Grundsatzrede rhetorisch wieder einen Schritt zurück, indem er das Mantra von der »Partei der Mitte«
wiederholt und ausruft: »Wir sind die Partei der Sozialen Marktwirtschaft und nicht
der Marktwirtschaft.«[50] Gewundene Redewendungen wie: »Wenn man eine Steuerreform machen will und machen muß«, lassen erahnen, daß er diese Initiative nicht
so ganz freiwillig startet, sondern gezwungenermaßen. Immerhin: Er ist jetzt mit an
Bord und gibt bekannt, im Januar 1997 werde eine Kommission unter Vorsitz von
Theo Waigel ein detailliertes Konzept vorlegen, das dann zügig umgesetzt werden
soll. Jetzt und später hebt er vor allem auf die Sicherung des Standorts Deutschland
ab, läßt sich aber dann und wann auch wie Guido Westerwelle, damals schon der
Trommler bei der FDP, mit den Worten vernehmen: »Wir wollen echte und spürbare
Netto-Entlastungen für die Bürger.« Die große Steuerreform werde Eigeninitiative
und Eigenverantwortung fördern.[51]

Wie sich jedoch beim Blick auf die Bundesratsmehrheit der SPD gut erkennen
läßt, baut die CDU mit dem Plan der »großen Steuerreform« ein großes Luftschloß
auf. Bei Lichte betrachtet haftet der Hoffnung auf eine wirklich spürbare Steuersenkung sogar mehr als nur ein Hauch des Illusionären an. Niemand kann erklären,

weshalb sich die SPD bereit finden sollte, einer derart dramatischen Senkung des Spitzensteuersatzes ihre Zustimmung zu geben und Kohl damit frei Haus einen Wahlschlager für die eigene Kientel zu liefern. Schon bei der Parteitagsrede polemisiert Kohl daher gegen die Blockadepolitik der SPD, als ahnte er bereits, welch geringe Chance diesem Plan beschieden sein wird.

Bei nüchterner Analyse wird deutlich, daß ein Hauptziel bei der Lancierung dieses Vorhabens auch darin besteht, die enttäuschten eigenen Anhänger wieder etwas zu animieren, um sie nicht an die FDP zu verlieren. Bisher hat vor allem die FDP das Etikett der Steuersenkungspartei an ihre Fahnen geheftet. Doch Millionen von Selbständigen oder Deutsche aus Berufsgruppen, die Einkommensteuer zahlen, wählen die CDU. Sie betrachten Kohl als bürgerlichen Kanzler und die CDU als bürgerliche Partei. Schon lange erwarten sie steuerliche Entlastung.

So unwahrscheinlich es ist, daß dieser Plan Realität wird, so enorm sind die damit verbundenen Risiken. Zuerst sind die Stromschnellen heftiger Kontroversen im Unionslager und in der Koalition zu umschiffen. Selbstverständlich läßt sich der Frage nach Gegenfinanzierung überhaupt nicht ausweichen, wobei viele sensible Nerven strapaziert werden müssen. Doch noch viel gefährlicher wird die Reaktion der parlamentarischen Opposition und der Sozialverbände sein. Sparhaushalte, die viele soziale Besitzstände antasten, und die Proklamation einer Senkung des Spitzensteuersatzes von 53 auf um die 35 Prozent ... Welcher Teufel, so fragen viele, reitet diesen sonst so vorsichtigen Kanzler, seinen Gegnern das Argument der Gerechtigkeitslücke gewissermaßen frei Haus zu liefern?!

Aus heutiger Sicht ist festzustellen, daß sich Helmut Kohl mit diesem notwendigen, aber verspäteten und nach Lage der Dinge im Bundesrat zum Scheitern verurteilten Reformversuch in eine ähnliche Lage manövriert hat oder manövrieren ließ wie sein Nachfolger Gerhard Schröder mit der Agenda 2010 und den Hartz-IV-Reformen. Im Grunde überschreitet Kohl im Herbst 1996 nur zögernd den Rubikon. Die Umstände, nicht zuletzt sein schneidiger Generalstabschef Schäuble drängen ihn dazu. Er ist aber in diesen Wochen auch in einer Hochstimmung, die gleichfalls manches erklären mag.

In Kohls Karriere über die Jahrzehnte hinweg gibt es immer wieder Perioden, in denen dieser oft zu bedächtige, erdschwere Riese abhebt und sich alles zutraut. Das ist zumeist dann der Fall, wenn ihm die oft so schmerzlich entbehrte Anerkennung zuteil wird statt der üblichen Dauerkritik. So war es beim Wahlkampf 1976, so im Frühjahr 1990, als er wie ein Heilsbringer durch die marode DDR zog. Auch jetzt, im September und Oktober 1996, ist eine derartige Phase gekommen. Aus Kohl, so registrieren die bislang überkritischen Blätter erstaunt, ist eine Art Fernsehstar geworden. In der berühmten Talkshow des betulich-pfiffigen Alfred Biolek tritt er so gewinnend wie ein echter TV-Profi auf. Im ZDF erfreut ihn der ansonsten so spöttische

Konservative Johannes Gross mit einem devoten Fernsehinterview, in dem der Kanzler als gelassener und optimistischer europäischer Staatsmann auftritt.[52] Die Häme in den kritischen Hamburger Blättern hat sich zunehmend in Respekt verwandelt. Vor allem in der *Zeit* erscheinen jetzt auffällig viele Leitartikel, in denen dem Kanzler widerwillig gehuldigt wird, weil er Europa voranbringt und Deutschland in globalem Rahmen gut positioniert. »Ginge es nicht um das Ziel Europa: Helmut Kohl müßte seinen Abschied nehmen«, läßt sich Robert Leicht vernehmen.[53] »Ein Elefant auf Zehenspitzen« nennt ihn Christoph Bertram und textet: »Helmut Kohl hat draußen ein Vertrauenskapital aufgehäuft, das er zu Hause nie erringen konnte. Taktgefühl und Einfühlungsvermögen in die Psyche anderer verhalfen ihm dazu.«[54] Als die Eloge Bertrams erscheint, befindet sich der Kanzler gerade wieder einmal auf Asientour – es ist seine elfte und noch nicht die letzte.

Der Grund für das Übermaß an respektvollen Würdigungen sind zwei Jubiläen. Am 1. Oktober 1996 amtiert Kohl bereits vierzehn Jahre als Bundeskanzler, und Ende Oktober hat er einen Rekord aufgestellt: Jetzt regiert er bereits länger als sein Vorbild Adenauer, ohne Zeichen der Müdigkeit erkennen zu lassen. Dazwischen liegt der CDU-Parteitag in Hannover, wo er nun auch den entschlossenen Reformer gibt und an die 1100 Delegierte veranlaßt, mit nur einer Gegenstimme für die »große Steuerreform« und für den Umbau des Sozialstaats zugunsten des Standorts Deutschland zu stimmen.

Selten zuvor ist in den Zeitungen landauf, landab eine solche Menge an insgesamt sehr wohlwollenden Würdigungen über ihn erschienen. Selbstverständlich spickt jeder Journalist dies auch mit spöttischen oder leicht skeptischen Vorbehalten, schließlich möchte sich keiner als »Hofsänger« erwischen lassen. Tatsächlich singen aber alle oder doch die meisten vielstimmig und kräftig. »Kohl – überlebensgroß«, überschreibt Hermann Rudolph seine Betrachtung im *Tagesspiegel* und erwähnt die Anekdote von dem Bauern, der erstmals im Zoo eine Giraffe erblickt und ungläubig und kopfschüttelnd bemerkt: »So ein Tier gibt es gar nicht.«[55] Viele schreiben in diesem Sinn. »Untertänige Resignation« diagnostiziert jetzt der kritisch gebliebene *Welt*-Redakteur Thomas Kielinger die Stimmung bei seinen Kollegen. Sie hätten mit dem einst Vielgeschmähten ihren Frieden gemacht und stünden nun im Lager der Claqueure oder der »Resignateure«. Kohl solle sich hüten: »Wen die Götter verderben möchten, überschütten sie mit Lob.«[56]

Es gibt auch andere, die das kommende Unheil wittern und es zugleich herbeizuschreiben suchen. »Der goldene Oktober ist für den Kanzler vorbei«, konstatiert der damals noch junge Frechdachs Heribert Prantl in der *Süddeutschen*[57] und begründet das mit der Hauhaltsmisere: »Wie soll die notwendige große Steuerreform mit ihrem radikalen Abbau von Vergünstigungen gelingen …, wenn nicht einmal der normale Haushalt gelingt, weil ein paar Klientel-Interessen die Koalition zum

Torkeln bringen?«[58] Und für Hans Werner Kilz ist der in vielen anderen Zeitungen als übergroßer Kanzler gefeierte Helmut Kohl »ein Herrscher, der nicht regiert«, und die Personifikation des Status quo. Sein Leitartikel zum Hamburger Parteitag schließt mit der guten Prognose, ein Regierungschef werde nicht abgewählt, weil die Opposition verspricht, es besser zu machen, sondern erst dann, wenn das Volk seiner überdrüssig ist: »Nur wenn er 1998 wieder antritt, darf sich die SPD überhaupt eine Chance ausrechnen, den ersten Bundeskanzler in der Hauptstadt Berlin zu stellen.«[59]

Tatsächlich markiert der Monat Oktober die Peripetie. Urplötzlich beginnen die Zustimmungswerte abzusacken, die der SPD ziehen an. Zum Jahresbeginn 1997 kreuzen sich die entsprechenden Kurven der CDU/CSU und der SPD. Von nun an ist kein Halten mehr: Die Sozialdemokraten segeln fast ununterbrochen empor, trotz Lafontaine und vor allem wegen Gerhard Schröder. Die Werte der Unionsparteien gehen in den Keller. Im März 1996 hatten auf dem Politbarometer beim Vergleich des Bundeskanzlers mit dem bereits sehr bekannten Gerhard Schröder, der in Hannover einem rot-grünen Kabinett vorsteht, gleichzeitig aber als industrienah gilt, noch satte 52 Prozent Kohl als künftigen Bundeskanzler favorisiert und nur 37 Prozent Schröder. Im März 1997 hat sich das Verhältnis genau umgedreht. Jetzt wollen nur noch 38 Prozent Kohl als Kanzler haben und 48 Prozent Schröder.[60] Knapp zwei Jahre später, im Januar 1999, nach dem krachenden Ende der Ära Kohl, wird Renate Köcher, seit längerem schon die neue Leiterin des Instituts für Demoskopie in Allensbach, in einer Analyse für die neue CDU-Führung feststellen, das »Unheil« habe im dritten Quartal des Jahres 1996 mit der Kürzung der Lohnfortzahlung im Krankheitsfall begonnen. Seither habe sich in der öffentlichen Wahrnehmung der Eindruck verfestigt, daß die CDU-geführte Bundesregierung die Interessen der Bevölkerung aus dem Auge verliere. In dieses Klima seien dann die weiteren Reformen hineingetragen worden.

Nachdem sich der Bundeskanzler zu den Reformprojekten bekannt hat, identifiziert man ihn natürlich persönlich mit den Projekten »Umbau des Sozialstaats«, der von vielen Betroffenen als »Abbau« interpretiert wird, und mit einer großen Steuerreform, von der bald eine Mehrheit glaubt, daß sie vor allem den Wohlhabenderen nützt. Unterschwellig verbindet sich damit eine große Aversion gegen den Euro, der jetzt vor der Tür steht und für dessen termingerechte Installierung ungeachtet aller Dementis gleichfalls massiv gespart werden muß. Im April sprechen sich in den Erhebungen von Allensbach nur 21 Prozent für die Einführung des Euro aus, 52 Prozent sind dagegen.[61] Auch das hilft Schröder. An der SPD-Spitze ist er der einzige, der zeitweilig entsprechende Zweifel äußert und einer Verschiebung zuneigt. So beginnt Kohls Sinkflug, der sich nun über anderthalb Jahre hinziehen wird. Er hofft aber, so wie 1994 doch noch einmal hochzukommen.

Kohls Hauptziel ist und bleibt die Installierung des Euro, um die Integration Europas unumkehrbar zu machen. Und mit zunehmender Deutlichkeit legt er sich auch auf ein zweites, mehr persönliches Ziel fest – die Prolongierung der eigenen Kanzlerschaft bis zum magischen Jahr 2000.

Der Euro-Fighter

Der Name ist zwar schon für ein Kampfflugzeug reserviert, das als »Jäger 90«, »Euro-Fighter 2000« oder »Typhoon« zwanzig Jahre lang den Alptraum der europäischen Verteidigungsminister darstellt. Der Euro-Fighter – tatsächlich gibt es aber keine bessere Bezeichnung für Helmut Kohl in den Jahren 1996, 1997 und 1998, bei dem sich damals fast alles um den planmäßigen Stapellauf des Euro dreht.[1] »Die wirklich treibende Kraft für eine einzige europäische Währung ist Kohl«, vermutet Tony Blair Ende Januar 1997 im Gespräch mit Alastair Campbell.[2]

Wie sich später herausstellen wird, hat der Maastricht-Vertrag einer gemeinsamen europäischen Währung von Anfang an verschiedene Konstruktionsfehler. Dazu gehört auch das ungelöste Problem der Fiskalpolitik, die vertragsgemäß weiterhin bei den Mitgliedern der Währungsgemeinschaft verbleiben wird. Zwar sind Konvergenzkriterien festgelegt worden, um die heterogenen Volkswirtschaften bis zum Eintritt in die dritte Phase zusammenzuführen, ungelöst ist aber die Frage geblieben: Reichen die im Vertragswerk vorgesehenen Überprüfungen aus, um die Haushaltsdisziplin der Teilnehmer wirklich auf Dauer zu sichern?

Sowohl bei den Verhandlungen über den Maastricht-Vertrag als auch danach haben sich die entsprechenden Vorstellungen Deutschlands und Frankreichs als schwer vereinbar erwiesen. Um eine nachhaltige Harmonisierung der Wirtschafts- und Finanzpolitik zu erzielen, macht sich Paris beständig für ein Gremium der Wirtschafts- und Finanzminister des geplanten Euro-Raums stark – Stichwort *gouvernement économique* –, um die Grundlinien der Wirtschafts- und Fiskalpolitik festzulegen. In Bonn bringt man diesem Wunsch größtes Mißtrauen entgegen. Die maßgeblichen Ministerien, die Fraktionen von CDU/CSU und FDP, die Bundesbank und die großen Wirtschaftsverbände fürchten bei Einrichtung einer derartigen »Wirtschaftsregierung« die Majorisierung des dank liberaler Ordnungspolitik prosperierenden, zudem wirtschaftlich gewichtigsten Mitgliedslands Deutschland durch weniger prosperierende Länder. Diese haben eine Wirtschaftskultur des Staatsinterventionismus, in der keine allzu großen Ängste vor Verschuldung der öffentlichen Hand oder vor leicht moussierender Inflation herrschen. Der skeptische Ökonom Hans D. Barbier von der *Frankfurter Allgemeinen* bringt den Gegensatz auf die griffige Formel: »Die Deutschen wollen eine stabile Währung … Die Franzosen wollen eine gefügige Währung.«[3] Wie sollen aber solche unterschiedlichen Wirtschaftskulturen auf dem Stabilitätspfad gehalten werden, sind die Konvergenzkriterien erst einmal mit großem Kraftakt erreicht? Viele in Bonn und Frankfurt befürchteten auch, die allein auf den Grundsatz der Preisstabilität verpflichtete Europäische Zentralbank könnte durch ein *gouvernement économique à la française* unter Druck gesetzt werden.

Als Ausweg aus dem Dilemma plädiert man in Deutschland für ein striktes System der Defizitüberwachung mit weiterhin festen Obergrenzen für die Verschuldung, auch mit fester Terminierung für ein Eingreifen im Fall von Verstößen, dies alles verstärkt durch empfindliche Sanktionen gegen Defizitsünder. Bei den Maastricht-Verhandlungen konnte sich die Bundesregierung damit nicht durchsetzen, doch je näher der vereinbarte Eintrittstermin in die dritte Stufe rückt, um so mehr wachsen bei den deutschen Experten die Bedenken, bald drohe eine Währungsunion mit weiterhin heterogenen Wirtschaftskulturen. Bei den Partnern hat der Schuldenabbau bisher keine großen Fortschritte gemacht. 1995 ist in Frankreich eine Verschuldung der öffentlichen Hand in Höhe von fünf Prozent des Bruttoinlandsprodukts zu erwarten. Somit steht die Frage im Raum, ob und wie Paris es schaffen will, zum Stichtag die Defizitkriterien zu erfüllen. Bedenken sind auch berechtigt hinsichtlich des Verhaltens von Frankreich, wenn die Währungsunion erst einmal erreicht ist. Das gilt erst recht für inflationäre Weichwährungsländer vom Typ Italien, dessen Teilnahme Mitte der neunziger Jahre durchaus zweifelhaft ist. Als Ministerpräsident Lamberto Dini 1995 vorschlägt, das Datum für das Festzurren der Wechselkurse generell um zwei oder drei Jahre zu verschieben,[4] greift Waigel das auf und stellt bei einer vertraulichen Sitzung des Finanzausschusses fest, eine Verschiebung von ein bis drei Jahren sei nach Einschätzung der Bundesregierung durchaus annehmbar. Zugleich gibt er zu erkennen, Italien, wahrscheinlich auch Belgien, würden bei dem für 1999 geplanten Start der Währungsunion nicht dabei sein. Daraufhin große Aufregung in Rom, die Lira gerät unter Druck. Der Bundeskanzler rückt das umgehend zurecht, indem er erklärt, Waigels Äußerungen aus einer nichtöffentlichen Sitzung seien ohne Sachverstand in Kommuniqué-Form wiedergegeben worden. Er werde diese Veröffentlichungspraxis sofort abstellen.[5] Die deutsch-italienische Verstimmung wird umgehend beigelegt. Aber erst Ende 1996 sieht sich Italien in der Lage, wieder ins EWS zurückzukehren. Das Problem Italien bleibt. Im Frühjahr 1998, als die Festlegung der Teilnehmer in der ersten Runde ansteht, liegt die Staatsschuld Italiens bei rund 120 Prozent des Bruttoinlandsprodukts – 60 Prozent ist im Kriterienkatalog für den Beitritt als Höchstgrenze vorgesehen.

Aus solchen Befürchtungen entsteht die Initiative des Stabilitätspakts. Seit Frühjahr 1995 sind im Finanzministerium entsprechende Überlegungen im Gang. Ohne den besorgten Bundesfinanzminister Waigel, der bei seinem Vorstoß die CSU hinter sich weiß, wäre diese zusätzliche Absicherung der in Maastricht vereinbarten Stabilitätsziele nicht zustande gekommen. Maßgeblich bei den Planungen ist auch Staatssekretär Jürgen Stark, im Hintergrund unterstützt von Bundesbankpräsident Tietmeyer.[6] Mitte September läßt Waigel in einem Interview mit dem *Focus* den ersten Versuchsballon starten. Im Licht der späteren Entwicklung lohnt es sich, die damals noch nicht mit dem Bundeskanzler abgestimmten Überlegungen zu skizzieren. »Ich halte es für notwendig«, führt der Finanzminister dort aus, »daß die Teilnehmerländer für die Endstufe der Währungsunion eine zusätzliche Sicherung der Haushaltsdisziplin installieren. Dazu brauchen wir keine Änderung des Maastricht-Vertrags, aber eine gemeinsame Vereinbarung, in der sich die Teilnehmerstaaten zu noch stabilitätsgerechterem Verhalten verpflichten.« Waigel deutet damals noch die Möglichkeit einer Art Schengener Abkommen für die Finanz- und Haushaltspolitik an, also eine Selbstverpflichtung nur unter den Teilnehmerländern. Wesentlich ist ihm, daß »die im Maastricht-Vertrag vorgesehenen Sanktionsmechanismen ganz konkret festgelegt werden«. Die Teilnehmerstaaten sollten sich verpflichten, »die Maastricht-Kriterien noch zu verschärfen. Nach Einführung der gemeinsamen Währung in normalen Zeiten sollten sie die jetzigen Kriterien in wirtschaftlich normalen Zeiten unterbieten, also ein Schuldenstand von weniger als 60 Prozent, eine Defizitquote von weniger als drei Prozent.«[7]

Kohls Reaktion auf den Vorstoß ist bezeichnend. »Begeistert war er nicht, als ich die Idee aufbrachte«, erinnert sich Waigel.[8] Als dem Bundeskanzler von Dritten gemeldet wird, Waigel wolle dem Finanzausschuß des Bundestags die Initiative vorstellen, ruft er frühmorgens an, läßt sich von Waigel die wichtigsten Sätze vorlesen, empfiehlt an einer Stelle eine etwas vorsichtigere Formulierung, gibt aber dann mit den Worten seine Zustimmung, es sei »insgesamt richtig«, »insgesamt vernünftig«.

Im Jahr 1995 hat Kohls Zögern nachvollziehbare Gründe. Am 7. Mai 1995 haben die französischen Wähler mit klarer, aber doch nicht überwältigender Mehrheit Jacques Chirac zum Präsidenten gewählt. Mit Mitterrand, der im Januar 1996, von Kohl tief betrauert, seinem lange verheimlichten Krebsleiden erliegen wird, hat der Kanzler seine wichtigste Bezugsperson in Paris verloren. Von der überragenden Bedeutung der deutsch-französischen Freundschaft überzeugt, gibt er sich zwar redlich Mühe, auch mit den neuen Herren bestens zusammenzuarbeiten – mit Chirac, mit dessen Ministerpräsidenten Alain Juppé und mit dem Sozialisten Lionel Jospin. Doch gerade das Verhältnis zu Chirac war bisher schon nicht spannungsfrei. Bei Mitterrand war Kohl fest davon überzeugt, daß dieser mehr und mehr zum Herzenseuropäer geworden sei, zudem ein Franzose mit Sympathie für Deutschland. Chirac, so schätzt er diesen ein, ist wohl nicht viel mehr als ein Vernunfteuropäer. Daß bei diesem Gaullisten, der seine Karriere zu Zeiten de Gaulles begonnen hat, hin und wieder nationalistische Schübe auftreten, ist in Paris und Bonn ein offenes Geheimnis. Kohl traut ihm daher auch nie voll über den Weg, ob er wirklich den Euro zu den in Maastricht vereinbarten Bedingungen einführen will. Und nun möchte Waigel Frankreich ausgerechnet in den Anfängen dieser Präsidentschaft mit dem Stabilitätspakt gewissermaßen Handschellen anlegen.

Doch Waigels Argumente sind zwingend. Läßt sich die Stabilität des Euro anders sichern als durch einen sanktionsbewehrten Stabilitätspakt? Ist es nicht geboten, dabei die rote Linie für das maximal zulässige Haushaltsdefizit von drei Prozent des Inlandsprodukts und eine Gesamtverschuldung von sechzig Prozent auch für die Zeit nach Einführung der Gemeinschaftswährung nochmals verbindlich festzuschreiben, wenngleich nur durch eine Vereinbarung zwischen den Teilnehmern oder im Europäischen Rat? Wie anders könnte man sonst die kritischen Argumente der deutschen Euro-Gegner entkräften? Wie anders läßt sich sicherstellen, daß die Bundesbank Ruhe hält?

Im Kreis der Kollegen im Rat der europäischen Finanzminister mit der Kürzel Ecofin wird Waigel zu seinem Erstaunen ganz besonders durch den italienischen Finanzminister ermutigt. »Ich brauche eine europäische Vorgabe«, stellt dieser fest. Ohne Druck von außen werde es nicht möglich sein, in Italien die Haushaltsdisziplin durchzusetzen. Selbst Chiracs Finanzminister Jean Arthuis, so spürt Waigel, signalisiert ein gewisses Verständnis, jedoch bei gleichzeitigem Hinweis auf die negative Einstellung Chiracs zum Stabilitätspakt.[9] So ziehen sich die Verhandlungen im Ecofin-Rat über ein Jahr lang hin. Ein ratifikationsbedürftiger Vertrag zwischen den Teilnehmern an der dritten Stufe zum Euro scheint nicht erreichbar, allenfalls eine Vereinbarung des Europäischen Rats.

Auf dem EU-Gipfel zu Dublin müssen somit im Dezember 1996 die entscheidenden Auseinandersetzungen über die strittigen Details getroffen werden. Ministerpräsident Juppé gilt als erklärter Gegner des Stabilitätspakts, und am Abend vor Eröffnung des Gipfels kritisiert auch Präsident Chirac in einer Fernsehdiskussion den Stabilitätspakt, »wie ihn sich einige deutsche Technokraten ausgedacht haben«.[10] Waigel begibt sich daraufhin mit dem Newsticker, in dem über Chiracs Äußerungen berichtet wird, am Morgen zu Kohl, verlangt eine sofortige Klarstellung am Ratstisch und droht, er werde sonst in seiner Eigenschaft als CSU-Vorsitzender vor dem Wirtschaftsrat der Union in München die Aussagen des Präsidenten frontal angreifen. Es kommt daraufhin zu einem Zusammenstoß zwischen dem Bundeskanzler und dem französischen Präsidenten. Kohl packt den Ticker-Text und hält Chirac »mit Brachialgewalt« –so Waigel – in einer Ecke fest. Unterstützt wird er dabei von dem Niederländer Wim Kok, einem Sozialisten »und zugleich überzeugten Stabilitätspolitiker«, der ihn aus der Ferne anfeuert: »Helmut, gib nicht nach!« Darauf soll Kohl ausgerufen haben: »Was glaubt ihr eigentlich, warum ich überhaupt noch im Amt bin? Ich hätte lieber im letzten Jahr aufgehört … Wegen Europa bin ich noch da. Ohne mich setzt

Jacques Santer, Kohl und Chirac auf dem Dubliner Gipfel,
14. Dezember 1996

das in Deutschland niemand durch.«[11] »Wie Pferdehändler«, wird ein niederländischer Teilnehmer danach in der Presse zitiert, hätten Kohl und Chirac »gehockt und gezockt« und schließlich auf Grundlage einer von dem Luxemburger Jean-Claude Juncker entworfenen Kompromißformel (»er schlich immer in Reichweite herum«, so Waigel) den Deal über den Stabilitätspakt mit Handschlag und Schulterklopfen bekräftigt.[12] Als Referenzwert für die Verschuldung wird nun auch das Drei-Prozent-Kriterium von Maastricht festgelegt. Ein strikter Automatismus der Sanktionen ist jedoch nicht durchsetzbar. Die Finanzminister haben mit Mehrheit über den Vorschlag der EU-Kommission zu befinden, Sanktionen zu verhängen. Kohl und Waigel vertrauen darauf, schon der publizistische Aufruhr über ein Defizitverfahren werde auf potentielle Sünder abschreckend wirken.

Doch auch die Kompromisse von Dublin markieren erst einen Zwischenschritt auf dem Weg zum Stabilitätspakt und zur dritten Stufe des Euro. Der kritischste Unsicherheitsfaktor in dieser Schlußphase ist Frankreich. Chirac hat den Fehler gemacht, die Nationalversammlung aufzulösen, und die ihn stützenden Parteien verlieren haushoch die Wahlen. Ausgerechnet jetzt muß sich Kohl wieder auf eine Cohabitation einstellen – mit einem Präsidenten, der nach wie vor seine Zweifel hat, ob der Euro für Frankreich überhaupt so vorteilhaft ist, wie Mitterrand das geglaubt hat, und mit der sozialistischen Regierung Jospin, die im Wahlkampf den Stabilitätspakt ausdrücklich abgelehnt hat.

In dieser Lage betritt ein neuer Akteur die Euro-Szene: der zwar einige Vorbehalte hegende, doch prinzipiell wirtschaftsliberale sozialistische Finanzminister Dominique Strauss-Kahn. Seinem Geschick ist es im wesentlichen zu verdanken, daß auch diese Klippe auf dem Weg zum Euro umschifft wird. Er ist ein schlauer, gewinnender Elsässer, der keine Bedenken trägt, in deutscher Sprache zu verhandeln. Charmant und beredsam erreicht er bei Waigel, Kohl und selbst dem kritischen Stoiber viel mehr als der hochmütige Chirac. Als er feststellt, daß die deutsche Seite den in Dublin vereinbarten Stabilitätspakt nicht mehr abändern will, schlägt er eine Umbenennung in »Stabilitäts- und Wachstumspakt« ohne sonstige substantielle Änderung vor und stellt damit in Paris die eigenen Genossen zufrieden. Im Herbst 1997 gelingt es ihm sogar, den zögernden Deutschen wenigstens den Ansatz eines *gouvernement économique* schmackhaft zu machen. Jeweils im Vorfeld der Ecofin-Sitzungen sollen die »Euro-Gruppe« der am Euro teilnehmenden Finanzminister sowie der EZB-Präsident zusammentreten, um gewisse Grundlinien zur Steuerung der Wirtschafts- und Finanzpolitik zu diskutieren, nicht zuletzt die Wechselkurspolitik.[13] In Frankreich selbst gelingt es Strauss-Kahn mit geschickten Tricks, im Jahr 1997 die Defizitlatte von drei Prozent nicht zu reißen.

Im ersten Halbjahr 1997, als die punktgenaue Einführung des Euro noch in der Schwebe ist, gibt der Publizist Arnulf Baring einer Studie den letzten Schliff, in der er die ökonomischen und politischen Argumente für und gegen den Euro sorgfältig prüft – mit vorhersehbar negativem Ergebnis. Er schließt seine Überlegungen mit der resignativen Feststellung: »Fragt man nach den wichtigsten Begründungen für den Euro, könnte man zugespitzt besonders drei nennen: erstens Kohl, zweitens Kohl und drittens Kohl.«[14] Seit einiger Zeit, schreibt er, sei ihm klar, »daß Kohl gar keinen Ausweg sucht, sondern den Euro unbedingt will«. In diesem Punkt deckt sich die Einschätzung des ausgesprochenen Euroskeptikers Baring mit der späteren Feststellung des ausgesprochen europhilen Ministerpräsidenten Jean-Claude Juncker, der Kohls Rolle auf den europäischen Gipfeln seit Maastricht studiert hat und zu dessen 75. Geburtstag die rhetorische Frage stellt: »Wer in der Welt hätte es geschafft, diese europäische Währung hinzukriegen?« Seine zweifellos ehrliche Antwort: Es gäbe den Euro nicht, »wenn es Kohl in dem Moment nicht gegeben hätte«.[15]

Bis in den Herbst 1997 hinein ist noch gar nicht ausgemacht, ob im Jahr 1998 der Startschuß für den Eintritt in die dritte Phase tatsächlich erfolgen kann. Gefährlich für das Projekt, in das sich Kohl völlig verbissen hat, sind nicht so sehr die deutschen Parteien, sondern die haushaltspolitischen Gegebenheiten bei den europäischen Partnern, aber auch in der Bundesrepublik selbst. Zu Beginn der neunziger Jahre haben sich die Regierungen in Maastricht auf ein Konvergenzkonzept geeinigt, dem sie in den folgenden Jahren nur wenig Beachtung schenken wollen oder können. Die damals ziemlich willkürlich festgelegten Kriterien werden erst 1996 genauer unter die Lupe genommen. Doch 1997 ist bereits das Referenzjahr. Die Gefahr besteht also tatsächlich, daß sich die Regierungen in den Schlingen des Maastricht-Vertrags verfangen, sogar die Regierung Kohl, die sich ohne Rücksicht auf den Wählerunwillen zum Eingriff in sensibelste Besitzstände gezwungen sieht. Die Sorge des Bundeskanzlers ist natürlich groß, er könne vor ganz Europa als der Staatsmann dastehen, der beim Hochsprung für Maastricht die Stange gerissen hat.

Alles hängt weiterhin an dem Duo Kohl-Waigel. Tatsächlich wird der Euro-Fighter Helmut Kohl 1997 vor allem deshalb über die Runden kommen, weil Theo Waigel von der Notwendigkeit des Euro genauso überzeugt ist wie er selbst. In zwei Hauptpunkten zeigen sich Kohl und Waigel vorerst stur wie die Maulesel: keine Verschiebung über das Jahr 1999 hinaus und kein Rütteln an der Drei-Prozent-Grenze. Um jeden Preis, so ermahnt Kohl gegen Jahresende das CDU-Präsidium, muß Bonn die Maastricht-Kriterien einhalten, und zwar ohne Tricksereien wie in Frankreich. Wenn nicht, so zitiert ihn der von CDU-Präsiden stets gut informierte *Spiegel*, »dann müßt ihr euch jemand anderen suchen«.[16] Waigel hat sich gleichfalls öffentlich festgelegt: Werde die Neuverschuldungsgrenze nicht strikt eingehalten, »dann findet eine Währungsunion 1999 nicht statt«.[17]

1996 liegt die Neuverschuldung in Deutschland und in Frankreich etwa bei vier Prozent.[18] Strauss-Kahn, Mitglieder der italienischen Regierung und maßgebliche Präsidenten der Zentralbanken – Hans Tietmeyer, Jean-Claude Trichet und der für den EZB-Vorsitz vorgesehene Niederländer Wim Duisenberg – äußern daher Zweifel an der Einhaltung der Drei-Prozent-Obergrenze in den Jahren 1997 und 1998. Soll man, kann man unter diesen Bedingungen verschieben? Oder wäre es juristisch nicht doch erlaubt, die Drei-Prozent-Grenze etwas zu erhöhen, auf 3,2 oder 3,4 Prozent? Beide Konzessionen würden, so argumentieren viele, das Projekt noch nicht entgleisen lassen. Kohl aber ist vom Gegenteil überzeugt: Jetzt oder nie muß die Konvergenz erzwungen werden. Mit dieser Linie hat er Erfolg, hat aber im labilen Jahr 1997 eine Zitterpartie durchzustehen. Er muß in dieser Phase die Zügel weitgehend Waigel überlassen, der auf europäischer Ebene multilateral und bilateral die kaum durchschaubaren technischen Details abstimmt.

Das erklärt auch einen Vorgang, der Waigel im Frühjahr 1997 viel Kummer bereitet. In Kenntnis von Überlegungen, die Anfang des Jahres bei der Bundesbank angestellt werden, ist man im Bundesfinanzministerium auf die Idee verfallen, die 1998 beim Eintritt in die dritte Stufe von Maastricht ohnehin fällige Neubewertung des Goldschatzes der Bundesbank durch Aufstellung einer Sonderbilanz schon Mitte 1997 zu ermitteln und den Buchungsgewinn dem Erblastentilgungsfonds zuzuführen, der jedoch für die Defizitermittlung irrelevant ist.[19] Ein Teil des Buchgewinns, insgesamt rund zwanzig Milliarden DM, so behauptet der *Spiegel*, solle den Referenzhaushalt 1997 schönen.[20] Als der Vorstoß im Mai und Juni gestoppt wird, sind zwar alle Betei-

Auf dem Weg zum Gipfel in Amsterdam:
links vom Bundeskanzler sein langjähriger Büroleiter Walter Neuer,
ganz rechts Joachim Bitterlich, 16. Juni 1997

ligten bemüht, die im einzelnen höchst komplizierten Berechnungen und Umbuchungen wortreich zu verunklaren und alles als völlig legal und natürlich darzustellen, aber in der Öffentlichkeit bleibt der unvorteilhafte Eindruck der »Operation Goldschatz«, wie das die Journaille nennt.

Der ganze Hohn der unisono kritischen Zeitungen und der ebenso kritischen Opposition bleibt an Theo Waigel hängen. Doch den ersten diesbezüglichen Anruf beim Bundesbankpräsidenten in dieser Sache hat wohl der Bundeskanzler getätigt, erst nach ihm ist der Bundesfinanzminister tätig geworden. Ob möglicherweise Bundesbankpräsident Tietmeyer selbst durch gewundene Formulierungen bei der ersten Anfrage ungewollt dazu beitrug, daß das Vorhaben nicht rechtzeitig gestoppt wird, bleibt unklar.[21] Jedenfalls plant Finanzminister Waigel, dabei von Kohl voll gedeckt, im Lauf des Jahres 1997 einen Gesetzentwurf einzubringen, der die Änderung der Bewertungsreserven und eine Sonderausschüttung ermöglicht. Diese Initiative der Bundesregierung wird vom Zentralbankrat brüsk gestoppt. Tietmeyer erinnert sich, daß Kohl ihn vor der entscheidenden Sitzung mit den Worten bedrängt hat: »Wenn Sie das nicht tun, dann muß ich eventuell zurücktreten.« Tietmeyer, der bestens weiß, welche Möglichkeiten einem Bundesfinanzminister zu Gebote stehen, sucht den Kanzler zu beruhigen, sagt ihm aber schließlich klipp und klar: »Das kann nicht sein. Das kommt für mich nicht in Frage.«[22]

Als die Vorgänge bekannt werden, ist in Rom, Paris und London die Freude groß. Die stabilitätsbewußten Deutschen scheinen nun selbst ein ingeniöses Beispiel von kreativer Buchführung gegeben zu haben! Wie sich aber bald zeigt, enthält jeder Bundeshaushalt noch verborgene Sparpotentiale, die im Zeichen der Not aktivierbar sind. Ganz unvermeidlich ist nun aber ein neues Sparpaket, das sechs bis acht Milliarden DM, besser noch mehr, bringen soll und natürlich wieder heftig zwischen den Koalitionspartnern und in den Fraktionen umstritten ist.

Erstmals regt sich im Frühsommer 1997 auch ernsthafterer Widerstand im deutschen Parteiensystem. Daß die Wähler mit eindeutiger Mehrheit das Euro-Vorhaben ablehnen, weiß der Kanzler schon lange. Offensichtlich sucht auch Rudolf Augstein im *Spiegel* eine Anti-Euro-Kampagne in Gang zu setzen. Doch das braucht den Kanzler nicht groß zu bekümmern, sofern zwei Voraussetzungen erfüllt sind: Die Regierungsparteien dürfen nicht wanken und weichen, und bei der Opposition darf sich nicht die Meinung durchsetzen, daß die Euro-Gegnerschaft ein großer Wahlschlager wäre.

Auf die FDP ist mehrheitlich Verlaß. Graf Lambsdorff hat allerdings Bedenken. Der in der FDP weiterhin angesehene Ralf Dahrendorf warnt nachdrücklich. Kritischer steht es in der CSU. Stoiber plädiert für Verschiebung und besteht auf punktgenauer Erfüllung der Drei-Prozent-Regel. Das Tauziehen zwischen ihm und Waigel ist eine Grundkonstante damaliger Innenpolitik. So sieht sich auch der Bundesfinanzminister und mit ihm der Bundeskanzler veranlaßt, nach innen und außen auf striktester Einhaltung der Maastricht-Kriterien zu bestehen. Doch Stoiber darf seine Euro-Kritik nicht übertreiben, sonst mindert er die eigenen Wahlchancen bei der im Herbst 1998 kurz vor der Bundestagswahl fälligen Landtagswahl. Außerdem ist sein bundespolitischer Ehrgeiz aufs Kanzleramt für die Zeit nach Kohl schon damals ein Thema, dem die Publizistik Beachtung schenkt. Wer früher oder später als Kanzlerkandidat bei der CDU reüssieren will, darf die Euro-Phobie nicht übertreiben. *Fine tuning* ist also angesagt, was Kohl und Waigel zugute kommt.

In der prinzipiell stark pro-europäischen CDU finden sich gleichfalls große Mehrheiten für den Euro. Der Fraktionsvorsitzende Schäuble, ohne dessen Mitwirkung bei den Sparpaketen im Jahr 1997 das Defizitkriterium kaum erreichbar gewesen wäre, ist in Sachen Europapolitik und Euro ein genauso unbeirrbarer Überzeugungstäter wie Kohl selbst. 1995 hält auch er eine Verschiebung um ein oder zwei Jahre noch für möglich, sagt aber zugleich: »1999 wird es die Währungsunion geben, wenn Frankreich dabei ist.«[23] Auch für ihn ist der Euro primär ein politisches Projekt. Als es 1997/98 ernst wird, ist dieser neben Kohl mächtigste CDU-Politiker gleichfalls entschlossen, der punktgenauen Erfüllung des Zeitplans vor der getreulichen Erfüllung langfristiger Konvergenzkriterien den Vorrang zu geben.

Unter den maßgeblichen Politikern der CDU ist Biedenkopf der einzige ernsthafte Gegenspieler der zu allem entschlossenen Euro-Befürworter – auch er übrigens ein Überzeugungstäter. Wie die meisten der zeitgenössischen Wirtschaftsprofessoren treiben ihn Ahnungen um, daß das Großexperiment mit dem Euro ein schlimmes Ende nehmen könnte. Eine der entscheidenden Erörterungen im CDU-Präsidium findet am 9. Juni 1997 statt, acht Tage vor der Ratstagung in Amsterdam. Auf dem Amsterdamer Gipfel sind nicht nur die letzten Kompromisse über eine Revision der Politischen Union zu verhandeln. Aus Sicht Biedenkopfs wäre dies auch die letzte Gelegenheit, aufgrund ausgebliebener Rückführung der langfristigen Verschuldung eine vertraglich durchaus noch mögliche Verschiebung des Inkrafttretens durchzusetzen. Seine schriftliche Vorlage lenkt die Aufmerksamkeit auf das in Maastricht vereinbarte Kriterium der Gesamtverschuldung unter sechzig Prozent – ein Thema, das seinerzeit von Bundestag und Bundesrat zur Geschäftsgrundlage der Währungsunion erklärt wurde, jetzt aber von allen interessierten Regierungen heruntergespielt wird. »Mit der Begrenzung der Gesamtverschuldung«, so führt er weitschauend aus, »soll eine übermäßige Zinsbelastung der Haushalte der Teilnehmerstaaten an der Europäischen Währungsunion vermieden werden. Je höher die Zinslast, um so geringer sind die politischen Handlungsspielräume eines EWU-Staates. Um so größer wird deshalb der innenpolitische Druck werden, die Begrenzung einer gemeinsamen Stabilitätspolitik zu sprengen.«[24] In den Jahren 2011 und 2012 wird das jedermann in Euro-Land begriffen haben, im Frühsommer 1997 starren alle Euro-Befürworter aber nur auf die jährliche Verschuldungsgrenze von drei Prozent.

Die Euro-Thematik und der damit verbundene Sparkurs kommen also auf dieser Sitzung des CDU-Präsidiums zur Sprache, über die Biedenkopf eine ausführliche Aufzeichnung gemacht hat.[25] »So kritisch wie diesmal«, findet sich dort vermerkt, »ist das Präsidium noch nie mit Kohl umgegangen … Kanther und Teufel äußerten sich am deutlichsten. Kanther beklagte die Eindimensionalität unserer Politik. Alles drehe sich nur noch um den Euro und ums Sparen. Es gäbe aber noch andere Probleme im Land. Seit Jahren seien die Prognosen der Regierung falsch. Immer habe man sich an der günstigsten Alternative orientiert und sei deshalb gezwungen gewesen, sich nach unten zu korrigieren. All dies sei niemandem mehr klar zu machen. Teufel verlangte Klarheit über die weitere Politik in Europa. Er habe in Baden-Württemberg mit dem Versprechen die Wahl gewonnen, an der Stabilität der DM werde es keine Abstriche geben. Die Kriterien würden eingehalten. Inzwischen würden sie zunehmend in Frage gestellt. Er wolle von Kohl wissen, ob der Satz immer noch gelte, daß die Stabilität wichtiger sei als der Zeitplan.«

Biedenkopf erinnert besonders an die einschlägigen Entschließungen von Bundestag und Bundesrat aus dem Jahr 1992 sowie das Maastricht-Urteil des Bundesverfassungsgerichts, die eine strikte Beachtung aller Kriterien vorsahen. Er wirft aber auch die Frage auf: »Was wird mit den Transferforderungen, wenn anders eine stabile Euro-Währung nicht zu haben ist? Die SPD will eine europäische Umverteilung. Sie muß deshalb den Euro termingerecht verlangen. Andernfalls werden die Defizite der Weichwährungsländer deutlich.« Kohl verweist bei dieser Gelegenheit darauf, bei den Amsterdamer Beratungen über Maastricht II etwas zustande zu bringen. Seine Zusammenfassung der Diskussion ist im Licht der späteren Entwicklung von Interesse: »1. Eine Währungsunion ohne politische Union macht keinen Sinn. 2. Die Stabilität der Währung ist wichtiger als der Zeitplan. Daran habe sich nichts geändert. Das habe er immer gesagt. 3. Die Entschließungen von Bundestag und Bundesrat aus Anlaß der Ratifikation der Verträge von Maastricht müssen beachtet werden. 4. Wir werden nicht heute, sondern im Mai 1998 entscheiden, ob es zu einer gemeinsamen Währung kommt. 5. 3 % müssen 3 % bleiben. 6. Sollte es zu Veränderungen in Bezug auf die Realisierung der Euro-Projektes kommen, dann müßten diese Veränderungen von Frankreich ausgehen. Deutschland kann nicht für eine Verschiebung oder Veränderung des Vertrages plädieren.« Und er schließt mit der Feststellung: »An der Zielsetzung der europäischen Währung muß festgehalten werden. Stabilität muß vor Zeitplan gehen. Großbritannien wird sich beim zweiten Durchgang der Europäischen Währungsunion anschließen.«

Die Irrelevanz der Erörterung im engsten Kreis der CDU-Präsiden zeigt sich bei der Sitzung des Europäischen Rats am 16. und 17. Juni in Amsterdam, wo über den Entwurf des sogenannten Amsterdamer Vertrags entschieden wird. Das Ergebnis dieses Gipfels ist in zweierlei Hinsicht eindeutig. Einerseits zeigen sich die EU-Regierungen genauswenig wie schon in Maastricht zu einer echten Politischen Union mit verläßlich koordinierter Fiskal-, Wirtschafts- und Sozialpolitik bereit. Andererseits wird offenkundig, daß der Bundeskanzler nicht willens ist, den Beginn der dritten Stufe zu verschieben.

Wie kurz zuvor in Sachen Rentenreform, bei der er unterlegen ist, geht Biedenkopf nun auch in Sachen Euro in die Öffentlichkeit. Sein *Spiegel*-Interview im Juli 1997 ist ein kühl vorgetragener, vernichtender Angriff auf die Euro-Doktrin des Bundeskanzlers. Biedenkopfs Hauptkritik zielt nicht in erster Linie darauf, daß Frankreich und Deutschland im Referenzjahr 1997 die Maastricht-Kriterien nicht erreichen, so wichtig das auch sei. Viel beunruhigender sind seiner Meinung nach die weiterhin heterogenen Strukturen der EU-Volkswirtschaften, vor allem bei den Sozialsystemen. Mehr als eine kurzfristige Konvergenz sei bei alleiniger Berücksichtigung der Verschuldung im Jahr 1997 nicht zu schaffen. Funktioniere das Euro-System aber nicht, dann würden auch andere europäische Strukturen »mit in den Strudel gerissen werden«. Das für ein Funktionieren unerläßliche »zweite Bein«, die Politische Union, sei auch mit dem eben vereinbarten Amsterdam-Vertrag nicht erreicht worden. Für die EU, so formuliert er, sei der Euro »keine existentielle Bedingung, sondern eine gewollte«. Und eine fünfjährige Verschiebung, um die Strukturanpassung zu ermöglichen, wäre auch keine Gefährdung von Frieden und Freiheit.[26]

Kohl braucht sich ob dieses Angriffs jedoch keine großen Sorgen zu machen. Bei vielen im Funktionärskader der CDU gilt Ministerpräsident Biedenkopf trotz seiner spektakulären Erfolge in Sachsen weiterhin als professoraler Quertreiber, der jede Gelegenheit nutzt, Kohl am Zeug zu flicken. Daß er das Interview ausgerechnet dem *Spiegel* gibt, der seit Februar 1997 eine Kampagne gegen den Euro führt, ist in der CDU auch keine Empfehlung. Entsprechend empört reagiert Theo Waigel: Bei einer Verschiebung um fünf Jahre wäre der Euro »wahrscheinlich tot«.[27]

Am gefährlichsten sind die Euro-Kritiker in der SPD. Gerhard Schröder läßt seit langem kaum eine Gelegenheit verstreichen, im unpopulären Euro eine Hauptursache für die sozial unausgewogenen Sparpakete zu kritisieren.[28] In Hamburg hat die SPD in dem kurzzeitig populären Ersten Bürgermeister Henning Voscherau einen Spitzenpolitiker, der sich wie Biedenkopf bei der CDU für eine fünfjährige Verschiebung stark macht.[29] Doch bei den Sozialdemokraten kann sich Kohl auf Lafontaine verlassen.[30] Wenn es bei diesem neben dem Pazifismus eine Konstante gibt, dann eine durchgehend antinationale Grundeinstellung gepaart mit Frankophilie. Auch der SPD-Fraktionsvorsitzende Scharping ist prinzipiell europäisch orientiert. Er würde zögern, die Regierung Kohl an ihrer weichen Euro-Flanke anzugreifen. Und Joschka Fischer bei den Grünen ist genauso europhil wie Lafontaine.

So gibt es zwar eine potentielle Allianz der Euro-Kritiker von Schröder und Voscherau bis Biedenkopf und Stoiber. Doch nach Lage der Dinge müßte viel geschehen, bis daraus ein Bündnis würde, das dem Projekt gefährlich werden könnte. Die Befürworter von Kohl, Waigel, Schäuble und der wirtschaftsnahen FDP bis Lafontaine und Fischer sind parlamentarisch stärker, und sie erfahren aus der Exportwirtschaft, von den Banken und Versicherungen, aus der Landwirtschaft und von der EU-Kommission jede denkbare Unterstützung.

Kohl selbst ist inmitten aller Zweifel am Euro wieder ein Fels in der Brandung. Auf dem EU-Gipfel zu Amsterdam riskiert er sein Prestige mit der Feststellung, Deutschland werde es schaffen.[31] Dort wird schließlich der »Pakt für Stabilität und Wachstum« endgültig verabschiedet. Eigentlich hätte der dort zugleich beschlossene Amsterdamer Vertrag so etwas wie »Maastricht II« darstellen sollen. Niemand weiß besser als Helmut Kohl, daß der 1992 unterzeichnete Maastricht-Vertrag nur dem Namen nach dem nahekam, was er als Politische Union versteht: gemeinsame Außen- und Sicherheitspolitik, weitreichende Mitbestimmungsrechte für das Europäische Parlament, Mehrheitsabstimmungen in vielen Bereichen, weitere Vertiefung – die Wunschliste war lang. Amsterdam aber beweist trotz unablässigen Drängens des Bundeskanzlers, daß nur marginale Fortschritte möglich sind. Auch jetzt bleibt die Politische Union unvollendet wie zuvor. Selbstverständlich ist Kohl nicht bereit, den Mißerfolg öffentlich zuzugeben. In der Tat hat sich vor allem auch dank seiner Zähigkeit ein Verfahren periodischer Überprüfung und Vertiefung der europäischen Verträge etabliert. Schon ist man im Bundeskanzleramt darauf vorbereitet, in absehbarer Zeit und unter günstigeren Sternen auch die unerledigten Reste, neudeutsch *Leftovers* genannt, erneut aufzugreifen. Europa als Dauerbaustelle, so hat Kohl dies von Anfang an verstanden. Angesichts des kärglichen Resultats von Amsterdam drängt er aber noch unerbittlicher als bisher schon auf eine termingenaue Einführung des Euro. In diesem Punkt ist er längst über ein ruhiges Erwägen des Für und Wider einer Verschiebung hinaus. Das Projekt muß so oder so durchgezogen werden.

Aus Sicht des Kanzlers zeigen sich seit dem letzten Quartal 1997 doch einige Silberstreifen am Horizont. Den ganzen Sommer und Frühherbst hindurch schwebt das Vorhaben in großer Gefahr, doch Ende September ist eine Art Wendepunkt erreicht. Noch ist zwar nicht klar, ob Kohls Optimismus in Sachen 3,0 Prozent wirklich begründet ist. Eurostat erweist sich jedoch beim Urteil über die Haushaltskünste der Euro-Kandidaten großzügig. So darf beispielsweise die Bundesrepublik die Schulden der öffentlichen Krankenhäuser herausrechnen, wodurch die Netto-Neuverschuldung um 0,2 Prozent sinkt. Frankreich ist gleichfalls auf gutem Wege. Schon beim Verkauf von France Télécom im Herbst 1996 ist die Neuverschuldung für 1997 durch kreative Buchführung um rund 0,4 Prozent gesenkt worden. Italien hat 1997 eine Euro-Steuer erhoben, um das Defizitkriterium doch noch zu erfüllen, mit der Maßgabe, 1999 sechzig Prozent davon wieder zurückzuzahlen.[32] Die Euro-Gegner dürfen darin ein Signal erkennen, daß sie sich so oder so totlaufen werden wie in der Mär vom Hasen und dem Igel. Auf diese Zahlen gestützt, beschließen die Finanzminister im Ecofin-Rat, bereits im Mai des kommenden Jahres die Währungsparitäten zwischen den am Euro teilnehmenden Ländern festzulegen. Spekulationen gegen einzelne Währungen, die innenpolitisch lästig werden könnten, ist damit der Boden entzogen. Die Zinsen im EU-Raum nähern sich jetzt erfreulich an.

Vor der Sitzung des EU-Gipfels Anfang Mai 1998, auf dem die entscheidenden Beschlüsse zum Eintritt in die dritte Phase und zu den Beitrittsländern zu fassen sind, müssen Bundestag und Bundesrat zwar nochmals über den Abschied von der D-Mark beschließen, doch der Bundeskanzler ist sich seiner Sache schon sicher. Er hat die SPD und die Grünen im Boot, Stoiber ist domestiziert, auch wenn er weiter folgenlos die Risiken beschwört,[33] Biedenkopf kann im Vorfeld der Bundestagswahl keinen Krach mehr anzetteln und würde auch keine Verbündeten mehr finden. Am 21. September wird bei der Hamburger Bürgerschaftswahl zu allem hin Henning Voscherau abgewählt, einer der wenigen führenden Sozialdemokraten, die in Sachen Euro aus der Reihe getanzt sind. Auf dem Leipziger CDU-Bundesparteitag macht sich Kohl das Vergnügen, sich von den Delegierten in Gegenwart des Gastgebers

Biedenkopf zum Eintritt in die Währungsunion ausdrücklich ermächtigen zu lassen, sofern die Kriterien erreicht werden.[34]

Innenpolitisch geht das Projekt wie vom Bundeskanzler vorgesehen weiter ziemlich unbehindert seinen Gang. Anders als zuvor befürchtet, schafft Waigel »ehrliche 2,7 Prozent« für das Referenzjahr 1997.[35] Das Sparpaket 1996, zwei Haushaltssperren 1997, höhere Steuereinnahmen und niedrige Zinsen haben dazu beigetragen.[36] Auch Frankreich steht mit einer Neuverschuldung von 3,02 Prozent günstiger da als erwartet.[37] Kohl bleibt vorsichtig und läßt nochmals von der Bundesbank ein Gutachten über die elf Beitrittskandidaten zum Euro erstellen. Diese hat sich inzwischen mit den Gegebenheiten abgefunden, sieht aber weiterhin genau, daß bei der Währungsunion nicht die Neuverschuldung das Hauptproblem ist, sondern die absolute Staatsschuld. Die an der Einführung des Euro interessierten Regierungen lenken natürlich die Aufmerksamkeit gern auf die jährliche Verschuldungshöchstgrenze von drei Prozent des BIP im Referenzjahr. Diese läßt sich durch eine Vielzahl von Manipulationen für kurze Zeit senken. Signifikanter für eine Volkswirtschaft ist daher die Gesamtverschuldung eines Landes. Sie ließe sich nur über einen längeren Zeitraum zurückführen, und Dauerhaftigkeit bei der Konsolidierung erfordert herkulische Anstrengungen.

In dieser Hinsicht sind Italien und Belgien die kritischsten Fälle. Ihre Staatsschuld von an die 120 Prozent des BIP beläuft sich auf ungefähr das Doppelte des Schuldenstandkriteriums. Noch im September 1997 hatte Außenminister Lamberto Dini die Verschiebung der Euro-Währung notfalls um ein Jahr angeregt, da wohl »praktisch kein europäisches Land oder fast kein europäisches Land« das Kriterium des Gesamtschuldenstands für den Euro erreichen werde.[38] Der Vorstoß war von der Sorge bestimmt, Italien könne die erste Runde verfehlen. Inzwischen sieht es wieder etwas günstiger aus. Die Neuverschuldung geht momentan zurück. Doch jedermann kennt die politischen Gründe, die für eine Aufnahme der beiden Länder schon in der ersten Runde sprechen: Italien und Belgien gehören zu den Gründerstaaten der alten Sechsergemeinschaft. Zudem befindet sich in Belgien der Sitz der EU. Im Grunde weckt selbst die Verschuldung in Deutschland und Frankreich Bedenken. Als dauerhaft stabil werden im Frühjahr 1998 von der Bundesbank nur Finnland, Irland, Luxemburg, Großbritannien und Dänemark eingeschätzt. Die beiden letzteren haben sich aber schon in Maastricht ein *Opt-out* zusichern lassen.[39] Völlig ausgeschlossen erscheint im Jahr 1998 die Einbeziehung Griechenlands, das gleichfalls dem Euro-Club angehören möchte.

Für die Glaubwürdigkeit der Stabilitätskriterien schlägt bei der Entscheidung über die Kandidatur Italiens und Belgiens die Stunde der Wahrheit. Die Bundesbank stemmt sich jetzt in ihrem Euro-Gutachten nicht mehr gegen das Unvermeidliche. Mit Blick auf die Staatsschulden im allgemeinen sowie auf Italien und Belgien im besonderen beläßt sie es bei ernsten Ermahnungen.[40] In Italien ist die Gesamtverschuldung von 133,5 Prozent im Jahr 1994 lediglich auf 124,7 Prozent im Jahr 1997 zurückgegangen.[41] Das Gutachten enthält so viele skeptische Untertöne, daß der weiterhin eurokritische Stoiber nochmals einen Ansatzpunkt sieht. Kurz vor der Beschlußfassung im Bundeskabinett will er die bayerische Staatsregierung veranlassen, sich gegen die Aufnahme Italiens und Belgiens auszusprechen, die erwiesenermaßen das Kriterium der Gesamtverschuldung weit verfehlen. So wie bald darauf Sachsen soll auch Bayern im Bundesrat dagegen stimmen.

Theo Waigel zeigt sich aber jetzt von den Konvergenzfortschritten in Rom und Brüssel überzeugt. Als er von der geplaten Kabinettsitzung erfährt, ruft er Stoiber an und droht ihm mit schärfsten Worten, bei einem Nein Bayerns im Bundesrat unverzüglich als Finanzminister und als CSU-Chef zurückzutreten. Beide wissen, daß dies die CSU in eine Zerreißprobe führen würde, und das ein halbes Jahr vor der Bundestagswahl und der Landtagswahl in Bayern.[42] Stoiber zuckt zurück. Für Deutschland ist der Kabinettsbeschluß auf der Sondersitzung am 27. März der *point of no return*. Aufmerksam und »schmallippig«, so erinnert sich Tietmeyer an die historische Kabinettssitzung, habe Kohl seine differenzierten Ausführungen angehört,[43] um dann der Empfehlung der EU-Kommission zu folgen, elf Länder in der ersten Runde in Euro-Land aufzunehmen, Belgien und Italien inbegriffen. Tietmeyer erwähnt, wie der Kanzler bei dieser Gelegenheit mit Blick auf die bevorstehenden Festivitäten zum fünfzigjährigen Bestehen der D-Mark den Wunsch äußerte: »Möge in 50 Jahren der Rückblick auf den Euro ebenso positiv ausfallen wie heute bei der D-Mark.«[44]

Nun verwirft auch das Bundesverfassungsgericht die eingereichten Verfassungsbeschwerden als »offensichtlich unbegründet«.[45] Am 2. April tritt Helmut Kohl vor den Bundestag und verkündet nochmals sein Glaubensbekenntnis: Die gemeinsame europäische Währung »ist ein tragendes Element beim Bau eines stabilen und wetterfesten Hauses Europa«. Sie werde das »Zusammengehörigkeitsgefühl der Europäer stärken«. Von der säkularen Entscheidung über den Euro hänge »wesentlich ab, ob künftige Generationen in Deutschland und Europa dauerhaft und in Frieden und Freiheit, in Wohlstand und sozialer Stabilität leben können«. Die Verwirklichung der Wirtschafts- und Währungsunion, so führt er aus, sei »für uns Deutsche wie auch für die Europäer die wichtigste und bedeutendste Entscheidung seit der Wiedervereinigung Deutschlands«, und deutet damit an, mit welchen Großtaten er in Erinnerung bleiben möchte. Er macht denen Mut, die sich beim Abschied von der inzwischen ein halbes Jahrhundert lang bewährten D-Mark große Sorgen machen, nicht ohne zugleich auch gegen diejenigen zu polemisieren, die »durch das Land ziehen und den Euro verteufeln«. Der Euro und die Europäische Währungsunion seien »in gar keiner Weise ein unkalkulierbares Risiko«. Nach den vertraglichen Regelungen, so unterstreicht er ausdrücklich, »gibt es keine Haftung der Gemeinschaft für Verbindlich-

keiten der Mitgliedstaaten und keine zusätzlichen Finanztransfers«. Klar, doch verbindlich im Ton, fordert er die Partnerstaaten,»die noch eine besonders hohe
Gesamtverschuldung aufweisen«, zur versprochenen Konsolidierung auf, formuliert
jedoch zugleich sein Vertrauen in die Zusagen Italiens und Belgiens in die Rückführung ihrer Haushaltsdefizite und des Kampfs gegen den Schuldenstand. Gestreng
gegen seine lieben Deutschen, doch milde gegen die Weichwährungsländer bezeichnet er die Art, wie man in Deutschland über die Konsolidierungsleistungen anderer
Länder redet, als »unerträglich«.[46]

Selbst in der dem Kanzler ansonsten nicht besonders gewogenen *Zeit* ist danach
zu lesen:»Gäbe es einen Euro ohne Helmut Kohl? Nein! So sagen es alle in Bonn, in
Brüssel, in den Kapitalen des Kontinents.«[47] Der Bundestag stimmt mit 575 Ja-Stimmen gegen 35 Nein-Stimmen bei fünf Enthaltungen (eine von Otto Graf Lambsdorff) zu, der Bundesrat mit den Stimmen aller Länder, mit Ausnahme von Sachsen.
Biedenkopf sieht die im Dezember 1992 vom Bundesrat als Voraussetzung für den
Eintritt in die definitive dritte Phase der Währungsunion beschlossenen Prüfkrite-
rien bezüglich der Gesamtverschuldung nicht erfüllt und zielt damit auf Italien und
Belgien.[48] Im Tagebuch vermerkt er als Fazit der ganzen Debatte:»Die 1992 geschaffene Grundlage für eine sorgfältige Prüfung dieses entscheidenden Schrittes wurde
vom Bundesrat – wie zuvor auch schon vom Bundestag – praktisch aufgegeben.
Deutschland hat im Grunde keine Möglichkeit mehr, die Fortsetzung seiner Geldpolitik in der EU einzuklagen, falls die anderen Teilnehmerstaaten sich eines anderen
besinnen sollten.«[49]

Das deutsche Ratifikationsverfahren geht jedenfalls glatt über die Bühne. Auch
Kohls Wahlkampf wird durch das Euro-Problem nicht gestört. Er wird allerdings auch
nicht beflügelt. Dafür sorgt Jacques Chirac. Der EU-Sondergipfel von Brüssel am
2. und 3. Mai 1998, auf dem der Startschuß für die dritte Phase fällt, bringt zwar ein
Ergebnis, auf das noch ein Jahr zuvor nur wenige gehofft haben, wird aber zugleich
zum PR-Desaster. Die Hauptschuld dafür liegt bei Präsident Chirac. Aber auch der
Bundeskanzler trägt stark dazu bei, ohne daß die Zeitgenossen das erfahren. Dieser
Gipfel verdient in einer Kohl-Biographie genauere Betrachtung, einmal deshalb, weil
er helles Licht auf die tiefsten Motive des Bundeskanzlers wirft, zum anderen wegen
der Fernwirkungen, die sich erst in den Jahren 2010 und 2011 zeigen werden.

Die Regierungen stellen auf dem Sondergipfel übereinstimmend fest, daß
»Euro-Land« vorerst elf Mitglieder haben wird – Deutschland, Finnland, Frankreich,
Luxemburg, die Niederlande, Österreich, die vor kurzem noch wackligen Kandidaten
Irland, Portugal und Spanien sowie die Problemkandidaten Italien und Belgien. Der
Beitritt Griechenlands und Schwedens wird vorerst zurückgestellt. Großbritannien
und Dänemark halten an ihrem *Opt-out* fest. Helmut Kohl erwartet jedoch, daß der
pro-europäische Premierminister Tony Blair auch England mittelfristig nach Euro-

Land führen wird. Gründliche Beobachter der Szenerie sind sich darüber im klaren, daß sich damit das französische Konzept einer großen Zahl von Mitgliedern durchgesetzt hat. Deutschland und die Niederlande hätten lieber mit einem Kern strukturell stabiler Länder begonnen.[50]

Aber seit November 1997 herrscht heftiger Streit über den Präsidenten der Europäischen Zentralbank. Damals hatte der für einen Vorschlag zuständige Verwaltungsrat des Europäischen Währungsinstituts einstimmig den niederländischen Zentralbankpräsidenten Wim Duisenberg vorgeschlagen, was auch Kohl ursprünglich intern befürwortet hat, schließlich verfolgen die Bundesrepublik und die Niederlande in allen wesentlichen Fragen dasselbe währungspolitische Konzept. Zuvor hatte Kohl die EZB nach Frankfurt geholt, weshalb nach weit verbreiteter, auch von ihm selbst geteilter Auffassung Deutschland nicht auch noch den ersten EZB-Präsidenten stellen konnte. Angesichts der ungelösten und auch schwer lösbaren währungs- und wirtschaftspolitischen Gegensätze zu Frankreich spricht also aus deutscher Interessenlage alles für die Kandidatur Duisenbergs.

Chirac jedoch ist fest entschlossen, das Amt des EZB-Präsidenten mit einem Franzosen zu besetzen. Ohne Rücksprache mit Kohl benennt er kurz nach dem einstimmigen Vorschlag Duisenberg Jean-Claude Trichet, den Präsidenten der Banque de France, als französischen Kandidaten. Die Benennung des EZB-Präsidenten durch ein Gremium der Zentralbankchefs widerspricht seiner Vorstellung von der zentralen Rolle der Regierungen. Von welcher Philosophie er sich durchgängig leiten läßt, formuliert er unmittelbar nach dem Brüsseler Gipfel in wünschenswerter Klarheit: »Wir befinden uns in einem System europäischer Nationen, in dem jeder seine Interessen verteidigt.«[51] Artikel 109 a des Maastricht-Vertrags schreibt die »einvernehmliche« Wahl eines Präsidenten mit achtjähriger Amtszeit durch die Staats- und Regierungschefs der EU vor.[52] Chirac hat somit einen starken Hebel in der Hand und kann zumindest die Wahl eines ihm nicht genehmen Kandidaten verhindern.

Im Verlauf des offen ausgetragenen Tauziehens werden bald Kompromißlösungen geprüft, die auch ihren Weg in die Presse finden. Wäre nicht eine Zweiteilung der Amtszeit möglich: Duisenberg wird erster Präsident, Trichet sein Stellvertreter, und nach der Hälfte der Amtszeit tritt Duisenberg zurück, um für Trichet, den Kandidaten Chiracs, Platz zu machen, der dann eine volle Amtszeit von acht Jahren vor sich hat? Aus deutscher Interessenlage spricht alles dafür, in der Frage hart zu bleiben. Frankreich ist in diesem Zentralpunkt isoliert. Selbst eine Verschiebung der für den 2. und 3. Mai vorgesehenen Wahl wäre möglich, wenngleich ein denkbar schlechtes Signal für die Zukunft der Euro-Währung.

Zwischen dem Bundeskanzleramt und dem Élysée wird in den Wochen vor dem EU-Gipfel unablässig verhandelt. Als Waigel, Kinkel und der Bundesbankpräsident Tietmeyer in Brüssel eintreffen, hat es den Anschein, als hätten sich Kohl und Chirac über ihre Mitarbeiter bereits auf eine dreijährige Amtszeit Duisenbergs verständigt. Am 1. Januar 1999, so der Kompromiß, beginnt die Währungsunion und damit auch die Amtszeit Duisenbergs. Zwei oder drei Jahre später soll der Münz- und Notentausch erfolgen. Spätestens dann soll Duisenberg zugunsten von Trichet zurücktreten. Duisenberg, darin auch von Tietmeyer bestärkt, zögert. In einer zweiten Runde legt ihm Tony Blair, der britische Ratspräsident, den Entwurf einer Erklärung vor, wonach er nach der Hälfte der Zeit zurücktreten wird. Erneut berät sich Duisenberg mit Tietmeyer, der in genauer Kenntnis der Vertragsbestimmungen allenfalls eine persönliche Erklärung unter Bezugnahme auf den Gesundheitszustand für vertretbar hält.

In einem dann folgenden Gespräch Tietmeyers mit Waigel und Kinkel äußern auch die beiden Minister verfassungsrechtliche Bedenken. Die drei bitten den Bundeskanzler, doch ins Delegationszimmer zu kommen. Dieser, so erinnert sich Tietmeyer, sei »stinksauer« gewesen. Kinkel macht darauf aufmerksam, ein derart eindeutiger Verstoß gegen den Maastricht-Vertrag, der nur eine achtjährige Amtszeit vorsieht, könnte zu einer neuen Klage beim Bundesverfassungsgericht führen. Jetzt, im Vorfeld der Bundestagswahl, könne man aber keinen Knatsch in der Koalition brauchen. Er werde deshalb bei dem Vorschlag Blairs nicht mitmachen. Waigel sagt: »Ich auch nicht.« Es folgen weitere schwierige Gespräche mit Blair, mit dem niederländischen Ministerpräsidenten Wim Kok und mit den Italienern. In einer bestimmten Phase macht Carlo Ciampi, damals italienischer Ministerpräsident, den Vorschlag, Tietmeyer selbst solle EZB-Präsident werden.[53] Kohl aber hält Chirac die Stange, und so kommt es schließlich zu der berühmten persönlichen Erklärung Duisenbergs, von der – so Augstein nicht ganz zu Unrecht – »beinahe jedes Wort gelogen ist«: »Ich möchte unterstreichen, daß dies einzig und allein meine Entscheidung ist, und es ist völlig mein eigener, freier Wille und nicht der Druck irgendeiner Seite, daß ich entschieden habe, nicht die ganze Amtszeit zu vollenden. Auch in der Zukunft wird die Entscheidung zum Rücktritt einzig meine Entscheidung sein.«[54]

Während der hektischen Verhandlungen läßt Kohl Anzeichen von Panik erkennen.[55] Allem Anschein nach war es nicht, wie erwartet, zwischen Bonn und Paris zu einer vorherigen Einigung in dieser Streitfrage gekommen. Meinungsverschiedenheiten in der deutschen Delegation spielten gleichfalls eine Rolle. Die Gründe für Kohls Nachgiebigkeit liegen auf der Hand. Er möchte den Gipfel, auf dem der Euro »unumkehrbar« installiert wird, nicht durch einen vorerst unlösbaren Krach über den EZB-Präsidenten ruiniert sehen. Gewiß spielt auch die Überlegung eine Rolle, sich in der bereits flatternden Bundestagswahl als Vater des Euro zu behaupten. Doch diese spektakuläre, denkbar weitreichende Entscheidung läßt zugleich ein Grundmuster erkennen, das sein gesamtes Herangehen an die Euro-Problematik kennzeichnet: Priorität hat der Schulterschluß mit Frankreich und dementsprechend die Verständigung mit dem jeweiligen französischen Präsidenten. Dem nachgeordnet sind die Rechtsnormen und die Kultur der Institutionen, nachgeordnet sind auch die Wünsche der Mehrheiten im Kreis der sonstigen EU-Regierungen, und etwas nachgeordnet ist auch das nationale Interesse Deutschlands. Genauer gesagt: Der Kanzler definiert das deutsche nationale Interesse als Schicksalsbund zwischen Deutschland und Frankreich, wobei Paris den Vortritt beanspruchen darf. Wieder einmal aber hat ein französischer Präsident demonstriert, daß der Euro für ihn genauso wie zuvor für Mitterrand nicht primär ein großer Schritt zum vereinen Europa ist, sondern vielmehr ein Instrument französischer Machtpolitik, um die Dominanz der D-Mark ein für allemal zu beseitigen.

Ob Kohl das Euro-Konzept auch deshalb mit aller Macht durchsetzt, weil ihm inzwischen gewisse Zweifel am institutionellen Konzept der Politischen Union gekommen sind, ist eine offene Frage. Denn das Frühjahr 1998 läßt eine eigenartige Gespaltenheit seiner Europapolitik erkennen. Einerseits setzt er mit dem Euro alles auf eine Karte, andererseits aber ist er jetzt geneigt, die quasi-föderalistischen Institutionen auf den Prüfstand zu stellen. Dafür gibt es gute Gründe. Großbritannien mit Tony Blair hat im ersten Halbjahr 1998 die Ratspräsidentschaft inne. Pflegliche Behandlung ist also angesagt, damit der Premierminister beim Sondergipfel in Brüssel, wo es um den Euro und den Präsidenten der EZB geht, Kohl verläßlich zur Seite steht. Auf dem folgenden EU-Gipfel wird zudem die Diskussion darüber beginnen, wie es mit der Europäischen Union finanziell und institutionell weitergehen soll. Doch Kohls Offenheit für die Positionen Londons ist nicht allein taktisch bedingt. Der Bundeskanzler ist von diesem strahlenden, europhilen Briten schon bei der ersten offiziellen Begegnung im März 1997 sehr angetan. »Hier gab ein älterer Mann gewissermaßen seine Erkenntnisse weiter, die dankbar entgegengenommen wurden«, resümierte Campbell, der dabei war, seine Eindrücke über das Treffen im Tagebuch.[56] Zu Clinton sagt Kohl, in Blair sehe er seinen natürlichen Nachfolger in der Führung Europas.[57] Zeitweilig hofft er, Blair werde England rasch in die Euro-Zone führen. Vielleicht, so die Erwartung, wird es nach allen bisherigen Frustrationen doch noch gelingen, England mittelfristig viel positiver als bisher in Europa zu verankern. Das erfordert aber ein stärkeres Eingehen auf die institutionellen Vorstellungen der Briten, als das bisher der Fall war. Kohl erkennt allerdings bald, daß Blair auf seine Weise die traditionelle britische Europapolitik fortsetzt, und sagt schon bald halb scherzhaft, halb warnend zu ihm, er sei »Thatcher with charm«. Aber so sind eben die Briten.

Die Sympathie für Blair ist die Kehrseite von Kohls nur mühsam eingedämmter Antipathie gegen Chirac, der nationalistisch, selbstbezogen und arrogant auftritt. Paradoxerweise vertritt Paris aber bezüglich der institutionellen Fortentwicklung der EU Positionen, die gar nicht so weit von denen der Briten entfernt sind. Auch von Chirac ist eine Verstärkung der bundesstaatlichen Komponente der EU nicht zu erwarten. Hinzu kommt Kohls generelle Enttäuschung über die ziemlich ziellose, zugleich zentralistische und zu allem hin auch noch vom Korruptionsbazillus befallene Santer-Kommission.[58]

Eine Unterredung mit Blair am 20. März 1998 in Bonn zeigt einen Bundeskanzler, der an allen institutionellen Überzeugungen zu zweifeln beginnt, die er seit nunmehr fünfzehn Jahren seinen Kollegen im Europäischen Rat aufzudrängen suchte. Der Euro, so sieht er es, ist schon fast unter Dach und Fach, aber wie soll es mit der Politischen Union weitergehen? In Cardiff, so meint er, müsse man bereits über die weitere Ausrichtung der Integration sprechen, besonders über die EU-Agenda 2000 und die Finanzvorschläge der Kommission, um dann im ersten Halbjahr 1999 unter deutscher Präsidentschaft diese Fragen zu lösen. Skeptisch bemerkt er, Brüssel werde künftig mehr Probleme mit Deutschland haben, auch wenn keine Änderung der grundsätzlichen Einstellung zu Europa zu erwarten sei. Aber die zentralistische Politik der Kommission mißfällt ihm. Auch das Europäische Parlament sei »an Grenzen seines Kompetenzzuwachses angekommen« und im Lichte der innenpolitischen Dynamik »weit weg von der Wählerschaft, damit der Basis«. An der »Eigendynamik« des Außenministerrats hat er gleichfalls zu mäkeln. Bedenken erwecken bei ihm die jüngsten Entscheidungen des Europäischen Gerichtshofs in Sachen Pflegeversicherung.

Am meisten verspricht sich Kohl noch von den Regierungschefs im Europäischen Rat. Dort sei seit Beginn der achtziger Jahre ein »erheblicher Qualitätsgewinn der Zusammenarbeit« zu verzeichnen. Insgesamt äußert sich der Kanzler beim Blick auf die Arbeitsweise der Institutionen recht skeptisch, weist aber den von Brüssel in solchen Fällen zu vernehmenden Standardvorwurf einer »Renationalisierung« weit von sich: »Kompetenzabgrenzung und Konzentration hätten nichts mit Renationalisierung zu tun; auch EuGH müsse kritisch überprüft werden.« Die prozeduralen Schlußfolgerungen aus der Diskussion über die Institutionen zu ziehen, sei »nicht Sache der Kommission, die hierfür weder die politische Kraft noch die Kompetenz habe«. Kohl bietet Blair eine Wette an, »daß es auch in einer Generation keinen europäischen Zentralstaat gebe«. Die Churchillsche These der »Vereinigten Staaten von Europa« habe sich »als mißverständliche und falsche Richtung« erwiesen: »Er selbst sei lange dieser These gefolgt und habe erst 1988 seine Haltung geändert.« Von der Erweiterung in Richtung Mitteleuropa meint er, daß sie der europäischen Einigung »eher helfen werde«. Jedenfalls verlange die Frage eine Antwort, was Europa darstelle – »ein Mittelding zwischen Bundesstaat und Staatenbund«. Auf Bitten Blairs erklärt sich Kohl bereit, in Cardiff ein »einleitendes Referat zu übernehmen und ungeschminkt Stärken und Schwächen der EU zu erläutern. Dies würde keine Beschimpfung der Kommission oder anderer Institutionen bedeuten, vielmehr müsse man sehr nüchtern nach der Entscheidung über den Euro Bilanz ziehen, eine Art

Weltwirtschaftsgipfel in Birmingham unter Vorsitz von Tony Blair,
16. Mai 1998

Inventur der Integration und ihrer Perspektiven vornehmen.« In diesem Zusammenhang meint er, man müsse »offen sagen, daß das Europäische Parlament auf abseh-
bare Zeit nicht noch mehr Rechte erhalten könne; bei einem erneuten Referendum
in Dänemark oder Frankreich sei bestimmt nicht mehr erreicht«.[59]

Natürlich kann aus der deutsch-französischen Achse nicht über Nacht ein
deutsch-britisches Tandem werden. Beim Gespräch mit Chirac wird Kohl aber
einmal mehr klar, daß auch dieser in Sachen institutionelle Fortentwicklung der
EU auf die Bremse treten möchte. So kommt es Anfang Juni mit Blick auf das Treffen in Cardiff wieder einmal zu einem gemeinsamen Brief Kohls und Chiracs an
den Ratsvorsitzenden Blair. Die Akzente lassen einen deutlichen Kurswechsel erkennen: Prononcierte, grundsätzliche Kritik an der Rolle der Kommission, Bestehen
auf dem Prinzip der Subsidiarität, Plädoyer für ein »Europa der Nationen« und der
Bürger.[60]

So steht die Europapolitik Kohls in den letzten Monaten vor seinem Sturz im
Zwielicht. Der Euro ist durchgesetzt, aber über der Fortentwicklung der EU-Institu-
tionen hängen ebenso schwarze Wolken des Zweifels wie über der präferentiellen
deutsch-französischen Zusammenarbeit. Ausgerechnet der letzte EU-Gipfel, an dem
Kohl als Bundeskanzler teilnimmt, findet im britischen Cardiff statt, belastet von
einer Vertrauenskrise zwischen Kohl und Chirac. Bei der Rückkehr nach Bonn sagt
Kohl zu Blair, so vertraut der akribische Chronist Campbell seinem Tagebuch an, er

komme jetzt mehr und mehr zum britischen Europakonzept. Die Kommission sei unnütz, die EU brauche mehr, nicht weniger Subsidiarität, und die jeweiligen nationalen Regierungen sollten die Richtung bestimmen. Irritiert über die Franzosen habe Kohl jetzt ein »prosaischeres« Vorgehen gewünscht.[61]

Nach der Abwahl Kohls ist von den Zweifeln an der Vertiefungspolitik à la Brüssel nicht mehr die Rede. Aber bezeichnenderweise wird es nicht die Kommission und nicht das Europäische Parlament sein, die ihm den Titel »Ehrenbürger Europas« verleihen, sondern der Europäische Rat. Stolz nimmt er auf Beschluß der Staats- und Regierungschefs der EU vom 11. Dezember 1998 für sein Lebenswerk den verdienten Ehrentitel entgegen und läßt sich in den traditionsreichen Prunksälen Wiens stilvoll feiern.[62] Wer Sinn für politische Symbolik hat, mag daraus erkennen, daß die dominierende, bis heute kontinuierlich verstärkte Rolle des Rats schon in der Spätzeit der »Ära Kohl« nach dem Abgang von Delors begonnen hat.

Daß sich Helmut Kohl im ersten Jahrzehnt des 21. Jahrhunderts auf die institutionellen Paradoxien der EU nicht mehr einlassen will, wird niemanden erstaunen. Er hat immer am liebsten die großen Linien skizziert. Selbstverständlich läßt er keinen Zweifel an der großen Zukunft der Gemeinschaftswährung zu. Bei der europaweiten Einführung des Euro am 1. Januar 2002 wird Kohls Kanzlerschaft zwar schon über drei Jahre hinter ihm liegen und er selbst von der Parteispendenaffäre noch stark gezeichnet sein. Das wird ihn aber nicht hindern, voller Zuversicht erneut seine Vision zu verkünden. In einem langen Artikel, der am 31. Dezember 2001 in der *Frankfurter Allgemeinen* erscheint, riskiert er auch Prophezeiungen: »Ich bin mir sicher: In fünf oder sechs Jahren werden auch die Briten mit dem Euro zahlen. Ich wage einen weiteren Ausblick: In zehn Jahren wird es die einheitliche Währung auch in Zürich geben.«[63] »Ruchloser Optimismus«, so der Kohl-Hasser Wilhelm Hennis, war »seit eh und je seine Stärke, aber auch seine Achillesferse.«[64] Selbst als im Jahr 2010 das Euro-System ins Wanken gerät, bleibt er zuversichtlich. In einem Interview zu seinem achtzigsten Geburtstag wird er gefragt: »Sind Sie angesichts der aktuellen Entwicklung in Europa und hier vor allem in Griechenland in Sorge um Ihr Lebenswerk?« Seine Antwort: »Nein, überhaupt nicht. Auch hier würde ich mir weniger Nabelschau und mehr Sinn für das große Ganze wünschen. Den Griechen rate ich, ihre Hausaufgaben zu machen und den Solidargedanken ernst zu nehmen. Den Europäern als Ganzes empfehle ich mehr Gelassenheit, aber auch mehr Geschlossenheit. Europa ist für uns ohne Alternative.«[65]

Die Akten über das Konzept des Euro werden noch lange nicht geschlossen sein. Am 4. April 1997, als die Verwirklichung des großen Vorhabens in der Schwebe ist, hat Johannes Gross, der bedeutendste konservative Intellektuelle in der Ära Kohl, zugleich ein überzeugter Europäer und lange Zeit eher ein Bewunderer des unterschätzten Bundeskanzlers, das Projekt mit den Worten kommentiert: »Die verantwortungsschwere Leichtfertigkeit, mit welcher Politiker und Fachleute über die Deutsche Mark disponieren, müßte kriminell genannt werden, wenn sie nicht auf politischem Unverstand und gutem Willen beruhte.«[66]

Im Sinkflug

In den zwei letzten Jahren seiner Kanzlerschaft glaubt Kohl durchaus noch nicht daran, daß es mit ihm langsam, aber sicher zu Ende geht. Auch die Beobachter sind geteilter Meinung. Die einen legen nun wieder die Platte vom »Herbst des Patriarchen« auf. Andere trauen Kohl das Kunststück zu, daß er sich nochmals wie der Baron Münchhausen am eigenen Zopf aus dem Sumpf zieht. Erst im Rückblick ist ein unerbittlicher Sinkflug in fünf Phasen erkennbar.

Die erste Phase umfaßt die Monate November 1996 bis März 1997. *Les illusions perdues* könnte man sie mit Balzac überschreiben. Schäubles große Steuerreform, Blüms Rentenreform, Seehofers Krankenkassenreform – alles verfängt sich in den inneren Widersprüchen der Koalition und an der Blockadepolitik Lafontaines.

Die überraschende Ankündigung des Bundeskanzlers am 3. April, seinem 67. Geburtstag, bei der Bundestagswahl 1998 nochmals für die Prolongierung der Kanzlerschaft zu kandidieren, läutet die zweite Phase ein. Im Frühjahr und Sommer hat es den Anschein, als könne der große Hürdenlauf zur Etablierung der europäischen Währung auf den letzten Metern scheitern. Absolute Priorität für Kohl hat es nun, das Debakel des Projekts zu verhindern. Währenddessen sehen sich Schäuble, Waigel und die sonstwie mit Reformen befaßten Minister Kohls gehalten, sich an der Opposition und einer Öffentlichkeit abzuarbeiten, die das Treiben der Regierung mit zunehmender Skepsis betrachten. In dieser Phase werden die Reformprojekte unerbittlich zerschrotet. Die Zustimmungskurven der Koalition sinken weiter. Im August 1997, am Ende der Sommerpause und etwas mehr als ein Jahr vor der kommenden Bundestagswahl, vergleicht die Mannheimer Forschungsgruppe Wahlen die Zustimmungszahlen zum Regierungslager mit denen zu Rot-Grün, die beim gleichen Abstand 1993 ermittelt wurden. Der Befund kann den Kanzler nicht erfreuen. Im Vorfeld der vergangenen Bundestagswahl, so zeigt sich, stand Rot-Grün bei fünfzig Prozent, jetzt, in dem gleichen zeitlichen Abstand zum Herbst 1998, steht Rot-Grün bei 58 Prozent. Demgegenüber sprachen sich seinerzeit immerhin noch 44 Prozent für die Regierung Kohl aus, jetzt sind es nur noch 35 Prozent.[1] Erfahrungsgemäß pflegt Kohl im Endspurt rasch aufzuholen. Doch der Abstand von 35 zu 58 Prozent ist groß. Kann er das wirklich nochmals umdrehen?

Genau diese Wende soll der Leipziger CDU-Bundesparteitag Mitte Oktober bewirken. Dort setzt die dritte Phase ein. Indem Kohl in dem berühmt-berüchtigten

Fernsehauftritt unmittelbar nach Abschluß des Parteitags Schäuble als seinen Wunschkandidaten für die Nachfolge ankündigt, sorgt er nicht für klare Verhältnisse, sondern vermehrt die Unsicherheit im eigenen Lager. Die Nachfolgediskussion erweist sich von nun an als ein lästiger Störfaktor für die Vorbereitung auf die Bundestagswahl 1998. Eine kritische Öffentlichkeit glaubt zu erkennen, daß sich der »ewige« Kanzler wie schon vier Jahre zuvor frohgemut auf eine weitere Amtszeit einrichtet.

Die vierte Phase beginnt im März 1998. Nach seinem unerwartet hohen Sieg bei der niedersächsischen Landtagswahl schickt die SPD mit Gerhard Schröder ihr stärkstes Pferd als Kanzlerkandidat ins Rennen. In diesem Monat erwarten bereits 67 Prozent der Befragten bei der bevorstehenden Bundestagswahl einen Wahlsieg der Opposition. Nur ein knappes Viertel der Befragten (genau: 24 Prozent) glaubt noch an einen Wahlsieg Helmut Kohls.[2] Diese Wochen markieren aber noch aus einem anderen Grund eine gewisse Unumkehrbarkeit der Entwicklung: Am 27. März läßt Kohl im Bundeskabinett die Zustimmung zur Teilnahme der Bundesrepublik und zehn weiterer EU-Länder an der Europäischen Währungsunion beschließen. Die vierte Phase endet am 3. Mai mit den Euro-Beschlüssen auf dem EU-Sondergipfel. Schon zuvor hatte sich der Kanzler dagegen entschieden, unmittelbar nach Verwirklichung dieses Ziels auf dem EU-Gipfel zugunsten Schäubles vorzeitig zurückzutreten.

Das Endspiel in der fünften Phase ist noch einmal so spannend wie das Finish zwischen einem formidablen Titelverteidiger, der beim Endspurt bisher noch jedesmal obsiegt hat, jetzt aber in einem Formtief steckt, und einem hochfavorisierten Herausforderer. Selbst in der zweiten Septemberwoche halten noch 79 Prozent das Rennen für offen, obschon die Kanzlerpräferenzen für den Wahltag ganz eindeutig sind – 54 Prozent sprechen sich für Schröder aus und nur noch 38 Prozent für Kohl. Aber immerhin hat der Kanzler seit April 1998 von 26 Prozent auf 38 Prozent aufgeholt.[3] Am 27. September erfolgt dann die Abwahl.

Führt man sich diesen Ablauf vor Augen, dann hat auch die Darstellung der letzten beiden Jahre von Kohls Kanzlerschaft erst einmal von der Offenheit der Entwicklung auszugehen. Historiographischer Determinismus führt häufig zu Fehlurteilen, er verbietet sich auch hier. Völlig vorbestimmt ist lange Zeit noch gar nichts. Doch um die Jahreswende 1996/97 – also in der eben skizzierten ersten Phase seines langen Abstiegs – hat Kohl bereits allen Grund, mit dem Anlaufen der Reformgesetzgebung unzufrieden zu sein. Die im Oktober auf dem CDU-Parteitag in Hannover mit großer Fanfare angekündigte große Steuerreform verfängt sich alsbald im Koalitionshickhack. Als sich Schäuble, Waigel und Solms im Januar 1997 schließlich auf ein Gesetzgebungsprogramm einigen, ist der Schwung bereits stark abgebremst. Damit sich die neue, noch koalitionstreue FDP-Führung auf dem traditionellen Dreikönigstreffen Anfang Januar 1997 einigermaßen anständig präsentieren kann, müssen Kohl, Waigel und Schäuble kurz vor Weihnachten definitiv zustimmen, daß die lange schon versprochene Absenkung des Soli von 7,5 auf 5,5 Prozent nebst einigen Steuersenkungen für die gewerbliche Wirtschaft am 1. Januar 1998 tatsächlich kommt.[4] Auch das ist nur über Streitigkeiten erreichbar, bei denen alle Beteiligten mit dem Ende der Koalition pokern.[5]

Das nun einsetzende Umfragetief macht aber Kohl vollends deutlich, daß er sich mit Neuwahlen nach einem Koalitionsbruch auf einen riskanten Abenteuertrip einlassen würde. Seit Weihnachten 1996 sitzt er auf dem Bündnis mit der FDP fest und sie auf dem Bündnis mit ihm. Rund acht Milliarden von den rund dreißig Milliarden DM Netto-Entlastung, welche die große Steuerreform 1999 erbringen sollte, sind mit dem Versprechen einer Rückführung des Soli bereits »verbraten«. Da aber ein noch strikterer Sparzwang herrscht als bisher, müssen anderswo Steuerlöcher durch sensible Kürzungen gestopft werden. Widersprüchliche Stellungnahmen im Regierungslager eröffnen den Blick auf einen großen Verschiebebahnhof von Entlastungen und Belastungen, bei denen der normale Bürger den Durchblick verliert,[6] während die Verbände das übliche Wehklagen erheben. Als Waigel, Schäuble und Solms schließlich im Januar die sogenannten Petersberger Beschlüsse vorlegen, sind diese ohnehin schon sehr komplizierten und noch keineswegs definitiven Vereinbarungen durch zahlreiche im Vorfeld ausgefochtene Streitereien bereits psychologisch ziemlich entwertet und lassen für 1998 und 1999 keine größere Schubkraft für Investitionen mehr erwarten.

Besonders die in Aussicht genommene höhere Besteuerung der Renten steht in der Kritik. »Politisch lebensgefährlich« sei das, »dann haben wir die Wahl verloren«, warnt Geißler im *Stern*.[7] Auch die Neuregelung der Pendlerpauschale, ein besonders sensibles, da unmittelbar spürbares Vorhaben, sorgt landauf landab für Mißmut. Aber eine große Mehrheit in der CDU/CSU-Fraktion ist doch davon überzeugt, daß es mit der großen Steuerreform jetzt zügig vorangehen wird.[8]

Zur Unzeit und kaum koordiniert mit den Plänen zur Steuerreform hebt nun Blüm die Decke von seiner Rentenreform, mit der er auch unter den verschlechterten demographischen Bedingungen die umlagefinanzierte Rente fürs 21. Jahrhundert sichern und zugleich die Beiträge zur Rentenversicherung senken möchte. Schon für 1998 droht wieder eine Beitragserhöhung auf über zwanzig Prozent. Biedenkopf kann sich jedoch mit seinem Alternativmodell einer »Bürgerrente« nicht durchsetzen. Weder CDU noch CSU, Helmut Kohl schon gar nicht, wollen sich auf die Ablösung der umlagefinanzierten Rente durch ein völlig neues Projekt mit steuerfinanziertem Mindesteinkommen bei gleichzeitigem Aufbau einer individuellen Altersvorsorge einlassen.[9] Doch auch bei der von Blüm vorgeschlagenen Reform des bisherigen Rentensystems ergeben sich äußerst lästige Zielkonflikte. Sollen im Interesse einer Senkung der Lohnkosten die umlagefinanzierten Beiträge zur Rentenversicherung um ein Prozent gesenkt werden, müßte der Bundeszuschuß um ein Prozent angehoben werden, was jedoch die Staatsschuld erhöhen würde. Blüm plädiert daher zur Finanzierung für eine Erhöhung der Mehrwertsteuer von fünfzehn auf sechzehn Prozent, stößt dabei aber bereits im CDU-Präsidium auf heftigen Widerstand. Dort opponieren besonders Biedenkopf und Kanther, der in Hessen Kommunalwahlen zu bestehen hat.[10] Es versteht sich von selbst, daß die FDP und die Gewerkschaften gegen eine Mehrwertsteuererhöhung Sturm laufen, wenngleich aus unterschiedlichen Gründen. Zu allem hin müßte die SPD dem im Bundesrat zustimmen.

Wie nicht anders zu erwarten, weckt auch die beabsichtigte Absenkung der Renten von 70 auf 64 Prozent der Nettolöhne nach 45 Versicherungsjahren gemäß der neuen Rentenformel bei älteren Arbeitnehmern Sorge und Verdruß. Vor allem in der Union brechen nun wieder die altbekannten Bruderkriege zwischen den Sozialpolitikern und den Mittelständlern aus. Wie ein zorniger Prediger in der Wüste beschwört der Bundeskanzler die Minister und Fraktionskollegen, sich mit Interviews zurückzuhalten, natürlich ziemlich vergeblich. Die noch in Maßen selbstbewußten Abgeordneten lassen sich nicht von strittiger Kundgabe ihrer jeweiligen Positionen abbringen. Besonders Blüm zeigt nun keine Hemmung mehr, zugunsten seiner Rentenpolitik die Pläne zur Steuerreform heftig zu attackieren. Vor allem möchte er die versicherungsfremden Leistungen im Rentensystem durch Erhöhung des Bundeszuschusses verringert sehen. Doch nun beginnt eine große Mehrheit in der Fraktion von Blüm abzurücken. Die Arbeitslosenzahlen vom Februar – inzwischen 4,6 Millionen – überzeugen die meisten, daß dringend etwas getan werden muß zur Schaffung von Arbeitsplätzen. Da der Ausweg in eine höhere Verschuldung versperrt ist, bleibt nur die Alternative, es mit Steuersenkungen zu versuchen. Auch der Bundeskanzler geht jetzt auf Distanz zu seinem politisch so langlebigen Minister, den er bisher immer gehalten hat.[11]

Es droht die vielberufene Gerechtigkeitslücke, was CDU-Politiker nicht gut schlafen läßt. Von der lauten Kritik der Gewerkschaften und der Sozialverbände zeigt sich auch die Nachwuchsriege der CDU in den Ländern aufgeschreckt. Eine »Fünfer-Bande« mit Christian Wulff, Peter Müller, Ole von Beust, Günther Oettinger und Roland Koch rüffelt bei einem gemeinsamen Auftritt im Bonner Presseclub unisono den Bundesfinanzminister, dessen Steuerreform sie entweder für sozial unausgewogen oder für zu wirkungslos hält.[12] In Wirklichkeit ist aber, so wird in Bonn allgemein vermutet, der Bundeskanzler gemeint.[13] Der seit längerem eher bedenkliche Herbert Kremp schreibt nun in der *Welt:* »Es kann sein, daß der Bann des ›Sultanismus‹ gebrochen ist.«[14] Doch das recht gedämpfte Aufbegehren könnte zu einem gegenteiligen Effekt führen. Wenn im Regierungslager alles durcheinander redet, werden bei der Parteibasis und beim mittleren Funktionärskorps die Rufe lauter und lauter, der Kanzler möge wie so oft schon durch eine entschiedene Ansage die Kakophonie im eigenen Lager zum Verstummen bringen. Der Auftritt im Fünferpack macht zudem nämlich eines deutlich: Solange Schäuble gehorsam bleibt und stillhält, hat die Nachwuchsmeute keinen überragenden Anführer.

Genau deshalb meldet sich Schäuble nun zu Wort. Der Aufruhr unter den ehrgeizigen Vierzigjährigen aus der zweiten Vorstandsetage läßt ihn nicht ruhen. Inmitten der großen Kakophonie der Monate Januar und Februar 1997 wird ein Interview veröffentlicht, das er – man kennt seine Vorsicht – angeblich schon zwei Monate zuvor dem *Stern* gegeben hat. Auf die Frage nach seiner Bereitschaft zur Nachfolge Kohls antwortet er darin vieldeutig: »Wahrscheinlich könnte ich der Versuchung nicht widerstehen.«[15] Das kann Kohl nicht erfreuen, der davon ausgeht, daß er und nur er allein das Recht hat, über die Frage seiner Nachfolge zu sprechen. Um keinen der Kollegen zu verprellen, hat Schäuble bei dieser Gelegenheit allerdings noch weitere denkbare Thronfolger genannt: Volker Rühe, Klaus Töpfer, Manfred Kanther, Rudolf Seiters, Theo Waigel und Edmund Stoiber. Doch genau so äußert sich ein kluger Mann, den es nach dem höchsten Amt verlangt: Er tut alles, um doch ja keinen der Konkurrenten zu erzürnen. Auch diese Überlegung zeigt, wie ernst es Schäuble jetzt meint. Die Presse schließt aus dem *Stern*-Interview, daß er damit seinen Hut in den Ring geworfen hat. Rechnet er mit einem baldigen freiwilligen Rückzug des Bundeskanzlers? Oder will er Kohl sogar selbst sachte aus dem Amt drängen?

Unvermeidlich wird nun die Frage lauter und lauter, ob der Kanzler auch für 1998 nochmals antreten wird. In der *Frankfurter Allgemeinen* berichtet Karl Feldmeyer, der seit langem beste Verbindungen in die CDU/CSU-Fraktion unterhält, von unterschiedlichen Stimmen unter den Abgeordneten. Falls der Bundeskanzler vor der kommenden Bundestagswahl dem potentiellen Nachfolger Schäuble eine »faire Chance« geben wolle, müsse er sich noch vor Ostern erklären. Da eine Kanzlerwahl Schäubles bei den bekanntlich knappen Mehrheitsverhältnissen mit unkalkulierbaren Risiken verbunden ist, seien andere in der CDU am Überlegen, ob Kohl vielleicht auf dem Parteitag im kommenden Oktober Schäuble wenigstens zum CDU-Vorsitzenden krönen lassen könnte.[16] Kohl selbst weiß genau, wie und mit welchen Absichten man solche Überlegungen in die Presse lanciert. Seine überall plazierten Informanten sagen ihm auch, wer wohl dahinter steckt. Doch er wartet noch ab, wenngleich beunruhigt.

Im Monat Februar 1997 hat Schäuble in der Tat allen Grund, sich unwohl zu fühlen. Unbarmherzig, wie Journalisten nun einmal sind, macht bei ihnen schon lange das böse Wort vom »Prinz-Charles-Syndrom« die Runde, unter dem der dem Kanzler gegenüber so getreue Fraktionsvorsitzende leide. Wie oft schon hat er hinter vorgehaltener Hand gegen den »Stillstand« gemault. Wen meint er wohl damit, fragt sich jeder, der ihn so hört. Vor dem Parteitag im Oktober hat sich der Kanzler von ihm und der FDP endlich zur Lancierung der »großen Steuerreform« breitschlagen lassen. Und nun bringt ausgerechnet Schäuble die Koalition damit in die Bredouille.

Rückblickend wird sich Anton Pfeifer, damals Staatsminister im Bundeskanzleramt und einer der getreuesten Anhänger Kohls, nachdenklich daran erinnern:»Ich habe sowohl im Fraktionsvorstand als auch in der Fraktion … mehrfach im Ohr, daß der Fraktionsvorsitzende gesagt hat, die SPD wird am Ende die Steuergesetzgebung nicht blockieren können, das ist nur eine Frage der Verhandlung. Das war in meinen Augen eine grandiose Fehleinschätzung. Lafontaine war fest entschlossen, es darf da keine Ergebnisse mehr geben, und der hat ja auch die Bedingungen immer so gestellt, daß er genau gewußt hat, da kann die Regierung nicht darauf eingehen, weil das sonst sofort große Probleme zwischen der CDU/CSU und der FDP gäbe.«[17]

Tatsächlich wird Schäuble in immer neuen Anläufen die Konsensgespräche bis ins Frühjahr 1998 am Leben zu halten versuchen. Rückblickend läßt sich aber feststellen, daß die Entscheidung über den Tod des Projekts»große Steuerreform« und damit über eines der wichtigsten Vorhaben der Koalition bereits im März 1997 gefallen ist. Zu Beginn des Verhandlungspokers wollen sich die Sozialdemokraten jedoch dem Wunsch nach parteiübergreifender Diskussion des komplizierten Komplexes einer Steuerreform nicht verweigern. Das Vorhaben berührt viele sensible Politikfelder, nicht zuletzt die Interessen der SPD-regierten Bundesländer. Lafontaine ist zwar schon als Befürworter einer»Blockadepolitik« ausgemacht, doch im Parteipräsidium kann er keinesfalls frei schalten und walten. Anfang Februar beginnt eine hochrangige Runde von Top-Politikern und Experten aus den Regierungsparteien und der SPD ihre Konsensgespräche. Auf SPD-Seite gehören ihr Gegner und potentielle Befürworter einer Einigung an. Man tastet sich gegenseitig ab, und die Auffassungen der Genossen sind sichtlich unterschiedlich. Als Schäuble Ende Februar im Fraktionsvorstand vom bisherigen Stand der Gespräche berichtet, meint er zurückhaltend:»Für die Einigung wolle er keine Prognose abgeben. Insbesondere im Blick auf eine Einigung zu dem Reformschritt 1998 sei eine Einigungschance von 50 % zu hoch veranschlagt«, wird seine Einlassung vorsichtig im Sitzungsprotokoll wiedergegeben.[18] Sprich: Die ganz großartigen Pläne vom Parteitag in Hannover kann man bereits vergessen.

Immerhin will man aber weiterhin im kleinsten Kreis ausloten, wo Spielräume für gemeinsame Lösungen sind. Dieser Sechsergruppe gehören Schäuble, Waigel, Solms sowie drei eher kompromißbereite Herren auf seiten der Sozialdemokraten an:[19] Scharping, Heinz Schleußer, Finanzminister in NRW, und Henning Voscherau, Erster Bürgermeister von Hamburg, momentan noch ein Star des moderaten Flügels in der SPD. In diesem Kreis werden bis Anfang März in zwei Verhandlungsrunden einige Fortschritte erzielt.[20] Die Verhandlungen stehen nun auf der Kippe. Helmut Kohl, der sich im Herbst 1996 zögernd entschlossen hat, das umfassende Reformpaket durchzuziehen, will jetzt aber unbedingt Kurs halten. Den zerstrittenen und bereits wankenden Bataillonen im eigenen Parteilager ruft er zu:»Daß Teile der öffentlichen Meinung feindselig sind, wissen wir. Das ist aber kein Argument, um davor zurückzuweichen. Wenn wir diese Punkte – Steuerreform, Rentenreform und die Entscheidungen im Gesundheitsbereich – jetzt nicht schaffen, wird das Land seine Zukunft verspielen.«[21] Keine Verzögerungsmanöver mehr. Er will, »daß bei diesen drei Themen Klarheit vor der Osterpause sein muß«.[22]

Anfang März sind auch interessante Hintergrundgeräusche zu vernehmen. Gerhard Schröder, nach wie vor der heftige Rivale von Lafontaine und zugleich damit auch der Star in den Meinungsumfragen, fordert in der Landesvertretung Niedersachsen vor einer ausgewählten Gruppe von Bundestagsabgeordneten kaum verhüllt, die SPD solle sich auf die CDU zubewegen mit dem Ziel einer baldigen großen Koalition.[23] Die Umfragen sind günstig. Im ZDF-Politbarometer liegt die SPD bei vierzig Prozent, und die 37 Prozent für die CDU/CSU sind der schlechteste Wert seit der Bundestagswahl 1994. Kohl selbst ist in einem Monat von Platz vier auf Platz sieben der Ansehensskala zurückgefallen, dies nicht zuletzt deshalb, weil er Anfang Februar einen recht schwachen Auftritt im Bundestag gegeben hat.[24] Das mag sich zwar wieder ändern, doch aus Sicht Schröders, der ohnehin Lafontaine ausbremsen möchte, spricht vielleicht doch viel dafür, jetzt rasch Nägel mit Köpfen zu machen.

Aber vierzehn Tage später sieht die Welt völlig anders aus. Von der FDP gedrängt, gibt die Bundesregierung ihre Kürzungsvorstellungen für die Kohlesubventionen bekannt. Ergebnis: Bis zum Jahr 2000 sollen jetzt sieben und nicht nur, wie bisher geplant, vier Zechen stillgelegt werden. Gewaltige Aufregung im Ruhrgebiet. Das Bonner Regierungsviertel wird von Tausenden empörter Bergarbeiter buchstäblich überschwemmt. Die an und für sich in Sachen Steuerreform gesprächsoffenen Sozialdemokraten in Nordrhein-Westfalen sind auf der Palme. Lafontaine, der nur auf eine solche Gelegenheit lauerte, hat in ihnen jetzt erzürnte Verbündete für die Blockadepolitik im Bundesrat und sagt die nächste Runde der Konsensgespräche ab.[25] Schäuble ist blamiert, gewissermaßen vorgeführt.

Welche Schlußfolgerungen zieht Helmut Kohl aus der bedenklichen Lage? In der CDU/CSU-Fraktion schimpft er erst einmal kräftig auf die »gewalttätigen Aktionen« und alle, die zur Erregung unter den Bergarbeitern beigetragen haben: den WDR mit seiner »Kriegsberichterstattung« und die im Ruhrgebiet meinungsbildende, SPD-orientierte *WAZ*.[26] Aber es verstärken sich auch seine grundsätzlichen Zweifel an den Erfolgsaussichten weiterer Konsensgespräche zur Steuerreform.

Ob der Kanzler je so recht daran geglaubt hat, die Blockade der SPD im Bundesrat gegen eine große Steuerreform überwinden zu können, muß offen bleiben. Im Vorfeld des Hannoveraner Parteitags hatte er sich schließlich aufs glatte Eis drängen lassen. Der vorsichtig zögernde Waigel wurde mitgerissen. Dabei wußten Kohl und Schäuble von Anfang an, daß es im Jahr 1997 mit Blick auf die Maastricht-Kriterien vor allem darauf ankam, die Ausgaben im Bundeshaushalt zu trimmen. Großartige

Pläne für eine Steuerreform konnten also die ohnehin kaum lösbaren Probleme der Rentenreform, des Gesundheitswesens, der Familienpolitik eigentlich nur verstärken. Subventionskürzungen und Abstriche an allen Ecken und Enden waren zwingend. Nun stellte sich zu allem hin auch noch die Frage der Gegenfinanzierung für die Steuersenkungen.

Schäuble befremdet den Kanzler also nicht nur durch das *Stern*-Interview, in dem er die Nachfolgediskussion anheizte, sondern er verstärkt durch sein Drängen auf Steuerreform die ohnehin übergroßen Probleme noch und zeigt bezüglich der Gefahr sozialdemokratischer Blockadepolitik einen erstaunlichen Mangel an Urteilsvermögen. Nach Kohls Ansicht ist Schäuble jedoch nicht der einzige, der das Chaos der Monate Januar, Februar und März 1997 mitverschuldet hat. Auch Blüms hemmungslose offene Kritik an den Plänen zur Steuerreform[27] erzürnt ihn heftig. In den Zeitungen ist bereits zu lesen, der Kanzler wolle ihn durch den sozialpolitisch gleichfalls engagierten und kundigen Jürgen Rüttgers ersetzen.[28] Jeder Bonner Journalist weiß, daß derartige Gerüchte oft auf gezielte Hinweise aus dem Bundeskanzleramt zurückgehen, sei es, daß sie vorwiegend zum Zweck der Disziplinierung gestreut sind, sei es, um tatsächlich eine Kabinettsumbildung vorzubereiten. Auch Seehofer, von der Grundorientierung her ein »Blümianer«, dem alle Kundigen in Bonn eine große Zukunft voraussagen, ist mit bestimmten Vorstellungen zur Krankenhausreform fraktionsintern stark in die Kritik geraten. Er wirft nun seinerseits den Kritikern vor, durch Ausweitung des Leistungskatalogs kostentreibend gewirkt zu haben.[29]

Als sich Kohl Mitte März in die österliche Fastenkur nach Bad Gastein begibt, hinterläßt er jedenfalls eine Koalition, in der wieder einmal vieles drunter und drüber geht. Die widersprüchlichen Reformpläne und die anlaufende Nachfolgediskussion haben in der Union bereits erheblichen Flurschaden angerichtet und drücken bei den Wählern die Stimmung. Im Dezember 1996 lag die Zustimmung zur CDU/CSU noch bei 42 Prozent. Im März 1997 ist sie bereits auf 36 Prozent gesunken.[30] Dazu kommt der kritische Zustand des Euro-Projekts, den niemand besser kennt als Kohl. Will man verstehen, weshalb der bedrängte Bundeskanzler durch Ansage seiner Kandidatur für die kommende Bundestagswahl alles wieder einzufangen sucht, muß man diese Wirrnisse wenigstens andeuten.

So kommt es zu dem Fernsehinterview aus dem Urlaub in Bad Gastein am 3. April 1997, in dem Kohl unerwartet erklärt, nach sorgfältiger Überlegung wolle er 1998 noch einmal als Kanzlerkandidat für die Unionsparteien antreten.[31] Als er anderthalb Jahre später abgewählt wird, sind viele der Meinung, daß das einer der Hauptfehler Kohls in seiner letzten Amtsperiode gewesen sei. Viel zu früh, so die nachträgliche Feststellung, habe er so der Opposition den Slogan »Weg mit Kohl!« frei Haus geliefert. Ein Bundeskanzler, der ankündigt, letzten Endes zwanzig Jahre lang zu regieren, weckt selbst bei Wohlmeinenden Bedenken. Kommt er aber viel zu früh mit einer solchen Ankündigung heraus, gibt er seinen Gegnern jede Menge Zeit, auf dem Thema »ewiger Kanzler« herumzureiten. Daß die Parteiführungen der Regierungskoalition alle überrascht werden, kann allerdings politische Profis nicht erstaunen. Dort kennt man Kohl und weiß, daß eine derartige, ohne Absprache verkündete Absichtserklärung disziplinierend wirken soll. Und sie wirkt disziplinierend. Wer jetzt in der CDU, in der CSU oder in der FDP noch Bedenken äußern wollte, riskiert den geballten Zorn des kampfbereiten Kanzlers. Nur Kurt Biedenkopf zögert nicht, mit warnenden Kommentaren hervorzutreten.[32] Aber jedermann kennt sie inzwischen. Ansonsten stellt man sich darauf ein, daß Kohl bis zur Bundestagswahl 1998 rücksichtslos weiterregieren wird, und vielleicht auch darüber hinaus bis zum Jahr 2000 oder gar bis 2002.

Als sich das Verhältnis zwischen Kohl und Schäuble sichtlich eintrübt, spürt mancher, daß der Kanzler vor allem seinen potentiellen Nachfolger ruhiggestellt hat. Auch mit Schäuble war diese Ankündigung nicht abgesprochen. Er weiß aber nun, daß er bis zum Wahltag Mannestreue zu bekunden hat. Jede andere Reaktion würde von Kohl als Insurrektion betrachtet. Daß Helmut Kohl auch seine Frau durch diese nicht mit ihr abgesprochene Ansage tief gekränkt hat, wird erst viel später bekannt. Die beiden hatten an seinem Geburtstag miteinander telefoniert, wie es sich gehört, ohne daß Kohl sie unterrichtet hatte.[33] Freilich kennt er ihre entschiedenen Einwände gegen eine nochmalige Kandidatur und hatte wohl 1994 entsprechende Zusagen gemacht. Weshalb sich also ausgerechnet am Geburtstag miteinander streiten, wenn er sich jetzt aus wohlerwogenen Gründen dafür entschieden hat, nochmals anzutreten!? Hannelore Kohl vermerkt jedoch bitter seine im Interview verbreitete Behauptung, das sei auch mit seiner Familie »abgestimmt«. Er wisse, daß dadurch die kärglichen Reste seines Privatlebens noch weiter dahinschmelzen könnten.[34] Im übrigen macht er bei diesem Fernsehinterview überhaupt keinen Hehl daraus, daß für ihn ein Hauptmotiv darin besteht, das Euro-Projekt durchzubringen und, auch dies ein wichtiges Ziel, die NATO-Erweiterung nach Osten hin einzuleiten. Georg Paul Hefty kommentiert das in der *Frankfurter Allgemeinen* mit den zutreffenden Worten: »Nachdem der Bundeskanzler sich erklärt hat, ist die Einführung des Euro so sicher, daß der Termin zweitrangig geworden ist.«[35]

Durch die Ankündigung ausgerechnet am 67. Geburtstag hat der Bundeskanzler unüberhörbar deutlich signalisiert: Das ist keine Augenblicksentscheidung, sondern eine Willensbekundung, die er sich reiflich überlegt hat und an einem für ihn symbolischen Tag aller Welt bekannt gibt! Im CDU-Präsidium kritisiert nur Biedenkopf die selbstherrliche Verkündung der Kanzlerkandidatur und fordert eine Mitgliederbefragung. Doch damit provoziert er einhelligen Widerspruch. Wenig später wird in der *Hannoverschen Allgemeinen* ein entsprechend kritischer Brief an den Generalsekretär Hintze veröffentlicht. Biedenkopfs Vorbehalte gegen Kohls Kanzlerkandidatur sind damit öffentlich zu Protokoll gegeben. Ein paar Monate danach bekommt Bernhard Vogel von ihm zu hören, er traue Kohl nicht zu, das Land ins 21. Jahrhundert zu führen.[36]

Doch Biedenkopfs zorniger Protest ist ein Einzelfall. Tatsächlich wirkt Kohls eindeutige Erklärung über seine nochmalige Kandidatur weithin im Regierungslager so disziplinierend wie beabsichtigt. Die Fachminister und die Fraktionen einigen sich nun auf die meisten der restlichen Gesetzgebungsvorhaben, mit denen die Koalition erst in den Bundestag ziehen wird und alsdann in den Vermittlungsausschuß. Bis zum Vermittlungsverfahren zwischen Bundestag und Bundesrat im Spätsommer, so erklärt Kohl Ende April bei einem Treffen mit den Fraktionsvorsitzenden der Union, sei ja noch hinlänglich Zeit.[37] Aber er weiß natürlich, daß die Pläne einer großen Steuerreform bereits auf Sand gelaufen sind und wohl nicht mehr flottkommen werden. Lafontaine, so schimpft der Bundeskanzler im CDU-Bundesvorstand, betreibe eine Strategie »Sonthofen hoch drei«, also wie einstmals Franz Josef Strauß.[38]

Priorität hat jetzt für Kohl nach Lage der Dinge nicht mehr das an der Blockade im Bundesrat hängengebliebene große Projekt einer Steuersenkung, mit dem mittelfristig wieder Wachstum generiert werden soll, sondern die Sparpolitik, um unter der Drei-Prozent-Grenze von Maastricht durchzuschlüpfen. Die heftig umstrittenen Gesetzgebungsvorhaben zur Steuer-, zur Renten- und zur Krankenhausreform müssen allerdings wohl oder übel auf den Weg gebracht werden. Mögen Schäuble und Waigel, Blüm und Seehofer Sorge tragen, daraus etwas halbwegs Gescheites zu machen! Kohl selbst bemüht sich in den folgenden Monaten vor allem um die Rettung des Euro-Projekts und um den Vertrag von Amsterdam. Ganz oben auf der Agenda steht auch der Balanceakt einer Osterweiterung der NATO. Und als genauso schwierig erweist es sich, die bisherigen EU-Partner für die Aufnahme von Beitrittsverhandlungen mit den ostmitteleuropäischen Ländern zu gewinnen.

Wie schon geschildert, sieht der Kanzler in der Neugestaltung des Staatensystems Ostmittel- und Osteuropas während der ganzen neunziger Jahre eine seiner Hauptaufgaben. 1997 ist der Punkt gekommen, an dem die NATO und die EU sozusagen Nägel mit Köpfen machen. Das ganze Jahr hindurch laufen zwischen den EU-Regierungen und der EU-Kommission schwierige Verhandlungen, wann und mit welchen mittelosteuropäischen Ländern Beitrittsverhandlungen aufgenommen werden sollen. Kohl ist für ein gestuftes Verfahren, legt aber Wert darauf, in einer ersten Runde unbedingt die engsten Nachbarn Deutschlands dabeizuhaben. Nach langem Hin und Her wird im Dezember 1997 auf dem EU-Gipfel in Luxemburg die Entscheidung getroffen, vorerst mit Polen, Ungarn, Tschechien, Slowenien und Estland sowie mit Zypern Beitrittsverhandlungen aufzunehmen. Der Beitrittsprozeß ist aber auch für weitere Länder Ostmitteleuropas offen, mit denen bereits Assoziationsabkommen bestehen.

Sehr strittig ist das ganze Jahr hindurch und danach die Frage der Beitrittsverhandlungen mit der Türkei. Kohl hält weiterhin an seiner Grundlinie fest, die Türkei dürfe aufgrund ihrer kulturellen Andersartigkeit kein Vollmitglied der EU werden. Indessen gibt es in der Europäischen Union und auch in der Bundesregierung seit Jahren starke Tendenzen, der Türkei eine Beitrittsperspektive zu eröffnen. Darüber kommt es zu heftigem Streit mit dem türkischen Ministerpräsidenten Yilmaz, der nach Inkrafttreten der Zollunion auf die baldige Aufnahme von Beitrittsverhandlungen drängt. Yilmaz erkennt jetzt genau, daß der Hauptwiderstand gegen Beitrittsverhandlungen mit der Türkei vom Bundeskanzler ausgeht. Seine spätere Polemik, die Regierung Kohl sehe in der EU »ein Projekt christlicher Zivilisation unter Ausschluß der Türkei«, zielt direkt auf den Kanzler.[39] In der Türkeifrage kann sich Kohl auf dem Luxemburger Gipfel durchsetzen, muß jedoch akzeptieren, daß die EU Beitrittsverhandlungen mit Zypern aufnimmt.

Parallel dazu führt jetzt auch das Tauziehen um die NATO-Osterweiterung zu faßbaren Resultaten. »Es sehe so aus, daß die NATO sich an die russische Grenze heranschleiche«,[40] murrt Jelzin, und er sieht das durchaus zutreffend. Ein definitives Nein will Moskau aber nicht riskieren. Im Mai 1997 einigen sich die NATO und Rußland auf einen Ständigen Gemeinsamen Rat für Sicherheitsfragen. Rußland erhält eine Reihe von Zusicherungen – keine NATO-Truppen und keine Atomwaffen auf dem Territorium neuer ostmitteleuropäischer NATO-Mitglieder und permanente Konsultationen in allen strittigen Fragen. Es sperrt sich aber nicht mehr gegen Beitrittsverhandlungen mit Polen, Tschechien und Ungarn. Auch darüber wird 1997 innerhalb der NATO, mit Rußland und mit den ostmitteleuropäischen Regierungen permanent verhandelt. Auf einem Gipfeltreffen der NATO in Madrid wird entschieden, Polen, Ungarn und Tschechien zu Beitrittsverhandlungen einzuladen. Im Dezember ist schließlich mit dem Beitritt von Polen, Tschechien und Ungarn die erste Runde der NATO-Osterweiterung abgeschlossen. Daß Rußland die 1991 noch völlig unvorstellbare Osterweiterung der NATO mürrisch hingenommen hat, ist eines der wichtigsten Ergebnisse des Jahrs 1997, in dem Kohls innenpolitische Reformen kläglich scheitern, während er zugleich sehr wesentlich dazu beiträgt, das europäische Staatensystem im Sinn seiner Zielvorstellungen zu ordnen.

Das Verhältnis Kohls zu Jelzin ist nach wie vor ungetrübt. Der Bundeskanzler hat sein Bestes getan, den im eigenen Land höchst umstrittenen russischen Präsidenten durch persönliche Diplomatie an sich zu binden und zu stützen. Regelmäßige beiderseitige Besuche, unablässige Telefonate, Entgegenkommen jeder Art, vor allem ein ununterbrochener Fluß von D-Mark lassen keine Entfremdung aufkommen. Einer internen Aufstellung von Anfang 1996 zufolge sind seit 1989 aus der Bundesrepublik insgesamt 108,9 Milliarden DM für kostenlose Warenlieferungen, Kreditgarantien, Hermes-Bürgschaften, Zuschüsse für Investitionsprojekte, Zinsvergünstigungen, den deutschen Anteil an EU-Zahlungen sowie aus dem Transferrubelsaldo in den Bereich der GUS-Staaten geflossen, größtenteils nach Rußland.[41] Kohl vergißt selten zu erwähnen, daß Deutschland für Rußland das mit großem Abstand spendabelste Geberland darstellt. Hinzu kommt, daß Jelzin und Kohl einander persönlich sympathisch sind. »Jelzin und Kohl waren wie Blutsbrüder. Jelzin hat Kohl aus der Hand gefressen und umgekehrt«, beschreibt Klaus Kinkel, der in seiner Eigenschaft als Außenminister häufig dabei war, drastisch, aber wohl zutreffend, das Verhältnis der beiden.[42]

Das freundschaftliche Klima zwischen den obersten Bossen strahlt auch auf die zweite Etage ab. Als beispielsweise Kohl im Februar 1996 wieder einmal nach Moskau kommt, versichert ihm der gewitzte Außenminister Jewgenij Primakow, »die Beziehungen Deutschland – Rußland seien für Moskau die Grundlage seiner Europapolitik.« Selbstverständlich versichert Kohl auch seinerseits: »Rußland sei unser wichtigster Nachbar in Osteuropa«, und knüpft daran (jeder ausländische Gesprächspartner kennt diese Marotte inzwischen) einige Hinweise auf das Kriegsschicksal eigener Angehöriger.[43] Außerdem, auch das vergißt Kohl nie zu erwähnen, seien die Russen »ein großes Volk mit eigenen Traditionen«, das nicht in die Ecke gedrängt werden dürfe. Nach derartigen Eröffnungsbekundungen beginnt meist das übliche Tauziehen über die drängenden Fragen – Osterweiterung der NATO, NATO-Rußland-Rat, weitere Finanzhilfen, Zusagen Kohls, den russischen Wunsch nach Vollmitgliedschaft beim Weltwirtschaftsgipfel der G7 zu unterstützen, russische Klagen über die westliche Politik gegenüber Serbien, Kohls Drängen auf Beendigung der Feindseligkeiten auf dem Balkan, seine ernst, aber nicht übermäßig drängend vorgebrachten Wünsche zur Beendigung des Tschetschenienkonflikts, Erwähnung der 1945 und später nach Rußland verbrachten deutschen »Kulturgüter« und so weiter.[44]

Die Bemühungen des Kanzlers um Neuordnung Osteuropas erfolgen in enger Abstimmung mit den USA. Kein Gipfelgespräch Kohls mit Jelzin, das nicht zuvor in Telefonaten oder im Direktgespräch mit Clinton selbst abgestimmt ist, gelegentlich auch über den Präsidentenberater Strobe Talbott. Kohl ist glücklich, daß Clinton im November 1996 wiedergewählt wird, stößt sich überhaupt nicht an den Unerfreulichkeiten der Affäre mit Monica Lewinsky, die 1997 und 1998 Clinton beinahe die Präsidentschaft kostet, ermutigt diesen vielmehr in den kritischsten Momenten, sich doch ja nicht unterkriegen zu lassen.

Genauso wie der Bundeskanzler ist auch Clinton davon überzeugt, daß der Westen Präsident Boris Jelzin unbedingt halten müsse – trotz Korruption, trotz der Greuel in Tschetschenien und trotz alkoholbedingter Labilität. Im den Gesprächen mit Jelzin und anderen russischen Gesprächspartnern macht der Kanzler nie ein Hehl daraus, wie paßgenau seine eigene Rußlandpolitik mit Clinton abgestimmt ist, und erbietet sich, russische Bedenken in Washington zur Sprache zu bringen. Umge-

kehrt bekundet er in Washington stets seine Bereitschaft, aufgrund der so freundschaftlichen Beziehungen zu Jelzin auch bestimmte heikle Fragen bei diesem anzusprechen.

Nach Meinung Kohls wie aus Sicht der Clinton-Administration wirft der Einbau
Polens in die neue europäische Sicherheitsarchitektur besonders heikle Fragen auf.
In den Jahren nach der Wiedervereinigung stand die Regelung der unerfreulichen
Erbmasse aus dem Zweiten Weltkrieg im Vordergrund. Zunehmend drehen sich
jetzt aber alle Überlegungen um den Platz, den Polen im neuen europäischen
Staatensystem einnehmen soll. Besonders die Pflege guter Beziehungen zu Polen
wie zu Rußland erfordert einen ständigen Spagat. Der Kanzler hat während der
ganzen neunziger Jahre hindurch nachweislich auch für Polen viel getan. Daher hält
er sich für den richtigen Mann, zwischen den russophoben Politikern in Warschau
und den NATO-phoben Russen zu vermitteln. Jelzin versichert er, die polenfreundliche Politik Deutschlands dürfe nicht »antirussisch« verstanden werden, und bei
den Polen wirbt er um Verständnis für die schwierige Lage Rußlands. Es verdiene
»Ehre und Respekt«, gibt er dem polnischen Staatspräsidenten Kwasniewski zu bedenken: »Man müsse mit ganz offenen Karten spielen. Rußland müsse wissen, daß
nichts hinter seinem Rücken gemacht werde.«[45] Unablässig versichert er den Repräsentanten Polens, er wolle beides: Polen in die NATO bringen, ohne Rußland zu
verprellen, und auf mittlere Sicht Polen als Vollmitglied in die EU führen. Vergleichbare Versprechungen macht er gegenüber Ungarn, Tschechien und – zunehmend
wagemutiger – selbst gegenüber den Spitzenpolitikern in den baltischen Staaten.
Daß in diesem Punkt das Auswärtige Amt unter Kinkel und das Verteidigungsministerium unter Rühe im großen und ganzen am selben Strang ziehen, hilft dabei,
daß sich die konzeptionelle Verbindung von NATO-Osterweiterung und strategischer Partnerschaft mit Rußland sowohl in Washington wie in Moskau und beim
NATO-Hauptquartier in Brüssel durchsetzen läßt.[46]

Wenn man die innenpolitischen Schwierigkeiten Kohls in dieser Phase des Sinkflugs ins Auge faßt, darf man also nicht außer acht lassen, daß 1997 zugleich ein Jahr
ist, in dem er auf internationaler Ebene die Ernte langjähriger Bemühungen einfährt.
Das nützt ihm jedoch nicht viel. Für die Wähler gilt der Primat der Innenpolitik. In
der traditionellen Sommerfrische zu Sankt Gilgen sucht der Kanzler im August eine
gewisse Distanz zum Bonner Betrieb zu gewinnen. Die Bilanz ist denkbar trüb: Die
große Steuerreform – unrettbar im Bundesrat aufgelaufen, auch wenn Schäuble immer noch das Hoffnungsfähnchen flattern läßt. Blüms Rentenreform – ebenfalls in
Nöten, weil die SPD der Gegenfinanzierung durch Mehrwertsteuererhöhung sowie
einer langfristigen Absenkung der Nettobeiträge von siebzig auf 64 Prozent nicht
zustimmen will. Die Sparpakete und die erste von zwei Haushaltssperren im Jahr
1997 – eine Serie von Sprengsätzen. Der Euro – bei den Wählern um so unpopulärer,

je näher der Abschied von der D-Mark heranrückt. Die vom Zentralbankrat abgeschmetterte »Operation Goldschatz«[47] – ein wahres PR-Desaster. Die Umfragen – so deprimierend wie schon lange nicht mehr.

Zu allem hin läßt nun auch noch der völlig unentbehrliche Theo Waigel deutliche Anzeichen von Unlust erkennen. Nicht zu Unrecht fühlt er sich in der Rolle des Buhmanns. Der Kanzler jettet von Gipfel zu Gipfel und gibt den großen Staatsmann. Wolfgang Schäuble, der – so sieht es Waigel – mit seiner Ungeduld viel von dem Schlamassel verschuldet hat, wird dennoch von der Journaille als energischer Reformer gelobt. Selbst die politischen Aktien des Verteidigungsministers Rühe notieren derzeit hoch, denn die Bundeswehr hat sich beim Kampf gegen die Oder-Überschwemmung ausgezeichnet. Dem Finanzminister bleiben dagegen nur Verdruß und Undank. Zudem sitzt ihm sein eurokritischer CSU-Rivale Stoiber im Genick. Aus dem Sommerurlaub mahnt Waigel eine baldige Kabinettsumbildung an, und ein paar Tage später wird ein Interview ausgestrahlt, dem zu entnehmen ist, daß er amtsmüde ist, sich jedoch andere hohe Ämter zutraut.[48]

Das ist Zucker für die kritische Journaille, die sich nun ein Vergnügen daraus macht, die in der Tat größtenteils abgewetzten, in den Umfragen schlecht bewerteten Unionsminister in Kohls Kabinett Mann für Mann herunterzuschreiben. Kohl überlegt erst, ob er tatsächlich zur Kabinettsumbildung schreiten soll, besinnt sich dann aber eines besseren. Strahlender Nachwuchs ist nämlich nicht in Sicht. Eine bloße Rochade würde nur böses Blut schaffen. Theo Waigel, der wohl mit Blick auf die im kommenden Jahr fällige Landtagswahl in Bayern sichtlich eine gewisse Distanz zu Kohl markieren wollte, wird daraufhin mit Wechselduschen bedacht. Erst Donnergrollen des Bundeskanzlers, dann überaus freundliche Gesten,[49] schließlich wird der CSU-Vorsitzende und Bundesfinanzminister dringender gebraucht denn je. Ergebnis dieses typischen Sommerlochtheaters: Nicht nur der Kanzler, auch das Kabinett Kohl wirkt nun ziemlich verbraucht.[50]

Wie trügerisch das Auf und Ab in den Umfragen jedoch ist, zeigt die Hamburger Bürgerschaftswahl Ende September. Schlagartig verbessert sich die CDU unter Ole von Beust von 25,1 auf 30,7 Prozent. In Hamburg weiß man zwar, daß dies in erster Linie die Folge des Desasters der kurzlebigen »Statt-Partei« ist. Aber auch nach Ausweis der Umfragen trauen die Wähler Kohls Regierung urplötzlich wieder mehr zu: 49 Prozent sehen im Politbarometer die Regierungsparteien schon wieder als Sieger, nur noch 38 Prozent Rot-Grün.[51] Der Kanzler kann sich mit diesem kurzfristigen Abbremsen des Sinkflugs darüber hinwegtrösten, daß die große Steuerreform fünf Tage nach der Hamburg-Wahl im Bundesrat endgültig beerdigt wird. Daß sich Kohls Koalitionsschiff in schwerer See befindet, zumal die FDP bei den Umfragen jetzt unter fünf Prozent liegt, ist offenkundig. Ein Jahr vor der Bundestagswahl steht es um die Koalition jedoch nicht viel kritischer als bei früheren Wahlen.

Kohl nimmt sich jetzt vor, die CDU auf dem Leipziger Parteitag Mitte Oktober noch einmal in Kampfeslaune zu versetzen wie vier Jahre zuvor auf dem in den eigenen Reihen legendären Hannoveraner Bundesparteitag. Doch statt dessen leitet er dort die dritte Phase des Sinkflugs ein. Selbstverständlich sind jetzt, ein knappes Jahr vor dem Wahltag, die Reihen wieder fest geschlossen. Auch die »Jungen Wilden« stecken zurück und machen in Harmonie. Soll Kohl doch noch einmal zeigen, was in ihm steckt. Aber seiner Parteitagsrede fehlt das Feuer. Selbstverständlich applaudieren die Delegierten pflichtschuldigst bei der Ankündigung, daß er 1998 erneut um das Kanzleramt kämpfen möchte. Sie stimmen auch geduldig für einen Antrag, der die Chancen und Fortschritte der Währungsunion hell beleuchtet, deren Risiken aber – so der kritische Stoiber – »nicht anspricht«.[52] Programmatisch hat der Kanzler jedoch nicht viel mehr zu bieten als die Behauptung, mit ihm werde die CDU in Deutschland »fit für das 21. Jahrhundert«. Nach einem erneuten Wahlsieg von CDU/CSU und FDP, prognostiziert er, werde die SPD ihre Blockade im Bundesrat aufgeben müssen. Einmal mehr proklamiert er das vereinte Europa als Antwort auf die Herausforderungen der Globalisierung. Seine Antwort auf die Herausforderungen der Innenpolitik ist der Aufruf zu einem siegreichen Lagerwahlkampf gegen Rot-Grün.

Die eigentlich zukunftsweisende Rede, so meinen die meisten Parteitagsbeobachter, wird von Wolfgang Schäuble gehalten. Schäuble spricht brillant, anspruchsvoll, manchmal auch ironisch und animiert den Parteitag zu Beifallsstürmen. Siebzigmal brandet der Beifall auf. Zum Schluß erhält Schäuble eine stehende Ovation.[53] Niemand ist so unvorsichtig, im Plenum die heikle Nachfolgefrage anzutippen, doch mit dieser Rede hat er seine innerparteiliche Position nochmals gefestigt. Anders als Kohl, der sich darauf freut, mit Rot-Grün in der Wahlschlacht so richtig abzurechnen, bevorzugt Schäuble diesbezüglich leise Töne. Er übergeht das Thema Koalitionsfrage, macht aber deutlich, daß er viel von einer ökologischen Energiesteuer hält – eine Brücke zur SPD und den Grünen, so vermuten viele.

Die eigentliche Sensation kommt erst, als der Parteitag zu Ende ist. Während sich die Delegierten auf die Heimreise begeben, macht der Parteivorsitzende mit wenigen Worten die Wohlfühlstimmung kampfbereiter Kameradschaft zunichte. In dem sichtlich improvisierten Interview mit dem ZDF-Korrespondenten Peter Ellgaard gibt er auf eine entsprechende Frage zur Antwort: »Jeder weiß, ich wünsche mir Wolfgang Schäuble als Bundeskanzler.«[54] Jeder weiß das in der Tat oder vermutet das zumindest, obschon Kohl es bisher vermieden hat, zur Nachfolge Schäubles in der Öffentlichkeit Stellung zu nehmen. Die eigentlich spannende Frage, wann er seinen Wunschnachfolger im Kanzleramt installiert sehen möchte, läßt der Kanzler offen. Wie sich rasch zeigt, ist diese Benennung mit niemandem abgesprochen. Schäuble erfährt es bei der Rückkehr ins Bonner Büro. Dem Generalsekretär Hintze ergeht es genauso. Auf Nachfrage läßt er sich einen Hinweis entlocken, Kohl werde bis zum

Jahr 2002 als Kanzler amtieren.[55] Keiner der CDU-Präsiden zeigt sich unterrichtet, auch nicht Theo Waigel. Auf entsprechende Fragen erklärt der nur dürr, selbstverständlich habe die CSU bei der Nominierung des Kanzlers mitzusprechen. Schäuble werde »nicht automatisch unterstützt«.[56] Die FDP-Führung schweigt.

Wochenlang wird jetzt darüber spekuliert, was Kohl mit dieser Ausrufung des Thronfolgers über die Fernsehkanäle wohl bezweckt habe. War er von Schäubles starkem, mit stärkstem Beifall begrüßtem Auftritt so beeindruckt, daß er ohne große Überlegung den Delegierten versichern wollte, er möchte dasselbe wie sie, um – so suggeriert Gerhard Schröder – »an dessen innerparteilicher Beliebtheit anzudokken«?[57] Das ist die eher wohlwollende Deutung. Eine weniger wohlwollende Interpretation geht dahin, nach dem starken Beifall für Schäuble habe Kohl den einfachen Delegierten, allen hohen Parteiführern, aber auch allen potentiellen Wählern in Erinnerung rufen wollen, es sei letzten Endes allein seine Sache, einen Nachfolger zu benennen und den Zeitpunkt dafür festzulegen. Daher seine Äußerung nicht auf dem Parteitag, sondern in einem nachgeschobenen Interview übers Fernsehen. Noch finsterere Vermutungen unterstellen die Absicht, Schäuble einerseits durch die Benennung fest an sich zu ketten, andererseits ihn aber auch ein wenig zu demütigen. Denn wie muß es auf einen langjährigen Gefährten wirken, der seinem Kanzler ungeachtet der schweren Behinderung bereits sechs mühevolle Jahre als eine Art »Unterkanzler« treu gedient hat, nun ohne Absprache zu erfahren, daß er nach dem Wahlsieg 1998 mindestens noch zwei, vielleicht sogar vier Jahre geduldig zu warten habe? Wie dem auch sei, die Kommentatoren trauen Kohl alles zu, von einem schlichten »Blackout« bis zur boshaften Unterjochung seines getreuesten Gehilfen.

Im nachhinein sind viele der Meinung, neben der verfrühten Ankündigung seiner nochmaligen Kandidatur am 3. April 1997, seinem Geburtstag, seien die zwei Fernsehinterviews nach dem Leipziger Parteitag – erst mit dem ZDF, dann in Pro 7 – der zweite gravierende Fehler im Vorfeld der Wahlkampagne 1998 gewesen. Die ohnehin schon spürbare Entfremdung mit Schäuble wird dadurch verstärkt. In der Koalition wachsen nun die Zweifel an der taktischen Kompetenz des auch auf anderen Feldern nicht mehr ganz trittsicheren Kanzlers. Bei nicht wenigen Wählern festigt sich der Verdacht, Kohl denke im Ernst gar nicht daran, irgendwann einmal aus dem Kanzleramt zu scheiden, und betreibe eine unfeine Hinhaltetaktik gegenüber Schäuble. In der CDU aber bestätigt sich einmal mehr der deprimierende Eindruck, daß dieser einstmalige Rufer nach mehr innerparteilicher Demokratie und Transparenz in der Partei nur noch einen »Kanzlerwahlverein« sieht, dem er seine wichtigste Personalentscheidung verächtlich übers Fernsehen mitzuteilen geruht.

Daß der Leipziger Parteitag mit Kohls anschließendem Interview ein Schlag ins Wasser war, bekunden die Umfragen. Vom Monat Oktober bis zum Monat November sackt die CDU/CSU von 38 Prozent auf 33 Prozent ab.[58] Stimmungstiefs gehen

meist auf ein Knäuel von Ursachen zurück. Vermutlich hat der alarmierende Rückgang auch mit der Ankündigung einer Erhöhung des Rentenbeitrags zu tun. Es gibt
aber doch zu denken, daß Schäuble nun vor Schröder auf Platz eins des Politbarometers gerückt ist, während Kohl wie gewohnt auf Platz acht figuriert.

Hat Kohl ernsthaft noch an eine Art »fliegenden Wechsel« zu Schäuble gedacht?
Staatsminister Anton Pfeifer, damals einer der engsten Berater, erinnert sich an eine
»Morgenlage« beim Kanzler im Herbst 1997, bei der Kohl ihn und Bohl gebeten habe,
noch einen Moment dazubleiben: »Wir müssen mal über Folgendes reden.« In knappen Worten habe er dann gesagt, »er habe ja im Grund genommen 1998 kaum mehr
eine Chance, gewählt zu werden. 16 Jahre und die Leute wollen etwas anderes, und
es mache sich so eine Stimmung breit, wir sollten wechseln, ob wir denn nicht der
Meinung wären, daß es richtig wäre, wenn er zurücktritt, sozusagen in Ehren zurücktritt und Schäuble das übernimmt.«

Niemand antwortet gerne in zehn Minuten und ohne gründlichst zu überlegen
auf derart heikle Fragen. So hätten sie beide das Gespräch abgebrochen, und man
habe dann abends nochmals darüber geredet. Von Bohl und Pfeifer bekommt der
Kanzler jetzt zwei Argumente zu hören: Erstens müsse man sicherstellen, daß
Schäuble gewählt wird – die FDP, die CSU … Der zweite Punkt scheint aber noch
viel wichtiger: »Wir haben ihm damals gesagt, wenn er zurücktrete, komme der Euro
nicht, darüber müsse er sich im klaren sein. Die Leute waren nicht für den Euro, die
Wissenschaft war nicht für den Euro … Biedenkopf war nicht für den Euro, Stoiber
war nicht für den Euro, also es waren eine ganze Reihe auch im Unionslager nicht für
den Euro. Es gab in meinen Augen nur einen, der den Euro durchziehen konnte, und
das war Helmut Kohl.« Pfeifer berichtet, Kohl habe daraufhin mit Waigel und Kinkel
gesprochen, »und dort hat er also dann ziemlich klar die Aussagen bekommen, das
wird nichts«.[59] Will Kohl mit solchen Fragen nur bestätigt bekommen, was er selbst
schon weiß? Zusätzliches Alibi für das eigene Urteilsvermögen oder das eigene Fest-
klammern an der Macht, wie immer man das auch sehen mag? Wer ausgerechnet
Waigel fragt, ob Schäuble wohl in der CSU-Landesgruppe keine Probleme hätte, oder
Kinkel, der schließlich das Grüppchen unversöhnlicher Kohl-Gegner in der eigenen
Fraktion bestens kennt, weiß die Antwort schon im voraus.

Hinzu kommt noch ein Weiteres: Im Bundeskanzleramt und im Adenauer-Haus
sieht man nicht allein die schwankenden Wechselwähler, sondern vertraut auf die
Hunderttausende getreuer Anhänger, die Kohl landauf, landab besitzt. Sie strömen
zusammen, wenn der Kanzler auftritt, sie lassen sich in den Wahlschlachten mobilisieren, sie können »die Lufthoheit über den Stammtischen« erringen, wie man so
sagt. Sie finden sich den Umfragen zufolge auch unter engagierten Jungwählern, die
über die Schüler-Union zur CDU gestoßen sind. Auch in den neuen Ländern gibt es
einen harten Kern von CDU-Wählern, die den Kanzler der Einheit verehren und die

PDS heftig ablehnen. In der CDU herrscht die Auffassung, daß es nur einen einzigen Matador gibt, der dieses Potential bündeln und aktivieren kann: Helmut Kohl. Aus solchen Beobachtungen und Hoffnungen erwächst die Warnung vor Überlegungen oder gar vor hektischen Versuchen, im letzten Moment einen Wechsel von Kohl zu Schäuble zu inszenieren. Kohls Generalsekretär Peter Hintze warnt wieder und wieder, und er glaubt auch daran, ein Kandidatenwechsel mitten im Wahlkampf »wäre unser sicherer Tod«.[60]

Anfang Januar 1998 halten alle Parteien Klausuren ab, um sich über die Wahlkampfstrategie zu beraten.[61] Gezielt publiziert der *Spiegel* zum Jahresbeginn eine Emnid-Umfrage, derzufolge 69 Prozent für einen Regierungswechsel in Bonn sind und nur 25 Prozent dagegen.[62] Selbstverständlich sucht dieses Magazin durch solche Veröffentlichungen Stimmung gegen die Koalition Helmut Kohls zu machen. Es ist jedoch nicht zu bestreiten, daß in der Wählerschaft momentan eine starke Wechselstimmung grassiert. Unter Vorsitz des Parteivorsitzenden erörtern die CDU-Größen nach einem Referat von Renate Köcher vom IfD Allensbach die Lage. Die vorhergehenden Wochen haben unterschwellige, aber deutlich spürbare Meinungsverschiedenheiten zwischen Kohl und Schäuble gezeigt. Kohl setzt, darin bestärkt vom CSU-Vorsitzenden Waigel, weiter auf die bisherige Koalition und will die CDU mit einem scharfen Lagerwahlkampf emporreißen. Unverdrossen haben die Regierungsparteien im Dezember versucht, mit der SPD vielleicht doch noch eine abgespeckte Steuerreform auf den Weg zu bringen und die Blockade der SPD bei Finanzierung der Rentenreform zu lockern. Bei der Rentenreform kommt tatsächlich ein Kompromiß zustande, nicht aber bei der Steuerreform.[63] Das hindert Schäuble nicht, zu Jahresbeginn dem *Spiegel* ein Interview zu geben, in dem er zwar Lafontaines erneutes Nein scharf kritisiert, dies jedoch verbunden mit vagen Formulierungen, aus denen jeder Kundige herauslesen kann, daß er auf mittlere Sicht die Option einer Großen Koalition nicht ausschließen will.[64] Die Emnid-Umfrage im *Spiegel* zeigt allerdings widersprüchliche Trends. 33 Prozent der deutschen Wähler erwarten demzufolge nach der Bundestagswahl eine Große Koalition, dreißig Prozent erwarten Rot-Grün und weitere dreißig Prozent eine Fortsetzung der derzeitigen Koalition. Unter denen, die eine Große Koalition für möglich halten, sind jedoch 36 Prozent Anhänger der CDU/CSU.[65]

Das ist die Gefechtslage, mit der sich Helmut Kohl bei der Klausur zum Jahresbeginn 1998 konfrontiert sieht. Der Erosionsprozeß bei den Anhängern der schwarzgelben Koalition ist auch im eigenen Lager nicht zu übersehen. Kohl hält jedoch weiterhin an seiner Grundlinie fest und polemisiert wie gewohnt dagegen, daß in der CDU von einer möglichen Koalition mit der SPD gesprochen wird. »Wer sich auf einen langen Zeitraum der Opposition einrichten will, soll dem Gespenst der großen Koalition nachlaufen. Mit den Sozialdemokraten, so wie sie sind, können Sie keines der wirklichen Sachprobleme lösen«, ermahnt er die Spitzenpolitiker der CDU bei der eben erwähnten Klausur.[66] Seine Wahlkampfstrategie lautet: offensiver Lagerwahlkampf! Mit dieser Einschätzung hat er eine große Mehrheit der CDU-Parteiführung auf seiner Seite, genauer gesagt: Niemand wagt ihm offen zu widersprechen. Schäuble selbst hält sich spöttisch bedeckt. Daß der bekennende Kohl-Kritiker Geißler vor einer strategischen Falle warnt, wenn sich die CDU auf die Koalition mit der FDP festlege, statt sich zur SPD und den Grünen hin zu öffnen, gehört seit Jahren zum Grundmuster der CDU-Choreographie. Es ist freilich anzunehmen, daß Schäuble in diesem Punkt Geißler viel näher steht als seinem Parteichef.

Der Termin, auf den momentan alle gebannt starren, ist die Landtagswahl in Niedersachsen am 1. März. Beim Machtkampf mit Schröder hat Lafontaine seine Kanzlerkandidatur daran geknüpft, wie sich sein Rivale dort schlägt. Ein halbes Prozent müsse er zu den 44,3 Prozent von 1994 schon zulegen, läßt sich Lafontaine im *Spiegel* zitieren.[67] Wie Lafontaine hofft auch Kohl, Schröder unter diese Marke zu drücken, obgleich ein Wahlsieg der CDU nicht im Ernst zu erwarten ist. Alle Experten sind sich nämlich darin einig, daß beim Lagerwahlkampf, auf den Kohl zusteuert, Lafontaine ein viel genehmerer Gegner ist als Schröder, der seit Jahren ganz ungeniert im bürgerlichen Lager wildert. Zudem kann sich Kohl gar nicht vorstellen, ein Parteivorsitzender könne auf die Kanzlerkandidatur verzichten. Und da die Union auf dem ZDF-Politbarometer bei 34 Prozent festgemauert verharrt (gegenüber 44 Prozent für die SPD und zwölf Prozent für die Grünen), hätte er einen Wahlkampferfolg dringend nötig. Nun läßt er sich zu einem weiteren Fehler hinreißen. Er hängt sich persönlich ganz gewaltig in den Wahlkampf und verkennt die Gefahr, daß die Niedersachsenwahl zu einer Art kleiner Bundestagswahl hochstilisiert wird.

Das Wahlergebnis ist denkbar weitreichend. Gewiß sind die ohnehin niedrigen Prozentzahlen für die CDU nur unerheblich rückläufig. Entscheidend aber ist, daß Schröder von 44,3 Prozent auf 47,9 Prozent hochzieht. Lafontaine muß nun diesen Wahlmagneten als Kanzlerkandidaten akzeptieren, und Kohl erhält somit einen kaum zu bezwingenden Gegner. Alsbald sinken die Zustimmungswerte für die Union noch tiefer als bisher schon – von 34 Prozent im Monat Februar auf dreißig Prozent nach der Niedersachsenwahl im März. Noch schlimmer sind die Vergleichszahlen: 62 Prozent möchten Schröder als Bundeskanzler und nur noch 28 Prozent Helmut Kohl.[68]

Vielleicht ist es kein Zufall, daß die Koalition bereits in der Woche nach der Niedersachsenwahl eine peinliche Abstimmungsniederlage hinnehmen muß. In der FDP regt sich seit längerem wieder eine Gruppe, die Kohl weghaben möchte und sich eigentlich aus der Koalition mit den Unionsparteien lösen will, ohne aber genau sagen zu können, wann, wie und wohin. Möllemann in NRW gehört dazu. Auch der umtriebige Generalsekretär Westerwelle läßt sich gern mit dem Ausspruch zitieren:

»Wir haben überhaupt keine Angst vor der Opposition.«[69] In der FDP-Fraktion gibt es gleichfalls Erosionserscheinungen, die jedoch beherrschbar erscheinen. So kommt es wieder einmal zu einem öffentlich inszenierten Koalitionskrach über die elektronische Überwachung der organisierten Kriminalität, den »Großen Lauschangriff«. Hans-Dietrich Genscher und Graf Lambsdorff, die in dieser Frage ihr Gesicht zu verlieren haben, sowie sieben Linksliberale stimmen mit der Opposition aus SPD, Grünen und PDS gegen das in der Koalition ausgehandelte Gesetzgebungsvorhaben.[70] Kohl schimpft kräftig, zeigt sich jedoch nicht übermäßig beunruhigt. Das Grüppchen der Linksliberalen in der Fraktion – Gerhart Baum, Burkhard Hirsch – hat er nie besonders gut riechen können. »Eure Spinner«, schimpft er in solchen Fällen bei Klaus Kinkel.[71] Aber er tröstet er sich und die Seinen mit der Tatsache, daß sich unter den 47 FDP-Bundestagsabgeordneten in dieser für die Freien Demokraten sensiblen Frage nur ganze neun Abweichler gefunden haben. Der FDP-Parteivorstand steht mehrheitlich und der Fraktionsvorstand ganz fest zur Koalition. In den Umfragen krebsen die Freien Demokraten zwar nach wie vor unter der Drei-Prozent-Grenze,[72] doch erfahrungsgemäß kommt die FDP bei Bundestagswahlen dank der sogenannten CDU-Leihstimmen stets sicher über die Fünf-Prozent-Hürde. Für den überwiegend koalitionstreuen FDP-Flügel um Gerhardt, Kinkel und Solms, die bei den Freien Demokraten weiter das Sagen haben, ist dieser Kalkül vorerst schlachtentscheidend. Nach der Stimmenauszählung in der Wahlnacht wird man weitersehen.

Momentan braucht sich Kohl also über die FDP keine allzu großen Sorgen zu machen. Unter den Kommandeuren der eigenen Parteibataillone herrscht jedoch Panik, aus der rasch offene Meuterei werden kann. Am weitesten wagt sich Edmund Stoiber vor. Er hat am meisten zu verlieren. Auf den 13. September sind in Bayern die Landtagswahlen terminiert, vierzehn Tage vor der Bundestagswahl. Schon bisher hat Stoiber keine Gelegenheit verstreichen lassen, sich mit fein ziselierten, stets doch noch vorsichtig gehaltenen Interviews von dem glücklosen Kanzler in Bonn und dem Finanzminister Waigel zu distanzieren. Seine Untergebenen durften, von ihm gedeckt, gröber formulierte Invektiven verbreiten. Jetzt, im Monat März, sieht er sich versucht, den offenen Aufruhr zu proklamieren. Er sähe es am liebsten, wenn die CSU-Bataillone den zum Untergang bestimmten Kanzler verlassen würden, um alle Kräfte auf die Verteidigung der bayerischen Stammlande zu konzentrieren, von denen aus er eines Tages in eigener Person zur Reconquista aufbrechen könnte. Dieser Strategie steht jedoch der CSU-Vorsitzende Waigel mit der Bonner CSU-Landesgruppe im Wege.

So wie Helmut Kohl ist auch Theo Waigel zur termingerechten Durchsetzung des Euro entschlossen, während Stoiber schon seit längerem am Konzept einer europäischen Währung sachliche Zweifel hegt und eine Verschiebung des Plans anstrebt. Der März 1998, in dem die Niedersachsenwahl Kohls Wahlkampfkalkül bös durchkreuzt

Aus Spaß kann Ernst werden. Pressekonferenz mit Christian Wulff
nach der verlorenenen Landtagswahl in Niedersachsen, 2. März 1998

hat, ist zugleich der Monat, in dem die Verfassungsorgane der Bundesrepublik über
die Preisgabe der D-Mark zu entscheiden haben. Der stets genau kalkulierende, eben
deshalb auch nie bis zum letzten entschlossene Stoiber steht in diesen Tagen der Entscheidung kurz vor dem Aufstand, unterwirft sich dann aber Kohl und Waigel, die
seine Drohungen mit großer Härte zurückweisen. Eine Parteispaltung der CSU in der
Euro-Frage so kurz vor den Wahlen möchte er doch nicht riskieren.[73] Paradoxerweise
gelingt somit dem Kanzler ausgerechnet im Monat März 1998, als er innenpolitisch
angeschlagen im Ring taumelt, der definitive Durchbruch zur Währungsunion.

Eine weitere Truppe, von der Unruhe ausgeht, sind die Anhänger Schäubles. Er
hat sich in der Fraktionsführung bereits eine Art Kernkabinett zusammengezimmert.
Die nur mühsam zurückgedämmte Torschlußpanik seiner Anhänger, die ihre Felle
wegschwimmen sehen, ist durch die Kanzlerkandidatur Schröders erheblich verstärkt worden. Es bedarf keiner besonderen Klarsicht, um zu erkennen, daß nun nach
Clinton in den USA und Tony Blair in Großbritannien mit Schröder ein dritter unkonventioneller Reformer die Bühne betreten hat. Das Wahlkampfteam in der
»Kampa« unter Müntefering hat in den USA und in England vor Ort die Erfolgs-
rezepte genauestens studiert, mit denen es dort gelungen ist, Präsident George Bush
und Premierminister Major zu überwinden. Erst haben sie dort ihre altmodischen,
in vielem zu radikalen Parteien auf einen Kurs der linken Mitte getrimmt, dann eine
auf die Wechselwähler der neunziger Jahre gezielte Medienstrategie konzipiert, durch

Beredsamkeit, wolkige Versprechungen und Charisma die Wählermassen überzeugt und schließlich die alt und grau erscheinenden Amtsinhaber George Bush und John Major aus dem Amt gejagt. Bald nach der Ausrufung des SPD-Kanzlerkandidaten ist in der Schröder-nahen Presse zu lesen, daß er seine Botschaft in vier Stichworten fokussieren möchte: »Wechsel«, »Führung«, »Innovation« und »Gerechtigkeit«.[74] Das gefährlichste seiner Schlagworte aber ist der Begriff »neue Mitte«. Dreißig Jahre lang hat Kohl seine CDU und seine Regierungen auf eine Politik der »Mitte« verpflichtet. Ausgerechnet jetzt stiehlt ihm dieser freche Herausforderer gewissermaßen die Kleider, um sie unter dem Label »neue Mitte« groß auf den Markt zu bringen! Was will »der Dicke« einem solchen Typen, der zudem noch Charisma hat, und seiner so süffigen Programmatik entgegensetzen?

Unter diesen Umständen versteht sich die Lagebeurteilung der Anhänger Schäubles von selbst: Nur ihr eigener Chef ist noch in der Lage, Schröder als gleichwertiger Gegenspieler entgegenzutreten. Die Schlagworte »Wechsel«, »Führung«, »Innovation«, auch »Gerechtigkeit« könnten allesamt von Schäuble stammen. Er ist ebenfalls im Begriff, seine ideenlos gewordene, verkrustete Partei zu reformieren. Die Umfragen zeigen überdies, daß dieser Mann, der mit seiner Behinderung so tapfer umgeht, weit über die eigenen Anhänger hinaus Respekt genießt und seine eigene Art von Charisma ausstrahlt. Somit ist der Wunschtraum der Hauptleute, Leutnante und der einfachen Trainsoldaten im Lager Schäubles durchaus nachvollziehbar: Kohl könnte im allerletzten Moment zur Einsicht gelangen, daß seine Zeit abgelaufen ist. Noch ist es Zeit für einen großen Befreiungsschlag, von dem man übrigens auch in den Führungsetagen der FDP träumt. Wenn Kohl auf dem Brüsseler Sondergipfel der EU am 2. und 3. Mai seine europäische Vision mit der Etablierung des Euro gekrönt hat, könnte er verkünden, daß sein politisches Werk vollbracht ist, auf dem CDU-Parteitag in Bremen am 19. Mai Schäuble zu seinem Nachfolger ausrufen, dann zurücktreten und die Koalition zur Kanzlerwahl aufrufen. Entweder klappt das, so die Überlegung, dann könnte Schäuble zusammen mit dem Altkanzler Kohl gemeinsam als Reformer durch die Lande ziehen, um bei der Bundestagswahl den redegewandten, aber doch leichtgewichtigen Schröder niederzuringen. Würde aber, was durchaus denkbar ist, die von Artikel 63 GG vorgeschriebene Mehrheit verfehlt, so müßte Bundespräsident Herzog Schäuble entweder zum Kanzler eines Minderheitskabinetts ernennen oder den Bundestag vorzeitig auflösen.

Mit weniger Unwägbarkeiten verbunden wäre ein kleiner Befreiungsschlag. Kohl könnte auf dem Bremer Parteitag Schäuble zum Parteivorsitzenden und Kanzlerkandidaten der CDU ausrufen und dann die verbleibenden Monate bis zur Bundestagswahl an dessen Seite für einen künftigen Bundeskanzler Schäuble in die Wahlschlacht zu ziehen. Doch kann man sich das wirklich vorstellen? Ein vor Wahlen immer noch rauflustiger Helmut Kohl, der zurücktritt, weil ihm sonst die Abwahl droht? Ein CDU-Vorsitzender, der ein Vierteljahrhundert amtiert und nun vor einer kritischen Bundestagswahl zurücktritt? Ein Politiker, der länger als dreißig Jahre mit der FDP koalierte und zu guter Letzt einen Nachfolger kürt, von dem zu erwarten ist, daß er die CDU stracks in eine große Koalition mit der SPD führen wird?! So fragen, heißt die Antwort bereits vorwegnehmen. Temperamentsmäßig ist und bleibt Kohl auf Kampf programmiert. Angesichts der verheerenden Umfragewerte würde er seinen Rücktritt als Feigheit vor dem Feind verstehen.

Doch im Kreis der CDU-Präsiden glauben nicht mehr viele an den Erfolg. Im April und selbst im Mai des Jahres 1998, das für die CDU zum Katastrophenjahr zu werden droht, stellt man dort nochmals hektische Überlegungen an, Kohl im allerletzten Moment zu einem Führungswechsel auf dem Bremer Parteitag zu bewegen. Es sind die amtierenden CDU-Ministerpräsidenten, die jetzt über einen Vorstoß beraten. Am 27. März, drei Wochen nach der Inthronisierung Schröders, hat Gerhard Stoltenberg, der allerdings nur noch über wenig politisches Gewicht verfügt, Bernhard Vogel angesprochen. Er möge doch auf Kohl einwirken und ihn zum Verzicht auf die Kanzlerkandidatur bewegen. Vogel hat zwar nie ganz vergessen, wie Kohl ihn im Jahr 1988 bei seiner Auseinandersetzung mit dem Herausforderer Wilhelm in Rheinland-Pfalz im Regen stehen ließ. Aber er ist und bleibt ein Kohl-Loyalist, genauso wie sein Ministerpräsidentenkollege Erwin Teufel, mit dem er in der zweiten Aprilwoche in Südtirol konferiert. Teufel ist schon verschiedentlich von Repnik kontaktiert worden, der im Auftrag Schäubles auf einen alsbaldigen Wechsel drängt. Man überlegt, zu dritt – Vogel, Teufel und Schäuble – bei Kohl einen Vorstoß zu unternehmen. Teufel führt daraufhin ein langes Gespräch mit Schäuble, der aber meint, er müsse die heikle Frage allein mit Kohl erörtern. Vogel telefoniert mit Schäuble, er solle Kohl klarmachen, daß er die Wahl verlieren könne. Sogar nach dem Parteitag in Bremen habe er noch die Möglichkeit, aufzugeben. Wenn er aber nicht wolle, so fügt Vogel hinzu, »müßten wir durchhalten und gegebenenfalls mit Kohl die Niederlage ertragen«. Am 10. Mai, so erinnert sich Vogel anhand seiner Aufzeichnungen, »unterrichtet mich Schäuble, er habe mit Kohl gesprochen, wir würden mit ihm die Wahl verlieren, ob er nicht verzichten wolle. Kohl sagt nein.« Auch bei einem Gespräch mit Biedenkopf läßt sich Kohl nicht mehr umstimmen.[75] Schäuble und die CDU-Ministerpräsidenten lassen von nun an den Dingen ihren Lauf.

Wenn Kohl in diesen Wochen jeden Gedanken von sich weist, selbst kleine Lösungen wie den Rücktritt als Parteivorsitzender zugunsten Schäubles oder wenigstens dessen Proklamation zum Kanzlerkandidaten ins Auge zu fassen, so auch deshalb, weil die CSU dabei nicht mitspielen würde. Mit knapper Not hat Waigel mit der CSU-Landesgruppe dem Bundeskanzler geholfen, den Euro über die Rampe zu bringen. Das heißt aber noch nicht, daß die CSU bereit wäre, jetzt einen Bundeskanzler

Schäuble zu akzeptieren. Über die Jahre hinweg und bis in die letzten Wochen hat sich Schäuble den Ruf erworben, am liebsten oder jedenfalls doch notfalls mit der SPD gemeinsame Sache zu machen. So kommt es zu jenem großen Krach zwischen der CSU und Schäuble in der ersten Aprilhälfte, der alle feingesponnenen Überlegungen zum Rücktritt Kohls auf dem Bremer Parteitag zu Makulatur werden läßt.

Seit Jahren ist bekannt, daß Schäuble immer wieder einmal einen Vorstoß für eine ökologische Energiesteuer unternimmt, eine Lieblingsidee seines Freundes Hans-Peter Repnik. Diese Steuer hätte aus seiner Sicht einen doppelten Nutzen. Erstens würde sie helfen, die Löcher im Bundeshaushalt zu stopfen, zweitens wäre das ein Signal für koalitionspolitische Offenheit gegenüber der SPD und vielleicht, so vermutet man bei dem Parteistrategen Schäuble, mittelfristig auch gegenüber den Grünen.

In den Nöten der ersten Monate 1998 hat sich Schäuble dazu animieren lassen, einen Entwurf für das CDU-Wahlprogramm zu verfassen. Als er den Text Anfang April dem CSU-Vorsitzenden Waigel zusteckt, bittet er um strikt vertrauliche Behandlung, weist aber zugleich darauf hin, zwei Tage später werde die von ihm geleitete CDU-Programmkommission diesen behandeln und absegnen. Waigel warnt und ersucht darum, für den Text eine unverfängliche Zweckbestimmung zu erfinden. So erhält das Papier die Überschrift »Erster Diskussionsentwurf für ein Zukunftsprogramm«. Schäuble läßt es sich nicht nehmen, den Text in dem hochrangig zusammengesetzten CDU-Gremium verabschieden zu lassen und ihn am 3. April öffentlich vorzustellen.[76] In dieser schwungvoll formulierten, 58 Seiten starken Auflistung wünschenswerter Vorhaben, die außer wenigen CDU-Funktionären kaum einen Menschen interessieren, findet sich auf Seite 56 eine versteckte Passage mit bedeutungsvollen Fingerzeigen. Von einem »erhöhten Mehrwertsteuersatz für Energie« und von einer »aufkommensneutral ausgestaltetem CO_2-Energiesteuer« ist dort die Rede, das aber europäisch harmonisiert.

Zu seinem eigenen Schaden hat Schäuble diesen Stein aber zum falschesten Zeitpunkt in den Brunnen geworfen. Wenige Wochen zuvor haben nämlich die Grünen auf einem Parteitag in Magdeburg eine Resolution verabschiedet, in der sie fünf Mark für den Liter Benzin als ökologisch sinnvollen Preis bezeichneten.[77] Die leicht vorhersehbare Folge: ein Sturm öffentlicher Kritik. Auch andere Vorschläge sorgen damals für Erregung, etwa die Überlegung einer grünen Abgeordneten, pro Familie seien nur alle fünf Jahre Fernflugreisen ökologisch vertretbar. Folge: Die Zustimmung für die Grünen geht dramatisch zurück, von zwölf Prozent im Februar auf sieben Prozent im April.[78] Selbst die SPD geht vorerst auf Distanz zu den Grünen. Der CDU-Generalsekretär Hintze läßt umgehend eine Tankstellenkampagne gegen die Grünen auf den Weg bringen.

Der Text ist noch nicht veröffentlicht, da wird Schäuble vom Generalsekretär der CSU in einem Hintergrundgespräch scharf angegangen. Die CSU, die Zeitungen und das Fernsehen haben über die Osterpause ihr Thema. Kohl schweigt beredt, läßt aber streuen, er sei »fassungslos« über diesen Fauxpas.[79] Auch in Teilen der CDU fragen nun manche, ob Schäubles Urteilsvermögen und sein Nervenkostüm nicht unter der Dauerbelastung gelitten haben. Sein ständig wiederholter Anspruch, die Koalition müsse einen »argumentativen Wahlkampf« führen, ist nach diesen Vorgängen selbst nach Meinung vieler maßgeblicher Politiker in der CDU ziemlich entwertet. Verteidigt wird Schäuble nur von den »üblichen Verdächtigen« Heiner Geißler und Rita Süßmuth,[80] was die CSU noch mehr auf die Palme bringt. Statt die Sache im Fraktionsvorstand unter den Teppich zu kehren, provoziert Schäuble am 20. April im Fraktionsplenum in Gegenwart des Bundeskanzlers einen Krach mit Theo Waigel. Unmittelbar nach ihm meldet sich der Abgeordnete Werner Lensing aus dem Münsterland, Neuankömmling und Hinterbänkler, beklagt die »zelebrierte Selbstzerfleischung«, artikuliert die Empörung der Basis wegen der negativen Schlagzeilen und kritisiert, wohl an die Adresse Geißlers gerichtet, »impertinente Profilierungsversuche vermeintlicher Individualisten«. Dann meldet sich Waigel, nach ihm schürt Geißler des Feuer, Waigel und Schäuble äußern sich weiter ägriert, Kohl schweigt zu dem Streit seiner höchsten Generäle, und die Kontroverse wird sowohl von den Helfern Kohls als auch von denen Waigels flugs nach draußen getragen.[81]

Der »Hauskrach«, wie Kohl die Auseinandersetzung abwiegelnd zu verharmlosen sucht, ist aber noch nicht zu Ende. Zwei Tage nach dieser stürmischen Fraktionssitzung erscheinen in der *Rheinischen Post* und tags darauf im *Handelsblatt* Nachrichten über angeblich gescheiterte Pläne von CDU-Abgeordneten, »den Kanzler zu einem Überdenken seiner Kandidatur zugunsten Schäubles zu überreden«.[82] Das *Handelsblatt* legt am folgenden Tag nach und veröffentlicht Details von Gesprächen in der Bar des Moskauer Hotels Kempinski, die als »Putschpläne« interpretierbar sind. Im Lager Schäubles vermutet man in diesen Zeitungsnachrichten eine aus dem Bundeskanzleramt gesteuerte Desinformationskampagne gegen Schäuble. Am Wochenende wird durch eine Vorveröffentlichung im *Spiegel* in langen Auszügen eine »Grundsatzrede« Schäubles abgedruckt, die dieser am 16. März im CDU-Vorstand zur Lage der CDU gehalten hat. Dabei – so die *Spiegel*-Redaktion im Vorspann – habe er eine deutliche Alternative zur Strategie des Kanzlers entwickelt: »Wir dürfen nicht den Eindruck erwecken, daß wir in erster Linie gegen Rot-Grün marschieren. Wir müssen den Eindruck erwecken, wir marschieren in erster Linie für die Zukunft.«[83] Allem Anschein nach hat Schäuble ausgerechnet dem *Spiegel*, dem »Lieblingsblatt« Kohls, den Text zugespielt. Am Sonntag, den 26. April, erleidet die CDU in Sachsen-Anhalt eine schlimme Wahlschlappe – Rückgang von 34,4 auf 22,0 Prozent. Ein erheblicher Teil der Wähler ist zur rechtsradikalen DVU abgewandert. Tags darauf macht Kohl im Parteipräsidium klar Schiff und erklärt, er sei nur noch zur Kandidatur bereit, »wenn alle hinter mir stehen«.[84]

Spätestens jetzt ist der gesamten Führung klar, daß die CDU keine Alternative mehr hat, als mit dem Kanzler zu siegen oder zu fallen. Die Suche nach einer Alternative verbietet sich auch deshalb, weil der Kanzler am 2. und 3. Mai zum Sondergipfel nach Brüssel fliegen wird, wo die Etablierung der Europäischen Wirtschafts- und Währungsunion erfolgen soll. Die ohnehin ziemlich aussichtslosen Vorstöße in Richtung »Befreiungsschlag« durch eine wie auch immer geartete Nominierung Schäubles verlaufen somit im Sand. Daß Helmut Kohl nach diesen Wochen noch weniger als bisher daran denkt, auf dem CDU-Parteitag im Mai zugunsten Schäubles eine seiner Funktionen aufzugeben, ist nachvollziehbar. Nachvollziehbar ist genauso, daß die Entfremdung zwischen den beiden zunimmt.

Nach diesen bewegten Wochen sieht sich die Koalition definitiv zu einem »Kanzlerwahlkampf« mit Kohl verurteilt. Auch bei der FDP schwindet nun die Hoffnung, sich vielleicht noch abkoppeln zu können. »Ich war immer der Meinung, er hätte Schäuble ranlassen sollen«, meint Klaus Kinkel rückblickend: »Wir hätten die Wahl mit Schäuble wahrscheinlich knapp gewonnen.« Und er fügt hinzu: »Man hätte Schäuble in der FDP gewählt. Ich bin mit Schäuble bis heute eng verbunden. Wir haben x-mal darüber gesprochen. Ich habe ihm mehrfach damals gesagt: ›Herr Schäuble, wir müssen das jetzt machen.‹ Aber wir wollten Kohl nicht stürzen, um Gottes willen. Das hätten wir uns gar nicht zugetraut und hätten wir auch nicht fertig gekriegt.«[85]

Inmitten der Unsicherheiten über den bevorstehenden Wahlkampf erlebt der Kanzler auf dem Brüsseler EU-Gipfel am 3. Mai trotz des Ärgers über Chirac seinen größten Triumph. Der Einführung des Euro steht nun nichts mehr im Wege. Man versteht Kohls Innenpolitik in den Jahren 1997 und 1998 überhaupt nur richtig, wenn man seine eigentliche Priorität ins Auge faßt – die Einheit Europas durch den Euro »unumkehrbar« zu machen.

Endspiel

Nachdem die Europäische Wirtschafts- und Währungsunion Anfang Mai installiert ist, hat der Wahlkampf höchste Priorität. Auf dem »Kampfparteitag« in Bremen gibt ein bemerkenswert angriffslustiger Helmut Kohl wieder einmal den harten Burschen, so wie seine Anhänger ihn lieben. 800 Delegierte werden mit Parolen, die jedermann auswendig kennt, gewissermaßen zum letzten Gefecht eingeschworen, das natürlich siegreich sein wird. Kohl glaubt durchaus noch daran, und die Delegierten wollen glauben. Längst ist die Parteitagsberichterstattung in der Presse so polarisiert, wie das nun einmal in Wahlkampfzeiten sein muß. Höhnisch berichtet Fritz J. Raddatz in der *Zeit,* Kohl »glaubt fest an die eigenen Platitüden«.[1] Doch genau das ist dessen

Stärke – ein Mann, der von des Gedankens Blässe nicht angekränkelt ist. Jetzt sieht er seine Hauptaufgabe darin, Gerhard Schröder zu entzaubern. Scharping konnte er noch ignorieren, Schröder muß er demontieren: »Mit ihm führt der Weg nicht in die neue Mitte, sondern zurück in die alte Linke.« Als Kohl geendet hat, wird auf der Bühne ein langes weißes Transparent enthüllt, auf dem mit roten Buchstaben geschrieben steht: »Mach's noch einmal, Helmut!« Zehn Minuten lang erhält er stehende Ovationen und wird selbst zu Tränen gerührt.[2] Die Show soll den Wahlparteitag der SPD in Leipzig vergessen machen, auf dem im Monat zuvor Gerhard Schröder wie ein Triumphator zum Kanzlerkandidaten gekürt worden ist.

Der SPD-Vorsitzende und Wahlsieger in Sachsen-Anhalt, Reinhard Höppner, hat den CDU-Strategen den Gefallen getan, eine schwarz-rote Koalition abzulehnen und sich statt dessen mit einer Regierung aus SPD und Bündnis 90/Die Grünen von der PDS tolerieren zu lassen. Schröder betrachtet das Verhalten der Genossen in Sachsen-Anhalt als sträfliche Torheit und versichert feierlich, er werde sich von der PDS weder direkt noch indirekt zum Kanzler wählen lassen. Kein Mensch bei der CDU, der Kanzler zuallerletzt, will ihm das glauben. So legt das Adenauer-Haus anstelle der wirkungsvollen »Rote-Socken-Kampagne« von 1994 diesmal eine »Rote-Hände-Kampagne« auf. Die Ministerpräsidenten Biedenkopf und Vogel bekreuzigen sich zwar und lassen das in ihren Ländern abblasen.[3] Aber auf Unionsanhänger in den »alten« Bundesländern mag das doch aufrüttelnd wirken, und so zieht der Kanzler nochmals mit der Warnung durchs Land, auch in Bonn drohe nun Rot-Grün, toleriert von den Altkommunisten der PDS. Um Schröder zu entlarven, werden auch dessen ergebene Besuche bei Honecker in den achtziger Jahren ausgegraben. In seinen Wahlreden spart Kohl nicht mit Polemik gegen die Blockadepolitik der SPD. Er selbst sei leider, so verkündet er nun landauf, landab, bei seinen Versuchen, Deutschland fürs 21. Jahrhundert fit zu machen, von den Machtpolitikern in der SPD infam gebremst worden.

Daß der Kanzler einen schonungslos harten Wahlkampf führen will, demonstrieren auch zwei Personalentscheidungen. Wie einst Peter Boenisch soll ihm nun Hans-Hermann Tiedje, ehemals Chefredakteur von *Bild* und der *Bunten*, als Berater zur Seite stehen. Er gilt als »scharfer Hund«. Den bisherigen Regierungssprecher Peter Hausmann von der CSU ersetzt er durch den schwäbischen Bundestagsabgeordneten Otto Hauser. Im Falle Hausers zeigt sich allerdings rasch, daß Kohl einen Mißgriff getan hat. Hauser ist zwar von Hause aus Journalist, muß aber dennoch erst lernen, daß man sich vor der feinen Bundespressekonferenz anders zu äußern hat als auf Parteiversammlungen im Eßlinger Wahlkreis.[4] Wenn sich Mitarbeiter Kohls nach der Niederlage am 27. September über die vielen Fehler im Wahlkampf Gedanken machen, heben sie auch stark auf die Unruhe in den PR-Apparaten Kohls ab. Der einzige, vor dem selbst kohlkritische Journalisten professionellen Respekt haben, weil er dem Vernehmen nach selbst dem Kanzler gegenüber mit seiner Meinung nicht hinter dem Berg hält, ist Andreas Fritzenkötter.

Der Wahlkämpfer Kohl ist offensichtlich in Hochform. »Er ist seit Wochen auf Droge«, schreibt der alles andere als regierungsfreundliche Herbert Riehl-Heyse von der *Süddeutschen* in der heißen Schlußphase des Wahlkampfs. »Ziemlich jugendlich« wirke er, »hellwach«, »hochkonzentriert«, »dynamisch«, dabei auch relaxt, »sehr entschlossen«, »guter Dinge«, »kommunikativ« und »sehr optimistisch«. Kohl sehe »sehr viel gesünder aus« als ein Jahr zuvor auf dem Leipziger Parteitag.[5] Besonders fit wirkt er beim Rededuell mit Gerhard Schröder am 2. September vor dem aus der Sommerpause zurückgekehrten Bundestag. Martin Lambeck von der *Welt* beendet seinen Bericht über die Debatte mit der Feststellung: »Jedenfalls war Schröder im Bundestag am Ende noch nie so gut. Und Kohl schon lange nicht mehr so stark.«[6] Genauso zeigen die zahlreichen Zeitungsinterviews Kohls in der heißen Wahlkampfphase einen präsenten Mann, angriffig, wachsam, differenziert, manchmal humorvoll und selbstironisch, ohne die ansonsten bei ihm so befremdliche Weitschweifigkeit. Zeichen der Resignation sind nicht zu erkennen, viel eher praller Optimismus, der erst in der Woche vor der Wahl einer gewissen Nachdenklichkeit Platz macht. Die ihm aufgeklebte Bezeichnung »verbraucht« schiebt er lässig beiseite: »Nachdem die Sozialdemokraten es viermal nicht geschafft haben, geben sie jetzt – in Ermangelung eigener Ideen – die Parole aus: Er ist verbraucht, zu alt und kaputt, er packt es nicht mehr.« Und er prahlt: »Eine SPD-nahe Zeitung schreibt: Wenn er die Treppe hoch geht, ringt er nach Atem. Aber wenn ich die Redakteure dieser Zeitung die Treppe hochkeuchen sehe, dann kommen die mir alles andere als frisch und munter vor.«[7]

Mit solchen Sprüchen begeistert er auch die Massen, die bei dieser Wahl zusammenströmen wie bei einem Popstar. Die Wohlfühltour vor dem Einstieg in den eigentlichen Wahlkampf durch die Badeorte an der Nord- und Ostsee in diesem verregneten Juli ist eher ein Schlag ins Wasser. Die Badegäste strömen zwar zuhauf herbei, und er kann sich selbst und den Medien bestätigen, wie nahe er sich wieder »bei den Leut« fühlt, ein normaler Mensch nach langen Perioden kanzlerhafter Abgehobenheit. Doch Aufwand und Ertrag stehen nicht im richtigen Verhältnis. Anders dann die Einsätze in der heißen Wahlkampfphase, bei denen er im Hubschrauber und inmitten seiner Autokolonne von Stadt zu Stadt hetzt. Er setzt auf Veranstaltungen unter freiem Himmel, am liebsten inmitten der Städte auf den Marktplätzen – Alter Markt in Bielefeld, Laurentiusplatz in Wuppertal, Bonner Marktplatz, Ingolstadt, Kassel, Weimar, Kiel, Rostock. Überall sind es 5000, 8000, 10 000 oder 15 000 Zuhörer, die Zahl von Woche zu Woche ansteigend. Seine Anhänger bejubeln in ihm die Ikone der Bundesrepublik und der CDU, viele kommen nur, um das alte Schlachtroß nochmals in voller Aktion zu erleben, rund ein Drittel der Zuhörer, so schätzen die Wahlkampfstrategen, mag noch unentschieden sein und läßt sich vielleicht überzeugen, dazu kommt der übliche Block lautstarker Gegner mit ihren Trillerpfeifen, auch sie unentbehrlich, um den Raufbold Kohl so richtig aufzuwecken. In die Schlußphase werden dann die Riesenveranstaltungen in den größten Städten plaziert: Dresden, Leipzig, Stuttgart, München. In einem Interview mit Mathias Döpfner gegen Ende des Wahlkampfs zeigt sich Kohl überzeugt, daß er bei an die fünfzig solcher Auftritte knapp eine halbe Million Menschen direkt erreicht hat, viel mehr als in früheren Jahren.[8]

Wer bald ein halbes Jahrhundert hindurch Wahlkämpfe absolviert hat, weiß natürlich, daß Dutzende von Ansprachen vor großen Zuhörermengen, die zumeist applaudieren, die Wahrnehmung verzerren. In der mitten im Wahlkampf zusammentretenden Fraktion warnt er Anfang September: »Ich bin auch ein Lichtjahr von der Erwartung, gute Versammlungsbesuche bedeuten ein gutes Wahlergebnis.«[9] Auffällig ist aber doch, wie oft er den Journalisten gegenüber auf den Massenandrang zu seinen Auftritten hinweist. »Autosuggestion setzt er suggestiv ein«, schlußfolgert daraus Günter Bannas.[10] Kohl läßt sich nicht auf Fernsehduelle ein, dies würde, so denkt er, die Herausforderer Gerhard Schröder und Joschka Fischer nur aufwerten. Zudem ist er überzeugt, daß im öffentlich-rechtlichen Fernsehen Scharen seiner Gegner sitzen, die vor keiner Nachrichtenmanipulation zu seinen Ungunsten zurückschrecken. Bei der eben erwähnten Fraktionssitzung meint er: »Sie haben immer noch einen Medienvorsprung, der enorm ist.«[11] Den will er durch die Direktansprache der Wähler überwinden.

Längst begegnet er auch den immer irgendwie nach unbekannten Kriterien »gewichteten« demoskopischen Wasserstandsmeldungen des halben Dutzends von Umfrage-Instituten, die Woche für Woche auf den Markt kommen,[12] mit großer Skepsis, zumal sie Schröder und der SPD weiterhin einen Vorsprung einräumen und bezüglich der kleinen Parteien natürlich die bekannten statistischen Unschärfen aufweisen. »Es ist ja schon zum Teil schändlich, was da gefälscht wird«,[13] beruhigt er seine Anhänger und genauso sich selbst.

Es sind jedoch zwei Beobachtungen, die Kohl im August zu denken geben: zum einen der günstige Eindruck, den Schröder mit der Benennung des erfolgreichen, parteilosen und mit seinen 43 Jahren jung und unverbraucht wirkenden Computer-Unternehmers Jost Stollmann als Wirtschaftsminister im bürgerlichen Milieu gemacht hat, zum anderen die sehr labile Stimmung in den neuen Ländern. Um beidem entgegenzuwirken, versöhnt er sich unversehens mit seinem alten Rivalen Lothar Späth. Dieser hat sich seit Jahren als tüchtiger Sanierer von Zeiss-Jena auch in den neuen Ländern einen Namen gemacht und bringt genau das mit, wonach im Moment bei der CDU so dringender Bedarf herrscht: personalisierte Wirtschaftskompetenz und Renommee in Ostdeutschland. Am 21. August treten die beiden vor die Presse. Späth erklärt sich großzügig bereit, dem bedrängten Kanzler als Berater für »Zukunft und Innovation« zur Seite zu stehen.[14] Auch Biedenkopf weiß, daß es jetzt um die Wurst geht, und stellt sich nun ganz ostentativ an die Seite des bedrängten Kanzlers.

Zweifellos ist inzwischen eine gewisse Trendumkehr festzustellen. Seit dem Tiefpunkt im Frühjahr gehen die Umfragedaten für die CDU und auch für Kohl persönlich bei den meisten Instituten wieder nach oben. Am einflußreichsten sind weiterhin die von der Mannheimer Forschungsgruppe Wahlen ermittelten Zahlenkolonnen und Grafiken, weil sie im ZDF-Politbarometer veröffentlicht werden und somit auf Millionen stark einwirken. Im April hängt die CDU/CSU dort mit dreißig Prozent weit zurück, im Juni verbessert sie sich auf 31, im Juli auf 34 und im August auf 36 Prozent. Doch vor der nun beginnenden heißen Wahlkampfphase liegt Schröders SPD mit 47 Prozent immer noch weit vorn. Irritierend wirkt auf die Genossen allerdings, daß eine deutliche Mehrheit der Wähler Rot-Grün »nicht gut« fände. Irritierend für Kohl ist hingegen, daß sich immer noch 61 Prozent für Schröder als Bundeskanzler aussprechen und nur dreißig Prozent für ihn selbst. Im August ist sogar Schäuble vor Schröder auf Platz eins der Zustimmungsskala gerückt, Kohl findet sich weit abgeschlagen auf Platz neun.[15] Auch das ist ernüchternd, für Kohl aber kein Grund, Schäuble etwa mit sich zusammen auf ein Wahlplakat zu nehmen.

Natürlich rückt die Aussicht auf ein Kopf-an-Kopf-Rennen bei ungewissem Abschneiden der Grünen, der FDP und der PDS die Frage einer Großen Koalition wieder in den Mittelpunkt aller Spekulationen. Bei den Beobachtern verstärkt sich der Eindruck, daß sich verschiedene Parteigrößen allmählich darauf einstellen. Im Juli, als sich alle so richtig warmlaufen, findet Gerhard Schröder ein paar freundliche Worte über Volker Rühe, der sich unlängst mit einem kritischen Stern-Interview zum CDU-Wahlkampf in Erinnerung gebracht hat[16] und dessen Offenheit für eine große Koalition seit langem bekannt ist. »Zusammenarbeitstauglich« sei er, formuliert der SPD-Kanzlerkandidat bedeutungsvoll, während Schäuble doch »sehr konservativ« sei.[17] Volker Rühe dementiert selbstverständlich entschieden.[18] Doch wo Rauch ist, schwelt vielleicht auch irgendwo ein Feuer. Auffällig ist zudem, daß Späth und Biedenkopf in Spiegel-Interviews durchblicken lassen, sie seien je nach Wahlergebnis offen für den Gedanken einer großen Koalition.[19]

Der sichtlich fit aus dem Sommerurlaub zurückgekehrte Bundeskanzler bezeichnet dagegen alle Gedanken an eine große Koalition als Schrödersche Kriegslist. Stereotyp wiederholt er bei jeder Gelegenheit seine Lagebeurteilung: »Die Sozialdemokraten wollen in Wahrheit Rot-Grün, wenn es sein muß mit der PDS.«[20] Schröders Versicherung, kein Bündnis mit der PDS einzugehen, pflegt er mit der Feststellung zu quittieren: »Kein vernünftiger Mensch glaubt diese Lüge.«[21] Am 1. September vergattert er nochmals die CDU/CSU-Fraktion: »Weg von dem Geschwätz über Koalitionen, wir müssen einen klaren Richtungswahlkampf führen, so wie es die Bayern jetzt machen und wie wir das auch fortsetzen, und zwar ohne Wenn und Aber.«[22]

Lothar Späth wird als Vorsitzender des Beraterkreises »Zukunft und Innovation« vorgestellt, 21. August 1998

Eine seiner Hauptsorgen beim Blick auf die Umfragezahlen ist die FDP. Da er befürchten muß, daß die Freien Demokraten diesmal unter fünf Prozent bleiben, wendet er sich besonders entschieden gegen ihre Zweitstimmenkampagne. Andererseits: Was wird aus seinem Wahlziel, wenn ihm am Ende der Koalitionspartner FDP fehlt? Schließlich hat er sich so oft gegen Schwarz-Rot verschworen, daß er persönlich kaum umschwenken könnte, wenn die Union wieder die stärkste Fraktion stellt. Besonders ärgert ihn, daß Mitte August der FDP-Fraktionsvorsitzende Solms und Generalsekretär Westerwelle auf dasselbe Spielchen verfallen wie die FDP unter Mende im Jahr 1961, zu Zeiten Adenauers. Beide fordern sie jetzt nach einem Wahlsieg der Koalition eine schnelle Amtsübergabe von Kohl an Schäuble. Unterstützt von Rainer Brüderle aus Rheinland-Pfalz lehnt Kinkel diese unzeitige Personaldebatte ab.[23] Prompt meldet sich Schäuble zu Wort und erklärt in der *Woche*, Kohl habe es »ein Stück offen gelassen«, ob er für vier Jahre antreten wolle.[24] Kohl kontert, indem er dem Chefredakteur der *Zeit*, Roger de Weck, ein Interview gibt und zur Frage einer Begrenzung der Amtszeit barsch feststellt: »Ich kandidiere für diese Legislaturperiode. Punkt. Aus. Feierabend.«[25] Schäuble, den er sich tags darauf zur Brust nimmt,[26] muß am 1. September vor versammelter Fraktion in Gegenwart von Kohl und Waigel demütig Selbstkritik üben. Für den Kanzler ist das Thema Begrenzung der Amtszeit damit vom Tisch. Schäuble sieht seine Nachfolgehoffnungen auf den Sankt-Nimmerleins-Tag verschwinden.

Der Verdruß über die FDP führt bei Kohl zu einer Überreaktion. In dem vielbeachteten *Zeit*-Interview findet er gute Worte über die Grünen, wie sie von ihm noch nie in Wahlkampfzeiten zu vernehmen waren. Joschka Fischer sei »ein hochbegabter Mann und Politiker. Er hat einen interessanten Weg zurückgelegt; er ist intellektuell in der Lage, Beachtliches zu leisten. Doch für ein abschließendes Urteil ist es noch zu früh.« Als de Weck auf der Frage insistiert, ob die Grünen nicht eines Tages zum Partner der CDU werden könnten, antwortet er: »Ich bekräftige klar und deutlich: Das ist kein Thema jetzt. Doch wenn eines Tages große Teile der Grünen oder – was ich bezweifle – die Grünen als Ganzes sich in eine wertkonservative, auch außen- und sicherheitspolitisch vernünftige Richtung entwickeln, dann schließe ich nicht aus, daß wir in bestimmten Fragen aufeinander zugehen ... Aber«, fügt er mit einer gewissen Selbstkritik wegen eigener Versäumnisse hinzu, »nicht morgen oder übermorgen – und sicherlich nicht in den nächsten vier Jahren.«[27] Manche Kommentatoren ziehen aus diesem Interview den etwas voreiligen Schluß, der Kanzler habe die Koalition mit der FDP schon abgeschrieben. Doch politische Profis sind darauf trainiert, Keilereien im Wahlkampf rasch zu vergessen. Tatsache bleibt jedoch die Aufwertung der Grünen durch ihren bisher größten Widersacher.

Nach dem unerwartet günstigen Abschneiden der Grünen, die schließlich bei der Bundestagswahl mit 6,7 Prozent Stimmenanteil noch vor der FDP mit 6,2 Prozent liegen, fragt sich aber mancher in der CDU, ob der Kanzler mit seinem *Zeit*-Interview nicht des Guten zu viel getan hat.[28]

Anfang September hat es einen Moment lang den Anschein, daß der Ausgang des anscheinend noch unentschieden hin und her wankenden Wahlkampfs im letzten Moment durch das Eintreten außen- und sicherheitspolitischer Krisen zusätzlich unkalkulierbar werden könnte. Es gibt zu denken, als sich der Kanzler am 1. September vor der zu einer Art letztem Wahlkampfappell angetretenen CDU/CSU-Fraktion zuerst des langen und breiten über die derzeit überall in der Welt urplötzlich drohenden Krisen äußert – die Gefahr des Staatsbankrotts in Rußland verbunden mit einer Erschütterung der Präsidentschaft Jelzins, die Asienkrise, die vor allem Indonesien erfaßt hat, aber auch die Möglichkeit, daß im Kosovo eine »humanitäre Katastrophe« ausbricht, wobei mit Beginn des Winters, so führt Kohl den Abgeordneten vor Augen, »die einen sagen: 150 000, die anderen sagen 200 000, niemand weiß es genau, aus ihren Verstecken, aus den Wäldern und Höhlen hervorkriechen, und dann stehen wir wiederum, die westliche Welt und westliche Wertegemeinschaft, auch die Deutschen, vor der Frage: ›Was tun?‹«[29]

Bei der Plenarsitzung im Deutschen Bundestag am folgenden Tag bringt Kohl gleichfalls mit Nachdruck die Rußlandkrise zur Sprache, so daß Schröder ihm schließlich in die Kandare fährt: Mitten im Wahlkampf die Rußlandkrise zu thematisieren sei »verantwortungslos«.[30] Doch so sehr der Kanzler auch wünschen mag, in den letzten Wochen des Wahlkampfs als große internationale Autorität und als Krisenmanager aufzutreten, so deutlich verspürt er doch, daß mit jeder dieser Krisen psychologische Unkontrollierbarkeiten verknüpft sind – Kriegsfurcht, Angst vor massenhaftem Zustrom von Bürgerkriegsflüchtlingen, Sorge, für Hilfsleistungen finanziell zur Kasse gebeten zu werden … So bemüht er sich, die multilateralen Beratungen über diese emotional sehr heiklen Themen möglichst ohne großes Geräusch durchzuführen.

Nachdem Schröder monatelang »die neue Mitte« umworben und damit viel Goodwill erzeugt hat, entscheidet sich die SPD, in der letzten Wahlkampfphase die Karte »Gerechtigkeitslücke« auszuspielen. Dieser Slogan zieht, vor allem im Osten. »Traditionell«, so wird später Renate Köcher das Wahlergebnis analysieren, »ist Sozialpolitik im Bewußtsein der Bevölkerung eine Domäne der SPD.«[31] Lafontaine und Schröder veröffentlichen ein Sofortprogramm für die ersten hundert Tage nach dem Wahlsieg. Das Bündnis für Arbeit soll wiederbelebt werden. Die von der Regierung Kohl beschlossene allmähliche Absenkung des Rentenniveaus von siebzig auf 64 Prozent soll im Eilverfahren rückgängig gemacht werden. Zugleich sollen die besonders unpopulären Reizthemen wie die Neuregelungen bei den 620-Mark-Jobs, bei der Lohnfortzahlung im Krankheitsfall oder beim Schlechtwettergeld wieder wegfallen. Die Ankündigung, möglichst bald Konsensgespräche über den Ausstieg aus der Kernenergie und für eine sichere Energieversorgung einzuleiten, ist ein deutliches Signal der Bereitschaft zu einem rot-grünen Bündnis.[32] Beim Duell im Bundestag Anfang September profiliert sich Schröder unter dem Jubel seiner Fraktion wieder mit den wohlbekannten Themen der SPD als Anwalt der kleinen Leute.

Kohl hingegen hält weiter an der Überzeugung fest, »diese Wahl wird in den letzten drei Wochen entschieden«.[33] Als die CSU am 13. September bei der bayerischen Landtagswahl mit stolzen 52,9 Prozent ein Traumergebnis erreicht, scheint alles möglich. Kohl hofft noch, glaubt noch, der Triumph der CSU könne seiner Kampagne den letzten Schwung verleihen. Am 21. September, sechs Tage vor der Bundestagswahl, veröffentlicht der *Spiegel* die Ergebnisse einer zwischen dem 11. und 16. September aufgenommenen Emnid-Umfrage, der zufolge die SPD bei der Sonntagsfrage bei 41 Prozent liegt, die CDU bei 39. Ob die Grünen, die FDP und die PDS die Fünf-Prozent-Hürde sicher überspringen werden, ist zweifelhaft. Die Wahl, so die Analyse, ist noch nicht entschieden, obgleich die SPD weiterhin vorn liegt. Allensbach ist skeptischer, gibt der CDU/CSU nur 36,1, der SPD 41,1, der FDP 6,5 und den Grünen 7,0 Prozent.[34] Das kommt dem Ergebnis des 27. September schon näher.

In den beiden letzten Wochen vor der Wahl läuft sich die Aufholjagd endgültig fest. Noch bevor der Wahlsieg der CSU bei der Wählerschaft einsickern kann, thematisieren die Medien eine in dieser Phase wirklich sehr unpassende Äußerung der

Familienministerin Claudia Nolte. Diese hat auf einer Podiumsdiskussion in Thüringen festgestellt, die Regierung habe eine Erhöhung der Mehrwertsteuer von sechzehn auf siebzehn Prozent fest eingeplant, und rühmt sich auf Nachfrage auch noch ihrer Wahrhaftigkeit. Es hilft nichts, daß der Kanzler diesen Patzer seiner Junior-Ministerin rasch wegwischt. Natürlich prangern alle Gegner Kohls in der Schlußphase des Wahlkampfs die neue »Steuerlüge« entrüstet an. Auch Schäuble läuft nach Meinung Kohls jetzt aus dem Ruder. Ausgerechnet im Herrenmagazin *Playboy* erscheint ein Interview, in dem der Fraktionschef zu ihm kühl auf Distanz geht. Es sei wohl ein Fehler gewesen, verlautbart er dort, daß man ihn als »Kronprinzen« für die Nachfolge Kohls benannt habe.[35] Am Wahlergebnis ändert das Interview vermutlich nichts, signalisiert aber, daß sich Schäuble in Erwartung eines höchst unsicheren Ausgangs oder einer satten Niederlage für die dann fälligen Machtkämpfe in Stellung bringt.

In der letzten Woche zeigen die Umfragen, daß der Wahlkampf gekippt ist. Die am Samstag vor dem Wahltag bei Kohl eingehenden Zahlen kündigen die Katastrophe an. Am Sonntag wird schon bei der ersten Hochrechnung klar, daß der Kanzler abgewählt ist. Die SPD wird mit 298 Sitzen zur stärksten Fraktion, CDU/CSU erhalten nur noch 245 Sitze. Zusammen mit den 47 Mandaten der Grünen verfügt Rot-Grün über eine satte eigene Mehrheit auch ohne die PDS. Nicht einmal bei der Wahlniederlage gegen Brandt stand die Union so schlecht da. Damals lag sie mit 44,9 Prozent immer noch gut im Bereich über vierzig Prozent. Jetzt ist sie auf 35,1 Prozent abgesunken.

Bald werden die Wahlanalytiker zu erklären suchen, was den Ausschlag für das Debakel gegeben hat. In Allensbach macht man »tektonische Verschiebungen im Fundament der politischen Willensbildung« aus. Die Tatsache der deutschen Einheit habe die Mehrheitsfähigkeit der Union gemindert, die der linken Parteien dagegen gestärkt.[36] Demnach hat der demoskopische Sinkflug der Jahre 1996 bis 1998 die wahre Lage der Regierung deutlich gezeigt. Kohl ist es dann mit seiner ganzen Rauflust nochmals gelungen, die CDU hochzureißen, um aber letztlich desaströs zu scheitern. Mathias Jung und Dieter Roth kommen zu dem Schluß, die Wechselstimmung sei mitentscheidend gewesen: »Da die Union den Wählern keinen anderen Kandidaten als Kohl angeboten hat, haben die Wähler Schröder die Macht übereignet.«[37] Eine Grundstimmung, daß die Regierung in Bonn die anstehenden Probleme nicht mehr kraftvoll lösen könne, habe sich schon früh herausgebildet. Kohl habe aber mit aller Macht darauf bestanden, alles auf eine Karte zu setzen. Scharf formulieren sie: »Auch wenn der Verlust der Mehrheit kaum zu verhindern gewesen wäre – daß die Union so weit hinter die SPD gefallen ist, geht zum überwiegenden Teil auf das Konto Kohls und seines Realitätsverlustes.« Auch andere Autoren kommen zu diesem Schluß und meinen, die Erfolgsaussichten der CDU/CSU wären mit Schäuble größer gewesen, wie groß wirklich, müsse offenbleiben.[38]

Bundestagswahl 1998

Später räumen manche aus Kohls Umfeld ein, FDP-Minister mit inbegriffen, daß sie am guten Ende der Partie gezweifelt haben. Klaus Kinkel, der ungeachtet aller parteipolitischen Rivalität unter den FDP-Ministern den besten Draht zu Kohl hatte, schildert mit deutlich verspürbarer persönlicher Sympathie die Phase des Sinkflugs mit den Worten: »Er wurde eher machtbesessener, eifersüchtig und oft auch abgehoben. Die Koalitionsgespräche zum Schluß liefen immer gleich ab. Kohl zog sein legendäres kleines Notizbuch und machte Termine. Schwierige Fragen zu erörtern wurde zunehmend schwierig. Die Unglücklichsten waren Schäuble und ich. Es war klar, es ging irgendwie zu Ende; es ging einfach nicht mehr. Der Verbrauch in der Sache und in den Personen war zu groß ... Und er war auch irgendwie physisch und psychisch erschöpft.«[39] »Wir wußten natürlich, wie die Lage war«, erinnert sich Kanzleramtsminister Friedrich Bohl an die letzten Wochen vor dem Wahltag. »Es war wie Blei. Wir konnten machen, was wir wollten.«[40] Ähnlich äußert sich Michael Roik, Kohls besonderer Vertrauensmann in der Parteizentrale zur Stimmung im Jahr 1998: »Wir wußten, wir kämpfen jetzt einen Kampf, der ist kaum zu gewinnen.« Das sei völlig unabhängig von der Frage gewesen, ob Lafontaine oder Schröder als Kanzlerkandidat antreten würde: »Gegen die Grundstimmung kam man nicht an, daß ein Zeitpunkt erreicht war, wo einfach die Akzeptanz nicht mehr da war.«[41]

Kohl selbst hat es bis in die letzte Woche vor dem Debakel offenbar anders gesehen. Seine innersten Motive lassen sich nur vermuten – Selbstüberschätzung, Sendungsbewußtsein, Autosuggestion, Wirklichkeitsverlust, Pflichtbewußtsein, Trotz und grimmige Abneigung gegen alle Gegner. »Ich gehöre nicht zu denen«, erklärte er der versammelten Fraktion am 1. September, die »die Lüge verbreiten, daß Wahlkampf ein Jungbrunnen ist. Da haben die immer gelogen. Diejenigen, die das sagen und darüber schreiben, machen keinen Wahlkampf. Aber mir macht es Spaß, die auf den Kopf zu schlagen.«[42]

Als die Katastrophe über ihn hereinbricht, macht er gute Figur. Die letzten Umfragen und die *exit polls* lassen keinen Zweifel daran, daß sich die Stimmung völlig gedreht hat. Die ersten Hochrechnungen am Sonntagabend nach 18 Uhr überraschen ihn nicht. Bereits um 19 Uhr begibt er sich mit einer kleinen Gruppe ins Adenauer-Haus. Hannelore Kohl ist dabei, die Minister Bohl, Blüm, Kanther und die Ministerpräsidenten Teufel und Vogel, alle mit versteinerten Mienen. Mit dürren Worten räumt er die Niederlage ein, nimmt die Verantwortung dafür auf sich (»ohne Wenn und Aber«), gratuliert Gerhard Schröder, wie es sich gehört (»Ich wünsche ihm eine glückliche Hand.«), und gibt bekannt, daß er bei dem jetzt bald stattfindenden Parteitag nicht mehr für den Parteivorsitz der CDU kandidieren werde. Dann sagt er noch: »Es war eine großartige Zeit, in der wir viel leisten konnten.« Und in einer Verlegenheitspause vor dem Abgang: »Also, liebe Freunde: das Leben geht weiter.«[43] Schäuble und Rühe sind bei diesem Auftritt nicht dabei, zeigen sich aber fern von Kohl im Duo. Das bestätigt die seit dem Sommer umlaufenden Vermutungen, daß die beiden einen Deal gemacht haben, sich nicht gegenseitig zu bekriegen.[44] Selbstverständlich weiß Rühe so gut wie jedermann in der CDU, daß Schäuble nach Lage der Dinge die stärkeren Bataillone hinter sich hat.

Im vollen Bewußtsein, daß er trotz schonungslosem Einsatz die Wahl in den Sand gesetzt hat, sieht Kohl seine Hauptaufgabe nun darin, in den letzten Wochen als Parteichef wenigstens jetzt einen konfliktfreien Übergang in die Nach-Kohl-Ära zustande zu bringen. Am folgenden Morgen tritt das CDU-Präsidium unter seinem Vorsitz zu einer vierstündigen Sitzung zusammen, diskutiert die Gründe für die Niederlage und verständigt sich darauf, daß Schäuble den Fraktionsvorsitz behalten und gleichzeitig den Parteivorsitz übernehmen solle. Nur Biedenkopf enthält sich. Das richte sich jedoch nicht gegen die Person Schäuble, erklärt er, sondern weil er sich 1978 – lang, lang ist's her! – im Streit mit Kohl für die prinzipielle Trennung von Partei- und Fraktionsvorsitz ausgesprochen habe.[45]

Bis Anfang November ist alles geschäftsmäßig abgewickelt: die Verabschiedung von der Bundeswehr mit einem Großen Zapfenstreich vor dem Speyrer Dom am 17. Oktober, zu der Rühe den Kanzler bittet, am 27. Oktober die Amtsübergabe an Gerhard Schröder spätabends nach der Kanzlerwahl und schließlich am 7. November der CDU-Parteitag in Bonn, auf dem der Parteichef Helmut Kohl nach einem Vierteljahrhundert unter gewaltigen Ovationen abtritt. Im Grund sind die meisten in der

CDU-Führung froh, daß Kohl nach der Niederlage auch den Parteivorsitz so komplikationslos geräumt hat. In den letzten Jahren haben die meisten Damen und Herren im Präsidium und im Vorstand »den Dicken«, wie ihn viele respektlos bezeichneten, wenn man unter sich war, als Last empfunden, manche auch schon länger als nur ein paar Jahre. Das gilt in erster Linie für Schäuble, der sich aber jetzt an Bekundungen des Respekts für den Patriarchen von niemandem übertreffen läßt. Auf seinen Vorschlag hin wählt der Parteitag Helmut Kohl zum Ehrenvorsitzenden mit Sitz und Stimme in allen Gremien. Die Nach-Kohl-Ära der CDU hat begonnen.

»Der alte Kanzler, der sich schon im Amt oftmals selbst historisch war, wird nun zum respektierten Denkmal«, ist in einem der wolligen »Nachrufe« auf die sechzehnjährige Kanzlerschaft zu lesen.[46] So stellt man sich auch in der CDU die Rolle Helmut Kohls vor. Daß Denkmäler gegebenenfalls auch vom hohen Postament gestürzt werden können, daran denkt noch niemand.

Wien,
11. Dezember 1998

BETRACHTUNG
Helmut Kohl und das dritte europäische Nachkriegssystem

Als Helmut Kohl im Herbst 1998 abtreten muß, ist das europäische Staatensystem von heute bereits ziemlich fest etabliert. Einige Korrekturen stehen noch aus. Die umfassende Osterweiterung der EU erfolgt erst 2004. Doch die Aufnahme von Beitrittsverhandlungen mit Ungarn, Polen, Estland, Tschechien und Slowenien wurde bereits im Dezember 1997 vereinbart. Die Kopenhagener Beschlüsse der EU, prinzipiell allen assoziierten Staaten Europas die Vollmitgliedschaft zu gewähren, sofern sie nur bestimmten Kriterien entsprechen, sind schon im Jahr 1993 getroffen worden. Damit erhielten die noch labilen Reformdemokratien Ostmitteleuropas und des Balkans eine Beitrittsperspektive. Die Osterweiterung der NATO, die das Bündnis bis vor die Tore Sankt Petersburgs führen und große Teile des Balkans abdecken wird, ist 1998 gleichfalls auf dem Weg. Im Dezember 1997 erfolgt der NATO-Beitritt von Polen, Tschechien und Ungarn. Daß Rußland die 1991 noch völlig unvorstellbare Osterweiterung der NATO mürrisch hinnehmen wird, zeichnet sich bereits ab.

Im Mai 1998 wird auf dem Sondergipfel in Brüssel das Euro-System mit vorerst elf Mitgliedern installiert. Die Regierungen glauben, damit ein krisenfestes System eingerichtet zu haben, das die Mitgliedsländer wie eine feste Klammer zusammenhalten soll. Etwas mehr als zehn Jahre lang wird das auch einigermaßen wunschgemäß arbeiten. In Amsterdam wurden 1997 die Strukturen der Europäischen Union bereits das erste Mal seit Maastricht vertieft, wenngleich noch nicht allzu weitgehend. Doch das Verfahren, diesen völlig neuartigen Staatenverbund mit gleichzeitig bundesstaatlichen und staatenbundlichen Strukturen durch periodische Vertiefung auf einen Quasi-Bundesstaat hin zu entwickeln, ist akzeptiert. Zweierlei ist nicht mehr zu bezweifeln: erstens daß dieses beispiellose Mehr-Ebenen-System tatsächlich funktioniert und zweitens daß es auf alle europäischen Staaten, die ihm noch nicht als Vollmitglieder angehören, äußerst attraktiv wirkt. Die Träume Coudenhove-Kalergis von Paneuropa, das sowohl eine politische Handlungseinheit als auch ein integrierter Wirtschaftsraum sein sollte, sind weitgehend Wirklichkeit geworden.

Es ist kein rein europäisches System. Die Flügelmächte des Kalten Krieges, die zwischen 1945 und 1990 das europäische Staatensystem dominiert haben, gehören nach wie vor als Mitspieler dazu, die USA zwar viel zurückhaltender als bisher, doch immer noch als Wirtschaftsgigant und als potentielle Schutzmacht. Die einstmalige

Supermacht Sowjetunion ist zwar zerfallen und hat sich in Gestalt Rußlands weit hinter Narwa und Dnjepr zurückgezogen, mischt aber weiterhin mit, wie sich im Krieg um Bosnien-Herzegowina gezeigt hat. EU und NATO tun ihr Bestes, Rußland an das neue Europa anzudocken und es nicht gekränkt in eine Randlage zu verweisen.

Nimmt man den Begriff Kalter Krieg ernst, so kann man jetzt von einem dritten Nachkriegssystem sprechen, das nach den Weltkriegen des 20. Jahrhunderts Gestalt angenommen hat. Das erste Nachkriegssystem wurde 1919 in Paris von den Siegern diktiert und hat knappe zwanzig Jahre gehalten. Aus dem Chaos des Zweiten Weltkriegs und der sehr labilen Nachkriegsjahre war 1949 das bipolare zweite Nachkriegssystem des Kalten Krieges entstanden, das in einer Abfolge von Krisen und Entspannungsperioden genau vierzig Jahre lang andauerte.

Es hieße allerdings die Struktur dieses zweiten Nachkriegssystems verkennen, wollte man sie nur aus dem Systemgegensatz zwischen den westlichen Demokratien und den kommunistischen Zwangsstaaten verstehen. Genauso wichtig, das beweisen die Jahre seit 1990, und auf lange Sicht sogar noch wichtiger als der Ost-West-Gegensatz war in den Jahrzehnten des Kalten Krieges der Aufbau zweier multilateraler Gemeinschaften im Westen: der Europäischen Gemeinschaft und des atlantischen Systems mit der NATO und den großen westlichen Wirtschaftsorganisationen. Beim Zusammenbruch des Ostblocks blieben sie völlig intakt. Diese ursprünglich allein westlichen Zusammenschlüsse sind seit 1990 für die Neuordnung des gesamten Kontinents weiterentwickelt worden. So ist in kurzen acht Jahren seit dem Umbruch 1989/91 ein neuartiges, kompliziertes, in vielem künstliches, aber zur Evolution fähiges und seit Beendigung der Balkankriege in Dayton 1995 auch ziemlich befriedetes europäisches Staatensystem entstanden.

Bekanntlich isr bei der Entstehung jedes umfassenden Staatensystems eine Vielzahl von Akteuren und Kräften am Werk. Es wäre verkehrt, die Entwicklung nur aus dem Handeln der Regierungen oder von Integrationssystemen wie der EU zu verstehen. Aber solange in den Gremien der EU, in den Staaten und bei den dort maßgeblichen Parteien das Prinzip der Oligarchie in Kraft ist, spielen die Top-Akteure der Regierungen nach wie vor eine sehr maßgebliche Rolle. Das gilt nicht zuletzt für die Europäische Union, in der die Regierungschefs einen bemerkenswert großen Spielraum besitzen. Der Blick auf die Architektur eines Staatensystems rückt auch dessen Architekten in den Aufmerksamkeitshorizont. Die von ihnen präsentierten und unablässig modifizierten Baupläne mögen auf die Vorarbeiten vieler Experten zurückgehen. Aber die Top-Akteure sind doch die Letztverantwortlichen, die ihre persönliche Bedeutung unter Einsatz der PR-Abteilungen und der auf sie fixierten Medien mit allen Kräften ins Licht der Öffentlichkeit rücken. Sie sind es, die mit weitreichenden Wirkungen auf den Gipfeln verhandeln und die Verhandlungsresultate vor den Parlamenten, vor der kritischen Wissenschaft und der kritischen Presse rechtfertigen. So die Systeme besonders demokratisch strukturiert sind, müssen sie sich auch in Referenden behaupten, wie das beispielsweise Mitterrand im September 1991 exemplarisch vorexerziert hat.

Wer somit die Architektur des in den neunziger Jahren entstandenen dritten Nachkriegssystems des 20. Jahrhunderts in großen Zügen skizziert, darf die Architekten nicht außer acht lassen. Der wichtigste von ihnen war Helmut Kohl. Wie hier dargestellt, hat er durchgehend eine Strategie des »niedrigen Profils« betrieben. Einen Begriff wie »Zentralmacht Europas«,[1] der Mitte der neunziger Jahre die Rolle Deutschlands erfassen soll, hätte er nie in den Mund genommen. Tatsächlich aber erfaßt dieser Begriff präzise die Eigenart der Position, in die er das wiedervereinigte Deutschland bugsierte. Ganz oben auf Kohls Agenda stand bekanntlich die Etablierung einer unauflöslichen Politischen Union Europas. Doch Tatsache ist auch, daß er Deutschland dabei oder eben dadurch in eine Position gebracht hat, die mit dem Begriff »Zentralmacht Europas« angemessen erfaßt wird.

Nachdem der Eiserne Vorhang weggeräumt ist, sieht sich Deutschland wieder in der geographischen Zentralposition inmitten der europäischen Länder des Westens, des Ostens, des Nordens und des Südens. Deutschland ist jetzt auch die führende Volkswirtschaft Europas. »Die naturgegebene Gunst der zentralen Lage«, so läßt sich das kurz und knapp formulieren, »gewinnt erst durch den Umstand volle Bedeutung, daß dieses gut positionierte, zudem bevölkerungsstarke Land die mit Abstand führende Wirtschaftsmacht Europas ist. Gleich ob die deutsche Wirtschaft als Konjunkturlokomotive wirkt oder als größter Klotz am Bein der Volkswirtschaften im europäischen Umfeld – an der ausschlaggebenden Bedeutung der Wirtschaft Deutschlands für das gesamte Staatensystem Europas kann überhaupt kein Zweifel bestehen. Sie ist viel gewichtiger als die der vergleichbaren großen Länder Frankreich, Großbritannien oder Rußland.«[2]

Auch wenn ein vielleicht etwas allzu vorsichtiger Bundeskanzler Frankreich gern protokollarisch den Vortritt zubilligt und sich zuweilen auf Undurchdachtes einläßt, ist das Deutschland Helmut Kohls auch die Zentralmacht der Europäischen Union. In den neunziger Jahren hat er die eigene Partei, aber ebenso die SPD und die Grünen von seinem Konzept überzeugt, daß Deutschland die Aufgabe hat, mittels Vertiefung, mittels Erweiterung und durch eine gemeinsame Währung die EU mit aller ihm zu Gebote stehenden Kraft »unumkehrbar« zu machen.

Das wiedervereinigte Deutschland Helmut Kohls spielt aber auch die Rolle einer Zentralmacht im komplizierten Gewebe mittel- und osteuropäischer Politik. Geschickt, auch glaubwürdig arbeitet dieser Kanzler ruhelos und geduldig zugleich zwischen den neuen Demokratien von Estland über Polen bis Ungarn und Bulgarien einerseits und Rußland andererseits an Kompromißlösungen für die Sicherheitssysteme, ohne dabei die Ukraine ganz zu vergessen. Gewiß hatten die deutschen

Eliten schon lange vor dem Ende des Ostblocks ihre Aufgabe darin gesehen, Ostmittel- und Osteuropa mittels Entspannungspolitik an die westlichen Demokratien heranzuführen. So fällt es dem Bundeskanzler nicht allzu schwer, die Parteien, die Wirtschaft und die Gesamtheit der gesellschaftlichen Kräfte nach dem Umbruch an den Gedanken zu gewöhnen, daß das wiedervereinigte Deutschland eine seiner Hauptaufgaben darin erkennen sollte, verständigungsbereit, initiativreich und auch mit finanziellen Leistungen die neuen Demokratien Mittel- und Ostmitteleuropas in die Europäische Gemeinschaft zu führen. Rußland wird nicht marginalisiert, sondern an das demokratische Europa angedockt. Die Rolle Frankreichs, Großbritanniens, der ehrgeizigen Brüsseler EU-Bürokratie und anderer multilateraler Institutionen ist gewiß nicht zu unterschätzen, doch neben den USA ist doch in erster Linie Deutschland die Zentralmacht Europas bei der Heranführung Rußlands an die EU und an die NATO. Obwohl er dem Vergleich mit Bismarck nicht viel abgewinnen mag (wenigstens erweckt er diesen Anschein), hat der Kanzler in diesem Punkt einiges mit dem ersten Reichskanzler gemeinsam: Er will den »ehrlichen Makler« spielen zwischen Polen und Russen, zwischen der EU und den Ländern im GUS-Bereich, in gewisser Hinsicht auch zwischen Washington und Moskau.

Das Thema Zentralmacht Europas läßt sich noch weiter deklinieren. Seit den sechziger Jahren, so hat Timothy Garton Ash zutreffend festgestellt, habe für die Außenpolitik der Bundesrepublik eine »goldene Regel« gegolten, »sich gleichermaßen eng an Paris wie an Washington anzuschließen«.[3] Aber wird Amerika nach dem Ende des Kalten Krieges weiterhin die Rolle einer Garantiemacht europäischer Stabilität spielen wollen? Ob, mit welcher Intensität und in welcher Organisationsform die USA in Europa verbleiben werden, ist in den frühen neunziger Jahren unentschieden. Selbstverständlich wirken auf die Neugestaltung der amerikanischen Europapolitik viele unterschiedliche Faktoren ein. Amerikanisches Eigeninteresse ist gewiß eines der Hauptmotive, weshalb die USA Europa militärisch nicht sich selbst überlassen möchten. Ähnlich gewichtig ist der Wunsch der neuen Demokratien nach amerikanischem Schutz gegen eine Wiederkehr des »Bären«. Umgekehrt hat das damals noch in Maßen reformerische Rußland Boris Jelzins gleichfalls vitales Interesse an Unterstützung, aber auch an Zurückhaltung der einzigen noch verbliebenen Supermacht. Doch auch bei diesem Spiel, das die ganzen neunziger Jahre in Anspruch nimmt, spielt Deutschland mit dem deutschen Bundeskanzler die Rolle einer Zentralmacht Europas. Eine Mehrheit der deutschen Wähler, repräsentiert vom Bundeskanzler, möchte die USA faktisch als eine Art Rückversicherungsmacht in Europa festhalten. Mit einer ziemlich bemerkenswerten Souplesse gelingt es Helmut Kohl im Zusammenspiel mit Präsident Clinton, den brummig widerstrebenden Präsidenten Jelzin von der Hinnehmbarkeit der Osterweiterung einer reformierten NATO zu überzeugen. Rußland wird freundlich aus den von ihm geräumten neuen Demokratien herausgehalten, doch zugleich locker an die NATO angedockt. Auch an diesem Ergebnis arbeiten viele Regierungen mit. Die Bundesregierung ist alles andere als der allein ausschlaggebende Akteur. Dennoch ist die Feststellung nicht übertrieben, daß Deutschland bei dieser Neuordnung des europäischen Sicherheitssystems angesichts der widersprüchlichen Interessen die Rolle eines Katalysators gespielt hat. Dabei sind gegen Ende der Ära Kohl Strukturen entstanden, wie sie beim Umbruch 1990 noch undenkbar erschienen.

Unter den Architekten des dritten europäischen Nachkriegssystems in den neunziger Jahren ist der deutsche Bundeskanzler der wichtigste von allen. Historische Bedeutung gewinnt Helmut Kohl in erster Linie als maßgeblicher Gestalter des neuen europäischen Staatensystems in den Jahren 1990 bis 1998. Aufs ganze gesehen ist das wichtiger, da folgenreicher, als die Anstrengungen, mit denen sich der Kanzler in diesen Jahren an Wirtschaft und Gesellschaft des wiedervereinigten Deutschlands abgearbeitet hat und alles versuchte, seine Koalition und sich selbst möglichst lange an der Macht zu halten.

Gewiß hat das dritte europäische Nachkriegssystem, wie wir es nannten, den Test der Zeit noch nicht bestanden. Ob es bedeutenden Staatsmännern gelungen ist, krisenfeste Strukturen zu errichten, zeigt sich erfahrungsgemäß erst nach einigen Jahrzehnten. Wie lange die in den neunziger Jahren auf den Weg gebrachten Strukturen halten werden, bis sie erneutem Chaos zum Opfer fallen, bleibt abzuwarten. In jedem Staatensystem sind nicht nur gemeinsame Werte und Interessen zusammengebunden, sondern ebenso jede Menge von Konfliktstoffen und Widersprüchen.

Die ursprüngliche Hoffnung, den naturgegebenen Spannungen eines jeden Staatensystems in Europa durch Errichtung eines Quasi-Bundesstaates zu entgehen, hat sich als trügerisch erwiesen. Auch die Europäische Union in den Formen, die sie in den neunziger Jahren angenommen hat, ist und bleibt ein Staatensystem – kompliziert, experimentell, verwundbar und labil. Dasselbe gilt für die transatlantischen Beziehungen und die Partnerschaft mit Rußland. Doch trotz zahlreicher Spannungen und Konflikte, wie sie in Staatensystemen ganz unvermeidlich sind, funktioniert diese dritte europäische Nachkriegsordnung immerhin schon gut fünfzehn Jahre, das ist bereits eine ganz respektable Zeit von Jahren in einer Epoche beispiellos beschleunigten globalen Wandels. Regierungen und Parlamente, Bürokratien, Unternehmungen und Verbände haben mit dieser sehr komplizierten dritten Nachkriegsordnung arbeiten gelernt. Weil – mit Ausnahme des begrenzbaren Kosovokrieges – der Friede in Europa erhalten blieb und der Wohlstand zunahm, hat auch die Öffentlichkeit der jeweiligen Staaten diese Neuordnung bis auf weiteres akzeptiert.

Seitdem mit der globalen Finanzkrise von 2008/09 und der Euro-Krise seit 2010 die Krisenfestigkeit des dritten Nachkriegssystems getestet wird, wachsen zwar die Zweifel an der Dauerhaftigkeit der europäischen Neuordnung und der transatlantischen Strukturen. Doch sollte man gerecht bleiben. Angesichts der atemberaubenden Unsicherheiten der Umbruchsjahre 1989/91 war die Entwicklung einer neuen, vergleichsweise stabilen Ordnung in den neunziger Jahren unter dem Patronat des deutschen Bundeskanzlers eine so nicht zu erwartende Leistung.[4]

»Jeder Generation ist nur ein Versuch der Abstraktion erlaubt; sie hat nur eine Deutung und nur ein Experiment frei«, hat Henry Kissinger in einer der interessantesten Studien zur Geschichte der neuzeitlichen Staatensysteme festgestellt.[5] Und er fügte hinzu: »Hierin liegt die große Aufgabe der Geschichte wie auch ihre Tragödie.« Das Experiment Kohls, Mitterrands und ihrer Generation von Staatsmännern in den neunziger Jahren war die Europäische Union als Kern des dritten europäischen Staatensystems. Den Staatsmann, der zur praktischen Umsetzung seiner Visionen fähig ist, hat Kissinger mit den Worten skizziert: »Sein Instrument ist die Diplomatie, die Kunst, Staaten lieber durch Übereinstimmung als durch Gewaltanwendung miteinander in Beziehung zu setzen, durch Darlegung einer gemeinsamen Ausgangsbasis, bei der sich Sonderwünsche unter das große Ganze einordnen. Weil Diplomatie Überzeugungskunst, nicht aber die Ausübung von Druck bedeutet, verlangt sie einen festen Rahmen.«[6] Kissinger hatte dabei seine Helden Castlereagh und Metternich im Sinn, die das von den Revolutionskriegen und von Napoleon chaotisierte Europa stabilisierten. Überzeugungskunst, Herstellung von Übereinstimmung und Konstruktion eines festen institutionellen Rahmens, das waren auch leitende Grundsätze bei der Errichtung des dritten europäischen Nachkriegssystems. Wäre der Begriff nicht durch Polemik abgenutzt, könnte man dies geradezu als das »System Kohl« bezeichnen.

TEIL VI
Das Ende des Glückskindes

Pressekonferenz anläßlich des Erscheinens der *Erinnerungen 1990–1994*,
Berlin, 16. November 2007

Unerwartetes Comeback

Erstaunlich ist und bleibt das rasche Comeback Helmut Kohls im Jahr 1999. Solange er darauf fixiert war, im neuen Bundeskanzleramt zu Berlin bis ins dritte Millennium hinein zu regieren, hatte er sich über eine Zukunft nach einem möglichen Sturz keine Gedanken gemacht. Nun muß er seine neue Rolle improvisieren. Nach kurzer Schockstarre über die verheerende Wahlniederlage fängt er sich aber bemerkenswert rasch. Bald behagt ihm der Gedanke ganz gut, von nun an den *elder statesman* zu spielen. Seine bisherigen Kollegen in aller Welt helfen ihm dabei. Unter den Staatsmännern in Europa, in den USA und selbst in China, wo Kohl bestens eingeführt ist, besteht doch so etwas wie Kameraderie. Die Erinnerung an Zusammenstöße, Intrigen und Medisance, wie sie auf dieser Ebene natürlich sind, wird rasch verdrängt. Immerhin war dieser Bundeskanzler über sechzehn Jahre hindurch eine berechenbare, hochrespektierte, alles in allem rundum positive Größe im europäischen Konzert – Grund genug, ihn mit einer bald ein Jahr andauernden Verabschiedungstour zu ehren. Kaum ein Monat vergeht, in dem er nicht in eine der Hauptstädte fliegt, um dort hohe Ehrungen entgegenzunehmen, sich mit den weiterhin amtierenden Herren fast gleich zu gleich auszutauschen, festliche Empfänge und Diners wie in guten alten Zeiten auszukosten und seine politische Botschaft in öffentlichen Vorträgen oder Interviews zu verkünden.

Den Anfang bei der Abschiedsrunde machen die Kollegen des Europäischen Rats, die ihn Mitte Dezember 1998, kaum ist er aus dem Amt geschieden, am Rande des EU-Gipfels in Wien durch Verleihung des Titels »Ehrenbürger Europas« erfreuen. Im Januar darauf läßt er sich in den Niederlanden feiern, im April fliegt er nach Washington, wo ihn Clinton, der ihn sichtlich verehrt, drei Tage lang als Gast des Weißen Hauses verwöhnt und mit der »Medal of Freedom« auszeichnet. So geht es weiter: Im Mai hält er in Rom eine große Rede auf dem Kapitol und wird wie in alten Zeiten empfangen, im August reist er für zehn Tage nach China als Gast der chinesischen Regierung und Anfang November 1999 nach Israel. Auch ansonsten ist er im Inland und Ausland ruhelos tätig – bei Symposien, Gedenktagen, Universitätsvorträgen, Beisetzungen wie der von Raissa Gorbatschowa in Moskau oder zur Vermehrung der Zahl seiner Doktorhüte. Dazwischen empfängt er die internationale

Prominenz in seinem ihm vom Bundestag zugewiesenen Berliner Büro Unter den Linden, wobei er den Besuchern mit hintergründigem Humor erzählt, hier habe einst Margot Honecker residiert, aber inzwischen sei alles schön renoviert. Wer studieren möchte, wie stolz ihn das alles macht, aber auch wie durchaus angemessen er diese Ehrungen findet, lese *Mein Tagebuch 1998 – 2000,*[1] in dem er dieses rundum erfreuliche Jahr mit der anschließenden häßlichen Treibjagd seiner Gegner kontrastiert, die schlagartig nach dem 4. November einsetzt, als die Augsburger Staatsanwaltschaft gegen den ehemaligen CDU-Schatzmeister Walther Leisler Kiep wegen unversteuerter Schmiergelder des Lobbyisten Karlheinz Schreiber Haftbefehl erläßt. Kohls Comeback im Jahr 1999 wäre jedenfalls ohne diese Kameraderie des internationalen Establishments schwer vorstellbar.

Auch privat scheint sich jetzt alles aufs beste zu fügen. Ihn selbst und besonders auch seine Frau zieht es mit Macht nach Berlin. Die Verdienste der bisherigen Bundeshauptstadt Bonn rühmt er zwar, wie es sich gehört, im Sommer nochmals in einer großen Abschiedsrede (»Krokodilstränen«, nennen das die Spötter), aber Bonn ist jetzt definitiv Vergangenheit. Die Aussicht auf die Begründung eines Zweitwohnsitzes in Berlin wirkt inspirierend. Frau Hannelore richtet mit gewohnter Energie eine bequeme Altbauwohnung in Wilmersdorf ein und erträumt nochmals die Fata Morgana eines erfüllten Lebens mit etwas mehr Privatheit, Zeit für Theater, Konzerte und geselliges Leben. Im Sommer 1999 verbringt das Ehepaar erstmals einen unbeschwerten Urlaub in Sankt Gilgen. Es ist jetzt schon der dreißigste Sommer in ungebrochener Folge am Wolfgangsee.[2]

Helmut Kohl sieht sich nun auch in der Lage, etwas zur Aufbesserung seiner privaten Finanzen zu tun. Während der Jahrzehnte in den hohen Staatsämtern hat er oft über die in der Tat bemerkenswerten Einkommensunterschiede zwischen Spitzenpolitikern und Spitzenmanagern in der Wirtschaft, Fußball- und Tennisgrößen oder den Quatschmachern im Showbusineß gelästert. »Jeder Zahnarzt verdient mehr als ich« und ähnliche Sprüche machen unter der Journaille die Runde.[3] Mitte März 1999 ist in der *Rheinpfalz* zu lesen, daß er sich im Februar als Alleingesellschafter der Firma »Politik- und Strategieberatung P & S GmbH« in Ludwigshafen, Marbacher Straße 11, seinem Wohnsitz, hat eintragen lassen. Das Startkapital beträgt 30 000 DM. Geschäftsführer ist sein Sohn Walter. Zur gleichen Zeit berichtet die *Frankfurter Allgemeine,* daß die Credit Suisse den Alt-Bundeskanzler in ihren internationalen Beirat aufgenommen hat.[4] Später wird er auf Anregung seines guten Freundes Reinfried Pohl Beiratsvorsitzender des Finanzdienstleisters Deutsche Vermögensberatung AG (DVAG). Damals hat die Hatz auf ihn schon ihren Höhepunkt erreicht. Der heimatvertriebene, aufrechte und persönlich bescheidene Pohl möchte damit ein Zeichen setzen, daß sich nicht jedermann von Helmut Kohl abwendet.[5] Das alles ist völlig legal. Normale Bundestagsabgeordnete unterliegen diesbezüglich keinen Beschränkungen. Die Einkünfte aus den Beiratsmandaten halten sich auch finanziell in relativ bescheidenem Rahmen und können allenfalls an den Stammtischen kleinbürgerlicher Moralisten für Gesprächsstoff sorgen.

Etwas problematischer, wenngleich genauso legal, ist ein jährliches Beraterhonorar von immerhin 600 000 DM, das Kohl seit 1999 von dem Medienunternehmer Leo Kirch erhält. Schon als Kanzler hat Kohl kein Hehl daraus gemacht, daß er mit Kirch persönlich befreundet ist. Allerdings hat die kritische Presse gern darauf herumgehackt, daß Kirch und Kohl einander gegenseitig helfen – Kirch vor allem mit den Sendungen in Sat 1 und der Bundeskanzler mit genereller, aber auch spezifischer Unterstützung Kirchscher Aktivitäten.[6] Kohl hat Glück, daß dieser Beratervertrag erst im Jahr 2003 bei der Insolvenz Kirchs bekannt wird,[7] als die Kampagne des Jahres 2000 schon längst zu Ende ist. Vergebens hat die *Süddeutsche* damals versucht, auch die Beziehungen zu Kirch hochzuziehen.[8] Daß sich der Alt-Bundeskanzler 1999 trotz der hinlänglich breitgetretenen Vorgeschichte auf einen derartigen Vertrag einläßt, zeigt zweierlei: erstens eine ganz erstaunliche Sorglosigkeit, zweitens aber auch, daß er das Geld braucht. Solange er noch Diäten und Übergangsgelder bezieht, steht er gewiß vergleichsweise ordentlich da – etwa 480 000 DM vor Steuern, schätzt der *Stern* im Jahr 2000.[9] Nur weiß er auch, daß es nach dem Ausscheiden aus dem Bundestag happiger zugehen wird: 6909,98 Euro monatlich nach allen Abzügen werden ihm dann noch verbleiben, weiß Hugo Müller-Vogg zu berichten und knüpft daran die Feststellung: »Ex-Vorstände, die in der Woche so viel bekommen wie ein Altkanzler im Monat, gelten in Wirtschaftskreisen als arme Schlucker.«[10] Im Jahr 1999 jedenfalls zeigt sich der an und für sich genügsame Alt-Kanzler entschlossen, alle Voraussetzungen zu schaffen, um als *elder statesman* einen angemessenen Lebensstil führen zu können.

Von seiner Funktion als CDU-Ehrenvorsitzender macht er anfangs nur sparsamen Gebrauch. Er hat sich vorgenommen, Schäuble loyal zu unterstützen. Rasch spürt er aber, wie er in großen Teilen der CDU weiter über ein ungebrochenes Renommee verfügt, nicht zuletzt bei der »Generation Kohl« in der Jungen Union. 1999 wird in den Ländern unablässig gewählt, überall erzielt die in der Bundestagswahl gewaltig verprügelte CDU unerwartet hohe Stimmengewinne, und bei dieser Wiederauferstehung vom politischen Tod ist Kohl der wirksamste Wahlmagnet. Die Zeitungen, die ihn in diesen Monaten eher freundlich behandeln, registrieren so etwas wie eine Nostalgiewelle. Urplötzlich erreicht er auf dem Politbarometer Zustimmungswerte, wie sie ihm während all der langen Kanzlerjahre versagt waren. Auf Platz eins schafft er es zwar auch 1999 nicht, aber Platz drei im November 1999 ist für ihn eine ungewohnte Erfahrung, obschon es befremdet, daß der bei den Landtagswahlen in Sachsen mit über 56 Prozent triumphierende Biedenkopf vor ihm auf Platz eins liegt und Joschka Fischer auf Platz zwei. Auf die Frage, ob Bundeskanzler Schröder im Vergleich mit Helmut Kohl seine Sache als Kanzler besser macht, antworten nur vierzehn Prozent mit »besser«, 39 Prozent meinen »schlechter«. Natürlich weiß Kohl genausogut wie alle Polit-Profis, daß seine eigenen Aktien vor allem deshalb so hoch gehandelt werden, weil sich Rot-Grün 1999 wie eine Chaostruppe aufführt. Dennoch fühlt er sich wie auf Wolke sieben, gibt am laufenden Band Interviews und läßt sich allüberall feiern.[11] Die Zustimmung befestigt ihn jetzt in der Meinung, die Wahlniederlage vom September des Vorjahrs sei nur einer Verkettung ungünstiger Umstände geschuldet, nicht zuletzt der Infamie seiner Gegner und auch der Unlust bei den eigenen CDU-Größen, Schäuble nicht zu vergessen. International spielt Kohl zwar weiterhin den *elder statesman*, doch innenpolitisch agiert er bei den Wahlkämpfen jetzt wieder als Parteipolitiker wie eh und je. Daß er damit Rot-Grün reizt, aber auch bei der neuen CDU-Führung ein gewisses Befremden erregt, kümmert ihn offenbar nicht. Er ist, könnte man sagen, wieder ganz der alte Helmut Kohl, wie ihn jedermann kennt – kräftig austeilend, prahlerisch, überall das große Wort führend und vielleicht sogar etwas unvorsichtiger als früher, da ihn doch jetzt niemand mehr stürzen kann.

Im Hochgefühl seiner Resonanz bei den Wahlkämpfen gibt er nun auch die anfangs geübte Zurückhaltung gegenüber Schäuble, Merkel und den anderen Parteigrößen auf. Bei den Präsidiumssitzungen hält er wieder wie gewohnt die langen, belehrenden, nervtötenden, seit Jahren allen Präsidiumsmitgliedern verhaßten Monologe. Argwöhnische Journalisten wollen auch beobachtet haben, daß er gern eine halbe Stunde vor den Sitzungen auftaucht, um inmitten einer dichten Traube von Journalisten zu posieren, während der Parteivorsitzende Schäuble mit unbewegter Miene im Rollstuhl vorbeirollt.

Als kurz vor der Wahl Schäubles zum Parteivorsitzenden die an und für sich naheliegende Idee aufkam, Kohl zum »Ehrenvorsitzenden« zu machen, hatte der skeptische Biedenkopf im Tagebuch vermerkt: »Bleibt es bei dem, was Kohl und Schäuble sich vorstellen und umsetzen wollen, dann werden sie im Präsidium und Bundesvorstand lediglich die Plätze tauschen. Statt wie bisher Kohl in der Mitte und Schäuble links von ihm wird dann Schäuble in der Mitte und Kohl als Ehrenvorsitzender sicher rechts von ihm sitzen, der neue Generalsekretär links. Damit ist dann die Erneuerung der Parteiführung abgeschlossen, soweit sie von der Öffentlichkeit wahrgenommen wird. Die ›Jungen Wilden‹ werden weiter Kreide fressen, weil Kohl zuviel von ihnen weiß und sie deshalb immer vorführen kann. Zu einer wirklich ehrlichen Analyse des Wahldesasters wird es nicht kommen. Zuerst wird es keiner wagen, sich in Anwesenheit Kohls der Wahrheit wirklich zu nähern. Später wird es dann heißen, man müsse den Blick nach vorn richten und Streit vermeiden. Alles weitere wird sich entwickeln wie nach dem Verlust der Regierung 1969. Das führte bekanntlich zum Wahldebakel Barzels 1972 – und zu Kohl als neuem Vorsitzendem. Kohl selbst wird überzeugt sein, daß er der Partei in ihrer tiefen Krise einen großen Dienst erweist, wenn er ihr weiter zur Verfügung steht und sie auf ihrem schweren Weg in die Zukunft begleitet.«[12] Schäuble beginnt zu erkennen, worauf er sich eingelassen hat, doch die Richtung der künftigen Entwicklung bleibt unentschieden.

Besonders die Stimmung zwischen dem ehemaligen Chef und der neuen Generalsekretärin Angela Merkel ist nicht die beste. Wie ein Pascha bezeichnet Kohl sie weiterhin als »das Mädsche«. Ohne sie zu fragen, sucht er bei den ihm bestens bekannten Mitarbeitern im Adenauer-Haus zu erreichen, daß für seine Auftritte bei den Wahlkämpfen derselbe Service zur Verfügung gestellt wird wie in den Zeiten, da er noch der Vorsitzende war: ein Pulk von Helfern, eine besondere Lautsprecheranlage und Fluggerät. Merkel verbittet sich diese Eingriffe und macht ihm klar, wo jetzt die Glocken hängen. Etwas befremdet vernimmt Schäuble, der doch selbst ein in der Wolle gefärbter »Europäer« ist und in der Europäischen Volkspartei entsprechend der Bedeutung der CDU groß mitmischen möchte, daß Kohl ohne sein Wissen auch den Ehrenvorsitz in der EVP anpeilt.[13] Insensibles Auftrumpfen Kohls auf der einen Seite, Eifersüchteleien auf der anderen, wohin man auch blickt! Kurz: Das alte Schlachtroß, so nennt er sich gelegentlich selbst, sticht wieder der Hafer. Kohls mächtiger Schatten beginnt auch das Bestreben der neuen Parteiführung zu überdecken, die der Öffentlichkeit ein Bild personeller und reformerischer Erneuerung vermitteln möchte.

Am 4. November, ausgerechnet an dem Tag, als in Augsburg die Bombe der Korruptionsaffäre um Schreiber platzt, erscheint im *Stern*, zu dem Schäuble seit langem einen guten Draht hat, ein spannender Artikel unter dem Titel: »Kohl ist Kult«. Dort kann man nicht nur lesen, wie Kohl auf der Woge des Erfolges schwimmt, sondern auch, wie säuerlich man dies im Adenauer-Haus und bei Teilen der Fraktion zur Kenntnis nimmt. »Beunruhigt beobachtet die CDU-Führung die Wandlung vom steinernen Gast in den Führungsgremien zum sendungsfrohen Staatsmann … Die Botschaft ist klar: Hier will einer wieder mitmischen in der aktuellen Politik.« Und der *Stern* zitiert eine Stimme aus der Fraktion: »Der schwimmt doch auf Schäubles Erfolgswelle daher wie eine überdimensionale Flaschenpost einer untergegangenen Ära.«[14]

Erbitterung bei der rot-grünen Regierung über das Comeback der Union und nicht zuletzt über den Zuspruch Helmut Kohls bei den Wählern, Befremden bei der CDU-Führung um Schäuble und Merkel und ein kaum zu bremsender Übermut des vor kurzem abgehalfterten Alt-Kanzlers, der aus dem Tal der Tränen emporgestiegen ist – so ist die Stimmung beschaffen, als die Nachrichtenagenturen am 4. November 1999 vermelden, daß die Staatsanwaltschaft Augsburg gegen den früheren CDU-Schatzmeister Leisler Kiep Haftbefehl erlassen hat. Im Nu wird daraus eine der ganz großen Affären in der Geschichte der Bundesrepublik. Viele zeitgenössische Beobachter sind sich rasch darin einig, daß damit erst jetzt die Ära Kohl ihr Ende findet – ein Ende mit Schrecken.

Der zweite Sturz: die Spendenaffäre

Wie soll man den Tornado nennen, der jetzt urplötzlich über den stolzen Alt-Kanzler hereinbricht? Weder die zeitgenössische Publizistik noch die spätere Forschung haben für die Gesamtheit dieser Vorgänge bisher eine passende Formel gefunden. Der Begriff Spendenaffäre, der sich eingebürgert hat und den auch wir im folgenden verwenden, ist eigentlich zu blaß und erfaßt nur einen Bruchteil der Vorgänge. Wie zumeist in solchen Fällen ist eine Parteispendenaffäre mit dem Hautgout von Korruptionsvorwürfen verbunden.

Bilder wirken bei Affären oft viel stärker als Schlagworte, und so ist es auch in diesem Fall. Das letzte Heft des *Spiegel* im 20. Jahrhundert zeigt ein zerbröckelndes Standbild Helmut Kohls und ist betitelt: »Abschied mit Schimpf und Schande«.[1] Nun ist vom *Spiegel* oder der *Süddeutschen* genauso wenig wie von Rot-Grün und anderen Feinden Kohls zu erwarten, daß sie diese überfaule Affäre unter den Teppich kehren. Overkill und Rufmordkampagnen gehören nun einmal zum politischen Geschäft. Aber was diesmal an den Tag kommt, ist auch nach Meinung distanzierter Beobachter geeignet, auf Kohls 25 Jahre im CDU-Vorsitz und auch auf die sechzehn Jahre seiner Kanzlerschaft nachtschwarze Schatten fallen zu lassen. Er selbst spürt das genau. Als er in *Mein Tagebuch 1998–2000* die Vorgänge aufarbeitet, wird er bereits unter dem Datum des 17. November vermerken: »Für mich ist jetzt offenkundig, daß ich kriminalisiert werden soll, um meine Reputation zu zerstören.«[2]

Die Auswirkungen des Tornados gehen aber weit über sein eigenes Geschichtsbild hinaus. Bereits in den ersten zwei bis drei Monaten des Jahres 2000 sind alle CDU-Größen hinausgekegelt, die in den neunziger Jahren als potentielle Nachfolger des Patriarchen im Parteivorsitz oder im Amt des Bundeskanzlers hoch gehandelt wurden: Wolfgang Schäuble in erster Linie, aber auch Volker Rühe und ebenso Jürgen Rüttgers. Statt dessen macht die Außenseiterin Angela Merkel als Jeanne d'Arc der CDU mit ihrem Ruf nach schonungsloser Aufklärung und Erneuerung das Rennen. Auf die CDU Helmut Kohls folgt die Merkel-CDU – auch dies eine der Fernwirkungen der berüchtigten Affärenmonate.

Mit gutem Grund könnte man die Affäre als Kohls »Millenniumsdesaster« bezeichnen. In seinen geheimen Träumen hat er sich den 1. Januar 2000 anders vorgestellt, übrigens ebenso seinen siebzigsten Geburtstag am 3. April 2000. Als der Tornado schließlich vorbeigezogen ist, zeigt sich zwar bald, daß die Kampagne der

Gegner ebenso übertrieben war wie Kohls eigene panische Befürchtungen, sein Geschichtsbild könne unheilbaren Schaden leiden. Aber daß sein bislang immer noch sehr starker Einfluß auf die Entwicklung der CDU seither gegen null tendiert, ist evident. Die Spendenaffäre ist für Helmut Kohl auch deshalb ein Desaster, weil an ihrem Ende der Freitod seiner Frau steht, die der Belastung nicht mehr gewachsen war. Existentiell bedeutet das eine tiefe Zäsur. Es wäre sicher verkehrt, Kohls Lebensgang seit der tiefen Zäsur in den Jahren 2000 bis 2002 in allzu schwarzen und tragischen Farben zu malen. Er ist und bleibt ein Mensch von erstaunlicher Lebenskraft, ausgestattet auch mit genuinem Optimismus. Aber die Jahrzehnte, in denen er ein Glückskind war, sind ebenso definitiv Vergangenheit wie die Epoche, in der er die politische Szenerie Deutschlands und Europas beherrschte.

Über wenige Vorgänge in der langen Geschichte der Bundesrepublik ist so viel geschrieben worden wie über das komplizierte Affärengeflecht, von dem Helmut Kohl jetzt erfaßt wird.[3] Er hatte gehofft, daß mit dem Ausscheiden aus den Spitzenämtern alles hinter ihm liegt. Nun wird seinem Finanzgebaren, seinem konkreten Handeln an der Spitze von Partei und Staat, auch seinem Charakter nochmals der Prozeß gemacht.

Man kann sich keinen schöneren Auftakt eines Polit-Krimis vorstellen als die Szene vor dem Einkaufszentrum des nicht besonders lieblichen Schweizer Grenzstädtchens Sankt Margarethen am 26. August 1991. An diesem Tag, als die ganze Welt gebannt nach Moskau starrt, wo beim Putsch der Reaktionäre gegen Gorbatschow die Zukunft Europas auf dem Spiel steht, hat sich dort der CDU-Schatzmeister Leisler Kiep in Begleitung seines langjährigen Steuerberaters Horst Weyrauch mit dem Lobbyisten Karlheinz Schreiber verabredet, der den Herren in einem Koffer eine Million DM Bargeld für die CDU überreicht. Danach vergehen acht Jahre, in denen über diesen ziemlich befremdlichen Vorgang dichtes Gras gewachsen zu sein scheint.

Schreiber kommt aus dem Umfeld von Franz Josef Strauß. Er betreibt Rüstungslobbyismus in großem Stil, ist an Geschäften mit dem Verkauf von Airbus-Flugzeugen und Hubschraubern beteiligt und hat seine Finger im Panzergeschäft. Einer seiner deutschen Auftraggeber ist Thyssen. Seine ausländischen Kunden sitzen in Saudi-Arabien, Thailand und Kanada, wo er beste Verbindungen zum konservativen Ministerpräsidenten Brian Mulroney aufbaut und die kanadische Staatsbürgerschaft erwirbt. Es wird vermutet, aber nie nachgewiesen, daß Schreiber auch Verbindungen zum BND hat. Mitte der neunziger Jahre gerät dieser »dunkle Ehrenmann« ins Blickfeld der Augsburger Staatsanwälte, die seit 1993 gegen Max Strauß, den Sohn von Franz Josef Strauß, ermitteln. Die Staatsanwaltschaft vermutet, daß Strauß von Schreiber unversteuerte Provisionszahlungen erhalten hat,[4] und nimmt im Oktober 1995 bei diesem eine Hausdurchsuchung vor, wo ihr zahlreiche Unterlagen in die Hände fallen. Im September 1997 wird gegen Schreiber Haftbefehl wegen des Verdachts auf Steuerhinterziehung erlassen. Er setzt sich ab, wird mit internationalem Haftbefehl gesucht und Ende August 1999 in Toronto verhaftet, kommt aber gegen eine Kaution von 1,2 Millionen kanadische Dollar wieder frei. Zehn Jahre lang wehrt er sich erfolgreich gegen die Auslieferung an die Bundesrepublik, wo er schließlich im Mai 2010 wegen schwerer Steuerhinterziehung in Höhe von 7,3 Millionen Euro zu acht Jahren Gefängnis verurteilt wird. Das Gericht stellt fest, daß er von seinen Auftraggebern für Waffen- und Flugzeuggeschäfte insgesamt 32 Millionen Euro Provisionszahlungen erhalten hat.[5]

Einer von denen, die Schreiber bestochen hat, ist Holger Pfahls, 1985 bis 1987 Präsident des Bundesnachrichtendienstes, 1987 bis 1992 beamteter Staatssekretär im Bundesverteidigungsministerium mit Zuständigkeit für Rüstungskontrolle, Beschaffung und Waffenexport. Danach wird er Generalbevollmächtigter von Daimler-Benz für Belgien, dann in Singapur. Die Staatsanwaltschaft Augsburg hat gegen ihn im April 1999 Haftbefehl wegen des dringenden Verdachts erlassen, von Schreiber während seiner Amtszeit als Staatssekretär im Zusammenhang mit der Lieferung von 36 ABC-Spürpanzern vom Typ »Fuchs« an Saudi-Arabien 3,8 Millionen DM an Schmiergeldern erhalten zu haben. Pfahls taucht fünf Jahre lang unter, wird 2004 in Paris gefaßt und 2005 vom Landgericht Augsburg wegen Vorteilsnahme und Steuerhinterziehung zu zwei Jahren und drei Monaten Haft verurteilt.[6]

Diese schmutzigen Details, auch der zeitliche Ablauf, müssen im vorweg erwähnt werden, will man das Drama der von Schreiber ausgelösten Affären verstehen. Im Sommer 1991, als er seine Spende übergibt, kann man ihn als einen international tätigen, aber noch nicht gerichtsnotorischen Lobbyisten aus dem Dunstkreis von Franz Josef Strauß betrachten. Was der Übergabe von immerhin einer Million DM vorausgegangen ist, bleibt übrigens auch bei den späteren Ermittlungen im dunkeln. Bereits die Umstände der Geldübergabe sind recht ungewöhnlich. Seit September 1997, als Schreiber steckbrieflich gesucht wird, muß natürlich jeder Politiker, der seinen Namen vernimmt, weit auf Distanz gehen. Und als im November 1999 die Ermittlungen gegen Leisler Kiep und Weyrauch beginnen, wissen zumindest die Augsburger Staatsanwälte, daß Schreiber wie die Spinne im Netz gravierender Korruptionsfälle sitzt. Wer auch nur halbwegs feine Antennen hat – in den Chefetagen von CDU und CSU, bei Rot-Grün und bei den Medien –, verspürt nach diesem Knalleffekt des Haftbefehls, daß sich hier ein großer Polit-Krimi vorbereitet.

Anfangs erscheint alles noch wie eine recht unklare Parteispendenaffäre. Leisler Kiep gibt an, er sei davon ausgegangen, daß die ihm übergebene Spende aus dem Vermögen des Unternehmers Schreiber stamme, räumt jedoch vor der Augsburger Staatsanwaltschaft ein, daß es sich wohl um unversteuertes Geld handle.[7] Wie man aus Augsburg hört und was dann alsbald der inzwischen pensionierte frühere Generalbevollmächtigte der CDU-Schatzmeisterei Dr. Uwe Lüthje bestätigt, ist das für die

CDU bestimmte Geld aber gar nicht bei der Buchhaltung der Partei eingegangen, vielmehr hat Leisler Kiep es zwischen Weyrauch, dem CDU-Generalbevollmächtigten Dr. Uwe Lüthje und sich selbst aufgeteilt und damit zuvor von den dreien erbrachte Leistungen (es geht nicht zuletzt um Anwaltskosten) vergütet. Man muß hinzufügen: Dazu war er als Schatzmeister durchaus berechtigt. Welche Vereinbarungen zwischen den drei Herren bestanden, wann und wie dabei Schreiber ins Spiel kam, ist und bleibt unklar. Weder die Staatsanwaltschaft noch der Untersuchungsausschuß des Deutschen Bundestags wird Licht in das Halbdunkel widersprüchlicher Aussagen bringen.

Immer deutlicher aber schält sich im Verlauf der Ermittlungen heraus, daß Weyrauch mit Wissen Leisler Kieps, aber wohl auch des Parteivorsitzenden Kohl, neben der offiziellen Buchführung der CDU ein raffiniertes Parallelsystem von Konten aufgebaut hat. Das begann schon 1971, nachdem Kiep – noch zu Zeiten des Parteivorsitzenden Barzel – zum Schatzmeister der CDU avanciert war. In dieser Funktion stattete er alsbald seinen persönlichen Steuerberater Weyrauch, in den er volles Vertrauen hatte, mit Prokura für Rechts- und Bankangelegenheiten für die CDU-Schatzmeisterei aus. Länger als ein Vierteljahrhundert hat Weyrauch dann im In- und Ausland für die CDU ein unübersichtliches Netz von Vorkonten, Anderkonten und einer Stiftung in Liechtenstein errichtet, innerhalb dessen unablässig beträchtliche Summen hin- und herjongliert wurden. Zahlungen konnten nur auf Weisung des Parteivorsitzenden oder des Schatzmeisters erfolgen. Vor dem Untersuchungsausschuß des Deutschen Bundestags stellt Leisler Kiep im April 2000 zu diesem Musterbeispiel kreativer Verschleierung fest: »Was ich nicht wußte und niemals in meine Vorstellungen aufgenommen habe, ist der Umstand, daß Herr Weyrauch im Lauf der Jahre ein umfassendes Kontenlabyrinth eingeführt hatte. Dieses System hat er offensichtlich sogar vor den Wirtschaftsprüfern der CDU geheim halten können.«[8] Wer sich einen Überblick über dieses in der Tat »umfassende Kontenlabyrinth« verschaffen möchte, studiere die Seiten 124 bis 162 des Untersuchungsberichts.

Leisler Kieps Darstellung seiner eigenen Rolle kann bei den Ermittlern nicht voll überzeugen. Anfang 2004 wird er dazu verurteilt, 40 500 Euro Strafe wegen uneidlicher Falschaussage vor dem Parteispenden-Untersuchungsausschuß zu zahlen.[9] Seine Chuzpe ist und bleibt hinreißend. Den Schutzumschlag seiner übrigens höchst spannenden Auswahl aus 52 Tagebuchbänden mit dem schönen Titel *Was bleibt ist große Zuversicht*, läßt er mit einer Fotomontage schmücken, die ihn zeigt, wie er elegant, mit einem Köfferchen in der Hand, über einen Zollschlagbaum voltigiert.[10]

Das kommt aber erst schubweise zutage. Daran, daß die CDU-Schatzmeisterei in der Ära Kohl mit einem hochprofessionell getarnten System schwarzer Kassen gearbeitet hat, ist für die Ermittler jedoch schon nach wenigen Wochen kein Zweifel mehr möglich. Da der Hauptverfügungsberechtigte über die Konten der Parteivorsitzende ist, wird naturgemäß innerhalb weniger Tage aus den Fällen Leisler Kiep und Weyrauch ein Fall Helmut Kohl. Kohl reagiert anfangs genauso wie Kiep. Er bestreitet, von diesem System gewußt zu haben. Seine angriffig, populär und in Form eines Tagebuchs formulierte Verteidigungsschrift, die im Herbst 2000 erscheint, skizziert unter dem Datum des 23. November diese Verteidigungslinie: »Herr Weyrauch erläutert vor der Staatsanwaltschaft Augsburg das System der Kontenführung. In Absprache mit Walther Leisler Kiep und Uwe Lüthje habe er jahrelang Spenden auf Vorkonten geparkt. Die jetzt offenbar gewordene Praxis von Horst Weyrauch ist für uns alle, auch für mich, so überraschend wie bestürzend. Keiner der drei beteiligten Finanzexperten hat dem Parteivorsitzenden je davon mitgeteilt. Ich habe von all dem nichts gewußt.«[11] Auch vor dem Untersuchungsausschuß bestreitet er später nachdrücklich die Kenntnis von Auslandskonten.[12] Kohls Kritiker, und ihrer sind nun wieder sehr viele, fragen natürlich: Was wäre eigentlich schlimmer? Ein Parteivorsitzender, der unter Verstoß gegen Vorschriften des Bundesparteiengesetzes ungesetzlich operiert, oder ein Parteivorsitzender, der über ein derartig verfängliches Kontenlabyrinth keinen Überblick hat?

Das meiste ist verjährt. Auch gibt es keine Aufbewahrungspflicht für die Unterlagen weit zurückliegender Kontenvorgänge. Vernünftigerweise aber ist kein Zweifel daran möglich, daß Kohl in den langen Jahren seiner Amtszeit als CDU-Vorsitzender mit einem sorgfältig abgeschotteten System schwarzer Kassen gearbeitet hat, von dem nur er selbst, der Schatzmeister der CDU, dessen Beauftragter Horst Weyrauch sowie der Kohl und Leisler Kiep direkt unterstehende CDU-Generalbevollmächtigte Dr. Uwe Lüthje beziehungsweise dessen Nachfolger Hans Terlinden Kenntnis hatten.[13] Der Parteivorsitzende Schäuble wird Mitte November durch Lüthje über die Ausmaße dieses Schattenreichs unterrichtet. Und bereits am 8. Dezember erstatten die Wirtschaftsprüfer von Ernst & Young dem CDU-Präsidium einen ersten Zwischenbericht, demzufolge Weyrauch an die siebzehn versteckte Konten für die CDU geführt hat, zwischen denen Millionenbeträge hin und her gingen.[14] Noch dementiert Kohl, spürt aber wohl zugleich, daß sich die Schlinge um seinen Hals enger zusammenzieht.

Für Kohl, aber genauso für die CDU am problematischsten sind vorerst die Ermittlungen zu Spenden, die er zwischen 1994 und 1998 entgegengenommen hat, also in den Jahren, als das revidierte Parteiengesetz bereits in Kraft war. In verschiedenen Fällen hat er es nachweislich versäumt, wie gesetzlich vorgeschrieben, Großspender zu benennen, die ihm Summen von mehr als 20 000 DM übergeben haben. Tatsächlich hat er, so räumt er bald ein, regelmäßig Barspenden in verschlossenen Umschlägen entgegengenommen, dafür keine Spendenquittung erteilt, sich von den ihm persönlich bekannten deutschen Spendern aber immer versichern lassen, daß es sich um versteuertes Geld handle. Die Umschläge habe er dann in gewöhnlichen, verschließbaren Schubfächern verwahrt und nach 1992 immer nur an seinen Vertrauten Hans Terlinden, den Hauptabteilungsleiter für Finanzen in der Bundesgeschäftsstelle der CDU, zur weiteren Abwicklung übergeben, zuvor an Dr. Lüthje.[15]

An diesem Punkt ist allerdings an die Vorschriften des Parteiengesetzes aus dem Jahr 1994 zu erinnern. Die Parteien jeder Couleur, die schließlich jahrzehntelange Erfahrungen mit Spendenskandalen und Umgehungstatbeständen hatten, haben damals wohlüberlegt ein sehr mildes Verfahren festgelegt. Jede Partei ist dazu verpflichtet, alle Spenden in den jährlich zu erstattenden Rechenschaftsbericht vollständig einzuarbeiten und dabei Großspenden offenzulegen, die den Betrag von 20 000 DM überschreiten. Verstößt sie gegen diese Vorschrift, wird sie aber nur finanziell sanktioniert. Der nicht gemeldete Betrag muß an den Bundestagspräsidenten abgeführt werden. Dieser ist zudem verpflichtet, bei einer entsprechenden Unterlassung von den jährlichen Kostenerstattungen für Wahlen das Doppelte der nicht gemeldeten Summe einzubehalten. In keiner einzigen Vorschrift ist das Gesetz jedoch strafbewehrt. Ein Parteivorsitzender oder ein Schatzmeister begeht zwar bei Nichtanmeldung von Spenden einen Gesetzesverstoß, macht sich aber keines strafrechtlich zu ahnenden Vergehens oder gar eines Verbrechens schuldig. Für eine Partei, die bei der Nichtanmeldung von Großspenden erwischt wird, sind die Sanktionen zwar lästig und können in die Millionen gehen, bleiben aber tragbar. 1996 beispielsweise lagen die Gesamteinnahmen der CDU (schwarze Kassen nicht mitgerechnet) bei 222,7 Millionen, die der SPD bei 283 Millionen DM.[16]

Kohl kann also davon ausgehen, daß er sich als Parteivorsitzender nicht strafbar gemacht hat, und empfindet somit auch kein großes Schuldgefühl. Seitdem er im politischen Geschäft ist, weiß er, daß einerseits ausnahmslos alle Parteien die jeweils gültigen Vorschriften kreativ zu interpretieren suchen und bisweilen verletzen, andererseits aber stets in ein großes moralisches Geschrei ausbrechen, wenn der Gegner bei einer Übertretung erwischt wird. Selbstverständlich hat er auch die eigenen Bedrängnisse während der Flick-Affäre nicht vergessen. Das alles, so erkennt er rasch, wird nun wieder aufschwimmen. Schließlich kann niemand den traditionell Kohl-kritischen Blättern verdenken, daß die Chefredaktionen alsbald Schwärme von investigativen Reportern auf den Fall ansetzen. Neugierig und genüßlich machen sich diese Journalisten nun daran, das finanzielle Unterfutter des vielberufenen »Systems Kohl« aufzutrennen.

Das ergrimmt den Alt-Kanzler gewaltig, ist aber nach Lage der Dinge unvermeidlich. Bereits am 17. November, die Bombe in Augsburg ist erst vor zwei Wochen geplatzt, verbreitet sich Hans Leyendecker, von nun an einer der journalistischen Chefermittler in der Affäre, des langen und breiten darüber, welche Rolle die schwarzen Konten des Steuerberaters Weyrauch (»graue Eminenz im Finanzreich der Partei«)

im »System Kohl« gespielt haben: »Mit milden Gaben die Basis besänftigt. Schwarze Kassen dienten dem früheren CDU-Vorsitzenden Kohl zur Befriedigung aufmüpfiger Landesverbände.«[17] Wie zu erwarten, greifen das Kohls altbekannte innerparteiliche Kritiker alsbald auf. Von Biedenkopf, der 1973 mit Kohl aufgebrochen ist, weiß der nun gleichfalls wieder an vorderster Front kämpfende *Spiegel* eine besonders schöne Äußerung über seinen einstigen Vorsitzenden zu berichten: »Er hat ein Netz von Abhängigkeiten aufgebaut wie ein Landknechtshauptmann, der König geworden ist.«[18]

Die neue Parteispendenaffäre nach dem Ende der Kanzlerschaft Helmut Kohls würde sich jedoch nicht so rasch zum Tornado entwickeln, wäre sie nicht von Anfang an mit Korruptionsvorwürfen verbunden, zu denen die Aktivitäten des flüchtigen Karlheinz Schreiber allen Anlaß geben. Gegen ihn wird, wie erwähnt, wegen Bestechung im Zusammenhang mit den 36 Spähpanzern, wegen des Panzerprojekts der Thyssen-Tochter Bear Head in Kanada und wegen Flugzeugverkäufen ermittelt. Schon in den allerersten Anfängen deckt die Staatsanwaltschaft Augsburg vor der Öffentlichkeit einen Teil ihrer Karten auf. Bereits am 6. November 1999, drei Tage nach Erlaß des Haftbefehls gegen Leisler Kiep, fordern die in Augsburg beheimatete Grünen-Abgeordnete Claudia Roth und ihr Parteifreund Hans-Christian Ströbele die Einsetzung eines parlamentarischen Untersuchungsausschusses zur Aufklärung einer möglichen Bestechlichkeit hoher Repräsentanten der Regierung Kohl.

Genauso flink arbeiten die Zeitungen. Der *Spiegel* verfügt schon am 8. November, fünf Tage nach dem Haftbefehl gegen Leisler Kiep, der alles ins Rollen gebracht hat, über genaueste Informationen zu den derzeit laufenden staatsanwaltschaftlichen Ermittlungen.[19] Unverzüglich wärmen nun *Spiegel* und *Süddeutsche* auch die 1998 wegen Beendigung der Legislaturperiode nicht mehr zu Ende gebrachten Untersuchungen in der Leuna-Affäre wieder auf.[20] Ob die Angriffe der Presse und die Vorgänge um den Untersuchungsausschuß operativ konzertiert sind oder nicht, ist eine zweitrangige Frage. Tatsache ist jedenfalls, daß die Regierungsparteien einerseits und die investigativen Zeitungen andererseits von nun an die CDU und die CSU, vor allem aber den früheren Bundeskanzler mit Woche für Woche neu auftauchenden oder verstärkten oder anders beleuchteten Enthüllungen vor sich hertreiben.

Die SPD-Fraktion und die Grünen steigen alsbald darauf ein. Bereits am 23. November beantragen die Regierungsparteien einen Untersuchungsausschuß, der – in der endgültigen Formulierung des Untersuchungsauftrags – klären soll, »inwieweit Spenden, Provisionen, andere finanzielle Zuwendungen oder Vorteile direkt oder indirekt« an Mitglieder und Amtsträger der ehemaligen Regierung Kohl und deren nachgeordnete Behörden, an die entsprechenden Parteien und Fraktionen oder sonstige Personen und Institutionen geflossen sind, »die dazu geeignet waren, politische Entscheidungsprozesse dieser Bundesregierungen oder deren nachgeordneten Behörden zu beeinflussen bzw. die tatsächlich politische Entscheidungsprozesse beeinflußt haben«.[21] Konkret werden dann im einzelnen die bei den Ermittlungen gegen Schreiber aufgetauchten Komplexe aufgelistet, bei denen Korruptionsverdacht besteht, sowie der Leuna-Komplex. Erst an zweiter Stelle sind in dem Untersuchungsauftrag Verstöße gegen das Parteiengesetz genannt. Der Ausschuß nimmt am 2. Dezember seine Arbeiten auf.

Am 24. November kommt die Affäre in der Haushaltsdebatte des Deutschen Bundestags zur Sprache. Nach Angriffen des SPD-Fraktionsvorsitzenden rastet Kohl aus und wird zum Entsetzen der eigenen Fraktion von Peter Struck nach allen Regeln der Kunst fertiggemacht. Bei dieser Gelegenheit verlangt der Alt-Kanzler auch, noch vor Weihnachten in dem vorgesehenen Untersuchungsausschuß gehört zu werden. Inzwischen hat er sich von den momentan noch getreuen einstigen Mitarbeitern Lüthje und Terlinden darüber informieren lassen, welche Summen er in Empfang genommen hat, ohne daß diese in den Rechenschaftsberichten der CDU auftauchten.[22]

Kaum ein Tag vergeht jetzt, an dem in den Medien nicht neue Informationen bekannt gemacht und äußerst kritisch kommentiert werden. Wenn Helmut Kohl später formuliert, das Ziel dieser Kampagne sei gewesen, ihn zu kriminalisieren sowie »um jeden Preis zu verleumden und herabzusetzen«,[23] so trifft das zu. Nur ist eben genauso zutreffend, daß die Gegner Kohls und der CDU aufgrund der Affäre Schreiber allen Grund haben, tief, kritisch und natürlich ganz unbarmherzig in die fraglichen Vorgänge hineinzuleuchten. Daß dabei alles zusammengerafft oder aufgeblasen wird, was der CDU und ganz besonders Helmut Kohl schaden könnte, ist alles andere als edel, ganz besonders nicht einem verdienten Kanzler gegenüber. Politische Landschaften ohne Sumpfgebiete und ohne Schlammschlachten sind jedoch schwer vorstellbar.

Selbstverständlich reagiert die neue CDU-Führung um Schäuble und Merkel auf die von allen Seiten hereinprasselnden Enthüllungen mit hellem Entsetzen. Angela Merkel verspricht umgehend »größtmögliche Aufklärung«. Beim Aufkochen der Affäre im November 1999 hat die CDU-Führung keinen Überblick über die entsprechenden Vorgänge in den Jahren zwischen 1990 und 1998. Schäuble war jedoch nicht ganz unvorsichtig gewesen. Nach Übernahme des Parteivorsitzes im Jahr zuvor hatte ihn Geißler auf das Vorhandensein von Sonderkonten aufmerksam gemacht. Er hatte sie alsbald aufgelöst, aber versäumt, in das Schattenreich Weyrauchs hineinzuleuchten.[24] Erst jetzt, nachdem das Kind in den Brunnen gefallen ist, beauftragt der Bundesgeschäftsführer der CDU auf Weisung Schäubles und Merkels die Firma Ernst & Young, das System der Anderkonten in den Jahren 1989 bis 1998 zu durchleuchten.[25]

Höchste Eile ist schon deshalb geboten, weil der für die Überwachung korrekter Auflistung der Parteispenden zuständige Bundestagspräsident Wolfgang Thierse der

CDU im Genick sitzt. Bereits Anfang Dezember berechnet der bei den Parteien seit langem verhaßte, aber zu deren Kummer recht kundige Professor Hans Herbert von Arnim, daß Thierse wegen der inzwischen bekannt gewordenen Unregelmäßigkeiten möglicherweise verpflichtet ist, stolze 47,1 Millionen DM zurückzufordern.[26] Wenig später artikuliert Thierse in einem *Spiegel*-Interview noch unspezifizierte, aber sehr finstere Drohungen.[27] Selbstverständlich muß die CDU die trüben Vorgänge auch deshalb schnellstmöglich vom Tisch bekommen, weil die Wähler wie im Lehrbuch reagieren. Kaum sind die Unregelmäßigkeiten nämlich bekannt geworden, da kippt bei den Umfragen auch schon die Zustimmung zu den Unionsparteien. Voll düsterer Vorahnungen startet die eben noch so siegessichere Partei nun auf die Landtagswahlen, die am 27. Februar 2000 in Schleswig-Holstein anstehen und am 14. Mai in Nordrhein-Westfalen.

Zwangsläufig verbindet sich die Parteispendenaffäre auch mit den noch nicht ganz geklärten Machtverhältnissen in der CDU-Spitze. Das ohnehin schon prekäre Verhältnis Kohls und der neuen CDU-Spitze gerät nun in eine Zerreißprobe. Immer noch verfügt der gestürzte Patriarch über erheblichen Einfluß und geht mit größter Selbstverständlichkeit davon aus, daß ihm dieser auch zusteht. Er weiß genausogut wie jeder im CDU-Präsidium, daß Schäubles Position erst voll gefestigt sein wird, wenn dieser eine Bundestagswahl siegreich bestanden hat. Die älteren Ministerpräsidenten Teufel, Biedenkopf und Vogel sowie der umstrittene, aber doch erfolgreiche junge Star Roland Koch in Hessen beobachten ihren neuen Vorsitzenden scharf und manchmal kritisch. In den Rängen stehen auch Volker Rühe und Jürgen Rüttgers auf der Lauer, deren Ehrgeiz noch nicht gesättigt ist und die sich etwas abgehängt fühlen. Edmund Stoiber in München wirkt mit seinem Statthalter Michael Glos in der CSU-Landesgruppe auf seine Weise gleichfalls auf die CDU-Vorstandsetage ein. Aus Sicht Schäubles, der die Korrelation der Kräfte in der CDU genauestens überblickt, spricht vorerst alles dafür, die neue Spendenaffäre nicht zum Machtkampf entgleisen zu lassen. Er weiß genau, daß sich ein in die Enge getriebener Helmut Kohl seiner Haut so brutal zu wehren pflegt wie ein von Jägern umstelltes Raubtier. Wie bald bekannt wird, ist Schäuble auch höchstpersönlich in die unsagbar peinliche Affäre Schreiber verwickelt und darf schon deshalb die Forderung nach Aufklärung nicht übertreiben.

Bessere Karten hat die Generalsekretärin Angela Merkel, die erst in diesen Wochen aus dem Schatten Schäubles hervortritt. Sie muß keine persönliche Verwicklung befürchten und verfolgt jetzt forsch ihre eigene Agenda. Selbst wenn sie wollte, könnte sie sich in ihrer Position als Generalsekretärin der Aufgabe schonungsloser Aufklärung überhaupt nicht entziehen. Zugleich erkennt sie genau, daß das jetzt die beste Gelegenheit ist, den ohnehin lästigen und nunmehr auch schwer belasteten Patriarchen abzuschütteln. Schäuble steht also unter vielfachem Druck: durch die Medien, durch Rot-Grün, durch Helmut Kohl, aber auch durch Angela Merkel.

Als Kohl durch seinen Vertrauten in der Parteizentrale, Hans Terlinden, Abteilungsleiter für Finanzen, das Protokoll der staatsanwaltschaftlichen Vernehmung Weyrauchs erhält, erkennt er, daß er nicht länger den völlig Überraschten spielen kann. Außer auf die Aussagen der Beschuldigten stützt sich die Staatsanwaltschaft auch auf umfangreiche Funde aus Durchsuchungen der Büros Schreibers und Weyrauchs. So erklärt Kohl am 30. November in Gegenwart Schäubles vor der Presse: »Ich habe als Parteivorsitzender in meiner Amtszeit die vertrauliche Behandlung bestimmter Sachverhalte wie Sonderzuwendungen an Parteigliederungen und Vereinigungen, z.B. als unabweisbare Hilfe bei der Finanzierung ihrer politischen Arbeit, für notwendig erachtet. Eine von den üblichen Konten der Bundesschatzmeisterei praktizierte getrennte Kontenführung erschien mir vertretbar. Dabei habe ich stets volles Vertrauen in die Weyrauch & Kapp GmbH gesetzt ... Ich bedaure, wenn die Folgen dieses Vorgehens mangelnde Transparenz und Kontrolle sowie möglicherweise Verstöße gegen die Bestimmungen des Parteiengesetzes sein sollten. Dies habe ich nicht gewollt, ich wollte meiner Partei dienen ... Deshalb ist es mir ein persönliches Anliegen, die politische Verantwortung für hierbei in meiner Amtszeit entstandene Fehler zu übernehmen.«

Damit ist eigentlich alles gesagt: Kohl räumt die Existenz des von Weyrauch eingerichteten Systems von Vorkonten und Anderkonten ein, er gibt ebenso zu, die dort vorhandenen Mittel durchgehend bei innerparteilichen Finanzierungsproblemen eingesetzt zu haben, er bekennt sich zu möglichen Verfehlungen, wobei wohl vor allem auch an das Versäumnis gedacht ist, Großspender zu nennen, und er übernimmt die Verantwortung dafür, nur will er zu Details von Weyrauchs Schattenreich nichts gewußt haben.

Von jetzt an muß Kohl davon ausgehen, daß dies der Staatsanwaltschaft durch die Vernehmungen und aus den beschlagnahmten Unterlagen schon bekannt ist oder daß es in absehbarer Zeit herauskommen wird – höchste Zeit, für die Verteidigung eine starke Anwaltskanzlei zu gewinnen. Sein Fraktionskollege Ronald Pofalla bringt ihn mit der Essener Sozietät von Professor Stephan Holthoff-Pförtner zusammen, der er selbst als Partner angehört.[28] Von Mitte Dezember an steht Kohl ein Team ausgebuffter Anwälte zur Seite. Nicht immer hört er auf ihren Rat, aber doch häufig. Zuerst folgt er allerdings noch seinem eigenen Instinkt. Entgegen dem Rat von Holthoff-Pförtner entschließt er sich zur Vorwärtsverteidigung.

In der Fernsehsendung »Was nun, Herr Kohl?« räumt er am 16. Dezember aus freien Stücken ein, zwischen 1993 und 1998 Spenden von »1,5 bis zwei Millionen« entgegengenommen zu haben. Der Untersuchungsausschuß geht später davon aus, es habe sich um 2,1 Millionen DM gehandelt.[29] Konsequent weigert er sich jedoch, die Spender zu nennen; er habe ihnen sein Ehrenwort gegeben, ihre Namen keinem Dritten zu offenbaren. Daß er damit gegen die Vorschrift verstoßen habe, Spenden ab 20 000 DM im Rechenschaftsbericht zu veröffentlichen, wird er später vor dem Untersuchungsausschuß eingestehen, sei ihm bekannt gewesen.[30]

Eine deutlichere Spezifizierung seiner Verstöße gegen das Parteiengesetz als die Selbstbezichtigung beim ZDF-Interview ist schwer vorstellbar. Daß alle Kritiker Kohls, doch auch die bedrängte CDU-Führung, nun alsbald mit Nachdruck fordern, er solle die Spender namentlich nennen, kann aber niemanden erstaunen. Genauso wenig kann es jedoch erstaunen, daß Kohl sich weigert, irgendeinen Namen zu nennen. Aufgeheizt, wie die Stimmung jetzt ist, müßte jeder Spender eine schwere Rufschädigung befürchten. Kohl selbst hat erlebt und ist damals heftig dafür kritisiert worden, wie die CDU während der Parteispendenaffäre der frühen achtziger Jahre die Unternehmer und andere Spender »im Regen stehen ließ«. Das möchte er sich nicht noch einmal vorwerfen lassen. Natürlich kann er nicht ausschließen, daß es sich im einen oder anderen Fall doch um unversteuertes Geld gehandelt hat. Dann hätte er sich selbst strafbar gemacht. Bei allen späteren Vernehmungen und Stellungnahmen äußert er daher lediglich, es habe sich um mehrere Spender deutscher Staatsangehörigkeit gehandelt.

Nach der offenen Selbstbezichtigung in der ZDF-Sendung eskalieren die Auseinandersetzungen mit der Mehrheit in den Führungsgremien der CDU. Als die Vorwürfe am 29. November erstmals in Gegenwart Kohls im Präsidium der CDU erörtert wurden, hatte dieser es versäumt, auf die beträchtliche Höhe der fraglichen Summe aufmerksam zu machen oder anzukündigen, er werde die anonymen Spender auf keinen Fall nennen. In seiner Eigenschaft als ehemaliger Parteivorsitzender wäre Kohl verpflichtet gewesen, die derzeitige Parteiführung über alle Aspekte des Vorgangs nach bestem Wissen zu unterrichten. Schließlich ist es die Partei, die für sein Tun und Lassen haftet – politisch, aber auch rechtlich. Statt dessen erfährt der Parteivorstand über die Medien, was der hochverehrte Ehrenvorsitzende, der immer noch dem Präsidium angehört, sich so alles geleistet hat. Befremden, Verlegenheit und Zorn der nunmehr verantwortlichen Amtsträger sind voll verständlich.

Allerdings ist der Aufregung auch ein Element der Künstlichkeit beigemischt. Die meisten CDU-Granden geben sich so entsetzt, als wären sie jahrzehntelang unwissend und vertrauensvoll einem idealistischen Gutmenschen gefolgt. In Wirklichkeit war Weyrauchs verborgenes Treiben schon 1995 in einem gut recherchierten *Spiegel*-Artikel präzise benannt worden. Die Kernsätze dieser Enthüllungsstory verdienen es, wörtlich zitiert zu werden: »Weyrauch ist Kohls Manager für größere und kleinere Krisen; aus von Weyrauch kreierten Finanztöpfen werden unruhige CDU-Verbände ruhiggestellt. Für politische Werbekampagnen fließen dem Parteivorsitzenden aus Weyrauchs Schatulle Gelder zu, über deren Herkunft selbst CDU-Größen rätseln. Nicht einmal die gewählten Kassenprüfer kennen die kunstvoll angelegten Wege, auf denen Weyrauch horrende Geldsummen bewegt. Die Geheimniskrämerei des Parteivorsitzenden Kohl mit seinem Weyrauch hat einleuchtende Gründe: Sie soll verdecken, daß die Union die angestammten Pfade der Parteienfinanzierung längst verlassen hat.«[31] Spätestens damals hätten die hohen Damen und Herren im CDU-Präsidium allen Grund gehabt, kritische Überprüfungen zu veranlassen. Doch erst jetzt bekunden alle tiefe Betroffenheit und blasen zur Jagd auf die Übeltäter. Natürlich werden bei dieser Gelegenheit auch alte Rechnungen beglichen. Da Helmut Kohl nun von sich aus vor einem Millionenpublikum von Fernsehzuschauern die regelwidrige Entgegennahme von Barspenden zugegeben hat, ist es für alle in der Parteispitze naheliegend, unnachsichtig auf der Frage nach den Spendern herumzureiten. Es ist nicht nur naheliegend, sie sind rechtlich dazu verpflichtet.

Dies ist der Moment, in dem Angela Merkel vorprescht. Mit ihrem am 22. Dezember 1999 in der *Frankfurter Allgemeinen* veröffentlichten »Emanzipationsbrief« treibt das innerparteiliche Tauziehen rasch einem ersten Höhepunkt zu. Dort findet sich neben gewundenen Bekundungen des Respekts und der Anerkennung für das »alte Schlachtroß« der CDU auch der Satz: »Vielleicht ist es nach einem so langen politischen Leben, wie Helmut Kohl es geführt hat, wirklich zu viel verlangt, von heute auf morgen alle Ämter niederzulegen, sich völlig aus der Politik zurückzuziehen und den Nachfolgern, den Jüngeren, das Feld schnell und ganz zu überlassen.«[32] Kohl liest nicht zu Unrecht eine kaum verhüllte Aufforderung heraus, er möge »möglichst bald« den Ehrenvorsitz der CDU und sein Abgeordnetenmandat aufgeben.[33]

Am Jahresende 1999 sieht sich Kohl von allen Seiten eingekreist. Noch hält er zwar im Festzelt unter den Linden beim Übergang ins dritte Jahrtausend selbstbewußt Hof, die verbliebenen Getreuen zur Seite, ganz besonders Frau Hannelore, die kein so dickes Fell hat wie er selbst und unter den Anschuldigungen entsetzlich leidet. Alle Hoffnungen auf ein großartiges Millenniumsjahr, in das auch sein siebzigster Geburtstag fällt, sind verflogen. Im neuen Bundeskanzleramt, wo er selbst gern Platz genommen hätte, amtieren jetzt Gerhard Schröder und der Kanzleramtschef Frank-Walter Steinmeier; der hat, so weiß er, eine Arbeitsgruppe installiert, die nach den Akten der Leuna-Affäre und anderen Vorgängen fahndet, bereit, ihm wegen Aktenverbringung und Datenlöschung die Hölle heiß zu machen. Von der Staatsanwaltschaft Bonn ist ihm bereits die Mitteilung zugegangen, daß sie wegen des Anfangsverdachts der Untreue zu Lasten der CDU ein Ermittlungsverfahren in Gang setzen wird. Zwar übersieht er noch nicht, daß Angela Merkel ihren *FAZ*-Namensartikel ohne Wissen Schäubles veröffentlich hat, argwöhnt vielmehr ein Spiel mit verteilten Rollen, aber er ahnt schon, was ihm blühen wird, wenn die unabhängigen Wirtschaftsprüfer erst einmal das von den CDU-Finanzjongleuren in der Schweiz und in Liechtenstein angelegte Kontenlabyrinth durchleuchtet haben. So steht er mit dem Rücken an der Wand, gibt sich aber noch nicht verloren. Daß das Drama jetzt auf den Bruch zwischen ihm und Schäuble zutreibt, ist unvermeidlich.

Die beiderseitige Entfremdung ist schon längst Tatsache. Jeder im engeren Umkreis Kohls oder Schäubles weiß das. Natürlich war Schäuble über ein halbes Jahrhundert hinweg ein Teil des Machtapparats Helmut Kohl. »Wenn es jemanden gab, der die ganze Palette der Tricks und Kniffe des Altbundeskanzlers kannte, dann war es Wolfgang Schäuble, der seinem Förderer auf fatale Weise verbunden war«, so der CDU-Insider Gerd Langguth, der Gelegenheit hatte, die beiden gründlich zu studieren.[34] Genausogut aber kennt Kohl auch alle Stärken und Schwächen von Schäuble. Wenn zwei derart langjährige Gefährten aus nachvollziehbaren Gründen zum Machtkampf gegeneinander antreten, kann daraus für beide und für ihre Partei nur Unheil resultieren.

Einsichtsvoll, wahrscheinlich auch etwas schuldbewußt, hat Kohl Schäuble nach dem Wahldebakel des 27. September 1998 schleunigst zu seinem Nachfolger im CDU-Vorsitz ausgerufen und Loyalität gelobt. Aus beider Sicht spricht viel dafür, der Öffentlichkeit die freundschaftliche Fassade vorzuführen. Doch dahinter verbergen sich auf beiden Seiten Mißtrauen und Frustration. Es wäre wider die menschliche Natur, würde Kohl, der weiterhin topfit ist und alles besser weiß, bei seinem Nachfolger im Parteivorsitz nicht jede Menge Schwächen und Fehler entdecken: Pflegt die Seele der Partei nicht genug! Regiert zusammen mit seiner kleinen Schar von Vertrauten die CDU/CSU-Fraktion zu autoritär! Ist geschickt, sehr geschickt, hält sich allen für überlegen, ermangelt aber des Charismas! Hat seine Sympathie für eine schwarz-rote Koalition noch nicht aufgegeben, erweist sich jedoch auch gegen die Grünen und die PDS als zu duldsam! So und anders schilt er in kleiner Runde, was natürlich direkt oder auf Umwegen Schäuble zu Ohren kommt.

Schäuble selbst ist nun zwar ganz oben und hat Kohl hinter sich gelassen. Aber der massige Vorgänger bedrängt ihn weiterhin. Er kann wohl dessen fast unerträgliche Dominanz nicht vergessen, die besonders schwer auszuhalten ist, seitdem er in den Rollstuhl gebannt ist. Kohl, so sieht er es, hat sich ihm gegenüber nach Herzenslust ausgelebt und ihn wie seinen Diener behandelt. Je weiter es in die neunziger Jahre hineinging, um so mehr hat Schäuble in Kohl wohl nur noch den selbstbezogenen Boß gesehen, der ihn unterdrückt und demütigt.

Das ist die psychologische Seite. Politisch aber geht es jetzt zwischen Kohl und Schäuble um die Erblast der Ära Kohl. Die Gegensätze könnten nicht größer sein. Kohl möchte den Rückblick auf seine großen Jahre möglichst unbefleckt sehen und vernimmt mit Unbehagen die von Schäuble proklamierte Devise »rückhaltlos alles aufklären«.[35] Schäuble wiederum, ein Hauptakteur in der Ära Kohl, befürchtet zu Recht, von der Erblast erdrückt zu werden. Mit diesen völlig unvermeidlichen Interessengegensätzen verbindet sich aber ein Umstand, wie er absurder nicht sein könnte.

Kohls Gegner feuern aus allen Rohren auf ihn, um den Nachweis zu führen, daß er als Bundeskanzler tief in die Korruptionsaffären um den Waffenhändler Schreiber und dessen Umfeld verwickelt war. Die Untersuchungen werden aber zeigen, daß die gegen Kohl persönlich gerichteten Korruptionsvorwürfe nicht viel mehr als heiße Luft sind. Aber es gibt einen Spitzenpolitiker in der seinerzeitigen CDU-Führung, der von Schreiber tatsächlich eine Menge Geld als Parteispende erhalten hat, und das ist ausgerechnet Wolfgang Schäuble, der jetzt seinen Vorgänger bedrängt, doch möglichst alle seine Verfehlungen getreulich offenzulegen.

Kohl mag man viele Fehler und Sünden nachsagen, doch zu dem anrüchigen Schreiber hatte er nie Kontakt. Aber er weiß seit 1997, daß sich der ansonsten clevere Schäuble, so dessen eigene Version, von dem ihm persönlich unbekannten Schreiber in einem Moment der Geistesabwesenheit den namhaften Betrag von 100 000 DM hat zustecken lassen, und dies anscheinend unquittiert. Es ist hier nicht der Ort, die von den Bonner und Berliner Staatsanwälten und von den Abgeordneten des Untersuchungsausschusses in Dutzenden von Verhören ermittelten Sachverhalte, Widersprüche, Lügen und Vermutungen aufzulisten. Hier interessiert nur, was Kohl von Schäubles Verwicklung gewußt hat.

Auf die Spendenangelegenheit ist Kohl wohl erst im September 1997 aufmerksam gemacht worden, von Schäuble selbst, wie dieser berichtet,[36] nachdem Kohl von den staatsanwaltschaftlichen Ermittlungsverfahren gegen Schreiber gelesen habe. So sehr sich Schäuble und die damalige CDU-Schatzmeisterin Brigitte Baumeister in ihren Aussagen zum Zeitpunkt der Übergabe des Geldes und zu dessen weiterem Verbleib widersprechen, so tritt ein Punkt doch deutlich zutage: Der Bundeskanzler hat darauf alarmiert und ausgesprochen sauer reagiert. Kohl gibt das auch selbst zu. Auf entsprechende Fragen im Untersuchungsausschuß will er ein diesbezügliches Gespräch mit Schäuble erst nicht bestätigen, räumt es dann aber doch offenherzig ein: »Ich habe 1997 jedenfalls eine Vorstellung gehabt, daß das Zusammenwirken mit Schreiber nicht gerade ohne Hautgout ist. So will ich es mal formulieren.« Er sei »im höchsten Maß« negativ berührt gewesen.[37]

Das ist nachvollziehbar. September 1997, das war kurz vor dem Leipziger Parteitag. Kohl fühlte sich damals gedrängt, Schäuble doch möglichst noch vor der Bundestagswahl irgendwie als Nachfolger auszurufen. Wie zumeist war es eine schwer faßbare Druckkulisse: bestimmte Zeitungen, die ihn abgeschrieben hatten, bestimmte CDU-Granden, die ihn baldmöglichst loswerden wollten, letzten Endes auch Schäuble selbst, der in den Gesprächen mit ihm in seiner schlauen, nie ganz zu packenden Art auf die Büsche klopfte. Kohl hatte das für unangebracht, lästig und voreilig gehalten. In dieser ohnehin schon getrübten, auch durch Mißtrauen vergifteten Gemütslage wird ihm die Mitteilung serviert, daß sich Schäuble drei Jahre zuvor wie ein blutiger Anfänger von einem unbekannten Rüstungslobbyisten, der inzwischen anrüchig geworden ist, einen namhaften, nicht ordentlich quittierten Barbetrag zustecken ließ! Was ihm Schäuble und die zu dieser Zeit nach eigenen Angaben wohl noch mit ihm bestens befreundete[38] Schatzmeisterin Baumeister zu erzählen geruhen, weckt schon damals seinen Verdacht, daß nicht alles ganz koscher zugegangen ist.

Es ergrimmt ihn, daß er drei Jahre lang weder von Schäuble noch von Baumeister oder von Weyrauch über diese Spende während der Wahlkampagne 1994 etwas erfahren hat. Was er im Herbst 1997, als ihm das zu Ohren kommt, über seine Apparate zusätzlich an Informationen über Schreiber ermittelt hat, ist nicht bekannt. Beruhigend kann es nicht gewesen sein. Genüßlich wird später die Mehrheit von SPD und Grünen die von allen Beteiligten mehr oder weniger dramatisch geschilderte »große Empörung« des Kanzlers im Untersuchungsbericht mit den Worten kommentieren: »Der riesige Ärger und die Empörung des Dr. Kohl war daraus zu erklären und verständlich, daß er befürchtete, in die Spendenaffäre seines Stellvertreters verwickelt zu werden.«[39] Kohls Besorgnis, bei dem ohnehin schwierigen Wahlkampf 1998 auch noch in eine Korruptionsaffäre verstrickt zu werden, ist in der Tat anzunehmen. Er selbst hat in Sachen Schreiber allerdings, dafür sprechen alle bisher bekannt gewordenen Indizien, ein reines Gewissen. Schließlich könnte er darauf verweisen, daß er nicht bereit war, im Interesse des Panzergeschäfts beim kanadischen Premierminister vorstellig zu werden.[40] Aber wer glaubt schon den offiziellen Dementis, wenn eine problematische Parteienspendenaffäre einmal so richtig hochgekocht ist!

Die Sache versackt wieder. Kohl hat aber bekanntlich ein Elefantengedächtnis und bringt 1998 wohl im Zusammenhang mit der Amtsübergabe den Vorgang, über den die Schatzmeisterin verschiedentlich Aktenvermerke angelegt hat, Schäuble gegenüber nochmals zur Sprache.[41] Als die Affäre Schreiber im November 1999 aufkocht und Schäuble nun auf seine – Helmut Kohls – Kosten den Aufklärer zu spielen beginnt, kommt er diesem gegenüber von sich aus auf die Verwicklung zu sprechen.

Am 29. November hat Heiner Geißler Öl ins Feuer gegossen mit einem Interview in der *Süddeutschen*, in dem er darüber berichtet, Kohl habe schon zu seinen Zeiten als Generalsekretär »nicht alle Einnahmen und nicht alle Ausgaben« über den offiziellen Etat der Bundesgeschäftsstelle abgewickelt. Er habe dagegen protestiert und sei deswegen heftig mit ihm aneinandergeraten.[42] An dem Tag, als das Interview erscheint, hält sich der Alt-Kanzler in Zürich auf, wo er in seiner neuen Funktion im Internationalen Beirat der Credit Suisse einen Termin hat. Erregt telefoniert Schäuble hinter ihm her und verlangt Mithilfe bei der Aufklärung. Da explodiert Kohl und wirft ihm vor: »Du hast doch auch von Schreiber Geld bekommen.«[43]

Die beiden sprechen sich danach aus, treten auch nochmals gemeinsam vor die Presse, wobei Kohl, wie bereits erwähnt, ein Teilgeständnis in Sachen »getrennte

Kontenführung« ablegt. Aber nach Lage der Dinge treibt alles auf den Bruch zu. Schäubles direkte Verwicklung in die Affäre zerstört bald den letzten Rest gegenseitiger Rücksichtnahme. Am 2. Dezember redet sich Schäuble im Bundestagsplenum um Kopf und Kragen, als er ein Treffen mit Schreiber zugibt, die Entgegennahme einer Spende aber verneint. Spätestens von nun an lebt Schäuble vermutlich mit dem Verdacht, Kohl versuche ihn mit seinem Wissen zu erpressen. Nachdem sich beide bald darauf im Zorn getrennt haben, wird Angela Merkel Schäubles Verdacht als Vorwurf ganz unverhüllt aussprechen: »Kohl hat immer versucht, alles auszureizen, was er an Erpressungspotential gegen andere hat.«⁴⁴ Schäuble selbst deutet das später nur vorsichtig an.⁴⁵

Kohl ist jedoch nicht der einzige, der über die Spende Schreibers informiert war. Die Zahl derer, die davon Kenntnis hatten, ist schon früh relativ groß und umfaßt einen recht heterogenen Personenkreis: Angela Merkel, die frühere Schatzmeisterin Brigitte Baumeister, den gegenwärtigen Schatzmeister Matthias Wissmann, Schäubles rechte Hand Hans-Peter Repnik.⁴⁶ Schäuble berichtet später, er habe bereits am 30. November, also noch vor dem fatalen Bundestagsauftritt, das gesamte CDU-Präsidium davon unterrichtet, daß er selbst 1994 eine Spende Schreibers erhalten habe.⁴⁷ Doch hat er bei dieser Gelegenheit wohl keine Summe genannt, so daß den Teilnehmern die Bedeutung dieser Eröffnung nicht bewußt wurde.⁴⁸ Man kann ihm seine Vorsicht auch zugute halten: So wie einst in Bonn gleichen auch in Berlin die Führungsgremien der Parteien einem Sieb, durch das die Informationen an die Presse herausströmen. Immerhin hat er die Wirtschaftsprüfer bereits im Dezember beauftragt, den Verbleib der Summe klären. Der gefährlichste Mitwisser ist jedoch Schreiber selbst, der in diesen Wochen hemmungslos und gezielt zugleich von Kanada aus auf die Ermittlungen einwirkt, wobei er offenbar vor allem Schäuble vernichten möchte.

Es lohnt nicht, die einzelnen Momente des Dramas zu schildern, in dem sich Kohl und Schäuble nun letztmalig aneinander abarbeiten. Derartige Machtkämpfe, an denen ein gutes Dutzend von Top-Chargen beteiligt ist, wobei diffuse öffentliche Bekundungen, Hunderte von Telefonaten und Durchstechereien zu Journalisten eine Rolle spielen, lassen sich im nachhinein nur noch teilweise aufdröseln. Nach dem derzeitigen Kenntnisstand gewinnt man bei der Analyse dieser verworrenen Affäre den Eindruck, daß Kohl und Schäuble erbittert und perspektivlos um sich schlagen, ohne beiderseits zu wissen, was die Staatsanwälte oder die Presse bereits alles in der Hinterhand haben.

Im Parteipräsidium und auch im Parteivorstand setzt sich jedenfalls im Verlauf der Monate Dezember und Januar zusehends die Linie durch, von Kohl mehr oder weniger entschieden abzurücken und sich um Schäuble zu scharen. Am 10. Januar 2000 entschließt sich Schäuble zur Vorwärtsverteidigung, gibt in einem Fernsehinterview die Spende von 100 000 DM zu und hofft, die lästige Sache damit vom Tisch zu haben. Die Hauptaufmerksamkeit richtet sich vorläufig immer noch auf Helmut Kohl. Als am 14. Januar auch die Schwarzgeldkonten der hessischen CDU in der Schweiz und eine entsprechende Stiftung in Liechtenstein auffliegen, wo die hessische CDU an die siebzehn Millionen DM geparkt hatte, schwächt das die Position Kohls weiter, auch wenn er rechtlich dafür keine Verantwortung trägt.

Unter dem Eindruck dieser Enthüllungen faßt Schäuble nun den Entschluß, vom Parteivorsitz zurückzutreten. Eine entsprechende Presseerklärung ist bereits formuliert. Doch er läßt sich von Angela Merkel überzeugen, auf den 18. Januar eine Sitzung des Präsidiums und des Bundesvorstandes einzuberufen, um vor diesen Gremien seinen Rücktritt zu erklären.[49]

So kommt es zu dem nachmals berühmten Showdown des 18. Januar, der zum unheilbaren Bruch führt. Kurz vor der Sitzung des CDU-Präsidiums treffen Kohl und Schäuble zu einem letzten Gespräch zusammen. Kohl eröffnet es mit der Bemerkung: »Trittst du zurück?« Schäuble fordert ihn daraufhin letztmalig auf, die Spender zu nennen. Kohl lehnt das erneut ab, und Schäuble fordert ihn nun auf, den Ehrenvorsitz und das Bundestagsmandat niederzulegen. Kohl weigert sich mit der einleuchtenden Begründung, bei einer Mandatsaufgabe wäre er dem Verfahren im Untersuchungsausschuß »schutzlos ausgeliefert«. Schäuble erklärt daraufhin, dann werde er selbst zurücktreten. Kohl repliziert, so die durchaus glaubhafte Version Schäubles von diesem Gespräch, »die ganze Geschichte sei eigentlich nicht so schlimm. Für seine Handhabung der Spenden habe ein Großteil der Bevölkerung Verständnis, auch die Geschichte in Hessen sei nicht so tragisch, lediglich meine Spende von Schreiber habe diese Affäre zu einer dramatischen Krise werden lassen.« Schäuble bricht das Gespräch mit der Bemerkung ab, er habe schon viel zu viel seiner knapp bemessenen Lebenszeit mit ihm verbracht,[50] und verläßt Kohl mit den Worten: »Dieses Büro werde ich in meinem Leben nie wieder betreten.«[51]

Noch bevor das Parteipräsidium um 10 Uhr zusammentritt, folgt eine kurze Unterredung unter vier Augen zwischen Wolfgang Schäuble und Kurt Biedenkopf, der seit Wochen intern ähnlich wie Angela Merkel dafür plädiert, die CDU müsse sich von Kohl demonstrativ lösen – dies natürlich in Würdigung seiner großen historischen Verdienste. Schäuble unterrichtet Biedenkopf von dem Gespräch mit Helmut Kohl sowie von seinem Entschluß, den höchsten Parteigremien seinen Rücktritt vom Parteivorsitz zu erklären, und auch darüber, daß er ihn, Biedenkopf, als Nachfolger vorschlagen wolle. Biedenkopf widerspricht: Dieser Vorschlag sei undurchführbar. Der Parteivorsitz sei die Grundlage für den Fraktionsvorsitz. Er selbst könne diese Aufgabe nicht ohne Mandat der Partei übernehmen. Überdies wäre ein Rücktritt, so argumentiert er, ein Triumph für Helmut Kohl. Dann improvisiert Biedenkopf für die unmittelbar bevorstehende Präsidiumssitzung einen Beschlußvorschlag: Selbstverständlich sei eine Entschuldigung für die unsägliche Tarnung des Transfers aus Liechtenstein nach Hessen geboten. In Sachen Kohl solle das Präsidium feststellen, daß dieser seine Verpflichtungen gegenüber seiner Partei verletze, wenn er sich weiterhin weigert, sie bei der Aufklärung der Sachverhalte zu unterstützen. Solange er sich so verhalte, soll sein Ehrenamt ruhen. Für diese Linie müsse aber nicht Schäuble allein, sondern das Gesamtpräsidium das Vertrauen des Vorstands beantragen.[52]

Schäuble erklärt sich bereit, auf dieser Linie zu verfahren und die Entscheidung über seinen Rücktritt vom Votum des Parteivorstands abhängig zu machen. Wie zu erwarten, möchte das höchste Parteigremium mit dem ohnehin fälligen Abrücken von dem Ehrenvorsitzenden Helmut Kohl nicht auch noch den Sturz Schäubles verbinden. In Abwesenheit Schäubles wird eine Entschließung beraten, die Biedenkopf als ältestes Präsidiumsmitglied dem Bundesvorstand vortragen soll. Kohl wird um Benennung der Spender und um Aufgabe des Ehrenvorsitzes ersucht, wenn er nicht zur Aufklärung beitrage. Das Präsidium kündigt zugleich seinen Rücktritt an, sollte der Bundesvorstand dem nicht zustimmen. Es folgt eine erregte Diskussion im Bundesvorstand. Jedermann weiß, daß dies wahrscheinlich die Trennung von Kohl bedeutet. Doch die Parteiräson gibt den Ausschlag. Der gesamte Bundesvorstand einschließlich der kooptierten Mitglieder stimmt bei einer Gegenstimme und zwei Enthaltungen für das Ultimatum und spricht dem Präsidium das Vertrauen aus.

Für Kohl ist somit offenkundig, daß sich die bedrängte Parteiführung in ihrer großen Mehrheit von ihm trennen möchte, um die Affäre und ihn selbst endlich loszuwerden. Er reagiert darauf unverzüglich mit der Erklärung, er werde den Ehrenvorsitz der CDU Deutschlands niederlegen, doch die Partei, der er fünfzig Jahre lang angehört habe, bleibe weiterhin seine Heimat.[53] Wie stark er unter dem Bruch mit dem größten Teil der CDU-Führung leidet, verhehlt er damals und später nicht. Kohl ist und bleibt ein »Parteitier«. Die in diesen Wochen besonders vernehmliche Kritik seiner langjährigen Gegner Geißler, Süßmuth, Biedenkopf, von Weizsäcker vermerkt er genau und vergilt das in der Verteidigungsschrift *Mein Tagebuch* mit höhnischen Kommentaren. Besonders kränkt es ihn, daß Norbert Blüm, »der sechzehn Jahre mit mir am Kabinettstisch saß«, ihm nun auch die Freundschaft aufkündigt.[54]

Blüm bleibt nicht der einzige. Am meisten macht Kohl aber wohl der Bruch mit Schäuble zu schaffen. Schäuble gibt sich jetzt eiskalt. Kaum sind die beiden am 18. Januar im Zorn voneinander geschieden, da bekommt der *Spiegel*-Reporter Jürgen Leinemann Bemerkenswertes zu hören, was er natürlich alsbald in die Welt hinausposaunt oder hinausposaunen soll: »Ich fühle mich frei. Seit Dienstag bin ich sehr frei.« Und Schäuble fügt hinzu: »Er hat immer weniger begriffen, daß es außer ihm noch mehr Menschen auf der Welt gibt … Freunde in dem Sinne, daß es eine persönliche Beziehung außerhalb der Politik gewesen wäre, sind wir ja nie gewesen.«[55] Beim Rückblick auf die zerbrochene Beziehung wird auch Kohl selbst etwas spät dämmern, was er Schäuble alles zugemutet hat. »Ich habe Fehler gemacht, ohne es zu wollen«, wird er dann selbstkritisch schreiben, »vor allem im psychologischen Bereich. Möglicherweise war aber auch meine schiere Existenz für Wolfgang Schäuble eine Belastung.«[56] Anders als Schäuble, der verächtlich nichts mehr von dem einstigen Herrn und Meister wissen will, wird Kohl auch später daran festhalten, er habe Schäuble als Freund betrachtet und sei weiterhin versöhnungsbereit. Verschiedentlich wird er unter Bezugnahme auf die Auseinandersetzung am 18. Januar 2000 erklären: »Diese Szene zählt zu den schlimmsten Erfahrungen meines Lebens.«[57]

Die bedrängte Parteiführung treibt Kohl nun weiter in die Enge. Anfang Februar liegt der endgültige Bericht der Wirtschaftsprüfer von Ernst & Young vor. Sie bestätigen die Vorwürfe, die bisher nur im *Spiegel* und in der *Süddeutschen* spezifiziert worden sind.[58] Kohl bestreitet aber weiterhin, von dem Schattenreich Weyrauchs in der Schweiz und in Liechtenstein detaillierte Kenntnisse gehabt zu haben.[59] Unter dem Druck der Staatsanwälte sind jetzt auch Weyrauch und Lüthje eingeknickt. Nun wird über eine Aussage des schwer krebskranken früheren Generalbevollmächtigten Lüthje berichtet, er habe 1986 im Verein mit Weyrauch bewußt eine »Falschaussage« gemacht, um Kohl zu decken. »Uns hat er es zu verdanken, daß er nach 1986 noch Kanzler bleiben konnte.«[60] Wie erstaunlich absurd es in solchen Fällen zugeht, offenbart der Bericht der Untersuchungskommission. Der damals schon gesundheitlich angeschlagene Lüthje hatte sich dessen bei einer fröhlichen Feier 1997 in Frankfurt (Kohl war immer noch Kanzler) gerühmt und sogar behauptet, der Bundeskanzler habe ihn 1986 gefragt, »ob er nicht sicherheitshalber zurücktreten solle, ehe denn das Ergebnis der staatsanwaltschaftlichen Ermittlungen ihn dazu zwingen würde«. Der Text dieser kompromittierenden Ansprache war von den Staatsanwälten bei Weyrauch beschlagnahmt worden.[61] Wenn solche Beweisstücke aufgefunden werden, muß sich niemand darüber wundern, daß die ertappten nachgeordneten Helfer nun wie die Rotkehlchen zu singen beginnen, um möglichst viel von der eigenen Haut zu retten.[62]

Die ersten Februarwochen sind für Kohl die bisher kritischsten der Parteispendenaffäre. Immer mehr derjenigen, die ihn anfangs noch unterstützt und die Aberkennung des Ehrenvorsitzes für überzogen gehalten haben, gehen jetzt Schritt für Schritt auf Distanz, so auch Jürgen Rüttgers,[63] der eine schwere Wahl vor sich hat. Nur noch in den kleineren CDU-Landesverbänden finden sich Spitzenpolitiker, die weiter zu ihm halten – Christoph Böhr in Rheinland-Pfalz, Bernd Neumann in Bremen, mit gebotener Vorsicht, aber doch noch verspürbar, Volker Rühe, dem jetzt in Schleswig-Holstein ein Wahldesaster ins Haus steht, und Bernhard Vogel in Thüringen. Aber Kohl gibt sich weiter kämpferisch und beklagt sich vor allem über die Medien, nicht zuletzt die Kamerateams, die ihm Tag für Tag auflauern. »Sie wollen mich verfolgen, bis ich umkippe«, schilt er in einem Gespräch mit dem Chefredakteur der *Zeit*, Roger de Weck, setzt aber trotzig hinzu: »Der Mann, er wird nicht umfallen, er steht.«[64]

In der CDU geht es in diesen Wochen zu wie in einem Tollhaus. Bald ist auch Schäuble nicht mehr zu halten. Am 31. Januar bleibt ihm keine andere Wahl, als – was Schreiber in Kanada behauptet hat – einzugestehen, daß es ein weiteres, bisher verschwiegenes Treffen mit diesem im Juni 1995 gegeben habe. Zugleich steigt die Presse nun immer unbarmherziger auf widersprüchliche Aussagen zum Zeitpunkt der Übergabe der fatalen 100 000-DM-Spende ein. In der *Welt* wird jetzt erstmals auch von Vermerken berichtet, in denen »offenbar alle Kontakte zwischen der Schatzmeisterei und Schreiber und zwischen Schäuble und Schreiber aufgelistet« seien.[65] Zugleich stochert das Blatt tief in den schwer verständlichen Vorgängen zwischen Schäuble und Schreiber über eine nachträgliche Empfangsbestätigung der Spende herum, die später auch die Berliner Staatsanwälte und den Untersuchungsausschuß ausführlich beschäftigen werden.[66] Am 16. Februar wirft Schäuble das Handtuch: Er werde nicht mehr für den Partei- und für den Fraktionsvorsitz kandidieren.

Muß man aus den Vorgängen dieser Wochen schließen, daß Kohl gezielt Informationen gestreut hat, um Schäuble politisch zu schaden? Dieser argwöhnt damals und später jedenfalls eine finstere Vendetta. Als Kohl jedoch nach dem Rücktritt Schäubles mit kaum verhüllten Vorwürfen konfrontiert wird, an den Intrigen, die zu dessen Rücktritt führten, beteiligt gewesen zu sein, weist er das weit von sich[67] und konstatiert bitter, »daß von der politischen und persönlichen Verbindung zwischen ihm und mir nichts geblieben sei als abgrundtiefe Enttäuschung und Haß«.[68] Schäubles Entgegennahme einer problematischen Spende bewertet er aber im nachhinein genauso milde wie das eigene Arbeiten mit den schwarzen Kassen. »Es wäre ungerecht, ihm die Spendenaffäre anzulasten«, kommentiert er Schäubles Rücktritt.[69] Schäuble wird jedoch damals und später den Verdacht nicht los, sein rachsüchtiger Widersacher habe nach dem großen Knall versucht, ihn mit in den Abgrund zu reißen. Ob und wie intensiv Kohl vor und nach dem 18. Januar an den Strippen gezogen hat, Schäuble und Merkel aus der CDU-Führung zu entfernen, läßt sich nicht sicher ermitteln. Später wird Schäuble mit gebotener Vorsicht dem Verdacht Ausdruck geben, Kohl habe auf seinen Sturz hingearbeitet.[70] Dieser weist alle Verdächtigungen weit von sich: »An Ränkespielen habe ich mich nie beteiligt.«[71] Wahrscheinlich hat er aber erfolglos darauf hingewirkt, auf dem CDU-Bundesparteitag im Frühjahr Schäuble im CDU-Vorsitz durch Jürgen Rüttgers ablösen zu lassen.[72]

Beim Match um die Nachfolge Schäubles kann der bis vor kurzem noch so mächtige Alt-Kanzler nur noch von den Seitenlinien aus zuschauen. Bekanntlich sind die personellen Auswirkungen an der Spitze der CDU äußerst weitreichend. Als

Folge der Affären fallieren alle Parteigranden, die in den Jahren 1994 bis 1998 als mögliche CDU-Kanzler gehandelt worden waren. Neben Schäuble ist Volker Rühe das Hauptopfer. Als Spitzenkandidat der CDU verliert er am 27. Februar die Landtagswahl in Schleswig-Holstein und scheidet bald aus der Politik aus. Auch Jürgen Rüttgers muß am 14. Mai, wie Kohl selbst es formuliert, »ähnlich wie Volker Rühe die Zeche zahlen«.[73] In der CDU beginnt im April 2000 mit dem Essener Parteitag die Ära von Angela Merkel. Kohl nimmt nicht teil, schickt ihr aber ein Glückwunschtelegramm. Wie er sich fühlt, vermerkt er wenige Monate später in der Abrechnung mit seinen Gegnern im *Tagebuch 1998–2000*. »Zum ersten Mal seit 1951«, liest man dort, habe er an einem Bundesparteitag der CDU nicht teilgenommen.[74] Bezeichnenderweise konstatiert er dazu nur, daß Angela Merkel mit mehr als 95 Prozent und als erste Frau gewählt worden sei, ohne diese Wahl weiter positiv oder negativ zu kommentieren.[75] Wohl aber versäumt er nicht, in diesem Buch alle Welt daran zu erinnern, daß sie ihren Weg als sein Geschöpf begonnen hat: »Ohne mein klares Votum für sie hätte die Seiteneinsteigerin nicht diese beispiellose politische Karriere gemacht.«[76] Man muß aber hinzufügen, daß er sich seitdem der neuen Vorsitzenden gegenüber bis in den Sommer 2011 als loyaler »Parteisoldat«[77] verhalten und sie trotz vieler Vorbehalte von offener Kritik verschonen wird.

Für genauso wichtig erachtet er es, der CDU den beträchtlichen Schaden zu ersetzen. Nach geltender Rechtslage wird die CDU mit an die 6,3 Millionen DM Strafzahlungen zu rechnen haben. Sie könnte zwar gegen ihren ehemaligen Vorsitzenden wegen Untreue Privatklage erheben, aber soweit möchten es weder die Parteiführung noch Kohl selbst kommen lassen. Um so wichtiger ist – juristisch, aber auch mit Blick auf die Öffentlichkeit –, daß Kohl den entstehenden finanziellen Schaden möglichst behebt.

Dem Vernehmen nach geht der Gedanke, den immensen Betrag durch Bitten um private Spenden bei Freunden der Familie einzuwerben, auf Hannelore Kohl zurück. Die Blütenträume von einem ruhigeren familiären Leben in Berlin sind schon in den ersten Wochen des Parteispenden-Tornados verwelkt. Sie leidet offenbar entsetzlich, auch gesundheitlich, und betrachtet es als Dummheit, daß sich ihr Mann nach den Erfahrungen mit der Flick-Affäre als Rückfalltäter erwiesen hat. Helmut und Hannelore Kohl erörtern mit den beiden Söhnen, an wen man herantreten könnte. Das Ehepaar beschließt, auf das lastenfreie Haus in Oggersheim eine Hypothek in Höhe von 500 000 DM aufzunehmen und weitere 200 000 DM aus Barmitteln bereitzustellen. Mit vereinten Kräften telefoniert man weiteres Geld zusammen,[78] das auf einem Notar-Anderkonto eingezahlt und im März an den Bundesschatzmeister der CDU weitergeleitet werden soll.[79]

Zu Kohl Erleichterung finden seine Bitten um private Hilfe bei der Erstattung der Schadenssumme ein bemerkenswertes Echo. In den ersten Märzwochen kann er öffentlich mitteilen, daß der finanzielle Schaden der CDU vollständig behoben ist. Namhafte Beträge kommen von Unternehmern und Managern. Kirch spendet eine Million, Erich Schumann von der *WAZ* 800 000 DM (das bringt ihm ein Parteiausschlußverfahren der SPD ein), das Ehepaar Odenwald 650 000, Helmut Maucher von Nestlé 500 000 DM und Ernst Cramer vom Haus Springer 100 000 DM, der dazu in einem Interview feststellt, es sei an der Zeit, »daß man sich gegen diese aus vielen Quellen gespeiste miese Art des ›zur-Sau-Machens‹ eines verdienstvollen Politikers auflehnt«.[80] Unter den 32 Spendern, die sich auf diese Weise öffentlich zu Kohl bekennen, sind mit jeweils 10 000 DM auch vier Größen aus dem Showbusineß: Uschi Glas, Dieter Thomas Heck, Michael Holm und Heiner Lauterbach. Auch der Filmproduzent »Atze« Brauner macht für Helmut Kohl 50 000 DM locker. Nicht wenige in der CDU-Führung reagieren jedoch auf die Sammelaktion säuerlich. Aber die Wiedergutmachung des Vermögensschadens verbessert doch die moralische Position Kohls. Das wird auch bei der juristischen Bewertung des Vorwurfs der Untreue gegenüber der CDU ins Gewicht fallen.

Die Pressekampagne und die Angriffe von Rot-Grün laufen dennoch weiter. Der psychologische Tiefpunkt ist am 3. April 2000 erreicht, Helmut Kohls siebzigstem Geburtstag. Im Feiern und Sich-Feiern-Lassen an runden und halbrunden Geburtstagen nach unverfälschtem Pfälzer Brauch war er immer ein Meister. Unter den obwaltenden Umständen müssen die vorgesehenen Ehrungen im Schauspielhaus am Gendarmenmarkt allerdings ausfallen. Immerhin gibt es unter den ausländischen Bewunderern Kohls Herren, die wissen, was sich gehört. Ein paar Tage vor dem Geburtstag zeigt sich Henry Kissinger demonstrativ mit Kohl vor dem »Adlon«, auch Romano Prodi gratuliert persönlich. Das sind Signale, daß die Großen dieser Welt die Parteispendenaffäre gegen den weltberühmten Kanzler als einen typisch deutschen Sturm im Wasserglas betrachten.[81] Doch am Geburtstag selbst ist er fast allein. Zusammen mit der engsten Familie, zu der noch Erich und Fritz Ramstetter stoßen, entkommt er den vor seinem Anwesen lauernden Kamerateams ins Elsaß. Man speist in einem gemütlichen Hotel, geht spazieren und landet schließlich in Niedersteinbach, im geliebten Restaurant »Au Cheval Blanc« der Madame Zink. Wären hier nicht die Deutschen und Franzosen, die ihn herzlich begrüßen und um Autogramme bitten,[82] müßte man meinen, hier feiere ein behäbiger Pfälzer Bürger seinen Siebzigsten und nicht ein Mann, der sechzehn Jahre hindurch einer der wichtigsten Staatsmänner Europas war.

Doch langsam ist die breite Öffentlichkeit der ständigen Aufregung um die Affäre müde. In den Monaten Januar und Februar 2000 rangieren die Parteispenden- und Korruptionsaffären noch auf Platz eins der politischen Agenda. CDU und CSU erleben damals einen beispiellosen Vertrauensverlust. Im November 1999 lagen die Sympathiewerte der CDU/CSU bei 55 Prozent, im Februar 2000 bei 29 Prozent, während die SPD von 31 auf 47 Prozent hochging. Mit dem Rücktritt Schäubles ist aber der Tiefpunkt erreicht. Schon im April steht die Union auf dem ZDF-Politbarometer wieder bei 39 Prozent, die SPD bei 42, und im Juni hat sich die Stimmung völlig gedreht: 44 Prozent für die Union und 35 Prozent für die SPD.[83]

Kohl selbst hilft es jedoch nicht viel, daß sich die öffentliche Erregung nun wieder anderen Themen zuwendet. Jetzt beginnen die Mühlen der Justiz und des Untersuchungsausschusses langsam und schmerzhaft zu mahlen. Selbstverständlich haben die SPD und die Grünen das größte Interesse daran, die Untersuchungen möglichst lange köcheln zu lassen. Die CDU an ihrer Stelle würde sich nicht anders verhalten. Woche für Woche kommen neue Beschuldigungen auf und machen Kohl nervös, vor allem aber seine Frau, die nun wieder durch Schübe von Lichtallergie gequält wird. Vieles wird nochmals hochgezogen und aufgekocht: Pressemeldungen aus Paris (von Kohl umgehend dementiert), die Firma Elf Aquitaine habe 1992 rund dreißig Millionen DM für den Wahlkampf der CDU gezahlt,[84] Beschuldigungen, 1982 habe ein unerlaubter Transfer von Fraktionsgeldern zur Partei stattgefunden, Einzelvorwürfe gegen bestimmte Spender …

Große öffentliche Aufmerksamkeit erregen besonders die Vorwürfe, im Bundeskanzleramt seien relevante Akten zu den fraglichen Affären beiseite geschafft und umfassende Datenlöschungen vorgenommen worden. Im Februar 2000 hat Frank-Walter Steinmeier, Chef des Bundeskanzleramts, eine disziplinarische Vorermittlung angeordnet und den früheren FDP-Bundestagsabgeordneten Burkhard Hirsch, der in Bonn als Gegner des ehemaligen Bundeskanzlers bestens bekannt ist, zum Ermittlungsführer berufen. Hirsch, die SPD, die Grünen im Untersuchungsausschuß und seit Juli vor allem die *Zeit* suchen das Thema hochzuziehen. Je weniger sich aus der Leuna-Affäre substantiell herausschlagen läßt, um so intensiver werden angebliche Aktenvernichtung und unstatthafte Datenlöschung als verwerfliche Verfehlungen thematisiert. In der *Zeit* ist zu lesen, diese entsprechenden Vergehen seien nur mit der Aktenvernichtung durch die Stasi nach der Wende zu vergleichen, und der SPD-Abgeordnete im Untersuchungsausschuß, Frank Hoffmann, erklärt im ZDF, der Skandal habe eine neue Dimension erreicht: Es gehe nicht mehr nur um Schmiergelder, sondern um »Regierungskriminalität«.[85]

Das ganze Jahr 2000 hindurch bis ins Frühjahr 2001 lassen Rot-Grün, die gegnerischen Medien und die Justiz den als Herr über schwarze Kassen ertappten, inzwischen völlig entmachteten einstigen CDU-Chef und Bundeskanzler nicht in Ruhe. Kohl fühlt sich gejagt, kriminalisiert, empörend verdächtigt und konstatiert dabei ein Zusammenspiel zwischen den Medien, hier ganz besonders der *Süddeutschen* und dem *Spiegel*, der Bonner Staatsanwaltschaft und den Abgeordneten von Rot-Grün, die im Untersuchungsausschuß den Takt schlagen, und dem Bundeskanzleramt, wo wegen Aktenverbringung und Datenlöschung ermittelt wird. Er befindet

Vor dem Untersuchungsausschuß,
29. Juni 2000

sich weiterhin in einem Wechselbad der Gefühle. Depressive Phasen des Selbstmitleids wechseln ab mit Phasen des Zorns und der Verachtung gegen seine Feinde oder die einstigen Parteifreunde, die sich nun distanzieren. Ihn tröstet weiter die Zuwendung der amtierenden Staatsmänner. Bush, Clinton, Kissinger, Prodi, Juncker, Gorbatschow, Jelzin, selbst der lange so lästige Chirac, neuerdings auch Putin und viele weitere internationale Granden verkehren mit Kohl nach wie vor so natürlich, als würde er von seinen lieben Deutschen nicht aufs peinlichste kriminalisiert. Sie alle wissen genausogut wie ihr jetzt tief in der Tinte sitzender Kollege, daß Parteichefs rasch am Ende wären, würden sie die Geldbeschaffung für ihre Parteiapparate vernachlässigen.

In diesen schwierigen Monaten erweist Kohl sich wieder einmal als zäher, unermüdlich kämpfender Überlebenskünstler wie in den schlimmsten Jahren als Oppositionsführer. Er ist und bleibt ein taktisch versierter Fighter, und wenn ihm ein Abgeordneter vom Typ Hans-Christian Ströbele frech kommt, erwacht der alte Raufbold. Dank bester Vorbereitung kann er einigermaßen punkten, als ihn der Untersuchungsausschuß endlich vernimmt, nachdem man ihn sieben Monate lang hat warten lassen. Selbst die *Frankfurter Rundschau* berichtet unter der Überschrift: »Der Mann ist unverwüstlich. Müde Abgeordnete und ein putzmunterer Zeuge«.[86]

Auch publizistisch unternimmt er nun einen Gegenschlag. Um die Jahreswende 1999/2000 war in der bedrängten Familie die Idee aufgekommen, die Vorgänge seit der Wahlniederlage im September 1998 in Form eines Tagebuchs zu schildern, dabei auch auf die Angriffe einzugehen, wohldosierte Selbstkritik zu üben, vor allem aber die Anschuldigungen zurückzuweisen.[87] Anders als Frau Hannelore erwärmte sich Helmut Kohl nicht auf Anhieb für das Projekt. Etwa ein Sechstel der 350 Seiten macht dann bereits als Vorabdruck Furore, Ende November 2000 stellt Kohl selbst das Buch im »Hilton« vor. Auf die Frage eines Journalisten, ob er keinen Laudator gefunden habe, gibt er zur Antwort: Das wäre »ein armer Hund gewesen. Ich sehe schon an Ihrem Gesicht, wie Sie die Griffel spitzen.« Und auf die Nachfrage: »Was wäre denn mit Merkel oder Schäuble gewesen?«, antwortet er ruhig: »Jetzt werden Sie geschmacklos, das sollten Sie nicht.«[88]

Das Buch wird umgehend zum Bestseller und hilft Kohl aus finanzieller Bedrängnis. Hans Leyendecker, einer der Verfolger Kohls, der gut rechnen kann, schätzt damals, daß die Strafzahlungen, Anwaltskosten und die zu erwartende Geldbuße diesen rund anderthalb Millionen Mark kosten werden – kein Pappenstiel, selbst für einen Alt-Kanzler mit anständiger Pension.[89] Doch das ist aus Sicht Kohls nicht die Hauptsache. Das kurzgefaßte, zupackende, auch leidenschaftliche Buch ist eine massiv formulierte Verteidigungsschrift, zugleich auch eine Anklage – gegen die Medienhatz, gegen die perfiden Verfolger von Rot-Grün, gegen die verächtlichen Opportunisten und die »bekannten Verdächtigen« in der eigenen Partei. Alles kocht ungeschieden auf: ungeheures Verlangen nach Rechtfertigung, verletzter Stolz, Enttäuschung, Dünnhäutigkeit, Larmoyanz, vulkanischer Haß und schneidende Ironie, psychologisches Gespür, auch selbstkritische Nachdenklichkeit. Nie zuvor hat dieser Riese einen so ungeschützten Blick in sein brodelndes Inneres tun lassen.

Am 28. Februar 2001 wird vom Landgericht Bonn das juristisch auf wackligen Beinen stehende Ermittlungsverfahren wegen des Verdachts der Untreue zu Lasten der CDU aufgrund der ungeklärten Rechtslage eingestellt. Die Gerichte bewegen sich bei Untreueverfahren bezüglich von Parteispenden auf juristischem Neuland. Weil Kohl den der CDU zugefügten Vermögensschaden vollständig ersetzt hat, wäre es ohnehin recht schwer, den Vorwurf der »Untreue« scharf zu verfolgen. Um die Sache vom Tisch zu bekommen, erklärt sich Kohl zu einer freiwilligen Zahlung von 150 000 DM zugunsten der Staatskasse und von weiteren 150 000 DM an die Mukoviszidose-Stiftung von Christiane Herzog bereit.[90] Genau besehen, ist es ihm somit gelungen, diese schlimmste aller Krisen hinter sich zu lassen. Seine politische Machtbasis jedoch hat er verloren.

Der zweite Schlußpunkt hinter der Affäre ist der am 13. Juni 2001 veröffentlichte Bericht des am 2. Dezember eingesetzten Untersuchungsausschusses des Deutschen Bundestags. Er umfaßt mit den Anlagen 941 Seiten und listet akribisch, natürlich mit parteipolitisch kontroversiellen Bewertungen, abweichenden Berichten und Sondervoten alles auf, was zu dieser vielschichtigen Affäre bekannt geworden ist, aber auch, was weiter im dunkel liegt.[91]

Was bleibt von den Korruptionsvorwürfen gegen den früheren Bundeskanzler? Am gravierendsten für die einstige Regierung Kohl ist die Tatsache, daß sich Holger Pfahls, immerhin Staatssekretär für Beschaffungswesen im Verteidigungsministerium, der passiven Bestechung schuldig gemacht hat. Er hat sich von Schreiber mit 3,8 Millionen DM schmieren lassen. Das Landgericht Augsburg wird ihn deswegen im Jahr 2005 zu zwei Jahren und drei Monaten Haft verurteilen.[92] Doch die Verfehlungen des Staatssekretärs lassen sich nicht mit den politischen Entscheidungen des Bundeskanzlers in Verbindung bringen. Im politischen Bonn war Pfahls stets genau einzuordnen. Er war dem Bundeskanzler von Strauß quasi aufgezwungen worden. Daß Kohl bei einem von Pfahls allein zu verantwortenden schweren Fall von Bestechung ausgerechnet mit diesem unter einer Decke gesteckt haben könnte, war von vornherein eine ziemlich abwegige Vorstellung. Die anderen Vorwürfe – Elf Aquitaine, Verkauf der Minol-Tankstellen, Bear-Head-Projekt, angebliche Zahlungen von Siemens sowie der Fall Ehlerding – erbringen ebenso keine Anhaltspunkte, auf Grund derer gegen den Bundeskanzler wegen Vorteilsnahme oder Steuerhinterziehung auch nur Vorermittlungen vertretbar wären. Die stark aufgebauschten Vorwürfe sogenannter Bundeslöschtage erweisen sich als haltlos.

Bei der Veröffentlichung des Untersuchungsberichts sind die Ermittlungen noch nicht abgeschlossen. Das haben die CDU/CSU-Mitglieder im Ausschuß schon damals in einem Sondervotum als ziemlich durchsichtige und in dieser Form einmalige »Verleumdungsaktion« von seiten der Regierung des Nachfolgers gewertet.[93] Das wird sich später bestätigen. Aktenvernichtung ist tatsächlich nicht nachweisbar, wie viel später, als sich die Aufregung längst gelegt hat, auch die ermittelnde Bonner Staatsanwaltschaft einräumen wird. Die staatsanwaltschaftlichen Ermittlungen müssen eingestellt werden. Ende 2006 stellt das Bundeskanzleramt bezüglich des fälschlich beschuldigten Abteilungsleiters fest, alle Vorwürfe seien unbegründet, und übernimmt die diesem entstandenen Anwaltskosten.[94]

Am 4. Juli 2001 obsiegt Kohl in einem weiteren Rechtsstreit vor dem Bundesverwaltungsgericht. In der Hoffnung, vielleicht Kompromittierendes zu entdecken, hatte die Mehrheit von Rot-Grün im Untersuchungsausschuß Einsichtnahme in die Stasi-Akte des Bundeskanzlers beantragt.[95] Das wird abgewiesen.

Das Ende der Spendenaffäre scheint nach mehr als anderthalb Jahren gekommen. Vergnügt feiert Kohl die gute Nachricht am Abend nach der Urteilsverkündung mit zweien seiner Anwälte. Doch am Morgen darauf erfährt er entsetzt, daß zur selben Stunde seine von unheilbarer Krankheit geschlagene Frau Hannelore sich in Ludwigshafen das Leben genommen hat. So endet das politische Drama, das ihm ohnehin schon das Letzte abverlangt hat, in einer existentiellen Katastrophe. Eine Spendenaffäre läßt sich wegstecken. Kohl hatte zeitlebens ein dickes Fell. Auch das zerschlagene politische Porzellan im Streit mit der CDU, die ihm seit dem sechzehnten Lebensjahr politische Heimat war, läßt sich irgendwie kitten, wenigstens oberflächlich. Doch der Verlust des nächsten Menschen, der ihn ein halbes Jahrhundert hindurch begleitet hat, ist unwiderruflich.

Beim Ausbruch der Affäre im November 1999 stand Kohl noch in der Vollkraft seiner Jahre. Als er aber im Speyrer Kaiserdom seine Frau zur letzten Ruhe geleitet, erfassen die Kameras einen alten, gebrochenen Mann.

Fragen an eine Ehe

Niemand wundert sich groß darüber, daß die Totenmesse im Speyrer Kaiserdom stattfindet. In den Jahrzehnten seiner Herrschaft hat Helmut Kohl die Öffentlichkeit daran gewöhnt, die Grabstätte der salischen Kaiser und Rudolfs von Habsburg mit seinem eigenen Lebensweg zu verbinden. Selbst die ansonsten nicht kohlfreundliche *Frankfurter Rundschau* berichtet darüber ohne den leisesten Anflug von Kritik unter der Überschrift »Abschied in ›seinem Heimatdom‹«.[1] Weithin registriert man mit einer gewissen Betroffenheit, daß Kohls Ehefrau allem Anschein nach unter der Belastung der Angriffe auf ihren Mann zusammengebrochen ist. Der enge Freund des Ehepaars, Monsignore Erich Ramstetter, zögert auch nicht, in der Traueransprache Klartext zu reden, wobei er Helmut Kohl direkt anspricht: »Alle Unterstellungen, Verleumdungen und Haßerfahrungen wurden zu Eurem gemeinsamen Leid. Ich weiß nicht, ob es denen bewußt ist, was es bedeutet, einem Menschen die Ehre rauben zu wollen. Dies zielt immer auf Leben und Lebenskraft.«[2] Für fast alle von Kohls zahlreichen Gegnern wird diese Tragödie nun eine Mahnung sein, von dem schwer geprüften Alt-Kanzler abzulassen.

Erst jetzt vernimmt man, daß Hannelore Kohl seit langem unter einer Lichtallergie litt, die schließlich zu unerträglichen, letztlich unstillbaren Schmerzen und Depressionen führte. Während Kohl mit seinen Anwälten und wenigen verbliebenen politischen Freunden zäh und zornig um seine Reputation kämpft, hat sich seit dem Frühjahr 2000 hinter den Kulissen ein heimtückisches Leiden seiner Frau verstärkt, dem die Ärzte und auch er machtlos gegenüberstehen. Details der komplizierten Krankengeschichte werden im Jahr 2002 erstmals von Peter Kohl zusammen mit der Journalistin Dona Kujacinski in der sozusagen familiär autorisierten Biographie Hannelore Kohls enthüllt. Die gleichzeitig erscheinende Biographie von Patricia Clough schildert deren Leben aus der Perspektive des zeitgenössischen Feminismus bereits als eine Art Opfergang: eine Frau, dominiert und letztlich zerbrochen von ihrem allein auf die politische Macht fixierten, machistischen Ehemann.[3] Helmut Kohl wird im dritten Band seiner *Erinnerungen* selbst auf die Erkrankung seiner Frau eingehen, die allem Anschein nach erstmals im Februar 1993 durch eine Penicillin-Unverträglichkeit aktiviert wurde und damals beinahe zum Tod geführt hatte.[4]

Daß die weltweit grassierende Neugier auf das Leben der Frauen von Spitzenpolitikern auch vor der Krankheitsgeschichte nicht haltmacht, ist ebenso unvermeidlich wie voyeuristisch. Es paßt ins Bild, daß Psychotherapeuten die Diagnosen konventioneller Mediziner anzweifeln und in den schubweise auftretenden Erkrankungen die Spätfolge von psychotherapeutisch nicht behandelten Traumatisierungen aufgrund von Vergewaltigung im Frühjahr 1945 vermuten.[5] Wie immer man die letztlich müßige Frage nach falscher oder richtiger Therapie beurteilt, es wird beim Freitod Hannelore Kohls doch der Vorhang vor einem scheinbar strahlenden Leben zurückgezogen. Das Interesse der Öffentlichkeit an dieser Ehe ist verständlicherweise groß. Beim gegenwärtigen Kenntnisstand sind jedoch nur sehr vorläufige Feststellungen möglich. Mag sein, daß ernsthafte Historiker in fernerer Zukunft einmal die Frage aufgreifen wollen oder können, welches Gewicht Hannelore Kohl in der politischen Biographie Helmut Kohls hatte. Gegenwärtig fehlt es jedoch fast völlig an verläßlichen, zeitnahen Primärquellen.

Die Bekanntschaft der beiden begann 1948, und die Ehe dauerte 42 Jahre. Eine derart enge Beziehung hinterläßt eine breite Spur von beiderseitigen Briefen, von Briefen an Dritte, von eigenen Aufzeichnungen, von zeitnahen Aufzeichnungen der Angehörigen (etwa die Tagebücher der Mutter, Irene Renner) und anderer Nahestehender, natürlich auch zahlreiche Krankenberichte der Ärzte und der Kliniken. Gegenwärtig verfügen wir nur über wenige Interviews, die Hannelore Kohl gegeben hat, über zeitgenössische Beobachtungen von Journalisten und über die Erinnerungen Helmut Kohls und der Söhne, die sicherlich als Ausgangspunkt für ernsthafte Untersuchungen dienen mögen, zugleich aber auch subjektiv sind und alle unter dem Trauma des Freitodes stehen. Das derzeit große öffentliche Interesse an der Thematik ist somit umgekehrt proportional zu den verfügbaren Quellen.

Gewiß wäre es ganz unzutreffend, das Leben der Frau an der Seite Helmut Kohls als eine Art Opfergang zu verstehen. Diese Ehe läßt sich auch nicht, wie es so oft geschieht, vorwiegend mit psychologisierenden Fragestellungen erfassen. Sieben Jahre war Hannelore Kohl die Ehefrau des damals recht unkonventionellen Ministerpräsidenten in Mainz. Die sechs kritischen Jahre Kohls als Oppositionsführer von 1976 bis 1982 hielt sie sich im Hintergrund. Doch auch in dieser Phase konnte sie sich dem politischen Betrieb nicht entziehen. Sechzehn Jahre ist sie dann an der Seite des Bundeskanzlers ihrer Rolle als First Lady der Bundesrepublik perfekt gerecht geworden. Von 1969 bis 1998, das sind dreißig lange, interessante, arbeitsame, aber auch bestens ausgestattete Jahre. Die Rolle einer First Lady wird nicht in erster Linie vom

Augenblicke, der Bundeskanzler und seine Frau,
Ende der achtziger Jahre

Pianissimo der Gefühle bestimmt, sondern von den Funktionsbedingungen der Staatsämter und, so würde Hannelore Kohl wohl hinzugefügt haben, leider auch der höchsten Parteiämter. Doch das eine ist nicht ohne das andere zu haben. Die Ehefrau eines Oppositionsführers kann sich dem politischen Hochamt von Bundesparteitagen oder werbenden Auftritten bei Bundestagswahlen überhaupt nicht entziehen. Das ist gewiß mühsam, oft auch mit Langeweile und Vernachlässigung verbunden. Und das Zusammenleben mit einem selbstbezogenen Machtmenschen wie Helmut Kohl ist nicht einfach. Eine Frau, die dem allen loyal entsprechen will, ohne die eigene Identität zu opfern, muß somit ihren Wirkungsbereich ähnlich perfekt organisieren wie ihr Ehemann den seinen.

Wahrscheinlich hat Volker Zastrow mit der Andeutung recht, neben dem vielberufenen »System Kohl« habe es auch ein »System Hannelore« gegeben.[6] Das System Kohl ist durch und durch von der Politik dominiert, auch das Privatleben. Anders ist es bei Hannelore Kohl. Sie besteht weiterhin darauf, ihr Leben nicht ausschließlich vom politischen Betrieb oder gar von parteipolitischem Engagement bestimmen zu lassen. Doch das »System Kohl« und das »System Hannelore« überlappen sich bloß partiell, und zwar über lange Jahre hinweg. Spätestens zu dem Zeitpunkt, als Kohl sich von ihr nicht abhalten läßt, aus dem vertrauten und sicheren Mainz nach Bonn zu wechseln, während sie nicht weg kann und will, ist ihr klar, daß sie jetzt ihr eigenes System aufbauen muß, ein System, in dem die beiden Söhne, die eigene Mutter, auch die Eltern Kohls sowie das vertraute soziale Umfeld im Großraum Ludwigshafen und

Warten auf François Mitterrand während der Feierlichkeiten
zum fünfzigsten Jahrestag des Kriegsendes, 8. Mai 1995

Mannheim im Mittelpunkt stehen. 1976 bis 1982, das sind die Jahre, in denen die Söhne auf dem Gymnasium reüssieren müssen. Es sind das aber auch die Jahre des RAF-Terrors und der Psychodramen der Friedensbewegung, in denen die Familie keinen Schritt ohne Leibwächter tun soll und sozusagen in »Sippenhaft« genommen wird. Damals weiß sie schon längst, wozu es führt, wenn ein Mensch seine Seele dem Teufel der Parteipolitik verschreibt. Man braucht das nicht, wie es bisweilen geschieht, auf die ihr von den Eltern eingepflanzte Enttäuschung über »die Partei« der Jahre 1933 bis 1945 zurückzuführen,[7] obschon auch da etwas dran sein könnte.

In den unerfreulichen Jahren, als Helmut Kohl sich nur mit knapper Not gegen Helmut Schmidt durchsetzt und einem ganzen Rudel innerparteilicher Gegner entkommt, wird ihr die Politik zeitweilig zum Horror. Sie wirkt auf ihre Söhne ein, sich von Schüler-Union und Junger Union fernzuhalten, Wirtschaftswissenschaften zu studieren (und nicht etwa brotlose Studien wie Theologie) und bald ins Ausland zu gehen – ihr eigener Traum auf der Dolmetscherschule. In Phasen des Unmuts, wie sie in jeder Ehe vorkommen, bedient sie gelegentlich die Clichés von der vernachlässigten Hausfrau, vergleicht sich ironisch (ihr Mann sitzt daneben) mit einem Hund, der vier oder fünf Stunden auf sein Herrchen wartet, und deutet unter Anspielung auf ihre Söhne an, daß Kohl »allmählich den Zugang zu den Problemen seiner Familie verliert«.[8] Solche Interviews werden natürlich in den Artikeln über sie unablässig wiederholt. Tatsächlich ist sie aber schon vor 1982 rund um die Uhr beschäftigt und voll ausgelastet. Sie könnte auch gar nicht anders. In ihrem Umfeld ist öfters die

Klage zu vernehmen, sie sei eine Perfektionistin – sehr preußisch, sehr dickköpfig und auch entsprechend nervend.

1982 sind die Jahre physischer Distanz zum Bonner Staatstheater vorbei. Nun muß das »System Hannelore« neu justiert und ausgebaut werden. An der Seite des Bundeskanzlers erfordert die Organisation eines komplizierten Haushalts eine noch präzisere Planung: unablässige Abfolge von offiziellen Terminen, Vorbereitung auf Besuche ausländischer Staatsmänner, Auslandsreisen, Wahlkampfauftritte bei Bundestagswahlen an der Seite ihres Mannes, dazu die rituellen Jahresurlaube in Sankt Gilgen. Das alles macht sie zu einem unentbehrlichen Teil des »Systems Kohl«, läßt sich aber nur bewältigen, weil sie das »System Hannelore« mit den verfügbaren Hilfen in Ludwigshafen und Bonn ruhig oder manchmal auch unruhig gestaltet, gelegentliche eigene Urlaubsreisen mit Freundinnen oder einem der Söhne nicht zu vergessen.

Mitte der achtziger Jahre sind die Söhne aus dem Haus, die pflegebedürftigen Eltern und Schwiegereltern verstorben, so bleibt nun auch Zeit, sich nach dem Vorbild hoher Staatsdamen wie Mildred Scheel oder Veronica Carstens einer wohltätigen Stiftung zu widmen. 1983 gründet sie die Stiftung ZNS für Unfallverletzte mit Schäden des Zentralnervensystems. Auch diese von ihr erfolgreich hochgezogene, bis zum Schluß intensiv betreute Einrichtung wird Teil des »Systems Hannelore« und gibt ihr die Genugtuung, daß hier ihr Ehemann antanzen und seine Auftritte geben muß. Die Journalisten hält sie sich möglichst vom Leib. Sie gilt als unerschütterlich freundlich, stets bestens gestylt und gekleidet, aber kein Kumpeltyp, vielmehr unnahbar und distanziert. Beim Jet-Set der internationalen Staatsmänner und deren Frauen ist sie sehr geschätzt. Dort ist man voller Bewunderung für die weltgewandte, sprachkundige und humorvolle Dame an der Seite des Bundeskanzlers.

Aber in Bonn zeigt sie sich weiterhin entschlossen, keine politische Rolle zu spielen wie damals etwa Mitterrands Ehefrau Danielle in Paris, später Hillary Clinton in den USA und Hillu Schröder auf der Politszene in Niedersachsen. Helmut Kohl wird das nach ihrem Tod mit den Worten bestätigen: »Meine Frau hatte zur Politik immer eine Distanz, weil sie der Meinung war, daß dort viel zu viel geschwätzt, aber zu wenig sachgerecht gearbeitet wird. Dieser Überzeugung war sie übrigens ihr Leben lang.«[9]

Unpolitisch ist sie natürlich nicht. Es wäre ein Fehler, ihr Urteilsvermögen zu unterschätzen. In Personalfragen ist sie manchmal doch eine »Wettermacherin«. Jahre nach ihrem Ableben erzählt Helmut Kohl, oft habe er seine Frau und Juliane Weber unabhängig voneinander um die Meinung zu bestimmten Personen gefragt: »Und wenn mir beide abgeraten haben, aber mein Verstand mir gesagt hat, ich soll es machen, kann ich im nachhinein sagen, wenn beide gesagt haben: ›Laß die Finger davon‹, war es immer richtig!«[10] Daß sich zwischen jahrzehntelang gut aufeinander eingestellten Ehepartnern zumindest an den Wochenenden ein politisch nicht unwichtiger

Austausch ergibt, ist selbstverständlich. Das Hannelore Kohl von übelwollenden Journalisten weiterhin aufgeklebte Image der »Barbie-Puppe« aus der Pfalz ist zwar lästig, verhindert jedoch auch, daß man ihr Intrigen nachsagt. Richtig ist aber schon, daß sie darauf besteht, ihr Leben nicht ausschließlich vom politischen Betrieb oder gar von parteipolitischem Engagement bestimmen zu lassen. Sie ist jedoch entschlossen und fähig, den Part einer modernen First Lady zu spielen. Diese Rolle ist fordernd, aber auch befriedigend und glänzend. Deshalb verbieten sich sentimentale Würdigungen, in denen sie ausschließlich oder doch vorwiegend als Opfer bewertet wird. Sie hat die Jahrzehnte im Kreis der Mächtigen, die sie bewunderten und schätzten, genossen und nicht nur erlitten.

Viel Geheimnisvolles ist eigentlich nicht an diesem Lebenslauf. Jede Gattin eines Kanzlers entwickelt nun einmal ihren eigenen Stil, und so wirkt Hannelore Kohl lange Zeit als First Lady an der Seite eines Bundeskanzlers, wie das dem modernen internationalen Stil der achtziger und der neunziger Jahre entspricht. Erst in der Rückschau läßt sich erkennen, daß die schwere Gesundheitskrise des Februar 1993 in diesem von Repräsentation und Gipfelkommunikation bestimmten Leben doch eine Zäsur bedeutet. Von jetzt an kann sie ihren Mann nur noch selten wie bisher auf Auslandsreisen begleiten, will sie nicht üble Schübe von Asthma, Herzrasen oder Ausschlägen riskieren. Sie wird des Treibens auch müde und sehnt sich stärker danach, daß der jahrzehntelange ständige Streß nachläßt und ein ruhigeres Leben einkehrt. Deshalb wirkt sie auf ihren Mann ein, doch möglichst bald zu einem passenden Zeitpunkt die Amtsgeschäfte einem Nachfolger zu übergeben. Daß Kohl nicht wie versprochen 1996 oder 1997 zurücktritt, gehört zu ihren großen Enttäuschungen.

Doch es wäre verkehrt, selbst diese letzten Jahre im Bundeskanzleramt tieftragisch einzufärben. 1985 hat sie ein Kochbuch zusammengestellt unter dem Titel *Was Journalisten anrichten*.[11] 1996 folgt die *Kulinarische Reise durch die deutschen Lande*.[12] Dieses zweite Buch erscheint auch in französischer Sprache. Präsident Jacques Chirac, der sich mit Helmut Kohl schwertut und dieser sich mit ihm, stellt *Un Voyage en Allemagne* persönlich vor und nutzt das, die Gattin des Kanzlers nach allen Regeln der Kunst zu charmieren.[13] Genauso genießt sie Jahr für Jahr im Kreis von Künstlern aus dem Showbiz die Benefizkonzerte oder den »Ball der Sterne« des ZNS. Man müßte diese Selbstverständlichkeiten im Leben einer Gesellschaftsdame nicht betonen, würde ihr Leben an der Seite des Bundeskanzlers, der auch kein Kind von Traurigkeit ist, nicht im nachhinein als tragischer Opfergang düster eingefärbt. Perioden der Hochstimmung gefolgt von depressiven Stimmungen oder Krankheit und dann erneut auf den Gipfeln der Menschheit, so geht es in vielen Ehen zu, nicht nur bei Kanzlers.

Alle Berichte stimmen aber darin überein, daß die letzten fünfzehn Monate in den Jahren 2000 und 2001 in der Tat eine einzige Tortur waren. Der Zusammenhang dieser psycho-physischen Krise mit der Spendenaffäre ist mit Händen zu greifen. Die neue Berliner Wohnung läßt sich nicht für die Pflege einer an Lichtallergie Erkrankten einrichten, die das Tageslicht nicht mehr aushält. Hinzu kommt, daß sie von ihrer Erkrankung um keinen Preis öffentliches Aufheben machen möchte. So zieht sie sich ganz nach Ludwigshafen zurück, unterbrochen von einem verunglückten Klinikaufenthalt am Tegernsee und einem letzten Urlaub in Sankt Gilgen, der das Ehepaar nur noch strapaziert. Zwangsläufig rücken im »System Hannelore« nun die Ärzte, die Helfer und die zahlreichen Freundinnen in den Mittelpunkt. Helmut Kohl wird vom politischen Überlebenskampf in Berlin absorbiert, fliegt aber nach Hause, sooft er kann. Sein Freund Erich Ramstetter versichert, er sei Woche für Woche drei oder vier Tage bei ihr in Ludwigshafen gewesen.[14] Doch wenn er in dem zum Schutz gegen die Lichtallergie verdunkelten Haus eintrifft, ist er genauso ratlos wie seine Frau und deren Ärzte. Versuche, bei einer Reise in die USA internationale Kapazitäten zu finden, die helfen könnten, führen nicht weiter. Auch er erleidet das Schicksal so vieler, die zusehen müssen, wie Schwerkranke ihren Nächsten entgleiten und sich verändern.

Erschüttert erfährt er am Morgen des 5. Juli auf dem Weg zum Reichstag vom sorgfältig geplanten Freitod seiner Frau, aus dem er ausgespart wurde, und liest den Abschiedsbrief. Die Fragen und Vorwürfe, die er sich nun macht, bleiben vorerst, wie es sich gehört, unter der Decke. Ist diese stolze, pflichtbewußte, zuletzt innerlich vereinsamte Frau nicht auch ihm selbst zum Opfer gefallen – Opfer eines Mannes, der sich bis in ihre letzten Stunden von der Politik auffressen ließ? Haben die Ärzte ihre Krankheit wirklich richtig diagnostiziert? Und welchen Anteil am psycho-physischen Zusammenbruch hatte die Krise der Jahre 1999 bis 2001, die sie als Abfolge von Verfolgung, Demütigungen und Enttäuschung erfahren hat? Kohl schweigt sich erst aus, trauert auch lange. Als sich der Kummer etwas gelegt hat, drängt es ihn, oft und im Ton höchsten Respekts von der Verstorbenen zu reden und zu schreiben. In dem Interview, das er 2004 Patricia Riekel von der *Bunten* gibt, macht er eine nachdenkliche Bemerkung. Auf ihre Frage: »Was schätzen Sie an Frauen ganz allgemein?«, gibt er zur Antwort, ganz allgemein schätze er Frauen mehr als Männer: »Sie sind mindestens so intelligent, in bestimmten Bereichen zuverlässiger, weil leidensfähiger und in der Regel sogar mutiger.« Die Widmung seiner Memoiren »Für Hannelore«, die Vorworte und zahllose Passagen sind lauter posthume Liebeserklärungen.

Goldener Herbst des Patriarchen

In den Monaten nach dem Tod seiner Frau fragen sich selbst engste Freunde Helmut Kohls, ob und wie er aus dem tiefen Loch herauskommen würde. Er selbst weiß das genau. »Ich stürze mich mit Hochdruck auf die Memoiren«, erzählt er schon einen

Monat nach der Beisetzung in einem Kurzinterview mit der *Bunten*.[1] Das Memoirenprojekt ist eng mit der Erinnerung an die Verstorbene verbunden. Die ersten Arbeiten hatte er noch mit ihr zusammen begonnen. Jetzt ist der Bericht über die eigenen Anfänge in Ludwigshafen, in der Pfälzer CDU und in Mainz auch eine Art Totengedenken. Zugleich setzt ihm die Arbeit an den *Erinnerungen* wieder ein Ziel.

Im Verhältnis zur CDU beginnt er nun wieder die Rolle des *elder statesman* zu spielen. Aber er macht sich jetzt keine Illusionen mehr, noch viel Einfluß nehmen zu können. Immerhin folgt auf die Eiszeit des Jahres 2000 rasch eine erneute Wärmeperiode. In der Politszene sind Psychodramen selten von langer Dauer. Auf Zerwürfnisse folgt häufig erst eine Phase der Wiederannäherung, der sich bald die Versöhnung anschließt. Im Fall Helmut Kohl ist das beiderseitige Bedürfnis besonders groß, die Zerwürfnisse rasch unter den Teppich zu kehren.

Angela Merkel mit ihrer Mannschaft weiß, daß Kohl unter den CDU-Stammwählern immer noch starke Anhängerscharen besitzt. Jeder Landtagswahlkampf, bei dem er auftritt, zeigt das aufs neue. Die Bundestagswahl 2002 ist näher gerückt, auch deshalb ist es hoch an der Zeit, die Reihen zu schließen. Kohl seinerseits versteht sich, so nennt er sich jetzt gern, als »alter Parteisoldat« und lebt jedesmal auf, wenn ihm stürmischer Beifall seiner Fans entgegenschlägt. Von einem Parteisoldaten wird jedoch Disziplin erwartet. Niemand hat früher härter darauf insistiert als er selbst. So macht er denn mit der Parteivorsitzenden demonstrativ seinen Frieden, spendet ihr gehöriges Lob (gemessen zwar, aber dennoch vernehmbar) und geht in Wahlreden und Interviews mit Rot-Grün kräftig ins Gericht.

Die Versöhnungsmesse mit der CDU wird im Juni 2002 auf dem Frankfurter Parteitag gesungen. Für Kohl ist es eine Art Abschiedsveranstaltung. Die Bundestagswahl steht nun kurz vor der Tür, und so drischt er nochmals auf die Regierung, namentlich auf Schröder und Fischer, ein, weil sie vor 1989 von der Wiedervereinigung nichts mehr wissen wollten. Im übrigen aber führt er aus, daß er nach 44 Jahren Parlamentstätigkeit jetzt aus dem Bundestag ausscheiden werde. Wie zu erwarten, wird ihm herzlicher, wenngleich nicht donnernder Beifall zuteil, aber nach dem vorangegangenen Gewitter ist das schon eine ganze Menge. Die Zeitungen registrieren: »Wieder in der Familie«.[2] Im September 2002 scheidet er still aus dem Bundestag aus – keine Abschiedsrede, keine Blumen.[3]

Auch künftig wird er regelmäßig Wahlkampfauftritte absolvieren. Zehrende Wahlkampagnen muß er sich aber nicht mehr zumuten. Mit seinen Auftritten beehrt er fast ausschließlich jenes überschaubare Häuflein von CDU-Freunden, die im Horrorjahr 2000 mannhaft, einige auch nur vorsichtig, zu ihm gestanden haben. Christoph Böhr in Rheinland-Pfalz, Bernd Neumann in Bremen, Roland Koch in Hessen, Ronald Pofalla in NRW, Bernhard Vogel in Thüringen sowie Biedenkopfs Nachfolger Georg Milbradt in Sachsen gehören dazu. Am liebsten läßt er sich von der Jungen

Union feiern. Deren Vorsitzender Philipp Mißfelder ist ein bekennender Helmut-Kohl-Fan. Auf dem Deutschland-Tag der Jungen Union im Herbst 2005 erhält er von der »Generation Kohl« Ovationen.[4] Das alles genießt er und stellt befriedigt fest: »Es gibt eine ›Helmut-Kohl-Renaissance‹, nachdem man versucht hat, mich mit einer Kriminalisierungs- und Diffamierungskampagne zu vernichten.«[5]

Zum Höhepunkt der Kohl-Renaissance wird sein 75. Geburtstag im April 2005. Jetzt möchte die CDU wiedergutmachen, was sie zum Siebzigsten umständehalber unterlassen hat. Allerdings haben beide Seiten ihren Stolz. Nicht die CDU lädt den geschaßten Ehrenvorsitzenden in den Lichthof des Deutschen Museums in Berlin ein, und auch er würde das für unangebracht halten. Gastgeber ist die Konrad-Adenauer-Stiftung. Doch alles, was in der CDU Rang und Namen hat, beginnend mit der Parteivorsitzenden Angela Merkel, Bernhard Vogel und Roman Herzog, ist in Bataillonsstärke angetreten. Die Parteivorsitzende greift nun wieder fest in die Saiten: »Helmut Kohl verkörpert wie kaum ein Zweiter die Christlich Demokratische Partei Deutschlands. Er kannte und kennt seine Partei. Die Christlich-Demokratische Union ist und bleibt seine Heimat.« Von seinen vielen Verdiensten rühmt sie auch die Einführung des Euro und unterstreicht eigens: »Er hat immer gewußt, daß der Euro für die Bürger nur akzeptabel ist, wenn er genauso stabil ist, wie die D-Mark es war. Deshalb gehört zum Euro der Stabilitätspakt, so wie er von Helmut Kohl und Theo Waigel gestaltet wurde.« Und so verspricht sie: »Wir werden dafür sorgen, daß das nicht in Vergessenheit gerät. Denn das Vertrauen in eine stabile Währung ist eine der Grundlagen auch für den Zusammenhalt in der Europäischen Union.«[6] Von den alten Gefährten fehlt Wolfgang Schäuble.[7] Über die Spendenaffäre spricht niemand mehr.

So ist Kohl mit allen Ehren in den Kreis seiner politischen Familie zurückgekehrt. Nennenswerten politischen Einfluß auf den Kurs der CDU hat er jedoch nicht mehr. Man betrachtet ihn als Ikone, und er weiß auch selbst, daß seine Zeit vorbei ist. Wenn die Massen bei seinen Wahlversammlungen zusammenströmen, meint er mit gewohnter Selbstironie, die Wähler wollten »das alte Untier noch mal angucken«.[8]

In den Medien wird es still um ihn. *Spiegel* und *Stern* verabreichen ihre Kritik nur noch in homöopathischen Dosen. Die *Welt* und *Bild*, wo er in Kai Diekmann in den Bedrängnissen während der Spendenaffäre einen Freund gefunden hat, halten ihn im Gespräch, ebenso in München der *Focus* von Helmut Markwort und die *Bunte* unter Leitung von Markworts Lebensgefährtin Patricia Riekel. In den Jahren 2003 bis 2005 gibt ihm auch die *Frankfurter Allgemeine* verschiedentlich eine Plattform, seine Meinung zu außen- und europapolitischen Grundsatzfragen in breit angelegten Interviews zu entfalten. Die Öffentlichkeit nimmt all das aber eher gelangweilt zur Kenntnis. Schließlich hat er als Bundeskanzler viele Hunderte von Reden gehalten oder Interviews gegeben. Man kennt seine Thesen, die nichts wirklich

Neues mehr bringen, und man ist entsprechend abgestumpft. Kein einziges seiner Interviews dieses Zeitraums vermag eine heftige öffentliche Diskussion zu entfesseln. Das wäre wohl auch nur der Fall, würde er die gegenwärtige Parteiführung um Angela Merkel bissig kritisieren. Aber eben das will er um fast jeden Preis vermeiden. Ein Parteisoldat meutert nicht.

Nach wie vor bekunden ihm die Staatsmänner in aller Welt ihren Respekt. Er reist wieder nach Israel, wird in Washington von George W. Bush empfangen,[9] der auf ihn einen guten Eindruck macht, und tut sein Bestes, die gleichfalls amerikatreue Angela Merkel über seine Verbindungen zum Bush-Clan gut einzuführen. Die alten Gefährten Bush und Clinton versäumen bei solchen Besuchen oder wenn sie nach Deutschland kommen keine Gelegenheit, ihm ihre Verehrung zu bekunden. Auch bei Putin in Moskau macht er seine Aufwartung, doch die Beziehungen bleiben konventionell, zumal Putin mit Gerhard Schröder zusehends so intim zu werden scheint, wie Helmut Kohl das seinerzeit mit Jelzin war.

Ziemlich unerfreulich gestalten sich die Beziehungen zum Präsidenten Chirac. Ein Grundvertrauen konnte sich auch in der Kanzlerzeit nie entwickeln. Als Schröder und Chirac 2002 und 2003 bei der Vorbereitung und Auslösung des Irakkriegs gegen George W. Bush eine Art Allianz der Un-Willigen gegen die amerikanische Hegemonialmacht auf die Beine zu stellen versuchen, geht Kohl in Wahlreden und Interviews erst recht auf Gegenkurs. Er hat die beiden im Verdacht, in der EU großsprecherisch eine Art Direktorium zu etablieren. Dagegen hält er an seinem wohlbekannten Postulat fest, »daß kein Direktorium einiger großer Staaten entsteht, das die kleinen Staaten bevormundet«.[10] Chirac kennt er gut genug, um ihm diese Bestrebung zu unterstellen. Schröder und Joschka Fischer hält er für »völlig geschichtslos operierende Leute«, die sich der prekären Lage Deutschlands mitten in Europa nicht bewußt sind. Kohls Neigung, Deutschland im Kreis der EU-Länder kleiner zu machen, als es tatsächlich ist, ist ihm auch jetzt nicht auszutreiben. Er illustriert das in diesem Kontext mit einem Diktum, das Adenauer angeblich »in kleinem Kreis« gesagt hat: »Wir, die Deutschen, waren 50 Jahre die Hochstapler in Europa, jetzt müssen wir 50 Jahre die Tiefstapler sein.«[11]

Wenig zufrieden ist er auch mit der Entwicklung, die Premierminister Blair neuerdings genommen hat. Als dieser 1997 und 1998 zu regieren begann, hat er in ihm einen veritablen »Europäer« vermutet und sein Bestes getan, ihn von den Vorzügen des Euro zu überzeugen. Inzwischen ist er wieder skeptisch geworden und meint: »Die große Mehrheit der Briten will die EU so nicht, wie sie jetzt ist. Was er selber will, ist mir nicht klar.«[12]

Unter den Spitzenpolitikern der EU sind nur noch wenige Geistesverwandte verblieben, denen er sich politisch und menschlich verbunden sieht. Einer von diesen ist der schlaue luxemburgische Ministerpräsident Jean-Claude Juncker, der keine

Gelegenheit versäumt, den großen Deutschen und Europäer Helmut Kohl zu be-
weihräuchern. Ein anderer ist Romano Prodi, 1999 bis 2004 Kommissionspräsident
der EU, danach in Italien erneut in die Parteipolitik zurückgekehrt und 2006/07
nochmals für kurze Zeit Ministerpräsident. Kohl hat nicht vergessen, daß Prodi ihn
zum siebzigsten Geburtstag in Berlin aufgesucht hat, als seine Aktien tief im Keller
waren, und dann im Dom zu Speyer bei der Totenmesse für seine Frau Hannelore
anwesend war. So begibt er sich doch tatsächlich im Jahr 2006, als Prodi das Links-
bündnis gegen Berlusconi anführt, persönlich nach Rom, um ihm als »großem
Europäer« im Wahlkampf freundschaftlich zu helfen.[13]

Er tummelt sich weiter in der Politik, aber eben mit Maßen. Helmut Kohl hat
nicht resigniert, kennt aber genau die ihm jetzt noch zugemessene Rolle. Wie sich das
für einen *elder statesman* gehört, nimmt er von Zeit zu Zeit zu den aktuellen Themen
der Außen-, Europa- und Innenpolitik Stellung. Im Grunde ist ihm klar, daß niemand mehr groß auf ihn hört. Im Kontext seiner Biographie verdienen seine Äußerungen dennoch Erwähnung. Sie lassen die Kontinuitäten zu den langen Jahrzehnten
erkennen, in denen er als Nummer eins der CDU und als der am längsten amtierende Bundeskanzler große Politik gemacht hat. Aus heutiger Sicht bekunden diese
Stellungnahmen aber auch, wie wenig selbst er, gerade er, die künftigen Krisen vor-
hersieht. Er hat weder die globale Finanzkrise der Jahre 2008/09 noch die Euro-Krise
auf dem Radarschirm, die 2010 hereinbricht.

Wie nicht anders zu erwarten, ist sein politisches Denken zwischen 2002 und
2007 ganz auf Kontinuität programmiert. In Aufsätzen oder Interviews plädiert er
für die EU-Verfassung gemäß den Vorstellungen des Verfassungskonvents,[14] doch
mit Vorsicht. Anfang 2004, als das Zerwürfnis über den Irakkrieg in Europa zwei
verfeindete Lager entstehen läßt, rät er eher zum Abwarten und selbstverständlich
zu Kompromissen. Sehr entschieden äußert er sich in dieser Phase zur gemeinsamen Verteidigungspolitik der EU. Weil er von Schröder und Chirac eine Abkopp-
lung von den USA befürchtet, insistiert er mit Nachdruck auf dem Zwei-Säulen-
Konzept, das er während seiner langen Kanzlerjahre beharrlich verfolgt hat. Mitte
2003, als Chirac und Schröder auf eine eigene Militärorganisation ohne oder neben
der NATO drängen, lehnt er das rundweg ab: »Ich werde den Aufbau einer eigenen
Struktur nur für sinnvoll halten, wenn sie klar verschränkt wird mit Amerika. Wenn
es unter dem Dach der NATO geschieht, soll mir das recht sein.«[15] Als sich der
Streit im europäischen Haus ein wenig gelegt hat, akzentuiert er seinen Atlantismus
etwas weniger scharf.

Ohnehin glaubt er in diesen Monaten, als sich die Regierungen der NATO und
der EU über den Irakkrieg zerstreiten, nicht so recht daran, daß Chirac und Schröder tatsächlich einen »grandiosen Masterplan« verfolgen. Schröder, so vermutet er,
habe bei seiner öffentlichen Distanzierung von den USA im Wahlkampf 2002 »die

bestehenden Ängste vor einem Krieg bedenkenlos zum Stimmenfang bei der Bundestagswahl genutzt«, ohne daß eine mittel- oder langfristige außenpolitische Konzeption dahinterstand. Chirac seinerseits habe die Isolierung Deutschlands genutzt, sich zeitweilig auf die Seite Schröders geschlagen und nur deshalb sein Veto im Weltsicherheitsrat riskiert. Es werde sich aber zeigen, sagt er durchaus zutreffend voraus, daß Frankreich »wie bisher stets« zum richtigen Zeitpunkt wieder mit den USA in Übereinstimmung kommen werde: »Am Ende des Weges werden die Franzosen mit ihrer eigenen großartigen Begabung rechtzeitig am richtigen Platz stehen. Wir haben eher die Begabung, uns zwischen alle Stühle zu setzen.« Im sogenannten Konzept des »deutschen Weges« kann er nur kurzsichtiges innenpolitisches Kalkül erkennen.[16]

Eine gewisse Schärfe kommt in seine Aussagen zu Europa, als Schäuble wieder einmal seine alte Idee von Kerneuropa aufwärmt. Das nennt er dann eine »Idiotendiskussion«.[17] Sollen etwa die Ostmitteleuropäer draußen bleiben? Auch das Konzept eines »Europa der zwei Geschwindigkeiten« ist ihm deshalb zuwider. Man dürfe Polen, Tschechien oder die Staaten des Baltikums nicht zu Außenseitern stempeln.[18] In der Erweiterungsfrage bleibt er bei seiner paneuropäischen Vision: Alle Länder, die der europäischen Kultur angehören und die Kopenhagener Kriterien erfüllen, sollen zu gegebener Zeit Vollmitglieder der EU werden. Der gesamte Balkan, meint er, gehört in die Union: Bulgarien, Rumänien[19] sowie weitere Länder. Unter Bezugnahme auf Albanien und das Kosovo führt er aus: »Wir werden keine Befriedung auf dem Balkan erhalten, wenn diese Region nicht in die EU kommt. Ein Beitritt ist die einzige Möglichkeit, in die Region auf Dauer Ruhe zu bekommen.«[20] Mit etwa dreißig Mitgliedsländern dürfte die EU seiner Meinung nach jedoch »die maximale Größe erreicht haben: Mehr verkraftet auch die Politische Union nicht.«[21] Die Aussicht kann ihn nicht schrecken, daß die EU aufgrund derartiger Erweiterung noch stärker als bisher zu einem Paradies der Kleinstaaten wird, die sich früher oder später versucht sehen könnten, auf den Interessen der bevölkerungsstarken, wirtschaftlich führenden, großen Länder herumzutrampeln. Schon seit längerem gehört die Forderung nach einer »doppelten Mehrheit« für Beschlüsse des Europäischen Rats zur Beschlußlage der CDU, doch er will sich beim Blick auf die Verhandlungen über den Europäischen Verfassungsvertrag dafür nicht so recht erwärmen.[22]

Die EU-Mitgliedschaft Rußlands lehnt er mit den bekannten Argumenten ab: »Nähme man Rußland auf, läge auch Wladiwostok in Europa.«[23] Genauso entschieden spricht er sich gegen eine EU-Mitgliedschaft der Türkei aus. In Sachen Menschenrechte und Religionsfreiheit werde sie noch lange nicht den Kopenhagener Kriterien entsprechen,[24] argumentiert er, polstert seine harsche Ablehnung jedoch unablässig ab mit Bekenntnissen zur traditionellen deutsch-türkischen Freundschaft und mit Würdigungen der geostrategischen Schlüsselposition der Türkei. Anfang

2004 widersetzt er sich sogar der Aufnahme von Beitrittsverhandlungen, bevor die Türkei die Kopenhagener Kriterien erfüllt hat.[25] Im diesbezüglichen Drängen der SPD und der Grünen kann er nur durchsichtigen Wahlkalkül erkennen.

Ablehnend steht er auch den Wünschen nach EU-Vollmitgliedschaft der Ukraine gegenüber. In dieser Hinsicht hält er die russischen Sicherheitsbedenken für berechtigt. Rußland sei im Osten weiterhin der größte und wichtigste Partner Deutschlands und Europas. Für Moskaus Ablehnung einer Mitgliedschaft der Ukraine in den westlichen Organisationen hat er volles Verständnis:[26] »Als Nachbarland Rußlands geht es niemals nur um die EU, sondern auch um die Nato. Auch wenn die Nato verändert wird, bleibt sie aus der Sicht Moskaus das westliche Militärbündnis. Ich glaube, wir sollten uns mit den Überlegungen über eine Aufnahme der Ukraine nicht unnötig beschweren.«[27] Aus heutiger Sicht klingt es allerdings befremdlich, daß er in Bezug auf die Ukraine[28] oder die Türkei[29] deren Einbeziehung in die Euro-Zone als einen denkbaren Ersatz für die Vollmitgliedschaft in der EU bezeichnet.[30] Auch er ahnt damals noch nicht, daß alle, die frohgemut diesen oder jenen unsteuerbaren Staat in Euro-Land aufnehmen, so naiv wie spielende Kinder mit Dynamit hantieren. Mit großer Zuversicht hält er weiter an der Überzeugung fest, »der Euro hat die Einigung in Europa irreversibel gemacht«,[31] und sieht in der Gemeinschaftswährung das verläßlichste Halteau für die Gemeinschaft. »Die EU ist durch den Euro fest verbunden, und kein Land kann einfach aussteigen«, rühmt er in einem seiner Interviews dieser Jahre.[32]

Natürlich kritisiert er es heftig, als die Regierung Schröder die Stabilitätskriterien des Euro verletzt. Trickserei nennt er das und »eine wirkliche Schande«.[33] Der logische Zusammenhang zwischen dem Euro und der Politischen Union ist ihm durchaus bewußt. Zutreffend stellt er fest: »Der Euro wird auf Dauer nur erfolgreich sein, wenn eine politische Bindung, eine Politische Union, die die europäische Einigung vollendet, hinzukommt.«[34] Doch große Dringlichkeit ist seinen Worten nicht zu entnehmen, wenn er getrost hinzufügt: »Das wird gelingen, Schritt für Schritt.« In zehn Jahren, sagt er Anfang 2004 kühn voraus, »wird auch in London mit dem Euro bezahlt werden« und »in nicht allzu ferner Zukunft in der Schweiz«. So erinnert er auch öfters an den von ihm und Waigel durchgesetzten Stabilitäts- und Wachstumspakt und mahnt eine engere Koordination in der Wirtschafts- und Finanzpolitik an, ohne das aber zu dramatisieren oder gar hell entsetzt zu warnen. Er bleibt so optimistisch, wie er schon immer war, und kann im ganzen ersten Jahrzehnt des 21. Jahrhunderts im Euro nur ein Instrument erkennen, das Europa enger zusammenführt, Wohlstand produziert und für alle Beteiligten gut ist. Daß dieses ambivalente Instrument zugleich ein fatales Zerstörungspotential beinhaltet, bleibt auch ihm verborgen.

Doch er mag kommentieren oder raten, soviel er will. Er ist und bleibt ein unsanft zur Ruhe gesetzter politischer Riese, dem es verwehrt ist, weiter selbst an den großen

Rädern der Welt zu drehen. Wie ein müßiger Schlachtenbummler muß er sich darauf beschränken, die aktuelle Politik mit gelegentlichen Pfiffen oder Zurufen vom Spielfeldrand aus zu begleiten. Diese Rolle vermag ihn natürlich ebenso wenig auszufüllen wie die ständigen Gespräche mit vielen Staatsgästen oder sonstigen Besuchern in seinem schönen Büro Unter den Linden, wo er ganz nahe am Machtzentrum residiert, aber leider im Zustand weitgehender Machtlosigkeit. Zum Glück gibt es eine Aufgabe, die ihn jetzt stark in Anspruch nimmt: die Arbeit an seinen *Erinnerungen*.

Jürgen Leinemann vom *Spiegel*, der Kohl offenbar genauso haßt und verachtet[35] wie dieser ihn, veröffentlicht 2004 ein nachdenkliches Buch, betitelt *Höhenrausch*.[36] Darin beschreibt er Politiker aller Couleur, die ihm in Bonn, Washington oder Berlin über den Weg liefen, als Suchtgefährdete, die von der Politik genauso wenig loskommen wie der Trinker von der Flasche oder der Drogenabhängige vom Stoff. Was also soll ein »Polit-Junkie« tun, wenn ihm erst die Wähler, dann eine entrüstete Öffentlichkeit und prompt auch die eigene Partei eine lebenslängliche Entziehungskur verordnet haben?

Eine dieser Tätigkeiten ist bekanntlich das Memoirenschreiben. Diese Lieblingsbeschäftigung von Polit-Pensionären mag durchaus als eine Art Ersatzdroge verstanden werden. Bei der Arbeit an den Memoiren kann der auf die Zuschauerbank Verbannte noch einmal alle Triumphe, Höllen und Durststrecken seines bewegten Lebens durchschreiten. Prinzipiell verhält er sich dabei nicht anders als in den langen Jahrzehnten des tätigen Lebens. Damals hat er nur politisch überlebt, weil er es verstand, auf jeden Angriff gegen eine seiner zahllosen Entscheidungen beharrlich und mit größter Überzeugungskraft mit einer Fülle von Gegenargumenten zu antworten. Im Schattenreich der Memoiren aber hat der pensionierte Staatsmann nicht mehr nur die zeitgenössische Öffentlichkeit im Blick (diese auch), sondern er sieht schon die Historiker fernerer Zeiten vor sich, die ihm den Nachruhm zu- oder aberkennen. Offensive Rechtfertigung ist deshalb angesagt. Beim breitangelegten Plädoyer in eigener Sache sind da und dort aber auch einige eigene Fehler zu konzedieren. Für ganz uneinsichtig soll man ihn nicht halten, zumal er selbst aus dem Rückblick oft noch besser als seine Feinde erkennt, was und warum er dies oder das versiebt hat. Im großen und ganzen aber stellt sich ein in den Ruhestand versetzter Staatsmann in den Memoiren so dar, wie er sich selbst sieht und wie er am liebsten gesehen werden möchte.

Mit dem Aufblättern der eigenen Lebensgeschichte ist noch ein weiterer Lustgewinn verbunden. Wer von seinen Gegnern zeitlebens unablässig Prügel bezogen, aber auch kräftig austeilen gelernt hat, kann in den Erinnerungen mit den penetrantesten seiner Feinde, welche sich üblicherweise zumeist in der eigenen Partei finden, nochmals nach Herzenslust abrechnen und zum Ausgleich die lieb gebliebenen Anhänger streicheln. Das sind Beobachtungen, die auf Politikermemoiren generell zutreffen und auch auf Helmut Kohl. Es wäre ungehörig, ihn, wie Leinemann, als »Polit-Junkie« zu bezeichnen, aber er ist schon einer jener unausgefüllten Staatsmänner, die nach dem Ausscheiden aus den hohen Ämtern nach sinnvoller Tätigkeit suchen und dabei das Memoirenschreiben entdecken. Man darf dabei nicht vergessen, wie viele seinesgleichen damals derselben Beschäftigung nachgehen – George Bush, Bill Clinton und seine Frau Hillary, John Major, Jacques Delors oder Roman Herzog. In Memoirenform Rechenschaft über den eigenen Lebensweg abzulegen, das hält die alte Garde munter und bessert die Pension auf.

Während seiner Kanzlerzeit hat Kohl gern verlautbart, er denke nicht daran, einmal Memoiren zu schreiben. Manche haben dies als Indiz dafür gewertet, daß er überhaupt nie so recht ans Aufhören denken wollte. Mag sein, daß das auch ein Grund dafür ist, weshalb er es offenbar versäumt hat, nach Art anderer Parteichefs oder Kanzler eine Art Privatarchiv aufzubauen, in dem er wichtige Korrespondenzen, Sitzungsprotokolle, Vermerke und sonstwie wesentliche Dokumente im Original oder in Fotokopie systematisch sammelt, um später einmal beim Memoirenschreiben aus dem Vollen schöpfen zu können. Vielleicht hat ihn auch Adenauer abgeschreckt, der bei den sporadischen Gesprächen mit dem unbändigen schwarzen Riesen aus Rheinland-Pfalz wie bei anderen auch über die »Memoirenfron« geseufzt hat, die er sich in vorgerücktem Alter noch aufhalsen ließ. Noch unmittelbar nach dem Wahldebakel von 1998 hat Kohl spöttisch im Fernsehen erklärt: »Es ist so: Der Helmut Kohl wird bleiben, wie er ist. Ich denke, er wird Ihnen auch noch eine Weile erhalten bleiben, nicht indem er Memoiren schreibt, das überlasse ich anderen, sondern indem ich Ihnen gelegentlich zur Verfügung stehe mit meinem ganzen unwiderstehlichen Charme, den Sie in vielen Jahren erlebt haben.«[37]

Die guten Vorsätze der Enthaltsamkeit geraten jedenfalls ins Wanken, als der Alt-Kanzler Jahr für Jahr feststellen muß, wie andere Größen ihr jeweiliges Narrativ der jüngsten Vergangenheit frohgemut unter die Leute bringen – ein Narrativ natürlich, an dem er naturgemäß vieles zu korrigieren hätte. Kohl selbst wird diese Empfindung im »Vorwort« zum ersten Memoirenband in wünschenswerter Deutlichkeit zum Ausdruck bringen: »Wieviel Unsinn wurde in der Vergangenheit zu Papier gebracht, wenn es um mein Leben ging, um mein politisches Tun und Lassen, meinen Arbeits- und Regierungsstil und die Arbeit meiner langjährigen Freunde und politischen Weggefährten … Deshalb habe ich nun selbst zur Feder gegriffen.«[38] Die Annahme ist naheliegend, daß er dabei nicht nur an buchstäblich Tausende von Persönlichkeitsporträts und Analysen wichtiger Vorgänge denkt, die in den Zeitungen erschienen sind, sondern auch an die Memoiren der »langjährigen Freunde und politischen Weggefährten«, wie er das so zart umschreibt.

1989 sind posthum die Memoiren von Franz Josef Strauß veröffentlicht worden, in denen Kohl nicht geschont wird. Bereits 1991 bringen Teltschik und Schäuble ihre

Darstellungen zur Geschichte der Wiedervereinigung heraus, lassen dabei zwar helles Licht auf den großen Patron fallen, doch der kann sich gut vorstellen, was so alles herauskommen wird, wenn alle, die jahrelang um ihn herum waren, eines Tages auspacken. Schon 1993 erscheinen in deutscher Übersetzung Thatchers Erinnerungen an ihre Jahre in Downing Street No. 10,[39] in denen sie mit Kohl, Mitterrand und Delors eisig abrechnet. 1995 veröffentlicht Genscher sein dickleibiges Memoirenwerk.[40] Darin wird gewiß die Bedeutung Kohls recht freundschaftlich gewürdigt, doch natürlich hat Genscher vor allem seine eigene Rolle verewigt, nicht aber die Helmut Kohls. Im selben Jahr kommen auch Gorbatschows *Erinnerungen* auf den deutschen Buchmarkt,[41] ebenso die Memoiren des amerikanischen Außenministers James A. Baker.[42] Kohl hört ferner, daß Jacques Attali inzwischen Tagebuchaufzeichnungen herausgebracht hat, in denen er aus dem Nähkästchen plaudert. Daneben erscheinen ganze Berge historischer Publikationen zu den Ost-West-Beziehungen in den achtziger Jahren, zum großen Umbruch 1989/91, auch zur Europapolitik.

Helmut Kohl, zu allem hin auch noch ein promovierter Historiker, müßte ein wahrer Asket sein, würde er jetzt nicht die Berufung in sich spüren, der künftigen Geschichtsschreibung seine Sicht der Vorgänge zu übermitteln. Er hat freilich vorgesorgt und einem Team von Wissenschaftlern Zugang zum Archiv des Bundeskanzleramts gewährt, die 1998, noch bevor eventuell ein Kanzler von Rot-Grün die Klappe zumacht, seine Deutschland- und Wiedervereinigungspolitik quellengesättigt schildern.[43] Der gelernte Historiker Kohl weiß, daß Darstellungen nur dann überzeugen, wenn die beteiligten Wissenschaftler völlig frei arbeiten können. Desgleichen ist eine reichhaltige Sonderedition von Schlüsseldokumenten aus den Akten des Bundeskanzleramts auf den Weg gebracht, deren Erscheinen gleichfalls noch vor der Bundestagswahl 1998 vorgesehen ist.[44] Auch bei diesem Projekt hat das Bundeskanzleramt auf die Dokumentenauswahl oder die Kommentierung keinerlei direkten oder indirekten Einfluß genommen. Bei Kohls Ausscheiden aus dem Amt ist somit der Umbruch der Jahre 1989/90 nebst der vorangegangen Deutschlandpolitik gut erforscht. Dennoch findet er, es sei nun hoch an der Zeit, daß die Zeitgenossen von ihm höchstpersönlich erfahren, wie das große Werk der Wiedervereinigung zustande kam. Dabei denkt er nicht nur an das Geschichtsbild, das seine Mitspieler und Gegenspieler entwerfen. Seit den Jahren der Vereinigungskrise, die das strahlende Bild des Kanzlers der Einheit mehr und mehr verdrängen, wird er zudem von einer ziemlich unbegründeten, aber fast panischen Sorge umgetrieben, die eigene, entscheidende Rolle könne durch boshafte »Geschichtspolitik« seiner Feinde verdunkelt werden.

Aus derartigen Beobachtungen und Befürchtungen kommt es 1996, also noch in den Kanzlerjahren, zu einem vorweggenommenen Memoirenband, genauer gesagt zu einer Mischform von Interviews und autorisierter Darstellung. Der Titel läßt das deutlich erkennen: *Helmut Kohl: Ich wollte Deutschlands Einheit. Dargestellt von Kai Diekmann und Ralf Georg Reuth.*[45] Damit liegt nicht nur die erste Darstellung der Wiedervereinigung aus Sicht Helmut Kohls vor, von der er in den späteren Bänden der *Erinnerungen* ausgeht. Dieses Gemeinschaftswerk ist auch deshalb für ihn wichtig, weil er von nun an zu wissen glaubt, wie sich Memoiren relativ mühelos herstellen lassen.

In Amerika ist es schon lange Brauch, daß Präsidenten, Vizepräsidenten, Außenminister, Verteidigungsminister, Fünf-Sterne-Generäle oder CIA-Chefs beim Verfertigen ihrer Memoiren die Hauptarbeit auf historisch kundige Journalisten abwälzen. Manchmal sind das Damen und Herren aus ihrem früheren Redenschreiberteam, wenn nicht gar ein reaktivierter ehemaliger Pressesprecher. Diese *working horses* suchen die Dokumente zusammen, vergewissern sich über den aktuellen Stand der Forschung, verfertigen Gliederungsvorschläge sowie Vorentwürfe der einzelnen Kapitel und formulieren zahlreiche Fragen für Tonbandinterviews mit dem großen Mann. Die transkribierten Interviews werden in mehr oder weniger komplizierten Produktionsprozessen mit den sonstigen Materialien und Vorentwürfen verbunden. Periodisch überprüft der betreffende Staatsmann alles, streicht manches heraus, was ihm nach reiflicher Überlegung doch nicht in den Kram paßt, oder fügt Fehlendes hinzu und glättet vielleicht auch die Darstellung, so er Sinn für guten Stil hat. Häufig gehen einzelne Kapitel an Experten oder noch im Amt befindliche Beamte, die alles Satz für Satz überprüfen. Auch das Lektorat des Verlags hat ein Wort mitzusprechen, denn das Buch soll einen gewissen Umfang nicht überschreiten. Verantwortlich ist selbstverständlich für jede Zeile der eigentliche Memoirenschreiber. Doch eine lange Liste in den Danksagungen, bei denen keiner der Mitarbeiter fehlen darf, signalisiert, wieviele Unterköche und Küchenjungen unter Oberleitung des großen Chefkochs die Zutaten herbeigebracht, zurechtgeschnipselt, gebacken und gebraten haben.

In Deutschland sind diese Teams viel kleiner. Die Professionalität beim Memoirenschreiben ist noch weniger ausgereift und die Praxis, alle, die mitarbeiteten, auch mit Namen zu nennen, unterentwickelt. Die Herstellungsweise selbst unterscheidet sich aber nicht grundlegend. Im Fall von Diekmann und Reuth hat der Kanzler die maßgeblichen Autoren deutlich genannt. Die bereits gut eingespielte Verbindung zu Kai Diekmann wird übrigens durch die gemeinsame, vertrauensvolle Arbeit an diesem Buch weiter gefestigt. Für den späteren Lebensgang Kohls wird das von Bedeutung sein. Aus der Arbeitsbeziehung wird Freundschaft. Von 1992 bis 1997 war Diekmann Politikchef bei *Bild*, 1998 avancierte er zum Chefredakteur der *Welt am Sonntag* und 2001 wird er Chefredakteur von *Bild*. Sowohl beim Überlebenskampf während der Parteispendenaffäre als auch danach kann sich Kohl auf den publizistischen Feuerschutz Diekmanns verlassen. Dieser wird ihm auch, ohne das an die große Glocke zu hängen, bei der Arbeit am ersten Band der *Erinnerungen* etwas zur Hand gehen.

Als Kohl sich für das Memoirenschreiben erwärmt, ist er der irrigen Meinung, mit den *Erinnerungen* rasch voranzukommen. Für die Zusammenstellung und die Auswahl der Dokumente, auch für die Erarbeitung von Vorlagen gewinnt er den Mannheimer Historiker Theo Schwarzmüller. Schwarzmüller, Jahrgang 1961, ist Pfälzer, hat 1994 in Mannheim über den Feldmarschall August von Mackensen promoviert, kennt sich aber auch in der Landesgeschichte von Rheinland-Pfalz bestens aus (sonst wäre er für Kohl überhaupt nicht akzeptabel) und wird 2002 Direktor des Instituts für Pfälzische Geschichte und Volkskunde in Kaiserslautern.

Ein anderer, der in diesen frühen Jahren der Arbeit an den Memoiren Zugang zu Kohl findet, ist der WDR-Fernsehjournalist Heribert Schwan. Mit scharfem Blick hat Kohl die Nützlichkeit Schwans erkannt. Seit den achtziger Jahren hat dieser, damals noch als Redakteur beim Deutschlandfunk in Köln, zusammen mit Werner Filmer, seinem Kollegen vom WDR, vielgelesene, verläßliche, mit zahlreichen Interviews garnierte Porträtstudien über die deutschen Spitzenpolitiker von rechts bis links veröffentlicht. Helmut Kohl, Johannes Rau, Lothar Späth, Hans-Dietrich Genscher, Oskar Lafontaine, Wolfgang Schäuble, Roman Herzog, sie alle erhalten Biographien, die im Stil des öffentlich-rechtlichen Rundfunks ausgewogen sind, also ohne ein Übermaß an kritischen Spitzen. 1989 geht Schwan zum WDR und ist von da an eine der Spitzenkräfte für zeitgeschichtliche Sendungen. Die Kulturfeatures und zeitgeschichtlichen Serien der ARD-Sender oder des ZDF sind finanziell bestens ausgestattet, viel besser als selbst leistungsfähige Universitätsinstitute oder sonstige Forschungszentren. Wer hier Zugang gewinnt, kann publikumswirksame Fernsehserien erwarten, die in der Regel auch in Buchform erscheinen.

Das alles weiß Kohl. An die in der Tat gut recherchierte Porträtstudie über ihn selbst aus dem Jahr 1985[46] hat er eine angenehme Erinnerung. Als sich Schwan in einem Brief vom 27. September 1998 bei dem gerade eben gestürzten Kanzler mit dem Anerbieten meldet, zum siebzigsten Geburtstag eine Biographie zu schreiben, erfaßt dieser rasch die Vorteile eines solchen Projekts und versteht es zugleich, diesen Fernsehjournalisten als Helfer fürs Memoirenschreiben einzufangen. Nur ist Schwan eben zugleich eine Art Medienunternehmer, der sich auf Dauer nicht damit begnügt, dem gestürzten, bald auch in schweres Unwetter geratenden Kanzler ganz uneigennützig zur Hand zu gehen. Schließlich kommt es zur Entfremdung, die Kohl in den Jahren 2010 und 2011 großen Verdruß bereiten wird, als Schwan den Alt-Kanzler mit einem Enthüllungsbuch über Hannelore Kohl ins Gerede bringt und sich selbst zeitweilig an die Spitze der Bestsellerliste.[47]

Allem Anschein nach hat auch Hannelore Kohl von Anfang an auf das Memoirenprojekt gedrängt und es mit ihrem Mann und seinen Helfern bis zu ihrem Tod intensiv diskutiert. Doch das Vorhaben kommt nur schleppend in Gang. Als der erste Band im Frühjahr 2004 schließlich erscheint, räumt Kohl unumwunden ein: »Mir war am Anfang, ehrlich gesagt, nicht klar, welche gewaltige Arbeitslast ich mir aufgebürdet hatte.«[48] Zuerst müssen die unentbehrlichen Dokumente beschafft und durchgesehen werden: Archivalien über die Mainzer Jahre, Protokolle des Präsidiums und des Vorstands der CDU sowie der CDU/CSU-Fraktion, regierungsamtliche Dolmetscherprotokolle.[49] Als Haupthindernis für das zügige Fortschreiten der Memoirenarbeit erweist sich die Parteispendenaffäre. Sie absorbiert Kohls gesamtes Zeitbudget und veranlaßt ihn, *Mein Tagebuch 1998–2000* vorzuziehen. Auch diese Rechtfertigungsschrift hat Memoirencharakter. Da sie zugleich eine Abrechnung mit seinen langjährigen Gegnern und einigen abgefallenen Freunden darstellt, ist es ein ganz und gar subjektives Buch. Auch die unverhüllte, von Humor oder Ironie nicht gemilderte Polemik gegen innerparteiliche wie außenstehende Gegner ist eher unüblich. In ihren Memoiren treten deutsche Politiker viel lieber katzenpfötig auf und vermeiden polemische Abrechnungen. Aber eben das ist erfrischend, auch verkaufsfördernd.

In der Jahresmitte 2001 findet Kohl an den Schreibtisch zurück. Jetzt fügt sich dem Memoirenprojekt noch eine weitere Dimension hinzu. Er begreift die *Erinnerungen* nun auch als Gedenkbuch an seine Frau. Bei der Parteispendenaffäre ist ihm zudem wieder einmal vor Augen geführt worden, wie die Gegner jede ungeschützte Bemerkung gegen ihn verwenden können. Ohnehin ist er ein gewissenhafter Mann und will sich in seiner Eigenschaft als Historiker keine Schludereien erlauben. So sieht er sich also gehalten, die *Erinnerungen* Kapitel für Kapitel intensiv zu diskutieren und durchzusehen, stets im Wissen darum, daß er Satz für Satz allein zu verantworten hat. Der lobenswerte Vorsatz, sich keinerlei Blößen zu geben, vor allem auch nichts nachweislich Falsches zu schreiben, beansprucht jedoch Zeit. Eigentlich sollten die *Erinnerungen* schon 2002 auf den Markt kommen,[50] doch dann dauert es bis Frühjahr 2004, bis der erste Band vorliegt, die Folgebände erscheinen im Herbst 2005 und im Herbst 2007.

Niemand hat von Helmut Kohl erwartet, daß er wie ein de Gaulle oder ein Churchill schreibt. Er ist kein Schriftsteller, sondern ein praktischer Mann, der unumwunden mitteilt, was Sache ist. Er hält sich an die Schlüsseldokumente, bleibt somit im jeweiligen zeitlichen Kontext und ist sichtlich bestrebt, »der Versuchung zu entgehen, die Dinge rückblickend so zu schildern, wie ich sie heute vielleicht gerne sehen würde«.[51] Auf Anekdotisches hat er weitgehend verzichtet – leider, muß man das kommentieren, denn alle, die länger mit ihm zu tun haben, kennen ihn als großen Anekdotenerzähler. Er aber möchte in erster Linie als würdiger Bundeskanzler und engagierter Parteivorsitzender in Erinnerung bleiben. Da er sich bis in die letzten Jahre unablässig Angriffen zu erwehren hatte, tritt wohl oder übel das Bestreben nach Erklärung und Rechtfertigung der eigenen Politik besonders deutlich hervor. Immerhin vermerken die Rezensenten bei der Erörterung der Vereinigungskrise 1990 bis 1994 selbstkritische Nachdenklichkeit, die er jedoch nicht über-

Mit Bernhard Vogel und Jean-Claude Juncker beim
Empfang der Konrad-Adenauer-Stiftung zu Kohls 75. Geburtstag,
12. April 2005

treiben wollte. Auch die Abrechnung mit den Gegnern kommt nicht zu kurz. Indessen ist die Polemik gegen die einstmals von ihm geförderten, inzwischen zu Feinden gewordenen Parteifreunde – also die Geißler, Biedenkopf, Süßmuth und von Weizsäcker – seelisch nicht mehr so aufgewühlt wie in dem fiktiven *Tagebuch* vom Herbst 2000.

Alles in allem präsentiert er sich in den *Erinnerungen* so, wie man in kennt, mit seinen vielen Stärken und einigen evidenten Schwächen: selbstbewußt und sendungsbewußt bis in die Randzonen der Selbstgerechtigkeit, kämpferisch, aber doch geboten vorsichtig (er schreibt längst nicht alles, was er weiß und denkt), gelegentlich sentimental und noch häufiger unverhüllt zornig, ungenerös gegen alle, die ihn giftig bekämpft haben (schließlich haben sie auch ihn nicht geschont), aber lobend gegenüber Freunden und Helfern, leider auch über weite Strecken langatmig, weitschweifig und im Polit-Predigtstil, doch so hat man ihn schließlich in Erinnerung. Kurz: Er verbiegt sich auch nicht in den Memoiren.

Die Aufnahme bei den Rezensenten und beim breiten Publikum ist so, wie zu erwarten. Die Gegner schreiten im Feuilleton nochmals zur Exekution, indem sie ihrem alten Feind Uneinsichtigkeit, Oberflächlichkeit, Langeweile und Rachsucht vorwerfen. Die Anhänger freuen sich, weil sich der alte Häuptling wieder kraftvoll zu Wort meldet. Auffällig ist das weitgehende Schweigen der Spitzenpolitiker zu Kohls

Erinnerungen. Unter den Staatsmännern von Rang preist nur Kissinger den Band über die Jahre 1982 bis 1990, zugleich aber Helmut Kohl selbst, in den höchsten Tönen: »Staatsmänner werden zum Teil danach beurteilt, bis zu welchem Grad die Welt, die sie hinterlassen, sich von der Welt unterscheidet, die sie übernommen hatten. Nach diesem Maßstab muß Kohl als eines der bedeutsamsten Regierungsoberhäupter der deutschen Geschichte betrachtet werden. Doch seine eigenen Landsleute haben ihn nicht immer in diesem Licht gesehen. Sie erkennen seine individuellen Leistungen, aber sie nehmen ihre Größe als selbstverständlich hin.«[52] Kohls Memoiren seien »ein unschätzbarer Wegweiser«, um die Entwicklung der achtziger Jahre zu betrachten, und sie seien auch »gut geschrieben«. Kissingers Rezension bestätigt noch einmal die Beobachtung, daß Kohls Prestige in den Spitzenetagen des globalen Establishments wesentlich größer ist als im eigenen Land.

Alles in allem kann Kohl mit dem Echo auf sein Memoirenwerk zufrieden sein. Die stattlichen, materialreichen Bücher dokumentieren auch, daß er Vorhaben, in die er sich einmal verbissen hat, mit großer Zähigkeit durchzieht. Auch wenn er sich stark auf die Vorlagen Dritter stützt, sind und bleiben drei gewichtige, schwierige Memoirenbände im Erscheinungszeitraum von drei Jahren eine Parforcetour. In den Jahren, da es still um ihn geworden ist, bringen ihn die Bücher periodisch wieder ins Gespräch.

Das Lebensschiff des Alt-Kanzlers scheint also zu guter Letzt in ruhigeren Gewässern angelangt zu sein. Die alte Vitalität ist zurückgekehrt, wenigstens teilweise. Dabei läßt er sich nicht nur vom üblichen Betrieb um einen *elder statesman* oder von der Memoirenarbeit absorbieren. Im Nachgang zu seinem 75. Geburtstag verlautbart er in der *Bild*-Zeitung: »Es stimmt, ich habe eine neue Lebenspartnerin. Im übrigen möchte ich mich zu diesem Thema öffentlich nicht weiter äußern. Ich bitte dafür um Verständnis. Das ist meine Privatangelegenheit.«[53] Kai Diekmann, der diesen *Bild*-Artikel persönlich zeichnet, zitiert jetzt einen guten Freund des Alt-Kanzlers: »Helmut Kohl hat vier Jahre nach dem Tod seiner Frau seine Lebensfreude wiedergefunden. Er ist heiter und gelassen, wirkt entspannt und lebensfroh.«

In einer offensichtlich konzertierten Aktion skizziert die *Welt am Sonntag*[54] am Tag nach dieser Verlautbarung der *Bild* das Persönlichkeitsprofil von Maike Richter: Volkswirtin, 41 Jahre alt, im Siegerland geboren, CDU-Anhängerin, Arbeiten am Münchner Ifo-Institut und bei der *Wirtschaftswoche*, nach der Promotion 1994 bis 1998 in der Wirtschaftsabteilung im Bundeskanzleramt tätig, nach dem Machtwechsel von 1998 kurze Zeit in der Fraktion, seit 2000 wieder im Bundeswirtschaftsministerium im Fachgebiet Regionalförderung. Kohls Freund Erich Ramstetter kommt hier namentlich zu Wort (»eine kluge und charmante Frau«), andere Bekannte werden gleichfalls zitiert (»sehr engagiert«, »hoch gebildet«, »herzlich«, »unkompliziert«, »starker, positiver Einfluß« auf Helmut Kohl). Nun wird auch öffentlich erwähnt, was

Mit Maike Richter bei der von Papst Benedikt XVI.
zelebrierten Messe auf dem Weltjugendtag in Köln,
21. August 2005

viele bei Kohls glänzender Feier zum 75. Geburtstag beobachten konnten: Die neue Lebenspartnerin nahm damals zwischen seinen beiden Söhnen Platz.

Soweit die Verlautbarungen. Bis zur Eheschließung der beiden im Mai 2008 wird die Presse dem Wunsch Kohls entsprechen, seine Privatsphäre zu respektieren. In seinem näheren und weiteren Umfeld verbreitet sich in der Folgezeit der Eindruck, daß die neue Frau an seiner Seite auf ihn belebend wirkt. Wer immer jetzt mit ihm zusammentrifft, stellt in der Tat fest, daß der früher oft gehetzt und verkrampft wirkende Kohl sanfter, lockerer und fröhlicher geworden ist. Er zeigt sich nun wieder in Feierlaune, reist gern, läßt sich vielerlei Ehrungen gefallen, nimmt in der Münchner Residenz sogar den Franz-Josef-Strauß-Preis der Hanns-Seidel-Stiftung entgegen,[55] schreibt für den oder jenen freundliche Nachrufe und hält würdige oder launige

Ansprachen. Giftige Äußerungen verkneift er sich, es sei denn, man provoziert ihn. Daß er selbst den Sozialdemokraten mit etwas mehr Milde begegnet, ergibt sich auch aus der Parteiräson. Schließlich hat sich Angela Merkel aus einer fast vergeigten Bundestagswahl in die Große Koalition gerettet. Selbst ihr spendet er nun mit Augurenlächeln für ihre Leistung professionelles Lob: »Merkel hat in diesen wenigen Wochen bewiesen, daß sie die Herausforderungen meistern kann«, äußert er im Januar 2006 beim Neujahrsempfang der brandenburgischen CDU.[56]

Als er noch Bundeskanzler war, haben kritische Journalisten, um ihn zu ärgern, gelegentlich vom Herbst des Patriarchen geschrieben. Der scheint jetzt eingetreten, eine Art Goldener Herbst. Alle Welt hat den Eindruck: Kohl nimmt jetzt alles *en philosophe* und verfügt wieder über eine Lebensfreude, fast könnte man sagen Lebensbehaglichkeit, die niemand mehr für möglich gehalten hatte. Das Jahrfünft von 2002 bis 2007 ist wohl die ruhigste Phase eines ansonsten rastlosen und häufig auch freudlosen Lebens.

Die letzten Jahre

Erstaunlich lang hat sich Kohl einer strapazierfähigen Gesundheit erfreut und den Dauerstreß in den hohen Ämtern scheinbar mühelos weggesteckt. Das ändert sich nun. Was normale Altersabnützung, was die Spätfolge kräftigen Raubbaus an der eigenen Gesundheit, was Auswirkung der psycho-physischen Belastung seiner Horrorjahre 2000 und 2001 ist, sei dahingestellt. Die Zeiten, da er wenigstens an den Wochenenden oder doch an Sonntagnachmittagen gern und ohne zu ermüden durch Wald und Feld stapfte, sind jedenfalls vorbei. Er wird träge und schwer beweglich, ernährt sich aber immer noch genauso ungesund wie früher. Sein Übergewicht verstärkt sich. Im achten Lebensjahrzehnt beginnt sich doch sichtliche Schweratmigkeit einzustellen.

Im Jahr 2007 muß er sich wohl oder übel zur Implantation künstlicher Kniegelenke bereit finden. Die Operation am rechten Bein gelingt, doch eine anschließende Viruserkrankung macht ihm stark zu schaffen. Auch die Operation des linken Knies ist erfolgreich. Vorerst muß er sich aber für einen absehbaren Zeitraum in den Rollstuhl bequemen. Für alle, die ihn bisher als einen Baum von Mann in Erinnerung hatten, ist es schon gewöhnungsbedürftig, als er im Februar 2008 beim 75. Geburtstag Bernhard Vogels[1] und danach bei einer Wahlrede für seinen Parteifreund Roland Koch im Rollstuhl herangerollt wird. Aber noch spricht er so witzig, ironisch, zupackend, hintergründig, vergnügt und behäbig, wie man ihn bei Geburtstagsreden oder im Wahlkampf kennt, so daß niemand an seiner baldigen Genesung zweifelt. In Wirklichkeit fühlt er sich aber schon ziemlich elend.

Dann kommt der Zusammenbruch am Samstagmorgen des 23. Februar 2008. Der Tag muß präzise benannt werden, denn er bringt die tiefste existentielle Zäsur in Kohls Leben – einschneidender als die Wahlniederlage 1998 oder die Parteispendenaffäre im Jahr 2000 oder der Tod seiner Frau Hannelore. Später wird er mitteilen, er sei auf einer Treppe in seinem Heim in Ludwigshafen unglücklich ausgerutscht und gefallen. Der Sturz führte zu schweren Blutergüssen an den Armen. Als der Schwerverletzte schließlich Hilfe herbeitelefoniert, wird anfangs nicht entdeckt, daß der Sturz eine Schädigung zur Folge hatte, die nach der künftigen Sprachregelung vereinfacht als »schweres Schädel-Hirn-Trauma« bezeichnet wird. Das beunruhigende Wort Schlaganfall wird vermieden. Kohl ist davon überzeugt, daß ihn nur die Initiative von Maike Richter gerettet hat, die noch am selben Nachmittag seine Überführung aus dem Krankenhaus zu Ludwigshafen in die Universitätsklinik Heidelberg veranlaßt, wo er alsbald operiert wird.[2] Das Sprachvermögen ist anfangs weitgehend gestört. Wochenlang liegt er auf der Intensivstation. Die Zeitungen lassen bereits vorsorglich die Nachrufe schreiben. Doch er überlebt, kommt schließlich in die Reha-Klinik, wo er mit größter Energie daran arbeiten muß, die Sprachfähigkeit erneut zu erlernen. Ein gutes Jahr nach dem Unfall, im Mai 2009, zeigt er sich erstmals wieder in der Öffentlichkeit, um im Stuttgarter Schloß den Hanns-Martin-Schleyer-Preis entgegenzunehmen.[3] Starr im Rollstuhl sitzend, offenbar noch schwer gezeichnet und seinen Dank nur mit größter Mühe artikulierend, ist er ein Bild des Jammers. Allgemein wird vermutet, daß aus dem jahrzehntelang unwiderstehlichen Riesen ein Pflegefall geworden ist.

Von nun an wird es nicht an Bekundungen des Mitleids fehlen. Kohls Schicksal erinnert daran, daß auch die mächtigsten politischen Größen früher oder später vom Schiffbruch des Alters erfaßt werden – Conditio humana, pflegte man das einstmals bedeutungsvoll zu nennen, als lateinische Ausdrücke noch weithin verständlich waren. Doch bei genauerem Zusehen läßt diese schwere Erkrankung nochmals einen dominierenden Wesenszug Kohls erkennen – seine ungeheure Willenskraft. Wer ihn jetzt von Zeit zu Zeit aufsucht, registriert mit Erstaunen, wie er dank eiserner Disziplin bei der Sprachtherapie sein Sprachvermögen kontinuierlich verbessert. Nach wie vor sind es die für ihn besonders wichtigen Gedenktage, auf die hin er sich vorbereitet, seine Ansprachen unablässig memoriert, so daß er sie verständlich überbringt, oder in kleinerem Kreis auch schon frei extemporiert – Gedenkfeiern zum zwanzigsten Jahrestag des Mauerfalls am 9. November in Gesellschaft von George Bush und Michail Gorbatschow, die er als echte Freunde betrachtet, oder dann bei den Feiern seines achtzigsten Geburtstags in der Stadthalle von Ludwigshafen. Wie ein alter, von Politik ausgelaugter Mann die Energie dazu aufbringt, sich aus der anfangs ausweglosen Lage emporzuarbeiten und wieder im Gespräch oder in kleineren Ansprachen zu kommunizieren, ist erstaunlich.

Er selbst weiß genau und sagt das auch, daß dies ohne seine Frau unmöglich wäre. Sicherlich gehört er zu einer Art stark selbstbezogener Typen, bei denen individuelles Dominanzstreben mit politischen Zielvorstellungen eine unauflösbare Verbindung eingegangen ist. Doch dieser Mann hat auch das Glück, lebenslang starke Frauen zu finden, die ihn trotz mancher Vorbehalte gewissermaßen prima finden und ihn mit ganzer Kraft unterstützen: Hannelore Kohl, Juliane Weber und jetzt Maike Richter. Beim Schiffbruch des Alters erfährt er im Zustand existentieller Hilflosigkeit eine Zuwendung, die mehr bedeutet als das vorangegangene Hochgefühl der Verjüngung. Am 14. Mai 2008 berichtet *Bild* exklusiv, daß der Rekonvaleszent in der Kapelle der Reha-Klinik in Heidelberg mit Dr. Maike Richter getraut worden ist. Die Zeremonie findet in kleinem Rahmen statt. Kohls Freund, Erich Ramstetter, nimmt die Trauung vor, zugegen sind Kai Diekmann, Leo Kirch, Kohls Anwalt Holthoff-Pförtner und Kohls Ärzte. Die beiderseitigen Familien sind nicht geladen.

Nun folgt die nächste Prüfung. Bekanntlich werden Zweitehen zwischen Partnern sehr unterschiedlichen Alters von den Kindern aus erster Ehe nicht immer goutiert. Die Kinder und die ungeliebte Stiefmutter, das ist eine geradezu klassische Konfliktkonstellation. Besonders heikel wird es, wenn die neue Frau des Vaters und die Kinder fast gleichaltrig sind. Das geht oft gut, es kann aber auch zu schweren Verwerfungen führen, wie im Fall Helmut Kohl. Was alles an Gründen dabei ursächlich war, braucht in einer politischen Biographie nicht zu interessieren. Ungewöhnlich ist es jedenfalls nicht. Eher ungewöhnlich ist es aber, daß die Entfremdung einen der Söhne veranlaßt, den weiterhin von Krankheit geschlagenen, immerhin schon 81 Jahre alten Vater, der zugleich ein verdienter Bundeskanzler ist, in einem verquälten Buch[4] und alsdann bei einer Tournee durch die Talkshows mit den eigenen Verletzungen zu behelligen. Nicht bloß die hinlänglich bekannten Freuden und Leiden eines Prominentensohns werden dort ausgebreitet. In den Jahrzehnten, da die Psychoanalyse à jour war, hätte man wohl bedeutungsvoll konstatiert, hier sei möglicherweise eine Ödipus-Konstellation mit im Spiel: Der Sohn liebt und verehrt seine Mutter, läßt jedoch dem Vater gegenüber eine unterdrückte Gefühlswelt erkennen, in der das Bedürfnis nach Abrechnung mit dieser dominierenden Gestalt und das Verlangen nach Versöhnung verworren zusammengehen. Die Schilderung des Bruchs mit dem Vater hat es in sich: »Auf meine direkte Frage: ›Willst du die Trennung?‹, antwortete er mir knapp mit ›Ja‹!«[5]

Das in der Öffentlichkeit inzwischen halb von Mitleid überdeckte Negativimage Helmut Kohls wird dadurch erneut in Erinnerung gerufen: ein harter Machtmensch, der sogar den eigenen Sohn aus dem Haus weist! Wie zumeist bei derart peinlichen Enthüllungen bleibt natürlich unerwähnt, was dem Gespräch oder in dem Gespräch selbst vorausgegangen ist. Allem Anschein nach zielen das Buch sowie die anschließenden Auslassungen im Fernsehen auch auf die ungeliebte Stiefmutter. Walter

Kohls Buch wird im Januar 2011 lanciert, wenige Monate, bevor sich im Juli 2011 der Freitod Hannelore Kohls zum zehnten Mal jährt. Das Bestreben, der eigenen Mutter auf Kosten des Vaters und besonders der ungeliebten Stiefmutter auf diesen Gedenktag hin einen Altar zu errichten, ist mit Händen zu greifen. Daß die Talkshows und die Feuilletons[6] sich darauf stürzen, ist selbstverständlich.

Wenige Monate später bringt Heribert Schwan, den Termin Juli 2011 gleichfalls fest im Blick, eine weitere Biographie über Hannelore Kohl heraus. Der Titel zeigt deutlich die Leitperspektive: *Die Frau an seiner Seite. Leben und Leiden der Hannelore Kohl.*[7] Sensationell Neues kann auch Schwan vorerst nicht beitragen. Die aus verschiedensten Internet-Blogs seit Jahren hinlänglich bekannte Vergangenheit des Vaters Wilhelm Renner als Rüstungsmanager im Zweiten Weltkrieg wird breit dargelegt, überhaupt die Verwicklung der Eltern in den Nationalsozialismus. Aufsehen erregt nun besonders die auf privaten Gesprächen mit Hannelore Kohl beruhende, dezidierte Feststellung, sie sei im Frühjahr 1945 als zwölfjähriges Mädchen von russischen Soldaten mehrfach vergewaltigt worden. Aus diesem widerlichen Kriegsverbrechen wird die Geschichte einer lebenslang verdrängten Traumatisierung abgeleitet. Schwan wärmt damit nur auf, was unter Journalisten schon längst ein offenes Geheimnis ist. Am 5. März 2002 hat Hans Leyendecker unter dem Titel »Die zwei Leben der Familie Kohl« in der *Süddeutschen Zeitung* geschrieben: »Beispielsweise macht Peter Kohl fortwährend Andeutungen, Hannelore Kohl sei als Zwölfjähriger bei der Flucht aus dem Osten Schreckliches widerfahren. Sie hat sich immer dagegen gewehrt, daß in *Bild* oder anderswo von der Vergewaltigung durch russische Soldaten berichtet wurde. Warum durfte das nicht ihr Geheimnis bleiben?«

Genauso unverhüllt wie bei Walter Kohl enthält auch diese Biographie eine Abrechnung mit Helmut Kohls jetziger Frau Maike. Wer für einen mit Krankheit geschlagenen, in den Rollstuhl verbannten und sprachbehinderten Alt-Kanzler zu sorgen hat, muß wohl oder übel die zahlreichen losen Enden aus vorhergehenden Jahren entwirren oder kappen, die vielen einstmals Nahestehenden im Interesse ungestörter Rekonvaleszenz fernhalten oder verabschieden und bei Filmprojekten sowie Interviews auf die Bremse treten. Das führt natürlich vielerorts zur Gekränktheit. Aus Gekränktheit wird Medisance, doch genau dies ist der Stoff, der ein Enthüllungsbuch interessant macht. Wie kurz zuvor schon Walter Kohls Traumatisierungsstory wird nun auch die neue Biographie Hannelore Kohls in den Medien ausgiebig erörtert und schafft es auf Platz eins der *Spiegel*-Bestsellerliste.

Helmut Kohl, der nach wie vor die Berichte in Presse und Fernsehen aufmerksam verfolgt, wieder normale Gespräche führen kann und seine Kontakte zu Freunden in der Ferne oder auch in Ludwigshafen normalisiert hat, konstatiert dies ergrimmt. Er sieht darin eine Kränkung seiner zweiten Frau, ohne die sein Leben, so sagt er, »sehr viel weniger lebenswert« wäre.[8] Zugleich sorgt er sich, daß jetzt seine politische Leistung in Vergessenheit gerät. Für eine Öffentlichkeit, die sich seit Jahren am unablässigen Diskurs über Traumatisierungen jeglicher Art delektiert, ist die Betrachtung der Verletzungen, die der »schwarze Riese« im engsten Umfeld hinterlassen hat, selbstverständlich eine Leibspeise. Doch wie soll er sich dagegen wehren, unfähig, wie er nach wie vor ist, eine heftige Fernsehdiskussion so zornig zu bestehen wie in besseren Zeiten, als sein Sprachvermögen noch nicht geschädigt war?

Seine verbliebenen Freunde in den höchsten Etagen des amerikanischen Establishments versuchen ihn aufzurichten. Mitte Mai 2011, als die Aufmerksamkeit an dem Buch seines Sohnes langsam nachläßt, während sich die Verkaufskampagne des Buchs von Schwan bereits vorbereitet, erhält er in der American Academy zu Berlin den Henry-Kissinger-Preis. Der alte Kissinger ist herbeigeeilt, Clinton hält eine brillante, herzliche Laudatio auf den Staatsmann der Globalisierung.[9] Fotos sagen oft mehr als Worte: In den Zügen Kissingers und Clintons, die dem etwas weh in die Ferne schauenden Alt-Kanzler im Rollstuhl ermutigend Beifall spenden, spiegelt sich die Ergriffenheit durch den Blick auf die Hinfälligkeit politischer Größe. Die bei der Preisverleihung anwesende Kanzlerin Angela Merkel setzt bei dieser Gelegenheit ihr schönstes Sphinx-Lächeln auf.[10]

Doch der Entlastungsversuch verpufft. Kaum ist das Ehepaar Kohl wieder nach Ludwigshafen zurückgekehrt, erscheint die Hannelore-Biographie von Heribert Schwan, der erneut die Probleme der Familie Kohl aufwühlt. Rundfunk und Fernsehen treiben es so bunt, daß der ehemalige Bundeskanzler genötigt ist, sich in einer Presseerklärung die »öffentliche Zurschaustellung und Vermarktung« seines Privatlebens zu verbitten, und »um Respekt für meine Privatsphäre« ersucht,[11] ein ziemlich unglaublicher Vorgang. Erst jetzt dämmert es den letztlich zuständigen Intendanten, Herausgebern und Chefredakteuren, daß der für alles und jedes in Anspruch genommene Artikel 1 des Grundgesetzes: »Die Würde des Menschen ist unantastbar«, vielleicht auch für verdiente, von Alter und Krankheit geschlagene Bundeskanzler gelten könnte. Zögerlich finden sie sich bereit, die in ihren Talkshows und in den Feuilletons laufende Kampagne abzustellen. Der vorläufige Tiefpunkt der Familientragödie ist am 5. Juli 2011 erreicht. Die Söhne, die ihrerseits mit dem Journalisten Heribert Schwan im Clinch um die Deutungshoheit über das Leben ihrer Mutter liegen, haben zum zehnten Todestag in die Speyrer Dreifaltigkeitskirche zu einer Gedenkfeier eingeladen. Kohl weigert sich zu kommen und muß erleben, wie sie an seiner Haustür Sturm klingeln, um ihn zur Teilnahme zu überreden.[12]

Die Vorgänge im ersten Halbjahr 2011 um die Ehen Helmut Kohls vermitteln ein deprimierendes Bild. Einst hat der Riese Helmut Kohl an den großen Rädern der Welt gedreht. Jetzt ist er in den Rollstuhl verbannt und vorwiegend mit dem Klein-Klein seiner Familientragödie befaßt. Wollte er selbstkritisch sein, so müßte er aller-

Verleihung des Henry-Kissinger-Preises in Berlin,
16. Mai 2011

dings erkennen, daß er selbst der unguten Vermischung von Politischem und Priva-
tem Vorschub geleistet hat. Von Staatsräson und emotionsfreier Distanz unter den
Mächtigen hat er nie viel gehalten. Wieder und wieder hat er im Ton der Gewißheit
erklärt, was im Privatleben richtig sei, müsse auch im Verhältnis zwischen den Staatsmännern praktiziert werden, wozu auch Emotionalität und Vertrauen gehörten. Das
alles kehrt sich nun gegen ihn. Eigentlich ist es ja irrelevant für die Beurteilung
staatsmännischer Leistung, ob ein Kanzler ein guter oder ein nachlässiger Ehemann,
ein sorgsamer oder ein nachlässiger Vater gewesen ist. Aber einem Helmut Kohl, der
durchweg und nicht ganz gut überlegt die Sphären des Politischen und des Privaten
vermischt hat, will man es nicht durchgehen lassen, daß er jetzt nur noch seine
staatsmännischen Leistungen angestrahlt sehen möchte und seine Privatheit hinter
Vorhängen verbirgt. Die Vermischung der Sphären hat ihren Preis.

Zur Tragik dieser späten Jahre Helmut Kohls gehört auch die Tatsache, daß er
2008 ins Gefängnis seines kranken Körpers verbannt ist, als global gewissermaßen
die Decke herunterkommt. Im Frühjahr und Frühsommer 2008 beginnen bereits die
Bankenriesen in Großbritannien und den USA zu taumeln, im September und Oktober 2008 steht die Weltwirtschaft am Abgrund. Daß die Globalisierung der Finanzmärkte Probleme schaffen würde, war ihm zwar stets geläufig, daß sie sich aber so
ganz unerwartet als das außenpolitische Problem Nummer eins herausstellen, überrascht ihn genauso wie alle anderen Spitzenpolitiker. Doch an differenzierte Stellung-

nahmen ist bei seinem gesundheitlichen Zustand in den Jahren 2008 und 2009 überhaupt nicht zu denken.

Anders verhält es sich bei der Euro-Krise, die genauso unerwartet aufplatzt wie kurz zuvor die globale Bankenkrise. Sorgenvoll registriert er, daß jetzt sein Lebenswerk, die Europäische Union und der Euro, ins Wanken gerät. Ebensowenig wie seine Anhänger, die er auf diesen Weg gestoßen hat, konnte und wollte er sich vorstellen, daß die Europäische Union ausgerechnet durch den Euro gefährdet werden könnte, der sie doch »unumkehrbar« machen sollte. Er ist klug genug, sich lange mit Kommentaren zurückzuhalten und die Hasen laufen zu lassen. Schließlich glaubt er genau zu wissen, daß ohnehin niemand so recht auf ihn hört. Außerdem absorbieren ihn im kritischen ersten Halbjahr 2011 die quälenden, wenngleich nicht besonders weltbewegenden Fragen seiner Familientragödie.

Im September 2011 erscheint dann in der *Internationalen Politik* eine entschiedene Stellungnahme. Inzwischen hat die Regierung Merkel zum Kummer Kohls die allgemeine Wehrpflicht abgeschafft, die CDU hat Baden-Württemberg verloren, CDU und CSU haben eine panische Energiewende improvisiert, die Kritik der Konservativen in der CDU ist lauter geworden und in der Libyenfrage hat sich die schwarz-gelbe Bundesregierung mit ihrer Enthaltung im Sicherheitsrat und der Abstinenz vom militärischen Eingreifen der NATO von den westlichen Verbündeten entfernt. In die innen- und außenpolitischen Künste der Regierung Merkel hat er kein großes Zutrauen mehr. Somit gibt er die bisherige Zurückhaltung auf und outet sich als besorgter Warner. Deutschland, so kritisierte er, sei »schon seit einigen Jahren keine berechenbare Größe mehr – weder nach innen noch nach außen«.[13] Es habe in der Tat seinen Kompaß verloren, aber nicht bloß den Kompaß, auch den Respekt der Freunde und Verbündeten. In großem Rundumschlag erinnert der einstige Bundeskanzler wieder an seine altbekannten Konzepte und beklagt das Fehlen von Führungs- und Gestaltungswillen. Das Wort »Konstruktionsfehler« in Bezug auf das Euro-System weist er zurück. Nicht das System sei verkehrt gewesen, sondern die deutsch-französische Politik unter Schröder und Chirac, die beide gegen den Stabilitätspakt verstoßen und Griechenland in Euro-Land aufgenommen haben. Vor präzisen Stellungnahmen in Sachen Griechenlandhilfe und »Transferunion« hütet er sich, mahnt aber gewissermaßen stramme Haltung an: »Es ist an der Zeit, daß Europa sich darauf besinnt, daß und welche Verantwortung es für die Welt als Ganzes hat. Wir müssen aus dem Klein-Klein dringend heraus und wieder stärker mit einer Stimme sprechen.«[14] Aber wie wäre das möglich, und was sollte konkret geschehen? Dazu äußert er sich nicht.

Bemerkenswert ist und bleibt der Optimismus, mit dem dieser gesundheitlich angeschlagene Alt-Kanzler sich selbst und seinen lieben Deutschen Mut macht. In einem Interview in *Bild* antwortet er auf die verfängliche Frage: »Was ist groß an

Deutschland?«, mit der Feststellung: »Die Chance auf eine gute Zukunft. Wir haben sie. Wir müssen sie nur beherzt und mit Zuversicht nutzen.«[15] Ist das begründeter Realismus, auf den Verlaß ist? Oder soll man das mit Schillers eher skeptischen Versen zum nie endenden Thema der Mensch und die Hoffnung kommentieren? »Es reden und träumen die Menschen viel/Von bessern künftigen Tagen,/Nach einem glücklichen goldenen Ziel/Sieht man sie rennen und jagen./Die Welt wird alt und wird wieder jung,/Doch der Mensch hofft immer Verbesserung!«[16]

Auftakt zur Europawahl in Saarbrücken,
8. Mai 2004

BETRACHTUNG
Am Ende des Tages

»Das Bild eines Politikers wird mit zeitlichem Abstand zu seiner Regierungszeit in der Regel klarer, wenn etwa die Fakten ohne emotionale Nähe und Belastung gewertet werden und die Entscheidungen Wirkung zeigen«, so urteilt der historisch gebildete Alt-Kanzler in einem seiner Interviews aus dem Frühherbst 2011.[1] Wer wollte dies bestreiten? Jedermann weiß zudem, daß sich das Geschichtsbild zugleich mit dem unvorhersehbaren Geschichtsablauf kontinuierlich verändert. So wird es sich auch mit Helmut Kohl verhalten. Dezidierte Bewertungen verbieten sich nicht zuletzt deshalb, weil der Geschichtsprozeß heute weltweit ein beispielloses Tempo angenommen hat. Im zweiten Jahrzehnt des 21. Jahrhunderts sind selbst einigermaßen plausible Prognosen für die kommenden drei oder vier Jahre unmöglich. So bleibt nur der Versuch, Helmut Kohls Platz in der Geschichte aus heutiger Sicht knapp zu skizzieren. Einiges scheint sich schon deutlich abzuzeichnen, wichtige Fragen bleiben jedoch offen.

Als sich in den achtziger und neunziger Jahren erkennen ließ, daß das Zeitalter der Globalisierung heraufzog, zweifelten manche der von neoliberalen Überzeugungen ausgehenden Ökonomen und Intellektuellen daran, daß er wirklich noch der richtige Kanzler für die Probleme der entgrenzten Welt sei. Auf der anderen Seite artikulierten die Grünen ebenfalls Zweifel, ob Kohl noch zeitgemäß sei. So sah sich der Bundeskanzler von allen Seiten mit dem Ruf nach Reformen konfrontiert, insistierte aber weiterhin energisch auf einer recht behutsamen »Politik der Mitte«. Für mehr als pragmatische, kontrollierbare Reformen war er nicht zu haben, weder in der Renten- oder Gesundheitspolitik noch in der Arbeitsmarktpolitik oder auch in den ökologischen Fragen. Am freiheitlichen, zugleich aber schützenden und umverteilenden Sozialstaat wollte er festhalten und ihn maßvoll ausbauen. So hat er keinen Moment gezögert, das bereits sehr kostspielige Sozialsystem der »alten« Bundesrepublik auf die neuen Länder zu übertragen. Selbst als die finanziellen Belastungen der Wiedervereinigungspolitik seine Regierung zu überwältigen drohten, zog er noch den Plan der umlageversicherten Pflegeversicherung durch.

Historiker und Politologen tun manchmal gut daran, sich an die eigenen früheren Bewertungen zu erinnern. Im Sommer 1998, als sich die Amtszeit Kohls sichtlich dem Ende zuneigte, formulierte ich diesbezüglich in einer Porträtskizze: »Am skep-

tischsten ist heute schon die Einschätzung des langfristigen wirtschafts- und sozialpolitischen Ertrags einer ›Regierung der Mitte‹, auf deren Konsensus-Politik er zu
lange über Gebühr stolz war. Der von ihm geschätzte Ernst Jünger hat dazu bereits im
Jahr 1984 das Wesentliche formuliert: ›Jedes juste-milieu erfordert Balance-Akte –
‚ausgewogen‘ ist eines der Schlagwörter. Es spiegelt sich in den Standardbegriffen, so
heute im ‚freiheitlichen Rechtsstaat‘, der ‚sozialen Marktwirtschaft‘ und anderen. Wie
all und jedes gehen zahllose Epochen an sich selbst zugrunde und werden später
auch von denen, die daran mitwirkten, als ‚Goldene Jahre‘ vermißt.‹[2] Der in Sachen
Strukturreform vorwiegend ängstliche Riese als Bewahrer langer Goldener Jahre –
wird dies das letzte Wort über Helmut Kohl sein, der als Reformer begann und am
Ende, wann immer dies auch eintritt, an den Problemen seiner zu zaghaft reformierten Republik scheitern muß?«[3]

Das war die Sicht des Jahres 1998. Inzwischen blicken wir auf die Reformen im
ersten Jahrzehnt des 21. Jahrhunderts zurück, die hier nicht zu bewerten sind. Heute
aber hat sich die Stimmung fast völlig gedreht. Schon der Begriff Reformen in Bezug
auf die Sozialsysteme oder die Steuerpolitik wird bei den maßgeblichen Parteien als
eine Art Un-Wort betrachtet. Große Teile der vom Sog der Globalisierung erschreckten Öffentlichkeit möchten erneut mit Zähnen und Krallen die etablierten Sozialsysteme verteidigen. Ein reformkritischer Etatismus ist gegenwärtig genauso à jour
wie in den späten neunziger Jahren des 20. bis in die erste Dekade des 21. Jahrhunderts das neoliberale Paradigma. Der vorsichtige Bremser Helmut Kohl beim Drängen auf allzu radikale Reformen kann sich in diesem Zeitklima wieder zu Hause
fühlen. Damit ist nicht gesagt, daß diese überlasteten Systeme nicht, mit Jünger zu
sprechen, »an sich selbst zugrunde gehen« werden. Das Beispiel zeigt nur, wie stark
die Bewertung der jeweiligen Leistung eines Staatsmanns von den Veränderungen
des Zeitgeistes abhängt.

Daß die Wiederherstellung der Einheit Deutschlands in den Jahren des Umbruchs 1989/90 zu den unumstrittenen Großtaten dieses Kanzlers gehört, ist seinerzeit ebenso anerkannt worden wie heute. Dieses Urteil dürfte auch Bestand haben.
Feststellungen wie die Erhard Epplers, »ich glaube, er hat ein Abstaubertor geschos-
sen«,[4] bekunden parteipolitische Ranküne und widersprechen den nachweislichen
Fakten. Weil er die Wiedervereinigung zustande brachte, ist Helmut Kohl eine der
großen Persönlichkeiten der deutschen Nationalgeschichte. In der Forschung ist es
auch unbestritten, daß er dafür in den Jahren 1982 bis 1989 wesentliche Voraussetzungen geschaffen hat, als viele Kritiker in ihm einen eher mittelmäßigen Kanzler
gesehen haben.

Aber hat der Kanzler der Einheit danach in den neuen Ländern nicht ein Debakel mitverschuldet? Besonders in den schwierigsten Jahren der Vereinigungskrise
von 1990 bis 1994 hat ihm eine große Schar von Kritikern gravierende Fehler ange-

kreidet. Sieben »Kardinalfehler« seien es gewesen, hat Helmut Schmidt ihm 1993 ins Stammbuch geschrieben. Noch als Helmut Kohl 1998 aus seinen Ämtern schied, war die Auffassung weit verbreitet, er habe in den berühmten 329 Tagen die Einheit erstaunlich souverän zustande gebracht, sei aber dann mit den Problemen der inneren Wiedervereinigung nicht fertig geworden.

Bekanntlich waren die sozio-ökonomischen und psychologischen Fernwirkungen der Sowjetisierung in der DDR viel gravierender als ursprünglich erwartet. In vierzig langen Jahren hatte sich das geteilte Deutschland doch ziemlich hoffnungslos auseinanderentwickelt. Zu den vielen, die sich anfangs über die Schwierigkeiten der Aufgabe täuschten, gehörte sicherlich auch der Bundeskanzler. Daß er dabei manches falsch anpackte, hat er später selbst eingeräumt, obschon er ansonsten nicht geneigt ist, von eigenen Fehlern viel Aufhebens zu machen. Die innere Wiedervereinigung war in der Tat eine Roßkur. Sie hat auch den Gesamtstaat belastet. 2000 Milliarden Euro in zwanzig Jahren, so unlängst Peer Steinbrück,[5] hat der Aufbau Ost verschlungen bei immenser Vermehrung der Staatsschuld.

Aus heutiger Sicht ist die schwierige Operation aber mit viel Ach und Krach geglückt, obgleich sich die Spätfolgen der SED-Herrschaft noch lange bemerkbar machen werden. Nie zuvor und danach sind in einem Teilbereich der Bundesrepublik so tiefgreifende Veränderungen erzwungen worden. Man könnte dafür das einstmals von Herbert Wehner geprägte Bild des »Tiefpflügens« verwenden. Aus größerem Abstand betrachtet, war die radikale, schmerzhafte, auf lange Sicht aber erfolgreiche Einschmelzung der neuen Länder in den Gesamtstaat die größte Reform, die in der Bundesrepublik je unternommen wurde. Wenigstens in den neuen Ländern war dieser Bundeskanzler, der sich sonst vor Reformen, die weh tun und großen Widerstand hervorrufen, lieber gedrückt hat, ein geradezu erbarmungsloser Reformer. Improvisiert, anfangs ziemlich planlos, unablässig angefeindet, letztlich aber unbeirrbar hat dieser massive Kanzler der Einheit in den Jahren 1990 bis 1998 einen Integrationsprozeß durchgezogen, dem der unbeirrbare Wille zugrunde lag, die neuen Länder nach dem Modell der »alten Bundesrepublik« umzugestalten. Das war eine beispiellose Reformaufgabe, zu der Helmut Kohl weder überlegenen ökonomischen Sachverstand mitbrachte noch sich an klugen sozialwissenschaftlichen Theorien orientierte. Er war einfach fest davon überzeugt, daß die innere Wiedervereinigung in überschaubarer Zeit gelingen und zum Besten der dortigen Deutschen ausschlagen würde, zumindest der meisten von ihnen. Der Streit, ob dieser schmerzhafte Vorgang schneller, schonender und kostengünstiger möglich gewesen wäre, hat die gesamte Amtszeit Kohls in den neunziger Jahren begleitet und wird künftig noch ganze Generationen von Wirtschafts- und Sozialhistorikern beschäftigen. Vielleicht werden sie schließlich zu dem Schluß kommen, daß sich wohl auch jeder andere Kanzler damit ähnlich schwergetan hätte wie Helmut Kohl. Auf diesem für die historische

Reputation Kohls einstmals so kritischen Feld hat der Zeitablauf doch auch die Bewertungen verändert.[6]

Bei der Frage nach Helmut Kohls Platz in der Geschichte verdient seine Außen- und Europapolitik eher noch stärkere Beachtung als die Innenpolitik. Schon als »Kanzler der Einheit« hatte er im Verlauf weniger Monate weltpolitische Statur gewonnen. Das verstärkte sich in der zweiten Halbzeit der sechzehn Kanzlerjahre. »Architekt des neuen Europa« haben wir unsere Darstellung der Jahre 1990 bis 1998 betitelt. Tatsächlich ist der deutsche Kanzler bei seiner Abwahl im Herbst 1998 von in- und ausländischen Kommentatoren ziemlich unisono als ein ganz außergewöhnlicher europäischer Staatsmann gewürdigt worden. So wird er auch in unserer Biographie beleuchtet.

Wie viel von dieser rundum positiven Bewertung hat heute, im zweiten Jahrzehnt des 21. Jahrhunderts, den Test der Zeit bestanden? Es bedarf keiner großen historischen Phantasie, um zu ermessen, was alles in der kritischen Übergangsperiode der neunziger Jahre hätte entgleisen können. Die Kriege und Bürgerkriege im zerfallenen Jugoslawien oder in der Kaukasusregion haben einen Anschauungsunterricht vermittelt von der Labilität der Gesamtkonstellation. Eine Würdigung der Außen- und Europapolitik des seinerzeitigen Kanzlers muß in erster Linie seine Leistung bei der Gestaltung des Übergangs beleuchten. Helmut Kohl hat viel dazu beigetragen, Deutschland und Europa aus dem System des Kalten Krieges ohne Kollisionen in unser heutiges Staatensystem zu überführen. Rekapitulieren wir nur einige Hauptpunkte.

Daß es – erstens – dem Bundeskanzler der Jahre 1989 bis 1998 feinfühlig gelungen ist, die besorgten näheren und ferneren Nachbarn mit der Wiedervereinigung des potentiell mächtigeren Deutschland zu versöhnen, gehört auch aus heutiger Sicht zu Kohls bleibenden Leistungen. Dabei hat er ganz besonders den französischen und polnischen Empfindlichkeiten Rechnung getragen.

Der kluge, inzwischen verstorbene Historiker Heinz Gollwitzer hat einstmals mit Blick auf das Bismarck-Reich geschrieben, anders als das republikanische Frankreich mit den Ideen von 1789, anders auch als das mit der Commonwealth-Idee arbeitende Großbritannien sei Deutschland eine Großmacht ohne universell akzeptierte Idee gewesen. Statt dessen ungeduldiges Drängen nach einem Platz an der Sonne und egoistische Machtpolitik! Kohls universelle, zumindest aber in weiten Teilen des Kontinents akzeptable Idee lautete: Europa. In den Monaten der Wiedervereinigung und in den Jahren danach wiederholte er unablässig das Mantra: »Deutsche Einheit und europäische Einheit sind zwei Seiten einer Medaille.« Die schlichte, hausbackene Formel beinhaltete eine akzeptierbare, eminent positiv klingende Botschaft: Das mächtiger gewordene, wegen lange zurückliegendem Berserkertum und Schlimmerem immer noch beargwöhnte Deutschland erkennt künftig seine Bestimmung darin, die Länder Europas zusammenzuführen und sich selbst »einzubinden«. Daran hat er geglaubt. Und da er dies praktisch umsetzte, dabei auch mancherlei Vorleistungen erbrachte, hat man ihm das auch außerhalb Deutschlands geglaubt. Wie immer sich die Europäische Union in den kommenden Jahrzehnten auch entwickeln mag, daß er in den psychologisch gefährlichen neunziger Jahren Europa beruhigt und seine lieben Deutschen von alberner Kraftmeierei abgehalten hat, ist ein bleibendes Verdienst.

Zur Gestaltung des Übergangs gehörte – zweitens – seine Amerikapolitik. Gewiß war Kohls große Vision der Auf- und Ausbau der Politischen Union mit dem Fernziel eines wie auch immer strukturierten europäischen Bundesstaats. Doch so wie der Bundeskanzler in den achtziger Jahren zugleich ein guter »Europäer« und ein verläßlicher »Atlantiker« war, verabscheute er auch in den neunziger Jahren einseitige Optionen. Beim Blick auf das drohende Chaos im zerfallenen Ostblock und die Krisen im Nahen und Mittleren Osten schien ihm der Rückhalt bei der vorerst einzigen noch verbliebenen Supermacht USA ein Gebot der Vernunft. Die Außenministerin Madeleine Albright hat später das Schlagwort von Amerika als der »unverzichtbaren Macht« in die Diskussion gebracht. Bundeskanzler Kohl sah das genauso.

In seiner europäischen Vision war durchaus Raum für eine Schlüsselrolle der Vereinigten Staaten bei der Neuordnung des Kontinents, aber ebenso für eine friedlich-schiedliche Zusammenarbeit mit Rußland. Die Großmächte Amerika und Rußland sollten freundschaftlich an Europa angedockt bleiben: Amerika als altbewährter Freund in transatlantischer »Wertegemeinschaft«, zugleich weiterhin als Schutzmacht gegen eine Wiederkehr des Bären; das eher bedrohliche, noch sehr labile Rußland mindestens in strategischer Partnerschaft, sprich: in Halbdistanz. Trotz des Widerstands Frankreichs und mit nur zögerlicher Akzeptanz von Italien und Spanien gelang dem Kanzler im Zusammenspiel mit Präsident Clinton das Kunststück, einerseits den Demokratien in Ostmittel- und Osteuropa den Weg in die EU und in die NATO zu ebnen, andererseits aber das geschwächte Rußland nicht auszugrenzen.

Amerikanisches Prestige und amerikanischer Gestaltungswille sind heute Vergangenheit. Deutlicher als in den neunziger Jahren läßt sich gegenwärtig konstatieren, daß »das amerikanische Jahrhundert« in Europa damals zu Ende ging. Kohl und Clinton waren an der Spitze ihrer jeweiligen Staaten gewissermaßen die letzten »Atlantiker«. Die heutige Entfremdung hätte aber auch schon in den neunziger Jahren eintreten können. Nicht zuletzt dank Bundeskanzler Kohl ist seinerzeit das Kunststück gelungen, sozusagen im letzten Moment die osteuropäischen Demokratien vom Baltikum über Polen bis zum Balkan unter den atomaren Schutz der USA und der NATO zu rücken, ohne dadurch das Verhältnis zu Rußland zu ruinieren. Solange das labile Nebeneinander von Rußland und den dortigen Demokratien keiner erneuten Konfrontation Platz macht, ist Kohls Mitwirkung bei dieser heute noch andauernden Neuordnung im östlichen Europa zu seinen besonders hervorragenden staatsmännischen Leistungen zu rechnen.[7]

Damit verbinden sich – drittens – die bis heute reichenden Fernwirkungen des vom Bundeskanzler zäh verfolgten Konzepts einer Europäischen Union. Er verstand sich als ein »Paneuropäer«, auch wenn er das Schlagwort vermied. Das Programm hatte einstmals Richard Graf Coudenhove-Kalergi im kritischen Jahr 1923 proklamiert: Überwindung der Nationalismen durch die Idee einer kulturell geprägten »europäischen Nation«;[8] Europa als Friedensprojekt; Europa als großer Wirtschaftsraum; Europa als Staatenbund, der sich gegen die außereuropäischen Weltmächte behaupten kann.

Als der Gymnasiast Helmut Kohl 1947 von der Europa-Idee gepackt wurde, hatten sich die internationalen Bedingungen gegenüber den frühen zwanziger Jahren völlig verändert, und sie veränderten sich weiter. Auch beim Umbruch 1989/91 war erneut eine qualitativ andere Konstellation entstanden als während des Kalten Krieges. Gewisse Elemente der Vision aber blieben. Der europäische »Staatenbund« (mit Coudenhove zu sprechen), »die Vereinigten Staaten von Europa« (so Kohl bis zum Jahr 1993), sollte prinzipiell alle Völker des europäischen Kulturkreises umfassen. Die europäische Integration war als Friedensprojekt konzipiert (in Kohls Terminologie: »Europa eine Frage von Krieg und Frieden«). Ein großer Wirtschaftsraum sollte Wohlstand und globale Wettbewerbsfähigkeit sichern. Europa, so hat Kohl immer wieder proklamiert, müsse sich der Aufgabe stellen, eine gemeinschaftliche Außen- und Sicherheitspolitik zu entwickeln, um sich auch unter den Weltmächten des 21. Jahrhunderts behaupten zu können. Charakteristisch an diesem Konzept war jedenfalls die Verbindung kultureller, wirtschaftlicher und geostrategischer Überlegungen. In gewisser Hinsicht ist Kohl der bedeutendste späte Jünger Coudenhove-Kalergis.

Er hat sich, so haben wir durchgehend herausgearbeitet, schon sehr früh von einer paneuropäischen Vision leiten lassen und somit die Europäische Gemeinschaft als offenes System konzipiert. Die Norderweiterung schien ihm vordringlich, ebenso die Einbeziehung des ursprünglich neutralen Österreich. Auf mittlere Sicht wollte er aber auch unbedingt Polen, die Tschechoslowakei und Ungarn mit dabeihaben und auf lange Sicht möglichst viele der aus dem Ostblock entkommenen Völker. Natürlich war ihm klar, daß manche Länder wenig Freude daran haben, Drittländer in einen Club aufzunehmen, der viel zu verteilen hat. Wenn die relevanten Quellen einmal voll zugänglich sind, wird sich die persönliche Rolle des deutschen Bundeskanzlers noch präziser bestimmen lassen, als dies gegenwärtig möglich ist.

Heute ist die EU in der Tat ein paneuropäischer Staatenbund, dem 28 Staaten angehören (nur die Schweiz und Norwegen halten sich abseits; ob und wann alle Republiken des westlichen Balkans Vollmitglieder werden, weiß niemand so recht).

Ganz offensichtlich hat die Osterweiterung den Ländern dieser Region vom Baltikum über Polen bis Rumänien und Bulgarien großen Nutzen gebracht. Sie hat aber auch die EU nicht so hoffnungslos überfordert wie vielfach befürchtet und ganz offensichtlich zur Konsolidierung des neuen europäischen Staatensystems beigetragen. Bisher ließ sich auch das Prinzip durchhalten, nur solche Demokratien in die EU aufzunehmen, die in der abendländischen Tradition des römischen Rechts, des Christentums und der Aufklärung stehen. Unter den Staatsmännern der neunziger Jahre hatte Bundeskanzler Kohl das Hauptverdienst an dieser Entwicklung.[9]

Aus heutiger Sicht ist auch ein vierter Punkt erwähnenswert. Mehr als jeder andere Bundeskanzler vor ihm suchte Helmut Kohl der Tatsache Rechnung zu tragen, daß China in den neunziger Jahren des 20. Jahrhunderts zu einem neuen Gravitationszentrum der Weltpolitik emporwuchs. Mit Ausnahme der USA hat ihn kein überseeischer Staat seit Mitte der siebziger Jahre so dauerhaft fasziniert, und um keinen anderen hat er sich durch regelmäßige Besuchsdiplomatie so nachdrücklich bemüht. Vielleicht wird man ihn später einmal auch als den Kanzler in Erinnerung haben, der Deutschland auf das Zusammenspiel mit dieser Supermacht des 21. Jahrhunderts vorbereitete. Überhaupt hat dieser als provinziell und später als »kleineuropäisch« verschriene Bundeskanzler sehr systematisch die Globalisierung deutscher Außenpolitik betrieben – im pazifischen Raum, in Zentralasien und im nahöstlichen Spannungsfeld.

Doch sein Hauptaugenmerk – fünfter und letzter Punkt – galt in der Tat dem Ausbau der Europäischen Union. Hier setzte er sich und die Partner unter nie nachlassenden Handlungsdruck. Ein pragmatisches Vorgehen verstand sich dabei von selbst. Souveräne Staaten sind üblicherweise eher unlustig, größere Teile ihrer Souveränität an übergeordnete Instanzen abzugeben. Kohl aber drängte darauf, die Institutionen der bestehenden Europäischen Gemeinschaft in einer Abfolge neuer Europaverträge evolutionär auszubauen, für die EU erweiterte Zuständigkeiten vorzusehen und die Integration periodisch zu vertiefen. Doch das sollte den bisherigen Mitgliedern nicht als radikaler Bruch mit dem Gewohnten erscheinen. Wenn aber bestimmte EU-Länder – England und Dänemark etwa – der Vertiefung widerstrebten, war er für *Opt-outs* zu haben. Andere Top-Akteure strebten in dieselbe Richtung, aber unter allen, die auf institutionelle Vertiefung drängten, war er der zielstrebigste, aufgrund des deutschen Machtpotentials natürlich auch der mächtigste. Er verstand das aber immer mit rhetorisch dick aufgetragener Bescheidenheit zu bemänteln, auch den ehrpusseligen Präsidenten Frankreichs gegenüber. So lassen die Institutionen und Politiken der heutigen EU immer noch weitgehend das Gepräge dieses geduldig-ungeduldigen deutschen Bundeskanzlers erkennen, den seine Kollegen vom Europäischen Rat schließlich mit dem Titel »Ehrenbürger Europas« ausgezeichnet haben. Solange die Schönwetterperiode der EU anhielt, ist Helmut Kohl im In- und Ausland jedenfalls die verdiente Anerkennung für seine Europapolitik zuteil geworden. Er galt und gilt immer noch zu Recht als einer der Gründungsväter des modernen Europa.

Wo viel Licht ist, ist auch viel Schatten. Es ist ein gigantisches Vorhaben, aus mehr als dreißig bislang souveränen großen, mittleren und kleinen Staaten durch partielle Souveränitätsabgabe eine ganz neuartige, völlig unerprobte politische, ökonomische und kulturelle Einheit zu errichten. Die vielfach jahrhundertealte Eigenentwicklung von Politik, Wirtschaft und Kultur der europäischen Staaten steht dem ebenso entgegen wie die aktuellen Interessen. Wird ein derart neuartiges System wie die Europäische Union dennoch geschaffen, ist Ambivalenz ganz unvermeidlich. Zwar brachte Helmut Kohl mehr als viele seiner Kollegen im Europäischen Rat historisches Verständnis in das Projekt Europa ein, pries dementsprechend das Prinzip der Subsidiarität und beklagte ein Übermaß an Zentralismus. Ungewollt, aber zugleich mit ungeduldigem Drang nach Vertiefung der Integration baute aber auch er an dem eisernen Käfig eines von oben nach unten konzipierten Integrationssystems.

Über zwei Jahrzehnte hinweg hat darüber hinaus die Durchsetzung der Europäischen Wirtschafts- und Währungsunion weithin als eine der großen staatsmännischen Leistungen des Bundeskanzlers gegolten. Zweifel haben dieses Großexperiment aber von Anfang an begleitet. Doch erst 2010 sind urplötzlich die Konstruktionsmängel und Fehlentwicklungen des Euro-Systems zutage getreten, die dessen Architekten nicht gut aussehen lassen. Die deutsche Bundeskanzlerin muß nun warnen: »Scheitert der Euro, dann scheitert Europa!« Der Vertrauensverlust aufgrund von Fehlern der Politik, so hat sie vor dem Deutschen Bundestag eingeräumt, begann »mit der Gründung der Wirtschafts- und Währungsunion selbst, als Konstruktionsfehler zugelassen wurden, die die Euro-Gruppe erst schleichend und dann immer offenkundiger eingeholt haben und jetzt mit voller Wucht einholen.«[10] Noch viel schärfer als seine politische Partnerin in Berlin hat der inzwischen abgewählte französische Präsident Nicolas Sarkozy das Projekt der Europäischen Währungsunion als »Abenteuer« bezeichnet.[11] Solche Beurteilungen werfen natürlich die Frage auf, ob es nicht klüger gewesen wäre, die Finger von einem derart brandgefährlichen Projekt zu lassen. Immerhin sind die europäische Integration und der Gemeinsame Markt lange Jahrzehnte hindurch auch ohne Währungsunion gut vorangekommen.

Die große Mehrheit unabhängiger deutscher Ökonomen hat früh Zweifel geäußert. Auch den europäischen Bürgern war bei dem Gedanken unwohl, ausgerechnet die eigene Währung auf ein letztlich unkontrollierbares internationales Regime zu übertragen. Das galt nicht allein für Deutschland. In Frankreich hat das Referendum über den Maastricht-Vertrag 1992 nur eine sehr knappe Mehrheit gefunden. Die Schweden haben die Einführung des Euro abgelehnt, und die britische Regierung hat sich überhaupt nicht getraut, die Entscheidung einem Referendum zu unterwerfen.

Ich selbst, das sei doch bei einer vorläufigen Bilanz erwähnt, habe im Sommer 1998 bei einer Würdigung der historischen Leistung des Europapolitikers Helmut Kohl teils bewundernd, teils skeptisch formuliert: »Er gehört zu den großen Willensmenschen und fühlt sich als solcher berufen, die Deutschen und deren Nachbarn ein für allemal vor Dummheiten zu bewahren – ein schöner, aber zugleich recht kühner Gedanke. Denn Endlösungen des deutschen Problems hat es noch nie gegeben, und die historische Einmaligkeit Europas bestand bisher in kultureller, politischer und wirtschaftlicher Vielfalt. Alle Versuche, ein Zuviel an Einheit herbeizuführen, sind stets gescheitert. Doch allein schon der Wille, das Projekt eines nach außen und innen handlungsfähigen Europa auf den Weg zu bringen, hat Größe, und als europäischer Riese dürfte Helmut Kohl somit im Gedächtnis bleiben … Auch ein Europa nach Helmut Kohl kann nicht mehr zum europäischen Konzert autonomer Staaten werden, von dem er wegstrebte. Sollte sich allerdings das Konzept der Währungsunion auf längere Sicht als desaströs erweisen, was zu befürchten ist, wird man ihn als eine eher verhängnisvolle Gestalt bewerten. Doch alles ist noch offen, und vorerst läßt sich nur Ambivalenz konstatieren.«[12]

Daß Helmut Kohl für die Gemeinschaftswährung eine maßgebliche Verantwortung trägt, ist offensichtlich. Es wäre jedoch unfair, ihm allein die Schuld an einem Projekt anzulasten, das heute in der Tat zu einer ganz beispiellosen Krise Europas geführt hat. Die europäischen Föderalisten haben schon früh mit der Idee einer Währungsunion gespielt. Der Bundeskanzler war, wie geschildert, anfangs auch in dieser Frage ein Getriebener, oder sagen wir besser: ein Verführter. Er ließ sich darauf ein, um bei Errichtung einer Politischen Union weiterzukommen. Reservieren wir das Verdikt »eine eher verhängnisvolle Gestalt« lieber für Mitterrand und dessen nationalegoistische Kollegen aus den Weichwährungsländern der EU, welche die D-Mark europäisieren wollten, ohne zu ahnen, was alles an Problemen sie sich damit einhandeln würden. Sie haben den im innersten Kern idealistischen Europäer Helmut Kohl zum langfristigen Schaden aller Beteiligten dazu überredet, ausgerechnet das Geldwesen der Völker Europas zum Gegenstand eines verfrühten Großexperiments zu machen, das sich auf lange Sicht eigentlich nur als sehr riskant herausstellen konnte.

Man wird auch hinzufügen müssen, daß eine große Mehrheit der politischen Klasse in der Bundesrepublik das Konzept einer supranationalen Währung befürwortet oder jedenfalls hingenommen hat. Als der Zug dann in Fahrt war, wollte der willensstarke Kanzler auf keine Einwände mehr hören. Von allen Seiten wurde er ermutigt. Großbanken und Versicherungsunternehmen, die Exportindustrie, die Landwirtschaft, die größtenteils gut europäisch gesinnten Journalisten, die gleichfalls gut europäische, ohnehin fast ausnahmslos handzahme CDU, die gut europäische FDP, die SPD und die Grünen, sie alle hielten das Projekt für vorteilhaft und schließlich für »alternativlos«. Im Europäischen Rat, bei der EU-Kommission und beim

Europäischen Parlament wurde der Bundeskanzler mit Lob überschüttet, weil er
trotz der Unlustgefühle der deutschen Wähler die planmäßige Europäisierung der
D-Mark durchzog. Sogar der britische Premier Tony Blair sympathisierte jetzt mit
dem Projekt, wenngleich er noch freie Hand behalten wollte. Selbst wenn Helmut
Kohl nicht der europhile und frankophile Bundeskanzler gewesen wäre, als der er
von Anbeginn an seinen Weg ging, wäre es ihm in den Jahren 1996 bis 1998 schwer
gefallen, den Erwartungen der Interessenten im In- und Ausland zu widerstehen. Das
macht seine historische Verantwortung nicht geringer. Von seiner europäischen Vision überzeugt, hat er alle Bedenken beiseite gewischt. Daß diese zu allem hin ausgerechnet von seinen langjährigen Gegnern formuliert wurden – von Kurt Biedenkopf und von Rudolf Augstein –, hat ihn in seiner Überzeugung bestätigt.

So erwies er sich auf vielen anderen Feldern seiner Außen- und Europapolitik
als Realist voller Feingefühl und Umsicht, auch mit gut entwickeltem Gefahren-
instinkt. Aber er sah nicht, oder wollte nicht sehen, daß sein Projekt Europa von zwei
Parallelwelten bedroht wurde, die sich der politischen Kontrolle entziehen. Die eine
dieser Parallelwelten war das Euro-System selbst, von dessen eingebauten Spreng-
fallen die ökonomischen Laien auf den europäischen Gipfeln sich keine rechte Vorstellung machen wollten.

Die zweite Parallelwelt waren die mit unwiderstehlichem Zerstörungspotential
ausgestatteten globalen Finanzmärkte. Großbanken und Hedge-Fonds erfanden
Jahr für Jahr eine Art neuer Massenvernichtungswaffen, dabei toleriert und ermutigt von den Regierungen, die darin ein ideales Geschäftsmodell sahen. Die Überlegung, sich gegen spekulative Attacken oder plötzliche Finanzkrisen durch eine
europäische Währungsunion schützen zu können, hat sich als eine der großen Fehlkalkulationen erwiesen. Tatsächlich war es gerade die Verkopplung unterschiedlich
entwickelter, unterschiedlich produktiver und unterschiedlich verschuldeter Volkswirtschaften unter dem Dach einer gemeinsame Währung, die nun alle Beteiligten
erpreßbar macht und zu destabilisieren droht – auch Deutschland, für das sich Helmut Kohl durch unauflösliche Einbindung in das Euro-System auf lange Zeit Sicherheit und Prosperität versprochen hatte. Nun muß er am Ende seiner Tage erleben, wie dadurch der Gemeinsame Markt bedroht und das viel umfassendere
Projekt Europa diskreditiert wird.

Noch ist die Zukunft der Europäischen Union offen, wenngleich sehr labil. Zumindest in Teilen wird die historische Reputation des »Ehrenbürgers Europas«, Helmut Kohl, auch von der Fortentwicklung der Euro-Krise abhängen. Aus gegenwärtiger Sicht erscheint er in dieser Hinsicht als tragische Gestalt, die Gutes gewollt und
auch viel Gutes bewirkt hat, wenngleich leider im Übermaß und zu vertrauensvoll.
Tragische Größe – wird dies einmal das Urteil sein, das künftige Historiker über den
Vorkämpfer des Euro fällen?

Nachwort und Dank

Soll man den geneigten Lesern einer Biographie auch noch ein Nachwort zumuten? Manche verlangen danach. Sie wollen wissen, von welchen Überlegungen sich der Verfasser leiten ließ und wie er zu dem Objekt seiner Biographie steht. Das sind legitime Fragen. Wer mein Buch studiert hat, weiß zwar Bescheid, aber einige Hinweise können nicht schaden. Vor allem ist ein Nachwort dazu da, allen Dank abzustatten, die darauf Anspruch haben.

Von 1974 bis 2000 hatte ich in Bonn meinen Wohnsitz. Es gibt die Hauptstadtjournalisten, und es gibt die Hauptstadtprofessoren, die sich in manchem ähnlich sind. Als Professor für Politische Wissenschaft erst an der Kölner, dann an der Bonner Universität stand ich in unterschiedlichen Studiengruppen, Arbeitskreisen, Vorstandsgremien et cetera auch mit dem näheren und ferneren Netzwerk Helmut Kohls in Verbindung. »Das sind unsere Logenplätze«, pflegte die bemerkenswerte Elisabeth Noelle-Neumann (auch sie ein Unikat wie Helmut Kohl) beim Blick auf die Beobachtungsmöglichkeiten in den Gremien, Kreisen, bei den Dinners und bei vertraulichen Gesprächen gerne zu sagen. Sie schätzte es übrigens, ständigen Zutritt zur Garderobe des Hauptdarstellers zu haben, und hat ihn zu manchen seiner vernünftigen Entscheidungen ermutigt. Ich selbst habe mich gern etwas entfernt gehalten. Wer sich der Politik nicht mit Haut und Haaren verschreiben möchte, wozu ich weder Lust noch Talent hatte, soll in Halbdistanz bleiben. Aber ich traf doch häufiger mit Helmut Kohl bei diesem oder jenem Anlaß zusammen, auch nach 1998, so daß ich mir ein Bild von diesem alles andere als einfachen Mann machen konnte.

Wie so viele in Deutschland, habe auch ich mich mit ihm schwergetan. Manches an seiner Politik und auch an seiner Art gefiel mir, anderes nicht. Ihm ging es mit mir wohl genauso. Der Adenauer-Biograph war geschätzt. Von dem Politologen, der periodisch kritische Politbücher oder Artikel verfaßte, hat er weniger gehalten. Doch je länger ich ihn studiert habe, um so mehr hat er mich fasziniert. Am meisten beeindruckten mich seine ungeheure Kraft, physische Kraft, psychische Energie, mit denen er sich in schwierigsten politischen Top-Positionen über die Jahrzehnte hinweg durchgesetzt, oben gehalten und seine Umwelt gestaltet hat. Daher die Metapher des Riesen im Prolog zu dieser Biographie.

Riesig ist auch seine Wirkung. Historische Größen können zwar nie dem Schicksal entgehen, daß die Bewertung ihrer Politik und ihres Charakters später weiterhin so umstritten ist wie in den Zeiten, da sie an den großen Rädern der Welt drehten. Aus heutiger Sicht läßt sich aber doch einigermaßen ermessen, daß Helmut Kohl in den letzten Jahrzehnten des 20. Jahrhunderts einer der großen Beweger gewesen ist. Gewiß hat jeder Kanzler vor ihm und nach ihm seine Verdienste und ist auch als Persönlichkeit interessant. Glücklicherweise sind Deutschland große Nullen oder große Ekel im Bundeskanzleramt bisher erspart geblieben. Betrachtet man aber allein die historische Leistung, so ist Kohl neben dem Gründungskanzler Adenauer zweifellos der Bundeskanzler, der in der Geschichte Deutschlands die breitesten Spuren hinterlassen hat. Wie ein Riese hat er zuerst die CDU nach seinen Vorstellungen gestaltet und dann der Bundesrepublik über sechzehn Jahre hinweg Jahr für Jahr stärker seinen politischen Willen aufgeprägt, die DDR – ruckzuck, könnte man sagen – liquidiert, die neuen Länder in den deutschen Kernstaat Bundesrepublik eingeschmolzen und in der höchst kritischen Übergangsphase der neunziger Jahre ein befriedetes europäisches Staatensystem herbeizuführen geholfen. Die Europäische Union in der heutigen Form mit ihren großen Möglichkeiten, doch auch mit ihren nicht geringen Problemen ist in starkem Maß sein Werk. Kohls Zeitgenosse Bill Clinton, der immerhin acht Jahre lang die globalen Eliten taxieren lernte, hat ihn »den wichtigsten europäischen Staatsmann seit dem 2. Weltkrieg genannt«,[1] und der Republikaner Henry Kissinger hebt ihn gleichfalls hoch aufs Postament.

Life is unfair. Niemand wird das bestreiten, der dem in den Rollstuhl gebannten, mit Sprachschwierigkeiten ringenden Helmut Kohl in den letzten Jahren begegnet ist oder ihn im Fernsehen erblickte und hörte. Lange Jahrzehnte hindurch aber haben ihn Millionen, ganz besonders die Staatsmänner und -frauen, europaweit und weltweit in der Vollkraft seiner Jahre erlebt. Daran ist zu erinnern. Riesen überragen die Normalmenschen um Haupteslänge so wie dieser anfangs wohlproportionierte, dann zusehends massige 1,93 Meter große Parteichef und Bundeskanzler. Riesen zeichnen sich durch ungeheure Kraft aus. In den alten Fabeln von den inzwischen fast ausgestorbenen Riesen können diese, so sie Glück haben – und Kohl war lange ein Glückskind –, Bauwerke auftürmen, unbezwingbar scheinende Hindernisse aus dem Weg räumen und an der Spitze ihrer Kampfgefährten in den gegnerischen Heerhaufen aufräumen. Riesen verrennen sich aber auch manchmal, oder sie werden von Schlauköpfen überlistet. Kurz: Riesen gleichen in vielem den Normalmenschen, nur sind sie viel größer und um ein Vielfaches wirkungsstärker.

Es ist nichts als natürlich, daß Parteichefs und Bundeskanzler, solange sie an der Macht sind und oft auch danach, heftig umstritten sind. Man braucht kein Schmittianer zu sein, um im Dauerstreit der Parteilager eine nach halbwegs zivilisierten Spielregeln ablaufende Form des Bürgerkriegs zu sehen. An Grausamkeiten fehlt es

aber auch hier nicht. Weshalb jedoch ausgerechnet Helmut Kohl seit seiner Übernahme des CDU-Vorsitzes im Jahr 1973 einerseits soviel Haß und Verachtung, andererseits aber soviel Zustimmung erweckt hat, gehört immer noch zu den Rätseln, die
wohl auch meine Biographie nicht ganz auflösen kann. Der von Kohl teils bewunderte, teils manchmal ironisierte Ernst Jünger hat gelegentlich geschrieben: »Die
Welttendenz hat seit langem eine Linksrichtung, die seit Generationen wie ein
Golfstrom die Sympathien bestimmt.«[2] Manches spricht jedenfalls in Deutschland
dafür. Es könnte erklären, weshalb ein CDU-Kanzler, der sich nicht windschlüpfrig
angepaßt hat, vielmehr länger als anderthalb Jahrzehnte herzhaft und schonungslos
regierte, für alle linken Intellektuellen, Lehrer und Pfarrer eine mehr als ärgerliche
Herausforderung darstellt, erst recht für die Gegner aus der parlamentarischen Opposition oder aus dem eigenen Parteilager. Für alle, die ihn nicht mochten und ver-
höhnten, war er ein Phänomen, das eigentlich nicht sein darf.

Man versteht seine Persönlichkeit doch wohl richtig, wenn man ihn als eine Art
Inkarnation starker Tendenzen in der pluralistischen deutschen Gesellschaft begreift,
die er vielfach übersteigert hat, während er Ideen, Kräfte und Personen, die er ablehnte, beiseite stieß oder erstickte. Im übrigen war er widersprüchlich wie so viele
Große. Die in der Natur der Sache liegende Abneigung seiner Gegner wurde verstärkt durch irritierende Charakterzüge und Verhaltensweisen, die zwangsläufig so
riesig waren wie der ganze Mann. Kohl verdient es jedenfalls, als politischer Riese in
Erinnerung gerufen zu werden – mit all seinen Stärken und zugleich mit manchen
Schwächen, die von den Stärken kaum zu trennen sind.

Läßt sich tatsächlich ein Bild zeichnen, das Helmut Kohl einigermaßen gerecht
wird? Die Frage hat mich lange beschäftigt. Zwar war ich, wie gesagt, mit dem
schwankenden Hochmoor der Bonner Politszene ganz gut vertraut, kannte auch
nicht wenige Akteure, die dort versunken sind oder nur mühsam sicheren Boden
erreichten, die Schwierigkeiten einer politischen Biographie waren mir gleichfalls
durchaus geläufig, aber eben das erschwerte die Entscheidung. Man weiß schließlich,
daß um einen Parteiführer und Kanzler Tag für Tag und Woche für Woche alles in
Bewegung ist, man ist sich über die Doppelbödigkeit oder noch besser die Vieldeutigkeit der politischen Manöver dieser hohen Akteure im klaren, und man ringt ständig mit der Versuchung, alle die feinen und unfeinen Schachzüge des Gewerbes allzu
detailliert zu schildern mit der Folge, daß die Biographie nie fertig wird oder zu
einem elefantösen Achtbänder degeneriert wie die berühmte Churchill-Biographie
von Randolph Churchill und Martin Gilbert oder mindestens zu einem Dreibänder
wie die journalistische De-Gaulle-Biographie von Jean Lacouture.

Schließlich habe ich meine eigenen methodischen Zweifel wie auch früher schon
mit einer ermutigenden Feststellung Golo Manns bekämpft, der verstand, wie man's
macht, und seinen Artgenossen aus der Historikerzunft deshalb den Rat gegeben hat:

»Verkürzung ist der historischen Kunst oberstes Gesetz ... Sie geschieht durch Auswahl: die und die Ereignisse, Szenen, Menschen, Zeugnisse persönlichen oder allgemeinen Lebens werden des Beispiels halber oder weil sie im Zusammenhang als besonders folgenschwer erscheinen, ins Licht gerückt; die Masse des Stoffs bleibt im Schatten.«[3]

Dennoch habe ich mich auch gefragt: Ist es nicht zu früh für eine einigermaßen fundierte politische Biographie über Helmut Kohl, der als Bundeskanzler der Jahre 1982 bis 1998 Geschichte gemacht hat, aber auch zuvor und danach denkwürdig war und ist? Daß meine Biographie aufgrund des noch eingeschränkten Zugangs zu den amtlichen Archiven im In- und Ausland trotz der Erschließung neuer Quellen nur ein gutinformierter Zwischenbericht sein kann, versteht sich von selbst. Selbstverständlich wird die archivgestützte Forschung in den kommenden Jahrzehnten die zahlreichen wichtigen Entscheidungsprozesse und somit auch den Anteil Helmut Kohls an den Ergebnissen viel gründlicher ausleuchten können, als dies derzeit möglich ist.

Dennoch gibt es keinen Grund zu einem Übermaß an methodischer Skepsis hinsichtlich der Quellenlage. Der geneigte Leser mag bei der Lektüre festgestellt haben, daß es wie in meinen früheren zeitgeschichtlichen Büchern auch diesmal gelungen ist, unentbehrliche, bisher unerschlossene Quellen heranzuziehen: Tagebücher wichtiger Akteure, Sitzungsprotokolle der Spitzengremien der CDU, der CDU/CSU-Fraktion und der CSU-Landesgruppe, nicht zuletzt zahlreiche Protokolle der Gespräche Kohls mit ausländischen Staatsmännern. In Verbindung mit Zeitzeugeninterviews und bei Auswertung einer Überfülle bereits veröffentlichter amtlicher Dokumente sowie eines wahren Ozeans von Presseberichten erlaubt es die Gesamtheit dieser Quellen auch heute schon, eine vertretbare Darstellung der Rolle Helmut Kohls und seiner Motive zu entwerfen.

Wie jeder aufmerksame Zeitgenosse weiß, bezieht sich die Frage nach dem für eine Biographie gebotenen zeitlichen Abstand aber nicht allein auf die Zugänglichkeit bislang sekretierter Quellen. Erfahrungsgemäß lassen sich die Konturen einer Epoche erst aus größerem zeitlichen Abstand deutlicher erkennen. Das gilt auch für die Bewertung der Leistungen eines Spitzenpolitikers, Irrwege und Fehlgriffe inbegriffen. Doch wieviel Zeit muß verstrichen sein, bis sich das historische Urteil geklärt hat?

Hermann Hesse, der kein professioneller Historiker war, aber ein sehr belesener, nachdenklicher Mann, hat die Thematik gelegentlich mit den Worten beschrieben: »Die Chinesen, die ja ein erstaunlich kluges Volk sind, hatten jahrtausendelang die feierliche Gewohnheit, daß jedes öffentliche Ereignis, z.B. Regierungsänderungen, Revolutionen, Siege, Hungersnöte etc., offiziell immer um 25 Jahre zurückdatiert wurde. Denn, so sagten sich die Chinesen, die Revolution und der Bankrott findet zwar in der Tat heute statt, um ihn aber zu verstehen, seine Wurzeln zu erkennen und möglicherweise künftig klüger zu werden, muß man um 25 Jahre zurückschauen, denn nach jahrtausendealter Erfahrung ist in solchen Angelegenheiten 25 Jahre grad so etwa die übliche Zeit, die es braucht, bis gute oder böse Ursachen, Sitten etc. äußerlich ihre Resultate zeigen.«[4]

Der Verfasser einer zeitgeschichtlichen Biographie liest solche Überlegungen gerne. Helmut Kohls Anfänge als Spitzenpolitiker liegen schon beinahe fünfzig Jahre zurück, seit seiner Abwahl sind schon fast fünfzehn Jahre vergangen, und die Höhepunkte seiner Kanzlerschaft liegen gut ein Vierteljahrhundert hinter uns. Die Erfahrung zeigt, daß sich in unserer unter dem Gesetz der Beschleunigung stehenden Epoche schon in zehn Jahren soviel verändert, daß sich aus dem entsprechenden Abstand das Profil und die Leistung eines Staatsmanns deutlicher erkennen lassen. Die Gehässigkeiten, Einseitigkeiten und Irrtümer des politischen Tageskampfes liegen zwar noch wie Giftgasschwaden über dem Schlachtfeld. Kein zeitgenössischer Biograph kann sich ganz davon frei machen. Aber der Zeitabstand klärt doch den Blick. Manches von dem, was einstmals heftig kritisiert wurde, relativiert sich. Einiges jedoch wirkt aus der Ferne oft noch erstaunlicher als damals. Im Fall Helmut Kohls gehört dazu natürlich weiterhin die blitzschnelle Wiedervereinigung unseres vier Jahrzehnte hindurch schändlich geteilten Vaterlandes. Aus größerem Abstand fallen aber auch erfahrungsgesättigte, dunkle Schatten des Zweifels über Leistungen, die einstmals als unproblematisch oder sogar für sehr lobenswert erachtet wurden. Ich bin deshalb glücklich, daß die Hauptarbeit an dem Buch ausgerechnet in die Jahre 2010 bis 2012 gefallen ist. Als ich 2007 und 2008 mit dem Sammeln der relevanten archivalischen Quellen sowie mit einer Serie von Zeitzeugeninterviews begann und über die richtigen Blickwinkel nachdachte, floß der Strom der Geschichte eher träge dahin, besonders in Europa. Das historische Werk Helmut Kohls verdiente zwar historisches Interesse, warf aber keine besonders bedrängenden Fragen auf. Das hat sich schlagartig geändert.

Dennoch muß sich der Historiker natürlich vor einer Über-Aktualisierung hüten. Kontextualisierung ist unerläßlich, sprich: die geduldige Einbettung des Berichts über ein interessantes, folgenreiches Leben in den Geschichtsablauf. Kohls Lebenslauf reicht schließlich bis ins Dritte Reich und die Kriegszeit zurück, windet sich durch die Besatzungsjahre in die frühe Bundesrepublik hinein und von da an durch jene Jahrzehnte, die wir heute »die alte Bundesrepublik« nennen. Sechzig Jahre dieses Lebens sind vom Krieg, von den Kriegsfolgen der Jahre 1939 bis 1945 und vom Kalten Krieg bestimmt worden. Gleichzeitig erfolgte von den fünfziger bis in die achtziger Jahre hinein, als Kohl ganz nach oben gelangte, auch schon ein beispielloses Wachstum der europäischen Institutionen. Eine politische Größe wie dieser Bundeskanzler in den beiden letzten Jahrzehnten des 20. Jahrhunderts wird nur im Kontext seiner Entwicklungsgeschichte verständlich. Das muß geschildert, wenigstens skizziert werden. Zur jeweiligen Kontextualisierung einer Biographie gehört übrigens auch der ständige Blick auf die umfassenden gesellschaftlichen, wirtschaftlichen, weltpolitischen Zusammenhänge, in die Helmut Kohl eingebettet war. Um den Blick nicht übermäßig biographisch zu verengen, habe ich deshalb zum Abschluß jedes Teils dieser Biographie eine Betrachtung eingeblendet, in der wesentliche Gegebenheiten der Konstellation umrissen werden. Das Sujet der Biographie wird so relativiert, sein Stellenwert in der jeweiligen Entwicklungsphase mag deutlicher hervortreten.

Jeder Biograph ist sich natürlich bewußt, daß das Geschichtsbild eines heutigen Spitzenpolitikers in starkem Maß auch von den elektronischen Medien bestimmt wird, die über das großartige Privileg verfügen, eine Persönlichkeit so zu recyclen, wie sie sich in voller Aktion gegeben hat. In diesem Punkt sind Fernsehdokumentationen jeder Buchpublikation überlegen. Aber eben nur in diesem Punkt. Als sich Thomas Mann Anfang der vierziger Jahre, im amerikanischen Exil, über die damals mit dem Buch konkurrierenden Medien der Wochenschau im Kino und der illustrierten Wochen- und Monatszeitschriften Gedanken machte, hat er formuliert: »Die Teilnahme an den Ereignissen des Tages wird nicht das Interesse an den Wahrheiten und Kräften verdrängen, von denen die Gegenwart nur Ausdruck oder Folge ist … Die tiefere Unterhaltung, den echten Ernst, die seelennährende Stabilität liefert das Buch.«[5] Eine quellenmäßig so gut wie möglich fundierte Biographie ist auch heute besser geeignet, die Eigenart, die Bedingtheit und die Leistung einer historischen Persönlichkeit differenziert in Erinnerung zu rufen, als dies selbst eine gute Fernsehdokumentation leisten kann.

Welche Zielgruppen hatte ich im Sinn? Der Autor einer Biographie über Helmut Kohl darf nie vergessen, daß die heute bereits maßgeblichen Alterskohorten glücklicherweise oder unglücklicherweise (man kann das so oder anders sehen) ein recht verkürztes zeitgeschichtliches Wissen besitzen. Besatzungszeit, Währungsreform, frühe Bundesrepublik, der Aufbau des Vereinten Europa und die Gefahr einer Weltkatastrophe im Kalten Krieg, diese Erfahrungen liegen den 1965 bis 1975 geborenen Jahrgängen der »Generation Golf« psychologisch fast so fern wie die Napoleonischen Kriege. Erst recht gilt das für die 1975 bis 1990 Geborenen.

Andrea Nahles, lange eine streitbare Juso-Dame auf dem linken Flügel ihrer Partei, hat vor einigen Jahren in einer Rezension der *Erinnerungen 1982–1990* Helmut Kohls nach pflichtgemäßer Ablieferung der üblichen Vorhaltungen recht überzeugend die Art und Weise beschrieben, wie selbst die kritischen Jahrgänge der »Generation Golf« den raumfüllenden Bundeskanzler seinerzeit empfunden haben: »Kohl schafft uns. Wir fühlen uns überlegen. Sind es aber nicht … Das ist eine gute Zeit, soviel wissen wir, was danach kommt, ist ungewiß. Kohl trägt uns durch. Er ist unsere Kontrastfolie: unersetzlich, unverrückbar, bieder … Er ist peinlich und beruhigend zugleich. So sind wir im Schatten eines großen Machtmenschen die machtvergessene Generation.«[6] Gleichaltrige aus der Jungen Union oder der damaligen Schüler-Union, die sich wie beispielsweise Philipp Mißfelder stolz als »Generation Kohl« bekannt haben,[7] würden das anders akzentuieren. Jedenfalls wollte ich beim Schreiben dieser Kohl-Biographie der mir persönlich recht gut vertrauten »Generation Golf« und der folgenden ein multiperspektivisches Bild dieses Kanzlers vermitteln, in dessen Schatten sie erwachsen und politisch bewußt geworden sind. Genauso dachte ich natürlich stets auch an jene Jahrgänge (nicht zuletzt meine eigene Generation), die an den homerischen Kämpfen zwischen Kohl und Franz Josef Strauß, zwischen den beiden Helmuten oder an den Psychodramen der Nachrüstung in den frühen achtziger Jahren Anteil nahmen und sich daran erinnern lassen möchten, »wie es eigentlich gewesen ist«. Ich hatte sie bei der Arbeit an der Biographie genauso im Blick wie jene Deutschen, die damals in der DDR lebten und das Leben in der Bundesrepublik sowie deren Spitzenpersonal nur im Fernsehen beobachteten.

Das alles liegt heute fast wie eine Ewigkeit zurück, auch die schwierigen neunziger Jahre. Aber die Fernwirkungen der Ära Kohl bestimmen vielfach noch die politische Szenerie und das Leben der eben genannten Altersjahrgänge – nachhaltiger und unentrinnbarer, als sich mancher eingestehen möchte. Ohne sich dessen oft ganz bewußt zu sein, jedenfalls ohne davon viel zu reden, steht die heutige Politikergenerationen gewissermaßen auf den Schultern dieses Riesen und ist bemüht, sein Erbe im Guten und im weniger Guten abzuarbeiten.

Zum Schluß bleibt die angenehme Pflicht, vielen Persönlichkeiten Dank zu sagen, ohne deren freundliche Hilfe die vorliegende Biographie nicht möglich gewesen wäre. An erster Stelle danke ich Bernhard Vogel, der als ehemaliger Ministerpräsident von Rheinland-Pfalz und Thüringen selbst eine Person der Zeitgeschichte ist, von dem die entscheidenden Anstöße kamen. In den Jahren 2007 und 2008, als ich mich zögernd – aufgrund der eben angedeuteten Bedenken, vielleicht auch aus Trägheit – ans Werk machte, hat er, damals Vorsitzender der Konrad-Adenauer-Stiftung, alle meine Einwände beiseite gewischt und die Arbeiten mit ständiger Ermutigung begleitet. Bernhard Vogel hatte in den fünfziger Jahren ebenso wie ich als Politikwissenschaftler begonnen, er in Heidelberg, ich in Freiburg, kennt somit auch zur Genüge meinen Hang zur ironischen Betrachtung des verbissenen politischen Geschäfts und die drei Grundsätze, denen ich mich als Biograph verpflichtet fühle: Wahrhaftigkeit, Empathie und zugleich kritische Distanz zu dem jeweils Porträtierten. Meine eigenständigen Bewertungen dürfen also weder ihm selbst noch der Konrad-Adenauer-Stiftung angelastet werden, die mir ihre Archivalien großzügig zur Verfügung gestellt hat, um ein möglichst quellengesättigtes Bild Helmut Kohls zu ermöglichen. Was ich seinerzeit bei den Arbeiten über Adenauer formulierte, gilt genauso für Helmut Kohl und alle jene aus seinem Umfeld, die in dieser Biographie dargestellt sind: »Der Autor einer verstehend-kritischen Biographie steht seinem Sujet mit jener Sympathie gegenüber, die ein bedeutender und kraftvoller Mensch zu erwecken pflegt, wenn man sich nur eingehend genug mit ihm und den Bedingungen seines Schaffens befaßt. Aber sie hält zugleich Distanz – respektvoll, wo man respektvoll zu sein hat, ironisch, wo Ironie am Platz ist, offen kritisch, wo evidente politische Kunstfehler und Mißgriffe des Porträtierten zu erwähnen sind, fragend, wo sich Motive und Ziele nicht schlüssig erkennen lassen.«[8]

Nachdrücklich danke ich desgleichen Herrn Professor Dr. Hanns Jürgen Küsters, Leiter des Archivs für Christlich-Demokratische Politik (ACDP) der Konrad-Adenauer-Stiftung, Sankt Augustin, und seinem Vorgänger, Herrn Dr. Günter Buchstab, für ihre sehr freundliche Unterstützung. Beide sind sie Kenner der Ära Kohl, denen ich viele Hinweise verdanke. Zusammen mit Herrn Buchstab habe ich in den Jahren 2008 und 2009 zahlreiche Interviews mit Zeitzeugen der Ära Kohl durchgeführt. Er hatte auch die Freundlichkeit, mir die von ihm edierten *Berichte zur Lage, 1990 – 1998* des Bundeskanzlers und CDU-Vorsitzenden Helmut Kohl vor der Veröffentlichung zur Verfügung zu stellen. Desgleichen sei den kenntnisreichen und hilfsbereiten Archivarinnen beziehungsweise Archivaren oder Dokumentaren Frau Dr. Angela Keller-Kühne, Herrn Hans-Jürgen Klegraf, Herrn Konrad Kühne, Herrn Hans Hansmann, Herrn Kurt Petzold und Frau Helga Berben namentlich gedankt. Im Archiv für Christlich-Soziale Politik (ACSP) der Hanns-Seidel-Stiftung, München, hat Frau Dr. Renate Höpfinger meine Recherchen mit großer Freundlichkeit unterstützt.

Wissenschaftliche Arbeiten aus den Beständen im Archiv des Bundeskanzleramts können erst in diesen Jahren beginnen. Dankenswerterweise hat sich das Bundeskanzleramt bereit gefunden, meine Arbeiten durch Herabstufung und Freigabe von rund 250 Schlüsseldokumenten zur Außen- und Europapolitik Bundeskanzler Helmut Kohls zu unterstützen sowie Einblick in die im Bundesarchiv liegenden Bestände der Abteilung 2 (Außen- und Sicherheitspolitik) der Jahre 1982 bis 1998 zu gewähren. Den Damen und Herren im Bundeskanzleramt, die an den gestuften Entscheidungsprozessen beteiligt waren, sei ohne Namensnennung pauschal für ihr forschungsfreundliches Verständnis gedankt. Gerne möchte ich auch Herrn Kollegen Professor Dr. Hartmut Weber, Präsident des Bundesarchivs a.D., und Frau Dr. Claudia Zenker-Oertel (Bundesarchiv Koblenz) für verständnisvolle Hilfe danken.

In den Jahren 2010 und 2011 hatte ich die Ehre und das Vergnügen, verschiedene Themen der Biographie mit Herrn Alt-Bundeskanzler Dr. Helmut Kohl und Frau Dr. Maike Kohl-Richter zu erörtern. Beide sind mir dabei als Persönlichkeiten in Erinnerung geblieben, die sich von einem schweren Schicksal nicht unterkriegen lassen.

Ebenso weiß ich es sehr zu schätzen, daß ich mit einer größeren Zahl von Zeitzeugen gründliche Interviews führen konnte. Die meisten dieser Gespräche wurden

2008 und 2009 durchgeführt, einige 2011 und 2012. Den folgenden Damen und Herren sei auch an dieser Stelle nachdrücklich gedankt: Professor Dr. Wolfgang Bergsdorf (Bonn), Ministerpräsident a.D. Professor Dr. Kurt Biedenkopf (Dresden), Bundesminister a.D. Friedrich Bohl (Frankfurt), Regierender Bürgermeister a.D. Eberhard Diepgen (Berlin), Botschafter a.D. Dr. Claus Duisberg (Bonn), Minister a.D. Rainer Eppelmann (Berlin), Senator a.D. Ulf Fink (Berlin), Bundesminister a.D. Hans Friderichs (Mainz), Bundesminister a.D. Heiner Geißler (Rodalben), Bundesminister a.D. Hans-Dietrich Genscher (Bonn), Minister a.D. Walther Leisler Kiep (Kronberg), Bundesminister a.D. Dr. Klaus Kinkel (Bonn), Generalanwalt a.D. Professor Dr. Carl Otto Lenz (Bensheim), Staatssekretär a.D. Dr. Johannes Ludewig (Alfter), Staatssekretär a.D. Michael Mertes (Düsseldorf), Professor Dr. Peter Molt (Mainz), Generalinspekteur a.D. Klaus D. Naumann (München), Staatssekretär a.D. Hans Neusel (Bonn), Professor Dr. Dr. Elisabeth Noelle-Neumann † (Allensbach), Staatssekretär a.D. Friedhelm Ost (Bad Honnef), Staatsminister a.D. Anton Pfeifer (Reutlingen), Senator a.D. Peter Radunski (Berlin), Bundesminister a.D. Professor Dr. Heinz Riesenhuber MdB (Frankfurt), Professor Dr. Günter Rinsche (Hamm), Ministerialdirigent Dr. Michael Roik (Bonn), Bundesminister a.D. Volker Rühe (Hamburg), Staatssekretär a.D. Professor Dr. Lothar Rühl (Bonn), Bundesminister a.D. Rudolf Scharping (Frankfurt), Bundesminister a.D. Professor Dr. Rupert Scholz (Berlin), Minister a.D. Jörg Schönbohm (Potsdam), Bundesminister a.D. Dr. Christian Schwarz-Schilling (Büdingen), Bundesminister a.D. Dr. h.c. Rudolf Seiters (Papenburg), Ministerialdirektor a.D. Professor Dr. h.c. Horst Teltschik (Rottach-Egern), Bundesbankpräsident a.D. Professor Dr. Hans Tietmeyer (Königstein), Professor Dr. Hans-Joachim Veen (Weimar), Ministerpräsident a.D. Professor Dr. Bernhard Vogel (Berlin), Bundesminister a.D. Dr. Theo Waigel (München), Bundesministerin a.D. Dr. Dorothee Wilms (Köln). Verschiedene Interviewte baten darum, anonym zu bleiben oder nicht im Textteil namentlich genannt zu werden.

Besonderer Dank gilt den Herren Kurt Biedenkopf und Walther Leisler Kiep, die mir uneingeschränkten Einblick in ihre aufschlußreichen, detailliert geführten Tagebücher gewährt haben. Ähnlich wertvoll war die Benutzungsgenehmigung für Tagebuchaufzeichnungen von Gerhard Stoltenberg.[9]

Von den Journalisten, die mit Hinweisen hilfreich waren, danke ich namentlich Herrn Dr. Herbert Kremp, dem langjährigen Chefredakteur der *Welt*, der mir freundlicherweise verschiedene seiner einschlägigen Berichte zur Verfügung gestellt hat.

Überflüssig zu sagen, daß ich allein für meine Darstellung und Bewertung verantwortlich bin und niemand von den hier Aufgeführten oder eine der erwähnten forschungsfreundlichen Institutionen.

In den Anfängen der Arbeit hat mir Herr Dr. Nino Galetti (Berlin) durch Zusammenstellung einer Auswahl aus dem Meer journalistischer Artikel über Helmut

Kohl den Einstieg in die folgenden Arbeiten erleichtert. Ich danke ihm herzlich. Ansonsten habe ich die Archivrecherchen und die Arbeiten am Manuskript ausschließlich selbst durchgeführt. Ich war zwar durchgehend um ein hohes Maß an Genauigkeit bemüht, kann aber nicht ganz ausschließen, daß deshalb der eine oder andere Fehler in dem umfangreichen Manuskript unaufgedeckt geblieben ist.

Nachdem bei der DVA unter dem unvergessenen Verlagsleiter Ulrich Frank-Planitz vor einer Reihe von Jahren die beiden Bände meiner Adenauer-Biographie erschienen sind, macht es mich glücklich, daß das inzwischen von Stuttgart nach München übergesiedelte Verlagshaus nun auch meine Biographie Helmut Kohls herausbringt. Wie stets bei der Produktion eines Buches müßten eigentlich viele erwähnt werden. Mit besonderem Nachdruck danke ich Herrn Dr. Tobias Winstel. Er hat auch die Arbeiten an dem vorliegenden Buch mit seiner ständigen Ermutigung und seinem kundigen Rat bis in die letzten Phasen begleitet. Sehr dankbar bin ich auch Frau Ditta Ahmadi für das sorgfältige Lektorat und die Bildauswahl.

Wer mich näher kennt, weiß, daß ich neben manchem anderen auch ein »Familientier« bin. Die Neugier, mit der unsere Enkel Alexandre, Boris, Bianca, Maya, Adrian, Sonia und Aurélia die Entstehung des Buches begleitet haben, hat mich ebenso beflügelt wie die Ermunterung und die Hilfe unserer Kinder Nicole mit Régis und Benno mit Sandra.

Am meisten verdankt dieses Buch meiner Frau Annemie. Ihr sei es zu einem besonderen Gedenktag in Liebe und Dankbarkeit gewidmet.

Hans-Peter Schwarz
Gauting bei München, 14. Juni 2012

Anhang

Anmerkungen

Die folgenden Anmerkungen sind kapitelweise durchnumeriert. Die lebenden Kolumnen verweisen auf die entsprechenden Seiten im Textteil. Monographien werden bei der ersten Nennung in einem der jeweiligen Teile mit dem vollen Titel angegeben, bei den folgenden Nennungen in diesem Teil nur noch mit Verfassernamen und Haupttitel. Kürzel zur Bezeichnung der relevaten Archive sind:

ACDP Archiv für christlich-demokratische Politik der Konrad-Adenauer-Stiftung (KAS), Sankt Augustin

ACSP Archiv für christlich-soziale Politik der Hanns-Seidel-Stiftung, München

AS-UA Axel Springer AG, Unternehmensarchiv

BA Bundesarchiv Koblenz

BKamt Bundeskanzleramt, Berlin

Prolog

1 Johannes Leithäuser, »Soooo deutsch«, in: *Frankfurter Allgemeine Zeitung*, 10.9.2009, S. 5.
2 Der eigentliche, etwas bescheidenere, aber beim Singen gern bombastisch veränderte Text des martialischen Marschliedes lautete: »Wir werden weiter marschieren/Bis alles in Scherben fällt,/Denn heute hört uns Deutschland/Und morgen die ganze Welt.«
3 Helmut Kohl, *Erinnerungen 1930–1982*, München 2004, S. 35.
4 Helmut Kohl, *Mein Tagebuch 1998–2000*, München 2000, S. 26.

TEIL I
Eine Stadt ohne Träume: Ludwigshafen am Rhein

1 Stefan Mörz/Klaus Jürgen Becker (Hrsg.), *Geschichte der Stadt Ludwigshafen am Rhein*, Bd. 1: *Von den Anfängen bis zum Ende des Ersten Weltkrieges*, Ludwigshafen a. Rh. 2003, S. 681.
2 Wilhelm Heinrich Riehl, *Die Pfälzer. Ein rheinisches Volksbild*. Vollständige Neuausgabe nach der Erstausgabe von 1857. Mit einem Nachwort von Jasper von Altenbockum, Ludwigshafen a. Rh. 2007, S. 283.
3 Stefan Mörz/Klaus Jürgen Becker, *Geschichte der Stadt Ludwigshafen*, a.a.O., Bd. 1, S. 856.
4 »Wild und gefährlich«, in: *Der Spiegel*, 49/1995 (4.12.1995), S. 32.
5 Wilhelm Heinrich Riehl, *Die Pfälzer*, a.a.O., S. 227.
6 Stefan Mörz/Klaus Jürgen Becker (Hrsg.), *Geschichte der Stadt Ludwigshafen am Rhein*, Bd. 2: *Vom Ende des Ersten Weltkrieges bis zur Gegenwart*, Ludwigshafen a. Rh. 2003, S. 912f.

7 Eduard Ackermann, *Mit feinem Gehör. Vierzig Jahre in der Bonner Politik,* Bergisch Gladbach 1994, S. 125.

8 CDU/CSU-Fraktion, 12. Wahlperiode, Protokoll der Fraktionssitzung vom 7.12.1993. ACDP, VIII-012 123/3.

Der Pfälzer

1 Johannes Gross, »Der schwarze Riese«, in: *Unsere letzten Jahre. Fragmente aus Deutschland. 1970 – 1980,* Stuttgart 1980, S. 265 (= *Frankfurter Allgemeine Zeitung,* 12.8.1976).

2 Wilhelm Heinrich Riehl, *Die Pfälzer,* a.a.O.

3 Msl., »Kohl, der Weihnachtsausflug und das Kloster«, in: *Die Welt,* 22.12.1994. – Eduard Ackermann, *Mit feinem Gehör,* a.a.O., S. 258f.

4 Wilhelm Heinrich Riehl, *Die Pfälzer,* a.a.O., S. 288.

5 Helmut Kohl, *Mein Tagebuch 1998 – 2000,* a.a.O., S. 68.

6 Heribert Prantl, »Riese außer Dienst. Eine kritische Festschrift zum 80. Geburtstag«, in: *Süddeutsche Zeitung Magazin,* Nr. 10 (12.3.2010), S. 37.

7 Hans-Peter Schwarz, *Adenauer. Der Aufstieg: 1876 – 1952,* Stuttgart 1986, S. 611.

8 Helmut Kohl, *Erinnerungen 1930 – 1982,* a.a.O., S. 71 – 73.

Herkunft

1 Philipp Gassert, *Kurt Georg Kiesinger 1904 – 1988. Kanzler zwischen den Zeiten,* München 2006, S. 22.

2 Hartmut Soell, *Helmut Schmidt 1918 – 1969. Vernunft und Leidenschaft,* Stuttgart 2009 (2003), S. 47.

3 Peter Merseburger, *Willy Brandt 1913 – 1922. Visionär und Realist,* Stuttgart 2002, S. 14 – 20.

4 Alfred C. Mierzejewski, *Ludwig Erhard. Der Wegbereiter der sozialen Marktwirtschaft. Biografie,* München 2005, S. 15.

5 Peter Merseburger, *Willy Brandt,* a.a.O., S. 27.

6 In Interviews, zuletzt auch im ersten Band seiner Memoiren (*Erinnerungen 1930 – 1982,* a.a.O.) hat Kohl gern und viel von seiner Herkunft, den Jugendjahren und der Studienzeit erzählt. Detailreich ist die auf Interviews mit Zeitgenossen fußende Porträtstudie von Werner Filmer/Heribert Schwan (*Helmut Kohl,* Düsseldorf 1985). Einige zusätzliche Informationen sind der Biographie Hannelore Kohls von Dona Kujacinski/ Peter Kohl zu entnehmen (*Hannelore Kohl. Ihr Leben,* München 2002). Viele Einzelheiten hat auch Klaus Dreher recherchiert (*Helmut Kohl. Leben mit Macht,* Stuttgart 1998). Verschiedene Gespräche und Telefonate mit Helmut Kohl im Jahr 2011 bestätigen weitgehend unser bisheriges Bild von Kohls frühen Jahren. Eine auf schriftlichen Quellen aus dem Familienbesitz erarbeitete Darstellung ist gegenwärtig nicht möglich. Sofern nicht wörtlich zitiert wird, verzichten wir größtenteils zu der frühen persönlichen Lebensgeschichte auf Detailnachweise.

7 »Helmut Kohl war ein wilder Bub«. Interview mit der älteren Schwester Helmut Kohls, Hildegard Getrey, in: *Stern,* 12.9.1995.

8 Helmut Kohl beim Interview mit Hans-Peter Schwarz, 11.3.2011.

9 Helmut Kohl, *Erinnerungen 1930 – 1982,* a.a.O., S. 18.

10 *Stern*-Interview mit Hildegard Getrey, a.a.O.

11 Stefan Mörz/Klaus Jürgen Becker, *Geschichte der Stadt Ludwigshafen,* a.a.O., Bd. 1, S. 617.

12 Ibd., Bd. 2, S. 344.
13 Ibd., S. 345.
14 Helmut Kohl beim Interview mit Hans-Peter Schwarz, 11.3.2011.

Ein Kriegskind

1 Ernst Jünger, »Der Kampf als inneres Erlebnis« (1922), in: *Sämtliche Werke*, Bd. 7, Stuttgart 1980, S. 11.
2 Helmut Kohl beim Interview mit Hans-Peter Schwarz, 11.3.2011
3 Vermerk über das Gespräch des Bundeskanzlers mit dem irischen Staatspräsidenten Hillery, 15.5.1984, BKamt, 21-Ge 28, Bd. 66.
4 Werner Filmer/Heribert Schwan, *Helmut Kohl*, a.a.O., S. 21.
5 Siehe *Frankfurter Allgemeine Zeitung*, 17.6.1978.
6 *Stern*-Interview mit Hildegard Getrey, a.a.O.
7 Ibd.
8 Helmut Kohl, *Erinnerungen 1930–1982*, a.a.O., S.35.
9 Herbert Kremp an Axel Springer, 11.1.1973, AS-UA # 188.
10 Stefan Mörz/Klaus Jürgen Becker, *Geschichte der Stadt Ludwigshafen*, a.a.O., Bd. 2, S. 377f.
11 Helmut Kohl beim Interview mit Hans-Peter Schwarz, 11.3.2011.
12 Mainhardt Graf Nayhauß, »Kanzler Kohl und seine Erinnerung an den Krieg – ein ganz privates Gespräch«, in: *Bild*, 27.6.1997.
13 Joseph Rovan, *Erinnerungen eines Franzosen, der einmal ein Deutscher war*, München 1999, S. 422.
14 Mainhardt Graf Nayhauß, »So hab' ich '45 überlebt. Die Kohls«, in: *Bild*, 6.5.1985.

Anfänge in der Besatzungszeit (1945–1948)

1 Helmut Kohl, *Die politische Entwicklung in der Pfalz und das Wiedererstehen der Parteien nach 1945*. Inaugural-Dissertation, Heidelberg 1958, S. 56.
2 Werner Filmer/Heribert Schwan, *Helmut Kohl*, a.a.O., S. 41f.
3 Helmut Kohl beim Interview mit Hans-Peter Schwarz, 11.3.2011.
4 Helmut Kohl, *Die politische Entwicklung in der Pfalz und das Wiedererstehen der Parteien*, a.a.O., S. 148–157.
5 Helmut Kohl, *Erinnerungen 1930–1982*, a.a.O., S. 75.
6 Vermerk über das Gespräch des Bundeskanzlers mit dem israelischen Botschafter Ben Ari, 26.10.1982, BKamt 21-Ge 28, Bd. 63.
7 Vermerk über das Vier-Augen-Gespräch des Bundeskanzlers mit PM Thatcher, 22.4.1983, BKamt 21-Ge 28, Bd. 63.
8 Stefan Mörz/Klaus Jürgen Becker, *Geschichte der Stadt Ludwigshafen*, a.a.O., Bd. 2, S. 447.
9 Helmut Kohl, »Die politische Entwicklung in der Pfalz und das Wiedererstehen der Parteien«, a.a.O., Dokumenten-Anhang, S. II.
10 Helmut Kohl, *Erinnerungen 1930–1982*, a.a.O., S. 60.
11 In den Mitgliederlisten der Ortsgruppe Friesenheim wird er als Nr. 138 mit dem Eintrittsdatum 29.3.1947 geführt, ACDP II-120-001/3.
12 Rainer Pommerin, »Die Mitglieder des Parlamentarischen Rates. Porträtskizzen des britischen Verbindungsoffiziers Chaput de Saintonge«, in: *Vierteljahrshefte für Zeitgeschichte*, 3/36 (Juli 1988), S. 658.

13 Helmut Kohl, *Erinnerungen 1930–1982*, a.a.O., S. 49.

14 Ibd., S. 94–97.

15 Klaus Hofmann, *50 Jahre CDU Ludwigshafen*. Mit einem Geleitwort von Helmut Kohl, Ludwigshafen 1996, S. 37.

16 Helmut Kohl beim Interview mit Hans-Peter Schwarz, 11.3.2011.

17 Helmut Kohl, *Erinnerungen 1930–1982*, a.a.O., S. 58.

18 In den erhalten gebliebenen Mitgliederlisten von Ludwigshafen aus den Jahren 1947 und 1948 ist er nicht verzeichnet, auch nicht mit einem Antrag auf Mitgliedschaft. Im Bestand des Kreisverbands Ludwigshafen-Stadt existiert eine Karteikarte, die als Eintrittsdatum Helmut Kohls den 1. August 1948 vermerkt. (Ein Abdruck findet sich bei Wolfgang Wiedemeyer, *Helmut Kohl: Porträt eines deutschen Politikers. Eine biographische Dokumentation*, Bad Honnef 1975, S. 53.)

19 Der älteste archivalisch überlieferte Entwurf der Satzung des Landesverbandes Rheinland-Pfalz vom 10.9.1949 (ACDP II-120-002/1) sah vor: »Mitglied des Landesverbandes kann jeder Deutsche werden, der das 18. Lebensjahr vollendet hat« (§ 2, 1). Zugleich eröffnete die Satzung aber den Arbeitsgemeinschaften (also auch der Jungen Union) ein Vorschlagsrecht für die Wahl ihrer stimmberechtigten Beauftragten zu den Vorständen der Landes-, Bezirks- und Kreisausschüsse (§ 8, 3) und sah vor, daß die Arbeitsgemeinschaften auch im Ortsparteivorstand mit ein bis fünf Mitgliedern zu berücksichtigen seien (§ 26, 5 e). Die Satzung des Kreisverbands Ludwigshafen vom 1.8.1952 legte sogar verpflichtend die Mitgliedschaft eines Vertreters der Jungen Union im Kreisvorstand fest (§ 19, I a). Die Junge Union, somit auch Helmut Kohl, machten von dieser Möglichkeit intensiven Gebrauch. (Vermerk vom 9.10.1997, Pressedokumentation KAS.)

20 Dona Kujacinski/Peter Kohl, *Hannelore Kohl*, a.a.O., S. 64.

21 Helmut Kohl, »60 Jahre Bundesrepublik Deutschland« (Manuskript aus dem Jahr 2009 im Privatbesitz Helmut Kohls).

22 Abituraufsatz Helmut Kohls im Fach »Deutsch« Nr. 919. Kohl. Abitur. Deutsch (Privatarchiv Helmut Kohl).

23 Wie man weiß, sind Abiturnoten einerseits durchaus aufschlußreich, andererseits durchaus relativ. In den bisherigen Biographien sind zu Kohls Abiturnoten viele unzutreffende Angaben nach dem Hörensagen gemacht worden, so daß eine Präzisierung am Platz sein mag. Anders als im sonstigen Westdeutschland galt in den Ländern der französischen Besatzungszone eine Notenskala von 1 bis 20. Den Punkten entsprachen die folgenden Noten: 20 mit Auszeichnung; 18–19 = 1; 16–17 = 1–2; 14–15 = 2; 12–13 = 2–3; 10–11 = 3; 8–9 = 3–4; 6–7 = 4; 4–5 = 4–5; 2–3= 5; 0–1 = 5 und weniger. Helmut Kohl erhielt in dem Reifezeugnis vom 8. Juli 1950 die Gesamtnote 12 Punkte (= 2–3). Die Prüfungsleistungen in den einzelnen Fächern wurden wie folgt bewertet: Religionslehre 15 Punkte (= 2); Deutsch 15 Punkte (= 2); Französisch 13 Punkte (= 2–3); Englisch 12 Punkte (= 2–3) ; Geschichte 16 Punkte (= 1–2); Erdkunde 15 Punkte (= 2); Mathematik 5 Punkte (= 4–5); Physik 8 Punkte (= 3–4); Chemie 10 Punkte (= 3); Biologie 16 Punkte (= 1–2); Leibesübungen 16 Punkte (= 1–2); Zeichnen und Kunsterziehung 11 Punkte (= 3). [Oberrealschule an der Leuschnerstraße Ludwigshafen a. Rh., Rheinland-Pfalz, Zeugnis der Reife, Helmut Kohl, 8. Juli 1950]. Allem Anschein nach war ein naturwissenschaftliches Gymnasium, das er vom 28. März 1940 bis 8. Juli 1950 besuchte, für Kohl nicht ganz die richtige Schule.

24 Helmut Kohl, *Erinnerungen 1930–1982*, a.a.O., S. 74.

Studienjahre in Frankfurt und Heidelberg (1950–1958)

1 Helmut Kohl beim Interview mit Hans-Peter Schwarz, 11.3.2011.

2 Ibd.

3 Helmut Kohl, *Erinnerungen 1930–1982*, a.a.O., S. 80.

4 Ibd., S. 81.

5 Karl Hugo Pruys, *Helmut Kohl. Die Biographie*, Berlin 1995, S. 59.

6 Bericht von Herrn Kohl in der Sitzung vom 12.7.1957 (Privatarchiv Prof. Dr. Peter Molt).

7 Forschungsgruppe Prof. Sternberger. Protokoll der Sitzung vom 10.9.1957. Ibd.

8 Information von Bernhard Vogel und Peter Molt.

9 Siehe Wolfgang Behringer, »Bauern-Franz und Rassen-Günther. Die politische Geschichte des Agrarhistorikers Günther Franz (1902–1992)«, in: Winfried Schulze/ Oto G. Oexle (Hrsg.), *Deutsche Historiker im Nationalsozialismus*, Frankfurt a. M. 1999, S. 114–141.

10 Helmut Kohl, *Erinnerungen 1930–1982*, a.a.O., S. 91.

11 Hans Georg Wieck, *Die Entstehung der CDU und die Wiedergründung des Zentrums im Jahre 1945 (= Beiträge zur Geschichte des Parlamentarismus und der politischen Parteien, Bd. 2)*, Düsseldorf 1953.

12 Hans Georg Wieck, *Christliche und Freie Demokraten in Hessen, Rheinland-Pfalz, Baden und Württemberg 1945–1946 (= Beiträge zur Geschichte des Parlamentarismus und der politischen Parteien, Bd. 10)*, Düsseldorf 1958.

13 Helmut Kohl, *Erinnerungen 1930–1982*, a.a.O., S. 99.

Marsch durch die Institutionen (1953–1958)

1 Stand 1949: 142 Mitglieder. »Mitgliederbewegung seit Gründung bis heute«, ACDP II-120-006.

2 Siehe Verzeichnis vom 8.12.1948, ACDP II-120-048.

3 Zusammenkunft der Jungen Union in Neustadt am 4.6.1947, ACDP II-120-048.

4 Christlich-Demokratische Union Kreis Ludwigshafen a. Rh., 7.4.1948, ACDP II-120-001/3.

5 Helmut Kohl, *Erinnerungen 1930–1982*, a.a.O., S. 60f.

6 Ibd., S.89. – Als er am 31.1.1954 für den Posten des 1. Vorsitzenden der Jungen Union im Kreisverband Ludwigshafen vorgeschlagen wird, lehnt er das unter Verweis auf sein Studium ab. Protokoll der JU-Kreisversammlung, 31.1.1954, ACDP II-120-006.

7 Junge Union Rheinland-Pfalz, Landestag 1955, Wahlergebnisse, ACDP IV-012. Kohl verbleibt bis 1964 im Vorstand der Jungen Union, nimmt allerdings nach 1961 nur noch sporadisch an den Vorstandssitzungen teil. Er hält es aber dennoch für geboten, diese Position nicht aufzugeben.

8 *Staatslexikon. Recht, Wirtschaft, Gesellschaft*, Bd. 6, 6. Aufl. Freiburg 1961, Sp. 906.

9 Reichssatzung des Christlich-sozialen Volksdienstes, § 1, in: Günter Opitz, *Der Christlich-soziale Volksdienst. Versuch einer protestantischen Partei in der Weimarer Republik*, Düsseldorf 1969, S. 335.

10 *MdR. Die Reichstagsabgeordneten der Weimarer Republik in der Zeit des Nationalsozialismus. Politische Verfolgung und Ausbürgerung 1933–1945. Eine biographische Dokumentation*, 3. Aufl., Düsseldorf 1994, S. 679.

11 Helmut Kohl, *Erinnerungen 1930–1982*, a.a.O., S. 91.

12 Zahlen nach Stefan Mörz/Klaus Jürgen Becker, *Geschichte der Stadt Ludwigshafen*, a.a.O., Bd. 2, S. 550.

13 Protokoll der Kreisausschußsitzung, 11.9.1953, ACDP II-120-007.
14 Protokoll der Kreisausschußsitzung, 24.5.1956, ACDP II-120-006.
15 Protokoll der Kreisausschußsitzung, 26.5.1955, ACDP II-120-006.
16 Friedrich Schillinger in: Werner Filmer/Heribert Schwan, *Helmut Kohl,* a.a.O., S. 36.
17 Helmut Kohl, *Erinnerungen 1930 – 1982,* a.a.O., S. 74.
18 Klaus Hofmann, *50 Jahre CDU Ludwigshafen,* a.a.O., S. 37.
19 Helmut Kohl, *Erinnerungen 1930 – 1982,* a.a.O., S. 94 – 97.

Hannelore Renner

1 Dona Kujacinski/Peter Kohl, *Hannelore Kohl,* a.a.O., S. 45.
2 Heribert Schwan, *Die Frau an seiner Seite. Leben und Leiden der Hannelore Kohl,* München 2011, S. 55 – 57.
3 Walter Kohl, *Leben oder gelebt werden. Schritte auf dem Weg zur Versöhnung,* München 2011, S. 140.
4 Dona Kujacinski/Peter Kohl, *Hannelore Kohl,* a.a.O., S. 48.
5 Ibd., S. 57.
6 Das Zentralarchiv der 1947 aufgelösten HASAG ist nicht erhalten geblieben. So muß man sich vorwiegend auf Teilstudien stutzen. Eine Zusammenfassung vieler einschlägiger Informationen findet sich auf den englischsprachigen Internet-Seiten von Wikipedia (http://en.wikipedia.org/wiki/Hugo_Schneider-AG). Über die fürchterlichen Zustände in den Lagern informieren: Felicija Kary, *Wir lebten zwischen Granaten und Gedichten. Das Frauenlager der Rüstungsfabrik HASAG im Dritten Reich.* Aus dem Hebräischen von Susanne Plietzsch, Köln 2001. – Walter Strand, *Das KZ-Außenlager Schlieben,* Herzberg 2005.
7 Heribert Schwan nennt in seiner Biographie von Hannelore Kohl ohne näheren Quellenbeleg 32 000 Frauen und Männer *(Die Frau an seiner Seite,* a.a.O. S. 46 – 48).
8 Ibd., S. 71 – 75.
9 Ibd., S. 50f.
10 Ibd., S. 24f.
11 Die Frage mag sich eines Tages klären lassen, wenn das Tagebuch von Irene Renner zugänglich ist.
12 Patricia Clough, *Hannelore Kohl. Zwei Leben,* München 2003, S. 27 – 31.
13 Heribert Schwan, *Die Frau an seiner Seite,* a.a.O., S. 22 – 53, 71 – 77.
14 Helmut Kohl, *Erinnerungen 1930 – 1982,* a.a.O., S. 67f.

Unaufhaltsamer Aufstieg (1958 – 1969)

1 Werner Filmer/Heribert Schwan, *Helmut Kohl,* a.a.O., S. 98.
2 Die entsprechende Anfrage ergeht an ihn in seiner Eigenschaft als Mitarbeiter des Chemieverbands von seiten der Firma Joh. A. Benckiser mit Schreiben vom 22.10.1959. Seine Eingaben bei Altmeier und Kiesinger unternimmt er in seiner Eigenschaft als Abgeordneter mit Briefen vom 2.12.1959. ACDP 02-120-104.
3 Helmut Kohl, *Erinnerungen 1930 – 1982,* a.a.O., S. 107.
4 So setzt er sich beispielsweise mit Schreiben vom 23.2.1965 an Altmeier für dessen Teilnahme am siebzigsten Geburtstag ein und drängt darauf, diesen für das große Bundesverdienstkreuz mit Stern und Schulterband in Vorschlag zu bringen (Kohl an Altmeier, 23.2.1965, ACDP V-011-302/2). Bernhard Timm zeichnet er 1974 selbst mit die-

sem Orden aus (Stefan Mörz/Klaus Jürgen Becker, *Geschichte der Stadt Ludwigshafen*, a.a.O., Bd. 2, S. 647).

5 Helmut Kohl, *Erinnerungen 1930–1982*, a.a.O., S. 107.

6 Klaus Dreher, *Helmut Kohl*, a.a.O., S. 50–52. Die Vorgänge sind aus den vorfindbaren Protokollen nur zu erahnen. Im Sitzungsprotokoll vom 1.8.1959 figuriert noch Egon Augustin als Vorsitzender. Dort findet sich unter »Verschiedenes« vermerkt: »Kreisverslg. Mit Neuwahl des Vorsitzenden, da Vorstand nur auf 1 Jahr gewählt war.« Die Kreisversammlung soll am 19.1. stattfinden. Das nächste Dokument ist ein Rundbrief an die Mitglieder des neugewählten Vorstands mit der Einladung zur konstituierenden Sitzung, »gez. Helmut Kohl« (ACDP II-120-241/1).

7 Helmut Kohl, *Erinnerungen 1930–1982*, a.a.O., S. 111f.

8 »Helmut Kohl über Konrad Adenauer«, 60 Jahre Bundesrepublik Deutschland, Manuskript von 2009 (Privatarchiv Helmut Kohl).

9 Klaus Hofmann, *50 Jahre Ludwigshafen*, a.a.O., S. 47. – Helmut Kohl, *Erinnerungen 1930–1982*, a.a.O., S. 112–124.

10 Zahlen nach Stefan Mörz/Klaus Jürgen Becker, *Geschichte der Stadt Ludwigshafen*, a.a.O., Bd. 2, S. 741, 746.

11 Ibd., Tafel XXVI.

12 Protokoll über die gemeinsame Sitzung der Fraktion und des Kreisvorstandes, 28.3.1958, ACDP II-120-218/5.

13 Protokoll aus der Kreisvorstandssitzung einschließlich der Stadträte, 22.11.1956, ACDP II-120-006.

14 Zahlen nach Stefan Mörz/Klaus Jürgen Becker, *Geschichte der Stadt Ludwigshafen*, a.a.O., Bd. 2, S. 734f.

15 Helmut Kohl, *Erinnerungen 1930–1982*, a.a.O., S. 119.

16 Dort figuriert er seit 9.12.1959. ACDP V-011-017/2.

17 Protokoll über die Fraktionssitzung am 13.5.1959, ACDP V-011 00512.

18 Protokoll über die Fraktionssitzung am 19.5.1959, ACDP V-011-00512.

19 Klaus Dreher, *Helmut Kohl*, a.a.O., S. 61.

20 Für schöne Zitate siehe Klaus Dreher, ibd., S. 59–61.

21 Helmut Kohl, *Erinnerungen 1930–1982*, a.a.O., S. 138. – Werner Filmer/Heribert Schwan, *Helmut Kohl*, a.a.O., S. 106.

22 Protokoll über die Fraktionsvorstandssitzung vom 16.10.1961, ACDP V-011-017/2.

23 Protokoll der Fraktionssitzung am 24.10.1961, ACDP V-011-005/1.

24 Bernhard Vogel beim Interview mit Hans-Peter Schwarz und Günter Buchstab, 27.6.2008.

25 Programmatische Ausführungen des Fraktionsvorsitzenden Dr. Helmut Kohl in der Sitzung der CDU-Landtagsfraktion, 2.7.1963, ACDP V-011-005/1.

26 Protokoll über die Fraktionsvorstandssitzung, 8.5.1963, ACDP V-011-017/2.

27 Helmut Kohl, *Erinnerungen 1930–1982*, a.a.O., S. 150.

28 »Den Lorbeerkranz in die Ecke« (= Bericht über den CDU-Parteitag 1964 in Trier am 28.–30.8.1964), in: *Der Pfälzer*, 6.9.1964.

29 »Dr. Kohl drängt auf Tempo. Frischer Wind in der rheinland-pfälzischen CDU. – Bemerkungen zum Parteitag«, in: *Der Pfälzer*, 13.9.1964.

Modernisierer von Rheinland-Pfalz

1 »Arbeit und Arbeitsweise der CDU-Landtagsfraktion. Programmatische Ausführungen des Fraktionsvorsitzenden Dr. Helmut Kohl in der Sitzung der CDU-Landtagsfraktion am 2.7.1963«, ACDP V-011-005/1.

2 »Rheinland-Pfalz«, in: *Staatslexikon. Recht, Wirtschaft, Gesellschaft,* Bd. 6, a.a.O., Sp. 905 (Zahlen von 1956).

3 Knut Barrey, »Was Kohl für Rheinland-Pfalz war«, in: *Frankfurter Allgemeine Zeitung,* 1.12.1976.

4 Protokoll über die Fraktionssitzung vom 30.9.1959, ACDP V-011-00512.

5 »Arbeit und Arbeitsweise der CDU-Landtagsfraktion. Programmatische Ausführungen des Fraktionsvorsitzenden Dr. Helmut Kohl in der Sitzung der CDU-Landtagsfraktion am 2.7.1963«, ACDP V-011-005/1.

6 Klaus Dreher, *Helmut Kohl,* a.a.O., S. 66f.

7 »Arbeit und Arbeitsweise der CDU-Landtagsfraktion. Programmatische Ausführungen des Fraktionsvorsitzenden Dr. Helmut Kohl in der Sitzung der CDU-Landtagsfraktion am 2.7.1963«, ACDP V-011-005/1.

8 Zahlen nach Landesparteitag 5./6.3.1966, ACDP III-026 28/3.

9 13. Landesparteitag der CDU in Koblenz, 5./6.3.1966, ACDP III-026 28/3.

10 Protokoll der Fraktionssitzung, 27.4.1966, ACDP V-011-312.

11 Niederschrift über die Sitzung des geschäftsführenden Landesvorstandes, 9.5.1967, ACDP 03-026-477/1.

12 Bernhard Vogel beim Interview mit Hans-Peter Schwarz und Günter Buchstab, 27.6.2008.

13 Niederschrift über die Sitzung des geschäftsführenden Landesvorstands, 9.5.1967, datiert vom 26.6.1968 mit Unterschrift von Kohl, ACDP 03-026-477/1.

14 Ibd.

15 Kurzprotokoll über die Fraktionssitzung am 10.5.1967, ACDP V-011-312.

16 Nach Knut Barrey, »Was Kohl für Rheinland-Pfalz war«, a.a.O.

17 Hans Maier, »Begegnungen mit Bernhard Vogel«, in: *Civitas. Widmungen für Bernhard Vogel zum 60. Geburtstag.* Hrsg. von Peter Haungs u.a., Paderborn 1992, S. 135.

18 Friedbert Pflüger, *Richard von Weizsäcker. Ein Porträt aus der Nähe,* Stuttgart 1990, S. 415.

19 Heiner Geißler beim Interview mit Hans-Peter Schwarz und Günter Buchstab, 5.7.2010.

20 Klaus Hofmann, *50 Jahre CDU Ludwigshafen,* a.a.O., S. 65.

21 Richard von Weizsäcker, *Vier Zeiten. Erinnerungen,* Berlin 1997, S. 186.

22 »Arbeit und Arbeitsweise der CDU-Landtagsfraktion. Programmatische Ausführungen des Fraktionsvorsitzenden Dr. Helmut Kohl in der Sitzung der CDU-Landtagsfraktion am 2.7.1963«, ACDP V-011-005/1.

23 »Kohl bekennt sich zur modernen Schulform«, in: *Pfälzische Volkszeitung,* 23.2.1967.

24 Neujahrsansprache von Ministerpräsident Dr. Helmut Kohl im SWF, 1.1.1971, ACDP 05-011-040.

25 Bernhard Vogel beim Interview mit Hans-Peter Schwarz und Günter Buchstab, 27.6.2008.

26 »Teure Hunde«, in: *Der Spiegel,* 51/1968 (23.12.1968).

27 Neujahrsansprache von Ministerpräsident Dr. Helmut Kohl im SWF, 1.1.1971, ACDP 05-011-040.

28 Zahlen nach Hedwig Brüchert, »Geschichte von Rheinland-Pfalz«, in: Werner Künzel/ Werner Rellecke (Hrsg.), *Geschichte der deutschen Länder. Entwicklungen und Tradi-*

tionen vom Mittelalter bis zur Gegenwart, Münster 2005, S. 294; »Rheinland-Pfalz«, in: *Staatslexikon. Recht, Wirtschaft, Gesellschaft,* Bd. 4, 7. Aufl. Freiburg 1988, Sp. 903f.

29 Eberhard von Brauchitsch, *Der Preis des Schweigens. Erfahrungen eines Unternehmers,* Berlin 1999, S. 192f. – Bernhard Vogel beim Interview mit Hans-Peter Schwarz und Günter Buchstab, 27.6.2008..

30 Peter Brügge, »Schwarze Wacht am Rhein«, in: *Der Spiegel,* 23/1970 (1.6.1970). – Helmut Kohl, *Erinnerungen 1930–1982,* a.a.O., S. 258–261.

31 Günter Kleer, »Kohls integrative Ausstrahlung schuf echtes Landesbewußtsein«, in: *Saarbrücker Zeitung,* 9.6.1973; nach: *Das Phänomen. Helmut Kohl im Urteil der Presse 1960–1990,* hrsg. von Bernhard Vogel, Stuttgart 1990, S. 92.

32 Ansprache des Landesvorsitzenden Dr. Helmut Kohl anläßlich des Landesparteitags am 4.3.1967 im Kurfürstlichen Schloß zu Mainz, ACDP III-026 29/2.

33 »CDU stellt sich ein«, in: *Der Pfälzer,* 16.5.1965.

Der Kurfürst von Mainz

1 So die Bildunterschrift eines Interviews mit Helmut Kohl in einer Sonderbeilage »Rheinland-Pfalz. Kleines Land große Bewährung«, in: *Rheinischer Merkur,* 14.4.1967, in die Kohl und sein Pressechef viel Arbeit investiert hatten.

2 Günter Gaus, *Widersprüche. Erinnerungen eines linken Konservativen,* München 2004, S. 207.

3 Ibd., S. 224.

4 Ibd., S. 221.

5 Ibd., S. 206.

6 Herbert Kremp an Axel Springer, 11.1.1972, AS-UA # 188.

7 Die farbigste Charakteristik des öffentlichen Auftretens hat damals Peter Brügge gegeben (»Schwarze Wacht am Rhein«, a.a.O., S. 38–46. Abdruck in: *Das Phänomen,* a.a.O., S. 59–68).

8 Dona Kujacinski/Peter Kohl, *Hannelore Kohl,* a.a.O., S. 95f.

9 Kai Diekmann, »Kohl: Laßt uns den Schatz der Natur bewahren!«, in: *Bild,* 11.8.1995.

10 Walter Kohl, *Leben oder gelebt werden,* a.a.O., S. 77.

11 Peter Brügge, »Schwarze Wacht am Rhein«, a.a.O., S. 46.

12 Günter Gaus, *Widersprüche,* a.a.O., S. 225.

13 Walter Kohl, *Leben oder gelebt werden,* a.a.O., S. 195–199.

14 Lars Brandt, *Andenken,* München 2006, S. 153.

Betrachtung
Die Generation von 1945 und die Parteien

1 Rüdiger Altmann, *Der wilde Frieden. Notizen zu einer politischen Theorie des Scheiterns,* Stuttgart 1987, S. 90.

2 Zum gegenwärtigen Forschungsstand und der entsprechenden Literatur siehe Hans-Peter Schwarz (Hrsg.), *Die Bundesrepublik Deutschland. Eine Bilanz nach 60 Jahren,* Köln 2009.

3 Joachim Kaiser, »Ich bin ein Alt-45er«, in: *Süddeutsche Zeitung,* 15./16.3.2008, Nr. 64.– Der Begriff selbst ist älter, siehe Dirk Moses, »Die 45er. Eine Generation zwischen Faschismus und Demokratie«, in: *Neue Sammlung* 40 (2000), S. 233–263.

4 Dazu Hans-Peter Schwarz, »Die westdeutsche Außenpolitik – Historische Lektio-

nen und politische Generationen«, in: Walter Scheel (Hrsg.), *Nach dreißig Jahren. Die Bundesrepublik Deutschland – Vergangenheit, Gegenwart, Zukunft*, Stuttgart 1979, S. 145–173.

5 Helmut Schelsky, *Die skeptische Generation. Eine Soziologie der deutschen Jugend*, Köln 1975 (1957), S. 75.

6 Werner Abelshauser, *Nach dem Wirtschaftswunder. Der Gewerkschafter, Politiker und Unternehmer Hans Matthöfer*, Bonn 2009,

7 Friedrich Meinecke, *Die deutsche Katastrophe*, Zürich 1946.

8 Fritz René Allemann, *Bonn ist nicht Weimar*, Köln 1956.

9 Hermann Kahn, *Die Zukunft der Welt (1980–2000)*, Wien 1980, S. 222f.

10 Bernhard Vogel beim Interview mit Hans-Peter Schwarz und Günter Buchstab, 27.6.2008.

TEIL II
Auf Bundesebene (1964–1973)

1 11. CDU-Bundesparteitag in Dortmund, 2.–5.6.1962, Parteitagsprotokoll, S. 208–213.

2 12. Bundesparteitag in Hannover, 14.–17.3.1964, Parteitagsprotokoll, S. 69.

3 *Kiesinger: »Wir leben in einer veränderten Welt«. Die Protokolle des CDU-Bundesvorstands 1965–1969*, bearbeitet von Günter Buchstab, Düsseldorf 2005, Sitzung vom 4.12.1967, S. 764f.

4 Hans-Otto Kleinmann, *Geschichte der CDU 1945–1982*, Stuttgart 1993, S. 354.

5 *Adenauer: »Stetigkeit in der Politik …«. Die Protokolle des CDU-Bundesvorstands 1961–1965*, bearbeitet von Günter Buchstab, Düsseldorf 1998, Sitzung vom 4.6.1964, S. 705.

6 Helmut Kohl über Konrad Adenauer. 60 Jahre Bundesrepublik Deutschland (Manuskript Privatarchiv Helmut Kohl), leicht gekürzt in: *Bild*, 2.4.2010.

7 »Gero von Boehm begegnet Helmut Kohl«, Südwestfunk, 2.3.2003 (Manuskript der Sendung Privatarchiv Helmut Kohl).

8 Heiner Geißler beim Interview mit Hans-Peter Schwarz und Günter Buchstab, 5.6.2010.

9 Helmut Kohl, *Erinnerungen 1930–1982*, München 2004, S. 198.

10 Eugen Gerstenmaier, *Streit und Friede hat seine Zeit. Ein Lebensbericht*, Frankfurt a. M. 1981, S. 408.

11 14. CDU-Bundesparteitag in Bonn, 21.–23.3.1966, Parteitagsprotokoll, S. 216.

12 Kohl an Dufhues, 24.3.1966, ACDP V-011-309.

13 Ibd.

14 Heinrich Krone, *Tagebücher*. Zweiter Band: *1961–1966*, Eintrag vom 13.5.1966, S. 494.

15 Im CDU-Vorstand am 15.10.1966 macht er deutlich, welch große Rolle das deutsch-französische Verhältnis »bei uns im Südwesten« spielt, »eine ganz andere Rolle als etwa in Norddeutschland« *(Kiesinger: »Wir leben in einer veränderten Welt«*, a.a.O., S. 49).

16 *Rheinischer Merkur*, 30.9.1966. Siehe auch Philipp Gassert, *Kurt Georg Kiesinger 1904–1988. Kanzler zwischen den Zeiten*, München 2006, S. 477.

17 *Kiesinger: »Wir leben in einer veränderten Welt«*, a.a.O., Sitzung vom 7.10.1966, S. 304.

18 Ibd., S. 419. – Helmut Kohl, *Erinnerungen 1930–1982*, a.a.O., S. 201.

19 Christian Schwarz-Schilling beim Interview mit Hans-Peter Schwarz und Günter Buchstab, 28.11.2008.

20 *Kiesinger: »Wir leben in einer veränderten Welt«*, a.a.O., Sitzung vom 29.1.1968, S. 805.

21 »Kohl lehnt Lücke-Nachfolge ab«, in: *Allgemeine Zeitung*, Mainz, 1.4.1968.

22 16. CDU-Bundesparteitag in Berlin, 4.–7.11.1968, Parteitagsprotokoll, S. 121.

23 *Kiesinger:* »*Wir leben in einer veränderten Welt*«, a.a.O., Sitzung vom 17.4.1969, S. 1423.

24 Niederschrift über die Sitzung des geschäftsführenden Landesvorstands, 17.2.1967, ACDP 03-026-477/1.

25 Günter Gaus, »Helmut Kohl – Machtantritt in Etappen«, in: *Deutsche Zeitung. Christ und Welt*, 23.6.1967.

26 Siehe Günter Gaus, *Widersprüche. Erinnerungen eines linken Konservativen*, München 2004, S. 207f. und 219–225.

27 Helmut Kohl, *Erinnerungen 1930–1982*, a.a.O., S. 288, 317.

28 Karl Hugo Pruys, *Helmut Kohl. Die Biographie*, Berlin 1995, S. 84.

29 Patrick Bahners, *Im Mantel der Geschichte. Helmut Kohl oder Die Unersetzlichkeit*, Berlin 1998, S. 81.

30 Hans Maier, *Böse Jahre, gute Jahre. Ein Leben 1931ff*, München 2011, S. 262.

31 Tagebuch von Walther Leisler Kiep, Eintrag vom 14.7.1967, ACDP 01-867.

32 Christian Schwarz-Schilling beim Interview mit Hans-Peter Schwarz und Günter Buchstab, 28.11.2008.

33 Peter Radunski beim Interview mit Hans-Peter Schwarz und Günter Buchstab, 24.9.2008.

34 Kohl an Kiesinger, 12.2.1969, ACDP 01-226 584.

35 Helmut Kohl, *Erinnerungen 1930–1982*, a.a.O., S. 246f. – Philipp Gassert, *Kurt Georg Kiesinger 1904–1988*, a.a.O., S. 686f.

36 Richard von Weizsäcker, *Vier Zeiten. Erinnerungen*, Berlin 1997, S. 198.

37 *Kiesinger:* »*Wir leben in einer veränderten Welt*«, a.a.O., Sitzung vom 16.1.1969, S. 1292 bis 1294.

38 *Adenauer:* »*Stetigkeit in der Politik*«, a.a.O., Sitzung vom 9.2.1965, S. 855.

39 *Kiesinger:* »*Wir leben in einer veränderten Welt*«, a.a.O., Sitzung vom 16.1.1969, S. 1292 bis 1294.

40 Ansprache des Landesvorsitzenden Dr. Helmut Kohl anläßlich des Landesparteitages am 4.3.1967 im Kurfürstlichen Schloß zu Mainz, ACDP III – 0 26 28/2.

41 Helmut Kohl, *Erinnerungen 1930–1982*, a.a.O., S. 264f.

42 Ibd., S. 265f.

43 Hans-Dietrich Genscher, *Erinnerungen*, Berlin 1995, S. 109.

Im Schatten Rainer Barzels (1970–1973)

1 Dazu Wulf Schönbohm, *Die CDU wird moderne Volkspartei. Selbstverständnis, Mitglieder, Organisation und Apparat 1950–1980*, Stuttgart 1985.

2 18. CDU-Bundesparteitag in Düsseldorf, 25.–27.1.1971, Parteitagsprotokoll, S. 304.

3 Helmut Kohl, *Erinnerungen 1930–1982*, a.a.O., S. 278.

4 Siehe Frank Bösch, *Macht und Machtverlust. Die Geschichte der CDU*, Stuttgart 2002, S. 31f.

5 Tagebuch von Walther Leisler Kiep, Eintrag vom 27.1.1971, ACDP 01-867.

6 Anton Pfeifer beim Interview mit Hans-Peter Schwarz und Günter Buchstab, 28.11.2008.

7 Torsten Oppelland, *Gerhard Schröder (1910–1989). Politik zwischen Staat, Partei und Konfession*, Düsseldorf 2002, S. 719–722.

8 Stefan Marx, *Heinrich Köppler (1925–1980). Politik aus christlicher Verantwortung*, Düsseldorf 2006, S. 225–231.

9 19. CDU-Bundesparteitag in Saarbrücken, 4.–5.10.1971, Anhang: Ergebnisse der Wahlen, S. 229.

10 Horst Teltschik beim Interview mit Hans-Peter Schwarz und Günter Buchstab, 12.2.2009.

11 Tagebuch von Walther Leisler Kiep, Eintrag vom 11.2.1972, ACDP 01-867 (gekürzt in Walther Leisler Kiep, *Was bleibt ist große Zuversicht,* Berlin 1999, S. 52).

12 Walther Leisler Kiep, *Was bleibt ist große Zuversicht,* a.a.O., Eintrag vom 24.4.1972, S. 56.

13 *Barzel:»Unsere Alternativen für die Zeit der Opposition«. Die Protokolle des CDU-Bundesvorstands 1969–1973,* bearbeitet von Günter Buchstab mit Denise Lindsay, Düsseldorf 2009, Sitzung vom 24.4.1972, S. 760.

14 Walther Leisler Kiep beim Interview mit Hans-Peter Schwarz und Günter Buchstab, 22.10.2008.

15 Tagebuch von Walther Leisler Kiep, Eintrag vom 13.11.1972, ACDP 01-867.

16 Walther Leisler Kiep, *Was bleibt ist große Zuversicht,* a.a.O., Eintrag vom 19.11.1972, S. 72.

17 *Barzel:»Unsere Alternativen für die Zeit der Opposition«,* a.a.O., Sitzung vom 27./28.1.1973, S. 1135–1139.

18 Tagebuch von Walther Leisler Kiep, Eintrag vom 4.6.1972, ACDP 01-867.

19 Ergebnisprotokoll der 46. Sitzung des Präsidiums der CDU, 11.12.1972, ACDP 07-001-1405.

20 In dem sehr knappen Ergebnisprotokoll des CDU-Präsidiums vom 12.2.1973 wird lakonisch festgehalten: »Das Präsidium bekräftigt seine bereits auf der Präsidiumssitzung vom 11. Dezember 1972 beschlossene Haltung zum Grundvertrag:
    – Ablehnung des Grundvertrages,
    – Zustimmung zum UNO-Beitrittsvertrag,
    – Nichtanrufung des Bundesverfassungsgerichtes« (ACDP 07-001-1406/1407).

21 *Barzel:»Unsere Alternativen für die Zeit der Opposition«,* a.a.O., Sitzung vom 12.5.1973, S. 1451.

22 Helmut Kohl, *Erinnerungen 1930–1982,* a.a.O., S. 317.

23 Hans-Jochim Noack, »Der neue Mann der CDU droht in der Mitte zu versanden«, in: *Frankfurter Rundschau,* 4.6.1973.

Kohl, Biedenkopf und die Mannschaft

1 Mitteilung Kurt Biedenkopfs an den Verf., 1.2.2012.

2 Margaret Thatcher, *Die Erinnerungen 1925–1979,* Köln 1995, S. 407.

3 Aktennotiz von Herbert Kremp über ein Gespräch mit Helmut Kohl am 23.1.1974 in Mainz, AS-UA, # 266.

4 Stenographisches Sitzungsprotokoll des CDU-Bundesvorstands, 12.5.1973, in: *Barzel:»Unsere Alternative für die Zeit der Opposition«,* a.a.O., S. 1451.

5 Auf diesen Schlüsseltext hat nachdrücklich und zu Recht Jürgen Busche aufmerksam gemacht *(Helmut Kohl. Anatomie eines Erfolgs,* Berlin 1998, S. 59–71).

6 So Patrick Bahners, *Im Mantel der Geschichte,* a.a.O., S. 49.

7 Tagebuch von Walther Leisler Kiep, Eintrag vom 19.12.1973, ACDP 01-867.

8 Karl Hugo Pruys, *Helmut Kohl,* a.a.O., S. 143.

9 Peter Radunski beim Interview mit Hans-Peter Schwarz und Günter Buchstab, 24.9.2008.

10 Horst Teltschik beim Interview mit Hans-Peter Schwarz und Günter Buchstab, 12.2.2009.

11 Dorothee Wilms beim Interview mit Hans-Peter Schwarz und Günter Buchstab, 12.6.2008.

12 Wolfgang Bergsdorf beim Interview mit Hans-Peter Schwarz und Günter Buchstab, 9.7.2008.

13 Roman Herzog, *Jahre der Politik. Die Erinnerungen,* München 2007, S. 26.

14 Eduard Ackermann, *Mit feinem Gehör. Vierzig Jahre in der Berliner Politik,* Bergisch Gladbach 1994, S. 149.

15 Herbert Kremp an Axel Springer, 31.7.1973, AS-UA # 188.

16 Herbert Kremp an Axel Springer, 17.10.1973, AS-UA # 188.

17 Herbert Kremp an Axel Springer, 11.1.1973, AS-UA # 188.

18 Herbert Kremp an Axel Springer, 17.10.1973, AS-UA # 188.

19 Herbert Kremp an Axel Springer, 23.1.1974, AS-UA # 226.

20 Ibd.

21 Herbert Kremp an Axel Springer, 17.10.1973, AS-UA # 188.

22 »Der Begriff glatte Parität ist irreführend«. Interview mit Kurt Biedenkopf, in: *Der Spiegel,* 46/1973 (12.11.1973).

23 Antrag des Bundesvorstandes zur Mitbestimmung auf dem Bundesparteitag in Hamburg, ACDP 07-001-935-937.

24 Martin A. Süskind, »Ein Stolperstein wird zum zweitenmal gefährlich«, in: *Süddeutsche Zeitung,* 12.11.1973.

25 Mitteilung Kurt Biedenkopfs an den Verf., 1.2.2012.

26 22. Bundesparteitag der CDU in Hamburg, 18.–20.11.1973. Die Schlußabstimmung erbringt 559 Ja-Stimmen für die Vorstandsvorlage gegen 97 Nein-Stimmen.

27 Dazu zutreffend mit entsprechen Literatur- und Quellenverweisen: Frank Bösch, *Macht und Machtverlust. Die Geschichte der CDU,* Stuttgart 2002, S. 37–44.

28 Mitteilung Horst Teltschiks an den Verf.

Zweifel an Kohls Kanzlerstatur

1 Tagebuch von Walther Leisler Kiep, Eintrag vom 30.12.1972, ACDP 01-867.

2 Reinhard Noll, »Helmut Kohl auf großer Fernost-Tour. Interview mit dem Mainzer Ministerpräsidenten«, in: *Mannheimer Morgen,* 23.8.1972.

3 »Helmut Kohl fordert Schritte für Westeuropa«, in: *Deutsches Monatsblatt,* Nr. 10, Oktober 1973.

4 CDU-Pressemitteilung, 5.2.1974.

5 Tagebuch von Walther Leisler Kiep, Eintrag vom 18.2.1974, ACDP 01-867.

6 »CDU-Chef bummelt durch Leipzig«, in: *Bonner Rundschau,* 4.11.1974.

7 CDU-Pressemitteilung, 15.3.1975, ACDP, Dokumentation.

8 Ulrich Grudinski, »Chinesischer Realismus für Helmut Kohl«, in: *Frankfurter Allgemeine Zeitung,* 6.9.1974.

9 Gerd Ruge, »China geht auf Distanz zur ›DDR‹«, in: *Die Welt,* 7.9.1974.

10 Ulrich Grudinski, »Helmut Kohl zwischen ›Ping‹ und ›Pong‹«, in: *Frankfurter Allgemeine Zeitung,* 3.9.1974.

11 R. M., »Helmut Kohls Moskauer Visite«, in: *Neue Zürcher Zeitung,* 24.9.1975.

12 Richard von Weizsäcker, *Vier Zeiten,* a.a.O., S. 231. – »Kohl sagt in Moskau Termine ab. Reaktion auf ›Prawda‹-Polemik gegen Strauß«, in: *Süddeutsche Zeitung,* 27.9.1975.

13 Bruno Bandulet, »Kohls Kraftprobe in Moskau«, in: *Quick,* 2.10.1975. – Johann Georg Reißmüller, »Kohls Moskauer Probe«, in: *Frankfurter Allgemeine Zeitung,* 29.9.1975.

14 Herbert Kremp, »Kohl spricht heute mit Ford. Treffen auch mit Rumsfeld«, in: *Die Welt,* 4.5.1976. – »Washington nimmt am ›anderen Helmut‹ Maß«, in: *Stuttgarter Zeitung,* 6.5.1976.

15 August Graf Kageneck, »Kohl entdeckt in Paris stärkere Bereitschaft zur Zusammen-arbeit«, in: *Die Welt,* 6.2.1976.

16 CDU-Pressemitteilung, 6.7.1976, ACDP, Dokumentation.

17 R. St., »Kohls Gespräche in Jugoslawien«, in: *Neue Zürcher Zeitung,* 7.6.1976.

18 Helmut Kohl, *Erinnerungen 1930–1982,* a.a.O., S. 285.

19 »Am Schwarzen Meer«, in: *Der Spiegel,* 25/1976 (14.6.1976).

20 Erwin Wickert, *Die glücklichen Augen. Geschichten aus meinem Leben,* Stuttgart 2001, S. 516–518.

21 Tagebuchaufzeichnungen von Gerhard Stoltenberg, Eintrag vom 22.8.1982, ACDP.

22 Eberhard von Brauchitsch, *Der Preis des Schweigens, Erfahrungen eines Unternehmers,* Berlin 1999, S. 236.

23 Joachim Neander, »Helmut Kohl – ein Mann, dessen Stärke manche Schwäche zuläßt«, in: *Die Welt,* 21.6.1975.

24 Johannes Gross, *Notizbuch,* Stuttgart 1985, Eintrag vom 14.8.1981, S. 48.

25 Tagebuch von Walther Leisler Kiep, Eintrag vom 30.10.1973, ACDP 01-867.

26 Lothar Rühl beim Interview mit Hans-Peter Schwarz und Günter Buchstab, 14.10.2008.

27 »Der schwarze Riese« ist natürlich ein dankbarer Slogan für Karikaturisten, siehe: Iro-nimus (Hrsg.), *Der schwarze Riese. Helmut Kohl in der Karikatur,* Wien 1976.

Fingerhakeln mit Franz Josef Strauß (1974–1976)

1 Franz Georg Strauß, *Mein Vater. Erinnerungen,* München 2008, S. 127.

2 Erwin Wickert, *Die glücklichen Augen,* a.a.O., S. 295.

3 Ibd., S. 198.

4 *Allensbacher Jahrbuch der Demoskopie 1974–1976,* hrsg. von Elisabeth Noelle-Neu-mann, Wien 1976, S. 125.

5 Walther Leisler Kiep, *Was bleibt ist große Zuversicht,* a.a.O., Eintrag vom 23.11.1972, S. 75.

6 Ibd., Eintrag vm 9.8.1974, S. 125.

7 Tagebuch von Walther Leisler Kiep, Eintrag vom 14.10.1974, ACDP 01-867.

8 Ergebnisprotokolle der 27. und 28. Sitzung des Präsidiums der CDU am 28.10. und 11.11.1974, ACDP 07-001-1406/1407.

9 Matthias Dahlke, »Nur eingeschränkte Krisenbereitschaft«, in: *Vierteljahrshefte für Zeitgeschichte,* 55/4 (Oktober 2007), S. 662. – Hartmut Soell, *Helmut Schmidt. Macht und Verantwortung,* Stuttgart 2008, S. 648–652. – Helmut Kohl, *Erinnerungen 1930–1982,* a.a.O., S. 357–361. Kohl insistiert darauf, Schmidt habe damals keinen Moment in Zwei-fel gezogen, »daß oberstes Gebot die Rettung von Peter Lorenz sei«.

10 Zit. nach Matthias Dahlke, »Nur eingeschränkte Krisenbereitschaft«, a.a.O., S. 672.

11 Wolfgang Jäger/Werner Link, *Republik im Wandel, 1974–1982. Die Ära Schmidt,* Stutt-gart/Mannheim 1987, S. 38.

12 Karl Carstens, *Erinnerungen und Erfahrungen.* Hrsg. von Kai von Jena und Reinhard Schmoeckel, Boppard am Rhein 1993, S. 469.

13 Tagebuch von Walther Leisler Kiep, Eintrag vom 25.1.1975, ACDP 01-867.

14 Ibd., Eintrag vom 14.4.1975.

15 Ergebnisprotokoll der Sitzung des Bundesvorstandes der CDU am 12.5.1975 in der Po-litischen Akademie Eichholz, ACDP 07-001-950-961.

16 CDU-Pressemitteilung, 12.5.1975, ACDP 07-001-950-961.

17 Walther Leisler Kiep, *Was bleibt ist große Zuversicht,* a.a.O., Eintrag vom 30.5.1975, S. 138f.

18 Ibd., Eintrag vom 19.6.1975, S. 144f.

19 *Allensbacher Jahrbuch der Demoskopie 1974–1976,* a.a.O., S. 127.

20 Herbert Kremp an Axel Springer, 8.10.1975, AS-UA # 244.

21 Zahlen nach Georg W. Strobel, »Die Bundesrepublik Deutschland und Polen«, in: *Die Internationale Politik 1975/76,* Wien 1981, S. 169–180. – *Die Welt,* 8.8.1975.

22 Tagebuch von Walther Leisler Kiep, Eintrag vom 3.11.1975, ACDP 01-867.

23 Ibd., Eintrag vom 30.10.1975.

24 Ibd., Eintrag vom 26.11.1975.

25 CSU-Landesgruppe, Protokolle, 7. Wahlperiode, 7 (9.3.1976), ACSP.

26 Ibd., 8 (6.4.1976), ACSP.

27 Ibd., 8 (16.3.1976), ACSP.

28 Walther Leisler Kiep, *Was bleibt ist große Zuversicht,* a.a.O., Eintrag vom 12.3.1976, S. 172f.

29 Horst Teltschik beim Interview mit Hans-Peter Schwarz und Günter Buchstab, 12.2.2009.

30 Walther Leisler Kiep, *Was bleibt ist große Zuversicht,* a.a.O., Eintrag vom 12.3.1976, S. 172.

31 Franz Josef Strauß, *Die Erinnerungen,* Berlin 1989, S. 466.

»Zu kurz gesprungen«: die Bundestagswahl 1976

1 Ergebnisprotokoll der Sitzung des Bundesvorstandes der CDU am 14.1.1976 in der Politischen Akademie Eichholz, ACDP 07-001-962-975.

2 CDU-Bundesvorstand, 10.6.1974, ACDP.

3 *Allensbacher Jahrbuch der Demoskopie 1974–1976,* a.a.O., S. 118f.

4 Elisabeth Noelle-Neumann, *Die Erinnerungen,* München 2006, S. 221.

5 Ibd., S. 223.

6 Heiner Geißler beim Interview mit Hans-Peter Schwarz und Günter Buchstab, 5.6.2010.

7 *Allensbacher Jahrbuch der Demoskopie 1974–1976,* a.a.O., S. 126.

8 Hans-Otto Kleinmann, *Geschichte der CDU 1945–1982,* a.a.O., S. 371.

9 Hans-Georg Helwerth u.a., »Wahlkampf und politische Bildung. Eine Analyse der Bundestagswahl 1976«, in: *Aus Politik und Zeitgeschichte* [= Beilage zur Wochenzeitschrift *Das Parlament*], Jg. 27 (1977), B 9, S. 7.

10 »Strauß: ›Schluß mit der Pietät – jetzt wird gestorben‹«, in: *Quick,* 7.10.1976.

Kreuth

1 Hans-Peter Schwarz, »Die Fraktion als Machtfaktor«, in: ders. (Hrsg.), *Die Fraktion als Machtfaktor. CDU/CSU im Deutschen Bundestag 1949 bis heute,* München 2009, S. 284.

2 Friedrich Zimmermann, *Kabinettstücke. Politik mit Strauß und Kohl,* München 1994 (1991), S. 24.

3 *Datenhandbuch zur Geschichte des Deutschen Bundestages 1949 bis 1999,* Bd. I, Berlin 1999, S. 300f.

4 Tagebuchaufzeichnungen von Gerhard Stoltenberg, Eintrag vom 4.10.1976, ACDP.

5 Christian Schwarz-Schilling beim Interview mit Hans-Peter Schwarz und Günter Buchstab, 28.11.2008.

6 Heiner Geißler beim Interview mit Hans-Peter Schwarz und Günter Buchstab, 5.7.2010.

7 Eberhard von Brauchitsch, *Der Preis des Schweigens,* a.a.O., S. 235.

8 Tagebuchaufzeichnungen von Gerhard Stoltenberg, Eintrag vom 7.10.1976, ACDP. – CDU/CSU-Fraktion, Vermerk über die Beschlüsse der Fraktionsvorstandssitzung am 7.10.1976, ACDP VIII-001-1505/1.

9 Franz Josef Strauß am 7.10.1976 zum Wahlergebnis, CDU/CSU-Fraktion, 8. Wahlperiode, Protokoll der Fraktionssitzung, 7.10.1976, ACDP 08-001-1048/1.

10 Ibd.

11 Walther Leisler Kiep, *Was bleibt ist große Zuversicht,* a.a.O., Eintrag vom 11.10.1976, S. 187.

12 CSU-Landesgruppe, Protokolle 1976, 21 (7.10.1976), ACSP.

13 Tagebuchaufzeichnungen von Gerhard Stoltenberg, Eintrag vom 11.10.1976, ACDP.

14 Friedrich Zimmermann, *Kabinettstücke,* a.a.O., S. 22 – 24.

15 Mitteilung von Staatssekretär a.D. Wighard Härdtl, 2.1.2010.

16 Friedrich Zimmermann, *Kabinettstücke,* a.a.O., S. 26f.

17 Bernhard Vogel beim Interview mit Hans-Peter Schwarz und Günter Buchstab, 27.6.2008.

18 Walther Leisler Kiep, *Was bleibt ist große Zuversicht,* a.a.O., Eintrag vom 9.8.1974, S. 125.

19 Ibd., Eintrag vom 15.10.1972, S. 188.

20 Ergebnisprotokoll der Sitzung des Bundesvorstands, der Ministerpräsidenten, der Landesvorsitzenden und der Bundesvorsitzenden der Vereinigungen der CDU, 22.11.1976, und Pressemitteilung der CDU, 22.11.1976, ACDP 07-001-962-975.

21 *Allensbacher Jahrbuch der Demoskopie 1976 – 1977,* hrsg. von Elisabeth Noelle-Neumann, Wien 1977, S. 110.

22 »Kohl ist total unfähig zum Kanzler«, in: *Der Spiegel,* 49/1976 (29.11.1976).

23 Ibd.

24 Tagebuchaufzeichnungen von Gerhard Stoltenberg, Eintrag über ein Telefonat mit Helmut Kohl am 26.11.1976, ACDP.

25 PV Helmut Kohl, Bayern CDU-CSU 1976, Kreuth, HA III 1976 Radunski, ACDP 07-001.

26 Tagebuch von Walther Leisler Kiep, Eintrag vom 29.11.1976, ACDP 01-867.

27 Ergebnisprotokoll der Sitzung des Bundesvorstands, der Ministerpräsidenten, der Landesvorsitzenden und der Bundesvorsitzenden der Vereinigungen der CDU am 29.11.1976 in der Politischen Akademie Eichholz, ACDP 07-001-962-975.

28 Klaus Dreher, *Helmut Kohl. Leben mit Macht,* Stuttgart 1998, S. 195f.

29 CDU-Fraktion, 8. Wahlperiode, Protokoll der Fraktionssitzung vom 1.12.1976, ACDP 08-001-1048/1.

30 CSU-Landesgruppe, Protokolle 1976, 25 (1.12.1976), ACSP.

31 Tagebuchaufzeichnungen von Gerhard Stoltenberg, Eintrag vom 11.12.1976, ACDP.

32 CDU-Fraktion, 8. Wahlperiode, Protokoll der Fraktionssitzung vom 7.12.1976, ACDP 08-001-1048/1.

33 Ergebnisprotokoll der Sitzung des Bundesvorstandes, der Ministerpräsidenten, der Landesvorsitzenden und der Bundesvorsitzenden der Vereinigungen der CDU, 9.12.1976, Bonn, Konrad-Adenauer-Haus, und Pressemitteilung des Bundesvorstands

der CDU, 9.12.1976, ACDP 07-001-962-965. – Presseerklärung des Bundesvorstands der CDU, 9.12.1976, ACDP 07-001-962-969.

34 CSU-Landesgruppe, Protokolle 1976, 27 (13.12.1976), ACSP.

35 CDU/CSU-Fraktion, 8. Wahlperiode, Protokoll der Sitzung vom 15.12.1976, 1. Teil: Sitzung des CDU-Teils, ACDP VIII-001-1506/1.

36 Tagebuch von Walther Leisler Kiep, Eintrag vom 12.12.1976, ACDP 01-867.

Ausgebremst

1 Helmut Kohl im CDU-Bundesvorstand, 10.6.1974, ACDP.

2 Friedrich Zimmermann, *Kabinettstücke,* a.a.O., S. 54f.

3 Tagebuchaufzeichnungen von Gerhard Stoltenberg, Eintrag vom 27.8.1977, ACDP.

4 Hans R. Schneider, »Eine Woche vor dem Parteitag der CDU: Kohl baut neu auf«, in: *Welt am Sonntag,* 27.2.1977.

5 Walther Leisler Kiep, *Was bleibt ist große Zuversicht,* a.a.O., Eintrag vom 15.10.1976, S. 188.

6 Das berichtet Helmut Kohl am 20. Januar 1977 im Fraktionsplenum (CDU/CSU-Fraktion, 8. Wahlperiode, Fraktionsprotokoll, Sitzung vom 20.1.1977, ACDP VIII-001-1048/2).

7 Hans R. Schneider, »Eine Woche vor dem Parteitag der CDU: Kohl baut neu auf«, a.a.O.

8 Helmut Kohl, *Erinnerungen 1930–1982,* a.a.O., S. 446f.

9 »Das zweite Leben«, in: *Der Spiegel,* 46/1976 (8.11.1976).

10 Ibd.

11 Tagebuch von Walther Leisler Kiep, Eintrag vom 7.3.1977, ACDP 01-867.

12 Johannes Gross, »Warum Kohl bleibt«, in: *Frankfurter Allgemeine Zeitung,* 29.3.1977.

13 Tagebuchaufzeichnungen von Gerhard Stoltenberg, Eintrag vom 15.10.1977, ACDP.

14 Peter Janssen, »Kohl immer noch auf Bewährung«, in: *Handelsblatt,* 5.4.1977 (zit. nach: *Das Phänomen,* a.a.O., S. 151). – »Der Oppositionsführer in Bonn läßt dem Streß freien Lauf«, in: *Bonner Rundschau,* 2.10.1978.

15 Friedl Hange, »Kohl gerät ins Kreuzfeuer«, in: *Augsburger Allgemeine,* 19.5.1977.

16 »Die Ära Kohl geht zu Ende«, in: *Quick,* 7.6.1979 (zit. nach: *Das Phänomen,* a.a.O., S. 177).

Angezählt: Kohls Krisenjahr 1979

1 Die bisher beste Darstellung dieser *Cause célèbre* gibt Guido Hitze, *Verlorene Jahre? Die nordrhein-westfälische CDU in der Opposition 1975–1995* (Teil I: *1975–1985),* Düsseldorf 2010, S. 104–125.

2 In Gegenwart der Beteiligten wurde der Vorstoß auf der CDU-Bundesvorstandssitzung vom 11.1.1979 ausführlich erörtert. Die Tonbandaufzeichnung (ACDP VII-001-353) läßt den Vorgang schön rekonstruieren.

3 Guido Hitze, *Verlorene Jahre?,* a.a.O., S. 111.

4 CDU-Bundesvorstand, 11.1.1979 (= Abschrift der Tonbandaufzeichnung), ACDP 07-001-962-973.

5 Tagebuch von Walther Leisler Kiep, Eintag vom 11.1.1979, ACDP 01-867.

6 »Nur eine Galgenfrist für Helmut Kohl«, in: *Der Spiegel,* 4/1979 (15.1.1979).

7 CDU/CSU-Fraktion, 8. Wahlperiode, Protokoll der Fraktionssitzung vom 16.1.1979, ACDP VIII-001-1055/1.

8   Ergebnisprotokoll der 26. Sitzung des Präsidiums der CDU am 22.1.1979 in Bonn, Konrad-Adenauer-Haus, 10.00 – 12.30 (Entwurf; durchgestrichen), ACDP 07-001-1411.

9   Hans-Otto Kleinmann, *Geschichte der CDU,* a.a.O., S. 428.

10 Tagebuch von Walther Leisler Kiep, Eintrag vom 5.3.1979, ACDP 01-867.

11 Ibd., Eintrag vom 26.3.1979.

12 Ibd., Eintrag vom 23.4.1979.

13 CSU-Landesgruppe, Protokolle 1979, 6 (23.4.1979), ACSP.

14 Helmut Kohl, *Erinnerungen 1930 – 1982,* a.a.O., S. 541.

15 Tagebuch von Walther Leisler Kiep, Eintrag vom 8.5.1979, ACDP 01-867.

16 So hat das auch Helmut Kohl im Rückblick festgestellt (*Erinnerungen 1930 – 1982,* a.a.O., S. 528).

17 Tagebuchaufzeichnungen von Gerhard Stoltenberg, Eintrag vom 19./20.5.1979, ACDP.

18 Friedrich Zimmermann, *Kabinettstücke,* a.a.O., S. 84.

19 Guido Hitze, *Verlorene Jahre?,* a.a.O., S. 133, FN 160.

20 CDU/CSU-Fraktion, 8. Wahlperiode, Protokoll der Fraktionssitzung vom 29.5.1979, ACDP VIII-001-1056/1.

21 Tagebuchaufzeichnungen von Gerhard Stoltenberg, Eintrag vom 26.6.1979, ACDP.

22 Siehe Friedrich Zimmermann, *Kabinettstücke,* a.a.O., S. 81f. – Diese Linie skizziert auch Kohl in den *Erinnerungen* (S. 528): Am 24. Mai, als »die CSU im Alleingang vorpreschte«, seien die CDU-Gremien noch nicht mit der Nominierung Albrechts befaßt gewesen, und dieser Vorschlag »mußte – wie vereinbart – auch noch mit der CDU abgestimmt werden«.

23 CDU/CSU-Fraktion, 8. Wahlperiode, Protokoll der Fraktionssitzung vom 29.5.1979, ACDP VIII-001-1057/1.

24 Tagebuchaufzeichnungen von Gerhard Stoltenberg, Eintrag vom 18.6.1979, ACDP. Die folgende Darstellung des Sitzungsverlaufs stützt sich auf die detaillierte Tagebuchnotiz von Stoltenberg.

25 Walther Leisler Kiep, *Was bleibt ist große Zuversicht,* a.a.O., Eintrag vom 28.5.1979, S. 235 – 237. – Ergebnisprotokoll des erweiterten Bundesvorstands der CDU, 28.5.1979, Bonn, Konrad-Adenauer-Haus, ACDP 07-001-1032-1035; Prokokollnachträge auf Bitte von Dregger und Biedenkopf bei der Sitzung des erweiterten Bundesvorstandes am 8.6.1979 in der Politischen Akademie Eichholz.

26 Walther Leisler Kiep, *Was bleibt ist große Zuversicht,* a.a.O., Eintrag vom 29.5.1979, S. 237.

27 CSU-Landesgruppe, Protokolle 1979, 9 (1.6.1979), ACSP.

28 Klaus Dreher, *Helmut Kohl,* a.a.O., S. 230.

29 *Allensbacher Berichte,* 1979/Nr. 8.

30 Mitteilung von Staatssekretär a.D. Wighard Härdtl an den Verf., 2.1.2010.

31 Tagebuchaufzeichnungen von Gerhard Stoltenberg, Eintrag vom 1.6.1979, ACDP.

32 Ibd., 18.6.1979.

33 Walther Leisler Kiep, *Was bleibt ist große Zuversicht,* a.a.O., Eintrag vom 2.7.1979, S. 241.

34 CSU-Landesgruppe, Protokolle 1979, 12 (25.6.1979), ACSP.

35 Walther Leisler Kiep, *Was bleibt ist große Zuversicht,* a.a.O., Eintrag vom 2.7.1979, S. 241.

36 CDU/CSU-Bundestagsfraktion, 8. Wahlperiode, Protokoll der Fraktionssitzung vom 2.7.1979 (Wortprotokoll nach Bandaufzeichnung), ACDP VIII-001-1058/1.

37 »Strauß: Ich werde Kanzler oder bleibe in Bayern«, in: *Bonner Rundschau,* 4.7.1979.

38 Tagebuchaufzeichnungen von Gerhard Stoltenberg zur Kanzlerkandidatur, Mai/Juni 1979, ACDP.

39 Rolf Zundel, »Wo wir stehen, ist die Mitte«, in: *Die Zeit,* 6.11.1981.

40 Gerhard Stoltenberg, *Wendepunkte. Stationen deutscher Politik 1947–1990*, Berlin 1997, S. 263f.

41 Detlef Nakath/Gerd-Rüdiger Stephan, *Die Häber-Protokolle. Schlaglichter der SED-Westpolitik 1973–1985*, Berlin 1999, Gespräch vom 8.9.1980, S. 254.

42 »Die Ära Kohl geht zu Ende«, in: *Quick*, 7.6.1979. Zit. nach: *Das Phänomen*, a.a.O., S. 178.

43 Tagebuchaufzeichnungen von Gerhard Stoltenberg, Eintrag vom 1.6.1979, ACDP.

Warten auf Genscher (1980–1982)

1 CDU/CSU-Fraktion, 9. Wahlperiode, Protokoll der Fraktionssitzung vom 3.11.1980, ACDP VIII-001-1508/1.

2 Werner Bollmann, »Er ist wieder der Alte«, in: *Stuttgarter Nachrichten*, 3.4.1980.

3 Ernst Dieter Lueg, »Der neue Kohl«, in: *Bild am Sonntag*, 31.8.1980.

4 Frank Bösch, *Macht und Machtverlust*, a.a.O., S. 115.

5 CDU/CSU-Fraktion, 9. Wahlperiode, Protokoll der Fraktionssitzung vom 7.10.1980, ACDP VIII-001-1062/1.

6 Rainer Barzel, *Ein gewagtes Leben*, Stuttgart 2001, S. 374.

7 CDU/CSU-Fraktion, 9. Wahlperiode, Protokoll der Fraktionssitzung vom 12.1.1982, ACDP VIII-001-1066/1.

8 Thomas Kielinger, »Wo hält der Amerikaner noch?«, in: *Die Welt*, 19.10.1981.

9 »Starke Neigung«, in: *Der Spiegel*, 38/1981 (14.9.1981).

10 Sprechzettel zur Pressekonferenz Helmut Kohls am 21.10.1981, ACDP, Dokumentation.

11 Werner A. Perger, »Ein Partner ohne Vorbehalte«, in: *Deutsches Allgemeines Sonntagsblatt*, 25.10.1981.

12 Manfred Schell, »Kohls Mission in Amerika«, in: *Die Welt*, 19.10.1981.

13 »Starke Neigung«, in: *Der Spiegel*, a.a.O.

14 Thomas Kielinger, »Wiedervereinigung ist für Washington ein sensibles Thema«, in: *Die Welt*, 16.10.1981.

15 Gerhard Stoltenberg beim Gespräch mit Manfred Schell, 7.3.1986, in: Manfred Schell, *Die Kanzlermacher*, Mainz 1986, S. 189.

16 Hans-Jürgen Wischnewski beim Gespräch mit Manfred Schell, 29.3.1986, ibd., S. 269. – Ähnlich auch die Andeutung von Friedrich Zimmermann Anfang Januar 1982, ibd., S. 159.

17 So Lambsdorff beim Interview mit Manfred Schell am 16.12.1985, ibd., S. 14.

18 Ibd., S. 49.

19 Günter Verheugen beim Gespräch mit Manfred Schell, 27.2.1986, ibd., S. 235.

20 CDU/CSU-Fraktion, 8. Wahlperiode. Protokoll der Fraktionssitzung vom 8.9.1981, ACDP VIII-001-1065/1.

21 CDU/CSU-Fraktion, 8. Wahlperiode, Protokoll der Fraktionssitzung vom 12.5.1981, ACDP VIII-011-1063/1.

22 Günter Verheugen beim Gespräch mit Manfred Schell, Mainz 1986, in: Manfred Schell, *Die Kanzlermacher*, a.a.O., S. 230.

23 Zahlen nach: *Der Fischer Weltalmanach '84*, Frankfurt a. M. 1983, S. 519.

24 Walther Leisler Kiep, *Brücken meines Lebens*, München 2006, S. 207, 212.

25 Tagebuchaufzeichnungen von Gerhard Stoltenberg, Eintrag vom 8.10.1981, ACDP.

26 Ibd., Eintrag vom 15.4.1982.

27 *Allensbacher Berichte,* 1982/Nr. 28.

28 Walther Leisler Kiep, *Was bleibt ist große Zuversicht,* a.a.O., Eintrag vom 8.7.1982, S. 306.

29 Hartmut Soell, *Helmut Schmidt. Macht und Verantwortung,* a.a.O., S. 871.

30 »Kohl ist ein Unglück für die CDU«, in: *Der Spiegel,* 24/1982 (14.6.1982).

31 Detlef Nakath/Gerd-Rüdiger Stephan, *Die Häber-Protokolle,* a.a.O., S. 325.

32 Ibd., Gespräch mit Günter Verheugen, 15.6.1982, S. 327.

33 Ibd., Gespräch mit Walter Wallmann, 18.6.1982, S. 339f.

34 Helmut Kohl, *Erinnerungen 1930 – 1983,* a.a.O., S. 619f.

35 Über die Sondersitzung des Präsidiums am Samstag, 12.6.1982, von 16.00 – 21.00 Uhr im Bonner Konrad-Adenauer-Haus wurde kein Protokoll geführt (ACDP, 07-001).

36 Tagebuch von Walther Leisler Kiep, Eintrag vom 12.6.1982, ACDP 01-867.

37 Das berichtet Dregger am 15. Juni in der Fraktionsvorstandssitzung (Vermerk über die Beschlüsse der Fraktionsvorstandssitzung vom 14.6.1982, ACDP VIII-001-1513).

38 Pressemitteilung des CDU-Generalsekretärs Geißler über die Sitzung des Parteipräsidiums der CDU, 14.6.1982, ACDP, Dokumentation.

39 Vermerk über die Beschlüsse der Fraktionsvorstandssitzung am 14.6.1982, ACDP VIII-001-1513.

40 CDU/CSU-Fraktion, 9. Wahlperiode, Protokoll der Fraktionssitzung am 15.6.1982, ACDP VIII-001-1068/1.

41 CSU-Landesgruppe, Protokolle 1982, 11 (11.6.1982), ACSP.

42 Walther Leisler Kiep, *Was bleibt ist große Zuversicht,* a.a.O., Eintrag vom 12.7.1982, S. 306.

43 »Wenn nur die FDP nicht reinkommt«, in: *Der Spiegel,* 38/1982 (20.9.1982).

»Habemus papam – Ein Helmut geht, ein Helmut kommt.«

1 *Der Spiegel,* 33/1982 (16.8.1982).

2 Hans-Peter Schwarz, *Axel Springer. Die Biographie,* Berlin 2008, S. 609f.

3 CDU/CSU-Fraktion, 9. Wahlperiode, Protokoll der Fraktionssitzung vom 22.6.1982, ACDP VIII-001-1068/1.

4 Siehe Walther Leisler Kiep, *Was bleibt ist große Zuversicht,* a.a.O., Eintrag vom 19.8.1982, S. 306f.

5 Eduard Ackermann, *Mit feinem Gehör,* a.a.O., S. 177.

6 Hans-Dietrich Genscher, *Erinnerungen,* a.a.O., S. 450f.; dazu auch Hartmut Soell, *Helmut Schmidt. Macht und Verantwortung,* a.a.O., S. 874f.

7 Tagebuchaufzeichnungen von Gerhard Stoltenberg, Eintrag vom 22.8.1982, ACDP.

8 Ibd., Eintrag von 26./27.7.1982.

9 Ibd., Eintrag vom 2.7.1982.

10 Hans Joachim Noack/Wolfram Bickerich, *Helmut Kohl. Die Biographie,* Berlin 2010, S. 141.

11 Franz Georg Strauß, *Mein Vater,* a.a.O., S. 122.

12 Manfred Schell, *Die Kanzlermacher,* a.a.O., Interview mit Günter Verheugen, 27.2.1986, S. 230.

13 Gespräch BK Kohl mit Eugene Rostow, 14.10.1982, BKamt, 21-Ge, Bd. 63. Genauso äußert er sich danach gegenüber Präsident Mitterrand und Premierministerin Thatcher.

14 CDU/CSU-Fraktion, Vermerk über die Beschlüsse der Fraktionsvorstandssitzung am 6.9.1982 in Berlin, ACDP VIII-001-1513.

15 9. Bundestag, 111. Sitzung, 9.9.1982, S. 6756.

16 So Wolfgang Jäger in der nach wie vor gründlichsten Darstellung der Vorgeschichte des Regierungswechsels von Schmidt zu Kohl (Wolfgang Jäger/Werner Link, *Republik im Wandel 1974–1982. Die Ära Schmidt* [= *Geschichte der Bundesrepublik Deutschland*, Bd. 5/II], S. 242). Siehe auch den tendenziösen, aber stark wirksamen Schnellschuß des Regierungssprechers Klaus Bölling, *Die letzten 30 Tage des Kanzlers Helmut Schmidt.Ein Tagebuch,* Reinbek 1982, und Hartmut Soell, *Helmut Schmidt. Macht und Verantwortung,* a.a.O., S. 869–901, sowie, gestützt auf die zeitgenössischen Quellen, Klaus Bohnsack, »Die Koalitionskrise 1981/82 und der Regierungswechsel 1982«, in: *Zeitschrift für Parlamentsfragen* 14 (1983), S. 5–32. Sehr aufschlußreich ist weiterhin die schon verschiedentlich zitierte, auf Interviews mit den Hauptakteuren beruhende Studie des seinerzeitigen Bonner Korrespondenten für *Die Welt* Manfred Schell, *Die Kanzlermacher,* a.a.O. Eine detaillierte Schilderung der Vorgänge bei der FDP gibt Johannes Merck, »Von der sozialliberalen Koalition zur bürgerlichen Koalition«, in: Wolfgang Mischnick (Hrsg.), *Verantwortung für die Freiheit. 40 Jahre F.D.P.,* Stuttgart 1989, S. 246–281.

17 Tagebuchaufzeichnungen von Gerhard Stoltenberg, Eintrag vom 30.8.1982, ACDP.

18 Ergebnisprotokoll der 17. Sitzung des Präsidiums der CDU vom 30.8.1982 in Bonn, ACDP, 07-001-1413-15.

19 Helmut Kohl, *Erinnerungen 1930–1982,* a.a.O., S. 622, 629. – Hans-Dietrich Genscher, *Erinnerungen,* a.a.O., S. 456.

20 Manfred Schell, *Die Kanzlermacher,* a.a.O., S. 98.

21 Das Lambsdorff-Papier war betitelt: »Konzept für eine Politik zur Überwindung der Wachstumsschwäche und zur Bekämpfung der Arbeitslosigkeit«.

22 Ein zeitgenössischer Bericht zur Geschichte des Lambsdorff-Papiers ist: Peter Hort, »Sterbehilfe für die Koalition«, in: *Frankfurter Allgemeine Zeitung,* 17.9.1982.

23 Vermerk über die Beschlüsse der Fraktionsvorstandssitzung, 6.9.1982, ACDP VIII-001-1513. – CDU/CSU-Fraktion, 9. Wahlperiode, Protokoll der Fraktionssitzung in Berlin am 7.9.1982, ACDP VIII-001-1068/1.

24 CSU-Landesgruppe, Protokolle, 9. Wahlperiode, 1982, 12 (7.9.1982), ACSP.

25 Kohl hat tags darauf im Fraktionsplenum ausführlich über das denkwürdige Gespräch berichtet (CDU/CSU-Fraktion, 9. Wahlperiode, Protokoll der Fraktionssitzung am 17.9.1982, ACDP VIII-001-1068/1). – Siehe auch Helmut Kohl, *Erinnerungen 1930–1982,* a.a.O., S. 627f.

26 Manfred Schell, *Die Kanzlermacher,* a.a.O., Interview mit Friedrich Zimmermann, 4.2.1986, S. 169.

27 Vermerk über die Beschlüsse des Fraktionsvorstandes, 17.9.1982, ACDP VIII-001-1517.

28 CDU/CSU-Fraktion, 9. Wahlperiode, Protokoll der Fraktionssitzung vom 17.9.1982, ACDP VIII-001-1068/1.

29 So Helmut Kohl in der Sitzung des CDU/CSU-Fraktionsvorstands, Vermerk über die Beschlüsse der Fraktionsvorstandssitzung am 21.9.1982, ACDP VIII-001-1513.

30 Manfred Schell, *Die Kanzlermacher,* a.a.O., Interview mit Friedrich Zimmermann, 4.2.1986, S. 169.

31 Tagebuchaufzeichnungen von Gerhard Stoltenberg, Eintrag vom 20.9.1982, ACDP.

32 Ergebnisprotokoll der 18. Sitzung des Präsidiums der CDU am 20.9.1982 in Bonn, Konrad-Adenauer-Haus, ACDP 07-001-1413-15.

33 Tagebuchaufzeichnungen von Gerhard Stoltenberg, Eintrag vom 20.9.1982, ACDP.

34 Ibd. – Stoltenbergs späterer Bericht über die Verhandlungen (Gerhard Stoltenberg, *Wendepunkte,* a.a.O., S. 277f.) fußt auf der Basis dieser Aufzeichnungen.

35 Ergebnisprotokoll der Sitzung des Erweiterten Bundesvorstandes der CDU vom 20.9.1982, Bonn (11.00 – 13.15), und CDU-Pressemitteilung, 20.9.1982, ACDP 07-001-1032-1037.

36 Vermerk über die Beschlüsse der Fraktionsvorstandssitzung am 21.9.1982, ACDP VIII-001-1513. – CDU/CSU-Fraktion, Protokolle, 21.9.1982, ACDP VIII-001-1068/1.

37 CSU-Landesgruppe, Protokolle, 9. Wahlperiode, 1982, 13 (21.9.1982), ACSP.

38 Ergebnisprotokoll der 19. Sitzung des Präsidiums der CDU vom 27.9.1982 in Bonn, Konrad-Adenauer-Haus, ACDP 07-001-1413-1513.

39 Patricia Clough, »On trial: the colourless man from the sticks«, in: *The Times*, 27.9.1982, zit. nach: *Das Phänomen*, a.a.O., S. 201f.

40 Vermerk über die Beschlüsse der Fraktionsvorstandssitzung am 28.9.1982, ACDP VIII-001-1513.

41 Helmut Kohl, *Erinnerungen 1930 – 1982*, a.a.O., S. 641.

42 Ernst Jünger, *Siebzig verweht III*, Stuttgart 1993, S. 178.

43 Ibd., Eintrag vom 1.10.1982, S. 179.

Betrachtung
Nach dem Wirtschaftswunder

1 Den Titel entlehne ich bei Werner Abelshauser, *Nach dem Wirtschaftswunder. Der Gewerkschafter, Politiker und Unternehmer Hans Matthöfer*, Bonn 2009. Zusammen mit den einschlägigen Kapiteln seiner *Deutschen Wirtschaftsgeschichte seit 1945* (München 2004, S. 408 – 452) ist Abelshausers Biographie eine der anregendsten Untersuchungen zur Bonner Wirtschaftspolitik in den Zäsurenjahren der Kanzlerschaft Helmut Schmidts und der folgenden Periode. Im übrigen füllt das Zäsuren-Schrifttum bereits eine kleine Bibliothek. Einen Überblick zum neuesten Forschungsstand mit entsprechenden Literaturangaben vermitteln Andreas Rödder *(Die Bundesrepublik Deutschland 1969 – 1990*, München 2004, S. 174 – 190), Anselm Doering-Manteuffel, »Nach dem Boom. Brüche und Kontinuitäten der deutschen Industriemoderne seit 1979«, in: *Vierteljahrshefte für Zeitgeschichte*, 55/4 (Oktober 2007), S. 559 – 581, und Werner Plumpe, »Industrieland Deutschland 1945 – 2008«, in: Hans-Peter Schwarz (Hrsg.), *Die Bundesrepublik Deutschland. Eine Bilanz*, Köln 2008, S. 397 – 402.

2 Der verläßlichste Überblick zu den globalen Aspekten des Umbruchs in den siebziger und frühen achtziger Jahren findet sich in den *Jahrbüchern der Deutschen Gesellschaft für Auswärtige Politik*, die jeweils zwei Jahre abdecken *(Die Internationale Politik: 1970 – 1972*, München 1978; *1973/1974*, München 1980; *1975/1976*, München 1981; *1977/1978*, München 1982; *1979/1980*, München 1983; *1981/1982*, München 1984).

3 Zusammenfassend siehe Tim Schanetzky, *Die große Ernüchterung. Wirtschaftspolitik, Expertise und Gesellschaft in der Bundesrepublik 1966 bis 1982*, Berlin 2007.

4 Dennis L. Meadows u.a., *Die Grenzen des Wachstums. Bericht des Club of Rome zur Lage der Menschheit*, Stuttgart 1972.

5 Werner Abelshauser, *Deutsche Wirtschaftsgeschichte seit 1945*, a.a.O., S. 436.

6 Einen guten Überblick vermittelt Barry Eichengreen, *Vom Goldstandard zum Euro. Die Geschichte des internationalen Währungssystems*, Berlin 2000.

7 Raymond Aron, *Plädoyer für das dekadente Europa*, Berlin 1978 (1977).

8 Raymond Aron, *Erkenntnis und Verantwortung. Lebenserinnerungen*, München 1983, S. 500.

9 Hans-Peter Schwarz, »Das europäische Konzert der gelähmten Leviathane. Variatio-

nen zum Thema Unregierbarkeit und Außenpolitik«, in: Wilhelm Hennis u.a. (Hrsg.), *Regierbarkeit, Studien zu ihrer Problematisierung,* Bd. I, Stuttgart 1977, S. 296 – 312.

10 *Allensbacher Jahrbuch der Demoskopie 1974 – 1976,* a.a.O., S. 280. 28 Prozent meinten »Unmöglich zu sagen« und 22 Prozent »Beide gleich«.

11 Hans Maier, »Fortschrittsoptimismus oder Kulturpessimismus?«, in: *Vierteljahrshefte für Zeitgeschichte,* 56/1 (Januar 2008), S. 12.

12 *Allensbacher Jahrbuch der Demoskopie 1974 – 1976,* a.a.O., Erhebung vom Januar 1976, S. 221. Auf dieselbe Frage hatten im Jahr 1965 noch 47 Prozent »die Wiedervereinigung« genannt und nur 27 Prozent »wirtschaftliche Probleme«.

13 Zahlen nach dem Datenreport 1997 bei Andreas Wirsching, *Abschied vom Provisorium. Geschichte der Bundesrepublik Deutschland 1982 – 1990,* Stuttgart 2006, S. 237.

14 Siehe *Geschichte der Sozialpolitik in Deutschland seit 1945,* Bd. 5: Hans Günter Hockerts (Hrsg.), *Die Bundesrepublik 1966 – 1974. Eine Zeit vielfältigen Aufbruchs,* Baden-Baden 2006.

15 Zahlen nach Werner Abelshauser, *Deutsche Wirtschaftsgeschichte seit 1945,* a.a.O., S. 438f.

16 *Allensbacher Jahrbuch der Demoskopie 1978 – 1983,* hrsg. von Elisabeth Noelle-Neumann, München 1983, S. 529.

17 Joachim Radkau, *Die Ära der Ökologie. Eine Weltgeschichte,* München 2011, S. 211 – 254 (dort das zeitgenössische und aktuelle Schrifttum zur ökologischen Bewegung in der Bundesrepublik).

18 Robert Jungk, *Trotzdem. Mein Leben für die Zukunft,* München 1993, S. 468.

19 Das Schlagwort ist durch den Bestseller Robert Jungks popularisiert worden *(Der Atomstaat. Vom Fortschritt in die Unmenschlichkeit,* München 1977).

20 *Allensbacher Jahrbuch der Demoskopie 1978 – 1983,* a.a.O., S. 25.

21 Hans Apel, *Der Abstieg. Politisches Tagebuch eines Jahrzehnts,* Stuttgart 1990, S. 244.

22 Johannes Gross, »Ära Kohl« (April 1983), in: ders., *Wie das Wunder in die Jahre kam,* Düsseldorf 1994, S. 161.

23 Herbert Gruhl, *Ein Planet wird geplündert. Die Schreckensbilanz unserer Politik,* Frankfurt a. M. 1975.

24 Helmut Kohl, *Erinnerungen 1930 – 1982,* a.a.O., S. 494.

25 Walter Hallstein, *Der unvollendete Bundesstaat. Europäische Erfahrungen und Erkenntnisse,* Düsseldorf 1969.

26 *Jahrbuch der öffentlichen Meinung 1968 – 1973,* hrsg. von Elisabeth Noelle und Erich Peter Neumann, Allensbach/Bonn 1974, Erhebung vom Februar 1972, S. 561.

27 *Allensbacher Jahrbuch der Demoskopie 1978 – 1983,* a.a.O., Erhebung vom März 1979, S. 598.

28 *Jahrbuch der öffentlichen Meinung 1968 – 1973,* a.a.O., Erhebungen vom September 1971 und Mai/Juni 1973, S. 552 und 550.

29 *Allensbacher Jahrbuch der Demoskopie 1978 – 1983,* a.a.O., Erhebung vom Juli 1983, S. 615.

30 *Jahrbuch der öffentlichen Meinung 1968 – 1973,* a.a.O., Erhebungen vom Mai und März 1973, S. 578 und 551.

31 Hans Apel, *Der Abstieg,* a.a.O., S. 241.

32 Kurt Sontheimer, *Die verunsicherte Republik,* München 1979.

33 Kurt Sontheimer, *Tendenzwende?,* München 1983.

34 Ibd., S. 126f.

35 *Frankfurter Allgemeine Magazin,* Heft 240, 5.10.1984 (abgedruckt in Johannes Gross, *Notizbuch,* a.a.O., S. 263).

TEIL III
Kohls Minister, die Regierungsparteien und die Regierungszentrale

1 Dazu Friedrich Zimmermann, *Kabinettstücke,* Berlin 1994 (1991), S. 127.
2 Helmut Kohl, *Erinnerungen 1982 – 1990,* München 2005, S. 27.
3 Friedrich Zimmermann, *Kabinettsstücke,* a.a.O., S. 126.
4 Hans-Dietrich Genscher beim Interview mit Hans-Peter Schwarz und Günter Buchstab, 14.10.2008.
5 Klaus Kinkel beim Interview mit Hans-Peter Schwarz und Günter Buchstab, 2.10.2008. So auch Dorothee Wilms: »Kohl ist ja ein mißtrauischer Mann, und seine direkte Umgebung war immer klein«, Interview vom 12.6.2008. Genscher gibt auf die Interviewfrage: »Größte Stärke, größte Schwäche von Kohl?« zur Antwort: »Vielleicht war er zu mißtrauisch« (Dorothee Wilms beim Interview mit Hans-Peter Schwarz und Günter Buchstab, 14.10.2008).
6 Carl-Otto Lenz beim Interview mit Hans-Peter Schwarz und Günter Buchstab, 26.11.2008.
7 Frank Bötsch, *Macht und Machtverlust,* Stuttgart 2002, S. 127.
8 Guido Hitze, *Verlorene Jahre? Die nordrhein-westfälische CDU in der Opposition 1975 – 1995* (Teil I: *1975 – 1985*), Düsseldorf 2010, S. 425 – 967.
9 Friedrich Zimmermann, *Kabinettstücke,* a.a.O., S. 144f.
10 Hans-Peter Schwarz, *Axel Springer. Die Biographie,* Berlin 2008, S. 605 – 609.
11 Dona Kujacinski/Peter Kohl, *Hannelore Kohl. Ihr Leben,* München 2002, S. 175.

Glücklich davongekommen: die Neuwahlen am 6. März 1983

1 Hans Apel, *Der Abstieg,* Stuttgart 1990, S. 228.
2 Analyse und Konsequenzen der Bundestagswahl 1983. Bonn, 16.3.1983, I/13, ACDP 07-001-5402.
3 Für Anfang Februar 1983 ermittelt Emnid 49 Prozent für Kohl, 47 Prozent für Vogel; Ende Februar 53 Prozent für Kohl, 40 Prozent für Vogel. Quelle: Wahlkampfbericht der CDU-Bundesgeschäftsstelle, März 1983, S. 10, ACDP 07-001-5402.
4 *Der Fischer Weltalmanach '84,* Frankfurt a. M. 1983, S. 519.
5 Wahlkampfbericht der CDU-Bundesgeschäftsstelle, März 1983, S. 4, ACDP 07-001-5402. So auch Analyse und Konsequenzen der Bundestagswahl 1983. Bonn, 16.3.1983, II/53, ACDP 07-001-5402.
6 CDU/CSU-Fraktion, 10. Wahlperiode, Protokoll der Fraktionsitzung vom 13.12.1983, ACDP VIII-011-1513.
7 Walther Leisler Kiep, *Was bleibt ist große Zuversicht,* Berlin 1999, Eintrag vom 20.11.1982, S. 308.
8 Helmut Kohl, *Erinnerungen 1982 – 1990,* München 2005, S. 73f. – Manfred Schell, *Die Kanzlermacher,* Mainz 1986, S. 103.
9 Karl Carstens, *Erinnerungen und Erfahrungen,* Boppard am Rhein 1993, S. 557. – Helmut Kohl, *Erinnerungen 1982 – 1990,* a.a.O., S. 73.
10 Hans-Joachim Noack/Wolfram Bickerich, *Helmut Kohl,* Berlin 2010, S. 148.
11 »Wähleranteile der Parteien (Oktober 1980 – Jan. 1983) nach Allensbach, in: Wahlbericht der CDU-Bundesgeschäftsstelle, S. 8. – Die Zahlen des Politbarometers der Forschungsgruppe Wahlen sind noch besorgniserregender: Zweitstimmen Union 42,0 Prozent, FDP 2,5 Prozent, SPD 42,6 Prozent, Grüne 4,0 Prozent, Rest 8,9 Prozent (Politbarometer, Januar 1983).

12 *Allensbacher Jahrbuch der Demoskopie 1978–1983,* hrsg. von Elisabeth Noelle-Neumann, München 1983, S. 671, 673.

13 Hans Apel, *Der Abstieg,* a.a.O., S. 243f.

14 Wahlkampfstab, 21.2.1983, ACDP 07-001-5402.

Halbe Wende

1 Johannes Gross, *Notizbuch,* Stuttgart 1985 (Kolumne in der *Frankfurter Allgemeinen Zeitung* vom 7.10.1983), S. 199.

2 Johannes Gross, *Begründung der Berliner Republik. Deutschland am Ende des 20. Jahrhunderts,* Stuttgart 1995, S. 78.

3 »Die Zitterpartie der Liberalen«, in: *Der Spiegel,* 26/1984 (26.6.1984), S. 20.

4 Verhandlungen des Deutschen Bundestags, 9. Wahlperiode. Sten.Berichte, Bd. 122, S. 7214–7219, und 10. Wahlperiode. Sten.Berichte, Bd. 124, S. 56–62.

5 Zahlen nach Werner und Reimut Zohlnhöfer, »Die Wirtschaftspolitik der Ära Kohl 1982–1989/90«, in: Günter Buchstab u.a. (Hrsg.), *Die Ära Kohl im Gespräch,* Köln 2010, S. 38.

6 Zahlen nach Andreas Wirsching, *Abschied vom Provisorium. Geschichte der Bundesrepublik 1982–1990,* München 2006, S. 304, 307.

7 Zohlnhöfner, »Die Wirtschaftspolitik der Ära Kohl 1982–1989/90«, a.a.O., S. 42. Ähnlich Manfred G. Schmid, »Sozialpolitik 1982–1989«, in: Günter Buchstab (Hrsg.), *Die Ära Kohl,* a.a.O., S. 443, und Andreas Wirsching, *Abschied vom Provisorium,* a.a.O., S. 228 und passim. Diese These wird auch in dem Sammelband zur *Geschichte der Sozialpolitik in Deutschland seit 1945* breit entfaltet (Bd. 7: Manfred G. Schmidt [Hrsg.], *Finanzielle Konsolidierung und institutionelle Reform 1982–1989,* Baden-Baden 2005). In der bisherigen Forschung ist es ziemlich unumstritten, daß die Wendepolitik trotz der Korrektur einiger Auswüchse im Kontext einer recht kontinuierlichen Entwicklung der Arbeits- und Sozialbeziehungen verblieb (Andeas Rödder, *Die Bundesrepublik Deutschland 1969–1990,* München 2005, S. 183).

8 Manfred G. Schmidt, »Sozialpolitik 1982–1989«, a.a.O., S. 436.

9 Stoltenberg vor der CDU/CSU-Fraktion, CDU/CSU-Fraktion, 11. Wahlperiode, Protokoll der Sitzung vom 17.2.1987, ACDP 08-001-1081/1.

10 Gerhard Stoltenberg, *Wendepunkte,* Berlin 1997, S. 302.

11 Andreas Wirsching, *Abschied vom Provisorium,* a.a.O., S. 700.

12 CDU/CSU-Fraktion, 11. Wahlperiode, Protokoll der Sitzung am 19.9.1988, ACDO 08-001-1086/2.

13 CDU/CSU-Fraktion, 10. Wahlperiode, Protokoll der Sitzung vom 4.11.1986, ACDP VIII-001-1072/2.

14 Hans Tietmeyer beim Interview mit Hans-Peter Schwarz und Günter Buchstab, 4.7.2008.

15 Gerhard Stoltenberg, *Wendepunkte,* a.a.O., S. 287.

16 CDU/CSU-Fraktion, 11. Wahlperiode, Protokoll der Sitzung vom 10.3.1987, ACDP 08-001-1081/2.

17 Vemerk über das Gespräch des Bundeskanzlers mit dem französischen Premierminister Jacques Chirac, 17.4.1986, im Bundeskanzleramt, BKamt, 21-GE 28, Bd. 70.

18 Helmut Kohl, *Erinnerungen 1982–1990,* a.a.O., S. 335.

19 Andreas Wirsching, *Das Ende des Provisoriums,* a.a.O., S. 528.

20 Zahlen nach Wirsching, ibd., S. 281.

21 Gerhard Stoltenberg, *Wendepunkte,* a.a.O., S. 326.

22 Andreas Wirsching, *Das Ende des Provisoriums,* a.a.O., S. 532.

23 CDU/CSU-Fraktion, 10. Wahlperiode, Protokoll der Sitzung vom 16.10.1984, ACDP VIII-001-1073/1.

24 Vermerk über das Gespräch des Bundeskanzlers mit dem französischen Präsidenten Mitterrand, 26.8.1986, 13.00 bis 15.30 Uhr, in Heidelberg, BKamt aus 21-Ge 28, Bd. 71.

25 Hans Tietmeyer beim Interview mit Hans-Peter Schwarz und Günter Buchstab, 4.7.2008.

26 So die Bezeichnung des berühmten Tendenzwende-Kongresses in München aus dem Jahr 1974 in der Münchner Akademie der Schönen Künste. Zur Desillusionierung der Konservativen in der Union nach der »Wende« siehe Andreas Wirsching, *Abschied vom Provisorium,* a.a.O., S. 50–55.

27 31. CDU-Bundesparteitag in Köln, 25./26.5.1983, Protokoll.

28 Günter Rohrmoser, *Das Debakel. Wo bleibt die Wende? Fragen an die CDU,* Krefeld 1985.

29 Andreas Rödder, *Die Bundesrepublik Deutschland 1969–1990,* a.a.O., S. 78. Dort auch die entsprechende Forschungsliteratur.

Defensive Deutschlandpolitik

1 Detlef Nakath/Gerd-Rüdiger Stephan, *Die Häber-Protokolle. Schlaglichter der SED-West-politik 1973–1985,* Berlin 1999, Information über eine Begegnung am 15.1.1975, S. 76f.

2 So Heinrich Potthoff, *Im Schatten der Mauer. Deutschlandpolitik 1961 bis 1990,* Berlin 1999, S. 208.

3 Ziemlich übereinstimmend wird in der Forschungsliteratur betont, daß Bundeskanzler Kohl stärker als die vorhergehenden Regierungen Schmidt und Brandt den letztlich unversöhnlichen Systemgegensatz und auch die Grenzen beleuchtet hat, die das Grundgesetz einer uneingeschränkten Hinnahme der Zweistaatendoktrin der DDR entgegensetzte. Dazu ausführlich, gestützt auf eine Auswertung der internen Dokumente, Karl-Rudolf Korte, *Deutschlandpolitik in Helmut Kohls Kanzlerschaft. Regierungsstil und Entscheidungen 1982–1989* (= *Geschichte der deutschen Einheit,* Bd. 1), Stuttgart 1998, S. 143–160.

4 Bericht von Bundeskanzler Dr. Helmut Kohl zur Lage der Nation im geteilten Deutschland, 15. März 1984, in: *Bulletin* (Presse- und Informationsamt der Bundesregierung), Nr. 30 (16.3.1984), S. 261–268.

5 CDU/CSU-Fraktion. 10. Wahlperiode, Protokoll der Fraktionssitzung am 8.11.1983, ACDP VIII-001-1071/1.

6 Dazu detailliert Karl-Rudolf Korte, *Deutschlandpolitik in Helmut Kohls Kanzlerschaft,* a.a.O., S. 161–184, und Manfred Kittel, »1983. Strauß' Milliardenkredit für die DDR«, in: Udo Wengst/Hermann Wentker (Hrsg.), *Das doppelte Deutschland. 40 Jahre Systemkonkurrenz,* Bonn 2008, S. 307–333.

7 Helmut Kohl, *Erinnerungen 1982–1990,* a.a.O., S. 175f.

8 Gespräch zwischen Erich Honecker und Helmut Kohl, 24.1.1983, in: Heinrich Potthoff, »*Die Koalition der Vernunft«. Deutschlandpolitik in den 80er Jahren,* München 1995, S. 105.

9 Karl-Rudolf Korte, *Deutschlandpolitik in Helmut Kohls Kanzlerschaft,* a.a.O., S. 170.

10 Helmut Kohl, *Erinnerungen 1982–1990,* a.a.O, S. 183.

Stationierung der Pershing II

1 Raymond Aron, *Erkenntnis und Verantwortung. Lebenserinnerungen,* München 1985 [1983], S. 501.

2 Helmut Kohl, »Perspektiven deutscher Außenpolitik für die achtziger Jahre«, in: *Sonde,* 13 (1980), Heft 2/3, S. 18 – 28. – Zu den Genfer Verhandlungen sowie den korrespondierenden Kampagnen gegen die Staationierung der Pershing II und von Cruise Missiles siehe: Philipp Gassert/Tim Geiger/Hermann Wentker (Hrsg.), *Zweiter Kalter Krieg und Friedensbewegung. Der NATO-Doppelbeschluß in deutsch-deutscher und internationaler Perspektive,* München 2011.

3 CDU-Präsidium, 30.3.1981, ACDP 07-001-1414.

4 Vermerk über das Gespräch des Bundeskanzlers mit Präsident Mitterrand, 22.10.1982, BKamt aus 21-Ge 28, Bd. 63.

5 Regierungserklärung vom 13.10.1982, in: *Europa-Archiv,* 37/22 (1982), D 572.

6 Gespräch des Bundeskanzlers mit dem Vorsitzenden des Ministerrats der RSFS M. S. Solomenzew, 7.10.1982, von 12.45 bis 13.45, im Bundeskanzleramt, BKamt aus 21-Ge 28, Bd. 63.

7 Stefan Fröhlich, *»Auf den Kanzler kommt es an«: Helmut Kohl und die deutsche Außenpolitik. Persönliches Regiment und Regierungshandeln vom Amtsantritt bis zur Wiedervereinigung,* Paderborn 2001, S. 168f.

8 Lothar Rühl, *Mittelstreckenwaffen in Europa: Ihre Bedeutung in Strategie, Rüstungskontrolle und Bündnispolitik,* Baden-Baden 1987, S. 306. – Siehe auch Thomas Risse-Kappen, *Null-Lösung. Entscheidungsprozesse zu den Mittelstreckenwaffen 1970 – 1987,* Frankfurt/New York 1988.

9 Vermerk über das Vier-Augen-Gespräch des Bundeskanzlers mit PM Thatcher bei den deutsch-britischen Konsultationen, Freitag, 22.4.1983, 9.00 – 10.30, BKamt aus 21-Ge 28, Bd. 64.

10 Vermerk über das Vier-Augen-Gespräch des Bundeskanzlers mit dem italienischen Ministerpräsidenten Craxi, 23.9.1983, BKamt aus 21-Ge 28, Bd. 65.

11 Vermerk über das Gespräch des Bundeskanzlers mit Vizepräsident George Bush, Samstag, 25.6.1983, in Krefeld. Dauer: etwa ½ Stunde, BKamt aus 21-Ge 28, Bd. 64.

12 Vermerk über das Gespräch des Bundeskanzlers mit Generalsekretär Andropow, 5.7.1983, 11.30 – 13.00, im Kreml, BKamt aus 21-Ge 28, Bd. 64.

13 Vermerk über das Vier-Augen-Gespräch des Bundeskanzlers mit dem italienischen Ministerpräsidenten Craxi, 23.9.1983, BKam 21-Ge 28, Bd. 65.

14 Aufzeichnung über das Gespräch des Bundeskanzlers mit dem ehemaligen amerikanischen Generalstabschef General David Jones, 8.6.1983, BKamt aus 21-Ge 28, Bd. 64.

15 Lothar Rühl beim Interview mit Hans-Peter Schwarz und Günter Buchstab, 14.10.2008.

16 Ulrich Weisser, *Strategie als Berufung. Gedanken und Erinnerungen zwischen Militär und Politik,* Bonn 2011, S. 86f.

17 Vermerk über das Gespräch des Bundeskanzlers mit Vizepräsident George Bush, Samstag, 27.6.1983, in Krefeld, Dauer: ½ Stunde, BKamt 21-Ge 28, Bd. 64.

18 Vermerk über das Vier-Augen-Gespräch des Bundeskanzlers mit PM Thatcher anläßlich der deutsch-britischen Gipfelkonsultationen, 8.11.1983, BKamt aus 21-Ge 28, Bd. 65.

19 Philipp Gassert, »Viel Lärm um Nichts?«, in: Philipp Gassert u.a.(Hrsg.), *Zweiter Kalter Krieg und Friedensbewegung,* München 2011, S. 175.

20 Vermerk über das Gespräch des Bundeskanzlers mit dem Staats- und Parteichef der Rumänischen Volksrepublik, Nicolae Ceaușescu, 15.10.1984, BKamt aus 21-Ge 28, Bd. 67.

21 Helmut Kohl, *Erinnerungen 1982 – 1990,* a.a.O., S. 201.

Kohl und Mitterrand finden sich

1 Jacques Attali, *Verbatim I*. Première partie: *1981 – 1983*, Paris 1993, Eintrag vom 2.10.1982, S. 491.

2 Hubert Védrine, *Les mondes de François Mitterrand. À l'Élysée 1981 – 1995*, Paris 1996, S. 290.

3 Jacques Attali, *Verbatim I*. Première partie: *1981 – 1983*, a.a.O., Eintrag vom 29.9.1982, S. 489.

4 Ibd., Eintrag vom 21.10.1982, S. 509.

5 Vermerk über das Gespräch des Bundeskanzlers mit Präsident Mitterrand, 22.10.1982, 9.40 – 11.00, BKamt aus 21-Ge 28, Bd. 63.

6 Helmut Kohl, *Erinnerungen 1982 – 1990*, a.a.O., S. 104f.

7 Rede des französischen Staatspräsidenten François Mitterrand, Bonn, 20.1.1983, in: *Europa-Archiv*, 38/5 (1983), D 145 – 155.

8 Rede des deutschen Bundeskanzlers Helmut Kohl, Paris, 21.1.1983, ibd., D 155 – 162.

9 Gerhard Stoltenberg, *Wendepunkte*, Berlin 1997, S. 316.

10 Franz-Olivier Giesbert, *François Mitterrand*, Berlin 1997 [1996], S. 379.

11 Jacques Delors, *Mémoires*, Paris 2004, S. 123.

12 Jacques Attali, *Verbatim I*. Première partie: *1981 – 1983*, a.a.O., Eintrag vom 21.4.1983, S. 650.

13 Einen umfassenden Überblick über die Themen und die Medienstrategie dieser Gipfeltreffen gibt Christoph Lind, *Die deutsch-französischen Gipfeltreffen der Ära Kohl-Mitterrand 1982 – 1994. Medienspektakel oder Führungsinstrument?*, Baden-Baden 1998.

14 Die verläßlichsten Gesamtüberblicke vermitteln Gisela Müller-Brandeck *(Frankreichs Europapolitik*, Wiesbaden 2004, und: *Deutsche Europapolitik*, 2. erw. Aufl., Wiesbaden 2010) und Hans Starck, *Helmut Kohl, l'Allemagne et l'Europe*, Paris 2004.

15 Margaret Thatcher, *Downing Street No. 10. Die Erinnerungen*, Düsseldorf 1993, S. 767.

16 Helmut Kohl, *Erinnerungen 1982 – 1990*, a.a.O., S. 104.

17 Jacques Attali, *C'était François Mitterrand*, Paris 2005, S. 408.

18 Pierre Péan, *Eine französische Jugend – François Mitterrand 1934 – 1947*, München 1995 [1994].

19 Brigitte Seebacher-Brandt, »Mitterrand, Brandt, Kohl und die nationale Frage in Deutschland«, in: Tilman Mayer (Hrsg.), *20 Jahre Deutsche Einheit. Erfolge, Ambivalenzen, Probleme*, Berlin 2010, S. 61.

20 Die amtlichen Quellen sind erst partiell zugänglich. Einen Überblick zum gegenwärtigen Forschungsstand mit nützlicher Bibliographie vermittelt Ulrich Lappenküpper, *Mitterrand und Deutschland. Die enträtselte Sphinx*, München 2011. Lappenküpper hat die Überschrift einem skeptischen Essay entlehnt, in dem ich selbst entgegen der in Deutschland eher unkritischen Verehrung des »Europäers« Mitterrand die durchgehende Ambivalenz seiner Politik auch gegenüber der Bundesrepublik zu beleuchten suche (Hans-Peter Schwarz, »Die enträtselte Sphinx«, in: *Das Gesicht des Jahrhunderts. Monster, Retter, Mediokritäten*. Erweiterte Neuauflage München 2010 [1998], S. 683 bis 692). Auf die Ambivalenz der Einstellung Mitterrands gegenüber der Bundesrepublik macht auch Georges-Henri Soutou aufmerksam, einer der besten Kenner der neuesten französischen Diplomatiegeschichte (*L'alliance incertaine. Les rapports politico-stratégiques franco-allemands, 1954 – 1996*, Paris 1996, S. 371 – 411).

Werben um die »eiserne Lady«

1 Vermerk über das Vier-Augen-Gespräch des Bundeskanzlers mit PM Thatcher bei den deutsch-britischen Konsultationen, Freitag, 22.4.1983, 9.00 – 10.30, BKamt aus 21-Ge 28, Bd. 64.
2 Margaret Thatcher, *Downing Street No. 10,* a.a.O., S. 1033.
3 Gespräch des Bundeskanzlers mit dem portugiesischen Präsidenten General Eanes, 29.3.1984, BKamt aus 21-Ge 28, Bd. 66.
4 Margaret Thatcher, *Downing Street No. 10,* a.a.O., S. 374.
5 Nigel Lawson, *The View from No. 11. Memoirs of a Tory Radical,* London 1992, S. 275.
6 Ibd., S. 1033.
7 Margaret Thatcher, *Statecraft. Strategies for a Changing World,* London 2003, S. 6.
8 Ibd., S. 767.
9 Helmut Kohl, *Erinnerungen 1982 – 1990,* a.a.O., S. 156.
10 Hubert Védrine, *Le monde de François Mitterrand,* a.a.O., S. 298.

Innenpolitische Achterbahnfahrt (1984 – 1986)

1 Rudolf Augstein, »Kanzler Tunix«, in: *Der Spiegel,* 5/1984 (30.1.1984).
2 Friedbert Pflüger, *Richard von Weizsäcker,* Stuttgart 1990, S. 84.
3 Helmut Kohl, *Erinnerungen 1982 – 1990,* a.a.O., S. 244f.
4 Richard von Weizsäcker, *Vier Zeiten. Erinnerungen,* Berlin 1997, S. 305.
5 Dazu umfassend Rolf Ebbinghaus, *Die Kosten der Parteiendemokratie. Studien und Materialien zu einer Bilanz staatlicher Parteienfinanzierung in der Bundesrepublik Deutschland,* Opladen 1996. Ähnlich informativ ist Frank Bösch, *Macht und Machtverlust. Die Geschichte der CDU,* Stuttgart 2002, S. 156 – 190. – Im Rechenschaftsbericht für 1983 gibt die CDU Einnahmen in Höhe von 252,9 Millionen DM an. Ihre Mitgliedsbeiträge machen nur einen kleineren Teil der Einnahmen aus (24,6 Millionen DM). Ein weiterer großer Posten sind die Erstattungsbeiträge gemäß Parteiengesetz, die sich aber nur auf Wahlen beziehen dürfen (49,4 Millionen DM). (Zahlen nach Wolfgang Rudzio, *Das politische System der Bundesrepublik Deutschland. Eine Einführung,* 2. aktualisierte Aufl., Opladen 1987, S. 138.) – Vergleichszahlen: SPD 233,5 Millionen DM; CSU 68,3 Millionen DM; FDP 49,9 Millionen DM.
6 Walther Leisler Kiep, *Was bleibt ist große Zuversicht,* Berlin 1999, S. 315. Siehe auch S. 340f. In den siebziger Jahren ist der in den Rechenschaftsberichten angegebene Spendenanteil der CDU beträchtlich (1976: 34,8 Millionen DM), von da an deutlich rückläufig (1980: 27,4 Millionen DM; 1982: 20,6 Millionen DM; 1983: 15,9 Millionen DM; 1984: 12,5 Millionen DM). Zur Entwicklung des Systems der Parteifinanzierung der CDU von den fünfziger Jahren bis Mitte der achtziger Jahre siehe Frank Bösch, *Macht und Machverlust,* a.a.O., S. 156 – 179. Bösch macht deutlich, daß Kohl auch in dieser Hinsicht ein Erbe und Enkel Adenauers ist, zu dessen Zeiten die Staatsbürgerliche Vereinigung zur steuerbegünstigten Weiterleitung von Großspenden aufgeblüht ist, was sich im Verlauf der siebziger Jahre zur »Zeitbombe« entwickelte; »Gewohnheit, Kalkül und Machtwille liefen hier zusammen« (S. 172). Besonders scharf, gut belegt, aber zugleich einseitig schildert Klaus Dreher die zwischen 1973 und 1986 unter der Verantwortung Kohls betriebene Spendenpraxis *(Kohl und die Konten. Eine schwarze Finanzgeschichte,* Stuttgart 2002, S. 60 – 75). Die Einseitigkeit besteht darin, daß Dreher, ein guter Kenner der Bonner Szene, seine moralische Entrüstung fast ausschließlich auf Kohl und die CDU richtet, dabei wohl wissend, daß diese ähnlich

lichtscheue Finanzierungspraktiken pflegte wie auch die mit ihr konkurrierenden Parteien. Das entschuldigt Gesetzesverstöße der Unionsparteien nicht, erklärt aber, weshalb sie aus einer Art Notstand aufgrund der Parteienkonkurrenz daraus die Rechtfertigung dafür ableiteten.

7 CDU/CSU-Fraktion, 10. Wahlperiode, Sitzungsprotokoll vom 3.5.1984, ACDP VIII-001-1072/1.

8 Eberhard von Brauchitsch, *Der Preis des Schweigens. Erfahrungen eines Unternehmers,* Berlin 1999, S. 234, 244–252.

9 Tagebuch von Walther Leisler Kiep, Eintrag vom 11.5.1984, ACDP 01-867.

10 CDU/CSU-Fraktion, 10. Wahlperiode, Protokoll der Fraktionssitzung vom 3.5.1984, ACDP 08-001-1072/1.

11 Tagebuch von Walther Leisler Kiep, Eintrag vom 24.5.1984, ACDP 01-867.

12 *Der Spiegel,* 26/1984 (25.6.1984).

13 Jacques Attali, *Verbatim I.* Deuxième partie: *1983–1986,* Paris 1993, Einträge vom 24.3. und 25.6.1984.

14 Heiner Geißler beim Interview mit Hans-Peter Schwarz und Günter Buchstab, 5.7.2010.

15 Politbarometer der Forschungsgruppe Wahlen, Mai 1982, vorgestellt von Klaus Bresser, ZDF, 4.6.1984.

16 Rainer Barzel, *Ein gewagtes Leben,* Stuttgart 2001, S. 390–409.

17 Zur Aussage Kohls vor dem Untersuchungsausschuß des Deutschen Bundestags am 7.11.1984 siehe Hans Leyendecker, Heribert Prantl, Michael Stiller, *Helmut Kohl, die Macht und das Geld,* Göttingen 2000, S. 123–125, sowie Klaus Dreher, *Kohl und die Konten,* a.a.O., S. 46–52.

18 Zu der Thematik ausführlich unter Heranziehung des umfangreichen Schrifttums siehe Andreas Wirsching, *Abschied vom Provisorium,* a.a.O., S. 466–491.

19 Gespräch mit dem Vorsitzenden des Ministerrats der RSFS, Solomenzew, 7.10.1982, BKamt aus 21-Ge 28, Bd. 63. – So führt er sich auch bei Mitterrand ein (Jacques Attali, *Verbatim I.* Première partie: *1981–1983,* a.a.O., Eintrag vom 2.10.1982, S. 491).

20 Noch der wortreiche Bericht in den Memoiren über seine erste Reise als Bundeskanzler nach Israel im Januar 1984 läßt erkennen, wie stark er durch die Kritik an der harmlosen Redewendung »Gnade der späten Geburt« in die Defensive gedrängt wurde *(Erinnerungen 1982–1990,* a.a.O., S. 218–234).

21 Vermerk über das Gespräch des Bundeskanzlers mit Präsident Mitterrand in Saarbrükken, 20.5.1984, BKamt aus 21-GE 28, Bd. 66.

22 Lou Canon, *President Reagan. The Role of a Lifetime,* New York 2000 [1991], S. 508f.

23 Ibd., S. 516–519.

24 Edmund Morris, *Dutch. A Memoir,* New York 1999, S. 532.

25 Helmut Kohl, *Erinnerungen 1982–1990,* a.a.O., S. 355.

26 Hier zitiert nach einer längeren Passage, die Schäuble während einer ausführlichen Darstellung des Sachstands in der CDU/CSU-Fraktion verlesen hatte (CDU/CSU-Fraktion, 10. Wahlperiode, Protokoll der Fraktionssitzung vom 18.2.1986, ACDP 08-001-1076/I).

27 Helmut Kohl, *Erinnerungen 1982–1990,* a.a.O., S. 307.

28 Streitgespräch anläßlich des anhängigen Ermittlungsverfahrens gegen BK Kohl zwischen Heiner Geißler und Otto Schily, in: ZDF, 19.2.1986.

29 Die Stellungnahme der Staatsanwaltschaft Koblenz zur Einstellung des Ermittlungsverfahrens ist abgedruckt in: *Die Welt,* 22.5.1986. Der Einstellungsbeschluß des Leitenden Oberstaatsanwalts ging auch auf einige Zeugenaussagen in diesem Kontext ein und

resümierte: »Nach dem Ergebnis der Ermittlungen war auch insofern ein Tatverdacht zu verneinen.« Verwiesen wurde in diesem Zusammenhang auf Zeugenaussagen von Leisler Kiep, Dr. Uwe Lüthje, Otto Theißen, Schatzmeister der CDU des Landes Rheinland-Pfalz, Wilhelm Gaddum und Hans Terlinden, seit 1966 hauptamtlicher Geschäftsführer der CDU des Landes Rheinland-Pfalz. Diese hätten »übereinstimmend ausgesagt, mit dem damaligen Ministerpräsidenten des Landes Rheinland-Pfalz, Dr. Kohl, über steuerliche Probleme bei der Abwicklung von Spenden über die Staatsbürgerliche Vereinigung 1954 e.V. nicht gesprochen zu haben«. Auf die zu diesem Zeitpunkt seit langem verjährten Vorgänge und die beschönigenden Aussagen von Lüthje und Terlinden fiel im Jahr 2000 im Zusammenhang mit der Parteispendenaffäre neues Licht. Siehe unser entsprechendes Kapitel.

30 ZDF-Politbarometer, 7.4.1986.
31 »Neue Mehrheit für den Ausstieg«, in: *Der Spiegel,* 20/1986 (12.5.1986).
32 Ergebnisprotokoll der Sitzung des erweiterten Bundesvorstandes der CDU, 12.5.1986, in Bonn, Konrad-Adenauer-Haus (12.30 – 15.30), ACDP, 07-001-1073.
33 »Die Geldwäsche der Genossen«, in: *Der Spiegel,* 28/1986 (7.7.1986).
34 ZDF-Politbarometer, 1.12.1986.
35 Helmut Kohl, *Erinnerungen 1982 – 1990,* a.a.O., S. 450.
36 »Kohl To Reagan: ›Ron, Be Patient‹«, in: *Newsweek,* 27.10.1986.
37 Hans-Dietrich Genscher, *Erinnerungen,* Berlin 1995, S. 515 – 521.
38 *Allensbacher Jahrbuch der Demoskopie 1984 – 1992,* hrsg. von Elisabeth Noelle-Neumann und Renate Köcher, München 1993, S. 759.
39 »Mir werde ja net wirklich rechts«, in: *Der Spiegel,* 47/1986 (17.11.1986).
40 Jürgen Busche, *Helmut Kohl. Anatomie eines Erfolgs,* Berlin 1998, S. 201.

»Die Karawane zieht weiter« (1987 und 1988)

1 CDU/CSU-Fraktion, 10. Wahlperiode, Protokoll der Fraktionssitzung am 27.1.1987, ACDP 08-001-1018/1 1987.
2 Ibd.
3 »Geißler: Ich bin voll unabhängig«, in: *Der Spiegel,* 40/1986 (29.9.1986).
4 ZDF-Politbarometer, 1.12.1986.
5 »Die Berechnungen sind eine Fata Morgana«, in: *Der Spiegel,* 10/1987 (2.3.1987).
6 Helmut Kohl, *Erinnerungen 1982 – 1990,* a.a.O., S. 720.
7 Ernst Albrecht, *Erinnerungen, Erkenntnisse, Entscheidungen. Politik für Deutschland, Europa und Niedersachsen,* Göttingen 1999, S. 110f.
8 ZDF-Politbarometer, 5.10.1987.
9 ZDF-Politbarometer, 25.4.1988.
10 Gerhard Stoltenberg, *Wendepunkte,* a.a.O., S. 300.
11 Ibd., S. 302.
12 Ibd., S. 325.
13 Joachim Neander, »Nein, ein Tanzbär wollte der Kanzler nicht sein«, in: *Die Welt,* 24.3.1988.
14 Gerhard Stoltenberg, *Wendepunkte,* a.a.O., S. 303.
15 »Kohl in der Klemme«, in: *Wirtschaftswoche,* 5.7.1988, S. 15.
16 CDU/CSU-Fraktion, Vermerk über die Beschlüsse der Fraktionsvorstandssitzung vom 13.3.1989, ACDP VIII-001-1516.
17 Helmut Kohl, *Erinnerungen 1982 – 1990,* a.a.O., S. 749.

18 Ibd., S. 752.
19 Vermerk über des Gespräch des Herrn Bundeskanzlers mit dem neuseeländischen Pre-
    mierminister David Lange, 2.6.1986, BKamt 21-Ge 28, Bd. 70.

Auf der Baustelle Europa

1 Rede des französischen Staatspräsidenten in Den Haag, 7.2.1984, in: *Europa-Archiv,*
   39/7 (1984), D 196.
2 »Manifest der Christlich-Demokratischen Union für die Einheit Europas«, in: 24. Bundesparteitag der CDU Deutschlands, 24.–26. Mai 1976, Protokoll, S. 158–163.
3 Das »Europäische Manifest« ist eine Art Kurzfassung des Hallsteinschen Verfassungs-
   konzepts für die Europäische Gemeinschaft. Siehe Walter Hallstein, *Der unvollendete
   Bundesstaat. Europäische Erfahrungen und Erkenntnisse,* Düsseldorf 1969, S. 53–76,
   bzw. die Fortschreibung: *Die Europäische Gemeinschaft,* Düsseldorf 1973, S. 55–86.
4 Nigel Lawson, *The View from No. 11,* a.a.O., S. 891.
5 Walter Hallstein, *Der unvollendete Bundesstaat,* a.a.O., S. 60–63.
6 Carl-Otto Lenz beim Interview mit Hans-Peter Schwarz und Günter Buchstab,
   26.11.2008. – Günter Rinsche beim Interview mit Hans-Peter Schwarz und Günter
   Buchstab, 14.10.2008.
7 Vermerk über das Gespräch des Bundeskanzlers mit dem spanischen Ministerpräsidenten González, 30.9.1985, BKamt aus 21-Ge 28, Bd. 69. – Vermerk über das Gespräch
   des Bundeskanzlers mit dem Ministerpräsidenten González, 3.5.1983, BKamt aus 21-Ge
   28, Bd. 64.
8 Mainhardt Graf Nayhauß, »Er ist ehrlich, offen! So kam Kohl bei den Dänen an«, in:
   Bild, 26.9.1984.
9 Vermerk über das Gespräch des Bundeskanzlers mit EG-Kommissionspräsident
   Delors, Dienstag, 2.12.1986, 13.00 bis 14.40 Uhr, BKamt aus 21-Ge 28, Bd. 71.
10 Vermerk über das Gespräch des Bundeskanzlers mit dem belgischen Ministerpräsiden-
    ten Wilfried Martens, 6.5.1987, BKamt aus 21-Ge 28, Bd. 72.
11 Carl G. Ströhm, »Ungarn zeigt sich Kohl europäisch«, in: *Die Welt,* 25.6.1984.
12 Eduard Neumaier, »Kanzlervisite zwischen Schweinehälften und Konserven«, in: *Stutt-
    garter Zeitung,* 25.6.1984.
13 Vermerk über das Gespräch des Bundeskanzlers mit Präsident Ceaușescu in Anwesen-
    heit der Außenminister, 16.10.1984, BKamt aus 21-Ge 28, Bd. 67.
14 Vermerk über das Gespräch des Bundeskanzlers mit dem Vorsitzenden des Minister-
    rats der Volksrepublik Polen Dr. Mieczysław F. Rakowski, 20.1.1989, BKamt aus 21-
    Ge 28, Bd. 77.
15 Vermerk über das Gespräch des Bundeskanzlers mit dem französischen Premier-
    minister Chirac, 17.4.1986, 12.15 bis 15.00 Uhr, im Bundeskanzleramt, BKamt aus 21-Ge
    28, Bd. 70.
16 Vermerk über das Gespräch des Bundeskanzlers mit dem spanischen Ministerpräsi-
    denten González, 30.9.1985, von 15.15 bis 18.00 Uhr, BKamt aus 21-Ge 28, Bd. 69.
17 Vermerk über das Gespräch des Bundeskanzlers mit PM Martens, 16.2.1984, von 10.30
    bis 11.30 Uhr, BKamt aus 21-Ge 28, Bd. 66.
18 Jacques Attali, *Verbatim I.* Deuxième partie: *1983–1986,* a.a.O., Eintrag vom 2.2.1984,
    S. 886.
19 Vermerk über das Gespräch des Bundeskanzlers mit dem portugiesischen Präsidenten
    General Eanes, 29.3.1984, BKamt aus 21-Ge 28, Bd. 66.

20 Text des Entwurfs eines Vertrags zur Gründung der Europäischen Union in der Fassung vom 14.2.1984 in: *Europa-Archiv,* 39/8 (1984), D 209 – 229. – Günter Rinsche beim Interview mit Hans-Peter Schwarz und Günter Buchstab, 14.10.2008. – Zur zeitgenössischen Rolle der EVP-Fraktion des Europäischen Parlaments Pascal Fontaine, *Herzenssache Europa. Eine Zeitreise 1953 – 2009. Geschichte der Fraktion der Christdemokraten und der Europäischen Volkspartei im Europäischen Parlament,* Brüssel 2009, S. 175 – 496.

21 Angelika Volle, »Die Europäische Gemeinschaft im Aufwind«, in: *Die Internationale Politik 1987/88,* München 1990, S. 158.

22 Vermerk über das Gespräch des Bundeskanzlers mit Präsident Mitterrand, 17.6.1986 in Rambouillet, BKamt aus 21-Ge 28, Bd. 70.

23 Vermerk über das Gespräch des Bundeskanzlers mit dem italienischen Ministerpräsidenten Craxi, 23.9.1983, BKamt aus 21-Ge 28, Bd. 65.

24 Vermerk über das Gespräch des Bundeskanzlers mit Premierministerin Thatcher in Chequers, 18.5.1985, BKamt aus 21-Ge 28, Bd. 68.

25 Vermerk über das Gespräch des Bundeskanzlers mit dem italienischen Ministerpräsidenten Craxi, 23.9.1983, BKamt aus 21-Ge 28, Bd. 65.

26 Vermerk über das Gespräch des Bundeskanzlers mit dem französischen Premierminister Chirac, 17.4.1986, 12.15 bis 15.00 Uhr, im Bundeskanzleramt, BKamt aus 21-Ge 28, Bd. 70.

27 Vermerk über das Gespräch des Bundeskanzlers mit dem portugiesischen Staatspräsidenten General Eanes, 29.3.1984, BKamt aus 21-Ge 28, Bd. 66.

28 John Gillingham, *European Integration. 1950 – 2003. Superstate or New Market Economy?,* Cambridge 2003, S. 262.

29 Gespräch des Bundeskanzlers mit Ministerpräsident González, 30.9.1985, von 15.15 bis 18.00 Uhr, BKamt aus 21-Ge 28, Bd. 69.

30 Nigel Lawson, *The View from No. 11,* a.a.O., S. 891.

31 Guido Hitze, *Verlorene Jahre?,* a.a.O., S. 289 – 292.

32 Vermerk über das Treffen des Bundeskanzlers mit Präsident Mitterrand. Gespräch während des Mittagessens, 20.5.1984, BKamt aus 21-Ge 28, Bd. 66. – Jacques Attali, *Verbatim I.* Deuxième partie: *1983 – 1986,* a.a.O., Eintrag vom 26.5.1984, S. 973f., und Attali, *C'était François Mitterrand,* a.a.O., S. 296. Der Entscheidungsprozeß läßt sich nicht genau rekonstruieren, da die Protokolle und Berichte naturgemäß knapp und einseitig sind.

33 Zur Vorgeschichte der Benennung von Delors siehe Jörg Thalmann, »Kommission«, in: Werner Weidenfeld/Wolfgang Wessels (Hrsg.), *Jahrbuch der Europäischen Integration 1984,* Bonn 1985, S. 56 – 61.

34 Vermerk betr. Treffen des Bundeskanzlers mit PM Thatcher in Chequers, 18.5.1985, BKamt aus 21-Ge 28, Bd. 68.

35 Geoffrey Howe, *Conflict of Loyalty,* London 1994, S. 408f.

36 Gespräch des Bundeskanzlers mit dem britischen Außenminister Sir Geoffrey Howe, 3.10.1985, von 16.00 bis 18.00 Uhr, BKamt aus 21-Ge 28, Bd. 69.

37 Gespräch Bundeskanzler/Kommissionspräsident Delors, 25.3.1985, BKamt aus 21-Ge 28, Bd. 68.

38 Vermerk über das Gespräch des Bundeskanzlers mit dem italienischen Ministerpräsidenten Craxi in Mailand, 29.6.1985, 10.10 – 10.20 Uhr, BKamt aus 21-Ge 28, Bd. 68.

39 Vermerk über das Gespräch des Bundeskanzlers mit Präsident Mitterrand, 29.6.1985, 9.10 – 10.00 Uhr, in Mailand anläßlich des Europäischen Rates, BKamt aus 21-Ge 28, Bd. 68.

40 »Mitteilung der Kommission der Europäischen Gemeinschaften an den Rat vom 4. März 1970 über die Ausarbeitung eines Stufenplans für die Errichtung einer Wirtschafts- und Währungsunion«, in: *Europa-Archiv*, 25/10 (1970), D 236–244, und »Bericht einer vom Rat der Europäischen Gemeinschaften eingesetzten Arbeitsgruppe an Rat und Kommisssion über die stufenweise Verwirklichung der Wirtschafts- und Währungsunion in der Gemeinschaft vom 8. Oktober 1970«, in: ibd., 25/22 (1970), D 530–546.

41 »Entschließung des Rats der Europäischen Gemeinschaften und der Vertreter der Mitgliedstaaten vom 9. Februar 1971 über die stufenweise Verwirklichung der Wirtschafts- und Währungsunion«, in: *Europa-Archiv*, 26/6 (1971), D 139–149.

42 Zur Entstehung des EWS siehe Peter Ludlow, *The Making of the European Monetary System,* London 1982.

43 Der beste Überblick zu den schwer zu vereinbarenden Positionen in den großen EG-Ländern und eine verläßliche, soweit heute möglich empirisch fundierte Darstellung des Forschungsstands findet sich bei Kenneth Dyson/Kevin Featherstone, *The Road to Maastricht, Negotiating Economic and Monetary Union,* London 1999. – Ähnlich André Szász, *The Road to the European Monetary Union,* New York 1999.

44 Vermerk über das Gespräch zwischen dem Bundeskanzler und Kommissionspräsident Delors im Bundeskanzleramt, 18.11.1985, BKamt aus 21-Ge 28, Bd. 69.

45 Jacques Attali, *Verbatim I.* Deuxième partie: *1983–1986,* a.a.O., Eintrag vom 29.11.1985, S. 1343.

46 Ibd., Eintrag vom 2.12.1985, S. 1343.

47 Hans Tietmeyer, *Herausforderung EURO. Wie es zum Euro kam und was er für Deutschlands Zukunft bedeutet,* München 2005, S. 96–101, zur Vorgeschichte der Fassung des Artikels 102a der Einheitlichen Europäischen Akte.

48 »Einheitliche Europäische Akte, unterzeichnet von den Außenministern der EG-Mitgliedstaaten in Luxemburg im Februar 1986«, in: *Europa-Archiv,* 41/6 (1986), D 170.

49 Kenneth Dyson/Kevin Featherstone, *The Road to Maastricht,* a.a.O., S. 155.

50 Wie klar schon die Forschung der frühen neunziger Jahre die neuen, weitreichenden Impulse, doch ebenso die Entwicklung der deutschen Europapolitik der Jahre 1982 und 1988 erkannt hat, beweist die wertvolle Studie von Eckart Gaddum, *Die deutsche Europolitik in den achtziger Jahren. Interessen, Konflikte und Entscheidungen der Regierung Kohl,* Paderborn 1994. Gaddum arbeitet dort deutlich heraus, daß Bundeskanzleramt und Auswärtiges Amt in Sachen Integration trotz gelegentlicher Differenzen doch am selben Strick zogen. Genauso ergiebig ist die Studie von Hans Stark, *Helmut Kohl, l'Allemagne et l'Europe: la politique d'intégration européenne de la République fédérale 1982–1998,* Paris 2004. Stark zeigt einerseits, daß Kohls Europapolitik auch über die Umbruchjahre 1989/90 eine durchgehende Kontinuität erkennen läßt mit dem Endziel einer quasi-bundesstaatlichen Verfassung Europas, andererseits betont aber auch er, daß Kohls operative Europapolitik durchgehend auf einem deutsch-französischen Bilateralismus beruhte, allerdings in der Regel sorgfältig rückgekoppelt mit den anderen Regierungen der EG beziehungsweise EU.

51 John Gillingham, *European Integration, 1950–2003,* a.a.O., S. 164–258.

52 Gespräch des Bundeskanzlers mit EG-Kommissionspräsident Delors, 2.12.1986, 13.00 bis 14.00 Uhr, BKamt aus 21-Ge 28, Bd. 71.

53 Vermerk zum Gespräch des Bundeskanzlers mit Präsident Mitterrand, Samstag, 28.3.1987, in Schloß Chambord, BKamt aus 21-Ge 28, Bd. 71.

Mitterrands Griff nach der »deutschen Atombombe«

1 Margaret Thatcher, *Downing Street No. 10,* a.a.O., S. 1017.

2 Nigel Lawson, *The View from No. 11,* a.a.O., S. 899.

3 Ibd., S. 1032 – 1035.

4 Helmut Kohl, *Erinnerungen 1982 – 1990,* a.a.O., S. 732.

5 Geoffrey Howe, *Conflict of Loyalty,* a.a.O., S. 535.

6 Vermerk über das Gespräch des Bundeskanzlers mit dem französischen Premierminister Chirac, Donnerstag, 17.4.1986, im Bundeskanzleramt, 12.15 bis 15.00 Uhr, BKamt
aus 21-Ge 28, Bd. 70.

7 Margaret Thatcher, *Downing Street No. 10,* a.a.O., S. 1089.

8 Jacques Attali, V*erbatim I.* Deuxième partie: *1983 – 1986,* a.a.O., Eintrag vom 28.5.1985,
S. 1239.

9 Ibd., S. 1235.

10 Vermerk zum Treffen des Bundeskanzlers mit PM Thatcher in Chequers, 18.5.1985,
BKamt aus 21-Ge 28, Bd. 68.

11 Gespräch des Bundeskanzlers mit Ministerpräsident González, 30.9.1985, von 15.15 bis
18.00 Uhr, BKamt aus 21-Ge 28, Bd. 69.

12 Jacques Attali, *Verbatim I.* Deuxième partie: *1983 – 1986,* a.a.O., Eintrag vom 28.5.1985,
S. 1238.

13 Ibd., Eintrag vom 28.5.1985, S. 1236.

14 Vermerk über Gespräch des Bundeskanzlers mit Präsident Mitterrand, 17.6.1986, in
Rambouillet, BKamt aus 21-Ge 28, Bd. 70.

15 Zur Gesamtanlage von Mitterrands Sicherheitspolitik siehe Georges-Henri Soutou,
L'alliance incertaine, a.a.O., S. 371 – 394. Soutou stützt sich bei seiner Deutung auf
die Tagebuchaufzeichnungen von Attali in *Verbatim.* Zu den zeitgenössischen Analysen
der seinerzeitigen deutsch-französischen Sicherheitspolitik siehe Karl Kaiser/Pierre
Lelouche (Hrsg.), *Deutsch-französische Sicherheitspolitik. Auf dem Wege zur Gemeinsamkeit?,* Bonn 1986.

16 Jacques Attali, *Verbatim I.* Deuxième partie: *1983 – 1986,* a.a.O., Eintrag vom 7.11.1985,
S. 1324.

17 Ibd., Eintrag vom 17.12.1985, S. 1369f.

18 Siehe dazu die Informationen bei Attali, a.a.O., Einträge vom 7.2., 19.2., 22.2.1986,
S. 1400, 1407f., 1411 – 1413.

19 Margaret Thatcher, *Downing Street No. 10,* a.a.O., S. 666.

20 Jacques Attali, *Verbatim II: 1986 – 1988,* Paris 1995, Eintrag vom 2.3.1987, S. 266.

21 Vermerk über das Gespräch des Bundeskanzlers mit Präsident Mitterrand, Samstag,
28.3.1987, im Schloß Chambord, BKamt aus 21-Ge 28, Bd. 71.

22 Jacques Attali, *Verbatim II: 1986 – 1988,* a.a.O., Eintrag vom 28.3.1987, S. 287.

23 Ibd., Eintrag vom 29.5.1987, S. 328, unter Bezugnahme auf den Eintrag vom 6.4.1987.

24 Ibd., Eintrag vom 3.6.1987, S. 332, unter Bezugnahme auf den Eintrag vom 6.4.1987,
S. 299.

25 Tilo Schabert, *Wie Weltgeschichte gemacht wird. Frankreich und die deutsche Einheit,*
Stuttgart 2002, S. 225f. Auf Grundlage verschiedener Aufzeichnungen, die ihm im Quai
d'Orsay zugänglich gemacht wurden, gibt Schabert einige unterschiedliche Varianten
dieses Gesprächs. Siehe auch Attali (Eintrag vom 8.6.1987, S. 335f.) und Ronald Reagan
(Erinnerungen. Ein amerikanisches Leben, Frankfurt a. M. 1990, S. 728).

26 Vermerk über Gespräch des Bundeskanzlers mit Präsident Mitterrand, Samstag,
28.3.1987, im Schloß Chambord, BKamt aus 21-Ge 28, Bd. 71.

27 Jacques Attali, *Verbatim II: 1986 – 1988*, a.a.O., Eintrag vom 9.6.1987, S. 337.

28 Ibd., Eintrag vom 30.6.1987, S. 346.

29 Ibd., Eintrag vom 24.7.1987, S. 363 – 365.

30 Ibd., Eintrag vom 27.8.1987, S. 378 – 380.

31 Jacques Attali, *Verbatim III: 1988 – 1991*, Paris 1995, Eintrag vom 5.2.1988, S. 454.

32 Ibd., Eintrag vom 17.8.1988, S. 74.

33 Jacques Attali, *Verbatim II: 1986 – 1988*, a.a.O., Eintrag vom 17.9.1987, S. 387.

34 Ibd., Einträge vom 24.7. und 27.8.1987, S. 363 – 365 und 387.

35 Ibd., Eintrag vom 8.7.1986, S. 118.

36 Ibd., Eintrag vom 27.8.1987, S. 380.

37 Hans Tietmeyer, *Herausforderung EURO*, a.a.O., S. 110f.

38 Ibd., S. 112.

39 Text bei Werner Krägenau/Wolfgang Wetter, *Europäische Wirtschafts- und Währungs-union: Vom Werner-Plan zum Vertrag von Maastricht. Analysen und Dokumentation*, Baden-Baden 1993, Dok. 60, sowie Hans Tietmeyer, *Herausforderung EURO*, a.a.O., S. 116.

40 Kenneth Dyson/Kevin Featherstone, *The Road to Maastricht*, a.a.O., S. 169f.

41 Peter Hort, »Der Europäische Rat«, in: *Journal of European Integration*, 1987/1988, S. 39 – 50.

42 Zum öffentlichen Plädoyer Alfred Herrhausens siehe »Die Vollendung des Europäischen Währungssystems aus der Sicht der Finanzwirtschaft«, in: Bertelsmann Stiftung (Hrsg.), *Die Vollendung des Europäischen Währungssystems: Ergebnisse einer Fachtagung*, Gütersloh 1989, S. 21 – 30 und 53 – 56.

43 Text in: *Auszüge der Deutschen Bundesbank*, Nr. 15, März 1988.

44 Siehe Wilhelm Schönfelder/Elke Thiel, *Ein Markt – Eine Währung: Die Verhandlungen zur Europäischen Wirtschafts- und Währungsunion*, Baden-Baden 1994, und Kenneth Dyson/Keavin Featherstone, *The Road to Maastricht*, a.a.O., S. 154 – 156 und 327 – 332.

45 »Bericht des Bundeskanzlers vor dem Europäischen Parlament«, in: *Bulletin* (Presse- und Informationsamt der Bundesregierung), Nr. 37 (11.3.1988), S. 309 – 312.

46 Mit diesen Worten arbeitet er rückblickend seine – wie sich aus heutiger Sicht zeigt berechtigten – Bedenken gegen das Genscher-Memorandum heraus *(Wendepunkte*, a.a.O., S. 329). Zum Stoltenberg-Memorandum siehe Kenneth Dyson/Kevin Featherstone, *The Road to Maastricht*, a.a.O., S. 332 – 334.

47 Kenneth Dyson/Kevin Featherstone, *The Road to Maastricht*, a.a.O., S. 335.

48 Hans Tiemeyer, *Herausforderung EURO*, a.a.O., S. 117.

49 Dazu siehe die Kritik Kohls an Delors beim Gespräch mit Mitterrand in Heidelberg im August 1986 (Jacques Attali, *Verbatim II: 1986 – 1988*, a.a.O., Eintrag vom 25.8.1986, S. 142).

50 Gerhard Stoltenberg, *Wendepunkte*, a.a.O., S. 329.

51 Jacques Attali, *Verbatim III: 1988 – 1991*, a.a.O., Eintrag vom 2.6.1988, S. 32.

52 Ibd., S. 118. – Kenneth Dyson/Kevin Featherstone, *The Road to Maastricht*, a.a.O., S. 338.

53 Jacques Attali, *Verbatim III: 1988 – 1991*, a.a.O., Eintrag vom 2.6.1988, S. 32.

54 Geoffrey Howe, *Conflict of Loyalty*, a.a.O., S. 533f.

55 Rede der britischen Premierministerin Margaret Thatcher vor dem Europakolleg in Brügge, 20.9.1988, in: *Europa-Archiv*, 43/24 (1988), D 682 – 687.

56 Ansprache des Bundeskanzlers Helmut Kohl bei der Verleihung des Internationalen Karlspreises in Aachen, 1.11.1988, *Bulletin* (Presse- und Informationsamt der Bundesregierung), Nr. 37 (11.3.1988), S. 1289.

57 Rede von Bundeskanzler Helmut Kohl anläßlich einer Festveranstaltung des Deutschen Rates der Europäischen Bewegung zum 100. Geburtstag von Jean Monnet, 7.11.1988, in: *Europa-Archiv,* 43/24 (1988), D 693 – 698.

Kontroversen um die erste, zweite und dritte Null-Lösung

1 CDU-CSU-Fraktion, 10. Wahlperiode, Protokoll der Fraktionssitzung am 17.6.1986, ACDP VIII-001-1077/1.

2 Eric Ambler, *Die Angst reist mit,* Zürich 1975 (1940).

3 Vermerk über das Gespräch des Bundeskanzlers mit dem neuseeländischen Premierminister David Lange, 2.6.1986, von 16.00 bis 17.00 Uhr, BKamt aus 21-Ge 28, Bd. 70.

4 Vermerk über Gespräch des Bundeskanzlers mit Präsident Mitterrand, Samstag, 28.3.1987, in Schloß Chambord, BKamt aus 21-Ge 28, Bd. 71.

5 Ibd.

6 General a.D. Jörg Schönbohm beim Interview mit Hans-Peter Schwarz und Günter Buchstab, 3.11.2008.

7 Ergebnisprotokoll der 16. Sitzung des Präsidiums der CDU, 4.9.1988 in Bonn, Kanzlerbungalow, ACDP 07-001-1421.

8 Dinesh D'Souza, *Ronald Reagan. How an Extraordinary Man Became an Extraordinary Leader,* New York 1997, S. 179.

9 Erklärung des Generalsekretärs der KPdSU Michail Gorbatschow, 15.1.1986, in: *Europa-Archiv,* 41/5 (1986), D 135 – 143.

10 John Newhouse, *Krieg und Frieden im Atomzeitalter. Von Los Alamos bis SALT,* München 1990, S. 569.

11 David Miller, *The Cold War. A Military History,* London 1998, S. 359 – 378.

12 Lou Cannon, *President Reagan. The Role of a Lifetime,* New York 2000 (1991), S. 261.

13 Erklärung der Bundesregierung zur Abrüstungsfrage. Kabinettsbeschluß vom 12.1.1983, in: *Bulletin* (Presse- und Informationsamt der Bundesregierung), Nr. 5 (15.1.1983), S. 39.

14 John Newhouse, *Krieg und Frieden im Atomzeitalter,* a.a.O., S. 569. – Für präzise Schilderungen der damaligen Abrüstungsverhandlungen siehe Lothar Rühl, »Die Wiederaufnahme der Abrüstungsverhandlungen«, in: *Die Internationale Politik 1985/1986,* München 1988, S. 103 – 121, und »Strategische Politik und Rüstungskontrolle zwischen den beiden Supermächten«, in: *Die Internationale Politik 1987/88,* München 1990, S. 33 – 46. – Aufschlußreich zur bundesdeutschen Rüstungskontrollpolitik in diesem Zeitraum ist: Stefan Fröhlich, »*Auf den Kanzler kommt es an*«, a.a.O., S. 142 – 186.

15 Vermerk über Gespräch des Bundeskanzlers mit Präsident Mitterrand, Samstag, 28.3.1987, in Schloß Chambord, BKamt aus 21-Ge 28, Bd. 71.

16 Franz Josef Strauß, *Die Erinnerungen,* Berlin 1989, S. 515.

17 Vermerk über die Beschlüsse der Fraktionsvorstandssitzung, 1.6.1987, ACDP-001-1515/2.

18 Siehe den Bericht »Angst vor der Courage«, in: *Der Spiegel,* 18/1987 (27.4.1987), S. 22 – 26.

19 Vermerk über das Gespräch des Bundeskanzlers mit Lord Carrington, Generalsekretär der NATO, Donnerstag, 26.3.1987, BKamt aus 21-Ge 28, Bd. 71.

20 Vermerk über Gespräch des Bundeskanzlers mit dem belgischen Ministerpräsidenten Wilfried Martens, 6.5.1987, BKamt aus 21-Ge 28, Bd. 72.

21 Jacques Attali, *Verbatim II: 1986 – 1988,* a.a.O., Eintrag vom 29.5.1987, S. 328.

22 CDU/CSU-Fraktion, 11. Wahlperiode, Sitzungsprotokoll vom 2.6.1987, ACDP 08-001-1082/2.

23 Rede des sowjetischen Außenministers Eduard Schewardnadse vor der Abrüstungskonferenz in Genf, 6.8.1987, in: *Europa-Archiv,* 42/20 (1987), D 568.

24 Erklärung des Bundeskanzlers vor der Bundespressekonferenz, 26.8.1987 zur Frage der
deutschen Pershing-Ia-Raketen, in: *Europa-Archiv,* 42/20 (1987), D 570–572.

25 Franz Josef Strauß, *Erinnerungen,* a.a.O., S. 513.

26 Vermerk über das Gespräch des Bundeskanzlers mit dem Vizepräsidenten der Vereinigten Staaten, George Bush, 30.9.1987, von 12.10 bis 13.25 Uhr, BKamt aus 21-Ge 28,
Bd. 73.

27 Kommuniqué über die 34. Ministertagung der Nuklearen Planungsgruppe der NATO
in Montebello (Kanada), 27./28.10.1983, in: *Europa-Archiv,* 39/5 (1984), D 126.

28 George W. Bush/Brent Scowcroft, *A World Transformed,* New York 1998, S. 58.

29 Ergebnisprotokoll der 17. Sitzung des Präsidiums der CDU vom 17.10.1988, Bonn, Konrad-Adenauer-Haus, ACDP 07-001-1421.

30 Michael R. Beschloss/Strobe Talbott, *Auf höchster Ebene. Das Ende des Kalten Krieges
und die Geheimdiplomatie der Supermächte 1989–1991,* Düsseldorf 1993, S. 38.

31 Stefan Fröhlich, *»Auf den Kanzler kommt es an«,* a.a.O., S. 180f.

32 *Süddeutsche Zeitung,* 8.11.1988.

33 Hans-Dietrich Genscher, »NATO: Atomwaffen auf dem neuesten Stand halten«, in:
Frankfurter Allgemeine Zeitung, 8.11.1988.

34 Manfred Schell, »Warum Kohl Genscher nicht über den Weg traut«, in: *Die Welt,*
17.2.1989.

35 Lothar Rühl beim Interview mit Hans-Peter Schwarz und Günter Buchstab, 14.10.2008.

Abgehängt? Kohl und das Rätsel Gorbatschow (1985–1988)

1 Vermerk über das Gespräch des BK mit Premierminister Margaret Thatcher anläßlich
der deutsch-britischen Konsultationen, 18.1.1985, 9.25 bis 11.20 Uhr, in Bonn, BKAM
aus 21-Ge 28, Bd. 68.

2 Helmut Kohl, *Erinnerungen 1982–1990,* a.a.O., S. 320f.

3 Michail Gorbatschow, *Erinnerungen,* Berlin 1995, S. 702.

4 Treffen des BK mit dem ägyptischen Präsidenten Mubarak auf dem Frankfurter Flughafen, 16.3.1985, um 10.00 (Vier-Augen-Gespräch), BKamt aus 21-Ge 28, Bd. 68.

5 Treffen des Bundeskanzlers mit PM Frau Thatcher, Samstag, 18.5.1985, in Chequers,
BKamt aus 21-Ge 28, Bd.68.

6 Vermerk über das Gespräch des Bundeskanzlers mit dem französischen Premierminister Chirac, Donnerstag, 17.4.1986, von 12.15 bis 15.00 Uhr, im Bundeskanzleramt,
BKamt aus 21-Ge 28, Bd. 70.

7 Vermerk über das Gespräch des Bundeskanzlers mit Präsident Mitterrand, 17.6.1986,
in Rambouillet, BKamt aus 21-Ge 28, Bd. 70.

8 Michail Gorbatschow, *Erinnerungen,* a.a.O., S. 632.

9 Helmut Kohl, *Erinnerungen 1982–1990,* a.a.O., S. 658.

10 Zur Planung der sowjetischen Schachzüge siehe Julij A. Kwizinskij, *Vor dem Sturm.
Erinnerungen eines Diplomaten,* Berlin 1993, S. 407f.

11 Detaillierte Schilderungen der Unterredungen Genschers im Kreml finden sich bei
Kwizinskij (ibd., S. 408–414) und Hans-Dietrich Genscher, *Erinnerungen,* a.a.O.,
S. 493–508.

12 Hans-Dietrich Genscher, *Rede in Davos,* 1.2.1987, in: *Bulletin* (Presse- und Informationsamt der Bundesregierung), Nr. 13 (4.2.1987), S. 93–97.

13 Vermerk über das Gespräch des Bundeskanzlers mit dem französischen Präsidenten Mitterrand, 26.8.1986, 13.00 bis 15.30, in Heidelberg, BKamt aus 21-Ge 28, Bd. 71.

14 Vermerk Schäubles für den Bundeskanzler (Entwurf), 30.10.1986, BKamt aus 21-Ge 28, Bd. 71.

15 Helmut Kohl, *Erinnerungen 1982–1990*, a.a.O., S. 450f.

16 Hans-Dietrich Genscher, *Erinnerungen*, a.a.O., S. 516–522.

17 Vermerk über das Gespräch des Bundeskanzlers mit Präsident Mitterrand, 28.3.1987, im Schloß Chambord, BKamt aus 21-Ge 28, Bd. 71. – Eine kritische Einschätzung Gorbatschows findet sich auch in dem Gespräch des Bundeskanzlers mit dem belgischen Ministerpräsidenten Wilfried Martens, 6.5.1987, BKamt aus 21-Ge 28, Bd. 72.

18 CDU/CSU-Fraktion, 11. Wahlperiode, Protokoll der Fraktionssitzung am 10.3.1987, ACDP 08-001-1081/2.

19 CDU/CSU-Fraktion, 11. Legislaturperiode, Protokoll der Fraktionssitzung am 19.5.1987, ACDP 08-001-1082/1.

20 Vermerk über das Gespräch des Bundeskanzlers mit dem Politbüro-Mitglied und ZK-Sekretär (Wirtschaft) der USAP Ferenc Havasi, 15.5.1987, von 11.00 bis 12.40, 15.5.1987, BKamt aus 21-Ge 28, Bd. 72.

21 Vermerk über das Gespräch des Bundeskanzlers mit dem Vizepräsidenten der Vereinigten Staaten von Amerika, George Bush, 30.9.1987, von 12.10 bis 13.25 Uhr, in Bonn, BKamt aus 21-Ge 28, Bd. 73.

22 Vermerk über Gespräch des Bundeskanzlers mit dem stv. Außenminister der Vereinigten Staaten, John C. Whitehead, 10.11.1987, von 10.30 bis 11.05, BKamt aus 21-Ge 28, Bd. 23.

23 Gorbatschow wird später andeuten, daß er Kohl auf die Folter gespannt hat (Michail Gorbatschow, *Erinnerungen*, a.a.O., S. 702f.). Sehr viel offener berichtet darüber der seinerzeitige Bonner Botschafter Kwizinskij (Julij A.Kwizinskij, *Vor dem Sturm*, a.a.O., S. 416–429).

24 Franz Josef Strauß, *Die Erinnerungen*, a.a.O., S. 552.

25 Vermerk für den Bundeskanzler über Gespräch Teltschiks mit dem sowjetischen Botschafter Julij Kwizinskij im Bundeskanzleramt, 26.2.1988, von 13.30 bis 15.00 Uhr, BKamt aus 21-Ge 28, Bd. 74.

26 Zur Lage im Vorfeld des Umbruchjahrs 1989 siehe Helmut Altrichter, *Rußland 1989. Der Untergang des Sowjetimperiums*, München 2009, S. 39–121, und Archie Brown, *The Gorbatchev Factor*, Oxford 1996, S. 155–188.

27 Lothar Rühl, *Aufstieg und Niedergang des Russischen Reiches. Der Weg eines tausendjährigen Staates*, Stuttgart 1992, S. 540.

28 Ergebnisprotokoll der 17. Sitzung des Präsidiums der CDU vom 17.10.1988 in Bonn, Konrad-Adenauer-Haus, ACDP 07-001-1421.

29 Julij A. Kwizinskij, *Vor dem Sturm*, a.a.O., S. 430.

30 Lothar Rühl, *Aufstieg und Niedergang des Russischen Reiches*, a.a.O., S. 558.

Helmut Kohl und die DDR: Politik des Abwartens

1 Tischrede des Bundeskanzlers beim Besuch von Erich Honecker, 7.9.1987, in: *Europa Archiv*, 42/19 (10.10.1987), D 533.

2 Dazu die gründlichen Untersuchungen von Karl-Rudolf Korte, *Deutschlandpolitik in Helmut Kohls Kanzlerschaft. Regierungsstil und Entscheidungen 1982–1989* (= *Geschichte der deutschen Einheit*), Stuttgart 1998, S. 143–156,198–204.

3 Helmut Kohl, »Europa und die deutsche Frage«, in: *Lutherische Montagshefte,* 20/5 (1981), S. 261–263.

4 Ibd.

5 Vermerk über das Gespräch des Bundeskanzlers mit dem irischen Staatspräsidenten Hillery, 15.5.1984, BKamt aus 21-Ge 28, Bd. 65.

6 Vermerk über das Vier-Augen-Gespräch des Bundeskanzlers mit Premierminister Martens, 16.2.1984, von 10.30 bis 11.30 Uhr, BKamt aus 21-Ge 28, Bd. 66.

7 Vermerk über das Gespräch des Bundeskanzlers mit Präsident Mitterrand, Samstag, 28.3.1987, im Schloß Chambord, BKamt aus 21-Ge 28, Bd. 71. – Jacques Attali, *Verbatim II: 1986–1988,* a.a.O., Eintrag vom 28.3.1987, S. 287f.

8 Vermerk betr. Gespräch des Bundeskanzlers und des Chefs des Bundeskanzleramtes, Bundesminister Dr. Wolfgang Schäuble, mit dem stv. Außenminister der Vereinigten Staaten, John C. Whitehead, 9.6.1988, in Bonn, BKamt aus 21-Ge 28, Bd. 74.

9 Kohl im Interview mit David Marsh, 7.2.1989, in: David Marsh, *Der Euro. Die geheime Geschichte der neuen Weltwährung,* Hamburg 2009, S. 53, 359.

10 Gespräch Gorbatschows mit dem bayerischen Ministerpräsidenten Strauß am 29.12.1987, in: Alexander Galkin/Anatolij Tschernjajew (Hrsg.), *Michail Gorbatschow und die deutsche Frage. Sowjetische Dokumente 1986–1991,* München 2011, S. 68.

11 Joachim Fest, »Das nie endende Menetekel der Geschichte. Betrachtung über Bernhard Heisig«, in: *Flüchtige Größe. Gesammelte Essays über Literatur und Kunst,* Reinbek bei Hamburg 2008, S. 334.

12 Zahlen nach Renata Fritsch-Bournazel, *Das Land in der Mitte. Die Deutschen im europäischen Kräftefeld,* München 1986, S. 120f. – Wie sich die Einschätzungen während der achtziger Jahre in das langfristige Auf und Ab einfügen, zeigt Manuela Glaab, *Deutschlandpolitik in der öffentlichen Meinung. Einstellungen und Regierungspolitik in der Bundesrepublik Deutschland 1949 bis 1990,* Opladen 1999.

13 Ibd., S. 676.

14 Gespräch des Herrn Bundeskanzlers mit dem gewählten Präsidenten Bush in Washington, 15.11.1988, BKamt aus 21-Ge 28, Bd. 77.

15 Jan Schönfelder/Rainer Erices, *Westbesuch. Die geheime DDR-Reise von Helmut Kohl,* Plauen 2007. Die Darstellung ist deshalb lesenswert, weil sie mit den westlichen Berichten die buchstäblich stündlichen Mitteilungen der observierenden Stasi-Geheimpolizisten kombiniert.

16 Helmut Kohl, *Erinnerungen 1982–1990,* a.a.O., S. 706–711.

17 Jan Schönfelder/Rainer Erices, *Westbesuch,* a.a.O., S. 79.

18 Vermerk über das Gespräch des Bundeskanzlers mit PM Thatcher in London, 28.2.1984, BKamt aus 21-Ge 28, Bd. 66.

19 Vermerk über das Gespräch des Bundeskanzlers mit Premierminister Margaret Thatcher anläßlich der deutsch-britischen Konsultationen, 18.1.1985, von 9.25 bis 11.20, in Bonn, BKamt aus 21-Ge 28, Bd. 68.

20 Daniel Friedrich Sturm, *Uneinig in die Einheit. Die Sozialdemokratie und die Vereinigung Deutschlands 1989/90,* Bonn 2006, S. 69.

21 Vermerk über das Gespräch mit Erich Honecker vom 18.12.1985, in: Heinrich Potthoff, *Die Koalition der Vernunft,* München 1995, S. 371.

22 Ibd., S. 80.

23 Ibd., S. 88–92.

24 Vermerk zum Gespräch des Bundeskanzlers und des Chefs des Bundeskanzleramts, Bundesminister Dr. Wolfgang Schäuble, mit dem stv. Außenminister der Vereinigten

Staaten, John C. Whitehead, 20.11.1987, in Bonn, BKamt aus 21-Ge 28, Bd. 76. – Zum Honecker-Besuch siehe Dierk Hoffmann, »1987. Honecker in Bonn«, in: Udo Wengst/ Hermann Wentker (Hrsg.), *Das doppelte Deutschland. 40 Jahre Systemkonkurrenz*, Bonn 2008, S. 333–356.

25 Ergebnisprotokoll der Sitzung des Bundesvorstandes der CDU, 7.12.1987, in Bonn, Konrad-Adenauer-Haus (10.00–11.00), ACDP 07-001-1087-1091.

26 Die wesentlichen Passagen des Diskussionsentwurfs in der Fassung vom 17.2.1988 und der Gang der folgenden Diskussion werden zutreffend erörtert von Karl-Rudolf Korte, *Deutschlandpolitik in Helmut Kohls Kanzlerschaft*, a.a.O., S. 401–414. Zu den partei-internen Erörterungen siehe ACDP VIII-006-115/2.

27 »CDU: Abschied von alten Einheitsträumen«, in: *Der Spiegel*, 7/1988 (15.2.1988).

28 CDU/CSU-Fraktion, 11. Wahlperiode, Sitzungsprotokoll vom 12. April 1988.

29 Ergebnisprotokoll der 4. Sitzung des Präsidiums der CDU vom 22.2.1988 in Bonn, Konrad-Adenauer-Haus, ACDP 07-001-1421.

30 Heiner Geißler beim Interview mit Hans-Peter Schwarz und Günter Buchstab, 5.7.2010.

31 36. CDU-Bundesparteitag in Wiesbaden, 13.–15. Juni 1988.

32 Zum Detail siehe Hans-Rudolf Korte, *Deutschlandpolitik in Kohls Kanzlerschaft*, a.a.O., S. 407–409.

33 Ergebnisprotokoll der Klausurtagung des erweiterten Bundesvorstandes der CDU, 17./18.4.1988 im Zentrum für Arbeitnehmerbildung in Königswinter, ACDP 07-001-1092-1096.

34 Helmut Kohl, *Erinnerungen 1982–1990*, a.a.O., S. 696f.

35 Helmut Kohl beim Interview mit Hans-Rudolf Korte, 30.9.1996, in: *Deutschlandpolitik in Helmut Kohls Kanzlerschaft*, a.a.O., S. 404.

36 CDU/CSU-Fraktion, 11. Wahlperiode, Protokoll der Fraktionssitzung am 10.3.1987, ACDP 08-001-1082/1.

37 Vermerk betr. Gespräch des Bundeskanzlers und des Chefs des Bundeskanzleramtes, Bundesminister Dr. Wolfgang Schäuble, mit dem stv. Außenminister der USA, Herrn John C. Whitehead, am 9.6.1988, Bonn, BKamt aus 21-Ge 28, Bd. 76.

Betrachtung
Die kurzen achtziger Jahre

1 »The mess which she has inherited is almost unmanageable but she has shown deter-mination to tackle it«, Siegmund Warburg an Doris Levy, 9.12.1980, zit. nach Niall Ferguson, *High Fianancier. The Lives and Time of Siegmund Warburg*, London 2010, S. 387.

2 Warburg an Tony Griffin, 10.8.1981, ibd., S. 390.

3 John Ehrman, *The Eighties. America in the Age of Reagan*, New Haven 2005, S. 62.

4 Alan Greenspan, *The Age of Turbulence. Adventures in a New World*, New York 2007, S. 82.

5 Daniel Yergin, *Commanding Heights. The Battle Between Govenment and the Market-place That Is Remaking the Modern World*, New York 1998, S. 335.

6 Norman Stone, *The Atlantic and Its Enemies. A Personal History of the Cold War*, Lon-don 2010, S. 467.

7 So Delors über sich selbst (Jacques Delors avec Jean-Louis Arnaud, *Mémoires*, Paris 2004, S. 123).

8 Margaret Thatcher, *Downing Street No. 10*, a.a.O., S. 434.

9 Zahlen nach Niall Ferguson, *Politik ohne Macht. Das fatale Vertrauen in die Wirtschaft,* Stuttgart 2001, S. 268.

10 Harold James, *Geschichte Europas im 20. Jahrhundert. Fall und Aufstieg 1914–2001,* München 2004, S.377.

11 Daniel Yergin, *The Commanding Heights,* a.a.O., S. 119f.

12 Daniel Yergin, *The Prize. The Epic Quest for Oil, Money & Power,* New York 1991.

13 Daniel Yergin, *The Commanding Heights,* a.a.O.

14 Edward Luttwak, *Turbo-Capitalism. Winners and Losers in the Global Economy,* London 1998.

15 Joseph E. Stiglitz, *Die Roaring Nineties. Der entzauberte Boom,* Berlin 2003, S. 229f.

16 Michel Albert, *Kapitalismus contra Kapitalismus,* Frankfurt a. M. 1992.

17 Harold James, »Kooperation, Konkurrenz und Konflikt: Wirtschaftsbeziehungen zwischen den USA und der Bundesrepublik 1968–1990«, in: Detlef Junker (Hrsg.), *Die USA und Deutschland im Zeitalter des Kalten Krieges 1945–1990. Ein Handbuch,* 2 Bde., München 2001, S. 300.

18 Frank Blasch, *Steuerreformen und Unternehmensentscheidungen. Eine empirische Analyse der deutschen Steuerpolitik mit besonderem Schwerpunkt auf die Steuerreform 2000,* Frankfurt a. M. 2008, S. 179–192.

19 So weitgehend übereinstimmend Manfred G. Schmidt, *Finanzielle Konsolidierung und institutionelle Reform 1982–1989* (= *Geschichte der Sozialpolitik in Deutschland seit 1945,* Bd. 7), Baden-Baden 2005, und Gerhard A. Ritter, *Sozialpolitik im Zeichen der Vereinigung 1989–1994* (= *Geschichte der Sozialpolitik in Deutschland seit 1945,* Bd. 11), Baden-Baden 2007.

20 Dazu Eva-Maria Ritter, *Deutsche Telekommunikationspolitik 1989–2002. Politische Akteure – Ziele – Entscheidungen,* Bonn 2004.

21 Dazu Hans-Peter Schwarz, »Wiedervereinigung und Bahnreform 1989–1994«, in: Lothar Gall/Manfred Pohl (Hrsg.), *Die Eisenbahn in Deutschland. Von den Anfängen bis zur Gegenwart,* München 1999, S. 377–418.

22 Martin Werding, »Gab es eine neoliberale Wende? Wirtschaft und Wirtschaftspolitik in der Bundesrepublik Deutschland ab Mitte der siebziger Jahre«, in: *Vierteljahrshefte für Zeitgeschichte,* 56/2 (April 2008), S. 313.

23 Robert M. Gates, *From the Shadows. The Ultimate Insider's Story of Five Presidents and How They Won the Cold War,* New York 1996, S. 448.

24 Jacques Delors avec Jean-Louis Arnaud, *Mémoires,* a.a.O., S. 277f.

25 Margaret Thatcher, *Downing Street No. 10,* a.a.O., S. 1062.

26 Ibd., S. 1004.

TEIL IV

1989, erstes Quartal: ein Bundeskanzler in großen Nöten

1 *Allensbacher Jahrbuch der Demoskopie 1984–1992,* hrsg. von Elisabeth Noelle-Neumann und Renate Kröcher, München 1993, S. 758. Zahlen für November 1990 aus den alten Ländern.

2 Zahlen nach Edgar Wolfrum, *Die geglückte Demokratie. Geschichte der Bundesrepublik Deutschland von ihren Anfängen bis zur Gegenwart,* Stuttgart 2006, S. 613.

3 Gespräch des Bundeskanzlers mit dem Mitglied des Politbüros, ZK-Sekretär Aleksandr N. Jakowlew, 9.1.1989, von 9.30 bis 11.50 Uhr, im Bundeskanzleramt, BKamt aus 21-Ge 28, Bd. 77.

4 Vermerk über das Gespräch des Bundeskanzlers mit dem Vorsitzenden des Minister-
   rates der Volksrepublik Polen, Dr. Mieczysław F. Rakowski, 20.1.1989, von 16.15 bis 17.15
   Uhr, im Bundeskanzleramt, BKamt aus 21-Ge 28, Bd. 77.

5 Ergebnisprotokoll der 19. Sitzung des Präsidiums der CDU, 5.12.1988, Konrad-Adenauer-Haus, ACDP 07-001-1421.

6 Ergebnisprotokoll der 22. Sitzung des Präsidiums der CDU, 13.3.1989, in Bonn, Konrad-
   Adenauer-Haus, ACDP 07-001-1422.

7 Vermerk über die Beschlüsse der Fraktionsvorstandssitzung vom 13.3.1989, ACDP 08-
   001 1089/1 1987.

8 »An die Grenzen«, in: *Der Spiegel*, 37/1986 (8.9.1986), S. 98.

9 Zahlen nach Ulrich Herbert, *Geschichte der Ausländerpolitik in Deutschland. Saison-
   arbeiter, Zwangsarbeiter, Gastarbeiter, Flüchtlinge*, München 2001, S. 263.

10 ZDF-Politbarometer, 20.3.1989.

11 Ulrich Herbert, *Geschichte der Ausländerpolitik in Deutschland*, a.a.O., S. 27.

12 Ibd., S. 27.

13 Vermerk über das Gespräch des Bundeskanzlers mit dem französischen Präsidenten
   Mitterrand, Samstag, 28.3.1987, im Schloß Chambord, BKamt aus 21-Ge 28, Bd. 71.

14 Vermerk über das Gespräch des Bundeskanzlers mit dem ungarischen Ministerpräsidenten der Ungarischen Volksrepublik, Karoly Grosz, 7.10.1987, von 15.00 bis 17.00, in
   Bonn (Vier-Augen-Gespräch), BKamt aus 21-Ge 28, Bd. 73.

15 Vermerk über das Gespräch des Bundeskanzlers mit dem stv. Außenminister der Vereinigten Staaten von Amerika, John C. Whitehead, 10.11.1987, von 10.30 bis 11.05, BKamt
   aus 21-Ge 28, Bd. 73.

16 So Gerhard Stoltenberg am 13.3.1989 im Fraktionsvorstand der CDU/CSU-Fraktion,
   ACDP 08-001-1089/1 1989.

17 *Der Spiegel*, 12/1989 (20.3.1989).

18 Rupert Scholz beim Interview mit Hans-Peter Schwarz und Günter Buchstab,
   24.9.2008.

19 Ibd.

20 CSU-Landesgruppe, Protokolle 1989, 6 (17.4.1989), ACSP.

21 Jürgen Busche, *Helmut Kohl. Anatormie eines Erfolgs*, Berlin 1998, S. 201.

22 Tagebuch von Walther Leisler Kiep, Eintrag vom 16.4.1989, ACDP 01-867.

23 Ergebnisprotokoll der 23. Sitzung des Präsidiums der CDU vom 16.4.1989 im Arbeit-
   nehmer-Zentrum Königswinter, 10.00 bis 16.00, ACDP 07-001-1482.

1989, zweites Quartal: auf höchster Ebene

1 Jacques Attali, *Verbatim III: 1988–1991*, Paris 1995, Eintrag vom 28.5.1989, S. 241. –
   George W. Bush/Brent Scowcroft, *A World Transformed*, New York 1998, S. 78.

2 Gespräch des Bundeskanzlers mit Staatspräsident Mitterrand, 22.6.1989, in Paris, in:
   Deutsche Einheit, Sonderedition aus den Akten des Bundeskanzleramts 1989/90. Bearbeitet von Hanns Jürgen Küsters und Daniel Hofmann [= *Dokumente zur Deutschlandpolitik*. Wissenschaftliche Leitung: Klaus Hildebrand, Hans-Peter Schwarz; Bundesarchiv: Friedrich P. Kahlenberg] München 1998, Nr. 8, S. 310.

3 Gespräch Bundeskanzler Kohls mit Generalsekretär Gorbatschow, 12.6.1989, in Bonn,
   in: *Deutsche Einheit*, a.a.O., Nr. 2, S. 281.

4 Philipp Zelikow/Condoleezza Rice, *Sternstunde der Diplomatie. Die deutsche Einheit
   und das Ende der Spaltung Europas*, Berlin 1997, S. 53.

5 Gespräch des Bundeskanzlers mit US-Außenminister James A. Baker, 13.2.1989, von 17.15 bis 19.00 Uhr, Bonn, BKamt aus 21-Ge 28, Bd. 77.

6 Telefongespräch des Bundeskanzlers mit Präsident Bush, 5.5.1989, von 15.20 bis 15.35, BKamt aus 21-Ge 28, Bd. 78.

7 George W. Bush/Brent Scowcroft, *A World Transformed,* a.a.O., S. 68.

8 Vermerk über das Gespräch des Bundeskanzlers mit Premierminister Margaret Thatcher, 30.4.1989, von 12.15 bis 14.15 Uhr, in Deidesheim, BKamt aus 21-Ge 28, Bd. 78.

9 Michael R. Beschloss/Strobe Talbott, *Auf höchster Ebene. Das Ende des Kalten Krieges und die Geheimdiplomatie der Supermächte 1989–1991,* Düsseldorf 1993, S. 73f.

10 Vermerk über das Telefongespräch des Bundeskanzlers mit Präsident Mitterrand, 23.5.1989, BKamt aus 21-Ge 28 Bd. 78.

11 Ibd., S. 103f.

12 Schlußdokumente der Tagung des Nordatlantikrats unter Teilnahme der Staats- und Regierungschefs in Brüssel am 29. und 30.5.1989, in: *Europa-Archiv,* 44/12 (1989), D 337–356.

13 Rede des amerikanischen Präsidenten, George Bush, anläßlich seines Besuches in der Bundesrepublik Deutschland am 31.5.1989 in Mainz, in: ibd., D 356, 359.

14 *Bulletin* (Presse- und Informationsamt der Bundesregierung), Nr. 55 (2.6.1989).

15 Philipp Zelikow/Condoleezza Rice, *Sternstunde der Diplomatie,* a.a.O., S. 58.

16 Ibd., S.59.

17 Vernon Walters, *Die Vereinigung war voraussehbar. Hinter den Kulissen eines entscheidenden Jahres. Die Aufzeichnungen des amerikanischen Botschafters,* Berlin 1994, S. 27.

18 Philipp Zelikow/Condoleezza Rice, *Sternstunde der Diplomatie,* a.a.O., S. 67.

19 Helmut Kohl, *Erinnerungen 1982–1990,* München 2005, S. 885.

20 *Helmut Kohl, Ich wollte Deutschlands Einheit.* Dargestellt von Kai Diekmann und Ralf Georg Reuth, Berlin 1996, S. 43–47.

21 *Deutsche Einheit,* a.a.O., Nr. 2, Gespräch des Bundeskanzlers mit Generalsekretär Gorbatschow, 12.6.1989, Bonn, S. 283.

22 »Gemeinsame Erklärung, unterzeichnet von Bundeskanzler Helmut Kohl und dem sowjetischen Partei- und Staatschef Michail Gorbatschow in Bonn«, 13.6.1989«, in: *Europa-Archiv,* 44/13 (1989), D 382.

23 Bericht Bundeskanzler Kohls am 11.9.1989, in: *37. Bundesparteitag der CDU, Niederschrift, Bremen, 11.–13.9.1989,* Bonn o.J., S. 19.

24 *Deutsche Einheit,* a.a.O., Nr. 4. Delegationsgespräch des Bundeskanzlers Kohl mit Generalsekretär Gorbatschow, 13.6.1989, S. 299.

25 Gespräch von Alexander von Plato mit Horst Teltschik, 27.9.2000, in: Alexander von Plato, *Die Vereinigung Deutschlands – ein weltpolitisches Machtspiel,* Bonn 2003, S. 44f.

26 Vermerk zum Treffen des Bundeskanzlers mit dem französischen Staatspräsidenten Mitterrand, 22.6.1989, in Paris, BA, B 136/34022.

27 »Der Delors-Bericht. Bericht zur Wirtschafts- und Währungsunion in der EG, vorgelegt vom Ausschuß zur Prüfung der Wirtschafts- und Währungsunion«, in: *Europa-Archiv,* 44/10 (1989) D 283–304. Zur Entwicklung des Konzepts siehe Angelika Volle, »Die EG in einer Phase des Umbruchs«, in: *Die Internationale Politik 1989–1990,* München 1992, S. 119–136.

28 So räumt selbst der überwiegend kritische Gerhard Stoltenberg rückblickend ein *(Wendepunkte,* Berlin 1997, S. 330).

29 *Deutsche Einheit,* a.a.O., Nr. 8. Gespräch des Bundeskanzlers Kohl mit Staatspräsident Mitterrand, Paris, 22.6.1989, S. 307–309.

30 Jacques Attali, *Verbatim III: 1988 – 1991*, Paris 1995, Eintrag vom 22.6.1989, S. 267.
31 Geoffrey Howe, *Conflict of Loyalty*, London 1995, S. 576 – 584.
32 Margaret Thatcher, *Downing Street No. 10. Die Erinnerungen*, Düsseldorf 1993, S. 1034.

1989, drittes Quartal: High Noon

1 Zu den am besten plazierten Berichterstattern und Akteuren auf seiten der Presse gehört damals Klaus Dreher, Bonner Korrespondent der *Süddeutschen Zeitung*, der seine Recherchen, wohl beruhend auf Informationen aus dem Lager Geißlers, in seine Kohl-Biographie einfließen ließ *(Helmut Kohl. Leben mit Macht*, Stuttgart 1998, S. 924 – 940).
2 *Deutsche Einheit*, a.a.O., Nr. 2. Gespräch des Bundeskanzlers Kohl mit Generalsekretär Gorbatschow, Bonn, 12.6.1989, S. 282.
3 Helmut Kohl, *Erinnerungen 1982 – 1990*, a.a.O., S. 898.
4 *Allensbacher Berichte*, 1989/Nr. 4.
5 Helmut Kohl, *Erinnerungen 1982 – 1990*, a.a.O., S. 928.
6 Theo Waigel beim Interview mit Hans-Peter Schwarz, 9.9.2009.
7 Tagebuch von Walther Leisler Kiep, Eintrag vom 23.8.1989, ACDP 01-867.
8 Heiner Geißler beim Interview mit Hans-Peter Schwarz und Günter Buchstab, 5.7.2010.
9 Ibd.
10 Peter Radunski beim Interview mit Hans-Peter Schwarz, 1.7.2011.
11 Ernst Albrecht, *Erinnerungen, Erkenntnisse, Entscheidungen. Politik für Deutschland, Europa und Niedersachsen*, Göttingen 1999, S. 113f.
12 Ergebnisprotokoll der 26. Sitzung des Präsidiums der CDU vom 28.8.1989 in Bonn, Konrad-Adenauer-Haus, ACDP 07-001-1422.
13 Siehe mit den Hinweisen auf die einschlägigen Dokumente die Darstellungen von Hans Jürgen Küsters »Entscheidung für die Einheit«, in: *Deutsche Einheit*, a.a.O., S. 43 – 45, und Andreas Rödder, *Deutschland einig Vaterland. Die Geschichte der Wiedervereinigung*, München 2009, S. 72 – 75.
14 Ergebnisprotokoll der 26. Sitzung des Präsidiums der CDU vom 28.8.1989 in Bonn, Konrad-Adenauer-Haus, ACDP 07-001-1422.

1989, viertes Quartal: das Zehn-Punkte-Programm

1 Die neueste deutschsprachige Darstellung auf dem heutigen Forschungsstand ist Andreas Rödder, *Deutschland einig Vaterland*, a.a.O. Nach wie vor unentbehrlich, beruhend auf privilegiertem Zugang zu amtlichen Quellen, ist die *Geschichte der deutschen Einheit in 4 Bänden*, Stuttgart 1998 (Bd. 1: Karl-Rudolf Korte, *Deutschlandpolitik in Kohls Kanzlerschaft. Regierungsstil und Entscheidungen 1982 – 1989;* Bd. 2: Dieter Grosser, *Das Wagnis der Währungs-, Wirtschafts- und Sozialunion;* Bd. 3: Wolfgang Jäger, *Die Überwindung der Teilung. Der innerdeutsche Prozeß der Vereinigung;* Bd. 4: Werner Weidenfeld, *Außenpolitik für die deutsche Einheit).* Ebenso unentbehrlich ist die Darstellung der Deutschlandverhandlungen 1989/90 von Hanns Jürgen Küsters in: *Deutsche Einheit*, a.a.O., S. 21 – 236.
Bisher nicht von neueren Studien überholt ist die Darstellung der Umbruchsjahre 1989/90 aus Sicht der Bush-Administration von Philip Zelikow/Condoleezza Rice, *Sternstunde der Diplomatie*, a.a.O. Die gründlichste Studie zur entsprechenden sowjetischen Deutschlandpolitik ist Rafael Biermann, *Zwischen Kreml und Kanzleramt. Wie*

Moskau mit der deutschen Einheit rang, Paderborn 1997. Ähnlich aufschlußreich ist Alexander von Plato, *Die Vereinigung Deutschlands – ein weltpolitisches Machtspiel. Bush, Kohl, Gorbatschow und die geheimen Moskauer Protokolle,* Berlin 1999. Dazu jetzt die Quellensammlung von Aleksandr Galkin/Anatolij Tschernjajew (Hrsg.), *Michail Gorbatschow und die deutsche Frage. Sowjetische Dokumente 1986–1991,* München 2011. Am aufschlußreichsten aus französischer Sicht ist Frédéric Bozo, *Mitterrand, la fin de la guerre froide et l'unification allemande. De Yalta à Maastricht,* Paris 2005. Helles Licht auf die einschlägigen Entscheidungsprozesse im London Margaret Thatchers wirft die Edition der *Documents on British Policy Overseas* zu den Umbruchjahren 1989/90 (Series III, Vol. VII, ed. by P. Salmon and K. A. Hamilton, London 2010). Lesenswert ist Klaus Werner Jakisch, *Eisern gegen die Einheit. Margaret Thatcher und die deutsche Wiedervereinigung,* Frankfurt a. M. 2004.

2 Jacques Attali, *Verbatim III: 1988–1991,* a.a.O., Eintrag vom 1.9.1989, S.297.

3 Helmut Kohl, *Erinnerungen 1982–1990,* a.a.O., S. 1023–1028.

4 »Bei Kohls Wahlkampfauftritt jubelten 250 000 Menschen«, in: *Generalanzeiger,* 15.3.1990.

5 Rede auf dem 37. Bundesparteitag in Bremen, 14.9.1989.

6 Gespräch des Ministerialdirektors Teltschik mit Botschafter Kwizinskij, Bonn, 29.9.1989, in: *Deutsche Einheit,* Nr. 50, S. 426.

7 *Helmut Kohl, Ich wollte Deutschlands Einheit,* a.a.O., S. 101.

8 »Kohl sofort bereit, mit der DDR zu sprechen«. Interview mit dem Bundeskanzler, in: *Bild,* 5.10.1989.

9 Ergebnisprotokoll der Sitzung des CDU-Bundesvorstandes, 6.11.1989 (10.00–14.00) im Arbeitnehmerzentrum Königswinter, ACDP 07-001-1108-1113. – Kurt H. Biedenkopf, *1989–1990. Ein deutsches Tagebuch,* Berlin 2000, Eintrag vom 6.11.1989, S. 31.

10 Bericht der Bundesregierung zur Lage der Nation im geteilten Deutschland, abgegeben von Bundeskanzler Helmut Kohl vor dem Deutschen Bundestag, 8.11.1989, in: *Europa-Archiv,* 44/24 (1989), D 713.

11 *Helmut Kohl, Ich wollte Deutschlands Einheit,* a.a.O., S. 134.

12 »Bundeskanzler Kohl vor dem Schöneberger Rathaus«, in: *Berliner Zeitung,* 11.11.1989.

13 Zu den seinerzeitigen Diskussionen in der SPD siehe Daniel Friedrich Sturm, *Uneinig in die Einheit. Die Sozialdemokratie und die Vereinigung Deutschlands 1989/90,* Berlin 2006, S. 195–217.

14 CDU/CSU-Fraktion, 11. Wahlperiode, Protokoll der Fraktionssitzung vom 27.11.1989, ACDP VIII-001-1091/1.

15 CDU/CSU-Fraktion, 11. Wahlperiode, Protokoll der Fraktionssitzung, 14.11.1989, 08-001-1091/2.

16 *Stuttgarter Zeitung,* 23.11.1989 (zit. nach Andreas Rödder, *Deutschland einig Vaterland,* a.a.O., S. 168).

17 Bericht Rühes in CDU/CSU-Fraktion, 11. Wahlerpiode, Protokoll der Fraktionssitzung am 27.11.1989, ACDP VIII-001-1517.

18 Alexander von Plato, *Die Vereinigung Deutschlands – ein weltpolitisches Machtspiel,* a.a.O., S. 113–119.

19 Horst Teltschik, *329 Tage,* Berlin 1991, S. 44.

20 Die Datierung des Gesprächs ist noch unklar. Scholz berichtet, die Unterredung habe am Donnerstag stattgefunden. In Kohls berühmtem kleinen Kalender von der BASF, den er stets bei sich trug, findet sich der Name von Scholz am Freitag vermerkt (Persönliche Mitteilung). Damit könnte aber auch ein Telefonat gemeint sein.

21 Rupert Scholz beim Interview mit Hans-Peter Schwarz und Günter Buchstab, 24.9.2009.

22 Zum ganzen siehe Horst Teltschik, *329 Tage,* a.a.O., S. 32 – 58. – Wolfgang Jäger, *Die Überwindung der Teilung,* a.a.O., S. 58 – 71. – Helmut Kohl, *Erinnerungen 1982 – 1990,* a.a.O., S. 988 – 1000. – Claus J. Duisberg, *Das deutsche Jahr. Einblicke in die Wiedervereinigung 1989/90,* Berlin 2005, S. 101 – 105.

23 CDU-Bundesvorstand, 27.11.1989.

24 Gespräch des Bundeskanzlers Kohl mit Präsident Bush, Laacken bei Brüssel, 3.12.1989, in: *Deutsche Einheit,* a.a.O., Nr. 109, S. 604.

25 Theo Sommer, *Unser Schmidt. Der Staatsmann und der Publizist,* München 2010, S. 111. Sommer bezieht sich dabei auf Informationen von Horst Teltschik.

26 Alexander von Plato, *Die Vereinigung Deutschlands – ein weltpolitisches Machtspiel,* a.a.O., S. 31.

27 CDU-Bundesvorstand, 14.5.1990.

Vom Zehn-Punkte-Programm bis zur Volkskammerwahl am 18. März 1990

1 Ansprache vor dem CDU-Bundesausschuß, Verlaufsprotokoll, Berlin 11.12.1989, ACDP 07-001-642.

2 Jacob Burckhardt, *Über das Studium der Geschichte.* Der Text der ›Weltgeschichtlichen Betrachtungen‹ aufgrund der Vorarbeiten von Ernst Ziegler nach den Handschriften herausgegeben von Peter Ganz, München 1982, S. 349f.

3 ZDF-Politbarometer, 21.11.1989; 19.12.1989; 23.1.1990; 20.2.1990.

4 Walter Kohl, *Leben oder gelebt werden. Schritte auf dem Weg zur Versöhnung,* München 2011, S. 135f.

5 Helmut Kohl im CDU-Bundesvorstand, 14.5.1990, ACDP.

6 Daniel Friedrich Sturm, *Uneinig in die Einheit,* a.a.O., S. 245.

7 Ibd., S. 246.

8 Ibd., S. 226.

9 ZDF-Politbarometer, 23.1.1990.

10 Horst Teltschik, *329 Tage,* a.a.O., S. 103.

11 Telefongespräch des Bundeskanzlers Kohl mit Staatspräsident Mitterrand, 5.2.1990, in: *Deutsche Einheit,* a.a.O., Nr. 160, S. 757.

12 Peter Merseburger, *Willy Brandt. 1913 – 1992. Visionär und Realist,* Suttgart 2002, S. 840.

13 Wolfgang Jäger, *Die Überwindung der Teilung,* a.a.O., S. 159.

14 Kurt Biedenkopf, *1989 – 1990,* Berlin 2000, Eintrag vom 15.1.1990 zur Sitzung des CDU-Bundesvorstands in Saarbrücken.

15 Helmut Kohl im CDU-Bundesvorstand, 23.1.1990, ACDP.

16 Helmut Kohl im CDU-Bundesvorstand, 9.10.1990, ACDP.

17 Menso Heyl, »Ost-CDU glaubt weiter an den Sozialismus«, in: *Bild am Sonntag,* 19.11.1989. Ähnlich im Gespräch mit Hanspeter Born, »Fixiert auf die schöne Vision vom Sozialismus«, in: *Christ und Welt/Rheinischer Merkur,* 24.11.1989.

18 »Stellungnahme von Lothar de Maizière für die Ost-CDU in der Volkskammer«, *BPA/ DDR-Spiegel,* 18.11.1989. – Wolfgang Jäger, *Die Überwindung der Teilung,* a.a.O., S. 220.

19 »Preuße, Christ und Demokrat«, in: *Stern,* 7.12.1989.

20 Ergebnisprotokoll der Sitzung des Präsidiums der CDU, 10.1.1990, im Kanzlerbungalow, ACDP 07-001-1423/1424.

21 Wolfgang Jäger, *Die Überwindung der Teilung,* a.a.O., S. 225.

22 Helmut Kohl im CDU-Bundesvorstand, 23.1.1990, ACDP.

23 *dpa,* 13.10.1991.

24 Ergebnisprotokoll der Sitzung des Präsidiums, 29.1.1990, Bonn, ACDP 07-001-1423/ 1424.

25 Zu den Verhandlungen siehe Michael Richter auf Grundlage parteiamtlicher und offener Quellen, »Die Bildung der Allianz für Deutschland«, in: *Historisch-Politische Mitteilungen*, 15/2008, S. 33–346.

26 Erklärung über das Ergebnis des Gesprächs mit dem sowjetischen Partei- und Staatschef, Michail Gorbatschow, abgegeben vom Bundeskanzler Helmut Kohl in Moskau, 10.2.1990, in: *Europa-Archiv*, 45/8 (1990), D 193.

27 Helmut Kohl im CDU-Bundesvorstand, 8.2.1990, ACDP.

28 Kurt Biedenkopf, *1989–1990*, a.a.O., S. 98.

29 Dieter Grosser, *Das Wagnis der Währungs-, Wirtschafts- und Sozialunion*, a.a.O., S. 172. Für Erinnerungen der Akteure siehe den Sammelband von Theo Waigel/Manfred Schell (Hrsg.), *Tage, die Deutschland und die Welt veränderten. Vom Mauerfall zum Kaukasus. Die deutsche Währungsunion*, München 1994.

30 Vorlage des Regierungsdirektors Mertes an Bundeskanzler Kohl, Bonn, 2.2.1990, in: *Deutsche Einheit*, a.a.O., Nr. 157, 157A und und 157B, S. 747–753.

31 Horst Teltschik, *329 Tage*, a.a.O., S. 124.

32 Gespräch des Bundeskanzlers Kohl mit Ministerpräsident Modrow, Davos, 3.2.1990, in: *Deutsche Einheit*, a.a.O., Nr. 158, S. 755.

33 CDU/CSU-Fraktion, 11. Wahlperiode, Protokoll der Fraktionssitzung, 6.2.1990, ACDP 08-001-1092/3.

34 Dieter Grosser, *Das Wagnis der Währungs-, Wirtschafts- und Sozialunion*, a.a.O., S. 248.

35 Gespräch des Bundeskanzlers Kohl mit Präsident Bush, Camp David, 24.2.1990, in: *Deutsche Einheit*, a.a.O., Nr. 192, S. 862.

36 Claus J. Duisberg, *Das deutsche Jahr*, a.a.O., S. 168.

37 »Für Deutschland, einig Vaterland – Konzeption für den Weg zu einem einheitlichen Deutschland«, in: *Neues Deutschland*, 2.2.1990.

38 Aufzeichnung des Bundesministeriums des Innern, 27.2.1990, und Vermerk des Ministerialdirigenten Busse, Bonn, 6.3.1990, in: *Deutsche Einheit*, a.a.O., Nr. 196 und 207, S. 879–886 und 917f. – Wolfgang Schäuble, *Der Vertrag. Wie ich über die deutsche Einheit verhandelte*, Berlin 1991, S. 63f.

39 Zweite Sitzung der Arbeitsgruppe Außen- und Sicherheitspolitik des Kabinettsausschusses Deutsche Einheit, Bonn, 19.2.1990, in: *Deutsche Einheit*, a.a.O., Nr. 189, S. 854.

40 *dpa*, 1.3.1990.

41 Ergebnisprotokoll der Sitzung des Präsidiums der CDU, 10.00 Uhr bis 13.00 Uhr, 5.3.1990, Bonn, Konrad-Adenauer-Haus, ACDP, 07-001-1423/1424. – Siehe auch *Helmut Kohl, Ich wollte Deutschlands Einheit*, a.a.O., S. 290–295.

42 Wolfgang Schäuble, *Der Vertrag*, a.a.O., S. 64.

43 Werner Weidenfeld, *Außenpolitik für die deutsche Einheit*, a.a.O., S. 731. – Karl Kaiser, *Deutschlands Vereinigung. Die internationalen Aspekte. Mit den wichtigen Dokumenten*, Bergisch-Gladbach 1991, S. 191.

44 Schreiben des Außenministers Baker an Bundeskanzler Kohl, 10.2.1990, in: *Deutsche Einheit*, a.a.O., Nr. 173, S. 794.

45 Robert l. Hutchings, *Als der Kalte Krieg zu Ende war. Ein Bericht aus dem Innern der Macht*, Berlin 1999, S. 164.

46 George W. Bush/Brent Scowcroft, *A World Transformed*, a.a.O., S. 252.

47 Gespräch des Bundeskanzlers Kohl mit Präsident Bush, Camp David, 24.2.1990, in: *Deutsche Einheit*, a.a.O., Nr. 192, S. 875.

48 Ergebnisprotokoll der Sitzung des Präsidiums der CDU, 10.00 Uhr bis 13.00 Uhr, 5.3.1990, Bonn, Konrad-Adenauer-Haus, ACDP, 07-001-1423/1424

49 Wolfgang Jäger, *Die Überwindung der Teilung*, a.a.O., S. 230.

50 Gespräch des Bundeskanzlers mit Außenminister Hurd, Bonn, 12.3.1990, in: *Deutsche Einheit*, a.a.O., Nr. 214, S. 932.

51 Hans-Joachim Melder, »Kohl ließ die Kirche im Dorf«, in: *Der Tagesspiegel*, 4.4.1990.

52 Herbert Kremp, »Sein Selbstgefühl trotzt allen Stürmen«, in: *Bild am Sonntag*, 1.4.1990.

53 RdH, »Von monumentaler Unbeirrbarkeit«, in: *Süddeutsche Zeitung*, 3.4.1990. – So auch Johann Georg Reißmüller, »Ein Unbeirrbarer«, in: *Frankfurter Allgemeine Zeitung*, 3.4.1990.

54 Martin S. Lambeck, »Der unterschätzte Pfälzer«, in: *Hamburger Abendblatt*, 3.4.1990. – So auch Oskar Fehrenbach, »Plädoyer für einen unterschätzten Kanzler«, in: *Quick*, 29.3.1990.

55 C. G., »Ein Europäer mit Herz und Verstand«, in: *Frankfurter Allgemeine Zeitung*, 4.4.1990.

56 Ludwig Harms, »Der ›schwarze Riese‹ steht vor dem Ziel«, in: *Hannoversche Allgemeine Zeitung*, 3.4.1990.

57 Manfred Schell, »Kanzler der Deutschen«, in: *Die Welt*, 2.4.1990.

58 Ekkehard Kohrs, »Wie Kohl in der deutschen Geschichte Platz nahm«, in: *Generalanzeiger*, Bonn, 3.4.1990. – So auch Rudi Kilgus, »Der Enkel Adenauers im Strom der Geschichte«, in: *Mannheimer Morgen*, 2.4.1990.

59 Hans Halter, »Überlebensgroß Herr Kohl«, in: *Der Spiegel*, 15/1990 (9.4.1990).

60 Heiner Geißler beim Interview mit Hans-Peter Schwarz und Günter Buchstab, 5.7.2010. – Im Protokoll der Präsidiumssitzung am 10.1.1990 ist diese Kontroverse nicht erwähnt (ACDP 07-001-1423/1424).

Widerstände

1 Jacques Attali, *Verbatim I*. Première partie: *1981–1983*, Paris 1993, Eintrag vom 2.10.1982, S. 491.

2 Helmut Kohl im CDU-Bundesvorstand, 9.10.1989, ACDP.

3 Helmut Kohl im CDU-Bundesvorstand, 27.11.1989. – Kurt Biedenkopf, *1989–1990*, a.a.O., Eintrag vom 27.11.1989, S. 50.

4 Helmut Kohl, *Erinnerungen 1982–1990*, a.a.O., S. 1015.

5 Conor Cruise O'Brien, »Beware a Reich Resurgent«, in: *The Times*, 31.10.1989.

6 Helmut Kohl im CDU-Bundesvorstand, 6.11.1989, ACDP.

7 Siehe dazu meine Studie »Das Vierte Reich?«, in: Hans-Peter Schwarz, *Die Zentralmacht Europas. Deutschlands Rückkehr auf die Weltbühne*, Berlin 1994, S. 226–239.

8 Horst Teltschik, *329 Tage*, a.a.O., S. 37.

9 Werner Weidenfeld, *Außenpolitik für die deutsche Einheit*, a.a.O., S. 90.

10 Margaret Thatcher, *Downing Street No. 10*, a.a.O., S. 1098.

11 Horst Teltschik, *329 Tage*, a.a.O., Eintrag vom 22.11.1989, S. 47. – Frédéric Bozo, *Mitterrand, la fin de la guerre froide et l'unification allemande*, a.a.O., S. 157.

12 Hans-Dietrich Genscher, *Erinnerungen*, Berlin 1995, S. 678.

13 Jacques Attali, *Verbatim III: 1988–1991*, Paris 1995, Eintrag vom 30.11.1989, S. 354.

14 Werner Weidenfeld, *Außenpolitik für die deutsche Einheit*, a.a.O., S. 145.

15 Frédéric Bozo, *Mitterrand, la fin de la guerre froide et l'unification allemande*, a.a.O., S. 416f.

16 Neben Bozo siehe auch Werner Weidenfeld, *Außenpolitik für die deutsche Einheit,* a.a.O., S. 153–159.

17 Jacques Bozo, *Mitterrand, la fin de la guerre froide et l'unification allemande,* a.a.O., S. 417.

18 Helmut Kohl, *Erinnerungen 1982–1990,* a.a.O., S. 1011.

19 Ibd., S. 1013.

20 Helmut Kohl im CDU-Bundesvorstand, 10.1.1998, ACDP.

21 Tagung des Europäischen Rates der Staats- und Regierungschefs, 8./9.12.1989 in Straßburg, in: *Europa-Archiv,* 45/1 (1990), D 14.

22 Ergebnisprotokoll der Sitzung des Präsidiums, 10.1.1990, 18.00–23.00, Kanzlerbungalow, ACDP 07-001-1423.

23 Jacques Bozo, *Mitterrand, la fin de la guerre froide et l'unification allemande,* a.a.O., S. 180.

24 Telefongespräch des Bundeskanzlers Kohl mit Staatspräsident Mitterrand, 14.3.1990, in: *Deutsche Einheit,* a.a.O., Nr. 218, S. 943–947.

25 Horst Teltschik, *329 Tage,* a.a.O., Einträge vom 10.–14.März 1990, S. 171–176.

26 Gespräche des Bundeskanzlers Kohl mit Staatspräsident Mitterrand in Assmannshausen und auf dem Rhein, 22.6.1990, in: *Deutsche Einheit,* a.a.O., Nr. 324, S. 1247–1249. – Horst Teltschik, *329 Tage,* a.a.O., S. 283f.

27 Die recht wohlwollende, auf ausgewählte Dokumente aus dem Quai d'Orsay gestützte Darstellung von Tilo Schabert, *Wie Weltgeschichte gemacht wird. Frankreich und die deutsche Einheit,* Stuttgart 2002, kann nicht voll überzeugen. Aufschlußreich, aber bezüglich der Pariser Entscheidungsprozesse doch lückenhaft ist die Dokumentenauswahl von Maurice Vaisse/Christian Wenkel (Hrsg.), *La diplomatie française face à l'unification,* Paris 2011.

Mit Bush gegen Gorbatschow

1 Philipp Zelikow/Condoleezza Rice, *Sternstunde der Diplomatie,* a.a.O., S. 189.

2 Schreiben des Präsidenten Bush an Bundeskanzler Kohl, 9.2.1990, in: *Deutsche Einheit,* a.a.O., Nr. 170, S. 784f.

3 Schreiben des Außenministers Baker an Bundeskanzler Kohl, 10.2.1990, ibd., Nr. 173, S. 793f. – Horst Teltschik, *329 Tage,* a.a.O., S. 137f.

4 Alexander von Plato, *Die Vereinigung Deutschlands – ein weltpolitisches Machtspiel,* a.a.O., S. 345–358 (unter Auswertung auch der sowjetischen Verhandlungsprotokolle). – Hanns Jürgen Küsters, »Entscheidung für die deutsche Einheit«, in: *Deutsche Einheit,* a.a.O., S. 173–176. – Philipp Zelikow/Condoleezza Rice, *Sternstunde der Diplomatie,* a.a.O., S. 382–394. – Werner Weidenfeld, *Außenpolitik für die deutsche Einheit,* a.a.O., S. 466–471.

5 Besprechung der beamteten Staatssekretäre, Bonn, 6.11.1989, in: *Deutsche Einheit,* a.a.O., Nr. 74, S. 482–487. – Wolfgang Jäger, *Die Überwindung der Teilung,* a.a.O., S. 37–40.

6 Alexander von Plato, *Die Vereinigung Deutschlands – ein weltpolitisches Machtspiel,* a.a.O., S. 87.

7 Helmut Altrichter, *Rußland 1989. Der Untergang des sowjetischen Imperiums,* München 2009, S. 112f. – Hans-Hermann Höhmann, »Der wirtschaftliche Niedergang Osteuropas und der Sowjetunion«, in: *Die Internationale Politik 1989–1990,* a.a.O., S. 174–191.

8 Horst Teltschik, *329 Tage,* a.a.O., S. 101f. und 112.

9　Gespräch des Bundeskanzlers Kohl mit Generalsekretär Gorbatschow, Moskau, 10.2.1990, in: *Deutsche Einheit,* a.a.O., Nr. 174, S. 795f. – Werner Weidenfeld, *Außenpolitik für die deutsche Einheit,* a.a.O., S. 532 – 535.

10　Tischgespräche des Bundeskanzlers Kohl mit Präsident Bush, Camp David, 24./25.2.1990, in: *Deutsche Einheit,* a.a.O., Nr. 193, S. 873f.; Gespräch des Bundeskanzlers Kohl mit Außenminister Baker, Bonn, 4.5.1990, ibd., Nr. 266, S. 1081; Delegationsgespräch des Bundeskanzlers Kohl mit Präsident Bush, Washington, 17.5.1990, ibd., Nr. 281, S. 1128; Gespräch des Bundeskanzlers Kohl mit Präsident Bush, Washington, 8.6.1990, ibd., Nr. 305, S. 1193f.

11　Horst Teltschik, *329 Tage,* a.a.O., S. 204 – 207. – Gespräch des Bundeskanzlers mit Botschafter Kwizinskij, Bonn, 23.4.1990, in: *Deutsche Einheit,* a.a.O., Nr. 253, S. 1026f.

12　Gespräch des Bundeskanzlers Kohl mit Außenminister Schewardnadse, Bonn, 4.5.1990, ibd., Nr. 267, S. 1087f. – Horst Teltschik, *329 Tage,* a.a.O., S. 226 – 235.

13　Alexander von Plato, *Die Vereinigung Deutschlands – ein weltpolitisches Machtspiel,* a.a.O., S. 337 – 340.

14　Gespräch des Bundeskanzlers Kohl mit Präsident Bush, Camp David, 24.2.1990, in: *Deutsche Einheit,* a.a.O., Nr. 192, S. 868.

15　Telefongespräch des Bundeskanzlers Kohl mit Präsident Gorbatschow, 7.9.1990, in: *Deutsche Einheit,* a.a.O., Nr. 415, S. 1527 – 1530.

16　Helmut Kohl, *Erinnerungen 1990 – 1994,* München 2007, S. 209 – 214. – Horst Teltschik, *329 Tage,* a.a.O., S. 359 – 363.

17　Heribert Schwan/Rolf Steininger, *Helmut Kohl. Virtuose der Macht,* Mannheim 2009, S. 268.

18　Christoph Royen, »Die Befreiung Mittel-Ost-Europas von der sowjetischen Herrschaft«, in: *Die Internationale Politik 1989 – 1990,* a.a.O., S. 58 – 71.

Polen

1　Gespräch des Bundeskanzlers mit dem stellvertretenden Ministerpräsidenten und Finanzminister Balcerowicz, Bonn, 22.6.1990, in: *Deutsche Einheit,* a.a.O., Nr. 323, S. 1244.

2　Zur Rolle Rakowskis bis zur Niederwerfung von Solidarność siehe Klaus Reiff, *Polen. Als deutscher Diplomat an der Weichsel,* Bonn 1990.

3　Vermerk über das Gespräch des Bundeskanzlers mit dem Vorsitzenden des Ministerrats der Volksrepublik Polen, Dr. Mieczysław F. Rakowski, 20.1.1989, von 16.15 bis 17.15 Uhr, BKamt aus 21-Ge 28, Bd. 77.

4　Gespräch des Bundeskanzlers mit dem Fraktionsvorsitzenden des Bürgerkomitees »Solidarität«, Geremek, 7.7.1989, Bonn, in: *Deutsche Einheit,* a.a.O., Nr. 15, S. 342.

5　Piotr Buras/Henning Tewes, *Polens Weg. Von der Wende bis zum EU-Beitritt,* Stuttgart 2005, S. 11 – 36.

6　Tischgespräch des Bundeskanzlers Kohl mit Ministerpräsident Antall, Bonn, 21.6.1990, in: *Deutsche Einheit,* a.a.O., Nr. 322, S. 1242.

7　Gespräch des Bundeskanzlers mit dem amerikanischen Präsidenten Bush, 8.6.1990, in Washington, BKamt aus 21-Ge 28, Bd. 81.

8　Vermerk über das Gespräch des Bundeskanzlers mit dem polnischen Staatspräsidenten Walesa, 31.3.1992, BKamt aus 21-Ge 28, Bd. 87.

9　Gespräch des Bundeskanzlers mit dem Präsidenten der EG-Kommission, Freitag, 28.9.1990, von 12.30 bis 15.00 Uhr, BKamt aus 21-Ge 28, Bd. 82.

»Der glückliche Riese«: von der Volkskammerwahl zur Bundestagswahl

1 *Der Spiegel*, 47/1990 (19.11.1990).
2 Wolfgang Jäger, *Die Überwindung der Teilung*, a.a.O., S. 110. – Horst Teltschik, Vortrag im Münchner Institut für Zeitgeschichte, 2.2.2011.
3 Wolfgang Schäuble, *Der Vertrag*, a.a.O., S. 66–78.
4 Gespräch des Bundeskanzlers Kohl mit Präsident Bush, Camp David, 24.2.1990, in: *Deutsche Einheit*, a.a.O., Nr. 192, S. 862.
5 Dieter Grosser, *Das Wagnis der Währungs-, Wirtschafts- und Sozialunion*, a.a.O., S. 166.
6 Ibd., S. 170.
7 Klaus Schroeder, *Die veränderte Republik. Deutschland nach der Wiedervereinigung*, Stamsried 2006, S. 162.
8 Beispiele dafür erwähnt Gerhard A. Ritter, *Wir sind ein Volk! Geschichte der deutschen Einigung*, München 2009, S. 55,157f.
9 Dieter Grosser, *Das Wagnis der Währungs-, Wirtschafts- und Sozialunion*, a.a.O., S. 251.
10 Ibd., S. 255f.
11 Ergebnisprotokoll der Sitzung des Präsidiums der CDU, 26.3.1990, 9.30–13.30, Bonn, Konrad-Adenauer-Haus, ACDP 07-001-1423/1424.
12 Dieter Grosser, *Das Wagnis der Währungs-, Wirtschafts- und Sozialunion*, a.a.O., S. 251.
13 Ibd., S.288.
14 Helmut Kohl im CDU-Bundesvorstand, 14.5.1990, ACDP.
15 Ibd.
16 Sitzung des Präsidiums der CDU, 14.5.1990, Konrad-Adenauer-Haus, ACDP 01-007-1423/1424.
17 Helmut Kohl im CDU-Bundesvorstand, 14.5.1990,ACDP.
18 ZDF-Politbarometer, 21.5.1990.
19 Erklärung des Bundeskanzlers Helmut Kohl anläßlich der Unterzeichnung des Staatsvertrags zwischen der Bundesrepublik und der DDR, 18.5.1990, in: *Europa-Archiv*, 45/13+14 (1990), D 323.
20 Ibd., D 326.
21 Ibd., D 328, 347.
22 Ibd., D 293.
23 Jürgen Leinemann, *Höhenrausch. Die wirklichkeitsleere Welt der Politiker*, München 2004, S. 410.
24 Wolfgang Schäuble, *Der Vertrag*, a.a.O., S. 153,155f.
25 CDU/CSU-Fraktion, 11. Wahlperiode, Protokoll der Fraktionssitzung, 8.8.1990,ACDP 08-001-1094/2.
26 CDU/CSU-Fraktion, 11. Wahlperiode, Protokoll der Fraktionssitzung, 12.6.1990,ACDP 08-001-1094/1.
27 Ibd.
28 Uwe Müller, *Supergau Deutsche Einheit*, Berlin 2005, S. 42.
29 Helmut Kohl, *Erinnerungen 1990–1994*, a.a.O., S. 128.
30 Dieter Grosser, *Das Wagnis der Währungs-, Wirtschafts- und Sozialunion*, a.a.O., S. 455.
31 Ibd., S.365.
32 Jürgen Leinemann, *Höhenrausch*, a.a.O., S. 391.
33 CDU/CSU-Fraktion, 11. Wahlperiode, 8.8.1990, ACDP 08-001-1094/2.
34 Dieter Grosser, *Das Wagnis der Währungs-, Wirtschafts- und Sozialunion*, a.a.O., S. 370 und 379.
35 Kurt Biedenkopf, *1989–1990*, a.a.O., Eintrag vom 13.2.1990, S. 109.

36 Sitzung des Präsidiums der CDU, 14.5.1990, Bonn, Konrad-Adenauer-Haus, ACDP 07-001-1423/1424.

37 Helmut Kohl im CDU-Bundesvorstand, 17.12.1990, ACDP.

38 Ergebnisprotokoll der Sitzung des Präsidiums der CDU, 12.9.1990, Bonn, Konrad-Adenauer-Haus, 18.00 bis 21.50 Uhr, ACDP 07-001-1423/1424.

39 ZDF-Politbarometer, 17.9.1990.

40 Ergebnisprotokoll der Sitzung des Präsidiums der CDU, 22.8.1990, Bonn, Bundeskanzleramt, 9.15 bis 13.30, ACDP 07-001-1423/1424.

41 »Hörfunk- und Fernsehansprache des Bundeskanzlers der Bundesrepublik Deutschland, Helmut Kohl, zum Tag der Deutschen Einheit, 2.10.1990«, in: *Europa-Archiv,* 45/21 (1990), D 537.

42 Ernst Jünger, *Siebzig verweht IV,* Stuttgart 1995, Eintrag vom 2.1.1990, S. 392.

43 Kurt Biedenkopf, *1989 – 1990,* a.a.O., S. 416f.

44 Ergebnisprotokoll der Sitzung des Präsidiums der CDU, 12.11.1990, 10.00 bis 11.00 Uhr, ACDP 07-001-1423/1424.

45 Helmut Kohl im CDU-Bundesvorstand, 12.11.1990, ACDP.

46 Helmut Kohl, *Erinnerungen 1990 – 1994,* a.a.O., S. 317.

47 ZDF-Politbarometer, 19.11.1990.

48 Elisabeth Noelle-Neumann, »Der Einigungsprozeß wirft einen langen Schatten«, in: *Frankfurter Allgemeine Zeitung,* 11.9.1991.

Betrachtung
Der unerwartet siegreiche Kernstaat

1 Johannes Gross, *Das neue Notizbuch 1985 – 1990,* Stuttgart 1990 [= Magazin der *Frankfurter Allgemeinen Zeitung,* 22.12.1989], S. 282.

2 *Bundesanzeiger,* 1. Jahrgang Nr. 1, 24.9.1949, S. 1.

3 Interview des Bundeskanzlers Adenauer mit der französischen Nachrichtenagentur Agence France-Presse, 15.9.1949, in: *Dokumente zur Deutschlandpolitik. II. Reihe* Bd. 2: *1949. Die Konstituierung der Bundesrepublik Deutschland und der Deutschen Demokratischen Republik 7. September bis 31. September 1949,* bearbeitet von Hanns Jürgen Küsters, München 1996, S. 29.

4 Schreiben des Bundeskanzlers Adenauer an den Geschäftsführenden Vorsitzenden der Alliierten Hohen Kommission für Deutschland, McCloy, vom 26.10.1949, in: ibd., S. 714.

5 Ibd., S. 219.

6 Hans-Ulrich Wehler, *Deutsche Gesellschaftsgeschichte, 1949 – 1990,* München 2008, S. 3.

7 Rüdiger Altmann, *Der wilde Friede. Notizen zu einer politischen Theorie des Scheiterns,* Stuttgart 1987, S. 90.

8 Ralf Dahrendorf, *Gesellschaft und Demokratie in Deutschland,* München 1971 (1968), S. 122 – 136.

9 Friedrich Sieburg, *Die Lust am Untergang. Selbstgespräche auf Bundesebene,* Hamburg 1954, S. 121f.

10 Theodor Eschenburg, »Die DDR respektieren«, in: Theo Sommer (Hrsg.), *Denken an Deutschland,* Hamburg 1966, S. 143.

11 Theodor Eschenburg, *Die Deutsche Frage. Verfahrensprobleme der Wiedervereinigung,* München 1959.

12 Theodor Eschenburg, »Die DDR respektieren«, a.a.O., S. 162.

13 Ibd., S. 167.

14 Golo Mann, *Deutsche Geschichte des 19. und 20. Jahrhunderts,* Frankfurt a. M. 1992 (1958), S. 996.

15 Ibd., S. 1006.

16 Ibd., S. 1046.

17 Walter Jens, »Plädoyer gegen die Preisgabe der DDR-Kultur. Fünf Forderungen an die Intellektuellen im geeinten Deutschland«, in: *Süddeutsche Zeitung,* 16./17.6.1990.

18 Raymond Poidevin, *Die unruhige Großmacht. Deutschland und die Welt im 20. Jahrhundert,* Freiburg 1989, S. 414.

19 Klaus Bölling, »Die offene deutsche Frage«, in: *Der Spiegel,* 18/1985 (29.4.1985).

20 Karl Dietrich Erdmann, *Die Spur Österreichs in der deutschen Geschichte. Drei Staaten, zwei Nationen, ein Volk?,* Zürich 1989, S. 35 [= Erstdruck in: *Geschichte in Wissenschaft und Unterricht,* 36 (1985) Heft 10].

21 Willy Brandt, *Erinnerungen,* Frankfurt a. M. 1989, S. 156f.

22 Michael R. Beschloss/Strobe Talbott, *Auf höchster Ebene,* a.a.O., S. 176.

23 Brigitte Seebacher-Brandt, *Die Linke und die Einheit,* Berlin 1991, S. 58.

24 Renate Köcher, »In der neuen Lage hat die CDU neue Aufgaben«, in: *Frankfurter Allgemeine Zeitung,* 14.10.1998.

25 Klaus Schroeder, *Die veränderte Republik,* a.a.O., S. 230.

TEIL V
Weiter so! Helmut Kohl im Januar 1991

1 Rudolf Augstein, »Kein Bismarck, kein Ribbentrop«, in: *Der Spiegel,* 30/1990 (23.7.1990).

2 »Hausbacken, aber erfolgreich«, in: *Der Spiegel,* 47/1990 (19.11.1990).

3 Von 662 Bundestagssitzen entfallen auf CDU/CSU 319, FDP 79, SPD 239, Grüne 8, PDS 17.

4 Hans Peter Schütz, »Ich oder nichts«, in: *Stern,* 12.9.1991.

5 »Die verfeindeten Nachbarn«, in: *Der Spiegel,* 26/1992 (22.6.1992).

6 *Richard von Weizsäcker,* Richard von Weizsäcker im Gespräch mit Gunter Hofmann und Werner A. Perger, Frankfurt a. M. 1992, S. 150.

7 Das Paradigma vom Machtmenschen Kohl muß künftig für die Untertitel nicht weniger Kohl-Biographien herhalten: Klaus Dreher, *Helmut Kohl. Leben mit Macht* (1998); Patricia Clough, *Helmut Kohl. Ein Porträt der Macht* (1998); Hans Leyendecker u.a., *Kohl, die Macht und das Geld* (2002); Gerd Langguth, *Kohl, Schröder, Merkel. Machtmenschen* (2009); Heribert Schwan/Rolf Steininger, *Helmut Kohl. Virtuose der Macht* (2011). Kohl, ein »Machtmensch par excellence« (Gerd Langguth), wer wollte dem widersprechen?! Nur bringt eben dieses Paradigma lediglich das Selbstverständliche auf den Punkt. Schließlich ist jeder Spitzenpolitiker, der seine Partei zum Gehorsam zwingt und sich in den schwer steuerbaren modernen Gesellschaften hält, ein Machtmensch. Wenn man das konzediert, beginnen aber erst die eigentlich interessanten Fragen: Ist dieser Machtmensch ein ganz prinzipienloser Machiavellist, oder verfolgt er doch Ziele, die er mit langem Atem durchsetzen will? Und, so er tatsächlich Überzeugungen hat, wie sind sie entstanden, und weshalb hält er im raschen Wandel des Zeitgeistes daran fest? Kraft welcher Eigenschaften und Konstellationen obsiegt er so lange, und warum scheitert er letztlich? Wie ist er im zeitgeschichtlichen Kontext der konkurrierenden Machtmenschen zu verorten? Auch: Wie erklärt sich sein internationales Ansehen, das unverhüllten deutschen Machtmenschen üblicherweise nicht zuteil wird? Und so weiter und so

weiter. Als unreflektiertes Scheltwort eignet sich das Wort Machtmensch hervorragend, als analytischer Begriff weniger.

8　Peter Glotz, »Die Riesenschildkröte«, in: *Die Woche*, 30.9.1993.

9　Jürgen Leinemann, »Der letzte Dinosaurier«, in: *Der Spiegel*, 40/1992 (28.9.1992).

10　Kurt Biedenkopf, Tagebuch, Eintrag vom 11.1.1997, Beschlußantrag zur Arbeitsweise des Bundesvorstandes (Privatarchiv Biedenkopf).

11　CDU/CSU-Fraktion, 12. Wahlperiode, Protokoll der Fraktionssitzung vom 14.1.1991, ACDP 08-012-105/1.

Golfkrise und Golfkrieg

1　General a. D. Klaus Naumann beim Interview mit Hans-Peter Schwarz, 2. und 4.6.2010.

2　Bundesaußenminister Genscher in der 221. Sitzung des Deutschen Bundestages am 23.8.1990, in: *Bulletin* (Presse- und Informationsamt der Bundesregierung), Nr. 102 (25.8.1990), S. 858.

3　Karl Kaiser/Klaus Becher, *Deutschland und der Irak-Konflikt. Internationale Sicherheitsverantwortung Deutschlands und Europas nach der deutschen Vereinigung* (= *Arbeitspapiere zur Internationalen Politik*, Bd. 68), Bonn 1992, S. 85.

4　Telefonat des Bundeskanzlers Kohl mit Präsident Bush, 22. August 1990, in: *Deutsche Einheit, Sonderedition aus den Akten des Bundeskanzleramts 1989/90.* Bearbeitet von Hanns Jürgen Küsters und Daniel Hofmann [= *Dokumente zur Deutschlandpolitik.* Wissenschaftliche Leitung: Klaus Hildebrand, Hans-Peter Schwarz; Bundesarchiv: Friedrich P. Kahlenberg], München 1998, Nr. 390, S. 1484.

5　Gespräch des Bundeskanzlers Kohl mit Außenminister Baker, Ludwigshafen, 15.9.1990, ibd., Nr. 423, S. 1543.

6　Karl Kaiser/Klaus Becher, *Deutschland und der Irak-Konflikt*, a.a.O., S. 47–69, 114–126.

7　Vermerk über das Gespräch des Bundeskanzlers mit dem jordanischen König Hussein, Montag, 3.9.1990, 15.30–16.30 Uhr, BKamt aus 21-Ge 28, Bd. 82.

8　Vermerk über das Gespräch des Bundeskanzlers mit dem saudi-arabischen Außenminister, Prinz Saud Al Faisal, 11.10.1990, 14.00–15.00 Uhr, BKamt aus 21-Ge 28, Bd. 82.

9　Vermerk über das Gespräch des Bundeskanzlers mit dem sowjetischen Präsidenten M. S. Gorbatschow, 9.11.1990, 15.15–17.00 Uhr, im Bundeskanzleramt, BKamt aus 21-Ge 28, Bd. 82.

10　Vermerk über das Gespräch des Bundeskanzlers mit Prinz Saud Al Faisal, 11.10.1990, 14.00 bis 15.00 Uhr, BKamt aus 21-Ge 28, Bd. 82.

11　Vermerk über das Gespäch des Bundeskanzlers mit dem israelischen Verteidigungsminister Moshe Arens, 3.9.1990, 11.00 bis 13.30, BKamt aus 21-Ge 28, Bd. 82.

12　Gespräch mit dem jordanischen König Hussein, Montag, 3.9.1990, 15.30 bis 16.30 Uhr, BKamt aus 21-Ge 28, Bd. 82.

13　Gespräch des Bundeskanzlers mit dem sowjetischen Präsidenten M. S. Gorbatschow, 9.11.1990, 15.15 bis 17.00, im Bundeskanzleramt, BKamt aus 21-Ge 28, Bd. 82.

14　Vermerk über die Gespräche des Bundeskanzlers mit Staatspräsident Mitterrand und Premierminister Rocard bei den 56. Deutsch-französischen Konsultationen, 17./18.9.1990, in München, BKamt aus 21-Ge 28, Bd. 82.

15　Vermerk betreffend Gespräch des Bundeskanzlers mit Generalsekretär Wörner, Donnerstag, 20.12.1990, BKamt aus 21-Ge 28, Bd. 82.

16　Vermerk über Telefongespräch des Bundeskanzlers mit dem türkischen Ministerpräsidenten Özal, Freitag, 21.12.1990, BKamt aus 21-Ge 28, Bd. 82.

17 General a. D. Klaus Naumann beim Interview mit Hans-Peter Schwarz, 2. und 4.6.2010.

18 »Ihr holt uns den Krieg ins Haus«, in: *Der Spiegel,* 3/1991 (14.1.1991).

19 »US-Senator Byrd: Scharfe Attacke auf Bonn«, in: *Bild,* 14.1.1991.

20 ARD, 24.1.1991.

21 »Den Ernstfall nicht gewagt«, in: *Der Spiegel,* 7/1991 (11.2.1991).

22 »Bis zum letzten Mann«, in: *Der Spiegel,* 4/1991 (21.1.1991).

23 General a. D. Klaus Naumann beim Interview mit Hans-Peter Schwarz, 2. und 4.6.2010.

24 »Die Deutschen an die Front«, in: *Der Spiegel,* 6/1991 (4.2.1991).

25 Gespräch des Bundeskanzlers mit Präsident Mitterrand am Mittwoch, 24.4.1991, in Paris, BKamt aus 21-Ge 28, Bd. 83.

26 Helmut Kohl im CDU-Bundesvorstand, 22./23.2.1991, ACDP.

Die Vereinigungskrise

1 »Eine ehrliche Aktion«, in: *Der Spiegel,* 9/1991 (25.2.1991).

2 Ergebnisprotokoll der Sitzung des Präsidiums der CDU, 22.4.1991, 9.30 Uhr bis 11.00 Uhr, Konrad-Adenauer-Haus, ACDP 07-001-1423/1424.

3 Vermerk über das Gespräch des Bundeskanzlers mit dem britischen Premierminister Major (im Rahmen der deutsch-britischen Konsultationen), Montag, 11.3.1991, im Bundeskanzleramt, BKamt aus 21-Ge 28, Bd. 83.

4 Das vermutet Franz Möller, damals Justitiar der CDU/CSU-Fraktion und ein maßgeblicher Bonn-Befürworter. Franz Möller, *Der Beschluß. Bonn/Berlin-Entscheidungen von 1990 bis 1994,* Bonn 2002, S. 27.

5 ZDF-Politbarometer, 30.9.1991.

6 Johannes Frerich/Martin Frey, *Handbuch der Geschichte der deutschen Sozialpolitik,* Bd. 3, München 1993, S. 597.

7 ZDF-Politbarometer, 22.6.1992.

8 Klaus Schroeder, *Die veränderte Republik,* Stamsried 2006, S. 231.

9 Helmut Schmidt, *Handeln für Deutschland. Wege aus der Krise,* Berlin 1993, S. 22.

10 1975: 107,094 Mrd. DM, 1980: 299,988 Mrd. DM, nach: Edgar Wolfrum, *Die geglückte Demokratie. Geschichte der Bundesrepublik Deutschland von ihren Anfängen bis zur Gegenwart,* Stuttgart 2006, S. 614.

11 Helmut Schmidt, *Handeln für Deutschland,* a.a.O., S. 37.

12 Rudolf Augstein, »Des Kanzlers Wunderhorn«, in: *Der Spiegel,* 16/1992 (13.4.1992).

13 Torsten Krauel, »Moderator seines Staates«, in: *Christ und Welt/Rheinischer Merkur,* 2.10.1992.

14 Gabor Steingart, »Ich bin der Prügelknabe«, in: *Der Spiegel,* 27/1992 (26.6.1962).

Probleme mit der CDU-Ost

1 Ergebnisprotokoll der Sitzung des Präsidiums der CDU vom 15.7.1992 in Bonn, Kanzlerbungalow, 19.15 bis 23.50 Uhr, ACDP 07-001-1425.

2 »Bessere Lobby«, in: *Der Spiegel,* 47/1991 (18.11.1991).

3 Helmut Kohl, »Einheit leben.« Rede auf dem 2. Parteitag der CDU in Dresden, 15.12.1991, in: Helmut Kohl, *Der Kurs der CDU. Reden und Beiträge des Bundesvorsitzenden,* hrsg. von Peter Hintze und Gerd Langguth, Stuttgart 1993, S. 398f.

4 »Menschlich bewegt«, in: *Der Spiegel,* 52/1990 (24.12.1990).

5 »Ehrlich, treu, zuverlässig«, in: *Der Spiegel,* 50/1990 (10.12.1990).

6　»Als sogenannte Spitzenquelle«, in: *Der Spiegel,* 12/1991 (18.3.1991).

7　»De Maizière rechnet mit Generalsekretär Rühe ab. Rücktrittsdrohung auf Drängen Kohls zurückgezogen«, in: *Süddeutsche Zeitung,* 31.8.1991.

8　Ibd.

9　Pressemitteilung der CDU-Bundesgeschäftsstelle, 6.9.1991, ACDP, Dokumentation.

10　Hugo Müller-Vogg, »Wiedersehen unter den Dächern Hollywoods«, in: *Frankfurter Allgemeine Zeitung,* 17.9.1991.

11　Gerd Langguth, *Angela Merkel,* München 2005, S. 166.

12　Thomas Sauer, »Die CDU«, in: Karl Schmitt/Torsten Oppelland (Hrsg.), *Parteien in Thüringen. Ein Handbuch,* Düsseldorf 2008, S. 63f.

13　Bernhard Vogel beim Interview mit Hans-Peter Schwarz und Günter Buchstab, 27.6.2008.

14　Heinz Vielain: »Eine Rede zum 17. Juni bestärkte den Kanzler in seiner Entscheidung«, in: *Welt am Sonntag,* 12.9.1993. – »Ganz geheim«, in: *Der Spiegel,* 35/1993 (30.8.1993). – Klaus Dreher, *Helmut Kohl,* a.a.O., S. 600–602.

15　Helmut Kohl, *Erinnerungen 1990–1994,* München 2007, S. 629f.

16　Herbert Kremp, »Worte von gestern«, in: *Die Welt,* 18.10.1993.

17　Kurt Biedenkopf, Tagebuch, Eintrag vom 29.5.1992 (Privatarchiv Biedenkopf).

18　Markus Lesch, »Wie Kohl auf Heitmann kam. Weizsäcker-Nachfolge: Kanzler-Favorit mehr als eine Notlösung«, in: *Die Welt,* 9.9.1993.

19　»Präsidentenwahl. Ganz geheim. Helmut Kohl will den nächsten Bundespräsidenten allein bestimmen. Ihm fällt nur keiner ein.«, in: *Der Spiegel,* 35/1993 (30.8.1993).

20　Helmut Kohl im CDU-Bundesvorstand, 30.8.1993, ACDP.

21　Kurt Biedenkopf, Tagebuch, Eintrag vom 30.8.1993 (Privatarchiv Biedenkopf).

22　Protokoll der Sitzung des Präsidiums der CDU, 8.9.1993, Bonn, Kanzlerbungalow, 20.05 bis 23.55 Uhr, ACDP 07-001-1426.

23　Markus Lesch: »Wie Kohl auf Heitmann kam«, a.a.O.

24　Ansprache Stefan Heitmanns, CDU/CSU-Fraktion, 12. Wahlperiode, Sitzungsprotokoll vom 19.10.1993, ACDP VIII-012-122/3.

25　Protokoll der Sitzung des Präsidiums der CDU vom 11.10.1993, Bonn, Konrad-Adenauer-Haus, 9.36 bis 13.42 Uhr, ACDP 07-001-1426.

26　Ibd. – Martin S. Lambeck, »Beifall für Heitmann vor der Union. Bundeskanzler Kohl fürte den Kandidaten demonstrativ in den Saal: ›Geh du voran!‹«, in: *Die Welt,* 20.10.1993.

27　Helmut Kohl, *Erinnerungen 1990–1994,* a.a.O., S. 631f.

28　Protokoll der Sitzung des Präsidiums der CDU, 11.10.1993, a.a.O.

29　Protokoll der Sitzung des Präsidiums der CDU, 28.11.1993, Bonn, Kanzlerbungalow, 19.05 bis 00.17 Uhr, ACDP 07-001-1426.

30　CDU/CSU-Bundestagsfraktion, 12. Wahlperiode, 19.9.1993, ACDP VIII-012-122/3.

31　Protokoll der Sitzung des Präsidiums der CDU, 28.11.1993, Bonn, Kanzlerbungalow, 19.05 bis 00.17 Uhr, ACDP 07-001-1426.

Schäuble

1　Helmut Kohl, *Erinnerungen 1990–1994,* a.a.O., S. 246.

2　Wolfgang Schäuble, *Der Vertrag. Wie ich über die deutsche Einheit verhandelte,* Stuttgart 1991.

3　ZDF-Politbarometer, 29.1.1991.

4 Reinhard Grindel, »Vom Kanzleramt an die Spitze der Fraktion«, in: *Neue Osnabrücker Zeitung*, 20.2.1991; Karl Hugo Pruys, »Unionsfraktion sucht eine neue Führung«, in: *Frankfurter Neue Presse*, 5.3.1991; Michael Jach, »Bleibt Schäuble aussichtsreichster Kandidat für die Dregger-Nachfolge?«, in: *Die Welt*, 6.3.1991.

5 Klaus Dreher, »Verstrickt in diskrete Machtkämpfe«, in: *Süddeutsche Zeitung*, 14.3.1991.

6 Klaus Dreher, »Kalkulieren mit der Wachablösung«, in: *Süddeutsche Zeitung*, 15.4.1991, sowie: *Helmut Kohl*, a.a.O., S. 569–573.

7 »CDU-Geheimplan: Kohl neuer Bundespräsident«, in: *Bild am Sonntag*, 1.12.1991.

8 Ergebnisprotokoll der Sitzung des Präsidiums der CDU, 3.6.1991, 9.30 bis 12.00, Konrad-Adenauer-Haus, Bonn, ACDP, 07-001-1423/1424.

9 Ulrich Herbert, *Geschichte der Ausländerpolitik in Deutschland*, Bonn 2003, S. 263.

10 *Der Fischer Weltalmanach 1994*, Frankfurt a. M. 1993, S. 356.

11 Helmut Kohl im CDU-Bundesvorstand, 23.9.1991, ACDP.

Am Rande der Chaos-Regionen I:
Zerfall der Sowjetunion

1 Charta von Paris für ein neues Europa vom 21.11.1990, in: *Europa-Archiv*, 45/24 (1990), D 656–664.

2 Gespräch des Bundeskanzlers mit Präsident Mitterrand, Mittwoch, 24.4.1991, in Paris, BKamt aus 21-Ge 28, Bd. 83.

3 Erklärung des deutschen Bundeskanzlers Helmut Kohl nach dem Weltwirtschaftsgipfel in London, abgegeben vor dem Bundeskabinett in Bonn am 18.7.1991, in: *Europa-Archiv*, 46/17 (10.9.1991), D 431.

4 Telefongespräch mit dem Präsidenten der UdSSR, Michail Gorbatschow, Dienstag, 30.4.1991, 12.10 bis 12.30 Uhr, BKamt aus 21-Ge 28, Bd. 83.

5 Vermerk über das Gespräch des Bundeskanzlers mit dem amerikanischen Präsidenten, Montag, 20. Mai 1991, im Weißen Haus im erweiterten Kreis, BA, B 136/34015.

6 Vermerk über das Gespräch des Bundeskanzlers mit dem sowjetischen Präsidenten M. S. Gorbatschow, 9.11.1990, 15.15 bis 17.00 Uhr, BKamt aus 21-Ge 28, Bd. 82.

7 Telefongespräch des Bundeskanzlers mit dem Präsidenten der UdSSR, Michail Gorbatschow, Dienstag, 30.4.1991, 12.10–12.30 Uhr, BKamt aus 21-Ge 28, Bd. 83.

8 Telefongespräch des Bundeskanzlers mit dem amerikanischen Präsidenten Bush, 24.6.1991, BKamt aus 21-Ge 28, Bd. 84.

9 Gespräch des Bundeskanzlers mit Präsident Gorbatschow, 5.7.1991, in Meseroje bei Kiew, BKamt aus 21-Ge 28, Bd. 84.

10 Gespräch mit dem finnischen Ministerpräsidenten Aho, Donnerstag, 26.9.1991, in Bonn, BKamt aus 21-Ge 28, Bd. 85.

11 Telefongespräch des Bundeskanzlers mit Premierminister John Major, Montag, 19.8.1991, 13.55 bis 14.01 Uhr, BKamt aus 21-Ge 28, Bd. 85.

12 Gespräch des Bundeskanzlers mit dem sowjetischen Botschafter Terechow, Montag, 19.8.1991, BKamt aus 21-Ge 28, Bd. 85.

13 Vermerk über ein Telefonat mit US-Präsident Bush, 26.8.1991, 14.25 bis 14.50 Uhr, BKamt aus 21-Ge 28, Bd. 85.

14 Gespräch des Bundeskanzlers mit dem russischen Präsidenten Boris Jelzin, Donnerstag, 5.9.1991, 12.20 bis 12.30 Uhr, BKamt aus 21-Ge 28, Bd. 85.

15 Gespräch des Bundeskanzlers mit dem sowjetischen Staatspräsidenten Michail S. Gorbatschow, Donnerstag, 5.9.1991, 13.15 bis 13.30 Uhr, BKamt aus 21-Ge 28, Bd. 85.

16 Gespräch des Bundeskanzlers mit dem indischen Ministerpräsidenten Narasimha Rao, 6.9.1991, 11.15 bis 12.30 Uhr, BKamt aus 21-Ge 28, Bd. 85.
17 Gespräch des Bundeskanzlers mit dem finnischen Ministerpräsidenten Aho, Donnerstag, 26.9.1991, in Bonn, BKamt aus 21-Ge 28, Bd. 85.
18 Gespräch des Bundeskanzlers mit dem litauischen Ministerpräsidenten Vagnorius, 18.9.1991, BKamt aus 21-Ge 28, Bd. 85.
19 Gespräch des Bundeskanzlers mit dem russischen Präsidenten Jelzin, Donnerstag, 21.11.1991, BKamt aus 21-Ge 28, Bd. 86.
20 Telefongespräch des Bundeskanzlers mit Präsident Michail S. Gorbatschow, Freitag, 20.12.1991, 9.30 bis 9.40 Uhr, BKamt aus 21-Ge 28, Bd. 86.
21 Gespräch des Bundeskanzlers mit dem Präsidenten der Ukraine, Leonid Krawtschuk, Dienstag, 4.2.1992, BKamt aus 21-Ge 28, Bd. 86.

Am Rande der Chaos-Regionen II:
Jugoslawien

1 Roland Schönfeld, »Der kriegerische Zerfall Jugoslawiens«, in: *Die Internationale Politik 1991 – 1992*, München 1992, S. 68.
2 Helmut Kohl, *Erinnerungen 1990 – 1994*, a.a.O., S. 344.
3 Hubert Védrine, *Les mondes de François Mitterrand. À l'Élysée 1981 – 1995*, Paris 1996, S. 606.
4 Telefongespräch des Bundeskanzlers mit dem amerikanischen Präsidenten Bush, 24.6.1991, BKamt aus 21-Ge 28, Bd. 84.
5 Daniel Eisermann, *Der lange Weg nach Dayton. Die westliche Politik und der Krieg im ehemaligen Jugoslawien 1991 bis 1995*, Baden-Baden 2000, S. 37.
6 Vermerk über das Gespräch des Bundeskanzlers mit dem slowenischen Ministerpräsidenten Peterle, 15.8.1991, in St. Gilgen, BKamt aus 21-Ge 28, Bd. 85.
7 Hubert Védrine, *Les mondes de François Mitterrand*, a.a.O., S. 607.
8 Vermerk über das Gespräch des Bundeskanzlers mit dem slowenischen Ministerpräsidenten Peterle, 15.8.1991, in St. Gilgen, BKamt aus 21-Ge 28, Bd. 85. – Dazu auch Daniel Eisermann, *Der lange Weg nach Dayton*, a.a.O., S. 46.
9 Gespräch mit dem Präsidenten von Bosnien-Herzegowina, Alia Izetbegovic, 22.11.1991, Bonn, 12.00 bis 13.10 Uhr, BKamt aus 21-Ge 28, Bd. 86.
10 Helmut Kohl im CDU-Bundesvorstand, 30.8.1991, ACDP.
11 Vermerk über das Gespräch mit dem französischen Staatspräsidenten, 18.9.1991, 13.45 bis 15.15 Uhr, BKamt aus 21-Ge 28, Bd. 85.
12 Hubert Védrine, *Les mondes de François Mitterrand*, a.a.O., S. 625.
13 Helmut Kohl im CDU-Bundesvorstand, 14.10.1991, ACDP.
14 Telefongespräch des Bundeskanzlers mit dem ungarischen Ministerpräsidenten Josef Antall, Dienstag, 26.11.1991, 17.15 – 17.30 Uhr, BKamt aus 21-Ge 28, Bd. 85. – Datum der Konferenz von Maastricht: 7. – 9. Dezember 1991.
15 Daniel Eisermann, *Der lange Weg nach Dayton*, a.a.O., S. 231.
16 Gespräch des Bundeskanzlers mit dem Präsidenten von Slowenien, Milan Kučan, Bonn, 3.12.1991, 11.00 – 12.10 Uhr, BKamt aus 21-Ge 28, Bd. 86.
17 Gespräch des Bundeskanzlers mit dem kroatischen Präsidenten Franjo Tudjman, Donnerstag, 5.12.1991, BKamt aus 21-Ge 28, Bd. 86.
18 ZDF-Politbarometer, 11.11.1991.
19 Dona Kujacinski/Peter Kohl, *Hannelore Kohl. Ihr Leben*, München 2002, S. 260.

20 Gespräch des Bundeskanzlers mit dem französischen Staatspräsidenten Mitterrand, Samstag, 27.6.1992, BKamt aus 21-Ge 28, Bd. 87.

21 Christian Schwarz-Schilling beim Interview mit Hans-Peter Schwarz und Günter Buchstab, 28.11.2008.

22 Helmut Kohl, *Erinnerungen 1990 – 1994*, a.a.O., S. 510.

23 Helmut Kohl im CDU-Bundesvorstand, 14./15.1.1993, ACDP.

24 Gespräch des Bundeskanzlers mit Präsident Clinton beim gemeinsamen Mittagessen, 31.1.1994, in Washington, BKamt aus 21-Ge 28, Bd. 90.

25 Ibd.

26 Arbeitsfrühstück des Bundeskanzlers mit Staatspräsident Mitterrand und Premierminister Balladur, 30.11.1994, BA, B 136/42 246.

27 Telefonat des Bundeskanzlers mit Präsident Tudjman, 25.8.1995, um 9.20 Uhr, BKamt aus 21-Ge 28, Bd. 90.

28 Telefonat des Bundeskanzlers mit dem Jugoslawienvermittler, Carl Bildt, 20.7.1995, 12.45 Uhr, BKamt aus 21-Ge 28, Bd. 90.

Maastricht

1 Vermerk. Telefongespräch des Bundeskanzlers mit PM John Major, Freitag, 4.10.1991, 10.15 – 10.15 Uhr, BKamt 21-Ge 28, Bd. 85.

2 2. Parteitag der CDU in Dresden, 15. – 17.12.1991, Parteitagsprotokoll.

3 Gespräch des Bundeskanzlers mit dem Präsidenten der EG-Kommission am Freitag, 28.9.1990, 12.30 bis 15.00 Uhr, BKamt aus 21-Ge 28, Bd. 82.

4 Helmut Kohl im CDU-Bundesvorstand, 22.10.1990, ACDP.

5 Ibd., 31.5./1.6.1991, ACDP.

6 Zur Rolle Waigels und Köhlers siehe Kenneth Dyson/Kevin Featherstone, *The Road to Maastricht*, Oxford 1999, S. 372 – 451.

7 Tagung des Europäischen Rates der Staats- und Regierungschefs vom 14./15.12.1990 in Rom. Schlußfolgerungen (Teil I), in: *Europa-Archiv*, 1/46 (1991), D 27 – 32.

8 CDU/CSU-Fraktion im Deutschen Bundestag, 11. Wahlperiode, Protokoll der Fraktionssitzung am 13.12.1990, ACDP 08-012-105/1.

9 A. N. Wilson, *Our Times. The Age of Elizabeth II*, London 2008, S. 316.

10 John Major, *The Autobiography*, London 1999, S. 269.

11 Gespräch des Bundeskanzlers mit Premierminister John Major, 11.2.1991, Bonn, BA, B 136 34089.

12 Ergebnisprotokoll der Sitzung des Präsidiums der CDU, 18.3.1991, 9.30 Uhr bis 12.45 Uhr, im Konrad-Adenauer-Haus, ACDP 07-001-1423/1424.

13 David Halberstam, *War in a Time of Peace. Bush, Clinton, and the Generals*, New York 2002, S. 86.

14 Renata Fritsch-Bournazel, »Die europäische Gemeinschaft als neue Supermacht«, in: Günther Wagenlehner (Hrsg.), *Von der Ost-West-Konfrontation zur Europäischen Friedensordnung* (= *Südosteuropa-Studie* 50), München 1992, S. 307.

15 Telefongespräch des Bundeskanzlers mit dem amerikanischen Präsidenten Bush, Montag, 24.6.1991, BKamt aus 21-Ge 28, Bd. 84.

16 Thomas Frank, *What's the Matter with Kansas? How Conservatives Won the Heart of America*, New York 2004.

17 Hubert Védrine, *Les mondes de François Mitterrand*, a.a.O., S. 470f.

18 Gespräch des Bundeskanzlers mit dem spanischen Ministerpräsidenten Felipe González, 1.5.1991, in Lanzarote, BKamt aus 21-Ge 28, Bd. 84.

19 Helmut Kohl, *Erinnerungen 1990–1994,* a.a.O., S. 385–390.

20 Regierungserklärung des Bundeskanzlers Helmut Kohl vor dem Deutschen Bundestag am 13.12.1991 über die Ergebnisse des Europäischen Rates in Maastricht, in: *Europa-Archiv,* 3/47 (1992), D 110–117.

21 Der Vertrag von Maastricht, in: *Europa-Archiv,* 6/47 (1992), D 178.

22 Gespräch des Bundeskanzlers mit dem spanischen Ministerpräsidenten Felipe González am Mittwoch, 13.11.1991, BKamt aus 21-Ge 28, Bd. 86.

23 Hans Tietmeyer, *Herausforderung EURO. Wie es zum Euro kam und was er für Deutschlands Zukunft bedeutet,* München 2005, S. 169.

24 Kenneth Dayson/Kevin Featherstone, *The Road to Maastricht,* a.a.O., S. 443.

25 Hans Tietmeyer beim Interview mit Hans-Peter Schwarz und Günter Buchstab, 4.7.2008.

26 Ibd.

27 Hans Tietmeyer, *Herausforderung EURO,* a.a.O., S. 171.

28 Deutscher Bundestag, 12. Wahlperiode, 68. Sitzung, Bonn, Freitag, 13.12.1991, S. 5797–5803.

29 Hans-Ulrich Klose, Deutscher Bundestag, 12. Wahlperiode, 60. Sitzung, Bonn, Mittwoch, den 27.11.1991, S. 4981.

30 Renate Köcher, »Aufwind für die Bonner Koalition. Die Europabegeisterung der Deutschen kühlt sich ab. Der Allensbacher Monatsbericht«, in: *Frankfurter Allgemeine Zeitung,* 15.1.1992.

31 Hans Tietmeyer, *Herausforderung EURO,* a.a.O., S. 174f.

32 *Der Spiegel,* 50/1991 (9.12.1991).

33 Renate Köcher, »Aufwind für die Bonner Koalition«, a.a.O.

34 Elisabeth Noelle-Neumann, »Nur eine relative Mehrheit für Maastricht. Eine Umfrage nach dem französischen Referendum. Der Allensbacher Monatsbericht«, in: *Frankfurter Allgemeine Zeitung,* 8.10.1992.

35 Elisabeth Noelle-Neumann, »Mit dem Euro wird gerechnet – pünktlich zum Termin«, in: *Frankfurter Allgemeine Zeitung,* 11.6.1997.

36 Protokoll der Sitzung des Präsidiums der CDU vom 11.10.1993, Konrad-Adenauer-Haus, 9.36 bis 13.42 Uhr, ACDP 07-001-1427.

37 Melanie Piepenschneider, »Die EG auf der Suche nach ihrer künftigen Gestalt«, in: *Die Internationale Politik 1991–1992,* a.a.O., S. 109.

38 Hubert Védrine, *Les mondes de François Mitterrand,* a.a.O., S. 548f.

39 Telefongespräch des Bundeskanzlers mit dem Präsidenten der EG-Kommission Jacques Delors, Montag 24.8.1992, 17.30 bis 17.50 Uhr, BKamt aus 21-Ge 28, Bd. 88.

40 Ibd.

41 Hans Tietmeyer, *Herausforderung EURO,* a.a.O., S. 188.

42 Helmut Kohl, *Erinnerungen 1990–1994,* a.a.O., S. 506.

43 So Josef Jannings, »Das Ringen um Rolle und Strukturen der Europäischen Union«, in: *Jahrbuch für Internationale Politik 1993/94,* München 1996, S. 138.

44 Hans Heinrich Rupp, »Maastricht und Karlsruhe«, in: Manfred Brunner (Hrsg.), *Kartenhaus Europa?,* München 1994, S. 102.

45 Edmund Stoiber, »Es gab einmal eine europäische Bewegung in Deutschland … Das ist vorbei«. Edmund Stoiber beim Interview mit Jürgen Busche und Heribert Prantl, in: *Süddeutsche Zeitung,* 2.11.1993.

46 Helmut Kohl im CDU-Bundesvorstand, 20.2.1994, ACDP.
47 Protokoll der Sitzung des Präsidiums der CDU vom 20.2.1994, Hamburg, Hotel SAS
    Plaza, 15.30 bis 16.30 Uhr, ACDP 07-001-1427.
48 Helmut Kohl im CDU-Bundesvorstand, 20.2.1994, ACDP.
49 Karl-Heinz Kamp, »Ansätze für neue sicherheitspolitische Strukturen in Europa«, in:
    Die Internationale Politik 1991–1992, a.a.O., S. 117.
50 Gespräch des Bundeskanzlers mit dem amerikanischen Generalstabschef General Po-
    well, Montag, 6.4.1992, BKamt aus 21-Ge 28, Bd. 87.
51 Gespräch des Bundeskanzlers mit dem italienischen Ministerpräsidenten Amato am
    Sonntag, 5.7.1992, 16.00 Uhr bis 17.00 Uhr, im Hotel »Vier Jahreszeiten« in München,
    BKamt aus 21-Ge 28, Bd. 88.
52 Gespräch des Bundeskanzlers mit dem Vorsitzenden des RPR, Jacques Chirac, Montag,
    24.2.1992, 16.00–17.30 Uhr, BKamt aus 21-Ge 28, Bd. 86.

Wer soll zur Europäischen Union gehören?

1 Gespräch des Bundeskanzlers mit dem britischen Premierminister Major, 11.3.1991, im
   Bundeskanzleramt, BKamt aus 21-Ge 28, Bd. 83.
2 Gespräch mit dem finnischen Ministerpräsidenten Aho, Donnerstag, 26.9.1991, in
   Bonn, BKamt aus 21-Ge 28, Bd. 85.
3 Gespräch des Bundeskanzlers mit dem britischen Premierminister Major am Sonntag,
   9.6.1991, in Chequers, BKamt aus 21-Ge 28, Bd. 84.
4 Gespräch des Bundeskanzlers mit dem polnischen Ministerpräsidenten Bielecki,
   17.6.1991, BKamt aus 21-Ge 28, Bd. 84.
5 Gespräch des Bundeskanzlers mit MP Calfa im erweiterten Kreis, Prag, 27.2.1992,
   BKamt aus 21-Ge 28, Bd. 86.
6 Gespräch des Bundeskanzlers mit den Präsidenten der drei baltischen Staaten in Rio,
   11.6.1992, am Rande der UNCED-Konferenz in Rio de Janeiro, BKamt aus 21-Ge 28,
   Bd. 87.
7 Vermerk zum Treffen des Bundeskanzlers mit dem portugiesischen Ministerpräsidenten Cavaco Silva, 1.6.1992, BKamt aus 21-Ge 28, Bd. 87.
8 Gespräch des Bundeskanzlers mit dem britischen Premierminister Major (im Rahmen
   der deutsch-britischen Konsultationen), 11.3.1991, im Bundeskanzleramt, BA, B 136/33
   994.
9 Gespräch des Bundeskanzlers mit Präsident Bush, 21./22.3.1992, in Camp David, BKamt
   aus 21-Ge 28, Bd. 87.
10 Gespräch des Bundeskanzlers mit dem indischen Ministerpräsidenten P. V. Narasimha
    Rao, Freitag, 6.9.1991, 11.15 bis 12.30 Uhr, BKamt aus 21-Ge 28, Bd. 85.
11 Gespräch des Bundeskanzlers mit der polnischen Ministerpräsidentin Dr. Hanna
    Suchocka, Donnerstag, 5.11.1992, BKamt aus 21-Ge 28, Bd. 88.
12 Helmut Kohl im CDU-Bundesvorstand, 29.6.1992, ACDP.

Die Rolle Amerikas im neuen Europa

1 Gespräch des Bundeskanzlers mit dem amerikanischen Präsidenten, Montag, 20.5.1991,
   im Weißen Haus im erweiterten Kreis, BA, B 136/34015.
2 Gespräch des Bundeskanzlers mit Präsident Bush, 21./22.3.1992, in Camp David, BKamt
   aus 21-Ge 28, Bd. 87.

3 Gespräch des Bundeskanzlers mit dem amerikanischen Generalstabschef General Powell, Montag, 6.4.1992, BKamt aus 21-Ge 28, Bd. 87.

4 Gespräch des Herrn Bundeskanzlers mit herausragenden amerikanischen Persönlichkeiten aus Wirtschaft und Wissenschaft, 10.10.1992, 17.00 bis 19.30, BKamt aus 21-Ge 28, Bd. 88.

5 Gespräch mit dem amerikanischen Präsidenten Bush im Rahmen eines Frühstücks im Hotel »Vier Jahreszeiten« in München, Montag, 6.7.1992, BKamt aus 21-Ge 28, Bd. 88.

6 Helmut Kohl, *Erinnerungen 1990 – 1994*, a.a.O., S. 557 – 563.

7 John F. Harris, *The Survivor. Bill Clinton in the White House*, New York 2005, S. 287.

8 Taylor Branch, *The Clinton Tapes. Wrestling History with the President*, London 2009, S. 58.

9 »Ein großer Mann«. Auszüge aus der Rede, die der frühere US-Präsident Clinton auf Kanzler Helmut Kohl hielt, in: *Die Welt*, 18.5.2011.

Koalitionskräche, Rücktritte und neue Gesichter

1 Hans Dietrich Genscher, *Erinnerungen*, Berlin 1995, S. 1003 – 1007.

2 Helmut Kohl, *Erinnerungen 1990 – 1994*, a.a.O., S. 416.

3 »Keine Kontrolle mehr«, in: *Der Spiegel*, 14/1992 (30.3.1992).

4 CDU/CSU-Fraktion 12. Wahlperiode, Protokoll der Fraktionssitzung am 1.4.1992, ACDP 08-012-100/1.

5 Wolfgang Jäger, »Von der Kanzlerdemokratie zur Koordinationsdemokratie«, in: *Zeitschrift für Politik*, 35 (1988), S. 15 – 32.

6 CDU/CSU-Fraktion, Kurzprotokoll der Vorstandssitzung, 4.5.1992, ACDP VIII-012 113/114/2.

7 CDU/CSU-Fraktion, Kurzprotokoll der Vorstandssitzung vom 18.5.1992, ACDP VIII-012 113/114/2.

8 *Fischer Weltalmanach 1994*, a.a.O., S. 367.

9 Ergebnisprotokoll der Sitzung des Präsidiums der CDU, 15.7.1992 in Bonn, Kanzler-Bungalow (19:15 bis 23.50), ACDP 07-001-1425.

10 Ulrich Reitz, *Wolfgang Schäuble. Die Biographie*, Bergisch Gladbach 1996, S. 97. – »Phase der Selbstzerstörung«, in: *Der Spiegel*, 37/1992 (7.9.1992).

11 Ergebnisprotokoll der Klausurtagung des CDU-Bundesvorstandes am 3.9.1992 (13.00 – 21.00) und am 4.9.1992 (9.30 – 13.00), Dorint Sporthotel Wildbrunnen, Windhagen, ACDP 07-001-1141-1149.

12 Einar Koch und Richard Voelkel: »Stürzt er Kohl?«, in: *Bild*, 7.9.1992.

13 »Solidarpakt für Deutschland«, CDU-Pressemitteilung, 4.9.1992 , ACDP 07-001-1141-1149.

14 Ibd.

15 »Zehn Jahre Kohl – die Bilanz: Abgebrannt«, in: *Stern*, 17.9.1992.

16 D. Hoeren, E. Koch und R. Voelkel: »Kohl haut zurück. Schäuble abgekanzelt«, in: *Bild*, 8.9.1992.

17 CDU/CSU-Fraktion, 12. Legislaturperiode, Protokoll der Fraktionssitzung am 8.9.1992, ACDP VIII-012 114/1.

18 Mitteilung Helmut Kohls an den Verfasser vom 19.9.2011.

19 Fz.: »Kohl hielt Laudatio zu Schäubles Geburtstag«, in: *Die Welt*, 22.9.1992.

20 »Zehn Jahre Kohl – die Bilanz: Abgebrannt«, a.a.O.

21 »Der Absturz. Deutschland in der Krise. Dieses Land wird unregierbar«, in: *Der Spiegel,* 38/1992 (14.9.1992).

22 Martin E. Süskind und Konrad R. Müller (Photos): »Er kam, saß und blieb. Zehn Jahre Kanzler Kohl«, in: *Süddeutsche Zeitung. Magazin,* 18.9.1992.

23 ZDF-Politbarometer, 21.9.1992.

24 Uwe Andersen, »Günter Rexrodt«, in: Udo Kempf/Hans-Georg Merz (Hrsg.), *Kanzler und Minister 1949 – 1998. Biografisches Lexikon der Deutschen Bundesregierungen,* Wiesbaden 2001, S. 537.

25 Heinz Riesenhuber beim Interview mit Hans-Peter Schwarz und Günter Buchstab, 25.9.2008.

26 Christian Schwarz-Schilling beim Interview mit Hans-Peter Schwarz und Günter Buchstab, 28.11.2008.

27 Ibd.

28 Mathias Hölzlein, »Günther Krause«, in: *Kanzler und Minister 1949 – 1998,* a.a.O., S. 387.

29 Protokoll der Sitzung des Präsidiums der CDU, 20.4.1993, Bonn, Konrad-Adenauer-Haus, 18.44 bis 22.50 Uhr, ACDP 07-001-1427.

30 Helmut Kohl, *Erinnerungen 1990 – 1994,* a.a.O., S. 590 – 598.

31 Butz Peters, *Der letzte Mythos der RAF,* Berlin 2007.

32 Rudolf Seiters beim Interview mit Hans-Peter Schwarz und Günter Buchstab, 25.9.2008.

33 Helmut Kohl vor dem Bundesvorstand der CDU, 30.8.1993, ACDP.

34 Heiner Geißler, *Gefährlicher Sieg. Die Bundestagswahl 1994 und ihre Folgen,* Köln 1995, S. 59 – 62, 199ff.

35 ZDF-Politbarometer, 24.1.1994.

36 *Focus,* Heft 49 (6.12.1993).

»Die mächtigste Führerpersönlichkeit in Europa«

1 David Owen, *Balkan Odyssey,* London 1995, S. 188.

2 *The Alastair Campbell Diaries,* ed. by Alastair Campbell and Bill Hagerty, Vol. 1: *Prelude to Power 1994 – 1997,* London 2011, Eintrag vom 17.6.1996, S. 470.

3 *The Alastair Campbell Diaries,* ed. by Alastair Campbell and Bill Hagerty, Vol. 2: *Power and the People, 1997 – 1999,* London 2011, Eintrag vom 17.6.1997, S. 60.

4 Vermerk zum Treffen des Bundeskanzlers mit dem britischen Premierminister Tony Blair, 20.3.1998 in Bonn, BA, B 136/106971.

5 Hillary Rodham Clinton, *Gelebte Geschichte,* München 2003, S. 419.

6 Helmut Kohl im CDU-Bundesvorstand, 29.3.1993, ACDP.

7 Helmut Kohl, *Erinnerungen 1990 – 1994,* a.a.O., S. 536 – 540.

8 Helmut Kohl im CDU-Bundesvorstand, 29.3.1993, ACDP.

9 Gespräch des Bundeskanzlers mit Präsident Clinton beim gemeinsamen Mittagessen, 31.1.1994, in Washington, BKamt aus 21-Ge 28, Bd. 90.

10 Gespräch des Bundeskanzlers mit dem indischen Ministerpräsidenten Narasimha Rao, 6.9.1991, 11.15 bis 12.30 Uhr, BKamt aus 21-Ge 28, Bd. 85.

11 Vermerk über das Gespräch des Staatsministers beim Bundeskanzler, Bernd Schmidbauer, mit dem iranischen Staatspräsidenten Rafsandschani in Teheran, 2.6.1992, BKamt aus 21-Ge 28, Bd. 87.

12 Gespräch des Bundeskanzlers mit dem Präsidenten der Republik Indonesien, Suharto, Donnerstag, 4.7.1991, 11.30 – 12.30 Uhr, BKamt aus 21-Ge 28, Bd. 84.

13 Ibd.

14 Gespräch des Bundeskanzlers mit dem indischen Ministerpräsidenten Narasimha Rao, Freitag, 6.9.1991, 11.15 bis 12.30 Uhr, BKamt aus 21-Ge 28, Bd. 85.

15 Gespräch des Bundeskanzlers mit dem japanischen Ministerpräsidenten Kiichi Miyazawa, Bonn, 30.4.1992, 11.45 – 12.10 Uhr, BKamt aus 21-Ge 28, Bd. 87.

16 *Bismarck Gespräche. Von der Reichsgründung bis zu Entlassung.* Herausgegeben von Willy Andreas unter Mitwirkung von K. F. Reinking, Bd. II, Bremen 1965 (Gespräch vom 5.12.1888), S. 525.

17 Gespräch mit dem brasilianischen Präsidenten Fernando Collor de Mello (erweiterter Kreis), Brasilia, 24.10.1991, 16.30 bis 17.30, BKamt aus 21-Ge 28, Bd. 85.

18 Gespräch mit Präsident Bush, 21./22.3.1992, in Camp David, BKamt aus 21-Ge 28, Bd. 87.

19 Bill Clinton, »Ein großer Mann«, in: *Die Welt*, 18.5.2011.

20 Die beste Analyse zu Kohls wechselnden Positionen zum Desiderat eines Ständigen Ratsitzes für Deutschland im UN-Sicherheitsrat gibt Lisette Andreae, *Reform in der Warteschleife. Ein deutscher Sitz im UN-Sicherheitsrat,* München 2002. Ich stütze mich im folgenden auf ihre Darstellung.

21 F. Weckbach-Mara, »Moskau: Deutschland an den Tisch der Weltmächte. Interview mit Portugalow«, in: *Bild am Sonntag,* 16.9.1990.

22 Lisette Andreae, *Reform in der Warteschleife,* a.a.O., S. 119.

23 »Ich will nicht in den Weltsicherheitsrat«, Interview mit Bundeskanzler Helmut Kohl, in: *Frankfurter Allgemeine Sonntagszeitung,* 19.1.1992.

24 Lisette Andreae, *Reform in der Warteschleife,* a.a.O., S. 120.

25 Ibd., S. 121.

26 Besuch des Präsidenten der Föderativen Republik Brasilien, Prof. Dr. Cardoso, beim Bundeskanzler, 19.9.1995, 12.00 – 14.00 Uhr, BKamt aus 21-Ge 28, Bd. 90.

27 Lisette Andreae, *Reform in der Warteschleife,* a.a.O., S. 123.

28 Besuch des Präsidenten der Föderativen Republik Brasilien, Prof. Dr. Cardoso, beim Bundeskanzler, 19.9.1995, 12.00 – 14.00 Uhr, BKamt aus 21-Ge 28, Bd. 90.

29 Herbert Kremp, »Leibesfülle und Gardemaß. Vor hundert Jahren starb Reichsgründer Otto von Bismarck. Herbert Kremp untersucht: Gibt es Parallelen zwischen ihm und Helmut Kohl?«, in: *Welt am Sonntag,* 2.8.1998.

30 Gespräch des Bundeskanzlers mit dem Vorsitzenden des RPR, Jacques Chirac, Montag, 24.2.1992, 16.00 – 17.30, BKamt aus 21-Ge 28, Bd. 86.

31 Gespräch des Bundeskanzlers mit dem indischen Ministerpräsidenten Narasimha Rao, 6.9.1991, BKamt aus 21-Ge 28, Bd. 84.

Auferstehung: die Bundestagswahl 1994

1 Protokoll der Sitzung des Präsidiums der CDU vom 13.12.1993 in Bonn, Konrad-Adenauer-Haus, 10.03 bis 14.18 Uhr, ACDP 07-001-1426.

2 Protokoll der Sitzung des Präsidiums der CDU vom 14.1.1994, Dorint Sporthotel Waldbrunnen, Windhagen/Siebengebirge, 12.20 bis 16.00 Uhr, ACDP 07-001-1426.

3 »Ein riesiges Vakuum«, in: *Der Spiegel,* 35/1993 (30.8.1993).

4 5. Parteitag der CDU Deutschlands in Hamburg, 21. – 23.2.1994, Parteitagsprotokoll.

5 Martin S. Lambeck, »Schäuble – der Wehner der Union«, in: *Die Welt,* 22.12.1993.

6 »Keß und Intelligent. Kanzler Kohl erneuert sein Küchenkabinett«, in: *Der Spiegel,* 9/1991 (25.2.1991). – »Offensive des Lächelns«, in: *Stern,* 29.5.1991. – »Kanzlers Machtkartell«, in: *Der Spiegel,* 31/1994 (1.8.1994).

7 Renate Köcher, »Blühende Landschaften, welkende Launen«, in: *Frankfurter Allgemeine Zeitung*, 13.4.1994.

8 Elisabeth Noelle-Neumann, »Ein Anlaß zur Freude, trotz allem«, in: *Frankfurter Allgemeine Zeitung*, 8.6.1994.

9 Elisabeth Noelle-Neumann, »Das Kräftemessen mehrt das Ansehen«, in: *Frankfurter Allgemeine Zeitung*, 19.10.1994. – Im ZDF-Politbarometer hatten sich bei der Sonntagsfrage im Januar 1994 nur 36 Prozent für CDU/CSU ausgesprochen, 39 Prozent für die SPD, 10 Prozent für die Grünen und 6 Prozent für die schwächelnde FDP. Im Mai liegen CDU/CSU bei 38 Prozent, die SPD immer noch bei 39 Prozent, die Grünen bei 8 Prozent und die FDP an der kritischen 5-Prozent-Marke. Im August haben CDU/CSU mit 41 Prozent und die FDP mit 6 Prozent den Wahlsieg bereits vor Augen, die SPD ist auf 36 Prozent zurückgefallen, und die Grünen erzielen 9 Prozent. Im September dasselbe Bild für CDU/CSU und FDP, doch die SPD hat jetzt mit 37 Prozent einen Punkt zugelegt, die Grünen mit 8 Prozent einen Punkt verloren.

10 ZDF-Politbarometer für September 1994.

11 Nina Grunenberg, »Ich bin ein uralter Fuchs«, in: *Die Zeit*, 14.10.1994.

12 Hans Ulrich Kempski, *Um die Macht. Sternstunden und sonstige Abenteuer mit den Bonner Bundeskanzlern 1949 bis 1999*, Berlin 1999, S. 359 [= »Noch einmal die ganz große Schlacht. SZ-Gespräch mit dem Bundeskanzler, der sich als Baumeister eines starken Europa fühlt und dabei zielbewußt auf das Jahr 2000 fixiert ist«, in: *Süddeutsche Zeitung*, 11.10.1995].

13 »Den Kanzler jagen«, in: *Der Spiegel*, 42/1994 (17.10.1994).

Regierungsbildung mit Blick auf das Jahr 2000

1 Protokoll der Sitzung des Präsidiums der CDU, 17.10.1994, 9.35 bis 10.55 Uhr, ACDP 07-001-1427.

2 »Letztes Dogma«, in: *Der Spiegel*, 44/1994 (31.10.1994), S. 21.

3 Helmut Kohl im CDU-Bundesvorstand, 7.11.1994, ACDP.

4 Kurt Biedenkopf, »Skizze für eine Stellungnahme im CDU-Präsidium am 29.8.1996«, Tagebuch, Eintrag vom 27.8.1996 (Privatarchiv Biedenkopf).

5 »Brief an die CDU-Führung: Biedenkopf greift Kohl an«, in: *Bild*, 10.12.1998.

6 Protokoll der Sitzung des Präsidiums der CDU, 17.10.1994, Konrad-Adenauer-Haus, 9.35 bis 10.55 Uhr, ACDP 07-001-1427.

7 Helmut Kohl im CDU-Bundesvorstand, 17.10.1994, ACDP.

8 Robert Leicht, »Der Auftakt zum Abgesang«, in: *Die Zeit*, 18.11.1994.

9 Jürgen Leinemann, »Patriarch ohne Herbst. Spiegel-Reporter Jürgen Leinemann über das letzte Kapitel im Lebenswerk des Helmut Kohl«, in: *Der Spiegel*, 49/1994 (5.12.1994).

10 Wilhelm Hennis, »Kohls Erbe«, in: *Frankfurter Allgemeine Zeitung*, 29.9.1998.

11 Sto., »Kohl will nicht über 1998 hinaus bleiben«, in: *Frankfurter Allgemeine Zeitung*, 10.10.1994.

12 Werner A. Perger, »Aufrecht über die Ziellinie«, in: *Die Zeit*, 25.11.1994.

13 Hans Ulrich Kempski, »Noch einmal die ganz große Schlacht«, in: *Süddeutsche Zeitung*, 11.10.1995.

14 Heinrich Wefing, *Kulisse der Macht. Das Berliner Kanzleramt*, Stuttgart 2001, S. 37.

15 Protokoll der Sitzung des Präsidiums der CDU, 17.10.1994, Konrad-Adenauer-Haus, 9.35 Uhr bis 10.55 Uhr, ACDP 07-001-1427.

16 Clemens Kopp, »Jürgen Rüttgers«, in: Udo Kempf/Hans-Georg Merz (Hrsg.), *Kanzler*

und Minister 1949–1998. Biographisches Lexikon der deutschen Bundesregierungen, Wiesbaden 2001, S. 558–562. – Jürgen Rüttgers – Wikipedia.

17 »Konsens gleich Nonsens«, in: *Der Spiegel,* 18/1995 (1.5.1995).

18 CDU/CSU-Fraktion im 13. Bundestag, Protokoll der Fraktionssitzung am 25.4.1995, ACDP VIII-013-009/2.

19 Mainhardt Graf von Nayhauß, *Meine Jahre mit dem Kanzler der Einheit,* Köln 2010, S. 131. – »Kanzler-Generationen«, in: *Der Spiegel,* 40/1995 (2.10.1995).

20 Georg Paul Hefty, »Die normalste Sache der Welt. Kohl und die Frauen – Eine neue Generation und ein neuer Stil«, in: *Frankfurter Allgemeine Zeitung,* 4.4.1992.

21 Klaus Kinkel beim Interview mit Hans-Peter Schwarz und Günter Buchstab, 2.10.2008.

22 Wilhelm Hennis, »Kohls Erbe«, in: *Frankfurter Allgemeine Zeitung,* 29.9.1998.

23 Klaus Kinkel beim Interview mit Hans-Peter Schwarz und Günter Buchstab, 2.10.2008.

24 Wolfgang Schäuble, *Mitten im Leben,* München 2000, S. 17.

25 Helmut Maier-Mannhart, »Aufstand gegen Kohl«, in: *Süddeutsche Zeitung,* 16.12.1995.

26 Klaus Kinkel beim Interview mit Hans-Peter Schwarz und Günter Buchstab, 2.10.2008.

27 Ulrich Reitz, *Wolfgang Schäuble,* a.a.O., S. 26, 10.

28 Gunter Hofmann, »Zwei Kanzler hat die Republik«, in: *Die Zeit,* 7.5.1995.

29 Karl Feldmeyer, »Bildet Schäuble schon ein Kabinett?«, in: *Frankfurter Allgemeine Zeitung,* 23.11.1994.

30 Helmut Kohl, *Erinnerungen 1990–1994,* a.a.O., S. 739.

31 Dorothee Wilms beim Interview mit Hans-Peter Schwarz und Günter Buchstab, 12.6.2008.

32 Ulrich Reitz, *Wolfgang Schäuble,* a.a.O., S. 202.

33 Ibd., S. 15.

34 Klaus Kinkel beim Interview mit Hans-Peter Schwarz und Günter Buchstab, 2.10.2008.

35 »Normal mutiert«, in: *Der Spiegel,* 7/1995 (13.2.1995).

36 Ulrich Reitz, *Wolfgang Schäuble,* a.a.O., S. 17–20.

37 Hans-Olaf Henkel, *Die Macht der Freiheit. Erinnerungen,* München 2002, S. 215.

38 Wolfgang Schäuble, *Mitten im Leben,* a.a.O., S. 17.

39 Helmut Kohl im Gespräch mit Hans-Peter Schwarz, 30.11 2011.

40 Peter Glotz, *Die Jahre der Verdrossenheit. Politisches Tagebuch 1993/94,* Stuttgart 1996, Eintrag vom 16.10.1994, S. 360f.

Letztes Zwischenhoch 1995 und 1996: »Auf einmal finden alle Leute Kohl ganz prima.«

1 Johannes Gross, *Nachrichten aus der Berliner Republik. Notizen aus dem inneren und äußeren Leben 1995–1999,* Berlin 1999 [= *Magazin der Frankfurter Allgemeinen Zeitung,* 28.7.1995], S. 34.

2 ZDF-Politbarometer, 27.3.1995.

3 Stefan Kornelius, »Von Rentenalter nichts zu hören. Der Kanzler macht von seinem Geburtstag wenig Aufhebens«, in: *Süddeutsche Zeitung,* 4.4.1995. – »Kohl-Geburtstag. Erstes Trompeten-Solo morgens um halb acht«, in: *Bild,* 4.4.1995.

4 Hartmut Palmer, »Er läuft und läuft und läuft«, in: *Der Spiegel,* 15/1995 (10.4.1995).

5 ZDF-Politbarometer, 22.5.1995.

6 CDU/CSU-Fraktion, 13. Wahlperiode, Protokoll der Fraktionssitzung am 16.5.1995, ACDP VIII-013-009/2.

7 »Biedenkopf fordert CDU im Blick auf 1998 zum Umdenken auf: Nicht nur auf Kohls Verdienste setzen«, in: *Süddeutsche Zeitung,* 3.6.1995.

8 Helmut Kohl im CDU-Bundesvorstand, 12.6.1995, ACDP.

9 »Klares Signal«, in: *Der Spiegel,* 24/1995 (12.6.1995). – »Das Prinzip Frechheit«, in: *Der Spiegel,* 27/1995 (3.7.1995).

10 »Chaos in der Kasse«, in: *Der Spiegel,* 19/1995 (8.5.1995).

11 Helmut Kohl im CDU-Bundesvorstand, 15.5.1995, ACDP.

12 Helmut Kohl im CDU-Bundesvorstand, 4.12.1995, ACDP.

13 Helmut Kohl im CDU-Bundesvorstand, 22.4.1991, ACDP.

14 Helmut Kohl im CDU-Bundesvorstand, 25.3.1996, ACDP.

15 Ergebnisprotokoll der Klausursitzung des CDU-Bundesvorstandes, 12./13.1.1996, Hotel »Lochmühle«, Mayschoß, ACDP 07-001-1121-1127.

16 CDU/CSU-Fraktion, 13. Wahlperiode, Protokoll der Fraktionssitzung am 16.5.1995, ACDP VIII-013-009/2.

17 »Ploff und kusch«, in: *Der Spiegel,* 31/1996 (29.7.1996).

18 Matthias Geis, »Die jungen Wilden von der Christenunion«, in: *Die Zeit,* 29.9.1995.

19 CDU/CSU-Fraktion, 13. Wahlperiode, Protokoll der Fraktionssitzung am 16.5.1995, ACDP VIII-013-009/2.

20 »Kohl baut auf grüne Wähler«, in: *Der Spiegel,* 18/1995 (1.5.1995).

21 Martin S. Lambeck, »So hat mich meine Partei nie verwöhnt. Schlagabtausch mit Respekt: ›Buddha‹ Kohl zwischen Fischers Häme und Verheugens ›Lob‹«, in: *Die Welt,* 9.11.1995.

22 Stefan Kornelius, »Bonn: Fliegen mit Kohl. Kleine Koalition der Crème Caramel«, in: *Süddeutsche Zeitung,* 11.11.1995.

23 »Ihr bekommt Probleme«, in: *Der Spiegel,* 46/1995 (13.11.1995).

24 Helmut Kohl im CDU-Bundesvorstand, 4.12.1995, ACDP.

25 »Lachen unterm Galgen«, in: *Der Spiegel,* 51/1995 (18.12.1995).

26 Stefan Kornelius, »Befehl des Kanzlers: Alle Luken dicht«, in: *Süddeutsche Zeitung,* 11.12.1995. – »Nur Dönekens«, in: *Der Spiegel,* 1/1996 (1.1.1996).

27 »Katalog der Grausamkeiten«, in: *Der Spiegel,* 5/1996 (29.1.1996).

28 Hans-Olaf Henkel, *Die Macht der Freiheit,* a.a.O., S. 213.

29 Ibd., S. 215.

30 Matthias Geis, »Kanzler ohne Alternative«, in: *Die Zeit,* 2.2.1996.

31 Ada Brandes, »Kanzler räumt Mißerfolg ein«, in: *Frankfurter Rundschau,* 30.12.1995.

32 Klaus Kinkel beim Interview mit Hans-Peter Schwarz und Günter Buchstab, 2.10.2008.

33 »Uns steht ein Orkan bevor«, in: *Der Spiegel,* 4/1996 (22.1.1996).

34 CDU/CSU-Fraktion, Protokoll der Fraktionsvorstandssitzung vom 15.1.1996, ACDP 08-013-140/1.

35 »Ein Kampf aller gegen alle«, in: *Der Spiegel,* 14/1996 (1.4.1996).

36 CDU/CSU-Fraktion, Protokoll der Fraktionsvorstandssitzung vom 15.4.1996, ACDP 08-013-140/1.

37 »Ganz einfach«, in: *Der Spiegel,* 28/1996 (8.7.1996).

38 »Männeken im Depot«, in: *Der Spiegel,* 27/1996 (1.7.1996).

39 Arnulf Baring, *Scheitert Deutschland? Abschied von unseren Wunschwelten,* Stuttgart 1997, S. 89.

40 Martin S. Lambeck, »Nur am Beifall wird nicht gespart«, in: *Die Welt,* 27.4.1996.

41 »Wir haben nur einen Schuß«, in: *Der Spiegel,* 17/1996 (22.4.1996).

42 Helmut Kohl im CDU-Bundesvorstand, 20.5.1996, ACDP.

43 Helmut Kohl im CDU-Bundesvorstand, 12.6.1995, ACDP.

44 Helmut Kohl im CDU-Bundesvorstand, 9.9.1996, ACDP.

45 »Leiden für Maastricht«, in: *Der Spiegel,* 38/1996 (16.9.1996).
46 CDU/CSU-Fraktion, Protokoll der Fraktionsvorstandssitzung vom 4.11.1996, ACDP 08-013-140/2.
47 ZDF-Politbarometer, 18.11.1996.
48 »Ehrgeiziges Ziel«, in: *Der Spiegel,* 43/1996 (21.10.1996).
49 Helmut Kohl im CDU-Bundesvorstand, 9.9.1996, ACDP.
50 8. Parteitag der CDU Deutschlands in Hannover, 21./22. Oktober, Parteitagsprotokoll.
51 C. G., »Kohl hält tiefgreifende Veränderungen für unausweichlich«, in: *Frankfurter Allgemeine Zeitung,* 31.12.1996.
52 Klaus Dreher, »Das große Buhlen um des Kanzlers Gunst. Vom unbeliebten Kandidaten der siebziger Jahre zum vielumworbenen Talkshow-Gast: Helmut Kohls mediale Karriere«, in: *Süddeutsche Zeitung,* 10.9.1996. – Herbert Riehl-Heyse, »Die neue Behaglichkeit vor der Kamera«, in: *Süddeutsche Zeitung,* 24.10.1996.
53 Robert Leicht, »Ein Kanzler, der kein Ende findet. Ginge es nicht um das Ziel Europa: Helmut Kohl müßte seinen Abschied nehmen«, in: *Die Zeit,* 25.10.1996.
54 Christoph Bertram, »Ein Elefant auf Zehenspitzen. Der Bundeskanzler und die Gnade der internationalen Politik«, in: *Die Zeit,* 1.11.1996.
55 Hermann Rudolph, »Kohl – überlebensgroß«, in: *Der Tagesspiegel,* 27.10.1996.
56 Thomas Kielinger, »Ein Kanzler, dem der Widerspruch fehlt«, in: *Die Welt,* 14.11.1996.
57 Heribert Prantl, »Herbst des Patriarchen«, in: *Süddeutsche Zeitung,* 22.10.1996.
58 Heribert Prantl, »Irgendwie weiter mit Helmut Kohl«, in: *Süddeutsche Zeitung,* 23.10.1996.
59 Hans Werner Kilz, »Ein Herrscher, der nicht regiert«, in: *Süddeutsche Zeitung,* 19.10.1996.
60 ZDF-Politbarometer, 24.3.1997.
61 Elisabeth Noelle-Neumann, »Mit dem Euro wird gerechnet – pünktlich zum Termin«, a.a.O.

Der Euro-Fighter

1 So sahen das auch zeitgenössische Journalisten, die Kohls Endspurt zum Euro schilderten: Wolfgang Proissl/Christian Wernicke, »Der Euro-Fighter«, in: *Die Zeit,* 19.4.1998.
2 *The Alastair Campbell Diaries,* ed. by Alastair Campbell and Bill Hagerty, Vol. 1, a.a.O., Eintrag vom 25.1.1997, S. 626.
3 Hans D. Barbier, »Münzen und Monstranzen«, in: *Frankfurter Allgemeine Zeitung,* 23.1.1997.
4 David Marsh, *Der Euro. Die geheime Geschichte der neuen Währung,* Hamburg 2009, S. 258.
5 dpa-Meldung 22. und 23.9.1995. – »Theo Waigels Währungsunion-Absage an Italien löst heftige Reaktionen aus«, in: *Süddeutsche Zeitung,* 22.9.1995. – »Bonn sieht Spielraum bei Währungsunion. Waigel: Vertagung um ein bis drei Jahre akzeptabel«, in: *Frankfurter Rundschau,* 29.9.1995.
6 Hans Tietmeyer, *Herausforderung EURO,* a.a.O., S. 234f. – Jürgen Stark, »Genesis of a Pact«, in: Anne Brunila u.a. (Hrsg.), *The Stability and Growth Pact. The Architecture of Fiscal Policy in EMU,* Houndmills 2001, S. 77–105.
7 »Entlastung für Spitzenverdiener. Bundesfinanzminister Theo Waigel (CSU) über den Solidaritätszuschlag, Steuersenkungen und die Europäische Währungsunion«. Interview mit Ch. Reiermann/U. Reitz, in: *Focus,* 37/1995 (11.9.1995).
8 Theo Waigel beim Interview mit Hans-Peter Schwarz, 9.9.2009.
9 Ibd.

10 Jacques Chirac, TF 1, 12.12.1996, Fernseh-/Hörfunkspiegel Ausland, 13.12.1996, Chirac.

11 Theo Waigel beim Interview mit Hans-Peter Schwarz, 9.9.2009.

12 Christian Wernicke, »Politik von Hand gemacht«, in: *Die Zeit*, 20.12.1996.

13 Hans Tietmeyer, *Herausforderung EURO*, a.a.O., S. 240. – David Marsh, *Der Euro*, a.a.O., S. 269.

14 Arnulf Baring, *Scheitert Deutschland*, a.a.O., S. 255.

15 *Ein Leben für Deutschland und Europa. Helmut Kohl – Stationen eines politischen Weges*, Düsseldorf 2005, S. 87. Kohl selbst sieht das genauso. 1996/97 habe er eigentlich aus dem Amt gehen wollen, berichtet er im Interview mit Sandra Maischberger: »Hätte ich das zu diesem Zeitpunkt wirklich gewollt, wäre der Euro nie gekommen.« (»Kohl schreibt über Spendenaffäre«, in: *Süddeutsche Zeitung*, 27.12.2001).

16 »Lauter letzte Löcher«, in: *Der Spiegel*, 47/1996 (18.11.1996).

17 »Ich gehe meinen Weg.« Interview mit Theo Waigel, in: *Der Spiegel*, 47/1996 (18.11.1996).

18 Am 15.1.1997 bezifferte Waigel das Haushaltsdefizit auf 3,9 Prozent des Bruttoinlands-produkts. Im Jahreswirtschaftsbericht für 1997 wurde die voraussichtliche Neu-verschuldung wenig später auf 2,9 Prozent veranschlagt (»Die Neuverschuldung des Bundes um 18,4 Milliarden Mark höher als geplant« und »Gefährlich nah an der Maastricht-Grenze«, in: *Frankfurter Allgemeine Zeitung*, 16. und 29.1.1997).

19 Theo Waigel weist nachdrücklich darauf hin, die bald heftig umstrittenen Pläne seien auf genuine Überlegungen der Bundesbank zurückgegangen (Leserbrief von Theo Waigel, »Gold im Visier?«, in: *Welt am Sonntag*, 13.11.2011).

20 »Die Gold-Sucher«, in: *Der Spiegel*, 23/1997 (2.6.1997).

21 Jan Fleischhauer, »Der Erzbischof aus Frankfurt«, in: *Der Spiegel*, 23/1997 (2.6.1997).

22 Hans Tietmeyer beim Interview mit Hans-Peter Schwarz und Günter Buchstab, 4.7.2008.

23 Wolfgang Schäuble beim Interview mit Hans-Peter Schwarz, September 1995, in: Ulrich Reitz, *Wolfgang Schäuble*, a.a.O., S. 393.

24 »Zur Europäischen Währungsunion. Vorlage für die Sitzung des CDU-Präsidiums am 9.6.1997«, in: Kurt Biedenkopf, Der Weg zum Euro. Stationen einer vergeudeten Chance. Ausgewählte Aufzeichnungen (Persönliche Mitteilung Kurt Biedenkopfs an den Verf.).

25 Kurt Biedenkopf, Tagebuch, Eintrag vom 9.6.1997 (Privatarchiv Biedenkopf).

26 »Was wir tun, ist abwegig. Interview mit Kurt Biedenkopf«, in: *Der Spiegel*, 31/1997 (28.7.1997).

27 »Schlicht hysterisch«, in: *Der Spiegel*, 32/1997 (4.8.1997).

28 Hans Joachim Noack, »Kohls Kreise stören«, in: *Der Spiegel*, 45/1995 (6.11.1995).

29 »Die Allianz der Skeptiker«, in: *Der Spiegel*, 37/1997 (8.9.1997).

30 Jens Peter Paul, *Zwangsumtausch. Wie Kohl und Lafontaine die D-Mark abschafften*, Mainz 2010. In dieser bisher detailliertesten, durchgehend kritischen Studie über den innenpolitischen Durchbruch zum Euro wird das Zusammenspiel zwischen Regierung und Opposition, speziell zwischen dem Bundeskanzler und dem SPD-Vorsitzenden, dick unterstrichen.

31 »Avanti Dilettanti«, in: *Der Spiegel*, 24/1997 (9.6.1997).

32 »Die kreativen Buchführer und ihre kleineren oder größeren Tricks«, in: *Frankfurter Allgemeine Zeitung*, 12.6.1997. – »Alles andere als neutral«, in: *Der Spiegel*, 37/1997 (8.9.1997).

33 »Der schwerste Vertrauensbruch«. Interview mit Edmund Stoiber, in: *Der Spiegel*, 42/1997 (13.10.1997).

34 »Rücken frei«, in: *Der Spiegel*, 39/1997 (22.9.1997).

35 »Kathedrale um den Euro«, in: *Der Spiegel*, 10/1998 (2.3.1998).

36 »Beten hilft immer«. Interview mit Theo Waigel, in: *Der Spiegel*, 9/1998 (22.2.1998).

37 »Kathedrale um den Euro«, a.a.O.

38 *FAZ-Chronik* 1997.

39 »Falsch interpretiert«, in: *Der Spiegel*, 15/1998 (6.4.1998).

40 »Währungsunion stabilitätspolitisch vertretbar. Die Bundesbank hat aber Zweifel an Belgien und Italien«, in: *Frankfurter Allgemeine Zeitung*, 28.3.1998. – Marietta Kurm-Engels, »Eurorätsel«, in: *Handelsblatt*, 30.3.1998.

41 Zahlen nach Kurt Biedenkopf, »Zur Entscheidung über die Einführung des Euro«, 19.3.1998, in: Der Weg zum Euro, a.a.O.

42 Mitteilung von Reinhold Bocklett, 18.6.2011.

43 Hans Tietmeyer beim Interview mit Hans-Peter Schwarz und Günter Buchstab, 4.7.2008.

44 Hans Tietmeyer, *Herausforderung EURO*, a.a.O., S. 254.

45 Urteil des BVerfG über die Verfassungsbeschwerden bezüglich der Wirtschafts- und Währungsunion vom 31.3.1998 (gekürzt), in: *Internationale Politik*, 5/53 (Mai 1998), S. 109.

46 Deutscher Bundestag, 13. Wahlperiode. 230. Sitzung. Bonn, Donnerstag, den 23. April 1998, S. 21050–21058.

47 Wolfgang Proissl/Christian Wernicke, »Der Euro-Fighter«, a.a.O.

48 Bundesrat. Stenographischer Bericht. 724. Sitzung, Bonn, Freitag, den 24. April 1998, S. 194–199.

49 Kurt Biedenkopf, Tagebuch, Eintrag vom 23.4.1998 (Privatarchiv Biedenkopf).

50 Axel Siedenburg/Bernhard Speyer, »Auf dem Weg zum Euro«, in: *Jahrbuch Internationale Politik 1997-98*, München 2000, S. 70–81.

51 David Marsh, *Der Euro*, a.a.O., S. 273, nach: *Financial Times*, 4.5.1998.

52 Der Vertrag von Maastricht vom 7.2.1991, in: *Europa-Archiv*, 6/47 (1992), D 194.

53 Hans Tietmeyer beim Interview mit Hans-Peter Schwarz und Günter Buchstab, 4.7.2008.

54 Rudolf Augstein, »Das macht den Kohl nicht fett«, in: *Der Spiegel*, 20/1998 (11.5.1998).

55 Das bisher beste Stimmungsbild der Verhandlungen auf dem Sondergipfel von Brüssel findet sich in den *Alastair Campbell Diaries*, ed. by Alastair Campbell and Bill Hagerty, Vol. 2, a.a.O., Einträge vom 1./2.5.1998, S. 375–580.

56 Ibd., Eintrag vom 20.3.1998, S. 328.

57 Ibd., Eintrag vom 27.5.1997, S. 38.

58 Dazu Dietrich Rometsch, »Die Europäische Kommission«, in: *Jahrbuch der Europäischen Integration 1998/99*, hrsg. von Werner Weidenfeld und Wolfgang Wessels, Bonn 1998, S. 72–74.

59 Vermerk über Treffen des Bundeskanzlers mit dem britischen Premierminister Blair, 20.3.1998 in Bonn, BA, B 136/10671.

60 Brief des Bundeskanzlers Helmut Kohl und des Präsidenten Jacques Chirac vom 6.6.1998, in: *Bulletin* (Presse- und Informationsamt der Bundesregierung), Nr. 41 (15.6.1998), S. 537ff. – Melanie Piepenschneider, »Zwischen Integration und Desintegration: Die Europäische Union«, in: *Jahrbuch Internationale Politik 1997-98*, a.a.O., S. 107.

61 *The Alastair Campbell Diaries*, ed. by Alastair Campbell and Bill Hagerty, Vol. 2, a.a.O., Eintrag vom 9.6.1998, S. 419.

62 Helmut Kohl, *Mein Tagebuch 1998–2000*, München 2000, S. 41–45.

63 Helmut Kohl, »Wir haben das für die Zukunft Notwendige getan«, in: *Frankfurter Allgemeine Zeitung*, 31.12.2001.

64 Wilhelm Hennis, »Kohls Erbe«, in: *Frankfurter Allgemeine Zeitung*, 29.9.1998.

65 »Herr Bundeskanzler, was ist Ihr größter Wunsch zum 80. Geburtstag? Interview mit Kai Diekmann und Daniel Biskup«, in: *Bild*, 3.4.2010.

66 Johannes Gross, *Nachrichten aus der Berliner Republik*, a.a.O., S. 145.

Im Sinkflug

1 ZDF-Politbarometer, 1.9.1997.

2 Ibd., 16.3.1998.

3 Ibd., 14.9.1998.

4 »Bleibt tabu«, in: *Der Spiegel,* 52/1996 (23.12.1996).

5 »Karawane ohne Wasser«, in: *Der Spiegel,* 46/1996 (11.11.1996).

6 Die beste Analyse der schwierigen Lage der Staatsfinanzen im Jahr 1997 findet sich bei Hans Apel, *Staat ohne Maß. Finanzpolitik in der Sackgasse,* Düsseldorf 1997.

7 »Das letzte Gefecht«, in: *Stern,* 30.1.1997. – »Massive Kritik aus der CDU-Führung an Kohl«, in: *Süddeutsche Zeitung,* 30.1.1997.

8 Martin S. Lambeck, »Am Tag nach dem Donnerwetter glättet Kohl die Wogen«, in: *Die Welt,* 25.1.1997.

9 »Die CDU legt sich auf Blüms Konzept zur Reform der Rentenversicherung fest«, in: *Frankfurter Allgemeine Zeitung,* 20.3.1997.

10 Kurt Biedenkopf, Tagebuch, Eintrag vom 20.1.1997.

11 »Arbeitsminister Blüm stellt sich gegen Bundeskanzler Kohl«, in: *Frankfurter Allgemeine Zeitung,* 24.1.1997.

12 Gunter Hofmann, »Schäuble und die Fünferbande«, in: *Die Zeit,* 24.1.1997.

13 Claus Genrich, »Lose Fäden im Machtgewebe«, in: *Frankfurter Allgemeine Zeitung,* 22.1.1997. – Georg Paul Hefty, »Sehnsucht nach einem ›völligen Richtungswechsel‹.Um des eigenen Vorteils willen schwören CDU-Landesfürsten auf eigene Wege«, in: *Frankfurter Allgemeine Zeitung,* 23.1.1997.

14 Herbert Kremp, »Das System Kohl«, in: *Die Welt,* 1.2.1997.

15 »Wahrscheinlich würde ich der Versuchung nicht widerstehen«, in: *Stern,* 9.1.1997.

16 Karl Feldmeyer, »In der CDU knistert es«, in: *Frankfurter Allgemeine Zeitung,* 22.2.1997.

17 Anton Pfeifer beim Interview mit Hans-Peter Schwarz und Günter Buchstab, 28.11.2008 und 23.1.2009.

18 CDU/CSU-Fraktion, 13. Wahlperiode, Protokoll der Fraktionsvorstandssitzung vom 24.2.1997, ACDP 08-013-1411. – »Kompromiß im Schatten«, in: *Der Spiegel,* 10/1997 (3.3.1997).

19 »Die SPD und der Steuersatz«, in: *Frankfurter Allgemeine Zeitung,* 1.4.1997.

20 »Kompromiß im Schatten«, a.a.O.

21 Helmut Kohl im CDU-Bundesvorstand, 24.2.1997, ACDP.

22 Ibd.

23 »Schluß mit Mikado«, in: *Der Spiegel,* 10/1997 (3.3.1997).

24 ZDF-Politbarometer, 27.2.1997.

25 »Ende der Eintracht«, in: *Der Spiegel,* 11/1997 (10.3.1997).

26 CDU/CSU-Fraktion, 13. Wahlperiode, Protokoll der Fraktionssitzung am 11.3.1997, ACDP VIII-013-014/1.

27 »Wilde Reden«, in: *Der Spiegel,* 9/1997 (24.2.1997).

28 Martin S. Lambeck, »Rauch und Feuer«, in: *Die Welt*, 31.1.1997.

29 Kurt Kieselbach, »Gesundheits-Streit spaltet die Union«, in: *Die Welt*, 22.2.1997.

30 ZDF-Politbarometer, 24.3.1997.

31 »Farbe bekennen«, Helmut Kohl beim ARD-Interview mit Marion van Haaren und Sigmund Gottlieb, 3.4.1997, Fernseh-/Hörfunkspiegel Inland I, 4.4.1997, Kohl.

32 Matthias Geis, »Kohl ist der Kitt. Viele halten seine erneute Kandidatur für riskant, nur Biedenkopf mag es zugeben«, in: *Die Zeit*, 2.5.1997.

33 Heribert Schwan, *Die Frau an seiner Seite. Leben und Leiden der Hannelore Kohl*, München 2011, S. 241f.

34 »Das Ja-Wort hebt Kohls Stimmung«, in: *Süddeutsche Zeitung*, 4.4.1997.

35 Georg Paul Hefty, »Erhobenen Hauptes«, in: *Frankfurter Allgemeine Zeitung*, 5.4.1997.

36 Mitteilung Bernhard Vogels an den Verf., 19.7.2011.

37 »Kohl räumt Fehler ein«, in: *Süddeutsche Zeitung*, 30.4.1997.

38 Helmut Kohl im CDU-Bundesvorstand, 21.4.1997, ACDP. – Zur Sonthofen-Strategie von Strauß siehe unser Kapitel »Fingerhakeln mit Franz Josef Strauß«.

39 »Yilmaz wirft Bonn Hinhaltetaktik vor«, in: *Frankfurter Allgemeine Zeitung*, 12.3.1998. – Dazu: Eckhard Lübkemeier, »Mit mehr Macht für bleibende Interessen: Deutschlands außenpolitische Orientierung«, in: *Jahrbuch Internationale Politik 1997–98*, a.a.O., S. 94. – Lothar Rühl, »Die Türkei am Rande Europas«, ibd., S. 182–191.

40 Gespräch des Bundeskanzlers mit dem russischen Staatspräsidenten Jelzin, 9.5.1995, in Moskau, BKam aus 21-Ge 28, Bd. 90.

41 Deutsche Leistungen für GUS seit 1989, Aufzeichnung vom 12.2.1996, BA, B 136/42 616.

42 Klaus Kinkel beim Interview mit Hans-Peter Schwarz und Günter Buchstab, 2.10.2008.

43 Gespräch des Bundeskanzlers mit dem russischen AM Primakov, 19.2.1996, in Moskau, BKamt aus 21-Ge 28, Bd. 90.

44 Gespräch des Bundeskanzlers mit StP Jelzin, 19.2.1996, BKamt aus 21-Ge 28, Bd. 90.

45 Gespräch des Bundeskanzlers mit dem Präsidenten der Republik Polen, Alexander Kwasniewski, 9.1.1996, im Bundeskanzleramt, BKamt aus 21-Ge 28, Bd. 90.

46 Ulrich Weisser, *Strategie als Berufung*, Bonn 2011, S. 137–177. – Welches Gewicht bei den langdauernden Verhandlungen dabei letztlich der Bundeskanzler mit der Abteilung 2 des Bundeskanzleramts hatte, welche das Verteidigungsministerium und das Auswärtige Amt, muß hier außer Betracht bleiben und wird sich erst bei Öffnung der jeweiligen Archive genau bestimmen lassen. Derzeit spricht alles dafür, daß die Lösung des gordischen Knotens von NATO-Osterweiterung und strategischer Partnerschaft mit Rußland nur dank der Zusammenarbeit zwischen Kohl, Clinton und Jelzin möglich wurde.

47 Siehe unser Kapitel »Der Euro-Fighter«.

48 »Die graben uns das Wasser ab«. Interview mit Theo Waigel, in: *Der Spiegel*, 33/1997 (11.8.1997). – Theo Waigel im Gespräch mit Ekkehard Mayr-Bülow, aufgezeichnet am 17.8. im Allgäu, BR 3-TV 19.8.1997, Fernseh-/Hörfunkspiegel Inland I, 21.8.1997, Waigel.

49 »Der Kanzler: Das hat mich alles mächtig geärgert«. Interview mit Helmut Kohl, in: *Bild*, 26.8.1997. – Christoph Schwennicke, »Nichts funkt beim Zündeln«, in: *Süddeutsche Zeitung*, 11.9.1997.

50 Matthias Geis, »Der kurze Sommer der Anarchie«, in: *Die Zeit*, 29.8.1997.

51 ZDF-Politbarometer, 29.9.1997.

52 »Der schwerste Vertrauensbruch«. Interview mit Edmund Stoiber, a.a.O.

53 Bericht des Fraktionsvorsitzenden Wolfgang Schäuble, 9. Parteitag der CDU Deutschlands in Leipzig, 13. bis 15.Oktober 1997, Parteitagsprotokoll, Bonn 1997.

54 ZDF-Interview, 15.10.1997. Fernseh-/Hörfunkspiegel Inland I, 16.10.1997, Kohl.

55 Ibd.

56 »Der ewige Nachfolger«, in: *Der Spiegel,* 43/1997 (20.10.1997).

57 »Ein Zeichen von Schwäche«. Interview mit Gerhard Schröder, in: *Der Spiegel,* 43/1997 (20.10.1997).

58 ZDF-Politbarometer, 17.11.1997.

59 Anton Pfeifer beim Interview mit Hans-Peter Schwarz und Günter Buchstab, 28.11.2008 und 23.1.2009.

60 »Eine saublöde Panne«, in: *Der Spiegel,* 5/1998 (26.1.1998).

61 Gunter Hofmann, »Gibt es ein Leben nach Kohl? Die Parteien rüsten sich auf Klausurtagungen für das Wahljahr«, in: *Die Zeit,* 15.1.1998.

62 »Ohne D-Mark, ohne Kohl?«, in: *Der Spiegel,* 2/1998 (5.1.1998).

63 »Die Mehrwertsteuer steigt auf 16 Prozent. Keine Erhöhung des Rentenbeitrags«, in: *Frankfurter Allgemeine Zeitung,* 12.12.1997. – Bodo Scheffels, »Von Blockade redet erst einmal keiner mehr«, in: *Die Welt,* 12.12.1997.

64 »Dann schauen wir weiter«. Interview mit Wolfgang Schäuble, in: *Der Spiegel,* 3/1998 (12.1.1998).

65 »Ohne D-Mark, ohne Kohl?«, a.a.O.

66 Helmut Kohl im CDU-Bundesvorstand, 9./10.1.1998, ACDP.

67 »Die einzige Chance«, in: *Der Spiegel,* 8/1998 (16.2.1998).

68 ZDF-Politbarometer, 16.3.1998.

69 »Nie wieder kleinmachen«, in: *Der Spiegel,* 3/1998 (12.1.1998).

70 »Schmeißt die Kerle raus«, in: *Der Spiegel,* 11/1998 (9.3.1998).

71 Klaus Kinkel beim Interview mit Hans-Peter Schwarz und Günter Buchstab, 2.10.2008.

72 Renate Köcher, »Kommen die Grünen aus der Mode?« darin IfD-Umfragedaten vom 8. bis 19.3., in: *Frankfurter Allgemeine Zeitung,* 25.3.1998.

73 Siehe unser folgendes Kapitel »Endspiel«.

74 Hajo Schumacher, »Eine Schlacht um Gefühle«, in: *Der Spiegel,* 11/1998 (9.3.1998).

75 Mitteilung Bernhard Vogels an den Verf. vom 19.7.2011.

76 Hans Peter Schütz, »Ich da oben – Ihr da unten«, in: *Stern,* 14.5.1998.

77 »Die alten Dämlichkeiten«, in: *Der Spiegel,* 14/1998 (30.3.1998).

78 ZDF-Politbarometer, 20.4.1998.

79 »Schäuble, passen Sie auf!«, in: *Der Spiegel,* 16/1998 (13.4.1998).

80 »Beste Pferde im Stall«. Interview mit Rita Süßmuth, in: *Der Spiegel,* 17/1998 (20.4.1998).

81 CDU/CSU-Fraktion, 13. Wahlperiode, Protokoll der Fraktionssitzung am 20.4.1998, ACDO VIII-013-016/2. – Gregor Mayntz, »Bruch zwischen Kohl und Schäuble«, in: *Rheinische Post,* 22.4.1998. – »Alle haben gesagt: Prima«, in: *Der Spiegel,* 17/1998 (20.4.1998).

82 »Keine Revolte gegen Kohl nach Demontage Schäubles«, in: *Handelsblatt,* 23.4.1998. – Hans Peter Schütz, »Ich da oben – Ihr da unten«, a.a.O.

83 »Anstrengend statt bequem«, in: *Der Spiegel,* 18/1998 (27.4.1998).

84 Hans Peter Schütz, »Ich da oben – Ihr da unten«, a.a.O.

85 Klaus Kinkel beim Interview mit Hans-Peter Schwarz und Günter Buchstab, 2.10.2008.

Endspiel

1 Fritz J. Raddatz, »Der Patriarch: Helmut Kohls Rhetorik – Worte wie nasse Lappen«, in: *Die Zeit,* 28.5.1998.

2 Einar Koch/Richard Voelkel, »Umjubelter Kanzler: Der Aufbau Ost hat absolute Priorität«, in: *Bild,* 19.5.1998.

3 »Damit Deutschland nichts passiert«. Interview mit Kurt Biedenkopf, in: *Der Spiegel,* 36/1998 (31.8.1998).

4 »Der letzte Tango«, in: *Der Spiegel,* 23/1998 (1.6.1998). – »Schnelle Lippe«, in: *Der Spiegel,* 24/1998 (8.6.1998).

5 Herbert Riehl-Heyse, »Die Macht der letzten Mutprobe. Ziemlich jugendlich wirkt Helmut Kohl in seiner unsichersten Schlacht, aber ein alter Mann ist er eben auch – den Widerspruch sehen nur die anderen«, in: *Süddeutsche Zeitung,* 19.9.1998.

6 Martin S. Lambeck, »Von kleinen Gemeinheiten und scharfen Attacken. Das Duell im Bundestag: Der Kanzler war am Rednerpult ganz in seinem Element und der Herausforderer fühlte sich erst zum Ende hin wohl«, in: *Die Welt,* 4.9.1998.

7 »Ich stelle mich in eine Ecke, wo man gar nicht bemerkt wird.« Interview Helmut Kohls mit Patrick Bahners und Frank Schirrmacher, in: *Frankfurter Allgemeine Zeitung,* 17.9.1998.

8 »Helmut Kohl: Diese Wahl ist das letzte Gefecht der achtundsechziger Generation. In einem Gespräch mit der WELT zeigt sich der deutsche Bundeskanzler kämpferisch, siegessicher und spricht ungewöhnlich offen über Familie, Freundschaft und eigene Fehler«. Interwiew Helmut Kohls mit Mathias Döpfner, in: *Die Welt,* 21.9.1998.

9 CDU/CSU-Fraktion, 13. Wahlperiode, Protokoll der Fraktionssitzung am 1.9.1998, ACDP 08-014-041/1.

10 Günter Bannas, »Kohl kämpft um das Mandat, die Zeitenwende zu gestalten. Mit fünfzig Reden unter freiem Himmel beweist er sich selbst und seinen Anhängern seine physische und psychische Stärke«, in: *Frankfurter Allgemeine Zeitung,* 18.9.1998.

11 CDU/CSU-Fraktion, 13. Wahlperiode, Protokoll der Fraktionssitzung am 1.9.1998, ACDP 08-014-041/1.

12 »Der Blitz vom Bodensee«, in: *Der Spiegel,* 37/1998 (7.9.1998).

13 CDU/CSU-Fraktion, 13. Wahlperiode, Protokoll der Fraktionssitzung am 1.9.1998, ACDP 08-014-041/1.

14 »Leben in der Bude«, in: *Der Spiegel,* 35/1998 (24.8.1998).

15 ZDF-Politbarometer, 17.8.1998.

16 »Rühe kritisiert Hintzes Wahlkampf«, in: *Frankfurter Allgemeine Zeitung,* 25.6.1998.

17 Gunter Hofmann, »Wahlkampf zwischen den Zeilen«, in: *Die Zeit,* 34/1998.

18 »Kann er Kanzler sein?«, in: *Der Spiegel,* 33/1998 (10.8.1998).

19 »Von Grund auf umkrempeln«. Interview mit Lothar Späth, in: *Der Spiegel,* 35/1998 (24.8.1998). – »Damit Deutschland nichts passiert«. Interview mit Kurt Biedenkopf, a.a.O.

20 »Große Koalition? Nein!« Interview von Helmut Kohl mit Siegmar Schelling, in: *Welt am Sonntag,* 30.8.1998.

21 Günter Bannas, »Kohl kämpft um das Mandat, die Zeitenwende zu gestalten«, a.a.O.

22 CDU/CSU-Fraktion, 13. Wahlperiode, Protokoll der Fraktionssitzung am 1.9.1998, ACDP 08-014-041/1.

23 Martin S. Lambeck, »CSU empört über Kohl-Debatte«, in: *Die Welt,* 29.8.1998.

24 Martin S. Lambeck, »Kohl wird demontiert«, in: *Die Welt,* 27.8.1998.

25 »Ihr werdet euch wundern!« Interview Helmut Kohls mit Roger de Weck, in: *Die Zeit,* 27.8.1998.

26 »Geheimtreffen zwischen Kohl und Schäuble«, in: *Bild,* 29.8.1998.

27 »Ihr werdet euch wundern«, a.a.O.

28 Martin S. Lambeck, »Der Kanzler der Einheit nimmt Abschied«, in: *Die Welt,* 28.9.1998.

29 CDU/CSU-Fraktion, 13. Wahlperiode, Protokoll der Fraktionssitzung am 1.9.1998, ACDP 08-014-041/1.

30 Martin S. Lambeck, »Von kleinen Gemeinheiten und scharfen Attacken«, a.a.O.

31 Renate Köcher, »In der neuen Lage hat die CDU neue Aufgaben«, in: *Frankfurter Allgemeine Zeitung,* 14.10.1998.

32 »Ein Anfang mit Vorsicht«, in: *Der Spiegel,* 34/1998 (17.8.1998).

33 »Große Koalition? Nein«, a.a.O.

34 Elisabeth Noelle-Neumann, »Was der Wahlkampf bewirkt«, darin: Die Stärke der Parteien – jüngste Umfrage vom 11.–18.9.1998, in: *Frankfurter Allgemeine Zeitung,* 23.9.1998.

35 »Was reitet den Kanzler?«, in: *Der Spiegel,* 39/1998 (21.9.1998).

36 Renate Köcher, »In der neuen Lage hat die CDU neue Aufgaben«, a.a.O.

37 Mathias Jung/Dieter Roth, »Wer zu spät geht, den bestraft der Wähler. Eine Analyse der Bundestagswahl 1998«, in: *Aus Politik und Zeitgeschichte,* B 52/98, S. 12 und 55.

38 Oscar W. Gabriel/Frank Bretschneider, »Die Bundestagswahl 1998: Ein Plebiszit gegen Kanzler Kohl«, ibd., S. 32.

39 Klaus Kinkel beim Interview mit Hans-Peter Schwarz und Günter Buchstab, 2.10.2008.

40 Friedrich Bohl beim Interview mit Hans-Peter Schwarz und Günter Buchstab, 4.7.2008.

41 Michael Roik beim Interview mit Hans-Peter Schwarz und Günter Buchstab, 10.7.2008.

42 CDU/CSU-Fraktion, 13. Wahlperiode, Protokoll der Fraktionssitzung am 1.9.1998, ACDP 08-014-041/1.

43 Bundeskanzler Kohl, 27.9.1998, ZDF, Heute, Fernseh-/Hörfunkspiegel Inland I, 28.9.1998, Bundestagswahl.

44 Werner A. Perger, »Die Nachkohlzeit«, in: *Die Zeit,* 10.9.1998. – »Rühe kritisiert Hintzes Wahlkampf«, a.a.O.

45 CDU/CSU-Fraktion, 14. Wahlperiode, Protokoll der Fraktionssitzung vom 6.10.1998. Konstituierung der Fraktion, ACDP 08-014-041/1.

46 Martin S. Lambeck, »Abgang Kohl. Der alte Kanzler, der sich schon im Amt oftmals selbst historisch war, wird nun zum respektierten Denkmal«, in: *Die Welt,* 27.10.1998.

Betrachtung
Helmut Kohl und das dritte europäische Nachkriegssystem

1 Hans-Peter Schwarz, *Die Zentralmacht Europas. Deutschlands Rückkehr auf die Weltbühne,* Berlin 1994.

2 Ibd., S. 11.

3 Timothy Garton Ash, *Freie Welt. Europa, Amerika und die Chancen der Krise,* München 2004, S. 89.

4 Die mit großem Abstand beste Gesamtdarstellung der Gesamtentwicklung findet sich in fünf gut komponierten, von Experten erarbeiteten und im Detail sehr zuverlässigen Jahrbüchern des Forschungsinstituts der Deutschen Gesellschaft für Auswärtige Politik: *Die Internationale Politik 1989 – 1990* (München 1992), *Die Internationale Politik 1991 – 1992* (München 1994), *Die Internationale Politik 1993 – 1994* (München 1996), *Die Internationale Politik 1995 – 1996* (München 1998), *Die Internationale Politik 1997 – 1998* (München 2000).

5 Henry Kissinger, *Großmacht Diplomatie. Von der Staatskunst Castlereaghs und Metternichs,* Düsseldorf 1962, S. 380.

6 Ibd., S. 374.

TEIL VI
Unerwartetes Comeback

1 Helmut Kohl, *Mein Tagebuch 1998 – 2000*, München 2000.
2 Dona Kujacinski/Peter Kohl, *Hannelore Kohl. Ihr Leben*, München 2002, S. 304 – 309.
3 Andreas Borchers/Hans Peter Schütz, »Dicke Freunde«, in: *Stern*, 29.6.2000.
4 *Die Rheinpfalz*, 17.3.1999. – *Frankfurter Allgemeine Zeitung*, 10.3.1999. Ich verdanke diese Hinweise der sehr lesenswerten Studie von Gerd Langguth, *Kohl, Schröder, Merkel. Machtmenschen*, München 2009.
5 DW, »Das Bundeskabinett der Deutschen Vermögensberater«, in: *Die Welt*, 4.9.2000.
6 Klaus Ott, »Mächtige Männerfreunde«, in: *Süddeutsche Zeitung*, 5.2.2000. – »Inakzeptabel und unerträglich«, in: *Der Spiegel*, 18/2003 (28.4.2003).
7 »Kirch zahlte Kohl 600 000 Mark im Jahr«, in: *Frankfurter Allgemeine Zeitung*, 1.8.2003. Kohl habe sich dafür angeblich verpflichtet, jährlich »bis zu zwölf situative Gespräche« mit Kirch zu führen. – Andere, doch tendenziell vergleichbare Summen nennt Hans-Jürgen Jakobs, »Schöne alte Kirch-Welt«, in: *Süddeutsche Zeitung*, 14.4.2003.
8 Klaus Ott, »Ein Freund, ein guter Freund. Kirch und Kohl – eine beiderseits fruchtbare Beziehungskiste«, in: *Süddeutsche Zeitung*, 28.1.2000.
9 Andreas Borchers/Hans Peter Schütz, »Dicke Freunde«, a.a.O.
10 Hugo Müller-Vogg, »Der Dank des Vaterlandes in Euro und Cent«, in: *Welt am Sonntag*, 14.9.2003.
11 ZDF-Politbarometer, 15.11.1999.
12 Kurt Biedenkopf, Tagebuch, Eintrag vom 2.10.1998 (Privatarchiv Biedenkopf).
13 Wolfgang Schäuble, *Mitten im Leben*, München 2000, S. 189.
14 Hans Peter Schütz, »Kohl ist Kult«, in: *Stern*, 4.11.1999.

Der zweite Sturz: die Spendenaffäre

1 *Der Spiegel*, 52/1999 (27.12.1999).
2 Helmut Kohl, *Mein Tagebuch 1998 – 2000*, a.a.O., Eintrag vom 17.11.1999, S. 113.
3 Alles ist breit dokumentiert. Am 13. Juni 2001 veröffentlicht der am 2. Dezember eingesetzte Untersuchungsausschuß des Deutschen Bundestags seinen Abschlußbericht. Dieser umfaßt mit den Anlagen 941 Seiten und listet das meiste auf, was bekannt geworden ist. Wohl kein Einzelvorgang ist von den Medien, von den parlamentarischen Instanzen und von den Gerichten von Tag zu Tag so akribisch dargestellt worden. Einige der Hauptdarsteller in dem Drama – Helmut Kohl, Wolfgang Schäuble – werden Ende 2000, während die Ermittlungen noch laufen, ihre jeweilige Version der Verwicklungen öffentlichkeitswirksam aufbereiten (Helmut Kohl, *Mein Tagebuch 1998 – 2000*, a.a.O.; Wolfgang Schäuble, *Mitten im Leben*, München 2000). Auch die investigativen Journalisten von der *Süddeutschen* kommen schon 2000 mit Buchveröffentlichungen auf den Markt (Hans Leyendecker/Heribert Prantl/Michael Stiller, *Helmut Kohl, die Macht und das Geld*, Göttingen 2000). Im selben Jahr erscheint auch eine für die damalige Stimmung in der Öffentlichkeit kennzeichnende Studie des Ehepaars Scheuch, in der die neuerliche Parteispendenaffäre in die umfassenderen Vorgänge zeitgenössischer politischer Korruption eingeordnet wird (Erwin K./Ute Scheuch, *Die Spendenkrise – Parteien außer Kontrolle*, Hamburg 2000). Typisch für die Meinungsströmungen in der politischen Klasse im Jahr 2000 ist auch eine in Buchform erscheinende Artikelserie der *Frankfurter Allgemeinen Zeitung* (Günther Nonnenmacher, *Die gespendete Macht*, Berlin 2000). Zwei Jahre später legt der Kohl-Biograph

Klaus Dreher mit einer Monographie nach, in der er das Thema Helmut Kohl und die Parteispenden von den Anfängen in Ludwigshafen bis zum Jahr 2001 kundig, aber natürlich auch schonungslos parteiisch aufarbeitet (Klaus Dreher, *Kohl und die Konten. Eine schwarze Finanzgeschichte*, Stuttgart 2002.) Im Jahr 2004 wird die ehemalige CDU-Schatzmeisterin ihre Sicht der Vorgänge in Buchform darlegen (Brigitte Baumeister mit Dietmar Brück, *Welchen Preis hat die Macht? Eine Frau zwischen Kohl und Schäuble*, München 2004). Nüchtern analysierend, vergleichsweise gedämpft und daher mit Gewinn zu lesen ist das entsprechende Kapitel »Vom Spendensystem zur Spendenkrise. Die Finanzen der CDU« bei Frank Bösch *(Macht und Verantwortung,* Stuttgart 2002, S. 156 – 190).

Im Grunde ist zur Parteispendenaffäre der Jahre 1999 bis 2001 seit dem Erscheinen des Abschlußberichts des Deutschen Bundestags im Frühsommer 2001 nichts grundlegend Neues mehr zutage getreten.

4 Wikipedia, 20.8.2011.

5 Ibd.

6 Ibd.

7 Deutscher Bundestag, 14. Wahlperiode, Beschlußempfehlung und Bericht des 1. Untersuchungsausschusses nach Artikel 44 des Grundgesetzes vom 13. Juni 2001, Drucksache 14/9300, S. 133.

8 Ibd.

9 Welt-online, 9.10.2008.

10 Walther Leisler Kiep, *Was bleibt ist große Zuversicht*, Berlin 1999. Die »Vorbemerkung« ist auf August 1999 datiert.

11 Helmut Kohl, *Mein Tagebuch 1998 – 2000*, a.a.O., Eintrag vom 23.11.1999, S. 116.

12 Deutscher Bundestag, 14. Wahlperiode, Beschlußempfehlung und Bericht des 1. Untersuchungsausschusses, a.a.O., S. 133

13 Wer sich einen Überblick über dieses in der Tat »umfassende Kontenlabyrinth« machen möchte, studiere den Untersuchungsbericht, a.a.O.

14 »So ein Haß wie noch nie. Protokoll der auseinander brechenden Beziehung zwischen Helmut Kohl und Wolfgang Schäuble«, in: *Der Spiegel,* 38/2000 (18.9.2000).

15 Deutscher Bundestag, 14. Wahlperiode, Beschlußempfehlung und Bericht des 1. Untersuchungsausschusses, a.a.O., S. 203f.

16 Hans-Peter Schwarz, »Die Wähler reagieren wie im Lehrbuch«, in: Günther Nonnenmacher (Hrsg.), *Die gespendete Macht*, a.a.O., S. 104.

17 Hans Leyendecker, »Mit milden Gaben die Basis besänftigt«, in: *Süddeutsche Zeitung*, 17.11.1999.

18 »Der Anführer und die Kasse«, in: *Der Spiegel,* 52/1999 (27.12.1999), S. 41.

19 Deutscher Bundestag, 14. Wahlperiode, Beschlußempfehlung und Bericht des 1. Untersuchungsausschusses, a.a.O., S. 26. – »Krummes Ding abgezogen« und »Füchse für die Wüste«, in: *Der Spiegel,* 45/1999 (8.11.1999).

20 Deutscher Bundestag, 14. Wahlperiode, Beschlußempfehlung und Bericht des 1. Untersuchungsausschusses, a.a.O., S. 26.

21 Ibd., hier: »Ursprünglicher Untersuchungsauftrag«, S. 28.

22 Ibd., S. 366.

23 Helmut Kohl, *Mein Tagebuch 1998 – 2000*, a.a.O., Eintrag vom 17.11.1999, S. 113.

24 »So ein Haß wie noch nie«, a.a.O.

25 Deutscher Bundestag, 14. Wahlperiode, Beschlußempfehlung und Bericht des 1. Untersuchungsausschusses, a.a.O., S. 134.

26 »Ganz mulmig zumute«, in: *Der Spiegel,* 49/1999 (6.12.1999).

27 »Ich fordere radikale Aufklärung«. Interview mit Bundestagspräsident Wolfgang Thierse, in: *Der Spiegel,* 52/1999 (27.12.1999).

28 »Kohl kauft sich frei«, in: *Der Spiegel,* 30/2000 (24.7.2000), S. 36.

29 Ibd., S. 131.

30 Deutscher Bundestag, 14. Wahlperiode, Beschlußempfehlung und Bericht des 1. Untersuchungsausschusses, a.a.O., S. 203f.

31 »Fünf Millionen – wofür?«, in: *Der Spiegel,* 24/1995 (12.6.1995).

32 Angela Merkel, »Die von Kohl eingeräumten Vorgänge haben der Partei Schaden zugefügt«, in: *Frankfurter Allgemeine Zeitung,* 22.12.1999.

33 Helmut Kohl, *Mein Tagebuch 1998 – 2000,* a.a.O., Eintrag vom 22.12.1999, S. 141.

34 Gerd Langguth, *Kohl, Schröder, Merkel. Machtmenschen,* a.a.O., S. 134.

35 Einar Koch, »Seine Gegner wetzen die Messer«, in: *Bild,* 29.11.1999.

36 Wolfgang Schäuble, *Mitten im Leben,* a.a.O., S. 222.

37 »›Sie haben die Verfassung gebrochen‹. Auszüge aus der zweiten Vernehmung Helmut Kohls vor dem Untersuchungsausschuß des Bundestages in Berlin«, in: *Der Spiegel,* 28/2000 (10.7.2000), S. 74f. – Helmut Kohl, *Mein Tagebuch 1998 – 2000,* a.a.O., Eintrag vom 4.11.1999, S. 106.

38 Dazu später, natürlich aus ihrer subjektiven Sicht, ausführlich Brigitte Baumeister mit Dietmar Brück, *Welchen Preis hat die Macht,* a.a.O., in dem Kapitel »Meine Beziehungen zu Wolfgang Schäuble und Helmut Kohl«, S. 108 – 144.

39 Deutscher Bundestag, 14. Wahlperiode, Beschlußempfehlung und Bericht des 1. Untersuchungsausschusses, a.a.O., S. 386.

40 Das kommt in dem späteren Untersuchungsbericht deutlich zum Ausdruck; ibd., S. 387.

41 Wolfgang Schäuble, *Mitten im Leben,* a.a.O., S. 222f.

42 »Heftiger Krach mit Kohl über Parteiausgaben«, in: *Süddeutsche Zeitung,* 29.11.1999.

43 »So ein Haß wie noch nie«, a.a.O. – Nach Schäubles Erinnerung hat Kohl ihn bei einer Besprechung am 29.11.1999 damit konfrontiert *(Mitten im Leben,* a.a.O., S. 222).

44 »Merkel wirft Alt-Kanzler Kohl Erpressung vor«, in: *Welt am Sonntag,* 6.2.2000.

45 Wolfgang Schäuble, *Mitten im Leben,* a.a.O., S. 220, 224f.

46 Ibd., S. 223.

47 Ibd., S. 221.

48 Persönliche Information des Verfassers.

49 Ibd.

50 Wolfgang Schäuble, *Mitten im Leben,* a.a.O., S.234f.

51 Helmut Kohl, *Mein Tagebuch 1998 – 2000,* a.a.O., Eintrag vom 18.1.2000, S. 166.

52 Kurt Biedenkopf, Tagebuch, Eintrag vom 18.1.2000 (Privatarchiv Biedenkopf).

53 Helmut Kohl, *Mein Tagebuch 1998 – 2000,* a.a.O., Eintrag vom 24.1.2000, S. 168.

54 Ibd., S. 177.

55 Jürgen Leinemann, »Ich fühle mich frei«, in: *Der Spiegel,* 4/2000 (24.1.2000).

56 Helmut Kohl, *Mein Tagebuch 1998 – 2000,* a.a.O., Eintrag vom 18.1.2000, S. 167.

57 Ibd., S. 166.

58 Hans-Jörg Heims, »CDU-Protokolle belasten Kohl schwer«, in: *Süddeutsche Zeitung,* 5.2.2000. – »Macht den Safe sicher«, in: *Der Spiegel,* 6/2000 (7.2.2000).

59 »Von Konten in der Schweiz nie gewußt«. Interview mit Siegmar Schelling, in: *Welt am Sonntag,* 6.2.2000.

60 »Merkel wirft Alt-Kanzler Kohl Erpressung vor«, a.a.O. – Helmut Kohl, *Mein Tagebuch 1998 – 2000,* a.a.O., Eintrag vom 5.2.2000, S. 189f.

61 Deutscher Bundestag, 14. Wahlperiode, Beschlußempfehlung und Bericht des 1. Untersuchungsausschusses, a.a.O., S. 122f., 370. – Rolf Kleine, »Wie nahe war Kohl am Rücktritt?«, in: *Bild,* 4.8.2000.

62 Belastende Aussagen aus der internen zwölfstündigen Befragung der von ihren Anwälten begleiteten Hauptbeteiligten Kohl, Kiep, Weyrauch, Lüthje, Terlinden im Bonner Konrad-Adenauer-Haus am 3.2.2000 erschienen umgehend im *Spiegel,* vielleicht von den Redakteuren nach der Mosaik-Methode zusammengesetzt (»Macht den Safe sicher«, a.a.O., S. 26–34). Hans Leyendecker bei der *Süddeutschen Zeitung,* so vermutet Kohl, wurde von Uwe Lüthje informiert (Helmut Kohl, *Mein Tagebuch 1998–2000,* a.a.O., S. 189f.).

63 Reinhard Voss, »Rüttgers geht auf Distanz«, in: *Frankfurter Rundschau,* 8.2.2000.

64 Roger de Weck, »Was denkt er?« Ein Gespräch mit Helmut Kohl, in: *Die Zeit,* 3.2.2000.

65 Michael J. Inacker/Roland Nelles, »Kohl ließ Schäuble/Schreiber-Treffen notieren«, in: *Die Welt,* 2.2.2000.

66 Carsten Germis/Kirsten Werbunat, »100 häßliche Männer«, und Hans-Jürgen Leersch, »Druck auf Baumeister und Schäuble wächst«, in: *Die Welt,* 15.2.2000. – Wolfgang Schäuble, *Mitten im Leben,* a.a.O., S. 230.

67 Helmut Kohl, *Mein Tagebuch 1998–2000,* a.a.O., Eintrag vom 9.–11.4.2000, S. 222f.

68 Ibd., Eintrag vom 6.4.2000, S. 220.

69 Ibd., Eintrag vom 16.2.2000, S. 192. Dto. Eintrag vom 9.–11.4.2000, S. 222.

70 Wolfgang Schäuble, *Mitten im Leben,* a.a.O., S. 220f.

71 Helmut Kohl, *Mein Tagebuch 1998–2000,* a.a.O., Eintrag vom 9.–11.4.2000, S. 223.

72 »So ein Hass wie noch nie«, a.a.O.

73 Helmut Kohl, *Mein Tagebuch 1998–2000,* a.a.O., Eintrag vom 14.5.2000, S. 228.

74 Ibd., Eintrag vom 9.–11.4.2000, S. 221.

75 Ibd., Eintrag vom 9.–11.4.2000, S. 222.

76 Ibd., Eintrag vom 22.12.1999, S. 143.

77 So die Bezeichnung der eigenen Rolle, ibd., S. 223.

78 Heribert Schwan, *Die Frau an seiner Seite. Leben und Leiden der Hannelore Kohl,* München 2011, S. 268f. – Helmut Kohl, *Mein Tagebuch 1998–2000,* a.a.O., Eintrag vom 30.1.2000, S. 183f. – Dona Kujacinski/Peter Kohl, *Hannelore Kohl,* a.a.O., S. 319f.

79 »Kohls Erklärung im Wortlaut«, in: *Die Welt,* 10.3.2000.

80 »Das ist auch eine Rückkehr zum politischen Anstand.« Interview mit Ernst Cramer, in: *Die Welt,* 11.3.2000.

81 Stefan Kornelius, »Siebzig Jahre und ein bißchen leise. Wie Helmut Kohl versucht, sich mit der Öffentlichkeit auszusöhnen – obwohl er selbst an seinem Geburtstag mehr getadelt als beglückwünscht wird«, in: *Süddeutsche Zeitung,* 3.4.2000.

82 Dona Kujacinski/Peter Kohl, *Hannelore Kohl,* a.a.O., S. 322. – Heribert Schwan, *Die Frau an seiner Seite,* a.a.O., S. 270.

83 ZDF-Politbarometer, 24.1., 20.3. und 31.7.2000. – Zur Gesamtentwicklung siehe auch »Die SPD verliert stark an Sympathie«, in: *Süddeutsche Zeitung,* 24.6.2000.

84 »Kohl spricht erstmals über Leuna«, in: *Welt am Sonntag,* 30.1.2000.

85 Günter Buchstab, »Bundeslöschtage? Ein Lehrstück für die Skandalisierung der Politik«, in: Bernhard Löfler/Karsten Ruppert (Hrsg.), *Religiöse Prägung und politische Ordnung in der Neuzeit. Festschrift für Winfried Becker zum 65.Geburtstag,* Köln 2006, S. 643. Buchstabs kritische Analyse ist die bislang informativste Darstellung dieser angeblichen Affäre.

86 Helmut Löhlhöffel, »Der Mann ist unverwüstlich. Müde Abgeordnete und ein putz-munterer Zeuge«, in: *Frankfurter Rundschau*, 8.7.2000.

87 Heribert Schwan, *Die Frau an seiner Seite*, a.a.O., S. 262.

88 Axel Vornbäumen, »›Das kann ich nicht verstehen.‹ Mit großem Auftritt stellte Ex-Kanzler Kohl in Berlin sein Tagebuch vor«, in: *Frankfurter Rundschau*, 25.11. 2000.

89 Hans Leyendecker, »Notizen aus dem Taschenkalender«, in: *Süddeutsche Zeitung*, 20.11.2000.

90 Landgericht Bonn, Beschluß (Auszüge), in: *Frankfurter Allgemeine Zeitung*, 3.3.2001.

91 Deutscher Bundestag. 14. Wahlperiode, Beschlußempfehlung und Bericht des 1. Unter-suchungsausschusses, a.a.O.

92 Wikipedia, 20.8.2011.

93 Deutscher Bundestag. 14. Wahlperiode, Beschlußempfehlung und Bericht des 1. Unter-suchungsausschusses, a.a.O., S. 423–432.

94 Wikipedia, »Bundeslöschtage«, 20.8.2011, unter Bezugnahme auf die *Frankfurter All-gemeine Zeitung*, 29.12.2006.

95 »Stasi-Akten über Kohl werden vorerst nicht veröffentlicht«, in: *Frankfurter Allgemeine Zeitung*, 5.7.2001.

Fragen an eine Ehe

1 Michael Grabenströer, »Abschied in ›seinem Heimatdom‹«, in: *Frankfurter Rundschau*, 12.7.2001.

2 Dona Kujacinski/Peter Kohl, *Hannelore Kohl*, a.a.O., S. 367.

3 Patricia Clough, *Hannelore Kohl. Zwei Leben*, München 2003.

4 Helmut Kohl, *Erinnerungen 1990–1994*, München 2007, S. 546–548.

5 Heribert Schwan, *Die Frau an seiner Seite*, a.a.O., S. 9, 246–252, 285–299.

6 Volker Zastrow, »Wo laufen sie denn?«, in: *Frankfurter Allgemeine Sonntagszeitung*, 28.8.2011.

7 »Sie war durch die vorbelasteten Eltern dazu erzogen worden, unpolitisch zu sein«, so Heribert Schwan im Interview. »Das war nicht auszuhalten«, in: FAZ.NET, 4.9. 2011.

8 Interview mit Lieselotte Millauer, in: *Bild*, 14.10.1982.

9 Dona Kujacinski/Peter Kohl, *Hannelore Kohl*, a.a.O., S. 94.

10 Patricia Riekel/Sebastian von Bassewitz, »Ein Kämpfer sucht seinen Frieden«, in: *Bunte*, 4.3.2004.

11 Hannelore Kohl (Hrsg.), *Was Journalisten anrichten. Mit Zeichnungen von Gernot Rumpf*, Landau/Pfalz 1985.

12 Hannelore Kohl (Hrsg.), *Kulinarische Reise durch die deutschen Lande. Mit Texten von Helmut Kohl*, München 1996.

13 Dona Kujacinski/Peter Kohl, *Hannelore Kohl*, a.a.O., S. 290.

14 »Ein Mann sucht den Weg zu seiner Frau«, Interview mit Monsignore Erich Ramstetter, in: *Bunte*, 16.8.2001.

Goldener Herbst des Patriarchen

1 »Ein Mann sucht den Weg zu seiner Frau«, a.a.O.

2 Stephan Löwenstein, »Wieder in der Familie«, in: *Frankfurter Allgemeine Zeitung*, 18.6.2002.

3 »Kohls letzte Sitzung im Bundestag«, in: *Bild*, 13.9.2002.

4 Peter Schilder, »Das Idol. Helmut Kohl läßt sich von der Jungen Union feiern«, in: *Frankfurter Allgemeine Zeitung*, 7.9.2005.

5 Inga Griese, »Lassen Sie uns über Frauen reden …«, in: *Die Welt*, 18.1.2003.

6 *Ein Leben für Deutschland und Europa. Helmut Kohl – Stationen eines politischen Weges* [= *Beiträge zum Symposion vom 12. April 2005 in Berlin*], Düsseldorf 2005, S. 31f.

7 Thomas Kröter, »Zurück aus dem Schattenreich«, in: *Frankfurter Rundschau*, 16.4.2005.

8 Wolfgang Koydl, »Helmuts Plauderstunde«, in: *Süddeutsche Zeitung*, 28.5.2005.

9 Dietmar Ostermann, »Bushs Fragen über Kohls ›Mädchen‹ verraten eine gewisse Skepsis«, in: *Frankfurter Rundschau*, 28.5.2005.

10 »Ein Europa der zwei Geschwindigkeiten wäre schädlich«. Interview mit Helmut Kohl, in: *Frankfurter Allgemeine Zeitung*, 22.1.2004.

11 Ibd.

12 Ibd.

13 Stefan Ulrich, »Wahlhilfe vom Altkanzler. Helmut Kohl tritt zusammen mit Italiens linkem Oppositionsführer Romano Prodi auf«, in: *Süddeutsche Zeitung*, 1.3.2006.

14 »Ein Europa der zwei Geschwindigkeiten wäre schädlich«, a.a.O.

15 »Wir sind Freunde, nicht Untergebene«. Interview mit Helmut Kohl, in: *Frankfurter Allgemeine Zeitung*, 14.6.2003.

16 Ibd.

17 »Idiotendiskussion über Kerneuropa«, in: *Frankfurter Allgemeine Zeitung*, 15.3.2004.

18 »Ein Europa der zwei Geschwindigkeiten wäre schädlich«, a.a.O.

19 »Es ist zynisch, etwas zu versprechen, was man nicht selbst einhalten muß«. Interview mit Helmut Kohl, in: *Frankfurter Allgemeine Zeitung*, 15.12.2004.

20 »Ein Europa der zwei Geschwindigkeiten wäre schädlich«, a.a.O.

21 »Es ist zynisch, etwas zu versprechen, was man nicht selbst einhalten muß«, a.a.O.

22 »Ein Europa der zwei Geschwindigkeiten wäre schädlich«, a.a.O.

23 Ibd.

24 »Wir sind Freunde, nicht Untergebene«, a.a.O.

25 »Ein Europa der zwei Geschwindigkeiten wäre schädlich«, a.a.O.

26 »Wir sind Freunde, nicht Untergebene«, a.a.O.

27 »Es ist zynisch, etwas zu versprechen, was man nicht selbst einhalten muß«, a.a.O.

28 »Ein Europa der zwei Geschwindigkeiten wäre schädlich«, a.a.O.

29 »Es ist zynisch, etwas zu versprechen, was man nicht selbst einhalten muß«, a.a.O.

30 »Ein Europa der zwei Geschwindigkeiten wäre schädlich«, a.a.O.

31 »Wir sind Freunde, nicht Untergebene«, a.a.O.

32 »Ein Europa der zwei Geschwindigkeiten wäre schädlich«, a.a.O.

33 Ibd.

34 Ibd.

35 Jürgen Leinemann, *Helmut Kohl*, Berlin 2001.

36 Jürgen Leinemann, *Höhenrausch*, München 2004.

37 Nachrichten, 28.9.1998, 19.30, Pro 7, Fernseh-/Hörfunkspiegel Inland I, 29.9.1998, Kohl/Waigel/Rühe/Schäuble/Gerhardt.

38　Helmut Kohl, *Erinnerungen 1930–1982,* München 2004, S. 11.

39　Margaret Thatcher, *Downing Street No. 10. Die Erinnerungen,* Düsseldorf 1993.

40　Hans-Dietrich Genscher, *Erinnerungen,* Berlin 1995.

41　Michail Gorbatschow, *Erinnerungen,* Berlin 1995.

42　James A. Baker, *Drei Jahre, die die Welt veränderten. Erinnerungen,* Berlin 1995.

43　*Geschichte der deutschen Einheit in 4 Bänden,* Stuttgart 1998.

44　*Deutsche Einheit, Sonderedition aus den Akten des Bundeskanzleramts 1989/90.* Bearbeitet von Hanns Jürgen Küsters und Daniel Hofmann [= *Dokumente zur Deutschlandpolitik.* Wissenschaftliche Leitung: Klaus Hildebrand, Hans-Peter Schwarz; Bundesarchiv: Friedrich P. Kahlenberg], München 1998.

45　*Helmut Kohl: Ich wollte Deutschlands Einheit.* Dargestellt von Kai Diekmann und Ralf Georg Reuth, Berlin 1996.

46　Werner Filmer/Heribert Schwan, *Helmut Kohl,* Düsseldorf 1985.

47　Heribert Schwan, *Die Frau an seiner Seite,* a.a.O.

48　»Wer mich verstehen will, muß mich lesen.‹ Interview Helmut Kohls mit Kai Diekmann, Jörg Quoos und Daniel Biskup«, in: *Bild Zeitung,* 25.2.2004.

49　Helmut Kohl, *Erinnerungen 1990–1994,* a.a.O., S. 13f.

50　Persönliche Mitteilung an den Verf.

51　Helmut Kohl, *Erinnerungen 1990–1994,* a.a.O., S. 14.

52　Henry A. Kissinger, »Der Standhafte. Kohls Taten wie auch seine Memoiren weisen ihn als Jahrhundertkanzler aus«, in: *Die Welt,* 31.12.2005.

53　Kai Diekmann, »Es gibt wieder eine Frau an seiner Seite. Helmut Kohls Neues Glück«, in: *Bild Zeitung,* 23.4.2005.

54　Dagmar von Taube, »Helmut Kohls neues Glück«, in: *Welt am Sonntag,* 24.4.2005.

55　Christian Sebald, »Posthume Versöhnung. Die Hanns-Seidel-Stiftung zeichnet ausgerechnet Helmut Kohl mit dem Franz Josef Strauß-Preis aus«, in: *Süddeutsche Zeitung,* 1.10.2005.

56　*Frankfurter Allgemeine Zeitung,* 20.1.2006.

Die letzten Jahre

1　Mariam Lau, »Kleine Spitzen gegen die Kanzlerin«, in: *Die Welt,* 16.2.2008.

2　»Herr Bundeskanzler, was ist Ihr größter Wunsch zum 80. Geburtstag?« Interview mit Kai Diekmann und Daniel Biskup, in: *Bild,* 3.4.2010.

3　Hans-Joachim Noack/Wolfram Bickerich, *Helmut Kohl,* Berlin 2010, S. 291.

4　Walter Kohl, *Leben oder gelebt werden. Schritte auf dem Weg zur Versöhnung,* München 2011.

5　Ibd., S. 269.

6　Siehe pars pro toto Christian Geyer, »Ausstieg aus dem Phantomleben«, in: *Frankfurter Allgemeine Zeitung,* 3.2.2011.

7　Heribert Schwan, *Die Frau an seiner Seite,* a.a.O.

8　»Herr Bundeskanzler, was ist Ihr größter Wunsch zum 80. Geburtstag?«, a.a.O.

9　»Ein großer Mann«. Ansprache Bill Clintons (Auszug), in: *Die Welt,* 18.5.2001.

10　»Genauer betrachtet: Applaus«, in: *Die Welt,* 18.5.2011.

11　»Unangemessene Zurschaustellung«, in: *Frankfurter Allgemeine Zeitung,* 29.6.2011.

12　Persönliche Mitteilung an den Verf.

13　»Wir müssen wieder Zuversicht geben«. Interview mit Helmut Kohl, in: *IP Internationale Politik,* 66/5 (September/Oktober 2011), S. 10.

14 Ibd., S. 16.

15 »Was ist große Politik, Herr Bundeskanzler?« Interview mit Helmut Kohl, in: *Bild,* 27.8.2011.

16 *Friedrich Schiller, Werke und Briefe* [= Deutscher Klassiker Verlag], Bd. 1, Frankfurt a. M. 1992, S. 117.

Betrachtung
Am Ende des Tages

1 »Was ist große Politik, Herr Bundeskanzler?«a.a.O.

2 Ernst Jünger, »Autor und Autorschaft« (1984), in: *Sämtliche Werke,* Stuttgart 1999, Bd. 19, S. 222.

3 Hans-Peter Schwarz, *Das Gesicht des Jahrhunderts. Monster, Retter und Mediokritäten,* Berlin 1998 [neue, erweiterte Ausgabe unter dem Titel: *Das Gesicht des 20. Jahrhunderts,* München 2010], S. 739.

4 Heribert Schwan/Rolf Steininger, *Helmut Kohl,* Mannheim 2010, S. 268.

5 »Natürlich müssen die Deutschen zahlen«. Interview mit Peer Steinbrück, in: *Der Spiegel,* 37/2011 (12.9.2011).

6 Zu einer etwas ausführlicheren Entfaltung des Arguments siehe Hans-Peter Schwarz, »Reformimpulse in den neunziger Jahren oder: Der Reformer Helmut Kohl. Beobachtungen und Fragen«, in: *Die Ära Kohl im Gespäch. Eine Zwischenbilanz,* hrsg. von Günter Buchstab, Hans-Otto Kleinmann und Hanns Jürgen Küsters, Wien 2010, S. 557–578.

7 Siehe dazu detaillierter unsere Kapitel »Die Rolle Amerikas im neuen Europa« und »Helmut Kohl und das dritte europäische Nachkriegssystem«.

8 K. N. Coudenhove-Kalergi, *Pan-Europa,* Wien 1923, S. 143.

9 Dazu detaillierter unser Kapitel »Wer soll zur Europäischen Union gehören?«.

10 Regierungserklärung von Bundeskanzlerin Dr. Angela Merkel zum Europäischen Rat am 9. Dezember 2011 in Brüssel vor dem Deutschen Bundestag am 14. Dezember 2011 in Berlin, in: *Bulletin* (Presse- und Informationsamt der Bundesregierung), Nr. 135-1 (14.12.2011).

11 Henrike Roßbach/Christian Schubert, »Die Angt ißt mit«, in: *Frankfurter Allgemeine Zeitung,* 4.11.2011.

12 Hans-Peter Schwarz, *Das Gesicht des Jahrhunderts,* a.a.O., S. 738.

Nachwort und Dank

1 »Drawing Inspirations from Kohl's Convictions«, in: *The American Academy in Berlin. Henry A. Kissinger Prize. Honoring former Chancellor Helmut Kohl,* Berlin 2011.

2 Ernst Jünger, »Die Hütte im Weinberg, Jahre der Okkupation«, in: *Sämtliche Werke,* Bd. 3: *Strahlungen II,* Stuttgart 1979 (Eintrag vom 22.8.1945), S. 513.

3 Golo Mann, »«Noch ein Versuch über Geschichtsschreibung«, in: *Zwölf Versuche,* Frankfurt a. M. 1973, S. 20.

4 Hermann Hesse an Ludwig Finckh, Gaienhofen, 27.3.1925, in: *Hermann Hesse, Sämtliche Werke,* Bd. 15: *Die politischen Schriften. Eine Dokumentation,* hrsg. von Volker Michels, Frankfurt a. M. 2004, S. 309.

5 Thomas Mann, »Einige Worte über die Bedeutung des Buches in unserer Zeit«, in: *Gesammelte Werke in 13 Bänden,* Bd. XIII: *Nachträge,* Frankfurt a. M. 1974, S. 442f.

6 Andrea Nahles, »Mister Europa«, in: *Frankfurter Allgemeine Zeitung,* 23.12.2005.
7 Wulf Schmiese, »Generation Kohl«, in: *Frankfurter Allgemeine Zeitung,* 25.10.2004.
8 Hans-Peter Schwarz, *Adenauer. Der Aufstieg 1876 – 1952,* Stuttgart 1986, S. 972. Ich wundere mich selbst etwas, wie gut diese vor einem Vierteljahrhundert verfaßte Skizze zu einer zeitgenössischen Politiker-Biographie auch viele der darstellerischen Fragen bezogen auf Helmut Kohl anspricht.
9 Die Tagebücher von Walther Leisler Kiep und Gerhard Stoltenberg liegen als Deponate beim ACDP, die Tagebücher von Kurt Biedenkopf befinden sich im Privatarchiv Biedenkopf.

Personenregister

Abelein, Manfred   242, 448, 469, 530

Abraham a Santa Clara   440

Abs, Hermann Josef   20, 90

Acheson, Dean   475

Ackermann, Eduard   178, 192, 235, 239, 273, 318ff.

Adam-Schwaetzer, Irmgard   723

Adenauer, Konrad   9, 13, 24f., 31, 33f., 56, 58f., 61, 65, 76, 80f., 92, 99, 102f., 115ff., 121, 127 – 131, 135f., 138f., 141f., 144ff., 154, 160f., 166, 181, 183, 193, 207, 209, 259f., 302, 314, 321, 327, 329, 357, 362f., 366, 379, 393, 406, 432, 440f., 445, 471, 509, 520, 549, 566, 575f., 583, 602, 605, 610f., 615, 629, 645, 667, 670, 686, 724, 750, 752, 756, 760, 776, 782, 795, 849, 905, 910, 937f.

Aho, Esko   676, 711

Albertz, Heinrich   198

Albrecht, Ernst   205f., 228f., 233, 241, 243f., 246 – 249, 251 – 254, 256f., 267 – 271, 278, 291, 312, 316, 342, 366, 381, 387, 390, 498, 504, 524f., 527, 587, 666

Albright, Madeleine   931

Allemann, Fritz René   131

Altenburg, Wolfgang   425f.

Altmaier, Peter   783

Altmann, Rüdiger   125, 603

Altmeier, Peter   54, 71f., 75, 77, 79, 90, 96 – 105, 111, 114f., 135, 139, 149, 152, 258, 775

Ambler, Eric   439

Andreae, Liselotte   749

Andreas, Willy   747

Andreotti, Giulio   358, 560, 562, 622, 701, 705, 738

Andropow, Jurij   343, 347, 455

Anschütz, Hans   69

Antall, József   577, 580, 684

Apel, Hans   299, 302, 321

Arafat, Jassir   743

Arens, Moshe   635, 639

Ari, Ben   52

Arnim, Hans Herbert von   878

Aron, Raymond   293, 345

Arthuis, Jean   800

Ash, Timothy Garton   860

Attali, Jacques   353, 355, 358, 427 – 431, 448, 559f., 911

Augstein, Rudolf   142, 231, 329, 366, 497, 621, 648, 704, 805, 814, 936

Augustin, Egon   70, 91

Axmann, Arthur   43

Bach, Johann Sebastian   9

Bacher, Gerd   210

Bahners, Patrick   150

Bahr, Egon   257, 262, 299, 348, 362, 371, 538

Bahro, Rudolf   382

Baker, James A. III   450, 507ff., 549, 552ff., 567f., 570, 634, 680, 696, 717f., 911

Balcerowicz, Leszek   573

Balladur, Édouard   415, 421, 431, 433, 688

Balzac, Honoré de   819

Bangemann, Martin   309, 326, 331f., 335, 431, 436

Bildnachweis